刑事诉讼法及配套规定
新释新解与适用指南

New Interpretation of Criminal Procedure Law
and Related Regulations with Applicable Guidelines

第一卷

主　编◎张述元
副主编◎周　峰

中国法制出版社
CHINA LEGAL PUBLISHING HOUSE

图书在版编目（CIP）数据

刑事诉讼法及配套规定新释新解与适用指南 / 张述元主编．—北京：中国法制出版社，2020.6
ISBN 978-7-5216-1114-4

Ⅰ．①刑…　Ⅱ．①张…　Ⅲ．①刑事诉讼法-法律解释-中国-指南②刑事诉讼法-法律适用-中国-指南
Ⅳ．①D925.205-62

中国版本图书馆 CIP 数据核字（2020）第 085956 号

策划编辑：戴　蕊　　责任编辑：李宏伟　陆紫薇　秦智贤　　封面设计：李　宁

刑事诉讼法及配套规定新释新解与适用指南

XINGSHI SUSONGFA JI PEITAO GUIDING XIN SHI XIN JIE YU SHIYONG ZHINAN

主编/张述元
经销/新华书店
印刷/三河市国英印务有限公司
开本/710 毫米×1000 毫米 16 开　　印张/122.5　字数/2069 千
版次/2020 年 6 月第 1 版　　2020 年 6 月第 1 次印刷

中国法制出版社出版
书号 ISBN 978-7-5216-1114-4　　定价：498.00 元

北京西单横二条 2 号　　值班电话：010-66026508
邮政编码 100031　　传真：010-66031119
网址：http：//www.zgfzs.com　　**编辑部电话：010-66010406**
市场营销部电话：010-66033393　　**邮购部电话：010-66033288**
（如有印装质量问题，请与本社编务印务管理部联系调换。电话：010-66032926）

编委会

编写说明

1979年7月1日，第五届全国人民代表大会第二次会议通过了《中华人民共和国刑事诉讼法》。1996年3月17日，第八届全国人民代表大会第四次会议通过了《关于修改〈中华人民共和国刑事诉讼法〉的决定》，对刑事诉讼法进行了第一次修正。2012年3月14日，第十一届全国人民代表大会第五次会议通过了《关于修改〈中华人民共和国刑事诉讼法〉的决定》，对刑事诉讼法进行了第二次修正。2018年10月26日，第十三届全国人民代表大会常务委员会第六次会议通过了《关于修改〈中华人民共和国刑事诉讼法〉的决定》，对刑事诉讼法进行了第三次修正。

最高人民法院、最高人民检察院在刑事诉讼法第一次、第二次修改后，曾先后作出过如何适用刑事诉讼法的司法解释。2018年刑事诉讼法第三次修改后，最高人民检察院对原有的司法解释进行了修订，而最高人民法院至今一直未作出新的司法解释，给司法实践造成了一定程度的适用困难。为便于司法机关和广大人民群众准确把握刑事诉讼法修改的精神，严格适用刑事诉讼法的规定，我们邀请了一批专家型法官编写本书，期望为办案人员带来方便，为广大法学爱好者、研究人员带来参考。本书由最高人民法院党组成员、副院长、审判委员会委员张述元担任主编，最高人民法院审判委员会原委员、刑事审判第一、第四庭原庭长、全国审判业务专家周峰为副主编，最高人民法院刑事审判第四庭审判长、全国审判业务专家陆建红和最高人民法院刑事审判第四庭审判长罗勋为执行主编，最高人民法院刑事审判第四庭员额法官杨华、潘洁、章晓瑜、高蕾、许昱，法官助理张华锋、田文莎为编写人员。上述编写人员均具有较高的理论水平和丰富的审判实践经验。

本书在体例安排上，按照刑事诉讼法的条文进行编排。每个条文按照条文主旨、条文释解、司法实务或审判实务、配套规定、参考案例的内容和顺序进行阐述。当然，并非每个条文都五个部分齐全，而是按照条文内容的具体情况作安排。

与其他工具书相比，本书重在理解适用，纯理论的内容几乎很少涉及，着重于从实务出发对已有的经验进行总结，对可能出现的问题提出解决方法和思路，供司法工作人员在实际工作中参考运用。

本书不仅是广大刑事司法工作人员的案头工具用书，也是广大律师、法学教学人员以及法学院学生的有益参考资料。

本书在编写过程中恐有疏漏和不妥之处，敬请读者批评指正。

总 目 录

（第一卷）

第一编 总 则

（第二卷）

第二编 立案、侦查和提起公诉

第三编　审　判

(第三卷)

第四编　执　行

第五编　特别程序

第六编　附　则

目　录

（第一卷）

第一编　总　则

第一章　任务和基本原则

第二章 管 辖

第三章　回　避

第四章 辩护与代理

第五章　证　据

第六章　强制措施

（第二卷）

第七章 附带民事诉讼

第八章　期间、送达

第九章　其他规定

第二编 立案、侦查和提起公诉

第一章 立 案

第二章 侦 查

第一节 一般规定

第二节 讯问犯罪嫌疑人

第三节 询问证人

第四节 勘验、检查

第五节 搜 查

第六节　查封、扣押物证、书证

第七节 鉴 定

第八节 技术侦查措施

第三章　提起公诉

第三编　审　判

第一章　审判组织

（第三卷）

第二章　第一审程序

第一节　公诉案件

第三节　简易程序

第四节 速裁程序

第三章　第二审程序

第四章　死刑复核程序

第五章　审判监督程序

第四编 执 行

第五编　特别程序

第一章　未成年人刑事案件诉讼程序

第二章　当事人和解的公诉案件诉讼程序

第三章 缺席审判程序

第五章 依法不负刑事责任的精神病人的强制医疗程序

第六编　附　则

第一编　总　则

第一章　任务和基本原则

第一条　为了保证刑法的正确实施，惩罚犯罪，保护人民，保障国家安全和社会公共安全，维护社会主义社会秩序，根据宪法，制定本法。

［条文主旨］

本条是制定刑事诉讼法的目的以及制定刑事诉讼法的最基本依据的规定。

［条文释解］

本条是1979年《刑事诉讼法》的规定，1996年作过修改，2012年、2018年修改《刑事诉讼法》时未作修改。1979年《刑事诉讼法》第1条曾明确规定了刑事诉讼法的立法指导思想，即“以马克思列宁主义、毛泽东思想为指针”。之所以在第1条写上立法指导思想，是由于当时坚持四项基本原则的内容尚未规定在宪法之中，因此，当时的第1条开宗明义地规定制定刑事诉讼法“以马克思列宁主义、毛泽东思想为指针”具有重大的政治意义。1982年，我国宪法作了重大修改，将坚持四项基本原则规定在宪法之中。而制定刑事诉讼法的依据是宪法。既然是根据宪法制定刑事诉讼法，那么，刑事诉讼法的立法指导思想自然就是“以马克思列宁主义、毛泽东思想为指针”。1996年《刑事诉讼法》修改时，出于法律文本的简洁和法律逻辑性，只需要写明“根据宪法，制定本法”即可。当然，马列主义毛泽东思想是指导我们事业的理论基础，是制定党的路线、方针政策和国家法律的指导思想，制定刑事诉讼法也不例外，也应当“以马克思列宁主义、毛泽东思想为指针”。

1. 关于立法目的。立法目的即立法宗旨。本条规定，为了保证《刑法》的正确实施，惩罚犯罪，保护人民，保障国家安全和社会公共安全，维护社会主义社会秩序。因此，刑事诉讼法的目的是保证刑法的正确实施。而刑法则是规定犯罪和用刑罚方法惩罚犯罪的法律，刑法的任务是用刑罚同一切犯罪行为作斗争，以保卫国家安全，保卫人民民主专政的政权和社会主义制度，保护国有财产和劳动群众集体所有的财产，保护公民私人所有的财产，保护公民的人身权利、民主权利和其他权利，维护社会秩序、经济秩序，保障社会主义建设事业的顺利进行。刑法是实体法，刑事诉讼法是程序法，实体法需要由程序法保障才能实施，刑法的任务需要通过程序法规范的诉讼程序才能得以实现。要正确运用刑法打击犯罪，保护人民，就需要制定刑事诉讼法。这样，才能依照法定程序保证刑法的正确实施，使犯罪的人得到应有的惩处，达到“惩罚犯罪，保护人民，保障国家安全和社会公共安全，维护社会主义社会秩序”的目的。

2. 关于程序法的价值。程序公正是司法公正的重要方面，程序公正与实体公正密切关联、相辅相成、缺一不可。在特定情况下，程序公正还具有独立价值。即使实体裁判于法有据，并无不当，但如果程序不公、不当也难以得到当事人和社会公众的依赖、认同和尊重，难以保障案件审理的法律与社会效果。当前，一些案件之所以引发议论、质疑、炒作，往往并不是因为案件在实体处理上存在什么问题，而是因为法定程序没有得到切实遵循。因此，刑事诉讼法是具有自身价值的一部法律，并不仅仅是为保障刑法的实施而附属于刑法。必须扭转一直以来没有得到切实改变的“重实体轻程序”的错误观念和做法，进一步强化程序公正意识，真正落实实体与程序并重的要求，更加重视程序公正的独立价值。刑事诉讼法是专门规范刑事诉讼程序的法律，整部刑事诉讼法都是围绕更好实现程序公正、体现其独立价值这一基本点而展开的。

3. 关于立法根据。宪法是制定刑事诉讼法的根据。宪法是国家根本大法，具有最高的法律效力，制定法律、行政法律、行政法规以及地方法规，都得以宪法为根据，制定刑事诉讼法也必须以宪法为根据。制定（包括修改）刑事诉讼法以宪法为根据，包括两个方面内容。一是对于刑事诉讼法程序的规定，必须遵循和贯彻宪法规定的原则，如社会主义制度是中华人民共和国的根本制度，国家维护社会主义法治的统一和尊严，任何组织或者个人都不得有超越宪法和法律的特权，国家尊重和保障人权等，通过刑事诉讼法对于刑事诉讼行为的规范，体现宪法的原则和精神。对于宪法有关刑事诉讼程序的明确规定，如人民法院、人民检察院独立行使审判权和独立行使检察权，公安机关、人民法院、人民检察院在办理刑事案件中分工负责、互相配合、互相制约等，要通过在刑事诉讼法作出具体规定予以落实。二是刑事诉讼的任务、原则、制度以及具体规范都不得与宪法的原则和规定相抵触。

2018 年《刑事诉讼法》的修改，是坚持深入学习贯彻习近平新时代中国特色社会主义思想和党的十九大精神，紧紧围绕推进全面深化改革、全面依法治国、全面从严治党、全面建成小康社会、坚决贯彻落实党中央关于深化国家监察体制改革、建立刑事缺席审判制度、实行认罪认罚从宽制度和速裁程序的决策部署，进一步完善中国特色刑事诉讼制度，深化司法体制改革，推进国家治理体系和治理能力现代化，是对我国刑事诉讼法的一次重大修改。但修改时依然是根据宪法的规定修改的。特别是关于国家监察机关改革后，监察机关依据《监察法》第 11 条第 2 项的规定，对涉嫌贪污贿赂、滥用职权、玩忽职守、权力寻租、利益输送、徇私舞弊以及浪费国家资财等职务违法和职务犯罪进行调查。根据《监察法》第 45 条第 4 项规定，对涉嫌职务犯罪的，监察机关经调查认为犯罪事实清楚，证据确实、充分的，制作起诉意见书，连同案卷材料、证据一并移送人民检察院依法审查、提起公诉。《刑事诉讼法》第 170 条第 1 款规定："人民检察院对于监察机关移送起诉的案件，依照本法和监察法的有关规定进行审查。人民检察院经审查，认为需要补充核实的，应当退回监察机关补充调查，必要时可以自行补充侦查。"第 2 款规定："对于监察机关移送起诉的已采取留置措施的案件，人民检察院应当对犯罪嫌疑人先行拘留，留置措施自动解除。人民检察院应当在拘留后的十日以内作出是否逮捕、取保候审或者监视居住的决定。在特殊情况下，决定的时间可以延长一日至四日。人民检察院决定采取强制措施的期间不计入审查起诉期限。"无论是监察法的上述规定，还是《刑事诉讼法》第 170 条的规定，都是有宪法依据的。2018 年 3 月 11 日，第十三届全国人民代表大会第一次会议通过的宪法修正案，将《宪法》第 3 条第 3 款"国家行政机关、审判机关、检察机关都由人民代表大会产生，对它负责，受它监督”修改为“国家行政机关、监察机关、审判机关、检察机关都由人民代表大会产生，对它负责，受它监督”。并将《宪法》第三章“国家机构”中增加一节，作为第七节“监察委员会”，增加五条。其中，修改后的《宪法》第127条第2款规定：“监察机关办理职务违法和职务犯罪案件，应当与审判机关、检察机关、执法部门互相配合、互相制约。”

第二条　中华人民共和国刑事诉讼法的任务，是保证准确、及时地查明犯罪事实，正确应用法律，惩罚犯罪分子，保障无罪的人不受刑事追究，教育公民自觉遵守法律，积极同犯罪行为作斗争，维护社会主义法制，尊重和保障人权，保护公民的人身权利、财产权利、民主权利和其他权利，保障社会主义建设事业的顺利进行。

[条文主旨]

本条是关于刑事诉讼法任务的规定。

[条文释解]

1979年《刑事诉讼法》就规定了刑事诉讼法的任务，1996年、2012年作过修改。2018年《刑事诉讼法》未作修改。1996年修改《刑事诉讼法》时，基本上维持了1979年《刑事诉讼法》第2条的内容。根据1988年《宪法》关于私营经济的合法权利和利益的修改补充规定，为了更好地体现保护公民的合法财产，在原条文中的保护公民的人身权利之后增加了“财产权利”，并将“保障社会主义革命和社会主义建设事业的顺利进行”改为“保障社会主义建设事业的顺利进行”。2012年修改《刑事诉讼法》时，增加了“尊重和保障人权”的规定。因为“尊重和保障人权”是我国宪法确立的重要原则，将“尊重和保障人权”的原则明确地写入刑事诉讼法，更有利于充分体现我国司法制度的社会主义性质，有利于我国对尊重和保障人权的重视，也有利于在刑事诉讼中更好地贯彻落实这一宪法原则。

本条规定的刑事诉讼法的任务，可分为三个方面内容来理解：

1. 保证准确、及时地查明犯罪事实，正确应用法律，惩罚犯罪分子，保障无罪的人不受刑事追究。刑事诉讼法的首要任务就是保证人民法院、人民检察院、公安机关对发现的犯罪行为或者犯罪嫌疑人，依照法律规定的程序收集、调取证据，查出犯罪嫌疑人，查清犯罪事实。刑事诉讼法就是规定哪些机关、哪些人有权进行调查取证工作，以及调查取证时应遵循的原则，从程序上规定如何讯问犯罪嫌疑人、询问证人，以及如何进行勘验、检查，扣押物证、书证等，以实现准确、及时地查清犯罪事实。准确、及时地查明犯罪事实是正确适用法律、惩罚犯罪，保障无罪的人不受刑事追究的前提和重要基础。其中，“准确”是核心，包括：对犯罪的事实认定要准确；对实施犯罪的人要查准。不能把事实认定错了，冤枉了好人。“及时”是建立在“准确”的基础上的。在此基础上，“及时”也很重要。因为，“迟到的正义”为“非正义”。如果时间拖得很长，时过境迁，就很难收集证据，不利于查清犯罪事实。保证“正确应用法律，惩罚犯罪分子，保障无罪的人不受刑事追究”，是在查明犯罪事实基础上得以实现的刑事诉讼法的基本任务。

正确应用法律是指依照刑事诉讼法的规定在查清犯罪事实的基础上，正确适用刑法和其他法律对犯罪分子定罪判刑，使其受到应有的惩罚。能否做到正确应用法律，除了要保证准确无误地查明犯罪事实以外，还要设置和遵循保证公正司法的具体诉讼程序，如审查批准逮捕、审查起诉、审判程序、审判监督程序等。只有严格依照刑事诉讼程序办案，保证程序公正，才能做到不枉不纵，保证刑法的正确执行，有效地惩罚犯罪，保护公民的合法权益，保障无罪的人不受刑事追究。保障无罪的人不受刑事追究是刑事诉讼法保护公民权利的重要体现，与正确应用法律惩罚犯罪是一个问题的两个方面。如果不能保障无罪的人不受刑事追究，就谈不上正确应用法律，也不能准确地惩罚犯罪。

从某种意义上说，不让无罪的人受到刑事追究，有时，其意义大于让有罪的人受到刑事处罚，特别是让无罪的人被判处死刑，其危害后果是非常大的。因此，公安机关、人民检察院、人民法院在追究犯罪时，必须保障无罪的人不受刑事追究。

2. 教育公民自觉遵守法律，积极同犯罪行为作斗争。刑事诉讼法的这个任务，主要是通过立案、侦查、提起公诉和审判活动来实现的。通过刑事诉讼活动使公民认识到什么是犯罪，犯罪的危害性以及应负的法律责任，从而增强公民的法治观念，提高守法意识，提高同犯罪行为作斗争的积极性和自觉性，以达到预防和减少犯罪的目的。在实践中，法庭审判案件实行公开审判制度，将法庭作为对公民进行刑事法律教育的重要场所，起到了很好地法制宣传教育作用。公开审判制度除程序正义的价值外，其实还有一个就是法治教育的价值。

3. 维护社会主义法制，尊重和保障人权，保护公民的人身权利、财产权利、民主权利和其他权利，保障社会主义建设事业的顺利进行。这是刑事诉讼法的根本任务、总任务。这一根本任务是在前两个具体任务即“保证准确、及时地查明犯罪事实，正确应用法律，惩罚犯罪分子，保障无罪的人不受刑事追究，教育公民自觉遵守法律，积极同犯罪行为作斗争”的基础上得以实现和完成的。具体任务是为了总任务的。这一总任务，体现了我国刑事诉讼法的社会主义性，既是刑事诉讼法立法和修改的出发点和落脚点，也是对刑事诉讼法执法的总要求。

特别是关于尊重和保障人权问题。在实践中，公安机关、人民检察院、人民法院要进一步强化人权保障意识。因为尊重和保障人权是我国宪法确立的一项重要原则，是社会主义制度的本质要求。我国刑事诉讼法在程序设置和具体规定中都体现了这一宪法原则。刑事诉讼法通过完善证据、辩护、侦查措施、强制措施、审判程序等具体制度进一步加强了司法人权的实际保障，更充分地体现了我国社会主义司法制度的本质属性，更鲜明地反映了我国刑事司法惩罚犯罪与保障人权内在统一的一贯立场，是我国人权保障事业的重要发展。公安机关、人民检察院、人民法院必须进一步强化人权保障意识，更加规范司法审判行为，切实维护当事人的各项诉讼权利和其他合法权益。

[司法实务]

司法实务在人权保障工作中，要做的事很多，但特别要做好以下三个方面的工作。

1. 要依法保障被告人的诉讼权利。从狭义上讲，刑事诉讼中的人权，主要是指被告人的诉讼权利和其他权利。对刑事被告人权利的保护状况，往往是反映和衡量一个国家人权保障水平的重要标尺。刑事诉讼法经过多次修改，进一步强化了对被告人辩护权、获得公正审判权及其他诉讼权利的保障力度。要按照法律规定的精神，充分保障、落实被告人依法享有的各项诉讼权利。无论是公诉案件还是自诉案件，自受理案件之日起三日内，都应当告知被告人有权委托辩护人。被告人在押期间要求委托辩护人的，应当及时向其监护人、近亲属等转达要求。被告人因经济困难或者其他原因没有委托辩护人的，应当告知其本人或者近亲属可以向法律援助机构申请法律援助。如果被告人属于应当获得指定辩护对象，没有委托辩护人的，应当通知法律援助机构为其提供指定辩护。必须采取有效措施，保障、保证证人、鉴定人，依法维护被告人的程序选择权。要进一步树立定罪与量刑并重的观念，对与定罪、量刑有关的事实、证据进行调查、辩论，确保量刑公正公开。要切实执行二审开庭的法律规定，不断提高二审案件开庭审理的比例，充分发挥二审的救济、纠错功能。复核死刑案件，一律讯问被告人。上级人民法院指定再审的案件，一般应当指令原审人民法院以外的下级人民法院审理，以保障被告人获得公正的审判，促进审判活动法律与社会效果的统一。

2. 要充分保障辩护律师依法履行辩护职责。刑事诉讼法的修改对我国辩护制度作了重要完善，明确犯罪嫌疑人在侦查阶段就可以委托辩护律师，加大了对辩护律师会见权、阅卷权和调查取证权的保障力度，并大大扩展了法律援助的适用范围。这些既是尊重和保障人权原则的具体落实，同时也为刑事诉讼更好地实现“兼听则明”、有效避免冤假错案、实现司法公正打下了更为坚实的制度根基。要深刻领会法律的精神，在思想上、观念上切实树立尊重辩护律师、重视辩护意见的意识。要按照刑事诉讼法的有关规定，尽最大可能为辩护律师履行法定职责提供方便和充分保障。对在审判期间辩护律师提出阅卷要求的，除审判委员会和合议庭的讨论记录等应依法不公开的材料外，应当一律允许查阅、摘抄、复制。对辩护人认为在侦查、审查起诉期间公安机关、公诉机关收集的证明被告人无罪或者罪轻的证据材料未提交，并提供相关线索，申请人民法院调取的，应当依法调取。要认真听取并回应辩护律师的辩护意见。庭审过程中，辩护律师发表意见，除明显重复或者与案件无关外，不得随意打断；复核死刑案件，辩护律师提出要求的，应当听取辩护律师的意见。审查、研究案件时，应当对辩护意见进行仔细分析、充分讨论。在裁判文书中，应当全面如实地反映辩护意见，充分阐述采纳与否的理由，绝不能一笔带过甚至避而不提。

3. 要切实维护被害人的合法权益。维护刑事被害人的合法权益，是尊重和保障人权的重要内容。从被害人角度来看，对刑事审判的关注点主要包括两个方面：一是犯罪是否受到追究，正义是否得以伸张。二是其因犯罪行为遭受的物质损失是否得到了依法赔偿。做好附带民事诉讼工作，是切实维护被害人合法权益，有效化解社会矛盾的重要方面。一个时期以来，附带民事诉讼中存在的赔偿标准不一、判赔数额虚高、空判空调现象普遍、缠讼闹访突出等问题，已严重影响宽严相济刑事政策的贯彻，损害了法律的权威和司法的统一，更损害了被害人的合法权益。

刑事诉讼法在历次修改中均对此作了重要完善。一是明确人民法院必须在必要的时候可以采取保全措施，附带民事诉讼原告人或者人民检察院可以申请人民法院采取保全措施。二是规定人民法院对于附带民事诉讼，可以进行调解，或者根据物质损失情况作出判决、裁定。必须按照立法规定，更加重视附带民事诉讼工作。对有证据显示被告人或者其亲友转移、隐匿财产以逃避履行民事诉讼裁判得到执行的，必须进一步加大附带民事诉讼调解工作力度。对于通过调解，被告人自愿对被害人作出赔偿的，赔偿方式、数额只要不违反法律规定，人民法院应依法予以支持，以最大限度地维护被害人权益。对于调解不成，依法作出判决、裁定的，则应根据犯罪行为给被害人造成的物质损失情况，实事求是地确定附带民事诉讼的赔偿范围。物质损失包括医疗费、护理费、交通费、误工损失，以及造成被害人死亡的丧葬费等。实事求是地依法判赔，既能实现“案结事民”避免“法律白条”，也能使被害人的权益得到切实维护。

第三条　对刑事案件的侦查、拘留、执行逮捕、预审，由公安机关负责。检察、批准逮捕、检察机关直接受理的案件的侦查、提起公诉，由人民检察院负责。审判由人民法院负责。除法律特别规定的以外，其他任何机关、团体和个人都无权行使这些权力。

人民法院、人民检察院和公安机关进行刑事诉讼，必须严格遵守本法和其他法律的有关规定。

[条文主旨]

本条是关于公检法机关分工负责原则和在刑事诉讼中具体分工的规定。

[条文释解]

本条是 1979 年《刑事诉讼法》的规定，1996 年作过修改。2012 年、

2018 年修改《刑事诉讼法》时未作修改。1979 年《刑事诉讼法》第 3 条对公、检、法三机关各自的职责作了具体的分工。《刑事诉讼法》实施以来的实践证明，这一款的规定基本可行，但还不够完善。主要是：公安机关执行逮捕的职责没有明确规定；检察权包括侦查的规定的含义不明确；根据惩罚犯罪的需要，法律规定国家安全机关对于危害国家安全的犯罪案件可以行使侦查权，军队保卫部门对军人的犯罪案件，以及监狱对犯人在狱内的犯罪案件也可以行使侦查权，原来的规定已不能完全适用新的情况。因此，在 1996 年修改《刑事诉讼法》时，对本条第 1 款作了修改，使公检法三机关的职责分工更加明确、清晰。

本条共分为两款。

第 1 款是关于公安机关、人民检察院、人民法院的职责分工的规定。根据宪法确定的人民法院、人民检察院和公安机关办理刑事案件应当分工负责的原则，本款对公检法三机关各自的职责作了具体的分工。根据本款规定，对刑事案件的侦查、拘留、执行逮捕、预审，由公安机关负责。检察、批准逮捕、检察机关直接受理的案件的侦查、提起公诉，由人民检察院负责。审判由人民法院负责。公检法三机关分工的目的，是为了明确职责，互相配合，保证准确有效地执行法律，惩罚犯罪，保护人民。这一规定体现了以下原则：一是刑事案件的侦查权、检察权、审判权分别由公检法机关专门行使，除法律特别规定的外，其他任何机关、团体和个人都无权行使这些权力。法律的特别规定，主要是指本法第 4 条、第 308 条的规定。根据上述规定，国家安全机关办理危害国家安全的刑事案件，行使与公安机关相同的职权；军队保卫部门对军队内部发生的刑事案件行使侦查权；中国海警局履行海上维权执法职责对海上发生的刑事案件行使侦查权；对罪犯在监狱内犯罪的案件由监狱进行侦查。二是公检法三机关只能在法律规定的职责范围内进行诉讼活动，而不能超越职责或者互相代替。

第 2 款是关于人民法院、人民检察院和公安机关在各自职责范围内进行刑事诉讼必须严格遵守本法和其他法律的规定。本条规定是对公检法机关进行刑事诉讼的严格要求，也称为依法进行刑事诉讼的原则。有的学者将其称为程序法定原则。该原则的基本含义是：

1. 人民法院、人民检察院和公安机关在进行刑事诉讼活动时，必须严格遵守《刑事诉讼法》和其他有关法律的规定，不得违反法律规定的程序和规则，更不得侵害各方当事人和其他诉讼参与人的合法权益。这里所说的“其他法律”，是指所有与刑事诉讼程序有关的法律，如《刑法》《人民法院组织法》《法官法》《人民检察院组织法》《检察官法》《律师法》《人民警察法》等。

2. 违反法律程序严重的，应当依法承担相应的法律后果。例如，第一审人民法院严重违反法律规定的程序的，将会导致撤销原判、发回重审的法律后果。根据《刑事诉讼法》第238条规定，第二审人民法院发现第一审人民法院的审理有违反公开审判规定、违反回避制度、剥夺或限制当事人法定诉讼权利、审判组织的组成不合法以及其他可能影响公正审判的违法情形的，应当裁定撤销原判，发回原审人民法院重新审判。

程序法定原则是现代刑事诉讼的基本要求，它包括两层含义：一是立法方面的要求，即刑事诉讼程序应当由法律事先明确规定；二是司法方面的要求，即刑事诉讼活动应当依据国家法律规定的刑事程序来进行。刑事程序法定是区别法律秩序与恣意擅断的基本标志之一，因而为多数国家所遵循。在大陆法系国家，程序法定原则与罪刑法定原则共同构成法定原则的内容。也就是说，法定原则既包括实体上的罪刑法定原则，也包括程序上的程序法定原则。在英美法系国家，刑事程序法定原则具体表现为“正当程序”原则。从《刑事诉讼法》的上述规定以及我国《宪法》和《刑事诉讼法》“以法律为准绳”等项规定来看，可以说，在我国，法律已基本确立了刑事程序法定原则。

[审判实务]

正确理解本条规定，需要注意以下几个问题：

1. 公检法三机关是刑事诉讼中专门行使侦查权、检察权和审判权的机关，其他任何机关、团体和个人都无权行使这些权力。这是现代社会中维护刑事法治的必然要求。由于刑事诉讼事关公民的生命与自由，侦查权、检察权如果不赋予专门机关行使，就很容易出现私设公堂和滥用私刑的现象。

2. 公检法三机关在刑事诉讼中必须依照法律规定行使侦查权、检察权和审判权。也就是说，公检法三机关在行使各自职权办理刑事案件的过程中，必须严格遵守法律规定的诉讼程序，遵守法律规定的方式、方法，履行相应的法律手续。刑事诉讼必须分阶段、循序渐进地进行，前一个阶段是后一个阶段的基础，后一个阶段是前一个阶段的延续，不允许任意颠倒或者超越诉讼阶段。公检法三机关只有严格依照法律规定行使侦查权、检察权和审判权，才能保证刑事诉讼既能实现打击和惩治犯罪的任务，又能充分保障人权，防止出现侦查权、检察权和审判权的滥用现象。

3. 公检法三机关行使的侦查权、检察权和审判权具有国家权力的属性，因而这些权力均具有强制性，这些机关行使这些权力不受当事人及其他诉讼参与人意志的约束，任何公民和有关机关、团体及企事业单位均无权拒绝。

4. 公检法三机关在刑事诉讼中只能分别行使各自的职权，不能相互代替或者超越本部门的职权行事。这一原则本身就包含了诉讼职能分工的精神，国家的侦查权、检察权和审判权分别由不同的国家专门机关行使，本身就是人类刑事司法制度的一大进步，改变了封建时代司法官集侦查、起诉和审判职能于一身的状况。

5. 这一原则也有其灵活性的一面。我国《刑事诉讼法》和《关于打击走私犯罪的规定》中对行使侦查权的机关进行了若干例外规定。主要内容是：国家安全机关负责危害国家安全案件的侦查；监狱负责监狱内犯罪的案件的侦查；军队保卫部门负责军队内部发生的刑事案件的侦查；海关走私犯罪侦查部门负责走私犯罪的侦查。但这些例外情形是法律明确规定的，属于“法律特别规定的”情形，不能作扩大解释。同时还应该指出，这里的例外只是针对侦查权而言的，对于检察权和审判权没有任何例外规定。

[配套规定]

《关于推进以审判为中心的刑事诉讼制度改革的意见》（法发［2016］18号）

为贯彻落实《中共中央关于全面推进依法治国若干重大问题的决定》的有关要求，推进以审判为中心的刑事诉讼制度改革，依据宪法法律规定，结合司法工作实际，制定本意见。

一、未经人民法院依法判决，对任何人都不得确定有罪。人民法院、人民检察院和公安机关办理刑事案件，应当分工负责，互相配合，互相制约，保证准确、及时地查明犯罪事实，正确应用法律，惩罚犯罪分子，保障无罪的人不受刑事追究。

二、严格按照法律规定的证据裁判要求，没有证据不得认定犯罪事实。侦查机关侦查终结，人民检察院提起公诉，人民法院作出有罪判决，都应当做到犯罪事实清楚，证据确实、充分。

侦查机关、人民检察院应当按照裁判的要求和标准收集、固定、审查、运用证据，人民法院应当按照法定程序认定证据，依法作出裁判。

人民法院作出有罪判决，对于证明犯罪构成要件的事实，应当综合全案证据排除合理怀疑，对于量刑证据存疑的，应当作出有利于被告人的认定。

三、建立健全符合裁判要求、适应各类案件特点的证据收集指引。探索建立命案等重大案件检查、搜查、辨认、指认等过程录音录像制度。完善技术侦查证据的移送、审查、法庭调查和使用规则以及庭外核实程序。统一司法鉴定标准和程序。完善见证人制度。

四、侦查机关应当全面、客观、及时收集与案件有关的证据。

侦查机关应当依法收集证据。对采取刑讯逼供、暴力、威胁等非法方法收集的言词证据，应当依法予以排除。侦查机关收集物证、书证不符合法定程序，可能严重影响司法公正，不能补正或者作出合理解释的，应当依法予以排除。

对物证、书证等实物证据，一般应当提取原物、原件，确保证据的真实性。需要鉴定的，应当及时送检。证据之间有矛盾的，应当及时查证。所有证据应当妥善保管，随案移送。

五、完善讯问制度，防止刑讯逼供，不得强迫任何人证实自己有罪。严格按照有关规定要求，在规范的讯问场所讯问犯罪嫌疑人。严格依照法律规定对讯问过程全程同步录音录像，逐步实行对所有案件的讯问过程全程同步录音录像。

探索建立重大案件侦查终结前对讯问合法性进行核查制度。对公安机关、国家安全机关和人民检察院侦查的重大案件，由人民检察院驻看守所检察人员询问犯罪嫌疑人，核查是否存在刑讯逼供、非法取证情形，并同步录音录像。经核查，确有刑讯逼供、非法取证情形的，侦查机关应当及时排除非法证据，不得作为提请批准逮捕、移送审查起诉的根据。

六、在案件侦查终结前，犯罪嫌疑人提出无罪或者罪轻的辩解，辩护律师提出犯罪嫌疑人无罪或者依法不应追究刑事责任的意见，侦查机关应当依法予以核实。

七、完善补充侦查制度。进一步明确退回补充侦查的条件，建立人民检察院退回补充侦查引导和说理机制，明确补充侦查方向、标准和要求。规范补充侦查行为，对于确实无法查明的事项，公安机关、国家安全机关应当书面向人民检察院说明理由。对于二次退回补充侦查后，仍然证据不足、不符合起诉条件的，依法作出不起诉决定。

八、进一步完善公诉机制，被告人有罪的举证责任，由人民检察院承担。对被告人不认罪的，人民检察院应当强化庭前准备和当庭讯问、举证、质证。

九、完善不起诉制度，对未达到法定证明标准的案件，人民检察院应当依法作出不起诉决定，防止事实不清、证据不足的案件进入审判程序。完善撤回起诉制度，规范撤回起诉的条件和程序。

十、完善庭前会议程序，对适用普通程序审理的案件，健全庭前证据展示制度，听取出庭证人名单、非法证据排除等方面的意见。

十一、规范法庭调查程序，确保诉讼证据出示在法庭、案件事实查明在法庭。证明被告人有罪或者无罪、罪轻或者罪重的证据，都应当在法庭上出示，依法保障控辩双方的质证权利。对定罪量刑的证据，控辩双方存在争议的，应当单独质证；对庭前会议中控辩双方没有异议的证据，可以简化举证、质证。

十二、完善对证人、鉴定人的法庭质证规则。落实证人、鉴定人、侦查人员出庭作证制度，提高出庭作证率。公诉人、当事人或者辩护人、诉讼代理人对证人证言有异议，人民法院认为该证人证言对案件定罪量刑有重大影响的，证人应当出庭作证。

健全证人保护工作机制，对因作证面临人身安全等危险的人员依法采取保护措施。建立证人、鉴定人等作证补助专项经费划拨机制。完善强制证人到庭制度。

十三、完善法庭辩论规则，确保控辩意见发表在法庭。法庭辩论应当围绕定罪、量刑分别进行，对被告人认罪的案件，主要围绕量刑进行。法庭应当充分听取控辩双方意见，依法保障被告人及其辩护人的辩论辩护权。

十四、完善当庭宣判制度，确保裁判结果形成在法庭。适用速裁程序审理的案件，除附带民事诉讼的案件以外，一律当庭宣判；适用简易程序审理的案件一般应当当庭宣判；适用普通程序审理的案件逐步提高当庭宣判率。规范定期宣判制度。

十五、严格依法裁判。人民法院经审理，对案件事实清楚，证据确实、充分，依据法律认定被告人有罪的，应当作出有罪判决。依据法律规定认定被告人无罪的，应当作出无罪判决。证据不足，不能认定被告人有罪的，应当按照疑罪从无原则，依法作出无罪判决。

十六、完善人民检察院对侦查活动和刑事审判活动的监督机制。建立健全对强制措施的监督机制。加强人民检察院对逮捕后羁押必要性的审查，规范非羁押性强制措施的适用。进一步规范和加强人民检察院对人民法院确有错误的刑事判决和裁定的抗诉工作，保证刑事抗诉的及时性、准确性和全面性。

十七、健全当事人、辩护人和其他诉讼参与人的权利保障制度。

依法保障当事人和其他诉讼参与人的知情权、陈述权、辩论辩护权、申请权、申诉权。犯罪嫌疑人、被告人有权获得辩护，人民法院、人民检察院、公安机关、国家安全机关有义务保证犯罪嫌疑人、被告人获得辩护。

依法保障辩护人会见、阅卷、收集证据和发问、质证、辩论辩护等权利，完善便利辩护人参与诉讼的工作机制。

十八、辩护人或者其他任何人，不得帮助犯罪嫌疑人、被告人隐匿、毁灭、伪造证据或者串供，不得威胁、引诱证人作伪证以及进行其他干扰司法机关诉讼活动的行为。对于实施上述行为的，应当依法追究法律责任。

十九、当事人、诉讼参与人和旁听人员在庭审活动中应当服从审判长或独任审判员的指挥，遵守法庭纪律。对扰乱法庭秩序、危及法庭安全等违法行为，应当依法处理；构成犯罪的，依法追究刑事责任。

二十、建立法律援助值班律师制度，法律援助机构在看守所、人民法院派驻值班律师，为犯罪嫌疑人、被告人提供法律帮助。

完善法律援助制度，健全依申请法律援助工作机制和办案机关通知辩护工作机制。对未履行通知或者指派辩护职责的办案人员，严格实行责任追究。

二十一、推进案件繁简分流，优化司法资源配置。完善刑事案件速裁程序和认罪认罚从宽制度，对案件事实清楚、证据充分的轻微刑事案件，或者犯罪嫌疑人、被告人自愿认罪认罚的，可以适用速裁程序、简易程序或者普通程序简化审理。

第四条　国家安全机关依照法律规定，办理危害国家安全的刑事案件，行使与公安机关相同的职权。

[条文主旨]

本条是关于国家安全机关在刑事诉讼中行使职权的规定。

[条文释解]

本条是1996年修改《刑事诉讼法》时增加的规定。1979年制定《刑事诉讼法》时，国家安全部还未设立。根据斗争形势的需要，为了更好地防范和制止危害国家安全的犯罪活动，第六届全国人民代表大会第一次会议决定设立国家安全部。第六届全国人大常委会第二次会议于1983年9月2日通过了《关于国家安全机关行使公安机关的侦查、拘留、预审和执行逮捕的职权的决定》，规定国家安全机关承担原由公安机关主管的间谍、特务案件的侦查工作，是国家公安机关的性质，因而国家安全机关可以行使宪法和法律规定的公安机关的侦查、拘留、预审和执行逮捕的职权。1993年2月22日第七届全国人大常委会第三十次会议通过了《国家安全法》，对国家安全机关在维护国家安全工作中的职责和权力，对办理危害国家安全犯罪案件的范围作了明确规定。1996年修改了《刑事诉讼法》，将全国人大常委会《关于国家安全机关行使公安机关的侦查、拘留、预审和执行逮捕的职权的决定》的内容，经修改纳入《刑事诉讼法》，增加了本条规定。

本条规定主要包含了以下两方面的内容：

1. 国家安全机关管辖的案件范围是危害国家安全的刑事案件。国家安全机关办理的危害国家安全的刑事案件，依照《国家安全法》第4条规定的危害国家安全的犯罪行为的范围，主要包括：境外机构、组织、个人实施或者指使、资助他人实施的，或者境内组织、个人与境外机构、组织、个人相勾结实施的危害国家安全的阴谋颠覆政府，分裂国家，推翻社会主义制度的行为；参加间谍组织或者接受间谍组织及其代理人任务的行为；窃取、刺探、收买、非法提供国家秘密的行为；策动、勾引、收买国家工作人员叛变的行为；及其他危害国家安全的破坏活动。

2. 国家安全机关依照管辖范围办理刑事案件，行使与公安机关相同的职权。即有权行使法律赋予公安机关在侦查刑事案件中的职权和手段，如拘留、执行逮捕，讯问犯罪嫌疑人、询问证人、搜查、扣押与犯罪有关的物品、鉴定、勘验、检查等职权。

在理解和执行本条规定时主要应当注意两点：一是执行这一条规定时，应当注意国家安全机关与公安机关在办理危害国家安全的刑事案件中要按照国家规定的职权划分，各司其职，密切配合，共同维护国家安全。二是本条规定的国家安全机关管辖的“危害国家安全的刑事案件”主要是指刑法第一章危害国家安全罪中规定的犯罪，但在刑法其他章中规定的犯罪如果涉及国家安全，依照规定应当由国家安全机关负责侦查的，也属于本条规定的国家安全机关办理的“危害国家安全的刑事案件”。

[司法实务]

1. 正确理解国家安全机关的性质。作为我国国家安全工作的主管机关，国家安全机关担负着与危害国家安全的犯罪行为作斗争、保卫国家安全、巩固人民民主专政、维护社会主义制度的职能。与公安机关一样，它也是各级人民政府的组成部分。其中，国家安全部成立于1983年7月1日。1983年6月，第六届全国人民代表大会第一次会议决定设立国家安全机关。根据《关于国家安全机关行使公安机关的侦查、拘留、预审和执行逮捕的职权的决定》，国家安全机关承担原由公安机关主管的间谍、特务案件的侦查工作。1996年《刑事诉讼法》第4条规定：“国家安全机关依照法律规定，办理危害国家安全的刑事案件，行使与公安机关相同的职权。”由此进一步明确了国家安全机关在刑事诉讼中的地位和职权。

2. 正确理解国家安全机关管理案件范围。国家安全机关管辖的案件范围是危害国家安全的刑事案件，可以分为以下两种情况：（1）与间谍行为有关的案件。《反间谍法》第3条规定，国家安全机关是反间谍工作的主管机关。根据这一规定，涉及间谍行为的案件由国家安全机关管辖。按照《反间谍法》第38条规定，间谍行为具体包括：间谍组织及其代理人实施或者指使、资助他人实施，或者境内外机构、组织、个人与其相勾结实施的危害中华人民共和国国家安全的活动；间谍组织及其代理人以外的其他境外机构、组织、个人实施或者指使、资助他人实施，或者境内组织、个人与其相勾结实施的窃取、刺探、收买或者非法提供国家秘密或者情报，或者策动、引诱、收买国家工作人员叛变的活动；为敌人指示攻击目标的；进行其他间谍活动的。（2）其他危害国家安全的案件。《反间谍法》第39条还规定，国家安全机关依照法律、行政法规和国家有关规定，履行防范、制止和惩治间谍行为以外的其他危害国家安全行为的职责。根据这一规定和《刑法》《刑事诉讼法》以及其他有关国家规定，国家安全机关还承担对其他一些危害国家安全犯罪行为的侦查职能和其他职责。例如，防范、制止和打击境外机构、组织、个人实施或者指使、资助他人实施的，或者境内外机构、组织、个人相勾结实施的，间谍行为以外的其他危害中华人民共和国国家安全的行为。

第五条　人民法院依照法律规定独立行使审判权，人民检察院依照法律规定独立行使检察权，不受行政机关、社会团体和个人的干涉。

[条文主旨]

本条是关于人民法院独立行使审判权、人民检察院独立行使检察权的规定。

[条文释解]

本条是1996年修改《刑事诉讼法》时增加的规定。

人民法院依法独立行使审判权，人民检察院依法独立行使检察权，不受任何行政机关、社会团体和个人的干涉，是1982年《宪法》确定的一项重要的司法原则。《人民法院组织法》《人民检察院组织法》都分别规定了这一原则。这些规定，使宪法确定的原则在刑事诉讼法中得到了体现。这一原则在当前和今后对于维护社会主义法制的统一和尊严，都有着十分重要的意义。

该原则主要具有以下含义：

1. 人民法院行使审判权，人民检察院行使检察权，在法律规定的职责范围内都是独立的，不受行政机关、社会团体和个人的干涉。

2. 人民法院行使审判权和人民检察院行使检察权，必须严格遵守宪法和法律的各项规定，必须依照法律的规定、程序和规范进行，而不能脱离法律规范。

3. 人民法院、人民检察院作为一个组织整体，应集体对审判权、检察权的行使负责，而不是由法官和检察官个人独立行使审判权和检察权。

4. 对于任何依仗权势以言代法、以权压法、非法干涉办案活动的行为，都有权抵制，依法行使审判权、检察权不受任何行政机关、社会团体和个人的干涉。

值得注意的是，人民检察院上下级之间是领导与被领导的关系，上级人民检察院有权就具体案件对下级人民检察院作出命令、指示。基于检察一体原则，独立行使检察权实质上是指整个检察系统作为一个整体在独立地行使检察权。与检察系统不同的是，由于人民法院上下级之间是监督与被监督的关系，因此，独立行使审判权的法院实质上是指一个特定的人民法院。

实行人民法院、人民检察院独立行使职权原则，可以保障人民法院、人民检察院在刑事诉讼中坚持以事实为根据，以法律为准绳，正确行使法律赋予的职权，充分发挥其职能作用，防止和排除行政机关、社会团体和个人对审判、检察工作的干扰，维护司法行为的纯洁性，树立司法机关的权威，实现司法公正，保障法律的正确统一实施。

[司法实务]

1. 要与西方的司法独立严格区分

在我国，人民法院、人民检察院独立行使审判权、检察权，并不意味着独立于党的领导之外，也不意味着不受监督。党的领导是做好司法工作的根本保证，党的领导是方针政策的领导，而不是包办代替办理具体案件。同时人民法院、人民检察院还要受同级人民代表大会及其常务委员会的监督。我国是党领导下的，向人民代表大会及其常务委员会负责的审判体制、检察体制，与西方“三权分立”体制下的法官独立、检察官独立有着本质的区别。

2. 要正确理解法官在刑事诉讼中的“中立”地位

“中立”是司法公正的内在要求和体现，也是实现司法公正的前提。在保证公正得以实现的各种理念和制度中，“中立”处于显要的地位。中立原则就是要求法院处于居中裁判的地位，不能与一方有利害关系或对一方持有偏见和歧视。

（1）人民法院是国家的审判机关，代表国家行使审判权，应当保持中立。我国《刑事诉讼法》第5条规定：“人民法院依照法律规定独立行使审判权，人民检察院依照法律规定独立行使检察权，不受行政机关、社会团体和个人的干涉。”这一规定明确包含了法院在行使国家赋予的审判权时应保持中立地位，独立行使审判职能，是刑事审判应坚持的基本原则。在刑事诉讼中，被追诉人缺乏国家强制力作为后盾，在经济上也无法与享有司法资源的控诉机关相抗衡，且得不到舆论和道义上的支持，绝大多数在被定罪之前就已经被限制了人身自由，处于弱势状态。审判作为维护正义的最后一道屏障的作用就更为明显，更需要法院在处理案件时只服从法律，坚持以合法证据证明的事实为依据，敢于坚持原则，不畏权势，坚决反对“以言代法”“以权代法”，反对地方保护主义和部门保护主义，保持客观中立、公正地行使审判权。

(2) 刑事法官作为具体的裁判者，必须保持中立性，这是由刑事法官法定职责所决定的“客观责任”。刑事法官的“客观责任”，是指刑事法官在行使审判权的过程中有责任保持客观中立和公正的立场，以客观事实为依据，以法律为准绳，既要注意不利于被告人的证据、事实和法律，又要注意有利于被告人的证据、事实和法律，准确定罪和量刑，做到不偏不倚。保持客观中立，准确定罪量刑，是刑事法官的职责所要求的，虽然《刑事诉讼法》以及《人民法院组织法》对法官的中立性没有明确的规定，但是，具体制度的设置也表明法官应当保持中立。

例如，为了防止与案件有利害关系的人担任法官，影响审判的中立地位和案件的公正处理，《刑事诉讼法》规定了回避制度。为了防止法官在审判前单方面接触有罪证据，先入为主，形成对被告人的有罪倾向，危及其审判中的中立地位，同时为了保障程序的公正性，《刑事诉讼法》的规定设置了程序性审查，确定了以程序性审查为主的庭前审查方式。为了防止法官对案件形成偏见，使法官保持中立和超然的裁判者形象，《刑事诉讼法》明确了控方的举证责任，增强了控辩双方的对抗性，避免因一方诉讼权利不能有效行使而导致判决对其不利。同时因被告人不承担自证罪行义务，对其辩解或存疑证据，《刑事诉讼法》赋予合议庭对存疑证据的调查核实权。

但应该明确的是，作为中立的裁判者，法官既不承担由控方履行的举证责任，也不代替被告人行使辩护权。法官所享有的庭外调查权，是在控、辩双方举证和质证的基础上，为了认证而对有疑问的证据进行调查核实的权力。如果偏离了这一方向，法官的庭外调查权就与法官应有的中立立场背道而驰。因此，行使庭外调查权的目的不能违背中立性原则，程序上应体现控、辩双方平等参与原则。最高人民法院发布的《中华人民共和国法官职业道德基本准则》也要求法官“审理案件应当保持中立”。这些都毫无疑问地表明，中立在审判阶段裁判者身上体现得最为明显、充分，刑事法官应当坚持正确的立场或角色定位，尽到客观公正的责任义务，保持中立的裁判者形象。

(3)“中立”原则在司法实践中的体现。为了保障审判法官中立，审判独立也就成为公正审判的基本要求和前提。离开了审判独立，法官中立就成了无本之木、无源之水。因此，刑事法官必须全面理解中立原则，端正审判意识，树立法官中立的审判理念，为实现程序公正、实体处理公平、客观裁判奠定基础。在司法实践中要做到平等地对待控辩双方，不能带着被告人有罪的偏见，先入为主，而应将被告人当作无罪的人看待。严格依法确定举证责任，公诉案件的举证责任由控方承担，被告人没有提出证据证明自己无罪的义务，不能因被告人不能证明自己无罪便据此得出被告人有罪的结论。调查核实活动不能带任何追诉倾向，对证据的调查必须限定在控辩双方已经提出的证据范围之内，是建立对控辩双方已经提出的证据有疑问的基础之上，而不能对控方或辩方没有提出的证据进行收集、判断，也不能对有疑问的证据以外的问题进行调查核实，特别是不能针对证据不足进行补充收集证据。否则，就违背了法官中立性原则，混淆了控审职能，使审判机关异化为追诉机关。对于调查核实时收集到的证据，必须经过控辩双方质证、辩论以后才能作为定案的根据。案件实体处理时要坚持疑罪从无和利益归被告人的原则。

第六条　人民法院、人民检察院和公安机关进行刑事诉讼，必须依靠群众，必须以事实为根据，以法律为准绳。对于一切公民，在适用法律上一律平等，在法律面前，不允许有任何特权。

[条文主旨]

本条是关于依靠群众，以事实为根据，以法律为准绳。对一切公民在适用法律上一律平等的原则的规定。

[条文释解]

本条是1979年《刑事诉讼法》的规定。历次《刑事诉讼法》修改时均未对本条作修改，说明本条是一个比较成熟，适合中国国情，也具有中国特色的原则规定。

本条是对刑事诉讼的三条重要原则所作的规定。刑事诉讼法的基本原则，统率刑事诉讼法的所有规定，对于刑事诉讼立法和司法活动都有重要的指导意见。

本条规定了我国刑事诉讼应当遵守的以下三个原则。

1. 依靠群众的原则。这一原则是党的群众路线在刑事诉讼中的具体体现。群众路线是我们党和国家一切工作的根本路线，也是司法工作的根本路线。依靠群众，就是办理刑事案件要相信群众，深入群众调查研究，发动群众向公检法机关提供破案线索，提供证实犯罪的情况。具体地讲，就是要到群众中去，深入调查研究，了解具体的案件情况，查明犯罪事实，做到客观公正，不冤枉一个好人，也不放纵一个犯罪分子。要了解群众和社会对案件的反映，宣传有关法律规定，正确适用法律惩罚犯罪，保护人民，达到社会效果和法律效果的统一。切实把实现好、维护好、发展好最广大人民的根本利益作为办理刑事案件的出发点和落脚点。依靠群众，就是要求公检法机关办案，应当实行公检法专门机关与群众相结合的办法。依靠群众作为刑事诉讼的一项基本原则在本条作了规定，在本法其他条文中对如何依靠群众还作了具体规定，如第52条规定的“必须保证一切与案件有关或者了解案情的公民，有客观地充分地提供证据的条件，除特殊情况外，可以吸收他们协助调查”，第84条、第110条则分别规定了任何公民都有权扭送现行犯和控告、举报犯罪等，这些规定充分体现了刑事诉讼依靠群众的原则。

2. 以事实为根据，以法律为准绳是办理刑事案件的基本原则之一。其中的“以事实为根据”是我国长期以来刑事诉讼的一条重要经验，是正确惩罚犯罪，防止错案，保障无罪的人不受追究的重要原则。一个人是否犯罪，是罪轻还是罪重，都要以事实为根据，对事实情况既不夸大、也不缩小，做到客观公正，不因案件的不同、当事人的不同而不同。所谓“事实”，是指人民法院、人民检察院、公安机关进行刑事诉讼，追究犯罪，必须以客观存在的、经过调查属实的、有证据证明的事实为根据，而不是靠主观想象、推测和怀疑。“以法律为准绳”，是指人民法院、人民检察院和公安机关办理刑事案件，必须以法律为标准。这里所说的法律，既包括《刑法》以及与其相关的修改补充规定和修正案，也包括刑事诉讼法和其他法律中的有关规定，如《人民法院组织法》《人民检察院组织法》《监狱法》等法律中的有关规定。处理刑事案件，从程序上讲，对于是否立案侦查、对犯罪嫌疑人是否要采取强制措施以及如何收集、调取证据，是否移送起诉，是否开庭审判等等，都必须依照刑事诉讼法的规定进行，不得违背程序方面的规定。从实体上看，被告人该不该定罪，定什么罪以及如何处刑，都必须以刑法为标准，正确定罪量刑。

以事实为根据，以法律为准绳，是正确处理案件不可分割的两个方面，二者互相联系，缺一不可。事实是前提，是基础和根据，法律是标准、尺度。只有把二者结合起来，作为一个重要原则贯彻执行，才能保证刑事诉讼的正确进行，才能完成刑事诉讼的任务。

3. 一切公民在适用法律上一律平等，这是宪法确定的法制原则在刑事诉讼中的具体体现。这一原则是指人民法院、人民检察院、公安机关在刑事诉讼中，对一切公民，不分民族、种族、职业、出身、性别、宗教信仰、教育程度、财产情况、职位高低和功劳大小，都应一律平等地适用法律，不允许有任何的特权。平等地适用法律是指任何人触犯了刑法，都应受到追究，并承担相应刑事责任，而不能有任何例外。在刑事诉讼中，任何人的诉讼权利和其他合法权益都同样受到国家法律的保护，不能因人而异。任何人都不能有超越法律之外的特权。这也是维护司法公正的基本要求。在刑事诉讼中，只有严格依法办事，才能维护和实现这一法制原则。

[审判实务]

1. 正确理解和运用依靠群众原则。依靠群众原则，是我国宪法确立的原则的具体体现。《宪法》第 27 条第 2 款规定：“一切国家机关和国家工作人员必须依靠人民的支持，经常保持同人民的密切联系，倾听人民的意见和建议，接受人民的监督，努力为人民服务。”刑事诉讼中的人民法院、人民检察院和公安机关也不例外，必须依照宪法的规定，依靠人民的支持，接受人民的监督。为了贯彻这一原则，《刑事诉讼法》中的一些具体条文也作出了规定，如《刑事诉讼法》第 52 条规定，必须保证一切与案件有关或者了解案情的公民，有客观地充分地提供证据的条件，除特殊情况外，可以吸收他们协助调查。《刑事诉讼法》第 84 条规定的公民扭送也是这一原则的具体体现。

在实践中，要处理好依靠群众与专门机关的专门工作的关系。无论公安机关、人民检察院、审判机关，进行刑事诉讼工作，都必须依照法律规定，做好法律专门工作。依靠群众并非简单地将案件交由群众处理，更不应由群众审判。

2. 正确理解和适用以事实为根据，以法律为准绳原则。实践中，对于以法律为准绳的原则，执行起来没什么问题，只要严格依照法律规定进行刑事诉讼即可。而以事实为根据，则往往存在争议。主要问题是如何理解“事实”。为此，要强调认定事实，必须坚持证据裁判原则。因为，没有证据就没有诉讼，没有证据就没有公正。证据是刑事诉讼的基石。刑事诉讼法经过历次修改，充分吸收司法实践经验，从明确举证责任、细化证据标准、完善非法证据排除及其配套规定，以及强化证人出庭和保护等方面都作了重要完善。因此，公安人员、检察人员、审判人员，要进一步强化证据裁判意识，夯实刑事案件的质量根基，确保每一起刑事案件都经得起法律和历史的检验。

以事实为根据还要求司法人员不断提高证据审查分析能力。特别是死刑案件，不得有丝毫差错，一定要对有关证据之间的关联性作出分析，对综合全案证据是否形成完整证据链作出论证。要更加重视审查客观性证据，有效克服“口供至上”的错误思想和做法。

3. 正确理解和适用对一切公民在适用法律上一律平等原则。这一原则，是指在刑事诉讼中，法律对全体公民同等适用，既不允许存在特权，也不允许对某些公民进行歧视。这一原则和法律赋予某些人的特殊保护并不矛盾。例如，在刑事诉讼中，未成年人享有很多特殊的权利，如讯问时应当通知其法定代理人到场、不公开审理、通知指派辩护、不适用死刑、在未成年犯管教所执行刑罚等，这是法律对未成年人的特殊保护，并不违背这一原则。

在适用这个原则的时候，容易出现一些困难。第一个难题是，由于财产状况的不同而可能产生的不平等。目前我国公民的财产和收入情况存在较大的差距，对于经济条件好的人，在刑事诉讼中可以聘请经验丰富、全国知名、社会活动能力很强的律师，甚至可以聘请法学专家为其提供意见书，其辩护权的行使比经济困难的人更加充分。对于这种情况，我国刑事诉讼法规定了指定辩护制度，为经济困难的被告人以及某些特殊情形下的被告人免费提供律师。2003年的《法律援助条例》更规定了法律援助的范围扩展到被害人、自诉人和犯罪嫌疑人。这是帮助经济困难的人更好地实现其诉讼权利的有效手段。第二个难题是，在现实社会生活中，由于存在行政级别和党内职务级别，对高级领导干部贪污贿赂犯罪等的侦查往往会遇到很大阻力。对于这个问题，我国公布了《监察法》，由各级纪委监察委员会对领导干部的违纪违法行为进行调查，然后移送人民检察院处理。这确实是解决问题的有效手段。而且，监察委调查职务违法犯罪案件，已经有了《宪法》为根据。

第七条　人民法院、人民检察院和公安机关进行刑事诉讼，应当分工负责，互相配合，互相制约，以保证准确有效地执行法律。

[条文主旨]

本条是关于公检法机关分工负责、互相配合、互相制约原则的规定。

[条文释解]

本条是1979年《刑事诉讼法》的规定。历次刑事诉讼法修改时均未对本条作修改。说明本条是一个比较成熟，适合中国国情，也具有中国特色的原则规定。办理刑事案件，公检法三机关应当分工负责、互相配合、互相制约，是宪法确定的刑事诉讼的基本原则。刑事诉讼法依据宪法的规定，不仅在本条规定了这个原则，而且在刑事诉讼程序的设置和具体规范中都充分体现了这一原则，作了许多具体规定，是我国多年来司法实践经验的总结。

分工负责、互相配合、互相制约原则，是指人民法院、人民检察院、公安机关在刑事诉讼中，要各司其职，互相帮助、互相监督，严格依法办事，共同完成刑事诉讼的任务。

所谓的“分工负责”，是指职责分工和案件管辖分工，即人民法院、人民检察院和公安机关在刑事诉讼中根据法律有明确的职权分工，应当在法定范围内行使职权，各司其职，各负其责，既不能相互替代，也不能相互推诿。分工负责在刑事诉讼中主要体现在以下两个方面：1. 职能上的分工。公安机关负责侦查、拘留、执行逮捕、预审；人民检察院负责批准逮捕、检察、检察机关直接受理的案件的侦查和提起公诉；人民法院负责审判。2. 案件管辖上的分工。人民法院直接受理自诉案件；人民检察院负责立案侦查贪污贿赂犯罪、国家工作人员的渎职犯罪以及国家机关工作人员利用职权侵犯公民民主权利、人身权利的犯罪；经省级以上人民检察院决定，检察院也可以立案侦查国家机关工作人员利用职权实施的其他犯罪案件；公安机关则负责立案侦查人民法院直接受理和人民检察院自行侦查的案件以外的案件。

所谓的"互相配合"是指人民法院、人民检察院和公安机关在查明案件事实真实情况，正确适用法律追究犯罪，在实现公平正义方面有着共同的目标，要按照法律规定，在正确履行各自职责的基础上，互相支持，共同完成惩罚犯罪和保护人民的任务。也就是说，三机关进行刑事诉讼，应当在分工负责的基础上，相互支持，通力合作，使案件的处理能够上下衔接，协调一致，共同完成查明案件事实，追究、惩罚犯罪的任务，而不能违反法律规定，各行其是，互不通气，甚至互相扯皮。互相配合则体现在：1. 公安机关的立案、侦查，为人民检察院审查批捕、提起公诉做好准备。人民检察院对于公安机关提请逮捕而应该逮捕的犯罪嫌疑人，要及时批准逮捕。人民检察院直接受理的案件中，若需要拘留、逮捕犯罪嫌疑人、被告人的，则由人民检察院决定，由公安机关执行。人民检察院需要通缉被告人时，应当通知公安机关执行。2. 人民检察院的起诉为法院的审判做好准备，法院对检察院提起的公诉，只要起诉书中有明确的指控犯罪事实和附有相关证据材料的，就应当及时开庭审判。人民法院审理公诉案件，人民检察院除特定情况外应当派员出席法庭支持公诉。

所谓的"互相制约"是指人民法院、人民检察院和公安机关在刑事诉讼中，为防止和及时纠正可能发生的错误，通过程序上的制约，来保证案件质量，正确应用法律惩罚犯罪。也就是说，公检法三机关应当按照诉讼职能的分工和程序上的设置，相互约束，相互制衡，以防止发生错误或及时纠正错误，以保证准确执行法律，做到不错不漏，不枉不纵。互相制约体现在：1. 公安机关逮捕犯罪嫌疑人、被告人，要提请人民检察院批准，如不批准，公安机关认为应当逮捕时，可以要求复议，如果检察院不接受，可向上一级人民检察院提请复核。2. 对于公安机关移送起诉的案件，人民检察院决定不起诉的，应当将不起诉决定书送公安机关。公安机关认为应当起诉的，可以要求复议，如果意见不被接受，可向上一级检察院提请复核。3. 人民检察院对公安机关的立案和侦查活动实行监督，如果发现有违法情况，可通知公安机关纠正。人民检察院对法院的审判活动也实行监督。对人民法院的判决、裁定认为有错误时，有权按第二审程序或审判监督程序提出抗诉。

分工负责、互相配合、互相制约是统一的不可分割的。其中，“分工负责”是最基本的前提，“互相制约”是“分工负责”的表现形式，“互相配合”则是“分工负责”和“互相制约”的客观结果。（1）没有分工负责，三机关的职权可以互相行使，也就谈不上配合与制约。（2）只有分工负责，没有互相配合与制约，刑事诉讼任务也不能顺利完成。互相配合与互相制约是相辅相成、辩证统一的，两者不可分割。（3）如果只讲配合不讲制约，工作中的缺点错误就不能及时防止和纠正，法律就不能正确贯彻和执行，案件也就不能正确处理，配合的目的也就实现不了。（4）如果只讲制约，不讲配合，就容易出现互相扯皮，彼此抵消力量，影响诉讼活动的顺利进行。所以，对分工负责、互相配合、互相制约的原则，必须有全面、正确的理解，才能在实践中正确贯彻执行，才能发挥它的积极作用。

侦查、起诉、审判职能的分离能够最大限度地限制专门机关的权力的行使，从而能够更好地保护被追诉人的权利。一般认为，分工负责、互相配合、互相制约是一个统一的整体，而其目标就是保证准确、有效地执行法律，包括宪法、刑事程序法和刑事实体法。

[司法实务]

1. 关于国家安全机关等办理刑事案件是否适用本条规定的问题。我们认为，也是适用的。根据《刑事诉讼法》的有关规定，国家安全机关依照法律规定办理危害国家安全的刑事案件行使与公安机关相同的职权，军队保卫部门对军队内部发生的刑事案件行使侦查权，对犯罪在监狱内犯罪的案件由监狱进行侦查。上述部门在行使侦查职权时，同样要遵循本条规定的原则。最根本的原因在于，本条规定来源于宪法，是刑事诉讼法的基本原则，任何机关依照刑事诉讼法办理刑事案件，都必须遵循本原则。

2. 实践中要处理好几个貌似有矛盾的关系：法院与追诉机关的“配合”，与审判机关中立性的矛盾；互相配合、互相制约关系，与审判权威树立的矛盾；公检法之间的互涉关系，与辩护人能动性作用发挥的矛盾。我们认为，上述矛盾都是形式上的矛盾。公检法三机关首先要做到分工负责，其次才是互相配合的问题，最后是重视互相制约。实践中，公检法三机关的互相配合，最主要目的是防止出现冤假错案，而绝不是共同配合对付当事人，更不是为了使当事人权利保障程序失去应有的作用。

第八条　人民检察院依法对刑事诉讼实行法律监督。

[条文主旨]

本条是关于人民检察院的法律监督职责的规定。

[条文释解]

本条规定也是宪法有关规定的具体落实。我国宪法明确规定，人民检察院是国家的法律监督机关。根据这一规定，为了进一步强化人民检察院在刑事诉讼中的法律监督职能，维护司法公正，1996 年修改《刑事诉讼法》时，在总则中增加了这一规定。

人民检察院依法对刑事诉讼实行法律监督的原则，是由人民检察院的性质以及人民检察院在国家机关中的地位和作用所决定的。根据我国宪法的规定，人民检察院是国家的法律监督机关，其中心职责就是要监督国家法律的正确实施。刑事诉讼作为一种重要的国家活动，能否正确地实施国家法律，理应成为人民检察院进行监督的重点。

人民检察院依法对刑事诉讼实行法律监督，是由人民检察院在刑事诉讼中的地位决定的。我国刑事诉讼中的人民检察院不同于西方国家的检察官，它不是与被告人对等的当事人之一方，而是具有法律监督职能的国家司法机关，除了具有控诉职能以外，还要负责对整个刑事诉讼活动进行法律监督。从我国的刑事诉讼结构来看，如果将从侦查、起诉到审判的刑事诉讼的过程比作一场接力赛的话，人民检察院的审查起诉和提起公诉的活动，正好处在这一过程的中间环节，起着承上启下的作用。因此，由检察机关对先行的公安机关的侦查活动和后续的人民法院的审判活动进行法律监督，也是刑事诉讼能否依法顺利进行的重要保证。

人民检察院对刑事诉讼实行法律监督，也是根据社会现实的需要。随着社会主义市场经济的迅速发展，执法环境发生了很大变化，各方面的法律在成倍地增长，司法队伍在迅速扩大，严重刑事犯罪活动也有了显著增加。同时，市场经济条件下“权钱交易”的腐败现象在影响着司法的公正性，被地方利益驱动的地方保护主义也在严重侵蚀着司法队伍。有法不依、执法不严、违法不究的现象已经引起人民群众的极大不满，成为全党、全民关注、议论的问题。为解决这些问题，《刑事诉讼法》突出了以权力制约权力的思想，将人民检察院依法对刑事诉讼实行法律监督作为一条刑事诉讼的原则规定在总则中，表现了国家权力机关对新形势下人民检察院要加强刑事诉讼法律监督问题的高度重视。

人民检察院依法在刑事诉讼中实行法律监督的措施主要体现在以下几个方面：

1. 立案监督。人民检察院认为公安机关对应当立案侦查的案件不立案侦查，或者被害人认为公安机关对应当立案侦查的案件不立案侦查，向人民检察院提出的，人民检察院应当要求公安机关说明不立案的理由。人民检察院认为公安机关不立案的理由不能成立的，应当通知公安机关立案，公安机关接到通知后应当立案。这些都体现了检察机关对公安机关立案的有力监督。

2. 逮捕监督。逮捕犯罪嫌疑人、被告人，除少量由人民法院直接受理的案件由人民法院决定外，必须经过人民检察院批准。人民检察院通过批准程序对公安机关这一部分的侦查活动是否合法、适用法律是否准确进行监督。法律规定，检察机关如果发现公安机关的侦查活动有违法情况，应当通知公安机关予以纠正，公安机关应当将纠正情况通知人民检察院。犯罪嫌疑人、被告人被逮捕后，人民检察院仍应当对羁押的必要性进行审查。对不需要继续羁押的，应当建议予以释放或者变更强制措施。有关机关应当在 10 日内将处埋情况通知人民检察院。

3. 起诉监督。人民检察院对于公安机关移送起诉的案件，经审查后，应当作出起诉决定，或者作出不起诉决定。这一审查既是对公安机关侦查工作的质量即犯罪事实是否查清、适用法律是否准确的审查，也是对公安机关的工作是否遵守法定程序的审查，并最后作出是否提起公诉的决断。因此，审查起诉本身就是法律监督。

4. 审判监督。人民检察院认为人民法院的第一审判决、裁定有错误的，应当向上一级人民法院提出抗诉，上一级人民法院应当开庭审理。最高人民检察院对于各级人民法院已经发生法律效力的判决和裁定，上级人民检察院对下级人民法院已经发生法律效力的判决和裁定，如果发现确有错误，有权依照审判监督程序向同级人民法院提出抗诉。接受抗诉的人民法院应当组成合议庭重新审理，对于原判决事实不清或者证据不足的，可以指令下级人民法院再审。公诉人在出庭支持公诉的过程中，发现人民法院审理案件违反法律规定的诉讼程序的，人民检察院有权在开庭以后，向人民法院提出纠正意见，这也体现了人民检察院对人民法院审判活动的监督。

5. 执行监督。人民检察院认为人民法院减刑、假释的裁定不当的，应当向人民法院提出书面纠正意见。人民法院应当重新组成合议庭进行审理，作出最终裁定。人民检察院认为刑罚执行机关批准对罪犯暂予监外执行不当的，应将书面意见递交批准暂予监外执行的机关，该机关接到人民检察院的书面意见后，应当立即对该决定重新审查。此外，人民检察院还要对刑罚执行机关执行刑罚的活动是否合法进行监督，如果发现有违法的情况，应当通知执行机关纠正。

需要说明的是，1996 年《刑事诉讼法》修改时，立法机关认为，为了防止或者减少诉讼中的违法行为，正确适用法律，惩罚犯罪，保障无罪的人不受刑事追究，保护诉讼当事人的诉讼权利，（刑事诉讼法修改）草案对诉讼各个环节的监督，主要增加了以下规定：第一，在总则中规定，人民检察院依法对刑事诉讼实行法律监督。第二，人民检察院认为或者被害人提出，公安机关对应当立案侦查的案件而不立案侦查的，人民检察院应当要求公安机关说明不立案的理由。人民检察院认为公安机关不立案理由不能成立的，应当通知公安机关立案，公安机关接到通知后应当立案。第三，对人民检察院抗诉的案件，第二审人民法院应当开庭审理。人民检察院提出抗诉的案件、第二审人民法院开庭审理的公诉案件，同级人民检察院都应当派员出庭。第四，人民检察院发现人民法院的审理案件违反法律规定的诉讼程序，或者认为人民法院减刑、假释的裁定不当，应当向人民法院提出书面纠正意见①。

---

① 见顾昂然（时任全国人民代表大会常务委员会法制工作委员会主任）1996 年 3 月 12 日在第八届全国人民代表大会第四次会议上所作的《关于〈中华人民共和国刑事诉讼法修正案（草案）〉的说明》。

[配套规定]

1. 最高人民检察院关于刑事诉讼法律监督工作贯彻刑诉法若干问题的意见（高检发研字［1997］1号　1996年12月31日）[①]

一、关于对刑事诉讼实施法律监督的原则

（一）对法律监督原则的理解

《刑事诉讼法》总则中确定了“人民检察院依法对刑事诉讼实行法律监督”的刑事诉讼的基本原则，在刑事诉讼的具体环节上如立案、逮捕执行、庭审、减刑、假释等环节完善了人民检察院法律监督的措施，在刑事诉讼法中增强了监督的可操作性，这对于保证刑事诉讼的公正和高效、完善我国检察制度、强化法律监督职权都具有特别重要的意义。

人民检察院依法对刑事诉讼实行法律监督的原则，应当从四个方面理解：

1. 在刑事诉讼法中，人民检察院是专门的法律监督机关，监督的主体是作为国家专门法律监督机关的人民检察院。

2. 加强人民检察院对刑事诉讼的法律监督，目的是保障公安司法机关统一正确地执行刑事法律，维护刑事司法的公正和效率。

3. 人民检察院对刑事诉讼实行法律监督，必须严格依照法律规定的范围和程序进行，法律监督本身必须具有合法性。

4. 人民检察院在刑事诉讼中监督的主要内容是公安机关的侦查活动、人民法院的刑事审判活动和监狱、看守所等刑罚执行机关的执行活动是否合法，刑事诉讼是公安司法机关在当事人和其他诉讼参与人的参加下，依照法定程序查明案件事实，适用刑法解决被告人刑事责任的侦查、起诉、审判和执行活动，从广义上说监督的对象也包括诉讼当事人和其他诉讼参与人的诉讼行为，但人民检察院法律监督的重点应当是公安司法机关的侦查、审判、执行活动是否合法。

（二）法律监督与相互制约的关系

《刑事诉讼法》在规定“人民检察院依法对刑事诉讼实行法律监督”的同时，还规定：“人民法院、人民检察院和公安机关进行刑事诉讼，应当分

① 本意见发布于1996年。意见中引用的法律条款及个别职能已经发生了变化。但基本内容仍然在实践中可用。故本书引用本意见，供读者参考。

工负责，互相配合，互相制约，以保证准确有效地执行法律。”人民检察院的法律监督与公、检、法三机关之间的相互制约既有联系，又有质的区别，不能相互混淆和替代。

监督与制约的联系在于，监督也是一种制约、制衡、约束，刑事诉讼中监督与制约都能起到防止和纠正工作中失误的作用，以利于正确认定事实和运用法律。

监督与制约的区别在于：

1. 互相制约是由于检察机关承担一定的诉讼任务所产生。侦查、控诉、审判由于分工不同，职能的内涵各异，互相衔接，交互发生作用面产生互相制约的诉讼机制，这种互相制约以一方的存在作为另一方存在的前提。而诉讼监督职能是由于宪法和法律规定检察机关是法律监督机关，对诉讼活动是否合法的监督是检察机关法律监督的一种形式和诉讼中的具体体现。正因为如此，在刑事诉讼中，只有检察机关才是监督主体，而并非互相制约的各方都互为监督主体。

2. 制约与监督的表现形式不同，制约主要表现为一个程序结束向另一个程序转换时两个诉讼程序的主体间的相互关系，它的指向主要是诉讼的结果。而诉讼监督则不同，它存在于诉讼活动的始终，不仅包括对诉讼结果的监督，而且也包括对诉讼过程的监督。

3. 制约与监督的行为走向不同，制约是双向的，但监督是单向的，不具有双向性的特征。对诉讼活动的监督是以提出纠正意见作出监督指令的形式进行，被监督部门应当执行。对诉讼活动的制约是以诉讼主体间复议、复核、退回程序等方式进行。

4. 制约与监督的运作结果不同，互相制约关系随着诉讼程序的推移而自行得以解决。对刑事诉讼中违法行为的监督，是以违法行为得到纠正而得以解决。

（三）人民检察院对刑事诉讼的法律监督要通过办案实现

在刑事诉讼中，人民检察院参与刑事诉讼的整个过程中，在依法对刑事诉讼实行法律监督的同时承担着侦查、审查批准逮捕、审查起诉、出庭公诉等职能。这些职能本身就体现了人民检察院的法律监督职权，人民检察院正是在审查批捕、审查起诉和出庭公诉等具体工作中进行法律监督的，也就是说，人民检察院的法律监督是通过具体办案实现的，办案是检察机关实行法律监督最有效的手段。高检院提出的“严格执法，狠抓办案”的方针表明了这一点。检察机关是在查处犯罪案件中，在审查批捕、审查起诉中，在庭审活动中以及其他诉讼活动中，实行法律监督。

二、立案监督

《刑事诉讼法》第87条规定："人民检察院认为公安机关对应当立案侦查的案件而不立案侦查的，或者被害人认为公安机关对应当立案侦查的案件而不立案侦查，向人民检察院提出的，人民检察院应当要求公安机关说明不立案的理由。人民检察院认为公安机关不立案理由不能成立的，应当通知公安机关立案，公安机关接到通知后应当立案。"这一修改，是针对司法实践中有案不立、有罪不究、以罚代刑等问题，强化了人民检察院的立案监督。

（一）实施立案监督的案源和监督重点

根据《刑事诉讼法》的规定，人民检察院对公安机关立案监督案件的来源应当是：（1）在审查批准逮捕工作中发现的；（2）在审查起诉工作中发现的；（3）被害人提出控告的；（4）党委、人大等有关部门提出的。

立案监督的重点应当是具有下列情形之一，公安机关有案不立、有罪不究、以罚代刑的：（1）案情重大的；（2）有较大社会影响的；（3）涉嫌徇私舞弊的。

对公安机关立案监督权的行使应当慎重，严格程序，力求准确。要突出监督重点。那种要求公安机关把立案决定书、不立案决定书都向检察院备案审查的主张是不可取的，在实践中也是很难执行的，检察机关也没有力量承担。

对公安机关立案监督要严格执行审批程序。对于需要公安机关说明不立案理由的，应当经职能部门审查提出意见，由主管检察长决定。对于需要通知公安机关立案的，应当由检察长决定，疑难、复杂或者重大的案件，由检察长提交检察委员会讨论决定，并向上一级人民检察院备案。

检察机关通过立案监督，通知公安机关立案具有指令性，公安机关接到立案通知应当立案。这就要求，检察机关立案决定必须准确。公安机关按照检察院的通知立案的案件，一般应是可以逮捕，提起公诉的案件。如果公安机关按照检察院的通知立案的案件，在审查批捕和审查起诉中，经审查不需要追究刑事责任，就会出现"立也检察院决定，撤也检察院决定"的被动局面。我们应尽量减少这种被动情况的发生。

（二）关于国家机关工作人员利用职权实施其他重大犯罪案件的立案监督

对于国家机关工作人员利用职权实施刑事诉讼法明确规定应由检察机关受理直接立案侦查案件以外的其他重大犯罪案件，除应按照立案监督程序通知公安机关立案外，也可以适用《刑事诉讼法》第 18 条第 2 款的特殊规定，经省级以上人民检察院决定，由人民检察院立案侦查。

《刑事诉讼法》第 18 条第 2 款的特殊规定，主要是赋予人民检察院对立案活动、侦查活动实施个案监督的权力，是为了充分发挥人民检察院的法律监督职能，解决刑事司法实践中有案不立、有罪不究、以罚代刑等问题，以保证使犯罪分子无一例外地受到刑事追究。人民检察院通过这种方式对一些个案行使追诉权，并不是要包揽其他机关的侦查权，而是通过这种方式加强执法监督，促进严格执法，维护国家法律统一正确实施。

根据司法实践的具体情况，属于这类的案件主要包括：

（1）有关机关对于国家机关工作人员犯罪案件有案不立、有罪不究，经人民检察院通知立案仍未依法追究的案件；

（2）以罚代刑，降格处理，经人民检察院督促后仍不纠正的案件；

（3）对于是否构成犯罪，认识不一致，而人民检察院认为应当依法追究刑事责任的案件；

（4）一案数罪，既有属人民检察院管辖的，又有属公安机关或其他部门管辖的，由人民检察院管辖更为适宜或者后者坚持不受理的案件；

（5）对案件管辖发生争执，而有管辖权的机关拒不侦查或者长期拖延不予立案侦查的案件；

（6）与需要追究徇私舞弊行为相关联的案件；

（7）在特殊情况下，由特定组织交由人民检察院直接立案侦查的案件。

这一规定，是人民检察院在直接立案侦查案件方面的弹性规定，在执行中应当从严掌握，而不能借此任意扩大人民检察院直接受理案件的范围。人民检察院对于公安机关应当立案侦查而不立案侦查的一般案件，人民检察院应当按《刑事诉讼法》第 87 条的规定办理。对于这类案件，原则上应由公安机关立案侦查，如果公安机关坚持不立案或者立案后又撤案的，确实影响重大，危害严重，又符合本条规定的，人民检察院可以依据这一规定立案侦查。

（三）立案监督的受理与审查

人民检察院负责立案监督的职能部门是审查批捕部门和控告申诉部门。

对于被害人认为公安机关对应当立案侦查的案件而不立案侦查，向人民检察院提出的，由控告申诉部门受理，经检察长批准，向公安机关发出说明不立案理由通知，对公安机关说明的理由进行审查。如果公安机关说明不立案理由成立，控告申诉部门负责告知被害人公安机关不立案理由；如果经审查认为公安机关说明不立案理由不能成立，控告申诉部门应当将案件移送审查批捕部门审查。审查结果，由控告申诉部门答复被害人。

审查起诉中发现的公安机关应当立案侦查而未立案的，审查起诉部门应当移送审查批捕部门审查。

审查批捕和审查起诉中发现的公安机关应当立案侦查，而未立案的，经检察长批准，由审查批捕部门通知公安机关说明不立案的理由，并负责对不立案理由不能成立的案件是否需要通知公安机关立案作实体性审查，报检察长审批，提交检察委员会讨论决定。

三、批准逮捕决定执行的监督

（一）关于对逮捕决定执行监督的理解

刑事诉讼法修改针对以往司法实践中存在的人民检察院逮捕决定不能得到有效执行的问题，增加了关于批准逮捕决定执行的监督的内容。《刑事诉讼法》第 68 条规定：“人民检察院对于公安机关提请批准逮捕的案件进行审查后，应当根据情况分别作出批准逮捕或者不批准逮捕的决定。对于批准逮捕的决定，公安机关应当立即执行，并且将执行情况及时通知人民检察院。对于不批准逮捕的，人民检察院应当说明理由，需要补充侦查的，应当同时通知公安机关。”第 69 条第 3 款：“人民检察院不批准逮捕的，公安机关应当在接到通知后立即释放，并且将执行情况及时通知人民检察院。”第 73 条规定：“人民法院、人民检察院和公安机关如果发现对犯罪嫌疑人、被告人采取强制措施不当的，应当及时撤销或者变更。公安机关释放被逮捕的人或者变更逮捕措施的，应当通知原批准的人民检察院。”

根据这几条规定，人民检察院对逮捕决定执行的监督包括：（1）对于人民检察院批准逮捕的决定，公安机关必须立即执行，并将执行情况及时通知人民检察院。“执行情况”包括是否已将罪犯抓获，予以逮捕，关押何处，如果没有抓获，说明无法执行逮捕的原因等。（2）对于检察机关不批准逮捕的，公安机关应当立即释放，并将执行情况及时通知人民检察院，其中包括犯罪嫌疑人是否释放，是否需要采取取保候审、监视居住等强制措施。（3）公安机关发现对犯罪嫌疑人采取逮捕强制措施不当，撤销、变更逮捕强制措施，应当通知原批准的人民检察院，人民检察院如果有不同意见可以提出纠正。

这些规定：（1）突出了审查决定逮捕是检察机关的职权，其他机关不得行使；（2）逮捕执行机关，对逮捕决定必须立即执行；（3）加强对逮捕执行的监督，逮捕情况、不捕放人情况、强制措施变更情况都要及时向人民检察院报告。

（二）对执行逮捕决定中违法的纠正

人民检察院批准逮捕和不批准逮捕的决定作出后，要注意加强跟踪监督，对于公安机关执行逮捕，释放被逮捕的犯罪嫌疑人，或者变更强制措施的通知和活动，人民检察院如果发现有违法情形，应当通知公安机关纠正。对于公安机关变更逮捕措施不当、释放被逮捕的犯罪嫌疑人，经提出纠正意见后公安机关不纠正的，人民检察院应当作出逮捕决定，通知公安机关执行。对公安机关认为变更逮捕措施后，需要逮捕犯罪嫌疑人的，应当重新报请人民检察院审查批准，不宜自行决定收监。

四、侦查活动的监督

（一）侦查活动监督的重点

人民检察院依法对公安机关进行刑事侦查的行为是否合法，实行法律监督，这一监督贯穿于公安机关侦查工作的全过程，包括对公安机关实施各种侦查措施收集证据，采取强制措施，缉拿犯罪嫌疑人等，主要包括：（1）对犯罪嫌疑人刑讯逼供、诱供的；（2）对被害人、证人以体罚、威胁、诱骗等非法手段获取证言、收集证据的；（3）伪造、隐匿、销毁、调换和私自涂改证据的；（4）有意制造冤、假、错案的；（5）徇私舞弊，放纵、包庇犯罪分子的；（6）在侦查、预审活动中利用职务之便谋取非法利益的；（7）贪污、挪用、调换赃款赃物及其孳息的；（8）违反刑事诉讼法关于采取、执行、变更、撤销强制措施规定的；（9）违反办案期限规定的；（10）其他违反刑事诉讼法有关规定的行为。

（二）侦查活动监督的方式

人民检察院的侦查活动监督，主要是通过审查批捕、审查起诉而进行的，同时在参与公安机关的侦查活动，对案件进行补充侦查，以及受理举报和控告中，也可以发现公安机关侦查活动中的违法行为。要认真审查关于公安机关负责人回避的申请，在必要时派人参加公安机关对于重大案件的讨论；人民检察院在审查案件的时候，对于公安机关的勘验、检查，认为需要复验、复查时，可以要求公安机关复验、复查，并且可以派检察人员参加。

对于已经发现的违法行为，应当分别情况予以纠正，对于一般的违法行为，可以采取口头提出纠正意见或发出《纠正违法通知书》的方式；对于情节严重、构成犯罪的，应当依法追究其刑事责任。当前，要特别加强对公安人员的执法监督，对于刑讯逼供、徇私舞弊情节严重的，由法纪检察部门依法查处。对于纠正公安机关在侦查活动中违法的通知，要注意公安机关的反馈，保证侦查监督的及时和有效。

（三）对违法取证的监督

人民检察院在侦查活动监督中，要注意对侦查机关通过违法的方法获取的证据的审查，发现和纠正侦查活动中的违法取证，对以刑讯、威胁、引诱、欺骗以及其他违法的方法收集的言词证据，不能作为指控犯罪的证据。人民检察院审查起诉部门在审查中发现侦查人员以违法方法收集言词证据的，应当提出纠正意见，要求侦查机关另行指派侦查人员重新调取证据。必要时人民检察院也可以自行调查取证。对于以违法的方法收集的实物证据，经审查核实，能够证明案件真实情况的，可以作为指控犯罪的证据。但人民检察院应当对违法取证行为提出纠正意见。对于在侦查活动中违法取证，构成犯罪的，应当依法追究刑事责任。

五、审判活动监督

庭审方式改变后，出庭的公诉人在法庭上的地位和职权并没有变。公诉人在法庭上既履行公诉职能，也承担法律监督责任。

《刑事诉讼法》第169条规定："人民检察院发现人民法院审理案件违反法律规定的诉讼程序，有权向人民法院提出纠正意见。"这一规定修改了原刑事诉讼法第112条第2款的规定即"出庭的检察人员发现审判活动有违法情况，有权向法庭提出纠正意见"的规定，对监督的主体、监督对象、方式作了修改。首先，人民检察院对人民法院审理刑事案件包括庭审的法律监督，应当是人民检察院作为国家法律监督机关的职权，这一职权的行使应当由人民检察院行使，而不能简单地由公诉人个人行使，因此应当经过一定法定程序，由人民检察院向人民法院提出纠正意见，这使这种监督程序化、正规化。其次，人民检察院在庭审中的监督对象是人民法院审理案件中违反刑事诉讼法所规定的有关程序的问题，公诉人在庭审中发现法庭有违反法律规定的诉讼程序的情况，应当及时向所属的检察院报告，以人民检察院的名义向人民法院提出纠正意见。人民法院对于人民检察院的纠正意见，应当接受并及时改正错误，向人民检察院通报改正的情况。

需要指出的是，人民检察院对审理活动进行监督，从法律规定看并未要求这种监督只能在法庭休庭后以书面形式进行。出庭的公诉人发现庭审活动严重违反法律规定的诉讼程序的，也可以在庭上向法庭提出；如法庭不予采纳且严重违反法律规定的诉讼程序可能影响公正审判的，公诉人可以要求休庭，向检察长报告后（检察长出庭的除外）以检察院的名义正式提出纠正意见。

对审判的监督是法律监督权、检察权的组成部分，应当由人民检察院统一行使，刑诉法修改并未改变公诉人在法庭上的地位，公诉人作为检察官，根据检察官法第六条的规定依法进行法律监督工作。人民检察院的法律监督职权是通过检察官履行职责实现的，公诉人出庭时人民检察院赋予其对庭审进行监督的任务，公诉人当庭可以对庭审违反刑诉法规定的程序的问题提出意见。在法庭审判中，如合议庭组成不合法或应当不公开审理的案件却公开审理等违反法律规定的情形，即使是当事人也有权提出自己意见，公诉人如果发现庭审活动这些违反法律规定的程序，也当然可以向法庭提出，这有利于及时纠正错误，保证庭审公正、依法进行，无损于法庭的尊严。

六、刑罚执行活动的监督

（一）关于监外执行、减刑、假释的监督

刑事诉讼法修改和增加了对暂予监外执行的监督、减刑和假释的监督的内容，对执行机关执行刑罚的活动实行监督的具体条文作了修改。

《刑事诉讼法》第 215 条规定：“批准暂予监外执行的机关应当将批准的决定抄送人民检察院。人民检察院认为暂予监外执行不当的，应当自接到通知之日起一个月以内将书面意见送交批准暂予监外执行的机关，批准暂予监外执行的机关接到人民检察院的书面意见后，应当立即对该决定进行重新核查。”1979 年刑诉法没有明确规定人民检察院对暂予监外执行的监督。近年来，实践中不当适用暂予监外执行的现象比较突出，通过各种关系、伪证、假手续，甚至贿赂，使一些罪犯被监外执行，有的出来后继续危害社会。鉴于这种情况，有必要加强对暂予监外执行的监督。

《刑事诉讼法》第 222 条规定：“人民检察院认为人民法院减刑、假释的裁定不当，应当在收到裁定书副本后二十日以内，向人民法院提出书面纠正意见。人民法院应当在收到纠正意见书后一个月以内重新组成合议庭进行审理，作出最终裁定。”《监狱法》曾规定对于人民法院减刑、假释不当的，人民检察院可以提出抗诉。这次修改刑诉法，将人民检察院对人民法院减刑、假释不当提出抗诉改为向人民法院提出书面纠正意见，但这种纠正意见具有引起人民法院对减刑、假释组成合议庭重新审理的效力。

对于批准暂予监外执行的机关作出的监外执行决定是否正确，人民法院作出减刑、假释的裁定是否正确的监督，应当是事后的监督。如果在监所检察工作中，发现执行机关提请监外执行、减刑、假释不当的，可以向执行机关提出意见。

（二）关于执行刑罚的活动的监督刑诉法

关于执行刑罚的活动的监督《刑事诉讼法》第224条：“人民检察院对执行机关执行刑罚的活动是否合法实行监督。如果发现有违法的情况，应当通知执行机关纠正。”这次修改对监狱等监管场所的监督范围具体化到执行机关执行刑罚的活动，主要是对交付执行、刑期的掌握、收押管理、更执行、终止执行、执行机关监管罪犯的管理等活动中的违法行为实行监督检察。

第九条　各民族公民都有用本民族语言文字进行诉讼的权利。人民法院、人民检察院和公安机关对于不通晓当地通用的语言文字的诉讼参与人，应当为他们翻译。

在少数民族聚居或者多民族杂居的地区，应当用当地通用的语言进行审讯，用当地通用的文字发布判决书、布告和其他文件。

[条文主旨]

本条是关于我国公民有权运用本民族语言文字进行刑事诉讼的基本原则的规定。

[条文释解]

本条是1979年《刑事诉讼法》的规定。历次《刑事诉讼法》修改时均未对本条作修改。说明本条是一个比较成熟，适合中国国情，也具有中国特色的原则规定。

我国是一个统一的多民族国家。包括汉族在内共有五十六个民族。在我国，所有民族，不论人数多少，各民族在政治上、经济上、法律上一律平等，都有使用本民族语言文字表达意愿的自由，这是我们党和国家一直坚持的民族政策的体现，也是《宪法》的规定。

本条是《宪法》规定的具体落实。我国《宪法》规定，中华人民共和国各民族一律平等。国家保障各少数民族的合法的权利和利益，维护和发展各民族的平等、团结、互助关系。各民族都有使用和发展自己的语言文字的自由。《宪法》还规定，各民族公民都有使用本民族语言文字进行诉讼的权利。人民法院和人民检察院对于不通晓当地通用的语言文字的诉讼参与人，应当为他们提供翻译。在少数民族聚居或者多民族共同居住的地区，应当用当地通用的语言进行审理。起诉书、判决书、布告和其他文书应当根据实际需要使用当地通用的一种或者几种文字。

各民族公民有使用本民族语言文字进行刑事诉讼的权利，是民族平等原则在刑事诉讼中的重要体现。同时，各民族公民使用本民族语言文字进行刑事诉讼，有利于保障各民族的诉讼参与人能够平等地享受和充分地行使各项诉讼权利，有利于全面查清案情，正确处理案件，保证诉讼活动的顺利进行，有利于更好地进行法治宣传教育，增强法治观念，提高各民族公民同犯罪作斗争的自觉性。

本条分为两款。第 1 款是关于各民族公民都有使用本民族语言文字进行刑事诉讼的权利的规定。其主要内容是：

1. 使用本民族的语言文字进行诉讼，是法律规定的各民族的诉讼参与人享有的诉讼权利，司法机关在刑事诉讼中应当为他们行使这项权利提供必要的便利和帮助。

2. 对于不通晓当地通用的语言文字的诉讼参与人，人民法院、人民检察院和公安机关应当为他们提供翻译。各民族有权用本民族语言进行诉讼是民族平等的重要体现，各民族公民在刑事诉讼中虽然可以使用本民族的语言文字，但当他不通晓当地通用的语言文字时，就应当有翻译人员为他们进行口头的和文字的翻译，这是公检法机关应尽的义务。“通用的语言文字”，是指当地的国家权力机关和行政机关行使权力和履行职务时正式使用的语言文字。通用的语言文字可能是一种，也可能是多种。

本条第 2 款是关于在少数民族聚居或者多民族杂居的地区，用什么语言、文字审讯、发布判决书、布告的规定。在少数民族聚居或者多民族杂居地区存在多种民族语言的情况下，在刑事诉讼各个阶段讯问犯罪嫌疑人、被告人应当使用当地通用的语言，发布判决书、布告和送达传票、通知等文件，也应当使用当地通用的文字。

[司法实务]

关于当事人的方言问题。我国地域辽阔，人员情况复杂。同样是汉族，不同居住地的人即可能有自己的方言。而汉族的共同语言是现代普通话。但在不少偏僻地区，不少人仍然不会普通话，只会说当地方言。对此情况怎么办呢？是否要强制他们说普通话？我们认为，推广普通话是国家的一项制度，但不能强求只会说方言的当事人只能用普通话进行诉讼。一般而言，公检法机关的工作人员因为身处案发地，也基本懂得当地方言。但是上级公检法机关的工作人员却未必懂得当地方言。这个时候，可以请懂得当地方言的人进行翻译。但上述情况，不属于本条规定的运用民族语言文字进行刑事诉讼的范畴。为方言作翻译的人员也不是本条文规定意义上的翻译人员，而只是为方便工作请的翻译人员。

第十条　人民法院审判案件，实行两审终审制。

[条文主旨]

本条是关于人民法院审判案件实行两审终审制的规定。

[条文释解]

本条是1979年《刑事诉讼法》的规定。历次《刑事诉讼法》修改时均未对本条作修改。说明本条是一个比较成熟，适合中国国情，也具有中国特色的原则规定。两审终审制是我国长期司法实践经验的总结。这一制度既有利于案件的及时审结，防止久拖不决，影响惩罚犯罪分子，影响司法公正，又可以保证上级人民法院对下级人民法院的审判行使监督职权，发现错误及时纠正。因此，本条对这一重要制度作了规定。

两审终审制，是指一个案件至多经过两级人民法院审判即告终结的制度，对于第二审人民法院作出的终审判决、裁定，当事人等不得再提出上诉，人民检察院不得按照上诉审程序提出抗诉。

根据两审终审制的要求，地方各级人民法院按照第一审程序对案件审理后所作的判决、裁定，尚不能立即发生法律效力。只有在法定上诉期限内，有上诉权的人没有上诉，同级人民检察院也没有抗诉，第一审法院所作出的判决、裁定才会发生法律效力。在法定期限内，如果有上诉权的人提出上诉，或者同级人民检察院提出了抗诉，上一级人民法院应依照第二审程序对该案件进行审判。上一级人民法院审理第二审案件作出的判决、裁定，是终审的判决、裁定，立即发生法律效力。这样经过两级法院对案件审判后，该案的审判即告终结。

[司法实务]

刑事诉讼实行两审终审制。两审终审制是人民法院审判案件的一项重要制度。根据这一制度，在一般情况下，一个案件经过两级人民法院审判即告审判终结，判决和裁定即发生法律效力。具体来讲，审判第一审案件所作出的判决和裁定，在法律规定的期限内，被告人不服提出上诉，或者人民检察院认为判决裁定有错误提出抗诉的，上一级人民法院对上诉、抗诉案件应当进行审判，第二审人民法院作出的判决和裁定，就是终审的判决和裁定，是发生法律效力的判决和裁定。

在下列情况下，案件不是二审终审。（1）第一审案件的判决和裁定，如果在上诉期限内被告人不上诉、人民检察院不抗诉，就是发生法律效力的判决和裁定。（2）最高人民法院审判的第一审案件的判决和裁定，即是终审的判决和裁定。对于发生法律效力的判决和裁定，如果被告人仍不服的，不能再上诉，只能提出申诉。（3）需要特别说明的是，对于死刑案件的判决，不论是经过一审还是两审，都要由最高人民法院经过死刑复核程序予以核准才发生法律效力，这一程序是专门为死刑案件所设置的特殊程序，体现了慎重适用、严格控制死刑的政策。对于发生法律效力的判决和裁定，人民检察院认为有错误的，只能按照审判监督程序提出抗诉，但不能停止判决和裁定的执行。（4）地方各级人民法院根据《刑法》第 63 条第 2 款规定在法定刑以下判处刑罚的案件，必须经最高人民法院核准，其判决、裁定才能发生法律效力并交付执行。

第十一条　人民法院审判案件，除本法另有规定的外，一律公开进行。被告人有权获得辩护，人民法院有义务保证被告人获得辩护。

[条文主旨]

本条是关于公开审判和被告人享有辩护权的规定。

[条文释解]

本条是1979年《刑事诉讼法》的规定。历次《刑事诉讼法》修改时均未对本条作修改。说明本条是一个比较成熟，适合中国国情，也具有中国特色的原则规定。

1. 关于公开审判制度。公开审判，是指除本法另有规定的外，人民法院审判第一审案件和宣告判决都应当向社会公开。也就是说，人民法院在开庭审判前，应先期公布案由、被告人姓名、开庭的时间和地点，以便群众参加旁听和新闻记者采访、报道审判的有关情况。在开庭审判时，除本法另有规定的以外，应当公开进行，允许群众参加旁听和新闻记者采访、报道。“本法另有规定的”是指本法第183条、第274条规定的不公开审理的三类案件，即对于涉及有关国家秘密或者个人隐私的案件，不公开审理；对于涉及商业秘密的案件，当事人申请不公开审理的，可以不公开审理；对于审判的时候被告人不满十八周岁的案件，不公开审理。对于无论是公开审理的一审案件，还是不公开审理的一审案件，宣判都必须向社会公开。

2. 关于辩护制度。辩护是指被告人针对被指控的犯罪进行申辩，提出说明自己无罪、罪轻或者减轻、免除其刑事责任的材料和意见，以维护自己的合法权益。辩护权，可以由被告人自己行使，也可以委托他人行使。当一个人被怀疑犯罪，从立案侦查、审查起诉到审判的各个诉讼阶段，犯罪嫌疑人、被告人自己都可以行使辩护权。如果委托律师或者委托他人为自己进行辩护，依照《刑事诉讼法》原来的规定，只能在人民法院开庭七日以前，才可以委托辩护人。为了更好地保护被告人的合法权益，1996年修改的《刑事诉讼法》，规定在案件侦查终结移送审查起诉时，律师作为辩护人可以介入诉讼，可以查阅、摘抄、复制本案的诉讼文书、技术性鉴定材料，可以同在押的犯罪嫌疑人会见和通信。同时还增加规定，犯罪嫌疑人在被侦查机关第一次讯问后或者采取强制措施之日起，可以聘请律师为其提供法律咨询、代理申诉、控告，向犯罪嫌疑人了解案件有关情况，向侦查机关了解犯罪嫌疑人涉嫌的罪名。辩护律师自法院受理案件之日起，可以查阅、摘抄、复制本案所指控的犯罪事实的材料，等等。同时还规定，公诉人出庭的公诉案件，被告人因经济困难或者其他原因没有委托辩护人的，人民法院可以为他们指定辩护人。被告人是盲、聋、哑或者未成年人而没有委托辩护人的，被告人可能被判处死刑而没有委托辩护人的，人民法院有义务为他们指定辩护人。2012 年修改的《刑事诉讼法》，为加强对犯罪嫌疑人、被告人辩护权等诉讼权利和其他合法权利的保护，明确规定了犯罪嫌疑人在侦查阶段可以委托律师作为辩护人。犯罪嫌疑人、被告人在押的，也可以由其监护人、近亲属代为委托辩护人。犯罪嫌疑人、被告人在押期间要求委托辩护人的，人民法院、人民检察院和公安机关应当及时转达其要求。完善了律师会见的程序。扩大了法律援助的适用范围，规定在侦查、审查起诉和审判阶段都应为法律规定的有关当事人提供法律援助。以上这些规定，对于切实保障被告人的辩护权都具有重要意义。

[司法实务]

1. 正确认识公开审判制度的重要意义。公开审判是我国一项重要的诉讼制度，是社会主义民主在审判制度上的体现。实行公开审判，一是有利于广大群众对审判工作进行监督，促进法院改进工作，严格司法，正确应用法律处理案件。二是当事人可以在公开法庭上进行辩论、质证，既有利于维护他们的诉讼权利，也有利于查明事实，正确应用法律惩罚犯罪。三是有利于对广大群众进行法治教育，提高法律意识，增强法治观念，积极同各种犯罪行为作斗争。

2. 正确认识辩护制度的重要意义。辩护权是被告人的一项基本诉讼权利。被告人有权获得辩护，是我国《宪法》确定的诉讼制度，《刑事诉讼法》的规定是《宪法》确定的诉讼制度的具体化。认真实行辩护制度，既有利于办案人员客观全面地查明事实，分析案情，准确地惩罚犯罪，也有利于保障无罪的人不受刑事追究。

3. 辩护权的保障。本条规定，人民法院有义务保护被告人获得辩护。但是，根据《刑事诉讼法》第34条的规定，犯罪嫌疑人自被侦查机关第一次讯问或者采取强制措施之日起，有权委托辩护人。被告人有权随时委托辩护人。因此，保障被告人的辩护权不仅仅是人民法院的义务，人民检察院、公安机关也有此义务。公检法三机关都必须保障犯罪嫌疑人、被告人行使辩护权，不得以任何借口限制剥夺。

[配套规定]

《最高人民法院关于严格执行公开审判制度的若干规定》（法发［1999］3号）

各省、自治区、直辖市高级人民法院，解放军军事法院，新疆维吾尔自治区高级人民法院生产建设兵团分院：

为了严格执行公开审判制度，根据我国宪法和有关法律，特作如下规定：

一、人民法院进行审判活动，必须坚持依法公开审判制度，做到公开开庭，公开举证、质证，公开宣判。

二、人民法院对于第一审案件，除下列案件外，应当依法一律公开审理：

（一）涉及国家秘密的案件；

（二）涉及个人隐私的案件；

（三）十四岁以上不满十六岁未成年人犯罪的案件；经人民法院决定不公开审理的十六岁以上不满十八岁未成年人犯罪的案件；

（四）经当事人申请，人民法院决定不公开审理的涉及商业秘密的案件；

（五）经当事人申请，人民法院决定不公开审理的离婚案件；

（六）法律另有规定的其他不公开审理的案件。

对于不公开审理的案件，应当当庭宣布不公开审理的理由。

三、下列第二审案件应当公开审理：

（一）当事人对不服公开审理的第一审案件的判决、裁定提起上诉的，但因违反法定程序发回重审的和事实清楚依法径行判决、裁定的除外。

（二）人民检察院对公开审理的案件的判决、裁定提起抗诉的，但需发回重审的除外。

四、依法公开审理案件应当在开庭三日以前公告。公告应当包括案由、当事人姓名或者名称、开庭时间和地点。

五、依法公开审理案件，案件事实未经法庭公开调查不能认定。

证明案件事实的证据未在法庭公开举证、质证，不能进行认证，但无需举证的事实除外。缺席审理的案件，法庭可以结合其他事实和证据进行认证。

法庭能够当庭认证的，应当当庭认证。

六、人民法院审理的所有案件应当一律公开宣告判决。

宣告判决，应当对案件事实和证据进行认定，并在此基础上正确适用法律。

七、凡应当依法公开审理的案件没有公开审理的，应当按下列规定处理：

（一）当事人提起上诉或者人民检察院对刑事案件的判决、裁定提起抗诉的，第二审人民法院应当裁定撤销原判决，发回重审；

（二）当事人申请再审的，人民法院可以决定再审；人民检察院按照审判监督程序提起抗诉的，人民法院应当决定再审。

上述发回重审或者决定再审的案件应当依法公开审理。

八、人民法院公开审理案件，庭审活动应当在审判法庭进行。需要巡回依法公开审理的，应当选择适当的场所进行。

九、审判法庭和其他公开进行案件审理活动的场所，应当按照最高人民法院关于法庭布置的要求悬挂国徽，设置审判席和其他相应的席位。

十、依法公开审理案件，公民可以旁听，但精神病人、醉酒的人和未经人民法院批准的未成年人除外。

根据法庭场所和参加旁听人数等情况，旁听人需要持旁听证进入法庭的，旁听证由人民法院制发。

外国人和无国籍人持有效证件要求旁听的，参照中国公民旁听的规定办理。

旁听人员必须遵守《中华人民共和国人民法院法庭规则》的规定，并应当接受安全检查。

十一、依法公开审理案件，经人民法院许可，新闻记者可以记录、录音、录相、摄影、转播庭审实况。

外国记者的旁听按照我国有关外事管理规定办理。

一九九九年三月八日

第十二条　未经人民法院依法判决，对任何人都不得确定有罪。

[条文主旨]

本条是关于未经人民法院判决不得确定任何人有罪的规定。

[条文释解]

根据本条规定，未经人民法院依法判决，对任何人都不得确定有罪。人民法院是国家的审判机关，不经人民法院依法判决，任何机关、团体和个人都无权对他人确定有罪。其中“依法判决”是指人民法院依照刑事诉讼法规定的审判程序和诉讼制度，依照《刑法》以及有关《刑法》的修改补充决定、修正案作出有罪或者无罪判决，有以下含义：一是这一判决必须是人民法院依据事实和法律规定作出的；二是这一判决必须是依照法律规定的程序作出的；三是这一判决是指已经发生法律效力的判决。这里规定的“有罪”，既包括定罪并判处刑罚，也包括定罪但免予刑事处罚。“不能确定有罪”是指不能从法律上对其定罪，不能将其作为罪犯对待，即使现场抓获人赃俱在，也要经过法定的程序根据事实和法律由人民法院定罪处罚。《刑事诉讼法》还规定在人民检察院向人民法院提起公诉以前，将被指控实施犯罪的人称为犯罪嫌疑人，起诉到法院以后称为被告人。犯罪嫌疑人、被告人不是罪犯，只是涉嫌犯罪。经人民法院审判，对于证据不足，不能认定被告人有罪的，应当作出证据不足、指控的犯罪不能成立的无罪判决。

[审判实务]

1. 明确本条规定的立法宗旨。本条规定是 1996 年修改《刑事诉讼法》过程中，立法机关经过深入和慎重的研究，在坚持以事实为根据，以法律为准绳这一基本原则的同时，规定了未经人民法院依法判决，对任何人都不得确定有罪的原则。这一原则吸收了无罪推定原则的合理成分，是在对刑事诉讼执行的经验教训总结基础上提出的。根据这一原则，在相关条文中相应作出了具体规定：对任何人的定罪权只属于人民法院，取消了免予起诉制度；明确了控方承担举证责任，同时进一步完善了辩护制度；明确规定人民法院必须依据事实和法律作出判决，对证据不足、不能认定被告人有罪的，作出证据不足，指控罪名不能成立的无罪判决，等等。《刑事诉讼法》规定的这一原则和相关规定，有利于贯彻以事实为根据，以法律为准绳的原则，有利于克服办案人员的先入为主、主观臆断的错误做法和刑讯逼供等严重侵犯犯罪嫌疑人人身权利的现象，有利于保护犯罪嫌疑人、被告人的诉讼权利和其他合法权利，保证无罪的人不受刑事追究，有利于查清犯罪事实，正确运用法律处罚犯罪，维护公民的合法权益。这既是社会主义民主和法治建设的一大进步，也是我国刑事诉讼制度和司法制度的重大改革。

2. 正确理解本条的基本含义。必须明确，本条规定并非无罪推定的翻版。无罪推定是西方国家反对封建社会纠问式诉讼的产物，而纠问式诉讼实行有罪推定。意大利法学家贝卡利亚在反对封建司法的斗争中第一个提出了“无罪推定”的思想，他在 1764 年所著的《论犯罪与刑罚》中提出“在没有作出有罪判决以前，任何人都不能被称为罪犯”。这一观点，首先体现在 1789 年法国的《人权宣言》中。其第 9 条规定：“任何人在未被宣布为罪犯以前，应被推定为无罪。”这一原则逐渐被世界各国所承认并被规定在国际公约中。而我国并没有完全采纳无罪推定的规定，如我国没有采纳有关沉默权的规定，而要求犯罪嫌疑人、被告人对侦查人员的讯问应当如实陈述。在此前提下，我们要明确《刑事诉讼法》第 12 条规定的基本内容：（1）它确定了人民法院享有定罪的专属权。（2）它提高了犯罪嫌疑人、被告人的诉讼地位。（3）在举证责任上，明确了被告人没有证明自己无罪的义务。（4）当对案件事实的认定有怀疑时，应作出有利于被告人的决定。

3. 必须澄清的几个认识问题。（1）本条规定与实事求是原则并不矛盾。实事求是原则主要表现在要求司法机关办案要依据客观事实，避免先入为主、主观臆断的弊病。并且在追究被告人、犯罪嫌疑人的刑事责任时，应立足于准确打击罪犯和保障无辜二者的结合。而本条的规定则在于，在以确实充分的证据判决被告人有罪以前，不能将被告人等同于罪犯，同时基于被告人经审判可能被判处有罪或者无罪这一实际情况，为防止错案的可能性，强调在追究被告人刑事责任的同时，应注意被告人无罪的可能性。这也就可以促使司法人员全面审查案件证据材料，充分理解“偏听则暗、兼听则明”的含义，从而能够客观、全面地认定被告人有罪、无罪的情况。所以，从这一角度来讲，本条规定是实事求是原则的重要补充。（2）本条规定并非是在保护罪犯。虽然被立案侦查的绝大多数犯罪嫌疑人被判处有罪且有罪判决绝大多数也是正确的，但也存在有部分被抓获的人可能是无辜的。因此，即使是被当场抓获的现行犯，我们也都需要对其精神状态、动机以及证人证言等证据进行审查，而审查的前提就是未经人民法院判决，不得确定其有罪。因此，从根本上讲，本条保护的不是罪犯，而是公民的合法权益。当然，本条规定的处理方式是有利于被告人的，但却是利大于弊的。(3）本条规定并不会使司法机关在诉讼活动中处于自相矛盾的境地。确实，司法机关的立案、侦查、起诉、审判等活动都基于司法机关认为有犯罪事实存在及犯罪嫌疑人、被告人有重大犯罪嫌疑这一前提条件，并且司法机关把主要精力放在证实被告人有罪这一问题上。但本条规定却可以使司法机关在思想上有一个明确的认识，避免认识上的片面性，更避免刑讯逼供以及其他非法取证活动。因此，本条规定可以保证侦查机关、指控机关正确行使侦查权和起诉权，并激励其全面收集证据的积极性，从而有助于人民法院最终确认犯罪事实的准确性。

第十三条　人民法院审判案件，依照本法实行人民陪审员陪审的制度。

[条文主旨]

本条是关于人民法院审判案件实行陪审制度的规定。

[条文释解]

本条是1979年《刑事诉讼法》的规定。历次《刑事诉讼法》修改时均未对本条作修改。说明本条是一个比较成熟，适合中国国情，也具有中国特色的原则规定。

根据本条规定，人民法院审判案件，依照本法实行人民陪审员陪审的制度。本法第183条对陪审员参加审判作了规定。即除基层人民法院适用简易程序的案件可以由审判员一人独任审判外，基层人民法院、中级人民法院审判第一审案件，应当由审判员三人或者由审判员和人民陪审员共三人或者七人组成合议庭进行。高级人民法院审判第一审案件，应当由审判员三人至七人或者由审判员和人民陪审员共三人或者七人组成合议庭进行。最高人民法院审判第一审案件，应当由审判员三人至七人组成合议庭进行。

我国现行的人民陪审员制度，是以全国人大常委会2004年审议通过的《关于完善人民陪审员制度的决定》为核心，包括法院组织法以及民事、刑事、行政诉讼法相关法律规定、司法解释、政策文件所构成的制度体系。长期以来，人民陪审员制度在推进司法民主、促进司法公正、提高司法公信等方面一直发挥着重要作用，但仍存在一些需要改进和完善的地方，如人民陪审员的广泛性和代表性不足，“驻庭陪审”“编外法官”“陪而不审、审而不议”的现象仍然存在，管理机制不健全，履职保障机制不完善等。党的十八届三中全会决定指出，要广泛实行人民陪审员制度，拓宽人民群众有序参与司法的渠道。四中全会决定进一步提出，完善人民陪审员制度，保障公民陪审权利，提高人民陪审制度公信度，逐步实行人民陪审员不再审理法律适用问题，只参与审理事实认定问题。这些都为人民陪审员制度改革提供了明确方向和政策要求。

根据中央深改组审议通过的《人民陪审员制度改革试点方案》（以下简称《试点方案》）和全国人大常委会《关于授权在部分地区开展人民陪审员制度改革试点工作的决定》，2015年5月，最高人民法院和司法部联合发布《人民陪审员制度改革试点工作实施办法》，开始了新一轮人民陪审员制度改革试点。为了进一步研究试点改革中的有关问题，2017年4月，全国人大常委会决定，将试点期限延长一年。各试点法院积极扩大选任范围、完善参审机制、合理区分事实审和法律审、健全保障机制，试点工作成效显著。在试点过程中，有不少人大代表、政协委员、专家学者提出，人民陪审员制度是我国社会主义民主政治的重要组成部分，建议在宪法中增加人民陪审员制度相关条款，同时，在总结改革试点经验的基础上，制定专门的人民陪审员法。在当前形势下，制定一部专门的人民陪审员法，既是完善中国特色社会主义法律体系的必然要求，也是充分发挥人民陪审员制度功能作用的客观需要。特别是经过两年多的试点，各地法院已经探索出许多可复制、可推广的经验做法，其中所涉重点难点问题也基本形成共识，立法条件已经具备。据此，第十三届全国人民代表大会常务委员会第二次会议于2018年4月27日通过《人民陪审员法》。

[审判实务]

1. 正确认识人民陪审员制度的意义。实行人民陪审员制度的意义在于：

（1）有利于完善社会主义司法制度、弘扬司法民主。实行人民陪审员制度，是人民群众在司法领域依法参与管理国家事务的一种重要的、直接的形式，是健全社会主义民主政治制度的重要内容，是我国社会主义司法民主的重要体现，也是党的群众路线在人民司法工作中的具体体现。深刻认识人民陪审员制度的积极意义，充分发挥广大人民陪审员在司法审判领域中联系群众、熟悉群众、代表群众等方面所具有的独特优势，让普通公民协助司法、见证司法、掌理司法，充分体现司法的民主功能，可以更集中地通达民情，反映民意，凝聚民智，在更大程度上实现人民民主。

（2）有利于保证司法的公正、廉洁。人民陪审员参与审判案件，注重从社会道德标准等方面对案件进行分析、判断，从而有效地实现大众思维与法官职业思维的互补。人民陪审员的群众视角、不同职业背景和专长，有利于查清案件事实，正确适用法律，确保裁判公正。人民陪审员具有知民情、解民意的优势，并以群众熟悉、易懂的语言解读法律，有利于劝导说服当事人互谅互让、息诉解纷，进一步提高办案质量和效率。人民陪审员来自各界群众，他们参与审判，提高了审判活动的透明度，促进了司法公开，有利于进一步增强并发挥合议庭成员相互监督、相互制约的作用，共同抵御各种非法干预，有助于人民法院依法、独立、公正地行使审判权。

（3）有利于增强司法权威。实行人民陪审员制度，坚持司法工作的群众路线，使司法活动更加贴近社会生活、贴近人民群众、贴近时代要求，这是人民群众直接感受司法公正、司法走近人民的有效途径，有利于社会各界客观了解法院工作的真实情况，减少、消除社会上对法院审判案件可能产生的误解，进一步增强人民法院的司法权威，从而更好地实现案件裁判法律效果与社会效果的有机统一。

2. 强调充分发挥人民陪审员的参审作用。实践中，要采取措施，解决“陪而不审、审而不议”等问题，充分发挥人民陪审员的参审作用为导向，合理界定人民陪审员参审范围，明确人民陪审员参与案件审理的程序和要求。妥善区分事实审和法律审，根据人民陪审员法的规定，在七人合议庭中，实行人民陪审员不再审理法律适用问题，只参与审理事实认定问题。同时加大审判长对人民陪审员的指引、提示力度，强调法官对人民陪审员行使权力的保障义务，但不得影响人民陪审员的独立判断。

3. 明确人民陪审员的参审范围。合理界定人民陪审员参审案件的范围，既要让陪审制度在国家治理和司法体系中发挥应有的作用，又要解决实践中长期存在的“陪而不审、审而不议”等问题。根据《人民陪审员法》第15条规定，下列案件，除法律规定由法官独任审理或者由法官组成合议庭审理的外，由人民陪审员和法官组成合议庭进行：涉及群体利益、公共利益的；人民群众广泛关注的以及其他社会影响较大的；案情复杂或者有其他情形，需要由人民陪审员参加审判的。《人民陪审员法》第16条进一步明确七人合议庭的案件参审范围，并作了类型化处理，第一类是社会影响重大的可能判处十年以上有期徒刑、无期徒刑、死刑的刑事案件。第二类是行政诉讼法和民事诉讼法规定的公益诉讼案件。第三类是涉及征地拆迁、生态环境保护、食品药品安全，社会影响重大的案件。第四类是其他社会影响重大的案件。

[配套规定]

《中华人民共和国人民陪审员法》（第十三届全国人民代表大会常务委员会第二次会议于2018年4月27日通过）

第一条　为了保障公民依法参加审判活动，促进司法公正，提升司法公信，制定本法。

第二条　公民有依法担任人民陪审员的权利和义务。

人民陪审员依照本法产生，依法参加人民法院的审判活动，除法律另有规定外，同法官有同等权利。

第三条　人民陪审员依法享有参加审判活动、独立发表意见、获得履职保障等权利。

人民陪审员应当忠实履行审判职责，保守审判秘密，注重司法礼仪，维护司法形象。

第四条　人民陪审员依法参加审判活动，受法律保护。

人民法院应当依法保障人民陪审员履行审判职责。

人民陪审员所在单位、户籍所在地或者经常居住地的基层群众性自治组织应当依法保障人民陪审员参加审判活动。

第五条　公民担任人民陪审员，应当具备下列条件：

（一）拥护中华人民共和国宪法；

（二）年满二十八周岁；

（三）遵纪守法、品行良好、公道正派；

（四）具有正常履行职责的身体条件。

担任人民陪审员，一般应当具有高中以上文化程度。

第六条 下列人员不能担任人民陪审员：

（一）人民代表大会常务委员会的组成人员，监察委员会、人民法院、人民检察院、公安机关、国家安全机关、司法行政机关的工作人员；

（二）律师、公证员、仲裁员、基层法律服务工作者；

（三）其他因职务原因不适宜担任人民陪审员的人员。

第七条 有下列情形之一的，不得担任人民陪审员：

（一）受过刑事处罚的；

（二）被开除公职的；

（三）被吊销律师、公证员执业证书的；

（四）被纳入失信被执行人名单的；

（五）因受惩戒被免除人民陪审员职务的；

（六）其他有严重违法违纪行为，可能影响司法公信的。

第八条 人民陪审员的名额，由基层人民法院根据审判案件的需要，提请同级人民代表大会常务委员会确定。

人民陪审员的名额数不低于本院法官数的三倍。

第九条 司法行政机关会同基层人民法院、公安机关，从辖区内的常住居民名单中随机抽选拟任命人民陪审员数五倍以上的人员作为人民陪审员候选人，对人民陪审员候选人进行资格审查，征求候选人意见。

第十条 司法行政机关会同基层人民法院，从通过资格审查的人民陪审员候选人名单中随机抽选确定人民陪审员人选，由基层人民法院院长提请同级人民代表大会常务委员会任命。

第十一条 因审判活动需要，可以通过个人申请和所在单位、户籍所在地或者经常居住地的基层群众性自治组织、人民团体推荐的方式产生人民陪审员候选人，经司法行政机关会同基层人民法院、公安机关进行资格审查，确定人民陪审员人选，由基层人民法院院长提请同级人民代表大会常务委员会任命。

依照前款规定产生的人民陪审员，不得超过人民陪审员名额数的五分之一。

第十二条 人民陪审员经人民代表大会常务委员会任命后，应当公开进行就职宣誓。宣誓仪式由基层人民法院会同司法行政机关组织。

第十三条 人民陪审员的任期为五年，一般不得连任。

第十四条 人民陪审员和法官组成合议庭审判案件，由法官担任审判长，可以组成三人合议庭，也可以由法官三人与人民陪审员四人组成七人合议庭。

第十五条 人民法院审判第一审刑事、民事、行政案件，有下列情形之一的，由人民陪审员和法官组成合议庭进行：

（一）涉及群体利益、公共利益的；

（二）人民群众广泛关注或者其他社会影响较大的；

（三）案情复杂或者有其他情形，需要由人民陪审员参加审判的。

人民法院审判前款规定的案件，法律规定由法官独任审理或者由法官组成合议庭审理的，从其规定。

第十六条 人民法院审判下列第一审案件，由人民陪审员和法官组成七人合议庭进行：

（一）可能判处十年以上有期徒刑、无期徒刑、死刑，社会影响重大的刑事案件；

（二）根据民事诉讼法、行政诉讼法提起的公益诉讼案件；

（三）涉及征地拆迁、生态环境保护、食品药品安全，社会影响重大的案件；

（四）其他社会影响重大的案件。

第十七条 第一审刑事案件被告人、民事案件原告或者被告、行政案件原告申请由人民陪审员参加合议庭审判的，人民法院可以决定由人民陪审员和法官组成合议庭审判。

第十八条 人民陪审员的回避，适用审判人员回避的法律规定。

第十九条 基层人民法院审判案件需要由人民陪审员参加合议庭审判的，应当在人民陪审员名单中随机抽取确定。

中级人民法院、高级人民法院审判案件需要由人民陪审员参加合议庭审判的，在其辖区内的基层人民法院的人民陪审员名单中随机抽取确定。

第二十条 审判长应当履行与案件审判相关的指引、提示义务，但不得妨碍人民陪审员对案件的独立判断。

合议庭评议案件，审判长应当对本案中涉及的事实认定、证据规则、法律规定等事项及应当注意的问题，向人民陪审员进行必要的解释和说明。

第二十一条 人民陪审员参加三人合议庭审判案件，对事实认定、法律适用，独立发表意见，行使表决权。

第二十二条 人民陪审员参加七人合议庭审判案件，对事实认定，独立发表意见，并与法官共同表决；对法律适用，可以发表意见，但不参加表决。

第二十三条 合议庭评议案件，实行少数服从多数的原则。人民陪审员同合议庭其他组成人员意见分歧的，应当将其意见写入笔录。

合议庭组成人员意见有重大分歧的，人民陪审员或者法官可以要求合议庭将案件提请院长决定是否提交审判委员会讨论决定。

第二十四条 人民法院应当结合本辖区实际情况，合理确定每名人民陪审员年度参加审判案件的数量上限，并向社会公告。

第二十五条 人民陪审员的培训、考核和奖惩等日常管理工作，由基层人民法院会同司法行政机关负责。

对人民陪审员应当有计划地进行培训。人民陪审员应当按照要求参加培训。

第二十六条 对于在审判工作中有显著成绩或者有其他突出事迹的人民陪审员，依照有关规定给予表彰和奖励。

第二十七条 人民陪审员有下列情形之一，经所在基层人民法院会同司法行政机关查证属实的，由院长提请同级人民代表大会常务委员会免除其人民陪审员职务：

（一）本人因正当理由申请辞去人民陪审员职务的；

（二）具有本法第六条、第七条所列情形之一的；

（三）无正当理由，拒绝参加审判活动，影响审判工作正常进行的；

（四）违反与审判工作有关的法律及相关规定，徇私舞弊，造成错误裁判或者其他严重后果的。

人民陪审员有前款第三项、第四项所列行为的，可以采取通知其所在单位、户籍所在地或者经常居住地的基层群众性自治组织、人民团体，在辖区范围内公开通报等措施进行惩戒；构成犯罪的，依法追究刑事责任。

第二十八条 人民陪审员的人身和住所安全受法律保护。任何单位和个人不得对人民陪审员及其近亲属打击报复。

对报复陷害、侮辱诽谤、暴力侵害人民陪审员及其近亲属的，依法追究法律责任。

第二十九条 人民陪审员参加审判活动期间，所在单位不得克扣或者变相克扣其工资、奖金及其他福利待遇。

人民陪审员所在单位违反前款规定的，基层人民法院应当及时向人民陪审员所在单位或者所在单位的主管部门、上级部门提出纠正意见。

第三十条 人民陪审员参加审判活动期间，由人民法院依照有关规定按实际工作日给予补助。

人民陪审员因参加审判活动而支出的交通、就餐等费用，由人民法院依照有关规定给予补助。

第三十一条 人民陪审员因参加审判活动应当享受的补助，人民法院和司法行政机关为实施人民陪审员制度所必需的开支，列入人民法院和司法行政机关业务经费，由相应政府财政予以保障。具体办法由最高人民法院、国务院司法行政部门会同国务院财政部门制定。

第三十二条 本法自公布之日起施行。2004 年 8 月 28 日第十届全国人民代表大会常务委员会第十一次会议通过的《全国人民代表大会常务委员会关于完善人民陪审员制度的决定》同时废止。

第十四条 人民法院、人民检察院和公安机关应当保障犯罪嫌疑人、被告人和其他诉讼参与人依法享有的辩护权和其他诉讼权利。

诉讼参与人对于审判人员、检察人员和侦查人员侵犯公民诉讼权利和人身侮辱的行为，有权提出控告。

[条文主旨]

本条是关于保障诉讼参与人诉讼权利原则的规定。

[条文释解]

本条是 1979 年《刑事诉讼法》的规定。1996 年、2012 年作过修改。从条文的不断修改完善亦可看出，我国对于人权的保护越来越重视。

本条共分为两款。第 1 款是关于人民法院、人民检察院和公安机关在刑事诉讼活动中，应当保障犯罪嫌疑人、被告人和其他诉讼参与人依法享有的辩护权和其他诉讼权利的规定。诉讼参与人是指当事人、法定代理人、诉讼代理人、辩护人、证人、鉴定人和翻译人员。由于诉讼参与人在刑事诉讼活动中，参与诉讼的目的和要求以及所处的诉讼地位不同，他们依法享有的诉讼权利也各不相同。例如，犯罪嫌疑人、被告人参加诉讼是为了维护自己的合法权益，案件的处理与其有直接的利害关系。因此，法律赋予其较为广泛的权利，如申请回避、辩护、拒绝回答与本案无关的问题、阅读侦查讯问笔录、庭审笔录，在法庭的最后陈述权、上诉权，等等。而其他诉讼参与人，包括辩护律师参加诉讼，其诉讼权利远没有被告人广泛。对于不同的诉讼参与人依法享有的各项诉讼权利，人民法院、人民检察院和公安机关在刑事诉讼中，应当切实予以保障，这是公检法三机关应尽的义务，不得以任何借口进行限制或者剥夺。

第 2 款是关于诉讼参与人在什么情况下有权提出控告的规定。诉讼参与人对于审判人员、检察人员和侦查人员以限制、剥夺等形式侵犯公民依法享有的诉讼权利和对其进行人身侮辱的行为，有权提出控告。对于控告，任何人不得阻止。如果查证属实，应当严肃处理，构成犯罪的，应当依法追究刑事责任。

[司法实务]

1. 明确保障诉讼参与人诉讼权利的主体和保障对象。保障诉讼参与人诉讼权利的主体是专门机关。被保障的对象是“犯罪嫌疑人、被告人和其他诉讼参与人”，即司法工作人员以外的参加到刑事诉讼中的人。例如，对于在侦查阶段犯罪嫌疑人聘请的辩护律师，除危害国家安全犯罪、恐怖活动犯罪、特别重大贿赂犯罪案件会见在押的犯罪嫌疑人需要侦查机关许可外，其他案件侦查机关都应当允许律师进行会见犯罪嫌疑人等活动。在提起公诉和审判阶段，辩护律师有阅卷权和会见权，人民检察院和人民法院应当保障辩护律师这些权利的行使。再如，在庭审中被告人有对证人发问的权利、有最后陈述的权利等，那么审判长就应当保障被告人这些权利的行使。

2. 明确犯罪嫌疑人、被告人和其他诉讼参与人的诉讼权利受到侵犯的救济途径。如果公检法三机关侵犯了诉讼参与人的诉讼权利，包括不允许行使诉讼权利或者对诉讼权利的行使进行种种非法限制，诉讼参与人有权提出控告。本条的规定有两个方面的作用：一是明确了专门机关不能滥用职权、不能随意对诉讼参与人诉讼权利的行使设置障碍；二是对诉讼参与人诉讼权利的保障有利于诉讼的顺利进行，有利于刑事诉讼法的规定能够得到切实的实施。

第十五条　犯罪嫌疑人、被告人自愿如实供述自己的罪行，承认指控的犯罪事实，愿意接受处罚的，可以依法从宽处理。

[条文主旨]

本条是关于认罪认罚从宽原则的规定。

[条文释解]

本条是2018年《刑事诉讼法》修改时增加的新规定。

本条可以从以下几个方面理解：

1. 认罪认罚从宽制度既是实体法上的制度，也是诉讼法上的制度。宽严相济刑事政策在实体法上，通过在量刑、刑罚执行等方面规定一系列从宽措施，促进犯罪嫌疑人、被告人以及被判刑人自愿认罪认罚，有利于其悔罪和改造，消除社会矛盾。刑法坚持罪责刑相适应原则，规定对于犯罪分子决定刑罚的时候，应当根据犯罪的事实、性质、情节和对社会的危害程度，依法判处刑罚。在此基础上，对于有认罪认罚表现的犯罪嫌疑人、被告人，《刑法》也规定了一系列从宽处理的制度。比如，犯罪以后自动投案，如实供述自己的罪行的犯罪分子，可以从轻或者减轻处罚。犯罪较轻的，可以免除处罚。犯罪分子有揭发他人犯罪行为，查证属实的，或者提供重要线索，从而得以侦破其他案件等立功表现的，可以从轻或者减轻处罚：有重大立功表现的，可以减轻或者免除处罚。根据《刑法》规定，对于认罪认罚的犯罪分子，结合考虑其悔罪表现、是否有再犯罪的危险等方面的因素进行考量，还可以适用缓刑、减刑或者假释等制度。这些都是认罪认罚从宽在实体法上的体现。

《刑法》一直坚持和贯彻这些原则精神，历次修改《刑法》，很多内容都体现了这些要求。比如，2011年2月通过的《刑法修正案（八）》，一方面根据新形势下惩治犯罪，保障社会秩序的需要，作了一系列趋严的修正，如增加七个新罪，扩大十个罪的构成要件范围，提高、增重八个罪的法定刑，扩大特别累犯的范围，提高无期徒刑犯减刑、假释需要实际执行的年限等。另一方面也作了不少趋宽的修正，如取消十三个罪的死刑，对已满75周岁的老年人犯罪从宽处理，对未成年人犯罪、怀孕的妇女犯罪进一步从宽处理，对假释需要实际执行的年限作出例外规定，对于犯罪分子不具有自首情节但是如实供述自己的罪行的可以从轻处罚等。《刑法修正案（九）》在《刑法修正案（八）》的基础上，又取消九个罪的死刑，并进一步提高对死缓罪犯执行死刑的门槛等。

2. 认罪认罚还体现在程序上，即在能够保障诉讼顺利进行的情况下，尽量对犯罪嫌疑人、被告人采取更为轻缓的强制措施和程序处理措施，适用更为便利的诉讼程序，使刑事诉讼过程尽量对包括被告人在内的当事人的各种权利造成较小的影响，使案件能够尽快得到处理，避免当事人及其他人的合法权利长期处于未定状态。比如，《刑事诉讼法》规定，对于采取取保候审措施而不致发生社会危险性的，可以取保候审。对于患有严重疾病、生活不能自理的犯罪嫌疑人、被告人，怀孕或者哺乳自己婴儿的妇女等特殊情况的，可以监视居住。对于犯罪情节轻微，依法不需要判处刑罚或者可以免除刑罚的，人民检察院可以作出不起诉决定。

对于法律规定的一些特定案件，犯罪嫌疑人、被告人真诚悔罪，通过向被告人赔偿损失、赔礼道歉等方式获得被害人谅解，如被害人自愿和解的，可以从宽处理等。2018 年修改的《刑事诉讼法》，就是将认罪认罚从宽原则在总则中明确出来，为具体程序规定中的认罪认罚从宽各项程序措施提供基本依据。同时，对认罪认罚案件，在强制措施、量刑建议、审判程序、办案期限等方面，作了一系列完善性的规定。

3. 认罪认罚从宽制度包括“认罪”和“认罚”两个方面的内容。所谓“认罪”，是指犯罪嫌疑人、被告人自愿如实供述自己的罪行，承认指控的犯罪事实。犯罪嫌疑人、被告人认罪，必须是一种积极主动的认罪，也就是说，必须自己如实供述自己的罪行，或者对侦查机关已经掌握并指控的犯罪事实，明确主动表示承认。对于实践中不供述自己的罪行，既不承认也不否认侦查机关已经掌握并指控其犯罪事实的，一般不宜认定为构成认罪认罚从宽制度中中的“认罪”。所谓“认罚”，是指明确表示愿意接受司法机关给予的刑罚等处罚。在以往的司法实践中。也存在犯罪嫌疑人、被告人的“认罚”，也就是悔罪、愿意接受处罚。认罪认罚从宽制度的“认罚”有所不同，一般是指犯罪嫌疑人、被告人对司法机关根据其犯罪事实、情节，认罪、悔罪，赔偿或者和解等情况所给出的刑罚表示明确接受，特别是接受人民检察院提出的包括主刑、附加刑以及是否适用缓刑等的具体的量刑建议。

根据《刑事诉讼法》，人民检察院甚至可以就具体量刑建议与犯罪嫌疑人及其辩护人进行“协商”，也就是在提出量刑建议时，要听取犯罪嫌疑人及其辩护律师等的意见。在听取意见过程中，犯罪嫌疑人及其辩护律师不仅可以表示是否接受，还可以根据案件情况要求人民检察院适当调整具体的量刑建议。《刑事诉讼法》第174条规定，犯罪嫌疑人自愿认罪，同意量刑建议和程序适用的，应当在辩护人或者值班律师在场的情况下签署认罪认罚具结书。同时规定了犯罪嫌疑人是盲、聋、哑人，或者是尚未完全丧失辨认或者控制自己行为能力的精神病人的；未成年犯罪嫌疑人的法定代理人、辩护人对未成年人认罪认罚有异议的；以及其他不需要签署认罪认罚具结书的情形的。对于具有这些情形，犯罪嫌疑人、被告人虽然不需要签署认罪认罚具结书，但由于其真诚认罪认罚，仍然需要依法适用认罪认罚从宽的有关规定。

4. 对于认罪认罚的犯罪嫌疑人、被告人，可以依法从宽处理。这里的从宽处理，一方面是指在实体上的从宽。从实体法的规定来说，自首、坦白等都具有认罪的性质，因此，对于具有这些情节的，都应当根据《刑法》的规定，确定是否需要从宽处罚以及从宽的具体幅度。由于犯罪嫌疑人、被告人认罪认罚，特别是在人民检察院提出量刑建议后，同意人民检察院的量刑建议的，由于其认罪认罚的情节更为突出，在遵循罪责刑相适应原则的基础上，对其从宽的幅度可以比一般的自首、坦白更大一些，以表示对其认罪认罚的鼓励。另一方面从宽还包括程序上的从宽，也就是对认罪认罚的犯罪疑人、被告人适用轻缓的强制措施，作出轻缓的程序性处理，或者适用更为便利的诉讼程序。比如，根据《刑事诉讼法》第81条的规定，批准或者决定逮捕，应当将犯罪嫌疑人、被告人涉嫌刑事犯罪的性质、情节，认罪认罚等情况，作为是否可能发生社会危险性的考虑因素。对于认罪认罚情节突出，没有社会危险性的罪犯，就可以采取取保候审、监视居住措施。在程序处理上，可以依法采取撤销案件、不起诉等处理。人民检察院可以向人民法院提出使用缓刑的建议等。人民法院可以适用速裁程序审理案件，提高诉讼效率，避免给当事人形成讼累。

[审判实务]

1. 了解认罪认罚从宽原则的出台背景。我国刑事法律一直坚持贯彻宽严相济的基本刑事政策。这一基本刑事政策贯穿于刑事立法、司法和刑罚执行的全过程，是惩办与宽大相结合政策在新时期的继承、发展和完善，是司法机关惩罚犯罪、预防犯罪、保护人民、保障人权，正确实施国家法律的指南。贯彻宽严相济刑事政策有一系列总体要求，如根据犯罪的具体情况，区别对待，该宽则宽，当严则严，宽严适当，罚当其罪。要正确把握宽与严的关系，切实做到宽严并用。既不能一味从宽，亦不能一味从严。而认罪认罚从宽制度则是宽严相济刑事政策的一个重要方面。我国《刑法》对认罪认罚从宽已经有了一系列规定，但刑事诉讼中一直没有明确的规定。党的十八届四中全会提出，完善刑事诉讼中认罪认罚从宽制度。2014 年 6 月，全国人大常务委员会作出授权最高人民法院、最高人民检察院在部分地区开展刑事案件速裁程序试点工作的决定。2016 年 9 月，又作出授权最高人民法院、最高人民检察院在部分地区开展刑事案件认罪认罚从宽制度试点工作的决定，速裁程序试点被纳入新的试点继续进行。速裁程序试点的主要内容是对事实清楚、证据充分，被告人自愿认罪，当事人对适用法律没有争议的危险驾驶、交通肇事、盗窃、诈骗、抢夺、伤害、寻衅滋事等情节较轻，依法可能判处一年以下有期徒刑、拘役、管制的案件，或者依法单处罚金的案件，进一步简化相关诉讼程序。试点以来，各试点地区探索了一批行之有效的做法，积累了不少有益的经验。试点以来的情况和我国长期司法实践都表明，完善认罪认罚从宽制度，有利于合理配置司法资源，确保无罪的人不受刑事追究，维护当事人的合法权益，促进司法公正。

认罪认罚从宽制度更加强调犯罪人的认罪悔罪态度，更有利于其教育改造，实现预防再犯罪的刑罚目的。建立速裁程序有利于实现案件的繁简分流，有助于简案快审、难案精审，节约司法资源，有利于提高重大案件的审判质量和效果，确保无罪的人不受刑事追究，有罪的人受到公正处罚。立法机关经过调研，将试点中形成的成功经验上升为法律，于 2018 年修改《刑事诉讼法》时对认罪认罚制度作了系统规定，从而将这一制度在刑事诉讼中明确下来。

2. 办案机关要切实履行相互配合和制约职责。认罪认罚从宽制度虽然改变了传统的刑事诉讼模式，确立了公安机关、检察机关、审判机关和司法行政机关各司其职，侦查权、公诉权、审判权和辩护权相互配合、相互制约的新的刑事诉讼模式，实现了公诉权由检察机关乾纲独断型向检察机关与当事人、辩护律师协商分享型的转变，但这一诉讼模式转型并不影响法院的中立判断地位，其改变的只是国家公诉权的减让，不是国家审判权的前移，故并未改变法院依法独立审判公正裁量刑罚的职责，也未改变公检法三机关之间的配合、制约关系。为了保障公平正义更快更好地实现，努力让人民群众在每一个司法案件中感受到公平正义，法院应当切实履行配合、制约之责。对于程序合法、量刑适当的，坚决支持。发现被告人的行为不构成犯罪或者不应当追究其刑事责任的，被告人违背意愿认罪认罚的，量刑建议不适当的，简单采纳量刑建议会严重影响司法公正的，应当依法调整并及时作出判决，既不诿责扯皮，也不失职放水。

3. 正确看待认罪认罚从宽制度与体现以审判为中心，特别是庭审实质化的关系。有人认为，认罪认罚从宽制度否定了“以审判为中心”和庭审实质化的要求，实际上成了“以公诉为中心”或者是“以审判前程序为中心”，而不再是“以审判为中心”。从办案工作量大量向审判前程序转移而言，审查案件事实和对案件如何处理等主要工作确实都在公诉阶段做了。但是，认罪认罚的案件事实及量刑建议都必须经过法院开庭审查，是否合适和采纳还是由法院审判以后才能最终决定，法院有权变更罪名，调整量刑等。因此，认罪认罚从宽制度仍然是坚持“以审判为中心”的，只不过与传统的“以审判为中心”表现形式有所不同。对于“庭审实质化”，也要用发展的眼光看待，认罪认罚从宽制度实行的查证、质证方式，虽然使得认罪认罚从宽案件庭审实质化的内容与非认罪认罚从宽案件庭审实质化的内容有所不同，但庭审起实质性、决定性作用的精神并未改变，所以，虽然法院开庭的内容变化了，时间减少了，但庭审实质化的精神并未改变。

4. 要准确把握认罪认罚从宽制度的案件适用范围。从法律规定来看，认罪认罚从宽制度没有范围和对象限制，所有案件都可以适用。从缓解法院目前普遍存在的案多人少的压力来看，认罪认罚从宽的范围、对象，应当是越大越多越好。但是，这个制度与其他刑事制度一样，也不是万能或全能的，什么案子能适用、多少案子能适用，也要从实际出发，不能不分情况、不顾条件地强推这项制度，甚至拍脑袋定下不切实际的指标。对于案件性质、情节决定必须重判乃至判处死刑的案件，因涉及敏感因素、敏感主体，适用认罪认罚会引发公众质疑的案件，重大、疑难、复杂的案件，办案机关有重大分歧的案件，案件事实证据存在重大疑点的案件，以及其他不宜开展认罪认罚工作的案件等，即使被追诉人认罪，也不宜走认罪认罚从宽程序，被追诉人认罪可作为从宽情节在量刑时考虑，确保适用认罪认罚从宽案件实现“三个效果”统一。至于按照认罪认罚从宽处理的案件数量，要坚持逐步推进、量力而行，不是越多越好，也不是越少越好，而是越公正越高效越好。在开始试行认罪认罚从宽处罚的地区，应当少一点，做成一个是一个，确保质量。在有经验的地方，可以多做一些，待将来经验丰富、能力提高、程序规范以后，再大做特做多做。

5. 要正确对待被告人的上诉权。自速裁程序试点以来，关于认罪认罚案件被告人的上诉权问题，一直存在争论。这涉及三个层面的问题，一是从法律规定上看有没有，这个答案应当是肯定的。因为刑事诉讼法并没有取消认罪认罚从宽案件被告人的上诉权，认罪认罚从宽制度也未改变两审终审制，加之可适用认罪认罚的案件范围没有限制，所以被告人享有上诉权是毋庸置疑的。二是如何对待认罪认罚案件被告人的上诉权问题，个别办案机关出现了一些非理性的做法，有的以“抗诉”对抗“上诉”，即在法院采纳量刑建议的情况下，因被告人上诉而提出抗诉。还有的以“抗诉”代替“上诉”，即在法院未采纳量刑建议依法作出判决但被告人未上诉的情况下，提起抗诉。前者反映出个别办案机关不能容忍被告人反悔的心态，后者反映出不能正确对待法院依法判决的心态。无论是哪一种心态，都应当调整，要正确对待被告人的上诉权和法院的依法裁判权，切不能以“乱抗诉”对待被告人的“乱上诉”。（1）要有容忍被告人依法行使上诉权的度量，应当将此作为当事人监督自己办案是否公正的一个手段或者一个渠道。（2）如果量刑建议适当，被告人因自愿认罪认罚已经得到好处的情况下，判决后又反悔上诉的，二审法院应当严格审查。属于非自愿认罪认罚或者有其他正当理由的，法院应依法予以支持。违背具结协议上诉无理的，不予支持，该依法发回的，坚决发回，不再按认罪认罚案件从宽程序处理，让“失信被告人”付出程序与实体双重代价。

6. 人民检察院要增强量刑建议的说理性。裁判文书要充分说理已经成为共识，因为只有说理充分的裁判结果，才能证明法院判的公正，做到让当事人服判息诉，让人民群众认同。但对量刑建议是否要说理的问题，还不是很明确。我们认为，办案机关处理认罪认罚从宽案件，必须说理，因为这类案件说理的责任，也从法院转移到了检察机关。（1）量刑建议说理有利于说明为什么这个案件要走认罪认罚从宽程序，从而证明案件程序选择的正当性。（2）量刑建议说理有利于说服当事人。量刑建议首先要让当事人认同，让当事人感受到量刑建议的适当性和公正性。（3）量刑建议说理有利于法院审查并采纳量州建议。量刑建议说理还负有说服法官的功能，如果不说理，法院就难以了解量刑建议的形成过程和考量因素，导致法院在审查量刑建议时心中无数。因此，检察机关应尽量对量刑建议进行说理，法院应认真对量刑建议说理审查把关并丰富补充，这也是相互配合，并有助于让当事人和人民群众感受到公平正义。

7. 要适用认罪认罚从宽制度，必须有“认罪”和“认罚”两个方面的态度和行为。有认罪或者认罚一个方面的因素，根据《刑法》和《刑事诉讼法》规定从宽处罚的，但不构成本条规定的认罪认罚从宽原则中的“认罪认罚”。比如，有的犯罪嫌疑人、被告人在被侦查机关抓获后，不供认自己的罪行、但也不否认侦查机关指出的犯罪事实。有的犯罪嫌疑人、被告人主动投案自首，如实交代自己的罪行，也愿意接受处罚、但是对检察机关提出的具体的量刑建议不置可否，这些情况都不构成这里规定的认罪认罚。但是司法机关仍然要根据具体情况，对其自首、坦白、自愿悔罪等情节予以确认，并根据刑法的有关规定从轻、减轻甚至免除处罚。

8. 本条是关于认罪认罚从宽制度的总括性、统领性规定，认罪认罚从宽制度还包括一系列具体程序规定。比如，侦查机关、人民检察院讯问犯罪嫌疑人时，人民法院在开庭审判时，要告知犯罪嫌疑人、被告人关于认罪认罚从宽处理的法律规定。侦查机关、人民检察院要将犯罪嫌疑人认罪认罚情况记录在案，并随案移送。人民检察院在审查起诉阶段就案件处理听取意见，犯罪嫌疑人认罪认罚的要签署具结书。人民检察院应当提出量刑建议，人民法院一般应当采纳量刑建议。人民法院应当审查认罪认罚的自愿性和具结书的真实性、合法性等。公安机关、人民检察院、人民法院在适用认罪认罚从宽制度处理案件时，不仅要在处理上注意正确把握“从宽”的问题，还要注意在具体的程序适用上遵守《刑事诉讼法》的规定，以规范认罪认罚的使用，切实保护当事人的合法权益，使案件得到公正高效的处理。

9. 适用认罪认罚从宽制度必须遵循刑法、刑事诉讼法的基本原则。不可否认，在适用认罪认罚从宽制度办理刑事案件过程中，司法机关和犯罪嫌疑人、被告人及其辩护人对认定案件事实和量刑上会有一些“协商”，这是借鉴了英美法系国家辩诉交易制度的一些积极因素。但从本质上来说，我国的认罪认罚从宽制度与辩诉交易制度存在着本质上的区别。《刑事诉讼法》规定，人民法院、人民检察院和公安机关办理刑事案件，必须以事实为依据，以法律为准绳。刑事诉讼要坚持以证据作为认定事实的基础，依照法律规定收集、固定、审查和认定证据。刑法要求在定罪和量刑上要坚持对任何人犯罪，在适用法律上一律平等，不允许任何人有法律之上的特权。坚持罪责刑相适应，根据犯罪的事实、性质、情节、后果，依照法律规定提出量刑建议，准确裁量刑罚，确保刑罚轻重与犯罪分子所犯罪行和应当承担的刑事责任相适应。

人民法院、人民检察院和公安机关在刑事诉讼过程中，一方面需要确保认罪认罚制度的实施，在诉讼过程中依法告知当事人认罪认罚的法律规定，使其了解认罪认罚可以从宽处罚这一法律精神，鼓励其认罪认罚，并将其认罪认罚的情况记录在案，并随案移送。对于已经认罪认罚的犯罪嫌疑人、被告人，要在充分考虑其认罪认罚情况的基础上，结合其犯罪的事实、情节等，依法采取宽缓的强制措施，适用简易程序、速裁程序等更便于其诉讼的程序，提出从宽处理的量刑建议，依法从宽量刑等。另一方面也要严格以事实为依据、以法律为准绳，对于犯罪嫌疑人、被告人认罪认罚的，公安机关、人民检察院、人民法院仍然要按照事实清楚、证据确实充分的要求，收集、固定、审查和使用证据，特别是人民法院在审判过程中，无论是适用普通程序、简易程序还是速裁程序，都还要对认罪认罚的自愿性和认罪认罚具结书的真实性、合法性进行审查，防止出现在事实不清，证据不足的情况下草草结案，犯罪嫌疑人、被告人借承认较轻犯罪逃避对其较重犯罪的追究等情形，避免放纵犯罪。所以，认罪认罚从宽，一方面是在事实清楚、证据确实充分的基础上的从宽，不是就案件的事实认定进行“交易”，不是“和稀泥”。另一方面还是要在法律规定的范围内从宽，而不是就量刑“讨价还价”无边退让。只有这样，才能真正实现既充分保障犯罪嫌疑人、被告人诉讼权利，又提高诉讼效率，合理配置资源。既保障无罪的人不受追究，又使有罪的人得到公正惩罚，真正实现司法公正和司法效率的统一，维护法治的威严和司法的权威。

［配套规定］

1.《最高人民法院、最高人民检察院、公安部、国家安全部、司法部关于适用认罪认罚从宽制度的指导意见》（2019 年 10 月 11 日）

适用认罪认罚从宽制度，对准确及时惩罚犯罪、强化人权司法保障、推动刑事案件繁简分流、节约司法资源、化解社会矛盾、推动国家治理体系和治理能力现代化，具有重要意义。为贯彻落实修改后刑事诉讼法，确保认罪认罚从宽制度正确有效实施，根据法律和有关规定，结合司法工作实际，制定本意见。

一、基本原则

1. 贯彻宽严相济刑事政策。落实认罪认罚从宽制度，应当根据犯罪的具体情况，区分案件性质、情节和对社会的危害程度，实行区别对待，做到该宽则宽，当严则严，宽严相济，罚当其罪。对可能判处三年有期徒刑以下刑罚的认罪认罚案件，要尽量依法从简从快从宽办理，探索相适应的处理原则和办案方式；对因民间矛盾引发的犯罪，犯罪嫌疑人、被告人自愿认罪、真诚悔罪并取得谅解、达成和解、尚未严重影响人民群众安全感的，要积极适用认罪认罚从宽制度，特别是对其中社会危害不大的初犯、偶犯、过失犯、未成年犯，一般应当体现从宽；对严重危害国家安全、公共安全犯罪，严重暴力犯罪，以及社会普遍关注的重大敏感案件，应当慎重把握从宽，避免案件处理明显违背人民群众的公平正义观念。

2. 坚持罪责刑相适应原则。办理认罪认罚案件，既要考虑体现认罪认罚从宽，又要考虑其所犯罪行的轻重、应负刑事责任和人身危险性的大小，依照法律规定提出量刑建议，准确裁量刑罚，确保罚当其罪，避免罪刑失衡。特别是对于共同犯罪案件，主犯认罪认罚，从犯不认罪认罚的，人民法院、人民检察院应当注意两者之间的量刑平衡，防止因量刑失当严重偏离一般的司法认知。

3. 坚持证据裁判原则。办理认罪认罚案件，应当以事实为根据，以法律为准绳，严格按照证据裁判要求，全面收集、固定、审查和认定证据。坚持法定证明标准，侦查终结、提起公诉、作出有罪裁判应当做到犯罪事实清楚，证据确实、充分，防止因犯罪嫌疑人、被告人认罪而降低证据要求和证明标准。对犯罪嫌疑人、被告人认罪认罚，但证据不足，不能认定其有罪的，依法作出撤销案件、不起诉决定或者宣告无罪。

4. 坚持公检法三机关配合制约原则。办理认罪认罚案件，公、检、法三机关应当分工负责、互相配合、互相制约，保证犯罪嫌疑人、被告人自愿认罪认罚，依法推进从宽落实。要严格执法、公正司法，强化对自身执法司法办案活动的监督，防止产生“权权交易”、“权钱交易”等司法腐败问题。

二、适用范围和适用条件

5. 适用阶段和适用案件范围。认罪认罚从宽制度贯穿刑事诉讼全过程，适用于侦查、起诉、审判各个阶段。

认罪认罚从宽制度没有适用罪名和可能判处刑罚的限定，所有刑事案件都可以适用，不能因罪轻、罪重或者罪名特殊等原因而剥夺犯罪嫌疑人、被告人自愿认罪认罚获得从宽处理的机会。但“可以”适用不是一律适用，犯罪嫌疑人、被告人认罪认罚后是否从宽，由司法机关根据案件具体情况决定。

6. “认罪”的把握。认罪认罚从宽制度中的“认罪”，是指犯罪嫌疑人、被告人自愿如实供述自己的罪行，对指控的犯罪事实没有异议。承认指控的主要犯罪事实，仅对个别事实情节提出异议，或者虽然对行为性质提出辩解但表示接受司法机关认定意见的，不影响“认罪”的认定。犯罪嫌疑人、被告人犯数罪，仅如实供述其中一罪或部分罪名事实的，全案不作“认罪”的认定，不适用认罪认罚从宽制度，但对如实供述的部分，人民检察院可以提出从宽处罚的建议，人民法院可以从宽处罚。

7. “认罚”的把握。认罪认罚从宽制度中的“认罚”，是指犯罪嫌疑人、被告人真诚悔罪，愿意接受处罚。“认罚”，在侦查阶段表现为表示愿意接受处罚；在审查起诉阶段表现为接受人民检察院拟作出的起诉或不起诉决定，认可人民检察院的量刑建议，签署认罪认罚具结书；在审判阶段表现为当庭确认自愿签署具结书，愿意接受刑罚处罚。

“认罚”考察的重点是犯罪嫌疑人、被告人的悔罪态度和悔罪表现，应当结合退赃退赔、赔偿损失、赔礼道歉等因素来考量。犯罪嫌疑人、被告人虽然表示“认罚”，却暗中串供、干扰证人作证、毁灭、伪造证据或者隐匿、转移财产，有赔偿能力而不赔偿损失，则不能适用认罪认罚从宽制度。犯罪嫌疑人、被告人享有程序选择权，不同意适用速裁程序、简易程序的，不影响“认罚”的认定。

三、认罪认罚后“从宽”的把握

8. “从宽”的理解。从宽处理既包括实体上从宽处罚，也包括程序上从简处理。“可以从宽”，是指一般应当体现法律规定和政策精神，予以从宽处理。但可以从宽不是一律从宽，对犯罪性质和危害后果特别严重、犯罪手段特别残忍、社会影响特别恶劣的犯罪嫌疑人、被告人，认罪认罚不足以从轻处罚的，依法不予从宽处罚。

办理认罪认罚案件，应当依照刑法、刑事诉讼法的基本原则，根据犯罪的事实、性质、情节和对社会的危害程度，结合法定、酌定的量刑情节，综合考虑认罪认罚的具体情况，依法决定是否从宽、如何从宽。对于减轻、免除处罚，应当于法有据；不具备减轻处罚情节的，应当在法定幅度以内提出从轻处罚的量刑建议和量刑；对其中犯罪情节轻微不需要判处刑罚的，可以依法作出不起诉决定或者判决免予刑事处罚。

9. 从宽幅度的把握。办理认罪认罚案件，应当区别认罪认罚的不同诉讼阶段、对查明案件事实的价值和意义、是否确有悔罪表现，以及罪行严重程度等，综合考量确定从宽的限度和幅度。在刑罚评价上，主动认罪优于被动认罪，早认罪优于晚认罪，彻底认罪优于不彻底认罪，稳定认罪优于不稳定认罪。

认罪认罚的从宽幅度一般应当大于仅有坦白，或者虽认罪但不认罚的从宽幅度。对犯罪嫌疑人、被告人具有自首、坦白情节，同时认罪认罚的，应当在法定刑幅度内给予相对更大的从宽幅度。认罪认罚与自首、坦白不作重复评价。

对罪行较轻、人身危险性较小的，特别是初犯、偶犯，从宽幅度可以大一些；罪行较重、人身危险性较大的，以及累犯、再犯，从宽幅度应当从严把握。

四、犯罪嫌疑人、被告人辩护权保障

10. 获得法律帮助权。人民法院、人民检察院、公安机关办理认罪认罚案件，应当保障犯罪嫌疑人、被告人获得有效法律帮助，确保其了解认罪认罚的性质和法律后果，自愿认罪认罚。

犯罪嫌疑人、被告人自愿认罪认罚，没有辩护人的，人民法院、人民检察院、公安机关（看守所）应当通知值班律师为其提供法律咨询、程序选择建议、申请变更强制措施等法律帮助。符合通知辩护条件的，应当依法通知法律援助机构指派律师为其提供辩护。

人民法院、人民检察院、公安机关（看守所）应当告知犯罪嫌疑人、被告人有权约见值班律师，获得法律帮助，并为其约见值班律师提供便利。犯罪嫌疑人、被告人及其近亲属提出法律帮助请求的，人民法院、人民检察院、公安机关（看守所）应当通知值班律师为其提供法律帮助。

11. 派驻值班律师。法律援助机构可以在人民法院、人民检察院、看守所派驻值班律师。人民法院、人民检察院、看守所应当为派驻值班律师提供必要办公场所和设施。

法律援助机构应当根据人民法院、人民检察院、看守所的法律帮助需求和当地法律服务资源，合理安排值班律师。值班律师可以定期值班或轮流值班，律师资源短缺的地区可以通过探索现场值班和电话、网络值班相结合，在人民法院、人民检察院毗邻设置联合工作站，省内和市内统筹调配律师资源，以及建立政府购买值班律师服务机制等方式，保障法律援助值班律师工作有序开展。

12. 值班律师的职责。值班律师应当维护犯罪嫌疑人、被告人的合法权益，确保犯罪嫌疑人、被告人在充分了解认罪认罚性质和法律后果的情况下，自愿认罪认罚。值班律师应当为认罪认罚的犯罪嫌疑人、被告人提供下列法律帮助：

（一）提供法律咨询，包括告知涉嫌或指控的罪名、相关法律规定，认罪认罚的性质和法律后果等；

（二）提出程序适用的建议；

（三）帮助申请变更强制措施；

（四）对人民检察院认定罪名、量刑建议提出意见；

（五）就案件处理，向人民法院、人民检察院、公安机关提出意见；

（六）引导、帮助犯罪嫌疑人、被告人及其近亲属申请法律援助；

（七）法律法规规定的其他事项。

值班律师可以会见犯罪嫌疑人、被告人，看守所应当为值班律师会见提供便利。危害国家安全犯罪、恐怖活动犯罪案件，侦查期间值班律师会见在押犯罪嫌疑人的，应当经侦查机关许可。自人民检察院对案件审查起诉之日起，值班律师可以查阅案卷材料、了解案情。人民法院、人民检察院应当为值班律师查阅案卷材料提供便利。

值班律师提供法律咨询、查阅案卷材料、会见犯罪嫌疑人或者被告人、提出书面意见等法律帮助活动的相关情况应当记录在案，并随案移送。

13. 法律帮助的衔接。对于被羁押的犯罪嫌疑人、被告人，在不同诉讼阶段，可以由派驻看守所的同一值班律师提供法律帮助。对于未被羁押的犯罪嫌疑人、被告人，前一诉讼阶段的值班律师可以在后续诉讼阶段继续为犯罪嫌疑人、被告人提供法律帮助。

14. 拒绝法律帮助的处理。犯罪嫌疑人、被告人自愿认罪认罚，没有委托辩护人，拒绝值班律师帮助的，人民法院、人民检察院、公安机关应当允许，记录在案并随案移送。但是审查起诉阶段签署认罪认罚具结书时，人民检察院应当通知值班律师到场。

15. 辩护人职责。认罪认罚案件犯罪嫌疑人、被告人委托辩护人或者法律援助机构指派律师为其辩护的，辩护律师在侦查、审查起诉和审判阶段，应当与犯罪嫌疑人、被告人就是否认罪认罚进行沟通，提供法律咨询和帮助，并就定罪量刑、诉讼程序适用等向办案机关提出意见。

五、被害方权益保障

16. 听取意见。办理认罪认罚案件，应当听取被害人及其诉讼代理人的意见，并将犯罪嫌疑人、被告人是否与被害方达成和解协议、调解协议或者赔偿被害方损失，取得被害方谅解，作为从宽处罚的重要考虑因素。人民检察院、公安机关听取意见情况应当记录在案并随案移送。

17. 促进和解谅解。对符合当事人和解程序适用条件的公诉案件，犯罪嫌疑人、被告人认罪认罚的，人民法院、人民检察院、公安机关应当积极促进当事人自愿达成和解。对其他认罪认罚案件，人民法院、人民检察院、公安机关可以促进犯罪嫌疑人、被告人通过向被害方赔偿损失、赔礼道歉等方式获得谅解，被害方出具的谅解意见应当随案移送。

人民法院、人民检察院、公安机关在促进当事人和解谅解过程中，应当向被害方释明认罪认罚从宽、公诉案件当事人和解适用程序等具体法律规定，充分听取被害方意见，符合司法救助条件的，应当积极协调办理。

18. 被害方异议的处理。被害人及其诉讼代理人不同意对认罪认罚的犯罪嫌疑人、被告人从宽处理的，不影响认罪认罚从宽制度的适用。犯罪嫌疑人、被告人认罪认罚，但没有退赃退赔、赔偿损失，未能与被害方达成调解或者和解协议的，从宽时应当予以酌减。犯罪嫌疑人、被告人自愿认罪并且愿意积极赔偿损失，但由于被害方赔偿请求明显不合理，未能达成调解或者和解协议的，一般不影响对犯罪嫌疑人、被告人从宽处理。

六、强制措施的适用

19. 社会危险性评估。人民法院、人民检察院、公安机关应当将犯罪嫌疑人、被告人认罪认罚作为其是否具有社会危险性的重要考虑因素。对于罪行较轻、采用非羁押性强制措施足以防止发生刑事诉讼法第八十一条第一款规定的社会危险性的犯罪嫌疑人、被告人，根据犯罪性质及可能判处的刑罚，依法可不适用羁押性强制措施。

20. 逮捕的适用。犯罪嫌疑人认罪认罚，公安机关认为罪行较轻、没有社会危险性的，应当不再提请人民检察院审查逮捕。对提请逮捕的，人民检察院认为没有社会危险性不需要逮捕的，应当作出不批准逮捕的决定。

21. 逮捕的变更。已经逮捕的犯罪嫌疑人、被告人认罪认罚的，人民法院、人民检察院应当及时审查羁押的必要性，经审查认为没有继续羁押必要的，应当变更为取保候审或者监视居住。

七、侦查机关的职责

22. 权利告知和听取意见。公安机关在侦查过程中，应当告知犯罪嫌疑人享有的诉讼权利、如实供述罪行可以从宽处理和认罪认罚的法律规定，听取犯罪嫌疑人及其辩护人或者值班律师的意见，记录在案并随案移送。

对在非讯问时间、办案人员不在场情况下，犯罪嫌疑人向看守所工作人员或者辩护人、值班律师表示愿意认罪认罚的，有关人员应当及时告知办案单位。

23. 认罪教育。公安机关在侦查阶段应当同步开展认罪教育工作，但不得强迫犯罪嫌疑人认罪，不得作出具体的从宽承诺。犯罪嫌疑人自愿认罪，愿意接受司法机关处罚的，应当记录在案并附卷。

24. 起诉意见。对移送审查起诉的案件，公安机关应当在起诉意见书中写明犯罪嫌疑人自愿认罪认罚情况。认为案件符合速裁程序适用条件的，可以在起诉意见书中建议人民检察院适用速裁程序办理，并简要说明理由。

对可能适用速裁程序的案件，公安机关应当快速办理，对犯罪嫌疑人未被羁押的，可以集中移送审查起诉，但不得为集中移送拖延案件办理。

对人民检察院在审查逮捕期间或者重大案件听取意见中提出的开展认罪认罚工作的意见或建议，公安机关应当认真听取，积极开展相关工作。

25. 执法办案管理中心建设。加快推进公安机关执法办案管理中心建设，探索在执法办案管理中心设置速裁法庭，对适用速裁程序的案件进行快速办理。

八、审查起诉阶段人民检察院的职责

26. 权利告知。案件移送审查起诉后，人民检察院应当告知犯罪嫌疑人享有的诉讼权利和认罪认罚的法律规定，保障犯罪嫌疑人的程序选择权。告知应当采取书面形式，必要时应当充分释明。

27. 听取意见。犯罪嫌疑人认罪认罚的，人民检察院应当就下列事项听取犯罪嫌疑人、辩护人或者值班律师的意见，记录在案并附卷：

（一）涉嫌的犯罪事实、罪名及适用的法律规定；

（二）从轻、减轻或者免除处罚等从宽处罚的建议；

（三）认罪认罚后案件审理适用的程序；

（四）其他需要听取意见的情形。

人民检察院未采纳辩护人、值班律师意见的，应当说明理由。

28. 自愿性、合法性审查。对侦查阶段认罪认罚的案件，人民检察院应当重点审查以下内容：

（一）犯罪嫌疑人是否自愿认罪认罚，有无因受到暴力、威胁、引诱而违背意愿认罪认罚；

（二）犯罪嫌疑人认罪认罚时的认知能力和精神状态是否正常；

（三）犯罪嫌疑人是否理解认罪认罚的性质和可能导致的法律后果；

（四）侦查机关是否告知犯罪嫌疑人享有的诉讼权利，如实供述自己罪行可以从宽处理和认罪认罚的法律规定，并听取意见；

（五）起诉意见书中是否写明犯罪嫌疑人认罪认罚情况；

（六）犯罪嫌疑人是否真诚悔罪，是否向被害人赔礼道歉。

经审查，犯罪嫌疑人违背意愿认罪认罚的，人民检察院可以重新开展认罪认罚工作。存在刑讯逼供等非法取证行为的，依照法律规定处理。

29. 证据开示。人民检察院可以针对案件具体情况，探索证据开示制度，保障犯罪嫌疑人的知情权和认罪认罚的真实性及自愿性。

30. 不起诉的适用。完善起诉裁量权，充分发挥不起诉的审前分流和过滤作用，逐步扩大相对不起诉在认罪认罚案件中的适用。对认罪认罚后没有争议，不需要判处刑罚的轻微刑事案件，人民检察院可以依法作出不起诉决定。人民检察院应当加强对案件量刑的预判，对其中可能判处免刑的轻微刑事案件，可以依法作出不起诉决定。

对认罪认罚后案件事实不清、证据不足的案件，应当依法作出不起诉决定。

31. 签署具结书。犯罪嫌疑人自愿认罪，同意量刑建议和程序适用的，应当在辩护人或者值班律师在场的情况下签署认罪认罚具结书。犯罪嫌疑人被羁押的，看守所应当为签署具结书提供场所。具结书应当包括犯罪嫌疑人如实供述罪行、同意量刑建议、程序适用等内容，由犯罪嫌疑人、辩护人或者值班律师签名。

犯罪嫌疑人认罪认罚，有下列情形之一的，不需要签署认罪认罚具结书：

（一）犯罪嫌疑人是盲、聋、哑人，或者是尚未完全丧失辨认或者控制自己行为能力的精神病人的；

（二）未成年犯罪嫌疑人的法定代理人、辩护人对未成年人认罪认罚有异议的；

（三）其他不需要签署认罪认罚具结书的情形。

上述情形犯罪嫌疑人未签署认罪认罚具结书的，不影响认罪认罚从宽制度的适用。

32. 提起公诉。人民检察院向人民法院提起公诉的，应当在起诉书中写明被告人认罪认罚情况，提出量刑建议，并移送认罪认罚具结书等材料。量刑建议书可以另行制作，也可以在起诉书中写明。

33. 量刑建议的提出。犯罪嫌疑人认罪认罚的，人民检察院应当就主刑、附加刑、是否适用缓刑等提出量刑建议。人民检察院提出量刑建议前，应当充分听取犯罪嫌疑人、辩护人或者值班律师的意见，尽量协商一致。

办理认罪认罚案件，人民检察院一般应当提出确定刑量刑建议。对新类型、不常见犯罪案件，量刑情节复杂的重罪案件等，也可以提出幅度刑量刑建议。提出量刑建议，应当说明理由和依据。

犯罪嫌疑人认罪认罚没有其他法定量刑情节的，人民检察院可以根据犯罪的事实、性质等，在基准刑基础上适当减让提出确定刑量刑建议。有其他法定量刑情节的，人民检察院应当综合认罪认罚和其他法定量刑情节，参照相关量刑规范提出确定刑量刑建议。

犯罪嫌疑人在侦查阶段认罪认罚的，主刑从宽的幅度可以在前款基础上适当放宽；被告人在审判阶段认罪认罚的，在前款基础上可以适当缩减。建议判处罚金刑的，参照主刑的从宽幅度提出确定的数额。

34. 速裁程序的办案期限。犯罪嫌疑人认罪认罚，人民检察院经审查，认为符合速裁程序适用条件的，应当在十日以内作出是否提起公诉的决定；对可能判处的有期徒刑超过一年的，可以在十五日以内作出是否提起公诉的决定。

九、社会调查评估

35. 侦查阶段的社会调查。犯罪嫌疑人认罪认罚，可能判处管制、宣告缓刑的，公安机关可以委托犯罪嫌疑人居住地的社区矫正机构进行调查评估。

公安机关在侦查阶段委托社区矫正机构进行调查评估，社区矫正机构在公安机关移送审查起诉后完成调查评估的，应当及时将评估意见提交受理案件的人民检察院或者人民法院，并抄送公安机关。

36. 审查起诉阶段的社会调查。犯罪嫌疑人认罪认罚，人民检察院拟提出缓刑或者管制量刑建议的，可以及时委托犯罪嫌疑人居住地的社区矫正机构进行调查评估，也可以自行调查评估。人民检察院提起公诉时，已收到调查材料的，应当将材料一并移送，未收到调查材料的，应当将委托文书随案移送；在提起公诉后收到调查材料的，应当及时移送人民法院。

37. 审判阶段的社会调查。被告人认罪认罚，人民法院拟判处管制或者宣告缓刑的，可以及时委托被告人居住地的社区矫正机构进行调查评估，也可以自行调查评估。

社区矫正机构出具的调查评估意见，是人民法院判处管制、宣告缓刑的重要参考。对没有委托社区矫正机构进行调查评估或者判决前未收到社区矫正机构调查评估报告的认罪认罚案件，人民法院经审理认为被告人符合管制、缓刑适用条件的，可以判处管制、宣告缓刑。

38. 司法行政机关的职责。受委托的社区矫正机构应当根据委托机关的要求，对犯罪嫌疑人、被告人的居所情况、家庭和社会关系、一贯表现、犯罪行为的后果和影响、居住地村（居）民委员会和被害人意见、拟禁止的事项等进行调查了解，形成评估意见，及时提交委托机关。

十、审判程序和人民法院的职责

39. 审判阶段认罪认罚自愿性、合法性审查。办理认罪认罚案件，人民法院应当告知被告人享有的诉讼权利和认罪认罚的法律规定，听取被告人及其辩护人或者值班律师的意见。庭审中应当对认罪认罚的自愿性、具结书内容的真实性和合法性进行审查核实，重点核实以下内容：

（一）被告人是否自愿认罪认罚，有无因受到暴力、威胁、引诱而违背意愿认罪认罚；

（二）被告人认罪认罚时的认知能力和精神状态是否正常；

（三）被告人是否理解认罪认罚的性质和可能导致的法律后果；

（四）人民检察院、公安机关是否履行告知义务并听取意见；

（五）值班律师或者辩护人是否与人民检察院进行沟通，提供了有效法律帮助或者辩护，并在场见证认罪认罚具结书的签署。

庭审中审判人员可以根据具体案情，围绕定罪量刑的关键事实，对被告人认罪认罚的自愿性、真实性等进行发问，确认被告人是否实施犯罪，是否真诚悔罪。

被告人违背意愿认罪认罚，或者认罪认罚后又反悔，依法需要转换程序的，应当按照普通程序对案件重新审理。发现存在刑讯逼供等非法取证行为的，依照法律规定处理。

40. 量刑建议的采纳。对于人民检察院提出的量刑建议，人民法院应当依法进行审查。对于事实清楚，证据确实、充分，指控的罪名准确，量刑建议适当的，人民法院应当采纳。具有下列情形之一的，不予采纳：

（一）被告人的行为不构成犯罪或者不应当追究刑事责任的；

（二）被告人违背意愿认罪认罚的；

（三）被告人否认指控的犯罪事实的；

（四）起诉指控的罪名与审理认定的罪名不一致的；

（五）其他可能影响公正审判的情形。

对于人民检察院起诉指控的事实清楚，量刑建议适当，但指控的罪名与审理认定的罪名不一致的，人民法院可以听取人民检察院、被告人及其辩护人对审理认定罪名的意见，依法作出裁判。

人民法院不采纳人民检察院量刑建议的，应当说明理由和依据。

41. 量刑建议的调整。人民法院经审理，认为量刑建议明显不当，或者被告人、辩护人对量刑建议有异议且有理有据的，人民法院应当告知人民检察院，人民检察院可以调整量刑建议。人民法院认为调整后的量刑建议适当的，应当予以采纳；人民检察院不调整量刑建议或者调整后仍然明显不当的，人民法院应当依法作出判决。

适用速裁程序审理的，人民检察院调整量刑建议应当在庭前或者当庭提出。调整量刑建议后，被告人同意继续适用速裁程序的，不需要转换程序处理。

42. 速裁程序的适用条件。基层人民法院管辖的可能判处三年有期徒刑以下刑罚的案件，案件事实清楚，证据确实、充分，被告人认罪认罚并同意适用速裁程序的，可以适用速裁程序，由审判员一人独任审判。人民检察院提起公诉时，可以建议人民法院适用速裁程序。

有下列情形之一的，不适用速裁程序办理：

（一）被告人是盲、聋、哑人，或者是尚未完全丧失辨认或者控制自己行为能力的精神病人的；

（二）被告人是未成年人的；

（三）案件有重大社会影响的；

（四）共同犯罪案件中部分被告人对指控的犯罪事实、罪名、量刑建议或者适用速裁程序有异议的；

（五）被告人与被害人或者其法定代理人没有就附带民事诉讼赔偿等事项达成调解或者和解协议的；

（六）其他不宜适用速裁程序办理的案件。

43. 速裁程序的审理期限。适用速裁程序审理案件，人民法院应当在受理后十日以内审结；对可能判处的有期徒刑超过一年的，应当在十五日以内审结。

44. 速裁案件的审理程序。适用速裁程序审理案件，不受刑事诉讼法规定的送达期限的限制，一般不进行法庭调查、法庭辩论，但在判决宣告前应当听取辩护人的意见和被告人的最后陈述意见。

人民法院适用速裁程序审理案件，可以在向被告人送达起诉书时一并送达权利义务告知书、开庭传票，并核实被告人自然信息等情况。根据需要，可以集中送达。

人民法院适用速裁程序审理案件，可以集中开庭，逐案审理。人民检察院可以指派公诉人集中出庭支持公诉。公诉人简要宣读起诉书后，审判人员应当当庭询问被告人对指控事实、证据、量刑建议以及适用速裁程序的意见，核实具结书签署的自愿性、真实性、合法性，并核实附带民事诉讼赔偿等情况。

适用速裁程序审理案件，应当当庭宣判。集中审理的，可以集中当庭宣判。宣判时，根据案件需要，可以由审判员进行法庭教育。裁判文书可以简化。

45. 速裁案件的二审程序。被告人不服适用速裁程序作出的第一审判决提出上诉的案件，可以不开庭审理。第二审人民法院审查后，按照下列情形分别处理：

（一）发现被告人以事实不清、证据不足为由提出上诉的，应当裁定撤销原判，发回原审人民法院适用普通程序重新审理，不再按认罪认罚案件从宽处罚；

（二）发现被告人以量刑不当为由提出上诉的，原判量刑适当的，应当裁定驳回上诉，维持原判；原判量刑不当的，经审理后依法改判。

46. 简易程序的适用。基层人民法院管辖的被告人认罪认罚案件，事实清楚、证据充分，被告人对适用简易程序没有异议的，可以适用简易程序审判。

适用简易程序审理认罪认罚案件，公诉人可以简要宣读起诉书，审判人员当庭询问被告人对指控的犯罪事实、证据、量刑建议及适用简易程序的意见，核实具结书签署的自愿性、真实性、合法性。法庭调查可以简化，但对有争议的事实和证据应当进行调查、质证，法庭辩论可以仅围绕有争议的问题进行。裁判文书可以简化。

47. 普通程序的适用。适用普通程序办理认罪认罚案件，可以适当简化法庭调查、辩论程序。公诉人宣读起诉书后，合议庭当庭询问被告人对指控的犯罪事实、证据及量刑建议的意见，核实具结书签署的自愿性、真实性、合法性。公诉人、辩护人、审判人员对被告人的讯问、发问可以简化。对控辩双方无异议的证据，可以仅就证据名称及证明内容进行说明；对控辩双方有异议，或者法庭认为有必要调查核实的证据，应当出示并进行质证。法庭辩论主要围绕有争议的问题进行，裁判文书可以适当简化。

48. 程序转换。人民法院在适用速裁程序审理过程中，发现有被告人的行为不构成犯罪或者不应当追究刑事责任、被告人违背意愿认罪认罚、被告人否认指控的犯罪事实情形的，应当转为普通程序审理。发现其他不宜适用速裁程序但符合简易程序适用条件的，应当转为简易程序重新审理。

发现有不宜适用简易程序审理情形的，应当转为普通程序审理。

人民检察院在人民法院适用速裁程序审理案件过程中，发现有不宜适用速裁程序审理情形的，应当建议人民法院转为普通程序或者简易程序重新审理；发现有不宜适用简易程序审理情形的，应当建议人民法院转为普通程序重新审理。

49. 被告人当庭认罪认罚案件的处理。被告人在侦查、审查起诉阶段没有认罪认罚，但当庭认罪，愿意接受处罚的，人民法院应当根据审理查明的事实，就定罪和量刑听取控辩双方意见，依法作出裁判。

50. 第二审程序中被告人认罪认罚案件的处理。被告人在第一审程序中未认罪认罚，在第二审程序中认罪认罚的，审理程序依照刑事诉讼法规定的第二审程序进行。第二审人民法院应当根据其认罪认罚的价值、作用决定是否从宽，并依法作出裁判。确定从宽幅度时应当与第一审程序认罪认罚有所区别。

十一、认罪认罚的反悔和撤回

51. 不起诉后反悔的处理。因犯罪嫌疑人认罪认罚，人民检察院依照刑事诉讼法第一百七十七条第二款作出不起诉决定后，犯罪嫌疑人否认指控的犯罪事实或者不积极履行赔礼道歉、退赃退赔、赔偿损失等义务的，人民检察院应当进行审查，区分下列情形依法作出处理：

（一）发现犯罪嫌疑人没有犯罪事实，或者符合刑事诉讼法第十六条规定的情形之一的，应当撤销原不起诉决定，依法重新作出不起诉决定；

（二）认为犯罪嫌疑人仍属于犯罪情节轻微，依照刑法规定不需要判处刑罚或者免除刑罚的，可以维持原不起诉决定；

（三）排除认罪认罚因素后，符合起诉条件的，应当根据案件具体情况撤销原不起诉决定，依法提起公诉。

52. 起诉前反悔的处理。犯罪嫌疑人认罪认罚，签署认罪认罚具结书，在人民检察院提起公诉前反悔的，具结书失效，人民检察院应当在全面审查事实证据的基础上，依法提起公诉。

53. 审判阶段反悔的处理。案件审理过程中，被告人反悔不再认罪认罚的，人民法院应当根据审理查明的事实，依法作出裁判。需要转换程序的，依照本意见的相关规定处理。

54. 人民检察院的法律监督。完善人民检察院对侦查活动和刑事审判活动的监督机制，加强对认罪认罚案件办理全过程的监督，规范认罪认罚案件的抗诉工作，确保无罪的人不受刑事追究、有罪的人受到公正处罚。

十二、未成年人认罪认罚案件的办理

55. 听取意见。人民法院、人民检察院办理未成年人认罪认罚案件，应当听取未成年犯罪嫌疑人、被告人的法定代理人的意见，法定代理人无法到场的，应当听取合适成年人的意见，但受案时犯罪嫌疑人已经成年的除外。

56. 具结书签署。未成年犯罪嫌疑人签署认罪认罚具结书时，其法定代理人应当到场并签字确认。法定代理人无法到场的，合适成年人应当到场签字确认。法定代理人、辩护人对未成年人认罪认罚有异议的，不需要签署认罪认罚具结书。

57. 程序适用。未成年人认罪认罚案件，不适用速裁程序，但应当贯彻教育、感化、挽救的方针，坚持从快从宽原则，确保案件及时办理，最大限度保护未成年人合法权益。

58. 法治教育。办理未成年人认罪认罚案件，应当做好未成年犯罪嫌疑人、被告人的认罪服法、悔过教育工作，实现惩教结合目的。

十三、附则

59. 国家安全机关、军队保卫部门、中国海警局、监狱办理刑事案件，适用本意见的有关规定。

60. 本指导意见由会签单位协商解释，自发布之日起施行。

2. 《人民检察院刑事诉讼规则》（2019年12月30日）（高检发释字［2019］4号）

第十一条 犯罪嫌疑人、被告人自愿如实供述自己的罪行，承认指控的犯罪事实，愿意接受处罚的，可以依法从宽处理。

认罪认罚从宽制度适用于所有刑事案件。人民检察院办理刑事案件的各个诉讼环节，都应当做好认罪认罚的相关工作。

第十六条　有下列情形之一的，不追究刑事责任，已经追究的，应当撤销案件，或者不起诉，或者终止审理，或者宣告无罪：

（一）情节显著轻微、危害不大，不认为是犯罪的；

（二）犯罪已过追诉时效期限的；

（三）经特赦令免除刑罚的；

（四）依照刑法告诉才处理的犯罪，没有告诉或者撤回告诉的；

（五）犯罪嫌疑人、被告人死亡的；

（六）其他法律规定免予追究刑事责任的。

[条文主旨]

本条是关于不追究刑事责任的规定。

[条文释解]

本条内容是1979年《刑事诉讼法》就有的规定，1996年《刑事诉讼法》修改时作过修改，2012年、2018年《刑事诉讼法》修改时对本条未作修改。根据本条规定，对于已经追究的刑事案件，遇有本条规定的六种情形之一的，应当根据不同情况，分别作出不同的处理，即应当撤销案件，或者不起诉，或者终止审理，或者宣告无罪。这六种情形是：

1. 情节显著轻微、危害不大，不认为是犯罪的

情节是指案件的各种事实情况，包括定罪情节和量刑情节两种。情节显著轻微案件，是指通过对案件的事实情况进行考查，依法确认属于虽有违法行为但社会危害性不大的案件，这类案件依法不按犯罪处理，其中属于触犯治安管理处罚法的，可由公安机关依据治安管理处罚法加以行政处罚；属于违反其他行政法规的，由行政执法部门依据行政法规的规定进行处罚。

2. 犯罪已过追诉时效期限的

时效期限是指发生、取得权利的时间范围，超过时效期限即发生丧失权利的不利后果。追诉时效期限是指由刑法规定的司法机关追究犯罪人刑事责

任的有效期限。《刑法》第 87 条明确规定了追诉时效期限。包括：（1）法定最高刑为不满 5 年有期徒刑的，经过 5 年。（2）法定最高刑为 5 年以上不满 10 年有期徒刑的，经过 10 年。（3）法定最高刑为 10 年以上有期徒刑的，经过 15 年。（4）法定最高刑为无期徒刑、死刑的，经过 20 年。我国《刑法》还规定，法定最高刑为无期徒刑、死刑的，经过 20 年追诉时效后，如果认为必须追诉的，应当报请最高人民检察院核准。因此，对于法定最高刑为无期徒刑、死刑的案件，追诉时效期限届满后诉权的丧失不是绝对的，而是相对的，这是我国追诉时效期限的例外规定。另外，根据《刑法》第 88 条规定："在人民检察院、公安机关、国家安全机关立案侦查或者在人民法院受理案件以后，逃避侦查或者审判的，不受追诉期限的限制。被害人在追诉期限内提出控告，人民法院、人民检察院、公安机关应当立案而不予立案的，不受追诉期限的限制。"

3. 经特赦令免除刑罚的

特赦是国家对特定的犯罪人免除其刑罚的全部或者部分的执行。特赦同大赦一样属于国家行为，通常都是由国家元首或国家最高权力机关以命令的形式宣告。我国《宪法》第 80 条规定："中华人民共和国主席根据全国人民代表大会的决定和全国人民代表大会常务委员会的决定，公布法律，任免国务院总理、副总理、国务委员、各部部长、各委员会主任、审计长、秘书长、授予国家的勋章和荣誉称号，发布特赦令，发布戒严令，宣布战争状态，发布动员令。"这一规定是我国国家主席发布特赦令的法律依据。特赦令一旦发布，表明国家放弃对被特赦的犯罪人的刑罚权，公诉权和审判权也随之消失，故而人民检察院不能对其提起公诉。

4. 依照刑法告诉才处理的犯罪，没有告诉或者撤回告诉的

告诉才处理的犯罪属于自诉案件范围，控诉权归属于被害人行使，对于这类案件，行使起诉权、放弃起诉权和撤回告诉均属被害人自由处分的权利范围，检察机关一般不予过问。但有些案件，如重婚犯罪、严重危害国家利益和社会秩序的侮辱、诽谤犯罪，已经突破了自诉案件范围，成为既可以公诉又可以自诉的公诉自诉复合型案件，这些案件已非纯粹告诉才处理的犯罪案件，因此不在"依照刑法告诉才处理的犯罪"的范围内。至于哪些案件属于告诉才处理的犯罪案件，应当依据刑法规定进行确认。《刑法》第 98 条规定："本法所称告诉才处理，是指被害人告诉才处理。如果被害人因受强制、威吓无法告诉的，人民检察院和被害人的近亲属也可以告诉。"对于这些罪

名，专门机关应当尊重被害人的选择，如果被害人没有告诉，或者告诉以后又撤回告诉的，就不得进行追诉。

5. 犯罪嫌疑人、被告人死亡的

我国刑法确立了罪责自负原则，司法机关只能对实际构成犯罪的行为人行使追诉权，犯罪嫌疑人、被告人死亡，追究其刑事责任已无实际意义，故而人民检察院不能向人民法院起诉已经死亡的犯罪嫌疑人、被告人。这里需要注意的是：（1）共同犯罪案件中有的犯罪嫌疑人、被告人死亡，并不影响人民检察院对案件情况进行全面审查并就共同犯罪案件的全部事实向人民法院提起公诉，只是人民法院判决时应当区分罪责，正确地对被告人定罪量刑，以期符合罪刑法定主义的原则要求。（2）犯罪嫌疑人、被告人死亡是否仍可继续侦查以查清全部案件事实并追缴违法所得财物，法律未作规定，在司法实践中存在的实际做法是对于犯罪嫌疑人、被告人死亡的案件，确有必要时侦查部门在查清案件事实并追缴违法所得财物后终止诉讼。对于这一做法，如何进行法律上的评价，尚有进一步探讨的余地。（3）经犯罪嫌疑人、被告人近亲属申请，为了犯罪嫌疑人、被告人利益，可以在查清案件事实后终止诉讼活动。这种做法，有利于使无辜者的犯罪嫌疑得到洗刷，恢复无辜公民的名誉，这是对犯罪嫌疑人、被告人合法权益的一项救济措施。

6. 其他法律规定免予追究刑事责任的

对于刑法、刑事诉讼法以外的法律中免予追究刑事责任的现行、有效规定，人民检察院应当执行并作出不起诉决定。

上述几种情形有的是由于不作为犯罪处理从而没有必要再继续适用刑事诉讼程序进行追诉，有的则是由于案件超过诉讼时效无法再继续进行，也有的情形是由于被告人死亡，追诉对象消失导致诉讼自动终止。诉讼终止根据法定情形出现的诉讼阶段，相关机关可以作出不同的处理决定，在侦查阶段的，侦查机关应当撤销案件。在审查起诉阶段的，起诉机关应作出不起诉处理，在审判阶段的，法院应当宣告终止审理，如果能够查明被告人明显无罪的，应作出宣告无罪的处理。

[司法实务]

1. 明确《刑事诉讼法》规定法定情形不予追究刑事责任的意见。《刑事诉讼法》中确立依照法定情形不予追究刑事责任原则，具有重要的意义。首先，有利于保证国家追诉权能够统一、正确地行使，防止任意扩大追诉范围。其次，有利于防止和及时纠正对不应追究刑事责任的人错误地进行追究，以保护其合法权益。最后，有利于节省司法资源。这一原则可以使人民法院、人民检察院和公安机关避免无效劳动，集中精力打击那些严重危害社会主义现代化建设，严重危害社会治安、危害国家安全的犯罪分子和其他刑事犯罪分子，以保障现代化建设的顺利进行，维护安定团结的社会秩序。

2. 具有《刑事诉讼法》第 16 条情形的，应当分情况处理，而不是一律撤销案件。上述几种情形有的是由于不作为犯罪处理从而没有必要再继续适用刑事诉讼程序进行追诉，有的则是由于案件超过诉讼时效无法再继续进行，也有的情形是由于被告人死亡，追诉对象消失导致诉讼自动终止。诉讼终止根据法定情形出现的诉讼阶段，相关机关可以作出不同的处理决定。（1）在侦查阶段发现和出现《刑事诉讼法》第 16 条规定的六种情形之一的，侦查机关应当作出撤销案件的决定。（2）案件移送人民检察院审查起诉时，发现和出现《刑事诉讼法》第 16 条规定的六种情形之一的，都应作出不起诉处理。（3）案件如果在人民法院审判阶段发现和出现《刑事诉讼法》第 16 条规定的六种情形之一的，人民法院应当分情况处理。对于情节显著轻微、危害不大，不认为是犯罪的，应当作出判决，宣告无罪。对于被告人死亡的，应当作出终止审理的决定。这几种处理案件的方式中，终止审理是新增加的内容，主要是对于被告人死亡的，用这种方法处理比较适当，没有必要再审理判刑。

3.《刑事诉讼法》第 16 条规定的六种情形并不包括“犯罪嫌疑人没有犯罪事实”的情形。对于这种情况，《最高人民法院关于适用〈中华人民共和国刑事诉讼法〉的解释》（下称《刑诉法解释》）中作出了具体规定，（1）公安机关在侦查阶段，发现没有犯罪事实的，应当撤销案件（《公安机关办理刑事案件程序规定》第 183 条）。人民检察院立案侦查的案件，发现具有“没有犯罪事实，或者依照刑法规定不负刑事责任或者不是犯罪的”以及“虽有犯罪事实，但不是犯罪嫌疑人所为”情形的，侦查部门应当制作拟撤销案件意见书，报请检察长决定（《人民检察院刑事诉讼规则》第 242 条）。（2）在审查起诉阶段，人民检察院对于公安机关移送审查起诉的案件，发现犯罪嫌疑人没有犯罪事实的，应当作出不起诉决定。（《刑事诉讼法》第 177 条第 1 款）。对于犯罪事实并非犯罪嫌疑人所为，需要重新调查或者侦查的，应当在作出不起诉决定后书面说明理由，将案卷材料退回监察机关或者公安机关并建议公安机关重新调查或者侦查（《人民检察院刑事诉讼规则》第365条第2款）。（3）在审判阶段，案件事实清楚，证据确实、充分，依据法律认定被告人无罪的，应当判决宣告被告人无罪（《刑诉法解释》第241条第3项）。

4. 对于依照刑法规定不需要判处刑罚或者免除刑罚的，能否直接撤销案件？我们认为，公安机关不能依照《刑事诉讼法》第16条的规定在侦查阶段撤销案件，而是应当移送人民检察院审查起诉。人民检察院既可以根据《刑事诉讼法》第177条第2款作出不起诉决定，也可以向人民法院提起公诉。人民法院审理后应当作出定罪免刑判决。

[参考案例]

韩某某伪证案①

裁判要点：

对于行为人1997年9月30日以前实施的犯罪行为，被害人在追诉期限内提出控告，公安机关应当立案而不予立案的，受追诉期限的限制。已超过追诉期限的，依法不得追究行为人的刑事责任。

基本案情：

公诉机关指控称：被告人韩某某于1997年3月，受时任“原菏泽行署驻济南办事处主任”的王某某（已判刑）指使及诱导，捏造事实，向检察机关提供虚假证言，致使时任“原菏泽行署驻济南办事处会计”的李某某于1997年3月11日被原菏泽市人民检察院以涉嫌贪污罪立案侦查，并宣布刑事拘留，限制人身自由7天，并对其住所、物品等采取搜查、扣押措施。后因事实不清、证据不足，原菏泽市人民检察院于1999年6月14日撤销案件。公诉机关认为，被告人韩某某受他人指使，捏造事实诬告陷害被害人李某某，意图使其受到刑事追究，并导致李某某被限制人身自由7日，其行为触犯了《刑法》第243条第1款之规定，犯罪事实清楚，证据确实充分，应当以诬告陷害罪追究其刑事责任。

---

① 山东省菏泽市牡丹区人民法院（2013）菏牡刑初字第128号刑事判决、山东省菏泽市中级人民法院（2013）菏刑一终字第56号刑事裁定、山东省菏泽市牡丹区人民法院（2013）菏牡刑重字第128号刑事裁定。

被告人韩某某辩称：其没有主动告发李某某，没有故意捏造事实，仅是在检察院询问时，在王某某的引导下，把开户的情形和办存折取钱的情形弄混了；李某某被刑拘不仅是由于其个人的证言证词，还有其他的证据材料；其做伪证的行为并没有致使李某某在经济上和工作上受到损失，不应认定构成犯罪。

辩护人的辩护意见：一是被告人没有主动到司法机关报案，仅仅是在接受询问时，对相应了解的情况进行说明，情节轻微，没有造成严重后果，应从轻或减轻处罚。二是被告人没有捏造事实，也没有诬告陷害，致使受害人受到法律追究的故意，不构成诬告陷害罪。三是本案已过追诉时效，被告人不应再受到法律的追究。

山东省菏泽市牡丹区人民法院经审理查明：1997 年，王某某（已判刑）系原菏泽行署驻济南办事处主任，被害人李某某系该办事处的会计，被告人韩某某系该办事处的司机。王某某从办事处账户转储 10 万元到个人储蓄账户，会计李某某发现这一问题后询问王某某，王某某谎称不知道。王某某为了掩盖这 10 万元是被自己拿了的事实，到检察机关举报李某某贪污 10 万元，并虚构了“从李某某处拿走存折，并打了 10 万元的借条”。为了印证自己举报的客观真实性，王某某指使韩某某向检察机关作证时说“三人去省投资银行办理十万元存折的事”。1997 年 3 月，被告人韩某某受王某某指使及诱导，按王某某捏造的事实，向检察机关提供虚假证言，致使李某某于 1997 年 3 月 11 日被原菏泽市人民检察院以涉嫌贪污罪立案侦查并宣布刑事拘留，限制人身自由 7 天，并对其住所、物品等采取搜查、扣押措施。后因事实不清、证据不足，原菏泽市人民检察院于 1999 年 6 月 14 日撤销案件。1997 年 3 月以后，李某某多次到公安机关报案，要求追究韩某某的刑事责任，但公安机关未予立案。

法院裁判：

山东省菏泽市牡丹区人民法院于 2013 年 8 月 8 日作出（2013）菏牡刑初字第 128 号刑事判决：被告人韩某某犯伪证罪，判处有期徒刑一年，缓刑一年。

宣判后，被告人韩某某不服一审判决，向山东省菏泽市中级人民法院提起上诉，上诉理由为“其没有捏造事实，没有主观作伪证的故意，其行为情节轻微，不构成犯罪；本案已过追诉时效”。山东省菏泽市中级人民法院于 2013 年 10 月 25 日作出（2013）菏刑一终字第 56 号刑事裁定：一、撤销山东省菏泽市牡丹区人民法院（2013）菏牡刑初字第128号刑事判决；二、发回山东省菏泽市牡丹区人民法院重新审判。

山东省菏泽市牡丹区人民法院于2014年6月20日作出（2013）菏牡刑重字第128号刑事裁定：终止审理。

裁判理由：

法院生效裁判认为：本案的争议焦点有三：一是被告人韩某某的行为构成诬告陷害罪还是构成伪证罪，二是本案应适用1979年《刑法》还是适用1997年《刑法》，三是被告人韩某某的犯罪行为是否已过追诉时效。

第一，被告人韩某某的行为构成伪证罪。被告人韩某某在检察机关立案侦查李某某贪污行为时，是受他人指使、诱导，将他人捏造的事实，向检察机关故意作虚假证明，意图陷害他人，其行为已构成伪证罪。公诉机关指控被告人韩某某犯诬告陷害罪罪名不当，法院不予支持。

第二，本案应适用1979年《刑法》。本案行为发生在1997年9月30日之前，按照"从旧兼从轻"的原则，首先将新旧刑法之间关于伪证罪的规定进行对比。对比1979年《刑法》和1997年《刑法》可以发现，1979年《刑法》对伪证罪的处罚较轻，本案应适用1979年《刑法》第148条。

第三，被告人韩某某的犯罪行为已过追诉时效。我国《刑法》第12条第1款规定了"从旧兼从轻"原则，其实质是在对被告人追究刑事责任时应采取有利于被告人的原则，这不仅体现在定罪量刑方面，还应体现在决定被告人刑事责任有无、罪行轻重的各个方面，如追诉时效、自首、立功、累犯、减刑、假释等。就本案而言，被告人韩某某的伪证行为发生在1997年3月，按照1979年《刑法》第148条之规定，其法定最高刑为两年，其追诉时效是五年（1997年3月至2002年3月）。

1979年《刑法》第77条规定的是"在人民法院、人民检察院、公安机关采取强制措施以后，逃避侦查或者审判的，不受追诉期限的限制"。也就是说，在1979年《刑法》中，"不受追诉期限的限制"的情形仅限于"在人民法院、人民检察院、公安机关采取强制措施以后，逃避侦查或者审判"这一前提条件。本案中，由于公安机关没立案，所以无从谈起采取强制措施，更谈不上韩某某逃避侦查或者审判。因此，对于被告人韩某某在1997年9月30日前实施的伪证犯罪行为，被害人在追诉期限内提出控告，司法机关应当立案而没有立案的，仍然受到追诉期限的限制。因本案已超过追诉期限，依法不得追究被告人韩某某的刑事责任。

观点分歧：

本案在审理过程中，检察院和法院在被告人的罪名认定及该罪是否已过追诉时效等问题上存在意见分歧，合议庭内部意见也不统一，在办案过程中，共有三种观点。

第一种观点认为：被告人韩某某受他人指使，捏造事实诬告陷害被害人李某某，意图使其受到刑事追究，并导致李某某被限制人身自由七日，其行为触犯了《刑法》第243条第1款之规定，犯罪事实清楚，证据确实充分，应当以诬告陷害罪追究其刑事责任。该行为未过追诉时效，本案应适用1997年《刑法》。

第二种观点认为：被告人没有主动到司法机关报案，没有捏造全部犯罪事实，仅是在接受询问时，对相应了解的情况进行说明，没有致使受害人受到法律追究的故意，不构成诬告陷害罪。本案已过追诉时效，被告人不应再受到法律的追究。本案应适用1997年《刑法》。

第三种观点认为：被告人韩某某的行为构成伪证罪。本案应适用1979年《刑法》。因公安机关应立案而未立案，被告人韩某某的犯罪行为已过追诉时效。

本书观点：同意第三种观点。

第一，被告人韩某某的行为构成伪证罪。伪证罪是指在刑事诉讼中，证人、鉴定人、记录人、翻译人对与案件有重要关系的情节，故意作虚假证明、鉴定、记录、翻译，意图陷害他人或者隐匿罪证的，处三年以下有期徒刑或者拘役。情节严重的，处三年以上七年以下有期徒刑。诬告陷害罪是指捏造事实诬告陷害他人，意图使他人受刑事追究，情节严重的，处三年以下有期徒刑、拘役或者管制；造成严重后果的，处三年以上十年以下有期徒刑。

伪证罪与诬告陷害罪的主要区别：一是伪证罪的主体是特殊主体，即证人、鉴定人、记录人、翻译人；诬告陷害罪的主体则是一般主体。二是伪证罪的行为是在侦查、审判中发生的；诬告陷害罪的行为是在立案侦查之前实施的，且是引发案件侦查的原因。三是伪证罪是通过作虚假证明、鉴定、记录、翻译等手段实现的；诬告陷害罪则是作虚假的告发。四是伪证罪只是在个别与案件有重要关系的情节上，提供伪证；诬告陷害则是捏造了整个犯罪事实。五是伪证罪的目的有两种，既可以是诬陷他人，也可以是包庇罪犯；诬告陷害罪的目的只能是陷害他人，使无罪者受到刑事处分。

就本案而言，韩某某并不是主动告发李某某的人，在检察机关调查时系证人身份，通过做虚假陈述，就王某某告发李某某贪污行为中的一个关键事实进行证明，导致李某某受到刑事追究，主观动机上有诬告李某某和包庇王某某的双重意思，不是全部犯罪事实的捏造者，其行为应认定为构成伪证罪而非诬告陷害罪。

第二，本案应适用1979年《刑法》。本案行为发生在1997年9月30日之前，按照“从旧兼从轻”的原则，首先将新旧刑法之间关于伪证罪的规定进行对比。

1979年《刑法》第148条规定，在侦查、审判中，证人、鉴定人、记录人、翻译人对与案件有重要关系的情节，故意作虚假证明、鉴定、记录、翻译，意图陷害他人或者隐匿罪证的，处二年以下有期徒刑或者拘役；情节严重的，处二年以上七年以下有期徒刑。而1997年《刑法》第305条规定，在刑事诉讼中，证人、鉴定人、记录人、翻译人对与案件有重要关系的情节，故意作虚假证明、鉴定、记录、翻译，意图陷害他人或者隐匿罪证的，处三年以下有期徒刑或者拘役；情节严重的，处三年以上七年以下有期徒刑。

对比1979年《刑法》和1997年《刑法》可以发现，1979年《刑法》对伪证罪的处罚较轻，本案应适用1979年《刑法》第148条。原审判决适用1997年《刑法》第305条之规定，属于适用法律错误。

第三，被告人韩某某的犯罪行为已过追诉时效。我国《刑法》第12条第1款规定了“从旧兼从轻”原则，其实质是在对被告人追究刑事责任时应采取有利于被告人的原则，这不仅体现在定罪量刑方面，还应体现在决定被告人刑事责任有无、罪行轻重的各个方面，如追诉时效、自首、立功、累犯、减刑、假释等。

就本案而言，被告人韩某某的伪证行为发生在1997年3月，按照1979年《刑法》第148条之规定，其法定最高刑为两年，其追诉时效是五年（1997年3月至2002年3月）。被害人李某某于1997年3月之后，多次向公安机关报案，要求追究韩某某的刑事责任，但公安机关未予立案。根据1997年《刑法》第88条第2款的规定：“被害人在追诉期限内提出控告，人民法院、人民检察院、公安机关应当立案而不予立案的，不受追诉期限的限制。”那么，1997年《刑法》的这一规定是否适用于本案呢？对此，《最高人民法院关于适用刑法时间效力规定若干问题的解释》第1条规定，对于行为人

1997 年 9 月 30 日以前实施的犯罪行为，在人民检察院、公安机关、国家安全机关立案侦查或者在人民法院受理案件以后，行为人逃避侦查或者审判，超过追诉期限或者被害人在追诉期限内提出控告，人民法院、人民检察院、公安机关应当立案而不予立案，超过追诉期限的，是否追究行为人的刑事责任，适用修订前的《刑法》第 77 条的规定。这一规定明确排除了 1997 年《刑法》88 条第 2 款对本案的适用，而 1979《刑法》第 77 条规定的是“在人民法院、人民检察院、公安机关采取强制措施以后，逃避侦查或者审判的，不受追诉期限的限制”。也就是说，在 1979 年《刑法》中，“不受追诉期限的限制”的情形仅限于“在人民法院、人民检察院、公安机关采取强制措施以后，逃避侦查或者审判”这一前提条件。

本案中，由于公安机关没立案，所以无从谈起采取强制措施，更谈不上韩某某逃避侦查或者审判。因此，对于被告人韩某某在 1997 年 9 月 30 日前实施的伪证犯罪行为，被害人在追诉期限内提出控告，司法机关应当立案而没有立案的，仍然受到追诉期限的限制。因本案已超过追诉期限，依法不得追究被告人韩某某的刑事责任。

第十七条　对于外国人犯罪应当追究刑事责任的，适用本法的规定。

对于享有外交特权和豁免权的外国人犯罪应当追究刑事责任的，通过外交途径解决。

[条文主旨]

本条是关于外国人犯罪适用本法的原则的规定。

[条文释解]

本条是 1979 年《刑事诉讼法》的规定，以后的历次刑事诉讼法均未予以修改。

本条共分为两款。

第 1 款是关于外国人犯罪应当追究刑事责任适用我国《刑事诉讼法》的规定。这是国家主权原则在刑事诉讼中的体现。这里所说的“外国人”是指具有外国国籍、无国籍和国籍不明的人。“外国人犯罪”，是指外国人在我国领域内犯我国刑法规定的各种罪和在我国领域外对我们国家和公民实施的按照《刑法》规定的最低刑为三年有期徒刑的犯罪。对于外国人犯罪应当追究刑事责任的，应由我国司法机关受理，依照我国《刑事诉讼法》规定的程序追究其刑事责任。

第 2 款是关于对享有外交特权和豁免权的外国人犯罪如何处理的规定。其中规定的“外交特权和豁免权”，是指一个国家为了保证和便利驻在本国的外交代表、外交代表机关以及外交人员执行职务，而给予他们的一种特殊的权利和待遇。这是各国按照平等、相互尊重主权的原则，根据国际惯例和国际公约、协议和国家法律的有关规定，互相给予驻本国的外交代表和外交官的特殊权利。根据我国外交特权与豁免条例的有关规定，这种特殊权利和豁免权包括：使馆馆舍不受侵犯；免纳捐税；使馆的档案和文件不受侵犯；人身不受侵犯，不受逮捕或者拘留；寓所不受侵犯，并受保护；刑事管辖豁免；没有以证人身份作证的义务；民事管辖、行政管辖豁免等。

享有外交特权和豁免权的外国人主要是指以下几种人：外国驻中国的外交代表以及与其共同生活的不是中国公民的配偶及未成年子女；途经中国的外国驻第三国的外交代表和与其共同生活的配偶及未成年子女；来中国访问的外国国家元首、政府首脑、外交部长及其他具有同等身份的官员；来中国参加联合国及其专门机构召开的国际会议的外国代表、临时来中国的联合国及其专门机构的官员和专家、联合国及其专门机构驻中国的代表机构和人员等。

对于享有外交特权和豁免权的外国人犯罪，应当追究刑事责任的，通过外交途径解决，这是保证国与国之间的正常交往所必需的。对这些犯罪，一般采取宣布其为“不受欢迎的人”，令其限期出境，或宣布驱逐出境，并建议派出国依照他们国家的法律进行处理等方式加以解决。

第十八条　根据中华人民共和国缔结或者参加的国际条约，或者按照互惠原则，我国司法机关和外国司法机关可以相互请求刑事司法协助。

[条文主旨]

本条是关于刑事司法协助的规定。

[条文释解]

本条是1996年修改《刑事诉讼法》时增加的规定，以后的历次《刑事诉讼法》修改时均未对本条修改。

国家间开展刑事司法协助的法律依据，大体上有四种：第一，国家间共同参加的国际公约，如1959年欧洲一些国家签订的《欧洲刑事司法协助公约》。第二，国家间签订的刑事司法协助条约，如1987年我国与波兰人民共和国签订的《关于民事和刑事司法协助的协定》。第三，国家间临时达成的关于刑事司法协助的互惠协议，如1990年2月我国向日本提出引渡劫机到日本的犯罪分子张振海，因两个国家间没有刑事司法协助协定，我国在提出引渡的同时，承诺在今后类似案件中，将向日方提供类似的协助。这就是一项两个国家达成的关于刑事司法协助的互惠协议。第四，国内的法律规定。如《刑事诉讼法》第18条规定："根据中华人民共和国缔结或者参加的国际条约，或者按照互惠原则，我国司法机关和外国司法机关可以相互请求刑事司法协助。"

本条规定的主要内容有以下二个方面：

1. 进行刑事司法协助的根据是我国缔结、参加的国际条约或者互惠原则。与我国缔结双边条约或者共同参加规定刑事司法协助内容的国际条约的国家，和我国即具有刑事司法协助关系。刑事司法协助条约的签订是建立在互相尊重主权、平等互惠基础之上的。如果要同没有我国签订刑事司法协助条约，或者没有共同参加规定刑事司法协助内容的国际公约的国家进行司法协助时，也应当按照互惠原则，相互之间应给予对等的司法协助。

2. 刑事司法协助是不同国家的司法机关之间，根据自己国家缔结或者参加的国际条约或者互惠原则，彼此相互协作，为对方代为一定诉讼方面的行为。刑事司法协助的请求由我国的司法机关和外国司法机关提出。刑事司法协助的具体内容，有双边条约的，条约内有具体规定，我国《国际刑事司法协助法》也有相应规定。如该法第10条规定，向外国的刑事协助请求书，应当依照刑事司法协助条约的规定提出；没有条约或者条约没有规定的，可以参照本法第13条的规定提出；被请求国有特殊要求的，在不违反中华人民共和国法律的基本原则的情况下，可以按照被请求国的特殊要求提出。

[审判实务]

在我国，司法机关对外提供刑事司法协助或者请求外国司法机关提供刑事司法协助，除遵守上述中华人民共和国缔结或者参加的国际条约及中国《刑事诉讼法》第18条的规定外，还需要遵守有关的司法解释、行政法规。《刑诉法解释》第十八部分“涉外刑事案件审理程序”、《人民检察院刑事诉讼规则》第十六章“刑事司法协助”、《公安机关办理刑事案件程序规定》第十三章“刑事司法协助和警务合作”，都是有关司法机关进行刑事司法协助时应当遵守的规定。

[配套规定]

1.《中华人民共和国国际刑事司法协助法》（2018年10月26日第十三届全国人民代表大会常务委员会第六次会议通过）

第一章　总　则

第一条　为了保障国际刑事司法协助的正常进行，加强刑事司法领域的国际合作，有效惩治犯罪，保护个人和组织的合法权益，维护国家利益和社会秩序，制定本法。

第二条　本法所称国际刑事司法协助，是指中华人民共和国和外国在刑事案件调查、侦查、起诉、审判和执行等活动中相互提供协助，包括送达文书，调查取证，安排证人作证或者协助调查，查封、扣押、冻结涉案财物，没收、返还违法所得及其他涉案财物，移管被判刑人以及其他协助。

第三条　中华人民共和国和外国之间开展刑事司法协助，依照本法进行。

执行外国提出的刑事司法协助请求，适用本法、刑事诉讼法及其他相关法律的规定。

对于请求书的签署机关、请求书及所附材料的语言文字、有关办理期限和具体程序等事项，在不违反中华人民共和国法律的基本原则的情况下，可以按照刑事司法协助条约规定或者双方协商办理。

第四条　中华人民共和国和外国按照平等互惠原则开展国际刑事司法协助。

国际刑事司法协助不得损害中华人民共和国的主权、安全和社会公共利益，不得违反中华人民共和国法律的基本原则。

非经中华人民共和国主管机关同意，外国机构、组织和个人不得在中华人民共和国境内进行本法规定的刑事诉讼活动，中华人民共和国境内的机构、组织和个人不得向外国提供证据材料和本法规定的协助。

第五条 中华人民共和国和外国之间开展刑事司法协助，通过对外联系机关联系。

中华人民共和国司法部等对外联系机关负责提出、接收和转递刑事司法协助请求，处理其他与国际刑事司法协助相关的事务。

中华人民共和国和外国之间没有刑事司法协助条约的，通过外交途径联系。

第六条 国家监察委员会、最高人民法院、最高人民检察院、公安部、国家安全部等部门是开展国际刑事司法协助的主管机关，按照职责分工，审核向外国提出的刑事司法协助请求，审查处理对外联系机关转递的外国提出的刑事司法协助请求，承担其他与国际刑事司法协助相关的工作。在移管被判刑人案件中，司法部按照职责分工，承担相应的主管机关职责。

办理刑事司法协助相关案件的机关是国际刑事司法协助的办案机关，负责向所属主管机关提交需要向外国提出的刑事司法协助请求、执行所属主管机关交办的外国提出的刑事司法协助请求。

第七条 国家保障开展国际刑事司法协助所需经费。

第八条 中华人民共和国和外国相互执行刑事司法协助请求产生的费用，有条约规定的，按照条约承担；没有条约或者条约没有规定的，按照平等互惠原则通过协商解决。

第二章 刑事司法协助请求的提出、接收和处理

第一节 向外国请求刑事司法协助

第九条 办案机关需要向外国请求刑事司法协助的，应当制作刑事司法协助请求书并附相关材料，经所属主管机关审核同意后，由对外联系机关及时向外国提出请求。

第十条 向外国的刑事司法协助请求书，应当依照刑事司法协助条约的规定提出；没有条约或者条约没有规定的，可以参照本法第十三条的规定提出；被请求国有特殊要求的，在不违反中华人民共和国法律的基本原则的情况下，可以按照被请求国的特殊要求提出。

请求书及所附材料应当以中文制作，并附有被请求国官方文字的译文。

第十一条 被请求国就执行刑事司法协助请求提出附加条件，不损害中华人民共和国的主权、安全和社会公共利益的，可以由外交部作出承诺。被请求国明确表示对外联系机关作出的承诺充分有效的，也可以由对外联系机关作出承诺。对于限制追诉的承诺，由最高人民检察院决定；对于量刑的承诺，由最高人民法院决定。

在对涉案人员追究刑事责任时，有关机关应当受所作出的承诺的约束。

第十二条 对外联系机关收到外国的有关通知或者执行结果后，应当及时转交或者转告有关主管机关。

外国就其提供刑事司法协助的案件要求通报诉讼结果的，对外联系机关转交有关主管机关办理。

第二节 向中华人民共和国请求刑事司法协助

第十三条 外国向中华人民共和国提出刑事司法协助请求的，应当依照刑事司法协助条约的规定提出请求书。没有条约或者条约没有规定的，应当在请求书中载明下列事项并附相关材料：

（一）请求机关的名称；

（二）案件性质、涉案人员基本信息及犯罪事实；

（三）本案适用的法律规定；

（四）请求的事项和目的；

（五）请求的事项与案件之间的关联性；

（六）希望请求得以执行的期限；

（七）其他必要的信息或者附加的要求。

在没有刑事司法协助条约的情况下，请求国应当作出互惠的承诺。

请求书及所附材料应当附有中文译文。

第十四条 外国向中华人民共和国提出的刑事司法协助请求，有下列情形之一的，可以拒绝提供协助：

（一）根据中华人民共和国法律，请求针对的行为不构成犯罪；

（二）在收到请求时，在中华人民共和国境内对于请求针对的犯罪正在进行调查、侦查、起诉、审判，已经作出生效判决，终止刑事诉讼程序，或者犯罪已过追诉时效期限；

（三）请求针对的犯罪属于政治犯罪；

（四）请求针对的犯罪纯属军事犯罪；

（五）请求的目的是基于种族、民族、宗教、国籍、性别、政治见解或者身份等方面的原因而进行调查、侦查、起诉、审判、执行刑罚，或者当事人可能由于上述原因受到不公正待遇；

（六）请求的事项与请求协助的案件之间缺乏实质性联系；

（七）其他可以拒绝的情形。

第十五条 对外联系机关收到外国提出的刑事司法协助请求，应当对请求书及所附材料进行审查。对于请求书形式和内容符合要求的，应当按照职责分工，将请求书及所附材料转交有关主管机关处理；对于请求书形式和内容不符合要求的，可以要求请求国补充材料或者重新提出请求。

对于刑事司法协助请求明显损害中华人民共和国的主权、安全和社会公共利益的，对外联系机关可以直接拒绝协助。

第十六条 主管机关收到对外联系机关转交的刑事司法协助请求书及所附材料后，应当进行审查，并分别作出以下处理：

（一）根据本法和刑事司法协助条约的规定认为可以协助执行的，作出决定并安排有关办案机关执行；

（二）根据本法第四条、第十四条或者刑事司法协助条约的规定，认为应当全部或者部分拒绝协助的，将请求书及所附材料退回对外联系机关并说明理由；

（三）对执行请求有保密要求或者有其他附加条件的，通过对外联系机关向外国提出，在外国接受条件并且作出书面保证后，决定附条件执行；

（四）需要补充材料的，书面通知对外联系机关要求请求国在合理期限内提供。

执行请求可能妨碍中华人民共和国有关机关正在进行的调查、侦查、起诉、审判或者执行的，主管机关可以决定推迟协助，并将推迟协助的决定和理由书面通知对外联系机关。

外国对执行其请求有保密要求或者特殊程序要求的，在不违反中华人民共和国法律的基本原则的情况下，主管机关可以按照其要求安排执行。

第十七条 办案机关收到主管机关交办的外国刑事司法协助请求后，应当依法执行，并将执行结果或者妨碍执行的情形及时报告主管机关。

办案机关在执行请求过程中，应当维护当事人和其他相关人员的合法权益，保护个人信息。

第十八条 外国请求将通过刑事司法协助取得的证据材料用于请求针对

的案件以外的其他目的的，对外联系机关应当转交主管机关，由主管机关作出是否同意的决定。

第十九条 对外联系机关收到主管机关的有关通知或者执行结果后，应当及时转交或者转告请求国。

对于中华人民共和国提供刑事司法协助的案件，主管机关可以通过对外联系机关要求外国通报诉讼结果。

外国通报诉讼结果的，对外联系机关收到相关材料后，应当及时转交或者转告主管机关，涉及对中华人民共和国公民提起刑事诉讼的，还应当通知外交部。

第三章 送达文书

第一节 向外国请求送达文书

第二十条 办案机关需要外国协助送达传票、通知书、起诉书、判决书和其他司法文书的，应当制作刑事司法协助请求书并附相关材料，经所属主管机关审核同意后，由对外联系机关及时向外国提出请求。

第二十一条 向外国请求送达文书的，请求书应当载明受送达人的姓名或者名称、送达的地址以及需要告知受送达人的相关权利和义务。

第二节 向中华人民共和国请求送达文书

第二十二条 外国可以请求中华人民共和国协助送达传票、通知书、起诉书、判决书和其他司法文书。中华人民共和国协助送达司法文书，不代表对外国司法文书法律效力的承认。

请求协助送达出庭传票的，应当按照有关条约规定的期限提出。没有条约或者条约没有规定的，应当至迟在开庭前三个月提出。

对于要求中华人民共和国公民接受讯问或者作为被告人出庭的传票，中华人民共和国不负有协助送达的义务。

第二十三条 外国向中华人民共和国请求送达文书的，请求书应当载明受送达人的姓名或者名称、送达的地址以及需要告知受送达人的相关权利和义务。

第二十四条 负责执行协助送达文书的人民法院或者其他办案机关，应当及时将执行结果通过所属主管机关告知对外联系机关，由对外联系机关告知请求国。除无法送达的情形外，应当附有受送达人签收的送达回执或者其他证明文件。

第四章 调查取证

第一节 向外国请求调查取证

第二十五条 办案机关需要外国就下列事项协助调查取证的，应当制作刑事司法协助请求书并附相关材料，经所属主管机关审核同意后，由对外联系机关及时向外国提出请求：

（一）查找、辨认有关人员；

（二）查询、核实涉案财物、金融账户信息；

（三）获取并提供有关人员的证言或者陈述；

（四）获取并提供有关文件、记录、电子数据和物品；

（五）获取并提供鉴定意见；

（六）勘验或者检查场所、物品、人身、尸体；

（七）搜查人身、物品、住所和其他有关场所；

（八）其他事项。

请求外国协助调查取证时，办案机关可以同时请求在执行请求时派员到场。

第二十六条 向外国请求调查取证的，请求书及所附材料应当根据需要载明下列事项：

（一）被调查人的姓名、性别、住址、身份信息、联系方式和有助于确认被调查人的其他资料；

（二）需要向被调查人提问的问题；

（三）需要查找、辨认人员的姓名、性别、住址、身份信息、联系方式、外表和行为特征以及有助于查找、辨认的其他资料；

（四）需要查询、核实的涉案财物的权属、地点、特性、外形和数量等具体信息，需要查询、核实的金融账户相关信息；

（五）需要获取的有关文件、记录、电子数据和物品的持有人、地点、特性、外形和数量等具体信息；

（六）需要鉴定的对象的具体信息；

（七）需要勘验或者检查的场所、物品等的具体信息；

（八）需要搜查的对象的具体信息；

（九）有助于执行请求的其他材料。

第二十七条 被请求国要求归还其提供的证据材料或者物品的，办案机关应当尽快通过对外联系机关归还。

第二节　向中华人民共和国请求调查取证

第二十八条　外国可以请求中华人民共和国就本法第二十五条第一款规定的事项协助调查取证。

外国向中华人民共和国请求调查取证的，请求书及所附材料应当根据需要载明本法第二十六条规定的事项。

第二十九条　外国向中华人民共和国请求调查取证时，可以同时请求在执行请求时派员到场。经同意到场的人员应当遵守中华人民共和国法律，服从主管机关和办案机关的安排。

第三十条　办案机关要求请求国保证归还其提供的证据材料或者物品，请求国作出保证的，可以提供。

第五章　安排证人作证或者协助调查

第一节　向外国请求安排证人作证或者协助调查

第三十一条　办案机关需要外国协助安排证人、鉴定人来中华人民共和国作证或者通过视频、音频作证，或者协助调查的，应当制作刑事司法协助请求书并附相关材料，经所属主管机关审核同意后，由对外联系机关及时向外国提出请求。

第三十二条　向外国请求安排证人、鉴定人作证或者协助调查的，请求书及所附材料应当根据需要载明下列事项：

（一）证人、鉴定人的姓名、性别、住址、身份信息、联系方式和有助于确认证人、鉴定人的其他资料；

（二）作证或者协助调查的目的、必要性、时间和地点等；

（三）证人、鉴定人的权利和义务；

（四）对证人、鉴定人的保护措施；

（五）对证人、鉴定人的补助；

（六）有助于执行请求的其他材料。

第三十三条　来中华人民共和国作证或者协助调查的证人、鉴定人在离境前，其入境前实施的犯罪不受追诉；除因入境后实施违法犯罪而被采取强制措施的以外，其人身自由不受限制。

证人、鉴定人在条约规定的期限内或者被通知无需继续停留后十五日内没有离境的，前款规定不再适用，但是由于不可抗力或者其他特殊原因未能离境的除外。

第三十四条　对来中华人民共和国作证或者协助调查的证人、鉴定人，办案机关应当依法给予补助。

第三十五条 来中华人民共和国作证或者协助调查的人员系在押人员的，由对外联系机关会同主管机关与被请求国就移交在押人员的相关事项事先达成协议。

主管机关和办案机关应当遵守协议内容，依法对被移交的人员予以羁押，并在作证或者协助调查结束后及时将其送回被请求国。

第二节 向中华人民共和国请求安排证人作证或者协助调查

第三十六条 外国可以请求中华人民共和国协助安排证人、鉴定人赴外国作证或者通过视频、音频作证，或者协助调查。

外国向中华人民共和国请求安排证人、鉴定人作证或者协助调查的，请求书及所附材料应当根据需要载明本法第三十二条规定的事项。

请求国应当就本法第三十三条第一款规定的内容作出书面保证。

第三十七条 证人、鉴定人书面同意作证或者协助调查的，办案机关应当及时将证人、鉴定人的意愿、要求和条件通过所属主管机关通知对外联系机关，由对外联系机关通知请求国。

安排证人、鉴定人通过视频、音频作证的，主管机关或者办案机关应当派员到场，发现有损害中华人民共和国的主权、安全和社会公共利益以及违反中华人民共和国法律的基本原则的情形的，应当及时制止。

第三十八条 外国请求移交在押人员出国作证或者协助调查，并保证在作证或者协助调查结束后及时将在押人员送回的，对外联系机关应当征求主管机关和在押人员的意见。主管机关和在押人员均同意出国作证或者协助调查的，由对外联系机关会同主管机关与请求国就移交在押人员的相关事项事先达成协议。

在押人员在外国被羁押的期限，应当折抵其在中华人民共和国被判处的刑期。

第六章 查封、扣押、冻结涉案财物

第一节 向外国请求查封、扣押、冻结涉案财物

第三十九条 办案机关需要外国协助查封、扣押、冻结涉案财物的，应当制作刑事司法协助请求书并附相关材料，经所属主管机关审核同意后，由对外联系机关及时向外国提出请求。

外国对于协助执行中华人民共和国查封、扣押、冻结涉案财物的请求有特殊要求的，在不违反中华人民共和国法律的基本原则的情况下，可以同

意。需要由司法机关作出决定的，由人民法院作出。

第四十条 向外国请求查封、扣押、冻结涉案财物的，请求书及所附材料应当根据需要载明下列事项：

（一）需要查封、扣押、冻结的涉案财物的权属证明、名称、特性、外形和数量等；

（二）需要查封、扣押、冻结的涉案财物的地点。资金或者其他金融资产存放在金融机构中的，应当载明金融机构的名称、地址和账户信息；

（三）相关法律文书的副本；

（四）有关查封、扣押、冻结以及利害关系人权利保障的法律规定；

（五）有助于执行请求的其他材料。

第四十一条 外国确定的查封、扣押、冻结的期限届满，办案机关需要外国继续查封、扣押、冻结相关涉案财物的，应当再次向外国提出请求。

办案机关决定解除查封、扣押、冻结的，应当及时通知被请求国。

第二节 向中华人民共和国请求查封、扣押、冻结涉案财物

第四十二条 外国可以请求中华人民共和国协助查封、扣押、冻结在中华人民共和国境内的涉案财物。

外国向中华人民共和国请求查封、扣押、冻结涉案财物的，请求书及所附材料应当根据需要载明本法第四十条规定的事项。

第四十三条 主管机关经审查认为符合下列条件的，可以同意查封、扣押、冻结涉案财物，并安排有关办案机关执行：

（一）查封、扣押、冻结符合中华人民共和国法律规定的条件；

（二）查封、扣押、冻结涉案财物与请求国正在进行的刑事案件的调查、侦查、起诉和审判活动相关；

（三）涉案财物可以被查封、扣押、冻结；

（四）执行请求不影响利害关系人的合法权益；

（五）执行请求不影响中华人民共和国有关机关正在进行的调查、侦查、起诉、审判和执行活动。

办案机关应当及时通过主管机关通知对外联系机关，由对外联系机关将查封、扣押、冻结的结果告知请求国。必要时，办案机关可以对被查封、扣押、冻结的涉案财物依法采取措施进行处理。

第四十四条 查封、扣押、冻结的期限届满，外国需要继续查封、扣押、冻结相关涉案财物的，应当再次向对外联系机关提出请求。

外国决定解除查封、扣押、冻结的，对外联系机关应当通过主管机关通知办案机关及时解除。

第四十五条 利害关系人对查封、扣押、冻结有异议，办案机关经审查认为查封、扣押、冻结不符合本法第四十三条第一款规定的条件的，应当报请主管机关决定解除查封、扣押、冻结并通知对外联系机关，由对外联系机关告知请求国；对案件处理提出异议的，办案机关可以通过所属主管机关转送对外联系机关，由对外联系机关向请求国提出。

第四十六条 由于请求国的原因导致查封、扣押、冻结不当，对利害关系人的合法权益造成损害的，办案机关可以通过对外联系机关要求请求国承担赔偿责任。

第七章 没收、返还违法所得及其他涉案财物

第一节 向外国请求没收、返还违法所得及其他涉案财物

第四十七条 办案机关需要外国协助没收违法所得及其他涉案财物的，应当制作刑事司法协助请求书并附相关材料，经所属主管机关审核同意后，由对外联系机关及时向外国提出请求。

请求外国将违法所得及其他涉案财物返还中华人民共和国或者返还被害人的，可以在向外国提出没收请求时一并提出，也可以单独提出。

外国对于返还被查封、扣押、冻结的违法所得及其他涉案财物有特殊要求的，在不违反中华人民共和国法律的基本原则的情况下，可以同意。需要由司法机关作出决定的，由人民法院作出决定。

第四十八条 向外国请求没收、返还违法所得及其他涉案财物的，请求书及所附材料应当根据需要载明下列事项：

（一）需要没收、返还的违法所得及其他涉案财物的名称、特性、外形和数量等；

（二）需要没收、返还的违法所得及其他涉案财物的地点。资金或者其他金融资产存放在金融机构中的，应当载明金融机构的名称、地址和账户信息；

（三）没收、返还的理由和相关权属证明；

（四）相关法律文书的副本；

（五）有关没收、返还以及利害关系人权利保障的法律规定；

（六）有助于执行请求的其他材料。

第四十九条 外国协助没收、返还违法所得及其他涉案财物的，由对外

联系机关会同主管机关就有关财物的移交问题与外国进行协商。

对于请求外国协助没收、返还违法所得及其他涉案财物，外国提出分享请求的，分享的数额或者比例，由对外联系机关会同主管机关与外国协商确定。

第二节 向中华人民共和国请求没收、返还违法所得及其他涉案财物

第五十条 外国可以请求中华人民共和国协助没收、返还违法所得及其他涉案财物。

外国向中华人民共和国请求协助没收、返还违法所得及其他涉案财物的，请求书及所附材料应当根据需要载明本法第四十八条规定的事项。

第五十一条 主管机关经审查认为符合下列条件的，可以同意协助没收违法所得及其他涉案财物，并安排有关办案机关执行：

（一）没收违法所得及其他涉案财物符合中华人民共和国法律规定的条件；

（二）外国充分保障了利害关系人的相关权利；

（三）在中华人民共和国有可供执行的财物；

（四）请求书及所附材料详细描述了请求针对的财物的权属、名称、特性、外形和数量等信息；

（五）没收在请求国不能执行或者不能完全执行；

（六）主管机关认为应当满足的其他条件。

第五十二条 外国请求协助没收违法所得及其他涉案财物，有下列情形之一的，可以拒绝提供协助，并说明理由：

（一）中华人民共和国或者第三国司法机关已经对请求针对的财物作出生效裁判，并且已经执行完毕或者正在执行；

（二）请求针对的财物不存在，已经毁损、灭失、变卖或者已经转移导致无法执行，但请求没收变卖物或者转移后的财物的除外；

（三）请求针对的人员在中华人民共和国境内有尚未清偿的债务或者尚未了结的诉讼；

（四）其他可以拒绝的情形。

第五十三条 外国请求返还违法所得及其他涉案财物，能够提供确实、充分的证据证明，主管机关经审查认为符合中华人民共和国法律规定的条件的，可以同意并安排有关办案机关执行。返还前，办案机关可以扣除执行请求产生的合理费用。

第五十四条 对于外国请求协助没收、返还违法所得及其他涉案财物的，可以由对外联系机关会同主管机关提出分享的请求。分享的数额或者比例，由对外联系机关会同主管机关与外国协商确定。

第八章 移管被判刑人

第一节 向外国移管被判刑人

第五十五条 外国可以向中华人民共和国请求移管外国籍被判刑人，中华人民共和国可以向外国请求移管外国籍被判刑人。

第五十六条 向外国移管被判刑人应当符合下列条件：

（一）被判刑人是该国国民；

（二）对被判刑人判处刑罚所针对的行为根据该国法律也构成犯罪；

（三）对被判刑人判处刑罚的判决已经发生法律效力；

（四）被判刑人书面同意移管，或者因被判刑人年龄、身体、精神等状况确有必要，经其代理人书面同意移管；

（五）中华人民共和国和该国均同意移管。

有下列情形之一的，可以拒绝移管：

（一）被判刑人被判处死刑缓期执行或者无期徒刑，但请求移管时已经减为有期徒刑的除外；

（二）在请求移管时，被判刑人剩余刑期不足一年；

（三）被判刑人在中华人民共和国境内存在尚未了结的诉讼；

（四）其他不宜移管的情形。

第五十七条 请求向外国移管被判刑人的，请求书及所附材料应当根据需要载明下列事项：

（一）请求机关的名称；

（二）被请求移管的被判刑人的姓名、性别、国籍、身份信息和其他资料；

（三）被判刑人的服刑场所；

（四）请求移管的依据和理由；

（五）被判刑人或者其代理人同意移管的书面声明；

（六）其他事项。

第五十八条 主管机关应当对被判刑人的移管意愿进行核实。外国请求派员对被判刑人的移管意愿进行核实的，主管机关可以作出安排。

第五十九条 外国向中华人民共和国提出移管被判刑人的请求的，或者主管机关认为需要向外国提出移管被判刑人的请求的，主管机关应当会同相关主管部门，作出是否同意外国请求或者向外国提出请求的决定。作出同意外国移管请求的决定后，对外联系机关应当书面通知请求国和被判刑人。

第六十条 移管被判刑人由主管机关指定刑罚执行机关执行。移交被判刑人的时间、地点、方式等执行事项，由主管机关与外国协商确定。

第六十一条 被判刑人移管后对原生效判决提出申诉的，应当向中华人民共和国有管辖权的人民法院提出。

人民法院变更或者撤销原生效判决的，应当及时通知外国。

第二节 向中华人民共和国移管被判刑人

第六十二条 中华人民共和国可以向外国请求移管中国籍被判刑人，外国可以请求中华人民共和国移管中国籍被判刑人。移管的具体条件和办理程序，参照本章第一节的有关规定执行。

第六十三条 被判刑人移管回国后，由主管机关指定刑罚执行机关先行关押。

第六十四条 人民检察院应当制作刑罚转换申请书并附相关材料，提请刑罚执行机关所在地的中级人民法院作出刑罚转换裁定。

人民法院应当依据外国法院判决认定的事实，根据刑法规定，作出刑罚转换裁定。对于外国法院判处的刑罚性质和期限符合中华人民共和国法律规定的，按照其判处的刑罚和期限予以转换；对于外国法院判处的刑罚性质和期限不符合中华人民共和国法律规定的，按照下列原则确定刑种、刑期：

（一）转换后的刑罚应当尽可能与外国法院判处的刑罚相一致；

（二）转换后的刑罚在性质上或者刑期上不得重于外国法院判处的刑罚，也不得超过中华人民共和国刑法对同类犯罪所规定的最高刑期；

（三）不得将剥夺自由的刑罚转换为财产刑；

（四）转换后的刑罚不受中华人民共和国刑法对同类犯罪所规定的最低刑期的约束。

被判刑人回国服刑前被羁押的，羁押一日折抵转换后的刑期一日。

人民法院作出的刑罚转换裁定，是终审裁定。

第六十五条 刑罚执行机关根据刑罚转换裁定将移管回国的被判刑人收监执行刑罚。刑罚执行以及减刑、假释、暂予监外执行等，依照中华人民共和国法律办理。

第六十六条 被判刑人移管回国后对外国法院判决的申诉，应当向外国有管辖权的法院提出。

第九章 附 则

第六十七条 中华人民共和国与有关国际组织开展刑事司法协助，参照本法规定。

第六十八条 向中华人民共和国提出的刑事司法协助请求或者应中华人民共和国请求提供的文件和证据材料，按照条约的规定办理公证和认证事宜。没有条约或者条约没有规定的，按照互惠原则办理。

第六十九条 本法所称刑事司法协助条约，是指中华人民共和国与外国缔结或者共同参加的刑事司法协助条约、移管被判刑人条约或者载有刑事司法协助、移管被判刑人条款的其他条约。

第七十条 本法自公布之日起施行。

2.《关于〈中华人民共和国国际刑事司法协助法（草案）〉的说明——2017年12月22日在第十二届全国人民代表大会常务委员会第三十一次会议上》（全国人大外事委员会主任委员 傅莹）

国际刑事司法协助法是第十二届全国人大常委会立法规划一类项目，由司法部牵头起草，全国人大外事委员会负责提请审议。我受外事委员会的委托，作关于《中华人民共和国国际刑事司法协助法（草案）》的说明。

一、制定本法的必要性

（一）制定国际刑事司法协助法是落实党的十九大精神，全面推进依法治国、推进反腐败国家立法、推进国际追逃追赃工作的需要

党中央高度重视反腐败和国际追逃追赃的法律制度建设，国际刑事司法协助法是反腐败国家立法的重要内容。党的十八大以来，习近平总书记就制定国际刑事司法协助法先后两次作出重要指示。党的十九大报告指出，全面依法治国是中国特色社会主义的本质要求和重要保障，强调要完善以宪法为核心的中国特色社会主义法律体系，建设中国特色社会主义法治体系；报告进一步强调“推进反腐败国家立法”，不管腐败分子逃到哪里，都要缉拿归案、绳之以法。

当前，民商事司法协助、引渡合作分别在民事诉讼法和引渡法中已有规定，刑事司法协助只在刑事诉讼法第17条有原则性规定，具体合作内容、要件以及执行程序等未予明确。制定一部内容较为完备、行之有效的国际刑事司法协助法，是贯彻落实党的十九大精神的具体体现，有利于规范和完善我国刑事司法协助体制，填补刑事司法协助国际合作的法律空白，完善追逃

追赃有关法律制度，为推进全面依法治国、全面从严治党作出应有贡献。

（二）制定国际刑事司法协助法有利于加强国际合作打击跨国犯罪，为我国履行国际条约义务提供法律依据

党的十八届四中全会强调，要“加强涉外法律工作。深化司法领域国际合作，完善我国司法协助体制，扩大国际司法协助覆盖面”。习近平总书记在重大外交活动中先后80余次就反腐败和国际追逃追赃发表重要谈话，共同打击跨国犯罪、推进反腐败国际追逃追赃合作已经成为我国与有关国家和国际组织开展交流合作的重要领域。有效惩治跨国犯罪离不开国家间的紧密合作，需要有效履行相关国际条约义务。截至目前，我国已经批准和加入了包括《联合国反腐败公约》和《联合国打击跨国有组织犯罪公约》等多项含有刑事司法协助内容的国际公约，批准了54件有关刑事司法协助的双边条约。

但是，我国与外国开展打击跨国犯罪国际合作尚存在一些制度障碍，例如履行国际条约的国内法律依据不足、我国司法机关主动利用条约开展国际合作的意识和能力不强等。制定国际刑事司法协助法，能够从制度上解决这些问题，通过法律手段加强国际合作、打击跨国犯罪，为我国履行国际条约义务提供国内法律依据，树立负责任大国的形象。

（三）制定国际刑事司法协助法有利于明确刑事司法协助工作的管理职责，形成工作合力

刑事司法协助工作涉及刑事案件侦查、起诉、审判和执行等刑事诉讼程序各个阶段以及对外承诺等活动，参与工作的国内部门众多，包括最高人民法院、最高人民检察院、外交部、公安部、司法部等。由于各部门参与刑事诉讼国际合作的法律依据缺失、已缔结的国际条约对我国内部门参与国际合作的规定不尽一致，导致在当前实践中，各部门职责划分有待厘清、部门间协调机制需要完善。

制定国际刑事司法协助法是国家反腐败和打击跨国犯罪等工作的一项顶层设计，有利于从法律上明确各相关部门在刑事司法协助中的职责和任务，有利于解决职责不清、协调不畅的问题，有利于强化分工合作、提升工作效率，进一步完善国际刑事司法协助工作的制度体系。

二、本法起草的过程和基本原则

2003年10月，第58届联合国大会通过《联合国反腐败公约》（以下简称《公约》）。2005年10月，第十届全国人大常委会第十八次会议决定批

准了《公约》。中央纪委于2004年牵头成立研究实施《公约》协调小组，为了实现我国法律制度与《公约》及其他相关国际条约的衔接，明确提出制定司法协助法的任务，指定司法部会同中央纪委监察部、最高人民法院、最高人民检察院、外交部、公安部等部门起草。2015年6月，国际刑事司法协助法被列为第十二届全国人大常委会立法规划一类项目。中央纪委、中央政法委、全国人大外事委员会和司法部等部门高度重视立法工作，积极推进立法进程。经过近三年全面深入的调研论证，在先后五次广泛征求最高人民法院、最高人民检察院、国务院有关部门及专家学者等各方面意见的基础上，形成了目前的《中华人民共和国国际刑事司法协助法（草案）》。

在本法的起草过程中，主要把握了以下三个方面：

（一）坚持主权原则与合作理念。国际刑事司法协助首先要坚持国家主权原则，合作绝不能损害国家主权、安全和社会公共利益；其次要体现国家之间相互提供最广泛合作的精神。因此，草案有关条款强调我国的司法主权不容侵害，明确规定应当或者可以拒绝合作的情形，同时草案也体现了平等互惠原则，规定了相对宽泛的合作范围，为顺利开展合作创造条件、铺平道路。

（二）坚持从国情出发，兼顾我国实践、外国经验和国际条约。草案立足于我国现有的刑事诉讼制度和相关部门在刑事诉讼不同阶段的职责分工，注重本法与刑法、刑事诉讼法等法律的协调。同时，草案反映了我国刑事司法协助工作实践的一般规则，借鉴外国开展刑事司法协助工作的有益经验，注意本法与国际条约相衔接。

（三）坚持以问题为导向，立足当前，着眼长远。在全面总结过去30多年开展刑事司法协助工作实践经验的基础上，草案着眼于为我国与外国的国际刑事司法协助提供必要的法律依据，以解决合作中的实际问题为导向，以服务反腐败国际追逃追赃为目的。草案各项制度的设计立足于我国当前的司法体制机制和刑事诉讼制度，同时，注意把握实践发展的新趋势、新理念，保障我国刑事司法协助工作的持续健康发展。

三、国际刑事司法协助法草案的主要内容

草案共有9章、72条。

第一章是“总则”，有8条。本章规定了立法目的、定义，规定了开展协助的原则、依据、对外联系机关、主管机关和办案机关，规定了经费保障和费用承担等问题。鉴于我国的刑事司法协助实践是缔约先于立法，与不同国家签订的条约内容各有不同，草案第四条第一款明确了我国和外国缔结或者共同参加的条约是协助依据之一。

第二章是“刑事司法协助请求的提出、接收和处理”，有2节、13条。本章分别规定了在我国向外国请求刑事司法协助和外国向我国请求刑事司法协助的两种情况下，提出、接收和处理刑事司法协助请求的程序、请求书要件、我国拒绝提供协助的情形、附加条件、结果通知等。草案第五、六、十四、十七条明确规定了我国刑事司法协助的对外联系机关、主管机关、办案机关，划分了对外联系机关与主管机关的职责。

第三章是“送达文书”，有2节、5条。本章分别规定了我国向外国提出送达文书请求的程序、外国向我国提出送达文书请求在我国执行的程序，以及送达文书请求书的要件、送达文书的范围和效力等。

第四章是“调查取证”，有2节、6条。本章分别规定了我国向外国提出调查取证请求的事项和程序、外国向我国提出调查取证请求在我国执行的程序和拒绝安排的情形，以及调查取证请求书的要件、证据材料和物品的返还等。

第五章是“安排证人作证或者协助调查”，有2节、9条。本章规定了我国向外国提出安排证人作证或者协助调查请求的程序、请求书要件，证人、鉴定人的保护及其作证费用和津贴，以及移送在押人员作证等，规定了外国向我国提出安排证人作证或者协助调查请求、移送在押人员作证请求在我国执行的程序，以及请求书要件等。

第六章是“涉案财物的查封、扣押、冻结”，有2节、7条。本章规定了我国向外国提出查封、扣押、冻结涉案财物请求的程序、请求书要件，以及续冻、变更和撤销问题，规定了外国向我国提出查封、扣押、冻结涉案财物请求及其执行的程序，以及费用和赔偿等。

第七章是“违法所得的没收、返还和分享”，有2节、18条。本章规定了我国向外国提出没收、返还和分享违法所得请求的程序、请求书要件，财物移交及分享比例、财产刑的协助执行等，规定了外国向我国提出没收、返还和分享违法所得请求的审查、执行程序以及请求书要件，我国对外国请求予以承认的条件、不予承认的情形，以及外国财产刑的协助执行等。

第八章是“刑事诉讼结果通报”，有2条。本章分别规定了我国请求外国、外国请求我国通报刑事诉讼结果的程序。

第九章是“附则”，有4条。本章包括与国际组织合作、公证和认证互免、其他条约对外联系机关以及生效日期等。

四、需要重点说明的问题

刑事司法协助的对外联系机关设置以及对外联系机关与主管机关的职责划分，是国际刑事司法协助法立法需要认真处理好的一个重要问题，包括以下三个层面的问题：

一是对外联系机关怎么设置和命名。对外联系机关通常是指涉及刑事司法协助的国际条约中规定的，由一国国内法或政府确定的有权代表该国提出、接收、转递和执行国际刑事司法协助请求的机关。草案第五条规定，司法部等部门为我国和外国之间开展刑事司法协助的对外联系机关。

二是对外联系机关与主管机关的职责划分。各方面普遍认为理顺对外联系机关和主管机关的关系是完善司法协助体制机制的重要内容。草案原则上规定对外联系机关承担对外国请求的形式审查职责，包括提出、接收、审查和协调办理刑事司法协助请求，处理其他相关事务（第五条），且仅审查外国请求书的形式和内容（第十四条）；原则上规定主管机关依照刑事诉讼职能分工，审查办理对外联系机关转递的刑事司法协助请求（第六条），审查决定是否批准执行或者拒绝提供协助（第十七条）。

三是对外承诺的职责分工。当外国对执行我国刑事司法协助请求提出条件时，我国需要研究决定是否同意该外国的条件，由什么部门决定并对外作出承诺，也是国际刑事司法协助的重要问题。草案原则上规定，关于外国提出的条件，由外交部代表我国对外承诺。外国明确表示对外联系机关作出承诺充分有效的，也可以由对外联系机关作出承诺（第十一条）。

第二章 管 辖

第十九条 刑事案件的侦查由公安机关进行，法律另有规定的除外。

人民检察院在对诉讼活动实行法律监督中发现的司法工作人员利用职权实施的非法拘禁、刑讯逼供、非法搜查等侵犯公民权利、损害司法公正的犯罪，可以由人民检察院立案侦查。对于公安机关管辖的国家机关工作人员利用职权实施的重大犯罪案件，需要由人民检察院直接受理的时候，经省级以上人民检察院决定，可以由人民检察院立案侦查。

自诉案件，由人民法院直接受理。

[条文主旨]

本条是关于公安机关、人民检察院和人民法院管辖分工的规定。

[条文释解]

本条是1979年《刑事诉讼法》的规定，1996年、2018年《刑事诉讼法》修改时作了修改。特别是于2018年作了重大修改。2018年《刑事诉讼法》修改时，调整了人民检察院立案侦查案件的范围。一是删去了有关人民检察院对贪污贿赂等案件行使立案侦查权的规定，保留人民检察院在对诉讼活动实行法律监督中发现的司法工作人员利用职权实施的侵犯公民权利、损害司法公正的犯罪的立案侦查权。二是将原规定的“对于国家机关工作人员利用职权实施的其他重大的犯罪案件”，需要由人民检察院直接受理的时候，经省级人民检察院决定，可以由人民检察院立案侦查，明确为“公安机关管辖的国家机关工作人员利用职权实施的重大犯罪案件”。修改的主要原因是，2018年3月20日第十三届全国人民代表大会第一次会议通过了《监察法》。根据《监察法》的规定，监察委员会对涉嫌贪污贿赂、失职渎职等职务违法和犯罪进行调查，因此需要对刑事诉讼法涉及人民检察院侦查职权行使的有关规定作相应调整。修改后，检察机关立案侦查的案件包括：在对诉讼活动实行法律监督中发现的司法工作人员利用职权实施的非法拘禁、刑讯逼供、非法搜查等侵犯公民权利、损害司法公正的犯罪，以及公安机关管辖的国家机关工作人员利用职权实施的重大犯罪案件，需要由人民检察院直接受理的个别案件。

本条分为三款。

第1款是关于刑事案件的侦查由公安机关进行的规定。对刑事案件进行侦查是公安机关的重要职责，因此除法律另有规定的外，所有刑事案件的侦查工作，都应由公安机关负责。其中“法律另有规定的”，主要是指本条第2款和本法第4条、第308条的规定。

第2款是关于人民检察院自侦案件范围的规定。根据本款规定，人民检察院侦查的案件主要是两大类：

1. 人民检察院在对诉讼活动实行法律监督中发现的司法工作人员利用职权实施的非法拘禁、刑讯逼供、非法搜查等侵犯公民权利、损害司法公正的犯罪。检察机关是国家法律监督机关，依法对诉讼活动实行法律监督是检察机关的重要职责。这里的司法工作人员，根据《刑法》第94条的规定，是指有侦查、检察、审判、监管职责的工作人员。这里的诉讼活动包括侦查、审判、执行的全过程。

从实践来看，主要在侦查阶段可能涉及的罪名包括：《刑法》第238条的非法拘禁罪、《刑法》第245条的非法搜查罪、《刑法》第247条的刑讯逼供罪及暴力取证罪等。审判阶段可能涉及的罪名包括《刑法》第399条第1款的徇私枉法罪、第2款规定的民事、行政枉法裁判罪等，涵盖了刑事诉讼、民事诉讼、行政诉讼。对于监管、执行过程中可能涉及的罪名包括《刑法》第248条的虐待被监管人罪，《刑法》第399条第3款规定的执行判决、裁定失职罪，执行判决、裁定滥用职权罪，《刑法》第400条规定的私放在押人员罪、《刑法》第400条第2款规定的失职致使在押人员脱逃罪、《刑法》第401条规定的徇私舞弊减刑、假释、暂予监外执行罪等。此外，发生在司法活动中的司法工作人员玩忽职守罪、滥用职权罪（《刑法》第397条）也属于本条所说的“对诉讼活动实行法律监督中”发现的司法工作人员利用职权实施的侵犯公民权利、损害司法公正的犯罪。这些犯罪有的单纯是由于执法不严格、司法不规范、违反法定程序或者适用法律错误等原因造成的，虽然具有一定的腐败属性，但主要与人民检察院实行法律监督职权密切相关。总之，这些犯罪不是典型的“腐败型犯罪”，对这些在诉讼监督中发现的司法人员不严格执法、违背司法公正，侵犯当事人权利的犯罪，由检察机关行使侦查权，不仅有利于检察机关有效履行法律监督职能，维护司法公正和保障诉讼正常进行，也有利于监察机关集中精力“反腐败”，保证深化国家监察体制改革目标的实现，符合监察机关和检察机关的定位。

2. 对于公安机关管辖的国家机关工作人员利用职权实施的重大犯罪案件，需要由人民检察院直接受理的时候，经省级以上人民检察院决定，可以由人民检察院立案侦查。这一规定也是检察机关行使监督权的体现，有利于加强检察机关对公安机关立案侦查活动的监督，当公安机关应当立案拒不立案或者虽然立案但怠于侦查时，检察机关可以依法立案侦查。2012 年《刑事诉讼法》第 18 条规定：“对于国家机关工作人员利用职权实施的重大犯罪案件，需要由人民检察院直接受理的时候，经省级以上人民检察院决定，可以由人民检察院立案侦查。”2018 年《刑法诉讼法》修改时，根据监督体制改革的精神作了文字修改，将案件范围明确为“公安机关管辖的国家机关工作人员利用职权实施的重大犯罪案件”。这样规定，一是与修改前人民检察院的“机动侦查权”的案件范围是一致的，即公安机关管辖的国家机关工作人员利用职权实施的重大犯罪案件，如国家机关工作人员利用职务实施的杀人、强奸等重大犯罪案件。其中，“重大犯罪案件”指的是个案，而且是公安机关不便立案侦查，由人民检察院立案侦查更为适宜的个别案件。二是要经省级人民检察院或者最高人民检察院决定，才可以由人民检察院立案侦查。

第 3 款是关于自诉案件，由人民法院直接受理的规定。这里所说的自诉案件，是指本法第 219 条规定的三类案件，即告诉才处理的案件；被害人有证据证明的轻微的刑事案件；被害人有证据证明对被告人侵犯自己人身、财产权利的行为应当依法追究刑事责任，而公安机关或者人民检察院不予追究被告人刑事责任的案件。根据本款规定，对于自诉案件，由人民法院直接受理。

（1）告诉才处理的案件。关于告诉才处理，《刑法》作出了两个方面的规定：一是明确了此类案件的具体范围，即《刑法》第 246 条规定的侮辱、诽谤案（但是严重危害社会秩序和国家利益的除外）；第 257 条第 1 款规定的暴力干涉婚姻自由案；第 260 条第 1 款规定的虐待案；第 270 条规定的侵占案。二是明确了告诉才处理的含义，即《刑法》第 98 条规定，本法所称的告诉才处理，是指被害人告诉才处理。如果被害人因受强制、威吓无法告诉的，人民检察院和被害人的近亲属也可以告诉。根据上述规定，告诉才处理的案件，只能提起自诉，不能启动公诉。对于告诉才处理的案件，如果被害人放弃追诉权，司法机关不能主动追究，因此也称绝对自诉案件。

实践中，对于被害人因受强制、威吓无法告诉的，人民检察院可以告诉，这里的“告诉”应当如何理解，需要加以明确。无论是从人民检察院在刑事诉讼中的地位还是从法律有关“告诉”的规定来看，此处的“告诉”显然是指向人民法院起诉。如果由检察机关代替被害人提起告诉，虽然是作为自诉处理，但也仍然面临着与公诉的同质化问题。为避免混淆自诉与公诉，有必要合理确定人民检察院在自诉案件中的地位、作用。有意见指出，当被害人受到强制、威吓时，人民检察院应当为其解困，排除强制、威吓；是否起诉，还应当由被害人自己决定。实践中，即使人民检察院代替被害人提起告诉，也应当由被害人参与诉讼，履行举证职责。

需要指出的是，对于告诉才处理的案件，自诉人可能面临举证方面的难题。例如，侵占案件的被害人通常难以就侵占事实举证，而侮辱、诽谤案件可能因为公安机关和人民法院对“严重危害社会秩序和国家利益”理解的不同而不予受理。

本书的观点是对于告诉才处理的案件，虽然公安机关不能就此类案件进行立案侦查，但仍然可以进行一定的调查工作。在社会生活中，当人们的合法权益受到侵害时，往往首先会去寻求公安机关的帮助。当被害人以遭到侮辱、诽谤为由向公安机关报案，公安机关在接到报案后首先需要进行相应的调查，而后根据调查结果的不同分别作出治安处罚、告知被害人直接向法院起诉、作为公诉案件立案侦查等不同的处理。案件经过公安机关的初步调查后，究竟是否属于刑事案件、属于自诉还是公诉案件都已经有了较为明确的结论，此种情况下公安机关和法院均不受理的情况会大为减少。当公安机关经过初步调查，认为案件系告诉才处理的案件而不予受理时，被害人就可以直接向人民法院提起自诉，公安机关在初步调查时掌握的相关材料可以作为人民法院立案审查的重要依据。

人民法院在受理公诉案件的过程中，可能发现指控的罪名属于告诉才处理的罪名范围，如果公诉机关不同意撤诉的，人民法院应当征求被害人的意见。如果被害人同意对被告人进行追诉，可以通过被害人提起自诉的方式将案件变更为自诉案件进行审理。如果被害人不同意对被告人进行追诉的，则可以根据《刑事诉讼法》第 15 条第 4 项的规定裁定终止审理。

（2）人民检察院没有提起公诉，被害人有证据证明的轻微刑事案件。有些轻微刑事案件，并不属于告诉才处理的范畴，但人民检察院没有提起公诉，被害人在掌握相关犯罪证据的情况下，可以选择直接向人民法院起诉。该类案件包括：《刑法》第234条第1款规定的故意伤害案；《刑法》第245条规定的非法侵入住宅案；《刑法》第252条规定的侵犯通信自由案；《刑法》第258条规定的重婚案；《刑法》第261条规定的遗弃案；《刑法》分则第三章第一节规定的生产、销售伪劣商品案（但严重危害社会秩序和国家利益的除外）；《刑法》分则第三章第七节规定的侵犯知识产权案（但严重危害社会秩序和国家利益的除外）；《刑法》分则第四章、第五章规定的，对被告人可能判处三年有期徒刑以下刑罚的案件。对于上述轻微刑事案件，被害人可以选择走自诉程序或者公诉程序。对于被害人选择走公诉程序，但人民检察院基于起诉裁量权等原因没有提起公诉的，被害人仍然保留有提起自诉的权利。由于此类案件既可由被害人提起自诉，亦可由人民检察院提起公诉，因此也称相对自诉案件。

对于本项规定的案件，被害人没有向公安机关报案，而是选择直接向人民法院起诉的，人民法院应当依法受理。对其中证据不足、可以由公安机关受理的，或者认为对被告人可能判处三年有期徒刑以上刑罚的，应当告知被害人向公安机关报案，或者移送公安机关立案侦查。本项增加了“应当告知被害人向公安机关报案”这一处置方式，对于自诉转公诉的案件，应当按照公诉案件的诉讼程序进行。对于自诉转公诉的案件，需要注意以下问题：如果自诉人起诉被告人的数项罪名，均可能判处3年以下有期徒刑，即使数罪并罚后最高可能判处3年以上有期徒刑，该类案件也属于自诉案件范围。

（3）被害人有证据证明对被告人侵犯自己人身、财产权利的行为应当依法追究刑事责任，而公安机关或者人民检察院不予追究被告人刑事责任的案件。对于被害人选择向公安机关提出控告，要求应当依法对被告人侵犯自己人身、财产权利的行为追究刑事责任的情形，公安机关或者人民检察院可能基于裁量权等原因决定不予追究被告人刑事责任。在此种情况下，如果被害人有证据证明相应的犯罪行为，就可以选择通过自诉的途径维护自己的合法权益。

[司法实务]

1. 关于案件管辖的移送。本条第2款规定的由人民检察院立案侦查的两类案件，人民检察院在侦查过程中，如果发现涉嫌“腐败型”职务犯罪线索的，应当及时将“腐败型”职务犯罪线索移送监察机关。人民检察院侦查本款规定的两类案件时涉及公安机关管辖的刑事案件，应当将属于公安机关管辖的刑事案件移送公安机关。同时，此两类案件，也不排除由监察机关直接调查的可能。在上述情况中，如果涉嫌主罪属于公安机关管辖，由公安机关为主侦查，人民检察院应予以配合。如果涉嫌主罪属于人民检察院管辖，由人民检察院为主侦查，公安机关应予以配合。

2. 关于自诉案件。自诉案件有三种类型：（1）告诉才处理的案件；（2）被害人有证据证明的轻微的刑事案件；（3）被害人有证据证明对被告人侵犯自己人身、财产权利的行为应当依法追究刑事责任，而公安机关或者人民检察院不予追究被告人刑事责任的案件。《刑事诉讼法》规定，对于自诉案件，由人民法院直接受理。但对第三类型的自诉案件（即俗称“公诉转自诉案件”），实践中，有的地方规定，对于公诉转自诉的案件，要求公安机关或者人民检察院必须作出不予追究的书面决定人民法院才予受理。我们认为，此一做法，限制了公民的告诉权，也与《刑事诉讼法》第212条的规定不一致。根据《刑诉法解释》第1条的规定，不需要被害人提供有关机关不予受理的书面决定，但必须有证据证明其曾经提出过控告。

3. 对于人民检察院提起公诉的案件，人民法院要认真进行审查。如果公诉机关对于案件事实的定性出现偏差，将原本应当由被害人提起自诉的案件作为公诉案件来处理，如将普通的侵占罪定性为职务侵占罪，那么人民法院就应当建议人民检察院撤回起诉，并由人民检察院告知被害人有权依法提起自诉。

4. 对于人民检察院没有提起公诉，被害人有证据证明的轻微刑事案件，如果被害人直接向人民法院起诉，人民法院受理后，因证据不足告知被害人向公安机关报案，或者认为对被告人可能判处三年有期徒刑以上刑罚而移送公安机关立案侦查，公安机关可能会以该案符合自诉条件为由再让被害人直接向人民法院提起公诉。此种情况下，被害人再次直接向人民法院起诉的，人民法院应当依法受理，并按照自诉程序审理案件，从而切实维护被害人的诉权。

5. 对于网络诽谤等利用网络实施的属于刑法规定的告诉才处理的案件，隐蔽性、专业性很强，被害人调查取证的难度很大，很难通过自诉手段维护自己的合法权益，如果严重危害社会秩序和国家利益的，应当作为公诉案件处理。但是，如果不是严重危害社会秩序和国家利益的，则仍然应该作为自诉案件处理。

[配套规定]

1.《最高人民法院关于适用〈中华人民共和国刑事诉讼法〉的解释》（法释［2012］21号）（节录）

第一条 人民法院直接受理的自诉案件包括：

（一）告诉才处理的案件：

1. 侮辱、诽谤案（刑法第二百四十六条规定的，但严重危害社会秩序和国家利益的除外）；

2. 暴力干涉婚姻自由案（刑法第二百五十七条第一款规定的）；

3. 虐待案（刑法第二百六十条第一款规定的）；

4. 侵占案（刑法第二百七十条规定的）。

（二）人民检察院没有提起公诉，被害人有证据证明的轻微刑事案件：

1. 故意伤害案（刑法第二百三十四条第一款规定的）；

2. 非法侵入住宅案（刑法第二百四十五条规定的）；

3. 侵犯通信自由案（刑法第二百五十二条规定的）；

4. 重婚案（刑法第二百五十八条规定的）；

5. 遗弃案（刑法第二百六十一条规定的）；

6. 生产、销售伪劣商品案（刑法分则第三章第一节规定的，但严重危害社会秩序和国家利益的除外）；

7. 侵犯知识产权案（刑法分则第三章第七节规定的，但严重危害社会秩序和国家利益的除外）；

8. 刑法分则第四章、第五章规定的，对被告人可能判处三年有期徒刑以下刑罚的案件。

本项规定的案件，被害人直接向人民法院起诉的，人民法院应当依法受理。对其中证据不足、可以由公安机关受理的，或者认为对被告人可能判处三年有期徒刑以上刑罚的，应当告知被害人向公安机关报案，或者移送公安机关立案侦查。

（三）被害人有证据证明对被告人侵犯自己人身、财产权利的行为应当依法追究刑事责任，且有证据证明曾经提出控告，而公安机关或者人民检察院不予追究被告人刑事责任的案件。

2.《最高人民法院关于拒不执行判决、裁定罪自诉案件受理工作有关问题的通知》（法［2018］147号）（2018年5月30日）

各省、自治区、直辖市高级人民法院，解放军军事法院，新疆维吾尔自治区高级人民法院生产建设兵团分院：

近期，部分高级人民法院向我院请示，申请执行人以负有执行义务的人涉嫌拒不执行判决、裁定罪向公安机关提出控告，公安机关不接受控告材料或者接受控告材料后不予书面答复的；人民法院向公安机关移送拒不执行判决、裁定罪线索，公安机关不予书面答复或者明确答复不予立案，或者人民检察院决定不起诉的，如何处理？鉴于部分高级人民法院所请示问题具有普遍性，经研究，根据相关法律和司法解释，特通知如下：

一、申请执行人向公安机关控告负有执行义务的人涉嫌拒不执行判决、裁定罪，公安机关不予接受控告材料或者在接受控告材料后60日内不予书面答复，申请执行人有证据证明该拒不执行判决、裁定行为侵犯了其人身、财产权利，应当依法追究刑事责任的，人民法院可以以自诉案件立案审理。

二、人民法院向公安机关移送拒不执行判决、裁定罪线索，公安机关决定不予立案或者在接受案件线索后60日内不予书面答复，或者人民检察院决定不起诉的，人民法院可以向申请执行人释明；申请执行人有证据证明负有执行义务的人拒不执行判决、裁定侵犯了其人身、财产权利，应当依法追究刑事责任的，人民法院可以以自诉案件立案审理。

三、公安机关接受申请执行人的控告材料或者人民法院移送的拒不执行判决、裁定罪线索，经过60日之后又决定立案的，对于申请执行人的自诉，人民法院未受理的，裁定不予受理；已经受理的，可以向自诉人释明让其撤回起诉或者裁定终止审理。此后再出现公安机关或者人民检察院不予追究情形的，申请执行人可以依法重新提起自诉。

3.《人民检察院刑事诉讼规则》（高检发释字［2019］4号）（节录）

第十三条 人民检察院在对诉讼活动实行法律监督中发现的司法工作人员利用职权实施的非法拘禁、刑讯逼供、非法搜查等侵犯公民权利、损害司法公正的犯罪，可以由人民检察院立案侦查。

对于公安机关管辖的国家机关工作人员利用职权实施的重大犯罪案件，需要由人民检察院直接受理的，经省级以上人民检察院决定，可以由人民检察院立案侦查。

第十七条 人民检察院办理直接受理侦查的案件，发现犯罪嫌疑人同时涉嫌监察机关管辖的职务犯罪线索的，应当及时与同级监察机关沟通。

经沟通，认为全案由监察机关管辖更为适宜的，人民检察院应当将案件和相应职务犯罪线索一并移送监察机关；认为由监察机关和人民检察院分别管辖更为适宜的，人民检察院应当将监察机关管辖的相应职务犯罪线索移送监察机关，对依法由人民检察院管辖的犯罪案件继续侦查。

人民检察院应当及时将沟通情况报告上一级人民检察院。沟通期间不得停止对案件的侦查。

第十八条 人民检察院办理直接受理侦查的案件涉及公安机关管辖的刑事案件，应当将属于公安机关管辖的刑事案件移送公安机关。如果涉嫌的主罪属于公安机关管辖，由公安机关为主侦查，人民检察院予以配合；如果涉嫌的主罪属于人民检察院管辖，由人民检察院为主侦查，公安机关予以配合。

对于一人犯数罪、共同犯罪、共同犯罪的犯罪嫌疑人还实施其他犯罪、多个犯罪嫌疑人实施的犯罪存在关联，并案处理有利于查明案件事实和诉讼进行的，人民检察院可以在职责范围内对相关犯罪案件并案处理。

4.《公安机关办理刑事案件程序规定》（2012年12月13日公安部令第127号）（节录）

第十四条 根据刑事诉讼法的规定，刑事案件由公安机关管辖，但下列刑事案件除外：

（一）贪污贿赂犯罪，国家工作人员的渎职犯罪，国家机关工作人员利用职权实施的非法拘禁、刑讯逼供、报复陷害、非法搜查的侵犯公民人身权利的犯罪以及侵犯公民民主权利的犯罪案件，经省级以上人民检察院决定立案侦查的国家机关工作人员利用职权实施的其他重大的犯罪案件；

（二）自诉案件，但对人民法院直接受理的被害人有证据证明的轻微刑事案件，因证据不足驳回起诉，人民法院移送公安机关或者被害人向公安机关控告的，公安机关应当受理；被害人直接向公安机关控告的，公安机关应当受理；

（三）军人违反职责的犯罪和军队内部发生的刑事案件；

（四）罪犯在监狱内犯罪的刑事案件；

（五）其他依照法律和规定应当由其他机关管辖的刑事案件。

第二十条　基层人民法院管辖第一审普通刑事案件，但是依照本法由上级人民法院管辖的除外。

[条文主旨]

本条是关于基层人民法院第一审管辖范围的规定。

[条文释解]

本条是1979年《刑事诉讼法》的规定。历次《刑事诉讼法》修改时均未对本条作修改。说明本条是一个比较成熟，适合中国国情，也具有中国特色的原则规定。

根据本条规定，第一审普通刑事案件除本法规定由上级人民法院管辖外，均由基层人民法院管辖。基层人民法院管辖的“普通刑事案件”，是指除危害国家安全、恐怖活动案件和可能判处无期徒刑以上重刑的案件以外的其他刑事案件。这里所说的基层人民法院，是指人民法院组织法中规定的县人民法院、不设区的市人民法院，自治县人民法院和市辖区人民法院。基层人民法院根据地区、人口和案件情况，可以设立若干人民法庭。人民法庭是基层人民法院的组成部分，它的判决和裁定就是基层人民法院的判决和裁定。这样有利于及时审结刑事案件，顺利完成基层人民法院承担的刑事审判任务。另外，基层人民法院管辖第一审刑事案件，有利于就地调查，正确及时地处理案件。因此，《刑事诉讼法》首先规定了基层人民法院对第一审刑事案件的管辖范围，并将大量的普通刑事案件规定由基层人民法院管辖。

第二十一条　中级人民法院管辖下列第一审刑事案件：

（一）危害国家安全、恐怖活动案件；

（二）可能判处无期徒刑、死刑的案件。

[条文主旨]

本条是关于中级人民法院第一审刑事案件管辖范围的规定。

[条文释解]

本条是1979年《刑事诉讼法》的规定。1996年、2012年《刑事诉讼法》修改时作过修改。2018年《刑事诉讼法》修改时未修改本条规定。

根据本条规定，中级人民法院管辖的刑事案件有以下两类：（1）危害国家安全、恐怖活动案件。这里所规定的“危害国家安全”案件，主要是指刑法分则第一章规定的危害国家安全罪。“恐怖活动案件”，根据《全国人大常委会关于加强反恐怖工作有关问题的决定》第2条的规定，是指以制造社会恐慌、危害公共安全或者胁迫国家机关、国际组织为目的，采取暴力、破坏、恐吓等手段，造成或者意图造成人员伤亡、重大财产损失、公共设施损坏、社会秩序混乱等严重社会危害的行为，以及煽动、资助或者以其他方式协助实施上述活动，构成犯罪的刑事案件。（2）可能判处无期徒刑、死刑的案件。这类案件是指除危害国家安全案件和恐怖活动案件以外，依照我国《刑法》规定，可能判处无期徒刑或者死刑的刑事案件。上述案件，都是性质比较严重，案情重大或者影响较大，处罚较重的刑事案件，在审理时需要更加慎重。因此，刑事诉讼法列举这两类案件由中级人民法院进行第一审。

本条规定的中级人民法院，是指在省、自治区内按地区设立的中级人民法院，在直辖市内设立的中级人民法院，省、自治区辖市的中级人民法院和自治州中级人民法院。

总体而言，本条规定的危害国家安全、恐怖活动案件和可能判处无期徒刑、死刑的案件，属于性质严重，案情复杂、重大，社会影响面广的案件。将这三类案件由级别较高的中级人民法院作为第一审管辖法院，主要是考虑到中级人民法院的审判人员经验丰富、业务熟练、水平较高，有利于保证案件的审判质量。

[审判实务]

与1996年《刑事诉讼法》相比，2012年《刑事诉讼法》根据犯罪形势的变化对中级人民法院管辖的第一审案件进行了调整，取消了反革命案件和外国人犯罪的刑事案件，增加了恐怖活动案件以及对犯罪嫌疑人、被告人逃匿、死亡案件中涉案财产进行处理的案件。

一、删掉“反革命案件”

其理由是：《刑法》自1997年3月14日修订，同年10月1日起施行，已经将分则第一章“反革命罪”修改为“危害国家安全罪”，至今已逾14载。而原《刑事诉讼法》自1996年3月17日修正，1997年1月1日施行，滞后于《刑法》的修订，因此在中级人民法院一审管辖的刑事案件种类中规定有“反革命案件”。还需指出，《刑法》对于“反革命罪”的修改，并不是简单地将原反革命罪一章中的所有条文经过文字处理后，纳入“危害国家安全罪”中。《刑法》修订除保留原有的勾结外国、阴谋危害祖国的主权、领土完整和安全的规定外，对分裂国家罪、武装叛乱罪、颠覆国家政权罪，作了更加明确、具体、强化的规定。此外，还增加规定了资助危害国家安全犯罪活动罪和叛逃罪等。同时，对原来“反革命罪”中的一些规定，可以适用普通刑事犯罪的，在《刑法》修订中都尽量规定以普通刑事犯罪追究，如劫持航空器罪，劫持船只、汽车罪，聚众劫狱、组织越狱罪，制造、抢夺、盗窃枪支、弹药罪等，均分别编入危害公共安全罪和妨害社会管理秩序罪。

二、增设“恐怖活动案件”

其理由是：1. 这是由“恐怖活动案件”的特殊性所决定的。恐怖活动往往表现为某个政治集团通过单一行使暴力或暴力威胁以达到其政治经济目的。而新型的恐怖活动却没有明确目的。恐怖分子通过打击既定对象或者通过滥杀无辜造成恐慌，社会所有成员都有可能成为恐怖活动的被害人。恐怖活动的手段具有强烈的暴力性，爆炸、劫持飞机、绑架人质、重大纵火、释放毒物等是恐怖活动惯用的手段。恐怖组织具有严密的组织性，能量巨大，这种组织的背后往往具有一定的经济实力与军事实力的利益集团，网络波及全国，乃至全世界。由于“恐怖活动案件”是一种严重的暴力犯罪案件，世界各国立法均规定由较高级别的法院或者是设在较高级别法院内部的特殊裁判机关行使第一审管辖权，甚至有的国家规定由特别法庭行使管辖权。

2. 是我国反恐怖活动犯罪立法发展的需要。1997年之前，我国实体法律中没有关于反恐怖活动的规定。1997年修订后的《刑法》第120条新增了“组织、领导、参加恐怖活动组织罪”。2001年12月29日，我国响应联合国第1373号决议的要求，及时通过了《刑法修正案（三）》，增设了一系列的专门反恐内容。具体包括：

（1）对“组织、领导、参加恐怖组织罪”的修正。区分“组织、领导”与“积极参加”恐怖活动组织行为的社会危害性，对于前者设置更重的法定刑。

（2）增设资助恐怖活动的罪与刑，并规定单位可以构成本罪。

（3）明确或增设有关毒害性、放射性、传染病病原体等物质的犯罪。包括：将“投毒罪”变更为“投放毒害性、放射性、传染病病原体等物质罪”。将“非法买卖、运输核材料罪”变更为“非法制造、买卖、运输、储存毒害性、放射性、传染病病原体等物质罪”。增设“盗窃、抢夺毒害性、放射性、传染病病原体等物质罪”“抢劫毒害性、放射性、传染病病原体等物质罪”。增设“投放虚假的爆炸性、毒害性、放射性、传染病病原体等物质，或者编造爆炸威胁、生化威胁、放射威胁等恐怖信息，或者明知是编造的恐怖信息而故意传播，严重扰乱社会秩序的”犯罪行为。

（4）在“洗钱罪”中增加了为恐怖活动犯罪洗钱的犯罪构成，并增加了单位犯洗钱罪的法定刑设置。此次新《刑事诉讼法》在中级人民法院管辖第一审案件中增加“恐怖活动案件”正是与上述实体法增设恐怖活动罪名相适应。另外，2011 年 10 月 29 日全国人大常委会通过《关于加强反恐怖工作有关问题的决定》，明确界定恐怖活动、恐怖活动组织、恐怖活动人员的定义，要求由国家反恐工作领导机构统一领导和指挥全国反恐工作。这也增加了刑事诉讼法修改中解决恐怖案件管辖的迫切性。

3. 中级人民法院法官的司法素养和审判水平较高。我国划分级别管辖主要是根据案件的性质、罪行的轻重和可能判处的刑罚、涉及面和对社会影响的大小以及各级人民法院的工作职责来确定的。因为不同级别的法院的人员素质、审判业务能力和审判水平一般略有不同。恐怖活动犯罪案件，涉案人员众多，涉及面广，多存在跨国、跨境的情况，案情复杂，由中级人民法院作为一审法院，更加有利于保证对恐怖活动犯罪案件的一审案件质量，实现司法公正。

三、取消“外国人犯罪的刑事案件”

这里所说的外国人包括具有外国国籍的人、无国籍人和国籍不明的人。根据该条规定以及《刑事诉讼法》第 16 条、第 21 条、第 22 条规定，在我国除享有外交特权和豁免权的外国人犯罪通过外交途径解决外，对其他外国人犯罪的刑事案件，由中级人民法院改为由基层人民法院行使第一审管辖权。

其理由是：

1. 原来的规定违背了法律面前人人平等的原则，在立法上造成了中国人与外国人之间享有的诉讼权利不平等。法律面前人人平等，是联合国人权公约规定的一项重要原则，联合国《公民权利和政治权利国家公约》第 14 条第 1 款规定："所有的人在法庭上和裁判所前一律平等。"刑事诉讼中只应当以案件的性质、犯罪行为所造成的社会危害性大小以及案件影响的大小作为法院级别管辖的标准，而不应根据犯罪主体的不同国籍来作划分。虽然我国原《刑事诉讼法》第 16 条根据国际惯例规定享有外交特权和豁免权的外国人犯罪通过外交途径解决，但其他不享有外交特权和豁免权的外国人在刑事诉讼中只享有与中国公民同等的待遇，而不能高于中国公民。原《刑事诉讼法》第 20 条的规定却使不享有外交特权和豁免权的外国人在刑事诉讼中享有了高于中国公民的诉讼权利，这明显违背了法律面前人人平等的基本原则。这是作出修改的主要理由。

2. 适应外国人犯罪案件显著增加的新情况。在改革开放前期外国人犯罪的刑事案件数量不多，由中级人民法院行使一审管辖权，更能够保证案件的审判质量。而今天，我国的社会发生了重大变化，外国人作为犯罪主体的刑事案件呈上升趋势。面对日趋严重的外国人犯罪案件，中级人民法院司法资源明显不足。《刑事诉讼法》将"恐怖活动案件"交中级人民法院一审，但其作为基层人民法院的上诉审法院，承担着对基层法院的审判监督工作，由其管辖的第一审刑事案件不宜过多。所以，为了缓解中级人民法院的审判压力，将外国人犯罪案件的一审管辖权下放给基层人民法院，更加有利于中级人民法院高质量地完成审判任务。

中级人民法院与基层人民法院案件管辖权限的重新调整，使中级人民法院的管辖更加科学、合理，对于保证刑事诉讼活动的顺利进行以及刑事司法公正的实现具有重要的意义。

第二十二条　高级人民法院管辖的第一审刑事案件，是全省（自治区、直辖市）性的重大刑事案件。

[条文主旨]

本条是关于高级人民法院第一审刑事案件管辖范围的规定。

[条文释解]

本条是1979年《刑事诉讼法》的规定，1996年《刑事诉讼法》修改时作过文字性的改动，将全省（直辖市、自治区）改为全省（自治区、直辖市）。2012年、2018年《刑事诉讼法》修改时对本条无修改。

本条规定的高级人民法院是地方各级人民法院中最高一级的法院，包括省高级人民法院、自治区高级人民法院和直辖市高级人民法院。根据本条规定，只有全省（自治区、直辖市）性的重大刑事案件，由高级人民法院管辖。

高级人民法院之所以只管辖全省（自治区、直辖市）性的重大刑事案件，与其所承担的职能和任务有密切关系。高级人民法院承担着审判对中级人民法院一审判决、裁定不服提出的上诉、抗诉案件，核准死刑缓期执行的案件，所有中级人民法院判处死刑的案件的二审及复核案件，并监督、指导全省（自治区、直辖市）范围内的下级人民法院的审判工作等任务。因此，高级人民法院管辖的第一审案件不宜过多。同时，对于全省（自治区、直辖市）性的重大刑事案件，虽然数量不多，但都是在全省（自治区、直辖市）范围内涉及面广、有重大影响的案件，由高级人民法院管辖，更有利于办案质量。刑事诉讼法只将影响大、涉及面广但数量不多的全省（自治区、直辖市）性重大案件划归高级人民法院管辖，是与高级人民法院所处的位置和工作负担量相适应的。

[审判实务]

如何确定案件为全省（自治区、直辖市）性的重大刑事案件？对此，立法上并没有确定具体的标准，相关司法解释亦未作具体规定，而是由各省（自治区、直辖市）高级人民法院根据本辖区范围内的司法实践情况具体裁量确定。

由高级人民法院管辖的第一审刑事案件，应具备两个条件：案件具有全省（自治区、直辖市）性影响；案情重大、罪行严重。

第二十三条　最高人民法院管辖的第一审刑事案件，是全国性的重大刑事案件。

[条文主旨]

本条是关于最高人民法院第一审刑事案件管辖的规定。

[条文释解]

本条是1979年《刑事诉讼法》的规定。历次《刑事诉讼法》修改时均未对本条作修改。说明本条是一个比较成熟，适合中国国情，也具有中国特色的原则规定。

根据本条规定，只有全国性的重大刑事案件，才由最高人民法院负责一审。全国性的重大刑事案件，是指在全国范围内涉及面广、影响大的重大案件。最高人民法院审判案件，所作出的判决、裁定就是终审的判决、裁定。也就是说，对于最高人民法院审判的第一审刑事案件，不可能因为上诉或者抗诉而引起第二审程序。

[审判实务]

如何确定全国性的重大刑事案件？对此，立法上并没有具体的标准，由最高人民法院根据案件情况具体裁量确定。事实上，最高人民法院管辖一审案件是非常罕见的。最高人民法院既要监督、指导全国地方法院和专门法院的审判工作，核准死刑案件，审判不服各高级法院上诉和抗诉的案件，最高人民检察院提起抗诉的案件，还要对审判过程中出现的具体问题作出司法解释，进行大量的业务指导工作，以实现全国司法的统一。因此，最高人民法院管辖的一审刑事案件不宜太多，只能是全国性的重大刑事案件。

在国外，法院体系虽然采用四级模式设计，但刑事案件一审通常由底层的两级法院负责，处于上层的两级法院只受理上诉，不受理一审刑事案件。在我国，虽然省高级人民法院和最高人民法院均有权受理一审刑事案件，但很少受理一审刑事案件。

第二十四条　上级人民法院在必要的时候，可以审判下级人民法院管辖的第一审刑事案件；下级人民法院认为案情重大、复杂需要由上级人民法院审判的第一审刑事案件，可以请求移送上一级人民法院审判。

[条文主旨]

本条是关于上下级人民法院变更管辖权的规定。

[条文释解]

本条是1979年《刑事诉讼法》的规定，1996年作过修改，2012年、2018年《刑事诉讼法》修改时未作修改。

根据本条规定，人民法院对于属于自己管辖的第一审刑事案件，在必要的时候，可以改变案件管辖。变更管辖有以下两种情况：

1. 上级人民法院决定审判下级人民法院管辖的第一审刑事案件。这一规定是指当上级人民法院发现下级人民法院审判的第一审刑事案件，案情重大、复杂或者案件涉及面广、影响大，由上级人民法院审判更为适宜，更能有效地震慑犯罪分子、教育群众、提高审判质量和效果的时候，可以审判下级人民法院管辖的第一审刑事案件。

2. 下级人民法院请求移送上级人民法院审判的第一审刑事案件。这一类案件是指下级人民法院发现案件依法应当由上级人民法院审判的第一审刑事案件，或者是属于自己管辖的案件，但由于案情重大、复杂、涉及案犯多、地区广，或者案件影响重大，下级人民法院审理有困难，需要由上级人民法院审判的时候，可以请求移送上一级人民法院审判。

[审判实务]

1. 上级人民法院不得将自己管辖的刑事案件移送给下级人民法院管辖。根据1979年《刑事诉讼法》的规定，上级人民法院可以把自己管辖的第一审刑事案件交由下级人民法院管辖。1996年《刑事诉讼法》修改时，考虑到除基层人民法院外的上级人民法院各自管辖的第一审刑事案件，都是根据案件的性质，对社会的危害性大小以及影响面的大小等具体情况划分管辖范围的，而且各自管辖的案件数量并不多。为确保办案质量，避免在实践中将可能判处无期徒刑、死刑的案件移交基层人民法院审判，上级人民法院不应当再将自己管辖的第一审刑事案件交由下级人民法院审判。因此，1996 年《刑事诉讼法》修改时，将 1979 年《刑事诉讼法》中的这一规定删去，之后的历次修改再未改动。综上，上级人民法院将自己管辖的第一审刑事案件移送给下级人民法院管辖就失去了法律依据。

2. 要正确理解和掌握上下级人民法院移送案件的条件。根据《刑事诉讼法》第 24 条的规定，上下级人民法院变更管辖权的，有两种情况：一是上级人民法院在必要的时候可以审判依法应当由下级人民法院一审的案件，前提是“必要的时候”。必要的时候是指案情重大、复杂或者影响巨大以及下级人民法院的审判遇到其他困难等情形。但这种决定必须在下级人民法院第一审宣判之前作出，应当下达改变管辖决定书，并书面通知同级人民检察院、被告人的羁押场所和当事人。二是下级人民法院把属于自己管辖的案件，请求移送上级人民法院审判。这种移送以案情重大、复杂为前提，并且在上级人民法院同意后才能移送。《刑诉法解释》第 15 条规定，基层人民法院请求移送中级人民法院审判的刑事案件，必须具备实体和程序两方面的条件。实体上包括三类案件。一是案情重大、复杂的案件，二是新类型的疑难案件，三是在法律适用上具有普遍指导意义的案件。程序上，应当报请院长决定后，在案件审理期限届满 15 日以前书面请求移送。中级人民法院应当在接到移送申请 10 日内作出决定。中级人民法院不同意移送的，应当向该基层人民法院下达不同意移送决定书，由该基层人民法院审判；同意移送的，应当向该基层人民法院下达同意移送决定书，并书面通知同级人民检察院。基层人民法院接到上级人民法院同意移送决定书后，应当通知同级人民检察院和当事人，并将起诉材料退回同级人民检察院。《刑诉法解释》的上述规定虽然是基层人民法院向中级人民法院移送案件的规定，但其他级别之间的移送也应当参照执行。

另外，根据《刑诉法解释》第 12 条规定，人民检察院认为可能判处无期徒刑、死刑而向中级人民法院提起公诉的案件，中级人民法院受理后，认为不需要判处无期徒刑以上刑罚的，可以依法审理，不再交基层人民法院审理。根据《刑诉法解释》第 13 条规定，一人犯数罪、共同犯罪和其他需要并案审理的案件，只要其中一人或者一罪属于上级人民法院管辖的，全案由上级人民法院管辖。需要指出的是，基层人民法院对已经受理的公诉案件，认为可能判处无期徒刑、死刑的，应当请求移送中级人民法院。

3. 关于下级法院因不宜行使管辖权而请求移送管辖的处理。根据《刑诉法解释》第13条规定，有管辖权的人民法院因案件涉及本院院长需要回避等原因，不宜行使管辖权的，可以请求移送上一级人民法院管辖。上一级人民法院可以管辖，也可以指定与提出请求的人民法院同级的其他人民法院管辖。在适用本规定时，需要注意以下几个问题。

（1）面临管辖权异议等问题的法院可以请求移送管辖。如果有管辖权的人民法院的本院院长，属于《刑事诉讼法》规定的需要回避的人员范围，当事人和社会公众可能对法院审判的公正性提出质疑。因此，原本适用于特定个体的回避问题可能最终成为整个案件的管辖权异议。除了本院院长需要回避，即院长自行回避、因申请回避或者由审判委员会指令回避的以外，实践中因回避而导致有管辖权的人民法院不宜行使管辖权的情形，还包括因审判人员需要回避致使无法组成合议庭或者确定独任审判员的、本院是刑事案件的被害人、本院工作人员及其近亲属是刑事案件的当事人，等等。

此外，有管辖权的法院在案件审理期间，如果受到外界严重干扰，无法依法独立公正行使审判权的，或者因地震、洪灾、疫情等不可抗力致使案件超审限或者被告人超期羁押，而上一级人民法院或者与本院同级的其他人民法院可以进行审理的，也都属于有管辖权的法院不宜行使管辖权的情况。为了避免因本院院长的回避等问题导致审判的公正性面临质疑或者审判无法顺利进行，对于涉及此类事由的案件，原本具有管辖权的法院原则上就不宜再行使管辖权，可以请求移送上一级人民法院管辖。

（2）上一级人民法院可以提级管辖或者变更管辖。对于有管辖权的人民法院以不宜行使管辖权为由请求移送上一级人民法院管辖的案件，上一级人民法院经审查认为，案件的确存在管辖权异议等原因，不宜由原来有管辖权的下级人民法院审判的，可以提级管辖。如果上一级人民法院受理下级人民法院以涉及本院院长需要回避等原因请求移送管辖的申请后，发现案件不属于重大、疑难、复杂案件，新类型案件或者在法律适用上具有普遍指导意义的案件，也可以不提级管辖，而是指定与提出请求的人民法院同级的其他人民法院管辖，既消除了管辖权异议，又能确保案件的质量。

（3）实践中，被告人及其辩护人可能基于辩护策略的考虑，以有管辖权的人民法院院长需要回避为由，提出管辖权异议，要严格审查案件是否确实存在法定的回避事由。如果发现被告人及其辩护人的异议成立，该法院院长需要回避，进而该法院不宜行使管辖权的，就应当请求移送上一级人民法院管辖。

4. 正确处理好并案处理问题。并案审理案件管辖权如何确定？一人犯数罪、共同犯罪和其他需要并案审理的案件，其中一人或者一罪属于上级人民法院管辖的，应当按照“就高不就低”的原则，全案由上级人民法院管辖。这既是案件级别管辖的内在要求，也有助于维护被告人的诉讼权益。实际上，此类案件存在着多重管辖权并存的情形，即上、下级人民法院分别对部分被告人或者部分罪犯享有管辖权。此种情况下，如果案件存在并案审理的必要，从级别管辖的角度考虑，全案都应当由上级人民法院管辖。此外，此类需要并案审理的案件，全案由上级人民法院审理，能够更好地维护被告人的审级利益。对于该类案件的管辖，实践中需要注意以下问题：

第一，并案审理通常以并案起诉为前提。《人民检察院刑事诉讼规则》第 18 条规定，对于一人犯数罪、共同犯罪、多个犯罪嫌疑人实施的犯罪相互关联，并案处理有利于查明案件事实和诉讼进行的，人民检察院可以对相关犯罪案件并案处理。实践中，对于上述案件，人民检察院并案起诉的，人民法院一般应当并案审理。

第二，案件存在并案审理的必要。除人民检察院并案起诉的案件外，对于特定的案件，人民法院也可以决定并案审理。对此，《最高人民法院、最高人民检察院、公安部、国家安全部、司法部、全国人大常委会法制工作委员会关于实施刑事诉讼法若干问题的规定》第 3 条规定，具有下列情形之一的，人民法院可以并案处理：（1）一人犯数罪的；（2）共同犯罪的；（3）共同犯罪的被告人还实施其他犯罪的；（4）多个被告人实施的犯罪存在关联，并案处理有利于查明案件事实的。实践中，一人犯数罪，通常要并案审理，如果其中一罪属于上级人民法院管辖的，那么基于《刑事诉讼法》有关级别管辖的规定，全案应当由上级人民法院管辖。不过对于共同犯罪案件，实践中基于诉讼效率和效果等方面的考虑，并不一定要实行并案审理，有些共同犯罪案件需要进行分案起诉、分案审理。因此，只有对于那些有并案审理必要的共同犯罪案件，其中一人或者一罪属于上级人民法院管辖的，全案才应由上级人民法院审理。

第三，有观点认为，对于由上级人民法院并案审理的案件中，有明显需要由下级人民法院管辖的漏犯的，可以规定对后到案的漏犯由下级人民法院管辖。也有意见指出，为了妥善审理涉黑等有组织犯罪案件，必要时应当实行分案审理，将部分被告人交由下级人民法院审判。从有利于查清案件事实、确保量刑均衡和诉讼效率等方面考虑。我们不同意这一观点。

第四，实践中，为了确保案件的处理效果，对于一些共同犯罪案件，如未成年人和成年人共同犯罪案件，人民检察院根据《刑事诉讼法》和《刑诉法解释》的有关规定，并未一并起诉，而是选择分案起诉。对于人民检察院决定分案起诉的案件，一般只能分案审理。对于未成年人和成年人共同犯罪案件，由不同人民法院分别审理的，有关人民法院应当互相了解共同犯罪被告人的审判情况，注意全案的量刑平衡。此外，对于其他一些分案起诉的案件，基于诉讼效率或者量刑均衡等考虑，实践中可以由检法两机关协商解决管辖问题。

第五，对于共同犯罪案件，先归案的被告人可能已经被定罪量刑，后归案的其他同案被告人因符合本条规定由上级人民法院管辖后，要注意前后归案的各同案被告人的量刑均衡。

[配套规定]

1.《最高人民法院关于适用〈中华人民共和国刑事诉讼法〉的解释》（法释［2012］21号）（节录）

第十二条　人民检察院认为可能判处无期徒刑、死刑，向中级人民法院提起公诉的案件，中级人民法院受理后，认为不需要判处无期徒刑、死刑的，应当依法审判，不再交基层人民法院审判。

第十三条　一人犯数罪、共同犯罪和其他需要并案审理的案件，其中一人或者一罪属于上级人民法院管辖的，全案由上级人民法院管辖。

第十四条　上级人民法院决定审判下级人民法院管辖的第一审刑事案件的，应当向下级人民法院下达改变管辖决定书，并书面通知同级人民检察院。

第十五条　基层人民法院对可能判处无期徒刑、死刑的第一审刑事案件，应当移送中级人民法院审判。

基层人民法院对下列第一审刑事案件，可以请求移送中级人民法院审判：

（一）重大、复杂案件；

（二）新类型的疑难案件；

（三）在法律适用上具有普遍指导意义的案件。

需要将案件移送中级人民法院审判的，应当在报请院长决定后，至迟于案件审理期限届满十五日前书面请求移送。中级人民法院应当在接到申请后十日内作出决定。不同意移送的，应当下达不同意移送决定书，由请求移送的人民法院依法审判；同意移送的，应当下达同意移送决定书，并书面通知同级人民检察院。

第十六条 有管辖权的人民法院因案件涉及本院院长需要回避等原因，不宜行使管辖权的，可以请求移送上一级人民法院管辖。上一级人民法院可以管辖，也可以指定与提出请求的人民法院同级的其他人民法院管辖。

2.《人民检察院刑事诉讼规则》（高检发释字［2019］4号）（节录）

第十四条 人民检察院办理直接受理侦查的案件，由设区的市级人民检察院立案侦查。基层人民检察院发现犯罪线索的，应当报设区的市级人民检察院决定立案侦查。

设区的市级人民检察院根据案件情况也可以将案件交由基层人民检察院立案侦查，或者要求基层人民检察院协助侦查。对于刑事执行派出检察院辖区内与刑事执行活动有关的犯罪线索，可以交由刑事执行派出检察院立案侦查。

最高人民检察院、省级人民检察院发现犯罪线索的，可以自行立案侦查，也可以将犯罪线索交由指定的省级人民检察院或者设区的市级人民检察院立案侦查。

第十五条 对本规则第十三条第二款规定的案件，人民检察院需要直接立案侦查的，应当层报省级人民检察院决定。

报请省级人民检察院决定立案侦查的案件，应当制作提请批准直接受理书，写明案件情况以及需要由人民检察院立案侦查的理由，并附有关材料。

省级人民检察院应当在收到提请批准直接受理书后十日以内作出是否立案侦查的决定。省级人民检察院可以决定由设区的市级人民检察院立案侦查，也可以自行立案侦查。

第十六条 上级人民检察院在必要的时候，可以直接立案侦查或者组织、指挥、参与侦查下级人民检察院管辖的案件。下级人民检察院认为案情重大、复杂，需要由上级人民检察院立案侦查的案件，可以请求移送上级人民检察院立案侦查。

第二十五条　刑事案件由犯罪地的人民法院管辖。如果由被告人居住地的人民法院审判更为适宜的，可以由被告人居住地的人民法院管辖。

[条文主旨]

本条是关于地域管辖的规定。

[条文释解]

本条是1979年《刑事诉讼法》的规定。历次《刑事诉讼法》修改时均未对本条作修改。说明本条是一个比较成熟，适合中国国情，也具有中国特色的原则规定。

基层人民法院之间和中级人民法院之间的第一审案件管辖分工，主要是通过地区管辖来实现的。地区管辖对于确定管辖的法院，从而相应地确定负责侦查和审查起诉的公安机关、检察机关，具有十分重要的意义。本条规定的地区管辖，是指不同地区的同级人民法院之间对第一审刑事案件管辖权的分工。本条确立了“以犯罪地管辖为主、被告人居住地管辖为辅”的管辖原则。刑事案件由犯罪地的人民法院管辖，这是划分地区管辖的一般原则。这样规定，既有利于及时收集证据，查明案情，又有利于诉讼参与人就近参加诉讼，并便于群众参加旁听案件。这里所说的犯罪地，既包括犯罪预备地、犯罪行为实施地，也包括犯罪结果发生地和销赃地。

但是，如果由被告人居住地的人民法院审判更为适宜的，可以由被告人居住地的人民法院管辖。这一规定，体现了我国刑事诉讼法原则性与灵活性相结合和从实际出发的精神。刑事案件原则上由犯罪地的人民法院管辖，但如果被告人在居住地民愤大或者影响大，或者可能判处缓刑，需要由居住地监督改造等特殊情况，由被告人居住地的人民法院审判，更有利于震慑犯罪分子，有利于进行法制宣传教育，更便利诉讼时，可以交由被告人居住地的人民法院进行审判。其中所说的居住地，是指被告人的户籍所在地和常住地。在改革开放、人口大流动的今天，许多人的居住地与户籍所在地是不一致的，因此，不能把居住地仅仅理解为户籍所在地。

[审判实务]

1. 如何确定犯罪行为发生地

任何犯罪总要体现为一定的行为。对于行为简单的犯罪，如故意杀人等，杀人的地点就是犯罪行为地，同时也是犯罪结果地。不过，对于行为复杂、涉及链条较多的犯罪，存在多个犯罪行为地的情形。例如，侵犯知识产权犯罪，侵权产品的制造地、存储地、运输地，传播侵权作品、销售侵权产品的网站服务器所在地、网络接入地、网站建立者和管理者所在地，侵权产品上传者所在地等，都可以被视为犯罪行为地。对于不同行为人、犯罪团伙跨地区实施的犯罪行为，符合并案处理要求的，公安机关可以一并立案侦查，并由该公安机关所在地的同级人民检察院、人民法院进行管辖。此外，对于某些特殊类型的犯罪，相关部门出台的规范性文件也对犯罪行为地的管辖问题作出了具体规定，如不与《刑诉法解释》相冲突，仍然具有效力。例如，《最高人民法院、最高人民检察院、海关总署关于办理走私刑事案件适用法律若干问题的意见》规定，犯罪行为的发生地，包括货物、物品的进口（境）地、出口（境）地、报关地、核销地等。如果发生《刑法》第 154 条、第 155 条规定的走私行为的，走私货物、物品的销售地、运输地、收购地和贩卖地也属于犯罪行为地。

2. 如何确定犯罪结果发生地

犯罪结果发生地，是指犯罪行为造成损害的具体地点。以网络诈骗犯罪为例，犯罪结果发生地包括被害人向犯罪人转账地、存款地，以及犯罪所得的实际取得地、藏匿地、转移地、作用地等。对于系列犯罪案件，可能存在多个犯罪结果地，符合并案处理要求的，公安机关可以一并立案侦查，并由该公安机关所在地的同级人民检察院、人民法院进行管辖。

3. 如何确定网络犯罪的犯罪地

与传统犯罪不同，网络犯罪是发生在网络虚拟空间的犯罪，因此不能按照对传统犯罪地的理解来处理网络犯罪的管辖问题。在传统犯罪理论中，犯罪是在二维的时间空间上留下痕迹，与特定的时间空间相依存。而网络犯罪最显著的特点就是虚拟性，这来自网络时空的虚拟化、网络空间的无地区性。同时，由于网络犯罪具有智能化、隐蔽性强的特点，也使得此类案件的侦破难度较大，社会危害性大幅提高。网络犯罪的特殊性对传统的地区管辖理念提出了前所未有的挑战。在对网络犯罪案件确定管辖时，既要把握网络犯罪时空虚拟性的特点，又不能脱离现行法律属地管辖的原则规定。立足司法实际，《刑诉法解释》第2条第2款规定，针对或者利用计算机网络实施的犯罪，犯罪地包括犯罪行为发生地的网站服务器所在地，网络接入地，网站建立者、管理者所在地，被侵害的计算机信息系统及其管理者所在地，被告人、被害人使用的计算机信息系统所在地，以及被害人财产遭受损失地。对于现阶段多发的网络诈骗、网络赌博、网络传播淫秽电子信息等犯罪，由于网站服务器所在地，网络接入地，网站建立者、管理者所在地，被侵害的计算机信息系统及其管理者所在地，被告人、被害人使用的计算机信息系统所在地，都与犯罪行为存在直接的关联，只有将与计算机网络相关的地点视为犯罪地，才能有效地解决实践中的管辖难题，避免“管辖真空”的出现。

4. 对于发生在网络世界中的诽谤案件，如何确定法院管辖权

网络诽谤是指借助网络等现代传播信息手段，捏造、散布虚假事实，损害他人名誉的行为。网络与传统诽谤相比，有其更为鲜明的特性，因为对网络诽谤的管制更容易产生公民言论自由和公民名誉权的价值冲突。确定诽谤罪的管辖应以犯罪行为地为依据，但是，要想确定犯罪行为地却非常困难。原因有两点：第一，行为地的不确定性。网络犯罪共有的特点是犯罪嫌疑人的行为可能只具有相对确定性，甚至完全不确定。第二，结果地的不确定性。犯罪结果可能仅在一地，也可能在多地。如果多地都具有管辖权，那么管辖权的冲突便很难调和。对于解决这一难题，我们认为，在具体确认网络诽谤犯罪刑事管辖权时应以网络犯罪行为实施地、网络犯罪行为结果地、网络行为的最终目的地作为合理依据。

（1）网络犯罪行为实施地。网络犯罪行为须通过一定的计算机设备进行，应当以行为人为中心，以实施犯罪行为的设备为线索，认定犯罪行为地。行为人实施犯罪的计算机终端、服务器等设备是相对固定的，因此，行为人实施网络犯罪的服务器、计算机终端等设备所在地可以视为犯罪行为地。

（2）网络犯罪行为结果地。由于网络传输的全球性，对于任何上网的行为，受其危害影响的地点都会数不胜数，若以此作为管辖权的基础，必然会造成管辖法院的泛滥。但网上侵犯商业秘密、间谍犯罪、网络入侵、散布破坏性病毒、逻辑炸弹、放置后门程序、偷窥、复制、更改或者删除计算机信息等犯罪有一个共性，就是必须侵入他人的计算机信息网络才能作案。因此将所侵入的系统局域网、计算机终端等设备所在地作为犯罪结果地，其所在地法院拥有管辖权当无异议。

（3）网络行为的最终目的地。人类的任何行为都具有目的性，网络行为也不例外。对于网络侵权行为案件而言，由于行为地的难以确定，也可以考虑将行为目的作为确定管辖的连接点。如果行为人使网络上的特定人得到信息数据，并希望他人访问该网页，或者有意向特定的目标发送信息、数据，这种积极的、主动的接触目的与目标所在地构成直接故意的关联。这种直接故意的关联，可以推定为行为人的意思表示是接受被指向地的法律，构成被指向地法院管辖的基础。

5. 如何确定被告人居住地

我国实行户籍管理制度，通常情况下，公民户籍登记的地点就是其出生地和实际住所地。因此，原则上将被告人的户籍地作为其居住地。但随着改革开放的深入，人口流动、迁徙较为频繁，外出读书、就业的情况非常普遍。实践中，许多人的经常居住地与户籍地并不一致，此种情况下，严格按照户籍地作为居住地的原则处理，不利于诉讼的顺利开展，因此有必要将被告人的经常居住地作为其居住地。需要指出的是，与地点固定的户籍地不同，人的经常居住地可能始终处于变动之中。尤其是对于非固定职业的群体，经常居住地可能会定期或不定期地发生变化。因此，从地区管辖的方便性考虑，有必要合理界定被告人经常居住地的范围。立足实践经验，经常居住地为被告人被追诉前已连续居住 1 年以上的地方，但住院就医的除外。

6. 如何确定被告单位居住地

根据《刑法》的规定，公司、企业、事业单位、机关、团体实施危害社会的行为，法律规定为单位犯罪的，应当负刑事责任。对于单位犯罪，必要时可以由被告单位居住地的人民法院管辖。与自然人的户籍地相对应，单位需要登记注册，因此被告单位登记的住所地就是其居住地。通常情况下，单位都是在其登记地开展活动。但随着市场经济的发展，公司、企业等经营性单位基于开展业务的便利，可能在不同地点设立多个营业地或者办事机构所在地。基于诉讼便利的考虑，对于被告单位主要营业地或者主要办事机构所在地与登记的住所地不一致的，可以将主要营业地或者主要办事机构所在地作为其居住地。实践中，对于主要营业地或者主要办事机构所在地的确定，可以参考营业规模、办事权限等方面加以确定。需要指出的是，对于单位的分支机构、内设机构或者部门构成单位犯罪，且与单位居住地不一致的，应当以该分支机构、内设机构或者部门登记的住所地为居住地，主要营业地或者主要办事机构所在地与住所地不一致的，应以主要营业地或者主要办事机构所在地为居住地。

7. 明确地区管理不是审判管辖的专门问题

地区管辖是刑事案件立案侦查之初要面临的问题。大多数情况下，地区管辖的问题在公安机关侦查、人民检察院审查起诉时就已解决。少数情况下，依照《刑事诉讼法》的地区管辖规定，公安机关、人民检察院对特定的案件并没有管辖权，但实际承担了案件的侦查、审查起诉工作，人民法院在受理此类案件时，应当通过上级法院指定管辖等方式取得案件管辖权。

8. 明确一些特殊的地区管辖规则

《刑诉法解释》第 4 条至第 11 条对一些特殊情况下的地区管辖作了规定。第 4 条、第 5 条对我国领域外的我国船舶、航空器内犯罪的管辖权作了规定，第 6 条对在国际列车上犯罪的管辖权作了特别规定，第 7 条对我国公民在我国驻外使、领馆内的犯罪的管辖权作了专门规定，第 8 条对我国公民在我国领域外犯罪的管辖权作了专门规定，第 9 条对外国人在中华人民共和国领域外对中华人民共和国国家或者公民犯罪的管辖权作了专门规定，第 10 条对我国基于国际条约义务而对特定罪行行使普通管辖权作了专门规定，第 11 条对罪犯服刑期间发现漏罪、犯新罪或者脱逃期间犯新罪的管辖法院作了专门规定。在实践中，对这些专门规定均应严格遵守。

[配套规定]

1. 《最高人民法院关于适用〈中华人民共和国刑事诉讼法〉的解释》（法释［2012］21 号）（节录）

第二条 犯罪地包括犯罪行为发生地和犯罪结果发生地。

针对或者利用计算机网络实施的犯罪，犯罪地包括犯罪行为发生地的网站服务器所在地，网络接入地，网站建立者、管理者所在地，被侵害的计算机信息系统及其管理者所在地，被告人、被害人使用的计算机信息系统所在地，以及被害人财产遭受损失地。

第三条 被告人的户籍地为其居住地。经常居住地与户籍地不一致的，经常居住地为其居住地。经常居住地为被告人被追诉前已连续居住一年以上的地方，但住院就医的除外。

被告单位登记的住所地为其居住地。主要营业地或者主要办事机构所在地与登记的住所地不一致的，主要营业地或者主要办事机构所在地为其居住地。

第四条 在中华人民共和国领域外的中国船舶内的犯罪，由该船舶最初停泊的中国口岸所在地的人民法院管辖。

第五条 在中华人民共和国领域外的中国航空器内的犯罪，由该航空器在中国最初降落地的人民法院管辖。

第六条 在国际列车上的犯罪，根据我国与相关国家签订的协定确定管辖；没有协定的，由该列车最初停靠的中国车站所在地或者目的地的铁路运输法院管辖。

第七条 中国公民在中国驻外使、领馆内的犯罪，由其主管单位所在地或者原户籍地的人民法院管辖。

第八条 中国公民在中华人民共和国领域外的犯罪，由其入境地或者离境前居住地的人民法院管辖；被害人是中国公民的，也可由被害人离境前居住地的人民法院管辖。

第九条 外国人在中华人民共和国领域外对中华人民共和国国家或者公民犯罪，根据《中华人民共和国刑法》应当受处罚的，由该外国人入境地、入境后居住地或者被害中国公民离境前居住地的人民法院管辖。

第十条 对中华人民共和国缔结或者参加的国际条约所规定的罪行，中华人民共和国在所承担条约义务的范围内，行使刑事管辖权的，由被告人被抓获地的人民法院管辖。

第十一条 正在服刑的罪犯在判决宣告前还有其他罪没有判决的，由原审地人民法院管辖；由罪犯服刑地或者犯罪地的人民法院审判更为适宜的，可以由罪犯服刑地或者犯罪地的人民法院管辖。

罪犯在服刑期间又犯罪的，由服刑地的人民法院管辖。

罪犯在脱逃期间犯罪的，由服刑地的人民法院管辖。但是，在犯罪地抓获罪犯并发现其在脱逃期间的犯罪的，由犯罪地的人民法院管辖。

2.《人民检察院刑事诉讼规则》（高检发释字［2019］4号）（节录）

第十九条 本规则第十三条规定的案件，由犯罪嫌疑人工作单位所在地的人民检察院管辖。如果由其他人民检察院管辖更为适宜的，可以由其他人民检察院管辖。

第二十条 对管辖不明确的案件，可以由有关人民检察院协商确定管辖。

第二十一条 几个人民检察院都有权管辖的案件，由最初受理的人民检察院管辖。必要时，可以由主要犯罪地的人民检察院管辖。

第二十二条 对于下列案件，上级人民检察院可以指定管辖：

（一）管辖有争议的案件；

（二）需要改变管辖的案件；

（三）需要集中管辖的特定类型的案件；

（四）其他需要指定管辖的案件。

对前款案件的审查起诉指定管辖的，人民检察院应当与相应的人民法院协商一致。对前款第三项案件的审查逮捕指定管辖的，人民检察院应当与相应的公安机关协商一致。

第二十三条 军事检察院等专门人民检察院的管辖以及军队与地方互涉刑事案件的管辖，按照有关规定执行。

3.《公安机关办理刑事案件程序规定》（2012 年 12 月 13 日公安部令第 127 号）（节录）

第十五条 刑事案件由犯罪地的公安机关管辖。如果由犯罪嫌疑人居住地的公安机关管辖更为适宜的，可以由犯罪嫌疑人居住地的公安机关管辖。

犯罪地包括犯罪行为发生地和犯罪结果发生地。犯罪行为发生地，包括犯罪行为的实施地以及预备地、开始地、途经地、结束地等与犯罪行为有关的地点；犯罪行为有连续、持续或者继续状态的，犯罪行为连续、持续或者继续实施的地方都属于犯罪行为发生地。犯罪结果发生地，包括犯罪对象被侵害地、犯罪所得的实际取得地、藏匿地、转移地、使用地、销售地。

居住地包括户籍所在地、经常居住地。经常居住地是指公民离开户籍所在地最后连续居住一年以上的地方。

法律、司法解释或者其他规范性文件对有关犯罪案件的管辖作出特别规定的，从其规定。

第十六条 针对或者利用计算机网络实施的犯罪，用于实施犯罪行为的网站服务器所在地、网络接入地以及网站建立者或者管理者所在地，被侵害的计算机信息系统及其管理者所在地，以及犯罪过程中犯罪分子、被害人使用的计算机信息系统所在地公安机关可以管辖。

第十七条 行驶中的交通工具上发生的刑事案件，由交通工具最初停靠地公安机关管辖；必要时，交通工具始发地、途经地、到达地公安机关也可以管辖。

第十八条 几个公安机关都有权管辖的刑事案件，由最初受理的公安机关管辖。必要时，可以由主要犯罪地的公安机关管辖。

具有下列情形之一的，公安机关可以在职责范围内并案侦查：

（一）一人犯数罪的；

（二）共同犯罪的；

（三）共同犯罪的犯罪嫌疑人还实施其他犯罪的；

（四）多个犯罪嫌疑人实施的犯罪存在关联，并案处理有利于查明犯罪事实的。

第十九条 对管辖不明确或者有争议的刑事案件，可以由有关公安机关协商。协商不成的，由共同的上级公安机关指定管辖。

对情况特殊的刑事案件，可以由共同的上级公安机关指定管辖。

第二十条 上级公安机关指定管辖的，应当将指定管辖决定书分别送达被指定管辖的公安机关和其他有关的公安机关。

原受理案件的公安机关，在收到上级公安机关指定其他公安机关管辖的决定书后，不再行使管辖权，同时应当将案卷材料移送被指定管辖的公安机关。

对指定管辖的案件，需要逮捕犯罪嫌疑人的，由被指定管辖的公安机关提请同级人民检察院审查批准；需要提起公诉的，由该公安机关移送同级人民检察院审查决定。

第二十一条 县级公安机关负责侦查发生在本辖区内的刑事案件。

设区的市一级以上公安机关负责重大的危害国家安全犯罪、恐怖活动犯罪、涉外犯罪、经济犯罪、集团犯罪案件的侦查。

上级公安机关认为有必要的，可以侦查下级公安机关管辖的刑事案件；下级公安机关认为案情重大需要上级公安机关侦查的刑事案件，可以请求上一级公安机关管辖。

第二十二条 公安机关内部对刑事案件的管辖，按照刑事侦查机构的设置及其职责分工确定。

第二十三条 铁路公安机关管辖铁路系统的机关、厂、段、院、校、所、队、工区等单位发生的刑事案件，车站工作区域内、列车内发生的刑事案件，铁路沿线发生的盗窃或者破坏铁路、通信、电力线路和其他重要设施的刑事案件，以及内部职工在铁路线上工作时发生的刑事案件。

铁路系统的计算机信息系统延伸到地方涉及铁路业务的网点，其计算机信息系统发生的刑事案件由铁路公安机关管辖。

对倒卖、伪造、变造火车票的案件，由最初受理案件的铁路公安机关或者地方公安机关管辖。必要时，可以移送主要犯罪地的铁路公安机关或者地方公安机关管辖。

铁路建设施工工地发生的刑事案件由地方公安机关管辖。

第二十四条 交通公安机关管辖交通系统的机关、厂、段、院、校、所、队、工区等单位发生的刑事案件，港口、码头工作区域内、轮船内发生的刑事案件，水运航线发生的盗窃或者破坏水运、通信、电力线路和其他重要设施的刑事案件，以及内部职工在交通线上工作时发生的刑事案件。

第二十五条 民航公安机关管辖民航系统的机关、厂、段、院、校、所、队、工区等单位、机场工作区域内、民航飞机内发生的刑事案件。

重大飞行事故刑事案件由犯罪结果发生地机场公安机关管辖。犯罪结果发生地未设机场公安机关或者不在机场公安机关管辖范围内的，由地方公安机关管辖，有关机场公安机关予以协助。

第二十六条 森林公安机关管辖破坏森林和野生动植物资源等刑事案件，大面积林区的森林公安机关还负责辖区内其他刑事案件的侦查。未建立专门森林公安机关的，由所在地公安机关管辖。

第二十七条 海关走私犯罪侦查机构管辖中华人民共和国海关关境内发生的涉税走私犯罪案件和发生在海关监管区内的非涉税走私犯罪案件。

第二十八条 公安机关侦查的刑事案件涉及人民检察院管辖的案件时，应当将属于人民检察院管辖的刑事案件移送人民检察院。涉嫌主罪属于公安机关管辖的，由公安机关为主侦查；涉嫌主罪属于人民检察院管辖的，公安机关予以配合。

公安机关侦查的刑事案件涉及其他侦查机关管辖的案件时，参照前款规定办理。

第二十九条 公安机关和军队互涉刑事案件的管辖分工按照有关规定办理。

公安机关和武装警察部队互涉刑事案件的管辖分工依照公安机关和军队互涉刑事案件的管辖分工的原则办理。列入武装警察部队序列的公安边防、消防、警卫部门人员的犯罪案件，由公安机关管辖。

[参考案例]

1. 蓝某诈骗案——以传真方式进行经济合同诈骗案件如何确定审判管辖[①]

基本案情：

被告人蓝某，男，37 岁，原系四川省绵阳市金属材料物业公司经理。因涉嫌诈骗罪，1996 年 2 月 9 日被逮捕。

湖南省长沙市人民检察院以被告人蓝某构成诈骗罪，向湖南省长沙市中级人民法院提起公诉。

湖南省长沙市人民检察院起诉书指控：1995 年 7 月，湖南省轻工业物品进出口公司国龙公司（以下简称国龙公司）与外商签订出口硅铁 660 吨的合同。在组织货源时，国龙公司向本省娄底地区对外经济贸易冶金化工公司（以下简称娄底冶化公司）求购硅铁。娄底冶化公司经他人介绍与四川省绵阳市金属材料物业公司（以下简称四川物业公司）经理蓝某取得了联系。蓝某谎称其公司有 360 吨硅铁的现货可供应，娄底冶化公司要求蓝某将货物商检证传真到娄底。收到商检证传真后，娄底冶化公司发现不是蓝某所在公司的货物商检证，而是绵阳市外贸五金机械化工公司出售报验的，即对蓝某提出质询。被告人蓝某又谎称，该商检货物是在绵阳市外贸五金机械化工公司报验后自己购买的，并称来款就可提货。据此，娄底冶化公司于同年 8 月 2 日用传真方式与蓝某所在公司签订了 360 吨硅铁的购销合同，约定每吨单价 5100 元，交货地点为上海何家湾火车站。同年 8 月 9 日，国龙公司业务员程伟政携货款 137.7 万元与娄底冶化公司业务员周明辉一起到四川省绵阳市，找到被告人蓝某要求看货。蓝某将程、周二人带至绵阳市金江公司等三家公司存放硅铁的绵阳市外贸综合仓库进行所谓的看货，谎称所看货物是他公司的，从而骗取程、周二人的信任。当天，娄底冶化公司周明辉见蓝某有货，就代表本公司与蓝某的四川物业公司签订了 660 吨硅铁的购销合同（该合同娄底冶化公司未盖章）。被告人蓝某为进一步骗取程、周二人的信任，向二人出示了其伪造的“四川绵阳五矿公司收蓝某预付款 100 万元”的收款收

---

① 《中国刑事审判指导案例（第 7 卷）》，最高人民法院刑事审判第一、二、三、四、五庭编，法律出版社 2017 年版，第 1~3 页。

据，同时将其办理的两个车皮的铁路运输计划伪造成六个车皮。在蓝某的种种手段欺骗下，程、周两人信以为真，分别于同年8月9日、8月18日、8月22日将货款共计137.7万元汇到被告人蓝某公司的账上。蓝某收到货款后，以每吨5150元价格从别处购买硅铁60吨装一个车皮交由国龙公司，用款30.6万元，其余货款107.1万元被蓝某用于还债和挥霍。

湖南省长沙市中级人民法院经审查认为，被告人蓝某以非法占有为目的，虚构事实、隐瞒真相，利用经济合同骗取他人财物，其行为已构成诈骗罪，但长沙市中级人民法院对此案没有管辖权。

主要问题：

以传真方式进行经济合同诈骗案如何确定审判管辖，能否适用指定管辖？

裁判理由：

本案被告人蓝某的居住地和犯罪地均在四川绵阳，但与蓝某所在公司直接发生关系的是娄底冶化公司。360吨硅铁购销合同是以传真方式签订的，蓝某所在公司先签，娄底冶化公司后签，合同最后签订地在湖南娄底，而合同交货地又在上海何家湾火车站。本案有管辖权的法院应如何依法确定？

关于刑事案件的审判管辖，《刑事诉讼法》第25条明确规定："刑事案件由犯罪地的人民法院管辖，如果由被告人居住地的人民法院审判更为适宜的，可以由被告人居住地的人民法院管辖。"《最高人民法院关于执行〈中华人民共和国刑事诉讼法〉若干问题的解释》第2条对"犯罪地"作了明确规定，即"犯罪地是指犯罪行为发生地。以非法占有为目的的财产犯罪，犯罪地包括犯罪行为发生地和犯罪分子实际取得财产的犯罪结果发生地"。被告人蓝某为了非法占有他人财物所实施的诈骗行为全部在四川省绵阳市，案件中以传真方式订立的经济合同，虽然接收传真的一方在湖南，但犯罪分子本人未在湖南实施犯罪，取得骗款也未在湖南，而是由湖南将款汇至蓝某的公司所在地。由此不能仅以本案被骗单位在湖南，即认为案件的犯罪地涉及湖南。被告人蓝某的犯罪地在四川省绵阳市，其居住地也在绵阳市，因此，根据上述法律和司法解释，本案应由四川省绵阳市的法院管辖。

在处理本案时，有一种意见认为，考虑到被骗单位是国龙公司，最初受理该案并进行侦查、起诉工作的司法机关又均在湖南省长沙市，为了便利诉讼、打击犯罪，有利于挽回受害单位的损失，请最高人民法院考虑指定此案由湖南省长沙市中级人民法院管辖。

因此，此案由湖南省长沙市中级人民法院请示湖南省高级人民法院，湖南省高级人民法院向最高人民法院请示。

最高人民法院审理本案认为，该案被告人蓝某的犯罪地、住所地均在四川省绵阳市，不存在《刑事诉讼法》第 27 条规定的管辖不明或者需要移送管辖的情况，即不存在需要指定湖南省长沙市中级人民法院管辖的情由，湖南法院对此案无管辖权。

刑事诉讼法关于以犯罪地和被告人居住地确定审判管辖的规定，主要目的是便于司法机关及时地查明案件事实，有效地打击犯罪。根据《刑事诉讼法》第 27 条的规定，指定管辖只适用于两种案件：

第一种是管辖不明的案件，即由于特殊情形所致，难以确认应由何地人民法院管辖的案件。对这种案件，需要上级人民法院指定下级人民法院管辖。

第二种是根据案件的具体情由，需要指定移送管辖的案件。所谓“具体情由”，主要是指可能影响案件公正审判等特殊情况。例如，某一法院院长为刑事案件的当事人的，如果案件由该院审判，就可能妨碍作出公正裁决，因此，对该案应指定移送其他法院管辖。

蓝某诈骗案既不属于管辖不明的案件，亦不属于需要指定移送管辖的案件，故只应由四川省有关法院审判。

最高人民法院就此案批复湖南省高级人民法院，湖南法院对此案无管辖权，应由长沙市中级人民法院将案件退回检察机关，由他们按法律规定将此案移送有管辖权的司法机关审理。后湖南省高级人民法院已按照最高人民法院的批复，通知长沙市中级人民法院将案件退回检察机关，由其移送有管辖权的司法机关审理。

2. 闵某某、马某某、帕丽某某·买森木贩卖毒品案——如何确定毒品犯罪案件的地域管辖[①]

基本案情：

被告人闵某某，男，1976 年 3 月 25 日出生，农民。1996 年 6 月因犯贩卖毒品罪被判处有期徒刑十五年，2004 年 9 月 28 日被假释，假释考验期自 2004 年 9 月 27 日至 2007 年 8 月 30 日止。因涉嫌犯贩卖毒品罪于 2005 年 9

① 《中国刑事审判指导案例（第 7 卷）》，最高人民法院刑事审判第一、二、三、四、五庭编，法律出版社 2017 年版，第 3~5 页。

月2日被逮捕。

被告人马某某，男，1974年9月15日出生，农民。因涉嫌犯贩卖毒品罪于2005年9月21日被逮捕。

被告人帕丽某某·买森木，女，1973年2月26日出生，无业。因涉嫌犯贩卖毒品罪于2005年9月21日被逮捕。

甘肃省兰州市人民检察院以被告人闵某某、马某某、帕丽某某·买森木犯贩卖毒品罪，向兰州市中级人民法院提起公诉。

兰州市中级人民法院经公开审理查明：

2005年7月，被告人闵某某、马某某、帕丽某某·买森木在广东省广州市租住了白云区时代花园6栋303室的房间后，共同预谋购买毒品向他人贩卖。2005年8月1日中午，闵某某指使帕丽某某·买森木用维吾尔语与他人电话商定购买毒品后，闵某某、马某某安排帕丽某某·买森木与同住该出租房的女子王华英（在逃）携带筹集的人民币28万元到广州大厦，从他人处购得海洛因1000克，返回后交给闵某某、马某某藏匿于租住处。当日21时许，广州市公安人员在该租房内将闵某某、马某某、帕丽某某·买森木三人抓获，当场查获海洛因1282克及人民币13.8万元。

兰州市中级人民法院经审理认为，被告人闵某某、马某某、帕丽某某·买森木为贩卖而大量购买毒品，其行为均已构成贩卖毒品罪。被告人闵某某提供大部分毒资，指使被告人帕丽某某·买森木联系和购买毒品，在共同犯罪中起主要作用，系主犯，且曾因贩卖毒品被判刑，在假释考验期内又贩卖毒品，应数罪并罚。被告人马某某参与预谋、出资购买毒品，在共同犯罪中也起主要作用，系主犯，但其在共同犯罪中的地位与作用较被告人闵某某轻，在量刑时可酌情予以区别。被告人帕丽某某·买森木受指使联系购买毒品，在共同犯罪中处于从属地位，属从犯，可从轻处罚。依照《刑法》第347条第2款第1项，第25条第1款，第26条第1款、第4款，第27条，第48条第1款，第356条，第57条第1款，第86条第1款，第71条，第69条之规定，判决如下：

1. 被告人闵某某犯贩卖毒品罪，判处死刑，剥夺政治权利终身，并处没收个人全部财产；撤销原判假释，与没有执行完毕的余刑二年十一个月零二天并罚，决定执行死刑，剥夺政治权利终身，并处没收个人全部财产。

2. 被告人马某某犯贩卖毒品罪，判处死刑，缓期二年执行，剥夺政治权利终身，并处没收个人全部财产。

3. 被告人帕丽某某·买森木犯贩卖毒品罪，判处无期徒刑，剥夺政治权利终身，并处没收个人全部财产。

一审宣判后，被告人闵某某、马某某、帕丽某某·买森木不服。提出上诉。

甘肃省高级人民法院经审理认为，被告人闵某某、马某某、帕丽某某·买森木相互勾结，共同预谋，贩卖毒品海洛因1282克，其行为均已构成贩卖毒品罪，且贩毒数量大，依法应予严惩。原审认定的事实清楚，证据确实、充分，定性正确，量刑适当，审判程序合法。依照《刑事诉讼法》第189条第1项、第197条、第199条之规定，裁定驳回上诉，维持原判，并依法报送最高人民法院核准。最高人民法院复核认为，被告人闵某某的犯罪地、户籍地、居住地均不在甘肃省；闵某某假释期间犯罪，服刑地也不在甘肃省。兰州市中级人民法院和甘肃省高级人民法院审理本案，违反了《刑事诉讼法》第24条和《最高人民法院关于执行〈中华人民共和国刑事诉讼法〉若干问题的解释》第14条的规定。第一审判决、第二审裁定违反法定诉讼程序。依照《刑事诉讼法》第199条和《最高人民法院关于复核死刑案件若干问题的规定》第5条的规定，裁定如下：

1. 不核准甘肃省高级人民法院（2007）甘刑二终字第07号维持第一审对被告人闵某某以贩卖毒品罪判处死刑，剥夺政治权利终身，并处没收个人全部财产；撤销原判假释，与没有执行完毕的余刑二年十一个月零二天并罚，决定执行死刑，剥夺政治权利终身，并处没收个人全部财产的刑事裁定。

2. 撤销甘肃省高级人民法院（2007）甘刑二终字第07号和甘肃省兰州市中级人民法院（2006）兰法刑二初字第035号以贩卖毒品罪判处被告人闵某某死刑，剥夺政治权利终身，并处没收个人全部财产；撤销原判假释，与没有执行完毕的余刑二年十一个月零二天并罚，决定执行死刑，剥夺政治权利终身，并处没收个人全部财产的刑事裁定及判决。

3. 发回甘肃省兰州市中级人民法院，依照《刑事诉讼法》有关管辖的规定办理。

主要问题：

如何确定毒品犯罪案件的地域管辖？对于已进入审判程序的没有管辖权的毒品犯罪案件应如何处理？

观点争议：

本案在侦查阶段，广州市公安局在广州市白云区时代花园6栋303室抓获马某某、闵某某、帕丽某某·买森木后，公安部认为本案与兰州市公安局破获的牟某某（已处死刑）等七人制造毒品案有一定关联，遂指示广州市公安局将本案移交兰州市公安局并案侦查。但作为审判机关，对本案的地域管辖如何确定，有两种意见：

第一种意见认为，本案因与兰州市牟某某等七人制造毒品案有一定关联，即牟某某等制造毒品“麻古”的原料“冰毒”是通过本案第二被告人马某某介绍购买的，公安部故指定将两案合并侦查，后由兰州市人民检察院提起公诉。因此，兰州市中级人民法院和甘肃省高级人民法院对本案具有管辖权，不需要指定管辖。

第二种意见认为，确定管辖权应以刑事诉讼法和最高人民法院的司法解释为依据，而不是以公安部门侦查或并案侦查地及移送起诉地为依据。本案被告人闵某某、马某某、帕丽某某·买森木的犯罪地、户籍地、居住地均不在甘肃省。闵某某系假释期间犯罪，服刑地也不在甘肃省。甘肃省兰州市中级人民法院和甘肃省高级人民法院审理本案不符合法律规定，故不具有管辖权。

本书观点：

本书同意第二种观点，主要理由如下：

1.《刑事诉讼法》第25条规定：“刑事案件由犯罪地的人民法院管辖。如果由被告人居住地的人民法院审判更为适宜的，可以由被告人居住地的人民法院管辖。”毒品犯罪的地域管辖，也应当依照《刑事诉讼法》的有关规定，实行以犯罪地管辖为主、被告人居住地为辅的原则。考虑到毒品犯罪的特殊性和毒品犯罪侦查体制，“犯罪地”不仅可以包括犯罪预谋地、毒资筹集地、交易进行地、运输途经地及毒品生产地，也包括毒资、毒赃和毒品藏匿地、转移地、走私或者贩运毒品目的地等。“被告人居住地”，不仅包括被告人常住地和户籍所在地，也包括其临时居住地。具体到本案，三被告人的犯罪预谋地、毒资筹集地、交易进行地及毒资、毒赃、毒品藏匿地均在广东省广州市，三被告人也是在广州市被广州公安机关抓获的。上述事实说明，甘肃省兰州市不是三被告人的“犯罪地”。被告人闵某某、马某某的出生地、常住地均在新疆维吾尔自治区伊宁县，被告人帕丽某某·买森木的出生地、常住地在新疆维吾尔自治区巩留县，三被告人的临时居住地在广东省广州市白云区时代花园，甘肃省兰州市也不是三被告人的“居住地”。据此，甘肃省兰州市中级人民法院和甘肃省高级人民法院审理本案没有法律依据，不具有管辖权。

2. 本案在侦查阶段因认为与甘肃省兰州市牟某某等七人制造毒品案有一定的关联，故由公安部指定将两案合并侦查。但经一审法院审查，公诉机关指控牟某某等人制造毒品“麻古”的原料“冰毒”是通过本案第二被告人马某某介绍购买的证据不足，公诉机关已撤回起诉，并将牟某某等被告人制造毒品案另行起诉。第一种观点认为本案与牟某某等人制造毒品案有一定联系，进而认为兰州市对本案有管辖权，已没有事实依据。

3. 对于已进入审判程序而没有管辖权的毒品犯罪案件如何处理。对此，《全国部分法院审理毒品犯罪案件工作座谈会纪要》第 11 条第二款提出明确意见：“对于已进入审判程序的案件，被告人及其辩护人提出管辖异议，经审查异议成立的，或者受案法院发现没有管辖权，而案件由本院管辖更适宜的，受案法院应当报请与有管辖权的法院共同的上级法院依法指定本院管辖。”具体到本案，广东省广州市、宁夏回族自治区石嘴山市中级人民法院对本案具有管辖权，甘肃省兰州市中级人民法院如果认为案件由本院管辖更适宜，应当报请与有管辖权的法院共同的上级法院依法指定其管辖，即应当层报最高人民法院指定管辖。

综上，本案中，三被告人的犯罪地、户籍地、居住地均不在甘肃省；被告人闵某某的服刑地也不在甘肃省。兰州市中级人民法院和甘肃省高级人民法院审理本案，违反了有关地域管辖的法律规定。据此，最高人民法院依法裁定撤销原审裁判是正确的。

第二十六条　几个同级人民法院都有权管辖的案件，由最初受理的人民法院审判。在必要的时候，可以移送主要犯罪地的人民法院审判。

[条文主旨]

本条是关于几个同级人民法院都有管辖权的案件处理的规定。

[条文释解]

本条是 1979 年《刑事诉讼法》的规定。历次《刑事诉讼法》修改时均未对本条作修改。说明本条是一个比较成熟，适合中国国情，也具有中国特色的原则规定。

根据本条规定，对几个同级人民法院都有管辖权的案件，由最初受理的人民法院审判。这是因为最初受理的人民法院已经进行了一些工作，了解案情，由其继续审理，有利于及时结案。但是，在必要的时候，也可以移送主要犯罪地的人民法院管辖。其中“必要的时候”，主要是指，最初受理的人民法院不是主要犯罪地，如果由主要犯罪地人民法院管辖，对全面查清案件事实、正确处理案件、震慑犯罪分子和进行法制宣传教育更为有利时，可以由最初受理案件的人民法院将案件移送至主要犯罪地的人民法院审理。

本条规定实际上是对地域管辖规定的一种补充。由于我国地域辽阔，案件情况复杂，有些犯罪分子是流窜作案、多次作案、结伙作案，涉及地区广，同一个案件，按照地域管辖的原则，会使几个同级人民法院都有管辖权。为了避免有管辖权的同级人民法院对案件发生争办或互相推诿的情况，影响案件及时处理，或者造成审判工作重复，浪费财力、人力，因此，本条对几个同级人民法院都有管辖权时如何处理作出了明确规定。

[审判实务]

1. 几个法院同时具有管辖权时，如何确定最佳审理法院？本书以一案例来说明：家住甲市的被告人张某、刘某、王某三人纠合在一起，张某“提出弄个小姐玩玩”，刘、王二人同意。当晚10时许，被告人刘某将本单位面包车开出，三人驾车在通往乙市的公路上伺机作案。当女青年陈某骑车迎面而来时，刘某突然急刹车，张、王二人跳下车将女青年陈某劫持到车上，汽车朝乙市开去。途中三名被告人轮奸了该女青年，直到车开到乙市境内后，轮奸行为仍未实施终了。受害人被轮奸后又被抛出车外，恰被乙市的治安联防队员发现并及时报案，乙市公安机关当夜将逃窜至乙市的张某、刘某、王某三名被告人抓获归案。

本案中，甲市法院与乙市法院对管辖存在争议。甲市法院认为，此案应由乙市法院受理。理由是，第一，此案被告人的犯罪行为始于甲市，但犯罪行为的完成无疑是在乙市境内，乙市也是犯罪地的一部分；第二，此案是由乙市公安机关侦破，并由乙市检察院审查起诉的，乙市法院受理更为方便。而乙市法院则认为，此案应由甲市法院受理。理由是，被告人的主要犯罪行为是在甲市实施的，并且被告居住在甲市，根据《刑事诉讼法》第 19 条的规定，甲市法院应该受理此案。对于本案，如何确定最佳审理法院？

我们认为：根据《刑事诉讼法》第 25 条、第 26 条的规定，刑事案件由犯罪地的人民法院管辖。如果由被告人居住地的人民法院审判更为适宜的，可以由被告人居住地人民法院管辖。几个同级人民法院都有管辖权的案件，由最初受理的人民法院管辖。在必要的时候，可以移送主要犯罪地的人民法院审判。根据上述规定，我国刑事案件的管辖，实行以犯罪地人民法院管辖为主、以被告人居住地人民法院管辖为辅的原则。犯罪地包括犯罪预备地、犯罪行为实施地、犯罪结果发生地和销赃地。被告人的居住地，包括被告人户籍所在地、住所地。由被告人居住地人民法院审判需以由其审判更为适宜为条件。所谓“更为适宜”，一般是指：（1）被告人流窜作案，犯罪地难以确定，而其居住地群众更为了解案情，对被告人的押送又比较安全和方便的。（2）被告人在当地民愤极大，群众强烈要求在其居住地进行审判的。（3）被告人可能判处有期徒刑、拘役缓刑或者管制而应在被告人居住地进行监督考察和改造的案件。

要确定管辖，必须解决“犯罪地”“居住地”“主要犯罪地”“最初受理地”等地法院管辖的可行性问题。本案的犯罪行为开始于甲市，但轮奸行为分别实施于甲、乙两市，可以说甲、乙两市都是犯罪地。虽然劫持和轮奸行为始发于甲市，但作为本案的一个重要情节——女青年陈某被轮奸并被抛出车外，被告驾车逃跑，则发生在乙市。由“居住地”法院审判，要符合“由居住地法院审判更为适宜”这一条件。而本案发案在甲市，破案在乙市，如果将案件再移送甲市法院审判是“不适宜”的。至于“最初受理的法院”，本案在向乙市法院起诉时，该院即提出异议，尚未受理，不存在“最初受理的法院”。因此，最佳的受理法院应该是乙市法院。

2. 管辖权并行的处理原则。《刑事诉讼法》第 26 条明确了管辖权并行问题的处理原则。该条规定，几个同级人民法院都有权管辖的案件，由最初受理的人民法院审判。在必要的时候，可以移送主要犯罪地的人民法院审判。对于多个同级人民法院都有管辖权的案件，最初受理的人民法院已经对案件有了一定的了解，由其审判将有助于诉讼活动的顺利进行。不过在必要的时候，由主要犯罪地的人民法院审判，可能更有助于查清主要犯罪事实，更有利于确保审判的效果。所谓主要犯罪地，既包括案件涉及多个地点时对该犯罪的成立起主要作用的行为地，也包括一人犯数罪时主要罪行的实行地。主要犯罪地无疑是遗留犯罪证据最多的地方，也往往是被害人、证人所在地，当地群众也最关心对案件的处理结果。因此，在必要的时候由主要犯罪地的人民法院管辖，符合司法实际的需求。这种“以先受理的法院管辖为原则，以主要犯罪地法院管辖为补充”的处理原则，能够兼顾诉讼效率和审判效果等方面的要求。

3. 管辖权争议的处理原则。《刑事诉讼法》并未规定管辖权争议问题的处理原则。《刑诉法解释》第 17 条第 2 款规定，对管辖权发生争议的，应当在审限内协商解决。协商不成的，由争议的人民法院分别层报共同的上级人民法院指定管辖。基于诉讼效率等方面的考虑，对于管辖权争议，应当尽量协商解决。只有协商不成的，再报请共同的上级人民法院指定管辖。

4. 需要指出的是，对于案件发生管辖权争议，在协商不成的情况下，分别层报共同的上级人民法院指定管辖的过程中，如何计算案件的审理期限，需要进一步研究。如果上级人民法院决定改变管辖的，那么，根据《刑事诉讼法》第 208 条第 2 款的规定，从改变后的人民法院收到案件之日起计算审理期限。如果上级人民法院没有改变管辖的，管辖争议期间的计算问题，应当适用《最高人民法院关于严格执行案件审理期限制度的若干规定》第 9 条的规定，即审理当事人提出的管辖权异议和处理法院之间的管辖争议的期间，不计入审理期限。

[配套规定]

《最高人民法院关于适用〈中华人民共和国刑事诉讼法〉的解释》（法释［2012］21 号）（节录）

第十七条 两个以上同级人民法院都有管辖权的案件，由最初受理的人民法院审判。必要时，可以移送被告人主要犯罪地的人民法院审判。

管辖权发生争议的，应当在审理期限内协商解决；协商不成的，由争议的人民法院分别层报共同的上级人民法院指定管辖。

第二十七条 上级人民法院可以指定下级人民法院审判管辖不明的案件，也可以指定下级人民法院将案件移送其他人民法院审判。

[条文主旨]

本条是关于人民法院指定管辖的规定。

[条文释解]

本条是1979年《刑事诉讼法》的规定。历次《刑事诉讼法》修改时均未对本条作修改。说明本条是一个比较成熟，适合中国国情，也具有中国特色的原则规定。

根据本条规定，上级人民法院可以指定下级人民法院审判管辖不明的案件，即上级人民法院在案件管辖不明的情况下，有权指定下级人民法院审理该案件。其中“上级人民法院”主要是指上一级人民法院。“管辖不明的案件”主要是指以下两种情况：一是该案件的管辖在法律中没有明确规定；二是对该案件应由谁管辖存在争议。根据宪法和人民法院组织法的规定，上下级人民法院是监督关系，而不是领导关系，本条规定上级人民法院可以指定下级人民法院审判管辖不明的案件，是一种法律上的授权。同时，本条也规定，上级人民法院也可以指定下级人民法院将案件移送其他人民法院审判，即上级人民法院根据案件的具体情况，确定某一案件应由哪个法院管辖后，可以指令已受理该案的法院将案件移送指定受理的人民法院进行审判。

本条在执行中应注意以下两个问题：一是上级人民法院对于管辖不明的案件确定管辖，要按照刑事诉讼法关于管辖的原则执行，这种确定应更有利于公正审判和对犯罪的打击。二是下级人民法院要服从上级人民法院的指定，而不能从本地区的局部利益出发来认识问题，对于上级人民法院已经决定移送其他人民法院受理的案件，应当及时移送。

[审判实务]

1. 明确指定管辖的原因。《刑事诉讼法》虽然对于各级法院管辖案件的范围作出了明确规定，但是实际执行中情况是非常复杂的，往往会因为对案件的性质和事实的认定以及适用法律有不同的认识和理解，对案件应由哪个法院管辖产生分歧，或者由于一些情况法律没有具体规定而造成管辖不明，以致出现相互推诿或者两个法院都要受理的情形。同时，也存在极少数案件由于案情或者案件当事人的特殊情况，不宜由当地或者受理该案的法院管辖的情况，在这种情况下，上级法院也可以将案件指定其他法院管辖。

2. 第二审人民法院发回重审后，检察机关撤诉后向原一审人民法院的下级人民法院重新提起公诉的，如何处理管辖法院？即发回重审的案件检察机关降格起诉，人民法院应如何处理以及如何确定管辖？

对此，《刑诉法解释》21 条规定："第二审人民法院发回重新审判的案件，人民检察院撤回起诉后，又向原第一审人民法院的下级人民法院重新提起公诉的，下级人民法院应当将有关情况层报原第二审人民法院。原第二审人民法院根据具体情况，可以决定将案件移送原第一审人民法院或者其他人民法院审判。"实践中，应当正确理解和适用本条司法解释的规定。

（1）明确这一司法解释的目的。实践中，对于一些第二审人民法院发回重新审判的案件，人民检察院撤回起诉后，又向原第一审人民法院的下级人民法院重新提起公诉，意图通过降低管辖级别而规避原第二审人民法院的监督，进而取得有利的诉讼结果，但案件当事人对此提出了管辖权异议，导致审判的公正性面临质疑。为了杜绝此类情况的发生，有必要严格规范降低管辖级别的程序。对于人民检察院撤回起诉后降低管辖级别的，下级人民法院应当将有关情况层报原第二审人民法院，由原第二审人民法院依法确定管辖法院，从而避免引发程序性争议，以确保审判取得良好的效果。

（2）明确本条司法解释适用对象是发回重审的案件。本条规定针对的对象是第二审人民法院发回重新审判的案件。对于此类案件，人民检察院基于诉讼结果的考虑，可能在撤回起诉后通过降低管辖级别的方式，规避第二审人民法院对案件的审查把关。实践中，该类案件主要是指原审第一审由中级人民法院管辖的案件，高级人民法院在第二审发回重新审判后，人民检察院在撤回起诉后降低管辖级别，向原审第一审中级人民法院的下级人民法院提起公诉。

（3）降低级别管辖要严加控制。《刑诉法解释》中有关管辖制度的多条规定都涉及提级管辖的问题，提级管辖在实践中有助于维护被告人的诉讼权益，确保案件质量。但相反，将案件降级管辖，除非符合《刑事诉讼法》有关级别管辖的规定，否则将不利于被告人的诉讼权益。基于规避上一级人民法院审查把关目的而进行的降级管辖，将影响案件的审判质量。因此，基于程序公正性和案件质量等方面的考虑，对于降低管辖级别的情况，要严格予以控制。原则上，只有基于《刑事诉讼法》有关级别管辖的规定，对于原审第一审由中级人民法院管辖的案件，原审第二审人民法院发回重审后，人民检察院撤回起诉，发现案件的事实证据发生变化，依照法律规定应由基层人民法院管辖，不属于中级人民法院管辖范围的，才能够降低管辖级别，向基层人民法院提起公诉。

（4）人民检察院降低级别管辖的，要层报原第二审人民法院。为了避免人民检察院以获得有利的诉讼结果为目的降低管辖级别，对于第二审人民法院发回重新审判的案件，人民检察院撤回起诉后，又向原第一审人民法院的下级人民法院重新提起公诉的，下级人民法院应当将有关情况层报原第二审人民法院。通过案件管辖变更情况层报制度，能够确保原第二审人民法院及时依法审查管辖变更的理由是否合法，从而避免不必要的管辖权异议。基于该制度，人民检察院在决定降低管辖级别前，必须要提供充分的理由来表明其做法的合法性和正当性。

（5）原第二审人民法院应当依法确定管辖法院。下级人民法院将人民检察院降低级别管辖的情况层报原第二审人民法院后，原第二审人民法院要依法进行审查。对于变更管辖依法有据的情形，可以准许，并同意原第一审人民法院的下级人民法院受理案件。对于人民检察院降低级别管辖于法无据的情况，原第二审人民法院不应同意原第一审人民法院的下级人民法院受理案件。根据具体情况，原第二审人民法院可以决定将案件移送原第一审人民法院审判，维持原有的管辖级别。在原第一审人民法院不宜受理该案时，也可以决定将案件移送其他人民法院审判。

[配套规定]

《最高人民法院关于适用〈中华人民共和国刑事诉讼法〉的解释》（法释［2012］21号）（节录）

第十八条 上级人民法院在必要时，可以指定下级人民法院将其管辖的案件移送其他下级人民法院审判。

第十九条 上级人民法院指定管辖，应当将指定管辖决定书分别送达被指定管辖的人民法院和其他有关的人民法院。

第二十条 原受理案件的人民法院在收到上级人民法院改变管辖决定书、同意移送决定书或者指定其他人民法院管辖决定书后，对公诉案件，应当书面通知同级人民检察院，并将案卷材料退回。同时书面通知当事人；对自诉案件，应当将案卷材料移送被指定管辖的人民法院，并书面通知当事人。

第二十一条 第二审人民法院发回重新审判的案件，人民检察院撤回起诉后，又向原第一审人民法院的下级人民法院重新提起公诉的，下级人民法院应当将有关情况层报原第二审人民法院。原第二审人民法院根据具体情况，可以决定将案件移送原第一审人民法院或者其他人民法院审判。

第二十八条　专门人民法院案件的管辖另行规定。

[条文主旨]

本条是关于专门人民法院案件管辖的规定。

[条文释解]

本条是1979年《刑事诉讼法》的规定。历次《刑事诉讼法》修改时均未对本条作修改。说明本条是一个比较成熟，适合中国国情，也具有中国特色的原则规定。

专门人民法院是指根据实际情况和审理案件的特殊需要成立的审理特定的人员或者特定种类案件的人民法院。目前，在我国依照法律设立的专门人民法院有军事法院和海事法院。根据本条规定，专门人民法院的管辖另行规定，既包括专门人民法院对案件的管辖范围另行由法律规定，也包括在法律没有规定时由申请人通过司法解释来规定。目前，法律对军事法院的管辖还没有专门的规定，军事法院的管辖范围主要在有关司法解释中予以明确。关于海事法院的管辖，全国人大常委会《关于在沿海港口城市设立海事法院的决定》规定："海事法院管辖第一审海事案件和海商案件，不受理刑事案件和其他民事案件。"

[审判实务]

做好军队和地方互涉刑事案件的管辖工作。

《刑诉法解释》第22条规定："军队和地方互涉刑事案件，按照有关规定确定管辖"。实践中，要正确理解和适用本条司法解释，需要注意以下问题：

第一，军事法院的管辖范围。为了保护国家军事利益，维护军队和社会稳定，有必要明确军事法院的管辖范围。基于《最高人民法院关于执行〈中华人民共和国刑事诉讼法〉若干问题的解释》（以下简称《1998年解释》）《办理军队和地方互涉刑事案件规定》等规定，军事法院管辖的案件范围包括：（1）军人犯罪的；（2）军人在入伍前实施犯罪，需要与其在服役期内实施的犯罪一并审理的；（3）退役军人在服役期内实施军人违反职责罪的（含退役后又在地方实施犯罪，需要一并审理的）。军人与地方人员（非军人）共同犯罪的，分别由军事法院和地方人民法院或者其他专门法院管辖；涉及国家军事秘密的，全案由军事法院管辖。关于军人与非军人共同实施的涉及国家军事秘密案件的管辖问题，《1998年解释》第20条规定，全案由军事法院管辖。《办理军队和地方互涉刑事案件规定》并未作出专门规定。从司法实践来看，对于上述涉及国家军事秘密的案件，全案由军事法院管辖，更有利于保护军事秘密和国防安全，也有助于确保案件的审判效果。

第二，军人的范围及按照军人确定管辖的人员范围。根据《刑法》第450条和《办理军队和地方互涉刑事案件规定》第4条、第19条的规定，军人包括中国人民解放军的现役军官和中国人民武装警察部队的现役军（警）官、文职干部、士兵以及具有军籍的学员。军人的身份自批准入伍之日获取，批准退出现役之日终止。军队的文职人员、非现役公勤人员、在编职工、由军队管理的离退休人员，以及执行军事任务的预备役人员和其他人员，按照军人确定管辖。2018年1月1日起，中国人民武装警察部队由党中央、中央军委集中统一领导，归中央军委建制。2018年3月，根据中共中央印发的《深化党和国家机构改革方案》，公安边防部队、消防部队、警卫部队不再列武警部队序列，黄金、森林、水电部队整体移交国家有关职能部门，上述部队的人员不属于"军人"。

对于"军队的文职人员"的范围，《中国人民解放军文职人员条例》第2条规定，军队文职人员，是指按照规定的编制聘用到军队工作，履行现役军官（文职干部）同类岗位相应职责的非现役人员。文职人员包括会计、护士、编辑等，是单独的一类非现役人员，其虽有别于作为军人的文职干部，但受军队管理，直接为军队服务。对该类人员犯罪由军队管辖，更有利于保护军事秘密。

实践中，地方人民法院或者其他专门法院在办理案件过程中，要注意审查案件中是否涉及军人以及按照军人确定管辖的人员，避免出现管辖错误。

第三，管辖权争议的处理。根据《办理军队和地方互涉刑事案件规定》第6条的规定，军队和地方共同使用的营房、营院、机场、码头等区域发生的案件，发生在军队管理区域或者地方管理区域的，分别按照该规定第5条的相关规定办理。管理区域划分不明确的，由军队和地方主管机关协商办理。

根据《办理军队和地方互涉刑事案件规定》第8条的规定，对于军队和地方互涉案件管辖不明确的，由军队军区级以上军事法院与有关高级人民法院协商确定管辖；管辖有争议或者情况特殊的案件，报请最高人民法院指定管辖。

[配套规定]

《最高人民法院关于适用〈中华人民共和国刑事诉讼法〉的解释》（法释［2012］21号）（节录）

第二十二条 军队和地方互涉刑事案件，按照有关规定确定管辖。

[参考案例]

艾某·门多萨·塔布雷交通肇事案——海事刑事诉讼专门管辖的新尝试[①]

基本案情[②]：

被告人艾某·门多萨·塔布雷（ALLAN MENDOZA TABLATE），男，1977年1月9日出生，菲律宾共和国国籍，大学文化，“卡塔利娜（CATALINA）”轮二副。因涉嫌犯交通肇事罪于2016年9月23日被刑事拘留，同年10月28日被逮捕。

① 《人民法院案例选》2019年第4辑，最高人民法院中国应用法学研究所编，人民法院出版社2019年版，第62~75页。

② 参见宁波海事法院（2017）浙72刑初1号刑事判决书。

浙江省宁波市人民检察院以被告人艾某·门多萨·塔布雷构成交通肇事罪，向中华人民共和国宁波海事法院提起公诉。

被告人艾某对公诉机关指控其犯罪的事实及证据均无异议，但辩称该次事故是其无意造成的，其作出了符合判断的行为，但也许是因为海上雾太大，加之时间在凌晨，导致判断失误。其辩护人对公诉机关指控的罪名、犯罪事实及证据均无异议，但提出：（1）被告人主动归案，具有自首情节。（2）被告人具有以下酌定从轻处罚情节：被告人方渔轮瞭望疏忽、未及早采取有效的避让行动、未采取有效的雾航措施，其行为违法了《1972 年国际海上避碰规则》的相关规定，亦存在过失；被告人方船东及时与 19 名被害人近亲属达成赔偿和解协议，积极赔偿被害人近亲属经济损失，且得到了部分被害人近亲属的谅解；被告人真诚悔罪，认罪态度好。综上，请求从宽量刑。

宁波海事法院经审理查明：马耳他籍“卡塔利娜”轮系钢质散货船，船籍港瓦莱塔，船长 225 米，船宽 32.26 米，型深 19.60 米，40485 总吨，船舶所有人为波尔萨利船运有限公司（BORSARI SHIPPING COMPANY LTD）。中国籍“鲁荣渔 58398”轮系钢质捕捞船，船籍港石岛，船长 39.28 米，船宽 7.25 米，型深 3.80 米，297 总吨，船舶所有人为刘福航。被告人艾某案发前系“卡塔利娜”轮二副。

2016 年 5 月 5 日 17 时 30 分许，“卡塔利娜”轮从中国江苏连云港空载驶往印度尼西亚。同月 7 日零时至 4 时，该轮由被告人艾某值班驾驶。当日凌晨 3 时 34 分许，“卡塔利娜”轮途径浙江省象山县沿海南韭山岛东偏北约 72 海里附近（概位北纬 29°33.1′，东经 123°35.4′）水域时，艾某在海面起雾、能见度不良、渔区航行的情况下，违反《海上交通安全法》等相关规定，未保持正规瞭望，未能对当时局面和碰撞危险作出充分估计，未使用安全航速行驶，未及早采取有效的避让行为，未采取有效的雾航措施，导致了“卡塔利娜”轮与由董某强驾驶的正在双拖作业的“鲁荣渔 58398”轮发生碰撞，造成“鲁荣渔 58398”轮扣翻、沉没，被害人船员张某等十四人死亡，船员王某军等五人失踪的重大交通事故。经鉴定，“鲁荣渔 58398”轮财产损失人民币 5078800 元。经认定，艾某驾驶的“卡塔利娜”轮对本起事故负主要责任。案发后，被告人艾某到浙江省公安边防总队海警第二支队投案自首，并如实供述了犯罪事实。“卡塔利娜”轮船舶所有人波尔萨利船运有限公司已经赔偿死亡和失踪人员近亲属共计人民币 2245 万元。被害人姜某龙、吴某臣等的近亲属出具谅解书对被告人艾某的犯罪行为表示谅解。

宁波海事法院认为，被告人艾某在驾驶船舶过程中，违反海上交通运输法规，与捕捞渔船发生碰撞，致使渔船扣翻、沉没，造成14名船员死亡，5名船员失踪，且负事故的主要责任，其行为已构成交通肇事罪，情节特别恶劣，应当依法惩处。公诉机关指控的犯罪事实清楚，证据确实、充分，指控罪名成立。鉴于艾某案发后自首，真诚认罪、悔罪，“卡塔利娜”轮船舶所有人积极赔偿被害人近亲属经济损失，部分被害人近亲属对艾某的犯罪行为表示谅解等情节，依法可对其从轻处罚。被告人和辩护人所提的相关辩护意见，予以采纳。依照《刑法》第133条、第6条、第67条第1款以及《最高人民法院关于审理交通肇事刑事案件具体应用法律若干问题的解释》第4条之规定，判决如下：

被告人艾某·门多萨·塔布雷犯交通肇事罪，判处有期徒刑三年六个月。

主要问题：

海上交通肇事犯罪案件应如何确定管辖权？

裁判理由：

本案系我国海事法院试点审判的首例海事刑事案件，标志着我国海事法院新一轮诉讼管辖制度改革的启动。海事法院本无刑事案件的管辖权，而2012年《刑事诉讼法》修改后在第27条规定了“专门人民法院案件的管辖另行规定”。该条是对专门法院审理刑事案件的赋权性规定，对“另行规定”的法源未予限制，或法律，或司法解释等。据此，为探索海事刑事审判的规律及海事法院管辖海事刑事案件的可行性，最高人民法院于2017年2月指定宁波海事法院为审理海事刑事案件的试点法院，浙江省高级人民法院于2017年2月指定宁波海事法院审理本案，宁波海事法院由此获得本案的审判权。该案的成功审判，在一定程度上验证了海事刑事诉讼实行专门管辖的正确性。

（一）海事刑事诉讼管辖制度改革之趋势

海事法院属于专门法院，其诉讼管辖为专门管辖。专门管辖在案件类型、专属管辖、级别管辖、集中管辖、协议管辖、共同管辖及管辖权异议的处理等方面具有其特殊性。海事刑事案件改由海事法院审判，就是将海事刑事案件列入海事法院管辖的范围，实行海事刑事诉讼专门管辖制度。从法律规定、改革要求、自身发展及经验借鉴来看，海事刑事诉讼实行专门管辖，是未来的发展趋势，“三审合一”，即海事民商事审判、海事行政审判与海事刑事审判三审合一，是海事法院最终的审判格局。

我国2012年修正《刑事诉讼法》时，增加了第27条对专门法院审理刑事案件的赋权性规定。对该条进行文义解释，可以得出以下两点结论：一是专门人民法院有权审理刑事案件。这既是对军事法院、铁路运输法院等专门法院已有刑事审判权的肯定，也为知识产权法院、海事法院等专门法院审理刑事案件预留了空间。二是专门法院的管辖另行规定。但对另行规定的法源未予限制，或法律，或司法解释，为最高人民法院推行管辖制度改革提供了便利。

从海事法院的历史沿革来看，其收案范围也呈逐步扩大的态势。1984年全国人大常委会批准设立海事法院后，最高人民法院于同年的11月28日在《关于设立海事法院几个问题的决定》中，将其收案范围暂定为：国内企业、组织、公民之间，中国企业、组织、公民同外国企业、组织、公民之间，外国企业、组织、公民之间，依法应当由我国管辖的18种海事案件和海商案件。1989年5月13日最高人民法院颁布了《关于海事法院收案范围的规定》，正式规定海事法院管辖的案件为五类，共42种。2001年9月18日，最高人民法院颁布了《关于海事法院受理案件范围的若干规定》，将收案分为四类，增加为63种，其中包括海事行政案件、海事行政赔偿案件和行政机关依法申请强制执行的案件。2016年2月24日，最高人民法院再次颁布了《最高人民法院关于海事法院受理案件范围的规定》，进一步将海事法院管辖的案件分为六类，扩大至108种，并再次规定海事法院受理海事行政类案件7种。[①] 该规定第112条同时明确：法律、司法解释规定或者上级法院指定海事法院管辖的其他案件，从其规定或者指定。该条规定为海事法院受理海事刑事案件，最终实现“三审合一”埋下了伏笔。

（二）海事刑事诉讼专门管辖符合海事审判之规律

对于海事刑事诉讼应由海事法院管辖，学界通常从提升海洋意识、维护国家权益、规范海上交通秩序、体现审判专业性、匹配特殊侦查、节省司法资源、提升国际影响力、推进“一带一路”建设等角度论述其必要性。但我们认为，是否符合审判规律，是实行海事刑事诉讼专门管辖的重要决策依据，具体要看专门管辖会给海事刑事案件的审判质量、效率和社会效果带来

---

① 自2001年开始，最高人民法院对海事行政案件的专门管辖虽有反复，但截至2016年最终予以确认，并实施至今。

何种影响。相关理论和试点实践证明，海事法院管辖海事刑事案件拥有诸多好处，符合海事审判的规律。

1. 更能发挥海事法院的专业优势。全国海事法院自 1984 年成立至 2016 年，共审结一审海事海商案件 181342 件（不包括海事执行案件、海事行政案件和特别程序案件）①，其中包含不少与犯罪相关联的海事海商案件。通过办案，审判人员掌握了各类案件发生、发展的规律，了解了相关术语的含意，并积累了丰富的办案经验，能够在海事部门没有调查结论的情况下，根据自己收集的证据，准确认定船舶碰撞或触碰事故是否发生。这些专业优势，十分有利于相关刑事案件的审判。以前述艾某交通肇事案件为例，宁波海事法院的审判团队对于船舶碰撞事故十分熟悉，对国际海上碰撞规则相当了解，运用相关证据证明碰撞的发生、当班驾驶人员的过错极为熟练，能够发现起诉书指控的不恰当之处，并准确对肇事船舶的航行环境加以认定，也能理解海事调查报告中为何认定肇事船舶为让路船并违反让路义务，对证据材料中专业术语的翻译是否恰当也能够准确作出判断。所有这些，都保证了试点审判的顺利进行，并使案件得到公平公正的处理。

2. 更有利于相关案件的协调处理。海事刑事案件危害结果触及的领域较广，案件发生后往往涉及事件调查、刑责追究、民事赔偿和行政处罚等，并涉及刑事、民事和行政诉讼。按照 2016 年之前的管辖分工，同一海上案件涉及的三大诉讼，可能有两家以上的法院受理。以艾某交通肇事案件为例，海事法院只受理死亡失踪船员和船东的民事赔偿纠纷案件，而当班驾驶人员的刑事责任追究由地方人民法院受理（该案不涉及行政诉讼）。这种情况下，两家法院认定的案件事实、当事人的过错等难免存在差异，甚至发生矛盾和冲突，也难以对相关案件进行协调处理，如先民事后刑事的处理顺序，进而影响刑事案件的定罪与量刑，影响司法的公信力及权威。同一海上案件涉及的三大诉讼统一由海事法院处理，即可避免这些问题。

3. 更有利于类案的集中研究和统一处理。海上刑事犯罪相对于陆地来说，犯罪数量较少，地域分布较广，同一地方法院审理的类案相对较少。而海事法院实行长臂管辖原则，管辖的地域远大于地方法院，海事刑事诉讼如果实行专门管辖，就能够将分散发生的个案，相对集中到一家海事法院审判。以浙江海域发生的海上交通肇事犯罪为例，如果实行专门管辖，即可将

① 吴勇奇：《〈海事诉讼特别程序法〉修订的必要性、可行性及规划建议》，载《海大法律评论（2016—2017）》，上海浦江教育出版社 2018 年版。

嘉兴、宁波、舟山、台州、温州地区各县市区分散审判的个案，集中到宁波海事法院审判，形成数量较多的类案。这对于海上交通肇事犯罪规律的研究，审判经验的积累，以及裁判尺度的统一，无疑会起到积极的作用。

4. 更有利于涉海法律的统一实施。传统观念将海事法律限定在《海商法》等民商事法律规范中，但涉海法律远远超出这个范围，以目前生效的涉及海洋的法律为例，除《海商法》外，还有《领海及毗连区法》《专属经济区和大陆架法》《海域使用管理法》《海上交通安全法》《海洋环境保护法》《港口法》和《渔业法》7 部法律，而且散见于各法律中的涉海条款更是数不胜数。这些法律法条在实施中所形成的三大诉讼，分属于不同法院，难以形成一致的理解和适用，难以形成统一的司法导向和合力。如果将海事刑事案件也纳入海事法院关系范围，实行海事审判“三审合一”，则有利于打通民事、行政、刑事的分割，有利于涉海法律的统一实施，有利于形成司法合力，有利于“克服海洋法律碎片化带来的冲突和矛盾”。[①]

（三）海事刑事犯罪之特殊性

海事刑事犯罪有其特殊性，它不仅影响定罪，同时也影响量刑。海事法院作为专门法院，通过相关案件的审判实践，更能体会海事刑事犯罪的特殊性，更有利于对其进行深入研究，为海事刑事审判提供指导，并为海事刑事立法提供依据。

1. 行为区间的特殊性。国家主权所涉及范围一般包括领海、领土和领空，但因人类生产生活主要集中在陆地上，所以法律调整的重点在陆地上，换句话来说，理论和实践均把陆上犯罪作为关注重点。陆上犯罪将行为区间作为犯罪构成要件和量刑考量因素的相对较少，但海上犯罪，由于行为区间特殊性所决定的因素，在定罪和量刑时则应当予以考虑。以前述艾某·门多萨·塔布雷交通肇事案件为例，一是同样发生碰撞事故，船舶驾驶人员违反交通法规的持续时间往往长于车辆驾驶人员，主观过错相对较重。二是长时间在船上工作、生活，往往扭曲船员的心理，加上枯燥的船舶驾驶，极易造成驾驶人员注意力分散，“妨碍船员对于危险的感知和判断能力以及解除危险能力水平的发挥”[②]，深夜班次驾驶人员更是如此。三是船舶大小的差异性、瞭望的特殊性、事故时点的特定性等，既决定了驾驶人员对船舶发生碰

① 初北平、曹兴国：《海法概念的国际认同》，载《中国海商法研究》2015 年第 3 期。

② 李亮宽：《谈船员心理疲劳对船舶的影响及解决措施》，载《船舶标准化工程师》2016 年第 5 期。

撞非明知的可能性，也决定了查明和认定海上交通肇事逃逸的困难性。肇事船舶“卡塔利娜”轮在转向避让过程中，就发生船体震动现象，当操舵水手感觉异常，向二副即被告人报告情况时，被告人解释为系船舶大幅度转向而发生的震动。这是否系被告人真实的主观判断，是否系被告人逃避责任的推托之词，难以查证落实。四是海上逃生、救助难度大，客观上也不利于船舶驾驶人员在事故发生后，及时采取措施减少人员伤亡和财产损失。

2. 危害结果的特殊性。行为的危害程度对于判断罪与非罪具有关键作用。有些危害结果，是海上犯罪所特有的，对定罪标准应作出专门规定，如非法捕捞罪。而对海陆共有的危害结果，因发生的区间不同，法律评价标准也应该有所差异。以前述艾某·门多萨·塔布雷交通肇事案件为例，同样载运货物，因船舶价值较高，载货数量较大、船员配备较多，一旦发生碰撞事故，导致的人员伤亡就多，财产损失就大，与道路交通适用同一定罪标准，船舶驾驶人员极易构成犯罪，尤其是财产损害定罪标准。这无疑会影响航运从业人员的就业选择，进而影响我国航运业的发展。综观我国《刑法》第131条规定的重大飞行事故罪、第132条规定的铁路运营安全事故罪、第133条规定的交通肇事罪，分别针对航空、铁路、公路三种不同的交通运输行业，构成了事故类犯罪罪名群，唯独没有专门针对海上交通运输的罪名。在现有《刑法》规定下，根据刑法解释原理，我们只能依据《刑法》第133条的规定，对发生在海上的交通肇事行为进行定罪量刑。为此，审判实践中不可避免地会出现海上交通肇事罪罚失衡现象。正如学者指出的“如果简单比照陆上交通肇事罪的定罪标准加以处理，很容易出现泛罪化的危机”。[1]

海上交通肇事造成船员失踪，是比较常见的危害结果。失踪显然不能等同于死亡，但生还的可能性几乎为零。从民事审判的角度来看，公民因意外事故下落不明，经有关机关证明该公民不可能生存，利害关系人可以申请宣告其死亡。但刑法上如何规制，能否归类于《刑法》第133条所规定的“致人死亡”，也应该予以明确。[2]

3. 海上规则的特殊性。陆地与大海具有不同的特性，这些不同特性，决定了海上管理规则不同于陆上。以海上交通管理为例，首先，由于海上航行

---

① 曹兴国：《海事刑事案件管辖改革与涉海刑事立法完善》，载《中国海商法研究》2017年第4期。

② 1992年10月30日《最高人民法院研究室关于遇害者下落不明的水上交通肇事案件应如何使用法律问题的电话答复》中虽明确“根据被告人的行为造成受害人下落不明的这一事实，以交通肇事罪定罪处罚”，但未明确受害人下落不明是否视同死亡。

船舶隶属于不同国家和地区，又在公海或不同国家和地区管辖海域相遇，为统一航行规则，各国以加入公约的方式，统一适用国际海上避碰规则。其次，为确保海上航行安全，国际海上避碰规则分船舶在任何能见度情况下的行动规则、船舶在互见中的行动规则、船舶在能见度不良时的行动规则三种情况，对瞭望、安全航速、碰撞危险、避免碰撞的行动、狭水道、分道通航制、追越、对遇局面、交叉相遇局面、让路船的行动、直航船的行动等进行了全面规制，并规定了号灯和号型、声响和灯光信号等，一个显著的特点，就是在发现对方船舶之前，规则就对船舶驾驶人员的瞭望观察提出了要求，并要求船舶驾驶人员要时刻注意附近的船舶动态，尽早采取各种措施避让通行，确保船舶安全。如果两船发生了碰撞，则驾驶人员违反交通规则的过错早就开始了，并且一直处于违反各项操作规程的状态。这完全有别于陆上交通规则，也是关于“船舶驾驶人员违反交通法规的持续时间往往长于车辆驾驶人员”的客观依据。

4. 犯罪形态的特殊性。由于海上活动难以独立完成。决定了海上犯罪以共同犯罪为常态的特殊性。海上走私、非法捕捞等故意犯罪自然不必多说，即使是海上过失犯罪，也是如此，同时还会涉及更多的问题。以前述海上交通肇事为例，第一，船舶驾驶既是一个团体式组织，也是一个系统性行为，由负责指挥驾驶船舶的船长或值班驾驶员、负责动力运行的轮机长或值班轮机员，以及负责操舵的舵工组成一个驾驶团体，在船长或值班驾驶员的指挥下，互相配合，协调行动，确保船舶按照船长或值班驾驶员的意思行动。如果因负责指挥的高级船员发出的指令不当，而负责动力运行和操舵的船员执行命令也有错误，结果发生船舶碰撞，就会涉及责任分配和共同过失犯罪问题。第二，船舶驾驶人员在交接班时，船仍处于运行状态，交接过程中发生船舶碰撞，如何确定责任承担者，也是一个特殊的难题，牵涉共同过失犯罪。第三，船舶航行中遇有恶劣天气或复杂情况，当班驾驶员可以请求船长到驾驶室指导船舶驾驶，此时发生船舶碰撞，当班驾驶员是否当然免除责任，也需要研究。第四，在引航过程中发生事故，造成严重后果的责任追究更为复杂。引航阶段，由引船员指挥驾驶船舶，但船长需到驾驶台上来，并不免除驾驶责任。此时若发生船舶碰撞或触碰事故，其刑事责任是由引航员承担，还是由船长承担，或由引航员和船长共同承担，缺少刑法明确规定。按照海商法的规定[①]，引航单位或引航员对引航所造成的事故不负民事赔偿

① 《海商法》第39条规定：“船长管理船舶和驾驶船舶的责任，不因引航员引领船舶而解除。”

责任，但引航员是否也可免除刑事责任？值得深入探讨。

5. 案件侦查的特殊性。海事刑事犯罪侦察的特殊性表现在：海上事故、海上违法行为依法由相关行政部门进行调查，并作出行政处理，如违法捕捞行为，由海洋渔业部门进行调查并作出行政处罚；船舶碰撞或触碰事故，由海事行政部门进行调查并作出行政处罚。对构成犯罪的，行政部门根据相关规定移送公安部门处理。公安部门对犯罪行为的侦查，更多表现为对行政部门所收集的证据、所形成的调查报告等的审查，并作必要的补充侦查。因此，行政部门的调查，对打击海上犯罪的作用举足轻重，证明犯罪的主要证据和重要证据，均来自相关行政部门的调查。

根据《刑诉法解释》第65条第1款关于“行政机关在行政执法和查办案件过程中收集的物证、书证、视听资料、电子数据等证据材料，在刑事诉讼中可以作为证据使用；经法庭查证属实，且收集程序符合有关法律、行政法规规定的，可以作为定案的根据”的规定，行政部门收集的证据材料作为刑事诉讼证据、没有异议。问题在于相关部门作出的调查报告能否作为刑事诉讼的证据，缺乏明确的规定①。比较而言，前述案件的《船舶碰撞事故调查报告》系国家海事局根据其行政执法和查办案件职责，综合其调查收集的证据材料而作出的船舶碰撞事实及双方责任认定的报告。由海事调查官作出，具有相当的专业性，该项工作不是法官能够轻易胜任的。因此，海上事故调查报告具有类似于鉴定报告的性质。在前述案件的判决书中，宁波海事法院明确将该《船舶碰撞事故调查报告》列为认定案件事实和责任的重要证据，无疑是正确的。

（四）实行专门管辖需要明确之问题

展望未来，海事审判“三审合一”，需要在立法上予以明确，机构上予以安排，制度上予以完善，部门上予以协调。就目前来说，试行海事刑事诉讼专门管辖，需解决以下几个问题：

1. 关于海事刑事案件的范围界定。在立法尚未赋予海事法院刑事管辖权的背景下，根据我国《刑事诉讼法》第27条和《最高人民法院关于海事法院受理案件范围的规定》第112条的规定，最高人民法院通过指定试点法院

① 在海事民商事审判中，最高人民法院民事审判第四庭与中国海事局曾制定过《关于规范海上交通事故调查与海事案件审理工作的指导意见》，其中第1条第5项、第6项明确，海事调查报告及其结论意见可以作为海事法院在案件审理中的诉讼证据，除非有充分事实证据和理由足以推翻海事调查报告及其结论意见；海事法院在案件审理中，诉讼当事人对海事局的海事调查报告及其结论意见有疑义的，海事法院可以要求海事局对当事人提出的相关问题作出解释和说明。

的方式，由海事法院的上级法院指定管辖具体海事刑事案件，“先行试点”海事刑事诉讼专门管辖，为立法提供实践样本，不失为一种积极稳妥的做法。《最高人民法院办公厅关于指定宁波海事法院作为海事刑事案件管辖试点法院审理宁波“5·7”涉外海上交通肇事案的复函》虽使用了“海事刑事案件”的提法，但并未对“海事刑事案件”的内涵与外延予以明确。而科学界定海事刑事案件的范围，是海事法院试行刑事审判需要明确的首要问题。

我们认为，所谓海事刑事案件，应当是与海事法院管辖的民事案件与行政案件相关联的犯罪案件，而不是发生在海上（包括通海水域）、与船舶有关联的所有刑事案件。例如，船舶碰撞纠纷由海事法院管辖，则船舶碰撞所构成的犯罪案件应由海事法院审判更为有利。海上污染纠纷案件由海事法院管辖，则海上污染所构成的破坏海洋环境犯罪案件，应由海事法院审判。海上捕捞管理等行政案件由海事法院管辖，则违法捕捞构成犯罪的案件，应由海事法院审判。船舶触碰桥梁、码头、海底电缆以及海上航运作业等构成重大安全生产责任事故的犯罪，应纳入海事刑事案件范围等。只有这样，才能发挥海事法院在查明案件事实方面的长处，便于刑民、刑行案件的协调处理，同时也有利于统一涉海法律法规的理解与适用。

2. 关于海事刑事案件的侦查部门。《最高人民法院、最高人民检察院、公安部关于办理海上发生的违法犯罪案件的有关问题的通知》第 3 条规定：“海上发生的刑事案件，由犯罪行为发生海域海警支队管辖；如果由犯罪嫌疑人居住地或者主要犯罪行为发生地公安机关管辖更为适宜的，可以由犯罪嫌疑人居住地或者主要犯罪行为发生地的公安机关管辖”。因此，海上发生的刑事案件的侦查部门，既可以是海警支队也可以是公安机关。但我们认为，海事刑事案件的侦查机关不应仅仅局限于海警支队和公安机关，还应包括海关缉私局（海上走私犯罪），以及各级监察委员会的渎职犯罪侦查部门（海上或港口的重大事故犯罪）。明确海事刑事案件的侦查部门，既有利于海事刑事案件的定性及移送起诉、提起公诉等，又有利于海事法院诉讼管辖制度的系统化。

3. 关于海事刑事案件的公诉机关。《最高人民法院、最高人民检察院、公安部关于办理海上发生的违法犯罪案件的有关问题的通知》第 4 条规定，“人民检察院提起公诉的海上犯罪案件，同级人民法院依法审判”。据此，海事法院审判的海事刑事案件、应由同级人民检察院即市级人民检察院作为公诉机关提起公诉。但问题在于海事法院实行跨行政区域的长臂管辖制度，在其管辖区域，有多个同级的市级人民检察院，如在宁波海事法院辖区，同级的市级人民检察院有十一家。因此，如何确定海事刑事案件的公诉机关，亟待明确。是统一由海事法院所在地的市级检察院作为公诉机关，还是由案件发生地市级人民检察院作为公诉机关，需要研究确定。我们认为，统一由海事法院所在地的市级人民检察院作为公诉机关，既有利于工作协调与配合，也有利于公诉机关总结公诉经验、统一执法标准。

4. 关于海事刑事案件的审级管理。我国刑事案件实行二审终审制，海事刑事案件一审后，如被告人提起上诉，就涉及二审法院的确定，以及二审法院的内部分工问题。首先，从我国海事法院的管辖区域来看，如果海事法院管辖区域内只有一家高级人民法院，二审法院就十分明确，如宁波海事法院审理的海事刑事案件，被告人不服判决的，应当向浙江省高级人民法院提起上诉。如果海事法院管辖区域范围内具有两家以上高级人民法院的，如大连海事法院，其辖区内就有三家高级人民法院，武汉海事法院辖区内拥有六家高级人民法院，就会有二审法院的确定问题，是仿照海事民商事案件以海事法院所在地高级人民法院作为二审法院，还是由刑事案件发生地高级人民法院作为二审法院，需要予以明确。我们认为，海事刑事案件的二审法院宜与海事民商事案件的二审法院保持统一。这样做，既有利于海事法院的工作联系，也有利于相关海事案件的协调处理，更有利于统一裁判尺度。其次，二审法院确定后，还涉及内部庭室的分工管理。对于二审庭室的分工，有两种思路：一是统一模式，即海事民商事案件、海事行政案件、海事刑事案件均由省高级人民法院专门分工审理海事民商事二审案件的民四庭统一审理。二是条线模式，即海事民商事案件、海事行政案件、海事刑事案件分别由专门审理二审民商事案件、行政案件和刑事案件的民四庭、行政二庭、刑二庭审理。两者各有优缺点，条线模式有利于专业分工，统一模式则有利于相关案件的协调处理。从《最高人民法院关于海事诉讼管辖问题的规定》第 2 条关于"海事法院所在地的高级人民法院审理海事行政上诉案件，由行政审判庭负责审理"的规定来看，最高人民法院的思路为条线模式，优先考虑审判的专业化。因此，我们认为，海事刑事上诉案件应由刑事审判庭负责审理。

海事刑事诉讼由海事法院专门管辖，符合审判的规律，是未来的发展趋势，该案的成功审判，在一定程度上验证了海事刑事诉讼实行专门管辖的正确性。

第三章 回 避

第二十九条 审判人员、检察人员、侦查人员有下列情形之一的，应当自行回避，当事人及其法定代理人也有权要求他们回避：

（一）是本案的当事人或者是当事人的近亲属的；

（二）本人或者他的近亲属和本案有利害关系的；

（三）担任过本案的证人、鉴定人、辩护人、诉讼代理人的；

（四）与本案当事人有其他关系，可能影响公正处理案件的。

[条文主旨]

本条是关于审判人员、检察人员、侦查人员应当回避的规定。

[条文释解]

本条是1979年《刑事诉讼法》的规定。历次《刑事诉讼法》修改时均未对本条作修改。说明本条是一个比较成熟，适合中国国情，也具有中国特色的原则规定。设立本条的目的是将与案件有利害关系的审判人员、检察人员、侦查人员排除在案件办理者的范围之外，以确保案件审理的公平和公正。

本条规定的“回避”是指审判人员、检察人员、侦查人员和法律规定的其他人员遇有法律规定的情形，应当不再参加审判、检察、侦查或者其他诉讼活动的制度。本条规定的“审判人员、检察人员、侦查人员”，是指参加本案的审判、检察、侦查工作的人民法院的院长、副院长、审判委员会委员、庭长、副庭长、审判员、助理审判员，人民检察院的检察长、副检察长、检察委员会委员、检察员、助理检察员，公安机关的负责人、侦查人员（包括刑侦人员和预审人员等）。“自行回避”，是指审判人员、检察人员、侦查人员知道自己具有应当回避的情形的，应当自己向所在机关提出回避的申请。“当事人及其法定代理人有权要求他们回避”，是指审判人员、检察人员、侦查人员明知自己应当回避而不自行回避或者不知道、不认为自己具有应当回避的情形，因而没有自行回避的，被害人、自诉人、犯罪嫌疑人、被告人、附带民事诉讼的原告人、被告人和他们的法定代理人有权要求他们回避。申请回避是法律赋予当事人及其法定代理人的诉讼权利，办案人员在办理案件中首先要向当事人及其法定代理人告知这一项权利，任何人都不能剥夺当事人及其法定代理人申请回避的权利。

本条共规定了四种应当回避的情形：

1. 审判人员、检察人员、侦查人员是本案的当事人或者是当事人的近亲属的。这种情形是指审判人员、检察人员、侦查人员是本案的被害人、自诉人、犯罪嫌疑人、被告人、附带民事诉讼的原告人、被告人或者是他们的夫、妻、父、母、子、女、同胞兄弟姊妹。需要说明的是，如果审判人员曾为本案侦查或者审查起诉阶段的犯罪嫌疑人，即使未被起诉至人民法院成为被告人，同样属于“本案的当事人”，属于应当自行回避的范围。

2. 本人或者他的近亲属和本案有利害关系。是指审判人员、检察人员、侦查人员或者他们的近亲属虽不是本案当事人，但本案的处理涉及他们的重大利益。

3. 担任过本案的证人、鉴定人、辩护人、诉讼代理人。是指在本案中担任过证人、鉴定人、辩护人、诉讼代理人的人，既不能同时，也不能在以后的办案阶段再担任审判人员、检察人员、侦查人员，以避免出现不公正办案的情况。

4. 与本案当事人有其他关系，可能影响公正处理案件。“其他关系”主要是指以下几种情况：是当事人的朋友；是当事人的亲戚；与当事人有过恩怨；与当事人有借贷关系，等等。“可能影响公正处理案件的”是与当事人有“其他关系”，应当回避的必要条件。审判人员、检察人员、侦查人员与当事人有“其他关系”，只有在可能影响公正处理案件的情况下适用回避。比如，审判人员是当事人的近亲属，应当无条件回避，但如果审判人员与当事人是一种远亲的关系，则要看其是否可能影响公正处理案件才能决定回避与否。

[审判实务]

1. 回避制度的重要意义。回避制度是国家司法活动中一个非常重要的制度。回避制度作为一项确保程序公正的重要制度渊源久远，其重要意义早已不言而喻。早在古罗马时期盛行的“自然正义”原则中，就包含这样一项基本要求：“任何人都不能成为自己案件的法官。”根据这一要求，所有参与案件审理的法官在履行职务过程中不得存有任何的偏私，应以一种“与利益无涉”的中立、超然姿态参与案件的审理。对于属于案件当事人、与案件有利害关系或者与案件有其他关系可能影响案件公正处理的，有关工作人员应当自行回避，即不再参与办理这一案件，当事人也有权申请回避。为了保证刑事诉讼活动能够客观、公正进行，刑事诉讼法对回避制度作出明确规定。

2. 关于回避情形，应当注意到，有关司法解释比刑事诉讼法范围有扩大之处。《刑诉法解释》将审判人员的回避情形规定为五种，比《刑事诉讼法》条文多了一种，即该解释第 23 条第 4 项规定的“与本案的辩护人、诉讼代理人有近亲属关系的”的情形。同时，在刑事诉讼法规定的担任过本案的证人、鉴定人、辩护人、诉讼代理人应当回避的情形之外，增加了一个翻译人员。

正确理解和适用《刑诉法解释》增加的回避的情形，应当明确以下几点：

（1）解释对回避的情形规定比刑事诉讼法更加严格，实践中就应当执行更为严格的规定。在符合《刑诉法解释》第 23 条规定的回避的情形下，审判人员不能以《刑诉法解释》的层级比刑事诉讼法低，刑事诉讼法没有规定为回避的情形为由，拒绝回避。对公权力的行使而言，有更严规定的，就应当执行更为严格的规定。

（2）正确理解“利害关系”的含义和范围。所谓利害关系，就是存在有利或不利影响的关系。如果审判人员本人或其近亲属与本案有某种利害关系，案件的处理结果就会直接影响到其本人或近亲属的利益，此时再由其来主持或参与案件的审判，就可能使案件得不到客观公正的处理。另外，解释第 23 条第 5 项将《刑事诉讼法》第 29 条第 4 项规定的“与本案当事人有其他关系，可能影响公正处理案件的”明确为“与本案当事人有其他利害关系，可能影响公正审判的”。

这里所称的“其他利害关系”，是指除《刑事诉讼法》第 29 条规定的四种回避情形和《刑诉法解释》第 23 条第 1 项至第 4 项规定的四种情形以外，可能影响案件公正处理的其他有利或不利关系，如非近亲属之亲属关系、同学关系、朋友关系、邻里关系、原来的同事关系、竞争对手关系等。应该说，这里的“其他利害关系”，并不构成回避的充分条件，只有在可能影响案件公正处理的情形下，审判人员才应当自行回避，当事人或者其法定代理人才有权申请回避。这是院长或者审判委员会决定应予把握的关键。第一，这里所称的利害关系情形系因审判人员之身份因素而产生，大都不是审判人员出于某种不良动机而有意造成。单就上述情形的产生而言，审判人员本身可能并不存在过错或责任，关键在于只要具有上述情形之一时，审判人员就应该自觉退出案件的审判活动，也即自行回避。第二，在审判人员具有上述应当自行回避的情形时，无论审判人员是否打算自行回避，甚至已经提出了自行回避的要求，只是尚未得到批准，只要当事人及其法定代理人尚不确定审判人员是否自行回避，就可以申请该审判人员回避。第三，只要具有《刑诉法解释》第 23 条第 1 项至第 4 项规定的四项情形之一，就可以成为要求审判人员回避的充分条件，而不论审判人员在审判活动中是否真正会出现徇私舞弊、不公正审理的行为。并且，一旦审判人员故意违反前述规定，还可能因此而受到内部的纪律处分以及承担其他法律责任。而第 5 项则作为兜底条款，指向其他利害关系。

（3）曾经担任过本案的翻译人员的，也应当回避。同担任过本案的证人、鉴定人、辩护人、诉讼代理人一样，审判人员不能既以翻译人员的身份出现，又以裁判案件的审判人员的身份履行法定职责。如果审判人员担任过本案的证人、鉴定人，就因其对案情有一定程度的了解而有可能对案件的处理结果产生先入为主的预断，无法再客观全面地审查判断证据，从而容易导致误判。如果审判人员担任过本案的辩护人或诉讼代理人，则不仅可能受先入为主的影响，而且可能与当事人存在利益一致性的关系，从而影响案件的公正处理。虽然翻译人员的角色较为中立，并不一定会产生偏向性，但其毕竟已经在案件中承担了一种诉讼角色，不可避免地会在一定程度上受到翻译对象各种情形的影响，因此如果审判人员担任过本案的翻译人员，则难以维持其应有的超然性和中立性。因此，《刑诉法解释》明确将审判人员担任过“翻译人员”与担任过“证人、鉴定人、辩护人、诉讼代理人”一样，作为必须自行回避的情由。

需要说明的是，《人民检察院刑事诉讼规则》和《公安机关办理刑事案件程序规定》对回避的情形均未作扩大范围的规定。

3. 关于职务回避的问题。《刑诉法解释》第 25 条第 1 款，参与过本案侦查、审查起诉工作的侦查、检察人员，调至人民法院工作的，不得担任本案的审判人员。该条第 2 款还规定，在一个审判程序中参与过本案审判工作的合议庭组成人员或者独任审判员，不得再参与本案其他程序的审判。但是，发回重新审判的案件，在第一审人民法院作出裁判后又进入第二审程序或者死刑复核程序的，原第二审程序或者死刑复核程序中的合议庭组成人员不受本款规定的限制。

（1）本条第 1 款规定的理解与适用

刑事诉讼活动的开展，系由不同的诉讼程序所组成，包括侦查程序、审查起诉程序、审判程序以及执行程序四个部分。依照法律规定，侦查程序由侦查机关主持和负责，审查起诉程序由检察机关主持和负责，审判程序由作为审判机关的人民法院主持和负责。每一程序的运行，都有其特定的目标，后一程序要以前一程序为基础，但又不是前一程序的简单延续，而必须维持其程序运行的独立性，并依职权对前一程序所作的结论进行严格的审查，从而形成该程序中的独立结论。参与过本案侦查、审查起诉工作的侦查、检察人员，在侦查或者审查起诉程序中进行过相关工作，已对案件形成该阶段的认识和判断，如果其调至法院工作后，再担任本案的审判人员，就很可能将其先前形成的关于本案的认识和判断带至审判程序中来，影响其在审判程序中的独立判断。因此，保持审判程序运行主体的相异性和独立性是保证审判程序独立于审前程序的基本前提。

在理解与适用本条第 1 款规定时应当注意以下问题，第一，“参与过本案侦查、审查起诉工作的侦查、检察人员”，是指曾经在公安机关或者检察机关工作，并实际参加了本案的侦查活动或者审查起诉活动的人员。如果只是曾经在公安机关或者检察机关工作过，并未实际参与该案的侦查或者审查起诉工作，不受该款规定的限制。第二，上述人员调至人民法院工作后，不能担任的是“本案”的审判人员。如果是“本案”之外、其在侦查或者审查起诉工作时并未参与过的案件，也不在该款的限制范围之内。第三，参与过本案侦查、审查起诉工作的侦查、检察人员，如果调至人民法院工作，被禁止的是“担任本案的审判人员”。而“审判人员”，根据《刑诉法解释》第 32 条的规定，“包括人民法院院长、副院长、审判委员会委员、庭长、副庭长、审判员、助理审判员和人民陪审员”。担任上述人员之外的其他人民法院工作人员不受此规定限制。

值得一提的是，《人民检察院刑事诉讼规则》第 35 条规定，“参加过同一案件侦查的人员，不得承办该案的审查逮捕、审查起诉、出庭支持公诉和诉讼监督工作，但在审查起诉阶段参加自行补充侦查的人员除外。”这一规定与上述《刑诉法解释》的规定，精神是一致的。

（2）关于本条第 2 款规定的理解与适用

依照我国法律，我国实行的是两审终审制。一审程序作为基本程序，二审程序作为救济程序。在二审程序这一普通救济程序之外，设立了死刑复核程序作为死刑案件的特殊救济程序，设立了审判监督程序作为确有错误生效裁判的特殊救济程序。所有案件都要经过一审程序之后才能作出裁判，但并非都要经过二审程序。只有当事人提出上诉或者检察机关提出抗诉的案件，才会经历二审程序。且对于一般的案件而言，在经历两审之后，裁判就发生法律效力，裁判所确定的内容就必须得到执行。但死刑案件存在例外，在经历一审或者两审之后，还必须经过一个特别救济程序即死刑复核程序，裁判内容才发生法律效力。当然，在案件裁判发生法律效力后，如果发现在事实认定或适用法律方面确有错误，可能影响到定罪量刑的，还可以启动再审程序予以纠正。我国法律之所以就刑事审判作出这样的程序设置，就是为了在前一审判程序中未能实现公平正义这一价值目标时，通过后一审判程序来弥补、纠正，以最大限度地确保案件的裁判能够实现公平和公正。当然，在前一审判程序的裁判结果已经体现了公平公正的价值要求时，后一审判程序便会以维持的方式来进行验证、维护。

正因如此，在前一审判程序结束之后，如果启动了下一审判程序，为了该新启动的审判程序能真正独立于前一审判程序，从而使前一审判程序的正确裁判得以维持、错误裁判得以纠正，那么，确保这一程序中相关审判人员的纯洁性和独立性是非常重要的。因此，本条第 2 款规定：“在一个审判程序中参与过本案审判工作的合议庭组成人员或者独任审判员，不得再参与本案其他程序的审判。”理解这一规定，须明确以下几点：

第一，之所以作出这样的规定，是因为上下级人民法院之间虽然不是领导与被领导的关系，但审判人员及其他工作人员进行交流的情况还是经常发生的。不仅上级法院可能从下级法院中遴选法官、选调工作人员，而且上级法院的法官、其他工作人员也可能被交流到下级法院任职工作。这种上下级法院之间的人员交流，不能使不同的诉讼程序名不副实，影响案件的公正审理。

第二，本款的规定中还有一个但书，即“发回重新审判的案件，在第一审人民法院作出裁判后又进入第二审程序或者死刑复核程序的，原第二审程序或者死刑复核程序中的合议庭组成人员不受本款规定的限制”。这是专门指向发回重审案件所作的规定，而且是专门针对二审程序或者死刑复核程序中发回重新审判的案件，在下级法院重审作出裁判后，又进入第二审程序或者死刑复核程序时，原第二审程序或者死刑复核程序中的合议庭组成人员能否再参加第二审或者死刑复核的审理活动的规定。另外，但书对原第二审程序或者死刑复核程序中的“合议庭组成人员”都作出例外性规定，那么原第二审程序或者死刑复核程序中的非合议庭组成人员便更不必受本款规定的限制了。

第三，最高人民法院不核准死刑发回重审的案件，原审人民法院是否也应另行组成合议庭进行审理？本书观点是应区别对待。因为，2007 年《最高人民法院关于复核死刑案件若干问题的规定》以及《刑诉法解释》中，并未规定死刑案件发回重审后全部必须另行组成合议庭进行审判。对于原判认定事实正确，但依法不应当判处死刑的案件，或者复核期间出现新的影响定罪量刑的事实、证据的案件，最高人民法院裁定不予核准并撤销原判、发回重审，由原合议庭审理，不仅不会影响案件公正审理，反而由于原合议庭更了解情况，由其处理会更为妥当。如果刚性要求另行组成合议庭，则会加重有关人民法院的负担，影响案件的审判效率。

（3）本条规定的两款中，第 1 款所指向的是所有“审判人员”，第 2 款指向的是“合议庭组成人员或者独任审判员”，相比之下，第 1 款所涉及的主体范围更广，第 2 款中不包括审判委员会委员、书记员等。

[配套规定]

1.《最高人民法院关于适用〈中华人民共和国刑事诉讼法〉的解释》（法释［2012］21 号）（节录）

第二十三条　审判人员具有下列情形之一的，应当自行回避，当事人及其法定代理人有权申请其回避：

（一）是本案的当事人或者是当事人的近亲属的；

（二）本人或者其近亲属与本案有利害关系的；

（三）担任过本案的证人、鉴定人、辩护人、诉讼代理人、翻译人员的；

（四）与本案的辩护人、诉讼代理人有近亲属关系的；

（五）与本案当事人有其他利害关系，可能影响公正审判的。

第二十五条　参与过本案侦查、审查起诉工作的侦查、检察人员，调至人民法院工作的，不得担任本案的审判人员。

在一个审判程序中参与过本案审判工作的合议庭组成人员或者独任审判员，不得再参与本案其他程序的审判。但是，发回重新审判的案件，在第一审人民法院作出裁判后又进入第二审程序或者死刑复核程序的，原第二审程序或者死刑复核程序中的合议庭组成人员不受本款规定的限制。

2.《人民检察院刑事诉讼规则》（高检发释字［2019］4号）（节录）

第三十五条 参加过同一案件侦查的人员，不得承办该案的审查逮捕、审查起诉、出庭支持公诉和诉讼监督工作，但在审查起诉阶段参加自行补充侦查的人员除外。

3.《公安机关办理刑事案件程序规定》（2012年12月13日公安部令第127号）（节录）

第三十条 公安机关负责人、侦查人员有下列情形之一的，应当自行提出回避申请，没有自行提出回避申请的，应当责令其回避，当事人及其法定代理人也有权要求他们回避：

（一）是本案的当事人或者是当事人的近亲属的；

（二）本人或者他的近亲属和本案有利害关系的；

（三）担任过本案的证人、鉴定人、辩护人、诉讼代理人的；

（四）与本案当事人有其他关系，可能影响公正处理案件的。

第三十条 审判人员、检察人员、侦查人员不得接受当事人及其委托的人的请客送礼，不得违反规定会见当事人及其委托的人。

审判人员、检察人员、侦查人员违反前款规定的，应当依法追究法律责任。当事人及其法定代理人有权要求他们回避。

［条文主旨］

本条是关于禁止审判人员、检察人员、侦查人员接受当事人请客送礼和违反规定会见的规定。

［条文释解］

本条是1996年《刑事诉讼法》修改时增加的规定。2012年、2018年《刑事诉讼法》修改时未作修改。

本条共分为两款。第1款是关于禁止审判人员、检察人员、侦查人员接受当事人及其委托的人的请客送礼和违反规定会见当事人及其委托的人的规定。"不得接受当事人及其委托的人的请客送礼"，是指不得接受当事人和当事人委托的任何人的请客，包括吃饭、在营业性娱乐场所消费娱乐等，不得接受当事人和当事人委托的人以任何形式送的礼物。"不得违反规定会见当事人及其委托的人"，是指审判人员、检察人员、侦查人员在办理案件过程中，不得因私而私自会见当事人及其委托的人。也就是说，不得违反刑事诉讼法的规定，在刑事诉讼法规定的讯问犯罪嫌疑人、被告人、询问被害人等程序之外，会见当事人及其委托的人。这样规定主要是为了防止办案人员接受当事人及其委托的人的说情以及为当事人提供他不应知道的案件情况等。

第 2 款是关于审判人员、检察人员、侦查人员违反本条第 1 款规定的法律后果。"依法追究法律责任"，是指行为人的行为构成受贿、徇私舞弊、枉法裁判罪的，应当依法追究刑事责任；对于尚不够刑事处罚的，应当依照法官法、检察官法、人民警察法的规定，予以处分。"当事人及其法定代理人有权要求他们回避"，是指对于办案人员有本条第 1 款规定行为的，当事人及其法定代理人有权以此为理由提出要求他们回避的申请。

[审判实务]

1. 正确认识禁止司法工作人员请客送礼和违规会见当事人及其委托的人的规定的重要意义。虽然，绝大多数司法工作人员能够守法自律，公正处理案件，但也存在个别审判、检察人员、侦查人员接受当事人及其委托的人的请客送礼，出现徇私枉法的现象。有的审判人员、检察人员、侦查人员收受当事人贿赂或者请客送礼以及私自会见后，对该追究刑事责任的不追究，对该判处重刑的判处轻刑，也有的将不该追究刑事责任的予以追究刑事责任或者轻罪重判。本条规定，目的是严禁上述现象，保障刑事诉讼的正常进行，保证刑事案件的公正处理。当然，在其他法律中也有相应的规定。刑法规定了受贿罪、枉法裁判罪等，法官法、检察官法也都明确规定法官、检察官不得私自会见当事人及其代理人，不得接受当事人及其代理人的请客送礼。人民警察法也有类似的规定。

2. 正确理解"违反规定会见当事人及其委托的人"。这里的"违反规定会见"，是指会见时间、会见地点、会见方式等不符合相关规定。例如，可以在上班时间会见的安排在下班时间会见，可以在办公室或接待室等办公场所会见的安排在非办公场所会见，可以与其他同事一起公开会见的自己单独进行会见。这种违规会见，即便审判人员没有其他违规、违法行为，但已足以令人对其公正性产生怀疑，因而可以成为申请其回避的理由。

3. 注意有关司法解释和规范性文件对相关内容的扩大性规定。《刑事诉讼法》第30条第1款规定，审判人员、检察人员、侦查人员不得接受当事人及其委托的人的请客送礼，不得违反规定会见当事人及其委托的人。《刑诉法解释》第24条，出于保证审判人员不得有任何与其职责、操守相违背的行为，从而确保其职务的纯洁性和规范性，作出补充性解释："审判人员违反规定，具有下列情形之一的，当事人及其法定代理人有权申请其回避：(一) 违反规定会见本案当事人、辩护人、诉讼代理人的；(二) 为本案当事人推荐、介绍辩护人、诉讼代理人，或者为律师、其他人员介绍办理本案的；(三) 索取、接受本案当事人及其委托人的财物或者其他利益的；(四) 接受本案当事人及其委托人的宴请，或者参加由其支付费用的活动的；(五) 向本案当事人及其委托人借用款物的；(六) 有其他不正当行为，可能影响公正审判的。"《公安机关办理刑事案件程序规定》也在第31条作出补充性规定："公安机关负责人、侦查人员不得有下列行为：(一) 违反规定会见本案当事人及其委托人；(二) 索取、接受本案当事人及其委托人的财物或者其他利益；(三) 接受本案当事人及其委托人的宴请，或者参加由其支付费用的活动；(四) 有其他不正当行为，可能影响案件公正办理。"并于该条第2款规定："违反前款规定的，应当责令其回避并依法追究法律责任。当事人及其法定代理人有权要求其回避。"

4. 审判人员违反规定与当事人及其委托人进行交往，即便交往具有一定的正当性，如借用款物等，也可以成为申请其回避的理由。更何况，虽然是借用，一定期限后会归还，但同样是接受了当事人或者其委托人提供的利益，同样损害了审判人员履行职务的廉洁性。而且，在大多数情况下，名为借用，实为赠送。"借用"的物品也越来越高档、贵重，有的甚至是汽车、房屋等。因此，对这类行为也必须予以禁止。

[配套规定]

1.《最高人民法院关于适用〈中华人民共和国刑事诉讼法〉的解释》(法释［2012］21号)(节录)

第二十四条 审判人员违反规定，具有下列情形之一的，当事人及其法定代理人有权申请其回避：

（一）违反规定会见本案当事人、辩护人、诉讼代理人的；

（二）为本案当事人推荐、介绍辩护人、诉讼代理人，或者为律师、其他人员介绍办理本案的；

（三）索取、接受本案当事人及其委托人的财物或者其他利益的；

（四）接受本案当事人及其委托人的宴请，或者参加由其支付费用的活动的；

（五）向本案当事人及其委托人借用款物的；

（六）有其他不正当行为，可能影响公正审判的。

2.《公安机关办理刑事案件程序规定》（2012年12月13日公安部令第127号）（节录）

第三十一条　公安机关负责人、侦查人员不得有下列行为：

（一）违反规定会见本案当事人及其委托人；

（二）索取、接受本案当事人及其委托人的财物或者其他利益；

（三）接受本案当事人及其委托人的宴请，或者参加由其支付费用的活动；

（四）有其他不正当行为，可能影响案件公正办理。

违反前款规定的，应当责令其回避并依法追究法律责任。当事人及其法定代理人有权要求其回避。

第三十一条　审判人员、检察人员、侦查人员的回避，应当分别由院长、检察长、公安机关负责人决定；院长的回避，由本院审判委员会决定；检察长和公安机关负责人的回避，由同级人民检察院检察委员会决定。

对侦查人员的回避作出决定前，侦查人员不能停止对案件的侦查。

对驳回申请回避的决定，当事人及其法定代理人可以申请复议一次。

[条文主旨]

本条是关于回避决定程序的规定。

[条文释解]

本条是1979年《刑事诉讼法》的规定。之后的历次《刑事诉讼法》修改均未对本条作修改。

本条共分为三款。

第1款是关于审判人员、检察人员、侦查人员的回避以及公、检、法负责人的回避应当由谁决定的规定。本款规定的对回避的决定，既包括对审判人员、检察人员、侦查人员自行提出回避的申请所作的决定，也包括对当事人及其法定代理人要求审判人员、检察人员、侦查人员回避的申请所作出的决定。其中“院长的回避，由本院审判委员会决定”，是指人民法院院长自行申请回避、当事人及其法定代理人要求法院院长回避，应经审判委员会讨论，按照多数人的意见作出决定。“检察长和公安机关负责人的回避，由同级人民检察院检察委员会决定”，其中规定对公安机关负责人的回避由同级人民检察院检察委员会决定，主要是考虑公安机关属于行政系统，实行首长负责制，公安机关负责人的回避不能由他本人决定。作为法律监督机关，人民检察院有权对公安机关的侦查活动，包括回避是否合法实行监督。由同级人民检察院检察委员会决定公安机关负责人是否回避，既有利于保证案件公正处理，保护公民的合法权利，也是人民检察院对侦查活动实行法律监督的具体体现。

第2款是关于侦查人员在作出回避决定前，不能停止侦查的规定。这样规定主要是为了保证侦查活动的及时顺利进行，防止犯罪嫌疑人逃跑和证据的灭失，这是根据侦查活动的特点和办理刑事案件的需要规定的。

第3款是关于当事人及其法定代理人对于驳回申请的决定申请复议的规定。其中“驳回申请的决定”，是指对于回避有决定权的机关认为当事人及其法定代理人要求回避的申请，不符合本法第28条、第29条规定的回避条件，对要求回避的申请予以驳回的决定。对于驳回回避申请的决定，当事人及其法定代理人可以向原决定机关申请复议一次，申请复议时，申请人可以重申过去提出的理由，也可以增加新的理由。

[审判实务]

1. 应当注重保护当事人及其法定代理人的申请回避知情权

《刑诉法解释》第26条规定：“人民法院应当依法告知当事人及其法定

代理人有权申请回避，并告知其合议庭组成人员、独任审判员、书记员等人员的名单。”此规定，实际上是规定了人民法院的申请回避权告知义务。这一规定，主要是由于尽管法律对于当事人的申请回避权有着明确的规定，但并非每一位当事人都清楚自己所享有的权利，尤其是对法院参与该案审判活动的审判人员的组成更是不易了解。在这种情况下，人民法院用适当的方式予以告知是很有必要的。同样，人民检察院也有告知当事人及其法定代理人申请回避权的义务。《人民检察院刑事诉讼规则》第 26 条规定：“人民检察院应当告知当事人及其法定代理人有依法申请回避的权利，并告知办理相关案件的检察人员、书记员等人员的姓名、职务等有关情况。”对于告知申请回避权义务，在实践中应当把握好以下几点：

（1）人民法院、人民检察院、公安机关必须主动履行该“告知”义务，也就是要在相关实体审理、审查、侦查工作准备开始之前，无论当事人是否问及，人民法院、人民检察院、公安机关都应自觉地告知当事人具有申请回避的权利。

（2）人民法院要“依法”告知。所谓依法告知，就是按照法律规定的内容来进行告知。人民法院将申请回避权告知当事人，并不是简单地告知“你有申请回避权”即可，还应延伸性地将法律规定的申请回避权的基本内容以及如何行使等问题一并告知，使当事人在听取“告知”之后便能实际行使自己的权利。

（3）告知的对象是当事人及其法定代理人。在审判阶段，当事人是指被告人、被害人、自诉人、附带民事诉讼原告人和被告人。其中，被告人（在侦查和审查起诉阶段称为犯罪嫌疑人）不仅在审判阶段，而且在整个刑事诉讼中都是核心人物，具有特殊的诉讼地位。因为在侦查、起诉和审判阶段，一切诉讼活动都是围绕着犯罪嫌疑人、被告人是否犯罪、构成何种犯罪以及应否追究刑事责任这一核心问题进行的。可以说，没有犯罪嫌疑人、被告人的参与就没有刑事诉讼。

法律规定，犯罪嫌疑人、被告人一旦死亡，刑事诉讼即告终止。然而，在刑事诉讼过程中，犯罪嫌疑人、被告人是拥有一系列诉讼权利的诉讼主体，而不是消极地接受传讯、追诉和审判，等待国家专门机关处理的客体。为了维护自身的合法权益，其可以而且需要积极地行使辩护权、申请回避权等诉讼权利。

被害人作为人身权利、民主权利或其他权利遭受犯罪行为直接侵害的人，可能因为参与刑事诉讼的方式不同，而在刑事诉讼中担当不同的角色。除公诉案件的被害人外，还有自诉案件的被害人即自诉人，附带民事诉讼中的被害人即附带民事诉讼原告人。在审判人员的组成中，如果有对其不利的人，当然也应给予其申请回避的权利。而附带民事诉讼被告人往往也就是刑事被告人。因此，当事人都是与案件处理结果存在直接利害关系的人，他们是行使申请回避权的直接主体，在告知申请回避权时，首先应当告知的便是他们。

（4）在告知申请回避权时，不仅要告知当事人，而且还要告知法定代理人。司法实践中，有些当事人因为年龄或者精神状况等原因，不具有完全的行为能力。这对于被告人而言，将影响其刑事责任能力。有的被害人、自诉人及附带民事诉讼原告人不仅可能是限制行为能力人，甚至还可能是完全无行为能力人。在这种情况下，这些当事人的权利行使，就可以由其法定代理人代为进行，民事法律责任也由其法定代理人承担。所谓法定代理人，是指由法律规定的，对被代理人负有专门保护义务，并代理其进行诉讼活动的人。法定代理人，是指被代理人的父母、养父母、监护人和负有保护责任的机关、团体的代表。

（5）人民法院在依法告知申请回避权时，还应一并告知合议庭组成人员、独任审判员、书记员等人员的名单。原因在于，了解承办其案件的合议庭组成人员、独任审判员、书记员等人员的名单是当事人及其法定代理人有效行使申请回避权的关键。只有在了解了可能参与本案审判工作的审判人员、书记员名单之后，才能判断出谁有可能在案件审理过程中使自己遭受不利境遇，从而提出要求其回避的申请。否则，无论权利告知如何全面、深入，申请回避权的有效行使都将难以发挥实效。

（6）告知申请回避权的时间，在合议庭成员或者独任审判员已经确定之后，就应尽快告知。具体来说，这种告知，包括但不限于开庭时的告知。《刑事诉讼法》第190条第1款规定："开庭的时候，审判长查明当事人是否到庭，宣布案由；宣布合议庭组成人员、书记员、公诉人、辩护人、诉讼代理人、鉴定人和翻译人员的名单；告知当事人有权对合议庭组成人员、书记员、公诉人、鉴定人和翻译人员申请回避，告知被告人享有辩护权利。"这是指开庭审理时必须当庭告知，但并不等于一定要等到开庭审理时才能告知。《刑事诉讼法》第187条第2款规定："在开庭以前，审判人员可以召集公诉人、当事人和辩护人、诉讼代理人，对回避、出庭证人名单、非法证据排除等与审判相关的问题，了解情况，听取意见。”

（7）告知申请回避权的方式除了口头告知之外，还可以书面告知。另外，告知当事人及其法定代理人申请回避权时，应将告知情况及当事人及其法定代理人的态度情况记录入卷。当事人及其法定代理人一时不能确定的，不能强求其立即作出决定，但不因此影响案件的审理工作。

2. 关于申请回避的程序

（1）申请回避的提出方式。不论是审判人员的自行回避，还是当事人及其法定代理人的申请回避，都必须以一定的方式表现出来，才能为他人所知晓。无论是《刑事诉讼法》本身还是相关司法解释，均未要求必须以书面形式提出，而是规定“可以口头或者书面提出”。

（2）关于申请回避的理由。提出回避申请固然是当事人及其法定代理人的诉讼权利之一，审判人员具有需要回避的各种情由时主动提出回避申请也为法律规定所倡导，但审判人员的回避，毕竟会导致审判力量的安排另行调整，案件审理的效率也可能受到影响，因而只有审判人员、检察人员、侦查人员具有法律规定的可能影响案件公正审理的相关事由时，才能决定其回避。正因如此，无论是审判人员、检察人员、侦查人员自行回避，还是当事人或者其法定代理人申请回避，在提出申请的同时都应当说明理由。当然，这里的“说明理由”，主要是说明其提出回避申请的原因，能够提供相关依据的自然更好，但不能提供依据的可待后核查。但如果当事人及其法定代理人认为办案人员具有《刑事诉讼法》第 30 条及《刑诉法解释》第 24 条规定的情形，而提出回避申请的，应当提供相应的证明材料。对此，公检法均有相应的规范性规定。《刑诉法解释》第 28 条规定，当事人及其法定代理人“申请回避，应当提供证明材料。”《人民检察院刑事诉讼规则》第 27 条规定：“当事人及其法定代理人要求检察人员回避的，应当书面或者口头向人民检察院提出，并说明理由。口头提出的，应当记录在案。根据刑事诉讼法第三十条的规定要求检察人员回避的，应当提供有关证明材料。人民检察院经过审查或者调查，认为检察人员符合回避条件的，应当作出回避决定。不符合回避条件的，应当驳回申请。”《公安机关办理刑事案件程序规定》第 32 条第 1 款规定：“公安机关负责人、侦查人员自行提出回避申请的，应当说明回避的理由；口头提出申请的，公安机关应当记录在案。”第 2 款规定：“当事人及其法定代理人要求公安机关负责人、侦查人员回避，应当提出申请，并说明理由；口头提出申请的，公安机关应当记录在案。”

（3）关于如何作出决定的问题。就人民法院而言：院长之外的审判人员的自行回避，或者当事人及其法定代理人申请院长以外的审判人员回避的，是否准许应由本院院长来决定。关于院长如何决定的问题，需把握以下几点：第一，提交院长决定的回避申请所依据的应当是与《刑事诉讼法》第29条、第30条规定情形相关的理由，否则，依据《刑诉法解释》第30条第2款的规定，可以“由法庭当庭驳回”，且这种情况的驳回“不得申请复议”。因此，在提交院长决定前，合议庭应对回避申请进行初步审查，看是否与法定理由相关，如果并无关系，则无须提交院长决定。如果确实涉及法律规定的理由，至于理由是否成立，以及是否会影响案件公正审理等问题，则应提交院长考虑并作出是否同意的决定。第二，由院长决定必须是由院长本人决定，院长因故未在位履行职务的，可以由主持工作的副院长决定。在院长在位履行职务的情况下，不得随意指定副院长来决定。第三，院长决定并不等于一定要院长到场当面答复。院长的决定可以口头或者书面形式作出。书面作出的，应当入卷；口头作出的，承办人员应当记录在卷。决定作出后，可以由合议庭人员或者独任审判员代表人民法院以口头或书面形式告知申请人。依照《刑诉法解释》第30条第2款的规定，当事人及其法定代理人申请回避被驳回的，可以在接到决定时申请复议一次。第四，院长自行申请回避，或者当事人及其法定代理人申请院长回避，由于涉及院长本人的回避问题，则不能由其自己决定其是否回避。因此，《刑事诉讼法》第31条规定：“院长的回避，由本院审判委员会决定。”这样，不仅程序上更为正式、审慎，而且考虑也会更为全面、正确。但是，为了保障讨论过程的公正性，同时也能确保审判委员会委员独立发表自己的意见，审判委员会讨论时，由副院长主持，院长本人不得参加。

就人民检察院而言，《人民检察院刑事诉讼规则》第29条规定：“检察长的回避，由检察委员会讨论决定。检察委员会讨论检察长回避问题时，由副检察长主持，检察长不得参加。其他检察人员的回避，由检察长决定。”第30条规定：“当事人及其法定代理人要求公安机关负责人回避，向同级人民检察院提出，或者向公安机关提出后，公安机关移送同级人民检察院的，由检察长提交检察委员会讨论决定。”第31条规定：“检察长应当回避，本人没有自行回避，当事人及其法定代理人也没有申请其回避的，检察委员会应当决定其回避。其他检察人员有前款规定情形的，检察长应当决定其回避。”

就公安机关而言：《公安机关办理刑事案件程序规定》第 33 条规定：“侦查人员的回避，由县级以上公安机关负责人决定；县级以上公安机关负责人的回避，由同级人民检察院检察委员会决定。”

（4）申请回避权应当予以充分保障。例如，当事人及其法定代理人在表示不申请回避之后又提出回避申请的，只要其理由成立，同样应当准许。同样道理，当事人及其法定代理人开始申请回避时的理由不符合法律规定，后来又申请回避，理由符合法律规定且经审核能够成立的，也应当准许。

3. 关于对于违规行为申请回避应当提供依据的问题

《刑事诉讼法》第 30 条第 1 款规定：“审判人员、检察人员、侦查人员不得接受当事人及其委托的人的请客送礼，不得违反规定会见当事人及其委托的人。”由于此类违法违规行为的性质较为严重，主观过错更为明显，责任追究更为严厉，因而对于因这类情形导致的回避在决定时需要更为慎重。在当事人及其法定代理人以这类事由申请审判人员回避时，不是简单地提出申请并说明理由即可，还应当提供相应的证明材料。这里的“应当提供证明材料”，在理解时应当明确：

（1）提供“证明材料”的目的是便于查明审判人员、检察人员、侦查人员是否真正具有当事人及其法定代理人所提出的违反法律规定的情形。这既是对当事人及其法定代理人所提出的申请的一种重视和回应，也是对审判人员负责的一种表现。通过对这些证明材料的分析、核查，如果发现情况属实，应当作出准许的决定；如果情况不属实，依法作出驳回的决定，从而可以打消当事人及其法定代理人无根据的猜疑，消除其顾虑。

（2）提供“证明材料”，只需要提供证明相关情形可能存在的依据或者线索即可，并不需要提供充分的证据予以证实。因为，要求其提供“证明材料”并不是要求其必须承担证明该情形存在的证明责任。一旦当事人及其法定代理人提供了一定的依据或者线索，人民法院、人民检察院、公安机关就必须对此进行认真核查，以确定当事人及其法定代理人所提出的理由是否成立。

（3）当事人及其法定代理人不能提供证明材料时，人民法院也不能对此置之不理，而是应对当事人及其法定代理人提出的申请和理由进行适当分析，如果可能性较大的，应进行必要的核查。经分析，理由明显不能成立或者经核查不属实的，在驳回其申请的同时，并向其作出说明。

4. 关于无申请情况下的回避问题

在有些特殊情况下，应当回避的审判人员未自行回避，当事人及其法定代理人也未申请其回避，但审判人员应当回避的情由已被发现，在这种情况下，如果应当回避的是院长以外的审判人员，院长应当决定该审判人员回避。如果应当回避的是院长，审判委员会应当决定院长回避。《刑诉法解释》第29条规定：“应当回避的审判人员没有自行回避，当事人及其法定代理人也没有申请其回避的，院长或者审判委员会应当决定其回避。”《人民检察院刑事诉讼规则》第31条规定也有类似的规定：“检察长应当回避，本人没有自行回避，当事人及其法定代理人也没有申请其回避的，检察委员会应当决定其回避。其他检察人员有前款规定情形的，检察长应当决定其回避。”

5. 关于当事人及其法定代理人对驳回申请回避决定的申请复议问题。《刑事诉讼法》第31条规定，对驳回申请回避的决定，当事人及其法定代理人可以申请复议一次。

法律赋予了申请回避的当事人及其法定代理人申请复议权，那么，当事人及其法定代理人自何时起可以行使该权利？对此，《刑事诉讼法》未作具体规定。为保障当事人及其法定代理人的权利行使，《刑诉法解释》在第30条第2款中予以明确，即“当事人及其法定代理人申请回避被驳回的，可以在接到决定时申请复议一次”。这里的“接到决定时”，是指在人民法院将决定予以告知之后。至于告知的方式，既可以是口头的方式，也可以是书面的方式。之所以规定“接到决定时”便可以申请复议，一方面，是为了保障当事人及其法定代理人的诉讼权利能够及时得到行使。另一方面，也是为了减少不必要的迟延，有利于提高诉讼效率。此外，申请复议的次数以一次为限。但是，如果不属于《刑事诉讼法》第29条、第30条规定的情形回避申请的，由法庭当庭驳回，并不得申请复议。

6. 关于当事人及其法定代理人申请出庭的检察人员回避的，人民法院如何处理？

对此，《刑诉法解释》第31条规定：“当事人及其法定代理人申请出庭的检察人员回避的，人民法院应当决定休庭，并通知人民检察院。”设立本条的目的是在当事人及其法定代理人申请出庭的检察人员回避时，为人民法院提供具体的操作规范。需要明确的是，当事人及其法定代理人对于出庭的检察人员的回避申请，并非只要其申请，人民法院就必须决定休庭，并通知人民检察院，而同样必须说明其申请回避的理由，且其申请回避的理由应属于《刑事诉讼法》第29条、第30条规定的情形。如果其申请回避的理由不属于《刑事诉讼法》第28条、第29条规定情形的，同样可以由法庭当庭驳回，并不得申请复议。至于通知人民检察院之后，人民检察院作出决定驳回当事人或者其法定代理人的回避申请的，当事人及其法定代理人依法也可以申请人民检察院复议一次。

除此之外，由于涉及审理过程中的休庭问题，案件会因此而中止审理，为了避免案件审理的不必要延误，促进诉讼效率的提高，在人民法院休庭并通知人民检察院之后，人民法院应及时了解人民检察院的决定情况，人民检察院也应及时将其决定告知当事人及其法定代理人，并同时通知人民法院。在针对回避申请的决定明确之后，人民法院应及时通知诉讼各方，继续进行案件的审理活动，确保案件及时得到公正处理。

[配套规定]

1.《最高人民法院关于适用〈中华人民共和国刑事诉讼法〉的解释》（法释［2012］21号）（节录）

第二十六条 人民法院应当依法告知当事人及其法定代理人有权申请回避，并告知其合议庭组成人员、独任审判员、书记员等人员的名单。

第二十七条 审判人员自行申请回避，或者当事人及其法定代理人申请审判人员回避的，可以口头或者书面提出，并说明理由，由院长决定。

院长自行申请回避，或者当事人及其法定代理人申请院长回避的，由审判委员会讨论决定。审判委员会讨论时，由副院长主持，院长不得参加。

第二十八条 当事人及其法定代理人依照刑事诉讼法第二十九条和本解释第二十四条规定申请回避，应当提供证明材料。

第二十九条 应当回避的审判人员没有自行回避，当事人及其法定代理人也没有申请其回避的，院长或者审判委员会应当决定其回避。

第三十条 对当事人及其法定代理人提出的回避申请，人民法院可以口头或者书面作出决定，并将决定告知申请人。

当事人及其法定代理人申请回避被驳回的，可以在接到决定时申请复议一次。不属于刑事诉讼法第二十八条、第二十九条规定情形的回避申请，由法庭当庭驳回，并不得申请复议。

第三十一条 当事人及其法定代理人申请出庭的检察人员回避的，人民法院应当决定休庭，并通知人民检察院。

2. **《人民检察院刑事诉讼规则》**（高检发释字［2019］4号）（节录）

第二十四条 检察人员在受理举报和办理案件过程中，发现有刑事诉讼法第二十九条或者第三十条规定的情形之一的，应当自行提出回避；没有自行提出回避的，人民检察院应当决定其回避，当事人及其法定代理人有权要求其回避。

第二十五条 检察人员自行回避的，应当书面或者口头提出，并说明理由。口头提出的，应当记录在案。

第二十六条 人民检察院应当告知当事人及其法定代理人有依法申请回避的权利，并告知办理相关案件的检察人员、书记员等人员的姓名、职务等有关情况。

第二十七条 当事人及其法定代理人要求检察人员回避的，应当书面或者口头向人民检察院提出，并说明理由。口头提出的，应当记录在案。根据刑事诉讼法第三十条的规定要求检察人员回避的，应当提供有关证明材料。

人民检察院经过审查或者调查，认为检察人员符合回避条件的，应当作出回避决定；不符合回避条件的，应当驳回申请。

第二十八条 在开庭审理过程中，当事人及其法定代理人向法庭申请出庭的检察人员回避的，在收到人民法院通知后，人民检察院应当作出回避或者驳回申请的决定。不属于刑事诉讼法第二十九条、第三十条规定情形的回避申请，出席法庭的检察人员应当建议法庭当庭驳回。

第二十九条 检察长的回避，由检察委员会讨论决定。检察委员会讨论检察长回避问题时，由副检察长主持，检察长不得参加。

其他检察人员的回避，由检察长决定。

第三十条 当事人及其法定代理人要求公安机关负责人回避，向同级人民检察院提出，或者向公安机关提出后，公安机关移送同级人民检察院的，由检察长提交检察委员会讨论决定。

第三十一条 检察长应当回避，本人没有自行回避，当事人及其法定代理人也没有申请其回避的，检察委员会应当决定其回避。

其他检察人员有前款规定情形的，检察长应当决定其回避。

第三十二条 人民检察院作出驳回申请回避的决定后，应当告知当事人及其法定代理人如不服本决定，有权在收到驳回申请回避的决定书后五日以内向原决定机关申请复议一次。

第三十三条 当事人及其法定代理人对驳回申请回避的决定不服申请复

议的，决定机关应当在三日以内作出复议决定并书面通知申请人。

第三十四条 对人民检察院直接受理的案件进行侦查的人员或者进行补充侦查的人员在回避决定作出以前和复议期间，不得停止对案件的侦查。

第三十五条 参加过同一案件侦查的人员，不得承办该案的审查逮捕、审查起诉、出庭支持公诉和诉讼监督工作，但在审查起诉阶段参加自行补充侦查的人员除外。

第三十六条 被决定回避的检察长在回避决定作出以前所取得的证据和进行的诉讼行为是否有效，由检察委员会根据案件具体情况决定。

被决定回避的其他检察人员在回避决定作出以前所取得的证据和进行的诉讼行为是否有效，由检察长根据案件具体情况决定。

被决定回避的公安机关负责人在回避决定作出以前所进行的诉讼行为是否有效，由作出决定的人民检察院检察委员会根据案件具体情况决定。

3. 《公安机关办理刑事案件程序规定》（2012年12月13日公安部令第127号）（节录）

第三十二条 公安机关负责人、侦查人员自行提出回避申请的，应当说明回避的理由；口头提出申请的，公安机关应当记录在案。

当事人及其法定代理人要求公安机关负责人、侦查人员回避，应当提出申请，并说明理由；口头提出申请的，公安机关应当记录在案。

第三十三条 侦查人员的回避，由县级以上公安机关负责人决定；县级以上公安机关负责人的回避，由同级人民检察院检察委员会决定。

第三十四条 当事人及其法定代理人对侦查人员提出回避申请的，公安机关应当在收到回避申请后二日以内作出决定并通知申请人；情况复杂的，经县级以上公安机关负责人批准，可以在收到回避申请后五日以内作出决定。

第三十五条 当事人及其法定代理人对驳回申请回避的决定不服的，可以在收到驳回申请回避决定书后五日以内向作出决定的公安机关申请复议。

公安机关应当在收到复议申请后五日以内作出复议决定并书面通知申请人。

第三十六条 在作出回避决定前，申请或者被申请回避的公安机关负责人、侦查人员不得停止对案件的侦查。

作出回避决定后，申请或者被申请回避的公安机关负责人、侦查人员不得再参与本案的侦查工作。

第三十七条 被决定回避的公安机关负责人、侦查人员在回避决定作出以前所进行的诉讼活动是否有效，由作出决定的机关根据案件情况决定。

第三十二条 本章关于回避的规定适用于书记员、翻译人员和鉴定人。辩护人、诉讼代理人可以依照本章的规定要求回避、申请复议。

[条文主旨]

本条是关于回避的规定适用于书记员、翻译人员和鉴定人以及辩护人、诉讼代理人可以要求回避、申请复议的规定。

[条文释解]

本条是1979年《刑事诉讼法》的规定，2012年曾作过修改。

本条分两款。

第1款规定，书记员、翻译人员和鉴定人也要依法实行回避制度。主要是考虑这三种工作也都关系到案件的正确处理，实行回避制度有利于维护司法公正，防止在办案过程中出现徇私舞弊的现象。其中，规定的“书记员、翻译人员”，是指在侦查、检察、审判工作中担任记录和翻译工作的人员。“鉴定人”，是指为了查明案件情况，需要解决案件中某些专门性问题的时候，侦查机关、检察机关、审判机关指派或者聘请进行鉴定工作的有专门知识的人。“本章关于回避的规定适用于书记员、翻译人员和鉴定人”，就是规定书记员、翻译人员和鉴定人对于有本法第28条规定情形之一的，也应当自行回避，当事人及其法定代理人也有权要求他们回避。书记员、翻译人员、鉴定人也不得接受当事人及其委托的人的请客送礼，不得违反规定会见当事人及其委托的人。如果书记员、翻译人员、鉴定人有上述违反法律规定行为的，依法追究法律责任，当事人及其法定代理人有权要求他们回避。关于自行回避和要求回避的申请的决定程序和申请复议程序依照本法第30条的规定进行。实际执行中，翻译人员、鉴定人可能是侦查、检察、审判机关聘请的人，而不属于上述机关的工作人员，但对这些人的回避应当由聘请他们的机关决定。

第 2 款规定，辩护人、诉讼代理人可以依照本章的规定要求回避、申请复议。这里规定的“辩护人”，是指在整个刑事诉讼过程中给犯罪嫌疑人、被告人提供法律帮助的人。根据本法第 32 条的规定，律师、人民团体或者犯罪嫌疑人、被告人所在的单位推荐的人和犯罪嫌疑人、被告人的监护人、亲友都可以被委托为辩护人。“诉讼代理人”，主要是指根据本法第 106 条的规定，公诉案件的被害人及其法定代理人或者近亲属、自诉案件的自诉人及其法定代理人委托代为参加诉讼的人和附带民事诉讼的当事人及其法定代理人委托代为参加诉讼的人。“可以依照本章的规定要求回避、申请复议”，是指辩护人、诉讼代理人可以依照本章关于回避的各项规定，在诉讼的各个阶段要求有关司法人员回避，根据第 30 条第 3 款的规定，对于驳回申请回避的决定，还可以申请复议一次。

[审判实务]

1. 充分认识本条规定的意义。在实践中，由于许多犯罪嫌疑人在押，对有关司法人员情况的了解受到一定的限制，不能保障其要求回避的权利的行使。刑事诉讼法关于“辩护人、诉讼代理人可以依照本章的规定要求回避、申请复议”的规定，正是从充分保障当事人的合法权益和确保案件能公正地审理的角度加以设置和完善的。因为即使当事人在押，但是他的辩护律师和诉讼代理人的行为能力并没有受到限制，能对司法人员的情况和是否具有违反规定会见另一方当事人或者接受请客送礼的行为有所洞察和了解。为进一步保护当事人的合法权利，发挥律师在刑事诉讼中的作用，《刑事诉讼法》作了关于“辩护人、诉讼代理人可以依照本章的规定要求回避、申请复议”的规定。

2. 正确认识审判人员、检察人员的含义和范围。院长、副院长虽然不一定是案件的承办人员，但院长不仅是所在法院行政管理工作的主要领导者，也是该法院审判工作的主要领导者，不但可以就具体案件提请审判委员会讨论，而且只要其在场，就要由其主持审判委员会的讨论。至于副院长，不仅是审判委员会的组成人员，而且有的还是该类案件的直接主管领导，还有的副院长在院长缺席时主持审判委员会。我国法律规定的审判组织除了独任审判、合议庭之外，还包括审判委员会。此外，我国法律所规定的独立行使审判权是指人民法院独立行使审判权，并非法官独立行使审判权。院长、副院长作为法院审判工作的主要领导或主管领导，在必要的时候以恰当的方式向承办法官了解其所办理案件的有关情况也是正常的。因此，即使院长、副院长不是案件的承办法官，但同样可能对案件的最终处理发挥作用，故当然属于法院审判人员的范围。

审判委员会委员这一概念涵盖的范围较为广泛，这是因为除院长、副院长理所当然是审判委员会委员外，各业务庭室的庭长、其他负责人也往往是审判委员会的组成人员，除此之外，还会存在一定数量的审判委员会专职委员。专职委员一般都是人民法院的资深法官，此前往往已较长时间地担任过业务庭室的庭长或其他业务部门负责人。其担任审判委员会专职委员后，不仅参与审判委员会的讨论，而且还可协助某一副院长主管某一方面的审判工作，因而其对于案件的影响和作用也是可想而知的，自然属于重要的审判人员。

庭长、副庭长系业务审判庭的带头人，同时也是法院管理工作和审判工作的中层领导。庭长、副庭长不仅可以直接承办案件，而且可能以合议庭成员身份参与他人办理案件的审理、讨论，还有可能就本庭人员所办理的复杂、疑难案件组织进行分析、讨论。正如院长、副院长或者审判委员会专职委员参与案件审理必须由其担任审判长一样，在庭长、副庭长参与审理的案件中，如果没有比其职位更高的审判人员，那么，依法也应由庭长、副庭长担任审判长。庭长还可能是f院审判委员会的委员。所以，庭长、副庭长作为各级人民法院的中层领导，往往起着一种承上启下的重要作用，是审判人员中不可忽视的重要组成部分。

审判员是各级人民法院办理案件的主要力量。审判员，顾名思义，作为案件审理的专门人员，承担着直接承办案件和作为合议庭人员参与他人承办案件审理的职责，是法院审判人员的主要组成部分。

人民陪审员虽然不是法院的专职审判人员，但其作为司法民主的重要体现，也可以参与人民法院的案件审理。当然，依照刑事诉讼法的规定，人民陪审员主要是参与第一审刑事案件的审理活动。司法实践中，在基层人民法院所审理的第一审刑事案件中，人民陪审员发挥了不可或缺的重要作用。而且，随着司法改革的不断向前推进，司法民主化程度不断增强，人民陪审员作为审判人员所发挥的作用将会更加巨大。

在审判人员之外，还存在几种审判辅助人员，他们虽然不是正式的审判人员，但他们的职责履行或作用发挥，同样可能影响案件的公正审理。这些辅助人员包括书记员、翻译人员、鉴定人三种。其中，书记员作为人民法院的工作人员，虽然其职责是“担任审判庭的记录工作并办理有关审判的其他事项”，但其记录工作及与审判有关的其他事项同样和案件的公正处理息息相关。如果其关于案件审理的各种材料的记录存在偏差，或者对其他有关事项的办理存在偏见，势必会影响到案件的公正审判。翻译人员不一定是人民法院的工作人员。人民法院根据案件审理需要聘请其为诉讼参与人提供语言方面的翻译帮助，以落实《刑事诉讼法》第 9 条关于“各民族公民都有用本民族语言文字进行诉讼的权利，人民法院、人民检察院和公安机关对于不通晓当地通用的语言文字的诉讼参与人，应当为他们翻译”的规定。翻译人员能否正确翻译，对于诉讼参与人正确理解他人的意思，正确表达自己的意思，充分、有效地行使其诉讼权利至关重要。翻译人员的翻译质量固然会受到其翻译水平的影响，但在翻译水平不存在问题的情况下，翻译人员的主观态度非常关键。如果翻译人员因其偏见而故意弄虚作假，或者不完整、不准确地进行翻译，无疑会对案件的公正审判造成严重的影响。鉴定人员作为具有某些专门知识和技能的专业人员，受人民法院指派或者聘请，就案件审理中的专门性问题提出意见，供人民法院在案件审理过程中进行参考，其鉴定意见的正确与否，同样关系到案件事实的正确认定以及最终的公正处理。对于那些因受主客观因素影响而可能提供不客观鉴定意见的鉴定人员，有必要将其排除在案件审判过程之外。

正因如此，对于可能在审判阶段不公正履行职务的书记员、翻译人员和鉴定人，也被纳入申请回避的对象范围之中。

需要说明的是，根据《人民检察院刑事诉讼规则》第 37 条的规定，法律和司法解释关于回避的规定，也适用于人民检察院的书记员、司法警察和人民检察院聘请或者指派的翻译人员、鉴定人。而且，书记员、司法警察和人民检察院聘请或者指派的翻译人员、鉴定人的回避由检察长决定。

3. 重视辩护人、诉讼代理人的要求回避、申请复议权。《刑事诉讼法》第 32 条第 2 款规定，辩护人、诉讼代理人可以依照本章的有关规定要求回避、申请复议。《刑诉法解释》也作了类似的规定。

长期以来，申请回避权作为当事人的一项诉讼权利，除了扩展到其法定代理人之外，未再延展到其他主体。从法理上来讲，将申请回避权定位为一项当事人的诉讼权利，由当事人自主决定并以其名义行使是没有问题的，因为该项权利所指向的是司法人员的公正和中立，最终关涉的是当事人的实体利益。至于法定代理人之所以享有申请回避权，是法律制度对于相关特殊情况的一种特别预设。因为法定代理人的存在以当事人的行为能力不周全为前提。但是，司法实践中，不能有效行使申请回避权的还远不止未成年人等行为能力受限的当事人，一些行为能力周全的当事人也因各方面原因而不能有效地行使自己的申请回避权，但由于他们的行为能力并无缺陷，已不可能由法定代理人来代为行使。在这种情况下，一旦其本人在该权利的行使中出现错漏，即没有办法再得到弥补。特别是对于犯罪嫌疑人和被告人而言，由于其中的大部分人都被采取了羁押措施，在其人身自由已被剥夺的情况下，其对有关司法人员的情况了解自然会受到一定的限制，从而不能保障其申请回避权的有效行使。例如，《刑事诉讼法》第 30 条规定，审判人员、检察人员、侦查人员不得接受当事人及其委托的人的请客送礼，不得违反规定会见当事人及其委托的人。同时规定，违反上述规定，当事人及其法定代理人有权要求他们回避。对于在押的犯罪嫌疑人、被告人来说，由于其特殊的处境，对于司法人员违反规定会见其他当事人或者接受他人请客送礼的行为自然很难知晓，也就不可能及时主张自己的权利，因此，法律所赋予的申请回避权便在无形之中打了折扣。实际上，即使是不在押的犯罪嫌疑人、被告人，乃至其他当事人，他们在行使申请回避权时，也时常会遇到各种各样的困难。正因如此，为了充分保障当事人的合法权益和确保案件公正审理，2012 年《刑事诉讼法》修改时，增加了辩护人、诉讼代理人可以依据刑事诉讼法关于“回避”一章的规定“要求回避、申请复议”。这样，即使当事人在押或者因其他原因无法有效行使申请回避权，由于其辩护人或者诉讼代理人并不会因此受到影响，能对相关人员的具体情况以及是否具有违反规定会见另一方当事人或者接受请客送礼的行为有所洞察和了解，从而弥补当事人权利行使能力之不足，促进刑事诉讼的公正进行。

需要明确的是，辩护人、诉讼代理人申请司法人员回避，应在确实具有法律规定的回避情形且当事人及其法定代理人未提出回避申请的情况下进行，并应及时将有关情况告知当事人及其法定代理人。一旦当事人及其法定代理人存在不同意见，应当尊重当事人及其法定代理人的选择。因为，辩护人、诉讼代理人这种独立的申请回避权，只具有一定程度的独立性，它以弥补当事人及其法定代理人权利行使能力的不足为目的。如果当事人及其法定代理人并非无力行使或者因故错过，而是在清晰地权衡各方面利弊之后明确表示放弃行使，则因辩护人、诉讼代理人权利行使的次阶性，最终要以当事人及其法定代理人的意思为归依。

[配套规定]

1.《最高人民法院关于适用〈中华人民共和国刑事诉讼法〉的解释》（法释［2012］21号）（节录）

第三十二条 本章所称的审判人员，包括人民法院院长、副院长、审判委员会委员、庭长、副庭长、审判员、助理审判员和人民陪审员。

第三十三条 书记员、翻译人员和鉴定人适用审判人员回避的有关规定，其回避问题由院长决定。

2.《人民检察院刑事诉讼规则》（高检发释字［2019］4号）（节录）

第三十七条 本规则关于回避的规定，适用于书记员、司法警察和人民检察院聘请或者指派的翻译人员、鉴定人。

书记员、司法警察和人民检察院聘请或者指派的翻译人员、鉴定人的回避由检察长决定。

辩护人、诉讼代理人可以依照刑事诉讼法及本规则关于回避的规定要求回避、申请复议。

3.《公安机关办理刑事案件程序规定》（2012年12月13日公安部令第127号）（节录）

第三十八条 本章关于回避的规定适用于记录人、翻译人员和鉴定人。

记录人、翻译人员和鉴定人需要回避的，由县级以上公安机关负责人决定。

第三十九条 辩护人、诉讼代理人可以依照本章的规定要求回避、申请复议。

第四章　辩护与代理

第三十三条　犯罪嫌疑人、被告人除自己行使辩护权外，还可以委托一至二人作为辩护人。下列的人可以被委托为辩护人：

（一）律师；

（二）人民团体或者犯罪嫌疑人、被告人所在单位推荐的人；

（三）犯罪嫌疑人、被告人的监护人、亲友。

正在被执行刑罚或者依法被剥夺、限制人身自由的人，不得担任辩护人。

被开除公职和被吊销律师、公证员执业证书的人，不得担任辩护人，但系犯罪嫌疑人、被告人的监护人、近亲属的除外。

[条文主旨]

本条第1款是关于辩护的方式与辩护人的范围的规定。

本条第2款、第3款是关于禁止担任辩护人的范围的规定。

[条文释解]

1979年《刑事诉讼法》规定被告人除自己行使辩护权以外，还可以委托下列的人辩护：（一）律师；（二）人民团体或者被告人所在单位推荐的，或者经人民法院许可的公民；（三）被告人的近亲属、监护人。1996年《刑事诉讼法》删除了第2项中“或者经人民法院许可的公民”，将第3项改为“犯罪嫌疑人、被告人的监护人、亲友”，增加规定第2款“正在被执行刑罚或者依法被剥夺、限制人身自由的人，不得担任辩护人”。2018年《刑事诉讼法》修改中增加规定了第3款，“被开除公职和被吊销律师、公证员执业证书的人，不得担任辩护人，但系犯罪嫌疑人、被告人的监护人、近亲属的除外”。

辩护，是指刑事诉讼中的犯罪嫌疑人、被告人及其辩护人针对控诉方的指控，提出有利于犯罪嫌疑人、被告人的事实和理由，以证明犯罪嫌疑人、被告人无罪、罪轻或者应当减轻、免除处罚，维护犯罪嫌疑人、被告人诉讼权利和其他合法权益的诉讼活动。辩护权，是法律赋予犯罪嫌疑人、被告人的一项专属诉讼权利，是犯罪嫌疑人、被告人针对指控进行反驳、申辩和解释，以维护自己合法权益的一种重要权利。辩护权在犯罪嫌疑人、被告人享有的各项诉讼权利中，居于核心地位。

1. 辩护制度确立了犯罪嫌疑人、被告人的诉讼主体地位，是刑事司法制度发展进步的结果，是诉讼民主化的体现。在具有专制主义特征的纠问式诉讼程序中，实行“有罪推定”原则，并广泛适用刑讯逼供，国家司法机关集侦查、起诉和审判权于一身，犯罪嫌疑人、被告人仅仅是被追究的对象，是诉讼的客体，只有供述的义务，没有辩护的权利，辩护制度也因此而缺乏存在的基础和贯彻的条件。近现代意义上的辩护制度，是资产阶级革命和资产阶级诉讼民主制度的产物。资产阶级启蒙思想家和法学家，在提出民主、自由、平等、人权等反封建口号作为资产阶级政治纲领的同时，从“人的自然权利”出发，提出了“法律面前人人平等”的口号，在诉讼方面，主张实行“陪审”“公开”“辩护”等原则。资产阶级革命胜利后，西方各国先后以法律的形式确立了刑事诉讼中的辩护制度。

2. 辩护制度的确立，能够保障犯罪嫌疑人、被告人辩护权的实现。从理论上讲，犯罪嫌疑人、被告人作为刑事诉讼中被追究的对象，有着最强烈的反驳指控的愿望。同时，由于犯罪嫌疑人、被告人是最了解案件真实情况的人，所以，其辩解也最具有说服力。但是，在司法实践中，犯罪嫌疑人、被告人往往由于缺乏法律知识、人身自由受到限制以及惧怕自己的辩解会导致更重的刑罚等原因，不能很好地行使辩护权，此时，辩护制度作为一项法律制度对犯罪嫌疑人、被告人所起的保护作用就显现出来。辩护制度规定犯罪嫌疑人、被告人既有权利自行辩护，也有权利委托辩护人进行辩护。为了充分地保障被告人辩护权的实现，许多国家还规定了法律援助制度，保障那些由于经济困难或其他原因而无力委托辩护人的犯罪嫌疑人、被告人，可以得到国家提供的法律帮助，我国《刑事诉讼法》对此也作了明确规定。

3. 辩护制度的确立，是确保刑事诉讼基本职能发挥作用的关键，能够促使刑事诉讼目的的顺利实现。控诉、辩护和审判职能的充分发挥与平衡，是现代诉讼的标志之一。在司法过程中，控诉职能和审判职能是由国家机关来行使的，因有国家强制力作后盾，所以能够得到充分发挥，而辩护职能如果仅靠处在受追究的不利地位的犯罪嫌疑人、被告人个人来实施，往往难以有效发挥作用，更难以和控诉方形成有效的对抗。辩护制度的确立在法律上为保障犯罪嫌疑人、被告人辩护权的实现提供了依据，从而保证辩护职能的充分发挥，保障控诉、辩护职能之间的平衡，审判机关也可在听取双方事实和理由的基础上做出正确裁判。

在刑事诉讼中，辩护权具有以下特点：（1）辩护权贯穿刑事诉讼的全过程，不受诉讼阶段的限制。（2）辩护权不受犯罪嫌疑人、被告人是否有罪以及罪行轻重的限制，任何犯罪嫌疑人、被告人都依法享有辩护权。（3）辩护权不受公安司法机关调查情况的限制，无论公安司法机关依据事实和法律得出什么结论，都不影响犯罪嫌疑人、被告人行使辩护权，也不影响犯罪嫌疑人、被告人提出自己的辩护意见和理由。

我国辩护制度中辩护的种类有三种：

1. 自行辩护。自行辩护，是指犯罪嫌疑人、被告人自己针对指控进行反驳、申辩和辩解的行为。犯罪嫌疑人、被告人的自行辩护权贯穿于刑事诉讼始终，可以随时行使，不受诉讼阶段的限制。自行辩护是目前我国犯罪嫌疑人、被告人进行辩护的最重要的途径。

2. 委托辩护。委托辩护，是指犯罪嫌疑人、被告人依法委托律师或者其他公民担任辩护人，协助其进行辩护。委托辩护是保障犯罪嫌疑人、被告人辩护权的一项重要内容。在刑事诉讼中，犯罪嫌疑人、被告人由于缺少法律知识、经验以及人身自由受到限制等方面的原因，自己行使辩护权往往存在许多障碍，而允许犯罪嫌疑人、被告人委托他所信赖的辩护人参加诉讼就可以有效弥补这一不足。犯罪嫌疑人、被告人委托辩护人又分为以下两种情形：（1）自诉案件的被告人有权随时委托辩护人，即被告人知道有人向人民法院状告自己后即可委托辩护人，为自己辩护。（2）公诉案件的犯罪嫌疑人自被侦查机关第一次讯问或者采取强制措施之日起，有权委托辩护人；在侦查期间，只能委托律师作为辩护人。

3. 指定辩护。指定辩护，是指人民法院为因经济困难或者其他原因而无力聘请辩护人的被告人指定承担法律援助义务的律师进行辩护。

辩护人，是指在刑事诉讼中接受犯罪嫌疑人、被告人的委托或者受法律援助机构的指派，协助犯罪嫌疑人、被告人行使辩护权，依法维护犯罪嫌疑人、被告人诉讼权利及其他合法权益的诉讼参与人。根据《刑事诉讼法》第33条的规定，辩护人的范围包括：

1. 律师。根据律师法的规定，律师是指依法取得律师执业证书，接受委托或者指定，为当事人提供法律服务的执业人员。在刑事诉讼中，律师是最主要的也是最有能力切实维护犯罪嫌疑人、被告人合法权益的辩护人。这是因为，一方面，律师作为专门的法律工作者，具有丰富的法律知识和办案经验，熟悉辩护业务。另一方面，根据我国法律规定，律师相对于其他诉讼辩护人而言，享有更多的诉讼权利，由此保证了律师能够更好地维护犯罪嫌疑人、被告人的合法权益。虽然取得律师资格但未取得执业证书，并经注册登记的，仍不得以律师身份接受委托，履行辩护职责。《律师法》第 11 条规定，公务员不得兼任执业律师。律师担任各级人民代表大会常务委员会组成人员的，任职期间不得从事诉讼代理或者辩护业务。第 41 条规定，曾经担任法官、检察官的律师，从人民法院、人民检察院离任后二年内，不得担任诉讼代理人或者辩护人。现役军人成为犯罪嫌疑人、被告人的，可以聘请军队中的或者地方的律师做辩护人。外国人、无国籍的犯罪嫌疑人、被告人委托律师辩护的，只能委托中国律师做辩护人。

2. 人民团体或者犯罪嫌疑人、被告人所在单位推荐的人。这里的人民团体，是指工会、妇联、共青团等群众性团体。我国法律之所以如此规定，主要是从我国的具体国情出发的。一方面，在我国，工会、妇联等人民团体由于长期和人民群众接触并为他们解决问题，因而在触犯法律或者遇上纠纷时，人们习惯于寻求有关人民团体帮助。同样，单位从属的传统观念在我国也深入人心，人们习惯遇上事情后寻求单位的帮助和支持，单位也习惯于管理其成员的各类事务。另一方面，虽然我国律师队伍发展迅速，但是却存在着区域不平衡的问题，在经济欠发达的边远地区，律师的数量仍然有限，在不能适应实际需要的情况下，可能难以承担全部刑事案件的辩护工作，同时随着普法教育的深入进行，公民的法律知识和意识也在不断提高，单位推荐这些有能力的人担任辩护人，在实践中也是可行的。

3. 犯罪嫌疑人、被告人的监护人、亲友。所谓监护人，是指对未成年人、无行为能力或者限制行为能力的精神病人承担保护其人身、财产和其他合法权利责任的人或单位。监护人一般由被监护人的亲属担任；没有亲属的，也可由有关的机关、团体或单位担任。所谓亲友，是指犯罪嫌疑人、被告人的亲戚朋友。允许犯罪嫌疑人、被告人的监护人、亲友担任辩护人，主要是考虑他们同犯罪嫌疑人、被告人的关系比较亲近，比较了解有关情况，由他们担任辩护人，一方面可以解决在一个相当长的时期里，犯罪嫌疑人、被告人委托律师的经济承受能力与律师队伍数量和精力的承受能力方面的冲突问题，缓解我国律师数量的不足。另一方面也可以维护犯罪嫌疑人、被告人的合法权益，还可以减轻、缓解犯罪嫌疑人、被告人的经济压力和精神压力。

根据《刑事诉讼法》《法官法》《检察官法》《律师法》和《刑诉法解释》的规定，下列人员不得在刑事诉讼中担任辩护人：(1) 被宣告缓刑和刑罚尚未执行完毕的人；(2) 依法被剥夺、限制人身自由的人；(3) 无行为能力或者限制行为能力的人；(4) 人民法院、人民检察院、公安机关、国家安全机关、监狱的现职人员；(5) 从人民法院离任二年内的审判人员及法院其他工作人员；(6) 原审理案件法院的审判人员及法院其他工作人员；(7) 原审理案件法院的审判人员及法院其他工作人员的配偶、子女或者父母；(8) 人民法院的人民陪审员；(9) 从人民检察院离任二年内的检察官，以及离任后不得担任原任职检察院办理案件的辩护人的检察官；(10) 不得担任该检察官所任职检察院办理案件的诉讼代理人或者辩护人的检察官的配偶、子女；(11) 公务员，以及正在担任各级人民代表大会常务委员会组成人员的律师；(12) 与本案审理结果有利害关系的人；(13) 外国人或者无国籍人。但是，对于前述第 (4)—(13) 项规定的人员，如果是被告人的近亲属或者监护人，由被告人委托担任辩护人的，人民法院可以准许。以上限制性规定，有的是从保障辩护质量的角度考虑的，有的则是从保障司法公正的角度考虑的，还有的是从维护辩护制度的严肃性角度考虑的。除上述法律规定外，在司法实践中，同一案件中的证人、鉴定人、翻译人员也不能同时担任本案的辩护人，以避免这些人的诉讼地位、诉讼权利和义务同辩护人的诉讼地位、诉讼权利和义务产生冲突。

《刑事诉讼法》第 33 条对辩护人的数额作了明确限定，即犯罪嫌疑人、被告人"可以委托一至二人作为辩护人"。也就是说，一名犯罪嫌疑人、被告人最多可以委托 2 名辩护人，其中可以都是律师，也可以都是犯罪嫌疑人、被告人的监护人、亲友，还可以其中一名是律师，另一名是其他公民。在共同犯罪的案件中，由于犯罪嫌疑人、被告人之间存在利害冲突，因此，一名律师不得同时接受两个以上（含两个）犯罪嫌疑人、被告人的委托，做他们的共同辩护人。

[审判实务]

1. 如何理解审判人员和人民法院其他工作人员从人民法院离任后2年内，不得以律师身份担任辩护人。

（1）审判人员和人民法院其他工作人员从人民法院离任后2年内，不得以律师身份担任辩护人。司法实践中在适用本款规定时，需正确把握以下几个问题：

此处所称“审判人员”，包括各级人民法院院长、副院长、审判委员会委员、庭长、副庭长、审判员和助理审判员。所称“人民法院其他工作人员”，是指审判人员以外的在编工作人员。人民陪审员、书记员和执行员不包括在内。

此处的“离任”，包括退休、调离、解聘、辞职、辞退、开除等离开法院工作岗位的情形。

该款任职限制仅适用于“从人民法院离任后二年内”，如果审判人员和人民法院其他工作人员离任后已超过2年，则不再受该项限制，其可以律师身份担任辩护人。

此处的“不得以律师身份担任辩护人”，是指不得以律师身份接受委托，并以律师身份从事辩护活动，其目的是防止律师和法官结成利益共同体，从而影响案件的客观公正处理。当然，本条第1款并未禁止审判人员和人民法院其他工作人员以其他身份担任辩护人。

（2）审判人员和人民法院其他工作人员从人民法院离任后，不得担任原任职法院所审理案件的辩护人，但作为被告人的监护人、近亲属进行辩护的除外。司法实践中在适用本款规定时，需正确把握以下几个问题：

此处所规定的“原任职法院”，包括审判人员和人民法院其他工作人员曾任职的所有法院。审判人员和人民法院其他工作人员由于以往的工作岗位，使其与曾任职的所有法院有着特定的联系，为了实现司法公正，避免关系案、人情案的发生，本条第2款明确规定审判人员和人民法院其他工作人员从人民法院离任后，不得担任原任职法院所审理案件的辩护人。

此款限制有例外情形，即审判人员和人民法院其他工作人员如系被告人的监护人、近亲属，即便案件系由原任职法院审理，其仍然有权担任辩护人，为被告人进行辩护。该例外情形的设置，彰显了法律的文明与人道，无论是作为被告人的监护人，还是近亲属，审判人员和人民法院其他工作人员都与被告人有着较为密切的联系，他们担任被告人的辩护人不仅合情合理，而且为刑事诉讼法所允许，此时维护监护人与被监护人之间、近亲属之间的密切联系更为重要。本款所作出的例外规定，不仅刑事诉讼法相统一，而且也体现了伦理善的要求。

（3）审判人员和人民法院其他工作人员的配偶、子女或者父母不得担任其任职法院所审理案件的辩护人，但作为被告人的监护人、近亲属进行辩护的除外。司法实践中在适用本款规定时，需注意把握以下几个问题：

此处的“任职法院”，应指审判人员和人民法院其他工作人员现任职的法院。

禁止担任辩护人的人员范围仅限于“审判人员和人民法院其他工作人员的配偶、子女或者父母”。审判人员和人民法院其他工作人员与其配偶、子女、父母之间因婚姻、血缘或者收养而产生亲属关系，这种关系在家庭生活中表现为相互扶养的权利义务，在政治上往往表现为相互提携和支持，这就容易滋生徇私枉法的弊端，为此本条第 3 款明确规定审判人员和人民法院其他工作人员的配偶、子女或者父母不得担任其任职法院所审理案件的辩护人。

本款限制亦有例外情形，即审判人员和人民法院其他工作人员的配偶、子女或者父母如果是被告人的监护人、近亲属，即便案件系由审判人员和人民法院其他工作人员所任职的法院审理，其仍然有权接受委托担任辩护人，为被告人辩护。

人民法院发现辩护人违反本条规定的，应当责令其停止相关辩护活动。

2. 如何理解禁止共同辩护的问题。所谓共同辩护，是指数个被指控人由同一个辩护人为其辩护。司法实践中在适用本款规定时，应注意把握以下几点：

（1）禁止一名辩护人为二名以上的同案被告人辩护。首先，如何理解“同案被告人”？对此，司法实践中有两种不同意见：第一种意见认为，认定多名被告人是否为同案，应以多名被告人是否共同实施犯罪行为为标准，有同一共同犯罪事实就为同案，不论对全部被告人是同一次进行审判，还是先后分几次审判，否则就不属同案。第二种意见认为，唯有同一时间、同一个案号接受审判的被告人方为“同案被告人”。本书同意第一种意见，即判断是否同案，应以多名被告人是否共同实施犯罪行为为标准，而不应以是否同时审判为标准，更不应以案号是否相同为标准。唯有如此，才能全面、充分地保障被告人享有辩护权，才能保障案件事实的准确查明和客观公正处理。为保障该项禁止规定的落实，需要法官认真审核辩护人的资格，一经发现，则应坚决制止。

（2）禁止一名辩护人为二名以上即便是未同案处理但犯罪事实存在关联的被告人辩护。该项规定是以犯罪事实存在关联作为禁止共同辩护适用的标准，旨在避免辩护方内部发生利益冲突。该项禁止规定既适用于共同犯罪而分案处理的情形，也适用于虽不是共同犯罪但犯罪事实有关联而分案处理的情形。司法实践中，犯罪事实有关联而分案处理的情况比较普遍，成因复杂多样，禁止该种情形下的共同辩护，对于准确查明被告人所实施的犯罪行为，进而正确适用法律具有重要的作用。

死刑复核的司法实践中，曾出现过贩毒共犯，因种种原因分案处理，最高人民法院死刑复核时发现下级法院报请复核的被告人在一审、二审所委托的律师曾为同案犯（侦查阶段取保在逃）提供法律帮助，并因为对在逃同案犯的法律帮助而影响到为死刑被告人辩护的效果。最高人民法院复核认为，该案辩护人的行为不仅严重影响到被告人辩护权的实现，而且可能影响到案件的公正处理，遂裁定发回重审。此次司法解释在总结上述审判经验的基础上，明确该项共同辩护的禁止情形，其目的是保障犯罪事实有关联的被告人享有充分、全面的辩护权。对于犯罪事实有关联的被告人而言，特别是共同犯罪案件，每个被告人具体罪行大小可能不同，但被告人的行为都是有机联系的。法院在审理犯罪事实有关联的案件时，要根据各被告人的具体情况，按照罪刑相适应的原则，做到罚当其罪。

辩护人的职责是根据其委托人的具体情况，反驳公诉机关的指控，提出证明委托人存在无罪、罪轻或减轻、免除刑事责任的意见和材料，以维护其委托人的合法权益。如果辩护人为两名以上犯罪事实有关联的被告人辩护，尤其是被告人之间有利害关系或者利益冲突，辩护人为了达到与前一名被告人辩护的说法一致，避免自相矛盾，就有可能影响为后一被告人进行辩护的效果，从而不能更好地维护后一委托人的合法权益。特别是有的案件在认定案件事实上存在非此即彼的情况，该辩护人为了自圆其说，很有可能牺牲后一委托人的合法权益，这是由犯罪事实关联性所决定的。

司法实践中在适用该项规定时，应避免对犯罪事实有关联作宽泛解释，进而排除辩护人的辩护资格。也就是说，排除辩护人的辩护资格时，应主要考虑被告人之间的犯罪事实是否有关联，而且是否有利益冲突。

［配套规定］

1.《最高人民法院关于适用〈中华人民共和国刑事诉讼法〉的解释》（法释［2012］21号）（节录）

第三十五条 人民法院审判案件，应当充分保障被告人依法享有的辩护权利。

被告人除自己行使辩护权以外，还可以委托辩护人辩护。下列人员不得担任辩护人：

（一）正在被执行刑罚或者处于缓刑、假释考验期间的人；

（二）依法被剥夺、限制人身自由的人；

（三）无行为能力或者限制行为能力的人；

（四）人民法院、人民检察院、公安机关、国家安全机关、监狱的现职人员；

（五）人民陪审员；

（六）与本案审理结果有利害关系的人；

（七）外国人或者无国籍人。

前款第四项至第七项规定的人员，如果是被告人的监护人、近亲属，由被告人委托担任辩护人的，可以准许。

第三十六条 审判人员和人民法院其他工作人员从人民法院离任后二年内，不得以律师身份担任辩护人。

审判人员和人民法院其他工作人员从人民法院离任后，不得担任原任职法院所审理案件的辩护人，但作为被告人的监护人、近亲属进行辩护的除外。

审判人员和人民法院其他工作人员的配偶、子女或者父母不得担任其任职法院所审理案件的辩护人，但作为被告人的监护人、近亲属进行辩护的除外。

第三十七条 律师，人民团体、被告人所在单位推荐的人，或者被告人的监护人、亲友被委托为辩护人的，人民法院应当核实其身份证明和授权委托书。

第三十八条 一名被告人可以委托一至二人作为辩护人。

一名辩护人不得为两名以上的同案被告人，或者未同案处理但犯罪事实存在关联的被告人辩护。

2.《人民检察院刑事诉讼规则》（高检发释字［2019］4号）（节录）

第三十八条 人民检察院在办案过程中，应当依法保障犯罪嫌疑人行使辩护权利。

第三十九条 辩护人、诉讼代理人向人民检察院提出有关申请、要求或者提交有关书面材料的，负责案件管理的部门应当接收并及时移送办案部门或者与办案部门联系，具体业务由办案部门负责办理，本规则另有规定的除外。

3.《中华人民共和国律师法》（2017年9月1日第十二届全国人民代表大会常务委员会第二十九次会议修正）

第三十九条 律师不得在同一案件中为双方当事人担任代理人，不得代理与本人或者其近亲属有利益冲突的法律事务。

第四十一条 曾经担任法官、检察官的律师，从人民法院、人民检察院离任后二年内，不得担任诉讼代理人或者辩护人。

［参考案例］

1. 刘某高、刘某贵贩卖、运输毒品案①

裁判要点：

在共同犯罪中，一名辩护人不得为两名以上的同案被告人辩护；一名辩护人不得为两名以上的同案被告人，或者未同案处理但犯罪事实存在关联的被告人辩护。

基本案情：

2011年4月，被告人刘某贵与被告人刘某高、刘某应（同案被告人，已判刑）商议从某省A市购买毒品甲基苯丙胺运到该省B市贩卖。刘某高出资人民币（以下币种均为人民币）25万元并负责在A市向他人联系购买毒品，刘某贵出资14万元并邀约刘某龙、付某信、罗某勇、王某庆（同案被告人，已判刑）共同筹集资金。同年5月13日，刘某高与毒贩谈妥购买毒品事宜后，刘某应电话通知刘某贵前往A市接运毒品。次日，在刘某贵的安

① 最高人民法院刑事审判第一、二、三、四、五庭：《刑事审判参考》总第96集，第956号。

排、组织下，刘某贵与刘某龙、付某信、罗某勇、王某庆携带五人筹集的毒资44万元驾驶两辆车来到A市，并在刘某高的带领下在某农场向毒贩购买了20包毒品。5月15日凌晨1时许，刘某贵与刘某龙、王某庆驾驶原车途经某服务区时，刚好碰上民警设卡查缉，遂电话通知坐在装有毒品的后车的付某信、罗某勇，并让刘某龙、王某庆下车徒步前去接应。付某信即下车携带毒品在高速公路上徒步行走。2时许，民警巡逻时发现付某信扛着编织袋在公路上行走，便上前盘查，付某信立即将毒品丢弃逃跑。民警当场从付某信丢弃的编织袋内查获毒品甲基苯丙胺20包，净重11133.4克。

某市中级人民法院经审理认为，被告人刘某高、刘某贵等人的行为构成贩卖、运输毒品罪，且贩卖、运输毒品数量大，情节严重。依照《刑法》第247条第2款第1项，第25条，第26条第1款、第2款，第48条第1款，第57条第1款，第64条之规定，某市中级人民以被告人刘某高、刘某贵贩卖、运输毒品罪，均判处死刑，剥夺政治权利终身，并处没收个人全部财产。

宣判后，被告人刘某高、刘某贵不服，向某省高级人民法院提起上诉。

二审审理期间，上诉人刘某贵委托原审被告人刘某龙的一审期间的辩护人周某作为自己的辩护人。

某省高级人民法院审理认为，一审认定事实清楚，证据确实、充分，定罪准确，量刑适当，审判程序合法，遂于2012年11月23日裁定驳回上诉，维持原判，并将上诉人刘某高、刘某贵的死刑裁定依法报请最高人民法院核准。

裁判结果：

最高人民法院复核认为，二审期间上诉人刘某贵的辩护人周某在一审期间担任过原审被告人刘某龙的辩护人，此情况不符合1998年《最高人民法院关于执行〈中华人民共和国刑事诉讼法〉若干问题的解释》（以下简称《1998年解释》）第35条之规定，属于违反法定诉讼程序。依照《刑事诉讼法》第235条、第239条和《刑诉法解释》第350条第6项、第353条第1款之规定，裁定不核准某省高级人民法院的刑事裁定，以程序违法为由发回某省高级人民法院重新审判。

裁判理由：

（一）在共同犯罪中，一名辩护人不得为两名以上的同案被告人辩护

《1998年解释》第35条规定："一名被告人委托辩护人不得超过两人。

在共同犯罪中，一名辩护人不得为两名以上的同案被告人辩护。”这是基于避免利益冲突，维护犯罪嫌疑人、被告人的辩护权，确保司法公正的目的而作出的规定。辩护权是法律赋予刑事案件被告人的一项重要诉讼权利，是被告人维护自己合法权益而采用的主要手段。辩护人的责任，是根据事实和法律，提出证明犯罪嫌疑人、被告人无罪、罪轻或者减轻、免除其刑事责任的材料和意见，维护犯罪嫌疑人、被告人的诉讼权利和其他合法权益。

在共同犯罪案件中，各被告人之间往往存在程度不同的厉害关系，如果一名辩护人为两名以上同案被告人辩护，就可能损害其中一名被告人的合法权益。因此，我们认为，“一名辩护人不得为两名以上同案被告人辩护”，不能仅仅理解为不得“在同一案件的同一诉讼程序中同时为两名以上同案被告人辩护”，即使是在同一案件的不同审级中，这一限制性规定也同样适用。在同一案件不同审级中，一名辩护人如果在一审为一名被告人辩护，在二审又为其他同案被告人辩护人，也极有可能形成利益冲突，既不利于维护同案被告人的合法权益，也不利于准确判断各被告人的罪责。

本案中，被告人刘某贵二审期间委托原审同案被告人刘某龙一审期间的辩护人周某作为自己的辩护人，违反了《1998 年解释》第 35 条的相关规定。二审法院没有认真审查，导致了二审违反了法定诉讼程序，不利于保障被告人的合法权益，可能影响公正审判，只能通过不核准被告人死刑，发回重审的方式予以纠正。因此，法院在审理案件的过程中，应当严格审核辩护人资格，以避免出现“一名辩护人为两名以上的同案被告人辩护”的情形。

（二）一名辩护人不得为两名以上的同案被告人，或者未同案处理但犯罪事实存在关联的被告人辩护

《1998 年解释》第 35 条的规定，虽然对于保障被告人的诉讼权利具有重要意义，但它的使用范围毕竟局限在“共同犯罪”和“同案被告人”之中。因此，司法实践中仍有许多问题难以解决。例如，毒品买卖的“上下家”，彼此之间的关联极为密切，但不构成共同犯罪。有些案件虽然系共同犯罪案件，但分案处理。那么，同一辩护人可否在不同审级中分别担任毒品犯罪“上下家”的辩护人？此类问题在实践中也较为常见。

鉴于上述问题的存在，2012 年《刑事诉讼法》修正后，《刑诉法解释》第 38 条第 2 款规定：“一名辩护人不得为两名以上的同案被告人，或者未同案处理但犯罪事实存在关联的被告人辩护。”这一规定是对《1998 年解释》第 35 条极具重要的补充。它将限制的范围扩大到了“犯罪事实存在关联的

被告人”。也就是说，只要犯罪事实存在关联，无论被告人之间是否构成共同犯罪，无论案件处于哪一审级，无论案件是否并案处理，同一辩护人均不得以两名以上此类情形下的被告人辩护。这一规定中关于保护被告人诉讼权利的思路更加明晰。首先，规定了凡是同案被告人，均不得由同一辩护人辩护。如此，《1998年解释》中不甚明确的关于共同犯罪、审级等问题均得到了解决。其次，规定“未同案处理单犯罪事实存在关联的被告人”也不得由同一辩护人辩护，有利于避免审判过程中因利益冲突产生的损害被告人诉讼权利的问题。例如，毒品犯罪的上下家，行贿和受贿双方，虽然不构成共同犯罪，但双方缺一不可，他们之间的关联，甚至比一般共犯更为密切。如果对他们分案处理，即属于“未同案处理单犯罪事实存在关联的被告人”的范围，应当尽量作宽泛的理解，如恐怖组织、黑社会性质组织的参加者，其行为与集团组织指挥者实施的具体犯罪可能并无关联，但由于其系该集团的参加者，仍应当认定为“犯罪事实存在关联的被告人”。部分下游犯罪，如洗钱、帮助毁灭、伪造证据，窝藏、包庇，掩饰隐瞒犯罪所得、犯罪收益等犯罪，虽然与上游犯罪不构成共犯，且完全属于两种不同性质的犯罪，但犯罪事实之间仍然存在一定关联，故也应当适用上述规定。《刑诉法解释》的规定更有利于保障被告人的辩护权。犯罪事实存在关联的被告人之间，由于所处的地位和作用不同，他们之间的利害关系既有相互一致的方面，又有相互冲突的一面。如果一名辩护人同时为几名被告人进行辩护，就可能使辩护人处于自相矛盾的境地，难以维护各被告人的合法权益。因此，法院应当高度重视对被告人辩护人资格的审核，确保各个被告人的诉讼权利不因彼此之间存在的利益冲突而遭到损害。

2. 章某苟等聚众扰乱社会秩序案①

裁判要点：

检察官从人民检察院离任后，不得担任原任职检察院办理案件的诉讼代理人或者辩护人。《检察官法》规定的任职回避也应当在审判中得到执行。

基本案情：

绩溪县钨业公司际下矿区与际下村村民因补偿款和安全问题发生矛盾，村民多次阻止公司开工。2008年6月6日，村民再次阻止公司开工，在际下村村委会委员被告人章某苟的煽动下，周某正、王某文、王某兵等人殴打了

① 最高人民法院刑事审判第一、二、三、四、五庭：《刑事审判参考》总第77集，第662号。

钨业公司总经理蔡某发并扯破其衣裤，对矿区生产、生活用品进行打砸，造成钨业公司财物损失共计人民币（以下币种均为人民币）14788元。

裁判结果：

安徽省绩溪县人民法院认为，被告人章某荀等人聚众扰乱社会秩序，情节严重，其行为已构成聚众扰乱社会秩序罪。依照《刑法》第25条第1款、第290条第1款之规定，判决如下：被告人章某荀犯聚众扰乱社会秩序罪，判处有期徒刑三年，缓刑三年。被告人周某正犯聚众扰乱社会秩序罪，判处有期徒刑三年，缓刑三年。被告人王某文犯聚众扰乱社会秩序罪，判处有期徒刑一年，缓刑一年。被告人王某兵犯聚众扰乱社会秩序罪，判处有期徒刑一年，缓刑一年。

宣判后，被告人章某荀、周某正提出上诉，认为一审认定的事实错误、定性错误。二审出庭检察员提出，章某荀一审辩护人陈某岑律师原系绩溪县人民检察院检察官，离任后担任章某荀的辩护人，违反了《检察官法》第20条第2款之规定。

安徽省宣城市中级人民法院经审理，依法裁定：撤销原判，发回绩溪县人民法院重新审判。

主要问题：

离任二年后的检察官在原任职检察院办理的案件中担任辩护人是否违反了回避制度？若违反了回避制度，应如何处理？

裁判理由：

（一）被告人章某荀的一审辩护人陈某岑属于依法应当回避的情形

刑事诉讼中的回避，一般是指审判人员、检察人员、侦查人员与其所承办的案件或者案件当事人有某种利害关系或特殊关系，可能影响刑事案件的公正处理，因而不得参加该案件的审判、检察、侦查等活动的一项诉讼制度。回避是保障诉讼公正的一项重要诉讼制度，通过将与案件或者案件当事人有利害关系的审判人员、检察人员、侦查人员排除出诉讼程序，保证案件的公正处理，并消除当事人及社会公众的疑虑，增强司法公信力，树立司法权威。

刑事诉讼中的回避制度主要规定在《刑事诉讼法》第三章回避之中，具体有以下三方面内容：一是规定了回避的主体。回避的主体为审判人员、检察人员、侦查人员以及书记员、翻译人员和鉴定人。二是规定了回避情形。根据《刑事诉讼法》第29条、第30条之规定，具有下列情形之一的应当回避：(1) 是本案的当事人或者是当事人的近亲属的；(2) 本人或者他的近亲属和本案有利害关系的；(3) 担任过本案的证人、鉴定人、辩护人、诉讼代理人的；(4) 与本案当事人有其他关系，可能影响公正处理案件的；(5) 接受当事人及其委托的人的请客送礼，违规会见当事人及其委托的人的。三是规定了决定回避的程序以及当事人申请复议的权利。此外，《刑事诉法》第192条、第206条分别规定了发回重审的案件和按照审判监督程序重新审判案件，原审合议庭应当回避的情形。

本案的特别之处在于，引发是否需要回避争议的不是审判人员、检察人员或者侦查人员，而是被告人的辩护人。经查，被告人章某苟的一审辩护人陈某岑原为绩溪县人民检察院检察员、检察委员会委员、民事行政检察科科长，基于2004年8月提前退休，2006年5月正式申请为执业律师。2008年6月23日，陈某岑接受章某苟亲属的委托，担任本案章某苟的一审辩护人。对此，有观点认为：虽然《刑事诉讼法》没有规定辩护人的回避，但根据《检察官法》第20条第2款规定的“检察官从人民检察院离任后，不得担任原任职检察院办理案件的诉讼代理人或者辩护人”之规定，陈某芩属法律规定的应当回避的情形。另有观点认为，陈某岑虽违反了《检察官法》的规定担任原任职检察院办理案件的辩护人，但是陈某芩作为辩护人不属于《刑事诉讼法》规定的回避主体，不适用回避制度。陈某芩违反《检察官法》担任原任职检察院办理案件辩护人的行为属于一般性程序违法。

本书赞同前一种观点，主要基于以下考虑：

首先，回避制度在理论上大致可分为公务回避与任职回避（包括地域回避）两种。公务回避可以理解为行使公权力时针对特定对象、特定事项的回避，任职回避主要是指基于一定法定事由而被限制担任某职务。公务回避一般规定在具体程序法中，任职回避一般规定在人事管理方面的法律规范中。《刑事诉讼法》第三章规定的是典型的公务回避，即办理某具体案件时因与案件或者案件当事人有某种利害关系而退出或避开该具体案件的诉讼。而《法官法》和《检察官法》规定了包括就职回避、离职回避在内的任职回避制度。虽然《刑事诉讼法》第三章与《法官法》《检察官法》规定的是不同种类的回避，但不论是公务回避还是任职回避，都属回避制度的范畴。

其次，从广义的角度来讲，刑事诉讼法不仅仅是指刑事诉讼法典，还包括其他一切与刑事诉讼有关的法律，如《人民法院组织法》《法官法》《人民检察院组织法》《检察官法》《律师法》等法律中有关刑事诉讼程序的规定。虽然刑事诉讼法典中只规定了审判人员、检察人员、侦查人员的回避制度，但是刑事诉讼中的回避制度不止这些，其他法律规定的刑事诉讼中需要回避的情形同样属于回避制度的内容。2000 年最高人民法院、最高人民检察院分别印发了《关于审判人员严格执行回避制度的若干规定》和《检察人员任职回避和公务回避暂行办法》，其中对离任法官、检察官从事律师职业作出限制性规定。而 2001 年修订的《法官法》和《检察官法》用法律的形式肯定了上述内容，分别在任职回避章节对离任法官、检察官从事律师执业活动作出明确限制，这些都属于刑事诉讼中的回避制度，应当严格依法遵守。此外，至于有观点认为律师的职责是维护本方当事人的合法权益，它的权限来自委托，不存在回避的问题。我们认为，《法官法》和《检察官法》对离任法官和检察官担任原任职法院、检察院办理案件辩护人、诉讼代理人的禁止性规定，表面看是对律师执业的限制，但仔细分析之下，该规定并非对不特定多数人从事律师职业予以限制，其仅仅规范了法官、检察官离职后的行为，实质属法官、检察官的离职回避问题。如果离任的法官、检察官利用过去的职务关系、人际关系担任原任职法院、检察院办理案件的辩护人，则有可能对案件的公正审理带来不利影响。即使案件得到公正处理，也易引发案件当事人和社会公众的疑虑。尤其是司法实践中离任法官、检察官担任律师屡见不鲜，而由此滋生司法不公甚至司法腐败的现象也并不罕见，在这种情况下作出这样的禁止性规定具有重要的现实必要性。

综上分析，本案被告人章某荀的一审辩护人陈某芩违反了《检察官法》关于任职回避制度的规定，属于依法应当回避的情形，不得担任本案的辩护人。

（二）违反回避制度将导致审判结果无效，应发回重审

本案中陈某芩在一审阶段提出了章某荀非首要分子，不构成聚众扰乱社会秩序罪等辩护观点，一审法院均未予采纳。为此，有观点认为虽一审法院未作严格审查，致使陈某岑作为辩护人参加诉讼，违反了《检察官法》的相关规定，但陈某岑作为辩护人的辩护意见未被一审法院采纳，没有影响到本案的公正审判，本案应当继续审理。我们认为这种观点不正确，理由如下：设置回避制度的初衷和目的，从实体公正的角度来看，在于将与案件或者案件当事人有利害关系的人员排除出诉讼程序，以确保案件的侦查、公诉、审判人员的公正无私，从而最大限度使案件得到公正处理。而从程序公正的角度来看，司法审判的目的不仅在于得出一个公正的结果，而且要以看得见的

方式实现这一结果，当事人往往通过对诉讼过程的直观感受来评价裁判结果是否公平，这就需要通过公正的审判过程，使诉讼各方在得到公平对待的情况下信任诉讼程序的公正性，进而从内心尊重诉讼结果的公正。从这个角度来讲，回避实为避嫌，即尽可能地消除当事人对诉讼公正的疑虑。

《刑事诉讼法》第 191 条规定："第二审人民法院发现第一审人民法院的审理有下列违反法律规定的诉讼程序的情形之一的，应当裁定撤销原判，发回原审人民法院重新审判……违反回避制度的……"根据该规定，只要违反了回避制度就应当发回重审。而与之形成比较的是第 3 项"剥夺或者限制了当事人的法定诉讼权利，可能影响公正审判的"及第 5 项"其他违反法律规定的诉讼程序，可能影响公正审判的"，都是以"可能影响公正审判作"作为发回重审的条件。这种区别主要在于违反回避制度属严重程序违法，极可能导致案件处理不公，即使未实际影响到案件的公正审理，也可因程序本身的不公平使得对结果是否公正产生合理怀疑。就本案而言，无论第一审法院是否采纳辩护人陈某岑的辩护意见，陈某岑的行为已经影响到该案审判的公正性，应当依照《刑事诉讼法》第 191 条第 2 项之规定发回重审，因此第二审人民法院裁定发回重审是正确的。

第三十四条　犯罪嫌疑人自被侦查机关第一次讯问或者采取强制措施之日起，有权委托辩护人；在侦查期间，只能委托律师作为辩护人。被告人有权随时委托辩护人。

侦查机关在第一次讯问犯罪嫌疑人或者对犯罪嫌疑人采取强制措施的时候，应当告知犯罪嫌疑人有权委托辩护人。人民检察院自收到移送审查起诉的案件材料之日起三日以内，应当告知犯罪嫌疑人有权委托辩护人。人民法院自受理案件之日起三日以内，应当告知被告人有权委托辩护人。犯罪嫌疑人、被告人在押期间要求委托辩护人的，人民法院、人民检察院和公安机关应当及时转达其要求。

犯罪嫌疑人、被告人在押的，也可以由其监护人、近亲属代为委托辩护人。

辩护人接受犯罪嫌疑人、被告人委托后，应当及时告知办理案件的机关。

[条文主旨]

本条是关于委托辩护人的时间、委托辩护人的形式、辩护人的告知义务的规定。

[条文释解]

1979 年《刑事诉讼法》没有该条。1996 年《刑事诉讼法》第 33 条第 1 款规定"公诉案件自案件移送审查起诉之日起，犯罪嫌疑人有权委托辩护人。自诉案件的被告人有权随时委托辩护人"。第 2 款规定"人民检察院自收到移送审查起诉的案件材料之日起三日以内，应当告知犯罪嫌疑人有权委托辩护人。人民法院自受理自诉案件之日起三日以内，应当告知被告人有权委托辩护人"。2012 年《刑事诉讼法》对该条从委托辩护的时间、委托辩护的形式、辩护人的告知义务三方面作出较大的修改，2018 年《刑事诉讼法》未作修改。

该条一是明确律师在侦查阶段介入刑事诉讼的身份为辩护人，委托辩护的时间由审查起诉阶段（"自案件移送审查起诉之日起"）提前到侦查阶段（"犯罪嫌疑人在被侦查机关第一次讯问后或者采取强制措施之日起"）。二是增加了关于"侦查机关在第一次讯问犯罪嫌疑人或者对犯罪嫌疑人采取强制措施时，应当告知犯罪嫌疑人有权委托辩护人"的规定，由此赋予了侦查机关"告知义务"。三是增加规定了"被告人有权随时委托辩护人"，明确委托辩护人是被告人的法定诉讼权利，被告人在审判阶段的任一时间点均可以委托辩护人。人民法院应当保障被告人行使这一诉讼权利。具体而言，人民法院首先应当告知被告人有权委托辩护人。

辩护人介入诉讼的时间和方式具体分为以下情形：关于自诉案件，刑事诉讼法明文规定："人民法院自受理自诉案件之日起三日内，应当告知被告人有权委托辩护人。"关于公诉案件，（1）在侦查阶段，只有在犯罪嫌疑人被侦查机关第一次讯问或者采取强制措施之日起，辩护人才能介人诉讼，而且只能由律师作为辩护人，其职责是为犯罪嫌疑人提供法律帮助，代理申诉、控告，申请变更强制措施，向侦查机关了解犯罪嫌疑人涉嫌的罪名和案件有关情况，提出意见。需要指出的是，所谓"第一次讯问"，应指立案后对犯罪嫌疑人进行的第一次讯问。因为只有在立案后，犯罪嫌疑人的身份才被确定，侦查机关对其进行的第一次讯问才是对犯罪嫌疑人依法进行的第一次讯问。辩护人在此期间介入诉讼，展开活动，一方面可对犯罪嫌疑人作无罪、罪轻、减轻或免除刑事责任的辩护，促使公安机关和人民检察院在听取辩护律师意见的基础上作出移送审查起诉或提起公诉与否的正确决定。另一方面，辩护律师也可以充分、全面地了解案情，以做好正式参与审查起诉阶段的辩护的准备工作。同时，辩护人此时介入诉讼，更可以监督检察机关、公安机关依法行使诉讼职权，纠正非法羁押、刑讯逼供等违法行为，以保障犯罪嫌疑人的合法权益，维护国家法制的尊严。（2）在审查起诉阶段和审判阶段，犯罪嫌疑人、被告人可以随时委托辩护人，且除了律师以外，其他人如被告人的亲友等也可以担任辩护人。在这一阶段，辩护人可以依法查阅、摘抄、复制本案的案卷材料。

［配套规定］

1.《最高人民法院关于适用〈中华人民共和国刑事诉讼法〉的解释》（法释［2012］21号）（节录）

第三十九条 被告人没有委托辩护人的，人民法院自受理案件之日起三日内，应当告知其有权委托辩护人；被告人因经济困难或者其他原因没有委托辩护人的，应当告知其可以申请法律援助；被告人属于应当提供法律援助情形的，应当告知其将依法通知法律援助机构指派律师为其提供辩护。

告知可以采取口头或者书面方式。

第四十条 审判期间，在押的被告人要求委托辩护人的，人民法院应当在三日内向其监护人、近亲属或者其指定的人员转达要求。被告人应当提供有关人员的联系方式。有关人员无法通知的，应当告知被告人。

2.《公安机关办理刑事案件程序规定》（2012年12月13日公安部令第127号）（节录）

第四十一条 公安机关在第一次讯问犯罪嫌疑人或者对犯罪嫌疑人采取强制措施的时候，应当告知犯罪嫌疑人有权委托律师作为辩护人，并告知其如果因经济困难或者其他原因没有委托辩护律师的，可以向法律援助机构申请法律援助。告知的情形应当记录在案。

对于同案的犯罪嫌疑人委托同一名辩护律师的，或者两名以上未同案处理但实施的犯罪存在关联的犯罪嫌疑人委托同一名辩护律师的，公安机关应当要求其更换辩护律师。

第四十二条 犯罪嫌疑人可以自己委托辩护律师。犯罪嫌疑人在押的，也可以由其监护人、近亲属代为委托辩护律师。

犯罪嫌疑人委托辩护律师的请求可以书面提出，也可以口头提出。口头提出的，公安机关应当制作笔录，由犯罪嫌疑人签名、捺指印。

第四十三条 在押的犯罪嫌疑人向看守所提出委托辩护律师要求的，看守所应当及时将其请求转达给办案部门，办案部门应当及时向犯罪嫌疑人委托的辩护律师或者律师事务所转达该项请求。

在押的犯罪嫌疑人仅提出委托辩护律师的要求，但提不出具体对象的，办案部门应当及时通知犯罪嫌疑人的监护人、近亲属代为委托辩护律师。犯罪嫌疑人无监护人或者近亲属的，办案部门应当及时通知当地律师协会或者司法行政机关为其推荐辩护律师。

第四十六条 辩护律师接受犯罪嫌疑人委托或者法律援助机构的指派后，应当及时告知公安机关并出示律师执业证书、律师事务所证明和委托书或者法律援助公函。

3. 《人民检察院刑事诉讼规则》（高检发释字［2019］4号）（节录）

第四十条 人民检察院负责侦查的部门在第一次讯问犯罪嫌疑人或者对其采取强制措施时，应当告知犯罪嫌疑人有权委托辩护人，并告知其如果因经济困难或者其他原因没有委托辩护人的，可以申请法律援助。属于刑事诉讼法第三十五条规定情形的，应当告知犯罪嫌疑人有权获得法律援助。

人民检察院自收到移送起诉案卷材料之日起三日以内，应当告知犯罪嫌疑人有权委托辩护人，并告知其如果因经济困难或者其他原因没有委托辩护人的，可以申请法律援助。属于刑事诉讼法第三十五条规定情形的，应当告知犯罪嫌疑人有权获得法律援助。

当面口头告知的，应当记入笔录，由被告知人签名；电话告知的，应当记录在案；书面告知的，应当将送达回执入卷。

第四十一条 在押或者被指定居所监视居住的犯罪嫌疑人向人民检察院提出委托辩护人要求的，人民检察院应当及时向其监护人、近亲属或者其指定的人员转达要求，并记录在案。

第四十五条 辩护人接受委托后告知人民检察院，或者法律援助机构指派律师后通知人民检察院的，人民检察院负责案件管理的部门应当及时登记辩护人的相关信息，并将有关情况和材料及时通知、移交办案部门。

负责案件管理的部门对办理业务的辩护律师，应当查验其律师执业证书、律师事务所证明和授权委托书或者法律援助公函。对其他辩护人、诉讼代理人，应当查验其身份证明和授权委托书。

第四十六条 人民检察院负责案件管理的部门应当依照法律规定对辩护人、诉讼代理人的资格进行审查，办案部门应当予以协助。

4.《公安机关办理刑事案件程序规定》（2012年12月13日公安部令第127号）（节录）

第四十一条 公安机关在第一次讯问犯罪嫌疑人或者对犯罪嫌疑人采取强制措施的时候，应当告知犯罪嫌疑人有权委托律师作为辩护人，并告知其如果因经济困难或者其他原因没有委托辩护律师的，可以向法律援助机构申请法律援助。告知的情形应当记录在案。

对于同案的犯罪嫌疑人委托同一名辩护律师的，或者两名以上未同案处理但实施的犯罪存在关联的犯罪嫌疑人委托同一名辩护律师的，公安机关应当要求其更换辩护律师。

第四十二条 犯罪嫌疑人可以自己委托辩护律师。犯罪嫌疑人在押的，也可以由其监护人、近亲属代为委托辩护律师。

犯罪嫌疑人委托辩护律师的请求可以书面提出，也可以口头提出。口头提出的，公安机关应当制作笔录，由犯罪嫌疑人签名、捺指印。

第四十三条 在押的犯罪嫌疑人向看守所提出委托辩护律师要求的，看守所应当及时将其请求转达给办案部门，办案部门应当及时向犯罪嫌疑人委托的辩护律师或者律师事务所转达该项请求。

在押的犯罪嫌疑人仅提出委托辩护律师的要求，但提不出具体对象的，办案部门应当及时通知犯罪嫌疑人的监护人、近亲属代为委托辩护律师。犯罪嫌疑人无监护人或者近亲属的，办案部门应当及时通知当地律师协会或者司法行政机关为其推荐辩护律师。

第四十六条 辩护律师接受犯罪嫌疑人委托或者法律援助机构的指派后，应当及时告知公安机关并出示律师执业证书、律师事务所证明和委托书或者法律援助公函。

[参考案例]

谢某抢劫案[①]

裁判要点：

一审庭审结束后、审结前才委托辩护人参与一审诉讼的，人民法院依法应当准许。除特别规定外，被告人有权在一审的任何诉讼阶段委托辩护人；被告人在一审庭审结束后委托的辩护人，必须在一审审结前参与一审诉讼。2013年1月1日后审理的案件，如果被告人不属于盲、聋、哑、限制行为能力人，不属于开庭时不满十八周岁的未成年人，也不属于可能被判处无期徒刑或者死刑的，其在更换辩护人后，又再次更换辩护人的，法庭将不允许再次更换的辩护人参与诉讼。

基本案情：

被告人谢某伙同多名同案人（均另案处理）于2005年4月26日21时许，在行驶至G市新港某村站的N路公交车上，以扼颈、殴打的方法抢走被害人于某价值人民币（以下币种均为人民币）108元的钱包一个，内有现金1700元。

H区人民法院认为，被告人谢某以非法占有为目的，伙同他人在公共交通工具上以暴力方法劫取他人财物，其行为构成抢劫罪。依照《刑法》第263条第2项、第56条第1款之规定，H区人民法院以被告人谢某犯抢劫罪，判处有期徒刑十年六个月，剥夺政治权利三年，并处罚金2000元。

一审宣判后，被告人谢某不服，提出上诉。谢某辩称其未参与抢劫。谢某的辩护人提出：原判认定谢某抢劫的事实不清、证据不足；原审法院违反法定程序，剥夺了谢某获得辩护的权利。

G市中级人民法院经审理认为，一审法院拒绝辩护人为被告人提供辩护的做法不当，限制了被告人的诉讼权利，可能影响公正审判，应予纠正。对上诉人与其辩护人提出的原审法院限制上诉人获得辩护权利的意见，予以采纳。据此，G市中级人民法院依照《刑事诉讼法》（1996年）第191条第3项之规定，裁定撤销原判，发回H区人民法院重审。

H区人民法院另行组成了合议庭，重新开庭审理了本案。被告人谢某的

---

① 最高人民法院刑事审判第一、二、三、四、五庭：《刑事审判参考》总第91集。

辩护人到庭参加了诉讼。H 区人民法院重新审理后认定的事实与原审认定的一致，对谢某的定罪与量刑与原审相同。

宣判后，被告人谢某提出上诉。

裁判结果：

G 市中级人民法院经审理认为，原审认定谢某在公交车上以暴力劫取他人财物的事实清楚，证据确实、充分。依照《刑事诉讼法》（1996）第 189 条第 1 项之规定，裁定驳回上诉，维持原判。

裁判理由：

（一）一审庭审结束后、审结前才委托辩护人参与一审诉讼的，人民法院依法应当准许

本案结案时间在 2013 年 1 月 1 日以前，故本案在程序上应当适用 1996 年《刑事诉讼法》。在本案审理过程中，对是否准许被告人谢某在一审开庭审理后、审结前委托辩护人参加诉讼，存在两种意见：第一种意见认为，人民法院向谢某送达起诉书副本时已经告知其可以委托辩护人，但其直至开庭审理结束都没有委托，应当视为其已放弃委托辩护权。因此，对其亲属在开庭审理后、审结前委托辩护人参与一审辩护的，不应准许。第二种意见认为，《宪法》第 125 条规定了被告人有权获得辩护，肯定了获得辩护权是被告人享有的基本人权，应当予以充分尊重和保护。1996 年《刑事诉讼法》第 11 条及 2012 年修正后的《刑事诉讼法》第 11 条、第 14 条确立了被告人有权获得辩护、人民法院有义务保证被告人获得辩护的原则。该原则作为刑事诉讼的一项基本原则，符合《联合国人权公约》第 14 条关于犯罪嫌疑人、被告人有权获得辩护的规定的精神，应当贯穿于各个诉讼阶段以及每个诉讼阶段的全过程。因此，被告人在一审开庭审理后、审结前才委托辩护人的，人民法院应当准许。

我们同意第二种意见，理由如下：

1. 除特别规定外，被告人有权在一审的任何诉讼阶段委托辩护人。《宪法》第 125 条及 1996 年《刑事诉讼法》第 11 条，2012 年《刑事诉讼法》第 11 条、第 14 条都规定了被告人有权获得辩护的原则。该原则包含两层含义：一是被告人有权为自己辩护；二是被告人有权委托律师或者其他公民为自己辩护。实践中，司法机关贯彻保障被告人有权获得辩护原则，最重要的就是不得随意剥夺和限制被告人委托辩护人的权利。1996 年《刑事诉讼法》对于一审案件中，被告人委托辩护人参与诉讼的时间没有限制性规定。1998

年发布的《最高人民法院关于执行（中华人民共和国刑事诉讼法）若干问题的解释》（以下简称《1998 年解释》）对不予准许情况作了比较详细的规定。《1998 年解释》第 165 条规定：“被告人当庭拒绝辩护人为其辩护，要求另行委托辩护人的，应当同意，并宣布延期审理。被告人要求人民法院另行指定辩护律师，合议庭同意的，应当宣布延期审理。重新开庭后，被告人再次当庭拒绝重新委托的辩护人或者人民法院指定的辩护律师为其辩护的，合议庭应当分别情形作出处理：（一）被告人是成年人的，可以准许。但被告人不得再另行委托辩护人，人民法院也不再另行指定辩护律师，被告人可以自行辩护；（二）被告人具有本解释第三十六条规定情形之一的，不予准许。”根据该规定可以看出，只有出现以下情形的辩护人，在参与一审诉讼的时间上才受到限制：被告人当庭拒绝辩护人为其辩护后，其另行委托的辩护人或者法院另行指定的辩护律师（以下简称新辩护人），在出庭辩护时，又遭被告人当庭拒绝为其辩护的，如果该被告人是成年人且不属于《1998 年解释》第 36 条规定情形的（被告人系盲、聋、哑或者限制行为能力人，开庭时不满十八周岁的未成年人，可能被判处死刑的人），法庭可以准许其拒绝辩护，但不准许其再更换辩护人。简言之，通常情况下，被告人只享受一次更换辩护人的权利，如果第二次更换辩护人的，法庭将不准许重新更换的辩护人参与诉讼。除此之外，法律、法规、司法解释对辩护人何时参加一审诉讼，再无限制性规定。2012 年修正的《刑事诉讼法》对此未作修改。《刑诉法解释》第 254 条的规定也保留了《1998 年解释》的规定，只是在第 42 条将应当提供法律援助的适用对象中增加了可能被判处无期徒刑的被告人。因此，2013 年 1 月 1 日后审理的案件，如果被告人不属于盲、聋、哑、限制行为能力人，不属于开庭时不满十八周岁的未成年人，也不属于可能被判处无期徒刑或者死刑的，其在更换辩护人后，又再次更换辩护人的，法庭将不允许再次更换的辩护人参与诉讼。本案中，谢某在一审开庭审理前没有委托过辩护人，一审法院也没有为其指定过辩护律师，不存在前述限制性规定的情形，故其在一审任何阶段都可以委托辩护人。

2. 被告人在一审庭审结束后委托的辩护人，必须在一审审结前参与一审诉讼。虽然在一审庭审结束后委托的辩护人享有参与一审诉讼的权利，但考虑到案件审理期限的规定、诉讼资源的节约、被告人辩护权的充分行使、被告人经济利益不受损害、辩护人的辩护质量和效果得到保障等因素，有必要对被告人在庭审结束后委托辩护人的时间规定一个截止性的期限。我们认为，这个时间临界点应当以案件审结时间为标准，否则案件已经审结，辩护人才参与诉讼就失去其应有之义，不仅会损害司法权威，而且会造成司法资源的严重浪费。因此，应当结合案件的具体情况，确定不同的审结时间临界点：（1）当庭宣判的案件，以宣判时间为临界点。（2）开庭后定期宣判的案件，不需要审判委员会讨论的，以法律文书签发的时间为临界点。（3）开庭后定期宣判的案件，需要经审判委员会讨论的，以审判委员会研究作出决定的时间为临界点。被告人在庭审结束后才提出委托辩护人的，人民法院可以区分不同情形确定案件审结时间，以决定是否同意被告人委托的辩护人参与诉讼。

3. 对辩护人在一审庭审结束后、审结前的辩护权行使及辩护意见的具体处理。审判实践中，辩护人一般都是在开庭之前就参与了诉讼，具有充分的条件开展辩护。在庭审后接受委托参加诉讼的辩护人，虽然在结案前仍依法享有阅卷、调查取证、会见及与被告人通信，提交辩护意见，申请延期审理，提出被告人无罪、罪轻的辩护意见等权利（前述权利有的只有辩护律师才享有），但如果其没有提交新的能够证明被告人无罪或者罪轻证据的，法院考虑到审理期限、诉讼效益、案件实际等具体因素，一般不会再重新开庭审理。因此，辩护人在开庭后才开展的辩护活动必然会受到一定程度的限制，辩护质量也会难免有所降低。因此，为了更好地保障被告人辩护权的行使，我们认为，一审法院可以采取以下方式处理：（1）对于没有委托辩护人的被告人，一审开庭审理时可以再次提醒，询问其是否需要委托辩护人。如果其当庭表示需要委托辩护人的，法庭应当宣布休庭，延期审理。待其委托辩护人参与诉讼后，再决定重新开庭日期。（2）如果被告人在一审开庭审理结束后、审结前才委托辩护人的，法庭可以根据开庭审理的具体情况，分以下几种情况处理：

一是如果经合议庭评议认为，公诉机关指控的事实可能不构成犯罪或者指控事实不清、证据不足的，应当准许被告人委托的辩护人在此阶段参与诉讼。如果被告人没有委托辩护人的，人民法院还应当依照《刑诉法解释》第43条第4项的规定可以通知法律援助机构为其指派辩护律师。该项规定："具有下列情形之一，被告人没有委托辩护人的，人民法院可以通知法律援助机构指派律师为其提供辩护……（四）被告人的行为可能不构成犯罪……"如果只是提出无罪或者罪轻辩护意见，没有提交新证据的，可以将辩护意见写入裁判文书，不必重新开庭。如果提交了证明被告人无罪或者罪轻的新证据，合议庭认为这些证据无独立证明能力或者证明力不大，且不影响到认定被告人无罪的，可以征求公诉机关的意见，记录在案，不必重新开庭质证。如果提交的证据可能推翻公诉机关的指控，或者可能证明被告人无罪或者罪轻的，应当重新开庭质证、认证。

二是如果经合议庭评议认为，指控证据中存在疑点，可能影响到指控犯罪事实是否成立的，应当准许被告人委托辩护人并要求辩护人尽快参与一审诉讼，且给辩护人一定的调查、收集证据的时间。如果辩护人在法庭指定时间内提交了可能影响被告人定罪量刑的新证据，或者辩护人提出申请人民法院调取的证据，足以影响定罪量刑的，法庭应当重新开庭对新证据进行质证。如果没有新证据，则无须重新开庭审理，但应当将辩护人的辩护意见写入裁判文书。

三是如果经合议庭评议认为，指控证据确实、充分，指控事实成立，辩护人在庭审结束后才参与诉讼对案件实体认定的意义不大，法庭可告知被告人最好到二审程序再委托辩护人，以保护其辩护权不受损害。但如果其仍坚持要委托辩护人的，应当准许。辩护人的辩护意见写入裁判文书，其提交的证据如果不影响被告人的定罪量刑的，无须重新开庭审理。

本案被告人谢某的亲属在一审庭审结束后才委托辩护律师，从卷内材料来看，辩护律师到 H 区法院递交委托函时，该案的法律文书并未签发。因此，一审法院不准许谢某委托的律师参与一审诉讼的决定，在一定程度上限制了被告人的辩护权，违反了相关程序，应予纠正。

（二）一审程序虽存在瑕疵但不影响案件实体公正审判的，二审法院不必发回重审

2012 年《刑事诉讼法》第 227 条（1996 年《刑事诉讼法》第 191 条）规定：“第二审人民法院发现第一审人民法院的审理有下列违反法律规定的诉讼程序的情形之一的，应当裁定撤销原判，发回原审人民法院重新审判：（一）违反本法有关公开审判规定的；（二）违反回避制度的；（三）剥夺或限制了当事人的法定诉讼权利，可能影响公正审判的；（四）审判组织的组成不合法的；（五）其他违反法律规定的诉讼程序，可能影响公正审判的。”对于前述规定的第一、二、四三种情形，实践中通常争议不大，一旦违反，必须发回重审。但对第三、五种情形，实践中出现不少矫枉过正的现象。有的二审法院对一些本不会影响到案件实体公正的个别程序瑕疵，不仔细衡量是否会影响公正审判，就轻易发回重审，不仅浪费了司法资源，降低了诉讼

效率，增加了当事人的讼累，同时也违背了立法本意。因此，我们认为，有必要对违反第三、五种情形而发回重审的案件作一个原则性的限定。二审法院在决定是否发回重审时，要紧紧围绕该程序问题是否影响案件实体公正审判这个标准。因篇幅所限，以下仅列举几种常见情形：

1. 违反法律规定强制辩护情形的，应当发回重审

根据 1996 年《刑事诉讼法》第 34 条第 2 款和 2012 年《刑事诉讼法》第 267 条的规定，对没有委托辩护人的未成年被告人没有指定辩护人的，必须为其指定辩护人。依照《1998 年解释》第 165 条的规定，法庭根据未成年被告人的要求更换辩护人后，该被告人又再次当庭拒绝辩护人为其辩护的，人民法院不予准许。因为未成年人的年龄和心智都未成熟到可以自行行使辩护权的程度。如果未成年被告人没有委托辩护人，一审法院又没有为其指定辩护律师而审结的案件，实际上剥夺了未成年被告人的辩护权，足以影响审判的公正性。同理，对 2012 年《刑事诉讼法》第 34 条第 2 款、第 3 款规定的盲、聋、哑、限制刑事责任能力人，可能被判处无期徒刑和死刑的六类被告人，如果其没有委托辩护人的，法院均应当为其指定辩护律师。否则，都属于“剥夺或限制了当事人的法定诉讼权利，可能影响公正审判的情形”，二审法院应当将此类案件发回重审。

2. 2013 年 1 月 1 日后审理的案件，未通知未成年被告人的法定代理人或者其他合适成年人到场的，应当发回重审。1996 年《刑事诉讼法》第 14 条第 2 款规定：“对于不满十八周的未成年人犯罪的案件，在讯问和审判时，可以通知犯罪嫌疑人、被告人的法定代理人到场。”依照当时的规定，如果当时的案件未通知其法定代理人到场或者通知后未能到场，但其委托辩护人或指定辩护律师在场，二审法院认为不会影响案件公正审判的，可以不发回重审。但 2012 年修改后的《刑事诉讼法》第 270 条规定：“对于未成年人刑事案件，在讯问和审判时，应当通知犯罪嫌疑人、被告人的法定代理人到场。无法通知、法定代理人不能到场或者法定代理人是共犯的，也可以通知未成年犯罪嫌疑人、被告人的其他成年近亲属，所在学校、单位、居住地基层组织或者未成年人保护组织的代表到场……”该条规定将 1996 年《刑事诉讼法》的“可以通知”修改为“应当通知”，旨在更有效地保护未成年人的合法权益。根据这一规定的修改，自 2013 年 1 月 1 日后，凡是违反《刑事诉讼法》第 270 条规定的未履行通知义务的案件，二审法院均应当发回重审。

3. 程序问题是否影响案件实体公正审判的界定标准。诉讼法的制定目的之一是保障和实现案件的实体公正。虽然程序公正是实体公正的实现前提，但并非所有程序问题都会影响到案件的实体公正。因此，对于类似前述第三、五种情形的其他程序问题，是否影响公正审判还需要以其是否影响案件的实体公正审判来判断。换言之，就是要看该程序问题是否会影响到被告人的定罪和量刑。如果一审审理中存在的程序问题，既不影响对被告人的定罪，也不影响对被告人的量刑，则可以向一审法院指出，并提出纠正意见，没有必要将其发回重审。例如，限制被告人的辩护权情节轻微、辩护人申请传唤的非关键证人出庭作证被法院拒绝的、法律手续不完善或者法庭审理的最后陈述阶段被省略等，这些问题一般不足以影响对被告人的定罪和量刑，可以不必发回重审。就本案而言，被告人谢某系成年人，其亲属委托的辩护人在一审庭审结束后、裁判文书签发前才参与一审诉讼。该辩护人在二审审理期间仅是简单提出原判事实不清、证据不足、违反法定程序的辩护意见，既未提交新的证据，也未向人民法院提出调查证明被告人无罪或者罪轻的证据的申请。该案发回重审后，只是履行了重新审理的程序，实质并无改变,，发回重审后的一审实体判决与原一审实体判决一致，之后的第二审也维持了一审判决。因此，本案一审法院存在的程序瑕疵，不会影响二审对案件实体的认定和处理，这类案件，二审可以径行判决，而无须发回重审。

第三十五条　犯罪嫌疑人、被告人因经济困难或者其他原因没有委托辩护人的，本人及其近亲属可以向法律援助机构提出申请。对符合法律援助条件的，法律援助机构应当指派律师为其提供辩护。

犯罪嫌疑人、被告人是盲、聋、哑人，或者是尚未完全丧失辨认或者控制自己行为能力的精神病人，没有委托辩护人的，人民法院、人民检察院和公安机关应当通知法律援助机构指派律师为其提供辩护。

犯罪嫌疑人、被告人可能被判处无期徒刑、死刑，没有委托辩护人的，人民法院、人民检察院和公安机关应当通知法律援助机构指派律师为其提供辩护。

［条文主旨］

本条是关于法律援助辩护的规定。

[条文释解]

1979年《刑事诉讼法》第27条规定："公诉人出庭公诉的案件，被告人没有委托辩护人的，人民法院可以为他指定辩护人。被告人是聋、哑或者未成年人而没有委托辩护人的，人民法院应当为他指定辩护人"。1996年《刑事诉讼法》第34条对此作了进一步完善，规定："公诉人出庭公诉的案件，被告人因经济困难或者其他原因没有委托辩护人的，人民法院可以指定承担法律援助义务的律师为其提供辩护。被告人是盲、聋、哑或者未成年人而没有委托辩护人的，人民法院应当指定承担法律援助义务的律师为其提供辩护"，并且增加规定"被告人可能被判处死刑而没有委托辩护人的，人民法院应当指定承担法律援助义务的律师为其提供辩护"。2012年《刑事诉讼法》对此条又作了较大修改，2018年《刑事诉讼法》未再作修改。

法律援助，是指国家在司法制度运行的各个环节和各个层次上，对因经济困难及其他因素而难以通过通常意义上的法律救济手段保障自身基本社会权利的社会弱者，减免收费提供法律帮助的一项法律保障制度。在我国，刑事法律援助是指在刑事诉讼中，依照法律规定对那些经济困难无力支付诉讼费用，或者特定案件中的刑事被告人，由人民法院指定执业律师义务承担刑事辩护帮助的法律制度。具体而言：（1）刑事法律援助的性质属于律师提供的法律咨询、制作法律文书和刑事法庭辩护方面的法律服务，而不是由人民法院减免诉讼费用的司法救助。（2）政府是责任主体，律师是实施义务主体。刑事法律援助是政府行为，只有在国家承担此项责任时才是行之有效的。（3）刑事法律援助的对象是刑事被告人，而不是刑事被害人，也不包括非自然人的单位组织和政府。通过法律援助的程序为被告人指定辩护，既有利于切实保障辩护的质量，同时也与国际法例相协调。联合国《关于律师作用的基本原则》第6条规定："任何没有律师的人在司法需要情况下均有权获得按犯罪性质指派给他的一名有经验和能力的律师以便得到有效的法律协助，如果他无足够力量为此种服务支付费用，可不交费。"2003年7月16日国务院通过了《法律援助条例》，共分为总则、法律援助范围、法律援助申请和审查、法律援助实施、法律责任和附则六章，共计31条。它是我国第一部有关法律援助制度的法规，标志着我国法律援助制度建设的新起点。我国的刑事法律援助制度主要体现在刑事指定辩护制度上。指定辩护制度的完善与否不仅直接关系到被告人的辩护权能否得到切实的保障，从而影响其合法权益，同时也反映一个国家刑事诉讼程序公正、民主、文明的程度。2012年《刑事诉讼法》对此条又作了较大修改，取消了人民法院直接指定律师辩护的规定，改为由司法机关通知法律援助机构指派律师提供法律援助。主要变动有以下五个方面：一是将主体从“被告人”增加为“犯罪嫌疑人、被告人”；二是因经济困难等原因没有委托辩护人，由“人民法院可以指定承担法律援助义务的律师为其提供辩护”修改为“本人及其近亲属可以向法律援助机构提出申请”；三是将“未成年人没有委托辩护人的”情形移至《刑事诉讼法》第267条关于未成年人的审理程序；四是将“可能判处死刑而没有委托辩护人的”，修改为“可能被判处无期徒刑、死刑，没有委托辩护人的”，即增加了可能被判处无期徒刑作为指定辩护的情形；五是变更了指定方式，即从“指定承担辩护法律援助义务的律师”改为“通知法律援助机构指派律师”。

根据《刑事诉讼法》的规定，指定辩护有以下几种情形：

一是具有下列情形之一的，人民法院、人民检察院和公安机关应当通知法律援助机构指派律师为其提供辩护：（1）犯罪嫌疑人、被告人是盲、聋、哑人，没有委托辩护人的，司法机关应当通知法律援助机构指派律师为其提供辩护。这样规定的主要考虑是，上述犯罪嫌疑人、被告人由于生理原因，可能会造成其法律知识的欠缺和对外界事物认识的偏差不能充分行使辩护权，因此法律应当对其进行特殊保护，以维护其合法权益。（2）尚未完全丧失辨认或者控制自己行为能力的精神病人。对这种限制行为能力的人，法律也应当体现对其的特殊保护。（3）可能被判处无期徒刑、死刑的人。主要考虑无期徒刑和死刑都是我国刑罚中最重的刑罚，在诉讼中应当让这些重刑犯充分行使辩护权，其合法权益才能得到最大限度的维护。（4）未成年犯罪嫌疑人、被告人。《刑事诉讼法》第267条规定：“未成年犯罪嫌疑人、被告人没有委托辩护人的，人民法院、人民检察院、公安机关应当通知法律援助机构指派律师为其提供辩护。”对未成年人犯罪案件规定专门程序，凸显了对未成年人合法权益的保障，同时也与未成年人保护法相衔接。

二是对于因经济困难等原因没有委托辩护人的犯罪嫌疑人、被告人，经本人或者近亲属向法律援助机构提出申请，符合法律援助条件的，法律援助机构应当指派律师为其提供辩护。《刑事诉讼法》取消了人民法院指定辩护的内容。因此，人民法院不再负有为“因经济困难等原因没有委托辩护人的被告人”指定辩护的义务。但是，法律规定了人民法院、人民检察院、公安机关应当及时告知其可以申请法律援助的义务，强化了刑事诉讼中的法律援助工作。

根据我国刑事诉讼法的有关规定，指派辩护必须同时符合以下几个条件：（1）犯罪嫌疑人、被告人没有委托辩护人。如果犯罪嫌疑人、被告人已经委托了辩护人，则不存在指派辩护的问题。（2）犯罪嫌疑人、被告人必须符合法律规定的特殊条件，犯罪嫌疑人、被告人因经济困难等原因没有委托辩护人，本人及其近亲属提出申请的；犯罪嫌疑人、被告人是盲、聋、哑人、未成年人，或者是尚未完全丧失辨认或者控制自己行为能力的精神病人，没有委托辩护人，人民法院、人民检察院和公安机关通知法律援助机构指派律师进行辩护的；犯罪嫌疑人、被告人可能被判处无期徒刑、死刑，没有委托辩护人。（3）接受指派为犯罪嫌疑人、被告人进行辩护的人，只能是律师，其他人不得被指派担任辩护人。

[审判实务]

1. 被告人坚持自己行使辩护权，拒绝人民法院指定的辩护人为其辩护的，应当如何处理？人民法院应当准许，并记录在案。属于应当提供法律援助的情形，如残疾人、未成年人或可能被判处死刑而没有委托辩护人的被告人拒绝人民法院为其指定辩护，有正当理由的，人民法院也可准许，但被告人需另行委托辩护人。被告人未另行委托辩护人的，人民法院应当在 3 日内书面通知法律援助机构另行指派律师为其提供辩护。这是因为指定辩护是一种强制性规范，即一经人民法院指定，便具有强制辩护的效力，被告人有权拒绝不称职或不合心意的律师辩护，也可以另行要求指定其他辩护律师，但不得拒绝人民法院的依法指定，否则会给诉讼带来难以解决的矛盾，不利于法庭全面调查与审核事实和证据。

2. 哪些机关可以为犯罪嫌疑人、被告人指定辩护人？指定辩护是指人民法院、人民检察院和公安机关为因经济困难或者其他原因而无力聘请辩护人的犯罪嫌疑人、被告人指定承担法律援助义务的律师进行辩护。

3. 申请法律援助机构指派律师进行辩护的程序是怎样的？公安机关、人民检察院、人民法院在收到被羁押的犯罪嫌疑人、被告人提出的法律援助申请后，应当在 24 小时内将其申请转交所在地的法律援助机构，并通知申请人的法定代理人、近亲属或者其委托的其他人员协助提供相关材料。犯罪嫌疑人的法定代理人或者近亲属地址不详无法通知的，公安机关、人民检察院、人民法院应当在转交申请时一并告知法律援助机构。法律援助机构收到申请后，应当依照有关规定及时审查并作出决定。对符合法律援助条件的，决定提供法律援助，并于决定之日起3日内指派律师并函告公安机关、人民检察院、人民法院。对不符合法律援助条件的，作出不予援助的决定，并于决定之日起3日内书面告知申请人理由，并函告公安机关、人民检察院、人民法院。人民法院通知法律援助机构指派辩护律师的，应当将指定辩护通知书和起诉书副本或者判决书送交其所在地的法律援助机构办理。人民法院决定开庭审理的，应当在开庭10日前将指定辩护通知书和起诉书副本或者判决书送交其所在地的法律援助机构。

［配套规定］

1.《最高人民法院关于适用〈中华人民共和国刑事诉讼法〉的解释》（法释［2012］21号）（节录）

第四十一条 人民法院收到在押被告人提出的法律援助申请，应当在二十四小时内转交所在地的法律援助机构。

第四十二条 对下列没有委托辩护人的被告人，人民法院应当通知法律援助机构指派律师为其提供辩护：

（一）盲、聋、哑人；

（二）尚未完全丧失辨认或者控制自己行为能力的精神病人；

（三）可能被判处无期徒刑、死刑的人。

高级人民法院复核死刑案件，被告人没有委托辩护人的，应当通知法律援助机构指派律师为其提供辩护。

第四十三条 具有下列情形之一，被告人没有委托辩护人的，人民法院可以通知法律援助机构指派律师为其提供辩护：

（一）共同犯罪案件中，其他被告人已经委托辩护人；

（二）有重大社会影响的案件；

（三）人民检察院抗诉的案件；

（四）被告人的行为可能不构成犯罪；

（五）有必要指派律师提供辩护的其他情形。

第四十四条 人民法院通知法律援助机构指派律师提供辩护的，应当将法律援助通知书、起诉书副本或者判决书送达法律援助机构；决定开庭审理的，除适用简易程序审理的以外，应当在开庭十五日前将上述材料送达法律援助机构。

法律援助通知书应当写明案由、被告人姓名、提供法律援助的理由、审判人员的姓名和联系方式；已确定开庭审理的，应当写明开庭的时间、地点。

第四十五条 被告人拒绝法律援助机构指派的律师为其辩护，坚持自己行使辩护权的，人民法院应当准许。

属于应当提供法律援助的情形，被告人拒绝指派的律师为其辩护的，人民法院应当查明原因。理由正当的，应当准许，但被告人须另行委托辩护人；被告人未另行委托辩护人的，人民法院应当在三日内书面通知法律援助机构另行指派律师为其提供辩护。

第四十六条 审判期间，辩护人接受被告人委托的，应当在接受委托之日起三日内，将委托手续提交人民法院。

法律援助机构决定为被告人指派律师提供辩护的，承办律师应当在接受指派之日起三日内，将法律援助手续提交人民法院。

第五十四条 人民法院自受理自诉案件之日起三日内，应当告知自诉人及其法定代理人、附带民事诉讼当事人及其法定代理人，有权委托诉讼代理人，并告知如果经济困难的，可以申请法律援助。

2.《人民检察院刑事诉讼规则》（高检发释字［2019］4号）（节录）

第四十二条 人民检察院办理直接受理侦查案件和审查起诉案件，发现犯罪嫌疑人是盲、聋、哑人或者是尚未完全丧失辨认或者控制自己行为能力的精神病人，或者可能被判处无期徒刑、死刑，没有委托辩护人的，应当自发现之日起三日以内书面通知法律援助机构指派律师为其提供辩护。

第四十三条 人民检察院收到在押或者被指定居所监视居住的犯罪嫌疑人提出的法律援助申请，应当在二十四小时以内将申请材料转交法律援助机构，并通知犯罪嫌疑人的监护人、近亲属或者其委托的其他人员协助提供有关证件、证明等材料。

第四十四条 属于应当提供法律援助的情形，犯罪嫌疑人拒绝法律援助机构指派的律师作为辩护人的，人民检察院应当查明拒绝的原因。有正当理由的，予以准许，但犯罪嫌疑人需另行委托辩护人；犯罪嫌疑人未另行委托辩护人的，应当书面通知法律援助机构另行指派律师为其提供辩护。

3.《公安机关办理刑事案件程序规定》（2012年12月13日公安部令第127号）（节录）

第四十四条 符合下列情形之一，犯罪嫌疑人没有委托辩护人的，公安机关应当及时通知法律援助机构为犯罪嫌疑人指派辩护律师：

（一）犯罪嫌疑人是盲、聋、哑人，或者是尚未完全丧失辨认或者控制自己行为能力的精神病人；

（二）犯罪嫌疑人可能被判处无期徒刑、死刑。

第四十五条 公安机关收到在押的犯罪嫌疑人提出的法律援助申请后，应当在二十四小时以内将其申请转交所在地的法律援助机构，并通知申请人的监护人、近亲属或者其委托的其他人员协助提供有关证件、证明等相关材料。犯罪嫌疑人的监护人、近亲属或者其委托的其他人员地址不详无法通知的，应当在转交申请时一并告知法律援助机构。犯罪嫌疑人拒绝法律援助机构指派的律师作为辩护人或者自行委托辩护人的，公安机关应当在三日以内通知法律援助机构。

4.《中华人民共和国律师法》（2017年9月1日第十二届全国人民代表大会常务委员会第二十九次会议修正）

第四十二条 律师、律师事务所应当按照国家规定履行法律援助义务，为受援人提供符合标准的法律服务，维护受援人的合法权益。

[参考案例]

李某、刘某高故意杀人、抢劫，曾某灵掩饰、隐瞒犯罪所得、犯罪所得收益案①

裁判要点：

侦查、起诉阶段未依法对可能判处死刑的犯罪嫌疑人指派辩护律师，一审法院审查后应依法对案件实体作出判决，二审法院对审判前的该程序问题不应撤销原判，发回重审.

基本案情：

2012年11月初，被告人李某、刘某高多次密谋，要物色一名有钱女子，劫取钱财，然后杀人灭口。11月5日下午，湖南省株洲县南阳桥乡村民刘某

① 《人民司法（案例）》2017年第5期。

某（被害人）打电话邀请李某唱歌。在唱歌的过程中，李某编造了株洲市石峰区有二手房购买的情况，试探其有无购买二手房的意愿。11月5日晚上，李某、刘某高经多次预谋后，选定被害人刘某某作为抢劫对象，并商定由李某负责将刘某某诱骗至刘某高家，劫取钱财后将刘某某杀害，并由刘某高肢解、毁灭尸体。为此，李某、刘某高两人陆续购买了一张不记名手机卡、高压锅、假发、斩骨刀、桂皮、八角、铁锤、纺织袋等作案工具，李某将自己家里的两把尖刀交给刘某高。11月19日下午，李某打电话给刘某某，以其要购买二手房，请刘某某看房并提供参考为由，将刘某某诱骗至株洲市荷塘区601社区刘某高的宿舍。刘某某进房后对刘某高的房间进行查看，刘某高则介绍房子的相关情况。在刘某某进入卧室后，李某、刘某高从后面将刘某某推倒在房间床上，用尼龙绳捆绑其手脚，透明胶封住其口，将其随身携带的女式挎包抢走。在其挎包中，搜到人民币8800元，港币200元及银行卡、存折等物品，并将刘某某佩戴的一个黄金手镯、一对黄金耳环、一根铂金项链取下。之后李某、刘某高多次以杀害刘某某相威胁，逼其写出银行卡的金额和密码，除其中一张银行卡上有128元钱外，其他银行卡上均没有钱。随后，李某、刘某高用湿塑料袋封住刘某某头部，致其窒息死亡。李某要刘某高用刘某某的手机发短信给刘某某的姐姐，使其家人认为她还活着。然后，李某拿了分得的4400元现金后离开。待李某走后，刘某高将尸体拖至厕所，用刀、铁锤肢解尸体，并将尸块、骸骨加入八角、桂皮后用高压锅煮压。11月21日，刘某高将煮熟后的尸块、骸骨以及刘某某的衣物、挎包及挎包里的物品用塑料袋分装好，和李某一同将上述物品，分二次丢弃至株洲市天元区高铁站旁湘芸中路的路边、株洲市石峰区荷花乡霞湾村007县道路边、湘潭市马家河乡云河村赵家组湘江河边、株洲市石峰公园等地方。

2012年11月22日下午，刘某高和李某来到株洲市石峰区鑫达寄卖行，告诉曾某灵，其盗窃了一只黄金手镯、一对黄金耳环、一条铂金项链要销售。曾某灵以11500元钱收购上述黄金饰品。刘某高收到11500元现金后，将其中的5500元钱分给了李某。曾某灵将收购的上述黄金饰品以13380元钱的价格转卖给了刘某安，从中谋利1880元。经鉴定，上述黄金饰品价值为18530.55元。2012年12月7日，李某、刘某高被公安机关抓获。

湖南省株洲市中级人民法院经审理认为，被告人李某、刘某高以非法占有为目的，采用暴力手段，劫取他人财物，其行为构成抢劫罪；被告人李某、刘某高在抢劫财物后，为隐匿犯罪事实，又杀人灭口，并毁坏被害人尸体，其行为构成故意杀人罪。被告人曾某灵明知是犯罪所得的赃物，而予以收购并销售，其行为构成掩饰、隐瞒犯罪所得、犯罪所得收益罪。被告人李某、刘某高犯数罪，依法应数罪并罚。被告人曾某灵如实供述自己的犯罪事实，依法可从轻处罚。被告人李某、刘某高因故意犯罪被判处有期徒刑，在刑罚执行完毕后 5 年内，又故意再犯应当判处有期徒刑以上刑罚之罪，是累犯，依法应从重处罚。李某、刘某高在共同故意杀人、抢劫犯罪中的地位、作用相当，均系主犯。据此，株洲市中级人民法院依法作出刑事附带民事判决：一、被告人李某犯故意杀人罪，判处死刑，剥夺政治权利终身；犯抢劫罪，判处有期徒刑 9 年，并处罚金 8 万元；合并决定执行死刑，剥夺政治权利终身，并处罚金 8 万元。二、被告人刘某高犯故意杀人罪，判处死刑，剥夺政治权利终身；犯抢劫罪，判处有期徒刑 9 年，并处罚金 8 万元；合并决定执行死刑，剥夺政治权利终身，并处罚金 8 万元。三、被告人曾某灵犯掩饰、隐瞒犯罪所得、犯罪所得收益罪，判处有期徒刑1 年，并处罚金 1 万元。四、被告人李某、刘某高赔偿附带民事诉讼原告人胡某军、胡某经济损失 166560 元，限判决生效后三个月内付清。五、驳回附带民事诉讼原告人的其他诉讼请求。

一审宣判后，被告人李某对刑事部分的判决不服，提出上诉。

湖南省高级人民法院裁定驳回上诉，维持原判，对被告人李某、刘某高的死刑裁定依法报请最高人民法院核准。

裁判结果：

最高人民法院裁定核准了湖南省高级人民法院对李某、刘某高的死刑裁定。

裁判理由：

本案中，值得讨论的是被告人刘某高的辩护人提出的两点辩护意见：一是本案侦查程序存在瑕疵，未依法通知法律援助机构为被告人提供辩护；二是本案只构成抢劫罪。现分析如下：

修正后的刑事诉讼法及最高人民法院、最高人民检察院、公安部等相应发布的办案规则都于 2013 年 1 月 1 日正式实施。本案由株洲市荷塘区公安分局于 2013 年 2 月 20 日侦查终结后移送审查起诉，侦查时间跨越修正后的刑事诉讼法生效前后，审查起诉则在修正后的刑事诉讼法生效后。根据《刑事诉讼法》第 34 条、《人民检察院刑事诉讼规则》第 41 条、《公安机关办理刑事案件程序规定》第 44 条的规定，犯罪嫌疑人可能被判处无期徒刑、死刑而没有委托辩护人的，公安机关、人民检察院在各自的诉讼阶段应当及时通知法律援助机构为犯罪嫌疑人指派辩护律师。但就目前司法实践来看，许多案件的侦查、检察机关没有严格遵守这一规定。本案就是如此，侦查机关、人民检察院均没有通知法律援助机构为可能被判处死刑的李某、刘某高指派辩护律师。一审刘某高的辩护人也指出这一问题。那么，对于这一程序问题，法院应当如何处理？或者说，如何理解这一程序问题对本案的影响呢？

侦查、起诉阶段的违法行为通常侵犯的是犯罪嫌疑人的两类权利：一是犯罪嫌疑人的人格尊严、隐私、人身自由等实体性权利；二是犯罪嫌疑人的诉讼权利，如获得律师帮助的权利等。对于这两类侵权行为，我国刑事诉讼法规定的程序性制裁只有非法证据排除的有关规定，也即只对侵犯犯罪嫌疑人的第一类权利作了制约规定，这也是法院依法制裁侦查机关违法侦查行为的唯一规定。对于犯罪嫌疑人的第二类权利，如应当通知法律援助机构为可能被判处死刑的犯罪嫌疑人指派辩护律师，刑事诉讼法律并没有违反后的制裁性规定。侦查、起诉阶段应当为符合条件的犯罪嫌疑人指派辩护律师的规定沦为宣示性的规定，这也是司法实践中这一规定没有得到遵守贯彻的直接原因。对于第一审法院来说，并没有法律依据对侦查、检察机关的这一程序违法行为采取制裁措施，因此只能对本案实体处理作出判决。对于第二审法院来说，《刑事诉讼法》第227条规定："对一审法院的审理违反法律规定的以下诉讼程序的情形，应当裁定撤销原判，发回重审：（一）违反本法有关公开审判的规定的；（二）违反回避制度的；（三）剥夺或者限制了当事人的法定诉讼权利，可能影响公正审判的；（四）审判组织的组成不合法的；（五）其他违反法律规定的诉讼程序，可能影响公正审判的。"这是刑事诉讼有关法律关于二审法院对违反法律规定的诉讼程序的唯一规定。这一规定很明确是针对一审法院存在的程序问题作出的，对侦查、检察机关违反有关法律规定的程序如何处理的规定阙如。就本案而言，一审法院审理中并不存在上述程序问题，二审法院并无法律依据对本案侦查、起诉阶段的程序问题发回重审。根据《刑事诉讼法》第36条的规定，辩护律师在侦查期间可以为犯罪嫌疑人提供法律帮助；代理申诉、控告；申请变更强制措施；向侦查机关了解犯罪嫌疑人涉嫌的罪名和案件有关情况，提出意见。这一规定主要是为保障被告人不遭受侦查机关的违法侦查行为，也即为了保障犯罪嫌疑人的前述第一类权利。从本案情况来看，侦查机关对刘某高、李某依法侦查取证，并没有实施侵犯其人格尊严、隐私、人身自由等实体性权利的行为。因此，就本案而言，公安、检察机关虽然未依法为李某、刘某高指派律师，但并没有实施非法取证等可能遭受法院程序制裁的行为，犯罪嫌疑人在侦查、起诉阶段未依法被指派辩护律师并没有对其权利造成实质影响。因此，一审、二审法院不宜放大这一程序问题对审判的影响，而应径行对本案实体作出判决。

另外，就二审法院而言，对案件存在的程序问题，视情况要么发回重审，要么继续对实体进行审理作出判决。如果违反法律规定的诉讼程序发生在侦查、起诉阶段，案件发回重审后一审法院也无法回溯弥补，一审法院无法律依据将案件退回检察、公安机关，更没有法律依据仅仅因为公安、检察机关的这一程序性问题而判决被告人无罪。因此，本案二审对侦查、起诉阶段未为犯罪嫌疑人指派辩护律师的程序问题，采取撤销原判并发回重审的措施没有实际意义。

第三十六条　法律援助机构可以在人民法院、看守所等场所派驻值班律师。犯罪嫌疑人、被告人没有委托辩护人，法律援助机构没有指派律师为其提供辩护的，由值班律师为犯罪嫌疑人、被告人提供法律咨询、程序选择建议、申请变更强制措施、对案件处理提出意见等法律帮助。

人民法院、人民检察院、看守所应当告知犯罪嫌疑人、被告人有权约见值班律师，并为犯罪嫌疑人、被告人约见值班律师提供便利。

[条文主旨]

本条是关于值班律师制度的规定。

[条文释解]

本条系 2018 年修改《刑事诉讼法》新增内容。中共中央办公厅、国务院办公厅发布的《关于完善法律援助制度的意见》要求建立法律援助值班律师制度，法律援助机构在法院、看守所派驻法律援助值班律师。2017 年，最高人民法院，最高人民检察院，公安部，国家安全部，司法部联合出台了

《关于开展法律援助值班律师工作的意见》。2018 年《刑事诉讼法》修订中规定了值班律师制度。

法律援助值班律师制度是由法律援助机构在人民法院、看守所派驻值班律师，为没有辩护人的犯罪嫌疑人、刑事被告人提供法律帮助的一种制度。法律援助机构可以根据人民法院、人民检察院、看守所实际工作需要，通过设立法律援助工作站派驻值班律师或及时安排值班律师等形式提供法律帮助。律师值班可以相对固定专人或者轮流值班，在律师资源短缺地区可以探索采用现场值班和电话、网络值班相结合的方式。传统的法律援助形式主要是要求委派的援助律师在整个诉讼过程中做到全程陪伴，为当事人提供全套的法律服务和咨询工作，侧重点在于提高个案中的法律援助效果和结果。这一形式虽提升了法律援助的质量水平，但这不可避免会花费相当多的时间，一定程度上只能为有限的人员提供服务。相比较而言，值班律师的援助制度中的律师任务量小且服务时间相对灵活，其要求委派律师只需在特定的人民法院、人民检察院、看守所开展法律援助服务工作，并且仅需采用问答式咨询服务即可，这就使得单位时间内的工作效率得以提升，从而保证委派律师可为更多的申请者进行法律援助，有利于依法维护犯罪嫌疑人、刑事被告人诉讼权利，加强人权司法保障，促进司法公正。

法律援助值班律师的工作职责包括：（1）解答法律咨询。（2）引导和帮助犯罪嫌疑人、刑事被告人及其近亲属申请法律援助，转交申请材料。（3）在认罪认罚从宽制度改革试点中，为自愿认罪认罚的犯罪嫌疑人、刑事被告人提供法律咨询、程序选择、申请变更强制措施等法律帮助，对检察机关定罪量刑建议提出意见，犯罪嫌疑人签署认罪认罚具结书应当有值班律师在场。（4）对刑讯逼供、非法取证情形代理申诉、控告。（5）承办法律援助机构交办的其他任务。需要说明的是，法律援助值班律师不提供出庭辩护服务。符合法律援助条件的犯罪嫌疑人、刑事被告人，可以依申请或通知由法律援助机构为其指派律师提供辩护。

社会律师和法律援助机构律师应当接受法律援助机构的安排提供值班律师服务。值班律师应当遵守相关法律规定、职业道德、执业纪律，不得误导当事人的诉讼行为，严禁收受财物，严禁利用值班便利招揽案源、介绍律师有偿服务及其他违反值班律师工作纪律的行为。值班律师应当依法保守工作中知晓的国家秘密、商业秘密和当事人隐私，犯罪嫌疑人、刑事被告人或者其他人准备或者正在实施危害国家安全、公共安全以及严重危害他人人身安全的犯罪事实和信息除外。

[配套规定]

《最高人民法院 最高人民检察院 公安部 国家安全部 司法部关于开展法律援助值班律师工作的意见》

为深入贯彻落实中共中央办公厅、国务院办公厅《关于完善法律援助制度的意见》(中办发［2015］37号),充分发挥法律援助值班律师在以审判为中心的刑事诉讼制度改革和认罪认罚从宽制度改革试点中的职能作用,依法维护犯罪嫌疑人、刑事被告人诉讼权利,加强人权司法保障,促进司法公正,现提出以下意见。

一、法律援助机构在人民法院、看守所派驻值班律师,为没有辩护人的犯罪嫌疑人、刑事被告人提供法律帮助。

人民法院、人民检察院、公安机关应当告知犯罪嫌疑人、刑事被告人有获得值班律师法律帮助的权利。犯罪嫌疑人、刑事被告人及其近亲属提出法律帮助请求的,人民法院、人民检察院、公安机关应当通知值班律师为其提供法律帮助。

二、法律援助值班律师应当依法履行下列工作职责:

(一)解答法律咨询。

(二)引导和帮助犯罪嫌疑人、刑事被告人及其近亲属申请法律援助,转交申请材料。

(三)在认罪认罚从宽制度改革试点中,为自愿认罪认罚的犯罪嫌疑人、刑事被告人提供法律咨询、程序选择、申请变更强制措施等法律帮助,对检察机关定罪量刑建议提出意见,犯罪嫌疑人签署认罪认罚具结书应当有值班律师在场。

(四)对刑讯逼供、非法取证情形代理申诉、控告。

(五)承办法律援助机构交办的其他任务。

法律援助值班律师不提供出庭辩护服务。符合法律援助条件的犯罪嫌疑人、刑事被告人,可以依申请或通知由法律援助机构为其指派律师提供辩护。

三、法律援助机构可以根据人民法院、人民检察院、看守所实际工作需要,通过设立法律援助工作站派驻值班律师或及时安排值班律师等形式提供法律帮助。

工作站应当悬挂统一标牌，配备必要的办公设施，设立指引标识，并放置法律援助格式文书以及相关业务介绍资料。

工作站应当公示法律援助范围、条件、值班律师工作职责及当日值班律师基本信息等。

四、法律援助机构综合社会律师和法律援助机构律师政治素质、职业道德水准、业务能力、执业年限等确定法律援助值班律师人选，建立法律援助值班律师名册。有条件的地方可以组建法律援助值班律师库。

五、法律援助机构根据人民法院、看守所法律援助工作站法律咨询需求量和当地律师资源状况，合理安排值班律师工作时间。律师值班可以相对固定专人或者轮流值班，在律师资源短缺地区可以探索采用现场值班和电话、网络值班相结合的方式。

六、法律援助机构应当将值班律师名册或人员信息送交或告知人民法院、人民检察院、公安机关及看守所。法律援助值班律师在人民法院、看守所法律援助工作站提供值班律师服务应持律师执业证书，实行挂牌上岗，向当事人表明法律援助值班律师身份。

值班律师在接待当事人时，应当现场记录当事人咨询的法律问题和提供的法律解答，解释法律援助的条件和范围，对认为初步符合法律援助条件的当事人引导其申请法律援助。

社会律师和法律援助机构律师应当接受法律援助机构的安排提供值班律师服务。值班律师应当遵守相关法律规定、职业道德、执业纪律，不得误导当事人诉讼行为，严禁收受财物，严禁利用值班便利招揽案源、介绍律师有偿服务及其它违反值班律师工作纪律的行为。值班律师应当依法保守工作中知晓的国家秘密、商业秘密和当事人隐私，犯罪嫌疑人、刑事被告人或者其他人准备或者正在实施危害国家安全、公共安全以及严重危害他人人身安全的犯罪事实和信息除外。

七、法律援助机构要加强对法律援助值班律师工作运行的业务指导，组织开展对值班律师职责、服务内容、执业纪律、刑事诉讼法律知识方面的业务培训，及时统计汇总犯罪嫌疑人、刑事被告人涉嫌罪名、简要案情、咨询意见等信息，定期运用征询所驻单位意见、当事人回访等措施了解值班律师履责情况，对值班律师实行动态化管理。

法律援助机构要向律师协会通报法律援助值班律师履责情况。律师协会要将法律援助值班律师履责情况纳入律师年度考核及律师诚信服务记录。

司法行政机关要加强对律师提供值班律师服务的日常监督管理，总结并不断提升值班律师服务质量水平。对律师在值班律师工作中违反职业道德和执业纪律的行为依法依规处理。

八、人民法院、人民检察院、看守所为法律援助工作站提供必要办公场所和设施。看守所为法律援助值班律师会见提供便利。

人民法院、人民检察院、公安机关、国家安全机关、司法行政机关建立刑事法律援助工作联席会议制度，定期沟通法律援助值班律师工作情况。

九、对于律师资源短缺的地区和单位，法律援助机构要根据律师资源和刑事法律援助需求等，统筹调配律师资源，探索建立政府购买值班律师服务机制，保障法律援助值班律师工作正常有序开展。

十、国家安全机关适用本意见中有关公安机关的规定。

第三十七条　辩护人的责任是根据事实和法律，提出犯罪嫌疑人、被告人无罪、罪轻或者减轻、免除其刑事责任的材料和意见，维护犯罪嫌疑人、被告人的诉讼权利和其他合法权益。

[条文主旨]

本条是关于辩护人的责任的规定。

[条文释解]

1979 年《刑事诉讼法》第 28 条规定：“辩护人的责任是根据事实和法律，提出证明被告人无罪、罪轻或者减轻、免除其刑事责任的材料和意见，维护被告人的合法权益”。1996 年《刑事诉讼法》将该条中的“被告人”改为“犯罪嫌疑人、被告人”。2012 年《刑事诉讼法》在表述上又作修改“维护犯罪嫌疑人、被告人的诉讼权利和其他合法权益”。2018 年《刑事诉讼法》对此未作修改。

辩护人参加诉讼的目的就是帮助犯罪嫌疑人、被告人依法行使辩护权，维护犯罪嫌疑人、被告人的合法权益。《刑事诉讼法》第 37 条规定：“辩护人的责任是根据事实和法律，提出证明犯罪嫌疑人、被告人无罪、罪轻或者减轻、免除其刑事责任的材料和意见，维护犯罪嫌疑人、被告人的合法权益。”《律师法》第31条规定：“律师担任刑事辩护人的，应当根据事实和法律，提出证明犯罪嫌疑人、被告人无罪、罪轻或者减轻、免除其刑事责任的材料和意见，维护犯罪嫌疑人、被告人的合法权益。”上述规定从立法上明确并区分了辩护人的双重责任，一是实体性辩护，即辩护人应“根据事实和法律，提出犯罪嫌疑人、被告人无罪、罪轻或者减轻、免除其刑事责任的材料和意见”。辩护人的实体性辩护责任，系围绕犯罪嫌疑人、被告人定罪量刑等实体问题而展开。二是程序性辩护，即辩护人应“维护犯罪嫌疑人、被告人的诉讼权利和其他合法权益”，包括为犯罪嫌疑人申请取保候审、申请变更解除强制措施、申请排除非法证据以及代为提起上诉等。具体而言，辩护人的职责主要有以下几项：

（1）根据事实和法律，提出犯罪嫌疑人、被告人无罪、罪轻或者减轻、免除其刑事责任的材料和意见，反驳对犯罪嫌疑人、被告人不正确的指控，帮助公安司法机关全面了解案情，正确适用法律，依法公正处理案件，维护犯罪嫌疑人、被告人的实体权益是辩护人的首要职责。为犯罪嫌疑人、被告人辩护应当依据事实和法律进行，不得捏造事实和歪曲法律，不得帮助犯罪嫌疑人、被告人编造口供、串供、伪造、毁灭证据或者胁迫、引诱证人提供不实证据。

（2）帮助犯罪嫌疑人、被告人依法正确行使自己的诉讼权利，在发现犯罪嫌疑人、被告人的诉讼权利受到侵犯或者剥夺时，应向公安司法机关提出意见，要求予以制止或纠正，或者向有关单位提出控告，维护犯罪嫌疑人、被告人的诉讼权利。

（3）为犯罪嫌疑人、被告人提供其他法律帮助。在刑事诉讼中，辩护人应当解答犯罪嫌疑人、被告人提出的有关法律问题，为犯罪嫌疑人、被告人代写有关文书，在案件宣判后，应当了解被告人的态度，征求其对判决的意见以及是否上诉等。

在刑事诉讼中，辩护人处于专门维护犯罪嫌疑人、被告人合法权益的地位。这意味着，首先，辩护人是犯罪嫌疑人、被告人“诉讼权利与其他合法权益”的维护者，即辩护人所维护的只是在诉讼中依照法律应当维护的犯罪嫌疑人、被告人的权益，而不是犯罪嫌疑人、被告人的所有利益，更不是法律规定应当限制或者剥夺的利益。其次，辩护人是犯罪嫌疑人、被告人合法权益的“专门维护者”，协助犯罪嫌疑人、被告人进行辩护是辩护人在诉讼中的唯一职能。这是辩护人不同于侦查人员、检察人员以及审判人员的最主要的方面。在我国，侦查人员、检察人员及审判人员依法也应当维护被告人的合法权益，但是这只是在履行其诉讼职能的过程中应当兼顾的职责，而不具有专门性，只有辩护人才是犯罪嫌疑人、被告人合法权益的专门维护者。因此，辩护人在刑事诉讼中，绝对不能充当控诉人的角色，去检举、揭发犯罪嫌疑人、被告人所实施的犯罪行为。

需要注意的是，虽然辩护人是专门维护犯罪嫌疑人、被告人合法权益的诉讼参与人，但是这并不意味着辩护人是犯罪嫌疑人、被告人的代言人，即辩护人在诉讼中具有独立的诉讼地位。同时，在与公诉人和审判人员的关系上，辩护人也具有独立性，即辩护人依法帮助犯罪嫌疑人、被告人行使辩护权，不受公诉人、审判人员以及其他人的非法干涉。

要正确地理解辩护人的上述诉讼地位，还必须明确以下几个问题：

第一，辩护人与犯罪嫌疑人、被告人的关系，不同于诉讼代理人与当事人之间的关系。辩护人在刑事诉讼中同犯罪嫌疑人、被告人一样，属于行使辩护职能的一方，在维护犯罪嫌疑人、被告人合法权益方面，两者的目标是一致的，但是辩护人参与诉讼是履行法律规定的职责，而不是基于当事人的授权。在诉讼中，辩护人根据自己对案件事实的掌握和对法律的理解，来决定辩护的观点、方法和内容。辩护人的辩护意见可能与犯罪嫌疑人、被告人的辩护意见一致，也可能不一致。辩护人的辩护意见不受犯罪嫌疑人、被告人意见的左右。对于犯罪嫌疑人、被告人否认的事实，辩护人认为起诉有理有据的，可以不提出辩护意见；对于犯罪嫌疑人、被告人已经供认的事实，辩护人认为存在疑点的，仍可以提出辩护意见。因此，辩护人在接受了犯罪嫌疑人、被告人的委托后，就具有了独立的诉讼地位，在诉讼中依据事实和法律独立进行辩护，而不受犯罪嫌疑人、被告人意思表示的约束。

第二，辩护人与公诉人的关系是对立统一的。在刑事诉讼中，公诉人代表国家行使公诉职责，是从追诉犯罪的角度，收集和提供证据证明被告人犯有指控的罪行。辩护人履行辩护职责，是从维护犯罪嫌疑人、被告人合法权益的角度，提出相应的事实和理由，以证明犯罪嫌疑人、被告人无罪、罪轻或者依法应当从轻、减轻或者免除其刑事责任，防止犯罪嫌疑人、被告人受到不当追究。两者的诉讼职能虽然不同，但其目的都在于保证客观公正的查明案件事实，保证国家法律的正确实施。所以，辩护人与公诉人在诉讼地位上是平等的、独立的，在法庭上，公诉人依法进行指控，辩护人则依法进行辩护。

第三，辩护人与审判人员的关系本质上是一种协作关系。辩护人与审判人员在诉讼中履行不同的职能，辩护人行使辩护职能，离不开审判人员的支持，只有审判人员依法保障辩护人履行辩护职责，认真听取辩护人的辩护意见，并采纳辩护人的正确观点，辩护职能才能充分实现。反过来，审判人员进行审判，也离不开辩护人的帮助，辩护人正确履行辩护职责，可以使审判人员全面了解案情，辩护人有关法律问题的辩护观点，也为审判人员正确适用法律提供了参考意见。

[配套规定]

1.《人民检察院刑事诉讼规则》（高检发释字［2019］4号）（节录）

第五十四条 在人民检察院侦查、审查逮捕、审查起诉过程中，辩护人要求听取其意见的，办案部门应当及时安排。辩护人提出书面意见的，办案部门应当接收并登记。

听取辩护人意见应当制作笔录或者记录在案，辩护人提出的书面意见应当附卷。

辩护人提交案件相关材料的，办案部门应当将辩护人提交材料的目的、来源及内容等情况记录在案，一并附卷。

2.《中华人民共和国律师法》（2017年9月1日第十二届全国人民代表大会常务委员会第二十九次会议修正）

第三十一条 律师担任辩护人的，应当根据事实和法律，提出犯罪嫌疑人、被告人无罪、罪轻或者减轻、免除其刑事责任的材料和意见，维护犯罪嫌疑人、被告人的诉讼权利和其他合法权益。

第三十二条 委托人可以拒绝已委托的律师为其继续辩护或者代理，同时可以另行委托律师担任辩护人或者代理人。

律师接受委托后，无正当理由的，不得拒绝辩护或者代理。但是，委托事项违法、委托人利用律师提供的服务从事违法活动或者委托人故意隐瞒与案件有关的重要事实的，律师有权拒绝辩护或者代理。

第三十六条 律师担任诉讼代理人或者辩护人的，其辩论或者辩护的权利依法受到保障。

第三十七条 律师在执业活动中的人身权利不受侵犯。

律师在法庭上发表的代理、辩护意见不受法律追究。但是，发表危害国家安全、恶意诽谤他人、严重扰乱法庭秩序的言论除外。

律师在参与诉讼活动中涉嫌犯罪的，侦查机关应当及时通知其所在的律师事务所或者所属的律师协会；被依法拘留、逮捕的，侦查机关应当依照刑事诉讼法的规定通知该律师的家属。

第三十八条 辩护律师在侦查期间可以为犯罪嫌疑人提供法律帮助；代理申诉、控告；申请变更强制措施；向侦查机关了解犯罪嫌疑人涉嫌的罪名和案件有关情况，提出意见。

[条文主旨]

本条是关于侦查期间辩护律师的权利的规定。

[条文释解]

本条内容系2012年《刑事诉讼法》中增加，第36条规定，辩护律师在侦查期间可以为犯罪嫌疑人提供法律帮助；代理申诉、控告；申请变更强制措施；向侦查机关了解犯罪嫌疑人涉嫌的罪名和案件有关情况，提出意见。2018年未作修改。

《刑事诉讼法》对辩护律师在侦查阶段从事辩护活动的内容与范围进行了明确界定，辩护律师在侦查期间可以为犯罪嫌疑人提供法律帮助；代理申诉、控告；向侦查机关了解犯罪嫌疑人涉嫌的罪名和案件有关情况，提出意见。这意味着辩护律师在侦查阶段具有了解指控信息的权利，侦查机关具有根据辩护律师的要求而告知案件基本信息的义务。辩护律师在侦查阶段有权知悉的指控信息，包括犯罪嫌疑人涉嫌的罪名以及当时已查明的该罪的主要事实，犯罪嫌疑人被采取、变更、解除强制措施，延长侦查羁押期限等案件有关情况。

[配套规定]

1.《公安机关办理刑事案件程序规定》（2012年12月13日公安部令第127号）（节录）

第四十条 公安机关应当保障辩护律师在侦查阶段依法从事下列执业活动：

（一）向公安机关了解犯罪嫌疑人涉嫌的罪名和案件有关情况，提出意见；

（二）与犯罪嫌疑人会见和通信，向犯罪嫌疑人了解案件有关情况；

（三）为犯罪嫌疑人提供法律帮助、代理申诉、控告；

（四）为犯罪嫌疑人申请变更强制措施。

第四十七条 辩护律师向公安机关了解案件有关情况的，公安机关应当依法将犯罪嫌疑人涉嫌的罪名以及当时已查明的该罪的主要事实，犯罪嫌疑人被采取、变更、解除强制措施，延长侦查羁押期限等案件有关情况，告知接受委托或者指派的辩护律师，并记录在案。

2.《最高人民法院、最高人民检察院、公安部等关于实施刑事诉讼法若干问题的规定》

二、辩护与代理

……

6. 刑事诉讼法第三十六条规定："辩护律师在侦查期间可以为犯罪嫌疑人提供法律帮助；代理申诉、控告；申请变更强制措施；向侦查机关了解犯罪嫌疑人涉嫌的罪名和案件有关情况，提出意见。"根据上述规定，辩护律师在侦查期间可以向侦查机关了解犯罪嫌疑人涉嫌的罪名及当时已查明的该罪的主要事实，犯罪嫌疑人被采取、变更、解除强制措施的情况，侦查机关延长侦查羁押期限等情况。

3.《最高人民检察院、公安部关于公安机关办理经济犯罪案件的若干规定》（公通字［2017］25号）

第六十六条 辩护律师向公安机关了解犯罪嫌疑人涉嫌的罪名以及现已查明的该罪的主要事实，犯罪嫌疑人被采取、变更、解除强制措施，延长侦查羁押期限、移送审查起诉等案件有关情况的，公安机关应当依法将上述情况告知辩护律师，并记录在案。

第六十七条 辩护律师向公安机关提交与经济犯罪案件有关的申诉、控告等材料的，公安机关应当在执法办案场所予以接收，当面了解有关情况并记录在案。对辩护律师提供的材料，公安机关应当及时依法审查，并在三十日以内予以答复。

第三十九条　辩护律师可以同在押的犯罪嫌疑人、被告人会见和通信。其他辩护人经人民法院、人民检察院许可，也可以同在押的犯罪嫌疑人、被告人会见和通信。

辩护律师持律师执业证书、律师事务所证明和委托书或者法律援助公函要求会见在押的犯罪嫌疑人、被告人的，看守所应当及时安排会见，至迟不得超过四十八小时。

危害国家安全犯罪、恐怖活动犯罪案件，在侦查期间辩护律师会见在押的犯罪嫌疑人，应当经侦查机关许可。上述案件，侦查机关应当事先通知看守所。

辩护律师会见在押的犯罪嫌疑人、被告人，可以了解案件有关情况，提供法律咨询等；自案件移送审查起诉之日起，可以向犯罪嫌疑人、被告人核实有关证据。辩护律师会见犯罪嫌疑人、被告人时不被监听。

辩护律师同被监视居住的犯罪嫌疑人、被告人会见、通信，适用第一款、第三款、第四款的规定。

[条文主旨]

本条是关于辩护人的会见、通信权的规定。

[条文释解]

1979 年《刑事诉讼法》中本条内容与阅卷权一同规定于第 29 条："辩护律师可以查阅本案材料，了解案情，可以同在押的被告人会见和通信；其他的辩护人经过人民法院许可，也可以了解案情，同在押的被告人会见和通信"。1996 年《刑事诉讼法》对该条内容作了修改，第 36 条规定："辩护律师自人民检察院对案件审查起诉之日起，可以查阅、摘抄、复制本案的诉讼文书、技术性鉴定材料，可以同在押的犯罪嫌疑人会见和通信。其他辩护人经人民检察院许可，也可以查阅、摘抄、复制上述材料，同在押的犯罪嫌疑人会见和通信。辩护律师自人民法院受理案件之日起，可以查阅、摘抄、复制本案所指控的犯罪事实的材料，可以同在押的被告人会见和通信。其他辩护人经人民法院许可，也可以查阅、摘抄、复制上述材料，同在押的被告人会见和通信。”2012 年《刑事诉讼法》对该条再作修改，第 37 条规定，“辩护律师可以同在押的犯罪嫌疑人、被告人会见和通信。其他辩护人经人民法院、人民检察院许可，也可以同在押的犯罪嫌疑人、被告人会见和通信。辩护律师持律师执业证书、律师事务所证明和委托书或者法律援助公函要求会见在押的犯罪嫌疑人、被告人的，看守所应当及时安排会见，至迟不得超过四十八小时。危害国家安全犯罪、恐怖活动犯罪、特别重大贿赂犯罪案件，在侦查期间辩护律师会见在押的犯罪嫌疑人，应当经侦查机关许可。上述案件，侦查机关应当事先通知看守所。辩护律师会见在押的犯罪嫌疑人、被告人，可以了解案件有关情况，提供法律咨询等；自案件移送审查起诉之日起，可以向犯罪嫌疑人、被告人核实有关证据。辩护律师会见犯罪嫌疑人、被告人时不被监听。辩护律师同被监视居住的犯罪嫌疑人、被告人会见、通信，适用第一款、第三款、第四款的规定。”2018 年《刑事诉讼法》未修改。

辩护人会见在押的犯罪嫌疑人、被告人，是辩护人履行职责的需要。通过会见在押的犯罪嫌疑人、被告人，辩护人可以了解案件情况，为犯罪嫌疑人、被告人提供法律咨询、法律帮助。可以了解犯罪嫌疑人、被告人的诉讼权利有无受侵犯的情况，为犯罪嫌疑人、被告人代理申诉与控告。可以了解犯罪嫌疑人、被告人的辩解意见，便于有效地准备辩护和提出辩护意见。辩护人会见在押的犯罪嫌疑人、被告人是辩护活动中的重要一环，它对于提高辩护质量和保障案件的公正处理，具有重要意义。具体适用过程中应把握以下几点：

1. 辩护律师与其他辩护人在行使会见和通信权时有明确的区别。辩护律师同在押的或者被监视居住的被告人会见，不需要经过人民法院、人民检察院许可。其他辩护人同在押的或者被监视居住的被告人会见，则需要经过人民法院、人民检察院许可。之所以作出区分，主要是考虑根据律师法的规定，律师是依法取得律师执业证书，接受委托或者指定，为当事人提供法律服务的执业人员，接受司法行政部门的监督、指导，且一般与本案无其他利害关系，而其他辩护人则可能是被告人的监护人、近亲属，是否能同在押的被告人会见则需经人民法院许可。至于不许可其他辩护人行使会见和通信权的情形，根据《人民检察院刑事诉讼规则》第 48 条第 3 款的规定具体包括：（1）同案犯罪嫌疑人在逃的；（2）案件事实不清，证据不足，或者遗漏罪行、遗漏同案犯罪嫌疑人需要补充侦查的；（3）涉及国家秘密或者商业秘密的；（4）有事实表明存在串供、毁灭、伪造证据或者危害证人人身安全可能的。需要指出的是，这种不许可不是一律禁止，也可以是推迟会见、通信的时间。只要对诉讼程序的正常进行没有妨碍，不会侵犯其他诉讼主体权利的，人民法院就应当予以许可。

2. 辩护律师同在押的或者被监视居住的被告人会见的要求和程序安排。根据《刑事诉讼法》第 39 条第 2 款的规定，辩护律师同在押的被告人会见的，应当向看守所提出会见要求，看守所应当及时安排会见，至迟不得超过 48 小时。看守所安排会见的，辩护律师应当办理相应的会见手续，出示律师执业证书、律师事务所证明和委托书或者法律援助公函。辩护律师同被监视居住的被告人会见的，与会见在押的被告人程序相同。

3. 其他辩护人同在押的或者被监视居住的被告人会见的要求和程序安排。其他辩护人应当向人民法院、人民检察院提出会见要求，由人民法院、人民检察院对申请人是否具备辩护人资格进行审查并提出是否许可的意见，并及时书面通知申请人。经许可会见的其他辩护人，到看守所或者监视居住的执行机关办理会见的相关手续，由看守所或者监视居住的执行机关负责安排会见。

4. 辩护律师同在押的或者被监视居住的被告人会见的职责。辩护律师会见在押的犯罪嫌疑人、被告人，可以了解案件有关情况，提供法律咨询等；自案件移送审查起诉之日起，可以向犯罪嫌疑人、被告人核实有关证据。

5. 辩护律师和其他辩护人同在押的或者被监视居住的被告人通信的程序。辩护律师同在押的或者被监视居住的被告人通信，不需经过许可。其他辩护人应当经人民法院、人民检察院审查许可后，方可与在押的被告人通信。

6. 关于特定案件辩护律师会见在押的被告人的问题。刑事诉讼法在完善辩护人的会见权和会见程序的同时，对于极少数案件，从维护国家安全、公共安全的实际情况考虑，对侦查阶段律师的会见作出限制，即“危害国家安全犯罪、恐怖活动犯罪、特别重大贿赂犯罪案件，在侦查期间辩护律师会见在押的犯罪嫌疑人，应当经侦查机关许可。上述案件，侦查机关应当事先通知看守所”。需要特别指出的是，上述三类案件中，对辩护律师会见权的限制仅限于侦查阶段。案件自移送人民检察院审查起诉之日起，辩护律师会见在押犯罪嫌疑人、被告人便不再受限制。审判阶段，辩护律师会见上述三类特定案件中在押被告人的，应当向看守所提出会见要求，看守所应当及时安排会见，至迟不得超过48小时。

[配套规定]

1.《最高人民法院关于适用〈中华人民共和国刑事诉讼法〉的解释》（法释［2012］21号）（节录）

第四十八条 辩护律师可以同在押的或者被监视居住的被告人会见和通信。其他辩护人经人民法院许可，也可以同在押的或者被监视居住的被告人会见和通信。

2.《公安机关办理刑事案件程序规定》（2012年12月13日公安部令第127号）（节录）

第四十八条 辩护律师可以同在押或者被监视居住的犯罪嫌疑人会见、通信。

第四十九条 对危害国家安全犯罪案件、恐怖活动犯罪案件，办案部门应当在将犯罪嫌疑人送看守所羁押时书面通知看守所；犯罪嫌疑人被监视居住的，应当在送交执行时书面通知执行机关。

辩护律师在侦查期间要求会见前款规定案件的在押或者被监视居住的犯罪嫌疑人，应当提出申请。

对辩护律师提出的会见申请，应当在收到申请后四十八小时以内，报经县级以上公安机关负责人批准，作出许可或者不许可的决定。除有碍侦查或者可能泄露国家秘密的情形外，应当作出许可的决定。

公安机关不许可会见的，应当书面通知辩护律师，并说明理由。有碍侦查或者可能泄露国家秘密的情形消失后，公安机关应当许可会见。

有下列情形之一的，属于本条规定的“有碍侦查”：

（一）可能毁灭、伪造证据，干扰证人作证或者串供的；

（二）可能引起犯罪嫌疑人自残、自杀或者逃跑的；

（三）可能引起同案犯逃避、妨碍侦查的；

（四）犯罪嫌疑人的家属与犯罪有牵连的。

第五十条 辩护律师要求会见在押的犯罪嫌疑人，看守所应当在查验其律师执业证书、律师事务所证明和委托书或者法律援助公函后，在四十八小时以内安排律师会见到犯罪嫌疑人，同时通知办案部门。

侦查期间，辩护律师会见危害国家安全犯罪案件、恐怖活动犯罪案件、特别重大贿赂犯罪案件在押或者被监视居住的犯罪嫌疑人时，看守所或者监视居住执行机关还应当查验侦查机关的许可决定文书。

第五十一条 辩护律师会见在押或者被监视居住的犯罪嫌疑人需要聘请翻译人员的，应当经公安机关审查。对于符合相关规定的，应当许可；对于不符合规定的，及时通知其更换。

翻译人员参与会见的，看守所或者监视居住执行机关应当查验公安机关的许可决定文书。

第五十二条 辩护律师会见在押或者被监视居住的犯罪嫌疑人时，看守所或者监视居住执行机关应当采取必要的管理措施，保障会见顺利进行，并告知其遵守会见的有关规定。辩护律师会见犯罪嫌疑人时，公安机关不得监听，不得派员在场。

辩护律师会见在押或者被监视居住的犯罪嫌疑人时，违反法律规定或者会见的规定的，看守所或者监视居住执行机关应当制止。对于严重违反规定或者不听劝阻的，可以决定停止本次会见，并及时通报其所在的律师事务所或者所属的律师协会。

3.《中华人民共和国律师法》（2017年9月1日第十二届全国人民代表大会常务委员会第二十九次会议修正）

第三十三条 律师担任辩护人的，有权持律师执业证书、律师事务所证明和委托书或者法律援助公函，依照刑事诉讼法的规定会见在押或者被监视居住的犯罪嫌疑人、被告人。辩护律师会见犯罪嫌疑人、被告人时不被监听。

第四十条 辩护律师自人民检察院对案件审查起诉之日起，可以查阅、摘抄、复制本案的案卷材料。其他辩护人经人民法院、人民检察院许可，也可以查阅、摘抄、复制上述材料。

[条文主旨]

本条是关于辩护人的查阅案卷权的规定。

[条文释解]

1979年《刑事诉讼法》第29条规定："辩护律师可以查阅本案材料，了解案情，可以同在押的被告人会见和通信；其他的辩护人经过人民法院许可，也可以了解案情，同在押的被告人会见和通信"。1996年《刑事诉讼法》对该条作了修订完善，第36条规定，"辩护律师自人民检察院对案件审查起诉之日起，可以查阅、摘抄、复制本案的诉讼文书、技术性鉴定材料，可以同在押的犯罪嫌疑人会见和通信。其他辩护人经人民检察院许可，也可以查阅、摘抄、复制上述材料，同在押的犯罪嫌疑人会见和通信。辩护律师自人民法院受理案件之日起，可以查阅、摘抄、复制本案所指控的犯罪事实的材料，可以同在押的被告人会见和通信。其他辩护人经人民法院许可，也可以查阅、摘抄、复制上述材料，同在押的被告人会见和通信"。2012年《刑事诉讼法》修订中，将查阅案卷权和会见、通信权拆分成两条，规定："辩护律师自人民检察院对案件审查起诉之日起，可以查阅、摘抄、复制本案的案卷材料。其他辩护人经人民法院、人民检察院许可，也可以查阅、摘抄、复制上述材料。"2018年对此未作修订。

阅卷权是为平衡控辩双方收集证据能力的差异，保障辩护方知情权，以与控方平等拥有证据资源而赋予辩护人的一项诉讼权利。辩护人通过行使阅卷权，可以对案件证据情况进行审查，便于其发现对被指控人有利的证据和其他材料，从而有利于其进行有效辩护。赋予并保障辩护人阅卷权的实现，对于提高辩护质量，实现控辩双方平等对抗，保障案件的审判质量具有重要意义。

司法实践中在适用本条规定时应注意把握以下几点：

1. 审判阶段辩护人阅卷的范围为本案的案卷材料。我国属于实行卷宗移送制度的国家，刑事诉讼分阶段进行。案件侦查终结后，侦查机关应将全部案卷材料移送至检察机关。检察机关提起公诉时，应当将案卷材料和证据移送至人民法院。因此，本案的案卷材料系指侦查机关移送至检察机关和检察机关移送至人民法院的案卷中的各种材料，既包括证明被告人有罪、罪重的所有证据和材料，也包括证明被告人无罪、罪轻的所有证据和材料。基于对审判秘密、国家安全、证人及其家属的安全等利益的考量，本条明确规定对于合议庭、审判委员会的讨论记录以及其他依法不公开的材料不得查阅、摘抄、复制。

2. 审判阶段辩护人阅卷的方式包括查阅、摘抄和复制。其中复制案卷材料可以采用复印、拍照、扫描等方式。由此可见，《刑诉法解释》充分考虑到科技的进步，规定了灵活多样的阅卷方式，便于辩护人全面行使阅卷权。

3. 审判阶段辩护律师和其他辩护人行使阅卷权的程序不同。对于辩护律师来讲，可以查阅、摘抄、复制本案案卷材料。也就是说，律师担任辩护人的，其持律师执业证书即可到人民法院阅卷。对于其他辩护人而言，经人民法院许可后，也可以查阅、摘抄、复制本案案卷材料。对辩护律师和其他辩护人行使阅卷权的程序规定之所以不同，主要是考虑律师行为不仅受刑事诉讼法的约束和规范，而且还受律师法的约束和规范，还要接受司法行政部门的监督以及律师行业协会的约束，且一般与案件无利害关系。而其他辩护人则可能是被告人的监护人、近亲属，其辩护行为不仅无司法行政部门的监督和指导，而且因其与被告人有血缘等关系，让其阅卷有可能造成串供或其他妨碍诉讼的情况出现，所以是否允许其他辩护人阅卷，需由人民法院根据案件情况和辩护人的情况决定。许可与否的标准，一般来讲主要是看案件的情况，对于案件中同案犯都已归案，证据清楚、确实，被告人供认不讳的，应当允许其他辩护人行使阅卷权。对于让其他辩护人阅卷可能出现妨碍诉讼顺利进行情况的，人民法院才有必要限制，但这种限制不是绝对不许可，也可以通过推迟阅卷的时间来限制。

4. 人民法院应当为辩护人行使阅卷权提供方便和时间保证。阅卷权的实现对于提高辩护质量，保障案件公正处理具有重要的意义。人民法院作为国家专门机关，负有保障辩护人阅卷权实现的责任和义务，这不仅是人权保障的需要，更是案件公正处理的需要。本条明确规定了人民法院应为辩护人查阅、摘抄、复制案卷材料提供方便，并保证必要的时间。司法实践中，人民法院应在保障辩护人阅卷的时间、地点、设备等方面提供方便，尤其是对于卷宗数量多的案件，人民法院应为辩护人提供必要的时间保证，从而保障辩护人有足够的时间查阅、摘抄或复制全部卷宗材料，进而提出有利于被告人的辩护意见，维护被告人的合法权益。

5. 关于辩护人在审查起诉阶段的阅卷权。根据《刑事诉讼法》第 38 条的规定，辩护律师自人民检察院对案件审查起诉之日起，可以查阅、摘抄、复制本案的案卷材料。其他辩护人经人民检察院许可，也可以查阅、摘抄、复制本案的案卷材料。《人民检察院刑事诉讼规则》第 48 条、第 49 条对辩护人在审查起诉阶段的阅卷权作出进一步规定。首先，明确规定人民检察院对其他辩护人申请阅卷的许可程序。（1）其他辩护人向人民检察院申请阅卷的，人民检察院公诉部门应当对申请人是否具备辩护人资格进行审查并提出是否许可的意见，在 3 日以内报检察长决定并书面通知申请人。（2）具有下列情形之一的，人民检察院可以不予许可：同案犯罪嫌疑人在逃的；案件事实不清，证据不足，或者遗漏罪行、遗漏同案犯罪嫌疑人需要补充侦查的；涉及国家秘密或者商业秘密的；有事实表明存在串供、毁灭、伪造证据或者危害证人人身安全可能的。其次，明确规定人民检察院为辩护人阅卷提供方便和必要的时间保证。（1）明确规定辩护人到检察院阅卷，由案件管理部门及时安排，由公诉部门提供案卷材料。因公诉部门工作等原因无法及时安排的，应当向辩护人说明，并安排辩护人自即日起 3 个工作日以内阅卷，公诉部门应当予以配合。（2）人民检察院对辩护人复制案卷材料只收取必要的工本费用。对于承办法律援助案件的辩护律师复制必要的案卷材料的费用，人民检察院应当根据具体情况予以减收或者免收。最后，明确规定辩护人阅卷应当在检察院设置的专门场所进行。必要时，人民检察院可以派员在场协助。

[配套规定]

1.《最高人民法院关于适用〈中华人民共和国刑事诉讼法〉的解释》（法释［2012］21 号）（节录）

第四十七条 辩护律师可以查阅、摘抄、复制案卷材料。其他辩护人经人民法院许可，也可以查阅、摘抄、复制案卷材料。合议庭、审判委员会的讨论记录以及其他依法不公开的材料不得查阅、摘抄、复制。

辩护人查阅、摘抄、复制案卷材料的，人民法院应当提供方便，并保证必要的时间。

复制案卷材料可以采用复印、拍照、扫描等方式。

2.《人民检察院刑事诉讼规则》（高检发释字［2019］4 号）（节录）

第四十七条 自人民检察院对案件审查起诉之日起，应当允许辩护律师查阅、摘抄、复制本案的案卷材料。案卷材料包括案件的诉讼文书和证据材料。

人民检察院直接受理侦查案件移送起诉，审查起诉案件退回补充侦查、改变管辖、提起公诉的，应当及时告知辩护律师。

第四十八条 自人民检察院对案件审查起诉之日起，律师以外的辩护人向人民检察院申请查阅、摘抄、复制本案的案卷材料或者申请同在押、被监视居住的犯罪嫌疑人会见和通信的，由人民检察院负责捕诉的部门进行审查并作出是否许可的决定，在三日以内书面通知申请人。

人民检察院许可律师以外的辩护人同在押或者被监视居住的犯罪嫌疑人通信的，可以要求看守所或者公安机关将书信送交人民检察院进行检查。

律师以外的辩护人申请查阅、摘抄、复制案卷材料或者申请同在押、被监视居住的犯罪嫌疑人会见和通信，具有下列情形之一的，人民检察院可以不予许可：

（一）同案犯罪嫌疑人在逃的；

（二）案件事实不清，证据不足，或者遗漏罪行、遗漏同案犯罪嫌疑人需要补充侦查的；

（三）涉及国家秘密或者商业秘密的；

（四）有事实表明存在串供、毁灭、伪造证据或者危害证人人身安全可能的。

第四十九条 辩护律师或者经过许可的其他辩护人到人民检察院查阅、摘抄、复制本案的案卷材料，由负责案件管理的部门及时安排，由办案部门提供案卷材料。因办案部门工作等原因无法及时安排的，应当向辩护人说明，并自即日起三个工作日以内安排辩护人阅卷，办案部门应当予以配合。

人民检察院应当为辩护人查阅、摘抄、复制案卷材料设置专门的场所或者电子卷宗阅卷终端设备。必要时，人民检察院可以派员在场协助。

辩护人复制案卷材料可以采取复印、拍照、扫描、刻录等方式，人民检察院不收取费用。

第五十条 案件提请批准逮捕或者移送起诉后，辩护人认为公安机关在侦查期间收集的证明犯罪嫌疑人无罪或者罪轻的证据材料未提交，申请人民检察院向公安机关调取的，人民检察院负责捕诉的部门应当及时审查。经审查，认为辩护人申请调取的证据已收集并且与案件事实有联系的，应当予以调取；认为辩护人申请调取的证据未收集或者与案件事实没有联系的，应当决定不予调取并向辩护人说明理由。公安机关移送相关证据材料的，人民检察院应当在三日以内告知辩护人。

人民检察院办理直接受理侦查的案件，适用前款规定。

3.《中华人民共和国律师法》（2017年9月1日第十二届全国人民代表大会常务委员会第二十九次会议修正）

第三十四条 律师担任辩护人的，自人民检察院对案件审查起诉之日起，有权查阅、摘抄、复制本案的案卷材料。

第四十一条 辩护人认为在侦查、审查起诉期间公安机关、人民检察院收集的证明犯罪嫌疑人、被告人无罪或者罪轻的证据材料未提交的，有权申请人民检察院、人民法院调取。

[条文主旨]

本条是关于辩护人申请调查取证权的规定。

[条文释解]

本条系2012年《刑事诉讼法》增加的内容，第39条规定，辩护人认为在侦查、审查起诉期间公安机关、人民检察院收集的证明犯罪嫌疑人、被告人无罪或者罪轻的证据材料未提交的，有权申请人民检察院、人民法院调取。2018年《刑事诉讼法》未作修改。

申请调取证据权。辩护人认为在侦查、审查起诉期间公安机关、人民检察院收集的证明犯罪嫌疑人、被告人无罪或者罪轻的证据材料未提交的，可以申请人民检察院、人民法院调取有关证据。根据《刑事诉讼法》第41条之规定，作为犯罪嫌疑人、被告人"诉讼权利和其他合法权益"维护者的辩护人，为了有效履行辩护职责，拥有向人民法院和人民检察院申请调取侦查机关和检察机关所掌握的有利于犯罪嫌疑人、被告人的证据的权利。这一权利属于辩护权的范畴，而犯罪嫌疑人、被告人作为辩护权的权利渊源和保护对象，无疑是完整辩护权的应然享有者，因而向人民法院和人民检察院申请调取证据的权利自然应当属于其自我辩护权的组成部分。

第一，这一证据调取行为是一项依申请启动的行为。如果被告人、辩护人发现侦查机关和人民检察院掌握了有利于被告人的证据，而没有在庭审调查阶段向法庭出示的，其可以向人民检察院、人民法院提出要求调取相关证据的申请，人民检察院、人民法院不得主动启动。

第二，这一调取行为是否进行需要经过审查判断。被告人、辩护人提出的调取侦查机关、人民检察院掌握的证据的申请，并不必然会导致调取行为的发生。只有经过人民检察院、人民法院审查判断之后，认为确有必要的，方能做出要求人民检察院移送证据的决定。之所以需要对被告人、辩护人提出的调取证据申请进行审查，一方面，可以有效杜绝其恶意滥用这一权利作为拖延诉讼的途径，影响正常的案件审理秩序。另一方面，可以有效避免不必要的证据调取申请，以保证案件审理的连贯性，提高诉讼效率，并可以将有限的司法资源集中到确有调取必要的案件中。

第三，这一证据调取行为指向的对象是能够证明被告人无罪或者罪轻的证据。之所以如此规定，是因为根据有利于被告人原则，申请人民检察院、人民法院调取证据是被告人、辩护人辩护权的组成部分，因而这一调取行为所指向的对象必然是有利于被告人的证据。作为申请调取证据的一方而言，趋利避害是人之本能，被告人只会申请对自己有利的证据，而不会主动申请调取会对本方不利的证据，辩护人作为被告人的诉讼权利和合法权益的维护者，更是不能主动提出对被告人不利的证据调取申请，否则将会构成对其诉讼参与职责的悖反。但是需要注意的是，此处所谓的能够证明被告人无罪和罪轻的证据的判断标准是被告人、辩护人在提出证据调取申请时的判断，而非证据在最终裁判中所发挥的作用。这就可能出现虽然孤立地看某一证据确实可能被用于证明被告人无罪或者罪轻，但综合全案证据来看，反而可能成为证明其有罪或者罪重的证据，这种情况下，法庭应当采纳这一证据的实质证明力。

第四，这一证据调取行为具有一定的强制性。对于人民检察院、人民法院做出的要求侦查机关、人民检察院移送被告人、辩护人调取证据申请所指向的证据，侦查机关、人民检察院应当严格依照法律规定及时移送，对于所指向证据并不存在的，应当作出说明，并提交相应的证明材料。为确保这一规定的可操作性，就要求被告人、辩护人向法庭提出调取证据的申请时，应当指明需要调取的证据的具体信息，即使不能准确地提出证据的具体信息，也应当保证法庭和人民检察院能够根据其所提供的信息明确需要调取的证据。

[配套规定]

1.《最高人民法院关于适用〈中华人民共和国刑事诉讼法〉的解释》（法释［2012］21号）（节录）

第四十九条 辩护人认为在侦查、审查起诉期间公安机关、人民检察院收集的证明被告人无罪或者罪轻的证据材料未随案移送，申请人民法院调取的，应当以书面形式提出，并提供相关线索或者材料。人民法院接受申请后，应当向人民检察院调取。人民检察院移送相关证据材料后，人民法院应当及时通知辩护人。

第五十条 辩护律师申请向被害人及其近亲属、被害人提供的证人收集与本案有关的材料，人民法院认为确有必要的，应当签发准许调查书。

第五十一条 辩护律师向证人或者有关单位、个人收集、调取与本案有关的证据材料，因证人或者有关单位、个人不同意，申请人民法院收集、调取，或者申请通知证人出庭作证，人民法院认为确有必要的，应当同意。

第五十二条 辩护律师直接申请人民法院向证人或者有关单位、个人收集、调取证据材料，人民法院认为确有收集、调取必要，且不宜或者不能由辩护律师收集、调取的，应当同意。人民法院收集、调取证据材料时，辩护律师可以在场。

人民法院向有关单位收集、调取的书面证据材料，必须由提供人签名，并加盖单位印章；向个人收集、调取的书面证据材料，必须由提供人签名。

人民法院对有关单位、个人提供的证据材料，应当出具收据，写明证据材料的名称、收到的时间、件数、页数以及是否为原件等，由书记员或者审判人员签名。

收集、调取证据材料后，应当及时通知辩护律师查阅、摘抄、复制，并告知人民检察院。

第五十三条 本解释第五十条至第五十二条规定的申请，应当以书面形式提出，并说明理由，写明需要收集、调取证据材料的内容或者需要调查问题的提纲。

对辩护律师的申请，人民法院应当在五日内作出是否准许、同意的决定，并通知申请人；决定不准许、不同意的，应当说明理由。

2.《人民检察院刑事诉讼规则》（高检发释字［2019］4号）（节录）

第五十一条 在人民检察院侦查、审查逮捕、审查起诉过程中，辩护人收集的有关犯罪嫌疑人不在犯罪现场、未达到刑事责任年龄、属于依法不负刑事责任的精神病人的证据，告知人民检察院的，人民检察院应当及时审查。

第五十二条 案件移送起诉后，辩护律师依据刑事诉讼法第四十三条第一款的规定申请人民检察院收集、调取证据的，人民检察院负责捕诉的部门应当及时审查。经审查，认为需要收集、调取证据的，应当决定收集、调取并制作笔录附卷；决定不予收集、调取的，应当书面说明理由。

人民检察院根据辩护律师的申请收集、调取证据时，辩护律师可以在场。

第五十三条 辩护律师申请人民检察院许可其向被害人或者其近亲属、被害人提供的证人收集与本案有关材料的，人民检察院负责捕诉的部门应当及时进行审查。人民检察院应当在五日以内作出是否许可的决定，通知辩护律师；不予许可的，应当书面说明理由。

3.《中华人民共和国律师法》（2017年9月1日第十二届全国人民代表大会常务委员会第二十九次会议修正）

第三十五条 受委托的律师根据案情的需要，可以申请人民检察院、人民法院收集、调取证据或者申请人民法院通知证人出庭作证。

律师自行调查取证的，凭律师执业证书和律师事务所证明，可以向有关单位或者个人调查与承办法律事务有关的情况。

第四十二条 辩护人收集的有关犯罪嫌疑人不在犯罪现场、未达到刑事责任年龄、属于依法不负刑事责任的精神病人的证据，应当及时告知公安机关、人民检察院。

［条文主旨］

本条是关于辩护人对特定证据的处理原则的规定。

[条文释解]

本条内容系2012年《刑事诉讼法》中首次规定，第40条规定："辩护人收集的有关犯罪嫌疑人不在犯罪现场、未达到刑事责任年龄、属于依法不负刑事责任的精神病人的证据，应当及时告知公安机关、人民检察院。"2018年未作修订。

根据本条规定，辩护人收集的有关犯罪嫌疑人不在犯罪现场、未达到刑事责任年龄、属于依法不负刑事责任的精神病人的证据，应当及时告知公安机关、人民检察院。这里所规定的"辩护人收集"，包括犯罪嫌疑人及其近亲属或者其他人向辩护人提供的有关证据材料，以及辩护人依照本法第41条规定向有关单位和个人收集的证据材料。"犯罪嫌疑人不在犯罪现场"，是指当犯罪行为发生时，有证据证明犯罪嫌疑人在犯罪现场以外的其他地方，从而不可能在犯罪现场实施犯罪行为。在这种情况下，如果侦查机关将犯罪嫌疑人在犯罪现场实施犯罪行为作为侦查方向，则很有可能形成错案。"未达到刑事责任年龄"，是指对于故意杀人、故意伤害致人重伤或者死亡、强奸、抢劫、贩卖毒品、放火、爆炸、投毒犯罪案件，有证据证明犯罪嫌疑人不满十四周岁，对于其他犯罪案件，有证据证明犯罪嫌疑人不满十六周岁。根据《刑法》第17条的有关规定，在这种情况下，犯罪嫌疑人是不负刑事责任的，公安机关应当撤销案件，已移送审查起诉的，人民检察院应当作出不起诉的决定。"属于依法不负刑事责任的精神病人"，是指经过鉴定证明，犯罪嫌疑人是在不能辨认或者不能控制自己行为的时候造成危害结果的。根据《刑法》第18条的有关规定，在这种情况下，犯罪嫌疑人也不负刑事责任。需要注意的是，精神病人造成危害结果依法不负刑事责任的，在必要的时候，由政府强制医疗。2012年修改《刑事诉讼法》时，增加规定了依法不负刑事责任的精神病人的强制医疗程序。因此，对于犯罪嫌疑人属于不负刑事责任的精神病人的，如果符合强制医疗条件，公安机关在撤销刑事案件的同时，应当写出强制医疗意见书，移送人民检察院。人民检察院发现符合强制医疗条件的，应当向人民法院提出强制医疗的申请，由人民法院作出是否强制医疗的决定。这里规定的"及时告知"，是指辩护人收集到上述三类证据的，应当尽快将有关情况告知办理案件的公安机关、人民检察院，也可以直接将有关证据交给公安机关、人民检察院。从本条关于"犯罪嫌疑人"

和“公安机关、人民检察院”的表述上看，本条主要适用于辩护人在侦查阶段和审查起诉阶段收集到上述三类证据的情形。对于辩护人在审判阶段收集到上述三类证据的，根据《刑事诉讼法》关于审判程序的规定，辩护人可以直接在法庭上出示，也可以申请人民法院通知有关证人出庭或者调取有关证据。

[配套规定]

《公安机关办理刑事案件程序规定》（2012年12月13日公安部令第127号）（节录）

第五十五条 案件侦查终结前，辩护律师提出要求的，公安机关应当听取辩护律师的意见，根据情况进行核实，并记录在案。辩护律师提出书面意见的，应当附卷。

对辩护律师收集的犯罪嫌疑人不在犯罪现场、未达到刑事责任年龄、属于依法不负刑事责任的精神病人的证据，公安机关应当进行核实并将有关情况记录在案，有关证据应当附卷。

第四十三条 辩护律师经证人或者其他有关单位和个人同意，可以向他们收集与本案有关的材料，也可以申请人民检察院、人民法院收集、调取证据，或者申请人民法院通知证人出庭作证。

辩护律师经人民检察院或者人民法院许可，并且经被害人或者其近亲属、被害人提供的证人同意，可以向他们收集与本案有关的材料。

[条文主旨]

本条是关于辩护律师的调查取证权的规定。

[条文释解]

本条内容最初规定于1996年《刑事诉讼法》第37条规定：“辩护律师经证人或者其他有关单位和个人同意，可以向他们收集与本案有关的材料，也可以申请人民检察院、人民法院收集、调取证据，或者申请人民法院通知证人出庭作证。辩护律师经人民检察院或者人民法院许可，并且经被害人或者其近亲属、被害人提供的证人同意，可以向他们收集与本案有关的材料。”此后在《刑事诉讼法》修订中未再作修改。

调查取证权是辩护律师在刑事诉讼活动中，依照法律规定向被害人、证人或有关单位和个人收集与案件有关材料的权利。辩护律师的调查取证不仅能够弥补控诉方取证的不足，甚至会削弱控诉方所收集证据的证据能力和证明力。裁判方的裁判真正建立在控辩双方平等对抗的基础上，不仅有利于案件的公正处理，而且有利于减少冤错案件的发生。我国刑事诉讼法将调查取证权赋予辩护律师，其他辩护人不享有此项权利。毕竟调查取证是一项较为复杂的诉讼活动，它不仅要求取证主体要严格遵循法定程序收集证据，而且还要求取证主体具备取证的能力，包括良好的法律素养、诉讼经验、诉讼技巧等，以保障收集到的证据不仅具备证据能力，而且具有证明力。综合以上因素，我国立法把调查取证权仅赋予辩护律师。涉及向被害方调查取证，辩护律师经证人或者其他单位和个人同意，可以向他们收集与本案有关的材料。《律师法》第35条第2款规定，律师自行调查取证的，凭律师执业证书和律师事务所证明，可以向有关单位或者个人调查与承办法律事务有关的情况，其他人没有这项权利。

辩护律师向被害方调查取证是全面了解案件情况的重要途径。但由于被害人是遭受犯罪行为侵犯的人，其人身、财产或者其他权利不同程度地受到侵犯，诉讼过程中应尽可能地避免其“二度被害”。为维护被害人的合法权益，赋予被害人以当事人的诉讼地位，同时，为避免被害人在诉讼过程中二度被害，《刑事诉讼法》规定辩护律师向被害方调查取证要受到限制。第43条第2款规定：“辩护律师经人民检察院或者人民法院许可，并且经被害人或者其近亲属、被害人提供的证人同意，可以向他们收集与本案有关的材料。”据此，辩护律师向被害方调查取证，一方面要经过检察院或者法院许可，另一方面要征得被害人一方的同意。司法实践中，应注意把握以下几点：

1. 辩护律师必须经人民检察院或者人民法院的许可并经被害方同意后，才可向被害一方调查取证。因此，申请向被害方调查取证的主体，只能是辩护律师，其他辩护人无此项权利。

2. 申请人民法院许可调查取证的范围。辩护律师申请调查取证的范围包括：

（1）申请向被害人收集与本案有关的材料。这里规定的“与本案有关的材料”，既包括被害人陈述，也包括由被害人保管、控制或者占有、使用的物证、书证等实物证据。被害人作为遭受犯罪行为侵犯的人，一般能够对被害经过进行充分陈述，从而揭露有关犯罪事实和犯罪人。但由于被害人与案件有直接利害关系，出于各种动机其虚假陈述的可能性很大，因此允许辩护律师向被害人了解案件发生的经过，有利于对案件的前因后果有全面了解，这对于准确判断被追诉人是否有罪、罪过大小具有重要的作用。正是由于被害人陈述的虚假性大，因此向被害人收集相关的物证、书证等实物证据显得尤为重要。被害人作为被犯罪行为侵犯的对象，犯罪分子必定会在被害人身上、被害人处所留下痕迹以及其他物证，这些证据材料对于判断被害人陈述是否真实，判断在案其他证据是否具有可采性均具有重要作用。

（2）申请向被害人近亲属收集与本案有关的材料。这里规定的“与本案有关的材料”，既包括询问被害人近亲属，也包括申请被害人近亲属提供其保管、占有、使用、控制的物证、书证等实物证据。被害人近亲属系与被害人有血缘关系的人，他们往往对案件发生的前因后果甚至案件发生的经过有更加全面的了解，申请询问被害人近亲属，有助于辩护律师全面掌握案件情况，从而有助于其有效辩护。然而，由于被害人近亲属与案件同样有利害关系，出于种种动机，其陈述也有虚假的可能性。因此，申请向被害人近亲属收集与案件有关的实物证据，既是判断其陈述是否真实的关键，也是判断在案其他证据有无证明力以及证明力大小的关键。

（3）申请向被害人提供的证人收集与本案有关的材料。这里规定的“与本案有关的材料”，既包括询问被害人提供的证人，也包括向被害人提供的证人收集实物证据。证人是了解案件真实情况并向公安司法机关作出陈述的其他诉讼参与人，在刑事诉讼中并不独立承担任何诉讼职能。

［配套规定］

1.《最高人民法院关于适用〈中华人民共和国刑事诉讼法〉的解释》（法释［2012］21 号）（节录）

第五十条　辩护律师申请向被害人及其近亲属、被害人提供的证人收集与本案有关的材料，人民法院认为确有必要的，应当签发准许调查书。

第五十一条 辩护律师向证人或者有关单位、个人收集、调取与本案有关的证据材料，因证人或者有关单位、个人不同意，申请人民法院收集、调取，或者申请通知证人出庭作证，人民法院认为确有必要的，应当同意。

第五十二条 辩护律师直接申请人民法院向证人或者有关单位、个人收集、调取证据材料，人民法院认为确有收集、调取必要，且不宜或者不能由辩护律师收集、调取的，应当同意。人民法院收集、调取证据材料时，辩护律师可以在场。

人民法院向有关单位收集、调取的书面证据材料，必须由提供人签名，并加盖单位印章；向个人收集、调取的书面证据材料，必须由提供人签名。

人民法院对有关单位、个人提供的证据材料，应当出具收据，写明证据材料的名称、收到的时间、件数、页数以及是否为原件等，由书记员或者审判人员签名。

收集、调取证据材料后，应当及时通知辩护律师查阅、摘抄、复制，并告知人民检察院。

第五十三条 本解释第五十条至第五十二条规定的申请，应当以书面形式提出，并说明理由，写明需要收集、调取证据材料的内容或者需要调查问题的提纲。

对辩护律师的申请，人民法院应当在五日内作出是否准许、同意的决定，并通知申请人；决定不准许、不同意的，应当说明理由。

2. **《人民检察院刑事诉讼规则》**（高检发释字［2019］4号）（节录）

第五十二条 案件移送起诉后，辩护律师依据刑事诉讼法第四十三条第一款的规定申请人民检察院收集、调取证据的，人民检察院负责捕诉的部门应当及时审查。经审查，认为需要收集、调取证据的，应当决定收集、调取并制作笔录附卷；决定不予收集、调取的，应当书面说明理由。

人民检察院根据辩护律师的申请收集、调取证据时，辩护律师可以在场。

第五十三条 辩护律师申请人民检察院许可其向被害人或者其近亲属、被害人提供的证人收集与本案有关材料的，人民检察院负责捕诉的部门应当及时进行审查。人民检察院应当在五日以内作出是否许可的决定，通知辩护律师；不予许可的，应当书面说明理由。

第四十四条　辩护人或者其他任何人，不得帮助犯罪嫌疑人、被告人隐匿、毁灭、伪造证据或者串供，不得威胁、引诱证人作伪证以及进行其他干扰司法机关诉讼活动的行为。

违反前款规定的，应当依法追究法律责任，辩护人涉嫌犯罪的，应当由办理辩护人所承办案件的侦查机关以外的侦查机关办理。辩护人是律师的，应当及时通知其所在的律师事务所或者所属的律师协会。

[条文主旨]

本条是关于辩护人的义务的规定。

[条文释解]

1996 年《刑事诉讼法》第 38 条规定："辩护律师和其他辩护人，不得帮助犯罪嫌疑人、被告人隐匿、毁灭、伪造证据或者串供，不得威胁、引诱证人改变证言或者作伪证以及进行其他干扰司法机关诉讼活动的行为。违反前款规定的，应当依法追究法律责任。"2012 年《刑事诉讼法》对该条内容进行了修改完善，第 42 条规定："辩护人或者其他任何人，不得帮助犯罪嫌疑人、被告人隐匿、毁灭、伪造证据或者串供，不得威胁、引诱证人作伪证以及进行其他干扰司法机关诉讼活动的行为。违反前款规定的，应当依法追究法律责任，辩护人涉嫌犯罪的，应当由办理辩护人所承办案件的侦查机关以外的侦查机关办理。辩护人是律师的，应当及时通知其所在的律师事务所或者所属的律师协会。"2018 年《刑事诉讼法》对此未作修改。

根据《刑事诉讼法》第 44 条的规定，如果辩护人帮助犯罪嫌疑人、被告人隐匿、毁灭、伪造证据或者串供，或者威胁、引诱证人作伪证以及进行其他干扰司法机关诉讼活动的行为，将被依法追究法律责任。同时该条第 2 款也明确规定，辩护人涉嫌犯罪的，应当由办理辩护人所承办案件的侦查机关以外的侦查机关办理。这一规定，一方面，明确要求律师必须依法履行辩护职责，不得实施干扰司法机关诉讼活动的行为，否则将被依法追究法律责任甚至是刑事责任。另一方面，也明确要求，如果辩护人由于上述原因被追究刑事责任的，应当由辩护人所承办案件的侦查机关以外的侦查机关办理，即辩护人所承办案件相对应的侦查机关不得参与针对辩护人的刑事案件的侦查，以保障针对辩护人的侦查、起诉和审判能够客观、公正地进行，进而保障辩护人能够有效、充分地行使辩护权，切实维护犯罪嫌疑人、被告人的合法权益。

[审判实务]

1. 刑事诉讼中辩护人的主要义务有：（1）忠于职守义务。辩护律师在接受委托或被指派担任辩护人以后，应当恪尽职守，为犯罪嫌疑人、被告人进行辩护，维护他们的合法权益，不能无故拖延，无正当理由不得拒绝辩护。不得利用提供法律服务的便利牟取当事人争议的权益，或接受对方当事人的财物或者其他利益，与对方当事人或者第三人恶意串通，侵害委托人的权益。（2）不得帮助犯罪嫌疑人、被告人隐藏、毁灭、伪造证据或者串供，不得威胁、引诱证人作伪证以及进行其他干扰司法机关诉讼活动的行为。（3）特定事项的告知义务。《刑事诉讼法》规定辩护人收集的有关犯罪嫌疑人不在犯罪现场、未达到刑事责任年龄、属于依法不负刑事责任的精神病人的证据，应当及时告知公安机关、人民检察院。此外还规定了辩护人接受犯罪嫌疑人、被告人委托后，应当及时告知办理案件的机关。（4）保守履行辩护人职责时知悉的国家秘密和当事人的商业秘密，不得泄露当事人的隐私。辩护人对于在执业活动中知悉的有关当事人的情况和信息，有权予以保密。但是，辩护律师在执业活动中知悉委托人或者其他人，准备或者正在实施危害国家安全、公共安全以及其他严重危害他人人身安全的犯罪的，应当及时告知司法机关。（5）不得私自接受委托，私自向委托人收取费用，收受委托人的财物。不得违反规定会见法官、检察官，不得向法官、检察官及其他有关工作人员请客送礼或行贿，也不得指使、诱导委托人及其亲友行贿，或者以其他不正当方式影响法官、检察官、仲裁员以及其他有关工作人员依法办理案件。（6）遵守诉讼纪律。例如，按照出庭通知中告知的时间、地点准时出席法庭进行辩护。在法庭上服从审判长的指挥，遵守法庭规则。会见在押的犯罪嫌疑人、被告人时遵守看管场所的规定等。不得干扰法庭秩序，干扰诉讼的正常进行，或煽动、教唆当事人采取扰乱公共秩序、危害公共安全等非法手段解决争议。（7）曾担任法官、检察官的律师，从人民法院、人民检察院离任后2年内，不得担任辩护人。（8）必须按照国家规定承担法律援助义务，尽职尽责，为受援人提供法律服务。

2. 如何理解辩护律师的职务保障权？辩护人依法履行辩护职责，受国家法律保护。辩护人有权根据事实和法律独立地进行辩护，不受任何机关、团体和个人的非法限制和干涉。另外，为了加大对辩护人的保障力度，保障辩护人能够依法行使辩护职能，《刑事诉讼法》第42条第2款规定："辩护人涉嫌犯罪的，应当由办理辩护人所承办案件的侦查机关以外的侦查机关办理。辩护人是律师的，应当及时通知其所在的律师事务所或者所属的律师协会"。

[配套规定]

1.《人民检察院刑事诉讼规则》（高检发释字［2019］4号）（节录）

第六十条 人民检察院发现辩护人有帮助犯罪嫌疑人、被告人隐匿、毁灭、伪造证据、串供，或者威胁、引诱证人作伪证以及其他干扰司法机关诉讼活动的行为，可能涉嫌犯罪的，应当将涉嫌犯罪的线索或者证据材料移送有管辖权的机关依法处理。

人民检察院发现辩护律师在刑事诉讼中违反法律、法规或者执业纪律的，应当及时向其所在的律师事务所、所属的律师协会以及司法行政机关通报。

2.《公安机关办理刑事案件程序规定》（2012年12月13日公安部令第127号）（节录）

第五十三条 辩护人或者其他任何人在刑事诉讼中，违反法律规定，实施干扰诉讼活动行为的，应当依法追究法律责任。

辩护人实施干扰诉讼活动行为，涉嫌犯罪，属于公安机关管辖的，应当由办理辩护人所承办案件的公安机关报请上一级公安机关指定其他公安机关立案侦查，或者由上一级公安机关立案侦查。不得指定原承办案件公安机关的下级公安机关立案侦查。辩护人是律师的，立案侦查的公安机关应当及时通知其所在的律师事务所或者所属的律师协会。

3.《中华人民共和国律师法》（2017年9月1日第十二届全国人民代表大会常务委员会第二十九次会议修正）

第三十九条 律师不得在同一案件中为双方当事人担任代理人，不得代理与本人或者其近亲属有利益冲突的法律事务。

第四十条 律师在执业活动中不得有下列行为：

（一）私自接受委托、收取费用，接受委托人的财物或者其他利益；

（二）利用提供法律服务的便利牟取当事人争议的权益；

（三）接受对方当事人的财物或者其他利益，与对方当事人或者第三人恶意串通，侵害委托人的权益；

（四）违反规定会见法官、检察官、仲裁员以及其他有关工作人员；

（五）向法官、检察官、仲裁员以及其他有关工作人员行贿，介绍贿赂或者指使、诱导当事人行贿，或者以其他不正当方式影响法官、检察官、仲裁员以及其他有关工作人员依法办理案件；

（六）故意提供虚假证据或者威胁、利诱他人提供虚假证据，妨碍对方当事人合法取得证据；

（七）煽动、教唆当事人采取扰乱公共秩序、危害公共安全等非法手段解决争议；

（八）扰乱法庭、仲裁庭秩序，干扰诉讼、仲裁活动的正常进行。

[参考案例]

于某涉嫌故意泄露国家秘密案①

裁判要点：

刑事案件的辩护律师，将从法院复印的案卷材料交给被告人的亲属翻阅，导致部分证人出具虚假证明，影响了诉讼活动的正常进行，其行为不构成故意泄露国家秘密罪。

基本案情：

2000年8月21日，焦作市路通律师事务所律师于某、助理律师卢某（另案处理）接受马某刚之妻朱某荣的委托，担任涉嫌犯贪污罪的马某刚的一审辩护人。2000年11月1日，河南省沁阳市人民检察院以马某刚犯贪污罪向沁阳市人民法院提起公诉，并移送该案主要证据的复印件6本。同年11月3日，朱某荣得知该案已到法院，遂与被告人于某联系请她阅卷，于某即安排卢某前往沁阳市法院复印材料。当日下午2时许，卢某及朱某荣、马某（马某刚之子）一同到沁阳市法院立案庭，卢某将马某刚贪污案的卷宗材料全部借出，到复印部予以复印。其间，马某魁（马某刚之弟）闻讯来到复印部，复印结束后朱某荣让马某魁向卢某提出看复印的卷宗材料，卢某不同意，并答复要看须请示于主任（于某）同意。马某魁遂用手机给于某打电话并向其提出看卷意图，于某表示同意，并让卢某接听电话。电话中被告人于

① 最高人民法院指导案例63号。最高人民法院审判委员会讨论通过于2016年6月30日发布。

某交待卢某把复印的卷宗材料留下。卢某按照于某的安排将材料留下即返回焦作。当晚，朱某荣、马某、马某魁详细翻阅了马某刚一案的有关材料、证据，并对照起诉书指控进行研究。次日、马某到焦作向卢某归还了卷宗材料。朱某荣根据卷宗材料所涉及的证人进行逐个联系，并做了相应的工作。11 月 8 日、10 日，被告人于某前往沁阳调查取证时，马某刚贪污一案所涉及的证人张某田、吕某旗、侯某刚等人出具了相应的虚假证明。2000 年 11 月 11 日中午，被告人于某再次到沁阳调查取证，因卷中所涉及的证人王某胜的证明未能取到，在她离开沁阳时，将卢某所复印的卷宗材料卷 6 交给朱某荣，朱某荣拿到该卷找到证人王某胜，王某胜又出具了一份虚假证明。2000 年 11 月 15 日，马某刚贪污一案进行开庭审理，庭审中被告人于某出示了有关证人出具的虚假证明，又由于该案的事实不清，公诉机关两次提出延期审理的建议，决定补充侦查。经河南省国家保密局、焦作市国家保密局鉴定，被告人于某让马某刚亲属所看马某刚贪污一案的主要证据复印材料 6 册卷宗均属机密级国家秘密。

河南省沁阳市人民检察院以被告人于某犯故意泄露国家秘密罪向沁阳市人民法院提起公诉。

被告人于某辩称：她在电话中没有让卢某把卷宗复印材料留下，只说你抓紧时间来，路上注意安全。卢某将复印卷宗材料留下是卢某对其意思的错误理解。11 月 11 日其根本没有把卷 6 交给朱某荣。卢某所复印卷宗材料任何单位均未标明系国家秘密，其行为构不成犯罪。于某的辩护人认为：（1）鉴定机关对卢某所复印的卷宗材料的鉴定是依照《检察工作中国家秘密及其密级具体范围的规定》及其附件《确定检察诉讼文书密级和保密》所做出的鉴定结论，而该材料是在人民法院复印的，属法院诉讼文书材料，不属机密应当适用法院规定。而法院保密规定中没有规定此材料属国家秘密，所以卢某所复印材料不属国家秘密。（2）本案证人主要有卢某、朱某荣、马某魁等人，而卢某另案处理应属同案人员，其供述不能排除有推卸责任的可能性。朱某荣、马某、马某魁的证言虽证明复印材料时他们在场，但他们对于某与卢某在电话中所讲的内容不可能听见，故此证据均不能采信。（3）11 月 11 日于某是否把卷 6 交给朱某荣，仅有朱某荣的证言，该证据也不能证明事实存在。（4）吕某旗、牛某平等人在于某调取证据时所出具的证明材料是否属伪证没证据证实；公诉机关两次延期审理是因证据不足、需要补充侦查才提出的，被告人于某的行为没有扰乱正常诉讼活动，没有故意泄露国家秘密，情节也不严重。因此，请求法庭宣告被告人于某无罪。

沁阳市人民法院经审理认为：被告人于某身为国家机关工作人员，在接受被告人家属委托担任辩护人期间，利用其律师特有身份、职权，在知悉有关追查刑事犯罪的秘密材料后，将知悉的国家秘密泄露给不该知悉的被告人家属，造成刑事被告人的家属主动找证人作假证的严重后果，严重扰乱了正常的诉讼活动，情节严重，其行为已构成故意泄露国家秘密罪。依照《刑法》第398条第1款规定，以被告人于某犯故意泄露国家秘密罪，判处有期徒刑一年。

一审宣判后，被告人于某不服，以其没有让卢某把卷宗复印材料交给当事人亲属，也没有将卷6交给朱某荣，卢某所复印的卷宗材料既没有标明系国家秘密，也没有任何人以任何形式告知其上述卷宗材料是国家秘密为由，向河南省焦作市中级人民法院提出上诉，认为事后关于该卷材料属机密级国家秘密的鉴定结论不能作为证据使用，原审判决认定事实不清，证据不足，适用法律错误，其不构成犯罪，请求撤销原判，改判其无罪。

裁判结果：

河南省焦作市中级人民法院经审理查明：原判决认定被告人于某在担任涉嫌贪污犯罪的马某刚的一审辩护人期间，于2000年11月3日电话指使其律师事务所的助理律师卢某，将马某刚贪污一案卷宗材料复印件交给马某刚之亲属查阅的事实清楚，对此一审法院所认定证据经一审庭审质证，证据来源合法，内容真实客观，二审予以确认。被告人于某辩称其没有让卢某把卷宗材料复印件交给当事人亲属，经查该辩解理由与查明的事实不符，不能成立。于某和其辩护人称关于复印的卷宗材料未标明系国家秘密，上诉人不具有泄露国家秘密的主观故意，且没有造成严重后果和重大损失，尚未达到“情节严重”的程度，其行为不构成犯罪的辩解，经查，《检察工作中国家秘密及其密级具体范围的规定》的附件《确定检察诉讼文书密级和保密期限的规定》第2条规定：“各级检察机关应依照本规定对诉讼活动中形成的诉讼文书标明密级和保密期限。”第5条规定：“对属国家秘密的检察诉讼文书，但不宜直接作出标志的，须告知应知悉者并做文字记载。”并将证人笔录、被告人供述作为不宜标志的机密，保密期限延至庭审前。公诉机关将此规定作为主要法律依据指控被告人于某的行为构成故意泄露国家秘密罪。而马某刚贪污一案卷宗中的供述和证言材料上均未标明密级，且在整个诉讼活动过程中，又从未有人告知过于某口供和证言是国家秘密，不准泄露给不应知情者，公诉机关也未拿出该项记载证实这一告知。故不能证实于某明知该案卷宗材料是机密级国家秘密。另查，按照《刑法》规定，构成泄露国家秘密罪，必须是“情节严重”的行为，所谓“情节严重”主要是指泄露国家重要秘密的行为造成严重后果或者造成重大损失的；大量泄露国家秘密，扩散面广或者泄露绝密级国家秘密的；为谋取私利或者出于个人目的而故意泄露国家秘密动机特别卑鄙的等。经查马某刚贪污一案，公诉机关两次提出延期审理都是因为案件本身事实不清。尽管马某刚一案因案情泄露而使部分证人翻证，但并没有因此导致对有罪的人作出无罪的判决，一审法院仍以事实为依据并以贪污罪对马某刚判处有期徒刑 7 年。被告人于某泄露的材料虽然多，但这些材料不属于国家保密法意义上的国家秘密，且扩散面不大。

焦作市中级人民法院经审理认为：被告人于某在担任辩护人期间将在法院复制的案件证据材料让当事人亲属查阅的行为不构成故意泄露国家秘密罪。原判认定的基本事实清楚，审判程序合法，但适用法律错误，应予改判。2002 年 5 月 22 日，焦作市中级人民法院作出终审判决：一、撤销沁阳市人民法院（2001）沁刑初字第 47 号刑事判决；二、上诉人（原审被告人）于某无罪。

裁判理由：

本案是河南省第一起以律师泄漏国家秘密罪起诉到法院的案件，争议颇大，一、二审法院处理结果也不一样。在审理过程中，对被告人于某的行为是否构成故意泄露国家秘密罪，存在两种意见。第种一意见认为，被告人于某故意泄露国家秘密的事实清楚，情节严重，构成犯罪，理由是：（1）本案事实清楚。证人卢某、朱某荣、马某魁、马某等人的证言所证情节能够相互印证，是马某魁通过卢某向于某请示后，卢某将卷宗材料留给了当事人。（2）卷宗材料应属“国家秘密”。经河南省国家保密局和焦作市国家保密局鉴定，马某刚贪污一案的卷宗材料均属机密级国家秘密。《最高人民法院关于保守审判工作秘密的规定》规定：“案件宣判之前，任何人不得向当事人或其亲属、辩护人、诉讼代理人以及工作上无关人员泄露案件的处理意见”“非因办案需要，任何人不得擅自复制案件材料”“以上规定，法院工作人员必须严格执行，如违反本规定，造成泄露、失密者……情节严重的，依法追究刑事责任。”虽然该规定是针对法院工作人员而制定的，但由此可说明一个问题，法院所有的案件材料均属国家秘密，不得向无关人员泄露。（3）构成“情节严重”。泄露卷宗材料数量大，共 6 本卷宗材料计 421 页，扩散广。

造成严重后果和恶劣影响，被告人翻供，证人翻证作伪证，造成两次延期审理，严重扰乱了正常的诉讼活动。第二种意见认为，被告人于某的行为不构成故意泄露国家秘密罪。理由是：马某刚贪污一案卷宗中的供述和证言材料上均未标明密级，且在整个诉讼活动过程中，又从未有人告知过于某口供和证言是国家秘密，不准泄露给不应知情者，公诉机关也未拿出该项记载证实这一告知。故不能证实于某明知该案卷宗材料是机密级国家秘密。公诉机关两次建议延期审理马某刚贪污一案，是因为案件本身事实不清。尽管马某刚一案因案情泄露而使部分证人翻证，但并没有因此导致对有罪的人作出无罪的判决，一审法院仍以事实为依据对马某刚作了有罪判决。被告人于某泄露的材料虽多，但这些材料不属于国家重要秘密，也并非国家保密法意义上的国家秘密，且扩散面不大。笔者同意第二种意见。

（一）马某刚贪污一案的卷宗材料不属于国家秘密

《保密法》第2条规定："国家秘密是关系国家的安全和利益，依照法定程序确定，在一定时间内只限一定范围的人员知悉的事项。"该法第8条第2款规定："不符合本法第二条规定的不属于国家秘密。"依照《保密法》的有关规定，人民法院所保管和运用的诉讼材料是否应核定为保密范围，确定密级和保密期限、解密时间，应由人民法院会同国家保密工作部门商定，其他机关的保密法规则对人民法院无约束力。而马某刚贪污一案的卷宗材料移送至人民法院后，管辖法院及主管保密的部门，没有对其设定密级和保密期限。《人民法院工作中国家秘密及其密级具体范围的规定》中也没有将卷宗证据材料核定为"国家秘密"。按照《保密法》第9条规定，国家秘密的密级分为"绝密""机密""秘密"三级，其中"秘密"是一般的"国家秘密"，泄露会使国家的安全和利益遭受损害。根据《法院秘密及密级范围的规定》，中级人民法院作一审的"具有较大影响"的案件所涉保密事项，才属于秘密级事项。而马某刚贪污案是由基层法院作一审，表明此案只是一般刑事犯罪案件，其卷宗材料不属于需确定密级的国家秘密，不会涉及保密法意义上的国家安全和国家利益问题。

《司法行政工作中国家秘密及其密级具体范围的规定》第4条规定，司法行政工作中下列事项不属于国家秘密，而作为工作秘密内部掌握，未经批准不得擅自扩散，其中第5项是："律师受理的未公开的对国家安全、民族团结、对外关系有一定影响的刑事案件，经济案件的案情及对外表态口径。"这充分说明，像这种类型的刑事案件的案情尚不属于国家秘密，而马某刚贪污案仅是一起公开审理的对国家安全、民族团结、对外关系没有任何影响的一般的刑事案件，反映其案情的卷宗材料更不是保密法意义上的国家秘密。

根据《刑事诉讼法》第32条、第36条的规定，律师、被告人所在单位推荐的人，被告人的监护人，亲友可以被委托为辩护人；辩护律师有权复制卷宗材料，其他辩护人经人民法院许可，也可以复制卷宗材料。既然包括被告人亲友、监护人在内的辩护人都可复制人民法院的卷宗材料，可见这些卷宗材料显然不属于国家秘密范围内的材料。《刑事诉讼法》又是基本法，其效力大于《保密法》，而《保密法》又大于其他规章、规则，在国家还无禁止性法律规定限制律师对卷宗材料处置权时，不能随便套用非法律规定限制律师职务活动。

（二）焦作市国家保密局的鉴定不能作为本案定罪的依据

一审判决认定上诉人于某犯故意泄露国家秘密罪的主要证据之一，是焦作市国家保密局2001年2月22日作出的《关于对于某涉嫌泄露国家秘密一案的有关材料密级鉴定书》。而该鉴定缺乏法律依据，不能作为证据适用。

1. 焦作市国家保密局作此鉴定依据的是《检察工作中国家秘密及其密级具体范围的规定》及其附件《确定检察诉讼文书密级和保密期限的规定》及附表。因为该规定及附件、附表是检察机关用以规范内部保密工作的规定，是要求检察机关工作人员遵守的，受约束的主体只是检察机关内部工作人员，对外部人员不具有约束力。因而该鉴定不适用本案。

2. 本案涉及的案卷材料是执业律师依照法定程序在审判阶段形成的律师卷宗，如果其密级需要鉴定，也应依据《保密法》、人民法院和司法行政机关的相关保密规定，而本案中焦作市国家保密局的鉴定并未以此作根据，故该鉴定不能作本案定罪的依据。

（三）被告人于某不具有泄露国家秘密的主观故意

《检察工作中国家秘密及其密级具体范围的规定》附件《确定检察诉讼文书密级和保密期限的规定》第2条规定："各级检察机关应依照本规定对诉讼活动中形成的诉讼文书标明密级和保密期限。"第5条规定："对属国家秘密的检察诉讼文书，但不宜直接作出标志的，须告之应知悉者并做文字记载。"并将证人笔录，被告人供述作为不宜标志的机密，保密期限延至庭审前。按此规定，检察机关工作人员在将诉讼材料提交法院时，要么以确保国家秘密为由拒绝向法院提交保密时间延续到庭审前的诉讼材料，要么把这些材料标明"机密"字样或告知法官后移交法院。而马某刚贪污案卷宗中的供述和证言材料上均未标明密级，被告人于某也不知悉其是何等密级。且在马某刚贪污案的整个诉讼活动过程中，从未有人告知过于某口供和证言是国家秘密，不准泄露给不应知情者，也无人拿出该项记载证实这一告知。因此，于某不知该案卷宗材料是机密级国家秘密。

被告人于某不知也不可能知道卷宗属机密级国家秘密。作为规定卷宗是秘密的《检察工作中国家秘密及其密级具体范围的规定》这个文件本身就是秘密的，于某作为律师无法获取此文件，对于不可知的内容主观上是不具有过错性的，即不知者不为罪。

所谓故意泄露国家秘密罪，是指违反《保密法》的规定，故意泄露国家秘密"情节严重"的行为。在本案中，被告人于某的行为要构成本罪，必须是被告人于某在将案卷复印材料交给当事人亲属时就知道或者应当知道该材料属于国家秘密。然而，马某刚贪污案的证据复印件上既无标明"机密"字样，也无人告知是国家秘密，又未作告知记录，被告人于某不知道也不可能知道该卷宗材料复印件属于国家秘密。因此，被告人于某的行为既不构成故意泄露国家秘密罪，也不构成过失泄露国家秘密罪。检察工作保密规定既然已明确了检察机关的有些材料要保密到庭审前，那么这些材料在什么时候交人民法院应由检察机关把握。如果法律规定必须在庭审前交的材料中涉及国家秘密，检察机关就可以按规定标明"秘密"字样，或做好文字说明交给人民法院。如果《刑事诉讼法》没有规定必须在庭审前交的国家秘密材料，检察机关完全可以在庭审时当庭出示。然而本案检察机关将国家秘密材料与普通材料混装，不按规定标明"秘密"字样，也不告知人民法院就作为庭审前的案卷材料交给人民法院。卢某也没有告知于某马某刚案卷宗内是否有检察机关混装的国家秘密材料，当然，于某也不可能知道卷内有国家秘密。一审法院变更检察院指控的罪名未听取被告人及其辩护人意见的，二审法院应撤销原判，发回重审。

第四十五条　在审判过程中，被告人可以拒绝辩护人继续为他辩护，也可以另行委托辩护人辩护。

[条文主旨]

本条是关于被告人拒绝辩护的规定。

[条文释解]

本条自1979年《刑事诉讼法》规定后，未再作修改。

根据《刑事诉讼法》和《律师法》的规定，拒绝辩护的情形有两种：一种是犯罪嫌疑人、被告人拒绝辩护人继续辩护，另一种拒绝辩护是指辩护人具有法定理由中途不再为犯罪嫌疑人、被告人辩护的行为。《律师法》第32条规定："律师接受委托后，无正当理由的，不得拒绝辩护或者代理，但是委托事项违法，委托人利用律师提供的服务从事违法活动或者委托人故意隐瞒与案件有关的重要事实的，律师有权拒绝辩护或者代理。"

犯罪嫌疑人、被告人可以拒绝辩护人为其辩护。《刑事诉讼法》第45条规定："在审判过程中，被告人可以拒绝辩护人继续为他辩护，也可以另行委托辩护人辩护。"《律师法》第32条第1款规定："委托人可以拒绝已委托的律师为其继续辩护或者代理，同时可以另行委托律师担任辩护人或者代理人。"辩护权的主体是犯罪嫌疑人和被告人，辩护权是犯罪嫌疑人、被告人的诉讼权利，辩护人的辩护权派生于辩护权的主体。有鉴于此，《刑事诉讼法》对犯罪嫌疑人、被告人的拒绝辩护权没有作理由上的限制。

[审判实务]

庭审中被告人拒绝辩护应如何处理。根据《刑诉法解释》，第254条第1款规定，被告人当庭拒绝辩护人辩护，要求另行委托辩护人或者指派律师的，合议庭应当准许。被告人拒绝辩护人辩护后，没有辩护人的，应当宣布休庭。仍有辩护人的，庭审可以继续进行。如果被告人不再另行要求委托辩护或者指派辩护，可以在被告人没有辩护人的情况下继续对其进行审判。第45条规定，被告人拒绝法律援助机构指派的律师为其辩护，坚持自己行使辩护权的，人民法院应当准许；对属于应当提供法律援助的情形的，理由正当的应当准许，但被告人需另行委托辩护人，或者法律援助机构应当为其另行指派辩护人。被告人未另行委托辩护人的，人民法院应当在3日内书面通知法律援助机构另行指派律师为其提供辩护。重新开庭后，被告人再次当庭拒绝辩护人辩护的，可以准许，但被告人不得再次另行委托辩护人或者要求另行指派律师，由其自行辩护。被告人属于应当提供法律援助的情形，重新开庭后再次当庭拒绝辩护人辩护的，不予准许。

[配套规定]

1.《最高人民法院关于适用〈中华人民共和国刑事诉讼法〉的解释》（法释［2012］21号）（节录）

第二百五十四条 被告人当庭拒绝辩护人辩护，要求另行委托辩护人或者指派律师的，合议庭应当准许。被告人拒绝辩护人辩护后，没有辩护人的，应当宣布休庭；仍有辩护人的，庭审可以继续进行。

有多名被告人的案件，部分被告人拒绝辩护人辩护后，没有辩护人的，根据案件情况，可以对该被告人另案处理，对其他被告人的庭审继续进行。

重新开庭后，被告人再次当庭拒绝辩护人辩护的，可以准许，但被告人不得再次另行委托辩护人或者要求另行指派律师，由其自行辩护。

被告人属于应当提供法律援助的情形，重新开庭后再次当庭拒绝辩护人辩护的，不予准许。

第二百五十五条 法庭审理过程中，辩护人拒绝为被告人辩护的，应当准许；是否继续庭审，参照适用前条的规定。

第二百五十六条 依照前两条规定另行委托辩护人或者指派律师的，自案件宣布休庭之日起至第十五日止，由辩护人准备辩护，但被告人及其辩护人自愿缩短时间的除外。

2.《中华人民共和国律师法》（2017年9月1日第十二届全国人民代表大会常务委员会第二十九次会议修正）

第三十二条 委托人可以拒绝已委托的律师为其继续辩护或者代理，同时可以另行委托律师担任辩护人或者代理人。

律师接受委托后，无正当理由的，不得拒绝辩护或者代理。但是，委托事项违法、委托人利用律师提供的服务从事违法活动或者委托人故意隐瞒与案件有关的重要事实的，律师有权拒绝辩护或者代理。

第四十六条 公诉案件的被害人及其法定代理人或者近亲属，附带民事诉讼的当事人及其法定代理人，自案件移送审查起诉之日起，有权委托诉讼代理人。自诉案件的自诉人及其法定代理人，附带民事诉讼的当事人及其

法定代理人，有权随时委托诉讼代理人。

人民检察院自收到移送审查起诉的案件材料之日起三日以内，应当告知被害人及其法定代理人或者其近亲属、附带民事诉讼的当事人及其法定代理人有权委托诉讼代理人。人民法院自受理自诉案件之日起三日以内，应当告知自诉人及其法定代理人、附带民事诉讼的当事人及其法定代理人有权委托诉讼代理人。

[条文主旨]

本条第 1 款是关于诉讼代理人介入刑事诉讼的时间的规定。

本条第 2 款是关于人民检察院、人民法院相关告知义务的规定。

[条文释解]

1979 年《刑事诉讼法》对此方面没有规定。1996 年《刑事诉讼法》第 40 条规定："公诉案件的被害人及其法定代理人或者近亲属，附带民事诉讼的当事人及其法定代理人，自案件移送审查起诉之日起，有权委托诉讼代理人。自诉案件的自诉人及其法定代理人，附带民事诉讼的当事人及其法定代理人，有权随时委托诉讼代理人。人民检察院自收到移送审查起诉的案件材料之日起三日以内，应当告知被害人及其法定代理人或者其近亲属、附带民事诉讼的当事人及其法定代理人有权委托诉讼代理人。人民法院自受理自诉案件之日起三日以内，应当告知自诉人及其法定代理人、附带民事诉讼的当事人及其法定代理人有权委托诉讼代理人。"2012 年、2018 年《刑事诉讼法》对此未作修改。

刑事诉讼代理，是指代理人接受公诉案件的被害人及其法定代理人或者近亲属、自诉案件的自诉人及其法定代理人以及附带民事诉讼的当事人及其法定代理人的委托，以被代理人的名义参加诉讼，进行活动，由被代理人承担代理行为法律后果的一项法律制度。由于代理权限产生的根据不同，刑事诉讼中的代理分为法定代理与委托代理两种，法定代理，是基于法律规定而产生的代理；委托代理，是基于被代理人的委托授权行为而产生的代理。由于代理产生的根据不同，导致代理人的范围、代理人的权限、代理人在刑事诉讼中的权利与义务等均不同。但代理人的共同点是必须在代理权范围内进行代理活动。代理人在代理权限内的诉讼行为和法律行为与委托人自己的诉讼行为和法律行为具有同等的效力，其法律后果由被代理人承担。

刑事代理制度是一项重要的法律制度，其重要意义有：（1）刑事代理有利于维护当事人的合法权益。在刑事诉讼中，被代理人由于缺乏法律知识，不能充分地行使自己的诉讼权利，也很难提出和发表有利于自己的证据材料和法律意见，允许诉讼代理人参加刑事诉讼，可以帮助被代理人进行诉讼，维护被代理人的合法权益。（2）刑事代理有助于司法机关及时查明案情，正确处理案件。诉讼代理人特别是代理律师参加诉讼，能对案件事实、证据作出全面的分析，提出对案件处理的意见，可以促使司法机关正确、合法地处理案件。（3）刑事代理有助于刑事诉讼的顺利进行。代理人参加诉讼、帮助被代理人行使诉讼权利，可以避免当事人因诉讼权利行使不当等而延误诉讼，从而保证诉讼活动的顺利进行。

刑事诉讼代理可分为三大类：

1. 自诉案件的代理

自诉案件中的代理，是指自诉案件的自诉人及其法定代理人，附带民事诉讼的当事人及其法定代理人，委托他人作为代理人参加诉讼。自诉案件，是指当事人直接向人民法院起诉，由人民法院直接受理的案件。根据刑事诉讼法规定，自诉案件可以分为三类：（1）告诉才处理的案件。（2）被害人有证据证明的轻微刑事案件。（3）被害人有证据证明对被告人侵犯自己人身、财产权利的行为应当追究刑事责任，而公安机关、人民检察院不予追究被告人刑事责任的案件。自诉人是自诉案件中的一方当事人，具有独立的诉讼地位。自诉案件的特点决定了自诉人有起诉、撤诉、与被告人和解、提起上诉等诉讼权利，这些诉讼权利将导致审判程序的启动、发展或终结，因此，在委托代理合同中要写明代理人是否享有上述权利。如果没有特别注明的，应视为诉讼代理人没有这些权利。在接受委托后，代理人就可以开始代理活动，参加诉讼。《刑事诉讼法》第 46 条规定，自诉案件的自诉人及其法定代理人，附带民事诉讼的当事人及其法定代理人，有权随时委托诉讼代理人。人民法院自受理自诉案件之日起三日以内，应当告知自诉人及其法定代理人、附带民事诉讼的当事人及其法定代理人有权委托诉讼代理人。法定代理人委托诉讼代理人，应当为自诉人委托诉讼代理人，不是为自己委托诉讼代理人。自诉人及其法定代理人在人民法院立案前就可委托律师作诉讼代理人，包括向人民法院呈递列明代理人姓名的刑事自诉状。被告人在接到自诉人的诉状后，在委托辩护律师的过程中，如果提起反诉，可以同时委托该辩护律师兼作诉讼代理人并办理代理委托手续。被告人在法庭审理中提起反诉并要其辩护律师兼作诉讼代理人的，反诉是否成立要待法庭决定，辩护律师是否接受委托及接受委托的法律手续、代理的准备工作等都需要研究、准备，因此在出现这种情况时，法庭应宣布延期审理。同理，自诉人在法庭上被被告人提起反诉，自诉人可以委托代理律师兼作辩护人，但反诉是否成立，要由法庭决定，代理律师是否接受委托兼作辩护人，要由受委托律师决定，即使接受委托，也要办理相应的法律手续，做好辩护的准备工作，因此，也宜请求法庭延期审理。

自诉案件中代理律师的诉讼权利主要是：经授权一般代理后，有纠正委托人起诉事实的权利，不能同意无根据的起诉事实和无法律依据的诉讼主张；可以由自诉人向人民法院提起诉讼（包括拟写诉状）；代理律师依照刑事诉讼法的规定“可以收集、查阅与本案有关的材料”，即有权持单位介绍信和执业证件访问有关单位，调查本案案情，有关单位、个人应当给予支持；可以到人民法院查阅人民检察院不起诉、被害人起诉后人民检察院移送给人民法院的有关案卷材料，了解案情；人民法院开庭审理时，代理律师有权应人民法院的通知到庭履行职务；经自诉人授权，有权代委托人依法申请法庭组成人员、书记员等回避；在法庭审理中审判人员讯问被告人后，经审判长许可，可以向被告人发问，可以申请审判长对证人、鉴定人等发问或者经审判长许可直接发问，申请通知新的证人到庭，调取新的物证，申请重新鉴定或者勘验；法庭调查后，有权发言（发表代理词）并且可以和被告方展开辩论；有权代自诉人阅读审判笔录，如认为有错误或遗漏，有权请求补充或改正；对司法工作人员非法剥夺自诉人诉讼权利和人身自由等侵权行为，有权提出控告。由于对自诉案件人民法院可以进行调解，自诉人在宣告判决前，可以同被告人自行和解或者撤回起诉。这些都涉及处分自诉人的实体权利问题，代理律师不经委托人特别授权无权代理。因此，代理人除代理被代理人进行诉讼外，要经被代理人特别授权，才能代为承认、放弃或者变更诉讼请求、进行和解、提起反诉或者上诉。

自诉案件代理律师也需要履行诉讼义务，主要包括：（1）按人民法院的通知及时到庭依法履行职务，不得借故妨碍诉讼的正常进行。如果自诉人经两次合法传唤，无正当理由拒不到庭的，或者未经许可中途退庭的，按撤诉处理。因此，诉讼代理人在接受委托后就应尽职尽责，以免因自己的失误而给自诉人带来损失。(2)收集证据,在法庭上积极举证。自诉案件的证明责任由自诉人承担,如果自诉人提不出有力的证据来证明自己的主张,就要承担败诉的结果,或者被裁定驳回起诉。所以,诉讼代理人应当充分重视证据的收集和运用。(3)对于人民法院已经生效的判决、裁定或者调解协议,代理律师认为是正确的,则有义务教育委托人认真遵守执行。(4)对执业中接触到的国家机密、商业秘密和个人隐私,应当严格保守秘密。(5)履行律师法规定的其他义务。

2. 公诉案件中的代理

公诉案件中的代理,是指公诉案件的被害人及其法定代理人或者近亲属委托他人作为代理人参加诉讼。司法实践中,有的被害人由于种种原因不能出庭。有的被害人虽然出庭,但是由于法律知识、经验等方面的原因,不能充分维护自己的合法权益。因此,法律赋予被害人委托诉讼代理人参加诉讼的权利,以维护被害人的合法权益。《刑事诉讼法》第46条规定,公诉案件的被害人及其法定代理人或者近亲属,自案件移送审查起诉之日起,有权委托诉讼代理人。人民检察院自收到移送审查起诉的案件材料之日起三日以内,应当告知被害人及其法定代理人或者其近亲属有权委托诉讼代理人。

公诉案件中的代理有6大要点:(1)公诉案件的被害人及其法定代理人或者近亲属,在该案发生后即可向负责该案侦查的机关控告、举报犯罪,协助公安、司法机关揭露、证实犯罪;该案的被害人及其法定代理人或者近亲属即可以提起附带民事诉讼,以维护被害人的合法权益。但是,他们若委托诉讼代理人提起上述诉讼行为,则只能在案件侦查终结并移送人民检察院审查起诉之日起进行。这样的限制,有利于侦查机关客观地侦查、处理案件,防止不必要的干扰、影响。(2)法律只规定了委托诉讼代理人的起始时限,并未规定终止时限。这是因为,审查起诉阶段未委托代理人的,在同一案件的一审或二审程序中,依然可以委托诉讼代理人参加诉讼。案件一经审结,诉讼代理人的代理权即告终结。但是,被害人及其法定代理人、近亲属对生效裁判不服的,仍然有权委托律师代为申诉。(3)人民检察院有告知被害人及其法定代理人或者近亲属有权委托诉讼代理人的义务,其告知的最长期限是自收到移送审查起诉的案件材料之日起的3日以内,超过这一期限未予告知的,构成程序违法。(4)诉讼代理人的范围同辩护人的范围相同,其中主要是律师做诉讼代理人。(5)公诉案件中,被害人及其法定代理人或者近亲属委托的诉讼代理人,应当是被害人的代理人,而不是被害人近亲属或其法定代理人的代理人。（6）公诉案件中被害人的诉讼代理人与自诉案件中自诉人的诉讼代理人不同，只能行使控诉职能，不能兼作辩护人、行使辩护职能。公诉案件中被害人的代理人，根据委托人的一般授权，行使诉讼中的权利并履行相应的义务。

公诉案件中被害人的诉讼代理人，根据委托人的一般授权，行使诉讼中的权利并履行相应义务。其权利主要是：有权代理委托人向公安、司法机关控告犯罪；可以收集、查阅与本案有关的材料；对于人民检察院决定不起诉的案件，被害人如果不服，其诉讼代理人有权在被害人收到不起诉决定书后的 7 日以内，代其向人民检察院提出申诉，也可经被害人授权代被害人向人民法院提起自诉；在法庭审理阶段，经审判长同意，可以向被告人、证人发问，可以参加法庭辩论等。

3. 附带民事诉讼中的代理

附带民事诉讼中的代理，是指附带民事诉讼当事人及其法定代理人委托他人作为代理人参加诉讼。随着我国公民法律意识的提高，在越来越多的案件中，被害人不仅积极参加刑事诉讼，要求追究被告人的刑事责任，而且开始要求被告人赔偿因其犯罪行为给自己造成的物质损失。但是，被害人一方因为怀有追究被告人刑事责任的强烈愿望，往往不能理智地对待民事诉讼，而被告人一方由于主要关注刑事诉讼的结果，也很难重视民事诉讼，往往造成合法权益不能得到很好保障，加之双方当事人都有可能缺乏法律知识和经验，因而附带民事诉讼中的代理具有重要意义。《刑事诉讼法》第 46 条规定，附带民事诉讼的当事人及其法定代理人自案件移送审查起诉之日起，有权委托诉讼代理人。人民检察院自收到移送审查起诉的案件材料之日起三日以内，应当告知附带民事诉讼的当事人及其法定代理人有权委托诉讼代理人。人民法院自受理自诉案件之日起三日以内，应当告知附带民事诉讼的当事人及其法定代理人有权委托诉讼代理人。

附带民事诉讼中的代理人的诉讼权利来自刑事附带民事诉讼中当事人享有的诉讼权利以及他们的授权。附带民事诉讼当事人的诉讼代理，分为一般代理和特别授权代理。特别授权代理，要在授权委托书中注明授权内容，如授权代理律师代为承认、放弃或者变更诉讼请求，进行和解、调解等。委托书、特别授权委托书应由委托人签字后送交受案的人民法院。在有特别授权时，诉讼代理人可享有 7 项诉讼权利：（1）原告方的诉讼代理人有权在刑事诉讼的过程中，以口头或者书面形式提起附带民事诉讼。（2）原告方的诉讼代理人有权申请人民法院先予执行或者采取保全措施，查封、扣押或者冻结被告人的财产。(3) 要求民事诉讼同刑事诉讼一并审判，及时处理。(4) 参加法庭调查和法庭辩论。(5) 可以要求人民法院进行调解，也可以与对方自行和解。(6) 民事诉讼原告方有权撤诉，被告方有权提出反诉。(7) 人民法院的一审判决作出后，如果对判决结果不服的，可以对一审判决中的附带民事部分提出上诉；对于已经发生法律效力的判决、裁定，有权向人民法院或人民检察院提出申诉。

附带民事诉讼中的代理有 4 大要点：(1) 无论是公诉案件还是自诉案件，附带民事诉讼的当事人及其法定代理人都有权依法委托诉讼代理人，以维护委托方的合法权益。附带民事诉讼的当事人是指附带民事诉讼的原告、被告。附带民事诉讼的原告是指在刑事诉讼中因被告人的犯罪行为而遭受物质损失并在刑事诉讼过程中提起附带民事诉讼的人，他既可以是被害人（包括被害单位），也可以是死亡的被害人的近亲属或者因治疗、安葬被害人而受到物质损失的单位、个人。人民检察院在提起公诉的同时，有权提起附带民事诉讼，但不是附带民事诉讼的原告。附带民事诉讼的被告，是刑事诉讼中受到附带民事诉讼的原告或人民检察院的控告，应对因其犯罪行为遭受物质损失的人负有赔偿责任的人，通常是同一案件的刑事被告人，在特殊情况下，也可以是对刑事被告人的行为负赔偿责任的机关、团体。(2) 刑事案件一经发生，作为该案的被害人及其法定代理人即可以附带民事诉讼原告或其法定代理人的身份提起附带民事诉讼，但是，他们若以附带民事诉讼当事人或其法定代理人的身份委托诉讼代理人，则只能在案件侦查终结并移送人民检察院审查起诉之日起进行，自诉案件由于不涉及侦查、预审，附带民事诉讼当事人及其法定代理人可以随时委托诉讼代理人。(3) 人民检察院、人民法院有告知附带民事诉讼当事人及其法定代理人有权委托诉讼代理人的义务。告知的最长期限分别是收到移送审查起诉的案件材料之日起的 3 日以内或者受理自诉案件之日起 3 日以内。(4) 可以接受委托担任附带民事诉讼的诉讼代理人，可以是当事人的监护人、亲友或者所在单位推荐的人，主要的还是执业律师。自诉人、被害人及其法定代理人委托的诉讼代理人，特别是代理律师，在其同时提起附带民事诉讼时，可以兼作附带民事诉讼原告的代理律师。而刑事被告人或对被害人负有赔偿责任的机关、团体，或者法定代理人作为附带民事诉讼被告的，可以委托原被告人的辩护律师作为诉讼代理人，但要征得该律师的同意，并应另行办理有关法律手续附带民事诉讼当事人的诉讼代理，分为一般代理和特别授权代理。

特别授权代理，要在授权委托书中注明授权内容，如授权代理律师代为承认、放弃或者变更诉讼请求，进行和解，提起反诉或者上诉。委托书、特别授权委托书应由委托人签字后送交受案的人民法院。代理律师要在授权范围内进行活动，超越代理权限的行为是无效的。附带民事诉讼的代理律师，应当有权参与刑事案件的审理以便了解附带民事诉讼是否成立及民事赔偿的合理数额等，个别人民法院不允许代理律师参与该案刑事部分的审理，尤其在刑事部分审理前就要求代理律师动员被告人与附带民事诉讼原告解决民事赔偿的做法，是违反刑事附带民事诉讼案件审理的基本原则的。

附带民事诉讼中的诉讼代理，实质是民事诉讼代理制度的移植，代理律师享有如民事诉讼法赋予代理律师的权利，也履行相应的义务。有些权利、义务则参见本节自诉案件自诉人的代理，公诉案件被害人的诉讼代理的有关论述。附带民事诉讼当事人的代理律师，其责任是在授权范围内维护委托方当事人的合法权益。

[配套规定]

1.《最高人民法院关于适用〈中华人民共和国刑事诉讼法〉的解释》（法释［2012］21号）（节录）

第五十五条 当事人委托诉讼代理人的，参照适用刑事诉讼法第三十二条和本解释的有关规定。

第五十六条 诉讼代理人有权根据事实和法律，维护被害人、自诉人或者附带民事诉讼当事人的诉讼权利和其他合法权益。

第五十七条 经人民法院许可，诉讼代理人可以查阅、摘抄、复制本案的案卷材料。

律师担任诉讼代理人，需要收集、调取与本案有关的证据材料的，参照适用本解释第五十一条至第五十三条的规定。

第五十八条 诉讼代理人接受当事人委托或者法律援助机构指派后，应当在三日内将委托手续或者法律援助手续提交人民法院。

第五十九条 辩护人、诉讼代理人复制案卷材料的，人民法院只收取工本费；法律援助律师复制必要的案卷材料的，应当免收或者减收费用。

2.《人民检察院刑事诉讼规则》（高检发释字［2019］4号）（节录）

第五十五条 人民检察院自收到移送起诉案卷材料之日起三日以内，应当告知被害人及其法定代理人或者其近亲属、附带民事诉讼的当事人及其法定代理人有权委托诉讼代理人。被害人及其法定代理人、近亲属因经济困难没有委托诉讼代理人的，应当告知其可以申请法律援助。

当面口头告知的，应当记入笔录，由被告知人签名；电话告知的，应当记录在案；书面告知的，应当将送达回执入卷。被害人众多或者不确定，无法以上述方式逐一告知的，可以公告告知。无法告知的，应当记录在案。

被害人有法定代理人的，应当告知其法定代理人；没有法定代理人的，应当告知其近亲属。

法定代理人或者近亲属为二人以上的，可以告知其中一人。告知时应当按照刑事诉讼法第一百零八条第三项、第六项列举的顺序择先进行。

当事人及其法定代理人、近亲属委托诉讼代理人的，参照刑事诉讼法第三十三条等法律规定执行。

第五十六条 经人民检察院许可，诉讼代理人查阅、摘抄、复制本案案卷材料的，参照本规则第四十九条的规定办理。

律师担任诉讼代理人，需要申请人民检察院收集、调取证据的，参照本规则第五十二条的规定办理。

第四十七条　委托诉讼代理人，参照本法第三十三条的规定执行。

[条文主旨]

本条是关于诉讼代理人的范围的规定。

[条文释解]

该条内容系1996年《刑事诉讼法》增加，此后未作修改。

由于代理权限产生的根据不同，刑事诉讼中的代理分为法定代理与委托代理两种。法定代理，是基于法律规定而产生的代理；委托代理，是基于被代理人的委托授权行为而产生的代理。代理产生的根据不同，导致代理人的范围、代理人的权限、代理人在刑事诉讼中的权利与义务等也不同。但代理人的共同点是必须在代理权限范围内进行代理活动。代理人在代理权限内的诉讼行为和法律行为与委托人自己的诉讼行为和法律行为具有同等效力，其法律后果由被代理人承担。

根据《刑事诉讼法》第 47 条的规定，委托诉讼代理人，参照本法第 33 条的规定执行，即可参照委托辩护人的规定执行。根据第 33 条规定，下列人员可以被委托为护人：（一）律师；（二）人民团体或者犯罪嫌疑人、被告人所在单位推荐的人；（三）犯罪嫌疑人、被告人的监护人、亲友。由此可见，委托代理，既可以委托律师代理，也可以委托其他公民代理。

所谓律师代理，是指律师在刑事诉讼中，接受被代理人的委托，以被代理人的名义在代理权限内实施代理行为的诉讼制度。律师代理制度有利于维护自诉人、公诉案件被害人、附带民事诉讼当事人的诉讼权利；有利于公安、司法机关严格遵守诉讼程序，及时查明事实，分清是非，正确适用法律，公正处理案件，进而有利于宣传社会主义法制，提高公民的社会主义法律意识。委托律师代理的特点是，代理权是基于委托人委托的意思表示而产生；代理的权限范围由委托人决定；代理人参加诉讼时，必须向受诉人民法院提交授权委托书和律师事务所证明其律师身份的信函。委托律师代理的权限范围分为一般委托代理和特别授权代理。前者，代理人只能代理被代理人进行诉讼行为，无权处分其实体权利。后者，代理人除代理被代理人进行诉讼外，可以根据被代理人的特别授权的内容，代为处分其相关的实体权利。委托人有权改变授权内容或者解除代理权，代理人也可依法辞去代理，从而导致代理权的变更或解除。

《律师法》第 32 条规定：委托人可以拒绝律师为其继续代理，也可以另行委托律师担任代理人。律师接受委托后，无正当理由的，不得拒绝代理，但委托事项违法，委托人利用律师提供的服务从事违法活动，或者委托人故意隐瞒与案件有关的重要事实的，律师有权拒绝代理。代理权的变更或解除，应当及时用书面形式通知人民法院。诉讼期间，委托人要求解除代理后另行委托的，应当允许，但案件经过合议，已经作出处理决定的，一般不宜再变更委托。案件终止或者被代理人丧失诉讼行为能力或者死亡的，代理人自行丧失代理权。

第四十八条　辩护律师对在执业活动中知悉的委托人的有关情况和信息，有权予以保密。但是，辩护律师在执业活动中知悉委托人或者其他人，准备或者正在实施危害国家安全、公共安全以及严重危害他人人身安全的犯罪的，应当及时告知司法机关。

[条文主旨]

本条是关于辩护律师的保密义务及其权利的规定。

[条文释解]

该条系2012年《刑事诉讼法》增加的条款，第46条规定“辩护律师对在执业活动中知悉的委托人的有关情况和信息，有权予以保密。但是，辩护律师在执业活动中知悉委托人或者其他人，准备或者正在实施危害国家安全、公共安全以及严重危害他人人身安全的犯罪的，应当及时告知司法机关。”2018年《刑事诉讼法》未对此条进行修改。

《刑事诉讼法》第48条规定：“辩护律师对在执业活动中知悉的委托人的有关情况和信息，有权予以保密。但是，辩护律师在执业活动中知悉委托人或者其他人，准备或者正在实施危害国家安全、公共安全以及严重危害他人人身安全的犯罪的，应当及时告知司法机关。”对于“在执业活动中知悉的委托人的有关情况和信息”，应作有利于犯罪嫌疑人、被告人的解释，不仅是指委托人的个人隐私、商业秘密，还应解释为包括案件情况本身。律师对在执业活动中知悉的案件情况，不仅应向社会保密，不得公开、不得泄露，还有权向司法机关保密，即使司法机关要求其作证，也有权免予作证或拒绝作证。对于“律师在执业活动中知悉委托人或者其他人，准备或者正在实施危害国家安全、公共安全以及严重危害他人人身安全的犯罪的”情形，律师不享有保密权而是有义务向公安、司法机关通报。在审判实践中，人民法院对于辩护律师通报其在执业活动中知悉委托人或者其他人准备或者正在实施危害国家安全、公共安全以及严重危害他人人身安全犯罪的，应当接受。对于不属于自己管辖的，应当移送主管机关处理，并且通知辩护律师。对于不属于自己管辖而又必须采取紧急措施的，应当先采取紧急措施，然后移送主管机关。

[审判实务]

辩护人能否充当证人。关于辩护人能否充当证人的问题，是一个与证人资格相关的问题。如果辩护人在接受被告人、犯罪嫌疑人委托之前知悉该案件的情况的，则辩护人有义务作证，不应当再承担该案的辩护的职责。所以，这里所讨论的辩护人能否充当证人的问题，应当是指辩护人在执业活动中知悉委托人的有关情况和信息，了解案件的情况，是否有义务就自己所了解的有关案件的事实情况向司法机关提供证言的问题。从司法实践来看，可能存在如下两种情形：辩护人在担任辩护人的过程中了解案件事实情况的，特别是发现漏罪情形的，是否有义务向司法机关陈述这一事实，提供证言。辩护人在执业活动中，知悉委托人或者其他人准备或者实施犯罪的，是否有义务向司法机关陈述这一事实，提供证言。

《刑事诉讼法》第46条为解决这一问题提供了原则和思路，该条规定："辩护律师对在执业活动中知悉的委托人的有关情况和信息，有权予以保密。但是，辩护律师在执业活动中知悉委托人或者其他人，准备或者正在实施危害国家安全、公共安全以及严重危害他人人身安全的犯罪的，应当告知司法机关。"我们认为，该规定确立了两项原则，首先，辩护律师原则上应当对在执业活动中知悉的委托人的有关情况和信息予以保密，据此，其不得就所知道的案件情况向司法机关提供证据，即原则上不能成为证人。其次，当委托人准备或者实施危害国家安全、公共安全以及严重危害他人人身安全的犯罪，即当辩护律师对执业中所知悉的信息的保密与国家安全、公共安全、重大人身安全法益发生冲突之时，前者应当服从于后者，这也是国际通行的处理原则。需要注意的是，《刑事诉讼法》第46条使用的表述是"委托人或者其他人，准备或者实施危害国家安全、公共安全以及严重危害他人人身安全的犯罪"，而没有包括"曾经实施危害国家安全、公共安全以及严重危害他人人身安全的犯罪"。显而易见，这里所指的是如果放弃辩护律师对执业中所知悉的信息的保密原则，对于保护国家安全、公共安全、重大人身安全法益有所助益的情形。如果辩护律师所知悉的是辩护人已经实施的危害国家安全、公共安全以及严重危害他人人身安全的犯罪，虽然这些犯罪行为十分严重，但由于已经实施完毕，放弃辩护律师对执业中所知悉的信息的保密原则，也无助于保护国家安全。

基于以上分析，我们认为，关于辩护人是否应当成为证人的问题，应当坚持以下三点：（1）辩护律师对在执业活动中知悉的委托人的有关情况和信息，有权予以保密。在此过程中，辩护人了解案件事实情况的，特别是发现漏罪情形的，包括危害国家安全、公共安全以及严重危害他人人身安全的漏罪的，有权予以保密，可以不向司法机关提供相关证言。（2）辩护人在执业活动中，知悉委托人或者其他人准备或者实施犯罪的，通常有权予以保密，但是如果委托人或者其他人，准备或者实施危害国家安全、公共安全以及严重危害他人人身安全的犯罪，则应当及时向有管辖权的司法机关通报。特殊情况不便的，应当向正在办理案件的司法机关通报，由其转告有管辖权的司法机关，并有义务作证。（3）犯罪嫌疑人、被告人的监护人、亲友担任辩护人的，参照前述原则处理。但是，如果系委托人的配偶、父母、子女的，则有权对包括委托人准备或者实施危害国家安全、公共安全以及严重危害他人人身安全的犯罪在内的信息予以保密，可以不担任证人。

[配套规定]

1.《最高人民法院关于适用〈中华人民共和国刑事诉讼法〉的解释》（法释［2012］21号）（节录）

第六十条　辩护律师向人民法院告知其委托人或者其他人准备实施、正在实施危害国家安全、公共安全以及严重危害他人人身安全犯罪的，人民法院应当记录在案，立即转告主管机关依法处理，并为反映有关情况的辩护律师保密。

2.《人民检察院刑事诉讼规则》（高检发释字［2019］4号）（节录）

第五十九条　辩护律师告知人民检察院其委托人或者其他人员准备实施、正在实施危害国家安全、危害公共安全以及严重危及他人人身安全犯罪的，人民检察院应当接受并立即移送有关机关依法处理。

人民检察院应当为反映情况的辩护律师保密。

3.《公安机关办理刑事案件程序规定》（2012年12月13日公安部令第127号）（节录）

第五十四条　辩护律师对在执业活动中知悉的委托人的有关情况和信息，有权予以保密。但是，辩护律师在执业活动中知悉委托人或者其他人，准备或者正在实施危害国家安全、公共安全以及严重危害他人人身安全的犯罪的，应当及时告知司法机关。

4.《中华人民共和国律师法》（2017 年 9 月 1 日第十二届全国人民代表大会常务委员会第二十九次会议修正）

第三十八条 律师应当保守在执业活动中知悉的国家秘密、商业秘密，不得泄露当事人的隐私。

律师对在执业活动中知悉的委托人和其他人不愿泄露的有关情况和信息，应当予以保密。但是，委托人或者其他人准备或者正在实施危害国家安全、公共安全以及严重危害他人人身安全的犯罪事实和信息除外。

第四十九条 辩护人、诉讼代理人认为公安机关、人民检察院、人民法院及其工作人员阻碍其依法行使诉讼权利的，有权向同级或者上一级人民检察院申诉或者控告。人民检察院对申诉或者控告应当及时进行审查，情况属实的，通知有关机关予以纠正。

[条文主旨]

本条是关于辩护人、诉讼代理人的申诉与控告权的规定。

[条文释解]

本条在 1979 年、1996 年《刑事诉讼法》中均无规定。2012 年《刑事诉讼法》增加此条规定：“辩护人、诉讼代理人认为公安机关、人民检察院、人民法院及其工作人员阻碍其依法行使诉讼权利的，有权向同级或者上一级人民检察院申诉或者控告。人民检察院对申诉或者控告应当及时进行审查，情况属实的，通知有关机关予以纠正。”2018 年《刑事诉讼法》对此条未作修改。

律师法规定，律师依法在刑事诉讼中履行辩护职责，其人身权利和诉讼中的权利不受侵犯。辩护人作为诉讼参与人，对于审判人员、检察人员和侦查人员侵犯其诉讼权利和人身侮辱的行为，有权提出控告；对于公安机关、人民检察院、人民法院及其工作人员阻碍其依法履行职责的，有权向同级或者上一级人民检察院申诉或者控告。此外，《刑事诉讼法》第 173 条规定，人民检察院审查案件，应当听取辩护人的意见。辩护人提出书面意见的，应当附卷。可见，犯罪嫌疑人委托的辩护人在审查起诉阶段就有权为犯罪嫌疑人辩护，人民检察院应当听取其辩护意见。

辩护人、诉讼代理人除对阻碍其依法行使诉讼权利的行为有申诉、控告权外，还具有其他提出意见的权利：辩护律师在侦查终结阶段的提出意见权。《刑事诉讼法》第 161 条第 1 款规定："在案件侦查终结前，辩护律师提出要求的，侦查机关应当听取辩护律师的意见，并记录在案。"辩护人在审查起诉阶段的提出意见权。《刑事诉讼法》第 173 条第 1 款规定："人民检察院审查案件，应当讯问犯罪嫌疑人，听取辩护人……的意见，并记录在案。辩护人……提出书面意见的，应当附卷。"辩护律师在死刑复核阶段的提出意见权。《刑事诉讼法》第 251 条第 1 款规定："最高人民法院复核死刑案件……辩护律师提出要求的，应当听取辩护律师的意见。"在第一种、第三种情形下，只有辩护律师才可以提出意见，在第二种情形下，所有辩护人都可以提出意见。

[配套规定]

《人民检察院刑事诉讼规则》（高检发释字［2019］4 号）（节录）

第五十七条　辩护人、诉讼代理人认为公安机关、人民检察院、人民法院及其工作人员具有下列阻碍其依法行使诉讼权利行为之一，向同级或者上一级人民检察院申诉或者控告的，人民检察院负责控告申诉检察的部门应当接受并依法办理，其他办案部门应当予以配合：

（一）违反规定，对辩护人、诉讼代理人提出的回避要求不予受理或者对不予回避决定不服的复议申请不予受理的；

（二）未依法告知犯罪嫌疑人、被告人有权委托辩护人的；

（三）未转达在押或者被监视居住的犯罪嫌疑人、被告人委托辩护人的要求或者未转交其申请法律援助材料的；

（四）应当通知而不通知法律援助机构为符合条件的犯罪嫌疑人、被告人或者被申请强制医疗的人指派律师提供辩护或者法律援助的；

（五）在规定时间内不受理、不答复辩护人提出的变更强制措施申请或者解除强制措施要求的；

（六）未依法告知辩护律师犯罪嫌疑人涉嫌的罪名和案件有关情况的；

（七）违法限制辩护律师同在押、被监视居住的犯罪嫌疑人、被告人会见和通信的；

（八）违法不允许辩护律师查阅、摘抄、复制本案的案卷材料的；

（九）违法限制辩护律师收集、核实有关证据材料的；

（十）没有正当理由不同意辩护律师收集、调取证据或者通知证人出庭作证的申请，或者不答复、不说明理由的；

（十一）未依法提交证明犯罪嫌疑人、被告人无罪或者罪轻的证据材料的；

（十二）未依法听取辩护人、诉讼代理人意见的；

（十三）未依法将开庭的时间、地点及时通知辩护人、诉讼代理人的；

（十四）未依法向辩护人、诉讼代理人及时送达本案的法律文书或者及时告知案件移送情况的；

（十五）阻碍辩护人、诉讼代理人在法庭审理过程中依法行使诉讼权利的；

（十六）其他阻碍辩护人、诉讼代理人依法行使诉讼权利的。

对于直接向上一级人民检察院申诉或者控告的，上一级人民检察院可以交下级人民检察院办理，也可以直接办理。

辩护人、诉讼代理人认为看守所及其工作人员有阻碍其依法行使诉讼权利的行为，向人民检察院申诉或者控告的，由负责刑事执行检察的部门接受并依法办理；其他办案部门收到申诉或者控告的，应当及时移送负责刑事执行检察的部门。

第五十八条 辩护人、诉讼代理人认为其依法行使诉讼权利受到阻碍向人民检察院申诉或者控告的，人民检察院应当及时受理并调查核实，在十日以内办结并书面答复。情况属实的，通知有关机关或者本院有关部门、下级人民检察院予以纠正。

第五章　证　据

第五十条　可以用于证明案件事实的材料，都是证据。

证据包括：

（一）物证；

（二）书证；

（三）证人证言；

（四）被害人陈述；

（五）犯罪嫌疑人、被告人供述和辩解；

（六）鉴定意见；

（七）勘验、检查、辨认、侦查实验等笔录；

（八）视听资料、电子数据。

证据必须经过查证属实，才能作为定案的根据。

［条文主旨］

本条是关于证据及其种类的规定。

［条文释解］

1979 年《刑事诉讼法》第 31 条规定，“证明案件真实情况的一切事实，都是证据。证据有下列六种：（一）物证、书证；（二）证人证言；（三）被害人陈述；（四）被告人供述和辩解；（五）鉴定结论；（六）勘验、检查笔录。以上证据必须经过查证属实，才能作为定案的根据。”1996 年《刑事诉讼法》将证据种类中的被告人供述和辩解修改为“犯罪嫌疑人、被告人供述和辩解”，并增加规定了“视听资料”作为新的证据种类。2012 年《刑事诉讼法》将第 50 条修改为“可以用于证明案件事实的材料，都是证据。证据包括：（一）物证；（二）书证；（三）证人证言；（四）被害人陈述；（五）犯罪嫌疑人、被告人供述和辩解；（六）鉴定意见；（七）勘验、检查、辨认、侦查实验等笔录；（八）视听资料、电子数据。证据必须经过查证属实，才能作为定案的根据。”2018 年《刑事诉讼法》对此未作修改。

证据是认定案件事实的依据，是进行诉讼活动的事实基础。也就是说，证据问题是诉讼活动的中心问题，在很大程度上，刑事诉讼就是围绕证据的收集、审查判断以及运用而展开的活动。一般来说，证据具有以下特征：一是客观性，是指证据是外界客观存在的事实，不是主观想象、猜测和捏造的事物。任何犯罪，都是在一定的时间、地点进行的，必然遗留各种痕迹，或者在进行犯罪活动时为人们所目睹、感受。这些可以作为证据的事实，是不依赖于办案人员的意识而客观存在的。办案人员只能收集、利用这些事实作为证据，而不能改变、歪曲这些事实。强调证据的客观性，有助于揭示案件的事实真相，防止司法人员凭想当然或想象办案，避免主观随意性。二是关联性，也称为相关性，是指证据必须与诉讼中的待证事实有关，从而具有能够证明待证事实的属性。关联性是证据的一种客观属性，即证据事实同案件事实之间的联系是客观联系而不是办案人员的主观想象和强加的联系，它是案件事实作用于客观外界以及有关人员的主观所产生的。证据与案件事实相关联的形式是多种多样的，包括直接关联和间接关联、必然关联与偶然关联、肯定性关联与否定性关联等。关联性使证据对查明案件事实、确定当事人是否犯罪、犯罪情节轻重具有证明力。三是合法性，合法性是指证据的形式、收集、出示和查证，都由法律予以规范和调整，作为定案根据的证据，必须为法律所容许。

在我国刑事诉讼中，规范和调整证据的法律规范，主要包括以下内容：（1）证据应当依法定程序收集。《刑事诉讼法》具体规定了讯问犯罪嫌疑人、被告人和询问证人以及勘验、检查、搜查、扣押物证、书证、侦查实验等侦查取证行为的程序，收集证据应当符合这些法定程序。（2）证据必须具有法定形式、具有合法的来源。《刑事诉讼法》规定证据有八种形式。法律之所以要对证据的表现形式作明确规定，是为了保障证据的实质内容的客观性。不属于这些法定证据形式的，不得采纳为证据。为保证证据形式的合法性，证据来源必须合法。（3）证据必须经法定程序查证属实。依照法律，证人证言必须在法庭上经过公诉人、被害人和被告人、辩护人双方询问、质证；物证必须当庭出示，让当事人辨认；未到庭的证人的证言笔录、鉴定结论、勘验笔录和其他作为证据的文书，应当当庭宣读，听取公诉人、当事人和辩护人、诉讼代理人的意见。

证据的种类是《刑事诉讼法》根据证据的表现形式对证据所作的分类。《刑事诉讼法》第50条规定，证据包括：（一）物证；（二）书证；（三）证人证言；（四）被害人陈述；（五）犯罪嫌疑人、被告人供述和辩解；（六）鉴定意见；（七）勘验、检查、辨认、侦查实验等笔录；（八）视听资料、电子数据。由此可见，我国刑事诉讼法将证据规定为八类。

一、物证

1. 物证的概念和特点

物证，是指能够证明案件事实情况的一切物品和痕迹。物证是以其本身所具有的物质特征来证明案件真实情况的，这是物证区别于其他证据的特征。物质特征分为内部特征和外部特征，内部特征包括物理结构、化学成分、本质属性等。外部特征包括形状、数量、重量、存在的位置等。物证可以其上述任何一个或数个物质特征来证明案件事实情况。物证在刑事诉讼中运用最为广泛，其表现形式是多种多样的，既可以是有生物，也可以是无生物。既可以是物品，也可以是各种物质痕迹。

2. 物证的作用

几乎每个刑事案件都有物证。物证除具有独立的证明作用外，还有以下作用：（1）物证是侦破案件的线索和向导。司法实践中，很多案件的侦查都是从某一物证，如一具尸体、一滩血迹、一行脚印开始的。同时，根据某些物证，可以判断作案人的身份特征，有助于缩小侦查范围，发现犯罪嫌疑人。（2）物证是鉴别其他证据尤其是言词证据真伪的有力手段。物证具有相对的稳定性，其对案件的证明作用不易受到人们主观因素的影响。因此，其他证据是否具有客观性，是否符合案件的实际情况，往往需要用物证加以鉴别。

二、书证

书证，是以文字、图画、符号所记载的内容证明案件事实情况的书面材料或其他物品。例如，贪污案件中伪造的账本、单据；犯罪分子有关犯罪动机和犯罪过程的日记；诬告、陷害案件中犯罪嫌疑人、被告人提交给司法机关的诬告信等。司法实践中，书证的载体多是纸张，但也有竹、木、金、石、布、革等物品。不论书证书写或刻画于何种物品上，凡是以其记载的内容证明案件真实情况的，都是书证。相反，有些书面材料不以其记载的内容，而以其存在的位置来证明案件事实，如犯罪嫌疑人、被告人书写的信件遗留在犯罪现场，信件的内容与案件无关，只以其存在的位置说明他可能去过犯罪现场，则属物证而非书证。

物证与书证的相同点在于：(1) 物证、书证都是以物质形式表现出来的证据，同属于实物证据。(2) 在某些情况下，物证、书证可以有同一个载体。例如，贪污案件中犯罪分子涂改的单据或账册。如以其涂改后的内容证明犯罪分子贪污数额的，它是书证；如以其笔迹（痕迹）特征证明此项涂改系某犯罪嫌疑人、被告人所为，它又是物证。物证与书证的区别在于：(1) 物证是以其物质特征来证明案件事实，书证则以其记载的内容来证明案件事实，二者的证明方法不同。(2) 在某些情况下，书证可以直接证明案件主要事实（例如，犯罪分子作案后写的记载犯罪活动的日记等），是直接证据，而物证无论在何时均不能直接证明案件主要事实，它只能是间接证据。

三、证人证言

证人证言，是指证人就其所了解的案件情况向有关机关和人员所作的陈述。证人应当具备以下条件：

(1) 证人是在诉讼活动开始前便了解案件情况的人。证人是以了解案件情况为基本特征的，如果不了解案件情况，或者是在诉讼过程中通过诉讼活动才了解案件情况的，都不能作证人。反之，凡是在诉讼开始前就了解案件情况的人，都应当作证人，履行作证的义务，而不能让其担任本案的侦查、检察、审判人员，或者鉴定人、翻译人员、书记员和辩护人、代理人。这是由证人具有不可替代性和不可指定性的特点所决定的。

(2) 证人必须是能够辨别是非、能够正确表达的人。《刑事诉讼法》第60条第2款规定："生理上、精神上有缺陷或者年幼，不能辨别是非、不能正确表达的人，不能作证人。"一方面，如果因生理上、精神上有缺陷或者年幼，以致不能辨别是非、不能正确表达，就不能向公安司法机关提供对查清案件事实有意义的情况，当然就不能作为证人。另一方面，虽然生理上、精神上有缺陷或者年幼，但能够辨别是非并能够将自己所了解的案件情况准确表述，如盲人讲述听到的情况，聋人讲述看到的情况等，都应认为具有作证的能力，依法都可以作为证人提供证言。可见，能够"辨别是非"和"正确表达"是取得证人资格的必要条件，而"生理上、精神上有缺陷或者年幼"则是丧失证人资格的相对条件。

(3) 证人是自然人。这是由于只有自然人才能运用自己的感官感知案件事实，单位、团体没有这种感知能力。同时，证人作证应当承担法律赋予的义务，故意提供虚假证言应当承担法律责任，构成犯罪的要予以刑事处罚，而单位、团体不具备伪证罪的刑事责任能力。因此，证人应限于自然人。

四、被害人陈述

被害人陈述，是指被害人就自己遭受犯罪行为侵害的事实和所了解的犯罪嫌疑人的情况向有关机关和人员所作的陈述。被害人陈述，既包括公诉案件被害人所作的陈述，也包括自诉案件中作为自诉人的被害人和刑事附带民事诉讼中作为附带民事诉讼原告的被害人关于案件事实的陈述。

被害人陈述的内容一般有两个方面：（1）关于遭受犯罪侵害情况的叙述；（2）对犯罪嫌疑人的控告、揭发。其中，有的被害人能够明确指控谁是犯罪嫌疑人，有的仅能提供查获犯罪嫌疑人的线索，有的被害人则对犯罪嫌疑人一无所知。除此之外，被害人在诉讼中还可能提出如何惩罚犯罪人的要求或者关于损害赔偿的请求等，这些均与查清案件事实无关，不能作为诉讼证据。

被害人陈述与证人证言并不完全相同，这是由被害人与证人和犯罪的不同关系、不同的心理状态以及在诉讼中的不同地位所决定的。被害人陈述与证人证言的区别集中表现为以下两点：一是陈述主体与诉讼结果的关系不同。被害人陈述是受到犯罪行为直接侵害的人将其遭受犯罪行为侵害的情况向有关机关和人员所作的陈述，而证人证言是由未受到犯罪行为直接侵害的第三者向有关机关和人员提供所了解的案件情况。被害人与诉讼结果有利害关系，即被告人是否构成犯罪，是否被判处刑罚和判处何种刑罚，与被害人的切身利益或愿望有关。而证人与诉讼结果没有利害关系，被告人是否被定罪判刑与其没有直接的影响。由此决定在被害人陈述和证人证言的收集和审查判断方面存在明显的差异。二是故意作虚伪陈述的法律后果不同。被害人如果捏造犯罪事实，意图陷害他人，使他人受到刑事处分，应当追究其诬告罪的刑事责任。证人在侦查、审判中故意作虚假证明，意图包庇他人或隐匿罪证，应当承担伪证罪的刑事责任。

被害人陈述在刑事诉讼中对于查清案件事实有重要意义。被害人是犯罪行为直接侵害的对象，因此一般对案件事实了解得比较详细、具体，特别是在强奸、伤害、诈骗等案件中，被害人与犯罪嫌疑人大都有过直接接触。他们不仅了解犯罪的时间、地点、手段、过程、后果，而且还了解犯罪嫌疑人本人许多具体情况，甚至可以明确告发或指认谁是犯罪嫌疑人。这一切，使被害人陈述对于公安司法机关判断案件性质，确定侦查方向和重点，收集、核实其他证据，都有着重要的作用。但由于被害人与案件有直接利害关系，可能夸大事实、虚构情节、推卸责任，等等。所以应从被害人的心理状态、精神状况、道德品质等方面进行审查，辨别真伪。

五、犯罪嫌疑人、被告人的供述和辩解

从形式上看，犯罪嫌疑人、被告人供述和辩解一般表现为犯罪嫌疑人、被告人接受公安司法人员讯问，向讯问人员所作的口头陈述。经公安司法人员许可，犯罪嫌疑人、被告人也可以书面形式作出供述和辩解。

从内容上看，犯罪嫌疑人、被告人供述和辩解一般可能包含三个方面的内容：（1）犯罪嫌疑人、被告人供述，即犯罪嫌疑人、被告人向公安司法机关承认自己犯有罪行和关于犯罪具体过程、情节的叙述。（2）犯罪嫌疑人、被告人的辩解，即犯罪嫌疑人、被告人否认自己有犯罪行为，或者虽然承认自己犯了罪，但有依法不应追究刑事责任或者有从轻、减轻或免除处罚等情况所作的申辩和解释。（3）犯罪嫌疑人、被告人对他人共同犯罪事实的检举和揭发。指出犯罪嫌疑人、被告人供述和辩解包含上述三方面内容，目的在于纠正以往单纯将犯罪嫌疑人、被告人口供理解为犯罪嫌疑人、被告人作承认有罪的交代这种片面性的认识。

由于犯罪嫌疑人、被告人供述和辩解的特点及其在刑事诉讼中的重要作用，决定了对待犯罪嫌疑人、被告人供述和辩解的原则，是重证据、重调查研究，不轻信口供。刑事诉讼法明确规定，严禁刑讯逼供和以威胁、引诱、欺骗以及其他非法方法收集证据，不得强迫任何人证实自己有罪。采用刑讯逼供等非法方法收集的犯罪嫌疑人、被告人供述，应当予以排除。《关于办理死刑案件审查判断证据若干问题的规定》指出：“采用刑讯逼供等非法手段取得的被告人供述，不能作为定案的根据。”在定案中必须坚持只有被告人口供，没有其他证据的，不能认定被告人有罪和处以刑罚；没有被告人供述，只要达到事实清楚，证据确定、充分的要求，就可以认定被告人有罪和处以刑罚。此外，对于那些违反了法定取证程序，无法确定客观真实性的被告人供述，也要予以绝对的排除。比如，讯问聋哑人、不通晓当地通用语言、文字的人员时，应当提供翻译人员而没有提供的。

六、鉴定意见

鉴定意见，是指鉴定人在诉讼活动中运用科学技术或者专门知识对诉讼涉及的专门性问题进行鉴别和判断后得出的结论性意见。在刑事诉讼中需要鉴定的专门性问题非常广泛，常见的有法医学鉴定、司法精神病学鉴定、刑事科学技术鉴定（主要是痕迹鉴定、微量元素鉴定、文书鉴定等）、化学毒物鉴定、会计鉴定、一般技术鉴定等。

作为证据的一种，鉴定意见具有其自身的特点：一是鉴定人对案件中的专门性问题进行鉴定后得出的结论性意见。二是鉴定人运用自己的专门知识和技能，凭借科学仪器和设备，分析研究案内有关专门性问题的结果。这一点与勘验、检查笔录不同，后者是公安司法人员行使职权对与案件有关的场所、物品、人身等进行直接观察、检查后所作的客观记载。三是鉴定人对案件中需要解决的一些专门性问题所作的意见，而不是对法律问题提供的意见。

在西方国家，主要是英美法系国家，证据立法和理论均把鉴定人看作证人，把鉴定意见看作证人证言，即“专家证人”和“意见证据”。实际上，无论是鉴定人与证人，还是鉴定意见与证人证言，都存在重要的区别。主要表现在：（1）证人是由案件本身决定的，因此具有不可选择性和不可替代性。鉴定人则是在案件发生后由公安司法机关根据需要指派或聘请的，既可以选择，也可以更换和替代，必要时还可以组织重新鉴定或补充鉴定。（2）证人提供证人证言，是向有关机关和人员陈述自己所了解的案件事实。鉴定人事先并不了解案件事实，而是对案件中某些专门问题进行分析研究后提出判断性意见，从而对案件事实起证明作用。如果鉴定人事先了解有关案件的事实情况，就应当作证人，而不能作鉴定人。（3）证人作证不需要具备专门知识，只要能够辨别是非，能够正确表达，就可以作证人，而鉴定人必须具备有关的专门知识和技能。（4）只要是了解案件情况的人，依法都有作证的义务，都可以充当证人，证人不存在回避的问题。但鉴定人则不同，如果与本案或本案当事人有利害关系或其他法定情况，便应当回避，不能接受指派或聘请作鉴定人。（5）鉴定人为了提供科学的结论，可以要求了解有关案情或阅览有关案卷材料，几个鉴定人共同鉴定时，可以互相讨论，共同写出鉴定意见。证人则不能要求了解案情，而且法律明确规定询问证人应当个别进行，证人之间不能互相讨论，以免相互影响，导致证言失实。从以上比较可以看出，鉴定人与证人、鉴定意见与证人证言不能混淆。我国刑事诉讼法将鉴定意见区别于证人证言，规定为一种独立的证据，具有科学性、合理性。

鉴定意见是由鉴定人从科学的角度提供的分析研究意见，而且鉴定人必须与案件和案件当事人没有利害关系，所以其客观性较强，是上升到理性认识的结论性意见，是建立在科学技术基础之上的证据形式。因此，鉴定意见对于认定案情有着十分重要的意义，特别是对于认定案件中的专门性问题，是必须的证明手段，对于鉴别其他证据的真伪，揭示物证、书证的证明作用，都是其他证据所无法取代的。但是，鉴定人不是“科学的法官”，鉴定意见也不是“科学的判决”。鉴定意见有时也会因为种种因素的影响和条件的限制而不正确，同样必须经过查证属实才能作为定案的根据。审查的方法和内容，主要包括：(1) 鉴定人是否存在应当回避而未回避的情形。(2) 鉴定机构和鉴定人是否具有合法的资质。(3) 鉴定程序是否符合法律及有关规定。(4) 检材的来源、取得、保管、送检是否符合法律及有关规定，与相关提取笔录、扣押物品清单等记载的内容是否相符，检材是否充足可靠。(5) 鉴定的程序、方法、分析过程是否符合本专业的检验鉴定规程和技术方法要求。(6) 鉴定意见的形式要件是否完备，是否注明提起鉴定的事由、鉴定委托人、鉴定机构、鉴定要求、检验方法、鉴定文书的日期等相关内容。(7) 鉴定意见是否明确。(8) 鉴定意见与案件待证事实有无关联。(9) 鉴定意见与其他证据之间是否有矛盾，鉴定意见与检验笔录及相关照片是否存在矛盾，等等。

七、勘验、检查、辨认、侦查实验等笔录

1. 勘验笔录，是指侦查人员在对与犯罪有关的场所、物品、痕迹、尸体等勘查、检验中所作的记载，包括文字记录、绘图、照相、录像、模型等材料。勘验笔录可以分为现场勘验笔录、物证检验笔录、尸体检验笔录等。由于勘验笔录是侦查人员运用一定的设备和技术手段对勘验对象情况的记载，所以它的客观性比较强，也比较可靠。它的主要作用在于固定证据及其所表现的各种特征，供进一步研究分析使用，以发现和收集证据，确定侦查方向，鉴别其他证据的真伪，认定案件事实。勘验笔录是否全面和准确往往会受到主观因素和客观条件的影响，所以必须进行审查核实。

2. 检查笔录，是指侦查人员为确定被害人、犯罪嫌疑人、被告人的某些特征、伤害情况或生理状态，而对他们的人身进行检验和观察后所作的记载。检查笔录以文字记载为主，也可采取拍照等其他有利于准确、客观记录的方法。人身检查必须严格按照法定程序进行，必要时可以指派或聘请具有专门知识的人协助侦查人员进行。

勘验、检查笔录与鉴定意见是两种不同的证据，不能混淆。二者的主要区别有：勘验、检查笔录由侦查人员制作，鉴定意见则由办案机关指派或聘请的鉴定人制作；勘验、检查笔录是对所见情况的记载，鉴定意见的主要内容是科学的分析判断意见；勘验、检查笔录大多是解决一般性问题，鉴定意见则是解决案件中的专门性问题。

3. 辨认，是指在刑事侦查活动中，侦查机关根据案件侦查需要，在侦查人员或者检察人员的主持下，由证人、被害人或者犯罪嫌疑人对与案件有关的物品、无名尸体、犯罪场所或者犯罪嫌疑人进行识别、确认的一种活动。根据辨认主体的不同，辨认笔录分为证人的辨认笔录、被害人的辨认笔录和犯罪嫌疑人的辨认笔录。辨认笔录，是指犯嫌疑人、被害人、证人按照法定程序对可能与案件相关的人、物或者场所进行辨认时由司法人员所作的记录。

首先，辨认笔录不是书证。从书证的形式和内容方式来看，辨认笔录似是书证。书证，是指以文字、符号、图形等方式记载的内容来证明案件事实的文件或者其他物品。书证是在诉讼开始之前，或者是在与诉讼活动没有关系的情况下制作的。辨认笔录是诉讼活动所形成的书面材料，不能作为书证。从书证的举证方式来看，书证出示书证原件即可。在传闻证据不可采的国家，辨认笔录适用传闻规则，书证则不适用。从法律行为的模式来分析，辨认笔录是由司法机关的工作人员按照法定的程序、形式要求制作而成，是要式法律行为。书证由于不是在诉讼活动中形成，属于非要式法律行为。

其次，虽然辨认笔录或者勘验、检查笔录，都是在侦查机关主导下进行，但辨认笔录不是勘验、检查笔录。在刑事诉讼中，勘验、检查笔录，是指侦查人员和司法人员对可能与犯罪有关的场所、物品、人身、尸体进行勘验、检查时所作的笔录，内容是司法人员勘验、检查时所作的记录。三者记录的内容不同。但是，辨认笔录的属性与勘验、检查笔录的属性在司法实践中最为相近。这三者通常都是以记载的内容结合其他材料共同来证明案件的事实，都是在侦查机关的主导下进行的，其证明效力都受侦查人员的个人业务能力、经验、工作态度等主观因素的影响且都要求有见证人签字以证明其公正性。因此，将辨认笔录与“勘验、检查笔录”归为一个证据种类最为适宜。

4. 侦查实验，是指侦查人员在刑事诉讼过程中按照科学的原则和方法，在模拟案件原有条件基础上所设计、实施的，旨在查明与案件有关事实的存在、发生的可能性或其状态、过程的法科学活动。侦查实验笔录，是侦查实验过程及结论的载体，是侦查人员按照法定格式制作的，用于描述和证明实验过程中发生的具有法律意义的事实状况的书面记录。侦查实验的结果以侦查实验笔录为载体，与搜查笔录、现场勘查笔录等一并列为新的证据种类。

八、视听资料、电子证据

1. 视听资料

视听资料，是指以录音、录像、电子计算机或其他高科技设备所存储的信息证明案件事实情况的资料。视听资料是现代高科技发展的重要产物和先进成果，它在刑事诉讼中的运用也是法学研究和司法实践发展的重要标志之一。

视听资料具有如下的特点：(1) 形式多样，直观性强，客观实在，内容丰富。(2) 易于保存，占用空间少，传送和运输方便。(3) 可以反复重现，作为证据易于使用，审查核实时便于操作。(4) 存在被伪造、变造的可能性。(5) 对技术要求高，伴随科技发展的进程而不断更新、变化。

基于上述特点，视听资料在证据运用中的作用主要有：(1) 收集证据及时、迅速。(2) 再现案件情况立体、直观。(3) 核实其他证据方便、有效。

应当指出，视听资料的出现，使刑事诉讼中的证据种类增加了，表明人们驾驭和运用证据的能力也提高了。但是，尽管它有其他证据所难以比拟的特性和证明优势，但仍然只是数种证据种类之一，它不可能是“万能”的，而且，视听资料一旦被篡改、变造，有时可能更难以被识破，难以恢复，所以在运用视听资料定案时更应当加强审查判断。

2. 电子证据

刑事诉讼电子证据，是指以计算机或计算机系统为媒介载体产生，以数字电子符号为表现形式，收集、审查和判断时必须借助电子计算机和电子计算机相关专业知识，能够证明刑事案件真实情况的所有数据。随着社会的进步，科学技术的发展，电子证据的重要性已经越来越凸显，越来越多的刑事案件涉及以电子数据记录的信息为载体的证据资料。从目前的司法实践来看，在刑事诉讼中常见的电子数据类证据不仅包括开放型计算机系统中的刑事诉讼电子证据，主要有局域网、互联网中的电子证据，如电子邮件、电子公告板（BBS）、开放性电子数据交换、聊天室等，还包括封闭型计算机系统中的刑事诉讼电子证据，主要是指单个电子文件、数据库、传统电子数据交换（EDI）等。

[审判实务]

一、司法实践中如何审查和运用物证

收集和运用物证，是查明案件事实的重要手段。在司法实践中，对于审查和运用物证要注意把握如下几点：

1. 注重收集能够证实犯罪嫌疑人、被告人有罪或者无罪、犯罪情节轻重的各种物证。从司法实践来看，在刑事诉讼中常见的物证主要有以下几种：（1）犯罪使用的工具，如杀人时使用的枪支、刀具、毒药，扒窃使用的刀片等。（2）犯罪行为侵犯的对象物，如被犯罪人杀害的人的尸体、盗窃的财物、窃取的机密文件等。（3）犯罪遗留下来的物品，包括犯罪遗留下的痕迹和犯罪遗留下的物品。前者如犯罪人留在现场的指纹、脚印、血迹，强奸案件中的精斑，以及作案工具形成的各种痕迹；后者如犯罪人留在现场的衣服、帽子、手绢、纽扣、烟头、纸屑等。（4）其他可以用来发现犯罪行为和查证犯罪人的存在物，如人体的特征、物体的位置、大小等。

2. 正确认识物证在证明案件事实过程中的重要意义。物证在证明案件事实的过程中发挥着无可替代的重要作用，这是由于证据自身的特征所决定的：与证人证言等言词证据不同，物证在形成之后能够独立存在，不易发生改变，具有较强的客观性。应当通过不断提升技术手段和取证能力，采用先进的、科学的技术和方法，尽量获取案件中的有关物证。但是，物证也具有其自身的局限性，其通常只能与其他证据结合起来，才能证明案件事实，故一般属于间接证据的范畴。而且，物证证明的范围较为狭窄，往往只能证明案件事实的某个环节，难以证明案件事实的主要部分或者全部。

3. 正确把握物证原物与原物的照片、录像或者复制品的关系。收集、调取的物证应当是原物，但是，一些原物不便搬运、不易保存或者依法应当由有关部门保管、处理或者依法应当返还。对于这些原物，通常可以通过拍摄或者制作足以反映原物外形或者内容的照片、录像或者制作复制品的方式予以固定和保全。在刑事诉讼中，证明案件事实的并非照片、录像或者复制品本身，而是照片、录像或者复制品所保全和固定下来的原物。而且，对于上述固定和保全有着严格的要求：物证的照片、录像、复制品，只有经与原物核实无误，才具有与原物同等的证明力；拍摄物证的照片、录像，制作复制品，制作人不得少于二人；提供照片、录像、复制品应当附有关制作过程的文字说明及原物存放何处的说明，并由制作人签名或者盖章，等等。

需要注意的是，据以定案的物证应当是原物。允许拍摄或者制作照片、录像或者复制品的物证的照片、录像或者复制品，经与原物核实无误或者经鉴定证明为真实的，或者以其他方式确能证明其真实的，可以作为定案的根据。原物的照片、录像或者复制品，不能反映原物的外形和特征的，不能作为定案的根据。

4. 审慎审查与认定物证。任何证据，必须经过查证属实，才能作为定案的根据。对物证应当着重审查以下内容：（1）物证是否为原物，物证的照片、录像或者复制品与原物是否相符；物证是否经过辨认、鉴定；物证的照片、录像或者复制品是否由二人以上制作，有无制作人关于制作过程及原物存在于何处的文字说明及签名。（2）物证的收集程序、方式是否符合法律及有关规定；经勘验、检查、搜查提取、扣押的物证，是否附有相关笔录或者清单；笔录或者清单是否有侦查人员、物品持有人、见证人的签名，没有物品持有人签名的，是否注明原因；对物品的特征、数量、质量、名称等注明是否清楚。（3）物证在收集、保管及鉴定过程中是否受到破坏或者改变。（4）物证与案件事实有无关联。对现场遗留与犯罪有关的具备检验鉴定条件的血迹、指纹、毛发、体液等生物物证、痕迹、物品，是否通过DNA鉴定、指纹鉴定等鉴定方式与被告人或者被害人的相应生物检材、生物特征、物品等作同一认定。（5）与案件事实有关联的物证是否全面收集。此外，对于具备辨认条件的物证，应当交由当事人或者证人进行辨认，必要时应当进行鉴定。

5. 要全面收集能够证实犯罪嫌疑人、被告人有罪或者无罪、犯罪情节轻重的各种物证。在办理死刑案件的过程中，对于在勘验、检查、搜查中发现与案件事实可能有关联的血迹、指纹、足迹、毛发、体液、人体组织等痕迹和物品应当提取而没有提取，应当检验而没有检验，导致案件事实存疑的，人民法院应当向人民检察院说明情况，人民检察院依法可以补充收集、调查证据，作出合理的说明或者退回侦查机关补充侦查，调取有关证据。

二、在司法实践中如何审查和运用书证

书证是指以文字、符号、图画、图形等所表达的内容来证明案件事实的书面材料。书证的范围十分广泛，凡是可以用于证明案件事实的一切书面材料，都属于书证的范畴，如书信、日记、身份证、护照、户口本、公文等。在司法实践中，审查和运用书证应当注意把握如下几点：

1. 充分认识书证在证明案件事实过程中的重要性。同物证一样，书证具有较强的稳定性，一旦形成后即以文字、符号、图画、图形等方式固定下来，不易发生变化。而且书证所表达的内容较为明确，能够为大众所认识和了解，能够用文字、符号、图画、图形等明确证明相关的案件事实。更为重要的是，与物证不同，书证具有直接性的特点，能够直接证明案件的主要或者部分事实，属于直接证据的范畴。因此，基于书证的上述特征，在司法实践中要充分运用书证查明案件事实。

2. 正确把握书证原件与原件的副本、复制件的关系。收集、调取的书证应当是原件，只有在取得原件确有困难时，才可以是副本或者复制件。需要注意的是，在刑事诉讼中，证明案件事实的并非副本、复制件本身，而是复制品所保全和固定下来的书证原件。而且对制作书证的副本、复制件有严格要求：制作书证的副本、复制件，制作人不得少于两人。提供证据的副本、复制件应当附有关于制作过程的文字说明及原件存放于何处的说明，并由制作人签名或者盖章。此外，据以定案的书证应当是原件。在书证原件取得确有困难的前提下制作的副本或者复制件，经与原物核实无误或者经鉴定证明为真实的，或者以其他方式确能证明其真实的，可以作为定案的根据。如果书证有更改或者更改迹象不能作出合理解释的，书证的副本、复制件不能反映书证原件及其内容的，不能作为定案的根据。

3. 审慎审查与认定书证。书证具有较强的证明力，故应当特别注意对其内容的真实性的审查。对书证应当着重审查以下内容：（1）书证是否为原件，书证的副本、复制件与原物是否相符；书证是否经过辨认、鉴定；书证的副本、复制件是否由二人以上制作，有无制作人关于制作过程及原物存在于何处的文字说明及签名。（2）书证的收集程序、方式是否符合法律及有关规定；经勘验、检查、搜查提取、扣押的书证，是否附有相关笔录或者清单；笔录或者清单是否有侦查人员、物品持有人、见证人的签名，没有物品持有人签名的，是否注明原因。（3）书证在收集、保管及鉴定过程中是否受到破坏或者改变。（4）书证与案件事实有无关联。（5）与案件事实有关联的书证是否全面收集。此外，对于具备辨认条件的书证，应当交由当事人或者证人进行辨认，必要时应当进行鉴定。

三、在司法实践中如何审查和运用证人证言

证人证言是指证人就自己所知道的案件事实情况向司法机关所作的陈述。《刑事诉讼法》规定，凡是知道案件情况的人，都有作证的义务，都可以而且应当成为证人。在刑事诉讼中，几乎所有的案件都有证人提供证言，故证人证言是刑事诉讼中经常运用的证据种类，对于证明案件事实具有重要意义。在司法适用中，对于审查和运用证人证言应当注意把握如下几点：

1. 正确认识证人证言在证明案件事实过程中的重要地位。证人证言系言词证据，与物证、书证等实物证据相比，客观性确实较差，容易含有虚假成分，可能出现伪证、错证等现象。但是不能因此否定证人证言对于证明案件事实的重要意义，从而贬低证人证言的价值和作用。虽然证人证言具有较强的主观性，容易受证人的主观因素的影响，且容易发生变化，但是证人证言有利于司法人员了解案情，为进一步收集证据提供线索，且可以用以佐证和判断其他证据的真伪。况且，对于证人证言易出现伪证、错证的现象，通过认真审查、核实，完全可以分清其中真假，从而将证人证言的不利方面控制在最小范围内。

2. 正确把握证人证言的范围。对此要把握以下几点：（1）证人证言不同于案件线索。证人证言是证人就直接或者间接了解的案件有关情况所作的陈述。无论是直接了解的情况，还是间接了解的情况，证人都应当说明其陈述的情况的来源，而不能只是估计、猜测，否则，不能作为证人证言，只能作为案件调查的线索。（2）证人证言不包括对案件事实的分析、判断和评价。证人证言是证人对案件事实的客观陈述，并不要求证人对案件情况作分析、判断和评价等主观内容。证人的猜测性、评论性、推断性的证言，不能作为证据使用，但根据一般生活经验判断符合事实的除外。因此，对于证人向司法机关的陈述既有客观的案件情况内容，又有主观的分析评价内容的，要注意从中分离出作为客观情况陈述的证人证言部分。（3）证人证言只限于自然人所作的关于案件事实的陈述。证人证言属于言词证据的范畴，是自然人对案件事实情况的陈述，也是见证案件事实的自然人的义务。由于自然人以外的机关、团体、公司、企业、事业单位等非自然人不具备感知案件事实的能力，自然无法就案件事实作出陈述。因此，任何非自然人的机关、团体、公司、企业、事业单位出具的证明文件等书面材料都不属于证人证言，而是书证的范畴。

3. 正确理解和认真审查证人资格。《刑事诉讼法》第 62 条规定："凡是知道案件情况的人，都有作证的义务。生理上、精神上有缺陷或者年幼，不能辨别是非、不能正确表达的人，不能作证人。"

4. 审慎审查证人证言。对证人证言应当着重审查以下内容：（1）证言的内容是否为证人直接感知。（2）证人作证时的年龄、认知水平、记忆能力和表达能力，生理和精神上的状态是否影响作证。（3）证人与案件当事人、案件处理结果有无利害关系。（4）证言的取得程序、方式是否符合法律及有关规定：有无使用暴力、威胁、引诱、欺骗以及其他非法手段取证的情形；有无违反询问证人应当个别进行的规定；笔录是否经证人核对确认并签名（盖章）、捺手印；询问未成年证人，是否通知了其法定代理人到场，其法定代理人是否在场等。(5) 证人证言之间以及与其他证据之间能否相互印证，有无矛盾。

5. 依法排除非法言词证据。根据《刑事诉讼法》规定，采用暴力、威胁等非法方法收集的证人证言、被害人陈述，应当予以排除，不能作为定案的根据。根据这一规定，结合司法实践的具体情形，以下证人证言应当予以排除不能作为定案的根据：(1) 以暴力、威胁等非法手段取得的证人证言。(2) 违反法律规定收集的证言，如具有下列情形之一的证人证言：询问证人没有个别进行而取得的证言；没有经证人核对确认并签名、捺手印的书面证言；询问聋哑人或者不通晓当地通用语言、文字的少数民族人员、外国人，应当提供翻译而未提供的。

但是，证人证言的收集程序和方式有下列瑕疵，通过有关办案人员的补正或者作出合理解释的，可以采用：(1) 没有填写询问人、记录人、法定代理人姓名或者询问的起止时间、地点的。(2) 询问证人的地点不符合规定的。(3) 询问笔录没有记录告知证人应当如实提供证言和有意作伪证或者隐匿罪证要负法律责任内容的。(4) 询问笔录反映出在同一时间段内，同一询问人员询问不同证人的。

6. 了解案件情况的人有作证的权利与义务。从《刑事诉讼法》的相关规定来看，了解案件情况的人向司法机关提供证言，既是其权利，更是义务。为了保证了解案件情况的人充分行使这一权利，《刑事诉讼法》第 52 条规定，必须保证一切与案件有关或者了解案情的公民，有客观充分地提供证据的条件，除特殊情况外，可以吸收他们协助调查。同时，《刑事诉讼法》也将作证规定为了解案件情况的人的义务，这里的义务既包括提供证言的义务，如《刑事诉讼法》第 62 条第 1 款规定："凡是知道案件情况的人，都有作证的义务。"更包括如实提供证言的义务，如《刑事诉讼法》第 61 条规定："证人证言必须在法庭上经过公诉人、被害人和被告人、辩护人双方质证并且查实以后，才能作为定案的根据。法庭查明证人有意作伪证或者隐匿罪证的时候，应当依法处理。"对于在证人有意作伪证或者隐匿罪证的行为，构成犯罪的，应当依法追究刑事责任。根据《刑法》规定，在刑事诉讼中，证人对与案件有重要关系的情节，故意作虚假证明，意图陷害他人或者隐匿罪证的，构成伪证罪，处三年以下有期徒刑或者拘役；情节严重的，处三年以上七年以下有期徒刑。

7. 充分保障证人在刑事诉讼中享有权利和履行义务。根据《刑事诉讼法》的规定，证人在刑事诉讼中依法享有广泛的诉讼权利，如要求在自己所在单位或者住所进行询问并要求司法人员出具证明文件的权利，使用本民族语言或者本国语言进行诉讼的权利，对司法人员侵犯其诉讼权利和人身侮辱的行为进行控告的权利。值得一提的是，刑事诉讼法进一步完善了证人保护制度，《刑事诉讼法》第64条赋予证人因在刑事诉讼中作证，本人或者其近亲属的人身安全面临危险的，可以向人民法院、人民检察院、公安机关请求予以保护的权利。而且，《刑事诉讼法》第65条赋予了证人对因履行作证义务而支出的交通、住宿、就餐等费用要求给予补助的权利，要求所在单位不得克扣或者变相克扣其工资、奖金及其他福利待遇的权利。

但是，证人在刑事诉讼中也应当履行义务，除应当作证和如实提供证言的义务外，证人负有遵守法庭秩序的义务。需要特别提到的是，刑事诉讼法在进一步赋予证人权利和保护的同时，也加大了要求证人履行义务的力度。根据《刑事诉讼法》第193条的规定，证人负有经人民法院通知出庭作证的义务。如果证人不履行这一义务，证人系被告人的配偶、父母、子女的除外。经人民法院通知，证人没有正当理由不出庭作证的，人民法院可以强制其到庭。并且，证人没有正当理由拒绝出庭作证或者出庭后拒绝作证的可以予以训诫，情节严重的，经院长批准，处以十日以下的拘留。这些规定进一步强化了证人的出庭作证义务。

四、司法实践中如何审查和运用被害人陈述

被害人陈述是指刑事被害人就其遭受犯罪行为侵害的情况和其他与案件相关的情况向公安机关、人民检察院、人民法院所作的陈述。被害人陈述，既是被害人依法向公安机关、司法机关揭发犯罪行为，维护自身合法权益的法律手段，又是司法机关查明和证明犯罪事实的证据种类，在刑事诉讼中具有重要意义。在司法适用中，审查和运用被害人陈述需要注意以下问题：

1. 正确认识被害人陈述在证明案件事实过程中的重要作用。被害人是犯罪行为的直接被侵害者，对案件事实、尤其是自己对犯罪行为的侵害情况有直接的感知，因此，被害人陈述对司法机关查明案件事实具有不可替代的重要作用：一方面，不少刑事案件的被害人都与犯罪人有过正面接触，亲身经历了犯罪的侵害过程，故其陈述有利于侦查机关查获犯罪嫌疑人；另一方面，被害人陈述能够直接证明案件事实，有利于司法机关查明犯罪事实，审查和认定其他证据材料。故而，在刑事诉讼中，要注意充分运用被害人陈述，以最大限度地查明案件事实。

2. 正确甄别被害人陈述的范围。（1）被害人陈述不包括其在向公安机关、司法机关所作陈述中的对案件事实的分析判断和诉讼请求。证据是可以用于证明案件事实的材料，故只有与案件事实相关的材料才属于证据的范畴。由于被害人在犯罪过程中遭受了犯罪分子的侵害，故其对犯罪嫌疑人、被告人充满怨恨，在向司法机关的陈述中往往包含了要求司法机关严惩犯罪嫌疑人、被告人等案件事实以外的内容。这就要求司法工作人员对被害人陈述的内容加以甄别判断，只有关于案件事实的陈述才可以作为证据在刑事诉讼中运用。被害人的猜测性、评论性、推断性的陈述，不能作为证据使用，但是根据一般生活经验判断符合事实的除外。（2）单位被害人陈述。被害人陈述是被害人向司法机关就案件情况所作陈述，因此，其以被害人具有陈述的能力为前提。在被害人是单位的情况下，由于单位缺乏向司法机关进行陈述的能力，故通常都是由其法定代表人或者其他相关人员代替单位向司法机关作陈述。上述陈述，并非上述人员的个人陈述，也并非证人证言，而是上述人员代表被害单位所作的被害人陈述。

3. 审慎审查被害人陈述。被害人往往直接历经犯罪过程，其陈述能够直接查明和证明案件事实。但是，由于被害人对犯罪嫌疑人、被害人的惩罚愿望十分强烈，且案件的处理结果与被害人具有直接利害关系，因此，被害人的陈述容易受到其情感、情绪等主观因素的影响，容易夸大犯罪事实和情节，有时候容易出现失实的现象。这就要求司法工作人员加大对被害人陈述的审查力度，审慎审查和认定被害人陈述。一般而言，对被害人应当着重审查以下内容：（1）被害人陈述的内容是否为被害人直接感知。（2）被害人向侦查机关、司法机关陈述时的年龄、认知水平、记忆能力和表达能力，生理和精神上的状态是否影响陈述。（3）被害人陈述的取得程序、方式是否符合法律及有关规定：有无使用暴力、威胁、引诱、欺骗以及其他非法手段取证的情形；笔录是否经被害人核对确认并签名（盖章）、捺手印；询问未成年被害人，是否通知了其法定代理人到场，其法定代理人是否在场等。（4）被害人陈述之间以及与其他证据之间能否相互印证，有无矛盾。

4. 依法排除非法获取被害人陈述的。根据《刑事诉讼法》第56条的规定，采用暴力、威胁等非法方法收集的被害人陈述，应当予以排除，不能作为定案的根据。根据这一规定，结合司法实践的具体情形，以下被害人陈述应当予以排除不能作为定案的根据：（1）以暴力、威胁等非法手段取得的被害人陈述。（2）违反法律规定收集的被害人陈述，如具有下列情形之一的被害人陈述：询问被害人没有个别进行而取得的陈述；没有经被害人核对确认并签名（盖章）、捺手印的书面陈述；询问聋哑人或者不通晓当地通用语言、文字的少数民族人员、外国人，应当提供翻译而未提供的。

5. 加大在刑事诉讼中对被害人的保护力度。被害人是在犯罪过程中自然形成的，其所作陈述在刑事诉讼中具有不可替代的作用。但是，有的被害人存在顾虑，有的被害人担心犯罪人及相关人员的打击报复，不敢出庭作证，而在强奸案件等涉及个人隐私的案件中，一些被害人基于担心泄露隐私的顾虑，也不愿出庭作证。《刑事诉讼法》进一步加大了对刑事被害人的保护力度，增设了对被害人进行保护的条款。《刑事诉讼法》第 64 条赋予部分案件的被害人因在刑事诉讼中作证，本人或者其近亲属的人身安全面临危险的，可以向人民法院、人民检察院、公安机关请求予以保护的权利。人民法院、人民检察院和公安机关在刑事诉讼中要切实加大对被害人的保护力度，根据案件具体情况采取相应保护措施。例如，对于强奸案件等涉及个人隐私的案件，除了对案件不公开审理以外，还可以根据需要不公开被害人的真实姓名、住址和工作单位等个人信息，最大限度地保护被害人。

五、在司法实践中如何审查和运用鉴定意见

《刑事诉讼法》将 1996 年《刑事诉讼法》中规定的“鉴定结论”这一证据种类修改为“鉴定意见”。所谓鉴定意见，是指在诉讼活动中鉴定人运用科学技术或者专门知识对诉讼涉及的专门性问题进行鉴别和判断所形成的意见。在现代社会，由于专业的不断分工细化，要求司法人员通晓所有专业领域的知识是不可能的。犯罪发生在社会生活的各个领域，越来越涉及各方面的专业性问题。这就使得在处理案件涉及专业性问题时，司法人员必须借助于鉴定人的专业知识，要求鉴定人就某些专门性问题提供鉴定意见。从而，鉴定人成为司法工作人员办理案件的重要辅助人员，而鉴定意见也在证明案件事实的过程中发挥着越来越重要的作用。在司法适用中，审查和运用鉴定意见要注意以下问题：

1. 正确认识我国的司法鉴定体制改革的重大意义。我国的司法鉴定体制是从新中国成立初期开始起步，不断发展完善起来的。在这一发展过程中，有一个标志性的事件，就是 2005 年 2 月 28 日十届全国人大常委会《关于司法鉴定管理问题的决定》（自 2005 年 10 月 1 日起施行，以下简称《决定》）。在此之前，人民法院、人民检察院和公安机关各自组建了本部门的司法鉴定组织体系。此外，司法行政机关的部分附属机构、部分科研院校也建有司法鉴定机构。为了加强对鉴定人和鉴定机构的管理，适应司法机关和公民、组织进行诉讼的需要，保障诉讼活动的顺利进行，《决定》对司法鉴定工作进行统一规范管理：人民法院和司法行政部门不得设立鉴定机构；侦查机关根据侦查工作的需要设立的鉴定机构，不得面向社会接受委托从事司法鉴定业务；国务院司法行政部门主管全国鉴定人和鉴定机构的登记管理工作，省级人民政府司法行政部门依照规定，负责对鉴定人和鉴定机构的登记、名册编制和公告。

根据《决定》的规定，国家对从事下列司法鉴定业务的鉴定人和鉴定机构实行登记管理制度：（1）法医类鉴定，包括法医病理鉴定、法医临床鉴定、法医精神病鉴定、法医物证鉴定和法医毒物鉴定。（2）物证类鉴定，包括文书鉴定、痕迹鉴定和微量鉴定。（3）声像资料鉴定，包括对录音带、录像带、磁盘、光盘、图片等载体上记录的声音、图像信息的真实性、完整性及其所反映的情况过程进行的鉴定和对记录的声音、图像中的语言、人体、物体作出种类或者同一认定。（4）根据诉讼需要由国务院司法行政部门商最高人民法院、最高人民检察院确定的其他应当对鉴定人和鉴定机构实行登记管理的鉴定事项。需要注意的是，法律对上述事项的鉴定人和鉴定机构的管理另有规定的，应从其规定。

2. 准确认定鉴定人的资格。在刑事诉讼中，特别是在法院审判的过程中，要注重对鉴定人和鉴定机构资格的审查，鉴定人和鉴定机构不具备资质的鉴定意见不得作为定案的根据。

鉴定人是指在诉讼活动中运用科学技术或者专门知识对诉讼涉及的专门性问题进行鉴别和判断并提供意见的人。由于在刑事诉讼中，鉴定是对专门性问题的鉴别和判断，需要鉴定人具有某方面的专业性知识。对此，根据《决定》的规定，具备下列条件之一的人员，可以申请登记从事司法鉴定业务：（1）具有与所申请从事的司法鉴定业务相关的高级专业技术职称。（2）具有与所申请从事的司法鉴定业务相关的专业执业资格或者高等院校相关专业本科以上学历，从事相关工作五年以上。（3）具有与所申请从事的司法鉴定业务相关工作十年以上经历，具有较强的专业技能。但是，虽然具备上述专业条件，因故意犯罪或者职务过失犯罪受过刑事处罚的，受过开除公职处分的，以及被撤销鉴定人登记的人员，不得从事司法鉴定业务。

与之相关的是，根据《决定》的规定，鉴定人应当在一个鉴定机构中从事司法鉴定业务，且鉴定人从事司法鉴定业务，由所在的鉴定机构统一接受委托。因此还必须注意鉴定机构的资格问题。根据《决定》的规定，法人或者其他组织申请从事司法鉴定业务的，应当具备下列条件：（1）有明确的业务范围。（2）有在业务范围内进行司法鉴定所必需的仪器、设备。（3）有在业务范围内进行司法鉴定所必需的依法通过计量认证或者实验室认可的检测实验室。（4）每项司法鉴定业务有三名以上鉴定人。

具备上述资格后，申请从事司法鉴定业务的个人、法人或者其他组织，由省级人民政府司法行政部门审核，对符合条件的予以登记，编入鉴定人和鉴定机构名册并公告。省级人民政府司法行政部门应当根据鉴定人或者鉴定机构的增加和撤销登记情况，定期更新所编制的鉴定人和鉴定机构名册并公告。

3. 鉴定人的权利和义务。根据《刑事诉讼法》的规定，鉴定人在刑事诉讼中依法享有广泛的诉讼权利：有权了解和查阅鉴定所必需的案件材料；有权独立进行鉴定；不受行政机关、社会团体、双方当事人和其他外界因素的干涉；有权按照规定收取费用，等等。为了进一步加大对鉴定人的保护力度，《刑事诉讼法》第64条将鉴定人纳入了证人保护措施的适用对象范围。根据《刑事诉讼法》第64条的规定，对于危害国家安全、恐怖活动犯罪、黑社会性质的组织犯罪、毒品犯罪等案件，鉴定人因在诉讼中作证，本人或者其近亲属面临威胁的，可以向人民法院、人民检察院、公安机关请求保护，上述机关也可以依职权对鉴定人采取保护措施。

鉴定人在刑事诉讼中也应当履行义务：依照诉讼法律规定履行回避的义务；从事司法鉴定业务，应当遵守法律、法规，遵守职业道德和职业纪律，尊重科学，遵守技术操作规范；在诉讼中，当事人对鉴定意见有异议的，经人民法院依法通知，鉴定人应当出庭作证，回答审判人员、公诉人、当事人、辩护人、代理人等诉讼参与人的提问。根据《决定》的规定，鉴定人或者鉴定机构有下列情形之一的，由省级人民政府司法行政部门给予停止从事司法鉴定业务三个月以上一年以下的处罚；情节严重的，撤销登记：（1）因严重不负责任给当事人合法权益造成重大损失的。（2）提供虚假证明文件或者采取其他欺诈手段，骗取登记的。（3）经人民法院依法通知，拒绝出庭作证的。（4）法律、行政法规规定的其他情形。

鉴定人或者鉴定机构违反相关规定的，由省级人民政府司法行政部门予以警告，责令改正。鉴定人故意作虚假鉴定，构成犯罪的，依法追究刑事责任。对于鉴定人有意作伪证或者隐匿罪证的行为，构成犯罪的，应当依法追究刑事责任。根据《刑法》第305条的规定，在刑事诉讼中，鉴定人对与案件有重要关系的情节，故意作虚假鉴定，意图陷害他人或者隐匿罪证的，构成伪证罪，处三年以下有期徒刑或者拘役；情节严重的，处三年以上七年以下有期徒刑。

4. 审慎审查鉴定意见。对鉴定意见应当着重审查以下内容：（1）鉴定人是否存在应当回避而未回避的情形。（2）鉴定机构和鉴定人是否具有合法的资质。（3）鉴定程序是否符合法律及有关规定。（4）检材的来源、取得、保管、送检是否符合法律及有关规定，与相关提取笔录、扣押物品清单等记载的内容是否相符合，检材是否充足、可靠。（5）鉴定的程序、方法、分析过程是否符合本专业的检验鉴定程序和技术方法要求。（6）鉴定意见的形式要件是否完备，是否注明提起鉴定的事由、鉴定委托人、鉴定机构、鉴定要求、鉴定过程、检验方法、鉴定文书的日期等相关内容，是否由鉴定机构加盖鉴定专用章并由鉴定人签名盖章。（7）鉴定意见是否明确。（8）鉴定意见与案件待证事实有无关联。（9）鉴定意见与其他证据之间是否有矛盾，鉴定意见与检验笔录及相关照片是否有矛盾。（10）鉴定意见是否依法及时告知相关人员，当事人对鉴定意见是否有异议。

5. 依法排除非法或不适格的鉴定结论。鉴定意见具有下列情形之一的，不能作为定案的根据：（1）鉴定机构不具备法定的资格和条件，或者鉴定事项超出本鉴定机构项目范围或者鉴定能力的。（2）鉴定人不具备法定的资格和条件、鉴定人不具有相关专业技术或者职称、鉴定人违反回避程序的。（3）鉴定程序、方法有错误的。（4）鉴定意见与证明对象没有关联的。（5）鉴定对象与送检材料、样本不一致的。（6）送检材料、样本来源不明或者确实被污染且不具备鉴定条件的。（7）违反有关鉴定特定标准的。（8）鉴定文书缺少签名、盖章的。（9）其他违反有关规定的情形。

对鉴定意见有疑问的，人民法院应当依法通知鉴定人出庭作证或者由其出具相关说明，也可以依法补充鉴定或者重新鉴定。

6. 关于司法鉴定的流程。（1）司法鉴定程序的启动。在侦查和审查起诉的过程中，公安机关、人民检察院均可以就某些专门性问题委托进行司法鉴定。而在提起公诉后，人民法院对鉴定结论有疑问的，可以聘请有专门知识的鉴定人或者鉴定机构对案件中的某些专门性问题进行补充鉴定或者重新鉴定。而当事人对侦查机关的鉴定结论不服的，可以申请补充鉴定或者重新鉴定。需要注意的是，各鉴定机构之间没有隶属关系。鉴定机构接受委托从事司法鉴定业务，不受地域范围的限制。鉴定人从事司法鉴定业务，由所在的鉴定机构统一接受委托。而且，侦查机关可以指派自身所设立的鉴定机构中的鉴定人进行鉴定。但侦查机关根据侦查工作的需要设立的鉴定机构，不得面向社会接受委托从事司法鉴定业务。（2）鉴定人的选任和回避。司法鉴定实行鉴定人负责制度，而人民法院、人民检察院、公安机关需要鉴定的，应当委托列入鉴定人名册的鉴定人进行鉴定。也就是说，人民法院、人民检察院和公安机关委托鉴定的，应当直接委托给特定的鉴定人。但是，在刑事诉讼中，鉴定人应当依照诉讼法律规定实行回避。凡是符合法定回避情形的，鉴定人应当自行回避，当事人也有权申请其回避，而公检法机关也有权指定其回避。（3）鉴定人依法鉴定。鉴定人依照法律、法规、职业道德和职业纪律，基于专业知识，遵守技术操作规范，就专业性事项进行鉴定。鉴定人应当独立进行鉴定，对鉴定意见负责并在鉴定书上签名或者盖章。多人参加的鉴定，对鉴定意见有不同意见的，应当注明。（4）鉴定人出庭作证。公诉人、当事人或者辩护人、诉讼代理人对鉴定意见有异议的，或者人民法院认为鉴定人有必要出庭的，其鉴定人应当出庭。经人民法院通知，鉴定人拒不出庭的，其鉴定意见不得作为定案的根据。鉴定人不依法履行出庭作证义务的，应承担相应的法律责任。（5）鉴定意见作为定案的根据。经过审查，鉴定意见符合法律规定的，可以作为定案的根据。

7. 关于当前司法实践中一些专门性问题欠缺司法鉴定机构的应急之策。如前所述，对于根据诉讼需要由国务院司法行政部门商最高人民法院、最高人民检察院确定的其他应当对鉴定人和鉴定机构实行登记管理的鉴定事项，目前并未有相关规范性文件对此作出明确规定。而且，我国改革后的司法鉴定体制也处于建设之中，原有的鉴定机构需要重新进行资质审查和等级注册。这样一来，在我国刑事诉讼中即出现了很多需要鉴定的领域欠缺具有资质的司法鉴定机构的现象，导致刑事诉讼中的许多专门性问题无法获取有资质的鉴定人出具的鉴定意见，影响了对案件事实的查实和诉讼程序的顺利进行。

我们认为，这是我国司法鉴定体制从过去的多元局面向目前的规范管理迈进必然要历经的阶段，不会影响我国司法鉴定体制改革的良好局面。但是，对于目前存在的一些领域司法鉴定机关缺失或者较少的现象，宜采取如下措施：（1）根据诉讼需要，由国务院司法行政部门商有关部门，尽快确定其他应当对鉴定人和鉴定机构实行登记管理的鉴定事项，并尽快促成相关司法鉴定机构的成立和运行。(2)部分司法解释和规范性文件针对司法实践中的现实情况，规定可以委托一些尚不具备司法鉴定资质的机构对一些专门性问题进行检验。这些部门经检验提出的意见，不能称之为“鉴定意见”，而只能称之为“检验结论”。由于司法解释和规范性文件的明确规定，司法机关对于这些检验结论应当进行审查，符合法律规定的应当予以采信。(3)在办理案件的过程中，在对于所要处理的专门性问题没有鉴定机构或者鉴定机构极少的情形下，侦查机关或者有关部门委托一些实际上具备这方面的专业知识、但尚未取得鉴定资质的机构进行检验并出具意见的，司法机关可以结合案件情况对所出具的意见进行审查，并根据情况可以作为证明案件事实的参考。但需要注意的是，在前述第(2)、(3)项情形下，司法机关并不是依据鉴定意见对案件事实进行证明，这点必须认识到。

六、在司法实践中如何审查和运用勘验、检查、辨认、侦查实验等笔录

笔录是指司法工作人员在调查案件事实过程中所作的各种记录。笔录记录了司法工作人员调查案件事实的过程中所发现的各种情况，对于查明案件事实具有重要意义。在司法适用的过程中，审查和运用勘验、检查、辨认、侦查实验等笔录要注意以下几点：

1. 正确把握作为证据种类的“勘验、检查、辨认、侦查实验等笔录”的范围。刑事诉讼中的笔录形式多样，常见的笔录形式有：(1)现场勘验笔录，又称场所勘验笔录，是指对犯罪现场及其他与犯罪有关的场所进行勘验时作的记录。(2)尸体检验笔录，是指对尸体进行外表检验或解剖检验时制作的笔录。(3)物证检验笔录，是指对物证进行检查时制作的笔录。(4)人身检查笔录，是指对犯罪嫌疑人、被害人等身体进行检查时制作的笔录。(5)侦查实验笔录，是指侦查人员或司法人员在进行旨在验证案件中某些事实或情节是否存在或可能发生而进行的模拟实验时制作的笔录。(6)搜查笔录，是指侦查人员对可能藏有证据或犯罪嫌疑人居住的场所和人身进行搜索和检查时制作的笔录。(7)辨认笔录，是指侦查人员让被害人、犯罪嫌疑人或者证人对与犯罪有关的物品、文件、尸体、场所或者犯罪嫌疑人进行辨别、确认时制作的笔录。在司法实践中，要充分运用勘验、检查、辨认、侦查实验等笔录查实和证明案件事实。尤需注意的是，“勘验、检查、辨认、侦查实验等笔录”的范围不限于勘验笔录、检查笔录、辨认笔录、侦查实验笔录，还包括司法工作人员在刑事诉讼过程中为查明案件事实而制作的各种笔录，只要这些笔录能够用于证明案件事实，就应当纳入该证据种类的范畴，在刑事诉

讼中作为证据适用，更好地查明案件事实。

需要注意的是，勘验、检查、辨认、侦查实验等笔录是司法工作人员在调查案件事实的过程中所制作的笔录。这包括两方面的内容：（1）只有司法工作人员，包括人民法院、人民检察院和公安机关的人员在调查案件事实时所制作的各种记录，才能称为刑事诉讼中的“笔录”。对于司法工作人员以外的主体制作的笔录，不属于作为此种证据种类的笔录。（2）勘验、检查、辨认、侦查实验等笔录是对刑事诉讼中勘验、检查、辨认、侦查实验等活动过程中发现情况的客观记录，不包括司法工作人员对案件事实的分析、推测、判断和评价等主观性内容。在对勘验、检查、辨认、侦查实验等笔录的审查过程中，应当加以甄别和判断，对于其中的主观性内容应当予以排除，不能用这些内容证明案件事实和定罪量刑。

2. 正确区分勘验、检查、辨认、侦查实验等笔录与其他证据种类。（1）勘验、检查、辨认、侦查实验等笔录不同于视听资料。受科学技术发展的影响，司法工作人员在调查案件事实过程中对相关情况的记录手段也不断发展，不再局限于过去使用纸、笔的文字记录，越来越多地使用绘画、照相、录音、摄像等手段，从而形成了许多以文字、图画、照片、录音、录像等形式表现出来的“笔录”。对于这些材料，有的虽然是以视听资料的形式表现出来的，但不能纳入视听资料的范畴，仍然属于笔录。（2）勘验、检查、辨认、侦查实验等笔录不同于证人证言、被害人陈述、犯罪嫌疑人、被告人供述和辩解。司法工作人员为了查明案件事实，在刑事诉讼中经常会询问证人、被害人，讯问犯罪嫌疑人、被告人，也会形成各种笔录。对于这些笔录，刑事诉讼法已相应规定为证人证言、被害人陈述、犯罪嫌疑人、被告人供述和辩解等证据种类，不属于作为证据种类的笔录的范畴。

3. 在诉讼过程中，要重视运用勘验、检查、辨认、侦查实验等笔录。勘验、检查、辨认、侦查实验等笔录是一种客观证据，记录了对与案件相关的现场、人员、物品进行调查过程中发现的各种情况，具有综合证明案件事实的作用，具有较强的证明力。要充分认识勘验、检查、辨认、侦查实验等笔录对于证明案件事实的价值，以便更充分地运用这类证据，更好地查明案件事实。

4. 勘验、检查、辨认、侦查实验等笔录只有经查证属实的，才能作为定案的根据。如前所述，勘验、检查、辨认、侦查实验等笔录是对查明案件事情过程中有关情况的客观记录，能够综合反映案件事实情况，要重视对此类证据的运用。但是，在司法实践中，也要防止对此类证据“客观性”的片面认识。诚然，与证人证言、被害人陈述等主观言词证据相比，勘验、检查、辨认、侦查实验等笔录是司法工作人员对自己在调查过程中所记录的客观事实情况，具有客观性的特点。但是，这种“客观性”也是相对的，并不意味着一定符合客观实际情况。受主客观因素影响，勘验、检查、辨认、侦查实验等笔录失实甚至被篡改、伪造的现象也存在。在审查过程中，要注意审查笔录所记载的内容是否真实，是否由符合法定资格的司法人员制作，笔录格式、用语、签名是否符合规范要求，以及制作过程是否符合法定程序的要求。而且，对于勘验、检查、辨认、侦查实验等笔录，必须在法庭上当庭宣读，经过公诉人、当事人和辩护人、诉讼代理人的质证，查证属实的，才能作为定案的根据。对于勘验、检查、辨认、侦查实验等笔录有异议的，可以询问勘验、检查人员、参加辨认和侦查实验的人以及见证人等，或者听取他们对勘验、检查、辨认、侦查实验等活动过程的证言。

5. 排除非法的勘验、检查、辨认、侦查实验等笔录。《刑事诉讼法》虽然没有明确规定要排除违反法律规定收集的勘验、检查、辨认、侦查实验等笔录，但是，根据刑事诉讼法的立法精神，勘验、检查、辨认、侦查实验等笔录如果存在不符合法定程序，可能严重影响司法公正的情形，应当予以补正或者作出合理解释；不能补正或者作出合理解释的，对该证据应当予以排除。在司法实践中，对勘验、检查、辨认、侦查实验等笔录应当着重审查以下内容：（1）勘验、检查、辨认、侦查实验等是否依法进行，笔录的制作是否符合法律及有关规定的要求，勘验、检查人员、参加辨认和实验的人以及见证人等是否签名或者盖章等。（2）勘验、检查、辨认、侦查实验等笔录的内容是否全面、详细、准确、规范：是否准确记录了提起勘验、检查、辨认、侦查实验等的事由，勘验、检查、辨认、侦查实验等的时间、地点，在场人员、现场方位、周围环境等情况；是否准确记载了现场、物品、人身、尸体等的位置、特征等详细情况以及勘验、检查、搜查的过程；文字记载与实物或者绘图、录像、照片是否相符；固定证据的形式、方法是否科学、规范；现场、物品、痕迹等是否被破坏或者伪造，是否是原始现场；人身特征、伤害情况、生理状况有无伪装或者变化等。（3）补充进行勘验、检查的，前后勘验、检查的情况是否有矛盾，是否说明了再次勘验、检查的原由。（4）勘验、检查、辨认、侦查实验等笔录中记载的情况与被告人供述、被害人陈述、鉴定意见等其他证据能否互相印证，有无矛盾。

勘验、检查、辨认、侦查实验等笔录存在明显不符合法律及有关规定的情形，并且不能作出合理解释或者说明的，不能作为证据使用。勘验、检查、辨认、侦查实验等笔录存在勘验、检查没有见证人的，勘验、检查人员、参加辨认和实验的人以及见证人等没有签名、盖章的，勘验、检查人员违反回避规定等情形的，应当结合案件其他证据，审查其真实性和关联性。

此外，还需要注意辨认结果的审查问题。在司法实践中，对于侦查机关组织的辨认，存在下列情形之一的，应当严格审查，不能确定其真实性的，辨认结果不能作为定案的根据：（1）辨认不是在侦查人员主持下进行的。（2）辨认前使辨认人见到辨认对象的。（3）辨认人的辨认活动没有个别进行的。（4）辨认对象没有混杂在具有类似特征的其他对象中，或者供辨认的对象数量不符合规定的；尸体、场所等特定辨认对象除外。（5）辨认中给辨认人明显暗示或者明显有指认嫌疑的。有下列情形之一的，通过有关办案人员的补正或者作出合理解释的，辨认结果可以作为证据使用：（1）主持辨认的侦查人员少于二人的。（2）没有向辨认人详细询问辨认对象的具体特征的。（3）对辨认经过和结果没有制作专门的规范的辨认笔录，或者辨认笔录没有侦查人员、辨认人、见证人的签名或者盖章的。（4）辨认记录过于简单，只有结果没有过程的。（5）案卷中只有辨认笔录，没有被辨认对象的照片、录像等资料，无法获悉辨认的真实情况的。

七、在司法实践中如何审查和运用视听资料

视听资料，又称音像证据，是指以录音、录像等音像信息证明案件事实情况的证据材料，包括储存有音像资料的磁带、录像带、VCD、DVD 等。1996 年《刑事诉讼法》开始将视听资料作为一类独立的刑事证据种类加以规定。目前，不仅《刑事诉讼法》，《民事诉讼法》和《行政诉讼法》都将视听资料设置为一类独立的证据种类。在司法实践中，审查和运用视听资料要注意以下几点：

1. 准确把握视听资料的范围。视听资料的形式多种多样，有录音资料、录像资料等多种形式。对此，需要把握两点：（1）视听资料不同于物证。物证是以外部特征、物质属性、存在情形等证明案件事实的一切物品和痕迹的证据材料。视听资料虽然也表现为磁带、录像带、VCD、DVD 等实物，但用以证明案件事实的并非磁带、录像带、VCD、DVD 等实物本身的外部特征、物质属性、存在情形等，而是以这些实物所记录和储存的声音、图像等信息来证明案件事实的，所以，视听资料不同于物证，是一类独立的证据种类。当然，磁带、录像带、VCD、DVD 等实物当然可能被用作物证使用。（2）刑事诉讼过程中的录音录像资料并不都属于视听资料的范畴。随着刑事侦查手段的不断发展，对证人、被害人陈述、犯罪嫌疑人、被告人供述和辩解所作的录音录像资料就不属于视听资料的范围，而应当作为证人证言、被害人陈述、犯罪嫌疑人、被告人供述和辩解使用。基于同样的道理，以视听资料形式对勘验、检查、辨认、侦查实验等活动情况进行的记录，也应当作为勘验、检查、辨认、侦查实验等笔录。还需要注意的是，《刑事诉讼法》第 123 条第 1 款规定："侦查人员在讯问犯罪嫌疑人的时候，可以对讯问过程进行录音或者录像；对于可能判处无期徒刑、死刑的案件或者其他重大犯罪案件，应当对讯问过程进行录音或者录像。"这里对刑事诉讼中讯问过程的录音录像所形成的资料，如果是用于证明讯问过程没有刑讯逼供等事实存在的，也应当属于视听资料的范畴。（3）视听资料不同于电子数据。视听资料的出现本身是现代科学技术发展的产物，而科学技术、特别是信息技术的发展，又导致了音像资料本身的进一步发展：传统的音像资料主要储存在磁带、录像带、VCD、DVD 等实物中，但现在越来越多的音像资料是以电子数据的形式存在的。对于以电子数据的形式而存在的音像资料不能再纳入视听资料的范畴，而应当作为电子数据加以运用。

2. 在证明案件事实的过程中重视视听资料的运用。视听资料是一种具有较高技术含量的证据，与其他证据种类相比，视听资料存储的信息量较大，且能够连续动态地记录事件发生的过程，可以更为直观地查明案件事实，在刑事诉讼中发挥着越来越重要的作用。随着技术发展视听资料证明案件事实便利的同时，这种证据种类也具有容易被剪辑、增加、删改、编辑等伪造、变造，从而造成内容失实的特点。我们认为，视听资料确实容易被伪造、变造，但这并非视听资料本身的缺陷，书证等其他种类的证据都存在被伪造、变造的问题。相反，司法实践中，对视听资料的变造总会留下痕迹，司法工作人员能够通过技术手段等方法审查该视听资料的内容和制作过程是否真实，从而避免将失实的视听资料作为证据使用。因此，一方面，不能因为视听资料具有较高的技术含量，就认为运用高科技证据证明案件事实可以"高枕无忧"，盲目迷信视听资料的技术性，放松对视听资料的审查。另一方面，也不能因为视听资料由于技术性带来的变造、伪造的"表面无痕"，就在刑事诉讼中不敢运用视听资料查实和证明案件事实。事实上，只要在刑事诉讼中对视听资料认真审查判断，完全能够发挥这类证据在证明案件事实过程中的重大作用。

3. 正确把握视听资料原件与复印件的关系。收集、调取的视听资料应当是原件。但是，无法提取原件的，可以复制。在刑事诉讼中，对于上述复制有着严格的要求：无法提取视听资料原件的，可以复制；制作复制件的，制作人不得少于二人；应附有复制件和复制份数的说明，无法调取原件的原因、制作过程和原件存放地点的说明，制作人和原视听资料持有人签名或者盖章。

4. 依法审慎审查视听资料。任何证据都必须经过查证属实，才能作为定案的根据。对视听资料，应当结合案件其他证据，审查其真实性和关联性。在司法实践中，对视听资料应当着重审查以下内容：（1）视听资料的来源是否合法，制作过程中当事人有无受到威胁、引诱等违反法律及有关规定的情形。（2）是否载明制作人或者持有人的身份，制作的时间、地点和条件以及制作方法。（3）是否为原件，有无复制及复制份数；调取的视听资料是复制件的，是否附有无法调取原件的原因、制作过程和原件存放地点的说明，是否有制作人和原视听资料持有人签名或者盖章。（4）内容和制作过程是否真实，有无经过剪辑、增加、删改、编辑等伪造、变造的情形。（5）内容与案件事实有无关联性。

5. 视听资料的鉴定。对视听资料有疑问的，应当进行鉴定，即声像资料鉴定，包括对录音带、录像带、磁盘、光盘等载体上记录的声音、图像信息的真实性、完整性及其所反映的情况过程进行的鉴定和对记录的声音、图像中的语言、人体、物体作出种类或者同一认定。一般而言，对视听资料进行鉴定主要有两个目的：（1）录音带、录像带、磁盘、光盘等视听资料上记录的声音、图像信息的真实性、完整性，即对该视听资料是否被伪造、变造进行鉴定。（2）视听资料所记录的声音、图像中的语言、人体、物体是否与案件所涉及的犯罪嫌疑人、被告人、被害人等具有关联。

6. 依法排除非法视听资料。《刑事诉讼法》虽然没有明确规定要排除违反法律规定收集的视听资料，但是，视听资料属于实物证据的范畴，对于收集视听资料不符合法定程序的，应当同收集物证、书证不符合法定程序一样，适用同一处理原则，即收集视听资料不符合法定程序，可能严重影响司法公正的，应当予以补正或者作出合理解释。不能补正或者作出合理解释的，对该证据应当予以排除。

具有下列情形之一的视听资料，不能作为定案的根据：（1）视听资料经审查或者鉴定无法确定真伪的。（2）对视听资料的制作和取得的时间、地点、方式等有异议，不能作出合理解释或者提供必要证明的。

八、在司法实践中如何审查和运用电子数据

《刑事诉讼法》将电子数据增设为一种新的证据种类。这是我国刑事诉讼立法适应现代信息技术的发展，根据刑事诉讼中出现的新情况和实践需要，对证据种类的丰富和完善。在司法适用中，审查和运用电子数据要注意如下问题：

1. 电子数据的概念和特征。电子数据，也可以称为电子证据，是指以电子数据形式存在并可以用于证明案件事实的材料。电子数据具有如下特征：（1）该类证据以电子数据形式存在。所有的电子数据都是基于计算机应用和通信等电子化技术手段形成的用以表示文字、图形符号、数字、字母等信息的资料。与其他证据种类不同，电子数据的存在形式，本质上而言是以电子形式存储或者传输的数据。（2）该类证据具有开放性的特征。从司法实践来看，作为证据使用的电子数据互联网联系在一起，而网络电子数据的一个重要特点是可以不受时空限制获取数据。就传统证据种类而言，必须前往一定的场所（案发现场或者其他证据存在处）或者询问一定的对象（证人、犯罪被害人）才能获取，而获取一些电子数据却可以通过一定的技术手段不受时空限制获取，这是电子数据开放性的表现，也是对该类证据的收集亟需加以规范的地方。（3）该类证据具有易变性与稳定性并存的特征。就传统证据而言，一般认为，诸如证人证言之类的言词证据存在易变性的特征，而物证等实物证据具有稳定性的特征。但就电子数据而言，一方面这类证据是以电子数据形式存在的，只需要敲击键盘，即可对其进行增加、删除、修改，可谓具有易变性；而另一方面，绝大多数情况下对于电子数据的增加、删除、修改都会留有一定的痕迹，而且多数情况被破坏的数据都可以通过技术手段被恢复到破坏前的状况，这就足以体现该类证据的稳定性。

2. 电子数据与其他证据的关系。关于电子数据与其他证据种类之间的关系，我们持如下观点：（1）根据刑事诉讼法的规定，电子数据是一类独立的证据种类。（2）电子数据可以被视为其他七类证据的电子数据化。“同七种传统证据形式相比，应该说电子证据来源于七种证据，是将各种传统证据部分地剥离出来而泛称的一种新证据形式。”电子数据的兴起，与计算机的产生、发展和普及直接相关，与信息技术的发展密不可分。随着信息技术的发展，传统的证据种类逐渐出现了一些新的特点，如在计算机网络产生之前，共同犯罪人之间的共谋经常是当面或者通过电话、书信等方式进行，而现在很多共同犯罪人之间通过QQ聊天进行共谋。那么，信息化时代所获取的聊天记录这种书证的形式与传统的书证具有很大差异，在司法实践中运用QQ聊天记录直接证明案件事实，由于欠缺法律的明确规定，各部门之间存在认识分歧，操作起来并不顺畅，往往需要将这些电子数据转换成勘验笔录等其他证据形式才能在刑事诉讼中被使用。这严重影响了刑事诉讼的效率，最终结果是立法将电子数据作为新的证据种类被规定。但如果换一个视角，QQ聊天记录也是通过其所表示的内容来证明案情的，其实就是电子书证，即以电子数据形式存在的书证。再举一个例子：犯罪人贩卖淫秽书刊、录像带、光盘的，这些淫秽书刊、录像带、光盘是证明行为人贩卖淫秽物品的物证；而犯罪人在网络上贩卖淫秽视频、音频文件的，这些淫秽视频、音频文件也是证明行为人贩卖淫秽物品（淫秽电子信息）的物证，只不过是电子物证而已。

在此，有必要特别说明电子数据与视听资料的关系。我们认为，电子数据不同于视听资料，二者之间存在明显区别，不存在交叉重合的地方。视听资料是指以录音、录像等形式储存，通过声音、图像来证明案件事实的证据材料。视听资料成为证据种类也是现代科学技术发展的产物，是录音磁带、录像带、唱片、CD、光盘等音像资料存储介质出现后被运用于证明案件事实的。如果说在电子数据成为独立的证据种类之前有主张将以电子数据形式存在的视听资料也纳入视听资料的范畴的话，那么在刑事诉讼法施行后，这类视听资料应当被纳入电子数据的范畴。因此，可以认为，电子数据是现代科学技术进一步发展的产物：以录音磁带、录像带、唱片、CD、光盘等实物存储介质存储的音像资料是视听资料；但是以电子数据形式存在的电子视听资料，则是电子数据。例如，QQ视频语音聊天记录，虽然是音像资料，但是因为是以电子数据形式存在，且未存放在实物介质中，故不属于视听资料，而是电子数据。

3. 电子数据的收集。与传统证据的实物性或者言词性不同，电子数据具有虚拟性的特点。因此，对电子数据的收集是一个需要特别注意和把握的问题。对于电子数据的收集，要注意合技术性和合法律性两个方面的要求。一方面，由于电子数据是现代科学技术发展的产物，电子数据的收集必须运用专业的电子取证技术，确保所收集的电子数据免受收集过程的人为破坏；另一方面，刑事诉讼中电子数据的收集是用于证明案件事实，是作为刑事诉讼程序的重要组成部分，必须符合刑事诉讼法对证据的一般要求，必须符合现代法治的基本要求。

4. 依法审慎审查电子数据。对电子数据，应当结合案件其他证据，审查其真实性和关联性。对于电子邮件、电子数据交换、网上聊天记录、网络博客、手机短信、电子签名、域名等电子数据，应当主要审查以下内容：（1）该电子数据存储磁盘、存储光盘等可移动存储介质是否与打印件一并提交。（2）是否载明该电子数据形成的时间、地点、对象、制作人、制作过程及设备情况等。（3）制作、储存、传递、获得、收集、出示等程序和环节是否合法，取证人、制作人、持有人、见证人等是否签名或者盖章。（4）内容是否真实，有无剪裁、拼凑、篡改、添加等伪造、变造情形。（5）该电子数据与案件事实有无关联性。此外，对电子数据有疑问的，应当进行鉴定。

5. 依法排除非法电子数据。《刑事诉讼法》虽然没有明确规定要排除违反法律规定收集的电子数据，但是，电子数据属于实物证据的范畴，对于收集电子数据不符合法定程序，应当同收集物证、书证违反法定程序一样，适用同一处理原则，即收集电子数据不符合法定程序，可能严重影响司法公正的，应当予以补正或者作出合理解释；不能补正或者作出合理解释的，对该证据应当予以排除。

具有下列情形之一的电子数据，不能作为定案的根据：（1）电子数据经审查或者鉴定无法确定真伪的。（2）对电子数据的制作和取得的时间、地点、方式等有异议，不能作出合理解释或者提供必要证明的。

[配套规定]

1.《最高人民法院关于适用〈中华人民共和国刑事诉讼法〉的解释》（法释［2012］21号）（节录）

第六十一条 认定案件事实，必须以证据为根据。

第六十三条 证据未经当庭出示、辨认、质证等法庭调查程序查证属实，不得作为定案的根据，但法律和本解释另有规定的除外。

第六十八条 公开审理案件时，公诉人、诉讼参与人提出涉及国家秘密、商业秘密或者个人隐私的证据的，法庭应当制止。有关证据确与本案有关的，可以根据具体情况，决定将案件转为不公开审理，或者对相关证据的法庭调查不公开进行。

第六十九条 对物证、书证应当着重审查以下内容：

（一）物证、书证是否为原物、原件，是否经过辨认、鉴定；物证的照片、录像、复制品或者书证的副本、复制件是否与原物、原件相符，是否由二人以上制作，有无制作人关于制作过程以及原物、原件存放于何处的文字说明和签名；

（二）物证、书证的收集程序、方式是否符合法律、有关规定；经勘验、检查、搜查提取、扣押的物证、书证，是否附有相关笔录、清单，笔录、清单是否经侦查人员、物品持有人、见证人签名，没有物品持有人签名的，是否注明原因；物品的名称、特征、数量、质量等是否注明清楚；

（三）物证、书证在收集、保管、鉴定过程中是否受损或者改变；

（四）物证、书证与案件事实有无关联；对现场遗留与犯罪有关的具备鉴定条件的血迹、体液、毛发、指纹等生物样本、痕迹、物品，是否已作DNA鉴定、指纹鉴定等，并与被告人或者被害人的相应生物检材、生物特征、物品等比对；

（五）与案件事实有关联的物证、书证是否全面收集。

第七十条 据以定案的物证应当是原物。原物不便搬运，不易保存，依法应当由有关部门保管、处理，或者依法应当返还的，可以拍摄、制作足以反映原物外形和特征的照片、录像、复制品。

物证的照片、录像、复制品，不能反映原物的外形和特征的，不得作为定案的根据。

物证的照片、录像、复制品，经与原物核对无误、经鉴定为真实或者以其他方式确认为真实的，可以作为定案的根据。

第七十一条 据以定案的书证应当是原件。取得原件确有困难的，可以使用副本、复制件。

书证有更改或者更改迹象不能作出合理解释，或者书证的副本、复制件不能反映原件及其内容的，不得作为定案的根据。

书证的副本、复制件，经与原件核对无误、经鉴定为真实或者以其他方式确认为真实的，可以作为定案的根据。

第七十二条 对与案件事实可能有关联的血迹、体液、毛发、人体组织、指纹、足迹、字迹等生物样本、痕迹和物品，应当提取而没有提取，应当检验而没有检验，导致案件事实存疑的，人民法院应当向人民检察院说明情况，由人民检察院依法补充收集、调取证据或者作出合理说明。

第七十三条 在勘验、检查、搜查过程中提取、扣押的物证、书证，未附笔录或者清单，不能证明物证、书证来源的，不得作为定案的根据。

物证、书证的收集程序、方式有下列瑕疵，经补正或者作出合理解释的，可以采用：

（一）勘验、检查、搜查、提取笔录或者扣押清单上没有侦查人员、物品持有人、见证人签名，或者对物品的名称、特征、数量、质量等注明不详的；

（二）物证的照片、录像、复制品，书证的副本、复制件未注明与原件核对无异，无复制时间，或者无被收集、调取人签名、盖章的；

（三）物证的照片、录像、复制品，书证的副本、复制件没有制作人关于制作过程和原物、原件存放地点的说明，或者说明中无签名的；

（四）有其他瑕疵的。

对物证、书证的来源、收集程序有疑问，不能作出合理解释的，该物证、书证不得作为定案的根据。

第七十四条 对证人证言应当着重审查以下内容：

（一）证言的内容是否为证人直接感知；

（二）证人作证时的年龄，认知、记忆和表达能力，生理和精神状态是否影响作证；

（三）证人与案件当事人、案件处理结果有无利害关系；

（四）询问证人是否个别进行；

（五）询问笔录的制作、修改是否符合法律、有关规定，是否注明询问的起止时间和地点，首次询问时是否告知证人有关作证的权利义务和法律责任，证人对询问笔录是否核对确认；

（六）询问未成年证人时，是否通知其法定代理人或者有关人员到场，其法定代理人或者有关人员是否到场；

（七）证人证言有无以暴力、威胁等非法方法收集的情形；

（八）证言之间以及与其他证据之间能否相互印证，有无矛盾。

第七十五条 处于明显醉酒、中毒或者麻醉等状态，不能正常感知或者正确表达的证人所提供的证言，不得作为证据使用。

证人的猜测性、评论性、推断性的证言，不得作为证据使用，但根据一般生活经验判断符合事实的除外。

第七十六条 证人证言具有下列情形之一的，不得作为定案的根据：

（一）询问证人没有个别进行的；

（二）书面证言没有经证人核对确认的；

（三）询问聋、哑人，应当提供通晓聋、哑手势的人员而未提供的；

（四）询问不通晓当地通用语言、文字的证人，应当提供翻译人员而未提供的。

第七十七条 证人证言的收集程序、方式有下列瑕疵，经补正或者作出合理解释的，可以采用；不能补正或者作出合理解释的，不得作为定案的根据：

（一）询问笔录没有填写询问人、记录人、法定代理人姓名以及询问的起止时间、地点的；

（二）询问地点不符合规定的；

（三）询问笔录没有记录告知证人有关作证的权利义务和法律责任的；

（四）询问笔录反映出在同一时段，同一询问人员询问不同证人的。

第七十八条 证人当庭作出的证言，经控辩双方质证、法庭查证属实的，应当作为定案的根据。

证人当庭作出的证言与其庭前证言矛盾，证人能够作出合理解释，并有相关证据印证的，应当采信其庭审证言；不能作出合理解释，而其庭前证言有相关证据印证的，可以采信其庭前证言。

经人民法院通知，证人没有正当理由拒绝出庭或者出庭后拒绝作证，法庭对其证言的真实性无法确认的，该证人证言不得作为定案的根据。

第七十九条 对被害人陈述的审查与认定，参照适用本节的有关规定。

第八十条 对被告人供述和辩解应当着重审查以下内容：

（一）讯问的时间、地点，讯问人的身份、人数以及讯问方式等是否符合法律、有关规定；

（二）讯问笔录的制作、修改是否符合法律、有关规定，是否注明讯问的具体起止时间和地点，首次讯问时是否告知被告人相关权利和法律规定，被告人是否核对确认；

（三）讯问未成年被告人时，是否通知其法定代理人或者有关人员到场，其法定代理人或者有关人员是否到场；

（四）被告人的供述有无以刑讯逼供等非法方法收集的情形；

（五）被告人的供述是否前后一致，有无反复以及出现反复的原因；被告人的所有供述和辩解是否均已随案移送；

（六）被告人的辩解内容是否符合案情和常理，有无矛盾；

（七）被告人的供述和辩解与同案被告人的供述和辩解以及其他证据能否相互印证，有无矛盾。

必要时，可以调取讯问过程的录音录像、被告人进出看守所的健康检查记录、笔录，并结合录音录像、记录、笔录对上述内容进行审查。

第八十一条 被告人供述具有下列情形之一的，不得作为定案的根据：

（一）讯问笔录没有经被告人核对确认的；

（二）讯问聋、哑人，应当提供通晓聋、哑手势的人员而未提供的；

（三）讯问不通晓当地通用语言、文字的被告人，应当提供翻译人员而未提供的

第八十二条 讯问笔录有下列瑕疵，经补正或者作出合理解释的，可以采用；不能补正或者作出合理解释的，不得作为定案的根据：

（一）讯问笔录填写的讯问时间、讯问人、记录人、法定代理人等有误或者存在矛盾的；

（二）讯问人没有签名的；

（三）首次讯问笔录没有记录告知被讯问人相关权利和法律规定的。

第八十三条 审查被告人供述和辩解，应当结合控辩双方提供的所有证据以及被告人的全部供述和辩解进行。

被告人庭审中翻供，但不能合理说明翻供原因或者其辩解与全案证据矛盾，而其庭前供述与其他证据相互印证的，可以采信其庭前供述。

被告人庭前供述和辩解存在反复，但庭审中供认，且与其他证据相互印证的，可以采信其庭审供述；被告人庭前供述和辩解存在反复，庭审中不供认，且无其他证据与庭前供述印证的，不得采信其庭前供述。

第八十四条 对鉴定意见应当着重审查以下内容：

（一）鉴定机构和鉴定人是否具有法定资质；

（二）鉴定人是否存在应当回避的情形；

（三）检材的来源、取得、保管、送检是否符合法律、有关规定，与相关提取笔录、扣押物品清单等记载的内容是否相符，检材是否充足、可靠；

（四）鉴定意见的形式要件是否完备，是否注明提起鉴定的事由、鉴定委托人、鉴定机构、鉴定要求、鉴定过程、鉴定方法、鉴定日期等相关内容，是否由鉴定机构加盖司法鉴定专用章并由鉴定人签名、盖章；

（五）鉴定程序是否符合法律、有关规定；

（六）鉴定的过程和方法是否符合相关专业的规范要求；

（七）鉴定意见是否明确；

（八）鉴定意见与案件待证事实有无关联；

（九）鉴定意见与勘验、检查笔录及相关照片等其他证据是否矛盾；

（十）鉴定意见是否依法及时告知相关人员，当事人对鉴定意见有无异议。

第八十五条 鉴定意见具有下列情形之一的，不得作为定案的根据：

（一）鉴定机构不具备法定资质，或者鉴定事项超出该鉴定机构业务范围、技术条件的；

（二）鉴定人不具备法定资质，不具有相关专业技术或者职称，或者违反回避规定的；

（三）送检材料、样本来源不明，或者因污染不具备鉴定条件的；

（四）鉴定对象与送检材料、样本不一致的；

（五）鉴定程序违反规定的；

（六）鉴定过程和方法不符合相关专业的规范要求的；

（七）鉴定文书缺少签名、盖章的；

（八）鉴定意见与案件待证事实没有关联的；

（九）违反有关规定的其他情形。

第八十六条 经人民法院通知，鉴定人拒不出庭作证的，鉴定意见不得作为定案的根据。

鉴定人由于不能抗拒的原因或者有其他正当理由无法出庭的，人民法院可以根据情况决定延期审理或者重新鉴定。

对没有正当理由拒不出庭作证的鉴定人，人民法院应当通报司法行政机关或者有关部门。

第八十七条 对案件中的专门性问题需要鉴定，但没有法定司法鉴定机构，或者法律、司法解释规定可以进行检验的，可以指派、聘请有专门知识的人进行检验，检验报告可以作为定罪量刑的参考。

对检验报告的审查与认定，参照适用本节的有关规定。

经人民法院通知，检验人拒不出庭作证的，检验报告不得作为定罪量刑的参考。

第八十八条 对勘验、检查笔录应当着重审查以下内容：

（一）勘验、检查是否依法进行，笔录的制作是否符合法律、有关规定，勘验、检查人员和见证人是否签名或者盖章；

（二）勘验、检查笔录是否记录了提起勘验、检查的事由，勘验、检查的时间、地点，在场人员、现场方位、周围环境等，现场的物品、人身、尸体等的位置、特征等情况，以及勘验、检查、搜查的过程；文字记录与实物或者绘图、照片、录像是否相符；现场、物品、痕迹等是否伪造、有无破坏；人身特征、伤害情况、生理状态有无伪装或者变化等；

（三）补充进行勘验、检查的，是否说明了再次勘验、检查的原由，前后勘验、检查的情况是否矛盾。

第八十九条 勘验、检查笔录存在明显不符合法律、有关规定的情形，不能作出合理解释或者说明的，不得作为定案的根据。

第九十条 对辨认笔录应当着重审查辨认的过程、方法，以及辨认笔录的制作是否符合有关规定。

辨认笔录具有下列情形之一的，不得作为定案的根据：

（一）辨认不是在侦查人员主持下进行的；

（二）辨认前使辨认人见到辨认对象的；

（三）辨认活动没有个别进行的；

（四）辨认对象没有混杂在具有类似特征的其他对象中，或者供辨认的对象数量不符合规定的；

（五）辨认中给辨认人明显暗示或者明显有指认嫌疑的；

（六）违反有关规定、不能确定辨认笔录真实性的其他情形。

第九十一条 对侦查实验笔录应当着重审查实验的过程、方法，以及笔录的制作是否符合有关规定。

侦查实验的条件与事件发生时的条件有明显差异，或者存在影响实验结论科学性的其他情形的，侦查实验笔录不得作为定案的根据。

第九十二条 对视听资料应当着重审查以下内容：

（一）是否附有提取过程的说明，来源是否合法；

（二）是否为原件，有无复制及复制份数；是复制件的，是否附有无法调取原件的原因、复制件制作过程和原件存放地点的说明，制作人、原视听资料持有人是否签名或者盖章；

（三）制作过程中是否存在威胁、引诱当事人等违反法律、有关规定的情形；

（四）是否写明制作人、持有人的身份，制作的时间、地点、条件和方法；

（五）内容和制作过程是否真实，有无剪辑、增加、删改等情形；

（六）内容与案件事实有无关联。

对视听资料有疑问的，应当进行鉴定。

第九十三条 对电子邮件、电子数据交换、网上聊天记录、博客、微博客、手机短信、电子签名、域名等电子数据，应当着重审查以下内容：

（一）是否随原始存储介质移送；在原始存储介质无法封存、不便移动或者依法应当由有关部门保管、处理、返还时，提取、复制电子数据是否由二人以上进行，是否足以保证电子数据的完整性，有无提取、复制过程及原始存储介质存放地点的文字说明和签名；

（二）收集程序、方式是否符合法律及有关技术规范；经勘验、检查、搜查等侦查活动收集的电子数据，是否附有笔录、清单，并经侦查人员、电子数据持有人、见证人签名；没有持有人签名的，是否注明原因；远程调取境外或者异地的电子数据的，是否注明相关情况；对电子数据的规格、类别、文件格式等注明是否清楚；

（三）电子数据内容是否真实，有无删除、修改、增加等情形；

（四）电子数据与案件事实有无关联；

（五）与案件事实有关联的电子数据是否全面收集。

对电子数据有疑问的，应当进行鉴定或者检验。

第九十四条 视听资料、电子数据具有下列情形之一的，不得作为定案的根据：

（一）经审查无法确定真伪的；

（二）制作、取得的时间、地点、方式等有疑问，不能提供必要证明或者作出合理解释的。

2.《公安机关办理刑事案件程序规定》（2012年12月13日公安部令第127号）（节录）

第五十六条 可以用于证明案件事实的材料，都是证据。

证据包括：

（一）物证；

（二）书证；

（三）证人证言；

（四）被害人陈述；

（五）犯罪嫌疑人供述和辩解；

（六）鉴定意见；

（七）勘验、检查、侦查实验、搜查、查封、扣押、提取、辨认等笔录；

（八）视听资料、电子数据。

证据必须经过查证属实，才能作为认定案件事实的根据。

3.《关于办理死刑案件审查判断证据若干问题的规定》

第一条 办理死刑案件，必须严格执行刑法和刑事诉讼法，切实做到事实清楚，证据确实、充分，程序合法，适用法律正确，确保案件质量。

第二条 认定案件事实，必须以证据为根据。

第三条 侦查人员、检察人员、审判人员应当严格遵守法定程序，全面、客观地收集、审查、核实和认定证据。

第四条 经过当庭出示、辨认、质证等法庭调查程序查证属实的证据，才能作为定罪量刑的根据。

第五条 办理死刑案件，对被告人犯罪事实的认定，必须达到证据确实、充分。

证据确实、充分是指：

（一）定罪量刑的事实都有证据证明；

（二）每一个定案的证据均已经法定程序查证属实；

（三）证据与证据之间、证据与案件事实之间不存在矛盾或者矛盾得以合理排除；

（四）共同犯罪案件中，被告人的地位、作用均已查清；

（五）根据证据认定案件事实的过程符合逻辑和经验规则，由证据得出的结论为唯一结论。

办理死刑案件，对于以下事实的证明必须达到证据确实、充分：

（一）被指控的犯罪事实的发生；

（二）被告人实施了犯罪行为与被告人实施犯罪行为的时间、地点、手段、后果以及其他情节；

（三）影响被告人定罪的身份情况；

（四）被告人有刑事责任能力；

（五）被告人的罪过；

（六）是否共同犯罪及被告人在共同犯罪中的地位、作用；

（七）对被告人从重处罚的事实。

第六条 对物证、书证应当着重审查以下内容：

（一）物证、书证是否为原物、原件，物证的照片、录像或者复制品及书证的副本、复制件与原物、原件是否相符；物证、书证是否经过辨认、鉴定；物证的照片、录像或者复制品和书证的副本、复制件是否由二人以上制作，有无制作人关于制作过程及原件、原物存放于何处的文字说明及签名。

（二）物证、书证的收集程序、方式是否符合法律及有关规定；经勘验、检查、搜查提取、扣押的物证、书证，是否附有相关笔录或者清单；笔录或者清单是否有侦查人员、物品持有人、见证人签名，没有物品持有人签名的，是否注明原因；对物品的特征、数量、质量、名称等注明是否清楚。

（三）物证、书证在收集、保管及鉴定过程中是否受到破坏或者改变。

（四）物证、书证与案件事实有无关联。对现场遗留与犯罪有关的具备检验鉴定条件的血迹、指纹、毛发、体液等生物物证、痕迹、物品，是否通过 DNA 鉴定、指纹鉴定等鉴定方式与被告人或者被害人的相应生物检材、生物特征、物品等作同一认定。

（五）与案件事实有关联的物证、书证是否全面收集。

第七条 对在勘验、检查、搜查中发现与案件事实可能有关联的血迹、指纹、足迹、字迹、毛发、体液、人体组织等痕迹和物品应当提取而没有提取，应当检验而没有检验，导致案件事实存疑的，人民法院应当向人民检察院说明情况，人民检察院依法可以补充收集、调取证据，作出合理的说明或者退回侦查机关补充侦查，调取有关证据。

第八条 据以定案的物证应当是原物。只有在原物不便搬运、不易保存或者依法应当由有关部门保管、处理或者依法应当返还时，才可以拍摄或者制作足以反映原物外形或者内容的照片、录像或者复制品。物证的照片、录像或者复制品，经与原物核实无误或者经鉴定证明为真实的，或者以其他方式确能证明其真实的，可以作为定案的根据。原物的照片、录像或者复制品，不能反映原物的外形和特征的，不能作为定案的根据。

据以定案的书证应当是原件。只有在取得原件确有困难时，才可以使用副本或者复制件。书证的副本、复制件，经与原件核实无误或者经鉴定证明为真实的，或者以其他方式确能证明其真实的，可以作为定案的根据。书证有更改或者更改迹象不能作出合理解释的，书证的副本、复制件不能反映书证原件及其内容的，不能作为定案的根据。

第九条 经勘验、检查、搜查提取、扣押的物证、书证，未附有勘验、检查笔录，搜查笔录，提取笔录，扣押清单，不能证明物证、书证来源的，不能作为定案的根据。

物证、书证的收集程序、方式存在下列瑕疵，通过有关办案人员的补正或者作出合理解释的，可以采用：

（一）收集调取的物证、书证，在勘验、检查笔录，搜查笔录，提取笔录，扣押清单上没有侦查人员、物品持有人、见证人签名或者物品特征、数量、质量、名称等注明不详的；

（二）收集调取物证照片、录像或者复制品，书证的副本、复制件未注明与原件核对无异，无复制时间、无被收集、调取人（单位）签名（盖章）的；

（三）物证照片、录像或者复制品，书证的副本、复制件没有制作人关于制作过程及原物、原件存放于何处的说明或者说明中无签名的；

（四）物证、书证的收集程序、方式存在其他瑕疵的。

对物证、书证的来源及收集过程有疑问，不能作出合理解释的，该物证、书证不能作为定案的根据。

第十条 具备辨认条件的物证、书证应当交由当事人或者证人进行辨认，必要时应当进行鉴定。

第十一条 对证人证言应当着重审查以下内容：

（一）证言的内容是否为证人直接感知。

（二）证人作证时的年龄、认知水平、记忆能力和表达能力，生理上和精神上的状态是否影响作证。

（三）证人与案件当事人、案件处理结果有无利害关系。

（四）证言的取得程序、方式是否符合法律及有关规定：有无使用暴力、威胁、引诱、欺骗以及其他非法手段取证的情形；有无违反询问证人应当个别进行的规定；笔录是否经证人核对确认并签名（盖章）、捺指印；询问未成年证人，是否通知了其法定代理人到场，其法定代理人是否在场等。

（五）证人证言之间以及与其他证据之间能否相互印证，有无矛盾。

第十二条 以暴力、威胁等非法手段取得的证人证言，不能作为定案的根据。

处于明显醉酒、麻醉品中毒或者精神药物麻醉状态，以致不能正确表达的证人所提供的证言，不能作为定案的根据。

证人的猜测性、评论性、推断性的证言，不能作为证据使用，但根据一般生活经验判断符合事实的除外。

第十三条 具有下列情形之一的证人证言，不能作为定案的根据：

（一）询问证人没有个别进行而取得的证言；

（二）没有经证人核对确认并签名（盖章）、捺指印的书面证言；

（三）询问聋哑人或者不通晓当地通用语言、文字的少数民族人员、外国人，应当提供翻译而未提供的。

第十四条 证人证言的收集程序和方式有下列瑕疵，通过有关办案人员的补正或者作出合理解释的，可以采用：

（一）没有填写询问人、记录人、法定代理人姓名或者询问的起止时间、地点的；

（二）询问证人的地点不符合规定的；

（三）询问笔录没有记录告知证人应当如实提供证言和有意作伪证或者隐匿罪证要负法律责任内容的；

（四）询问笔录反映出在同一时间段内，同一询问人员询问不同证人的。

第十五条 具有下列情形的证人，人民法院应当通知出庭作证；经依法通知不出庭作证证人的书面证言经质证无法确认的，不能作为定案的根据：

（一）人民检察院、被告人及其辩护人对证人证言有异议，该证人证言对定罪量刑有重大影响的；

（二）人民法院认为其他应当出庭作证的。

证人在法庭上的证言与其庭前证言相互矛盾，如果证人当庭能够对其翻证作出合理解释，并有相关证据印证的，应当采信庭审证言。

对未出庭作证证人的书面证言，应当听取出庭检察人员、被告人及其辩护人的意见，并结合其他证据综合判断。未出庭作证证人的书面证言出现矛盾，不能排除矛盾且无证据印证的，不能作为定案的根据。

第十六条 证人作证，涉及国家秘密或者个人隐私的，应当保守秘密。

证人出庭作证，必要时，人民法院可以采取限制公开证人信息、限制询问、遮蔽容貌、改变声音等保护性措施。

第十七条 对被害人陈述的审查与认定适用前述关于证人证言的有关规定。

第十八条 对被告人供述和辩解应当着重审查以下内容：

（一）讯问的时间、地点、讯问人的身份等是否符合法律及有关规定，讯问被告人的侦查人员是否不少于二人，讯问被告人是否个别进行等。

（二）讯问笔录的制作、修改是否符合法律及有关规定，讯问笔录是否注明讯问的起止时间和讯问地点，首次讯问时是否告知被告人申请回避、聘请律师等诉讼权利，被告人是否核对确认并签名（盖章）、捺指印，是否有不少于二人的讯问人签名等。

（三）讯问聋哑人、少数民族人员、外国人时是否提供了通晓聋、哑手势的人员或者翻译人员，讯问未成年同案犯时，是否通知了其法定代理人到场，其法定代理人是否在场。

（四）被告人的供述有无以刑讯逼供等非法手段获取的情形，必要时可以调取被告人进出看守所的健康检查记录、笔录。

（五）被告人的供述是否前后一致，有无反复以及出现反复的原因；被告人的所有供述和辩解是否均已收集入卷；应当入卷的供述和辩解没有入卷的，是否出具了相关说明。

（六）被告人的辩解内容是否符合案情和常理，有无矛盾。

（七）被告人的供述和辩解与同案犯的供述和辩解以及其他证据能否相互印证，有无矛盾。

对于上述内容，侦查机关随案移送有录音录像资料的，应当结合相关录音录像资料进行审查。

第十九条　采用刑讯逼供等非法手段取得的被告人供述，不能作为定案的根据。

第二十条　具有下列情形之一的被告人供述，不能作为定案的根据：

（一）讯问笔录没有经被告人核对确认并签名（盖章）、捺指印的；

（二）讯问聋哑人、不通晓当地通用语言、文字的人员时，应当提供通晓聋、哑手势的人员或者翻译人员而未提供的。

第二十一条　讯问笔录有下列瑕疵，通过有关办案人员的补正或者作出合理解释的，可以采用：

（一）笔录填写的讯问时间、讯问人、记录人、法定代理人等有误或者存在矛盾的；

（二）讯问人没有签名的；

（三）首次讯问笔录没有记录告知被讯问人诉讼权利内容的。

第二十二条　对被告人供述和辩解的审查，应当结合控辩双方提供的所有证据以及被告人本人的全部供述和辩解进行。

被告人庭前供述一致，庭审中翻供，但被告人不能合理说明翻供理由或者其辩解与全案证据相矛盾，而庭前供述与其他证据能够相互印证的，可以采信被告人庭前供述。

被告人庭前供述和辩解出现反复，但庭审中供认的，且庭审中的供述与其他证据能够印证的，可以采信庭审中的供述；被告人庭前供述和辩解出现反复，庭审中不供认，且无其他证据与庭前供述印证的，不能采信庭前供述。

第二十三条 对鉴定意见应当着重审查以下内容：

（一）鉴定人是否存在应当回避而未回避的情形。

（二）鉴定机构和鉴定人是否具有合法的资质。

（三）鉴定程序是否符合法律及有关规定。

（四）检材的来源、取得、保管、送检是否符合法律及有关规定，与相关提取笔录、扣押物品清单等记载的内容是否相符，检材是否充足、可靠。

（五）鉴定的程序、方法、分析过程是否符合本专业的检验鉴定规程和技术方法要求。

（六）鉴定意见的形式要件是否完备，是否注明提起鉴定的事由、鉴定委托人、鉴定机构、鉴定要求、鉴定过程、检验方法、鉴定文书的日期等相关内容，是否由鉴定机构加盖鉴定专用章并由鉴定人签名盖章。

（七）鉴定意见是否明确。

（八）鉴定意见与案件待证事实有无关联。

（九）鉴定意见与其他证据之间是否有矛盾，鉴定意见与检验笔录及相关照片是否有矛盾。

（十）鉴定意见是否依法及时告知相关人员，当事人对鉴定意见是否有异议。

第二十四条 鉴定意见具有下列情形之一的，不能作为定案的根据：

（一）鉴定机构不具备法定的资格和条件，或者鉴定事项超出本鉴定机构项目范围或者鉴定能力的；

（二）鉴定人不具备法定的资格和条件、鉴定人不具有相关专业技术或者职称、鉴定人违反回避规定的；

（三）鉴定程序、方法有错误的；

（四）鉴定意见与证明对象没有关联的；

（五）鉴定对象与送检材料、样本不一致的；

（六）送检材料、样本来源不明或者确实被污染且不具备鉴定条件的；

（七）违反有关鉴定特定标准的；

（八）鉴定文书缺少签名、盖章的；

（九）其他违反有关规定的情形。

对鉴定意见有疑问的，人民法院应当依法通知鉴定人出庭作证或者由其出具相关说明，也可以依法补充鉴定或者重新鉴定。

第二十五条 对勘验、检查笔录应当着重审查以下内容：

（一）勘验、检查是否依法进行，笔录的制作是否符合法律及有关规定的要求，勘验、检查人员和见证人是否签名或者盖章等。

（二）勘验、检查笔录的内容是否全面、详细、准确、规范：是否准确记录了提起勘验、检查的事由，勘验、检查的时间、地点，在场人员、现场方位、周围环境等情况；是否准确记载了现场、物品、人身、尸体等的位置、特征等详细情况以及勘验、检查、搜查的过程；文字记载与实物或者绘图、录像、照片是否相符；固定证据的形式、方法是否科学、规范；现场、物品、痕迹等是否被破坏或者伪造，是否是原始现场；人身特征、伤害情况、生理状况有无伪装或者变化等。

（三）补充进行勘验、检查的，前后勘验、检查的情况是否有矛盾，是否说明了再次勘验、检查的原由。

（四）勘验、检查笔录中记载的情况与被告人供述、被害人陈述、鉴定意见等其他证据能否印证，有无矛盾。

第二十六条 勘验、检查笔录存在明显不符合法律及有关规定的情形，并且不能作出合理解释或者说明的，不能作为证据使用。

勘验、检查笔录存在勘验、检查没有见证人的，勘验、检查人员和见证人没有签名、盖章的，勘验、检查人员违反回避规定的等情形，应当结合案件其他证据，审查其真实性和关联性。

第二十七条 对视听资料应当着重审查以下内容：

（一）视听资料的来源是否合法，制作过程中当事人有无受到威胁、引诱等违反法律及有关规定的情形；

（二）是否载明制作人或者持有人的身份，制作的时间、地点和条件以及制作方法；

（三）是否为原件，有无复制及复制份数；调取的视听资料是复制件的，是否附有无法调取原件的原因、制作过程和原件存放地点的说明，是否有制作人和原视听资料持有人签名或者盖章；

（四）内容和制作过程是否真实，有无经过剪辑、增加、删改、编辑等伪造、变造情形；

（五）内容与案件事实有无关联性。

对视听资料有疑问的，应当进行鉴定。

对视听资料，应当结合案件其他证据，审查其真实性和关联性。

第二十八条 具有下列情形之一的视听资料，不能作为定案的根据：

（一）视听资料经审查或者鉴定无法确定真伪的；

（二）对视听资料的制作和取得的时间、地点、方式等有异议，不能作出合理解释或者提供必要证明的。

第二十九条 对于电子邮件、电子数据交换、网上聊天记录、网络博客、手机短信、电子签名、域名等电子证据，应当主要审查以下内容：

（一）该电子证据存储磁盘、存储光盘等可移动存储介质是否与打印件一并提交；

（二）是否载明该电子证据形成的时间、地点、对象、制作人、制作过程及设备情况等；

（三）制作、储存、传递、获得、收集、出示等程序和环节是否合法，取证人、制作人、持有人、见证人等是否签名或者盖章；

（四）内容是否真实，有无剪裁、拼凑、篡改、添加等伪造、变造情形；

（五）该电子证据与案件事实有无关联性。

对电子证据有疑问的，应当进行鉴定。

对电子证据，应当结合案件其他证据，审查其真实性和关联性。

第三十条 侦查机关组织的辨认，存在下列情形之一的，应当严格审查，不能确定其真实性的，辨认结果不能作为定案的根据：

（一）辨认不是在侦查人员主持下进行的；

（二）辨认前使辨认人见到辨认对象的；

（三）辨认人的辨认活动没有个别进行的；

（四）辨认对象没有混杂在具有类似特征的其他对象中，或者供辨认的对象数量不符合规定的；尸体、场所等特定辨认对象除外。

（五）辨认中给辨认人明显暗示或者明显有指认嫌疑的。

有下列情形之一的，通过有关办案人员的补正或者作出合理解释的，辨认结果可以作为证据使用：

（一）主持辨认的侦查人员少于二人的；

（二）没有向辨认人详细询问辨认对象的具体特征的；

（三）对辨认经过和结果没有制作专门的规范的辨认笔录，或者辨认笔录没有侦查人员、辨认人、见证人的签名或者盖章的；

（四）辨认记录过于简单，只有结果没有过程的；

（五）案卷中只有辨认笔录，没有被辨认对象的照片、录像等资料，无法获悉辨认的真实情况的。

第三十一条 对侦查机关出具的破案经过等材料，应当审查是否有出具该说明材料的办案人、办案机关的签字或者盖章。

对破案经过有疑问，或者对确定被告人有重大嫌疑的根据有疑问的，应当要求侦查机关补充说明。

[参考案例]

王某玲故意伤害案——法庭获取的新证据未经庭审质证不得作为定案的根据①

基本案情：

被告人王某玲，女，1962 年 10 月 23 日出生，无业。因涉嫌犯故意伤害罪，于 2001 年 11 月 28 日被逮捕。

河南省漯河市人民检察院以被告人王某玲犯故意伤害罪，向漯河市中级人民法院提起公诉。

漯河市中级人民法院经公开审理查明：被告人王某玲于 2001 年 11 月 2 日得知其丈夫吕某业在舞阳县有一情妇后，心生妒恨，并产生用汽油焚烧吕某业情妇的念头。当日 7 时许，王某玲伙同其弟王某超（在逃）乘出租车到舞阳县城中山路吕某业租住处，当看到吕某业与女青年张某歌躺在床上时，王某玲即对张某歌进行谩骂，让张某歌穿上秋衣秋裤下楼。当张某歌下至一楼楼梯口时，王某玲让王某超将张某歌按住，王某玲用事先准备好的汽油从张某歌头部倒下，张某歌挣扎跑至大门口时，王某玲拉住张某歌并用打火机将其身上的汽油点燃，将张某歌烧伤。经法医鉴定，张某歌所受损伤程度为重伤，构成五级伤残。另查明，被告人王某玲的犯罪行为，确给附带民事诉

① 最高人民法院刑事审判第一、二、三、四、五庭：《刑事审判参考》总第 34 集。

讼原告人造成了一定的经济损失。

漯河市中级人民法院经审理认为：被告人王某玲为泄私愤，故意损害他人的身体健康，手段特别残忍，后果严重，其行为已构成故意伤害罪。附带民事诉讼原告人要求赔偿医疗费、交通费、营养费、误工费、住院伙食补助费、护理费、鉴定费之理由予以支持。依照《刑法》第234条第2款、第57条第1款、第36条和《民法通则》第119条之规定，于2003年1月16日判决如下：

1. 被告人王某玲犯故意伤害罪，判处无期徒刑，剥夺政治权利终身。

2. 被告人王某玲赔偿附带民事诉讼原告人张某歌经济损失人民币130000元。

一审宣判后，被告人王某玲不服，以“被害人有过错，我是激于一时气愤才犯罪、有抢救被害人的情节、原判量刑过重”为由，向河南省高级人民法院提出上诉。

河南省高级人民法院经审理认为：原判认定被告人王某玲故意伤害他人身体，以用火烧的特别残忍手段致人重伤的事实清楚，证据确实、充分；关于被害人张某歌的伤残等级情况，检察院起诉书并未认定，卷中虽有被害人张某歌五级伤残的法医学鉴定书，但该鉴定是漯河市中级人民法院在案件受理后委托鉴定，该鉴定书没有在法庭上质证，不能作为证据使用。故原判以故意伤害罪判处被告人王某玲无期徒刑，剥夺政治权利终身的法律依据不充分。依照《刑事诉讼法》第189条第3项的规定，于2003年5月12日裁定如下：

1. 撤销漯河市中级人民法院（2002）漯刑初字第44号刑事附带民事判决；

2. 发回漯河市中级人民法院重新审判。

主要问题：

法庭获取的新证据未经庭审质证能否作为定案的根据？

裁判理由：

（一）未经庭审质证的证据不得作为定案的根据

刑事庭审主要是在法庭上就公诉机关指控被告人的犯罪事实展开证据调查，而质证是证据调查的核心，是法庭认证的前提。所谓质证，是就对提交法庭的证据由诉讼各方当面质询、诘问、探究和质疑，包括对证据与事实的矛盾进行辩驳、澄清。质证包括对证据的来源、形式和内容的质疑，而质疑的主要指向就是证据的客观性、关联性和合法性（可采性）。对作为审判中认定案件事实根据的所有证据，均需经过质证，包括对言词证据的质证和对物证、书证、视听资料等非言词证据的质证。对此，法律和司法解释是有明确规定的。根据《刑事诉讼法》第50条第3款的规定，证据必须经过查证属实，才能作为定案的根据。《刑诉法解释》作了更为具体的规定，证据必须经过当庭出示、辨认、质证等法庭调查程序查证属实，否则不能作为定案的根据。

在司法实践中，庭审质证方面暴露出的问题比较突出，问题之一是质证不充分、走过场，在个别情况下，有的法官甚至将未经质证的证据作为定案的根据。本案一审法院对证明被害人张某歌五级伤残的法医鉴定未经庭审质证，便作为认定被告人王某玲构成以特别残忍手段致人重伤造成严重残疾的根据，明显违反了法律和司法解释规定的诉讼程序。作为法定证据种类之一的鉴定结论，当然也必须经过庭审质证，才能作为定案的根据。根据《刑事诉讼法》和司法解释的规定，在法庭审理过程中，鉴定人应当出庭宣读鉴定结论，但经人民法院准许不出庭的除外；公诉人、当事人和辩护人、诉讼代理人经审判长许可，可以提请审判长传唤鉴定人出庭作证；对未到庭的鉴定人的鉴定结论，应当当庭宣读，审判人员应当听取公诉人、当事人和辩护人、诉讼代理人的意见；当事人及其法定代理人有权对鉴定人申请回避；公诉人、当事人和辩护人、诉讼代理人经审判长许可，可以对鉴定人发问，审判人员可以询问鉴定人；当事人和辩护人、诉讼代理人有权申请重新鉴定；法庭对于需要重新鉴定的，应当宣布延期审理。本案一审法院对被告人王某玲判处无期徒刑，显然是以认定被告人王某玲构成以特别残忍手段致人重伤造成严重残疾的事实为前提的。如前所述，未经庭审质证的法医鉴定不能作为证据使用。因此，对于造成被害人严重残疾这一特定事实而言，一审法院是在没有证据证明的情况下认定的，违反了证据裁判原则（该原则的基本含义为：裁判的形成必须以证据为依据；没有证据，不得认定犯罪事实）。需要说明的是，二审法院发回重审的理由是认为一审法院对被告人王某玲判处无期徒刑的法律依据不充分。应当说，这个理由并不准确，一审法院错在将未经庭审质证、不具有证据效力的法医鉴定作为认定被害人构成五级伤残的依据，而非适用法律错误。

本案一审法院未经庭审质证，即将证明被害人张某歌五级伤残的法医鉴定直接作为认定被告人造成被害人严重残疾的根据，不仅违反了证据裁判原则，而且也严重违反法律规定的诉讼程序，限制了当事人的法定诉讼权利。因为，一审法院未经法庭当庭质证而将法医鉴定直接作为认定被害人构成五级伤残的依据，事实上剥夺了被告人对证明其造成被害人严重残疾的证据的质证权和辩论权，使被告人对造成被害人严重残疾的指控完全丧失防御的机会，处于极其不利的境地。一审法院的这种做法属于严重的程序违法，显然影响了公正审判，其法律后果应当是一审法院的审理归于无效，其判决将被撤销。根据《刑事诉讼法》第 238 条第 3 项的规定，第二审人民法院发现第一审人民法院的审理有“剥夺或者限制了当事人的法定诉讼权利，可能影响公正审判的”，应当裁定撤销原判，发回原审人民法院重新审判。因此，二审法院作出发回重审的裁定理由，还应当包括《刑事诉讼法》第 238 条第 3 项规定的情形，这一规定应当作为发回重审的法律依据。

（二）法院庭外调查所取得的新证据也必须经过庭审质证

本案一审法院未经质证的法医鉴定不是由公诉人提供的，而是由一审法院直接委托鉴定作出的，也就是说，该证据是法庭通过庭外调查所取得的证据。根据刑事诉讼法和司法解释的规定，法庭审理过程中，合议庭对证据有疑问的，可以宣布休庭。对证据进行调查核实。在对证据调查核实时，审判人员有权走出法庭进行勘验、检查、扣押、鉴定和查询、冻结等活动，也可以向有关单位和个人收集、调取证据材料。在进行上述活动时，审判人员认为必要的，可以通知检察人员和辩护人到场共同参加。

对于法院庭外调查所取得的证据应当经何种程序进入诉讼成为定案根据，有人认为，鉴于法院直接获取的证据在法庭上再出示并听取各方意见，难以避免法官接受质询的尴尬，因此，只要取证时通知控辩双方到场，就不需要再于法庭举证、质证，而可以直接作为定案的根据。我们认为，法院庭外调查所取得的证据同样必须经过质证，才能作为定案的根据。刑事诉讼法规定证据必须经过查证属实，才能作为定案的根据。司法解释则规定得更为明确，“证据必须经过当庭出示、辨认、质证等法庭调查程序查证属实，否则不能作为定案的根据”。法院采取庭外调查的手段获取证据并非庭审，所取证据应当接受法庭的审查，即使法官庭外调查核实时控辩双方已到场也不例外（庭审还要求对社会公开）。因为此系获取新证据而非对庭审已出示并经质证的证据进行核实，因此庭审质证是必经程序。至于如何对这些证据进行质证，我们认为，由于证据是由法官所取，由法官宣读出示即可，法官还应当听取控辩双方的意见。法官认证时应当考虑控辩双方的意见，并综合全案证据决定这些证据的价值和取舍，不宜在庭上与控方或辩方就这些证据进行辩论。法官应当摆正自己的位置，遵守“控审分离”原则。法官行使的是审判职能，担当法庭听证者和裁判者的角色，法官不承担任何举证责任，切不可混淆控诉和审判职能，充当“第二公诉人”。法官应尽量将自己的活动集中到法庭上进行。法官在不得不亲自进行庭外调查时，应尽量通知控辩双方同时到场参与进行，法官在庭外调查中收集得到的任何新证据都必须提交法庭，并允许控辩双方对证人、鉴定人提问，否则不能作为定案的根据。总之，质证是司法证明的一个基本环节，是法官在认证之前的一个必经程序。未经质证，不得认证，这是我们必须坚持的一个原则。

第五十一条　公诉案件中被告人有罪的举证责任由人民检察院承担，自诉案件中被告人有罪的举证责任由自诉人承担。

[条文主旨]

本条是关于举证责任的规定。

[条文释解]

该条系2012年《刑事诉讼法》新规定的内容。2018年《刑事诉讼法》未作修改。

证明责任，是指公安、司法机关所负有的收集并运用证据查清、阐明和确认案件事实的责任。《刑事诉讼法》规定，证明责任由公安司法机关承担。公安司法机关在刑事诉讼中均负有证明责任。司法机关的证明责任是由司法人员担当完成的。在公诉案件中，公安机关对于自己立案侦查的案件侦查终结后，认为应当移送起诉的，必须做到事实、情节清楚，证据确实、充分，否则，检察机关对其审查后，可能退回公安机关补充侦查。检察机关如认为需要追究犯罪嫌疑人的刑事责任，在作出提起公诉的决定时，必须具备犯罪事实已经查清，证据确实、充分的条件，否则，法院对公诉的案件审判后，可能作出事实不清、证据不足、指控的犯罪不能成立的无罪判决。法院对案件作出定罪的判决、裁定，必须具备事实清楚，证据确实、充分的条件。否则，一审判决、裁定可能被二审法院撤销。对于终审判决、裁定，法定之机关可能提起审判监督程序，对案件进行再审。

举证责任，是指刑事诉讼中有关机关、当事人所负有的向法院提供证据以说明其诉讼主张成立的责任。古罗马法确立了“谁主张，谁举证”的举证责任原则，延续至今。举证责任是存在于审判阶段的法律责任。在法院审判案件的过程中，为了说明自己的诉讼主张成立，有关机关和当事人需要向法院提出证据。如果负有举证责任的一方即有责任提供证据的一方不能提供证据，或者提供的证据不能证明其诉讼主张，没有完全履行举证责任，其诉讼主张就不会被法院接受，将承担败诉的法律后果。

举证责任与证明责任是两个既有联系又有区别的概念。举证责任与证明责任的联系是很紧密的。首先，两者都是查明案件事实过程中的责任，都需要运用证据来完成。其次，如果承担责任的主体在实践中没有完成证明或者举证，都要承担一定的法律后果。证明责任与举证责任有以下区别：（1）证明责任只能由公安司法机关承担，举证责任既可以由检察机关承担，也可以由当事人承担。（2）在侦查、起诉和审判阶段，都有证明责任，而举证责任只存在于审判阶段。（3）在刑事诉讼中，举证责任一般由控诉方承担，而证明责任则由在不同诉讼阶段上对案件有处置权的公安司法机关承担。

《刑事诉讼法》确立的举证责任分配原则是“未经人民法院依法判决，对任何人都不得确定有罪”基本原则的必要要求。坚持“未经人民法院依法判决，对任何人都不得确定有罪”基本原则，要求不能推定未经人民法院依法判决有罪的犯罪嫌疑人、被告人有罪，而证明犯罪嫌疑人、被告人有罪的举证责任只能由控诉方承担，且在没有确实、充分的证据证明被告人犯罪事实的情况下，法院不能认定被告人有罪。“谁主张，谁举证”也是司法活动的普遍规律，符合诉讼的便利性和经济性要求。诉讼程序的启动方在举证上处于便利地位，由其承担举证责任更具可操作性，便于诉讼的顺利进行。而且，如果诉讼程序的启动方不承担举证责任，则公诉方或者自诉人启动诉讼程序就会带有随意性，会导致滥诉的发生。故而公诉案件中被告人有罪的举证责任由人民检察院承担，自诉案件中被告人有罪的举证责任由自诉人承担，符合现代司法活动的普遍规律，具有操作的便利性。

《刑事诉讼法》第 51 条规定，公诉案件中被告人有罪的举证责任由人民检察院承担，自诉案件中被告人有罪的举证责任由自诉人承担。由此可见，在我国刑事诉讼中，举证责任由以下机关和当事人承担：

1. 人民检察院

人民检察院是国家的公诉机关，代表国家行使对犯罪的控诉权。在公诉案件中，检察院作为公诉机关，是控诉职能的主要承担者，由它指控被告人犯有什么罪，请求法院对被告人定罪量刑。因此，在法庭上，公诉机关的代表——公诉人负有举证责任是天经地义的。如果公诉机关提不出证据证明被告人构成犯罪，根据我国《刑事诉讼法》的规定，法院将作出证据不足、指控的犯罪不能成立的无罪判决。

2. 自诉人

自诉人是自诉案件的原告人，对于提起自诉的案件，有责任提供证据予以证明，如果自诉人提出的自诉案件主要事实不清，或者没有足够的证据，法院则不会受理。法院受理案件后，经审查罪证不足，可以令自诉人提出补充证据。如果自诉人提不出补充证据，法院有权说服自诉人撤回自诉，或者裁定驳回自诉。

3. 附带民事诉讼原告人

附带民事诉讼的原告人在审判过程中，有权提出赔偿的诉讼请求，对于诉讼请求，其有责任举出证据予以说明。

[审判实务]

1. 公诉案件中被告人有罪的举证责任由人民检察院承担的原则与犯罪嫌疑人如实回答侦查人员提问的规定是否矛盾。《刑事诉讼法》第 120 条第 1 款规定："侦查人员在讯问犯罪嫌疑人的时候，应当首先讯问犯罪嫌疑人是否有犯罪行为，让他陈述有罪的情节或者无罪的辩解，然后向他提出问题。犯罪嫌疑人对侦查人员的提问，应当如实回答。但是与本案无关的问题，有拒绝回答的权利。"该规定并不意味着要求被告人承担举证责任，同公诉案件中被告人有罪的举证责任由人民检察院承担并不矛盾。被告人在侦查阶段如果不如实回答侦查人员提问，甚至拒绝回答侦查人员的提问，法院既不能因此作出被告人有罪的判决，也不能在被告人构成犯罪的情况下对其加重处罚。换言之，犯罪嫌疑人如实回答侦查人员提问的规定，并不意味着被告人在侦查阶段不如实回答侦查人员的提问，就应当承担举证不能的不利后果。而且，《刑事诉讼法》第 120 条第 2 款的规定对此作了进一步诠释，该款规定"侦查人员在讯问犯罪嫌疑人的时候，应当告知犯罪嫌疑人享有的诉讼权利，如实供述自己罪行可以从宽处理和认罪认罚的法律规定。”这意味着法律之所以规定犯罪嫌疑人如实回答侦查人员提问，是为了给犯罪嫌疑人争取宽大处理的权利，与公诉案件中被告人有罪的举证责任由人民检察院承担的原则之间并不冲突。

2.《刑事诉讼法》确立的举证责任分配原则并不意味着被告人在任何情况下都不承担证明责任。在刑事诉讼中，公诉案件中被告人有罪的举证责任由人民检察院承担，自诉案件中被告人有罪的举证责任由自诉人承担。这是根据“未经人民法院依法判决，对任何人都不得确定有罪”基本原则所确立的对整个案件事实的举证责任应当由公诉方或者自诉人承担的原则，但这并不意味着被告人在任何情况下对自己的任何主张都不承担证明责任。在刑事诉讼中，被告人的辩解主张可以分为两类：一类是消极的辩解主张，如公诉方指控被告人故意入室杀人，被告人辩解自己没有进入该场所、没有杀人的事实，即为消极的辩解主张。另一类是积极的辩解主张，如公诉方指控被告人故意入室杀人，被告人不仅辩解自己没有杀人，进而主张自己案发时与朋友在他处游玩，即为积极的辩解主张。对于消极的辩解主张，除对法律规定的推定事实的反证外，被告人不需要承担证明责任。例如，如果被告人未能证明自己未故意杀人的辩解主张，也不能因此认定该辩解主张不能成立，从而认定被告人故意杀人。相反，仍然应当由公诉方承担举证责任，只有公诉方提供的证据确实、充分的，才能认定被告人有罪。而对于积极的辩解主张，被告人则应当承担证明责任，否则该辩解主张不能成立。例如，如果被告人未能证明自己案发时与朋友在他处游玩的，则该辩解主张不能成立。

从司法实践来看，积极的辩解主张通常有以下几类：（1）关于被告人责任能力的辩解，如被告人患有精神病或者案发时处于间歇性精神病的发病期，被告人在案发时未达到法定应负刑事责任的年龄等。（2）关于被告人行为正当性的辩解主张，如被告人的故意伤害或者故意杀人行为系正当防卫，被告人致第三人财产重大损失的行为系紧急避险等。（3）关于被告人根本不可能实施所指控犯罪行为的辩解主张，如被告人案发时不在抢劫现场，不可能实施抢劫行为等。需要注意的是，对于被告人审前供述系侦查人员非法取得的辩解意见，虽然属于积极辩解主张的范畴，但由于相关规范性文件已作特别规定，这里的证明责任仍然应当由公诉方承担，如被告人辩解称其承认犯罪的供述系侦查人员非法所获取的，则由公诉方承担对被告人审判前供述的合法性的证明责任，如果其不能提供确实、充分的证据证明审前供述的合法性，则认定被告人的辩解主张成立，该供述不能作为定案的根据。当然，也有观点认为，对于上述积极的辩护主张，也应由公诉方承担证明责任。对此问题，我们将作进一步的研究。

需要注意的是，对于被告人积极的辩解主张的证明责任，基于公诉方和被告人的力量对比和攻防位置，法律对被告人举证的要求可以低于对公诉方的举证要求，并不要求其证明达到“排除合理怀疑”的“确实、充分”的程度，而应当坚持相对证据优势原则。例如，公诉方指控被告人抢劫，被告人辩解案发时未在现场的，只要被告人证明自己不在现场的可能性大于其在现场的可能性的，就证明了其案发时不在现场的辩解主张成立。

3. 刑事诉讼法确立的举证责任分配原则并不排斥被告人对推定结论进行反证。后文在论述证明标准时会阐述到，根据法律、司法解释或者其他规范性文件的规定，司法实践中经常会根据客观实际情况对明知、故意或者目的等主观事实或其他事实进行推定，而对这种推定的否定需要由被告人证明。有论者认为，这是证明责任的倒置，即“刑事案件的证明责任一般由控方或提出具体事实主张的一方承担，但在某些情况下，法律也可以规定证明责任由辩方或者主张具体事实的相对方承担”，是“立法在特殊情况下对证明责任的非常规性配置”。我们认为不宜将此理解为举证责任倒置，而是被告人对自己辩解主张所承担的举证责任，与刑事诉讼法确立的举证责任承担原则并不冲突。根据已有证据证实的事实直接认定另一事实的存在，这种推定具有法律真实性，对于此种推定的举证责任是由公诉方或者自诉人承担的，但对于此种推定结论的反证则应由被告人承担。例如，《刑法》第 395 条第 1 款规定：“国家工作人员的财产、支出明显超过合法收入，差额巨大的，可以责令该国家工作人员说明来源。能说明其来源的，差额部分以非法所得论，处五年以下有期徒刑或者拘役……财产的差额部分予以追缴。”根据该条规定，被告人系国家工作人员的，如果其财产或者支出明显超过合法收入的，从这一事实可以推断出差额部分系非法所得，公诉方的举证责任在此完成，如果被告人提出差额部分系合法收入的辩解主张的，需要由被告人证明该差额部分的来源是合法的。又如，执法人员在口岸、机场、车站、港口和其他检查站检查时，要求被告人申报为他人携带的物品和其他疑似毒品物，并告知其法律责任，而被告人未如实申报，在其所携带的物品内查获毒品的，则根据相关司法解释的规定，公诉方通过证明上述事实可以推定被告人主观上系“明知”，而对于这一推定的反证则由被告人承担，即被告人如果主张主观上系“不明知”的，则应当提出自己被蒙骗的证据。

4. 对于承担举证责任的主体举证不能的处理办法。在审判过程中，对于公诉案件人民检察院不能提出证明被告人有罪的确实、充分的证据的，依据法律能够认定被告人无罪的，应当作出无罪判决。证据不足不能认定被告人有罪的，应当作出证据不足、指控的犯罪不能成立的无罪判决。而对于自诉案件自诉人不能提出证明被告人有罪的确实、充分的证据的，在审理前应当说服自诉人撤回自诉，或者裁定驳回；在审理过程中，出现上述情形，而自诉人未撤回自诉的，应当作出无罪判决。

[配套规定]

《人民检察院刑事诉讼规则》（高检发释字［2019］4号）（节录）

第六十一条　人民检察院认定案件事实，应当以证据为根据。

公诉案件中被告人有罪的举证责任由人民检察院承担。人民检察院在提起公诉指控犯罪时，应当提出确实、充分的证据，并运用证据加以证明。

人民检察院提起公诉，应当秉持客观公正立场，对被告人有罪、罪重、罪轻的证据都应当向人民法院提出。

第五十二条　审判人员、检察人员、侦查人员必须依照法定程序，收集能够证实犯罪嫌疑人、被告人有罪或者无罪、犯罪情节轻重的各种证据。严禁刑讯逼供和以威胁、引诱、欺骗以及其他非法方法收集证据，不得强迫任何人证实自己有罪。必须保证一切与案件有关或者了解案情的公民，有客观地充分地提供证据的条件，除特殊情况外，可以吸收他们协助调查。

[条文主旨]

本条是关于证据收集的一般原则的规定。

[条文释解]

1979年《刑事诉讼法》第32条规定：“审判人员、检察人员、侦查人员必须依照法定程序，收集能够证实被告人有罪或者无罪、犯罪情节轻重的各种证据。严禁刑讯逼供和以威胁、引诱、欺骗以及其他非法的方法收集证据。必须保证一切与案件有关或者了解案情的公民，有客观地充分地提供证据的条件，除特殊情况外，并且可以吸收他们协助调查。”1996年《刑事诉讼法》将被告人改为“犯罪嫌疑人、被告人”。2012年《刑事诉讼法》增加规定了“不得强迫任何人证实自己有罪”的规定，2018年《刑事诉讼法》未作修改。

本条规定对审判人员、检察人员、侦查人员收集证据提出了以下要求：

1. 必须依法、全面收集证据。收集证据必须依照法定程序进行，如讯问犯罪嫌疑人，应由侦查人员二人进行；搜查时必须出示搜查证；证人笔录必须交本人核对；鉴定应当指派、聘请有专门知识的人进行等。在收集证据中，司法工作人员不得违背这些程序规定。要收集能够证实犯罪嫌疑人、被告人有罪或者无罪、犯罪情节轻重的各种证据。也就是收集证据必须要客观、全面，不能只收集一方面的证据，绝不容许以主观臆想代替客观事实，或者先入为主、择己所需，更不能弄虚作假，歪曲事实，制造伪证。收集证据还要注意全面。其中“收集”是指通过勘验、检查、搜查、讯问犯罪嫌疑人、被告人、询问被害人、证人、鉴定、侦查实验等手段进行调查取证。

2. 严禁刑讯逼供原则、不得强迫自证其罪。我国《刑事诉讼法》将犯罪嫌疑人、被告人供述和辩解规定为一种独立的证据种类，理论上合称为口供。从立法上看，我国确立了一些关于口供的规则，但因缺乏立法上的保障条款，使得这些规则在某种程度上流于形式。特别是刑讯获得口供是司法实践中存在的一个突出问题。我国是采取以口供为中心的司法模式的国家，实践中定案更多地强调、依据口供。因此，侦查人员注重口供的收集，导致刑讯逼供的泛滥，不但侵犯人权，更易导致冤假错案。《刑事诉讼法》规定，严禁刑讯逼供和以威胁、引诱、欺骗以及其他非法方法收集证据。在2012年的《刑事诉讼法》修改中，我国法律条文首次提及了不被强迫自证其罪原则。任何人不得被强迫通过自己的陈述证明自己有罪，是联合国刑事司法准则以及一些国际公约确定的一项基本原则，其核心要旨在于尊重犯罪嫌疑人、被告人供述的自愿性。从保障人权、解决刑讯逼供以及以其他非法的方法收集口供的问题出发，赋予犯罪嫌疑人、被告人不被强迫自证其罪的权利是一种历史的必然。联合国于1966年通过的《公民权利和政治权利国际公约》第14条第3款规定了被刑事指控的人应当享有的最低限度的权利保障，其中（庚）项规定“不被强迫作不利于他自己的证言或被强迫承认有罪”，被称为不得强迫自证其罪原则。截止到2002年8月，《公民权利和政治权利国际公约》已经有148个成员国，也就是说，这个原则已经为世界上绝大多数国家所采纳。不得强迫自证其罪的原则不仅适用于审判阶段，也适用于审前阶段，通常从犯罪嫌疑人被限制人身自由开始，包括在侦查和起诉阶段都不得强迫犯罪嫌疑人或被告人向司法人员作出不利于自己的陈述。

行使不被强迫自证其罪的权利有多种方式，最常见的是运用沉默权和供述自愿规则。不被强迫自证其罪是一项权利，沉默权是这一权利的表现形式，供述自愿规则是实现这个权利的方法。沉默权包括犯罪嫌疑人和被告人在审判时和审前沉默的权利，在现代更着重于在审前的侦查阶段沉默的权利。既然不被强迫，则面临审讯的人就有权保持沉默。沉默权既然是一种权利，那么行使这项权利就不应当有不利的后果，否则就不能算作权利，因此，从沉默权又可以推导出"不能因为沉默而得出对被告人不利的推论"的原则。口供自愿规则的含义是被告人的陈述必须是出于自愿才可以用作证据，否则其陈述不能在法庭审理中被采纳。不被强迫自证其罪在言词证据方面的表现方式是口供自愿规则。其逻辑关系是：因为不能强迫，所以陈述必须是自愿的。现代刑事司法理论和实务界，一般不再区分不被强迫自证其罪、口供自愿规则和沉默权。对于在我国立法中要不要明确规定沉默权的问题，一种观点则认为，应当规定，其理由是沉默权制度体现了刑事诉讼公正的要求，有助于抑制并消除警察暴力，特别是遏制刑讯逼供。有助于加强控方责任，特别是体现了无罪推定的基本要求。另一种观点认为，沉默权不利于有效打击犯罪，推行这一制度将放纵犯罪，使我国对犯罪的控制处于不利状态。此外，有人认为，沉默权并不必然能遏制刑讯逼供，推行沉默权不符合国情，与我国侦查技术装备不相适应，是一种奢侈的、昂贵的诉讼制度设计。本书认为，沉默权代表诉讼发展方向，代表了诉讼文明和诉讼民主，应积极创造条件，为其在我国的确立，为我国加入《公民权利与政治权利国际公约》等联合国刑事司法准则做准备。

3. 要保证一切与案件有关或者了解案件情况的人，有客观地、充分地提供证据的条件。其中"有客观地充分地提供证据的条件"主要包括以下方面：一是要保护证人及其近亲属的安全，免除证人的恐惧心理，摆脱可能受到的威胁、损害，让证人可以讲述案件的真实情况。二是要分别询问证人。三是要全面听取供述、陈述或证词，不得引导证人作片面的证词，或者只听取、记录片面的口供、证词。除特殊情况外，可以吸收与案件有关或者了解案情的公民协助调查。这是指收集证据工作要依靠人民群众。其中“特殊情况”，主要是指与案件有关或者了解案情的人参与调查可能会透露案情，使未抓获的犯罪嫌疑人逃跑，或者造成串供以及毁灭、隐匿证据等后果。另外，对涉及国家秘密的案件，不应知悉该国家秘密的人也不得参与调查。

[审判实务]

司法实践中应如何保证犯罪嫌疑人、被告人不被强迫自证其罪，防止侦查人员以刑讯逼供等违法方式收集犯罪嫌疑人口供?

1. 履行告知义务。审判人员、检察人员、侦查人员在讯问犯罪嫌疑人、被告人前，应当告知其不被强迫自我归罪的权利以及如果供述将带来的法律后果。

2. 建立讯问时律师在场制度。律师在侦查人员讯问犯罪嫌疑人时在场是现代国家的通例，目的是协助犯罪嫌疑人行使诉讼权利，并实施对讯问的监督，是侦查活动合法性的重要保证。我国应建立讯问犯罪嫌疑人时律师在场制度。为解决律师在场的问题，应当在侦查阶段设立值班律师制度。具体而言，每一看守所根据需要设立若干个值班律师，在讯问犯罪嫌疑人时，必须有律师在场。值班律师由各级司法行政部门从承担法律援助义务的律师中指派，具体轮值办法由司法行政部门制定。侦查部门应为值班律师提供必要的便利条件。如果犯罪嫌疑人已经聘请律师，其聘请律师有权在场，侦查人员在讯问犯罪嫌疑人时，应当提前通知律师讯问的时间、地点。侦查机关讯问犯罪嫌疑人后，在场律师应在讯问笔录上就讯问情况作出说明，并签字盖章。在法庭审理过程中，如果公诉人、辩护人、诉讼代理人提出申请的，法院应通知在场律师作为证人就讯问犯罪嫌疑人时的情况出庭作证。

3. 实现羁押处所的中立化。依据《看守所条例》的规定，被逮捕人应羁押于看守所。但是，管辖看守所的是具有侦查职能的公安机关，这就给羁押犯罪嫌疑人带来了一定的弊端。犯罪嫌疑人被长时间羁押于公安机关掌控的看守所，侦查难以受到真正的监督与有效的制约，使得侦查人员滥用权力，为取得口供而侵犯犯罪嫌疑人、被告人权利，有了无以实现有效制约的权力施用空间。实践中造成的后果是，羁押为讯问提供了便利，侵犯犯罪嫌疑人合法权利的现象屡屡发生。由于我国法律没有赋予犯罪嫌疑人沉默权，加之犯罪嫌疑人得不到律师充分、有效的帮助，就更加恶化了犯罪嫌疑人的不利处境。为切实保护犯罪嫌疑人的权利，减少乃至避免羁押所造成的对犯罪嫌疑人的不应有的侵害，要么改变看守所的隶属关系，由其他非侦查机关控制的看守机构负责羁押；要么通过制度设计，切断侦查与羁押之间的唇齿关系，通过侦羁分离实现羁押场所的独立性。

4. 建立录音录像制度。为了保障犯罪嫌疑人在自愿的情况下提供供述，许多国家建立了录音录像制度。我国也应逐步完善讯问的录音录像制度，实现所有案件讯问的全程录音录像。

[配套规定]

1.《最高人民法院关于适用〈中华人民共和国刑事诉讼法〉的解释》（法释［2012］21号）（节录）

第六十二条 审判人员应当依照法定程序收集、审查、核实、认定证据。

第六十六条 人民法院依照刑事诉讼法第一百九十一条的规定调查核实证据，必要时，可以通知检察人员、辩护人、自诉人及其法定代理人到场。上述人员未到场的，应当记录在案。

人民法院调查核实证据时，发现对定罪量刑有重大影响的新的证据材料的，应当告知检察人员、辩护人、自诉人及其法定代理人。必要时，也可以直接提取，并及时通知检察人员、辩护人、自诉人及其法定代理人查阅、摘抄、复制。

第六十七条 下列人员不得担任刑事诉讼活动的见证人：

（一）生理上、精神上有缺陷或者年幼，不具有相应辨别能力或者不能正确表达的人；

（二）与案件有利害关系，可能影响案件公正处理的人；

（三）行使勘验、检查、搜查、扣押等刑事诉讼职权的公安、司法机关的工作人员或者其聘用的人员。

由于客观原因无法由符合条件的人员担任见证人的，应当在笔录材料中注明情况，并对相关活动进行录像。

2.《公安机关办理刑事案件程序规定》（2012年12月13日公安部令第127号）（节录）

第五十七条 公安机关必须依照法定程序，收集能够证实犯罪嫌疑人有罪或者无罪、犯罪情节轻重的各种证据。必须保证一切与案件有关或者了解案情的公民，有客观地充分地提供证据的条件，除特殊情况外，可以吸收他们协助调查。

第五十三条　公安机关提请批准逮捕书、人民检察院起诉书、人民法院判决书，必须忠实于事实真象。故意隐瞒事实真象的，应当追究责任。

[条文主旨]

本条是关于运用证据的原则的规定。

[条文释解]

1979 年《刑事诉讼法》第 33 条规定："公安机关提请批准逮捕书、人民检察院起诉书、人民法院判决书，必须忠实于事实真象。故意隐瞒事实真象的，应当追究责任。"此后历次《刑事诉讼法》修订均未作修改。

本条是对公安机关、人民检察院、人民法院提出的严格要求。提请批准逮捕书是公安机关提请人民检察院批准将犯罪嫌疑人进行较长时间羁押的法律文书，是人民检察院是否批准逮捕的主要根据。在检察院批捕过程中，一般不对案件的事实、证据进行新的调查，只是对提请批准逮捕书中所提供的事实、证据进行核实，作出是否批准逮捕的决定。一旦提请批准逮捕书出现错误，就有可能造成犯罪嫌疑人长期被错误羁押。起诉书是人民检察院代表国家向人民法院控告犯罪的法律文书，提交起诉书，才有审判的开始，起诉书的内容直接关系到审判的方向、焦点，应当是非常严肃、严谨的，必须符合客观实际。判决书是人民法院对被告人作出判决的法律文书，而事实则是一切判决的根据，如果判决书未忠实于事实真相，那必然导致判决的错误。所以本条强调这三种法律文书必须要忠实于事实真相。"忠实于事实真象"是指要符合客观实际，要真实。它包括两方面内容：一是不得主观臆断，不得夸大一方面而缩小另一方面，甚至只反映事实的一个侧面。二是不得歪曲事实、捏造事实，故意隐瞒事实真相，使犯罪分子逃避法律制裁，或者使无罪的人受到刑事追究。"故意隐瞒事实真象的，应当追究责任"是指侦查人员、检察人员、审判人员在提请批准逮捕书、起诉书、判决书中故意弄虚作假的，应当依法追究其责任。构成妨害作证罪、徇私枉法罪、滥用职权罪、玩忽职守罪等犯罪的，应当依法追究刑事责任。对于尚不构成刑事处罚的，应当依照《公务员法》《人民警察法》《检察官法》《法官法》等规定予以处理。需要说明的是，本条规定的“事实真象”，应当是公安机关、人民检察院、人民法院根据法定程序查明的案件真相。关于修改《刑事诉讼法》的决定新增加了非法证据排除程序的规定，对于因收集程序不合法被依法予以排除的证据，不得作为公安机关提请批准逮捕书、人民检察院起诉书、人民法院判决书中认定案件事实的根据。

故意隐瞒事实真相的，将承担相应的法律责任。《法官法》第46条规定，法官有下列行为之一的，应当给予处分；构成犯罪的，依法追究刑事责任，其中第2项“隐瞒、伪造、变造、故意损毁证据、案件材料的”。《检察官法》第47条规定，检察官有下列行为之一的，应当给予处分；构成犯罪的，依法追究刑事责任，其中第（2）项为“隐瞒、伪造、变造、故意损毁证据、案件材料的”。《刑法》第399条规定，司法工作人员徇私枉法、徇情枉法，对明知是无罪的人而使他受追诉、对明知是有罪的人而故意包庇不使他受追诉，或者在刑事审判活动中故意违背事实和法律作枉法裁判的，处五年以下有期徒刑或者拘役；情节严重的，处五年以上十年以下有期徒刑；情节特别严重的，处十年以上有期徒刑。据此，在我国现行法律体系下，检察官违反客观义务，情节较轻的，应当承担行政责任，情节严重构成枉法追诉、裁判罪的，则应承担刑事责任。但须注意的是，无论是行政责任，还是刑事责任，都必须以主观明知和故意为前提。换言之，如因过失而违反客观义务的，不在此限。

[配套规定]

1.《中华人民共和国刑法》（节录）

第三百九十九条 司法工作人员徇私枉法、徇情枉法，对明知是无罪的人而使他受追诉、对明知是有罪的人而故意包庇不使他受追诉，或者在刑事审判活动中故意违背事实和法律作枉法裁判的，处五年以下有期徒刑或者拘役；情节严重的，处五年以上十年以下有期徒刑；情节特别严重的，处十年以上有期徒刑。

在民事、行政审判活动中故意违背事实和法律作枉法裁判，情节严重的，处五年以下有期徒刑或者拘役；情节特别严重的，处五年以上十年以下有期徒刑。

在执行判决、裁定活动中，严重不负责任或者滥用职权，不依法采取诉讼保全措施、不履行法定执行职责，或者违法采取诉讼保全措施、强制执行措施，致使当事人或者其他人的利益遭受重大损失的，处五年以下有期徒刑或者拘役；致使当事人或者其他人的利益遭受特别重大损失的，处五年以上十年以下有期徒刑。

司法工作人员收受贿赂，有前三款行为的，同时又构成本法第三百八十五条规定之罪的，依照处罚较重的规定定罪处罚。

2.《中华人民共和国法官法》（节录）

第四十六条 法官有下列行为之一的，应当给予处分；构成犯罪的，依法追究刑事责任：……（二）隐瞒、伪造、变造、故意损毁证据、案件材料的……

3.《中华人民共和国检察官法》（节录）

第四十七条 检察官有下列行为之一的，应当给予处分；构成犯罪的，依法追究刑事责任：……（二）“隐瞒、伪造、变造、故意损毁证据、案件材料的……

第五十四条 人民法院、人民检察院和公安机关有权向有关单位和个人收集、调取证据。有关单位和个人应当如实提供证据。

行政机关在行政执法和查办案件过程中收集的物证、书证、视听资料、电子数据等证据材料，在刑事诉讼中可以作为证据使用。

对涉及国家秘密、商业秘密、个人隐私的证据，应当保密。

凡是伪造证据、隐匿证据或者毁灭证据的，无论属于何方，必须受法律追究。

[条文主旨]

本条是关于证据的收集与使用的规定。

[条文释解]

1979 年《刑事诉讼法》第 34 条规定:“人民法院、人民检察院和公安机关有权向有关的国家机关、企业、事业单位、人民公社、人民团体和公民收集、调取证据。对于涉及国家机密的证据,应当保密。凡是伪造证据、隐匿证据或者毁灭证据的,无论属于何方,必须受法律追究。”1996 年《刑事诉讼法》第 45 条规定:“人民法院、人民检察院和公安机关有权向有关单位和个人收集、调取证据。有关单位和个人应当如实提供证据。对于涉及国家秘密的证据,应当保密。凡是伪造证据、隐匿证据或者毁灭证据的,无论属于何方,必须受法律追究。”2012 年《刑事诉讼法》第 52 条规定:“人民法院、人民检察院和公安机关有权向有关单位和个人收集、调取证据。有关单位和个人应当如实提供证据。行政机关在行政执法和查办案件过程中收集的物证、书证、视听资料、电子数据等证据材料,在刑事诉讼中可以作为证据使用。对涉及国家秘密、商业秘密、个人隐私的证据,应当保密。凡是伪造证据、隐匿证据或者毁灭证据的,无论属于何方,必须受法律追究。”2018 年《刑事诉讼法》未作修改。

一、“人民法院、人民检察院和公安机关有权向有关单位和个人收集、调取证据。”

这是根据查明案件事实、打击犯罪、保障人权的需要,法律赋予人民法院、人民检察院和公安机关的职权。人民法院、人民检察院和公安机关收集、调取证据的具体程序和规范,本法在侦查、审查起诉和审判的有关章节中作了规定。“有关单位和个人应当如实提供证据”,是指有关单位和个人在人民法院、人民检察院和公安机关依法向其收集、调取证据时,有义务向收集、调取证据的机关客观、真实地提供证据,包括交出真实的物证、书证、视听资料、电子数据,提供真实的证言等。“如实提供证据”,就是既不能隐瞒证物,不提供证言,又不能伪造证物,编造假的证言,而要实事求是。

二、“关于行政机关在行政执法和查办案件过程中收集的证据材料的使用。”

行政执法机关在依法查处违法行为过程中,如发现违法事实涉及的金额、违法事实的情节、违法事实造成的后果等,根据刑法和司法解释以及其他规定,涉嫌构成犯罪,依法需要追究刑事责任的,应当依法向公安机关移送。而公安机关接受行政执法机关移送的涉嫌犯罪案件后，依照《刑法》《刑事诉讼法》以及司法解释和其他规定，对所移送的案件进行审查。认为有犯罪事实，需要追究刑事责任的，应当依法决定立案。接下来，司法机关依照《刑法》《刑事诉讼法》以及司法解释和其他规定，依法采取强制措施、移送起诉和审判，追究犯罪嫌疑人、被告人的刑事责任。在这样一个过程之中，对于行政执法机关收集的证据能否采用以及如何采用的问题，1996年《刑事诉讼法》未作规定。而从司法实践来看，无论是行政执法部门依法收集、调取、制作的物证、书证、视听资料、检验报告、鉴定结论、勘验笔录、现场笔录，还是行政执法部门制作的证人证言、当事人陈述等调查笔录，通常都要求在移送刑事司法机关处理后由侦查机关重新收集。这不仅在一定程度上造成了资源的浪费，更为严重的是，一些物证、书证等存在灭失的可能，待进入司法程序后侦查机关无法重新收集。因此，这一处理原则逐渐不能满足司法实践的需要，司法实务部门的规范性文件业已开始作出突破。2011年1月10日，《最高人民法院、最高人民检察院、公安部关于办理侵犯知识产权刑事案件适用法律若干问题的意见》第一次在规范性文件中对行政执法部门收集、调取的证据在刑事诉讼中的效力问题作出了规定。根据证据的性质不同，区分为两种情形进行处理：（1）行政执法部门依法收集、调取、制作的物证、书证、视听资料、检验报告、鉴定结论、勘验笔录、现场笔录，经公安机关、人民检察院审查，人民法院庭审质证确认，可以作为刑事证据使用。主要考虑：物证、书证、视听资料、检验报告、鉴定结论、勘验笔录、现场笔录，具有较强的客观性。对于这些证据，公安机关、人民检察院在办理侵犯知识产权案件中，经过审查，认为符合证据的客观性、关联性、合法性属性的，就可以作为刑事证据使用，不需要重新调取；在审判阶段经过庭审质证确认的，就可以作为定罪量刑的依据。（2）行政执法部门制作的证人证言、当事人陈述等调查笔录，公安机关认为有必要作为刑事证据使用的，应当依法重新收集、制作。主要考虑：证人证言、当事人陈述等调查笔录属于言词证据，可变性较强，在办案中，公安机关认为有必要作为刑事证据使用的，必须依法重新收集、制作。

为加强行政执法与刑事司法之间的衔接，提高诉讼效率，《刑事诉讼法》专门增加规定："行政机关在行政执法和查办案件过程中收集的物证、书证、视听资料、电子数据等证据材料，在刑事诉讼中可以作为证据使用。"根据这一规定，在司法实践中，对于涉嫌构成犯罪的案件，行政机关在将案件移送公安机关时，对于在行政执法过程中收集的物证、书证、视听资料、电子数据等证据材料，可以连同案件有关材料一起移送公安机关立案侦查，而这些证据材料在刑事诉讼中可以作为证据使用，没有必要在进入刑事程序后由侦查机关重新收集。但是，对于行政执法部门制作的证人证言、当事人陈述等调查笔录，不得在刑事诉讼中作为证据使用，公安机关认为有必要作为刑事证据使用的，仍然应当依法重新收集、制作。

三、“对涉及国家秘密、商业秘密、个人隐私的证据，应当保密。”

我国保密法对国家秘密分为绝密、机密、秘密三个等级。所谓国家秘密，是指保密法规定的涉及国家安全利益的政治、军事、外交、财政等不宜公开的事项，保守国家秘密是每个公民的义务，司法人员在对办理刑事案件中掌握的涉及国家秘密的证据，从证据的收集、保存到使用，都应注意保密，以免使国家利益受损。公开审理案件时，公诉人、诉讼参与人提出涉及国家秘密、商业秘密或者个人隐私的证据的，法庭应当制止。有关证据确与本案有关的，可以根据具体情况，决定将案件转为不公开审理，或者对相关证据的法庭调查不公开进行。理解和适用上述规定，需要把握以下几方面的内容：

1. 公开审理案件时，公诉人、诉讼参与人提出涉及国家秘密、商业秘密或者个人隐私的证据的，审判长或独任审判员应当制止。这一规定适用于涉及国家秘密、商业秘密或者个人隐私的证据。

2. 审判长在制止出示证据后，如果上述证据确实与本案有关的，应当分情况处理：（1）根据《刑事诉讼法》第 188 条第 1 款的规定，有关国家秘密或者个人隐私的案件，不公开审理。因此，对此类情形，应当决定将案件转为不公开审理，或者对相关证据的法庭调查不公开进行。（2）根据《刑事诉讼法》第 188 条第 1 款的规定，涉及商业秘密的案件，当事人申请不公开审理的，可以不公开审理。因此，对此类情形，可以将案件转为不公开审理，或者对相关证据的法庭调查不公开进行。需要注意的是，对相关证据的法庭调查不公开进行不同于不公开审理。这种情况下，主要是指对这些证据的法庭调查不公开，待相关证据调查结束后，法庭审理再转为公开进行。

四、“凡是伪造证据、隐匿证据或者毁灭证据的，无论属于何方，必须受法律追究。”

证据是否充分确实，是能否对犯罪分子追究刑事责任的关键。如果公安机关获取的证据，检察机关获取、认定的证据和人民法院予以采信的证据虚假，就会造成对不应当追究刑事责任的人追究刑事责任，或者对应当追究刑事责任的人予以放纵。如果证据被藏匿或者毁灭，司法机关收集不到充分的证据，也会使犯罪分子逃避法律的制裁，或者使无辜的人难以排除嫌疑。所以对于伪造、隐匿、毁灭证据的人，无论他是侦查人员还是单位或其他个人，都应当依照法律规定追究其法律责任。

[配套规定]

1.《最高人民法院关于适用〈中华人民共和国刑事诉讼法〉的解释》（法释［2012］21号）（节录）

第六十五条 行政机关在行政执法和查办案件过程中收集的物证、书证、视听资料、电子数据等证据材料，在刑事诉讼中可以作为证据使用；经法庭查证属实，且收集程序符合有关法律、行政法规规定的，可以作为定案的根据。根据法律、行政法规规定行使国家行政管理职权的组织，在行政执法和查办案件过程中收集的证据材料，视为行政机关收集的证据材料。

2.《人民检察院刑事诉讼规则》（高检发释字［2019］4号）（节录）

第六十四条 行政机关在行政执法和查办案件过程中收集的物证、书证、视听资料、电子数据等证据材料，经人民检察院审查符合法定要求的，可以作为证据使用。

行政机关在行政执法和查办案件过程中收集的鉴定意见、勘验、检查笔录，经人民检察院审查符合法定要求的，可以作为证据使用。

第六十五条 监察机关依照法律规定收集的物证、书证、证人证言、被调查人供述和辩解、视听资料、电子数据等证据材料，在刑事诉讼中可以作为证据使用。

3.《公安机关办理刑事案件程序规定》（2012年12月13日公安部令第127号）（节录）

第五十八条 公安机关向有关单位和个人收集、调取证据时，应当告知其必须如实提供证据。

对涉及国家秘密、商业秘密、个人隐私的证据，应当保密

对于伪造证据、隐匿证据或者毁灭证据的，应当追究其法律责任。

第五十九条 公安机关向有关单位和个人调取证据，应当经办案部门负责人批准，开具调取证据通知书。被调取单位、个人应当在通知书上盖章或

者签名，拒绝盖章或者签名的，公安机关应当注明。必要时，应当采用录音或者录像等方式固定证据内容及取证过程。

第六十条 公安机关接受或者依法调取的行政机关在行政执法和查办案件过程中收集的物证、书证、视听资料、电子数据、检验报告、鉴定意见、勘验笔录、检查笔录等证据材料，可以作为证据使用。

第六十一条 收集、调取的物证应当是原物。只有在原物不便搬运、不易保存或者依法应当由有关部门保管、处理或者依法应当返还时，才可以拍摄或者制作足以反映原物外形或者内容的照片、录像或者复制品。

物证的照片、录像或者复制品经与原物核实无误或者经鉴定证明为真实的，或者以其他方式确能证明其真实的，可以作为证据使用。原物的照片、录像或者复制品，不能反映原物的外形和特征的，不能作为证据使用。

第六十二条 收集、调取的书证应当是原件。只有在取得原件确有困难时，才可以使用副本或者复制件。

书证的副本、复制件，经与原件核实无误或者经鉴定证明为真实的，或者以其他方式确能证明其真实的，可以作为证据使用。书证有更改或者更改迹象不能作出合理解释的，或者书证的副本、复制件不能反映书证原件及其内容的，不能作为证据使用。

第六十三条 物证的照片、录像或者复制品，书证的副本、复制件，视听资料、电子数据的复制件，应当附有关制作过程及原件、原物存放处的文字说明，并由制作人和物品持有人或者物品持有单位有关人员签名。

[参考案例]

王某某、秦某某容留卖淫案——侦查机关认为有必要将行政执法过程中收集的言词证据作为刑事诉讼中的证据的，应重新采集①

基本案情：

被告人王某某，男，1952 年 9 月 26 日出生，个体经营户。2012 年 6 月 8 日因涉嫌犯介绍、容留卖淫罪被逮捕。

被告人秦某某（系被告人王某某之妻），女，1968 年 10 月 29 日出生。2012 年 6 月 8 日因涉嫌犯容留卖淫罪被逮捕。

---

① 最高人民法院刑事审判第一、二、三、四、五庭：《刑事审判参考》总第 97 集。

江苏省海安县人民检察院以被告人王某某犯介绍、容留卖淫罪，被告人秦某某犯容留卖淫罪，向海安县人民法院提起公诉。其中，起诉时指控王某某介绍、容留2名卖淫女在其经营的浴室内向19名嫖客卖淫22次，秦某某参与其中15次容留卖淫。

被告人王某某辩称，其知道卖淫女在浴室内卖淫，但指控的次数偏多。其辩护人提出，本案涉及的治安行政处罚中对当事人的询问笔录，不应直接作为刑事诉讼中的证人证言使用；公安机关已对王某某进行了行政处罚，不应再追究其刑事责任；王某某容留卖淫，未达到“情节严重”的程度。

海安县人民法院经审理查明：被告人王某某、秦某某夫妇共同经营海安县曲塘镇白塘浴室。王某某、秦某某明知周某宜、周某菊系卖淫人员，仍于2012年1月至3月容留二人在该浴室内向张某、于某、孙某等9名嫖娼人员卖淫9次。卖淫时，由卖淫女直接向嫖娼人员收取嫖资，然后按约定比例与二被告人分成，王某某共从中获利160元。其中，王某某参与全部作案，秦某某参与作案2起。同年3月6日，公安机关查明周某宜、周某菊有卖淫行为。经进一步调查，发现王某某、秦某某涉嫌介绍、容留卖淫，遂于同年5月将该案作为刑事案件立案侦查。公安机关共查获19名嫖娼人员，对相关人员按照治安处罚法规定的程序制作了询问笔录，后对其中9名嫖娼人员和2名卖淫女按照刑事诉讼法规定的程序重新收集证言。

海安县人民法院经审理认为，被告人王某某单独或者伙同被告人秦某某在共同经营的浴室内容留卖淫女从事卖淫活动，二人的行为均构成容留卖淫罪。公安机关在查处卖淫嫖娼活动中形成的言词证据可以作为行政处罚的依据，但不得直接作为刑事诉讼证据使用。本案审理过程中，公诉机关提供了侦查机关对张某、于某、孙某等9人的询问笔录，上述笔录与证人周某菊、周某宜的证言和二被告人的供述能够相互印证，充分证实王某某容留卖淫女在其经营的浴室内卖淫9次，秦某某容留上述卖淫女卖淫2次。对公诉机关指控的其他容留卖淫事实不予认定。据此，依照《刑法》第359条第1款，第25条第1款，第26条第1款、第4款，第27条，第64条之规定，海安县人民法院判决如下：

1. 被告人王某某犯容留卖淫罪，判处有期徒刑三年三个月，并处罚金人民币一万元。

2. 被告人秦某某犯容留卖淫罪，判处有期徒刑八个月，并处罚金人民币三千元。

一审宣判后，海安县人民检察院提出抗诉认为，公安机关查办治安案件时所作询问的内容、程序与刑事诉讼中的询问一致，指控的被告人王某某、秦某某容留周某宜、周某菊卖淫的事实，已由行政处罚决定书确认，相关卖淫嫖娼人员均无异议。起诉书据此指控王某某、秦某某分别介绍、容留卖淫22人次和15人次并无不当。一审判决对指控的大部分事实不予认定，属于认定事实错误，并导致量刑明显不当。南通市人民检察院对上述抗诉意见予以支持。

二审庭审中，检察员当庭提供了公安机关于二审期间补充制作的孙某等3名嫖娼人员的询问笔录，并说明其余7名嫖娼人员的证言无法及时收集。

南通市中级人民法院经审理认为，被告人王志余单独或者伙同被告人秦群英在共同经营的浴室内容留卖淫女从事卖淫活动，二被告人的行为均构成容留卖淫罪。根据《刑事诉讼法》第52条第2款以及《刑诉法解释》第63条、第65条第1款的规定，在刑事诉讼中除物证、书证、视听资料、电子数据等客观性较强的证据材料外，行政机关在行政执法和查办案件过程中收集的言词类证据材料应当由侦查机关重新收集、调取，不可直接作为证据使用，对重新收集、调取的言词证据材料，经法庭查证属实，且收集程序合法的，可以作为定案的根据。故抗诉机关的抗诉意见不能成立，不予采纳。一审法院认定的事实清楚，证据确实、充分，审判程序合法，量刑适当。据此，南通市中级人民法院裁定驳回抗诉，维持原判。

主要问题：

1. 行政执法过程中收集的言词证据材料是否可以直接作为刑事诉讼中的证据使用？

2. 重新收集的言词证据作为刑事定案证据使用是否在提取、查实程序上具有特殊要求？

裁判理由：

（一）行政执法中收集的言词证据，只有经过侦查机关依法重新取证的才具有刑事证据资格

对行政执法中收集的证据在刑事诉讼中是否采信、如何采信，1996年修订的《刑事诉讼法》并未作出规定。从现行刑事诉讼理念出发，刑事诉讼中据以定案的证据必须系具有侦查权的主体依照刑事诉讼法的规定收集、调取、制作，并经庭审质证才可以作为证据使用。而行政执法机关并非法定的刑事侦查主体，故严格按照上述理念，无论是行政执法部门收集、调取、制

作的物证、书证、视听资料、检验报告、鉴定意见、勘验笔录、现场笔录等客观性证据，还是证人证言、当事人陈述等主观性证据，均应在进入刑事诉讼程序后由侦查机关重新收集。然而，从实际情况出发，特别是从主观性证据和客观性证据的形成过程分析，主观性证据系在取证时临时生成，其内容受取证程序的影响较大。而客观性证据在取证前业已存在，其内容受取证程序的影响较小。为提高诉讼效率，节约司法资源，允许在行政执法程序中收集的客观性证据经一定程序转化为刑事证据是可行的、必要的。最高人民法院、最高人民检察院、公安部于2011年联合下发的《关于办理侵犯知识产权刑事案件适用法律若干问题的意见》首次对行政执法部门收集、调取的证据在刑事诉讼中的效力问题作出规定，根据证据的性质区分为两种情形："行政执法部门依法收集、调取、制作的物证、书证、视听资料、检验报告、鉴定结论、勘验笔录、现场笔录，经公安机关、人民检察院审查，人民法院庭审质证确认，可以作为刑事证据使用。行政执法部门制作的证人证言、当事人陈述等调查笔录，公安机关认为有必要作为刑事证据使用的，应当依法重新收集、制作。"《刑事诉讼法》第54条第2款规定："行政机关在行政执法和查办案件过程中收集的物证、书证、视听资料、电子数据等证据材料，在刑事诉讼中可以作为证据使用。"显然，被害人陈述、证人证言等言词证据未被规定在内，行政执法机关收集的言词证据不具有刑事诉讼证据资格。

言词证据具有较强的主观性，容易发生变化，对行政机关依据行政法律法规取证的程序要求明显不如刑事诉讼严格。根据刑事诉讼法的有关规定，证人有意作伪证或者隐匿罪证，严重的可以以伪证罪追究刑事责任；采用暴力、威胁等非法方法收集的证人证言、被害人陈述，应当予以排除；法庭审理过程中，当事人有权申请证人出庭作证；证人受到打击报复的，可以请求司法机关予以保护，甚至可以以打击报复证人罪追究相关行为人的刑事责任。上述规定赋予证人的刑事诉讼权利、义务，在行政执法程序中并不能完全体现出来。即使同一个证人在不同的程序中证明同一件事，因其作证时具有不同的权利义务，叙述事实时可能会有所取舍。在刑事诉讼中对证人证言进行重新收集，让证人在更为严格的刑事诉讼权利、义务背景下叙述事实，能够保证其证言具有较强的可信性，也更有利于查明案件事实，保障当事人的权利。《人民检察院刑事诉讼规则》第64条第3款规定："人民检察院办理直接受理立案侦查的案件，对于有关机关在行政执法和查办案件过程中收集的涉案人员供述或者相关人员的证言、陈述，应当重新收集；确有证据证实涉案人员或者相关人员因路途遥远、死亡、失踪或丧失作证能力，无法重新收集，但供述、证言或者陈述的来源、收集程序合法，并有其他证据相印证，经人民检察院审查符合法定要求的，可以作为证据使用。”该款规定亦体现了这一精神，即刑事诉讼中的言词证据原则上应当重新收集，特殊情况下也可以进行适当形式转换，但必须有其他证据相互印证。公安机关查办卖淫嫖娼等行政违法案件时，发现有犯罪线索的，在刑事立案后，对行政执法中收集的言词证据，认为确有必要作为刑事证据使用的，应当由侦查人员依据刑事诉讼法的规定在告知权利与义务、相关法律后果后，向证人、当事人重新取证。不能因其职权的双重性，混淆行政处罚与刑事诉讼程序，任意转换不同程序进行执法。未经重新收集、制作的言词证据，不能作为刑事诉讼证据使用。故本案检察机关所提应当以行政执法过程中获取的证据认定被告人王某某、秦某某容留卖淫 22 次、涉及嫖娼人员 19 人的抗诉意见不能成立。

（二）重新收集的言词证据，不能依照治安处罚法的规定程序提取，且需经庭审质证、查证属实方可作为刑事定案证据使用

《刑诉法解释》第 63 条规定：“证据未经当庭出示、辨认、质证等法庭调查程序查证属实，不得作为定案的根据，但法律和本解释另有规定的除外。”本案一审中，检察机关仅向法院提供了重新收集的 9 名嫖娼人员及 2 名卖淫女的证言用以质证，对其余 10 名嫖娼人员的取证情况未予说明。二审中，检察员又向法庭提供了重新收集的 3 名嫖娼人员的证言用以质证，对未能向其余 7 名嫖娼人员取证的原因作了说明。在案证据材料显示，公安机关在刑事立案后，对该 10 名嫖娼人员仍然是依照治安处罚法的相关程序收集、制作笔录，取证程序不符合刑事诉讼法的规定。同时，这些言词证据材料提及的嫖资数额等内容与卖淫女证实卖淫一次收取 100 元嫖资等内容并不能完全印证，部分笔录记载的询问人与签名人不一致，同一办案人员既参与行政执法调查又参与刑事侦查，有先入为主之嫌。一审法院充分考虑上述证据材料的程序瑕疵以及与其他证据间的矛盾，经庭审质证后，排除其证据资格并无不当。二审中，检察员提交的 3 名嫖娼人员的证言材料仅证实其 3 人在白塘浴室有过嫖娼行为，不能证明王某某、秦某某明知并容留其 3 人嫖娼。且王某某、秦某某对该 3 人的证言亦不予认可，因此不能依据检察机关重新提供的 3 名嫖娼人员的证言，增加认定王某某、秦某某容留卖淫犯罪的次数。

第五十五条　对一切案件的判处都要重证据，重调查研究，不轻信口供。只有被告人供述，没有其他证据的，不能认定被告人有罪和处以刑罚；没有被告人供述，证据确实、充分的，可以认定被告人有罪和处以刑罚。

证据确实、充分，应当符合以下条件：

（一）定罪量刑的事实都有证据证明；

（二）据以定案的证据均经法定程序查证属实；

（三）综合全案证据，对所认定事实已排除合理怀疑。

[条文主旨]

本条第1款是关于重证据、重调查研究、不轻信口供原则的规定。

本条第2款是关于证明标准的规定。

[条文释解]

1979年《刑事诉讼法》第35条规定："对一切案件的判处都要重证据，重调查研究，不轻信口供。只有被告人供述，没有其他证据的，不能认定被告人有罪和处以刑罚；没有被告人供述，证据充分确实充分的，可以认定被告人有罪和处以刑罚。"1996年《刑事诉讼法》无修改。2012年《刑事诉讼法》第53条规定："对一切案件的判处都要重证据，重调查研究，不轻信口供。只有被告人供述，没有其他证据的，不能认定被告人有罪和处以刑罚；没有被告人供述，证据确实、充分的，可以认定被告人有罪和处以刑罚。证据确实、充分，应当符合以下条件：（一）定罪量刑的事实都有证据证明；（二）据以定案的证据均经法定程序查证属实；（三）综合全案证据，对所认定事实已排除合理怀疑。"2018年《刑事诉讼法》未作修改。

一、口供补强规则

《刑事诉讼法》第55条第1款规定："对一切案件的判处都要重证据，重调查研究，不轻信口供。只有被告人供述，没有其他证据的，不能认定被告人有罪和处以刑罚；没有被告人供述，证据充分确实的，可以认定被告人有罪和处以刑罚。"一般认为，上述法律规定确立了我国的补强证据规则。意指仅凭被告人供述不可定罪，只有被告人口供时，还必须有其他证据佐证，才可能定罪。其意义不仅在于防止以口供为中心的侦查活动导致的对公民权利的侵犯，而且也有利于防止被告人为及早解脱讼累或其他原因而自我归罪。

补强证据规则在非共同犯罪案件中，其适用不存在问题。而对于共同犯罪案件而言，对于如果同案被告人只有彼此之间的口供，没有其他佐证不能定案学界基本形成共识，而对于共同犯罪人没有同时受审，他们之间能否相互作为证人并由此定案，换言之，只有共同犯罪某一被告人口供，对其他被告人定罪时，是否需要其他证据予以补强，学术界存有争议，立法也并未对此作出专门规定。笔者赞同不能定罪的观点。因为，同案被告人口供仍是口供，仍然适用证据补强规则。

二、关于证明标准

在我国，公诉案件大体要经过立案、逮捕、移送审查起诉、提起公诉和判决几个处理阶段（活动）。对每一阶段（活动），法律都规定了一定的证明标准。法律规定的这些证明标准包括：

1. 立案的证明标准。立案是刑事诉讼的起始程序，是侦查的开始。《刑事诉讼法》第 112 条规定："……认为有犯罪事实需要追究刑事责任的时候，应当立案；认为没有犯罪事实，或者犯罪事实显著轻微，不需要追究刑事责任的时候，不予立案……"可见，立案的证明标准是"有犯罪事实需要追究刑事责任"。

2. 逮捕的证明标准。《刑事诉讼法》第 81 条规定："对有证据证明有犯罪事实，可能判处徒刑以上刑罚的犯罪嫌疑人、被告人，采取取保候审尚不足以防止发生下列社会危险性的，应当予以逮捕：（一）可能实施新的犯罪的；（二）有危害国家安全、公共安全或者社会秩序的现实危险的；（三）可能毁灭、伪造证据，干扰证人作证或者串供的；（四）可能对被害人、举报人、控告人实施打击报复的；（五）企图自杀或者逃跑的……对有证据证明有犯罪事实，可能判处十年有期徒刑以上刑罚的，或者有证据证明有犯罪事实，可能判处徒刑以上刑罚，曾经故意犯罪或者身份不明的，应当予以逮捕。被取保候审、监视居住的犯罪嫌疑人、被告人违反取保候审、监视居住规定，情节严重的，可以予以逮捕。"可见逮捕的证明标准较立案的证明标准有所提高。

3. 移送审查起诉的证明标准。《刑事诉讼法》第 162 条规定，对于侦查终结的案件，应做到犯罪事实清楚，证据确实、充分，才可以移送检察院审查决定是否提起公诉。此时的"犯罪事实清楚，证据确实、充分"的判断主体是侦查机关，不具有实体判决的意义。

4. 提起公诉的证明标准。《刑事诉讼法》第 176 条规定，人民检察院认为犯罪嫌疑人的犯罪事实已经查清，证据确实、充分，依法应当追究刑事责任的，应当作出起诉决定。从法律规定来看，提起公诉的证明标准与移送审查起诉的证明标准是相同的，都是“事实清楚，证据确实、充分”。此时的“犯罪事实清楚，证据确实、充分”仅仅是检察机关的判断。

5. 有罪判决的证明标准。《刑事诉讼法》第 200 条第 1 项规定，案件事实清楚，证据确实、充分，依据法律认定被告人有罪的，应当作出有罪判决。据此，有罪判决的证明标准是“案件事实清楚，证据确实、充分”。若证据不足，达不到此标准的，应判决无罪。认定被告人有罪是经过庭审由法庭确定的，具有实体上的决定意义，体现了人民法院的定罪权。

6. 死刑判决的证明标准。《关于办理死刑案件审查判断证据若干问题的规定》第 5 条规定：“办理死刑案件，对被告人犯罪事实的认定，必须达到证据确实、充分。”此外，对于以下事实的证明也必须达到此标准：（1）被指控的犯罪事实的发生；（2）被告人实施了犯罪行为与被告人实施犯罪行为的时间、地点、手段、后果以及其他情节；（3）影响被告人定罪的身份情况；（4）被告人有刑事责任能力；（5）被告人的罪过；（6）是否共同犯罪及被告人在共同犯罪中的地位、作用；（7）对被告人从重处罚的事实。

不难发现，刑事诉讼法关于后四者的证明标准在表述上是一致的，同时从立案、逮捕、起诉到判决，证明标准是逐渐提高的。

三、关于“事实清楚，证据确实、充分”标准

“犯罪事实清楚，证据确实充分”并非一个纯主观或者纯客观的证明标准，而是主、客观相结合的证明标准。该证明标准就是要求裁判者根据确实充分的证据达到主观上对犯罪事实认识清楚，从而实现诉讼中主观认识与客观事实的统一。根据《刑事诉讼法》第 55 条的规定，证据确实、充分，应当符合以下条件：定罪量刑的事实都有证据证明；据以定案的证据均经法定程序查证属实；综合全案证据，对所认定事实已排除合理怀疑。

所谓“确实”，是质的要求。第一，是指据以定案的每一证据都已查证属实。第二，是经查实的每个证据必须有证明力，即和案件事实有客观联系，能推论出案件事实。第三，是指证据的证明力必须和所证明的对象、范围一致。第四，是指证明力的强弱，对所能证明的对象能够证明到什么程度，即看其推断的结论是必然性的还是或然性的，或然性较大还是相反。所谓“充分”，则是对证据从质和量的结合上保障案件客观真实的关系所提的要求，是指具有上述质的证据在数量上必须符合认定案件事实所需的要求。

第一，能够收集、应该收集的证据均已依法收集；第二，凡对定案有意义的事实和情节均有必要的、足够的证据予以证明；第三，证据之间、证据与案件事实之间没有矛盾，即使曾有过矛盾也已得到合理解决或排除；第四，综合全案证据，得出的结论是唯一的，排除其他可能性。根据该款规定，认定证据是否确实、充分，要把握以下几个条件：

（1）定罪量刑的事实是否都有证据证明。案件事实是已经发生的事情，而对于已经发生的事情只有通过证据才能查清，故案件事实必须有证据证明。但是，对于已经发生的案件要通过证据查实全部细节事实基本不可能，因此并不要求对案件有关的所有细节事实都有证据证明。但是，对于定罪量刑的事实，包括犯罪构成要件事实及影响刑罚裁量的事实，必须有证据证明。一般而言，定罪量刑的事实包括以下事实：被指控的犯罪事实的发生；被告人实施了犯罪行为及被告人实施犯罪行为的时间、地点、手段、后果以及其他情节；影响被告人定罪的身份情况；被告人有刑事责任能力；被告人的罪过；是否共同犯罪及被告人在共同犯罪中的地位、作用；对被告人从重处罚的事实；其他影响对被告人定罪量刑的事实。

（2）据以定案的证据是否经过法定程序查证属实。《刑事诉讼法》第 50 条第 3 款规定："证据必须查证属实，才能作为定案的根据。"因此，据以定案的证据须经过法定程序查证，包括查证证据材料是否真实、收集证据的程序是否符合法律规定。尤需注意的是，只有经过当庭出示、质证等法定调查程序查证属实的证据，才能作为定罪量刑的依据。

（3）综合全案证据，对所认定的事实是否已排除合理怀疑。这是关于全案证据的综合判断标准，只有经过法定程序查证属实的证据证明的定罪量刑的事实已经排除合理怀疑了，证据才达到了"确实、充分"的程度。应当说，《刑事诉讼法》的这一规定反映了立法对证明标准的认知不断科学化，因为由于认识论的限制，对于案件事实的绝对确定的证明标准是无法达到的，即使是证明标准最为严格的《刑事诉讼法》也不能规定此种实际上无法实现的标准。但是，由于认定犯罪的后果的极其严厉性，要求刑事案件的证明标准必须排除合理怀疑，无疑是妥当的，也是现实的。"合理怀疑"就是综合全案证据，根据逻辑和经验规则，由证据得出的结论不具有排他性。而所谓"所认定的事实已排除合理怀疑"，是指证据与证据之间、证据与案件事实之间不存在矛盾或者矛盾得以合理排除，而根据证据认定案件事实的过程符合逻辑和经验规则，由证据得出的结论具有唯一性。

[审判实务]

"证据确实、充分"的证明标准是否意味不能对案件事实进行推定。所谓推定，是指根据法律、司法解释或者其他规范性文件的规定，从已证事实直接认定另一事实的存在，除非被追诉者提出反证加以推翻。从立法和司法实践来看，对于明知、故意或者目的等主观事实的证明，经常运用推定这一方法。

在司法实务中，对于法律、司法解释或者其他规范性文件规定允许推定的事实，可以根据客观实际情况进行推定，这种推定具有法律真实性，符合"证据确实、充分"的要求。例如，《刑法》第191条规定的洗钱罪要求行为人主观上明知是毒品犯罪、黑社会性质的组织犯罪、恐怖活动犯罪、走私犯罪、贪污贿赂犯罪、破坏金融管理秩序犯罪、金融诈骗犯罪的违法所得及其产生的收益，而《刑法》第312条规定的掩饰、隐瞒犯罪所得罪要求主观上明知是犯罪所得及其产生的收益。在司法实践中，通过证据直接证明行为人主观上的上述明知，较为困难。为了便于司法实践中对《刑法》第191条、第312条规定的"明知"的认定，2009年11月4日，《最高人民法院关于审理洗钱等刑事案件具体应用法律若干问题的解释》第1条规定了推定行为人主观上明知的具体情形。例如，行为人协助近亲属或者其他关系密切的人转换或者转移与其职业或者财产状况明显不符的财物的，则可以推定行为人明知系犯罪所得及其收益。需要注意的是，由于司法实践的情形较为复杂，该司法解释条款特别规定了"有证据证明确实不知道的除外"的例外条款。例如，行为人虽然协助近亲属或者其他关系密切的人转换或者转移与其职业或者财产状况明显不符的财物，但如果能够举证证明其确实不知道的，则不能推定其主观上明知系犯罪所得及其收益。

[配套规定]

1.《最高人民法院关于适用〈中华人民共和国刑事诉讼法〉的解释》（法释［2012］21号）（节录）

第六十四条 应当运用证据证明的案件事实包括：

（一）被告人、被害人的身份；

（二）被指控的犯罪是否存在；

（三）被指控的犯罪是否为被告人所实施；

（四）被告人有无刑事责任能力，有无罪过，实施犯罪的动机、目的；

（五）实施犯罪的时间、地点、手段、后果以及案件起因等；

（六）被告人在共同犯罪中的地位、作用；

（七）被告人有无从重、从轻、减轻、免除处罚情节；

（八）有关附带民事诉讼、涉案财物处理的事实；

（九）有关管辖、回避、延期审理等的程序事实；

（十）与定罪量刑有关的其他事实。

认定被告人有罪和对被告人从重处罚，应当适用证据确实、充分的证明标准。

第一百零四条 对证据的真实性，应当综合全案证据进行审查。

对证据的证明力，应当根据具体情况，从证据与待证事实的关联程度、证据之间的联系等方面进行审查判断。

证据之间具有内在联系，共同指向同一待证事实，不存在无法排除的矛盾和无法解释的疑问的，才能作为定案的根据。

第一百零五条 没有直接证据，但间接证据同时符合下列条件的，可以认定被告人有罪：

（一）证据已经查证属实；

（二）证据之间相互印证，不存在无法排除的矛盾和无法解释的疑问；

（三）全案证据已经形成完整的证明体系；

（四）根据证据认定案件事实足以排除合理怀疑，结论具有唯一性；

（五）运用证据进行的推理符合逻辑和经验。

第一百零六条 根据被告人的供述、指认提取到了隐蔽性很强的物证、书证，且被告人的供述与其他证明犯罪事实发生的证据相互印证，并排除串供、逼供、诱供等可能性的，可以认定被告人有罪。

第一百零七条 采取技术侦查措施收集的证据材料，经当庭出示、辨认、质证等法庭调查程序查证属实的，可以作为定案的根据。

使用前款规定的证据可能危及有关人员的人身安全，或者可能产生其他严重后果的，法庭应当采取不暴露有关人员身份、技术方法等保护措施，必要时，审判人员可以在庭外核实。

第一百零八条 对侦查机关出具的被告人到案经过、抓获经过等材料，应当审查是否有出具该说明材料的办案人、办案机关的签名、盖章。

对到案经过、抓获经过或者确定被告人有重大嫌疑的根据有疑问的，应当要求侦查机关补充说明。

第一百零九条 下列证据应当慎重使用，有其他证据印证的，可以采信：

（一）生理上、精神上有缺陷，对案件事实的认知和表达存在一定困难，但尚未丧失正确认知、表达能力的被害人、证人和被告人所作的陈述、证言和供述；

（二）与被告人有亲属关系或者其他密切关系的证人所作的有利被告人的证言，或者与被告人有利害冲突的证人所作的不利被告人的证言。

第一百一十条 证明被告人自首、坦白、立功的证据材料，没有加盖接受被告人投案、坦白、检举揭发等的单位的印章，或者接受人员没有签名的，不得作为定案的根据。

对被告人及其辩护人提出有自首、坦白、立功的事实和理由，有关机关未予认定，或者有关机关提出被告人有自首、坦白、立功表现，但证据材料不全的，人民法院应当要求有关机关提供证明材料，或者要求相关人员作证，并结合其他证据作出认定。

第一百一十一条 证明被告人构成累犯、毒品再犯的证据材料，应当包括前罪的裁判文书、释放证明等材料；材料不全的，应当要求有关机关提供。

第一百一十二条 审查被告人实施被指控的犯罪时或者审判时是否达到相应法定责任年龄，应当根据户籍证明、出生证明文件、学籍卡、人口普查登记、无利害关系人的证言等证据综合判断。

证明被告人已满十四周岁、十六周岁、十八周岁或者不满七十五周岁的证据不足的，应当认定被告人不满十四周岁、不满十六周岁、不满十八周岁或者已满七十五周岁。

2.《人民检察院刑事诉讼规则》（高检发释字［2019］4号）（节录）

第六十二条 证据的审查认定，应当结合案件的具体情况，从证据与待证事实的关联程度、各证据之间的联系、是否依照法定程序收集等方面进行综合审查判断。

第六十三条 人民检察院侦查终结或者提起公诉的案件，证据应当确实、充分。证据确实、充分，应当符合以下条件：

（一）定罪量刑的事实都有证据证明；

（二）据以定案的证据均经法定程序查证属实；

（三）综合全案证据，对所认定事实已排除合理怀疑。

3.《公安机关办理刑事案件程序规定》（2012年12月13日公安部令第127号）（节录）

第六十五条 需要查明的案件事实包括：

（一）犯罪行为是否存在；

（二）实施犯罪行为的时间、地点、手段、后果以及其他情节；

（三）犯罪行为是否为犯罪嫌疑人实施；

（四）犯罪嫌疑人的身份；

（五）犯罪嫌疑人实施犯罪行为的动机、目的；

（六）犯罪嫌疑人的责任以及与其他同案人的关系；

（七）犯罪嫌疑人有无法定从重、从轻、减轻处罚以及免除处罚的情节；

（八）其他与案件有关的事实。

第六十六条 公安机关移送审查起诉的案件，应当做到犯罪事实清楚，证据确实、充分。

证据确实、充分，应当符合以下条件：

（一）认定的案件事实都有证据证明；

（二）认定案件事实的证据均经法定程序查证属实；

（三）综合全案证据，对所认定事实已排除合理怀疑。

对证据的审查，应当结合案件的具体情况，从各证据与待证事实的关联程度、各证据之间的联系等方面进行审查判断。

只有犯罪嫌疑人供述，没有其他证据的，不能认定案件事实；没有犯罪嫌疑人供述，证据确实、充分的，可以认定案件事实。

4.《关于办理死刑案件审查判断证据若干问题的规定》

第三十二条 对证据的证明力，应当结合案件的具体情况，从各证据与待证事实的关联程度、各证据之间的联系等方面进行审查判断。

证据之间具有内在的联系，共同指向同一待证事实，且能合理排除矛盾的，才能作为定案的根据。

第三十三条 没有直接证据证明犯罪行为系被告人实施，但同时符合下列条件的可以认定被告人有罪：

（一）据以定案的间接证据已经查证属实；

（二）据以定案的间接证据之间相互印证，不存在无法排除的矛盾和无法解释的疑问；

（三）据以定案的间接证据已经形成完整的证明体系；

（四）依据间接证据认定的案件事实，结论是唯一的，足以排除一切合理怀疑；

（五）运用间接证据进行的推理符合逻辑和经验判断。

根据间接证据定案的，判处死刑应当特别慎重。

第三十四条 根据被告人的供述、指认提取到了隐蔽性很强的物证、书证，且与其他证明犯罪事实发生的证据互相印证，并排除串供、逼供、诱供等可能性的，可以认定有罪。

第三十五条 侦查机关依照有关规定采用特殊侦查措施所收集的物证、书证及其他证据材料，经法庭查证属实，可以作为定案的根据。

法庭依法不公开特殊侦查措施的过程及方法。

第三十六条 在对被告人作出有罪认定后，人民法院认定被告人的量刑事实，除审查法定情节外，还应审查以下影响量刑的情节：

（一）案件起因；

（二）被害人有无过错及过错程度，是否对矛盾激化负有责任及责任大小；

（三）被告人的近亲属是否协助抓获被告人；

（四）被告人平时表现及有无悔罪态度；

（五）被害人附带民事诉讼赔偿情况，被告人是否取得被害人或者被害人近亲属谅解；

（六）其他影响量刑的情节。

既有从轻、减轻处罚等情节，又有从重处罚等情节的，应当依法综合相关情节予以考虑。

不能排除被告人具有从轻、减轻处罚等量刑情节的，判处死刑应当特别慎重。

第三十七条 对于有下列情形的证据应当慎重使用，有其他证据印证的，可以采信：

（一）生理上、精神上有缺陷的被害人、证人和被告人，在对案件事实的认知和表达上存在一定困难，但尚未丧失正确认知、正确表达能力而作的陈述、证言和供述；

（二）与被告人有亲属关系或者其他密切关系的证人所作的对该被告人有利的证言，或者与被告人有利害冲突的证人所作的对该被告人不利的证言。

第三十八条 法庭对证据有疑问的，可以告知出庭检察人员、被告人及其辩护人补充证据或者作出说明；确有核实必要的，可以宣布休庭，对证据进行调查核实。法庭进行庭外调查时，必要时，可以通知出庭检察人员、辩护人到场。出庭检察人员、辩护人一方或者双方不到场的，法庭记录在案。

人民检察院、辩护人补充的和法庭庭外调查核实取得的证据，法庭可以庭外征求出庭检察人员、辩护人的意见。双方意见不一致，有一方要求人民法院开庭进行调查的，人民法院应当开庭。

第三十九条 被告人及其辩护人提出有自首的事实及理由，有关机关未予认定的，应当要求有关机关提供证明材料或者要求相关人员作证，并结合其他证据判断自首是否成立。

被告人是否协助或者如何协助抓获同案犯的证明材料不全，导致无法认定被告人构成立功的，应当要求有关机关提供证明材料或者要求相关人员作证，并结合其他证据判断立功是否成立。

被告人有检举揭发他人犯罪情形的，应当审查是否已经查证属实；尚未查证的，应当及时查证。

被告人累犯的证明材料不全，应当要求有关机关提供证明材料。

第四十条 审查被告人实施犯罪时是否已满十八周岁，一般应当以户籍证明为依据；对户籍证明有异议，并有经查证属实的出生证明文件、无利害关系人的证言等证据证明被告人不满十八周岁的，应认定被告人不满十八周岁；没有户籍证明以及出生证明文件的，应当根据人口普查登记、无利害关系人的证言等证据综合进行判断，必要时，可以进行骨龄鉴定，并将结果作为判断被告人年龄的参考。

未排除证据之间的矛盾，无充分证据证明被告人实施被指控的犯罪时已满十八周岁且确实无法查明的，不能认定其已满十八周岁。

[参考案例]

1. 张某国贩卖毒品案——没有被告人供述但其他证据充分确实的，可以认定被告人有罪和处以刑罚①

基本案情：

被告人张某国，男，1956 年 6 月 24 日生，初中文化，无业。1973 年 8

① 最高人民法院刑事审判第一、二、三、四、五庭：《刑事审判参考》总第 57 集。

月因犯盗窃罪被判处有期徒刑三年；1976 年 9 月因抗拒改造被加刑二年；1979 年 7 月因预谋逃跑和旷工被劳教三年；1981 年 8 月因犯盗窃罪被判处有期徒刑十五年；1981 年 10 月因犯妨害公务罪被判处有期徒刑二年六个月；1984 年 6 月因犯流氓罪被判处有期徒刑四年，因犯传授犯罪方法罪被判处有期徒刑三年，连同前罪余刑十四年二个月，决定执行有期徒刑二十年，2001 年 6 月 19 日刑满释放。因涉嫌犯运输毒品罪于 2005 年 4 月 14 日被逮捕。

江苏省南京市人民检察院以被告人张某国犯贩卖毒品罪，向南京市中级人民法院提起公诉。

被告人张某国辩称未参与贩毒。其辩护人的辩护意见为：本案证据不充分，不能形成完整的证据锁链，不能证实张某国贩卖毒品。

南京市中级人民法院经公开审理查明：

1. 2005 年 2 月 26 日，被告人张某国通过蒋某栋（同案被告人，已判刑）以 15000 元的价格贩卖给刘某（同案被告人，已判刑）100 克海洛因。

认定上述事实的证据有：（1）刘某、蒋某栋证言证实，2005 年 2 月 25 日左右，刘某打电话给张某国要 100 克海洛因。次日，张某国让其付 15000 元。刘某即到南京市下关区 414 医院对面的农业银行将 15000 元打到张某国指定的农业银行账户上。27 日下午，张某国让蒋某栋将 100 克海洛因送到南京交给刘某。刘某安排蒋某栋在“老战友”饭店住了一晚。（2）南京市公安局扣押物品、文件清单证实，2005 年 3 月 9 日扣押张某国农业银行信用卡 1 张，卡号为 9559980430103941315。（3）中国农业银行无锡分行营业部账单证实，2005 年 2 月 26 日，张某国卡号为 9559980430103941315 的银行卡收入 15000 元。（4）南京“老战友”旅馆服务有限公司住宿登记单证实，2005 年 2 月 27 日 20 时蒋某栋入住该旅馆，于 2005 年 2 月 28 日 12 时 2 分结账。（5）书证手机通话记录显示 2005 年 2 月 25 日、26 日张某国、刘某、蒋某栋间曾分别通话。

2. 2005 年 3 月 6 日，刘某、梁某强（同案被告人，已判刑）与被告人张某国经事先商议，决定分别向张某国购买海洛因 150 克和 200 克，并经刘某联系，三人伙同蒋某栋一起租车从江苏省南京市前往广东省广州市购毒。3 月 7 日，张某国在广州市向他人购入海洛因 355 克后转手贩卖给梁某强、刘某，得赃款 58500 元。3 月 8 日，梁某强携该 355 克海洛因以及另外向穆占江（在逃）购买的 102. 5 克海洛因，蒋某栋携 412. 5 克海洛因驾车先行从广州市返回南京市。3 月 9 日凌晨 3 时许，梁某强、蒋某栋驾车至宁合高速公路南京段杰海加油站附近时被公安机关抓获，公安机关在杰海加油站附近的高速公路路基下缴获蒋某栋扔掉的毒品 2 包。经鉴定，蒋某栋携带的长方形块状物 8 块净重 412.5 克、梁某强和刘某的圆形块状物 7 块净重 355 克、梁某强的圆柱形块状物 2 块及 1 包白粉净重 102.5 克，均系海洛因，含量 15%。2005 年 3 月 9 日，张某国、刘某乘坐广州至南京的长途汽车到达南京中央门长途汽车站时，被公安机关抓获。

认定上述事实的证据有：

（1）蒋某栋、梁某强、刘某关于上述事实的供述；（2）证人吕某强证言及辨认笔录证实，2005 年 3 月 6 日、7 日，梁某强、刘某、张某国、蒋某栋同乘其开的车辆并同住一宾馆；（3）抓获现场及物证照片，提取笔录；（4）物证鉴定书证实梁某强等人携带海洛因的重量及含量；（5）中国农业银行无锡分行账单证实，2005 年 3 月 7 日张某国银行卡支出 40100 元。

南京市中级人民法院经审理认为，被告人张某国明知是毒品而进行贩卖，且数量大，其行为构成贩卖毒品罪。系累犯，应从重处罚。经查，2005 年 2 月 26 日张某国贩卖给刘某 100 克海洛因，是蒋某栋送到南京交给刘某的，此节有刘某、蒋某栋的供述证明，还有刘某打入张某国农行卡 15000 元以及蒋某栋在南京的住宿登记可以印证。2005 年 3 月 7 日张某国贩卖给梁某强、刘某的 350 克海洛因，有蒋某栋、梁某强、刘某的供述证明，且各被告人供述之间能相互印证，另外还有张某国在广州农行卡上提款人民币 40100 元的记录、被查获的 355 克海洛因予以佐证。故其辩解和辩护意见均不予采纳。依照《刑法》第 347 条第 2 款第 1 项、第 57 条第 1 款、第 65 条第 1 款之规定，于 2005 年 9 月 15 日判决如下：

被告人张某国犯贩卖毒品罪，判处死刑，剥夺政治权利终身，并处没收个人全部财产。

一审宣判后，张某国不服，提出上诉。

江苏省高级人民法院经审理认为，张某国贩卖海洛因的事实清楚，证据确实、充分。张某国明知是海洛因而进行贩卖，其行为构成贩卖毒品罪，且数量达 455 克，应依法严惩。原审对张某国定罪准确、量刑适当、审判程序合法。依照《刑事诉讼法》第 189 条第 1 项、第 200 条第 2 款之规定，于 2006 年 5 月 15 日裁定如下：

驳回上诉，维持原判。本案依法报最高人民法院核准。

最高人民法院经复核后认为，被告人张某国贩卖海洛因 455 克，其行为已构成贩卖毒品罪，且贩卖毒品数量大。张某国曾4次被判刑，其中3次系服刑期间重新犯罪，其间还因抗拒改造被加刑，仍不思悔改，在刑满释放后五年内又故意犯罪，系累犯，犯罪主观恶性极深，依法应从重处罚。一审判决、二审裁定认定张某国贩卖毒品的事实清楚，证据确实、充分，对张某国定罪准确，量刑适当。一、二审审判程序合法。依照《刑事诉讼法》第199条和《最高人民法院关于执行〈中华人民共和国刑事诉讼法〉若干问题的解释》第285条第1项之规定，裁定如下：

核准江苏省高级人民法院（2005）苏刑终字第0312号维持一审以贩卖毒品罪判处被告人张某国死刑，剥夺政治权利终身，并处没收个人全部财产的刑事裁定。

主要问题：

本案中，被告人张某国一直不供述犯罪事实，辩称其没有参与毒品犯罪，因此涉及如何理解和把握《刑事诉讼法》第46条“没有被告人供述，证据充分确实的，可以认定被告人有罪和处以刑罚”的规定，能否认定张某国的贩卖毒品犯罪，以及能否判处张某国死刑立即执行的问题。对此存在两种不同意见。

第一种意见认为，一审判决、二审裁定认定张某国贩卖海洛因455克的事实清楚，证据确实、充分。尽管张某国拒不供认，但凭现有证据仍足以确认其犯罪事实。张某国贩卖海洛因数量大，其行为构成贩卖毒品罪。张某国刑满释放后五年内又故意犯罪，系累犯，依法应从重处罚。而且张某国犯罪主观恶性极深，应当对张某国以贩卖毒品罪判处死刑立即执行。

第二种意见认为，认定2005年2月26日张某国指使蒋某栋贩卖给刘某的100克海洛因的事实不清，证据不足。张某国辩解当时其在广东，不具备作案时间，刘某也供述找张某国要货时张某国称其在广东，张某国本人又未作有罪供述。因此，现有证据达不到确实充分的要求。本案缴获的海洛因纯度仅15%，同时，查获的355克海洛因未实际流入社会；张某国归案后又未作有罪供述，且被抓获时身上未查获毒品，认定其犯罪主要依据其他同案犯供述，因此，不能判处张某国死刑立即执行。

本书观点：

（一）没有被告人口供，但证据充分确实的，可以认定被告人有罪和处以刑罚

《刑事诉讼法》第55条第1款规定：“对一切案件的判处都要重证据，

重调查研究，不轻信口供。只有被告人供述，没有其他证据的，不能认定被告人有罪和处以刑罚；没有被告人供述，证据确实、充分的，可以认定被告人有罪和处以刑罚。”司法实践中，对于没有被告人供述的案件，不少司法人员往往不敢定案。我们认为，《刑事诉讼法》第46条的规定，不是一般的宣言式规定，而是一条如何对待被告人供述这一言词证据的重要证据规则。根据该规则，只有被告人供述，没有其他证据的，不能认定被告人有罪和处以刑罚。没有被告人供述，证据充分确实的，可以认定被告人有罪和处以刑罚。也就是说，在没有被告人供述的情况下，问题不在于能不能定案，而在于该案其他证据是否达到确实、充分的程度，能否认定案件事实。

一般而言，司法实践中，在把握被告人供述等言词证据时，应当注意遵循下列原则：一是不能仅凭言词证据尤其不能仅凭同案被告人供述认定犯罪事实。由于作证主体的利害相关性和证言来源的特点决定，同案被告人供述等言词证据往往具有易变性、主观性等缺点。如果仅凭同案被告人供述定案，那么，整个案件事实认定的基础就极不扎实，容易因同案被告人供述的改变而改变。尤其是对判处被告人死刑的案件，更不能仅凭同案被告人供述予以定案，必须有其他证据如物证、书证来直接保障和补强同案被告人供述的证明力，以保证证明结论的排他性。二是严格排除非法言词证据，尤其要严格排除同案被告人的非法言词证据，确保同案被告人的供述不是在刑讯逼供、威胁、引诱的情况下所作。同时，必须排除同案被告人之间串供的可能性。这不仅仅是为了程序正当，为了保障人权的要求，就此类案件来说，更重要的是为了确保案件事实认定的客观真实性。三是各类证据之间的矛盾必须得到排除，形成一个互相补充、互相印证、完整、缜密的证据锁链，能够得出唯一的证明结论。

就本案来说，被告人张某国始终不承认其贩毒事实。但其他证据都无一例外地指向张某国的贩毒犯罪，并且各证据之间形成了互相印证的完整、缜密的证明体系，达到了确实、充分的定案程度，足以认定其两笔贩毒事实。具体理由如下：

1. 关于2005年2月26日，张某国以15000元的价格贩卖给刘某100克海洛因的事实。经查，该事实是梁某强归案后检举，经公安人员讯问刘某、蒋某栋得以查证属实的。刘某、蒋某栋的供述可以相互印证此次毒品交易的过程，包括送毒的时间、交货地点和毒品数量等，都是一致的。刘某、蒋某栋供述的交易过程并得到以下间接证据的印证：（1）书证手机通话记录显示2005年2月25日、26日张某国、刘某、蒋某栋间曾分别通话，可以印证蒋某栋、刘某供述的真实性。（2）公安机关于2005年3月9日抓获张某国时扣押其持有的卡号为9559980430103941315的中国农业银行信用卡1张，该卡交易记录显示2005年2月26日收入15000元。这与刘某关于汇款给张某国的供述相吻合。二审期间，江苏高院并向农业银行南京市盐仓桥分理处调取了2005年2月26日刘某向张某国银行卡汇入15000元的原始单据，进一步印证了张某国收受毒资的事实。张某国称此款系刘某归还的欠款，但无法解释是什么欠款，而刘某在庭审中的供述证实不存在欠款问题。（3）南京"老战友"旅馆服务有限公司住宿登记单证实，2005年2月27日20时蒋某栋以其名字和身份证入住该旅馆，于2005年2月28日12时02分结账，这与刘某、蒋某栋供述相印证。该起事实中，通话记录、住宿登记等书证的证明力应该说是无可辩驳的，再结合同案被告人刘某、蒋某栋的供述，形成了一个互相印证、完整、缜密的证据体系。

2. 关于2005年3月7日，张某国在广州市贩卖给刘某、梁某强海洛因355克的犯罪事实。有蒋某栋、刘某、梁某强的供述予以一致证实。张某国向上线购毒、让刘某验货以及完成交易的过程均有蒋某栋在场，其供述真实可信；刘某、梁某强对购买海洛因的事实也供认不讳，均可互相印证。三人的供述并有以下间接证据印证：（1）张某国银行卡交易记录证实2005年3月7日异地取款40100元，与蒋某栋供称张某国到广州后先到银行取款的事实印证；（2）缴获的355克海洛因与刘某、梁某强供认的毒品特征和购毒数量以及购毒价格印证；（3）司机吕某强证言证实蒋某栋将（装有海洛因的）皮包放到汽车后座平台的事实与蒋某栋、刘某、梁某强的供述印证；（4）张某国被抓获时扣押现金人民币14300元，其在广州提取40100元，加上刘某付给他购毒款22500元，梁某强付给他购毒款36000元，合计为98600元，其在广州应该实际用去84300元。扣除部分吃住费用，余款去向与实际购毒的数量可以印证。

综上可见，上述两起犯罪事实的证据中，虽然没有被告人张某国的有罪供述，但综合全案其他证据可以得出唯一的排他性结论，而且本案不存在特情引诱或者特情介入的情况。因此，本案中被告人张某国虽不承认其犯罪事实，但根据现有证据仍足以认定其共贩卖毒品455克的事实，法院据此作出的定案结论是客观准确的。

（二）根据本案的犯罪事实及相关情节，依法应当判处张某国死刑立即执行

本案被告人张某国贩卖海洛因数量大，其行为构成贩卖毒品罪，贩毒数量达到455克，达到法定可以适用死刑的数量标准。张某国刑满释放后五年内又故意犯罪，系累犯，依法应从重处罚。而且张某国犯罪主观恶性极深（自1973年至2001年，基本在监狱度过，曾4次被判刑，其中3次系服刑期间重新犯罪，其间还因抗拒改造被加刑和劳教），反映出其不堪改造，人身危险性极大。因此，对张某国这样罪行极其严重的犯罪分子判处死刑立即执行完全符合我国刑法对于死刑规定的适用标准，一、二审法院判处其死刑立即执行，最高人民法院依法核准其死刑立即执行的裁定是准确恰当的，正确贯彻了宽严相济的刑事政策。

2. 王某平抢劫、强奸、盗窃案——证明刑事被告人有罪的证据链应完整且结论具有排他性①

基本案情：

被告人王某平，男，1962年11月6日生，汉族，农民，小学文化，住江苏省响水县张集乡圩角村五组。因涉嫌犯盗窃罪，于2003年3月22日被逮捕。

江苏省盐城市人民检察院以被告人王某平犯抢劫罪、强奸罪和盗窃罪，向盐城市中级人民法院提起公诉。

起诉书指控：

1999年10月某日夜，被告人王某平伙同张某浪（已判刑）骑摩托车到滨海县大套乡大套村欲行盗窃时，王某平发现该村一果园两间小屋内仅睡有两少女，即提议入室强奸。王某平、张某浪二人遂拨开门锁入室，以“如敢喊就把你们杀掉”相威胁，被害人因害怕而未敢反抗，王某平在床上，张某浪在地上分别对两少女实施了奸淫。

2000年1月3日凌晨4时许，被告人王某平伙同张某浪骑摩托车到滨海县天场乡陶河村五组窃得被害人蒋某友、孟某梅家共50余只鸡后，张某浪在偷自行车时被人追赶落塘逃跑，王某平在大塘边等张某浪时，用随身携带刀具对追赶其的人刺戳一刀，致被害人蒋某友因胸部外伤致失血性休克抢救无效死亡。王某平、张某浪二人在村外会合时，王某平将以刀戳人之事告诉

① 最高人民法院刑事审判第一、二、三、四、五庭：《刑事审判参考》总第41集。

张某浪，并将刀上血迹洗掉。

1999 年至 2002 年，被告人王某平先后伙同张某浪、宋某才等人在响水县盗窃作案 12 起，窃得各类财物价值人民币 5691 元。

被告人王某平对公诉机关指控其强奸、盗窃犯罪的事实予以供认，其辩护人对公诉机关的此部分指控未提出不同意见。

对于公诉机关指控被告人王某平犯抢劫罪，王某平辩称，其未去过本案抢劫犯罪的现场，在侦查期间对抢劫罪作有罪供述系刑讯逼供、诱供所致。其辩护人提出，作案凶器未找到，指控王某平犯抢劫罪的证据是间接证据，没有形成证据锁链，认定王某平犯抢劫罪的证据不充分。

江苏省盐城市中级人民法院经审理认为，公诉机关指控被告人王某平违背妇女意志，以胁迫手段强奸妇女的行为；以非法占有为目的，秘密窃取他人数额较大财物的行为，事实清楚，证据确实、充分，分别构成强奸罪、盗窃罪。对于公诉机关就被告人王某平犯抢劫罪的指控，因未能出示证明被告人王某平实施抢劫作案的直接证据，且被告人王某平又矢口否认，故认定其犯抢劫罪并致人死亡的证据不足，对公诉机关就被告人王某平犯抢劫罪的指控不予支持。依照《刑法》第 236 条第 1 款、第 264 条、第 65 条第 1 款、第 56 条第 1 款、第 69 条、第 64 条之规定，于 2003 年 11 月 17 日判决如下：

1. 被告人王某平犯强奸罪，判处有期徒刑十年，剥夺政治权利三年；犯盗窃罪，判处有期徒刑二年六个月，罚金人民币三千元。决定执行有期徒刑十二年，剥夺政治权利三年，罚金人民币三千元。

2. 对被告人王某平盗窃犯罪所得的赃款、赃物继续予以追缴。

宣判后，盐城市人民检察院以原判未认定被告人王某平犯抢劫罪不当为由，向江苏省高级人民法院提出抗诉。江苏省人民检察院经审查，决定支持抗诉。

为证明被告人王某平犯抢劫罪，抗诉机关及支持抗诉机关列举了以下证据和理由：

1. 被告人王某平在侦查期间多次所作与指控事实一致的供述。

2. 证人张某浪的证言与指控事实相印证。

3. 证人张胜林的证言证实，其曾听王某平说，其在滨海有抢劫杀人行为。

4. 证人黄某英等 10 人的证言、张某浪对其在现场遗留衣服、鞋子进行辨认的笔录、现场勘查笔录等证据证实，案发时村民追赶的小偷之一就是张某浪。结合王某平的供述、张某浪的证言，证实在案发现场盗窃作案者系王某平、张某浪二人，被告人王某平关于从未去过现场的辩解不能成立。

5. 被告人王某平供述抢劫犯罪事实中的许多细节，如听到有人喊“逮贼”后转身刺来人一刀、被害人倒地的方位、被害人的被刺部位及刀数、作案刀具系单刃、尺把长等事实、特征，都分别得到了证人证言、法医鉴定结论、被告人王某平、证人张某浪所画刀具图形等证据的证明。

6. 看守所管教干部王某华、看守所医生李某林的证言，被告人王某平进入滨海县看守所时的健康检查表证实，王某平入所时身体状况正常；同监犯吴某贵、周某青的证言证实，王某平入所后曾告诉他们，其在盗窃过程中戳人一刀；2003 年 4 月 26 日、27 日，王某平在滨海县看守所分别与管教干部和侦查人员的谈话、审讯笔录中，均承认其犯有抢劫罪。王某平以刑讯逼供为翻供理由不能成立。

7. 被告人王某平在对其抢劫犯罪作有罪供述时涉及的作案现场的部分细节，如现场所偷之鸡摆放位置、村里有砖路和土路、逃跑至村外会合后张某浪告诉其村内大喇叭在喊“有人偷鸡，各角各落找”等，均为王某平首先供述，后经调查得以证实。王某平以诱供为翻供理由不能成立。

江苏省盐城市人民检察院抗诉书及江苏省人民检察院出庭履行职务代理检察员在二审庭审中认为，证实被告人王某平犯抢劫罪的证据锁链已经形成，确实充分，足可认定。被告人王某平以侦查期间受到刑讯逼供、诱供为翻供理由不能成立。原判对被告人王某平抢劫犯罪并致人死亡的事实未予认定，导致判决结果错误，应当予以纠正。

原审被告人王某平在二审期间，对于原判认定其犯强奸罪、盗窃罪的事实、定罪处刑情况未提出异议，对抗诉机关指控其构成抢劫罪，提出了与一审相同的辩解。其二审辩护人提出：指控王某平犯抢劫罪，除王某平在侦查阶段的供述和张某浪的证言外，没有其他直接证据证实王某平到过案发现场并实施了抢劫杀人行为，王某平在审查起诉阶段翻供后，张某浪的证言即成为孤证；王某平在侦查阶段对抢劫罪作的有罪供述，内容存在多处矛盾，不能排除侦查期间被刑讯逼供、诱供的可能。故指控王某平犯抢劫罪的证据不足，不能认定。

江苏省高级人民法院经审理认为，原判认定被告人王某平强奸、盗窃罪的事实清楚，证据确实、充分，定罪量刑正确；抗诉机关和支持抗诉机关指控被告人王某平犯抢劫罪并致一人死亡的证据不足，不予认定。原审被告人及其辩护人针对检察机关抗诉意见的辩解和辩护意见成立，予以采纳。依照《刑事诉讼法》第189条第1项的规定，于2004年7月9日裁定驳回抗诉，维持原判。

主要问题：

如何审查判断被告人以逼供、诱供为由的翻供？

裁判理由：

本案的焦点在于根据检察机关出示的被告人王某平抢劫致人死亡的证据，是否能够证明被指控的抢劫犯罪行为系被告人王某平所为。二审法院在对本案部分证据进行核实的基础上，对抗诉及支持抗诉机关列举的证明本案抢劫犯罪事实的证据及理由，进行了如下分析判断：

（一）认定被告人王某平抢劫杀人使用刀具的特征不清，不能排除王某平在侦查阶段所画的作案刀具图形系诱供的结果

控方试图将本案凶器特征的认定作为联结法医鉴定、被告人供述、证人证言之间相互关联一致的连结点，以通过证明作案凶器的真实性印证被告人实施抢劫行为的客观性。但是：

1. 案发后侦查机关并未提取到本案的作案凶器；

2. 案发后侦查机关出具的被害人蒋某友死亡鉴定书中，并未对死者致伤锐器单、双刃的特征作出推断；

3. 被告人王某平辩解，其在侦查阶段所画刀具形状系应侦查人员要求画出，其并没有该形状的刀具；

4. 二审期间，法庭向张某浪调查核实证据时，张某浪翻证称，其是应侦查机关的要求，按侦查人员的提示画出了单刃刀具图形，事实上作案中使用的凶器是双刃匕首，并当场画出了双刃刀具图形。

由于本案存在案发后侦查机关提取实物证据方面的困难、法医鉴定实际未能根据被害人致伤刀口创缘推断出凶器的刀刃特征等先天不足的问题，加之不能排除侦查人员对被告人、证人在刀刃特征问题上分别有诱供、诱证的可能，故通过对本案作案凶器特征的审查，不仅不能得出控方据以证明的事实结论，相反产生了对控方个别举证是否具有事实依据和对侦查机关相关取证行为合法性的质疑。现有证据不能证实被告人使用了公诉机关所指控的单刃刀具。

（二）控方的证据不能推翻被告人王某平的翻供理由

刑事诉讼中被告人以刑讯逼供、诱供作为翻供理由的情形最为常见，其

动机往往各不相同，依我国现有的刑事诉讼模式，其真实性一般难以查明。在仅有被告人口供及传来证据，没有其他客观证据直接证明被告人实施犯罪行为的情况下，被告人一旦翻供，则整个证据链条出现断裂，合议庭面临着审查被告人原口供是否具有证明效力（即合法性）的问题。本案中，被告人王某平在本案进入审查起诉阶段后，翻供称，其在侦查阶段对抢劫罪的有罪供述是侦查机关刑讯逼供、诱供的结果。控方根据看守所管教干部王某华、李某林的证言，被告人王某平进入滨海县看守所时的健康检查表，同监犯吴某贵、周某青的证言，2003 年 4 月 26 日、27 日王某平在滨海县看守所分别与管教干部和侦查人员的谈话、审讯笔录，认为王某平以刑讯逼供为翻供理由不能成立。但控方的证据不足以推翻王某平的翻供理由：

1. 王某平换押入滨海县看守所时的健康检查表，证人王某华、李某林的证言，均证实滨海县看守所对被告人王某平入所体检日期为 2003 年 4 月 16 日。现有证据仅能证明王某平从响水县看守所换押入滨海县看守所时做过体检。

2. 在侦查期间，被告人王某平先后 13 次对抢劫罪作了有罪供述，但滨海县公安局出具的提讯证和审讯笔录证实，这 13 次有罪供述均在 2003 年 4 月 16 日以后作出，且其中的 11 次是在看守所外形成的。由于王某平于 2003 年 4 月 16 日从响水县看守所换押至滨海县看守所当日，即被滨海县公安局侦查人员从看守所提押出所，直至 26 日才还押回看守所。看守所的健康检查表和有关人员的证言不能证明侦查人员是否曾对王某平刑讯逼供。

3. 与被告人王某平在滨海县看守所同号房关押的证人吴某贵、周某青的证言，表明王某平入所后曾告诉他们，其曾在盗窃过程中戳人一刀，但在二审庭审出庭作证时证实，控方在庭审中宣读的侦查机关询问其两证人的笔录内容不完整，王某平从刑警大队还押回看守所后曾说，公安人员要王某平承认其有抢劫杀人行为，而王某平喊冤；王某平还押回看守所后，两眼黑肿，双脚双手腕有伤，行走不便。

综上，结合被告人王某平被提出看守所审讯 11 天、看守所对王某平的体检实施于王某平被提出看守所审讯之前、两同号房证人在二审庭审中所作与此前侦查机关向其二人取证所作笔录内容相反的证言，以及对王某平被审讯还押后身体状况的描述等证据，即使尚不足以确认侦查机关对王某平有刑讯逼供之行为，亦足以排除控方证明王某平刑讯逼供翻供理由不存在的意见。

（三）侦查机关是在掌握案发现场相关细节后，又在审讯中取得被告人对案发现场细节一致的口供。因此，检察机关排除原审被告人王某平关于诱供翻供理由的意见与事实不符

控方认为，被告人王某平对抢劫犯罪某些细节的供述非其亲身经历不能作出，进而证明侦查机关对其无诱供的可能，本案抢劫犯罪系王某平所为。在逻辑上，这种推理是可以成立的，但本案的证据证实：

1. 公安机关是在本案抢劫致人死亡事实发生后，已对案发现场进行勘查、拍摄，对被害者尸体进行法医鉴定，对相关证人提取证言，且经张某浪检举的情况下，抓获并审讯被告人王某平。

2. 对案发时村里大喇叭在喊叫的细节，证人张某浪在2002年4月15日的证言中早已提及，并非由被告人王某平首先供述。

由于控方提供的证据与其论点明显矛盾，其意见不被法庭采纳，自然在所难免。

（四）现有证据不能证实被告人王某平到过抢劫杀人犯罪现场

由于被告人王某平已于审查起诉期间对其抢劫犯罪事实翻供，证人张胜林的证言属事后听说性质的传来证据，张某浪对现场遗留衣物的辨认笔录仅能证实案发时张某浪到过案发现场附近，认定王某平到过抢劫杀人现场的证据，仅有证人张某浪一人的证言，尚不足以证明王某平到过抢劫案件发生时的案发现场。

综上，根据认定被告人有罪，应当达到案件事实清楚，证据确实、充分，证据推断案件事实的过程符合逻辑规则，结论准确无疑，对案件事实的证明结论排除其他可能性的证据规则的要求，在不能排除被告人王某平关于刑讯逼供、诱供之翻供理由，没有直接证据证明王某平实施了抢劫犯罪行为，间接证据的锁链尚未闭合的情形下，二审法院作出了检方的抗诉及支持抗诉的意见不能成立的裁定。

应当指出，刑事诉讼中对证据审查判断的目的，不在于对客观犯罪事实的复原或再现，而在于根据已有证据及其规则，对法律事实的推断和认定。故就逻辑而言，这种推断和认定只能无限地接近客观真实而不等于客观事实本身，两者之间的差异则是法律允许司法人员依据证据规则认定案件事实的余地和空间。本案证人张某浪系与本案被告人王某平多次合伙盗窃的同案犯，在其因盗窃犯罪被逮捕后，主动供述其与王某平分别强奸妇女的事实并查证属实，故其同时揭发王某平在与其共同盗窃中实施抢劫致人死亡犯罪事

实的证言虽属传来证据，从内心确信角度来看，仍然具有相当的可信性，不能排除被告人王某平确有实施本案抢劫致人死亡行为的重大嫌疑。但在现有证据尚不能完全、合理地排除抢劫致人死亡的行为系他人所为的情况下，对控方指控的被告人王某平抢劫犯罪事实不予认定，不仅是对刑事诉讼证据规则的合理运用，也是在惩罚犯罪和保障被告人合法权利并重的刑事司法理念支配下，审判机关权衡利弊得失，作出的两害相权取其轻的法律选择。

3. 余某平、余某成被控故意杀人案——全案证据不能形成证据锁链得出唯一结论的刑事案件，应当认定为尚未达到证据确实充分的证明标准①

基本案情：

被告人余某平，男，1979 年 2 月 14 日出生，初中文化，农民，被捕前在广东省某市建帝鞋材有限公司（以下简称建帝公司）务工。因涉嫌犯故意杀人罪于 2002 年 8 月 13 日被逮捕。

被告人余某成，男，1977 年 4 月 17 日出生，小学文化，农民，被捕前在建帝公司务工。因涉嫌犯故意杀人罪于 2002 年 8 月 13 日被逮捕。

广东省某市人民检察院以被告人余某平、余某成犯故意杀人罪，向某市中级人民法院提起公诉。

某市中级人民法院经公开审理查明：

2002 年 7 月 14 日晚，被告人余某平因怀疑被害人王某伟偷他的手机，而与之发生争执，后王某伟被建帝公司值班的保安人员和余某平看管。期间，王某伟两次逃走，均被保安人员和余某平、余某成发现并带回看管。7 月 15 日凌晨 5 时许，王某伟趁洗澡之机再次逃脱。当日 6 时许，余某平、余某成在公司锅炉房内找到王某伟，合力将王某伟按倒在地，采取用手捂嘴、用铁丝勒颈的手段，致王某伟死亡。之后，两人将王某伟的尸体抬到附近配电房侧的小巷内，由余某平伪造了跳墙摔下的假象。

法院认定上述事实的证据有：

1. 证人秦某华、秦某术、李某江等 17 名证人证言，证明事件的起因、被害人王某伟 3 次逃跑后相关人员寻找及发现被害人尸体等事实。

2. 现场勘查笔录，证实现场的基本情况及从现场变压器西边的一只铁桶内提取一条铁丝圈，照片显示该圈的中间部分有四股铁丝。

---

① 最高人民法院刑事审判第一、二、三、四、五庭：《刑事审判参考》总第 57 集。

3. 法医鉴定结论。（1）法医学鉴定书证实，王某伟颜面部广泛性点状出血、眼睑结膜点片状出血，左、右颞部各有一处皮下血肿，同时全身有多处擦伤、挫伤和压痕；其颈部喉结下有一45厘米×2厘米的横行开放性索沟，绕过颈根部向双侧肩胛内侧延伸，颈前面及左侧索沟内有4条压痕，向肩背部延伸合并为1条，颈右侧索沟为1条压痕，内有少量点状擦伤，喉部及会厌部有大量点状出血，左肺上下叶间有少量出血点。尸体照片显示王某伟鼻腔与嘴巴周围有血迹；左手腕背部、左手背见擦伤，有血迹。结论是王某伟系受钝性暴力作用于颈部致机械性窒息而死亡。（2）法医学DNA检验鉴定书证实，现场墙壁、窗台右缘、窗台水管上、地面水管上提取的血迹的基因分型与死者王某伟血的基因分型一致；与嫌疑人余某平血的基因分型不一致。

4. 被告人余某平、余某成供述。同时，2002年7月20日，被告人余某平指认了作案地点和作案工具铁丝圈。余某成指认了勒死王某伟的地点及放置尸体的小巷。

5. 公安人员审讯被告人余某平、余某成以及两被告人指认现场的录像资料证实两被告人在侦查阶段所作供述系合法、自愿，不存在刑讯逼供的情况。

某市中级人民法院经审理认为，被告人余某平、余某成因怀疑被害人王某伟盗窃财物而与其产生争执，后因王某伟逃脱保安人员看管心生愤恨进而产生杀人恶念，结伙采取捂嘴、用铁丝勒颈的手段非法剥夺他人生命，致王某伟死亡，其行为已构成故意杀人罪。依照《刑法》第232条、第48条第1款、第57条第1款之规定，判决如下：

1. 被告人余某平犯故意杀人罪，判处死刑，缓期二年执行，剥夺政治权利终身。

2. 被告人余某成犯故意杀人罪，判处无期徒刑，剥夺政治权利终身。

一审宣判后，被告人余某平、余某成不服，提出上诉。余某平上诉提出：（1）没有杀人，是被冤枉的。没有直接证据证明他和余某成勒死被害人王某伟，仅凭口供不能定案。（2）证人证言可以证实他没有作案时间。（3）侦查阶段指认杀死被害人王某伟的现场是在警察提醒之后才知道是在大锅炉房后面，侦查阶段的有罪供述是被刑讯逼供的。其辩护人的辩护意见为：（1）被害人王某伟的死亡时间是7月15日6时至7时30分，证人证言可以证实余某平没有作案时间。（2）提取的作案工具、现场勘验笔录及现场血迹的法医学 DNA 检验鉴定书均无法证实余某平、余某成到过现场。(3) 余某平、余某成在侦查阶段的有罪供述存在矛盾和疑点，与其他证据无法印证。两人被刑事拘留后，未被依法移送看守所羁押。在讯问被告人过程中也未依法保障被告人合法的休息时间，两上诉人提出被刑讯逼供有事实依据。在非法羁押期间的口供应认定为非法证据。本案事实不清，证据不足，应改判无罪。

余某成上诉提出：(1) 没有参与杀人。(2) 侦查阶段的口供是被逼供的，是在警察提示下供述的。(3) 证人证言可以证实他没有作案时间。其辩护人的辩护意见为：(1) 本案唯一的直接证据是两人在侦查阶段的供述，两人的供述极不稳定，难以判断真伪，也无其他证据佐证。(2) 两上诉人无作案时间。没有充分证据证实余某平、余某成杀害王某伟。应改判余某成无罪。

出庭检察员的出庭意见为：(1) 原审判决认定的事实有相应证据支持。(2) 原判在以下两个问题的查证上尚未达到“确实、充分”的程度：一是关于被告人余某平、余某成的作案时间问题，证人任某丽、苏某荣等人的证言和两被告人有罪供述之间不尽相符。二是将铁丝圈认定为本案的作案工具的证据相对单薄。一审判决将侦查人员在现场勘查时提取的铁丝圈作为作案工具，此认定虽然有上诉人的现场指认等证据支持，但是，鉴于被告人供述间的矛盾未能充分排伪，这一认定仍缺乏有效佐证。因此，建议二审本着以事实为根据，以法律为准绳的原则，在充分考虑本案证据上述特点的基础上，依法作出公正裁决。

广东省高级人民法院经开庭审理认为，除上诉人余某平、余某成在侦查阶段的有罪供述外，没有其他直接证据证实两上诉人实施了杀人行为。两人的有罪供述前后之间、相互之间存在矛盾，也缺乏其他证据印证。且侦查机关获取有罪供述的程序有瑕疵。公诉机关提供的诸多证人证言证实了事件大致发生、发展的过程，也能反映出两上诉人有作案的动机和重大嫌疑，但无法确证他们实施杀人作案。尤其从被害人的表妹任某丽、表姨苏某荣的证言中反映出来的情况来看，余某平没有作案时间。本案事实不清，证据达不到确实、充分的定罪标准，不能认定被告人有罪，应予改判上诉人余某平、余某成及其辩护人关于认定余某平、余某成实施故意杀人行为证据不足，应宣告无罪的意见成立，予以采纳。依照《刑事诉讼法》第 195 条、第 162 条第 1 项之规定，判决如下：

1. 撤销广东省某市中级人民法院（2004）某刑重字第8号刑事判决；

2. 上诉人余某平、余某成无罪。

主要问题：

如何把握故意杀人犯罪案件证据确实、充分的证明标准？

裁判理由：

根据我国《刑事诉讼法》第162条第1项的规定，“案件事实清楚，证据确实、充分，依据法律认定被告人有罪的，应当作出有罪判决”，一般认为我国刑事诉讼中的证明标准是“犯罪事实清楚，证据确实、充分”。所谓证据确实、充分，是对作为定案根据的证据质和量总的要求，有四层含义：（1）据以定罪的证据均已查证属实；（2）每个证据必须和待查证的犯罪事实之间存在客观联系，具有证明力；（3）属于犯罪构成要件的事实均有相应的证据加以证明；（4）现有证据总体上已足以对所要证明的犯罪事实得出确实无疑的结论，即排除其他一切可能性而得出唯一结论。

司法实践中，判断刑事案件的证据是否达到这一证明标准，一般从以下几个方面进行审查：一是审查证据的证据能力，这是解决证据适格性的问题，即证据必须合法取得才具有证据资格，才能作为案件事实的认定依据。二是判断证据的证明力，即证据对案件事实有无证明作用以及证明程度如何。三是对“充分”的把握，不仅强调孤证不能定案，而且要求全案证据对于待证事实要达到“充分”的程度，以及证据之间能够互相印证，构成完整的证据体系，得出唯一的证明结论。不仅在证据的数量上，更重要的是证据的实质证明力要足以证明犯罪事实。在死刑案件中，对“证据确实、充分”的把握更要严格和慎重，既要求每一个待证事实均应有相应的证据予以证实，同时，每一个待证事实的证据也均应达到确实、充分的程度，这样才能保证死刑判决的准确，保证死刑案件的审判质量。

就本案来说，虽然被告人余某平、余某成在侦查阶段均作了有罪供述，余某平还指认了作案地点和作案工具铁丝圈以及余某成指认了勒死王某伟的地点及放置尸体的小巷。但是，就全案现有证据来说，证据还没有达到确实、充分，能够得出唯一结论的程度。主要体现在：

（一）现有证据证明力不足

1. 除被告人余某平、余某成在侦查阶段的有罪供述（在检察机关审查起诉阶段开始否认犯罪）外，没有其他直接证据可以证实两被告人实施了杀人行为。公诉机关提供的17个证人的证言只能证明本案的部分事实，即包括事件的起因、被害人王某伟3次逃跑后相关人员寻找及发现被害人尸体等事实，但无法证实最主要、最关键的事实，即余某平、余某成实施故意杀人行为的事实。现场提取的物证铁丝圈和血迹（DNA鉴定为被害人王某伟的血）亦无法证实两被告人到过现场。因此，上述证据无法互相印证系两被告人实施了杀人行为。

2. 余某平、余某成在侦查阶段的有罪供述前后之间存在矛盾，并缺乏其他证据印证。余某平、余某成的供述呈时供时翻的状态，极不稳定。余某平在侦查阶段作了12次供述，第一次（7月15日的供述）未承认杀人，7月16日开始作了11次的有罪供述，审查起诉、一审庭审时开始否认杀人。有罪供述中，前4次供述是一个人作案，后7次供述与余某成共同作案。余某成在侦查阶段作了14次供述，前5次未承认犯罪，7月18日开始作了9次有罪供述，审查起诉、一审庭审时开始否认杀人。两被告人的有罪供述前后不一，余某平与余某成的有罪供述相互之间存在矛盾。两人对作案工具、作案地点、作案方式的供述，始终无法吻合，两人有关杀人行为实施过程的有罪供述也无法与本案的其他证据相互印证。

（二）本案关键事实不能得出唯一性的结论

1. 被害人的被害时间无法认定

一审判决认定王某伟是早晨6时许被勒死，余某平供述的作案时间5时30分，余某成供述作案时间是凌晨6时许。证人任某丽（被害人的表妹）、苏某荣（被害人的表姨）等人的证言，却证实王某伟被害时间在5时50分之后（7时30分发现尸体，根据证人苏某荣、周某等的证言，5时50分至6时30分，被告人余某平无作案时间。同时，证人辛某贵证言证实了6时30分左右，他将在配电房睡觉的许某国叫醒后在配电房与锅炉房之间的空地打篮球。7时许，机动组的几名员工已经来到配电房准备接班。根据辛某贵的证言，6时30分之后在锅炉房作案显然是不可能的。因此，从上述证人证实的情况来看，作案时间无法认定。

2. 作案工具的认定依据尚不够确实

侦查机关于2002年7月15日勘查现场时，在变压器西边2米处的一只铁桶里提取了一条铁丝圈，该铁丝圈中间有4股铁线，而被害人王某伟的脖子处有4股勒痕。一审法院由此认定铁丝圈为作案工具。余某平于7月20日对作案工具进行了辨认，确认侦查机关提取的铁丝圈是勒死被害人使用的工具。可见，侦查人员是先提取了铁丝圈，余某平才供认作案工具是铁丝圈。从供证关系来看，“证在前，供在后”，在没有其他证据佐证，被告人供述又不稳定的情况下，其证明力显弱。而且，除余某平的供述和指认外，没有其他证据印证提取的铁丝圈就是凶器。从提取的铁丝圈特征来看，中间有四股铁丝，两边为两股；而法医鉴定检验，被害人颈部喉结下有一45厘米×2厘米的横行开放性索沟，绕过颈根部向双侧肩胛内侧延伸，颈前面及左侧索沟内有4条压痕，向肩背部延伸合并为1条，颈右侧索沟为1条压痕，内有少量点状擦伤。根据鉴定，提取的铁丝圈能否形成上述伤痕尚有疑问。

3. 第一作案现场无法确定

余某平的有罪供述中前6次均供述是在小巷内将被害人勒死，余某成于7月18日开始承认参与犯罪，并供述是在锅炉房内将被害人勒死。余某平于7月19日亦开始供述在锅炉房内将被害人勒死，之后移尸小巷。起诉指控、一审判决均认定杀人现场在锅炉房，之后移尸配电房与东围墙的小巷。但认定在锅炉房内将被害人勒死之后移尸存在以下问题：首先，余某平和余某成对具体位置的指认不一致。余某平指认在大锅炉北面，余某成指认在大锅炉的东面，相差约3米。二审庭审时，余某平辩解是侦查人员提醒之后，才知道现场在大锅炉旁边。其次，锅炉房附近上班工人及配电房当晚值班工人均未反映当晚有异常情况，无法印证杀人及移尸的供认，认定在此将被害人勒死于情理不符。最后，从相关证据来看，现场勘查及现场照片显示被害人口、鼻处均有血迹，在放置尸体的现场发现了多处的血迹，而在勒死被害人的锅炉房现场及移尸过程却未发现任何物证，因此，认定勒死被害人的现场在锅炉房内及移尸情节的证据不足。

（三）被告人供述在可采性方面存在瑕疵

《公安机关办理刑事案件程序规定》第145条规定对被拘留、逮捕的犯罪嫌疑人、被告人应当立即送看守所羁押。本案中，侦查机关于2002年7月17日19时对两被告人实施拘留后，未将他们及时移送看守所羁押。余某平被继续关押在刑警队至8月13日，有7次的有罪供述是在此情形下获取的。余某成被继续关押在派出所至8月13日，有8次的有罪供述是在此情形下获取的。公安、检察机关对此情形未能提出合法依据与合理解释，故对于两被告人在此期间所作有罪供述的取得存在程序上的瑕疵，影响到其证明力的准确判断。

综观全案证据，可以认定被告人余某平、余某成有重大的作案嫌疑，但是能够证明两被告人实施杀人犯罪的直接证据只有两人在侦查阶段的有罪供述，且极不稳定，相互之间存在诸多不一致之处，与在案其他证据不能形成相互印证，在对关键事实的证明中存有诸多疑点，因此，在全案证据不能形成证据锁链，得出唯一结论的情况下，应当认定本案证据尚未达到法定的“证据确实、充分”的证明标准。据此，二审法院严格执行法律规定的证明标准，依照《刑事诉讼法》第162条之规定，对两被告人作出证据不足、指控的罪名不能成立的无罪判决是正确的，体现了坚持依法惩治犯罪与保障人权的统一。

4. 陈某军故意伤害案——直接言词证据为孤证，其他间接证据不能形成完整证据链的，应依法作出无罪判决①

基本案情：

被告人陈某军，男，1984年6月25日出生，北京常友物流有限公司临时工。因涉嫌犯故意伤害罪于2007年11月30日被逮捕。

北京市人民检察院第二分院以被告人陈某军犯故意伤害罪，向北京市第二中级人民法院提起公诉。

北京市人民检察院第二分院指控：2007年10月21日晚，被告人陈某军因琐事与吴某全发生争执，遂起意报复。当日21时许，陈某军在北京市怀柔区怀柔镇的北京常友物流有限公司门口附近，持镐把猛击吴某全头部，致吴某全颅脑损伤合并胃内容物阻塞呼吸道致窒息死亡。

公诉机关指控上述事实的主要证据包括：（1）证人刘某出庭作证称，案发当晚闫某余让其与郑某东携带两根镐把，三人一起到常友物流公司附近，陈某军从郑某东手中接过一根镐把。后四人与常某梅等人发生争执，其见陈某军用右手持镐把抡了一下，应该是打在被害人头、肩部了，但没看清具体打在哪儿。（2）证人郑某东出庭作证称，案发当晚其与刘某跟着闫某余到现场后，陈某军从其手中拿走了一根镐把。在双方争执过程中，其未看见刘某、陈某军用镐把打人。（3）证人闫某余作证称，其拿了两根镐把到案发现场，在其与田某松发生争执时，陈某军曾在其身后。刘某持镐把要打田某松，被人拉开，田某松也被拉走。后其和常某梅谈话时，陈某军在其身后。在双方争执过程中，其曾看见一名男子从院内走出。（4）证人常某梅作证称，案发当晚陈某军酒后骑自行车撞了其汽车，其与吴某全打了陈某军。不久，陈某军带了三个人返回，且陈某军和另一人拿了镐把。后双方发生言语

① 最高人民法院刑事审判第一、二、三、四、五庭：《刑事审判参考》总第77集。

争执，其上前劝阻时有一段时间没看见陈某军，再见到陈某军时，他手中的镐把不见了。（5）证人周某江作证称，其听到常某梅的叫声后与吴某全、田某松等人一起去了公司门口，见对方有人持镐把、砖头，就上前劝阻。后吴某全不知去向。在众人去办公室时，林某说吴某全跑到西边的仓库去了。待陈某军等人走后，其在西面仓库里发现了吴某全，次日发现了吴某全的手机。（6）证人林增作证称，其看见常某梅等人回来，听见单位东边有人吵嚷。半小时后，其见姓吴的男子一人回到单位，向院内西边走去。十多分钟后，周某江、常某梅与另外三个男的一起到常某梅的办公室去了。当晚除了小吴，没有其他人往西边库房去。（7）证人王某君作证称，其未见陈某军及陈找来的人打人，开始时见吴某全在门口打电话，后就未再见到吴某全。期间，有十五六分钟未见到陈某军，其与陈某军一起走时将陈某军的镐把带回家。（8）现场勘验、检查笔录证实，中心现场位于常友物流公司西侧 B 区内西侧靠墙处，中心现场内北侧并排有两列成箱的货物，距北侧纸箱 30 厘米处的木板上有少量擦蹭血迹，该处西有血泊，血泊中有少量呕吐物。血泊南有点状血迹，血泊北侧地上有散落的 2 厘米左右长的毛发少许（毛发缺乏鉴定条件）。西数第三列南侧纸箱上有少量擦蹭血迹。中心现场北侧西数第二列纸箱顶部有大面积擦蹭痕迹，且有不完整足迹 1 枚（经现场排查，为吴某全所留），下层纸箱有不完整足迹 1 枚（经现场排查，为吴某全所留）。院中央有一东西向的矮墙，矮墙北侧地上的货物间有一灰色“夏新”手机。（9）尸体检验鉴定书证实，吴某全头部左颞顶部有条形棍棒伤，胳膊有挫伤，符合被人用条形钝器（棍棒类）打击头部致颅脑损伤合并胃内容物阻塞呼吸道窒息死亡。（10）生物物证鉴定书证实，现场地面血迹和纸箱上血迹为吴某全所留。

北京第二中级人民法院经公开审理查明：2007 年 10 月 21 日晚，被告人陈某军因琐事与吴某全发生争执，遂起意报复。当日 21 时许，陈某军与被其纠集来的闫某余、刘某、郑某东（均另案处理）在北京市怀柔区怀柔镇的北京常友物流有限公司门口附近与常某梅等人发生争执，后被劝离现场。在陈某军等人走后，常某梅等人发现吴某全倒在该物流公司仓库内。经法医鉴定，吴某全系颅脑损伤合并胃内容物阻塞呼吸道致窒息死亡。

北京第二中级人民法院经审理认为，虽然在案的法医鉴定、专家论证意见等相关证据证实现场镐把能够形成被害人吴某全的脑部损伤，部分证人的证言证实案发前只有被告人陈某军与吴某全发生过矛盾，且陈某军当时持有镐把，但在场的多名证人中，只有证人刘某一人作证称见到陈某军用右手持镐把抡了一下，但没看清具体打在哪儿，而在场的其他证人均作证称未看到陈某军持镐把打吴某全，陈某军本人也从未供认其打了吴某全，故对刘某的证言不能采信。在案证据不能形成指向陈某军作案的完整证据链，公诉机关指控陈某军犯故意伤害罪的事实不清，证据未达到确实、充分的标准，指控陈某军犯故意伤害罪不能成立。据此，依照《刑事诉讼法》第 162 条和《最高人民法院关于执行〈中华人民共和国刑事诉讼法〉若干问题的解释》第 101 条之规定，判决如下：被告人陈某军无罪。

一审宣判后，北京市人民检察院第二分院提起抗诉。抗诉意见为：证人刘某当庭证言证实其在案发当时看见陈某军持镐把击打被害人，与其在侦查阶段的证言一致，也与在案其他证人证言、鉴定结论、现场勘验检查笔录等证据互相印证，应予采信。同时，本案证据系合法收集，在内容、证明指向上形成逻辑一致性，证据的结论具有排除合理怀疑的唯一性，证据已经形成完整的证据链，足以证明被告人陈某军的犯罪事实。北京市第二中级人民法院判决为本案事实不清、证据不足，系采信证据错误导致认定事实错误。陈某军因琐事故意伤害他人身体，致人死亡，犯罪性质恶劣，情节、后果严重，社会危害性大，应以故意伤害罪追究刑事责任。

北京市人民检察院支持北京市人民检察院第二分院的抗诉意见。

北京市高级人民法院经二审审理认为，原审公诉机关指控被告人陈某军犯故意伤害罪所提供的证人证言、现场勘查笔录、尸体检验鉴定书、侦查实验笔录、刑侦专家会诊登记表、工作说明等证据，能够证明本案被害人系非正常死亡及陈某军有报复被害人的动机，但是，上述证据尚不足以证明公诉机关指控的陈某军故意伤害吴某全的事实成立。北京市人民检察院第二分院的抗诉意见及北京市人民检察院支持抗诉的意见，理由不充分，缺乏充分证据支持，不予采纳。依照《刑事诉讼法》第 236 条第 1 项之规定，裁定驳回北京市人民检察院第二分院的抗诉，维持原判。

主要问题：

1. 如何审查作为唯一直接证据的证人证言？

2. 本案能否根据间接证据定案？

裁判理由：

任何案件事实都必须有相关的证据予以证明，这是证据裁判原则的基本要求。从证据内容是否明确何人系作案人，可将证据分为直接证据和间接证据。前者如被告人供述、认识或者能够辨认出作案人的被害人陈述和证人证言，后者如证明现场留有被告人血迹、指纹、足迹等的鉴定结论，证明案件起因或者被告人作案后情况的证人证言等。对于被告人不认罪的案件，审查判断证据时，要特别注重审查其他证据能否形成完整的证据链。本案有多名证人，但只有一名证人作证称看到被告人持镐把击打被害人，其他都属于间接证据。这就要求既注重审查该证人证言的证明力，也要注意审查其他间接证据的充足度。具体分析如下：

（一）要认真审查关键证人证言的证据能力和证明力

证人证言是证人就其所感知的案件事实情况所做的陈述。相对于被告人供述和被害人陈述，证人证言对案件事实的反映较为真实，对查明案情往往有重要作用。但是，证人证言也容易受到各种主客观因素的干扰和影响，具有较强的主观性和易变性，故对证人证言必须认真审查核实。《关于办理死刑案件审查判断证据若干问题的规定》第 11 条专门规定了对证人证言应当着重审查的五项内容：（1）证言的内容是否为证人直接感知。（2）证人作证时的年龄、认知水平、记忆能力和表达能力，生理上和精神上的状态是否影响作证。（3）证人与案件当事人、案件处理结果有无利害关系。（4）证言的取得程序、方式是否符合法律及有关规定：有无使用暴力、威胁、引诱、欺骗以及其他非法手段取证的情形；有无违反询问证人应当个别进行的规定；笔录是否经证人核对确认并签名（盖章）、捺指印；询问未成年证人，是否通知了其法定代理人到场，其法定代理人是否在场等。（5）证人证言之间以及与其他证据之间能否相互印证，有无矛盾。据此，对证人证言的审查包括对证据能力和证明力的认证，然后决定采信与否。对证人证言的证据能力的审查主要包括审查证人证言的来源是否真实，证人是否有作证能力，证言的取得程序、方式是否合法。对证人证言证明力的审查，主要包括审查证人与案件有无利害关系，证人证言与其他证据之间能否印证、有无矛盾。

根据本案现有证据，可以认定被告人陈某军与被害人吴某全在案发当晚产生矛盾，陈某军具有报复吴某全的动机，且陈某军当时手中持有一根镐把。鉴于只有证人刘某作证称看见陈某军持镐把殴打吴某全，刘某的证言对陈某军是否有罪具有重大影响，且陈某军及其辩护人对刘某的证言有异议，法院依法通知刘某出庭作证，接受交叉询问。由于刘某的证言系其直接感知，刘某作证时具有作证能力，且没有证据表明刘某证言的取得程序违法，故其证言具有证据能力。但是，刘某证言的证明力很弱。主要理由是：（1）

刘某与案件有利害关系。陈某军在与吴某全发生争执后，打电话纠集刘某、郑某东、闫某余到北京常友物流公司门口，陈某军从郑某东手中拿走一根镐把，另一根镐把在刘某手中。尸检报告证实吴某全的头部系被棍棒类钝器殴打所致，案发地点又只有这两根镐把，故刘某是除陈某军外犯罪嫌疑最大的人。如确认系陈某军持镐把击打了吴某全，则可使刘某排除嫌疑。(2) 刘某的证言与其他证据之间存在矛盾。同在现场的证人郑某东在侦查阶段和庭审中始终称其没有看到陈某军持镐把打吴某全，其他在场证人的证言也不能印证刘某的证言。特别是刘某称陈某军持镐把殴打吴某全时，常某梅在劝阻闫某余和田某松，但陈某军殴打吴某全后，常某梅就上前把陈某军拉开。据此可推断，常某梅应当看见陈某军持镐把殴打吴某全，至少看到吴某全在场，才可能上前阻拦陈某军，而常某梅称其没有看到陈某军持镐把打吴某全。(3) 刘某的证言前后不一致。刘某在侦查期间共有9次证言，前3次证言均未证实陈某军打人，而从第4次证言开始则称看见陈某军用镐把打了一个人头部，且描述得越来越详细，不符合先清晰后模糊的记忆规律。因此，刘某证言的证明力很弱，不足采信。

（二）本案不能根据间接证据定案

直接证据有利于定案，是不言而喻的。在缺乏直接证据或者直接证据证明力较弱的情况下，如果间接证据能够形成完整的证据链、得出唯一结论，也可以根据间接证据定案。但运用间接证据定案，应更加慎重，遵循真实性、协调性、完整性、排他性、合理性的规则。《办理死刑案件审查判断证据若干问题的规定》第33条对此作了具体规定，即“没有直接证据证明犯罪行为系被告人实施，但同时符合下列条件的可以认定被告人有罪：（一）据以定案的间接证据已经查证属实；（二）据以定案的间接证据之间相互印证，不存在无法排除的矛盾和无法解释的疑问；（三）据以定案的间接证据已经形成完整的证明体系；（四）依据间接证据认定的案件事实，结论是唯一的，足以排除一切合理怀疑；（五）运用间接证据进行的推理符合逻辑和经验判断……”符合这些条件的，可以根据间接证据定案。

没有直接证据证明犯罪行为系被告人实施时用间接证据定案的条件。本案的唯一直接证据是证人刘某的证言，但证明力很弱，不足采信。除此之外的证据均是间接证据，但这些间接证据无法形成完整的证据链，所得出的结论不具有唯一性、排他性。

主要体现在：(1) 第一作案现场不能确定。公诉机关指控的第一作案现场是北京常友物流有限公司门口附近，但该现场没有提取到相关物证，被害人尸体的发现地点是该公司西侧B区（仓库）内西侧靠墙处，周围有擦蹭血迹、点状血迹、血泊、呕吐物、毛发、大面积擦蹭痕迹、足迹等证据，而灰色“夏新”手机是在院中央东西向矮墙北侧地上的货物间发现的。此外，证人林增证实吴某全进院后向院内西边走去时，步态未见任何异常。故现有证据既不能证明吴某全是在公司门口附近被打伤头部，也不排除尸体发现地就是其被殴打致死的地点。（2）作案工具无法确认。经法医鉴定，吴某全符合被人用条形钝器（棍棒类）打击头部致颅脑损伤合并胃内容物阻塞呼吸道窒息死亡。同时，吴某全体质特异，颅骨厚度比正常人薄约一半。通过法医会同讨论，可以排除吴某全的伤情系高空坠落造成以及被现场发现的长约7厘米的木条打击造成，不排除被从陈某军处提取的2根镐把击打造成的可能性。但是，案发次日提取陈某军使用过的镐把后，上面并未检出相关血迹和指纹。（3）有一些疑点尚未得到合理解释。现场勘查发现，吴某全的足印在西数第二列纸箱顶部及下层纸箱上，但吴某全为何要去西边库房，为何要爬上叠放的纸箱子；吴某全的尸体在仓库内西侧靠墙处，为何其手机在院内矮墙处被发现；现场仓库有很多灰尘，为何除吴某全的足迹外，没有其他人的足迹。这些疑问都没有得到合理的解释和排除。

综上，虽然可以认定陈某军与被害人吴某全存在矛盾，陈某军当晚纠集他人到现场，且其本人持有镐把，不排除具有故意伤害的犯罪动机，但现有证据无法锁定系陈某军实施了故意伤害吴某全的行为，证据达不到定罪所要求的确实、充分的程度。根据《刑事诉讼法》第162条之规定，法院应当作出证据不足、指控的犯罪不能成立的无罪判决。

5. 陈某故意杀人、放火案——除了有罪供述外无其他证据，不能仅以此用来作为定案依据[①]

基本案情：

原审被告人陈某，男，1963年2月18日出生，汉族，四川省富县人，高中文化，无业，户籍所在地四川省绵竹县水电局宿舍3单元12号。因本案于1992年12月28日被收容审查，1993年9月25日被逮捕。现在海南省美兰监狱服刑。

海口市人民检察院指控原审被告人陈某犯故意杀人罪一案，海口市中级

① 浙江省高级人民法院（2015）浙刑再字第2号刑事判决书。

人民法院于1994年11月9日作出（1994）海中刑初字第19号刑事判决，以故意杀人罪，判处陈某死刑，缓期二年执行，剥夺政治权利终身；以放火罪，判处其有期徒刑九年，决定执行死刑，缓期二年执行，剥夺政治权利终身。宣判后，海口市人民检察院不服，提出抗诉，海南省人民检察院支持抗诉。海南省高级人民法院经依法公开开庭审理，于1999年4月15日作出（1994）琼刑终字第81号刑事裁定，驳回抗诉，维持原判。裁判生效后，陈某不服，向最高人民检察院提出申诉。2015年2月10日，最高人民检察院作出高检刑申抗（2015）1号刑事抗诉书，按照审判监督程序向最高人民法院提出抗诉。最高人民法院于同年4月24日作出（2015）刑抗字第2号再审决定书，决定将本案指令浙江省高级人民法院再审。

审理情况：

海口市中级人民法院一审判决认定，1992年1月，被告人陈某搬到海口市上坡下村109号被害人钟某宽所在公司的住房租住。其间，陈某因未交房租等，与钟某宽发生矛盾，钟某宽声称要向公安机关告发陈某私刻公章帮他人代办工商执照之事，并于同年12月17日要求陈某搬出上坡下村109号房。陈某怀恨在心，遂起杀害钟某宽的歹念。同年12月25日晚7时许，陈某发现上坡下村地面停电并得知钟某宽要返回四川老家，便从宁屯大厦至上坡下村109号，见钟某宽正在客厅喝酒，便与其聊天，随即陈某进入房间从厨房拿起菜刀一把，趁钟某宽不备，朝钟某宽的头部、颈部、躯干部等处连砍数刀，致钟某宽当即死亡。接着，陈某将厨房的煤气罐搬到钟某宽的卧室的门口，用打火机点着火焚尸灭迹。大火烧毁了钟某宽住室、床及办公桌等家具，经消防队员及时赶到，才将大火扑灭。经法医鉴定，钟某宽身有多处锐器伤、颈动脉被割断造成失血性休克死亡。

一审判决认为，被告人陈某因债务纠纷而将他人杀死，并焚尸灭迹，其行为已构成故意杀人罪，且情节特别恶劣，后果特别严重，应依法严惩。此外，陈某为湮灭罪迹，纵火焚尸，在人口密集的住宅区放火，危害公共安全，又构成放火罪，应予数罪并罚。遂根据相关法律规定，作出前述判决。

海口市人民检察院抗诉提出，被告人陈某蓄意杀人，手段残忍，情节特别恶劣，后果特别严重，社会影响极坏，依法应予严惩；陈某没有任何法定或酌定从轻处罚条件；原判认为陈某犯罪“事实清楚、证据充分”“且情节特别恶劣，后果特别严重，应予严惩”，但对其量刑时却适用死刑缓期二年执行，显然过轻，未充分体现罪刑相一致的原则，应判处其死刑立即执行。

海南省人民检察院支持抗诉认为，原审被告人陈某有罪供述交代的犯罪动机、犯罪过程与现场勘查笔录、法医检验报告、证人证言完全一致，陈某作案手段凶残，情节特别恶劣，没有法定从轻处罚的情节，一审判决判处其死刑缓期二年执行不当，应当撤销原判，判处陈某死刑，剥夺政治权利终身。

原审被告人陈某及其辩护人均提出，认定陈某杀死钟某宽在作案时间上不成立，所依据的间接证据由于不确实且相互矛盾，不能起到证明犯罪事实的作用，陈某在侦查阶段所作的有罪供述系诱供、逼供所致，本案没有确实、充分的证据证明陈某犯罪，应当作出证据不足，指控的犯罪不能成立的无罪判决。

海南省高级人民法院二审裁定认定的事实与一审判决基本一致。

二审裁定认为，原审被告人陈某因欠债不还与钟某宽发生矛盾，被钟某宽以揭露其违法行为要挟，竟怀恨在心，目无国法，持刀将钟某宽杀死，又不顾左邻右舍的安危，在人口密集的作案现场放火焚尸，其行为已分别构成故意杀人罪和放火罪，手段残忍，情节恶劣，后果严重，依法应予严惩。抗诉机关的抗诉理由并无不当，但考虑到本案的具体情况，对陈某可不立即执行死刑。辩护人关于陈某无作案时间及认定其作案证据不足等辩护意见与事实不符，不予采纳。原判认定事实清楚，证据确实、充分，定罪准确，量刑适当，审判程序合法。遂根据相关法律规定，作出前述裁定。

再审中原审被告人陈某及其辩护人均提出，本案有众多证人证言证明陈某没有作案时间，侦查机关也没有收集到认定陈某犯故意杀人罪、放火罪的直接证据，而其他间接证据没有形成一个严密、完整的证据体系，如无陈某的有罪供述，并无其他证据证明陈某杀人、放火的事实。陈某的有罪供述与案件事实和已查实的证据具有不可调和的矛盾，侦查人员采用了刑讯逼供等非法手段获取陈某的有罪供述，是原裁判据以定罪的主要证据，陈某有罪供述的合法性和真实性存在疑问。证明陈某实施了故意杀人、放火犯罪的证据严重不足，不能认定陈某就是杀人凶手。证明陈某没有实施犯罪的证据确实、充分。本案不能排除其他人作案的可能性。应对陈某宣告无罪。

出庭检察员认为，原裁判认定原审被告人陈某实施杀人、放火行为的主要证据除陈某曾作过的有罪供述外，其他证据均不能证实本案系陈某所为。作为定罪主要证据陈某有罪供述与现场勘查笔录、证人证言等其他在案证据存在矛盾，供述的真实性、合法性存在疑问，且有罪供述中的一些情节得不到其他证据印证。本案没有任何指向陈某作案的客观性证据和技术性证据，作案工具难以认定，相关物证在侦查阶段已经丢失，没有在法院庭审中举证、质证，依法不能作为定案的依据，无法对有罪供述起到印证作用。本案侦查机关取证的合法性存在疑问，但除陈某的辩解外，没有其他证据能够证明存在采用刑讯逼供等非法手段收集犯罪嫌疑人供述的行为。原裁判认定事实的证据不确实、不充分，认定的事实不具有唯一性和排他性。依法应当宣告陈某无罪。

裁判理由：

浙江省高级人民法院经再审查明，原裁判认定原审被告人陈某于1992年1月到海口市振东区上坡下村109号向被害人钟某宽租房居住，案发前搬离，同年12月25日晚7时许，钟某宽被人杀死在上坡下村109号一楼东卧室，中心现场被人放火焚尸灭迹的事实清楚。但原裁判认定系原审被告人陈某杀死被害人钟某宽并焚尸灭迹的事实不清，证据不足。

（一）原裁判据以认定案件事实主要证据的有罪供述不能作为定案依据

本案原裁判认定原审被告人陈某故意杀人、放火的事实，主要是依据陈某的有罪供述与现场勘查笔录、法医检验报告反映的情况基本相符来定案。但陈某的有罪供述存在以下问题：

1. 原审被告人陈某的有罪供述不稳定。经再审查实，陈某在侦查阶段的供述经历了从不承认犯罪，到承认犯罪，又否认犯罪，再又承认犯罪的多次反复，到检察机关审查起诉阶段和原一、二审审理时全面翻供。

2. 原审被告人陈某关于作案时间、进出现场、杀人凶器、作案手段、作案过程以及对作案时着装的处理等主要情节的供述不仅前后矛盾，而且与在案的现场勘查笔录、法医检验报告、证人证言等证据所反映的情况不符。如陈某供称，其持平头菜刀趁被害人钟某宽不备朝钟某宽的头部、颈部、躯干部等处连砍数刀，与现场勘查笔录及照片、法医检验报告及照片，以及再审阶段浙江省人民检察院技术处出具的《技术性证据审查意见书》（以下简称《审查意见》）等证据反映的情况不符。上述证据证实，钟某宽尸体头面部、双手等部位的多处损伤系由带有尖端和锋利面的凶器所形成，而不能由平头菜刀形成。

3. 原审被告人陈某供述将自己工作证留在现场的动机得不到合理解释。侦查机关将本案凶手锁定为陈某的关键证据，是在钟某宽的裤袋里发现了陈某的工作证。陈某曾供述，将自己原来的工作证放在钟某宽的裤袋里是为了让人误以为死者是自己，以逃避他人追债。但杨某春、章某胜、刘某生、陆某昌、肖某、罗某毅、陈某达等多名证人证言，证明未发现案发后陈某有任何异常，陈某也不存在有意躲藏、躲避他人的情形。

因此，原裁判据以定案的主要证据，即陈某的有罪供述及辨认笔录的客观性、真实性存疑，依法不能作为定案依据。

（二）本案除原审被告人陈某有罪供述外无其他证据指向陈某作案

1. 收集在案的现场勘查笔录、法医检验报告等证据不能证明原审被告人陈某作案。火灾原因认定书、现场勘查笔录及照片、物证照片、法医检验报告及照片、法医物证检验报告等证据仅能证明被害人钟某宽被人杀害，作案现场被人为纵火的事实。

2. 案发现场提取的物证无法对原审被告人陈某的有罪供述起到印证作用。据现场勘查笔录等证据反映，侦查人员在案发现场收集到大量物证，包括带血的白衬衣、海南日报、卫生纸、破碎的酒瓶、散落在现场的多把刀具、陈某的工作证等，案内证据未显示侦查机关是否对上述物证进行过指纹、血迹鉴定，对白衬衣、工作证等物证没有进行照相留存，而且上述物证在原一审庭审前均已丢失，原一、二审庭审中也未出示上述物证，没有进行举证、质证，不能作为定案的依据。

3. 原裁判认定的作案凶器难以确认。原裁判认定原审被告人陈某杀死被害人钟某宽的凶器是案发当日侦查人员从案发现场厨房砧板上提取，并经陈某辨认的一把锈迹斑斑的木柄平头菜刀。根据现场勘查笔录和法医检验报告及照片、《审查意见》等证据证实，钟某宽被害前曾遭挟制并因反抗而与作案人发生过剧烈的打斗，其头、面、颈部及双手有二十多处损伤，系遭到过一类有尖端凶器一二十次的作用过程所导致，其中尸体颈部有一横行切割创口，长度约25厘米，深至颈椎前缘，气管、左侧颈总静脉和右侧颈总动脉被割断，导致其死亡。陈某有罪供述交代并辨认过的作案工具平头菜刀，难以形成导致钟某宽死亡的相关损伤。

4. 在案证人证言只是证明了发案时的相关情况、案发前后原审被告人陈某的活动情况以及陈某与被害人钟某宽的关系等，无法证明陈某实施了杀死钟某宽并焚尸灭迹的行为。

综上所述，原裁判认定原审被告人陈某杀死被害人钟某宽并焚尸灭迹的事实不具有唯一性和排他性，再审不予认定，检、辩双方对此所提的意见应予采纳。

再审中，原审被告人陈某及其辩护人均提出，侦查机关采用了刑讯逼供等非法手段获取陈某的有罪供述。出庭检察员认为，虽然本案侦查机关取证的合法性存在疑问，但除陈某的辩解外，没有其他证据能够证明本案存在采用刑讯逼供等非法手段收集陈某供述的行为。经再审审查，出庭检察员的意见成立，予以采纳。

原裁判认定原审被告人陈某杀死被害人钟某宽并放火焚尸灭迹的事实不清，证据不足，指控的犯罪不能成立，依法应予改判纠正。检、辩双方要求撤销原裁判，宣告陈某无罪的意见成立，均予以采纳。本案经本院审判委员会讨论决定，依照《刑事诉讼法》《刑诉法解释》之有关规定，判决如下：

一、撤销海南省高级人民法院（1994）琼刑终字第 81 号刑事裁定和海口市中级人民法院（1994）海中刑初字第 19 号刑事判决；

二、原审被告人陈某无罪。

第五十六条　采用刑讯逼供等非法方法收集的犯罪嫌疑人、被告人供述和采用暴力、威胁等非法方法收集的证人证言、被害人陈述，应当予以排除。收集物证、书证不符合法定程序，可能严重影响司法公正的，应当予以补正或者作出合理解释；不能补正或者作出合理解释的，对该证据应当予以排除。

在侦查、审查起诉、审判时发现有应当排除的证据的，应当依法予以排除，不得作为起诉意见、起诉决定和判决的依据。

[条文主旨]

本条是关于非法证据排除规则的规定。

[条文释解]

本条系 2012 年《刑事诉讼法》修订中增加的条款，第 54 条规定：“采用刑讯逼供等非法方法收集的犯罪嫌疑人、被告人供述和采用暴力、威胁等非法方法收集的证人证言、被害人陈述，应当予以排除。收集物证、书证不符合法定程序，可能严重影响司法公正的，应当予以补正或者作出合理解释；不能补正或者作出合理解释的，对该证据应当予以排除。在侦查、审查起诉、审判时发现有应当排除的证据的，应当依法予以排除，不得作为起诉意见、起诉决定和判决的依据。”2018 年《刑事诉讼法》未修改。

一、证据规则

证据规则，又称证据法则，是指为了规范刑事诉讼中的证明活动而设定的，在诉讼证明过程中必须遵循的关于证据取舍和运用的法律规则，其目的是解决证据是否“合格”以及证明力的问题。证据规则与证据原则的区别在于证据原则是基础性的准则，而证据规则是具体运用某项证据而适用的准则。对诉讼主体的证明活动而言，证据规则有两方面的作用，一是在诉讼活动中规范诉讼各方的取证和举证行为，二是在根据证据认定事实时限制对证据的自由取舍。证据规则要求控、辩双方在符合程序正义观念的前提下，理性地收集和运用证据，公平地进行攻击和防御活动，控辩双方按照证据规则进行的诉讼过程及其结果由此而具有正当性。与此同时，通过证据规则对法官形成内心确信过程进行有效制约，整个诉讼程序的中心——公正裁判的价值才真正得以实现。比较完善的证据规则，一方面有助于科学、准确地利用证据对案件进行实体处理，另一方面在制度层面上，它能够与诉讼制度乃至司法制度形成良性互动，体现程序正义的要求，有利于实现司法公正。

二、非法证据及其法律效力

非法证据，是指办案人员违反法律规定的权限、程序或以其他不正当方法获得的证据。对于非法证据的法律效力问题，大体上有三种观点：

1. 否定说。这种观点主张，凡是以违反诉讼程序的方法获得的证据，无论真实与否，都不具有法律效力，不能作为定案的根据，应当完全排除。因为法律已明文规定“严禁刑讯逼供和以威胁、引诱、欺骗及其他非法方法收集证据”，这项规定应当得到严格的遵守和执行，否则就会助长违法行为，后患无穷。

2. 肯定说。这种观点认为应把非法手段与证据区别开来，对非法取证行为可视情节轻重予以追究、处理，但不能因手段非法而否认“客观真实”的“非法取得的证据”的价值。违法取得的证据材料，经查证属实的，具有证据能力，可以作为定案的证据。因为，我国证据制度的核心是“实事求是”，不能因为形式上的“非法”而否认其“实质上的真实性”。并且，这样做有助于防止因证据不足而放纵真正的犯罪分子，同时也不会使无辜的人被追究刑事责任。

3. 折中说。这种观点主张对非法取得的证据不能“一刀切”，而应分不同情况区别对待。折中说学者对非法证据进行划分的方式又有不同，主要有以下三种：(1) 线索转化说。这种观点认为非法证据不具有法律效力，但可以把它当作发现和收集刑事证据的线索，采用合法程序和方法重新取证，然后区别对待，去伪存真。(2) 区别对待说。这种观点主张因证据类型的不同而区别对待，即非法取得的口供无效，因为刑事诉讼中，人的主观性的言词很难辨别真伪，采用非法手段获取的这些言词证据潜在的虚假性和违法性远远大于通过相同方式获得的实物证据的虚假性和违法性。而对于物证，因其不会因收集程序和方法非法而改变性质，故可以承认其证据效力。(3) 原则排除加例外说。这种观点认为非法证据原则上不具有法律效力，但又存在若干例外，即在某些特殊情况下，非法证据有法律效力。还有学者具体设计了非法证据可以不予排除的例外情形。即第一，排除非法证据，可能会危及国家重大利益的（如国家安全、政权与统一）。第二，司法人员出于过失或情况紧急，缺少或未履行某种具体手续（如签名、盖章等）而不涉及公民人身权或者对公民人身权侵害显著轻微的，而将其排除不利于维护正常社会秩序的。第三，以侵犯被告人的诉讼权利获得的实物证据，被告人申请采用的。第四，非法证据材料为无罪证明的。第五，综合各种因素（如非法取证行为时的条件、违法的严重程度、频发性以及行为人主观心态、案件的性质及危害程度）而应当采用的其他情况。这些情形下非法取得的证据可以予以采用。

三、我国现行非法证据排除规则

《关于办理刑事案件严格排除非法证据若干问题的规定》是我国第一份专门规定非法证据排除问题的司法文件。该规定明确了两大类非法证据，即言词证据和实物证据。第 1 条即明确规定：“采用刑讯逼供等非法手段取得的犯罪嫌疑人、被告人供述和采用暴力、威胁等非法手段取得的证人证言、被害人陈述，属于非法言词证据。”第 14 条对于非法实物证据也首次作了规定：“物证、书证的取得明显违反法律规定，可能影响公正审判的，应当予以补正或者作出合理解释，否则，该物证、书证不能作为定案的根据。”该规定还为非法证据的排除设置了一套具体的操作规程，其中包括了“程序启动、法庭初步调查、控方证明、双方质证、法庭处理”五个步骤。其中，控方被分配了较为严格的证明义务，即证实其取得证据的合法性，必须达到“确实、充分”的程度，否则证据将被排除。由此可见，目前我国已经初步形成了非法证据排除规则的基本框架。

2012年《刑事诉讼法》修订中吸收了上述非法证据排除规则的基本内容，2018年《刑事诉讼法》第52条第1款规定："审判人员、检察人员、侦查人员必须依照法定程序，收集能够证实犯罪嫌疑人、被告人有罪或者无罪、犯罪情节轻重的各种证据。严禁刑讯逼供和以威胁、引诱、欺骗以及其他非法方法收集证据，不得强迫任何人证实自己有罪。"这一规定确立了严禁非法取证的原则，对于非法收集的证据的效力，《刑事诉讼法》第56条同时规定："采用刑讯逼供等非法方法收集的犯罪嫌疑人、被告人供述和采用暴力、威胁等非法方法收集的证人证言、被害人陈述，应当予以排除。收集物证、书证不符合法定程序，可能严重影响司法公正的，应当予以补正或者作出合理解释；不能补正或者作出合理解释的，对该证据应当予以排除。在侦查、审查起诉、审判时发现有应当排除的证据的，应当依法予以排除，不得作为起诉意见、起诉决定和判决的依据。"在《刑事诉讼法》中明确规定非法证据排除规则，使得我国关于非法证据排除规定的效力位阶从司法解释上升到国家基本法律的高度，进一步完善了我国的非法证据排除制度，有利于防范侦查人员对公民权利的不当侵犯，规范刑事侦查行为，维护司法公正，也符合国际刑事诉讼立法趋势，应当予以充分肯定。在司法适用的过程中，把握修正后《刑事诉讼法》规定的非法证据排除制度，要注意把握以下几方面的内容：

1. 对于采用刑讯逼供等非法方法收集的犯罪嫌疑人、被告人供述和采用暴力、威胁等非法方法收集的证人证言、被害人陈述，应当一律予以排除。证人证言、被害人陈述、犯罪嫌疑人、被告人供述系言词证据，可变性较强，容易受到外界的干扰形成有违案件事实的证据。因此，采用刑讯逼供、暴力、威胁等方法非法收集证据，证人、被害人、犯罪嫌疑人、被告人形成的证据容易违背真实情况，形成虚假的证据材料。因此，各国对采用刑讯逼供、暴力、威胁等方法非法收集的言词证据，通常都是规定绝对排除。《刑事诉讼法》也坚持了这一立场，对非法言词证据绝对予以排除。

概言之，所谓非法言词证据，就是违反法律规定收集的证人证言、被害人陈述、犯罪嫌疑人、被告人供述等证据。根据《刑事诉讼法》第56条的规定，非法言词证据可以大致划分为两类：（1）采用刑讯逼供等非法方法收集的犯罪嫌疑人、被告人供述。刑讯逼供是指司法工作人员对犯罪嫌疑人、被告人使用肉刑或者变相肉刑，逼取口供的行为。所谓肉刑和变相肉刑，主要是指吊打、捆绑以及其他折磨人的肉体和精神的方法，如罚站、罚跪、冻饿、日晒、雨淋、火烤、“车轮战”、不准睡眠等，以达到使犯罪嫌疑人、被告人在不堪忍受肉体和精神痛苦的情况下予以供述。不仅对于采取肉刑或者变相肉刑收集的犯罪嫌疑人、被告人供述应当排除，而且对于以威胁、引诱、欺骗以及其他违反法律规定的方法收集的犯罪嫌疑人、被告人供述也应当予以排除。（2）采用暴力、威胁等非法方法收集的证人证言、被害人陈述。所谓采用暴力方法收集的证人证言、被害人陈述，是指司法工作人员采用肉刑或者变相肉刑所获取的证人证言、被害人陈述。而采用威胁方法收集的证人证言、被害人陈述，是指司法工作人员虽未采用暴力手段，但对证人、被害人进行心理上的强制所获取的证人证言、被害人陈述。这里威胁的内容，既可以是针对被害人、证人及其亲友的人身暴力的内容，也可以是以揭发其隐私，破坏其人格、名誉等威胁内容。

2. 对于违反法律规定收集的物证、书证，应当有选择地予以排除。物证、书证属于实物证据的范畴，实物证据不同于言词证据，具有不以人的意志为转移的客观性，故不宜根据其获取手段的非法性作一律排除。基于对我国经济社会发展情况和现实司法实践，修正案采纳了相对的非法证据排除规则，收集物证、书证不符合法定程序，可能严重影响司法公正的，应当予以补正或者作出合理解释；不能补正或者作出合理解释的，对该证据应当予以排除。

对于《刑事诉讼法》第 56 条第 1 款规定的违反法定程序收集物证、书证，是否“可能严重影响司法公正”，可以根据案件的具体情况予以判断。一般而言，可以考量以下情节：（1）收集物证、书证行为违反法定程序的程度。非法收集物证、书证行为的违法行为，既可能是违反法律规定的违法行为，也可能是涉嫌或者构成刑讯逼供罪、暴力取证罪或者其他犯罪的犯罪行为。因此，可以从收集物证、书证行为的非法性程度判断该收集行为是否可能严重影响司法公正。通常而言，收集物证、书证行为涉嫌或者构成犯罪的，该违反法定程序收集物证、书证的行为可以认定为“可能严重影响司法公正”。（2）违反法定程序收集物证、书证的司法工作人员的主观罪过。司法工作人员在非法收集物证、书证的过程中，既可能存在故意，也可能存在过失。对于违反法定程序收集物证、书证的行为，主观罪过程度轻，且没有其他严重情节的，一般不宜认定为“可能严重影响司法公正”。（3）违反法定程序收集物证、书证的重要性程度。非法收集物证、书证的情况较为复杂，既可能是整个案件的关键性证据，也可能是一般证据，甚至是一些无关紧要的证据。如果关键性证据系违反法律规定收集的，则可能“可能严重影响司法公正”。（4）违反法定程序收集物证、书证手段所侵害的法益及其程度。违反法律规定收集物证、书证可能有多种手段，有直接针对生命、健康的侵害，也有针对其他人身权利的侵害，还有仅仅是采用威胁、欺骗等手段；程度也可能有多种，有严重的侵害，也有较为轻微的侵害。一般而言，非法收集物证、书证的手段对于生命、健康造成严重侵害的，应认定为“可能严重影响司法公正”。

3. 对于以非法手段获取的其他种类证据，宜根据《刑事诉讼法》第 56 条第 1 款确立的原则具体把握。根据《刑事诉讼法》第 50 条的规定，除前述证据种类外，还存在鉴定意见，勘验、检查、辨认、侦查实验等笔录，视听资料，电子数据等证据种类。一般而言，鉴定意见和勘验、检查、辨认、侦查实验等笔录不容易出现伪造、篡改或者故意作虚假鉴定等情形，对于出现上述情形的，自然应当排除，不能作为定案的根据。但是，对于视听资料和电子数据，却可能存在司法工作人员违反法律规定收集这两类证据的情形。对于以非法手段获取的视听资料和电子数据的排除规则，根据《刑事诉讼法》第 56 条第 1 款确立的原则具体把握，即对于言词证据应当一律予以排除，对于实物证据应有选择的予以排除。对于收集视听资料、电子数据违反法定程序，可能严重影响司法公正的，应当予以补正或者作出合理解释；不能补正或者作出合理解释的，对该证据应当予以排除。至于在讯问犯罪嫌疑人、被告人，询问证人、被害人时的录音录像资料、所制作成的电子数据等，虽然以视听资料和电子数据的形式存在，但宜将其认定为证人证言、被害人陈述、犯罪嫌疑人、被告人的供述，因此，对于违反法律规定获得的这些证据就属于非法言词证据，自然应当绝对排除。

[配套规定]

1. 《最高人民法院关于适用〈中华人民共和国刑事诉讼法〉的解释》（法释［2012］21 号）（节录）

第九十五条　使用肉刑或者变相肉刑，或者采用其他使被告人在肉体上或者精神上遭受剧烈疼痛或者痛苦的方法，迫使被告人违背意愿供述的，应当认定为刑事诉讼法第五十四条规定的“刑讯逼供等非法方法”。

认定刑事诉讼法第五十四条规定的“可能严重影响司法公正”，应当综合考虑收集物证、书证违反法定程序以及所造成后果的严重程度等情况。

2.《人民检察院刑事诉讼规则》（高检发释字［2019］4号）（节录）

第六十六条 对采用刑讯逼供等非法方法收集的犯罪嫌疑人供述和采用暴力、威胁等非法方法收集的证人证言、被害人陈述，应当依法排除，不得作为移送审查逮捕、批准或者决定逮捕、移送起诉以及提起公诉的依据。

第六十七条 对采用下列方法收集的犯罪嫌疑人供述，应当予以排除：

（一）采用殴打、违法使用戒具等暴力方法或者变相肉刑的恶劣手段，使犯罪嫌疑人遭受难以忍受的痛苦而违背意愿作出的供述；

（二）采用以暴力或者严重损害本人及其近亲属合法权益等进行威胁的方法，使犯罪嫌疑人遭受难以忍受的痛苦而违背意愿作出的供述；

（三）采用非法拘禁等非法限制人身自由的方法收集的供述。

第六十八条 对采用刑讯逼供方法使犯罪嫌疑人作出供述，之后犯罪嫌疑人受该刑讯逼供行为影响而作出的与该供述相同的重复性供述，应当一并排除，但下列情形除外：

（一）侦查期间，根据控告、举报或者自己发现等，公安机关确认或者不能排除以非法方法收集证据而更换侦查人员，其他侦查人员再次讯问时告知诉讼权利和认罪认罚的法律规定，犯罪嫌疑人自愿供述的；

（二）审查逮捕、审查起诉期间，检察人员讯问时告知诉讼权利和认罪认罚的法律规定，犯罪嫌疑人自愿供述的。

第六十九条 采用暴力、威胁以及非法限制人身自由等非法方法收集的证人证言、被害人陈述，应当予以排除。

第七十条 收集物证、书证不符合法定程序，可能严重影响司法公正的，人民检察院应当及时要求公安机关补正或者作出书面解释；不能补正或者无法作出合理解释的，对该证据应当予以排除。

对公安机关的补正或者解释，人民检察院应当予以审查。经补正或者作出合理解释的，可以作为批准或者决定逮捕、提起公诉的依据。

3.《公安机关办理刑事案件程序规定》（2012年12月13日公安部令第127号）（节录）

第六十七条 采用刑讯逼供等非法方法收集的犯罪嫌疑人供述和采用暴力、威胁等非法方法收集的证人证言、被害人陈述，应当予以排除。

收集物证、书证违反法定程序，可能严重影响司法公正的，应当予以补正或者作出合理解释；不能补正或者作出合理解释的，对该证据应当予以排除。

在侦查阶段发现有应当排除的证据的，经县级以上公安机关负责人批准，应当依法予以排除，不得作为提请批准逮捕、移送审查起诉的依据。

人民检察院认为可能存在以非法方法收集证据情形，要求公安机关进行说明的，公安机关应当及时进行调查，并向人民检察院作出书面说明。

4.《关于办理刑事案件严格排除非法证据若干问题的规定》

第一条 严禁刑讯逼供和以威胁、引诱、欺骗以及其他非法方法收集证据，不得强迫任何人证实自己有罪。对一切案件的判处都要重证据，重调查研究，不轻信口供。

第二条 采取殴打、违法使用戒具等暴力方法或者变相肉刑的恶劣手段，使犯罪嫌疑人、被告人遭受难以忍受的痛苦而违背意愿作出的供述，应当予以排除。

第三条 采用以暴力或者严重损害本人及其近亲属合法权益等进行威胁的方法，使犯罪嫌疑人、被告人遭受难以忍受的痛苦而违背意愿作出的供述，应当予以排除。

第四条 采用非法拘禁等非法限制人身自由的方法收集的犯罪嫌疑人、被告人供述，应当予以排除。

第五条 采用刑讯逼供方法使犯罪嫌疑人、被告人作出供述，之后犯罪嫌疑人、被告人受该刑讯逼供行为影响而作出的与该供述相同的重复性供述，应当一并排除，但下列情形除外：

（一）侦查期间，根据控告、举报或者自己发现等，侦查机关确认或者不能排除以非法方法收集证据而更换侦查人员，其他侦查人员再次讯问时告知诉讼权利和认罪的法律后果，犯罪嫌疑人自愿供述的；

（二）审查逮捕、审查起诉和审判期间，检察人员、审判人员讯问时告知诉讼权利和认罪的法律后果，犯罪嫌疑人、被告人自愿供述的。

第六条 采用暴力、威胁以及非法限制人身自由等非法方法收集的证人证言、被害人陈述，应当予以排除。

第七条 收集物证、书证不符合法定程序，可能严重影响司法公正的，应当予以补正或者作出合理解释；不能补正或者作出合理解释的，对有关证据应当予以排除。

第八条 侦查机关应当依照法定程序开展侦查，收集、调取能够证实犯罪嫌疑人有罪或者无罪、罪轻或者罪重的证据材料。

第九条 拘留、逮捕犯罪嫌疑人后，应当按照法律规定送看守所羁押。犯罪嫌疑人被送交看守所羁押后，讯问应当在看守所讯问室进行。因客观原因侦查机关在看守所讯问室以外的场所进行讯问的，应当作出合理解释。

第十条 侦查人员在讯问犯罪嫌疑人的时候，可以对讯问过程进行录音录像；对于可能判处无期徒刑、死刑的案件或者其他重大犯罪案件，应当对讯问过程进行录音录像。

侦查人员应当告知犯罪嫌疑人对讯问过程录音录像，并在讯问笔录中写明。

第十一条 对讯问过程录音录像，应当不间断进行，保持完整性，不得选择性地录制，不得剪接、删改。

第十二条 侦查人员讯问犯罪嫌疑人，应当依法制作讯问笔录。讯问笔录应当交犯罪嫌疑人核对，对于没有阅读能力的，应当向他宣读。对讯问笔录中有遗漏或者差错等情形，犯罪嫌疑人可以提出补充或者改正。

第十三条 看守所应当对提讯进行登记，写明提讯单位、人员、事由、起止时间以及犯罪嫌疑人姓名等情况。

看守所收押犯罪嫌疑人，应当进行身体检查。检查时，人民检察院驻看守所检察人员可以在场。检查发现犯罪嫌疑人有伤或者身体异常的，看守所应当拍照或者录像，分别由送押人员、犯罪嫌疑人说明原因，并在体检记录中写明，由送押人员、收押人员和犯罪嫌疑人签字确认。

第十四条 犯罪嫌疑人及其辩护人在侦查期间可以向人民检察院申请排除非法证据。对犯罪嫌疑人及其辩护人提供相关线索或者材料的，人民检察院应当调查核实。调查结论应当书面告知犯罪嫌疑人及其辩护人。对确有以非法方法收集证据情形的，人民检察院应当向侦查机关提出纠正意见。

侦查机关对审查认定的非法证据，应当予以排除，不得作为提请批准逮捕、移送审查起诉的根据。

对重大案件，人民检察院驻看守所检察人员应当在侦查终结前询问犯罪嫌疑人，核查是否存在刑讯逼供、非法取证情形，并同步录音录像。经核查，确有刑讯逼供、非法取证情形的，侦查机关应当及时排除非法证据，不得作为提请批准逮捕、移送审查起诉的根据。

第十五条 对侦查终结的案件，侦查机关应当全面审查证明证据收集合法性的证据材料，依法排除非法证据。排除非法证据后，证据不足的，不得移送审查起诉。

侦查机关发现办案人员非法取证的，应当依法作出处理，并可另行指派侦查人员重新调查取证。

第十六条 审查逮捕、审查起诉期间讯问犯罪嫌疑人，应当告知其有权申请排除非法证据，并告知诉讼权利和认罪的法律后果。

第十七条 审查逮捕、审查起诉期间，犯罪嫌疑人及其辩护人申请排除非法证据，并提供相关线索或者材料的，人民检察院应当调查核实。调查结论应当书面告知犯罪嫌疑人及其辩护人。

人民检察院在审查起诉期间发现侦查人员以刑讯逼供等非法方法收集证据的，应当依法排除相关证据并提出纠正意见，必要时人民检察院可以自行调查取证。

人民检察院对审查认定的非法证据，应当予以排除，不得作为批准或者决定逮捕、提起公诉的根据。被排除的非法证据应当随案移送，并写明为依法排除的非法证据。

第十八条 人民检察院依法排除非法证据后，证据不足，不符合逮捕、起诉条件的，不得批准或者决定逮捕、提起公诉。

对于人民检察院排除有关证据导致对涉嫌的重要犯罪事实未予认定，从而作出不批准逮捕、不起诉决定，或者对涉嫌的部分重要犯罪事实决定不起诉的，公安机关、国家安全机关可要求复议、提请复核。

[参考案例]

1. 郑某文贪污、受贿、滥用职权案——采用威胁手段获取的证据应当予以排除①

基本案情：

被告人郑某文，男，1943 年 8 月 14 日出生，原系汕头海关副关长、党组成员兼调查局局长。

广东省广州市人民检察院以被告人郑某文犯贪污罪、受贿罪和滥用职权罪，向广州市中级人民法院提起公诉。其中，对受贿罪部分的犯罪事实指控如下（其他指控内容略）：

---

① 最高人民法院刑事审判第一、二、三、四、五庭：《刑事审判参考》总第 106 集。

1998年8月，被告人郑某文（时任汕头海关副关长兼调查局局长）接到李某辉（时任汕头海关调查局综合处处长）的报告称，汕头海关在处理“青油8”走私棕榈油、大豆油一案过程中，发现涉案油料被盗。郑某文指示李某辉调查后发现涉案走私油系被原货主汕头保税区伟建贸易公司（以下简称伟建公司）的法定代表人李某平盗走，郑某文随即指示李某辉安排李某平参加原定涉案走私油的公开拍卖以及确保他竞投成功后缴款，并指使汕头经济特区拍卖行总经理翁某川配合空拍，企图以此掩盖其海关相关人员监管涉案走私油失职等。1998年9月5日，拍卖行对涉案走私油依原定程序公开拍卖，李某平以汕头经济特区鸿成发展公司的名义竞投成功，成交价为每吨人民币（以下币种相同）8060元，总价24106557.28元。

1998年9月5日拍卖成交当晚，李某平约郑某文在汕头市衡山路旁的绿化带见面，向其贿送40万元，对郑某文在处理该批食用油过程中提供的帮助表示感谢，并请求降低拍卖成交价。郑某文收受该款后，用于个人支配使用。

被告人郑某文及其辩护人均否认起诉书指控的受贿犯罪事实，提出在侦查阶段，侦查人员以抓捕其家属相威胁，进行疲劳审讯，并以取保候审相诱惑，其在侦查阶段对收受贿款部分的供述系侦查人员非法取得，应当依法排除。同时，辩护人还认为，证人证言与被告人供述有矛盾，不能相互印证，公诉机关指控被告人犯受贿罪的事实不清，证据不充分，被告人不构成受贿罪。

广州市中级人民法院经公开审理查明后认为，李某平交待的行贿细节与被告人郑某文的供述存在不吻合之处，且郑某文当庭否认受贿，提出侦查办案人员以取保候审相利诱和以抓捕其子女相威胁获取其有罪供述，公诉机关未能提出有罪供述系合法取得的相关证据，故相关有罪供述依法应当排除。综合全案，在无其他证据佐证的情况下，公诉机关指控郑某文犯受贿罪的证据不足，故有关郑某文犯受贿罪的指控不能成立。

一审宣判后，广州市人民检察院提出抗诉，广东省人民检察院支持抗诉，认为本案在侦查过程中虽然存在侦查机关威胁被告人郑某文要抓捕其女儿、女婿和以取保候审相利诱等情形，但这种情况是否属于刑事诉讼法规定的威胁、欺骗情形，目前尚无明确的认定标准。侦查机关没有严重侵犯郑某文的基本权利，郑某文仍有选择余地，不能因为侦查部门的审讯策略而排除其认罪供述。郑某文在侦查阶段对收受贿款的认罪供述和行贿人李某平的指认吻合一致，郑某文受贿40万元的事实清楚，证据确实、充分，应予认定(其他抗诉内容略)。

广东省高级人民法院经审理认为，检察机关指控原审被告人郑某文受贿的依据是郑某文的部分供述及李某平的证言。郑某文在本案侦查阶段虽然曾经供认收受李某平40万元，但郑某文后来否认其在侦查阶段所作的全部受贿供述，辩称之前之所以承认受贿是受侦查人员以取保候审相利诱和以抓捕其子女相威胁。郑某文的辩解有讯问笔录、某市人民检察院反贪局出具的《情况说明》、某市人民检察院对郑某某、陈某某的询问笔录相印证，具有较强的合理性。侦查机关没有充分的证据排除郑某文承认受贿的供述存在被威胁、引诱的合理怀疑，根据刑事诉讼法的规定不能采信为定案依据。因此，在仅有行贿人李某平的供述，无其他证据佐证的情况下，一审判决认定检察机关指控郑某文犯受贿罪证据不足的理由充分。检察机关的相关抗诉意见不能成立，不予采纳。据此，广东省高级人民法院依法裁定驳回抗诉，维持原判。

主要问题：

1. 如何处理以威胁方法收集的被告人供述？

2. 司法实践中对“重复供述”如何采信？

裁判理由：

本案审理过程中，对于受贿罪的指控，被告人及其辩护人提出被告人承认收受贿款的有罪供述是在侦查人员威胁、引诱的情形下作出的，均应依法予以排除。侦查机关则认为侦查人员对被告人的讯问虽然存在一定的威胁、欺骗，但没有严重侵犯被告人的基本权利，不能因为侦查部门的审讯策略而排除其对受贿的有罪供述，且被告人在侦查阶段尚有多次对受贿的有罪供述是合法取得的，供述内容与证人证言能相互印证，应予采信。对此，人民法院应当如何处理采用威胁手段收集的被告人的供述以及如何确定供述的采纳范围，实践中做法不一，故有必要讨论。

（一）如何处理采用威胁手段取得的犯罪嫌疑人、被告人供述

《刑事诉讼法》第52条规定：“……严禁刑讯逼供和以威胁、引诱、欺骗等其他非法方法收集证据，不得强迫任何人证实自己有罪……”第56条进一步规定：“采用刑讯逼供等非法方法收集的犯罪嫌疑人、被告人供述和采用暴力、威胁等非法方法收集的证人证言、被害人陈述，应当予以排除……”从上述规定来看，《刑事诉讼法》对采用刑讯逼供等非法手段获取的

犯罪嫌疑人、被告人的供述明确规定了应当予以排除的原则，而对采用威胁、引诱、欺骗等非法取证方法仅作出禁止性的规定，没有明确以此类手段取得的犯罪嫌疑人、被告人的供述是否 4 排除。对此，实务界与理论界均存在认识分歧，大致形成以下几种观点：第一种观点认为，讯问中夹带一定的威胁、欺骗，只是侦查部门的审讯策略，没有严重侵犯被告人的基本权利。第二种观点认为，通过采用威胁手段获取的证据是一种严重侵犯人权的行为，从规范司法的长远角度来看，应当予以排除，并且《刑事诉讼法》对此也有明确的禁止性规定。第三种观点认为，对于这种证据，应当综合多种可能损害公正审判的因素决定是否排除。

我们同意第二种观点，理由是：第一，从《刑事诉讼法》第 52 条、第 56 条规定的字面意思分析，通过刑讯逼供和采用暴力、威胁等非法方法收集的供述都是非法证据排除的对象。第二，仅仅排除通过刑讯逼供获取的供述不利于侦查手段向合法、规范与专业化方向的转变，与刑事诉讼法修改中全面贯彻落实“尊重和保障人权”的原则相违背。第三，威胁手段不应当视为审讯策略。因为，威胁手段在超越一定的度的情况下，即威胁达到严重程度时，一般会引起恐惧，属于典型的造成精神痛苦的非法方法，容易使犯罪嫌疑人、被告人被迫作出违背意愿的供述，严重损害口供的客观真实性，形成虚假证据材料的可能性高。

如何判断威胁达到严重程度，应当综合个案案情加以判断。一般而言，仅有言语上的威胁，抑制或者剥夺犯罪嫌疑人、被告人意志自由的程度是有限的，犯罪嫌疑人、被告人经过利益权衡后觉得供述比抵抗对自己更有利而交待犯罪事实，则其供述虚假可能性比刑讯逼供取得的要小。但是，如果威胁的方法超出一定的度，如严重损害本人及其近亲属合法权益，或者以法律禁止的方法、以社会道德难以容忍的方式进行威胁，则应当认定威胁达到严重程度，属于《刑诉法解释》第 95 条关于“……其他使被告人在肉体上或者精神上遭受剧烈疼痛或者痛苦的方法”。按照该条的规定，应当认定为《刑事诉讼法》第 54 条规定的“刑讯逼供等非法方法”，以此方法所收集的犯罪嫌疑人、被告人的供述，应当予以排除。

就本案而言，指控被告人郑某文受贿 40 万元的证据主要是行贿人李某平的指认和郑某文在侦查阶段的认罪供述。郑某文在侦查阶段的 16 次审讯中，后期 7 次供述承认收受李某平贿赂款。其中，2011 年 8 月 19 日第 7 次讯问中首次承认收受李某平贿赂款 20 万元，在之后有 6 次供述，供认收受李某平贿赂款 40 万元。但一审审判时，郑某文提出其没有收受贿赂款，辩称之前之所以承认，是因为侦查人员采用疲劳审讯手段、以抓捕其家属相威胁以及以取保候审进行利诱，故其在侦查阶段对受贿的有罪供述是侦查人员非法取得的，依法应当予以排除。法庭经审理查明，郑某文辩称侦查人员威胁他不承认受贿就查处其女婿的公司，抓捕其女儿、女婿，威胁内容、时间、地点和实施人员均具体、明确，并得到相关书证、证人证言的证实，具体体现在：郑某文的女儿郑某某、女婿陈某某于 2011 年 8 月 19 日下午 15 时被传唤到侦办机关并被留置至 8 月 20 日晚上 7 时。郑某文首次承认受贿的讯问笔录没有记载讯问的起止时间，看守所的记录反映当天的讯问持续达 8 个多小时，但讯问录音录像却只有半小时的认罪供述。因此，郑某文的辩解具有合理性。

结合本案的实际情况，郑某文被讯问时已退休近 10 年、年近 70 岁，因个人的原因导致女儿、女婿（公职人员）被检察机关“抓起来”，这对其心理必然起到强烈的胁迫作用，迫使他为保住一家老小的平安，选择做出牺牲，违背意愿作出有罪供述。这种以针对被告人本人及其亲属的重大不利相威胁，产生的精神强制效力达到了严重程度，极大可能导致被告人精神痛苦并违背意志进行供述。此外，郑某文辩解其之所以供认受贿的事实，除受到“女儿、女婿被检察机关抓起来”威胁的影响外，还因为侦查人员承诺其供认受贿的事实后即对其取保候审，即侦查人员同时以取保候审对郑某文进行引诱。郑某文所作辩解有讯问笔录等材料相印证。这种引诱与威胁相配合的方法在一定程度上加强了胁迫的作用，使被告人精神上遭受极大痛苦。据此，可以认定郑某文为免子女受牵连及获得取保候审而违背意志作出虚假供述的可能性很大，其辩解具有合理性，因此对其本次供述依法应当予以排除。

（二）对被告人在侦查阶段的“重复供述”如何采信”

在判定被告人在侦查阶段首次的认罪供述系因非法方法取得，依法应当予以排除的前提下，对侦查机关后续取得的被告人的有罪供述，即被告人在侦查阶段作出的其他多次重复的认罪供述应如何处理？如果采纳，应当如何明确采纳标准？《刑事诉讼法》和相关司法解释以及《关于办理刑事案件排除非法证据若干问题的规定》对此均没有明确规定。

所谓“重复供述”，又称“重复自白”。“重复自白”理论在欧美和日本等国已经形成比较完整的理论体系及实务应用规则。例如，英国、日本等国采取限制其证据能力并予以排除的规则，美国则采取排除加例外原则等。在我国，目前大致形成三种有代表性的观点：第一种观点认为重复供述应当全部排除，认为后续供述很可能是犯罪嫌疑人的恐惧心理导致的，是“毒树之果”。我国现行司法体制和刑事诉讼机制，产生了一种“绑定”效应，先前的非法讯问行为一经实施，其与后续的自白之间的因果关系就很难被切断，因而不存在不予排除的例外。第二种观点认为重复供述不应排除，重复供述并非派生证据，不适用“毒树之果”规则，且相关法律并未对重复供述作出禁止性规定，将其排除无法律依据。第三种观点认为应当区别对待，综合考虑违法取证手段的严重性、取证主体的改变情况、特定的讯问要求等因素综合考虑是否排除。

我们同意第三种观点，理由是：第一，在一般情况下，重复供述与前次非法讯问行为之间具有因果关系，属于非法证据排除规则的范畴。第二，因个案具体情况不同，所以非法取证手段的影响、效果持续性也可能存在差异，重复供述与前次非法讯问获取的供述之间的联系也不是固定不变的，对重复供述不予考量一概排除，难免有“一刀切”的嫌疑，不符合司法实践的需要。第三，对重复供述一概不予排除，极有可能导致侦查机关采取先对犯罪嫌疑人实施非法手段取证，再经合法讯问取得犯罪嫌疑人有罪供述的策略，以此规避非法证据排除规则的适用，使非法证据排除规则被架空，同时也丧失了其吓阻和遏制非法侦查行为、保障犯罪嫌疑人合法权利的功能。据此，我们认为在具体案件中，应当结合先前非法取证的性质和严重程度、诉讼程序的推进、取证主体的变更等情况综合衡量重复供述是否自愿、可靠，有没有充分的证据排除被告人的供述存在被威胁的合理怀疑，从而决定是否排除重复供述。

就本案而言，侦查单位与审查起诉单位分别是两个市的人民检察院（指定异地审判管辖案件）。被告人郑某文对收受贿款的有罪供述均是在某市人民检察院侦查阶段作出，而在案件移交广州市人民检察院审查起诉阶段没有作过有罪供述，一审庭审时更是当庭否认受贿的事实。由于郑某文于2011年8月19日的第一次有罪供述是在被威胁下作出的供认，在侦查阶段取证主体没有改变的情况下，不能排除受到这种胁迫后产生的心理恐惧始终存在。郑某文在“不认则抓人（女儿女婿），认了就放人”的强烈心理恐惧下，存在处于同一侦查主体讯问期间不敢改变原来供认的可能，即在取证主体没有变更，郑某文所受的精神胁迫制约仍然存在的条件下，前后供述的关联度高。因此，不能简单以侦查阶段后续几次审讯表面上没有威胁行为就否定其供述受到前面胁迫手段的影响而予以采信，而应当根据《刑事诉讼法》第 58 条的规定予以排除。

综上分析，根据《刑事诉讼法》的规定，现有证据不能排除被告人郑某文自认受贿的供述存在以非法方法收集证据的情形，不应作为定案依据。据此，在仅有行贿人的交待，无其他证据佐证的情况下，认定郑某文犯受贿罪的证据不足，不应予以支持。本案一审虽然是在 2012 年修改的《刑事诉讼法》及相关司法解释实施之前下判，但对把握非法言词证据的认定标准与《刑事诉讼法》及相关司法解释对非法言词证据的规定是相符的。

2. 黄某坚等贩卖、运输毒品案——被告方不服原判对排除非法证据申请的处理结果，在上诉中再次申请排除非法证据的，二审法院应当对证据收集的合法性进行审查①

基本案情：

被告人黄某坚，男，1982 年 4 月 25 日出生。2004 年 11 月 11 日因犯故意伤害罪被判处有期徒刑四年零六个月，2008 年 2 月 28 日刑满释放。2011 年 9 月 23 日因涉嫌犯贩卖毒品罪被逮捕。

被告人卢某文，男，1976 年 11 月 21 日出生。2002 年 5 月 28 日因犯故意伤害罪被判处拘役五个月。2005 年 6 月 20 日因犯抢劫罪、敲诈勒索罪被判处有期徒刑四年，并处罚金人民币六千元，2008 年 5 月 1 日刑满释放。2011 年 9 月 23 日因涉嫌犯贩卖毒品罪被逮捕。

被告人陈某，男，1995 年 10 月 2 日出生。2011 年 9 月 23 日因涉嫌犯贩卖毒品罪被逮捕。

江西省南昌市人民检察院指控被告人黄某坚犯贩卖、运输毒品罪，被告人卢某文、陈某犯贩卖毒品罪，向南昌市中级人民法院提起公诉。

被告人黄某坚及其辩护人提出，黄某坚在侦查机关所作的有罪供述系刑讯逼供所得，起诉书指控贩卖、运输毒品的证据不足。

被告人卢某文及其辩护人提出，卢某文在侦查阶段所作的有罪供述系刑讯逼供所得，起诉书指控的毒品不能认定系卢某文伙同他人贩卖，在卢某文租住处查获的毒品应认定为非法持有，且卢某文有坦白情节。

被告人陈某及其辩护人提出，陈某在侦查机关所作的被告人黄某坚、卢

① 最高人民法院刑事审判第一、二、三、四、五庭：《刑事审判参考》总第 108 集。

某文参与贩卖毒品的有罪供述系刑讯逼供所得，起诉书指控陈某与卢某文贩卖100粒麻古的事实证据不足。

江西省南昌市中级人民法院经审理查明：

2011年五六月，被告人黄某坚、卢某文开始合伙贩毒，同年7月中旬租用江西省南昌市上沙窝97号1栋1单元102室储藏间作为贩毒窝点，后黄某坚指使被告人陈某到南昌市参与贩毒，多次从江西省抚州地区购买毒品运输至南昌市，由卢某文和陈某在南昌市贩卖，其中卢某文负责联系毒品买家，陈某负责送货。

2011年8月17日，被告人卢某文、陈某在南昌市省委加油站附近以29元一粒的价格将100粒麻古卖给付某号（另案处理）。

2011年8月19日上午，被告人黄某坚独自驾车至江西省新干县，从“新干人”（另案处理）处购买42000粒麻古，后驾车返回其在江西省崇仁县的住处。当日13时许，黄某坚携带上述毒品驾车前往南昌市。当日15时许，黄某坚在被告人陈某租住的南昌市海棠明月小区附近与陈某联系，指使陈某将上述毒品取走。陈某取走毒品后，前往南昌市上沙窝97号1栋1单元102室储藏间存放毒品。同时，黄某坚驾车前往被告人卢某文租住的南昌市东湖区银色星座小区2栋205房间和卢某文会面。随后，公安机关在南昌市上沙窝路97号附近将已存放好毒品准备离开的陈某抓获，并从储藏间内查获大量可疑白色结晶状物以及大量可疑圆形片剂状物；在卢某文租住处将黄某坚和卢某文抓获，当场查获卢某文另行购买的可疑圆形片剂状物若干和少量可疑白色结晶状物。经鉴定，从上沙窝97号1栋1单元102室储藏间内查获的可疑白色结晶状物总计3029.59克，查获的可疑圆形片剂状物总计6658.61克，均含甲基苯丙胺成分。从卢某文租住的南昌市东湖区银色星座小区2栋205房间查获的可疑圆形片剂状物总计103.35克，查获的可疑白色结晶状物总计2.61克，均含甲基苯丙胺成分。

南昌市中级人民法院经审理认为，被告人黄某坚单独或伙同他人贩卖、运输甲基苯丙胺类毒品9688.21克、麻古100粒，其行为已构成贩卖、运输毒品罪。被告人卢某文伙同他人贩卖甲基苯丙胺类毒品9794.16克、麻古100粒；被告人陈某伙同他人贩卖甲基苯丙胺类毒品9688.21克、麻古100粒，其行为均已构成贩卖毒品罪。黄某坚、卢某文系累犯，且利用未成年人贩毒，应从重处罚。黄某坚、卢某文均系主犯。卢某文在共同犯罪中的作用与黄某坚相比略小，有部分坦白情节，对其判处死刑，可不立即执行。陈某系从犯，犯罪时未满十六周岁，应减轻处罚。依照《刑法》第 347 条第 1 款、第 2 款第 1 项、第 6 款、第 7 款，第 17 条第 2 款、第 3 款，第 25 条第 1 款，第 26 条，第 27 条，第 48 条第 1 款，第 57 条第 1 款，第 65 条第 1 款，第 67 条第 3 款之规定，南昌市中级人民法院对被告人黄某坚以贩卖、运输毒品罪判处死刑，剥夺政治权利终身，并处没收个人全部财产；对被告人卢某文以贩卖毒品罪判处死刑，缓期二年执行，剥夺政治权利终身，并处没收个人全部财产；对被告人陈某以贩卖毒品罪判处有期徒刑十年，并处罚金人民币五万元。

一审宣判后，被告人黄某坚、卢某文、陈某均不服，提出上诉。

被告人黄某坚上诉提出：第一，原判认定其参与贩卖、运输毒品的事实不清，证据不足。第二，一审审判程序违法。一是其多次申请对其被刑讯逼供的事实进行调查，并排除其因刑讯逼供所作的有罪供述，但一审法院未依法启动证据收集合法性调查程序。二是其进入看守所时曾向体检医生刘某某反映其伤是刑讯逼供所致，但一审法院未依法通知刘某某出庭作证。综上，请求二审法院查明事实，撤销一审判决，改判其无罪。

被告人黄某坚的辩护人提出：第一，黄某坚的有罪供述系侦查机关刑讯逼供所得，属非法证据，不得作为定案根据。第二，手机通话记录、手机短信、银行卡存取款记录与本案无关，不能据此认定黄某坚与卢某文、陈某共同贩卖毒品。第三，原判对证人张某某证明黄某坚有罪证言的认定违反法律规定。第四，储藏间查获的 9000 余克毒品与黄某坚无关。综上，请求二审法院改判上诉人黄某坚无罪。

被告人卢某文上诉提出：第一，原判认定其伙同他人贩卖麻古的证据不足。第二，原判认定在储藏间查获的冰毒及麻古系其伙同他人贩卖的证据不足。第三，在其住处查获的麻古应认定非法持有毒品，该毒品是其自购自吸，与被告人黄某坚、陈某无关。第四，陈某受黄某坚直接指使和安排，其主要是帮助黄某坚贩卖毒品，其和陈某同由黄某坚控制与指挥，不能认定其具有利用未成年人贩毒的情节。第五，其认罪供述系刑讯逼供所得，请求二审法院启动证据收集合法性调查程序。综上，请求撤销原判，以非法持有毒品罪对其定罪量刑。

被告人卢某文的辩护人另提出：第一，没有证据证实卢某文与黄某坚共同贩卖毒品。第二，卢某文在一审庭审时反映其被侦查人员逼供，侦查人员取来黄某坚的材料，让卢某文照着黄某坚的材料供述。第三，办案机关违反法律规定，对卢某文羁押超过48小时。对侦查人员违反法定程序取得的供述，依法应予排除。第四，卢某文持有的毒品没有流入社会造成危害。综上，卢某文构成非法持有毒品罪，且应减轻处罚。

被告人陈某上诉提出：其在侦查机关所作的认罪供述是被逼作出的虚假供述。侦查人员对其讯问期间曾将其带到讯问被告人黄某坚的讯问室，黄某坚请求其指控给了黄某坚42000粒麻古。

被告人陈某的辩护人提出：第一，陈某是受黄某坚指使藏匿毒品，其不参与分配贩毒所得，系从犯。第二，三名被告人是在藏匿毒品途中被抓获，贩卖毒品的行为尚未完成，系犯罪未遂。第三，陈某系未成年人，没有前科。综上，请求二审法院再予减轻处罚。

江西省高级人民法院经审理认为，原判认定事实的证据不足。依照《刑事诉讼法》第225条第1款第3项之规定，裁定撤销原判，发回重审。

主要问题：

二审法院经审查认为原判据以定案的证据系非法证据，依法排除有关证据后应当如何处理？

裁判理由：

（一）被告方不服原判对排除非法证据申请的处理结果，在上诉中再次申请排除非法证据的，二审法院应当对证据收集的合法性进行审查

根据《刑事诉讼法》及相关司法解释的规定，对证据收集合法性的审查应当贯穿刑事诉讼的始终。控辩双方不服第一审人民法院作出的有关证据收集合法性的调查结论，提出抗诉、上诉的，第二审人民法院应当进行审查，并依法作出处理。本案中，三名被告人及其辩护人在一审程序中均提出认罪供述系刑讯逼供所得，申请排除非法证据，并提供了身体存在损伤、办案人员非法取证的相关线索。一审法院对证据收集的合法性进行了审查，公诉机关提交了讯问录音录像、入所健康检查登记表和办案机关情况说明等证据材料。一审法院认为，讯问录音录像并非讯问时制作，不能证明取证过程的合法性，但办案单位情况说明和入所健康检查登记表证明对被告人卢某文、陈某的讯问合法；被告人黄某坚入所时虽然身体有伤，但办案单位情况说明及刘某某的证言等证明对黄某坚的讯问合法，最终采信了三名被告人的有罪供述，进而结合其他证据认定三名被告人有罪。三名被告人对一审判决不服，在上诉中再次提出排除非法证据申请，并提供了相关的线索。二审法院对证据收集的合法性进行了审查，发现取证程序存在以下问题：

一是关于讯问录音录像的制作问题。办案单位先后出具了多份说明材料，但办案单位有关讯问录音录像的制作说明与讯问笔录的记载内容以及光盘制作时间不一致，不具有真实可靠性。被告人黄某坚在二审庭审中辩称，讯问录音录像系作假，讯问过程没有同步录音录像。经查，黄某坚的讯问录音录像时长10分43秒，黄某坚的12次讯问笔录中只有第二次是认罪供述，但第二次讯问笔录记载的讯问时长为1小时22分，与讯问录音录像的时长不一致，且录音录像内容与第二次讯问笔录差异极大。被告人卢某文在二审庭审中辩称，办案单位对其讯问过程没有做过录像，录像是其被送交看守所收押前按侦查人员的要求做的，录像时没有做笔录。经查，卢某文的讯问录音录像时长为21分8秒，而其当日讯问笔录记载的讯问时长为2小时4分，与讯问录音录像的时长不一致，且该次讯问笔录记载的内容与讯问录音录像完全不符。被告人陈某在二审庭审中辩称，对其讯问过程的同步录音录像系作假，录像时侦查人员让其按照做好的笔录照着念。经查，陈某的讯问录音录像时长21分43秒，而讯问笔录记载的讯问时长为1小时，与讯问录音录像的时长不一致，且讯问录音录像的内容与各次讯问笔录差异极大。在讯问录音录像中可明显看到陈某手中持有一叠材料，回答问题非常书面化，陈述作案过程或内容较多时有低头动作，头部、眼睛反复从左至右来回移动，陈述完即抬头看着讯问人员，大段内容一气呵成，顺畅、完整，回答简单问题时始终抬头看着讯问人员，回答时常不顺畅、不连续。综上，办案单位提交的三名被告人讯问过程录音录像并非是对实际讯问过程的录音录像，不排除系事后补录，不能作为证明讯问程序合法的证据。

二是关于被告人黄某坚身体损伤的成因问题。在押人员入所健康检查登记表及伤情照片显示，黄某坚入所时头脸、手、脚有擦伤，左、右上臂外侧有多条长条形伤痕，头额、下唇、右前肩胛区有多处伤痕。黄某坚入监时的亲笔字条写明："有些是打的，头部、手、脚，有些是摔的，左脚膝盖、右脚膝盖"，押送民警熊某、朱某某在该字条上签字并附警号。二审庭审中，黄某坚辩称损伤是在刑侦队审讯室讯问过程中被讯问人员殴打造成的，摔伤是其在被告人卢某文租住处被抓时摔倒造成的。对此，办案单位出具情况说明称黄某坚的身体损伤系其脱逃被抓捕时扭打造成的。经查，看守所医生刘某某的证言证明黄某坚的伤是擦伤："是很轻微的体表伤"，但刘某某并未出庭作证。而黄某坚同监室的胡某、李某的证言则证明，"看到黄某坚手、脚都肿了"。看守所协防员汪某、李某的证言证明黄某坚在讯问中脱逃，在被抓捕过程中受伤，但办案单位并未提供该时段的监控录像，因此，证明黄某坚的身体损伤系脱逃被抓捕时扭打所形成的相关证据关联性、真实性均存疑。

综上，对于三名被告人提出的排除非法证据申请，检察机关并未提供有效的证据证明取证合法性，二审法院经审查认为，现有证据材料不能排除刑讯逼供的可能性。根据法律规定，对于不能排除采用刑讯逼供等非法方法收集情形的，有关证据应当依法予以排除。

此外，被告人陈某系未成年人，办案单位对其讯问时未通知法定代理人或其他成年亲属到场，讯问程序违反法律规定，尽管这并不属于法律规定的采用刑讯逼供等非法方法收集证据的情形，但上述违反法定程序取得的供述因客观真实性无法保障，亦不能作为定案的根据。

（二）二审法院经审查认为原判据以定案的证据系非法证据应当予以排除的，需要区分情形对案件作出处理

被告人在上诉中提出排除非法证据申请，二审法院经审查认为原判据以定案的证据系非法证据，依法应当予以排除的，应当区分情形对案件作出相应的处理：

第一种情形是被告方在一审程序中提出排除非法证据申请，但一审法院未予审查，径行驳回被告方的申请。如果被告方申请排除的证据系关键定案证据，而一审法院对该申请未予审查，并以有关证据作为定案根据，可能影响公正审判的，二审法院可以将其作为违反法律规定的诉讼程序的情形，裁定撤销原判，发回重审。

第二种情形是被告方在一审程序中提出排除非法证据申请，一审法院经过审查后对证据收集合法性进行调查，最终认定取证合法，进而驳回被告方的申请。如果二审法院经审查认为，一审法院有关证据收集合法性的处理结果并不准确，有关证据应当作为非法证据予以排除的，则需要进一步区分案件情况作出处理：排除有关证据后其他证据仍然能够证明被告人有罪的，二审法院可以依法排除有关证据，并在认定被告人有罪的基础上维持原判；排除有关证据后，案件事实不清，证据不足的，二审法院可以裁定撤销原判，发回重审。

本案中，被告方在一审期间申请排除非法证据，一审法院经过审查后对证据收集合法性进行调查，认定取证合法，驳回了被告方的申请。被告方在上诉中再次提出排除非法证据申请，二审法院经审查认为，对有关证据应当

予以排除，而排除有关证据后，其他证据不足以认定案件事实，且办案单位获取本案线索、锁定三名被告人的证据材料以及办案场所的监控录像等关键证据有待进一步查证，故裁定撤销原判，发回重审。需要指出的是，为了强化裁判说理，二审法院对于证据收集合法性的审查处理结果，以及案件的最终处理结果，都应当充分说明理由。

第五十七条　人民检察院接到报案、控告、举报或者发现侦查人员以非法方法收集证据的，应当进行调查核实。对于确有以非法方法收集证据情形的，应当提出纠正意见；构成犯罪的，依法追究刑事责任。

[条文主旨]

本条是关于对非法证据的纠正的规定。

[条文释解]

本条内容系2012年《刑事诉讼法》修订中增加的，第55条规定："人民检察院接到报案、控告、举报或者发现侦查人员以非法方法收集证据的，应当进行调查核实。对于确有以非法方法收集证据情形的，应当提出纠正意见；构成犯罪的，依法追究刑事责任。"

本条首先规定了人民检察院对侦查人员非法收集证据行为的调查权。人民检察院作为国家法律监督机关，对于侦查活动负有监督的权力和义务，在接到报案、控告、举报或者发现侦查人员以非法方法收集证据的，应当进行调查核实。对于确有以非法方法收集证据情形的，应当提出纠正意见。对于以非法方法收集证据，构成犯罪的，依法追究刑事责任。人民检察院调查侦查人员非法取证的线索来源，既可以是当事人或者其他群众的报案、控告、举报，也可以是自己发现的线索。"报案"是指群众向检察机关报告侦查人员有非法取证的行为。"控告"是指权利受到非法取证行为侵害的当事人向检察机关告诉。"举报"是指当事人以外的其他知情人向检察机关检举、揭发侦查人员有非法取证的行为。侦查人员非法收集证据的行为，包括以刑讯逼供、暴力、威胁等非法方法收集言词证据的行为和以非法搜查、非法扣押等非法方法收集实物证据的行为。根据本条规定，无论侦查人员非法收集证据的行为是否严重到构成犯罪的程度，人民检察院都有权而且应当进行调查核实。调查核实的方法可以是询问有关当事人或者知情人，查阅、调取或者复制相关法律文书、案卷材料，对受害人进行伤情检查等。

关于人民检察院对侦查人员非法收集证据的行为线索进行调查后的处理，本条规定了两种情形。一是对于确有以非法方法收集证据情形的，人民检察院应当提出纠正意见。纠正意见的内容应根据案件的具体情况确定。这种纠正意见是人民检察院行使法律监督权的重要方式，侦查机关应当重视。对于非法取证情况属实的，应当及时纠正违法行为，将纠正情况通报人民检察院，并根据本法规定对应当排除的非法取得的证据予以排除。二是对于侦查人员以非法方法收集证据，构成刑法规定的刑讯逼供罪、暴力取证罪、非法搜查罪、滥用职权罪、徇私舞弊罪等犯罪的，人民检察院应当依法立案侦查，追究有关人员的刑事责任。

[配套规定]

《人民检察院刑事诉讼规则》（高检发释字［2019］4号）（节录）

第七十一条 对重大案件，人民检察院驻看守所检察人员在侦查终结前应当对讯问合法性进行核查并全程同步录音、录像，核查情况应当及时通知本院负责捕诉的部门。

负责捕诉的部门认为确有刑讯逼供等非法取证情形的，应当要求公安机关依法排除非法证据，不得作为提请批准逮捕、移送起诉的依据。

第七十二条 人民检察院发现侦查人员以非法方法收集证据的，应当及时进行调查核实。

当事人及其辩护人或者值班律师、诉讼代理人报案、控告、举报侦查人员采用刑讯逼供等非法方法收集证据，并提供涉嫌非法取证的人员、时间、地点、方式和内容等材料或者线索的，人民检察院应当受理并进行审查。根据现有材料无法证明证据收集合法性的，应当及时进行调查核实。

上一级人民检察院接到对侦查人员采用刑讯逼供等非法方法收集证据的报案、控告、举报，可以直接进行调查核实，也可以交由下级人民检察院调查核实。交由下级人民检察院调查核实的，下级人民检察院应当及时将调查结果报告上一级人民检察院。

人民检察院决定调查核实的，应当及时通知公安机关。

第七十三条 人民检察院经审查认定存在非法取证行为的，对该证据应当予以排除，其他证据不能证明犯罪嫌疑人实施犯罪行为的，应当不批准或者决定逮捕。已经移送起诉的，可以依法将案件退回监察机关补充调查或者退回公安机关补充侦查，或者作出不起诉决定。被排除的非法证据应当随案移送，并写明为依法排除的非法证据。

对于侦查人员的非法取证行为，尚未构成犯罪的，应当依法向其所在机关提出纠正意见。对于需要补正或者作出合理解释的，应当提出明确要求。

对于非法取证行为涉嫌犯罪需要追究刑事责任的，应当依法立案侦查。

第七十四条 人民检察院认为可能存在以刑讯逼供等非法方法收集证据情形的，可以书面要求监察机关或者公安机关对证据收集的合法性作出说明。说明应当加盖单位公章，并由调查人员或者侦查人员签名。

第七十五条 对于公安机关立案侦查的案件，存在下列情形之一的，人民检察院在审查逮捕、审查起诉和审判阶段，可以调取公安机关讯问犯罪嫌疑人的录音、录像，对证据收集的合法性以及犯罪嫌疑人、被告人供述的真实性进行审查：

（一）认为讯问活动可能存在刑讯逼供等非法取证行为的；

（二）犯罪嫌疑人、被告人或者辩护人提出犯罪嫌疑人、被告人供述系非法取得，并提供相关线索或者材料的；

（三）犯罪嫌疑人、被告人提出讯问活动违反法定程序或者翻供，并提供相关线索或者材料的；

（四）犯罪嫌疑人、被告人或者辩护人提出讯问笔录内容不真实，并提供相关线索或者材料的；

（五）案情重大、疑难、复杂的。

人民检察院调取公安机关讯问犯罪嫌疑人的录音、录像，公安机关未提供，人民检察院经审查认为不能排除有刑讯逼供等非法取证行为的，相关供述不得作为批准逮捕、提起公诉的依据。

人民检察院直接受理侦查的案件，负责侦查的部门移送审查逮捕、移送起诉时，应当将讯问录音、录像连同案卷材料一并移送审查。

第五十八条 法庭审理过程中，审判人员认为可能存在本法第五十六条规定的以非法方法收集证据情形的，应当对证据收集的合法性进行法庭调查。

当事人及其辩护人、诉讼代理人有权申请人民法院对以非法方法收集的证据依法予以排除。申请排除以非法方法收集的证据的，应当提供相关线索或者材料。

[条文主旨]

本条是关于证据收集合法性的调查的规定。

[条文释解]

本条系2012年《刑事诉讼法》修订中增加的内容，第56条规定："法庭审理过程中，审判人员认为可能存在本法第五十四条规定的以非法方法收集证据情形的，应当对证据收集的合法性进行法庭调查。当事人及其辩护人、诉讼代理人有权申请人民法院对以非法方法收集的证据依法予以排除。申请排除以非法方法收集的证据的，应当提供相关线索或者材料。"2018年《刑事诉讼法》未修改。

法庭审理过程中，审判人员认为可能存在以非法方法收集证据情形的，应当对证据收集的合法性进行法庭调查。而且，当事人及其辩护人、诉讼代理人有权申请人民法院对以非法方法收集的证据依法予以排除。但是，申请排除以非法方法收集的证据的，应当提供相关线索或者证据。需要注意的是，在法庭调查中，对证据收集的合法性的证明责任由人民检察院承担，人民检察院应当对证据收集的合法性加以证明。而现有证据材料不能证明证据收集的合法性的，人民检察院可以提请人民法院通知有关侦查人员或者其他人员出庭说明情况。人民法院可以通知有关侦查人员或者其他人员出庭说明情况。有关侦查人员或者其他人员也可以要求出庭说明情况。经人民法院通知，有关人员应当出庭。对于经过法庭审理，确认或者不能排除存在以非法方法收集证据情形的，对有关证据应当排除。

由于非法证据排除程序涉及的是证据资格的裁判问题，因此为了避免在庭审中提出该问题导致庭审中断，过度延迟审判，被告人及其辩护人应当在审判前申请排除证据。通过庭前程序解决可能导致庭审中断的非法证据排除等程序性问题，已经成为许多国家的普遍做法。例如，美国大多数的州要求被告人必须在审判之前的动议程序中提出排除非法证据的申请，这样可以避免在法庭审理过程中控诉方和被告方就侦查行为是否违法进行争论，使审判不至于偏离被告人有罪和无罪这个主要问题，还可以避免陪审团因接触不合法的证据而致使审判无效。更主要的是，它使控辩双方都能够在审判前了解到哪些证据可以被采纳，哪些不能被采纳，从而使法庭审判活动更有效、更经济。如果被告人在法庭开始审判后才提出排除非法证据的申请，其弊端是比较明显的，它可能会拖延诉讼时间，不利于诉讼效率的提高，同时还会直接影响法庭之前已经进行的诉讼活动。从提高审判效率和诉讼经济的角度考虑，本条规定在“起诉书副本送达后开庭审理前”，被告人及其辩护人可以通过向人民法院提交书面意见的形式提出其审判前供述是非法取得的，这样可以给予控诉方和法庭必要的准备时间，在很多情况下避免出现一开庭即休庭或者延期审理的情形，能够保障庭审活动的顺利进行。

为了将非法证据排除问题尽量解决在庭前，确保庭审集中审理，《刑诉法解释》第 97 条规定：“人民法院向被告人及其辩护人送达起诉书副本时，应当告知其申请排除非法证据的，应当在开庭审理前提出，但在庭审期间才发现相关线索或者材料的除外。”为了准确把握司法解释对申请时间所作的规定，需要关注以下问题：

1. 法院在庭前的权利告知义务。非法证据排除是一个新生事物，涉及较为复杂的程序问题，被告人可能对此知之甚少。为了确保被告人的知情权，人民法院应当在送达起诉书副本的同时，告知被告人享有该项权利，并明确要求被告人及其辩护人应当在开庭审理前提出排除非法证据的申请。

2. 鼓励被告人及其辩护人在开庭审理前提出排除非法证据的申请。实践中，如果被告人及其辩护人意图提出排除非法证据申请，说明其已经在庭前掌握了相关的线索或者材料。司法解释要求被告人及其辩护人在开庭审理前提出非法证据排除申请，可以督促被告人及其辩护人尽量在开庭审理前提出排除非法证据的申请，进而通过庭前会议程序妥善解决该问题，避免在庭审中突然提出非法证据排除申请而导致庭审中断。

3. 如果被告人及其辩护人在庭前就已掌握相关线索或者材料，一直拖延到庭审中才提出排除非法证据申请的，尽管法律并未禁止，但司法解释持反对态度，实践中也不予鼓励。当然，如果被告人及其辩护人在庭审期间才发现相关线索或者材料的，属于例外情形，法律和司法解释依法保护被告人的诉讼权利。

4. 如果被告人及其辩护人在庭前即已掌握线索或者材料的情况下，直至庭审中才提出排除非法证据申请，法庭的处理程序有所差异。对于上述情形，司法解释规定，法庭应当在法庭调查结束前一并进行审查，并决定是否进行证据收集合法性的调查。换言之，法庭可以先搁置被告人及其辩护人提出的申请，待到法庭调查结束前再对申请进行审查。同时，法庭对申请的审查要更加严格，对调查程序的启动要从严把握。相比之下，如果被告人及其辩护人在庭审期间才发现相关线索或者材料，进而在庭审中提出非法证据排除申请，根据司法解释的规定，法庭应当先行调查收集证据的合法性。

对于当事人及其辩护人、诉讼代理人在庭审期间提出的非法证据排除申请，法院并非一律启动调查程序。只有经审查后对证据收集的合法性存在疑问的，才有必要启动调查程序。一些当事人及其辩护人、诉讼代理人在庭前向法院提出排除非法证据申请后，仅仅提出一些初步的线索，这些线索没有指明涉嫌非法取证的人员、时间、地点、方式、内容，根本无法查实，无法促使审判人员对证据收集的合法性产生疑问，此种情况下，就没有必要启动专门的调查程序。

人民法院经审查，对证据收集的合法性有疑问的，应当依照《刑事诉讼法》的规定召开庭前会议，就非法证据排除等问题了解情况，听取意见。在庭前会议中，人民检察院可以对取证的合法性进行说明，反驳当事方提出的非法证据排除申请，即可以通过出示有关证据材料等方式，对证据收集的合法性加以说明。如果申请人认为人民检察院的证据材料足以说明证据收集的合法性，可以选择撤回申请。如果人民检察院认为申请人提供的材料足以确认存在非法取证的情形，也可以选择不将特定的证据材料作为指控犯罪的证据，甚至可以选择撤回起诉。审判人员在庭前准备程序中对非法证据排除问题了解情况，听取当事双方的意见，不仅有助于当事人做好诉讼准备，而且有助于使相关问题得到及时处理。对于当事一方同意本方所取得的证据不在法庭上提交出示的情形，法庭可在庭前即对相关证据予以排除，不再启动对该证据合法性的调查程序，从而集中庭审争点，保障诉讼活动的顺利进行。

需要指出的是，庭前会议只是庭审的准备性程序，不能作出实质性的裁判。因此，虽然我们希望非法证据排除问题尽量在庭前予以解决，但在许多案件中，控辩双方都对非法证据排除问题存在较大的争议，该问题很难在庭前会议中得到切实的解决。尽管如此，通过庭前会议，控辩双方可能围绕取证合法性问题达成初步的共识，进而在庭审中顺利地解决该问题。

[审判实务]

1. 当事人及其辩护人、诉讼代理人在法庭审理过程中提出排除非法证据申请的，法庭应通过何种程序予以处理。法庭应对当事人及其辩护人、诉讼代理人提出的线索或材料进行审查。对于当事人及其辩护人、诉讼代理人提出的启动证据合法性调查的申请，法庭有权对相关线索或材料进行初步审查，对于可能存在以非法方法收集证据情形的，也就是说当事人及其辩护人、诉讼代理人提出的线索或材料达到使法庭对取证行为合法性存在怀疑的程度，就应当对证据收集的合法性进行法庭调查。相反，当事人及其辩护人、诉讼代理人所提线索或材料明显不成立的，可以不再进行独立的调查。对以相同理由再次提出非法证据排除的申请，法庭有权不再进行审查。

2. 当事人及其辩护人、诉讼代理人申请非法证据排除的，为何应当提供非法取证的线索或者材料。主要是基于以下四个方面的考虑：（1）对于证据进行合法性审查并不是一种完全独立的诉讼形态，而对原刑事诉讼具有明显的依附性。这种裁判活动只解决被告人供述的可采性问题，不以追究其刑事责任为目标。因此，要求启动这一程序的被告人承担初步证明责任并不违反无罪推定原则。（2）从法律关系特别是实体法律关系来看，诉讼的最终结果与当事人有着最直接的利害关系，其对诉讼过程中发生的非法取证行为更为清楚，也更为敏感，有接触证据、提供证据的便利。（3）要求当事人及其辩护人、诉讼代理人提供涉嫌非法取证的线索或者材料，可以有效地防止其毫无根据地滥用诉讼权利，轻易启动对证据合法性的“审理”。（4）由当事人及其辩护人、诉讼代理人提供涉嫌非法取证的人员、时间、地点、方式、内容等相关线索或者材料，可以使检察机关的举证和法庭审理活动更具有针对性，保障诉讼活动的顺利进行。

[配套规定]

1.《最高人民法院关于适用〈中华人民共和国刑事诉讼法〉的解释》（法释［2012］21号）（节录）

第九十六条 当事人及其辩护人、诉讼代理人申请人民法院排除以非法方法收集的证据的，应当提供涉嫌非法取证的人员、时间、地点、方式、内容等相关线索或者材料。

第九十七条 人民法院向被告人及其辩护人送达起诉书副本时，应当告知其申请排除非法证据的，应当在开庭审理前提出，但在庭审期间才发现相关线索或者材料的除外。

第九十八条 开庭审理前，当事人及其辩护人、诉讼代理人申请人民法院排除非法证据的，人民法院应当在开庭前及时将申请书或者申请笔录及相关线索、材料的复制件送交人民检察院。

第九十九条 开庭审理前，当事人及其辩护人、诉讼代理人申请排除非法证据，人民法院经审查，对证据收集的合法性有疑问的，应当依照刑事诉讼法第一百八十二条第二款的规定召开庭前会议，就非法证据排除等问题了解情况，听取意见。人民检察院可以通过出示有关证据材料等方式，对证据收集的合法性加以说明。

第一百条 法庭审理过程中，当事人及其辩护人、诉讼代理人申请排除非法证据的，法庭应当进行审查。经审查，对证据收集的合法性有疑问的，应当进行调查；没有疑问的，应当当庭说明情况和理由，继续法庭审理。当事人及其辩护人、诉讼代理人以相同理由再次申请排除非法证据的，法庭不再进行审查。

对证据收集合法性的调查，根据具体情况，可以在当事人及其辩护人、诉讼代理人提出排除非法证据的申请后进行，也可以在法庭调查结束前一并进行。

法庭审理过程中，当事人及其辩护人、诉讼代理人申请排除非法证据，人民法院经审查，不符合本解释第九十七条规定的，应当在法庭调查结束前一并进行审查，并决定是否进行证据收集合法性的调查。

第一百零一条 法庭决定对证据收集的合法性进行调查的，可以由公诉人通过出示、宣读讯问笔录或者其他证据，有针对性地播放讯问过程的录音录像，提请法庭通知有关侦查人员或者其他人员出庭说明情况等方式，证明证据收集的合法性。

公诉人提交的取证过程合法的说明材料，应当经有关侦查人员签名，并加盖公章。未经有关侦查人员签名的，不得作为证据使用。上述说明材料不能单独作为证明取证过程合法的根据。

第一百零二条 经审理，确认或者不能排除存在刑事诉讼法第五十四条规定的以非法方法收集证据情形的，对有关证据应当排除。

人民法院对证据收集的合法性进行调查后，应当将调查结论告知公诉人、当事人和辩护人、诉讼代理人。

第一百零三条 具有下列情形之一的，第二审人民法院应当对证据收集的合法性进行审查，并根据刑事诉讼法和本解释的有关规定作出处理：

（一）第一审人民法院对当事人及其辩护人、诉讼代理人排除非法证据的申请没有审查，且以该证据作为定案根据的；

（二）人民检察院或者被告人、自诉人及其法定代理人不服第一审人民法院作出的有关证据收集合法性的调查结论，提出抗诉、上诉的；

（三）当事人及其辩护人、诉讼代理人在第一审结束后才发现相关线索或者材料，申请人民法院排除非法证据的。

2.《人民检察院刑事诉讼规则》（高检发释字［2019］4号）（节录）

第七十六条 对于提起公诉的案件，被告人及其辩护人提出审前供述系非法取得，并提供相关线索或者材料的，人民检察院可以将讯问录音、录像连同案卷材料一并移送人民法院。

第七十七条 在法庭审理过程中，被告人或者辩护人对讯问活动合法性提出异议，公诉人可以要求被告人及其辩护人提供相关线索或者材料。必要时，公诉人可以提请法庭当庭播放相关时段的讯问录音、录像，对有关异议或者事实进行质证。

需要播放的讯问录音、录像中涉及国家秘密、商业秘密、个人隐私或者含有其他不宜公开内容的，公诉人应当建议在法庭组成人员、公诉人、侦查人员、被告人及其辩护人范围内播放。因涉及国家秘密、商业秘密、个人隐私或者其他犯罪线索等内容，人民检察院对讯问录音、录像的相关内容进行技术处理的，公诉人应当向法庭作出说明。

第七十八条 人民检察院认为第一审人民法院有关证据收集合法性的审查、调查结论导致第一审判决、裁定错误的，可以依照刑事诉讼法第二百二十八条的规定向人民法院提出抗诉。

3.《公安机关办理刑事案件程序规定》（2012年12月13日公安部令第127号）（节录）

第六十八条　人民法院认为现有证据材料不能证明证据收集的合法性，通知有关侦查人员或者其他人员出庭说明情况的，有关侦查人员或者其他人员应当出庭。必要时，有关侦查人员或者其他人员也可以要求出庭说明情况。

经人民法院通知，人民警察应当就其执行职务时目击的犯罪情况出庭作证。

4.《关于办理刑事案件严格排除非法证据若干问题的规定》

第十九条　犯罪嫌疑人、被告人申请提供法律援助的，应当按照有关规定指派法律援助律师。

法律援助值班律师可以为犯罪嫌疑人、被告人提供法律帮助，对刑讯逼供、非法取证情形代理申诉、控告。

第二十条　犯罪嫌疑人、被告人及其辩护人申请排除非法证据，应当提供涉嫌非法取证的人员、时间、地点、方式、内容等相关线索或者材料。

第二十一条　辩护律师自人民检察院对案件审查起诉之日起，可以查阅、摘抄、复制讯问笔录、提讯登记、采取强制措施或者侦查措施的法律文书等证据材料。其他辩护人经人民法院、人民检察院许可，也可以查阅、摘抄、复制上述证据材料。

第二十二条　犯罪嫌疑人、被告人及其辩护人向人民法院、人民检察院申请调取公安机关、国家安全机关、人民检察院收集但未提交的讯问录音录像、体检记录等证据材料，人民法院、人民检察院经审查认为犯罪嫌疑人、被告人及其辩护人申请调取的证据材料与证明证据收集的合法性有联系的，应当予以调取；认为与证明证据收集的合法性没有联系的，应当决定不予调取并向犯罪嫌疑人、被告人及其辩护人说明理由。

第二十三条　人民法院向被告人及其辩护人送达起诉书副本时，应当告知其有权申请排除非法证据。

被告人及其辩护人申请排除非法证据，应当在开庭审理前提出，但在庭审期间发现相关线索或者材料等情形除外。人民法院应当在开庭审理前将申请书和相关线索或者材料的复制件送交人民检察院。

第二十四条　被告人及其辩护人在开庭审理前申请排除非法证据，未提供相关线索或者材料，不符合法律规定的申请条件的，人民法院对申请不予受理。

第二十五条 被告人及其辩护人在开庭审理前申请排除非法证据，按照法律规定提供相关线索或者材料的，人民法院应当召开庭前会议。人民检察院应当通过出示有关证据材料等方式，有针对性地对证据收集的合法性作出说明。人民法院可以核实情况，听取意见。

人民检察院可以决定撤回有关证据，撤回的证据，没有新的理由，不得在庭审中出示。

被告人及其辩护人可以撤回排除非法证据的申请。撤回申请后，没有新的线索或者材料，不得再次对有关证据提出排除申请。

第二十六条 公诉人、被告人及其辩护人在庭前会议中对证据收集是否合法未达成一致意见，人民法院对证据收集的合法性有疑问的，应当在庭审中进行调查；人民法院对证据收集的合法性没有疑问，且没有新的线索或者材料表明可能存在非法取证的，可以决定不再进行调查。

第二十七条 被告人及其辩护人申请人民法院通知侦查人员或者其他人员出庭，人民法院认为现有证据材料不能证明证据收集的合法性，确有必要通知上述人员出庭作证或者说明情况的，可以通知上述人员出庭。

第二十八条 公诉人宣读起诉书后，法庭应当宣布开庭审理前对证据收集合法性的审查及处理情况。

第二十九条 被告人及其辩护人在开庭审理前未申请排除非法证据，在法庭审理过程中提出申请的，应当说明理由。

对前述情形，法庭经审查，对证据收集的合法性有疑问的，应当进行调查；没有疑问的，应当驳回申请。

法庭驳回排除非法证据申请后，被告人及其辩护人没有新的线索或者材料，以相同理由再次提出申请的，法庭不再审查。

第三十条 庭审期间，法庭决定对证据收集的合法性进行调查的，应当先行当庭调查。但为防止庭审过分迟延，也可以在法庭调查结束前进行调查。

第三十二条 法庭对控辩双方提供的证据有疑问的，可以宣布休庭，对证据进行调查核实。必要时，可以通知公诉人、辩护人到场。

第三十三条 法庭对证据收集的合法性进行调查后，应当当庭作出是否排除有关证据的决定。必要时，可以宣布休庭，由合议庭评议或者提交审判委员会讨论，再次开庭时宣布决定。

在法庭作出是否排除有关证据的决定前，不得对有关证据宣读、质证。

[参考案例]

1. 郑某昌故意杀人案——对于被告方提出非法证据排除申请的情形，法院并非一律启动证据收集合法性调查程序①

基本案情：

被告人郑某昌，男，1978年11月2日出生。2013年6月21日因涉嫌犯故意杀人罪被逮捕。

福建省福州市人民检察院以被告人郑某昌犯故意杀人罪，向福州市中级人民法院提起公诉。

被告人郑某昌否认起诉书指控的犯罪事实。其辩护人作无罪辩护，并提出，即使郑某昌构成故意杀人罪，但本案系家庭矛盾引发，属激情犯罪，建议从轻处罚。

福建省福州市中级人民法院经审理查明：被告人郑某昌与妻子严某娟感情不和，经常争吵。2013年5月23日7时许，郑某昌在福建省福州市晋安区福飞北路362号小康佳园5号楼501室家中与严某娟争吵后，持铁锤猛砸严某娟头部，后用手猛掐严某娟颈部直至严某娟死亡。事后，郑某昌为掩盖罪行，肢解严某娟的尸体，用高压锅等容器烹煮尸块，驾车将尸块、作案工具等丢弃于鼓岭一带的山路和闽江内。

福建省福州市中级人民法院经审理认为，被告人郑某昌故意非法剥夺他人生命，致一人死亡，其行为已构成故意杀人罪。据此，依照《刑法》第232条、第57条第1款之规定，以故意杀人罪判处被告人郑某昌死刑，剥夺政治权利终身。

一审宣判后，被告人郑某昌不服，提起上诉。

被告人郑某昌的上诉理由是：其与被害人严某娟感情好，没有杀人动机；有罪供述系刑讯逼供所得，在案证据不足以证实其杀害严某娟；即便认定构成犯罪，因本案是临时起意，又是家庭矛盾引发，请求予以改判。其辩护人提出，原判认定郑某昌杀妻的证据不足，请求改判，宣告郑某昌无罪。

---

① 最高人民法院刑事审判第一、二、三、四、五庭：《刑事审判参考》总第108集。

福建省高级人民法院经审理认为，原判认定上诉人郑某昌故意杀人的事实清楚，证据确实、充分，定罪准确，量刑适当，审判程序合法。据此，依照《刑法》第232条、第57条第1款，《刑事诉讼法》第225条第1款第1项之规定，驳回上诉人郑某昌对刑事部分的上诉，维持原判对上诉人郑某昌的刑事判决。

最高人民法院复核认为，被告人郑某昌因家庭纠纷而采取锤击头部等方式将妻子杀害，其行为已构成故意杀人罪，犯罪手段残忍，情节恶劣，后果特别严重，应依法惩处。第一审判决、第二审判决认定的事实清楚，证据确实、充分，定罪准确，量刑适当，审判程序合法。依照《刑事诉讼法》第235条、第239条和《刑诉法解释》第350条第1项的规定，裁定核准被告人郑某昌死刑，剥夺政治权利终身的刑事判决。

主要问题：

1. 被告方提供的相关线索或材料达到何种标准，法院才能启动证据收集合法性的调查程序？

2. 被告方申请排除非法证据，应当提供相关线索或材料，如何理解被告方的提供证据责任？

裁判理由：

（一）对于被告方提出非法证据排除申请的情形，法院并非一律启动证据收集合法性调查程序

在司法实践中，一些案件的被告方基于诉讼策略等方面的考虑，经常会以有罪供述系刑讯逼供所得为由，向法庭提出排除非法证据申请。对此，法院应当进行审查，只有经审查后对证据收集的合法性存在疑问，才有必要启动专门调查程序。根据2012年《刑事诉讼法》及相关司法解释的规定，被告方申请排除非法证据，应当提供涉嫌非法取证的人员、时间、地点、方式、内容等材料或者线索。之所以规定由被告方承担提供材料或线索的责任，主要是基于以下考虑：

首先，基于司法成本考虑。控诉方的证据体系涉及诸多证据，并非每个案件都会发生非法取证问题。考虑到控诉方在审查起诉时已经对证据收集的合法性进行了审查，如果要求控诉方逐一证明每个证据的合法性，既浪费诉讼资源，也没有现实必要。这既是检察机关客观公正义务的要求，也是提高诉讼效率的内在要求。相比之下，从提供有关非法取证的证据的便利程度来看，被告人亲历取证过程，如侦查人员确有违法取证行为，被告人可以有针

对性地提供相关的线索或者材料。同时，基于辩护的考虑，被告人及其辩护人会注意收集关于非法取证的线索或者材料，因此，要求被告方提供相关线索或者材料较为便利。

其次，基于平衡控辩双方诉讼权利考虑。司法实践中，被告方有时基于辩护策略的需要，可能会随意提出排除非法证据申请。如果被告方动辄以侦查人员采用刑讯逼供等非法方法取得供述为由申请排除有关证据，而不承担任何提供线索或材料的责任，将导致控诉方疲于应付，增加不必要的诉讼证明成本，同时也将导致法庭的精力主要用于证据收集合法性的审查，不利于集中审理定罪量刑等核心争议问题。鉴于此，要求被告方在申请排除非法证据时承担初步的提供证据责任，有助于督促被告方依法行使诉讼权利，防止其随意提出申请，避免浪费司法资源，兼顾司法的公正和效率。

最后，基于明确争点、解决争议考虑。被告方申请排除非法证据时，要求其承担提供相关线索或者材料的责任，有助于确保检察机关的举证和法庭的审理更加具有针对性，提高诉讼效率。

综上，对于被告方提出的排除非法证据申请，法庭并非一律启动证据收集合法性调查程序，而是首先要对被告方的申请及其提供的相关线索或者材料进行审查，经审查认为，被告方提供的相关线索或者材料有据可查，召开庭前会议听取控辩双方意见后，对证据收集的合法性有疑问的，应当进行调查。对证据收集的合法性没有疑问，且没有新的线索或者材料表明可能存在非法取证的，可以决定不再进行调查。

在司法实践中，法庭对被告方提出的排除非法证据申请及其提供的相关线索或者材料，可从以下方面进行审查：一是看是否存在刑讯逼供等非法取证行为的可能性。例如，被告人是否杜撰非法取证人员姓名，是否虚构根本不可能发生刑讯逼供的时间、地点、方式和相关情节等。二是看被告人的申请理由和相关线索、材料是否有据可查。例如，被告人对非法取证行为的描述是否具体和详细，尤其是要注意被告人所描述的非法取证细节，并注意审查其所提供的线索或者材料是否能够得到其他证据的印证等。法庭经审查认为，被告方提出的非法取证情形或者提供的线索、材料明显不成立，就可以决定不再进行调查。

（二）被告方承担提供相关线索或者材料的责任，只需使法庭对证据收集合法性产生疑问即可，不同于检察机关承担取证合法性的举证责任

2012 年《刑事诉讼法》规定，在对证据收集的合法性进行法庭调查的

过程中，人民检察院应当对证据收集的合法性加以证明。在非法证据排除程序中，由检察机关承担取证合法性的举证责任，符合刑事诉讼领域证明责任分配的基本原理。

需要指出的是，根据法律要求，被告方提出排除非法证据申请时，需要承担提供相关线索或者材料的责任，该责任不同于检察机关证明被告人有罪的证明责任，而仅仅是争点形成责任，或者称为初步的提供证据责任。具言之，证明责任是指检察机关提供相应的证据来证明被告人有罪的法定负担，一旦举证不能，或举证达不到法定的证明标准，则要承担指控的犯罪不能成立的法律后果。相比之下，争点形成责任或者初步的提供证据责任，则是指被告方申请排除非法证据后，提供相关线索或者材料促使法庭对有关指控证据的合法性产生怀疑，进而使证据收集合法性争议成为诉讼的争点。进一步来讲，被告方不承担证明侦查人员刑讯逼供的证明责任，其所提交的线索或者材料只需要使法庭对有关证据的合法性产生怀疑即可，不要求达到“事实清楚，证据确实、充分”的证明标准。

被告方申请排除非法证据，并提供相关线索或者材料，促使法庭对有关指控证据收集的合法性产生疑问，并依法启动专门调查程序的，检察机关需要承担证据收集合法性的证明责任。基于证据裁判原则的要求，指控的犯罪事实必须有证据证实，犯罪事实与指控犯罪的证据之间具有直接对应关系，而证明证据收集合法性的事实又与指控犯罪的证据直接相关，据此，证据收集合法性事实可以被视为指控的犯罪事实所附带的事实。鉴于法律要求对犯罪事实的证明需要达到“证据确实、充分”的证明标准，检察机关对证据收集合法性的证明也应当达到这一证明标准。鉴于此，法庭启动证据收集合法性调查程序后，检察机关未能提供证据证明取证合法性，或者提供的证据未能达到法定证明标准，不能排除以非法方法收集证据情形的，对有关证据应当依法予以排除。

此外需要明确的是，被告方提出排除非法证据申请后，其所提供的线索或者材料应当有具体的指向性。所谓“相关线索”，主要是指被告方提供的涉嫌刑讯逼供等非法取证情形的人员、时间、地点、方式等细节信息，如被告人明确提出讯问人员于特定时间在看守所以外的特定场所对其实施刑讯逼供，或者提供能够证明非法取证的在场人员、同监羁押人员信息等。所谓“相关材料”，主要是指被告方提供的反映被告人因刑讯逼供致伤的病历、看守所体检证明、被告人体表损伤及衣物损坏情况；反映被告人遭受刑讯逼供的看守所看管人员及被告人同监羁押人员的书面证言；反映讯问程序违反法律规定的讯问笔录和录音录像等。如果被告方仅是泛泛辩称自己受到刑讯逼供，而不能提供涉嫌对其刑讯逼供的人员、时间、地点、方式等线索或者材料，就意味着其未能履行争点形成责任或者初步的提供证据责任，法庭应当依法驳回其申请。

本案中，被告人郑某昌辩称其有罪供述系刑讯逼供所得，但其对刑讯逼供的时间、地点、参与人员及刑讯逼供的方式、手段等相关问题无法作出清楚说明，不能提供相关的线索或者材料。同时，法庭经审查发现，被告人郑某昌到案后作出多次有罪供述，相关讯问笔录均经其本人签名确认，本案的审讯光盘亦证实讯问过程中没有发现诱供、逼供情形。综上，郑某昌提出的其有罪供述系刑讯逼供所得的辩解理由不能成立，法庭不予采纳，并结合在案证据依法作出判决。

2. 褚某剑受贿案——辩方提出非法证据排除申请后人民法院启动非法证据排除调查程序①

基本案情：

被告人褚某剑，女，1960 年 11 月 8 日出生，汉族，浙江省湖州市人，大学文化，原系湖州市吴兴区科学技术局局长，曾任湖州市吴兴区教育局局长。

浙江省湖州市吴兴区人民检察院以被告人褚某剑犯受贿罪，向浙江省湖州市吴兴区人民法院提起公诉。

被告人褚某剑否认了起诉书指控的受贿犯罪事实，提出在纪委调查阶段受到纪委调查人员和检察院侦查人员共同施加的刑讯逼供、指供诱供，还被迫坐在有钉子的凳子上致其臀部溃烂，系被逼作出有罪供述，因检察院侦查阶段由前述参加刑讯逼供的侦查人员进行讯问，而未敢翻供。在侦查阶段的口供系非法取得，应当排除。辩护人支持褚某剑的意见，提出被告人的有罪供述系非法取得，申请法院依法排除。其辩护人还提出，检察院指控被告人犯受贿罪事实不清，证据不充分。证人证言与上诉人供述有矛盾，不能互相印证；请求宣告被告人无罪。

湖州市吴兴区人民法院经审理查明：

1. 2005 年 10 月至 2006 年 8 月，被告人褚某剑在担任湖州市吴兴区教育

① 最高人民法院刑事审判第一、二、三、四、五庭：《刑事审判参考》总第 89 集。

局局长期间，利用职务上的便利，为下属单位湖州城区荣昌教学服务中心陆某明和沈某良谋取利益，非法收受陆某明、沈某良以褚某剑买房、装修、搬家、旅游等为由贿送的财物合计价值人民币136700元。其中，2005年11月至12月的某天，褚某剑从沈某良处收受现金10万元；2005年10月至12月，褚某剑从沈某良处收受现金2000元；2005年12月的某天，褚某剑在湖州市吴兴区教育局办公室内收受陆某明以祝贺其上海房子搬家为名贿送的现金3万元；2006年7月至8月，褚某剑与其女儿跟团去海南旅游，沈某良为其支付了旅游费用4700元。

2. 2008年至2011年，被告人褚某剑在担任湖州市吴兴区科技局局长期间，利用职务上的便利，先后多次收受辖区企业以拜年为名贿送的财物，合计价值人民币17000元。其中，2009年和2011年春节前收受德马物流公司所送的浙北大厦购物卡1000元和2000元，共计3000元；2009年至2011年每年春节前收受金泰科技股份有限公司潘某华所送的浙北大厦购物卡各2000元，共计6000元；2010年和2011年春节前收受金洲管道科技股份有限公司杨某芳所送的浙北大厦购物卡各1000元，共计2000元；2010年春节前收受立方实业有限公司所送的浙北大厦购物卡1000元；2010年和2011年春节前收受蓝天海纺织品有限公司陈某青所送的浙北大厦购物卡各2000元，共计4000元；2008年春节前收受大东吴集团姚某良所送的现金1000元。

浙江省湖州市吴兴区人民法院经审理认为，被告人褚某剑身为国家工作人员，利用职务上的便利，收受他人财物，为他人谋取利益，其行为已构成受贿罪。根据在案证据，被告人褚某剑在侦查阶段没有受到刑讯逼供。依照《刑法》第385条第1款，第386条，第386条第1款第1项、第2款，第93条第1款，第59条第1款，第64条之规定，判决如下：被告人褚某剑犯受贿罪，判处有期徒刑十年六个月，并处没收财产人民币3万元；赃款人民币153700元，予以追缴，上缴国库。

宣判后，被告人褚某剑不服，向浙江省湖州市中级人民法院提出上诉，认为其未收受一审判决认定的陆某明、沈某良贿送的136700元财物，一审判决认定的其收受礼金、礼卡的数额有误，且其主观上不存在受贿故意；其在纪委调查阶段受到刑讯逼供，其被刑讯逼供后作出的有罪供述应予以排除，同时申请法院调看其在纪委、检察院被审讯的录音录像。辩护人提交了褚某剑的女儿分别与证人陆某明、田某裕对话的录音，以及辩护人对证人田某裕所作的笔录，以证明证人陆某明、田某裕在检察院受到刑讯逼供，该证言应予排除。上诉及辩护均要求宣告褚某剑无罪。

浙江省湖州市中级人民法院经审理查明，原判认定被告人褚某剑利用先后担任吴兴区教育局局长、吴兴区科技局局长的职务便利，从沈某良处收受现金人民币 10 万元、从陆某明处收受现金人民币 3 万元，从辖区企业收受礼金、礼卡价值人民币 17000 元，共计价值人民币 147000 元，事实清楚，证据确实、充分，二审予以确认。原判认定褚某剑收受旅游费 4700 元和装修款 2000 元，分别鉴于证据不足和采信证据标准问题，不予认定。本案现有证据足以证实检察机关获取褚某剑审判前供述、证人证言的合法性。原审定罪正确，审判程序合法。依照《刑事诉讼法》第 189 条第 3 项，《刑法》第 385 条第 1 款，第 386 条，第 383 条第 1 款第 1 项、第 2 款，第 93 条第 1 款，第 59 条第 1 款，第 64 条之规定，以被告人褚某剑犯受贿罪，判处有期徒刑十年三个月，并处没收财产人民币 3 万元；褚某剑受贿所得人民币 147000 元予以追缴，上缴国库。

主要问题：

受贿案件中，被告人或辩护人提出被告人审判前供述及证人证言系非法取得，人民法院应如何审查？

裁判理由：

一审庭审前，辩护人以被告人褚某剑在纪委调查阶段受到刑讯逼供、指供诱供，被迫坐在有钉子的凳子上致臀部溃烂，被逼作出有罪供述为由，向法庭提交了被告人褚某剑有罪供述系非法取得，申请排除的请求。一审庭审中，辩护人又请求法庭启动非法证据排除调查程序，在未获得法庭允许的情况下，根据《关于办理刑事案件排除非法证据若干问题的规定》第 5 条的规定，执意要求法庭当庭先行调查是否存在非法证据，致使一审庭审无法继续。

（一）关于被告人审判前供述非法证据排除规则的运用

1. 非法证据排除调查程序的启动

《关于办理刑事案件排除非法证据若干问题的规定》第 5 条第 1 款规定："被告人及其辩护人在开庭审理前或者庭审中，提出被告人审判前供述是非法取得的，法庭在公诉人宣读起诉书之后，应当先行当庭调查。"自《关于办理刑事案件排除非法证据若干问题的规定》实施以来，连续出现了多起被告人及辩护人故意利用非法证据排除申请干扰法庭审理、阻挠法庭对案件事实进行调查，扰乱法庭秩序的案例。为提高审判效率，节约司法资源，应赋予法庭一定的裁量权，既可以先行调查，也可以在法庭调查结束后对各被告提出的证据合法性申请一并调查。《刑事诉讼法》第 58 条第 1 款对此作了灵活性的规定："法庭审理过程中，审判人员认为可能存在本法第五十六条规定的以非法方法收集证据情形的，应当对证据收集的合法性进行法庭调查。"也就是说，非法证据的调查并不限于公诉人宣读起诉书之后必须立即进行，在法庭调查阶段完成均可。

对于启动非法证据排除调查程序的，应把握以下四点：(1) 被告人提出非法证据申请的，必须提出相关线索或材料，并且要达到使法庭对取证行为合法性存在疑问的程度，才能启动调查程序。(2) 在对证据收集的合法性进行法庭调查的过程中，由人民检察院对证据收集的合法性加以证明。(3) 法庭决定在法庭调查结束后对证据合法性进行一并调查的，在法庭调查期间，对被告人及辩护人提出异议的证据暂停质证。对证据合法性的调查程序结束后，如果法庭决定对该证据予以排除的，可不再质证。(4) 对于能够排除非法取证可能性的证据，法庭仍应当继续对该证据进行质证，并结合被告人的当庭供述以及其他证据决定能否作为定案的根据。

本案中，被告人及辩护人辩称被告人审判前供述系非法取得，申请法院依法排除，并向法庭提供了相关的线索，法庭可以根据《关于办理刑事案件排除非法证据若干问题的规定》，启动非法证据排除调查程序，由公诉人对证据收集的合法性进行答辩，并予以证明。

2. 非法证据排除调查程序的进行

根据《关于办理刑事案件排除非法证据若干问题的规定》第 7 条的规定，并结合新刑事诉讼法和审判实践，对非法证据排除的调查可以按以下步骤核实：(1) 公诉人向法庭提供讯问笔录、入所健康体检证明和犯罪嫌疑人羁押期间同监室在押人员的证言等材料。(2) 上述证据尚不能排除合理怀疑的，公诉人可向法庭提交非法证据排除请求所涉阶段被告人原始讯问录音录像。(3) 采取上述措施后，仍不能证明证据收集的合法性的，公诉人可以提请法庭通知讯问时其他在场人员或者其他证人出庭作证。必要时，可以提请法庭通知讯问人员出庭作证。

本案中，公诉人提交的湖州市看守所入所健康检查登记表、谈话笔录、情况说明证实，褚某剑入所时经检查体表无外伤，且褚某剑亦自述无伤无病，身体健康。与褚某剑羁押在同一监室的周某宇、万某、蒋某英、陈某英均证实褚某剑进入湖州市看守所时身体较好，并无异常。湖州市吴兴区人民检察院反贪污贿赂局侦查人员证实，其在讯问褚某剑过程中，没有采用刑讯逼供等非法手段取证的情况。上诉人褚某剑被批捕时向湖州市人民检察院供认湖州市吴兴区人民检察院在办案过程中行为文明规范。以上证据能相互印证。二审庭审后，合议庭与检察人员，辩护人均观看了湖州市吴兴区人民检察院审讯褚某剑的同步录音录像，发现并不存在刑讯逼供、指供诱供的行为。通过观看原始的讯问过程录音录像，进一步印证了检察机关获取褚某剑审判前供述的合法性。

3. 关于纪委调查情况是否在刑事诉讼活动中予以评价的问题

被告人褚某剑及辩护人在一、二审均提出，褚某剑在纪委调查阶段受到纪委调查人员和检察院侦查人员共同施加的刑讯逼供、指供诱供，系被逼作出有罪供述；因检察院侦查阶段由前述参加刑讯逼供的侦查人员进行讯问，故不敢翻供；故褚某剑在侦查阶段的口供系非法取得，依法应当排除，并以此为由，要求启动非法证据排除调查程序。

我国的刑事诉讼，是指公安机关、人民检察院、人民法院在当事人和其他诉讼参与人的参加下，依照法定的程序，查明案件事实，应用刑法确定被追诉者的行为是否构成犯罪，应否受到刑事处罚所进行的侦查、起诉和审判的活动。因此，纪委调查不属于刑事诉讼活动，纪委调查取得的材料不作为证据使用，纪委调查的情况也不属于刑事审判内容。鉴于本案存在检察院侦查人员在纪委调查询问时在场参与的情况，而褚某剑与其辩护人又称其在该阶段遭到刑讯逼供，影响了检察院侦查阶段的口供。为查明本案是否确实存在被告人及辩护人辩解的情况，一审法院要求辩护人提供褚某剑在该阶段被非法取证的时间节点，以便组织控、辩、审三方共同观看纪委调查阶段的相关同步录音录像，但辩护人拒绝提供。在辩护人不提供非法取证相关节点的情况下，合议庭成员观看了检察院侦查人员参与的纪委调查阶段的同步录音录像，既未发现采用刑讯逼供等非法手段取证的行为，亦不存在褚某剑坐在有钉子的凳子上致其臀部溃烂的情形。显然，通过观看纪委调查阶段的录音录像，可以排除褚某剑所称的纪委调查阶段有违法行为的问题。褚某剑的审判前供述具有证据能力，应作为证据采纳，其证明力应当综合与其他证据的印证情况而定。上诉人及其辩护人关于褚某剑的审判前供述系在被刑讯逼供等非法取证情况下作出，不能作为证据的上诉及辩护意见，不能成立，不予采纳。

（二）关于证人证言非法证据排除规则的运用

对证人证言启动非法证据排除调查程序的，可以参照被告人审判前供述非法证据排除调查程序模式。本案中，辩护人在二审阶段提出了检察院办案人员对证人陆某明、田某裕存在非法取证，因而该二人的证言不能作为证据使用的辩护意见，辩护人提交了被告人褚某剑女儿与两证人的对话录音（两证人在谈话中较含糊地表达了自己是被迫交代送钱给褚某剑的经过），并申请二审开庭要求本案证人沈某良、陆某明、田某裕到庭作证。法庭根据辩护人提供的证人的联系方式，分别向证人沈某良（因犯贪污罪和受贿罪被送入监狱服刑）送达了出庭通知书。沈某良明确提出其在监狱服刑，不能出庭作证，并称原来向检察院所作的证言属实。一审法庭也向证人陆某明、田某裕邮寄了出庭通知书，其中，陆某明因生病住院而未能出庭，田某裕虽收到了出庭通知书，但未到庭作证。二审庭审后，承办人找证人陆某明、田某裕核实证言。两人均称褚某剑的女儿找过他们，但并不知道被录音，其原来向检察院所作的证言是事实；就褚某剑案作证时，检察院侦查人员对其没有刑讯逼供等非法取证行为。在此之后，辩护人又向法庭提交了其对证人，田某裕所作的笔录，田某裕在笔录中称其曾被反贪局办案人员抽了一耳光，其被打对于褚某剑案作证是有影响的，当时是心有余悸。法庭收到该笔录后，交湖州市人民检察院阅看。湖州市人民检察院即又对田某裕作笔录。田某裕称褚某剑家属找过其三四次，家属说陆某明被侦查人员打了，当时其随口也说被打了。褚某剑家属找其主要是想让其证明褚某剑受贿的事情不存在，他们还说知道其是冤枉的（田某裕因贪污被判刑），以后会帮其想办法找工作，于是其心动，认为翻案对自己也有好处。

从以上证人证言可以看出，证人面对不同的询问人员，其证言内容均有所变化；证人田某裕二审未出庭作证，其在庭前庭后对自己作证时是否受到非法取证行为导致证言反复，甚至是法庭找其作笔录后还有反复。因此，对于证人证言是否存在辩方所称的非法取证行为，很难作出正确判断。为此，根据《关于办理刑事案件排除非法证据若干问题的规定》第 8 条“法庭对于控辩双方提供的证据有疑问的，可以宣布休庭，对证据进行调查核实。必要时，可以通知检察人员、辩护人到场”的规定，法庭决定对证人田某裕、陆某明的证言进行庭外核实，合议庭成员庭外核实证言时需通知检察人员、辩护人到场。在控、辩、审三方到场的情况下，证人田某裕、陆某明向法庭作证，称湖州市吴兴区人民检察院没有采取刑讯逼供等非法手段对其取证，两人还对各自向检察院所作的证言予以认可。法院审理后认为，行贿人陆某明、出纳田某裕均多次证实褚某剑受贿的事实，且两人的证言与行贿人沈某良的证言、褚某剑的供述相互印证，形成完整的证据锁链；辩护人提交的录音系未经证人同意而作，录音内容也与证人陆某明、田某裕向湖州市吴兴区人民检察院多次所作且经证人陆某明、田某裕签字确认的证言内容不一致；通过庭外核查证据的方式，也可以确定辩护人提出的检察院办案人员对证人陆某明、田某裕非法取证，该两人的证言不具有证据能力的辩护意见，与事实不符，不能采纳。

综上，辩方提出非法证据排除申请后，人民法院启动了非法证据排除调查程序，由公诉人提交了相应的证据，能够证明取证的合法性，排除了被告人审判前供述及证人证言系非法证据，并据此定案，认定褚某剑构成受贿罪，应依法进行处罚。

第五十九条　在对证据收集的合法性进行法庭调查的过程中，人民检察院应当对证据收集的合法性加以证明。

现有证据材料不能证明证据收集的合法性的，人民检察院可以提请人民法院通知有关侦查人员或者其他人员出庭说明情况；人民法院可以通知有关侦查人员或者其他人员出庭说明情况。有关侦查人员或者其他人员也可以要求出庭说明情况。经人民法院通知，有关人员应当出庭。

[条文主旨]

本条是关于证据收集合法性的证明的规定。

[条文释解]

本条系2012年《刑事诉讼法》修订中增加的内容，第57条规定，“在对证据收集的合法性进行法庭调查的过程中，人民检察院应当对证据收集的合法性加以证明。现有证据材料不能证明证据收集的合法性的，人民检察院可以提请人民法院通知有关侦查人员或者其他人员出庭说明情况；人民法院可以通知有关侦查人员或者其他人员出庭说明情况。有关侦查人员或者其他人员也可以要求出庭说明情况。经人民法院通知，有关人员应当出庭。”2018年未作修改。

本条分为两款。第 1 款是关于证据收集的合法性的举证责任的规定。

在刑事诉讼中由控诉方承担被告人有罪的举证责任，是现代刑事诉讼的基本原则。本法第 51 条也明确规定，公诉案件中被告人有罪的举证责任由人民检察院承担。人民检察院要证明被告人构成犯罪，理应还要证明用于证明被告人构成犯罪的证据具有合法性。证明被告人有罪的证据大多数都是由公安机关和人民检察院依法收集，并经过人民检察院依法审查的，人民检察院也有能力证明证据收集的合法性。因此，本款规定，在对证据收集的合法性进行法庭调查的过程中，人民检察院应当对证据收集的合法性加以证明。人民检察院证明证据收集的合法性的方法，可以是向法庭提供讯问笔录、讯问过程的录音录像、羁押记录、体检记录，按照本条第 2 款的规定提请法庭通知有关侦查人员或者其他人员出庭说明情况等。如果人民检察院对于证据收集的合法性不能举证证明，或者举证之后仍然不能排除有采取非法方法收集证据情形的，人民法院应当依照本法第 54 条和第 58 条的规定对有关证据进行处理。

第 2 款是关于在对证据收集的合法性的法庭调查程序中侦查人员或者其他人员出庭说明情况的规定。

侦查人员出庭作证，对于查清案件事实，排除刑讯逼供等非法取证情形，实现对被告人的正确定罪量刑，具有积极意义。检察机关作为承担证据收集合法性的举证责任的机关，在移送给人民法院的证据材料不足以证明证据收集的合法性的条件下，应当通过以其他方式继续举证证明。收集证据的侦查人员和了解证据收集情况的其他人员，作为取证过程的亲历者，最了解证据收集是否合法的情况。如果有关证据确系合法收集，由他们出庭说明有关情况，对证据收集的合法性是最有力的证明。1996 年《刑事诉讼法》对于侦查人员出庭作证没有明确作出规定。中央深化司法体制和工作机制改革的意见要求，明确侦查人员出庭作证的范围和程序。本款对特定情况下有关侦查人员和其他人员出庭说明证据收集的有关情况作了规定。

根据本款规定，有关侦查人员和其他人员出庭说明情况的前提是“现有证据材料不能证明证据收集的合法性”，即公诉机关通过向法庭提供讯问笔录、录音录像、羁押记录、体检记录等材料不能证明证据收集的合法性，造成有关证据可能被认定为非法取得的证据而被排除。这种情况下侦查人员出庭说明情况，是对人民检察院公诉工作的支持，体现了公安机关、检察机关在刑事诉讼中互相配合的原则，有利于惩治犯罪，与侦查机关工作的目的是一致的。

并非所有涉及非法证据排除的案件都要求侦查人员出庭。根据《刑事诉讼法》第57条第2款的规定，通常情况下，有关侦查人员或者其他人员出庭说明情况程序的启动存在两种情形：（1）法庭决定对证据收集的合法性进行法庭调查，现有证据材料不能证明证据收集的合法性的，人民检察院可以提请人民法院通知有关侦查人员或者其他人员出庭说明情况，人民法院认为有必要通知的，可以发出通知。（2）法庭决定对证据收集的合法性进行法庭调查，现有证据材料不能证明证据收集的合法性的，有关侦查人员或者其他人员要求出庭说明情况，人民法院认为有必要的，可以通知有关人员出庭。此外，在非法证据排除程序中，人民检察院未提请人民法院通知有关侦查人员或者其他人员出庭说明情况，有关人员亦未主动要求出庭说明情况的，人民法院经审查认为现有证据材料不能证明证据收集的合法性，但认为通知侦查人员出庭对于查明证据收集合法性情况有必要的，也可以依职权通知有关侦查人员或者其他人员出庭。需要注意的是，无论人民法院基于何种情形通知有关侦查人员或者其他人员出庭，有关人员均应当出庭。

出庭的人员范围是“有关侦查人员或者其他人员”。“有关侦查人员”主要是指参与收集有关证据的侦查人员，如讯问犯罪嫌疑人的侦查人员、提取物证的侦查人员等。“其他人员”是指了解证据收集情况的其他人员，如看守所民警、搜查时的见证人等。他们出庭“说明情况”，主要是向法庭说明收集证据的过程，便于法庭对证据收集的合法性进行审查。有关侦查人员和其他人员出庭说明情况有两种情形，一是人民检察院认为有必要由他们出庭说明情况的，可以提请人民法院发出通知，人民法院认为有必要由他们出庭说明情况的，也可以向他们发出通知。经人民法院通知，有关人员应当出庭。二是有关侦查人员和其他人员主动要求出庭说明情况。例如，有关侦查人员出于责任心和维护侦查活动的合法性以实现追究惩治犯罪的目的，要求出庭驳斥被告人非法取证的指控。作为特定情况下证明取证合法性的手段，本条对有关侦查人员和其他人员出庭说明情况的规定，是比较慎重、稳妥的，不会对侦查机关的工作造成大的困难和干扰。

[审判实务]

1. 裁判文书如何表述非法证据排除程序。从司法实践来看，裁判文书中对非法证据处理问题的表述，需要区分以下情形作出处理：(1) 如果人民检察院能够证明证据收集的合法性，证据经法庭质证后予以采信，被告方坚持认为存在非法取证情形的，裁判文书中要说明采信该证据的理由，即法庭启动调查程序后，人民检察院提出证据收集合法性的相关证据，得到法庭的确认，经质证该证据得到采信，以回应被告人的主张。(2) 如果人民检察院不能证明证据收集的合法性，不能排除存在以非法方法收集证据的情形，人民检察院又坚持认为取证合法的，裁判文书中要对法庭排除非法证据的理由加以阐述，即对于人民检察院提出的证明被告人犯罪事实的某个证据，被告方提出系非法取得，经法庭审查认定该证据系非法取得或者不能排除非法取证的可能性，该证据不能作为定案的根据。(3) 如果排除非法证据的申请得到采纳，人民检察院主动撤回了被认为是非法取得的证据，就等于没有提出这个证据，裁判文书中不需要表述这种情形。(4) 如果人民检察院证明证据收集的合法性，被告方表示认可的，就等于撤回了排除非法证据的申请，裁判文书不需要予以表述。

2. 二审程序中的证据合法性审查有什么特殊规定。《关于办理刑事案件排除非法证据若干问题的规定》第 12 条规定："对于被告人及其辩护人提出的被告人审判前供述是非法取得的意见，第一审人民法院没有审查，并以被告人审判前供述作为定案根据的，第二审人民法院应当对被告人审判前供述取得的合法性进行审查。检察人员不提供证据加以证明，或者已提供的证据不够确实、充分的，被告人该供述不能作为定案的根据。"本条规定了非法言词证据在二审阶段的审查和排除规则，明确了对第一审人民法院未予证据合法性调查的救济程序。如果第一审人民法院虽然没有对该供述取证手段的合法性予以审查，但也没有以该供述作为定案的根据，那么第二审人民法院就不必再对该供述取证手段的合法性予以审查了。也就是说，第一审法庭将合法性受到质疑的被告人审判前供述作为定案的根据，是第二审人民法院对该被告人审判前供述取证手段的合法性予以审查的前提。

[配套规定]

《关于办理刑事案件严格排除非法证据若干问题的规定》

第三十一条　公诉人对证据收集的合法性加以证明，可以出示讯问笔录、提讯登记、体检记录、采取强制措施或者侦查措施的法律文书、侦查终结前对讯问合法性的核查材料等证据材料，有针对性地播放讯问录音录像，提请法庭通知侦查人员或者其他人员出庭说明情况。

被告人及其辩护人可以出示相关线索或者材料，并申请法庭播放特定时段的讯问录音录像。

侦查人员或者其他人员出庭，应当向法庭说明证据收集过程，并就相关情况接受发问。对发问方式不当或者内容与证据收集的合法性无关的，法庭应当制止。

公诉人、被告人及其辩护人可以对证据收集的合法性进行质证、辩论。

[参考案例]

杨某龙故意杀人案——被告方申请排除非法证据的情形，应当由人民检察院承担证据收集合法性的证明责任①

基本案情：

被告人杨某龙，又名杨某，男，1976 年 1 月 11 日出生。2005 年 12 月 28 日因犯收购赃物罪被判处罚金人民币三千元。2009 年 2 月 18 日因涉嫌犯故意杀人罪被逮捕。

河北省保定市中级人民法院审理保定市人民检察院指控被告人杨某龙犯故意杀人罪一案，于 2010 年 8 月 30 日以故意杀人罪判处被告人杨某龙无期徒刑，剥夺政治权利终身。宣判后，附带民事诉讼原告人提出上诉。河北省高级人民法院于 2010 年 12 月 15 日裁定撤销原判，发回重审。保定市中级人民法院依法重新审理后，于 2011 年 9 月 14 日以故意杀人罪判处被告人杨某龙无期徒刑，剥夺政治权利终身。宣判后，附带民事诉讼原告人提出上诉。河北省高级人民法院于 2012 年 3 月 29 日再次裁定撤销原判，发回重审。保定市中级人民法院于 2013 年 1 月 30 日对该案依法重新审理。

保定市人民检察院指控被告人杨某龙的行为构成故意杀人罪。

被告人杨某龙当庭否认杀害被害人，辩称其有罪供述系侦查人员对其刑讯逼供所得。杨某龙的辩护人提出，本案事实不清、证据不足，被告人供述与现场勘查笔录、尸检报告等证据相互矛盾，请求宣告杨某龙无罪。

---

① 最高人民法院刑事审判第一、二、三、四、五庭：《刑事审判参考》总第 108 集。

保定市中级人民法院经审理认定的事实与前两次审理认定的事实基本相同，具体如下：被告人杨某龙与被害人郭某某有不正当男女关系。2009 年 1 月 13 日 19 时许，杨某龙因欲与前妻复婚，约郭某某到河北省定州市韩家庄村西砖窑西侧谈分手之事，二人因此发生争执，杨某龙将郭某某打晕后用刀将郭某某头颅割下，埋到附近的小麦田里。

保定市中级人民法院经审理认为，被告人杨某龙故意非法剥夺郭某某生命，其行为已构成故意杀人罪。关于杨某龙提出的有罪供述系侦查人员对其刑讯逼供所得的辩解理由，经查，杨某龙在侦查阶段所作的有罪供述和其主动向公安机关提交的悔过书相同；杨某龙当庭承认作出有罪供述时对其讯问的两名侦查人员郝某某、陆某未对其刑讯逼供，并有庭审录像为证；杨某龙所称刑讯逼供的侦查人员均出庭作证，并称没有对其实施刑讯逼供；看守所体检记录记载杨某龙入所时体表无外伤；除杨某龙供述外，无其他证据证实侦查人员对其有刑讯逼供行为；综上，对该辩解理由不予采纳。杨某龙故意杀害郭某某的事实，有其在侦查阶段的供述及尸检报告、现场勘查笔录、证人证言等证据证实，证据之间能相互印证，本案基本事实清楚，基本证据确实、充分。据此，依照《刑法》第 232 条、第 57 条第 1 款之规定，保定市中级人民法院以故意杀人罪判处被告人杨某龙无期徒刑，剥夺政治权利终身。

一审宣判后，被告人杨某龙不服，提出上诉。其上诉理由及其辩护人的辩护意见如下：原判认定事实不清，证据不足，现有证据不能形成完整证据链条；公安机关存在刑讯逼供，有罪供述不能作为定案的证据，应当宣告杨某龙无罪。

河北省人民检察院认为，上诉人杨某龙有作案动机；有罪供述部分细节与现场勘查笔录、尸检报告、手机通话记录及基站信息显示一致，无罪辩解与基站信息及手机通话记录不符。但讯问录像没有同步，指认现场过程不完整，没有提取到指向杨某龙实施犯罪的相关物证。综上，除供述以外的间接证据达不到法律规定的证据确实、充分的证明标准，建议二审法院依法判决。

河北省高级人民法院经审理认为，原判据以定案的证据主要是上诉人杨某龙的有罪供述，杨某龙写的悔过书虽明确承认实施了犯罪，但悔过书从证据分类来看也属于被告人供述的一种方式。杨某龙在侦查期间曾作过有罪供述，但对检察机关推翻有罪供述，称有罪供述系侦查人员刑讯逼供取得，现公安机关讯问录像和指认现场录像均存在瑕疵，讯问录像不是同步录制，指认现场录像中显示指认过程也不完整，未能体现杨某龙指示侦查人员寻找杀人现场和掩埋被害人头颅的地点，指认过程的客观性存疑。杨某龙的有罪供述没有其他客观物证印证，间接证据也未能形成完整的证明体系，二审期间检察机关亦没有补充证明杨某龙犯罪的新证据。原判认定杨某龙于2009年1月13日杀害被害人郭某某的事实不清，证据不足，不能认定杨某龙有罪。据此，依照《刑事诉讼法》（2012修正）第225条第1款第3项、第233条之规定，河北省高级人民法院判决撤销原判，宣告上诉人杨某龙无罪。

主要问题：

1. 被告方申请排除非法证据的情形，如何把握证据收集合法性的证明责任？

2. 二审法院如何贯彻疑罪从无原则？

裁判理由：

（一）被告方申请排除非法证据的情形，应当由人民检察院承担证据收集合法性的证明责任，不能让被告人变相承担证明责任

本案一审期间，被告人杨某龙提出其有罪供述系侦查人员刑讯逼供所得，并提供了讯问人员的姓名、相关情况等线索。一审法院对证据收集的合法性启动了专门调查程序，但在某种程度上让被告方承担了证明侦查人员刑讯逼供的证明责任，这种做法既不符合法律规定由人民检察院证明取证合法性的要求，也不符合非法证据排除规则的基本原理。例如，首先，一审法院指出，杨某龙在侦查阶段所作的有罪供述和其主动向公安机关提交的悔过书相同；杨某龙当庭承认作出有罪供述时对其讯问的两名侦查人员郝某某、陆某未对其刑讯逼供，并有录像为证，这实际上是通过杨某龙的有罪供述本身来证明取证合法性，但这些有罪供述恰恰是杨某龙申请排除的证据，并不能作为证明取证合法性的根据。其次，一审法院指出，杨某龙所称对其刑讯逼供的侦查人员均出庭作证，并称没有对其实施刑讯逼供。实践中，侦查人员出庭鲜有承认非法取证的情形，但侦查人员出庭作证并不能仅是简单地否定没有刑讯逼供，而是应当阐述取证细节，并对被告人提供的线索或者材料作出合理的解释。如果被告人与侦查人员对取证合法性问题各执一词，在缺乏其他证据特别是讯问录音录像等客观证据佐证的情况下，简单地采信侦查人员的供述并不妥当。再次，一审法院指出，看守所体检记录记载杨某龙入所时体表无外伤，但实际上，2009年1月16日1时的讯问录像显示，杨某龙

额头上有明显的伤痕，这与看守所体检记录记载的情况存在矛盾，对于该问题，应当由侦查人员作出合理的解释。最后，一审法院指出，除杨某龙供述外，无其他证据证实侦查人员对其有刑讯逼供行为，这明显是要求被告人承担侦查人员刑讯逼供的证明责任。

被告人杨某龙提出上诉后，再次提出有罪供述系侦查人员刑讯逼供取得，申请排除非法证据。二审法院经审查后，启动了证据收集合法性调查程序，要求检察机关提供证明取证合法性的证据材料。检察机关向法庭出示了讯问笔录、羁押记录、体检记录等材料，有针对性地播放了相关讯问过程的录音录像，提请法院通知侦查人员出庭说明证据收集的合法性。二审法院对证据收集的合法性进行调查的过程中，上诉方和检察机关对供述取得的合法性问题进行了质证、辩论，经过法庭调查，发现取证工作存在以下问题：

一是有关被告人供述的录音录像不完整。从被告人杨某龙第一次供述的讯问笔录记载来看，讯问时间为2009年1月15日22时30分至2009年1月16日1时0分，而相关录像的讯问时长仅为47分18秒，录音录像不完整。

二是相关指认录像不完整。经审查，被告人杨某龙对现场的指认录像未能完整地还原指认经过，特别是缺失了杨某龙对杀人现场和掩埋被害人头颅地点的指认细节，指认过程的客观性存疑，从而使得指认的证明价值大打折扣。

三是被告人杨某龙的健康检查笔录与相关讯问录像存在矛盾。据看守所健康检查笔录记载，2009年1月16日及同年1月20日对杨某龙健康检查，体表无外伤。而在2009年1月16日1时0分的讯问录像中，则显示杨某龙额头上有明显的伤痕，二者存在明显矛盾。

四是取证工作存在其他违反法定程序的行为。例如，在提讯证上没有写明提讯的时间、事由，侦查人员也未签字。

基于上述问题，检察机关对供述合法性的证明未能达到证据确实、充分的证明标准，不能排除存在以非法方法收集证据的情形，上诉人杨某龙的有罪供述应当予以排除，不得作为定案的根据。

需要指出的是，二审法院并未就证据收集合法性问题作出明确的结论，而是在裁判文书中指出，上诉人杨某龙在公安机关侦查期间曾作过有罪供述，但对检察机关推翻有罪供述，称有罪供述系侦查人员刑讯逼供取得，现讯问录像和指认现场录像均存在瑕疵，讯问录像不是同步录制，指认现场录像中显示的指认过程也不完整，未能体现杨某龙指示侦查人员寻找杀人现场和掩埋被害人头颅的地点，指认过程的客观性存疑。同时，杨某龙的有罪供述没有得到客观物证印证，一是其供述作案用的凶器刀子和拿走被害人的手机没有提取在案，二是根据杨某龙供述提取的其作案时所穿衣服上没有检出血迹，三是上诉人杨某龙所作有罪供述中提到的砖坯和烟蒂，现场勘查中均没有提取在案，四是在现场没有提取到和杨某龙特征相吻合的足迹、指纹等痕迹物证。

二审法院的上述意见实际上表明取证的合法性存在疑问，但并没有明确写明排除非法证据，最终是从供述及指认过程客观性存疑的角度决定不将有关证据作为定案的根据。需要指出的是，此前法院基于各种考虑一般未对证据收集合法性问题作出明确的结论，而是将证据合法性与客观性捆绑到一起加以分析，进而通常以证据不具有客观性为由不将其作为定案的根据。在非法证据排除规则确立前，这种做法具有一定的合理性。对于2012年《刑事诉讼法》施行后的案件，如果有关证据被认定为非法证据，就应当予以排除，即使其可能是客观真实的，也不能作为定案的根据。换言之，法院认定有关证据属于应当排除的非法证据后，不应再继续讨论其客观真实性问题。

（二）二审法院依法排除非法证据后，其他证据达不到法定证明标准的，应当坚持疑罪从无原则，应依法宣告上诉人无罪

为了避免二审法院反复发回重审导致案件久拖不决，造成超期羁押，2012年《刑事诉讼法》规定，二审法院以事实不清、证据不足为由发回重审的案件，原审法院作出判决后，被告人提出上诉或者人民检察院提出抗诉的，二审法院应当依法作出判决或者裁定，不得再发回原审法院重新审判。根据该规定，二审法院对于事实不清、证据不足的案件，要严格贯彻疑罪从无原则，不得二次发回重审，对于曾发回重审的案件，二审法院依法排除非法证据后，其他证据不足以认定上诉人有罪的，或者是检察机关补充证据材料后仍不足以认定上诉人有罪的，应当依法宣告上诉人无罪。

需要强调的是，被告人供述通常是公诉机关指控和一审法院定案的关键证据，一旦二审法院将被告人供述认定为非法证据并依法排除，其他证据就达不到事实清楚，证据确实、充分的证明标准，针对此类案件，二审法院此前往往会选择将案件发回重审。为了依法保障当事人合法权益，避免超期羁押，对于二审法院经审查后认为事实不清、证据不足的案件，如果不具备补查补正条件，发回重审亦无助于查清案件事实的，就应当严格落实疑罪从无原则，依法宣告上诉人无罪。

本案中，原判据以定案的证据主要是被告人杨某龙的有罪供述，但该有罪供述不能排除非法取证的可能性，依法应当予以排除（二审法院表述为，被告人杨某龙的有罪供述没有其他客观证据加以印证），间接证据未能形成完整的证明体系，二审期间检察机关亦没有补充证明杨某龙犯罪的新证据，在案证据达不到法定的定罪标准。二审期间，检察机关也认为，讯问录像没有同步，指认现场过程不完整，没有提取到指向杨某龙的相关物证，除口供外的以上间接证据达不到法律规定的证据确实、充分的证明标准，建议二审法院依法判决。

综上，二审法院依法排除上诉人杨某龙的有罪供述后，其他证据达不到法定的证明标准，不能认定杨某龙有罪。二审法院贯彻疑罪从无原则，依法宣告上诉人杨某龙无罪，是妥当的。

第六十条　对于经过法庭审理，确认或者不能排除存在本法第五十六条规定的以非法方法收集证据情形的，对有关证据应当予以排除。

[条文主旨]

本条是关于非法证据的处理的规定。

[条文释解]

本条系2012年《刑事诉讼法》修订中增加的内容，第58条规定：“对于经过法庭审理，确认或者不能排除存在本法第五十四条规定的以非法方法收集证据情形的，对有关证据应当予以排除。”2018年《刑事诉讼法》未作修改。

本条规定的“经过法庭审理”，是指经过本法第58条、第59条规定的对证据收集的合法性的法庭调查程序，审判人员就证据收集的合法性问题审查了控辩双方提出的证据，听取了控辩双方的意见之后。此时，人民法院应当根据调查的结果，对取证合法性存在疑问的证据进行处理：

1. 确认存在本法第56条规定的非法取证情形的，包括确认存在非法收集言词证据的情形，或者确认存在收集实物证据不符合法定程序，可能严重影响司法公正，不能补正或者作出合理解释的情形，对有关证据应当予以排除，不得作为判决的依据。

2. 不能排除存在本法第 56 条规定的非法取证情形的，即检察机关对证据收集的合法性的证明没有达到确实、充分的程度，审判人员对是否存在本法第 56 条规定的以非法方法收集证据情形仍有疑问的，人民法院对有关证据也应当予以排除，不得作为判决的依据。

需要指出的是，案件中非法收集的一种证据被排除，并不意味着犯罪嫌疑人与该犯罪行为就无关了，犯罪事实就不能认定了。在非法证据排除中，绝大部分排除的都是犯罪嫌疑人的口供。口供虽然被排除，但是其他证据，如物证、书证、证人证言、被害人陈述、鉴定意见或者视听资料等能够证明犯罪事实的，仍然可以定罪处罚。因此，从这一点上讲，《刑事诉讼法》第 55 条规定的“对一切案件的判处都要重证据，重调查研究，不轻信口供。只有被告人供述，没有其他证据的，不能认定被告人有罪和处以刑罚；没有被告人供述，证据确实、充分的，可以认定被告人有罪和处以刑罚”的立法精神与非法证据排除规则是相辅相成、并行不悖的。

3. 如果经过法庭调查和人民检察院举证，法庭确认不存在本法第 56 条规定的非法取证情形的，有关证据属于合法取得的证据，可以在对定罪量刑事实的法庭调查中使用，经查证属实的，可以作为定案的根据。

[配套规定]

《关于办理刑事案件严格排除非法证据若干问题的规定》

第三十四条 经法庭审理，确认存在本规定所规定的以非法方法收集证据情形的，对有关证据应当予以排除。法庭根据相关线索或者材料对证据收集的合法性有疑问，而人民检察院未提供证据或者提供的证据不能证明证据收集的合法性，不能排除存在本规定所规定的以非法方法收集证据情形的，对有关证据应当予以排除。

对依法予以排除的证据，不得宣读、质证，不得作为判决的根据。

第三十五条 人民法院排除非法证据后，案件事实清楚，证据确实、充分，依据法律认定被告人有罪的，应当作出有罪判决；证据不足，不能认定被告人有罪的，应当作出证据不足、指控的犯罪不能成立的无罪判决；案件部分事实清楚，证据确实、充分的，依法认定该部分事实。

第三十六条 人民法院对证据收集合法性的审查、调查结论，应当在裁判文书中写明，并说明理由。

第三十七条 人民法院对证人证言、被害人陈述等证据收集合法性的审查、调查，参照上述规定。

第三十八条 人民检察院、被告人及其法定代理人提出抗诉、上诉，对第一审人民法院有关证据收集合法性的审查、调查结论提出异议的，第二审人民法院应当审查。

被告人及其辩护人在第一审程序中未申请排除非法证据，在第二审程序中提出申请的，应当说明理由。第二审人民法院应当审查。

人民检察院在第一审程序中未出示证据证明证据收集的合法性，第一审人民法院依法排除有关证据的，人民检察院在第二审程序中不得出示之前未出示的证据，但在第一审程序后发现的除外。

第三十九条 第二审人民法院对证据收集合法性的调查，参照上述第一审程序的规定。

第四十条 第一审人民法院对被告人及其辩护人排除非法证据的申请未予审查，并以有关证据作为定案根据，可能影响公正审判的，第二审人民法院可以裁定撤销原判，发回原审人民法院重新审判。

第一审人民法院对依法应当排除的非法证据未予排除的，第二审人民法院可以依法排除非法证据。排除非法证据后，原判决认定事实和适用法律正确、量刑适当的，应当裁定驳回上诉或者抗诉，维持原判；原判决认定事实没有错误，但适用法律有错误，或者量刑不当的，应当改判；原判决事实不清楚或者证据不足的，可以裁定撤销原判，发回原审人民法院重新审判。

[参考案例]

1. 刘某鹏、罗某全贩卖毒品案——存在“不能排除以非法方法收集证据”的情形，应排除其证据[①]

基本案情：

被告人刘某鹏，男，1975 年 2 月 23 日出生，农民。2012 年 11 月 30 日因涉嫌犯贩卖毒品罪被逮捕。

---

① 最高人民法院刑事审判第一、二、三、四、五庭：《刑事审判参考》总第 92 集。

被告人罗某全，男，1971 年 2 月 8 日出生，农民。2012 年 10 月 26 日因涉嫌犯贩卖毒品罪被逮捕。

重庆市人民检察院第二分院以被告人刘某鹏、罗某全犯贩卖毒品罪，向重庆市第二中级人民法院提起公诉。

被告人刘某鹏辩解，本案系罗某全出资购买毒品，其受罗某全委托代为联系、验货、运送毒资人民币（以下币种相同）279000 元；其挎包内的毒品是用于自己吸食，并非用于贩卖。刘某鹏在庭审中还提出，其归案后被公安人员连续讯问五天五夜，直至昏睡，公安人员将其拍醒后在讯问笔录上签字，其在侦查阶段的有罪供述内容不真实。

刘某鹏的辩护人基于以下理由请求对刘某鹏减轻处罚：刘某鹏参与贩卖毒品的数量应当认定为 464.84 克，其他毒品系其个人吸食，不应计入贩卖数量；刘某鹏为罗某全联系购买毒品并验货，在共同犯罪中应当认定为从犯；本案系犯罪未遂，毒品含量低，且有特情介入，毒品不可能流入社会造成危害。

被告人罗某全对起诉书指控的犯罪事实及罪名无异议，请求从轻处罚。

罗某全的辩护人基于以下理由请求对罗某全减轻处罚：本案属于犯罪未遂；罗某全在共同犯罪中起次要作用，系从犯；罗某全归案后认罪态度较好。

重庆市第二中级人民法院经审理查明：2012 年 9 月中旬，被告人刘某鹏、罗某全电话联系他人购买麻古，拟出售给熊某全等人牟利。9 月 20 日上午，刘某鹏、罗某全先后驾驶渝 FH9227 宝马轿车、渝 FD2666 马自达轿车赶到重庆市梁平县城北乡高都村气矿增压站附近，交付毒资 89800 元后收到 5000 粒麻古。罗某全携带麻古离开时被公安人员抓获，刘某鹏等人见状逃离。公安人员在罗某全驾驶的渝 FD2666 马自达轿车内查获麻古 5000 粒净重 464.84 克、直板 TELSDA 手机、直板 2012 旗舰版 CHANCHONG 手机、直板 GNET 手机各一部。公安人员又在现场查获一包麻古净重 1114.46 克（约 12000 粒）、现金 89800 元以及刘某鹏遗弃的 iPhone 手机一部、深棕色男式单肩挎包一个：从该挎包内查获麻古净重 4.51 克、冰毒净重 0.37 克、现金 3400 元、渝 FH9227 车辆证件、刘某鹏的驾驶证等物。经鉴定，查获的 1114.46 克麻古、464.84 克麻古、4.51 克麻古中均检出甲基苯丙胺和咖啡因成分；查获的 0.37 克冰毒中检出甲基苯丙胺成分。10 月 25 日，公安人员将刘某鹏抓获归案。

重庆市第二中级人民法院经审理认为，被告人刘某鹏贩卖甲基苯丙胺469.72克，被告人罗某全贩卖甲基苯丙胺464.84克，其行为均构成贩卖毒品罪，且系共同犯罪。公诉机关指控的事实及罪名成立。但是，公诉机关出示的刘某鹏在侦查阶段的有罪供述及录音录像资料不能作为定案根据。经查，刘某鹏的辩解不能得到其他证据印证。刘某鹏、罗某全为出售而购买麻古5000粒计464.84克，并支付毒资89800元，应当以犯罪既遂论处。根据现有证据，刘某鹏、罗某全系共同参与毒品交易活动，二人在共同犯罪中的地位及作用相当，不宜划分主、从犯。关于刘某鹏当庭提出系罗某全出资购买毒品，其受罗委托代为联系、验货、运送毒资279000元的辩解以及二被告人的辩护人均提出本案属于犯罪未遂、二被告人均系从犯的辩护意见不能成立。刘某鹏伙同罗某全购买麻古5000粒欲出售给熊某全，因此其挎包内查获的毒品应当计入犯罪数量。同时，无证据证实本案存在特情引诱的情节，故关于刘某鹏提出现场挎包内的少量毒品系用于吸食，不应计入贩卖数量及其辩护人提出本案存在特情引诱的意见不予采纳。此外，查获的5000粒麻古甲基苯丙胺含量为9.6%，量刑时可以酌情从轻处罚。被告人罗某全归案后能够如实供述白己的罪行，依法可以从轻处罚。据此，依照《刑法》第347条第1款、第2款第1项、第25条第1款、第56条第1款、第57条第1款、第55条第1款、第64条之规定，重庆市第二中级人民法院判决如下：

1. 被告人刘某鹏犯贩卖毒品罪，判处无期徒刑，剥夺政治权利终身，并处没收个人全部财产；

2. 被告人罗某全犯贩卖毒品罪，判处有期徒刑十五年，剥夺政治权利五年，并处没收个人财产六万元；

3. 查获的麻古1583.81克、冰毒0.37克及扣押在案的渝FH9227宝马轿车一辆、渝FD2666马自达轿车一辆、现金93200元、iPhone手机、直板TELSDA手机、直板2012旗舰版CHANCHONG手机、直板GNET手机各一部予以没收。

宣判后，二被告人未提出上诉，公诉机关亦未提出抗诉，现该判决已发生法律效力。

主要问题：

1. 如何认定“不能排除以非法方法收集证据”的情形？

2. 庭审中如何开展证据收集合法性的调查程序？

裁判理由：

（一）“不能排除以非法方法收集证据”情形的认定

2012年修改后《刑事诉讼法》第54条第1款规定：“采用刑讯逼供等非法方法收集的犯罪嫌疑人、被告人供述和采用暴力、威胁等非法方法收集的证人证言、被害人陈述，应当予以排除。”《刑诉法解释》第95条第1款进一步规定：“使用肉刑或者变相肉刑，或者采用其他使被告人在肉体上或者精神上遭受剧烈疼痛或者痛苦的方法，迫使被告人违背意愿供述的，应当认定为刑事诉讼法第五十四条规定的‘刑讯逼供等非法方法’。”在实践中，被告人及其辩护人提出排除非法言词证据的申请后，如果能够提供明确的证据材料，如被告人被刑讯的血衣、证明被告人身体有多处外伤的看守所入所体检表（公安机关对该外伤不能作出合理解释），甚至侦查人员因对被告人刑讯而被追究刑事责任，人民法院可以根据相应的证据，确认被告人供述属于“以非法方法收集证据”的情形。

随着程序制度的不断完善，实践中侦查人员的调查取证更加规范文明，但仍然不能杜绝以较为隐蔽的方式变相逼取被告人供述的情形，如采取冻、饿、晒、烤、疲劳审讯、精神折磨等方法。在上述情形下，被告人身体并无明显的伤痕，当其提出排除非法言词证据的申请时，难以提供明确的证据材料，只能提供相关的线索。因而，在司法实践中，如果将被告人及其辩护人提供的关于侦查机关所获取的证据系“以非法方法取得”的证明标准设置过高，那么非法证据排除制度的效果和意义必定大打折扣。

正是基于此种考虑，《刑事诉讼法》第58条规定：“对于经过法庭审理，确认或者不能排除存在本法第五十四条规定的以非法方法收集证据情形的，对有关证据应当予以排除。”其中所规定的“不能排除以非法方法收集证据”的情形，表明法律对证据的合法性设定了较高的证明标准，增强了人民检察院对证据合法性的证明责任。

实践中，对于“不能排除以非法方法收集证据情形”的具体认定，一般可以从以下几个方面着手：

1. 从取证人员、时间、地点、方式、内容入手进行判断

取证人员、时间、地点、方式、内容既是判断言词证据取得是否合法的重要线索，也是被告人讯问笔录中必须写明的内容，因而是审查证据合法性的关键所在。对于取证人员是异地公安人员，如被告人是因为被网上追逃而被异地公安机关抓获的，异地公安机关在不负责侦办案件的情况下第一次讯

问被告人的，通常可以排除公安机关采取了非法方法，反之则应当予以注意；对于讯问时间异常，如讯问持续时间长而笔录内容简短、讯问时间在深夜等情形应当予以注意；对于讯问地点在法定羁押场所之外的，如有罪供述发生在刑侦大队的、在提出看守所外期间的，应当予以注意；对于讯问笔录中供述细节与其他证据具有不寻常的高度吻合，或者细节在侦查人员的提示下由不吻合到吻合等情形应当予以注意；对于被告人翻供比较突兀，前后供述无理由出现截然不同的情形应当予以注意。对于以上情形，应当结合被告人提出被刑讯逼供的具体线索，审查被告人翻供的时间和前后供述的变化内容，进行综合认定，判断被告人供述是否属于非法证据。

2. 对重大案件，应当结合同步录音录像进行判断

《刑事诉讼法》第121条规定："……对于可能判处无期徒刑、死刑的案件或者其他重大犯罪案件，应当对讯问过程进行录音或者录像。录音或者录像应当全程进行，保持完整性。"由于设备、技术以及侦查人员的记录习惯等原因，要求录音录像与讯问笔录完全一致并不现实，但是如果录音录像存在剪辑、关键问题处不清晰或者与讯问笔录存在出入的地方应当予以注意；特别是讯问笔录记载与录音录像显示的时间长短、内容繁简等明显不符的，应当结合其他证据进行认真审查。

需要说明的是，证据收集合法性的证明标准与刑事案件的定罪标准在本质上是一致的，需要达到"证据确实、充分"的证明标准。如果人民检察院无法提供确实、充分的证据证明取证的合法性，如对于重大犯罪案件，侦查机关未进行全程同步录音录像，讯问又未按照法律规定在看守所内进行，且没有其他证据能够证明讯问的合法性，此种情况就属于"不能排除以非法方法收集证据情形"。

（二）庭审中证据收集合法性的调查程序的开展

《刑事诉讼法》第56条第2款规定："当事人及其辩护人、诉讼代理人有权申请人民法院对以非法方法收集的证据依法予以排除。申请排除以非法方法收集的证据的，应当提供相关线索和材料。"本案中，被告人刘某鹏当庭提出归案后被公安人员连续讯问五天五夜直至昏睡，其有罪供述内容不真实。根据《刑诉法解释》第100条的规定，法庭审理过程中，当事人及其辩护人、诉讼代理人申请排除非法证据的，法庭应当进行审查。经审查，对证据收集的合法性有疑问的，应当进行调查，法庭据此启动证据合法性的调查程序。根据《刑诉法解释》第101条第1款的规定，法庭决定对证据收集的

合法性进行调查的，可以由公诉人通过出示、宣读讯问笔录或者其他证据，有针对性地播放讯问过程的录音录像，提请法庭通知有关侦查人员或者其他人员出庭说明情况等方式，证明证据收集的合法性。具体到本案中：

1. 法庭首先审查了刘某鹏在侦查阶段的全部供述。经查，刘某鹏归案后在侦查阶段共有六次供述，第一、二次未供认贩卖毒品的行为，第三次供述最详细。在该次供述中，刘某鹏供认与上家秦某华联系购买24000粒麻古，自己先前往与秦某华交易，中途安排妻子李某筹集毒资交给罗某全，指使罗某全送来毒资89800元并拿走5000粒麻古出售给下家熊某全，见罗某全被抓捕即逃离现场。刘某鹏在第四、五、六次供述时推翻原有供述，辩称未参与贩卖毒品。开庭审理中，刘某鹏供认参与本案毒品交易，辩解系罗某全出资购买毒品出售，自己代为介绍、验货，受罗某全指使交给上家毒资279000元。

2. 法庭重点审查了刘某鹏第三次供述的背景情况。该份供述时间起于2012年10月28日21时7分，止于同日23时26分；讯问地点在重庆市梁平县看守所三楼。经实地察看，该讯问地点并非正式讯问室，中间没有隔离设施。同时，刘某鹏的提讯证记载，刘某鹏于2012年10月26日17时被押解出看守所，于同年10月29日3时还押，持续时间为两天三夜共58个小时（中途没有送回看守所关押监室），而刘某鹏第三份供述正是形成于这段时间。

3. 法庭审查了刘某鹏第三份供述的同步录音录像。经查，该份供述中注明了对该次讯问进行同步录音录像，但笔录记载讯问时长2小时19分，而同步录音录像资料仅持续12分10秒。法庭播放了该录音录像，发现录音录像的内容仅为侦查人员向刘某鹏宣读讯问笔录，不能反映讯问过程。并且，录像中反映刘某鹏有一定疲倦表情。该录音录像并不能印证刘某鹏有罪供述收集的合法性。

4. 法庭审查了检察机关提交的证明取证合法性的材料。侦查机关作出书面说明，称讯问期间给刘某鹏留有足够休息时间，没有刑讯逼供等非法行为。因录音录像设备只能录制十多分钟，因此未能全程录音录像。除此之外，公诉机关未再提请法庭通知相关侦查人员出庭作证，也未提交其他证明材料。而根据《刑诉法解释》第101条第2款的规定，公诉人提交的取证过程合法的说明材料不能单独作为证明取证过程合法的根据。

法庭经过全面、综合审查，认为本案中证明刘某鹏在侦查阶段有罪供述系合法收集的证据并未达到“确实、充分”的证明标准，依法将之认定为“不能排除存在以非法方法收集证据情形”，从而将刘某鹏在侦查阶段的第三份供述认定为非法证据，并依法予以排除，不作为本案的定案根据。法庭当庭宣布上述决定后，控辩双方均未提出异议。

法庭依法排除刘某鹏在侦查阶段的有罪供述后，根据庭审质证确认的其他在案证据，包括查获的毒品，毒资，毒品上、下家的供述，刘某鹏之妻李某的证言，同案被告人罗某全的供述以及刘某鹏在庭审中的供述，认定刘某鹏贩卖毒品的事实清楚，证据确实、充分，且刘某鹏在共同犯罪中系主犯。

综上，法庭在庭审中根据刘某鹏的申请启动了证据合法性的调查程序，虽然并无证据明确证实刘某鹏遭到刑讯逼供，公安机关也出具了情况说明证明取证的合法性，但法庭从讯问的持续时间长、讯问的地点不规范、录音录像不同步等方面入手审查，认定刘某鹏在侦查阶段的有罪供述属于“不能排除存在以非法方法收集证据情形”，并依法对该证据予以排除。在此基础上法庭根据在案其他证据认定案件事实，既充分保障了被告人的权利，又有力维护了审判的公正、公平，彰显了司法的严肃性。

2. 李某周运输毒品案——排除非法取得的供述后，在案其他证据足以认定犯罪事实的，仍可认定运输毒品罪成立①

基本案情：

江西省萍乡市人民检察院以被告人李某周犯运输毒品罪，向萍乡市中级人民法院提起公诉。

被告人李某周辩称：其没有参与指控的犯罪事实，对同案被告人易某涛运输毒品的事实不知情，不构成犯罪。同时，该案审理过程中，被告人李某周提出，其在派出所接受讯问期间遭到刑讯逼供，并提供相关线索、材料，申请排除其所作供述。

萍乡市中级人民法院经审理查明：（1）关于运输毒品罪的案件事实。易某涛（同案被告人，已判刑）向“老三”（在逃）联系购买毒品，并将其之前所欠的人民币6000元购毒款通过被告人李某周汇给“老三”。易某涛、李某周在郴州市“老三”处购得毒品后驾车返回萍乡市。二人驾车行至萍乡市达金大酒店时被公安人员抓获。公安人员当场从二人驾驶的车辆中查获白色塑料封口袋包装的白色结晶颗粒2包，净重196.86克，经鉴定检出甲基苯

① 最高人民法院刑事审判第一、二、三、四、五庭：《刑事审判参考》总第99集。

丙胺成分；红色片剂988片，净重88.9克，绿色片剂10片，净重0.9克，经鉴定检出甲基苯丙胺和咖啡因成分。（2）关于非法证据排除的审查。公诉人为证明取证的合法性当庭出示了以下证据：江西省莲花县看守所出具的说明，萍乡市公安局安源分局出具的情况说明、关于李某周等人被抓获的情况和审讯情况的补充说明，安源分局后埠派出所出具的情况说明、办案说明，安源分局缉毒大队出具的易某涛贩毒案抓获情况及审讯情况说明、办案说明，又对参与审讯的陈某、陶某华、许某等13名侦查人员逐一进行了询问，提取了证人证言，13名侦查人员也均出具了情况说明，声明在审讯中无刑讯逼供行为。

萍乡市中级人民法院经审查认为：（1）非法证据排除的审查。公安人员可能存在以刑讯逼供方法收集被告人供述的情形，依法启动证据收集合法性调查程序。虽然公诉机关出示相关办案说明等材料证明取证合法性，但是现有证据不能排除被告人供述是公安人员采用刑讯逼供方法收集的，对有关供述应当予以排除。（2）运输毒品罪的事实部分。关于指控被告人李某周的运输毒品事实，仍有同案被告人的供述、相关证人证言以及当场从李某周身上查获的毒品等证据予以证实。起诉书指控的犯罪事实清楚，其他证据确实、充分。因此，萍乡市中级人民法院经审理认为，被告人李某周违反国家毒品管理规定，非法运输毒品甲基苯丙胺196.86克、甲基苯丙胺片剂89.8克，其行为已构成运输毒品罪。李某周在运输毒品共同犯罪中起次要作用，系从犯，应当减轻处罚。据此，依照《刑法》第347条第2款第1项、第25条第1款、第27条之规定，萍乡市中级人民法院判决如下：

被告人李某周犯运输毒品罪，判处有期徒刑十年，并处罚金人民币5万元。

宣判后，被告人李某周不服，向江西省高级人民法院提起上诉，辩称其受到公安人员刑讯逼供；公安人员并非从其身上搜查到毒品，而是从车内搜查到毒品，其自始至终都不知情，更没有参与毒品犯罪。

江西省高级人民法院经公开审理认为：虽然被告人李某周的供述被认定为非法证据，依法应当予以排除，但在案其他证据足以认定其运输毒品的犯罪事实。原判认定事实清楚，证据确实、充分，定罪准确，量刑适当，审判程序合法。依照《刑事诉讼法》第225条第1款第1项之规定，裁定驳回上诉，维持原判。

裁判理由：

本案主要涉及两个问题：（1）如何把握证据收集合法性的证明标准。根据刑事诉讼法的规定，检察机关对证据收集合法性事实的证明，应当达到证据确实、充分的证明标准，即排除存在《刑事诉讼法》第56条规定的以非法方法收集证据的情形。在本案中，检察机关虽然提供了大量的证明材料，但多是办案人员和办案单位的说明材料，不能单独作为证明取证过程合法的根据。同时，同步录音录像以及进出派出所的监控视频又未能提供，因此本案不能排除非法收集证据的可能性，故对李某周的供述应予以排除。(2) 排除非法证据后案件的处理方式。非法证据排除规则解决的只是证据是否具有继续作为证据使用的资格问题。排除了非法证据，并不意味着案件一定要宣告无罪，还应综合审查其他在案证据，依法认定案件事实。具体到本案中，虽然被告人李某周的有罪供述被认定为非法证据，并依法予以排除，但其他在案证据仍能证明李某周实施了公诉机关指控的运输毒品犯罪行为。因此，人民法院认定被告人李某周的行为构成运输毒品罪是正确的。

第六十一条　证人证言必须在法庭上经过公诉人、被害人和被告人、辩护人双方质证并且查实以后，才能作为定案的根据。法庭查明证人有意作伪证或者隐匿罪证的时候，应当依法处理。

[条文主旨]

本条是关于证人证言法庭质证原则的规定。

[条文释解]

1979年《刑事诉讼法》第36条规定："证人证言必须在法庭上经过公诉人、被害人和被告人、辩护人双方讯问、质证，听取各方证人的证言并经过查实以后，才能作为定案的根据。法庭查明证人有意作伪证或者隐匿罪证时，应当依法处理。"1996年《刑事诉讼法》未作修改。2012年《刑事诉讼法》第59条规定："证人证言必须在法庭上经过公诉人、被害人和被告人、辩护人双方质证并且查实以后，才能作为定案的根据。法庭查明证人有意作伪证或者隐匿罪证的时候，应当依法处理。"2018年《刑事诉讼法》未作修改。

证人证言是一种重要的证据，是法定的八种证据种类之一，尤其是目击证人的证言，具有直接证明案件事实的作用。刑事诉讼法的一项重要任务就是要查明犯罪事实，证人作为知道案件情况的人，其证言对于查明事实真相具有重要意义。但证人证言具有主观性，其证明力往往受到时间、来源、案发时的环境等各种因素的影响，因此需要对其进行甄别、质证。证人原则上必须出庭、接受质证，这既是被告人应享有的权利，也是保证其真实性、确保案件质量的重要条件。《刑事诉讼法》第 61 条规定："证人证言必须在法庭上经过公诉人、被害人和被告人、辩护人双方质证并且查实以后，才能作为定案的根据。法庭查明证人有意作伪证或者隐匿罪证的时候，应当依法处理。"出庭作证是在审判阶段对证人证言进行甄别的重要方式。证人证言在同时符合三个条件的情况下，证人应当以出庭的方式作证：一是公诉人、当事人或者辩护人、诉讼代理人对证人证言有异议，包括公诉人、当事人等认为证人证言不符合实际情况，与其掌握的其他证据之间存在矛盾之处等。二是该证人证言对案件定罪量刑有重大影响，即对定罪量刑有重大影响的才有必要出庭作证，这是考虑到我国的实际情况作出的规定。我国司法实践中证人出庭率很低，其原因是多方面的，既有传统的原因，也有对自身利益的考虑，如害怕打击报复，认为出庭作证会导致自身权益受损；出庭作证耽误时间，影响自己收入；案件与自己无关，多一事不如少一事，等等。因此，当务之急是要采取措施，如加强证人保护、对出庭作证予以补偿等推动、鼓励证人出庭。从国外司法实践来看，也并非证人都要出庭。而且，规定证人都要出庭也不现实，因此这里规定要对"定罪量刑有重大影响"。证人证言对"定罪量刑有重大影响"包括直接目击案件的发生，是案件主要甚至唯一的证人，对于印证其他可能定案的证据具有重要意义等。既包括单独影响定罪、量刑，也包括既影响定罪，又影响量刑。三是人民法院认为证人有必要出庭作证的。这里规定的是出庭作证的必要性。证人是否应当出庭应由人民法院综合全案情况予以考虑，包括提异议的情况以及对定罪量刑的影响等。对本款规定的未出庭作证证人的证言能否排除，这里未作规定，需要由法官根据案件的具体情况，结合其他证据确定。根据《最高人民法院、最高人民检察院、公安部、国家安全部、司法部关于办理死刑案件审查判断证据若干问题的规定》，办理死刑案件时，对未出庭作证证人的书面证言，应当听取出庭检察人员、被告人及其辩护人的意见，并结合其他证据综合判断。未出庭作证证人的书面证言出现矛盾，不能排除矛盾且无证据印证的，不能作为定案的根据。需要注意的是，对无正当理由拒绝出庭的证人，应根据本法第188条的规定依法处理。

《关于办理刑事案件排除非法证据若干问题的规定》第11条规定："对于证人证言应当着重审查以下内容：（一）证言的内容是否为证人直接感知。（二）证人作证时的年龄、认知水平、记忆能力和表达能力，生理上和精神上的状态是否影响作证。（三）证人与案件当事人、案件处理结果有无利害关系。（四）证言的取得程序、方式是否符合法律及有关规定：有无使用暴力、威胁、引诱、欺骗以及其他非法手段取证的情形；有无违反询问证人应当个别进行的规定；笔录是否经证人核对确认并签名（盖章）、捺指印；询问未成年证人，是否通知了其法定代理人到场，其法定代理人是否在场等。（五）证人证言之间以及与其他证据之间能否相互印证，有无矛盾。"本条之所以作如此规定，是因为上述因素直接影响证人证言的客观性、合法性和关联性。一般来说，原始证据的证明力大于传来证据的证明力。证人对案件事实的了解如果直接来源于案件事实，此证人证言就属于原始证据；如果是从当事人或者其他人处听说的，则此证人证言就属于传来证据。证人证言的形成包括感知、记忆、陈述三个环节，证人的年龄、认知水平、记忆能力和表达能力、生理和精神上的状态等自然因素对证人的感知、记忆和陈述能力都会产生影响。尽管很多证人是基于正义感作证，但是当证人与案件当事人及案件处理结果有利害关系的时候，证人作证的诚实度就会降低。对询问证人程序的严格规定，既是为了保证尽可能取得客观的证言，也是对证人权利的保护，对其进行审查就大有必要。证人证言属于言词证据，证明力相对比较薄弱，因此需要通过其他证据的印证来判断其真实性。

[审判实务]

1. 审查证人证言具体审查什么内容？

（1）注意审查证人证言的来源和内容。审查证人所陈述的情况是证人亲身感知的，还是从其他处间接获知的，或者是证人的主观推测、道听途说等。若是从其他处间接获知的，还应将这个传播链的各个环节弄清。

（2）注意审查证人的作证能力。包括：审查证人感知案件事实的自然条件，如感知案件事实时的天气、光线、距离、方位、声音强弱等。审查证人感知案件事实时的心理状态，对案件事实的发生，证人是惊恐，还是冷静自若。审查证人的年龄、健康状况、文化程度、感知能力和表达能力等。如有的证人眼睛近视，在没戴眼镜的情况下显然不能清楚地看见远处发生的事情。审查证人提供证言的时间距案件发生时间的长短，从感知案件事实到提供证言相距的时间越短，证人的记忆越清楚；反之时间越长，证人的记忆越模糊。

3. 注意审查证人与案件是否有无利害关系。一般来说，如果证人与案件当事人之间存在亲属、友情关系，则可能提供对其有利的证言。如果证人与案件当事人之间有仇或其他矛盾，则很有可能提供对其不利的证言。证人如果与案件处理结果有关系，如对于一些污点证人，其提供的证词之客观性也应慎重考虑。

4. 注意审查证言的收集程序、方式是否符合法律及有关规定。我国现行刑事诉讼法及相关司法解释对于公安司法机关询问证人有系列程序性要求。根据这些规定，在审查证言的取得程序、方式是否符合法律及有关规定时，应重点审查如下内容：有无使用暴力、威胁、利诱、欺骗以及其他非法手段取证的情况；有无违反询问证人应当个别进行的规定；笔录是否经证人核对确认并签名（盖章）、捺指印；询问未成年人证人，是否通知了其法定代理人到场，其法定代理人是否在场等。

5. 注意审查证人证言之间以及与其他证据之间能否相互印证，有无矛盾。审查判断证人证言所证实的内容同案件待证事实之间有无内在的客观联系，有何种联系。只有证人证言与案件事实之间存在着客观联系，才有可能对案件事实起到证明作用。另外，还应审查证言所证实的内容与其他证据之间、与案件待证事实之间是否相互吻合，有无矛盾之处，如果存在矛盾，则有必要进一步调查核实，甚至补充收集证据。

这里需要注意的问题是：对证人证言的审查，关键是要在全面考虑的基础上再作判断，防止思维片面，考虑不足。证人与案件当事人及处理结果有利害关系，并不意味着该证人证言不可采信，这只是影响证人证言真实性的一个因素，而非决定性的因素。通过其他证人证言和相关证据审查判断证人证言时，要善于从细节着手，发现能相互印证的地方或者存在破绽的地方。

[配套规定]

1.《最高人民法院关于适用〈中华人民共和国刑事诉讼法〉的解释》（法释［2012］21号）（节录）

第二百零五条 公诉人、当事人或者辩护人、诉讼代理人对证人证言有异议，且该证人证言对定罪量刑有重大影响，或者对鉴定意见有异议，申请法庭通知证人、鉴定人出庭作证，人民法院认为有必要的，应当通知证人、鉴定人出庭；无法通知或者证人、鉴定人拒绝出庭的，应当及时告知申请人。

第二百零六条 证人具有下列情形之一，无法出庭作证的，人民法院可以准许其不出庭：

（一）在庭审期间身患严重疾病或者行动极为不便的；

（二）居所远离开庭地点且交通极为不便的；

（三）身处国外短期无法回国的；

（四）有其他客观原因，确实无法出庭的。

具有前款规定情形的，可以通过视频等方式作证。

第二百零八条 强制证人出庭的，应当由院长签发强制证人出庭令。

第六十二条 凡是知道案件情况的人，都有作证的义务。

生理上、精神上有缺陷或者年幼，不能辨别是非、不能正确表达的人，不能作证人。

[条文主旨]

本条是关于证人的资格与义务的规定。

[条文释解]

1979年《刑事诉讼法》第37条规定：“凡是知道案件情况的人，都有作证的义务。生理上、精神上有缺陷或者年幼，不能辨别是非、不能正确表达的人，不能作证人。”此后历次修订均未作修改。

该条文是关于证人资格的规定，包括两个方面的内容：（1）证人必须是了解案件情况的人。这是成为证人的前提条件，不了解案件情况的人不能成为证人。关于这一前提条件的理解和适用，不应受任何外在因素的限制。了解案件情况的人，不论其性别、年龄、民族、出生、文化程度、社会地位，都具备成为证人的前提条件。而且，除法律有特别规定外，一般公民不论他与案件有无直接利害关系都可以作为证人出庭作证。如前所述，我国刑事诉讼法中的证人采用的是狭义的概念，只有案件当事人以外的人才能成为证人。作为案件当事人，犯罪嫌疑人、被告人和被害人当然了解案件情况，但是由于刑事诉讼法已经将他们的陈述单独设置为被害人陈述、犯罪嫌疑人、被告人供述和辩解，故不再纳入证人的范畴。（2）证人必须是能够辨别是非、正确表达的人，这是成为证人的生理和精神条件。生理上、精神上有缺陷或者年幼，不能辨别是非、不能正确表达的人，虽然了解案件情况，也不能作证人。生理上有缺陷的人，通常是指盲人、又聋又哑的人或者存在其他生理缺陷的人。精神上有缺陷的人，通常是指智力上或者精神上存在障碍的人，如智障人、精神病人等。年幼的人，则是指未成年人。需要注意的是，处于明显醉酒、麻醉品中毒或者精神药物麻醉状态，以致不能正确表达的人，不具备证人资格。但是，生理上、精神上有缺陷或者年幼，并非意味着必然不能作证，关键的判断是生理精神缺陷或者年幼是否导致“不能辨别是非、不能正确表达”。例如，如果某未成年人目睹了一起故意杀人案件，虽然其年幼，但是能够辨别是非、能够正确表达，完全可以作为该起案件的证人。对于是否“不能辨别是非、不能正确表达”，应当根据具体了解案件情况的人的具体情况进行具体分析之后判断，从而决定其是否成为证人。而且，对于证人能否辨别是非，能否正确表达，必要时可以进行审查或者鉴定。此外，有两个问题值得注意：

对于有下列情形的证据应当慎重使用，有其他证据印证的，可以采信：生理上、精神上有缺陷的证人，在对案件事实的认知和表达上存在一定困难，但尚未丧失正确认知、正确表达能力而作的陈述、证言和供述；与被告人有亲属关系或者其他密切关系的证人所作的对该被告人有利的证言，或者与被告人有利害冲突的证人所作的对该被告人不利的证言。由于证人是了解案件情况的人，不是由司法机关自由选择和指定的，在刑事诉讼中具有不可替代的重要位置。因此，应当优先保证了解案件情况的人成为证人，作为证人参与刑事诉讼。由于在刑事案件中担任证人与担任侦查人员、检察人员、审判人员、辩护人、鉴定人、翻译人员等具有相互排斥性，考虑到后者系司法机关指定的，具有可选择和替换性，应当保证了解案件情况的人的作证地位，不再担任上述角色。

[配套规定]

《公安机关办理刑事案件程序规定》（2012年12月13日公安部令第127号）（节录）

第六十九条 凡是知道案件情况的人，都有作证的义务。

生理上、精神上有缺陷或者年幼，不能辨别是非，不能正确表达的人，不能作证人。

对于证人能否辨别是非，能否正确表达，必要时可以进行审查或者鉴别。

第七十条 公安机关应当保障证人及其近亲属的安全。

对证人及其近亲属进行威胁、侮辱、殴打或者打击报复，构成犯罪的，依法追究刑事责任；尚不够刑事处罚的，依法给予治安管理处罚。

第六十三条 人民法院、人民检察院和公安机关应当保障证人及其近亲属的安全。

对证人及其近亲属进行威胁、侮辱、殴打或者打击报复，构成犯罪的，依法追究刑事责任；尚不够刑事处罚的，依法给予治安管理处罚。

[条文主旨]

本条是关于证人及其近亲属的保护的规定。

[条文释解]

1979年《刑事诉讼法》未规定此方面内容。1996年《刑事诉讼法》第49条规定："人民法院、人民检察院和公安机关应当保障证人及其近亲属的安全。对证人及其近亲属进行威胁、侮辱、殴打或者打击报复，构成犯罪的，依法追究刑事责任；尚不够刑事处罚的，依法给予治安管理处罚。”2012 年、2018 年均未作修改。

根据《刑事诉讼法》第 60 条的规定，凡是知道案件情况并能辨别是非、正确表达的人，都有作证的资格和义务。证人直接或者间接了解了案件有关情况，故证人证言对于查明案件事实具有极为重要的意义。目前，我国刑事诉讼中的证人出庭率低，严重影响了刑事诉讼的顺利进行和对案件事实的查实。这当然有极少数证人思想觉悟不高的主观因素，特别是“多一事不如少一事”“事不关己，高高挂起”的观念作祟，但客观方面与我国的证人保障机制不健全有很大关系：（1）缺乏对证人的有效保护措施。1996 年《刑事诉讼法》第 49 条规定人民法院、人民检察院和公安机关应当保障证人及其近亲属的安全，且《刑法》第 308 条也设置了打击报复证人罪，规定对证人进行打击报复的，处三年以下有期徒刑或者拘役；情节严重的，处三年以上七年以下有期徒刑。但是，这些规定缺乏具体举措，可操作性较差，且侧重于事后的救济，未能有效防范对证人的打击报复，实施效果不佳。（2）未建立起对证人作证的经济补助和保障制度。2001 年 12 月 21 日《最高人民法院关于民事诉讼证据的若干规定》和 2002 年 7 月 24 日《最高人民法院关于行政诉讼证据若干问题的规定》均对证人出庭作证的经济补偿作出了规定，但刑事诉讼法和司法解释都未对刑事诉讼中的证人补偿问题作出规定。实践中，刑事诉讼中证人因履行作证义务所支出的交通、住宿、就餐等费用难以得到补助，有的工作单位还克扣或者变相克扣到案作证人员的工资、奖金及其他福利待遇。更有甚者，证人被打击报复的现象时有发生。正是由于证人保护机制的不健全，特别是缺乏对证人提供预防性保护的措施，加之补偿问题未得到合理解决，实践中出现了证人作证难、特别是出庭作证难现象。可见，在规定了证人作证义务的同时，也应当建立其对证人的保护机制。

为确保证人及其近亲属的安全，促使证人出庭作证，确保案件尤其是重大刑事案件顺利审判，进而实现社会正义，必须建立完善的证人保护制度。我国《宪法》第 41 条第 2 款规定：“对于公民的申诉、控告或者检举，有关国家机关必须查清事实，负责处理。任何人不得压制和打击报复。”该条是我国证人保护的宪法渊源。《刑法》第 307 条规定了以暴力、威胁、贿买等方法阻止证人作证或者指使他人作伪证应负的法律责任，第 308 条专门规定了打击报复证人罪，以加强对证人的保护。此次刑事诉讼法修正，在证人保护方面进行了专门规定。《刑事诉讼法》第52条规定："审判人员、检察人员、侦查人员必须依照法定程序，收集能够证实犯罪嫌疑人、被告人有罪或者无罪、犯罪情节轻重的各种证据。严禁刑讯逼供和以威胁、引诱、欺骗以及其他非法方法收集证据，不得强迫任何人证实自己有罪。必须保证一切与案件有关或者了解案情的公民，有客观地充分地提供证据的条件，除特殊情况外，可以吸收他们协助调查。"第63条规定："人民法院、人民检察院和公安机关应当保障证人及其近亲属的安全。对证人及其近亲属进行威胁、侮辱、殴打或者打击报复，构成犯罪的，依法追究刑事责任；尚不够刑事处罚的，依法给予治安管理处罚。"第64条第1款规定，"对于危害国家安全犯罪、恐怖活动犯罪、黑社会性质的组织犯罪、毒品犯罪等案件，证人、鉴定人、被害人因在诉讼中作证，本人或者其近亲属的人身安全面临危险的，人民法院、人民检察院和公安机关应当采取以下一项或者多项保护措施：（一）不公开真实姓名、住址和工作单位等个人信息；（二）采取不暴露外貌、真实声音等出庭作证措施；（三）禁止特定的人员接触证人、鉴定人、被害人及其近亲属；（四）对人身和住宅采取专门性保护措施；（五）其他必要的保护措施。证人、鉴定人、被害人认为因在诉讼中作证，本人或者其近亲属的人身安全面临危险的，可以向人民法院、人民检察院、公安机关请求予以保护。"此外，《人民检察院刑事诉讼规则》第79条规定，对证人及其近亲属进行威胁、侮辱、殴打或者打击报复，构成犯罪或者应当给予治安管理处罚的，人民检察院应当移送公安机关处理；情节轻微的，予以批评教育、训诫。公安部《公安机关办理刑事案件程序的规定》第70条规定，公安机关应当保障证人及其近亲属的安全。

对证人及其近亲属进行威胁、侮辱、殴打或者打击报复，构成犯罪的，依法追究刑事责任；尚不够刑事处罚的，依法给予治安管理处罚。2010年6月，《关于办理刑事案件排除非法证据若干问题的规定》第16条规定："证人作证，涉及国家秘密或者个人隐私的，应当保守秘密；证人出庭作证，必要时，人民法院可以采取限制公开证人信息、限制询问、遮蔽容貌、改变声音等保护性措施。"上述法律法规构成了当前我国证人保护措施的基本框架，形成了从程序法到实体法的规范体系，不仅原则性地规定了国家应当保障证人的安全，而且明确了具体的保护措施及相关机制，对于保障证人履行作证义务，查明案件真相，保证刑事诉讼的顺利进行，具有积极意义。

[配套规定]

1.《人民检察院刑事诉讼规则》(高检发释字［2019］4 号)(节录)

第七十九条

……

对证人及其近亲属进行威胁、侮辱、殴打或者打击报复，构成犯罪或者应当给予治安管理处罚的，人民检察院应当移送公安机关处理；情节轻微的，予以批评教育、训诫。

2.《公安机关办理刑事案件程序规定》(2012 年 12 月 13 日公安部令第 127 号)(节录)

第七十条 公安机关应当保障证人及其近亲属的安全。

对证人及其近亲属进行威胁、侮辱、殴打或者打击报复，构成犯罪的，依法追究刑事责任；尚不够刑事处罚的，依法给予治安管理处罚。

第六十四条 对于危害国家安全犯罪、恐怖活动犯罪、黑社会性质的组织犯罪、毒品犯罪等案件，证人、鉴定人、被害人因在诉讼中作证，本人或者其近亲属的人身安全面临危险的，人民法院、人民检察院和公安机关应当采取以下一项或者多项保护措施：

（一）不公开真实姓名、住址和工作单位等个人信息；

（二）采取不暴露外貌、真实声音等出庭作证措施；

（三）禁止特定的人员接触证人、鉴定人、被害人及其近亲属；

（四）对人身和住宅采取专门性保护措施；

（五）其他必要的保护措施。

证人、鉴定人、被害人认为因在诉讼中作证，本人或者其近亲属的人身安全面临危险的，可以向人民法院、人民检察院、公安机关请求予以保护。

人民法院、人民检察院、公安机关依法采取保护措施，有关单位和个人应当配合。

[条文主旨]

本条是关于证人、鉴定人与被害人的特殊保护的规定。

[条文释解]

本条系2012年《刑事诉讼法》修订中增加的内容，第62条规定，“对于危害国家安全犯罪、恐怖活动犯罪、黑社会性质的组织犯罪、毒品犯罪等案件，证人、鉴定人、被害人因在诉讼中作证，本人或者其近亲属的人身安全面临危险的，人民法院、人民检察院和公安机关应当采取以下一项或者多项保护措施：（一）不公开真实姓名、住址和工作单位等个人信息；（二）采取不暴露外貌、真实声音等出庭作证措施；（三）禁止特定的人员接触证人、鉴定人、被害人及其近亲属；（四）对人身和住宅采取专门性保护措施；（五）其他必要的保护措施。证人、鉴定人、被害人认为因在诉讼中作证，本人或者其近亲属的人身安全面临危险的，可以向人民法院、人民检察院、公安机关请求予以保护。人民法院、人民检察院、公安机关依法采取保护措施，有关单位和个人应当配合。”2018年《刑事诉讼法》未作修订。

关于证人、鉴定人与被害人的特殊保护的规定主要有以下内容：

1. 证人、鉴定人、被害人保护制度的适用对象范围。司法实践中，犯罪分子打击报复的不仅是证人、鉴定人、被害人，而且往往包括上述人员的近亲属。因此，证人、鉴定人、被害人保护制度的对象为证人、鉴定人、被害人本人及其近亲属。“近亲属”包括夫、妻、父、母、同胞兄弟姐妹。

2. 证人、鉴定人、被害人保护制度的适用案件范围。保护措施的适用案件范围为危害国家安全犯罪、恐怖活动犯罪、黑社会性质的组织犯罪、毒品犯罪等案件。在这些犯罪案件中，犯罪人及相关人员容易对证人、鉴定人、被害人进行打击报复。但是，在司法适用过程中，不应当将保护措施的适用案件范围限定在危害国家安全犯罪、恐怖活动犯罪、黑社会性质的组织犯罪、毒品犯罪案件，对于其他一些重大刑事案件，如走私犯罪等，只要证人、鉴定人、被害人本人及其近亲属的人身安全面临危险的，人民法院、人民检察院和公安机关就应当应申请或者主动采取保护措施。

3. 证人、鉴定人、被害人保护措施的实施机构。根据《刑事诉讼法》第62条的规定，人民法院、人民检察院和公安机关都是证人、鉴定人、被害人保护机构，均有权力、也有义务采取保护措施。在司法实践中，宜根据证人、鉴定人、被害人在刑事诉讼中所处阶段确定采取保护措施的机构：侦查阶段对证人、鉴定人、被害人的保护措施通常由公安机构实施（检察机关的自侦案件由检察机关实施）；审查起诉和提起公诉阶段对证人、鉴定人、被害人的保护措施由检察机关实施；审判阶段对证人、鉴定人、被害人的保护措施通常由法院自身或者会同公安机关实施。除保护措施的实施机构外，证人、鉴定人、被害人保护措施是一项复杂的工作，需要社会各界和有关部门的支持和配合。根据《刑事诉讼法》第 62 条第 3 款的规定，人民法院、人民检察院、公安机关依法采取保护措施，有关单位和个人应当配合，以切实有效保护好每位证人、鉴定人和被害人。

4. 证人、鉴定人、被害人保护措施的采取条件。根据《刑事诉讼法》第 64 条的规定，证人、鉴定人、被害人认为因在诉讼中作证，本人或者其近亲属的人身安全面临危险的，可以向人民法院、人民检察院、公安机关请求予以保护，人民法院、人民检察院、公安机关应请求采取保护措施；人民法院、人民检察院和公安机关发现证人、鉴定人、被害人因在诉讼中作证，本人或者其近亲属的人身安全面临危险的，也应当主动依职权采取保护措施。

5. 证人、鉴定人、被害人保护措施的具体内容。《刑事诉讼法》第 62 条第 1 款对保护措施的具体内容作了详细规定，具体保护内容上，不仅保护证人、鉴定人、被害人及其近亲属的人身安全，也保护上述人员的住宅安全和生活安宁等权益。具体措施如下：（1）不公开真实姓名、住址和工作单位等个人信息。该项措施在刑事诉讼的侦查、审查起诉和审判等各阶段均可采用，即隐匿证人、鉴定人、被害人的真实姓名等个人信息，称之为第××号证人或者使用化名，以对上述人员进行隐名保护。需要注意的是，除非证人、鉴定人、被害人因为作证面临的人身安全危险可能性消除，否则，在刑事诉讼过程结束后，仍然不应当公开上述人员的真实姓名、住址和工作单位等个人信息。（2）采取不暴露外貌、真实声音等出庭作证措施。该项保护措施限于在庭审活动中采取，即在证人、鉴定人、被害人出庭作证时，用脸罩或隔离板等遮蔽上述人员的外貌，通过技术手段改变上述人员的声音，以避免为其他庭审参加人员知悉，对其进行遮蔽保护。（3）禁止特定的人员接触证人、鉴定人、被害人及其近亲属。为了防止特定的人员对证人、鉴定人、被害人及其近亲属的打击报复，特别规定了针对特定的人员接触证人、鉴定人、被害人的禁止性措施。这里的“特定的人员”，应当包括犯罪分子及其近亲属（夫、妻、父、母、子、女、同胞兄弟姐妹），还应当包括其他根据具体情况可能对证人、鉴定人、被害人及其近亲属的人身安全和安宁可能产生滋扰的人员，具体范围宜根据案件情况具体把握。需要注意的是，既可以禁止特定的人员在刑事诉讼过程中接触证人、鉴定人、被害人及其近亲属，也可以根据需要禁止其在刑事诉讼过程结束后接触证人、鉴定人、被害人及其近亲属。（4）对人身和住宅采取专门性保护措施。对于一些危害国家安全犯罪、恐怖活动犯罪、黑社会性质的组织犯罪等重大刑事案件，为了保护一些重要的证人、鉴定人、被害人的人身安全和住宅安宁，可以根据需要派出警察或者其他司法人员对上述人员和住宅进行24小时或者特定时段的保护，以防止对上述人员进行打击和报复。（5）其他必要的保护措施。该项为兜底条款，实践中宜根据具体情况针对证人、鉴定人、被害人选择适用适当的保护措施。例如，在庭审中采取影像作证方式，即证人、鉴定人、被害人通过闭路电视系统陈述证言，接受询问，但通过技术手段对影像进行处理，使得当事人无法辨认证人、鉴定人、被害人；采取回避保护的方式，在证人、鉴定人作证时让被告人回避，由其辩护人或者代理人代替进行询问，以使其无法知悉证人、鉴定人等。总之，可以根据具体情况，采取其他的适当保护措施，切实保护证人、鉴定人、被害人的人身安全。

需要注意的是，接到人民法院出庭通知的证人、鉴定人、被害人根据《刑事诉讼法》第62条的规定请求人民法院采取保护措施的，一般应当在开庭前向人民法院提出。符合条件的，人民法院应当依法采取保护措施，并通知人民检察院和公安机关。人民检察院、公安机关在开庭以前已对证人、鉴定人、被害人或者其近亲属采取保护措施的，应当及时通知人民法院。

[配套规定]

1.《最高人民法院关于适用〈中华人民共和国刑事诉讼法〉的解释》（法释［2012］21号）（节录）

第二百零九条 审判危害国家安全犯罪、恐怖活动犯罪、黑社会性质的组织犯罪、毒品犯罪等案件，证人、鉴定人、被害人因出庭作证，本人或者其近亲属的人身安全面临危险的，人民法院应当采取不公开其真实姓名、住址和工作单位等个人信息，或者不暴露其外貌、真实声音等保护措施。

审判期间，证人、鉴定人、被害人提出保护请求的，人民法院应当立即审查；认为确有保护必要的，应当及时决定采取相应保护措施。

第二百一十条 决定对出庭作证的证人、鉴定人、被害人采取不公开个人信息的保护措施的，审判人员应当在开庭前核实其身份，对证人、鉴定人如实作证的保证书不得公开，在判决书、裁定书等法律文书中可以使用化名等代替其个人信息。

2.《人民检察院刑事诉讼规则》（高检发释字［2019］4号）（节录）

第七十九条 人民检察院在办理危害国家安全犯罪、恐怖活动犯罪、黑社会性质的组织犯罪、毒品犯罪等案件过程中，证人、鉴定人、被害人因在诉讼中作证，本人或者其近亲属人身安全面临危险，向人民检察院请求保护的，人民检察院应当受理并及时进行审查。对于确实存在人身安全危险的，应当立即采取必要的保护措施。人民检察院发现存在上述情形的，应当主动采取保护措施。

人民检察院可以采取以下一项或者多项保护措施：

（一）不公开真实姓名、住址和工作单位等个人信息；

（二）建议法庭采取不暴露外貌、真实声音等出庭作证措施；

（三）禁止特定的人员接触证人、鉴定人、被害人及其近亲属；

（四）对人身和住宅采取专门性保护措施；

（五）其他必要的保护措施。

人民检察院依法决定不公开证人、鉴定人、被害人的真实姓名、住址和工作单位等个人信息的，可以在起诉书、询问笔录等法律文书、证据材料中使用化名。但是应当另行书面说明使用化名的情况并标明密级，单独成卷。

人民检察院依法采取保护措施，可以要求有关单位和个人予以配合。

对证人及其近亲属进行威胁、侮辱、殴打或者打击报复，构成犯罪或者应当给予治安管理处罚的，人民检察院应当移送公安机关处理；情节轻微的，予以批评教育、训诫。

3.《公安机关办理刑事案件程序规定》（2012年12月13日公安部令第127号）（节录）

第七十一条 对危害国家安全犯罪、恐怖活动犯罪、黑社会性质的组织犯罪、毒品犯罪等案件，证人、鉴定人、被害人因在侦查过程中作证，本人或者其近亲属的人身安全面临危险的，公安机关应当采取以下一项或者多项保护措施：

（一）不公开真实姓名、住址和工作单位等个人信息；

（二）禁止特定的人员接触证人、鉴定人、被害人及其近亲属；

（三）对人身和住宅采取专门性保护措施；

（四）其他必要的保护措施。

证人、鉴定人、被害人认为因在侦查过程中作证，本人或者其近亲属的人身安全面临危险，向公安机关请求予以保护，公安机关经审查认为符合前款规定的条件，确有必要采取保护措施的，应当采取上述一项或者多项保护措施。

公安机关依法采取保护措施，可以要求有关单位和个人配合。

案件移送审查起诉时，应当将采取保护措施的相关情况一并移交人民检察院。

第七十二条 公安机关依法决定不公开证人、鉴定人、被害人的真实姓名、住址和工作单位等个人信息的，可以在起诉意见书、询问笔录等法律文书、证据材料中使用化名等代替证人、鉴定人、被害人的个人信息。但是，应当另行书面说明使用化名的情况并标明密级，单独成卷。

第六十五条 证人因履行作证义务而支出的交通、住宿、就餐等费用，应当给予补助。证人作证的补助列入司法机关业务经费，由同级政府财政予以保障。

有工作单位的证人作证，所在单位不得克扣或者变相克扣其工资、奖金及其他福利待遇。

[条文主旨]

本条是关于证人作证费用的负担及待遇的规定。

[条文释解]

本条系2012年《刑事诉讼法》修订中增加的内容，第63条规定：“证人因履行作证义务而支出的交通、住宿、就餐等费用，应当给予补助。证人作证的补助列入司法机关业务经费，由同级政府财政予以保障。有工作单位的证人作证，所在单位不得克扣或者变相克扣其工资、奖金及其他福利待遇。”2018年未作修改。

本条分为两款。

第1款是关于对证人因作证支出的费用给予补助的规定。根据本款规定，对证人因履行作证义务而支出的交通、住宿、就餐等费用，办理案件的人民法院、人民检察院和公安机关应当给予补助。补助的范围是证人因履行作证义务支出的交通、住宿、就餐等费用，如从证人居住地到司法机关所在地所必要的交通费用，异地作证期间住宿旅馆的费用等。证人在诉讼的各个阶段因作证支出的费用，都应当由该阶段的办案主管机关给予补助。补助的标准应当是根据实际支出情况适当予以补助，不宜定得太高，具体可由司法机关规定。

本款还对补助所需经费的来源作了规定，即列入司法机关业务经费，由同级政府财政予以保障，确保补助的规定落到实处。司法机关在编制本单位业务经费预算时，应当列入证人补助所需经费。这一规定实际上确立了证人履行作证义务的经济补偿权，是对证人履行作证义务的一种保障和激励。在实践中，证人支出的交通、住宿、就餐等费用应根据刑事诉讼的不同阶段由不同机关予以补助：在侦查阶段应当由公安机关进行补助；在审查起诉和公诉阶段由检察机关进行补助；在审判阶段由人民法院进行补助。

第2款是关于证人所在单位不得克扣其福利待遇的规定。证人配合司法机关作证，是履行法定义务，因此耽误工作不是旷工。根据本款规定，证人有工作单位的，其所在单位不得以证人作证耽误工作的原因，克扣或者以其他理由、方式变相克扣其工资、奖金及其他福利待遇，即作证期间的待遇应当与工作期间相同。这是证人所在单位支持证人作证，配合司法机关办案的责任。根据本条的规定，证人作证期间待遇不受影响，支出的费用又有补助，经济方面的后顾之忧基本上得到了解决。

[配套规定]

1.《最高人民法院关于适用〈中华人民共和国刑事诉讼法〉的解释》（法释［2012］21号）（节录）

第二百零七条 证人出庭作证所支出的交通、住宿、就餐等费用，人民法院应当给予补助。

2.《人民检察院刑事诉讼规则》（高检发释字［2019］4号）（节录）

第八十条 证人在人民检察院侦查、审查逮捕、审查起诉期间因履行作证义务而支出的交通、住宿、就餐等费用，人民检察院应当给予补助。

3.《公安机关办理刑事案件程序规定》（2012 年 12 月 13 日公安部令第 127 号）（节录）

第七十三条 证人保护工作所必需的人员、经费、装备等，应当予以保障。

证人因履行作证义务而支出的交通、住宿、就餐等费用，应当给予补助。证人作证的补助列入公安机关业务经费。

第六章 强制措施

第六十六条 人民法院、人民检察院和公安机关根据案件情况，对犯罪嫌疑人、被告人可以拘传、取保候审或者监视居住。

[条文主旨]

本条是关于专门机关依法行使拘传、取保候审、监视居住的一般规定。

[条文释解]

本条是1979年《刑事诉讼法》规定的，1996年予以修改，2012年、2018年对《刑事诉讼法》修订时未作修改。

犯罪嫌疑人、被告人在人民法院作出的有罪判决生效前，不得确定有罪，这是无罪推定原则的基本内涵、核心要义，是我国刑事诉讼法规定的。但为了保证犯罪嫌疑人、被告人在传讯、审判的时候及时到案，防止其毁灭、伪造证据，干扰证人作证或者打击报复被害人、举报人、控告人，保证刑事诉讼的正常进行，需要对符合条件的犯罪嫌疑人、被告人采取一定的强制措施。强制措施因种类不同，对犯罪嫌疑人、被告人人身自由的限制程度也不同。

根据本条规定，人民法院、人民检察院和公安机关有权根据案件情况，对犯罪嫌疑人、被告人采取拘传、取保候审、监视居住的强制措施。本条中所说的“根据案件情况”，是指要根据案件本身的情况和办理案件保证诉讼正常进行的需要来决定对犯罪嫌疑人、被告人是否采取强制措施，采取何种强制措施。“拘传”是指采用强制方式，包括使用戒具将犯罪嫌疑人、被告人带到指定地点进行讯问。

本条未规定拘传的具体条件，实践中一般掌握在以下两种情况：一是犯罪嫌疑人、被告人经传唤拒不到案的；二是如不拘传，犯罪嫌疑人、被告人可能逃跑或走漏消息的。这种强制手段只是让犯罪嫌疑人、被告人到案接受讯问或者审判。根据本法第119条的规定，拘传持续的时间不得超过十二小时；案情特别重大、复杂，需要采取拘留、逮捕措施的，不得超过二十四小时。不得以连续拘传的形式变相拘禁犯罪嫌疑人。拘传犯罪嫌疑人，应当保证犯罪嫌疑人的饮食和必要的休息时间。

“取保候审”是以保证人担保或者交纳保证金的形式来保证犯罪嫌疑人、被告人在传讯、审判时及时到案并且不毁灭、伪造证据或者串供、不干扰证人作证的强制措施。被取保候审人可以在一定的区域里活动，但未经批准不得离开所居住的市、县。

“监视居住”是指责令犯罪嫌疑人、被告人居住在自己的住处或者指定的居所（限于无固定住处和涉嫌特定犯罪，在住处执行可能有碍侦查的），未经执行机关批准不得离开、不得会见他人或者通信，在传讯时及时到案，不得进行干扰证人作证等妨害诉讼正常进行的行为，并由公安机关予以监视的一种强制措施。

关于取保候审、监视居住措施，本法其他条文对它们的适用条件、期限，被取保候审、监视居住人应遵守的规定以及违反规定的处理都作了明确具体的规定。

本条在执行中应注意以下两个问题：一是对于根据案件情况，需要采取强制措施，符合本法规定的适用强制措施条件的犯罪嫌疑人、被告人，应当及时采取强制措施，以保证诉讼的正常进行。但是对于不具有社会危险性的犯罪嫌疑人、被告人，可以不采取强制措施的，应当尽量不采取强制措施。因为强制措施是依法限制、剥夺人身自由的手段，而犯罪嫌疑人、被告人还未经判决确定有罪，存在无罪的可能，对于没有社会危险性并且不妨碍诉讼正常进行的犯罪嫌疑人、被告人不采取强制措施，可以避免对犯罪嫌疑人、被告人人身自由不必要的限制。二是不得以拘传等方式变相拘禁犯罪嫌疑人、被告人。

[审判实务]

《刑事诉讼法》第66条规定：“人民法院、人民检察院和公安机关根据案件情况，对犯罪嫌疑人、被告人可以拘传、取保候审或者监视居住。”第119条第2款规定：“传唤、拘传持续的时间不得超过十二小时；案情特别重大、复杂，需要采取拘留、逮捕措施的，传唤、拘传持续的时间不得超过二十四小时。”第 119 条第 3 款规定：“不得以连续传唤、拘传的形式变相拘禁犯罪嫌疑人。传唤、拘传犯罪嫌疑人，应当保证犯罪嫌疑人的饮食和必要的休息时间。”

拘传，是人民法院、人民检察院和公安机关根据案件情况，对未被羁押的犯罪嫌疑人、被告人，依法强制其到案接受讯问的一种强制措施。与传唤相比，拘传具有强制性，在一定的时间内限制了犯罪嫌疑人、被告人的人身自由。拘传应在立案后适用，目的不仅限于获取犯罪嫌疑人、被告人的口供，还包括核对案件相关证据，进一步了解案情，为办案机关的下一步活动提供认知。

1. 适用拘传的机关和程序。决定适用拘传的主体是人民法院、人民检察院和公安机关，国家安全机关、军队保卫部门以及其他法律授权的机关。非法定有权机关不得适用拘传。适用拘传，应由案件承办人员提出书面意见，并附相关材料，经部门负责人审核后，报请人民法院院长、人民检察院批准，由人民法院院长、人民检察院检察长或者公安机关负责人签发拘传证（票）后实施。拘传的执行人员不得少于二人。拘传时，应向被拘传人出示拘传证（票），并责令被拘传人在拘传证（票）上签名（盖章）、捺指印。被拘传人拒绝签名（盖章）、捺指印的，执行人员应在拘传证（票）上注明。对抗拒拘传的，可以使用约束性警械。一般不得使用警械，但是确有行凶、逃跑、自杀、自残等现实危险的除外。

2. 拘传的时间。一次拘传持续的时间不得超过十二小时，从被拘传人员到案时起算，应当责令被拘传人在拘传证（票）上填写到案时间。讯问结束后，应当由其在拘传证（票）填写讯问结束时间。被拘传人拒绝填写的，由执行人员在拘传证（票）注明，不得以连续拘传的形式变相拘禁被拘传人。发现案情特别重大、复杂，需要变更为拘留、逮捕措施，办理相关审批手续的，拘传的时间可以延长，但是不得超过二十四小时。拘传应当保证被拘传人的饮食和必要的休息时间。对于“案情特别重大、复杂”的情况，难以由立法具体列举，实践中应具体把握，不能一一列明。关于两次拘传的间隔时间和连续拘传的次数，也由实践具体把握，但是两次传唤间隔的时间一般不得少于十二小时，不得以连续传唤的方式变相拘禁犯罪嫌疑人。

3. 拘传的地点。对被拘传人讯问的地点，应是被拘传人所在市、县内的指定地点或者他的住处，不得进行异地拘传。被拘传人的工作单位、户籍地和居住地不在同一市、县的，拘传应当在被拘传人工作单位所在的市、县进行；特殊情况下，也可以在被拘传人户籍地和居住地所在的市、县内进行。

拘传人民代表大会代表或者政协委员的，应当履行相关的报请许可或者通报手续。拘传本级人民代表大会代表的，人民代表大会举行会议期间，应当书面报请该代表所属的人民代表大会主席团许可。闭会期间，应当报请该代表所属的人民代表大会常务委员会许可。拘传上级人民代表大会代表的，应当层报与该代表所属的人民代表大会同级的人民法院、人民检察院或者公安机关报请许可。拘传下级人民代表大会代表的，可以直接报请该代表所属的人民代表大会主席团或者常务委员会许可，也可以由与该代表所属的人民代表大会同级的人民法院、人民检察院或者公安机关报请许可。拘传民族乡、镇的人民代表大会代表的，由县级人民法院、人民检察院或者公安机关报告其所属的乡、民族乡、镇的人民代表大会。拘传政治协商委员会委员的，应当将有关情况通报给该委员所属的政协组织。拘传中，发现被执行人是县级以上人民代表大会代表的，应当暂缓执行，履行相关的报告手续；拘传后发现被拘传人是县级以上人民代表大会代表的，应当立即解除，并履行相关的报告手续。

[配套规定]

1.《最高人民法院关于适用〈中华人民共和国刑事诉讼法〉的解释》（法释［2012］21号）（节录）

第一百一十三条 人民法院审判案件，根据情况，对被告人可以决定拘传、取保候审、监视居住或者逮捕。

对被告人采取、撤销或者变更强制措施的，由院长决定。

第一百一十四条 对经依法传唤拒不到庭的被告人，或者根据案件情况有必要拘传的被告人，可以拘传。

拘传被告人，应当由院长签发拘传票，由司法警察执行，执行人员不得少于二人。

拘传被告人，应当出示拘传票。对抗拒拘传的被告人，可以使用戒具。

第一百一十五条 拘传被告人，持续的时间不得超过十二小时；案情特别重大、复杂，需要采取逮捕措施的，持续的时间不得超过二十四小时。不得以连续拘传的形式变相拘禁被告人。应当保证被拘传人的饮食和必要的休息时间。

2.《人民检察院刑事诉讼规则》（高检发释字［2019］4号）（节录）

第八十一条 人民检察院根据案件情况，对犯罪嫌疑人可以拘传。

第八十二条 拘传时，应当向被拘传的犯罪嫌疑人出示拘传证。对抗拒拘传的，可以使用戒具，强制到案。

执行拘传的人员不得少于二人。

第八十三条 拘传的时间从犯罪嫌疑人到案时开始计算。犯罪嫌疑人到案后，应当责令其在拘传证上填写到案时间，签名或者盖章，并捺指印，然后立即讯问。拘传结束后，应当责令犯罪嫌疑人在拘传证上填写拘传结束时间。犯罪嫌疑人拒绝填写的，应当在拘传证上注明。

一次拘传持续的时间不得超过十二小时；案情特别重大、复杂，需要采取拘留、逮捕措施的，拘传持续的时间不得超过二十四小时。两次拘传间隔的时间一般不得少于十二小时，不得以连续拘传的方式变相拘禁犯罪嫌疑人。

拘传犯罪嫌疑人，应当保证犯罪嫌疑人的饮食和必要的休息时间。

第八十四条 人民检察院拘传犯罪嫌疑人，应当在犯罪嫌疑人所在市、县内的地点进行。

犯罪嫌疑人工作单位与居住地不在同一市、县的，拘传应当在犯罪嫌疑人工作单位所在的市、县内进行；特殊情况下，也可以在犯罪嫌疑人居住地所在的市、县内进行。

第八十五条 需要对被拘传的犯罪嫌疑人变更强制措施的，应当在拘传期限内办理变更手续。

在拘传期间决定不采取其他强制措施的，拘传期限届满，应当结束拘传。

第一百四十八条 人民检察院对担任县级以上各级人民代表大会代表的犯罪嫌疑人决定采取拘传、取保候审、监视居住、拘留、逮捕强制措施的，应当报请该代表所属的人民代表大会主席团或者常务委员会许可。

人民检察院对担任本级人民代表大会代表的犯罪嫌疑人决定采取强制措施的，应当报请本级人民代表大会主席团或者常务委员会许可。

对担任上级人民代表大会代表的犯罪嫌疑人决定采取强制措施的，应当层报该代表所属的人民代表大会同级的人民检察院报请许可。

对担任下级人民代表大会代表的犯罪嫌疑人决定采取强制措施的，可以直接报请该代表所属的人民代表大会主席团或者常务委员会许可，也可以委托该代表所属的人民代表大会同级的人民检察院报请许可。

对担任两级以上的人民代表大会代表的犯罪嫌疑人决定采取强制措施的，分别依照本条第二、三、四款的规定报请许可。

对担任办案单位所在省、市、县（区）以外的其他地区人民代表大会代表的犯罪嫌疑人决定采取强制措施的，应当委托该代表所属的人民代表大会同级的人民检察院报请许可；担任两级以上人民代表大会代表的，应当分别委托该代表所属的人民代表大会同级的人民检察院报请许可。

对于公安机关提请人民检察院批准逮捕的案件，犯罪嫌疑人担任人民代表大会代表的，报请许可手续由公安机关负责办理。

担任县级以上人民代表大会代表的犯罪嫌疑人，经报请该代表所属人民代表大会主席团或者常务委员会许可后被刑事拘留的，适用逮捕措施时不需要再次报请许可。

3.《公安机关办理刑事案件程序规定》（2012年12月13日公安部令第127号）（节录）

第七十四条 公安机关根据案件情况对需要拘传的犯罪嫌疑人，或者经过传唤没有正当理由不到案的犯罪嫌疑人，可以拘传到其所在市、县内的指定地点进行讯问。

需要拘传的，应填写呈请拘传报告书，并附有关材料，报县级以上公安机关负责人批准。

第七十五条 公安机关拘传犯罪嫌疑人应当出示拘传证，并责令其在拘传证上签名、捺指印。

犯罪嫌疑人到案后，应当责令其在拘传证上填写到案时间；拘传结束后，应当由其在拘传证上填写拘传结束时间。犯罪嫌疑人拒绝填写的，侦查人员应当在拘传证上注明。

第七十六条 拘传持续的时间不得超过十二小时；案情特别重大、复杂，需要采取拘留、逮捕措施的，经县级以上公安机关负责人批准，拘传持续的时间不得超过二十四小时。不得以连续拘传的形式变相拘禁犯罪嫌疑人。

拘传期限届满，未作出采取其他强制措施决定的，应当立即结束拘传。

第三百三十五条 对异地公安机关提出协助调查、执行强制措施等协作请求，只要法律手续完备，协作地公安机关就应当及时无条件予以配合，不得收取任何形式的费用。

第三百三十八条 异地执行传唤、拘传，执行人员应当持传唤证、拘传证、办案协作函件和工作证件，与协作地县级以上公安机关联系，协作地公安机关应当协助将犯罪嫌疑人传唤、拘传到本市、县内的指定地点或者到犯罪嫌疑人的住处进行讯问。

第六十七条 人民法院、人民检察院和公安机关对有下列情形之一的犯罪嫌疑人、被告人，可以取保候审：

（一）可能判处管制、拘役或者独立适用附加刑的；

（二）可能判处有期徒刑以上刑罚，采取取保候审不致发生社会危险性的；

（三）患有严重疾病、生活不能自理，怀孕或者正在哺乳自己婴儿的妇女，采取取保候审不致发生社会危险性的；

（四）羁押期限届满，案件尚未办结，需要采取取保候审的。

取保候审由公安机关执行。

［条文主旨］

本条是关于取保候审的决定机关、适用条件和执行机关的规定。

［条文释解］

本条是1996年修改《刑事诉讼法》时增加的规定，2012年修订《刑事诉讼法》时予以修订，2018年修改《刑事诉讼法》时未作修改。

2012年3月14日第十一届全国人民代表大会第五次会议通过的《关于修改〈中华人民共和国刑事诉讼法〉的决定》对本条作了以下修改：一是删去有关监视居住的规定，二是增加规定两类可以适用取保候审的情形。

1996年《刑事诉讼法》第51条规定了取保候审、监视居住的决定机关、适用条件和执行机关。根据该条和1996年《刑事诉讼法》其他有关条文的规定，取保候审、监视居住两种强制措施的适用条件和对象基本上是相同的。从实际情况看，取保候审和监视居住两种强制措施虽然类似，但对犯罪嫌疑人、被告人的人身自由的限制程度上是有较大差别的，被取保候审的人有较大程度的人身自由，被监视居住的人则基本上不能离开执行处所。规定这两种强制措施适用于相同的对象，不利于根据不同犯罪嫌疑人、被告人的社会危险性采取有针对性的强制措施，也存在司法机关执行不统一的问题。因此，2012 年修改《刑事诉讼法》，根据实际情况和各方面的意见，对取保候审、监视居住两种强制措施的规定进行了修改。取保候审仍然作为对社会危险性较小的犯罪嫌疑人、被告人采取的限制人身自由较轻的强制措施。监视居住措施的定位则作了调整，规定为对符合逮捕条件，但因特殊原因不宜羁押的犯罪嫌疑人、被告人采取的替代性措施。因此，有必要分别作出规定。本条据此相应删去了有关监视居住的规定，另设条文予以规定。

根据 1996 年《刑事诉讼法》第 60 条第 2 款、第 74 条的规定，对于患有严重疾病的人，或者正在怀孕、哺乳自己婴儿的妇女，以及羁押期限届满，案件需要继续查证、审理的犯罪嫌疑人、被告人，可以适用取保候审措施。为与有关条文衔接，本条新增了上述人员和生活不能自理、采取取保候审不致发生社会危险性的人可以取保候审的规定，进一步明确了取保候审的适用条件。

本条分为两款。第 1 款是关于取保候审的决定机关和适用条件的规定。根据本款规定，人民法院、人民检察院和公安机关有权决定对犯罪嫌疑人、被告人取保候审。具体而言，人民法院对被告人，人民检察院对被审查起诉的和直接受理的案件的犯罪嫌疑人，公安机关对侦查案件的犯罪嫌疑人，有本款规定的四种情形之一的，可以取保候审；对不采取强制措施不致发生社会危险性的，也可以不采取任何强制措施。本款规定了以下四种可以适用取保候审的情形：

1. 可能判处管制、拘役或者独立适用附加刑的。管制是不剥夺人身自由的刑罚，拘役刑期为一个月至六个月；可能独立适用罚金、剥夺政治权利等附加刑的也都是较轻的罪行。可能判处这些刑罚的犯罪嫌疑人、被告人涉嫌的罪行较轻，通常情况下，不羁押不会发生社会危险性。

2. 可能判处有期徒刑以上刑罚，采取取保候审不致发生社会危险性的。该规定主要是考虑到有些犯罪嫌疑人虽然涉嫌罪行比较严重，可能会被判处有期徒刑以上刑罚，但其涉嫌的犯罪可能是过失犯罪，如交通肇事罪、玩忽职守罪等，有些虽然是故意犯罪，但主观恶性较小，如初犯、偶犯等。对这些犯罪嫌疑人、被告人如果采取取保候审不致发生社会危险性的，也可以取保候审，无须进行羁押。

这里所说的“社会危险性”主要是指本法第 81 条规定的可能实施新的

犯罪；有危害国家安全、公共安全或者社会秩序的现实危险；可能毁灭、伪造证据，干扰证人作证或者串供；可能对被害人、举报人、控告人实施打击报复；企图自杀或者逃跑等情形。判断犯罪嫌疑人、被告人是否有社会危险性要根据犯罪嫌疑人、被告人各方面情况综合考虑。通常应当根据其涉嫌犯罪行为的情节、性质、社会危害、对所犯罪行的态度、本人的一贯表现、与所居住区域的联系等方面因素综合判断。在一般情况下，对涉嫌犯罪性质、情节恶劣，后果严重的犯罪嫌疑人、被告人不宜适用取保候审。

3. 患有严重疾病、生活不能自理，怀孕或者正在哺乳自己婴儿的妇女，采取取保候审不致发生社会危险性的。本项规定的情形又分三种情况：一是患有严重疾病，二是因为年老、残疾等原因生活不能自理，三是怀孕或者正在哺乳自己婴儿的妇女。有这三种情况，采取取保候审不致发生本法第 81 条规定的社会危险性的犯罪嫌疑人、被告人，可以取保候审。本项在 1996 年《刑事诉讼法》有关规定的基础上，明确三类人员可以取保候审，体现了人道主义精神和对犯罪嫌疑人、被告人合法权利的保护，是司法文明的重要体现。

4. 羁押期限届满，案件尚未办结，需要采取取保候审的。“羁押期限”包括本法有关条款规定的侦查羁押、审查起诉、一审、二审等期限。“尚未办结”包括需要继续侦查、审查起诉或者审判的情形。根据《刑事诉讼法》第 98 条的规定，犯罪嫌疑人、被告人被羁押的案件，不能在本法规定的侦查羁押、审查起诉、一审、二审期限内办结，需要继续查证、审理的，对犯罪嫌疑人、被告人可以取保候审。本项是衔接性的规定，使本款对取保候审适用条件的规定更加全面。

第 2 款是关于取保候审执行机关的规定。根据本款规定，虽然人民法院、人民检察院和公安机关都有权决定对犯罪嫌疑人、被告人取保候审，但取保候审的执行机关只有公安机关，也就是说，公安机关是取保候审的唯一执行机关。人民法院、人民检察院和公安机关决定采取的取保候审措施，都应当由公安机关执行。本款这样规定，主要基于公安机关在基层普遍设有派出机构，与居民委员会、村民委员会等基层组织也有紧密的联系，并且有执行拘留、逮捕的权力。由公安机关执行取保候审，便于加强对被取保候审人的监督和考察，一旦发现违反规定或者不应当取保候审的情形，可以及时依法处理。

[配套规定]

1.《最高人民法院关于适用〈中华人民共和国刑事诉讼法〉的解释》（法释［2012］21号）（节录）

第一百一十六条 被告人具有刑事诉讼法第六十五条第一款规定情形之一的，人民法院可以决定取保候审。

对被告人决定取保候审的，应当责令其提出保证人或者交纳保证金，不得同时使用保证人保证与保证金保证。

第一百二十条 人民法院向被告人宣布取保候审决定后，应当将取保候审决定书等相关材料送交当地同级公安机关执行；被告人不在本地居住的，送交其居住地公安机关执行。

对被告人使用保证金保证的，应当在核实保证金已经存入公安机关指定银行的专门账户后，将银行出具的收款凭证一并送交公安机关。

2.《最高人民检察院、公安部关于适用刑事强制措施有关问题的规定》

第一条 人民检察院决定对犯罪嫌疑人采取取保候审措施的，应当在向犯罪嫌疑人宣布后交由公安机关执行。对犯罪嫌疑人采取保证人担保形式的，人民检察院应当将有关法律文书和有关案由、犯罪嫌疑人基本情况、保证人基本情况的材料，送交犯罪嫌疑人居住地的同级公安机关；对犯罪嫌疑人采取保证金担保形式的，人民检察院应当在核实保证金已经交纳到公安机关指定的银行后，将有关法律文书、有关案由、犯罪嫌疑人基本情况的材料和银行出具的收款凭证，送交犯罪嫌疑人居住地的同级公安机关。

第二条 公安机关收到有关法律文书和材料后，应当立即交由犯罪嫌疑人居住地的县级公安机关执行。负责执行的县级公安机关应当在二十四小时以内核实被取保候审人、保证人的身份以及相关材料，并报告县级公安机关负责人后，通知犯罪嫌疑人居住地派出所执行。

第三条 执行取保候审的派出所应当指定专人负责对被取保审人进行监督考察，并将取保候审的执行情况报告所属县级公安机关通知决定取保候审的人民检察院。

第五条 人民检察院决定对犯罪嫌疑人采取保证人担保形式取保候审的，如果保证人在取保候审期间不愿继续担保或者丧失担保条件，人民检察院应当在收到保证人不愿继续担保的申请或者发现其丧失担保条件后的三日以内，责令犯罪嫌疑人重新提出保证人或者交纳保证金，或者变更为其他强制措施，并通知公安机关执行。

公安机关在执行期间收到保证人不愿继续担保的申请或者发现其丧失担保条件的，应当在三日以内通知作出决定的人民检察院。

3.《人民检察院刑事诉讼规则》（高检发释字［2019］4号）（节录）

第八十六条 人民检察院对于具有下列情形之一的犯罪嫌疑人，可以取保候审：

（一）可能判处管制、拘役或者独立适用附加刑的；

（二）可能判处有期徒刑以上刑罚，采取取保候审不致发生社会危险性的；

（三）患有严重疾病、生活不能自理，怀孕或者正在哺乳自己婴儿的妇女，采取取保候审不致发生社会危险性的；

（四）羁押期限届满，案件尚未办结，需要采取取保候审的。

第八十七条 人民检察院对于严重危害社会治安的犯罪嫌疑人，以及其他犯罪性质恶劣、情节严重的犯罪嫌疑人不得取保候审。

第八十八条 被羁押或者监视居住的犯罪嫌疑人及其法定代理人、近亲属或者辩护人向人民检察院申请取保候审，人民检察院应当在三日以内作出是否同意的答复。经审查符合本规则第八十六条规定情形之一的，可以对被羁押或者监视居住的犯罪嫌疑人依法办理取保候审手续。经审查不符合取保候审条件的，应当告知申请人，并说明不同意取保候审的理由。

第九十三条 人民检察院决定对犯罪嫌疑人取保候审的，应当制作取保候审决定书，载明取保候审开始的时间、保证方式、被取保候审人应当履行的义务和应当遵守的规定。

人民检察院作出取保候审决定时，可以根据犯罪嫌疑人涉嫌犯罪的性质、危害后果、社会影响，犯罪嫌疑人、被害人的具体情况等，有针对性地责令其遵守以下一项或者多项规定：

（一）不得进入特定的场所；

（二）不得与特定的人员会见或者通信；

（三）不得从事特定的活动；

（四）将护照等出入境证件、驾驶证件交执行机关保存。

4.《公安机关办理刑事案件程序规定》（2012年12月13日公安部令第127号）（节录）

第七十七条 公安机关对具有下列情形之一的犯罪嫌疑人，可以取保候审：

（一）可能判处管制、拘役或者独立适用附加刑的；

（二）可能判处有期徒刑以上刑罚，采取取保候审不致发生社会危险性的；

（三）患有严重疾病、生活不能自理，怀孕或者正在哺乳自己婴儿的妇女，采取取保候审不致发生社会危险性的；

（四）羁押期限届满，案件尚未办结，需要继续侦查的。

对拘留的犯罪嫌疑人，证据不符合逮捕条件，以及提请逮捕后，人民检察院不批准逮捕，需要继续侦查，并且符合取保候审条件的，可以依法取保候审。

第七十八条　对累犯，犯罪集团的主犯，以自伤、自残办法逃避侦查的犯罪嫌疑人，严重暴力犯罪以及其他严重犯罪的犯罪嫌疑人不得取保候审，但犯罪嫌疑人具有本规定第七十七条第一款第三项、第四项规定情形的除外。

第七十九条　需要对犯罪嫌疑人取保候审的，应当制作呈请取保候审报告书，说明取保候审的理由、采取的保证方式以及应当遵守的规定，经县级以上公安机关负责人批准，制作取保候审决定书。取保候审决定书应当向犯罪嫌疑人宣读，由犯罪嫌疑人签名、捺指印。

第八十七条　公安机关决定取保候审的，应当及时通知被取保候审人居住地的派出所执行。必要时，办案部门可以协助执行。

采取保证人担保形式的，应当同时送交有关法律文书、被取保候审人基本情况、保证人基本情况等材料。采取保证金担保形式的，应当同时送交有关法律文书、被取保候审人基本情况和保证金交纳情况等材料。

第八十八条　人民法院、人民检察院决定取保候审的，负责执行的县级公安机关应当在收到法律文书和有关材料后二十四小时以内，指定被取保候审人居住地派出所核实情况后执行。

第八十九条　执行取保候审的派出所应当履行下列职责：

（一）告知被取保候审人必须遵守的规定，及其违反规定或者在取保候审期间重新犯罪应当承担的法律后果；

（二）监督、考察被取保候审人遵守有关规定，及时掌握其活动、住址、工作单位、联系方式及变动情况；

（三）监督保证人履行保证义务；

（四）被取保候审人违反应当遵守的规定以及保证人未履行保证义务的，应当及时制止、采取紧急措施，同时告知决定机关。

第九十条 执行取保候审的派出所可以责令被取保候审人定期报告有关情况并制作笔录。

第六十八条 人民法院、人民检察院和公安机关决定对犯罪嫌疑人、被告人取保候审，应当责令犯罪嫌疑人、被告人提出保证人或者交纳保证金。

[条文主旨]

本条是关于取保候审决定机关及取保候审方式的规定。

[条文释解]

本条是1996年修改《刑事诉讼法》时增加的规定，2012年、2018年修改《刑事诉讼法》时未作修改。

取保候审作为一种不剥夺犯罪嫌疑人、被告人人身自由的强制措施，要起到确保犯罪嫌疑人、被告人及时到案、不妨碍刑事诉讼正常进行的作用，必须有能够对被取保候审的人有约束力的措施。本条规定了提出保证人（人保）和交纳保证金（财保）两种保证措施。

根据本条规定，人民法院、人民检察院和公安机关应当责令被取保候审的犯罪嫌疑人、被告人提出保证人或者交纳保证金。这里所说的“保证人”，是指以自己的人格和信誉担保犯罪嫌疑人、被告人不被羁押，允许其留在社会上生活、工作，保证遵守取保候审规定的公民。对于保证人的条件，本法第69条作了规定。“保证金”，是指犯罪嫌疑人、被告人交纳的保证遵守取保候审规定的金钱。

对于保证金的具体数额，法律没有作出具体规定，但本法第72条规定了取保候审决定机关确定保证金数额时应当考虑的因素和条件。这两种保证措施的目的，都是担保被取保候审人遵守取保候审的规定，体现对被取保候审的犯罪嫌疑人、被告人的约束力，保证诉讼活动顺利进行。根据有关规定，取保候审决定机关不能要求被取保候审的人同时提供保证人和交纳保证金。

［审判实务］

司法实践中采用保证金形式取保候审应注意的问题。

1. 根据《刑事诉讼法》第68条、第71条第3款、第72条、第73条的规定，保证金保证和保证人保证是取保候审的两种形式，决定对同一犯罪嫌疑人、被告人取保候审时，不能同时适用保证人保证和保证金保证。

保证金形式取保候审的决定机关和执行机关。能否采取保证金形式取保候审由人民法院、人民检察院、公安机关、国家安全机关及其他有权的法定机关依法决定。人民法院、人民检察院决定的，由公安机关执行。国家安全机关决定取保候审的，以及人民法院、人民检察院在办理国家安全机关移送的犯罪案件决定取保候审的，由国家安全机关执行。走私犯罪侦查机关决定对走私犯罪嫌疑人采取取保候审的，应通知并移送走私犯罪嫌疑人居住地公安机关执行。执行包括保证金的统一收取和管理，没收、退还保证金等。

2. 以保证金形式保证的取保候审人应具备的条件。《刑事诉讼法》没有对以保证金形式保证和以保证人形式保证应具备的条件作出区分。

《刑诉法解释》仅明确了几种可以采取保证人形式保证的情形，第117条规定："对下列被告人决定取保候审的，可以责令其提出一至二名保证人：（一）无力交纳保证金的；（二）未成年或者已满七十五周岁的；（三）不宜收取保证金的其他被告人。"采取保证金形式保证的，被取保候审人除符合法律规定条件外，其本人或者其法定代理人、亲友、所在单位等可以代其交纳保证金。如果被取保候审人没有经济来源、无力交纳保证金或者依靠他人生活一般不适用保证金保证。如被取保候审人是未成年人或者已满七十五周岁的老人，身体残疾依靠他人扶养等，应适用保证人保证。

3. 取保候审保证金的数额和币种。《刑事诉讼法》第72条规定，确定保证金数额应考虑保证诉讼活动正常进行的需要，被取保候审人的社会危险性，案件的性质、情节，可能判处刑罚的轻重，被取保候审人的经济状况等情况，但没有规定保证金数额的上限和下限，也没有限定币种。《刑诉法解释》第119条规定："对决定取保候审的被告人适用保证金保证的，应当依照刑事诉讼法第七十二条第一款的规定确定保证金的具体数额，并责令被告人或者为其提供保证金的单位、个人将保证金一次性存入公安机关指定银行的专门账户。”实践中一般应当以人民币作为交纳取保候审保证金的币种；以其他货币交纳的，应当由交纳人按照当天的外汇汇率折算后兑换，以人民币交纳。根据《关于取保候审若干问题的规定》《人民检察院刑事诉讼规则》等规定，采取保证金形式取保候审的，保证金的起点数额为一千元；对于未成年犯罪嫌疑人，可以责令交纳五百元以上的保证金。故保证金的数额一般应该与涉嫌犯罪的性质、情节，可能判处刑罚的轻重，被取保候审人的经济状况来确定，不应过高或者过低。

4. 以保证金形式取保候审的办理程序。提供保证金的人应当将银行出具的交纳保证金的凭证交给决定机关核实。决定机关核实无误后，将《取保候审决定书》《取保候审执行通知书》、银行出具的收款凭证以及案由、犯罪人的基本情况等相关材料一并送交执行机关执行。执行机关核实后，通知被取保候审人居住地派出所执行。负责具体执行的派出所应当指定专人负责对被取保候审人的监督考察。执行时，执行人员应当告知被取保候审人应当遵守的法律规定，主要是《刑事诉讼法》第 71 条规定的义务，以及违反规定和重新犯罪应承担的法律后果，并责令被取保候审人交出护照等出境证件和驾驶证件。负责监督考察的人员应定期将执行情况报告县级公安机关和通知决定机关。执行时，被取保候审人有正当理由要求离开居住的市、县的，应当经县级执行机关批准。执行机关批准时，应征求决定机关的意见。

[配套规定]

1.《最高人民法院、最高人民检察院、公安部、国家安全部关于取保候审若干问题的规定》

第四条 对犯罪嫌疑人、被告人决定取保候审的，应当责令其提出保证人或者交纳保证金。

对同一犯罪嫌疑人、被告人决定取保候审的，不得同时使用保证人保证和保证金保证。

第五条 采取保证金形式取保候审的，保证金的起点数额为一千元。

决定机关应当以保证被取保候审人不逃避、不妨碍刑事诉讼活动为原则，综合考虑犯罪嫌疑人、被告人的社会危险性，案件的情节、性质，可能判处刑罚的轻重，犯罪嫌疑人、被告人经济状况，当地的经济发展水平等情况，确定收取保证金的数额。

第六条 取保候审保证金由县级以上执行机关统一收取和管理。没收保证金的决定、退还保证金的决定、对保证人的罚款决定等，应当由县级以上执行机关作出。

第七条 县级以上执行机关应当在其指定的银行设立取保候审保证金专户，委托银行代为收取和保管保证金，并将指定银行的名称通知人民检察院、人民法院。

保证金应当以人民币交纳。

第八条 决定机关作出取保候审收取保证金的决定后，应当及时将《取保候审决定书》送达被取保候审人和为其提供保证金的单位或者个人，责令其向执行机关指定的银行一次性交纳保证金。

决定机关核实保证金已经交纳到执行机关指定银行的凭证后，应当将《取保候审决定书》、《取保候审执行通知书》和银行出具的收款凭证及其他有关材料一并送交执行机关执行。

2.《最高人民法院关于适用〈中华人民共和国刑事诉讼法〉的解释》（法释［2012］21号）（节录）

第一百一十六条 被告人具有刑事诉讼法第六十五条第一款规定情形之一的，人民法院可以决定取保候审。

对被告人决定取保候审的，应当责令其提出保证人或者交纳保证金，不得同时使用保证人保证与保证金保证。

第一百一十七条 对下列被告人决定取保候审的，可以责令其提出一至二名保证人：

（一）无力交纳保证金的；

（二）未成年或者已满七十五周岁的；

（三）不宜收取保证金的其他被告人。

第一百一十八条 人民法院应当审查保证人是否符合法定条件。符合条件的，应当告知其必须履行的义务，并由其出具保证书。

3.《人民检察院刑事诉讼规则》（高检发释字［2019］4号）（节录）

第八十九条 人民检察院决定对犯罪嫌疑人取保候审，应当责令犯罪嫌疑人提出保证人或者交纳保证金。

对同一犯罪嫌疑人决定取保候审，不得同时使用保证人保证和保证金保证方式。

对符合取保候审条件，具有下列情形之一的犯罪嫌疑人，人民检察院决定取保候审时，可以责令其提供一至二名保证人：

（一）无力交纳保证金的；

（二）系未成年人或者已满七十五周岁的人；

（三）其他不宜收取保证金的。

第九十条 采取保证人保证方式的，保证人应当符合刑事诉讼法第六十九条规定的条件，并经人民检察院审查同意。

第九十一条 人民检察院应当告知保证人履行以下义务：

（一）监督被保证人遵守刑事诉讼法第七十一条的规定；

（二）发现被保证人可能发生或者已经发生违反刑事诉讼法第七十一条规定的行为的，及时向执行机关报告。

保证人保证承担上述义务后，应当在取保候审保证书上签名或者盖章。

第九十二条 采取保证金保证方式的，人民检察院可以根据犯罪嫌疑人的社会危险性，案件的性质、情节，可能判处刑罚的轻重，犯罪嫌疑人的经济状况等，责令犯罪嫌疑人交纳一千元以上的保证金。对于未成年犯罪嫌疑人，可以责令交纳五百元以上的保证金。

第九十六条 采取保证人保证方式的，如果保证人在取保候审期间不愿继续保证或者丧失保证条件的，人民检察院应当在收到保证人不愿继续保证的申请或者发现其丧失保证条件后三日以内，责令犯罪嫌疑人重新提出保证人或者交纳保证金，并将变更情况通知公安机关。

第九十七条 采取保证金保证方式的，被取保候审人拒绝交纳保证金或者交纳保证金不足决定数额时，人民检察院应当作出变更取保候审措施、变更保证方式或者变更保证金数额的决定，并将变更情况通知公安机关。

4.《公安机关办理刑事案件程序规定》（2012年12月13日公安部令第127号）（节录）

第八十条 公安机关决定对犯罪嫌疑人取保候审的，应当责令犯罪嫌疑人提出保证人或者交纳保证金。

对同一犯罪嫌疑人，不得同时责令其提出保证人和交纳保证金。

第一百零二条 对于犯罪嫌疑人采取保证人保证的，如果保证人在取保候审期间情况发生变化，不愿继续担保或者丧失担保条件，应当责令被取保候审人重新提出保证人或者交纳保证金，或者作出变更强制措施的决定。

负责执行的公安机关应当自发现保证人不愿继续担保或者丧失担保条件

之日起三日以内通知决定取保候审的机关。

第六十九条　保证人必须符合下列条件：

（一）与本案无牵连；

（二）有能力履行保证义务；

（三）享有政治权利，人身自由未受到限制；

（四）有固定的住处和收入。

［条文主旨］

本条是关于取保候审中保证人应具备条件的规定。

［条文释解］

本条是1996年修改《刑事诉讼法》时增加的规定，2012年、2018年修改《刑事诉讼法》时未作修改。

对犯罪嫌疑人、被告人采取取保候审而不予羁押，一方面要考虑到犯罪嫌疑人、被告人合法权益的保护，另一方面还要考虑到保证刑事诉讼的正常进行。

保证人保证是保证被取保候审人遵守取保候审规定的两种形式之一。如果不对保证人的资格作出限制，随意由不具备保证能力的人担任保证人，就起不到保证刑事诉讼正常进行的作用，使取保候审流于形式。本条对可以担任取保候审保证人的人员的条件作了规定。

根据本条的规定，保证人必须符合以下四个条件：

1. 与本案无牵连。即与犯罪嫌疑人、被告人所涉嫌的案件没有任何牵连。保证人不能是本案的同案犯，也不能是本案的证人，不能与本案有利害关系。否则难以保证其有效地履行保证义务。

2. 有能力履行保证义务。这包括保证人必须达到一定年龄具有民事行为能力，对被保证人有一定影响力，以及身体状况能使他完成监督被保证人行为的任务等。是否有能力履行，需要综合判断，不能仅凭犯罪嫌疑人、被告人或者保证人本人的说法来认定。如果保证人说的话被保证人根本不听，保证人卧病在床对被保证人是否遵守取保候审义务无力监督、督促，或者保证人长期在外经商对被保证人的行为无暇顾及等，都不能认为“有能力履行保证义务”。

3. 享有政治权利，人身自由未受到限制。是指保证人在为被取保候审人提供和履行保证义务时，他本人并没有因为违法犯罪行为而被剥夺政治权利或限制人身自由。享有政治权利，是指享有下列权利：选举权和被选举权；言论、出版、集会、游行、示威自由的权利；担任国家机关职务的权利；担任国有公司、企业、事业单位和人民团体领导职务的权利等。如果以上权利未被剥夺，即可认为“享有政治权利”。“人身自由未受到限制”，是指保证人未受到任何剥夺或者限制人身自由的刑罚处罚，未被采取任何剥夺、限制人身自由的刑事、行政强制措施，未受到限制人身自由的行政处罚。具体而言，包括保证人未被判处徒刑、拘役、管制等刑罚，未被采取拘传、取保候审、监视居住、拘留、逮捕的强制措施，未被劳动教养，未受到治安拘留等处罚等。法律规定保证人既要享有政治权利，人身自由又未受到限制。只有这样，保证人才有可能履行好保证义务。

4. 有固定的住处和收入。是指保证人有自己常住的居所和稳定的经济收入。保证人有固定的住处，便于保持其与司法机关之间的联系；有固定的收入，是考虑其作为保证人承担义务的可行性。

只有同时具备本条规定的上述四个条件的人，才有资格担任保证人。

[审判实务]

确定取保候审保证人应注意以下问题：

保证人保证，是指犯罪嫌疑人、被告人提出保证人，由保证人监督罪嫌疑人、被告人遵守取保候审的相关规定，担保其不逃避有关诉讼活动的取保候审方式。保证人保证是与保证金保证并列的取保候审方式，不得同时对犯罪嫌疑人、被告人适用。对犯罪嫌疑人、被告人适用保证人方式取保候审，主要应把握好保证人的选取和保证人未履行保证义务的后果处理等问题。《刑事诉讼法》第 69 条规定了保证人应符合的条件，司法实践中，选取保证人除应把握刑事诉讼法规定的条件外，还应注意以下几个方面：

1. 保证人是否具有担任保证人的意愿。自愿担任保证人才能很好地履行监督保证义务，保证人应出具自愿保证书。防止将不愿担任保证人的人确定为保证人，更不能因为犯罪嫌疑人、被告人无力交纳保证金而随意确定保证人，使保证人保证成为无法适用保证金保证的变通替代方式。

2. 保证人是否具有较好的监督保证能力。保证义务除了监督考察犯罪嫌疑人、被告人的日常活动，使其不逃避刑事诉讼活动的正常进行，还应对犯罪嫌疑人、被告人进行必要的遵纪守法教育，促其认罪悔罪，配合相关诉讼活动的开展。因此，保证人应具有较好的身体条件、行为能力、语言能力以及明辨是非的能力。

3. 保证人与被保证人的关系是否密切。保证人最好是与被保证人较近的亲属或者关系密切的同学、朋友。这样，一方面，便于对被保证人监督，另一方面，也能够加大被保证人重新实施犯罪的顾虑，不会轻易再实施犯罪。

4. 保证人是否具有良好的社会声誉。具有良好社会声誉的保证人才能取得被保证人的信服，才能具有一定的监督管理教育力度。禁止将具有不良品行记录的人作为保证人。为更好地发挥保证人保证的作用、可以采用双保证人的方式。一方面，能够更为有效地履行保证义务，加强担保力量，另一方面，保证人之间也可以相互监督、相互督促，不能履行保证义务的，要承担连带责任。

[配套规定]

1. 《最高人民法院、最高人民检察院、公安部、国家安全部关于取保候审若干问题的规定》

第十九条 采取保证人形式取保候审的，执行机关发现保证人丧失了担保条件时，应当书面通知决定机关。

决定机关收到执行机关的书面通知后，应当责令被取保候审人重新提出保证人或者交纳保证金，或者作出变更强制措施的决定，并通知执行机关。

2. 《人民检察院刑事诉讼规则》（高检发释字［2019］4号）（节录）

第九十条 采取保证人保证方式的，保证人应当符合刑事诉讼法第六十九条规定的条件，并经人民检察院审查同意。

3. 《公安机关办理刑事案件程序规定》（2012年12月13日公安部令第127号）（节录）

第八十一条 采取保证人保证的，保证人必须符合以下条件，并经公安机关审查同意：

（一）与本案无牵连；
（二）有能力履行保证义务；
（三）享有政治权利，人身自由未受到限制；
（四）有固定的住处和收入。

第七十条 保证人应当履行以下义务：
（一）监督被保证人遵守本法第七十一条的规定；
（二）发现被保证人可能发生或者已经发生违反本法第七十一条规定的行为的，应当及时向执行机关报告。
被保证人有违反本法第七十一条规定的行为，保证人未履行保证义务的，对保证人处以罚款，构成犯罪的，依法追究刑事责任。

[条文主旨]

本条是关于保证人的义务及不履行义务的法律后果的规定。

[条文释解]

本条是1996年修改《刑事诉讼法》时增加的规定。2012年修改《刑事诉讼法》时对本条作了以下修改：一是对本条中引用的条文序号作了调整；二是将第2款中保证人“未及时报告”修改为“未履行保证义务”。2018年修改《刑事诉讼法》时对本条的具体内容未作修改，只对本条中引用的条文序号按照修改后的条文序号作了相应调整。

保证人保证是保证被取保候审人遵守取保候审规定的两种形式之一。为保证被取保候审人遵守取保候审规定和保证刑事诉讼正常进行，本条对保证人应当履行的义务和不履行义务的法律责任作了明确规定，并根据中央政法委员会《关于深化司法体制和工作机制改革若干问题的意见》中关于完善取保候审执行方式的要求和有关方面强化取保候审保证人责任的意见，把对保证人处以罚款的情形，由1996年《刑事诉讼法》第55条规定的“未及时报告”被保证人的违法行为修改为“未履行保证义务”，加大了对保证人的监督力度。通过这样的修改，促使保证人积极认真履行保证义务，增强了取保候审措施的约束力和可操作性。

本条分为两款。第 1 款是关于保证人应当履行义务的规定。根据本款规定，保证人的义务有两项：第一，监督被保证人遵守本法第 71 条的规定。包括遵守第 71 条第 1 款的各项规定和人民法院、人民检察院和公安机关依据第 71 条第 2 款责令被保证人遵守的一项或者多项规定。保证人应当积极履行义务，采用各种方式对被保证人遵守法律规定的情况进行了解和监督。第二，发现被保证人可能发生或者已经发生违反本法第 71 条规定的行为的，应当及时向执行机关报告。即保证人在履行保证义务过程中，如果发现被保证人有违反规定的企图，可能发生违反规定的行为，或者发现被保证人已经违反了法律规定义务的，应当毫不拖延地、尽快地向执行机关报告，这样，才称得上“及时”。“执行机关”是指公安机关。

第 2 款是对保证人未履行保证义务引发的法律责任的规定。根据本款规定，被保证人有违反本法第 71 条规定的行为，保证人未履行保证义务的，对保证人处以罚款；对保证人具备帮助被保证人逃避侦查、审判、串供、毁灭、伪造证据等行为，构成犯罪的，依照刑法追究刑事责任。被保证人有违反本法第 71 条规定的行为，是对保证人进行处罚的前提。“未履行保证义务”是指未履行本条第 1 款规定的保证义务，包括未认真对被保证人遵守第 71 条的规定进行监督和发现被保证人可能发生或者已经发生违反第 71 条规定的行为时未及时向执行机关报告。根据有关规定，对保证人的罚款，由取保候审的执行机关，即公安机关决定。对保证人处以罚款的数额，法律没有规定，实践中应由执行机关根据被保证人违法情况的严重程度、责任大小及其经济状况来确定。

[审判实务]

保证人未履行保证义务应承担的法律责任。司法实践中，对保证人处以罚款的，主要是由于其对被保证人违反取保候审期间规定的行为不报告或者不及时报告。具体的罚款数额应根据未履行保证义务的情况而定，但不能低于人民币一千元。《关于取保候审若干问题的规定》第 16 条规定的罚款数额为“一千元以上二万元以下”。罚款决定应当向保证人宣布，保证人不服的，可以向执行机关的上一级主管机关申请复核一次。由于对保证人的罚款属于刑事司法行为，保证人对罚款决定不能提起行政诉讼，但可以申诉。

为了打击保证人对被保证人的犯罪行为予以窝藏、包庇的犯罪行为，《刑诉法解释》第122条规定：根据案件事实和法律规定，认为已经构成犯罪的被告人在取保候审期间逃匿的，如果系保证人协助被告人逃匿，或者保证人明知被告人藏匿地点但拒绝向司法机关提供，对保证人应当依法追究刑事责任。

[配套规定]

1.《最高人民法院、最高人民检察院、公安部、国家安全部、司法部、全国人大常委会法制工作委员会关于实施刑事诉讼法若干问题的规定》

14. 对取保候审保证人是否履行了保证义务，由公安机关认定，对保证人的罚款决定，也由公安机关作出。

2.《最高人民法院、最高人民检察院、公安部、国家安全部关于取保候审若干问题的规定》

第十六条 采取保证人形式取保候审的，被取保候审人违反刑事诉讼法第五十六条（指1996年修订的刑事诉讼法）的规定，保证人未及时报告的，经查证属实后，由县级以上执行机关对保证人处一千元以上二万元以下罚款，并将有关情况及时通知决定机关。

第十七条 执行机关应当向保证人宣布罚款决定，并告知其如不服本决定，可以在收到《对保证人罚款决定书》后的五日以内，向执行机关的上一级主管机关申请复核一次。上一级主管机关收到复核申请后，应当在七日内作出复核决定。

第十八条 没收取保候审保证金和对保证人罚款均系刑事司法行为，不能提起行政诉讼。当事人如不服复核决定，可以依法向有关机关提出申诉。

3.《最高人民法院关于适用〈中华人民共和国刑事诉讼法〉的解释》（法释［2012］21号）（节录）

第一百二十一条 被告人被取保候审期间，保证人不愿继续履行保证义务或者丧失履行保证义务能力的，人民法院应当在收到保证人的申请或者公安机关的书面通知后三日内，责令被告人重新提出保证人或者交纳保证金，或者变更强制措施，并通知公安机关。

第一百二十二条 根据案件事实和法律规定，认为已经构成犯罪的被告人在取保候审期间逃匿的，如果系保证人协助被告人逃匿，或者保证人明知被告人藏匿地点但拒绝向司法机关提供，对保证人应当依法追究刑事责任。

4.《最高人民检察院、公安部关于适用刑事强制措施有关问题的规定》

第六条 人民检察院决定对犯罪嫌疑人取保候审的案件，被取保候审人、保证人违反应当遵守的规定的，由县级以上公安机关决定没收保证金、对保证人罚款，并在执行后三日以内将执行情况通知人民检察院。人民检察院应当在接到通知后五日以内，区别情形，责令犯罪嫌疑人具结悔过、重新交纳保证金、提出保证人或者监视居住、予以逮捕。

5.《人民检察院刑事诉讼规则》（高检发释字［2019］4号）（节录）

第九十一条 人民检察院应当告知保证人履行以下义务：

（一）监督被保证人遵守刑事诉讼法第七十一条的规定；

（二）发现被保证人可能发生或者已经发生违反刑事诉讼法第七十一条规定的行为的，及时向执行机关报告。

保证人保证承担上述义务后，应当在取保候审保证书上签名或者盖章。

第九十九条 人民检察院发现保证人没有履行刑事诉讼法第七十条规定的义务，应当通知公安机关，要求公安机关对保证人作出罚款决定。构成犯罪的，依法追究保证人的刑事责任。

6.《公安机关办理刑事案件程序规定》（2012年12月13日公安部令第127号）（节录）

第八十二条 保证人应当履行以下义务：

（一）监督被保证人遵守本规定第八十五条、第八十六条的规定；

（二）发现被保证人可能发生或者已经发生违反本规定第八十五条、第八十六条规定的行为的，应当及时向执行机关报告。

保证人应当填写保证书，并在保证书上签名、捺指印。

第九十九条 被保证人违反应当遵守的规定，保证人未履行保证义务的，查证属实后，经县级以上公安机关负责人批准，对保证人处一千元以上二万元以下罚款；构成犯罪的，依法追究刑事责任。

第一百条 决定对保证人罚款的，应当报经县级以上公安机关负责人批准，制作对保证人罚款决定书，在三日以内向保证人宣布，告知其如果对罚款决定不服，可以在五日以内向作出决定的公安机关申请复议。公安机关应当在收到复议申请后七日以内作出决定。

保证人对复议决定不服的，可以在收到复议决定书后五日以内向上一级公安机关申请复核一次。上一级公安机关应当在收到复核申请后七日以内作出决定。对上级公安机关撤销或者变更罚款决定的，下级公安机关应当执行。

第一百零一条 对于保证人罚款的决定已过复议期限，或者经上级公安机关复核后维持原决定的，公安机关应当及时通知指定的银行将保证人罚款按照国家的有关规定上缴国库，并在三日以内通知决定取保候审的机关。

第七十一条 被取保候审的犯罪嫌疑人、被告人应当遵守以下规定：

（一）未经执行机关批准不得离开所居住的市、县；

（二）住址、工作单位和联系方式发生变动的，在二十四小时以内向执行机关报告；

（三）在传讯的时候及时到案；

（四）不得以任何形式干扰证人作证；

（五）不得毁灭、伪造证据或者串供。

人民法院、人民检察院和公安机关可以根据案件情况，责令被取保候审的犯罪嫌疑人、被告人遵守以下一项或者多项规定：

（一）不得进入特定的场所；

（二）不得与特定的人员会见或者通信；

（三）不得从事特定的活动；

（四）将护照等出入境证件、驾驶证件交执行机关保存。

被取保候审的犯罪嫌疑人、被告人违反前两款规定，已交纳保证金的，没收部分或者全部保证金，并且区别情形，责令犯罪嫌疑人、被告人具结悔过，重新交纳保证金、提出保证人，或者监视居住、予以逮捕。

对违反取保候审规定，需要予以逮捕的，可以对犯罪嫌疑人、被告人先行拘留。

[条文主旨]

本条是关于被取保候审的犯罪嫌疑人、被告人应当遵守哪些规定以及违反取保候审规定应当如何处理的规定。

[条文释解]

本条是1996年修改《刑事诉讼法》时增加的规定，2012年作过修改，2018年修改《刑事诉讼法》时未作修改。

2012年3月14日第十一届全国人民代表大会第五次会议通过的《关于修改〈中华人民共和国刑事诉讼法〉的决定》对本条作了以下几处修改：一是在应当遵守的一般规定中增加了“住址、工作单位和联系方式发生变动的，在二十四小时以内向执行机关报告”的规定。二是增加规定了司法机关可以根据案件情况有选择地责令被取保候审的犯罪嫌疑人、被告人遵守禁令的规定。三是将没收保证金的规定细化为没收“部分或者全部”保证金。四是增加规定对违反规定需要逮捕的犯罪嫌疑人可以先行拘留。1996年修改《刑事诉讼法》时，针对1979年《刑事诉讼法》对被取保候审的犯罪嫌疑人、被告人应当遵守哪些规定没作规定，被取保候审人对自己有哪些义务不清楚，执行机关和所在单位无法监督，一旦被取保往往就处于无人过问的状况，以及对犯罪嫌疑人、被告人不及时到案妨碍刑事诉讼顺利进行的处理于法无据等问题，对取保候审应当遵守的规定以及保证金的没收和退还等作了明确规定。随着经济社会的进一步发展、变化，人们的生产、生活方式也发生了很大的变化，人员的流动性进一步加强，科技的发展和犯罪形势的变化也导致传统的措施不能有效保障取保候审的效果，需要作出适当调整，防止犯罪嫌疑人、被告人逃避追究法律责任，保障刑事诉讼的顺利进行。进一步保障诉讼参与人的合法权利也要求对强制措施的种类和强度作出必要的限制，以确保在尚未对犯罪嫌疑人、被告人确定刑罚的情况下，尽量将对犯罪嫌疑人、被告人生产、生活的影响降低。根据当事人涉嫌犯罪的危害、可能影响刑事诉讼的程度，以及其认识能力、行为倾向、特殊身份等个人情况，有针对性地使用个别化的强制措施，更有效地防止出现社会危险性，保障诉讼顺利进行，保护社会安全，同时减少对犯罪嫌疑人、被告人人身自由等权利的不必要的限制或者剥夺。2012年《刑事诉讼法》修改，在总结实践经验的基础上，对取保候审的犯罪嫌疑人、被告人应当遵守的规定作了修改。

本条分为四款。第1款规定了被取保候审人应当遵守的一般要求。根据本款规定，所有被采取取保候审措施的犯罪嫌疑人、被告人都应当遵守以下五项规定：

第一，未经执行机关批准不得离开所居住的市、县。根据本法第 67 条的规定，取保候审由公安机关执行。本条所规定的“执行机关”，是指公安机关，以及履行侦查职责的国家安全机关、军队保卫部门。这里所说的“市”，是指直辖市、设区的市的城市市区和县级市的辖区，在设区的同一市内跨区活动的，不属于离开所居住的市、县。这样的规定，主要是考虑到犯罪嫌疑人、被告人在案件没有终结以前，公安机关、人民检察院、人民法院随时有可能对被取保候审的犯罪嫌疑人、被告人进行讯问、核实证据、对案件开庭审理等。为了保证刑事诉讼活动的正常进行，规定被取保候审人不得离开所居住的市、县是非常必要的。应当注意的是，如果是人民检察院、人民法院决定的取保候审，在执行期间犯罪嫌疑人申请离开所居住的市、县的，公安机关应当征得人民检察院、人民法院的批准。

第二，住址、工作单位和联系方式发生变动的，在二十四小时以内向执行机关报告。为保障诉讼的顺利进行，刑事诉讼法对被取保候审的犯罪嫌疑人、被告人提出了未经许可不得离开所居住的市、县和在传讯的时候及时到案等要求，为保障执行机关监督管理，便于司法机关传讯，对于自己的住址、工作单位和联系方式，犯罪嫌疑人、被告人都应当如实报告给司法机关。随着经济社会的发展，人员流动性加强，人们的住址、工作单位和联系方式时有变动。对于这种变动，被取保候审的犯罪嫌疑人、被告人应当在变动后二十四小时内向执行机关报告。

应注意的是，这种住址、工作单位和联系方式的变动，不需要经过执行机关的同意。但是，如果变动后的住址、工作单位不在其原来所居住的市、县之内，变动后要离开原来所居住的市、县，这种变动，就需要先经执行机关批准。对于住址、工作单位离开原来所居住市、县的，办案机关认为对犯罪嫌疑人、被告人不宜再取保候审的，可以采取其他强制措施，保障诉讼的顺利进行。

第三，在传讯的时候及时到案。由于犯罪嫌疑人、被告人不在押，司法机关多用传讯方式通知他们到案，被取保候审人在接到传讯后应当及时到案，为能保证刑事诉讼活动的顺利进行。这里所说的“到案”，是指犯罪嫌疑人、被告人根据司法机关的要求，主动到司法机关或者其指定的地点接受讯问、审判等。

第四，不得以任何形式干扰证人作证。被取保候审人不得以口头、书面或者其他形式威胁、恫吓、引诱、收买证人不作证或者不如实作证。

第五，不得毁灭、伪造证据或者串供。这里所说的“毁灭”证据，是指犯罪嫌疑人、被告人为推脱自己的责任，逃避追究，采取积极行动隐匿证据，阻碍侦查机关的侦查的行为，包括销毁已经存在的证据，或者将证据转移、隐藏的行为等。“伪造证据”，包括制造假的证据、对证据进行变造等改变证据特征和所包含的信息的行为。“串供”，是指被取保候审人利用自己未被羁押的便利条件与其他同案犯建立攻守同盟、统一口径等。

第2款是关于人民法院、人民检察院、公安机关可以根据案件和犯罪嫌疑人、被告人的情况有针对性地选择决定犯罪嫌疑人、被告人应当遵守的规定。

第一，不得进入特定的场所。特定的场所，是指根据犯罪的性质及犯罪嫌疑人的个人倾向、心理状态等，可能会对这一场所正常的生产、生活或者学习造成不利影响，如引起恐慌等，或者导致犯罪嫌疑人因为场景刺激而再次犯罪的场所或地点。比如，禁止猥亵儿童犯罪、毒品犯罪等的犯罪嫌疑人、被告人进入学校、医院等场所；禁止盗窃犯罪的犯罪嫌疑人、被告人进入商场、车站等大型人员密集型场所；禁止犯罪嫌疑人、被告人进入犯罪现场等可能与被指控的犯罪有关的场所或者地点，防止破坏现场、毁弃证据等行为的发生等。

第二，不得与特定的人员会见或者通信。这里的“特定的人员”，一般是指案件的被害人、同案犯、证人、鉴定人等人员。犯罪嫌疑人、被告人与这些人员会见或者通信，有可能会造成串供、威胁、引诱、欺骗证人、打击报复被害人或者证人等，从而影响诉讼的顺利进行。

第三，不得从事特定的活动。一般是指禁止从事与其被指控的犯罪有关的活动。这些特定的活动，或者是与被指控的犯罪为一类或者相似的行为，可能会引发犯罪嫌疑人、被告人新的犯意，或者可能对正常的社会生产、生活秩序造成不利影响。比如，对于涉嫌证券犯罪的，禁止从事证券交易；对于涉嫌贩毒、吸毒的，禁止从事医药卫生工作中接触精神药品和麻醉药品的活动；对于涉嫌拐卖妇女儿童的，禁止参加与儿童接触的教学活动等。

第四，将护照等出入境证件、驾驶证件交执行机关保存。随着经济社会的发展，交通日益发达，人员流动日益频繁，人们的活动范围和交往领域日益扩大。随着国际交往的增多，外国人在我国境内犯罪或对中国公民犯罪的情况也日益增多；我国居民犯罪后具有逃往境外的条件和倾向的，对这些人采取取保候审措施，有必要限制或者防止其离境，以保证诉讼的顺利进行和刑罚得到执行。在这些情况下，除了要求其遵守“不得离开所居住的市、县”等一般规定以外，还有必要采取一定措施限制其逃脱监管的交通、通行等便利条件。

这里规定的“出入境证件”“驾驶证件”是指出入中国国（边）境需要的证件，包括护照、海员证、签证等能够证明其身份以及允许进出中国边境的证件，港澳通行证、台胞证等允许进出大陆内地的证件，交通运输管理部门颁发的允许驾驶机动车（船）的驾驶证等证件。

应当注意的是“特定”内涵的确定。由于实践中的情况比较复杂，难以在法律中作出详尽规定，关于特定场所、特定行为等的内涵需要公安机关、人民检察院、人民法院根据个案中犯罪的性质、情节，行为人犯罪的原因和个人的行为倾向、心理状态，维护社会秩序、保护被害人免遭再次侵害、预防行为人再次犯罪的需要以及犯罪嫌疑人、被告人居住地周边的社会环境等具体情况决定。对于是否要求被取保候审的犯罪嫌疑人、被告人遵守本款规定，要求其遵守本款哪几项规定，以及特定场所、人员、活动的范围，也要由公安机关、人民检察院、人民法院根据法律规定的原则和精神，从维护社会秩序、保护被害人合法权益、预防犯罪的需要等方面综合考虑，逐案、逐人裁量决定。可能有的案件采用，有的案件不采用，同一案件中有的犯罪嫌疑人、被告人可以采用，有的也可以不采用。可以只涉及一个方面的事项，如只禁止从事特定活动，也可以同时涉及三个方面的事项，即同时禁止其从事特定活动，进人特定场所，接触特定的人员。

禁止措施的选择要有针对性。在保障诉讼顺利进行、维护社会秩序的前提下，尽量将对犯罪嫌疑人、被告人工作、生活、学习造成的影响降低。不能为了工作便利，要求所有被取保候审的犯罪嫌疑人、被告人都遵守本条第2款的所有规定，也不能随意扩大特定场所、人员和活动的范围。

第3款是对犯罪嫌疑人、被告人在取保候审期间违反规定如何处理的规定。

根据本款规定，如果被取保候审的犯罪嫌疑人、被告人违反本条第1款、第2款的规定，已交纳保证金的，没收部分或者全部保证金。

本款是2012年3月修改《刑事诉讼法》时，针对实践中对违反取保候审规定应当没收保证金的数额不确定，有些执行机关不区分情况一律全部没收保证金的情形增加的规定，该规定有利于执行机关根据实际情况确定适当的没收数额。具体应当没收的数额，是没收全部还是部分保证金，应当根据其违反规定的情节及严重程度决定，不能不分情况，一概简单采取没收全部保证金的方式。另外，还应根据不同情形分别作以下处罚：（1）对于违法情节较轻，不需要逮捕，允许再次取保候审的，责令犯罪嫌疑人、被告人具结悔过、重新交纳保证金或者提出保证人。（2）对于违法情节比较严重，不允许再取保候审的，应当采取监视居住或者予以逮捕。如果犯罪嫌疑人、被告人在取保候审期间未违反第1款、第2款的规定，取保候审结束时，应当将保证金退还本人。

第4款是对违反取保候审的规定，需要予以逮捕的犯罪嫌疑人、被告人可以先行拘留的规定。对于有些犯罪嫌疑人、被告人，从其遵守取保候审规定的情况来看，取保候审已经不能保证诉讼顺利进行，只能采取更严厉的强制措施。但逮捕要履行严格的审批手续，需要一定的时间，由于原《刑事诉讼法》对在批准逮捕之前是否可以采取先行拘留措施规定不明确，为防止犯罪嫌疑人、被告人继续实施危害社会安全、逃避刑事追究、阻碍刑事诉讼顺利进行的行为，2012年3月修改的《刑事诉讼法》针对这一情况增加了对违反取保候审规定需要予以逮捕的犯罪嫌疑人、被告人可以先行拘留的规定。对于违反取保候审规定，需要先行拘留的，应当根据本法关于拘留的有关规定作出决定，由公安机关按照本法规定的程序执行。

[审判实务]

对被取保候审人适用止性规定应注意的问题。

1.《刑事诉讼法》第71条第2款第1项、第2项、第3项规定的禁止性规定适用时要具有针对性。

责令被取保候审人在取保候审期间不得从事的行为，必须与涉嫌的犯罪行为具有关联性、针对性，既能保障诉讼活动的顺利进行，也能防止被取保候审人再次违法犯罪。比如，可以根据案情，禁止犯罪分子接触控告人、批评人、举报人、同案犯及其他可能遭受其侵害滋扰的人或者可能诱发其再次实施危害行为的人。同时，要尽可能控制禁止从事行为的范围，避免不区分案情，将法律列举的所有行为都予以禁止的做法。

2. 适用禁止措施的时间应与取保候审的时间一致。为保障诉讼活动的顺利进行，禁止行为的时间应当与取保候审的时间一致，短于取保候审的期限，可能无法发挥该禁止措施的应有作用，过长则显然多余。

[配套规定]

1.《最高人民法院、最高人民检察院、公安部、国家安全部、司法部、全国人大常委会法制工作委员会关于实施刑事诉讼法若干问题的规定》

13. 被取保候审、监视居住的犯罪嫌疑人、被告人无正当理由不得离开所居住的市、县或者执行监视居住的处所，有正当理由需要离开所居住的市、县或者执行监视居住的处所，应当经执行机关批准。如果取保候审、监视居住是由人民检察院、人民法院决定的，执行机关在批准犯罪嫌疑人、被告人离开所居住的市、县或者执行监视居住的处所前，应当征得决定机关同意。

2.《最高人民法院、最高人民检察院、公安部、国家安全部关于取保候审若干问题的规定》

第九条 执行机关在执行取保候审时，应当告知被取保候审人必须遵守刑事诉讼法第五十六条（该条系 1996 年修订的刑事诉讼法第五十六条）的规定及其违反规定，或者在取保候审期间重新犯罪应当承担的后果。

第十条 被取保候审人违反刑事诉讼法第五十六条规定，依法应当没收保证金的，由县级以上执行机关作出没收部分或者全部保证金的决定，并通知决定机关；对需要变更强制措施的，应当同时提出变更强制措施的意见，连同有关材料一并送交决定机关。

第十一条 决定机关发现被取保候审人违反刑事诉讼法第五十六条的规定，认为依法应当没收保证金的，应当提出没收部分或者全部保证金的书面意见，连同有关材料一并送交县级以上执行机关。县级以上执行机关应当根据决定机关的意见，及时作出没收保证金的决定，并通知决定机关。

第十二条 被取保候审人没有违反刑事诉讼法第五十六条的规定，但在取保候审期间涉嫌重新犯罪被司法机关立案侦查的，执行机关应当暂扣其交纳的保证金，待人民法院判决生效后，决定是否没收保证金。对故意重新犯罪的，应当没收保证金；对过失重新犯罪或者不构成犯罪的，应当退还保证金。

第十三条 决定机关收到执行机关已没收保证金的书面通知，或者变更强制措施的意见后，应当在五日内作出变更强制措施或者责令犯罪嫌疑人重新交纳保证金、提出保证人的决定，并通知执行机关。

决定重新交纳保证金的程序，适用本规定的有关规定。

第十四条 执行机关应当向被取保候审人宣布没收保证金的决定，并告知其如不服本决定，可以在收到《没收保证金决定书》后的五日以内，向执行机关的上一级主管机关申请复核一次。上一级主管机关收到复核申请后，应当在七日内作出复核决定。

第十五条 没收保证金的决定已过复核申请期限或者经复核后决定没收保证金的，县级以上执行机关应当及时通知银行按照国家的有关规定上缴国库。

第十八条 没收取保候审保证金和对保证人罚款均系刑事司法行为，不能提起行政诉讼。当事人如不服复核决定，可以依法向有关机关提出申诉。

3.《最高人民法院关于适用〈中华人民共和国刑事诉讼法〉的解释》（法释［2012］21号）（节录）

第一百二十三条 人民法院发现使用保证金保证的被取保候审人违反刑事诉讼法第六十九条第一款、第二款规定的，应当提出没收部分或者全部保证金的书面意见，连同有关材料一并送交负责执行的公安机关处理。

人民法院收到公安机关已经没收保证金的书面通知或者变更强制措施的建议后，应当区别情形，在五日内责令被告人具结悔过，重新交纳保证金或者提出保证人，或者变更强制措施，并通知公安机关。

人民法院决定对被依法没收保证金的被告人继续取保候审的，取保候审的期限连续计算。

4.《最高人民检察院、公安部关于适用刑事强制措施有关问题的规定》

第四条 人民检察院决定对犯罪嫌疑人取保候审的案件，在执行期间，被取保候审人有正当理由需要离开所居住的市、县的，负责执行的派出所应当及时报告所属县级公安机关，由该县级公安机关征得决定取保候审的人民检察院同意后批准。

第六条 人民检察院决定对犯罪嫌疑人取保候审的案件，被取保候审人、保证人违反应当遵守的规定的，由县级以上公安机关决定没收保证金、对保证人罚款，并在执行后三日以内将执行情况通知人民检察院。人民检察院应当在接到通知后五日以内，区别情形，责令犯罪嫌疑人具结悔过、重新交纳保证金、提出保证人或者监视居住、予以逮捕。

第九条 公安机关决定对犯罪嫌疑人取保候审的案件，犯罪嫌疑人违反应当遵守的规定，情节严重的，公安机关应当依法提请批准逮捕。人民检察院应当根据刑事诉讼法第五十六条的规定审查批准逮捕。

5.《人民检察院刑事诉讼规则》（高检发释字［2019］4号）（节录）

第九十三条 人民检察院决定对犯罪嫌疑人取保候审的，应当制作取保候审决定书，载明取保候审开始的时间、保证方式、被取保候审人应当履行的义务和应当遵守的规定。

人民检察院作出取保候审决定时，可以根据犯罪嫌疑人涉嫌犯罪的性质、危害后果、社会影响，犯罪嫌疑人、被害人的具体情况等，有针对性地责令其遵守以下一项或者多项规定：

（一）不得进入特定的场所；

（二）不得与特定的人员会见或者通信；

（三）不得从事特定的活动；

（四）将护照等出入境证件、驾驶证件交执行机关保存。

第九十四条 人民检察院应当向取保候审的犯罪嫌疑人宣读取保候审决定书，由犯罪嫌疑人签名或者盖章，并捺指印，责令犯罪嫌疑人遵守刑事诉讼法第七十一条的规定，告知其违反规定应负的法律责任。以保证金方式保证的，应当同时告知犯罪嫌疑人一次性将保证金存入公安机关指定银行的专门账户。

第九十五条 向犯罪嫌疑人宣布取保候审决定后，人民检察院应当将执行取保候审通知书送达公安机关执行，并告知公安机关在执行期间拟批准犯罪嫌疑人离开所居住的市、县的，应当事先征得人民检察院同意。以保证人方式保证的，应当将取保候审保证书同时送交公安机关。

人民检察院核实保证金已经交纳到公安机关指定银行的凭证后，应当将银行出具的凭证及其他有关材料与执行取保候审通知书一并送交公安机关。

第九十六条 采取保证人保证方式的，如果保证人在取保候审期间不愿继续保证或者丧失保证条件的，人民检察院应当在收到保证人不愿继续保证的申请或者发现其丧失保证条件后三日以内，责令犯罪嫌疑人重新提出保证人或者交纳保证金，并将变更情况通知公安机关。

第九十七条 采取保证金保证方式的，被取保候审人拒绝交纳保证金或者交纳保证金不足决定数额时，人民检察院应当作出变更取保候审措施、变更保证方式或者变更保证金数额的决定，并将变更情况通知公安机关。

第九十八条 公安机关在执行取保候审期间向人民检察院征询是否同意批准犯罪嫌疑人离开所居住的市、县时，人民检察院应当根据案件的具体情况及时作出决定，并通知公安机关。

第九十九条 人民检察院发现保证人没有履行刑事诉讼法第七十条规定的义务，应当通知公安机关，要求公安机关对保证人作出罚款决定。构成犯罪的，依法追究保证人的刑事责任。

第一百条 人民检察院发现犯罪嫌疑人违反刑事诉讼法第七十一条的规定，已交纳保证金的，应当书面通知公安机关没收部分或者全部保证金，并且根据案件的具体情况，责令犯罪嫌疑人具结悔过，重新交纳保证金、提出保证人，或者决定对其监视居住、予以逮捕。

公安机关发现犯罪嫌疑人违反刑事诉讼法第七十一条的规定，提出没收保证金或者变更强制措施意见的，人民检察院应当在收到意见后五日以内作出决定，并通知公安机关。

重新交纳保证金的程序适用本规则第九十二条的规定；提出保证人的程序适用本规则第九十条、第九十一条的规定。对犯罪嫌疑人继续取保候审的，取保候审的时间应当累计计算。

对犯罪嫌疑人决定监视居住的，应当办理监视居住手续。监视居住的期限应当自执行监视居住决定之日起计算并告知犯罪嫌疑人。

第一百零一条 犯罪嫌疑人有下列违反取保候审规定的行为，人民检察院应当对犯罪嫌疑人予以逮捕：

（一）故意实施新的犯罪；

（二）企图自杀、逃跑；

（三）实施毁灭、伪造证据，串供或者干扰证人作证，足以影响侦查、审查起诉工作正常进行；

（四）对被害人、证人、鉴定人、举报人、控告人及其他人员实施打击报复。

犯罪嫌疑人有下列违反取保候审规定的行为，人民检察院可以对犯罪嫌疑人予以逮捕：

（一）未经批准，擅自离开所居住的市、县，造成严重后果，或者两次未经批准，擅自离开所居住的市、县；

（二）经传讯不到案，造成严重后果，或者经两次传讯不到案；

（三）住址、工作单位和联系方式发生变动，未在二十四小时以内向公安机关报告，造成严重后果；

（四）违反规定进入特定场所、与特定人员会见或者通信、从事特定活动，严重妨碍诉讼程序正常进行。

有前两款情形，需要对犯罪嫌疑人予以逮捕的，可以先行拘留；已交纳保证金的，同时书面通知公安机关没收保证金。

第一百四十九条 担任县级以上人民代表大会代表的犯罪嫌疑人因现行犯被人民检察院拘留的，人民检察院应当立即向该代表所属的人民代表大会主席团或者常务委员会报告。报告的程序参照本规则第一百四十八条报请许可的程序规定。

对担任乡、民族乡、镇的人民代表大会代表的犯罪嫌疑人决定采取强制措施的，由县级人民检察院向乡、民族乡、镇的人民代表大会报告。

6.《公安机关办理刑事案件程序规定》（2012 年 12 月 13 日公安部令第 127 号）（节录）

第八十五条 公安机关在宣布取保候审决定时，应当告知被取保候审人遵守以下规定：

（一）未经执行机关批准不得离开所居住的市、县；

（二）住址、工作单位和联系方式发生变动的，在二十四小时以内向执行机关报告；

（三）在传讯的时候及时到案；

（四）不得以任何形式干扰证人作证；

（五）不得毁灭、伪造证据或者串供。

第八十六条 公安机关在决定取保候审时，还可以根据案件情况，责令被取保候审人遵守以下一项或者多项规定：

（一）不得进入与其犯罪活动等相关联的特定场所；

（二）不得与证人、被害人及其近亲属、同案犯以及与案件有关联的其他特定人员会见或者以任何方式通信；

（三）不得从事与其犯罪行为等相关联的特定活动；

（四）将护照等出入境证件、驾驶证件交执行机关保存。

公安机关应当综合考虑案件的性质、情节、社会影响、犯罪嫌疑人的社会关系等因素，确定特定场所、特定人员和特定活动的范围。

第九十一条 被取保候审人无正当理由不得离开所居住的市、县。有正当理由需要离开所居住的市、县的，应当经负责执行的派出所负责人批准。

人民法院、人民检察院决定取保候审的，负责执行的派出所在批准被取保候审人离开所居住的市、县前，应当征得决定机关同意。

第九十二条 被取保候审人在取保候审期间违反本规定第八十五条、第八十六条规定，已交纳保证金的，公安机关应当根据其违反规定的情节，决定没收部分或者全部保证金，并且区别情形，责令其具结悔过、重新交纳保证金、提出保证人，变更强制措施或者给予治安管理处罚；需要予以逮捕的，可以对其先行拘留。

人民法院、人民检察院决定取保候审的，被取保候审人违反应当遵守的规定，执行取保候审的县级公安机关应当及时告知决定机关。

第九十三条 需要没收保证金的，应当经过严格审核后，报县级以上公安机关负责人批准，制作没收保证金决定书。

决定没收五万元以上保证金的，应当经设区的市一级以上公安机关负责人批准。

第九十四条 没收保证金的决定，公安机关应当在三日以内向被取保候审人宣读，并责令其在没收保证金决定书上签名、捺指印；被取保候审人在逃或者具有其他情形不能到场的，应当向其成年家属、法定代理人、辩护人或者单位、居住地的居民委员会、村民委员会宣布，由其成年家属、法定代理人、辩护人或者单位、居住地的居民委员会或者村民委员会的负责人在没收保证金决定书上签名。

被取保候审人或者其成年家属、法定代理人、辩护人、单位、居民委员会、村民委员会负责人拒绝签名的，公安机关应当在没收保证金决定书上注明。

第九十五条 公安机关在宣读没收保证金决定书时，应当告知如果对没收保证金的决定不服，被取保候审人或者其法定代理人可以在五日以内向作出决定的公安机关申请复议。公安机关应当在收到复议申请后七日以内作出决定。

被取保候审人或者其法定代理人对复议决定不服的，可以在收到复议决定书后五日以内向上一级公安机关申请复核一次。上一级公安机关应当在收到复核申请后七日以内作出决定。对上级公安机关撤销或者变更没收保证金决定的，下级公安机关应当执行。

第九十六条 没收保证金的决定已过复议期限，或者经上级公安机关复核后维持原决定的，公安机关应当及时通知指定的银行将没收的保证金按照国家的有关规定上缴国库，并在三日以内通知决定取保候审的机关。

第七十二条　取保候审的决定机关应当综合考虑保证诉讼活动正常进行的需要，被取保候审人的社会危险性，案件的性质、情节，可能判处刑罚的轻重，被取保候审人的经济状况等情况，确定保证金的数额。

提供保证金的人应当将保证金存入执行机关指定银行的专门账户。

[条文主旨]

本条是关于保证金数额确定依据及缴纳机构的规定。

[条文释解]

本条是2012年修改《刑事诉讼法》时增加的规定，2018年修改《刑事诉讼法》时未作修改。

要求被取保候审的犯罪嫌疑人、被告人交纳一定的保证金，是为了保证犯罪嫌疑人、被告人遵守取保候审有关规定，防止发生社会危险，保障诉讼顺利进行。对于保证金的收取，应当从保证金的作用出发，根据比例原则确定保证金的数额，既要足以起到对犯罪嫌疑人、被告人的约束作用，以防止在刑事诉讼期间发生社会危险，保障顺利进行刑事诉讼，又要使保证金的数额适度，不能要求交纳畸高数额的保证金。1996年《刑事诉讼法》确定了保证金制度，但没有明确规定保证金数额的标准以及交纳保证金的具体程序。由于没有明确的标准和条件，实践中有的案件确定的保证金数额较低，缺乏足够的约束力，有些被取保候审人借机弃保潜逃，导致公安司法机关不愿意使用取保候审。也有的地方公检法机关在执行中收取过高的保证金，给犯罪嫌疑人、被告人及其家庭造成不应有的负担，犯罪嫌疑人、被告人不愿交纳或者无力交纳，这些都影响了取保候审措施作用的有效发挥，也导致有的办案机关为了保障刑事诉讼的顺利进行，不得不对犯罪嫌疑人、被告人较多采取羁押措施，从而进一步推高了羁押在实践中使用的比例。2012年修改的《刑事诉讼法》对确定保证金数额的原则和依据作了规定。另外，对于交纳保证金的程序，1996年《刑事诉讼法》没有明确规定，实践中一般是要求犯罪嫌疑人、被告人将保证金交给执行机关，再由执行机关存入银行专门账户，这对保证金的收取、管理和没收的执行都会造成影响。

实践中甚至出现个别执行机关及其工作人员截留、私分、挪用或者侵吞保证金，或者在犯罪嫌疑人、被告人取保候审结束后拒绝退还保证金的情况。近些年，为了加强保证金的管理，防止违反规定处理保证金等情况的出现，司法部门根据国家财经管理制度，采取了在银行开立专门的取保候审保证金账户，由犯罪嫌疑人、被告人按照执行机关要求将保证金存入专门账户的做法，取得了良好的效果。2012 年 3 月 14 日第十一届全国人民代表大会第五次会议通过的《关于修改〈中华人民共和国刑事诉讼法〉的决定》吸收了有益经验，增加规定将保证金直接存入指定银行的专门账户。

本条分为两款。第 1 款是关于如何确定取保候审保证金数额的规定。首先，根据本款规定，决定机关在确定保证金数额时，应当方面综合考虑保证诉讼活动正常进行的需要，被取保候审人的社会危险性，案件的性质、情节，可能判处刑罚的轻重，被取保候审人的经济状况等方面的因素。保证金能否起到足够的约束作用，保障诉讼的顺利进行，一是取决于被取保候审的犯罪嫌疑人、被告人对没收保证金和逃避、妨碍诉讼之间进行的利害比较，保证金的数额要能够切实保证诉讼活动正常进行，防止犯罪嫌疑人、被告人产生逃避追究的意图，压制犯罪嫌疑人、被告人发生社会危险性的冲动。二是取决于被取保候审人的社会危险性，也就是实施一定的行为对社会造成一定危害的可能。这都要根据其已经实施犯罪的性质、个人性格、价值观及心理倾向等综合考虑。一般来说，社会危险性越大，保证金的数额应当越高。如果保证金数额过低，则无法起到应有的约束作用。对于保证金无法防止发生社会危险性的，应当采取拘留、逮捕等措施。从司法公正角度出发，保证金的数额还要考虑案件的性质、情节，可能判处刑罚的轻重等情节。与罪刑相适应原则一样，当事人在刑事程序中所受到的刑事处遇也应当与其应当承担的法律责任相称，这是社会主义法治的要求，也与国际司法准则的一般要求相一致。如果对罪行较重犯罪的犯罪嫌疑人、被告人确定过低的保证金数额，则有可能刺激犯罪嫌疑人、被告人产生弃保潜逃的饶幸心理，不足以约束犯罪分子；如果对较轻犯罪的犯罪嫌疑人、被告人确定过高的保证金数额，则容易造成犯罪嫌疑人、被告人对法律和社会的抵触心理，使当事人及其亲友，甚至社会公众产生司法不公正的感受，影响刑事诉讼的法律效果和社会效果。因此，保证金的数额一般应当与其所犯罪行的性质、情节以及可能判处刑罚的轻重等相称。

另外，不同经济能力的犯罪嫌疑人、被告人对没收保证金的心理承受能力不同，即使社会危险性、犯罪性质、情节等因素基本相同的犯罪嫌疑人、被告人，因为经济能力不同，其遵守有关规定的心理倾向也会产生差异。一般来说，同等数额的保证金，对于经济能力较差的犯罪嫌疑人、被告人能够产生更好的约束效果。因此，保证金数额还要考虑犯罪嫌疑人、被告人的经济状况，确定与其经济能力相称的数额标准。

第2款是关于将保证金直接存入执行机关指定银行的专门账户的规定。“提供保证金的人”是指交纳保证金的犯罪嫌疑人、被告人或者因为犯罪嫌疑人、被告人被拘留、逮捕无法亲自交纳保证金而接受委托代其交纳保证金的人。“执行机关指定银行的专门账户”是指执行机关在银行开立的专门用来收取取保候审保证金的专用账户。根据本款的规定，办案机关在作出取保候审决定并确定保证金额后，应当将决定书送达犯罪嫌疑人、被告人，由提供保证金的人根据取保候审决定书上确定的保证金数额，直接将保证金存入取保候审保证金专用账户，银行直接开具有关凭证，而不需要先交给执行机关。

[审判实务]

（一）应审慎地确定保证金数额

本款没有规定保证金的具体数额。但是司法解释以及相关司法文件予以规定。对保证金的具体数额，由办案机关根据具体案件的情况确定，也就是赋予办案机关一定的自由裁量权。在刑事诉讼法修正案草案征求意见过程中，有的意见提出，为了防止办案机关滥用这一规定，建议对保证金规定明确的数额范围。目前，我国社会经济发展存在不均衡的特点，东西部收入差距很大，保证金的具体数额，需要考虑与各地的社会经济发展情况相适应，很难在全国范围内确定一个相同的标准。根据《关于取保候审若干问题的规定》第5条规定，采取保证金形式取保候审的，保证金的起点数额为一千元；《人民检察院刑事诉讼规则》第92条规定，采取保证金保证方式的，人民检察院可以根据犯罪嫌疑人的社会危险性，案件的性质、情节，可能判处刑罚的轻重，犯罪嫌疑人的经济状况等，责令犯罪嫌疑人交纳一千元以上的保证金。对于未成年犯罪嫌疑人，可以责令交纳五百元以上的保证金。在实践中，应当依照比例原则，涉嫌犯罪的性质、情节，可能判处刑罚的轻重，被取保候审人的经济状况来确定。

（二）违反以保证金形式取保候审义务规定的后果和处理程序

被取保候审人违反刑事诉讼法关于取保候审的规定，应当依法没收部分或者全部保证金的，应由县级以上执行机关作出决定，制作《没收保证金决定书》，《没收保证金决定书》应向被取保候审人宣读，并通知决定机关；需要变更强制措施的，执行机关应提出书面意见，连同相关材料送交决定机关。决定机关发现被取保候审人违反相关规定，应当依法没收部分或者全部保证金的，应当提出书面意见，连同相关材料送交县级以上执行机关决定，执行机关作出是否没收的决定后，通知决定机关。被取保候审人没有违反刑事诉讼法关于取保候审的规定，但在取保候审期间涉嫌重新犯罪而被立案侦查的，执行机关应暂扣保证金，待人民法院判决生效后，决定是否没收保证金。对构成故意犯罪的，应当没收保证金；对过失犯罪或者不构成犯罪的，应当退还保证金。决定机关收到执行机关变更强制措施的意见，或者已没收保证金的书面通知后，应当在五日内作出变更强制措施或者责令被取保候审人重新交纳保证金、提出保证人的决定，并通知执行机关。

执行机关向被取保候审人宣读没收保证金的决定时，应告知其如不服没收决定，可以在收到决定书后的五日以内，向执行机关的上一级主管机关申请复核一次。上一级主管机关收到复核申请后，应在七日内作出决定。没收保证金的决定已过复核申请期限或者经复核后维持没收决定的，县级以上执行机关应当通知银行按照国家的有关规定上缴国库。没收取保候审保证金是刑事司法行为，不能提起行政诉讼，当事人不服复核决定的，可以依法向有关机关提出申诉。

[配套规定]

1.《最高人民法院、最高人民检察院、公安部、国家安全部关于取保候审若干问题的规定》

第五条 采取保证金形式取保候审的，保证金的起点数额为一千元。

决定机关应当以保证被取保候审人不逃避、不妨碍刑事诉讼活动为原则，综合考虑犯罪嫌疑人、被告人的社会危险性，案件的情节、性质，可能判处刑罚的轻重，犯罪嫌疑人、被告人经济状况，当地的经济发展水平等情况，确定收取保证金的数额。

2.《最高人民法院关于适用〈中华人民共和国刑事诉讼法〉的解释》（法释［2012］21号）（节录）

第一百一十九条 对决定取保候审的被告人使用保证金保证的，应当依照刑事诉讼法第七十条第一款的规定确定保证金的具体数额，并责令被告人或者为其提供保证金的单位、个人将保证金一次性存入公安机关指定银行的专门账户。

3.《人民检察院刑事诉讼规则》（高检发释字［2019］4号）（节录）

第九十二条 采取保证金保证方式的，人民检察院可以根据犯罪嫌疑人的社会危险性，案件的性质、情节，可能判处刑罚的轻重，犯罪嫌疑人的经济状况等，责令犯罪嫌疑人交纳一千元以上的保证金。对于未成年犯罪嫌疑人，可以责令交纳五百元以上的保证金。

4.《公安机关办理刑事案件程序规定》（2012年12月13日公安部令第127号）（节录）

第八十三条 犯罪嫌疑人的保证金起点数额为人民币一千元。具体数额应当综合考虑保证诉讼活动正常进行的需要、犯罪嫌疑人的社会危险性、案件的性质、情节、可能判处刑罚的轻重以及犯罪嫌疑人的经济状况等情况确定。

第八十四条 县级以上公安机关应当在其指定的银行设立取保候审保证金专门账户，委托银行代为收取和保管保证金。

提供保证金的人，应当一次性将保证金存入取保候审保证金专门账户。保证金应当以人民币交纳。

保证金应当由办案部门以外的部门管理。严禁截留、坐支、挪用或者以其他任何形式侵吞保证金。

第七十三条 犯罪嫌疑人、被告人在取保候审期间未违反本法第七十一条规定的，取保候审结束的时候，凭解除取保候审的通知或者有关法律文书到银行领取退还的保证金。

［条文主旨］

本条是关于保证金退还条件及依据的规定。

［条文释解］

本条是1996年修改《刑事诉讼法》时增加的规定，2012年作过修改，

2018年修改《刑事诉讼法》时对本条的具体内容未作修改，只对本条中引用的条文序号按照修改后的条文序号作了相应调整。

2012年3月14日第十一届全国人民代表大会第五次会议通过的《关于修改〈中华人民共和国刑事诉讼法〉的决定》，在1996年《刑事诉讼法》应当退还保证金的规定的基础上，增加了对领取取保候审保证金手续的规定。

对于退还保证金，1996年《刑事诉讼法》已经作了规定，但对领取退还的保证金的手续和凭证没有明确规定。实践中，为了具体执行《刑事诉讼法》关于退还保证金的规定，有关机关和部门也作了一系列补充规定。根据这些规定，在犯罪嫌疑人、被告人取保候审结束，没有违反有关规定的情况下，有关机关要作出决定，签发《退还保证金决定书》，在解除对犯罪嫌疑人、被告人取保候审的同时，将保证金如数退还给犯罪嫌疑人、被告人，并由犯罪嫌疑人、被告人在《退还保证金决定书》上签名或者捺指印。但在执行中，也曾存在个别办案机关或者办案人员由于利益驱动，故意刁难犯罪嫌疑人、被告人，拒绝签发《退还保证金决定书》，或者采取相互推诿、拒绝会见等各种方式，变相不签发《退还保证金决定书》，导致被取保候审的犯罪嫌疑人、被告人及其近亲属无法领取保证金的情况。为了保障当事人的合法财产权益，2012年3月修改的《刑事诉讼法》对领取退还的保证金的方式作了修改，明确规定犯罪嫌疑人、被告人凭解除取保候审通知书或者有关法律文书领取退还的取保候审保证金。

根据本条的规定，犯罪嫌疑人、被告人在取保候审期间未违反本法第71条规定的，取保候审结束的时候，凭解除取保候审的通知或者有关法律文书到银行领取退还的保证金。取保候审是保障诉讼顺利进行的强制措施，本身不涉及案件的实体问题，因此，无论犯罪嫌疑人、被告人是否有罪，都应当以犯罪嫌疑人、被告人是否遵守本法关于取保候审应当遵守的规定为标准，决定是否应当退还保证金。如果犯罪嫌疑人、被告人在取保候审过程中没有违反本法关于取保候审应当遵守的规定，即使最终被判决有罪，有关机关也应当在取保候审结束后退还保证金。对于违反规定的，也应当根据其违反规定的情节及严重程度，决定没收全部或者部分保证金，不能不分情况，一概简单采取没收全部保证金的方式。

取保候审保证金应当在取保候审结束的时候退还。在取保候审结束时、执行机关应当出具解除取保候审通知书，作为犯罪嫌疑人、被告人恢复人身自由，退还的保证金的凭证。对于人民检察院、人民法院决定解除取保候审的，也应当通知执行机关，发给犯罪嫌疑人、被告人解除取保候审通知书。犯罪嫌疑人、被告人或者其近亲属以及他们委托的人可以凭解除取保候审通知书直接到银行领取退还的保证金。对于公安机关、人民检察院取保候审的案件，在移送审查起诉或者移送起诉后，公安机关、人民检察院决定的取保候审也应当结束，人民检察院、人民法院可以根据案件的情况和刑事诉讼的需要，决定对犯罪嫌疑人、被告人继续采取取保候审措施，或者决定将取保候审变更为其他强制措施。受案机关作出继续取保候审决定的，原来交纳的保证金仍然可以继续作为保证金。变更保证方式，不再采取保证金方式的，也要退还其保证金。这种情况虽然不需要办理解除手续，但也应当发放变更保证方式的决定书，作为其领取退还的保证金的凭证。

另外，在人民检察院对犯罪嫌疑人作出不起诉决定后，或者人民法院对案件经过审理作出无罪判决后对被告人予以释放的，或者人民法院作出有罪判决为了执行刑罚而将被取保候审的被告人收押的，原取保候审措施也相应结束。在决定机关将取保候审变更为其他强制措施后，应当立即解除该阶段的取保候审，执行机关应当及时书面通知被取保候审人、保证人。在对犯罪嫌疑人、被告人变更了强制措施、人民检察院对犯罪嫌疑人作出不起诉决定后或者人民法院作出生效判决后，对于犯罪嫌疑人、被告人在取保候审期间没有违反相关决定的，决定机关也应当将取保候审保证金退还给犯罪嫌疑人、被告人。

[审判实务]

实践中，应当按照程序退还取保候审的保证金。被取保候审人在取保候审期间没有违反刑事诉讼法的有关规定，也没有故意重新犯罪，在解除取保候审、变更强制措施或者执行刑罚时，县级以上执行机关应当制作《退还保证金决定书》，通知银行如数退还保证金，并通知决定机关。《退还保证金决定书》应及时向被取保候审人宣读，被取保候审人或者其亲友、法定代理人等可以凭《退还保证金决定书》到银行领取退还的保证金。如案件由侦查向审查起诉或者由审查起诉向审判阶段移送，侦查阶段已采取保证金的方式取保候审，受案机关仍决定继续采取的，原则上不变更保证金数额，不再重新收取保证金。如果被取保候审人被判处罚金、没收财产或者应当承担附带民事赔偿责任，依法应当解除取保候审并退还保证金的，保证金如属于其个人财产，人民法院可以书面通知执行机关将保证金移交人民法院执行刑罚或者刑事附带民事诉讼生效判决，但剩余部分应当退还被取保候审人。

另外，对被取保候审的被告人的判决、裁定生效后，应当解除取保候审、退还保证金的，如果保证金属于其个人财产，人民法院可以书面通知公安机关将保证金移交人民法院，用以退赔被害人、履行附带民事赔偿义务或者执行财产刑，剩余部分应当退还被告人。

[配套规定]

1. 《最高人民法院、最高人民检察院、公安部、国家安全部关于取保候审若干问题的规定》

第二十一条 被取保候审人在取保候审期间没有违反刑事诉讼法第五十六条的规定，也没有故意重新犯罪的，在解除取保候审、变更强制措施或者执行刑罚的同时，县级以上执行机关应当制作《退还保证金决定书》，通知银行如数退还保证金，并书面通知决定机关。

执行机关应当及时向被取保候审人宣布退还保证金的决定，并书面通知其到银行领取退还的保证金。

2. 《人民检察院刑事诉讼规则》（高检发释字［2019］4号）（节录）

第一百零六条 犯罪嫌疑人在取保候审期间没有违反刑事诉讼法第七十一条的规定，或者发现不应当追究犯罪嫌疑人刑事责任的，变更、解除或者撤销取保候审时，应当告知犯罪嫌疑人可以凭变更、解除或者撤销取保候审的通知或者有关法律文书到银行领取退还的保证金。

3. 《公安机关办理刑事案件程序规定》（2012年12月13日公安部令第127号）（节录）

第九十七条 被取保候审人在取保候审期间，没有违反本规定第八十五条、第八十六条有关规定，也没有重新故意犯罪的，或者具有本规定第一百八十三条规定的情形之一的，在解除取保候审、变更强制措施的同时，公安机关应当制作退还保证金决定书，通知银行如数退还保证金。

被取保候审人或者其法定代理人可以凭退还保证金决定书到银行领取退还的保证金。

第九十八条 被取保候审人没有违反本规定第八十五条、第八十六条规定，但在取保候审期间涉嫌重新故意犯罪被立案侦查的，负责执行的公安机关应当暂扣其交纳的保证金，待人民法院判决生效后，根据有关判决作出处理。

第七十四条　人民法院、人民检察院和公安机关对符合逮捕条件，有下列情形之一的犯罪嫌疑人、被告人，可以监视居住：

（一）患有严重疾病、生活不能自理的；

（二）怀孕或者正在哺乳自己婴儿的妇女；

（三）系生活不能自理的人的唯一扶养人；

（四）因为案件的特殊情况或者办理案件的需要，采取监视居住措施更为适宜的；

（五）羁押期限届满，案件尚未办结，需要采取监视居住措施的。

对符合取保候审条件，但犯罪嫌疑人、被告人不能提出保证人，也不交纳保证金的，可以监视居住。

监视居住由公安机关执行。

[条文主旨]

本条是关于监视居住的条件与执行机关的规定。

[条文释解]

本条是 2012 年修改《刑事诉讼法》时增加的规定，2018 年修改《刑事诉讼法》时未作修改。监视居住是《刑事诉讼法》规定的强制措施之一，是对犯罪嫌疑人、被告人不予关押但要求其不得离开住处或者指定居所，对其行动自由加以监视的一种强制措施。监视居住同取保候审类似，都是限制犯罪嫌疑人、被告人人身自由的强制措施，但限制自由的程度不同。比如，对犯罪嫌疑人、被告人，取保候审要求不得离开所居住的市、县，而监视居住则要求不得离开执行监视居住的处所。被取保候审人通常可自由会见他人，而被监视居住人未经执行机关批准不得会见他人和通信。

1996 年《刑事诉讼法》对这两种强制措施规定了相同的适用条件，即可能判处管制、拘役或者独立适用附加刑的，以及可能判处有期徒刑以上刑罚，采取取保候审、监视居住不致发生社会危险性的。这一规定在实践中存在一定的问题，主要是对多数较轻的犯罪，采用监视居住这种限制人身自由的措施往往没有必要，且随着通信、交通日益发达，监视居住未经批准"不得离开住所或指定的居所""不得会见他人"等规定也难以落实，导致监视居住措施在实践中对犯罪嫌疑人缺乏必要的约束，公安机关往往不愿意采取监视居住措施。另外，由于监视居住是以不符合逮捕条件为前提采取的强制措施，对于在办理案件过程中有的犯罪嫌疑人、被告人符合逮捕条件，但因为案件的特殊情况、办理案件的需要等不宜采取逮捕措施的，缺乏必要的替代措施。

针对实践中的上述问题，2012 年修改《刑事诉讼法》时，经过反复研究，认为根据监视居住对人身自由的限制程度和实际执行情况，将监视居住措施定位于羁押的替代措施更为妥当，并单独规定和进一步严格了监视居住的适用条件，缩小了适用范围，有效平衡了保障诉讼顺利进行和保障人权的关系，既减少羁押，又防止监视居住的滥用，体现了人道主义原则和对公民权利的进一步保护。

本条共分为三款。第 1 款是关于监视居住条件的规定。采取监视居住措施要同时符合以下两个方面的条件：

1. 符合逮捕条件。也就是说，对于可以采取监视居住措施的，是符合本法第 81 条规定的逮捕条件的犯罪嫌疑人、被告人。这一规定，明确了监视居住作为逮捕替代措施的性质。有关部门在适用监视居住措施的时候，首先应当审查犯罪嫌疑人、被告人是否符合本法规定的逮捕条件。

2. 必须具有下列情形之一。本款主要规定了五种情形：

（1）患有严重疾病、生活不能自理的。这里所说的"患有严重疾病"，主要是指病情严重，生命垂危、在羁押场所内容易导致传染、羁押场所的医疗条件无法治疗该种疾病需要出外就医、确实需要家属照料生活等情况。2012 年修改《刑事诉讼法》时从有利于这类病人治疗和生活角度出发，在不妨碍诉讼顺利进行的情况下，规定了可以采取监视居住措施。"生活不能自理"，是指因年老、严重残疾等导致丧失行动能力，无法自己照料自己的基本生活，需要他人照料的情形。这种情况的犯罪嫌疑人、被告人由于丧失生活自理能力，不能照料自己生活，同样一般也无法再实施妨碍诉讼、危害社会的行为。对这两类人规定可以监视居住，有利于犯罪嫌疑人、被告人回到社会或家庭中，尽量获得更好的医治和照顾，体现了人道主义精神。

（2）怀孕或者正在哺乳自己婴儿的妇女。妇女在怀孕后，生理、心理会发生变化，行动不便等也减弱了其妨碍诉讼、实施危害社会行为的能力，胎儿的正常发育也需要不同于一般人的照顾和医疗措施。刚出生的婴儿需要母乳喂养，初期的成长环境也会对其人生具有非常重大的塑造作用。为了有利于胎儿、婴儿的发育、成长，规定对怀孕或者正在哺乳自己婴儿的妇女监视居住，让她们及婴儿回到社会或家庭中，得到更好的医疗和照顾，是人道主义精神的要求，有利于刑事诉讼取得更好的社会效果。

（3）系生活不能自理人的唯一扶养人。扶养是指家庭成员以及亲属之间依据法律所进行的共同生活、互相照顾、互相帮助的权利和义务。这里所说的“扶养”包括父母对子女的抚养和子女对老人的赡养（包括养父母子女以及具有抚养关系的继父母子女），以及配偶之间、兄弟姐妹之间的相互扶养。另外，我国继承法规定，丧偶的儿媳、女婿对公婆、岳父母尽了主要赡养义务的，在继承的时候应当分给适当的遗产份额。这种情况也是我国法律规定的法律上的扶养关系。

本条规定的适用监视居住条件，一是要求被扶养人丧失生活自理能力，如因为疾病、残疾、年老丧失生活能力或者行动能力、年幼等无法照顾自己基本生活的情况。二是犯罪嫌疑人、被告人系该生活不能自理的人的唯一扶养人，即除了该犯罪嫌疑人、被告人之外，没有其他人对该生活不能自理的人负有法律上的扶养义务。这一规定是从人道主义精神出发，为了维系基本的社会家庭伦理关系，维护司法权威，维护社会和谐所作的规定。

（4）因为案件的特殊情况或者办理案件的需要，采取监视居住措施更为适宜的。“案件的特殊情况”一般是指案件的性质、情节等表明虽然犯罪嫌疑人、被告人符合逮捕条件，但是采取更为轻缓的强制措施不致发生本法第81条规定的社会危险性，或者因为案件的特殊情况，对犯罪嫌疑人、被告人采取监视居住措施能够取得更好的社会效果的情形。比如，因长期受迫害所引发的杀人、伤害案件，引起社会同情，且现实危险性较小的；犯罪嫌疑人、被告人悔罪、赎罪态度明确积极，得到被害人、社会谅解的案件，涉及外交关系的案件等。

“办理案件的需要”是从有利于继续侦查犯罪，或者诉讼活动获得更好的社会效果出发，对本来应当逮捕的犯罪嫌疑人、被告人采取监视居住措施。比如，为抓获可能与其联系的同案犯、防止其他犯罪嫌疑人因为与其无法联系而潜逃，对犯罪嫌疑人、被告人不采取羁押措施，采取监视居住措施更为有利的。由于犯罪嫌疑人、被告人符合逮捕条件，也就是说其实际上存在本法第 81 条规定的社会危险，这导致办案机关对其采取监视居住措施时会面临一定的风险。因此，公安机关、人民检察院、人民法院在确定采取监视居住措施是否“更为适宜”的时候，要结合案件的性质、情节，可能存在的风险等，综合各方面因素慎重考虑。

（5）羁押期限届满，案件尚未办结，需要采取监视居住措施的。这里规定的“羁押期限”，是指刑事诉讼法规定的侦查羁押、审查起诉和一审、二审的期限。如果案件在法定羁押期限届满时不能办结，对于还需要继续侦查、审查核实以决定是否提起公诉或者审理，又有社会危险性，符合逮捕条件的犯罪嫌疑人、被告人，可以根据本条的规定采取监视居住措施。这样规定，有利于督促司法机关抓紧时间办案，减少久拖不决的案件数量，有助于解决超期羁押问题。

应当指出的是，这里规定“可以”采取监视居住措施，而不是“应当”采取监视居住措施。这样规定具有一定的裁量权，是考虑案件具体情况，司法机关根据具体情况作出决定。对于有些尽管符合本条规定的情况，但可能具有很大的社会危险性的，也可不采取监视居住措施。

第 3 款是关于监视居住执行机关的规定。公安机关、人民检察院和人民法院都有权决定对犯罪嫌疑人、被告人监视居住，但执行机关只有一个，这就是公安机关。法律这样规定，一是考虑到公安机关在各个区域都设有派出机构，同时公安机关与居民委员会、村民委员会等基层组织也有紧密的联系，并且有拘留、执行逮捕的权力，一旦发现违反规定者或者不该监视居住者，也可以及时依法处理，因此，公安机关执行便于加强对被监视居住人的监督和考察。二是根据分工负责、互相配合、互相制约原则，对于强制措施的决定权和执行权，一般都要分离，这是正当程序的基本要求，有利于司法机关正确地决定和采取监视居住措施。三是人民法院作为国家的审判机关，人民检察院作为国家的公诉和法律监督机关，从有利于客观公正处理案件、维护司法的公正和权威角度出发，不宜由其直接在社会上执行监视居住的活动，对于其决定的监视居住措施，还是由公安机关执行较为适宜。

[审判实务]

《刑事诉讼法》区分了取保候审和监视居住的适用条件，将监视居住设计为减少羁押的一种替代措施，即符合逮捕条件，但是由于具有法定的特殊情形，而代替逮捕的一种强制措施。同时，在特定情形下，也可以作为取保候审的一种替代措施。

根据《刑事诉讼法》的规定，将监视居住作为减少羁押的替代措施适用，应满足以下条件，一是符合《刑事诉讼法》规定的逮捕条件，即根据《刑事诉讼法》第 81 条的规定，是本应当逮捕的犯罪嫌疑人、被告人。二是具有《刑事诉讼法》第 74 条规定的五种情形之一：患有严重疾病、生活不能自理的；怀孕或者正在哺乳自己婴儿的妇女；系生活不能自理的人的唯一扶养人；因为案件的特殊情况或者办理案件的需要，采取监视居住措施更为适宜的；羁押期限届满，案件尚未办结，需要采取监视居住措施的。对于符合取保候审条件，但犯罪嫌疑人、被告人不能提出保证人，也不交纳保证金的，可以采取监视居住。监视居住由公安机关执行。

关于“患有严重疾病、生活不能自理的”情形，可以参照《最高人民法院、最高人民检察院、公安部、司法部、国家卫生计生委暂予监外执行规定》所附《保外就医严重疾病范围》予以把握，进行病情鉴定。同时，结合犯罪嫌人、被告人犯罪前的一贯表现、看守所的羁押条件等综合考虑。

关于“怀孕或者正在哺乳自己婴儿的妇女”，婴儿应是指未满一周岁的婴儿，对哺乳超过一周岁婴儿的妇女，一般不能适用监视居住。

“系生活不能自理的人的唯一扶养人”，指离开犯罪嫌疑人、被告人，依靠犯罪嫌疑人、被告人扶养的人就无法生活，一般情况下，被告人是年老、年幼、严重残疾人或者患有严重疾病人的唯一扶养人。认定是否正在哺乳不满一周岁的婴儿或者是生活不能自理人的唯一扶养人，要对相关的医院、犯罪嫌疑人、被告人的亲属、单位或者社区等进行专门的调查了解。当上述情形消失时，应根据需要及时变更强制措施。

作为取保候审的替代措施适用时，应把握的条件是：一是符合《刑事诉讼法》第 67 条关于适用取保候审的条件。二是不能提出保证人，也不交纳保证金。对此，应认真讯问犯罪嫌疑人、被告人，确认其不能提出保证人和不交纳保证金，并制作笔录，作为适用监视居住的依据。防止对符合取保候审条件但无力交纳保证金的人随意适用监视居住措施。

[配套规定]

1.《最高人民法院关于适用〈中华人民共和国刑事诉讼法〉的解释》（法释［2012］21号）（节录）

第一百二十五条 对具有刑事诉讼法第七十二条第一款、第二款规定情形的被告人，人民法院可以决定监视居住。

人民法院决定对被告人监视居住的，应当核实其住处；没有固定住处的，应当为其指定居所。

2.《人民检察院刑事诉讼规则》（高检发释字［2019］4号）（节录）

第一百零七条 人民检察院对于符合逮捕条件，具有下列情形之一的犯罪嫌疑人，可以监视居住：

（一）患有严重疾病、生活不能自理的；

（二）怀孕或者正在哺乳自己婴儿的妇女；

（三）系生活不能自理的人的唯一扶养人；

（四）因为案件的特殊情况或者办理案件的需要，采取监视居住措施更为适宜的；

（五）羁押期限届满，案件尚未办结，需要采取监视居住措施的。

前款第三项中的扶养包括父母、祖父母、外祖父母对子女、孙子女、外孙子女的抚养和子女、孙子女、外孙子女对父母、祖父母、外祖父母的赡养以及配偶、兄弟姐妹之间的相互扶养。

对符合取保候审条件，但犯罪嫌疑人不能提出保证人，也不交纳保证金的，可以监视居住。

3.《公安机关办理刑事案件程序规定》（2012年12月13日公安部令第127号）（节录）

第一百零五条 公安机关对符合逮捕条件，有下列情形之一的犯罪嫌疑人，可以监视居住：

（一）患有严重疾病、生活不能自理的；

（二）怀孕或者正在哺乳自己婴儿的妇女；

（三）系生活不能自理的人的唯一扶养人；

（四）因案件的特殊情况或者办理案件的需要，采取监视居住措施更为适宜的；

（五）羁押期限届满，案件尚未办结，需要采取监视居住措施的。

对人民检察院决定不批准逮捕的犯罪嫌疑人，需要继续侦查，并且符合监视居住条件的，可以监视居住。

对于符合取保候审条件，但犯罪嫌疑人不能提出保证人，也不交纳保证金的，可以监视居住。

对于被取保候审人违反本规定第八十五条、第八十六条规定的，可以监视居住。

第一百零六条 对犯罪嫌疑人监视居住，应当制作呈请监视居住报告书，说明监视居住的理由、采取监视居住的方式以及应当遵守的规定，经县级以上公安机关负责人批准，制作监视居住决定书。监视居住决定书应当向犯罪嫌疑人宣读，由犯罪嫌疑人签名、捺指印。

第一百一十三条 公安机关决定监视居住的，由被监视居住人住处或者指定居所所在地的派出所执行，办案部门可以协助执行。必要时，也可以由办案部门负责执行，派出所或者其他部门协助执行。

第一百一十四条 人民法院、人民检察院决定监视居住的，负责执行的县级公安机关应当在收到法律文书和有关材料后二十四小时以内，通知被监视居住人住处或者指定居所所在地的派出所，核实被监视居住人身份、住处或者居所等情况后执行。必要时，可以由人民法院、人民检察院协助执行。

第一百一十五条 负责执行监视居住的派出所或者办案部门应当严格对被监视居住人进行监督考察，确保安全。

对于人民法院、人民检察院决定监视居住的，应当及时将监视居住的执行情况报告决定机关。

第七十五条　监视居住应当在犯罪嫌疑人、被告人的住处执行；无固定住处的，可以在指定的居所执行。对于涉嫌危害国家安全犯罪、恐怖活动犯罪，在住处执行可能有碍侦查的，经上一级公安机关批准，也可以在指定的居所执行。但是，不得在羁押场所、专门的办案场所执行。

指定居所监视居住的，除无法通知的以外，应当在执行监视居住后二十四小时以内，通知被监视居住人的家属。

被监视居住的犯罪嫌疑人、被告人委托辩护人，适用本法第三十四条的规定。

人民检察院对指定居所监视居住的决定和执行是否合法实行监督。

[条文主旨]

本条是关于监视居住的执行方式与监督的规定。

[条文释解]

本条是2012年修改《刑事诉讼法》时增加的规定，2018修改《刑事诉讼法》时对本条作了修改，删去了对“特别重大贿赂犯罪”，经“上一级人民检察院”批准，可以在指定居所监视居住的内容。此外，对本条还有一处文字修改，将原规定的“适用本法第三十三条的规定”修改为“适用本法第三十四条的规定”。

1996年修订的《刑事诉讼法》第57条在被监视居住人应当遵守的规定中规定，被监视居住的犯罪嫌疑人、被告人未经执行机关批准不得离开住处，无固定住所的，未经批准不得离开指定的居所。根据这一规定，只能对无固定住所的犯罪嫌疑人、被告人采取指定居所监视居住的措施。同时，法律没有对指定居所监视居住的执行处所、通知家属、委托律师等作出具体的规定。

实践中公安司法机关较少采用监视居住措施，有的情况下采取将犯罪嫌疑人、被告人指定在羁押场所、专门的办案场所监视居住的办法，规避有关监视居住的规定，实际上将犯罪嫌疑人、被告人变相羁押，不利于当事人合法权利的保护。2012年修改《刑事诉讼法》时，对指定居所监视居住的适用案件范围、执行处所、通知家属、委托律师以及人民检察院的监督等作了规定。2018年修改《刑事诉讼法》时，对本条作了修改，删去了对“特别重大贿赂犯罪”，经“上一级人民检察院”批准可以在指定居所监视居住的内容。

本条分为四款。第1款是关于监视居住执行处所的规定。根据本款的规定，监视居住主要有两种执行场所：在犯罪嫌疑人、被告人的住处执行和在指定的居所执行。对于被监视居住的犯罪嫌疑人、被告人，一般应当在其住处执行。这里规定的“住处”，是指犯罪嫌疑人、被告人在办案机关所在地的市、县内学习、生活、工作的合法住所。对于指定居所执行监视居住的，本款规定限于两种情形：一是没有固定住所的，也就是犯罪嫌疑人、被告人在办案机关所在地的市、县内没有合法住所的；二是涉嫌危害国家安全犯罪、恐怖活动犯罪，在住处执行可能有碍侦查的，经上一级公安机关批准的情形。

对于上述第二种情形的指定居所监视居住，应当符合以下条件：

（1）符合监视居住的适用条件，即本法第 74 条规定的符合逮捕条件，且有下列情形之一：患有严重疾病、生活不能自理的；怀孕或者正在哺乳自己婴儿的妇女；系生活不能自理的人的唯一扶养人；因为案件的特殊情况或者办理案件的需要，采取监视居住措施更为适宜的；羁押期限届满，案件尚未办结，需要采取监视居住的。对于符合逮捕条件但不具有上述情形之一，应当采取逮捕措施的，不得以指定居所监视居住代替逮捕。

（2）涉嫌危害国家安全犯罪、恐怖活动犯罪这两类犯罪。危害国家安全犯罪和恐怖活动犯罪对国家安全和社会稳定，公民人身、财产安全具有重大危害，这类犯罪中有的犯罪嫌疑人、被告人组织、策划到实施的犯罪行为与一般犯罪有很大的区别，采取一般的监视居住措施，很难防止其继续实施犯罪，也不能阻止其破坏刑事诉讼的进行。

（3）在住处执行可能有碍侦查。有必要采取监视居住措施进行更深入侦查，但是在住处执行可能会导致犯罪嫌疑人面临人身危险的，或者在住处执行可能引起同案犯警觉，导致同案犯潜逃或者隐匿、销毁罪证等情形。应当注意的是，对这两类案件的犯罪嫌疑人适用指定居所监视居住是监视居住的例外性规定，如果这些案件可以在住处执行监视居住的，应当首先考虑在住处执行。

（4）应当经过严格的批准手续。根据本条规定这两类案件的指定居所监视居住，要经上一级公安机关批准。对于不符合上述条件的这两类案件，不能采取指定居所监视居住措施。

另外，无论对于因为无固定住所还是对于因为两类特殊案件而采取指定居所监视居住的，本法都明确规定不得在看守所、行政拘留所、留置室等羁押场所，专门的办案场所或者公安机关、检察机关的其他工作场所执行。这样规定，是为了防止办案机关将指定居所监视居住弄成变相的羁押，规避本法关于拘留、逮捕犯罪嫌疑人、被告人应当及时送看守所关押，讯问必须在看守所进行等方面的规定，防止刑讯逼供等非法取证行为，保障犯罪嫌疑人、被告人的诉讼权利和其他合法权益。

第2款是关于指定居所监视居住后通知家属的规定。1996年《刑事诉讼法》对指定居所监视居住后通知家属的问题未作规定。随着民主法治建设的不断推进和侦查机关打击犯罪能力的不断提高，应当对采取强制措施后通知家属作出明确规定。根据本条规定，对于指定居所监视居住的，除了无法通知的以外，应当在执行监视居住后二十四小时以内，通知被监视居住人的家属。这里规定的“无法通知”是指犯罪嫌疑人没有家属，犯罪嫌疑人、被告人身份、家庭住址、通信方式无法查找或者根据其提供的联系方式联系不上，以及因为自然灾害等不可抗拒的事由造成通信、交通中断等无法通知的情形。应当注意的是，根据本法第160条的规定，犯罪嫌疑人不讲真实姓名、住址，身份不明的，应当对其身份进行调查，并且不得停止对其犯罪行为的侦查取证。对于犯罪事实清楚，证据确实、充分，确实无法查明其身份的，也可以按其自报的姓名起诉、审判。因此，对于身份、住址不明的犯罪嫌疑人、被告人，应当首先调查其身份，不能不经调查就直接以“无法通知”为由不通知家属。无法通知的情形消失以后，也应当立即通知其家属。这些规定都体现了中国民主法治和人权保障的进步，是对犯罪嫌疑人、被告人合法权利的进一步保护。

第3款是关于指定居所监视居住的犯罪嫌疑人、被告人委托辩护人的规定。《刑事诉讼法》第34条对犯罪嫌疑人、被告人委托辩护人的权利，以及办案机关告知犯罪嫌疑人、被告人有权委托辩护人的义务等作了规定。被指定居所监视居住的犯罪嫌疑人、被告人可以根据本条规定委托辩护人，也可以由其近亲属代为委托辩护人。办案机关也应当根据本法第34条的规定告知犯罪嫌疑人、被告人具有委托辩护人的权利。犯罪嫌疑人、被告人在被监视居住期间要求委托辩护人的，人民法院、人民检察院、公安机关应当及时转达其要求。

第4款是人民检察院对指定居所监视居住的合法性予以法律监督的规定。根据宪法的规定，检察机关是国家的法律监督机关，依照法律规定独立行使检察权，不受行政机关、社会团体和个人的干涉。人民检察院对刑事诉讼实行法律监督，是我国重要的法律监督制度，是法律赋予人民检察院的一项重要的职权。为确保指定居所监视居住措施的依法执行，2012年修改的《刑事诉讼法》，增加规定人民检察院对指定居所监视居住的决定和执行是否合法实行监督。

[审判实务]

《刑事诉讼法》较为详细地规定了指定居所监视居住制度，对于充分发挥监视居住在惩治犯罪，保障犯罪嫌疑人、被告人诉讼权利方面具有重要作用。根据《刑事诉讼法》规定，适用指定居所监视居住，应注意以下几个问题。

1. 根据《刑事诉讼法》的规定，指定居所监视居住仅适用于两种情形：一是犯罪嫌疑人、被告人无固定住处的，二是因涉嫌危害国家安全犯罪、恐怖活动犯罪，在住处执行可能有碍侦查的，但要经上一级公安机关批准。

2. 监视居住应优先选择犯罪嫌疑人、被告人的住处，住处和指定居所不是可任意选择的并列关系，只有在无固定住处和法律规定的特定情形下才可以指定居所监视居住。从《刑事诉讼法》的规定看，因涉嫌危害国家安全犯罪、恐怖活动犯罪而需要指定监视居住的，主要在侦查阶段进行，人民法院因无侦查权，一般不会适用指定监视居住。办案机关决定对被告人监视居住的，应当首先核实被告人的住处，被告人没有固定住处的，才可以考虑指定居所。司法实践中，一些办案单位为了有利于讯问犯罪嫌疑人、顺利破案，不论犯罪嫌疑人有无固定住处，一律在指定的居所内监视居住，如指定的宾馆、招待所等，二十四小时有值班人员看守，犯罪嫌疑人的一举一动都在办案人员的监视之下，犯罪嫌疑人基本失去了人身自由，这种做法和羁押无异，和法律本意相悖。

3. 因涉嫌危害国家安全犯罪、恐怖活动犯罪而需要指定居所监视居住的，一是涉嫌的犯罪应符合《刑法》规定的具体罪名的犯罪构成。例如，危害国家安全罪，应符合《刑法》分则第一章“危害国家安全罪”中的某一种或者几种具体的犯罪构成。二是在住处执行有碍侦查进行，即与犯罪嫌疑人、被告人共同居住的家属可能与犯罪嫌疑人、被告人有共同犯罪关系，或者有为犯罪嫌疑人、被告人通风报信等妨碍侦查办案的可能。

4. 不得指定在专门的羁押场所、办案场所执行监视居住。例如，不能在看守所、拘留所、拘役所以及办案机关的办公区域内执行监视居住，也不能在专门用于控制犯罪嫌疑人、被告人并有专门全天候值守的宾馆、招待所内执行。

5. 由于犯罪嫌疑人、被告人在指定监视居住期间，会与其共同生活的亲属分离，因此，办案机关应当把指定监视居住的原因和处所在二十四小时内通知被监视居住人的家属，除了无法通知或者涉嫌危害国家安全犯罪、恐怖活动犯罪通知可能有碍侦查的情形以外。所谓“无法通知”，一般是指因为客观原因而无法通知，如由于自然灾害无法与被监视居住人的家属取得联系或者被监视居住人提供虚假信息而无法找到被监居住人的家属等。

[配套规定]

1.《最高人民法院、最高人民检察院、公安部、国家安全部、司法部、全国人大常委会法制工作委员会关于实施刑事诉讼法若干问题的规定》

15. 指定居所监视居住的，不得要求被监视居住人支付费用。

2.《最高人民法院关于适用〈中华人民共和国刑事诉讼法〉的解释》（法释［2012］21号）（节录）

第一百二十五条 对具有刑事诉讼法第七十二条第一款、第二款规定情形的被告人，人民法院可以决定监视居住。

人民法院决定对被告人监视居住的，应当核实其住处；没有固定住处的，应当为其指定居所。

第一百二十六条 人民法院向被告人宣布监视居住决定后，应当将监视居住决定书等相关材料送交被告人住处或者指定居所所在地的同级公安机关执行。

对被告人指定居所监视居住后，人民法院应当在二十四小时内，将监视居住的原因和处所通知其家属；确实无法通知的，应当记录在案。

3.《最高人民检察院、公安部关于适用刑事强制措施有关问题的规定》

第十条 人民检察院决定对犯罪嫌疑人采取监视居住措施的，应当核实犯罪嫌疑人的住处。犯罪嫌疑人没有固定住处的，人民检察院应当为其指定居所。

第十一条 人民检察院核实犯罪嫌疑人住处或者为其指定居所后，应当制作监视居住执行通知书，将有关法律文书和有关案由、犯罪嫌疑人基本情况的材料，送交犯罪嫌疑人住处或者居所地的同级公安机关执行。人民检察院可以协助公安机关执行。

第十二条 公安机关收到有关法律文书和材料后，应当立即交由犯罪嫌疑人住处或者居所地的县级公安机关执行。负责执行的县级公安机关应当在二十四小时以内，核实被监视居住人的身份和住处或者居所，报告县级公安机关负责人后，通知被监视居住人住处或者居所地的派出所执行。

第十三条 负责执行监视居住的派出所应当指定专人对被监视居住人进行监督考察，并及时将监视居住的执行情况报告所属县级公安机关通知决定监视居住的人民检察院。

4.《人民检察院刑事诉讼规则》（高检发释字［2019］4号）（节录）

第一百零八条 人民检察院应当向被监视居住的犯罪嫌疑人宣读监视居住决定书，由犯罪嫌疑人签名或者盖章，并捺指印，责令犯罪嫌疑人遵守刑事诉讼法第七十七条的规定，告知其违反规定应负的法律责任。

指定居所监视居住的，不得要求被监视居住人支付费用。

第一百零九条 人民检察院核实犯罪嫌疑人住处或者为其指定居所后，应当制作监视居住执行通知书，将有关法律文书和案由、犯罪嫌疑人基本情况材料，送交监视居住地的公安机关执行，必要时人民检察院可以协助公安机关执行。

人民检察院应当告知公安机关在执行期间拟批准犯罪嫌疑人离开执行监视居住的处所、会见他人或者通信的，应当事先征得人民检察院同意。

第一百一十条 人民检察院可以根据案件的具体情况，商请公安机关对被监视居住的犯罪嫌疑人采取电子监控、不定期检查等监视方法，对其遵守监视居住规定的情况进行监督。

人民检察院办理直接受理侦查的案件对犯罪嫌疑人采取监视居住的，在侦查期间可以商请公安机关对其通信进行监控。

第一百一十一条 犯罪嫌疑人有下列违反监视居住规定的行为，人民检察院应当对犯罪嫌疑人予以逮捕：

（一）故意实施新的犯罪行为；

（二）企图自杀、逃跑；

（三）实施毁灭、伪造证据或者串供、干扰证人作证行为，足以影响侦查、审查起诉工作正常进行；

（四）对被害人、证人、鉴定人、举报人、控告人及其他人员实施打击报复。

犯罪嫌疑人有下列违反监视居住规定的行为，人民检察院可以对犯罪嫌疑人予以逮捕：

（一）未经批准，擅自离开执行监视居住的处所，造成严重后果，或者两次未经批准，擅自离开执行监视居住的处所；

（二）未经批准，擅自会见他人或者通信，造成严重后果，或者两次未经批准，擅自会见他人或者通信；

（三）经传讯不到案，造成严重后果，或者经两次传讯不到案。

有前两款情形，需要对犯罪嫌疑人予以逮捕的，可以先行拘留。

第一百一十二条 人民检察院决定对犯罪嫌疑人监视居住，最长不得超过六个月。

第一百一十三条 公安机关决定对犯罪嫌疑人监视居住，案件移送人民检察院审查起诉后，对于需要继续监视居住的，人民检察院应当依法重新作出监视居住决定，并对犯罪嫌疑人办理监视居住手续。监视居住的期限应当重新计算并告知犯罪嫌疑人。

第一百一十四条 在监视居住期间，不得中断对案件的侦查、审查起诉。

第一百一十五条 监视居住期限届满或者发现不应当追究犯罪嫌疑人刑事责任的，应当解除或者撤销监视居住。

解除或者撤销监视居住的决定应当通知执行机关，并将解除或者撤销监视居住的决定书送达犯罪嫌疑人。

第一百一十六条 监视居住应当在犯罪嫌疑人的住处执行。犯罪嫌疑人无固定住处的，可以在指定的居所执行。

固定住处是指犯罪嫌疑人在办案机关所在地的市、县内工作、生活的合法居所。

指定的居所应当符合下列条件：

（一）具备正常的生活、休息条件；

（二）便于监视、管理；

（三）能够保证安全。

采取指定居所监视居住，不得在看守所、拘留所、监狱等羁押、监管场所以及留置室、讯问室等专门的办案场所、办公区域执行。

第一百一十七条 在指定的居所执行监视居住，除无法通知的以外，人民检察院应当在执行监视居住后二十四小时以内，将指定居所监视居住的原因通知被监视居住人的家属。无法通知的，应当将原因写明附卷。无法通知的情形消除后，应当立即通知。

无法通知包括下列情形：

（一）被监视居住人无家属；

（二）与其家属无法取得联系；

（三）受自然灾害等不可抗力阻碍。

第一百一十八条 对于公安机关、人民法院决定指定居所监视居住的案件，由批准或者决定的公安机关、人民法院的同级人民检察院负责捕诉的部门对决定是否合法实行监督。

人民检察院决定指定居所监视居住的案件，由负责控告申诉检察的部门对决定是否合法实行监督。

第一百一十九条 被指定居所监视居住人及其法定代理人、近亲属或者辩护人认为指定居所监视居住决定存在违法情形，提出控告或者举报的，人民检察院应当受理。

人民检察院可以要求有关机关提供指定居所监视居住决定书和相关案卷材料。经审查，发现存在下列违法情形之一的，应当及时通知其纠正：

（一）不符合指定居所监视居住的适用条件的；

（二）未按法定程序履行批准手续的；

（三）在决定过程中有其他违反刑事诉讼法规定的行为的。

第一百二十条 对于公安机关、人民法院决定指定居所监视居住的案件，由人民检察院负责刑事执行检察的部门对指定居所监视居住的执行活动是否合法实行监督。发现存在下列违法情形之一的，应当及时提出纠正意见：

（一）执行机关收到指定居所监视居住决定书、执行通知书等法律文书后不派员执行或者不及时派员执行的；

（二）在执行指定居所监视居住后二十四小时以内没有通知被监视居住人的家属的；

（三）在羁押场所、专门的办案场所执行监视居住的；

（四）为被监视居住人通风报信、私自传递信件、物品的；

（五）违反规定安排辩护人同被监视居住人会见、通信，或者违法限制被监视居住人与辩护人会见、通信的；

（六）对被监视居住人刑讯逼供、体罚、虐待或者变相体罚、虐待的；

（七）有其他侵犯被监视居住人合法权利行为或者其他违法行为的。

被监视居住人及其法定代理人、近亲属或者辩护人认为执行机关或者执行人员存在上述违法情形，提出控告或者举报的，人民检察院应当受理。

人民检察院决定指定居所监视居住的案件，由负责控告申诉检察的部门对指定居所监视居住的执行活动是否合法实行监督。

5.《公安机关办理刑事案件程序规定》（2012年12月13日公安部令第127号）（节录）

第一百零七条 监视居住应当在犯罪嫌疑人、被告人住处执行；无固定住处的，可以在指定的居所执行。对于涉嫌危害国家安全犯罪、恐怖活动犯罪，在住处执行可能有碍侦查的，经上一级公安机关批准，也可以在指定的居所执行。

有下列情形之一的，属于本条规定的“有碍侦查”：

（一）可能毁灭、伪造证据，干扰证人作证或者串供的；

（二）可能引起犯罪嫌疑人自残、自杀或者逃跑的；

（三）可能引起同案犯逃避、妨碍侦查的；

（四）犯罪嫌疑人、被告人在住处执行监视居住有人身危险的；

（五）犯罪嫌疑人、被告人的家属或者所在单位人员与犯罪有牵连的。

指定居所监视居住的，不得要求被监视居住人支付费用。

第一百零八条 固定住处，是指被监视居住人在办案机关所在的市、县内生活的合法住处；指定的居所，是指公安机关根据案件情况，在办案机关所在的市、县内为被监视居住人指定的生活居所。

指定的居所应当符合下列条件：

（一）具备正常的生活、休息条件；

（二）便于监视、管理；

（三）保证安全。

公安机关不得在羁押场所、专门的办案场所或者办公场所执行监视居住。

第一百零九条 指定居所监视居住的，除无法通知的以外，应当制作监视居住通知书，在执行监视居住后二十四小时以内，由决定机关通知被监视居住人的家属。

有下列情形之一的，属于本条规定的“无法通知”：

（一）不讲真实姓名、住址、身份不明的；

（二）没有家属的；

（三）提供的家属联系方式无法取得联系的；

（四）因自然灾害等不可抗力导致无法通知的。

无法通知的情形消失以后，应当立即通知被监视居住人的家属。

无法通知家属的，应当在监视居住通知书中注明原因。

第一百一十条 被监视居住人委托辩护律师，适用本规定第四十一条、第四十二条、第四十三条规定。

第三百七十四条 本规定所称“危害国家安全犯罪”，包括刑法分则第一章规定的危害国家安全罪以及危害国家安全的其他犯罪；“恐怖活动犯罪”，包括以制造社会恐慌、危害公共安全或者胁迫国家机关、国际组织为目的，采取暴力、破坏、恐吓等手段，造成或者意图造成人员伤亡、重大财产损失、公共设施损坏、社会秩序混乱等严重社会危害的犯罪，以及煽动、资助或者以其他方式协助实施上述活动的犯罪。

第七十六条 指定居所监视居住的期限应当折抵刑期。被判处管制的，监视居住一日折抵刑期一日；被判处拘役、有期徒刑的，监视居住二日折抵刑期一日。

[条文主旨]

本条是关于指定居所监视居住的刑期折抵的规定。

[条文释解]

本条是2012年修改《刑事诉讼法》时增加的规定，2018年修改《刑事诉讼法》时未作修改。

我国《刑法》对拘留、逮捕的期限折抵管制、拘役、有期徒刑的刑期作了规定，主要是考虑拘留、逮捕作为保障诉讼顺利进行而采取的剥夺人身自由的措施，本身不属于执行刑罚处罚，因此，在判处刑罚之前对罪犯人身自由的先期剥夺，应当在其承担的刑罚中予以折抵。2012年修改《刑事诉讼法》时，考虑到指定居所监视居住虽然不属于羁押措施，但对公民人身自由的限制和剥夺的程度比一般的监视居住和取保候审更强，为了更好地保护当事人的合法权益，2012年3月14日第十届全国人民代表大会第五次会议通过的《关于修改〈中华人民共和国刑事诉讼法〉的决定》增加了本条规定，明确规定指定居所监视居住的期限折抵刑期。

根据本条的规定，指定居所监视居住一日折抵管制一日，指定居所监视居住二日折抵拘役、有期徒刑一日。这样规定，主要是考虑到指定居所监视居住限制和剥夺犯罪嫌疑人、被告人人身自由的方式、程度与拘留、逮捕等羁押措施不同，在强制措施执行中的处遇也不同。从与刑罚的比较来看，指定居所监视居住与管制的强度相似，但明显低于拘役、有期徒刑，因此对指定居所监视居住的，在折抵标准上应当低于羁押措施，规定不同的折抵标准。

根据《刑法》规定的计算方法，指定居所监视居住的期限折抵刑期，从判决执行之日起计算，即判决开始执行的当日起计算，当日包括在刑期之内；判决执行以前指定居所监视居住的期限，一日折抵管制刑期一日，或者二日折抵拘役、有期徒刑一日。这里所说的判决执行之日，是指将被告人交付执行刑罚之日，而不是指判决生效的日期。对于虽已作出有罪判决，但犯罪分子未交付监狱或者其他执行机关执行的，还不能算判决执行之日，不能开始计算刑期。

[审判实务]

指定居所监视居住的期限应当折抵刑期，《刑事诉讼法》专门规定了该内容。如果犯罪分子被判处管制的，指定居所监视居住一日折抵刑期一日；被判处拘役、有期徒刑的，指定居所监视居住二日折抵刑期一日。

关于监视居住的日期为单日的，如何折抵刑期的问题，我们认为，在司法实践中从有利于被告人角度考虑，最后的单日可以折抵刑期一日。

第七十七条　被监视居住的犯罪嫌疑人、被告人应当遵守以下规定：

（一）未经执行机关批准不得离开执行监视居住的处所；

（二）未经执行机关批准不得会见他人或者通信；

（三）在传讯的时候及时到案；

（四）不得以任何形式干扰证人作证；

（五）不得毁灭、伪造证据或者串供；

（六）将护照等出入境证件、身份证件、驾驶证件交执行机关保存。

被监视居住的犯罪嫌疑人、被告人违反前款规定，情节严重的，可以予以逮捕；需要予以逮捕的，可以对犯罪嫌疑人、被告人先行拘留。

[条文主旨]

本条是关于被监视居住人需要履行的义务及违反义务法律后果的规定。

[条文释解]

本条是1996年修改《刑事诉讼法》时增加的规定，2012年作过修改，2018年《刑事诉讼法》时未作修改。

1979年《刑事诉讼法》对被监视居住人应当遵守什么规定，违反规定如何处理没作明确规定，在实际执行中出现了一些问题。有的把被监视居住的对象关进看守所、拘留所，有的则在招待所、旅馆，甚至在私设的“小黑屋”搞所谓的监视居住，把监视居住搞成了变相羁押。这不仅与《刑事诉讼法》当初设计监视居住措施的初衷相距甚远，而且也严重地侵犯了公民的合法权益。为了解决实践中存在的问题，使监视居住作为一种非关押的强制措施更便于操作，对被监视居住的人的行为规范作明确规定，使其明白应当遵守什么规定，违反规定会有什么后果，同时为了便于执行机关对被监视居住的犯罪嫌疑人、被告人进行监督，1996年在修改《刑事诉讼法》时增加了对被监视居住的犯罪嫌疑人、被告人应当遵守的规定。1996年以来，随着经济社会形势的进一步发展变化，人们的生产、生活方式发生了很大的变化，人员的流动性进一步加强，科技的发展和犯罪形势的变化也导致一些传统的监督管理措施不能有效地保障监视居住的效果，需要作出适当调整，以增强监视居住措施的针对性，更有效地防止出现社会危险性，保障诉讼顺利进行。2012年3月14日第十一届全国人民代表大会第五次会议通过的《关于修改〈中华人民共和国刑事诉讼法〉的决定》，对本条作了以下几处补充修改，一是将“未经执行机关批准不得离开住所，无固定住所的，未经批准不得离开指定的居所”统一明确为“未经执行机关批准不得离开执行监视居住的处所”。二是在“未经执行机关批准不得会见他人”的规定后增加不得“通信”的要求。三是增加了将护照等出入境证件、身份证件、驾驶证件交执行机关保存的要求。四是增加规定，对违反监视居住规定，情节严重，需要予以逮捕的犯罪嫌疑人、被告人，可以先行拘留。

本条分为两款。第1款进一步明确了被监视居住人应当遵守的规定。根据本款规定，被监视居住的犯罪嫌疑人、被告人应当遵守以下六项规定：

第一，未经执行机关批准不得离开执行监视居住的处所。这里规定的“执行监视居住的处所”，主要包括两种情况：一是被监视居住的犯罪嫌疑人、被告人在办案机关所在的市、县内学习、生活、工作的合法住所。一般情况下，监视居住应当在犯罪嫌疑人、被告人的住所执行。二是应当采取监视居住措施但在本地没有固定住处的，或者根据本法第75条的规定，对于犯罪嫌疑人涉嫌危害国家安全犯罪、恐怖活动犯罪，在住处执行监视居住可能有碍侦查的，由公安机关在公安机关所在的市、县内为犯罪嫌疑人、被告人指定居所执行监视居住。应当注意的是，办案机关不得建立专门的监视居住场所、专门的办案场所，也不得在看守所、行政拘留所、留置室或者公安机关、监察机关的其他工作场所执行监视居住，对犯罪嫌疑人变相羁押。被监视居住人有正当理由要求离开住处或者指定的处所的，应当经执行机关批准。如果是人民法院、人民检察院决定的监视居住，公安机关在作出决定前，应当征得原决定机关同意。

第二，未经执行机关批准不得会见他人或者通信。是指被监视居住人未经执行机关批准，不得会见除与自己居住在一起的家庭成员和所聘请的辩护律师、辩护人以外的其他人，也不得与这些人以外的其他人通信。这里规定的“通信”除一般的信件往来外，也包括通过新的通信方式，如通过电话、传真、电子邮件、手机短信、即时通信工具等进行的沟通和交流。为了保证被监视居住人遵守有关规定，除了一般的监督管理手段以外，2012年修改的《刑事诉讼法》也规定了一些必要的监督管理手段。比如，本法第78条规定，执行机关对被监视居住的犯罪嫌疑人、被告人，可以采取电子监控、不定期检查等监视方法对其遵守监视居住规定的情况进行监督。在侦查期间，可以对被监视居住的犯罪嫌疑人的通信进行监控。根据本法第39条的规定，危害国家安全犯罪、恐怖活动犯罪案件中，对于辩护律师同被监视居住的犯罪嫌疑人、被告人会见、通信，辩护律师在此期间会见被监视居住的犯罪嫌疑人，应当经侦查机关许可。辩护人在会见犯罪嫌疑人、被告人时，可以了解案件有关情况，提供法律咨询等，自案件移送审查起诉之日起，可以向犯罪嫌疑人、被告人核实有关证据。

第三，在传讯的时候及时到案。即被监视居住人应随传随到，这是对犯罪嫌疑人、被告人最基本的要求，以保证刑事诉讼的顺利进行。犯罪嫌疑人、被告人由于不在押，因此，司法机关多用传讯方式通知他们到案，被监视居住人在接到传讯后应当及时到案，才能保证刑事诉讼活动的顺利进行。这里所说的“到案”，是指犯罪嫌疑人、被告人根据司法机关的要求，主动到司法机关或者其指定的地点接受讯问、审判等。

第四，不得以任何形式干扰证人作证。即被监视居住人不得以口头、书面或者以暴力、威胁、恫吓、引诱、收买证人等形式阻挠证人作证或者让证人不如实作证，也不得指使他人采取这些方式阻挠证人作证或者让证人不如实作证。

第五，不得毁灭、伪造证据或者串供。即被监视居住人不得利用自己未被羁押的便利条件，隐匿、销毁、伪造与案件有关的证据材料或者串供，或者指使他人采取这些方式毁灭、伪造证据或者串供。这里所说的“毁灭证据”，是指采取积极行动隐匿证据，阻碍司法机关查明案情的行为，包括销毁已经存在的证据，或者将证据转移隐藏的行为等。“伪造证据”，是指制造假的证据、对证据进行变造等改变证据的本来特征和信息等，以便推脱自己人责任，逃避追究。“串供”，是指被监视居住人利用自己未被羁押的便利条件与其他同案犯建立攻守同盟、统一口径等。

第六，将护照等出入境证件、身份证件、驾驶证件交执行机关保存。这一规定是2012年修改《刑事诉讼法》时，总结实践中的经验增加的规定。随着经济社会的发展，交通日益发达，人员流动日益频繁，人们的活动范围和交往领域日益扩大，犯罪嫌疑人、被告人逃脱的手段和工具也日益增多。随着国际交往的增多，外国人在我国境内犯罪或对中国公民犯罪的情况也日渐增多，我国居民犯罪后也有逃往境外的便利条件，对这些人采取监视居住措施，需要限制或者防止其离境，以保证诉讼的顺利进行和刑罚得到执行。这些情况下，有必要采取一定措施剥夺其逃脱监管的交通、通行等便利条件，有效保障监视居住的顺利执行。相对于取保候审应当遵守的规定，将护照、港澳通行证等出入境证件、身份证件、驾驶证件交执行机关保存是被监视居住人必须遵守的规定，而且比取保候审增加了身份证件交执行机关保存的规定。这样规定，是考虑到监视居住是将犯罪嫌疑人的活动限制在其居所，将这些证件交执行机关保存不会对其生活学习造成影响（删掉的地方与其他点有关系，与本点关系不大）。

第2款是对被监视居住人违反法律规定应如何处理的规定。根据本款规定，被监视居住的犯罪嫌疑人、被告人违反本条第1款的六项规定之一，如果给司法机关的诉讼活动造成了干扰或者增加了困难，严重妨碍了诉讼活动的正常进行，就属于“情节严重”。比如，故意实施新的犯罪行为的；企图自杀、逃跑、逃避侦查、审查起诉的；实施毁灭、伪造证据或者串供、干扰证人作证行为，足以影响侦查、审查起诉工作正常进行的；未经批准，擅自离开住处或者指定的居所、擅自会见他人，经传讯不到案等造成严重后果的等。对于情节严重的，可以对其予以逮捕；如果违反规定情节较轻，可以继续对其监视居住。

在实践中，对于应当逮捕的犯罪嫌疑人、被告人，要依法定程序履行必要的审批手续需要一定的时间，由于1996年《刑事诉讼法》对在批准逮捕之前是否可以采取先行拘留措施规定不明确，为防止犯罪嫌疑人、被告人在人民检察院、人民法院批准或者决定逮捕前继续实施危害社会安全、逃避刑事追究、阻碍刑事诉讼顺利进行的行为，有必要先行采取必要的强制措施。因此，2012年修改《刑事诉讼法》时增加规定，对于违反监视居住规定，情节严重的，需要予以逮捕的犯罪嫌疑人、被告人，可以先行拘留。

[配套规定]

1.《最高人民检察院、公安部关于适用刑事强制措施有关问题的规定》

第十四条 人民检察院决定对犯罪嫌疑人监视居住的案件，在执行期间，犯罪嫌疑人有正当理由需要离开住处或者指定居所的，负责执行的派出所应当及时报告所属县级公安机关，由该县级公安机关征得决定监视居住的人民检察院同意后予以批准。

第十五条 人民检察院决定对犯罪嫌疑人监视居住的案件，犯罪嫌疑人违反应当遵守的规定的，执行监视居住的派出所应当及时报告县级公安机关通知决定监视居住的人民检察院。情节严重的，人民检察院应当决定予以逮捕，通知公安机关执行。

第十七条 公安机关决定对犯罪嫌疑人监视居住的案件，犯罪嫌疑人违反应当遵守的规定，情节严重的，公安机关应当依法提请批准逮捕。人民检察院应当根据刑事诉讼法第五十七条的规定审查批准逮捕。

2.《人民检察院刑事诉讼规则》（高检发释字［2019］4号）（节录）

第一百一十一条 犯罪嫌疑人有下列违反监视居住规定的行为，人民检察院应当对犯罪嫌疑人予以逮捕：

（一）故意实施新的犯罪行为；

（二）企图自杀、逃跑；

（三）实施毁灭、伪造证据或者串供、干扰证人作证行为，足以影响侦查、审查起诉工作正常进行；

（四）对被害人、证人、鉴定人、举报人、控告人及其他人员实施打击报复。

犯罪嫌疑人有下列违反监视居住规定的行为，人民检察院可以对犯罪嫌疑人予以逮捕：

（一）未经批准，擅自离开执行监视居住的处所，造成严重后果，或者两次未经批准，擅自离开执行监视居住的处所；

（二）未经批准，擅自会见他人或者通信，造成严重后果，或者两次未经批准，擅自会见他人或者通信；

（三）经传讯不到案，造成严重后果，或者经两次传讯不到案。

有前两款情形，需要对犯罪嫌疑人予以逮捕的，可以先行拘留。

第一百四十六条 对于监察机关移送起诉的未采取留置措施的案件，人民检察院受理后，在审查起诉过程中根据案件情况，可以依照本规则相关规定决定是否采取逮捕、取保候审或者监视居住措施。

第一百四十七条 对于监察机关移送起诉案件的犯罪嫌疑人采取强制措施，本节未规定的，适用本规则相关规定。

3.《公安机关办理刑事案件程序规定》（2012年12月13日公安部令第127号）（节录）

第一百一十一条 公安机关在宣布监视居住决定时，应当告知被监视居住人必须遵守以下规定：

（一）未经执行机关批准不得离开执行监视居住的处所；

（二）未经执行机关批准不得会见他人或者以任何方式通信；

（三）在传讯的时候及时到案；

（四）不得以任何形式干扰证人作证；

（五）不得毁灭、伪造证据或者串供；

（六）将护照等出入境证件、身份证件、驾驶证件交执行机关保存。

第一百一十六条 被监视居住人有正当理由要求离开住处或者指定的居所以及要求会见他人或者通信的，应当经负责执行的派出所或者办案部门负责人批准。

人民法院、人民检察院决定监视居住的，负责执行的派出所在批准被监视居住人离开住处或者指定的居所以及与他人会见或者通信前，应当征得决定机关同意。

第一百一十七条 被监视居住人违反应当遵守的规定，公安机关应当区分情形责令被监视居住人具结悔过或者给予治安管理处罚。情节严重的，可以予以逮捕；需要予以逮捕的，可以对其先行拘留。

人民法院、人民检察院决定监视居住的，被监视居住人违反应当遵守的规定，执行监视居住的县级公安机关应当及时告知决定机关。

第七十八条 执行机关对被监视居住的犯罪嫌疑人、被告人，可以采取电子监控、不定期检查等监视方法对其遵守监视居住规定的情况进行监督；在侦查期间，可以对被监视居住的犯罪嫌疑人的通信进行监控。

[条文主旨]

本条是关于对被监视居住人的监督与监控的规定。

[条文释解]

本条是2012年修改《刑事诉讼法》时增加的规定，2018年修改《刑事诉讼法》时未作修改。

1996年《刑事诉讼法》未作明确规定对于如何监督被监视居住的犯罪嫌疑人、被告人切实遵守监视居住的有关规定的内容。经济社会快速发展，通信和网络技术等在内的科学技术日新月异。这些进步和发展一方面对监督被监视居住人遵守监视居住规定的情况带来了一些困难和挑战，另一方面也为更有效地监控被监视居住人的行踪带来了便利。比如，为了更好地保证被监视居住的犯罪嫌疑人、被告人遵守有关规定，一些国家发展了电子手镯等监控方式，通过电子定位的方式对他们遵守法律的情况进行监视。我国在试行社区矫正的过程中，有些地方也尝试过这种方法，取得了很好的效果，有必要在监视居住措施中推广。为了保障诉讼的顺利进行，保护公民的合法权利，2012年3月发布的《全国人民代表大会关于修改〈中华人民共和国刑事诉讼法〉的决定》增加了本条规定，赋予执行机关相应的监视权利的同时也对采取这些措施作出明确限制。

根据本条规定，执行机关可以采取电子监控、不定期检查等监视方法，能随时对被监视居住的犯罪嫌疑人、被告人遵守监视居住规定的情况进行监督；在侦查期间，可以对被监视居住的犯罪嫌疑人的通信进行监控。这里规定的“电子监控”，是指采取在被监视居住人身上或者住所内安装电子定位装置等电子科技手段对其行踪进行的监视。“不定期检查”是指执行机关对其行踪和遵守有关规定的情况进行随机的、不确定的检查和监视，既可以是随时到执行处所进行检查，也可以是通过电话等进行随机抽查。通信监控是指对被监视居住人的通信、电话、电子邮件等与外界的交流、沟通进行的监控。

应当注意的是：（1）这些措施只能涉及被监视居住人本人，不能对其家人也进行电子监控。（2）在侦查阶段为了对被监视居住人进行监督管理，可以采取通过通信监控的方式。如果需要采取监控通信的方式侦破犯罪，要根据本法关于技术侦查的有关规定，经过严格的批准手续，根据批准的措施种类、对象和期限执行。

［配套规定］

1.《人民检察院刑事诉讼规则》（高检发释字［2019］4号）（节录）

第一百一十条 人民检察院可以根据案件的具体情况，商请公安机关对被监视居住的犯罪嫌疑人采取电子监控、不定期检查等监视方法，对其遵守监视居住规定的情况进行监督。

人民检察院办理直接受理侦查的案件对犯罪嫌疑人采取监视居住的，在侦查期间可以商请公安机关对其通信进行监控。

2.《公安机关办理刑事案件程序规定》（2012年12月13日公安部令第127号）（节录）

第一百一十二条 公安机关对被监视居住人，可以采取电子监控、不定期检查等监视方法对其遵守监视居住规定的情况进行监督；在侦查期间，可以对被监视居住的犯罪嫌疑人的电话、传真、信函、邮件、网络等通信进行监控。

第七十九条　人民法院、人民检察院和公安机关对犯罪嫌疑人、被告人取保候审最长不得超过十二个月，监视居住最长不得超过六个月。

在取保候审、监视居住期间，不得中断对案件的侦查、起诉和审理。对于发现不应当追究刑事责任或者取保候审、监视居住期限届满的，应当及时解除取保候审、监视居住。解除取保候审、监视居住，应当及时通知被取保候审、监视居住人和有关单位。

[条文主旨]

本条是关于取保候审、监视居住的期限及其解除的规定。

[条文释解]

刑事诉讼活动，无论从惩治犯罪还是保障人权的角度来说，都应当及时进行。对于剥夺或者限制公民人身自由的措施，都要有明确的期限，防止使公民的人身权利等长期处于不确定状态，以利于保护公民的合法权利。1979年《刑事诉讼法》没有规定取保候审、监视居住措施的期限。1996年修改《刑事诉讼法》时，针对实际执行中司法实务部门掌握不一的问题，以及对于采取取保候审、监视居住后的诉讼活动如何进行没有明确规定的问题，对取保候审、监视居住的期限以及采取措施后的诉讼活动如何进行也作了明确的规定。明确取保候审、监视居住的期限，并对取保候审、监视居住后的程序作出明确要求，有利于督促办案机关在采取强制措施以后及时结案，防止办案机关在宣布取保候审、监视居住以后，出现所谓的“候而不审”的现象，防止案件久拖不决，或者在超过取保候审、监视居住期限后不解除相关措施，或者有的办案机关对犯罪嫌疑人、被告人宣布取保候审、监视居住后，不了了之，以取保候审、监视居住作为案件最终处理的情况。

本条分为两款。第1款是对取保候审、监视居住期限的规定。根据本款规定，人民法院、人民检察院和公安机关对犯罪嫌疑人、被告人取保候审最长不得超过十二个月，监视居住最长不得超过六个月。这里规定的取保候审、监视居住的期限，是指犯罪嫌疑人、被告人分别被公安机关、检察机关、法院采取取保候审、监视居住措施，每一机关有权决定的最长期限。也就是说，在每一诉讼阶段，每一机关有权决定的取保候审期限最长不超过十二个月。监视居住作为逮捕的替代性措施，对犯罪嫌疑人、被告人人身自由的限制强度要比取保候审更强，因此，对监视居住，规定了比取保候审更短的期限，即监视居住期限最长不超过六个月。这样规定，有利于保护公民的人身自由等合法权利，也有利于取保候审、监视居住和拘留、逮捕等措施一起构成一个有序的强制措施体系，便于办案机关根据案件情况选择适当的强制措施。

第 2 款是对司法机关在取保候审、监视居住期间或者期限届满以后应当如何办理案件的规定。主要包括以下几个方面：一是在取保候审、监视居住期间，不得中断对案件的侦查、起诉和审理。这是对公安机关、人民检察院、人民法院的基本要求。对犯罪嫌疑人、被告人采取取保候审、监视居住等强制措施的目的，是从案件的实际情况和犯罪嫌疑人、被告人的社会危险性等情况出发，保障准确、及时查明犯罪而采取的。从强制措施的目的性出发，公安机关、人民检察院、人民法院应当在犯罪嫌疑人、被告人被取保候审、监视居住期间抓紧时间办案，尽量在此期间完成侦查、起诉和审判。这种对刑事诉讼活动应当不间断进行的要求，也可以防止犯罪嫌疑人、被告人因为长期处于被追诉状态而造成权利的不确定，有利于公民权利的保护。

二是如果在办案过程中发现有不应当追究刑事责任的情形或者取保候审、监视居住期限届满的情形，应当解除取保候审、监视居住。这里规定的“不应当”追究刑事责任的情形，主要是针对以下两种情况：（1）被取保候审、监视居住的人没有犯罪事实的，包括犯罪事实没有发生，所侦查的犯罪活动不是被取保候审、监视居住的人实施的等。（2）被取保候审、监视居住的人有《刑事诉讼法》第 16 条规定的不应当追究刑事责任的情形的，即情节显著轻微、危害不大，不认为是犯罪的；犯罪已过追诉时效期限的；经特赦令免除刑罚的；依照刑法告诉才处理的犯罪，没有告诉或者撤回告诉的；犯罪嫌疑人、被告人死亡的；其他法律规定免予追究刑事责任的。这里规定的“取保候审、监视居住期限届满”，是指公安机关、人民检察院、人民法院在取保候审、监视居住决定书上确定的具体期限已经届满。在这种情况下，即使案件还未了结，也应及时解除取保候审、监视居住。如果确需继续采取取保候审、监视居住的，应当重新作出采取取保候审、监视居住的决定，确定新的期限。在确定新的期限时，应当注意本条对取保候审、监视居住的累计最长期限的限制，即取保候审最长不超过十二个月，监视居住最长不超过六个月。

三是本款还规定了公安机关、人民检察院、人民法院在解除取保候审、监视居住后应当及时通知被取保候审、监视居住人和有关单位。这样规定，有利于解除取保候审、监视居住措施的当事人及时恢复正常的工作、生活。

[审判实务]

在适用本条规定时，应当注意以下几点：一是本条已经对取保候审、监视居住的最长期限作了规定，但不是要求对每个犯罪嫌疑人、被告人都要确定十二个月的取保候审或者六个月的监视居住。在侦查、审查起诉、审判过程中，公安机关、人民检察院、人民法院决定强制措施，既要考虑保障办案的实际需要，也要根据比例原则，根据犯罪嫌疑人、被告人涉嫌犯罪的社会危害以及其本人的社会危险性等因素，确定合适的具体期限，在尽量短的时间内完成诉讼活动。

二是如果被取保候审人违反《刑事诉讼法》第 71 条规定，被依法没收保证金后，人民法院、人民检察院、公安机关根据情况仍决定对其取保候审的，对于取保候审的期限应当连续计算，不能另行计算期限，期限也要遵守本条最长不得超过十二个月的要求。不得对同一犯罪嫌疑人、被告人重复采取取保候审、监视居住措施。这些要求，都是为了防止变相延长强制措施的期限或者突破取保候审最长不超过十二个月，监视居住最长不超过六个月的最长期限限制。

三是根据本法第 73 条的规定，被解除取保候审的当事人，可以凭解除取保候审通知书或者有关法律文书到公安机关在指定银行设立的专门账户领取退还的保证金。因此，无论是期限届满，还是在办案过程中发现有不应当追究刑事责任而不再取保候审、监视居住的情形，都应当及时办理解除手续，发放解除取保候审、监视居住通知书或者有关法律文书，以便于当事人及时领取退还的保证金。这样规定，有利于保护公民的合法权利，也有利于防止在实践中出现取保候审、监视居住超过法定期限不侦、不诉、不审，变相放纵犯罪的情况发生。

[配套规定]

1.《最高人民法院、最高人民检察院、公安部、国家安全部关于取保候审若干问题的规定》

第三条 对犯罪嫌疑人、被告人决定取保候审的，不得中止对案件的侦查、起诉和审理。严禁以取保候审变相放纵犯罪。

第四条 对犯罪嫌疑人、被告人决定取保候审的，应当责令其提出保证人或者交纳保证金。

对同一犯罪嫌疑人、被告人决定取保候审的，不得同时使用保证人保证和保证金保证。

第二十条 取保候审即将到期的，执行机关应当在期限届满十五日前书面通知决定机关，由决定机关作出解除取保候审或者变更强制措施的决定，并于期限届满前书面通知执行机关。

执行机关收到决定机关的《解除取保候审决定书》或者变更强制措施的通知后，应当立即执行，并将执行情况及时通知决定机关。

第二十二条 在侦查或者审查起诉阶段已经采取取保候审的，案件移送至审查起诉或者审判阶段时，如果需要继续取保候审，或者需要变更保证方式或强制措施的，受案机关应当在七日内作出决定，并通知执行机关和移送案件的机关。

受案机关决定继续取保候审的，应当重新作出取保候审决定。对继续采取保证金方式取保候审的，原则上不变更保证金数额，不再重新收取保证金。

取保候审期限即将届满，受案机关仍未作出继续取保候审、变更保证方式或者变更强制措施决定的，执行机关应当在期限届满十五日前书面通知受案机关。受案机关应当在原取保候审期限届满前作出决定，并通知执行机关和移送案件的机关。

第二十三条 原决定机关收到受案机关作出的变更强制措施决定后，应当立即解除原取保候审，并将《解除取保候审决定书》、《解除取保候审通知书》送达执行机关，执行机关应当及时书面通知被取保候审人、保证人；受案机关作出继续取保候审或者变更保证方式决定的，原取保候审自动解除，不再办理解除手续。

第二十五条 对被取保候审人判处罚金或者没收财产的判决生效后，依法应当解除取保候审，退还保证金的，如果保证金属于其个人财产，人民法院可以书面通知执行机关将保证金移交人民法院执行刑罚，但剩余部分应当退还被取保候审人。

2.《最高人民法院关于适用〈中华人民共和国刑事诉讼法〉的解释》（法释［2012］21号）（节录）

第一百二十七条 人民检察院、公安机关已经对犯罪嫌疑人取保候审、监视居住，案件起诉至人民法院后，需要继续取保候审、监视居住或者变更强制措施的，人民法院应当在七日内作出决定，并通知人民检察院、公安机关。

决定继续取保候审、监视居住的，应当重新办理手续，期限重新计算；继续使用保证金保证的，不再收取保证金。

人民法院不得对被告人重复采取取保候审、监视居住措施。

3.《最高人民检察院、公安部关于适用刑事强制措施有关问题的规定》（仅列出前述司法解释未规定的内容）

第七条 人民检察院决定对犯罪嫌疑人取保候审的案件，取保候审期限届满十五日前，负责执行的公安机关应当通知作出决定的人民检察院。人民检察院应当在取保候审期限届满前，作出解除取保候审或者变更强制措施的决定，并通知公安机关执行。

第八条 人民检察院决定对犯罪嫌疑人采取保证金担保方式取保候审的，犯罪嫌疑人在取保候审期间没有违反刑事诉讼法第五十六条规定，也没有故意重新犯罪的，人民检察院解除取保候审时，应当通知公安机关退还保证金。

第九条 公安机关决定对犯罪嫌疑人取保候审的案件，犯罪嫌疑人违反应当遵守的规定，情节严重的，公安机关应当依法提请批准逮捕。人民检察院应当根据刑事诉讼法第五十六条的规定审查批准逮捕。

第十条 人民检察院决定对犯罪嫌疑人采取监视居住措施的，应当核实犯罪嫌疑人的住处。犯罪嫌疑人没有固定住处的，人民检察院应当为其指定居所。

第十一条 人民检察院核实犯罪嫌疑人住处或者为其指定居所后，应当制作监视居住执行通知书，将有关法律文书和有关案由、犯罪嫌疑人基本情况的材料，送交犯罪嫌疑人住处或者居所地的同级公安机关执行。人民检察院可以协助公安机关执行。

第十二条 公安机关收到有关法律文书和材料后，应当立即交由犯罪嫌疑人住处或者居所地的县级公安机关执行。负责执行的县级公安机关应当在二十四小时以内，核实被监视居住人的身份和住处或者居所，报告县级公安机关负责人后，通知被监视居住人住处或者居所地的派出所执行。

第十三条 负责执行监视居住的派出所应当指定专人对被监视居住人进行监督考察，并及时将监视居住的执行情况报告所属县级公安机关通知决定监视居住的人民检察院。

第十四条 人民检察院决定对犯罪嫌疑人监视居住的案件，在执行期间，犯罪嫌疑人有正当理由需要离开住处或者指定居所的，负责执行的派出所应当及时报告所属县级公安机关，由该县级公安机关征得决定监视居住的人民检察院同意后予以批准。

第十五条 人民检察院决定对犯罪嫌疑人监视居住的案件，犯罪嫌疑人违反应当遵守的规定的，执行监视居住的派出所应当及时报告县级公安机关通知决定监视居住的人民检察院。情节严重的，人民检察院应当决定予以逮捕，通知公安机关执行。

第十六条 人民检察院决定对犯罪嫌疑人监视居住的案件，监视居住期限届满十五日前，负责执行的县级公安机关应当通知决定监视居住的人民检察院。人民检察院应当在监视居住期限届满前，作出解除监视居住或者变更强制措施的决定，并通知公安机关执行。

4.《人民检察院刑事诉讼规则》（高检发释字［2019］4号）（节录）

第一百零二条 人民检察院决定对犯罪嫌疑人取保候审，最长不得超过十二个月。

第一百零三条 公安机关决定对犯罪嫌疑人取保候审，案件移送人民检察院审查起诉后，对于需要继续取保候审的，人民检察院应当依法重新作出取保候审决定，并对犯罪嫌疑人办理取保候审手续。取保候审的期限应当重新计算并告知犯罪嫌疑人。对继续采取保证金方式取保候审的，被取保候审人没有违反刑事诉讼法第七十一条规定的，不变更保证金数额，不再重新收取保证金。

第一百零四条 在取保候审期间，不得中断对案件的侦查、审查起诉。

第一百零五条 取保候审期限届满或者发现不应当追究犯罪嫌疑人的刑事责任的，应当及时解除或者撤销取保候审。

解除或者撤销取保候审的决定，应当及时通知执行机关，并将解除或者撤销取保候审的决定书送达犯罪嫌疑人；有保证人的，应当通知保证人解除保证义务。

第一百一十二条 人民检察院决定对犯罪嫌疑人监视居住，最长不得超过六个月。

第一百一十三条 公安机关决定对犯罪嫌疑人监视居住，案件移送人民检察院审查起诉后，对于需要继续监视居住的，人民检察院应当依法重新作出监视居住决定，并对犯罪嫌疑人办理监视居住手续。监视居住的期限应当重新计算并告知犯罪嫌疑人。

第一百一十四条 在监视居住期间，不得中断对案件的侦查、审查起诉。

第一百一十五条 监视居住期限届满或者发现不应当追究犯罪嫌疑人刑事责任的，应当解除或者撤销监视居住。

解除或者撤销监视居住的决定应当通知执行机关，并将解除或者撤销监视居住的决定书送达犯罪嫌疑人。

第一百五十条 犯罪嫌疑人及其法定代理人、近亲属或者辩护人认为人民检察院采取强制措施法定期限届满，要求解除、变更强制措施或者释放犯罪嫌疑人的，人民检察院应当在收到申请后三日以内作出决定。

经审查，认为法定期限届满的，应当决定解除、变更强制措施或者释放犯罪嫌疑人，并通知公安机关执行；认为法定期限未满的，书面答复申请人。

第一百五十一条 犯罪嫌疑人及其法定代理人、近亲属或者辩护人向人民检察院提出变更强制措施申请的，人民检察院应当在收到申请后三日以内作出决定。

经审查，同意变更强制措施的，应当在作出决定的同时通知公安机关执行；不同意变更强制措施的，应当书面告知申请人，并说明不同意的理由。

犯罪嫌疑人及其法定代理人、近亲属或者辩护人提出变更强制措施申请的，应当说明理由，有证据和其他材料的，应当附上相关材料。

5.《公安机关办理刑事案件程序规定》（2012年12月13日公安部令第127号）（节录）

第一百零三条 公安机关在取保候审期间不得中断对案件的侦查，对取保候审的犯罪嫌疑人，根据案情变化，应当及时变更强制措施或者解除取保候审。

取保候审最长不得超过十二个月。

第一百零四条 需要解除取保候审的，由决定取保候审的机关制作解除取保候审决定书、通知书，送达负责执行的公安机关。负责执行的公安机关应当根据决定书及时解除取保候审，并通知被取保候审人、保证人和有关单位。

第一百一十八条 在监视居住期间，公安机关不得中断案件的侦查，对被监视居住的犯罪嫌疑人，应当根据案情变化，及时解除监视居住或者变更强制措施。

监视居住最长不得超过六个月。

第一百一十九条 公安机关决定解除监视居住，应当经县级以上公安机关负责人批准，制作解除监视居住决定书，并及时通知执行的派出所或者办案部门、被监视居住人和有关单位。

人民法院、人民检察院作出解除、变更监视居住决定的，公安机关应当及时解除并通知被监视居住人和有关单位。

第八十条 逮捕犯罪嫌疑人、被告人，必须经过人民检察院批准或者人民法院决定，由公安机关执行。

[条文主旨]

本条是关于专门机关决定或批准逮捕权限、程序的规定。

[条文释解]

本条是1979年《刑事诉讼法》的规定，1996年作过修改，2012年、2018年修改《刑事诉讼法》时未作修改。

逮捕是人民法院、人民检察院和公安机关为防止犯罪嫌疑人、被告人逃避或者阻碍侦查、审查起诉、审判，继续犯罪，依法剥夺其人身自由的一种强制措施。宪法要求对逮捕的决定、批准权和执行权实行分离，避免自己决定、自己执行，失去对逮捕、羁押权的制约。《宪法》第37条规定："中华人民共和国公民的人身自由不受侵犯。任何公民，非经人民检察院批准或者决定或者人民法院决定，并由公安机关执行，不受逮捕。禁止非法拘禁和以其他方法非法剥夺或者限制公民的人身自由，禁止非法搜查公民的身体。”这是宪法尊重和保障人权原则以及人民法院、人民检察院和公安机关办理刑事案件分工负责、互相配合、互相制约原则的要求和体现，是我国刑事诉讼法坚持的一个基本原则，也与我国签署或者参加的相关国际公约、条约所承担的国际义务是一致的。将逮捕的决定权和执行权分离，有利于保证公安、司法机关在刑事诉讼中准确有效地执行法律，加强公安、司法机关之间的监督制约，防止滥用职权，保证准确有效地决定和执行逮捕，保护公民的合法权利。

本条从两个方面作了规定。第一，关于逮捕的批准、决定权。根据本条的规定，逮捕犯罪嫌疑人、被告人，必须经过人民检察院批准或者人民法院决定。逮捕的批准、决定权主要有两种情况：

1. 公安机关提请人民检察院审查批准逮捕的。根据《宪法》和《人民检察院组织法》的规定，人民检察院行使逮捕的批准权。公安机关对侦查过程中发现的需逮捕的犯罪嫌疑人，应当写出提请批准逮捕决定书，报请人民检察院审查逮捕。这就是说，公安机关在侦查中认为需要逮捕犯罪嫌疑人时，应当将案件材料报请人民检察院审查批准，公安机关不能自行决定逮捕。

2. 人民检察院或者人民法院决定逮捕的。主要有以下几种情况：（1）人民检察院决定逮捕的情况。主要包括两种情形，一是公安机关没有采取逮捕措施，在移送审查起诉后人民检察院认为应当采取逮捕措施的，或者在审查起诉阶段因情形变化不再符合取保候审、监视居住条件而需要逮捕的。二是人民检察院自侦案件中需要逮捕的情况。（2）人民法院决定逮捕的情况。主要有两种，一是在审判阶段，对人民检察院提起公诉的案件中尚未被逮捕的被告人认为应依法被逮捕的以及人民法院决定对被告人采取取保候审、监视居住措施后因为被告人违反规定等情形而不再符合取保候审、监视居住条件，需要逮捕的。二是人民法院对自诉案件的被告人认为有逮捕必要的。

第二，关于逮捕的执行权。根据本条的规定，人民法院虽然有逮捕决定权，人民检察院虽然有逮捕审查批准权和自侦案件的逮捕决定权，但是逮捕只能由公安机关执行，人民法院、人民检察院不能自己执行。也就是说，无论是检察院批准逮捕的，还是人民检察院或者人民法院决定逮捕的，应当将批准或者决定逮捕的文书送公安机关，由公安机关执行。公安机关应当立即执行，并将执行情况及时通知批准或者决定逮捕的人民检察院或者人民法院。法律作这样的规定，既体现公检法三机关的互相配合，也有利于公检法三机关相互制约、互相监督，有利于及时发现错误，及时纠正。

[审判实务]

实际执行中应注意逮捕有犯罪嫌疑的人大代表时的特殊批准程序。

为保证人大代表行使代表职责，我国相关法律对逮捕人大代表的程序作了特殊规定。根据全国人民代表大会组织法、地方各级人民代表大会和地方各级人民政府组织法、全国人民代表大会和地方各级人民代表大会代表法等有关规定，县级以上各级人民代表大会代表，非经本级人民代表大会主席团许可，在本级人民代表大会闭会期间，非经本级人民代表大会常务委员会许可，不许逮捕，或者乡、民族乡、镇的人民代表大会代表，如果被逮捕、受刑事审判或者被采取法定的其他限制人身自由的措施，执行机关应当立即报告乡、民族乡、镇的人民代表大会。人民代表大会主席团或者常务委员会受理有关机关依法规定提请许可的申请，应当审查是否存在对代表在人民代表大会各种会议上的发言和表决进行法律追究，或者对代表提出建议、批评和意见等其他执行职务行为打击报复的情形，并据此作出决定。

[配套规定]

1. 《人民检察院刑事诉讼规则》（高检发释字［2019］4号）（节录）

第一百二十八条 人民检察院对有证据证明有犯罪事实，可能判处徒刑以上刑罚的犯罪嫌疑人，采取取保候审尚不足以防止发生下列社会危险性的，应当批准或者决定逮捕：

（一）可能实施新的犯罪的；

（二）有危害国家安全、公共安全或者社会秩序的现实危险的；

（三）可能毁灭、伪造证据，干扰证人作证或者串供的；

（四）可能对被害人、举报人、控告人实施打击报复的；

（五）企图自杀或者逃跑的。

有证据证明有犯罪事实是指同时具备下列情形：

（一）有证据证明发生了犯罪事实；

（二）有证据证明该犯罪事实是犯罪嫌疑人实施的；

（三）证明犯罪嫌疑人实施犯罪行为的证据已经查证属实。

犯罪事实既可以是单一犯罪行为的事实，也可以是数个犯罪行为中任何一个犯罪行为的事实。

第一百四十八条 人民检察院对担任县级以上各级人民代表大会代表的犯罪嫌疑人决定采取拘传、取保候审、监视居住、拘留、逮捕强制措施的，应当报请该代表所属的人民代表大会主席团或者常务委员会许可。

人民检察院对担任本级人民代表大会代表的犯罪嫌疑人决定采取强制措施的，应当报请本级人民代表大会主席团或者常务委员会许可。

对担任上级人民代表大会代表的犯罪嫌疑人决定采取强制措施的，应当层报该代表所属的人民代表大会同级的人民检察院报请许可。

对担任下级人民代表大会代表的犯罪嫌疑人决定采取强制措施的，可以直接报请该代表所属的人民代表大会主席团或者常务委员会许可，也可以委托该代表所属的人民代表大会同级的人民检察院报请许可。

对担任两级以上的人民代表大会代表的犯罪嫌疑人决定采取强制措施的，分别依照本条第二、三、四款的规定报请许可。

对担任办案单位所在省、市、县（区）以外的其他地区人民代表大会代表的犯罪嫌疑人决定采取强制措施的，应当委托该代表所属的人民代表大会同级的人民检察院报请许可；担任两级以上人民代表大会代表的，应当分别委托该代表所属的人民代表大会同级的人民检察院报请许可。

对于公安机关提请人民检察院批准逮捕的案件，犯罪嫌疑人担任人民代表大会代表的，报请许可手续由公安机关负责办理。

担任县级以上人民代表大会代表的犯罪嫌疑人，经报请该代表所属人民代表大会主席团或者常务委员会许可后被刑事拘留的，适用逮捕措施时不需要再次报请许可。

2.**《公安机关办理刑事案件程序规定》**（2012年12月13日公安部令第127号）（节录）

第一百二十九条 对有证据证明有犯罪事实，可能判处徒刑以上刑罚的犯罪嫌疑人，采取取保候审尚不足以防止发生下列社会危险性的，应当提请批准逮捕：

（一）可能实施新的犯罪的；

（二）有危害国家安全、公共安全或者社会秩序的现实危险的；

（三）可能毁灭、伪造证据，干扰证人作证或者串供的；

（四）可能对被害人、举报人、控告人实施打击报复的；

（五）企图自杀或者逃跑的。

对于有证据证明有犯罪事实，可能判处十年有期徒刑以上刑罚的，或者有证据证明有犯罪事实，可能判处徒刑以上刑罚，曾经故意犯罪或者身份不明的，应当提请批准逮捕。

公安机关在根据第一款的规定提请人民检察院审查批准逮捕时，应当对犯罪嫌疑人具有社会危险性说明理由。

第一百三十条 有证据证明有犯罪事实，是指同时具备下列情形：

（一）有证据证明发生了犯罪事实；

（二）有证据证明该犯罪事实是犯罪嫌疑人实施的；

（三）证明犯罪嫌疑人实施犯罪行为的证据已有查证属实的。

前款规定的“犯罪事实”既可以是单一犯罪行为的事实，也可以是数个犯罪行为中任何一个犯罪行为的事实。

第八十一条 对有证据证明有犯罪事实，可能判处徒刑以上刑罚的犯罪嫌疑人、被告人，采取取保候审尚不足以防止发生下列社会危险性的，应当予以逮捕：

（一）可能实施新的犯罪的；

（二）有危害国家安全、公共安全或者社会秩序的现实危险的；

（三）可能毁灭、伪造证据，干扰证人作证或者串供的；

（四）可能对被害人、举报人、控告人实施打击报复的；

（五）企图自杀或者逃跑的。

批准或者决定逮捕，应当将犯罪嫌疑人、被告人涉嫌犯罪的性质、情节，认罪认罚等情况，作为是否可能发生社会危险性的考虑因素。

对有证据证明有犯罪事实，可能判处十年有期徒刑以上刑罚的，或者有证据证明有犯罪事实，可能判处徒刑以上刑罚，曾经故意犯罪或者身份不明的，应当予以逮捕。

被取保候审、监视居住的犯罪嫌疑人、被告人违反取保候审、监视居住规定，情节严重的，可以予以逮捕。

[条文主旨]

本条是关于逮捕条件的规定。

[条文释解]

本条是1979年《刑事诉讼法》的规定，1996年修订《刑事诉讼法》时对本条作了一处修改，增加了“批准或者决定逮捕，应当将犯罪嫌疑人、被告人涉嫌犯罪的性质、情节，认罪认罚等情况，作为是否可能发生社会危险性的考虑因素”的内容。

关于逮捕条件，1979年《刑事诉讼法》规定，对主要犯罪事实已经查清，可能判处徒刑以上刑罚的罪犯，采取取保候审、监视居住等方法，尚不足以防止发生社会危险性，而有逮捕必要的，应立即依法逮捕。1996年修改《刑事诉讼法》时，考虑到司法实践中普遍反映“主要犯罪事实已经查清”条件过于严格，在拘留的较短期限内常常无法查清主要犯罪事实，特别是对一些疑难、复杂案件很难做到，公安机关为了解决办案时间不够的问题，只好采取收容审查措施，由公安机关自己决定和执行，缺乏必要的制约，存在超范围、超时限、管理混乱的问题，出现了一些侵犯公民合法权益的现象。为了适应打击犯罪和切实保护公民合法权益的需要，在取消收容审查制度的同时，将《刑事诉讼法》规定的逮捕条件修改为对有证据证明有犯罪事实，可能判处徒刑以上刑罚的犯罪嫌疑人、被告人，采取取保候审、监视居住等方法，尚不足以防止发生社会危险性，而有逮捕必要的，应立即依法逮捕。

1996年《刑事诉讼法》修改后，为了更好地执行审查批准逮捕的规定，最高人民检察院、公安部等部门对逮捕条件作了进一步具体的操作规定。但实践中，也有一些部门反映，法律对“社会危险性”包括哪些情况、是否有程度限制，如何理解“有逮捕必要”等规定较模糊，在具体案件中容易出现认识分歧。有的检察机关对逮捕条件掌握过严，甚至按照审查起诉条件把握逮捕条件，导致对一些本该逮捕的犯罪嫌疑人、被告人不批准逮捕，有的公安机关为侦查需要，或者对犯罪嫌疑人采取监视居住措施变相羁押，或者采取拘留后延长拘留提请批准逮捕期限的办法，以拘代侦。有的公安机关不愿采取取保候审、监视居住措施，也推高了逮捕和羁押的比例，甚至对一些罪行较轻或者社会危险性很小的犯罪嫌疑人也适用逮捕措施，出现应该判处的刑期短于羁押期限，法院不得不关多久判多久的情形。为有利于司法机关准确掌握逮捕条件，发挥逮捕措施在追究犯罪中的作用，防止错误逮捕，加强对公民人身权利的切实保护，2012 年修改《刑事诉讼法》时，对逮捕条件中社会危险性的内涵作了进一步明确规定。

2014 年 4 月 24 日，第十二届全国人民代表大会常务委员会第八次会议通过了《刑事诉讼法》第 79 条第 3 款的解释，对《刑事诉讼法》第 79 条第 3 款关于违反取保候审、监视居住规定情节严重可以逮捕的规定，是否适用于可能判处徒刑以下刑罚的犯罪嫌疑人、被告人的问题明确作出了规定，根据《刑事诉讼法》第 79 条第 3 款的规定，对于被取保候审、监视居住的可能判处徒刑以下刑罚的犯罪嫌疑人、被告人，违反取保候审、监视居住规定，严重影响诉讼活动正常进行的，可以予以逮捕。

2018 年修改《刑事诉讼法》对该条作了一处修改，增加规定了“批准或者决定逮捕，应当将犯罪嫌疑人、被告人涉嫌犯罪的性质情节，认罪认罚等情况，作为是否可能发生社会危险性的考虑因素”。这样修改是完善刑事案件认罪认罚从宽制度的需要。2016 年最高人民法院、最高人民检察院、公安部、国家安全部、司法部发布《关于在部分地区开展刑事案件认罪认罚从宽制度试点工作的办法》，其中第 6 条规定，人民法院、人民检察院、公安机关应当将犯罪嫌疑人、被告人认罪认罚作为其是否具有社会危害性的重要考虑因素，对于没有社会危险性的犯罪嫌疑人、被告人，应当取保候审、监视居住。2018 年修改《刑事诉讼法》时将这一内容吸收进来作了相应修改，在逮捕的条件中作出规定。

本条共计三款。第 1 款是对一般逮捕条件的规定。根据本款的规定，逮捕应同时具备三个条件，才应依法逮捕。

第一，证据要件，即“有证据证明有犯罪事实”。这里所说的“有证据证明有犯罪事实”，一般是指同时具备下列情形：（1）有证据证明发生了犯罪事实。（2）有证据证明犯罪事实是犯罪嫌疑人实施的。“有证据证明有犯罪事实”，并不要求查清全部犯罪事实。其中“犯罪事实”既可以是单一犯罪行为的事实，也可以是数个犯罪行为中任何一个犯罪行为的事实。这就是说，只要有刑事诉讼法规定的物证、书证、证人证言、被害人陈述、犯罪嫌疑人的供述和辩解、鉴定意见、勘验、检查笔录、视听资料、电子数据等证据中的任何一种证据能证明犯罪嫌疑人、被告人实施了犯罪行为，就达到了逮捕的证据要件，并不要求侦查人员把犯罪的所有证据都必须搜集齐全，更不需要对主要犯罪事实都查清，达到“事实清楚，证据确实、充分”的程度。

第二，罪行要件，即对犯罪嫌疑人、被告人所实施的犯罪行为有可能判处有期徒刑以上刑罚。刑罚的轻重，反映了犯罪嫌疑人、被告人的主观恶性、社会危险性，也与其逃避或者妨碍诉讼的可能性之间存在很大的正相关关系。以刑罚为条件可以有效衡量犯罪嫌疑人、被告人妨碍诉讼、逃避刑罚执行的可能性。

一般来说，将较轻的犯罪排除在羁押范围以外，对于法定刑较低或者可能判处较轻刑罚的犯罪，不采取羁押措施，有利于限制适用羁押措施的过多的情形，也不会妨碍刑事诉讼活动的顺利进行。这就要求羁押措施要遵循比例性原则，即是否羁押以及羁押须与所追究的犯罪行为的严重程度相适应。在羁押条件设计时，这一原则体现在对被适用者可能判处的刑罚的要求上，羁押并不针对所有的犯罪嫌疑人、被告人，其必须是可能判处一定刑罚和刑期的罪犯。如果所犯罪行可能连有期徒刑都判不了、即表明所犯罪行的社会危害性较小，就没有必要逮捕。因此，本条规定了可能判处徒刑以上刑罚的要件。

第三，社会危险性要件。这里所说的社会危险性，是指犯罪嫌疑人、被告人实施对社会造成危害的行为的可能。本款明确规定了五种反映社会危险性的情形：

（1）可能实施新的犯罪。羁押作为一种预防性措施，能保护公民免受很有可能发生的重大犯罪的侵害，因此也确有必要。对于可能实施新的犯罪，一方面，对其已经实施的犯罪所体现的主观恶性和犯罪习性进行考察，如，是否是惯犯、流窜犯等已经养成习性的罪犯，是否曾经被判处过刑罚，是否属于累犯，被指控的犯罪是否属于过失犯罪等各方面的因素确定。另一方面，如果有一定的证据证明犯罪嫌疑人、被告人已经开始策划、预备实施某种犯罪的，也可以认定为可能实施新的犯罪。

（2）有危害国家安全、公共安全或者社会秩序的现实危险的。危害国家安全、公共安全或者社会秩序的行为，涉及国家的安全或者不特定多数人的人身财产安全以及社会秩序和稳定等，对具有这种现实危险的犯罪嫌疑人、被告人，在采取强制措施时，应当慎重考虑。如果有一定的证据或者迹象表明犯罪嫌疑人、被告人正在积极策划、组织或者进行准备，很有可能实施这类犯罪行为，为了维护国家安全和稳定，维护公共安全和社会秩序，就需要根据本条规定采取逮捕措施。对只是有危害国家安全、公共安全或者社会秩序的想法或者观念，有较为充分的证据能够表明不会实施危害社会危险性的行为的，也可以不予逮捕。

（3）可能毁灭、伪造、隐匿证据，干扰证人作证或者串供的。即采取积极行动毁灭隐匿证据，包括销毁已经存在的证据，或者将证据转移隐藏，制造假的证据或者对证据进行伪造、变造等改变证据本来特征和信息；利用自己未被羁押的便利条件与其他同案犯建立攻守同盟、统一口径；以口头、书面或者以暴力、威胁恐吓、引诱、收买证人等形式对共同被告人、证人或者鉴定人施加不当影响，阻挠证人作证或者使证人不如实作证，或者指使、威胁、贿赂他人采取这些方式阻挠证人作证或者使证人不如实作证，从而危及对事实真相的查明，使刑事侦查和审判等诉讼活动难以进行的。

（4）可能对被害人、举报人、控告人实施打击报复的。接受举报、控告等是刑事诉讼中发现犯罪、查获犯罪的一个重要方面，举报人、控告人，包括被害人是刑事诉讼中的重要证人，保护这些人不受打击报复，不仅有利于鼓励群众作斗争，也有利于及时发现案件的真相。这里的打击报复，包括采取暴力方法进行的伤害或者意图伤害行为，也包括对被害人、举报人、控告人进行的威胁、恐吓，对其人格、名誉进行的诋毁、攻击，或者利用职权等进行的刁难、要挟迫害等。

（5）企图自杀或者逃跑的。在刑事诉讼中，为了保障诉讼的顺利进行，保障法院的判决得到执行，犯罪嫌疑人、被告人到案、接受讯问和审判是必要条件之一。犯罪嫌疑人、被告人在被追诉以后自杀、逃脱或者隐藏，本身已经说明不采取控制措施，刑事追诉就可能会因为其逃避行为而受阻。因此，对于企图自杀或者逃跑的犯罪嫌疑人、被告人，可以采取逮捕措施。

根据本款规定对犯罪嫌疑人、被告人采取逮捕措施，需要对证据要件、罪行要件、社会危险性要件，结合案件和犯罪嫌疑人、被告人的具体情况，作出综合权衡和认定，并不是只要具有其中一项或者两项要件就采取逮捕措施。比如，对于一些罪行虽然比较严重，但主观恶性不大，有悔罪表现，具备有效监护条件或者社会帮教措施的，初次犯罪，过失犯罪的，犯罪预备、中止、未遂的，犯罪后能够如实交代罪行，认识自己行为的危害性、违法性，积极退赃，尽力减少和赔偿损失，得到被害人谅解的等客观情节，能够表明犯罪嫌疑人、被告人不会发生社会危险性的，虽然符合罪行要件和证据要件，也可以不采取逮捕措施。

第 2 款是批准或者决定逮捕时评估社会危险性和考虑因素的规定。本条第 1 款第 1 项至第 5 项主要是从防止发生社会危险性情形的角度对逮捕条件作出了规定。本款则是将犯罪嫌疑人、被告人已经实施的犯罪事实的客观情况，以及犯罪后认罪认罚的情况等，明确作为评估是否发生社会危险性的考虑因素。

社会危险性是确定是否逮捕的重要条件，评估是否存在社会危险性，即评估是否可能造成新的社会危害、是否会妨碍诉讼的顺利进行，如前款规定的实施新的犯罪、毁灭、伪造证据等情况，应当考虑犯罪嫌疑人、被告人已经实施的犯罪情况及犯罪后的态度，是否认罪认罚等。根据本款规定，批准或者决定逮捕，应当将犯罪嫌疑人、被告人涉嫌犯罪的性质、情节，认罪认罚等情况，作为是否可能发生社会危险性的考虑因素。这里规定的犯罪的性质、情节即是对犯罪嫌疑人、被告人已经实施的犯罪情况的客观判断，犯罪的性质主要是指是什么类型的犯罪、侵犯何种客体，以及可能适用的罪名等情况，犯罪的情节包括犯罪本身的情节轻重以及是否具有相关法定或酌定量刑情节的情况，如是否具有自首情节，有无立功，犯罪的一贯表现等。认罪认罚的情况，包括犯罪嫌疑人是否自愿认罪，能否如实供述自己的罪行，是否同意量刑建议和程序适用、愿意接受处罚等。根据本款规定，批准或者决定逮捕时，在考虑犯罪嫌疑人、被告人涉嫌犯罪的性质、情节，认罪认罚等情况后，对于不致发生社会危险性的犯罪嫌疑人、被告人，可以取保候审或者监视居住。

第 3 款是对犯罪嫌疑人、被告人可以径行逮捕的特殊规定。为了保护国家、社会、公共安全，保障诉讼的顺利进行，对于犯罪嫌疑人、被告人涉嫌犯罪重大，或者有证据表明其曾经犯罪，实施过危害国家、社会安全，干扰诉讼顺利进行的行为的，或者身份不明不采取逮捕措施逃跑后就无法查找的，就需要采取切实防止其妨碍诉讼、危害社会的措施。

本款规定的应当逮捕，主要包括三种情况：　是有证据证明有犯罪事实，可能判处十年有期徒刑以上刑罚的情况。根据我国《刑法》规定，判处十年有期徒刑以上刑罚的都是严重的犯罪，有必要对这些犯罪嫌疑人、被告人予以逮捕。二是有证据证明有犯罪事实，可能判处徒刑以上刑罚，曾经故意犯罪的犯罪嫌疑人、被告人。从刑法上来说，再犯一般都表明罪犯具有较强烈的反社会心理属性和较大的社会危险性，曾经故意犯罪的情况本身就已经表明了这种社会危险性的存在。三是有证据证明有犯罪事实，可能判处徒刑以上刑罚，身份不明的犯罪嫌疑人、被告人。在实践中，很多身份不明的犯罪嫌疑人、被告人本身就是因为强烈的逃避追究的心理驱使而拒绝向办案机关承认自己的真实身份、住址等信息，导致身份无法查明，可能判处徒刑以上刑罚这种较重的刑罚的事实，更有可能强化犯罪嫌疑人、被告人的这种心理，因此有必要对这类犯罪嫌疑人、被告人予以羁押。

第 4 款是对违反取保候审、监视居住规定的犯罪嫌疑人、被告人采取逮捕措施的条件规定。这一规定，是与本法第 71 条、第 77 条的规定相衔接的规定。根据本款规定，被取保候审、监视居住的犯罪嫌疑人、被告人违反了本法第 71 条、第 77 条的规定，就表明犯罪嫌疑人、被告人具有本条第 1 款规定的社会危险性。如果存在本条第 1 款规定的五种社会危险性情形，给司法机关的诉讼活动造成了干扰或者增加了困难，或者严重妨碍了审判活动的正常进行，就属于“情节严重”，应当对其予以逮捕，如果违反规定情节较轻，可以继续对其取保候审或者监视居住。对于应当予以逮捕的，可以根据本法的规定先予采取拘留措施，并按照规定的程序提请审查批准逮捕，在人民检察院批准后执行逮捕。

2014 年 4 月 24 日通过的《全国人民代表大会常务委员会关于〈中华人民共和国刑事诉讼法〉第七十九条第三款的解释》，对本款即本次修改前《刑事诉讼法》第 79 条第 3 款关于违反取保候审、监视居住规定情节严重可以逮捕的规定，是否适用于可能判处徒刑以下刑罚的犯罪嫌疑人、被告人的问题，作出了规定。对于被取保候审、监视居住的可能判处徒刑以下刑罚的犯罪嫌疑人、被告人，违反取保候审、监视居住规定，严重影响诉讼活动正常进行的，可以予以逮捕。这主要是考虑，犯罪嫌疑人、被告人可能被判处徒刑以下刑罚的，由于犯罪情节较为轻微，一般不会发生社会危害性，依法可以取保候审、监视居住。但如果在取保候审、监视居住期间有逃跑、干扰证人作证、毁灭、伪造证据或者串供等违反取保候审、监视居住规定的行为，妨碍刑事诉讼的正常进行，甚至可能引发新的犯罪，是典型的具有社会危险性的情形，应当通过采取逮捕措施加以制止或者防止其再次发生犯罪。因此，对被取保候审、监视居住人违反取保候审、监视居住规定，严重影响诉讼活动正常进行，可以予以逮捕，既适用于可能判处徒刑以上刑罚被取保候审、监视居住的犯罪嫌疑人、被告人，也适用于可能判处徒刑以下刑罚被取保候审、监视居住的犯罪嫌疑人、被告人。

[审判实务]

（一）逮捕犯罪嫌疑人、被告人应具备的条件以及注意事项

逮捕是将犯罪嫌疑人、被告人羁押，剥夺其人身自由，以保证诉讼活动顺利进行的最为严厉的刑事强制措施。修改后的《刑事诉讼法》细化了逮捕的条件，使逮捕的适用更为审慎、严格、规范。

从《刑事诉讼法》的规定看，逮捕分为应当逮捕和可以逮捕两类。应当逮捕又包括三种情况：一是有证据证明有犯罪事实，可能判处徒刑以上刑罚，采取取保候审措施，尚不足以防止发生《刑事诉讼法》第 81 条第 1 款规定的社会危险性的。所谓“有证据证明有犯罪事实”，一般是指同时具备以下三种情形：有证据证明发生了犯罪事实；有证据证明该犯罪事实是犯罪嫌疑人实施的；证明犯罪嫌疑人实施犯罪行为的证据已经查证属实的。“有证据证明有犯罪事实”，并不要求查清全部犯罪事实，其中“犯罪事实”即可以是单一犯罪行为的事实，也可以是数个犯罪行为中任何一个犯罪行为的事实。判断是否具有“社会危险性”，应当将犯罪嫌疑人、被告人涉嫌犯罪的性质、情节、认罪认罚等情况作为考虑因素。《最高人民检察院、公安部关于逮捕社会危险性条件若干问题的规定（试行）》对相关情况也作出了规定。二是有证据证明有犯罪事实，可能判处十年有期徒刑以上刑罚的。三是可能判处徒刑以上刑罚，曾经故意犯罪或者身份不明的。“曾经故意犯罪”，并不是指故意犯罪以后的任何时候再犯可能判处徒刑以上刑罚之罪的都应当逮捕，而应当区分案情。例如再次所犯之罪为过失犯罪的，则不宜一律逮捕；再如再犯之罪情节较轻的，也不宜一律逮捕。

可以逮捕包括两种情况：一是取保候审期间违反取保候审规定，情节严重的。二是监视居住期间违反规定，情节严重的。实践中，对于违反取保候审、监视居住规定，情节严重，需要逮捕的，是否还需符合一般逮捕条件的可能判处徒刑以上刑罚的条件，存有争议。如上所述，《全国人民代表大会常务委员会关于〈中华人民共和国刑事诉讼法〉第七十九条第三款的解释》的规定：“对于被取保候审、监视居住的可能判处徒刑以下刑罚的犯罪嫌疑人、被告人，违反取保候审、监视居住规定，严重影响诉讼活动正常进行的，可以予以逮捕。”也就是说，不需要符合一般逮捕条件中的可能判处徒刑以上刑罚的条件。这是因为，犯罪嫌疑人、被告人有逃跑、干扰证人作

证、毁灭、伪造证据或者串供等违反取保候审、监视居住规定的行为，妨碍刑事诉讼的正常进行，甚至可能引发新的犯罪，是典型的具有社会危险性的情形。针对被取保候审、监视居住人违反取保候审、监视居住规定，严重影响诉讼活动正常进行，可以予以逮捕的专门规定，既适用于可能判处徒刑以上刑罚被取保候审、监视居住的犯罪嫌疑人、被告人，也适用于可能判处徒刑以下刑罚被取保候审、监视居住的犯罪嫌疑人、被告人。

（二）严格把握被取保候审的犯罪嫌疑人、被告人违反取保候审规定，情节严重的内涵

被取保候审的犯罪嫌疑人、被告人违反取保候审规定，情节严重的，可以予以逮捕。情节严重一般依照《刑诉法解释》第129条规定理解，符合下述情况的应予逮捕："（一）故意实施新的犯罪的；（二）企图自杀、逃跑的；（三）毁灭、伪造证据，干扰证人作证或者串供的；（四）对被害人、举报人、控告人实施打击报复的；（五）经传唤，无正当理由不到案，影响审判活动正常进行的；（六）擅自改变联系方式或者居住地，导致无法传唤，影响审判活动正常进行的；（七）未经批准，擅自离开所居住的市、县，影响审判活动正常进行，或者两次未经批准，擅自离开所居住的市、县的；（八）违反规定进入特定场所、与特定人员会见或者通信、从事特定活动，影响审判活动正常进行，或者两次违反有关规定的；（九）依法应当决定逮捕的其他情形。"

（三）严格把握被监视居住的犯罪嫌疑人、被告人违反监视居住规定，情节严重的情节

被监视居住的犯罪嫌疑人、被告人违反监视居住规定，情节严重的，可以予以逮捕。"情节严重"应当依照下列规定认定：（1）具有第129条第1项至第5项规定情形之一的；（2）未经批准，擅自离开执行监视居住的住处、影响审判活动正常进行，或者两次未经批准，擅自离开执行监视居住的；（3）未经批准，擅自会见他人或者通信，影响审判活动正常进行，或者两次未经批准，擅自会见他人或者通信的；（4）对因患有严重疾病、生活不能自理，或者因怀孕、正在哺乳自己婴儿而未予逮捕的被告人，疾病痊愈或者哺乳期已满的；（5）依法应当决定逮捕的其他情形。

（四）逮捕犯罪嫌疑人、被告人应注意的问题

办案机关逮捕犯罪嫌疑人、被告人除应严格把握《刑事诉讼法》规定的逮捕条件外，还应注意以下问题：

1. 人民法院决定逮捕被告人的，应当制作逮捕决定书，交公安机关执行；人民检察院决定逮捕自侦案件的犯罪嫌疑人的，也要制作逮捕决定书，交公安机关执行；公安机关决定逮捕犯罪嫌疑人的，应当写出提请批准逮捕意见书，连同案卷材料、证据，一并移送同级人民检察院审查批准。人民检察院不批准逮捕的，公安机关可以要求复议，但是必须将人犯释放。

2. 犯罪嫌疑人、被告人被逮捕后，决定机关应当在犯罪嫌疑人、被告人被逮捕后二十四小时内通知被逮捕人的家属；确实无法通知的，应当将原因记录在案。《刑诉法解释》第131条规定，人民法院作出逮捕决定后，应当将逮捕决定书等相关材料送交同级公安机关执行，并将逮捕决定书抄送人民检察院。逮捕被告人后，人民法院应当将逮捕的原因和羁押的处所，在二十四小时内通知其家属。确实无法通知的，应当记录在案。

3. 办案机关对于被逮捕的人，如需要讯问，必须在逮捕后二十四小时以内进行讯问。在发现不应当逮捕的时候，应当变更强制措施或者立即释放。人民法院对决定逮捕的被告人，应当在逮捕后二十四小时内讯问。发现不应当逮捕的，应当变更强制措施或者立即释放。

[配套规定]

1.《全国人民代表大会常务委员会关于〈中华人民共和国刑事诉讼法〉第七十九条第三款的解释》

根据刑事诉讼法第七十九条第三款的规定，对于被取保候审、监视居住的可能判处徒刑以下刑罚的犯罪嫌疑人、被告人，违反取保候审、监视居住规定，严重影响诉讼活动正常进行的，可以予以逮捕。

2.《最高人民法院关于适用〈中华人民共和国刑事诉讼法〉的解释》（法释［2012］21号）（节录）

第一百二十八条 对具有刑事诉讼法第七十九条第一款、第二款规定情形的被告人，人民法院应当决定逮捕。

第一百二十九条 被取保候审的被告人具有下列情形之一的，人民法院应当决定逮捕：

（一）故意实施新的犯罪的；

（二）企图自杀、逃跑的；

（三）毁灭、伪造证据，干扰证人作证或者串供的；

（四）对被害人、举报人、控告人实施打击报复的；

（五）经传唤，无正当理由不到案，影响审判活动正常进行的；

（六）擅自改变联系方式或者居住地，导致无法传唤，影响审判活动正常进行的；

（七）未经批准，擅自离开所居住的市、县，影响审判活动正常进行，或者两次未经批准，擅自离开所居住的市、县的；

（八）违反规定进入特定场所、与特定人员会见或者通信、从事特定活动，影响审判活动正常进行，或者两次违反有关规定的；

（九）依法应当决定逮捕的其他情形。

第一百三十条　被监视居住的被告人具有下列情形之一的，人民法院应当决定逮捕：

（一）具有前条第一项至第五项规定情形之一的；

（二）未经批准，擅自离开执行监视居住的处所，影响审判活动正常进行，或者两次未经批准，擅自离开执行监视居住的处所的；

（三）未经批准，擅自会见他人或者通信，影响审判活动正常进行，或者两次未经批准，擅自会见他人或者通信的；

（四）对因患有严重疾病、生活不能自理，或者因怀孕、正在哺乳自己婴儿而未予逮捕的被告人，疾病痊愈或者哺乳期已满的；

（五）依法应当决定逮捕的其他情形。

3.《最高人民检察院关于在检察工作中贯彻宽严相济刑事司法政策的若干意见》

12. 对因人民内部矛盾引发的轻微刑事案件依法从宽处理。对因亲友、邻里及同学同事之间纠纷引发的轻微刑事案件，要本着“冤家宜解不宜结”的精神，着重从化解矛盾、解决纠纷的角度正确处理。对于轻微刑事案件中犯罪嫌疑人认罪悔过、赔礼道歉、积极赔偿损失并得到被害人谅解或者双方达成和解并切实履行，社会危害性不大的，可以依法不予逮捕或者不起诉。确需提起公诉的，可以依法向人民法院提出从宽处理的意见。对属于被害人可以提起自诉的轻微刑事案件，由公安机关立案侦查并提请批捕、移送起诉的，人民检察院可以促使双方当事人在民事赔偿和精神抚慰方面和解，及时化解矛盾，依法从宽处理。

13. 对轻微犯罪中的初犯、偶犯依法从宽处理。对于初次实施轻微犯罪、主观恶性小的犯罪嫌疑人，特别是对因生活无着偶然发生的盗窃等轻微犯罪，犯罪嫌疑人人身危险性不大的，一般可以不予逮捕；符合法定条件的，可以依法不起诉。确需提起公诉的，可以依法向人民法院提出从宽处理的意见。

4.《人民检察院刑事诉讼规则》（高检发释字［2019］4号）（节录）

第一百二十八条 人民检察院对有证据证明有犯罪事实，可能判处徒刑以上刑罚的犯罪嫌疑人，采取取保候审尚不足以防止发生下列社会危险性的，应当批准或者决定逮捕：

（一）可能实施新的犯罪的；

（二）有危害国家安全、公共安全或者社会秩序的现实危险的；

（三）可能毁灭、伪造证据，干扰证人作证或者串供的；

（四）可能对被害人、举报人、控告人实施打击报复的；

（五）企图自杀或者逃跑的。

有证据证明有犯罪事实是指同时具备下列情形：

（一）有证据证明发生了犯罪事实；

（二）有证据证明该犯罪事实是犯罪嫌疑人实施的；

（三）证明犯罪嫌疑人实施犯罪行为的证据已经查证属实。

犯罪事实既可以是单一犯罪行为的事实，也可以是数个犯罪行为中任何一个犯罪行为的事实。

第一百二十九条 犯罪嫌疑人具有下列情形之一的，可以认定为“可能实施新的犯罪”：

（一）案发前或者案发后正在策划、组织或者预备实施新的犯罪的；

（二）扬言实施新的犯罪的；

（三）多次作案、连续作案、流窜作案的；

（四）一年内曾因故意实施同类违法行为受到行政处罚的；

（五）以犯罪所得为主要生活来源的；

（六）有吸毒、赌博等恶习的；

（七）其他可能实施新的犯罪的情形。

第一百三十条 犯罪嫌疑人具有下列情形之一的，可以认定为“有危害国家安全、公共安全或者社会秩序的现实危险”：

（一）案发前或者案发后正在积极策划、组织或者预备实施危害国家安全、公共安全或者社会秩序的重大违法犯罪行为的；

（二）曾因危害国家安全、公共安全或者社会秩序受到刑事处罚或者行政处罚的；

（三）在危害国家安全、黑恶势力、恐怖活动、毒品犯罪中起组织、策划、指挥作用或者积极参加的；

（四）其他有危害国家安全、公共安全或者社会秩序的现实危险的情形。

第一百三十一条 犯罪嫌疑人具有下列情形之一的，可以认定为“可能毁灭、伪造证据，干扰证人作证或者串供”：

（一）曾经或者企图毁灭、伪造、隐匿、转移证据的；

（二）曾经或者企图威逼、恐吓、利诱、收买证人，干扰证人作证的；

（三）有同案犯罪嫌疑人或者与其在事实上存在密切关联犯罪的犯罪嫌疑人在逃，重要证据尚未收集到位的；

（四）其他可能毁灭、伪造证据，干扰证人作证或者串供的情形。

第一百三十二条 犯罪嫌疑人具有下列情形之一的，可以认定为“可能对被害人、举报人、控告人实施打击报复”：

（一）扬言或者准备、策划对被害人、举报人、控告人实施打击报复的；

（二）曾经对被害人、举报人、控告人实施打击、要挟、迫害等行为的；

（三）采取其他方式滋扰被害人、举报人、控告人的正常生活、工作的；

（四）其他可能对被害人、举报人、控告人实施打击报复的情形。

第一百三十三条 犯罪嫌疑人具有下列情形之一的，可以认定为“企图自杀或者逃跑”：

（一）着手准备自杀、自残或者逃跑的；

（二）曾经自杀、自残或者逃跑的；

（三）有自杀、自残或者逃跑的意思表示的；

（四）曾经以暴力、威胁手段抗拒抓捕的；

（五）其他企图自杀或者逃跑的情形。

第一百三十四条 人民检察院办理审查逮捕案件，应当全面把握逮捕条件，对有证据证明有犯罪事实、可能判处徒刑以上刑罚的犯罪嫌疑人，除具有刑事诉讼法第八十一条第三款、第四款规定的情形外，应当严格审查是否具备社会危险性条件。

第一百三十五条 人民检察院审查认定犯罪嫌疑人是否具有社会危险性，应当以公安机关移送的社会危险性相关证据为依据，并结合案件具体情况综合认定。必要时，可以通过讯问犯罪嫌疑人、询问证人等诉讼参与人、听取辩护律师意见等方式，核实相关证据。

依据在案证据不能认定犯罪嫌疑人符合逮捕社会危险性条件的，人民检察院可以要求公安机关补充相关证据，公安机关没有补充移送的，应当作出不批准逮捕的决定。

第一百三十六条 对有证据证明有犯罪事实，可能判处十年有期徒刑以上刑罚的犯罪嫌疑人，应当批准或者决定逮捕。

对有证据证明有犯罪事实，可能判处徒刑以上刑罚，犯罪嫌疑人曾经故意犯罪或者不讲真实姓名、住址，身份不明的，应当批准或者决定逮捕。

第一百三十七条 人民检察院经审查认为被取保候审、监视居住的犯罪嫌疑人违反取保候审、监视居住规定，依照本规则第一百零一条、第一百一十一条的规定办理。

对于被取保候审、监视居住的可能判处徒刑以下刑罚的犯罪嫌疑人，违反取保候审、监视居住规定，严重影响诉讼活动正常进行的，可以予以逮捕。

第一百三十八条 对实施多个犯罪行为或者共同犯罪案件的犯罪嫌疑人，符合本规则第一百二十八条的规定，具有下列情形之一的，应当批准或者决定逮捕：

（一）有证据证明犯有数罪中的一罪的；

（二）有证据证明实施多次犯罪中的一次犯罪的；

（三）共同犯罪中，已有证据证明有犯罪事实的犯罪嫌疑人。

第一百三十九条 对具有下列情形之一的犯罪嫌疑人，人民检察院应当作出不批准逮捕或者不予逮捕的决定：

（一）不符合本规则规定的逮捕条件的；

（二）具有刑事诉讼法第十六条规定的情形之一的。

第一百四十条 犯罪嫌疑人涉嫌的罪行较轻，且没有其他重大犯罪嫌疑，具有下列情形之一的，可以作出不批准逮捕或者不予逮捕的决定：

（一）属于预备犯、中止犯，或者防卫过当、避险过当的；

（二）主观恶性较小的初犯，共同犯罪中的从犯、胁从犯，犯罪后自首、有立功表现或者积极退赃、赔偿损失、确有悔罪表现的；

（三）过失犯罪的犯罪嫌疑人，犯罪后有悔罪表现，有效控制损失或者积极赔偿损失的；

（四）犯罪嫌疑人与被害人双方根据刑事诉讼法的有关规定达成和解协议，经审查，认为和解系自愿、合法且已经履行或者提供担保的；

（五）犯罪嫌疑人认罪认罚的；

（六）犯罪嫌疑人系已满十四周岁未满十八周岁的未成年人或者在校学生，本人有悔罪表现，其家庭、学校或者所在社区、居民委员会、村民委员会具备监护、帮教条件的；

（七）犯罪嫌疑人系已满七十五周岁的人。

第一百四十一条 对符合刑事诉讼法第七十四条第一款规定的犯罪嫌疑人，人民检察院经审查认为不需要逮捕的，可以在作出不批准逮捕决定的同时，向公安机关提出采取监视居住措施的建议。

5.《最高人民检察院、公安部关于逮捕社会危险性条件若干问题的规定（试行）》

第二条 人民检察院办理审查逮捕案件，应当全面把握逮捕条件，对有证据证明有犯罪事实、可能判处徒刑以上刑罚的犯罪嫌疑人，除刑诉法第七十九条第二、三款规定的情形外，应当严格审查是否具备社会危险性条件。公安机关侦查刑事案件，应当收集、固定犯罪嫌疑人是否具有社会危险性的证据。

第三条 公安机关提请逮捕犯罪嫌疑人的，应当同时移送证明犯罪嫌疑人具有社会危险性的证据。对于证明犯罪事实的证据能够证明犯罪嫌疑人具有社会危险性的，应当在提请批准逮捕书中专门予以说明。对于证明犯罪事实的证据不能证明犯罪嫌疑人具有社会危险性的，应当收集、固定犯罪嫌疑人具备社会危险性条件的证据，并在提请逮捕时随卷移送。

第四条 人民检察院审查认定犯罪嫌疑人是否具有社会危险性，应当以公安机关移送的社会危险性相关证据为依据，并结合案件具体情况综合认定。必要时可以通过讯问犯罪嫌疑人、询问证人等诉讼参与人、听取辩护律师意见等方式，核实相关证据。依据在案证据不能认定犯罪嫌疑人符合逮捕社会危险性条件的，人民检察院可以要求公安机关补充相关证据，公安机关没有补充移送的，应当作出不批准逮捕的决定。

第五条 犯罪嫌疑人“可能实施新的犯罪”，应当具有下列情形之一：

（一）案发前或者案发后正在策划、组织或者预备实施新的犯罪的；

（二）扬言实施新的犯罪的；

（三）多次作案、连续作案、流窜作案的；

（四）一年内曾因故意实施同类违法行为受到行政处罚的；

（五）以犯罪所得为主要生活来源的；

（六）有吸毒、赌博等恶习的；

（七）其他可能实施新的犯罪的情形。

第六条 犯罪嫌疑人“有危害国家安全、公共安全或者社会秩序的现实危险”，应当具有下列情形之一：

（一）案发前或者案发后正在积极策划、组织或者预备实施危害国家安全、公共安全或者社会秩序的重大违法犯罪行为的；

（二）曾因危害国家安全、公共安全或者社会秩序受到刑事处罚或者行政处罚的；

（三）在危害国家安全、黑恶势力、恐怖活动、毒品犯罪中起组织、策划、指挥作用或者积极参加的；

（四）其他有危害国家安全、公共安全或者社会秩序的现实危险的情形。

第七条 犯罪嫌疑人“可能毁灭、伪造证据，干扰证人作证或者串供”，应当具有下列情形之一：

（一）曾经或者企图毁灭、伪造、隐匿、转移证据的；

（二）曾经或者企图威逼、恐吓、利诱、收买证人，干扰证人作证的；

（三）有同案犯罪嫌疑人或者与其在事实上存在密切关联犯罪的犯罪嫌疑人在逃，重要证据尚未收集到位的；

（四）其他可能毁灭、伪造证据，干扰证人作证或者串供的情形。

第八条 犯罪嫌疑人“可能对被害人、举报人、控告人实施打击报复”，应当具有下列情形之一：

（一）扬言或者准备、策划对被害人、举报人、控告人实施打击报复的；

（二）曾经对被害人、举报人、控告人实施打击、要挟、迫害等行为的；

（三）采取其他方式滋扰被害人、举报人、控告人的正常生活、工作的；

（四）其他可能对被害人、举报人、控告人实施打击报复的情形。

第九条 犯罪嫌疑人“企图自杀或者逃跑”，应当具有下列情形之一：

（一）着手准备自杀、自残或者逃跑的；

（二）曾经自杀、自残或者逃跑的；

（三）有自杀、自残或者逃跑的意思表示的；

（四）曾经以暴力、威胁手段抗拒抓捕的；

（五）其他企图自杀或者逃跑的情形。

第十条 人民检察院对于以无社会危险性不批准逮捕的，应当向公安机关说明理由，必要时可以向被害人说明理由。对于社会关注的重大敏感案件或者可能引发群体性事件的，在作出不捕决定前应当进行风险评估并做好处置预案。

6. **《公安机关办理刑事案件程序规定》**（2012年12月13日公安部令第127号）（节录）

第一百二十九条 对有证据证明有犯罪事实，可能判处徒刑以上刑罚的犯罪嫌疑人，采取取保候审尚不足以防止发生下列社会危险性的，应当提请批准逮捕：

（一）可能实施新的犯罪的；

（二）有危害国家安全、公共安全或者社会秩序的现实危险的；

（三）可能毁灭、伪造证据，干扰证人作证或者串供的；

（四）可能对被害人、举报人、控告人实施打击报复的；

（五）企图自杀或者逃跑的。

对于有证据证明有犯罪事实，可能判处十年有期徒刑以上刑罚的，或者有证据证明有犯罪事实，可能判处徒刑以上刑罚，曾经故意犯罪或者身份不明的，应当提请批准逮捕。

公安机关在根据第一款的规定提请人民检察院审查批准逮捕时，应当对犯罪嫌疑人具有社会危险性说明理由。

第一百三十条 有证据证明有犯罪事实，是指同时具备下列情形：

（一）有证据证明发生了犯罪事实；

（二）有证据证明该犯罪事实是犯罪嫌疑人实施的；

（三）证明犯罪嫌疑人实施犯罪行为的证据已有查证属实的。

前款规定的“犯罪事实”既可以是单一犯罪行为的事实，也可以是数个犯罪行为中任何一个犯罪行为的事实。

第一百三十一条 被取保候审人违反取保候审规定，具有下列情形之一的，可以提请批准逮捕：

（一）涉嫌故意实施新的犯罪行为的；

（二）有危害国家安全、公共安全或者社会秩序的现实危险的；

（三）实施毁灭、伪造证据或者干扰证人作证、串供行为，足以影响侦查工作正常进行的；

（四）对被害人、举报人、控告人实施打击报复的；

（五）企图自杀、逃跑，逃避侦查的；

（六）未经批准，擅自离开所居住的市、县，情节严重的，或者两次以上未经批准，擅自离开所居住的市、县的；

（七）经传讯无正当理由不到案，情节严重的，或者经两次以上传讯不到案的；

（八）违反规定进入特定场所、从事特定活动或者与特定人员会见、通信两次以上的。

第一百三十二条 被监视居住人违反监视居住规定，具有下列情形之一的，可以提请批准逮捕：

（一）涉嫌故意实施新的犯罪行为的；

（二）实施毁灭、伪造证据或者干扰证人作证、串供行为，足以影响侦查工作正常进行的；

（三）对被害人、举报人、控告人实施打击报复的；

（四）企图自杀、逃跑，逃避侦查的；

（五）未经批准，擅自离开执行监视居住的处所，情节严重的，或者两次以上未经批准，擅自离开执行监视居住的处所的；

（六）未经批准，擅自会见他人或者通信，情节严重的，或者两次以上未经批准，擅自会见他人或者通信的；

（七）经传讯无正当理由不到案，情节严重的，或者经两次以上传讯不到案的。

7.《最高人民检察院关于贯彻执行〈最高人民法院、最高人民检察院关于办理贪污贿赂刑事案件适用法律若干问题的解释〉的通知》

“二、”全面履行检察职能，做好《解释》实施工作

“6.”依法适用逮捕措施。各级人民检察院对于正在办理或者新受理的审查逮捕案件，应当按照《解释》规定，依法准确适用逮捕强制措施。要全面把握逮捕条件，对于“有证据证明有犯罪事实”这一条件，必须严格执行《解释》规定，对达不到定罪数额标准的，还应考虑是否具有法定从轻、减轻或者酌定从轻处罚情节，只有在经过综合审查判断，认为可能判处徒刑以上刑罚并具有社会危险性的，才能依法作出逮捕决定。对于已经逮捕的犯罪嫌疑人、被告人按照《解释》规定达不到定罪标准的，应当依法解除强制措施。

第八十二条 公安机关对于现行犯或者重大嫌疑分子，如果有下列情形之一的，可以先行拘留：

（一）正在预备犯罪、实行犯罪或者在犯罪后即时被发觉的；

（二）被害人或者在场亲眼看见的人指认他犯罪的；

（三）在身边或者住处发现有犯罪证据的；

（四）犯罪后企图自杀、逃跑或者在逃的；

（五）有毁灭、伪造证据或者串供可能的；

（六）不讲真实姓名、住址，身份不明的；

（七）有流窜作案、多次作案、结伙作案重大嫌疑的。

[条文主旨]

本条是关于拘留条件的规定。

[条文释解]

本条是1979年《刑事诉讼法》的规定，1996年作过修改，2012年、2018年修改《刑事诉讼法》时未作修改。

从刑事诉讼正当程序的要求来说，采取限制或者剥夺人身自由的强制措施，一般需要事先经过批准。但是出于防卫社会的目的，均衡打击犯罪和保障人权的关系，也有必要赋予警察在紧急情况下采取临时性强制措施的权力，在犯罪正在进行或者犯罪分子尚未逃脱的情况下，先行采取措施制止犯罪、控制犯罪嫌疑人或现行犯，并为决定是否逮捕提供时间保障。作为刑事强制措施的拘留是公安机关在紧急情况下，对现行犯或者重大嫌疑分子采取的依法剥夺其人身自由的强制性措施，其目的是为了及时制止正在进行的犯罪，抓获现行犯罪分子和重大嫌疑分子；阻止犯罪危害延续，尽量消除犯罪后果；及时取得罪证，查明案情，保证侦查工作顺利进行。

我国1954年及1980年的《逮捕拘留条例》（已失效）均对拘留的条件作了严格规定，《刑事诉讼法》制定时，将总结的经验吸收到《刑事诉讼法》中。1996年修改《刑事诉讼法》时，根据长期的实践经验和经济社会发展状况，又对其中一些条件作了进一步修改完善。考虑到之前为查明罪犯，特别是查清流窜作案和身份不明的犯罪分子而采取的收容审查作为一种行政强制手段，羁押时间较长，而且不经其他司法机关，由公安机关自己决定，缺乏监督制约机制，不符合《刑事诉讼法》的有关规定，为了更好地保护公民的人身权利，将收容审查中与犯罪斗争有实际需要的内容，吸收到《刑事诉讼法》中，对有关刑事强制措施进行补充修改，将其中不讲真实姓名、来历不明、流窜作案、多次作案、结伙作案等需要公安机关迅速采取措施，才能制止犯罪，查明犯罪，抓获犯罪嫌疑人的情况，吸收到《刑事诉讼法》有关先行拘留的规定中，不再保留作为行政强制手段的收容审查。这样修改，有利于防止在刑事诉讼中采用非刑事诉讼强制措施限制人身自由的情形。

根据本条规定，公安机关在作出拘留决定的时候，应当考虑以下因素，主要是拘留措施适用于现行犯和重大嫌疑分子。所谓现行犯，是指正在实施犯罪的犯罪分子。包括正在预备犯罪、正在实施犯罪，或者犯罪刚刚结束，尚未离开现场，在场目击的人或者随后追查犯罪的人可以确认犯罪系其实施的犯罪嫌疑人。重大嫌疑分子，一般是指侦查机关通过侦查，已经有较大量的证据能够基本证明犯罪系其实施的犯罪嫌疑人。

另外，本条具体列举了适用拘留措施的几种情形。其中如第 1 项“正在预备犯罪、实行犯罪或者在犯罪后即时被发觉的”；第 2 项“被害人或者在场亲眼看见的人指认他犯罪的”情形；第 3 项“在身边或者住处发现有犯罪证据的”情形，一般来说根据这些情况，基本都可以确认已经发生的犯罪系该犯罪嫌疑人实施的，及时采取措施，可以防止其继续犯罪，减少犯罪造成的危害，也有利于及时、全面地收集证据，提高诉讼效率；第 4 项“犯罪后企图自杀、逃跑或者在逃的”情形；第 5 项“有毁灭、伪造证据或者串供可能的”情形，主要是为了防止犯罪嫌疑人逃避刑事追究和保障刑事诉讼的顺利进行；第 6 项“不讲真实姓名、住址、身份不明的”和第 7 项“有流窜作案、多次作案、结伙作案的重大嫌疑的”情形，这两种情况下，一旦犯罪嫌疑人逃逸，就会给查清事实、抓获犯罪嫌疑人造成很大的困难，及时采取措施约束犯罪嫌疑人，有利于提高诉讼效率。

[司法实务]

在实际执行中，公安机关应注意拘留有犯罪嫌疑的人大代表时的特殊批准程序问题。为保证人大代表行使代表职责，我国法律对拘留人大代表的程序作了特殊规定。根据全国人民代表大会组织法、地方各级人民代表大会和地方各级人民政府组织法和全国人民代表大会和地方各级人民代表大会代表法的有关规定，县级以上各级人民代表大会的代表实行拘留，执行拘留的公安机关应当立即向拘留人所在的本级人民代表大会主席团或者其常委会报告。对乡、民族乡、镇的人民代表大会代表如果采取拘留措施的，执行拘留的公安机关应当立即报告乡、民族乡、镇的人民代表大会。

[配套规定]

1.《公安机关办理刑事案件程序规定》（2012年12月13日公安部令第127号）（节录）

第一百二十条 公安机关对于现行犯或者重大嫌疑分子，有下列情形之一的，可以先行拘留：

（一）正在预备犯罪、实行犯罪或者在犯罪后即时被发觉的；

（二）被害人或者在场亲眼看见的人指认他犯罪的；

（三）在身边或者住处发现有犯罪证据的；

（四）犯罪后企图自杀、逃跑或者在逃的；

（五）有毁灭、伪造证据或者串供可能的；

（六）不讲真实姓名、住址，身份不明的；

（七）有流窜作案、多次作案、结伙作案重大嫌疑的。

第一百六十一条 公安机关依法对县级以上各级人民代表大会代表拘传、取保候审、监视居住、拘留或者提请批准逮捕的，应当书面报请该代表所属的人民代表大会主席团或者常务委员会许可。

第一百六十二条 公安机关对现行犯拘留的时候，发现其是县级以上人民代表大会代表的，应当立即向其所属的人民代表大会主席团或者常务委员会报告。

公安机关在依法执行拘传、取保候审、监视居住、拘留或者逮捕中，发现被执行人是县级以上人民代表大会代表的，应当暂缓执行，并报告决定或者批准机关。如果在执行后发现被执行人是县级以上人民代表大会代表的，应当立即解除，并报告决定或者批准机关。

第一百六十三条 公安机关依法对乡、民族乡、镇的人民代表大会代表拘传、取保候审、监视居住、拘留或者执行逮捕的，应当在执行后立即报告其所属的人民代表大会。

第一百六十四条 公安机关依法对政治协商委员会委员拘传、取保候审、监视居住的，应当将有关情况通报给该委员所属的政协组织。

第一百六十五条 公安机关依法对政治协商委员会委员执行拘留、逮捕前，应当向该委员所属的政协组织通报情况；情况紧急的，可在执行的同时或者执行以后及时通报。

2.**《人民检察院刑事诉讼规则》**（高检发释字［2019］4号）（节录）

第一百二十一条 人民检察院对于具有下列情形之一的犯罪嫌疑人，可以决定拘留：

（一）犯罪后企图自杀、逃跑或者在逃的；

（二）有毁灭、伪造证据或者串供可能的。

第一百二十二条 人民检察院作出拘留决定后，应当将有关法律文书和案由、犯罪嫌疑人基本情况的材料送交同级公安机关执行。必要时，人民检察院可以协助公安机关执行。

拘留后，应当立即将被拘留人送看守所羁押，至迟不得超过二十四小时。

第一百二十三条 对犯罪嫌疑人拘留后，除无法通知的以外，人民检察院应当在二十四小时以内，通知被拘留人的家属。

无法通知的，应当将原因写明附卷。无法通知的情形消除后，应当立即通知其家属。

第一百二十七条 公民将正在实行犯罪或者在犯罪后即被发觉的、通缉在案的、越狱逃跑的、正在被追捕的犯罪嫌疑人或者犯罪人扭送到人民检察院的，人民检察院应当予以接受，并且根据具体情况决定是否采取相应的紧急措施。不属于自己管辖的，应当移送主管机关处理。

第一百四十八条 人民检察院对担任县级以上各级人民代表大会代表的犯罪嫌疑人决定采取拘传、取保候审、监视居住、拘留、逮捕强制措施的，应当报请该代表所属的人民代表大会主席团或者常务委员会许可。

人民检察院对担任本级人民代表大会代表的犯罪嫌疑人决定采取强制措施的，应当报请本级人民代表大会主席团或者常务委员会许可。

对担任上级人民代表大会代表的犯罪嫌疑人决定采取强制措施的，应当层报该代表所属的人民代表大会同级的人民检察院报请许可。

对担任下级人民代表大会代表的犯罪嫌疑人决定采取强制措施的，可以直接报请该代表所属的人民代表大会主席团或者常务委员会许可，也可以委托该代表所属的人民代表大会同级的人民检察院报请许可。

对担任两级以上的人民代表大会代表的犯罪嫌疑人决定采取强制措施的，分别依照本条第二、三、四款的规定报请许可。

对担任办案单位所在省、市、县（区）以外的其他地区人民代表大会代表的犯罪嫌疑人决定采取强制措施的，应当委托该代表所属的人民代表大会同级的人民检察院报请许可；担任两级以上人民代表大会代表的，应当分别委托该代表所属的人民代表大会同级的人民检察院报请许可。

对于公安机关提请人民检察院批准逮捕的案件，犯罪嫌疑人担任人民代表大会代表的，报请许可手续由公安机关负责办理。

担任县级以上人民代表大会代表的犯罪嫌疑人，经报请该代表所属人民代表大会主席团或者常务委员会许可后被刑事拘留的，适用逮捕措施时不需要再次报请许可。

第一百四十九条 担任县级以上人民代表大会代表的犯罪嫌疑人因现行犯被人民检察院拘留的，人民检察院应当立即向该代表所属的人民代表大会主席团或者常务委员会报告。报告的程序参照本规则第一百四十八条报请许可的程序规定。

对担任乡、民族乡、镇的人民代表大会代表的犯罪嫌疑人决定采取强制措施的，由县级人民检察院向乡、民族乡、镇的人民代表大会报告。

第八十三条 公安机关在异地执行拘留、逮捕的时候，应当通知被拘留、逮捕人所在地的公安机关，被拘留、逮捕人所在地的公安机关应当予以配合。

[条文主旨]

本条是关于异地拘留、逮捕程序的规定。

[条文释解]

本条是1996年修改《刑事诉讼法》时增加的规定，2012年、2018年修改《刑事诉讼法》时未作修改。

根据法律规定，拘留、逮捕由公安机关执行。由于犯罪分子作案后一般都想尽办法逃跑、躲藏，千方百计地企图逃脱公安司法机关打击，在很多情况下，犯罪分子都逃离作案地，所以查明犯罪分子藏匿位置，并将其抓获的任务也不都是在其作案地完成的，许多情况下都需要公安机关异地执行拘留、逮捕。一般来说，为了提高侦查效率，各国的侦查机关都遵循一体化原则，在完成任务时服从统一的指挥。我国公安机关也遵循一体化原则，配合异地前来抓捕的公安机关完成拘留、逮捕任务是各地公安机关应尽的义务。实践中，在大多数情况下，到异地去执行职务的公安机关都会在主动通知所在地的公安机关后，取得当地公安机关的积极配合。但有时候，由于沟通不够，甚至有些地方的公安机关存在保护主义等原因，公安机关在异地执行拘留、逮捕任务时也会遇到一些困难，有时得不到当地公安机关的配合，不利于刑事诉讼活动的顺利进行，影响了对犯罪分子的打击。因此，刑事诉讼法对这种情况下异地公安机关的配合义务作了明确规定。

本条对异地执行拘留、逮捕作了两个方面的规定：一是规定了执行拘留、逮捕任务的公安机关的通知义务，即公安机关在异地执行拘留、逮捕任务时，应当通知被拘留、逮捕人所在地的公安机关。这里的“异地”，是指立案侦查的公安机关所在地以外的其他地区。“被拘留、逮捕人所在地”，是指犯罪分子居住或者藏匿的地区。规定“通知”被拘留、逮捕人所在地公安机关，一方面是为了让当地公安机关能够为配合执行拘留、逮捕任务进行必要的准备，事先查找犯罪嫌疑人、被告人下落，准备人员、车辆，拟定行动路线、方案等。另一方面也是考虑到，作为当地的治安管理机关，有责任掌握本地的治安状况，包括在本地是否发生了违法犯罪、犯罪嫌疑人是否居住在本地或者流窜、隐藏在本地等情况。在当地公安机关不知情的情况下执行了拘留、逮捕，也可能会给当地公安机关造成工作上的不便，如，误认为本地公安机关管理的居住人口失踪，甚至出现当地公安机关不了解实际情况，因误解而给拘留、逮捕造成障碍的情况。从实践来说，通过沟通，执行拘留、逮捕职务所在地的公安机关，一般是派人到被拘留人、被逮捕人居住地等公安机关所在地执行任务，并请求当地公安机关配合，也可以将配合的请求通知被拘留、逮捕人所在地公安机关，由当地公安机关自己执行拘留、逮捕任务后，通知请求协助的公安机关将被拘留、逮捕人带回所查案件的公安机关所在地。但无论采取何种方式，在通知被拘留、逮捕人所在地的公安机关时，均要告知并出示有关的拘留、逮捕证及公安机关的证明文件（如办案协作函件）等，保证各种法律手续完备。在必要的时候，还应向当地公安机关介绍基本的案件情况，以便于当地公安机关制定具体的方案。

二是规定了异地公安机关的配合义务。被拘留、逮捕人所在地的公安机关接到通知后，应当积极配合前来执行拘留、逮捕任务的公安机关将犯罪嫌疑人拘留、逮捕。“配合”包括帮助查找被拘留、逮捕人所在的具体地点，派出为保证顺利完成拘留、逮捕任务所必需的人员，提供必要的警械、车辆；在拘留、逮捕后，本地看守所及时协助拘留、逮捕犯罪嫌疑人，帮助进行异地押解等工作。

本条规定，被拘留、逮捕人所在地的公安机关“应当”配合，也就是必须配合完成拘留、逮捕任务。因此，外地来执行拘留、逮捕任务的公安机关只要法律手续完备，协作地公安机关就应当及时予以配合。经调查核实被拘留、逮捕人不在管辖范围的，也应当及时转递有管辖权的公安机关。协作地公安机关抓获犯罪嫌疑人后，应当立即通知委托地公安机关。委托地公安机关应当及时提解。当然对于协作地公安机关依照请求协作的公安机关的要求履行办案协作职责所产生的法律责任，如错误拘留、逮捕引起的国家赔偿责任等，应当由请求协作的公安机关承担。

[配套规定]

《公安机关办理刑事案件程序规定》（2012 年 12 月 13 日公安部令第 127 号）（节录）

第三百三十五条 对异地公安机关提出协助调查、执行强制措施等协作请求，只要法律手续完备，协作地公安机关就应当及时无条件予以配合，不得收取任何形式的费用。

第三百三十六条 县级以上公安机关办理刑事案件需要异地公安机关协作的，应当制作办案协作函件。

负责协作的县级以上公安机关接到异地公安机关请求协作的函件后，应当指定主管业务部门办理。

第三百三十七条 对获取的犯罪线索，不属于自己管辖的，应当及时移交有管辖权的公安机关或者其他有关部门。

第三百三十九条 异地执行拘留、逮捕的，执行人员应当持拘留证、逮捕证、办案协作函件和工作证件，与协作地县级以上公安机关联系，协作地公安机关应当派员协助执行。

第三百四十条 委托异地公安机关代为执行拘留、逮捕的，应当将拘留证、逮捕证、办案协作函件送达协作地公安机关。

已被决定拘留、逮捕的犯罪嫌疑人在逃的，可以通过网上工作平台发布犯罪嫌疑人相关信息、拘留证或者逮捕证。各地公安机关发现网上逃犯的，应当立即组织抓捕。

协作地公安机关抓获犯罪嫌疑人后，应当立即通知委托地公安机关。委托地公安机关应当立即携带法律文书及时提解，提解的侦查人员不得少于二人。

第三百四十一条 异地公安机关请求协查犯罪嫌疑人的身份、年龄、违法犯罪经历等情况的，协查地公安机关接到通知后应当在七日以内将协查结果通知请求协查的公安机关；交通十分不便的边远地区，应当在十五日以内将协查结果通知请求协查的公安机关。

异地公安机关请求协助调查取证或者查询犯罪信息、资料的，协作地公安机关应当及时协查并反馈。

第三百四十二条 需要异地办理查询、查封、扣押或者冻结与犯罪有关的财物、文件的，执行人员应当持相关的法律文书、办案协作函件和工作证件，与协作地县级以上公安机关联系，协作地公安机关应当协助执行。

在紧急情况下，可以将办案协作函件和相关的法律文书电传至协作地县级以上公安机关，协作地公安机关应当及时采取措施。委托地公安机关应当立即派员前往协作地办理。

第三百四十三条 对不履行办案协作职责造成严重后果的，对直接负责的主管人员和其他直接责任人员，应当给予行政处分；构成犯罪的，依法追究刑事责任。

第三百四十四条 协作地公安机关依照请求协作的公安机关的要求，履行办案协作职责所产生的法律责任，由请求协作的公安机关承担。

第八十四条　对于有下列情形的人，任何公民都可以立即扭送公安机关、人民检察院或者人民法院处理：

（一）正在实行犯罪或者在犯罪后即时被发觉的；

（二）通缉在案的；

（三）越狱逃跑的；

（四）正在被追捕的。

[条文主旨]

本条是关于公民扭送权利的规定。

[条文释解]

1996年《刑事诉讼法》对本条作过修改，2012年、2018年《刑事诉讼法》未作修改。

国家鼓励公民与犯罪分子作斗争，广大公民能增强这方面的意识，勇于同犯罪分子作斗争，对于打击犯罪活动，扶持正气，维护社会治安稳定，具有重要意义。本条规定体现了我国刑事诉讼贯彻执行群众路线，实行人民群众与专门机关相结合的原则，鼓励人民群众积极与犯罪分子作斗争的精神。

为了支持和鼓励同犯罪作斗争，法律首先肯定了任何公民对于具有法定情形的人都可以立即扭送公安机关、人民检察院或者人民法院处理。然后，为了使公民更加准确地行使扭送的权利，本条明确规定对下列四种人可以立即扭送：即正在实行犯罪或者在犯罪后即时被发觉的、通缉在案的、越狱逃跑的、正在被追捕的。

[司法实务]

公民扭送应当注意两个问题：一是为了使公民准确行使扭送的权利，也考虑到公民的扭送是在没有任何批准和决定程序的情况下进行的，从保障公民权利的角度慎重考虑，《刑事诉讼法》对扭送的范围作了严格的限制，对于需要通过侦查活动收集证据和审查后才能确定是否可以作为犯罪嫌疑人进行追究的，一般不要求公民进行扭送。公民对于认为可能实施犯罪的其他人，可以向司法机关举报、控告，由司法机关决定如何处理。二是考虑到一些群众对刑事诉讼法关于职能管辖的规定不太了解，因此，为了鼓励群众的见义勇为，本条规定公民可以将犯罪嫌疑人或者罪犯扭送到公安机关、人民检察院、人民法院中的任一机关。公安机关、人民检察院和人民法院对被扭送的人，不论是否属于自己管辖的范围，都应当接受并立即讯问，需要采取紧急措施的，应当先采取紧急措施。对于属于自己职责和管辖范围的，根据《刑事诉讼法》的有关规定立案处理。不属于自己职责和管辖范围的，依照公检法的分工及管辖范围，将犯罪嫌疑人连同讯问笔录、罪证移送主管机关处理。

[配套规定]

《人民检察院刑事诉讼规则》（高检发释字［2019］4号）（节录）

第一百二十七条 公民将正在实行犯罪或者在犯罪后即被发觉的、通缉在案的、越狱逃跑的、正在被追捕的犯罪嫌疑人或者犯罪人扭送到人民检察院的，人民检察院应当予以接受，并且根据具体情况决定是否采取相应的紧急措施。不属于自己管辖的，应当移送主管机关处理。

第八十五条 公安机关拘留人的时候，必须出示拘留证。

拘留后，应当立即将被拘留人送看守所羁押，至迟不得超过二十四小时。除无法通知或者涉嫌危害国家安全犯罪、恐怖活动犯罪通知可能有碍侦查的情形以外，应当在拘留后二十四小时以内，通知被拘留人的家属。有碍侦查的情形消失以后，应当立即通知被拘留人的家属。

[条文主旨]

本条是关于拘留程序的规定。

[条文释解]

本条是1979年《刑事诉讼法》的规定，1996年未作修改，2012年作过修改，2018年修改《刑事诉讼法》时未作修改。

2012年3月14日第十一届全国人民代表大会第五次会议通过的《关于修改〈中华人民共和国刑事诉讼法〉的决定》对本条作了以下主要修改：一是增加规定应当将被拘留的人立即送看守所羁押，至迟不得超过二十四小时。二是对1996年《刑事诉讼法》关于因“有碍侦查”而不通知被拘留人家属的规定中的有碍侦查的范围作出限定，只有因涉嫌“危害国家安全犯罪、恐怖活动犯罪”有碍侦查的，才可以不通知。三是增加规定，因有碍侦查未通知被拘留人家属的，在有碍侦查的情形消失后，应当立即通知被拘留人的家属。

拘留是在一定时期内暂时剥夺犯罪嫌疑人人身自由的强制措施，如果使用不当，将会严重侵害被拘留人的人身权利。因此，有必要对拘留的执行程序作出严格的规定。本条关于拘留必须出示拘留证的规定，以及2012年修改增加的关于拘留后立即送看守所羁押、除涉嫌两类特殊犯罪通知有碍侦查的外，二十四小时以内通知家属的规定，都体现了严格规范拘留程序，加强对犯罪嫌疑人合法权益保护的精神。

本条分为两款。第1款是对公安机关拘留人必须出示拘留证的规定。拘留作为侦查活动中，在紧急情况下，对犯罪嫌疑人依法采取的限制人身自由的临时强制措施，在适用时必须要有一定的法律手续和凭证。拘留证是公安机关执行拘留的凭证。拘留证应当写明被拘留人的姓名、案由等，并盖有执行拘留的公安机关印章。

“必须出示拘留证”包含两层意思：一是执行拘留的公安机关工作人员必须已经依法取得了拘留证，即公安机关依照法律规定作出了拘留的决定，并按照规定程序签发了拘留证。这样可以防止公安机关的工作人员滥用职权，侵犯公民的合法权益。二是执行拘留的公安机关工作人员必须将拘留证向被拘留的人出示。出示拘留证以表明公安机关工作人员正在依法执行拘留任务，这样既有利于对其监督，也有利于各有关方面包括被拘留的人及其亲友、所在单位等配合公安机关工作。对于经出示拘留证后，不配合甚至抗拒拘留的人，执行拘留的人员可以采取适当的强制方法，必要时可使用械具。

第2款是关于将被拘留的人立即送看守所羁押和通知被拘留人家属的规定。主要有以下内容：

1. 公安机关在将被拘留人执行拘留以后，应当立即送看守所羁押，至迟不得超过二十四小时。拘留作为一种限制人身自由的强制措施，应当在依法设立的看守所执行。看守所监督人员等都是按照有关规定建设和配备的，有条件保证被拘留人人身安全，防止脱逃，保障讯问等工作依法顺利进行。司法实践中曾存在将被拘留的人关押在其他办案场所或者其他场所的情况，这种行为不符合法律规定，不利于保护被拘留人的合法权益，不利于防止对被拘留人刑讯逼供的情况发生，并且存在被拘留人逃跑、自杀、突发疾病死亡等安全隐患。针对这些情况，有关方面加强了在这方面的管理和监督，如《公安机关办理刑事案件程序规定》明确规定，对被拘留、逮捕的犯罪嫌疑人、被告人应当立即送看守所羁押。2012 年修改《刑事诉讼法》时根据各方面意见，总结实践经验，对拘留后立即送看守所羁押在法律中予以明确规定，并对时限作出明确规定，即至迟不得超过二十四小时。需要注意的是，规定至迟不得超过二十四小时，主要是考虑到实践中情况比较复杂，如执行拘留的地点距离看守所较远，需要一定的路途时间。在犯罪现场被拘留需要当场指认、协助抓获同案犯等。“至迟不得超过二十四小时”，是指如果有特殊情况，送看守所的时间最长也不得超过此时限。如无特殊情况，必须即时送往看守所羁押。并不是说公安机关在执行拘留以后，只要不超过二十四小时，就可以任意拖延。

2. 除无法通知或者涉嫌危害国家安全犯罪、恐怖活动犯罪通知可能有碍侦查的情形外，公安机关应当在拘留后二十四小时以内，通知被拘留人的家属。拘留是限制人身自由的一种强制措施，原则上应当通知被拘留人的家属，让其及时了解其亲属已经被采取拘留措施的情况，这样便于被拘留人的家属根据情况为其聘请律师或者提供其他帮助，以依法维护被拘留人的合法权益。只有在无法通知的情形下，或者因涉嫌危害国家安全犯罪、恐怖活动犯罪通知可能有碍侦查的情形的，才可以不通知。“无法通知”主要指被拘留人家属地址不明，以及被拘留人无家属等情况。“涉嫌危害国家安全犯罪、恐怖活动犯罪通知可能有碍侦查”，包含两层意思：一是只有涉嫌上述两类犯罪活动的，才能够不通知。对因涉嫌其他犯罪而被拘留的，不得以可能妨碍侦查为由不通知其家属。二是即使是因涉嫌上述两类犯罪而被拘留，也不是一律不通知家属，只有存在通知家属可能妨碍侦查情况的，才能不通知。“有碍侦查”主要是指被拘留的人属于恐怖活动犯罪集团案犯，其他案犯尚未被捉拿归案，其被拘留的消息传出去，可能会引起其他同案犯逃跑、自杀、毁灭或伪造证据等，妨碍侦查工作的顺利进行；被拘留人的家属与其犯罪有牵连，通知后可能引起转移、隐匿、销毁罪证，等等。

3. 有碍侦查的情形消失以后，应当立即通知被拘留人的家属。拘留以后长时间不通知被拘留人家属，不利于对被拘留人权益的保护，而且随着案件侦查工作的进展，执行拘留时通知被拘留人家属可能会有碍侦查的情况已经消除，如同案犯已被抓获、重要证据已经查获等。如果随着情况的变化，通知被拘留人家属不再妨碍侦查工作的，自应当立即通知。

[配套规定]

1. **《公安机关办理刑事案件程序规定》**（2012 年 12 月 13 日公安部令第 127 号）（节录）

第一百二十一条 拘留犯罪嫌疑人，应当填写呈请拘留报告书，经县级以上公安机关负责人批准，制作拘留证。执行拘留时，必须出示拘留证，并责令被拘留人在拘留证上签名、捺指印，拒绝签名、捺指印的，侦查人员应当注明。

紧急情况下，对于符合本规定第一百二十条所列情形之一的，应当将犯罪嫌疑人带至公安机关后立即审查，办理法律手续。

第一百二十二条 拘留后，应当立即将被拘留人送看守所羁押，至迟不得超过二十四小时。

异地执行拘留的，应当在到达管辖地后二十四小时以内将犯罪嫌疑人送看守所羁押。

第一百二十三条 除无法通知或者涉嫌危害国家安全犯罪、恐怖活动犯罪通知可能有碍侦查的情形以外，应当在拘留后二十四小时以内制作拘留通知书，通知被拘留人的家属。拘留通知书应当写明拘留原因和羁押处所。

本条规定的“无法通知”的情形适用本规定第一百零九条第二款的规定。

有下列情形之一的，属于本条规定的“有碍侦查”：

（一）可能毁灭、伪造证据，干扰证人作证或者串供的；

（二）可能引起同案犯逃避、妨碍侦查的；

（三）犯罪嫌疑人的家属与犯罪有牵连的。

无法通知、有碍侦查的情形消失以后，应当立即通知被拘留人的家属。

对于没有在二十四小时以内通知家属的，应当在拘留通知书中注明原因。

2. **《人民检察院刑事诉讼规则》**（高检发释字［2019］4 号）（节录）

第一百四十四条 除无法通知的以外，人民检察院应当在公安机关执行拘留、逮捕后二十四小时以内，通知犯罪嫌疑人的家属。

第一百四十五条 人民检察院应当自收到移送起诉的案卷材料之日起三日以内告知犯罪嫌疑人有权委托辩护人。对已经采取留置措施的，应当在执行拘留时告知。

第八十六条　公安机关对被拘留的人，应当在拘留后的二十四小时以内进行讯问。在发现不应当拘留的时候，必须立即释放，发给释放证明。

[条文主旨]

本条是关于拘留期限的规定。

[条文释解]

本条是1979年《刑事诉讼法》的规定，1996年未作修改，2012年作过修改，2018年修改《刑事诉讼法》时未作修改。

公安机关在紧急情况下对犯罪嫌疑人采取拘留措施，其目的在于及时控制犯罪嫌疑人，防止现行犯或重大嫌疑分子逃避侦查和审判，并有利于收集证据，保证诉讼的顺利进行。但是考虑到拘留是剥夺人身自由的强制措施，如果适用不当，就会严重侵犯当事人的合法权利，必须慎重适用。

1996年《刑事诉讼法》中“对需要逮捕而证据还不充足的，可以取保候审或者监视居住”的规定，在实践中易被理解为只有犯罪的证据充足的，才能予以逮捕，这也与逮捕条件中“有证据证明有犯罪事实”在表述上存在冲突。为避免理解错误，2012年3月14日第十一届全国人民代表大会第五次会议通过的《关于修改〈中华人民共和国刑事诉讼法〉的决定》对本条作了修改，删去了“对需要逮捕而证据还不充足的，可以取保候审或者监视居住”的规定。本条规定既考虑到了司法机关与犯罪作斗争的需要，又考虑到了维护公民的合法权益。

根据本条规定，公安机关对被拘留的人，应当在拘留后的二十四小时以内进行讯问。这样规定，主要是为了使公安机关及时发现对嫌疑人采取的强制措施是否正确，发现错误及时纠正，同时也有利于迅速查明已掌握的证据是否确实可靠，以便不失时机地展开进一步的侦查工作。“在发现不应当拘留的时候，必须立即释放”，即一旦发现错误拘留人时，应立即放人，并发给释放证明。

[配套规定]

1.《公安机关办理刑事案件程序规定》（2012年12月13日公安部令第127号）（节录）

第一百二十四条 对被拘留的人，应当在拘留后二十四小时以内进行讯问。发现不应当拘留的，应当经县级以上公安机关负责人批准，制作释放通知书，看守所凭释放通知书发给被拘留人释放证明书，将其立即释放。

第一百二十五条 对被拘留的犯罪嫌疑人，经过审查认为需要逮捕的，应当在拘留后的三日以内，提请人民检察院审查批准。在特殊情况下，经县级以上公安机关负责人批准，提请审查批准逮捕的时间可以延长一日至四日。

对流窜作案、多次作案、结伙作案的重大嫌疑分子，经县级以上公安机关负责人批准，提请审查批准逮捕的时间可以延长至三十日。

本条规定的“流窜作案”，是指跨市、县管辖范围连续作案，或者在居住地作案后逃跑到外市、县继续作案；“多次作案”，是指三次以上作案；“结伙作案”，是指二人以上共同作案。

第一百二十六条 犯罪嫌疑人不讲真实姓名、住址，身份不明的，应当对其身份进行调查。经县级以上公安机关负责人批准，拘留期限自查清其身份之日起计算，但不得停止对其犯罪行为的侦查取证。

对符合逮捕条件的犯罪嫌疑人，也可以按其自报的姓名提请批准逮捕。

第一百二十七条 对被拘留的犯罪嫌疑人审查后，根据案件情况报经县级以上公安机关负责人批准，分别作出如下处理：

（一）需要逮捕的，在拘留期限内，依法办理提请批准逮捕手续；

（二）应当追究刑事责任，但不需要逮捕的，依法直接向人民检察院移送审查起诉，或者依法办理取保候审或者监视居住手续后，向人民检察院移送审查起诉；

（三）拘留期限届满，案件尚未办结，需要继续侦查的，依法办理取保候审或者监视居住手续；

（四）具有本规定第一百八十三条规定情形之一的，释放被拘留人，发给释放证明书；需要行政处理的，依法予以处理或者移送有关部门。

2.《人民检察院刑事诉讼规则》（高检发释字［2019］4号）（节录）

第一百二十四条 对被拘留的犯罪嫌疑人，应当在拘留后二十四小时以内进行讯问。

第一百二十五条 对被拘留的犯罪嫌疑人，发现不应当拘留的，应当立即释放；依法可以取保候审或者监视居住的，按照本规则的有关规定办理取保候审或者监视居住手续。

对被拘留的犯罪嫌疑人，需要逮捕的，按照本规则的有关规定办理逮捕手续；决定不予逮捕的，应当及时变更强制措施。

第一百二十六条 人民检察院直接受理侦查的案件，拘留犯罪嫌疑人的羁押期限为十四日，特殊情况下可以延长一日至三日。

第一百四十三条 人民检察院应当在执行拘留后十日以内，作出是否逮捕、取保候审或者监视居住的决定。特殊情况下，决定的时间可以延长一日至四日。

人民检察院决定采取强制措施的期间不计入审查起诉期限。

第八十七条 公安机关要求逮捕犯罪嫌疑人的时候，应当写出提请批准逮捕书，连同案卷材料、证据，一并移送同级人民检察院审查批准。必要的时候，人民检察院可以派人参加公安机关对于重大案件的讨论。

[条文主旨]

本条是关于提请逮捕的程序的规定。

[条文释解]

本条是1979年《刑事诉讼法》的规定，1996年作过修改，2012年、2018年修改《刑事诉讼法》时未作修改。

逮捕是剥夺犯罪嫌疑人、被告人人身自由的较为严重的强制措施，必须慎重适用。《宪法》及《刑事诉讼法》规定的人民法院、人民检察院、公安机关分工负责、互相配合、互相制约的原则，是正确谨慎适用逮捕措施的重要保障。根据这一原则的要求，一方面公安机关要根据提请、决定和执行相分离的基本要求，在认为需要逮捕犯罪嫌疑人的时候，提请人民检察院作出决定，而不是自己决定。另一方面公安机关也要向人民检察院提供审查批准逮捕所需要的事实、证据和相关材料。为了保障检察机关能够深入了解案情，客观、全面地行使审查批准逮捕的权力，刑事诉讼法作出上述规定。

[司法实务]

根据本条规定，公安机关在侦查过程中需要逮捕犯罪嫌疑人时，不能自行决定，而应当制作提请批准逮捕书，连同案卷材料、证据，一并移送人民检察院审查批准。“提请批准逮捕书”应当写明犯罪嫌疑人的姓名、年龄、职业、家庭住址等基本情况、案由、犯罪事实、逮捕的理由以及法律依据等。提请批准逮捕书应盖有提请批捕的公安机关公章。

“案卷材料、证据”是指用以证明本案事实的报案、控告、举报材料、调查材料、鉴定材料及其他证据材料，如犯罪嫌疑人已被拘留的，应附有拘留证。这些材料可以使检察机关能够客观全面地判断犯罪嫌疑人是否符合逮捕条件。

人民检察院根据本条的规定，在必要的时候可以派人参加公安机关对于重大案件的讨论。“必要的时候”，主要是指以下情况：一是为了从重从快地打击犯罪，震慑犯罪分子，人民检察院需要尽快了解案情，迅速批捕；二是案情重大复杂，或者意见分歧较大，人民检察院派人参加公安机关对重大案件的讨论，以审查批捕对证据要求的角度提出检察机关对案件的意见，有助于意见的统一以及公安机关搜集证据的质量，以达到证明，以保证批捕工作的顺利进行，同时也有利于公安机关对一些遗漏的证据作进一步的补充收集，以保证侦查工作扎实可靠。人民检察院参加重大案件讨论，是制约和配合的体现。人民检察院收到提请批准逮捕书后，可以主动派人参加讨论，公安机关认为需要人民检察院派员参加重大案件讨论的，也应当及时通知人民检察院，人民检察院接到通知后，应当及时派员参加。参加的检察人员在充分了解案情的基础上，应当对侦查活动提出意见和建议。

[配套规定]

1.《最高人民检察院、公安部关于依法适用逮捕措施有关问题的规定》（2001 年 8 月 6 日）

二、公安机关在作出是否提请人民检察院批准逮捕的决定之前，应当对收集、调取的证据材料予以核实。对于符合逮捕条件的犯罪嫌疑人，应当提请人民检察院批准逮捕；对于不符合逮捕条件但需要继续侦查的，公安机关可以依法取保候审或者监视居住。

公安机关认为需要人民检察院派员参加重大案件讨论的，应当及时通知人民检察院，人民检察院接到通知后，应当及时派员参加。参加的检察人员在充分了解案情的基础上，应当对侦查活动提出意见和建议。

2. **《人民检察院刑事诉讼规则》**（高检发释字［2019］4号）（节录）

第二百五十五条 人民检察院办理审查逮捕、审查起诉案件，应当全面审查证明犯罪嫌疑人有罪或者无罪、罪轻或者罪重的证据。

第二百五十六条 经公安机关商请或者人民检察院认为确有必要时，可以派员适时介入重大、疑难、复杂案件的侦查活动，参加公安机关对于重大案件的讨论，对案件性质、收集证据、适用法律等提出意见，监督侦查活动是否合法。

经监察机关商请，人民检察院可以派员介入监察机关办理的职务犯罪案件。

第二百五十七条 对于批准逮捕后要求公安机关继续侦查、不批准逮捕后要求公安机关补充侦查或者审查起诉阶段退回公安机关补充侦查的案件，人民检察院应当分别制作继续侦查提纲或者补充侦查提纲，写明需要继续侦查或者补充侦查的事项、理由、侦查方向、需补充收集的证据及其证明作用等，送交公安机关。

第二百五十九条 办理审查逮捕、审查起诉案件，可以询问证人、被害人、鉴定人等诉讼参与人，并制作笔录附卷。询问时，应当告知其诉讼权利和义务。

询问证人、被害人的地点按照刑事诉讼法第一百二十四条的规定执行。

第二百六十一条 办理审查逮捕案件，犯罪嫌疑人已经委托辩护律师的，可以听取辩护律师的意见。辩护律师提出要求的，应当听取辩护律师的意见。对辩护律师的意见应当制作笔录，辩护律师提出的书面意见应当附卷。

办理审查起诉案件，应当听取辩护人或者值班律师、被害人及其诉讼代理人的意见，并制作笔录。辩护人或者值班律师、被害人及其诉讼代理人提出书面意见的，应当附卷。

对于辩护律师在审查逮捕、审查起诉阶段多次提出意见的，均应如实记录。

辩护律师提出犯罪嫌疑人不构成犯罪、无社会危险性、不适宜羁押或者侦查活动有违法犯罪情形等书面意见的，检察人员应当审查，并在相关工作文书中说明是否采纳的情况和理由。

第二百六十二条　直接听取辩护人、被害人及其诉讼代理人的意见有困难的，可以通过电话、视频等方式听取意见并记录在案，或者通知辩护人、被害人及其诉讼代理人提出书面意见。无法通知或者在指定期限内未提出意见的，应当记录在案。

第二百六十三条　对于公安机关提请批准逮捕、移送起诉的案件，检察人员审查时发现存在本规则第七十五条第一款规定情形的，可以调取公安机关讯问犯罪嫌疑人的录音、录像并审查相关的录音、录像。对于重大、疑难、复杂的案件，必要时可以审查全部录音、录像。

对于监察机关移送起诉的案件，认为需要调取有关录音、录像的，可以商监察机关调取。

对于人民检察院直接受理侦查的案件，审查时发现负责侦查的部门未按照本规则第七十五条第三款的规定移送录音、录像或者移送不全的，应当要求其补充移送。对取证合法性或者讯问笔录真实性等产生疑问的，应当有针对性地审查相关的录音、录像。对于重大、疑难、复杂的案件，可以审查全部录音、录像。

第二百六十五条　犯罪嫌疑人及其辩护人申请排除非法证据，并提供相关线索或者材料的，人民检察院应当调查核实。发现侦查人员以刑讯逼供等非法方法收集证据的，应当依法排除相关证据并提出纠正意见。

审查逮捕期限届满前，经审查无法确定存在非法取证的行为，但也不能排除非法取证可能的，该证据不作为批准逮捕的依据。检察官应当根据在案的其他证据认定案件事实和决定是否逮捕，并在作出批准或者不批准逮捕的决定后，继续对可能存在的非法取证行为进行调查核实。经调查核实确认存在以刑讯逼供等非法方法收集证据情形的，应当向公安机关提出纠正意见。以非法方法收集的证据，不得作为提起公诉的依据。

第二百六十六条　审查逮捕期间，犯罪嫌疑人申请排除非法证据，但未提交相关线索或者材料，人民检察院经全面审查案件事实、证据，未发现侦查人员存在以非法方法收集证据的情形，认为符合逮捕条件的，可以批准逮捕。

……

第二百八十条 人民检察院办理审查逮捕案件，可以讯问犯罪嫌疑人；具有下列情形之一的，应当讯问犯罪嫌疑人：

（一）对是否符合逮捕条件有疑问的；

（二）犯罪嫌疑人要求向检察人员当面陈述的；

（三）侦查活动可能有重大违法行为的；

（四）案情重大、疑难、复杂的；

（五）犯罪嫌疑人认罪认罚的；

（六）犯罪嫌疑人系未成年人的；

（七）犯罪嫌疑人是盲、聋、哑人或者是尚未完全丧失辨认或者控制自己行为能力的精神病人的。

讯问未被拘留的犯罪嫌疑人，讯问前应当听取公安机关的意见。

办理审查逮捕案件，对被拘留的犯罪嫌疑人不予讯问的，应当送达听取犯罪嫌疑人意见书，由犯罪嫌疑人填写后及时收回审查并附卷。经审查认为应当讯问犯罪嫌疑人的，应当及时讯问。

第二百八十一条 对有重大影响的案件，可以采取当面听取侦查人员、犯罪嫌疑人及其辩护人等意见的方式进行公开审查。

第四百六十二条 人民检察院对未成年犯罪嫌疑人审查逮捕，应当根据未成年犯罪嫌疑人涉嫌犯罪的性质、情节、主观恶性、有无监护与社会帮教条件、认罪认罚等情况，综合衡量其社会危险性，严格限制适用逮捕措施。

第四百六十三条 对于罪行较轻，具备有效监护条件或者社会帮教措施，没有社会危险性或者社会危险性较小的未成年犯罪嫌疑人，应当不批准逮捕。

对于罪行比较严重，但主观恶性不大，有悔罪表现，具备有效监护条件或者社会帮教措施，具有下列情形之一，不逮捕不致发生社会危险性的未成年犯罪嫌疑人，可以不批准逮捕：

（一）初次犯罪、过失犯罪的；

（二）犯罪预备、中止、未遂的；

（三）防卫过当、避险过当的；

（四）有自首或者立功表现的；

（五）犯罪后认罪认罚，或者积极退赃，尽力减少和赔偿损失，被害人谅解的；

（六）不属于共同犯罪的主犯或者集团犯罪中的首要分子的；

（七）属于已满十四周岁不满十六周岁的未成年人或者系在校学生的；

（八）其他可以不批准逮捕的情形。

对于没有固定住所、无法提供保证人的未成年犯罪嫌疑人适用取保候审的，可以指定合适的成年人作为保证人。

第四百六十四条 审查逮捕未成年犯罪嫌疑人，应当重点查清其是否已满十四、十六、十八周岁。

对犯罪嫌疑人实际年龄难以判断，影响对该犯罪嫌疑人是否应当负刑事责任认定的，应当不批准逮捕。需要补充侦查的，同时通知公安机关。

3.《公安机关办理刑事案件程序规定》（2012年12月13日公安部令第127号）（节录）

第六十四条 公安机关提请批准逮捕书、起诉意见书必须忠实于事实真象。故意隐瞒事实真象的，应当依法追究责任。

第六十五条 需要查明的案件事实包括：

（一）犯罪行为是否存在；

（二）实施犯罪行为的时间、地点、手段、后果以及其他情节；

（三）犯罪行为是否为犯罪嫌疑人实施；

（四）犯罪嫌疑人的身份；

（五）犯罪嫌疑人实施犯罪行为的动机、目的；

（六）犯罪嫌疑人的责任以及与其他同案人的关系；

（七）犯罪嫌疑人有无法定从重、从轻、减轻处罚以及免除处罚的情节；

（八）其他与案件有关的事实。

第一百三十三条 需要提请批准逮捕犯罪嫌疑人的，应当经县级以上公安机关负责人批准，制作提请批准逮捕书，连同案卷材料、证据，一并移送同级人民检察院审查批准。

第八十八条 人民检察院审查批准逮捕，可以讯问犯罪嫌疑人；有下列情形之一的，应当讯问犯罪嫌疑人：

（一）对是否符合逮捕条件有疑问的；

（二）犯罪嫌疑人要求向检察人员当面陈述的；

（三）侦查活动可能有重大违法行为的。

人民检察院审查批准逮捕，可以询问证人等诉讼参与人，听取辩护律师的意见；辩护律师提出要求的，应当听取辩护律师的意见。

[条文主旨]

本条是关于批准逮捕中的讯问、询问与听取意见程序的规定。

[条文释解]

本条是2012年修改《刑事诉讼法》时增加的规定，2018年修改《刑事诉讼法》时未作修改。

逮捕是最为严厉的强制措施。正确、及时地适用逮捕措施，可以发挥其打击犯罪、维护社会秩序的重要作用，有效防止犯罪嫌疑人或者被告人毁灭、伪造证据，干扰证人作证、串供，自杀、逃跑，实施新的犯罪行为等，有助于全面收集证据，查明案情，保证刑事诉讼活动的顺利进行。但如果使用不当，则会严重侵犯公民的人身权利，损害司法机关威信。为了保证逮捕措施的正确适用，防止“错捕”“滥捕”，刑事诉讼法根据分工负责、互相配合、互相制约的原则，将逮捕的决定权和执行权分离，规定公安机关认为有必要对犯罪嫌疑人采取逮捕措施的，应提请人民检察院审查批准，以加强检察机关的监督。但是1996年《刑事诉讼法》对检察机关审查批准逮捕的程序没有作具体的规定，司法实践中检察机关审查批准逮捕时，主要是根据公安机关在提请审查批准逮捕时移送的提请批准逮捕书、案卷材料和相关证据，进行书面审查。这种以书面审查为主的做法，难以保证审查批准逮捕工作的质量。

另外，由于1996年《刑事诉讼法》对逮捕的条件和程序都规定得比较原则，实践中一些司法机关对于是否应当逮捕的标准把握不一致，往往存在不同认识，影响案件的办理。1996年修改《刑事诉讼法》时，适当放宽了逮捕的条件，将1980年《刑事诉讼法》规定的“主要犯罪事实已经查清”修改为“对有证据证实有犯罪事实”，但对人民检察院审查批准逮捕的具体程序未作细致的规定。2012年前，一些地方在审查批准逮捕工作中，逐渐推行直接讯问犯罪嫌疑人，以核实案情澄清证据疑点。2010年8月，《最高人民检察院、公安部关于审查逮捕阶段讯问犯罪嫌疑人的规定》，对人民检察院审查逮捕阶段讯问犯罪嫌疑人工作作出了专门规定。实践证明，这种做法不仅有利于保护犯罪嫌疑人的合法权益，也有利于司法机关在逮捕标准的把握上统一认识，准确把握逮捕的条件。2012 年《刑事诉讼法》修改时，为进一步规范审查批准逮捕工作，根据各方面意见，总结实践经验，增加了关于人民检察院审查批准逮捕时讯问犯罪嫌疑人的规定。同时，还对询问证人等诉讼参与人、听取辩护律师意见作出规定。这些规定，增强了审查批准逮捕程序的可操作性。所谓“兼听则明”，当面听取各方面意见，对于办理审查批准逮捕案件的人员全面地审查、判断、核实证据，准确作出是否批准逮捕的决定具有重要作用。

人民检察院审查批准逮捕程序的标准：

1. 本条分为两款。第 1 款是关于审查批准逮捕时需要讯问犯罪嫌疑人的情形的规定。根据本款规定，人民检察院在审查批准逮捕时，是否需要讯问犯罪嫌疑人，分为两种情况。一种情形是“可以”讯问犯罪嫌疑人。对此，法律未具体限定情形，是否讯问应当由人民检察院承办案件的人员根据案件情况和需要决定。如果认为移送的案卷材料所反映的事实情况比较清楚，相关证据材料也比较充分，能够直接作出是否批准的决定，不需要当面讯问犯罪嫌疑人的，则可以不讯问犯罪嫌疑人。另一种情形是“应当”讯问犯罪嫌疑人。即如果有法律明确列举的三种情形中的任何一种情形的，人民检察院在审查批准逮捕时就必须讯问犯罪嫌疑人。

一是审查批准逮捕的人民检察院对犯罪嫌疑人是否符合逮捕条件存有疑问。根据刑事诉讼法的规定，逮捕是对有证据证明有犯罪事实，可能判处徒刑以上刑罚，采取取保候审尚不足以防止发生社会危险性的犯罪嫌疑人、被告人采取的强制措施。根据上述规定，批准逮捕需要具备一定证据要求、可能判处的刑罚、社会危险性三个方面的条件。因此，这里的对犯罪嫌疑人是否符合逮捕条件存有疑问，是指只要对三个方面任一条件是否具备存有疑问。所谓“存有疑问”，是指承办案件的检察机关工作人员主观上不能够确定犯罪嫌疑人、被告人是否符合逮捕条件的心理状态。即只要承办人认为逮捕条件的任一方面有疑点，就应当通过讯问犯罪嫌疑人，以消除相应疑点。

二是犯罪嫌疑人要求向检察人员当面陈述的。只要被提请审查批准逮捕的犯罪嫌疑人提出向检察人员当面陈述的请求，检察人员就应当讯问，而不能以任何理由拒绝。犯罪嫌疑人向检察人员当面陈述，可以是关于所涉嫌犯罪事实的辩护，如犯罪行为并非自己所为，侦查机关据以提请批准逮捕的证据不足等，也可以是陈述自己符合取保候审、监视居住的条件，不应采取逮捕措施，如患有严重疾病、生活不能自理，怀孕或者正在哺乳自己的婴儿，等等。

三是侦查活动可能有重大违法行为的。人民检察院是国家的法律监督机关，依法对刑事诉讼活动实行法律监督，负有监督侦查活动依法进行，保障犯罪嫌疑人、被告人依法享有的辩护权和其他诉讼权利的职责。因此，如果承办审查批准逮捕案件的人民检察院发现提请批准逮捕的侦查机关的侦查活动可能有重大违法行为的，就应当讯问犯罪嫌疑人，以了解相关情况，纠正违法行为，保障犯罪嫌疑人合法权益。需要说明的是，根据本条规定，只要发现侦查活动“可能”有重大违法行为就应当讯问犯罪嫌疑人，而不是只有具备相当确实的证据才应当讯问。“重大违法行为”是指严重违反法律规定，或者违法行为涉及犯罪嫌疑人重大权益等情形。如可能存在对犯罪嫌疑人进行刑讯逼供，对证人引诱、威胁、唆使作伪证等情况侦查人员应当回避而没有回避等。

2. 本条第 2 款是关于人民检察院审查批准逮捕，询问证人等诉讼参与人、听取律师意见的规定。根据本款规定，人民检察院审查批准逮捕，可以询问证人等诉讼参与人，听取辩护律师意见。辩护律师要求人民检察院听取辩护意见的，人民检察院应当听取。人民检察院审查批准逮捕工作，就是审核该案犯罪嫌疑人是否符合法定逮捕条件，而这些条件是否具备，往往是通过取得的有关证据证实的证人证言、被害人陈述都是重要的言词证据，从这类证据的特点看，其准确性、真实性、稳定性受到证人感知、记忆和表述能力的影响比较大，当面询问证人、被害人与只是审查其书面证词相比，更有利于检察人员准确判断证据的真实性。

此外，当面询问其他诉讼参与人，对于全面了解案件事实和犯罪嫌疑人的情况，正确作出批准逮捕与否的决定，也都有积极意义。审查批准逮捕时询问相关诉讼参与人，其中最具重要意义的是听取辩护律师的意见。因此，本条对人民检察院审查批准逮捕听取律师意见作了特别强调。一是只要认为有必要，人民检察院就可以听取辩护律师的意见。二是只要辩护律师提出要求，人民检察院就必须听取其意见。律师作为专门提供法律服务的执业人员，基于自己了解到的案件事实和有关证据，根据刑法、刑事诉讼法等有关法律规定，提出自己对犯罪嫌疑人是否符合逮捕条件的意见，对于审查批准逮捕的检察人员正确作出逮捕与否的决定，防止错捕，具有重要的参考价值。这样规定，在规范审查批准逮捕程序的同时，也强化了辩护律师的权利，有利于充分发挥律师在侦查阶段的作用，有利于保护犯罪嫌疑人的合法权益。

［配套规定］

《人民检察院刑事诉讼规则》（高检发释字［2019］4号）（节录）

第二百五十八条 人民检察院讯问犯罪嫌疑人时，应当首先查明犯罪嫌疑人的基本情况，依法告知犯罪嫌疑人诉讼权利和义务，以及认罪认罚的法律规定，听取其供述和辩解。犯罪嫌疑人翻供的，应当讯问其原因。犯罪嫌疑人申请排除非法证据的，应当告知其提供相关线索或者材料。犯罪嫌疑人检举揭发他人犯罪的，应当予以记录，并依照有关规定移送有关机关、部门处理。

讯问犯罪嫌疑人应当制作讯问笔录，并交犯罪嫌疑人核对或者向其宣读。经核对无误后逐页签名或者盖章，并捺指印后附卷。犯罪嫌疑人请求自行书写供述的，应当准许，但不得以自行书写的供述代替讯问笔录。

犯罪嫌疑人被羁押的，讯问应当在看守所讯问室进行。

第二百五十九条 办理审查逮捕、审查起诉案件，可以询问证人、被害人、鉴定人等诉讼参与人，并制作笔录附卷。询问时，应当告知其诉讼权利和义务。

询问证人、被害人的地点按照刑事诉讼法第一百二十四条的规定执行。

第二百六十条 讯问犯罪嫌疑人，询问被害人、证人、鉴定人，听取辩护人、被害人及其诉讼代理人的意见，应当由检察人员负责进行。检察人员或者检察人员和书记员不得少于二人。

讯问犯罪嫌疑人，询问证人、鉴定人、被害人，应当个别进行。

第二百六十一条 办理审查逮捕案件，犯罪嫌疑人已经委托辩护律师的，可以听取辩护律师的意见。辩护律师提出要求的，应当听取辩护律师的意见。对辩护律师的意见应当制作笔录，辩护律师提出的书面意见应当附卷。

办理审查起诉案件，应当听取辩护人或者值班律师、被害人及其诉讼代理人的意见，并制作笔录。辩护人或者值班律师、被害人及其诉讼代理人提出书面意见的，应当附卷。

对于辩护律师在审查逮捕、审查起诉阶段多次提出意见的，均应如实记录。

辩护律师提出犯罪嫌疑人不构成犯罪、无社会危险性、不适宜羁押或者侦查活动有违法犯罪情形等书面意见的，检察人员应当审查，并在相关工作文书中说明是否采纳的情况和理由。

第二百六十二条 直接听取辩护人、被害人及其诉讼代理人的意见有困难的，可以通过电话、视频等方式听取意见并记录在案，或者通知辩护人、被害人及其诉讼代理人提出书面意见。无法通知或者在指定期限内未提出意见的，应当记录在案。

第二百六十三条 对于公安机关提请批准逮捕、移送起诉的案件，检察人员审查时发现存在本规则第七十五条第一款规定情形的，可以调取公安机关讯问犯罪嫌疑人的录音、录像并审查相关的录音、录像。对于重大、疑难、复杂的案件，必要时可以审查全部录音、录像。

对于监察机关移送起诉的案件，认为需要调取有关录音、录像的，可以商监察机关调取。

对于人民检察院直接受理侦查的案件，审查时发现负责侦查的部门未按照本规则第七十五条第三款的规定移送录音、录像或者移送不全的，应当要求其补充移送。对取证合法性或者讯问笔录真实性等产生疑问的，应当有针对性地审查相关的录音、录像。对于重大、疑难、复杂的案件，可以审查全部录音、录像。

第二百六十四条 经审查讯问犯罪嫌疑人录音、录像，发现公安机关、本院负责侦查的部门讯问不规范，讯问过程存在违法行为，录音、录像内容与讯问笔录不一致等情形的，应当逐一列明并向公安机关、本院负责侦查的部门书面提出，要求其予以纠正、补正或者书面作出合理解释。发现讯问笔录与讯问犯罪嫌疑人录音、录像内容有重大实质性差异的，或者公安机关、本院负责侦查的部门不能补正或者作出合理解释的，该讯问笔录不能作为批准或者决定逮捕、提起公诉的依据。

第二百六十五条 犯罪嫌疑人及其辩护人申请排除非法证据，并提供相关线索或者材料的，人民检察院应当调查核实。发现侦查人员以刑讯逼供等非法方法收集证据的，应当依法排除相关证据并提出纠正意见。

审查逮捕期限届满前，经审查无法确定存在非法取证的行为，但也不能排除非法取证可能的，该证据不作为批准逮捕的依据。检察官应当根据在案的其他证据认定案件事实和决定是否逮捕，并在作出批准或者不批准逮捕的决定后，继续对可能存在的非法取证行为进行调查核实。经调查核实确认存在以刑讯逼供等非法方法收集证据情形的，应当向公安机关提出纠正意见。以非法方法收集的证据，不得作为提起公诉的依据。

第二百六十六条　审查逮捕期间，犯罪嫌疑人申请排除非法证据，但未提交相关线索或者材料，人民检察院经全面审查案件事实、证据，未发现侦查人员存在以非法方法收集证据的情形，认为符合逮捕条件的，可以批准逮捕。

审查起诉期间，犯罪嫌疑人及其辩护人又提出新的线索或者证据，或者人民检察院发现新的证据，经调查核实认为侦查人员存在以刑讯逼供等非法方法收集证据情形的，应当依法排除非法证据，不得作为提起公诉的依据。

排除非法证据后，犯罪嫌疑人不再符合逮捕条件但案件需要继续审查起诉的，应当及时变更强制措施。案件不符合起诉条件的，应当作出不起诉决定。

第二百六十七条　人民检察院办理犯罪嫌疑人认罪认罚案件，应当保障犯罪嫌疑人获得有效法律帮助，确保其了解认罪认罚的性质和法律后果，自愿认罪认罚。

人民检察院受理案件后，应当向犯罪嫌疑人了解其委托辩护人的情况。犯罪嫌疑人自愿认罪认罚、没有辩护人的，在审查逮捕阶段，人民检察院应当要求公安机关通知值班律师为其提供法律帮助；在审查起诉阶段，人民检察院应当通知值班律师为其提供法律帮助。符合通知辩护条件的，应当依法通知法律援助机构指派律师为其提供辩护。

第二百六十九条　犯罪嫌疑人认罪认罚的，人民检察院应当告知其享有的诉讼权利和认罪认罚的法律规定，听取犯罪嫌疑人、辩护人或者值班律师、被害人及其诉讼代理人对下列事项的意见，并记录在案：

（一）涉嫌的犯罪事实、罪名及适用的法律规定；

（二）从轻、减轻或者免除处罚等从宽处罚的建议；

（三）认罪认罚后案件审理适用的程序；

（四）其他需要听取意见的事项。

依照前款规定听取值班律师意见的，应当提前为值班律师了解案件有关情况提供必要的便利。自人民检察院对案件审查起诉之日起，值班律师可以查阅案卷材料，了解案情。人民检察院应当为值班律师查阅案卷材料提供便利。

人民检察院不采纳辩护人或者值班律师所提意见的，应当向其说明理由。

第二百七十条 批准或者决定逮捕，应当将犯罪嫌疑人涉嫌犯罪的性质、情节，认罪认罚等情况，作为是否可能发生社会危险性的考虑因素。

已经逮捕的犯罪嫌疑人认罪认罚的，人民检察院应当及时对羁押必要性进行审查。经审查，认为没有继续羁押必要的，应当予以释放或者变更强制措施。

第二百八十条 人民检察院办理审查逮捕案件，可以讯问犯罪嫌疑人；具有下列情形之一的，应当讯问犯罪嫌疑人：

（一）对是否符合逮捕条件有疑问的；

（二）犯罪嫌疑人要求向检察人员当面陈述的；

（三）侦查活动可能有重大违法行为的；

（四）案情重大、疑难、复杂的；

（五）犯罪嫌疑人认罪认罚的；

（六）犯罪嫌疑人系未成年人的；

（七）犯罪嫌疑人是盲、聋、哑人或者是尚未完全丧失辨认或者控制自己行为能力的精神病人的。

讯问未被拘留的犯罪嫌疑人，讯问前应当听取公安机关的意见。

办理审查逮捕案件，对被拘留的犯罪嫌疑人不予讯问的，应当送达听取犯罪嫌疑人意见书，由犯罪嫌疑人填写后及时收回审查并附卷。经审查认为应当讯问犯罪嫌疑人的，应当及时讯问。

第二百八十一条 对有重大影响的案件，可以采取当面听取侦查人员、犯罪嫌疑人及其辩护人等意见的方式进行公开审查。

第八十九条 人民检察院审查批准逮捕犯罪嫌疑人由检察长决定。重大案件应当提交检察委员会讨论决定。

[条文主旨]

本条规定了人民检察院审查批准逮捕的决定权限。

[条文释解]

本条是1979年《刑事诉讼法》的规定，1996年作过修改，2012年、2018年《刑事诉讼法》未作修改。

根据人民检察院组织法的规定，检察长统一领导检察院的工作。各级人民检察院设立检察委员会。检察委员会实行民主集中制，在检察长的主持下，讨论决定重大、疑难、复杂案件和其他重大问题。审查批准逮捕由检察长作出决定，是法律赋予检察长的职权。同时，由检察委员会对重大案件的审查批准逮捕作出决定，也是发挥民主集中制的重要体现，是正确、谨慎使用逮捕的重要保障。

根据本条规定，人民检察院审查批准逮捕犯罪嫌疑人，由办案人员对公安机关提请批准逮捕的有关材料进行认真审查。办案人员要审查犯罪嫌疑人有无不应逮捕的情况，法律手续是否完备等。根据本法第88条的规定讯问犯罪嫌疑人，听取辩护律师的意见。必要的时候，可以报请检察长批准后参加公安机关对重大案件的讨论。然后，综合审查案件情况，对犯罪嫌疑人是否符合逮捕条件，是否批准逮捕提出初步意见，报检察长决定。

"重大案件应当提交检察委员会讨论决定"，本条规定的"重大案件"，主要是指涉外案件、案情重大复杂或者争议较大的案件、犯罪嫌疑人是知名人士或者有较大影响的案件，等等。根据人民检察院组织法规定，检察委员会讨论重大案件，应当在检察长或者检察长委托的副检察长的主持下进行。

[配套规定]

1.《人民检察院刑事诉讼规则》（高检发释字［2019］4号）（节录）

第一百四十九条 担任县级以上人民代表大会代表的犯罪嫌疑人因现行犯被人民检察院拘留的，人民检察院应当立即向该代表所属的人民代表大会主席团或者常务委员会报告。报告的程序参照本规则第一百四十八条报请许可的程序规定。

对担任乡、民族乡、镇的人民代表大会代表的犯罪嫌疑人决定采取强制措施的，由县级人民检察院向乡、民族乡、镇的人民代表大会报告。

第一百五十条 犯罪嫌疑人及其法定代理人、近亲属或者辩护人认为人民检察院采取强制措施法定期限届满，要求解除、变更强制措施或者释放犯罪嫌疑人的，人民检察院应当在收到申请后三日以内作出决定。

经审查，认为法定期限届满的，应当决定解除、变更强制措施或者释放犯罪嫌疑人，并通知公安机关执行；认为法定期限未满的，书面答复申请人。

第一百五十一条 犯罪嫌疑人及其法定代理人、近亲属或者辩护人向人民检察院提出变更强制措施申请的，人民检察院应当在收到申请后三日以内作出决定。

经审查，同意变更强制措施的，应当在作出决定的同时通知公安机关执行；不同意变更强制措施的，应当书面告知申请人，并说明不同意的理由。

犯罪嫌疑人及其法定代理人、近亲属或者辩护人提出变更强制措施申请的，应当说明理由，有证据和其他材料的，应当附上相关材料。

第一百五十二条 人民检察院在侦查、审查起诉期间，对犯罪嫌疑人拘留、逮捕后发生依法延长侦查羁押期限、审查起诉期限，重新计算侦查羁押期限、审查起诉期限等期限改变的情形的，应当及时将变更后的期限书面通知看守所。

第一百五十三条 人民检察院决定对涉嫌犯罪的机关事业单位工作人员取保候审、监视居住、拘留、逮捕的，应当在采取或者解除强制措施后五日以内告知其所在单位；决定撤销案件或者不起诉的，应当在作出决定后十日以内告知其所在单位。

第一百五十四条 取保候审变更为监视居住，或者取保候审、监视居住变更为拘留、逮捕的，在变更的同时原强制措施自动解除，不再办理解除法律手续。

第一百五十五条 人民检察院已经对犯罪嫌疑人取保候审、监视居住，案件起诉至人民法院后，人民法院决定取保候审、监视居住或者变更强制措施的，原强制措施自动解除，不再办理解除法律手续。

第二百九十四条 外国人、无国籍人涉嫌危害国家安全犯罪的案件或者涉及国与国之间政治、外交关系的案件以及在适用法律上确有疑难的案件，需要逮捕犯罪嫌疑人的，按照刑事诉讼法关于管辖的规定，分别由基层人民检察院或者设区的市级人民检察院审查并提出意见，层报最高人民检察院审查。最高人民检察院认为需要逮捕的，经征求外交部的意见后，作出批准逮捕的批复；认为不需要逮捕的，作出不批准逮捕的批复。基层人民检察院或者设区的市级人民检察院根据最高人民检察院的批复，依法作出批准或者不批准逮捕的决定。层报过程中，上级人民检察院认为不需要逮捕的，应当作出不批准逮捕的批复。报送的人民检察院根据批复依法作出不批准逮捕的决定。

基层人民检察院或者设区的市级人民检察院认为不需要逮捕的，可以直接依法作出不批准逮捕的决定。

外国人、无国籍人涉嫌本条第一款规定以外的其他犯罪案件，决定批准逮捕的人民检察院应当在作出批准逮捕决定后四十八小时以内报上一级人民检察院备案，同时向同级人民政府外事部门通报。上一级人民检察院经审查发现批准逮捕决定错误的，应当依法及时纠正。

第二百九十五条 人民检察院办理审查逮捕的危害国家安全犯罪案件，应当报上一级人民检察院备案。

上一级人民检察院经审查发现错误的，应当依法及时纠正。

2.《最高人民检察院关于审查逮捕和公诉工作贯彻刑诉法若干问题的意见》（高检发研字［1997］1号）（节录）

3. 几种特殊犯罪嫌疑人的逮捕审批程序

（1）各级人民检察院对本级人大代表批准或决定逮捕，应当报请本级人民代表大会主席团或者常务委员会许可。对上级人大代表批准或决定逮捕，应当层报该代表所属的人民代表大会同级的人民检察院办理。对下级人大代表批准或者决定逮捕，可以直接报请该代表所属的人民代表大会主席团或者常务委员会许可，也可以委托该代表所属的人民代表大会同级的人民检察院办理。对乡、民族乡、镇的人大代表批准或决定逮捕，可以由县级人民检察院报告乡、民族乡、镇的人民代表大会。对本辖区以外的人大代表批准或决定逮捕，应当委托该代表所属的人民代表大会同级人民检察院办理；对于担任两级以上人民代表大会的代表批准或决定逮捕，应当分别委托代表所属的人民代表大会同级的人民检察院办理。受委托的人民检察院应当根据委托的人民检察院提供的材料办理相应的手续。

（2）人民检察院依法对政协委员采取逮捕强制措施前，应向该委员所在的政协党组通报情况；情况紧急的，可同时或事后及时通报。通报的方法可参照逮捕人大代表的方法。

（3）现役军人（含文职干部、军队在编职工）有犯罪行为需要逮捕的，由军事检察院审查决定；人民武装警察（以下简称武警）内卫部队人员有犯罪行为需要逮捕的，由武警军事检察院审查决定；武警其他非内卫部队人员有犯罪行为需要逮捕的，由犯罪地或犯罪嫌疑人驻地的县以上人民检察院审查决定。

（4）外国人、无国籍人犯危害国家安全的犯罪、重大刑事犯罪或者适用法律上确有疑难的犯罪案件，由各省、自治区、直辖市人民检察院审查后，写出书面审查报告，连同案卷材料，报最高人民检察院审查。最高人民检察院征求外交部的意见后，决定是否逮捕。外国人、无国籍人犯上述以外的犯罪的案件，由人民检察院分（市）院报省级人民检察院审查。省级人民检察院征求同级外事部门的意见后，决定是否逮捕，同时报最高人民检察院备案，并抄报最高人民法院、外交部、公安部、司法部、国家安全部。

第九十条　人民检察院对于公安机关提请批准逮捕的案件进行审查后，应当根据情况分别作出批准逮捕或者不批准逮捕的决定。对于批准逮捕的决定，公安机关应当立即执行，并且将执行情况及时通知人民检察院。对于不批准逮捕的，人民检察院应当说明理由，需要补充侦查的，应当同时通知公安机关。

[条文主旨]

本条是关于审查批捕程序的规定。

[条文释解]

本条是1979年《刑事诉讼法》的规定，1996年作过修改，2012年、2018年《刑事诉讼法》未作修改。

逮捕犯罪嫌疑人涉及剥夺公民的人身自由，也关乎刑事诉讼活动能否顺利进行，是一项十分严肃的工作，公安机关接到检察院批准逮捕决定后，必须毫不拖延地将犯罪嫌疑人抓获。1979年《刑事诉讼法》第47条规定："人民检察院对于公安机关提请批准逮捕的案件进行审查后，应当根据情况分别作出批准逮捕，不批准逮捕或者补充侦查的决定。"但对作出决定后如何落实的细节没有具体规定。为此，在1996年修改《刑事诉讼法》时，对人民检察院作出批准逮捕或者不批准逮捕的决定后如何执行作了进一步规定。这样规定，既有利于迅速执行逮捕措施，保障准确、及时打击犯罪，又加强了公安、检察机关的相互监督和制约，保证法律的严格执行。

本条有三层含义：第一，人民检察院对公安机关提请批准逮捕的案件进行审查后，应当根据情况分别作出批准逮捕或者不批准逮捕两种决定。对于符合《刑事诉讼法》第 81 条规定逮捕条件的，应当依法作出批准逮捕的决定，制作批准逮捕书；对于不符合《刑事诉讼法》第 81 条规定逮捕条件或者具有第 16 条规定不追究刑事责任的情形之一的，应当作出不批准逮捕的决定，制作不批准逮捕书。另外，人民检察院办理审查逮捕案件，发现应当逮捕而公安机关未提请批准逮捕犯罪嫌疑人的，也应当建议公安机关提请批准逮捕。公安机关认为建议正确的应当立即提请批准逮捕；认为建议不正确的，应当将不提请批准逮捕的理由通知人民检察院。

第二，对于人民检察院批准逮捕的决定，公安机关应当立即执行。为防止司法实践中有些公安机关在接到人民检察院的逮捕决定书以后，不及时执行，致使犯罪嫌疑人不能及时归案。本条规定，对于人民检察院批准逮捕的决定，“公安机关应当立即执行，并且将执行情况及时通知人民检察院”，以加强检察机关的法律监督。这一规定，在实践中对及时采取逮捕措施，保障诉讼顺利进行发挥了重要作用。对于人民检察院的批准逮捕决定，公安机关在执行以后，应当将执行回执及时送达作出批准逮捕的人民检察院。如果未能执行，也应当将回执送达人民检察院，并写明未能执行的原因。

第三，人民检察院对于不批准逮捕的决定，应当向公安机关说明不批准的理由。对于人民检察院不批准逮捕的决定，公安机关在收到不批准逮捕决定书后，应当立即释放在押的犯罪嫌疑人或者变更强制措施，并将执行回执按照规定送达作出不批准逮捕决定的人民检察院。对于证据不足，需要补充侦查的，人民检察院应当在作出不批准逮捕决定的同时，通知提请批准逮捕的公安机关补充侦查，并附补充侦查提纲，列明需要查清的事实和需要收集、核实的证据。对人民检察院补充侦查提纲中所列的事项，公安机关应当及时进行侦查、核实，并逐一作出说明。公安机关补充侦查完毕，认为符合逮捕条件的，可以重新提请批准逮捕，但不能未经侦查和说明，以相同材料再次提请批准逮捕。

应当注意的是，人民检察院对公安机关报请批准逮捕的案件，在审查批捕中如果认为报请批准逮捕的证据存有疑问的，可以复核有关证据，讯问犯罪嫌疑人，询问证人，以保证批捕案件的质量，防止错捕或漏捕，但不另行侦查。

[配套规定]

1.《最高人民法院、最高人民检察院、公安部、国家安全部、司法部、全国人大常委会法制工作委员会关于实施刑事诉讼法若干问题的规定》

17. 对于人民检察院批准逮捕的决定，公安机关应当立即执行，并将执行回执及时送达批准逮捕的人民检察院。如果未能执行，也应当将回执送达人民检察院，并写明未能执行的原因。对于人民检察院决定不批准逮捕的，公安机关在收到不批准逮捕决定书后，应当立即释放在押的犯罪嫌疑人或者变更强制措施，并将执行回执在收到不批准逮捕决定书后的三日内送达作出不批准逮捕决定的人民检察院。

2.《最高人民检察院、公安部关于依法适用逮捕措施有关问题的规定》

三、人民检察院收到公安机关提请批准逮捕的案件后，应当立即指定专人进行审查，发现不符合刑事诉讼法第六十六条规定，提请批准逮捕书、案卷材料和证据不齐全的，应当要求公安机关补充有关材料。

对公安机关提请批准逮捕的案件，人民检察院经审查，认为符合逮捕条件的，应当批准逮捕。对于不符合逮捕条件的，或者具有刑事诉讼法第十五条规定的情形之一的，应当作出不批准逮捕的决定，并说明理由。

对公安机关报请批准逮捕的案件人民检察院在审查逮捕期间不另行侦查。必要的时候，人民检察院可以派人参加公安机关对重大案件的讨论。

五、对不批准逮捕，需要补充侦查的案件，人民检察院应当通知提请批准逮捕的公安机关补充侦查，并附补充侦查提纲，列明需要查清的事实和需要收集、核实的证据。

六、对人民检察院补充侦查提纲中所列的事项，公安机关应当及时进行侦查、核实，并逐一作出说明。不得未经侦查和说明，以相同材料再次提请批准逮捕。公安机关未经侦查、不作说明的，人民检察院可以作出不批准逮捕的决定。

七、人民检察院批准逮捕的决定，公安机关应当立即执行，并将执行回执在执行后三日内送达作出批准决定的人民检察院；未能执行的，也应当将执行回执送达人民检察院，并写明未能执行的原因。对于人民检察院决定不批准逮捕的，公安机关在收到不批准逮捕决定书后，应当立即释放在押的犯罪嫌疑人或者变更强制措施，并将执行回执在收到不批准逮捕决定书后三日内送达作出不批准逮捕决定的人民检察院。如果公安机关发现逮捕不当的，应当及时予以变更，并将变更的情况及原因在作出变更决定后三日内通知原批准逮捕的人民检察院。人民检察院认为变更不当的，应当通知作出变更决定的公安机关纠正。

九、人民检察院办理审查逮捕案件，发现应当逮捕而公安机关未提请批准逮捕的犯罪嫌疑人的，应当建议公安机关提请批准逮捕。公安机关认为建议正确的，应当立即提请批准逮捕；认为建议不正确的，应当将不提请批准逮捕的理由通知人民检察院。

3.《人民检察院刑事诉讼规则》（高检发释字［2019］4号）（节录）

第二百八十三条 上级公安机关指定犯罪地或者犯罪嫌疑人居住地以外的下级公安机关立案侦查的案件，需要逮捕犯罪嫌疑人的，由侦查该案件的公安机关提请同级人民检察院审查批准逮捕。人民检察院应当依法作出批准或者不批准逮捕的决定。

第二百八十四条 对公安机关提请批准逮捕的犯罪嫌疑人，人民检察院经审查认为符合本规则第一百二十八条、第一百三十六条、第一百三十八条规定情形，应当作出批准逮捕的决定，连同案卷材料送达公安机关执行，并可以制作继续侦查提纲，送交公安机关。

第二百八十五条 对公安机关提请批准逮捕的犯罪嫌疑人，具有本规则第一百三十九条至第一百四十一条规定情形，人民检察院作出不批准逮捕决定的，应当说明理由，连同案卷材料送达公安机关执行。需要补充侦查的，应当制作补充侦查提纲，送交公安机关。

人民检察院办理审查逮捕案件，不另行侦查，不得直接提出采取取保候审措施的意见。

对于因犯罪嫌疑人没有犯罪事实、具有刑事诉讼法第十六条规定的情形之一或者证据不足，人民检察院拟作出不批准逮捕决定的，应当经检察长批准。

第二百八十六条 人民检察院应当将批准逮捕的决定交公安机关立即执行，并要求公安机关将执行回执及时送达作出批准决定的人民检察院。如果未能执行，也应当要求其将回执及时送达人民检察院，并写明未能执行的原因。对于人民检察院不批准逮捕的，应当要求公安机关在收到不批准逮捕决定书后，立即释放在押的犯罪嫌疑人或者变更强制措施，并将执行回执在收到不批准逮捕决定书后三日以内送达作出不批准逮捕决定的人民检察院。

公安机关在收到不批准逮捕决定书后对在押的犯罪嫌疑人不立即释放或者变更强制措施的，人民检察院应当提出纠正意见。

第二百八十七条 对于没有犯罪事实或者犯罪嫌疑人具有刑事诉讼法第十六条规定情形之一，人民检察院作出不批准逮捕决定的，应当同时告知公安机关撤销案件。

对于有犯罪事实需要追究刑事责任，但不是被立案侦查的犯罪嫌疑人实施，或者共同犯罪案件中部分犯罪嫌疑人不负刑事责任，人民检察院作出不批准逮捕决定的，应当同时告知公安机关对有关犯罪嫌疑人终止侦查。

公安机关在收到不批准逮捕决定书后超过十五日未要求复议、提请复核，也不撤销案件或者终止侦查的，人民检察院应当发出纠正违法通知书。公安机关仍不纠正的，报上一级人民检察院协商同级公安机关处理。

第二百八十八条 人民检察院办理公安机关提请批准逮捕的案件，发现遗漏应当逮捕的犯罪嫌疑人的，应当经检察长批准，要求公安机关提请批准逮捕。公安机关不提请批准逮捕或者说明的不提请批准逮捕的理由不成立的，人民检察院可以直接作出逮捕决定，送达公安机关执行。

4. **《公安机关办理刑事案件程序规定》**（2012年12月13日公安部令第127号）（节录）

第一百三十四条 对于人民检察院不批准逮捕并通知补充侦查的，公安机关应当按照人民检察院的补充侦查提纲补充侦查。

公安机关补充侦查完毕，认为符合逮捕条件的，应当重新提请批准逮捕。

第一百三十五条 对于人民检察院不批准逮捕而未说明理由的，公安机关可以要求人民检察院说明理由。

第一百三十六条 对于人民检察院决定不批准逮捕的，公安机关在收到不批准逮捕决定书后，如果犯罪嫌疑人已被拘留的，应当立即释放，发给释放证明书，并将执行回执送达作出不批准逮捕决定的人民检察院。

第九十一条　公安机关对被拘留的人，认为需要逮捕的，应当在拘留后的三日以内，提请人民检察院审查批准。在特殊情况下，提请审查批准的时间可以延长一日至四日。

对于流窜作案、多次作案、结伙作案的重大嫌疑分子，提请审查批准的时间可以延长至三十日。

人民检察院应当自接到公安机关提请批准逮捕书后的七日以内，作出批准逮捕或者不批准逮捕的决定。人民检察院不批准逮捕的，公安机关应当在接到通知后立即释放，并且将执行情况及时通知人民检察院。对于需要继续侦查，并且符合取保候审、监视居住条件的，依法取保候审或者监视居住。

[条文主旨]

本条是关于审查批准逮捕与审查时限等程序的规定。

[条文释解]

本条是1979年《刑事诉讼法》的规定，1996年作过修改，2012年、2018年《刑事诉讼法》未作修改。

1979年《刑事诉讼法》第48条规定，公安机关对被拘留的人，认为需要逮捕的，应当在拘留后的三日以内，提请人民检察院审查批准。在特殊情况下，提请审查批准的时间可以延长一日至四日。人民检察院应当在接到公安机关提请批准逮捕书后的三日以内，作出批准逮捕或不批准逮捕的决定。1996年修改《刑事诉讼法》时，考虑到《刑事诉讼法》规定中的拘留后提请批准逮捕和审查批准逮捕的时限过短，而且逮捕条件规定较严格，对有些较为复杂的案件，公安机关难以在法定期限内提请批准逮捕的情况，为解决实践中的困难，对1979年《刑事诉讼法》第48条作了修改，区别不同情况，对拘留后提请批准逮捕的时限作了调整。

本条分为三款。第1款是关于公安机关提请批准逮捕时限的规定。对于已经被拘留的现行犯和重大嫌疑分子，经过审查和进一步侦查后，公安机关认为有适用逮捕必要的，应当在拘留后的三日以内，写出提请批准逮捕书，连同案卷材料、证据，一并移送同级人民检察院提请审查批准。这个时限在一般情况下是必须的。考虑到有些案件重大、复杂，在三日以内难以对是否需要提请批准逮捕作决定或者对案情争议较大等“特殊情况”，法律允许公安机关将提请人民检察院审查批准的时限再延长一日至四日。

第2款是对几种特殊犯罪嫌疑人的提请批捕时限的规定。在刑事犯罪中，流窜作案、多次作案、结伙作案案件占有一定的比例，这些案件有涉及地区广，调查取证量多、取证难度大等特点。对于流窜作案、多次作案、结伙作案的重大嫌疑分子，要在七日以内作出是否需要提请批准逮捕的决定显然时间太仓促，甚至连完成最基本的取证和讯问工作都不够。为了适应实际工作的需要，本款规定这几种特殊嫌疑分子的提请审查批准时间可以延长至拘留后的三十日。在实践中，对于流窜作案、多次作案、结伙作案的犯罪嫌疑人，也要尽量在七日内提请批准逮捕。在七日内提请批准逮捕确实时间不够，可以根据情况适当延长，但提请批准逮捕的证据、材料齐备，就应当及时提请批准逮捕，不一定都要延长至三十日。

第3款是对人民检察院审查批准时限的规定，人民检察院自接到公安机关提请批准逮捕书后，应当立即对案卷和证据材料进行审查，并在七日内作出决定。对于符合本法第81条规定的逮捕条件的，应当作出批准的决定。对于不符合逮捕条件的，应当作出不批准逮捕的决定。公安机关接到批准逮捕的决定书后，应当立即执行。人民检察院不批准逮捕的决定，公安机关无论同意与否，都应当立即将在押的犯罪嫌疑人释放，并且将执行情况及时通知人民检察院，这既有利于保护公民的合法权益，也有利于检察机关进行监督；对于还需要继续侦查，且符合取保候审、监视居住条件的，可依法取保候审或者监视居住。

[配套规定]

《人民检察院刑事诉讼规则》（高检发释字［2019］4号）（节录）

第一百二十六条　人民检察院直接受理侦查的案件，拘留犯罪嫌疑人的羁押期限为十四日，特殊情况下可以延长一日至三日。

第二百八十二条　对公安机关提请批准逮捕的犯罪嫌疑人，已经被拘留的，人民检察院应当在收到提请批准逮捕书后七日以内作出是否批准逮捕的决定；未被拘留的，应当在收到提请批准逮捕书后十五日以内作出是否批准逮捕的决定，重大、复杂案件，不得超过二十日。

第二百八十三条　上级公安机关指定犯罪地或者犯罪嫌疑人居住地以外的下级公安机关立案侦查的案件，需要逮捕犯罪嫌疑人的，由侦查该案件的公安机关提请同级人民检察院审查批准逮捕。人民检察院应当依法作出批准或者不批准逮捕的决定。

第二百八十四条 对公安机关提请批准逮捕的犯罪嫌疑人，人民检察院经审查认为符合本规则第一百二十八条、第一百三十六条、第一百三十八条规定情形，应当作出批准逮捕的决定，连同案卷材料送达公安机关执行，并可以制作继续侦查提纲，送交公安机关。

第二百八十五条 对公安机关提请批准逮捕的犯罪嫌疑人，具有本规则第一百三十九条至第一百四十一条规定情形，人民检察院作出不批准逮捕决定的，应当说明理由，连同案卷材料送达公安机关执行。需要补充侦查的，应当制作补充侦查提纲，送交公安机关。

人民检察院办理审查逮捕案件，不另行侦查，不得直接提出采取取保候审措施的意见。

对于因犯罪嫌疑人没有犯罪事实、具有刑事诉讼法第十六条规定的情形之一或者证据不足，人民检察院拟作出不批准逮捕决定的，应当经检察长批准。

第二百八十六条 人民检察院应当将批准逮捕的决定交公安机关立即执行，并要求公安机关将执行回执及时送达作出批准决定的人民检察院。如果未能执行，也应当要求其将回执及时送达人民检察院，并写明未能执行的原因。对于人民检察院不批准逮捕的，应当要求公安机关在收到不批准逮捕决定书后，立即释放在押的犯罪嫌疑人或者变更强制措施，并将执行回执在收到不批准逮捕决定书后三日以内送达作出不批准逮捕决定的人民检察院。

公安机关在收到不批准逮捕决定书后对在押的犯罪嫌疑人不立即释放或者变更强制措施的，人民检察院应当提出纠正意见。

第二百八十七条 对于没有犯罪事实或者犯罪嫌疑人具有刑事诉讼法第十六条规定情形之一，人民检察院作出不批准逮捕决定的，应当同时告知公安机关撤销案件。

对于有犯罪事实需要追究刑事责任，但不是被立案侦查的犯罪嫌疑人实施，或者共同犯罪案件中部分犯罪嫌疑人不负刑事责任，人民检察院作出不批准逮捕决定的，应当同时告知公安机关对有关犯罪嫌疑人终止侦查。

公安机关在收到不批准逮捕决定书后超过十五日未要求复议、提请复核，也不撤销案件或者终止侦查的，人民检察院应当发出纠正违法通知书。公安机关仍不纠正的，报上一级人民检察院协商同级公安机关处理。

第二百八十八条 人民检察院办理公安机关提请批准逮捕的案件，发现遗漏应当逮捕的犯罪嫌疑人的，应当经检察长批准，要求公安机关提请批准逮捕。公安机关不提请批准逮捕或者说明的不提请批准逮捕的理由不成立的，人民检察院可以直接作出逮捕决定，送达公安机关执行。

第二百八十九条 对已经作出的批准逮捕决定发现确有错误的，人民检察院应当撤销原批准逮捕决定，送达公安机关执行。

对已经作出的不批准逮捕决定发现确有错误，需要批准逮捕的，人民检察院应当撤销原不批准逮捕决定，并重新作出批准逮捕决定，送达公安机关执行。

对因撤销原批准逮捕决定而被释放的犯罪嫌疑人或者逮捕后公安机关变更为取保候审、监视居住的犯罪嫌疑人，又发现需要逮捕的，人民检察院应当重新办理逮捕手续。

第九十二条　公安机关对人民检察院不批准逮捕的决定，认为有错误的时候，可以要求复议，但是必须将被拘留的人立即释放。如果意见不被接受，可以向上一级人民检察院提请复核。上级人民检察院应当立即复核，作出是否变更的决定，通知下级人民检察院和公安机关执行。

[条文主旨]

本条规定了公安机关对人民检察院不批准逮捕的决定要求复议、复核。

[条文释解]

本条是1979年《刑事诉讼法》的规定，之后未作修改。

根据分工负责、互相配合、互相制约的原则，《刑事诉讼法》规定逮捕的决定权和执行权分别由人民检察院和公安机关行使，有利于人民检察院和公安机关互相监督，特别是制约公安机关随意使用逮捕措施，剥夺公民人身自由。公安机关对于检察机关批准或者不批准逮捕的决定都要执行，也体现了公安机关和人民检察院工作的配合。但对于人民检察院不批准逮捕的决定，规定公安机关在认为有错误的时候，可以要求复议、复核，既可以保证逮捕的正确及时执行，也使公安、检察两机关在提请、批准和执行逮捕工作中的相互监督、相互制约的机制更为明确完善。

根据本条规定，公安机关收到人民检察院不批准逮捕的决定以后，如果认为有错误，可以要求人民检察院复议。人民检察院经过复议，采纳了公安机关的意见，作出批准逮捕决定的，公安机关应当立即执行。如果公安机关要求复议的意见不被接受，也就是同级人民检察院维持了不批准逮捕决定的，公安机关可以向上一级人民检察院提请复核。上一级人民检察院应当作出是否变更的决定，通知下级人民检察院和公安机关执行。

[司法实务]

适用本条应当注意，本法第 91 条已经规定，人民检察院不批准逮捕的，公安机关应当在接到通知后立即将被拘留的人释放，并将执行情况及时通知人民检察院。对于需要继续侦查，并且符合取保候审、监视居住条件的，依法取保候审、监视居住。因此，检察机关作出不批准逮捕的决定，公安机关不能因为有异议提出了复议或者复核就不执行，或者拖延到复议或者复核完成才执行。在提请复议的时候，应当先将犯罪嫌疑人释放或者变更为其他强制措施。为防止拖延的时间过长，本条又规定，上一级人民检察院应当立即复核，并决定是维持原不批准逮捕决定，还是将原不批准逮捕的决定改变为批准逮捕的决定，并通知下级人民检察院和公安机关。下级人民检察院和公安机关对于上一级人民检察院的复核决定，不论是否有意见都应当执行。这一规定体现了公安机关和人民检察院之间分工负责、相互配合、相互制约的原则，有利于维护公民的合法权益、正确处理案件，有效地打击犯罪。

[配套规定]

1.《人民检察院刑事诉讼规则》（高检发释字［2019］4 号）（节录）

第二百九十条 对不批准逮捕的案件，公安机关要求复议的，人民检察院负责捕诉的部门应当另行指派检察官或者检察官办案组进行审查，并在收到要求复议意见书和案卷材料后七日以内，经检察长批准，作出是否变更的决定，通知公安机关。

第二百九十一条 对不批准逮捕的案件，公安机关提请上一级人民检察院复核的，上一级人民检察院应当在收到提请复核意见书和案卷材料后十五日以内，经检察长批准，作出是否变更的决定，通知下级人民检察院和公安机关执行。需要改变原决定的，应当通知作出不批准逮捕决定的人民检察院撤销原不批准逮捕决定，另行制作批准逮捕决定书。必要时，上级人民检察院也可以直接作出批准逮捕决定，通知下级人民检察院送达公安机关执行。

对于经复议复核维持原不批准逮捕决定的，人民检察院向公安机关送达复议复核决定时应当说明理由。

第二百九十二条 人民检察院作出不批准逮捕决定，并且通知公安机关补充侦查的案件，公安机关在补充侦查后又要求复议的，人民检察院应当告知公安机关重新提请批准逮捕。公安机关坚持要求复议的，人民检察院不予受理。

对于公安机关补充侦查后应当提请批准逮捕而不提请批准逮捕的，按照本规则第二百八十八条的规定办理。

第二百九十三条 对公安机关提请批准逮捕的案件，负责捕诉的部门应当将批准、变更、撤销逮捕措施的情况书面通知本院负责刑事执行检察的部门。

2.《公安机关办理刑事案件程序规定》（2012年12月13日公安部令第127号）（节录）

第一百三十七条 对人民检察院不批准逮捕的决定，认为有错误需要复议的，应当在收到不批准逮捕决定书后五日以内制作要求复议意见书，报经县级以上公安机关负责人批准后，送交同级人民检察院复议。

如果意见不被接受，认为需要复核的，应当在收到人民检察院的复议决定书后五日以内制作提请复核意见书，报经县级以上公安机关负责人批准后，连同人民检察院的复议决定书，一并提请上一级人民检察院复核。

第九十三条　公安机关逮捕人的时候，必须出示逮捕证。

逮捕后，应当立即将被逮捕人送看守所羁押。除无法通知的以外，应当在逮捕后二十四小时以内，通知被逮捕人的家属。

[条文主旨]

本条是关于执行逮捕的程序规定。

[条文释解]

本条是1979年《刑事诉讼法》的规定，1996年未作修改，2012年作过修改，2018年修改《刑事诉讼法》时未作修改。

2012年3月14日第十一届全国人民代表大会第五次会议通过的《关于修改〈中华人民共和国刑事诉讼法〉的决定》对本条第2款作了两处修改，一是增加规定逮捕后应当立即将被逮捕人送看守所羁押。二是取消了原来关于如果有碍侦查，可以不通知被逮捕人家属的规定，即除无法通知的外，一律应当通知被逮捕人家属。上述两处修改是2012年《刑事诉讼法》尊重和保障人权的重要体现，对规范逮捕执行程序，加强监督制约，制止和防止刑讯逼供行为，保护犯罪嫌疑人、被告人合法权益具有非常重要的意义。

本条分为两款。第1款是对公安机关逮捕人必须出示逮捕证的规定。作为剥夺人身自由的严厉的强制措施，在适用时必须要有一定的法律手续凭证，公安机关在接到人民检察院的批准逮捕决定书、决定逮捕通知书或者人民法院的逮捕决定书以后，由县级以上公安机关负责人签发的逮捕证。公安机关在执行逮捕时，一是必须要有逮捕证。二是必须向被逮捕人出示逮捕证。出示逮捕证以表明公安机关工作人员正在依法执行逮捕任务，这样既有利于对其监督，也利于各有关方面包括被逮捕的人及其亲友、所在单位等配合公安机关工作。对经出示逮捕证后，不配合甚至抗拒逮捕的人，执行逮捕的人员可以依照有关规定采取适当的强制方法，必要时可使用戒具。

第2款是执行逮捕后将被逮捕人送看守所羁押并通知其家属的规定。本款规定逮捕后应当立即将被逮捕人送看守所羁押。除无法通知的外，应当在逮捕后二十四小时以内通知被逮捕人的家属。2012年《刑事诉讼法》修改时增加逮捕后立即送看守所羁押的规定，主要是考虑到看守所作为专门的羁押场所，看押、提讯设施、安全警戒、监所监督人等都是按照有关规定建设和配备的，有条件保证被逮捕人人身安全，防止脱逃等工作依法顺利进行，不仅有利于防止发生被逮捕人逃跑、自杀、突发疾病等情况，而且能有效防止对被逮捕人刑讯逼供的情况发生。与拘留不同的是拘留后送看守所的时限为二十四小时以内，逮捕后则必须毫不迟延地立即送往看守所。这样规定的主要考虑是，拘留是较逮捕更具紧迫性的强制措施，有时需要在被拘留的人协助下立即开展收集证据、抓获同案犯等侦查活动，而采取逮捕措施的，事先已经掌握了必要的证据，并经人民检察院批准、决定或人民法院决定，一般不具有先行拘留的那种紧迫性，而且实践中多数被逮捕的犯罪嫌疑人，在被批准逮捕之前已经被先行采取了拘留措施，羁押在了看守所，没有必要再规定较长的时限。

关于逮捕后通知家属，2012年《刑事诉讼法》作了重要修改，取消了有碍侦查的可以不通知家属的情形。即除无法通知的外，一律应当通知家属。“无法通知”主要指被逮捕人家属地址不明，或者被逮捕人无家属的等。取消有碍侦查可以不通知的主要考虑是：从权利保护角度而言，对公民采取限制、剥夺人身自由措施原则上应当通知其家属，让其家属及时了解情况，便于家属根据情况为其聘请律师或者提供其他帮助，以依法维护其合法权益。从侦查工作的角度考虑，逮捕与拘留不同，司法实践中侦查机关提请批准逮捕时，刑事案件一般已经经过了一段时间的侦查，犯罪嫌疑人往往已经被拘留一定时间，相当部分的侦查工作已经完成，一律通知其家属，一般也不会发生妨碍侦查的情况。

[配套规定]

1.《最高人民法院关于适用〈中华人民共和国刑事诉讼法〉的解释》（法释［2012］21号）（节录）

第一百三十一条 人民法院作出逮捕决定后，应当将逮捕决定书等相关材料送交同级公安机关执行，并将逮捕决定书抄送人民检察院。逮捕被告人后，人民法院应当将逮捕的原因和羁押的处所，在二十四小时内通知其家属；确实无法通知的，应当记录在案。

2.《公安机关办理刑事案件程序规定》（2012年12月13日公安部令第127号）（节录）

第一百三十八条 接到人民检察院批准逮捕决定书后，应当由县级以上公安机关负责人签发逮捕证，立即执行，并将执行回执送达作出批准逮捕决定的人民检察院。如果未能执行，也应当将回执送达人民检察院，并写明未能执行的原因。

第一百三十九条 执行逮捕时，必须出示逮捕证，并责令被逮捕人在逮捕证上签名、捺指印，拒绝签名、捺指印的，侦查人员应当注明。逮捕后，应当立即将被逮捕人送看守所羁押。

执行逮捕的侦查人员不得少于二人。

第一百四十一条 对犯罪嫌疑人执行逮捕后，除无法通知的情形以外，应当在逮捕后二十四小时以内，制作逮捕通知书，通知被逮捕人的家属。逮捕通知书应当写明逮捕原因和羁押处所。

本条规定的“无法通知”的情形适用本规定第一百零九条第二款的规定。

无法通知的情形消除后，应当立即通知被逮捕人的家属。

对于没有在二十四小时以内通知家属的，应当在逮捕通知书中注明原因。

3.《人民检察院刑事诉讼规则》（高检发释字［2019］4号）（节录）

第二百九十六条 人民检察院办理直接受理侦查的案件，需要逮捕犯罪嫌疑人的，由负责侦查的部门制作逮捕犯罪嫌疑人意见书，连同案卷材料、讯问犯罪嫌疑人录音、录像一并移送本院负责捕诉的部门审查。犯罪嫌疑人已被拘留的，负责侦查的部门应当在拘留后七日以内将案件移送本院负责捕诉的部门审查。

第二百九十七条 对本院负责侦查的部门移送审查逮捕的案件，犯罪嫌疑人已被拘留的，负责捕诉的部门应当在收到逮捕犯罪嫌疑人意见书后七日以内，报请检察长决定是否逮捕，特殊情况下，决定逮捕的时间可以延长一日至三日；犯罪嫌疑人未被拘留的，负责捕诉的部门应当在收到逮捕犯罪嫌疑人意见书后十五日以内，报请检察长决定是否逮捕，重大、复杂案件，不得超过二十日。

第二百九十八条 对犯罪嫌疑人决定逮捕的，负责捕诉的部门应当将逮捕决定书连同案卷材料、讯问犯罪嫌疑人录音、录像移交负责侦查的部门，并可以对收集证据、适用法律提出意见。由负责侦查的部门通知公安机关执行，必要时可以协助执行。

第二百九十九条 对犯罪嫌疑人决定不予逮捕的，负责捕诉的部门应当将不予逮捕的决定连同案卷材料、讯问犯罪嫌疑人录音、录像移交负责侦查的部门，并说明理由。需要补充侦查的，应当制作补充侦查提纲。犯罪嫌疑人已被拘留的，负责侦查的部门应当通知公安机关立即释放。

第三百条 对应当逮捕而本院负责侦查的部门未移送审查逮捕的犯罪嫌疑人，负责捕诉的部门应当向负责侦查的部门提出移送审查逮捕犯罪嫌疑人的建议。建议不被采纳的，应当报请检察长决定。

第三百零一条 逮捕犯罪嫌疑人后，应当立即送看守所羁押。除无法通知的以外，负责侦查的部门应当把逮捕的原因和羁押的处所，在二十四小时以内通知其家属。对于无法通知的，在无法通知的情形消除后，应当立即通知其家属。

第九十四条 人民法院、人民检察院对于各自决定逮捕的人，公安机关对于经人民检察院批准逮捕的人，都必须在逮捕后的二十四小时以内进行讯问。在发现不应当逮捕的时候，必须立即释放，发给释放证明。

[条文主旨]

本条是关于逮捕后及时讯问与处理程序的规定。

[条文释解]

本条是1979年《刑事诉讼法》的规定，以后的历次《刑事诉讼法》均未予以修改。

对一些罪行较为严重，采取取保候审措施不足以防止发生社会危险性的犯罪嫌疑人、被告人采取逮捕措施，不仅可以防止犯罪嫌疑人、被告人逃避侦查和审判，保障诉讼的顺利进行，也可以防止其继续进行危害社会的活动。但是，对强制措施特别是逮捕的适用，一方面，要考虑到逮捕作为最严厉的刑事强制措施，犯罪嫌疑人被宣布逮捕后，不仅导致人身自由的丧失，也可能会带来其他一系列后果，应当本着慎重的原则，防止对无辜的人错误地适用逮捕措施，尽量避免对没有必要采取逮捕措施的犯罪嫌疑人、被告人适用逮捕措施。另一方面，公安司法机关也要充分认识到逮捕后及时讯问犯罪嫌疑人、被告人对获取、收集新证据，保障侦查、起诉和审判顺利进行的意义。为此，刑事诉讼法规定了讯问被逮捕的犯罪嫌疑人、被告人的时间。该规定是保证准确、及时查明犯罪事实，正确应用法律，惩罚犯罪分子，保障无罪的人不受刑事追究的要求。另外，本条还规定逮捕后发现不应当逮捕的，必须立即释放。考虑到逮捕已经对被逮捕人的实际生活造成了一些影响，为了消除其影响，也为了便于当事人重新办理工作、学习等方面的事务，对于被释放的犯罪嫌疑人，要发给释放证明，作为其不应被逮捕的依据。

［司法实务］

根据本条规定，人民法院、人民检察院对于各自决定逮捕的人，公安机关对于经人民检察院批准逮捕的人，都必须在逮捕后的二十四小时以内进行讯问，其目的是通过讯问，及时查明对犯罪嫌疑人所采取的逮捕措施是否正确，逮捕所依的证据是否可靠，发现错捕的及时纠正。在发现不应当逮捕的时候，必须立即释放，并发给释放证明。所谓“不应当逮捕”，主要是指逮捕所依据的事实经查明并不存在，被逮捕人无社会危险性，没有逮捕必要等情况。

［配套规定］

1.《最高人民法院关于适用〈中华人民共和国刑事诉讼法〉的解释》（法释［2012］21号）（节录）

第一百三十二条 人民法院对决定逮捕的被告人，应当在逮捕后二十四小时内讯问。发现不应当逮捕的，应当变更强制措施或者立即释放。

2.《人民检察院办理羁押必要性审查案件规定（试行）》（2016年1月22日最高人民检察院印发）

第一章 总 则

第一条 为了加强和规范羁押必要性审查工作，维护被逮捕的犯罪嫌疑人、被告人合法权益，保障刑事诉讼活动顺利进行，根据《中华人民共和国刑事诉讼法》、《人民检察院刑事诉讼规则》等有关规定，结合检察工作实际，制定本规定。

第二条 羁押必要性审查，是指人民检察院依据《中华人民共和国刑事诉讼法》第九十三条规定，对被逮捕的犯罪嫌疑人、被告人有无继续羁押的必要性进行审查，对不需要继续羁押的，建议办案机关予以释放或者变更强制措施的监督活动。

第三条 羁押必要性审查案件由办案机关对应的同级人民检察院刑事执行检察部门统一办理，侦查监督、公诉、侦查、案件管理、检察技术等部门予以配合。

第四条 羁押必要性审查案件的受理、立案、结案、释放或者变更强制措施建议书等应当依照有关规定在检察机关统一业务应用系统登记、流转和办理，案件管理部门在案件立案后对办案期限、办案程序、办案质量等进行管理、监督、预警。

第五条 办理羁押必要性审查案件过程中，涉及国家秘密、商业秘密、个人隐私的，应当保密。

第六条 人民检察院进行羁押必要性审查，不得滥用建议权影响刑事诉讼依法进行。

第二章 立 案

第七条 犯罪嫌疑人、被告人及其法定代理人、近亲属、辩护人申请进行羁押必要性审查的，应当说明不需要继续羁押的理由。有相关证明材料的，应当一并提供。

第八条 羁押必要性审查的申请由办案机关对应的同级人民检察院刑事执行检察部门统一受理。

办案机关对应的同级人民检察院控告检察、案件管理等部门收到羁押必要性审查申请后，应当在一个工作日以内移送本院刑事执行检察部门。

其他人民检察院收到羁押必要性审查申请的，应当告知申请人向办案机关对应的同级人民检察院提出申请，或者在两个工作日以内将申请材料移送办案机关对应的同级人民检察院，并告知申请人。

第九条 刑事执行检察部门收到申请材料后，应当进行初审，并在三个工作日以内提出是否立案审查的意见。

第十条 刑事执行检察部门应当通过检察机关统一业务应用系统等途径及时查询本院批准或者决定、变更、撤销逮捕措施的情况。

第十一条 刑事执行检察部门对本院批准逮捕和同级人民法院决定逮捕的犯罪嫌疑人、被告人，应当依职权对羁押必要性进行初审。

第十二条 经初审，对于犯罪嫌疑人、被告人可能具有本规定第十七条、第十八条情形之一的，检察官应当制作立案报告书，经检察长或者分管副检察长批准后予以立案。

对于无理由或者理由明显不成立的申请，或者经人民检察院审查后未提供新的证明材料或者没有新的理由而再次申请的，由检察官决定不予立案，并书面告知申请人。

第三章 审 查

第十三条 人民检察院进行羁押必要性审查，可以采取以下方式：

（一）审查犯罪嫌疑人、被告人不需要继续羁押的理由和证明材料；

（二）听取犯罪嫌疑人、被告人及其法定代理人、辩护人的意见；

（三）听取被害人及其法定代理人、诉讼代理人的意见，了解是否达成和解协议；

（四）听取现阶段办案机关的意见；

（五）听取侦查监督部门或者公诉部门的意见；

（六）调查核实犯罪嫌疑人、被告人的身体状况；

（七）其他方式。

第十四条 人民检察院可以对羁押必要性审查案件进行公开审查。但是，涉及国家秘密、商业秘密、个人隐私的案件除外。

公开审查可以邀请与案件没有利害关系的人大代表、政协委员、人民监督员、特约检察员参加。

第十五条 人民检察院应当根据犯罪嫌疑人、被告人涉嫌犯罪事实、主观恶性、悔罪表现、身体状况、案件进展情况、可能判处的刑罚和有无再危害社会的危险等因素，综合评估有无必要继续羁押犯罪嫌疑人、被告人。

第十六条 评估犯罪嫌疑人、被告人有无继续羁押必要性可以采取量化方式，设置加分项目、减分项目、否决项目等具体标准。犯罪嫌疑人、被告人的得分情况可以作为综合评估的参考。

第十七条 经羁押必要性审查，发现犯罪嫌疑人、被告人具有下列情形之一的，应当向办案机关提出释放或者变更强制措施的建议：

（一）案件证据发生重大变化，没有证据证明有犯罪事实或者犯罪行为系犯罪嫌疑人、被告人所为的；

（二）案件事实或者情节发生变化，犯罪嫌疑人、被告人可能被判处拘役、管制、独立适用附加刑、免予刑事处罚或者判决无罪的；

（三）继续羁押犯罪嫌疑人、被告人，羁押期限将超过依法可能判处的刑期的；

（四）案件事实基本查清，证据已经收集固定，符合取保候审或者监视居住条件的。

第十八条 经羁押必要性审查，发现犯罪嫌疑人、被告人具有下列情形之一，且具有悔罪表现，不予羁押不致发生社会危险性的，可以向办案机关提出释放或者变更强制措施的建议：

（一）预备犯或者中止犯；

（二）共同犯罪中的从犯或者胁从犯；

（三）过失犯罪的；

（四）防卫过当或者避险过当的；

（五）主观恶性较小的初犯；

（六）系未成年人或者年满七十五周岁的人；

（七）与被害方依法自愿达成和解协议，且已经履行或者提供担保的；

（八）患有严重疾病、生活不能自理的；

（九）系怀孕或者正在哺乳自己婴儿的妇女；

（十）系生活不能自理的人的唯一扶养人；

（十一）可能被判处一年以下有期徒刑或者宣告缓刑的；

（十二）其他不需要继续羁押犯罪嫌疑人、被告人的情形。

第十九条 办理羁押必要性审查案件应当制作羁押必要性审查报告，报告中应当写明：犯罪嫌疑人或者被告人基本情况、原案简要情况和诉讼阶段、立案审查理由和证据、办理情况、审查意见等。

第四章 结 案

第二十条 办理羁押必要性审查案件，应当在立案后十个工作日以内决定是否提出释放或者变更强制措施的建议。案件复杂的，可以延长五个工作日。

第二十一条 经审查认为无继续羁押必要的，检察官应当报经检察长或者分管副检察长批准，以本院名义向办案机关发出释放或者变更强制措施建议书，并要求办案机关在十日以内回复处理情况。

释放或者变更强制措施建议书应当说明不需要继续羁押犯罪嫌疑人、被告人的理由和法律依据。

第二十二条 人民检察院应当跟踪办案机关对释放或者变更强制措施建议的处理情况。

办案机关未在十日以内回复处理情况的，可以报经检察长或者分管副检察长批准，以本院名义向其发出纠正违法通知书，要求其及时回复。

第二十三条 经审查认为有继续羁押必要的，由检察官决定结案，并通知办案机关。

第二十四条 对于依申请立案审查的案件，人民检察院办结后，应当将提出建议和办案机关处理情况，或者有继续羁押必要的审查意见和理由及时书面告知申请人。

第二十五条 刑事执行检察部门应当通过检察机关统一业务应用系统等途径将审查情况、提出建议和办案机关处理情况及时通知本院侦查监督、公诉、侦查等部门。

第五章 附 则

第二十六条 对于检察机关正在侦查或者审查起诉的案件，刑事执行检察部门进行羁押必要性审查的，参照本规定办理。

第二十七条 人民检察院依看守所建议进行羁押必要性审查的，参照依申请进行羁押必要性审查的程序办理。

第二十八条 检察人员办理羁押必要性审查案件应当纳入检察机关司法办案监督体系，有受贿、玩忽职守、滥用职权、徇私枉法、泄露国家秘密等违纪违法行为的，依纪依法严肃处理；构成犯罪的，依法追究刑事责任。

第二十九条 本规定自发布之日起试行（注 2016 年 1 月 22 日）。

3.《最高人民检察院刑事执行检察厅关于贯彻执行〈人民检察院办理羁押必要性审查案件规定（试行）〉的指导意见》（2016 年 7 月 11 日最高人民检察院办公厅印发）

第一章 总 则

第一条 为了加强、规范和促进羁押必要性审查工作，根据《人民检察院办理羁押必要性审查案件规定（试行）》，制定本指导意见。

第二条 羁押必要性审查，是指人民检察院依据《中华人民共和国刑事诉讼法》第九十三条规定，对被逮捕的犯罪嫌疑人、被告人有无继续羁押的必要性进行审查，对不需要继续羁押的，建议办案机关予以释放或者变更强制措施的监督活动。

人民法院、人民检察院和公安机关依据《中华人民共和国刑事诉讼法》第九十四条规定，对犯罪嫌疑人、被告人撤销或者变更逮捕强制措施的，以及犯罪嫌疑人、被告人及其法定代理人、近亲属或者辩护人依据《中华人民共和国刑事诉讼法》第九十五条规定，申请变更逮捕强制措施的，不属于羁押必要性审查。

第三条 羁押必要性审查案件由办案机关对应的同级人民检察院刑事执行检察部门统一办理。没有设立刑事执行检察部门的，由负责刑事执行检察工作的专职人员办理。侦查监督、公诉、侦查、案件管理、检察技术等部门予以配合。

异地羁押的，羁押地派驻看守所检察室应当提供必要的配合。

必要时，上级人民检察院刑事执行检察部门可以将本部门办理的羁押必要性审查案件指定下级人民检察院刑事执行检察部门办理，经审查，需要向办案机关提出释放或者变更强制措施建议的，应当按照对等监督原则，由上级人民检察院刑事执行检察部门向办案机关发出建议书。

第四条 犯罪嫌疑人、被告人及其法定代理人、近亲属、辩护人依据《中华人民共和国刑事诉讼法》第九十五条规定，向人民检察院刑事执行检察部门申请变更强制措施，或者援引该规定但申请事项表述为羁押必要性审查的，人民检察院刑事执行检察部门应当向其说明情况，并在其修改申请材料后依法受理。

第五条 羁押必要性审查案件的受理、立案、审查、结案、提出释放或者变更强制措施建议等应当依照有关规定在检察机关统一业务应用系统登记、流转、办理和审批，案件管理部门在案件立案后对办案期限、办案程序、办案质量等进行管理、监督、预警。

第六条 办理羁押必要性审查案件过程中，涉及国家秘密、商业秘密、个人隐私的，应当保密。

办案过程中所获悉的原案侦查进展、取证情况、证据内容，应当保密。

第七条 人民检察院刑事执行检察部门进行羁押必要性审查，不得滥用建议权影响刑事诉讼依法进行。

第二章　立　案

第八条 犯罪嫌疑人、被告人被逮捕后，羁押地的派驻看守所检察室应当在五个工作日以内进行羁押必要性审查权利告知。

没有设立派驻看守所检察室的，由巡回检察人员或派驻专职检察人员进行权利告知。

第九条 犯罪嫌疑人、被告人及其法定代理人、近亲属、辩护人申请进行羁押必要性审查的，应当说明不需要继续羁押的理由。有相关证明材料的，应当一并提供。

第十条 羁押必要性审查的申请由办案机关对应的同级人民检察院刑事执行检察部门统一受理。

办案机关对应的同级人民检察院控告检察、案件管理等部门收到羁押必要性审查申请后，应当在一个工作日以内移送本院刑事执行检察部门。

其他人民检察院收到羁押必要性审查申请的，应当告知申请人向办案机关对应的同级人民检察院提出申请，或者在两个工作日以内将申请材料移送办案机关对应的同级人民检察院，并告知申请人。

异地羁押的，羁押地派驻看守所检察室收到羁押必要性审查申请后，应当告知申请人向办案机关对应的同级人民检察院刑事执行检察部门提出申请，或者在两个工作日以内将申请材料移送办案机关对应的同级人民检察院刑事执行检察部门，并告知申请人。

第十一条　刑事执行检察部门收到申请材料后，应当进行初审，并在三个工作日以内提出是否立案审查的意见。

第十二条　刑事执行检察部门应当通过检察机关统一业务应用系统等途径及时查询本院批准或者决定、变更、撤销逮捕措施的情况。

第十三条　刑事执行检察部门对本院批准逮捕和同级人民法院决定逮捕的犯罪嫌疑人、被告人，应当依职权对羁押必要性进行初审。

第十四条　报请上一级人民检察院审查决定逮捕的案件，由该上一级人民检察院刑事执行检察部门依职权对羁押必要性进行初审，经初审认为可能需要立案的，应当交由办案机关对应的同级人民检察院刑事执行检察部门立案审查。

第十五条　犯罪嫌疑人、被告人具有下列情形之一的，经初审后一般不予立案，但是犯罪嫌疑人、被告人患有严重疾病或者具有其他特殊法定情形不适宜继续羁押的除外：

（一）涉嫌危害国家安全犯罪、恐怖活动犯罪、黑社会性质的组织犯罪、重大毒品犯罪或者其他严重危害社会的犯罪的；

（二）涉嫌故意杀人、故意伤害致人重伤或死亡、强奸、抢劫、绑架、贩卖毒品、放火、爆炸、投放危险物质等严重破坏社会秩序犯罪或者有组织的暴力性犯罪的；

（三）涉嫌重大贪污、贿赂犯罪，或者利用职权实施的严重侵犯公民人身权利的犯罪的；

（四）系累犯或曾因危害国家安全犯罪、恐怖活动犯罪、黑社会性质的组织犯罪、重大毒品犯罪或者其他严重危害社会的犯罪被判处刑罚的；

（五）可能判处十年有期徒刑以上刑罚的；

（六）案件事实尚未查清，证据尚未固定或者犯罪嫌疑人、被告人有其他犯罪事实尚未查清、需要进一步查证属实的；

（七）同案犯罪嫌疑人、被告人不在案，有串供可能的；

（八）比较复杂的共同犯罪案件，有串供可能的；

（九）系被通缉到案或者因违反取保候审、监视居住规定而被逮捕的；

（十）侦查监督部门作出批准逮捕或者批准延长侦查羁押期限决定不满一个月的；

（十一）其他不宜立案进行羁押必要性审查的情形。

第十六条 经初审，对于犯罪嫌疑人、被告人可能具有本指导意见第二十六条、第二十七条情形之一的，检察官应当制作立案报告书，经检察长或者分管副检察长批准后予以立案。

对于无理由或者理由明显不成立的申请，或者经人民检察院审查决定不予立案后，未提供新的证明材料或者没有新的理由而再次申请的，由检察官决定不予立案，并书面告知申请人。

第十七条 刑事执行检察部门依申请对羁押必要性审查案件进行初审，受理案件后应当录入检察机关统一业务应用系统，进行登记、流转、办理和审批；依职权进行初审，决定不予立案的，可以不录入检察机关统一业务应用系统。

第十八条 办理羁押必要性审查案件过程中，办案机关发生变化的，应当将羁押必要性审查案件移送给变化后的办案机关对应的同级人民检察院刑事执行检察部门办理。所对应的同级人民检察院刑事执行检察部门仍为本部门的，不需要重新立案。办案期限从变化后的办案机关受理案件之日起重新计算。

第三章 审 查

第十九条 人民检察院刑事执行检察部门进行羁押必要性审查，可以采取以下方式：

（一）审查犯罪嫌疑人、被告人不需要继续羁押的理由和证明材料；

（二）听取犯罪嫌疑人、被告人及其法定代理人、近亲属、辩护人的意见；

（三）听取被害人及其法定代理人、诉讼代理人、近亲属或者其他有关人员的意见，了解是否达成和解协议；

（四）听取现阶段办案机关的意见；

（五）听取侦查监督部门或者公诉部门的意见；

（六）调查核实犯罪嫌疑人、被告人的身体健康状况；

（七）向看守所调取有关犯罪嫌疑人、被告人羁押期间表现的材料；

（八）查阅、复制原案卷宗中有关证据材料；

（九）其他方式。

第二十条 人民检察院刑事执行检察部门办理羁押必要性审查案件，应当审查以下内容：

（一）犯罪嫌疑人、被告人的基本情况，原案涉嫌的罪名、犯罪的性质、情节，可能判处的刑罚；

（二）原案所处的诉讼阶段，侦查取证的进展情况，犯罪事实是否基本查清，证据是否收集固定，犯罪嫌疑人、被告人是否认罪，供述是否稳定；

（三）犯罪嫌疑人、被告人的羁押期限是否符合法律规定，是否有相应的审批手续，羁押期限是否即将届满，是否属于羁押超过五年的久押不决案件或者羁押期限已满四年的久押不决预警案件；

（四）犯罪嫌疑人、被告人是否存在可能作不起诉处理、被判处管制、拘役、独立适用附加刑、免予刑事处罚、判决无罪或者宣告缓刑的情形；

（五）犯罪嫌疑人、被告人是否有认罪、悔罪、坦白、自首、立功、积极退赃、与被害人达成和解协议并履行赔偿义务等从宽处理情节；

（六）犯罪嫌疑人、被告人是否有前科、累犯等从严处理情节；

（七）共同犯罪的，是否有不在案的共犯，是否存在串供可能；

（八）犯罪嫌疑人、被告人的身体健康状况；

（九）犯罪嫌疑人、被告人在本地有无固定住所、工作单位，是否具备取保候审、监视居住的条件；

（十）犯罪嫌疑人、被告人的到案方式，是否被通缉到案，或者是否因违反取保候审、监视居住规定而被逮捕；

（十一）其他内容。

第二十一条 人民检察院刑事执行检察部门应当根据犯罪嫌疑人、被告人涉嫌犯罪事实、主观恶性、悔罪表现、身体状况、案件进展情况、可能判处的刑罚和有无再危害社会的危险等因素，综合评估有无必要继续羁押犯罪嫌疑人、被告人。

第二十二条 评估犯罪嫌疑人、被告人有无继续羁押必要性可以采取量化方式，设置加分项目、减分项目、否决项目等具体标准。犯罪嫌疑人、被告人的得分情况可以作为综合评估的参考。

第二十三条 加分项目可以包括：

（一）具有《人民检察院刑事诉讼规则（试行）》第六百一十九条规定的情形的；

（二）具有本指导意见第二十六条、第二十七条规定的情形的；

（三）积极退赃、退赔的；

（四）被害人有过错的；

（五）系在校学生犯罪的；

（六）在本市有固定住所、工作单位的；

（七）能够提供适格保证人或者缴纳足额保证金的；

（八）具备监视居住条件的；

（九）其他应当加分的情形。

第二十四条 减分项目可以包括：

（一）犯罪嫌疑人、被告人不认罪或者供述不稳定，反复翻供的；

（二）矛盾尚未化解的；

（三）犯罪嫌疑人、被告人在本市没有固定住所、固定工作，无力维持正常生活的；

（四）办案机关明确反对变更强制措施，认为有继续羁押的必要且具有合法、合理的理由的；

（五）犯罪嫌疑人、被告人所在单位、所居住社区明确反对变更强制措施，认为有继续羁押的必要且具有合法、合理的理由的；

（六）其他应当减分的情形。

第二十五条 否决项目可以包括：

（一）具有《中华人民共和国刑事诉讼法》第七十九条规定的情形的；

（二）具有本指导意见第十五条规定的情形的；

（三）具有重大社会影响，不宜进行羁押必要性审查的；

（四）提供的申请材料故意造假的；

（五）其他应当否决的情形。

第二十六条 经羁押必要性审查，发现犯罪嫌疑人、被告人具有下列情形之一的，应当向办案机关提出释放或者变更强制措施的建议：

（一）案件证据发生重大变化，没有证据证明有犯罪事实或者犯罪行为系犯罪嫌疑人、被告人所为的；

（二）案件事实或者情节发生变化，犯罪嫌疑人、被告人可能被判处拘役、管制、独立适用附加刑、免予刑事处罚或者判决无罪的；

（三）继续羁押犯罪嫌疑人、被告人，羁押期限将超过依法可能判处的刑期的；

（四）案件事实基本查清，证据已经收集固定，符合取保候审或者监视居住条件的。

第二十七条 经羁押必要性审查，发现犯罪嫌疑人、被告人具有下列情形之一，且具有悔罪表现，不予羁押不致发生社会危险性的，可以向办案机关提出释放或者变更强制措施的建议：

（一）预备犯或者中止犯；

（二）共同犯罪中的从犯或者胁从犯；

（三）过失犯罪的；

（四）防卫过当或者避险过当的；

（五）主观恶性较小的初犯；

（六）系未成年人或者年满七十五周岁的人；

（七）与被害方依法自愿达成和解协议，且已经履行或者提供担保的；

（八）患有严重疾病、生活不能自理的；

（九）系怀孕或者正在哺乳自己婴儿的妇女；

（十）系生活不能自理的人的唯一扶养人；

（十一）可能被判处一年以下有期徒刑或者宣告缓刑的；

（十二）其他不需要继续羁押犯罪嫌疑人、被告人的情形。

第二十八条 犯罪嫌疑人、被告人被羁押超过五年，案件仍然处于侦查、审查起诉、一审、二审阶段的久押不决案件，或者犯罪嫌疑人、被告人被羁押已满四年，可能形成久押不决的案件，可以向办案机关提出释放或者变更强制措施的建议。

第二十九条 人民检察院刑事执行检察部门可以对羁押必要性审查案件进行公开审查。但是，涉及国家秘密、商业秘密、个人隐私的案件除外。

公开审查可以邀请与案件没有利害关系的人大代表、政协委员、人民监督员、特约检察员等人员参加。

第三十条 人民检察院刑事执行检察部门办理羁押必要性审查案件，经审查认为有必要进行公开审查的，应当报经检察长或分管副检察长决定。

第三十一条 公开审查应当在犯罪嫌疑人、被告人所羁押的看守所、人民检察院办案场所或者人民检察院确定的场所进行。

有条件的地方，也可以通过远程视频方式进行。

第三十二条 公开审查应当由检察官主持，一般可以包括以下程序：

（一）检察官宣布公开审查的目的和程序；

（二）犯罪嫌疑人、被告人及其法定代理人、近亲属、辩护人说明申请释放或者变更强制措施的理由；

（三）被害人及其法定代理人、诉讼代理人、近亲属或者其他有关人员发表意见；

（四）原案办案人员发表意见；

（五）看守所监管人员对犯罪嫌疑人、被告人在羁押期间的表现发表意见；

（六）犯罪嫌疑人、被告人所在单位、所居住社区和相关公安派出所发表意见；

（七）检察官宣布公开审查程序结束。

有相关证据材料的，应当在发表意见时一并出示。

公开审查过程中，检察官可以就有关证据或有关问题，向参加人员提问，或者请参加人员说明。参加人员经检察官许可，也可以互相提问或者作答。

第三十三条 公开审查过程中，发现新的证据，可能影响犯罪嫌疑人、被告人羁押必要性综合评估的，可以中止公开审查，对新的证据进行调查核实。经调查核实，报检察长或者分管副检察长同意后，可以恢复或者终止公开审查。

第三十四条 公开审查应当制作公开审查笔录，参加公开审查的人员应当对笔录进行核对，并在确认无误后签名或者盖章。拒绝签名或者盖章的，应当在笔录上注明情况。

第三十五条 办理羁押必要性审查案件应当制作羁押必要性审查报告，报告中应当写明：犯罪嫌疑人或者被告人基本情况、原案简要情况和诉讼阶段、立案审查理由和证据、办理情况、审查意见等。

进行公开审查的，应当在审查报告中写明公开审查的情况，重点写明各方的一致性意见或者存在的主要分歧。

第三十六条 办理羁押必要性审查案件过程中，出现下列情形之一的，应当报经检察长或者分管副检察长批准后终止审查：

（一）犯罪嫌疑人、被告人死亡的；

（二）犯罪嫌疑人、被告人已被释放或者变更强制措施的；

（三）人民法院作出生效判决、裁定的；

（四）其他应当终止审查的情形。

第四章 结 案

第三十七条 办理羁押必要性审查案件，应当在立案后十个工作日以内决定是否提出释放或者变更强制措施的建议。案件复杂或者情况特殊的，经检察长或者分管副检察长批准，可以延长五个工作日。

办案过程中涉及病情鉴定等专业知识，委托检察技术部门进行技术性证据审查的期间不计入办案期限。

第三十八条 经审查认为无继续羁押必要的，检察官应当报经检察长或者分管副检察长批准，以本院名义向办案机关发出释放或者变更强制措施建议书，并要求办案机关在十日以内回复处理情况。

释放或者变更强制措施建议书应当说明不需要继续羁押犯罪嫌疑人、被告人的理由和法律依据。

第三十九条 人民检察院刑事执行检察部门应当跟踪办案机关对释放或者变更强制措施建议的处理情况。

办案机关未在十日以内回复处理情况的，可以报经检察长或者分管副检察长批准，以本院名义向其发出纠正违法通知书，要求其及时回复。

第四十条 经审查认为有继续羁押必要的，由检察官决定结案，并通知办案机关。

第四十一条 对于依申请立案审查的案件，人民检察院刑事执行检察部门办结后，应当将提出建议和办案机关处理情况，或者有继续羁押必要的审查意见和理由及时书面告知申请人。

第四十二条 刑事执行检察部门应当通过检察机关统一业务应用系统等途径将审查情况、提出建议和办案机关处理情况及时通知本院侦查监督、公诉、侦查等部门。

第四十三条 羁押必要性审查案件结案后，人民检察院刑事执行检察部门应当及时将办理羁押必要性审查案件的有关材料归档。

第五章 附 则

第四十四条 对于检察机关正在侦查或者审查起诉的案件，刑事执行检察部门进行羁押必要性审查的，参照本指导意见办理。

第四十五条 对于公安机关、人民法院、其他人民检察院、人民检察院其他部门、人大代表、政协委员、人民监督员、特约检察员等移送的羁押必要性审查申请，以及依看守所建议进行羁押必要性审查的，参照依申请程序办理。

第四十六条 检察人员办理羁押必要性审查案件应当纳入检察机关司法办案监督体系，有受贿、玩忽职守、滥用职权、徇私枉法、泄露国家秘密等违纪违法行为的，依纪依法严肃处理；构成犯罪的，依法追究刑事责任。

第四十七条 本指导意见自发布之日（注 2016 年 7 月 11 日）起施行。原《关于人民检察院监所检察部门开展羁押必要性审查工作的参考意见》同时废止。

4.《人民检察院刑事诉讼规则》（高检发释字［2019］4 号）（节录）

第三百零二条 对被逮捕的犯罪嫌疑人，应当在逮捕后二十四小时以内进行讯问。

发现不应当逮捕的，应当经检察长批准，撤销逮捕决定或者变更为其他强制措施，并通知公安机关执行，同时通知负责捕诉的部门。

对按照前款规定被释放或者变更强制措施的犯罪嫌疑人，又发现需要逮捕的，应当重新移送审查逮捕。

第三百零三条 已经作出不予逮捕的决定，又发现需要逮捕犯罪嫌疑人的，应当重新办理逮捕手续。

第三百零四条 犯罪嫌疑人在异地羁押的，负责侦查的部门应当将决定、变更、撤销逮捕措施的情况书面通知羁押地人民检察院负责刑事执行检察的部门。

5.《公安机关办理刑事案件程序规定》（2012 年 12 月 13 日公安部令第 127 号）（节录）

第一百四十条 对被逮捕的人，必须在逮捕后的二十四小时以内进行讯问。发现不应当逮捕的，经县级以上公安机关负责人批准，制作释放通知书，送看守所和原批准逮捕的人民检察院。看守所凭释放通知书立即释放被逮捕人，并发给释放证明书。

第九十五条 犯罪嫌疑人、被告人被逮捕后，人民检察院仍应当对羁押的必要性进行审查。对不需要继续羁押的，应当建议予以释放或者变更强制措施。有关机关应当在十日以内将处理情况通知人民检察院。

[条文主旨]

本条是关于犯罪嫌疑人、被告人被逮捕后，人民检察院应当继续对羁押的必要性进行审查的规定。

[条文释解]

本条是2012年修改《刑事诉讼法》时增加的规定，2018年修改《刑事诉讼法》时未作修改。

逮捕是《刑事诉讼法》规定的强制措施中最为严厉的一种措施，且逮捕后羁押的时限比较长，如果采取逮捕措施不当，会给当事人造成难以弥补的损害。因此，《刑事诉讼法》对逮捕的条件作了严格的规定。另外，从刑事诉讼设置强制措施的目的看，主要是为了保证诉讼活动的顺利进行。如果采用对当事人损害更小的强制措施，同样可以保证诉讼活动正常进行，自然以不逮捕为妥。这种严格限制、尽量少用逮捕措施的精神，不仅应当体现在审查批准逮捕或者决定逮捕时严格把关上，在逮捕以后，如果情况发生变化，羁押的必要性不复存在时，还应当及时变更强制措施。体现了国家对公民人身权利的切实保护，也强化了人民检察院对逮捕行为的监督。

本条规定有三层意思。第一，在犯罪嫌疑人、被告人被逮捕以后，人民检察院仍然应当对羁押的必要性进行审查。逮捕是为了保证刑事诉讼活动正常进行，在确有必要的情况下采取的强制措施。审查决定是否逮捕的重要内容之一，就是逮捕的必要性。作为逮捕内容的证据条件、罪行条件、社会危险性条件，无一不与逮捕的必要性相关。而这几个方面的条件都可能随着诉讼活动的进展发生变化，进而影响到继续羁押的必要性发生变化。如审查批准逮捕时据以证明有犯罪事实的重要证据，随着侦查工作的深入，被新的证据所否定。立案时认定的犯罪数额，经过进一步调查核实，大为缩小，影响到对可能判处刑罚的估计，实施新的犯罪、干扰证人作证或者串供的可能性已被排除的等。因此，规定逮捕以后继续进行羁押必要性审查是很有必要的，是《刑事诉讼法》尊重和保障人权的重要体现。

第二，人民检察院在对羁押必要性审查后，如果认为不需要继续羁押的，应当建议予以释放或者变更强制措施。《刑事诉讼法》规定由检察机关对逮捕必要性继续进行审查，是为了加强检察机关对逮捕这种限制人身自由的强制措施的监督。因此，人民检察院依法对逮捕必要性进行审查后，如果认为不需要继续羁押的，必须作出相应的处理，提出监督意见。按照法律的规定，人民检察院提出监督意见的方式是“建议予以释放或者变更强制措施”。规定为“建议”而非强制性要求，主要是从监督角度考虑的。人民检察院在审查中发现被羁押人没有必要继续羁押的，提出建议，由有关机关就羁押必要性进行全面审查，既考虑了监督的性质、特点，不代替其他有关机关作决定，又体现了对于解除、变更羁押措施的慎重。

第三，对人民检察院提出的予以释放或者变更强制措施的建议，有关机关应当在十日以内将处理结果通知人民检察院。虽然按照法律规定，对不需要继续羁押的，人民检察院只是提出“建议”而非强制性的要求或者命令。但人民检察院依法提出建议，是基于对逮捕措施的法律监督，提出的具有法律效力的监督意见，其他机关必须本着认真负责的态度，对建议的要求及所根据的事实、证据等进行研究和考虑，从而全面就羁押必要性进行审查，及时作出正确决定。不能因为属于“建议”就以“可听可不听”的态度对待。为了加强检察机关建议的效力，本条明确规定，对不需要继续羁押的，应当建议予以释放或者变更强制措施。有关机关应当在十日以内将处理情况通知人民检察院。

[配套规定]

1.《最高人民法院关于适用〈中华人民共和国刑事诉讼法〉的解释》（法释［2012］21号）（节录）

第一百三十六条 对人民法院决定逮捕的被告人，人民检察院建议释放或者变更强制措施的，人民法院应当在收到建议后十日内将处理情况通知人民检察院。

2.《公安机关办理刑事案件程序规定》（2012年12月13日公安部令第127号）（节录）

第一百五十六条 犯罪嫌疑人被逮捕后，人民检察院经审查认为不需要继续羁押提出检察建议的，公安机关应当予以调查核实，认为不需要继续羁押的，应当予以释放或者变更强制措施；认为需要继续羁押的，应当说明理由。

公安机关应当在十日以内将处理情况通知人民检察院。

3.《人民检察院刑事诉讼规则》（高检发释字［2019］4号）（节录）

第五百七十三条 犯罪嫌疑人、被告人被逮捕后，人民检察院仍应当对羁押的必要性进行审查。

第五百七十四条 人民检察院在办案过程中可以依职权主动进行羁押必要性审查。

犯罪嫌疑人、被告人及其法定代理人、近亲属或者辩护人可以申请人民检察院进行羁押必要性审查。申请时应当说明不需要继续羁押的理由，有相关证据或者其他材料的应当提供。

看守所根据在押人员身体状况，可以建议人民检察院进行羁押必要性审查。

第五百七十五条 负责捕诉的部门依法对侦查和审判阶段的羁押必要性进行审查。经审查认为不需要继续羁押的，应当建议公安机关或者人民法院释放犯罪嫌疑人、被告人或者变更强制措施。

审查起诉阶段，负责捕诉的部门经审查认为不需要继续羁押的，应当直接释放犯罪嫌疑人或者变更强制措施。

负责刑事执行检察的部门收到有关材料或者发现不需要继续羁押的，应当及时将有关材料和意见移送负责捕诉的部门。

第五百七十六条 办案机关对应的同级人民检察院负责控告申诉检察的部门或者负责案件管理的部门收到羁押必要性审查申请后，应当在当日移送本院负责捕诉的部门。

其他人民检察院收到羁押必要性审查申请的，应当告知申请人向办案机关对应的同级人民检察院提出申请，或者在二日以内将申请材料移送办案机关对应的同级人民检察院，并告知申请人。

第五百七十七条 人民检察院可以采取以下方式进行羁押必要性审查：

（一）审查犯罪嫌疑人、被告人不需要继续羁押的理由和证明材料；

（二）听取犯罪嫌疑人、被告人及其法定代理人、辩护人的意见；

（三）听取被害人及其法定代理人、诉讼代理人的意见，了解是否达成和解协议；

（四）听取办案机关的意见；

（五）调查核实犯罪嫌疑人、被告人的身体健康状况；

（六）需要采取的其他方式。

必要时，可以依照有关规定进行公开审查。

第五百七十八条 人民检察院应当根据犯罪嫌疑人、被告人涉嫌的犯罪事实、主观恶性、悔罪表现、身体状况、案件进展情况、可能判处的刑罚和有无再危害社会的危险等因素，综合评估有无必要继续羁押犯罪嫌疑人、被告人。

第五百七十九条 人民检察院发现犯罪嫌疑人、被告人具有下列情形之一的，应当向办案机关提出释放或者变更强制措施的建议：

（一）案件证据发生重大变化，没有证据证明有犯罪事实或者犯罪行为系犯罪嫌疑人、被告人所为的；

（二）案件事实或者情节发生变化，犯罪嫌疑人、被告人可能被判处拘役、管制、独立适用附加刑、免予刑事处罚或者判决无罪的；

（三）继续羁押犯罪嫌疑人、被告人，羁押期限将超过依法可能判处的刑期的；

（四）案件事实基本查清，证据已经收集固定，符合取保候审或者监视居住条件的。

第五百八十条 人民检察院发现犯罪嫌疑人、被告人具有下列情形之一，且具有悔罪表现，不予羁押不致发生社会危险性的，可以向办案机关提出释放或者变更强制措施的建议：

（一）预备犯或者中止犯；

（二）共同犯罪中的从犯或者胁从犯；

（三）过失犯罪的；

（四）防卫过当或者避险过当的；

（五）主观恶性较小的初犯；

（六）系未成年人或者已满七十五周岁的人；

（七）与被害方依法自愿达成和解协议，且已经履行或者提供担保的；

（八）认罪认罚的；

（九）患有严重疾病、生活不能自理的；

（十）怀孕或者正在哺乳自己婴儿的妇女；

（十一）系生活不能自理的人的唯一扶养人；

（十二）可能被判处一年以下有期徒刑或者宣告缓刑的；

（十三）其他不需要继续羁押的情形。

第五百八十一条 人民检察院向办案机关发出释放或者变更强制措施建

议书的，应当说明不需要继续羁押犯罪嫌疑人、被告人的理由和法律依据，并要求办案机关在十日以内回复处理情况。

人民检察院应当跟踪办案机关对释放或者变更强制措施建议的处理情况。办案机关未在十日以内回复处理情况的，应当提出纠正意见。

第五百八十二条 对于依申请审查的案件，人民检察院办结后，应当将提出建议的情况和公安机关、人民法院的处理情况，或者有继续羁押必要的审查意见和理由及时书面告知申请人。

第九十六条 人民法院、人民检察院和公安机关如果发现对犯罪嫌疑人、被告人采取强制措施不当的，应当及时撤销或者变更。公安机关释放被逮捕的人或者变更逮捕措施的，应当通知原批准的人民检察院。

[条文主旨]

本条是关于不当强制措施的撤销和变更程序的规定。

[条文释解]

本条是1996年修改《刑事诉讼法》时增加的规定，2012年、2018年修改《刑事诉讼法》时未作修改。

强制措施涉及限制或者剥夺当事人的人身自由，因此，适用强制措施应当严格按照《刑事诉讼法》所规定的条件和程序。对于采取强制措施不当的，应当及时撤销或者变更。但在实践中，有些时候不论犯罪嫌疑人、被告人所涉嫌的罪行严重与否，本人有无社会危险性，办案机关习惯于采取拘留、逮捕措施，剥夺人身自由，以此作为侦查工作的主要手段；有些办案人员对不符合取保候审、监视居住条件的犯罪嫌疑人、被告人采取取保候审、监视居住。也有些办案机关，对于原先采取拘留、逮捕等强制措施，后因情况变化，可以不需要继续对当事人采取强制措施或者应当变更强制措施的，不予解除或者变更。这些情况，不仅侵犯了当事人的合法权益，也影响了正常的刑事诉讼活动的公正和效率，不利于化解社会矛盾，维护社会和谐稳定。为了及时发现并纠正上述不正确的做法，《刑事诉讼法》作了本条规定。

本条有两层意思。第一，司法机关如果发现对犯罪嫌疑人、被告人采取强制措施不当，应当及时撤销或者变更。这里的“强制措施”既包括取保候审、监视居住，也包括拘留和逮捕。所谓“不当”，主要是指对犯罪嫌疑人、被告人采取了不适当的强制措施或者对不应当采取强制措施的采取了强制措施。例如，对应当采取取保候审、监视居住的犯罪嫌疑人、被告人进行拘留、逮捕，或者对有社会危险性符合逮捕条件的犯罪嫌疑人、被告人却采取了取保候审，或者对不应当追究刑事责任的人采取了强制措施等。

发现对犯罪嫌疑人、被告人采取强制措施不当既包括在办理案件过程中随时发现的，也包括人民检察院进行羁押必要性审查时发现的，还有一些是由于案件情况变化当前强制措施已经不适当的。无论是发现自己采取措施不当的，还是根据其他机关提出的意见审查发现确实不当的，人民法院、人民检察院和公安机关都应当及时纠正。纠正的方法有撤销和变更两种。“撤销”是指公检法机关对自己作出的采取强制措施的决定予以撤销，不再对犯罪嫌疑人、被告人采取强制措施。“变更”是指根据案件情况，采取更为适宜的其他强制措施，如对逮捕的犯罪嫌疑人采取取保候审、监视居住等替代性的措施。

第二，公安机关释放被逮捕的人或者变更逮捕措施，应当通知原批准的人民检察院。根据法律规定，公安机关认为犯罪嫌疑人符合逮捕条件的，应当提请由人民检察院审查批准，在人民检察院批准后执行。一方面，逮捕作为一项有法律效力的批准决定，它是在认真审查侦查机关提供的证据材料基础上作出的，因而是严肃的，一经作出，公安机关就应当立即执行。另一方面，公安机关对于经人民检察院批准逮捕的犯罪嫌疑人，在执行逮捕过程中如果发现了不该逮捕的情况，或者因为情况变化，不需要或者不适宜再对犯罪嫌疑人采取逮捕措施的，有权释放被逮捕的人或者变更为其他强制措施，以保护公民的合法权益。但是，公安机关在释放被逮捕的人或者变更逮捕措施以后，应当通知原批准的人民检察院。这样规定，既考虑到了保护公民合法权益的需要，又考虑到了加强检察机关对刑事诉讼活动的监督的要求。

[审判实务]

（一）已经逮捕的犯罪嫌疑人、被告人，可以变更为监视居住或者取保候审的条件已经逮捕的犯罪嫌疑人、被告人，可以变更为监视居住或者取保候审应当符合《刑诉法解释》第133条规定，具备以下条件，被逮捕的被告人具有下列情形之一的，人民法院可以变更强制措施：患有严重疾病、生活不能自理的；怀孕或者正在哺乳自己婴儿的；系生活不能自理的人的唯一扶养人。

（二）已经逮捕的犯罪嫌疑人、被告人应当变更强制措施或者释放的条件

已经逮捕的犯罪嫌疑人、被告人应当变更强制措施或者释放应当符合《刑诉法解释》第134条规定，具备以下条件，第一审人民法院判决被告人无罪、不负刑事责任或者免除刑事处罚，被告人在押的，应当在宣判后立即释放。被逮捕的被告人具有下列情形之一的，人民法院应当变更强制措施或者予以释放：第一审人民法院判处管制、宣告缓刑、单独适用附加刑，判决尚未发生法律效力的；被告人被羁押的时间已到第一审人民法院对其判处的刑期期限的；案件不能在法律规定的期限内审结的。

[配套规定]

1.《最高人民法院关于适用〈中华人民共和国刑事诉讼法〉的解释》（法释［2012］21号）（节录）

第一百三十三条 被逮捕的被告人具有下列情形之一的，人民法院可以变更强制措施：

（一）患有严重疾病、生活不能自理的；

（二）怀孕或者正在哺乳自己婴儿的；

（三）系生活不能自理的人的唯一扶养人。

第一百三十四条 第一审人民法院判决被告人无罪、不负刑事责任或者免除刑事处罚，被告人在押的，应当在宣判后立即释放。

被逮捕的被告人具有下列情形之一的，人民法院应当变更强制措施或者予以释放：

（一）第一审人民法院判处管制、宣告缓刑、单独适用附加刑，判决尚未发生法律效力的；

（二）被告人被羁押的时间已到第一审人民法院对其判处的刑期期限的；

（三）案件不能在法律规定的期限内审结的。

第一百三十五条 人民法院决定变更强制措施或者释放被告人的，应当

立即将变更强制措施决定书或者释放通知书送交公安机关执行。

2. **《人民检察院刑事诉讼规则》**（高检发释字［2019］4号）（节录）

第三百零二条 对被逮捕的犯罪嫌疑人，应当在逮捕后二十四小时以内进行讯问。

发现不应当逮捕的，应当经检察长批准，撤销逮捕决定或者变更为其他强制措施，并通知公安机关执行，同时通知负责捕诉的部门。

对按照前款规定被释放或者变更强制措施的犯罪嫌疑人，又发现需要逮捕的，应当重新移送审查逮捕。

第三百零三条 已经作出不予逮捕的决定，又发现需要逮捕犯罪嫌疑人的，应当重新办理逮捕手续。

第三百零四条 犯罪嫌疑人在异地羁押的，负责侦查的部门应当将决定、变更、撤销逮捕措施的情况书面通知羁押地人民检察院负责刑事执行检察的部门。

3. **《公安机关办理刑事案件程序规定》**（2012年12月13日公安部令第127号）（节录）

第一百五十五条 公安机关发现对犯罪嫌疑人采取强制措施不当的，应当及时撤销或者变更。犯罪嫌疑人在押的，应当及时释放。公安机关释放被逮捕的人或者变更逮捕措施的，应当通知批准逮捕的人民检察院。

第一百五十六条 犯罪嫌疑人被逮捕后，人民检察院经审查认为不需要继续羁押提出检察建议的，公安机关应当予以调查核实，认为不需要继续羁押的，应当予以释放或者变更强制措施；认为需要继续羁押的，应当说明理由。

公安机关应当在十日以内将处理情况通知人民检察院。

第九十七条 犯罪嫌疑人、被告人及其法定代理人、近亲属或者辩护人有权申请变更强制措施。人民法院、人民检察院和公安机关收到申请后，应当在三日以内作出决定；不同意变更强制措施的，应当告知申请人，并说明不同意的理由。

［条文主旨］

本条是关于变更强制措施申请人程序的规定。

[条文释解]

本条是1996年修改《刑事诉讼法》时增加的规定，2012年作过修改，2018年修改《刑事诉讼法》时未作修改。

2012年3月14日第十一届全国人民代表大会第五次会议通过的《关于修改〈中华人民共和国刑事诉讼法〉的决定》，在1996年《刑事诉讼法》第52条、第96条规定的基础上，进一步补充完善后作出本条规定。主要修改之处，一是将有权申请取保候审改为有权申请变更强制措施，二是增加了有关机关对申请的处理程序，对有关机关接到申请如何处理作出明确规定，进一步增强了可操作性，以保障申请人权利的落实。本条规定是《刑事诉讼法》尊重和保障人权的重要体现。

本条规定包含三层意思。第一，犯罪嫌疑人、被告人及其近亲属、辩护人向公安机关、检察机关和法院提出变更强制措施的申请，这是法律赋予犯罪嫌疑人、被告人及其近亲属、辩护人的一项权利，有利于对犯罪嫌疑人、被告人人权的保护，是在涉及限制人身自由措施上应当采取审慎态度的立法精神的贯彻落实。

根据本条规定，不仅犯罪嫌疑人、被告人本人有权申请变更强制措施，其法定代理人、近亲属和辩护人也有权直接提出变更强制措施的申请。申请变更强制措施可以是强制措施种类的变更，由强度较大的措施变更为强度较小的措施，如申请将拘留、逮捕变更为监视居住、取保候审，也可以是申请变更强制措施的执行方式，如由指定居所监视居住变更为在犯罪嫌疑人的住处执行监视居住。

需要说明的是，虽然法律对提出变更强制措施的申请是否应当附有相应的证据、理由，并未作强制性要求，但从便于有关机关正确作出判断和决定的角度考虑，犯罪嫌疑人、被告人在提出变更强制措施的申请时，应当说明自己符合取保候审、监视居住条件，应当予以变更强制措施的理由，有事实和证据的，还可以附上相关材料，以便于有关机关根据其各方面的情况综合评判，作出决定。

第二，人民法院、人民检察院和公安机关收到申请后，应当在三日以内作出决定。这是对人民法院、人民检察院、公安机关收到犯罪嫌疑人、被告人及其法定代理人、近亲属、辩护人关于变更强制措施的申请后的处理时限的规定。根据这项规定，有关机关在收到变更强制措施的申请后，必须在三日以内作出决定。当然，作出的决定包括变更强制措施的决定，也包括不予变更强制措施的决定。具体要根据案件和犯罪嫌疑人、被告人的情况确定。

第三，如果人民法院、人民检察院、公安机关不同意变更强制措施的，应当告知申请人，并说明不同意的理由。不同意的理由，主要是指应当对犯罪嫌疑人、被告人继续采取拘留、逮捕、指定居所监视居住等措施的法律依据、原因。如果变更强制措施的申请附有相关事实和证据的，人民法院、人民检察院、公安机关还应当在说明不同意变更强制措施理由的同时，对该相关事实和证据予以回应。

[审判实务]

人民法院对申请变更强制措施的处理。

被告人及其法定代理人、近亲属或者辩护人申请变更强制措施的，应当说明理由。人民法院收到申请后，应当在三日以内作出决定。同意变更强制措施的，应当依照本解释规定处理。不同意的，应当告知申请人，并说明理由。

[配套规定]

1.《最高人民法院关于适用〈中华人民共和国刑事诉讼法〉的解释》（法释［2012］21号）（节录）

第一百三十七条　被告人及其法定代理人、近亲属或者辩护人申请变更强制措施的，应当说明理由。人民法院收到申请后，应当在三日内作出决定。同意变更强制措施的，应当依照本解释规定处理；不同意的，应当告知申请人，并说明理由。

2.《公安机关办理刑事案件程序规定》（2012年12月13日公安部令第127号）（节录）

第一百五十七条　犯罪嫌疑人及其法定代理人、近亲属或者辩护人有权申请变更强制措施。公安机关应当在收到申请后三日以内作出决定；不同意变更强制措施的，应当告知申请人，并说明理由。

3.《人民检察院刑事诉讼规则》（高检发释字［2019］4号）（节录）

第二百六十八条　人民检察院应当商法律援助机构设立法律援助工作站

派驻值班律师或者及时安排值班律师，为犯罪嫌疑人提供法律咨询、程序选择建议、申请变更强制措施、对案件处理提出意见等法律帮助。

人民检察院应当告知犯罪嫌疑人有权约见值班律师，并为其约见值班律师提供便利。

第五百七十四条 人民检察院在办案过程中可以依职权主动进行羁押必要性审查。

犯罪嫌疑人、被告人及其法定代理人、近亲属或者辩护人可以申请人民检察院进行羁押必要性审查。申请时应当说明不需要继续羁押的理由，有相关证据或者其他材料的应当提供。

看守所根据在押人员身体状况，可以建议人民检察院进行羁押必要性审查。

第五百七十六条 办案机关对应的同级人民检察院负责控告申诉检察的部门或者负责案件管理的部门收到羁押必要性审查申请后，应当在当日移送本院负责捕诉的部门。

其他人民检察院收到羁押必要性审查申请的，应当告知申请人向办案机关对应的同级人民检察院提出申请，或者在二日以内将申请材料移送办案机关对应的同级人民检察院，并告知申请人。

第五百八十二条 对于依申请审查的案件，人民检察院办结后，应当将提出建议的情况和公安机关、人民法院的处理情况，或者有继续羁押必要的审查意见和理由及时书面告知申请人。

第九十八条 犯罪嫌疑人、被告人被羁押的案件，不能在本法规定的侦查羁押、审查起诉、一审、二审期限内办结的，对犯罪嫌疑人、被告人应当予以释放；需要继续查证、审理的，对犯罪嫌疑人、被告人可以取保候审或者监视居住。

[条文主旨]

本条是关于羁押期内不能办结程序的规定。

[条文释解]

2012 年 3 月 14 日第十一届全国人民代表大会第五次会议通过的《关于

修改〈中华人民共和国刑事诉讼法〉的决定》，对本条作了修改，增加了犯罪嫌疑人、被告人被羁押的案件，不能在本法规定的侦查羁押、审查起诉、一审、二审期限内办结的，“对犯罪嫌疑人、被告人应当予以释放”的规定。为了保护公民的合法权利，防止审判前的长时间羁押，《刑事诉讼法》对侦查羁押期限、审查起诉期限、审判期限都作出了具体规定。其中，审查起诉和审判期限也是指的羁押期限。办案期限届满，案件尚未办结，应当继续办理，但必须解除或者变更强制措施，本条就此作出了明确规定。这样既考虑了办案的实际情况和需要，又有效地保护了公民的权利。2012 年修改《刑事诉讼法》时，在原规定的基础上进一步明确了办案期限届满就要予以释放，只有需要继续查证、审理的，可以变更为取保候审或者监视居住，进一步强调和明确了羁押期限届满必须解除强制措施的立法意图。

本条包含两层意思。第一，犯罪嫌疑人、被告人被羁押的案件，不能在本法规定的侦查羁押、审查起诉、一审、二审期限内办结的，对犯罪嫌疑人、被告人应当予以释放。羁押措施涉及限制人身自由，《刑事诉讼法》不仅对各种羁押措施的条件作了严格限定，而且综合考虑司法机关办理案件和保护犯罪嫌疑人、被告人权利的需要，对侦查羁押期限、人民检察院审查起诉期限、人民法院一审、二审的审理期限作出了明确规定。侦查羁押、审查起诉、一审、二审期限届满的，对被羁押的犯罪嫌疑人、被告人就应当予以释放，这一法律规定是明确的。但从实践中的情况看，有的案件久拖不决，犯罪嫌疑人、被告人长期处于被羁押状态。这种情况严重损害了法律的严肃性，不利于保护公民的合法权益，不利于实现司法公正。为了解决这一问题，2012 年修改《刑事诉讼法》时明确规定，犯罪嫌疑人、被告人被羁押的案件，不能在《刑事诉讼法》规定的侦查羁押、审查起诉、一审、二审期限内办结的，对犯罪嫌疑人、被告人应当予以释放。人民法院、人民检察院、公安机关应当严格执行法律规定，对侦查羁押、审查起诉、一审、二审期限届满的犯罪嫌疑人、被告人，应当立即予以释放，不得以任何理由拖延。

第二，如果案件需要继续查证、审理的，对犯罪嫌疑人、被告人可以取保候审或者监视居住。明确规定侦查羁押、审查起诉、一审、二审期限届满未能结案的，应当将在押的犯罪嫌疑人、被告人予以释放，是防止因案件久拖不决而无限期羁押，以保护犯罪嫌疑人、被告人权利。但考虑到实践中有的案件确实存在特殊情况，规定对需要继续查证、审理的，可以对犯罪嫌疑人、被告人采取取保候审或者监视居住的措施，也是必要的。采取取保候审、监视居住措施，既能够保证刑事诉讼活动顺利进行，又不用像羁押措施完全限制犯罪嫌疑人、被告人的自由，比较好地实现了办理案件需要与保护犯罪嫌疑人、被告人合法权利的平衡。

[配套规定]

《人民检察院刑事诉讼规则》（高检发释字［2019］4号）（节录）

第一百五十二条 人民检察院在侦查、审查起诉期间，对犯罪嫌疑人拘留、逮捕后发生依法延长侦查羁押期限、审查起诉期限，重新计算侦查羁押期限、审查起诉期限等期限改变的情形的，应当及时将变更后的期限书面通知看守所。

第一百五十三条 人民检察院决定对涉嫌犯罪的机关事业单位工作人员取保候审、监视居住、拘留、逮捕的，应当在采取或者解除强制措施后五日以内告知其所在单位；决定撤销案件或者不起诉的，应当在作出决定后十日以内告知其所在单位。

第一百五十四条 取保候审变更为监视居住，或者取保候审、监视居住变更为拘留、逮捕的，在变更的同时原强制措施自动解除，不再办理解除法律手续。

第一百五十五条 人民检察院已经对犯罪嫌疑人取保候审、监视居住，案件起诉至人民法院后，人民法院决定取保候审、监视居住或者变更强制措施的，原强制措施自动解除，不再办理解除法律手续。

第九十九条 人民法院、人民检察院或者公安机关对被采取强制措施法定期限届满的犯罪嫌疑人、被告人，应当予以释放、解除取保候审、监视居住或者依法变更强制措施。犯罪嫌疑人、被告人及其法定代理人、近亲属或者辩护人对于人民法院、人民检察院或者公安机关采取强制措施法定期限届满的，有权要求解除强制措施。

[条文主旨]

本条是关于超期强制措施的处理程序规定。

[条文释解]

本条是1996年修改《刑事诉讼法》时增加的规定，2012年作过修改，2018年修改《刑事诉讼法》时未作修改。

在1996年修改《刑事诉讼法》时，针对司法实践中存在的犯罪嫌疑人、被告人超期羁押的问题，为了更好地体现司法公正，保护犯罪嫌疑人、被告人的合法权利，督促办案机关在法定期限内依法办结案件，赋予犯罪嫌疑人、被告人及其相关人员有要求司法机关依法解除强制措施或者变更强制措施的权利，规定了人民法院、人民检察院、公安机关采取强制措施超过法定期限的处理程序，以及犯罪嫌疑人、被告人及其法定代理人、近亲属或者辩护人要求解除强制措施的权利。2012年修改《刑事诉讼法》时，考虑到“超过法定期限”的表述不够严谨，应当是期限届满就应当立即释放，解除或者变更强制措施。为更有力地保护当事人的合法权益，规范人民法院、人民检察院、公安机关严肃办案，2012年3月14日第十一届全国人民代表大会第五次会议通过的《关于修改〈中华人民共和国刑事诉讼法〉的决定》对本条作了修改，一是将“超过法定期限”修改为“届满”，二是将人民法院、人民检察院、公安机关应当予以释放的规定与犯罪嫌疑人、被告人及其法定代理人、近亲属者辩护人有权请求释放的规定作了顺序调整，规定了人民法院、人民检察院、公安机关的释放义务。

本条有两层意思。第一，司法机关对采取强制措施法定期限届满如何处理，本条规定了两种办法：一是对于犯罪嫌疑人、被告人在押的，应当予以释放，如果需要继续查证、审理的，可以将逮捕变更为取保候审或者监视居住。对于监视居住的犯罪嫌疑人、被告人，可以依法变更为取保候审，但是不得未经依法变更就转为取保候审，不能中止对案件的侦查。二是对于取保候审十二个月期限届满或者监视居住六个月期限届满的，应当解除取保候审、监视居住。如果拘传了犯罪嫌疑人、被告人，一般情况下传唤时间已经达到十二小时的，或者案情重大、复杂的情况下已经达到二十四小时的，应当停止传唤或者拘传。

第二，犯罪嫌疑人、被告人及其法定代理人、近亲属或者辩护人对于公检法机关采取强制措施法定期限届满的，有权要求解除强制措施。其中“法定代理人”是指犯罪嫌疑人、被告人的父母、养父母、监护人和负有保护责任的机关、团体的代表。“近亲属”，是指犯罪嫌疑人、被告人的夫、妻、父、母、子、女、同胞兄弟姐妹；“辩护人”是指受犯罪嫌疑人、被告人委托为其辩护的律师、人民团体或者犯罪嫌疑人、被告人所在单位推荐的人或者受犯罪嫌疑人、被告人委托为其辩护的监护人、亲友，以及受法律援助机构指派为犯罪嫌疑人、被告人提供法律援助的律师。“法定期限届满”是指对在押的犯罪嫌疑人、被告人的关押时间已经达到本法规定的侦查羁押、审查起诉、一审、二审的办案期限，对不在押的犯罪嫌疑人、被告人，取保候审的时间累计已经达到十二个月或者监视居住的时间累计已经达到六个月，或者拘传已经达到十二个小时或二十四小时的。

[配套规定]

1.《公安机关办理刑事案件程序规定》（2012年12月13日公安部令第127号）（节录）

第一百五十八条 公安机关对被采取强制措施法定期限届满的犯罪嫌疑人，应当予以释放，解除取保候审、监视居住或者依法变更强制措施。

犯罪嫌疑人及其法定代理人、近亲属或者辩护人对于公安机关采取强制措施法定期限届满的，有权要求公安机关解除强制措施。公安机关应当进行审查，对于情况属实的，应当立即解除或者变更强制措施。

对于犯罪嫌疑人、被告人羁押期限即将届满的，看守所应当立即通知办案机关。

第一百五十九条 取保候审变更为监视居住的，取保候审、监视居住变更为拘留、逮捕的，对原强制措施不再办理解除法律手续。

第一百六十条 案件在取保候审、监视居住期间移送审查起诉后，人民检察院决定重新取保候审、监视居住或者变更强制措施的，对原强制措施不再办理解除法律手续。

2.《人民检察院刑事诉讼规则》（高检发释字［2019］4号）（节录）

第六百一十二条 人民检察院依法对羁押期限和办案期限是否合法实行法律监督。

第六百一十三条 对公安机关、人民法院办理案件相关期限的监督，犯罪嫌疑人、被告人被羁押的，由人民检察院负责刑事执行检察的部门承担；犯罪嫌疑人、被告人未被羁押的，由人民检察院负责捕诉的部门承担。对人民检察院办理案件相关期限的监督，由负责案件管理的部门承担。

第六百一十四条 人民检察院在办理案件过程中，犯罪嫌疑人、被告人被羁押，具有下列情形之一的，办案部门应当在作出决定或者收到决定书、裁定书后十日以内通知本院负有监督职责的部门：

（一）批准或者决定延长侦查羁押期限的；

（二）对于人民检察院直接受理侦查的案件，决定重新计算侦查羁押期限、变更或者解除强制措施的；

（三）对犯罪嫌疑人、被告人进行精神病鉴定的；

（四）审查起诉期间改变管辖、延长审查起诉期限的；

（五）案件退回补充侦查，或者补充侦查完毕移送起诉后重新计算审查起诉期限的；

（六）人民法院决定适用简易程序、速裁程序审理第一审案件，或者将案件由简易程序转为普通程序，由速裁程序转为简易程序、普通程序重新审理的；

（七）人民法院改变管辖，决定延期审理、中止审理，或者同意人民检察院撤回起诉的。

第六百一十五条 人民检察院发现看守所的羁押期限管理活动具有下列情形之一的，应当依法提出纠正意见：

（一）未及时督促办案机关办理换押手续的；

（二）未在犯罪嫌疑人、被告人羁押期限届满前七日以内向办案机关发出羁押期限即将届满通知书的；

（三）犯罪嫌疑人、被告人被超期羁押后，没有立即书面报告人民检察院并通知办案机关的；

（四）收到犯罪嫌疑人、被告人及其法定代理人、近亲属或者辩护人提出的变更强制措施、羁押必要性审查、羁押期限届满要求释放或者变更强制措施的申请、申诉、控告后，没有及时转送有关办案机关或者人民检察院的；

（五）其他违法情形。

第六百一十六条 人民检察院发现公安机关的侦查羁押期限执行情况具有下列情形之一的，应当依法提出纠正意见：

（一）未按规定办理换押手续的；

（二）决定重新计算侦查羁押期限、经批准延长侦查羁押期限，未书面通知人民检察院和看守所的；

（三）对犯罪嫌疑人进行精神病鉴定，没有书面通知人民检察院和看守所的；

（四）其他违法情形。

第六百一十七条 人民检察院发现人民法院的审理期限执行情况具有下列情形之一的，应当依法提出纠正意见：

（一）在一审、二审和死刑复核阶段未按规定办理换押手续的；

（二）违反刑事诉讼法的规定重新计算审理期限、批准延长审理期限、改变管辖、延期审理、中止审理或者发回重审的；

（三）决定重新计算审理期限、批准延长审理期限、改变管辖、延期审理、中止审理、对被告人进行精神病鉴定，没有书面通知人民检察院和看守所的；

（四）其他违法情形。

第六百一十八条 人民检察院发现同级或者下级公安机关、人民法院超期羁押的，应当向该办案机关发出纠正违法通知书。

发现上级公安机关、人民法院超期羁押的，应当及时层报该办案机关的同级人民检察院，由同级人民检察院向该办案机关发出纠正违法通知书。

对异地羁押的案件，发现办案机关超期羁押的，应当通报该办案机关的同级人民检察院，由其依法向办案机关发出纠正违法通知书。

第六百一十九条 人民检察院发出纠正违法通知书后，有关办案机关未回复意见或者继续超期羁押的，应当及时报告上一级人民检察院。

对于造成超期羁押的直接责任人员，可以书面建议其所在单位或者有关主管机关依照法律或者有关规定予以处分；对于造成超期羁押情节严重，涉嫌犯罪的，应当依法追究其刑事责任。

第六百二十条 人民检察院办理直接受理侦查的案件或者审查逮捕、审查起诉案件，在犯罪嫌疑人侦查羁押期限、办案期限即将届满前，负责案件管理的部门应当依照有关规定向本院办案部门进行期限届满提示。发现办案部门办理案件超过规定期限的，应当依照有关规定提出纠正意见。

第一百条 人民检察院在审查批准逮捕工作中，如果发现公安机关的侦查活动有违法情况，应当通知公安机关予以纠正，公安机关应当将纠正情况通知人民检察院。

[条文主旨]

本条是关于侦查监督程序规定。

[条文释解]

本条是1979年《刑事诉讼法》的规定，1996年、2012年、2018年修改《刑事诉讼法》时未作修改。

人民检察院是国家的法律监督机关，有权依法对公安机关的侦查活动实行监督。在公安机关提请逮捕犯罪嫌疑人后，人民检察院进行审查时，通过阅卷、讯问犯罪嫌疑人或者调查，如果发现公安机关的侦查活动有违法情况，如刑讯逼供、非法拘留侵犯被拘留人的合法诉讼权利等，应当及时向公安机关提出，这也是宪法规定的公安、司法机关分工负责、互相配合、互相制约的原则的重要体现。公安机关对人民检察院提出的问题，必须认真检查，如确有违法情况应坚决予以纠正，并采取相应的措施。公安机关有义务将纠正的情况通知人民检察院。这样规定，有利于保障公安机关正确执行法律，保护公民的合法权益。

本条是关于人民检察院在审查批准逮捕工作中对侦查活动进行监督的规定。根据本条规定，人民检察院在审查批准逮捕工作中，不仅要审查公安机提请批准逮捕的犯罪嫌疑人是否符合逮捕的条件，以作出是否批准逮捕的决定，也要同时对侦查机关的侦查活动是否依照法律规定进行，有无违法行为等情况进行了解。发现侦查机关侦查活动有违法情况时，应当通知公安机关纠正。这是法律赋予检察机关的重要职权，也是人民检察院实现法律监督职能的具体体现。

在审查批准逮捕工作中，检察机关了解侦查活动是否合法，主要通过以下形式进行。一是审查案卷材料。根据《刑事诉讼法》第87条的规定，公安机关要求逮捕犯罪嫌疑人的时候，应当写出提请批准逮捕书，连同案卷材料、证据，一并移送同级人民检察院审查批准。二是在必要的时候，人民检察院可以派人参加公安机关对于重大案件的讨论。在讨论过程中发现侦查机关侦查活动有违反法律规定情形的，也应当提出纠正意见。三是通过讯问犯罪嫌疑人、询问证人和听取辩护律师意见等发现。人民检察院审查批准逮捕，可以讯问犯罪嫌疑人。对是否符合逮捕条件有疑问，犯罪嫌疑人要求向检察人员当面陈述或者侦查活动可能有重大违法行为的等情况下，应当讯问犯罪嫌疑人。可以询问证人等诉讼参与人，听取辩护律师的意见。在这些工作过程中如果发现侦查机关侦查活动违法的，检察机关应当通知公安机关予以纠正。另外，当事人、辩护人、诉讼代理人利害关系人对于司法机关及其工作人员侵犯其合法权益的，有权进行申诉或者控告。对于申诉控告的处理不服的，可以向同级人民检察院申诉。人民检察院直接受理的案件，可以向上一级人民检察院申诉。因此，人民检察院也可以通过审查申诉、控告等方式对侦查活动是否违法进行审查。如果发现侦查机关的侦查活动违法的，也可以在审查批准逮捕中提出。

本条的“违法情况”主要是指公安机关的侦查活动违反了《刑事诉讼法》等法的禁止性规定，侵犯犯罪嫌疑人以及其他人合法权益的情况，比如采取刑讯逼供等非法方法收集证据，侦查人员应当回避的没有回避，对犯罪嫌疑人超期羁押，没有保障犯罪嫌疑人委托的辩护律师依法行使诉讼权利以及侵犯犯罪嫌疑人、证人或者其他公民合法权益等情况。“纠正”是指公安机关根据侦查活动违法不同内容、不同程度，采取不同的方式予以改正或挽回影响，如消除违法情况有的也需要根据情况赔偿损失、赔礼道歉等。根据本条规定，公安机关接受人民检察院的监督，应当根据人民检察院提出的纠正意见，及时纠正违法行为，并且将纠正情况通知人民检察院。

[配套规定]

1.《人民检察院办理未成年人刑事案件的规定》（2013年12月27日最高人民检察院）

第二十六条 公安机关违反法律和《公安机关办理未成年人违法犯罪案件的规定》，对未成年人涉嫌犯罪的案件应当立案侦查而不立案侦查的，人民检察院应当要求公安机关说明不立案的理由。人民检察院认为公安机关不立案理由不能成立的，应当通知公安机关立案。

未成年被害人或其法定代理人认为公安机关对应当立案侦查的案件而不立案侦查，向人民检察院提出的，依照前款规定办理。

第二十七条 人民检察院对于公安机关不应当立案而立案侦查的未成年人刑事案件，应当向公安机关提出纠正违法意见。

第二十八条 审查批准逮捕、审查起诉未成年人刑事案件，应当同时审查公安机关的侦查活动是否合法，发现有下列违法行为的，应当提出意见；构成犯罪的，依法追究刑事责任：

（一）违法对未成年犯罪嫌疑人采取强制措施或者采取强制措施不当的；

（二）未依法实行对未成年犯罪嫌疑人与成年犯罪嫌疑人分管、分押的；

（三）对未成年犯罪嫌疑人采取刑事拘留、逮捕措施后，在法定时限内未对其讯问，或者未通知其法定代理人或者近亲属的；

（四）对未成年犯罪嫌疑人威胁、体罚、侮辱人格、游行示众，或者刑讯逼供、指供诱供的；

（五）利用未成年人故意制造冤、假、错案的；

（六）对未成年被害人、证人以诱骗等非法手段收集证据或者侵害未成年被害人、证人的人格尊严及隐私权等合法权益的；

（七）违反羁押和办案期限规定的；

（八）对已作出的不批准逮捕、不起诉决定，公安机关不予执行或延期执行的；

（九）在侦查中有其他侵害未成年人合法权益行为的。

2.《最高人民检察院关于对涉嫌盗窃的不满16周岁未成年人采取刑事拘留强制措施是否违法问题的批复》（2011年1月25日最高人民检察院）

根据刑法、刑事诉讼法、未成年人保护法等有关法律规定，对于实施犯罪时未满16周岁的未成年人，且未犯刑法第十七条第二款规定之罪的，公安机关查明犯罪嫌疑人实施犯罪时年龄确系未满16周岁依法不负刑事责任后仍予以刑事拘留的，检察机关应当及时提出纠正意见。

3.《人民检察院刑事诉讼规则》（高检发释字［2019］4号）（节录）

第五百五十一条 人民检察院对刑事诉讼活动实行法律监督，发现违法情形的，依法提出抗诉、纠正意见或者检察建议。

人民检察院对于涉嫌违法的事实，可以采取以下方式进行调查核实：

（一）讯问、询问犯罪嫌疑人；

（二）询问证人、被害人或者其他诉讼参与人；

（三）询问办案人员；

（四）询问在场人员或者其他可能知情的人员；

（五）听取申诉人或者控告人的意见；

（六）听取辩护人、值班律师意见；

（七）调取、查询、复制相关登记表册、法律文书、体检记录及案卷材料等；

（八）调取讯问笔录、询问笔录及相关录音、录像或其他视听资料；

（九）进行伤情、病情检查或者鉴定；

（十）其他调查核实方式。

人民检察院在调查核实过程中不得限制被调查对象的人身、财产权利。

第五百五十二条 人民检察院发现刑事诉讼活动中的违法行为，对于情节较轻的，由检察人员以口头方式提出纠正意见；对于情节较重的，经检察长决定，发出纠正违法通知书。对于带有普遍性的违法情形，经检察长决定，向相关机关提出检察建议。构成犯罪的，移送有关机关、部门依法追究刑事责任。

有申诉人、控告人的，调查核实和纠正违法情况应予告知。

第五百五十三条 人民检察院发出纠正违法通知书的，应当监督落实。被监督单位在纠正违法通知书规定的期限内没有回复纠正情况的，人民检察院应当督促回复。经督促被监督单位仍不回复或者没有正当理由不纠正的，人民检察院应当向上一级人民检察院报告。

第五百五十四条 被监督单位对纠正意见申请复查的，人民检察院应当在收到被监督单位的书面意见后七日以内进行复查，并将复查结果及时通知申请复查的单位。经过复查，认为纠正意见正确的，应当及时向上一级人民检察院报告；认为纠正意见错误的，应当及时予以撤销。

上一级人民检察院经审查，认为下级人民检察院纠正意见正确的，应当及时通报被监督单位的上级机关或者主管机关，并建议其督促被监督单位予以纠正；认为下级人民检察院纠正意见错误的，应当书面通知下级人民检察院予以撤销，下级人民检察院应当执行，并及时向被监督单位说明情况。

第五百五十五条 当事人和辩护人、诉讼代理人、利害关系人对于办案机关及其工作人员有刑事诉讼法第一百一十七条规定的行为，向该机关申诉或者控告，对该机关作出的处理不服或者该机关未在规定时间内作出答复，而向人民检察院申诉的，办案机关的同级人民检察院应当受理。

人民检察院直接受理侦查的案件，当事人和辩护人、诉讼代理人、利害关系人对办理案件的人民检察院的处理不服的，可以向上一级人民检察院申诉，上一级人民检察院应当受理。

未向办案机关申诉或者控告，或者办案机关在规定时间内尚未作出处理决定，直接向人民检察院申诉的，人民检察院应当告知其向办案机关申诉或者控告。人民检察院在审查逮捕、审查起诉中发现有刑事诉讼法第一百一十七规定的违法情形的，可以直接监督纠正。

当事人和辩护人、诉讼代理人、利害关系人对刑事诉讼法第一百一十七条规定情形之外的违法行为提出申诉或者控告的，人民检察院应当受理，并及时审查，依法处理。

第五百五十六条 对人民检察院及其工作人员办理案件中违法行为的申诉、控告，由负责控告申诉检察的部门受理和审查办理。对其他司法机关处理决定不服向人民检察院提出的申诉，由负责控告申诉检察的部门受理后，移送相关办案部门审查办理。

审查办理的部门应当在受理之日起十五日以内提出审查意见。人民检察院对刑事诉讼法第一百一十七条的申诉，经审查认为需要其他司法机关说明理由的，应当要求有关机关说明理由，并在收到理由说明后十五日以内提出审查意见。

人民检察院及其工作人员办理案件中存在的违法情形属实的，应当予以纠正；不存在违法行为的，书面答复申诉人、控告人。

其他司法机关对申诉、控告的处理不正确的，人民检察院应当通知有关机关予以纠正；处理正确的，书面答复申诉人、控告人。

第五百六十七条 人民检察院应当对侦查活动中是否存在以下违法行为进行监督：

（一）采用刑讯逼供以及其他非法方法收集犯罪嫌疑人供述的；

（二）讯问犯罪嫌疑人依法应当录音或者录像而没有录音或者录像，或者未在法定羁押场所讯问犯罪嫌疑人的；

（三）采用暴力、威胁以及非法限制人身自由等非法方法收集证人证言、被害人陈述，或者以暴力、威胁等方法阻止证人作证或者指使他人作伪证的；

（四）伪造、隐匿、销毁、调换、私自涂改证据，或者帮助当事人毁灭、伪造证据的；

（五）违反刑事诉讼法关于决定、执行、变更、撤销强制措施的规定，或者强制措施法定期限届满，不予释放、解除或者变更的；

（六）应当退还取保候审保证金不退还的；

（七）违反刑事诉讼法关于讯问、询问、勘验、检查、搜查、鉴定、采取技术侦查措施等规定的；

（八）对与案件无关的财物采取查封、扣押、冻结措施，或者应当解除查封、扣押、冻结而不解除的；

（九）贪污、挪用、私分、调换、违反规定使用查封、扣押、冻结的财物及其孳息的；

（十）不应当撤案而撤案的；

（十一）侦查人员应当回避而不回避的；

（十二）依法应当告知犯罪嫌疑人诉讼权利而不告知，影响犯罪嫌疑人行使诉讼权利的；

（十三）对犯罪嫌疑人拘留、逮捕、指定居所监视居住后依法应当通知家属而未通知的；

（十四）阻碍当事人、辩护人、诉讼代理人、值班律师依法行使诉讼权利的；

（十五）应当对证据收集的合法性出具说明或者提供证明材料而不出具、不提供的；

（十六）侦查活动中的其他违反法律规定的行为。

第五百六十八条 人民检察院发现侦查活动中的违法情形已涉嫌犯罪，属于人民检察院管辖的，依法立案侦查；不属于人民检察院管辖的，依照有关规定移送有管辖权的机关。

第五百六十九条 人民检察院负责捕诉的部门发现本院负责侦查的部门在侦查活动中有违法情形，应当提出纠正意见。需要追究相关人员违法违纪责任的，应当报告检察长。

上级人民检察院发现下级人民检察院在侦查活动中有违法情形，应当通知其纠正。下级人民检察院应当及时纠正，并将纠正情况报告上级人民检察院。

4.《公安机关办理刑事案件程序规定》（2012年12月13日公安部令第127号）（节录）

第一百四十三条 人民检察院在审查批准逮捕工作中发现公安机关的侦查活动存在违法情况，通知公安机关予以纠正的，公安机关应当调查核实，对于发现的违法情况应当及时纠正，并将纠正情况书面通知人民检察院。

需要说明的是，《刑事诉讼法》没有规定盘问制度，但《公安机关办理刑事案件程序规定》对盘问等程序予以规定，属于拟强制措施的一种，故将有关规范性文件节录如下：

1.《公安机关办理刑事案件程序规定》（2012年12月13日公安部令第127号）（节录）

第一百五十三条 继续盘问期间发现犯罪嫌疑人需要拘留、逮捕、取保候审或者监视居住的，应当立即办理法律手续。

第一百五十四条 对犯罪嫌疑人执行拘传、拘留、逮捕、押解过程中，应当依法使用约束性警械。遇有暴力性对抗或者暴力犯罪行为，可以依法使用制服性警械或者武器。

第一百六十一条 公安机关依法对县级以上各级人民代表大会代表拘传、取保候审、监视居住、拘留或者提请批准逮捕的，应当书面报请该代表所属的人民代表大会主席团或者常务委员会许可。

第一百六十二条 公安机关对现行犯拘留的时候，发现其是县级以上人民代表大会代表的，应当立即向其所属的人民代表大会主席团或者常务委员会报告。

公安机关在依法执行拘传、取保候审、监视居住、拘留或者逮捕中，发现被执行人是县级以上人民代表大会代表的，应当暂缓执行，并报告决定或者批准机关。如果在执行后发现被执行人是县级以上人民代表大会代表的，应当立即解除，并报告决定或者批准机关。

第一百六十三条 公安机关依法对乡、民族乡、镇的人民代表大会代表拘传、取保候审、监视居住、拘留或者执行逮捕的，应当在执行后立即报告其所属的人民代表大会。

第一百六十四条 公安机关依法对政治协商委员会委员拘传、取保候审、监视居住的，应当将有关情况通报给该委员所属的政协组织。

第一百六十五条 公安机关依法对政治协商委员会委员执行拘留、逮捕前，应当向该委员所属的政协组织通报情况；情况紧急的，可在执行的同时或者执行以后及时通报。

2.《最高人民检察院、公安部关于公安机关办理经济犯罪案件的若干规定》

第三十一条 公安机关决定采取强制措施时，应当考虑犯罪嫌疑人涉嫌犯罪情节的轻重程度、有无继续犯罪和逃避或者妨碍侦查的可能性，使所适用的强制措施同犯罪的严重程度、犯罪嫌疑人的社会危险性相适应，依法慎用羁押性强制措施。

采取取保候审、监视居住措施足以防止发生社会危险性的，不得适用羁押性强制措施。

第三十二条 公安机关应当依照法律规定的条件和程序适用取保候审措施。

采取保证金担保方式的，应当综合考虑保证诉讼活动正常进行的需要，犯罪嫌疑人的社会危险性的大小，案件的性质、情节、涉案金额，可能判处刑罚的轻重以及犯罪嫌疑人的经济状况等情况，确定适当的保证金数额。

在取保候审期间，不得中断对经济犯罪案件的侦查。执行取保候审超过三个月的，应当至少每个月讯问一次被取保候审人。

第三十三条 对于被决定采取强制措施并上网追逃的犯罪嫌疑人，经审查发现不构成犯罪或者依法不予追究刑事责任的，应当立即撤销强制措施决定，并按照有关规定，报请省级以上公安机关删除相关信息。

第三十四条 公安机关办理经济犯罪案件应当加强统一审核，依照法律规定的条件和程序逐案逐人审查采取强制措施的合法性和适当性，发现采取强制措施不当的，应当及时撤销或者变更。犯罪嫌疑人在押的，应当立即释放。公安机关释放被逮捕的犯罪嫌疑人或者变更逮捕措施的，应当及时通知作出批准逮捕决定的人民检察院。

犯罪嫌疑人被逮捕后，人民检察院经审查认为不需要继续羁押提出检察建议的，公安机关应当予以调查核实，认为不需要继续羁押的，应当予以释放或者变更强制措施；认为需要继续羁押的，应当说明理由，并在十日以内将处理情况通知人民检察院。

犯罪嫌疑人及其法定代理人、近亲属或者辩护人有权申请人民检察院进行羁押必要性审查。

3.《最高人民法院、最高人民检察院、公安部关于办理醉酒驾驶机动车刑事案件适用法律若干问题的意见》

七、办理醉酒驾驶机动车刑事案件，应当严格执行刑事诉讼法的有关规定，切实保障犯罪嫌疑人、被告人的诉讼权利，在法定诉讼期限内及时侦查、起诉、审判。

对醉酒驾驶机动车的犯罪嫌疑人、被告人，根据案件情况，可以拘留或者取保候审。对符合取保候审条件，但犯罪嫌疑人、被告人不能提出保证人，也不交纳保证金的，可以监视居住。对违反取保候审、监视居住规定的犯罪嫌疑人、被告人，情节严重的，可以予以逮捕。

刑事诉讼法及配套规定
新释新解与适用指南

New Interpretation of Criminal Procedure Law
and Related Regulations with Applicable Guidelines

第二卷

主　编◎张述元
副主编◎周　峰

中国法制出版社
CHINA LEGAL PUBLISHING HOUSE

总 目 录

（第一卷）

第一编　总　则

（第二卷）

第二编　立案、侦查和提起公诉

第三编 审 判

(第三卷)

第四编 执 行

第五编 特别程序

第六编 附 则

目 录

（第一卷）

第一编 总 则

第一章 任务和基本原则

第二章 管 辖

第三章 回 避

第四章　辩护与代理

第五章　证　据

第六章　强制措施

（第二卷）

第七章 附带民事诉讼

第八章　期间、送达

第九章　其他规定

第二编 立案、侦查和提起公诉

第一章 立 案

第二章 侦 查

第一节 一般规定

第二节 讯问犯罪嫌疑人

第三节　询问证人

第四节　勘验、检查

第五节　搜　查

第六节　查封、扣押物证、书证

第七节 鉴 定

第八节 技术侦查措施

第三章　提起公诉

第三编　审　判

第一章　审判组织

(第三卷)

第二章　第一审程序

第一节　公诉案件

第二节　自诉案件

第三节　简易程序

第三章　第二审程序

第四章　死刑复核程序

第五章　审判监督程序

第四编　执　行

第二章　当事人和解的公诉案件诉讼程序

第三章　缺席审判程序

第四章　犯罪嫌疑人、被告人逃匿、死亡案件违法所得的没收程序

第五章　依法不负刑事责任的精神病人的强制医疗程序

第六编　附　则

第七章 附带民事诉讼

第一百零一条 被害人由于被告人的犯罪行为而遭受物质损失的，在刑事诉讼过程中，有权提起附带民事诉讼。被害人死亡或者丧失行为能力的，被害人的法定代理人、近亲属有权提起附带民事诉讼。

如果是国家财产、集体财产遭受损失的，人民检察院在提起公诉的时候，可以提起附带民事诉讼。

[条文主旨]

本条是关于提起附带民事诉讼的条件和主体的规定。

[条文释解]

本条由1979年《刑事诉讼法》设立，2012年修改《刑事诉讼法》时增加了诉讼主体，2018年《刑事诉讼法》未予修改。

附带民事诉讼，是指人民法院在刑事诉讼过程中，在依法解决被告人刑事责任的同时，附带解决被害人由于被告人的犯罪行为而遭受的物质损失赔偿问题而进行的诉讼活动①。很多刑事案件的被告人不仅触犯了刑法，也构成了民事侵权，需要依法被追究刑事责任和民事赔偿责任。如果通过刑事诉讼和民事诉讼各自追究相应责任的话，容易增加当事人诉累，也不利于案件的全面、正确处理。因此刑事诉讼法设立了刑事附带民事诉讼制度，将这两种责任主体、案件事实、相关证据等方面大致相同的诉讼放在一个诉讼程序中来进行处理，在依法追究被告人刑事责任的同时，附带解决被害人的物质损失的赔偿问题。这样可以实现惩罚犯罪和保障人权的双重目的，切实减轻当事人的诉累，而且节省诉讼资源，提高诉讼效率，促进司法公正的实现。

本条分为两款。第1款是提起附带民事诉讼主体和条件的规定。附带民事诉讼，是司法机关在审判刑事案件时，依法追究被告人刑事责任的同时，

---

① 宋英辉、甄贞主编的《刑事诉讼法学》，中国人民大学出版社2012年版，第155页。

附带对被害人要求赔偿的民事请求进行审理和裁判的活动。根据本款规定，提起附带民事诉讼需要具备以下条件：第一，被告人的行为构成犯罪，附带民事诉讼的提起必须以刑事诉讼的成立为前提。如果没有刑事诉讼，附带民事诉讼就无从谈起。第二，被告人的犯罪行为给被害人造成了物质损失。有了物质损失，被害人才能提起附带民事诉讼要求赔偿，这也是附带民事诉讼成立的必备条件。第三，被害人的物质损失必须是由被告人的犯罪行为直接造成的，即被害人的物质损失与被告人的犯罪行为之间存在着直接因果关系，否则，不能提起附带民事诉讼。第四，附带民事诉讼的提起，必须在刑事诉讼过程中提出。如果刑事案件尚未立案，或者刑事案件已经审结，那被害人就不能提起附带民事诉讼。根据本款规定，有权提起附带民事诉讼的主体包括两类人，一是因犯罪行为遭受物质损失的被害人。这里的被害人既包括自然人，也包括法人或其他组织。二是在被害人死亡或者丧失行为能力时被害人的法定代理人、近亲属有权提起附带民事诉讼。被害人因受犯罪行为侵害而丧失行为能力或者死亡的情况，在实践中比较常见，这种情况下，是否能够提起附带民事诉讼，由谁提起附带民事诉讼，1996 年《刑事诉讼法》没有明确规定。从民事法律有关规定看，无行为能力人由其法定代理人代理民事活动。被侵权人死亡的，其近亲属有权请求侵权人承担民事责任。附带民事诉讼也是一种民事诉讼活动，因此，在被害人死亡或者丧失行为能力的情况下，应当由其近亲属或者法定代理人提起附带民事诉讼。2012 年修改《刑事诉讼法》时，根据各方面意见，总结实践经验，对被害人死亡或者丧失行为能力的，由其近亲属、法定代理人提起附带民事诉讼作出了明确规定。这里的“近亲属”是指夫、妻、父、母、子、女、同胞兄弟姐妹。“法定代理人”是指被代理人的父母、养父母、监护人和负有保护责任的机关、团体的代表。例如，刑事被害人死亡，只能由已死亡被害人的近亲属作为原告，提起附带民事诉讼。如果刑事被害人因未成年或者因某种原因丧失了行为能力，则由其法定代理人提起附带民事诉讼。此时，无行为能力或者限制行为能力人享有诉讼权利能力，是附带民事诉讼原告人，提起诉讼者属于法定代理人。

第 2 款是关于人民检察院可以提起附带民事诉讼的规定。这属于特殊规定。一般情况下，人民检察院不参与附带民事诉讼。但是如果国家、集体财产被犯罪分子毁坏，国家、集体因此遭受物质损失的，被害单位未提起附带民事诉讼的情况下，人民检察院可以在提起公诉的同时提起附带民事诉讼，此时人民检察院具有附带民事原告人的诉讼地位，享有附带民事诉讼原告人的诉讼权利。法律设置此款规定的目的是保护国家、集体的合法权益，避免在国有、集体单位怠于履行职责或者无法履行职责时，国有、集体财产遭受物质损失时丧失请求赔偿的机会。法律规定人民检察院可以提请附带民事诉讼，并不意味着人民检察院必须提起附带民事诉讼。人民检察院在提起公诉时可以首先告知国有或者集体单位，提醒其主动行使赔偿请求。要注意的是，人民检察院也只能在国家、集体财产因犯罪遭受物质损失下提起附带民事诉讼，如果国家、集体财产被犯罪分子非法占有或者处置的，不可提起附带民事诉讼，在刑事诉讼过程中只能通过追缴或者退赔来解决。经过追缴或者退赔仍不能弥补损失的，可以另行提起民事诉讼。

[审判实务]

1. 适用本条时，应当注意附带民事诉讼的提起期限。法条表述为“在刑事诉讼过程中”，按字面理解范围比较宽泛，可以在刑事诉讼的立案、侦查、起诉、审判、执行等任何环节提起附带民事诉讼，但是刑事诉讼每个阶段都有不同的特点和任务，如果不作明确规定容易引起混乱。因此《刑诉法解释》对此作出了明确规定，对提起的期限规定为：“附带民事诉讼应当在刑事案件立案后及时提起提起附带民事诉讼应当提交附带民事起诉状。”对终止期限规定为：“第一审期间未提起附带民事诉讼，在第二审期间提起的，第二审人民法院可以依法进行调解；调解不成的，告知当事人可以在刑事判决、裁定生效后另行提起民事诉讼。”据此，附带民事原告人在刑事案件立案后应及时向人民法院提交附带民事起诉状，提起附带民事诉讼。但是刑事案件一审判决宣告后，若判决已生效，当事人只能另行提起民事诉讼。若案件进入二审程序，附带民事原告人仍可以提起附带民事诉讼，但是只适用于调解结案，调解不成的，当事人亦只能待刑事裁判生效后另行提起民事诉讼。

这里要注意一个情况，如果有权提起附带民事诉讼的被害人或者其法定代理人、近亲属在侦查、审查起诉期间向公安机关、人民检察院提出赔偿要求，经公安机关、人民检察院调解，当事人双方已经达成协议并全部履行，被害人或者其法定代理人、近亲属又提起附带民事诉讼的，人民法院不予受理，但有证据证明调解违反自愿、合法原则的除外。如果人民法院受理刑事案件后，发现调解协议的达成及履行并非出于自愿或者调解协议内容违法，这时人民法院应当受理被害方又提起的附带民事诉讼。自愿、合法不仅是法院调解应当遵循的原则，也是公安和检察机关主持调解应当遵循的原则。什么样的情况才算违反自愿、合法原则，这需要法院进行认真审查，在询问核实的基础上，认真审查案卷的侦查卷和起诉卷，旨在通过对调解笔录的审查，甄别公安机关和检察机关在适用调解以及调解协议的达成上是否违背当事人的意愿。比如，被告方利用被害方急需获得赔偿款用以支付医疗费用大大降低赔偿数额，因信息获得有误双方达成的数额远不足以支付被害方的后续治疗费用，侵犯国家、社会、他人合法利益、违反法律、行政性法规禁止性规定等情况，可以认定调解协议的达成违反自愿、合法原则，此时被害人或者其法定代理人、近亲属提起附带民事诉讼的，人民法院应当受理。

2. 适用本条时，应当注意附带民事诉讼的受理和赔偿范围。附带民事诉讼的受理和赔偿范围实际上是指附带民事诉讼原告可以在哪些案件、对哪些损失提起附带民事诉讼。这涉及法条中规定的“犯罪行为”如何理解，对此一直有争论，概言之，主要有以下几种观点：第一种观点认为，所有的犯罪行为均可以提起附带民事诉讼，一切犯罪行为所造成的物质损失，都属于附带民事诉讼的范围。第二种观点认为，只有有损害的案件适合提起附带民事诉讼，没有被害人和非法占有型案件一般不能提起附带民事诉讼。第三种观点认为，是否可以提起附带民事诉讼，主要取决于该犯罪行为在客观上是否造成需要恢复并能够予以恢复的损害后果。非法占有型的犯罪在追缴和责令退赔后仍不能弥补被害人所受损失的，若被告人仍有财产可供赔偿，被害人仍可以提起附带民事诉讼①。根据历年来人民法院出台的司法解释，被害人有权提起附带民事诉讼的“犯罪行为”仅包括侵犯人身权利和毁坏财物的犯罪行为，占有型犯罪行为所造成的损失，不属于附带民事诉讼范围。《刑诉法解释》第138条明确规定：“被害人因人身权利受到犯罪侵犯或者财物被犯罪分子毁坏而遭受物质损失的，有权在刑事诉讼过程中提起附带民事诉讼；被害人死亡或者丧失行为能力的，其法定代理人、近亲属有权提起附带民事诉讼。因受到犯罪侵犯，提起附带民事诉讼或者单独提起民事诉讼要求赔偿精神损失的，人民法院不予受理。”即附带民事诉讼赔偿的受理和赔偿范围仅限于因人身权利受到犯罪侵犯而遭受的物质损失或者财物被犯罪分子

① 参见甄贞主编：《刑事诉讼法学研究综述》，法律出版社2002年版，第203~204页。转引自张军、陈卫东主编《新刑事诉讼法疑难释解》，人民法院出版社2012年版，第195页。

毁坏而造成的物质损失。因被告人非法占有、处置被害人财产的，应当依法予以追缴或者责令退赔。被害人提起附带民事诉讼的，人民法院不予受理。这里的物质损失可以分为两类，一类是被害人因犯罪行为已经遭受的实际损失，如被毁坏财物实际价值，被害人受伤所花费的医疗费、交通费、营养费、护工费等。另一类是被害人必然遭受的损失，如养伤期间造成的误工费用、继续治疗所需的费用等。但不包括预期可得的物质损失，如创作、参加某项目或加班所能得到的收益等。

法律明确规定了精神损失不属于附带民事诉讼赔偿的范围。精神损失是指犯罪行为的侵害造成被害人精神痛苦或使其精神利益受到损害。关于精神损失是否应纳入附带民事诉讼赔偿范围，理论界和实务界一直有争议。司法实践中一直都将精神损失排除在附带民事诉讼之外，这主要是考虑到了我国的现实国情，实践中附带民事诉讼“空判”现象突出，仅对物质损失判赔，因罪犯无赔偿能力，导致判决很难执行，如果再将精神损失纳入赔偿范围，“空判”现象会更加严重。况且精神损失的判断很难有统一标准，司法实践中难以操作。

实践中有的被害人可能会放弃提起附带民事诉讼，或者在提起附带民事诉讼后又主动撤回，以期日后另行提起民事诉讼来获得“更多”的赔偿，但这种做法并不可取。《刑诉法解释》第 164 条规定，被害人或者其法定代理人、近亲属在刑事诉讼过程中未提起附带民事诉讼，另行提起民事诉讼的，人民法院可以进行调解，或者根据物质损失情况作出判决。这是说刑事被害人如果在刑事诉讼中未提起附带民事诉讼，另行单独提起民事诉讼，人民法院审理时亦须参照《刑事诉讼法》规定根据物质损失情况作出判决，否则会导致同样行为不同处理的问题，有违基本法理。因此精神损失赔偿在刑事被害人单独提起民事诉讼中也得不到支持。而且一旦刑事部分审结，被告人被送交刑罚甚至执行死刑，根本不可能对被害人作出赔偿，其亲友也不可能愿意代赔。

3. 适用本条时，应当注意附带民事诉讼的判赔标准或原则。本条实际上只明确了附带民事诉讼的赔偿范围，但并未明确赔偿标准或者原则。首先，要明确赔偿标准过高实际不利于维护被害人的合法权益，不利于矛盾化解。表面上看，设定高额赔偿有利于被害人，但实际上刑事被告人的实际赔偿能力很低，甚至没有，一旦标准过高的话，会导致不少原本愿意代赔的被告人亲属不再代赔，结果导致被害人反而得不得任何赔偿。其次，对赔偿标准问题，理论界和实务界有争论。有的认为应按法律规定的“全部赔偿”原则，有的认为应考虑被告人的经济状况、降低“空判”等情况采“适当赔偿”原则。山东省法院对附带民事诉讼调研中曾对该问题进行过研究，其主张对于刑事附带民事诉讼的赔偿实行“全部赔偿”原则，主要理由为：第一，民事实体法上并没有在赔偿问题上考虑被告人赔偿能力的规定，刑事附带民事诉讼应当适用民事实体法上关于赔偿原则的规定。第二，法院在判决时，只能基于当时的情况对被告人有无赔偿能力作认定，被告人经济能力很有可能在其后发生变化，如果仅要求被告人根据当时的赔偿能力承担赔偿责任，很有可能损害被害人的利益，而且也会助长被告人转移、隐匿或挥霍财产的行为。第三，对于确实缺乏赔偿能力的被告人，法院可以在执行程序中适用分期、中止或终止执行等方式解决，并不需要在判决时考虑①。本书赞同该观点。“全部赔偿”原则应作为判赔原则，在此基础上可以辅之以“适当赔偿”，如果附带民事诉讼双方自愿达成调解协议的，更可对赔偿范围、赔偿标准作灵活掌握。这样有利于法律的统一适用和维护法律秩序的稳定，也可以消除当事人和社会的不满情绪。毕竟这种情况下的“空判”是被告人自身的经济情况造成的，人民法院只需通过正面宣传引导好包括当事人在内的公众正确认识“空判”的成因，比起标准不同的裁判更能维护司法的公信力。

有人提出《刑法》第 36 条第 1 款规定由于犯罪行为而使被害人遭受经济损失的，对犯罪分子除依法给予刑事处罚外，并应根据情况判处赔偿经济损失，这就是确定了“适当赔偿”原则。这样理解法条是不正确的，“根据情况”是根据案件事实情况，如被告人造成的物质损失大小、过错责任等，并非是指被告人的经济状况、有无赔偿能力。对附带民事诉讼赔偿和赔偿范围，《刑诉法解释》第 155 条第 1 款规定，对附带民事诉讼作出判决，应当根据犯罪行为造成的物质损失，结合案件具体情况，确定被告人应当赔偿的数额。从该规定的表述来看，人民法院在对附带民事诉讼作出判决时，应以“全部赔偿”为原则，特殊情况下以“适当赔偿”为补充。这是既遵循了民事法律规范，又考虑到了附带民事诉讼的性质的结果。司法实践中，一是要明确“全部赔偿”原则是人民法院处理侵权损害赔偿的民事案件时应遵循的基本赔偿原则。附带民事诉讼是特殊的侵权之诉，跟民事侵权之诉不同，被告人因其犯罪行为不仅要承担侵权民事责任，而且还要承担相应的刑事责

---

① 毛立华、冯爱冰：《刑事附带民事诉讼若干问题与对策——山东省法院刑事附带民事诉讼调研分析》，载《人民司法：应用》2007 年第 5 期。

任。因此在附带民事诉讼处理上，“全部赔偿”原则的适用仅限于被害人因人身权利或者财产受到犯罪行为侵害而遭受的实际损失和必然遭受的损失。二是要明确“适当赔偿”仅是补充赔偿原则。在确定附带民事诉讼赔偿数额时遵循“全部赔偿”原则同时，人民法院在时极个别案件的处理上，可以考虑被告人的经济状况及其家属的生存条件等问题，确定公正的赔偿数额。这属于司法上的调适，法官在法律适用过程中的这种权衡实际上是为了案件的法律效果和社会效果的统一。但是这里也要看到，在个案适用上不能仅以被告人的实际偿付能力作为判赔的依据，被告人的实际偿付能力有时并不好掌握，司法实践中难以操作，一定程度上容易造成司法秩序的混乱。因为偿付能力也并非一成不变的，即便是一时没有赔偿能力，也并不妨碍裁判其负赔偿责任，因为其可以通过亲友的自愿协助予以赔偿或者以其今后的劳动收入分期赔偿，此点必须认真查证、核实。

[配套规定]

1.《最高人民法院关于适用〈中华人民共和国刑事诉讼法〉的解释》（法释［2012］21号）（节录）

第一百三十八条　被害人因人身权利受到犯罪侵犯或者财物被犯罪分子毁坏而遭受物质损失的，有权在刑事诉讼过程中提起附带民事诉讼；被害人死亡或者丧失行为能力的，其法定代理人、近亲属有权提起附带民事诉讼。

因受到犯罪侵犯，提起附带民事诉讼或者单独提起民事诉讼要求赔偿精神损失的，人民法院不予受理。

第一百三十九条　被告人非法占有、处置被害人财产的，应当依法予以追缴或者责令退赔。被害人提起附带民事诉讼的，人民法院不予受理。追缴、退赔的情况，可以作为量刑情节考虑。

第一百四十条　国家机关工作人员在行使职权时，侵犯他人人身、财产权利构成犯罪，被害人或者其法定代理人、近亲属提起附带民事诉讼的，人民法院不予受理，但应当告知其可以依法申请国家赔偿。

第一百四十一条　人民法院受理刑事案件后，对符合刑事诉讼法第九十九条和本解释第一百三十八条第一款规定的，可以告知被害人或者其法定代理人、近亲属有权提起附带民事诉讼。

有权提起附带民事诉讼的人放弃诉讼权利的，应当准许，并记录在案。

第一百四十二条 国家财产、集体财产遭受损失，受损失的单位未提起附带民事诉讼，人民检察院在提起公诉时提起附带民事诉讼的，人民法院应当受理。

人民检察院提起附带民事诉讼的，应当列为附带民事诉讼原告人。

被告人非法占有、处置国家财产、集体财产的，依照本解释第一百三十九条的规定处理。

第一百四十三条 附带民事诉讼中依法负有赔偿责任的人包括：

（一）刑事被告人以及未被追究刑事责任的其他共同侵害人；

（二）刑事被告人的监护人；

（三）死刑罪犯的遗产继承人；

（四）共同犯罪案件中，案件审结前死亡的被告人的遗产继承人；

（五）对被害人的物质损失依法应当承担赔偿责任的其他单位和个人。

附带民事诉讼被告人的亲友自愿代为赔偿的，应当准许。

第一百四十四条 被害人或者其法定代理人、近亲属仅对部分共同侵害人提起附带民事诉讼的，人民法院应当告知其可以对其他共同侵害人，包括没有被追究刑事责任的共同侵害人，一并提起附带民事诉讼，但共同犯罪案件中同案犯在逃的除外。

被害人或者其法定代理人、近亲属放弃对其他共同侵害人的诉讼权利的，人民法院应当告知其相应法律后果，并在裁判文书中说明其放弃诉讼请求的情况。

第一百四十五条 附带民事诉讼的起诉条件是：

（一）起诉人符合法定条件；

（二）有明确的被告人；

（三）有请求赔偿的具体要求和事实、理由；

（四）属于人民法院受理附带民事诉讼的范围。

第一百四十六条 共同犯罪案件，同案犯在逃的，不应列为附带民事诉讼被告人。逃跑的同案犯到案后，被害人或者其法定代理人、近亲属可以对其提起附带民事诉讼，但已经从其他共同犯罪人处获得足额赔偿的除外。

第一百四十七条 附带民事诉讼应当在刑事案件立案后及时提起。

提起附带民事诉讼应当提交附带民事起诉状。

第一百四十八条 侦查、审查起诉期间，有权提起附带民事诉讼的人提出赔偿要求，经公安机关、人民检察院调解，当事人双方已经达成协议并全部履行，被害人或者其法定代理人、近亲属又提起附带民事诉讼的，人民法院不予受理，但有证据证明调解违反自愿、合法原则的除外。

第一百四十九条 被害人或者其法定代理人、近亲属提起附带民事诉讼的，人民法院应当在七日内决定是否立案。符合刑事诉讼法第九十九条以及本解释有关规定的，应当受理；不符合的，裁定不予受理。

第一百五十条 人民法院受理附带民事诉讼后，应当在五日内将附带民事起诉状副本送达附带民事诉讼被告人及其法定代理人，或者将口头起诉的内容及时通知附带民事诉讼被告人及其法定代理人，并制作笔录。

人民法院送达附带民事起诉状副本时，应当根据刑事案件的审理期限，确定被告人及其法定代理人提交附带民事答辩状的时间。

第一百五十一条 附带民事诉讼当事人对自己提出的主张，有责任提供证据。

第一百五十五条 对附带民事诉讼作出判决，应当根据犯罪行为造成的物质损失，结合案件具体情况，确定被告人应当赔偿的数额。

犯罪行为造成被害人人身损害的，应当赔偿医疗费、护理费、交通费等为治疗和康复支付的合理费用，以及因误工减少的收入。造成被害人残疾的，还应当赔偿残疾生活辅助具费等费用；造成被害人死亡的，还应当赔偿丧葬费等费用。

驾驶机动车致人伤亡或者造成公私财产重大损失，构成犯罪的，依照《中华人民共和国道路交通安全法》第七十六条的规定确定赔偿责任。

附带民事诉讼当事人就民事赔偿问题达成调解、和解协议的，赔偿范围、数额不受第二款、第三款规定的限制。

第一百五十六条 人民检察院提起附带民事诉讼的，人民法院经审理，认为附带民事诉讼被告人依法应当承担赔偿责任的，应当判令附带民事诉讼被告人直接向遭受损失的单位作出赔偿；遭受损失的单位已经终止，有权利义务继受人的，应当判令其向继受人作出赔偿；没有权利义务继受人的，应当判令其向人民检察院交付赔偿款，由人民检察院上缴国库。

第一百五十八条 附带民事诉讼原告人经传唤，无正当理由拒不到庭，或者未经法庭许可中途退庭的，应当按撤诉处理。

刑事被告人以外的附带民事诉讼被告人经传唤，无正当理由拒不到庭，或者未经法庭许可中途退庭的，附带民事部分可以缺席判决。

第一百六十一条 第一审期间未提起附带民事诉讼，在第二审期间提起的，第二审人民法院可以依法进行调解；调解不成的，告知当事人可以在刑事判决、裁定生效后另行提起民事诉讼。

第一百六十二条 人民法院审理附带民事诉讼案件，不收取诉讼费。

第一百六十三条 人民法院审理附带民事诉讼案件，除刑法、刑事诉讼法以及刑事司法解释已有规定的以外，适用民事法律的有关规定。

第一百六十四条 被害人或者其法定代理人、近亲属在刑事诉讼过程中未提起附带民事诉讼，另行提起民事诉讼的，人民法院可以进行调解，或者根据物质损失情况作出判决。

2.《最高人民法院关于刑事附带民事诉讼范围问题的规定》

根据刑法第三十六条、第三十七条、第六十四条和刑事诉讼法第七十七条的有关规定，现对刑事附带民事诉讼的范围问题规定如下：

第一条 因人身权利受到犯罪侵犯而遭受物质损失或者财物被犯罪分子毁坏而遭受物质损失的，可以提起附带民事诉讼。

对于被害人因犯罪行为遭受精神损失而提起附带民事诉讼的，人民法院不予受理。

第二条 被害人因犯罪行为遭受的物质损失，是指被害人因犯罪行为已经遭受的实际损失和必然遭受的损失。

第三条 人民法院审理附带民事诉讼案件，依法判决后，查明被告人确实没有财产可供执行的，应当裁定中止或者终结执行。

第四条 被告人已经赔偿被害人物质损失的，人民法院可以作为量刑情节予以考虑。

第五条 犯罪分子非法占有、处置被害人财产而使其遭受物质损失的，人民法院应当依法予以追缴或者责令退赔。被追缴、退赔的情况，人民法院可以作为量刑情节予以考虑。

经过追缴或者退赔仍不能弥补损失，被害人向人民法院民事审判庭另行提起民事诉讼的，人民法院可以受理。

3.《最高人民法院研究室关于对参加聚众斗殴受重伤或者死亡的人及其家属提出的民事赔偿请求能否予以支持问题的答复》

根据《刑法》第二百九十二条第一款的规定，聚众斗殴的参加者，无论是否首要分子，均明知自己的行为有可能产生伤害他人以及自己被他人的行为伤害的后果，其仍然参加聚众斗殴的，应当自行承担相应的刑事和民事责任。根据《刑法》第二百九十二条第二款的规定，对于参加聚众斗殴，造成他人重伤或者死亡的，行为性质发生变化，应认定为故意伤害罪或者故意杀人罪。聚众斗殴中受重伤或者死亡的人，既是故意伤害罪或者故意杀人罪的受害人，又是聚众斗殴犯罪的行为人。对于参加聚众斗殴受重伤或者死亡的人或其家属提出的民事赔偿请求，依法应予支持，并适用混合过错责任原则。

[参考案例]

1. 宋某划交通肇事案①——审理被害人因犯罪行为致死的附带民事诉讼案件，应判处死亡赔偿金（死亡补偿费）

基本案情：

附带民事诉讼原告人仪某芝，女，1953 年 8 月 2 日出生，汉族，高中文化程度，下岗职工。系被害人张某华之妻。

附带民事诉讼原告人张某一，男，1977 年 3 月 27 日出生，汉族，文盲，无业，聋哑人。系被害人张某华之长子。

附带民事诉讼原告人张某二，女，1977 年 3 月 27 日出生，汉族，下岗职工。系被害人张某华之女。

附带民事诉讼原告人张某三，男，1979 年 7 月 30 日出生，汉族，中专文化程度，鄄城县建筑工程总公司技术工。系被害人张某华之次子。

附带民事诉讼原告人暨附带民事诉讼被告人田某亮，男，1962 年 1 月 28 日出生，汉族，高中文化程度，农民。系本案被害人。

被告人宋某划，男，1980 年 10 月 23 日出生，汉族，中专文化程度，个体。2003 年 4 月 14 日因涉嫌犯交通肇事罪被东营市公安局东营分局取保候审。

附带民事诉讼被告人宋某禄，男，1955 年 1 月 13 日出生，汉族，文盲，农民。

山东省东营市东营区人民检察院以被告人宋某划犯交通肇事罪向山东省东营市东营区人民法院提起公诉。审理过程中，附带民事诉讼原告人仪某芝、张某一、张某二、张某三、田某亮向法院提起附带民事诉讼。附带民事诉讼原告人仪某芝、张某一、张某二、张某三要求被告人宋某划、附带民事

① 引自刑事审判参考第 314 号案例。

诉讼被告人宋某禄、田某亮共同赔偿死亡补偿费52524元，丧葬费6577元，被扶养人生活费28800元，交通费10850元，财产损失费900元，招待费2285元，住宿费500元，精神损失费5000元，共107436元。附带民事诉讼原告人田某亮要求被告人宋某划、附带民事诉讼被告人宋某禄共同赔偿医疗费6418.66元，伤残补助费10504.8元，误工费9240元，鉴定费1120元，车损费15856元，营养费1301元，交通费1081元，住院伙食补助费252元，住宿费1900元，护理费2065.56元，精神损失费3000元，共计52739.02元。

东营市东营区人民法院经审理查明：

2003年3月21日21时左右，被告人宋某划驾驶鲁E22462号解放大货车沿东营区滨州路由北向南行至南一路交叉路口处时，与沿南一路由东向西行驶的田某亮驾驶的鲁E81497号夏利车相撞，致乘坐夏利车的张某华当场死亡，田某亮受轻伤。经东营市公安局交通警察支队直属警队一大队认定，被告人宋某划负事故的主要责任，田某亮负事故的次要责任。

另查明，张某华出生于1953年10月1日，死亡时为49周岁，根据《道路交通事故处理办法》的赔偿标准，其死亡补偿费应为52524元；张某华与仪某芝系夫妻关系，仪某芝案发时未满55周岁，且未失去劳动能力；张某华与仪某芝育有长子张某一、女儿张某二、次子张某三，且张某一系聋哑人；被害人张某华于2003年3月26日火化，花去殡葬费6577元。

被害人田某亮住院治疗42天，花费医疗费6333.66元，并经医院证明需休息90天，用药物继续治疗，花去医疗费85元，且在住院期间需2人陪护；其胸部损伤，右后肋4肋骨折，经鉴定伤残等级为十级，而案发时年满41岁，根据《道路交通事故处理办法》损害赔偿标准规定，田某亮的残疾生活补助费应为10504.8元；事故中所驾车被损，后经鉴定车损价值为15856元。

案发时，被告人宋某划所驾肇事车的实际所有人及受益人为其父宋某禄；事故发生后，其在交警部门交款80000元，其中为被害人张某华亲属支付了6000元赔偿款，并由检察机关向本院移交赔偿款74000元。

东营市东营区人民法院认为，被告人宋某划违反交通管理法规，发生重大交通事故，致1人死亡，1人轻伤，经公安交警部门认定负事故的主要责任，其行为已构成交通肇事罪。公诉机关指控的罪名成立。经查证，事故发生后，虽然宋某划弃车离开现场，但在次日上午又前往公安交警部门投案，如实供述了犯罪事实，其行为应认定为自首，量刑时可从轻处罚。被告人宋某划对给附带民事诉讼原告人仪某芝、张某一、张某二、张某三、田某亮造成的经济损失应承担民事赔偿责任，但根据公安交警部门责任认定书认定的宋某划负此事故的主要责任，附带民事诉讼原告人暨附带民事诉讼被告人田某亮负此事故的次要责任，对此宋某划对民事赔偿应承担80%的责任，田某亮应承担20%的责任。另经查证，被告人宋某划所驾肇事车车主为其父宋某禄，宋某禄是该车的实际控制人，对该车所产生的利益享有收益权，因此对所造成的经济损失依法应承担共同赔偿责任。附带民事诉讼原告人仪某芝、张某一、张某二、张某三提出要求赔偿死亡补偿费、丧葬费、交通费、住宿费以及张某一生活费的诉讼请求合法，但提出的交通费赔偿数额，超出赔偿范围，应依规定计算；提出的仪某芝的生活费、饭费、财产损失费、精神损失费的诉讼请求，不予支持。附带民事诉讼原告人田某亮提出要求赔偿医疗费、伤残补助费、误工费、交通费、伙食补助费、住宿费、鉴定费、护理费、财产损失费的诉讼请求合法，但提出的赔偿误工费、交通费、鉴定费、护理费的诉讼请求，超出赔偿范围，应依规定计算；提出的赔偿营养费、精神损失费的诉讼请求，不予支持。经法庭调解，附带民事部分未达成协议，应与刑事部分一并判决。归案后，被告人宋某划能如实供述犯罪事实，认罪态度较好，且积极交纳赔偿款，故在量刑时可酌情予以考虑。依照《刑法》第133条、第67条第1款、第72条第1款、第36条第1款，《民法通则》第119条之规定，判决如下：

1. 被告人宋某划犯交通肇事罪，判处有期徒刑一年缓刑一年（缓刑考验期，自判决确定之日起计算）。

2. 被告人宋某划及附带民事诉讼被告人田某亮、宋某禄共同赔偿附带民事诉讼原告人仪某芝、张某一、张某二、张某三死亡补偿费52524元，丧葬费6500元，张某一的生活费7220元，住宿费500元，交通费2000元，共计68744元，其中由被告人宋某划及附带民事诉讼被告人宋某禄共同赔偿54995.2元，已支付6000元，余款48995.2元，由附带民事诉讼被告人田某亮赔偿13748.8元，上述赔偿款于本判决生效后10日内一次性付清。

附带民事诉讼原告人田某亮的医疗费6418.66元，伙食补助费252元，误工费5319.6元，护理费438.48元，财产损失费15856元，交通费390元，伤残补助费10504.8元，鉴定费320元，住宿费1900元，共计41399.54元，应由被告人宋某划及附带民事诉讼被告人宋某禄共同赔偿33119.63元，于本判决生效后10日内一次性付清。

一审宣判后，当事人均未提出上诉，公诉机关亦未提出抗诉，判决已发生法律效力。

主要问题：

审理被害人因犯罪行为致死的附带民事诉讼案件，是否应当判处死亡赔偿金？

裁判理由：

审判实践中，人民法院通常参照1991年9月22日国务院发布的《道路交通事故处理办法》（以下简称《办法》）确定人身损害赔偿的范围和计算标准，被害人因犯罪行为致死的附带民事诉讼案件基本上都判处死亡补偿费。但在2001年《最高人民法院关于确定民事侵权精神损害赔偿责任若干问题的解释》（以下简称《精神损害解释》）施行后，相当一部分法院将死亡补偿费理解为精神损害抚慰金，由于现行法律和司法解释规定人民法院不受理因精神损失提起的附带民事诉讼，便不再判处死亡补偿费，以至于在很多被害人因犯罪行为致死的案件中仅仅判处1000元左右的丧葬费而已。《最高人民法院关于审理人身损害赔偿案件适用法律若干问题的解释》（以下简称《人身损害解释》）在2004年5月1日施行后，各地法院的做法仍不一致。本案属于被害人因犯罪行为致死的附带民事诉讼案件，一审法院在2003年9月23日作出的判决中支持了附带民事诉讼原告人提出的赔偿死亡补偿费的诉讼请求。我们认为，本案的判决是正确的。

（一）我国法律、法规和司法解释对死亡赔偿范围和计算标准规定的演变

人身损害赔偿之损害包括两个方面，即财产损失和精神损害。财产损失又称财产上的损害，是指一切财产上不利之变动，包括财产的积极减少和消极的不增加。现有财产的积极减少，称为所受损失，或称积极损失；应增加的财产而未增加，称为所失利益，或称消极损失。精神损害，民法理论上称为非财产损害，相对于财产上的损害而言，指没有直接财产内容或者不具有财产上价值的损害。精神损害包含积极意义和消极意义两个方面，前者为积极感受的肉体痛苦和精神痛苦即积极的精神损害；后者为因侵害行为导致受害人丧失生理、心理感受性的消极精神损害。[1]

---

[1] 参见陈现杰：《〈关于审理人身损害赔偿案件适用法律若干问题的解释〉的理解与适用》，载《人民司法》2004年第2期，第6页。

自然人因遭受人身损害而死亡，其权利能力消灭，法律主体资格不复存在，因此，死者不能以权利主体资格主张死亡赔偿。但这并不意味着财产损失不存在，只不过此时的权利赔偿人成了近亲属即间接受害人。一个手机被砸坏，一个手指头被砍掉，都有财产损失，一条生命被不法侵害，难道没有财产损失？根据整体大于部分的常识，不但有财产损失，且损失重大。其实不是有无财产损失的问题，而是不知如何计算财产损失的问题。倘若因计算标准不明确而否定财产损失的存在，岂非因噎废食？实际上，我国法律、法规和司法解释一直是承认自然人因不法侵害致死的财产损失的，只是对死亡赔偿的范围和计算标准经历了一个发展的过程。

1. 1996 年《民法通则》第 119 条规定："侵害公民身体造成伤害的，应当赔偿医疗费、因误工减少的收入、残废者生活补助费等费用；造成死亡，并应当支付丧葬费、死者生前抚养的人必要的生活补助费等费用。"这个范围是比较窄的，对于因直接受害人死亡而导致家庭的整体收入减少，因其属于抽象的、间接的、消极的财产损失，而未被纳入赔偿范围。

2. 1991 年国务院发布的《道路交通事故处理办法》（以下简称《办法》）第 36 条规定："损害赔偿的项目包括：医疗费、误工费、住院伙食补助费、护理费、残疾者生活补助费、残疾用具费、丧葬费、死亡补偿费、被抚养人生活费、交通费、住宿费和财产直接损失。"《办法》第 37 条还规定了死亡补偿费和被扶养人生活费的计算标准，即死亡补偿费：按交通事故发生地平均生活费计算，补偿 10 年。对不满 16 周岁的，年龄每小一岁减一年；对 70 周岁以上，年龄每增加一岁减少一年，最低均不少于 5 年；被扶养人生活费：以死者生前或残者丧失劳动能力前实际扶养的、没有其他生活来源的人为限，按交通事故发生地居民生活困难补助标准计算。对不满 16 周岁的抚养到 16 周岁。对无劳动能力的人抚养 20 年，但 50 周岁以上的，年龄每增加一岁减少一年，最低均不少于 10 年；对 70 周岁以上按 5 年计算；对其他的被扶养人扶养 5 年。从《办法》对于死亡赔偿的范围来看，已经将因直接受害人死亡而导致家庭的整体收入减少这一消极的财产损失纳入赔偿范围，并且对死亡补偿费和被抚养人生活费明确了具体的计算标准。应当说，《办法》对死亡赔偿的规定，是一个很大的进步。因此，虽然这个行政法规只直接适用于交通事故致人死亡的赔偿，但司法实践中人民法院很快就在审理其他致人死亡的案件中（包括附带民事诉讼案件）参照《办法》确定死亡赔偿的范围和计算标准。

3. 1992年《最高人民法院关于审理涉外海上人身伤亡案件损害赔偿的具体规定（试行）》第4条规定了死亡赔偿的范围和计算公式。死亡赔偿范围包括收入损失、医疗、护理费、安抚费（是指对死者遗属的精神损失所给予的补偿）、丧葬费和其他必要的费用。收入损失是指根据死者生前的综合收入水平计算的收入损失。收人损失=（年收入-年个人生活费）×死亡时起至退休的年数+退休收入×10，死者年个人生活费占收人的25%-30%。此司法解释虽然增加了对死者遗属的精神损失所给予的补偿费即安抚费的规定，但由于是针对涉外海上人身伤亡案件所作的规定，审判实践中人民法院审理其他案件时并未参照适用。

4. 1993年《产品质量法》第32条规定："因产品存在缺陷造成受害人人身伤害的，侵害人应当赔偿医疗费、因误工减少的收入、残废者生活补助费等费用；造成受害人死亡的，并应当支付丧葬费、抚恤费、死者生前扶养的人必要的生活费等费用。"2000年修正的《产品质量法》第44条将抚恤费改为死亡赔偿金。1993年《消费者权益保护法》第42条规定："经营者提供商品或者服务，造成消费者或者其他受害人死亡的，应当支付丧葬费、死亡赔偿金以及由死者生前扶养的人所必需的生活费等费用……"这两部法律并未明确死亡赔偿金的计算标准，审判实践中人民法院仍根据《办法》的计算标准来确定死亡赔偿金（抚恤费）的数额。

5. 1994年《国家赔偿法》第27条规定："……造成死亡的，应当支付死亡赔偿金、丧葬费，总额为国家上年度职工年平均工资的二十倍。对死者生前扶养的无劳动能力的人，还应当支付生活费……生活费的发放标准参照当地民政部门有关生活救济的规定办理。被扶养的人是未成年人的，生活费给付至十八周岁止；其他无劳动能力的人，生活费给付至死亡时止。"由于国家赔偿法是专门针对国家机关和国家机关工作人员违法行使职权造成损害的受害人的权利进行法律救济的，其规定的死亡赔偿金的计算标准虽高出《办法）较多，但人民法院并不能在其他案件中适用。

6. 2000年《最高人民法院关于审理触电人身损害赔偿案件若干问题的解释》第4条规定的死亡赔偿范围包括丧葬费、死亡补偿费和被扶养人生活费，死亡补偿费的计算标准：按照当地平均生活费计算，补偿20年。对70周岁以上的，年龄每增加一岁少计一年，但补偿年限最低不少于10年；被扶养人生活费的计算标准：以死者生前或者残者丧失劳动能力前实际扶养的、没有其他生活来源的人为限，按当地居民基本生活费标准计算。被扶养人不满 18 周岁的，生活费计算到 18 周岁。被抚养人无劳动能力的，生活费计算 20 年，但 50 周岁以上的，年龄每增加一岁抚养费少计一年，但计算生活费的年限最低不少于 10 年；被抚养人 70 周岁以上的，抚养费只计 5 年。相对于《办法》而言，此司法解释关于死亡补偿费的计算标准明显提高了，但审判实践中人民法院审理其他类型民事案件时较少适用，至于附带民事诉讼案件则几乎没有适用的。

7. 2001 年《精神损害解释》第 9 条规定“精神损害抚慰金包括以下方式：（一）致人残疾的，为残疾赔偿金；（二）致人死亡的，为死亡赔偿金；（三）其他损害情形的精神抚慰金。”第 10 条规定“精神损害的赔偿数额根据以下因素确定：（一）侵权人的过错程度，法律另有规定的除外；（二）侵害的手段、场合、行为方式等具体情节；（三）侵权行为所造成的后果；（四）侵权人的获利情况；（五）侵权人承担责任的经济能力；（六）受诉法院所在地平均生活水平。法律、行政法规对残疾赔偿金、死亡赔偿金等有明确规定的，适用法律、行政法规的规定。”此司法解释确认了侵害生命权造成精神损害的应当承担赔偿责任，人民法院在审理不法侵害致人死亡的案件时不仅要判处对因生命权被不法侵害所遭受的财产损失的赔偿，还要判处对因生命权被不法侵害所遭受的精神损害的赔偿。

8. 2002 年《医疗事故处理条例》第 50 条规定了对医疗事故致人死亡造成财产损失的赔偿范围包括丧葬费和被扶养人生活费，并规定了被扶养人生活费的计算标准。以死者生前或者残疾者丧失劳动能力前实际扶养且没有劳动能力的人为限，按照其户籍所在地或者居所地居民最低生活保障标准计算。对不满 16 周岁的，扶养到 16 周岁。对年满 16 周岁但无劳动能力的，扶养 20 年；但是，60 周岁以上的，不超过 15 年；70 周岁以上的，不超过 5 年。此条例列举了 10 项财产损失赔偿项目后，在第 11 项对精神损害赔偿项目作了专门规定，这个项目就叫“精神损害抚慰金”，并规定了计算标准：按照医疗事故发生地居民年平均生活费计算，对患者造成死亡的，赔偿年限最长不超过 6 年。此条例是在《精神损害解释》之后出台的，这种规定的方式应当说是较为科学的。但此条例有一个明显的失误，并未将此前法律、法规和司法解释中规定的死亡补偿费（死亡赔偿金）作为财产损失赔偿项目进行规定，不利于对医疗事故中患者权利的充分保护。

9. 2003 年《人身损害解释》第 17 条规定：“受害人遭受人身损害，因就医治疗支出的各项费用以及因误工减少的收入，包括医疗费、误工费、护理费、交通费、住宿费、住院伙食补助费、必要的营养费，赔偿义务人应当予以赔偿……受害人死亡的，赔偿义务人除应当根据抢救治疗情况赔偿本条第一款规定的相关费用外，还应当赔偿丧葬费、被扶养人生活费、死亡补偿费以及受害人亲属办理丧葬事宜支出的交通费、住宿费和误工损失等其他合理费用。”第 28 条规定：“被扶养人生活费根据扶养人丧失劳动能力程度，按照受诉法院所在地上一年度城镇居民人均消费性支出和农村居民人均年生活消费支出标准计算。被扶养人为未成年人的，计算至十八周岁；被扶养人无劳动能力又无其他生活来源的，计算二十年。但六十周岁以上的，年龄每增加一岁减少一年；七十五周岁以上的，按五年计算……”第 29 条规定：“死亡赔偿金按照受诉法院所在地上一年度城镇居民人均可支配收入或者农村居民人均纯收入标准，按二十年计算。但六十周岁以上的，年龄每增加一岁减少一年；七十五周岁以上的，按五年计算。”第 18 条规定：“受害人或者死者近亲属遭受精神损害，赔偿权利人向人民法院请求赔偿精神损害抚慰金的，适用《最高人民法院关于确定民事侵权精神损害赔偿责任若干问题的解释》予以确定……”此司法解释对死亡赔偿的赔偿项目和计算标准的规定无疑是最全面、最详尽的，而且赔偿费用总额也是最高的。此司法解释自 2004 年 5 月 1 日起施行，凡 2004 年 5 月 1 日后新受理的一审人身损害赔偿案件（包括刑事附带民事案件），均适用此司法解释的规定。

（二）死亡赔偿费不是精神损害抚慰金，而是对因被害人死亡遭受财产损失的赔偿费用

如前所述，自 1991 年《办法》出台后，人民法院审理附带民事诉讼案件基本上是参照《办法》确定死亡赔偿的范围和计算标准的，也就是说基本上是判处死亡补偿费的。而在《精神损害解释》于 2001 年 3 月 10 日起施行后，各地法院在判处死亡补偿费的问题上出现了不同的做法。有的法院保持此前的一贯做法，仍然参照《办法》判处死亡补偿费；有的法院直接驳回附带民事诉讼原告人关于赔偿死亡补偿费的诉讼请求，不再判处死亡补偿费；还有一些法院虽然实际上支持了附带民事诉讼原告人的关于赔偿死亡补偿费的诉讼请求，但不在裁判文书上写明死亡补偿费这一赔偿项目。

有人将出现这种执法不一致的情况归结于我国现行法律和司法解释对附带民事诉讼的特殊规定。《刑法》第 36 条规定：“由于犯罪行为而使被害人遭受经济损失的，对犯罪分子除依法给予刑事处罚外，并应根据情况判处赔偿经济损失……”《刑事诉讼法》第 101 条规定：“被害人由于被告人的犯罪

行为而遭受物质损失的，在刑事诉讼过程中，有权提起附带民事诉讼……”《最高人民法院关于刑事附带民事诉讼范围问题的规定》第 1 条规定：“因人身权利受到犯罪侵犯而遭受物质损失或者财物被犯罪分子毁坏而遭受物质损失的，可以提起附带民事诉讼。对于被害人因犯罪行为遭受精神损失而提起附带民事诉讼的，人民法院不予受理。”诚然，由于现行法律和司法解释规定人民法院不受理因精神损失提起的附带民事诉讼，即人民法院不支持对精神损失赔偿的诉讼请求，但现行法律和司法解释只是将精神损失排除在附带民事诉讼范围之外，人民法院仍应支持对被害人因犯罪行为致死造成的物质损失（财产损失）的赔偿请求，而死亡补偿费属于财产损失赔偿的范围，是财产损失赔偿的费用。因此，人民法院判处死亡补偿费是不违反我国现行法律和司法解释对附带民事诉讼的特殊规定的。

一些法院之所以不判处死亡补偿费或者不在裁判文书上写明死亡补偿费，是认为死亡补偿费属于精神抚慰金，如果判处死亡补偿费，就是支持了附带民事诉讼原告人对精神损失进行赔偿的诉讼请求，也就违反了我国现行法律和司法解释对附带民事诉讼的特殊规定。值得注意的是，在纯粹的民事案件中，虽然法院都认为应当判处精神抚慰金，但在是否判处死亡赔偿金（死亡补偿费）的问题上却存在不同的做法。有的法院在判处死亡补偿费的同时，还支持了死者近亲属提出的对其精神损失赔偿的诉讼请求，如钟婉祯等诉甫田县西天尾镇卫生院医疗事故损害赔偿案；[①] 有的法院虽然判处了精神抚慰金，却认为死亡赔偿金与精神抚慰金是同一性质的赔偿费用，不再判处死亡赔偿金，如王中朝、樊竹梅诉浙江省 001 电子集团有限公司等人身损害赔偿案。[②]

我们认为，问题就在于对死亡补偿费性质的理解上出现了偏差。自然人因不法侵害致死既存在财产损失（即物质损失），也存在精神损失。所谓财产损失，是指一切财产上不利之变动，既包括积极损失，又包括消极损失，即收入损失（或称损失利益）。积极损失是指受害人因不法侵害致死已经造成的实际损失，即“财产的积极减少”，按照《人身损害解释》的规定，对实际损失的赔偿项目包括丧葬费以及受害人亲属办理丧葬事宜支出的交通

---

① 详见唐德华主编：《〈最高人民法院关于确定民事侵权精神损害赔偿责任若干问题的解释〉的理解与适用》，人民法院出版社 2001 年版，第 86~94 页。

② 详见唐德华主编：《〈最高人民法院关于确定民事侵权精神损害赔偿责任若干问题的解释〉的理解与适用》，人民法院出版社 2001 年版，第 94~102 页。

费、住宿费和误工损失等其他合理费用（在受害人因伤致死的情形下，还包括因就医治疗支出的各项费用以及因误工减少的收入，即医疗费、误工费、护理费、交通费、住宿费、住院伙食补助费、必要的营养费）。消极损失是指受害人因不法侵害致死必然遭受的损失，即“财产的消极不增加”，按照《人身损害解释》的规定，对消极损失的赔偿项目包括被抚养人生活费和死亡补偿费（死亡赔偿金）。财产损失的存在是客观的，并不因法律规定而改变，法律、法规和司法解释所规定的是对财产损失的赔偿范围或赔偿项目以及计算标准。《人身损害解释》与之前的法律、法规和司法解释所不同的是，对财产损失赔偿项目及其计算标准发生了变化。所谓精神损失，是指没有直接财产内容或者不具有财产上价值的损害。自然人因不法侵害致死的情形中，受害人既已死亡，其权利能力即行终止，无损害赔偿请求权而言。因此，自然人因不法侵害致死造成的精神损失，并非直接受害人遭受的精神损失，而是指受害人的近亲属因受害人的死亡而遭受精神痛苦和肉体痛苦，即间接受害人的精神损失。按照《人身损害解释》第 18 条的规定，死者近亲属遭受精神损害，可以向人民法院请求赔偿精神损害抚慰金。从以上分析可以看出，死亡补偿费不是对被害人近亲属因被害人死亡遭受精神损失的赔偿——精神损害抚慰金，而是对被害人因不法侵害致死必然遭受的财产损失的赔偿费用。

（三）凡是被害人死亡的附带民事诉讼案件，均应判处死亡赔偿金（死亡补偿费）

从我国法律、法规和司法解释对死亡赔偿范围和计算标准规定的演变来看，在《精神损害解释》之前的法律、法规和司法解释中，并无对被害人死亡的精神损失赔偿的规定。《精神损害解释》就是为了加强对民事权益的司法保护而出台的。此司法解释是在对姓名权、肖像权、名誉权、荣誉权等“精神性人格权”因侵害遭受精神损害可请求赔偿的基础上，加强对生命权、身体权、健康权等“物质性人格权”的司法保护，赋予公民对因“物质性人格权”被侵害遭受精神损害的赔偿请求权。此司法解释第 9 条将致人死亡造成精神损害应予赔偿的精神损害抚慰金规定为死亡赔偿金，但此“死亡赔偿金”与《国家赔偿法》《消费者权益保护法》以及修正后的《产品质量法》所规定的“死亡赔偿金”显然名同实异，前者为精神损害赔偿费用，后者与《办法》《最高人民法院关于审理触电人身损害赔偿案件若干问题的解释》所规定的“死亡补偿费”名异实同，为财产损失赔偿费用。实际上，人民法院在民事裁判文书中确定的对因受害人死亡造成死者近亲属精神损害应予赔偿的精神抚慰金没有必要表述为“死亡赔偿金”，直接表述为“精神抚慰金”即可。人民法院审理被害人死亡的附带民事诉讼案件，由于有关法律和司法解释对附带民事诉讼有特殊规定，固然不能判处精神抚慰金，但如果连死亡补偿费也不判处，显然与出台司法解释的初衷——保护自然人的生命权不受侵犯，给受害人更全面的救济——是根本冲突的。因此，人民法院审理被害人死亡的附带民事诉讼案件，无论是2004年5月1日后新受理的一审案件，还是其他所有案件，都应当判处死亡赔偿金（死亡补偿费）。对于2004年5月1日后新受理的一审案件，人民法院应当适用《人身损害解释》判处死亡赔偿金，根据《人身损害解释》第17条和第29条规定确定死亡赔偿金的金额；对于2004年5月1日前受理的一审案件，人民法院应当判处死亡补偿费，参照《办法》第37条规定确定死亡补偿费的金额；对于2004年5月1日前受理的一审案件的判决提起上诉的，二审法院应当视一审判决是否判处死亡补偿费的情况，参照适用《办法》第37条规定予以维持或者改判。

2. 李某前故意杀人案[①]——人民法院判处附带民事诉讼案件的赔偿，应当实行全额赔偿的原则

基本案情：

附带民事诉讼原告人陆某凯，男，50岁，汉族，农民。系被害人陆某辉之父。

附带民事诉讼原告人韩某娥，女，51岁，汉族，农民。系被害人陆某辉之母。

附带民事诉讼原告人高某，男，21岁，汉族，农民。

被告人李某前，男，1978年10月17日出生，汉族，小学文化，农民。2003年12月31日被常州市武进区公安局刑事拘留，2004年1月19日被逮捕。

附带民事诉讼被告人许某，男，27岁，汉族，初中文化，农民。

附带民事诉讼被告人徐某，男，26岁，汉族，初中文化，农民。

江苏省常州市人民检察院以被告人李某前犯故意杀人罪向江苏省常州市中级人民法院提起公诉。审理过程中，附带民事诉讼原告人陆某凯、韩某

① 引自刑事审判参考第341号案例。

娥、高某向本院提起附带民事诉讼。附带民事诉讼原告人陆某凯、韩某娥要求被告人李某前、许某、徐某赔偿经济损失共计人民币159876元。附带民事诉讼原告人高某要求被告人李某前赔偿经济损失共计人民币28611.65元。

江苏省常州市中级人民法院经审理查明：2003年12月30日晚9时许，被告人李某前、许某（另案处理）在常州市武进区南夏墅镇恽家村万佳餐饮店前遇见常州好利医药用品公司的女工高某娟、杨某云，许某即对高某娟进行调戏，在遭拒绝后，被告人李某前即上前殴打高某娟，当高欲反抗时，李遂持刀刺戳高某娟的手臂。随后护送高、杨二人回厂的陆某辉、高某见状即上前制止，双方发生揪打，其间许某至万佳餐饮店喊人帮忙，后徐某（另案处理）等人参与打斗。在揪打过程中，李某前持水果刀朝陆、高二人身上乱捅，致陆某辉心脏破裂急性失血性休克死亡；致高某肝破裂，经法医鉴定，高某之伤属重伤。

另查明，被害人陆某辉生前有50岁的父亲、51岁的母亲需赡养。伤者高某共花去医疗费8376.56元。

江苏省常州市中级人民法院认为，被告人李某前目无法纪，持刀刺戳他人胸腹部，故意非法剥夺他人生命，手段特别残忍，并致一人死亡、一人重伤之严重后果，其行为已构成故意杀人罪。公诉机关指控被告人李某前犯故意杀人罪的事实清楚，证据确实、充分，定性准确。被告人李某前的辩护人提出的被告人李某前的行为属故意伤害，不是故意杀人的辩护意见，经查，被告人李某前在揪打过程中，持刀刺戳被害人胸、腹等部位数刀，致被害人身体多处刀刺伤并造成一人死亡、一人重伤之严重后果，其行为符合故意杀人罪的犯罪特征，故辩护人的该点辩护意见不能成立，本院不予采纳。鉴于被告人李某前杀人手段特别残忍，后果特别严重，辩护人所提对其从轻处罚的辩护意见，不予采纳。被告人李某前的犯罪行为给原告人造成的经济损失应当依法赔偿。赔偿的数额和范围，依照法律和法规予以确定。其中应当赔偿附带民事诉讼原告人陆某凯、韩某娥因陆某辉死亡的死亡赔偿金84780元，丧葬费7790.50元，被扶养人生活费54080元，交通费960元、住宿费400元、公告费650元；赔偿附带民事诉讼原告人高某的医疗费8376.56元、误工费8179.5元、护理费1298元、交通费1235元、住宿费500元、营养费500元。附带民事原告人陆某凯、韩某娥要求许某、徐某承担民事赔偿责任的诉讼请求，经查，被害人陆某辉的死亡是被告人李某前持水果刀刺戳所造成，许某、徐某参与揪打的行为与被害人陆某辉的死亡不存在直接的因果关系，故附带民事诉讼原告人陆某凯、韩某娥要求许某、徐某承担民事赔偿责任的诉讼请求于法无据，不予支持。根据被告人李某前的犯罪事实、犯罪性质、情节以及对社会的危害程度，依照《刑法》第232条、第57条第1款、第36条第1款，《民法通则》第119条及《最高人民法院关于审理人身损害赔偿案件适用法律若干问题的解释》第17条、第19条、第20条、第21条、第22条、第24条、第27条、第28条、第29条之规定，判决如下：

1. 被告人李某前犯故意杀人罪，判处死刑，剥夺政治权利终身；

2. 被告人李某前赔偿附带民事诉讼原告人陆某凯、韩某娥因陆某辉死亡而遭受的经济损失共计人民币148660.50元；

3. 被告人李某前赔偿附带民事诉讼原告人高某因受伤而遭受的经济损失计人民币20089.06元；

上列赔偿款项于本判决生效之日起1个月内履行完毕；

4. 驳回附带民事诉讼原告人陆某凯、韩某娥要求许某、徐某承担民事赔偿责任的诉讼请求。

一审宣判后，被告人李某前以原判定性不当和量刑不当为由，上诉于江苏省高级人民法院。江苏省高级人民法院裁定驳回上诉，维持原判。

主要问题：

人民法院判处附带民事诉讼案件的赔偿，是根据被告人的赔偿能力确定赔偿数额，还是实行全额赔偿的原则？

裁判理由：

审判实践中，人民法院对于被告人没有赔偿能力的附带民事诉讼案件处理方式不尽一致，有的按照实际损害判决全额赔偿，有的判决不予赔偿，有的裁定驳回起诉，还有的在裁判文书的主文部分不予判决，仅在判决的“本院认为”部分，说明不予赔偿的理由。简言之，人民法院对于被告人没有赔偿能力的附带民事诉讼案件，一种做法是判决全额赔偿，另一种做法则是判决不予赔偿。我们认为，前一种做法是正确的，人民法院判处附带民事诉讼案件的赔偿，应当实行全额赔偿的原则。

有人认为，处理附带民事诉讼赔偿问题，应当充分考虑被告人的赔偿能力，以已经查明的被告人现有的财产份额为限，适当下判。被告人如果有全部赔偿能力，就判其全部赔偿，如果仅有部分赔偿能力，就判处部分赔偿，如果确无赔偿能力，则判不予赔偿。持这种观点的主要理由有三点：第一，根据被告人的实际赔偿能力确定赔偿数额，有法律依据。我国《刑法》第

36条第1款规定："由于犯罪行为而使被害人遭受经济损失的，对犯罪分子除依法给予刑事处罚外，并应根据情况判处赔偿经济损失。"这里的"根据情况"，即根据被告人的实际赔偿能力确定赔偿数额。此外，最高人民法院1994年3月31日发布的《关于审理刑事案件程序的具体规定》第62条的规定："因犯罪行为遭受物质损失，已经依照刑法第六十条的规定得到退赔而仍不能弥补损失的被害人，也可以提起附带民事诉讼。但是被害人不能提供证据证实被告人确有财产可供赔偿的，人民法院裁定驳回。"可见，没有赔偿能力的附带民事诉讼案件不能受理，更不用说判决了。第二，在被告人确无赔偿能力的情况下仍然判决全额赔偿，实际上无法执行，即空判，有损判决的权威性和严肃性，也难以收到较好的社会效果。第三，附带民事诉讼被告人一般是犯罪行为人，其被判处刑罚后，除现实的赔偿能力外，因其人身自由已被剥夺，在服刑时不可能再创造价值以供赔偿。

我们认为，在解决附带民事诉讼赔偿问题时，应实行全部赔偿原则。实行人承担赔偿责任的范围，应当与侵权行为造成物质损失的范围对等，也就是说，侵权行为所造成的损失应当全部赔偿，不能因被告人赔偿能力有限或没有赔偿能力而少赔或不赔。

（一）实行全额赔偿原则是由附带民事诉讼的本质决定的

刑事附带民事诉讼的任务就是在解决实行人刑事责任的同时，附带解决因被告人的犯罪行为所引起的损害赔偿问题，附带民事诉讼的本质是民事诉讼。从实体上看，根据《刑法》规定，被告人的行为符合《刑法》规定的犯罪构成要件，构成刑事犯罪，应当被追究刑事责任；根据民法规定，该行为又具备民法规定的侵权行为构成要件，构成民事侵权，应当被追究民事责任。因此，附带民事诉讼的实体法本质是民事侵权行为之债中的损害赔偿之债。从程序上看，被告人的刑事责任必须通过刑事诉讼才能确定；被告人的民事责任则需通过民事诉讼才能确定，虽然这种民事诉讼是与刑事诉讼一起并存于同一审判程序之中，且是"附带"于刑事诉讼的，但其程序法本质仍是民事侵权之诉，它是一种因被告人的侵权行为（同时又是犯罪行为）而引起的损害赔偿之诉。由于被告人的行为同时触犯了刑事、民事两种法律，依法应当承担刑事责任和民事责任。两种法律责任性质完全不同，不能相互替代，不能因为追究了被告人的刑事责任而不追究其民事责任，也不能因为追究了民事责任而不追究其刑事责任。

当然，附带民事诉讼又不同于纯粹的、独立的民事诉讼，而是一种特殊表现形式的民事诉讼，与刑事诉讼同源（因犯罪行为引起）不同质（刑事与民事性质有异）。附带民事诉讼既有独立性，又有从属性。附带民事诉讼的独立性表现为以下两个方面：一是附带民事诉讼既可以与刑事诉讼一并审理，也可以在一定条件下单独审理，分别判决；二是附带民事诉讼适用的实体法是民法，赔偿范围、赔偿标准主要适用民法规定（还需适用《刑法》第36条的规定）；三是附带民事诉讼在程序法适用上，除与刑事诉讼程序相冲突应优先适用刑事程序外，仍应按民事诉讼程序进行，适用民事诉讼法规定的诉讼原则和诉讼制度，如辩论原则、当事人处分原则、证据规则、强制措施、先行给付、诉讼保全调解、和解、撤诉、反诉等。附带民事诉讼的从属性表现在以下方面：一是在程序发动上附带民事诉讼必须以刑事诉讼程序启动为前提，刑事诉讼被撤销，附带民事诉讼也随之终止。二是在这种程序中必须遵循刑事程序优先原则，在《刑事诉讼法》的规定与《民事诉讼法》的规定发生冲突时，优先适用《刑事诉讼法》的规定。在附带民事诉讼审理过程中，案件的管辖、审判组织、期间和送达、诉讼费用、起诉时间等规定，均应服从、受制于刑事诉讼。根据《最高人民法院关于执行〈中华人民共和国刑事诉讼法〉若干问题的解释》《以下简称《解释》》第100条的规定，法院审判附带民事诉讼案件，除适用《刑法》《刑事诉讼法》外，还应当适用《民法通则》《民事诉讼法》有关规定。由于附带民事诉讼主要是在程序上具有一定的从属性，所以如果不把这一诉讼放在刑事诉讼中一并解决，而是置于单独的民事诉讼程序时，它便是一种不折不扣的民事诉讼，与其他民事诉讼并无任何区别。

刑事附带民事诉讼实际上就是刑、民合并之诉。由于这两种诉讼根源于同一事实，具有相同的被害人和被告人，因而产生了这两种诉讼合并进行的必要和可能。刑事附带民事诉讼兼具刑事、民事诉讼双重性质，是刑事之诉与民事之诉因具有内在联系而形成的相对可分的合并之诉。从各国立法例来看，刑事附带民事诉讼不是必然的或者必需的诉讼制度，即刑事诉讼可以不附带民事诉讼，是否附带诉讼当事人具有程序选择权。无论是以美国为代表的平行模式还是以法国为代表的附带模式，其体现出的共性是民事诉讼与刑事诉讼之间的相对独立的关系。相同的当事人就同一犯罪行为既可以申请在刑事诉讼程序也可以申请在民事诉讼程序中进行诉讼。根据我国《刑事诉讼法》的规定，附带民事诉讼应当同刑事案件一并审理，但如果认为附带民事诉讼的审理非常复杂，为了防止刑事案件审理过分延迟，可以在刑事案件审判后，由同一审判组织继续审理民事诉讼。但是，这种分开审理与平行诉讼有很大区别，因为不是作为两个诉讼，仍然是一个案件由同一审判组织审理，是否分开审理决定权在法院，而不取决于当事人。近年来，随着权利保护意识的加强，司法实践中已有了一些突破。比如，《解释》第 89 条规定："附带民事诉讼应当在刑事案件立案以后第一审判决宣告以前提起。有权提起附带民事诉讼的人在第一审判决宣告以前没有提起的，不得再提起附带民事诉讼。但可以在刑事判决生效后另行提起民事诉讼。"《最高人民法院关于刑事附带民事诉讼范围问题的规定》第 5 条第 2 款也规定："经过追缴或者退赔仍不能弥补损失，被害人向人民法院民事审判庭另行提起民事诉讼的，人民法院可以受理。"这些规定在一定程度上体现了民事赔偿请求并不必然附带于刑事诉讼中获得解决，也表明附带民事诉讼具有相对独立性，其本质属性为民事诉讼而非刑事诉讼。

设想一下，在一个纯粹的民事案件中，如果法院不是根据原告人的损失大小而是根据被告人的赔偿能力来判处赔偿数额，被告人确无赔偿能力的就判不赔，大家一定会觉得非常荒唐。那么，为什么会有不少人持应当根据被告人的赔偿能力来判处附带民事诉讼案件的赔偿数额的观点呢？根本原因在于，他们过分强调附带民事诉讼的特殊性，因为民事诉讼问题附带于刑事诉讼过程解决就忽视其民事诉讼的应有本质，进而把附带民事诉讼理解为一种独立的诉讼类型，以至于在判决被告人承担民事赔偿责任的问题上违背了一般民事诉讼的基本原理。其实，附带民事诉讼就是解决犯罪行为人对被害人所承担的民事赔偿责任问题的。犯罪行为人实施一个行为却同时承担两种性质迥异的法律责任，乃法律责任竞合使然。刑事责任是犯罪行为人对国家的责任，民事责任则是其对被害人的责任。如果犯罪行为人被决定不起诉或判无罪，其民事责任会与其承担了刑事责任的情形不同吗？如果不是在刑事诉讼过程中提起而是另行提起单独的民事诉讼，其民事责任还会特殊对待吗？再如，犯罪行为人民事责任应由其所在单位或者雇主或者监护人承担，此时的民事赔偿还有特殊性可言吗？总之附带民事诉讼的民事诉讼本质决定了我们在解决犯罪行为人对被害人所承担的民事赔偿责任的问题上必须遵守民事诉讼的基本原理，应实行全额赔偿的原则，不能根据被告人的赔偿能力来判处赔偿数额。

（二）实行全额赔偿原则也是正确适用法律的要求

如前所述，附带民事诉讼的特殊性主要在于程序方面，其民事诉讼的本质属性决定了实体问题的处理主要是以民事法律为依据。《解释》第100条明确规定："人民法院审判附带民事诉讼案件，除适用刑法、刑事诉讼法外，还应当适用民法通则、民事诉讼法有关规定。"刑事法律及其司法解释是不可能也没必要罗列全部民事法律、法规的。我们在刑事附带民事诉讼中适用法律，实际上是一个非常具体也非常复杂的问题。但我们可以把握这样一个基本的原则，即无论是实体法还是程序法，除非刑事法律及其司法解释有特殊规定，均适用民事法律及其司法解释。

民事法律中并无关于考虑被告人赔偿能力的规定，损害赔偿无疑应当实行全部赔偿原则。那么，刑事法律中是否有关于考虑被告人赔偿能力的规定呢？附带民事诉讼实体法适用要依据刑法，指的是依据《刑法》第36条第1款关于犯罪分子因其犯罪行为而导致被害人民事损害应当赔偿被害人的经济损失的规定，也就是说，这条规定将被害人因犯罪行为遭受的精神损失排除出附带民事诉讼赔偿的范围。除了这条规定，民法则是被告人承担民事赔偿责任的"准据法"。

之所以有人将《刑法》第36条第1款的规定作为根据被告人的赔偿能力判处赔偿数额的法律依据，是因为对"根据情况"的理解出了偏差。所谓"根据情况"，应当指案件的事实情况，主要包括被害人所遭受物质损失的实际情况以及被害人是否有过错、过错的大小等情节，但不包括被告人有无赔偿能力的情况在内。如果视被告人赔偿能力判赔，则会使附带民事判决背离客观事实情况。同是故意伤害行为，如果被告人情节显著轻微，不构成犯罪，被害人以被告人侵权提起民事诉讼，或者被告人已被刑事追诉，但被害人选择另行提起民事诉讼，这样的普通民事诉讼案件法院不会考虑被告人的赔偿能力，必然判决全额赔偿。如果被告人的行为构成犯罪，被害人选择提起附带民事诉讼，法院却视被告人赔偿能力判赔，在被告人没有全部赔偿能力的情况下被害人的民事实体权利就无法得到充分的救济，这显然有悖于设立附带民事诉讼制度的初衷。

《最高人民法院关于审理刑事案件程序的具体规定》确实规定了在受理附带民事诉讼时应考虑被告人的赔偿能力，如果被害人不能提供证据证实被告人确有财产可供赔偿的，人民法院应当裁定驳回，但《解释》和《最高人民法院关于刑事附带民事诉讼范围问题的规定》均取消了类似的规定，《最高人民法院关于刑事附带民事诉讼范围问题的规定》还规定了人民法院审理附带民事诉讼案件，依法判决后，查明被告人确实没有财产可供执行的，应当裁定中止或者终结执行。根据这个规定，无论被害人是否能提供证据证实被告人有财产可供赔偿，无论被告人是否有赔偿能力，人民法院都应受理并依法判决。进入执行程序后，如查明被告人确无财产可供执行的，再裁定中止或者终结执行。《最高人民法院关于审理刑事案件程序的具体规定》是1994年颁布的，《解释》和《最高人民法院关于刑事附带民事诉讼范围问题的规定》颁行在后，现在审理附带民事诉讼案件应以《解释》和《最高人民法院关于刑事附带民事诉讼范围问题的规定》为准。

此外，《最高人民法院关于刑事附带民事诉讼范围问题的规定》将犯罪行为人非法占有、处置被害人财产造成的物质损失排除在附带民事诉讼范围之外，只是基于附带民事诉讼范围过于宽泛，影响刑事案件的及时审结的考虑。实际上，对这类财产犯罪造成的物质损失，一般经过司法机关追缴或者责令退赔后，如果仍不能弥补被害人损失，被告人往往更无赔偿能力。但《最高人民法院关于刑事附带民事诉讼范围问题的规定》并未限制被害人的诉讼权利，经追缴或者退赔仍不能弥补损失的，被害人仍可以另行提起民事诉讼。既然是纯粹的民事诉讼，自然应实行全额赔偿原则。因人身权利受到犯罪侵犯或者财物被犯罪行为人毁坏而遭受的物质损失与因犯罪行为人非法占有、处置被害人财产造成的物质损失同为犯罪行为造成的物质损失，如果通过附带民事诉讼处理要视被告人的赔偿能力判赔，而以民事诉讼方式解决却勿需考虑被告人的赔偿能力，显然与司法解释精神不符。需要指出的是，有些法院在判决书中对未追回的赃款赃物判决“继续追缴”，进而限制被害人提起民事诉讼，这种做法并不妥当。“追缴”“责令退赔”是司法机关对被害人损失实施救济的职责，“追缴”“退赔”解决的只是“物归原主”“照价赔偿”等“已经遭受的实际损失”，而被害人提起民事诉讼的目的是为了全部损失得到救济，还包括“必然遭到的损失”，法院不仅不能以任何理由限制或剥夺被害人的起诉权，而且还要保护被害人的胜诉权，按照全额赔偿原则判处被告人的赔偿数额。

（三）所有附带民事诉讼案件均应实行全额赔偿原则

刑事附带民事诉讼被告人兼具刑事被告人和民事被告人的双重身份，要受到公法与私法的双重制裁，既要承担其对国家的刑事责任，又要承担对被害人个人的民事责任。两种责任既不能相互替代，也不能相互吸收。被告人民事赔偿的情况，是被告人认罪、悔罪态度的一种表现，可以在对被告人判处刑罚时作为从轻处罚的情节考虑，在法定的量刑幅度内影响被告人的刑种选择、刑期裁量。这是完全符合我国刑法的量刑原则的。《最高人民法院关于刑事附带民事诉讼范围问题的规定》第 4 条、第 5 条也有明确规定，被告人已经赔偿被害人物质损失的，被追缴、退赔的情况，人民法院可以作为量刑情节予以考虑。但是，必须清醒地认识到，在附带民事诉讼程序中同时追究刑事责任与民事责任，这两种利益并无本质冲突。对国家而言，维护公共秩序固然重要。但对个人而言，在许多情况下，也许得到损害赔偿比使被告人被定罪量刑更具意义。对被告人积极进行民事赔偿的从轻处罚，是正确适用刑法的要求。对被告人判处全额赔偿，丝毫不受被告人的刑事处罚情况的影响，则是正确适用民法的要求。如果根据被告人的赔偿能力判赔，实际上就是错误地适用法律。

关于被告人的赔偿能力，并非法院判决时应当考虑的问题。况且，被告人有无赔偿能力以及赔偿能力的大小，往往很难认定。被告人有时为了不想承担民事赔偿责任，往往通过各种途径转移、变卖财产，以显示没有赔偿能力，如果仅根据审判时被告人无赔偿能力而下判，就不能有效地防止被告人规避法律和逃避承担民事赔偿责任，这对被害人来说是很不公平的。赔偿能力还应该包括未来的赔偿能力，未来的赔偿能力无法用现实的标准和尺度去确定其大小。有的被告人特别是判处较轻刑罚的被告人虽然在判决时没有赔偿能力，但日后有能力赔偿时，却因生效裁判文书已没有支持被害人的赔偿请求，被害人的赔偿请求就不能实现。这既不利于彻底制裁犯罪分子，也不利于保护被害人的合法权益。

因此，被告人的赔偿能力问题是案件执行阶段要考虑的问题，法院判决时没有必要先行考虑被告人的赔偿能力。为了保证附带民事诉讼的请求真正得以实现，法院在必要时可以查封或者扣押被告人的财产。《刑事诉讼法》第 77 条第 3 款对此是有明确规定的。如前所述，附带民事诉讼除了适用《刑事诉讼法》及其司法解释以外，还应适用《民事诉讼法》及其司法解释。法院还可以根据民事诉讼法的有关规定，对被告人和被告人以外的应当承担民事责任的个人和单位采取财产保全措施，既可以采取查封、扣押，也可以采取冻结或者法律规定的其他方法。如果被告人（及其家属）和被告人以外的应当承担民事责任的个人隐藏、转移、变卖、毁损已被查封、扣押或者已被清点并责令其保管的财产，转移已被冻结的财产的，有关单位接到人民法院协助执行通知书后，拒不协助扣留被执行人的收入、办理有关财产权证照转移手续转交有关票证、证照或者其他财产的，法院即可对相关个人和单位采取妨害民事诉讼的强制措施。

目前，一些法院采取视被告人赔偿能力判赔的做法，最主要还是考虑全额赔偿后无法执行，即空判，有损判决的权威性、严肃性，甚至成为影响社会稳定的因素。根据前面的分析，我们认为，如果不空判，而是视被告人赔偿能力判赔，才有损法律的权威性、严肃性，才不利于保护被害人的合法权益，才不利于使被害人服判息诉，并成为影响社会稳定的因素。对于空判问题，完全可以通过执行程序来解决。判决生效后，对于被告人暂时没有赔偿能力的，可以裁定中止执行，待中止事由消失后，继续执行。对于被告人丧失赔偿能力的，可以裁定终结执行。为了保障被害人的民事权利完全实现，有赖于国家补偿制度的建立，当刑事被害人不能从被告人处获得实际赔偿时，由国家依照一定的条件和程序对被害人加以补偿。

司法实践中存在一个较为普遍的做法，在判处被告人死刑立即执行的案件中，对附带民事赔偿请求一律判处免予赔偿。我们认为，这种做法是错误的。如果在追究被告人刑事责任过程中不予追究其民事赔偿责任，容易导致公众对司法公正的误解和被害人的心理失衡，造成矛盾激化，不利于社会稳定。固然，其他判处被告人各种不同刑罚（包括死缓）的案件中，被告人的赔偿能力均有可能发生变化，而判处被告人死刑立即执行的案件中，被告人的赔偿能力则是相对确定的。但这仅仅影响案件的执行，并不对判决产生任何影响。何况，即使一审判处被告人死刑立即执行，一审判决后还有二审、死刑复核程序，被告人并不一定最终判处死刑立即执行。因此，对于判处被告人死刑立即执行的，对附带民事诉讼也应当依法判决实行全额赔偿。罪犯被执行死刑后无财产可供执行，又无义务承担人的，按照《民事诉讼法》第235条第3项的规定，裁定终结执行。顺便指出，虽然《解释》第86条规定附带民事诉讼中依法负有赔偿责任的人包括“已被执行死刑的罪犯的遗产继承人”，但“已被执行死刑的罪犯的遗产继承人”实际上不可能成为附带民事诉讼的被告人。按照我国《刑事诉讼法》的规定，刑事诉讼与附带民事诉讼应当完成于同一程序即刑事附带民事诉讼程序，罪犯被执行死刑必然是在整个刑事附带民事诉讼程序结束后进行。只有被告人被执行死刑后才会有遗产及遗产继承人。在第一审判决宣告以前，被告人是否判处死刑尚不明确，自然就不存在将被告人的遗产继承人列为附带民事诉讼被告的问题。而按照《解释》第89条规定，有权提起附带民事诉讼的人在第一审判决宣告以前没有提起的，不得再提起附带民事诉讼，但可以在刑事判决生效后另行提起民事诉讼。因此，“已被执行死刑的罪犯的遗产继承人”要么成为被害人另行提起的民事诉讼的被告，要么在执行死刑罪犯的遗产时被法院裁定为被执行人，在遗产的范围内偿还债务。

本案法院在处理附带民事诉讼赔偿问题时，不是根据被告人的赔偿能力确定赔偿数额，而是应实行全额赔偿的原则，依法判处被告人承担民事赔偿责任，是正确的。

第一百零二条　人民法院在必要的时候，可以采取保全措施，查封、扣押或者冻结被告人的财产。附带民事诉讼原告人或者人民检察院可以申请人民法院采取保全措施。人民法院采取保全措施，适用民事诉讼法的有关规定。

[条文主旨]

本条是关于附带民事诉讼保全措施的规定。

[条文释解]

1979年《刑事诉讼法》在规定附带民事诉讼主体和条件时曾有相关规定。2012年《刑事诉讼法》予以修改，并单独成条，2018年《刑事诉讼法》未予修改。

本条是为了保证人民法院在附带民事诉讼中所作出的赔偿经济损失的判决能够顺利执行而规定的人民法院可以对被告人的财产采取的一种临时性强制保护措施。1979年《刑事诉讼法》仅规定了查封、扣押措施，2012年《刑事诉讼法》修改时对该制度进行了完善，一是在保全措施中增加冻结措施，“主要是针对实践中表现为资金、债券、股票、基金份额等形式的财产越来越多的情况，适应对此类财产采取保全措施的需要”。二是增加附带民事诉讼原告人或者人民检察院可以申请人民法院采取保全措施，主要是考虑“刑事诉讼法原来只规定人民法院可以查封、扣押被告人的财产，实践中有的案件的犯罪嫌疑人、被告人或者其亲属，为了逃避民事赔偿责任，在公安机关侦查阶段或者人民检察院审查起诉阶段，就转移、隐匿财产，等案件起诉到人民法院时，已经无财产可供查封、扣押。因此，有必要将保全的时间提前到侦查和审查起诉阶段。”①

根据本条规定，人民法院在两种情况下可以依法采取保全措施，且采取保全措施适用《民事诉讼法》的有关规定：

第一种情况是，人民法院在必要时可以依法采取保全措施。这主要是讲人民法院可以依照职权自行采取保全措施，但这里有个限制条件，那就是“必要时”。如何来理解这个“必要时”，简单来说，就是客观上存在了使将来的附带民事生效判决不能执行或者难以执行的可能性，便有财产保全的必要。如果存在因其他原因被告人的财产将要灭失的情况，存在被告人及亲属有转移、隐藏资产的迹象时，就可以视为“必要时”，此时人民法院就可以采取保全措施。

第二种情况是，人民法院可以依照申请采取保全措施。当然这里的申请人必须是有权提起附带民事诉讼的人，包括被害人或者其法定代理人、近亲属，也包括被害单位，还包括人民检察院。人民检察院申请，是指国家、集体财产遭受了损失，人民检察院在提起公诉的时候同时提起了附带民事诉讼的情况下的申请。规定人民检察院可以申请保全措施，是与本法第 101 条规定的“如果是国家财产、集体财产遭受损失的，人民检察院在提起公诉的时候，可以提起附带民事诉讼”相衔接。保全申请可以在诉讼过程提出，也可以在诉讼前提出。虽然对于附带民事诉讼中能否采取诉前财产保全措施，法律未作明确规定，但从法律规定“适用民事诉讼法有关规定”的精神看，是可以的。诉讼过程中附带民事诉讼原告人有权向人民法院申请财产保全，人民法院经审查对可能因被告人的行为或者其他原因使附带民事判决难以执行的案件裁定采取保全措施。

不过附带民事诉讼原告人在附带民事诉讼前申请诉前保全的，条件更为严格是应有之义。根据本条及《刑诉法解释》第 155 条第 2 款的规定，人民法院决定采取诉前保全措施应当审查下列三个要件是否完备：一是必须是符合附带民事诉讼主体资格的原告提出申请。人民法院在收到申请后必须审查申请人是否具备附带民事诉讼主体资格，必须是有权提起附带民事诉讼的人提出的申请，否则申请无效。二是必须情况紧急，不立即采取保全措施将会造成附带民事诉讼原告人的合法利益受到难以弥补的损失。如果情况不紧急

① 王尚新、李寿伟主编：《〈关于修改刑事诉讼法的决定〉解释与适用》，人民法院出版社 2012 年版，第 116 页

的话，附带民事诉讼原告人完全可以在提起附带民事诉讼后提出申请。紧急情况跟法院必要时采取保全措施的条件基本相同，也就是犯罪嫌疑人及其亲属可能马上要转移、处分财产，或者由于某种客观原因使有关财产可能发生毁损、灭失。一旦发生，申请人的合法权益就会受到难以弥补的损失，将来即使起诉、胜诉，其财产权利也难以实现。三是申请人必须提供相应担保。这主要是依照《民事诉讼法》第 101 条第 1 款的规定，申请人提起诉前财产保全申请的，必须提供与被保全财产相应的担保。这主要是诉前财产保全是在附带民事诉讼以前进行的，申请人是否必然起诉不一定，是否能获得赔偿不一定，财产保全亦有可能发生错误，因此为避免被申请一方合法权益遭受损失，要求申请人提供担保是合理的。申请人不提供担保的，人民法院应当驳回申请。具备上述三个要件的情况下，申请人应当向被保全财产所在地、被申请人居住地或者对案件有管辖权的人民法院提出诉前保全申请，否则人民法院不予受理。人民法院接受申请后，必须在 48 小时内作出裁定。裁定采取保全措施的，应当立即开始执行。司法实践中，如果采取诉前保全的被保全财产所在地法院或者被申请人居住地法院与案件有管辖权的法院不是同一个法院的，上述法院应当及时将采取诉前保全的全部材料移送有管辖权的受诉法院，便于受诉法院掌握诉前保全的情况。

[审判实务]

1. 适用本条时，要注意附带民事诉讼财产保全范围。虽然公安机关在侦查活动中也可能对犯罪嫌疑人、被告人的财物采取查封、扣押、冻结措施，但这不属于财产保全措施。附带民事诉讼财产保全中的查封、扣押、冻结措施与侦查活动中的查封、扣押、冻结措施的性质和目的不同，两者的范围是不同的。侦查活动中的查封、扣押、冻结措施是为查明案件事实，收集各种证据而依法采取的侦查措施，其范围仅限于与案件有关的财物。而附带民事诉讼中的财产保全措施，是为了保证将来的附带民事诉讼判决得以执行由人民法院依法采取的临时性强制保护措施，故其指向对象是附带民事被告人的财产，该财产并不需要同案件有关系，可以包括附带民事被告人个人所有的财产，也包括其与他人共有的财产，但涉及被告人与他人共有的财产时，应充分考虑共有的合法权益不受影响。

人民法院采取保全措施的种类有三种：查封、扣押、冻结。所谓查封，就是对存放于某一场所的财物进行清点之后，将该场所贴上封条，未经允许不得解封动用的措施。所谓扣押，就是将对某一或某些物品暂扣并转移至某一特定场所保管的措施。所谓冻结，是指对需要某些中间机构配合方能支付、转移的财产所采取的要求中间机构在特定时间内停止办理支付、转移、过户等手续的措施。同时要注意，查封、扣押或冻结的财产应以足够支付赔偿为限，赔偿的数额暂时难以确定的，可以以请求数额确定，不得任意扩大查封、扣押或冻结范围。人民法院应根据被保全财产的特点、属性进行妥善保管和处理，防止被保全财产的灭失、损毁，造成不应有的损失。在不宜长期保存的情况下，可以变卖，保存价款。

2. 适用本条时，要注意适用民事诉讼法的例外。本法条规定，人民法院采取保全措施，适用民事诉讼法的有关规定。但是《刑诉法解释》第 152 条第 3 款，对此进行了收缩解释，人民法院采取保全措施适用《民事诉讼法》第 100 条至第 105 条之有关规定，但第 101 条第 3 款的规定除外。《民事诉讼法》第 101 条第 3 款的规定“申请人在人民法院采取保全措施后三十日内不依法提起诉讼或者申请仲裁的，人民法院应当解除保全”，这在民事诉讼中是为了督促诉前财产保全申请人及时行使诉权，避免在没有诉讼关系存在的情况下，长时间限制被申请人的民事权利。但是附带民事诉讼毕竟与民事诉讼不同，它是依附于刑事诉讼的，需要与刑事诉讼一并审理，而刑事案件何时进入法院审理阶段，并不是附带民事诉讼原告方所能决定的。因此《民事诉讼法》第 101 条第 3 款规定不适于附带民事诉讼诉前财产保全。不过为了督促附带民事申请人及时行使诉权，《刑诉法解释》第 152 条第 2 款规定，申请人在人民法院受理刑事案件后 15 日内没有提起附带民事诉讼的，人民法院应当解除保全措施。

3. 适用本条时，要注意刑事附带民事诉讼的先予执行问题。先予执行是民事诉讼中的一项制度，《民事诉讼法》第 106 条至第 108 条对先予执行进行了规定，它是指法院受理案件以后裁判生效之前，在当事人之间权利义务关系明确，不先予执行将严重影响申请人的生活或者生产经营的，而被申请人又有履行能力的情况下，人民法院可以对追索赡养费、扶养费、抚育费、抚恤金、医疗费用的、追索劳动报酬或者其他因情况紧急需要先予执行的案件的当事人申请，裁定先予执行。申请人败诉的，应当赔偿被申请人因先予执行遭受的财产损失。该项制度主要为了解决当事人在生活或生产上的燃眉之急。关于先予执行问题是否适用于附带民事诉讼，《刑事诉讼法》和《刑诉法解释》都没有明确规定，但这一制度对于及时救治特殊被害人、解决特殊被害人的经济困难特别重要，如伤害案件、交通肇事案件，不先予执行医药费，被害人就无法住院治疗，杀人案件中，不先予执行丧葬费就无法安排被害人丧葬事宜等。《最高人民法院关于审理刑事附带民事诉讼案件有关问题的批复》规定："根据《最高人民法院关于执行〈中华人民共和国刑事诉讼法〉若干问题的解释》第一百条的规定，对于附带民事诉讼当事人提出先予执行申请的，人民法院应当依照民事诉讼法的有关规定，裁定先予执行或者驳回申请。"该批复明确民事诉讼中的先予执行制度适用于附带民事诉讼。尽管批复的制定依据已经废止，但《最高人民法院关于执行〈中华人民共和国刑事诉讼法〉若干问题的解释》中第100条的规定仍然保留在《刑诉法解释》第163条规定之中，亦即人民法院审理刑事附带民事诉讼案件，除刑法、刑事诉讼法以及刑事司法解释已有规定的以外，适用民事法律的有关规定。因此该批复确立的精神仍应沿用，附带民事诉讼中的先予执行制度应该可以适用。刑事诉讼周期比民事诉讼周期要长，先予执行制度有利于保护被害人的利益，及时化解矛盾，实现案结事了。采取先予执行时，既要考虑被害人的需要，又要兼顾被告人的经济状况。先予执行的数额应折抵附带民事判决中所确定的赔偿数额。

[配套规定]

《最高人民法院关于适用〈中华人民共和国刑事诉讼法〉的解释》（法释［2012］21号）（节录）

第一百五十二条 人民法院对可能因被告人的行为或者其他原因，使附带民事判决难以执行的案件，根据附带民事诉讼原告人的申请，可以裁定采取保全措施，查封、扣押或者冻结被告人的财产；附带民事诉讼原告人未提出申请的，必要时，人民法院也可以采取保全措施。

有权提起附带民事诉讼的人因情况紧急，不立即申请保全将会使其合法权益受到难以弥补的损害的，可以在提起附带民事诉讼前，向被保全财产所在地、被申请人居住地或者对案件有管辖权的人民法院申请采取保全措施。申请人在人民法院受理刑事案件后十五日内未提起附带民事诉讼的，人民法院应当解除保全措施。

人民法院采取保全措施，适用民事诉讼法第一百条至第一百零五条的有关规定，但民事诉讼法第一百零一条第三款的规定除外。

第一百零三条　人民法院审理附带民事诉讼案件，可以进行调解，或者根据物质损失情况作出判决、裁定。

[条文主旨]

本条是关于附带民事诉讼的结案方式的规定。

[条文释解]

本条是2012年《刑事诉讼法》增设部分，2018年《刑事诉讼法》未予修改。

本条是关于人民法院审理附带民事诉讼案件结案方式的规定，附带民事诉讼案件有调解结案和依法裁判两种结案方式。关于调解结案方式的1996年《刑事诉讼法》并未规定。1998年的《刑诉法解释》第96条作了规定："审理附带民事诉讼案件，除人民检察院提起的以外，可以调解。调解应当在自愿合法的基础上进行。经调解达成协议的，审判人员应当及时制作调解书。调解书经双方当事人签收后即发生法律效力。调解达成协议并当庭执行完毕的，可以不制作调解书，但应当记入笔录，经双方当事人、审判人员、书记员签名或者盖章即发生法律效力。"该规定在实践中对于化解矛盾、定分止争、增进和谐起了积极作用，因此2012年《刑事诉讼法》修改时吸收了司法解释中关于可以调解的内容，但删去了"除人民检察院提起的以外"。因此现行的《刑诉法解释》也将1998年《刑诉法解释》除外规定删除。据此，人民法院审理人民检察院提起的附带民事诉讼，同样可以进行调解。调解适用于人民检察院提起的案件也有其现实意义。对于人民检察院提起的附带民事诉讼，由于国家、集体作为抽象的主体，缺乏一个具体的利益执行者，而人民检察院由于自身职责的多样性不可能集中精力于附带民事案件的执行，因而往往存在着执行难的问题。通过赋予人民检察院参与调解的权利，可以使得人民检察院和附带民事诉讼被告人达成调解协议，既有利于案件的执行，维护了国家、集体利益，也减轻了人民检察院的重任，使其集中精力于更重要的职责上。

本条规定的两种结案方式是一种并列的关系，并无优劣之分，但是条文将可以调解排在依法裁判前面，实际上体现了“调解优先，调判结合”的原则，即人民法院在附带民事案件的审理中，不仅可以进行调解，而且应提倡进行调解。这里的调解，包括在一审期间进行调解，也包括在二审期间进行调解；包括对公诉案件附带的民事诉讼进行调解，也包括对刑事自诉案件附带的民事诉讼的调解。这一规定明确了人民法院在附带民事诉讼中进行调解的依据，也体现了通过诉讼中调解这种手段，化解社会矛盾，彻底解决纠纷的立法精神。实践中需要注意的是，刑事附带民事诉讼中的调解，是一种诉讼中的调解活动，不是民间调解活动，因此，人民法院应当按照《民事诉讼法》关于调解的原则规定，依法开展调解活动。《民事诉讼法》第 93 条规定：“人民法院审理民事案件，根据当事人自愿的原则，在事实清楚的基础上，分清是非，进行调解”。第 96 条规定：“调解达成协议，必须双方自愿，不得强迫。调解协议的内容不得违反法律规定。”可见自愿、合法原则是人民法院进行调解的原则。此原则同样适用于附带民事案件的调解。《刑诉法解释》第 153 条第 1 款也已明确调解的原则：“人民法院审理附带民事诉讼案件，可以根据自愿、合法的原则进行调解。”对该规定，应当作如下理解：一是自愿原则是调解遵循的基础原则。这是调解和裁判不同的本质要素。当事人对调解程序的开始和结束有完全的自主权，其可以自主表达其真实意愿，并对调解结果有决定权。人民法院开展调解工作，必须坚持双方当事人自愿的原则，一方或者双方坚持不愿意通过调解方式结案的，应当依法及时作出裁判，不能违背当事人的意志强行调解。在当事人都同意调解的基础上，人民法院可以在厘清案件事实、分清是非曲直，确定被告人应当承担的法律责任的基础上，通过展开耐心细致的说服工作，一方面对被告人进行批评教育让其深刻认识其罪行的严重性，促使其认罪悔罪，自愿且积极赔偿被害人的损失求得谅解，另一方面站在被害人的角度对被害人尽力安抚和慰藉，缓和并化解其对被告人的不满和仇恨情绪，在摆清被告人的经济状况的条件，理性提出赔偿诉求并在接受赔偿后对被告人予以谅解，最终促成调解协议的达成。二是合法原则是调解必须遵循的大框架原则，这是调解协议必须遵守的法律底线，即调解协议的内容必须合法。何谓合法？这应该包含四个方面，即不能侵害国家、集体和社会公共利益；不能侵害他人的合法利益；不能违背社会公德；不能违反法律、行政性法规禁止性规定。除此之外，当事人可以自由协商协议的内容，而且赔偿的数额并不限于法律规定的赔偿标准，可以高于亦可以低于该标准。《刑诉法解释》第 155 条第 4 款就规定，附带民事诉讼当事人就民事赔偿问题达成调解、和解协议的，赔偿范围、数额不受第 2 款、第 3 款规定的限制。

虽然附带民事案件的审理中提倡调解结案，但不能够调解结案或不适用调解结案的，应当根据物质损失的情况，及时作出判决或者裁定。审判人员应当根据情况正确合理地选择处理刑事附带民事案件的方式，既不能只强调调解而忽视判决的作用，也不能只注重判决而贬低调解的功能，两个结案方式各有优劣，在司法实践中一定要处理好调解与判决的关系。实际上，虽然附带民事诉讼调解工作受到高度重视，但附带民事诉讼调解的调解率和成功率普遍不高。因为附带民事诉讼调解工作并不简单容易，它涉及双方当事人，不仅需要双方当事人自愿参加，还需要法官具备一定的调解技能，选择合适的调解时机并讲究调解方法。如果当事人不愿调解、不愿再继续进行调解或者虽然都愿意调解但几经努力双方当事人始终无法达成调解协议的以及在调解书签收前反悔的，应及时终止调解程序，应当同刑事部分及时下判，避免因附带民事诉讼久调不结而影响整个案件的审判进程，浪费诉讼资源。而且调解程序并非只适用于第一审审判程序，也适用于第二审审判程序。一审调解不成的，如果二审当事人双方仍有调解意愿的，法院还可继续做调解工作，附带民事诉讼部分仍然有调解结案的可能。此外，条文强调人民法院作出附带民事诉讼的判决、裁定，应当根据物质损失的情况。这一规定实际上在赔偿范围上，重申了《刑事诉讼法》第 101 条关于"被害人由于被告人的犯罪行为而遭受物质损失的，在刑事诉讼过程中，有权提起附带民事诉讼"的规定。即刑事附带民事诉讼案件赔偿的范围，限于因犯罪行为给被害人造成的物质损失。

[审判实务]

1. 适用本条时，要注意并非所有案件都适用调解。虽然法条上规定人民法院审理附带民事诉讼案件，可以进行调解，但是这不代表所有的案件都可以调解，法条上用词是可以而不是应当。对于恐怖组织犯罪、邪教组织犯罪、黑社会性质组织犯罪、故意危害公共安全犯罪等严重危害社会治安的犯罪，强奸、绑架、抢劫等严重影响人民群众安全感的暴力犯罪，生产销售假药、劣药、有毒有害等严重危害食品药品安全的犯罪，造成重大环境污染等严重破坏环境资源的犯罪，人民法院审理附带民事诉讼时就不应该进行调解工作，而应该充分发挥刑罚惩罚功能，对犯罪分子依法从严打击的同时依法判处被告人赔偿经济损失。对于因婚姻家庭矛盾、恋爱纠纷、邻里纠纷等民间矛盾激化引发，因劳动纠纷、管理失当等原因引发的故意杀人、故意伤害犯罪，行为人过失引发的犯罪，犯罪动机不那么卑劣的侵财犯罪，人民法院要积极主动地展开调解工作，促进被告人或其亲属积极赔偿被害方的经济损失，以便被告人获得从轻量刑的机会，同时抚慰被害人，使被害人的损失得到弥补，缓和双方矛盾，尽力修护被破坏的社会秩序，增进和谐。

2. 适用本条时，要注意附带民事诉讼赔偿与刑罚关系，附带民事诉讼赔偿只是酌定从轻处罚情节。人民法院对于附带民事诉讼，可以进行调解，调解的目的是促使当事人之间达成和解。附带民事诉讼的和解属于广义上刑事和解的范围。和解的字面意思是“不再争执，归于和好”。诉讼中的和解是双方当事人通过协商，达成协议，解决争端的活动。刑事和解是一项源于司法实践的创新机制，其原动力是对传统办理公诉案件方式存在的问题的反思。

我国传统的办理刑事案件方式以确定犯罪者的刑事责任和对犯罪者适用刑罚为核心，在有效打击犯罪、维护社会秩序方面发挥积极作用，但是刑罚只能满足被害人报复的精神需求，物质赔偿与心理慰藉并不能借助于刑罚去实现，犯罪人与被害人之间的社会冲突并不完全能借助国家刑罚权的实现而得以消除。案件处理后，原有矛盾难以化解，当事人之间的关系难以修复，有些甚至激化矛盾，酿成更严重的案件。刑事和解作为刑事审判以外的另一种刑事纠纷解决方式有其重要作用，一是有利于对被害人的利益进行保护。传统的刑事司法活动中被害人在很大程度上被边缘化。而刑事案件和解的存在，因为犯罪嫌疑人、被告人为了得到司法机关的轻缓处理，会千方百计地求得被害人的谅解，通过赔礼道歉、忏悔罪过等方式寻求被害人的宽恕、原谅，并且会积极主动地赔偿被害方的经济损失，尽量满足被害人提出的经济赔偿要求，更好地弥补被害人的精神损失、物质损失与心灵受到的伤害。二是给犯罪嫌疑人、被告人提供了悔过自新的机会。当今社会刑罚的目的不仅是要通过惩罚犯罪人达到一般预防的目的，而且要通过教育犯罪人，使其作为善良的社会人复归社会，更好地实现刑罚的社会防卫目的。考虑到犯罪人的社会危险性乃至社会适应性的差异，实行刑罚个别化，达到特殊预防的目的。对一些轻刑型犯罪分子实施常规的监禁型矫正措施，不仅使他们的身心受到很大的伤害，加之与一些惯犯、重刑犯关押在一起，反而会受到负面影响，阻碍被告人正常回归社会。在刑事和解中，犯罪嫌疑人、被告人可以借此表达出自己强烈的赎罪心理和悔过自新的愿望，得到轻缓处理结果，大大削弱了犯罪嫌疑人、被告人的反社会意识，有利于其回归社会。三是有利于提高服判率，化解社会矛盾。虽然被害人和犯罪嫌疑人、被告人是对立的，但通过调解双方的矛盾一定程度上是可以缓和甚至彻底化解的，对司法机关的判决也能真心接受。这也有利于司法机关简化办案程序，提高办案效率，达到公正与效率的有机统一。

《刑诉法解释》第 157 条对附带民事诉讼中赔偿与刑罚作了明确规定，审理刑事附带民事诉讼案件，人民法院应当结合被告人赔偿被害人物质损失的情况认定其悔罪表现，并在量刑时予以考虑。这为民事赔偿与从轻量刑之间的实体转换提供法律依据，把能否积极赔偿被害方损失、取得被害方谅解作为对被告人量刑轻重的重要考量因素。实际上，围绕附带民事诉讼调解是有一些争议的，如是否会造成不公平，是否会“花钱买刑”或者“花钱买命”。不公平是指有经济能力的人可以通过附带民事诉讼中调解进行赔偿而获得较为宽缓的处理，而没有经济能力的人由于不能赔偿而不能达成和解，导致了不公平。这种观点有一定的道理，但这种不公平只是事实上的不公平，而不是法律机会上的不公平。一些现存的刑事诉讼制度也会带来事实上的不公平。比如，没有经济能力的人不能适用保证金保证，也不能聘请律师为其辩护，但不能就此否认保证金保证和委托辩护制度，而是需要通过相关制度的建设来弥补其不足。因此刑事和解这个问题是可以通过相关配套措施的完善来加以解决的。“花钱买刑”或者“花钱买命”，是指有些刑事和解案件通过赔偿，减轻或者免除了刑罚甚至是改判死刑。这个表面上虽是金钱与刑罚的交易，但附带民事诉讼中和解是建立在加害人真心悔过的基础之上，而不是简单地以经济赔偿换取宽缓处理。而且必须注意到《刑诉法解释》规定中附带民事诉讼赔偿只是酌定从轻处罚情节，并不是“应当”从轻、减轻或者免除处罚的理由，即附带民事诉讼赔偿只是一个酌定量刑情节，是否从轻还要考虑案件性质以及被害人的态度。《最高人民法院关于贯彻宽严相济刑事政策的若干意见》第 23 条规定，被告人案发后对被害人积极进行赔偿，并认罪、悔罪的，依法可以作为酌定量刑情节予以考虑。因婚姻家庭等民间纠纷激化引发的犯罪，被害人及其家属对被告人表示谅解的，应当作为酌定量刑情节予以考虑。犯罪情节轻微，取得被害人谅解的，可以依法从宽处理，不需判处刑罚的，可以免予刑事处罚。因此案件的最终处理应该是由办案机关根据案件的性质、罪行的严重程度、附带民事诉讼调解情况、被害人谅解程度、被告人平时表现、人身危险性及其他悔罪表现等来综合考量，不是凡有赔偿即可从轻处罚。对于严重危害社会或人民群众安全感的案件，即便有赔偿，也不能从轻，以免在社会上产生不良影响。

3. 适用本条时，要注意公安、检察机关的调解与法院调解的效力问题。根据刑事诉讼法以及《刑诉法解释》的相关规定，附带民事诉讼的调解贯穿于刑事诉讼过程中，公安和检察机关在侦查和审查起诉阶段也可以进行调解。但是需要注意审前程序中的调解与人民法院调解的效力有根本的区别。《刑诉法解释》第 148 条规定，侦查、审查起诉期间，有权提起附带民事诉讼的人提出赔偿要求，经公安机关、人民检察院调解，当事人双方已经达成协议并全部履行，被害人或者其法定代理人、近亲属又提起附带民事诉讼的，人民法院不予受理，但有证据证明调解违反自愿、合法原则的除外。也就是在调解未违反自愿、合法原则情况下，如果当事人未达成调解协议或者虽达成调解协议但未全部履行的，被害方又提起附带民事诉讼的，人民法院可以受理。这是因为法律没有规定当事人可以就审前程序中当事人双方达成的调解协议申请强制执行，若当事人想获得执行，只能向人民法院提起附带民事诉讼。最高人民法院在统一制定的民事调解书格式上明确申明“调解书与判决书具有同等法律效力”，当事人双方对调解书不得上诉，但可以作为申请强制执行的依据。因此审判阶段的调解，即法院调解，一旦双方达成调解协议且调解协议生效，调解协议即取得法律强制力，当事人依调解书可以申请法院强制执行。

关于在审判阶段达成调解协议是否必须制作调解书，《刑诉法解释》第 153 条规定进行过规定，调解协议以制作调解书为原则，以不制作调解书为例外。一般来说，经调解达成协议的，应当制作调解书。调解书经双方当事人签收后，即具有法律效力。但是如果调解达成协议并即时履行完毕的，可以不制作调解书，但应当制作笔录，经双方当事人、审判人员、书记员签名或者盖章后即发生法律效力。

[配套规定]

1.《最高人民法院关于适用〈中华人民共和国刑事诉讼法〉的解释》（法释［2012］21号）（节录）

第一百五十三条 人民法院审理附带民事诉讼案件，可以根据自愿、合法的原则进行调解。经调解达成协议的，应当制作调解书。调解书经双方当事人签收后，即具有法律效力。

调解达成协议并即时履行完毕的，可以不制作调解书，但应当制作笔录，经双方当事人、审判人员、书记员签名或者盖章后即发生法律效力。

第一百五十四条 调解未达成协议或者调解书签收前当事人反悔的，附带民事诉讼应当同刑事诉讼一并判决。

第一百五十五条 对附带民事诉讼作出判决，应当根据犯罪行为造成的物质损失，结合案件具体情况，确定被告人应当赔偿的数额。

犯罪行为造成被害人人身损害的，应当赔偿医疗费、护理费、交通费等为治疗和康复支付的合理费用，以及因误工减少的收入。造成被害人残疾的，还应当赔偿残疾生活辅助具费等费用；造成被害人死亡的，还应当赔偿丧葬费等费用。

驾驶机动车致人伤亡或者造成公私财产重大损失，构成犯罪的，依照《中华人民共和国道路交通安全法》第七十六条的规定确定赔偿责任。

附带民事诉讼当事人就民事赔偿问题达成调解、和解协议的，赔偿范围、数额不受第二款、第三款规定的限制。

第一百五十七条 审理刑事附带民事诉讼案件，人民法院应当结合被告人赔偿被害人物质损失的情况认定其悔罪表现，并在量刑时予以考虑。

第一百五十八条 附带民事诉讼原告人经传唤，无正当理由拒不到庭，或者未经法庭许可中途退庭的，应当按撤诉处理。

刑事被告人以外的附带民事诉讼被告人经传唤，无正当理由拒不到庭，或者未经法庭许可中途退庭的，附带民事部分可以缺席判决。

第一百六十条 人民法院认定公诉案件被告人的行为不构成犯罪，对已经提起的附带民事诉讼，经调解不能达成协议的，应当一并作出刑事附带民事判决。

人民法院准许人民检察院撤回起诉的公诉案件，对已经提起的附带民事诉讼，可以进行调解；不宜调解或者经调解不能达成协议的，应当裁定驳回起诉，并告知附带民事诉讼原告人可以另行提起民事诉讼。

第一百六十一条 第一审期间未提起附带民事诉讼，在第二审期间提起的，第二审人民法院可以依法进行调解；调解不成的，告知当事人可以在刑事判决、裁定生效后另行提起民事诉讼。

2.《最高人民法院研究室关于交通肇事刑事案件附带民事赔偿范围问题的答复》

根据刑事诉讼法第九十九条、第一百零一条和《最高人民法院关于适用〈中华人民共和国刑事诉讼法〉的解释》第一百五十五条的规定，交通肇事刑事案件的附带民事诉讼当事人未能就民事赔偿问题达成调解、和解协议的，无论附带民事诉讼被告人是否投保机动车第三者强制责任保险，均可将死亡赔偿金、残疾赔偿金纳入判决赔偿的范围。

第一百零四条 附带民事诉讼应当同刑事案件一并审判，只有为了防止刑事案件审判的过分迟延，才可以在刑事案件审判后，由同一审判组织继续审理附带民事诉讼。

[条文主旨]

本条是关于附带民事诉讼的审理的规定。

[条文释解]

本条是1979年《刑事诉讼法》的规定，以后的历次《刑事诉讼法》均未予以修改。

本条规定了附带民事诉讼审理的一般原则。附带民事诉讼，是违反刑事法律的犯罪行为所造成的损害赔偿之诉，是属于特殊性质的民事诉讼。之所以加“附带”二字，是因为刑事诉讼是“主诉讼”，民事诉讼是“从诉讼”，民事诉讼在程序上具有附属性，附带民事诉讼的程序启动、运行以及审判组织等，都必须从属于刑事诉讼。因此，对于附带民事诉讼，一般情况下应当同刑事案件一并审判，由法院的同一审判组织合并审理。在法庭调查中，对刑事部分调查之后，对附带民事诉讼部分进行调查；在法庭辩论中，对刑事部分辩论后，对附带民事诉讼部分进行辩论；合议时对刑事部分和附带民事诉讼部分一起进行评议，最后一并宣判。这有助于法院全面查清案件事实，正确解决因同一侵害行为而产生的刑事责任和民事责任，并有利于受害人及时得到经济赔偿、被告人获得从轻处罚的机会，促进双方当事人矛盾的化解。此外，一并审判原则也有助于提高诉讼效率，避免了法院在人力、物力上的浪费，避免因分案处理而导致对同一侵害事实在认定和处理上作出相互矛盾的裁判，也便于诉讼参与人参加诉讼，减轻了当事人的诉累。因此，司法实践中，要坚持附带民事诉讼同刑事案件的一并审判的原则，在对被告人进行量刑时充分考量附带民事诉讼的赔偿和履行情况，以保证刑事判决取得好的法律效果和社会效果。

附带民事诉讼同刑事案件一并审理是原则，但是刑事案件的审理是有时间限制的，如果附带民事诉讼同刑事部分一并审判，会影响刑事部分在法定时间内审结的，也可以分别审理。因此法条中明确规定了一并审判原则的例外情况，即只有为了防止刑事案件审判的过分迟延，才可以在刑事案件审判后，由同一审判组织继续审理附带民事诉讼。什么情况下才能界定“为防止刑事案件审判的过分迟延”，1998 年《刑诉法解释》曾将“被害人遭受的物质损失或者被告人的赔偿能力一时难以确定以及附带民事诉讼当事人因故不能到庭等”确定为此种情况，但是“被告人的赔偿能力一时难以确定”这个界定遭到了理论界的批评，因为被告人是否有赔偿能力虽然是判赔要考量的因素，但不是唯一标准。因此现行的《刑诉法解释》将原有具化的理由予以删除，在文字表述上与刑事诉讼法的规定保持了一致，即“只有为了防止刑事案件审判的过分迟延”，才可以适用分别审理。如何来把握这个要件，本书认为应该是指附带的民事诉讼案件情况比较复杂，短时间内难以作出裁判，或者因为案件特殊情况和困难，所附带的民事案件一时无法审理的情况。这需要人民法院根据具体案件来掌握，在真正会影响刑事部分在法定时间内审结的，就可以分案处理，但审判组织不能随意改变，仍应由同一审判组织负责进行。比如，某单位司机违章驾驶，造成伤、亡、失踪数十人的特大交通事故，负全部责任。刑事部分事实简单，但民事部分赔偿数额的计算较为复杂，失踪者的情况也一时难以查明，而刑事案件的一审期限不能超过。此时，人民法院可以先对被告人判处刑罚，然后再处理赔偿问题。

这里的“同一审判组织”，是指审理该刑事案件的同一审判员或者同一合议庭。

[审判实务]

1. 分别审理时必须先审判刑事部分，后审判附带民事部分。这也和附带民事诉讼的性质有关，因为附带民事诉讼是依附于刑事诉讼的程序，刑事诉讼必然优于附带民事诉讼。并且民事赔偿责任的大小与犯罪分子的罪责大小息息相关，刑事部分案件事实和情节的查明，直接关系附带民事赔偿责任的承担与否以及责任的大小。即法院对刑事部分案件事实的认定，是确定赔偿责任的依据。因此分别审理时只能先审理刑事，之后再审理民事。

2. 特殊情况下，审判人员可以更换。法条明确规定分别审理时由同一审判组织继续审理附带民事诉讼。这符合诉讼的基本原则。因为同一审判组织的成员会在法庭上亲自听取当事人、证人及其他诉讼参与人的口头陈述，听取控辩双方对事实和证据的质证和辩论，并在评议时进行全面衡量取舍，因此同一审判组织的成员对全案事实会有充分的理解，对被告人的赔偿责任有清晰的认识，能准确厘清附带民事诉讼关系，从而对民事部分作出正确的处理。但是有时附带民事案件需要很长时间才能审判，同一审判组织的成员可能会出现工作调动、出国学习等情况，这样就会出现同一审判组织的成员确实不能继续参加审判的情况。因此《刑诉法解释》第 159 条对此类情况进行了规定，同一审判组织的成员确实不能继续参与审判的，可以更换。至于更换审判组织成员审理附带民事诉讼，刑事案件是否需要重新审理的问题，《刑诉法解释》未予规定。本书认为，对此应具体问题具体分析。如果附带民事诉讼部分与刑事案件虽然因为特殊事由分开审理，但是最后又一同判决的，审判成员有更换的情况下，应当对刑事部分重新审理，不然难以解决判决书署名的问题。如果附带民事诉讼部分与刑事案件因为特殊事由分开审理，分别判决的，那必然是刑事部分判决先生效的，产生既判力。这样的情况下审判组织的更换对原有刑事案件的审理不产生任何影响。

[配套规定]

《最高人民法院关于适用〈中华人民共和国刑事诉讼法〉的解释》（法释［2012］21号）（节录）

第一百五十九条 附带民事诉讼应当同刑事案件一并审判，只有为了防止刑事案件审判的过分迟延，才可以在刑事案件审判后，由同一审判组织继续审理附带民事诉讼；同一审判组织的成员确实不能继续参与审判的，可以更换。

第八章 期间、送达

第一百零五条 期间以时、日、月计算。

期间开始的时和日不算在期间以内。

法定期间不包括路途上的时间。上诉状或者其他文件在期满前已经交邮的，不算过期。

期间的最后一日为节假日的，以节假日后的第一日为期满日期，但犯罪嫌疑人、被告人或者罪犯在押期间，应当至期满之日为止，不得因节假日而延长。

[条文主旨]

本条是关于期间及其计算的规定。

[条文释解]

本条由1979年《刑事诉讼法》设立，2012年修改《刑事诉讼法》时增设第4款，2018年《刑事诉讼法》未予修改。

本条主要规定了刑事诉讼中的期间。期间通常指以某一时间起直至另一时间止的时限。刑事诉讼期间，是指公安司法机关、当事人与诉讼参与人进行刑事诉讼活动所必须遵守的时间期限。刑事诉讼中的期间分为两种，即法定期间和指定期间，以法定期间为主。法定期间指法律明确规定的完成某一诉讼活动的期间，超过规定的期间，所进行的诉讼活动不发生法律效力。法定期间又可以分为不变期间和可依法定条件变更的期间。不变期间，指必须严格遵守，任何人不得改变的期间，如上诉期间。可依法定条件变更的期间指由于特殊原因而可予变更的期间，如审理案件的期限。指定期间是指在个别情况下由公安司法机关指定的诉讼时间期限。《刑事诉讼法》为了司法人员能够合法有效地办理案件，保护诉讼各方当事人的合法效益，严格诉讼程序，确保诉讼参与人及时参加相关的诉讼活动，行使诉讼权利，履行诉讼义务，明确规定了各种诉讼期间，如立案期间、羁押期间、强制措施期间、审判监督程序期间、提出管辖异议的期间、申请执行的期间等。对于期间，不得不涉及期间的计算问题。本条规定就是关于期间计算的问题。

本条文共四款。第 1 款规定期间的计算单位，即期间以时、日、月计算。其他的时间单位，如年、季度以及分、秒等，都不是期间的计算单位。

第 2 款规定期间的计算方法。开始的时和日不算在期间以内。以时计算的，开始之时不计算在时间以内，从期间开始的下一时起计算；以日计算的，应当从第二日起计算。如某犯罪嫌疑人在某日的 10 时被拘留，拘留后通知其家属或所在单位的期间从 11 时开始计算，到次日 11 时届满；如某被告人在 3 月 10 日接到了一审判决书，上诉期间从 3 月 11 日开始计算，到 3 月 20 日届满。由于开始的时和日都不算，说明这两种计量单位不能互相换算，如拘留后应当在 24 小时以内进行讯问，不可以用 1 日代替。以月为单位的，如何计算，刑事诉讼法没有明确规定。为便于司法实践操作，《刑诉法解释》第 165 条对此作了规定，以月计算的期限，自本月某日至下月同日为一个月。期限起算日为本月最后一日的，至下月最后一日为一个月。下月同日不存在的，自本月某日至下月最后一日为一个月。半个月一律按 15 日计算。因此，以月为计算单位的，开始的月应当计算在期间内。当期满月的相当于开始日的前一日实际不存在时，应当将期满日向前移，而不宜向后顺延。假如人民检察院在 11 月 2 日收到起诉材料，审查起诉期限是 1 个月，届满日就是 12 月 2 日。假如人民检察院 1 月 31 日将案卷退回公安机关补充侦查，1 个月补充侦查的期满之日理应为“2 月 30 日”，但是 2 月没有 30 日，此种情形下，期满之日应当以 2 月最后一日为期间截止日。此外，在以月计算的期间里，如果遇有以半月为期的，不分大、小月，应当均以 15 天计数。

第 3 款规定了期间计算的特殊情况。第 3 款规定，法定期间不包括路途上的时间。这个规定对所有诉讼参与人都适用。当事人及其他诉讼参与人的住所或者工作地点如果距离公安司法机关比较远，则路途上的时间应当从法定期间内予以扣除。公安司法机关如果在外地缉捕犯罪嫌疑人后再押解回当地，那路途上的时间应该在 24 小时讯问和通知其家属或单位的法定期间扣除，但路途时间仍然计算在侦查羁押期限内。另外，有关诉讼文书材料在公安司法机关之间传递过程中的时间，也应当在法定期间内予以扣除。通过邮寄的上诉状或者其他诉讼文件，应当以在当地交邮盖戳的时间为标准确定法定期间的执行。在法定期间届满前已经交邮的，即使文件到达司法机关时已经超过法定期限，仍然认为有效。即当地邮局加盖邮戳的时间是在期满前，就视为在期间内。

第 4 款规定期间的最后一日为节假日如何计算的情况。这分为两种情况，（1）一般来说期间的最后一日为节假日，以节假日后的第一个工作日为期间届满的日期。例如，期间本应当在 1 月 1 日届满，但 1 月 1 日为元旦，则应当顺延至元旦假日后第一个工作日为期间届满之日。主要是节假日有关机关和公民个人都在按规定休假，期间届满也无法进行诉讼活动，有必要顺延至节假日后的第一个工作日。（2）犯罪嫌疑人、被告人或者罪犯在押的，其在押期间应当至期满之日为止，不得因节假日而延长。这主要是从有利于被告人的原则进行了规定，体现了对犯罪嫌疑人、被告人或者罪犯合法权益的保护。因为犯罪嫌疑人、被告人、罪犯处于被限制或者剥夺人身自由的状态下，拘留、逮捕等强制措施的期限届满或者刑期届满的，就应当立即予以释放，否则等于延长了其被羁押的时间，不利于对其权利的保护。举例来说，如果被告人刑满释放日期是 10 月 1 日，则不顺延，被告人应该在当日被释放。但如果被告人上诉的届满之日为 10 月 1 日，则应顺延至国庆节后的第一个工作日。如果是上诉等犯罪嫌疑人、被告人、罪犯行使权利的事项，仍适用一般规则，即期间的最后一日为节假日的，以节假日后的第一日为期满日期。刑事诉讼法原来虽然没有对此作出明确规定，但司法实践中一直是照此办理的，有关司法解释中也有规定。2012 年修改《刑事诉讼法》总结实践经验，对此作出明确规定，体现了刑事诉讼法尊重和保障人权的精神。

[审判实务]

1. 期间重新计算的问题。法律规定在某些特殊情况下期间需要重新计算。比如，《刑事诉讼法》第 160 条的规定，在侦查期间，发现犯罪嫌疑人另有重要罪行的，自发现之日起依照第 156 条的规定重新计算侦查羁押期限。《刑事诉讼法》第 172 条第 2 款的规定，人民检察院审查起诉的案件，改变管辖的，从改变后的人民检察院收到案件之日起计算审查起诉期限。《刑事诉讼法》第 175 条第 2 款规定，人民检察院审查案件，对于需要补充侦查的，可以退回公安机关补充侦查，也可以自行侦查。对于补充侦查的案件，应当在一个月以内补充侦查完毕，补充侦查以二次为限。补充侦查完毕移送人民检察院后，人民检察院重新计算审查起诉期限。《刑事诉讼法》第208条第2款、第3款的规定，在审判阶段，人民法院改变管辖的案件，从改变后的人民法院收到案件之日起计算审理期限。人民检察院补充侦查的案件，补充侦查完毕移送人民法院后，人民法院重新计算审理期限。《刑事诉讼法》第241条的规定，第二审人民法院发回原审人民法院重新审判的案件，原审人民法院从收到发回的案件之日起，重新计算审理期限。

《刑诉法解释》第172条还专门规定了指定管辖案件审理期限重新计算方法的规定。指定管辖案件的审理期限，自被指定管辖的人民法院收到指定管辖决定书和有关案卷、证据材料之日起计算。指定管辖的案件通常都是存在一定争议的案件，上级人民法院作出指定管辖需要一定时间。而且上级人民法院作出指定管辖的决定后，人民检察院才将相关的案卷材料等移送给接受指定管辖的人民法院进行审查，移送卷宗需要时间，有时会有拖延，因此不能从被指定管辖的人民法院收到上级人民法院指定管辖决定书之日起计算审理期限。指定管辖案件的审理期限得在法院收到指定管辖决定书和有关案卷、证据材料的时候才开始计算。如果指定管辖的人民法院先收到指定管辖决定书，后收到有关案卷、证据材料，就应当从收到有关案卷、证据材料之日起计算审理期限。

2. 期间延长的问题。期间延长是指公安司法机关在规定的办案期限内不能完成应完成的诉讼行为，而向后续展期限的办法。《刑事诉讼法》规定了两种方式，一是允许公安司法机关自动延长期间并限定了可以延长期间的上限。如《刑事诉讼法》第172条第1款的规定，人民检察院对于监察机关、公安机关移送起诉的案件，应当在一个月以内作出决定，重大、复杂的案件，可以延长十五日；犯罪嫌疑人认罪认罚，符合速裁程序适用条件的，应当在十日以内作出决定，对可能判处的有期徒刑超过一年的，可以延长至十五日。二是须经法定机关批准或决定才能延长期间，部分限定了可以延长期间的上限。如《刑事诉讼法》第243条规定，第二审人民法院受理上诉、抗诉案件，应当在二个月以内审结。对于可能判处死刑的案件或者附带民事诉讼的案件，以及有本法第158条规定情形之一的，经省、自治区、直辖市高级人民法院批准或者决定，可以延长二个月；因特殊情况还需要延长的，报请最高人民法院批准。

对于如何报请延长的程序、报请最高人民法院能延长多久，《刑诉法解释》第173条分两款作出了具体规定。第1款规定，申请上级人民法院批准延长审理期限，应当在期限届满十五日前层报。有权决定的人民法院不同意延长的，应当在审理期限届满五日前作出决定。该款主要规定了延长审理期限申请的审批程序，有助于强化对审理期限的管理。一是申请延长首先是法条规定可以申请延长的案件。对于符合法定条件的案件，才可以依法申请延长审理期限。比如，上文例举的《刑事诉讼法》第243条中提及的第158条规定的情形，交通十分不便的边远地区的重大、复杂案件，重大的犯罪集团案件，流窜作案的重大、复杂案件，犯罪涉及面广，取证困难的重大、复杂案件。二是应当在期限届满15日前层报，这一方面是给上级人民法院审查的时间，另一方面也是给下级人民法院留出审理时间。因为上级法院仍有裁量的空间，如果提出的申请不符合法律规定，上级人民法院作出不批准的规定后，下级法院仍可以留有时间来确保案件能够审结。三是上级人民法院应及时作出决定。有权决定的人民法院不同意延长的，应当在审理期限届满5日前作出决定。这个规定同样是为了确保上级人民法院作出不批准的规定后，下级法院仍有必要的期限来审结案件。

第2款规定，因特殊情况申请最高人民法院批准延长审理期限，最高人民法院经审查，予以批准的，可以延长审理期限一至三个月。期限届满案件仍然不能审结的，可以再次提出申请。该款主要规定了报请最高人民法院能延长的期限，该款明确规定延长的期限是一至三个月。期限届满案件仍然不能审结的，可以再次提出申请。但是对于条款中规定的特殊情况，条款没有规定。本书认为可以分为两种，一是案情特别重大、复杂的案件。比如，涉外、涉黑、涉恐怖活动和危害国家安全的案件，案情特别复杂、案卷证据材料繁多的刑事案件，这样的案件牵涉面广，需要补查补证的材料也多，很难在法定的审理期限内审结，依法申请上级人民法院延长审理期限后还不能审结的，就可以报请最高人民法院批准延长。二是特别敏感的案件。比如，引起全社会关注、媒体炒作，舆论关注度高的案件，做相关工作的时间会比较长，同时如果在法定的审理期限内作出判决，反而有可能影响社会稳定或者导致负面后果，就可以报请最高人民法院批准延长审理期限。条款规定期限届满案件仍然不能审结的，可以再次提出申请。对于申请的次数条款《刑诉法解释》没有作出明确规定，但是从为防止案件久拖不决的角度来说，次数不宜过多。

3. 期间不计入的问题。期间不计入是指特定事由的时间可以不计入法定期限。比如，《刑事诉讼法》第149条规定，对犯罪嫌疑人作精神病鉴定的期间不计入办案期限。第160条第2款规定，犯罪嫌疑人不讲真实姓名、住址，身份不明的，应当对其身份进行调查，侦查羁押期限自查清其身份之日起计算，但是不得停止对其犯罪行为的侦查取证。对于犯罪事实清楚，证据确实、充分，确实无法查明其身份的，也可以按其自报的姓名起诉、审判。第206条规定，在审判过程中，有下列情形之一，致使案件在较长时间内无法继续审理的，可以中止审理：被告人患有严重疾病，无法出庭的；被告人脱逃的；自诉人患有严重疾病，无法出庭，未委托诉讼代理人出庭的；由于不能抗拒的原因。中止审理的原因消失后，应当恢复审理。中止审理的期间不计入审理期限。

从第149条规定来看，对于鉴定，只有对犯罪嫌疑人作精神病鉴定的期间不计入办案期限，除此以外的其他鉴定时间都应当计入办案期限。这是法条的特殊规定，实际上，在司法实践中，公安司法机关，为全面、准确地查清案件事实，确保办案质量，会进行各种司法鉴定，如DNA鉴定、死亡鉴定、伤情鉴定、笔迹鉴定、枪支弹药鉴定等，这些鉴定和精神病鉴定一样都需要时间，但法条只规定了对被告人作精神病鉴定的时间才不计入审理期限，其余种类鉴定的时间均需计入法定期限。尽管除对被告人进行精神病鉴定以外的其他鉴定时间不能从审理期限内扣除，但是对于已有的各类鉴定意见，需要进行重新鉴定的，法院可以决定延期审理。

[配套规定]

《最高人民法院关于适用〈中华人民共和国刑事诉讼法〉的解释》（法释［2012］21号）（节录）

第一百六十五条　以月计算的期限，自本月某日至下月同日为一个月。期限起算日为本月最后一日的，至下月最后一日为一个月。下月同日不存在的，自本月某日至下月最后一日为一个月。半个月一律按十五日计算。

第一百七十二条　指定管辖案件的审理期限，自被指定管辖的人民法院收到指定管辖决定书和有关案卷、证据材料之日起计算。

第一百七十三条　申请上级人民法院批准延长审理期限，应当在期限届满十五日前层报。有权决定的人民法院不同意延长的，应当在审理期限届满五日前作出决定。

因特殊情况申请最高人民法院批准延长审理期限，最高人民法院经审查，予以批准的，可以延长审理期限一至三个月。期限届满案件仍然不能审结的，可以再次提出申请。

第一百七十四条 审判期间，对被告人作精神病鉴定的时间不计入审理期限。

第一百零六条 当事人由于不能抗拒的原因或者有其他正当理由而耽误期限的，在障碍消除后五日以内，可以申请继续进行应当在期满以前完成的诉讼活动。

前款申请是否准许，由人民法院裁定。

[条文主旨]

本条是关于期间恢复的规定。

[条文释解]

本条是1979年《刑事诉讼法》的规定，以后的历次《刑事诉讼法》均未予以修改。

在刑事诉讼中，会出现各种各样耽误期间的情况，既有可能是公安司法机关耽误期间，也有可能是诉讼参与人耽误期间，既有可能是基于正当理由耽误期间，也有可能是基于非正当理由耽误期间。而一旦期间被耽误，就会带来比较严重的后果，如在法定期限内未上诉，裁判就要生效。刑事诉讼法为了充分保护当事人的合法权益，特别规定了本条，当事人由于不能抗拒的原因或者有其他正当理由而耽误期间的补救措施，即期间的恢复。对于公安司法机关和其他诉讼参与人耽误期间应承担的责任和采取的补救措施，刑事诉讼法没有作出规定。因此刑事诉讼期间的恢复，仅指当事人诉讼期间的恢复。

《刑诉法解释》第166条对期间的恢复作了进一步的规定，当事人由于不能抗拒的原因或者有其他正当理由而耽误期限，依法申请继续进行应当在期满前完成的诉讼活动的，人民法院查证属实后，应当裁定准许。基于上述的规定，期间的恢复需要满足以下条件：

第一，在法定期间内没有能进行特定诉讼行为的当事人才能申请，其他诉讼参与人无权提出该申请。

第二，当事人未能在法定期间内完成特定的诉讼行为，必须有不可抗拒的原因或者其他正当的理由。不可抗拒的原因主要是指外因，如出现地震、水灾、台风、意外事故等情况，交通断绝，因而不能进行某种诉讼行为，耽误了期间。其他正当的理由主要是指内因，当事人自己出问题，如身体突发重病需要做手术、家人出事无法分身等，造成当事人不能按时完成某项诉讼行为，从而耽误了期间。

第三，当事人必须在耽误期限的障碍消除后五日以内提出申请。如果超过五日，就不能提出申请。即便申请，也不会获准。

第四，期间的恢复由法院来裁定。人民法院接到当事人的上述申请后，应当进行审查，如果经查确认当事人是由于不能抗拒的原因或者有其他正当理由而耽误期限，应当裁定准许，准许其继续进行未完成的诉讼活动。如果经查申请理由不属于法律规定的事由，则应当驳回申请。法定期间的顺延，只能是补足因耽误而延迟或延误的诉讼期限。

[配套规定]

《最高人民法院关于适用〈中华人民共和国刑事诉讼法〉的解释》（法释［2012］21号）（节录）

第一百六十六条 当事人由于不能抗拒的原因或者有其他正当理由而耽误期限，依法申请继续进行应当在期满前完成的诉讼活动的，人民法院查证属实后，应当裁定准许。

第一百零七条 送达传票、通知书和其他诉讼文件应当交给收件人本人；如果本人不在，可以交给他的成年家属或者所在单位的负责人员代收。

收件人本人或者代收人拒绝接收或者拒绝签名、盖章的时候，送达人可以邀请他的邻居或者其他见证人到场，说明情况，把文件留在他的住处，在送达证上记明拒绝的事由、送达的日期，由送达人签名，即认为已经送达。

[条文主旨]

本条是关于送达的规定。

[条文释解]

本条是1979年《刑事诉讼法》的规定，以后的历次《刑事诉讼法》均未予以修改。

刑事诉讼中的送达，是指人民法院、人民检察院和公安机关依照法定程序和方式，将诉讼文件送交收件人的一种诉讼活动。送达从形式上看是向收件人交付某种诉讼文件，其实质上是公安司法机关的告知行为。送达的方式和程序是法定的。实施送达行为必须依照法律规定办理，否则无法产生法律效力。只有按照刑事诉讼规定的期间和程序，将有关的诉讼文书送达收件人，才能使收件人及时了解其中的内容，按照规定参加诉讼活动，行使诉讼权利，履行诉讼义务。

本条对送达程序作了规定。第1款规定送达的主要方式，即直接送达的方式。这里有两层意思，第一，送达诉讼文件应当交给收件人本人。送达传票、通知书和其他诉讼文件首先应当交给收件人本人。这种方式可使被送达人直接迅速地了解送达内容，是送达的基本要求，在一般情况下都应采取这种送达方式；第二，在收件人本人不在的情况下，可以交给他的成年家属或者所在单位的负责人员代收。《刑诉法解释》第167条第1款和第2款对此条款作了补充规定，送达诉讼文书，应当由收件人签收。收件人不在的，可以由其成年家属或者所在单位负责收件的人员代收。收件人或者代收人在送达回证上签收的日期为送达日期。这是指收件人本人在收到诉讼文书应当在送达回证上记明收到日期，并且签名或盖章。如果收件人本人不在，由他的成年家属或者所在单位的负责人代收，代收人也应当在送达回证上记明收到日期，并且签名或者盖章。收件人本人或者代收人在送达回证上签收的日期为送达日期。本款所说的“收件人”是指诉讼文件中指明应交给的人及其法定代理人，“其他诉讼文件”包括起诉书、不起诉决定书、判决书、裁定书等。

第2款规定在收件人本人或者代收人拒绝接收或者拒绝签名、盖章的时候，送达人可以采用留置送达的方式。送达直接关系到整个刑事诉讼程序能否顺利进行。但是，实践中存在一些收件人因种种原因拒绝接受送达文件的情况，有的还以此作为不履行诉讼义务的理由。因此，为了保证诉讼活动的顺利进行，本款规定了留置送达的程序。送达人可以邀请收件人本人或者代收人的邻居或者其他见证人到场，说明情况，把文件留在他的住处，在送达证上记明拒绝的事由、送达的日期，由送达人签名，即认为已经送达。《刑诉法解释》第 167 条第 3 款，对此条款作了更进一步的规定，收件人或者代收人拒绝签收的，送达人可以邀请见证人到场，说明情况，在送达回证上注明拒收的事由和日期，由送达人、见证人签名或者盖章，将诉讼文书留在收件人、代收人的住处或者单位；也可以把诉讼文书留在受送达人的住处，并采用拍照、录像等方式记录送达过程，即视为送达。该条补充了在找不到见证人的情况下送达人可以把诉讼文书留在受送达人的住处，并采用拍照、录像等方式记录送达过程，即视为送达。这种方式与传统的留置方式相比更能客观记录和反映送达过程。

鉴于送达现实中存在的困难，为便于司法实践操作，除法条本身规定的两种方式外，《刑诉法解释》又规定了三种送达方式作为补充。

《刑诉法解释》第 168 条、第 169 条和第 170 条规定了委托送达和邮寄送达的方式。第 168 条规定，直接送达诉讼文书有困难的，可以委托收件人所在地的人民法院代为送达，或者邮寄送达。第 169 条规定，委托送达的，应当将委托函、委托送达的诉讼文书及送达回证寄送受托法院。受托法院收到后，应当登记，在十日内送达收件人，并将送达回证寄送委托法院；无法送达的，应当告知委托法院，并将诉讼文书及送达回证退回。第 170 条规定，邮寄送达的，应当将诉讼文书、送达回证挂号邮寄给收件人。挂号回执上注明的日期为送达日期。据此，委托送达必须符合两个要求，一是在直接送达诉讼文书有困难的情况下，二是委托的对象只能是收件人所在地的人民法院，这只能是法院之间的委托。如果送达人与收件人的所在地相同的，不能适用委托送达。委托送达应当按照第 169 条的规定履行相应的手续，受委托的法院应当及时办理，如果不能送达，应当及时将不能送达的原因迅速告知委托机关，并将需要送达的文书和回证退回，以便不耽误诉讼的进行。在直接送达诉讼文书有困难的情况下，除可以委托送达外，还可以邮寄送达，即公安司法机关通过邮局将诉讼文书用挂号信的方式邮寄给收件人的送达方式。在邮寄送达的情况下，由于送达人与收件人之间并无直接接触，为了避免信件遗失，所以必须通过挂号信的方式邮寄。收件人签收挂号邮寄的诉讼文件后即认为已经送达。挂号回执上注明的日期为送达的日期。

《刑诉法解释》第 171 条规定了转交送达的方式，是指司法机关将诉讼文书通过特定部门代收后转交给收件人的送达方式。第 171 条分 4 款规定了转交送达的 3 种情形。诉讼文书的收件人是军人的，可以通过其所在部队团级以上单位的政治部门转交。收件人正在服刑的，可以通过执行机关转交。收件人正在被采取强制性教育措施的，可以通过强制性教育机构转交。需要注意的是，由有关部门、单位代为转交诉讼文书的，应当请有关部门、单位收到后立即交收件人签收，并将送达回证及时寄送人民法院。转交送达的方式主要考虑到收件人的特殊情况。收件人是军人的，通过转交送达有利于维护部队的机密，同时还有利于部队政治机关及时了解情况，做好收件人的思想工作，保持部队稳定。对正在服刑和被采取强制性教育措施的人通过转交送达，有利于有关单位了解情况，及时掌握收件人的思想状况，防止发生意外。

[审判实务]

1. 要注意送达的主体和对象。送达是人民法院、人民检察院和公安机关向当事人和其他诉讼参与人以及有关机关实施的诉讼行为。因此送达的主体只能是公安司法机关。诉讼当事人和参与人向公安司法机关递交或相互之间传递诉讼文书的行为，不属于法定意义上的送达。送达的对象即收件人即为诉讼当事人和参与人，也包括与诉讼有关联的人和单位。诉讼当事人是指被害人、自诉人、犯罪嫌疑人、被告人、附带民事诉讼的原告人和被告人。诉讼参与人是指当事人、法定代理人、诉讼代理人、辩护人、证人、鉴定人和翻译人员。与诉讼有关联的人是指犯罪嫌疑人、被告人的家人，有关单位是指因其职责或因其与当事人存在某种关联而与诉讼有关的机关和单位，其中也可以包括公安司法机关。公安司法机关可以互为送达主体和对象。

2. 送达的内容和时间。送达的内容是诉讼文书。其中公安司法机关制作的诉讼文书是送达的主要内容，如传票、通知书、不起诉决定书、起诉书、判决书、裁定书等。此外，自诉状副本、附带民事诉讼诉状副本等诉讼文书都是通过人民法院送达的。送达是诉讼程序的组成部分，关系到整个刑事诉讼活动能否顺利进行，诉讼任务能否切实完成。只有收件人按时收到诉讼文件，才能了解其中的内容，按时参加诉讼活动。比如，当事人收到法院的传票后才能按时出席法庭。某些诉讼文件只有按照法定程序送达收件人，才能发生法律效力。例如，当事人收到一审判决书后才开始计算上诉期限。因此要严格执行法律有关送达的规定。为了保证诉讼过程的顺利高效运行，对送达期间进行明确规定是必要的。《刑事诉讼法》以及相关司法解释对大多数送达活动规定了明确的期间。《刑诉法解释》第182条第1款第2项规定，人民法院决定开庭审理后，开庭十日前将起诉书副本送达被告人、辩护人。但是，也有一部分诉讼文书的送达没有明确规定送达期间，如《刑事诉讼法》第178条规定：不起诉的决定，应当公开宣布，并且将不起诉决定书送达被不起诉人和他的所在单位。《人民检察院刑事诉讼规则》第115条第2款规定，解除或者撤销监视居住的决定应当通知执行机关，并将解除或者撤销监视居住的决定书送达犯罪嫌疑人。另外，送达时间是必须在法定工作日、法定工作时间送达还是在任何时间都可进行送达，刑事诉讼法没有明确规定。

3. 送达必须以填妥送达回证的方式结束。送达回证，指公安司法机关制作的用以证明业已进行送达行为及其结果的诉讼文件，检查专门机关是否按照法定方式和程序送达诉讼文件的标志，是送达人完成任务的标志，也是受送达人接收或者拒绝接收所送达文件的证明，同时还是认定当事人和其他诉讼参与人的诉讼行为是否有效的依据。送达回证的使用方法是，公安司法机关送达诉讼文件时，向收件人出示送达回证，由收件人在送达回证上记明收到日期，并且签名或者盖章。遇到拒收或者拒绝签名、盖章等，在实施留置送达程序中，送达人应当在送达回证上记明拒绝的事由、送达的日期，并且签名或者盖章。送达程序进行完毕后，将送达回证带回入卷。采用委托送达、转交送达的，也必须按照上述程序进行，并将送达回证退回承办案件的司法机关。邮寄送达的，应当将送达回证和诉讼文件一起挂号寄给收件人，送达回证由收件人退回。

[配套规定]

《最高人民法院关于适用〈中华人民共和国刑事诉讼法〉的解释》（法释［2012］21号）（节录）

第一百六十七条 送达诉讼文书，应当由收件人签收。收件人不在的，可以由其成年家属或者所在单位负责收件的人员代收。

收件人或者代收人在送达回证上签收的日期为送达日期。

收件人或者代收人拒绝签收的，送达人可以邀请见证人到场，说明情况，在送达回证上注明拒收的事由和日期，由送达人、见证人签名或者盖章，将诉讼文书留在收件人、代收人的住处或者单位；也可以把诉讼文书留在受送达人的住处，并采用拍照、录像等方式记录送达过程，即视为送达。

第一百六十八条 直接送达诉讼文书有困难的，可以委托收件人所在地的人民法院代为送达，或者邮寄送达。

第一百六十九条 委托送达的，应当将委托函、委托送达的诉讼文书及送达回证寄送受托法院。受托法院收到后，应当登记，在十日内送达收件人，并将送达回证寄送委托法院；无法送达的，应当告知委托法院，并将诉讼文书及送达回证退回。

第一百七十条 邮寄送达的，应当将诉讼文书、送达回证挂号邮寄给收件人。挂号回执上注明的日期为送达日期。

第一百七十一条 诉讼文书的收件人是军人的，可以通过其所在部队团级以上单位的政治部门转交。

收件人正在服刑的，可以通过执行机关转交。

收件人正在被采取强制性教育措施的，可以通过强制性教育机构转交。

由有关部门、单位代为转交诉讼文书的，应当请有关部门、单位收到后立即交收件人签收，并将送达回证及时寄送人民法院。

第九章　其他规定

第一百零八条　本法下列用语的含意是：

（一）“侦查”是指公安机关、人民检察院对于刑事案件，依照法律进行的收集证据、查明案情的工作和有关的强制性措施；

（二）“当事人”是指被害人、自诉人、犯罪嫌疑人、被告人、附带民事诉讼的原告人和被告人；

（三）“法定代理人”是指被代理人的父母、养父母、监护人和负有保护责任的机关、团体的代表；

（四）“诉讼参与人”是指当事人、法定代理人、诉讼代理人、辩护人、证人、鉴定人和翻译人员；

（五）“诉讼代理人”是指公诉案件的被害人及其法定代理人或者近亲属、自诉案件的自诉人及其法定代理人委托代为参加诉讼的人和附带民事诉讼的当事人及其法定代理人委托代为参加诉讼的人；

（六）“近亲属”是指夫、妻、父、母、子、女、同胞兄弟姊妹。

[条文主旨]

本条是对法条中有关用语的界定。

[条文释解]

本条由 1979 年《刑事诉讼法》设立，1996 年《刑事诉讼法》对当事人、诉讼参与人条款进行修改并增设诉讼代理人条款，2012 年《刑事诉讼法》未予修改，2018 年《刑事诉讼法》修改时对侦查条款进行了修改。

本条为一款六项。第 1 项对《刑事诉讼法》中的侦查进行了界定。条文规定侦查是指公安机关、人民检察院对于刑事案件，依照法律进行的收集证据、查明案情的工作和有关的强制性措施。此条款在 2018 年进行过修改，原表述为“侦查是指公安机关、人民检察院在办理案件过程中，依照法律进行的专门调查工作和有关的强制性措施”。从修改的情况来看，一是明确案件的性质。将“办理案件过程中”改为“对于刑事案件”，明确了案件只能是刑事案件。二是明确了工作目的。将“专门调查工作”改为“收集证据、查明案情的工作”，明确了侦查工作中目的不是别的，就是收集证据、查明案情。根据本条规定，“侦查”可以分为收集证据、查明案情的工作和有关强制性措施两类活动。收集证据、查明案情的工作是指侦查机关为查明案件事实而采取的各种调查工作，如讯问犯罪嫌疑人、询问证人、勘验、检查、鉴定等活动，并在该活动中收集有罪或者无罪以及犯罪情节轻重的证据。“强制性措施”是指侦查机关为收集证据、查明犯罪事实和查获犯罪人而采取的限制、剥夺人身自由或者对人身、财物进行强制的措施，如拘传、取保候审、监视居住、拘留和逮捕五种限制或者剥夺人身自由的强制措施，通缉在逃的犯罪嫌疑人等。

第2项对《刑事诉讼法》中的当事人进行了界定。当事人是与案件的结果有着直接利害关系的人。按本款规定在《刑事诉讼法》中当事人是指被害人、自诉人、犯罪嫌疑人、被告人、附带民事诉讼的原告人和被告人。此条款在1996年修改过，原表述为“当事人是指自诉人、被告人、附带民事诉讼的原告人和被告人”。修改后增加了被害人和犯罪嫌疑人。被害人是指人身、财产或者其他合法权益受到犯罪行为直接侵害的单位或者个人。是否赋予被害人以当事人的法律地位，各国刑事诉讼法的做法不一。我国1979年《刑事诉讼法》没有将公诉案件的被害人作为当事人，为了加强保护被害人的合法权益的力度，1996年修改《刑事诉讼法》时，将被害人规定为当事人。犯罪嫌疑人是指在侦查、审查起诉阶段，被认为涉嫌犯罪，并被公安机关以及人民检察院立案侦查和审查起诉的人。在侦查阶段会涉及犯罪嫌疑人，因此修改后的当事人的界定更为准确。自诉人是指自诉案件中的原告人。被告人是指在公诉案件和自诉案件中被指控犯有某种罪行而被起诉到人民法院，要求追究其刑事责任的人。附带民事诉讼的原告人是指因犯罪行为遭受物质损失在刑事诉讼过程中提出赔偿请求的人，一般情况下是被害人或者被害人的法定代理人或者近亲属。附带民事诉讼的被告人是指对犯罪行为造成的物质损失依法负有赔偿责任而被他人提起附带民事诉讼的人，一般与刑事案件的被告人是同一的，特殊情况下也还存在一定的例外，如未成年或患精神病的刑事被告人的监护人；共同犯罪案件中，案件审结前已死亡的被告人的遗产继承人；未被追究刑事责任但应负赔偿责任的其他同案人；员工职务行为造成物质损失的单位。

第 3 项对《刑事诉讼法》中的法定代理人进行了界定。法定代理人是指依照法律规定对无行为能力人或者限制行为能力人负有保护义务的人。按本款规定在《刑事诉讼法》中法定代理人是指被代理人的父母、养父母、监护人和负有保护责任的机关、团体的代表。其中的监护人是指除父母、养父母外，对未成年人、精神病人及其他无行为能力人的人身、财产及其他合法权益，依照法律规定有责任进行保护的人。此条款在 1979 年《刑事诉讼法》设立后未曾修改过。

第 4 项对《刑事诉讼法》中的诉讼参与人进行了界定。诉讼参与人从字面含义上看是参加诉讼的人，包含范围大，是指除了公安、检察等专门国家机关以外的，依法参与刑事诉讼活动，在刑事诉讼中享有一定诉讼权利、负有一定诉讼义务的人。诉讼参与人通过参加诉讼活动，行使诉讼权利、承担诉讼义务，对刑事诉讼的进程和结局发挥着不同程度的影响和作用，以保证刑事诉讼活动的顺利进行。按本款规定在《刑事诉讼法》中诉讼参与人是指当事人、法定代理人、诉讼代理人、辩护人、证人、鉴定人和翻译人员。此条款在 1996 年修改过，原表述为“诉讼参与人是指当事人、被害人、法定代理人、辩护人、证人、鉴定人和翻译人员”。原条文中，将当事人和被害人并列，而 1996 年《刑事诉讼法》修改时已将被害人列为当事人的范围，因此此款将被害人去掉。加之 1996 年《刑事诉讼法》修改时增设了诉讼代理人，因此诉讼参与人将诉讼代理人也吸收进来。

第 5 项对《刑事诉讼法》中的诉讼代理人进行了界定。诉讼代理人是指受委托或者指定，依法参加刑事诉讼，以维护被代理人合法权益的人。此条款系 1996 年增设，这主要是因为 1996 年《刑事诉讼法》增加了委托诉讼代理人的规定，1996 年《刑事诉讼法》第 41 条规定委托诉讼代理人，参照本法第 32 条的规定执行。因此需要对诉讼代理人的概念予以界定。诉讼当事人及法定代理人在实践中会存在无法参加诉讼的情况，此时其可以按法律规定委托代理人参加诉讼，此规定有助于诉讼活动的顺利进行。委托他人代为诉讼时，委托人应书写由委托人签名或者盖章的授权委托书，代理人必须向人民法院提交由委托人签名或者盖章的授权委托书才能参加诉讼。诉讼代理人共分为三类，第一类是公诉案件的被害人及其法定代理人或者近亲属委托代为参加诉讼的人；第二类是自诉案件的自诉人及其法定代理人委托代为参加诉讼的人；第三类是附带民事诉讼的当事人及其法定代理人委托代为参加诉讼的人。

第6项对《刑事诉讼法》中的近亲属进行了界定。近亲属的范围在不同的法律中不尽一致。按本项规定在《刑事诉讼法》中近亲属是指夫、妻、父、母、子、女、同胞兄弟姊妹。本条款自1979年《刑事诉讼法》设立以来未做过调整。2011年颁布的《最高人民法院关于审判人员在诉讼活动中执行回避制度若干问题的规定》第1条规定近亲属范围有所扩大，扩大到与审判人员有夫妻、直系亲属、三代以内旁系血亲及近姻亲关系的亲属。

第二编　立案、侦查和提起公诉

第一章　立　案

第一百零九条　公安机关或者人民检察院发现犯罪事实或者犯罪嫌疑人，应当按照管辖范围，立案侦查。

[条文主旨]

本条是关于侦查立案机关的规定。

[条文释解]

本条由1996年《刑事诉讼法》增设，2012年、2018年《刑事诉讼法》未予修改。

本章规定了立案，立案是刑事诉讼中一个独立的诉讼阶段。立案、侦查、起诉、审判和执行，是《刑事诉讼法》所确立的五个普通诉讼程序。只有前一诉讼阶段的任务完成之后，才能进行下一阶段的诉讼活动。不是每一个刑事案件都必须经过五个诉讼阶段，如有些公诉案件，如果犯罪情节轻微，在审查起诉阶段，人民检察院可以作出不起诉的决定，从而终结已经开始的诉讼程序。但是立案程序是每一个刑事案件都必须经过的法定阶段，处于刑事诉讼程序的开端。《刑事诉讼法》中的立案，分为两大类，一类是公诉案件的立案，是指公安机关、人民检察院对于报案、控告、举报、自首以及自己发现的材料，依据管辖范围进行审查，以判明有无犯罪事实及是否需要追究刑事责任，并决定是否作为刑事案件进行侦查的诉讼阶段；一类是自诉案件的立案，是人民法院对于自诉请求进行审查从而决定是否作为刑事案件审判的阶段。正确、及时立案一方面有助于公安司法机关迅速揭露犯罪、证实犯罪和惩罚犯罪，另一方面有助于保护公民的人身权利和其他合法权益不受侵犯。

本条是对于公诉案件中侦查立案机关的规定。该条文包含以下几层意思：

第一，立案侦查是法定机关的职权行为。立案侦查是法律赋予侦查机关的专属权力，必须按照法律规定的管辖范围行使立案权，其他任何机关或者个人都不得行使。根据《刑事诉讼法》的规定，公安机关和人民检察院依照法律规定的案件管辖范围承担着对犯罪案件的侦查工作，肩负着打击犯罪，维护社会治安，维护社会稳定的职责。因此，公安机关或者人民检察院是我国法定的立案侦查机关。不过《刑事诉讼法》规定了一些例外情况，第 4 条规定，国家安全机关依照法律规定，办理危害国家安全的刑事案件，行使与公安机关相同的职权。第 308 条规定，军队保卫部门对军队内部发生的刑事案件行使侦查权。中国海警局履行海上维权执法职责，对海上发生的刑事案件行使侦查权。对罪犯在监狱内犯罪的案件由监狱进行侦查。军队保卫部门、中国海警局、监狱办理刑事案件，适用本法的有关规定。根据上述规定，国家安全机关、军队保卫部门、中国海警局和监狱在行使法律授予的特定侦查职权时，有侦查立案权。

第二，立案必须按照法律规定的管辖范围进行。公安机关和人民检察院职能是不同的，《刑事诉讼法》根据两者职能的区别，规定了它们各自立案侦查的刑事案件管辖范围。公安、检察机关立案侦查刑事案件，必须按照法律规定的案件管辖范围进行。2018 年《刑事诉讼法》对人民检察院立案侦查范围进行了调整，部分原先归属检察院立案侦查的刑事案件已归国家监察委进行监察调查。《刑事诉讼法》第 19 条第 1 款和第 2 款规定，刑事案件的侦查由公安机关进行，法律另有规定的除外。人民检察院在对诉讼活动实行法律监督中发现的司法工作人员利用职权实施的非法拘禁、刑讯逼供、非法搜查等侵犯公民权利、损害司法公正的犯罪，可以由人民检察院立案侦查。对于公安机关管辖的国家机关工作人员利用职权实施的重大犯罪案件，需要由人民检察院直接受理的时候，经省级以上人民检察院决定，可以由人民检察院立案侦查。2019 年 12 月生效的《人民检察院刑事诉讼规则》第 13 条依照《刑事诉讼法》的规定确立了人民检察院立案管辖范围。《公安机关办理刑事案件程序规定》第 14 条规定了公安机关管辖范围，刑事案件由公安机关管辖，但下列刑事案件除外：“（一）贪污贿赂犯罪，国家工作人员的渎职犯罪，国家机关工作人员利用职权实施的非法拘禁、刑讯逼供、报复陷害、非法搜查的侵犯公民人身权利的犯罪以及侵犯公民民主权利的犯罪案件，经省级以上人民检察院决定立案侦查的国家机关工作人员利用职权实施的其他重大的犯罪案件；（二）自诉案件，但对人民法院直接受理的被害人有证据证明的轻微刑事案件，因证据不足驳回起诉，人民法院移送公安机关或者被害人向公安机关控告的，公安机关应当受理；被害人直接向公安机关控告的，公安机关应当受理；（三）军人违反职责的犯罪和军队内部发生的刑事案件；（四）罪犯在监狱内犯罪的刑事案件；（五）其他依照法律和规定应当由其他机关管辖的刑事案件。”根据上述规定，就是说除法律另有规定的，其他刑事案件应当一律由公安机关负责立案侦查。《公安机关办理刑事案件程序规定》系根据 2012 年《刑事诉讼法》修订。法律另有规定还应包括上文中提到的中国海警局、监狱等部门特定侦查立案案件。需要特别注意的是，对于自诉案件的第二类，被害人向人民法院起诉后，人民法院认为证据不足、可由公安机关受理的，应当移送公安机关立案侦查。

第三，立案必须根据法定条件进行。根据本条规定，侦查机关对具有以下两种情形之一的，即应立案：一是发现犯罪事实；二是发现犯罪嫌疑人。具备其中一个要件即可，不要求二者都具备。只有依照法定条件立案才能使那些应当被追究刑事责任的人及时受到法律的惩处，还能避免将那些行为不构成犯罪或者具有法定不予追究刑事责任的人错误地纳入刑事诉讼程序。实践中，要注意对不属于管辖的各种经济纠纷要禁止插手和干预，禁止随意入刑。

第四，公安机关和人民检察院发现犯罪事实或者犯罪嫌疑人，就应当按照管辖范围，立案侦查，不得推诿、拖延。公安机关和人民检察院在各自的职责范围内，一旦发现犯罪事实或者犯罪嫌疑人，就必须立案侦查，及时采取必要的侦查措施，查清事实和收集证据，从而保证准确、迅速地揭露犯罪和惩罚犯罪分子。只有公安机关、人民检察院积极开展立案活动，才能保证一切需要追究刑事责任的犯罪行为受到及时追究。如果该立案而不立案或者立案不及时，就可能贻误侦查时机，放纵犯罪，甚至可能因犯罪人继续实施新的犯罪而给社会造成新的危害。实践中一些地方存在为片面追求破案率而不依法积极立案，不破不立、先破后立的做法，这是严重违反《刑事诉讼法》立案程序规定的错误做法，应当予以纠正。

[配套规定]

1.《人民检察院刑事诉讼规则》（高检发释字［2019］4号）（节录）

第十三条　人民检察院对在诉讼活动实行法律监督中发现的司法工作人员利用职权实施的非法拘禁、刑讯逼供、非法搜查等侵犯公民权利、损害司法公正的犯罪，可以由人民检察院立案侦查。

对于公安机关管辖的国家机关工作人员利用职权实施的重大犯罪案件，需要由人民检察院直接受理的，经省级以上人民检察院决定，可以由人民检察院立案侦查。

2.《公安机关办理刑事案件程序规定》（2012年12月13日公安部令第127号）（节录）

第十四条　根据刑事诉讼法的规定，刑事案件由公安机关管辖，但下列刑事案件除外：

（一）贪污贿赂犯罪，国家工作人员的渎职犯罪，国家机关工作人员利用职权实施的非法拘禁、刑讯逼供、报复陷害、非法搜查的侵犯公民人身权利的犯罪以及侵犯公民民主权利的犯罪案件，经省级以上人民检察院决定立案侦查的国家机关工作人员利用职权实施的其他重大的犯罪案件；

（二）自诉案件，但对人民法院直接受理的被害人有证据证明的轻微刑事案件，因证据不足驳回起诉，人民法院移送公安机关或者被害人向公安机关控告的，公安机关应当受理；被害人直接向公安机关控告的，公安机关应当受理；

（三）军人违反职责的犯罪和军队内部发生的刑事案件；

（四）罪犯在监狱内犯罪的刑事案件；

（五）其他依照法律和规定应当由其他机关管辖的刑事案件。

3.《最高人民法院、最高人民检察院、人力资源和社会保障部、公安部关于加强涉嫌拒不支付劳动报酬犯罪案件查处衔接工作的通知》（人社部发［2014］100号）

一、切实加强涉嫌拒不支付劳动报酬违法犯罪案件查处工作

（一）由于行为人逃匿导致工资账册等证据材料无法调取或用人单位在

规定的时间内未提供有关工资支付等相关证据材料的，人力资源社会保障部门应及时对劳动者进行调查询问并制作询问笔录，同时应积极收集可证明劳动用工、欠薪数额等事实的相关证据，依据劳动者提供的工资数额及其他有关证据认定事实。调查询问过程一般要录音录像。

（二）行为人拖欠劳动者劳动报酬后，人力资源社会保障部门通过书面、电话、短信等能够确认其收悉的方式，通知其在指定的时间内到指定的地点配合解决问题，但其在指定的时间内未到指定的地点配合解决问题或明确表示拒不支付劳动报酬的，视为刑法第二百七十六条之一第一款规定的“以逃匿方法逃避支付劳动者的劳动报酬”。但是，行为人有证据证明因自然灾害、突发重大疾病等非人力所能抗拒的原因造成其无法在指定的时间内到指定的地点配合解决问题的除外。

（三）企业将工程或业务分包、转包给不具备用工主体资格的单位或个人，该单位或个人违法招用劳动者不支付劳动报酬的，人力资源社会保障部门应向具备用工主体资格的企业下达限期整改指令书或行政处罚决定书，责令该企业限期支付劳动者劳动报酬。对于该企业有充足证据证明已向不具备用工主体资格的单位或个人支付了劳动者全部的劳动报酬，该单位或个人仍未向劳动者支付的，应向不具备用工主体资格的单位或个人下达限期整改指令书或行政处理决定书，并要求企业监督该单位或个人向劳动者发放到位。

（四）经人力资源社会保障部门调查核实，行为人拖欠劳动者劳动报酬事实清楚、证据确凿、数额较大的，应及时下达责令支付文书。对于行为人逃匿，无法将责令支付文书送交其同住成年家属或所在单位负责收件人的，人力资源社会保障部门可以在行为人住所地、办公地、生产经营场所、建筑施工项目所在地等地张贴责令支付文书，并采用拍照、录像等方式予以记录，相关影像资料应当纳入案卷。

二、切实规范涉嫌拒不支付劳动报酬犯罪案件移送工作

（一）人力资源社会保障部门向公安机关移送涉嫌拒不支付劳动报酬犯罪案件应按照《行政执法机关移送涉嫌犯罪案件的规定》的要求，履行相关手续，并制作《涉嫌犯罪案件移送书》，在规定的期限内将案件移送公安机关。移送的案件卷宗中应当附有以下材料：

1. 涉嫌犯罪案件移送书；

2. 涉嫌拒不支付劳动报酬犯罪案件调查报告；

3. 涉嫌犯罪案件移送审批表；

4. 限期整改指令书或行政处理决定书等执法文书及送达证明材料；

5. 劳动者本人或劳动者委托代理人调查询问笔录；

6. 拖欠劳动者劳动报酬的单位或个人的基本信息；

7. 涉案的书证、物证等有关涉嫌拒不支付劳动报酬的证据材料。

人力资源社会保障部门向公安机关移送涉嫌犯罪案件应当移送与案件相关的全部材料，同时应将案件移送书及有关材料目录抄送同级人民检察院。在移送涉嫌犯罪案件时已经作出行政处罚决定的，应当将行政处罚决定书一并抄送公安机关、人民检察院。

（二）公安机关收到人力资源社会保障部门移送的涉嫌犯罪案件，应当在涉嫌犯罪案件移送书回执上签字，对移送材料不全的，可通报人力资源社会保障部门按上述规定补充移送。受理后认为不属于本机关管辖的，应当及时转送有管辖权的机关，并书面告知移送案件的人力资源社会保障部门。对受理的案件，公安机关应当及时审查，依法作出立案或者不予立案的决定，并书面通知人力资源社会保障部门，同时抄送人民检察院。公安机关立案后决定撤销案件的，应当书面通知人力资源社会保障部门，同时抄送人民检察院。公安机关作出不立案决定或者撤销案件的，应当同时将案卷材料退回人力资源社会保障部门，并书面说明理由。

（三）人力资源社会保障部门对于公安机关不接受移送的涉嫌犯罪案件或者已受理的案件未依法及时作出立案或不立案决定的，可以建议人民检察院依法进行立案监督。对公安机关受理后作出不予立案决定的，可在接到不予立案通知书后 3 日内向作出决定的公安机关提请复议，也可以建议人民检察院依法进行立案监督。

（四）人民检察院发现人力资源社会保障部门对应当移送公安机关的涉嫌拒不支付劳动报酬犯罪案件不移送或者逾期不移送的，应当督促移送。人力资源社会保障部门接到人民检察院提出移送涉嫌犯罪案件的书面意见后，应当及时移送案件。人民检察院发现相关部门拒不移送案件和拒不立案行为中存在职务犯罪线索的，应当认真审查，依法处理。

三、切实完善劳动保障监察行政执法与刑事司法衔接机制

（一）人力资源社会保障部门在依法查处涉嫌拒不支付劳动报酬犯罪案件过程中，对案情复杂、性质难以认定的案件可就犯罪标准、证据固定等问题向公安机关或人民检察院咨询；对跨区域犯罪、涉及人员众多、社会影响较大的案件，人力资源社会保障部门通报公安机关的，公安机关应依法及时

处置。

（二）对于涉嫌拒不支付劳动报酬犯罪案件，公安机关、人民检察院、人民法院在侦查、审查起诉和审判期间提请人力资源社会保障部门协助的，人力资源社会保障部门应当予以配合。

（三）在办理拒不支付劳动报酬犯罪案件过程中，各级人民法院、人民检察院、人力资源社会保障部门、公安机关要加强联动配合，建立拒不支付劳动报酬犯罪案件移送的联席会议制度，定期互相通报案件办理情况，及时了解案件信息，研究解决查处拒不支付劳动报酬犯罪案件衔接工作中存在的问题，进一步完善监察行政执法与刑事司法衔接工作机制，切实发挥刑法打击拒不支付劳动报酬犯罪行为的有效作用。

第一百一十条　任何单位和个人发现有犯罪事实或者犯罪嫌疑人，有权利也有义务向公安机关、人民检察院或者人民法院报案或者举报。

被害人对侵犯其人身、财产权利的犯罪事实或者犯罪嫌疑人，有权向公安机关、人民检察院或者人民法院报案或者控告。

公安机关、人民检察院或者人民法院对于报案、控告、举报，都应当接受。对于不属于自己管辖的，应当移送主管机关处理，并且通知报案人、控告人、举报人；对于不属于自己管辖而又必须采取紧急措施的，应当先采取紧急措施，然后移送主管机关。

犯罪人向公安机关、人民检察院或者人民法院自首的，适用第三款规定。

[条文主旨]

本条是关于立案的材料来源及立案材料的接受和处理的规定。

[条文释解]

本条由1979《刑事诉讼法》设立，1996年《刑事诉讼法》进行了修改，2012年、2018年《刑事诉讼法》未予修改。

本条是关于立案的材料来源及立案材料的接受和处理的规定。立案的材料来源，是指公安司法机关获取有关犯罪事实以及犯罪嫌疑人情况的材料的渠道或途径。立案材料来源的广泛、有效程度，直接决定着刑事诉讼程序发现犯罪能力的高低，并进而影响着刑事诉讼程序打击犯罪、惩罚犯罪目标的实现程度。根据法律规定和司法实践，立案的材料来源主要有：（1）公安机关或者人民检察院等机关自行发现犯罪事实或者犯罪嫌疑人。（2）单位和个人的报案或者举报。（3）被害人的报案或控告。（4）犯罪人的自首。（5）其他来源。（1）的内容，在《刑事诉讼法》第109条及其他条文中有涉及，并作出规定。公安机关处在与犯罪斗争的第一线，其日常工作中比如执勤、巡逻等工作中有可能会发现一些犯罪线索。此外其在侦查过程中，通过讯问犯罪嫌疑人、询问证人、被害人以及其他专门调查工作中，也可能发现新的犯罪事实或犯罪嫌疑人。人民检察院法律监督、审查批捕、审查起诉等活动中也可能会发现犯罪事实或犯罪嫌疑人。此外人民法院在审理案件以及国家安全机关、军队保卫部门、中国海警局和监狱等依照规定办理刑事案件中，也有发现犯罪事实或犯罪嫌疑人。（2）（3）（4）即本条规定的内容，将在下面具体展开。（5）主要是除《刑事诉讼法》规定的立案材料来源外，在司法实践中还有一些其他的立案材料，如上级交办的案件以及其他党政机关移交的案件等。我国实行犯罪与行政违法双轨制。一般的行政违法行为受行政法规规范，主要由行政执法机关处罚，而构成犯罪的，只能由人民法院、人民检察院和公安机关处理。这样就可能形成行政机关在处理行政案件时，发现已经构成犯罪的，依法应当移交给公安机关或者人民检察院立案侦查。公安部和人民检察院都出过办理行政执法机关移送涉嫌犯罪案件的规定。实践中，为了更好地打击某类犯罪，做好立案衔接工作，相关部委还专门出台了行政执法与刑事司法衔接工作办法，比如《食品药品监管总局、公安部、最高人民法院、最高人民检察院、国务院食品安全办关于印发食品药品行政执法与刑事司法衔接工作办法的通知》《环境保护部、公安部、最高人民检察院关于印发〈环境保护行政执法与刑事司法衔接工作办法〉的通知》，还有中国共产党的各级纪律检查委员会在处理党员违纪案件时，发现其行为已经构成犯罪的，也应当将案件移交给检察机关或公安机关立案侦查。

本条规定了立案材料的三个来源。本条第1款规定任何单位和个人发现有犯罪事实或者犯罪嫌疑人，有权利也有义务向公安机关、人民检察院或者人民法院报案或者举报。单位和个人的报案或者举报，是公安司法机关最主要、最普遍的立案材料来源。报案是指单位和个人以及被害人发现有犯罪事实发生，但尚不知犯罪嫌疑人为何人时，向公安机关、人民检察院、人民法院告发的行为。举报则是当事人以外的单位和个人出于社会责任感、正义感，对其发现、知晓的犯罪事实和犯罪嫌疑人向公安机关、人民检察院和人民法院进行告发、揭露的行为。举报较报案相比，通常还会提供谁为犯罪嫌疑人以及嫌疑人的相关信息，因此举报的案件事实以及证据材料会更详细、具体。根据第 1 款的规定，发现犯罪事实或者犯罪嫌疑人时向公安司法机关报案或者举报，既是任何单位和个人依法享有的权利，也是其依法应当履行的义务。需要注意的是，虽然《刑事诉讼法》对公、检、法机关各自的职责和管辖范围有明确规定，但本款对单位和个人报案或者举报的机关未做任何限制，即发现犯罪事实或者犯罪嫌疑人的单位和个人，可以向公安机关、人民检察院、人民法院任何一个机关报案或者举报。至于案件具体如何分工，归哪一个机关管辖，待这三个机关收到报案、举报后，再根据法律规定确定。

本条第 2 款规定被害人对侵犯其人身、财产权利的犯罪事实或者犯罪嫌疑人，有权向公安机关、人民检察院或者人民法院报案或者控告。实际上按照第 1 款的规定，任何单位和个人发现犯罪事实或者犯罪嫌疑人，都有权利报案，其中的任何单位和个人就已经包括被害人在内。本款是对被害人报案和控告权进一步明确规定，主要是为更好地保护被害人的合法权益，追究犯罪。《刑事诉讼法》第 114 条规定，对于自诉案件，被害人有权向人民法院直接起诉。被害人死亡或者丧失行为能力的，被害人的法定代理人、近亲属有权向人民法院起诉。人民法院应当依法受理。因此控告是指被害人（包括自诉人和被害单位）以及被害人死亡或丧失能力时被害人的法定代理人、近亲属，就其人身权利、财产权利遭受不法侵害的事实及犯罪嫌疑人的有关情况，向公安司法机关揭露和告发，要求依法追究其刑事责任的诉讼行为。被害人是犯罪行为的直接侵害的对象，一方面，其具有揭露犯罪、惩罚犯罪的强烈愿望和积极主动性。另一方面，在许多案件中，因为被害人与犯罪嫌疑人有过接触，故其能够提供较为详细、具体的有关犯罪事实和犯罪嫌疑人的情况，所以被害人的报案和控告对于追究犯罪具有重要的价值，也是重要的立案材料来源。

本条第 4 款规定了另一个重要的立案材料来源，即犯罪人的自首。自首是指犯罪人作案以后在犯罪行为未被发觉或虽被发觉但犯罪人尚未被公安、司法机关查获或扭送时，犯罪人自己或在亲友的陪同下，自动投案，如实供述自己的罪行，并接受公安司法机关的审查和裁判的行为。根据《刑法》第67条第1款和第2款的规定，对于自首的犯罪分子，可以从轻或减轻处罚。其中，犯罪较轻的，可以免除处罚。被采取强制措施的犯罪嫌疑人、被告人和正在服刑的罪犯，如实供述司法机关尚未掌握的罪行，与司法机关已掌握的或者判决确定的罪行属于不同种罪行的，以自首论。自首有助于节省司法资源，对自首的犯罪分子给予从轻、减轻或免除处罚的规定，含有鼓励犯罪分子主动投案自首、争取宽大处理的用意。因此自首也是立案材料的重要来源之一。

本条第3款规定了前两款立案材料如何处理的规定，公安机关、人民检察院或者人民法院对于报案、控告、举报，都应当接受。对于不属于自己管辖的，应当移送主管机关处理，并且通知报案人、控告人、举报人。对于不属于自己管辖而又必须采取紧急措施的，应当先采取紧急措施，然后移送主管机关。第4款规定的自首也适用第3款规定。因此，这三种立案材料适用同样的处理方式。该条款含有三层意思：第一，公安机关、人民检察院或者人民法院对于报案、举报、控告、犯罪人的自首都应当接受，决不能以任何理由拒绝、推诿；第二，接受以后应当进行初步审查，属于自己管辖的按规定办理。对于不属于自己管辖的，应当移送主管机关处理，并且通知报案人、控告人、举报人、犯罪人，以便于他们了解处理结果；第三，对于不属于自己管辖而又必须采取紧急措施的，应当先采取紧急措施，然后移送主管机关。这里“紧急措施”是指保护现场、扣押证据、特殊情况下先暂扣嫌疑人等措施。及时固定证据，保护作案现场不被破坏，暂扣嫌疑人防止嫌疑人逃跑，都是为案件侦破创造条件。《人民检察院刑事诉讼规则》第161条还对本款作了补充规定，对案件事实或者线索不明的，应当进行必要的调查核实，收集相关材料，查明情况后及时移送有管辖权的机关或者部门办理。

[配套规定]

1.《人民检察院刑事诉讼规则》（高检发释字［2019］4号）（节录）

第一百六十一条 人民检察院负责控告申诉检察的部门统一接受报案、控告、举报、申诉和犯罪嫌疑人投案自首，并依法审查，在七日以内作出以下处理：

（一）属于本院管辖且符合受理条件的，应当予以受理；

（二）不属于本院管辖的报案、控告、举报、自首，应当移送主管机关处理。必须采取紧急措施的，应当先采取紧急措施，然后移送主管机关。不属于本院管辖的申诉，应当告知其向有管辖权的机关提出；

（三）案件情况不明的，应当进行必要的调查核实，查明情况后依法作出处理。

负责控告申诉检察的部门可以向下级人民检察院交办控告、申诉、举报案件，并依照有关规定进行督办。

第一百六十二条 控告、申诉符合下列条件的，人民检察院应当受理：

（一）属于人民检察院受理案件范围；

（二）本院具有管辖权；

（三）申诉人是原案的当事人或者其法定代理人、近亲属；

（四）控告、申诉材料符合受理要求。

控告人、申诉人委托律师代理控告、申诉，符合上述条件的，应当受理。

控告、申诉材料不齐备的，应当告知控告人、申诉人补齐。受理时间从控告人、申诉人补齐相关材料之日起计算。

2.《公安机关办理刑事案件程序规定》（2012年12月13日公安部令第127号）（节录）

第一百六十六条 公安机关对于公民扭送、报案、控告、举报或者犯罪嫌疑人自动投案的，都应当立即接受，问明情况，并制作笔录，经核对无误后，由扭送人、报案人、控告人、举报人、自动投案人签名、捺指印。必要时，应当录音或者录像。

第一百六十七条 公安机关对扭送人、报案人、控告人、举报人、自动投案人提供的有关证据材料等应当登记，制作接受证据材料清单，并由扭送人、报案人、控告人、举报人、自动投案人签名。必要时，应当拍照或者录音、录像，并妥善保管。

3.《公安部关于印发〈公安机关受理行政执法机关移送涉嫌犯罪案件规定〉的通知》（公通字〔2016〕16号）（节录）

第二条 对行政执法机关移送的涉嫌犯罪案件，公安机关应当接受，及时录入执法办案信息系统，并检查是否附有下列材料：

（一）案件移送书，载明移送机关名称、行政违法行为涉嫌犯罪罪名、案件主办人及联系电话等。案件移送书应当附移送材料清单，并加盖移送机关公章；

（二）案件调查报告，载明案件来源、查获情况、嫌疑人基本情况、涉嫌犯罪的事实、证据和法律依据、处理建议等；

（三）涉案物品清单，载明涉案物品的名称、数量、特征、存放地等事项，并附采取行政强制措施、现场笔录等表明涉案物品来源的相关材料；

（四）附有鉴定机构和鉴定人资质证明或者其他证明文件的检验报告或者鉴定意见；

（五）现场照片、询问笔录、电子数据、视听资料、认定意见、责令整改通知书等其他与案件有关的证据材料。

移送材料表明移送案件的行政执法机关已经或者曾经作出有关行政处罚决定的，应当检查是否附有有关行政处罚决定书。

对材料不全的，应当在接受案件的二十四小时内书面告知移送的行政执法机关在三日内补正。但不得以材料不全为由，不接受移送案件。

第三条　对接受的案件，公安机关应当按照下列情形分别处理：

（一）对属于本公安机关管辖的，迅速进行立案审查；

（二）对属于公安机关管辖但不属于本公安机关管辖的，移送有管辖权的公安机关，并书面告知移送案件的行政执法机关；

（三）对不属于公安机关管辖的，退回移送案件的行政执法机关，并书面说明理由。

第四条　对接受的案件，公安机关应当立即审查，并在规定的时间内作出立案或者不立案的决定。

决定立案的，应当书面通知移送案件的行政执法机关。对决定不立案的，应当说明理由，制作不予立案通知书，连同案卷材料在三日内送达移送案件的行政执法机关。

第五条　公安机关审查发现涉嫌犯罪案件移送材料不全、证据不充分的，可以就证明有犯罪事实的相关证据要求等提出补充调查意见，商请移送案件的行政执法机关补充调查。必要时，公安机关可以自行调查。

第六条　对决定立案的，公安机关应当自立案之日起三日内与行政执法机关交接涉案物品以及与案件有关的其他证据材料。

对保管条件、保管场所有特殊要求的涉案物品，公安机关可以在采取必要措施固定留取证据后，商请行政执法机关代为保管。

移送案件的行政执法机关在移送案件后，需要作出责令停产停业、吊销许可证等行政处罚，或者在相关行政复议、行政诉讼中，需要使用已移送公安机关证据材料的，公安机关应当协助。

第七条 单位或者个人认为行政执法机关办理的行政案件涉嫌犯罪，向公安机关报案、控告、举报或者自首的，公安机关应当接受，不得要求相关单位或者人员先行向行政执法机关报案、控告、举报或者自首。

第八条 对行政执法机关移送的涉嫌犯罪案件，公安机关立案后决定撤销案件的，应当将撤销案件决定书连同案卷材料送达移送案件的行政执法机关。对依法应当追究行政法律责任的，可以同时向行政执法机关提出书面建议。

第九条 公安机关应当定期总结受理审查行政执法机关移送涉嫌犯罪案件情况，分析衔接工作中存在的问题，并提出意见建议，通报行政执法机关、同级人民检察院。必要时，同时通报本级或者上一级人民政府，或者实行垂直管理的行政执法机关的上一级机关。

第十条 公安机关受理行政执法机关移送涉嫌犯罪案件，依法接受人民检察院的法律监督。

4.《人民检察院办理行政执法机关移送涉嫌犯罪案件的规定》（高检发释字［2001］4号）

一、对于行政执法机关移送检察机关的涉嫌犯罪案件，统一由人民检察院控告检察部门受理。

人民检察院控告检察部门受理行政执法机关移送的涉嫌犯罪案件后，应当登记，并指派二名以上检察人员进行初步审查。

二、人民检察院控告检察部门审查行政执法机关移送的涉嫌犯罪案件，应当根据不同情况，提出移送有关部门的处理意见，三日内报主管副检察长或者检察长批准，并通知移送的行政执法机关：

（一）对于不属于检察机关管辖的案件，移送其他有管辖权的机关处理；

（二）对于属于检察机关管辖，但不属于本院管辖的案件，移送有管辖权的人民检察院办理；

（三）对于属于本院管辖的案件，转本院反贪、读职侵权检察部门办理。

对干性质不明、难以归口办理的案件，可以先由控告检察部门进行必须的调查。

5.《食品药品监管总局、公安部、最高人民法院、最高人民检察院、国务院食品安全办关于印发食品药品行政执法与刑事司法衔接工作办法的通知》（食药监稽［2015］271号）（节录）

第三条 各级食品药品监管部门、公安机关、人民检察院、人民法院之间应当建立健全线索通报、案件移送、信息共享、信息发布等工作机制。

第四条 人民检察院对食品药品监管部门移送涉嫌犯罪案件活动和公安机关对移送案件的立案活动，依法实施法律监督。

第五条 食品药品监管部门在查办食品药品违法案件过程中，发现涉嫌犯罪，依法需要追究刑事责任的，应当及时将案件移送公安机关，并抄送同级人民检察院。

食品药品监管部门向公安机关移送的案件，应当符合下列条件：

（一）实施行政执法的主体与程序合法。

（二）有证据证明涉嫌犯罪事实发生。

第六条 食品药品监管部门在查处食品药品违法行为过程中，应当妥善保存所收集的与违法行为有关的证据。

第七条 食品药品监管部门向公安机关移送涉嫌犯罪案件，应当自作出移送决定之日起 24 小时内移交案件材料，并将案件移送书抄送同级人民检察院。

食品药品监管部门向公安机关移送涉嫌犯罪案件，应当附有下列材料：

（一）涉嫌犯罪案件的移送书；

（二）涉嫌犯罪案件情况的调查报告；

（三）涉案物品清单；

（四）有关检验报告或者鉴定意见；

（五）其他有关涉嫌犯罪的材料。

公安机关认为需要补充材料的，食品药品监管部门应当及时提供。

第八条 人民检察院发现食品药品监管部门不依法移送涉嫌犯罪案件线索的，应当及时与食品药品监管部门协商，并可以派员调阅、查询有关案卷材料；对于涉嫌犯罪的，应当提出建议依法移送的检察意见。食品药品监管部门应当自收到检察意见之日起 3 日内将案件移送公安机关，并将执行情况通知人民检察院。

第九条 公安机关对食品药品监管部门按照本办法第七条规定移送的涉嫌犯罪案件，一般应当自受理之日起 10 日内依法作出立案或者不予立案的决定；案情重大的，应当自受理之日起 30 日内作出立案或者不予立案的决定；特殊情况下，受案单位报经上一级公安机关批准，可以再延长 30 日作出决定。

公安机关作出立案、不予立案、撤销案件决定的，应当自作出决定之日起3日内书面通知食品药品监管部门，同时抄送人民检察院。公安机关作出不予立案或者撤销案件决定的，应当将案卷材料退回食品药品监管部门，并说明理由。

第十条 食品药品监管部门认为公安机关不予立案决定不当的，可以在接到不予立案通知书之日起3日内提请复议，公安机关应当在接到复议请求之日起3日内作出立案或者不予立案的复议决定，并书面通知食品药品监管部门。

对于公安机关逾期未作出是否立案决定，以及对不予立案决定、复议决定、立案后撤销案件决定有异议的，食品药品监管部门可以建议人民检察院予以立案监督。

第十一条 食品药品监管部门建议人民检察院进行立案监督的案件，应当提供立案监督建议书、相关案件材料，并附公安机关不予立案、立案后撤销案件决定及说明理由的材料，复议维持不予立案决定的材料或者公安机关逾期未作出是否立案决定的材料。

人民检察院认为需要补充材料的，食品药品监管部门应当及时提供。

第十二条 食品药品监管部门对于不追究刑事责任的案件，应当依法作出行政处罚或者其他处理。

食品药品监管部门向公安机关移送涉嫌犯罪案件前，已经作出的警告、责令停产停业、暂扣或者吊销许可证的行政处罚决定，不停止执行；向公安机关移送涉嫌犯罪案件时，应当附有行政处罚决定书。已经作出罚款行政处罚的，人民法院在判处罚金时依法折抵。未作出行政处罚决定的，原则上应当在公安机关决定不予立案或者撤销案件、人民检察院作出不起诉决定、人民法院作出无罪判决或者免予刑事处罚后，再决定是否给予行政处罚。

第十三条 公安机关对发现的食品药品违法行为，经审查没有犯罪事实，或者立案侦查后认为犯罪事实显着轻微、不需要追究刑事责任，但依法应当予以行政处罚的，应当及时将案件移交食品药品监管部门。

第十四条 人民检察院对作出不起诉决定的案件、人民法院对作出无罪判决或者免予刑事处罚的案件，认为依法应当给予行政处罚的，应当及时移交食品药品监管部门处理，并可以提出检察意见或者司法建议。

第二十七条 食品药品监管部门在日常工作中发现属于《中华人民共和国食品安全法》、《中华人民共和国药品管理法》规定的明显涉嫌犯罪的案件线索，应当立即以书面形式向同级公安机关通报。

公安机关应当及时进行审查，必要时可以进行初查。初查过程中，公安机关可以依法采取询问、查询、勘验、鉴定和调取证据材料等不限制被调查对象人身、财产权利的措施。对符合立案条件的，公安机关应当及时依法立案侦查。

第二十八条 各级食品药品监管部门在日常监管、监督抽检、风险监测和处理投诉举报中发现的食品药品重要违法信息，应当及时通报同级公安机关；公安机关应当将侦办案件中发现的重大监管问题通报食品药品监管部门。

公安机关在侦查食品药品犯罪案件中，已查明涉案食品药品流向的，应当及时通报同级食品药品监管部门依法采取控制措施。

第三十三条 各级食品药品监管部门、公安机关、人民检察院应当定期召开联席会议，通报案件办理工作情况，研究解决重大问题。

6.《环境保护部、公安部、最高人民检察院关于印发〈环境保护行政执法与刑事司法衔接工作办法〉的通知》（环环监［2017］17号）

第六条 环保部门移送涉嫌环境犯罪案件，应当自作出移送决定后24小时内向同级公安机关移交案件材料，并将案件移送书抄送同级人民检察院。

环保部门向公安机关移送涉嫌环境犯罪案件时，应当附下列材料：

（一）案件移送书，载明移送机关名称、涉嫌犯罪罪名及主要依据、案件主办人及联系方式等。案件移送书应当附移送材料清单，并加盖移送机关公章。

（二）案件调查报告，载明案件来源、查获情况、犯罪嫌疑人基本情况、涉嫌犯罪的事实、证据和法律依据、处理建议和法律依据等。

（三）现场检查（勘察）笔录、调查询问笔录、现场勘验图、采样记录单等。

（四）涉案物品清单，载明已查封、扣押等采取行政强制措施的涉案物品名称、数量、特征、存放地等事项，并附采取行政强制措施、现场笔录等表明涉案物品来源的相关材料。

（五）现场照片或者录音录像资料及清单，载明需证明的事实对象、拍摄人、拍摄时间、拍摄地点等。

（六）监测、检验报告、突发环境事件调查报告、认定意见。

（七）其他有关涉嫌犯罪的材料。

对环境违法行为已经作出行政处罚决定的，还应当附行政处罚决定书。

第七条 对环保部门移送的涉嫌环境犯罪案件，公安机关应当依法接受，并立即出具接受案件回执或者在涉嫌环境犯罪案件移送书的回执上签字。

第八条 公安机关审查发现移送的涉嫌环境犯罪案件材料不全的，应当在接受案件的24小时内书面告知移送的环保部门在3日内补正。但不得以材料不全为由，不接受移送案件。

公安机关审查发现移送的涉嫌环境犯罪案件证据不充分的，可以就证明有犯罪事实的相关证据等提出补充调查意见，由移送案件的环保部门补充调查。环保部门应当按照要求补充调查，并及时将调查结果反馈公安机关。因客观条件所限，无法补正的，环保部门应当向公安机关作出书面说明。

第九条 公安机关对环保部门移送的涉嫌环境犯罪案件，应当自接受案件之日起3日内作出立案或者不予立案的决定；涉嫌环境犯罪线索需要查证的，应当自接受案件之日起7日内作出决定；重大疑难复杂案件，经县级以上公安机关负责人批准，可以自受案之日起30日内作出决定。接受案件后对属于公安机关管辖但不属于本公安机关管辖的案件，应当在24小时内移送有管辖权的公安机关，并书面通知移送案件的环保部门，抄送同级人民检察院。对不属于公安机关管辖的，应当在24小时内退回移送案件的环保部门。

公安机关作出立案、不予立案、撤销案件决定的，应当自作出决定之日起3日内书面通知环保部门，并抄送同级人民检察院。公安机关作出不予立案或者撤销案件决定的，应当书面说明理由，并将案卷材料退回环保部门。

第十条 环保部门应当自接到公安机关立案通知书之日起3日内将涉案物品以及与案件有关的其他材料移交公安机关，并办理交接手续。

涉及查封、扣押物品的，环保部门和公安机关应当密切配合，加强协作，防止涉案物品转移、隐匿、损毁、灭失等情况发生。对具有危险性或者环境危害性的涉案物品，环保部门应当组织临时处理处置，公安机关应当积极协助；对无明确责任人、责任人不具备履行责任能力或者超出部门处置能力的，应当呈报涉案物品所在地政府组织处置。上述处置费用清单随附处置合同、缴费凭证等作为犯罪获利的证据，及时补充移送公安机关。

第十二条 环保部门对公安机关逾期未作出是否立案决定、以及对不予立案决定、复议决定、立案后撤销案件决定有异议的，应当建议人民检察院进行立案监督。人民检察院应当受理并进行审查。

第十五条　人民检察院发现公安机关可能存在应当立案而不立案或者逾期未作出是否立案决定的，应当启动立案监督程序。

第十七条　公安机关对涉嫌环境犯罪案件，经审查没有犯罪事实，或者立案侦查后认为犯罪事实显着轻微、不需要追究刑事责任，但经审查依法应当予以行政处罚的，应当及时将案件移交环保部门，并抄送同级人民检察院。

第十八条　人民检察院对符合逮捕、起诉条件的环境犯罪嫌疑人，应当及时批准逮捕、提起公诉。人民检察院对决定不起诉的案件，应当自作出决定之日起 3 日内，书面告知移送案件的环保部门，认为应当给予行政处罚的，可以提出予以行政处罚的检察意见。

第十九条　人民检察院对公安机关提请批准逮捕的犯罪嫌疑人作出不批准逮捕决定，并通知公安机关补充侦查的，或者人民检察院对公安机关移送审查起诉的案件审查后，认为犯罪事实不清、证据不足，将案件退回补充侦查的，应当制作补充侦查提纲，写明补充侦查的方向和要求。

对退回补充侦查的案件，公安机关应当按照补充侦查提纲的要求，在 1 个月内补充侦查完毕。公安机关补充侦查和人民检察院自行侦查需要环保部门协助的，环保部门应当予以协助。

第二十四条　环保部门、公安机关、人民检察院应当建立双向案件咨询制度。环保部门对重大疑难复杂案件，可以就刑事案件立案追诉标准、证据的固定和保全等问题咨询公安机关、人民检察院；公安机关、人民检察院可以就案件办理中的专业性问题咨询环保部门。受咨询的机关应当认真研究，及时答复；书面咨询的，应当在 7 日内书面答复。

第二十六条　环保部门在执法检查时，发现违法行为明显涉嫌犯罪的，应当及时向公安机关通报。公安机关认为有必要的可以依法开展初查，对符合立案条件的，应当及时依法立案侦查。在公安机关立案侦查前，环保部门应当继续对违法行为进行调查。

第二十七条　环保部门、公安机关应当相互依托“12369”环保举报热线和“110”报警服务平台，建立完善接处警的快速响应和联合调查机制，强化对打击涉嫌环境犯罪的联勤联动。在办案过程中，环保部门、公安机关应当依法及时启动相应的调查程序，分工协作，防止证据灭失。

第三十一条　环保部门、公安机关和人民检察院应当加强对重大案件的联合督办工作，适时对重大案件进行联合挂牌督办，督促案件办理。同时，要逐步建立专家库，吸纳污染防治、重点行业以及环境案件侦办等方面的专家和技术骨干，为查处打击环境污染犯罪案件提供专业支持。

第三十二条 环保部门和公安机关在查办环境污染违法犯罪案件过程中发现包庇纵容、徇私舞弊、贪污受贿、失职渎职等涉嫌职务犯罪行为的，应当及时将线索移送人民检察院。

第三十三条 各级环保部门、公安机关、人民检察院应当积极建设、规范使用行政执法与刑事司法衔接信息共享平台，逐步实现涉嫌环境犯罪案件的网上移送、网上受理和网上监督。

第一百一十一条 报案、控告、举报可以用书面或者口头提出。接受口头报案、控告、举报的工作人员，应当写成笔录，经宣读无误后，由报案人、控告人、举报人签名或者盖章。

接受控告、举报的工作人员，应当向控告人、举报人说明诬告应负的法律责任。但是，只要不是捏造事实，伪造证据，即使控告、举报的事实有出入，甚至是错告的，也要和诬告严格加以区别。

公安机关、人民检察院或者人民法院应当保障报案人、控告人、举报人及其近亲属的安全。报案人、控告人、举报人如果不愿公开自己的姓名和报案、控告、举报的行为，应当为他保守秘密。

[条文主旨]

本条是关于报案、控告、举报的形式及要求的规定。

[条文释解]

本条由1979《刑事诉讼法》设立，1996年《刑事诉讼法》进行了修改，2012年、2018年《刑事诉讼法》未予修改。

本条是对报案、控告、举报的形式及要求的规定。这实际上是讲公安机关、人民检察院和人民法院对报案、控告、举报材料的受理。《人民检察院刑事诉讼规则》和《公安机关办理刑事案件程序规定》对立案材料的接受也称为受案。

本条分三款。第1款规定报案、控告、举报可以用书面或者口头提出。接受口头报案、控告、举报的工作人员，应当写成笔录，经宣读无误后，由报案人、控告人、举报人签名或者盖章。这是关于报案、控告、举报形式及如何接受口头报案、控告和举报的规定。公安机关、人民检察院和人民法院对于报案、控告、举报，都应当接受然后依法处理，而不得以任何理由拒绝或推诿。对于报案、控告、举报的形式，《刑事诉讼法》没有硬性要求，既可以采取书面形式，也可以口头提出，这一方面是为了便于群众，另一方面也是为了及时打击犯罪。不管是书面形式还是口头提出的报案、控告、举报，公安机关、人民检察院或者人民法院都应当同等对待。但是对于口头报案、控告、举报，工作人员应当写成笔录，注意问清犯罪的时间、地点、方法、后果，犯罪人或嫌疑人特征等有关情节，并向报案人、控告人或举报人宣读，经确认无误后，由报案人、控告人或举报人签名、盖章。单位报案、控告或举报的，应当向单位负责人宣读，并由单位负责人签名盖章。书面的报案、控告或举报可以面交，也可以邮寄。《公安机关办理刑事案件程序规定》第168条还规定公安机关接受案件时，应当制作受案登记表，并出具回执。

第2款规定接受控告、举报的工作人员，应当向控告人、举报人说明诬告应负的法律责任。但是，只要不是捏造事实，伪造证据，即使控告、举报的事实有出入，甚至是错告的，也要和诬告严格加以区别。为了保证公安司法机关准确、及时地打击犯罪、惩罚犯罪，保障无辜的公民不受诬告陷害，保证控告、举报的真实性，所以《刑事诉讼法》规定接受控告或举报的工作人员应当向控告人、举报人说明控告、举报应当实事求是，不得捏造、歪曲事实诬告陷害他人，违法者依照《刑法》关于诬告陷害罪的规定追究刑事责任，这是司法机关工作人员接受控告、举报必须履行的程序。同时为了不挫伤控告人、举报人揭露犯罪，鼓励同犯罪作斗争的积极性，解除控告人、举报人的思想顾虑，法条明确规定了司法工作人员要注意严格区别错告与诬告。规定只要不是捏造事实，伪造证据，即使控告、举报的事实有出入，甚至是错告的，也要和诬告严格加以区别。错告和诬告的区别在于主观故意上的不同，错告没有捏造事实、陷害他人的故意，而是由于个人认识片面或错误造成的控告、举报与事实不符，甚至错误。而诬告则是故意捏造、歪曲事实，伪造证据，目的在于陷害他人。对于错告和诬告的处理，《人民检察院刑事诉讼规则》第174条作出过规定，错告对被控告人、被举报人造成不良影响的，人民检察院应当自作出不立案决定之日起一个月以内向其所在单位或者有关部门通报调查核实的结论，澄清事实。属于诬告陷害的，应当移送有关机关处理。

第3款规定公安机关、人民检察院或者人民法院应当保障报案人、控告人、举报人及其近亲属的安全。报案人、控告人、举报人如果不愿公开自己的姓名和报案、控告、举报的行为，应当为他保守秘密。这是保障报案人、控告人、举报人及其近亲属安全和为他们保密的规定。在立案期间，报案、控告、举报的材料尚未核实，它们能否作为定案的根据尚不确定，而且多数情况下尚不能确定犯罪嫌疑人是谁，也不能对犯罪嫌疑人采取必要的监控措施，因此过早地公开报案人、控告人、举报人及其近亲属的姓名及行为很可能会给报案人、控告人、举报人及其近亲属带来不安全的因素和遭受打击报复的危险，因此公安机关、人民检察院或者人民法院应当教育报案人、控告人、举报人提高警惕，采取必要的防范措施，报案人、控告人、举报人要求保密的话，应当为他保守秘密。但如果报案、控告、举报的材料已经非常明确，报案人、控告人、举报人正处于危险之中，公安机关、人民检察院或者人民法院应当对报案人、控告人、举报人及其近亲属采取保护性措施，及时拘捕具有社会危险性的犯罪嫌疑人。一旦发现有对报案人、控告人、举报人进行威胁、侮辱、殴打或者打击报复、陷害的行为，要及时处理，对尚不够刑罚处罚的，依法给予治安处罚，对其中构成犯罪的，依法追究刑事责任。此款的规定同样是为了保护群众揭露犯罪的积极性，保障侦查工作的顺利进行。

[配套规定]

1.《人民检察院刑事诉讼规则》（高检发释字［2019］4号）（节录）

第一百七十四条 错告对被控告人、被举报人造成不良影响的，人民检察院应当自作出不立案决定之日起一个月以内向其所在单位或者有关部门通报调查核实的结论，澄清事实。

属于诬告陷害的，应当移送有关机关处理。

2.《公安机关办理刑事案件程序规定》（2012年12月13日公安部令第127号）（节录）

第一百六十八条 公安机关接受案件时，应当制作受案登记表，并出具回执。

第一百六十九条　公安机关接受控告、举报的工作人员，应当向控告人、举报人说明诬告应负的法律责任。但是，只要不是捏造事实、伪造证据，即使控告、举报的事实有出入，甚至是错告的，也要和诬告严格加以区别。

第一百七十条　公安机关应当保障扭送人、报案人、控告人、举报人及其近亲属的安全。

扭送人、报案人、控告人、举报人如果不愿意公开自己的身份，应当为其保守秘密，并在材料中注明。

3.《最高人民检察院、公安部、财政部关于保护、奖励职务犯罪举报人的若干规定》（节录）

第二条　鼓励个人和单位依法实名举报职务犯罪。

使用真实姓名或者单位名称举报，有具体联系方式并认可举报行为的，属于实名举报。

第三条　人民检察院、公安机关、财政部门应当密切配合，共同做好举报人保护和奖励工作。

第四条　任何个人和单位依法向人民检察院举报职务犯罪的，其合法权益受法律保护。人民检察院对于举报内容和举报人信息，必须严格保密。

第五条　人民检察院对职务犯罪举报应当采取下列保密措施：

（一）受理举报应当由专人负责，在专门场所或者通过专门网站、电话进行，无关人员不得在场。

（二）举报线索应当由专人录入专用计算机，加密码严格管理。专用计算机应当与互联网实行物理隔离。未经检察长批准，其他工作人员不得查看。

（三）举报材料应当存放于符合保密规定的场所，无关人员不得进入。

（四）向检察长报送举报线索时，应当将相关材料用机要袋密封，并填写机要编号，由检察长亲自拆封。

（五）严禁泄露举报内容以及举报人姓名、住址、电话等个人信息，严禁将举报材料转给被举报人或者被举报单位。

（六）调查核实情况时，严禁出示举报材料原件或者复印件；除因侦查工作需要并经检察长批准外，严禁对匿名举报材料进行笔迹鉴定。

（七）通过专门的举报网站联系、答复举报人时，应当核对举报人在举报时获得的查询密码，答复时不得涉及举报具体内容。

（八）其他应当采取的保密措施。

第六条 人民检察院受理实名举报后，应当按照相关规定，对可能发生的风险及其性质、程度和影响等进行综合评估，拟定风险等级，并根据确定的风险等级制定举报人保护预案。

在办案过程中，人民检察院应当根据实际情况的变化，及时调整风险等级。

第七条 有下列情形之一的，属于对举报人实施打击报复行为：

（一）以暴力、威胁或者非法限制人身自由等方法侵犯举报人及其近亲属的人身安全的；

（二）非法占有或者损毁举报人及其近亲属财产的；

（三）栽赃陷害举报人及其近亲属的；

（四）侮辱、诽谤举报人及其近亲属的；

（五）违反规定解聘、辞退或者开除举报人及其近亲属的；

（六）克扣或者变相克扣举报人及其近亲属的工资、奖金或者其他福利待遇的；

（七）对举报人及其近亲属无故给予党纪、政纪处分或者故意违反规定加重处分的；

（八）在职务晋升、岗位安排、评级考核等方面对举报人及其近亲属进行刁难、压制的；

（九）对举报人及其近亲属提出的合理申请应当批准而不予批准或者拖延的；

（十）其他侵害举报人及其近亲属合法权益的行为。

第八条 举报人向人民检察院实名举报后，其本人及其近亲属遭受或者可能遭受打击报复，向人民检察院请求保护的，人民检察院应当迅速进行核实，分别不同情况采取下列措施：

（一）举报人及其近亲属人身、财产安全受到威胁的，应当依照本规定第九条的规定采取必要的保护措施；

（二）举报人及其近亲属因遭受打击报复受到错误处理的，应当建议有关部门予以纠正；

（三）举报人及其近亲属因遭受打击报复受到严重人身伤害或者重大财产损失的，应当协调有关部门依照规定予以救助。

有证据表明举报人及其近亲属可能会遭受单位负责人利用职权或者影响打击报复的，人民检察院应当要求相关单位或者个人作出解释或说明。应当给予组织处理或者纪律处分的，人民检察院可以将相关证据等材料移送组织部门和纪检监察机关，由组织部门和纪检监察机关依照有关规定处理。

第九条 举报人及其近亲属人身、财产安全受到威胁的，人民检察院应当采取以下一项或者多项保护措施：

（一）禁止特定的人员接触举报人及其近亲属；

（二）对举报人及其近亲属人身、财产和住宅采取专门性保护措施；

（三）其他必要的保护措施。

人民检察院在开展保护举报人工作中，需要公安机关提供协助的，应当商请公安机关办理，公安机关应当在职责范围内予以协助。

举报人直接向公安机关请求保护而又必须采取紧急措施的，公安机关应当先采取紧急措施，并及时通知受理举报的人民检察院。

第十条 举报人及其近亲属因受打击报复，造成人身伤害、名誉损害或者财产损失的，人民检察院应当支持其依法提出赔偿请求。

第十一条 举报人确有必要在诉讼中作证，其本人及其近亲属因作证面临遭受打击报复危险的，人民检察院应当采取不公开真实姓名、住址和工作单位等个人信息的保护措施，可以在起诉书、询问笔录等法律文书、证据材料中使用化名代替举报人的个人信息，但是应当书面说明使用化名的情况并标明密级，单独成卷。

人民法院通知作为证人的举报人出庭作证，举报人及其近亲属因作证面临遭受打击报复危险的，人民检察院应当建议人民法院采取不暴露举报人外貌、真实声音等出庭作证措施。

第十二条 打击报复或者指使他人打击报复举报人及其近亲属的，依纪依法给予处分；构成违反治安管理行为的，依法给予治安管理处罚；构成犯罪的，依法追究刑事责任。

被取保候审、监视居住的犯罪嫌疑人打击报复或者指使他人打击报复举报人及其近亲属的，人民检察院应当对犯罪嫌疑人依法予以逮捕。决定逮捕前，可以先行拘留。

第十三条 人民检察院对举报人的保护工作由举报中心负责协调实施，侦查部门、公诉部门、司法警察部门应当加强配合协作，共同做好保护工作。

第十四条　举报线索经查证属实，被举报人构成犯罪的，应当对积极提供举报线索、协助侦破案件有功的实名举报人，按照国家有关规定给予一定的精神及物质奖励。

单位举报有功的，可以按照国家有关规定给予奖励。但是举报单位为案发单位的，应当综合考虑该单位的实际情况和在案件侦破中的作用等因素，确定是否给予奖励。

第十五条　对举报有功人员根据国家有关规定给予奖励。个人奖励方式为荣誉奖励和奖金奖励。荣誉奖励包括颁发奖旗、奖状、奖章、证书等。

对举报有功单位的奖励，一般采取荣誉奖励方式。

第十六条　对职务犯罪举报人的奖励由人民检察院决定。

给予奖金奖励的，人民检察院应当根据所举报犯罪的性质、情节和举报线索的价值等因素确定奖励金额。每案奖金数额一般不超过二十万元。举报人有重大贡献的，经省级人民检察院批准，可以在二十万元以上给予奖励，最高不超过五十万元。有特别重大贡献的，经最高人民检察院批准，不受上述数额的限制。

第十七条　对多人联名举报同一案件的，实行一案一奖，对各举报有功人员的奖励金额总和不得超过本规定第十六条规定的每案奖励金额上限。

对多人先后举报同一案件的，原则上奖励最先举报或者对侦破案件起主要作用的举报人。其他举报人提供的举报材料对侦破案件起到直接作用的，可以酌情给予奖励。

第二十五条　人民检察院应当加强对举报奖励工作的监督。举报中心、侦查部门、公诉部门、计划财务装备部门发现举报奖励工作中存在弄虚作假等违反规定行为的，应当报告检察长予以纠正。上级人民检察院发现下级人民检察院在举报奖励工作中有违反规定情形的，应当予以纠正。

第二十六条　具有下列情形之一，对直接负责的主管人员和其他直接责任人员，依纪依法给予处分；构成犯罪的，由司法机关依法追究刑事责任：

（一）故意或者过失泄露举报人姓名、地址、电话、举报内容等，或者将举报材料转给被举报人的；

（二）应当制作举报人保护预案、采取保护措施而未制定或采取，导致举报人及其近亲属受到严重人身伤害或者重大财产损失的；

（三）截留、侵占、私分、挪用举报奖励资金，或者违反规定发放举报奖励资金的。

第一百一十二条　人民法院、人民检察院或者公安机关对于报案、控告、举报和自首的材料，应当按照管辖范围，迅速进行审查，认为有犯罪事实需要追究刑事责任的时候，应当立案；认为没有犯罪事实，或者犯罪事实显著轻微，不需要追究刑事责任的时候，不予立案，并且将不立案的原因通知控告人。控告人如果不服，可以申请复议。

[条文主旨]

本条是关于对立案材料的审查和处理、立案的条件的规定。

[条文释解]

本条由 1979《刑事诉讼法》设立，以后历年的《刑事诉讼法》未予修改。

本条是对立案材料的审查和处理、立案的条件的规定。对立案材料的审查，是立案程序的中心环节，立案或者不立案，取决于公安司法机关对立案材料审查的结果，能不能正确立案也关系到之后的诉讼活动能否顺利进行，因此立案材料的审查是一项十分重要的工作。本条包含以下几层意思：

第一，对于报案、控告、举报和自首的材料，人民法院、人民检察院或者公安机关，应当按照管辖范围，迅速进行审查。此处应结合《刑事诉讼法》第 110 条的规定一起理解，对于报案、控告、举报，公安机关、人民检察院或者人民法院都应当接受。接受后，对属于自己管辖范围的案件，迅速进行审查。对于不属于自己管辖的，应当移送主管机关处理，并且通知报案人、控告人、举报人。对于不属于自己管辖而又必须采取紧急措施的，应当先采取紧急措施，然后移送主管机关。接到移送的主管机关，应当按照管辖范围，迅速进行审查。法条明文规定要“迅速进行审查”，这就是要求公安司法机关在接到立案材料后要马上展开核对、调查的活动，而不能拖延。这是因为打击犯罪必须及时、迅速。《公安机关办理刑事案件程序规定》第 171 条第 1 款规定，对接受的案件，或者发现的犯罪线索，公安机关应当迅速进行审查。在特殊犯罪打击领域，公安司法机关也规定了具体的立案审查期限，如《最高人民检察院、公安部关于印发〈最高人民检察院、公安部关于公安机关办理经济犯罪案件的若干规定〉的通知》第 15 条就规定，公安机关接受涉嫌经济犯罪线索的报案、控告、举报、自动投案后，应当立即进行审查，并在七日以内决定是否立案；重大、疑难、复杂线索，经县级以上公安机关负责人批准，立案审查期限可以延长至三十日；特别重大、疑难、复杂或者跨区域性的线索，经上一级公安机关负责人批准，立案审查期限可以再延长三十日。上级公安机关指定管辖或者书面通知立案的，应当在指定期限以内立案侦查。人民检察院通知立案的，应当在十五日以内立案侦查。

第二，人民法院、人民检察院或者公安机关决定立案的条件有两个，且缺一不可。

（1）有一定的证据能证明存在犯罪事实，这是立案必须具备的事实条件。此处要注意是要有犯罪事实，而非一般的违法事实，包括预备犯罪、正在实施犯罪、犯罪未遂、犯罪既遂或中止等情况。立案时要划清罪与非罪的区别，如果是一般的违法行为或者违反党纪政纪、社会公德的行为，就不能立案。这个犯罪事实并非一定要有确定的犯罪嫌疑人，《人民检察院刑事诉讼规则》第 171 条第 2 款就规定，符合立案条件，但犯罪嫌疑人尚未确定的，可以依据已查明的犯罪事实作出立案决定。在立案初期，对认定犯罪事实的证据并不需要充分，证据充分是在侦查阶段所要完成的任务，立案时只要求有一定材料或证据证明有犯罪事实，不是出于捕风捉影、道听途说或者凭空捏造的就可以。当然人民法院、人民检察院或者公安机关在审查时如果认为对是否有犯罪事实不好判断时，可以要求报案、控告、举报的单位和个人提供补充材料，或者要求他们作补充说明，也可以进行必要的调查。《人民检察院刑事诉讼规则》第 166 条第 2 款、第 168 条和第 169 条对立案审查阶段的调查作出了规定，负责侦查的部门对案件线索进行审查后，认为属于本院管辖，需要进一步调查核实的，应当报检察长决定。调查核实一般不得接触被调查对象。必须接触被调查对象的，应当经检察长批准。进行调查核实，可以采取询问、查询、勘验、检查、鉴定、调取证据材料等不限制被调查对象人身、财产权利的措施。不得对被调查对象采取强制措施，不得查封、扣押、冻结被调查对象的财产，不得采取技术侦查措施。《公安机关办理刑事案件程序规定》第 171 条第 2 款和第 3 款规定，对于在审查中发现案件事实或者线索不明的，必要时，经办案部门负责人批准，可以进行初查。

初查过程中，公安机关可以依照有关法律和规定采取询问、查询、勘验、鉴定和调取证据材料等不限制被调查对象人身、财产权利的措施。从上述规定可以看出，立案审查阶段的调查主要是为了查明是否有犯罪事实，并非是查清犯罪事实，因此一般不得接触被调查对象，也不得采取侦查阶段适用的强制措施。对于调查后材料的适用，《人民检察院刑事诉讼规则》第 170 条规定，立案审查阶段的调查所得材料在立案进入侦查程序后，可以作为诉讼证据以外的其他材料应当归入侦查内卷。

（2）需要追究刑事责任，这是立案必须具备的法律条件，即依照《刑法》及其他有关法律的规定，对所存在的犯罪事实需要追究刑事责任。这是指在具备事实条件的情况下，只要没有证据证明不存在不应追究刑事责任的法定情形，就应当立案。但如果存在法律明确规定不予追究刑事责任的情形下，即便具备犯罪事实条件，也不能立案。《刑事诉讼法》第 16 条规定了 6 种依法不追究刑事责任的情形：情节显著轻微、危害不大，不认为是犯罪的；犯罪已过追诉时效期限的；经特赦令免除刑罚的；依照刑法告诉才处理的犯罪，没有告诉或者撤回告诉的；犯罪嫌疑人、被告人死亡的；其他法律规定免予追究刑事责任的。如果报案、控告、举报和自首的材料证明的犯罪事实具备上述情形之一的，公安司法机关就不应当立案。因此公安司法机关审查立案材料的过程实际上就是确认有无犯罪事实并且评断这种犯罪事实是否需要追究刑事责任的过程。

第三，公安司法机关若不立案必须将不立案的原因通知控告人，控告人如果不服，可以申请复议。这是对控告人的权利救济条款。司法实践有可能会出现该立的案不立，被害人告状无门，放任犯罪分子逍遥法外，正义无法伸张的情况。因此本条明确规定，对控告人的控告，要依法及时回复，对于不予立案的，应当将不立案的原因通知控告人，认为不应当立案的，要说明理由。控告人对司法机关不予立案的通知不服的，可以申请复议。对控告人如何申请复议，《刑事诉讼法》没有作出明确规定。《人民检察院刑事诉讼规则》第 173 条作了进一步的补充规定，对于控告和实名举报，决定不予立案的，应当制作不立案通知书，写明案由和案件来源、决定不立案的原因和法律依据，由负责侦查的部门在十五日以内送达控告人、举报人，同时告知本院负责控告申诉检察的部门。控告人如果不服，可以在收到不立案通知书后十日以内向上一级人民检察院申请复议。不立案的复议，由上一级人民检察院负责侦查的部门审查办理。人民检察院认为被控告人、被举报人的行为未构成犯罪，决定不予立案，但需要追究其党纪、政纪、违法责任的，应当移送有管辖权的主管机关处理。《公安机关办理刑事案件程序规定》第 175 条和第 176 条也作了相应规定，对有控告人的案件，决定不予立案的，公安机关应当制作不予立案通知书，并在三日以内送达控告人。控告人对不予立案决定不服的，可以在收到不予立案通知书后七日以内向作出决定的公安机关申请复议；公安机关应当在收到复议申请后七日以内作出决定，并书面通知控告人。控告人对不予立案的复议决定不服的，可以在收到复议决定书后七日以内向上一级公安机关申请复核；上一级公安机关应当在收到复核申请后七日以内作出决定。对上级公安机关撤销不予立案决定的，下级公安机关应当执行。从上述规定可知，公安机关和人民检察院都对控告人不立案申请复议作出了明确规定，保障了控告人的权益，只是两者对如何申请复议的程序有一定区别。控告人如对人民检察院不立案的决定不服，可以在收到不立案通知书后十日以内向上一级人民检察院申请复议。而控告人如对公安机关不立案的决定不服，可以在收到不立案通知书后七日以内向作出决定的公安机关申请复议，作出决定的公安机关仍作出不予立案的决定的，控告人可以在收到复议决定书后七日以内向上一级公安机关申请复核。对于人民法院的不予受理或者驳回起诉裁定不服的，《刑诉法解释》第 265 条规定了不予受理、驳回起诉裁定的救济途径，自诉人对人民法院的不予受理或者驳回起诉裁定不服的，可以提起上诉。第二审人民法院查明第一审人民法院作出的不予受理裁定有错误的，应当在撤销原裁定的同时，指令第一审人民法院立案受理；查明第一审人民法院驳回起诉裁定有错误的，应当在撤销原裁定的同时，指令第一审人民法院进行审理。

[配套规定]

1. 《人民检察院刑事诉讼规则》（高检发释字［2019］4 号）（节录）

第一百六十一条 人民检察院负责控告申诉检察的部门统一接受报案、控告、举报、申诉和犯罪嫌疑人投案自首，并依法审查，在七日以内作出以下处理：

（一）属于本院管辖且符合受理条件的，应当予以受理；

（二）不属于本院管辖的报案、控告、举报、自首，应当移送主管机关处理。必须采取紧急措施的，应当先采取紧急措施，然后移送主管机关。不属于本院管辖的申诉，应当告知其向有管辖权的机关提出；

（三）案件情况不明的，应当进行必要的调查核实，查明情况后依法作出处理。

负责控告申诉检察的部门可以向下级人民检察院交办控告、申诉、举报案件，并依照有关规定进行督办。

第一百六十三条　对于收到的群众来信，负责控告申诉检察的部门应当在七日以内进行程序性答复，办案部门应当在三个月以内将办理进展或者办理结果答复来信人。

第一百六十四条　负责控告申诉检察的部门对受理的刑事申诉案件应当根据事实、法律进行审查，必要时可以进行调查核实。认为原案处理可能错误的，应当移送相关办案部门办理；认为原案处理没有错误的，应当书面答复申诉人。

第一百六十五条　办案部门应当在规定期限内办结控告、申诉案件，制作相关法律文书，送达报案人、控告人、申诉人、举报人、自首人，并做好释法说理工作。

第一百六十六条　人民检察院直接受理侦查案件的线索，由负责侦查的部门统一受理、登记和管理。负责控告申诉检察的部门接受的控告、举报，或者本院其他办案部门发现的案件线索，属于人民检察院直接受理侦查案件线索的，应当在七日以内移送负责侦查的部门。

负责侦查的部门对案件线索进行审查后，认为属于本院管辖，需要进一步调查核实的，应当报检察长决定。

第一百六十七条　对于人民检察院直接受理侦查案件的线索，上级人民检察院在必要时，可以直接调查核实或者组织、指挥、参与下级人民检察院的调查核实，可以将下级人民检察院管辖的案件线索指定辖区内其他人民检察院调查核实，也可以将本院管辖的案件线索交由下级人民检察院调查核实；下级人民检察院认为案件线索重大、复杂，需要由上级人民检察院调查核实的，可以提请移送上级人民检察院调查核实。

第一百六十八条　调查核实一般不得接触被调查对象。必须接触被调查对象的，应当经检察长批准。

第一百六十九条　进行调查核实，可以采取询问、查询、勘验、检查、鉴定、调取证据材料等不限制被调查对象人身、财产权利的措施。不得对被调查对象采取强制措施，不得查封、扣押、冻结被调查对象的财产，不得采取技术侦查措施。

第一百七十条 负责侦查的部门调查核实后，应当制作审查报告。

调查核实终结后，相关材料应当立卷归档。立案进入侦查程序的，对于作为诉讼证据以外的其他材料应当归入侦查内卷。

第一百七十一条 人民检察院对于直接受理的案件，经审查认为有犯罪事实需要追究刑事责任的，应当制作立案报告书，经检察长批准后予以立案。

符合立案条件，但犯罪嫌疑人尚未确定的，可以依据已查明的犯罪事实作出立案决定。

对具有下列情形之一的，报请检察长决定不予立案：

（一）具有刑事诉讼法第十六条规定情形之一的；

（二）认为没有犯罪事实的；

（三）事实或者证据尚不符合立案条件的。

第一百七十二条 对于其他机关或者本院其他办案部门移送的案件线索，决定不予立案的，负责侦查的部门应当制作不立案通知书，写明案由和案件来源、决定不立案的原因和法律依据，自作出不立案决定之日起十日以内送达移送案件线索的机关或者部门。

第一百七十三条 对于控告和实名举报，决定不予立案的，应当制作不立案通知书，写明案由和案件来源、决定不立案的原因和法律依据，由负责侦查的部门在十五日以内送达控告人、举报人，同时告知本院负责控告申诉检察的部门。

控告人如果不服，可以在收到不立案通知书后十日以内向上一级人民检察院申请复议。不立案的复议，由上一级人民检察院负责侦查的部门审查办理。

人民检察院认为被控告人、被举报人的行为未构成犯罪，决定不予立案，但需要追究其党纪、政纪、违法责任的，应当移送有管辖权的主管机关处理。

第一百七十五条 人民检察院决定对人民代表大会代表立案，应当按照本规则第一百四十八条、第一百四十九条规定的程序向该代表所属的人民代表大会主席团或者常务委员会进行通报。

2. 《公安机关办理刑事案件程序规定》（2012年12月13日公安部令第127号）（节录）

第一百七十一条 对接受的案件，或者发现的犯罪线索，公安机关应当迅速进行审查。

对于在审查中发现案件事实或者线索不明的，必要时，经办案部门负责人批准，可以进行初查。

初查过程中，公安机关可以依照有关法律和规定采取询问、查询、勘验、鉴定和调取证据材料等不限制被调查对象人身、财产权利的措施。

第一百七十二条 经过审查，认为有犯罪事实，但不属于自己管辖的案件，应当立即报经县级以上公安机关负责人批准，制作移送案件通知书，移送有管辖权的机关处理。

对于不属于自己管辖又必须采取紧急措施的，应当先采取紧急措施，然后办理手续，移送主管机关。

第一百七十三条 经过审查，对告诉才处理的案件，公安机关应当告知当事人向人民法院起诉。

对被害人有证据证明的轻微刑事案件，公安机关应当告知被害人可以向人民法院起诉；被害人要求公安机关处理的，公安机关应当依法受理。

人民法院审理自诉案件，依法调取公安机关已经收集的案件材料和有关证据的，公安机关应当及时移交。

第一百七十四条 经过审查，对于不够刑事处罚需要给予行政处理的，依法予以处理或者移送有关部门。

第一百七十五条 公安机关接受案件后，经审查，认为有犯罪事实需要追究刑事责任，且属于自己管辖的，经县级以上公安机关负责人批准，予以立案；认为没有犯罪事实，或者犯罪事实显著轻微不需要追究刑事责任，或者具有其他依法不追究刑事责任情形的，经县级以上公安机关负责人批准，不予立案。

对有控告人的案件，决定不予立案的，公安机关应当制作不予立案通知书，并在三日以内送达控告人。

第一百七十六条 控告人对不予立案决定不服的，可以在收到不予立案通知书后七日以内向作出决定的公安机关申请复议；公安机关应当在收到复议申请后七日以内作出决定，并书面通知控告人。

控告人对不予立案的复议决定不服的，可以在收到复议决定书后七日以内向上一级公安机关申请复核；上一级公安机关应当在收到复核申请后七日以内作出决定。对上级公安机关撤销不予立案决定的，下级公安机关应当执行。

第一百七十七条 对行政执法机关移送的案件，公安机关应当自接受案件之日起三日以内进行审查，认为有犯罪事实，需要追究刑事责任，依法决定立案的，应当书面通知移送案件的行政执法机关；认为没有犯罪事实，或者犯罪事实显著轻微，不需要追究刑事责任，依法不予立案的，应当说明理由，并将不予立案通知书送达移送案件的行政执法机关，相应退回案件材料。

第一百七十八条 移送案件的行政执法机关对不予立案决定不服的，可以在收到不予立案通知书后三日以内向作出决定的公安机关申请复议；公安机关应当在收到行政执法机关的复议申请后三日以内作出决定，并书面通知移送案件的行政执法机关。

第一百八十一条 经立案侦查，认为有犯罪事实需要追究刑事责任，但不属于自己管辖或者需要由其他公安机关并案侦查的案件，经县级以上公安机关负责人批准，制作移送案件通知书，移送有管辖权的机关或者并案侦查的公安机关，并在移送案件后三日以内书面通知犯罪嫌疑人家属。

第一百八十二条 案件变更管辖或者移送其他公安机关并案侦查时，与案件有关的财物及其孳息、文件应当随案移交。

移交时，由接收人、移交人当面查点清楚，并在交接单据上共同签名。

3.《最高人民法院关于适用〈中华人民共和国刑事诉讼法〉的解释》（法释［2012］21号）（节录）

第二百五十九条 人民法院受理自诉案件必须符合下列条件：

（一）符合刑事诉讼法第二百零四条、本解释第一条的规定；

（二）属于本院管辖；

（三）被害人告诉；

（四）有明确的被告人、具体的诉讼请求和证明被告人犯罪事实的证据。

第二百六十四条 对已经立案，经审查缺乏罪证的自诉案件，自诉人提不出补充证据的，人民法院应当说服其撤回起诉或者裁定驳回起诉；自诉人撤回起诉或者被驳回起诉后，又提出了新的足以证明被告人有罪的证据，再次提起自诉的，人民法院应当受理。

第二百六十五条 自诉人对不予受理或者驳回起诉的裁定不服的，可以提起上诉。

第二审人民法院查明第一审人民法院作出的不予受理裁定有错误的，应当在撤销原裁定的同时，指令第一审人民法院立案受理；查明第一审人民法院驳回起诉裁定有错误的，应当在撤销原裁定的同时，指令第一审人民法院进行审理。

4.《最高人民检察院、公安部关于印发〈最高人民检察院、公安部关于公安机关办理经济犯罪案件的若干规定〉的通知》（公通字［2017］25号）（节录）

第十五条　公安机关接受涉嫌经济犯罪线索的报案、控告、举报、自动投案后，应当立即进行审查，并在七日以内决定是否立案；重大、疑难、复杂线索，经县级以上公安机关负责人批准，立案审查期限可以延长至三十日；特别重大、疑难、复杂或者跨区域性的线索，经上一级公安机关负责人批准，立案审查期限可以再延长三十日。

上级公安机关指定管辖或者书面通知立案的，应当在指定期限以内立案侦查。人民检察院通知立案的，应当在十五日以内立案侦查。

第十六条　公安机关接受行政执法机关移送的涉嫌经济犯罪案件后，移送材料符合相关规定的，应当在三日以内进行审查并决定是否立案，至迟应当在十日以内作出决定。案情重大、疑难、复杂或者跨区域性的，经县级以上公安机关负责人批准，应当在三十日以内决定是否立案。情况特殊的，经上一级公安机关负责人批准，可以再延长三十日作出决定。

第十七条　公安机关经立案审查，同时符合下列条件的，应当立案：

（一）认为有犯罪事实；

（二）涉嫌犯罪数额、结果或者其他情节符合经济犯罪案件的立案追诉标准，需要追究刑事责任；

（三）属于该公安机关管辖。

第十八条　在立案审查中，发现案件事实或者线索不明的，经公安机关办案部门负责人批准，可以依照有关规定采取询问、查询、勘验、鉴定和调取证据材料等不限制被调查对象人身、财产权利的措施。经审查，认为有犯罪事实，需要追究刑事责任的，经县级以上公安机关负责人批准，予以立案。

公安机关立案后，应当采取调查性侦查措施，但是一般不得采取限制人身、财产权利的强制性措施。确有必要采取的，必须严格依照法律规定的条件和程序。严禁在没有证据的情况下，查封、扣押、冻结涉案财物或者拘留、逮捕犯罪嫌疑人。

公安机关立案后，在三十日以内经积极侦查，仍然无法收集到证明有犯罪事实需要对犯罪嫌疑人追究刑事责任的充分证据的，应当立即撤销案件或者终止侦查。重大、疑难、复杂案件，经上一级公安机关负责人批准，可以再延长三十日。

上级公安机关认为不应当立案，责令限期纠正的，或者人民检察院认为不应当立案，通知撤销案件的，公安机关应当及时撤销案件。

第十九条 对有控告人的案件，经审查决定不予立案的，应当在立案审查的期限内制作不予立案通知书，并在三日以内送达控告人。

第二十条 涉嫌经济犯罪的案件与人民法院正在审理或者作出生效裁判文书的民事案件，属于同一法律事实或者有牵连关系，符合下列条件之一的，应当立案：

（一）人民法院在审理民事案件或者执行过程中，发现有经济犯罪嫌疑，裁定不予受理、驳回起诉、中止诉讼、判决驳回诉讼请求或者中止执行生效裁判文书，并将有关材料移送公安机关的；

（二）人民检察院依法通知公安机关立案的；

（三）公安机关认为有证据证明有犯罪事实，需要追究刑事责任，经省级以上公安机关负责人批准的。

有前款第二项、第三项情形的，公安机关立案后，应当严格依照法律规定的条件和程序采取强制措施和侦查措施，并将立案决定书等法律文书及相关案件材料复印件抄送正在审理或者作出生效裁判文书的人民法院并说明立案理由，同时通报与办理民事案件的人民法院同级的人民检察院，必要时可以报告上级公安机关。

在侦查过程中，不得妨碍人民法院民事诉讼活动的正常进行。

第二十一条 公安机关在侦查过程中、人民检察院在审查起诉过程中，发现具有下列情形之一的，应当将立案决定书、起诉意见书等法律文书及相关案件材料复印件抄送正在审理或者作出生效裁判文书的人民法院，由人民法院依法处理：

（一）侦查、审查起诉的经济犯罪案件与人民法院正在审理或者作出生效裁判文书的民事案件属于同一法律事实或者有牵连关系的；

（二）涉案财物已被有关当事人申请执行的。

有前款规定情形的，公安机关、人民检察院应当同时将有关情况通报与办理民事案件的人民法院同级的人民检察院。

公安机关将相关法律文书及案件材料复印件抄送人民法院后一个月以内

未收到回复的，必要时，可以报告上级公安机关。

立案侦查、审查起诉的经济犯罪案件与仲裁机构作出仲裁裁决的民事案件属于同一法律事实或者有牵连关系，且人民法院已经受理与该仲裁裁决相关申请的，依照本条第一款至第三款的规定办理。

第二十二条　涉嫌经济犯罪的案件与人民法院正在审理或者作出生效裁判文书以及仲裁机构作出裁决的民事案件有关联但不属同一法律事实的，公安机关可以立案侦查，但是不得以刑事立案为由要求人民法院移送案件、裁定驳回起诉、中止诉讼、判决驳回诉讼请求、中止执行或者撤销判决、裁定，或者要求人民法院撤销仲裁裁决。

第二十三条　人民法院在办理民事案件过程中，认为该案件不属于民事纠纷而有经济犯罪嫌疑需要追究刑事责任，并将涉嫌经济犯罪的线索、材料移送公安机关的，接受案件的公安机关应当立即审查，并在十日以内决定是否立案。公安机关不立案的，应当及时告知人民法院。

第二十四条　人民法院在办理民事案件过程中，发现与民事纠纷虽然不是同一事实但是有关联的经济犯罪线索、材料，并将涉嫌经济犯罪的线索、材料移送公安机关的，接受案件的公安机关应当立即审查，并在十日以内决定是否立案。公安机关不立案的，应当及时告知人民法院。

第二十六条　公安机关接报案件后，报案人、控告人、举报人、被害人及其法定代理人、近亲属查询立案情况的，应当在三日以内告知立案情况并记录在案。对已经立案的，应当告知立案时间、涉嫌罪名、办案单位等情况。

第七十七条　本规定所称的“调查性侦查措施”，是指公安机关在办理经济犯罪案件过程中，依照法律规定进行的专门调查工作和有关侦查措施，但是不包括限制犯罪嫌疑人人身、财产权利的强制性措施。

5.《公安部关于打击拐卖妇女儿童犯罪适用法律和政策有关问题的意见》（节录）

一、关于立案、管辖问题

……

（二）对于公民报案、控告、举报的与拐卖妇女、儿童有关的犯罪嫌疑人、犯罪线索或者材料，扭送的犯罪嫌疑人，或者犯罪嫌疑人自首的，公安机关都应当接受。对于接受的案件或者发现的犯罪线索，应当迅速进行审查。对于需要采取解救被拐卖的妇女、儿童等紧急措施的，应当先采取紧急措施。

（三）经过审查，认为有犯罪事实，需要追究刑事责任的，应当区别情况，作出如下处理：

1. 属于本公安机关管辖的案件，应当及时立案侦查。

2. 属于其他公安机关管辖的案件，应当在二十四小时内移送有管辖权的公安机关办理。

3. 不属于公安机关管辖的案件，如属于人民检察院管辖的不解救被拐卖、绑架妇女、儿童案和阻碍解救被拐卖、绑架妇女、儿童案等，属于人民法院管辖的重婚案等，应当及时将案件材料和有关证据送交有管辖权的人民检察院、人民法院，并告知报案人、控告人、举报人到人民检察院、人民法院报案、控告、举报或者起诉。

6.《最高人民法院、最高人民检察院、公安部、司法部关于依法惩治拐卖妇女儿童犯罪的意见》（法发［2010］7号）（节录）

三、立案

8. 具有下列情形之一，经审查，符合管辖规定的，公安机关应当立即以刑事案件立案，迅速开展侦查工作：

（1）接到拐卖妇女、儿童的报案、控告、举报的；

（2）接到儿童失踪或者已满十四周岁不满十八周岁的妇女失踪报案的；

（3）接到已满十八周岁的妇女失踪，可能被拐卖的报案的；

（4）发现流浪、乞讨的儿童可能系被拐卖的；

（5）发现有收买被拐卖妇女、儿童行为，依法应当追究刑事责任的；

（6）表明可能有拐卖妇女、儿童犯罪事实发生的其他情形的。

9. 公安机关在工作中发现犯罪嫌疑人或者被拐卖的妇女、儿童，不论案件是否属于自己管辖，都应当首先采取紧急措施。经审查，属于自己管辖的，依法立案侦查；不属于自己管辖的，及时移送有管辖权的公安机关处理。

10. 人民检察院要加强对拐卖妇女、儿童犯罪案件的立案监督，确保有案必立、有案必查。

第一百一十三条　人民检察院认为公安机关对应当立案侦查的案件而不立案侦查的，或者被害人认为公安机关对应当立案侦查的案件而不立案侦

查，向人民检察院提出的，人民检察院应当要求公安机关说明不立案的理由。人民检察院认为公安机关不立案理由不能成立的，应当通知公安机关立案，公安机关接到通知后应当立案。

[条文主旨]

本条是对人民检察院立案监督的规定。

[条文释解]

本条由1996《刑事诉讼法》设立，2012年、2018年《刑事诉讼法》未予修改。

本条是人民检察院对公安机关的立案实行监督的规定。立案监督是人民检察院行使刑事诉讼法法律监督职能的重要内容之一。1979年《刑事诉讼法》并未明确规定人民检察院对公安机关的立案实行监督，考虑到司法实践中公安机关“有案不立”“以罚代刑”等应立案而不立案的情况，1996年《刑事诉讼法》增设了本条，使人民检察院对公安机关的立案监督有了明确的法律依据，这有利于人民检察院行使刑事诉讼法法律监督职能，也可以促进公安机关依法正确行使立案职权，及时打击犯罪，保护公民的合法权利，保障国家法律的统一正确实施，维护社会和谐稳定。

根据本条规定，人民检察院通过两种途径对公安机关的立案实行监督。第一种途径是人民检察院通过办案、调查研究及公民、组织报案、举报等各种检察监督业务活动，发现公安机关该立案而不立案的，人民检察院有权要求公安机关说明不立案的理由，公安机关应当说明。人民检察院根据自己掌握的材料，认为公安机关说明的理由不能否定人民检察院认为应当立案的根据时，人民检察院有权通知公安机关立案，公安机关接到通知后应当立案。第二种途径就是被害人认为公安机关应当立案而没有立案，可以向人民检察院提出，要求追究行为人的刑事责任的，人民检察院也应当要求公安机关说明不立案的理由。如果认为公安机关不立案的理由不能成立的，应当通知公安机关立案，公安机关接到通知后应当立案。《刑事诉讼法》第112条已规定过公安司法机关若不立案必须将不立案的原因通知控告人，控告人如果不服，可以申请复议。本条则是对被害人权利的再一次救济，如果被害人向公安机关申请复议后仍未立案，对不立案不服的话，可以向人民检察院提出，要求追究行为人的刑事责任。人民检察院依此实行立案监督。本条所说的“应当立案”，是指符合《刑事诉讼法》第112条规定的立案条件，即“有犯罪事实需要追究刑事责任”，应当立案侦查。第113条规定的“不立案理由不能成立”主要是指公安机关提出的不立案理由不符合《刑事诉讼法》规定的“没有犯罪事实”，或者依照《刑法》及其他有关法律的规定，“对所存在的犯罪事实需要追究刑事责任”的不立案条件。

因为《刑事诉讼法》对立案监督的规定较为简单，并不全面、完善，因此2010年最高人民检察院、公安部共同出台了《关于刑事立案监督有关问题的规定（试行）》，该规定对刑事立案监督工作中的重大问题进行了明确和细化，主要有以下几个方面：

第一，明确了刑事立案监督的原则。该规定第2条规定，刑事立案监督应当坚持监督与配合相统一，人民检察院法律监督与公安机关内部监督相结合，办案数量、质量、效率、效果相统一和有错必纠的原则。

第二，拓宽了人民检察院立案监督工作的知情渠道。该规定第3条规定，公安机关与人民检察院应当建立刑事案件信息通报制度，定期相互通报刑事发案、报案、立案、破案和刑事立案监督、侦查活动监督、批捕、起诉等情况，重大案件随时通报。有条件的地方，应当建立刑事案件信息共享平台。

第三，对人民检察院立案监督线索来源进行了明确。该规定第4条规定，被害人及其法定代理人、近亲属或者行政执法机关，认为公安机关对其控告或者移送的案件应当立案侦查而不立案侦查，向人民检察院提出的，人民检察院应当受理并进行审查。

第四，增设了对不应当立案而立案的监督。这主要是从实现打击犯罪与保障人权的统一角度出发，现实中存在不该立案而立案的情况，因此该规定第6条规定，人民检察院对于不服公安机关立案决定的投诉，可以移送立案的公安机关处理。人民检察院经审查，有证据证明公安机关可能存在违法动用刑事手段插手民事、经济纠纷，或者办案人员利用立案实施报复陷害、敲诈勒索以及谋取其他非法利益等违法立案情形，且已采取刑事拘留等强制措施或者搜查、扣押、冻结等强制性侦查措施，尚未提请批准逮捕或者移送审查起诉的，经检察长批准，应当要求公安机关书面说明立案理由。

第五，明确了人民检察院对于公安机关应当立案而不立案的线索审查后的4种处理方式。该规定第5条规定，（1）没有犯罪事实发生，或者犯罪情节显著轻微不需要追究刑事责任，或者具有其他依法不追究刑事责任情形的，及时答复投诉人或者行政执法机关；（2）不属于被投诉的公安机关管辖的，应当将有管辖权的机关告知投诉人或者行政执法机关，并建议向该机关控告或者移送；（3）公安机关尚未作出不予立案决定的，移送公安机关处理；（4）有犯罪事实需要追究刑事责任，属于被投诉的公安机关管辖，且公安机关已作出不立案决定的，经检察长批准，应当要求公安机关书面说明不立案理由。

第六，明确了人民检察院对公安机关立案监督的形式要件及公安机关答复的时限、内容和形式，将立案监督落到实处。该规定第7条规定，人民检察院要求公安机关说明不立案或者立案理由，应当制作《要求说明不立案理由通知书》或者《要求说明立案理由通知书》，及时送达公安机关。公安机关应当在收到《要求说明不立案理由通知书》或者《要求说明立案理由通知书》后七日以内作出书面说明，客观反映不立案或者立案的情况、依据和理由，连同有关证据材料复印件回复人民检察院。公安机关主动立案或者撤销案件的，应当将《立案决定书》或者《撤销案件决定书》复印件及时送达人民检察院。

第七，明确了人民检察院开展立案监督时所承担的调查职责，并对调查的方式和公安机关配合调查的义务提出要求。该规定第8条规定，人民检察院开展调查核实，可以询问办案人员和有关当事人，查阅、复印公安机关刑事受案、立案、破案等登记表册和立案、不立案、撤销案件、治安处罚、劳动教养等相关法律文书及案卷材料，公安机关应当配合。

第八，明确了人民检察院纠正违法和公安机关进行纠正的具体程序和期限。该规定第8条、第9条规定，人民检察院经调查核实，认为公安机关不立案或者立案理由不成立的，经检察长或者检察委员会决定，应当通知公安机关立案或者撤销案件。人民检察院通知公安机关立案或者撤销案件的，应当制作《通知立案书》或者《通知撤销案件书》，说明依据和理由，连同证据材料移送公安机关。公安机关应当在收到《通知立案书》后十五日以内决定立案，对《通知撤销案件书》没有异议的应当立即撤销案件，并将《立案决定书》或者《撤销案件决定书》复印件及时送达人民检察院。

第九，明确了公安机关对人民检察院的撤销案件不服可以提请复议、复核的程序，体现了公安机关、人民检察院相互制约的关系，以便保证立案监督的正确性。此处要注意，该条款仅规定撤销案件可以提请复议和复核，并未规定立案可以提请复核、复议。该规定第10条规定，公安机关认为人民检察院撤销案件通知有错误的，应当在五日以内经县级以上公安机关负责人批准，要求同级人民检察院复议。人民检察院应当重新审查，在收到《要求复议意见书》和案卷材料后七日以内作出是否变更的决定，并通知公安机关。公安机关不接受人民检察院复议决定的，应当在五日以内经县级以上公安机关负责人批准，提请上一级人民检察院复核。上级人民检察院应当在收到《提请复核意见书》和案卷材料后十五日以内作出是否变更的决定，通知下级人民检察院和公安机关执行。上级人民检察院复核认为撤销案件通知有错误的，下级人民检察院应当立即纠正；上级人民检察院复核认为撤销案件通知正确的，下级公安机关应当立即撤销案件，并将《撤销案件决定书》复印件及时送达同级人民检察院。

第十，明确了人民检察院对公安机关执行情况的监督程序。该规定第11条规定，公安机关对人民检察院监督立案的案件应当及时侦查。犯罪嫌疑人在逃的，应当加大追捕力度；符合逮捕条件的，应当及时提请人民检察院批准逮捕；侦查终结需要追究刑事责任的，应当及时移送人民检察院审查起诉。监督立案后三个月未侦查终结的，人民检察院可以发出《立案监督案件催办函》，公安机关应当及时向人民检察院反馈侦查进展情况。

《最高人民检察院、公安部关于刑事立案监督有关问题的规定（试行）》出台后，最高人民检察院2012年、2019年对《人民检察院刑事诉讼规则》进行修订，对刑事立案监督进行了修正和完善，对比刑事立案监督有关问题的规定，有下列新的变化：

第一，扩大了人民检察院刑事立案监督范围。根据《人民检察院刑事诉讼规则》第557条第3款的规定，人民检察院接到控告、举报或者发现行政执法机关不移送涉嫌犯罪案件的，经检察长批准，应当向行政执法机关提出检察意见，要求其按照管辖规定向公安机关移送涉嫌犯罪案件。根据《人民检察院刑事诉讼规则》第566条的规定，人民检察院负责捕诉的部门发现本院负责侦查的部门对应当立案侦查的案件不立案侦查或者对不应当立案侦查的案件立案侦查的，应当建议负责侦查的部门立案侦查或者撤销案件。建议不被采纳的，应当报请检察长决定。据此，人民检察院的刑事立案监督不仅是针对公安机关立案的监督，还包括对本院负责侦查部门立案的监督以及行政执法机关是否依法移送涉嫌犯罪案件的监督。

第二，对公安机关不当立案监督的相关规定进行了修改。一是删去了《最高人民检察院、公安部关于刑事立案监督有关问题的规定（试行）》第6条第2款中"已采取刑事拘留等强制措施或者搜查、扣押、冻结等强制性侦查措施"，这是放宽了对违法立案情形的条件，并不硬性要求案件在采取强制性措施的情形下才能要求公安机关书面说明立案理由，只要有证据证明公安机关可能存在违法动用刑事手段插手民事、经济纠纷，或者利用立案实施报复陷害、敲诈勒索以及谋取其他非法利益等违法立案情形，尚未提请批准逮捕或者移送审查起诉的，就应当要求公安机关书面说明不立案的理由。二是删去了《最高人民检察院、公安部关于刑事立案监督有关问题的规定（试行）》第6条第2款中经检察长批准才能要求公安机关书面说明立案理由的规定，这是为了落实"谁办案谁负责、谁决定谁负责"司法责任制，对检察官适度放权，减少需要由检察长决定或批准的事项的体现；三是增加了当事人认为公安机关不应当立案而立案，向人民检察院提出的，人民检察院应当受理并进行审查。人民检察院经审查，认为需要公安机关说明不立案理由的，应当要求公安机关书面说明不立案的理由。这给予了当事人在自己被不当追责情况下可以寻求救济的途径，体现了对当事人权益的保护。

第三，删去了人民检察院调查核实的职责。2012年《刑事诉讼法》曾规定，人民检察院进行调查核实，可以询问办案人员和有关当事人，查阅、复制公安机关刑事受案、立案、破案等登记表册和立案、不立案、撤销案件、治安处罚、劳动教养等相关法律文书及案卷材料。但是2018年《刑事诉讼法》修订时将该条款删除，在多款条文中强调审查，或者根据事实、法律进行审查。

第四，明确了人民检察院行使立案监督职责时各部门的分工。《人民检察院刑事诉讼规则》第558条规定，人民检察院负责控告申诉检察的部门受理对公安机关应当立案而不立案或者不应当立案而立案的控告、申诉，应当根据事实、法律进行审查。认为需要公安机关说明不立案或者立案理由的，应当及时将案件移送负责捕诉的部门办理；认为公安机关立案或者不立案决定正确的，应当制作相关法律文书，答复控告人、申诉人。据此一般是由负责控告申诉检察的部门受理立案监督申请，经过审查，如认为公安机关立案或者不立案决定正确的，该部门就应当制作相关法律文书，答复控告人、申诉人，若认为需要公安机关说明不立案或者立案理由的，则应当及时将案件移送负责捕诉的部门办理。

第五，明确了对公安机关未在规定期限内作出是否立案决定的情形进行监督的方式，纠正人民群众反映强烈的“久拖不立”问题。《人民检察院刑事诉讼规则》第562条规定，公安机关对当事人的报案、控告、举报或者行政执法机关移送的涉嫌犯罪案件受理后未在规定期限内作出是否立案决定，当事人或者行政执法机关向人民检察院提出的，人民检察院应当受理并进行审查。经审查，认为尚未超过规定期限的，应当移送公安机关处理，并答复报案人、控告人、举报人或者行政执法机关；认为超过规定期限的，应当要求公安机关在七日以内书面说明逾期不作出是否立案决定的理由，连同有关证据材料回复人民检察院。公安机关在七日以内不说明理由也不作出立案或者不立案决定的，人民检察院应当提出纠正意见。人民检察院经审查有关证据材料认为符合立案条件的，应当通知公安机关立案。

第六，增加了人民检察院对公安机关执行情况进行监督的方式。在原立案后三个月以内未侦查终结可以发立案监督案件催办函的基础上，《人民检察院刑事诉讼规则》第564条增加两款规定，人民检察院通知公安机关立案或者撤销案件的，应当依法对执行情况进行监督。公安机关在收到通知立案书或者通知撤销案件书后超过十五日不予立案或者未要求复议、提请复核也不撤销案件的，人民检察院应当发出纠正违法通知书。公安机关仍不纠正的，报上一级人民检察院协商同级公安机关处理。

[配套规定]

1.《最高人民检察院、公安部关于刑事立案监督有关问题的规定（试行）》（2010年）

第一条 刑事立案监督的任务是确保依法立案，防止和纠正有案不立和违法立案，依法、及时打击犯罪，保护公民的合法权利，保障国家法律的统一正确实施，维护社会和谐稳定。

第二条 刑事立案监督应当坚持监督与配合相统一，人民检察院法律监督与公安机关内部监督相结合，办案数量、质量、效率、效果相统一和有错必纠的原则。

第三条 公安机关对于接受的案件或者发现的犯罪线索，应当及时进行审查，依照法律和有关规定作出立案或者不予立案的决定。

公安机关与人民检察院应当建立刑事案件信息通报制度，定期相互通报刑事发案、报案、立案、破案和刑事立案监督、侦查活动监督、批捕、起诉等情况，重大案件随时通报。有条件的地方，应当建立刑事案件信息共享平台。

第四条　被害人及其法定代理人、近亲属或者行政执法机关，认为公安机关对其控告或者移送的案件应当立案侦查而不立案侦查，向人民检察院提出的，人民检察院应当受理并进行审查。

人民检察院发现公安机关可能存在应当立案侦查而不立案侦查情形的，应当依法进行审查。

第五条　人民检察院对于公安机关应当立案侦查而不立案侦查的线索进行审查后，应当根据不同情况分别作出处理：

（一）没有犯罪事实发生，或者犯罪情节显著轻微不需要追究刑事责任，或者具有其他依法不追究刑事责任情形的，及时答复投诉人或者行政执法机关；

（二）不属于被投诉的公安机关管辖的，应当将有管辖权的机关告知投诉人或者行政执法机关，并建议向该机关控告或者移送；

（三）公安机关尚未作出不予立案决定的，移送公安机关处理；

（四）有犯罪事实需要追究刑事责任，属于被投诉的公安机关管辖，且公安机关已作出不立案决定的，经检察长批准，应当要求公安机关书面说明不立案理由。

第六条　人民检察院对于不服公安机关立案决定的投诉，可以移送立案的公安机关处理。

人民检察院经审查，有证据证明公安机关可能存在违法动用刑事手段插手民事、经济纠纷，或者办案人员利用立案实施报复陷害、敲诈勒索以及谋取其他非法利益等违法立案情形，且已采取刑事拘留等强制措施或者搜查、扣押、冻结等强制性侦查措施，尚未提请批准逮捕或者移送审查起诉的，经检察长批准，应当要求公安机关书面说明立案理由。

第七条　人民检察院要求公安机关说明不立案或者立案理由，应当制作《要求说明不立案理由通知书》或者《要求说明立案理由通知书》，及时送达公安机关。

公安机关应当在收到《要求说明不立案理由通知书》或者《要求说明立案理由通知书》后七日以内作出书面说明，客观反映不立案或者立案的情况、依据和理由，连同有关证据材料复印件回复人民检察院。公安机关主动立案或者撤销案件的，应当将《立案决定书》或者《撤销案件决定书》复印件及时送达人民检察院。

第八条 人民检察院经调查核实，认为公安机关不立案或者立案理由不成立的，经检察长或者检察委员会决定，应当通知公安机关立案或者撤销案件。

人民检察院开展调查核实，可以询问办案人员和有关当事人，查阅、复印公安机关刑事受案、立案、破案等登记表册和立案、不立案、撤销案件、治安处罚、劳动教养等相关法律文书及案卷材料，公安机关应当配合。

第九条 人民检察院通知公安机关立案或者撤销案件的，应当制作《通知立案书》或者《通知撤销案件书》，说明依据和理由，连同证据材料移送公安机关。

公安机关应当在收到《通知立案书》后十五日以内决定立案，对《通知撤销案件书》没有异议的应当立即撤销案件，并将《立案决定书》或者《撤销案件决定书》复印件及时送达人民检察院。

第十条 公安机关认为人民检察院撤销案件通知有错误的，应当在五日以内经县级以上公安机关负责人批准，要求同级人民检察院复议。人民检察院应当重新审查，在收到《要求复议意见书》和案卷材料后七日以内作出是否变更的决定，并通知公安机关。

公安机关不接受人民检察院复议决定的，应当在五日以内经县级以上公安机关负责人批准，提请上一级人民检察院复核。上级人民检察院应当在收到《提请复核意见书》和案卷材料后十五日以内作出是否变更的决定，通知下级人民检察院和公安机关执行。

上级人民检察院复核认为撤销案件通知有错误的，下级人民检察院应当立即纠正；上级人民检察院复核认为撤销案件通知正确的，下级公安机关应当立即撤销案件，并将《撤销案件决定书》复印件及时送达同级人民检察院。

第十一条 公安机关对人民检察院监督立案的案件应当及时侦查。犯罪嫌疑人在逃的，应当加大追捕力度；符合逮捕条件的，应当及时提请人民检察院批准逮捕；侦查终结需要追究刑事责任的，应当及时移送人民检察院审查起诉。

监督立案后三个月未侦查终结的，人民检察院可以发出《立案监督案件催办函》，公安机关应当及时向人民检察院反馈侦查进展情况。

第十二条 人民检察院在立案监督过程中，发现侦查人员涉嫌徇私舞弊等违法违纪行为的，应当移交有关部门处理；涉嫌职务犯罪的，依法立案侦查。

第十三条 公安机关在提请批准逮捕、移送审查起诉时，应当将人民检察院刑事立案监督法律文书和相关材料随案移送。人民检察院在审查逮捕、审查起诉时，应当及时录入刑事立案监督信息。

第十四条 本规定自2010年10月1日起试行。

2.《公安机关办理刑事案件程序规定》（2012年12月13日公安部令第127号）（节录）

第一百七十九条 对人民检察院要求说明不立案理由的案件，公安机关应当在收到通知书后七日以内，对不立案的情况、依据和理由作出书面说明，回复人民检察院。公安机关作出立案决定的，应当将立案决定书复印件送达人民检察院。

人民检察院通知公安机关立案的，公安机关应当在收到通知书后十五日以内立案，并将立案决定书复印件送达人民检察院。

第一百八十条 人民检察院认为公安机关不应当立案而立案，提出纠正意见的，公安机关应当进行调查核实，并将有关情况回复人民检察院。

3.《人民检察院刑事诉讼规则》（高检发释字［2019］4号）（节录）

第五百五十七条 被害人及其法定代理人、近亲属或者行政执法机关，认为公安机关对其控告或者移送的案件应当立案侦查而不立案侦查，或者当事人认为公安机关不应当立案而立案，向人民检察院提出的，人民检察院应当受理并进行审查。

人民检察院发现公安机关可能存在应当立案侦查而不立案侦查情形的，应当依法进行审查。

人民检察院接到控告、举报或者发现行政执法机关不移送涉嫌犯罪案件的，经检察长批准，应当向行政执法机关提出检察意见，要求其按照管辖规定向公安机关移送涉嫌犯罪案件。

第五百五十八条 人民检察院负责控告申诉检察的部门受理对公安机关应当立案而不立案或者不应当立案而立案的控告、申诉，应当根据事实、法律进行审查。认为需要公安机关说明不立案或者立案理由的，应当及时将案件移送负责捕诉的部门办理；认为公安机关立案或者不立案决定正确的，应当制作相关法律文书，答复控告人、申诉人。

第五百五十九条 人民检察院经审查，认为需要公安机关说明不立案理由的，应当要求公安机关书面说明不立案的理由。

对于有证据证明公安机关可能存在违法动用刑事手段插手民事、经济纠纷，或者利用立案实施报复陷害、敲诈勒索以及谋取其他非法利益等违法立案情形，尚未提请批准逮捕或者移送起诉的，人民检察院应当要求公安机关书面说明立案理由。

第五百六十条 人民检察院要求公安机关说明不立案或者立案理由，应当书面通知公安机关，并且告知公安机关在收到通知后七日以内，书面说明不立案或者立案的情况、依据和理由，连同有关证据材料回复人民检察院。

第五百六十一条 公安机关说明不立案或者立案的理由后，人民检察院应当进行审查。认为公安机关不立案或者立案理由不能成立的，经检察长决定，应当通知公安机关立案或者撤销案件。

人民检察院认为公安机关不立案或者立案理由成立的，应当在十日以内将不立案或者立案的依据和理由告知被害人及其法定代理人、近亲属或者行政执法机关。

第五百六十二条 公安机关对当事人的报案、控告、举报或者行政执法机关移送的涉嫌犯罪案件受理后未在规定期限内作出是否立案决定，当事人或者行政执法机关向人民检察院提出的，人民检察院应当受理并进行审查。经审查，认为尚未超过规定期限的，应当移送公安机关处理，并答复报案人、控告人、举报人或者行政执法机关；认为超过规定期限的，应当要求公安机关在七日以内书面说明逾期不作出是否立案决定的理由，连同有关证据材料回复人民检察院。公安机关在七日以内不说明理由也不作出立案或者不立案决定的，人民检察院应当提出纠正意见。人民检察院经审查有关证据材料认为符合立案条件的，应当通知公安机关立案。

第五百六十三条 人民检察院通知公安机关立案或者撤销案件，应当制作通知立案书或者通知撤销案件书，说明依据和理由，连同证据材料送达公安机关，并且告知公安机关应当在收到通知立案书后十五日以内立案，对通知撤销案件书没有异议的应当立即撤销案件，并将立案决定书或者撤销案件决定书及时送达人民检察院。

第五百六十四条 人民检察院通知公安机关立案或者撤销案件的，应当依法对执行情况进行监督。

公安机关在收到通知立案书或者通知撤销案件书后超过十五日不予立案

或者未要求复议、提请复核也不撤销案件的，人民检察院应当发出纠正违法通知书。公安机关仍不纠正的，报上一级人民检察院协商同级公安机关处理。

公安机关立案后三个月以内未侦查终结的，人民检察院可以向公安机关发出立案监督案件催办函，要求公安机关及时向人民检察院反馈侦查工作进展情况。

第五百六十五条　公安机关认为人民检察院撤销案件通知有错误，要求同级人民检察院复议的，人民检察院应当重新审查。在收到要求复议意见书和案卷材料后七日以内作出是否变更的决定，并通知公安机关。

公安机关不接受人民检察院复议决定，提请上一级人民检察院复核的，上级人民检察院应当在收到提请复核意见书和案卷材料后十五日以内作出是否变更的决定，通知下级人民检察院和公安机关执行。

上级人民检察院复核认为撤销案件通知有错误的，下级人民检察院应当立即纠正；上级人民检察院复核认为撤销案件通知正确的，应当作出复核决定并送达下级公安机关。

第五百六十六条　人民检察院负责捕诉的部门发现本院负责侦查的部门对应当立案侦查的案件不立案侦查或者对不应当立案侦查的案件立案侦查的，应当建议负责侦查的部门立案侦查或者撤销案件。建议不被采纳的，应当报请检察长决定。

4.《最高人民检察院、公安部关于印发〈最高人民检察院、公安部关于公安机关办理经济犯罪案件的若干规定〉的通知》（公通字［2017］25号）（节录）

第二十七条　对报案、控告、举报、移送的经济犯罪案件，公安机关作出不予立案决定、撤销案件决定或者逾期未作出是否立案决定有异议的，报案人、控告人、举报人可以申请人民检察院进行立案监督，移送案件的行政执法机关可以建议人民检察院进行立案监督。

人民检察院认为需要公安机关说明不予立案、撤销案件或者逾期未作出是否立案决定的理由的，应当要求公安机关在七日以内说明理由。公安机关应当书面说明理由，连同有关证据材料回复人民检察院。人民检察院认为不予立案或者撤销案件的理由不能成立的，应当通知公安机关立案。人民检察院要求公安机关说明逾期未作出是否立案决定的理由后，公安机关在七日以内既不说明理由又不作出是否立案的决定的，人民检察院应当发出纠正违法通知书予以纠正，经审查案件有关证据材料，认为符合立案条件的，应当通知公安机关立案。

第二十八条 犯罪嫌疑人及其法定代理人、近亲属或者辩护律师对公安机关立案提出异议的，公安机关应当及时受理、认真核查。

有证据证明公安机关可能存在违法介入经济纠纷，或者利用立案实施报复陷害、敲诈勒索以及谋取其他非法利益等违法立案情形的，人民检察院应当要求公安机关书面说明立案的理由。公安机关应当在七日以内书面说明立案的依据和理由，连同有关证据材料回复人民检察院。人民检察院认为立案理由不能成立的，应当通知公安机关撤销案件。

第二十九条 人民检察院发现公安机关在办理经济犯罪案件过程中适用另案处理存在违法或者不当的，可以向公安机关提出书面纠正意见或者检察建议。公安机关应当认真审查，并将结果及时反馈人民检察院。没有采纳的，应当说明理由。

第三十条 依照本规定，报经省级以上公安机关负责人批准立案侦查或者继续侦查的案件，撤销案件时应当经原审批的省级以上公安机关负责人批准。

人民检察院通知撤销案件的，应当立即撤销案件，并报告原审批的省级以上公安机关。

5.《最高人民法院、最高人民检察院、公安部、国家安全部、司法部、全国人大常委会法制工作委员会关于实施刑事诉讼法若干问题的规定》（节录）（2012 年）

五、立 案

18. 刑事诉讼法第一百一十一条规定："人民检察院认为公安机关对应当立案侦查的案件而不立案侦查的，或者被害人认为公安机关对应当立案侦查的案件而不立案侦查，向人民检察院提出的，人民检察院应当要求公安机关说明不立案的理由。人民检察院认为公安机关不立案理由不能成立的，应当通知公安机关立案，公安机关接到通知后应当立案。"根据上述规定，公安机关收到人民检察院要求说明不立案理由通知书后，应当在七日内将说明情况书面答复人民检察院。人民检察院认为公安机关不立案理由不能成立，发出通知立案书时，应当将有关证明应当立案的材料同时移送公安机关。公安机关收到通知立案书后，应当在十五日内决定立案，并将立案决定书送达人民检察院。

6.《人民检察院办理行政执法机关移送涉嫌犯罪案件的规定》（高检发释字［2001］4号）

九、移送涉嫌犯罪案件的行政执法机关对公安机关不予立案决定或者不予立案的复议决定有异议，建议人民检察院依法进行立案监督的，统一由人民检察院侦查监督部门办理。

十、人民检察院应当依法对公安机关办理行政执法机关移送涉嫌犯罪案件进行立案监督。对于具有下列情形之一的，人民检察院应当要求公安机关在收到人民检察院《要求说明不立案理由通知书》后七日内将关于不立案理由的说明书面答复人民检察院：

（一）人民检察院认为公安机关对应当立案侦查的案件而不立案侦查的；

（二）被害人认为公安机关对应当立案侦查的案件而不立案侦查，向人民检察院提出的；

（三）移送涉嫌犯罪案件的行政执法机关对公安机关不予立案决定或者不予立案的复议决定有异议，建议人民检察院依法进行立案监督的。

人民检察院认为公安机关不立案理由不能成立，应当通知公安机关在收到《通知立案书》后十五日内决定立案，并将立案决定书送达人民检察院。

十一、对于人民检察院认为公安机关不立案理由成立的，或者认为公安机关的不立案理由不成立而通知公安机关立案，公安机关已经立案的，人民检察院应当及时通知提出立案监督建议的行政执法机关。

十二、各级人民检察院对行政执法机关不移送涉嫌犯罪案件，具有下列情形之一的，可以提出检察意见：

（一）检察机关发现行政执法机关应当移送的涉嫌犯罪案件而不移送的；

（二）有关单位和个人举报的行政执法机关应当移送的涉嫌犯罪案件而不移送的；

（三）隐匿、销毁涉案物品或者私分涉案财物的；

（四）以行政处罚代替刑事追究而不移送的。

有关行政执法人员涉嫌犯罪的，依照刑法的有关规定，追究刑事责任。

十三、各级人民检察院对公安机关不接受行政执法机关移送的涉嫌犯罪案件，或者逾期不作出立案或者不予立案决定，在检察机关依法实施立案监督后，仍不接受或者不作出决定的，可以向公安机关提出检察意见。

有关公安人员涉嫌犯罪的，依照刑法的有关规定，追究刑事责任。

第一百一十四条　对于自诉案件，被害人有权向人民法院直接起诉。被害人死亡或者丧失行为能力的，被害人的法定代理人、近亲属有权向人民法院起诉。人民法院应当依法受理。

[条文主旨]

本条是关于自诉的提起和受理的规定。

[条文释解]

本条由1996《刑事诉讼法》设立，2012年、2018年《刑事诉讼法》未予修改。

本条是关于自诉的提起和受理的规定，实际上也是界定了人民法院对自诉案件的立案管辖。对于自诉案件，被害人有权向人民法院直接起诉，人民法院应当依法受理。“人民法院应当依法受理”是指人民法院应当依照本法案件管辖等有关规定受理，不得推诿。也就是说，人民法院对于被害人提起诉讼的属于自诉范围的案件，都应当受理，不得以任何借口不受理。受理后，依照《刑事诉讼法》的规定作出处理，包括前述《刑事诉讼法》第112条的规定。若不属于自诉案件范围的，人民法院受理后应当按照管辖范围转公安机关或人民检察院按公诉案件处理。

什么类型的案件属于自诉案件？根据《刑事诉讼法》第210条和《刑诉法解释》第1条的相关规定，人民法院直接受理的自诉案件可分为三类：(1) 告诉才处理的案件。这是指刑法条文上明确规定告诉才处理的案件，即须经被害人及其法定代理人、近亲属提出控告和起诉，人民法院才能受理，具体包括《刑法》第246条规定的侮辱、诽谤案（严重危害社会秩序和国家利益的除外）、《刑法》第257条第1款规定的暴力干涉婚姻自由案、《刑法》第260条第1款规定的虐待案（被害人没有能力告诉，或者因受到强制、威吓无法告诉的除外）、《刑法》第270条规定的侵占案。(2) 被害人有证据证明的轻微刑事案件，即人民检察院没有提起公诉，被害人有证据证明的轻微刑事案件。具体是指下列8项被害人有证据证明的刑事案件：《刑法》第234条第1款规定的故意伤害案件、《刑法》第245条规定的非法侵入住宅案件、《刑法》第252条规定的侵犯通信自由案件、《刑法》第258

条规定的重婚案件、《刑法》第 261 条规定的遗弃案件、《刑法》分则第 3 章第 1 节规定的生产、销售伪劣商品案件（严重危害社会秩序和国家利益的除外）、《刑法》分则第 3 章第 7 节规定的侵犯知识产权案件（严重危害社会秩序和国家利益的除外）、《刑法》分则第 4 章、第 5 章规定的对被告人可能判处 3 年有期徒刑以下刑罚的案件。本项规定的案件，被害人直接向人民法院起诉的，人民法院应当依法受理。对其中证据不足、可以由公安机关受理的，或者认为对被告人可能被判处三年有期徒刑以上刑罚的，应当告知被害人向公安机关报案，或者移送公安机关立案侦查。这里需要注意的是，如果自诉人起诉被告人数项罪名，均可能判处 3 年以下有期徒刑，即使数罪并罚后最高可能被判处 3 年以上有期徒刑，该类案件也属于自诉案件范围。（3）被害人有证据证明对被告人侵犯自己人身、财产权利的行为应当依法追究刑事责任，而公安机关或者人民检察院不予追究被告人刑事责任的案件。这是指被害人有证据证明对被告人侵犯自己人身、财产权利的行为应当依法追究刑事责任，且有证据证明曾经提出控告，但公安机关或者人民检察院不予追究被告人刑事责任的案件。此时被害人可以向人民法院直接起诉。这类案件本来应该是公诉案件，但因公安机关、人民检察院作不立案或撤销案件或不起诉决定，使得被害人直接向法院起诉，从而转化成自诉案件。这样的规定是加大了对公安机关、人民检察院不追究犯罪嫌疑人刑事责任的制约力度，切实保障了被害人或者其法定代理人、近亲属的合法权益，解决被害人“告状无门”的问题。此类案件实践中比例极小。

从上述案件范围来看，与公诉案件相比，自诉案件有以下特点：（1）自诉案件的犯罪客体基本侵犯的是公民个人权益，多数是性质不太严重，给社会造成的危害较小的案件，如侵犯公民的人身权利、财产权利、名誉权、婚姻自主权等。即使被害人追诉不力或疏于追诉也不会危及国家安全与社会稳定。故此类案件追诉犯罪的权利可以交由公民自己行使，这样不会危害国家利益、集体利益和社会利益，而且可以节省人力、物力、财力，可以使国家侦查机关和提起公诉的机关集中力量打击较为严重的刑事犯罪，将有限的司法资源进行更为合理的分配。（2）自诉案件的事实一般比较简单、清楚，有明确的被告人，无须专门的取证手段和侦查措施，因此被害人及其法定代理人、近亲属可以依靠自己的力量就能收集到足够的证据，承担诉讼责任。案件比较重大、复杂的一般是不适宜作为自诉案件的，容易给被害人及其法定代理人、近亲属带来很大的负担。

根据本条规定，自诉案件的有权提起人为遭受犯罪行为直接侵害的被害人。但是实践中存在被害人死亡或者丧失行为能力不能行使诉权的情况，这种情况可能是犯罪行为造成的，也可能是在案件发生后被害人因其他原因死亡、丧失或者本来就是这样，因此本条明确规定被害人死亡或者丧失行为能力的，被害人的法定代理人、近亲属有直接向人民法院起诉的权利。人民法院应当依法受理。《刑诉法解释》第 260 条对被害人不能亲自告诉时的处理作了更进一步的规定，对自诉案件中被害人的诉权进行了完善。按照《刑诉法解释》第 260 条规定，人民法院直接受理的自诉案件，如果被害人死亡、丧失行为能力或者因受强制、威吓等无法告诉，或者是限制行为能力人以及因年老、患病、盲、聋、哑等不能亲自告诉，其法定代理人、近亲属告诉或者代为告诉的，人民法院应当依法受理。此条款将被害人不能提起诉权的情况分为无法告诉和不能亲自告诉两种情形。无法告诉是指被害人死亡、丧失行为能力或者因受强制、威吓等而不能告诉的情形。不能亲自告诉是指限制行为能力人以及因年老、患病、盲、聋、哑等情形而不能到法院去告诉的情形。在这两种情形下，被害人的法定代理人、近亲属就可以告诉或者代为告诉。这与《刑事诉讼法》规定的人员范围是一致的。该条款还要求被害人的法定代理人、近亲属告诉或者代为告诉，应当提供与被害人关系的证明和被害人不能亲自告诉的原因的证明。这是在具体操作层面上的要求，只有提供这两个证明，被害人的法定代理人、近亲属才具备提起自诉案件的资格。在被害人死亡的情况下，其法定代理人、近亲属是作为自诉人提起自诉，除此情况外，其法定代理人、近亲属都是代为提起自诉，自诉状上所列的自诉人仍然是被害人。

[审判实务]

1. 在司法实务中，人民法院要认真分辨案件性质。人民法院在受理公诉案件的过程中，如果公诉机关对于案件事实的定性出现偏差，有可能会发现指控的罪名属于告诉才处理的罪名范围，如将普通的侵占罪定性为职务侵占罪，此时就应当建议人民检察院撤回起诉。如果人民检察院不同意撤诉的，人民法院应当征求被害人的意见。如果被害人同意对被告人进行追诉，可以通过被害人提起自诉的方式将案件变更为自诉案件进行审理；如果被害人不同意对被告人进行追诉的，则可以根据《刑事诉讼法》第 16 条第 4 项的规定裁定终止审理。

2. 自诉案件调解有例外。《刑诉法解释》第 271 条规定，人民法院审理自诉案件，可以在查明事实、分清是非的基础上，根据自愿、合法的原则进行调解。调解达成协议的，应当制作刑事调解书，由审判人员和书记员署名，并加盖人民法院印章。调解书经双方当事人签收后，即具有法律效力。调解没有达成协议，或者调解书签收前当事人反悔的，应当及时作出判决。但是《刑事诉讼法》第 212 条第 1 款规定，人民法院对自诉案件，可以进行调解；自诉人在宣告判决前，可以同被告人自行和解或者撤回自诉。本法第 210 条第 3 项规定的案件不适用调解。即被害人有证据证明对被告人侵犯自己人身、财产权利的行为应当依法追究刑事责任，且有证据证明曾经提出控告，但公安机关或者人民检察院不予追究被告人刑事责任的案件不适用调解，人民法院对此类案件不调解。不过《刑诉法解释》第 272 条规定，判决宣告前，自诉案件的当事人可以自行和解，自诉人可以撤回自诉。据此，《刑事诉讼法》第 210 条第 3 款规定的案件虽然人民法院不进行调解，但不排斥当事人自行和解。当事人自行和解、撤回自诉确属自愿的，人民法院应当裁定准许。

3. 自诉案件与公诉案件并案审理的情况。在司法实践中，被告人实施数个犯罪行为触犯数个罪名是常见的现象，这时犯罪行为的性质会存在区别，可能有属于公诉案件的，也属于自诉案件的，如被告人实施了虐待和故意伤害（致人重伤）。此时如果适用不同程序分案处理的话，不利于案件的准确处理，也不利于司法资源的配置，因此《刑诉法解释》第 267 条对此进行了规定，被告人实施两个以上犯罪行为，分别属于公诉案件和自诉案件，人民法院可以一并审理。对自诉部分的审理，适用本章的规定。条文中规定人民法院可以一并审理，但是没明确说怎么一并审理，指公诉案件审理时一并审理自诉案件，还是自诉案件审理时一并审理公诉案件？本书认为，根据立法精神，此处的一并审理应当是指前者，公诉案件审理时一并审理自诉案件，因为公诉案件的程序往往更加严格，更有利于保障诉讼权利的行使。一同审理时对自诉部分的审理，适用《刑诉法解释》关于自诉案件的规定。

[配套规定]

《最高人民法院关于适用〈中华人民共和国刑事诉讼法〉的解释》（法释［2012］21号）（节录）

第一条 人民法院直接受理的自诉案件包括：

（一）告诉才处理的案件：

1. 侮辱、诽谤案（刑法第二百四十六条规定的，但严重危害社会秩序和国家利益的除外）；

2. 暴力干涉婚姻自由案（刑法第二百五十七条第一款规定的）；

3. 虐待案（刑法第二百六十条第一款规定的）；

4. 侵占案（刑法第二百七十条规定的）。

（二）人民检察院没有提起公诉，被害人有证据证明的轻微刑事案件：

1. 故意伤害案（刑法第二百三十四条第一款规定的）；

2. 非法侵入住宅案（刑法第二百四十五条规定的）；

3. 侵犯通信自由案（刑法第二百五十二条规定的）；

4. 重婚案（刑法第二百五十八条规定的）；

5. 遗弃案（刑法第二百六十一条规定的）；

6. 生产、销售伪劣商品案（刑法分则第三章第一节规定的，但严重危害社会秩序和国家利益的除外）；

7. 侵犯知识产权案（刑法分则第三章第七节规定的，但严重危害社会秩序和国家利益的除外）；

8. 刑法分则第四章、第五章规定的，对被告人可能判处三年有期徒刑以下刑罚的案件。

本项规定的案件，被害人直接向人民法院起诉的，人民法院应当依法受理。对其中证据不足、可以由公安机关受理的，或者认为对被告人可能判处三年有期徒刑以上刑罚的，应当告知被害人向公安机关报案，或者移送公安机关立案侦查。

（三）被害人有证据证明对被告人侵犯自己人身、财产权利的行为应当依法追究刑事责任，且有证据证明曾经提出控告，而公安机关或者人民检察院不予追究被告人刑事责任的案件。

第二百五十九条 人民法院受理自诉案件必须符合下列条件：

（一）符合刑事诉讼法第二百零四条、本解释第一条的规定；

（二）属于本院管辖；

（三）被害人告诉；

（四）有明确的被告人、具体的诉讼请求和证明被告人犯罪事实的证据。

第二百六十条 本解释第一条规定的案件，如果被害人死亡、丧失行为能力或者因受强制、威吓等无法告诉，或者是限制行为能力人以及因年老、患病、盲、聋、哑等不能亲自告诉，其法定代理人、近亲属告诉或者代为告诉的，人民法院应当依法受理。

被害人的法定代理人、近亲属告诉或者代为告诉，应当提供与被害人关系的证明和被害人不能亲自告诉的原因的证明。

第二百六十一条 提起自诉应当提交刑事自诉状；同时提起附带民事诉讼的，应当提交刑事附带民事自诉状。

第二百六十二条 自诉状应当包括以下内容：

（一）自诉人（代为告诉人）、被告人的姓名、性别、年龄、民族、出生地、文化程度、职业、工作单位、住址、联系方式；

（二）被告人实施犯罪的时间、地点、手段、情节和危害后果等；

（三）具体的诉讼请求；

（四）致送的人民法院和具状时间；

（五）证据的名称、来源等；

（六）证人的姓名、住址、联系方式等。

对两名以上被告人提出告诉的，应当按照被告人的人数提供自诉状副本。

第二百六十三条 对自诉案件，人民法院应当在十五日内审查完毕。经审查，符合受理条件的，应当决定立案，并书面通知自诉人或者代为告诉人。

具有下列情形之一的，应当说服自诉人撤回起诉；自诉人不撤回起诉的，裁定不予受理：

（一）不属于本解释第一条规定的案件的；

（二）缺乏罪证的；

（三）犯罪已过追诉时效期限的；

（四）被告人死亡的；

（五）被告人下落不明的；

（六）除因证据不足而撤诉的以外，自诉人撤诉后，就同一事实又告诉的；

（七）经人民法院调解结案后，自诉人反悔，就同一事实再行告诉的。

第二百六十四条 对已经立案，经审查缺乏罪证的自诉案件，自诉人提不出补充证据的，人民法院应当说服其撤回起诉或者裁定驳回起诉；自诉人撤回起诉或者被驳回起诉后，又提出了新的足以证明被告人有罪的证据，再次提起自诉的，人民法院应当受理。

第二百六十五条 自诉人对不予受理或者驳回起诉的裁定不服的，可以提起上诉。

第二审人民法院查明第一审人民法院作出的不予受理裁定有错误的，应当在撤销原裁定的同时，指令第一审人民法院立案受理；查明第一审人民法院驳回起诉裁定有错误的，应当在撤销原裁定的同时，指令第一审人民法院进行审理。

第二百六十六条 自诉人明知有其他共同侵害人，但只对部分侵害人提起自诉的，人民法院应当受理，并告知其放弃告诉的法律后果；自诉人放弃告诉，判决宣告后又对其他共同侵害人就同一事实提起自诉的，人民法院不予受理。

共同被害人中只有部分人告诉的，人民法院应当通知其他被害人参加诉讼，并告知其不参加诉讼的法律后果。被通知人接到通知后表示不参加诉讼或者不出庭的，视为放弃告诉。第一审宣判后，被通知人就同一事实又提起自诉的，人民法院不予受理。但是，当事人另行提起民事诉讼的，不受本解释限制。

第二百六十七条 被告人实施两个以上犯罪行为，分别属于公诉案件和自诉案件，人民法院可以一并审理。对自诉部分的审理，适用本章的规定。

第二百六十八条 自诉案件当事人因客观原因不能取得的证据，申请人民法院调取的，应当说明理由，并提供相关线索或者材料。人民法院认为有必要的，应当及时调取。

第二百六十九条 对犯罪事实清楚，有足够证据的自诉案件，应当开庭审理。

第二百七十条 自诉案件，符合简易程序适用条件的，可以适用简易程序审理。

不适用简易程序审理的自诉案件，参照适用公诉案件第一审普通程序的有关规定。

第二百七十一条 人民法院审理自诉案件，可以在查明事实、分清是非的基础上，根据自愿、合法的原则进行调解。调解达成协议的，应当制作刑事调解书，由审判人员和书记员署名，并加盖人民法院印章。调解书经双方当事人签收后，即具有法律效力。调解没有达成协议，或者调解书签收前当事人反悔的，应当及时作出判决。

刑事诉讼法第二百零四条第三项规定的案件不适用调解。

第二百七十二条 判决宣告前，自诉案件的当事人可以自行和解，自诉人可以撤回自诉。

人民法院经审查，认为和解、撤回自诉确属自愿的，应当裁定准许；认为系被强迫、威吓等，并非出于自愿的，不予准许。

第二百七十三条 裁定准许撤诉或者当事人自行和解的自诉案件，被告人被采取强制措施的，人民法院应当立即解除。

第二百七十四条 自诉人经两次传唤，无正当理由拒不到庭，或者未经法庭准许中途退庭的，人民法院应当裁定按撤诉处理。

部分自诉人撤诉或者被裁定按撤诉处理的，不影响案件的继续审理。

第二百七十五条 被告人在自诉案件审判期间下落不明的，人民法院应当裁定中止审理。被告人到案后，应当恢复审理，必要时应当对被告人依法采取强制措施。

第二百七十六条 对自诉案件，应当参照刑事诉讼法第一百九十五条和本解释第二百四十一条的有关规定作出判决；对依法宣告无罪的案件，其附带民事部分应当依法进行调解或者一并作出判决。

第二百七十七条 告诉才处理和被害人有证据证明的轻微刑事案件的被告人或者其法定代理人在诉讼过程中，可以对自诉人提起反诉。反诉必须符合下列条件：

（一）反诉的对象必须是本案自诉人；

（二）反诉的内容必须是与本案有关的行为；

（三）反诉的案件必须符合本解释第一条第一项、第二项的规定。

反诉案件适用自诉案件的规定，应当与自诉案件一并审理。自诉人撤诉的，不影响反诉案件的继续审理。

[参考案例]

张某军故意伤害案[①]——见义勇为引发他人伤亡的如何处理

基本案情：

自诉人并附带民事诉讼原告人胡某立，男，1944年3月24日出生，农民。系死者胡某辉之父。

自诉人并附带民事诉讼原告人陈某珍，女，1946年12月23日出生，农民。系死者胡某辉之母。

自诉人并附带民事诉讼原告人甘某芳，女，1976年12月30日出生，农民。系死者胡某辉之妻。

自诉人并附带民事诉讼原告人胡某伦，男，1997年12月16日出生。系死者胡某辉之子。

自诉人并附带民事诉讼原告人罗某，男，1973年5月15日出生，农民。

被告人张某军，男，1964年9月15日出生，农民。

自诉人并附带民事诉讼原告人以被告人张某军犯故意伤害罪向四川省成都市成华区人民法院提起刑事诉讼并提起附带民事诉讼，请求法院追究被告人张某军的刑事责任。附带民事诉讼原告人胡某立、陈某珍、甘某芳、胡某伦要求被告人张某军赔偿死亡补偿金、丧葬费、交通费、被扶养人生活费等共计人民币216760.50元；附带民事诉讼原告人罗某要求被告人张某军赔偿残疾补偿金、残疾辅助器具费、医疗费、误工费、护理费、交通费、住院伙食补助费、被扶养人生活费等共计人民币352080元。

被告人张某军辩称：事发当时听到妇女被抢呼救后，驾车同他人追赶犯罪嫌疑人胡某辉、罗某，追赶时曾电话报警，当车辆接近胡某辉、罗某驾驶的两轮摩托车时责令对方停车，对方不但没有停车，坐在后座的罗某还拿出螺丝刀威胁。两车在保持一定距离并行时，摩托车先撞上立交桥护栏，反弹后撞到自己车上，造成罗某、胡某辉的伤亡，自己不应对此承担刑事责任和民事责任。其辩护人提出，张某军的追赶行为是为了他人的财产免受正在实施的不法侵害而采取的正当防卫行为，具有正当性、合法性，自诉人也没有证据证实张某军实施了碰撞行为，实际上是胡某辉、罗某在逃跑时慌不择

---

① 引自刑事审判参考第400号案例。

路，驾车失控导致伤亡后果，应自负其责。故张某军不构成故意伤害罪，也不应承担民事赔偿责任，请求法院驳回自诉人并附带民事诉论原告人的全部诉讼请求。

四川省成都市成华区人民法院经公开审理：2004年8月14日18时许，死者胡某辉驾驶两轮摩托车搭乘自诉人罗某在四川省成都市成华区圣灯乡人民塘村11组处，趁一李姓妇女不备抢夺其佩戴的金项链后驾车逃逸。被告人张某军和现场群众刘某某、张某某等人闻讯后，立刻乘坐由张某军驾驶的轿车追赶，当追至成都市三环路龙潭立交桥上时，刘某某、张某某等人责令胡某辉、罗某二人停车，但胡某辉为摆脱追赶驾驶摩托车高速蛇形行驶，当张某军驾驶的轿车与胡某辉驾驶的摩托车并行时，摩托车与右侧立交桥护栏和张某军驾驶的轿车发生碰撞后侧翻，致使罗某从摩托车上摔落桥面造成左小腿骨折等多处损伤，胡某辉摔落桥下死亡。罗某在治疗期间左小腿截肢，经法医鉴定为二级伤残。

成华区人民法院认为，死者胡某辉和自诉人罗某实施抢夺行为以后，被告人张某军等人驾车追赶二人，只是意图将逃跑的犯罪嫌疑人扭送公安机关，从追赶过程中多次电话报警并责令对方停车的事实可以证明追赶者的这一主观心态。被告人张某军驾车追赶胡某辉、罗某的行为符合法律规定，是合法正当行为。本案的证据不能证明被告人张某军实施了主动撞击摩托车，致胡某辉、罗某伤亡后果的行为，即不能证明被告人张某军实施了故意伤害他人身体的行为。被告人张某军既没有非法伤害他人身体的主观故意，又没有证据证明其客观上实施了伤害他人身体的具体行为。因此，自诉人指控被告人张某军犯故意伤害罪既无事实根据也无法律根据，其指控不能成立。死者胡某辉和自诉人罗某为摆脱现场群众的追赶，驾驶摩托车以危险状态高速行驶，是造成摩托车侧翻的直接原因，这一危险状态系死者胡某辉和自诉人罗某自我选择的结果。被告人张某军为了阻止犯罪嫌疑人逃逸而采取的高速追赶行为，与本案损害结果的发生没有因果关系，不应当承担民事损害赔偿责任。故附带民事诉讼原告人要求被告人张某军承担民事赔偿责任的诉讼请求，也不能成立。依照1996年《刑事诉讼法》第162条第2项、第3项，《民法通则》第5条和《民事诉讼法》第2条的规定，判决如下：

1. 被告人张某军无罪；

2. 被告人张某军不承担民事赔偿责任。

宣判后，自诉人并附带民事诉论原告人胡某立、陈某珍、甘某芳、胡某伦、罗某均不服，以原判事实不清、判决不公为由向四川省成都市中级人民法院提出上诉。

成都市中级人民法院经审理认为，原审被告人张某军为制止实施抢夺行为的胡某辉和上诉人罗某，与现场群众一道打电话报警并驾车追赶，主观心态是将犯罪嫌疑人扭送公安机关，客观行为不违背法律规定，我国《刑事诉讼法》明确规定对正在实行犯罪或者在犯罪后即时被发觉的，任何公民都可以立即将其扭送公安机关、人民检察院或者人民法院处理。胡某辉和自诉人罗某在实施抢夺行为后，为占有其抢夺钱财和逃避法律责任而逃逸，驾驶摩托车以高度危险的状态疾速行驶，是造成翻车致胡某辉摔落死亡、罗某受伤的直接原因。自诉人所提原判事实不清的上诉理由，原审判决对事发当天的起因、经过和结果的认定，有证人证言、辨认笔录、现场勘查笔录、现场照片道路交通事故现场图、尸检报告、自诉人罗某的供述、被告人张某军的供述及辩解等证据证实。原判认定事实清楚，对自诉人该上诉意见不予支持。自诉人所提原判不公的上诉理由，被告人张某军为阻止犯罪嫌疑人逃逸，将其送交公安机关而实施追赶，其主观和客观方面均不符合故意伤害罪的构成要件。附带民事诉讼中承担赔偿责任的前提条件，一是刑事方面因被告人的犯罪行为造成被害人的物质损失。二是民事方面被告人的行为和损害结果之间存在因果关系。《民事诉讼法》第 64 条第 1 款规定“当事人对自己提出的主张，有责任提供证据”，附带民事诉讼原告人要求被告人张某军承担民事赔偿责任，但未能提供充分证据证实其主张，故应驳回自诉人要求被告人承担民事赔偿责任的诉讼请求。依照 1996 年《刑事诉论法》第 189 条第 1 项的规定，裁定驳回上诉，维持原判。

主要问题：

1. 对造成人员死亡、重伤的重大刑事案件，被害人或者已死亡被害人的近亲属能否提起刑事诉讼？

2. 被告人张某军应否对其见义勇为行为承担法律责任？

裁判理由：

（一）对于有证据证明的侵犯人身、财产权利的刑事案件，公安机关或者人民检察院不予追究的，被害人或者已死亡被害人的近亲属可以依法提起刑事自诉

1979 年《刑事诉讼法》对于故意造成他人重伤、死亡的犯罪案件规定为属于由公安机关立案侦查、检察机关提起公诉的案件，自然人对此类案件

无权提起刑事诉讼。修订后的《刑事诉讼法》也认定上述案件一般属于公诉案件。但《刑事诉讼法》第170条在关于自诉案件的范围中纳入了“被害人有证据证明对被告人侵犯自己人身、财产权利的行为应当依法追究刑事责任，而公安机关或者人民检察院不予追究被告人刑事责任的案件”。这从立法上明确规定公民个人对于此类案件能够直接向人民法院提起刑事诉讼，即提起自诉。虽然这类案件法律规定一般属于公诉案件，由于司法实践中确实存在司法工作人员滥用职权或者玩忽职守而有案不立、有罪不究的情形，为保障被害人及其亲属的控告权，故修订后的《刑事诉讼法》明确规定被害人对他人侵犯自己人身财产权利的犯罪行为有提起刑事诉讼的权利。《刑事诉讼法》的上述规定实质是给被害人及其亲属提供了新的救济渠道。值得注意的是，对依照上述规定提起自诉的案件还必须符合三个条件：一是受理案件的范围仅限于侵犯公民人身权利和侵犯公民财产权利方面的犯罪行为，其他类型的犯罪行为不在此列。如果公民针对人身权利财产权利以外的犯罪行为或者一般的违法行为提起刑事诉讼，且不符合其他法定自诉情形的，法院应当不予受理并依法裁定驳回起诉。二是必须是被侵权当事人有证据依法向公安机关或者人民检察院举报、控告被告人的犯罪行为后，公安机关不予立案，或者人民检察院已决定对被告人不予起诉，并经当事人提出复议建议后仍维持不予立案或者不予起诉决定的，当事人才可以向人民法院直接提起刑事诉讼。因此，法院受理此类案件的前提条件，是公安机关或者人民检察院针对当事人的控告已经出具了不予立案或者不予起诉的书面决定。三是提起人应是犯罪行为的被害人或者是其法定代理人，近亲属，但后者必须是在被害人死亡、丧失行为能力或者因受强制、威吓等原因无法告诉，或者限制行为能力人以及由于年老、患病、盲聋哑和严重残疾不能亲自告诉的，才能成为自诉人。本案的自诉人罗某以自己被被告人张某军致伤及自诉人胡某立、陈某珍、甘某芳、胡某伦作为死者胡某辉的近亲属以胡某辉被张某军故意伤害致死为由，于2005年5月27日向四川省成都市公安局成华分局提出刑事控告，要求追究张某军的刑事责任，该局经审查认为指控的犯罪事实不成立，决定不予立案。上述自诉人不服申请复议，成华公安分局又作出维持不予立案的决定。故上述自诉人指控被告人张某军犯故意伤害罪向四川省成都市成华区人民法院提起刑事附带民事诉讼符合《刑事诉讼法》中有关自诉案件的立案规定，法院应当受理。

（二）本案行为不具备故意伤害的主、客观要件，被告人张某军无须为

其见义勇为行为承担刑事和民事责任

首先，惩恶扬善、见义勇为是中华民族的传统美德，也是我们党和国家积极提倡和鼓励的高尚义举。见义勇为自古以来一直是人们追求的道德标准，时至今日，见义勇为作为社会主义道德规范和行为准则，仍然具有广泛的思想基础和现实意义。在某些情况下，当危险情况发生时，当事人可能无法及时报告国家义务机关或是国家义务机关无法及时赶到，如果此时坐视利益受损，则有悖于社会公德，而见义勇为的行为正好能及时制止侵害，挽救或减少损失。从实际情况来看，见义勇为者越多，不法侵害者越不敢肆意妄为。见义勇为者越多，个人利益和社会利益越有保障。见义勇为的救济及时性在一定程度上弥补了国家救济的不足，其秩序价值和效益价值不容忽视。为此，国家和很多地方政府均对见义勇为出台了明确的奖励规定。

其次，对于见义勇为的责任应当结合正当防卫、紧急避险的刑法规定，根据故意伤害的法定构成来加以具体认定。见义勇为不是一个严格的刑法概念，不具有独立的刑法意义。见义勇为的责任认定，应以《刑法》关于正当防卫、紧急避险等制度规定，故意伤害、故意杀人等个罪规定及民法关于侵权责任的规定为依据。如果公民在见义勇为当中，其行为触犯了上述法律规定，将须依法承担刑事责任和民事赔偿责任。可见，见义勇为的行为并不必然免责。

在本案中，被告人张某军等人在获悉胡某辉、罗某抢夺他人财物骑乘摩托车逃逸后，驾驶汽车追赶实施抢夺的犯罪嫌疑人的行为，无疑是见义勇为行为。同时，因时间等要件不符，被告人张某军的行为不属于正当防卫或者紧急避险。那么能否据此认为被告人张某军的行为实施不当，进而认定其构成故意伤害罪呢？答案是否定的。（1）《刑事诉讼法》第 84 条明确规定，对正在实行犯罪或者在犯罪后即时被发觉的，任何公民都可以立即将其扭送公安机关、人民检察院或者人民法院处理。公民扭送是人民群众自觉同犯罪分子作斗争的一种形式，这是我国《刑事诉讼法》依靠群众、实行专门机关与群众相结合原则的具体体现。人民群众对于正在实行犯罪或者在犯罪后逃跑的罪犯，主动将其抓获，并扭送公安机关、人民检察院或者人民法院处理，这既是法律赋予公民的权利，也是公民应尽的义务。（2）张某军驾车追赶胡某辉和自诉人罗某的目的，意图是将实施飞车抢夺的犯罪分子扭送公安机关，这从张某军等人在追赶当中多次电话报警并责令对方停车，可以推断其并不存在非法损害他人身体的主观故意，而且出发点完全是行使法律赋予公民的权利和履行公民的义务，是符合法律规定和道德规范的行为。（3）现有证据也不能证实张某军实施了主动撞击或者放任汽车碰撞摩托车的行为，客观上具有致使对方伤亡的行为。证据显示胡某辉为摆脱追赶而驾驶摩托车高速行驶，因车速过快操作失误撞到立交桥护栏和张某军驾驶的轿车面导致摩托车侧翻，是造成本案伤亡后果发生的直接原因。因此，自诉人要求追究被告人张某军的诉求缺乏事实根据和法律根据，一审、二审法院据此认定被告人张某军无罪并无不当。

基于同样的理由，被告人张某军也无须承担民事赔偿责任。自诉人在起诉被告人张某军犯故意伤害罪的同时，又提出附带民事诉讼，要求张某军赔偿各种费用共计人民币568840.50元。我们认为，成立刑事附带民事诉讼须具备以下三个条件：一是只有刑事诉讼成立后，才能提起附带民事诉讼。二是被告人的行为已构成犯罪，并且给被害人或者国家、集体造成物质方面的损失，应当负赔偿责任。三是在刑事诉讼过程中有赔偿请求权的人提出了赔偿要求。《最高人民法院关于刑事附带民事诉讼范围问题的规定》对此又进一步明确规定，因人身权利受到犯罪侵犯而遭受损失或者财物被犯罪分子毁坏而遭受物质损失的，可以提起附带民事诉讼。这说明，当事人若要能够获得刑事附带民事诉讼赔偿，前提条件是必须证明所遭受的物质损失是由被告人的犯罪行为造成，而且损害事实与被告人犯罪行为之间存在因果关系是不可或缺的重要条件。本案中，虽然有伤亡后果的损害事实发生，但造成伤亡的原因并非张某军的加害行为所致，且张某军对此后果不存在主观过错，其行为也不构成犯罪，故依法不应承担本案的民事赔偿义务。

需要指出的是，鉴于见义勇为行为人的行为都是在紧急情况下做出的，往往来不及全面考虑和仔细斟酌，很可能出现诸如假想防卫、假想避险、防卫过当、避险过当等情形，从而损害他人不应损害的合法权益。所以，在处理此类案件时，要注意兼顾鼓励见义勇为和保护个人权益两者之间的平衡，合法合理、切合实际地界定各方责任。

第二章　侦　查

第一节　一般规定

第一百一十五条　公安机关对已经立案的刑事案件，应当进行侦查，收集、调取犯罪嫌疑人有罪或者无罪、罪轻或者罪重的证据材料。对现行犯或者重大嫌疑分子可以依法先行拘留，对符合逮捕条件的犯罪嫌疑人，应当依法逮捕。

[条文主旨]

本条是关于侦查的一般要求的规定。

[条文释解]

本条由1996《刑事诉讼法》设立，2012年、2018年《刑事诉讼法》未予修改。

本条是关于侦查的一般要求的规定。“侦查”一词在《刑事诉讼法》中有两种含义，既可以指具体行为，也可以指某一阶段。侦查行为，就是《刑事诉讼法》第108条规定的含义，侦查是指公安机关、人民检察院对于刑事案件，依照法律进行的收集证据、查明案情的工作和有关的强制性措施。侦查阶段就是立案后，侦查机关实施具体的侦查行为以收集证据、查明案情，最后确定是否移送审查起诉的诉讼阶段，该阶段刑事诉讼的一个基本的、独立的诉讼阶段，是公诉案件的必经程序。公诉案件只有经过侦查，才能决定是否进行起诉和审判。完整的侦查阶段始于侦查机关作出立案决定之后，终于侦查终结。侦查阶段作为立案后和提起公诉前的程序，具有承上启下的重要作用，是以后各个诉讼阶段活动的基础。

本条位于《刑事诉讼法》关于侦查的一般规定这一节的第一条，和第二条即《刑事诉讼法》第 116 条的规定（公安机关经过侦查，对有证据证明有犯罪事实的案件，应当进行预审，对收集、调取的证据材料予以核实）结合起来看，实际上是把侦查阶段划分为两个不同的阶段，即侦查破案阶段和预审阶段。法律作出这样的规定是为了明确侦查破案部门和预审部门各自工作的重点和范围，协同合作完成侦查任务。

侦查任务包含下面三个方面：

（1）及时、准确地打击犯罪。依照法定程序对已经立案的刑事案件进行调查，收集、调取犯罪嫌疑人有罪或者无罪、罪轻或者罪重的各种证据，准确地查明犯罪事实和查获犯罪嫌疑人，为之后的刑事诉讼顺利进行提供可靠的根据。

（2）保障无罪的人不受刑事追究，尊重和保障人权，保障犯罪嫌疑人和其他诉讼参与人的诉讼权利。在侦查过程中如果发现不应对犯罪嫌疑人追究刑事责任，侦查机关应当撤销案件；应当告知犯罪嫌疑人有辩护的权利并有权委托律师担任辩护人；不得采用刑讯逼供和以威胁、引诱、欺骗以及其他非法方法收集证据，不得强迫任何人证实自己有罪。

（3）进行法制宣传，教育公民自觉遵守法律，认识到犯罪行为的社会危害性，积极同犯罪行为作斗争。

本条实际上是规定了侦查机关在侦查破案阶段的任务和要求。该规定和要求不仅适用于公安机关办理刑事案件，也同样适用于人民检察院、国家安全机关、军队保卫部门、中国海警局和监狱等行使法律授予的侦查职权办理特定的刑事案件。根据本条规定，侦查破案部门主要应当进行两项任务：

（1）收集、调取犯罪嫌疑人有罪或者无罪、罪轻或者罪重的证据材料。

（2）依法适时地采取拘留、逮捕措施。对现行犯或者重大嫌疑分子可以依法先行拘留，对符合逮捕条件的犯罪嫌疑人，应当依法逮捕。适时采取强制措施可以保证收集、调取证据工作的顺利进行，同时防止犯罪嫌疑人逃跑、再次危害社会、毁灭罪证、串供等情况的发生。

针对本条的规定，《公安机关办理刑事案件程序规定》和《人民检察院刑事诉讼规则》都作出了相应的条款进行了细化和补充。《公安机关办理刑事案件程序规定》第 187 条规定，公安机关对已经立案的刑事案件，应当及时进行侦查，全面、客观地收集、调取犯罪嫌疑人有罪或者无罪、罪轻或者罪重的证据材料。第 189 条规定，公安机关侦查犯罪，应当严格依照法律规定的条件和程序采取强制措施和侦查措施，严禁在没有证据的情况下，仅凭怀疑就对犯罪嫌疑人采取强制措施和侦查措施。第190条规定，公安机关侦查犯罪，涉及国家秘密、商业秘密、个人隐私的，应当保密。《人民检察院刑事诉讼规则》第176条规定，人民检察院办理直接受理侦查的案件，应当全面、客观地收集、调取犯罪嫌疑人有罪或者无罪、罪轻或者罪重的证据材料，并依法进行审查、核实。办案过程中必须重证据，重调查研究，不轻信口供。严禁刑讯逼供和以威胁、引诱、欺骗以及其他非法方法收集证据，不得强迫任何人证实自己有罪。第177条规定，人民检察院办理直接受理侦查的案件，应当保障犯罪嫌疑人和其他诉讼参与人依法享有的辩护权和其他各项诉讼权利。第178条规定，人民检察院办理直接受理侦查的案件，应当严格依照刑事诉讼法规定的程序，严格遵守刑事案件办案期限的规定，依法提请批准逮捕、移送起诉、不起诉或者撤销案件。对犯罪嫌疑人采取强制措施，应当经检察长批准。第179条规定，人民检察院办理直接受理侦查的案件，应当对侦查过程中知悉的国家秘密、商业秘密及个人隐私予以保密。从上述规定中可以看出侦查破案阶段侦查机关在完成本条规定的两项任务时应该遵守四个基本原则：

（1）及时原则。侦查破案部门进行侦查工作必须在立案后立即进行，不能拖延。因为犯罪分子会在犯罪后千方百计制造假象，或破坏现场，或毁灭证据，或潜逃，或继续犯罪。即便不是犯罪分子所为，有些证据也会因为自然原因而变化、消失、毁坏，证人也会因为时过境迁记忆模糊。因此如果立案后不及时开展侦查活动，客观存在的反映案件本来面貌的材料就可能被毁坏，甚至被毁灭、消失，不利于案件的侦破。立案后侦查机关必须迅速及时展开侦查活动，查清犯罪事实，固定好案件证据，这样才能准确打击犯罪，保护公民的合法权利。

（2）全面、客观原则。侦查调查工作的目的是收集、调取犯罪嫌疑人有罪或者无罪、罪轻或者罪重的证据材料。证据材料是指能够反映案件事实的物品、文件、痕迹以及犯罪嫌疑人的口供，被害人的陈述等。这些证据材料必须通过各种侦查手段提取，以作为认定案件事实的证据。收集、调取证据要坚持全面、客观原则。客观是指按照事物本来面目去认识事物，侦查中不能秉持“有罪推定”的观念，而必须持实事求是的态度，从案件的本来面目出发，去认识事实和收集证据。全面是要求不偏，照顾到各个方面，在搜集证据时，既要搜集犯罪嫌疑人有罪或者罪重的证据，也要搜集犯罪嫌疑人无罪或者罪轻的证据。既要防止放纵罪犯，也要防止冤枉好人。全面、客观是两个互相联系、相辅相成的方面。贯彻这个原则，就要在工作中树立认真细致的工作作风，防止粗枝大叶和主观武断。

（3）严格依照法定程序原则。侦查机关工作方式就是依照法律程序进行讯问犯罪嫌疑人，询问证人、被害人，勘验、检查、搜查、查封、扣押物证、书证，鉴定、技术侦查、通缉等一系列调查工作，为保证调查工作的顺利进行，可以采取《刑事诉讼法》所规定的拘传、取保候审、监视居住、拘留和逮捕等限制或者剥夺人身自由等强制性措施。侦查机关所适用的各种调查工作和采取的强制性措施，稍有不慎，就会侵犯公民的人身权利、民主权利或者其他诉讼权利。为切实保障公民的权利和合法利益不受侵犯，准确及时地惩罚和制止犯罪，侦查机关和侦查人员进行侦查活动，必须严格依照《刑事诉讼法》规定的程序和方式进行。在没有证据的情况下，不能仅凭怀疑就对犯罪嫌疑人采取强制措施和侦查措施。必须重证据，重调查研究，不轻信口供。严禁刑讯逼供，严禁以威胁、引诱、欺骗以及其他非法方法收集证据，不得强迫任何人证实自己有罪。在采取强制措施时，严格按照法定条件和手续进行，遵守审批制度。比如，人民检察院就规定，对犯罪嫌疑人采取强制措施，应当经检察长批准。

（4）保守秘密原则。这包含两层意思，第一层意思是指侦查机关在侦查活动中严格禁止将案情、证据、当事人及诉讼参与人的情况向无关人员泄露。因此在该阶段，案情还没有查清，证据还没有收集完善，如果过早地泄露侦查进展，对侦查工作的顺利进行不利。第二层意思是指在侦查工作中对涉及的国家秘密、商业秘密、个人隐私的应当保密。侦查工作中随着对案件的调查，难免会知悉国家秘密、商业秘密及个人隐私，对这些事项，侦查机关有义务保守秘密。

[配套规定]

1.《人民检察院刑事诉讼规则》（高检发释字［2019］4号）（节录）

第一百七十六条 人民检察院办理直接受理侦查的案件，应当全面、客观地收集、调取犯罪嫌疑人有罪或者无罪、罪轻或者罪重的证据材料，并依法进行审查、核实。办案过程中必须重证据，重调查研究，不轻信口供。严禁刑讯逼供和以威胁、引诱、欺骗以及其他非法方法收集证据，不得强迫任何人证实自己有罪。

第一百七十七条 人民检察院办理直接受理侦查的案件，应当保障犯罪嫌疑人和其他诉讼参与人依法享有的辩护权和其他各项诉讼权利。

第一百七十八条 人民检察院办理直接受理侦查的案件，应当严格依照刑事诉讼法规定的程序，严格遵守刑事案件办案期限的规定，依法提请批准逮捕、移送起诉、不起诉或者撤销案件。

对犯罪嫌疑人采取强制措施，应当经检察长批准。

第一百七十九条 人民检察院办理直接受理侦查的案件，应当对侦查过程中知悉的国家秘密、商业秘密及个人隐私予以保密。

第一百八十条 办理案件的人民检察院需要派员到本辖区以外进行搜查，调取物证、书证等证据材料，或者查封、扣押财物和文件的，应当持相关法律文书和证明文件等与当地人民检察院联系，当地人民检察院应当予以协助。

需要到本辖区以外调取证据材料的，必要时，可以向证据所在地的人民检察院发函调取证据。调取证据的函件应当注明具体的取证对象、地址和内容。证据所在地的人民检察院应当在收到函件后一个月以内将取证结果送达办理案件的人民检察院。

被请求协助的人民检察院有异议的，可以与办理案件的人民检察院进行协商。必要时，报请共同的上级人民检察院决定。

第一百八十一条 人民检察院对于直接受理案件的侦查，可以适用刑事诉讼法第二编第二章规定的各项侦查措施。

刑事诉讼法规定进行侦查活动需要制作笔录的，应当制作笔录。必要时，可以对相关活动进行录音、录像。

2. **《公安机关办理刑事案件程序规定》**（2017 年 12 月 13 日公安部令第 127 号）（节录）

第一百八十七条 公安机关对已经立案的刑事案件，应当及时进行侦查，全面、客观地收集、调取犯罪嫌疑人有罪或者无罪、罪轻或者罪重的证据材料。

第一百八十九条 公安机关侦查犯罪，应当严格依照法律规定的条件和程序采取强制措施和侦查措施，严禁在没有证据的情况下，仅凭怀疑就对犯罪嫌疑人采取强制措施和侦查措施。

第一百九十条 公安机关侦查犯罪，涉及国家秘密、商业秘密、个人隐私的，应当保密。

第一百一十六条　公安机关经过侦查，对有证据证明有犯罪事实的案件，应当进行预审，对收集、调取的证据材料予以核实。

[条文主旨]

本条是关于预审的规定。

[条文释解]

本条由1996《刑事诉讼法》设立，2012年、2018年《刑事诉讼法》未予修改。

本条是关于预审的规定，规定了预审阶段的工作任务。预审的前提是经侦查所获得的证据能证明有犯罪事实并已查获犯罪嫌疑人，犯罪嫌疑人已被公安机关控制。预审的这个前提条件就是前一个法条规定的侦查破案阶段所要完成的任务。预审阶段和侦查破案阶段是两个相对独立又互相联系的诉讼阶段。侦查破案阶段始于立案，终于查获犯罪嫌疑人并将其抓获归案；预审阶段始于侦查破案，终于移送审查起诉或撤销案件。侦查破案阶段是预审阶段的前提和基础，预审阶段是侦查破案阶段的继续和深入，当然特殊时候两者也可以交叉进行。

长期以来，我国刑事司法实践中都将刑事案件的侦查分为前期侦查破案和后期预审两个阶段。侦查破案由公安机关的刑警负责，其主要任务是收集证据和查获犯罪嫌疑人。而预审则由公安机关的预审部门负责，主要任务是对查获的犯罪嫌疑人进行讯问，以核实证据，查清余罪。这与《刑事诉讼法》的规定是一致的。

近年来公安机关曾进行刑侦体制改革试点，实行侦审合一，取消了预审部门，以提高侦查效率，但这只是公安机关工作机制的改革，从侦查的工作内容看，前期侦查破案和后期预审的实际工作仍然是存在的，只是改为全部由承办案件的刑警承担。但刑侦体制改革也不绝对，部分取消预审部门的地方又恢复了预审部门。不管是否取消预审部门，法律规定的预审程序依然存在，侦查机关必须遵守。

从本条规定来看，预审的任务就是在侦查破案的基础上，通过讯问等专门调查工作进一步审查核实已收集、调取的证据材料，也是揭露犯罪和证实犯罪的一项专门工作。《公安机关办理刑事案件程序规定》第 188 条规定对预审作了更具体的规定，公安机关经过侦查，对有证据证明有犯罪事实的案件，应当进行预审，对收集、调取的证据材料的真实性、合法性及证明力予以审查、核实。其他侦查机关也可以参照实行。据此，预审核实收集、调取的证据材料的方向主要有三个：（1）审查证据材料的真实性。侦查破案阶段搜集的证据材料事关犯罪嫌疑人有罪无罪、罪重罪轻，材料真实客观是第一要素。因此预审阶段侦查人员必须首先核实所搜集到的材料的真实性，防止有虚假材料混入证据之中。核实真实性时可以从证据形成的原因，发现证据时的客观环境，证据是否为原件、原物，复制件、复制物是否与原件、原物相符，提供证据的证人是否与当事人有利害关系等方面去审查。（2）审查证据材料的合法性。合法性是证据材料所要具备的法律要素。核实合法性主要是看证据是否符合法定形式，证据的取得是否符合法律、法规、司法解释和规章的要求，是否有影响证据效力的其他情形。违反法定程序收集的证据，如以利诱、欺诈、胁迫、暴力等手段获取证据材料，即便所取得证据材料是真实的，也不能在刑事诉讼中使用，必须作为非法证据排除。法条明令禁止刑讯逼供和以威胁、引诱、欺骗以及其他非法方法收集证据。（3）审查证据材料的证明力。这是指核实证据材料的关联性。预审是对证明有犯罪事实的证据材料进行核实，就是要根据犯罪构成要件去审查构成犯罪的证据是否确实、充分，因此核实已有材料的证明力是应有之义。这实际上是对已有证据材料的最后一次把关，这项工作的好坏关系到侦查阶段办案质量的高低。经核实若认为现有证据材料在真实、合法的基础上证明力充分就可以考虑侦查终结，移送起诉；若认为现有证据材料证明力还不足，就应该继续深入调查、取证，发现新事实、调取新证据，使得案件的事实清楚，证据确实、充分，达到移送审查起诉的要求。

[配套规定]

《公安机关办理刑事案件程序规定》（2013 年 12 月 13 日公安部令第 127 号）（节录）

第一百八十八条 公安机关经过侦查，对有证据证明有犯罪事实的案件，应当进行预审，对收集、调取的证据材料的真实性、合法性及证明力予以审查、核实。

第一百一十七条　当事人和辩护人、诉讼代理人、利害关系人对于司法机关及其工作人员有下列行为之一的，有权向该机关申诉或者控告：

（一）采取强制措施法定期限届满，不予以释放、解除或者变更的；

（二）应当退还取保候审保证金不退还的；

（三）对与案件无关的财物采取查封、扣押、冻结措施的；

（四）应当解除查封、扣押、冻结不解除的；

（五）贪污、挪用、私分、调换、违反规定使用查封、扣押、冻结的财物的。

受理申诉或者控告的机关应当及时处理。对处理不服的，可以向同级人民检察院申诉；人民检察院直接受理的案件，可以向上一级人民检察院申诉。人民检察院对申诉应当及时进行审查，情况属实的，通知有关机关予以纠正。

[条文主旨]

本条是关于当事人、辩护人、诉讼代理人及其利害关系人申诉与控告权及其处理的规定。

[条文释解]

本条由2012《刑事诉讼法》设立，2018年《刑事诉讼法》未予修改。

在侦查环节上，侦查权虽然有法定的监督和制约机制，但是在诉讼参与人面前，侦查权仍然过于强大。而没有救济就没有权利，因此为促使侦查机关和侦查人员严格依照法律规定实施侦查行为，保障诉讼参与人能按照预先设定的行使权利，维护自己的利益，加强诉讼参与人对侦查权运行的监督与制约，特别是对实践中社会各界反映比较强烈的超期羁押、取保难、随意查冻扣、辩护难等热点问题，2012《刑事诉讼法》修订时增设了本条，确立了当事人和辩护人、诉讼代理人、利害关系人对侦查违法行为的投诉处理机制。这属于侦查阶段的当事人和辩护人、诉讼代理人、利害关系人在自己的合法权益受到侵害时的事后性救济措施。

本条共分为两款。第1款规定当事人和辩护人、诉讼代理人、利害关系人对于司法机关及其工作人员的五种违法行为有权向该机关申诉或者控告。

有权提起申诉或者控告的一共有四类人，第一类人是当事人，根据《刑事诉讼法》第108条第2项的规定，是指被害人、自诉人、犯罪嫌疑人、被告人、附带民事诉讼的原告人和被告人。第二类人是辩护人，是指在刑事诉讼过程中为犯罪嫌疑人、被告人提供法律援助或帮助、为犯罪嫌疑人、被告人辩护的人，《刑事诉讼法》明文规定律师、人民团体或者犯罪嫌疑人、被告人所在单位推荐的人、犯罪嫌疑人、被告人的监护人、亲友可任辩护人。第三类人是诉讼代理人，根据《刑事诉讼法》第108条第5项的规定，是指公诉案件的被害人及其法定代理人或者近亲属、自诉案件的自诉人及其法定代理人委托代为参加诉讼的人和附带民事诉讼的当事人及其法定代理人委托代为参加诉讼的人。第四类人是利害关系人，是指与案件有关联并存在利害关系的人，这里主要是指与有关涉案财产存在利害关系的人。

五种违法行为分别是以下行为：

1. 采取强制措施法定期限届满，不予以释放、解除或者变更的。这是指司法机关及其工作人员在侦查阶段对犯罪嫌疑人、被告人依法采取了逮捕、拘留、取保候审、监视居住等强制措施，法定期限届满不予以释放、解除或者变更的情形。由于强制措施是对犯罪嫌疑人的人身自由加以限制，因此《刑事诉讼法》第六章设专章规定了采取强制措施的批准机关、具体执行条件、程序和期限，如《刑事诉讼法》第79条规定取保候审和监视居住的期限，人民法院、人民检察院和公安机关对犯罪嫌疑人、被告人取保候审最长不得超过十二个月，监视居住最长不得超过六个月。在取保候审、监视居住期间，不得中断对案件的侦查、起诉和审理。对于发现不应当追究刑事责任或者取保候审、监视居住期限届满的，应当及时解除取保候审、监视居住。解除取保候审、监视居住，应当及时通知被取保候审、监视居住人和有关单位。《刑事诉讼法》第91条规定了拘留和审查批准逮捕的期限，公安机关对被拘留的人，认为需要逮捕的，应当在拘留后的三日以内，提请人民检察院审查批准。在特殊情况下，提请审查批准的时间可以延长一日至四日。对于流窜作案、多次作案、结伙作案的重大嫌疑分子，提请审查批准的时间可以延长至三十日。人民检察院应当自接到公安机关提请批准逮捕书后的七日以内，作出批准逮捕或者不批准逮捕的决定。人民检察院不批准逮捕的，公安机关应当在接到通知后立即释放，并且将执行情况及时通知人民检察院。对于需要继续侦查，并且符合取保候审、监视居住条件的，依法取保候审或者监视居住。第156条至第160条对侦查羁押期限及其延长、重新计算的条件和批准程序作了规定。如果超过上述规定的期限，有关司法机关对犯罪嫌疑人不予以释放、解除或者变更强制措施的，就属于本项所规定的情形。

2. 应当退还取保候审保证金不退还的。取保候审的保证金，是指犯罪嫌疑人、被告人交纳的保证遵守取保候审规定的金钱，是对被取保候审的犯罪嫌疑人、被告人在经济上的一种约束，目的是保证诉讼活动可以顺利进行。如果交纳保证金的犯罪嫌疑人、被告人在取保候审期间违反有关规定，应当依照规定没收保证金。如果没有违反有关规定，取保候审的期限届满时，就应当依法退还保证金。《刑事诉讼法》第 73 条规定，犯罪嫌疑人、被告人在取保候审期间未违反本法第 71 条规定的，取保候审结束的时候，凭解除取保候审的通知或者有关法律文书到银行领取退还的保证金。如果司法机关及其工作人员故意阻挠犯罪嫌疑人、被告人依法领取保证金或者要求银行对保证金不予退还的，就属于本项规定的情形。

3. 对与案件无关的财物采取查封、扣押、冻结措施的。《刑事诉讼法》第 141 条规定，在侦查活动中发现的可用以证明犯罪嫌疑人有罪或者无罪的各种财物、文件，应当查封、扣押；与案件无关的财物、文件，不得查封、扣押。第 144 条规定，人民检察院、公安机关根据侦查犯罪的需要，可以依照规定查询、冻结犯罪嫌疑人的存款、汇款、债券、股票、基金份额等财产。有关单位和个人应当配合。犯罪嫌疑人的存款、汇款、债券、股票、基金份额等财产已被冻结的，不得重复冻结。上述规定明确了侦查机关可以根据侦查犯罪的需要查封、扣押可用以证明犯罪嫌疑人有罪或者无罪的各种财物、文件，查询、冻结犯罪嫌疑人的存款、汇款、债券、股票、基金份额等财产，但与案件无关的财物、文件，不得查封、扣押。因此司法机关及其工作人员超出上述规定的范围，任意查封、扣押、冻结与案件无关的财物即属于本项规定的情形。

4. 应当解除查封、扣押、冻结不解除的。《刑事诉讼法》第 145 条规定，对查封、扣押的财物、文件、邮件、电报或者冻结的存款、汇款、债券、股票、基金份额等财产，经查明确实与案件无关的，应当在三日以内解除查封、扣押、冻结，予以退还。司法机关及其工作人员在侦查活动中，为及时查清案情，获取证明犯罪嫌疑人有罪或者无罪的证据和固定证据的需要，可能会存在查封、扣押、冻结与案件无关的财物的情形。若经过核实，发现被查封、扣押的财产和有关文件与案件无关或者不能证明犯罪嫌疑人有罪或者无罪的，就应当及时解除查封、扣押、冻结。若不解除查封、扣押、冻结的财物的则属于本项规定的情形。

5. 贪污、挪用、私分、调换、违反规定使用查封、扣押、冻结的财物的。这是指有关司法机关及其工作人员对查封、扣押、冻结的犯罪嫌疑人、被告人的财物，进行贪污、挪用、私分、调换、违反规定使用的情形。贪污是指司法机关及其工作人员将被查封、扣押、冻结的财产侵吞，据为己有。挪用是指司法机关及其工作人员将被查封、扣押、冻结的财产私自挪作个人使用，进行非法活动或者营利活动。私分是指司法机关及其工作人员将被查封、扣押、冻结的财产私下瓜分，变为个人财产。调换是指司法机关及其工作人员将被查封、扣押、冻结的财产以旧换新，以次品充正品的行为。违反规定使用是指司法机关及其工作人员擅自使用被查封、扣押、冻结的财产，法律明文规定对查封、扣押的财物、文件，要妥善保管或者封存，不得使用，擅自使用即属于违反规定使用。若司法机关及其工作人员有上述任意一种或几种行为，即属于本项规定的情形。

本条第 2 款是对申诉或者控告处理程序的规定，赋予了人民检察院对申诉进行审查与处理的权限。对于司法机关及其工作人员具有上述所列举的五项行为之一的当事人和辩护人、诉讼代理人、利害关系人有权向该机关申诉或者控告。根据本款的规定，受理申诉或者控告的机关应当及时处理。对处理不服的，可以向同级人民检察院申诉。人民检察院直接受理的案件，可以向上一级人民检察院申诉。人民检察院对申诉应当及时进行审查，情况属实的，通知有关机关予以纠正。这里包含两层含义，首先，当事人和辩护人、诉讼代理人、利害关系人应当先向实施不当行为的侦查机关提出申诉与控告，侦查机关应当及时处理。对公安机关如何处理此类申诉或者控告，《公安机关办理刑事案件程序规定》第 191 条第 2 款进行了明确规定，受理申诉或者控告的公安机关应当及时进行调查核实，并在收到申诉、控告之日起三十日以内作出处理决定，书面回复申诉人、控告人。发现公安机关及其侦查人员有上述行为之一的，应当立即纠正。《公安机关办理刑事案件程序规定》还规定了上级公安机关对下级公安机关此五类违法行为的监督权。《公安机关办理刑事案件程序规定》第 192 条规定，上级公安机关发现下级公安机关存在本规定第 191 条第 1 款规定的违法行为或者对申诉、控告事项不按照规定处理的，应当责令下级公安机关限期纠正，下级公安机关应当立即执行。必要时，上级公安机关可以就申诉、控告事项直接作出处理决定。这条规定不仅规定上级公安机关对下级公安机关此五类违法行为具有监督权，还确认了当事人和辩护人、诉讼代理人、利害关系人可以向上一级公安机关申诉、控告的权利。其次，侦查机关对申诉、控告处理后，当事人和辩护人、诉讼代理人、利害关系人仍不服的，可以转向人民检察院寻求进一步的救济。公安机关侦查的案件，相关人员应选择向同级人民检察院申请救济，自侦案件的侦查投诉应向上一级人民检察院申请救济。人民检察院在接到申诉与控告后，应当及时进行审查，情况属实的，通知有关机关予以纠正。对于审查的方式，刑事诉讼法没有作出明确规定，采取了模糊处理的策略，应由人民检察院自行把握。人民检察院在《人民检察院刑事诉讼规则》第 13 章第 3 节对侦查活动监督进行了规定，本条规定的五种违法行为亦属于人民检察院监督范围。其中规定人民检察院发现侦查活动中的违法情形已涉嫌犯罪，属于人民检察院管辖的，依法立案侦查。

[配套规定]

1.《公安机关办理刑事案件程序规定》（2012 年 12 月 13 日公安部令第 127 号）（节录）

第一百九十一条 当事人和辩护人、诉讼代理人、利害关系人对于公安机关及其侦查人员有下列行为之一的，有权向该机关申诉或者控告：

（一）采取强制措施法定期限届满，不予以释放、解除或者变更的；

（二）应当退还取保候审保证金不退还的；

（三）对与案件无关的财物采取查封、扣押、冻结措施的；

（四）应当解除查封、扣押、冻结不解除的；

（五）贪污、挪用、私分、调换、违反规定使用查封、扣押、冻结的财物的。

受理申诉或者控告的公安机关应当及时进行调查核实，并在收到申诉、控告之日起三十日以内作出处理决定，书面回复申诉人、控告人。发现公安机关及其侦查人员有上述行为之一的，应当立即纠正。

第一百九十二条 上级公安机关发现下级公安机关存在本规定第一百九十一条第一款规定的违法行为或者对申诉、控告事项不按照规定处理的，应当责令下级公安机关限期纠正，下级公安机关应当立即执行。必要时，上级公安机关可以就申诉、控告事项直接作出处理决定。

2.《人民检察院刑事诉讼规则》（高检发释字［2019］4号）（节录）

第五百六十七条 人民检察院应当对侦查活动中是否存在以下违法行为进行监督：

（一）采用刑讯逼供以及其他非法方法收集犯罪嫌疑人供述的；

（二）讯问犯罪嫌疑人依法应当录音或者录像而没有录音或者录像，或者未在法定羁押场所讯问犯罪嫌疑人的；

（三）采用暴力、威胁以及非法限制人身自由等非法方法收集证人证言、被害人陈述，或者以暴力、威胁等方法阻止证人作证或者指使他人作伪证的；

（四）伪造、隐匿、销毁、调换、私自涂改证据，或者帮助当事人毁灭、伪造证据的；

（五）违反刑事诉讼法关于决定、执行、变更、撤销强制措施的规定，或者强制措施法定期限届满，不予释放、解除或者变更的；

（六）应当退还取保候审保证金不退还的；

（七）违反刑事诉讼法关于讯问、询问、勘验、检查、搜查、鉴定、采取技术侦查措施等规定的；

（八）对与案件无关的财物采取查封、扣押、冻结措施，或者应当解除查封、扣押、冻结而不解除的；

（九）贪污、挪用、私分、调换、违反规定使用查封、扣押、冻结的财物及其孳息的；

（十）不应当撤案而撤案的；

（十一）侦查人员应当回避而不回避的；

（十二）依法应当告知犯罪嫌疑人诉讼权利而不告知，影响犯罪嫌疑人行使诉讼权利的；

（十三）对犯罪嫌疑人拘留、逮捕、指定居所监视居住后依法应当通知家属而未通知的；

（十四）阻碍当事人、辩护人、诉讼代理人、值班律师依法行使诉讼权利的；

（十五）应当对证据收集的合法性出具说明或者提供证明材料而不出具、不提供的；

（十六）侦查活动中的其他违反法律规定的行为。

第五百六十八条 人民检察院发现侦查活动中的违法情形已涉嫌犯罪，

属于人民检察院管辖的，依法立案侦查；不属于人民检察院管辖的，依照有关规定移送有管辖权的机关。

第五百六十九条 人民检察院负责捕诉的部门发现本院负责侦查的部门在侦查活动中有违法情形，应当提出纠正意见。需要追究相关人员违法违纪责任的，应当报告检察长。

上级人民检察院发现下级人民检察院在侦查活动中有违法情形，应当通知其纠正。下级人民检察院应当及时纠正，并将纠正情况报告上级人民检察院。

第二节 讯问犯罪嫌疑人

第一百一十八条 讯问犯罪嫌疑人必须由人民检察院或者公安机关的侦查人员负责进行。讯问的时候，侦查人员不得少于二人。

犯罪嫌疑人被送交看守所羁押以后，侦查人员对其进行讯问，应当在看守所内进行。

[条文主旨]

本条是关于讯问的主体的规定。

[条文释解]

本条由1979《刑事诉讼法》设立，1996年《刑事诉讼法》予以修改，2012年《刑事诉讼法》增设第2款，2018年《刑事诉讼法》未予修改。

从本条起至第123条规定了讯问犯罪嫌疑人的程序。讯问犯罪嫌疑人是侦查人员为了查明案件事实或者与案件有关的其他情况，依照法定程序对犯罪嫌疑人进行言词讯问的一种侦查行为。讯问犯罪嫌疑人是每一个刑事案件中都必须进行的重要行为，既包括查获犯罪嫌疑人后的初次讯问，也包括进一步查证犯罪的预审活动中对犯罪嫌疑人的讯问，在侦查程序中具有十分重要的意义。因为犯罪嫌疑人作为实施犯罪的行为人，对自己为何实施犯罪及如何实施犯罪知道得最为清楚。通过讯问犯罪嫌疑人，一方面是取得犯罪嫌疑人的供述，揭露和证实犯罪嫌疑人的犯罪行为，弄清其犯罪的动机、目的、准备过程、作案的时间、地点和手段等具体情节，判明犯罪的性质，查明是否有其他应当追究刑事责任的犯罪事实和共同犯罪人。另一方面是听取犯罪嫌疑人的辩解，对相关事实进行查证，固定好能证实其无罪或罪轻的证据，切实保护好犯罪嫌疑人的合法权益，保障无罪的人不受刑事追究。因此，讯问犯罪嫌疑人作为收集与核实证据的一种法定程序，对于全面查清案情，防止冤假错案发生，具有非常重要的作用。讯问犯罪嫌疑人也是一项复杂艰巨的工作，因为犯罪嫌疑人与案件的处理结果有着直接的利害关系，故而存在犯罪嫌疑人不愿如实供述或虚假供述的可能。此时侦查人员要想取得犯罪嫌疑人的供述，除了政治宣讲、政策攻心、耐心说服等手段之外，还存在着侦查人员对犯罪嫌疑人实施刑讯逼供的可能性。因此，《刑事诉讼法》结合实践，总结了讯问犯罪嫌疑人的经验做法，设专节明确规定了讯问犯罪嫌疑人的程序，侦查人员应当严格遵循。

本条共分为两款。第 1 款是关于讯问犯罪嫌疑人的主体和人数的规定。讯问犯罪嫌疑人必须由人民检察院或者公安机关的侦查人员负责进行。讯问的时候，侦查人员不得少于二人。从该条款中可知，人民检察院、公安机关是我国有权行使侦查权的机关，只能由人民检察院或公安机关的侦查人员依法行使讯问犯罪嫌疑人的权力，其他任何单位（《刑事诉讼法》规定国家安全机关、军队保卫部门、中国海警局和监狱在行使法律授予的特定侦查职权时可以比照该条款实施）和个人都无权对犯罪嫌疑人进行讯问。讯问犯罪嫌疑人的时候，侦查人员不得少于二人，就是指侦查人员不得独自讯问犯罪嫌疑人。法律这样规定是讯问工作的需要，不少于二名的侦查人员在讯问犯罪嫌疑人的时候可以互相配合、互相监督，客观、真实地获取和固定证据，提高讯问效率，保证讯问质量，并且防止徇私舞弊或发生刑讯逼供、诱供等违法乱纪现象发生和犯罪嫌疑人行凶、自杀、逃跑以及诬告侦查人员事件的发生。针对该条款，公安机关和人民检察院也作了进一步的规定。《人民检察院刑事诉讼规则》第 182 条规定，讯问犯罪嫌疑人，由检察人员负责进行。讯问时，检察人员或者检察人员和书记员不得少于二人。讯问同案的犯罪嫌疑人，应当个别进行。《公安机关办理刑事案件程序规定》第 197 条规定，讯问犯罪嫌疑人，必须由侦查人员进行。讯问的时候，侦查人员不得少于二人。讯问同案的犯罪嫌疑人，应当个别进行。从上述规定可知，讯问犯罪嫌疑人应当注意：(1) 侦查人员不得少于二人。这里的二人并非要求均是公安承办警官或人民检察官，可以包含书记员，书记员也属于侦查人员。（2）讯问共同犯罪案件的犯罪嫌疑人，应当分别进行，单独讯问。这是防止同案犯串供或者相互影响。必要时可以互相对质。

第 2 款系 2012 年修改《刑事诉讼法》时增设，规定犯罪嫌疑人被送交看守所羁押以后，侦查人员对其进行讯问，应当在看守所内进行。这是指犯罪嫌疑人由侦查机关按照规定将犯罪嫌疑人送交公安机关管理的专门看押犯罪嫌疑人的场所后，如果再要讯问犯罪嫌疑人，就必须到看守所进行。看守所有专门设立的规范的讯问室，以供侦查人员对犯罪嫌疑人进行讯问。这是针对过去实践中经常发生的送看守所羁押后通过“提外审”的方式，将犯罪嫌疑人带出看守所，在办案场所或其他地点进行刑讯的做法，发挥看守所在遏制刑讯方面的作用而作的规定。《人民检察院刑事诉讼规则》第 186 条规定，犯罪嫌疑人被送交看守所羁押后，检察人员对其进行讯问，应当填写提讯、提解证，在看守所讯问室进行。因辨认、鉴定、侦查实验或者追缴犯罪有关财物的需要，经检察长批准，可以提押犯罪嫌疑人出所，并应当由两名以上司法警察押解。不得以讯问为目的将犯罪嫌疑人提押出所进行讯问。该规定是对本条款内容的进一步确认和细化，犯罪嫌疑人被送交看守所羁押后，检察人员对其进行讯问，应当在看守所讯问室进行。在不以讯问为目的的情况下，如因辨认、鉴定、侦查实验或者追缴犯罪有关财物的需要，经检察长批准，才可以提押犯罪嫌疑人出所，并应当由两名以上司法警察押解。2009 年“躲猫猫”事件以来，我国看守所系统进行了大幅度革新，包括全部讯问室实现物理隔离、电子监控系统逐步完善、严格细化提外审的理由与审批机制等，这些举措的实施有利于其履行好看管嫌疑犯的职责，并担当好《刑事诉讼法》赋予其监督制约侦查办案机关的重任。

[配套规定]

1.《人民检察院刑事诉讼规则》（高检发释字［2019］4 号）（节录）

第一百八十二条　讯问犯罪嫌疑人，由检察人员负责进行。讯问时，检察人员或者检察人员和书记员不得少于二人。

讯问同案的犯罪嫌疑人，应当个别进行。

第一百八十六条　犯罪嫌疑人被送交看守所羁押后，检察人员对其进行讯问，应当填写提讯、提解证，在看守所讯问室进行。

因辨认、鉴定、侦查实验或者追缴犯罪有关财物的需要，经检察长批准，可以提押犯罪嫌疑人出所，并应当由两名以上司法警察押解。不得以讯问为目的将犯罪嫌疑人提押出所进行讯问。

2.《公安机关办理刑事案件程序规定》（2012年12月13日公安部令第127号）（节录）

第一百九十七条 讯问犯罪嫌疑人，必须由侦查人员进行。讯问的时候，侦查人员不得少于二人。

讯问同案的犯罪嫌疑人，应当个别进行。

第一百一十九条 对不需要逮捕、拘留的犯罪嫌疑人，可以传唤到犯罪嫌疑人所在市、县内的指定地点或者到他的住处进行讯问，但是应当出示人民检察院或者公安机关的证明文件。对在现场发现的犯罪嫌疑人，经出示工作证件，可以口头传唤，但应当在讯问笔录中注明。

传唤、拘传持续的时间不得超过十二小时；案情特别重大、复杂，需要采取拘留、逮捕措施的，传唤、拘传持续的时间不得超过二十四小时。

不得以连续传唤、拘传的形式变相拘禁犯罪嫌疑人。传唤、拘传犯罪嫌疑人，应当保证犯罪嫌疑人的饮食和必要的休息时间。

[条文主旨]

本条是关于讯问的时间与地点的规定以及传唤、拘传的限制性规定。

[条文释解]

本条由1979《刑事诉讼法》设立，1996年《刑事诉讼法》增设第2款，2012年《刑事诉讼法》对第1款予以补充，将第2款内容拆分增补，设第3款。2018年《刑事诉讼法》未予修改。

本条共分为三款。第1款对不需要逮捕、拘留的犯罪嫌疑人的讯问地点作了具体规定。对不需要逮捕、拘留的犯罪嫌疑人，可以传唤到犯罪嫌疑人所在市、县内的指定地点或者到他的住处进行讯问，但是应当出示人民检察院或者公安机关的证明文件。对在现场发现的犯罪嫌疑人，经出示工作证件，可以口头传唤，但应当在讯问笔录中注明。人民检察院和公安机关在本条款的基础上作了更细化的规定：

《人民检察院刑事诉讼规则》第 183 条规定，对于不需要逮捕、拘留的犯罪嫌疑人，可以传唤到犯罪嫌疑人所在市、县内的指定地点或者到他的住处进行讯问。传唤犯罪嫌疑人，应当出示传唤证和工作证件，并责令犯罪嫌疑人在传唤证上签名或者盖章，并捺指印。犯罪嫌疑人到案后，应当由其在传唤证上填写到案时间。传唤结束时，应当由其在传唤证上填写传唤结束时间。拒绝填写的，应当在传唤证上注明。对在现场发现的犯罪嫌疑人，经出示工作证件，可以口头传唤，并将传唤的原因和依据告知被传唤人。在讯问笔录中应当注明犯罪嫌疑人到案时间、到案经过和传唤结束时间。本规则第 84 条第 2 款的规定（犯罪嫌疑人工作单位与居住地不在同一市、县的，拘传应当在犯罪嫌疑人工作单位所在的市、县内进行；特殊情况下，也可以在犯罪嫌疑人居住地所在的市、县内进行）适用于传唤犯罪嫌疑人。第 184 条规定，传唤犯罪嫌疑人时，其家属在场的，应当当场将传唤的原因和处所口头告知其家属，并在讯问笔录中注明。其家属不在场的，应当及时将传唤的原因和处所通知被传唤人家属。无法通知的，应当在讯问笔录中注明。

《公安机关办理刑事案件程序规定》第 193 条规定，公安机关对于不需要拘留、逮捕的犯罪嫌疑人，经办案部门负责人批准，可以传唤到犯罪嫌疑人所在市、县内的指定地点或者到他的住处进行讯问。第 194 条规定，传唤犯罪嫌疑人时，应当出示传唤证和侦查人员的工作证件，并责令其在传唤证上签名、捺指印。犯罪嫌疑人到案后，应当由其在传唤证上填写到案时间。传唤结束时，应当由其在传唤证上填写传唤结束时间。犯罪嫌疑人拒绝填写的，侦查人员应当在传唤证上注明。对在现场发现的犯罪嫌疑人，侦查人员经出示工作证件，可以口头传唤，并将传唤的原因和依据告知被传唤人。在讯问笔录中应当注明犯罪嫌疑人到案方式，并由犯罪嫌疑人注明到案时间和传唤结束时间。对自动投案或者群众扭送到公安机关的犯罪嫌疑人，可以依法传唤。

根据上述规定，对本条款可以作如下的理解：第一，对不需要逮捕、拘留的犯罪嫌疑人，侦查机关可以对其进行传唤，通知其于指定的时间、地点到案接受讯问。为了方便群众，同时也是有利于侦查工作的顺利进行，侦查人员可以将未拘留、逮捕的犯罪嫌疑人传唤到其所在的市、县内的指定地点或者其住处进行讯问。犯罪嫌疑人所在市、县内的指定地点，主要是指犯罪嫌疑人在被讯问时工作生活所在的市、县的公安局、公安派出所、基层组织及其所在单位等，他的住处是指犯罪嫌疑人在被讯问时所居住的地方。若犯罪嫌疑人工作单位与居住地不在同一市、县的，传唤应当在犯罪嫌疑人工作单位所在的市、县内进行。特殊情况下，也可以在犯罪嫌疑人居住地所在的市、县内进行。第二，为了防止审讯权被冒用或滥用，保护犯罪嫌疑人的合法权利。传唤时侦查人员应当出示人民检察院或者公安机关的证明文件。这是要求侦查人员在传唤时应当出示传唤证和侦查人员的工作证件，并责令犯罪嫌疑人在传唤证上签名、捺指印。犯罪嫌疑人到案后，应当由其在传唤证上填写到案时间。传唤结束时，应当由其在传唤证上填写传唤结束时间。犯罪嫌疑人拒绝填写的，侦查人员应当在传唤证上注明。第三，侦查机关传唤犯罪嫌疑人时有及时通知其家属的义务。传唤犯罪嫌疑人时，其家属在场的，应当当场将传唤的原因和处所口头告知其家属，并在讯问笔录中注明。其家属不在场的，应当及时将传唤的原因和处所通知被传唤人家属。无法通知的，应当在讯问笔录中注明。第四，特殊情况下可以口头传唤犯罪嫌疑人。对于在现场发现的犯罪嫌疑人，经出示工作证件，可以口头传唤，但应当在讯问笔录中注明。这是2012年修改《刑事诉讼法》时增设的内容，主要针对的是在犯罪现场发现的犯罪嫌疑人。在犯罪现场及时获取重要相关证据是侦查机关获取证据的最佳时机，因此法律规定在这种情况下，侦查人员可以对犯罪嫌疑人进行口头传唤。同时，必须要出示工作证件，才能进行口头传唤，并在讯问笔录中应当注明犯罪嫌疑人到案时间、到案经过和传唤结束时间。这样规定是为了使侦查人员进行规范性操作，防止现场口头传唤的随意性，讯问笔录规范化才能不损害其法律效力。此外，公安机关还规定对自动投案或者群众扭送到公安机关的犯罪嫌疑人，可以依法传唤。

本条第2款对传唤、拘传持续的时间作了明确规定。传唤、拘传持续的时间不得超过十二小时。案情特别重大、复杂，需要采取拘留、逮捕措施的，传唤、拘传持续的时间不得超过二十四小时。拘传和传唤虽然此处的目的都是让犯罪嫌疑人到案接受讯问，但它们是两种不同性质的诉讼行为。传唤是以传票的形式通知犯罪嫌疑人到案接受讯问，其性质等同于通知，不具有强制性质，基于犯罪嫌疑人的自觉性而实施。拘传则是《刑事诉讼法》所规定的五类强制措施中的一种强制措施，具有一定的强制性，对不愿到案接受讯问的犯罪嫌疑人可以强制其到案接受讯问，在其抗拒到案的情况下可以使用械具。传唤不是拘传的必经程序。

对传唤、拘传持续的时间，1996《刑事诉讼法》规定传唤、拘传持续的时间最长不得超过十二小时。没有根据犯罪的复杂程度等因素给出任何可以延长适用的情形。而现实是长期以来我国侦查实践中形成了过分依赖侦查讯问获取犯罪证据以及证据线索的局面，对于一些疑难复杂案件、隐蔽性强、主要依靠嫌疑人口供的重大职务犯罪案件等，羁押前控制犯罪嫌疑人的时间过短导致案件难以侦办，同时一些新型犯罪不断出现，也对侦查机关在法律规定的传唤、拘传的最长时限内获取证据以及证据线索提出了挑战。因此2012 年《刑事诉讼法》对这一条款进行了修改，采取了原则加例外的方式加以规定。在坚持十二小时为原则的前提下适当延长特殊情形下的传唤、拘传的适用期限，同时严格限制该特殊期限的适用范围以防止其滥用造成对公民合法权利的侵害。一般情况下，每次传唤、拘传所持续的时间不得超过十二小时。只有在案情特别重大、复杂，并且根据案件情况，依照法律规定对犯罪嫌疑人需要采取拘留、逮捕措施的情形下，可以适当地延长传唤、拘传持续的时间，但是也不是无限延长，有最高时长限制，其持续的时间不得超过二十四小时。因为案情特别重大、复杂，所以需要采用与之相适应的较重的诉讼手段，而由于采取拘留、逮捕措施需要法定的审批手续，必须为其留有一定的时间，在这两个要件同时具备的情况下可以延长传唤、拘传的时间。这样规定，既考虑到侦查机关办案的需要，也是为了规范传唤、拘传的使用。此外，法条规定的是持续时间不得超过十二小时或者二十四小时，这一时间是最长时间，侦查人员如果能在更短的时间内完成讯问和有关法律手续，则应抓紧在更短的时间内完成。

本条第 3 款对执行传唤、拘传提出了两个明确的要求。这是保障传唤、拘传期间犯罪嫌疑人基本权利的规定。第一个要求是“不得以连续传唤、拘传的形式变相拘禁犯罪嫌疑人”，是指不得以连续传唤、拘传的形式使传唤、拘传超过了法定最长时限，即超过了十二小时或二十四小时，从而剥夺犯罪嫌疑人的人身自由。由于法条对传唤、拘传的起算时间以及每次传唤、拘传之间间隔没有明确规定，司法实践中存在着用连续传唤、拘传严重侵犯犯罪嫌疑人人身自由的行为。1996 年《刑事诉讼法》修改过程中增加了“不得以连续传唤、拘传的形式变相拘禁犯罪嫌疑人”就是为了针对该行为，但是这只是禁止性规定，没有规定具体可操作性要求。《人民检察院刑事诉讼规则》第 185 条规定，两次传唤间隔的时间一般不得少于十二小时，不得以连续传唤的方式变相拘禁犯罪嫌疑人。该条款明确规定两次传唤间隔的时间一般不得少于十二小时，防止侦查人员以连续传唤的方式变相拘禁犯罪嫌疑人，其他侦查机关可参照执行。《人民检察院刑事诉讼规则》《公安机关办理刑事案件程序规定》都有要求在犯罪嫌疑人到案后，责令其在传唤证上填写到案时间，传唤结束后，应当由其在传唤证上填写结束时间。犯罪嫌疑人拒绝填写的，侦查人员应在传唤证上注明。该做法也有防止连续传唤、拘传的考量在内。第二个要求是“传唤、拘传犯罪嫌疑人，应当保证犯罪嫌疑人的饮食和必要的休息时间”，这是2012年《刑事诉讼法》修改时新增加的内容。在实践中，侦查机关及其办案人员，由于传唤、拘传的时间紧，有时会出现采取连续审讯，甚至不能保证犯罪嫌疑人必要的饮食、休息和日常生活需求的现象，这样做严重侵犯了犯罪嫌疑人的合法权益。世界范围内禁止对被追诉者施以“不人道或者有辱人格的待遇或惩罚”已然成为各国共识。为保障犯罪嫌疑人传唤、拘传期间的饮食、休息的基本需求，加强我国刑事诉讼法中人权保障力度，刑事诉讼法增加此规定。但是这个规定属于一般性的原则规定，比较抽象、宏观，法条没有明确如何保证饮食、何为“必要的休息时间”。为使这一规定落到实处，有必要通过司法解释以及部门规章等形式进一步明确规定饮食和必要的休息时间的量化标准。现行的《人民检察院刑事诉讼规则》《公安机关办理刑事案件程序规定》中尚无这方面的量化规定。此外，根据法律规定，在检察院移送审查起诉之后，人民法院同样有权传唤、拘传被告人，还包括对刑事自诉案件的被告人以及刑事附带民事诉讼案件的被告人，这与侦查阶段的传唤、拘传一样，都是对人身自由的限制，因此本条文规定的传唤、拘传期间及权利保障要求同样适用于人民法院传唤、拘传被告人。

[配套规定]

1.《人民检察院刑事诉讼规则》（高检发释字［2019］4号）（节录）

第八十四条 人民检察院拘传犯罪嫌疑人，应当在犯罪嫌疑人所在市、县内的地点进行。

犯罪嫌疑人工作单位与居住地不在同一市、县的，拘传应当在犯罪嫌疑人工作单位所在的市、县内进行；特殊情况下，也可以在犯罪嫌疑人居住地所在的市、县内进行。

第一百八十三条 对于不需要逮捕、拘留的犯罪嫌疑人，可以传唤到犯罪嫌疑人所在市、县内的指定地点或者到他的住处进行讯问。

传唤犯罪嫌疑人，应当出示传唤证和工作证件，并责令犯罪嫌疑人在传唤证上签名或者盖章，并捺指印。

犯罪嫌疑人到案后，应当由其在传唤证上填写到案时间。传唤结束时，应当由其在传唤证上填写传唤结束时间。拒绝填写的，应当在传唤证上注明。

对在现场发现的犯罪嫌疑人，经出示工作证件，可以口头传唤，并将传唤的原因和依据告知被传唤人。在讯问笔录中应当注明犯罪嫌疑人到案时间、到案经过和传唤结束时间。

本规则第八十四条第二款的规定适用于传唤犯罪嫌疑人。

第一百八十四条　传唤犯罪嫌疑人时，其家属在场的，应当当场将传唤的原因和处所口头告知其家属，并在讯问笔录中注明。其家属不在场的，应当及时将传唤的原因和处所通知被传唤人家属。无法通知的，应当在讯问笔录中注明。

第一百八十五条　传唤持续的时间不得超过十二小时。案情特别重大、复杂，需要采取拘留、逮捕措施的，传唤持续的时间不得超过二十四小时。两次传唤间隔的时间一般不得少于十二小时，不得以连续传唤的方式变相拘禁犯罪嫌疑人。

传唤犯罪嫌疑人，应当保证犯罪嫌疑人的饮食和必要的休息时间。

2.《公安机关办理刑事案件程序规定》（2012年12月13日公安部令第127号）（节录）

第一百九十三条　公安机关对于不需要拘留、逮捕的犯罪嫌疑人，经办案部门负责人批准，可以传唤到犯罪嫌疑人所在市、县内的指定地点或者到他的住处进行讯问。

第一百九十四条　传唤犯罪嫌疑人时，应当出示传唤证和侦查人员的工作证件，并责令其在传唤证上签名、捺指印。

犯罪嫌疑人到案后，应当由其在传唤证上填写到案时间。传唤结束时，应当由其在传唤证上填写传唤结束时间。犯罪嫌疑人拒绝填写的，侦查人员应当在传唤证上注明。

对在现场发现的犯罪嫌疑人，侦查人员经出示工作证件，可以口头传唤，并将传唤的原因和依据告知被传唤人。在讯问笔录中应当注明犯罪嫌疑人到案方式，并由犯罪嫌疑人注明到案时间和传唤结束时间。

对自动投案或者群众扭送到公安机关的犯罪嫌疑人，可以依法传唤。

第一百九十五条 传唤持续的时间不得超过十二小时。案情特别重大、复杂，需要采取拘留、逮捕措施的，经办案部门负责人批准，传唤持续的时间不得超过二十四小时。不得以连续传唤的形式变相拘禁犯罪嫌疑人。

传唤期限届满，未作出采取其他强制措施决定的，应当立即结束传唤。

第一百九十六条 传唤、拘传、讯问犯罪嫌疑人，应当保证犯罪嫌疑人的饮食和必要的休息时间，并记录在案。

第一百二十条　侦查人员在讯问犯罪嫌疑人的时候，应当首先讯问犯罪嫌疑人是否有犯罪行为，让他陈述有罪的情节或者无罪的辩解，然后向他提出问题。犯罪嫌疑人对侦查人员的提问，应当如实回答。但是对与本案无关的问题，有拒绝回答的权利。

侦查人员在讯问犯罪嫌疑人的时候，应当告知犯罪嫌疑人享有的诉讼权利，如实供述自己罪行可以从宽处理和认罪认罚的法律规定。

[条文主旨]

本条是关于讯问程序的规定。

[条文释解]

本条由 1979 年《刑事诉讼法》设立，1996 年《刑事诉讼法》予以修改，2012 年《刑事诉讼法》增设第 2 款，2018 年《刑事诉讼法》对第 2 款内容进行了增补。

本条共分为两款，是关于讯问程序的规定。第 1 款规定了讯问的基本程序。侦查人员在讯问犯罪嫌疑人的时候，应当首先讯问犯罪嫌疑人是否有犯罪行为，让他陈述有罪的情节或者无罪的辩解，然后向他提出问题。犯罪嫌疑人对侦查人员的提问，应当如实回答。但是对与本案无关的问题，有拒绝回答的权利。第 2 款突出了侦查人员应当告知犯罪嫌疑人诉讼权利的义务。侦查人员在讯问犯罪嫌疑人的时候，应当告知犯罪嫌疑人享有的诉讼权利，如实供述自己罪行可以从宽处理和认罪认罚的法律规定。此款系 2012 年

《刑事诉讼法》修改时增设，2018 年《刑事诉讼法》修改时又增加了认罪认罚的内容。

公安机关、人民检察院在本条文的基础上作过更具体的规定。《公安机关办理刑事案件程序规定》第 198 条规定，侦查人员讯问犯罪嫌疑人时，应当首先讯问犯罪嫌疑人是否有犯罪行为，并告知犯罪嫌疑人如实供述自己罪行可以从轻或者减轻处罚的法律规定，让他陈述有罪的情节或者无罪的辩解，然后向他提出问题。犯罪嫌疑人对侦查人员的提问，应当如实回答。但是对与本案无关的问题，有拒绝回答的权利。第一次讯问，应当问明犯罪嫌疑人的姓名、别名、曾用名、出生年月日、户籍所在地、现住地、籍贯、出生地、民族、职业、文化程度、家庭情况、社会经历、是否属于人大代表、政协委员、是否受过刑事处罚或者行政处理等情况。《人民检察院刑事诉讼规则》第 187 条规定，讯问犯罪嫌疑人一般按照下列顺序进行：（1）核实犯罪嫌疑人的基本情况，包括姓名、出生年月日、户籍地、公民身份号码、民族、职业、文化程度、工作单位及职务、住所、家庭情况、社会经历、是否属于人大代表、政协委员等；（2）告知犯罪嫌疑人在侦查阶段的诉讼权利，有权自行辩护或者委托律师辩护，告知其如实供述自己罪行可以依法从宽处理和认罪认罚的法律规定；（3）讯问犯罪嫌疑人是否有犯罪行为，让他陈述有罪的事实或者无罪的辩解，应当允许其连贯陈述。犯罪嫌疑人对检察人员的提问，应当如实回答。但是对与本案无关的问题，有拒绝回答的权利。根据本条规定和公安机关、人民检察院的相关规定，侦查人员在讯问犯罪嫌疑人的时候基本程序如下：

第一，问明犯罪嫌疑人的基本情况。即犯罪嫌疑人的姓名、别名、曾用名、出生年月日、户籍所在地、现住地、籍贯、出生地、民族、职业、文化程度、家庭情况、社会经历、是否属于人大代表、政协委员、是否受过刑事处罚或者行政处理等情况。犯罪嫌疑人的某些基本情况在刑事诉讼法中有特别意义，如前科情况，在犯罪嫌疑人经常重复犯罪的情况下，前科情况对本案的侦破会有帮助，前科情况还属于犯罪嫌疑人量刑情节，必须查证清楚，以证实犯罪嫌疑人是否构成累犯。

第二，告知犯罪嫌疑人在侦查阶段的诉讼权利。侦查机关有义务告知犯罪嫌疑人有权自行辩护或者委托律师辩护，告知其如实供述自己罪行可以依法从宽处理和认罪认罚的法律规定。2018 年《刑事诉讼法》增设第 15 条规定确立了认罪认罚从宽制度，犯罪嫌疑人、被告人自愿如实供述自己的罪行，承认指控的犯罪事实，愿意接受处罚的，可以依法从宽处理。因此本条也相应地增设了讯问犯罪嫌疑人时这一告知义务，是为了让犯罪嫌疑人更加清楚地知道如实供述和认罪认罚将可以依法得到从宽处理。这里需要说明的一点是，要把这种讲明法律、政策规定与威胁、引诱、欺骗等手段区分开来。法律规定的威胁、引诱、欺骗是指侦查人员通过非法或不适当的言行使犯罪嫌疑人产生恐惧感被迫作出供述，或者通过非法许诺、诱导使犯罪嫌疑人受到蒙骗作出供述。这样的行为法律是禁止的，但是解释法律、交代政策的行为法律是允许的。比如，“你主动如实交代犯罪事实将会得到从宽处理”和“你如果坦白交代就立马放你回家”，两者的性质是完全不同的。除在讯问开头向犯罪嫌疑人告知这一义务外，在讯问工作中，可以反复告知犯罪嫌疑人，其如实供述自己罪行可以依法从宽处理和认罪认罚的法律规定。

第三，讯问其是否有犯罪行为。在讯问犯罪嫌疑人具体犯罪事实时，由于对于犯罪嫌疑人是否犯罪尚在调查之中，案件仍然存在着有罪与无罪两种可能性，要防止主观片面，先入为主，因而在讯问时首先应当讯问其是否有犯罪行为。如果犯罪嫌疑人承认有犯罪行为，即让其陈述有罪的情节。如果犯罪嫌疑人否认有犯罪事实，则让其陈述无罪的辩解，然后根据其陈述，向犯罪嫌疑人提出问题。为了保证讯问的顺利进行，侦查人员在讯问前应当做好充分准备，认真审阅案件材料，熟悉案情，确定讯问的重点和应当查明的问题，制订讯问计划，列出讯问提纲，做到心中有数。然后根据犯罪嫌疑人供述情况提出问题。这些问题必须是与认定案件事实有关系的。对于侦查人员提出的问题，犯罪嫌疑人应当如实回答。侦查人员提出的与本案无关的问题，犯罪嫌疑人有权拒绝回答。所谓“与本案无关的问题”，是指与犯罪嫌疑人、案件事实、情节、证据等没有牵连关系的问题。判断有关无关应以是否对查明本案的全部事实情节，即时间、地点、手段、动机、目的、作案人的情况等有实际意义或证据价值为准。这样规定主要是为了维护犯罪嫌疑人和其他公民的合法权益，并提醒侦查人员提问必须集中于案情，提高侦查效率。在这里需要注意的是，犯罪嫌疑人应当如实回答并不等同于强迫犯罪嫌疑人证实自己有罪。有观点认为，《刑事诉讼法》第 52 条对证据收集的一般原则作出了规定，明文规定不得强迫任何人证实自己有罪，但在本条又规定犯罪嫌疑人应当如实回答问题，这两者明显冲突。对此，应辩证看待。反对强迫自证其罪原则与沉默权制度是两个层次的问题，我国并未设立沉默权制度。而本条规定的如实回答并非一项强制性的义务，因为不如实供述，讯问人员也不能施加任何的压力，犯罪嫌疑人在讯问过程中也不会因为未如实供述承担任何的不利后果或责任。如实回答的规定是一种倡导性规定，鼓励犯罪嫌疑人如实供述自己的罪行，通过如实供述和认罪认罚可以获得从宽处理。因此“犯罪嫌疑人应当如实回答”与“不得强迫任何人证实自己有罪”不存在直接冲突。

对于犯罪嫌疑人的口供，我国《刑事诉讼法》第55条明确规定，对一切案件的判处都要重证据，重调查研究，不轻信口供。只有被告人供述，没有其他证据的，不能认定被告人有罪和处以刑罚；没有被告人供述，证据确实、充分的，可以认定被告人有罪和处以刑罚。不轻信口供，包含三层意思：第一，侦查人员不轻易相信口供的真实性。虽然法条上规定犯罪嫌疑人应当如实回答侦查人员与案件有关的提问，但这只是倡导性规定。实践中，犯罪嫌疑人为了逃避处罚或获得从轻处罚，其口供经常是虚假的，不真实的。因此侦查人员对犯罪嫌疑人的口供必须仔细查证，不能认为拿到口供讯问任务就完成了，若轻信错误的口供，很容易在侦查阶段误入歧途。当然犯罪嫌疑人若是投案自首，则口供的真实性会非常高。侦查人员要根据具体情况，对口供持谨慎的态度，具体问题具体分析。第二，不因口供会含虚假成分而忽视口供的重要性。犯罪嫌疑人的供述对案件的侦破作用是其他证据无法比拟的，毕竟只有实施者才能说清案件的来龙去脉，因此要重视口供的重要性，在讯问犯罪嫌疑人环节，要通过政策攻心、法律宣讲、共情等手段争取获得犯罪嫌疑人的真实供述。第三，孤证的口供不能使用。只有被告人供述，没有其他证据的，不能认定被告人有罪和处以刑罚。证据确实、充分的，即便被告人零口供，也可以认定被告人有罪和处以刑罚。

[配套规定]

1.《人民检察院刑事诉讼规则》（高检发释字［2019］4号）（节录）

第十一条 犯罪嫌疑人、被告人自愿如实供述自己的罪行，承认指控的犯罪事实，愿意接受处罚的，可以依法从宽处理。

认罪认罚从宽制度适用于所有刑事案件。人民检察院办理刑事案件的各个诉讼环节，都应当做好认罪认罚的相关工作。

第一百八十七条 讯问犯罪嫌疑人一般按照下列顺序进行：

（一）核实犯罪嫌疑人的基本情况，包括姓名、出生年月日、户籍地、公民身份号码、民族、职业、文化程度、工作单位及职务、住所、家庭情况、社会经历、是否属于人大代表、政协委员等；

（二）告知犯罪嫌疑人在侦查阶段的诉讼权利，有权自行辩护或者委托律师辩护，告知其如实供述自己罪行可以依法从宽处理和认罪认罚的法律规定；

（三）讯问犯罪嫌疑人是否有犯罪行为，让他陈述有罪的事实或者无罪的辩解，应当允许其连贯陈述。

犯罪嫌疑人对检察人员的提问，应当如实回答。但是对与本案无关的问题，有拒绝回答的权利。

讯问犯罪嫌疑人时，应当告知犯罪嫌疑人将对讯问进行全程同步录音、录像。告知情况应当在录音、录像中予以反映，并记明笔录。

讯问时，对犯罪嫌疑人提出的辩解要认真查核。严禁刑讯逼供和以威胁、引诱、欺骗以及其他非法的方法获取供述。

2.《公安机关办理刑事案件程序规定》（2012年12月13日公安部令第127号）（节录）

第一百九十八条 侦查人员讯问犯罪嫌疑人时，应当首先讯问犯罪嫌疑人是否有犯罪行为，并告知犯罪嫌疑人如实供述自己罪行可以从轻或者减轻处罚的法律规定，让他陈述有罪的情节或者无罪的辩解，然后向他提出问题。

犯罪嫌疑人对侦查人员的提问，应当如实回答。但是对与本案无关的问题，有拒绝回答的权利。

第一次讯问，应当问明犯罪嫌疑人的姓名、别名、曾用名、出生年月日、户籍所在地、现住地、籍贯、出生地、民族、职业、文化程度、家庭情况、社会经历、是否属于人大代表、政协委员、是否受过刑事处罚或者行政处理等情况。

第二百零四条 对犯罪嫌疑人供述的犯罪事实、无罪或者罪轻的事实、申辩和反证，以及犯罪嫌疑人提供的证明自己无罪、罪轻的证据，公安机关应当认真核查；对有关证据，无论是否采信，都应当如实记录、妥善保管，并连同核查情况附卷。

第一百二十一条　讯问聋、哑的犯罪嫌疑人，应当有通晓聋、哑手势的人参加，并且将这种情况记明笔录。

[条文主旨]

本条是关于讯问聋、哑人要求的规定。

[条文释解]

本条由1979《刑事诉讼法》设立，1996年《刑事诉讼法》予以修改(被告人改为犯罪嫌疑人)，2012年、2018年《刑事诉讼法》均未予修改。

本条是关于讯问聋、哑犯罪嫌疑人的要求的规定。讯问聋、哑的犯罪嫌疑人，应当有通晓聋、哑手势的人参加，并且将这种情况记明笔录。“聋”是指双耳失聪，“哑”是指因生理原因不能讲话。侦查机关讯问聋、哑犯罪嫌疑人时，应当有通晓聋、哑手势的人参加，为讯问人员和犯罪嫌疑人翻译，并在讯问犯罪嫌疑人笔录上注明相关情况。这里要注意，所请的通晓聋、哑手势的翻译人员应该是与本案无利害关系的人，翻译人员也应当在讯问笔录上签字。为聋、哑犯罪嫌疑人提供通晓聋、哑手势的人作为翻译，这不仅是聋、哑犯罪嫌疑人的权利，也是侦查人员的法定义务，若未提供翻译，则属于程序违法。法条这样规定，主要体现了法律对特殊人群权利的特别保护，体现了《刑事诉讼法》保障诉讼参与人依法享有诉讼权利和公民在适用法律上一律平等的基本原则，同时也有利于刑事诉讼工作的顺利开展，提高侦查效率。

针对本条规定，《公安机关办理刑事案件程序规定》第199条作了更细致的规定，讯问聋、哑的犯罪嫌疑人，应当有通晓聋、哑手势的人参加，并在讯问笔录上注明犯罪嫌疑人的聋、哑情况，以及翻译人员的姓名、工作单位和职业。讯问不通晓当地语言文字的犯罪嫌疑人，应当配备翻译人员。公安机关在本条基础上特别增设了一款，即讯问不通晓当地语言文字的犯罪嫌疑人，应当配备翻译人员。这是对犯罪嫌疑人权利的进一步保护，也与《刑事诉讼法》第9条的规定一脉相承。《刑事诉讼法》第9条规定，各民族公民都有用本民族语言文字进行诉讼的权利。人民法院、人民检察院和公安机关对于不通晓当地通用的语言文字的诉讼参与人，应当为他们翻译。在少数民族聚居或者多民族杂居的地区，应当用当地通用的语言进行审讯，用当地通用的文字发布判决书、布告和其他文件。我国地域辽阔、民族众多，有些犯罪嫌疑人不一定通晓当地语言文字，这种情况下侦查机关应当为其配备翻译人员。

其他具有特定侦查权的侦查机关可以比照公安机关规定实施。但人民检察院侦查时已不适用此条款。实际上，针对本条《人民检察院刑事诉讼规则》第198条也曾作出过与公安机关相类似的规定。但是随着我国国家监察法的出台，国家监察委和人民检察院进行了职权分工，人民检察院立案侦查的案件已变为在对诉讼活动实行法律监督中发现的司法工作人员利用职权实施的非法拘禁、刑讯逼供、非法搜查等侵犯公民权利、损害司法公正的犯罪。而司法工作人员不可能为聋哑人，因此2019年12月人民检察院修改后出台的《人民检察院刑事诉讼规则》已将该条款删除。

[配套规定]

《公安机关办理刑事案件程序规定》（2012年12月13日公安部令第127号）（节录）

第一百九十九条 讯问聋、哑的犯罪嫌疑人，应当有通晓聋、哑手势的人参加，并在讯问笔录上注明犯罪嫌疑人的聋、哑情况，以及翻译人员的姓名、工作单位和职业。

讯问不通晓当地语言文字的犯罪嫌疑人，应当配备翻译人员。

第一百二十二条　讯问笔录应当交犯罪嫌疑人核对，对于没有阅读能力的，应当向他宣读。如果记载有遗漏或者差错，犯罪嫌疑人可以提出补充或者改正。犯罪嫌疑人承认笔录没有错误后，应当签名或者盖章。侦查人员也应当在笔录上签名。犯罪嫌疑人请求自行书写供述的，应当准许。必要的时候，侦查人员也可以要犯罪嫌疑人亲笔书写供词。

[条文主旨]

本条是关于讯问笔录制作的规定。

[条文释解]

本条由1979《刑事诉讼法》设立，1996年《刑事诉讼法》予以修改

（被告人改为犯罪嫌疑人），2012、2018 年《刑事诉讼法》均未予修改。

本条是关于讯问笔录制作的规定。讯问犯罪嫌疑人的笔录作为犯罪嫌疑人供述和辩解这种证据材料的重要载体，经过审查核实，将会作为认定案件事实的重要依据。因此，必须以极其严肃、慎重的态度对待讯问笔录。法律对讯问笔录的内容和形式作出了具体规定，还规定了犯罪嫌疑人自书供述的情形。有利于规范侦查人员的讯问工作，保证笔录的客观真实，从而有利于查明案件真实情况，获得可靠的证据，保证侦查工作的顺利进行。《人民检察院刑事诉讼规则》和《公安机关办理刑事案件程序规定》在本条的基础上，作了更细致的规定和要求。

《人民检察院刑事诉讼规则》第 188 条规定，讯问犯罪嫌疑人，应当制作讯问笔录。讯问笔录应当忠实于原话，字迹清楚，详细具体，并交犯罪嫌疑人核对。犯罪嫌疑人没有阅读能力的，应当向他宣读。如果记载有遗漏或者差错，应当补充或者改正。犯罪嫌疑人认为讯问笔录没有错误的，由其在笔录上逐页签名或者盖章，并捺指印，在末页写明"以上笔录我看过（向我宣读过），和我说的相符"，同时签名或者盖章，并捺指印，注明日期。如果犯罪嫌疑人拒绝签名、盖章、捺指印的，应当在笔录上注明。讯问的检察人员、书记员也应当在笔录上签名。第 189 条规定，犯罪嫌疑人请求自行书写供述的，检察人员应当准许。必要时，检察人员也可以要求犯罪嫌疑人亲笔书写供述。犯罪嫌疑人应当在亲笔供述的末页签名或者盖章，并捺指印，注明书写日期。检察人员收到后，应当在首页右上方写明"于某年某月某日收到"，并签名。《公安机关办理刑事案件程序规定》第 200 条规定，侦查人员应当将问话和犯罪嫌疑人的供述或者辩解如实地记录清楚。制作讯问笔录应当使用能够长期保持字迹的材料。第 201 条规定，讯问笔录应当交犯罪嫌疑人核对或者向他宣读。如果记录有遗漏或者差错，应当允许犯罪嫌疑人补充或者更正，并捺指印。笔录经犯罪嫌疑人核对无误后，应当由其在笔录上逐页签名、捺指印，并在末页写明"以上笔录我看过（或向我宣读过），和我说的相符"。拒绝签名、捺指印的，侦查人员应当在笔录上注明。讯问笔录上所列项目，应当按照规定填写齐全。侦查人员、翻译人员应当在讯问笔录上签名。第 202 条规定，犯罪嫌疑人请求自行书写供述的，应当准许；必要时，侦查人员也可以要求犯罪嫌疑人亲笔书写供词。犯罪嫌疑人应当在亲笔供词上逐页签名、捺指印。侦查人员收到后，应当在首页右上方写明"于某年某月某日收到"，并签名。

根据本条和上述相关规定，讯问犯罪嫌疑人应当依法制作讯问笔录，并做到以下几点：

（1）讯问笔录应当如实记载提问、回答和其他在场人的情况，忠实于原话，字迹清楚，详细具体。制作讯问笔录应当使用能够长期保持字迹的材料。讯问笔录上记载的是犯罪嫌疑人的供述和辩解，是刑事证据中非常重要的证据，不管是其承认有罪对犯罪情况的供述，还是其无罪的辩解，都需要经过查证核实。而判断犯罪嫌疑人供述、辩解是否属实很多时候是需要通过其供述的细节与在案证据来进行比对验证的，因此记录时忠实于原话，详细具体，方便侦查人员查证核实。若对其所述犯罪的时间、地点、作案手段、作案工具、被害人情况、主观心态等案件关键事实进行概括总结，反而反映不出其供述的原貌。另外，讯问笔录是证据材料，是要归档入卷长期保存的，因此笔录应当使用能长期保持字迹的材料。

（2）讯问笔录应当交犯罪嫌疑人核对。讯问笔录是由侦查人员记录犯罪嫌疑人供述和辩解的材料，客观真实地反映犯罪嫌疑人供述和辩解的才能作为证据使用。考虑到犯罪嫌疑人个人语言表达能力、记录人员记录能力等方面的差异，记录时不一定能非常准确、客观地把犯罪嫌疑人的供述和辩解都记录下来，因此讯问笔录应当交犯罪嫌疑人核对，防止歪曲犯罪嫌疑人的真实意图或者强加于人的主观臆断甚至捏造事实等情况发生。犯罪嫌疑人有阅读能力的，可以交犯罪嫌疑人自己阅读，对于没有阅读能力的，应当向他宣读。如果记载有遗漏或者差错，犯罪嫌疑人可以提出补充或者改正。对犯罪嫌疑人提出的补充或者改正，侦查人员应当予以补充或改正。

（3）核对后犯罪嫌疑人应当签名、盖章并捺指印。这是犯罪嫌疑人对讯问笔录确认的方式。对核对后认为没有错误的讯问笔录，犯罪嫌疑人应当在笔录上逐页签名或者盖章，并捺指印，在经过补充和更正的地方也要捺指印，最后在末页写明“以上笔录我看过（或向我宣读过），和我说的相符”，同时签名或者盖章，并捺指印，注明日期。如果犯罪嫌疑人拒绝签名、盖章、捺指印的，侦查人员应当在笔录上注明。参与讯问的侦查人员、翻译人员和书记员等也应当在讯问笔录上签名。经过双方确认的讯问笔录才具备法律规定的形式要件，才能具有证据的效力 。

（4）犯罪嫌疑人要求自行书写，以书面形式供述的，侦查人员应当准许。必要的时候，侦查人员也可以要犯罪嫌疑人亲笔书写供词。对何为“必要的时候”，法律和相关的司法解释、规章都没有规定。从实践出发，本书认为，可以包括下列两种情况：一是根据犯罪嫌疑人的情况自行书写供述更能准确地表达犯罪嫌疑人的真实意思和案件事实情况，如犯罪嫌疑人口吃或口齿不清，难以准确表达所要讲的意思等。二是根据侦查的需要，要从犯罪嫌疑人的书面笔录上提取侦查线索，如需要笔迹鉴定等。书面供述的，犯罪嫌疑人也应当在书面供述上逐页签名或者捺指印，如果有涂改，应当在涂改处捺指印。侦查人员收到书面供述后，应当在首页右上方写明“于某年某月某日收到”，并签名。

（5）对未成年人犯罪嫌疑人所作的讯问笔录应交其法定代理人核对。未成年心智尚未发育成熟，对其诉讼权利《刑事诉讼法》有特别保护。《刑事诉讼法》第281条规定，对于未成年人刑事案件，在讯问和审判的时候，应当通知未成年犯罪嫌疑人、被告人的法定代理人到场。无法通知、法定代理人不能到场或者法定代理人是共犯的，也可以通知未成年犯罪嫌疑人、被告人的其他成年亲属，所在学校、单位、居住地基层组织或者未成年人保护组织的代表到场，并将有关情况记录在案。到场的法定代理人可以代为行使未成年犯罪嫌疑人、被告人的诉讼权利。到场的法定代理人或者其他人员认为办案人员在讯问、审判中侵犯未成年人合法权益的，可以提出意见。讯问笔录、法庭笔录应当交给到场的法定代理人或者其他人员阅读或者向他宣读。讯问女性未成年犯罪嫌疑人，应当有女工作人员在场。

[配套规定]

1. **《人民检察院刑事诉讼规则》**（高检发释字［2019］4号）（节录）

第一百八十八条 讯问犯罪嫌疑人，应当制作讯问笔录。讯问笔录应当忠实于原话，字迹清楚，详细具体，并交犯罪嫌疑人核对。犯罪嫌疑人没有阅读能力的，应当向他宣读。如果记载有遗漏或者差错，应当补充或者改正。犯罪嫌疑人认为讯问笔录没有错误的，由其在笔录上逐页签名或者盖章，并捺指印，在末页写明“以上笔录我看过（向我宣读过），和我说的相符”，同时签名或者盖章，并捺指印，注明日期。如果犯罪嫌疑人拒绝签名、盖章、捺指印的，应当在笔录上注明。讯问的检察人员、书记员也应当在笔录上签名。

第一百八十九条 犯罪嫌疑人请求自行书写供述的，检察人员应当准许。必要时，检察人员也可以要求犯罪嫌疑人亲笔书写供述。犯罪嫌疑人应当在亲笔供述的末页签名或者盖章，并捺指印，注明书写日期。检察人员收到后，应当在首页右上方写明“于某年某月某日收到”，并签名。

2.《公安机关办理刑事案件程序规定》（2012年12月13日公安部令第127号）（节录）

第二百条 侦查人员应当将问话和犯罪嫌疑人的供述或者辩解如实地记录清楚。制作讯问笔录应当使用能够长期保持字迹的材料。

第二百零一条 讯问笔录应当交犯罪嫌疑人核对或者向他宣读。如果记录有遗漏或者差错，应当允许犯罪嫌疑人补充或者更正，并捺指印。笔录经犯罪嫌疑人核对无误后，应当由其在笔录上逐页签名、捺指印，并在末页写明“以上笔录我看过（或向我宣读过），和我说的相符”。拒绝签名、捺指印的，侦查人员应当在笔录上注明。

讯问笔录上所列项目，应当按照规定填写齐全。侦查人员、翻译人员应当在讯问笔录上签名。

第二百零二条 犯罪嫌疑人请求自行书写供述的，应当准许；必要时，侦查人员也可以要求犯罪嫌疑人亲笔书写供词。犯罪嫌疑人应当在亲笔供词上逐页签名、捺指印。侦查人员收到后，应当在首页右上方写明“于某年某月某日收到”，并签名。

第一百二十三条 侦查人员在讯问犯罪嫌疑人的时候，可以对讯问过程进行录音或者录像；对于可能判处无期徒刑、死刑的案件或者其他重大犯罪案件，应当对讯问过程进行录音或者录像。

录音或者录像应当全程进行，保持完整性。

[条文主旨]

本条是关于讯问录音、录像的规定。

[条文释解]

本条由2012年《刑事诉讼法》增设，2018年《刑事诉讼法》未予修改。

刑讯逼供是指司法工作人员在办案中使用肉刑或变相肉刑，对犯罪嫌疑人或被告人的身体、精神进行折磨和摧残，以逼取口供的行为。《刑事诉讼法》在第52条中明确规定，严禁刑讯逼供和以威胁、引诱、欺骗以及其他非法方法收集证据，不得强迫任何人证实自己有罪。法律明文禁止刑讯逼供，是因为几乎所有的冤假错案背后，都有刑讯逼供的影子。刑讯逼供是我国数千年封建社会历史的流毒，封建社会重人治轻人权，强调“罪从供定”“口供是证据之王”，因此在律条上明确规定了采取刑讯的办法逼供的制度。但是刑讯逼供与当今社会“无罪推定”的思想是相悖的，刑讯逼供严重侵害犯罪嫌疑人人身权利，往往会使一些人屈打成招，极易造成冤假错案，最后反而放纵了罪犯，损伤法律的权威和严肃性，严重降低刑事诉讼的效率。虽然我国法律明文禁止刑讯逼供，并设罪名予以打击，但司法实践中刑讯逼供仍时有发生，屡禁不止。国际社会的经验已经反复表明，刑讯逼供的治理重在预防，而非事后的查处。而建立以录音录像制度为代表的各种刑讯预防机制是遏制刑讯逼供的有效途径。因此2012年修改《刑事诉讼法》时增设了本条款，确立了录音录像制度。讯问犯罪嫌疑人录音录像，是指讯问犯罪嫌疑人，在文字记录的同时，利用录音录像设备对讯问过程进行全程音视频同步记录。

本条共分两款。第1款是关于讯问犯罪嫌疑人录音录像的范围规定。本款包括两层意思：第一，对一般的刑事犯罪案件，可以对讯问过程进行录音或者录像，是否要录音或者录像，由侦查机关根据案件情况、人力、物力决定。法条实际是鼓励侦查机关对所有的案件讯问过程录音录像，但也考虑到这项制度刚刚推行，录音录像设备需要投入，全国经济发展不一，搞一刀切不利于制度的实施，应该需要一个渐进的过程。第二，对于可能判处无期徒刑、死刑的案件或者其他重大犯罪案件，应当对讯问过程进行录音或者录像。“可能判处无期徒刑、死刑的案件”，是指应当适用的法定刑或者量刑档次包含无期徒刑、死刑的案件。“其他重大犯罪案件”，法律没有明文规定，这有待于实务部门的进一步解释，但解释的出发点应当注意到立法意图为尽可能扩大强制录音录像的案件范围。从字面含义来看，“其他重大犯罪案件”一般是指案情复杂、犯罪情节严重、社会影响大的案件。例如，人数较多的共同犯罪案件、集团犯罪案件、黑社会性质组织犯罪、严重毒品犯罪等。

针对本条规定，人民检察院在《人民检察院刑事诉讼规则》中作了相应规定，并出台了《人民检察院讯问职务犯罪嫌疑人实行全程同步录音录像的规定》；公安机关在《公安机关办理刑事案件程序规定》中也作了相应规定，并出台了《公安机关讯问犯罪嫌疑人录音录像工作规定》。对第1款规定的讯问犯罪嫌疑人录音录像的范围，人民检察院和公安机关的规定有较大区别。《人民检察院讯问职务犯罪嫌疑人实行全程同步录音录像的规定》第2条规定，人民检察院办理直接受理侦查的案件，应当在每次讯问犯罪嫌疑人时，对讯问过程实施全程录音、录像，并在讯问笔录中注明。《公安机关讯问犯罪嫌疑人录音录像工作规定》第4条规定，“对下列重大犯罪案件，应当对讯问过程进行录音录像：（一）可能判处无期徒刑、死刑的案件；（二）致人重伤、死亡的严重危害公共安全犯罪、严重侵犯公民人身权利犯罪案件；（三）黑社会性质组织犯罪案件，包括组织、领导黑社会性质组织，入境发展黑社会组织，包庇、纵容黑社会性质组织等犯罪案件；（四）严重毒品犯罪案件，包括走私、贩卖、运输、制造毒品，非法持有毒品数量大的，包庇走私、贩卖、运输、制造毒品的犯罪分子情节严重的，走私、非法买卖制毒物品数量大的犯罪案件；（五）其他故意犯罪案件，可能判处十年以上有期徒刑的”。第6条规定，“对具有下列情形之一的案件，应当对讯问过程进行录音录像：（一）犯罪嫌疑人是盲、聋、哑人，未成年人或者尚未完全丧失辨认或者控制自己行为能力的精神病人，以及不通晓当地通用的语言文字的；（二）犯罪嫌疑人反侦查能力较强或者供述不稳定，翻供可能性较大的；（三）犯罪嫌疑人作无罪辩解和辩护人可能作无罪辩护的；（四）犯罪嫌疑人、被害人、证人对案件事实、证据存在较大分歧的；（五）共同犯罪中难以区分犯罪嫌疑人相关责任的；（六）引发信访、舆论炒作风险较大的；（七）社会影响重大、舆论关注度高的；（八）其他重大、疑难、复杂情形。”第7条规定，各级公安机关应当积极创造条件，尽快实现对所有刑事案件讯问过程全程录音录像。装备财务、警务保障、科技、信通等部门应当为讯问录音录像工作提供保障和支持。从上述规定可见，人民检察院对其直接受理侦查的案件讯问犯罪嫌疑人时一律录音录像，而公安机关虽然是倡导尽快实现对所有形式案件讯问过程全程录音录像，但现阶段是要求重大犯罪案件或具备某些特殊情形的案件，必须对讯问过程进行录音录像。公安机关从实务部门的角度对法律条款中的“其他重大案件”进行了解释，规定了四类案件属于重大案件。人民检察院、公安机关对讯问犯罪嫌疑人录音录像的范围规定不同，主要在于两者负责侦查的范围不同，相对而言人民检察院负责侦查的案件范围较小，具备实行全部案件录音录像的条件。

本条第 2 款是关于录音录像要求的规定。按照本款的规定，录音或者录像应当符合两个要求：一是全程进行，二是保持完整性。全程意味着从犯罪嫌疑人进入讯问场所到结束讯问离开讯问场所的过程不间断进行录音录像，完整性要求对讯问的整个过程全部进行录制，要完整、不间断地记录每一次讯问过程，不能有选择地录制，不可作剪接、删改。全程、完整性是录音录像制度发挥其作用的前提，失去这个前提，录音录像就不能发挥证明作用。在立法出台前的试点实践探索中，少数实务部门规避录音录像制度的做法突出表现在“录时不打、打时不录”，或者仅录有罪供述，不录无罪辩解。这种做法会导致原本为预防、遏制刑讯而设置的录音录像制度蜕变为侦查部门增强其讯问合法性、固定口供的重要工具，因此法条特别强调了全程与完整性的要求。

为保证第 2 款规定录音录像全程与完整性的要求，公安机关和人民检察院都在自己出台的关于录音录像工作规定中作了较为细致的规定：

1. 要求讯问录像必须全程、完整反映讯问全貌，包括讯问室的时间、温度和湿度，以防讯问人员采用非正常温度折磨犯罪嫌疑人及其他不当行为。比如，《人民检察院讯问职务犯罪嫌疑人实行全程同步录音录像的规定》第 7 条规定，全程同步录像，录制的图像应当反映犯罪嫌疑人、检察人员、翻译人员及讯问场景等情况，犯罪嫌疑人应当在图像中全程反映，并显示与讯问同步的时间数码。在人民检察院讯问室讯问的，应当显示温度和湿度。《公安机关讯问犯罪嫌疑人录音录像工作规定》第 11 条规定，对讯问过程进行录音录像，应当对侦查人员、犯罪嫌疑人、其他在场人员、讯问场景和计时装置、温度计显示的信息进行全面摄录，图像应当显示犯罪嫌疑人正面中景。有条件的地方，可以通过画中画技术同步显示侦查人员正面画面。讯问过程中出示证据和犯罪嫌疑人辨认证据、核对笔录、签字捺指印的过程应当在画面中予以反映。第 12 条规定，讯问录音录像的图像应当清晰稳定，话音应当清楚可辨，能够真实反映讯问现场的原貌，全面记录讯问过程，并同步显示日期和 24 小时制时间信息。

2. 要求讯问录像内容必须与讯问笔录是一致的，不能简单复制前次讯问记录。《人民检察院讯问职务犯罪嫌疑人实行全程同步录音录像的规定》第 12 条规定，讯问笔录应当与讯问录音、录像内容一致或者意思相符。禁止记录人员原封不动复制此前笔录中的讯问内容，作为本次讯问记录。《公安机关讯问犯罪嫌疑人录音录像工作规定》第 10 条规定，录音录像应当自讯问开始时开始，至犯罪嫌疑人核对讯问笔录、签字捺指印后结束。讯问笔录记载的起止时间应当与讯问录音录像资料反映的起止时间一致。第 13 条规定，在制作讯问笔录时，侦查人员可以对犯罪嫌疑人的供述进行概括，但涉及犯罪的时间、地点、作案手段、作案工具、被害人情况、主观心态等案件关键事实的，讯问笔录记载的内容应当与讯问录音录像资料记录的犯罪嫌疑人供述一致。

3. 出现客观原因不能录音录像应当中止讯问，特殊情况下可以继续讯问。《人民检察院讯问职务犯罪嫌疑人实行全程同步录音录像的规定》第 10 条规定，讯问过程中，因技术故障等客观情况无法录音、录像的，一般应当停止讯问，待故障排除后再行讯问。讯问停止的原因、时间和再行讯问开始的时间等情况，应当在笔录和录音、录像中予以反映。无法录音、录像的客观情况一时难以消除又必须继续讯问的，讯问人员可以继续进行讯问，但应当告知犯罪嫌疑人，同时报告检察长并获得批准。未录音、录像的情况及告知、报告情况应当在笔录中予以说明，由犯罪嫌疑人签字确认。待条件具备时，应当对未录的内容及时进行补录。《公安机关讯问犯罪嫌疑人录音录像工作规定》第 14 条规定，讯问过程中，因存储介质空间不足、技术故障等客观原因导致不能录音录像的，应当中止讯问，并视情及时采取更换存储介质、排除故障、调换讯问室、更换移动录音录像设备等措施。对于本规定第 4 条规定以外的案件，因案情紧急、排除中止情形所需时间过长等原因不宜中止讯问的，可以继续讯问。有关情况应当在讯问笔录中载明，并由犯罪嫌疑人签字确认。第 15 条规定，中止讯问的情形消失后继续讯问的，应当同时进行录音录像。侦查人员应当在录音录像开始后，口头说明中断的原因、起止时间等情况，在讯问笔录中载明并由犯罪嫌疑人签字确认。

4. 规定了禁止事项和追责条例。《人民检察院讯问职务犯罪嫌疑人实行全程同步录音录像的规定》第 21 条规定，“实施讯问录音、录像，禁止下列情形：（一）未按照刑事诉讼法第 121 条和本规定对讯问活动进行全程同步录音、录像的；（二）对讯问活动采取不供不录等选择性录音、录像的；（三）为规避监督故意关闭讯问录音录像系统、视频监控系统的；（四）擅自公开或者泄露讯问录音、录像资料或者泄露办案秘密的；（五）因玩忽职守、管理不善等造成讯问录音、录像资料遗失或者违规使用讯问录音、录像资料的；（六）其他违反本规定或者玩忽职守、弄虚作假，给案件侦查、起诉、审判造成不良后果等情形的。讯问人员、检察技术人员及其他有关人员具有以上情形之一的，根据《检察人员纪律处分条例（试行）》等规定，应当给予批评教育；情节较重，给案件侦查、起诉、审判造成较为严重后果或者对案件当事人合法权益造成较为严重侵害的，应当视情给予警告、记过、记大过处分；情节严重，给案件侦查、起诉、审判造成严重后果或者对案件当事人合法权益造成严重侵害的，应当视情给予降级、撤职或者开除处分；构成犯罪的，应当追究相关责任人员的刑事责任。”《公安机关讯问犯罪嫌疑人录音录像工作规定》第 24 条规定，“对违反本规定，具有下列情形之一的，应当根据有关规定追究有关单位和人员的责任：（一）未对本规定第四条规定的案件讯问过程进行录音录像，导致有关证据被人民法院、人民检察院依法排除的；（二）讯问笔录与讯问录音录像资料内容严重不符，影响证据效力的；（三）对讯问录音录像资料进行剪接、删改的；（四）未按规定保管，致使讯问录音录像资料毁损、灭失、泄露的；（五）私自或者违规调取、使用、披露讯问录音录像资料，影响案件办理或者侵犯当事人合法权益的；（六）其他违反本规定，应当追究责任的。”

应当注意的是，由于录音录像资料形象逼真，可以加强审判人员内心确信，但是审判人员一定要注重对犯罪嫌疑人供述自愿性和可靠性的审查。当被告人当庭陈述与录音录像不一致并与其他证据相互矛盾时，不能因录音录像呈现被告人曾经作过有罪供述就否定其在法庭上的辩解，要认真对其讯问录像进行审查，综合全案情况，正确认定。

[配套规定]

1.《人民检察院刑事诉讼规则》（高检发释字［2019］4 号）（节录）

第一百八十七条　讯问犯罪嫌疑人一般按照下列顺序进行：

（一）核实犯罪嫌疑人的基本情况，包括姓名、出生年月日、户籍地、公民身份号码、民族、职业、文化程度、工作单位及职务、住所、家庭情况、社会经历、是否属于人大代表、政协委员等；

（二）告知犯罪嫌疑人在侦查阶段的诉讼权利，有权自行辩护或者委托律师辩护，告知其如实供述自己罪行可以依法从宽处理和认罪认罚的法律规定；

（三）讯问犯罪嫌疑人是否有犯罪行为，让他陈述有罪的事实或者无罪的辩解，应当允许其连贯陈述。

犯罪嫌疑人对检察人员的提问，应当如实回答。但是对与本案无关的问题，有拒绝回答的权利。

讯问犯罪嫌疑人时，应当告知犯罪嫌疑人将对讯问进行全程同步录音、录像。告知情况应当在录音、录像中予以反映，并记明笔录。

讯问时，对犯罪嫌疑人提出的辩解要认真查核。严禁刑讯逼供和以威胁、引诱、欺骗以及其他非法的方法获取供述。

第一百九十条 人民检察院办理直接受理侦查的案件，应当在每次讯问犯罪嫌疑人时，对讯问过程实行全程录音、录像，并在讯问笔录中注明。

2.《公安机关办理刑事案件程序规定》（2012年12月13日公安部令第127号）（节录）

第二百零三条 讯问犯罪嫌疑人，在文字记录的同时，可以对讯问过程进行录音或者录像。对于可能判处无期徒刑、死刑的案件或者其他重大犯罪案件，应当对讯问过程进行录音或者录像。

前款规定的“可能判处无期徒刑、死刑的案件”，是指应当适用的法定刑或者量刑档次包含无期徒刑、死刑的案件。“其他重大犯罪案件”，是指致人重伤、死亡的严重危害公共安全犯罪、严重侵犯公民人身权利犯罪，以及黑社会性质组织犯罪、严重毒品犯罪等重大故意犯罪案件。

对讯问过程录音或者录像的，应当对每一次讯问全程不间断进行，保持完整性。不得选择性地录制，不得剪接、删改。

3.《最高人民法院、最高人民检察院、公安部、国家安全部、司法部、全国人大常委会法制工作委员会关于实施刑事诉讼法若干问题的规定》（节录）

六、侦查

19. 刑事诉讼法第一百二十一条第一款规定：“侦查人员在讯问犯罪嫌疑人的时候，可以对讯问过程进行录音或者录像；对于可能判处无期徒刑、死刑的案件或者其他重大犯罪案件，应当对讯问过程进行录音或者录像。”侦查人员对讯问过程进行录音或者录像的，应当在讯问笔录中注明。人民检察院、人民法院可以根据需要调取讯问犯罪嫌疑人的录音或者录像，有关机关应当及时提供。

4.《公安机关讯问犯罪嫌疑人录音录像工作规定》（公通字〔2014〕33号）（节录）

第一章 总 则

第二条 讯问犯罪嫌疑人录音录像，是指公安机关讯问犯罪嫌疑人，在文字记录的同时，利用录音录像设备对讯问过程进行全程音视频同步记录。

第三条　对讯问过程进行录音录像，应当对每一次讯问全程不间断进行，保持完整性，不得选择性地录制，不得剪接、删改。

第四条　对下列重大犯罪案件，应当对讯问过程进行录音录像：

（一）可能判处无期徒刑、死刑的案件；

（二）致人重伤、死亡的严重危害公共安全犯罪、严重侵犯公民人身权利犯罪案件；

（三）黑社会性质组织犯罪案件，包括组织、领导黑社会性质组织，入境发展黑社会组织，包庇、纵容黑社会性质组织等犯罪案件；

（四）严重毒品犯罪案件，包括走私、贩卖、运输、制造毒品，非法持有毒品数量大的，包庇走私、贩卖、运输、制造毒品的犯罪分子情节严重的，走私、非法买卖制毒物品数量大的犯罪案件；

（五）其他故意犯罪案件，可能判处十年以上有期徒刑的。

前款规定的"讯问"，既包括在执法办案场所进行的讯问，也包括对不需要拘留、逮捕的犯罪嫌疑人在指定地点或者其住处进行的讯问，以及紧急情况下在现场进行的讯问。

本条第一款规定的"可能判处无期徒刑、死刑的案件"和"可能判处十年以上有期徒刑的案件"，是指应当适用的法定刑或者量刑档次包含无期徒刑、死刑、十年以上有期徒刑的案件。

第五条　在办理刑事案件过程中，在看守所讯问或者通过网络视频等方式远程讯问犯罪嫌疑人的，应当对讯问过程进行录音录像。

第六条　对具有下列情形之一的案件，应当对讯问过程进行录音录像：

（一）犯罪嫌疑人是盲、聋、哑人，未成年人或者尚未完全丧失辨认或者控制自己行为能力的精神病人，以及不通晓当地通用的语言文字的；

（二）犯罪嫌疑人反侦查能力较强或者供述不稳定，翻供可能性较大的；

（三）犯罪嫌疑人作无罪辩解和辩护人可能作无罪辩护的；

（四）犯罪嫌疑人、被害人、证人对案件事实、证据存在较大分歧的；

（五）共同犯罪中难以区分犯罪嫌疑人相关责任的；

（六）引发信访、舆论炒作风险较大的；

（七）社会影响重大、舆论关注度高的；

（八）其他重大、疑难、复杂情形。

第七条　各级公安机关应当积极创造条件，尽快实现对所有刑事案件讯问过程全程录音录像。装备财务、警务保障、科技、信通等部门应当为讯问录音录像工作提供保障和支持。

第二章　录　制

第八条　对讯问过程进行录音录像，可以使用专门的录制设备，也可以通过声像监控系统进行。

第九条　讯问开始前，应当做好录音录像的准备工作，对讯问场所及录音录像设备进行检查和调试，确保设备运行正常、时间显示准确。

第十条　录音录像应当自讯问开始时开始，至犯罪嫌疑人核对讯问笔录、签字捺指印后结束。讯问笔录记载的起止时间应当与讯问录音录像资料反映的起止时间一致。

第十一条　对讯问过程进行录音录像，应当对侦查人员、犯罪嫌疑人、其他在场人员、讯问场景和计时装置、温度计显示的信息进行全面摄录，图像应当显示犯罪嫌疑人正面中景。有条件的地方，可以通过画中画技术同步显示侦查人员正面画面。

讯问过程中出示证据和犯罪嫌疑人辨认证据、核对笔录、签字捺指印的过程应当在画面中予以反映。

第十二条　讯问录音录像的图像应当清晰稳定，话音应当清楚可辨，能够真实反映讯问现场的原貌，全面记录讯问过程，并同步显示日期和 24 小时制时间信息。

第十三条　在制作讯问笔录时，侦查人员可以对犯罪嫌疑人的供述进行概括，但涉及犯罪的时间、地点、作案手段、作案工具、被害人情况、主观心态等案件关键事实的，讯问笔录记载的内容应当与讯问录音录像资料记录的犯罪嫌疑人供述一致。

第十四条　讯问过程中，因存储介质空间不足、技术故障等客观原因导致不能录音录像的，应当中止讯问，并视情及时采取更换存储介质、排除故障、调换讯问室、更换移动录音录像设备等措施。

对于本规定第四条规定以外的案件，因案情紧急、排除中止情形所需时间过长等原因不宜中止讯问的，可以继续讯问。有关情况应当在讯问笔录中载明，并由犯罪嫌疑人签字确认。

第十五条　中止讯问的情形消失后继续讯问的，应当同时进行录音录像。侦查人员应当在录音录像开始后，口头说明中断的原因、起止时间等情况，在讯问笔录中载明并由犯罪嫌疑人签字确认。

第三章 资料管理和使用

第十六条 办案部门应当指定办案人员以外的人员保管讯问录音录像资料，不得由办案人员自行保管。讯问录音录像资料的保管条件应当符合公安声像档案管理有关规定，保密要求应当与本案讯问笔录一致。

有条件的地方，可以对讯问录音录像资料实行信息化管理，并与执法办案信息系统关联。

案件侦查终结后，应当将讯问录音录像资料和案件卷宗一并移交档案管理部门保管。

第十七条 讯问录音录像资料应当刻录光盘保存或者利用磁盘等存储设备存储。

刻录光盘保存的，应当制作一式两份，在光盘标签或者封套上标明制作单位、制作人、制作时间、被讯问人、案件名称及案件编号，一份装袋密封作为正本，一份作为副本。对一起案件中的犯罪嫌疑人多次讯问的，可以将多次讯问的录音录像资料刻录在同一张光盘内。刻录完成后，办案人员应当在 24 小时内将光盘移交保管人员，保管人员应当登记入册并与办案人员共同签名。

利用磁盘等存储设备存储的，应当在讯问结束后立即上传到专门的存储设备中，并制作数据备份；必要时，可以转录为光盘。

第十八条 刑事诉讼过程中，除因副本光盘损坏、灭失需要重新复制，或者对副本光盘的真实性存在疑问需要查阅外，不得启封正本光盘。确需调取正本光盘的，应当经办案部门负责人批准，使用完毕后应当及时重新封存。

第十九条 公安机关办案和案件审核、执法监督、核查信访投诉等工作需要使用讯问录音录像资料的，可以调取副本光盘或者通过信息系统调阅。

人民法院、人民检察院依法调取讯问录音录像资料的，办案部门应当在三日内将副本光盘移交人民法院、人民检察院。利用磁盘等存储设备存储的，应当转录为光盘后移交。

第二十条 调取光盘时，保管人员应当在专门的登记册上登记调取人员、时间、事由、预计使用时间、审批人等事项，并由调取人员和保管人员共同签字。

对调取、使用的光盘，有关单位应当妥善保管，并在使用完毕后及时交还保管人员。

调取人归还光盘时，保管人员应当进行检查、核对，有损毁、调换、灭失等情况的，应当如实记录，并报告办案部门负责人。

第二十一条 通过信息系统调阅讯问录音录像资料的，应当综合考虑部门职责、岗位性质、工作职权等因素，严格限定使用权限，严格落实管理制度。

第四章 监督与责任

第二十二条 讯问录音录像工作和讯问录音录像资料的管理使用情况，应当纳入所在单位案件审核和执法质量考评范围。

对本规定第四条规定的案件，办案部门在报送审核时应当同时提交讯问录音录像资料。审核部门应当重点审查是否存在以下情形：

（一）以刑讯逼供等非法方法收集证据；

（二）未在讯问室讯问犯罪嫌疑人；

（三）未保证犯罪嫌疑人的饮食和必要的休息时间；

（四）讯问笔录记载的起止时间与讯问录音录像资料反映的起止时间不一致；

（五）讯问笔录与讯问录音录像资料内容严重不符。

对本规定第四条规定以外的案件，存在刑讯逼供等非法取证嫌疑的，审核部门应当对讯问录音录像资料进行审查。

第二十三条 审核部门发现具有下列情形之一的，不得将犯罪嫌疑人供述作为提请批准逮捕、移送审查起诉的依据：

（一）存在本规定第二十二条第二款第一项情形的；

（二）存在本规定第二十二条第二款第二项至第五项情形而未进行补正、解释，或者经补正、解释后仍不能有效证明讯问过程合法性的。

第二十四条 对违反本规定，具有下列情形之一的，应当根据有关规定追究有关单位和人员的责任：

（一）未对本规定第四条规定的案件讯问过程进行录音录像，导致有关证据被人民法院、人民检察院依法排除的；

（二）讯问笔录与讯问录音录像资料内容严重不符，影响证据效力的；

（三）对讯问录音录像资料进行剪接、删改的；

（四）未按规定保管，致使讯问录音录像资料毁损、灭失、泄露的；

（五）私自或者违规调取、使用、披露讯问录音录像资料，影响案件办理或者侵犯当事人合法权益的；

（六）其他违反本规定，应当追究责任的。

第五章 附 则

第二十五条 公安机关办理刑事案件，需要对询问被害人、证人过程进行录音录像的，适用本规定。

第二十六条 公安机关办理行政案件，需要对询问违法嫌疑人、被侵害人、证人过程进行录音录像的，参照本规定执行。

第二十七条 本规定自2014年10月1日起施行。各地公安机关可以根据本规定，结合本地实际制定实施细则，并报上一级公安机关备案。

5.《人民检察院讯问职务犯罪嫌疑人实行全程同步录音录像的规定》（节录）

第二条 人民检察院讯问职务犯罪嫌疑人实行全程同步录音、录像，是指人民检察院办理直接受理侦查的职务犯罪案件，讯问犯罪嫌疑人时，应当对每一次讯问的全过程实施不间断的录音、录像。

讯问录音、录像是人民检察院在直接受理侦查职务犯罪案件工作中规范讯问行为、保证讯问活动合法性的重要手段。讯问录音、录像应当保持完整，不得选择性录制，不得剪接、删改。

讯问录音、录像资料是检察机关讯问职务犯罪嫌疑人的工作资料，实行有条件调取查看或者法庭播放。

第三条 讯问录音、录像，实行讯问人员和录制人员相分离的原则。讯问由检察人员负责，不得少于二人；录音、录像应当由检察技术人员负责。特别情况下，经检察长批准，也可以指定其他检察人员负责。刑事诉讼法有关回避的规定适用于录制人员。

第四条 讯问录音、录像的，应当由检察人员填写《录音录像通知单》，写明讯问开始的时间、地点等情况送检察技术部门或者通知其他检察人员。检察技术部门接到《录音录像通知单》后，应当指派检察技术人员实施。其他检察人员接到通知后，应当按照本规定进行录制。

第五条 讯问在押犯罪嫌疑人，应当在看守所进行。讯问未羁押的犯罪嫌疑人，除客观原因或者法律另有规定外，应当在人民检察院讯问室进行。

在看守所、人民检察院的讯问室或者犯罪嫌疑人的住处等地点讯问的，讯问录音、录像应当从犯罪嫌疑人进入讯问室或者讯问人员进入其住处时开始录制，至犯罪嫌疑人在讯问笔录上签字、捺指印，离开讯问室或者讯问人员离开犯罪嫌疑人的住处等地点时结束。

第六条 讯问开始时，应当告知犯罪嫌疑人将对讯问进行全程同步录音、录像，告知情况应在录音、录像和笔录中予以反映。

犯罪嫌疑人不同意录音、录像的，讯问人员应当进行解释，但不影响录音、录像进行。

第七条 全程同步录像，录制的图像应当反映犯罪嫌疑人、检察人员、翻译人员及讯问场景等情况，犯罪嫌疑人应当在图像中全程反映，并显示与讯问同步的时间数码。在人民检察院讯问室讯问的，应当显示温度和湿度。

第八条 讯问犯罪嫌疑人时，除特殊情况外，检察人员应当着检察服，做到仪表整洁，举止严肃、端庄，用语文明、规范。严禁刑讯逼供或者使用威胁、引诱、欺骗等非法方法进行讯问。

第九条 讯问过程中，需要出示、核实或者辨认书证、物证等证据的，应当当场出示，让犯罪嫌疑人核实或者辨认，并对核实、辨认的全过程进行录音、录像。

第十条 讯问过程中，因技术故障等客观情况无法录音、录像的，一般应当停止讯问，待故障排除后再行讯问。讯问停止的原因、时间和再行讯问开始的时间等情况，应当在笔录和录音、录像中予以反映。

无法录音、录像的客观情况一时难以消除又必须继续讯问的，讯问人员可以继续进行讯问，但应当告知犯罪嫌疑人，同时报告检察长并获得批准。未录音、录像的情况及告知、报告情况应当在笔录中予以说明，由犯罪嫌疑人签字确认。待条件具备时，应当对未录的内容及时进行补录。

第十一条 讯问结束后，录制人员应当立即将讯问录音、录像资料原件交给讯问人员，经讯问人员和犯罪嫌疑人签字确认后当场封存，交由检察技术部门保存。同时，复制讯问录音、录像资料存入讯问录音、录像数据管理系统，按照授权供审查决定逮捕、审查起诉以及法庭审理时审查之用。没有建立讯问录音、录像数据管理系统的，应当制作讯问录音、录像资料复制件，交办案人员保管，按照人民检察院刑事诉讼规则的有关规定移送。

讯问结束后，录制人员应当及时制作讯问录音、录像的相关说明，经讯问人员和犯罪嫌疑人签字确认后，交由检察技术部门立卷保管。

讯问录音、录像制作说明应当反映讯问的具体起止时间，参与讯问的检察人员、翻译人员及录制人员等姓名、职务、职称，犯罪嫌疑人姓名及案由，讯问地点等情况。讯问在押犯罪嫌疑人的，讯问人员应当在说明中注明提押和还押时间，由监管人员和犯罪嫌疑人签字确认。对犯罪嫌疑人拒绝签字的，应当在说明中注明。

第十二条 讯问笔录应当与讯问录音、录像内容一致或者意思相符。禁止记录人员原封不动复制此前笔录中的讯问内容，作为本次讯问记录。

讯问结束时，讯问人员应当对讯问笔录进行检查、核对，发现漏记、错记的，应当及时补正，并经犯罪嫌疑人签字确认。

第十三条 人民检察院直接受理侦查的案件，侦查部门移送审查决定逮捕、审查起诉时，应当注明讯问录音、录像资料存入讯问录音、录像数据管理系统，并将讯问录音、录像次数、起止时间等情况，随同案卷材料移送案件管理部门审查后，由案件管理部门移送侦查监督或者公诉部门审查。侦查监督或者公诉部门审查认为讯问活动可能涉嫌违法或者讯问笔录可能不真实，需要审查讯问录音、录像资料的，应当说明涉嫌违法讯问或者讯问笔录可能失实的时间节点并告知侦查部门。侦查部门应当及时予以授权，供侦查监督或者公诉部门对存入讯问录音、录像数据管理系统相应的讯问录音、录像资料进行审查。没有建立讯问录音、录像数据管理系统的，应当调取相应时段的讯问录音、录像资料并刻录光盘，及时移送侦查监督或者公诉部门审查。

移送讯问录音、录像资料复制件的，侦查监督部门审查结束后，应当将移送审查的讯问录音、录像资料复制件连同案卷材料一并送还侦查部门。公诉部门对移送的讯问录音、录像资料复制件应当妥善保管，案件终结后随案归档保存。

第十四条 案件提起公诉后在庭前会议或者法庭审理过程中，人民法院、被告人或者其辩护人对庭前讯问活动合法性提出异议的，或者被告人辩解因受刑讯逼供等非法方法而供述的，公诉人应当要求被告人及其辩护人提供相关线索或者材料。被告人及其辩护人提供相关线索或者材料的，公诉人可以将相关时段的讯问录音、录像资料提请法庭播放，对有关异议或者事实进行质证。

第十五条 公诉人认为讯问录音、录像资料不宜在法庭上播放的，应当建议在审判人员、公诉人、被告人及其辩护人的范围内进行播放、质证，必要时可以建议法庭通知讯问人员、录制人员参加。

第十六条 人民法院、被告人或者其辩护人对讯问录音、录像资料刻录光盘或者复制件提出异议的，公诉人应当将检察技术部门保存的相应原件当庭启封质证。案件审结后，经公诉人和被告人签字确认后对讯问录音、录像资料原件再行封存，并由公诉部门及时送还检察技术部门保存。

第十七条 讯问过程中犯罪嫌疑人检举揭发与本案无关的犯罪事实或者线索的，应当予以保密，不得泄露。违反本条规定，造成泄密后果的，应当追究相关责任。

庭前会议或者法庭审理过程中，人民法院、被告人及其辩护人认为被告人检举揭发与本案无关的犯罪事实或者线索影响量刑，需要举证、质证的，应当由承办案件的人民检察院出具证明材料，经承办人签名后，交公诉人向审判人员、被告人及其辩护人予以说明。提供的证明材料必须真实，发现证明材料失实或者是伪造的，经查证属实，应当追究相关责任。

第十八条 案件办理完毕，办案期间录制的讯问录音、录像资料存入讯问录音、录像数据管理系统的或者刻录光盘的原件，由检察技术部门向本院档案部门移交归档。讯问录音、录像资料的保存期限与案件卷宗保存期限相同。

讯问录音、录像资料一般不公开使用。需要公开使用的，应当由检察长决定。非办案部门或者人员需要查阅讯问录音、录像资料的，应当报经检察长批准。

案件在申诉、复查过程中，涉及讯问活动合法性或者办案人员责任认定等情形，需要启封讯问录音、录像资料原件的，应当由检察长决定。启封时，被告人或者其委托的辩护人、近亲属应当到场见证。

第十九条 参与讯问录音、录像的人员，对讯问情况应当严格保密。泄露办案秘密的，应当追究相关责任。

第二十条 初查阶段询问初查对象需要录音或者录像的，应当告知初查对象。询问证人需要录音或者录像的，应当事先征得证人同意，并参照本规定执行。

第二十一条 实施讯问录音、录像，禁止下列情形：

（一）未按照刑事诉讼法第121条和本规定对讯问活动进行全程同步录音、录像的；

（二）对讯问活动采取不供不录等选择性录音、录像的；

（三）为规避监督故意关闭讯问录音录像系统、视频监控系统的；

（四）擅自公开或者泄露讯问录音、录像资料或者泄露办案秘密的；

（五）因玩忽职守、管理不善等造成讯问录音、录像资料遗失或者违规使用讯问录音、录像资料的；

（六）其他违反本规定或者玩忽职守、弄虚作假，给案件侦查、起诉、审判造成不良后果等情形的。

讯问人员、检察技术人员及其他有关人员具有以上情形之一的，根据《检察人员纪律处分条例（试行）》等规定，应当给予批评教育；情节较重，给案件侦查、起诉、审判造成较为严重后果或者对案件当事人合法权益造成较为严重侵害的，应当视情给予警告、记过、记大过处分；情节严重，给案件侦查、起诉、审判造成严重后果或者对案件当事人合法权益造成严重侵害的，应当视情给予降级、撤职或者开除处分；构成犯罪的，应当追究相关责任人员的刑事责任。

第三节 询问证人

第一百二十四条 侦查人员询问证人，可以在现场进行，也可以到证人所在单位、住处或者证人提出的地点进行，在必要的时候，可以通知证人到人民检察院或者公安机关提供证言。在现场询问证人，应当出示工作证件，到证人所在单位、住处或者证人提出的地点询问证人，应当出示人民检察院或者公安机关的证明文件。

询问证人应当个别进行。

[条文主旨]

本条是关于询问证人的地点、出示证件及询问方式的规定。

[条文释解]

证人证言是刑事诉讼中的重要证据形式，询问证人是侦查人员依照法定程序，向证人了解案情的一项侦查活动，是获取证人证言的主要渠道。侦查人员询问证人应当从有利于查明案情，获取证言，有利于调动证人提供案件情况积极性的角度出发，根据实际情况确定询问地点。同时，为了防止证人作证时相互影响，确保证人提供的证言是其本人亲见亲闻，真实可信，保守案情秘密，询问证人应当个别进行。因此，本条专门就此作了规定。

1979年《刑事诉讼法》第67条规定："侦查人员询问证人，可以到证人的所在单位或者住处进行，但是必须出示人民检察院或者公安机关的证明文件。在必要时候，也可以通知证人到人民检察院或者公安机关提供证言。询问证人应当个别进行。"1996年未作修改。2012年《刑事诉讼法》对本条作了修改，增加了侦查人员可以在现场，以及证人提出的地点询问证人的规定。这是根据案件侦查取证工作的实际情况和需要，为及时获取证人证言，方便证人作证的补充修改。

本条共分为两款。第1款是关于询问证人地点和出示证件的规定。关于询问证人地点，根据1996年《刑事诉讼法》第97条的规定，询问证人只能在证人所在单位、住处或者侦查机关进行。考虑到在现场询问证人，有利于在发现犯罪后及时固定证据，有利于侦查工作的快速开展；同时考虑到实践中有的证人由于担心遭到报复、影响正常生活工作等原因，不愿让侦查人员前往其单位、住所询问。因此，2012年修改《刑事诉讼法》时对本款规定作了修改，规定了四种询问证人的地点：（1）在犯罪现场询问证人。在犯罪现场询问证人，可以第一时间迅速获得现场证人的证言，"犯罪现场"既包括实施犯罪的现场、产生犯罪结果的现场，也包括与犯罪案件相关联的其他现场，如进行犯罪准备的现场，处理案件相关证据的现场等。（2）到证人所在单位或者住处询问。这样既可以节省证人时间，不影响其正常的工作、生活，也有利于及时得到证人单位或住所地基层组织的支持，便于了解证人的相关情况，从而对证人证言作出准确的分析判断。（3）到证人提出的地点进行询问。根据证人要求，到证人提出的地点询问，有利于消除证人的各种顾虑，充分调动证人作证的积极性。（4）必要的时候，可以通知证人到人民检察院或者公安机关提供证言。到人民检察院、公安机关提供证言，既有利于保障证人的人身安全，也可以避免受到证人单位、亲属或者其他人的干扰，有利于证人如实提供证言。"必要的时候"主要包括：案情涉及国家秘密，为了防止泄密；证人的所在单位或其家庭成员及住处周围的人员与案件有利害关系，为了防止干扰，保证证人如实提供证言及证人的人身安全；证人在侦查阶段不愿公开自己的姓名和作证行为的，为便于为证人保密，消除证人的思想顾虑等。此外，根据案件情况，如请证人到人民检察院、公安机关提供证言更有利于证人自愿地、如实地作证，更方便证人作证，也可以视为"必要的时候"。

关于出示证件的规定，主要包括以下三个方面：（1）侦查人员在现场询问证人，应当出示工作证件。由于在案发现场，侦查人员正在收集案件的相关线索和证据，一般情况下通过出示工作证件即可证明其身份和职责，而且，要求其重新办理询问证人的证明文件，则可能会贻误通过询问证人获取案件线索和证言的最佳时机，影响案件的侦破和案件事实的查明。（2）侦查人员到证人所在单位、住处或者证人提出的地点询问证人，应当出示人民检察院或者公安机关的证明文件，即出示人民检察院、公安机关为询问证人专门开具的，载有询问人、被询问人姓名的作证通知书等证明文件。需要注意的是，对于此种情形下询问证人必须出示证明文件，仅凭身着人民检察院或者公安机关的制服、出示工作证件，尚不足以证明其身份和职责，不能对证人进行询问。（3）由于只有凭借相关证明文件才能通知证人到人民检察院或者公安机关提供证言，因此，此种情形下也暗含了侦查人员询问证人应出示人民检察院或者公安机关的证明文件的要求。

第 2 款是关于询问证人方式的规定。根据本款规定，询问证人应当个别进行。即询问同一案件的几个证人时，应当分别进行，个别询问，不允许以座谈会或者集体讨论的方式询问证人。询问某一个证人时，不得有其他证人在场，以防止证人作证时产生心理压力而有所隐瞒，或者证人之间相互影响，相互串通，保证其提供的证言的真实、完整，也有利于保守案情秘密，保障侦查活动顺利进行。从司法实践来看，同一案件有几个证人的，个别询问所获取的证人证言更加真实可靠，更有助于审查和判断证人证言的真实性和关联性。

执行本条规定询问证人时，应当注意保护证人的人身安全，到证人所在单位或住处询问前，应当事先弄清证人与犯罪嫌疑人的关系，是否存在影响证人作证的因素，在询问时采取相应的防护措施。

[司法实务]

1. 是否可以让证人到指定的非侦查机关以外的地点接受询问？实践中，侦查机关在办理案件时，除了在犯罪现场、证人工作单位和居住地、证人提出的地点、侦查机关四类地点询问证人之外，有时为了办案的需要，从有利于获取证言、保证证人作证的积极性方面考虑，会在居委会、村委会、宾馆等场所设置临时办案点，指定证人到临时设置的办案点接受询问，只要事先征得被询问的证人本人同意，出示了侦查机关的证明文件并依法进行询问，就不违反《刑事诉讼法》第124条第1款的规定。但是如果强迫证人到指定的非上述四类法定询问地点询问的，则属于违法询问，应当予以禁止。

2. 询问证人时，一般应当由两名侦查人员进行。我国《刑事诉讼法》及《公安机关办理刑事案件程序规定》，对于询问证人时，应由几名侦查人员进行询问，没有作出明确规定。而《人民检察院刑事诉讼规则》第192条却作出了明确的规定，即“询问证人，应当由检察人员负责进行。询问时，检察人员或者检察人员和书记员不得少于二人”。为了保证证人证言的合法性、真实性，规定由两名以上侦查人员询问证人较为合理，现实中大部分案件询问证人也是由两名侦查人员进行。但是，考虑到我国部分地区公安机关侦查力量薄弱的客观实际，只要能够排除以暴力、威胁等非法手段进行询问，证人也是自愿客观地提供证言，并且事后未作出相反证言的，由一名侦查人员进行询问也是可以允许的。

3. 在询问证人前，侦查人员应当熟悉案件的有关情况和材料，了解证人的身份及同案件和犯罪嫌疑人的关系，明确询问的目的，确定需要查清的问题，做好充分准备。询问证人应当首先让他把知道的案件情况连续地陈述出来，然后再就其陈述中不清楚、不全面或者有矛盾的地方以及其他需要查明的事实情节，向他提问，要求他回答。这样做可以避免证人为了集中精力回答侦查人员的提问而不自觉地遗漏与案件相关的事实和线索，便于提供更加全面准确的证言。

4. 未成年证人的法定代理人不能在参加了侦查人员对未成年证人的询问后再提供证言。未成年证人心理、智力不够成熟，因此询问未成年证人时，应当通知其法定代理人到场。无法通知、法定代理人不能到场或者不宜到场的，也可以通知未成年证人的其他成年亲属，所在学校、单位、居住地基层组织或者未成年人保护组织的代表到场。这里的法定代表人“不宜到场”的情形，就包括其法定代理人也是了解案情的人员或者是案件的被害人。这时，该法定代理人就不宜再到场参加侦查机关对该未成年证人的询问，而应该通知该未成年证人的其他成年亲属，所在学校、单位、居住地基层组织或者未成年人保护组织的代表到场，并将有关情况记录在案。否则，如果未成年证人在其法定代理人在场的情况下作了证，该法定代理人亦就同一案件事实作证或陈述，就违反了《刑事诉讼法》第124条第2款关于询问证人应当个别进行的规定，属于取证程序违法，并且容易使人产生该法定代理人的陈述或证言可能受到未成年证人证言的影响的怀疑，该法定代理人的证言将不能被法庭采信。因此，对未成年证人及其法定代理人取证时，必须遵守询问证人应当个别进行的规定，否则将会因取证程序违法而导致法定代理人的证言丧失证据资格能力。

[配套规定]

1.《中华人民共和国监察法》（2018年3月20日公布并施行）（节录）

第二十一条 在调查过程中，监察机关可以询问证人等人员。

2.《人民检察院刑事诉讼规则》（高检发释字［2019］4号）（节录）

第一百九十一条 人民检察院在侦查过程中，应当及时询问证人，并且告知证人履行作证的权利和义务。

人民检察院应当保证一切与案件有关或者了解案情的公民有客观充分地提供证据的条件，并为他们保守秘密。除特殊情况外，人民检察院可以吸收他们协助调查。

第一百九十二条 询问证人，应当由检察人员负责进行。询问时，检察人员或者检察人员和书记员不得少于二人。

第一百九十三条 询问证人，可以在现场进行，也可以到证人所在单位、住处或者证人提出的地点进行。必要时，也可以通知证人到人民检察院提供证言。到证人提出的地点进行询问的，应当在笔录中记明。

询问证人应当个别进行。

在现场询问证人，应当出示工作证件。到证人所在单位、住处或者证人提出的地点询问证人，应当出示人民检察院的证明文件。

3.《公安机关办理刑事案件程序规定》（2012年12月13日公安部令第127号）（节录）

第二百零五条 询问证人、被害人，可以在现场进行，也可以到证人、被害人所在单位、住处或者证人、被害人提出的地点进行。在必要的时候，可以通知证人、被害人到公安机关提供证言。

询问证人、被害人应当个别进行。

在现场询问证人、被害人，侦查人员应当出示工作证件。到证人、被害人所在单位、住处或者证人、被害人提出的地点询问证人、被害人，应当经办案部门负责人批准，制作询问通知书。询问前，侦查人员应当出示询问通知书和工作证件。

第二百零六条 询问前，应当了解证人、被害人的身份，证人、犯罪嫌疑人、被害人之间的关系。询问时，应当告知证人、被害人必须如实地提供证据、证言和有意作伪证或者隐匿罪证应负的法律责任。

侦查人员不得向证人、被害人泄露案情或者表示对案件的看法，严禁采用暴力、威胁等非法方法询问证人、被害人。

[参考案例]

姜某纯运输毒品案——法定代理人陪同未成年证人作证后又单独作为证人就同一事实向公安机关作证的，其证言不得采信①

基本案情：

2006年2月22日，被告人姜某纯携带毒品海洛因18.9克从昆明火车站乘坐昆明至北京西的T62次旅客列车前往湖南冷水江东。次日13时20分许被乘警查获。

法庭上，公诉机关出示了证人张某文、张某父子的证言及其他相关证据。

裁判结果：

长沙铁路运输法院认为，被告人姜某纯的行为已构成运输毒品罪。对于公诉机关在庭审中同时出示的证人张某文、张某父子的证言，经查，张某系未成年人，其在父亲张某文的陪同下于2006年2月23日15时0分至当日15时30分接受公安人员的询问，而张某文则于同日15时35分至16时05分接受公安机关的询问。张某文作为法定代理人陪同张某作证在前，其本人作证在后，其证言客观上可能受张某证言的影响，故对张某文的证言不予采用。依照《刑法》第347条第3款、第53条、第64条之规定，一审判决：一、被告人姜某纯犯运输毒品罪，判处有期徒刑八年，并处罚金人民币1000元。二、扣押的海洛因18.9克，由暂扣机关长沙铁路公安处依法销毁。

宣判后，被告人姜某纯不服，以“没有携带毒品”为由，提出上诉。广州铁路运输中级法院于2006年8月24日裁定驳回上诉，维持原判。

---

① 《人民法院报》2007年5月30日，第5版。

第一百二十五条　询问证人，应当告知他应当如实地提供证据、证言和有意作伪证或者隐匿罪证要负的法律责任。

[条文主旨]

本条是关于询问证人时需履行告知义务的规定。

[条文释解]

《刑事诉讼法》规定，凡是知道案件情况的人都有作证的义务。为确保证人履行作证义务，如实提供证据，《刑法》规定了伪证罪、包庇罪，对违反法律规定的证人将依法追究其刑事责任。侦查人员询问证人时，告知其如实提供证据的义务和故意作伪证的法律责任，有利于证人了解相关法律政策，积极提供证言。

1979 年《刑事诉讼法》第 68 条规定："询问证人，应当告知他应当如实地提供证据、证言和有意作伪证或者隐匿罪证要负的法律责任。"1996 年《刑事诉讼法》第 98 条规定增加一条作为第 2 款："询问不满十八岁的证人，可以通知其法定代理人到场。"2012 年《刑事诉讼法》修改将未成年人犯罪案件诉讼程序作为一种特殊程序，独立成章予以规定，其中对询问未成年证人如何适用法律专门作了规定。因此，相应删去了 1996 年《刑事诉讼法》第 98 条第 2 款关于询问未成年证人，可以通知其法定代理人到场的规定。

根据本条规定，侦查人员询问证人时要告知证人如实地提供证言和其他证据，即对自己掌握的物证、书证及其他证据，应当原样提供，不能隐匿或者私自销毁涂改。对自己所了解的案件事实及有关情况，应当实事求是地陈述或书写，不能夸大、缩小。同时要告知证人有意作伪证或隐匿罪证应负的法律责任。根据《刑法》第 305 条的规定，在刑事诉讼中，证人对与案件有重要关系的情节，故意作虚假证明，意图陷害他人或者隐匿罪证的，处三年以下有期徒刑或者拘役；情节严重的，处三年以上七年以下有期徒刑。《刑法》第 310 条规定，明知是犯罪的人而为其提供隐藏处所、财物，帮助其逃匿或者作假证明包庇的，处三年以下有期徒刑、拘役或者管制；情节严重的，处三年以上十年以下有期徒刑。

[司法实务]

1. 执行本条规定应当注意询问证人，告知其作伪证、隐匿罪证要负的法律责任，是为了促使证人如实作证，要与威胁、引诱证人严加区分。如果侦查人员采取了暴力、威胁等非法方法收集证人证言，根据《刑事诉讼法》第56条的规定，收集到的证人证言应当予以排除，不得作为定罪量刑的证据使用，侦查人员也会因暴力取证行为而被依法追究行政或刑事责任。

2. 证人有保守有关秘密的义务。有些案件的事实涉及国家秘密或当事人的隐私，因而证人对其所了解的案件事实和司法机关向其询问的情况及内容，应当保守秘密，不得向无关人员泄露。证人与证人之间也不能互相串通，互相了解所知道的案件事实。其目的是防止证人将有关案件情况泄露出去，造成不良的社会影响，干扰其他证人作证，妨碍侦查机关侦查工作的顺利进行。《刑事诉讼法》虽然没有明确规定侦查人员询问证人时需要告知证人保守秘密，但实践中侦查人员一般要对上述义务向证人进行交待，以确保侦查工作的顺利进行。

[配套规定]

1.《人民检察院刑事诉讼规则》（高检发释字［2019］4号）（节录）

第一百九十四条 询问证人，应当问明证人的基本情况以及与当事人的关系，并且告知证人应当如实提供证据、证言和故意作伪证或者隐匿罪证应当承担的法律责任，但是不得向证人泄露案情，不得采用拘禁、暴力、威胁、引诱、欺骗以及其他非法方法获取证言。

询问重大或者有社会影响的案件的重要证人，应当对询问过程实行全程录音、录像，并在询问笔录中注明。

2.《公安机关办理刑事案件程序规定》（公安部令第127号）（2012年12月13日发布 自2013年1月1日起施行）（节录）

第二百零六条 询问前，应当了解证人、被害人的身份，证人、犯罪嫌疑人、被害人之间的关系。询问时，应当告知证人、被害人必须如实地提供证据、证言和有意作伪证或者隐匿罪证应负的法律责任。

侦查人员不得向证人、被害人泄露案情或者表示对案件的看法，严禁采用暴力、威胁等非法方法询问证人、被害人。

3.《公安机关办理伤害案件规定》（公通字［2005］98号）（2005年12月27日公布并施行）（节录）

第二十五条　询问目击证人，应当重点问明伤害行为发生的时间，地点，经过，双方当事人人数及各自所处位置、持有的凶器，实施伤害行为的先后顺序，致伤工具、方式、部位，衣着、体貌特征，目击证人所处位置及目击证人与双方当事人之间的关系等。

第二十六条　询问其他证人应当问清其听到、看到的与伤害行为有关的情况。

［参考案例］

金某伪证案——证人故意就重要环节作虚假证明意图陷害他人的，构成伪证罪[①]

基本案情：

在公安机关侦查胡某涉嫌故意伤害案件过程中，被告人金某以证人身份，在接受侦查人员询问时，两次作出虚假证言，证明自己看见胡某往王某脸上殴打两拳，导致胡某先后被刑事拘留、逮捕，并被移送起诉。金某接受检察人员询问时，推翻了以前关于自己看见胡某殴打王某的证言，承认自己在公安机关侦查期间作了伪证。人民法院认为，金某在刑事诉讼过程中，对与案件有重要关系的情节，故意作虚假证明，意图陷害他人，其行为构成伪证罪。鉴于金某认罪态度较好，如实供述了自己的罪行，可从轻处罚，故判处其有期徒刑六个月。

裁判要旨：

在诉讼中如实作证，是每一个公民都应当履行的义务，是维护司法正常秩序，确保司法裁判公平公正的重要因素。虚假作证不但严重影响裁判结果的公正性，危害司法权威，而且直接侵害当事人合法权益，损害社会诚信建设。本案金某在诉讼中故意作伪证，严重违背诚实信用原则，违反了法律义务，受到了应有的刑事制裁。

---

① 2016年3月9日，最高人民法院公布10起弘扬社会主义核心价值观典型案例之案例八。

第一百二十六条　本法第一百二十二条的规定，也适用于询问证人。

[条文主旨]

本条是关于制作询问证人笔录的规定。

[条文释解]

询问证人是调查取证的一种重要形式，通过询问证人获取的证人证言是重要的证据种类之一，因此，询问证人必须依照法律规定，规范进行。询问证人同时制作笔录，并经相关人员签名确认，能够及时地确认证人证言真实可靠，并用书面形式将证人证言固定下来作为证据使用。

询问证人和讯问犯罪嫌疑人，都是为获取证据，查明案件事实。因此，询问证人笔录的制作也应当遵守与制作讯问犯罪嫌疑人笔录相同的原则，必须依照《刑事诉讼法》第122条的规定进行。即询问笔录应当交证人核对，对于没有阅读能力的证人，应当向他宣读。如有遗漏或者差错，证人可以提出补充或者纠正。证人确认笔录的记载没有错误后，应当签名或盖章。侦查人员也应当在笔录上签名。证人要求自行书写证言的，应当允许；必要的时候，侦查人员也可以让证人亲笔书写证言。

如果证人的书面证言没有经证人核对确认，则无法保证确认证人曾经核对过该书面证言，甚至无法确定该书面证言是由证人所提供，进而无法确保该书面证言的真实性。

[司法实务]

1. 询问聋、哑人，应当提供通晓聋、哑手势的人员。不能使用口头言语正常表达的聋、哑人，由于无法使用通常的口头交流方式提供证言，所以，在询问此类特殊证人时，通常需要提供手势辅助。我国《刑事诉讼法》虽然没有明文规定询问聋、哑人应当提供通晓聋、哑手势的人员进行辅助，但为确保聋、哑证人提供证言，提供通晓聋、哑手势的人员进行辅助是一项必然的要求。

2. 询问不通晓当地通用语言、文字的证人，应当提供翻译人员。不通晓当地通用语言文字的人员，同样由于无法使用通常的口头交流方式提供证言，所以，在询问此类特殊证人时，通常需要提供翻译辅助。《刑事诉讼法》第 9 条对此进行了规定。如果询问不通晓当地通用语言、文字的证人，应当提供翻译人员而未提供的，则无法确保此类证人所提供的证言的真实性，那么这些证言就难以作为定案的根据。

3. 如果询问笔录交给证人核对，或向证人宣读后，证人认为笔录有遗漏或者差错，可以提出补充或者纠正。侦查人员应当允许证人对笔录进行补充或纠正后签名或盖章。如果证人拒绝在询问笔录上签名或盖章的，侦查人员应当在笔录上注明，不能违背证人的意愿威逼证人签名或盖章，更不能采用暴力的方式逼迫证人。否则，侦查人员可能会因触犯《刑法》第 247 条关于暴力取证罪的规定而受到刑事追究。

[配套规定]

《公安机关办理刑事案件程序规定》（公安部令第 127 号）（2012 年 12 月 13 日发布 自 2013 年 1 月 1 日起施行）（节录）

第二百零一条　讯问笔录应当交犯罪嫌疑人核对或者向他宣读。如果记录有遗漏或者差错，应当允许犯罪嫌疑人补充或者更正，并捺指印。笔录经犯罪嫌疑人核对无误后，应当由其在笔录上逐页签名、捺指印，并在末页写明"以上笔录我看过（或向我宣读过），和我说的相符"。拒绝签名、捺指印的，侦查人员应当在笔录上注明。

讯问笔录上所列项目，应当按照规定填写齐全。侦查人员、翻译人员应当在讯问笔录上签名。

第二百零二条　犯罪嫌疑人请求自行书写供述的，应当准许；必要时，侦查人员也可以要求犯罪嫌疑人亲笔书写供词。犯罪嫌疑人应当在亲笔供词上逐页签名、捺指印。侦查人员收到后，应当在首页右上方写明"于某年某月某日收到"，并签名。

第二百零七条　本规定第二百零一条、第二百零二条的规定，也适用于询问证人、被害人。

［参考案例］

周某忠暴力取证案——暴力迫使证人在询问笔录上签名按手印并致人轻伤的构成暴力取证罪[①]

基本案情：

被告人周某忠，男，27 岁，原系河南省淅川县公安局滔河镇派出所民警。因涉嫌犯暴力取证罪，于 1999 年 5 月 20 日被逮捕。

淅川县人民检察院以被告人周某忠犯暴力取证罪向淅川县人民法院提起公诉。

淅川县人民法院经公开审理查明：1998 年 12 月 11 日晚 10 时许，被告人周某忠等人在淅川县公安局滔河镇派出所副所长贾某东的带领下，前往滔河乡孔家峪村传讯抢劫嫌疑人许某亭。许不在家，周某忠等人即传唤许的妻子鲁楠到滔河镇派出所进行询问。在询问结束时，鲁楠以制作的询问笔录中有句话与其所述内容不一致为由，要求更正，否则拒绝签字按指印。周某忠经解释无效后，即恼怒地朝鲁楠的腹部踢了一脚，并辱骂鲁楠，迫使鲁楠在询问笔录上签名按手印。当时鲁楠已怀孕近两个月，被踢后称下腹疼痛，周某忠即让同所的工作人员将鲁楠带到其他房间。次日上午 8 时许，鲁楠被允许回家，出派出所大门，即遇到其婆母范某芝，鲁向她诉说自己被踢后引起腹疼。当日下午，鲁楠因腹部疼痛不止，即请邻居帮忙雇车将其拉到滔河镇派出所，又转到滔河乡卫生院治疗。后鲁楠经保胎治疗无效，引起难免流产，于 1998 年 12 月 23 日做了清宫手术。经南阳市中心医院鉴定，鲁楠系早孕期，外伤后致先兆流产，治疗无效发展为难免流产。又经淅川县人民检察院检察技术鉴定，鲁楠的伤构成轻伤。

淅川县人民法院认为，被告人周某忠身为司法工作人员，在执行职务中，使用暴力逼取证人证言，其行为已构成暴力取证罪。淅川县人民检察院指控的罪名成立，应予支持。依照《刑法》第 247 条、第 72 条第 1 款的规定，于 1999 年 7 月 21 日作出判决：

被告人周某忠犯暴力取证罪，判处有期徒刑二年，缓刑二年。

一审宣判后，被告人周某忠不服，以其行为不构成犯罪为由提出上诉。

---

① 《刑事审判参考》2002 年第 1 期（总第 24 期）。

南阳市中级人民法院经审理后认为，原审判决认定事实清楚，证据确实、充分，适用法律正确，审判程序合法。被告人周某忠身为司法工作人员，在调查取证过程中，当场使用暴力逼取证人证言，致使证人流产，构成轻伤，其行为符合暴力取证罪的构成要件，周某忠辩称其行为不构成犯罪的上诉理由不能成立。依照《刑事诉讼法》第 189 条第 1 项的规定，于 1999 年 9 月 10 日裁定：驳回上诉，维持原判。

主要问题：

暴力迫使证人在询问笔录上签名按手印并致人轻伤的行为如何定性？

裁判理由：

根据《刑法》第 247 条的规定，暴力取证罪，是指司法工作人员使用暴力手段逼取证人证言的行为。其构成要件是：（1）犯罪主体只能是司法工作人员，根据《刑法》第 94 条规定，是指有侦查、检察、审判、监管职责的工作人员；（2）犯罪对象只能是证人；（3）主观方面只能是直接故意，且具有逼取证人证言的目的；（4）客观方面表现为对证人实施了殴打、捆绑等暴力行为，仅有威胁等非暴力的行为不足以构成本罪。由此可见，暴力逼取证人证言，是暴力取证罪本质特征之一。那么，何谓“暴力逼取证人证言”呢？我们认为，所谓“暴力逼取证人证言”，其含义通常或者主要是指暴力逼迫证人就其所知的案情作出陈述的情形。至于被暴力逼迫的证人最终是否作出陈述，所作的陈述是否符合客观事实，皆不影响本罪的成立，亦即逼取证人证言的目的实现与否，与本罪成立无关。比如，本案中，行为人在证人已作出陈述，但又以询问笔录与其所作的陈述有一句话不一致为由而拒绝签名认可的情况下，逼迫证人在询问笔录上签字按手印，亦应视为逼取证人证言。因为，从理论上说，一份完整的证人证言材料，必然要有相应的证人签名或按手印的确认方为有效。司法工作人员在依职权调查取证活动中，其取证程序始于证人陈述而终于证人在询问笔录上签名认可。逼迫证人在询问笔录上签名认可，本质上无异于逼迫证人作出与询问笔录内容等同的陈述。因此，暴力迫使证人在询问笔录上签名按手印应当是暴力逼取证人证言的一种表现形式。《刑法》第 247 条虽没有规定暴力取证行为，情节严重的才构成犯罪，但根据《刑法》第 13 条的规定，如暴力取证行为显著轻微危害不大的，仍无须以犯罪论处。本案被告人为逼使已怀孕近两月的证人在询问笔录上签名按手印，而对证人腹部踢了一脚，致使证人难免流产，造成轻伤的后果，且在证人被踢后自述疼痛的情况下，不予理睬，其行为显然不能说是

“显著轻微危害不大”。因此，法院对本案被告人以暴力取证罪定罪是正确的。

第一百二十七条　询问被害人，适用本节各条规定。

[条文主旨]

本条是关于询问被害人适用法律的规定。

[条文释解]

询问被害人是指侦查人员为了查明案件事实，依照法定程序，以言词方式向直接遭受犯罪行为侵害的人进行调查询问的一种侦查活动。被害人是犯罪行为直接侵害的对象，通常与犯罪嫌疑人有过直接的接触，对犯罪事实有切身感受，因此，通过询问被害人遭受侵害和犯罪嫌疑人的相关情况，有助于更为迅速地抓获相关犯罪嫌疑人，也有助于查明案件事实，进而惩罚犯罪和保护被害人的合法权益。因此，询问被害人是调查取证的一种重要形式，通过询问被害人获取的被害人陈述是重要的证据种类之一。询问被害人与询问证人一样，应当严格依照法律规定，规范进行。根据本条规定，询问被害人应适用本法关于询问证人的规定，主要是：（1）可以在犯罪现场询问，也可以到被害人所在单位、住处和被害人提出的地点进行，必要时通知其到公安、检察机关进行陈述；（2）询问时必须出示相关的证件或证明文件；（3）对于有两个以上被害人的，应当分别进行询问；（4）询问前应告知被害人要如实陈述，并告知作虚假陈述、隐匿罪证的法律责任；（5）让被害人核实询问笔录并签字或盖章。

[司法实务]

1. 被害人与证人在刑事诉讼中的地位并不相同，被害人遭受了犯罪行为的侵害，是刑事诉讼的当事人，与犯罪嫌疑人和案件处理结果有着直接的利害关系。因此，询问被害人除了应当依照询问证人的各项规定进行之外，应当充分考虑到被害人与犯罪嫌疑人的利害关系和诉讼地位，还应当注意被害人的特殊心理状态，安抚被害人的情绪，做好被害人的思想工作，打消其顾虑，使被害人如实陈述，注意其陈述的细节，防止夸大或者遗漏重要情节。对伤势较重、有生命危险的被害人，要及时询问并尽可能地进行录音、录像以更好地固定证据。对涉及被害人隐私问题的，侦查人员应当为其保密，并向被害人说明，以消除被害人顾虑，使其如实提供所知道的案件情况。同时，对于符合法定提起刑事附带民事诉讼的案件，还可以告知被害人有提起附带民事诉讼的权利。

2. 询问未成年被害人，应当通知未成年被害人的法定代理人到场。无法通知、法定代理人不能到场或者不宜到场的，也可以通知未成年被害人的其他成年亲属，所在学校、单位、居住地基层组织或者未成年人保护组织的代表到场，并将有关情况记录在案。到场的法定代理人或者其他人员认为办案人员在询问中侵犯未成年被害人合法权益的，可以提出意见。询问笔录应当交给到场的法定代理人或者其他人员阅读或者向他宣读。询问女性未成年被害人，应当有女工作人员在场。

3.《刑事诉讼法》规定询问证人应当个别进行，询问被害人也应当依照询问证人的规定个别进行。也就是说两名以上的证人或者两名以上的被害人不能同时接受侦查人员的询问，这是针对两类不同人员的规定。实践中，很多案件往往是同时既有证人又有被害人的，那么是否允许一名证人和一名被害人一起接受侦查人员的询问，法律没有明确的规定。但是，从立法原意上看，法律规定询问证人或被害人应当个别进行，目的就是为了防止他们之间相互影响、相互串通，或者因有别人在场而产生顾虑，不能真实提供证言或陈述。这种相互影响、相互串通或者因顾虑而不能提供真实证言或陈述的情况不仅存在于证人与证人之间、被害人与被害人之间，在证人与被害人之间同样存在，故证人和被害人不能同时接受询问也是《刑事诉讼法》立法应有之义。在司法实践中，侦查人员不能将证人和被害人一起进行询问，否则得到的证人证言和被害人陈述将都不能作为定案的证据使用。

[配套规定]

1.《人民检察院刑事诉讼规则》（高检发释字［2019］4号）（节录）

第一百九十五条 询问被害人，适用询问证人的规定。

2.《公安机关办理刑事案件程序规定》（公安部令第127号）（2012年12月13日发布 自2013年1月1日起施行）（节录）

第二百零六条 询问前，应当了解证人、被害人的身份，证人、犯罪嫌疑人、被害人之间的关系。询问时，应当告知证人、被害人必须如实地提供证据、证言和有意作伪证或者隐匿罪证应负的法律责任。

侦查人员不得向证人、被害人泄露案情或者表示对案件的看法，严禁采用暴力、威胁等非法方法询问证人、被害人。

第二百零七条 本规定第二百零一条、第二百零二条的规定，也适用于询问证人、被害人。

第四节　勘验、检查

第一百二十八条　侦查人员对于与犯罪有关的场所、物品、人身、尸体应当进行勘验或者检查。在必要的时候，可以指派或者聘请具有专门知识的人，在侦查人员的主持下进行勘验、检查。

[条文主旨]

本条是关于勘验、检查实施主体及对象的规定。

[条文释解]

勘验、检查是常用的刑事侦查手段，主要用于对与案件事实可能有关联的血迹、指纹、足迹、字迹、毛发、体液、人体组织等痕迹和物品的鉴别、提取和检查。勘验、检查，是一种极其重要的侦查行为，是发现和获取证据、查明案情的重要手段，对侦查破案有着重要的作用。任何犯罪都是在一定时间和空间内进行的活动，所以，犯罪嫌疑人在实施犯罪行为时，必然会在犯罪现场留下一定的痕迹、物品，会对被害人人身造成一定的伤害，有时，作案人自己也会遭到被害人的反抗而受伤，在作案人身上，也可能留下犯罪痕迹。在有些情况下，犯罪嫌疑人还可能对犯罪现场加以伪装或掩盖，而就在伪装和掩盖的过程中，有可能留下伪装或者掩盖的痕迹。故通过勘验、检查，可以发现和取得犯罪活动留下的种种痕迹和物品。而对这些证据材料加以分析研究，就可以了解犯罪嫌疑人实施犯罪的情况，判断案件的性质以及犯罪嫌疑人的特征，发现侦破案件的各种线索，明确侦查方向和范围，从而为查清犯罪事实，查获犯罪嫌疑人提供依据。随着社会进步和科学技术的发展，越来越多的技术手段被用于勘验、检查，进一步提高了勘验、检查的效能。作为一种刑事侦查措施，勘验、检查必须严格遵守法律关于其使用主体、范围等程序性的规定，以保护公民的合法权益不受侵犯。

根据本条规定，侦查人员是勘验、检查的实施主体，包括公安机关和人民检察院对案件行使侦查权的工作人员。根据《公安机关办理刑事案件程序规定》的相关要求，公安机关进行的勘验、检查由县级以上公安机关侦查部门负责，一般案件的现场勘查，由侦查部门负责人指定的人员到现场指挥；重大、特别重大案件的现场勘查由侦查部门负责人到现场指挥。必要时，发案地公安机关负责人应当亲自到现场指挥。勘验、检查的对象是与犯罪有关的场所、物品、人身和尸体。“与犯罪有关的场所”主要是指犯罪现场、现场外及其他可能留有犯罪痕迹和物品的地方；与犯罪有关的“物品”是指犯罪的工具、赃款赃物及现场遗留物，包括犯罪嫌疑人及被害人遗留的车辆、武器、通信工具、衣物、毛发、血迹、痕迹等可见物；与犯罪有关的“人身”主要是指犯罪嫌疑人或被害人的身体；与犯罪有关的“尸体”是指死因与犯罪有关的尸体，多属于被害人，也可能是犯罪嫌疑人。

勘验、检查具体措施包括：现场勘验，尸体检验，物证、书证检验，人身检查等。“现场勘验”是指侦查人员对案发现场及其他留有犯罪物品、痕迹的场所进行的专门调查。这是发现破案线索，获得原始证据的重要途径，是侦查活动中能否及时、准确地查明犯罪事实，查获犯罪分子的重要环节。为了保证现场勘验的顺利进行，必须及时保护现场，并做好勘验准备和现场访问。“尸体检验”包括尸表检查、尸体解剖检查、生物样本提取、理化检查。尸体检验必须及时进行，以防止尸体腐烂，痕迹变化或消失。“物证、书证检验”是指对侦查中获得的物品、痕迹或者记载案件情况的载体进行检查、验证。“人身检查”是指对被害人或犯罪嫌疑人的人身进行检查，目的是查清人体被伤害的情况或者某些身体特征。

为了保证勘验、检查结果的可靠性，本条规定，在必要的时候，可以指派或者聘请具有专门知识的人，在侦查人员主持下进行勘验、检查。这样规定是考虑到犯罪是种复杂的社会现象，犯罪手段和犯罪形式多种多样，特别是利用现代科学技术手段实施的犯罪，采用一般的侦查措施可能难以得出正确结论，必须借用一定科学方法和专门知识才能查明案件情况，允许具有专门知识的人参与到勘验、检查活动中来，则满足了这种特殊需求。

应当注意的是，指派聘请具有专门知识的人进行勘验、检查，必须是在侦查人员的主持下进行，以确保这种活动能够适应侦查工作的需要，符合勘验、检查工作规范。

[司法实务]

1.《刑事诉讼法》规定公安机关的侦查人员是勘验、检查的主体，并不代表公安机关的任何侦查人员都可以进行勘验、检查。根据《公安机关刑事案件现场勘验检查规则》的规定，只有公安机关及其派出机构经过现场勘验、检查专业培训考试，取得现场勘验、检查资格的侦查人员才能够进行勘验、检查。没有经过专门培训考试并取得勘验、检查资格的侦查人员，对勘验、检查的规程、注意事项、证据敏感度等方面尚达不到勘验、检查的要求，若贸然进入现场进行勘验、检查，很可能会无法全面、准确地发现、收集到与案件相关的信息，相反，还有可能破坏现场中反映的案件信息，导致案件线索的灭失。因此，没有经过专门培训考试并取得勘验、检查资格的侦查人员是不能够参与勘验、检查的。

2. 侦查人员对物品进行检验，应当注意以下几点：（1）要仔细地查验物品上的特征，如物品的使用或损坏痕迹、纸张上被涂改涂抹的痕迹、鞋底上的花纹及其磨损痕迹等；对于在现场收集的物品，还要注意它与周围环境的关系，并分析研究物品的特征和痕迹的变化情况。（2）通过分析研究，需要确定该物品及其痕迹与案件事实有无联系以及有何种联系。（3）如果侦查人员对物品的特征不能判断时，应当指派或者聘请具有专门知识的人进行鉴定。

[配套规定]

1.《中华人民共和国监察法》（2018 年 3 月 20 日公布并施行）（节录）

第二十六条 监察机关在调查过程中，可以直接或者指派、聘请具有专门知识、资格的人员在调查人员主持下进行勘验检查。勘验检查情况应当制作笔录，由参加勘验检查的人员和见证人签名或者盖章。

2.《人民检察院刑事诉讼规则》（高检发释字［2019］4号）（节录）

第一百九十六条　检察人员对于与犯罪有关的场所、物品、人身、尸体应当进行勘验或者检查。必要时，可以指派检察技术人员或者聘请其他具有专门知识的人，在检察人员的主持下进行勘验、检查。

3.《公安机关刑事案件现场勘验检查规则》（公通字［2015］31号）（2015年10月22日公布并施行）（节录）

第一章　总　则

第一条　为规范公安机关刑事案件现场勘验、检查工作，保证现场勘验、检查质量，根据《中华人民共和国刑事诉讼法》和《公安机关办理刑事案件程序规定》的有关规定，制定本规则。

第二条　刑事案件现场勘验、检查，是侦查人员运用科学技术手段，对与犯罪有关的场所、物品、人身、尸体等进行勘验、检查的侦查活动。

第三条　刑事案件现场勘验、检查的任务，是发现、固定、提取与犯罪有关的痕迹、物证及其他信息，存储现场信息资料，判断案件性质，分析犯罪过程，确定侦查方向和范围，为侦查破案、刑事诉讼提供线索和证据。

第四条　公安机关对具备勘验、检查条件的刑事案件现场，应当及时进行勘验、检查。

第五条　刑事案件现场勘验、检查的内容，包括现场保护、现场实地勘验检查、现场访问、现场搜索与追踪、侦查实验、现场分析、现场处理、现场复验与复查等。

第六条　刑事案件现场勘验、检查由公安机关组织现场勘验、检查人员实施。必要时，可以指派或者聘请具有专门知识的人，在侦查人员的组织下进行勘验、检查。

公安机关现场勘验、检查人员是指公安机关及其派出机构经过现场勘验、检查专业培训考试，取得现场勘验、检查资格的侦查人员。

第七条　公安机关进行现场勘验、检查应当注意保护公民生命健康安全，尽量避免或者减少财产损失。

第八条　刑事案件现场勘验、检查工作应当遵循依法、安全、及时、客观、全面、细致的原则。

现场勘验、检查人员应当严格遵守保密规定，不得擅自发布刑事案件现场有关情况，泄露国家秘密、商业秘密、个人隐私。

第二章　现场勘验检查职责的划分

第九条　县级公安机关及其派出机构负责辖区内刑事案件的现场勘验、检查。对于案情重大、现场复杂的案件，可以向上一级公安机关请求支援。上级公安机关认为有必要时，可以直接组织现场勘验、检查。

第十条　涉及两个县级以上地方公安机关的刑事案件现场勘验、检查，由受案地公安机关进行，案件尚未受理的，由现场所在地公安机关进行。

第十一条　新疆生产建设兵团和铁路、交通、民航、森林公安机关及海关缉私部门负责其管辖的刑事案件的现场勘验、检查。

第十二条　公安机关和军队、武装警察部队互涉刑事案件的现场勘验、检查，依照公安机关和军队互涉刑事案件管辖分工的有关规定确定现场勘验、检查职责。

第十三条　人民法院、人民检察院和国家安全机关、军队保卫部门、监狱等部门管辖的案件，需要公安机关协助进行现场勘验、检查，并出具委托书的，有关公安机关应当予以协助。

第三章　现场保护

第十四条　发案地公安机关接到刑事案件报警后，对于有犯罪现场的，应当迅速派员赶赴现场，做好现场保护工作。

第十五条　负责保护现场的人民警察应当根据案件具体情况，划定保护范围，设置警戒线和告示牌，禁止无关人员进入现场。

第十六条　负责保护现场的人民警察除抢救伤员、紧急排险等情况外，不得进入现场，不得触动现场上的痕迹、物品和尸体；处理紧急情况时，应当尽可能避免破坏现场上的痕迹、物品和尸体，对现场保护情况应当予以记录，对现场原始情况应当拍照或者录像。

第十七条　负责保护现场的人民警察对现场可能受到自然、人为因素破坏的，应当对现场上的痕迹、物品和尸体等采取相应的保护措施。

第十八条　保护现场的时间，从发现刑事案件现场开始，至现场勘验、检查结束。需要继续勘验、检查或者需要保留现场的，应当对整个现场或者部分现场继续予以保护。

第十九条　负责现场保护的人民警察应当将现场保护情况及时报告现场勘验、检查指挥员。

第四章　现场勘验检查的组织指挥

第二十条　公安机关对刑事案件现场勘验、检查应当统一指挥，周密组织，明确分工，落实责任，及时完成各项任务。

第二十一条 现场勘验、检查的指挥员由具有现场勘验、检查专业知识和组织指挥能力的人民警察担任。

第二十二条 现场勘验、检查的指挥员依法履行下列职责：

（一）决定和组织实施现场勘验、检查的紧急措施；

（二）制定和实施现场勘验、检查的工作方案；

（三）对参加现场勘验、检查人员进行分工；

（四）指挥、协调现场勘验、检查工作；

（五）确定现场勘验、检查见证人；

（六）审核现场勘验检查工作记录；

（七）组织现场分析；

（八）决定对现场的处理。

第二十三条 现场勘验、检查人员依法履行下列职责：

（一）实施现场紧急处置；

（二）开展现场调查访问；

（三）发现、固定和提取现场痕迹、物证等；

（四）记录现场保护情况、现场原始情况和现场勘验、检查情况，制作《现场勘验检查工作记录》；

（五）参与现场分析；

（六）提出处理现场的意见；

（七）将现场勘验信息录入“全国公安机关现场勘验信息系统”；

（八）利用现场信息串并案件。

第五章 现场实地勘验检查

第二十四条 公安机关对刑事案件现场进行勘验、检查不得少于二人。

勘验、检查现场时，应当邀请一至二名与案件无关的公民作见证人。由于客观原因无法由符合条件的人员担任见证人的，应当在笔录材料中注明情况，并对相关活动进行录像。

勘验、检查现场，应当拍摄现场照片，绘制现场图，制作笔录，由参加勘查的人和见证人签名。对重大案件的现场，应当录像。

第二十五条 现场勘验、检查人员到达现场后，应当了解案件发生、发现和现场保护情况。需要采取搜索、追踪、堵截、鉴别、安全检查和控制销赃等紧急措施的，应当立即报告现场指挥员，并依照有关法律法规果断处置。

具备使用警犬追踪或者鉴别条件的，在不破坏现场痕迹、物证的前提下，应当立即使用警犬搜索和追踪，提取有关物品、嗅源。

第二十六条 勘验、检查暴力犯罪案件现场，可以视案情部署武装警戒，防止造成新的危害后果。

第二十七条 公安机关应当为现场勘验、检查人员配备必要的安全防护设施和器具。现场勘验、检查人员应当增强安全意识，注意自身防护。对涉爆、涉枪、放火、制毒、涉危险物质、危险场所等可能危害勘验、检查人身安全的现场，应当先由专业人员排除险情，再进行现场勘验、检查。

第二十八条 执行现场勘验、检查任务的人员，应当持有《刑事案件现场勘查证》。《刑事案件现场勘查证》由公安部统一样式，省级公安机关统一制发。

第二十九条 执行现场勘验、检查任务的人员，应当使用相应的个人防护装置，防止个人指纹、足迹、DNA 等信息遗留现场造成污染。

第三十条 勘验、检查现场时，非勘验、检查人员不得进入现场。确需进入现场的，应当经指挥员同意，并按指定路线进出现场。

第三十一条 现场勘验、检查按照以下工作步骤进行：

（一）巡视现场，划定勘验、检查范围；

（二）按照“先静后动，先下后上，先重点后一般，先固定后提取”的原则，根据现场实际情况确定勘验、检查流程；

（三）初步勘验、检查现场，固定和记录现场原始状况；

（四）详细勘验、检查现场，发现、固定、记录和提取痕迹、物证；

（五）记录现场勘验、检查情况。

第三十二条 勘验、检查人员应当及时采集并记录现场周边的视频信息、基站信息、地理信息及电子信息等相关信息。勘验、检查与电子数据有关的犯罪现场时，应当按照有关规范处置相关设备，保护电子数据和其他痕迹、物证。

第三十三条 勘验、检查繁华场所、敏感地区发生的煽动性或者影响较恶劣的案件时，应当采用适当方法对现场加以遮挡，在取证结束后及时清理现场，防止造成不良影响。

第三十四条 为了确定被害人、犯罪嫌疑人的某些特征、伤害情况或者生理状态，可以对人身进行检查，可以提取指纹信息，采集血液、口腔拭子、尿液等生物样本。犯罪嫌疑人拒绝检查、提取、采集的，侦查人员认为必要的时候，经办案部门负责人批准，可以强制检查、提取、采集。

检查妇女的身体，应当由女工作人员或者医师进行。

检查的情况应当制作笔录，由参加检查的侦查人员、检查人员、被检查人员和见证人签名。被检查人员拒绝签名的，侦查人员应当在笔录中注明。

第三十五条 勘验、检查有尸体的现场，应当有法医参加。

第三十六条 为了确定死因，经县级以上公安机关负责人批准，可以解剖尸体。

第三十七条 解剖尸体应当通知死者家属到场，并让死者家属在《解剖尸体通知书》上签名。死者家属无正当理由拒不到场或者拒绝签名的，可以解剖尸体，但是应当在《解剖尸体通知书》上注明。对于身份不明的尸体，无法通知死者家属的，应当在笔录中注明。

解剖外国人尸体应当通知死者家属或者其所属国家驻华使、领馆有关官员到场，并请死者家属或者其所属国家驻华使、领馆有关官员在《解剖尸体通知书》上签名。死者家属或者其所属国家驻华使、领馆有关官员无正当理由拒不到场或者拒绝签名的，可以解剖尸体，但应当在《解剖尸体通知书》上注明。对于身份不明外国人的尸体，无法通知死者家属或者有关使、领馆的，应当在笔录中注明。

第三十八条 移动现场尸体前，应当对尸体的原始状况及周围的痕迹、物品进行照相、录像，并提取有关痕迹、物证。

第三十九条 解剖尸体应当在尸体解剖室进行。确因情况紧急，或者受条件限制，需要在现场附近解剖的，应当采取隔离、遮挡措施。

第四十条 检验、解剖尸体时，应当捺印尸体指纹和掌纹。必要时，提取血液、尿液、胃内容和有关组织、器官等。尸体指纹和掌纹因客观条件无法捺印时需在相关记录中注明。

第四十一条 检验、解剖尸体时，应当照相、录像。对尸体损伤痕迹和有关附着物等应当进行细目照相、录像。

对无名尸体的面貌，生理、病理特征，以及衣着、携带物品和包裹尸体物品等，应当进行详细检查和记录，拍摄辨认照片。

第六章 现场勘验检查工作记录

第四十二条 现场勘验、检查结束后，应当及时将现场信息录入“全国公安机关现场勘验信息系统”并制作《现场勘验检查工作记录》。其中，对命案现场信息应当在勘查结束后七个工作日内录入，对其他现场信息应当在勘查结束后五个工作日内录入。

《现场勘验检查工作记录》包括现场勘验笔录、现场图、现场照片、现场录像和现场录音。

第四十三条 现场勘验检查工作记录应当客观、全面、详细、准确、规范，能够作为核查现场或者恢复现场原状的依据。

第四十四条 现场勘验笔录正文需要载明现场勘验过程及结果，包括与犯罪有关的痕迹和物品的名称、位置、数量、性状、分布等情况，尸体的位置、衣着、姿势、血迹分布、性状和数量以及提取痕迹、物证情况等。

第四十五条 对现场进行多次勘验、检查的，在制作首次现场勘验检查工作记录后，逐次制作补充勘验检查工作记录。

第四十六条 现场勘验、检查人员应当制作现场方位图、现场平面示意图，并根据现场情况选择制作现场平面比例图、现场平面展开图、现场立体图和现场剖面图等。

第四十七条 绘制现场图应当符合以下基本要求：

（一）标明案件名称，案件发现时间、案发地点；

（二）完整反映现场的位置、范围；

（三）准确反映与犯罪活动有关的主要物体，标明尸体、主要痕迹、主要物证、作案工具等具体位置；

（四）文字说明简明、准确；

（五）布局合理，重点突出，画面整洁，标识规范；

（六）现场图注明方向、图例、绘图单位、绘图日期和绘图人。

第四十八条 现场照相和录像包括方位、概貌、重点部位和细目四种。

第四十九条 现场照相和录像应当符合以下基本要求：

（一）影像清晰、主题突出、层次分明、色彩真实；

（二）清晰、准确记录现场方位、周围环境及原始状态，记录痕迹、物证所在部位、形状、大小及其相互之间的关系；

（三）细目照相、录像应当放置比例尺；

（四）现场照片需有文字说明。

第五十条 现场绘图、现场照相、录像、现场勘验笔录应当相互吻合。

第五十一条 现场绘图、现场照相、录像、现场勘验笔录等现场勘验、检查的原始资料应当妥善保存。现场勘验、检查原始记录可以用纸质形式或者电子形式记录，现场勘验、检查人员、见证人应当在现场签字确认，以电子形式记录的可以使用电子签名。

第七章 现场痕迹物品文件的提取与扣押

第五十二条 现场勘验、检查中发现与犯罪有关的痕迹、物品，应当固定、提取。

提取现场痕迹、物品，应当分别提取，分开包装，统一编号，注明提取的地点、部位、日期，提取的数量、名称、方法和提取人：对特殊检材，应当采取相应的方法提取和包装，防止损坏或者污染。

第五十三条 提取秘密级以上的文件，应当由县级以上公安机关负责人批准，按照有关规定办理，防止泄密。

第五十四条 在现场勘验、检查中，应当对能够证明犯罪嫌疑人有罪或者无罪的各种物品和文件予以扣押；对有可能成为痕迹物证载体的物品、文件，应当予以提取、扣押，进一步检验，但不得扣押或者提取与案件无关的物品、文件，对与犯罪有关的物品、文件和有可能成为痕迹物证载体的物品、文件的持有人无正当理由拒绝交出物品、文件的，现场勘验、检查人员可以强行扣押或者提取。

第五十五条 现场勘验、检查中需要扣押或者提取物品、文件的，由现场勘验、检查指挥员决定。执行扣押或者提取物品、文件时，侦查人员不得少于二人，并持有关法律文书和相关证件，同时应当有见证人在场。

第五十六条 现场勘验、检查中，发现爆炸物品、毒品、枪支、弹药和淫秽物品以及其他危险品或者违禁物品，应当立即扣押，固定相关证据后，交有关部门处理。

第五十七条 扣押物品、文件时，当场开具《扣押清单》，写明扣押的日期和物品、文件的名称、编号、数量、特征及其来源等，由侦查人员、见证人和物品、文件持有人分别签名或者盖章。对于持有人拒绝签名或者无法查清持有人的，应当在《扣押清单》上注明。

《扣押清单》一式三份，一份交物品、文件持有人，一份交公安机关保管人员，一份附卷备查。

提取现场痕迹、物品应当填写《提取痕迹、物证登记表》，写明物品、文件的编号、名称、数量、特征和来源等，由侦查人员、见证人和物品、文件持有人分别签名或者盖章。对于物品持有人拒绝签名或者无法查清持有人的，应当在《提取痕迹、物证登记表》上注明。

第五十八条 对应当扣押但不便提取的物品、文件，经登记、拍照或者录像、估价后，可以交被扣押物品、文件持有人保管或者封存，并明确告知物品持有人应当妥善保管，不得转移、变卖、毁损。

交被扣押物品、文件持有人保管或者封存的，应当开具《登记保存清单》，在清单上写明封存地点和保管责任人，注明已经拍照或者录像，由侦查人员、见证人和持有人签名或者盖章。

《登记保存清单》一式两份，一份交给物品、文件持有人，一份连同照片或者录像资料附卷备查。

对应当扣押但容易腐烂变质以及其他不易保管的物品，权利人明确的，经其本人书面同意或者申请，经县级以上公安机关负责人批准，在拍照或者录像固定后委托有关部门变卖、拍卖，所得款项存入本单位唯一合规账户，待诉讼终结后一并处理。

第五十九条 对不需要继续保留或者经调查证实与案件无关的检材和被扣押物品、文件，应当及时退还原主，填写《发还清单》一式三份，由承办人、领取人签名或者盖章，一份交物品、文件的原主，一份交物品保管人，一份附卷备查。

第六十条 对公安机关扣押物品、文件有疑问的，物品、文件持有人可以向扣押单位咨询；认为扣押不当的，可以向扣押物品、文件的公安机关申诉或者控告。

第六十一条 上级公安机关发现下级公安机关扣押物品、文件不当的，应当责令下级公安机关纠正，下级公安机关应当立即执行。必要时，上级公安机关可以就申诉、控告事项直接作出处理决定。

第六十二条 对于现场提取的痕迹、物品和扣押的物品、文件，应当按照有关规定建档管理，存放于专门场所，由专人负责，严格执行存取登记制度，严禁侦查人员自行保管。

第八章　现场访问

第六十三条 现场勘验、检查人员应当向报案人、案件发现人，被害人及其亲属，其他知情人或者目击者了解、收集有关刑事案件现场的情况和线索。

第六十四条 现场访问包括以下主要内容：

（一）刑事案件发现和发生的时间、地点、详细经过，发现后采取的保护措施，现场情况，有无可疑人或者其他人在现场，现场有无反常情况，以及物品损失等情况；

（二）现场可疑人或者作案人数、作案人性别、年龄、口音、身高、体态、相貌、衣着打扮、携带物品及特征，来去方向、路线等；

（三）与刑事案件现场、被害人有关的其他情况。

第六十五条 现场访问应当制作询问笔录。

第九章 现场外围的搜索和追踪

第六十六条 现场勘验、检查中，应当根据痕迹、视频、嗅源、物证、目击者描述及其他相关信息对现场周围和作案人的来去路线进行搜索和追踪。

第六十七条 现场搜索、追踪的任务包括：

（一）搜寻隐藏在现场周围或者尚未逃离的作案人；

（二）寻找与犯罪有关的痕迹、物品等；

（三）搜寻被害人尸体、人体生物检材、衣物等；

（四）寻找隐藏、遗弃的赃款赃物等；

（五）发现并排除可能危害安全的隐患；

（六）确定作案人逃跑的方向和路线，追踪作案人；

（七）发现现场周边相关视频信息。

第六十八条 在现场搜索、追踪中，发现与犯罪有关的痕迹、物证，应当予以固定、提取。

第十章 侦查实验

第六十九条 为了证实现场某一具体情节的形成过程、条件和原因等，可以进行侦查实验。

进行侦查实验应当经县级以上公安机关负责人批准。

第七十条 侦查实验的任务包括：

（一）验证在现场条件下能否听到某种声音或者看到某种情形；

（二）验证在一定时间内能否完成某一行为；

（三）验证在现场条件下某种行为或者作用与遗留痕迹、物品的状态是否吻合；

（四）确定某种条件下某种工具能否形成某种痕迹；

（五）研究痕迹、物品在现场条件下的变化规律；

（六）分析判断某一情节的发生过程和原因；

（七）其他需要通过侦查实验作出进一步研究、分析、判断的情况。

第七十一条 侦查实验应当符合以下要求：

（一）侦查实验一般在发案地点进行，燃烧、爆炸等危险性实验，应当在其他能够确保安全的地点进行；

（二）侦查实验的时间、环境条件应当与发案时间、环境条件基本相同；

（三）侦查实验使用的工具、材料应当与发案现场一致或者基本一致；必要时，可以使用不同类型的工具或者材料进行对照实验；

（四）如条件许可，类同的侦查实验应当进行二次以上；

（五）评估实验结果应当考虑到客观环境、条件变化对实验的影响和可能出现的误差；

（六）侦查实验，禁止一切足以造成危险、侮辱人格或者有伤风化的行为。

第七十二条 对侦查实验的过程和结果，应当制作《侦查实验笔录》，参加侦查实验的人员应当在《侦查实验笔录》上签名。进行侦查实验，应当录音、录像。

第十一章 现场分析

第七十三条 现场勘验、检查结束后，勘验、检查人员应当进行现场分析。

第七十四条 现场分析的内容包括：

（一）侵害目标和损失；

（二）作案地点、场所；

（三）开始作案的时间和作案所需要的时间；

（四）作案人出入现场的位置、侵入方式和行走路线；

（五）作案人数；

（六）作案方式、手段和特点；

（七）作案工具；

（八）作案人在现场的活动过程；

（九）作案人的个人特征和作案条件；

（十）有无伪装或者其他反常现象；

（十一）作案动机和目的；

（十二）案件性质；

（十三）是否系列犯罪；

（十四）侦查方向和范围；

（十五）其他需要分析解决的问题。

第七十五条 勘验、检查人员在现场勘验、检查后，应当运用“全国公安机关现场勘验信息系统”和各种信息数据库开展刑事案件串并工作，并将串并案情况录入“全国公安机关现场勘验信息系统”。

第十二章 现场的处理

第七十六条 现场勘验、检查结束后，现场勘验、检查指挥员决定是否保留现场。

对不需要保留的现场，应当及时通知有关单位和人员进行处理。

对需要保留的现场，应当及时通知有关单位和个人，指定专人妥善保护。

第七十七条 对需要保留的现场，可以整体保留或者局部保留。

第七十八条 现场勘验、检查结束后，现场勘验、检查指挥员决定是否保留尸体。

（一）遇有死因未定、身份不明或者其他情况需要复验的，应当保存尸体；

（二）对没有必要继续保存的尸体，经县级以上公安机关负责人批准，应当立即通知死者家属处理。对无法通知或者通知后家属拒绝领回的，经县级以上公安机关负责人批准，可以按照有关规定及时处理；

（三）对没有必要继续保存的外国人尸体，经县级以上公安机关负责人批准，应当立即通知死者家属或者所属国驻华使、领馆的官员处理。对无法通知或者通知后外国人家属或者其所属国驻华使、领馆的官员拒绝领回的，经县级以上公安机关负责人批准，并书面通知外事部门后，可以按照有关规定及时处理。

第十三章 现场的复验、复查

第七十九条 遇有下列情形之一，应当对现场进行复验、复查：

（一）案情重大、现场情况复杂的；

（二）侦查工作需要从现场进一步收集信息、获取证据的；

（三）人民检察院审查案件时认为需要复验、复查的；

（四）当事人提出不同意见，公安机关认为有必要复验、复查的；

（五）其他需要复验、复查的。

第八十条 对人民检察院要求复验、复查的，公安机关复验、复查时，可以通知人民检察院派员参加。

第十四章　附　则

第八十一条　公安机关对其他案件、事件、事故现场的勘验、检查，可以参照本规则执行。

第八十二条　本规则自发布之日起施行。《公安机关刑事案件现场勘验检查规则》（2005 年 10 月 1 日颁布并实施）同时废止。

4.《公安机关办理刑事案件程序规定》（公安部令第 127 号）（2012 年 12 月 13 日发布 自 2013 年 1 月 1 日起施行）（节录）

第二百零八条　侦查人员对于与犯罪有关的场所、物品、人身、尸体应当进行勘验或者检查，及时提取、采集与案件有关的痕迹、物证、生物样本等。在必要的时候，可以指派或者聘请具有专门知识的人，在侦查人员的主持下进行勘验、检查。

5.《公安机关办理伤害案件规定》（公通字［2005］98 号）（2005 年 12 月 27 日公布并施行）（节录）

第十三条　公安机关办理伤害案件，现场具备勘验、检查条件的，应当及时进行勘验、检查。

第十四条　伤害案件现场勘验、检查的任务是发现、固定、提取与伤害行为有关的痕迹、物证及其他信息，确定伤害状态，分析伤害过程，为查处伤害案件提供线索和证据。

办案单位对提取的痕迹、物证和致伤工具等应当妥善保管。

第十五条　公安机关对伤害案件现场进行勘验、检查不得少于二人。

勘验、检查现场时，应当邀请一至二名与案件无关的公民作见证人。

第一百二十九条　任何单位和个人，都有义务保护犯罪现场，并且立即通知公安机关派员勘验。

［条文主旨］

本条是关于单位和个人保护犯罪现场义务的规定。

［条文释解］

犯罪现场遗留的物品和痕迹包含着大量与犯罪行为和犯罪人相关的信

息，保护犯罪现场对于及时、有效地发现案件线索、查获犯罪嫌疑人具有十分重要的意义。因此，本条将保护犯罪现场作为单位和个人的一项义务予以规定。

本条规定有两层含义：一是保护犯罪现场是每个单位和公民的义务。任何单位或个人发现犯罪现场，应当立即将发现犯罪现场的时间、地点、犯罪情况报告给公安机关，通知其派员进行勘验，并且在公安机关派人到达现场之前设法保护好现场，保全证据。除出现抢救伤员、灭火等特殊的紧急情况外，应尽量防止移动、损毁现场的物品和原始痕迹，并阻止其他人进入现场、触摸现场及其附近物品。二是公安机关在接到报案后，对于有犯罪现场的，应当迅速派员赶赴犯罪现场，同时组织有关部门和人员采取相应保护措施，如划定保护范围，设置警戒线和告示牌，禁止无关人员进入现场。负责保护现场的人民警察除抢救伤员、紧急排险等情况外，不得进入现场，不得触动现场上的痕迹、物品和尸体，对于计算机犯罪案件的现场勘查，应当立即停止使用计算机，以尽快保护计算机及其相关设备内的电子数据；处理紧急情况时，应当尽可能避免破坏现场上的痕迹、物品和尸体，对现场保护情况应当予以记录，对现场原始情况应当拍照或者录像。勘验人员进行勘验之前，除对需要抢救的被害人应当及时送医院抢救外，禁止任何人触摸、移动犯罪现场的任何物品和痕迹。公安人员还应对现场发现的可疑人员或者其他妨害勘验进行的人员进行控制等。

[司法实务]

一般情况下，保护现场的时间从发现刑事案件现场开始，至现场勘验、检查结束时止。需要注意的是，有的刑事案件，根据侦查工作的需要，可能需要对现场进行复验、复查，这类案件在首次勘验、检查结束后，还应当对整个现场或者部分现场继续予以保护，直至完全查明案件事实。

[配套规定]

《公安机关办理刑事案件程序规定》（公安部令第 127 号）（2012 年 12 月 13 日发布 自 2013 年 1 月 1 日起施行）（节录）

第二百零九条　发案地派出所、巡警等部门应当妥善保护犯罪现场和证据，控制犯罪嫌疑人，并立即报告公安机关主管部门。

执行勘查的侦查人员接到通知后，应当立即赶赴现场；勘查现场，应当持有刑事犯罪现场勘查证。

[参考案例]

1. 阚某刚交通肇事案——交通肇事后肇事行为人有保护现场义务①

基本案情：

2007年7月17日20时许，阚某刚乘坐张某江驾驶的津DB7151号“朗风”牌小客车，沿天津市河北区金钟河东街由北向南行驶至碧泽园小区门前停车后，阚某刚打开左后车门时，与由北向南骑行电动自行车的孙某忠相撞，孙某忠被当场撞伤，阚某刚等人立即报警，并在现场等候处理。孙某忠后于2007年7月21日经抢救无效死亡。经法医检验，孙某忠的死因为颅脑损伤。经交管部门的责任认定，阚某刚负事故的全部责任。天津市河北区人民检察院以阚某刚犯交通肇事罪，向天津市河北区人民法院提起公诉。

裁判结果：

天津市河北区人民法院经审理认为：被告人阚某刚违反交通运输管理法规，发生交通事故，致人死亡，其行为已构成交通肇事罪。案发后被告人阚某刚等人报警并保护现场等候处理，属自首，依法可从轻处理。依照《刑法》第133条、第67条的规定，判决如下：被告人阚某刚犯交通肇事罪，判处有期徒刑七个月。

一审宣判后，被告人服判，检察院亦未提出抗诉，判决已发生法律效力。

2. 王某玩忽职守案——现场出现公民人身安全受到严重威胁时，人民警察的首要任务应当是紧急排险，保护公民人身安全，而不是保护现场②

基本案情：

开远铁路运输法院经对开远铁路运输检察院指控被告人王某犯玩忽职守

---

① 《人民法院报》，2008年5月9日，第5版。

② 《中国审判案例要览》，2003年刑事审判案例卷。

罪审理后查明：2000 年 12 月 12 日 12 时 40 分许，被告人王某在昆河铁路线戈姑火车站执勤时，接到该站联防队员曹某荣报称："有群众举报戈姑街上有人正在行凶。"后王某带领联防队员曹某荣赶到戈姑街 20 号门前，看到凶手张某刚左手握 2 枚手榴弹、右手拿着 1 支手枪正在威胁 21 号的住户张某英开门，欲对躲避在屋内的李某荣行凶。王某对张某刚说："兄弟，请不要冲动，我是警察，有什么事情好好说。"张某刚说："他们差我 17 万块钱，我要把他杀了，你叫他出来。"说完就用脚踢 20 号的铁门，踢不开，转而踢旁边的 21 号木门，踢开后进入屋内。之后，屋内先后传来两声手榴弹爆炸声，这时，被告人王某听到火车站站长杨某云叫他接电话，其在现场未作任何处置即离去。凶手张某刚踢开门进入屋内后，先向一间放冰柜的房间投掷了 1 枚手榴弹，爆炸后发现没人，又向客厅投掷了另一枚手榴弹，爆炸后炸断躲在客厅的李某荣的左腿，张某刚进入客厅后，用匕首向李某荣的胸、背及腹部刺杀十余刀，造成李某荣死亡。经法医鉴定：被害人李某荣系被他人用匕首刺伤肺脏、用手榴弹炸伤两大腿造成失血、循环呼吸衰竭死亡。

被告人王某来到火车站运转室后，与开远铁路公安处芷村派出所所长吴某伟联系，并与 8976 次旅客列车乘警联系，告诉乘警"进入一级战备状态"，随后，王某向曹某荣等人说："如果凶手来到铁路上，我先上，手榴弹不爆炸，你们再冲上来。"在此过程中，凶手张某刚持匕首和枪离开行凶现场，从王某所在的车站运转室面前经过，向离车站不远的一小学校走去，然后又沿路返回经过该运转室，并顺利地逃离了戈姑地区。

开远铁路运输法院经审理认为：从接报出警至离开爆炸现场，被告人王某的行为是玩忽职守的行为。理由是：（1）被告人王某作为一名驻站民警，当接到戈姑街上（火车站外）有人行凶的报警后，立即赶往现场，说明他知道面对有人行凶时，应及时出警，制止行凶是人民警察的职责。（2）到现场后，看见凶手张某刚手持手榴弹和手枪，还用脚踢门，并叫嚷"我要把他杀了"，王某知道张某刚正在行凶，要杀人，知道有人的生命正在受到严重威胁。（3）当李某荣的生命正在受到严重威胁，被告人王某应当履行一名警察的职责，及时果断地采取有效措施制止张某刚行凶杀人。然而，在有保安曹某荣等人在现场，有条件制止张某刚行凶的情况下，他也没有采取措施制止，致使凶手张某刚踢开门进入屋内后，对李某荣实施爆炸，继而用刀刺杀李某荣，造成李某荣被杀害的严重后果。（4）被害人李某荣在自己的身边有警察，能得到警察的直接救助的情况下，因王某离开现场，没有得到救助，被凶手张某刚杀害。本案在客观上造成了李某荣死亡的严重后果。(5)张某刚实施爆炸、杀害李某荣，直至逃离现场后，王某对现场被害人的情况不闻不问。此外，从凶手张某刚实施爆炸杀人至其逃离现场这一过程来看，抓捕凶犯是作为一名警察的王某的职责，虽然王某采取了一些相应的措施，但这些措施不足以防止张某刚逃离。其对张某刚得以顺利逃离也有过失责任。被告人王某身为人民警察，当公民李某荣处于危难，其生命受到严重威胁的时候，不正确履行法定义务，不积极采取有效的措施救助，相反，在危及关头，被告人王某擅离职守，离开现场，致使被害人李某荣在身边有警察，能得到救助的情况下，没能得到及时救助，最终被凶手杀害。本案事实清楚，证据确实充分，被告人王某的行为违反了《人民警察法》第 2 条、第 21 条、第 22 条第 11 项、第 48 条第 1 款的规定，已触犯刑法。依照《刑法》第 397 条第 1 款、第 37 条的规定，判决被告人王某犯玩忽职守罪，免予刑事处罚。

王某上诉称：(1) 自己已经履行了铁路警察的义务，去接所长的电话是去接受上级领导关于处理突发事件的指示。同时，自己来戈姑车站驻勤才一天，什么情况都不知道，及时出警后，虽与凶手对峙和劝说，但时间很短，根本不知道屋子里有人。(2) 手榴弹爆炸后没有冲进屋子里抓捕凶手是为了保护好现场。(3) 凶犯在车站站台来回行走后逃离的责任不应归咎于上诉人，因接电话的地点看不到凶手和一直在接受上级领导的指示，重点是保护铁路运输和旅客的安全。因此，本案不构成犯罪。

昆明铁路运输中级法院经审理后查明的事实、证据与一审相同。认为：上诉人王某身为人民警察，当公民人身安全受到严重威胁时，不积极采取有效的救助措施，相反，在危及关头，离开现场，不正确履行警察的法定义务，致使被害人李某荣能得到救助的情况下，没有得到及时救助而死亡，其行为已触犯刑法，构成玩忽职守罪。上诉人王某及其辩护人关于王某不知道凶犯正在对屋内公民行凶和其不存在主观上过失的辩解和辩护意见，与本案查明的事实和在案证据不符，不予采信；关于手榴弹爆炸后没有冲进屋内而是保护现场及应该去接电话的辩解和辩护意见，该院认为，现场保护是刑事侦查中为保持案件发生时的原始状态，使犯罪物证免遭损坏，而对出事地点采取的一种紧急措施，但必须把急救人命、保护人身安全放在首位。而本案中的手榴弹爆炸后，凶手正在屋内继续实施犯罪，这时，在现场的警察王某不去制止犯罪，救助屋内处于危机中的他人生命安全，反而离开现场，造成公民李某荣被凶杀致死的严重危害后果。最终裁定驳回上诉，维持原判。

案例评析：

《刑事诉讼法》规定了任何单位和个人，都有义务保护犯罪现场的义务，人民警察到场后更应当保护好现场，这是一般情况下的义务。但是当现场出现公民人身安全受到严重威胁的特殊情况时，就涉及不同法益之间的取舍问题。在这种情况下，依照《人民警察法》的规定和人民警察的职责，第一选择应当是紧急排险，保护公民人身安全，同时在紧急排险的过程中尽量保证现场不被破坏或污染。本案中，被告人王某是负有保护人民群众人身安全职责的人民警察，在出现紧急情况时，不去制止犯罪，救助处于危机中的他人生命安全，反而离开现场，造成公民李某荣被凶杀致死的严重危害后果，人民法院的判决是正确的。

第一百三十条　侦查人员执行勘验、检查，必须持有人民检察院或者公安机关的证明文件。

[条文主旨]

本条是关于侦查人员持证进行勘验、检查的规定。

[条文释解]

现场勘验、检查是一项重要的侦查措施，根据相关法律规定只有侦查人员能够行使此项职权。执行现场勘验、检查的侦查人员也必须依法履行此项职责，而侦查人员所属单位为其开具的证明文件则是其依法履行职责的有效凭证。

1979年《刑事诉讼法》第73条规定："侦查人员执行勘验、检查，必须持有公安机关的证明文件。"1996年修改《刑事诉讼法》时将"公安机关的证明文件"修改为"人民检察院或者公安机关的证明文件"。

根据本条规定，侦查人员在执行勘验、检查任务时，必须持有人民检察院或者公安机关的证明文件，以证明检察人员或公安人员的身份及执行勘验、检查的任务的程序合法性，防止勘验、检查权被滥用，干扰或破坏侦查活动的顺利进行。本条规定的侦查人员包括公安机关的侦查人员和人民检察院执行自行侦查任务的检察人员。侦查人员进行勘验、检查，应当持公安机关或检察机关的证明文件。这里的“证明文件”不是指侦查人员的个人工作证件，而是指允许进行勘验、检查的勘查证。

[配套规定]

1. **《人民检察院刑事诉讼规则》**（高检发释字［2019］4号）（节录）

第一百九十七条 勘验时，人民检察院应当邀请两名与案件无关的见证人在场。

勘查现场，应当拍摄现场照片。勘查的情况应当写明笔录并制作现场图，由参加勘查的人和见证人签名。勘查重大案件的现场，应当录像。

2. **《公安机关办理刑事案件程序规定》**（公安部令第127号）（2012年12月13日发布 自2013年1月1日起施行）（节录）

第二百零九条第二款 执行勘查的侦查人员接到通知后，应当立即赶赴现场；勘查现场，应当持有刑事犯罪现场勘查证。

第一百三十一条 对于死因不明的尸体，公安机关有权决定解剖，并且通知死者家属到场。

[条文主旨]

本条是关于尸体解剖程序的规定。

[条文释解]

在案发现场或其他场所发现的与案件有关的尸体必须认真检查。尸体解剖是尸体检验中经常使用的手段，目的在于确定判断死亡的原因、时间，致死的手段和方法，凶器的种类、形状等，以便于认定案件的性质，分析研究案情，为侦查破案提供线索和证据。在尸体检验的过程中，相关人员不仅需要依法及时对尸体进行检查、解剖，以防尸体上的痕迹因尸体的变化和腐烂而消失，同时还应尽量尊重死者家属的感情，争取其理解和支持，以确保侦查活动的正常进行。

本条包含两层意思：第一，对死因不明的尸体解剖的决定权属于公安机关且只能由公安机关行使，其他任何单位、个人都无权决定对死因不明的尸体进行解剖，也无权进行干涉。根据《刑事诉讼法》的相关规定，进行尸体解剖检查，在必要的时候，可以在侦查人员的主持下，由具有专业知识的法医或者医生进行。

第二，公安机关决定解剖尸体，应当通知死者家属到场。这样做一是有利于家属配合公安机关查明案情，使侦查活动得以顺利进行，二是客观上起到了对公安机关解剖尸体进行监督的作用，有利于促使公安机关依法、规范行使侦查职权。

[司法实务]

1. 公安机关决定解剖尸体或者开棺验尸的，应当通知死者家属到场，并让死者家属在《解剖尸体通知书》上签名。死者家属无正当理由拒不到场或者拒绝签名、盖章的，不影响解剖或者开棺检验，但是应当在《解剖尸体通知书》上注明。需要注意的是，公安机关应当认真核实死者家属提出的不到场或者拒绝签名、盖章的理由，对于有正当理由的，应当予以妥善处理，争取家属的配合，而不能简单地作为无正当理由对待。对于身份不明的尸体，无法通知死者家属的应当在笔录中注明。

对于重大、疑难、复杂的案件，可能引起争议的案件，或者死者家属无正当理由拒不到场或者拒绝签名、盖章的案件，为确保取得良好的社会效果，公安机关在进行尸体解剖、开棺检验、死因鉴定时，应当进行全程录音录像，商请检察机关派员到场，并邀请与案件无关的第三方或者死者家属聘请的律师到场见证。

解剖外国人尸体应当通知死者家属或者其所属国家驻华使、领馆有关官员到场，并请死者家属或者其所属国家驻华使、领馆有关官员在《解剖尸体通知书》上签名。死者家属或者其所属国家驻华使、领馆有关官员无正当理由拒不到场或者拒绝签名的，可以解剖尸体，但应当在《解剖尸体通知书》上注明。对于身份不明外国人的尸体，无法通知死者家属或者有关使、领馆的，应当在笔录中注明。

2. 尸体检验首先要进行尸表检验，即详细观察尸体的位置姿态、尸体周围的环境和情况，注意发现尸体周围痕迹和物品的情况，以免在尸体检验时对其他痕迹物品造成破坏，影响其证据价值的发挥；对尸体的衣着、身长、体格状况、皮肤颜色等特征进行观察、测量；观察尸体是否已出现尸斑、尸僵等现象，尸体是否已开始腐坏，腐坏的程度如何。另外，还需要查看尸体各部位是否有损伤，损伤的具体位置、形状、大小、深浅和方向，等等。

如果通过尸表检验尚不能确定死因的，或者对死因有疑问的，公安机关可以决定进行尸体解剖。解剖尸体可根据案件的不同要求进行局部解剖或者系统解剖。解剖应在特定场所进行，如公安机关的解剖室以及医学院校附设的法医科室等，如情况紧急，需在现场解剖的，必须采取必要的防护、隔离措施。

检验、解剖尸体时，应当捺印尸体指纹和掌纹。尸体指纹和掌纹因客观条件无法捺印时需在相关记录中注明。必要时，提取尸体的生物检材，如指甲、血液样本、胃内容物、肝脏组织等，存在性犯罪可能的案件，还需要提取重要部位擦拭物、附着物，以便进行病理检验、毒物检验或者 DNA 检验。

尸体检验后应当作出尸体鉴定意见，写明死亡原因，死亡时间，损伤位置、特征等。检验尸体的一切情况，应详细写成笔录，并由侦查人员和实施检验的法医或医师签名或盖章。

[配套规定]

1.《人民检察院刑事诉讼规则》（高检发释字［2019］4号）（节录）

第一百九十八条 人民检察院解剖死因不明的尸体，应当通知死者家属到场，并让其在解剖通知书上签名或者盖章。

死者家属无正当理由拒不到场或者拒绝签名、盖章的，不影响解剖的进行，但是应当在解剖通知书上记明。对于身份不明的尸体，无法通知死者家属的，应当记明笔录。

2.《公安机关办理刑事案件程序规定》（公安部令第127号）（2012年12月13日发布 自2013年1月1日起施行）（节录）

第二百一十三条 为了确定死因，经县级以上公安机关负责人批准，可以解剖尸体，并且通知死者家属到场，让其在解剖尸体通知书上签名。

死者家属无正当理由拒不到场或者拒绝签名的，侦查人员应当在解剖尸体通知书上注明。对身份不明的尸体，无法通知死者家属的，应当在笔录中注明。

第二百一十四条　对已查明死因，没有继续保存必要的尸体，应当通知家属领回处理，对于无法通知或者通知后家属拒绝领回的，经县级以上公安机关负责人批准，可以及时处理。

3.《公安部关于正确执行〈公安机关办理刑事案件程序规定〉第一百九十九条的批复》（公复字［2008］5号）（2008年10月22日公布并施行）

黑龙江省公安厅：

你厅《关于〈公安机关办理刑事案件程序规定〉第一百九十九条应如何理解的请示》（黑公传发［2008］521号）收悉。现批复如下：

一、根据《公安机关办理刑事案件程序规定》第一百九十九条的规定，死者家属无正当理由拒不到场或者拒绝签名、盖章的，不影响解剖或者开棺检验，公安机关可以在履行规定的审批程序后，解剖尸体；但应当认真核实死者家属提出的不到场或者拒绝签名、盖章的理由，对于有正当理由的，应当予以妥善处理，争取家属的配合，而不能简单地作为无正当理由对待。

二、对于重大、疑难、复杂的案件，可能引起争议的案件，或者死者家属无正当理由拒不到场或者拒绝签名、盖章的案件，为确保取得良好的社会效果，公安机关在进行尸体解剖、开棺检验、死因鉴定时，应当进行全程录音录像，商请检察机关派员到场，并邀请与案件无关的第三方或者死者家属聘请的律师到场见证。

[参考案例]

屈某故意杀人案——通过尸表检验能够确认被害人死因的，可不进行解剖①

基本案情：

陕西省榆林市人民检察院指控称被告人屈某于1999年8月14日哄骗同街居民韩某厚携带人民币9800元，将韩某厚领到定边县石洞沟乡赵墩村一片葵花林中，骗取人民币9800元，然后将韩某厚推入事先挖好的土坑予以活埋，此行为系谋财杀人，构成故意杀人罪，请求依法严惩。

被告人屈某在侦查期间曾对其犯罪事实供认不讳，但在法庭上又翻供为

① 陕西省高级人民法院（2001）陕刑一终字第199号。

与韩某厚发生撕拉，韩某厚跌倒后不出气了，故挖坑将其埋掉。

指定辩护人认为公安机关未对韩某厚尸体进行解剖，只作了尸表检查，究竟是窒息死亡还是中毒、疾病死亡，死因不明。

陕西省榆林市中级人民法院经公开审理查明：被告人屈某与被害人韩某厚（死年64岁）系定边县郝滩乡郝滩村同街居民，屈某得知韩某厚有钱，预谋图财杀人。1999年8月13日，韩某厚闲转至屈某补轮胎门市，屈某谎称本县石洞沟乡赵墩村亲戚家有银元出售，价格便宜，问韩是否购买，韩某厚答应购买，屈某叫韩某厚准备一万元人民币带韩某厚去买。次日即8月14日上午，韩某厚带款人民币9800元，屈某带铁锨一把，二人从郝滩供销社门前乘坐去定边方向的客车，行至石洞沟乡八里河道班附近下车，朝北向赵墩村行走，行至半路，屈某叫韩某厚原地等待，他先去探看卖银元的家中有无别人。屈某行至赵墩村赵常生的葵花地，用携带的铁锨挖了一长1.68米、宽0.50米、深1.52米的土坑，然后返回将韩某厚的9800元人民币骗到手，并领韩某厚行至土坑边，屈某将韩某厚推入土坑内迅速掩埋，韩某厚被沙土埋压窒息死亡。被告人屈某当日回到家中，将上述款额其中8000元装入罐头瓶内埋在住宅地板砖下面，剩余1800元次日交给妻子让其还账。

上述事实有下列证据证明：

1. 现场指认与勘查。案发后半个月，经被害人家属提供线索，定边县公安局传讯嫌疑人屈某，屈某开始不供，后承认作案并带领刑警队指认掩埋韩某厚现场，刑警队当即挖土并勘查拍照，挖出韩某厚尸体。土坑大小和尸体面部向下等均与屈某供述吻合。

2. 物证搜查与追寻。根据被告人屈某供述，刑警队在其住宅后套间地板撬开地砖，挖出一罐头瓶内装人民币8000元。追查屈某妻高玲霞承认8月15日从娘家回来，屈某给了她人民币1800元。

3. 书证及其鉴定结论。被告人屈某供述作案后韩家多次向其追问韩某厚的下落，他便于8月17日去定边县城以韩某厚本人名义给韩家写了一封信从邮局寄出，告知家人不要担心，他去宁夏同心县了。韩某厚家人收到此信交给公安机关，公安机关委托宁夏回族自治区公安厅鉴定此信笔迹，结论为“寄信人韩某厚”的信、信封上的字迹系屈某书写。

4. 尸体检验报告死因。定边县刑警队对韩某厚尸体进行检验，尸长1.62米，全身未发现任何致死损伤，口腔大量泥沙，鼻腔大量泥沙，口张开且较大。结论，死者系被他人埋入土坑内窒息死亡。此证据在庭审时指定辩护人提出质疑，认为尸检未进行解剖，不能排除中毒、疾病等死亡原因。庭审后，公诉机关移送地区公安处对本案死因进行复核，复核意见与原尸检报告结论一致。由此证明被告人屈某侦查期间供述活埋韩某厚且没有实施其他殴打行为之事实，并同时否定被告人在法庭上翻供为死后埋入之谎言。如系死后埋入，那么，面部向下的被害人，其呼吸系统鼻腔和口腔如何能进入大量泥沙？被告人屈某在庭审时翻供为，他与韩某厚数钱时因相差一千元而发生争执，遂将韩某厚推倒，后见韩某厚没气了，就将韩某厚挖坑埋入。此供死后埋入与尸检情况及其结论的窒息死亡不能印证。

5. 证人证言。

其一，被害人儿子、女儿和妻子均证明：农历七月初三、初四（公历8月14日）两天，韩某厚筹款借钱，说跟屈某去赵墩村买银元。证人刘某峰（村民）和李某山（亲戚）也证明韩某厚来借款6000元，说跟一个可靠人去赵墩村买银元。这些证言，与被告人供述他给韩某厚提起赵墩村有人卖银元并带其去买之情形相互印证。

其二，被害人妻子李某兰证明：韩某厚共带走人民币9800元。此证与屈某供述以及赃款搜查追寻数额相符，分文不差；并且证明韩某厚带的钱在裤腰上装5800元，在一塑料编织袋装4000元。被告人屈某供述韩某厚的钱在裤腰装一部分，在编织袋里装一部分。这一情节的供述也相互印证。

其三，证人高某芳（客车售票员）证明：那天在郝滩供销社门前上来卖眼镜老汉（韩某厚近年以卖眼镜为业）和一年轻人，老汉坐引擎盖上，年轻人坐售票员座上，年轻人买的车票，她要4元，给了3元。在车上，老汉与她谈买车和买营运路线价格，需3万元还是5万元等，最后老汉和年轻人在八里河道班下车。此证言与被告人屈某供述一致。

6. 被告人供述

被告人屈某具体供述内容与上述所列证据基本吻合，屈某数次供述均承认活埋韩某厚之事实，公开审理时也供认不讳，只是将活埋情节翻供为撕拉中老汉倒地没气，死后才将其挖坑埋入，此供已被尸检报告推翻。

综合上述六项证据，前四项的现场指认与勘查，物证搜查与追寻，书证和鉴定结论，尸检报告及死因，属于不变证据，是死证据，其真实可靠，采信无疑，且与后两项证人证言、被告人供述相互印证，诸多证据形成锁链，符合刑事诉讼法要求的定案证据的真实性、关联性和合法性，据此足以认定被告人屈某活埋韩某厚之事实。

陕西省榆林市中级人民法院根据上述事实和证据认为：被告人屈某图财害命，活埋他人，非法剥夺公民生命，已构成故意杀人罪，其蓄意谋杀，手段残忍罕见，主观恶性极大，社会危害严重，应依法严惩不贷。公诉机关指控正确。辩护律师认为本案死因不明，不能排除中毒或疾病等死因。经查，案发前两日被害人韩某厚受骗上当，几次去被告人屈某家中商讨购置银元生意，并走亲访友筹集资金，然后携款与屈某乘车前往，并在车上与女售票员闲谈轿车价格等，下车后又步行数里到葵花地，凡此种种，足见被害人韩某厚无中毒或疾病症状，且被告人屈某也从未供述此情况。尸体检验虽未解剖内脏，但上述被害人生前种种正常言行，足以排除中毒或疾病等死因。辩护观点显系凭空想像，无据可依，不予采纳。另外，被告人屈某谋财 9800 元之行为，无论骗取还是抢来，均属财产犯罪，与杀人行为比较应属轻行为，依照我国刑法吸收犯理论，重行为吸收轻行为，重罪吸收轻罪，只定故意杀人一罪。附带民事诉讼，经庭审后与被害人家属征询意见，并考虑本案实际情况，可免予赔偿。依法判决被告人屈某犯故意杀人罪，判处死刑，剥夺政治权利终身。免予被告人屈某的民事赔偿责任。

上诉人（原审被告人）屈某上诉提出，被害人死因不准确，被害人死后他才埋的，不是活埋，钱也是韩某厚死后才被他拿走的。其辩护人提出，被害人有病死或中毒死亡的可能性，原鉴定结论不明确。

经二审审理查明：原审判决认定被告人屈某因谋财而活埋杀害韩某厚的犯罪事实清楚、正确。

二审除引用一审认定事实的证据外，又列举了证人王某选、康某明的证言证明屈某因买房而欠有外债与屈某所供述的因买房而欠外债约一万余元的杀人原因相印证。

陕西省高级人民法院经审理认为，上诉人屈某为图财而活埋他人，其行为已构成故意杀人罪。对其上诉理由，经查，屈某归案后多次供认其先将土坑挖好，把钱骗到手后，将被害人领到土坑边，趁被害人不备，将被害人推入土坑内活埋。此事实有尸检结论相印证，故其所谓系死后埋入、拿钱的理由不能成立。对辩护人的辩护理由，经查，尸检报告证实被害人系被他人埋入土坑内窒息死亡，此结论与被告人屈某曾供述的将韩某厚活埋的情节一致，故对辩护意见不予采纳。原审判决定罪准确，量刑适当，审判程序合法。裁定驳回上诉，维持原判。

案例评析：

尸体检验是为了查明被害人的死因，在有的案件中，通过尸表检验，结合尸体征象和尸体所处的环境及在案其他证据即能够确定被害人的死因。如果通过尸表检验尚不能确定死因的，或者对死因有疑问的，公安机关可以决定进行尸体解剖。本案中，尸体鉴定意见通过尸表检验、尸体状态、体位和所处环境、结合证人证言、被告人供述等，足以认定被害人系被他人埋入土坑内窒息死亡。侦查机关的做法符合《刑事诉讼法》的规定。

第一百三十二条　为了确定被害人、犯罪嫌疑人的某些特征、伤害情况或者生理状态，可以对人身进行检查，可以提取指纹信息，采集血液、尿液等生物样本。

犯罪嫌疑人如果拒绝检查，侦查人员认为必要的时候，可以强制检查。

检查妇女的身体，应当由女工作人员或者医师进行。

[条文主旨]

本条是关于人身检查的规定。

[条文释解]

人身检查是一种重要的刑事侦查手段，对于发现案件线索，及时提取与案件相关证据具有重要意义。但是，对人身的检查，特别是针对人身的强制性检查，与保护公民人身自由权、隐私权等基本权利存在一定冲突，因此，侦查人员行使此项权力，必须经过法律授权，严格依照法定程序进行，文明执法，规范执法，在履行职责的同时，充分尊重和保障当事人的各项权利。而针对女性的人身检查由女性工作人员进行的规定，既体现了对女性群体的尊重和特殊保护，同时也是国际社会的通行做法。

1979 年《刑事诉讼法》第 75 条规定："为了确定被害人、被告人的某些特征、伤害情况或者生理状态，可以对人身进行检查。被告人如果拒绝检查，侦查人员认为必要的时候，可以强制检查。检查妇女的身体，应当由女工作人员或者医师进行。"1996 年修改《刑事诉讼法》时将"被告人"修改为“犯罪嫌疑人”。2012 年《刑事诉讼法》对本条作了修改，规定为在人身检查过程中可以提取指纹信息，采集血液、尿液等生物样本。

本条共分为三款。第 1 款是关于人身检查的规定。人身检查，是指侦查人员为了确定被害人、犯罪嫌疑人的某些特征、伤害情况或者生理状态，依法对其人身进行检查的一种侦查活动。根据本款规定，对人身检查的目的是确定被害人、犯罪嫌疑人的某些特征、伤害情况或者生理状态，以查明案件事实。其中，“某些特征”主要是指被害人、犯罪嫌疑人的体表特征，如身高、体重、相貌、皮肤颜色、发型、脚长、有无胎记文身等特殊痕迹、机体有无缺损等；“伤害情况”主要是指是否受伤及所受伤害的位置、形状、程度、伤势形态等；“生理状态”主要是指身体有无生理缺陷，如智力发育情况，各种身体生理机能等。通过人身检查，确定上述问题，有利于查明案件性质、犯罪手段和方法、犯罪工具及犯罪其他相关情节，这对认定犯罪事实，查明犯罪嫌疑人，具有重要意义。2012 年修改《刑事诉讼法》时对提取指纹信息、采集生物样本增加了规定。在人身检查过程中，必要时提取被害人或者犯罪嫌疑人的指纹信息，采集血液、尿液以及其他出自或者附着于人身的生物样本，是刑事侦查中经常使用的一种措施手段。由此提取的指纹信息、采集的生物样本，经化验、鉴定，可以与其他证据相互印证，形成证据链，有的生物样本甚至可以直接作为证据使用，如犯罪嫌疑人的指纹、DNA 等。增加这一规定为在对人身检查中提取指纹信息、采集生物样本提供了必要的法律依据，更有利于侦查工作的开展。这里只是列举了几种常见的生物样本，实践中还有唾液、毛发、耳纹等其他多种生物样本，在法律中不能一一列举，因此，规定了“等”。即在侦查活动中，为了确定被害人、犯罪嫌疑人的特征、伤害情况、生理状态，对有关生物样本都可采集。应当注意的是，在采集上述生物样本时，操作不当会侵犯公民的合法权利，侦查人员必须严格遵守相关法律规定，如采集的主体只能是依法对案件行使侦查权的侦查人员或者经授权的医务人员。采集样本的范围仅限于查明案件事实，确定被害人、犯罪人某些生物特征的需要，除此之外，不得随意采集。

第 2 款是关于强制检查的规定。实践中，对犯罪嫌疑人进行人体检查遭到拒绝时，侦查人员应当根据具体情况采取有效措施。一般情况下，侦查人员应当首先问明原因，向其讲明检查的目的、意义，让其接受检查，如果犯罪嫌疑人经教育仍拒绝检查的，侦查人员应当采取强制手段进行检查。本款规定的“必要的时候”是指不进行强制检查，人身检查的任务无法完成，侦查活动无法正常进行，经教育，犯罪嫌疑人仍拒不接受检查等。需要注意的是，强制性人身检查只适于犯罪嫌疑人，对于被害人，如果其拒绝接受人身检查，侦查人员不得使用本款规定的强制检查措施。

第 3 款是关于对妇女进行人身检查的特殊规定。根据本款规定，对妇女的人身进行检查，应当由女工作人员或者医师进行。这一规定体现了对妇女的特殊保护，有利于保护被害妇女或者女性犯罪嫌疑人的人身权利和人格尊严不受侵犯，防止不必要的误解，保证侦查活动的顺利进行。

需要注意的是人身检查与人身搜查的区别。人身检查与人身搜查同为针对人身的侦查措施，但是二者仍有以下主要区别：第一，目的不同，人身检查是为了确定被害人、犯罪嫌疑人的某些生理特征和状态，搜查是为了收集可能隐藏于人身的犯罪证据。第二，主体不同，人身检查可由侦查人员或者受指派聘请的医师进行，而搜查只能由侦查人员进行。第三，人身检查笔录可以直接作为证据使用，在人身搜查中，笔录只是侦查人员依法履行职责的记载和凭证，其本身并不用于证明案件事实，而在搜查中获取的物证、书证等则可以作为案件相关证据使用。

［司法实务］

1. 对被害人、犯罪嫌疑人进行人身检查，必须由侦查人员进行。必要时也可以在侦查人员主持下，聘请法医或医师严格依法进行，不得采用损害被检查人生命、健康或贬低其名誉或人格的方法。在人身检查过程中知悉的被检查人的个人隐私，检查人员应当保密。

2. 对被害人进行人身检查，不得使用强制手段。如果被害人不愿检查，侦查人员应当耐心地说服教育，必要的时候，应当请其家属配合，做好被害人的思想工作。

3. 为保证检查工作的正常进行，检查前，检查人员应当熟悉已有的案件材料，明确检查部位和要求，严格履行相关法律手续。

［配套规定］

1.《人民检察院刑事诉讼规则》（高检发释字［2019］4 号）（节录）

第一百九十九条　为了确定被害人、犯罪嫌疑人的某些特征、伤害情况或者生理状态，人民检察院可以对其人身进行检查，可以提取指纹信息，采集血液、尿液等生物样本。

必要时，可以指派、聘请法医或者医师进行人身检查。采集血液等生物样本应当由医师进行。

犯罪嫌疑人如果拒绝检查，检察人员认为必要时可以强制检查。

检查妇女的身体，应当由女工作人员或者医师进行。

人身检查不得采用损害被检查人生命、健康或者贬低其名誉、人格的方法。在人身检查过程中知悉的被检查人的个人隐私，检察人员应当予以保密。

2. 《公安机关办理刑事案件程序规定》（公安部令第127号）（2012年12月13日发布 自2013年1月1日起施行）（节录）

第二百一十二条 为了确定被害人、犯罪嫌疑人的某些特征、伤害情况或者生理状态，可以对人身进行检查，提取指纹信息，采集血液、尿液等生物样本。被害人死亡的，应当通过被害人近亲属辨认、提取生物样本鉴定等方式确定被害人身份。

犯罪嫌疑人如果拒绝检查、提取、采集的，侦查人员认为必要的时候，经办案部门负责人批准，可以强制检查、提取、采集。

检查妇女的身体，应当由女工作人员或者医师进行。

……

第一百三十三条 勘验、检查的情况应当写成笔录，由参加勘验、检查的人和见证人签名或者盖章。

[条文主旨]

本条是关于制作勘验、检查笔录的规定。

[条文释解]

勘验、检查是通过运用一定的技术手段，对勘验、检查对象的各种特征进行客观考察和记载，供研究分析案情使用，对进一步发现和收集证据，确定侦查方向，查明案件事实具有不可或缺的作用。将勘验、检查的情况用书面形式固定下来，形成勘验、检查笔录，在刑事诉讼中具有重要的证据价值。《刑事诉讼法》相关条文明确规定勘验、检查笔录是证据的一种。本条对制作勘验、检查笔录作了规定。

本条包含两层含义：（1）进行勘验、检查应当写成笔录。即侦查人员和其他参加人员应当将其参与勘验、检查的情况，写成勘验、检查笔录。“勘验、检查的情况”包括勘验、检查的时间、地点、对象、目的、经过和结果等。勘验、检查笔录应当针对各种勘验、检查项目的具体要求，记录清楚上述问题。现场勘验笔录应当记录以下主要信息，包括：现场地点、方位、周围环境、是否原始现场、保护情况；勘验、检查的起止时间，现场组织指挥人员，天气、光线条件；与犯罪有关的痕迹和物品的名称、部位、数量、形状、分布等情况；尸体的位置、衣着、姿势、损伤、血迹分布、形状和数量；提取痕迹、物证，扣押物品的情况；制图、照相、录像、录音的数量和时间。尸体检验笔录由进行检验的法医或医师制作，反映尸体检查、提取检材情况和结果，对于无名尸体，还应记载其相貌特征，生理、病理特征，携带物品和包裹尸体物品等特征，以便日后确认其身份。人体检查笔录应当写明检查过程和结果。（2）勘验、检查笔录由参加勘验、检查的人和见证人签名或盖章。这样规定，一是为使该证据具有证明力，没有签名、盖章的勘验、检查笔录不具有证明作用。二是加强对勘验、检查活动的监督，防止伪造勘验、检查结果，以保证正确处理案件。本条规定的“见证人”，应当是与案件没有利害关系的公民。由于客观原因无法由符合条件的人员担任见证人的，应当在笔录材料中注明情况，并对相关活动进行录像。

[配套规定]

《公安机关办理刑事案件程序规定》（公安部令第127号）（2012年12月13日发布 自2013年1月1日起施行）（节录）

第二百一十条 公安机关对案件现场进行勘查不得少于二人。勘查现场时，应当邀请与案件无关的公民作为见证人。

第二百一十一条 勘查现场，应当拍摄现场照片、绘制现场图，制作笔录，由参加勘查的人和见证人签名。对重大案件的现场，应当录像。

第二百一十二条第四款 检查的情况应当制作笔录，由参加检查的侦查人员、检查人员、被检查人员和见证人签名。被检查人员拒绝签名的，侦查人员应当在笔录中注明。

[参考案例]

聂某斌再审宣告无罪案——现场勘查无见证人违反规定①

基本案情：

原公诉机关河北省石家庄市人民检察院。

申诉人张某枝，女，汉族，1944 年 12 月 13 日出生，农民，住河北省石家庄市鹿泉区×××村。系原审被告人聂某斌母亲。

申诉人聂某生，男，汉族，1945 年 8 月 1 日出生，退休工人，住址同上。系原审被告人聂某斌父亲。

申诉人聂某惠，女，汉族，1972 年 1 月 31 日出生，教师，住河北省石家庄市桥西区××街××号。系原审被告人聂某斌胞姐。

诉讼代理人李某亭，北京市天钰衡律师事务所律师。

原审被告人聂某斌，男，汉族，1974 年 11 月 6 日出生，初中文化，原河北省鹿泉市冶金机械厂工人，被逮捕前住河北省获鹿县（现石家庄市鹿泉区）×××村。1994 年 9 月 23 日被传唤，9 月 24 日被监视居住，10 月 1 日被刑事拘留，10 月 9 日被逮捕。1995 年 4 月 27 日被执行死刑。

河北省石家庄市人民检察院指控被告人聂某斌犯故意杀人罪、强奸妇女罪一案，石家庄市中级人民法院于 1995 年 3 月 15 日作出（1995）石刑初字第 53 号刑事附带民事判决。宣判后，被告人聂某斌、附带民事诉讼原告人康某 2 分别提出上诉。1995 年 4 月 25 日，河北省高级人民法院作出（1995）冀刑一终字第 129 号刑事附带民事判决，并根据最高人民法院授权高级人民法院核准部分死刑案件的规定，核准聂某斌死刑。

2005 年 1 月，涉嫌犯故意杀人罪被河北省公安机关网上追逃的王某金，被河南省荥阳市公安机关抓获后自认系本案真凶。此事经媒体报道后，引发社会关注。2007 年 5 月，申诉人张某枝、聂某生、聂某惠向河北省高级人民法院和多个部门提出申诉，请求宣告聂某斌无罪。2014 年 12 月 4 日，根据河北省高级人民法院请求，最高人民法院指令山东省高级人民法院复查

---

① 《刑事审判参考》总第 108 期。

本案。

山东省高级人民法院依法组成合议庭，对本案进行全面审查后认为，原审判决缺少能够锁定聂某斌作案的客观证据，在被告人作案时间、作案工具、被害人死因等方面存在重大疑问，不能排除他人作案的可能性，原审认定聂某斌犯故意杀人罪、强奸妇女罪的证据不确实、不充分。建议最高人民法院启动审判监督程序重新审判。最高人民法院对山东省高级人民法院的复查意见进行了审查，于2016年6月6日作出（2016）最高法刑申188号再审决定，提审本案。依照第二审程序对本案进行了书面审理。

经再审查明：

1994年8月5日17时许，河北省石家庄市液压件厂女工康某1（被害人，殁年36岁）下班骑车离厂。8月10日上午，康某1父亲康某2向公安机关报案称其女儿失踪。同日下午，康某2和康某1的同事余某某等人在石家庄市郊区孔寨村西玉米地边发现了被杂草掩埋的康某1连衣裙和内裤。8月11日上午，康某1尸体在孔寨村西玉米地里被发现。同日下午，侦查机关对康某1尸体进行了检验。

上述事实，有现场提取的自行车、凉鞋、连衣裙、内裤和钥匙等物证，证人康某2和余某某等人证明康某1失踪和发现康某1衣物情况、证人侯某某证明上述现场提取物品系康某1生前所用之物的证言，以及尸体检验报告、现场勘查笔录和照片等证据证实。本院予以确认。

原审认定原审被告人聂某斌于1994年8月5日17时许，骑自行车尾随下班的康某1，将其别倒拖至玉米地内打昏后强奸，而后用随身携带的花上衣猛勒其颈部，致其窒息死亡。本院认为，这一认定事实不清、证据不足，不予确认。

最高人民法院认为，原审认定原审被告人聂某斌犯故意杀人罪、强奸妇女罪的主要依据是聂某斌的有罪供述，以及聂某斌的有罪供述与在案其他证据印证一致。但综观全案，本案缺乏能够锁定聂某斌作案的客观证据，聂某斌作案时间不能确认，作案工具花上衣的来源不能确认，被害人死亡时间和死亡原因不能确认；聂某斌被抓获之后前5天讯问笔录缺失，案发之后前50天内多名重要证人询问笔录缺失，重要原始书证考勤表缺失；聂某斌有罪供述的真实性、合法性存疑，有罪供述与在卷其他证据供证一致的真实性、可靠性存疑，本案是否另有他人作案存疑；原判据以定案的证据没有形成完整锁链，没有达到证据确实、充分的法定证明标准，也没有达到基本事实清楚、基本证据确凿的定罪要求。原审认定聂某斌犯故意杀人罪、强奸妇女罪的事实不清、证据不足。根据1979年《刑事诉讼法》的相关规定，不能认定聂某斌有罪。对申诉人及其代理人、最高人民检察院提出的应当改判聂某斌无罪的意见，本院予以采纳。对申诉人及其代理人提出的王某金系本案真凶的意见，因王某金案不属于本案审理范围，本院不予采纳。依照《刑事诉讼法》第245条第1款、第225条第1款第3项及《刑诉法解释》第384条第3款、第389条第2款之规定，判决如下：

一、撤销河北省高级人民法院（1995）冀刑一终字第129号刑事附带民事判决和石家庄市中级人民法院（1995）石刑初字第53号刑事附带民事判决。

二、原审被告人聂某斌无罪。

案例评析：

聂某斌案是引起舆论广泛关注的冤错案件，最高人民法院经过严格、细致的再审，查明本案在案的证据没有形成完整锁链，没有达到证据确实、充分的法定证明标准，也没有达到基本事实清楚、基本证据确凿的定罪要求，改判聂某斌无罪，纠正了这一冤错案件。本案的现场勘验、检查笔录就存在违法的情形：本案的现场勘查没有邀请见证人参与，且勘查笔录除记录人外，其他参加勘验、检查人员本人均未签名，违反了1979年《刑事诉讼法》、1979年《公安部刑事案件现场勘查规则》及公安部1987年《公安机关办理刑事案件程序规定》的有关规定，严重影响了该证据的证据效力。即便按照现行《刑事诉讼法》和相关规定，现场勘验、检查必须邀请一至两名与本案无利害关系的见证人见证整个现场勘验、检查过程，所有参加勘验、检查的人员和见证人都必须在现场勘验、检查笔录上签名确认。

第一百三十四条　人民检察院审查案件的时候，对公安机关的勘验、检查，认为需要复验、复查时，可以要求公安机关复验、复查，并且可以派检察人员参加。

［条文主旨］

本条是关于复验、复查的规定。

[条文释解]

人民检察院对案件进行审查，主要是在审查起诉时，对勘验、检查的情况有异议，要求公安机关复验、复查，一方面可以对勘验、检查活动中存在的漏洞和疑点及时进行补充、更正，进一步充实、核对相关证据，保证公安机关勘验、检查结果真实可靠。另一方面也是检察机关依法行使监督权，对公安机关的勘验、检查活动进行监督的具体方式。

1979 年《刑事诉讼法》第 77 条规定："人民检察院审查案件时，对公安机关的勘验、检查，认为需要复验、复查时，可以要求公安机关复验、复查，并且可以派检察人员参加。"1996 年修改《刑事诉讼法》时将"人民检察院审查案件时"修改为"人民检察院审查案件的时候"。2012 年和 2018 年修改《刑事诉讼法》时未作修改。

根据本条规定，人民检察院审查案件的时候，对公安机关的勘验、检查认为有误或者遗漏，需要再次勘验、检查的，可以要求公安机关复验、复查。复验、复查是对已经勘验、检查过的与犯罪有关的场所、物品、人身、尸体等，再次进行勘验、检查，以验证勘验、检查结果是否正确的侦查活动。进行复验、复查应当严格遵守本节关于勘验、检查的规定。为了深入、细致、全面地了解复验、复查的情况，便于对案件的审查，公安机关复验、复查时，人民检察院可以派检察人员参加。对于检察机关要求复验、复查的案件，公安机关应当及时进行复验、复查。

[司法实务]

根据《人民检察院刑事诉讼规则》的规定，人民检察院审查案件的时候，对监察机关或者公安机关的勘验、检查，认为需要复验、复查的，应当要求其复验、复查，人民检察院可以派员参加。也可以自行复验、复查，商请监察机关或者公安机关派员参加，必要时也可以指派检察技术人员或者聘请其他有专门知识的人参加。

[配套规定]

1.《中央政法委关于切实防止冤假错案的规定》（中政委［2013］27号）（节录）

四、人民检察院依法对侦查活动是否合法进行监督，及时提出收集、固定和完善证据的意见和建议，必要时指派检察官参加侦查机关对重大案件的讨论和对犯罪有关的场所、物品、人身、尸体的复验、复查。

2.《人民检察院刑事诉讼规则》（高检发释字［2019］4号）（节录）

第三百三十五条 人民检察院审查案件时，对监察机关或者公安机关的勘验、检查，认为需要复验、复查的，应当要求其复验、复查，人民检察院可以派员参加；也可以自行复验、复查，商请监察机关或者公安机关派员参加，必要时也可以指派检察技术人员或者聘请其他有专门知识的人参加。

3.《公安机关办理刑事案件程序规定》（公安部令第127号）（2012年12月13日发布 自2013年1月1日起施行）（节录）

第二百一十五条 公安机关进行勘验、检查后，人民检察院要求复验、复查的，公安机关应当进行复验、复查，并可以通知人民检察院派员参加。

4.《最高人民法院、最高人民检察院、公安部、司法部印发〈关于进一步严格依法办案确保办理死刑案件质量的意见〉的通知》（法发［2007］11号）（2007年3月9日公布并施行）（节录）

21. 人民检察院审查案件的时候，对公安机关的勘验、检查，认为需要复验、复查的，应当要求公安机关复验、复查，人民检察院可以派员参加；也可以自行复验、复查，商请公安机关派员参加，必要时也可以聘请专门技术人员参加。

第一百三十五条　为了查明案情，在必要的时候，经公安机关负责人批准，可以进行侦查实验。

侦查实验的情况应当写成笔录，由参加实验的人签名或者盖章。

侦查实验，禁止一切足以造成危险、侮辱人格或者有伤风化的行为。

[条文主旨]

本条是关于侦查实验的规定。

[条文释解]

侦查实验是一项在侦查过程中模拟案件发生时的环境、条件，进行实验性重演的侦查活动。侦查实验的目的是证明与案件有关的某一事件或者事实在某种条件下能否发生或者怎样发生，从而审查证人证言、被害人陈述、犯罪嫌疑人供述和辩解等证据材料的真实性，更好地查明案件事实。侦查实验应尽可能地使案件的全过程或者某场景得以还原，真实再现，以便客观地发现案情。侦查实验不同于现场勘验、检查，可以获得与案件直接相关的证据，因此，对侦查实验的组织实施，以及侦查实验笔录的制作必须严格依照相关法律及规则进行，确保侦查实验的实效。1979 年《刑事诉讼法》第 78 条规定："为了查明案情，在必要的时候，经公安局长批准，可以进行侦查实验。侦查实验，禁止一切足以造成危险、侮辱人格或者有伤风化的行为。"1996 年修改《刑事诉讼法》时未作修改。2012 年 3 月 14 日第十一届全国人民代表大会第五次会议通过的《关于修改〈中华人民共和国刑事诉讼法〉的决定》将侦查实验笔录列为证据种类之一，因此本条相应增加了进行侦查实验，应当制作侦查实验笔录的规定，同时将"经公安局长批准"修改为"经公安机关负责人批准"。2018 年修改《刑事诉讼法》时未作修改。

本条共分为三款。第 1 款是关于进行侦查实验的条件及审批程序的规定。根据本款规定，在侦查中，为了查明案情，在必要的时候，经公安局机关负责人批准，可以进行侦查实验。进行侦查实验应当做到以下两点：（1）实验的条件应当与事件发生时的条件尽量相同，尽可能在事件发生的原地，使用原来的工具、物品等进行。注意查明一些重点事项，如在一定条件下能否听到或者看到；在一定时间内能否完成某一行为；在什么条件下能够发生某种现象；在某种条件下，某种行为和某种痕迹是否吻合一致；在某种条件下使用某种工具可能或者不可能留下某种痕迹；某种痕迹在什么条件下会发生变异；某种事件是怎样发生的，等等。（2）应当履行法律手续，进行侦查实验必须经公安机关负责人批准。本条中的"必要的时候"是指与案件有关的重要情节，非经侦查实验难以证明，或者对案件是否发生及如何发生难以确定的时候。

第 2 款是关于侦查实验笔录的规定。根据 2012 年修改的《刑事诉讼法》的相关规定，侦查实验笔录被作为证据种类之一予以规定，因此，在本条中对侦查实验笔录的制作专门作了规定。侦查实验应当制作笔录，写明实验的目的、实验的时间和地点、实验的条件以及实验的经过和结果，并由进行实验的侦查人员、其他参加人员和见证人签名或者盖章。必要时，应当通过绘图、拍照、摄像等方式记录侦查实验的过程。实验的照片、绘图等应附入侦查实验笔录。

第 3 款是关于侦查实验禁止事项的规定。根据本款的规定，进行侦查实验，禁止一切足以造成危险、侮辱人格或者有伤风化的行为。侦查实验的目的是查明案情，同时在实验过程中仍须注意保护当事人及其他公民的合法权益，防止因侦查实验造成损失和伤害。根据本款规定，进行侦查实验采取的手段、方法必须合理规范，不得违背客观规律，违反操作规程，给实验人员和其他相关人员的生命财产造成危险。同时，禁止任何带有人身侮辱性，损害当事人及其他人的人格尊严，或者有伤当地善良民俗的行为。

[司法实务]

侦查实验是侦查活动的组成部分，只能由侦查机关的侦查人员实施。在进行侦查实验时，应当邀请见证人在场，如果需要某种专门知识，应当聘请有关专业人员参加。必要时，也可以要求犯罪嫌疑人、被害人、证人参加。在进行侦查实验前，一般应拟订侦查实验计划，确定实验的目的、实验的时间和地点、实验的工具和物品、实验的任务、实验的顺序和方法以及参加人员等。公安机关进行侦查实验，可以商请人民检察院派员参加。侦查实验既可以在现场勘验、检查过程中进行，也可以单独进行。侦查实验一般在发案地点进行，如果是燃烧、爆炸等危险性实验，应当在其他能够确保安全的地点进行。侦查实验的时间、环境条件应当与发案时间、环境条件基本相同，侦查实验使用的工具、材料应当与发案现场一致或者基本一致。必要时，可以使用不同类型的工具或者材料进行对照实验。如条件许可，类同的侦查实验应当进行二次以上，以确保侦查实验结果的准确性。评估侦查实验结果应当考虑到客观环境、条件变化对实验的影响和可能出现的误差。

[配套规定]

1.《人民检察院刑事诉讼规则》(高检发释字〔2019〕4号)(节录)

第二百条 为了查明案情，必要时经检察长批准，可以进行侦查实验。

侦查实验，禁止一切足以造成危险、侮辱人格或者有伤风化的行为。

第二百零一条 侦查实验，必要时可以聘请有关专业人员参加，也可以要求犯罪嫌疑人、被害人、证人参加。

2.《公安机关办理刑事案件程序规定》(公安部令第127号)(2012年12月13日发布 自2013年1月1日起施行)(节录)

第二百一十六条 为了查明案情，在必要的时候，经县级以上公安机关负责人批准，可以进行侦查实验。

对侦查实验的经过和结果，应当制作侦查实验笔录，由参加实验的人签名。必要时，应当对侦查实验过程进行录音或者录像。

进行侦查实验，禁止一切足以造成危险、侮辱人格或者有伤风化的行为。

3.《公安机关办理刑事案件电子数据取证规则》(2019年1月2日公布，自2019年2月1日起施行)(节录)

第五十条 为了查明案情，必要时，经县级以上公安机关负责人批准可以进行电子数据侦查实验。

第五十一条 电子数据侦查实验的任务包括:

(一)验证一定条件下电子设备发生的某种异常或者电子数据发生的某种变化;

(二)验证在一定时间内能否完成对电子数据的某种操作行为;

(三)验证在某种条件下使用特定软件、硬件能否完成某种特定行为、造成特定后果;

(四)确定一定条件下某种计算机信息系统应用或者网络行为能否修改、删除特定的电子数据;

(五)其他需要验证的情况。

第五十二条 电子数据侦查实验应当符合以下要求:

(一)应当采取技术措施保护原始存储介质数据的完整性;

(二)有条件的，电子数据侦查实验应当进行二次以上;

（三）侦查实验使用的电子设备、网络环境等应当与发案现场一致或者基本一致；必要时，可以采用相关技术方法对相关环境进行模拟或者进行对照实验；

（四）禁止可能泄露公民信息或者影响非实验环境计算机信息系统正常运行的行为。

第五十三条 进行电子数据侦查实验，应当使用拍照、录像、录音、通信数据采集等一种或多种方式客观记录实验过程。

第五十四条 进行电子数据侦查实验，应当制作《电子数据侦查实验笔录》，记录侦查实验的条件、过程和结果，并由参加侦查实验的人员签名或者盖章。

[参考案例]

梁某平污染环境案——对严重污染大气情况的认定，可以通过运用侦查实验，并结合人们的日常经验进行[1]

基本案情：

被告人梁某平，男，1966年1月31日出生，农民。2013年11月1日因涉嫌犯污染环境罪被逮捕。

浙江省台州市路桥区人民检察院以被告人梁某平犯污染环境罪，向路桥区人民法院提起公诉。

被告人梁某平对犯罪事实无异议。其辩护人提出梁某平具有坦白、认罪等从轻情节，建议法庭对梁某平判处六个月以下拘役，并适用缓刑。

台州市路桥区人民法院经公开审理查明：2013年9月9日23时许，被告人梁某平到台州市路桥区金清镇泗水村老人协会东边荒地上，明知焚烧工业垃圾会产生有害物质，仍违反国家规定，点火焚烧近20吨工业垃圾，导致垃圾燃烧持续近两天两夜，向空气排放大量苯并［a］芘、氯化氢、二噁英等气体污染物，严重污染周边空气，并使附近群众感到明显不适。案发后经检测，现场遗留的两堆工业垃圾燃烧残渣的苯并［a］芘含量分别为12.6μg/kg、78.4μg/kg。

台州市路桥区人民法院认为，被告人梁某平违反国家规定，焚烧工业垃

---

① 《刑事审判参考》总第97集。

圾，产生有害物质，直接向大气排放，严重污染环境，其行为构成污染环境罪。梁某平归案后如实供述自己的罪行，依法可以从轻处罚。公诉机关指控的事实清楚，证据确实、充分，罪名成立。辩护人认为梁某平具有坦白、认罪等从轻情节，予以采纳，但是建议对被告人判处六个月以下拘役，并适用缓刑的意见，难以体现罪责刑相适应原则，不予采纳。据此，依照《刑法》第338条、第67条第3款之规定，路桥区人民法院以被告人梁某平犯污染环境罪，判处有期徒刑一年六个月，并处罚金人民币五万元。

一审宣判后，被告人未提出上诉，检察机关亦未抗诉，该判决已发生法律效力。

案例评析：

本案中因为本案案发现场没有相应的检测性设备，环保部门和公安机关只检测了现场遗留的工业垃圾燃烧残渣的苯并［a］芘含量（两堆焚烧残渣分别为12.6μg/kg、78.4μg/kg），而没有提取现场污染物排放的相关数据。因此，环保部门和公安机关专门进行了侦查实验。从实验获取的数据来看，燃烧相似工业垃圾，向大气排放的氯化氢含量在上风向平均为0.108mg/m^3（3个频次中第一频次为0.228mg/m^3），在3个下风向平均分别为1.57mg/m^3、5.50mg/m^3、2.03mg/m^3，其中3个下风向排放的数值均大大超过国家《大气污染物综合排放标准》规定的0.20mg/m^3限值；向大气排放的苯并［a］芘含量在上风向为0.0004μg/kg，在3个下风向分别为0.206μg/kg、0.064μg/kg、0.015μg/kg，其中3个下风向排放的数值均超过国家《大气污染物综合排放标准》规定的0.008μg/kg限值。同时，橡胶、塑料等物质燃烧，产生含有二噁英等的废气和残渣、灰尘，其中，二噁英是强致癌物质，具有类似于“12大危害物”（指一组被称为持久性有机污染物的危险化学物质）的特性，其毒性是氰化物的130倍、砒霜的900倍。二噁英和燃烧产生的残渣、灰尘分别属于《国家危险废物名录》中的HW44、HW18废物。因此，被告人梁某平的行为可以说间接排放了危险废物，但排放的危险废物数量无法测定，无法适用《关于办理环境污染刑事案件适用法律若干问题的解释》第1条第2项的规定。而侦查实验数据和在案证据可以从侧面证实梁某平的行为对环境污染的严重性，为认定梁某平的行为属于该解释第1条第（18）项规定的“其他严重污染环境的情形”提供了证据支持。

第五节　搜　查

第一百三十六条　为了收集犯罪证据、查获犯罪人，侦查人员可以对犯罪嫌疑人以及可能隐藏罪犯或者犯罪证据的人的身体、物品、住处和其他有关的地方进行搜查。

[条文主旨]

本条是关于搜查的主体、目的和范围的规定。

[条文释解]

搜查是侦查中获取证据、查获犯罪人的重要手段，它对防止罪犯逃跑，毁灭、转移证据，及时查获犯罪人具有重要意义。但搜查也可能对犯罪嫌疑人、被告人及其他人员的人身、财产及隐私权造成侵害。我国《宪法》第 37 条和第 39 条分别规定："……禁止非法拘禁和以其他方法非法剥夺或限制公民的人身自由，禁止非法搜查公民的身体。""中华人民共和国公民的住宅不受侵犯。禁止非法搜查或者非法侵人公民的住宅。"由于搜查直接涉及公民的人身自由、住宅不受侵犯等权利，必须对其适用加以严格限制。《刑事诉讼法》对侦查人员如何依法进行搜查作了程序性规定。侦查人员采取搜查的侦查手段，必须符合法律的规定。违法进行搜查，应当承担相应法律责任，构成犯罪的，可依照《刑法》第 245 条关于非法搜查罪和非法入侵他人住宅罪的规定追究其刑事责任。

根据本条规定，搜查的目的是发现和收集有关犯罪的证据，查获隐藏的犯罪嫌疑人，侦查人员不能为了其他目的而滥用搜查措施。同时，搜查必须由侦查人员进行，其他任何单位和个人都无权进行搜查。搜查的范围主要包括三个方面：一是犯罪嫌疑人的身体、物品和住处。二是"可能隐藏罪犯或者犯罪证据的人的身体、物品、住处"，是指犯罪嫌疑人以外的其他人的身体、犯罪嫌疑人或者其他人的物品和住处，如犯罪嫌疑人的亲友、邻居及其物品、住处等。三是"其他有关的地方"，是指其他罪犯可能藏身或者隐匿犯罪证据的地方。总之，这些地方必须与所侦查的案件有关。

[司法实务]

侦查人员执行搜查任务时，必须严格依法进行，不得滥用搜查权，确保公民的合法权利不受侵犯。对侦查人员搜查行为的合法性，人民检察院可以行使监督权，如发现有违法搜查行为的，应当及时进行纠正。

[配套规定]

1.《中华人民共和国监察法》（2018年3月20日公布并施行）（节录）

第二十四条 监察机关可以对涉嫌职务犯罪的被调查人以及可能隐藏被调查人或者犯罪证据的人的身体、物品、住处和其他有关地方进行搜查。在搜查时，应当出示搜查证，并有被搜查人或者其家属等见证人在场。

搜查女性身体，应当由女性工作人员进行。

监察机关进行搜查时，可以根据工作需要提请公安机关配合。公安机关应当依法予以协助。

2.《人民检察院刑事诉讼规则》（高检发释字［2019］4号）（节录）

第二百零三条 为了收集犯罪证据，查获犯罪人，经检察长批准，检察人员可以对犯罪嫌疑人以及可能隐藏罪犯或者犯罪证据的人的身体、物品、住处、工作地点和其他有关的地方进行搜查。

3.《公安机关办理刑事案件程序规定》（公安部令第127号）（2012年12月13日发布 自2013年1月1日起施行）（节录）

第二百一十七条 为了收集犯罪证据、查获犯罪人，经县级以上公安机关负责人批准，侦查人员可以对犯罪嫌疑人以及可能隐藏罪犯或者犯罪证据的人的身体、物品、住处和其他有关的地方进行搜查。

第二百一十八条 进行搜查，必须向被搜查人出示搜查证，执行搜查的侦查人员不得少于二人。

4.《中华人民共和国人民警察法》（2012年10月26日公布，自2013年1月1日起施行）（节录）

第十二条 为侦查犯罪活动的需要，公安机关的人民警察可以依法执行拘留、搜查、逮捕或者其他强制措施。

5.《中华人民共和国人民武装警察法》（2009年8月27日公布并施行）（节录）

第十四条 人民武装警察部队协助公安机关、国家安全机关执行逮捕、追捕任务，根据所协助机关的决定，协助搜查犯罪嫌疑人、被告人、罪犯的人身和住所以及涉嫌藏匿犯罪嫌疑人、被告人、罪犯或者违法物品的场所、交通工具等。

6.《人民检察院司法警察执行职务规则》（2015年6月12日公布并施行）（节录）

第十四条 人民检察院司法警察协助追捕在逃或者脱逃的犯罪嫌疑人，应当做到：

……

（三）捕获犯罪嫌疑人后，应当对其进行人身搜查，发现与案件相关的证据或者可疑物品以及可能危害人身安全的物品，应当及时向案件承办人报告；

……

第十五条 人民检察院司法警察执行参与搜查任务，应当做到：

（一）参与搜查前，了解被搜查对象的基本情况、搜查现场及周围环境，确定搜查的范围和重点，明确分工和责任；

（二）侦查人员对犯罪嫌疑人、被告人的人身、住所、工作地点和其他有关地方进行搜查时，应当做好安全保障和警戒工作；

（三）对被搜查人及其家属进行严密监控，防止其隐匿、毁弃、转移犯罪证据；对以暴力、威胁或者其他方法阻碍搜查的，应当予以制止或者将其带离现场；

（四）对女性犯罪嫌疑人、被告人进行人身搜查时，应当由女性司法警察执行。

……

第一百三十七条 任何单位和个人，有义务按照人民检察院和公安机关的要求，交出可以证明犯罪嫌疑人有罪或者无罪的物证、书证、视听资料等证据。

[条文主旨]

本条是关于协助提供证据义务的规定。

[条文释解]

犯罪行为破坏国家法律实施和社会秩序，任何公民和单位都应当积极同犯罪行为作斗争，配合侦查部门的调查取证工作。在侦查机关依法进行搜查的时候，单位和个人应积极予以协助，如掌握与犯罪相关证据的，应按照人民检察院和公安机关的要求及时提供给侦查机关。对拒不提供或者有隐匿、损毁证据行为的单位和个人，可追究其法律责任。

根据本条规定，任何单位和个人都有义务按照人民检察院和公安机关的要求交出可以证明犯罪嫌疑人有罪或无罪的物证、书证和视听资料等证据，不得拒绝提供。侦查人员进行搜查时，首先应当向被搜查的单位或个人讲明上述义务，提出搜查的目的和要求，被搜查的单位和个人应当积极配合。被搜查的单位或个人应当交出的物证、书证或视听资料等证据，包括搜查机关已掌握的和搜查中新发现的。对于事先已确定搜查的物证、书证和视听资料，搜查人员可以先动员被搜查者主动交出，如果拒不交出，侦查人员可以强行搜查，任何人不得以任何理由进行阻拦。对于故意隐匿罪证的应当依照法律规定追究责任，构成犯罪的，依照《刑法》有关规定追究刑事责任。对于以暴力、威胁方法妨碍搜查的，应当依照《刑法》关于妨害公务罪的规定追究刑事责任。对于以其他方法妨碍搜查工作正常进行的，依照《治安管理处罚法》的有关规定给予治安处罚。侦查人员发现被搜查的单位或个人交出的物证、书证、视听资料等材料与本案无关的，应当及时退回。

[司法实务]

公安机关和人民检察院可以要求有关单位和个人交出可以证明犯罪嫌疑人有罪或者无罪的物证、书证、视听资料等证据。搜查时，一般情况下，由侦查人员向被搜查的单位或者个人讲明，根据《刑事诉讼法》第 135 条的规定，其负有按照要求，交出可以证明犯罪嫌疑人有罪或者无罪的物证、书证、视听资料等证据的义务，再由被搜查的单位或者个人配合，交出能够证明犯罪嫌疑人有罪或者无罪的各种证据。

[配套规定]

1.《人民检察院刑事诉讼规则》（高检发释字［2019］4号）（节录）

第二百零二条 人民检察院有权要求有关单位和个人，交出能够证明犯罪嫌疑人有罪或者无罪以及犯罪情节轻重的证据。

2.《公安机关办理刑事案件程序规定》（公安部令第127号）（2012年12月13日发布 自2013年1月1日起施行）（节录）

第二百二十条第二款 公安机关可以要求有关单位和个人交出可以证明犯罪嫌疑人有罪或者无罪的物证、书证、视听资料等证据。遇到阻碍搜查的，侦查人员可以强制搜查。

第一百三十八条　进行搜查，必须向被搜查人出示搜查证。

在执行逮捕、拘留的时候，遇有紧急情况，不另用搜查证也可以进行搜查。

[条文主旨]

本条是关于出示搜查证的规定和例外。

[条文释解]

搜查可以及时、有效地获取与犯罪相关的证据，但同时搜查也是一种具有强制性的侦查措施，涉及当事人的合法权益和切身利益。因此，必须在程序上加以严格限制，在执行中依法进行。持证搜查可以有效证明搜查行为的合法性，防止非法搜查，保证公民的人身、财产权利和住宅不受侵犯。本条的规定是侦查机关在进行侦查时必须遵守的规范。

本条包括两层含义：（1）进行搜查必须向被搜查单位或个人出示搜查证，这是搜查的一般原则。搜查证应当写明被搜查人的姓名、性别、职业、住址、搜查的处所、搜查的目的、搜查机关、执行人员以及搜查日期等内容。公安机关侦查人员所持搜查证由县级以上公安机关负责人签发；检察机关搜查证由检察长签发。持证搜查是法律设定的严格程序，对于违反本条规定违法进行搜查的，公民有权拒绝和制止。（2）搜查可以单独进行，也可以与执行拘留、逮捕同时进行。考虑到实际情况的不确定性，侦查人员在执行拘留、逮捕前，无法准确判断是否需要对相关的人身、物品、地点进行搜查。因此，赋予侦查人员在执行拘留、逮捕时，在紧急情况下的无证搜查权，很有必要。根据本条规定，在执行逮捕、拘留的时候，遇有紧急情况，可以不另用搜查证进行搜查。“紧急情况”主要是指被执行逮捕、拘留的人，身藏凶器或引爆装置、剧毒物品或者在其住处放置爆炸物品等，可能发生自杀、凶杀以及其他危害他人或公共安全的情况，或者有毁弃、转移罪证等反侦查迹象的，不立即搜查，可能给社会造成危害或者使获取证据失去时机，影响或妨碍侦查活动的顺利进行。在这些情况下，来不及办理搜查审批程序，侦查人员可以凭拘留、逮捕证进行搜查，相关情况应当在搜查笔录中予以说明记录。如果并非遇到紧急情况，侦查人员即使在执行逮捕、拘留的时候，也应当出示搜查证，而不得以拘留证、逮捕证代替搜查证。

[司法实务]

进行搜查时，应当向被搜查人或者其家属出示搜查证，并要求被搜查人或者其家属在搜查证的附注部分注明向其宣布的时间并签名。被搜查人或者其家属拒绝签名的，侦查人员应当在搜查证上注明。对被搜查人或者其家属说明阻碍搜查、妨碍公务应负的法律责任。如果遇到阻碍，可以强制搜查。对以暴力、威胁方法阻碍搜查的，应当予以制止或将其带离现场。

[配套规定]

1.《人民检察院刑事诉讼规则》（高检发释字［2019］4号）（节录）

第二百零五条　搜查时，应当向被搜查人或者他的家属出示搜查证。

在执行逮捕、拘留的时候，遇有下列紧急情况之一，不另用搜查证也可以进行搜查：

（一）可能随身携带凶器的；

（二）可能隐藏爆炸、剧毒等危险物品的；

（三）可能隐匿、毁弃、转移犯罪证据的；

（四）可能隐匿其他犯罪嫌疑人的；

（五）其他紧急情况。

搜查结束后，搜查人员应当在二十四小时以内补办有关手续。

2.**《公安机关办理刑事案件程序规定》**（公安部令第127号）（2012年12月13日发布 自2013年1月1日起施行）（节录）

第二百一十八条 进行搜查，必须向被搜查人出示搜查证，执行搜查的侦查人员不得少于二人。

第二百一十九条 执行拘留、逮捕的时候，遇有下列紧急情况之一的，不用搜查证也可以进行搜查：

（一）可能随身携带凶器的；

（二）可能隐藏爆炸、剧毒等危险物品的；

（三）可能隐匿、毁弃、转移犯罪证据的；

（四）可能隐匿其他犯罪嫌疑人的；

（五）其他突然发生的紧急情况。

第一百三十九条 在搜查的时候，应当有被搜查人或者他的家属，邻居或者其他见证人在场。

搜查妇女的身体，应当由女工作人员进行。

[条文主旨]

本条是关于搜查的程序和要求的规定。

[条文释解]

搜查的时候有被搜查人或者他的家属、邻居或者其他见证人在场，有利于证实搜查情况，增强搜查所取得的证据的真实性、可靠性和合法性，也有利于监督侦查人员严格依法进行搜查，防止侵犯当事人合法权利，同时也可以防止一些被搜查人诬告搜查人员违法搜查，从而保证侦查活动的顺利进行。对妇女身体的搜查，涉及公民的人格尊严、隐私等最基本的权利，通过法律明确规定由女工作人员进行，是对妇女的特殊保护。

本条共分为两款。第 1 款是关于搜查时应当有被搜查人或者他的家属及见证人在场的规定。根据本款规定，进行搜查的时候，应当有被搜查人或者他的家属在场，同时还要有邻居或者其他见证人在场。其他见证人，一般是指被搜查人所在单位的负责人、所在地居（村）民委员会成员或者其他能够作为见证人的人。

第 2 款是关于搜查妇女身体的特殊规定。根据本款规定，搜查妇女的身体时，应当由女工作人员进行。这样规定是对妇女的特殊保护，防止在搜查时出现人身侮辱等违法行为，以确保被搜查妇女的人格尊严和人身安全不受侵犯。同时，这样规定也是对侦查活动顺利进行的保障和对执行搜查任务的工作人员的职业保护，可以防止被搜查人诬告陷害侦查人员，保证搜查的顺利进行。

[司法实务]

1. 在搜查过程中应当指派专人严密注视搜查现场的情况，并控制、监视被搜查人及其家属的动向，必要时可以对搜查现场进行警戒、封锁。

2. 对室内进行搜查，应当从室内最可能发现目的物的部位或者地段开始，难以确定重点部位的，应当确定搜查方向。搜查时，要注意某个物体或者某个地段和部位原来状况发生某些变化的特征。搜查时，不得无故损坏被搜查人的财物。对搜查中发现的与案件无关的个人私生活情况，不得泄露。需对室内建筑设施和各种器具进行破坏性搜查时，应当经办案部门负责人批准。

3. 对室外搜查应当先了解地形，划定范围，并把人们较少接触的地点作为搜查重点。搜查时，应当注意新翻动的地面，新变动的堆物和新移动的物品。对范围较大的露天场所，可用杆、旗作为划分线条和引导搜索方向的标志，范围小的可用绳索或者利用自然标志作为区分和搜索的标志。

4. 对于一些不易查找的隐蔽场所，必要时可以带犯罪嫌疑人或者有关人员到现场指认，也可带警犬协助搜查。

5. 对人身进行搜查时，应当命令被搜查人举起双手，使其处于不能拿任何物品行凶和不能发生意外的位置，一人在其背后进行检查，其他人员在旁监视。按照由粗到细、由上到下、由表及里的顺序逐一进行搜查，特别对衣帽鞋袜的夹层、卷边、补丁及人体的天然孔露、头发、贴附在身上的绷带、膏药进行重点检查。

6. 对搜查中查获的犯罪证据及其放置地点，应当当场拍照后予以扣押，拍摄的照片应当加上文字说明附卷，必要的时候可以对搜查的过程录像。

［配套规定］

1.《人民检察院刑事诉讼规则》（高检发释字［2019］4号）（节录）

第二百零四条 搜查应当在检察人员的主持下进行，可以有司法警察参加。必要时，可以指派检察技术人员参加或者邀请当地公安机关、有关单位协助进行。

执行搜查的人员不得少于二人。

第二百零六条 搜查时，应当有被搜查人或者其家属、邻居或者其他见证人在场，并且对被搜查人或者其家属说明阻碍搜查、妨碍公务应负的法律责任。

搜查妇女的身体，应当由女工作人员进行。

第二百零七条 搜查时，如果遇到阻碍，可以强制进行搜查。对以暴力、威胁方法阻碍搜查的，应当予以制止，或者由司法警察将其带离现场。阻碍搜查构成犯罪的，应当依法追究刑事责任。

2.《公安机关办理刑事案件程序规定》（公安部令第127号）（2012年12月13日发布 自2013年1月1日起施行）（节录）

第二百二十条 进行搜查时，应当有被搜查人或者他的家属、邻居或者其他见证人在场。

公安机关可以要求有关单位和个人交出可以证明犯罪嫌疑人有罪或者无罪的物证、书证、视听资料等证据。遇到阻碍搜查的，侦查人员可以强制搜查。

搜查妇女的身体，应当由女工作人员进行。

第一百四十条 搜查的情况应当写成笔录，由侦查人员和被搜查人或者他的家属，邻居或者其他见证人签名或者盖章。如果被搜查人或者他的家属在逃或者拒绝签名、盖章，应当在笔录上注明。

[条文主旨]

本条是关于制作搜查笔录的规定。

[条文释解]

搜查是侦查中获得证据、查获犯罪嫌疑人的重要手段，如何证明搜查的活动是否合法，如何证明搜查所获取的证据材料与犯罪嫌疑人的关联，并将上述活动及内容通过规范的形式固定下来，是关系搜查获取证据是否可作为证据使用以及证明力的重要问题。为了解决上述问题，保证侦查活动的顺利进行，必须将搜查的情况制成笔录，并由有关人员签名或盖章。

本条包含三层意思：（1）搜查的情况应当写成笔录。侦查人员必须将搜查的情况，按照搜查顺序如实地记录下来，制成笔录，写明搜查的时间、地点、过程，发现的证据，提取和扣押证据的名称、数量、特征及其他有关犯罪线索等，以便存查和分析案情。（2）搜查笔录应当有侦查人员和被搜查人或者他的家属，邻居或者其他见证人签名或盖章。这样有利于保证搜查笔录的准确性，便于核查，更为重要的是，只有这样才能证明搜查取得的证据的真实性、有效性。（3）如果被搜查人或者他的家属在逃或者拒绝签名、盖章，应当在笔录上注明，说明搜查时的情况和搜查笔录没有被搜查人或其家属签名盖章的原因，以证明搜查程序的合法性。

[司法实务]

搜查的情况应当制作搜查笔录，记录搜查的简要情况。制作时应当根据搜查的顺序写明搜查范围，扣押赃物或者证据的名称、规格、数量以及位置等，搜查中有无损坏物品现象，被搜查人及其家属是否配合等，如在搜查中对查获的有关证据进行拍照或者录像，应当在笔录中注明。最后写明扣押清单的交收情况，由侦查人员和被搜查人或者他的家属，邻居或者其他见证人签名。如果被搜查人或者他的家属在逃或者拒绝签名，侦查人员应当在笔录中注明。侦查终结时，搜查证、搜查笔录、扣押清单以及搜查中拍摄的照片、视听资料存入诉讼卷。根据《刑事诉讼法》的规定，搜查笔录属于法定证据种类的范围，经查证属实，证明与案件事实有关的，可以作为定案的根据。

[配套规定]

《公安机关办理刑事案件程序规定》（公安部令第127号）（2012年12月13日发布 自2013年1月1日起施行）（节录）

第二百二十一条 搜查的情况应当制作笔录，由侦查人员和被搜查人或者他的家属，邻居或者其他见证人签名。

如果被搜查人拒绝签名，或者被搜查人在逃，他的家属拒绝签名或者不在场的，侦查人员应当在笔录中注明。

[参考案例]

1. 龙某贩卖毒品案——能够查明见证人应当是与案件无利害关系的人[①]

基本案情：

被告人龙某（绰号“蓝洋”），无业。2013年4月17日因犯非法持有毒品罪，被重庆市渝中区人民法院判处有期徒刑七个月，2013年8月8日刑满释放。2015年3月15日因本案被捉获，次日因吸食毒品被行政拘留十二日，同月28日因涉嫌犯贩卖毒品罪被刑事拘留，同年5月4日被逮捕。

公诉机关指控：2015年3月12日凌晨，被告人龙某与田某电话联系后携带30颗甲基苯丙胺片剂，乘坐王某驾驶的牌照为渝B×××××的蓝色吉利轿车到重庆市南岸区南坪天龙广场红绿灯处与田某见面，龙某将30粒甲基苯丙胺片剂贩卖给田某，二人商定事后由田某支付购毒款人民币1000元。同月15日凌晨2时许，龙某电话联系田某催要所欠的购毒款，田某遂提出还需购买100颗甲基苯丙胺片剂并约定在南坪天龙广场丽华酒店附近交易。为此，龙某再次携带大量毒品乘坐王某驾驶的牌照为渝B×××××蓝色吉利轿车到南岸区天龙广场丽华酒店附近。当日4时许，当龙某搭乘王某驾驶的车辆行至南坪丽华酒店附近准备交易时被公安人员抓获，当场从龙某携带的棕色

① 重庆市第五中级人民法院（2015）渝五中法刑初字第00104号刑事判决书。

皮包内查获外用白色纸巾包裹、内用1个透明塑料袋包装的甲基苯丙胺疑似物49.16克。查获外用银色茶叶袋包裹、内用4个塑料袋包装的甲基苯丙胺疑似物共计4.36克、内用塑料袋包装的大麻疑似物0.36克。此外，公安人员在驾驶室后排座位处一红色纸包中查获龙某准备贩卖给田某的甲基苯丙胺片剂疑似物共计9.6克。经鉴定，查获的上述甲基苯丙胺片剂疑似物中均检出甲基苯丙胺和咖啡因成分，查获的上述甲基苯丙胺疑似物中均检出甲基苯丙胺成分，查获的大麻疑似物中检出四氢大麻酚成分。

被告人龙某的辩护人提出的辩护意见中有一条意见是：本案有公安特勤田某介入，在搜查、提取、封存毒品和对毒品的称量、抽样提取的过程中的见证人家住长生桥，为何出现在南坪丽华酒店，不排除是特勤的可能性，搜查、提取称量程序可能违法。

重庆市第五中级人民法院经审理查明，2012年被告人龙某与王某相识。2015年2月初，王某在开出租车期间偶遇龙某，两人约定龙某需要用车时，由王某开车接送，龙某根据耽误时间的长短支付给王某报酬。

2015年3月初，被告人龙某乘坐王某驾驶的出租车到达重庆市南岸区南坪天龙广场红绿灯处，与田某见面，告诉田某其将购进一些毒品，需要可联系。同年3月12日凌晨，田某与龙某通过电话联系，约定向龙某购买毒品甲基苯丙胺片剂（俗称“麻古”）30颗。随后，龙某乘坐王某（另案处理）驾驶的牌照为渝B×××××的蓝色吉利轿车，到南岸区南坪天龙广场红绿灯处与田某见面，将30颗甲基苯丙胺片剂以1000元的价格贩卖给田某，因田某未带钱，二人商定事后支付毒资。同年3月14日16时许，田某向公安机关举报龙某贩卖毒品。次日凌晨2时许，龙某通过电话向田某催要所欠购毒款，田某遂提出还需购买100颗甲基苯丙胺片剂，并约定在南坪天龙广场丽华酒店附近交易。当日4时许，龙某再次携带大量毒品乘坐王某驾驶的牌照为渝B×××××的蓝色吉利轿车行至南坪丽华酒店附近，龙某在车上等候准备与田某交易毒品时被民警抓获，民警当场从龙某携带的棕色皮包内查获外用白色纸巾包裹、内用1个透明塑料袋包装的甲基苯丙胺疑似物49.16克；查获外用银色茶叶袋包裹、内用4个塑料袋包装的甲基苯丙胺片剂疑似物共计50.3克；查获外用银色茶叶袋包裹，内用4个塑料袋包装的甲基苯丙胺片剂疑似物共计7.54克、内用6个塑料袋包装的甲基苯丙胺疑似物共计4.36克、内用塑料袋包装的大麻疑似物0.36克；此外，公安人员在驾驶室后排座位处一红色纸包中查获龙某准备贩卖给田某的甲基苯丙胺片剂疑似物共计 9.6 克。经鉴定，查获的上述甲基苯丙胺片剂疑似物中均检出甲基苯丙胺和咖啡因成分，查获的上述甲基苯丙胺疑似物中均检出甲基苯丙胺成分，查获的大麻疑似物中检出四氢大麻酚成分。

重庆市第五中级人民法院认为，被告人龙某以牟利为目的，违反国家对毒品的管制规定，贩卖毒品甲基苯丙胺 53.52 克、甲基苯丙胺片剂 67.44 克和 30 颗、四氢大麻酚 0.36 克，其行为已构成贩卖毒品罪，依法应予处罚。被告人龙某曾因犯非法持有毒品罪被判处有期徒刑，刑罚执行完毕以后，在五年以内又犯贩卖毒品罪，系累犯和毒品再犯，依法应从重处罚。

关于辩护人提出见证人家住长生桥，为何出现在南坪丽华酒店，不排除是特勤可能性的辩护意见。经查，公安民警捉获龙某后，在现场搜查、提取、封存毒品和在公安机关对毒品的称量、抽样提取的过程中，均是当着龙某的面，并进行了全程录音录像，证实公安机关对毒品的搜查、提取、封存、称量、抽样等程序合法，内容客观真实；公安机关已出具了相关情况说明，证实本案的见证人是社区工作人员，并非公安机关特勤人员；故该辩护理由不能成立。

裁判结果：

重庆市第五中级人民法院依法对被告人龙某以贩卖毒品罪判处无期徒刑，剥夺政治权利终身，并处没收个人全部财产。

案例评析：

本案中，证人田某作为公安机关的特勤人员参与案件的侦查和控制下交付。因此本案属于特勤介入的毒品犯罪案件，特勤人员的侦查行为可能影响毒品的封存、称量、抽样提取等程序的公正性。辩护人正是基于此，搜查、提取、封存毒品和对毒品的称量、抽样提取的过程中的见证人家住长生桥，为何出现在南坪丽华酒店，不排除是特勤的可能性，搜查、提取称量程序可能违法。针对辩护人的辩护意见，公诉机关不仅出具了公安机关侦查过程中制作的《搜查证》《搜查笔录》《提取笔录》《扣押决定书》《扣押清单》等证据，还出示了搜查、提取、扣押毒品时的同步录音录像及公安机关出具的见证人系与本案无利害关系的社区工作人员的情况说明，最终证实了搜查、扣押、封存、称量、取样程序的合法性。

2. 梁某彬贩卖毒品案——搜查过程无被告人或见证人在场，亦没有同步录音录像，需要公安机关作出合理解释①

基本案情：

2014 年 2 月 12 日 23 时许，何某华与被告人梁某彬电话约定在重庆市合川区字库塔街东津沱向梁某彬购买 50 克甲基苯丙胺。次日 0 时许，梁某彬在字库塔街东津沱老年公寓附近与何某华交易毒品时被抓获，民警在现场未查获毒品，在梁某彬位于字库塔街 85 号 6 单元 5-2 家中查获 1486.77 克甲基苯丙胺、9.6 克甲基苯丙胺片剂、0.21 克海洛因及吸毒工具、电子秤、手机等物后，返回梁某彬交易毒品的老年公寓附近搜查，在一草丛中查获 49.8 克甲基苯丙胺。

裁判结果：

重庆市第一中级人民法院经审理认为，被告人梁某彬贩卖 1536.57 克甲基苯丙胺、9.6 克甲基苯丙胺片剂及 0.21 克海洛因，其行为已构成贩卖毒品罪，且系累犯、毒品再犯，依法应判处梁某彬死刑，剥夺政治权利终身，并处没收个人全部财产。

被告人梁某彬不服一审判决，提起上诉，认为公安机关在交易现场附近草丛中查获的 49.8 克甲基苯丙胺并非梁某彬所有，原判认定事实不清，证据不足。

重庆市高级人民法院审理后认为，在案证据足以证实公安机关在现场附近草丛中查获的 49.8 克甲基苯丙胺系梁某彬所有，原判认定事实清楚，证据确实、充分，鉴于本案证据的具体情况，改判梁某彬死缓，并对其限制减刑。

案例评析：

本案中，侦查机关抓获梁某彬时，既未从其身上查获毒品，也未从现场附近搜出毒品，而是待从梁某彬住所查获大量毒品后，再返回抓捕现场搜出 49.8 克甲基苯丙胺。现场是否被破坏存在疑问，而搜查时无被告人或见证人在场，且搜出该毒品的民警参与了对梁某彬住所的搜查，加之梁某彬翻供，因此，认定梁某彬向何某华贩卖该 49.8 克甲基苯丙胺的证据存在瑕疵。

本案中，侦查机关对查获 49.8 克甲基苯丙胺的过程作出了合理说明。

首先，民警抓捕梁某彬及查获 49.8 克甲基苯丙胺的地点均位于重庆市

---

① 《人民法院报》2015 年 6 月 25 日，第 6 版。

合川区字库塔街46号附近，民警查获49.8克甲基苯丙胺的地点距抓获梁某彬的地点约10米，距梁某彬家约300米，地形较复杂。侦查机关布控时安排民警驾车押解何某华来到字库塔街46号附近空地，在车内安排何某华打电话向梁某彬求购甲基苯丙胺，其余民警则分散隐蔽。梁某彬应约前来交易毒品时途经字库塔街46号巷口前往河边，但未能与何某华见面交易，后在返回途中被公安民警捉获。民警由于当时未能从梁某彬身上查获涉案毒品，于是前往其家中搜查，并查获大量毒品。民警结束对梁某彬住所的搜查后认为，何、梁二人既然已经约定交易毒品，那么通常情况下毒品应由梁某彬随身携带，但民警却未能从其身上搜出毒品，怀疑其将毒品藏匿。民警随即在周边展开搜索，并在字库塔街46号巷口草丛中意外发现1个与梁某彬家中毒品包装相似的烟盒。其次，梁某彬与何某华约定的交易地点为河边，故梁某彬曾前往河边并返回，沿途可藏匿毒品的范围较大，且系深夜抓捕，不具备现场搜查条件。待完成对梁某彬住所的搜查工作后，认为梁某彬可能将交易的毒品藏匿在途中，故而重新搜索，查获涉案甲基苯丙胺则实属意外，但未对搜查过程进行同步录音录像或寻找见证人在场见证。

根据《刑事诉讼法》第56条的规定，收集物证、书证不符合法定程序，可能严重影响司法公正的，应当予以补正或者作出合理解释。本案中，在侦查机关已对搜查过程的瑕疵作出合理解释的情况下，可以将该物证作为证据使用。

第六节　查封、扣押物证、书证

第一百四十一条　在侦查活动中发现的可用以证明犯罪嫌疑人有罪或者无罪的各种财物、文件，应当查封、扣押；与案件无关的财物、文件，不得查封、扣押。

对查封、扣押的财物、文件，要妥善保管或者封存，不得使用、调换或者损毁。

[条文主旨]

本条是关于查封、扣押物证、书证的范围的规定。

[条文释解]

为了收集、保全刑事诉讼证据，防止证据遗失或被隐匿、毁损，保证刑事诉讼活动能够顺利进行，侦查机关有权查封、扣押在勘验、搜查等侦查活动中发现的可用以证明犯罪嫌疑人有罪或者无罪、罪重或者罪轻的各种财物和文件，并加以妥善保管或封存。查封、扣押涉及公民的财产权等相关权利，不得随意查封、扣押与案件无关的财物、文件，本条对此专门作出规定。2012 年《刑事诉讼法》修改时对 1996 年《刑事诉讼法》第 114 条作了修改，考虑到发现证据虽然主要是在勘验、搜查中，但在其他的侦查活动中也有可能发现可用以证明犯罪嫌疑人有罪或者无罪的证据，同样也应当查封、扣押，所以将“在勘验、搜查中”修改为“在侦查活动中”。根据司法实践的需要增加了“查封”措施。同时还对文字作了修改，将“物品”修改为“财物”，包括财产和物品，在表述上更为准确。

本条共分为两款。第 1 款是关于查封、扣押范围的规定。根据本条规定，查封、扣押的范围是：在侦查活动中发现的可用以证明犯罪嫌疑人有罪或无罪的各种财物和文件，其他任何与案件无关的财物、文件都不得查封、扣押，不得随意扩大查封、扣押的范围。与案件无关的财物，不能作为证据使用，因此不得查封、扣押，否则，就是对公民合法权益的侵犯。当事人和辩护人、诉讼代理人、利害关系人依照《刑事诉讼法》第 117 条的规定，有权向该机关申诉或者控告。“可用以证明犯罪嫌疑人有罪或者无罪的各种财物和文件”是指能够证明犯罪嫌疑人有罪或无罪、罪重或罪轻的物证、书证及视听资料、电子数据等证据。其中，“财物”是指可作为证据使用的财产和物品，包括动产和不动产，如现金、贵金属、首饰、房屋、汽车等。

第 2 款是关于对被查封、扣押的财物、文件保管的规定。根据本款规定，对于查封、扣押的财物、文件，侦查机关应当妥善保管或封存。首先对查封、扣押的财物、文件做好登记，然后分别情况入卷，予以妥善保管或者封存。对能够证明案件事实的财物、文件等证据，应当入卷，不能入卷的，应当拍照，将照片附卷，原财物、文件予以封存。对容易损坏的财物，应当采取拍照、录像、绘图等方法加以固定和保全。待结案后送交有关主管部门或者按照有关规定处理。“妥善保管”主要是指将查封、扣押的财物、文件要放置于安全设施较完备的地方保管，以防止证据遗失、损毁或者被调换。

“封存”主要是指被查封、扣押的财物属于大型物品或数量较多，在拍照并登记后就地封存或易地封存。封存应当附有加盖侦查机关印章的封条，以备查核并防止他人擅动。任何单位和个人都不得以任何借口使用、调换被查封、扣押的财物、文件，也不得将其损毁或者自行处理，要保证被查封、扣押的财物、文件完好无损。

[司法实务]

1. 公安机关在侦查过程中需要扣押财物、文件的，应当经办案部门负责人批准，制作扣押决定书。在现场勘查或者搜查中需要扣押财物、文件的，由现场指挥人员决定。但扣押财物、文件价值较高或者可能严重影响正常生产经营的，应当经县级以上公安机关负责人批准，制作扣押决定书。在侦查过程中需要查封土地、房屋等不动产，或者船舶、航空器以及其他不宜移动的大型机器、设备等特定动产的，应当经县级以上公安机关负责人批准并制作查封决定书。执行查封、扣押的侦查人员不得少于2人，并出示扣押决定书或者查封决定书。

检察机关在侦查过程中需要查封、扣押财物、文件的，应当经检察长批准。

2. 查封、扣押财物、文件要全面。既要查封、扣押能够证明犯罪嫌疑人有罪、罪重的财物、文件，也要查封、扣押能够证明犯罪嫌疑人无罪、罪轻的财物、文件，不能片面查封、扣押。对现场难以确定可否用以证明犯罪嫌疑人有罪或者无罪的财物、文件，需要进一步甄别和采取控制保全措施的，应当予以查封、扣押，但应当及时审查。经查明确实与案件无关的，应当在三日以内解除查封或者予以退还。

3. 不得查封、扣押与案件无关的财物、文件。但是，如果发现有违禁物品，如淫秽物品、毒品等；危险物品，如非法收藏的枪支、弹药、爆炸物品、剧毒物品等，不管是否与案件有关，都应当予以扣押，并交有关部门处理。

4. 查封、扣押的财物、文件应当是原物、原件。原物不便搬运、不易保存或者依法应当由有关部门保管、处理或者依法应当返还的，可以拍摄或者制作足以反映原物外形或者内容的照片、录像或者复制品，并与原物核实无误。文件取得原件有困难或者因保密工作需要的，可以是副本或者复制件，并与原件核实无误。书证的副本、复制件，视听资料的复制件，财物的照片、录像，应当附有关制作过程及原件、原物存放处的文字说明，并由制作人和物品持有人或者物品持有单位有关人员签名。

5. 涉案财物的先行处置。对扣押的易损毁、灭失、变质等不宜长期保存的物品，易贬值的汽车、船艇等物品，或市场价格波动大的债券、股票、基金份额等财产，有效期将届满的汇票、本票、支票等，经权利人同意或者申请，经县级以上公安机关、国家安全机关、人民检察院或者人民法院主要负责人批准，可以依法出售、变现或者先行变现、拍卖。所得款项统一存入各单位唯一合规账户。涉案财物先行处置应当做到公开、公平。

[配套规定]

1.**《中华人民共和国监察法》**（2018年3月20日公布并施行）（节录）

第二十五条 监察机关在调查过程中，可以调取、查封、扣押用以证明被调查人涉嫌违法犯罪的财物、文件和电子数据等信息。采取调取、查封、扣押措施，应当收集原物原件，会同持有人或者保管人、见证人，当面逐一拍照、登记、编号，开列清单，由在场人员当场核对、签名，并将清单副本交财物、文件的持有人或者保管人。

对调取、查封、扣押的财物、文件，监察机关应当设立专用账户、专门场所，确定专门人员妥善保管，严格履行交接、调取手续，定期对账核实，不得毁损或者用于其他目的。对价值不明物品应当及时鉴定，专门封存保管。

……

2.**《人民检察院刑事诉讼规则》**（高检发释字［2019］4号）（节录）

第二百一十条 在侦查活动中发现的可以证明犯罪嫌疑人有罪、无罪或者犯罪情节轻重的各种财物和文件，应当查封或者扣押；与案件无关的，不得查封或者扣押。查封或者扣押应当经检察长批准。

不能立即查明是否与案件有关的可疑的财物和文件，也可以查封或者扣押，但应当及时审查。经查明确实与案件无关的，应当在三日以内解除查封或者予以退还。

持有人拒绝交出应当查封、扣押的财物和文件的，可以强制查封、扣押。

对于犯罪嫌疑人、被告人到案时随身携带的物品需要扣押的，可以依照前款规定办理。对于与案件无关的个人用品，应当逐件登记，并随案移交或者退还其家属。

第二百一十一条 对犯罪嫌疑人使用违法所得与合法收入共同购置的不可分割的财产，可以先行查封、扣押、冻结。对无法分割退还的财产，应当在结案后予以拍卖、变卖，对不属于违法所得的部分予以退还。

3.《关于进一步规范刑事诉讼涉案财物处置工作的意见》（中办发［2015］7号）（2015年1月24日公布并施行）（节录）

二、规范涉案财物查封、扣押、冻结程序。查封、扣冻结涉案财物，应当严格依照法定条件和程序进行。严禁在立案之前查封、扣押、冻结财物。不得查封、扣押、冻结与案件无关的财物。凡查封、扣押、冻结的财物，都应当及时进行审查；经查明确实与案件无关的，应当在三日内予以解除、退还，并通知有关当事人。

查封、扣押、冻结涉案财物，应当为犯罪嫌疑人、被告及其所扶养的亲属保留必需的生活费用和物品，减少对涉案单位正常办公、生产、经营等活动的影响。

公安机关、国家安全机关决定撤销案件或者终止侦查、人民检察院决定撤销案件或者不起诉、人民法院作出无罪判决的，涉案财物除依法另行处理外，应当解除查封、扣押、冻结措施，需要返还当事人的应当及时返还。

在查封、扣押、冻结涉案财物时，应当收集固定依法应当追缴的证据材料并随案移送。

三、建立办案部门与保管部门、办案人员与保管人员相互制约制度。涉案财物应当由公安机关、国家安全机关、人民检察院、人民法院指定本机关的一个部门或者专职人员统一保管，严禁由办案部门、办案人员自行保管。办案部门、保管部门截留、坐支、私分或者擅自处理涉案财物的，对其直接负责的主管人员和其他直接责任人员，按滥用职权等依法依纪追究责任；办案人员、保管人员调换、侵吞、窃取、挪用涉案财物的，按贪污等依法依纪追究责任。

四、规范涉案财物保管制度。对查封、扣押、冻结的财物，均应当制作详细清单。对扣押款项应当逐案设立明细账，在扣押后立即存入扣押机关唯一合规账户。对赃物特别是贵重物品实行分类保管，做到一案一账、一物一卡、账实相符。对作为证据使用的实物一般应当随案移送，如实登记，妥善保管，健全交接手续，防止损毁、丢失等。

五、探索建立跨部门的地方涉案财物集中管理信息平台。公安机关、人民检察院和人民法院查封、扣押、冻结、处理涉案财物，应当依照相关规定将财物清单及时录入信息台，实现信息共享，确保涉案财物管理规范、移送顺畅、处置及时。

六、完善涉案财物审前返还程序。对权属明确的被害人合法财产，凡返还不损害其他被害人或者利害关系人的利益、不影响诉讼正常进行的，公安机关、国家安全机关、人民检察院、人民法院都应当及时返还。权属有争议的，应当在人民法院判决时一并处理。

七、完善涉案财物先行处置程序。对易损毁、灭失、变质等不宜长期保存的物品，易贬值的汽车、船艇等物品，或市场价格波动大的债券、股票、基金份额等财产，有效期将届满的汇票、本票、支票等，经权利人同意或者申请，经县级以上公安机关、国家安全机关、人民检察院或者人民法院主要负责人批准，可以依法出售、变现或者先行变现、拍卖。所得款项统一存入各单位唯一合规账户。

涉案财物先行处置应当做到公开、公平。

八、提高查询、冻结、划扣工作效率。办案单位依法需查询、冻结或者划扣涉案款项的，金融机构等相关单位应予以协助，并探索建立统一的专门查询机制，建立涉案账产紧急止付制度，完善集中查询、冻结和定期续冻制度。

九、完善违法所得追缴、执行工作机制。对审判时尚未追缴到案或者尚未足额退赔的违法所得，人民法院应当判决继续追缴或者责令退赔，并由人民法院负责执行，人民检察院、公安机关、国家安全机关、司法行政机关等应当予以配合。

十、建立中央政法机关交办案件涉案财物上缴中央国库制度。凡由最高人民检察院、公安部立案或者由其指定地方异地查办的重特大案件，涉案财物应当纳入中央政法机关的涉案财物账户；判决生效后，涉案财物除依法返还被害人外，一律通过中央财政汇缴专户缴入中央国库。

建立中央政法机关交办案件办案经费安排制度。凡中央政法机关指定地方异地查办的重特大案件，办案经费由中央财政保障，必要时提前预拨办案经费。涉案财物上缴中央国库后，由中央政法委员会会同中央政法机关对承办案件单位办案经费提出安排意见，财政部通过转移支付及时核拨地方财政，并由地方财政部门将经费按实际支出拨付承办案件单位。

十一、健全境外追逃追赃工作体制机制。公安部确定专门机构统一负责到境外开展追逃追赃工作。

我国缔结或者参加的国际条约指定履行司法协助职责的最高人民法院、最高人民检察院、公安部、司法部等，应当及时向有关国家（地区）提出司法协助请求，并将有关情况通报公安部专门负责境外追逃追赃的机构。

在案件侦查、审查起诉环节，办案机关应当积极核查境外涉案财物去向；对犯罪嫌疑人、被告人逃匿的，应当继续开展侦查取证工作。需要到境外追逃追赃的，办案机关应当将案件基本情况及调查取证清单，按程序送公安部专门负责外追逃追赃的机构，并配合公安部专门机构开展境外调查证工作。

十二、明确利害关系人诉讼权利。善意第三人等案外人与涉案财物处理存在利害关系的，公安机关、国家安全机关、人民检察院应当告知其相关诉讼权利，人民法院应当通知其参加诉讼并听取其意见。被告人、自诉人、附带民事诉讼的原告和被告人对涉案财物处理决定不服的，可以就财物处理部分提出上诉，被害人或者其他利害关系人可以请求人民检察院抗诉。

十三、完善权利救济机制。人民法院、人民检察院、公安机关、国家安全机关应当建立有效的权利救济机制，对当事人、利害关系人提出异议、复议、申诉、投诉或者举报的，应当依法及时受理并反馈处理结果。

十四、进一步加强协调配合。人民法院、人民检察院、公安机关、国家安全机关在办理案件过程中，应当共同研究解决涉案财物处置工作中遇到的突出问题，确保执法司法工作顺利进行，切实保障当事人合法权益。

十五、进一步加强监督制约。人民法院、人民检察院、公安机关、国家安全机关应当对涉案财物处置工作进行相互监督。人民检察院应当加强法律监督。上级政法机关发现下级政法机关涉案财物处置工作确有错误的，应当依照法定程序要求限期纠正。

十六、健全责任追究机制。违法违规查封、扣押、冻结和处置涉案财物的，应当依法依纪给予处分；构成犯罪的，应当依法追究刑事责任；导致国家赔偿的，应当依法向有关责任人员追偿。

十七、最高人民法院、最高人民检察院、公安部、国家安全部、财政部、中国人民银行等应当结合工作实际，制定实施办法，细化政策标准，规范工作流程，明确相关责任，完善协作配合机制，确保有关规定落到实处。

4.《公安机关办理刑事案件适用查封、冻结措施有关规定》（公通字［2013］30号）（2013年9月1日公布并施行）（节录）

第二条 根据侦查犯罪的需要，公安机关依法对涉案财物予以查封、冻结，有关部门、单位和个人应当协助和配合。

本规定所称涉案财物，是指公安机关在办理刑事案件过程中，依法以查封、冻结等方式固定的可用以证明犯罪嫌疑人有罪或者无罪的各种财产和物品，包括：

（一）犯罪所得及其孳息；

（二）用于实施犯罪行为的工具；

（三）其他可以证明犯罪行为是否发生以及犯罪情节轻重的财物。

第三条 查封、冻结以及保管、处置涉案财物，必须严格依照法定的适用条件和程序进行。与案件无关的财物不得查封、冻结。查封、冻结涉案财物，应当为犯罪嫌疑人及其所扶养的家属保留必要的生活费用和物品。

严禁在立案之前查封、冻结财物。对于境外司法、警察机关依据国际条约、协议或者互惠原则提出的查封、冻结请求，可以根据公安部的执行通知办理有关法律手续。

查封、冻结的涉案财物，除依法应当返还被害人或者经查明确实与案件无关的以外，不得在诉讼程序终结之前作出处理。法律和有关规定另有规定的除外。

第四条 查封、冻结的涉案财物涉及国家秘密、商业秘密、个人隐私的，应当保密。

第五条 根据侦查犯罪的需要，公安机关可以依法查封涉案的土地、房屋等不动产，以及涉案的车辆、船舶、航空器和大型机器、设备等特定动产。必要时，可以一并扣押证明其财产所有权或者相关权益的法律文件和文书。

置于不动产上的设施、家具和其他相关物品，需要作为证据使用的，应当扣押；不宜移动的，可以一并查封。

第六条 查封涉案财物需要国土资源、房地产管理、交通运输、农业、林业、民航等有关部门协助的，应当经县级以上公安机关负责人批准，制作查封决定书和协助查封通知书，明确查封财物情况、查封方式、查封期限等事项，送交有关部门协助办理，并及时告知有关当事人。

涉案土地和房屋面积、金额较大的，应当经设区的市一级以上公安机关负责人批准，制作查封决定书和协助查封通知书。

第七条 查封期限不得超过二年。期限届满可以续封一次，续封应当经作出原查封决定的县级以上公安机关负责人批准，在期限届满前五日以内重新制作查封决定书和协助查封通知书，送交有关部门协助办理，续封期限最长不得超过一年。

案件重大复杂，确需再续封的，应当经设区的市一级以上公安机关负责人批准，在期限届满前五日以内重新制作查封决定书和协助查封通知书，且每次再续封的期限最长不得超过一年。

查封期限届满，未办理续封手续的，查封自动解除。

公安机关应当及时将续封决定告知有关当事人。

第八条 查封土地、房屋等涉案不动产，需要查询不动产权属情况的，应当经县级以上公安机关负责人批准，制作协助查询财产通知书。

侦查人员到国土资源、房地产管理等有关部门办理查询时，应当出示本人工作证件，提交协助查询财产通知书，依照相关规定办理查询事项。

需要查询其他涉案财物的权属登记情况的，参照上述规定办理。

第九条 国土资源、房地产管理等有关部门应当及时协助公安机关办理查询事项。公安机关查询并复制的有关书面材料，由权属登记机构或者权属档案管理机构加盖印章。

因情况特殊，不能当场提供查询的，应当在五日以内提供查询结果。

无法查询的，有关部门应当书面告知公安机关。

第十条 土地、房屋等涉案不动产的权属确认以国土资源、房地产管理等有关部门的不动产登记簿或者不动产权属证书为准。不动产权属证书与不动产登记簿不一致的，除有证据证明不动产登记簿确有错误外，以不动产登记簿为准。

第十一条 国土资源、房地产管理等有关部门在协助公安机关办理查封事项时，认为查封涉案不动产信息有误无法办理的，可以暂缓办理协助事项，并向公安机关提出书面审查建议，公安机关应当及时审查处理。

第十二条 查封土地、房屋等涉案不动产的，应当经县级以上公安机关负责人批准，制作协助查封通知书，明确涉案土地、房屋等不动产的详细地址、权属证书号、权利人姓名或者单位名称等事项，送交国土资源、房地产管理等有关部门协助办理，有关部门应当在相关通知书回执中注明办理情况。

侦查人员到国土资源、房地产管理等有关部门办理土地使用权或者房屋查封登记手续时，应当出示本人工作证件，提交查封决定书和协助查封通知书，依照有关规定办理查封事项。

……

第十四条　国土资源、房地产管理等有关部门对被公安机关依法查封的土地、房屋等涉案不动产，在查封期间不予办理变更、转让或者抵押权、地役权登记。

第十五条　对依照有关规定可以分割的土地、房屋等涉案不动产，应当只对与案件有关的部分进行查封，并在协助查封通知书中予以明确；对依照有关规定不可分割的土地、房屋等涉案不动产，可以进行整体查封。

第十六条　国土资源、房地产管理等有关部门接到协助查封通知书时，已经受理该土地、房屋等涉案不动产的转让登记申请，但尚未记载于不动产登记簿的，应当协助公安机关办理查封登记。

第十七条　对下列尚未进行权属登记的房屋，公安机关可以按照本规定进行查封：

（一）涉案的房地产开发企业已经办理商品房预售许可证但尚未出售的房屋；

（二）犯罪嫌疑人购买的已经由房地产开发企业办理房屋权属初始登记的房屋；

（三）犯罪嫌疑人购买的已经办理商品房预售合同登记备案手续或者预购商品房预告登记的房屋。

第十八条　查封地上建筑物的效力及于该地上建筑物占用范围内的建设用地使用权，查封建设用地使用权的效力及于地上建筑物，但建设用地使用权与地上建筑物的所有权分属不同权利人的除外。

地上建筑物和土地使用权的登记机构不是同一机构的，应当分别办理查封登记。

第十九条　查封车辆、船舶、航空器以及大型机器、设备等特定动产的，应当制作协助查封通知书，明确涉案财物的名称、型号、权属、地址等事项，送交有关登记管理部门协助办理。必要时，可以扣押有关权利证书。

执行查封时，应当将涉案财物拍照或者录像后封存，或者交持有人、近亲属保管，或者委托第三方保管。有关保管人应当妥善保管，不得转移、变卖、损毁。

第二十条 查封土地、房屋等涉案不动产或者车辆、船舶、航空器以及大型机器、设备等特定动产的，可以在保证侦查活动正常进行的同时，允许有关当事人继续合理使用，并采取必要保值保管措施。

第二十一条 对以公益为目的的教育、医疗、卫生以及社会福利机构等场所、设施，保障性住房，原则上不得查封。确有必要查封的，应当经设区的市一级以上公安机关负责人批准。

第二十二条 查封土地、房屋以外的其他涉案不动产的，参照本规定办理。查封共有财产、担保财产以及其他特殊财物的，依照相关规定办理。

……

第四十三条 已被有关国家机关依法查封、冻结的涉案财物，不得重复查封、冻结。需要轮候查封、冻结的，应当依照有关部门共同发布的规定执行。查封、冻结依法解除或者到期解除后，按照时间顺序登记在先的轮候查封、冻结自动生效。

第四十四条 不同国家机关之间，对同一涉案财物要求查封、冻结的，协助办理的有关部门和单位应当按照送达相关通知书的先后顺序予以登记，协助首先送达通知书的国家机关办理查封、冻结手续，对后送达通知书的国家机关作轮候查封、冻结登记，并书面告知该涉案财物已被查封、冻结的有关情况。

第四十五条 查封、冻结生效后，协助办理的有关部门和单位应当在其他轮候查封、冻结的公安机关出具的查封、冻结通知书回执中注明该涉案财物已被查封、冻结以及轮候查封、冻结的有关情况。相关公安机关可以查询轮候查封、冻结的生效情况。

第四十六条 公安机关根据侦查犯罪的需要，对其已经查封、冻结的涉案财物，继续办理续封、续冻手续的，或者公安机关移送审查起诉，人民检察院需要重新办理查封、冻结手续的，应当在原查封、冻结期限届满前办理续封、续冻手续。申请轮候查封、冻结的其他国家机关不得以送达通知书在先为由，对抗相关办理续封、续冻手续的效力。

第四十七条 要求查封、冻结涉案财物的有关国家机关之间，因查封、冻结事项发生争议的，应当自行协商解决。协商不成的，由其共同上级机关决定；分属不同部门的，由其各自的上级机关协商解决。

协助执行的部门和单位按照有关争议机关协商一致后达成的书面意见办理。

第四十八条 需要查封、冻结的或者已被查封、冻结的涉案财物，涉及扣押或者民事诉讼中的抵押、质押或者民事执行等特殊情况的，公安机关应当根据查封、冻结财物的权属状态和争议问题，与相关国家机关协商解决。协商不成的，各自报请上级机关协商解决。

协助执行的部门和单位按照有关争议机关协商一致后达成的书面意见办理。

……

第五十四条 根据本规定依法应当协助办理查封、冻结措施的有关部门、单位和个人有下列行为之一的，公安机关应当向有关部门和单位通报情况，依法追究相应责任：

（一）对应当查封、冻结的涉案财物不予查封、冻结，致使涉案财物转移的；

（二）在查封冻结前向当事人泄露信息的；

（三）帮助当事人转移、隐匿财产的；

（四）其他无正当理由拒绝协助配合的。

第五十五条 公安机关对以暴力、威胁等方法阻碍有关部门和单位协助办理查封、冻结措施的行为，应当及时制止，依法查处。

5.《公安机关办理刑事案件程序规定》（公安部令第127号）（2012年12月13日发布 自2013年1月1日起施行）（节录）

第二百二十二条 在侦查活动中发现的可用以证明犯罪嫌疑人有罪或者无罪的各种财物、文件，应当查封、扣押；但与案件无关的财物、文件，不得查封、扣押。

持有人拒绝交出应当查封、扣押的财物、文件的，公安机关可以强制查封、扣押。

第二百二十三条 在侦查过程中需要扣押财物、文件的，应当经办案部门负责人批准，制作扣押决定书；在现场勘查或者搜查中需要扣押财物、文件的，由现场指挥人员决定；但扣押财物、文件价值较高或者可能严重影响正常生产经营的，应当经县级以上公安机关负责人批准，制作扣押决定书。

在侦查过程中需要查封土地、房屋等不动产，或者船舶、航空器以及其他不宜移动的大型机器、设备等特定动产的，应当经县级以上公安机关负责人批准并制作查封决定书。

第二百二十四条 执行查封、扣押的侦查人员不得少于二人，并出示本规定第二百二十三条规定的有关法律文书。

查封、扣押的情况应当制作笔录，由侦查人员、持有人和见证人签名。对于无法确定持有人或者持有人拒绝签名的，侦查人员应当在笔录中注明。

第三百四十二条 需要异地办理查询、查封、扣押或者冻结与犯罪有关的财物、文件的，执行人员应当持相关的法律文书、办案协作函件和工作证件，与协作地县级以上公安机关联系，协作地公安机关应当协助执行。

在紧急情况下，可以将办案协作函件和相关的法律文书电传至协作地县级以上公安机关，协作地公安机关应当及时采取措施。委托地公安机关应当立即派员前往协作地办理。

6.《人民检察院刑事诉讼涉案财物管理规定》（2015年3月6日公布并施行）

第一章 总 则

第一条 为了贯彻落实中央关于规范刑事诉讼涉案财物处置工作的要求，进一步规范人民检察院刑事诉讼涉案财物管理工作，提高司法水平和办案质量，保护公民、法人和其他组织的合法权益，根据刑法、刑事诉讼法、《人民检察院刑事诉讼规则（试行）》，结合检察工作实际，制定本规定。

第二条 本规定所称人民检察院刑事诉讼涉案财物，是指人民检察院在刑事诉讼过程中查封、扣押、冻结的与案件有关的财物及其孳息以及从其他办案机关接收的财物及其孳息，包括犯罪嫌疑人的违法所得及其孳息、供犯罪所用的财物、非法持有的违禁品以及其他与案件有关的财物及其孳息。

第三条 违法所得的一切财物，应当予以追缴或者责令退赔。对被害人的合法财产，应当依照有关规定返还。违禁品和供犯罪所用的财物，应当予以查封、扣押、冻结，并依法处理。

第四条 人民检察院查封、扣押、冻结、保管、处理涉案财物，必须严格依照刑事诉讼法、《人民检察院刑事诉讼规则（试行）》以及其他相关规定进行。不得查封、扣押、冻结与案件无关的财物。凡查封、扣押、冻结的财物，都应当及时进行审查；经查明确实与案件无关的，应当在三日内予以解除、退还，并通知有关当事人。

严禁以虚假立案或者其他非法方式采取查封、扣押、冻结措施。对涉案单位违规的账外资金但与案件无关的，不得查封、扣押、冻结，可以通知有关主管机关或者其上级单位处理。

查封、扣押、冻结涉案财物，应当为犯罪嫌疑人、被告人及其所扶养的亲属保留必需的生活费用和物品，减少对涉案单位正常办公、生产、经营等活动的影响。

第五条 严禁在立案之前查封、扣押、冻结财物。立案之前发现涉嫌犯罪的财物，符合立案条件的，应当及时立案，并采取查封、扣押、冻结措施，以保全证据和防止涉案财物转移、损毁。

个人或者单位在立案之前向人民检察院自首时携带涉案财物的，人民检察院可以根据管辖规定先行接收，并向自首人开具接收凭证，根据立案和侦查情况决定是否查封、扣押、冻结。

人民检察院查封、扣押、冻结涉案财物后，应当对案件及时进行侦查，不得在无法定理由情况下撤销案件或者停止对案件的侦查。

第六条 犯罪嫌疑人到案后，其亲友受犯罪嫌疑人委托或者主动代为向检察机关退还或者赔偿涉案财物的，参照《人民检察院刑事诉讼规则（试行）》关于查封、扣押、冻结的相关程序办理。符合相关条件的，人民检察院应当开具查封、扣押、冻结决定书，并由检察人员、代为退还或者赔偿的人员和有关规定要求的其他人员在清单上签名或者盖章。

代为退还或者赔偿的人员应当在清单上注明系受犯罪嫌疑人委托或者主动代为犯罪嫌疑人退还或者赔偿。

第七条 人民检察院实行查封、扣押、冻结、处理涉案财物与保管涉案财物相分离的原则，办案部门与案件管理、计划财务装备等部门分工负责、互相配合、互相制约。侦查监督、公诉、控告检察、刑事申诉检察等部门依照刑事诉讼法和其他相关规定对办案部门查封、扣押、冻结、保管、处理涉案财物等活动进行监督。

办案部门负责对涉案财物依法进行查封、扣押、冻结、处理，并对依照本规定第十条第二款、第十二条不移送案件管理部门或者不存入唯一合规账户的涉案财物进行管理；案件管理部门负责对办案部门和其他办案机关移送的涉案物品进行保管，并依照有关规定对查封、扣押、冻结、处理涉案财物工作进行监督管理；计划财务装备部门负责对存入唯一合规账户的扣押款项进行管理。

人民检察院监察部门依照有关规定对查封、扣押、冻结、保管、处理涉案财物工作进行监督。

第八条 人民检察院查封、扣押、冻结、处理涉案财物，应当使用最高人民检察院统一制定的法律文书，填写必须规范、完整。禁止使用不符合规定的文书查封、扣押、冻结、处理涉案财物。

第九条 查封、扣押、冻结、保管、处理涉及国家秘密、商业秘密、个人隐私的财物，应当严格遵守有关保密规定。

第二章 涉案财物的移送与接收

第十条 人民检察院办案部门查封、扣押、冻结涉案财物及其孳息后，应当及时按照下列情形分别办理，至迟不得超过三日，法律和有关规定另有规定的除外：

（一）将扣押的款项存入唯一合规账户；

（二）将扣押的物品和相关权利证书、支付凭证以及具有一定特征能够证明案情的现金等，送案件管理部门入库保管；

（三）将查封、扣押、冻结涉案财物的清单和扣押款项存入唯一合规账户的存款凭证等，送案件管理部门登记；案件管理部门应当对存款凭证复印保存，并将原件送计划财务装备部门。

扣押的款项或者物品因特殊原因不能按时存入唯一合规账户或者送案件管理部门保管的，经检察长批准，可以由办案部门暂时保管，在原因消除后及时存入或者移交，但应当将扣押清单和相关权利证书、支付凭证等依照本条第一款规定的期限送案件管理部门登记、保管。

第十一条 案件管理部门接收人民检察院办案部门移送的涉案财物或者清单时，应当审查是否符合下列要求：

（一）有立案决定书和相应的查封、扣押、冻结法律文书以及查封、扣押清单，并填写规范、完整，符合相关要求；

（二）移送的财物与清单相符；

（三）移送的扣押物品清单，已经依照《人民检察院刑事诉讼规则（试行）》有关扣押的规定注明扣押财物的主要特征；

（四）移送的外币、金银珠宝、文物、名贵字画以及其他不易辨别真伪的贵重物品，已经依照《人民检察院刑事诉讼规则（试行）》有关扣押的规定予以密封，检察人员、见证人和被扣押物品持有人在密封材料上签名或者盖章，经过鉴定的，附有鉴定意见复印件；

（五）移送的存折、信用卡、有价证券等支付凭证和具有一定特征能够证明案情的现金，已经依照《人民检察院刑事诉讼规则（试行）》有关扣押的规定予以密封，注明特征、编号、种类、面值、张数、金额等，检察人员、见证人和被扣押物品持有人在密封材料上签名或者盖章；

（六）移送的查封清单，已经依照《人民检察院刑事诉讼规则（试行）》有关查封的规定注明相关财物的详细地址和相关特征，检察人员、见证人和持有人签名或者盖章，注明已经拍照或者录像及其权利证书是否已被扣押，注明财物被查封后由办案部门保管或者交持有人或者其近亲属保管，注明查封决定书副本已送达相关的财物登记、管理部门等。

第十二条　人民检察院办案部门查封、扣押的下列涉案财物不移送案件管理部门保管，由办案部门拍照或者录像后妥善管理或者及时按照有关规定处理：

（一）查封的不动产和置于该不动产上不宜移动的设施等财物，以及涉案的车辆、船舶、航空器和大型机械、设备等财物，及时依照《人民检察院刑事诉讼规则（试行）》有关查封、扣押的规定扣押相关权利证书，将查封决定书副本送达有关登记、管理部门，并告知其在查封期间禁止办理抵押、转让、出售等权属关系变更、转移登记手续；

（二）珍贵文物、珍贵动物及其制品、珍稀植物及其制品，按照国家有关规定移送主管机关；

（三）毒品、淫秽物品等违禁品，及时移送有关主管机关，或者根据办案需要严格封存，不得擅自使用或者扩散；

（四）爆炸性、易燃性、放射性、毒害性、腐蚀性等危险品，及时移送有关部门或者根据办案需要委托有关主管机关妥善保管；

（五）易损毁、灭失、变质等不宜长期保存的物品，易贬值的汽车、船艇等物品，经权利人同意或者申请，并经检察长批准，可以及时委托有关部门先行变卖、拍卖，所得款项存入唯一合规账户。先行变卖、拍卖应当做到公开、公平。

人民检察院办案部门依照前款规定不将涉案财物移送案件管理部门保管的，应当将查封、扣押清单以及相关权利证书、支付凭证等依照本规定第十条第一款的规定送案件管理部门登记、保管。

第十三条　人民检察院案件管理部门接收其他办案机关随案移送的涉案财物的，参照本规定第十一条、第十二条的规定进行审查和办理。

对移送的物品、权利证书、支付凭证以及具备一定特征能够证明案情的现金，案件管理部门审查后认为符合要求的，予以接收并入库保管。对移送的涉案款项，由其他办案机关存入检察机关指定的唯一合规账户，案件管理部门对转账凭证进行登记并联系计划财务装备部门进行核对。其他办案机关直接移送现金的，案件管理部门可以告知其存入指定的唯一合规账户，也可以联系计划财务装备部门清点、接收并及时存入唯一合规账户。计划财务装备部门应当在收到款项后三日以内将收款凭证复印件送案件管理部门登记。

对于其他办案机关移送审查起诉时随案移送的有关实物，案件管理部门经商公诉部门后，认为属于不宜移送的，可以依照刑事诉讼法第二百三十四条第一款、第二款的规定，只接收清单、照片或者其他证明文件。必要时，人民检察院案件管理部门可以会同公诉部门与其他办案机关相关部门进行沟通协商，确定不随案移送的实物。

第十四条 案件管理部门应当指定专门人员，负责有关涉案财物的接收、管理和相关信息录入工作。

第十五条 案件管理部门接收密封的涉案财物，一般不进行拆封。移送部门或者案件管理部门认为有必要拆封的，由移送人员和接收人员共同启封、检查、重新密封，并对全过程进行录像。根据《人民检察院刑事诉讼规则（试行）》有关扣押的规定应当予以密封的涉案财物，启封、检查、重新密封时应当依照规定有见证人、持有人或者单位负责人等在场并签名或者盖章。

第十六条 案件管理部门对于接收的涉案财物、清单及其他相关材料，认为符合条件的，应当及时在移送清单上签字并制作入库清单，办理入库手续。认为不符合条件的，应当将原因告知移送单位，由移送单位及时补送相关材料，或者按照有关规定进行补正或者作出合理解释。

第三章 涉案财物的保管

第十七条 人民检察院对于查封、扣押、冻结的涉案财物及其孳息，应当如实登记，妥善保管。

第十八条 人民检察院计划财务装备部门对扣押款项及其孳息应当逐案设立明细账，严格收付手续。

计划财务装备部门应当定期对唯一合规账户的资金情况进行检查，确保账实相符。

第十九条 案件管理部门对收到的物品应当建账设卡，一案一账，一物一卡（码）。对于贵重物品和细小物品，根据物品种类实行分袋、分件、分箱设卡和保管。

案件管理部门应当定期对涉案物品进行检查，确保账实相符。

第二十条 涉案物品专用保管场所应当符合下列防火、防盗、防潮、防尘等要求：

（一）安装防盗门窗、铁柜和报警器、监视器；

（二）配备必要的储物格、箱、袋等设备设施；

（三）配备必要的除湿、调温、密封、防霉变、防腐烂等设备设施；

（四）配备必要的计量、鉴定、辨认等设备设施；

（五）需要存放电子存储介质类物品的，应当配备防磁柜；

（六）其他必要的设备设施。

第二十一条 人民检察院办案部门人员需要查看、临时调用涉案财物的，应当经办案部门负责人批准；需要移送、处理涉案财物的，应当经检察长批准。案件管理部门对于审批手续齐全的，应当办理查看、出库手续并认真登记。

对于密封的涉案财物，在查看、出库、归还时需要拆封的，应当遵守本规定第十五条的要求。

第四章 涉案财物的处理

第二十二条 对于查封、扣押、冻结的涉案财物及其孳息，除按照有关规定返还被害人或者经查明确实与案件无关的以外，不得在诉讼程序终结之前上缴国库或者作其他处理。法律和有关规定另有规定的除外。

在诉讼过程中，对权属明确的被害人合法财产，凡返还不损害其他被害人或者利害关系人的利益、不影响诉讼正常进行的，人民检察院应当依法及时返还。权属有争议的，应当在决定撤销案件、不起诉或者由人民法院判决时一并处理。

在扣押、冻结期间，权利人申请出售被扣押、冻结的债券、股票、基金份额等财产的，以及扣押、冻结的汇票、本票、支票的有效期即将届满的，人民检察院办案部门应当依照《人民检察院刑事诉讼规则（试行）》的有关规定及时办理。

第二十三条 人民检察院作出撤销案件决定、不起诉决定或者收到人民法院作出的生效判决、裁定后，应当在三十日以内对涉案财物作出处理。情况特殊的，经检察长批准，可以延长三十日。

前款规定的对涉案财物的处理工作，人民检察院决定撤销案件的，由侦查部门负责办理；人民检察院决定不起诉或者人民法院作出判决、裁定的案件，由公诉部门负责办理；对人民检察院直接立案侦查的案件，公诉部门可以要求侦查部门协助配合。

人民检察院按照本规定第五条第二款的规定先行接收涉案财物，如果决定不予立案的，侦查部门应当按照本条第一款规定的期限对先行接收的财物作出处理。

第二十四条 处理由案件管理部门保管的涉案财物，办案部门应当持经检察长批准的相关文书或者报告，到案件管理部门办理出库手续；处理存入唯一合规账户的涉案款项，办案部门应当持经检察长批准的相关文书或者报告，经案件管理部门办理出库手续后，到计划财务装备部门办理提现或者转账手续。案件管理部门或者计划财务装备部门对于符合审批手续的，应当及时办理。

对于依照本规定第十条第二款、第十二条的规定未移交案件管理部门保管或者未存入唯一合规账户的涉案财物，办案部门应当依照本规定第二十三条规定的期限报经检察长批准后及时作出处理。

第二十五条 对涉案财物，应当严格依照有关规定，区分不同情形，及时作出相应处理：

（一）因犯罪嫌疑人死亡而撤销案件、决定不起诉，依照刑法规定应当追缴其违法所得及其他涉案财产的，应当按照《人民检察院刑事诉讼规则（试行）》有关犯罪嫌疑人逃匿、死亡案件违法所得的没收程序的规定办理；对于不需要追缴的涉案财物，应当依照本规定第二十三条规定的期限及时返还犯罪嫌疑人、被不起诉人的合法继承人；

（二）因其他原因撤销案件、决定不起诉，对于查封、扣押、冻结的犯罪嫌疑人违法所得及其他涉案财产需要没收的，应当依照《人民检察院刑事诉讼规则（试行）》有关撤销案件时处理犯罪嫌疑人违法所得的规定提出检察建议或者依照刑事诉讼法第一百七十三条第三款的规定提出检察意见，移送有关主管机关处理；未认定为需要没收并移送有关主管机关处理的涉案财物，应当依照本规定第二十三条规定的期限及时返还犯罪嫌疑人、被不起诉人；

（三）提起公诉的案件，在人民法院作出生效判决、裁定后，对于冻结在金融机构的涉案财产，由人民法院通知该金融机构上缴国库；对于查封、扣押且依法未随案移送人民法院的涉案财物，人民检察院根据人民法院的判决、裁定上缴国库；

（四）人民检察院侦查部门移送审查起诉的案件，起诉意见书中未认定为与犯罪有关的涉案财物；提起公诉的案件，起诉书中未认定或者起诉书认定但人民法院生效判决、裁定中未认定为与犯罪有关的涉案财物，应当依照本条第二项的规定移送有关主管机关处理或者及时返还犯罪嫌疑人、被不起诉人、被告人；

（五）对于需要返还被害人的查封、扣押、冻结涉案财物，应当按照有关规定予以返还。

人民检察院应当加强与人民法院、公安机关、国家安全机关的协调配合，共同研究解决涉案财物处理工作中遇到的突出问题，确保司法工作顺利进行，切实保障当事人合法权益。

第二十六条 对于应当返还被害人的查封、扣押、冻结涉案财物，无人认领的，应当公告通知。公告满六个月无人认领的，依法上缴国库。上缴国库后有人认领，经查证属实的，人民检察院应当向人民政府财政部门申请退库予以返还。原物已经拍卖、变卖的，应当退回价款。

第二十七条 对于贪污、挪用公款等侵犯国有资产犯罪案件中查封、扣押、冻结的涉案财物，除人民法院判决上缴国库的以外，应当归还原单位或者原单位的权利义务继受单位。犯罪金额已经作为损失核销或者原单位已不存在且无权利义务继受单位的，应当上缴国库。

第二十八条 查封、扣押、冻结的涉案财物应当依法上缴国库或者返还有关单位和个人的，如果有孳息，应当一并上缴或者返还。

第五章 涉案财物工作监督

第二十九条 人民检察院监察部门应当对本院和下级人民检察院的涉案财物工作进行检查或者专项督察，每年至少一次，并将结果在本辖区范围内予以通报。发现违纪违法问题的，应当依照有关规定作出处理。

第三十条 人民检察院案件管理部门可以通过受案审查、流程监控、案件质量评查、检察业务考评等途径，对本院和下级人民检察院的涉案财物工作进行监督管理。发现违法违规问题的，应当依照有关规定督促相关部门依法及时处理。

第三十一条 案件管理部门在涉案财物管理工作中，发现办案部门或者办案人员有下列情形之一的，可以进行口头提示；对于违规情节较重的，应当发送案件流程监控通知书；认为需要追究纪律或者法律责任的，应当移送本院监察部门处理或者向检察长报告：

（一）查封、扣押、冻结的涉案财物与清单存在不一致，不能作出合理解释或者说明的；

（二）查封、扣押、冻结涉案财物时，未按照有关规定进行密封、签名或者盖章，影响案件办理的；

（三）查封、扣押、冻结涉案财物后，未及时存入唯一合规账户、办理入库保管手续，或者未及时向案件管理部门登记，不能作出合理解释或者说明的；

（四）在立案之前采取查封、扣押、冻结措施的，或者未依照有关规定开具法律文书而采取查封、扣押、冻结措施的；

（五）对明知与案件无关的财物采取查封、扣押、冻结措施的，或者对经查明确实与案件无关的财物仍不解除查封、扣押、冻结或者不予退还的，或者应当将被查封、扣押、冻结的财物返还被害人而不返还的；

（六）违反有关规定，在诉讼程序依法终结之前将涉案财物上缴国库或者作其他处理的；

（七）在诉讼程序依法终结之后，未按照有关规定及时、依法处理涉案财物，经督促后仍不及时、依法处理的；

（八）因不负责任造成查封、扣押、冻结的涉案财物丢失、损毁或者泄密的；

（九）贪污、挪用、截留、私分、调换、违反规定使用查封、扣押、冻结的涉案财物的；

（十）其他违反法律和有关规定的情形。人民检察院办案部门收到案件管理部门的流程监控通知书后，应当在十日以内将核查情况书面回复案件管理部门。

人民检察院侦查监督、公诉、控告检察、刑事申诉检察等部门发现本院办案部门有本条第一款规定的情形的，应当依照刑事诉讼法和其他相关规定履行监督职责。案件管理部门发现办案部门有上述情形，认为有必要的，可以根据案件办理所处的诉讼环节，告知侦查监督、公诉、控告检察或者刑事申诉检察等部门。

第二十二条 人民检察院查封、扣押、冻结、保管、处理涉案财物，应当按照有关规定做好信息查询和公开工作，并为当事人和其他诉讼参与人行使权利提供保障和便利。善意第三人等案外人与涉案财物处理存在利害关系的，人民检察院办案部门应当告知其相关诉讼权利。

当事人及其法定代理人和辩护人、诉讼代理人、利害关系人对人民检察院的查封、扣押、冻结不服或者对人民检察院撤销案件决定、不起诉决定中关于涉案财物的处理部分不服的，可以依照刑事诉讼法和《人民检察院刑事诉讼规则（试行）》的有关规定提出申诉或者控告；人民检察院控告检察部门对申诉或者控告应当依照有关规定及时受理和审查办理并反馈处理结果。人民检察院提起公诉的案件，被告人、自诉人、附带民事诉讼的原告人和被告人对涉案财物处理决定不服的，可以依照有关规定就财物处理部分提出上诉，被害人或者其他利害关系人可以依照有关规定请求人民检察院抗诉。

第三十三条　人民检察院刑事申诉检察部门在办理国家赔偿案件过程中，可以向办案部门调查核实相关查封、扣押、冻结等行为是否合法。国家赔偿决定对相关涉案财物作出处理的，有关办案部门应当及时执行。

第三十四条　人民检察院查封、扣押、冻结、保管、处理涉案财物，应当接受人民监督员的监督。

第三十五条　人民检察院及其工作人员在查封、扣押、冻结、保管、处理涉案财物工作中违反相关规定的，应当追究纪律责任；构成犯罪的，应当依法追究刑事责任；导致国家赔偿的，应当依法向有关责任人员追偿。

第六章　附　则

第三十六条　对涉案财物的保管、鉴定、估价、公告等支付的费用，列入人民检察院办案（业务）经费，不得向当事人收取。

第三十七条　本规定所称犯罪嫌疑人、被告人、被害人，包括自然人、单位。

第三十八条　本规定所称有关主管机关，是指对犯罪嫌疑人违反法律、法规的行为以及对有关违禁品、危险品具有行政管理、行政处罚、行政处分权限的机关和纪检监察部门。

第三十九条　本规定由最高人民检察院解释。

第四十条　本规定自公布之日起施行。最高人民检察院 2010 年 5 月 9 日公布的《人民检察院扣押、冻结涉案款物工作规定》同时废止。

7.《公安机关涉案财物管理若干规定》（公通字［2015］21 号）（2015 年 7 月 22 日发布 2015 年 9 月 1 日起施行）

第一章　总　则

第一条　为进一步规范公安机关涉案财物管理工作，保护公民、法人和其他组织的合法财产权益，保障办案工作依法有序进行，根据有关法律、法规和规章，制定本规定。

第二条 本规定所称涉案财物，是指公安机关在办理刑事案件和行政案件过程中，依法采取查封、扣押、冻结、扣留、调取、先行登记保存、抽样取证、追缴、收缴等措施提取或者固定，以及从其他单位和个人接收的与案件有关的物品、文件和款项，包括：

（一）违法犯罪所得及其孳息；

（二）用于实施违法犯罪行为的工具；

（三）非法持有的淫秽物品、毒品等违禁品；（四）其他可以证明违法犯罪行为发生、违法犯罪行为情节轻重的物品和文件。

第三条 涉案财物管理实行办案与管理相分离、来源去向明晰、依法及时处理、全面接受监督的原则。

第四条 公安机关管理涉案财物，必须严格依法进行。任何单位和个人不得贪污、挪用、私分、调换、截留、坐支、损毁、擅自处理涉案财物。

对于涉及国家秘密、商业秘密、个人隐私的涉案财物，应当保密。

第五条 对涉案财物采取措施，应当严格依照法定条件和程序进行，履行相关法律手续，开具相应法律文书。严禁在刑事案件立案之前或者行政案件受案之前对财物采取查封、扣押、冻结、扣留措施，但有关法律、行政法规另有规定的除外。

第六条 公安机关对涉案财物采取措施后，应当及时进行审查。经查明确实与案件无关的，应当在三日以内予以解除、退还，并通知有关当事人。对与本案无关，但有证据证明涉及其他部门管辖的违纪、违法、犯罪行为的财物，应当依照相关法律规定，连同有关线索移送有管辖权的部门处理。

对涉案财物采取措施，应当为违法犯罪嫌疑人及其所扶养的亲属保留必需的生活费用和物品；根据案件具体情况，在保证侦查活动正常进行的同时，可以允许有关当事人继续合理使用有关涉案财物，并采取必要的保值保管措施，以减少侦查办案对正常办公和合法生产经营的影响。

第七条 公安机关对涉案财物进行保管、鉴定、估价、公告等，不得向当事人收取费用。

第二章 涉案财物的保管

第八条 公安机关应当完善涉案财物管理制度，建立办案部门与保管部门、办案人员与保管人员相互制约制度。

公安机关应当指定一个部门作为涉案财物管理部门，负责对涉案财物实行统一管理，并设立或者指定专门保管场所，对各办案部门经手的全部涉案财物或者价值较大、管理难度较高的涉案财物进行集中保管。涉案财物集中保管的范围，由地方公安机关根据本地区实际情况确定。

对于价值较低、易于保管，或者需要作为证据继续使用，以及需要先行返还被害人、被侵害人的涉案财物，可以由办案部门设置专门的场所进行保管。

办案部门应当指定不承担办案工作的民警负责本部门涉案财物的接收、保管、移交等管理工作；严禁由办案人员自行保管涉案财物。

第九条　公安机关应当设立或者指定账户，作为本机关涉案款项管理的唯一合规账户。

办案部门扣押涉案款项后，应当立即将其移交涉案财物管理部门。涉案财物管理部门应当对涉案款项逐案设立明细账，存入唯一合规账户，并将存款回执交办案部门附卷保存。但是，对于具有特定特征、能够证明某些案件事实而需要作为证据使用的现金，应当交由涉案财物管理部门或者办案部门涉案财物管理人员，作为涉案物品进行管理，不再存入唯一合规账户。

第十条　公安机关应当建立涉案财物集中管理信息系统，对涉案财物信息进行实时、全程录入和管理，并与执法办案信息系统关联。涉案财物管理人员应当对所有涉案财物逐一编号，并将案由、来源、财物基本情况、保管状态、场所和去向等信息录入信息系统。

第十一条　对于不同案件、不同种类的涉案财物，应当分案、分类保管。

涉案财物保管场所和保管措施应当适合被保管财物的特性，符合防火、防盗、防潮、防蛀、防磁、防腐蚀等安全要求。涉案财物保管场所应当安装视频监控设备，并配备必要的储物容器、一次性储物袋、计量工具等物品。有条件的地方，可以会同人民法院、人民检察院等部门，建立多部门共用的涉案财物管理中心，对涉案财物进行统一管理。

对于易燃、易爆、毒害性、放射性等危险物品，鲜活动植物，大宗物品，车辆、船舶、航空器等大型交通工具，以及其他对保管条件、保管场所有特殊要求的涉案财物，应当存放在符合条件的专门场所。公安机关没有具备保管条件的场所的，可以委托具有相应条件、资质或者管理能力的单位代为保管。

依法对文物、金银、珠宝、名贵字画等贵重财物采取查封、扣押、扣留等措施的，应当拍照或者录像，并及时鉴定、估价；必要时，可以实行双人保管。

未经涉案财物管理部门或者管理涉案财物的办案部门负责人批准，除保管人员以外的其他人员不得进入涉案财物保管场所。

第十二条 办案人员依法提取涉案财物后，应当在二十四小时以内按照规定将其移交涉案财物管理部门或者本部门的涉案财物管理人员，并办理移交手续。

对于采取查封、冻结、先行登记保存等措施后不在公安机关保管的涉案财物，办案人员应当在采取有关措施后的二十四小时以内，将相关法律文书和清单的复印件移交涉案财物管理人员予以登记。

第十三条 因情况紧急，需要在提取后的二十四小时以内开展鉴定、辨认、检验、检查等工作的，经办案部门负责人批准，可以在上述工作完成后的二十四小时以内将涉案财物移交涉案财物管理人员，并办理移交手续。

异地办案或者在偏远、交通不便地区办案的，应当在返回办案单位后的二十四小时以内办理移交手续；行政案件在提取后的二十四小时以内已将涉案财物处理完毕的，可以不办理移交手续，但应当将处理涉案财物的相关手续附卷保存。

第十四条 涉案财物管理人员对办案人员移交的涉案财物，应当对照有关法律文书当场查验核对、登记入册，并与办案人员共同签名。

对于缺少法律文书、法律文书对必要事项记载不全或者实物与法律文书记载严重不符的，涉案财物管理人员可以拒绝接收涉案财物，并应当要求办案人员补齐相关法律文书、信息或者财物。

第十五条 因讯问、询问、鉴定、辨认、检验、检查等办案工作需要，经办案部门负责人批准，办案人员可以向涉案财物管理人员调用涉案财物。调用结束后，应当在二十四小时以内将涉案财物归还涉案财物管理人员。

因宣传教育等工作需要调用涉案财物的，应当经公安机关负责人批准。

涉案财物管理人员应当详细登记调用人、审批人、时间、事由、期限、调用的涉案财物状况等事项。

第十六条 调用人应当妥善保管和使用涉案财物。调用人归还涉案财物时，涉案财物管理人员应当进行检查、核对。对于有损毁、短少、调换、灭失等情况的，涉案财物管理人员应当如实记录，并报告调用人所属部门负责人和涉案财物管理部门负责人。因鉴定取样等事由导致涉案财物出现合理损耗的，不需要报告，但调用人应当向涉案财物管理人员提供相应证明材料和书面说明。

调用人未按照登记的调用时间归还涉案财物的，涉案财物管理人员应当报告调用人所属部门负责人；有关负责人应当责令调用人立即归还涉案财物。确需继续调用涉案财物的，调用人应当按照原批准程序办理延期手续，并交由涉案财物管理人员留存。

第十七条　办案部门扣押、扣留涉案车辆时，应当认真查验车辆特征，并在清单或者行政强制措施凭证中详细载明当事人的基本情况、案由、厂牌型号、识别代码、牌照号码、行驶里程、重要装备、车身颜色、车辆状况等情况。

对车辆内的物品，办案部门应当仔细清点。对与案件有关，需要作为证据使用的，应当依法扣押；与案件无关的，通知当事人或者其家属、委托的人领取。

公安机关应当对管理的所有涉案车辆进行专门编号登记，严格管理，妥善保管，非因法定事由并经公安机关负责人批准，不得调用。

对船舶、航空器等交通工具采取措施和进行管理，参照前三款规定办理。

第三章　涉案财物的处理

第十八条　公安机关应当依据有关法律规定，及时办理涉案财物的移送、返还、变卖、拍卖、销毁、上缴国库等工作。

对刑事案件中作为证据使用的涉案财物，应当随案移送；对于危险品、大宗大型物品以及容易腐烂变质等不宜随案移送的物品，应当移送相关清单、照片或者其他证明文件。

第十九条　有关违法犯罪事实查证属实后，对于有证据证明权属明确且无争议的被害人、被侵害人合法财产及其孳息，凡返还不损害其他被害人、被侵害人或者利害关系人的利益，不影响案件正常办理的，应当在登记、拍照或者录像和估价后，报经县级以上公安机关负责人批准，开具发还清单并返还被害人、被侵害人。办案人员应当在案卷材料中注明返还的理由，并将原物照片、发还清单和被害人、被侵害人的领取手续存卷备查。

领取人应当是涉案财物的合法权利人或者其委托的人，办案人员或者公安机关其他工作人员不得代为领取。

第二十条　对于刑事案件依法撤销、行政案件因违法事实不能成立而作出不予行政处罚决定的，除依照法律、行政法规有关规定另行处理的以外，公安机关应当解除对涉案财物采取的相关措施并返还当事人。

人民检察院决定不起诉、人民法院作出无罪判决，涉案财物由公安机关管理的，公安机关应当根据人民检察院的书面通知或者人民法院的生效判决，解除对涉案财物采取的相关措施并返还当事人。

人民法院作出有罪判决，涉案财物由公安机关管理的，公安机关应当根据人民法院的生效判决，对涉案财物作出处理。人民法院的判决没有明确涉案财物如何处理的，公安机关应当征求人民法院意见。

第二十一条 对于因自身材质原因易损毁、灭失、腐烂、变质而不宜长期保存的食品、药品及其原材料等物品，长期不使用容易导致机械性能下降、价值贬损的车辆、船舶等物品，市场价格波动大的债券、股票、基金份额等财产和有效期即将届满的汇票、本票、支票等，权利人明确的，经其本人书面同意或者申请，并经县级以上公安机关主要负责人批准，可以依法变卖、拍卖，所得款项存入本单位唯一合规账户；其中，对于冻结的债券、股票、基金份额等财产，有对应的银行账户的，应当将变现后的款项继续冻结在对应账户中。

对涉案财物的变卖、拍卖应当坚持公开、公平原则，由县级以上公安机关商本级人民政府财政部门统一组织实施，严禁暗箱操作。

善意第三人等案外人与涉案财物处理存在利害关系的，公安机关应当告知其相关诉讼权利。

第二十二条 公安机关在对违法行为人、犯罪嫌疑人依法作出限制人身自由的处罚或者采取限制人身自由的强制措施时，对其随身携带的与案件无关的财物，应当按照《公安机关代为保管涉案人员随身财物若干规定》有关要求办理。

第二十三条 对于违法行为人、犯罪嫌疑人或者其家属、亲友给予被害人、被侵害人退、赔款物的，公安机关应当通知其向被害人、被侵害人或者其家属、委托的人直接交付，并将退、赔情况及时书面告知公安机关。公安机关不得将退、赔款物作为涉案财物扣押或者暂存，但需要作为证据使用的除外。

被害人、被侵害人或者其家属、委托的人不愿意当面接收的，经其书面同意或者申请，公安机关可以记录其银行账号，通知违法行为人、犯罪嫌疑人或者其家属、亲友将退、赔款项汇入该账户。公安机关应当将双方的退赔协议或者交付手续复印附卷保存，并将退赔履行情况记录在案。

第四章 监督与救济

第二十四条 公安机关应当将涉案财物管理工作纳入执法监督和执法质量考评范围；定期或者不定期组织有关部门对本机关及办案部门负责管理的涉案财物进行核查，防止涉案财物损毁、灭失或者被挪用、不按规定及时移交、移送、返还、处理等；发现违法采取措施或者管理不当的，应当责令有关部门及时纠正。

第二十五条 公安机关纪检、监察、警务督察、审计、装备财务、警务保障、法制等部门在各自职权范围内对涉案财物管理工作进行监督。

公安机关负责人在审批案件时，应当对涉案财物情况一并进行严格审查，发现对涉案财物采取措施或者处理不合法、不适当的，应当责令有关部门立即予以纠正。

法制部门在审核案件时，发现对涉案财物采取措施或者处理不合法、不适当的，应当通知办案部门及时予以纠正。

第二十六条 办案人员有下列行为之一的，应当根据其行为的情节和后果，依照有关规定追究责任；涉嫌犯罪的，移交司法机关依法处理：

（一）对涉案财物采取措施违反法定程序的；

（二）对明知与案件无关的财物采取查封、扣押、冻结等措施的；

（三）不按照规定向当事人出具有关法律文书的；

（四）提取涉案财物后，在规定的时限内无正当理由不向涉案财物管理人员移交涉案财物的；

（五）擅自处置涉案财物的；

（六）依法应当将有关财物返还当事人而拒不返还，或者向当事人及其家属等索取费用的；

（七）因故意或者过失，致使涉案财物损毁、灭失的；

（八）其他违反法律规定的行为。

案件审批人、审核人对于前款规定情形的发生负有责任的，依照前款规定处理。

第二十七条 涉案财物管理人员不严格履行管理职责，有下列行为之一的，应当根据其行为的情节和后果，依照有关规定追究责任；涉嫌犯罪的，移交司法机关依法处理：

（一）未按照规定严格履行涉案财物登记、移交、调用等手续的；

（二）因故意或者过失，致使涉案财物损毁、灭失的；

（三）发现办案人员不按照规定移交、使用涉案财物而不及时报告的；

（四）其他不严格履行管理职责的行为。

调用人有前款第一项、第二项行为的，依照前款规定处理。

第二十八条 对于贪污、挪用、私分、调换、截留、坐支、损毁涉案财物，以及在涉案财物拍卖、变卖过程中弄虚作假、中饱私囊的有关领导和直接责任人员，应当依照有关规定追究责任；涉嫌犯罪的，移交司法机关依法处理。

第二十九条 公安机关及其工作人员违反涉案财物管理规定，给当事人造成损失的，公安机关应当依法予以赔偿，并责令有故意或者重大过失的有关领导和直接责任人员承担部分或者全部赔偿费用。

第三十条 在对涉案财物采取措施、管理和处置过程中，公安机关及其工作人员存在违法违规行为，损害当事人合法财产权益的，当事人和辩护人、诉讼代理人、利害关系人有权向公安机关提出投诉、控告、举报、复议或者国家赔偿。公安机关应当依法及时受理，并依照有关规定进行处理；对于情况属实的，应当予以纠正。

上级公安机关发现下级公安机关存在前款规定的违法违规行为，或者对投诉、控告、举报或者复议事项不按照规定处理的，应当责令下级公安机关限期纠正，下级公安机关应当立即执行。

第五章 附 则

第三十一条 各地公安机关可以根据本规定，结合本地和各警种实际情况，制定实施细则，并报上一级公安机关备案。

第三十二条 本规定自2015年9月1日起施行。2010年11月4日印发的《公安机关涉案财物管理若干规定》（公通字［2010］57号）同时废止。公安部此前制定的有关涉案财物管理的规范性文件与本规定不一致的，以本规定为准。

8.《最高人民法院、最高人民检察院、公安部关于办理暴力恐怖和宗教极端刑事案件适用法律若干问题的意见》（公通字［2014］34号）（2014年9月9日发布并施行）（节录）

三、明确认定标准

（一）对涉案宣传品的内容不作鉴定，由公安机关全面审查并逐一标注或者摘录，与扣押、移交物品清单及涉案宣传品原件一并移送人民检察院审查。因涉及宗教专门知识或者语言文字等原因无法自行审查的，可商请宗教、民族、新闻出版等部门提供审读意见，经审查后与涉案宣传品原件一并移送人民检察院审查。需要对涉案宣传品出版、印刷、制作、发行的合法性进行鉴定的，由公安机关委托新闻出版主管部门出具鉴定意见。人民检察院、人民法院应当全面审查作为证据使用的涉案宣传品的内容。

9.《公安部关于刑事案件现场勘验检查中正确适用提取和扣押措施的批复》（公复字［2009］3号）（2009年6月19日公布并施行）

广东省公安厅：

你厅《关于刑事案件现场勘验检查过程中如何适用扣押或提取的请示》（粤公请字［2008］319号）收悉。现批复如下：

一、对于刑事案件现场勘验、检查中发现的与犯罪有关的痕迹、物品和文件，以及《公安机关刑事案件现场勘验检查规则》第六十条规定的物品，都应当提取，并填写《现场勘验检查笔录》中的《现场勘验检查提取痕迹物证登记表》。

二、对于刑事案件现场勘验、检查中提取的物品或者文件，属于下列情形之一的，应当扣押，并当场开具《扣押物品、文件清单》一式三份，其中一份装订在现场勘验、检查卷宗中。

（一）经过现场调查、检验甄别，认为该物品或者文件可用以证明犯罪嫌疑人有罪或者无罪的；

（二）现场难以确定有关物品或者文件可否用以证明犯罪嫌疑人有罪或者无罪，需要进一步甄别和采取控制保全措施的；

（三）法律、法规禁止持有的物品、文件。

［参考案例］

王某骏等侵犯商业秘密案——在搜查中发现的可用以证明犯罪嫌疑人有罪或者无罪的各种物品和文件，应当扣押①

基本案情：

深圳市南山区人民法院认定：华为公司于1987年成立，主要从事通信产品的研究、开发、生产与销售。华为公司于1995年开始研发高科技项目光网络设备，投入了巨额的研发经费及大量的专职科研力量，截至2001年

① 深圳市南山区人民法院（2004）深南法刑初字第439号刑事判决书。

已开发完成并生产出光网络设备，包括155/622M、2.5G、10G系列。在此基础上，华为公司于2001年5月启动开发2.5G光网络设备Metro 1100技术并形成产品，于2002年开始销售。上述系列产品均系华为公司为适应市场的发展而研制，其给华为公司带来巨大的经济效益。经深圳市公安机关委托的北京同力和资产评估有限责任公司暨北京九州世初知识产权司法鉴定中心评估，华为公司光网络设备的专有技术在2001年6月30日的许可使用费为人民币18400万元。为保护其光网络设备专有技术的商业秘密，华为公司针对员工、供应商、客户等不同对象相应采取了一系列严格、完善的保密措施。

被告人王某骏、刘某均于1997年5月被华为公司聘用，被告人秦某军于1999年被华为公司聘用，三被告人均任职硬件工程师并参与了华为公司光网络设备的研发工作，在职时分别与华为公司签订了《员工聘用协议书》和《员工保密合同书》，承诺除履行华为公司职务需要外，未经该公司书面同意，不以任何方式向第三方泄露该公司技术秘密或其他商业秘密，也不在履行职务之外使用这些秘密信息。2001年8月至同年9月，被告人刘某、秦某军、王某骏分别以个人求学或家庭原因为由，先后申请辞职，离开了华为公司。三被告人辞职时均与华为公司签订了《离职员工承诺书》，承诺不带走从华为公司获取的任何保密资料，未经华为公司书面同意不得向任何单位和个人透露该公司的商业秘密，不擅自使用华为公司商业秘密或利用华为公司商业秘密从事经营活动，自离职之日起1年内不在与华为公司存在竞争关系的企业工作。但被告人秦某军在离开华为公司时，将其用光盘拷贝的涉及华为公司不为公众所知悉的部分技术机密文件带走。

2001年7月，尚在华为公司工作的被告人王某骏、刘某就与贝尔公司在深圳市、上海市等地进行商谈合作开发生产盒式的2.5G光网络设备事宜。同年11月7日，被告人王某骏、刘某各出资人民币25万元，在上海市成立了沪科公司，并聘用了被告人秦某军及王某杰、操某等二十多名原在华为公司从事光网络设备技术研发的技术人员进入沪科公司工作。同年11月8日沪科公司与贝尔公司达成协议：由沪科公司提供盒式2.5G的光网络设备技术，贝尔公司则每月向沪科公司提供研发费用人民币588010元，并负责组织生产及销售；产品利润由沪科公司与贝尔公司三七分成。2002年5月，被告人王某骏、刘某、秦某军以及原在华为公司工作的王某杰、操某等人，违背其与华为公司签定的相关保密协议，利用其在华为公司工作期间掌握的、以及被告人秦某军从华为公司窃取的光网络设备的相关技术资料，完成了OTS 8501B产品技术文档的制作，并由被告人刘某将该技术文档以电子邮件的形式发送给贝尔公司，贝尔公司据此生产出OTS 8501B产品，并将该产品分别销往黑龙江省电信公司佳木斯市电信分公司、吉林省电信公司四平分公司、重庆巨基电子有限公司等单位，销售额约人民币600万元。至同年10月双方终止合作止，沪科公司从贝尔公司获取研发费共计人民币588.01万元。2002年10月，沪科公司被UT公司整体收购，UT公司向沪科公司支付了人民币200万元现金，并授予沪科公司部分员工共计1500万美元的股票期权。同年11月，沪科公司整体从上海市搬迁到杭州市。

2002年8月，华为公司员工在黑龙江省佳木斯市发现贝尔公司销售的产品与华为公司同类产品相似，经调查认为被告人王某骏、刘某等人有侵犯其公司商业秘密的嫌疑，遂于同年11月1日向公安机关报案。三被告人于同年11月22日先后被抓获。公安机关分别对被告人王某骏的暂住处及沪科公司位于UT公司研发楼内的办公场所进行了搜查。其中，在对被告人王某骏的暂住处进行的搜查中，公安机关依法扣押了包括属于被告人秦某军所有的、标记为A、AJ、AL、TJ的4张光盘在内的物品，并于事后由被告人王某骏、秦某军确认；在对沪科公司位于UT公司研发楼内的办公场所进行的搜查中，公安机关依法扣押了沪科公司人员的计算机硬盘共21块。随后，公安机关向贝尔公司提取了其与沪科公司合作生产的OTS 8501B产品实物及相应的产品设计方案资料，向华为公司提取了其研发生产的Metro 1100产品实物及相关的技术文档。并将上述被扣押及提取的物品送交具有鉴定资格的科学技术部知识产权事务中心进行鉴定，经该事务中心对上述物品的鉴定，证实贝尔公司生产的OTS 8501B光网络设备，以及公安机关提取的沪科公司人员使用的硬盘、被告人秦某军所拥有的上述光盘中，均含有与华为公司研制开发的Metro 1100光网络设备相同、基本相同或相似的，且不为公众所知悉的技术信息。

对于被告人及其辩护人提出公安机关在本案中搜查的程序违法，存在无证搜查、违法扩大搜查及扣押物品的范围、搜查见证人、侦查人员虚假签名、受害方公司人员直接接触搜查、扣押物品等意见，经过法院审理认为：

1. 首先，从公诉机关提交的两份搜查证可以反映，公安机关在搜查被告人王某骏暂住处及沪科公司位于UT公司研发楼内的办公场所时，均分别向被告人王某骏、刘某出示了搜查证，并有王某骏、刘某各自在搜查证上签名确认被搜查的事实。其中王某骏签名的搜查证上明确写明“对居住在上海市的王某骏的人身、物品、住处和其他有关地方进行搜查”，刘某签名的搜查证上写明“对居住在UT公司的王某骏等人的人身、物品、住处和其他有关地方进行搜查”，即应理解为是对王某骏的暂住处及王某骏等人工作现场进行搜查。其次，《刑事诉讼法》（2012年）第139条第1款的规定：“在侦查活动中发现的可用以证明犯罪嫌疑人有罪或者无罪的各种财物、文件，应当查封扣押；与案件无关的财物、文件，不得查封、扣押。”公安机关对王某骏、刘某成立沪科公司涉嫌侵犯华为公司商业秘密一案调查取证，在对上述现场进行搜查时，扣押了存放在王某骏家中的与案件有关的秦某军私人物品、涉案的原沪科公司员工的工作电脑硬盘等物品。其中，属于被告人秦某军所有的标记为A、AJ、AL、TJ的光盘，以及原沪科公司员工的部分被扣押的电脑硬盘，在此后科学技术部知识产权事务中心所作鉴定中，均涉及侵犯了华为公司的商业秘密，是公诉机关指控本案被告人有罪的直接物证。因此，公安机关在本案中并不存在无证搜查及违法扩大搜查和扣押物品范围的情形，搜查程序是符合法律规定的。

2. 从公诉机关提交的搜查笔录、扣押清单、被告人王某骏、秦某军分别对被扣押的各自物品的辨认笔录，以及现场参与搜查的侦查人员冯某、刘某鹏、马某的证言等证据反映，公安机关在搜查过程中虽存在一名侦查人员在搜查笔录上代替其他侦查人员签名的情形，但见证人诸某金以及被告人王某骏、刘某、秦某军等在搜查笔录和扣押清单上的签名是真实的；被告人王某骏、刘某、秦某军在庭审过程中对扣押清单上所列明的、包括光盘在内的物品被公安机关扣押的事实并未否认，仅是对被扣光盘内所包含内容是否系其自己刻录、并含有华为公司Metro1100产品技术秘密的内容提出异议。公诉机关亦就搜查的过程及履行法律手续的问题向参与搜查的侦查人员冯某、刘某鹏、马某予以核实，以补充说明其搜查及扣押物品过程的合法性。法院认为，搜查笔录并非反映公安机关搜查过程的唯一证据，搜查笔录中侦查人员签名的不完善并不能否定搜查过程的客观真实性，更不能以此否定整个搜查行为的合法性，而应结合本案其他相关的证据予以综合评判。

3. 关于本案中公安机关在搜查过程中是否有华为公司员工参与，并篡改被扣押光盘，导致被扣押光盘的内容丧失客观真实性的问题，辩护人向法院提交了证人储某金和钱某刚的证言。其中，证人储某金的证言反映，华为公司的人员在杭州市公安局西湖分局翠岭派出所内参与清点了从王某骏暂住处扣押的物品，“此后，深圳华为公司人员应该有时间和条件接触到包括光盘在内的物品及三个被告人”。在储某金的证言中，其对华为公司人员参与清点被扣押光盘一事予以肯定，对华为公司人员是否接触被扣押光盘仅作了个人推断。但储某金关于华为公司人员参与清点被扣押光盘的陈述，与同时参加过此次搜查的冯某、刘某鹏、马某等三人向公诉机关就搜查、清点全过程所作陈述相互矛盾，辩护人没有提供其他相应证据佐证储某金的这一陈述，以否定冯某、刘某鹏、马某等三人证言的真实性；储某金关于华为公司人员接触被扣押光盘的个人推断，也不能作为认定案件相关事实的依据。而证人钱某刚的证言，与公安机关对原沪科公司人员在 UT 公司的办公场所进行的搜查，以及对所扣押物品的清点结果，在客观上不存在直接关联性，其证实的内容亦与公诉机关的指控并无矛盾之处。因此，仅上述两份证人证言的内容不能证明在公安机关搜查过程中，有华为公司人员参与，并实施了篡改被扣押物品，特别是对属秦某军所有的 4 张光盘内的资料进行篡改的行为，而且法院认定被告人秦某军构成犯罪并不仅是根据上述的光盘内容，而是结合本案其他证据予以综合认定。故法院对辩护人提交的上述两份证人证言不予采信。

法院最终认定被告人王某骏、秦某军、刘某构成侵犯商业秘密罪，其中王某骏和刘某为主犯，各判处有期徒刑 3 年，并各处罚金 5 万元；秦某军为从犯，判处其有期徒刑 2 年，并处罚金 3 万元。

案例评析：

侦查机关在依法搜查的过程中发现可用以证明犯罪嫌疑人有罪或者无罪的各种物品和文件，应当予以扣押。本案中侦查机关在依法搜查被告人王某骏暂住处及沪科公司位于 UT 公司研发楼内的办公场所时，发现了属于被告人秦某军所有的标记为 A、AJ、AL、TJ 的光盘，以及原沪科公司员工的部分被扣押的电脑硬盘，因本案是以侵犯商业秘密案立案侦查，存储电子数据的光盘、电脑硬盘是可能证实侵犯商业秘密证据的直接载体，与案件有直接关联，且在此后科学技术部知识产权事务中心所作鉴定中，上述光盘、电脑硬盘均涉及侵犯了华为公司的商业秘密，是公诉机关指控本案被告人有罪的直接物证。侦查机关在搜查时予以扣押，完全符合《刑事诉讼法》的相关规定。

第一百四十二条　对查封、扣押的财物、文件，应当会同在场见证人和被查封、扣押财物、文件持有人查点清楚，当场开列清单一式二份，由侦查人员、见证人和持有人签名或者盖章，一份交给持有人，另一份附卷备查。

[条文主旨]

本条是关于查封扣押财物、文件具体程序的规定。

[条文释解]

规定查封、扣押财物、文件的具体程序，一方面有利于办案人员依法执行查封、扣押，有利于证明作为证据使用的财物、文件来源的合法性，以体现证据的证明力，保证查封、押扣的与犯罪有关的财物、文件经核实可以作为定案根据使用。例如，在搜查中发现犯罪工具、设备予以扣押，被搜查人和在场见证人都在清单上签名盖章时有利于证明该犯罪工具、设备的出处，以证明被扣押物持有人与进行犯罪活动的联系。如没有上述签章，则很难说明有关当事人和所扣押物品的关系，削弱该证据的证明作用。另一方面也可以防止被查封、扣押的财物、文件遗失或者被个别人员将查封、扣押财物私自截留或挪作他用。

本条规定了查封、扣押财物的四个步骤。第一步是查点。侦查人员应当会同在场见证人和被查封、扣押财物、文件的持有人对查封、扣押的财物、文件查点清楚。第二步是开列清单。在查点的基础上，应当当场开列清单一式两份，在清单上写明查封、扣押财物、文件的名称、规格、特征、质量、数量，文件的编号，以及财物、文件发现的地点，查封、扣押的时间等。第三步是签名、盖章。清单应由侦查人员、持有人和在场见证人签名或者盖章。第四步是附卷留存。查封、扣押清单一份交给持有人或者其家属，另一份由侦查机关附卷备查。对于无法确定持有人的财物、文件或者持有人拒绝签名的，侦查人员应当在清单中注明。

[司法实务]

1. 查封、封存房地产或者其他财产的，还应当在被查封、封存财产的显著位置张贴封条，同时通知有关权属登记部门，在查封、封存期间禁止被查封、封存财产流转，不得办理被查封、封存财产权属变更手续；必要时可以扣押有关产权证照。

查封清单中应当写明涉案不动产的详细地址、相关特征和置于该不动产上不宜移动的设施、家具和其他相关物品清单，注明已经拍照或者录像以及是否扣押其产权证照等情况。

2. 扣押机动车时，应当认真查验车辆特征，仔细清点车内物品，在扣押清单中注明厂牌型号、识别代号、牌照号码、行驶里程、装备、车身颜色、车辆状况等情况。对与案件无关的车内物品不得扣押。对依法扣押车内物品的，应当依照规定填写扣押清单。

3. 对于扣押的现金、存折、银行卡、有价证券、财物权属证明、金银珠宝、贵重首饰、文物、名贵字画、录音带、录像带、电子数据存储介质等以及其他小件零散物品，应当当场装袋密封，并由扣押人员、持有人和见证人在密封材料上签名或者盖章。对于不能装袋密封的，应当采取能保持其原始状态的处理方式。

4. 对作为犯罪证据但不便提取的财物、文件，经登记、拍照或者录像、估价后，可以交财物、文件持有人保管或者封存，并且开具登记保存清单一式两份，由侦查人员、持有人和见证人签名，一份交给财物、文件持有人，另一份连同照片或者录像资料附卷备查。财物、文件持有人应当妥善保管，不得转移、变卖、毁损。

[配套规定]

1.《公安机关办理刑事案件适用查封、冻结措施有关规定》（公通字［2013］30号）（2013年9月1日公布并施行）（节录）

第十三条　查封土地、房屋等涉案不动产的侦查人员不得少于二人，持侦查人员工作证件和相关法律文书，通知有关当事人、见证人到场，制作查封笔录，并会同在场人员对被查封的财物查点清楚，当场开列查封清单一式三份，由侦查人员、见证人和不动产所有权人或者使用权人签名后，一份交给不动产所有权人或者使用权人，一份交给公安机关保管人员，一份连同照片、录像资料或者扣押的产权证照附卷备查，并且应当在不动产的显著位置张贴公告。必要时，可以张贴制式封条。

查封清单中应当写明涉案不动产的详细地址、相关特征和置于该不动产上不宜移动的设施、家具和其他相关物品清单，注明已经拍照或者录像以及是否扣押其产权证照等情况。

对于无法确定不动产相关权利人或者权利人拒绝签名的，应当在查封笔录中注明情况。

2. 《公安机关办理刑事案件程序规定》（公安部令第 127 号）（2012 年 12 月 13 日发布 自 2013 年 1 月 1 日起施行）（节录）

第二百二十五条 对查封、扣押的财物和文件，应当会同在场见证人和被查封、扣押财物、文件的持有人查点清楚，当场开列查封、扣押清单一式三份，写明财物或者文件的名称、编号、数量、特征及其来源等，由侦查人员、持有人和见证人签名，一份交给持有人，一份交给公安机关保管人员，一份附卷备查。

对于无法确定持有人的财物、文件或者持有人拒绝签名的，侦查人员应当在清单中注明。

依法扣押文物、金银、珠宝、名贵字画等贵重财物的，应当拍照或者录像，并及时鉴定、估价。

第二百二十六条 对作为犯罪证据但不便提取的财物、文件，经登记、拍照或者录像、估价后，可以交财物、文件持有人保管或者封存，并且开具登记保存清单一式两份，由侦查人员、持有人和见证人签名，一份交给财物、文件持有人，另一份连同照片或者录像资料附卷备查。财物、文件持有人应当妥善保管，不得转移、变卖、毁损。

第一百四十三条　侦查人员认为需要扣押犯罪嫌疑人的邮件、电报的时候，经公安机关或者人民检察院批准，即可通知邮电机关将有关的邮件、电报检交扣押。

不需要继续扣押的时候，应即通知邮电机关。

[条文主旨]

本条是关于扣押邮件、电报的规定。

[条文释解]

我国《宪法》明确规定，除因国家安全或者追查刑事犯罪的需要，由公安机关或者检察机关依照法律规定的程序对通信进行检查外，任何组织或者个人不得以任何理由侵犯公民的通信自由和通信秘密。规定扣押邮件、电报的批准和及时解除扣押程序，充分体现了我国公民通信自由和通信秘密受国家保护的宪法原则，也为侦查工作中扣押邮件、电报提供了法律规范。

本条共分为两款。第 1 款是关于扣押犯罪嫌疑人的邮件、电报的程序的规定。根据本款规定，侦查人员为了查明案情，正确认定案件事实，认为需要扣押犯罪嫌疑人的邮件、电报的时候，经公安机关或者人民检察院批准，可通知邮电机关将有关的邮件、电报检交扣押。这一规定有两层意思：（1）由于侦查的需要，侦查人员对犯罪嫌疑人的邮件、电报有权通知邮电机关检交扣押。（2）扣押犯罪嫌疑人的邮件、电报必须经过法定程序，即经过公安机关或者人民检察院批准。根据宪法原则，本款规定的“认为需要扣押犯罪嫌疑人的邮件、电报”必须是为了追究犯罪嫌疑人的刑事责任的需要，即通过邮件或电报查明案情或查明犯罪人。因此，扣押的邮件、电报必须与案件有关，与案件无关的，不得扣押。犯罪嫌疑人的邮件、电报包括：犯罪嫌疑人发给他人的，他人直接发给犯罪嫌疑人的，寄交他人转交该犯罪嫌疑人的；寄交该犯罪嫌疑人转交他人的。这里的“邮件”，传统意义上是指通过邮政企业寄递的信件、印刷品、邮包、汇款通知等，随着科学技术的进步和发展，当前人们使用网络电子邮件传输文件、信息的现象更加普遍，因此对网络电子邮件的扣押也应当符合《刑事诉讼法》的规定。

第 2 款是关于解除扣押的规定。为了保护公民的合法权益和保证邮电部门工作的正常进行，根据本款规定，对被扣押的邮件、电报不需要继续扣押的时候，应当即时通知邮电机关解除扣押。“不需要继续扣押的时候”主要是指邮件、电报所涉及的有关情况已经查清，该邮件、电报不作为证据使用，扣押的邮件、电报已失去继续扣押意义等情况。

[司法实务]

1. 扣押犯罪嫌疑人的邮件、电子邮件、电报，办案部门应当制作呈请扣押报告书，报县级以上公安机关或检察机关负责人批准。呈请扣押报告书内容包括：所侦查案件的简要案情，拟扣押个人或者单位的名称，拟扣押的物品种类，涉及的具体邮政、电信部门或者网络服务单位，扣押的具体理由，扣押的法律依据等。

经县级以上公安机关或检察机关负责人批准，办案部门制作扣押邮件、电子邮件、电报通知书，将扣押邮件、电子邮件、电报通知书及回执送达协助扣押的单位。正本由协助扣押的单位留存，作为协助扣押犯罪嫌疑人邮件、电子邮件、电报的依据。回执由协助扣押的单位填写后退回公安机关或检察机关，侦查终结后存入诉讼卷。

2. 执行解除扣押邮件、电子邮件、电报的注意事项：

（1）解除条件。对扣押的邮件、电子邮件、电报，经查明确实与案件无关或者不需要继续扣押的，应当在 3 日内解除扣押，退还原主或者原邮政、电信部门、网络服务单位。

（2）解除对邮件、电子邮件、电报的扣押的，办案部门应当制作呈请解除扣押报告书，报县级以上公安机关或检察机关负责人批准。呈请解除扣押报告书内容包括：所侦查案件的简要案情，拟解除扣押个人或单位的名称，拟解除扣押的物品种类，涉及的具体邮政、电信部门或者网络服务单位，解除扣押的具体理由，解除扣押的法律依据等。批准后，办案部门制作解除扣押邮件、电子邮件、电报通知书。侦查人员将解除扣押邮件、电子邮件、电报通知书正本及回执送达协助解除扣押的单位。正本由协助解除扣押的单位留存，作为协助解除扣押犯罪嫌疑人邮件、电子邮件、电报的依据。回执由协助解除扣押的单位填写后退回公安机关或检察机关，侦查终结后存入诉讼卷。

[配套规定]

《公安机关办理刑事案件程序规定》（公安部令第 127 号）（2012 年 12 月 13 日发布 自 2013 年 1 月 1 日起施行）（节录）

第二百二十七条 扣押犯罪嫌疑人的邮件、电子邮件、电报，应当经县级以上公安机关负责人批准，制作扣押邮件、电报通知书，通知邮电部门或者网络服务单位检交扣押。

不需要继续扣押的时候，应当经县级以上公安机关负责人批准，制作解除扣押邮件、电报通知书，立即通知邮电部门或者网络服务单位。

第一百四十四条　人民检察院、公安机关根据侦查犯罪的需要，可以依照规定查询、冻结犯罪嫌疑人的存款、汇款、债券、股票、基金份额等财产。有关单位和个人应当配合。

犯罪嫌疑人的存款、汇款、债券、股票、基金份额等财产已被冻结的，不得重复冻结。

[条文主旨]

本条是关于查询、冻结财产的规定。

[条文释解]

在《刑事诉讼法》中明确规定可以查询、冻结犯罪嫌疑人的存款、汇款，主要考虑：一是查明犯罪、证实犯罪和保护国家、集体、公民利益的需要，同时，采取这种措施有利于防止证据转移、赃款转移，也可以防止这些款项被再次用于犯罪。二是根据侦查工作需要。由于这种侦查措施直接影响到当事人的权益。有必要通过立法加以规范。三是《商业银行法》第 29 条第 2 款规定："对个人储蓄存款，商业银行有权拒绝任何单位或者个人查询、冻结、扣划，但法律另有规定的除外。"第 30 条规定："对单位存款，商业银行有权拒绝任何单位或者个人查询，但法律、行政法规另有规定的除外；有权拒绝任何单位或者个人冻结、扣划，但法律另有规定的除外。"《邮政法》第 3 条第 2 款也明确规定："除法律另有规定外，任何组织或者个人不得检查、扣留邮件、汇款。"《刑事诉讼法》规定人民检察院、公安机关为了侦查犯罪的需要，规定可以查询、冻结犯罪嫌疑人的存款、汇款，就是《商业银行法》和《邮政法》所规定的"法律的另有规定"，为在侦查工作中查询、冻结犯罪嫌疑人的存款、汇款提供了法律依据。随着资本市场的改革开放和稳定发展，越来越多的人通过购买股票、债券、基金等方式参与到资本市场的运作中来，个人的财产有相当一部分是以股票、债券、基金的形式存在，根据现实的发展及司法实践的需要，2012 年修改《刑事诉讼法》

时根据社会情况变化和侦查工作的需要，将可以查询、冻结犯罪嫌疑人的财产范围由存款、汇款扩大为存款、汇款、债券、股票、基金份额等财产，并规定有关单位和个人在人民检察院、公安机关依规定查询、冻结犯罪嫌疑人的上述财产时予以配合，这也是有关单位和个人应尽的法律义务。

本条共分为两款。第1款是关于查询、冻结犯罪嫌疑人的存款、汇款、债券、股票、基金份额等财产的规定。根据本款规定，查询、冻结犯罪嫌疑人的存款、汇款、债券、股票、基金份额等财产必须是为了侦查犯罪的需要。所谓“侦查犯罪的需要”包含三个方面的意思：（1）所要查询、冻结的存款、汇款、债券、股票、基金份额等财产必须与犯罪嫌疑人及犯罪有关，即属于犯罪嫌疑人或者与其涉嫌的犯罪有牵连的人的存款、汇款、债券、股票、基金份额。这些财产或被用于犯罪，或为犯罪所得。通过查询这些财产的情况，可以查明案情，查清犯罪嫌疑人有罪、罪重或者无罪、罪轻的事实；（2）通过查询、冻结存款、汇款、债券、股票、基金份额等财产防止赃款转移，挽回和减少损失；（3）发现新的犯罪线索，扩大侦查战果。由于查询、冻结措施涉及公民个人隐私，涉及企业的正常经营，为防止滥用查询、冻结权力，本款明确规定，在侦查中，只有具有侦查权的人民检察院或者公安机关依照规定才能进行查询、冻结。“依照规定”是指依照有关法律、司法解释及司法机关与有关部门的联合通知。查询、冻结存款、汇款、债券、股票、基金份额等财产是侦查犯罪的重要措施，是打击犯罪，特别是打击经济领域犯罪的有效手段，因此，本款还规定，有关单位和个人应当配合。这是法律对有关单位和个人设定的义务，当有侦查权的人民检察院或者公安机关依照规定采取查询、冻结措施时，有关单位和个人应当予以配合。这里的“配合”主要是指应当为查询、冻结工作提供方便，提供协助，履行冻结手续，不得以保密为由阻碍。

第2款是关于对犯罪嫌疑人的存款、汇款、债券、股票、基金份额等财产不得重复冻结的规定。根据本款规定，犯罪嫌疑人的存款、汇款、债券、股票、基金份额等财产已经被公安机关或人民检察院冻结的，其他公安机关或者人民检察院不得对同一犯罪嫌疑人的同一存款、汇款、债券、股票、基金份额等财产再次冻结，这是禁止性规范，侦查机关应当严格遵守。

[司法实务]

1.《刑事诉讼法》没有赋予人民检察院和公安机关扣划犯罪嫌疑人的存

款、汇款的权力。因此，人民检察院和公安机关对于犯罪嫌疑人的存款、汇款、债券、股票、基金份额等财产不得扣划，只能查询和冻结。

2. 执行查询、冻结时的注意事项。向金融机构等单位查询犯罪嫌疑人存款、汇款、债券、股票、基金份额的，办案部门制作呈请查询、冻结财产报告书，报县级以上公安机关负责人或检察机关检察长批准。呈请查询、冻结财产报告书内容包括：简要案情，被查询、冻结个人或单位的名称，涉及的具体的金融机构，查询、冻结的具体理由，查询、冻结的法律依据等。履行报批程序后，办案部门制作协助查询、冻结财产通知书。侦查人员将协助查询、冻结财产通知书正本和回执联交金融机构等单位协助查询、冻结。正本由协助查询、冻结单位留存，作为协助查询、冻结犯罪嫌疑人存款、汇款、债券、股票、基金份额等财产的依据。回执联和有关查询、冻结材料由协助查询、冻结单位填写并盖章后，退回公安机关或检察机关，侦查终结时存入诉讼卷。

3. 犯罪嫌疑人的存款、汇款、债券、股票、基金份额等财产已被其他公安机关或者人民法院、人民检察院冻结的，为避免造成混乱，不得对同一犯罪嫌疑人的同一笔财产重复冻结，但可以轮候冻结。所谓轮候冻结，是指在冻结犯罪嫌疑人的存款、汇款、债券、股票、基金份额等财产时，如果发现犯罪嫌疑人的相关财产已被冻结，应当与金融机构等单位保持密切联系，防止犯罪嫌疑人在其他公安机关或者人民检察院、人民法院解除冻结后，将涉嫌与犯罪有关的存款、汇款、债券、股票、基金份额等财产取走。一旦其他公安机关或者人民检察院、人民法院解除冻结，登记在先的轮候冻结自动生效。但如果原冻结机关办理延期手续的，轮候冻结机关只能继续等待该冻结解冻后才能冻结。

4. 冻结市场价格波动较大或者有效期限即将届满的债券、股票、基金份额等财产的，在送达协助冻结财产通知书的同时，应当书面告知当事人或者其法定代理人、委托代理人有权申请出售、如期受偿或者变现。如果当事人或者其法定代理人、委托代理人书面申请出售或者变现被冻结的债券、股票、基金份额等财产，不损害国家利益、被害人利益、其他权利人利益，不影响诉讼正常进行的，以及冻结的汇票、本票、支票的有效期即将届满的，经作出冻结决定的机关负责人批准，可以依法在三日以内予以出售或者变现，所得价款由冻结机关在银行专门账户保管，并及时告知当事人或者其近亲属。

5.《公安机关办理刑事案件程序规定》第236条还对冻结财产的期限作了规定。为了防止公安机关无限期冻结犯罪嫌疑人的财产，促进公安机关提高办案效率，保证公民、单位的合法权益不受非法侵犯，有必要对公安机关冻结犯罪嫌疑人财产设定必要的期限。该条根据财产性质的不同，设定了不同的冻结期限和每次续冻的最长期限：冻结存款、汇款等财产的期限为6个月，每次续冻最长不得超过6个月；冻结债券、股票、基金份额等证券的期限为2年，每次续冻最长不得超过2年。续冻的要求：一是有特殊原因需要延长期限。所谓有特殊原因，是指案情重大、复杂，期限届满尚不能侦查终结，或者在侦查期间，发现犯罪嫌疑人另有重要罪行等情况。二是公安机关应当在冻结期限届满前办理继续冻结手续。继续冻结的手续与冻结的手续相同，都应当经县级以上公安机关负责人批准，并制作冻结财产通知书，通知金融机构等单位。逾期不办理续冻手续的，视为自动解除冻结，犯罪嫌疑人要求取走存款等财产的，金融机构等单位可以允许取走，由此给刑事诉讼活动造成不便的后果，由侦查机关自行承担。

[配套规定]

1.《中华人民共和国监察法》（2018年3月20日公布并施行）（节录）

第二十三条第一款　监察机关调查涉嫌贪污贿赂、失职渎职等严重职务违法或者职务犯罪，根据工作需要，可以依照规定查询、冻结涉案单位和个人的存款、汇款、债券、股票、基金份额等财产。有关单位和个人应当配合。

2.《人民检察院刑事诉讼规则》（高检发释字〔2019〕4号）（节录）

第二百一十二条　人民检察院根据侦查犯罪的需要，可以依照规定查询、冻结犯罪嫌疑人的存款、汇款、债券、股票、基金份额等财产，并可以要求有关单位和个人配合。

查询、冻结前款规定的财产，应当制作查询、冻结财产通知书，通知银行或者其他金融机构、邮政部门执行。冻结财产的，应当经检察长批准。

第二百一十三条　犯罪嫌疑人的存款、汇款、债券、股票、基金份额等财产已冻结的，人民检察院不得重复冻结，可以轮候冻结。人民检察院应当要求有关银行或者其他金融机构、邮政部门在解除冻结或者作出处理前通知人民检察院。

第二百一十四条 扣押、冻结债券、股票、基金份额等财产，应当书面告知当事人或者其法定代理人、委托代理人有权申请出售。

对于被扣押、冻结的债券、股票、基金份额等财产，在扣押、冻结期间权利人申请出售，经审查认为不损害国家利益、被害人利益，不影响诉讼正常进行的，以及扣押、冻结的汇票、本票、支票的有效期即将届满的，经检察长批准，可以在案件办结前依法出售或者变现，所得价款由人民检察院指定的银行账户保管，并及时告知当事人或者其近亲属。

第二百一十六条 查询、冻结与案件有关的单位的存款、汇款、债券、股票、基金份额等财产的办法适用本规则第二百一十二条至第二百一十五条的规定。

第二百一十七条第一款 对于扣押的款项和物品，应当在三日以内将款项存入唯一合规账户，将物品送负责案件管理的部门保管。法律或者有关规定另有规定的除外。

3.《最高人民法院、最高人民检察院、公安部、司法部、关于办理黑恶势力犯罪案件若干问题的指导意见》（法发［2018］1号）（2018年1月16日公布并施行）（节录）

26. 公安机关、人民检察院、人民法院根据黑社会性质组织犯罪案件的诉讼需要，应当依法查询、查封、扣押、冻结全部涉案财产。公安机关侦查期间，要会同工商、税务、国土、住建、审计、人民银行等部门全面调查涉黑组织及其成员的财产状况。

对于不宜查封、扣押、冻结的经营性资产，可以申请当地政府指定有关部门或者委托有关机构代管或者托管。

对黑社会性质组织及其成员聚敛的财产及其孳息、收益的数额，办案单位可以委托专门机构评估；确实无法准确计算的，可以根据有关法律规定及查明的事实、证据合理估算。

4.《公安机关办理刑事案件适用查封、冻结措施有关规定》（公通字［2013］30号）（2013年9月1日公布并施行）（节录）

第二十三条 根据侦查犯罪的需要，公安机关可以依法冻结涉案的存款、汇款、证券交易结算资金、期货保证金等资金，债券、股票、基金份额和国务院依法认定的其他证券，以及股权、保单权益和其他投资权益等财产。

第二十四条 在侦查工作中需要冻结财产的，应当经县级以上公安机关负责人批准，制作协助冻结财产通知书，明确冻结财产的账户名称、账户号码、冻结数额、冻结期限、冻结范围以及是否及于孳息等事项，送交银行业金融机构、特定非金融机构、邮政部门、证券公司、证券登记结算机构、证券投资基金管理公司、保险公司、信托公司、公司登记机关和银行间市场交易组织机构、银行间市场集中清算机构、银行间市场登记托管结算机构、经国务院批准或者同意设立的黄金交易组织机构和结算机构等单位协助办理，有关单位应当在相关通知书回执中注明办理情况。

第二十五条 有关单位接到公安机关协助冻结财产通知书后，应当立即对涉案财物予以冻结，办理相关手续，不得推诿拖延，不得泄露有关信息。有关单位办理完毕冻结手续后，在当事人查询时可以予以告知。

第二十六条 冻结存款、汇款、证券交易结算资金、期货保证金等资金，或者投资权益等其他财产的期限为六个月。需要延长期限的，应当经作出原冻结决定的县级以上公安机关负责人批准，在冻结期限届满前五日以内办理续冻手续。每次续冻期限最长不得超过六个月。

对重大、复杂案件，经设区的市一级以上公安机关负责人批准，冻结存款、汇款、证券交易结算资金、期货保证金等资金的期限可以为一年。需要延长期限的，应当按照原批准权限和程序，在冻结期限届满前五日以内办理续冻手续。每次续冻期限最长不得超过一年。

冻结债券、股票、基金份额等证券的期限为二年。需要延长冻结期限的，应当经作出原冻结决定的县级以上公安机关负责人批准，在冻结期限届满前五日以内办理续冻手续。每次续冻期限最长不得超过二年。

冻结期限届满，未办理续冻手续的，冻结自动解除。

第二十七条 冻结涉案账户的款项数额，应当与涉案金额相当。不得超出涉案金额范围冻结款项。

第二十八条 冻结股权的，应当经设区的市一级以上公安机关负责人批准，冻结上市公司股权应当经省级以上公安机关负责人批准，并在协助冻结财产通知书中载明公司名称、股东姓名或者名称、冻结数额或者股份等与登记事项有关的内容。冻结股权期限为六个月。需要延长期限的，应当按照原批准权限和程序，在冻结期限届满前五日以内办理续冻手续。每次续冻期限最长不得超过六个月。

第二十九条 冻结保单权益的，应当经设区的市一级以上公安机关负责人批准，冻结保单权益期限为六个月。需要延长期限的，应当按照原批准权限和程序，在冻结期限届满前五日以内办理续冻手续。每次续冻期限最长不得超过六个月。

冻结保单权益没有直接对应本人账户的，可以冻结相关受益人的账户，并要求有关单位协助，但不得变更受益人账户，不得损害第三方利益。

人寿险、养老险、交强险、机动车第三者责任险等提供基本保障的保单原则上不得冻结，确需冻结的，应当经省级以上公安机关负责人批准。

第三十条　对下列账户和款项，不得冻结：

（一）金融机构存款准备金和备付金；

（二）特定非金融机构备付金；

（三）封闭贷款专用账户（在封闭贷款未结清期间）；

（四）商业汇票保证金；

（五）证券投资者保障基金、保险保障基金、存款保险基金；

（六）党、团费账户和工会经费集中户；

（七）社会保险基金；

（八）国有企业下岗职工基本生活保障资金；

（九）住房公积金和职工集资建房账户资金；

（十）人民法院开立的执行账户；

（十一）军队、武警部队一类保密单位开设的“特种预算存款”、“特种其他存款”和连队账户的存款；

（十二）金融机构质押给中国人民银行的债券、股票、贷款；

（十三）证券登记结算机构、银行间市场交易组织机构、银行间市场集中清算机构、银行间市场登记托管结算机构、经国务院批准或者同意设立的黄金交易组织机构和结算机构等依法按照业务规则收取并存放于专门清算交收账户内的特定股票、债券、票据、贵金属等有价凭证、资产和资金，以及按照业务规则要求金融机构等登记托管结算参与人、清算参与人、投资者或者发行人提供的、在交收或者清算结算完成之前的保证金、清算基金、回购质押券、价差担保物、履约担保物等担保物，支付机构客户备付金；

（十四）其他法律、行政法规、司法解释，部门规章规定不得冻结的账户和款项。

第三十一条　对金融机构账户、特定非金融机构账户和以证券登记结算机构、银行间市场交易组织机构、银行间市场集中清算机构、银行间市场登记托管结算机构、经国务院批准或者同意设立的黄金交易组织机构和结算机构、支付机构等名义开立的各类专门清算交收账户、保证金账户、清算基金账户、客户备付金账户，不得整体冻结，法律另有规定的除外。

第三十二条 办案地公安机关需要异地办理冻结的，应当由二名以上侦查人员持办案协作函、法律文书和工作证件前往协作地联系办理，协作地公安机关应当协助执行。

在紧急情况下，可以将办案协作函、相关法律文书和工作证件复印件通过传真、电传等方式发至协作地县级以上公安机关委托执行，或者通过信息化应用系统传输加盖电子签章的办案协作函、相关法律文书和工作证件扫描件。协作地公安机关收到材料后，经审查确认，应当在传来法律文书上加盖本地公安机关印章，及时到有关银行业金融机构执行冻结，有关银行业金融机构应当予以协助。

第三十三条 根据侦查犯罪的需要，对于涉案账户较多，办案地公安机关需要对其集中冻结的，可以分别按照以下程序办理：

涉案账户开户地属同一省、自治区、直辖市的，应当由办案地公安机关出具协助冻结财产通知书，填写冻结申请表，经该公安机关负责人审核，逐级上报省级公安机关批准后，由办案地公安机关指派二名以上侦查人员持工作证件，将冻结申请表、协助冻结财产通知书等法律文书送交有关银行业金融机构的省、区、市分行。该分行应当在二十四小时以内采取冻结措施，并将有关法律文书传至相关账户开户的分支机构。

涉案账户开户地分属不同省、自治区、直辖市的，应当由办案地公安机关出具协助冻结财产通知书，填写冻结申请表，经该公安机关负责人审核，逐级上报公安部按照规定程序批准后，由办案地公安机关指派二名以上侦查人员持工作证件，将冻结申请表、协助冻结财产通知书等法律文书送交有关银行业金融机构总部。该总部应当在二十四小时以内采取冻结措施，并将有关法律文书传至相关账户开户的分支机构。

有关银行业金融机构因技术条件等客观原因，无法按照前款要求及时采取冻结措施的，应当向公安机关书面说明原因，并立即向中国银行业监督管理委员会或者其派出机构报告。

第三十四条 冻结市场价格波动较大或者有效期限即将届满的债券、股票、基金份额等财产的，在送达协助冻结财产通知书的同时，应当书面告知当事人或者其法定代理人、委托代理人有权申请出售、如期受偿或者变现。如果当事人或者其法定代理人、委托代理人书面申请出售或者变现被冻结的债券、股票、基金份额等财产，不损害国家利益、被害人利益、其他权利人利益，不影响诉讼正常进行的，以及冻结的汇票、本票、支票的有效期即将届满的，经作出冻结决定的县级以上公安机关负责人批准，可以依法在三日以内予以出售或者变现，所得价款应当继续冻结在其对应的银行账户中；没有对应的银行账户的，所得价款由公安机关在银行专门账户保管，并及时告知当事人或者其近亲属。

5.《最高人民法院、最高人民检察院、公安部、国家安全部、司法部、全国人大常委会法制工作委员会关于实施刑事诉讼法若干问题的规定》（2012年12月26日发布2013年1月1日施行）（节录）

36. 对于依照刑法规定应当追缴的违法所得及其他涉案财产，除依法返还被害人的财物以及依法销毁的违禁品外，必须一律上缴国库。查封、扣押的涉案财产，依法不移送的，待人民法院作出生效判决、裁定后，由人民法院通知查封、扣押机关上缴国库，查封、扣押机关应当向人民法院送交执行回单；冻结在金融机构的违法所得及其他涉案财产，待人民法院作出生效判决、裁定后，由人民法院通知有关金融机构上缴国库，有关金融机构应当向人民法院送交执行回单。

对于被扣押、冻结的债券、股票、基金份额等财产，在扣押、冻结期间权利人申请出售，经扣押、冻结机关审查，不损害国家利益、被害人利益，不影响诉讼正常进行的，以及扣押、冻结的汇票、本票、支票的有效期即将届满的，可以在判决生效前依法出售或者变现，所得价款由扣押、冻结机关保管，并及时告知当事人或者其近亲属。

37. 刑事诉讼法第一百四十二条第一款中规定："人民检察院、公安机关根据侦查犯罪的需要，可以依照规定查询、冻结犯罪嫌疑人的存款、汇款、债券、股票、基金份额等财产。"根据上述规定，人民检察院、公安机关不能扣划存款、汇款、债券、股票、基金份额等财产。对于犯罪嫌疑人、被告人死亡，依照刑法规定应当追缴其违法所得及其他涉案财产的，适用刑事诉讼法第五编第三章规定的程序，由人民检察院向人民法院提出没收违法所得的申请。

38. 犯罪嫌疑人、被告人死亡，现有证据证明存在违法所得及其他涉案财产应当予以没收的，公安机关、人民检察院可以进行调查。公安机关、人民检察院进行调查，可以依法进行查封、扣押、查询、冻结。

人民法院在审理案件过程中，被告人死亡的，应当裁定终止审理；被告人脱逃的，应当裁定中止审理。人民检察院可以依法另行向人民法院提出没收违法所得的申请。

6.《公安机关办理刑事案件程序规定》（公安部令第127号）（2012年12月13日发布 自2013年1月1日起施行）（节录）

第二百三十一条 公安机关根据侦查犯罪的需要，可以依照规定查询、冻结犯罪嫌疑人的存款、汇款、债券、股票、基金份额等财产，并可以要求有关单位和个人配合。

第二百三十二条 向金融机构等单位查询犯罪嫌疑人的存款、汇款、债券、股票、基金份额等财产，应当经县级以上公安机关负责人批准，制作协助查询财产通知书，通知金融机构等单位执行。

第二百三十三条 需要冻结犯罪嫌疑人在金融机构等单位的存款、汇款、债券、股票、基金份额等财产的，应当经县级以上公安机关负责人批准，制作协助冻结财产通知书，通知金融机构等单位执行。

第二百三十四条 不需要继续冻结犯罪嫌疑人存款、汇款、债券、股票、基金份额等财产时，应当经县级以上公安机关负责人批准，制作协助解除冻结财产通知书，通知金融机构等单位执行。

第二百三十五条 犯罪嫌疑人的存款、汇款、债券、股票、基金份额等财产已被冻结的，不得重复冻结，但可以轮候冻结。

第二百三十六条 冻结存款、汇款等财产的期限为六个月。冻结债券、股票、基金份额等证券的期限为二年。有特殊原因需要延长期限的，公安机关应当在冻结期限届满前办理继续冻结手续。每次续冻存款、汇款等财产的期限最长不得超过六个月；每次续冻债券、股票、基金份额等证券的期限最长不得超过二年。继续冻结的，应当按照本规定第二百三十三条的规定重新办理冻结手续。逾期不办理继续冻结手续的，视为自动解除冻结。

第二百三十七条 对冻结的债券、股票、基金份额等财产，应当告知当事人或者其法定代理人、委托代理人有权申请出售。

权利人书面申请出售被冻结的债券、股票、基金份额等财产，不损害国家利益、被害人、其他权利人利益，不影响诉讼正常进行的，以及冻结的汇票、本票、支票的有效期即将届满的，经县级以上公安机关负责人批准，可以依法出售或者变现，所得价款应当继续冻结在其对应的银行账户中；没有对应的银行账户的，所得价款由公安机关在银行指定专门账户保管，并及时告知当事人或者其近亲属。

7.《中国人民银行、最高人民法院、最高人民检察院、公安部关于查询、冻结、扣划企业事业单位、机关、团体银行存款的通知》（1993 年 12 月 11 日公布并施行）（节录）

一、关于查询单位存款、查阅有关资料的问题

人民法院因审理或执行案件，人民检察院、公安机关因查处经济违法犯罪案件，需要向银行查询企业事业单位、机关、团体与案件有关的银行存款或查阅有关的会计凭证、账簿等资料时，银行应积极配合。查询人必须出示本人工作证或执行公务证和出具县级（含）以上人民法院、人民检察院、公安局签发的“协助查询存款通知书”，由银行行长或其他负责人（包括城市分理处、农村营业所和城乡信用社主任。下同）签字后并指定银行有关业务部门凭此提供情况和资料，并派专人接待。查询人对原件不得借走，需要的资料可以抄录、复制或照相，并经银行盖章。人民法院、人民检察院、公安机关对银行提供的情况和资料，应当依法保守秘密。

二、关于冻结单位存款的问题

人民法院因审理或执行案件，人民检察院、公安机关因查处经济犯罪案件，需要冻结企业事业单位、机关、团体与案件直接有关的一定数额的银行存款，必须出具县级（含）以上人民法院、人民检察院、公安局签发的“协助冻结存款通知书”及本人工作证或执行公务证，经银行行长（主任）签字后，银行应当立即凭此并按照应冻结资金的性质，冻结当日单位银行账户上的同额存款（只能原账户冻结，不能转户）。如遇被冻结单位银行账户的存款不足冻结数额时，银行应在六个月的冻结期内冻结该单位银行账户可以冻结的存款，直至达到需要冻结的数额。

银行在受理冻结单位存款时，应审查“协助冻结存款通知书”填写的被冻结单位开户银行名称、户名和账号、大小写金额，发现不符的，应说明原因，退回“通知书”。

被冻结的款项在冻结期限内如需解冻，应以作出冻结决定的人民法院、人民检察院、公安机关签发的“解除冻结存款通知书”为凭，银行不得自行解冻。

冻结单位存款的期限不超过六个月。有特殊原因需要延长的，人民法院、人民检察院、公安机关应当在冻结期满前办理继续冻结手续。每次续冻期限最长不超过六个月。逾期不办理继续冻结手续的，视为自动撤销冻结。

人民法院、人民检察院、公安机关冻结单位银行存款发生失误，应及时

予以纠正，并向被冻结银行存款的单位作出解释。

被冻结的款项，不属于赃款的，冻结期间应计付利息，在扣划时其利息应付给债权单位；属于赃款的，冻结期间不计付利息，如冻结有误，解除冻结时应补计冻结期间利息。

三、关于扣划单位存款的问题

人民法院审理或执行案件，人民检察院、公安机关对查处的经济犯罪案件作出免于起诉、不予起诉、撤销案件和结案处理的决定，在执行时，需要银行协助扣划企业事业单位、机关、团体的银行存款，必须出具县级（含）以上人民法院、人民检察院、公安局签发的“协助扣划存款通知书”（附人民法院发生法律效力的判决书、裁定书、调解书、支付令、制裁决定的副本或行政机关的行政处罚决定书副本，人民检察院的免予起诉决定书、不起诉决定书、撤销案件决定书的副本，公安机关的处理决定书、刑事案件立案报告表的副本）及本人工作证或执行公务证，银行应当凭此立即扣划单位的有关存款。

银行受理扣划单位存款时，应审查“协助扣划存款通知书”填写的被执行单位的开户银行名称、户名和账号、大小写金额、如发现不符，或缺少应附的法律文书副本，以及法律文书副本有关内容与“通知书”的内容不符，应说明原因，退回“通知书”和所附的法律文书副本。

为使银行扣划单位存款得以顺利进行，人民法院、人民检察院、公安机关在需要银行协助扣划单位存款时，应向银行全面了解被执行单位的支付能力，银行应如实提供情况。人民法院、人民检察院、公安机关在充分掌握情况之后，实事求是地确定应予执行的期限，对于立即执行确有困难的，可以确定缓解或分期执行。在确定的执行期限内，被执行单位没有正当理由逾期不执行的，银行在接到“协助扣划存款通知”后，只要被执行单位银行账户有款可付，应当立即扣划，不得延误。当日无款或不足扣划的，银行应及时通知人民法院、人民检察院、公安机关，待单位账上有款时，尽快予以扣划。

扣划的款项，属于归还银行贷款的，应直接划给贷款银行，用于归还贷款；属于给付债权单位的款项，应直接划给债权单位；属于给付多个债权单位的款项，需要从多处扣划被转移的款项待结案归还或给付的，可暂扣划至办案单位在银行开立的机关团体一般存款科目赃款暂收户或代扣款户（不计付利息）。待追缴工作结束后，依法分割返还或给付；属于上缴国家的款项，应直接扣划上缴国库。

四、关于异地查询、冻结、扣划问题

作出查询、冻结、扣划决定的人民法院、人民检察院、公安机关与协助执行的银行不在同一辖区的，可以直接到协助执行的银行办理查询、冻结、扣划单位存款，不受辖区范围的限制。

五、关于冻结、扣划军队、武警部队存款的问题

军队、武警部队一类保密单位开设的“特种预算存款”、“特种其他存款”和连队账户的存款，原则上不采取冻结或扣划等项诉讼保证措施。但军队、武警部队的其余存款可以冻结和扣划。

六、关于冻结、扣划专业银行、其他银行和非银行金融机构在人民银行存款的问题

人民法院因审理经济纠纷案件或经济犯罪案件，人民检察院、公安机关因查处经济违法犯罪案件，需要执行专业银行、其他银行和非银行金融机构在人民银行的款项，应通知被执行的银行和非银行金融机构自动履行。

七、关于冻结、扣划单位存款遇有问题的处理原则

两家以上的人民法院、人民检察院、公安机关对同一存款冻结、扣划时，银行应根据最先收取的协助执行通知书办理冻结和扣划。在协助执行时，如对具体执行哪一个机关的冻结、扣划通知有争议，由争议的机关协商解决或者由其上级机关决定。

八、关于各单位的协调和配合

人民法院、人民检察院、公安机关、银行要依法行使职权和履行协助义务，积极配合。遇有问题或人民法院、人民检察院、公安机关与协助执行的银行意见不一致时，不应拘留银行人员，而应提请双方的上级部门共同协商解决。银行人员违反有关法律规定，无故拒绝协助执行、擅自转移或解冻已冻结的存款，为当事人通风报信、协助其转移、隐匿财产的，应依法承担责任。

8.《最高人民法院、最高人民检察院、公安部关于对冻结、扣划企业事业单位、机关团体在银行、非银行金融机构存款的执法活动加强监督的通知》（1996年08月13日公布并施行）（节录）

一、最高人民法院、最高人民检察院、公安部发现地方各级人民法院、人民检察院、公安机关冻结、解冻、扣划有关单位在银行、非银行金融机构存款有错误时，上级人民法院、人民检察院、公安机关发现下级人民法院、

人民检察院、公安机关冻结、解冻、扣划有关单位在银行、非银行金融机构存款有错误时，可以依照法定程序作出决定或者裁定，送达本系统地方各级或下级有关法院、检察院、公安机关限期纠正。有关法院、检察院、公安机关应当立即执行。

二、有关法院、检察院、公安机关认为上级机关的决定或者裁定有错误的，可在收到该决定或者裁定之日起5日以内向作出决定或裁定的人民法院、人民检察院、公安机关请求复议。最高人民法院、最高人民检察院、公安部或上级人民法院、人民检察院、公安机关经审查，认为请求复议的理由不能成立，依法有权直接向有关银行发出法律文书，纠正各自的下级机关所作的错误决定，并通知原作出决定的机关；有关银行、非银行金融机构接到此项法律文书后，应当立即办理，不得延误，不必征得原作出决定机关的同意。

9.《最高人民法院、最高人民检察院、公安部、中国证监会关于查询、冻结、扣划证券和证券交易结算资金有关问题的通知》（2008年1月10日公布 2008年3月1日起施行）（节录）

一、人民法院、人民检察院、公安机关在办理案件过程中，按照法定权限需要通过证券登记结算机构或者证券公司查询、冻结、扣划证券和证券交易结算资金的，证券登记结算机构或者证券公司应当依法予以协助。

二、人民法院要求证券登记结算机构或者证券公司协助查询、冻结、扣划证券和证券交易结算资金，人民检察院、公安机关要求证券登记结算机构或者证券公司协助查询、冻结证券和证券交易结算资金时，有关执法人员应当依法出具相关证件和有效法律文书。

执法人员证件齐全、手续完备的，证券登记结算机构或者证券公司应当签收有关法律文书并协助办理有关事项。

拒绝签收人民法院生效法律文书的，可以留置送达。

三、人民法院、人民检察院、公安机关可以依法向证券登记结算机构查询客户和证券公司的证券账户、证券交收账户和资金交收账户内已完成清算交收程序的余额、余额变动、开户资料等内容。

人民法院、人民检察院、公安机关可以依法向证券公司查询客户的证券账户和资金账户、证券交收账户和资金交收账户内的余额、余额变动、证券及资金流向、开户资料等内容。

查询自然人账户的，应当提供自然人姓名和身份证件号码；查询法人账户的，应当提供法人名称和营业执照或者法人注册登记证书号码。

证券登记结算机构或者证券公司应当出具书面查询结果并加盖业务专用章。查询机关对查询结果有疑问时，证券登记结算机构、证券公司在必要时应当进行书面解释并加盖业务专用章。

四、人民法院、人民检察院、公安机关按照法定权限冻结、扣划相关证券、资金时，应当明确拟冻结、扣划证券、资金所在的账户名称、账户号码、冻结期限，所冻结、扣划证券的名称、数量或者资金的数额。扣划时，还应当明确拟划入的账户名称、账号。

冻结证券和交易结算资金时，应当明确冻结的范围是否及于孳息。

本通知规定的以证券登记结算机构名义建立的各类专门清算交收账户不得整体冻结。

五、证券登记结算机构依法按照业务规则收取并存放于专门清算交收账户内的下列证券，不得冻结、扣划：

（一）证券登记结算机构设立的证券集中交收账户、专用清偿账户、专用处置账户内的证券。

（二）证券公司在证券登记结算机构开设的客户证券交收账户、自营证券交收账户和证券处置账户内的证券。

六、证券登记结算机构依法按照业务规则收取并存放于专门清算交收账户内的下列资金，不得冻结、扣划：

（一）证券登记结算机构设立的资金集中交收账户、专用清偿账户内的资金；

（二）证券登记结算机构依法收取的证券结算风险基金和结算互保金；

（三）证券登记结算机构在银行开设的结算备付金专用存款账户和新股发行验资专户内的资金，以及证券登记结算机构为新股发行网下申购配售对象开立的网下申购资金账户内的资金；

（四）证券公司在证券登记结算机构开设的客户资金交收账户内的资金；

（五）证券公司在证券登记结算机构开设的自营资金交收账户内最低限额自营结算备付金及根据成交结果确定的应付资金。

七、证券登记结算机构依法按照业务规则要求证券公司等结算参与人、投资者或者发行人提供的回购质押券、价差担保物、行权担保物、履约担保物，在交收完成之前，不得冻结、扣划。

八、证券公司在银行开立的自营资金账户内的资金可以冻结、扣划。

九、在证券公司托管的证券的冻结、扣划，既可以在托管的证券公司办理，也可以在证券登记结算机构办理。不同的执法机关同一交易日分别在证券公司、证券登记结算机构对同一笔证券办理冻结、扣划手续的，证券公司协助办理的为在先冻结、扣划。

冻结、扣划未在证券公司或者其他托管机构托管的证券或者证券公司自营证券的，由证券登记结算机构协助办理。

十、证券登记结算机构受理冻结、扣划要求后，应当在受理日对应的交收日交收程序完成后根据交收结果协助冻结、扣划。

证券公司受理冻结、扣划要求后，应当立即停止证券交易，冻结时已经下单但尚未撮合成功的应当采取撤单措施。冻结后，根据成交结果确定的用于交收的应付证券和应付资金可以进行正常交收。在交收程序完成后，对于剩余部分可以扣划。同时，证券公司应当根据成交结果计算出同等数额的应收资金或者应收证券交由执法机关冻结或者扣划。

十一、已被人民法院、人民检察院、公安机关冻结的证券或证券交易结算资金，其他人民法院、人民检察院、公安机关或者同一机关因不同案件可以进行轮候冻结。冻结解除的，登记在先的轮候冻结自动生效。

轮候冻结生效后，协助冻结的证券登记结算机构或者证券公司应当书面通知做出该轮候冻结的机关。

十二、冻结证券的期限不得超过二年，冻结交易结算资金的期限不得超过六个月。

需要延长冻结期限的，应当在冻结期限届满前办理续行冻结手续，每次续行冻结的期限不得超过前款规定的期限。

十三、不同的人民法院、人民检察院、公安机关对同一笔证券或者交易结算资金要求冻结、扣划或者轮候冻结时，证券登记结算机构或者证券公司应当按照送达协助冻结、扣划通知书的先后顺序办理协助事项。

十四、要求冻结、扣划的人民法院、人民检察院、公安机关之间，因冻结、扣划事项发生争议的，要求冻结、扣划的机关应当自行协商解决。协商不成的，由其共同上级机关决定；没有共同上级机关的，由其各自的上级机关协商解决。

在争议解决之前，协助冻结的证券登记结算机构或者证券公司应当按照争议机关所送达法律文书载明的最大标的范围对争议标的进行控制。

十五、依法应当予以协助而拒绝协助，或者向当事人通风报信，或者与当事人通谋转移、隐匿财产的，对有关的证券登记结算机构或者证券公司和直接责任人应当依法进行制裁。

十六、以前规定与本通知规定内容不一致的，以本通知为准。

十七、本通知中所规定的证券登记结算机构，是指中国证券登记结算有限责任公司及其分公司。

第一百四十五条　对查封、扣押的财物、文件、邮件、电报或者冻结的存款、汇款、债券、股票、基金份额等财产，经查明确实与案件无关的，应当在三日以内解除查封、扣押、冻结，予以退还。

[条文主旨]

本条是关于对扣押物或冻结的财产如何处理的规定。

[条文释解]

查封、扣押、冻结犯罪嫌疑人财产的目的是查明犯罪、证实犯罪，及时、准确地惩罚犯罪，保护国家集体和公民的合法权益。在惩罚犯罪的同时，也要切实保障公民、组织的合法权利，防止执法部门在这一问题上出现偏差或权利滥用。所以，本条明确地规定了在查明确实与案件无关后，解除扣押、冻结的期限。查封、扣押、冻结财产涉及公民的财产权利，一旦查明与犯罪无关，应当及时解冻，有利于保障公民的合法权利，减少公民的损失。2012 年修改《刑事诉讼法》时将“退还原主或者原邮电机关”修改为“予以退还”，文字上更加简洁。

根据本条规定，侦查人员对查封、扣押的物品、文件、邮件、电报或者冻结的存款、汇款、债券、股票、基金份额等财产，应当及时进行认真审查。经审查后，凡是与案件无关的，应当在查明情况后三日以内解除查封、扣押、冻结，予以退还。其中“查明确实与案件无关”是指经过侦查，询问证人，讯问犯罪嫌人，调查核实证据，并对查封、扣押的财物进行认真分析，认定该查封、扣押的财物或冻结款项，债券、股票、基金份额等并非违法所得，也不具有证明犯罪疑人是否犯罪、罪轻、罪重的作用，不能作为证据使用，与犯罪行为无任何牵连。“三日以内解除查封、扣押、冻结，予以退还”是指自确定该查封、扣押物、冻结款项、债券、股票、基金份额等与犯罪行为无关之日起三日以内应当解除查封、冻结。这里规定的“予以退还”是指将查封、扣押财物、文件交还包括犯罪嫌疑人在内的财物、文件所有人，将邮件退还原邮电企业，由邮电企业按照邮件投寄要求办理。

执行本条规定，应当注意三点：(1) 查封、扣押财物、文件、邮件、电报或者冻结存款、汇款、债券、股票、基金份额后，必须及时调查核实，弄清被查封、扣押物与案件及犯罪嫌疑人的关系，不能扣而不查。(2) 对被查封、扣押的财物、文件、邮件、电报应当妥善保管，不得损坏或私自处理。(3) 经查明确实与案件无关的查封、扣押物，应当及时退回，对被冻结的存款、汇款、债券、股票、基金份额要尽快解冻，不得以任何借口留置或者拖延退还、解冻。

[司法实务]

根据《公安机关办理刑事案件程序规定》《公安机关办理刑事案件适用查封、冻结措施有关规定》的规定，公安机关解除查封的，应当在三日以内制作协助解除查封通知书，送交协助查封的有关部门办理，并通知所有权人或者使用权人。张贴制式封条的，启封时应当通知当事人到场；当事人经通知不到场，也未委托他人到场的，办案人员应当在见证人的见证下予以启封。提取的有关产权证照应当发还。必要时，可以予以公告。解除冻结的，应当在三日以内制作协助解除冻结财产通知书，送交协助办理冻结的有关单位，同时通知被冻结财产的所有人。有关单位接到协助解除冻结财产通知书后，应当及时解除冻结。查封、扣押的财物原主不明确的，应当采取公告方式告知原主认领。在通知原主或者公告后六个月以内，无人认领的，按照无主财物处理，登记后上缴国库。如果在上缴国库后，原主又来申请认领，并经查证属实的，公安机关应从财政部门提回，予以退还，如原物已经卖掉的，应当退还价款，保障财物原主的合法权益。

[配套规定]

1.《中华人民共和国监察法》（2018 年 3 月 20 日公布并施行）（节录）

第二十三条第二款 冻结的财产经查明与案件无关的，应当在查明后三日内解除冻结，予以退还。

第二十五条第三款　查封、扣押的财物、文件经查明与案件无关的，应当在查明后三日内解除查封、扣押，予以退还。

2. **《人民检察院刑事诉讼规则》**（高检发释字［2019］4号）（节录）

第二百一十五条　对于冻结的存款、汇款、债券、股票、基金份额等财产，经查明确实与案件无关的，应当在三日以内解除冻结，并通知财产所有人。

第二百一十七条第二款　对于查封、扣押在人民检察院的物品、文件、邮件、电报，人民检察院应当妥善保管。经查明确实与案件无关的，应当在三日以内作出解除或者退还决定，并通知有关单位、当事人办理相关手续。

3. **《公安机关办理刑事案件适用查封、冻结措施有关规定》**（公通字［2013］30号）（2013年9月1日公布并施行）（节录）

第三十五条　公安机关在采取查封、冻结措施后，应当及时查清案件事实，在法定期限内对涉案财物依法作出处理。

经查明查封、冻结的财物确实与案件无关的，应当在三日以内解除查封、冻结。

第三十九条　解除查封的，应当在三日以内制作协助解除查封通知书，送交协助查封的有关部门办理，并通知所有权人或者使用权人。张贴制式封条的，启封时应当通知当事人到场；当事人经通知不到场，也未委托他人到场的，办案人员应当在见证人的见证下予以启封。提取的有关产权证照应当发还。必要时，可以予以公告。

第四十条　解除冻结的，应当在三日以内制作协助解除冻结财产通知书，送交协助办理冻结的有关单位，同时通知被冻结财产的所有人。有关单位接到协助解除冻结财产通知书后，应当及时解除冻结。

第四十一条　需要解除集中冻结措施的，应当由作出冻结决定的公安机关出具协助解除冻结财产通知书，银行业金融机构应当协助解除冻结。

上级公安机关认为应当解除集中冻结措施的，可以责令下级公安机关解除。

4. **《公安机关办理刑事案件程序规定》**（公安部令第127号）（2012年12月13日发布　自2013年1月1日起施行）（节录）

第二百二十八条　对查封、扣押的财物、文件、邮件、电子邮件、电报，经查明确实与案件无关的，应当在三日以内解除查封、扣押，退还原主或者原邮电部门、网络服务单位；原主不明确的，应当采取公告方式告知原主认领。在通知原主或者公告后六个月以内，无人认领的，按照无主财物处理，登记后上缴国库。

……

第二百三十条 对查封、扣押的财物及其孳息、文件，公安机关应当妥善保管，以供核查。任何单位和个人不得使用、调换、损毁或者自行处理。

对容易腐烂变质及其他不易保管的财物，可以根据具体情况，经县级以上公安机关负责人批准，在拍照或者录像后委托有关部门变卖、拍卖，变卖、拍卖的价款暂予保存，待诉讼终结后一并处理。

对违禁品，应当依照国家有关规定处理；对于需要作为证据使用的，应当在诉讼终结后处理。

……

第二百三十八条 对冻结的存款、汇款、债券、股票、基金份额等财产，经查明确实与案件无关的，应当在三日以内通知金融机构等单位解除冻结，并通知被冻结存款、汇款、债券、股票、基金份额等财产的所有人。

第七节 鉴 定

第一百四十六条 为了查明案情，需要解决案件中某些专门性问题的时候，应当指派、聘请有专门知识的人进行鉴定。

[条文主旨]

本条是关于鉴定目的和鉴定主体的规定。

[条文释解]

本条是1979年《刑事诉讼法》的规定，此后未作修改。鉴定通常是指办案机关指派或聘请具有专门知识的人，就案件中某些专门性问题进行鉴别和判断的活动。随着科学技术的发展，鉴定在侦查中的作用日益增大。鉴定对于审查判断其他证据，查明案件事实，认定案件性质，准确揭露犯罪，证实犯罪人，都具有十分重要的作用。尤其在侦破疑难案件中，充分运用最新科学技术进行鉴定，往往成为决定案件事实最关键的一环。所以，鉴定必须严格依照法律规定进行。

本条包括三层意思：第一，鉴定的目的是解决案件中的专门性问题。根据法律规定和司法实践经验，侦查机关常用的专门性鉴定包括：

（1）法医类鉴定，包括法医病理鉴定、法医临床鉴定、法医精神病鉴定（即对人的精神状态、刑事责任能力进行鉴别判断的活动）、法医物证鉴定（即对与案件有关的尸体、人身、血液、分泌物、排泄物、胃内容物、脱落细胞、毛发、DNA 等进行鉴别判断的活动）和法医毒物鉴定。

（2）物证类鉴定，包括文书鉴定（即对文件、笔迹、印章、印文等进行鉴别判断的活动）、痕迹鉴定（即对指掌纹、脚印、物体整体分离痕迹、弹痕等进行鉴别判断的活动）和微量元素（包括理化成分）鉴定。

（3）声像资料鉴定，包括对录音带、录像带、磁盘、光盘、图片等载体上记录的声音、图像信息的真实性、完整性及其所反映的情况过程进行的鉴定和对记录的声音、图像中的语言、人体、物体作出种类或者同一认定。此外，根据办理案件的需要，有的案件还须进行司法会计鉴定（即对账目、表册、单据、发票、支票等书面材料进行的鉴别判断活动）、行业技术问题鉴定（即对涉及交通、建筑、文物等方面的科学技术进行鉴别判断活动）等。在侦查中，有些案件往往会遇到上述的一些专门性问题，只有解决这些问题，才能比较准确地查明案情。解决这些专门性问题必须运用专门的知识和经验，对案件的某个事实作出科学的判断。

第二，鉴定主体是具有专门知识、经侦查机关指派或聘请，就案件的专门性问题进行鉴定的人，称为鉴定人。“专门知识”是指某一专门研究领域的理论和实践经验，如法医学、痕迹学、化学、会计学等。由于鉴定活动解决的是案件中的专门性问题，因此，鉴定机构和鉴定人的资质是确保鉴定意见合法性和真实性的根本保障。《全国人民代表大会常务委员会关于司法鉴定管理问题的决定》第 2 条规定，国家对从事下列司法鉴定业务的鉴定人和鉴定机构实行登记管理制度：法医类鉴定（包括法医病理鉴定、法医临床鉴定、法医精神病鉴定、法医物证鉴定和法医毒物鉴定）；物证类鉴定（包括文书鉴定、痕迹鉴定和微量鉴定）；声像资料鉴定（包括对录音带、录像带、磁盘、光盘、图片等载体上记录的声音、图像信息的真实性、完整性及其所反映的情况过程进行的鉴定和对记录的声音、图像中的语言、人体、物体作出种类或者同一认定)；根据诉讼需要由国务院司法行政部门商最高人民法院、最高人民检察院确定的其他应当对鉴定人和鉴定机构实行登记管理的鉴定事项。法律对上述规定事项的鉴定人和鉴定机构的管理另有规定的，从其规定。通过登记管理制度，可以规范司法鉴定领域的业务范围，避免鉴定对象的泛化，同时还可以进一步规范对鉴定人和鉴定机构的资质管理。该决定第 4 条规定，鉴定人需要具备下列条件之一：(1) 具有与所申请从事的司法鉴定业务相关的高级专业技术职称。(2) 具有与所申请从事的司法鉴定业务相关的专业执业资格或者高等院校相关专业本科以上学历，从事相关工作五年以上。(3) 具有与所申请从事的司法鉴定业务相关工作十年以上经历，具有较强的专业技能。因故意犯罪或者职务过失犯罪受过刑事处罚的，受过开除公职处分的，以及被吊销鉴定人登记的人员，不得从事司法鉴定业务。通过明确鉴定人的资质标准，有助于确保鉴定人的适格性，避免因鉴定人不具备相应的专门知识而导致鉴定意见丧失科学性和客观性。

第三，鉴定人通常是由办案机关指派或聘请。我国各级侦查机关一般都设立了从事有关鉴定业务的鉴定机构，配备相关鉴定人员。根据《全国人民代表大会常务委员会关于司法鉴定管理问题的决定》的规定，经司法行政部门依法登记的鉴定机构和鉴定人，也属于就案件专门性问题进行鉴定的人员。作为侦查措施的鉴定，可以指派县级以上侦查机关的刑事技术人员或其他专职人员进行，也可以聘请侦查机关以外的具有专门知识的鉴定人进行，鉴定人应当与案件无利害关系，各鉴定机构之间没有隶属关系。鉴定机构接受委托从事司法鉴定业务，不受地域范围的限制。在司法实践中，应当注意的是，侦查人员不能对鉴定人进行技术上的干预，更不能强迫或暗示鉴定人或鉴定机构作出某种不真实的倾向性意见。鉴定人只能就案件中的专门性问题作出意见，不能就法律适用问题作出意见。

[司法实务]

鉴定人依据本条规定进行鉴定，需要注意以下问题。一是鉴定人由侦查机关指定或者聘请。鉴定人只能是自然人，而不能是单位。根据《刑事诉讼法》第 29 条至第 32 条的规定，具有法律规定的情形，与案件有利害关系的人不得担任鉴定人，应当回避。二是侦查人员应当为鉴定人进行鉴定提供必要的条件，及时向鉴定人送交有关检材和对比样本等原始材料，介绍与鉴定有关的情况，并且明确提出要求鉴定解决的问题。为了确保鉴定意见的客观公正，侦查人员不能对鉴定人进行技术上的影响或干预，更不能强迫或暗示鉴定人作出某种不真实的倾向性意见。三是鉴定人只能就案件中的专门性问题作出鉴定意见，不能就案件的法律适用问题提出意见。

[配套规定]

1.《中华人民共和国监察法》（2018 年 3 月 20 日公布并施行）（节录）

第二十七条　监察机关在调查过程中，对于案件中的专门性问题，可以指派、聘请有专门知识的人进行鉴定。鉴定人进行鉴定后，应当出具鉴定意见，并且签名。

2.《人民检察院刑事诉讼规则》（高检发释字［2019］4 号）（节录）

第二百一十八条　人民检察院为了查明案情，解决案件中某些专门性的问题，可以进行鉴定。

鉴定由人民检察院有鉴定资格的人员进行。必要时，也可以聘请其他有鉴定资格的人员进行，但是应当征得鉴定人所在单位同意。

第二百一十九条　人民检察院应当为鉴定人提供必要条件，及时向鉴定人送交有关检材和对比样本等原始材料，介绍与鉴定有关的情况，并明确提出要求鉴定解决的问题，但是不得暗示或者强迫鉴定人作出某种鉴定意见。

3.《司法鉴定程序通则》（中华人民共和国司法部令第 132 号）（2016 年 3 月 2 日发布，自 2016 年 5 月 1 日起施行）

第一章　总　则

第二条　司法鉴定是指在诉讼活动中鉴定人运用科学技术或者专门知识对诉讼涉及的专门性问题进行鉴别和判断并提供鉴定意见的活动。司法鉴定程序是指司法鉴定机构和司法鉴定人进行司法鉴定活动的方式、步骤以及相关规则的总称。

第三条　本通则适用于司法鉴定机构和司法鉴定人从事各类司法鉴定业务的活动。

第四条　司法鉴定机构和司法鉴定人进行司法鉴定活动，应当遵守法律、法规、规章，遵守职业道德和执业纪律，尊重科学，遵守技术操作规范。

第五条　司法鉴定实行鉴定人负责制度。司法鉴定人应当依法独立、客观、公正地进行鉴定，并对自己作出的鉴定意见负责。司法鉴定人不得违反规定会见诉讼当事人及其委托的人。

第六条 司法鉴定机构和司法鉴定人应当保守在执业活动中知悉的国家秘密、商业秘密，不得泄露个人隐私。

第七条 司法鉴定人在执业活动中应当依照有关诉讼法律和本通则规定实行回避。

第八条 司法鉴定收费执行国家有关规定。

第九条 司法鉴定机构和司法鉴定人进行司法鉴定活动应当依法接受监督。对于有违反有关法律、法规、规章规定行为的，由司法行政机关依法给予相应的行政处罚；对于有违反司法鉴定行业规范行为的，由司法鉴定协会给予相应的行业处分。

第十条 司法鉴定机构应当加强对司法鉴定人执业活动的管理和监督。司法鉴定人违反本通则规定的，司法鉴定机构应当予以纠正。

第二章 司法鉴定的委托与受理

第十一条 司法鉴定机构应当统一受理办案机关的司法鉴定委托。

第十二条 委托人委托鉴定的，应当向司法鉴定机构提供真实、完整、充分的鉴定材料，并对鉴定材料的真实性、合法性负责。司法鉴定机构应当核对并记录鉴定材料的名称、种类、数量、性状、保存状况、收到时间等。诉讼当事人对鉴定材料有异议的，应当向委托人提出。

本通则所称鉴定材料包括生物检材和非生物检材、比对样本材料以及其他与鉴定事项有关的鉴定资料。

第十三条 司法鉴定机构应当自收到委托之日起七个工作日内作出是否受理的决定。对于复杂、疑难或者特殊鉴定事项的委托，司法鉴定机构可以与委托人协商决定受理的时间。

第十四条 司法鉴定机构应当对委托鉴定事项、鉴定材料等进行审查。对属于本机构司法鉴定业务范围，鉴定用途合法，提供的鉴定材料能够满足鉴定需要的，应当受理。

对于鉴定材料不完整、不充分，不能满足鉴定需要的，司法鉴定机构可以要求委托人补充；经补充后能够满足鉴定需要的，应当受理。

第十五条 具有下列情形之一的鉴定委托，司法鉴定机构不得受理：

（一）委托鉴定事项超出本机构司法鉴定业务范围的；

（二）发现鉴定材料不真实、不完整、不充分或者取得方式不合法的；

（三）鉴定用途不合法或者违背社会公德的；

（四）鉴定要求不符合司法鉴定执业规则或者相关鉴定技术规范的；

（五）鉴定要求超出本机构技术条件或者鉴定能力的；

（六）委托人就同一鉴定事项同时委托其他司法鉴定机构进行鉴定的；

（七）其他不符合法律、法规、规章规定的情形。

第十六条 司法鉴定机构决定受理鉴定委托的，应当与委托人签订司法鉴定委托书。司法鉴定委托书应当载明委托人名称、司法鉴定机构名称、委托鉴定事项、是否属于重新鉴定、鉴定用途、与鉴定有关的基本案情、鉴定材料的提供和退还、鉴定风险，以及双方商定的鉴定时限、鉴定费用及收取方式、双方权利义务等其他需要载明的事项。

第十七条 司法鉴定机构决定不予受理鉴定委托的，应当向委托人说明理由，退还鉴定材料。

第三章 司法鉴定的实施

第十八条 司法鉴定机构受理鉴定委托后，应当指定本机构具有该鉴定事项执业资格的司法鉴定人进行鉴定。

委托人有特殊要求的，经双方协商一致，也可以从本机构中选择符合条件的司法鉴定人进行鉴定。

委托人不得要求或者暗示司法鉴定机构、司法鉴定人按其意图或者特定目的提供鉴定意见。

第十九条 司法鉴定机构对同一鉴定事项，应当指定或者选择二名司法鉴定人进行鉴定；对复杂、疑难或者特殊鉴定事项，可以指定或者选择多名司法鉴定人进行鉴定。

第二十条 司法鉴定人本人或者其近亲属与诉讼当事人、鉴定事项涉及的案件有利害关系，可能影响其独立、客观、公正进行鉴定的，应当回避。

司法鉴定人曾经参加过同一鉴定事项鉴定的，或者曾经作为专家提供过咨询意见的，或者曾被聘请为有专门知识的人参与过同一鉴定事项法庭质证的，应当回避。

第二十一条 司法鉴定人自行提出回避的，由其所属的司法鉴定机构决定；委托人要求司法鉴定人回避的，应当向该司法鉴定人所属的司法鉴定机构提出，由司法鉴定机构决定。

委托人对司法鉴定机构作出的司法鉴定人是否回避的决定有异议的，可以撤销鉴定委托。

第二十二条 司法鉴定机构应当建立鉴定材料管理制度，严格监控鉴定材料的接收、保管、使用和退还。

司法鉴定机构和司法鉴定人在鉴定过程中应当严格依照技术规范保管和使用鉴定材料，因严重不负责任造成鉴定材料损毁、遗失的，应当依法承担责任。

第二十三条 司法鉴定人进行鉴定，应当依下列顺序遵守和采用该专业领域的技术标准、技术规范和技术方法：

（一）国家标准；

（二）行业标准和技术规范；

（三）该专业领域多数专家认可的技术方法。

第二十四条 司法鉴定人有权了解进行鉴定所需要的案件材料，可以查阅、复制相关资料，必要时可以询问诉讼当事人、证人。

经委托人同意，司法鉴定机构可以派员到现场提取鉴定材料。现场提取鉴定材料应当由不少于二名司法鉴定机构的工作人员进行，其中至少一名应为该鉴定事项的司法鉴定人。现场提取鉴定材料时，应当有委托人指派或者委托的人员在场见证并在提取记录上签名。

第二十五条 鉴定过程中，需要对无民事行为能力人或者限制民事行为能力人进行身体检查的，应当通知其监护人或者近亲属到场见证；必要时，可以通知委托人到场见证。

对被鉴定人进行法医精神病鉴定的，应当通知委托人或者被鉴定人的近亲属或者监护人到场见证。

对需要进行尸体解剖的，应当通知委托人或者死者的近亲属或者监护人到场见证。

到场见证人员应当在鉴定记录上签名。见证人员未到场的，司法鉴定人不得开展相关鉴定活动，延误时间不计入鉴定时限。

第二十六条 鉴定过程中，需要对被鉴定人身体进行法医临床检查的，应当采取必要措施保护其隐私。

第二十七条 司法鉴定人应当对鉴定过程进行实时记录并签名。记录可以采取笔记、录音、录像、拍照等方式。记录应当载明主要的鉴定方法和过程，检查、检验、检测结果，以及仪器设备使用情况等。记录的内容应当真实、客观、准确、完整、清晰，记录的文本资料、音像资料等应当存入鉴定档案。

第二十八条 司法鉴定机构应当自司法鉴定委托书生效之日起三十个工作日内完成鉴定。

鉴定事项涉及复杂、疑难、特殊技术问题或者鉴定过程需要较长时间的，经本机构负责人批准，完成鉴定的时限可以延长，延长时限一般不得超过三十个工作日。鉴定时限延长的，应当及时告知委托人。

司法鉴定机构与委托人对鉴定时限另有约定的，从其约定。

在鉴定过程中补充或者重新提取鉴定材料所需的时间，不计入鉴定时限。

第二十九条 司法鉴定机构在鉴定过程中，有下列情形之一的，可以终止鉴定：

（一）发现有本通则第十五条第二项至第七项规定情形的；

（二）鉴定材料发生耗损，委托人不能补充提供的；

（三）委托人拒不履行司法鉴定委托书规定的义务、被鉴定人拒不配合或者鉴定活动受到严重干扰，致使鉴定无法继续进行的；

（四）委托人主动撤销鉴定委托，或者委托人、诉讼当事人拒绝支付鉴定费用的；

（五）因不可抗力致使鉴定无法继续进行的；

（六）其他需要终止鉴定的情形。

终止鉴定的，司法鉴定机构应当书面通知委托人，说明理由并退还鉴定材料。

第三十条 有下列情形之一的，司法鉴定机构可以根据委托人的要求进行补充鉴定：

（一）原委托鉴定事项有遗漏的；

（二）委托人就原委托鉴定事项提供新的鉴定材料的；

（三）其他需要补充鉴定的情形。

补充鉴定是原委托鉴定的组成部分，应当由原司法鉴定人进行。

第三十一条 有下列情形之一的，司法鉴定机构可以接受办案机关委托进行重新鉴定：

（一）原司法鉴定人不具有从事委托鉴定事项执业资格的；

（二）原司法鉴定机构超出登记的业务范围组织鉴定的；

（三）原司法鉴定人应当回避没有回避的；

（四）办案机关认为需要重新鉴定的；

（五）法律规定的其他情形。

第三十二条 重新鉴定应当委托原司法鉴定机构以外的其他司法鉴定机构进行；因特殊原因，委托人也可以委托原司法鉴定机构进行，但原司法鉴定机构应当指定原司法鉴定人以外的其他符合条件的司法鉴定人进行。

接受重新鉴定委托的司法鉴定机构的资质条件应当不低于原司法鉴定机构，进行重新鉴定的司法鉴定人中应当至少有一名具有相关专业高级专业技术职称。

第三十三条 鉴定过程中，涉及复杂、疑难、特殊技术问题的，可以向本机构以外的相关专业领域的专家进行咨询，但最终的鉴定意见应当由本机构的司法鉴定人出具。

专家提供咨询意见应当签名，并存入鉴定档案。

第三十四条 对于涉及重大案件或者特别复杂、疑难、特殊技术问题或者多个鉴定类别的鉴定事项，办案机关可以委托司法鉴定行业协会组织协调多个司法鉴定机构进行鉴定。

第三十五条 司法鉴定人完成鉴定后，司法鉴定机构应当指定具有相应资质的人员对鉴定程序和鉴定意见进行复核；对于涉及复杂、疑难、特殊技术问题或者重新鉴定的鉴定事项，可以组织三名以上的专家进行复核。

复核人员完成复核后，应当提出复核意见并签名，存入鉴定档案。

第四章 司法鉴定意见书的出具

第三十六条 司法鉴定机构和司法鉴定人应当按照统一规定的文本格式制作司法鉴定意见书。

第三十七条 司法鉴定意见书应当由司法鉴定人签名。多人参加的鉴定，对鉴定意见有不同意见的，应当注明。

第三十八条 司法鉴定意见书应当加盖司法鉴定机构的司法鉴定专用章。

第三十九条 司法鉴定意见书应当一式四份，三份交委托人收执，一份由司法鉴定机构存档。司法鉴定机构应当按照有关规定或者与委托人约定的方式，向委托人发送司法鉴定意见书。

第四十条 委托人对鉴定过程、鉴定意见提出询问的，司法鉴定机构和司法鉴定人应当给予解释或者说明。

第四十一条 司法鉴定意见书出具后，发现有下列情形之一的，司法鉴定机构可以进行补正：

（一）图像、谱图、表格不清晰的；

（二）签名、盖章或者编号不符合制作要求的；

（三）文字表达有瑕疵或者错别字，但不影响司法鉴定意见的。

补正应当在原司法鉴定意见书上进行，由至少一名司法鉴定人在补正处签名。必要时，可以出具补正书。

对司法鉴定意见书进行补正，不得改变司法鉴定意见的原意。

第四十二条　司法鉴定机构应当按照规定将司法鉴定意见书以及有关资料整理立卷、归档保管。

第五章　司法鉴定人出庭作证

第四十三条　经人民法院依法通知，司法鉴定人应当出庭作证，回答与鉴定事项有关的问题。

第四十四条　司法鉴定机构接到出庭通知后，应当及时与人民法院确认司法鉴定人出庭的时间、地点、人数、费用、要求等。

第四十五条　司法鉴定机构应当支持司法鉴定人出庭作证，为司法鉴定人依法出庭提供必要条件。

第四十六条　司法鉴定人出庭作证，应当举止文明，遵守法庭纪律。

第六章　附　则

第四十七条　本通则是司法鉴定机构和司法鉴定人进行司法鉴定活动应当遵守和采用的一般程序规则，不同专业领域对鉴定程序有特殊要求的，可以依据本通则制定鉴定程序细则。

第四十八条　本通则所称办案机关，是指办理诉讼案件的侦查机关、审查起诉机关和审判机关。

4.《全国人民代表大会常务委员会关于司法鉴定管理问题的决定》（2015年4月24日公布并施行）

为了加强对鉴定人和鉴定机构的管理，适应司法机关和公民、组织进行诉讼的需要，保障诉讼活动的顺利进行，特作如下决定：

一、司法鉴定是指在诉讼活动中鉴定人运用科学技术或者专门知识对诉讼涉及的专门性问题进行鉴别和判断并提供鉴定意见的活动。

二、国家对从事下列司法鉴定业务的鉴定人和鉴定机构实行登记管理制度：

（一）法医类鉴定；

（二）物证类鉴定；

（三）声像资料鉴定；

（四）根据诉讼需要由国务院司法行政部门商最高人民法院、最高人民检察院确定的其他应当对鉴定人和鉴定机构实行登记管理的鉴定事项。

法律对前款规定事项的鉴定人和鉴定机构的管理另有规定的，从其规定。

三、国务院司法行政部门主管全国鉴定人和鉴定机构的登记管理工作。省级人民政府司法行政部门依照本决定的规定，负责对鉴定人和鉴定机构的登记、名册编制和公告。

四、具备下列条件之一的人员，可以申请登记从事司法鉴定业务：

（一）具有与所申请从事的司法鉴定业务相关的高级专业技术职称；

（二）具有与所申请从事的司法鉴定业务相关的专业执业资格或者高等院校相关专业本科以上学历，从事相关工作五年以上；

（三）具有与所申请从事的司法鉴定业务相关工作十年以上经历，具有较强的专业技能。

因故意犯罪或者职务过失犯罪受过刑事处罚的，受过开除公职处分的，以及被撤销鉴定人登记的人员，不得从事司法鉴定业务。

五、法人或者其他组织申请从事司法鉴定业务的，应当具备下列条件：

（一）有明确的业务范围；

（二）有在业务范围内进行司法鉴定所必需的仪器、设备；

（三）有在业务范围内进行司法鉴定所必需的依法通过计量认证或者实验室认可的检测实验室；

（四）每项司法鉴定业务有三名以上鉴定人。

六、申请从事司法鉴定业务的个人、法人或者其他组织，由省级人民政府司法行政部门审核，对符合条件的予以登记，编入鉴定人和鉴定机构名册并公告。

省级人民政府司法行政部门应当根据鉴定人或者鉴定机构的增加和撤销登记情况，定期更新所编制的鉴定人和鉴定机构名册并公告。

七、侦查机关根据侦查工作的需要设立的鉴定机构，不得面向社会接受委托从事司法鉴定业务。

人民法院和司法行政部门不得设立鉴定机构。

八、各鉴定机构之间没有隶属关系；鉴定机构接受委托从事司法鉴定业务，不受地域范围的限制。

鉴定人应当在一个鉴定机构中从事司法鉴定业务。

九、在诉讼中，对本决定第二条所规定的鉴定事项发生争议，需要鉴定的，应当委托列入鉴定人名册的鉴定人进行鉴定。鉴定人从事司法鉴定业务，由所在的鉴定机构统一接受委托。

鉴定人和鉴定机构应当在鉴定人和鉴定机构名册注明的业务范围内从事司法鉴定业务。

鉴定人应当依照诉讼法律规定实行回避。

十、司法鉴定实行鉴定人负责制度。鉴定人应当独立进行鉴定，对鉴定意见负责并在鉴定书上签名或者盖章。多人参加的鉴定，对鉴定意见有不同意见的，应当注明。

十一、在诉讼中，当事人对鉴定意见有异议的，经人民法院依法通知，鉴定人应当出庭作证。

十二、鉴定人和鉴定机构从事司法鉴定业务，应当遵守法律、法规，遵守职业道德和职业纪律，尊重科学，遵守技术操作规范。

十三、鉴定人或者鉴定机构有违反本决定规定行为的，由省级人民政府司法行政部门予以警告，责令改正。

鉴定人或者鉴定机构有下列情形之一的，由省级人民政府司法行政部门给予停止从事司法鉴定业务三个月以上一年以下的处罚；情节严重的，撤销登记：

（一）因严重不负责任给当事人合法权益造成重大损失的；

（二）提供虚假证明文件或者采取其他欺诈手段，骗取登记的；

（三）经人民法院依法通知，拒绝出庭作证的；

（四）法律、行政法规规定的其他情形。

鉴定人故意作虚假鉴定，构成犯罪的，依法追究刑事责任；尚不构成犯罪的，依照前款规定处罚。

十四、司法行政部门在鉴定人和鉴定机构的登记管理工作中，应当严格依法办事，积极推进司法鉴定的规范化、法制化。对于滥用职权、玩忽职守，造成严重后果的直接责任人员，应当追究相应的法律责任。

十五、司法鉴定的收费标准由省、自治区、直辖市人民政府价格主管部门会同同级司法行政部门制定。

十六、对鉴定人和鉴定机构进行登记、名册编制和公告的具体办法，由国务院司法行政部门制定，报国务院批准。

十七、本决定下列用语的含义是：

（一）法医类鉴定，包括法医病理鉴定、法医临床鉴定、法医精神病鉴定、法医物证鉴定和法医毒物鉴定。

（二）物证类鉴定，包括文书鉴定、痕迹鉴定和微量鉴定。

（三）声像资料鉴定，包括对录音带、录像带、磁盘、光盘、图片等载体上记录的声音、图像信息的真实性、完整性及其所反映的情况过程进行的鉴定和对记录的声音、图像中的语言、人体、物体作出种类或者同一认定。

十八、本决定自2005年10月1日起施行。

5.《公安机关办理刑事案件程序规定》（公安部令第127号）（2012年12月13日公布，自2013年1月1日起施行）（节录）

第二百三十九条 为了查明案情，解决案件中某些专门性问题，应当指派、聘请有专门知识的人进行鉴定。

需要聘请有专门知识的人进行鉴定，应当经县级以上公安机关负责人批准后，制作鉴定聘请书。

第二百四十条 公安机关应当为鉴定人进行鉴定提供必要的条件，及时向鉴定人送交有关检材和对比样本等原始材料，介绍与鉴定有关的情况，并且明确提出要求鉴定解决的问题。

禁止暗示或者强迫鉴定人作出某种鉴定意见。

第二百四十一条 侦查人员应当做好检材的保管和送检工作，并注明检材送检环节的责任人，确保检材在流转环节中的同一性和不被污染。

6.《公安机关涉案枪支弹药性能鉴定工作规定》（公通字［2010］67号）（2010年12月7日公布并施行）（节录）

一、鉴定范围。公安机关在办理涉枪刑事案件中需要鉴定涉案枪支、弹药性能的，适用本规定。

本规定所称制式枪支、弹药，是指按照国家标准或公安部、军队下达的战术技术指标要求，经国家有关部门或军队批准定型，由合法企业生产的各类枪支、弹药，包括国外制造和历史遗留的各类旧杂式枪支、弹药。

本规定所称非制式枪支、弹药，是指未经有关部门批准定型或不符合国家标准的各类枪支、弹药，包括自制、改制的枪支、弹药和枪支弹药生产企业研制工作中的中间产品。

二、鉴定机关。涉案枪支、弹药的鉴定由地（市）级公安机关负责，当事人或者办案机关有异议的，由省级公安机关复检一次。各地可委托公安机关现有刑事技术鉴定部门开展枪支、弹药的鉴定工作。

三、鉴定标准。

（一）凡是制式枪支、弹药，无论是否能够完成击发动作，一律认定为枪支、弹药。

（二）凡是能发射制式弹药的非制式枪支（包括自制、改制枪支），一律认定为枪支。对能够装填制式弹药，但因缺少个别零件或锈蚀不能完成击发，经加装相关零件或除锈后能够发射制式弹药的非制式枪支，一律认定为枪支。

（三）对不能发射制式弹药的非制式枪支，按照《枪支致伤力的法庭科学鉴定判据》（GA/T 718-2007）的规定，当所发射弹丸的枪口比动能大于等于 1.8 焦耳/平方厘米时，一律认定为枪支。

（四）对制式枪支、弹药专用散件（零部件），能够由制造厂家提供相关零部件图样（复印件）和件号的，一律认定为枪支、弹药散件（零部件）。

（五）对非制式枪支、弹药散件（零部件），如具备与制式枪支、弹药专用散件（零部件）相同功能的，一律认定为枪支、弹药散件（零部件）。

7.《国家发展和改革委员会、最高人民法院、最高人民检察院、公安部、财政部关于扣押追缴没收及收缴财物价格鉴定管理的补充通知》（发改厅［2008］1392 号）（2008 年 6 月 4 日发布并施行）（节录）

一、各级政府价格部门设立的价格鉴证机构为国家机关指定的涉案财物价格鉴定的机构，名称统一为“价格认证中心”。原国家计委、最高人民法院、最高人民检察院、公安部制定的《扣押、追缴、没收物品估价管理办法》（计办［1997］808 号）中涉及的“价格事务所”相应更改为“价格认证中心”。

二、各司法、行政执法机关在办理各自管辖刑事案件中，涉及价格不明或者价格有争议、需要对涉案财物或标的进行价格鉴定的，办案机关应委托同级政府价格部门设立的价格鉴定机构进行价格鉴定。

政府价格部门设立的价格鉴定机构可以接受办案机关的委托，对非刑事案件中涉案财物或标的进行价格鉴定。

三、各级政府价格主管部门设立的价格鉴证机构从事国家机关委托的刑事案件涉案财物价格鉴定不收费，该项鉴定费用由同级财政部门根据价格认证中心业务量大小，核定专项经费拨款或补贴。

8.《人民检察院鉴定规则（试行）》（高检发办字［2006］33 号）（2006 年 11 月 30 日公布，自 2007 年 1 月 1 日起施行）（节录）

第二条 本规则所称鉴定，是指人民检察院鉴定机构及其鉴定人运用科学技术或者专门知识，就案件中某些专门性问题进行鉴别和判断并出具鉴定意见的活动。

第三条 鉴定工作应当遵循依法、科学、客观、公正、独立的原则。

第四条 本规则所称鉴定机构，是指在人民检察院设立的，取得鉴定机构资格并开展鉴定工作的部门。

第五条 本规则所称鉴定人，是指取得鉴定人资格，在人民检察院鉴定机构中从事法医类、物证类、声像资料、司法会计鉴定以及心理测试等工作的专业技术人员。

第六条 鉴定人享有下列权利：

（一）了解与鉴定有关的案件情况，要求委托单位提供鉴定所需的材料；

（二）进行必要的勘验、检查；

（三）查阅与鉴定有关的案件材料，询问与鉴定事项有关的人员；

（四）对违反法律规定委托的案件、不具备鉴定条件或者提供虚假鉴定材料的案件，有权拒绝鉴定；

（五）对与鉴定无关问题的询问，有权拒绝回答；

（六）与其他鉴定人意见不一致时，有权保留意见；

（七）法律、法规规定的其他权利。

第七条 鉴定人应当履行下列义务：

（一）严格遵守法律、法规和鉴定工作规章制度；

（二）保守案件秘密；

（三）妥善保管送检的检材、样本和资料；

（四）接受委托单位与鉴定有关问题的咨询；

（五）出庭接受质证；

（六）法律、法规规定的其他义务。

第八条 鉴定人有下列情形之一的，应当自行回避，委托单位也有权要求鉴定人回避：

（一）是本案的当事人或者是当事人的近亲属的；

（二）本人或者其近亲属和本案有利害关系的；

（三）担任过本案的证人或者诉讼代理人的；

（四）重新鉴定时，是本案原鉴定人的；

（五）其他可能影响鉴定客观、公正的情形。

鉴定人自行提出回避的，应当说明理由，由所在鉴定机构负责人决定是否回避。

委托单位要求鉴定人回避的，应当提出书面申请，由检察长决定是否回避。

第九条　鉴定机构可以受理人民检察院、人民法院和公安机关以及其他侦查机关委托的鉴定。

第十条　人民检察院内部委托的鉴定实行逐级受理制度，对其他机关委托的鉴定实行同级受理制度。

第十一条　人民检察院各业务部门向上级人民检察院或者对外委托鉴定时，应当通过本院或者上级人民检察院检察技术部门统一协助办理。

9.《公安机关办理伤害案件规定》（公通字［2005］98号）（2005年12月27日公布并施行）（节录）

第十七条　公安机关办理伤害案件，应当对人身损伤程度和用作证据的痕迹、物证、致伤工具等进行检验、鉴定。

第十八条　公安机关受理伤害案件后，应当在24小时内开具伤情鉴定委托书，告知被害人到指定的鉴定机构进行伤情鉴定。

第十九条　根据国家有关部门颁布的人身伤情鉴定标准和被害人当时的伤情及医院诊断证明，具备即时进行伤情鉴定条件的，公安机关的鉴定机构应当在受委托之时起24小时内提出鉴定意见，并在3日内出具鉴定文书。

对伤情比较复杂，不具备即时进行鉴定条件的，应当在受委托之日起7日内提出鉴定意见并出具鉴定文书。

对影响组织、器官功能或者伤情复杂，一时难以进行鉴定的，待伤情稳定后及时提出鉴定意见，并出具鉴定文书。

第二十条　对人身伤情进行鉴定，应当由县级以上公安机关鉴定机构二名以上鉴定人负责实施。

伤情鉴定比较疑难，对鉴定意见可能发生争议或者鉴定委托主体有明确要求的，伤情鉴定应当由三名以上主检法医师或者四级以上法医官负责实施。

需要聘请其他具有专门知识的人员进行鉴定的，应当经县级以上公安机关负责人批准，制作《鉴定聘请书》，送达被聘请人。

10.《国家计划委员会、最高人民法院、最高人民检察院、公安部扣押、追缴、没收物品估价管理办法》（计办［1997］808号）（1997年4月22日发布并施行）（节录）

第二条　人民法院、人民检察院、公安机关各自管辖的刑事案件，对于价格不明或者价格难以确定的扣押、追缴、没收物品需要估价的，应当委托指定的估价机构估价。案件移送时，应当附有《扣押、追缴、没收物品估价鉴定结论书》。

第三条 公安机关移送人民检察院审查起诉和人民检察院向人民法院提起公诉的案件，对估价结论有异议的，应当由提出异议的机关自行委托估价机构重新估价。

第四条 对于扣押、追缴、没收的珍贵文物，珍贵、濒危动物及其制品，珍稀植物及其制品，毒品、淫秽物品，枪支、弹药等不以价格数额作为定罪量刑标准的，不需要估价。

第五条 国务院及地方人民政府价格部门是扣押、追缴、没收物品估价工作的主管部门，其设立的价格事务所是各级人民法院、人民检察院、公安机关指定的扣押、追缴、没收物品估价机构，其他任何机构或者个人不得对扣押、追缴、没收物品估价。

第六条 价格事务所出具的扣押、追缴、没收物品估价鉴定结论，经人民法院、人民检察院、公安机关确认，可以作为办理案件的依据。

第七条 各级人民法院、人民检察院、公安机关遇有本办法第二条所列情形时，应当委托同级价格部门设立的价格事务所进行估价。

第八条 委托机关在委托估价时，应当送交《扣押、追缴、没收物品估价委托书》。《扣押、追缴、没收物品估价委托书》应当包括以下内容：

（一）估价的理由和要求；

（二）扣押、追缴、没收物品的品名、牌号、规格、种类、数量、来源，以及购置、生产、使用时间；

（三）起获扣押、追缴、没收物品时其被使用、损坏程度的记录，重要的扣押、追缴、没收物品，应当附照片；

（四）起获扣押、追缴、没收物品的时间、地点；

（五）其他需要说明的情况。

委托机关送交的《扣押、追缴、没收物品估价委托书》必须加盖单位公章。

第九条 价格事务所接到人民法院、人民检察院、公安机关《扣押、追缴、没收物品估价委托书》时，应当认真审核委托书的各项内容及要求，如委托书所提要求无法做到时，应当立即与委托机关协商。

第十条 价格事务所在接受委托后，应当按照《扣押、追缴、没收物品估价委托书》载明的情况对实物进行查验，如发现差异，应立即与委托机关共同确认。

价格事务所一般不留存扣押、追缴、没收物品，如确需留存时，应当征得委托机关同意并严格办理交接手续。

第十一条　价格事务所估价确实需要时，可以提请委托机关协助查阅有关的帐目、文件等资料。可以向与委托事项有关的单位和个人进行调查或索取证明材料。

第十二条　价格事务所应当在接受估价委托之日起七日内作出扣押、追缴、没收物品估价鉴定结论；另有约定的，在约定期限内作出。

第十三条　价格事务所办理的扣押、追缴、没收物品估价鉴定，应当由两名以上估价工作人员共同承办，出具的估价鉴定结论，必须经过内部审议。

价格事务所估价人员遇有下列情形之一的，应当回避：

（一）与估价事项当事人有亲属关系或与该估价事项有利害关系的；

（二）与估价事项当事人有其他关系，可能影响对扣押、追缴、没收物品公正估价的。

第十四条　价格事务所在完成估价后，应当向委托机关出具《扣押、追缴、没收物品估价鉴定结论书》。《扣押、追缴、没收物品估价鉴定结论书》应当包括以下内容：

（一）估价范围和内容；

（二）估价依据；

（三）估价方法和过程要述；

（四）估价结论；

（五）其他需要说明的问题及有关材料；

（六）估价工作人员签名。

价格事务所出具的《扣押、追缴、没收物品估价鉴定结论书》必须加盖单位公章。

第十五条　委托机关对价格事务所出具的《扣押、追缴、没收物品估价鉴定结论书》有异议的，可以向原估价机构要求补充鉴定或者重新鉴定，也可以直接委托上级价格部门设立的价格事务所复核或者重新估价。

第十六条　接受委托的价格事务所认为必要时，在征得委托机关同意后，可以将委托事项转送上级价格部门设立的价格事务所进行估价，并将有关情况书面通知原委托估价机关。

第十七条 国家计划委员会直属价格事务所是扣押、追缴、没收物品估价的最终复核裁定机构。

第十八条 价格事务所必须按照国家的有关法律规定，以及最高人民法院、最高人民检察院制定的有关司法解释和各项价格法规，客观公正、准确及时地估定扣押、追缴、没收物品价格。

第十九条 扣押、追缴、没收物品估价的基准日除法律、法规和司法解释另有规定外，应当由委托机关根据案件实际情况确定。

第二十条 价格事务所对委托估价的文物、邮票、字画、贵重金银、珠宝及其制品等特殊物品，应当送有关专业部门作出技术、质量鉴定后，根据其提供的有关依据，作出估价结论。

第二十一条 按照国家有关价格工作的管理规定，扣押、追缴、没收物品估价工作实行统一领导、分级管理。

第二十二条 国家计划委员会的主要职责：

（一）会同最高人民法院、最高人民检察院、公安部制定、解释扣押、追缴、没收物品估价工作的基本原则。

（二）确定划分国家和地方价格部门在扣押、追缴、没收物品估价工作中的主要职责。

（三）负责管理、指导、监督、检查全国扣押、追缴、没收物品估价工作。

（四）其设立的价格事务所办理最高人民法院、最高人民检察院、公安部委托的扣押、追缴、没收物品估价；协调或者办理跨地区（省、自治区、直辖市）、跨部门的扣押、追缴、没收物品估价业务；办理疑难、重大案件涉及的扣押、追缴、没收物品估价。

第二十三条 各省、自治区、直辖市价格部门的主要职责：

（一）贯彻执行最高人民法院、最高人民检察院、公安部和国家计委对估价工作制定的各项方针、政策和基本原则，会同同级司法机关制定本地区有关扣押、追缴、没收物品估价的具体规定。

（二）其设立的价格事务所办理同级人民法院、人民检察院、公安机关委托的扣押、追缴、没收物品估价；办理本地区内跨地（市）、县，有相当难度的扣押、追缴、没收物品估价及复核工作；协助上级价格部门设立的价格事务所进行扣押、追缴、没收物品估价工作。

第二十四条 地（市）县（市、区）价格部门的职责：

（一）贯彻执行估价工作的有关规定，协助上级价格部门做好扣押、追缴、没收物品估价工作。接受上级价格部门对扣押、追缴、没收物品估价工作的管理、指导、监督、检查。

（二）其设立的价格事务所办理同级人民法院、人民检察院、公安机关委托的扣押、追缴、没收物品估价，协助上级价格部门设立的价格事务所进行扣押、追缴、没收物品估价工作。

第二十五条 严禁估价人员虚假鉴定、徇私舞弊、玩忽职守、泄露涉案秘密。凡违反规定，造成估价失实，或者对办理案件造成不良影响的，对责任人员将视情节，给予处分；构成犯罪的，依法追究刑事责任。

第二十六条 价格事务所和鉴定人对出具的《扣押、追缴、没收物品估价鉴定结论书》的内容分别承担相应法律责任。

[参考案例]

1. 林某亮为境外刺探国家秘密案——国家秘密的级别鉴定依法应由有鉴定资质的鉴定机构进行[①]

基本案情：福建省厦门市中级人民法院认定，2012 年 8 月，被告人林某亮在互联网上发布求职信息后，被境外人员“丹”许以经济报酬诱惑勾连。2012 年 11 月至 2014 年 2 月，被告人林某亮按照“丹”的要求，以兼职做市场调查、项目调查的名义，以厦门水警区码头为主要目标，每月数次到码头周边，采取观察、绘图、记录、拍照、编制等方式，搜集获取码头周边及内部布局图、工程建设进展、军舰停泊动态等军事信息，并整理制作成电子资料，通过互联网以发送邮件、共用邮箱等方式提供给“丹”，先后收受对方支付的报酬共计 56837 元。经鉴定，上述资料涉及 3 项军事秘密，具体如下：

1. 2012 年 12 月，被告人林某亮按照“丹”的要求，到本市和平码头用手机对码头修建项目和船只进行拍照，在军港外围观察建筑物布局，到演武大桥拍摄军舰等照片，将照片、绘制的布局图及搜集情况一并发给了对方。其中，被告人林某亮绘制的某猎潜艇大队内部及周边布局图经鉴定为“机密

① 人民法院案例选 总第 91 辑。

级”军事秘密。

2. 2013年9月，被告人林某亮按照“丹”的要求，将其在上述码头观测到的舰艇数量、舷号及停泊变动情况予以记录，与之前所拍照片编制成40余条记录发给对方。其中，该观测记录反映了厦门水警区某船参加反袭扰演练、训练等情况，经鉴定为“机密级”军事秘密。

3. 在被告人林某亮另所拍摄并发给“丹”的照片中，有关营区门岗、厦门港码头、军用船舰的照片，为某猎潜艇大队门岗、码头、舰船靠泊情况，经鉴定为“秘密级”军事秘密。

裁判结果：福建省厦门市中级人民法院于2014年12月5日作出（2014）厦刑初字第134号刑事判决：一、被告人林某亮犯为境外刺探国家秘密罪，判处有期徒刑五年，剥夺政治权利一年。二、追缴被告人林某亮违法犯罪所得人民币56837元。三、随案移送的被告人林某亮的建设银行储蓄卡用于执行第二项判决，笔记本电脑一台予以没收。宣判后，林某亮未提起上诉，判决已生效。

案例评析：本案中，起诉指控涉及三项国家秘密，被告人主要对其中第二项“机密级”军事秘密提出抗辩意见。首先，从鉴定资质来看，《最高人民法院关于审理为境外窃取、刺探、收买、非法提供国家秘密、情报案件具体应用法律若干问题的解释》第7条规定：“审理为境外窃取、刺探、收买、非法提供国家秘密案件，需要对有关事项是否属于国家秘密以及属于何种密级进行鉴定的，由国家保密工作部门或者省、自治区、直辖市保密工作部门鉴定。”本案中的鉴定机关是中国人民解放军海军福建基地保密委员会，属于省级保密工作部门，符合法定鉴定资格。其次，从鉴定意见得出的密级来看，案发期间被告人林某亮对厦门港码头的观测记录之所以被认定为“机密级”军事秘密，是因为其动态反映了厦门水警区某大队某船参加反袭扰演练及编队位厦门港内训练等情况。从保密措施来看，该码头可能存在保密性的欠缺，行为人以游客的身份随手可以摄得静态照片，但该静态照片难以构成军事秘密，正是被告人在同一时间段、同一区域的持续观测，形成了动态记录，呈现了相关船舰部署和调动的活动规律，构成了军事秘密。因此，本案作出鉴定意见的主体符合法律规定，鉴定的依据充分，内容客观、准确，可以采信为定案依据。

2. 吴某云等被控故意伤害宣告无罪案——司法鉴定应严格按照提请鉴定的事项进行鉴定，不得对行为人的行为发表结论①

基本案情：广西壮族自治区钦州市钦南区人民检察院指控称：被告人吴某云怀疑黄某红与其丈夫陈某关系暧昧，于2007年10月12日12时许邀集其姐姐吴某玲、表妹蒋某洁、“大妹”找黄某红算账。四人到钦州市水产局宿舍找到黄某红，被告人吴某云质问黄某红为什么勾引她老公，黄某红讲没有勾引她老公。于是，被告人吴某云、吴某玲就动手打黄某红的脸部，用脚踢打黄某红。黄某红被打后因觉身体不适，于当天23时许到钦州市第一人民医院检查，被诊断为右侧卵巢黄体破裂。经法医鉴定，黄某红的伤已构成重伤、十级伤残。

被告人吴某云辩称：其丈夫曾承认与黄某红有不正当关系，其本人与吴某玲等四人到钦州找黄某红，是想找她讲这个问题。到了黄某红宿舍后，是黄某红邀请她们进入的，其本人并没有打黄某红。请求法院作出无罪判决。

吴某云的辩护人提出：本案没有充分的证据证实黄某红的重伤后果与被告人吴某云之间的行为有直接的因果关系，且本案同时存在两份效力相同的司法鉴定书，法院应依法采信有利于被告人的司法鉴定结论，并对被告人作出无罪的判决。

被告人吴某玲辩称：其只打了黄某红的脸部一巴掌和踢了她膝盖一脚，并没有踢打黄某红的腹部及其他部位。而且，她们与黄某红的纠纷发生在中午12点左右，但是，黄是在晚上23点去医院就诊的。因此，黄某红的伤情与被告人的行为无关，请求法院作出无罪判决。

吴某玲的辩护人提出：没有证据证实被告人吴某玲踢打黄某红的腹部，因此，黄某红右侧卵巢黄体破裂与被告人的行为无关，法院应宣告被告人无罪。

广西壮族自治区钦州市钦南区人民法院经公开审理查明：被告人吴某云因怀疑黄某红与其丈夫陈某关系暧昧，于2007年10月12日12时许从北海邀集其姐姐吴某玲、表妹蒋某洁、“大妹”到钦州找黄某红算账。四人来到钦州市水产局宿舍501室找到黄某红，被告人吴某云质问黄某红为什么勾引她老公，黄某红讲没有勾引她老公。于是，被告人吴某云、吴某玲等四人与黄某红发生了争吵，被告人吴某云、吴某玲分别动手打了黄某红的脸部一巴

① 《中国审判案例要览·2011年刑事审判案例卷》。

掌，被告人吴某玲还踢了黄某红一脚。黄某红的母亲曾某昭见状拿了一根晾衣竿出来扫打被告人吴某云、吴某玲等四人，二被告人见状便停止了与黄某红的肢体接触，但四人还留在黄家继续与黄某红争吵。曾某昭便打电话给黄某红在钦州港工作的丈夫宋某，叫宋某回来处理。黄某红也打电话给陈某，叫陈某赶来她家。宋某接到曾某昭的电话后，即打电话叫其朋友谢某见到其家帮忙劝解。随后，陈某及谢某见二人先后赶到了 501 室，被告人吴某云、吴某玲等四人在陈某的劝解下离开。

当天中午 2 时左右，宋某从钦州港赶到家。下午两点多钟，黄某红回单位上班。下班回家后，由于觉得下腹部不舒服，于晚上 11 时 20 分到钦州市第一人民医院急诊科就诊，初步诊断为“急性胃肠炎、阑尾炎”。次日早上，经 B 超检查：右侧附件肿块（考虑宫外孕破裂），腹腔卵巢未见异常。初步诊断：（1）右附件包块查因（异位妊娠、卵巢黄体破裂）；（2）慢性宫颈炎。手术前诊断：右侧卵巢黄体破裂出血。当天行“右侧卵巢破裂修补术”。手术后诊断：右侧卵巢黄体破裂出血。从 2007 年 10 月 13 日起至 2007 年 10 月 20 日止，黄某红在钦州市第一人民医院住院治疗 8 天，出院医生建议全休 1 个月。

2007 年 10 月 15 日，黄某红委托广西钦州市正大司法鉴定中心对其伤残程度进行司法鉴定。广西钦州市正大司法鉴定中心于当天作出了钦正司鉴中心（2007）临鉴字第 281 号《司法鉴定书》，认定黄某红右侧卵巢黄体破裂出血是外伤引起的，鉴定结论为：黄某红的损伤程度为重伤，伤残程度评定为十级伤残。2008 年 2 月 19 日，该鉴定中心又作出了《黄某红损伤程度鉴定的补充说明》，认定黄某红右侧卵巢黄体破裂出血是由外伤引起的，损伤程度为重伤，但是从法医学角度来分析，确实不能够确定其损伤的结果是否为案情所述的 2007 年 10 月 12 日中午 12 时 40 分左右被他人打伤所造成的，理由为：“1. 黄某红中午 12 时左右受伤后，没有马上到医院检查，下午照常上班，直到晚上 11 时许才到医院就诊，时间相差 10 小时，中间是否二次受伤，法医无法确定。2. 根据钦州市第一人民医院手术所见，黄某红右侧卵巢增大，有一囊肿约 4×3cm，表面有一破裂口约 2×3cm，活动性出血，腹腔积血约 600mL，诊断为右侧卵巢黄体破裂出血，说明外力作用于相应右侧卵巢处体表（右下腹部）相当大，按常规情况下，当时伤者应该出现较明显的腹部疼痛等临床症状，很难忍痛到晚上 11 时许才到医院就诊，次日上午才住院治疗。”

2008年4月21日，广西壮族自治区钦南区人民检察院委托广西公仆司法鉴定中心对黄某红的伤情及伤残等级再次进行鉴定。广西公仆司法鉴定中心于当天作出了广西公仆司鉴中心（2008）临鉴字9号《司法鉴定书》，该鉴定书同样确认了黄某红右侧卵巢损伤是由于外伤作用引起的，但同时分析认定了“黄某红右侧卵巢黄体破裂大出血与2007年10月12日中午遭人踢打下腹部有直接的因果关系”的事实，最后的鉴定结论为：黄某红的损伤程度为重伤，伤残程度评定为十级伤残。

裁判结果：广西壮族自治区钦州市钦南区人民法院经审理认为：综合本案的证据材料分析，黄某红右侧卵巢黄体破裂出血导致重伤和十级伤残的后果确是事实，但是，公诉机关指控二被告人的行为直接导致了黄某红重伤和十级伤残的后果，事实不清、证据不足。

1. 黄某红右侧卵巢黄体破裂出血的伤情，无法确认是二被告人的行为所致。经查，案发当天中午12时许，二被告人与黄某红因陈某的问题发生了争执，在场的人员有被告人吴某云、吴某玲、蒋某洁、“大妹”、陈某华以及黄某红、曾某昭六人，但是这六人所反映的情况并不一致，且在对黄某红受到伤害部位、被告人吴某云等人实施行为状态方面的陈某存在矛盾。黄某红当晚就诊的病历也未见反映当天中午遭人踢打的情况。

2. 黄某红右侧卵巢黄体破裂出血伤情发生的具体时间不明确。经查，黄某红在2007年10月12日中午与二被告人等人发生纠纷后，下午提前上班至18时许下班回家，直到晚上11时20分因感觉腹部疼痛而到医院就诊为止，前后相差了整整10个小时。而本案的证据，对黄某红在这10个小时的时间段里的行踪和所发生的事情，很显然不具有作为定案证据的唯一性和排他性。

3. 本案存在两份效力相同、鉴定结论相同、但是分析损伤后果临床具体成因有差异的司法鉴定书。本案的两份鉴定书是就同一鉴定事项，先后由广西钦州市正大司法鉴定中心、广西公仆司法鉴定中心这两个具有鉴定资格的机构所分别作出的，两份鉴定书的鉴定结果均为：黄某红的损伤程度为重伤，伤残程度评定为十级伤残。而且，这两份鉴定书均分析确认了黄某红右侧卵巢黄体破裂大出血是由于外伤引起的。但是，广西公仆司法鉴定中心作出的广西公仆司鉴中心（2008）临鉴字9号《司法鉴定书》在分析伤情成因时，在分析意见中直接认定了“黄某红右侧卵巢黄体破裂大出血与2007年10月12日中午遭人踢打下腹部有直接的因果关系”的案件事实，而作为一份“伤情及伤残等级”鉴定书，本应就伤情成因从临床医学角度作出分析意见以及就伤残等级作出评定，而不应就相关的具体案情作出结论性的认定。至于导致黄某红右侧卵巢黄体破裂大出血的外伤作用，是否 2007 年 10 月 12 日中午二被告人的行为实施的，应通过法院对案件进行审理后，才能够依据事实和证据作出是或者否的裁判结论。该份鉴定结论书中涉及了对二被告人行为认定的分析意见，显然已超出了司法鉴定的内容和范畴，是不够客观和真实的，因此，对该鉴定书中涉及的相关分析意见，依法不予采信。

综上，2007 年 10 月 12 日中午黄某红与二被告人发生纠纷并有过肢体接触是事实，黄某红右侧卵巢黄体破裂大出血是因外伤作用所致也是事实，但是，本案没有充分、确凿的证据证实黄某红右侧卵巢的损伤与二被告人的行为之间有直接因果关系。公诉机关指控二被告人犯故意伤害罪的罪名，虽然提供了一定的证据，但其中关于证明黄某红右侧卵巢损伤与二被告人行为之间有直接因果关系的证据材料，不具备作为定案证据的唯一性和排他性，因此，本案证据不足、事实不清。根据疑罪从无的刑法原则，依法不予支持公诉机关的指控。判决被告人吴某云、吴某玲无罪。宣判后，检察机关提出抗诉，广西壮族自治区钦州市中级人民法院依法审理后裁定驳回抗诉，维持原判。广西壮族自治区人民检察院提出再审抗诉，广西壮族自治区高级人民法院经依法再审审理后，裁定维持广西壮族自治区钦州市中级人民法院的刑事裁定和广西壮族自治区钦州市钦南区人民法院的刑事判决。

案例评析：司法鉴定机关接受委托进行鉴定只可对委托的事项进行鉴定，不得超越范围对案件的其他行为或事实提供结论。本案中，鉴定机构对接受委托进行人体损伤鉴定，应当就被害人的伤情及伤残等级进行鉴定，而不能超越鉴定范围对其他事实作出鉴定。广西公仆司法鉴定中心的《司法鉴定书》除了鉴定被害人黄某红伤情及伤残等级之外，还认定了黄某红右侧卵巢黄体破裂大出血与 2007 年 10 月 12 日中午遭人踢打下腹部有直接的因果关系，明显超出了司法鉴定的范畴。而且根据在案证据，认定二被告人踢打被害人下腹的证据尚不充分，更不可能得出二被告人致被害人重伤的结论。法院对该鉴定书中涉及黄某红右侧卵巢黄体破裂大出血与 2007 年 10 月 12 日中午遭人踢打下腹部有直接因果关系的分析意见不予采信，是正确的。

第一百四十七条　鉴定人进行鉴定后，应当写出鉴定意见，并且签名。

鉴定人故意作虚假鉴定的，应当承担法律责任。

[条文主旨]

本条是关于鉴定的程序及法律责任的规定。

[条文释解]

1979年《刑事诉讼法》第89条规定："鉴定人进行鉴定后，应当写出鉴定结论，并签名。"刑事诉讼中常常需要通过鉴定对案件中涉及的某些专门性问题作出鉴别与判断，鉴定对案件的认定往往起到决定性作用，但鉴定只是鉴定人个人依据其掌握的专门知识对有关专门性问题作出的检验、鉴别和判断，属于个人行为，是鉴定人向委托人提供鉴定意见的一种服务。鉴定人进行鉴定后，应当由其个人签名，对其鉴定意见负责。

1996年修改《刑事诉讼法》时，当时司法实践中对人身伤害和精神病的医学鉴定争议较多，成为困扰司法机关的一个问题，有时不同机关之间，犯罪嫌疑人、被告人与司法机关之间，被害人与司法机关之间，对鉴定结论存在着不同的认识。尤其是公安机关、检察机关、法院三家各自指定专门性的鉴定医院，鉴定结论不一致时，难以协商，其中存在问题最多而且最不易判断的是对精神病的医学鉴定和对人身伤害的医学鉴定。人身伤害和精神病的医学鉴定结论是定罪量刑的重要依据，直接影响到对犯罪嫌疑人有罪、无罪或者罪轻、罪重的认定。实践中有的多次重复进行医学鉴定而无法确定，有的医学鉴定之间相互矛盾，甚至有的作虚假的医学鉴定，其后果十分严重。为了解决这一问题，1996年《刑事诉讼法》修改时明确规定对人身伤害的医学鉴定有争议须重新鉴定或对精神病的鉴定由省级人民政府指定的医院进行。其中对精神病的医学鉴定应一律由省级人民政府指定的医院进行，对人身伤害的医学鉴定，如果不是在省级人民政府指定医院进行的鉴定，并且没有争议的，也可以作为证据使用，但有争议的鉴定，必须在省级人民政府指定的医院进行。同时还规定，鉴定人进行鉴定后，应当写出鉴定结论，并且由鉴定人签名，医院加盖公章。这样规定，是为了使鉴定人、医院加强责任感，也便于在出现问题后及时查找有关责任人。考虑到鉴定人故意作虚假鉴定有可能影响到案件的公正审理和对犯罪嫌疑人的定罪量刑，其行为具有很大的危害性，《刑法》第305条对鉴定人作虚假鉴定也有追究刑事责任的规定，因此，增加规定，鉴定人故意作虚假鉴定的，应当承担法律责任。

2012 年修改《刑事诉讼法》时对本条作了两处修改：一是将“鉴定结论”修改为“鉴定意见”。主要是考虑用“鉴定意见”的表述更为科学、准确，更符合鉴定活动的本质特征。鉴定意见作为鉴定人个人的认识和判断，表达的只是鉴定人个人的意见，对整个案件来说，鉴定意见只是诸多证据中的一种证据，审判人员应当结合案件的全部证据，加以综合审查判断，从而正确认定案件事实，作出正确判决。而不是被动地将“结论”作为定案依据。将“鉴定结论”修改为“鉴定意见”，有利于摆正这类证据在诉讼中的位置，转变办案人员的观念，以便发挥办案人员在审查判断鉴定意见时的主动性和能动性，提高办案质量。二是删去了“对人身伤害的医学鉴定有争议需要重新鉴定或者对精神病的医学鉴定，由省级人民政府指定的医院进行”的规定。2005 年通过的《全国人民代表大会常务委员会关于司法鉴定管理问题的决定》规定，国家对鉴定人和鉴定机构实行登记管理制度，第 2 条第 1 款明确规定：“国家对从事下列司法鉴定业务的鉴定人和鉴定机构实行登记管理制度：（一）法医类鉴定；（二）物证类鉴定；（三）声像资料鉴定；（四）根据诉讼需要由国务院司法行政部门商最高人民法院、最高人民检察院确定的其他应当对鉴定人和鉴定机构实行登记管理的鉴定事项。”第 3 条规定：“国务院司法行政部门主管全国鉴定人和鉴定机构的登记管理工作。省级人民政府司法行政部门依照本决定的规定，负责对鉴定人和鉴定机构的登记、名册编制和公告。”第 6 条第 1 款规定：“申请从事司法鉴定业务的个人、法人或者其他组织，由省级人民政府司法行政部门审核，对符合条件的予以登记，编入鉴定人和鉴定机构名册并公告。”第 7 条规定：“侦查机关根据侦查工作的需要设立的鉴定机构，不得面向社会接受委托从事司法鉴定业务。人民法院和司法行政部门不得设立鉴定机构。”根据上述规定，目前从事该决定第 2 条第 1 款规定事项的鉴定人和鉴定机构都应向省级人民政府司法行政部门申请，对符合条件的，经由省级人民政府司法行政部门审核，予以登记，编入鉴定人和鉴定机构名册并公告。为与该决定的规定相衔接，2012 年《刑事诉讼法》修改时删除了 1996 年《刑事诉讼法》第 120 条第 2 款的规定。

本条共分为两款。第 1 款是关于对鉴定人进行专门性鉴定后应当写出鉴定意见的规定。

进行鉴定是为了获取证据，查明案件情况，因此，鉴定人应运用科学技术或专门知识对侦查人员不能解决的专门性问题进行鉴别、判断后提出意见，形成鉴定意见。鉴定意见是刑事诉讼证据之一，经审查核实后，即可作为定案依据使用。出具的鉴定意见，应当对所要求鉴定的每一个问题都写得明确具体，并说明其科学或者技术上的根据，且应当经鉴定人签名，同时附上鉴定机构和鉴定人的资质证明或者其他证明文件，以示对鉴定意见的真实性、客观性负责。

第 2 款是关于对鉴定人作虚假鉴定应负法律责任的规定。

本款中规定的“故意作虚假鉴定”，是指故意出具不符合事实的鉴定意见，但因技术或设备上的原因而错误鉴定的，不属于“故意作虚假鉴定”。“承担法律责任”，是指对故意作虚假鉴定，构成伪证罪的，依照《刑法》第 305 条的规定追究其刑事责任。根据《刑法》第 305 条的规定，在刑事诉讼中，鉴定人对与案件有重要关系的情节，故意作虚假鉴定，意图陷害他人或者隐匿罪证的，处三年以下有期徒刑或者拘役；情节严重的，处三年以上七年以下有期徒刑。另外，如果鉴定人收受贿赂并作虚假鉴定的，还构成受贿罪等。鉴定人故意作虚假鉴定，尚不够刑事处罚的，依法予以行政处分。

[司法实务]

对于多名鉴定人进行的鉴定，每一位鉴定人都应当在出具的鉴定意见上签名。如果多名鉴定人的意见一致，应当写出共同的鉴定意见。如果意见不一致，可以分别提出不同的鉴定意见，在鉴定意见上写明分歧的内容和理由，如果需要，可以聘请更有权威的专家进一步鉴定。如果不能作出鉴定意见的，应当说明原因。

[配套规定]

1.《公安机关办理刑事案件程序规定》（公安部令第 127 号）（2012 年 12 月 13 日发布 自 2013 年 1 月 1 日起施行）（节录）

第二百四十二条 鉴定人应当按照鉴定规则，运用科学方法独立进行鉴定。鉴定后，应当出具鉴定意见，并在鉴定意见书上签名，同时附上鉴定机构和鉴定人的资质证明或者其他证明文件。

多人参加鉴定，鉴定人有不同意见的，应当注明。

2.《公安机关涉案枪支弹药性能鉴定工作规定》（公通字［2010］67号）（2010年12月7日公布并施行）（节录）

四、鉴定程序。对枪支弹药的鉴定需经过鉴定、复核两个步骤，并应当由不同的人员分别进行。复核人应当按照鉴定操作流程的全过程进行复核，防止发生错误鉴定。鉴定完成后，应当制作《枪支、弹药鉴定书》。《枪支、弹药鉴定书》中的鉴定结论应当准确、简明，同时应当标明鉴定人、复核人身份并附有本人签名，加盖鉴定单位印章。《枪支、弹药鉴定书》应附检材、样本照片等附件。

3.《人民检察院鉴定规则（试行）》（节录）

第二十条　鉴定完成后，应当制作鉴定文书。鉴定文书包括鉴定书、检验报告等。

第二十一条　鉴定文书应当语言规范，内容完整，描述准确，论证严谨，结论科学。

鉴定文书应当由鉴定人签名，有专业技术职称的，应当注明，并加盖鉴定专用章。

第二十二条　鉴定文书包括正本和副本，正本交委托单位，副本由鉴定机构存档备查。

第二十三条　鉴定文书的归档管理，依照人民检察院立卷归档管理的相关规定执行。

4.《公安机关办理伤害案件规定》（公通字［2005］98号）（2005年12月27日公布并施行）（节录）

第二十二条　人身伤情鉴定文书格式和内容应当符合规范要求。鉴定文书中应当有被害人正面免冠照片及其人体需要鉴定的所有损伤部位的细目照片。对用作证据的鉴定意见，公安机关办案单位应当制作《鉴定意见通知书》，送达被害人和违法犯罪嫌疑人。

［参考案例］

李某均伪证案——司法鉴定人故意作虚假鉴定构成伪证罪[①]

基本案情：江苏省扬州市广陵区人民法院经公开审理查明：被告人李某

① 《中国审判案例要览·1997年刑事审判案例卷》。

均于1995年11月9日，受江苏省扬州市广陵区人民法院委托，在负责鉴定盗窃信用卡诈骗案被告人陈某宁有无刑事责任能力时，受郝某某、焦某某的托请，明知陈某宁有完全刑事责任能力，却违背事实，故意鉴定为“精神分裂症（早期），无刑事责任能力”，意图使被告人陈某宁逃避法律制裁。后经江苏省精神病司法鉴定委员会技术鉴定组复鉴，“被鉴定人陈某宁无精神病，作案时有责任能力”。

裁判结果：江苏省扬州市广陵区人民法院作出（1996）刑字第74号刑事判决：李某均犯伪证罪，判处有期徒刑一年，缓刑一年。

案例评析：鉴定人进行鉴定时，应当遵守自己的职业道德，坚持实事求是的原则，根据科学检验的结果提出鉴定意见。《刑事诉讼法》规定，鉴定人故意作虚假鉴定的，应当承担法律责任。本案中，被告人李某均身为江苏省复员退伍军人精神病医院的副主任医师，司法精神病鉴定小组副组长，在接受人民法院委托，负责对被鉴定人陈某宁的刑事责任能力鉴定时，出于个人私情，故意对被鉴定人作出虚假的“无刑事责任能力”的鉴定，意图为被鉴定人开脱刑事责任，逃避法律的制裁，其行为妨害了司法机关的正常活动，符合伪证罪的构成要件，最终被以伪证罪追究刑事责任。

第一百四十八条　侦查机关应当将用作证据的鉴定意见告知犯罪嫌疑人、被害人。如果犯罪嫌疑人、被害人提出申请，可以补充鉴定或者重新鉴定。

[条文主旨]

本条是关于鉴定意见的告知义务及当事人对鉴定意见有异议时如何处理的规定。

[条文释解]

1996年修改《刑事诉讼法》时，为了进一步保障公民的合法权益，将被害人规定为诉讼当事人，考虑到被害人是犯罪行为的直接受害者，鉴定意见的内容与被害人有着密切的联系。因此，增加了侦查机关应当将用作证据的鉴定意见告知被害人，如果被害人提出申请，也可以补充鉴定或重新鉴定的规定。这样的规定，有利于体现双方权利的平等，保障诉讼当事人的合法权益。2012 年修改《刑事诉讼法》时对本条作了一处修改，将“鉴定结论”修改为“鉴定意见”。

本条包括两层意思：第一，用作证据的鉴定意见应当告知犯罪嫌疑人、被害人。其中“用作证据的鉴定意见”是指经过专门机构进行鉴定后形成的专门性问题的鉴定意见，经侦查机关审查核实后，认为可以作为证据使用的鉴定意见。告知犯罪嫌疑人、被告人用作证据的鉴定意见必须是书面的，因为用作证据的鉴定意见，直接关系到对案件事实的认定，对犯罪嫌疑人和被害人有着直接的利害关系，所以将鉴定意见告知犯罪嫌疑人、被害人，使其有机会申请补充鉴定或者重新鉴定，体现了对犯罪嫌疑人、被害人诉讼权利的保障。第二，犯罪嫌疑人、被害人可以申请补充鉴定或者重新鉴定。本条规定的申请“补充鉴定”是指犯罪嫌疑人或者被害人认为鉴定意见有疑点、鉴定意见与案件事实因果关系不明确或者所提供的鉴定意见有遗漏等，可能影响对案件事实的认定，使自己的合法权益受到损害而提出的申请。对犯罪嫌疑人或者被害人提出的申请，侦查机关应当进行审查，认为原鉴定意见正确的，可以驳回申请人的申请，并说明理由。如果原鉴定意见确有疑点、遗漏或者因果关系不明显，应当要求鉴定人补充鉴定，并将补充鉴定意见及时告知申请人。“重新鉴定”是指犯罪嫌疑人或者被害人有充足的理由证明鉴定意见确有错误或者鉴定人应当回避而没有回避，以及其他原因影响鉴定人作出正确鉴定的，其鉴定意见可能影响案件公正处理而提出的申请。对犯罪嫌疑人或者被害人提出的申请，侦查机关应当进行审查，认为原鉴定意见正确，不存在申请人提出需要重新鉴定情形的，可以驳回申请，并应当说明理由，如果原鉴定意见确有错误或者鉴定人应该回避而没有回避的，应当重新鉴定。重新鉴定时，侦查机关应当另行聘请或指派鉴定人员进行鉴定。

实际执行中应当注意，侦查机关应当将鉴定意见及时告知犯罪嫌疑人、被害人，切实保障其正当的诉讼权利，对犯罪嫌疑人、被害人提出补充鉴定或者重新鉴定的申请，应当认真对待，及时核查，并将结果及时告知申请人。

[司法实务]

1. 鉴定意见作出后，侦查人员要对鉴定意见进行审查判断。鉴定人作出的鉴定意见并不具有预定的证明力，而且鉴定意见是鉴定人运用专门科学技术或者专门知识对专门性问题进行鉴别和判断后得出的意见，因此，鉴定人和鉴定机构的资质，据以鉴定检材的真实性，鉴定程序、方法和过程的规范化，以及鉴定意见形式的完备性都将影响鉴定意见的真实性和可采性。有鉴于此，侦查人员需对鉴定意见进行细致的审查后方可用作证据。关于审查的一般原则和重点内容，《关于办理死刑案件审查判断证据若干问题的规定》第 23 条已经作了规定，可以作为侦查人员审查鉴定意见的重点，具体为："对鉴定意见应当着重审查以下内容：（一）鉴定人是否存在应当回避而未回避的情形。（二）鉴定机构和鉴定人是否具有合法的资质。（三）鉴定程序是否符合法律及有关规定。（四）检材的来源、取得、保管、送检是否符合法律及有关规定，与相关提取笔录、扣押物品清单等记载的内容是否相符，检材是否充足、可靠。（五）鉴定的程序、方法、分析过程是否符合本专业的检验鉴定规程和技术方法要求。（六）鉴定意见的形式要件是否完备，是否注明提起鉴定的事由、鉴定委托人、鉴定机构、鉴定要求、鉴定过程、检验方法、鉴定文书的日期等相关内容，是否由鉴定机构加盖鉴定专用章并由鉴定人签名盖章。（七）鉴定意见是否明确。（八）鉴定意见与案件待证事实有无关联。（九）鉴定意见与其他证据之间是否有矛盾，鉴定意见与检验笔录及相关照片是否有矛盾。（十）鉴定意见是否依法及时告知相关人员，当事人对鉴定意见是否有异议。"

2. 关于告知鉴定意见，具体操作方法如下：一是对作为证据使用的鉴定意见，侦查机关在收到鉴定意见后，应当及时制作鉴定意见通知书，将交犯罪嫌疑人联、被害人联分别送达犯罪嫌疑人、被害人。犯罪嫌疑人以及被害人或其家属在附卷联附注部分分别签名并注明送达时间，侦查终结后存入诉讼卷。二是对行政执法机关移送的案件，如将其移送的鉴定意见作为证据使用的，应当在接受案件后及时将鉴定意见按照以上规定告知犯罪嫌疑人、被害人。

3. 补充鉴定的条件。补充鉴定是原鉴定意见存在可以补充的瑕疵，在原鉴定意见的基础上进行补充和完善，并不完全否定原鉴定意见的证据能力。"经犯罪嫌疑人以及被害人或其家属申请，或者侦查人员主动审查后，发现有下列情形之一的，应当补充鉴定：（一）鉴定内容有明显遗漏的；（二）发现新的有鉴定意义的证物的；（三）对鉴定证物有新的鉴定要求的；（四）鉴定意见不完整，委托事项无法确定的；（五）其他需要补充鉴定的情形。"

4. 重新鉴定的条件。重新鉴定是原鉴定意见存在不可补救的硬伤，已经完全失去证据能力，在原鉴定意见之外另行进行的鉴定。“经犯罪嫌疑人以及被害人或其家属申请，或者侦查人员主动审查后，发现有下列情形之一的，应当重新鉴定：（一）鉴定程序违法或者违反相关专业技术要求的；（二）鉴定机构、鉴定人不具备鉴定资质和条件的；（三）鉴定人故意作虚假鉴定或者违反回避规定的；（四）鉴定意见依据明显不足的；（五）送检检材虚假或者被损坏的；（六）有证据证明鉴定意见确有错误的；（七）其他应当重新鉴定的情形。”

[配套规定]

1. **《人民检察院刑事诉讼规则》**（高检发释字［2019］4号）（节录）

第二百二十条 对于鉴定意见，检察人员应当进行审查，必要时可以进行补充鉴定或者重新鉴定。重新鉴定的，应当另行指派或者聘请鉴定人。

第二百二十一条 用作证据的鉴定意见，人民检察院办案部门应当告知犯罪嫌疑人、被害人；被害人死亡或者没有诉讼行为能力的，应当告知其法定代理人、近亲属或诉讼代理人。

犯罪嫌疑人、被害人或被害人的法定代理人、近亲属、诉讼代理人提出申请，可以补充鉴定或者重新鉴定，鉴定费用由请求方承担。但原鉴定违反法定程序的，由人民检察院承担。

犯罪嫌疑人的辩护人或者近亲属以犯罪嫌疑人有患精神病可能而申请对犯罪嫌疑人进行鉴定的，鉴定费用由申请方承担。

2. **《公安机关办理刑事案件程序规定》**（公安部令第127号）（2012年12月13日发布，自2013年1月1日起施行）（节录）

第二百四十三条 对鉴定意见，侦查人员应当进行审查。

对经审查作为证据使用的鉴定意见，公安机关应当及时告知犯罪嫌疑人、被害人或者其法定代理人。

第二百四十四条 犯罪嫌疑人、被害人对鉴定意见有异议提出申请，以及办案部门或者侦查人员对鉴定意见有疑义的，可以将鉴定意见送交其他有专门知识的人员提出意见。必要时，询问鉴定人并制作笔录附卷。

第二百四十五条 经审查，发现有下列情形之一的，经县级以上公安机关负责人批准，应当补充鉴定：

（一）鉴定内容有明显遗漏的；

（二）发现新的有鉴定意义的证物的；

（三）对鉴定证物有新的鉴定要求的；

（四）鉴定意见不完整，委托事项无法确定的；

（五）其他需要补充鉴定的情形。

经审查，不符合上述情形的，经县级以上公安机关负责人批准，作出不准予补充鉴定的决定，并在作出决定后三日以内书面通知申请人。

第二百四十六条 经审查，发现有下列情形之一的，经县级以上公安机关负责人批准，应当重新鉴定：

（一）鉴定程序违法或者违反相关专业技术要求的；

（二）鉴定机构、鉴定人不具备鉴定资质和条件的；

（三）鉴定人故意作虚假鉴定或者违反回避规定的；

（四）鉴定意见依据明显不足的；

（五）检材虚假或者被损坏的；

（六）其他应当重新鉴定的情形。

重新鉴定，应当另行指派或者聘请鉴定人。

经审查，不符合上述情形的，经县级以上公安机关负责人批准，作出不准予重新鉴定的决定，并在作出决定后三日以内书面通知申请人。

第二百四十七条 公诉人、当事人或者辩护人、诉讼代理人对鉴定意见有异议，经人民法院依法通知的，公安机关鉴定人应当出庭作证。

鉴定人故意作虚假鉴定的，应当依法追究其法律责任。

3.《人民检察院鉴定规则（试行）》（高检发办字［2006］33号）（2006年11月30日公布，自2007年1月1日起施行）（节录）

第十七条 具有下列情形之一的，鉴定机构可以接受案件承办单位的委托，进行重新鉴定：

（一）鉴定意见与案件中其他证据相矛盾的；

（二）有证据证明鉴定意见确有错误的；

（三）送检材料不真实的；

（四）鉴定程序不符合法律规定的；

（五）鉴定人应当回避而未回避的；

（六）鉴定人或者鉴定机构不具备鉴定资格的；

（七）其他可能影响鉴定客观、公正情形的。

重新鉴定时，应当另行指派或者聘请鉴定人。引用统计

第十八条 鉴定事项有遗漏或者发现新的相关重要鉴定材料的，鉴定机构可以接受委托，进行补充鉴定。

4.**《公安机关办理伤害案件规定》**（公通字［2005］98号）（2005年12月27日公布并施行）（节录）

第二十一条 对人身伤情鉴定意见有争议需要重新鉴定的，应当依照《中华人民共和国刑事诉讼法》的有关规定进行。

［参考案例］

王某安故意杀人、盘某龙妨害作证案——在鉴定依据的事实不充分时可以重新鉴定，重新鉴定时检察机关的鉴定机构出具的鉴定意见可以被采信①

基本案情：广西壮族自治区南宁市中级人民法院经公开审理查明：

1.故意杀人

2007年4月1日下午5时许，羁押于广西兴安县看守所14监舍的在押人员黎某阳不遵守监管规定，时任管教民警的王某安、周某弟（另案处理）为了制止其违规行为，违反监管法规，指使该所留所服刑罪犯陈某义、唐某军、龙某辉、宾某小，用布条绕黎某阳的腰腹部捆绑后，将黎某阳固定绑在该监舍的通风窗处。黎某阳被捆绑时，上身未穿衣服，下身只穿一条短裤，当晚最低气温为14.3摄氏度。次日上午约8时30分，同监舍的在押人员发现被捆绑着的黎某阳昏迷后，即报告管教民警，管教民警随即组织人员将黎某阳送当地医院抢救，黎某阳被送到医院时已经死亡。

2.妨害作证

事发后，身为看守所所长的被告人盘某龙未将黎某阳被捆绑的事实真相向上级领导和有关部门如实报告，而是授意当班干警王某安等人隐瞒黎某阳死前被捆绑的事实真相，并与王某安分别找参与捆绑黎某阳的留所服刑人员和该所14监舍的其他在押人员谈话，指使他们统一口径隐瞒黎某阳死前被捆绑的事实真相，致使知情人向包括检察机关在内的有关部门作了伪证。因此，造成相关部门不能及时发现和查处王某安指使他人捆绑被害人黎某阳并

① 《中国审判案例要览·2011年刑事审判案例卷》。

促发其死亡的案件，妨害了司法机关的诉讼活动。

裁判结果：广西壮族自治区南宁市中级人民法院以故意杀人罪判处被告人王某安有期徒刑十五年，剥夺政治权利三年；以妨害作证罪判处被告人盘某龙有期徒刑六年。王某安、盘某龙分别提出上诉。广西壮族自治区高级人民法院经依法审理后裁定驳回上诉，维持原判。

案例评析：对被害人死亡原因的鉴定意见是本案的关键证据之一，在本案中相关部门先后对被害人黎某阳的尸体进行了四次检验鉴定。第一次是黎某阳死后的第二天下午由兴安县公安局刑事技术室对死者黎某阳尸表进行检验（没有解剖），鉴定意见为：黎某阳的死亡排除外伤机械性致死，考虑为突发性疾病多因一果类死亡。第二次是广西桂林临床病理诊断中心作的尸体检验鉴定报告，意见为：死者黎某阳系猝死，死亡生前在关押期间，思想不稳定，经常情绪激动，大吵大闹，睡眠、饮食均不正常，对其死亡的发生存在诱发作用。第三次是中国政法大学法大法庭科学技术鉴定研究所作的法医鉴定意见书，意见为：被鉴定人黎某阳尸体组织病理学改变符合窒息所致死亡的特征，结合其体表损伤和改变分布的特征，不排除与体位受限有关。第四次是广西壮族自治区人民检察院检察技术鉴定中心作出的（2008）桂检技鉴法字第 10 号法医学鉴定书（以下简称第 10 号鉴定书），意见为：被鉴定人黎某阳系因体位受限促发循环、呼吸衰竭而死亡，低温因素对其死亡的发生存在辅助作用。

对被害人死亡原因的确定直接关系到对被告人行为的定性，一审和二审法院采纳的是第四次尸体鉴定意见，认定黎某阳是因为长时间被捆绑并限制于站立体位，促发循环、呼吸衰竭而死亡，也就是说王某安体罚虐待黎某阳的行为是黎某阳死亡的直接原因。两被告人的辩护人在一审和二审期间均提出不能将第 10 号鉴定书作为定案依据，认为该鉴定意见是检察机关内部设立的司法鉴定机构出具的，属于自侦自鉴，其鉴定没有社会公信力。实践中，对鉴定意见的采信主要有两个方面的要求，一是程序上的取得要合法，二是在内容上要客观真实。在程序上，第 10 号鉴定书的出具单位广西壮族自治区人民检察院检察技术鉴定中心及鉴定人均具有鉴定资格，开庭时鉴定人亦到庭作证。《刑事诉讼法》第 146 条规定："为了查明案情，需要解决案件中某些专门性问题的时候，应当指派、聘请有专门知识的人进行鉴定。"《人民检察院鉴定规则试行》第 9 条规定："鉴定机构可以受理人民检察院、人民法院和公安机关以及其他侦查机关委托的鉴定。"因此广西壮族自治区人民检察院下设的鉴定中心接受本案的侦查机关南宁市茅桥地区人民检察院的委托而进行鉴定，该鉴定主体合格，不存在违反法定程序的情形。在内容上，前三份鉴定书均是在委托单位未如实告知死者被捆绑的事实、不了解案情的情况下作出的，无法作出综合判断，鉴定意见显然不够客观、准确。在这种情况下检察机关的鉴定机构依据完整真实的材料重新鉴定作出的鉴定意见更加客观、科学，应当作为本案的定案依据。

第一百四十九条　对犯罪嫌疑人作精神病鉴定的期间不计入办案期限。

[条文主旨]

本条是关于精神病鉴定的期间是否计入办案期限的规定。

[条文释解]

刑事案件中，认定行为人在实施犯罪行为时是否患有精神疾病，是否丧失辨认能力或者控制能力，对决定是否追究刑事责任以及如何量刑至关重要。我国《刑法》规定，精神病人在不能辨认或者控制自已行为的时候造成危害后果的，不负刑事责任。间歇性的精神病人在精神正常时候犯罪，应当负刑事责任。尚未完全丧失辨认或者控制自己行为能力的精神病人犯罪的，应当负刑事责任，但是可以从轻或者减轻处罚。实践中，有些案件必须对犯罪嫌疑人是否患有精神疾病作出鉴定。由于对犯罪嫌疑人作精神病鉴定的情况比较复杂，往往需要经过一段时间的鉴定工作才能得出结论，而这段时间的长短与作精神病鉴定的医院和犯罪嫌疑人的病情密切相关，非公安、检察等机关所能控制，因此，适应实践中对此类案件作慎重鉴定的需要，对犯罪嫌疑人作精神病鉴定的时间不计入办案期限。

[司法实务]

1. 这里规定的“对犯罪嫌疑人作精神病鉴定的期间”是指犯罪嫌疑人及其法定代理人或者辩护人向侦查机关提出确定犯罪嫌疑人在实施犯罪行为

过程中精神状态的申请，或者侦查机关办理案件中认为需要对犯罪嫌疑人作精神病鉴定时，依照法定程序开始对犯罪嫌疑人进行鉴定到出具鉴定意见的期间。“不计入办案期限”所说的办案期限包括在刑事诉讼法中不同诉讼阶段的办案期限，即如果是在侦查期间公安机关对犯罪嫌疑人作精神病鉴定的，其鉴定期间不计入侦查期限。如果在审查起诉阶段、审判阶段，则鉴定期间不计入审查起诉期限、审判期限。

2. 法律仅规定对犯罪嫌疑人作精神病鉴定的时间不计入办案期限，而对被害人作精神病鉴定的时间，则应当计入办案期限。这是因为：第一，如果对被害人作精神病鉴定或伤情鉴定的结果决定案件的性质，如在被害人自愿的情况下与其发生性关系，如果被害人当时患有精神病，则可以确定犯罪嫌疑人涉嫌强奸。反之，如果被害人当时未患精神病，则不是强奸，就没有犯罪事实发生，如果此时对所谓的犯罪嫌疑人采取刑事强制措施则是违法的，不存在精神病鉴定时间是否计入办案期限的问题。第二，如果对被害人作精神病鉴定或伤情鉴定的结果不能决定案件性质，则对被害人作精神病鉴定或伤情鉴定不影响案件的办理，对犯罪嫌疑人采取强制措施的，应当将对被害人作精神病鉴定或伤情鉴定的时间计入办案期限。

[配套规定]

1.《最高人民法院、最高人民检察院、公安部、国家安全部、司法部、全国人大常委会法制工作委员会关于实施刑事诉讼法若干问题的规定》（2012 年 12 月 26 日发布并施行）（节录）

40. 刑事诉讼法第一百四十七条规定：“对犯罪嫌疑人作精神病鉴定的期间不计入办案期限。”根据上述规定，犯罪嫌疑人、被告人在押的案件，除对犯罪嫌疑人、被告人的精神病鉴定期间不计入办案期限外，其他鉴定期间都应当计入办案期限。对于因鉴定时间较长，办案期限届满仍不能终结的案件，自期限届满之日起，应当对被羁押的犯罪嫌疑人、被告人变更强制措施，改为取保候审或者监视居住。

国家安全机关依照法律规定，办理危害国家安全的刑事案件，适用本规定中有关公安机关的规定。

2.《人民检察院刑事诉讼规则》（高检发释字［2019］4 号）（节录）

第二百二十二条　对犯罪嫌疑人作精神病鉴定的期间不计入羁押期限和

办案期限。

3.《公安机关办理刑事案件程序规定》（公安部令第127号）（2012年12月13日发布 自2013年1月1日起施行）（节录）

第二百四十八条 对犯罪嫌疑人作精神病鉴定的时间不计入办案期限，其他鉴定时间都应当计入办案期限。

第八节 技术侦查措施

第一百五十条 公安机关在立案后，对于危害国家安全犯罪、恐怖活动犯罪、黑社会性质的组织犯罪、重大毒品犯罪或者其他严重危害社会的犯罪案件，根据侦查犯罪的需要，经过严格的批准手续，可以采取技术侦查措施。

人民检察院在立案后，对于利用职权实施的严重侵犯公民人身权利的重大犯罪案件，根据侦查犯罪的需要，经过严格的批准手续，可以采取技术侦查措施，按照规定交有关机关执行。

追捕被通缉或者批准、决定逮捕的在逃的犯罪嫌疑人、被告人，经过批准，可以采取追捕所必需的技术侦查措施。

[条文主旨]

本条是关于技术侦查措施实施原则的规定。

[条文释解]

技术侦查措施一节是2012年《刑事诉讼法》修改时新增加的规定。为打击严重犯罪，采取相应的技术侦查措施是各国的通行做法，也是追究犯罪的需要。我国1993年制定的《国家安全法》规定，国家安全机关因侦查危害国家安全行为的需要，根据国家有关规定，经过严格的批准手续，可以采取技术侦查措施。1995年制定的《人民警察法》规定，公安机关因侦查犯罪的需要，根据国家有关规定，经过严格的批准手续，可以采取技术侦查措施。实践中，侦查机关在办案过程中采取技术侦查措施，主要以上述规定为法律依据。2012 年之前《刑事诉讼法》对于技术侦查措施没有作出规定，对采取技术侦查措施取得的证据能否直接作为定案的依据在法庭上出示并接受质证等问题不够明确，实践中存在不同的认识。考虑到技术侦查措施是侦破案件的重要侦查手段，特别是近年来，由于国际恐怖主义犯罪、毒品犯罪、有组织犯罪、黑社会犯罪等严重危害社会的犯罪类型不断涌现，犯罪对象的扩大化和手段的多样化使得国家和民众面临更为严峻的威胁，常规的侦查手段难以对这些犯罪手段隐蔽化、智能化、犯罪跨国化，反侦查能力强的特殊犯罪获取证据，而技术侦查则凭借自身优势在特殊犯罪侦破中发挥着越来越重要的作用，在法律中加以规定是必要的。同时，技术侦查措施在执行过程中如果实施不当，可能涉及对公民个人隐私和公共利益的侵害，有必要在法律中予以明确的规范和限制。一方面，要完善侦查制度，丰富侦查措施，赋予侦查机关必要的侦查手段，加强打击犯罪的力度。另一方面，也要强化对侦查措施的规范、制约和监督，防止滥用这一侦查措施。因此，2012 年《刑事诉讼法》修改时增加了技术侦查措施一节，主要规定了以下几个方面的内容：一是规定对危害国家安全犯罪、恐怖活动犯罪、黑社会性质的组织犯罪、重大毒品犯罪或者其他严重危害社会的犯罪案件以及重大的贪污、贿赂犯罪案件，利用职权实施的严重侵犯公民人身权利的重大犯罪案件，根据侦查犯罪的需要，经过严格的批准手续，可以采取技术侦查措施。二是规定公安机关可以决定由特定人员隐匿身份实施侦查，可以按照规定实施控制下交付。三是明确采取技术侦查措施、隐匿身份实施侦查、控制下交付所收集的证据材料在刑事诉讼中可以作为证据使用。我国《宪法》规定中华人民共和国公民有言论、出版、集会、结社、游行、示威的自由。公民的住宅不受侵犯。禁止非法搜查或者非法侵入公民的住宅，公民的通信自由和通信秘密受法律保护。除因国家安全或者追查刑事犯罪的需要，由公安机关或者检察机关依照法律规定的程序对通信进行检查外，任何组织或者个人不得以任何理由侵犯公民的通信自由和通信秘密。采取本节规定的技术侦查措施，不可避免地会涉及公民的上述权利，因此，在执行时必须特别慎重。为防止这一措施被滥用，刑事诉讼法在赋予侦查机关实施技术侦查措施权力的同时，还明确规定了技术侦查措施的适用范围、期限、保密要求等内容。上述规定都是侦查机关实施技术侦查措施必须遵守的严格规范。实践中采取技术侦查措施，应当根据上述规定的要求，依照有关具体规定严格执行。

本节规定的技术侦查措施，是指侦查机关为侦查犯罪需要，根据国家有关规定，运用技术手段调查犯罪人和案件证据的一种秘密侦查措施。通常包括电子侦听、电话监听、电子监控、秘密录音、秘密拍照或者秘密录像、秘密获取某些物证、邮件检查等专门技术手段。随着科学技术的发展，技术侦查手段也会不断地发展更新，因此，本节未具体列明技术侦查措施的种类与名称。

2018 年《刑事诉讼法》对该条作了修改，由于人民检察院不再对贪污、贿赂犯罪案件行使侦查权，因此删去了人民检察院对“重大的贪污、贿赂犯罪案件”可以采取技术侦查措施的规定。

本条共分为三款。第 1 款是关于公安机关采取技术侦查措施的案件范围及程序的规定。本款规定包括以下五个方面的内容：第一，公安机关采取技术侦查措施必须是在立案以后。这里的“立案”，是指根据《刑事诉讼法》第 109 条的规定，发现犯罪事实或者犯罪嫌疑人，按照管辖范围立为刑事案件。第二，公安机关采取技术侦查措施的案件必须是危害国家安全犯罪、恐怖活动犯罪、黑社会性质的组织犯罪、重大毒品犯罪或者其他严重危害社会的犯罪案件。这里规定的“其他严重危害社会的犯罪”应该是该犯罪行为严重危及社会安全、危及大众民生。第三，公安机关办理上述犯罪案件并不必然都要采取技术侦查措施，而是有条件的。这个条件就是要“根据侦查犯罪的需要”，采取技术侦查措施一定是在使用常规的侦查手段无法达到侦查目的时所采取的手段。倘若经由常规的法定侦查措施便可以实现侦查目的，那么技术侦查措施就不应当使用。第四，公安机关采取技术侦查措施要经过严格的批准手续。“经过严格的批准手续”也是《国家安全法》第 10 条、《人民警察法》第 16 条、《反间谍法》第 12 条、《情报法》第 15 条的表述。“经过严格的批准手续”，包括两层意思：一是对制定审批程序的要求。有关部门依法制定采取技术侦查措施的审批程序，必须体现“严格”的要求。即对各种技术侦查措施在什么情况下、什么范围内、经过什么样的程序批准方能使用，应有严格和明确的规定，使侦查机关及其工作人员在工作中有所遵循，防止滥用。二是对批准采取技术侦查措施的要求。采取技术侦查措施必须依照规定履行严格的批准手续。实践中，有权批准使用这一措施的人，在批准与否上必须严格掌握，认真审查。首先要审查是否属于本款规定的可以采取技术侦查措施的案件范围，同时还要审查采取技术侦查措施对侦查这一案件是否必需的，对于可以通过其他的侦查途径解决问题的，应当采取其他的侦查途径解决。第五，本款规定的技术侦查措施的执行机关是公安机关。

第2款是关于检察机关可以采取技术侦查措施的案件范围及程序的规定。本款规定也包括以下五个方面的内容：第一，人民检察院采取技术侦查措施必须是在立案以后。第二，人民检察院采取技术侦查措施的案件是“利用职权实施的严重侵犯公民人身权利的重大犯罪案件”。这类案件是指本法第19条规定的人民检察院直接立案侦查的案件中“利用职权实施的严重侵犯公民人身权利的重大犯罪案件”，即人民检察院在对诉讼活动实行法律监督中发现的司法工作人员利用职权实施的非法拘禁、刑讯逼供、非法搜查等侵犯公民权利、损害司法公正的犯罪中“严重侵犯公民人身权利的重大犯罪”这一部分。如果案件的类型属于人民检察院直接立案侦查的严重侵犯公民人身权利的案件，但不属于重大犯罪，则不能采取技术侦查措施。第三，人民检察院对上述案件是否采取技术侦查措施要“根据侦查犯罪的需要”。第四，要经过严格的批准手续。第五，对本款规定的案件采取技术侦查措施，要按照规定交有关机关执行，检察机关没有独立执行技术侦查措施的权力。

第3款是关于追捕在逃的犯罪嫌疑人、被告人采取技术侦查措施的程序的规定。根据追捕在逃的犯罪嫌疑人、被告人的需要，本款没有对犯罪种类作出限定，由于追捕在逃犯主要是确定在逃人位置，以便抓捕，与在侦查取证中采取技术侦查措施的情况不同，因此只规定要经过批准。这里的“批准”主要是指侦查机关负责人批准。这一类技术侦查措施的执行主体也是公安机关。

[司法实务]

1. 要注意技术侦查措施适用的对象。根据侦查犯罪的需要，对于本条第1款、第2款规定的案件采用技术侦查措施的，只宜针对上述案件中的犯罪嫌疑人和被告人采取技术侦查措施，一般不宜对案件中的被害人、证人或者可能与案件有某种关系的其他人员采取技术侦查措施。

2. 为追捕在逃的犯罪嫌疑人、被告人采取技术侦查措施，必须受到以下限制：适用对象限于被通缉或者被批准、决定逮捕的在逃的犯罪嫌疑人、被告人。详言之，只有在逃犯罪嫌疑人、被告人被通缉或者被批准、决定逮捕，才能对其采用技术侦查措施。如果犯罪嫌疑人仅仅被有关部门采取了监视居住、取保候审等其他强制措施后逃跑且未被通缉的，不得对其采取技术侦查措施。此种情形下技术侦查措施的范围有严格限制，即只能采用追捕所必需的技术侦查措施，如电子监控、定位等技术侦查措施，而不能采用其他非追捕所必需的技术侦查措施。

3. 根据《监察法》第28条的规定，监察机关在调查涉嫌重大贪污贿赂等职务犯罪时，根据需要，经过严格的批准手续，可以采取技术调查措施，按照规定交有关机关执行。这里的“技术调查措施”与刑事诉讼法本节规定的技术侦查措施虽然名称不同，但实际上指的是同样的侦查措施，只是由于监察法规定监察机关对重大贪污贿赂等职务犯罪行使调查权，所以才出现了说法上的不同。实践中监察机关对刑事犯罪案件采取技术调查措施收集证据，并依法移送人民检察院审查起诉的，同样需要符合刑事诉讼法对技术侦查证据的规定。

4. 实践中经常会遇到一种情况，侦查人员在此案件中经审批对犯罪嫌疑人采用诸如监听、跟踪、秘密搜查等技术侦查措施侦查的过程中，同时又获取了彼案件的线索或证据，如听到犯罪嫌疑人与他人谈论他人犯罪的事实或者查获他人犯罪的物证、书证、电子证据等罪证。如果彼案件尚未立案或者没有办理技术侦查措施的审批手续，那么对于彼案件来说，此技术侦查措施是否违规，获得的证据能否作为认定彼案件犯罪事实的证据？本书认为，虽然对于彼案件来说，并没有立案或办理技术侦查措施的审批手续，但是只要侦查人员对此案所采取的技术侦查措施仍在审批同意的期限内，针对的对象仍是此案的犯罪嫌疑人，没有扩大到其他人员，那么此技术侦查措施并未超出审批的使用范围，就不属于违规使用技术侦查措施，由此而获得的证据可以用于证明彼案件的事实。若技术侦查过程中获取了他人犯罪线索，未经批准连带对他人也采取了技术侦查措施，此种情形下对他人采取的技术侦查措施则违反了刑事诉讼法的相关规定，获得的证据不得作为定案根据。

[配套规定]

1.《中华人民共和国监察法》（2018年3月20日公布并施行）（节录）

第二十八条 监察机关调查涉嫌重大贪污贿赂等职务犯罪，根据需要，经过严格的批准手续，可以采取技术调查措施，按照规定交有关机关执行。

批准决定应当明确采取技术调查措施的种类和适用对象，自签发之日起三个月以内有效；对于复杂、疑难案件，期限届满仍有必要继续采取技术调查措施的，经过批准，有效期可以延长，每次不得超过三个月。对于不需要继续采取技术调查措施的，应当及时解除。

2.《最高人民法院、最高人民检察院、公安部、司法部关于办理黑社会性质组织犯罪案件若干问题的规定》（公通字［2012］45号）（2012年9月11日公布并施行）（节录）

第五条 公安机关对涉嫌黑社会性质组织犯罪的线索，应当及时进行审查。审查过程中，可以采取询问、查询、勘验、检查、鉴定、辨认、调取证据材料等必要的调查活动，但不得采取强制措施，不得查封、扣押、冻结财产。

立案前的审查阶段获取的证据材料经查证属实的，可以作为证据使用。

公安机关因侦查黑社会性质组织犯罪的需要，根据国家有关规定，经过严格的批准手续，对一些重大犯罪线索立案后可以采取技术侦查等秘密侦查措施。

3.《最高人民法院、最高人民检察院、公安部、司法部关于办理恐怖活动和极端主义犯罪案件适用法律若干问题的意见》（高检会［2018］1号）（2018年3月16日公布并施行）（节录）

二、正确适用程序

……

（四）恐怖活动和极端主义犯罪案件初查过程中收集提取的电子数据，以及通过网络在线提取的电子数据，可以作为证据使用。对于原始存储介质位于境外或者远程计算机信息系统上的恐怖活动和极端主义犯罪电子数据，可以通过网络在线提取。必要时，可以对远程计算机信息系统进行网络远程勘验。立案后，经设区的市一级以上公安机关负责人批准，可以采取技术侦查措施。对于恐怖活动和极端主义犯罪电子数据量大或者提取时间长等需要冻结的，经县级以上公安机关负责人或者检察长批准，可以进行冻结。对于电子数据涉及的专门性问题难以确定的，由具备资格的司法鉴定机构出具鉴定意见，或者由公安部指定的机构出具报告。

4.《人民检察院刑事诉讼规则》（高检发释字［2019］4号）（节录）

第二百二十七条 人民检察院在立案后，对于利用职权实施的严重侵犯公民人身权利的重大犯罪案件，经过严格的批准手续，可以采取技术侦查措施，交有关机关执行。

第二百二十八条 人民检察院办理直接受理侦查的案件，需要追捕被通缉或者决定逮捕的在逃犯罪嫌疑人、被告人的，经过批准，可以采取追捕所必需的技术侦查措施，不受本规则第二百二十七条规定的案件范围的限制。

5.《公安机关办理刑事案件程序规定》（公安部令第127号）（2012年12月13日发布，自2013年1月1日起施行）（节录）

第二百五十四条 公安机关在立案后，根据侦查犯罪的需要，可以对下列严重危害社会的犯罪案件采取技术侦查措施：

（一）危害国家安全犯罪、恐怖活动犯罪、黑社会性质的组织犯罪、重大毒品犯罪案件；

（二）故意杀人、故意伤害致人重伤或者死亡、强奸、抢劫、绑架、放火、爆炸、投放危险物质等严重暴力犯罪案件；

（三）集团性、系列性、跨区域性重大犯罪案件；

（四）利用电信、计算机网络、寄递渠道等实施的重大犯罪案件，以及针对计算机网络实施的重大犯罪案件；

（五）其他严重危害社会的犯罪案件，依法可能判处七年以上有期徒刑的。

公安机关追捕被通缉或者批准、决定逮捕的在逃的犯罪嫌疑人、被告人，可以采取追捕所必需的技术侦查措施。

第二百五十五条 技术侦查措施是指由设区的市一级以上公安机关负责技术侦查的部门实施的记录监控、行踪监控、通信监控、场所监控等措施。

技术侦查措施的适用对象是犯罪嫌疑人、被告人以及与犯罪活动直接关联的人员。

第三百七十四条 本规定所称“危害国家安全犯罪”，包括刑法分则第一章规定的危害国家安全罪以及危害国家安全的其他犯罪；“恐怖活动犯罪”，包括以制造社会恐慌、危害公共安全或者胁迫国家机关、国际组织为目的，采取暴力、破坏、恐吓等手段，造成或者意图造成人员伤亡、重大财产损失、公共设施损坏、社会秩序混乱等严重社会危害的犯罪，以及煽动、资助或者以其他方式协助实施上述活动的犯罪。

[参考案例]

孙某运输毒品案[①]

原公诉机关：辽宁省丹东市人民检察院。

上诉人（原审被告人）：孙某。

辽宁省高级人民法院经审理认定：2014年5月25日，上诉人孙某驾车将约1000克甲基苯丙胺（冰毒）由山西省长治市运至辽宁省丹东市。孙某驾车行至丹东市振兴区新安东阁酒店附近时被侦查人员当场抓获，侦查人员从车内搜出白色晶体一袋。经鉴定，白色晶体净重995.76克，检出甲基苯丙胺（MA）成分，含量为61%。

上诉人孙某的上诉理由是：其不知道驾驶车辆中所带物品内藏有毒品。公安机关采用技术侦查手段，实施搜查、扣押、讯问等侦查措施均在立案之前，且技术侦查证据未经庭审质证，程序违法。

孙某一、二审的辩护律师均围绕本案证据的合法性提出辩护意见。一审辩护人提出本案技侦证据违法，不能作为证据使用，主要观点如下：1. 本案侦查机关系派出所，没有案件管辖权；2. 侦查机关在采取了搜查、扣押、讯问等侦查措施后才立案侦查，故所采取证据不具有合法性；3. 侦查机关采取技术侦查措施超越范围，因此技术侦查材料不能作为证据使用。二审辩护人提出公安机关在没有立案的情况下，对孙某进行抓捕和讯问，程序违法，其侦查工作中取得的相关证据不具有法律效力。

辽宁省丹东市中级人民法院经审理认为：技术侦查材料及案件来源均证明被告人孙某在主观上明知运输的是毒品，故对孙某所提其不知道运输的是毒品的辩解不予支持。关于孙某辩护人所提本案侦查机关没有管辖权，侦查机关在采取了搜查、扣押、讯问等侦查措施后才立案侦查，故所采取证据不具有合法性的辩护意见，经查，侦查机关虽系公安派出所，但其对于涉及其辖区内的刑事案件仍有侦查管辖权，并且侦查机关已出具情况说明证实，在进行侦查工作时，已进行了网上立案，只是生成时间晚于侦查时间，故对辩护人的该节辩护意见不予支持。关于辩护人所提侦查机关采取技术侦查措施超越范围，因此技术侦查材料不能作为证据使用的辩护意见，经查，侦查机

① 《人民司法·案例》2016年第17期。

关在侦查他人涉嫌犯罪时，经过审批，使用了技术侦查措施而发现被告人孙某的相关犯罪事实，并没有直接对孙某采取相关侦查措施，故通过技术侦查措施取得的证据符合法律规定，可以作为证据使用。故对辩护人的该节辩护意见不予支持。综上，被告人孙某明知是毒品而运输，且数量大，其行为构成运输毒品罪。法院依照《刑法》第 347 条第 2 款第 1 项、第 48 条第 1 款、第 57 条第 1 款之规定，认定被告人孙某犯运输毒品罪，判处死刑，缓期二年执行，剥夺政治权利终身，并处没收个人全部财产。

一审宣判后，被告人孙某不服，提出上诉。辽宁省高级人民法院经审理认为：关于上诉人孙某所提其不知道所带物品内藏有毒品的上诉理由，经查，公安机关通过技术侦查手段获取的孙某与接货人员郑某的通话内容能够证实孙某明知车内装有约 1000 克甲基苯丙胺而予以运输，且孙某供认在驾车下高速之前曾指使郑某查看高速口是否有警察，亦能够佐证其对车内藏有毒品的明知，故对该节上诉理由不予采信。关于孙某及其辩护人所提公安机关采用的技术侦查手段、实施的侦查措施均在立案之前，且技术侦查证据未经庭审质证，程序违法，相关证据应予排除的上诉理由和辩护意见，经查，公安机关已出具书面说明，立案时间的生成比实际时间晚了一天，且在该案立案之前，公安机关依照法定程序对另外一起毒品犯罪案件进行立案侦查并采取技术侦查措施，对牵涉到孙某的事实亦依法进行了相关技术侦查工作，符合法定程序；原审合议庭对于技术侦查证据进行有辩护律师参与的庭外核实亦符合刑事诉讼法定程序，故对该节意见不予采纳。综上，上诉人孙某明知是毒品而予以非法运输，其行为已构成运输毒品罪。其运输毒品数量大，论罪应予判处死刑。鉴于其系初次犯罪，且所运输毒品均被公安机关查扣，对其判处死刑，可不立即执行。原判认定事实和适用法律正确，量刑适当。诉讼程序合法。辽宁省高级人民法院依照《刑事诉讼法》第 223 条第 2 款、第 225 条第 1 款第 1 项之规定，裁定驳回上诉，维持原判，并核准一审对孙某的死缓判决。

第一百五十一条　批准决定应当根据侦查犯罪的需要，确定采取技术侦查措施的种类和适用对象。批准决定自签发之日起三个月以内有效。对于不需要继续采取技术侦查措施的，应当及时解除；对于复杂、疑难案件，期限届满仍有必要继续采取技术侦查措施的，经过批准，有效期可以延长，每

次不得超过三个月。

[条文主旨]

本条是关于技术侦查措施期限的规定。

[条文释解]

为了进一步规范技术侦查措施，刑事诉讼法除规定采取技术侦查措施要经过严格的批准手续外，还规定了批准决定应当根据侦查犯罪的需要，确定采取技术侦查措施的种类和适用对象，规定了批准决定的有效期限。体现了对采取这一措施从严限制的精神。

本条规定包括以下内容：第一，采取技术侦查措施的种类和适用对象，要根据侦查犯罪的需要在批准决定中予以明确。根据这一要求，实践中，批准决定采取技术侦查措施时，不能笼统地写上“采取各类技术侦查措施”“针对犯罪嫌疑人、被告人采取技术侦查措施”等概括性表述，而应当根据侦查犯罪的需要，写明所批准采取的技术侦查措施的具体种类、适用对象的具体姓名等内容。第二，采取技术侦查措施的期限为三个月，自批准决定签发之日起算。复杂疑难案件期满后，经过批准，可以延长，但每次延长不得超过三个月。应说明的是，“经过批准”还是要报经原来的批准决定人或批准决定机关批准。第三，对于不需要继续采取技术侦查措施的，应当及时解除。执行机关应尽可能缩短采取技术侦查的期间，虽然采取技术侦查措施的批准决定是三个月内有效，但在三个月有效期内，如果不需要继续采取技术侦查措施的，执行机关应当及时解除技术侦查措施。这一规定有利于对公民、组织权利的保护。

[司法实务]

技术侦查是否存在最长期限。本条规定批准决定自签发之日起三个月以内有效。对于复杂、疑难案件，期限届满仍有必要继续采取技术侦查措施的，经过批准，有效期可以延长，每次不得超过三个月。对延长的次数没有限制，只要根据案件的需要，经过批准，就可以持续采取技术侦查措施。这导致许多人士认为现有的关于期限的规定近乎于没有期限，因为凡是使用技术侦查手段的案件均为“严重犯罪案件”，很容易就被解释为“复杂疑难”案件，从而可以无限期地使用技术侦查手段，这显然不利于保护公民的隐私权。但是从实务角度来看，实践中存在大量需要长期监控、盯防的案件，如果一刀切式地规定一个最长期限不符合侦查实践。而且，本条也规定了“对于不需要继续采取技术侦查措施的，应当及时解除”，这就要求执行机关应当尽可能将技术侦查手段适用期间予以缩短，减少对公民隐私权干预的时长。

[配套规定]

1.《最高人民法院、最高人民检察院、公安部、国家安全部、司法部、全国人大常委会法制工作委员会关于实施刑事诉讼法若干问题的规定》（2012年12月26日发布并施行）（节录）

20. 刑事诉讼法第一百四十九条中规定：“批准决定应当根据侦查犯罪的需要，确定采取技术侦查措施的种类和适用对象。”采取技术侦查措施收集的材料作为证据使用的，批准采取技术侦查措施的法律文书应当附卷，辩护律师可以依法查阅、摘抄、复制，在审判过程中可以向法庭出示。

2.《人民检察院刑事诉讼规则》（2019年12月30日公布并施行）（节录）

第二百二十九条 人民检察院采取技术侦查措施应当根据侦查犯罪的需要，确定采取技术侦查措施的种类和适用对象，按照有关规定报请批准。批准决定自签发之日起三个月以内有效。对于不需要继续采取技术侦查措施的，应当及时解除；对于复杂、疑难案件，期限届满仍有必要继续采取技术侦查措施的，应当在期限届满前十日以内制作呈请延长技术侦查措施期限报告书，写明延长的期限及理由，经过原批准机关批准，有效期可以延长，每次不得超过三个月。

采取技术侦查措施收集的材料作为证据使用的，批准采取技术侦查措施的法律文书应当附卷，辩护律师可以依法查阅、摘抄、复制。

3.《公安机关办理刑事案件程序规定》（公安部令第127号）（2012年12月13日发布，自2013年1月1日起施行）（节录）

第二百五十六条 需要采取技术侦查措施的，应当制作呈请采取技术侦查措施报告书，报设区的市一级以上公安机关负责人批准，制作采取技术侦查措施决定书。

人民检察院等部门决定采取技术侦查措施，交公安机关执行的，由设区的市一级以上公安机关按照规定办理相关手续后，交负责技术侦查的部门执行，并将执行情况通知人民检察院等部门。

第二百五十七条 批准采取技术侦查措施的决定自签发之日起三个月以内有效。

在有效期限内，对不需要继续采取技术侦查措施的，办案部门应当立即书面通知负责技术侦查的部门解除技术侦查措施；负责技术侦查的部门认为需要解除技术侦查措施的，报批准机关负责人批准，制作解除技术侦查措施决定书，并及时通知办案部门。

对复杂、疑难案件，采取技术侦查措施的有效期限届满仍需要继续采取技术侦查措施的，经负责技术侦查的部门审核后，报批准机关负责人批准，制作延长技术侦查措施期限决定书。批准延长期限，每次不得超过三个月。

有效期限届满，负责技术侦查的部门应当立即解除技术侦查措施。

第一百五十二条 采取技术侦查措施，必须严格按照批准的措施种类、适用对象和期限执行。

侦查人员对采取技术侦查措施过程中知悉的国家秘密、商业秘密和个人隐私，应当保密；对采取技术侦查措施获取的与案件无关的材料，必须及时销毁。

采取技术侦查措施获取的材料，只能用于对犯罪的侦查、起诉和审判，不得用于其他用途。

公安机关依法采取技术侦查措施，有关单位和个人应当配合，并对有关情况予以保密。

［条文主旨］

本条是关于技术侦查措施实施要求的规定。

[条文释解]

采取技术侦查措施进行侦查，会涉及公民的一些权利，如隐私权、通信自由权等，应当慎重。因此，2012 年修改的刑事诉讼法，在新增技术侦查措施一节的规定中，不仅明确规定采取技术侦查措施必须经过严格的批准程序，也对如何实施技术侦查措施提出了要求，本条规定就是实施技术侦查必须遵守的规范。

本条共分为四款。第 1 款是关于采取技术侦查措施，必须严格按照批准决定的内容执行的规定。根据本款规定，采取技术侦查措施，必须严格按照批准的措施种类、适用对象和期限执行。本法第 151 条规定，批准决定采取技术侦查措施应当明确批准的措施种类、对象和期限。这里所说的“种类”是指技术侦查措施所要采取的具体手段。“对象”是指技术侦查措施所针对的人、物、单位等。“期限”是指技术侦查措施所要实施的具体时间。实践中，侦查机关在采取技术侦查措施的过程中，发现被批准适用技术侦查措施对象以外的犯罪嫌疑人确有必要采取技术侦查措施的，虽然其是犯罪嫌疑人，也不能直接对其采取技术侦查措施，而应当在经过严格的批准手续后才能实施。

第 2 款是关于对采取技术侦查措施所获得的信息要保密及销毁的规定。本款规定了两个方面的内容：第一，侦查人员对采取技术侦查措施过程中知悉的国家秘密、商业秘密和个人隐私，应当保密。在使用技术侦查手段的过程中，侦查人员在获取与案件有关的证据和线索的同时，不可避免地会知悉一些国家秘密、企业的商业秘密、公民个人隐私，为维护国家安全，保护公民、企业的合法利益，对这些信息侦查人员应当保密。第二，对采取技术侦查措施获取的与案件无关的材料，必须及时销毁。由于技术侦查措施是特殊手段，在使用过程中可能会收集到一些与案件无关的情况，对于与案件无关的材料，法律明确要求必须及时销毁，这样更有利于保护当事人的合法权益。

第 3 款是关于采取技术侦查措施获取的材料使用限制的规定。根据本款规定，采取技术侦查措施获取的材料，只能用于对犯罪的侦查、起诉和审判，不得用于其他用途。这就要求，采取技术侦查手段获得的证据材料，必须用于追诉犯罪的需要，不能用于其他用途。这里规定的“其他用途”包括行政处罚、行政处理、追究民事责任、纪律惩戒、商业用途等。

第 4 款是关于有关单位和个人对实施技术侦查予以配合及保密义务的规定。本款包括两个内容：第一，明确规定了有关单位和个人配合技术侦查措施实施的责任。具体的技术侦查措施的实施要依赖科学技术手段，仅靠公安机关的力量是无法完成的，且随着信息化社会进程的加快，这一措施的实施将越来越依赖各种社会资源及社会化信息。如进行电信监控、邮件检查等就需要借助电信运营商、物流企业、邮递企业的设备或必要的协助与支持。在有些情况下，还需要公民的协助与配合，如临时需要占用公民的住宅以获得最佳侦查位置等。相关单位和个人配合公安机关，有助于技术侦查措施的顺利实施，直接关系到国家和人民的重大利益，关系到能否及时有效地打击犯罪。因此，本款明确规定，对公安机关依法采取的技术侦查措施，有关单位和个人应当配合。这里规定的是“应当”而不是可以，也就是说，有关单位和个人在接到公安机关提出的符合国家规定的请求时，都有义务尽力在职权范围内给予所需要的协助，不可进行阻碍或者刁难。第二，明确规定了相关单位和个人对有关情况予以保密的义务。这里的“有关情况”主要包括实施技术侦查措施和采取技术侦查措施的具体手段等。

[司法实务]

批准采取技术侦查措施的法律文书的使用要求。批准采取技术侦查措施的法律文书是证明技术侦查措施合法性的唯一依据，可以严格制约技术侦查措施的使用。因此，批准采取技术侦查措施的法律文书应当附卷，辩护律师可以依法查阅、摘抄、复制，在审判过程中可以向法庭出示。只有把批准文书附卷，检察、审判机关才可能在接收到侦查机关移送的案卷材料后对侦查机关采取技术侦查措施是否符合批准决定进行审查，辩护律师也才可能通过查阅案卷得知有关情况。辩护律师自人民检察院对案件审查起诉之日起，可以查阅、摘抄、复制纳入案卷的批准采取技术侦查措施的法律文书。这对于保障辩护律师依法了解侦查机关采取技术侦查措施的有关情况，对采取技术侦查措施获取的材料进行审查，发现侦查活动和有关证据的瑕疵，提高辩护质量，有效地维护犯罪嫌疑人、被告人的合法权益，保证案件公正处理，具有重要的意义。在审判过程中，公诉人可以主动或者应法庭的要求，向法庭出示批准采取技术侦查措施的法律文书，以证明采取技术侦查措施获得的证据材料的合法性。批准文书向法庭出示后，应当依法接受被告人、辩护人等诉讼参与人的质证，接受法庭的审查。通过这样的程序安排，使侦查机关采取技术侦查措施的行为受到严格的制约和司法审查，促使侦查机关严格按照批准决定确定的措施种类、适用对象和期限采取技术侦查措施，维护公民的合法权益。

[配套规定]

1.《人民检察院刑事诉讼规则》（高检发释字［2019］4号）（2019年12月30日公布并施行）（节录）

第二百三十条 采取技术侦查措施收集的物证、书证及其他证据材料，侦查人员应当制作相应的说明材料，写明获取证据的时间、地点、数量、特征以及采取技术侦查措施的批准机关、种类等，并签名和盖章。

对于使用技术侦查措施获取的证据材料，如果可能危及特定人员的人身安全、涉及国家秘密或者公开后可能暴露侦查秘密或者严重损害商业秘密、个人隐私的，应当采取不暴露有关人员身份、技术方法等保护措施。必要时，可以建议不在法庭上质证，由审判人员在庭外对证据进行核实。

第二百三十一条 检察人员对采取技术侦查措施过程中知悉的国家秘密、商业秘密和个人隐私，应当保密；对采取技术侦查措施获取的与案件无关的材料，应当及时销毁，并对销毁情况制作记录。

采取技术侦查措施获取的证据、线索及其他有关材料，只能用于对犯罪的侦查、起诉和审判，不得用于其他用途。

2.《公安机关办理刑事案件程序规定》（公安部令第127号）（2012年12月13日发布，自2013年1月1日起施行）（节录）

第二百五十八条 采取技术侦查措施，必须严格按照批准的措施种类、适用对象和期限执行。

在有效期限内，需要变更技术侦查措施种类或者适用对象的，应当按照本规定第二百五十六条规定重新办理批准手续。

第二百六十一条 侦查人员对采取技术侦查措施过程中知悉的国家秘密、商业秘密和个人隐私，应当保密。

公安机关依法采取技术侦查措施，有关单位和个人应当配合，并对有关情况予以保密。

第一百五十三条　为了查明案情，在必要的时候，经公安机关负责人决定，可以由有关人员隐匿其身份实施侦查。但是，不得诱使他人犯罪，不得采用可能危害公共安全或者发生重大人身危险的方法。

对涉及给付毒品等违禁品或者财物的犯罪活动，公安机关根据侦查犯罪的需要，可以依照规定实施控制下交付。

[条文主旨]

本条是关于秘密侦查的适用原则的规定。

[条文释解]

秘密侦查是指为了查明案情，在必要的时候，经公安机关负责人决定，由有关人员隐匿其身份所进行专门调查工作或者采取有关强制性措施的活动。秘密侦查可以大致分为两类：一类是隐匿身份实施侦查，即侦查人员或者其他人员隐匿其身份开展的调查取证活动，如侦查人员卧底侦查、特情侦查等形式。另一类是秘密监控，即不派出有关人员隐匿身份实施侦查，但对犯罪嫌疑人或者相关人员的犯罪活动进行监控，典型的形式就是控制下交付。

通常情况下，侦查人员进行侦查活动时，应当按照刑事诉讼法的规定向相关人员说明自己的身份并出示工作证件或者侦查机关的证明文件。但对有些犯罪，如跨国犯罪、有组织犯罪、集团犯罪等，由于其组织严密，内部分工明确，犯罪集团的组织者、领导者往往不直接参与具体的犯罪行为，而只是在幕后策划、操纵、指挥，采取一般的侦查手段无法彻底查明整个犯罪，将犯罪组织成员特别是组织者、领导者绳之以法。实践中，需要侦查人员或者侦查机关选定的公民隐匿真实身份，接近犯罪集团或者潜伏在犯罪集团内部，获得他们的信任，从而侦查整个犯罪过程，获取犯罪证据。另外，在发现犯罪后，允许犯罪行为在侦查机关的监控下继续下去，从而一举捣毁整个犯罪集团。这些侦查手段虽在本节中规定，但不属于技术侦查措施，而是一种特殊的侦查措施。由于隐匿身份实施侦查，不可避免地会参与一些违法犯罪活动，控制下交付涉及公安机关阻止犯罪发生的职责，实施这两种侦查措施需要法律授权。同时，我国批准加入的《联合国禁止非法贩运麻醉药品和精神药物公约》《联合国打击跨国有组织犯罪公约》《联合国反腐败公约》均对控制下交付作了规定，也需要在国内法中予以明确。因此，2012 年刑事诉讼法修改时，为适应侦查工作的实际需要，履行公约义务，对隐匿身份实施侦查和控制下交付在本条中一并作了规定。

本条共分为两款。第 1 款是关于隐匿身份实施侦查的规定。本款规定了以下内容：第一，“为了查明案情，在必要的时候”可以隐匿身份实施侦查。这是采取隐匿身份实施侦查的条件。其中“为了查明案情”是隐匿身份实施侦查的目的条件；“在必要的时候”是指在采取其他的侦查手段难以获取犯罪证据的情况下。由于隐匿身份实施侦查具有危险性，可采取其他侦查手段取证的不应采取隐匿身份实施侦查的方式。“隐匿身份”是指隐匿其有关侦查的身份。实践中，这种侦查手段主要是用于侦查毒品犯罪、有组织犯罪等。第二，规定了实施隐匿身份侦查要“经公安机关负责人决定”。也就是说，批准权由县级以上各级公安机关负责人行使。这种侦查不同于技术侦查，不涉及公民的有关权利，且这种化装侦查从侦查人员安全角度考虑，知道的人越少越好。因此，本款规定由公安机关负责人批准即可。第三，实施隐匿身份侦查的主体是有关人员。“有关人员”既包括公安机关的侦查人员，也包括侦查机关指派的适宜进行隐匿身份实施侦查的其他人员。从司法实践来看，公安机关既可能派出侦查员卧底侦查，也可能是让其他人员充当线人、特情，实施隐匿身份侦查。第四，在实施隐匿身份侦查的过程中，不得诱使他人犯罪，不得采取可能危害公共安全或者发生重大人身危险的方法。“不得诱使他人犯罪”，主要是指不得诱使他人产生犯罪意图。“不得采用可能危害公共安全或者发生重大人身危险的方法”是指隐匿身份实施侦查，打入犯罪集团内部，不可避免地要与犯罪分子一起实施一些违法犯罪行为，以获取犯罪分子的信任，从而获取犯罪证据。但参与违法犯罪行为有个界限，就是不得危害公共安全，不得造成他人重大的人身危险。

第 2 款是关于控制下交付的规定。《联合国禁止非法贩运麻醉药品和精神药物公约》《联合国打击跨国有组织犯罪公约》《联合国反腐败公约》均对控制下交付作了规定。根据这些规定，控制下交付主要是指侦查机关在发现非法或可疑交易的物品后，在对物品进行秘密监控的情况下，允许非法或可疑物品继续流转，从而查明参与该项犯罪的人员，彻底查明该案件。根据本款规定，实施控制下交付主要是针对涉及给付毒品等违禁品或者财物的犯罪活动。实践中主要是在侦破诸如毒品、走私、假币等犯罪中使用。是否实施控制下交付，应当由侦查机关根据侦查犯罪的需要决定。

[司法实务]

注意隐匿身份实施侦查和技术侦查适用案件范围的区别。隐匿身份实施侦查的方法不同于技术侦查措施。根据《刑事诉讼法》第153条第1款的规定，只要隐匿身份实施侦查未采用技术侦查措施的，可以适用于各种案件。但是，如果在隐匿身份实施侦查的过程中，需要采取技术侦查措施的，就必须受技术侦查措施适用案件范围的限制。

[配套规定]

《公安机关办理刑事案件程序规定》（公安部令第127号）（2012年12月13日发布，自2013年1月1日起施行）（节录）

第二百六十二条 为了查明案情，在必要的时候，经县级以上公安机关负责人决定，可以由侦查人员或者公安机关指定的其他人员隐匿身份实施侦查。

隐匿身份实施侦查时，不得使用促使他人产生犯罪意图的方法诱使他人犯罪，不得采用可能危害公共安全或者发生重大人身危险的方法。

第二百六十三条 对涉及给付毒品等违禁品或者财物的犯罪活动，为查明参与该项犯罪的人员和犯罪事实，根据侦查需要，经县级以上公安机关负责人决定，可以实施控制下交付。

[参考案例]

1. 程某金贩毒案——侦查人员隐匿身份实施侦查①

2008年2月26日，华蓥市公安局禁毒大队在华蓥山宾馆抓获李某等三名吸毒人员，根据李某指证，警方要弄清他们的“上家”、查出毒品的来源。2008年3月16日上午，华蓥市一家三星级宾馆招聘了一名“女服务员”，她就是禁毒大队女侦查员水某。水某在这家三星级宾馆利用服务员的身份作掩

① 《四川农民日报》2009年9月10日。

护，秘密侦查毒品交易的准确时间、次数、数量，进行排查、秘密拍摄、收集证据。在准确掌控犯罪嫌疑人的生活习惯、活动规律、社交圈子、社会关系时，发现了团伙贩毒案的漏网之鱼——程某金。禁毒大队通过进一步侦查，了解到程某金不仅又在重操旧业，而且他将自己的妻子、亲兄弟、亲侄儿、表亲发展成他的“下线”，组建成了“家族式”贩毒网络。警方对相关嫌疑人员进行了长达三个多月的精心排查、跟踪侦查、远程监控。出现在侦查员视线内的几乎全部是程氏家族人员，他们或储藏吸食毒品，或传送运输毒品，或出售零包毒品。情况表明这是一个家族式贩毒网络，但侦查员始终没有发现程某金夫妇。为了不打草惊蛇，专案组采取了放长线迷惑程某金的策略。专案组为了掌控他的发展计划，根据掌握的贩毒网络成员情况，对贩毒成员个人的基本情况、近两年来的主要犯罪事实、家庭财产及金融情况、主要社会关系和活动的规律特点、家庭准确住址及周边环境、团伙成员在贩毒活动中的地位、作用以及个性特点进行了长达两个多月的侦查，秘密收集了程氏家族大量的贩毒证据。2009 年春节过后，程某金等人认为禁毒大队停止了侦查活动，便加大了犯罪力度，贩毒活动十分猖狂。作案成员由原来的隐蔽型转变为半公开型，个别作案成员甚至到茶楼、发廊等场所公开叫卖、明码实价。专案组借此机会让特警雷某以购买毒品为由打入程氏家族内部。特警雷某通过七天时间的周旋，顺利地接近了二号人物程某银，并从程某银口中了解到程某金住所的准确信息。公安局在通过一年多的侦查后，已经掌握了程氏贩毒网络等 12 名成员的住址、活动规律、主要犯罪事实、加工运输、经营销售毒品的方式。公安机关决定开始抓捕。共抓获程某金、王某某、程某银、郑某某、江某某、汪某某、梅某某、邹某某、程某兴、谯某某、灿某某等 13 名犯罪嫌疑人，现场缴获毒品海洛因 100 余克、上脑素 35 克、杜冷丁片剂 147 克、咖啡因 200 克及秤、千斤顶、多功能加工器、钢模等 30 余件毒品加工工具，收缴毒资 50 多万元、贩毒汽车 2 辆，扣押房产 2 处。

2. 王某某贩卖毒品案——控制下交付[1]

案例要旨：

控制下交付是指侦查人员在发现犯罪线索后，在保密的前提下，在侦查人员的控制下，按照犯罪嫌疑人原先计划或约定的地点、方式，交付毒品等

① 安徽省高级人民法院 2015 年发布的第 13 号参考性案例。

违禁品或者财物，从而获取证据，将涉案人员一网打尽。控制下交付经常在毒品犯罪中使用，是侦查毒品犯罪案件的有效措施。

基本案情：

公诉机关指控：被告人王某某非法贩卖毒品，其行为已构成贩卖毒品罪。

王某某的辩护人辩称：虽然公安机关当场抓获王某某与余某某交易的毒品，但该批毒品一直处于公安机关的实际控制之下，王某某自始不可能获取该批毒品，故应属犯罪未遂。

法院经审理查明：2014年2月初，被告人王某某与余某某（另案处理）商定毒品交易。2月10日，余某某安排成某（另案处理）将463.52克甲基苯丙胺和2克甲基苯丙胺片剂从广东省东莞市通过顺丰速运（东莞）有限公司邮寄给明光市的王某某。公安机关在例行检查时，发现该单快递夹藏有甲基苯丙胺，遂在其监控下放行，并在王某某的收货处顺丰速运（明光）经营部进行布控。次日17时54分，王某某到该经营部提取毒品时，被公安机关当场抓获，并在王某某的帆布包内查获17.65克甲基苯丙胺和0.1克甲基苯丙胺片剂。另查明，被告人王某某此前还非法贩卖甲基苯丙胺22.4克。

裁判结果：安徽省滁州市中级人民法院于2014年11月5日作出（2014）滁刑初字第00029号刑事判决，认定被告人王某某犯贩卖毒品罪，判处无期徒刑，剥夺政治权利终身，并处没收个人全部财产；追缴的毒品甲基苯丙胺463.52克、甲基苯丙胺片剂2克，作案工具音箱、电子秤、帆布包各一个、手机二部均予以没收，上缴国库。

裁判结果：

法院生效裁判认为，被告人王某某与其上线余某某为了逃避打击，利用快递这种人货分离的方式进行毒品贩卖。公安机关例行检查时，发现该单快递夹藏463.52克甲基苯丙胺和2克甲基苯丙胺片剂。公安机关为查明贩毒的下线，未扣押该毒品，而是将该批毒品在公安机关的监控下放行，并在接货地点布控，待买方王某某到快递公司提取毒品时，将其当场抓获。虽然公安机关对王某某实施的毒品犯罪存在一定程度的介入，但是本质上还是王某某在自己的意识支配下实施的毒品犯罪，不存在犯罪引诱，故应当依法处理。

关于被告人王某某的辩护人提出虽然公安机关在顺丰快递门口当场抓获王某某与余某某交易的465.52克毒品，但该批毒品一直处于公安机关的实际控制之下，王某某自始不可能获取该批毒品，故应属犯罪未遂的辩护意见。经查，被告人王某某与余某某通过电话商定买卖毒品后，余某某通过快递将463.52克甲基苯丙胺和2克甲基苯丙胺片剂发给王某某，王某某通过银行转账支付毒资，后王某某在收受装有毒品的包裹时被公安机关当场抓获。王某某与余某某以贩卖为目的进行毒品交易，经商议、付款、交接、易货等交易环节，已经完成了毒品交易的全部形态。公安机关在毒品的运输过程中发现甲基苯丙胺并实施布控，仅决定了公安机关对王某某的抓捕结果，并不影响王某某作为买方完成毒品实际交易的客观事实，依法应认定为犯罪既遂。

综上，被告人王某某非法贩卖毒品，其中甲基苯丙胺503.57克、甲基苯丙胺片剂2.1克，其行为已构成贩卖毒品罪，故法院依法作出如上裁判。

第一百五十四条　依照本节规定采取侦查措施收集的材料在刑事诉讼中可以作为证据使用。如果使用该证据可能危及有关人员的人身安全，或者可能产生其他严重后果的，应当采取不暴露有关人员身份、技术方法等保护措施，必要的时候，可以由审判人员在庭外对证据进行核实。

[条文主旨]

本条是关于技术侦查措施所取得证据使用原则的规定。

[条文释解]

我国1993年制定的国家安全法、1995年制定的人民警察法都规定，侦查机关因侦查犯罪的需要，“根据国家有关规定，经过严格的批准手续，可以采取技术侦察措施”。但由于当时的刑事诉讼法在侦查一章中未规定技术侦查措施，实践中，对侦查机关在办案过程中，依据上述法律采取“技术侦察”手段获取的证据材料，能否直接作为定案的依据在法庭上出示并接受质证等问题存在不同的认识。由于担心采取技术侦查手段获取的材料作为证据使用会暴露取证的方法，同时可能会危及有关人员的人身安全，一段时间以来，通过技术侦查手段获取的材料不能直接作为证据使用，影响了案件的审理。为解决这一问题，2010 年最高人民法院、最高人民检察院、公安部、国家安全部、司法部《关于办理死刑案件审查判断证据若干问题的规定》第 35 条规定，侦查机关依照有关规定采用特殊侦查措施所收集的物证、书证及其他证据材料，经法庭查证属实，可以作为定案的根据。同时规定，法庭依法不公开特殊侦查措施的过程及方法。2012 年《刑事诉讼法》修改时，在总结实践经验的基础上增加了本条规定。

本条规定包括以下内容：第一，明确规定依照技术侦查措施一节采取的侦查措施所收集的材料在刑事诉讼中可以作为证据使用。根据这一规定，有些材料如监听获取的录音，密拍获取的照片、录像等都可以作为证据向法庭提供。应当说明的是，侦查机关依照有关规定采用技术侦查措施收集的证据材料，并不是当然地具有证明力，也须经法庭正式调查查证属实才可作为定案的根据。这里规定的“技术侦查措施”，包括依照本法第 150 条、第 151 条采取的技术侦查措施，以及依照本法第 153 条采取的隐匿身份实施侦查和控制下交付。

第二，为了保证侦查人员、技术侦查方法和过程的安全，本条对证据的使用作了特殊规定：1. 为了保护相关侦查人员、线人的人身安全，保守国家秘密、企业的商业秘密、公民的个人隐私，防止技术侦查过程、方法被泄露，本条规定，如果使用该证据可能危及有关人员的人身安全，或者可能产生其他严重后果的，应当采取不暴露有关人员身份、技术方法等保护措施。这里规定的“其他严重后果”主要是指使用该证据会造成泄密、提高罪犯的反侦查能力、妨碍对其他案件的侦破等后果。2. 规定了庭外核实证据的程序，规定必要的时候，可以由审判人员在庭外对证据进行核实。这里规定的“必要的时候”，主要指两种情况：一种是采取不暴露有关人员身份、技术方法不足以使法官确信这些证据材料的真实性、可靠性，无法作出判决。另一种是采取不暴露有关人员身份、技术方法等保护措施还是无法防止严重后果的发生。在这两种情况下，可以由审判人员在庭外，对侦查的方法、过程等进行核实，向侦查人员了解有关情况，查看相关的物证、书证及其他证据材料，包括观看相关的录音、录像等。

[司法实务]

1. 以庭审质证为原则，庭外核实为例外。贯彻以审判为中心的司法理念，对于侦查机关采用特殊侦查措施收集的证据材料，原则上应当通过庭审质证的方式进行审查，如此才能充分实现被告方的质证权利，保障其合法权益。当然，鉴于特殊侦查措施过程及方法的涉密性，尤其在一些危害国家安全犯罪、毒品犯罪、涉枪犯罪、黑社会性质组织犯罪等重大刑事案件中，如果将使用秘密侦查、技术侦查等特殊侦查措施获得的证据在法庭上质证，可能会出现危及侦查人员生命安全、泄露国家秘密甚至损害国家利益的情况，此时对这些证据材料如何质证就可以由法庭在全面考查案情及其他证据的基础上作出裁量，法官认为有必要的可以在庭外进行核实。法庭如能结合其他证据认定这些证据的客观性、关联性和合法性，就可将其作为定案的根据。人民检察院、公安机关不能动辄以防止发生严重后果为由不将技术侦查措施获取的证据移交法庭，否则，人民法院有权利对该证据不予采信。

2. 需要注意的是，无论以何种方式查证采用特殊侦查措施取得的证据，对特殊侦查措施的过程及方法，法庭依法均负有保密义务，不能公开或泄露。

[配套规定]

1.《最高人民法院关于适用〈中华人民共和国刑事诉讼法〉的解释》（法释［2012］21号）（2012年12月20日公布，自2013年1月1日起施行）（节录）

第一百零七条　采取技术侦查措施收集的证据材料，经当庭出示、辨认、质证等法庭调查程序查证属实的，可以作为定案的根据。

使用前款规定的证据可能危及有关人员的人身安全，或者可能产生其他严重后果的，法庭应当采取不暴露有关人员身份、技术方法等保护措施，必要时，审判人员可以在庭外核实。

2.《最高人民法院、最高人民检察院、海关总署打击非设关地成品油走私专题研讨会会议纪要》（署缉发［2019］210号）（2019年10月25日公布并施行）（节录）

四、关于证据的收集

办理非设关地成品油走私犯罪案件，应当注意收集、提取以下证据：

（一）反映涉案地点的位置、环境，涉案船舶、车辆、油品的特征、数量、属性等的证据；

（二）涉案船舶的航次航图、航海日志、GPS、AIS 轨迹、卫星电话及其通话记录；

（三）涉案人员的手机号码及其通话记录、手机短信、微信聊天记录，涉案人员通过微信、支付宝、银行卡等方式收付款的资金交易记录；

（四）成品油取样、计量过程的照片、视听资料；

（五）跟踪守候、监控拍摄的照片、视听资料；

（六）其他应当收集、提取的证据。

依照法律规定采取技术侦查措施收集的物证、书证、视听资料、电子数据等证据材料对定罪量刑有重大影响的，应当随案移送，并移送批准采取技术侦查措施的法律文书和侦查办案部门对证据内容的说明材料。对视听资料中涉及的绰号、暗语、俗语、方言等，侦查机关应当结合犯罪嫌疑人的供述、证人证言等证据说明其内容。

……

3.《最高人民法院关于建立健全防范刑事冤假错案工作机制的意见》（法发［2013］11号）（2013年10月9日公布并施行）（节录）

12. 证据未经当庭出示、辨认、质证等法庭调查程序查证属实，不得作为定案的根据。

采取技术侦查措施收集的证据，除可能危及有关人员的人身安全，或者可能产生其他严重后果，由人民法院依职权庭外调查核实的外，未经法庭调查程序查证属实，不得作为定案的根据。

4.《最高人民法院、最高人民检察院、公安部关于办理电信网络诈骗等刑事案件适用法律若干问题的意见》（法发［2016］32号）（2016年12月19日公布并施行）（节录）

六、证据的收集和审查判断

……

（二）公安机关采取技术侦查措施收集的案件证明材料，作为证据使用的，应当随案移送批准采取技术侦查措施的法律文书和所收集的证据材料，并对其来源等作出书面说明。

……

5.《最高人民法院、最高人民检察院、公安部关于办理网络犯罪案件适用刑事诉讼程序若干问题的意见》（公通字［2014］10号）（2014年5月4日公布并施行）（节录）

19、采取技术侦查措施收集的材料作为证据使用的，应当随案移送批准采取技术侦查措施的法律文书和所收集的证据材料。使用有关证据材料可能危及有关人员的人身安全，或者可能产生其他严重后果的，应当采取不暴露有关人员身份、技术方法等保护措施，必要时，可以由审判人员在庭外进行核实。

6.《公安机关办理刑事案件电子数据取证规则》（2019年1月2日公布，自2019年2月1日起施行）（节录）

第三十三条 网络在线提取或者网络远程勘验时，应当使用电子数据持有人、网络服务提供者提供的用户名、密码等远程计算机信息系统访问权限。

采用技术侦查措施收集电子数据的，应当严格依照有关规定办理批准手续。收集的电子数据在诉讼中作为证据使用时，应当依照刑事诉讼法第一百五十四条规定执行。

7.《最高人民法院、最高人民检察院、公安部关于办理刑事案件收集提取和审查判断电子数据若干问题的规定》（法发［2016］22号）（2016年9月9日公布并施行）（节录）

第九条 具有下列情形之一，无法扣押原始存储介质的，可以提取电子数据，但应当在笔录中注明不能扣押原始存储介质的原因、原始存储介质的存放地点或者电子数据的来源等情况，并计算电子数据的完整性校验值：

（一）原始存储介质不便封存的；

（二）提取计算机内存数据、网络传输数据等不是存储在存储介质上的电子数据的；

（三）原始存储介质位于境外的；

（四）其他无法扣押原始存储介质的情形。

对于原始存储介质位于境外或者远程计算机信息系统上的电子数据，可以通过网络在线提取。

为进一步查明有关情况，必要时，可以对远程计算机信息系统进行网络远程勘验。进行网络远程勘验，需要采取技术侦查措施的，应当依法经过严格的批准手续。

8.《最高人民检察院、公安部关于公安机关办理经济犯罪案件的若干规定》（公通字［2017］25号）（2017年11月24日公布，自2018年1月1日起施行）（节录）

第三十七条 公安机关办理经济犯罪案件，需要采取技术侦查措施的，应当严格依照有关法律、规章和规范性文件规定的范围和程序办理。

9.《最高人民法院关于全面推进以审判为中心的刑事诉讼制度改革的实施意见》（法发［2017］5号）（2017年2月17日发布并施行）（节录）

13. 采取技术侦查措施收集的证据，当庭质证可能危及有关人员的人身安全，或者可能产生其他严重后果的，应当采取不暴露有关人员身份、不公开技术侦查措施和方法等保护措施。

法庭决定在庭外对技术侦查证据进行核实的，可以召集公诉人、侦查人员和辩护律师到场。在场人员应当履行保密义务。

10.《最高人民法院、最高人民检察院、公安部、国家安全部、司法部、全国人大常委会法制工作委员会关于实施刑事诉讼法若干问题的规定》（2012年12月26日公布，2013年1月1日起施行）（节录）

20. 刑事诉讼法第一百四十九条中规定："批准决定应当根据侦查犯罪的需要，确定采取技术侦查措施的种类和适用对象。"采取技术侦查措施收集的材料作为证据使用的，批准采取技术侦查措施的法律文书应当附卷，辩护律师可以依法查阅、摘抄、复制，在审判过程中可以向法庭出示。

11.《人民检察院刑事诉讼规则》（高检发释字［2019］4号）（2019年12月30日公布并施行）（节录）

第二百二十九条　……

采取技术侦查措施收集的材料作为证据使用的，批准采取技术侦查措施的法律文书应当附卷，辩护律师可以依法查阅、摘抄、复制。

12.《人民法院办理刑事案件第一审普通程序法庭调查规程（试行）》（法发［2017］31号）（2017年11月27公布，自2018年1月1日起施行）（节录）

第三十五条　采用技术侦查措施收集的证据，应当当庭出示。当庭出示、辨认、质证可能危及有关人员的人身安全，或者可能产生其他严重后果的，应当采取不暴露有关人员身份、不公开技术侦查措施和方法等保护措施。

法庭决定在庭外对技术侦查证据进行核实的，可以召集公诉人和辩护律师到场。在场人员应当履行保密义务。

13.《公安机关办理刑事案件程序规定》（公安部令第127号）（2012年12月13日发布，2013年1月1日起施行）（节录）

第二百五十九条　采取技术侦查措施收集的材料在刑事诉讼中可以作为

证据使用。使用技术侦查措施收集的材料作为证据时，可能危及有关人员的人身安全，或者可能产生其他严重后果的，应当采取不暴露有关人员身份和使用的技术设备、侦查方法等保护措施。

采取技术侦查措施收集的材料作为证据使用的，采取技术侦查措施决定书应当附卷。

第二百六十条 采取技术侦查措施收集的材料，应当严格依照有关规定存放，只能用于对犯罪的侦查、起诉和审判，不得用于其他用途。

采取技术侦查措施收集的与案件无关的材料，必须及时销毁，并制作销毁记录。

第二百六十四条 公安机关依照本节规定实施隐匿身份侦查和控制下交付收集的材料在刑事诉讼中可以作为证据使用。

使用隐匿身份侦查和控制下交付收集的材料作为证据时，可能危及隐匿身份人员的人身安全，或者可能产生其他严重后果的，应当采取不暴露有关人员身份等保护措施。

[参考案例]

宋某某、秦某某走私、贩卖、运输、制造毒品案①

基本案情：

公诉机关：广东省湛江市人民检察院

被告人宋某某，男，1975 年 1 月 11 日出生于河南省南阳市，汉族，初中文化，经商，原户籍地：河南省南阳市卧龙区，2013 年 4 月 17 日因夫妻团聚经申请获准前往香港定居，住深圳市福田区。因涉嫌犯贩卖毒品罪于 2013 年 8 月 24 日被羁押，同日被刑事拘留，同年 9 月 30 日被逮捕。现押于遂溪县看守所。

湛江市中级人民法院经审理查明：2013 年 8 月 23 日 13 时许，金某（另案处理）分别电话联系被告人宋某某、秦某某。金某在电话中指使秦某某前往深圳联系宋某某交接毒品，并让秦某某将毒品从深圳带回遂溪。秦某某为牟利表示答应，按照金某的要求，于当天下午在城月圩购买了一张联通手机卡，号码为 131××××0969，秦某某当天下午使用该号码预订了 23 日晚上城

① 广东省湛江市中级人民法院（2016）粤 08 刑初 22 号刑事判决书。

月圩至深圳的大巴车票。同日下午，秦某某与金某、“智哥”（另案处理）等人在麻章区一间饭店吃完饭后，“智哥”交给秦某某一个装有毒资的黑色挎包，金某开车送秦某某到遂溪县沙坭高速口乘坐预订的大巴车前往深圳市。24 日早上 6 时许，秦某某使用号码为 131××××0969 的手机拨打宋某某号码为 150××××1828 的手机与宋某某联系后，宋某某安排一名男青年（另案处理）与秦某某在深圳市福田区水围村广场先后成功交接了毒资、毒品。交易完毕后，秦某某将号码为 131××××0969 的手机卡丢掉，然后携带毒品乘坐长途大巴车从深圳返回遂溪，于 24 日 17 时许到达遂溪县城月圩客运站，下车时被侦查人员当场抓获，当场缴获可疑毒品四袋，以及长途车票、号码为 131××××6906 的手机等物品。同日下午，侦查机关在深圳市通过通信监控技术锁定宋某某位置并将宋某某抓获，从宋某某身上搜查出号码分别为 150××××1828、136××××5505 的手机两部，以及银行卡等物品。经鉴定：被缴获的毒品净重 4033 克，均检见 3，4－亚甲基二氧基甲基苯丙胺（MDMA）成分。

在案件审理过程中，该院在第一次审理期间多次与公诉机关、侦查机关进行协调，以及重审期间根据上级法院将案件发回重审时的指导意见，函请公诉机关联系侦查机关提供上述采取技术侦查措施收集到并已经进行了声纹鉴定的通话语音资料以及相关审批手续提交公开开庭质证，但侦查机关均以涉及秘密为由拒不提交。辩护人认为目前附案证据中既没有批准采取技术侦查措施的审批文件，通话录音亦没有经过庭审出示、质证，属非法证据，不能作为定案证据使用。湛江市中级人民法院认为，根据《刑事诉讼法》第 152 条，以及《最高人民法院关于适用〈中华人民共和国刑事诉讼法〉的解释》第 107 条之规定，采取技术侦查措施收集的材料可以作为证据使用，只有在使用时可能危及有关人员的人身安全或者可能产生其他严重后果的情况下，才由审判人员在庭后对证据进行核实。公安机关已提供监听录音的鉴定意见作为证据使用，监听录音的存在并非秘密，目前没有证据证实本案存在监听录音不宜作为证据使用的排除性情况。鉴于侦查机关拒不提供采取技术侦查措施的审批文件、拒不提交通话录音进行当庭质证，辩护人的该节辩护意见有理，予以采纳，上述声纹鉴定均不予采信作为定案依据。

湛江市中级人民法院经审理认为：被告人秦某某无视国法，以牟利为目的受他人雇请，携带他人提供的毒资前往深圳市，在深圳市通过联系被告人宋某某，由宋某某安排人员与秦某某进行毒品、毒资交接。交接完毕后，秦某某携带4033克含3，4-亚甲基二氧基甲基苯丙胺（MDMA）成分，俗称“摇头丸”的毒品从深圳乘坐大巴车返回遂溪，当场被侦查机关人赃俱获。秦某某的行为构成运输毒品罪，宋某某的行为构成贩卖毒品罪，贩卖、运输的毒品数量大。被告人秦某某归案后，供述稳定、揭发同案人宋某某的犯罪事实，认罪态度好，依法可以从轻处罚。鉴于本案毒品交易处在侦查机关的控制之下，目前毒资去向不明，尚有涉案人员金某、直接与秦某某交接毒品、毒资的行为人未归案，监控通话录音依法不能作为定案依据等情况，虽然目前附案证据已经足以认定宋某某参与了上述认定的犯罪事实，但尚无法完全排除关于涉案毒品的最终提供者、毒资收取者的合理怀疑，且目前亦不宜对宋某某作主、从犯认定，根据有利于被告人的原则，对宋某某依法可以酌情从轻处罚。依法判决如下：1. 被告人宋某某犯贩卖毒品罪，判处无期徒刑，剥夺政治权利终身，并处没收个人全部财产；2. 被告人秦某某犯运输毒品罪，判处有期徒刑十五年，并处没收个人财产人民币5万元。

主要问题：

对于采取技术侦查措施取得的证据材料，应当如何质证和采信？

本书观点：

质证是人民法院审查核实证据的主要方式，也是当事人尤其是被告人在诉讼活动中享有的一项重要诉讼权利。质证是指在法庭审理过程中，在法官主持下，由诉讼当事人就在法庭上出示的证据的客观性、关联性、合法性，包括证明力的有无和大小进行质疑、说明、申辩、反驳、询问的一种诉讼活动。对于侦查机关采用技术侦查措施收集的证据材料，原则上应当通过庭审质证的方式进行审查，如此才能充分实现被告方的质证权利，保障其合法权益。只有在庭审质证时可能危及有关人员的人身安全或者可能产生其他严重后果的情况下，才由审判人员在庭后对证据进行核实。本案中，公安机关已提供监听录音的鉴定意见作为证据使用，说明存在监听录音文件，从案情来看，本案监听录音在法庭上质证并不会危及有关人员的人身安全或者产生其他严重后果。因此，该监听录音文件应当在法庭上进行质证。鉴于人民法院多次与侦查机关协调，要求侦查机关提交技术侦查措施的审批文件和监听录音文件进行质证。但侦查机关拒不提供采取技侦措施的审批文件、拒不提交监听录音文件，仅提交了对监听录音的鉴定意见，法院对该技术侦查措施取得的文件依法不予采信是正确的。

第九节　通　缉

第一百五十五条　应当逮捕的犯罪嫌疑人如果在逃，公安机关可以发布通缉令，采取有效措施，追捕归案。

各级公安机关在自己管辖的地区以内，可以直接发布通缉令；超出自己管辖的地区，应当报请有权决定的上级机关发布。

[条文主旨]

本条是关于通缉的条件及程序的规定。

[条文释解]

本条是由1979年《刑事诉讼法》规定，1996年《刑事诉讼法》将“被告人”修改为“犯罪嫌疑人”，2012年、2018年均未修改。

通缉是公安机关对在逃的犯罪分子通令缉捕的紧急侦查措施。通缉对公安机关通力协作，动员和依靠广大群众捕获犯罪分子，打击和制止犯罪，保证侦查工作顺利进行，具有十分重要的作用。在侦查实践中，需要通缉的一般都是重大案件的犯罪嫌疑人，或是罪行严重，有继续犯罪的可能，有潜逃国外的可能，为及时将该类犯罪分子追捕归案，需采取通缉这种侦查行为。根据本条规定，应注意以下几点：

一是通缉的对象。本条规定通缉的对象是应当逮捕而在逃的犯罪嫌疑人，“应当逮捕”包括两种情形：符合逮捕条件，应当依法逮捕，尚未执行逮捕；已经执行过逮捕。因此，通缉对象既包括符合本法规定的逮捕条件，应当依法逮捕而下落不明的犯罪嫌疑人，也包括已经依法执行逮捕，羁押期间又逃跑的犯罪嫌疑人。通缉对象必须同时满足以下三个条件：1. 犯罪嫌疑人；2. 符合逮捕条件；3. 潜逃中，尚未被抓到。实践中，对越狱逃跑的犯罪嫌疑人、被告人或者罪犯也可采取通缉的方式缉拿归案，《公安机关办理刑事案件程序规定》对此作出补充规定。

二是通缉的启动程序。只有县级以上的公安机关有权发布通缉令，其他任何机关、团体、单位、组织和个人都无权发布。人民检察院在办理自侦案件过程中，需要追捕在逃的犯罪嫌疑人时，经检察长批准，有权作出通缉决定，但仍需由公安机关发布通缉令。依法应当留置的被调查人如果在逃，监察机关可以决定在本行政区域内通缉，由公安机关发布通缉令，追捕归案。因此，根据法律规定只能由公安机关发布通缉令，作此规定主要基于以下考虑：1. 因为通缉的对象一般都是应当被逮捕的犯罪嫌疑人，只有公安机关才有执行逮捕的权力；2. 基于公安机关的性质、组织能力和装备等方面的因素，公安机关行使通缉权，有利于将犯罪嫌疑人及时抓捕归案。

三是通缉令的发布范围。通缉以发布通缉令的方式进行。各级公安机关发布通缉令时有范围限制，在自己管辖的地区以内，可以直接发布通缉令，如果超出自己管辖的地区，应当报请有权决定的上级机关发布。有关公安机关接到通缉令以后，应当及时部署，积极查缉。对于通缉在案的犯罪嫌疑人，任何公民都有权扭送公安机关、人民检察院或人民法院处理。

[司法实务]

1. 监察机关如何运用通缉措施

监察机关运用通缉措施应当把握以下三个方面：

一是监察机关决定通缉的对象需具备三个条件：（1）被通缉的人必须是涉嫌职务违法犯罪的被调查人；（2）该被调查人依法应当留置；（3）该被调查人因逃避调查而下落不明。具体来说，既包括符合监察法规定的留置条件应当依法留置，但下落不明的涉嫌职务违法犯罪的被调查人，也包括已经依法留置，但又逃跑的被调查人。

二是通缉的决定和执行机关。监察机关决定采取通缉措施后，交由公安机关发布通缉令进行追捕。通缉的范围超出所管辖的地区的，监察机关应当报请有决定权的上级监察机关决定，并交由相应的公安机关发布通缉令。

三是监察机关和公安机关应当加强协调配合。公安机关接到监察机关移送的通缉决定的，应当及时发布通缉令，各级公安机关接到通缉令后，应当迅速部署、组织力量，积极进行查缉工作。监察机关自行查获被通缉对象的，应当及时通知公安机关撤销通缉令。

2. 通缉令的内容

通缉令中应尽可能写明被通缉人的姓名、别名、曾用名、绰号、性别、年龄、民族、籍贯、出生地、户籍所在地、居住地、职业、身份证号码、衣着和体貌特征、口音、行为习惯和所犯罪名，并附被通缉人照片，可以附指纹及其他物证的照片。除了必须保密的事项以外，应当写明发案的时间、地点和简要案情，加盖发布机关公章。

通缉令发出后，如发现新的重要情况可以补发通报。通报必须注明原通缉令的编号、日期。对不知道真实姓名和住址，只知其外貌特征、作案手段、携带赃款、赃物等情况的，可以采用通报方式查缉。

3. 通缉令的撤销

被通缉的人已经缉拿归案、死亡，或者通缉原因已经消失而无通缉必要的，发布通缉令的机关应当在原发布范围内立即发出撤销通缉令的通知。

[配套规定]

1. **《人民检察院刑事诉讼规则》**（高检发释字［2019］4号）（2019年12月30日公布并施行）（节录）

第二百三十二条　人民检察院办理直接受理侦查的案件，应当逮捕的犯罪嫌疑人在逃，或者已被逮捕的犯罪嫌疑人脱逃的，经检察长批准，可以通缉。

第二百三十三条　各级人民检察院需要在本辖区内通缉犯罪嫌疑人的，可以直接决定通缉；需要在本辖区外通缉犯罪嫌疑人的，由有决定权的上级人民检察院决定。

第二百三十四条　人民检察院应当将通缉通知书和通缉对象的照片、身份、特征、案情简况送达公安机关，由公安机关发布通缉令，追捕归案。

第二百三十五条　为防止犯罪嫌疑人等涉案人员逃往境外，需要在边防口岸采取边控措施的，人民检察院应当按照有关规定制作边控对象通知书，商请公安机关办理边控手续。

第二百三十六条　应当逮捕的犯罪嫌疑人潜逃出境的，可以按照有关规定层报最高人民检察院商请国际刑警组织中国国家中心局，请求有关方面协助，或者通过其他法律规定的途径进行追捕。

2. **《公安机关办理刑事案件程序规定》**（公安部令第127号）（2012年12月13日公布，自2013年1月1日起施行）（节录）

第二百六十五条　应当逮捕的犯罪嫌疑人如果在逃，公安机关可以发布通缉令，采取有效措施，追捕归案。

县级以上公安机关在自己管辖的地区内，可以直接发布通缉令；超出自己管辖的地区，应当报请有权决定的上级公安机关发布。

通缉令的发送范围，由签发通缉令的公安机关负责人决定。

第二百六十六条 通缉令中应当尽可能写明被通缉人的姓名、别名、曾用名、绰号、性别、年龄、民族、籍贯、出生地、户籍所在地、居住地、职业、身份证号码、衣着和体貌特征、口音、行为习惯，并附被通缉人近期照片，可以附指纹及其他物证的照片。除了必须保密的事项以外，应当写明发案的时间、地点和简要案情。

第二百六十七条 通缉令发出后，如果发现新的重要情况可以补发通报。通报必须注明原通缉令的编号和日期。

第二百六十八条 公安机关接到通缉令后，应当及时布置查缉。抓获犯罪嫌疑人后，报经县级以上公安机关负责人批准，凭通缉令或者相关法律文书羁押，并通知通缉令发布机关进行核实，办理交接手续。

第二百六十九条 需要对犯罪嫌疑人在口岸采取边控措施的，应当按照有关规定制作边控对象通知书，经县级以上公安机关负责人审核后，层报省级公安机关批准，办理全国范围内的边控措施。需要限制犯罪嫌疑人人身自由的，应当附有关法律文书。

紧急情况下，需要采取边控措施的，县级以上公安机关可以出具公函，先向当地边防检查站交控，但应当在七日以内按照规定程序办理全国范围内的边控措施。

第二百七十条 为发现重大犯罪线索，追缴涉案财物、证据，查获犯罪嫌疑人，必要时，经县级以上公安机关负责人批准，可以发布悬赏通告。

悬赏通告应当写明悬赏对象的基本情况和赏金的具体数额。

第二百七十一条 通缉令、悬赏通告应当广泛张贴，并可以通过广播、电视、报刊、计算机网络等方式发布。

第二百七十二条 经核实，犯罪嫌疑人已经自动投案、被击毙或者被抓获，以及发现有其他不需要采取通缉、边控、悬赏通告的情形的，发布机关应当在原通缉、通知、通告范围内，撤销通缉令、边控通知、悬赏通告。

第二百七十三条 通缉越狱逃跑的犯罪嫌疑人、被告人或者罪犯，适用本节的有关规定。

3.《中华人民共和国监察法》（2018 年 3 月 20 日公布并施行）（节录）

第二十九条　依法应当留置的被调查人如果在逃，监察机关可以决定在本行政区域内通缉，由公安机关发布通缉令，追捕归案。通缉范围超出本行政区域的，应当报请有权决定的上级监察机关决定。

第十节　侦查终结

第一百五十六条　对犯罪嫌疑人逮捕后的侦查羁押期限不得超过二个月。案情复杂、期限届满不能终结的案件，可以经上一级人民检察院批准延长一个月。

[条文主旨]

本条是关于一般侦查羁押期限的规定。

[条文释解]

本条是 1979 年《刑事诉讼法》的规定，该法第 92 条第 1 款规定："对被告人在侦查中的羁押期限不得超过二个月。案情复杂、期限届满不能终结的案件，可以经上一级人民检察院批准延长一个月。" 1996 年《刑事诉讼法》将该条中的"被告人"修改为"犯罪嫌疑人"，将"在侦查中的羁押期限"修改为"逮捕后的侦查羁押期限"，明确了对犯罪嫌疑人逮捕后的侦查羁押期限不包括拘留的羁押期限。作此修改，是因为 1996 年《刑事诉讼法》废止了"收容审查"制度。收容审查制度起源于 1961 年，1980 年是我国第一部刑事诉讼法开始实行之年，法律第一次明确规定批准或者决定逮捕的权力属于检察院、法院，而不是政府，收容审查制度明显与刑事诉讼法相悖，故而该年国务院颁布的第 56 号文件《关于将强制劳动和收容审查两项措施统一于劳动教养的通知》对收容审查进行了限制，规定"对于有轻微违法犯罪行为又不讲真实姓名、住址、来历不明的人，或者有轻微违法犯罪行为又有流窜作案、多次作案、结伙作案嫌疑需收容查清罪行的人，送劳动教养场所专门编队进行审查"。但在实践中，仍然存在对应当依法采取强制措施的，不采取强制措施而采取收容审查的办法，一些地方超范围、超期限羁押的情况相当严重，不利于保护公民的人身权利。因此，1996 年《刑事诉讼法》彻底废除了收容审查制度，适当延长了拘留的时间、放宽了逮捕条件，同时也根据这一精神对本条作了相应改动。2012 年、2018 年均未作修改。

为进一步查明犯罪事实，收集、固定相关证据，需要对逮捕后的犯罪嫌疑人进行一段时间的羁押，而羁押直接关系到犯罪嫌疑人的人身自由，因而本法对羁押期限作出明确规定，加以严格控制，既有利于保障公民的人身合法权利，又有利于促进侦查机关提高工作效率。根据本条规定，逮捕后的侦查羁押期限分为一般规定和特殊规定。一般情况下，逮捕后的侦查羁押期限不得超过二个月，即犯罪嫌疑人被逮捕后，侦查机关一般应当在二个月内完成所有侦查任务。特殊情况下，即案情复杂、期限届满不能终结的案件，可以经上一级人民检察院批准延长一个月。刑事案件案情各有不同，之所以规定一般侦查期限为二个月，说明在实践中大部分案件在二个月内可以办结，也必须办结。

有些案情复杂，确实不能在二个月内办结的案件，也不能强求，而应坚持以事实为根据，以法律为准绳的原则，尽快侦查办理，因此本条规定侦查期限可再延长一个月，而为防止超期羁押和随意延长，延长的一个月侦查期限必须由上一级检察机关作出批准决定。“案情复杂、期限届满不能终结的案件”，包括以下情形：1. 影响定罪量刑的重要证据无法在侦查羁押期限内调取到的；2. 共同犯罪案件，犯罪事实需要进一步查清的；3. 犯罪嫌疑人涉嫌多起犯罪或者多个罪名，犯罪事实需要进一步查清的；4. 涉外案件，需要境外取证的；5. 与其他重大案件有关联，重大案件尚未侦查终结，影响本案或者其他重大案件处理的。

[司法实务]

1. 人民检察院办理延长侦查羁押期限的部门

2019 年 12 月 30 日，最高人民检察院发布修订后的《人民检察院刑事诉讼规则》，完善了捕诉一体办案机制，根据该规则，办理延长侦查羁押期限的部门不再是原来的侦查监督部门，而是“负责捕诉的部门”。捕诉一体是检察权运行机制改革的重要内容，是适应以审判为中心的刑事诉讼制度改革和检察官办案责任制要求、充分发挥检察机关刑事诉讼主导责任的客观需要，对于优化检察资源配置、提高办案质量和诉讼效率，具有重要意义。

2. 关于延长羁押期限的办理程序

公安机关需要延长侦查羁押期限的，应当在侦查羁押期限届满七日前，向同级人民检察院移送延长侦查羁押期限意见书，写明案件的主要案情和延长侦查羁押期限的具体理由。人民检察院办理直接受理侦查的案件，负责侦查的部门认为需要延长侦查羁押期限的，应当在侦查羁押期限届满七日前向本院负责捕诉的部门移送延长侦查羁押期限意见书及有关材料。对于超过法定羁押期限提请延长侦查羁押期限的，不予受理。

负责捕诉的部门应当审查以下内容：（1）本院或者下级人民检察院的逮捕决定是否符合法律规定；（2）犯罪嫌疑人逮捕后侦查工作的进展情况；（3）下一步侦查计划是否具体明确；（4）延长侦查羁押期限的理由、日期是否符合法律规定；（5）犯罪嫌疑人有无继续羁押的必要；（6）有无超期羁押等违法情况；（7）其他需要审查的内容。对于同时具备下列条件的案件，人民检察院应当作出批准延长侦查羁押期限一个月的决定：（1）符合《刑事诉讼法》第 156 条的规定；（2）符合逮捕条件；（3）犯罪嫌疑人有继续羁押的必要。

3. 关于犯罪嫌疑人执行逮捕后未有效开展侦查工作的处理

为防止办案拖延，严格限制延长侦查羁押期限，督促侦查机关积极开展侦查活动。新修订的《人民检察院刑事诉讼规则》明确侦查机关在对犯罪嫌疑人执行逮捕后未有效开展侦查工作或者侦查取证工作没有实质进展的，人民检察院可以作出不批准延长侦查羁押期限的决定。

[配套规定]

1.《最高人民法院、最高人民检察院、公安部、国家安全部、司法部、全国人大常委会法制工作委员会关于实施刑事诉讼法若干问题的规定》（2012 年 12 月 26 日公布，2013 年 1 月 1 日起施行）（节录）

21. 公安机关对案件提请延长羁押期限的，应当在羁押期限届满七日前提出，并书面呈报延长羁押期限案件的主要案情和延长羁押期限的具体理由，人民检察院应当在羁押期限届满前作出决定。

2.《人民检察院刑事诉讼规则》（高检发释字［2019］4 号）（2019 年 12 月 30 日公布并施行）（节录）

第三百零五条　人民检察院办理直接受理侦查的案件，对犯罪嫌疑人逮捕后的侦查羁押期限不得超过二个月。案情复杂、期限届满不能终结的案件，可以经上一级人民检察院批准延长一个月。

第三百零八条 最高人民检察院办理直接受理侦查的案件，依照刑事诉讼法的规定需要延长侦查羁押期限的，直接决定延长侦查羁押期限。

第三百零九条 公安机关需要延长侦查羁押期限的，人民检察院应当要求其在侦查羁押期限届满七日前提请批准延长侦查羁押期限。

人民检察院办理直接受理侦查的案件，负责侦查的部门认为需要延长侦查羁押期限的，应当按照前款规定向本院负责捕诉的部门移送延长侦查羁押期限意见书及有关材料。

对于超过法定羁押期限提请延长侦查羁押期限的，不予受理。

第三百一十条 人民检察院审查批准或者决定延长侦查羁押期限，由负责捕诉的部门办理。

受理案件的人民检察院对延长侦查羁押期限的意见审查后，应当提出是否同意延长侦查羁押期限的意见，将公安机关延长侦查羁押期限的意见和本院的审查意见层报有决定权的人民检察院审查决定。

第三百一十一条 对于同时具备下列条件的案件，人民检察院应当作出批准延长侦查羁押期限一个月的决定：

（一）符合刑事诉讼法第一百五十六条的规定；

（二）符合逮捕条件；

（三）犯罪嫌疑人有继续羁押的必要。

3.《人民检察院办理延长侦查羁押期限案件的规定》（2016年7月1日公布并施行）

第四条 侦查机关需要延长侦查羁押期限的，应当在侦查羁押期限届满七日前，向同级人民检察院移送以下材料：

（一）提请批准延长侦查羁押期限意见书和延长侦查羁押期限案情报告；

（二）立案决定书、逮捕证以及重新计算侦查羁押期限决定书等相关法律文书复印件；

（三）罢免、辞去县级以上人大代表或者报请许可对其采取强制措施手续等文书；

（四）案件的其他情况说明。

人民检察院直接受理立案侦查的案件，需要延长侦查羁押期限的，侦查部门应当依照本条第一款的规定向本院侦查监督部门移送延长侦查羁押期限意见书和前款规定的有关材料。

第五条 侦查机关应当在延长侦查羁押期限案情报告中详细写明犯罪嫌疑人基本情况、采取强制措施的具体情况、主要案情和捕后侦查工作进展情况、下一步侦查工作计划、延长侦查羁押期限的具体理由和法律依据、继续羁押的必要以及提请批准延长侦查羁押期限的起止日期。

人民检察院直接受理立案侦查的案件，侦查部门应当在延长侦查羁押期限意见书中详细写明前款规定的内容。

第六条 受理案件的人民检察院侦查监督部门应当制作提请批准延长侦查羁押期限报告书和提请延长侦查羁押期限案件审查报告，连同审查逮捕意见书以及侦查机关（部门）移送的材料，经本院案件管理部门报上一级人民检察院审查。

第七条 上一级人民检察院案件管理部门收到案件材料后，应当及时审核，符合报送材料要求的，移交本院侦查监督部门办理。发现材料不全的，应当要求在规定的时间内予以补充。

对于未及时补充或者未按规定时间移送材料的，应当及时告知侦查监督部门，由侦查监督部门决定是否予以受理。

对于侦查机关（部门）超过法定羁押期限仍提请延长侦查羁押期限的，上一级人民检察院不予受理。

第八条 人民检察院侦查监督部门应当在提请延长侦查羁押期限案件审查报告中详细写明受案和审查过程、犯罪嫌疑人基本情况、采取强制措施的情况和羁押地点、主要案情、延长侦查羁押期限的理由和法律依据、继续羁押的必要、提请批准延长侦查羁押期限的起止日期以及审查意见。

第九条 人民检察院侦查监督部门办理延长侦查羁押期限案件，应当审查以下内容：

（一）本院或者下级人民检察院的逮捕决定是否符合法律规定；

（二）犯罪嫌疑人逮捕后侦查工作进展情况；

（三）下一步侦查计划是否具体明确；

（四）延长侦查羁押期限的理由、日期是否符合法律规定；

（五）犯罪嫌疑人有无继续羁押的必要；

（六）有无超期羁押等违法情况；

（七）其他需要审查的内容。

第十条 人民检察院侦查监督部门办理延长侦查羁押期限案件，应当由承办检察官提出审查意见，报检察长决定。

第十一条 人民检察院侦查监督部门审查延长侦查羁押期限案件，对于案件是否符合延长侦查羁押期限条件有疑问或者侦查活动可能存在重大违法等情形的，可以讯问犯罪嫌疑人，听取律师意见、侦查机关（部门）意见，调取案卷及相关材料。

第十二条 经审查，同时具备下列条件的案件，人民检察院应当作出批准延长侦查羁押期限一个月的决定：

（一）符合《中华人民共和国刑事诉讼法》第一百五十四条的规定；

（二）符合逮捕条件；

（三）犯罪嫌疑人有继续羁押的必要。

第十三条 经审查，对于不符合《中华人民共和国刑事诉讼法》第一百五十四条规定、犯罪嫌疑人不符合逮捕条件或者犯罪嫌疑人没有继续羁押必要的，人民检察院应当作出不批准延长侦查羁押期限决定。

对于犯罪嫌疑人虽然符合逮捕条件，但经审查，侦查机关（部门）在犯罪嫌疑人逮捕后二个月以内未有效开展侦查工作或者侦查取证工作没有实质进展的，人民检察院可以作出不批准延长侦查羁押期限的决定。

对于犯罪嫌疑人不符合逮捕条件，需要撤销下级人民检察院逮捕决定的，上一级人民检察院作出不批准延长侦查羁押期限决定后，应当作出撤销逮捕决定，或者通知下级人民检察院撤销逮捕决定。

第十四条 《中华人民共和国刑事诉讼法》第一百五十四条规定的“案情复杂、期限届满不能终结的案件”，包括以下情形之一：

（一）影响定罪量刑的重要证据无法在侦查羁押期限内调取到的；

（二）共同犯罪案件，犯罪事实需要进一步查清的；

（三）犯罪嫌疑人涉嫌多起犯罪或者多个罪名，犯罪事实需要进一步查清的；

（四）涉外案件，需要境外取证的；

（五）与其他重大案件有关联，重大案件尚未侦查终结，影响本案或者其他重大案件处理的。

第十五条 有决定权的人民检察院在侦查羁押期限届满前作出是否批准延长侦查羁押期限的决定后，交由受理案件的人民检察院侦查监督部门送达侦查机关（部门）。

受理案件的人民检察院侦查监督部门在收到批准延长侦查羁押期限决定

书或者不批准延长侦查羁押期限决定书的同时，应当书面告知本院刑事执行检察部门。

第十六条　逮捕后侦查羁押期限日期的计算，应当自对犯罪嫌疑人执行逮捕的第二日起，至二个月后对应日期的前一日止，无对应日期的，以该月的最后一日为截止日。

延长侦查羁押期限的起始日应当与延长前侦查羁押期限的截止日连续计算。

第十七条　人民检察院侦查监督部门在审查延长侦查羁押期限案件中发现侦查机关（部门）的侦查活动存在违法情形的，应当向侦查机关（部门）提出纠正违法意见。

第十八条　依照《中华人民共和国刑事诉讼法》第一百五十六条、第一百五十七条规定提请批准延长侦查羁押期限的案件，参照本规定办理。

第一百五十七条　因为特殊原因，在较长时间内不宜交付审判的特别重大复杂的案件，由最高人民检察院报请全国人民代表大会常务委员会批准延期审理。

[条文主旨]

本条是关于特殊侦查期限的规定。

[条文释解]

本条是1979年《刑事诉讼法》的规定，该法第92条第2款规定："特别重大、复杂的案件，依照前款规定延长后仍不能终结的，由最高人民检察院报请全国人民代表大会常务委员会批准延期审理。"在1979年6月7日全国人大常委会上关于刑法（草案）、刑事诉讼法（草案）的说明中，明确解释为"有些案件因为政治关系或者其他特殊原因，可能在较长时间内不宜交付审判。例如，过去的日本战犯、国民党战犯之类的案件。对于这样的案件规定由最高人民检察院报请全国人大常委会延期审理。"实践中，由于侦查机关对"特别重大、复杂的案件"存在不同的理解，考虑到由最高人民检察院报请全国人大常委会批准延期审理的案件应当是极为特殊的案件，而不是一般特别重大、复杂的案件，为体现1979年这一条规定的立法本意，1996年《刑事诉讼法》对本款作了两处修改：一是将本款单独规定为一条。二是将本款规定的“特别重大、复杂的案件，依照前款规定延长后仍不能终结的”的表述修改为“因为特殊原因，在较长时间内不宜交付审判的特别重大复杂的案件”，这样规定主要是出于政治或者政策上的考虑，从国家民族利益的大局出发，有时由于种种国际、国内的原因也不宜规定一个固定的期限①。2012年、2018年均未修改。

适用特殊办案期限规定的案件必须是因为特殊原因，在较长时间内不宜交付审判的特别重大复杂的案件。所谓“特殊原因”是指关系国家政治、外交等方面，涉及整个国家安全、利益的重大问题。所谓“特别重大复杂案件”是指案件涉及的是全国性的犯罪或者是在全国乃至国外将产生重大影响的案件。此类案件在实践中是极少的，不能随意扩大适用范围，应严格控制。

适用特殊办案期限规定了十分严格的程序，对上述类型案件，需要延期审理的，必须由最高人民检察院报请全国人民代表大会常务委员会批准延期审理。

[配套规定]

《人民检察院刑事诉讼规则》（高检发释字［2019］4号）（2019年12月30日公布并施行）（节录）

第三百一十四条　因为特殊原因，在较长时间内不宜交付审判的特别重大复杂的案件，由最高人民检察院报请全国人民代表大会常务委员会批准延期审理。

第一百五十八条　下列案件在本法第一百五十六条规定的期限届满不能侦查终结的，经省、自治区、直辖市人民检察院批准或者决定，可以延长二个月：

（一）交通十分不便的边远地区的重大复杂案件；

① 《中华人民共和国刑事诉讼法修改与适用》第285页，王爱立主编，2019年1月第1版。

（二）重大的犯罪集团案件；

（三）流窜作案的重大复杂案件；

（四）犯罪涉及面广，取证困难的重大复杂案件。

[条文主旨]

本条是关于重大复杂案件侦查羁押期限的规定。

[条文释解]

本条是1996年《刑事诉讼法》新增规定，2012年、2018年均未修改。1984年7月7日，第六届全国人大常委会第六次会议通过的《全国人民代表大会常务委员会关于刑事案件办案期限的补充规定》第1条规定："重大的犯罪集团案件和流窜作案的重大复杂案件，在刑事诉讼法第九十二条第一款规定的侦查羁押期限、第一百二十五条规定的一审期限以及第一百四十二条规定的二审期限内不能办结的，侦查羁押期限经省、自治区、直辖市人民检察院批准或者决定，可以延长二个月……"；第2条第1款规定："交通十分不便的边远地区的重大复杂的刑事案件，按照刑事诉讼法规定的侦查羁押期限和一审、二审期限不能办结的，可以适当延长办案期限。延长办案的期限和审批办法，依照第一条规定办理。"1996年修改《刑事诉讼法》时，在上述规定基础上，同时考虑实际办案的需要，将犯罪涉及面广，取证困难的重大复杂案件也增加作为一种可以再延长办案期限的情况等，增加了本条规定。

根据本条规定，应当注意以下四点：

一是适用本条规定必须是在本法第156条规定的期限届满仍不能完成侦查任务的，即对犯罪嫌疑人逮捕后，侦查机关在二个月内不能侦查终结，经上一级人民检察院批准延长一个月仍不能侦查终结，才可以适用本条的规定。

二是有且只有四类案件可以适用本条规定：交通十分不便的边远地区的重大复杂案件；重大的犯罪集团案件；流窜作案的重大复杂案件；犯罪涉及面广，取证困难的重大复杂案件。本条规定中未用到"等"字或其他兜底条款，故而仅限上述四类案件适用。

三是必须经省、自治区、直辖市人民检察院批准或者决定。为了保护犯罪嫌疑人的合法权益，防止侦查机关滥用侦查羁押措施，本条对此类延长侦查羁押期限的程序作了严格的规定，明确必须经省、自治区、直辖市人民检察院批准或者决定。

四是可以延长二个月，即并非申请延长审限的案件都能延长二个月，需要省、自治区、直辖市人民检察院根据案件的具体情况作出批准或决定。

[司法实务]

如何理解本条中的四类案件？

一是交通十分不便的边远地区的重大复杂案件，主要是针对我国新疆、西藏、青海等省区，由于这些边远地区经济发展落后，铁路、公路等基础设施建设不完善，在路途上会花费大量时间，在其他地区只需要一天就能取得的证据，在这些地方可能需要花上几天、甚至是十几天的时间。当然制定本条规定是在 1996 年，时至今日我国公路、铁路都有很大发展，交通十分不便的边远地区已是少数。而且即使是交通十分不便的边远地区，也非所有案件都可以延长侦查期限，必须同时符合“重大复杂案件”这个条件。

二是重大的犯罪集团案件，“犯罪集团”是指 3 人以上且人员相对固定，有组织、有指挥、有计划地进行犯罪活动，由于犯罪集团人多势众，犯罪时间长，作案次数多，犯罪气焰嚣张，横行无忌，一般在案发地区或全国范围内有较大的影响。由于作案人之间相互隐匿、订立攻守同盟，案件侦破十分困难，因此对重大犯罪集团案件可以申请延长审理期限。

三是流窜作案的重大复杂案件，“流窜作案”是指行为人在一段时间内先后在不同地方作案，如跨市、县管辖范围连续作案，在居住地作案后，逃跑到外省、市、县继续作案，由于作案人流动性大，作案地点不固定，因而侦查、取证十分困难，但并非所有流窜作案的案件都可以申请延长二个月的侦查期限，只能限定于“重大复杂”的案件。

四是犯罪涉及面广，取证困难的重大复杂案件是指犯罪涉及多个地区、甚至需要到境外取证，需要取证的人员众多，此类案件的侦查在路途上需要花费大量时间，因此规定这类案件可以延长办案期限。

[配套规定]

《人民检察院刑事诉讼规则》（高检发释字［2019］4号）（2019年12月30日公布并施行）（节录）

第三百零六条 设区的市级人民检察院和基层人民检察院办理直接受理侦查的案件，符合刑事诉讼法第一百五十八条规定，在本规则第三百零五条规定的期限届满前不能侦查终结的，经省级人民检察院批准，可以延长二个月。

省级人民检察院直接受理侦查的案件，有前款情形的，可以直接决定延长二个月。

第一百五十九条 对犯罪嫌疑人可能判处十年有期徒刑以上刑罚，依照本法第一百五十八条规定延长期限届满，仍不能侦查终结的，经省、自治区、直辖市人民检察院批准或者决定，可以再延长二个月。

[条文主旨]

本条是关于重刑案件侦查羁押期限的规定。

[条文释解]

本条是1996年《刑事诉讼法》新增规定，被判处十年有期徒刑以上刑罚的案件属于重刑案件，对这类案件往往因其性质恶劣、情节严重等原因需要更多侦查时间去查明事实、收集证据，为保障案件顺利侦办，维护犯罪嫌疑人的合法权利不受随意剥夺，1996年刑事诉讼法新增了本条规定的内容。2012年、2018年均未修改。

关于重刑案件侦查羁押期限的规定，应注意以下四个方面：

一是必须是对犯罪嫌疑人可能判处十年有期徒刑以上刑罚，即根据侦查掌握的犯罪事实和已取得的证据，依照刑法的规定，可能被判处十年有期徒刑以上刑罚的案件。

二是依照本法第158条规定延长期限届满，仍不能侦查终结的，即在本法第156条规定的一般案件侦查羁押期限二个月，经上一级人民检察院批准延长一个月，一共三个月的基础上，又依照本法第158条的规定再延长二个月的仍不能侦查终结的。再延长侦查期限的案件仍然仅限于第158条规定的四种案件，交通十分不便的边远地区的重大复杂案件、重大的犯罪集团案件、流窜作案的重大复杂案件、犯罪涉及面广，取证困难的重大复杂案件。

三是必须经省、自治区、直辖市人民检察院批准或者决定。公安机关办理的案件、设区的市级人民检察院和基层人民检察院办理直接受理侦查的案件需要延长期限的，经省级人民检察院批准，可以延长侦查期限。省级人民检察院直接受理侦查的案件，需要延长期限的，可以直接决定延长侦查羁押期限。

四是可以延长二个月，即并非申请延长审限的案件都要延长二个月，需要省、自治区、直辖市人民检察院根据案件的具体情况作出批准或决定。根据本条规定，对犯罪嫌疑人可能判处十年有期徒刑以上刑罚的案件，逮捕犯罪嫌疑人后的侦查羁押期限最长可达七个月，包括本法第156规定的一般案件侦查羁押期限二个月，经上一级人民检察院批准可以延长一个月，又按照本法第158条规定可以再延长二个月，最后根据本条规定又再延长二个月。

[配套规定]

《人民检察院刑事诉讼规则》（高检发释字［2019］4号）（2019年12月30日公布并施行）（节录）

第三百零六条　设区的市级人民检察院和基层人民检察院办理直接受理侦查的案件，符合刑事诉讼法第一百五十八条规定，在本规则第三百零五条规定的期限届满前不能侦查终结的，经省级人民检察院批准，可以延长二个月。

省级人民检察院直接受理侦查的案件，有前款情形的，可以直接决定延长二个月。

第三百零七条　设区的市级人民检察院和基层人民检察院办理直接受理侦查的案件，对犯罪嫌疑人可能判处十年有期徒刑以上刑罚，依照本规则第三百零六条的规定依法延长羁押期限届满，仍不能侦查终结的，经省级人民检察院批准，可以再延长二个月。

省级人民检察院办理直接受理侦查的案件，有前款情形的，可以直接决定再延长二个月。

第三百零八条 最高人民检察院办理直接受理侦查的案件，依照刑事诉讼法的规定需要延长侦查羁押期限的，直接决定延长侦查羁押期限。

第一百六十条 在侦查期间，发现犯罪嫌疑人另有重要罪行的，自发现之日起依照本法第一百五十六条的规定重新计算侦查羁押期限。

犯罪嫌疑人不讲真实姓名、住址，身份不明的，应当对其身份进行调查，侦查羁押期限自查清其身份之日起计算，但是不得停止对其犯罪行为的侦查取证。对于犯罪事实清楚，证据确实、充分，确实无法查明其身份的，也可以按其自报的姓名起诉、审判。

［条文主旨］

本条是关于侦查羁押期限的重新计算的规定。

［条文释解］

本条是1996年《刑事诉讼法》新增规定，2012年作过修改，2018年未作修改。实践中，有些案件在侦办过程中经常会发现犯罪嫌疑人还有其他犯罪行为，新发现的犯罪行为可能事实清楚、取证容易，也有可能案情重大、复杂，取证工作量大、难度大，若按照原有的侦查羁押期限办案，时间往往不够用。对于新发现的犯罪行为而言，它就是一个全新的案件，理应保障侦查机关的侦查时间，这是惩治犯罪的实际需要。因此，1984年第六届全国人大常委会第六次会议通过的《全国人民代表大会常务委员会关于刑事案件办案期限的补充规定》第3条规定："在侦查期间，发现被告人另有重要罪行，可以经人民检察院批准或者决定补充侦查，重新计算侦查羁押期限。"1996年《刑事诉讼法》修改时，将上述规定纳入刑事诉讼法中，作为第128条第1款规定："在侦查期间，发现犯罪嫌疑人另有重要罪行的，自发现之日起依照本法第一百二十四条的规定重新计算侦查羁押期限。”即侦查机关自行决定重新计算侦查羁押期限，不必经人民检察院的批准。又因1996年刑事诉讼法废除了收容审查制度，对有轻微违法犯罪行为又不讲真实姓名、住址、来历不明的人，或者有轻微违法犯罪行为又有流窜作案、多次作案、结伙作案嫌疑人，不能再进行收容审查，因此1996年刑事诉讼法又新增第2款规定：“犯罪嫌疑人不讲真实姓名、住址，身份不明的，侦查羁押期限自查清其身份之日起计算，但是不得停止对其犯罪行为的侦查取证。对于犯罪事实清楚，证据确实、充分的，也可以按其自报的姓名移送人民检察院审查起诉”。

2012年修改《刑事诉讼法》后，对本条作了三处修改：一是对于犯罪嫌疑人不讲真实姓名、住址，身份不明的，明确规定应当对其身份进行调查；二是按自报姓名处理的案件，增加了限制条件即“确实无法查明其身份”，作此规定是要求侦查机关要尽量查清楚犯罪嫌疑人的真实身份，以免造成错案；三是对于犯罪事实清楚，证据确实、充分的，可以按其自报的姓名起诉、审判。1996年刑事诉讼法只规定按其自报的姓名移送人民检察院起诉，审判是起诉后的诉讼程序，作出修改后条文更加完善。2018年未作修改。

本条第1款是关于发现犯罪嫌疑人另有重要罪行的重新计算侦查羁押期限的规定。应注意以下几点：

一是“发现犯罪嫌疑人另有重要罪行”，其中“发现”可以是侦查机关通过调查取证发现，可以是同案犯检举揭发，也可以是该犯罪嫌疑人主动交代；其中“另有重要罪行”是指与逮捕时的罪行不同种的重大犯罪或者同种的影响罪名认定、量刑档次的重大犯罪。

二是若发现另有重要罪行，那么侦查羁押期限按照本法第156条的规定重新计算。重新计算的起始日是发现之日，从该日起侦查羁押期限二个月，若案情复杂、期限届满仍不能终结的，可以经上一级人民检察院批准延长一个月。

本条第2款是关于犯罪嫌疑人不讲真实姓名、住址，身份不明的案件应当如何处理的问题，规定了两个方面的内容：

一是犯罪嫌疑人不讲真实姓名、住址，身份不明的，应当对其身份进行调查，侦查羁押期限自查清其身份之日起计算，但是不得停止对其犯罪行为的侦查取证。其中“犯罪嫌疑人不讲真实姓名、住址”是指犯罪嫌疑人不报其真实姓名和住址或谎报姓名和住址；其中“身份不明”是指在犯罪嫌疑人不报或者谎报姓名和住址的前提下，公安机关通过调查仍未能查证的；“应当对其身份进行调查”，作此规定之前公安机关遇此情况也是会对犯罪嫌疑人的真实身份进行调查的，但若经调查发现无法查明，可能公安机关就不会再继续调查，作此规定就是强调对犯罪嫌疑人身份的调查是必须的且持续的，要在侦查羁押期间尽一切可能查明犯罪嫌疑人的真实身份。之所以强调应当查明犯罪嫌疑人的真实身份，是因为只有查清犯罪嫌疑人的真实姓名才能调查其是否有前科劣迹、是否构成累犯等其他影响量刑的法定或者酌定处罚情节，况且在用犯罪嫌疑人自报姓名进行起诉和审判的情况下，可能会对同名同姓的他人带来麻烦。

二是对于犯罪事实清楚，证据确实、充分，确实无法查明其身份的，也可以按其自报的姓名起诉、审判。其中“犯罪事实清楚，证据确实、充分”是指在侦查羁押期限内，按照法律规定的要求，对犯罪行为的调查取证结果已经达到了侦查终结的要求。其中“按其自报的姓名起诉、审判”是指明知犯罪嫌疑人向公安机关虚报的假名，只要不影响对事实和证据的认定，可以按照其虚报的名字移送起诉、进行审判。

[司法实务]

对重新计算侦查羁押期限案件实行备案审查制。重新计算侦查羁押期限是惩治犯罪，保证侦查的需要，但对犯罪嫌疑人而言是延长了对其人身自由的限制，根据本条规定，在侦查期间发现犯罪嫌疑人另有罪行的，公安机关可自行重新计算侦查羁押期限，为了保障犯罪嫌疑人的合法权益不被随意侵犯，人民检察院对公安机关重新计算侦查羁押期限有必要进行监督，对重新计算侦查羁押期限案件进行备案，并由人民检察院负责捕诉的部门审查，负责捕诉的部门审查重新计算侦查羁押期限，可以讯问犯罪嫌疑人，听取辩护律师和侦查人员的意见，调取案卷及相关材料等。负责捕诉的部门认为公安机关重新计算侦查羁押期限不当的，应当提出纠正意见。人民检察院重新计算侦查羁押期限，应当由负责侦查的部门提出重新计算侦查羁押期限的意见，移送本院负责捕诉的部门审查。负责捕诉的部门审查后应当提出是否同意重新计算侦查羁押期限的意见，报检察长决定。

[配套规定]

1.《最高人民法院、最高人民检察院、公安部、国家安全部、司法部、全国人大常委会法制工作委员会关于实施刑事诉讼法若干问题的规定》(2012年12月26日公布，2013年1月1日起施行)(节录)

22. 刑事诉讼法第一百五十八条第一款规定:“在侦查期间，发现犯罪嫌疑人另有重要罪行的，自发现之日起依照本法第一百五十四条的规定重新计算侦查羁押期限。”公安机关依照上述规定重新计算侦查羁押期限的，不需要经人民检察院批准，但应当报人民检察院备案，人民检察院可以进行监督。

2.《人民检察院刑事诉讼规则》(高检发释字［2019］4号)(2019年12月30日公布并施行)(节录)

第三百一十五条　人民检察院在侦查期间发现犯罪嫌疑人另有重要罪行的，自发现之日起依照本规则第三百零五条的规定重新计算侦查羁押期限。

另有重要罪行是指与逮捕时的罪行不同种的重大犯罪或者同种的影响罪名认定、量刑档次的重大犯罪。

第三百一十六条　人民检察院重新计算侦查羁押期限，应当由负责侦查的部门提出重新计算侦查羁押期限的意见，移送本院负责捕诉的部门审查。负责捕诉的部门审查后应当提出是否同意重新计算侦查羁押期限的意见，报检察长决定。

第三百一十七条　对公安机关重新计算侦查羁押期限的备案，由负责捕诉的部门审查。负责捕诉的部门认为公安机关重新计算侦查羁押期限不当的，应当提出纠正意见。

第三百一十八条　人民检察院直接受理侦查的案件，不能在法定侦查羁押期限内侦查终结的，应当依法释放犯罪嫌疑人或者变更强制措施。

第三百一十九条　负责捕诉的部门审查延长侦查羁押期限、审查重新计算侦查羁押期限，可以讯问犯罪嫌疑人，听取辩护律师和侦查人员的意见，调取案卷及相关材料等。

第一百六十一条　在案件侦查终结前，辩护律师提出要求的，侦查机

关应当听取辩护律师的意见，并记录在案。辩护律师提出书面意见的，应当附卷。

[条文主旨]

本条是关于侦查羁押期间听取律师意见的规定。

[条文释解]

本条是2012年《刑事诉讼法》新增规定，2012年《刑事诉讼法》修改重点之一是完善辩护人在刑事诉讼中法律地位和作用的规定，扩大了法律援助的适用范围，明确犯罪嫌疑人在侦查阶段可以委托辩护人，并规定了辩护律师在侦查期间可以为犯罪嫌疑人提供法律帮助。2018年未作修改。

侦查羁押期间听取律师意见应注意以下三点：

一是侦查终结前是指侦查终结前的任何时间，犯罪嫌疑人的辩护律师都可以提出意见，在这个时间范围内提意见可以是一次，也可以是多次。辩护律师在侦查期间可以为犯罪嫌疑人提供法律帮助；代理申诉、控告；申请变更强制措施；向侦查机关了解犯罪嫌疑人涉嫌的罪名和案件有关情况，提出意见。

二是前提是辩护律师提出要求，并非每一个案件的辩护律师在侦查阶段都会提出意见，一旦律师提出要求，侦查机关必须听取意见。

三是律师意见应当在案卷中有所体现。辩护律师要求当面反映意见的，侦查机关应当及时安排侦查人员，一般应当由两名侦查人员当面听取辩护律师意见，在侦查机关办公场所进行，当面听取辩护律师意见时，应当制作笔录，并由侦查人员和律师签名后附卷。律师提交书面意见或相关材料的，应当接收并开列收取清单一式二份，一份交给辩护律师，另一份随辩护意见附卷，案件移送审查起诉时，随案移送。

[配套规定]

《人民检察院刑事诉讼规则》（高检发释字［2019］4号）（2019年12月30日公布并施行）（节录）

第二百三十九条 在案件侦查过程中，犯罪嫌疑人委托辩护律师的，检察人员可以听取辩护律师的意见。

辩护律师要求当面提出意见的，检察人员应当听取意见，并制作笔录附卷。辩护律师提出书面意见的，应当附卷。

侦查终结前，犯罪嫌疑人提出无罪或者罪轻的辩解，辩护律师提出犯罪嫌疑人无罪或者依法不应当追究刑事责任意见的，人民检察院应当依法予以核实。

案件侦查终结移送起诉时，人民检察院应当同时将案件移送情况告知犯罪嫌疑人及其辩护律师。

第一百六十二条　公安机关侦查终结的案件，应当做到犯罪事实清楚，证据确实、充分，并且写出起诉意见书，连同案卷材料、证据一并移送同级人民检察院审查决定；同时将案件移送情况告知犯罪嫌疑人及其辩护律师。

犯罪嫌疑人自愿认罪的，应当记录在案，随案移送，并在起诉意见书中写明有关情况。

[条文主旨]

本条是关于侦查终结的规定。

[条文释解]

本条是1979年《刑事诉讼法》的规定，该法第93条规定：“人民检察院侦查的案件，侦查终结后，应当作出提起公诉、免予起诉或者撤销案件的决定。公安机关侦查的案件，侦查终结后，应当写出起诉意见书或者免予起诉意见书，连同案卷材料、证据一并移送同级人民检察院审查决定。”1996年《刑事诉讼法》第129条规定：“公安机关侦查终结的案件，应当做到犯罪事实清楚，证据确实、充分，并且写出起诉意见书，连同案卷材料、证据一并移送同级人民检察院审查决定。”此次修改主要体现在以下几个方面：1. 1996年《刑事诉讼法》新增了一条人民检察院对直接受理的案件的侦查法律适用的规定，因此删除了本条关于人民检察院侦查终结的规定；2. 新增对公安机关侦查终结案件的标准，即“犯罪事实清楚，证据确实、充分”；3. 删除

"免予起诉意见书"规定，免予起诉是指检察机关对虽已构成犯罪，但依法不需要判处刑罚或者免除刑罚的被告人作出的免予向法院提起公诉追究刑事责任的决定。1996 年《刑事诉讼法》修改时考虑到认定有罪必须由人民法院作出，因此适当扩大了检察院不起诉的范围，不再使用免予起诉的概念。

2012 年《刑事诉讼法》修改，对公安机关侦查终结的案件增加了在将案件移送审查时，应当"同时将案件移送情况告知犯罪嫌疑人及其辩护律师"的规定。

2018 年《刑事诉讼法》在本条中新增一款规定"犯罪嫌疑人自愿认罪的，应当记录在案，随案移送，并在起诉意见书中写明有关情况"。这是增加规定侦查阶段对认罪认罚案件的办理要求，是对《关于在部分地区开展刑事案件认罪认罚从宽制度试点工作的办法》第 8 条的吸收和完善。

本条第 1 款是关于公安机关侦查终结案件如何处理的规定。所谓侦查终结是指刑事案件立案后，侦查机关对采取一系列侦查行为调查取证，认为案件事实已经查清，证据确实、充分，足以认定犯罪嫌疑人是否有罪和应否对其追究刑事责任而决定结束调查，并对案件依法决定移送起诉、不起诉或撤销案件，从而结束侦查活动的一种诉讼行为。侦查终结必须具备三个条件：

一是犯罪事实清楚。犯罪事实已经查清，这是侦查终结的首要条件。犯罪事实包括犯罪行为人和具体犯罪事实两个方面的要素。犯罪行为人方面，要查清犯罪行为人的具体情况，包括真实姓名、身份、出生日期、籍贯、住址、前科情况等；具体犯罪事实方面，要查清犯罪时间和地点、犯罪动机和目的、犯罪情节、犯罪手段、危害后果，犯罪嫌疑人有无法定从重、从轻、减轻处罚以及免除处罚的情节等，共同犯罪的案件，还要查清各犯罪人在共同犯罪中的地位和作用。

二是证据确实、充分。证据确实、充分是侦查终结的一个重要条件，是指案件的证据材料来源可靠，经核对无误，证据与案件事实之间的联系、案内各种证据之间能够相互印证，足以确实证明犯罪嫌疑人的行为已经构成犯罪。本法第 55 条第 2 款规定："证据确实、充分，应当符合以下条件：（一）定罪量刑的事实都有证据证明；（二）据以定案的证据均经法定程序查证属实；（三）综合全案证据，对所认定事实已排除合理怀疑。"该条对"证据确实、充分"的解释也同样适用本条规定。对证据的审查，应当结合案件的具体情况，从各证据与待证事实的关联程度、各证据之间的联系等方面进行审查判断。只有犯罪嫌疑人供述，没有其他证据的，不能认定案件事实；没有犯罪嫌疑人供述，证据确实、充分的，可以认定案件事实。

三是法律手续完备。法律手续完备是侦查终结的程序条件，是对侦查工作的一种监督，也是侦查工作质量的保证，所以，只有法律手续完备才可以侦查终结。侦查终结时，公安机关要写起诉意见书，连同案卷材料、证据一并移送同级人民检察院审查决定；同时将案件移送情况告知犯罪嫌疑人及其辩护律师。

第一，制作起诉意见书。“起诉意见书”是指公安机关对案件侦查终结移送人民检察院处理的法律文书，起诉意见书中应当写明犯罪嫌疑人的基本情况、认定的犯罪事实、处理意见和理由以及依据的法律条款，对于共同犯罪的，应写明每个犯罪嫌疑人在共同犯罪中的地位和作用、认罪态度等。“案卷材料、证据”包括物证、书证、讯问笔录、询问笔录、勘验检查笔录、辨认笔录、鉴定意见、视听资料、电子数据等。将上述材料移送同级人民检察院。

第二，将案件移送情况告知犯罪嫌疑人及其辩护律师。公安机关应严格履行告知义务，以便辩护律师及时了解案件的进展情况，更好地履行辩护职责，维护犯罪嫌疑人的合法权益。

本条第 2 款是关于自愿认罪案件在侦查终结时的特殊规定。认罪认罚从宽制度贯穿刑事诉讼始终，在侦查阶段作出相关规定，可以减少犯罪嫌疑人与办案机关之间的对抗，增强合作。但有学者提出：“侦查阶段不适用认罪认罚制度。……侦查阶段的主要任务是取证而不是认罪协商。认罪认罚从宽制度的推行，可以使犯罪嫌疑人主动交代自己的犯罪事实，以利于侦查机关顺利收集有关证据，通过后续起诉、审判程序实现认罪认罚的从宽处理。”① 我们赞同侦查阶段的主要任务是取证而不是认罪协商的观点，但在侦查阶段适用认罪认罚并不影响侦查机关调查取证。首先，认罪认罚从宽制度要求犯罪嫌疑人既“认罪”又“认罚”，那就当然包含了侦查阶段犯罪嫌疑人认罪的意思表示；其次，侦查阶段适用认罪认罚从宽制度可以鼓励犯罪嫌疑人尽早认罪，尤其是对于一些犯罪手段隐蔽、取证困难的案件，有利于及时侦破案件。

根据本款规定，犯罪嫌疑人自愿认罪的，在公安机关侦查终结时，不仅要按照第 1 款规定完备法律手续，履行告知义务，还应当进行以下工作：

一是犯罪嫌疑人自愿认罪的，应当记录在案。“认罪”是如实供述自己

① 陈卫东：《认罪认罚从宽制度研究》，载《中国法学》2016 年第 2 期。

的罪行，犯罪嫌疑人对行为性质的辩解不影响对认罪的认定。“自愿”是指犯罪嫌疑人基于自由意志，在没有受到任何外界的强迫、威胁、欺骗和引诱下，主动供述自己的犯罪行为。

二是在起诉意见书中写明犯罪嫌疑人自愿认罪的有关情况。这里的“有关情况”，包括认罪的情况，即认罪的时间、认罪的程度、认罪的价值等，也包括“认罚”的情况，这里的“认罚”是广义上的认罚，包括退赃退赔、积极赔偿被害人损失、同被害人达成和解协议等。由于起诉意见书是侦查机关依法将侦查终结的案件移送检察机关，建议对犯罪嫌疑人起诉的法律文书，其主要作用是初步确定案件性质，解决罪与非罪、此罪与彼罪的定性问题，因此起诉意见书通常不对案件的量刑提出处理意见，侦查人员不宜就从宽的幅度在起诉意见书中提出具体意见。

三是将犯罪嫌疑人自愿认罪情况形成的材料随案移送同级人民检察院，此规定旨在为审查起诉阶段检察机关对案件区别对待并进行繁简分流奠定基础，对于检察机关结合认罪情况考虑是否从宽以及从宽幅度提供了依据。

[司法实务]

侦查阶段应全面收集证据，以防犯罪嫌疑人反悔或者翻供。侦查阶段犯罪嫌疑人表示认罪的，容易导致侦查人员怠于侦查，不全面收集能够证明犯罪嫌疑人无罪、有罪、罪行轻重的各种证据，而过分依赖获取犯罪嫌疑人的口供，采取威胁、利诱等方式迫使犯罪嫌疑人认罪，一旦案件移送审查起诉后，犯罪嫌疑人很有可能翻供，而此时已错失收集证据的机会。因此，侦查阶段犯罪嫌疑人即使尽早认罪认罚，其案件的证明标准也并没有降低，侦查机关仍应客观、全面收集证据，为案件的公正处理打下良好的证据基础。

[配套规定]

1.《人民检察院刑事诉讼规则》（高检发释字［2019］4号）（2019年12月30日公布并施行）（节录）

第二百三十七条　人民检察院经过侦查，认为犯罪事实清楚，证据确实、充分，依法应当追究刑事责任的，应当写出侦查终结报告，并且制作起诉意见书。

犯罪嫌疑人自愿认罪的，应当记录在案，随案移送，并在起诉意见书中写明有关情况。

对于犯罪情节轻微，依照刑法规定不需要判处刑罚或者免除刑罚的案件，应当写出侦查终结报告，并且制作不起诉意见书。

侦查终结报告和起诉意见书或者不起诉意见书应当报请检察长批准。

第二百三十九条 在案件侦查过程中，犯罪嫌疑人委托辩护律师的，检察人员可以听取辩护律师的意见。

辩护律师要求当面提出意见的，检察人员应当听取意见，并制作笔录附卷。辩护律师提出书面意见的，应当附卷。

侦查终结前，犯罪嫌疑人提出无罪或者罪轻的辩解，辩护律师提出犯罪嫌疑人无罪或者依法不应当追究刑事责任意见的，人民检察院应当依法予以核实。

案件侦查终结移送起诉时，人民检察院应当同时将案件移送情况告知犯罪嫌疑人及其辩护律师。

2.《公安机关办理刑事案件程序规定》（公安部令第127号）（2012年12月13日发布，自2013年1月1日起施行）（节录）

第五十五条 案件侦查终结前，辩护律师提出要求的，公安机关应当听取辩护律师的意见，根据情况进行核实，并记录在案。辩护律师提出书面意见的，应当附卷。

对辩护律师收集的犯罪嫌疑人不在犯罪现场、未达到刑事责任年龄、属于依法不负刑事责任的精神病人的证据，公安机关应当进行核实并将有关情况记录在案，有关证据应当附卷。

第六十四条 公安机关提请批准逮捕书、起诉意见书必须忠实于事实真象。故意隐瞒事实真象的，应当依法追究责任。

第六十五条 需要查明的案件事实包括：

（一）犯罪行为是否存在；

（二）实施犯罪行为的时间、地点、手段、后果以及其他情节；

（三）犯罪行为是否为犯罪嫌疑人实施；

（四）犯罪嫌疑人的身份；

（五）犯罪嫌疑人实施犯罪行为的动机、目的；

（六）犯罪嫌疑人的责任以及与其他同案人的关系；

（七）犯罪嫌疑人有无法定从重、从轻、减轻处罚以及免除处罚的情节；

（八）其他与案件有关的事实。

第六十六条　公安机关移送审查起诉的案件，应当做到犯罪事实清楚，证据确实、充分。

证据确实、充分，应当符合以下条件：

（一）认定的案件事实都有证据证明；

（二）认定案件事实的证据均经法定程序查证属实；

（三）综合全案证据，对所认定事实已排除合理怀疑。

对证据的审查，应当结合案件的具体情况，从各证据与待证事实的关联程度、各证据之间的联系等方面进行审查判断。

只有犯罪嫌疑人供述，没有其他证据的，不能认定案件事实；没有犯罪嫌疑人供述，证据确实、充分的，可以认定案件事实。

第二百七十四条　侦查终结的案件，应当同时符合以下条件：

（一）案件事实清楚；

（二）证据确实、充分；

（三）犯罪性质和罪名认定正确；

（四）法律手续完备；

（五）依法应当追究刑事责任。

第二百七十五条　侦查终结的案件，侦查人员应当制作结案报告。

结案报告应当包括以下内容：

（一）犯罪嫌疑人的基本情况；

（二）是否采取了强制措施及其理由；

（三）案件的事实和证据；

（四）法律依据和处理意见。

第二百七十六条　侦查终结案件的处理，由县级以上公安机关负责人批准；重大、复杂、疑难的案件应当经过集体讨论。

第二百七十七条　侦查终结后，应当将全部案卷材料按照要求装订立卷。

向人民检察院移送案件时，只移送诉讼卷，侦查卷由公安机关存档备查。

第二百七十八条　对查封、扣押的犯罪嫌疑人的财物及其孳息、文件或者冻结的财产，作为证据使用的，应当随案移送，并制作随案移送清单一式两份，一份留存，一份交人民检察院。

对于实物不宜移送的，应当将其清单、照片或者其他证明文件随案移送。待人民法院作出生效判决后，按照人民法院的通知，上缴国库或者依法予以返还，并向人民法院送交回执。人民法院未作出处理的，应当征求人民法院意见，并根据人民法院的决定依法作出处理。

第二百七十九条 对侦查终结的案件，应当制作起诉意见书，经县级以上公安机关负责人批准后，连同全部案卷材料、证据，以及辩护律师提出的意见，一并移送同级人民检察院审查决定；同时将案件移送情况告知犯罪嫌疑人及其辩护律师。

第二百八十条 共同犯罪案件的起诉意见书，应当写明每个犯罪嫌疑人在共同犯罪中的地位、作用、具体罪责和认罪态度，并分别提出处理意见。

第二百八十一条 被害人提出附带民事诉讼的，应当记录在案；移送审查起诉时，应当在起诉意见书末页注明。

第二百八十二条 人民检察院作出不起诉决定的，如果犯罪嫌疑人在押，公安机关应当立即办理释放手续，并根据人民检察院解除查封、扣押、冻结财物的书面通知，及时解除查封、扣押、冻结。

对人民检察院提出对被不起诉人给予行政处罚、行政处分或者没收其违法所得的检察意见，移送公安机关处理的，公安机关应当将处理结果及时通知人民检察院。

第二百八十三条 认为人民检察院作出的不起诉决定有错误的，应当在收到不起诉决定书后七日以内制作要求复议意见书，经县级以上公安机关负责人批准后，移送同级人民检察院复议。

要求复议的意见不被接受的，可以在收到人民检察院的复议决定书后七日以内制作提请复核意见书，经县级以上公安机关负责人批准后，连同人民检察院的复议决定书，一并提请上一级人民检察院复核。

3.《最高人民检察院、公安部关于规范刑事案件“另案处理”适用的指导意见》（2014年3月6日公布并施行）（节录）

第二条 本意见所称“另案处理”，是指在办理刑事案件过程中，对于涉嫌共同犯罪案件或者与该案件有牵连关系的部分犯罪嫌疑人，由于法律有特殊规定或者案件存在特殊情况等原因，不能或者不宜与其他同案犯罪嫌疑人同案处理，而从案件中分离出来单独或者与其他案件并案处理的情形。

第三条 涉案的部分犯罪嫌疑人有下列情形之一的，可以适用“另案处理”：

（一）依法需要移送管辖处理的；

（二）系未成年人需要分案办理的；

（三）在同案犯罪嫌疑人被提请批准逮捕或者移送审查起诉时在逃，无法到案的；

（四）涉嫌其他犯罪，需要进一步侦查，不宜与同案犯罪嫌疑人一并提请批准逮捕或者移送审查起诉，或者其他犯罪更为严重，另案处理更为适宜的；

（五）涉嫌犯罪的现有证据暂不符合提请批准逮捕或者移送审查起诉标准，需要继续侦查，而同案犯罪嫌疑人符合提请批准逮捕或者移送审查起诉标准的；

（六）其他适用“另案处理”更为适宜的情形。

第四条 对于下列情形，不适用“另案处理”，但公安机关应当在提请批准逮捕书、起诉意见书中注明处理结果，并将有关法律文书复印件及相关说明材料随案移送人民检察院：

（一）现有证据表明行为人在本案中的行为不构成犯罪或者情节显著轻微、危害不大，依法不应当或者不需要追究刑事责任，拟作或者已经作出行政处罚、终止侦查或者其他处理的；

（二）行为人在本案中所涉犯罪行为，之前已被司法机关依法作不起诉决定、刑事判决等处理并生效的。

第五条 公安机关办案部门在办理刑事案件时，发现其中部分犯罪嫌疑人符合本意见第三条规定的情形之一，拟作“另案处理”的，应当提出书面意见并附下列证明材料，经审核后报县级以上公安机关负责人审批：

（一）依法需要移送管辖的，提供移送管辖通知书、指定管辖决定书等材料；

（二）系未成年人需要分案处理的，提供未成年人户籍证明、立案决定书、提请批准逮捕书、起诉意见书等材料；

（三）犯罪嫌疑人在逃的，提供拘留证、上网追逃信息等材料；

（四）犯罪嫌疑人涉嫌其他犯罪，需要进一步侦查的，提供立案决定书等材料；

（五）涉嫌犯罪的现有证据暂不符合提请批准逮捕或者移送审查起诉标准，需要继续侦查的，提供相应说明材料；

（六）因其他原因暂不能提请批准逮捕或者移送审查起诉的，提供相应说明材料。

第六条　公安机关对适用“另案处理”案件进行审核时，应当重点审核以下内容：

（一）是否符合适用“另案处理”条件；

（二）适用“另案处理”的相关证明材料是否齐全；

（三）对本意见第三条第三项、第五项规定的情形适用“另案处理”的，是否及时开展相关工作。

对于审核中发现的问题，办案部门应当及时纠正。

第七条　公安机关对下列案件应当进行重点审核：

（一）一案中存在多名适用“另案处理”人员的；

（二）适用“另案处理”的人员涉嫌黑社会性质的组织犯罪以及故意杀人、强奸、抢劫、绑架等严重危及人身安全的暴力犯罪的；

（三）适用“另案处理”可能引起当事人及其法定代理人、辩护人、诉讼代理人、近亲属或者其他相关人员投诉的；

（四）适用“另案处理”的案件受到社会广泛关注，敏感复杂的。

第八条　公安机关在提请批准逮捕、移送审查起诉案件时，对适用“另案处理”的犯罪嫌疑人，应当在提请批准逮捕书、起诉意见书中注明“另案处理”，并将其涉嫌犯罪的主要证据材料的复印件，连同本意见第五条规定的相关证明材料一并随案移送。

对未批准适用“另案处理”的刑事案件，应当对符合逮捕条件的全部犯罪嫌疑人一并提请批准逮捕，或者在侦查终结后对全部犯罪嫌疑人一并移送审查起诉。

第九条　在提请人民检察院批准逮捕时已对犯罪嫌疑人作“另案处理”，但在移送审查起诉时“另案处理”的原因已经消失的，公安机关应当对其一并移送审查起诉；“另案处理”原因仍然存在的，公安机关应当继续适用“另案处理”，并予以书面说明。

第十条　人民检察院在审查逮捕、审查起诉时，对于适用“另案处理”的案件，应当一并对适用“另案处理”是否合法、适当进行审查。人民检察院审查的重点适用本意见第六条、第七条的规定。

第十一条　人民检察院对于缺少本意见第五条规定的相关材料的案件，应当要求公安机关补送，公安机关应当及时补送。

第十二条　人民检察院发现公安机关在办案过程中适用“另案处理”存

在违法或者不当的，应当向公安机关提出书面纠正意见或者检察建议。公安机关应当认真审查，并将结果及时反馈人民检察院。

第十三条 对于本意见第四条规定的情形，人民检察院应当对相关人员的处理情况及相关法律文书进行审查，发现依法需要追究刑事责任的，应当依法予以法律监督。

第十四条 人民检察院对于犯罪嫌疑人长期在逃或者久侦不结的“另案处理”案件，可以适时向公安机关发函催办。公安机关应当及时将开展工作情况函告人民检察院。

第十五条 人民检察院和公安机关应当建立信息通报制度，相互通报“另案处理”案件数量、工作开展情况、案件处理结果等信息，共同研究办理“另案处理”案件过程中存在的突出问题。对于案情重大、复杂、敏感案件，人民检察院和公安机关可以根据实际情况会商研究。

第十六条 人民检察院和公安机关应当建立对“另案处理”案件的动态管理和核销制度。公安机关应当及时向人民检察院通报案件另案处理结果并提供法律文书等相关材料。市、县级人民检察院与公安机关每六个月对办理的“另案处理”案件进行一次清理核对。对“另案处理”原因已经消失或者已作出相关处理的案件，应当及时予以核销。

第十七条 在办理“另案处理”案件中办案人员涉嫌徇私舞弊、失职、渎职等违法违纪行为的，由有关部门依法依纪处理；构成犯罪的，依法追究刑事责任。

4.《最高人民法院、最高人民检察院、公安部、国家安全部、司法部关于适用认罪认罚从宽制度的指导意见》（2019 年 10 月 11 日公布并施行）（节录）

七、侦查机关的职责

22. 权利告知和听取意见。公安机关在侦查过程中，应当告知犯罪嫌疑人享有的诉讼权利、如实供述罪行可以从宽处理和认罪认罚的法律规定，听取犯罪嫌疑人及其辩护人或者值班律师的意见，记录在案并随案移送。

对在非讯问时间、办案人员不在场情况下，犯罪嫌疑人向看守所工作人员或者辩护人、值班律师表示愿意认罪认罚的，有关人员应当及时告知办案单位。

23. 认罪教育。公安机关在侦查阶段应当同步开展认罪教育工作，但不得强迫犯罪嫌疑人认罪，不得作出具体的从宽承诺。犯罪嫌疑人自愿认罪，愿意接受司法机关处罚的，应当记录在案并附卷。

24. 起诉意见。对移送审查起诉的案件，公安机关应当在起诉意见书中写明犯罪嫌疑人自愿认罪认罚情况。认为案件符合速裁程序适用条件的，可以在起诉意见书中建议人民检察院适用速裁程序办理，并简要说明理由。

对可能适用速裁程序的案件，公安机关应当快速办理，对犯罪嫌疑人未被羁押的，可以集中移送审查起诉，但不得为集中移送拖延案件办理。

对人民检察院在审查逮捕期间或者重大案件听取意见中提出的开展认罪认罚工作的意见或建议，公安机关应当认真听取，积极开展相关工作。

25. 执法办案管理中心建设。加快推进公安机关执法办案管理中心建设，探索在执法办案管理中心设置速裁法庭，对适用速裁程序的案件进行快速办理。

第一百六十三条　在侦查过程中，发现不应对犯罪嫌疑人追究刑事责任的，应当撤销案件；犯罪嫌疑人已被逮捕的，应当立即释放，发给释放证明，并且通知原批准逮捕的人民检察院。

[条文主旨]

本条是关于撤销案件的规定。

[条文释解]

本条是1979年《刑事诉讼法》的规定，该法第94条规定："在侦查过程中，发现不应对被告人追究刑事责任的，应当撤销案件；被告人已被逮捕的，应当立即释放，发给释放证明，并且通知原批准逮捕的人民检察院。"1996年《刑事诉讼法》对本条只作了一处修改，即将条文中的"被告人"修改为"犯罪嫌疑人"，表达更为准确。2012年、2018年均未修改。

本条规定包括以下几个方面的内容：

一是在侦查过程中，是指本条规定适用于整个侦查羁押过程，并非在侦查终结时，只要是在侦查羁押期间内，无论何时发现符合撤销案件的情形，应立即撤销案件，以保障犯罪嫌疑人的合法权益。

二是不应对犯罪嫌疑人追究刑事责任的情形，主要有三种：1. 无犯罪事实发生；2. 该犯罪事实非犯罪嫌疑人所为；3. 本法第 16 条规定的不追究刑事责任的情形：（1）情节显著轻微、危害不大，不认为是犯罪的；（2）犯罪已过追诉时效期限的；（3）经特赦令免除刑罚的；（4）依照刑法告诉才处理的犯罪，没有告诉或者撤回告诉的；（5）犯罪嫌疑人、被告人死亡的；（6）其他法律规定免予追究刑事责任的。

三是应当撤销案件。撤销案件应当作出撤销案件的决定，并制作《撤销案件决定书》，对于有犯罪事实发生，但不是犯罪嫌疑人所为的撤销案件决定，并非撤销全案，而是仅仅撤销对该犯罪嫌疑人的立案。因为虽然犯罪事实并非该犯罪嫌疑人所为，但犯罪事实仍然是存在的，既然犯罪事实仍然存在，那么就不应当撤销全案，而仅仅是撤销对该犯罪嫌疑人的立案。同时，对于“没有犯罪事实的，或者依照刑法规定不负刑事责任和不是犯罪的”情况，如果犯罪嫌疑人的行为是依照刑法规定不负刑事责任和不是犯罪，但仍然构成违法（不够刑事处罚）需要行政处理的，经县级以上公安机关批准，对犯罪嫌疑人依法予以行政处理或者移交其他有关部门处理。对于共同犯罪案件而言，如果发现符合上述情形的犯罪嫌疑人，应当撤销对该犯罪嫌疑人的立案，而并非撤销全案，对其他犯罪嫌疑人仍然应当移送审查起诉。

四是犯罪嫌疑人已被逮捕的，应当立即释放，发给释放证明。释放证明是公安机关对不应追究刑事责任的被拘留人、被逮捕人的解除羁押给予释放的司法文书，共三联。正页由被释放人签名后存档；副页由被释放人收执，办理户口登记手续后交所在地公安机关收存；存根由公安机关留存。

五是将释放情况及原因通知原批准逮捕的人民检察院。逮捕决定是检察院作出的，释放已逮捕的犯罪嫌疑人应当通知人民检察院，作此规定充分体现了公安机关与检察机关在执法工作中的相互配合、相互制约。

[配套规定]

1.《公安机关办理刑事案件程序规定》（公安部令第 127 号）（2012 年 12 月 13 日发布，自 2013 年 1 月 1 日起施行）（节录）

第一百八十三条 经过侦查，发现具有下列情形之一的，应当撤销案件：

（一）没有犯罪事实的；

（二）情节显著轻微、危害不大，不认为是犯罪的；

（三）犯罪已过追诉时效期限的；

（四）经特赦令免除刑罚的；

（五）犯罪嫌疑人死亡的；

（六）其他依法不追究刑事责任的。

对于经过侦查，发现有犯罪事实需要追究刑事责任，但不是被立案侦查的犯罪嫌疑人实施的，或者共同犯罪案件中部分犯罪嫌疑人不够刑事处罚的，应当对有关犯罪嫌疑人终止侦查，并对该案件继续侦查。

第一百八十四条 需要撤销案件或者对犯罪嫌疑人终止侦查的，办案部门应当制作撤销案件或者对犯罪嫌疑人终止侦查报告书，报县级以上公安机关负责人批准。

公安机关决定撤销案件或者对犯罪嫌疑人终止侦查时，原犯罪嫌疑人在押的，应当立即释放，发给释放证明书。原犯罪嫌疑人被逮捕的，应当通知原批准逮捕的人民检察院。对原犯罪嫌疑人采取其他强制措施的，应当立即解除强制措施；需要行政处理的，依法予以处理或者移交有关部门。

对查封、扣押的财物及其孳息、文件，或者冻结的财产，除按照法律和有关规定另行处理的以外，应当解除查封、扣押、冻结。

第一百八十五条 公安机关作出撤销案件决定后，应当在三日以内告知原犯罪嫌疑人、被害人或者其近亲属、法定代理人以及案件移送机关。

公安机关作出终止侦查决定后，应当在三日以内告知原犯罪嫌疑人。

第一百八十六条 公安机关撤销案件以后又发现新的事实或者证据，认为有犯罪事实需要追究刑事责任的，应当重新立案侦查。

对于犯罪嫌疑人终止侦查后又发现新的事实或者证据，认为有犯罪事实需要追究刑事责任的，应当继续侦查。

2.《最高人民检察院、公安部关于公安机关办理经济犯罪案件的若干规定》（公通字［2017］25号）（2017年11月24日公布，自2018年1月1日起施行）（节录）

第二十五条 在侦查过程中，公安机关发现具有下列情形之一的，应当及时撤销案件：

（一）对犯罪嫌疑人解除强制措施之日起十二个月以内，仍然不能移送审查起诉或者依法作其他处理的；

（二）对犯罪嫌疑人未采取强制措施，自立案之日起二年以内，仍然不能移送审查起诉或者依法作其他处理的；

（三）人民检察院通知撤销案件的；

（四）其他符合法律规定的撤销案件情形的。

有前款第一项、第二项情形，但是有证据证明有犯罪事实需要进一步侦查的，经省级以上公安机关负责人批准，可以不撤销案件，继续侦查。

撤销案件后，公安机关应当立即停止侦查活动，并解除相关的侦查措施和强制措施。

撤销案件后，又发现新的事实或者证据，依法需要追究刑事责任的，公安机关应当重新立案侦查。

3.《人民检察院刑事诉讼规则》（高检发释字［2019］4号）（2019年12月30日公布并施行）（节录）

第二百四十二条 人民检察院在侦查过程中或者侦查终结后，发现具有下列情形之一的，负责侦查的部门应当制作拟撤销案件意见书，报请检察长决定：

（一）具有刑事诉讼法第十六条规定情形之一的；

（二）没有犯罪事实的，或者依照刑法规定不负刑事责任或者不是犯罪的；

（三）虽有犯罪事实，但不是犯罪嫌疑人所为的。

对于共同犯罪的案件，如有符合本条规定情形的犯罪嫌疑人，应当撤销对该犯罪嫌疑人的立案。

第二百四十三条 地方各级人民检察院决定撤销案件的，负责侦查的部门应当将撤销案件意见书连同本案全部案卷材料，在法定期限届满七日前报上一级人民检察院审查；重大、复杂案件在法定期限届满十日前报上一级人民检察院审查。

对于共同犯罪案件，应当将处理同案犯罪嫌疑人的有关法律文书以及案件事实、证据材料复印件等，一并报送上一级人民检察院。

上一级人民检察院负责侦查的部门应当对案件事实、证据和适用法律进行全面审查。必要时，可以讯问犯罪嫌疑人。

上一级人民检察院负责侦查的部门审查后，应当提出是否同意撤销案件的意见，报请检察长决定。

人民检察院决定撤销案件的，应当告知控告人、举报人，听取其意见并记明笔录。

第二百四十四条 上一级人民检察院审查下级人民检察院报送的拟撤销案件，应当在收到案件后七日以内批复；重大、复杂案件，应当在收到案件后十日以内批复。情况紧急或者因其他特殊原因不能按时送达的，可以先行通知下级人民检察院执行。

第二百四十五条 上一级人民检察院同意撤销案件的，下级人民检察院应当作出撤销案件决定，并制作撤销案件决定书。上一级人民检察院不同意撤销案件的，下级人民检察院应当执行上一级人民检察院的决定。

报请上一级人民检察院审查期间，犯罪嫌疑人羁押期限届满的，应当依法释放犯罪嫌疑人或者变更强制措施。

第二百四十六条 撤销案件的决定，应当分别送达犯罪嫌疑人所在单位和犯罪嫌疑人。犯罪嫌疑人死亡的，应当送达犯罪嫌疑人原所在单位。如果犯罪嫌疑人在押，应当制作决定释放通知书，通知公安机关依法释放。

第二百四十七条 人民检察院作出撤销案件决定的，应当在三十日以内报经检察长批准，对犯罪嫌疑人的违法所得作出处理。情况特殊的，可以延长三十日。

第二百四十八条 人民检察院撤销案件时，对犯罪嫌疑人的违法所得及其他涉案财产应当区分不同情形，作出相应处理：

（一）因犯罪嫌疑人死亡而撤销案件，依照刑法规定应当追缴其违法所得及其他涉案财产的，按照本规则第十二章第四节的规定办理。

（二）因其他原因撤销案件，对于查封、扣押、冻结的犯罪嫌疑人违法所得及其他涉案财产需要没收的，应当提出检察意见，移送有关主管机关处理。

（三）对于冻结的犯罪嫌疑人存款、汇款、债券、股票、基金份额等财产需要返还被害人的，可以通知金融机构、邮政部门返还被害人；对于查封、扣押的犯罪嫌疑人的违法所得及其他涉案财产需要返还被害人的，直接决定返还被害人。

人民检察院申请人民法院裁定处理犯罪嫌疑人涉案财产的，应当向人民法院移送有关案卷材料。

第二百四十九条 人民检察院撤销案件时，对查封、扣押、冻结的犯罪嫌疑人的涉案财物需要返还犯罪嫌疑人的，应当解除查封、扣押或者书面通知有关金融机构、邮政部门解除冻结，返还犯罪嫌疑人或者其合法继承人。

第十一节　人民检察院对直接受理的案件的侦查

第一百六十四条　人民检察院对直接受理的案件的侦查适用本章规定。

[条文主旨]

本条是关于人民检察院自行侦查案件的法律适用的规定。

[条文释解]

本条是1996年《刑事诉讼法》新增规定，2012年、2018年均未修改。

人民检察院是国家的法律监督机关，刑事诉讼法规定人民检察院对部分刑事案件行使侦查权。1979年刑事诉讼法只对公安机关的侦查活动作出相关规定，未涉及人民检察院的侦查活动，1996年刑事诉讼法新增一节关于“人民检察院对直接受理的案件的侦查”的规定。

本条规定“人民检察院对直接受理的案件的侦查适用本章的规定”，应注意以下几点：

一是人民检察院直接受理的案件范围。本法第19条第2款规定：“人民检察院在对诉讼活动实行法律监督中发现的司法工作人员利用职权实施的非法拘禁、刑讯逼供、非法搜查等侵犯公民权利、损害司法公正的犯罪，可以由人民检察院立案侦查。对于公安机关管辖的国家机关工作人员利用职权实施的重大犯罪案件，需要由人民检察院直接受理的时候，经省级以上人民检察院决定，可以由人民检察院立案侦查。”

二是所谓“适用本章的规定”是指适用《刑事诉讼法》第二编第二章第一节至第十节的有关规定，换言之，刑事诉讼法关于侦查的所有规定均适用于人民检察院行使侦查权的案件，人民检察院对直接受理的案件的侦查程序与公安机关的侦查程序完全相同，因此人民检察院在讯问犯罪嫌疑人、询问证人或被害人、勘验、检查、侦查实验、搜查、查封、扣押、查询、冻结、鉴定、辨认和采取技术侦查措施等活动都与公安机关相同。

同时考虑到人民检察院的性质和其直接受理案件的特殊性，《刑事诉讼法》和《人民检察院刑事诉讼规则》对其侦查权的行使作出进一步具体的规定。

[配套规定]

《人民检察院刑事诉讼规则》（高检发释字［2019］4号）（2019年12月30日公布并施行）（节录）

第一百七十六条 人民检察院办理直接受理侦查的案件，应当全面、客观地收集、调取犯罪嫌疑人有罪或者无罪、罪轻或者罪重的证据材料，并依法进行审查、核实。办案过程中必须重证据，重调查研究，不轻信口供。严禁刑讯逼供和以威胁、引诱、欺骗以及其他非法方法收集证据，不得强迫任何人证实自己有罪。

第一百七十七条 人民检察院办理直接受理侦查的案件，应当保障犯罪嫌疑人和其他诉讼参与人依法享有的辩护权和其他各项诉讼权利。

第一百七十八条 人民检察院办理直接受理侦查的案件，应当严格依照刑事诉讼法规定的程序，严格遵守刑事案件办案期限的规定，依法提请批准逮捕、移送起诉、不起诉或者撤销案件。

对犯罪嫌疑人采取强制措施，应当经检察长批准。

第一百七十九条 人民检察院办理直接受理侦查的案件，应当对侦查过程中知悉的国家秘密、商业秘密及个人隐私予以保密。

第一百八十条 办理案件的人民检察院需要派员到本辖区以外进行搜查，调取物证、书证等证据材料，或者查封、扣押财物和文件的，应当持相关法律文书和证明文件等与当地人民检察院联系，当地人民检察院应当予以协助。

需要到本辖区以外调取证据材料的，必要时，可以向证据所在地的人民检察院发函调取证据。调取证据的函件应当注明具体的取证对象、地址和内容。证据所在地的人民检察院应当在收到函件后一个月以内将取证结果送达办理案件的人民检察院。

被请求协助的人民检察院有异议的，可以与办理案件的人民检察院进行协商。必要时，报请共同的上级人民检察院决定。

第一百八十一条 人民检察院对于直接受理案件的侦查，可以适用刑事诉讼法第二编第二章规定的各项侦查措施。

刑事诉讼法规定进行侦查活动需要制作笔录的，应当制作笔录。必要时，可以对相关活动进行录音、录像。

第一百六十五条 人民检察院直接受理的案件中符合本法第八十一条、第八十二条第四项、第五项规定情形，需要逮捕、拘留犯罪嫌疑人的，由人民检察院作出决定，由公安机关执行。

[条文主旨]

本条是关于自侦案件拘留、逮捕及其执行的规定。

[条文释解]

本条是1996年《刑事诉讼法》新增规定，主要是为配合人民检察院侦查犯罪的实际需要，赋予人民检察院拘留决定权，并进一步明确人民检察院对自侦案件的逮捕决定权。2012年、2018年均未作修改。

本条规定中“符合本法第八十一条”规定情形是指，人民检察院直接受理的案件中对有证据证明有犯罪事实，可能判处徒刑以上刑罚的犯罪嫌疑人，采取取保候审尚不足以防止发生该条所列明的五项社会危险性，应当予以逮捕的，人民检察院有权决定逮捕。

本条规定中“符合本法第八十二条第四项、第五项规定情形”是指，人民检察院直接受理的案件中犯罪嫌疑人犯罪后企图自杀、逃跑或者在逃以及有毁灭、伪造证据或者串供可能的，人民检察院有权决定拘留。本法第82条还规定了其他五种现行拘留的情形：1. 正在预备犯罪、实行犯罪或者在犯罪后即时被发觉的；2. 被害人或者在场亲眼看见的人指认他犯罪的；3. 在身边或者住处发现有犯罪证据的；4. 不讲真实姓名、住址，身份不明的；5. 有流窜作案、多次作案、结伙作案重大嫌疑的。本条之所以将上述五种情形排除在外，是因为拘留主要是针对在侦查过程中，遇到法定的紧急情况时，对于现行犯或者重大嫌疑分子所采取的临时剥夺其人身自由的强制方法，而人民检察院直接受理案件的犯罪嫌疑人大多是国家工作人员、国家机关工作人员，这些人的个人基本情况明确，有姓名、固定的住所，且所犯罪行一般都是事后被发现，既不是现行犯，也不具有紧急的现实危险性。

人民检察院直接受理的案件，对需要拘留和逮捕的犯罪嫌疑人，人民检察院作出拘留或者逮捕决定后，由公安机关执行。作此规定，一是因为公安机关具备相应的条件和力量，可以保证拘留、逮捕及时有效地执行；二是将决定权与执行权分离，体现了公安机关和检察机关相互配合、相互制约的关系。

[配套规定]

1.《最高人民法院、最高人民检察院、公安部、国家安全部、司法部、全国人大常委会法制工作委员会关于实施刑事诉讼法若干问题的规定》（2012年12月26日公布，2013年1月1日起施行）（节录）

16. 刑事诉讼法规定，拘留由公安机关执行。对于人民检察院直接受理的案件，人民检察院作出的拘留决定，应当送达公安机关执行，公安机关应当立即执行，人民检察院可以协助公安机关执行。

2.《人民检察院刑事诉讼规则》（高检发释字［2019］4号）（2019年12月30日公布并施行）（节录）

第一百二十一条 人民检察院对于具有下列情形之一的犯罪嫌疑人，可以决定拘留：

（一）犯罪后企图自杀、逃跑或者在逃的；

（二）有毁灭、伪造证据或者串供可能的。

第一百二十二条 人民检察院作出拘留决定后，应当将有关法律文书和案由、犯罪嫌疑人基本情况的材料送交同级公安机关执行。必要时，人民检察院可以协助公安机关执行。

拘留后，应当立即将被拘留人送看守所羁押，至迟不得超过二十四小时。

第一百二十三条 对犯罪嫌疑人拘留后，除无法通知的以外，人民检察院应当在二十四小时以内，通知被拘留人的家属。

无法通知的，应当将原因写明附卷。无法通知的情形消除后，应当立即通知其家属。

第一百二十四条 对被拘留的犯罪嫌疑人，应当在拘留后二十四小时以内进行讯问。

第一百二十五条 对被拘留的犯罪嫌疑人，发现不应当拘留的，应当立即释放；依法可以取保候审或者监视居住的，按照本规则的有关规定办理取保候审或者监视居住手续。

对被拘留的犯罪嫌疑人，需要逮捕的，按照本规则的有关规定办理逮捕手续；决定不予逮捕的，应当及时变更强制措施。

第一百二十六条 人民检察院直接受理侦查的案件，拘留犯罪嫌疑人的羁押期限为十四日，特殊情况下可以延长一日至三日。

第一百二十七条 公民将正在实行犯罪或者在犯罪后即被发觉的、通缉在案的、越狱逃跑的、正在被追捕的犯罪嫌疑人或者犯罪人扭送到人民检察院的，人民检察院应当予以接受，并且根据具体情况决定是否采取相应的紧急措施。不属于自己管辖的，应当移送主管机关处理。

第一百二十八条 人民检察院对有证据证明有犯罪事实，可能判处徒刑以上刑罚的犯罪嫌疑人，采取取保候审尚不足以防止发生下列社会危险性的，应当批准或者决定逮捕：

（一）可能实施新的犯罪的；

（二）有危害国家安全、公共安全或者社会秩序的现实危险的；

（三）可能毁灭、伪造证据，干扰证人作证或者串供的；

（四）可能对被害人、举报人、控告人实施打击报复的；

（五）企图自杀或者逃跑的。

有证据证明有犯罪事实是指同时具备下列情形：

（一）有证据证明发生了犯罪事实；

（二）有证据证明该犯罪事实是犯罪嫌疑人实施的；

（三）证明犯罪嫌疑人实施犯罪行为的证据已经查证属实。

犯罪事实既可以是单一犯罪行为的事实，也可以是数个犯罪行为中任何一个犯罪行为的事实。

第一百二十九条 犯罪嫌疑人具有下列情形之一的，可以认定为“可能实施新的犯罪”：

（一）案发前或者案发后正在策划、组织或者预备实施新的犯罪的；

（二）扬言实施新的犯罪的；

（三）多次作案、连续作案、流窜作案的；

（四）一年内曾因故意实施同类违法行为受到行政处罚的；

（五）以犯罪所得为主要生活来源的；

（六）有吸毒、赌博等恶习的；

（七）其他可能实施新的犯罪的情形。

第一百三十条 犯罪嫌疑人具有下列情形之一的，可以认定为“有危害国家安全、公共安全或者社会秩序的现实危险”：

（一）案发前或者案发后正在积极策划、组织或者预备实施危害国家安全、公共安全或者社会秩序的重大违法犯罪行为的；

（二）曾因危害国家安全、公共安全或者社会秩序受到刑事处罚或者行政处罚的；

（三）在危害国家安全、黑恶势力、恐怖活动、毒品犯罪中起组织、策划、指挥作用或者积极参加的；

（四）其他有危害国家安全、公共安全或者社会秩序的现实危险的情形。

第一百三十一条 犯罪嫌疑人具有下列情形之一的，可以认定为“可能毁灭、伪造证据，干扰证人作证或者串供”：

（一）曾经或者企图毁灭、伪造、隐匿、转移证据的；

（二）曾经或者企图威逼、恐吓、利诱、收买证人，干扰证人作证的；

（三）有同案犯罪嫌疑人或者与其在事实上存在密切关联犯罪的犯罪嫌疑人在逃，重要证据尚未收集到位的；

（四）其他可能毁灭、伪造证据，干扰证人作证或者串供的情形。

第一百三十二条 犯罪嫌疑人具有下列情形之一的，可以认定为“可能对被害人、举报人、控告人实施打击报复”：

（一）扬言或者准备、策划对被害人、举报人、控告人实施打击报复的；

（二）曾经对被害人、举报人、控告人实施打击、要挟、迫害等行为的；

（三）采取其他方式滋扰被害人、举报人、控告人的正常生活、工作的；

（四）其他可能对被害人、举报人、控告人实施打击报复的情形。

第一百三十三条 犯罪嫌疑人具有下列情形之一的，可以认定为“企图自杀或者逃跑”：

（一）着手准备自杀、自残或者逃跑的；

（二）曾经自杀、自残或者逃跑的；

（三）有自杀、自残或者逃跑的意思表示的；

（四）曾经以暴力、威胁手段抗拒抓捕的；

（五）其他企图自杀或者逃跑的情形。

第一百三十四条 人民检察院办理审查逮捕案件，应当全面把握逮捕条件，对有证据证明有犯罪事实、可能判处徒刑以上刑罚的犯罪嫌疑人，除具有刑事诉讼法第八十一条第三款、第四款规定的情形外，应当严格审查是否具备社会危险性条件。

第一百三十五条　人民检察院审查认定犯罪嫌疑人是否具有社会危险性，应当以公安机关移送的社会危险性相关证据为依据，并结合案件具体情况综合认定。必要时，可以通过讯问犯罪嫌疑人、询问证人等诉讼参与人、听取辩护律师意见等方式，核实相关证据。

依据在案证据不能认定犯罪嫌疑人符合逮捕社会危险性条件的，人民检察院可以要求公安机关补充相关证据，公安机关没有补充移送的，应当作出不批准逮捕的决定。

第一百三十六条　对有证据证明有犯罪事实，可能判处十年有期徒刑以上刑罚的犯罪嫌疑人，应当批准或者决定逮捕。

对有证据证明有犯罪事实，可能判处徒刑以上刑罚，犯罪嫌疑人曾经故意犯罪或者不讲真实姓名、住址，身份不明的，应当批准或者决定逮捕。

第一百三十七条　人民检察院经审查认为被取保候审、监视居住的犯罪嫌疑人违反取保候审、监视居住规定，依照本规则第一百零一条、第一百一十一条的规定办理。

对于被取保候审、监视居住的可能判处徒刑以下刑罚的犯罪嫌疑人，违反取保候审、监视居住规定，严重影响诉讼活动正常进行的，可以予以逮捕。

第一百三十八条　对实施多个犯罪行为或者共同犯罪案件的犯罪嫌疑人，符合本规则第一百二十八条的规定，具有下列情形之一的，应当批准或者决定逮捕：

（一）有证据证明犯有数罪中的一罪的；

（二）有证据证明实施多次犯罪中的一次犯罪的；

（三）共同犯罪中，已有证据证明有犯罪事实的犯罪嫌疑人。

第一百三十九条　对具有下列情形之一的犯罪嫌疑人，人民检察院应当作出不批准逮捕或者不予逮捕的决定：

（一）不符合本规则规定的逮捕条件的；

（二）具有刑事诉讼法第十六条规定的情形之一的。

第一百四十条　犯罪嫌疑人涉嫌的罪行较轻，且没有其他重大犯罪嫌疑，具有下列情形之一的，可以作出不批准逮捕或者不予逮捕的决定：

（一）属于预备犯、中止犯，或者防卫过当、避险过当的；

（二）主观恶性较小的初犯，共同犯罪中的从犯、胁从犯，犯罪后自首、有立功表现或者积极退赃、赔偿损失、确有悔罪表现的；

（三）过失犯罪的犯罪嫌疑人，犯罪后有悔罪表现，有效控制损失或者积极赔偿损失的；

（四）犯罪嫌疑人与被害人双方根据刑事诉讼法的有关规定达成和解协议，经审查，认为和解系自愿、合法且已经履行或者提供担保的；

（五）犯罪嫌疑人认罪认罚的；

（六）犯罪嫌疑人系已满十四周岁未满十八周岁的未成年人或者在校学生，本人有悔罪表现，其家庭、学校或者所在社区、居民委员会、村民委员会具备监护、帮教条件的；

（七）犯罪嫌疑人系已满七十五周岁的人。

第一百四十一条 对符合刑事诉讼法第七十四条第一款规定的犯罪嫌疑人，人民检察院经审查认为不需要逮捕的，可以在作出不批准逮捕决定的同时，向公安机关提出采取监视居住措施的建议。

3. **《公安机关办理刑事案件程序规定》**（公安部令第127号）（2012年12月13日发布，自2013年1月1日起施行）（节录）

第一百二十八条 人民检察院决定拘留犯罪嫌疑人的，由县级以上公安机关凭人民检察院送达的决定拘留的法律文书制作拘留证并立即执行。必要时，可以请人民检察院协助。拘留后，应当及时通知人民检察院。

公安机关未能抓获犯罪嫌疑人的，应当将执行情况和未能抓获犯罪嫌疑人的原因通知作出拘留决定的人民检察院。对于犯罪嫌疑人在逃的，在人民检察院撤销拘留决定之前，公安机关应当组织力量继续执行。

第一百四十二条 人民法院、人民检察院决定逮捕犯罪嫌疑人、被告人的，由县级以上公安机关凭人民法院、人民检察院决定逮捕的法律文书制作逮捕证并立即执行。必要时，可以请人民法院、人民检察院协助执行。执行逮捕后，应当及时通知决定机关。

……

第一百六十六条　人民检察院对直接受理的案件中被拘留的人，应当在拘留后的二十四小时以内进行讯问。在发现不应当拘留的时候，必须立即

释放，发给释放证明。

[条文主旨]

本条是关于自侦案件中对被拘留人的处理的规定。

[条文释解]

本条是1996年《刑事诉讼法》新增规定，为查明犯罪事实，人民检察院对直接受理案件的犯罪嫌疑人有决定拘留的权力，给予检察机关充分开展调查的时间，但拘留是限制犯罪嫌疑人的人身自由的强制措施，不能无限制地实施，因此1996年刑事诉讼法新增了对直接受理案件中拘留的人应当及时讯问，以及发现错误应当立即纠正的规定。1996年刑事诉讼法关于本条内容还规定“对需要逮捕而证据还不充足的，可以取保候审或者监视居住”，2012年刑事诉讼法将此内容删除。作此修改，主要是因为刑事诉讼法明确规定了逮捕的条件，证据是否充足不是逮捕的必要条件，“对需要逮捕而证据还不充足的”的表述容易让人误认为证据充足是逮捕的必要条件，因此2012年《刑事诉讼法》修改时将此内容删除。2018年未作修改。

人民检察院直接受理案件的犯罪嫌疑人被拘留以后，应当在拘留后的二十四小时以内进行讯问。作此规定，一是有利于检察机关迅速查明已掌握的犯罪事实是否确凿，尽早收集、固定证据，以确定对犯罪嫌疑人采取拘留措施是否妥当，若有错误，以便及时纠正；二是有利于防止犯罪嫌疑人毁灭、伪造证据，收买证人或者共同犯罪案件多名嫌疑人相互串供。

在发现不应当拘留的时候，必须立即释放，发给释放证明。所谓“不应当拘留”的情形，是指检察机关通过进一步侦查，发现犯罪嫌疑人不具备拘留的法定条件，那么此时应立即释放犯罪嫌疑人，并发给释放证明。

[配套规定]

《人民检察院刑事诉讼规则》（高检发释字［2019］4号）（2019年12月30日公布并施行）（节录）

第一百二十三条 对犯罪嫌疑人拘留后，除无法通知的以外，人民检察院应当在二十四小时以内，通知被拘留人的家属。

无法通知的，应当将原因写明附卷。无法通知的情形消除后，应当立即通知其家属。

第一百二十四条 对被拘留的犯罪嫌疑人，应当在拘留后二十四小时以内进行讯问。

第一百二十五条 对被拘留的犯罪嫌疑人，发现不应当拘留的，应当立即释放；依法可以取保候审或者监视居住的，按照本规则的有关规定办理取保候审或者监视居住手续。

对被拘留的犯罪嫌疑人，需要逮捕的，按照本规则的有关规定办理逮捕手续；决定不予逮捕的，应当及时变更强制措施。

第一百六十七条 人民检察院对直接受理的案件中被拘留的人，认为需要逮捕的，应当在十四日以内作出决定。在特殊情况下，决定逮捕的时间可以延长一日至三日。对不需要逮捕的，应当立即释放；对需要继续侦查，并且符合取保候审、监视居住条件的，依法取保候审或者监视居住。

[条文主旨]

本条是关于自侦案件决定逮捕时限的规定。

[条文释解]

本条是1996年《刑事诉讼法》新增条款，根据刑事诉讼法的规定，在一般刑事案件中公安机关对被拘留的人，认为需要逮捕的，应当在拘留后三日以内提请人民检察院审查批准，人民检察院应当自接到公安机关提请批准逮捕后的七日以内，作出批准逮捕或者不批准逮捕的决定。对一般刑事案件，犯罪嫌疑人被拘留之后，应当在十日以内作出逮捕决定。1996年《刑事诉讼法》新增对人民检察院自侦案件决定逮捕的时限，参考了一般刑事案件的时间，规定“人民检察院对直接受理的案件中被拘留的人，认为需要逮捕的，应当在十日以内作出决定。在特殊情况下，决定逮捕的时间可以延长一日至四日。对不需要逮捕的，应当立即释放；对于需要继续侦查，并且符合取保候审、监视居住条件的，依法取保候审或者监视居住”。

2009 年最高人民检察院出台《关于省级以下人民检察院立案侦查的案件由上一级人民检察院审查决定逮捕的规定（试行）》，明确规定省级以下（不含省级）检察院立案侦查的案件，需要逮捕犯罪嫌疑人的，应报请上一级检察院审查决定。2018 年最高人民检察院发布《关于人民检察院立案侦查司法工作人员相关职务犯罪案件若干问题的规定》对上述规定作了修改，其中“办案程序”一节规定，“（一）人民检察院办理本规定所列犯罪案件，不再适用对直接受理立案侦查案件决定立案报上一级人民检察院备案，逮捕犯罪嫌疑人报上一级人民检察院审查决定的规定。（二）对本规定所列犯罪案件，人民检察院拟作撤销案件、不起诉决定的，应当报上一级人民检察院审查批准。（三）人民检察院负责刑事检察工作的专门部门办理本规定所列犯罪案件，认为需要逮捕犯罪嫌疑人的，应当由相应的刑事检察部门审查，报检察长或者检察委员会决定。（四）人民检察院办理本规定所列犯罪案件，应当依法接受人民监督员的监督”。这一规定体现了检察机关对实施逮捕这一强制措施的慎重，在制度上保障犯罪嫌疑人的合法权益不被随意侵犯，对执法行为进行监督，也有利于提高办案质量，但同时也给检察机关带来时间上的压力，因此 2012 年《刑事诉讼法》将决定逮捕时间由“十日”修改成“十四日”，将特殊情况下可延长的时间由“一日至四日”修改成“一日至三日”。2018 年未作修改。

根据本条规定，应注意以下三个方面：

一是一般情况下，对被拘留的犯罪嫌疑人，认为需要逮捕的，应当在十四日以内作出决定。即人民检察院自侦案件的犯罪嫌疑人拘留之后，十四日以内应当作出逮捕决定。这里的“作出决定”的时间包括人民检察院的侦查部门对被拘留的人进行审查后提请逮捕的时间和人民检察院负责批捕的部门作出决定的时间。

二是特殊情况下，人民检察院决定逮捕的时间可以延长一日至三日，即对于一些重大、复杂、疑难的案件，检察机关在十四日以内难以作出逮捕决定的，可以延长一日至三日，犯罪嫌疑人的拘留期限最长不得超过十七日。

三是检察机关通过审查认为不需要逮捕的，应当立即释放；对需要继续侦查，并且符合取保候审、监视居住条件的，依法取保候审或者监视居住。所谓“不需要逮捕”，可能存在两种情形，其一是通过审查，被拘留的人犯罪嫌疑被排除，那么应当立即释放，并发给释放证明。其二是通过审查，发现被拘留的人仍有犯罪嫌疑，但不符合本法第 81 条规定的逮捕条件，那么对该人还需继续侦查，同时符合取保候审、监视居住条件的，依法取保候审或者监视居住。

[司法实务]

关于人民检察院对直接受理案件的犯罪嫌疑人的逮捕决定权及提请逮捕和决定逮捕期限问题。1996 年刑事诉讼法新增本条关于直接受理的案件决定逮捕的时限的规定，未对提请逮捕和决定逮捕的期限进行明确划分，主要考虑这是人民检察院两个职能部门的内部分工，可由人民检察院通过内部规定来界定。但是，2009 年最高人民检察院出台《关于省级以下人民检察院立案侦查的案件由上一级人民检察院审查决定逮捕的规定（试行）》明确了省级以下（不含省级）检察院立案侦查的案件，需要逮捕犯罪嫌疑人的，应报请上一级检察院审查决定，故自 2013 年 1 月 1 日起施行的《人民检察院刑事诉讼规则（试行）》在该规定的基础上，对提请逮捕和决定逮捕期限作出具体规定："犯罪嫌疑人已被拘留的，下级人民检察院侦查部门应当在拘留后七日以内报上一级人民检察院审查逮捕。上一级人民检察院应当在收到报请逮捕书后七日以内作出是否逮捕的决定，特殊情况下，决定逮捕的时间可以延长一日至三日。犯罪嫌疑人未被拘留的，上一级人民检察院应当在收到报请逮捕书后十五日以内作出是否逮捕决定，重大、复杂的案件，不得超过二十日。报送案卷材料、送达法律文书的路途时间计算在上一级人民检察院审查逮捕期限以内。"2019 年 12 月 30 日《人民检察院刑事诉讼规则》对此作出修改，明确规定"人民检察院办理直接受理侦查的案件，需要逮捕犯罪嫌疑人的，由负责侦查的部门制作逮捕犯罪嫌疑人意见书，连同案卷材料、讯问犯罪嫌疑人录音、录像一并移送本院负责捕诉的部门审查。犯罪嫌疑人已被拘留的，负责侦查的部门应当在拘留后七日以内将案件移送本院负责捕诉的部门审查""对本院负责侦查的部门移送审查逮捕的案件，犯罪嫌疑人已被拘留的，负责捕诉的部门应当在收到逮捕犯罪嫌疑人意见书后七日以内，报请检察长决定是否逮捕，特殊情况下，决定逮捕的时间可以延长一日至三日；犯罪嫌疑人未被拘留的，负责捕诉的部门应当在收到逮捕犯罪嫌疑人意见书后十五日以内，报请检察长决定是否逮捕，重大、复杂案件，不得超过二十日"。也就是说，根据新的《人民检察院刑事诉讼规则》，人民检察院办理直接受理侦查的案件，需要逮捕犯罪嫌疑人的，不再报请上一级人民检察院决定，而是由本院负责捕诉的部门审查后报检察长决定。

［配套规定］

《人民检察院刑事诉讼规则》（高检发释字［2019］4号）（2019年12月30日公布并施行）（节录）

第一百二十五条 对被拘留的犯罪嫌疑人，发现不应当拘留的，应当立即释放；依法可以取保候审或者监视居住的，按照本规则的有关规定办理取保候审或者监视居住手续。

对被拘留的犯罪嫌疑人，需要逮捕的，按照本规则的有关规定办理逮捕手续；决定不予逮捕的，应当及时变更强制措施。

第二百九十六条 人民检察院办理直接受理侦查的案件，需要逮捕犯罪嫌疑人的，由负责侦查的部门制作逮捕犯罪嫌疑人意见书，连同案卷材料、讯问犯罪嫌疑人录音、录像一并移送本院负责捕诉的部门审查。犯罪嫌疑人已被拘留的，负责侦查的部门应当在拘留后七日以内将案件移送本院负责捕诉的部门审查。

第二百九十七条 对本院负责侦查的部门移送审查逮捕的案件，犯罪嫌疑人已被拘留的，负责捕诉的部门应当在收到逮捕犯罪嫌疑人意见书后七日以内，报请检察长决定是否逮捕，特殊情况下，决定逮捕的时间可以延长一日至三日；犯罪嫌疑人未被拘留的，负责捕诉的部门应当在收到逮捕犯罪嫌疑人意见书后十五日以内，报请检察长决定是否逮捕，重大、复杂案件，不得超过二十日。

第二百九十八条 对犯罪嫌疑人决定逮捕的，负责捕诉的部门应当将逮捕决定书连同案卷材料、讯问犯罪嫌疑人录音、录像移交负责侦查的部门，并可以对收集证据、适用法律提出意见。由负责侦查的部门通知公安机关执行，必要时可以协助执行。

第二百九十九条 对犯罪嫌疑人决定不予逮捕的，负责捕诉的部门应当将不予逮捕的决定连同案卷材料、讯问犯罪嫌疑人录音、录像移交负责侦查的部门，并说明理由。需要补充侦查的，应当制作补充侦查提纲。犯罪嫌疑人已被拘留的，负责侦查的部门应当通知公安机关立即释放。

第三百条 对应当逮捕而本院负责侦查的部门未移送审查逮捕的犯罪嫌

疑人，负责捕诉的部门应当向负责侦查的部门提出移送审查逮捕犯罪嫌疑人的建议。建议不被采纳的，应当报请检察长决定。

第一百六十八条　人民检察院侦查终结的案件，应当作出提起公诉、不起诉或者撤销案件的决定。

[条文主旨]

本条是关于自侦案件侦查终结的处理的规定。

[条文释解]

本条是1979年《刑事诉讼法》的规定，该法第93条第1款规定：“人民检察院侦查的案件，侦查终结后，应当作出提起公诉、免予起诉或者撤销案件的决定。”1996年《刑事诉讼法》将“免予起诉”修改为“不起诉”，是因为免予起诉是指检察机关对虽已构成犯罪，但依法不需要判处刑罚或者免除刑罚的被告人作出的免予向法院提起公诉追究刑事责任的决定，1996年修改时考虑到认定有罪必须由人民法院作出，因此适当扩大了检察院不起诉的范围，在此不再使用“免予起诉”这个概念。2012年、2018年均未修改。

根据本条规定，人民检察院侦查终结的案件，有三种处理结果：

一是作出起诉的决定。人民检察院经过侦查，认为犯罪事实清楚，证据确实、充分，依法应当追究刑事责任的，应当写出侦查终结报告，制作起诉意见书，将案件移送本院负责捕诉的部门审查起诉，认为犯罪嫌疑人的犯罪事实已经查清，证据确实、充分，依法应当追究刑事责任的，应当作出提起公诉的决定。

二是作出不起诉的决定。人民检察院已侦查终结，移送本院负责捕诉的部门审查起诉，在审查中发现犯罪嫌疑人没有犯罪事实，或者有本法第16条规定情形之一的，人民检察院应当作出不起诉决定。

三是作出撤销案件的决定。具有下列情形之一的，人民检察院应当作出撤销案件的决定：1. 具有《刑事诉讼法》第16条规定情形之一的；2. 没有犯罪事实的，或者依照刑法规定不负刑事责任或者不是犯罪的；3. 虽有犯罪事实，但不是犯罪嫌疑人所为的。对于共同犯罪的案件，如有符合上述规定情形的犯罪嫌疑人，应当撤销对该犯罪嫌疑人的立案。

[司法实务]

关于人民检察院撤销案件的程序

人民检察院负责侦查的部门在侦查过程中，发现不应对犯罪嫌疑人追究刑事责任的，应当撤销案件。侦查终结后，侦查部门将案件移送负责捕诉的部门审查，负责捕诉的部门发现犯罪嫌疑人没有犯罪事实，或者符合本法第16条规定的情形之一的，应当退回本院负责侦查的部门，建议撤销案件。

人民检察院在侦查过程中或者侦查终结后，发现具有撤销案件情形的，负责侦查的部门应当制作拟撤销案件意见书，报请检察长决定。地方各级人民检察院决定撤销案件的，负责侦查的部门应当将撤销案件意见书连同本案全部案卷材料，在法定期限届满七日前报上一级人民检察院审查；重大、复杂案件在法定期限届满十日前报上一级人民检察院审查。对于共同犯罪案件，应当将处理同案犯罪嫌疑人的有关法律文书以及案件事实、证据材料复印件等，一并报送上一级人民检察院。

上一级人民检察院负责侦查的部门应当对案件事实、证据和适用法律进行全面审查。必要时，可以讯问犯罪嫌疑人。上一级人民检察院负责侦查的部门审查后，应当提出是否同意撤销案件的意见，报请检察长决定。人民检察院决定撤销案件的，应当告知控告人、举报人，听取其意见并记明笔录。上一级人民检察院审查下级人民检察院报送的拟撤销案件，应当在收到案件后七日内批复；重大、复杂案件，应当在收到案件后十日内批复。情况紧急或者因其他特殊原因不能按时送达的，可以先行通知下级人民检察院执行。

上一级人民检察院同意撤销案件的，下级人民检察院应当作出撤销案件决定，并制作撤销案件决定书。上一级人民检察院不同意撤销案件的，下级人民检察院应当执行上一级人民检察院的决定。报请上一级人民检察院审查期间，犯罪嫌疑人羁押期限届满的，应当依法释放犯罪嫌疑人或者变更强制措施。撤销案件的决定，应当分别送达犯罪嫌疑人所在单位和犯罪嫌疑人。犯罪嫌疑人死亡的，应当送达犯罪嫌疑人原所在单位。如果犯罪嫌疑人在押，应当制作决定释放通知书，通知公安机关依法释放。

[配套规定]

1.《人民检察院刑事诉讼规则》(高检发释字[2019]4号)(2019年12月30日公布并施行)(节录)

第六十三条 人民检察院侦查终结或者提起公诉的案件，证据应当确实、充分。证据确实、充分，应当符合以下条件：

(一)定罪量刑的事实都有证据证明；

(二)据以定案的证据均经法定程序查证属实；

(三)综合全案证据，对所认定事实已排除合理怀疑。

第二百四十二条 人民检察院在侦查过程中或者侦查终结后，发现具有下列情形之一的，负责侦查的部门应当制作拟撤销案件意见书，报请检察长决定：

(一)具有刑事诉讼法第十六条规定情形之一的；

(二)没有犯罪事实的，或者依照刑法规定不负刑事责任或者不是犯罪的；

(三)虽有犯罪事实，但不是犯罪嫌疑人所为的。

对于共同犯罪的案件，如有符合本条规定情形的犯罪嫌疑人，应当撤销对该犯罪嫌疑人的立案。

第二百四十三条 地方各级人民检察院决定撤销案件的，负责侦查的部门应当将撤销案件意见书连同本案全部案卷材料，在法定期限届满七日前报上一级人民检察院审查；重大、复杂案件在法定期限届满十日前报上一级人民检察院审查。

对于共同犯罪案件，应当将处理同案犯罪嫌疑人的有关法律文书以及案件事实、证据材料复印件等，一并报送上一级人民检察院。

上一级人民检察院负责侦查的部门应当对案件事实、证据和适用法律进行全面审查。必要时，可以讯问犯罪嫌疑人。

上一级人民检察院负责侦查的部门审查后，应当提出是否同意撤销案件的意见，报请检察长决定。

人民检察院决定撤销案件的，应当告知控告人、举报人，听取其意见并记明笔录。

第二百四十四条 上一级人民检察院审查下级人民检察院报送的拟撤销

案件，应当在收到案件后七日以内批复；重大、复杂案件，应当在收到案件后十日以内批复。情况紧急或者因其他特殊原因不能按时送达的，可以先行通知下级人民检察院执行。

第二百四十五条 上一级人民检察院同意撤销案件的，下级人民检察院应当作出撤销案件决定，并制作撤销案件决定书。上一级人民检察院不同意撤销案件的，下级人民检察院应当执行上一级人民检察院的决定。

报请上一级人民检察院审查期间，犯罪嫌疑人羁押期限届满的，应当依法释放犯罪嫌疑人或者变更强制措施。

第二百四十六条 撤销案件的决定，应当分别送达犯罪嫌疑人所在单位和犯罪嫌疑人。犯罪嫌疑人死亡的，应当送达犯罪嫌疑人原所在单位。如果犯罪嫌疑人在押，应当制作决定释放通知书，通知公安机关依法释放。

第二百四十七条 人民检察院作出撤销案件决定的，应当在三十日以内报经检察长批准，对犯罪嫌疑人的违法所得作出处理。情况特殊的，可以延长三十日。

第二百四十八条 人民检察院撤销案件时，对犯罪嫌疑人的违法所得及其他涉案财产应当区分不同情形，作出相应处理：

（一）因犯罪嫌疑人死亡而撤销案件，依照刑法规定应当追缴其违法所得及其他涉案财产的，按照本规则第十二章第四节的规定办理。

（二）因其他原因撤销案件，对于查封、扣押、冻结的犯罪嫌疑人违法所得及其他涉案财产需要没收的，应当提出检察意见，移送有关主管机关处理。

（三）对于冻结的犯罪嫌疑人存款、汇款、债券、股票、基金份额等财产需要返还被害人的，可以通知金融机构、邮政部门返还被害人；对于查封、扣押的犯罪嫌疑人的违法所得及其他涉案财产需要返还被害人的，直接决定返还被害人。

人民检察院申请人民法院裁定处理犯罪嫌疑人涉案财产的，应当向人民法院移送有关案卷材料。

第二百五十二条 人民检察院直接受理侦查的共同犯罪案件，如果同案犯罪嫌疑人在逃，但在案犯罪嫌疑人犯罪事实清楚，证据确实、充分的，对在案犯罪嫌疑人应当根据本规则第二百三十七条的规定分别移送起诉或者移送不起诉。

由于同案犯罪嫌疑人在逃，在案犯罪嫌疑人的犯罪事实无法查清的，对在案犯罪嫌疑人应当根据案件的不同情况分别报请延长侦查羁押期限、变更强制措施或者解除强制措施。

第三百三十条 人民检察院审查移送起诉的案件，应当查明：

（一）犯罪嫌疑人身份状况是否清楚，包括姓名、性别、国籍、出生年月日、职业和单位等；单位犯罪的，单位的相关情况是否清楚；

（二）犯罪事实、情节是否清楚；实施犯罪的时间、地点、手段、危害后果是否明确；

（三）认定犯罪性质和罪名的意见是否正确；有无法定的从重、从轻、减轻或者免除处罚情节及酌定从重、从轻情节；共同犯罪案件的犯罪嫌疑人在犯罪活动中的责任认定是否恰当；

（四）犯罪嫌疑人是否认罪认罚；

（五）证明犯罪事实的证据材料是否随案移送；证明相关财产系违法所得的证据材料是否随案移送；不宜移送的证据的清单、复制件、照片或者其他证明文件是否随案移送；

（六）证据是否确实、充分，是否依法收集，有无应当排除非法证据的情形；

（七）采取侦查措施包括技术侦查措施的法律手续和诉讼文书是否完备；

（八）有无遗漏罪行和其他应当追究刑事责任的人；

（九）是否属于不应当追究刑事责任的；

（十）有无附带民事诉讼；对于国家财产、集体财产遭受损失的，是否需要由人民检察院提起附带民事诉讼；对于破坏生态环境和资源保护，食品药品安全领域侵害众多消费者合法权益，侵害英雄烈士的姓名、肖像、名誉、荣誉等损害社会公共利益的行为，是否需要由人民检察院提起附带民事公益诉讼；

（十一）采取的强制措施是否适当，对于已经逮捕的犯罪嫌疑人，有无继续羁押的必要；

（十二）侦查活动是否合法；

（十三）涉案财物是否查封、扣押、冻结并妥善保管，清单是否齐备；对被害人合法财产的返还和对违禁品或者不宜长期保存的物品的处理是否妥当，移送的证明文件是否完备。

第三百三十九条 人民检察院对案件进行审查后，应当依法作出起诉或者不起诉以及是否提起附带民事诉讼、附带民事公益诉讼的决定。

第三百五十五条　人民检察院认为犯罪嫌疑人的犯罪事实已经查清，证据确实、充分，依法应当追究刑事责任的，应当作出起诉决定。

具有下列情形之一的，可以认为犯罪事实已经查清：

（一）属于单一罪行的案件，查清的事实足以定罪量刑或者与定罪量刑有关的事实已经查清，不影响定罪量刑的事实无法查清的；

（二）属于数个罪行的案件，部分罪行已经查清并符合起诉条件，其他罪行无法查清的；

（三）无法查清作案工具、赃物去向，但有其他证据足以对被告人定罪量刑的；

（四）证人证言、犯罪嫌疑人供述和辩解、被害人陈述的内容主要情节一致，个别情节不一致，但不影响定罪的。

对于符合前款第二项情形的，应当以已经查清的罪行起诉。

第三百五十六条　人民检察院在办理公安机关移送起诉的案件中，发现遗漏罪行或者有依法应当移送起诉的同案犯罪嫌疑人未移送起诉的，应当要求公安机关补充侦查或者补充移送起诉。对于犯罪事实清楚，证据确实、充分的，也可以直接提起公诉。

第三百五十七条　人民检察院立案侦查时认为属于直接受理侦查的案件，在审查起诉阶段发现属于监察机关管辖的，应当及时商监察机关办理。属于公安机关管辖，案件事实清楚，证据确实、充分，符合起诉条件的，可以直接起诉；事实不清、证据不足的，应当及时移送有管辖权的机关办理。

在审查起诉阶段，发现公安机关移送起诉的案件属于监察机关管辖，或者监察机关移送起诉的案件属于公安机关管辖，但案件事实清楚，证据确实、充分，符合起诉条件的，经征求监察机关、公安机关意见后，没有不同意见的，可以直接起诉；提出不同意见，或者事实不清、证据不足的，应当将案件退回移送案件的机关并说明理由，建议其移送有管辖权的机关办理。

第三百六十五条　人民检察院对于监察机关或者公安机关移送起诉的案件，发现犯罪嫌疑人没有犯罪事实，或者符合刑事诉讼法第十六条规定的情形之一的，经检察长批准，应当作出不起诉决定。

对于犯罪事实并非犯罪嫌疑人所为，需要重新调查或者侦查的，应当在作出不起诉决定后书面说明理由，将案卷材料退回监察机关或者公安机关并建议重新调查或者侦查。

第三百六十六条　负责捕诉的部门对于本院负责侦查的部门移送起诉的

案件，发现具有本规则第三百六十五条第一款规定情形的，应当退回本院负责侦查的部门，建议撤销案件。

2.《最高人民检察院关于人民检察院立案侦查的案件改变定性后可否直接提起公诉问题的批复》（2006 年 12 月 22 日）

人民检察院立案侦查刑事案件，应当严格按照刑事诉讼法有关立案侦查管辖的规定进行。人民检察院立案侦查的案件在侦查阶段发现不属于自己管辖或者在审查起诉阶段发现事实不清、证据不足并且不属于自己管辖的，应当及时移送有管辖权的机关办理。人民检察院立案侦查时认为属于自己管辖的案件，到审查起诉阶段发现不属于人民检察院管辖的，如果证据确实、充分，符合起诉条件的，可以直接起诉。

第三章　提起公诉

第一百六十九条　凡需要提起公诉的案件，一律由人民检察院审查决定。

[条文主旨]

本条是关于人民检察院审查起诉的规定。

[条文释解]

本条是1979年《刑事诉讼法》的规定，该法第95条规定："凡需要提起公诉或者免予起诉的案件，一律由人民检察院审查决定。"由于免予起诉制度的实质是未经人民法院审判而由人民检察院对犯罪嫌疑人进行实体定罪又不予追诉的一种处分，具有与人民法院的定罪免刑判决相同的法律效力，不符合现代法治原则，因此1996年刑事诉讼法废除了免予起诉制度，将原适用于免予起诉的一些情形归入不起诉的范围，对本条也作出相应修改。2012年、2018年均未修改。

关于本条的理解，应掌握以下两点：

一是"提起公诉"是指人民检察院代表国家要求人民法院审理指控的被告人的行为，以确定被告人刑事责任并予以刑事制裁的诉讼活动。"凡需要提起公诉的案件"是指人民检察院对监察机关调查、公安机关或者人民检察院侦查部门侦查终结移送起诉的案件受理后，依法对上述机关或部门认定的犯罪事实和证据、犯罪性质以及适用的法律等进行审查核实，认为应当提起公诉追究犯罪嫌疑人刑事责任的案件。根据《监察法》第45条第4项规定"对涉嫌职务犯罪的，监察机关经调查认为犯罪事实清楚，证据确实、充分的，制作起诉意见书，连同案卷材料、证据一并移送人民检察院依法审查、提起公诉"，本法第170条亦作了衔接性规定。

二是"一律由人民检察院审查决定"包含两层意思：1. 在公诉案件中，

人民检察院作为公诉机关，是代表国家对犯罪追诉的唯一机关，其他任何机关、团体、组织或个人都无权行使此项权力，体现了社会主义法制的统一性和严肃性。本法第3条规定，“检察、批准逮捕、检察机关直接受理的案件的侦查、提起公诉，由人民检察院负责”。2. 决定提起公诉之前，人民检察院必须经过严格、全面的审查，根据审查的结果作出是否起诉的决定。

[配套规定]

1.《人民检察院刑事诉讼规则》（高检发释字［2019］4号）（2019年12月30日公布并施行）（节录）

第二条 人民检察院在刑事诉讼中的任务，是立案侦查直接受理的案件、审查逮捕、审查起诉和提起公诉、对刑事诉讼实行法律监督，保证准确、及时查明犯罪事实，正确应用法律，惩罚犯罪分子，保障无罪的人不受刑事追究，保障刑事法律的统一正确实施，维护社会主义法制，尊重和保障人权，保护公民的人身权利、财产权利、民主权利和其他权利，保障社会主义建设事业的顺利进行。

第八条 对同一刑事案件的审查逮捕、审查起诉、出庭支持公诉和立案监督、侦查监督、审判监督等工作，由同一检察官或者检察官办案组负责，但是审查逮捕、审查起诉由不同人民检察院管辖，或者依照法律、有关规定应当另行指派检察官或者检察官办案组办理的除外。

人民检察院履行审查逮捕和审查起诉职责的办案部门，本规则中统称为负责捕诉的部门。

第六十一条 人民检察院认定案件事实，应当以证据为根据。

公诉案件中被告人有罪的举证责任由人民检察院承担。人民检察院在提起公诉指控犯罪时，应当提出确实、充分的证据，并运用证据加以证明。

人民检察院提起公诉，应当秉持客观公正立场，对被告人有罪、罪重、罪轻的证据都应当向人民法院提出。

第三百二十八条 各级人民检察院提起公诉，应当与人民法院审判管辖相适应。负责捕诉的部门收到移送起诉的案件后，经审查认为不属于本院管辖的，应当在发现之日起五日以内经由负责案件管理的部门移送有管辖权的人民检察院。

属于上级人民法院管辖的第一审案件，应当报送上级人民检察院，同时通知移送起诉的公安机关；属于同级其他人民法院管辖的第一审案件，应当移送有管辖权的人民检察院或者报送共同的上级人民检察院指定管辖，同时通知移送起诉的公安机关。

上级人民检察院受理同级公安机关移送起诉的案件，认为属于下级人民法院管辖的，可以交下级人民检察院审查，由下级人民检察院向同级人民法院提起公诉，同时通知移送起诉的公安机关。

一人犯数罪、共同犯罪和其他需要并案审理的案件，只要其中一人或者一罪属于上级人民检察院管辖的，全案由上级人民检察院审查起诉。

公安机关移送起诉的案件，需要依照刑事诉讼法的规定指定审判管辖的，人民检察院应当在公安机关移送起诉前协商同级人民法院办理指定管辖有关事宜。

第三百二十九条 监察机关移送起诉的案件，需要依照刑事诉讼法的规定指定审判管辖的，人民检察院应当在监察机关移送起诉二十日前协商同级人民法院办理指定管辖有关事宜。

2.《中华人民共和国监察法》（2018年3月20日公布并施行）（节录）

第四十五条 监察机关根据监督、调查结果，依法作出如下处置：

（一）对有职务违法行为但情节较轻的公职人员，按照管理权限，直接或者委托有关机关、人员，进行谈话提醒、批评教育、责令检查，或者予以诫勉；

（二）对违法的公职人员依照法定程序作出警告、记过、记大过、降级、撤职、开除等政务处分决定；

（三）对不履行或者不正确履行职责负有责任的领导人员，按照管理权限对其直接作出问责决定，或者向有权作出问责决定的机关提出问责建议；

（四）对涉嫌职务犯罪的，监察机关经调查认为犯罪事实清楚，证据确实、充分的，制作起诉意见书，连同案卷材料、证据一并移送人民检察院依法审查、提起公诉；

（五）对监察对象所在单位廉政建设和履行职责存在的问题等提出监察建议。

监察机关经调查，对没有证据证明被调查人存在违法犯罪行为的，应当撤销案件，并通知被调查人所在单位。

第四十六条 监察机关经调查，对违法取得的财物，依法予以没收、追缴或者责令退赔；对涉嫌犯罪取得的财物，应当随案移送人民检察院。

第四十七条 对监察机关移送的案件，人民检察院依照《中华人民共和国刑事诉讼法》对被调查人采取强制措施。

人民检察院经审查，认为犯罪事实已经查清，证据确实、充分，依法应当追究刑事责任的，应当作出起诉决定。

人民检察院经审查，认为需要补充核实的，应当退回监察机关补充调查，必要时可以自行补充侦查。对于补充调查的案件，应当在一个月内补充调查完毕。补充调查以二次为限。

人民检察院对于有《中华人民共和国刑事诉讼法》规定的不起诉的情形的，经上一级人民检察院批准，依法作出不起诉的决定。监察机关认为不起诉的决定有错误的，可以向上一级人民检察院提请复议。

第一百七十条 人民检察院对于监察机关移送起诉的案件，依照本法和监察法的有关规定进行审查。人民检察院经审查，认为需要补充核实的，应当退回监察机关补充调查，必要时可以自行补充侦查。

对于监察机关移送起诉的已采取留置措施的案件，人民检察院应当对犯罪嫌疑人先行拘留，留置措施自动解除。人民检察院应当在拘留后的十日以内作出是否逮捕、取保候审或者监视居住的决定。在特殊情况下，决定的时间可以延长一日至四日。人民检察院决定采取强制措施的期间不计入审查起诉期限。

[条文主旨]

本条是关于人民检察院对监察机关移送起诉案件的处理的规定。

[条文释解]

本条是2018年《刑事诉讼法》新增规定，是在2018年通过的《宪法修正案》与《监察法》的基础上作出的针对性调整。新设立的监察委员会是一个“法治机关”，它由国家最高权力机关产生，党的十九大报告明确指出：“制定国家监察法，依法赋予监察委员会职责权限和调查手段，以留置取代‘两规’措施。”留置措施的创设是程序法治精神在反腐败领域的集中体现，实现了党纪与国法的有效衔接。新增本条规定，是为了解决检察机关与监察机关对于职务犯罪案件的调查处置程序相衔接问题，尤其是监察措施与刑事强制措施的衔接问题，确保监察机关与检察机关在办理职务犯罪案件过程中有序衔接、相互制约。

本条分为两款。第1款是关于人民检察院对监察机关移送起诉案件的审查，应当注意以下三个方面的内容：

一是人民检察院对监察机关移送起诉的案件，依照本法和监察法的有关规定进行审查。对上述内容的理解，应注意两层含义：

1. 人民检察院审查监察机关移送起诉的案件，需要同时依照刑事诉讼法和监察法的有关规定，不能仅依照刑事诉讼法。例如，《刑事诉讼法》第176条规定“犯罪嫌疑人认罪认罚的，人民检察院应当就主刑、附加刑、是否适用缓刑等提出量刑建议”，《监察法》第31条规定：“涉嫌职务犯罪的被调查人主动认罪认罚，有下列情形之一的，监察机关经领导人员集体研究，并报上一级监察机关批准，可以在移送人民检察院时提出从宽处罚的建议：（一）自动投案，真诚悔罪悔过的；（二）积极配合调查工作，如实供述监察机关还未掌握的违法犯罪行为的；（三）积极退赃，减少损失的；（四）具有重大立功表现或者案件涉及国家重大利益等情形的。”也就是说根据刑事诉讼法和监察法的规定，人民检察院对监察机关移送起诉的犯罪嫌疑人认罪认罚的案件，提出的量刑建议要充分考虑检察机关从宽处罚的建议。

2. 审查起诉职能由检察机关依法独立行使。“人民检察院对于监察机关移送起诉的案件，依照本法和监察法的有关规定进行审查”，该规定更为深刻的含义是，对监察机关移送的案件，应由检察机关依法独立行使审查职能，不受行政机关、社会团体和个人的干涉。《监察法》第33条规定：“监察机关依照本法规定收集的物证、书证、证人证言、被调查人供述和辩解、视听资料、电子数据等证据材料，在刑事诉讼中可以作为证据使用。监察机关在收集、固定、审查、运用证据时，应当与刑事审判关于证据的要求和标准相一致……”该条确立了“审判中心”对刑事监察案件的有效作用，审查起诉作为承接监察调查程序和审判程序的关键阶段，在证据审查和案件把控上发挥重要作用，而检察机关依法独立行使职能是确保起诉审查和强制措施审查的前提和基础，也是对监察权予以合理制约的必然要求。

二是对“移送审查起诉”的理解。移送的主体是有管辖权的监察机关，包括接受指定管辖的监察机关；移送的对象是涉嫌职务犯罪的被调查人及监察机关制作的起诉意见书、案卷材料、证据等；移送的条件是经调查认为犯罪事实清楚，证据确实、充分；接受移送的主体是检察机关。监察案件是独立于诉讼之外的，只有在监察委员会向检察机关移送案件时才正式启动。

三是人民检察院经审查，认为需要补充核实的，应当退回监察机关补充调查，必要时可以自行补充侦查。《监察法》第47条规定，对于补充调查的案件，监察机关应当在一个月内补充调查完毕。补充调查以二次为限。作此规定是为了防止诉讼拖延和权力滥用，需要补充核实的内容是与定罪量刑有关的事实和证据，所需要达到的标准是事实清楚、证据确实、充分。退回补充调查是检察机关对监察机关进行监督制约的制度体现，需要注意的是，考虑到监察机关移送的案件政治性强、比较敏感，检察机关审查后认为需要补充核实的，原则上应当退回补充调查，必要时才自行补充侦查。

需要退回补充调查的案件，人民检察院应当出具补充调查决定书、补充调查提纲，写明补充调查的事项、理由、调查方向、需补充收集的证据及其证明作用等，连同案卷材料一并送交监察机关。犯罪嫌疑人已被采取强制措施的，应当将退回补充调查情况书面通知强制措施执行机关。监察机关需要讯问的，人民检察院应当予以配合。

对于监察机关移送起诉的案件，具有下列情形之一的，人民检察院可以自行补充侦查：1. 证人证言、犯罪嫌疑人供述和辩解、被害人陈述的内容主要情节一致，个别情节不一致的；2. 物证、书证等证据材料需要补充鉴定的；3. 其他由人民检察院查证更为便利、更有效率、更有利于查清案件事实的情形。自行补充侦查完毕后，应当将相关证据材料入卷，同时抄送监察机关。人民检察院自行补充侦查的，可以商请监察机关提供协助。

第2款是关于对监察机关移送案件强制措施的适用。《监察法》第47条第1款规定："对监察机关移送的案件，人民检察院依照《中华人民共和国刑事诉讼法》对被调查人采取强制措施。"本款是与监察法的衔接规定，应注意以下三个方面的内容：

一是对于监察机关移送起诉的已采取留置措施的案件，人民检察院应当对犯罪嫌疑人先行拘留，留置措施自动解除。根据《监察法》第22条第1款规定："被调查人涉嫌贪污贿赂、失职渎职等严重职务违法或者职务犯罪，监察机关已经掌握其部分违法犯罪事实及证据，仍有重要问题需要进一步调查，并有下列情形之一的，经监察机关依法审批，可以将其留置在特定场所：（一）涉及案情重大、复杂的；（二）可能逃跑、自杀的；（三）可能串供或者伪造、隐匿、毁灭证据的；（四）可能有其他妨碍调查行为的……”由上述规定可以看出，监察机关已经采取留置措施的案件，通常是重大复杂或者有特殊情况的案件，案件由监察调查程序进入刑事诉讼程序，被调查人的身份转化为犯罪嫌疑人，对其使用的留置措施也应当自动解除，不必依申请或者依职权进行变更，同时人民检察院对该犯罪嫌疑人一律先予以拘留。这里的先行拘留是一种临时的、过渡性的强制措施，目的是将犯罪嫌疑人从监察调查程序转入刑事诉讼程序。

二是应当在拘留后的十日内决定强制措施的适用，特殊情况下，决定的时间可以延长一日至四日。在此期间，检察机关应当依照刑事诉讼法的规定进行审查，根据犯罪嫌疑人的具体情况选择适用逮捕、取保候审或者监视居住。

三是人民检察院对强制措施的审查决定的期限不计入审查起诉期限，与一般刑事案件审查逮捕具有独立审查期间相同，避免挤压正常的审查起诉时间。

［司法实务］

《人民检察院刑事诉讼规则》从哪些方面对监察机关与检察机关的办案程序衔接作了细化规定？

《监察法》第 4 条规定，监察机关办理职务违法和职务犯罪案件，应当与审判机关、检察机关、执法部门互相配合，互相制约。2018 年《刑事诉讼法》修改对监察机关与检察机关的办案程序衔接作了原则规定，《人民检察院刑事诉讼规则》依照相关法律规定，结合监察体制改革的实践经验，经充分征求国家监委意见，从四个方面作了细化规定，确保监察机关和检察机关办案程序无缝衔接，提高反腐败工作合力。

第一，对监察机关移送案件的证据及相关问题作出规定。依据《监察法》第 33 条的规定，《人民检察院刑事诉讼规则》明确监察机关依照法律规定收集的物证、书证、证人证言、被调查人供述和辩解、视听资料、电子数据等证据材料，在刑事诉讼中可以作为证据使用。同时，规定人民检察院可以对监察机关收集证据的合法性进行审查，审查起诉阶段可以要求监察机关对证据收集的合法性作出说明，可以同监察机关协商沟通调取有关录音、录像；庭审调查证据合法性时，可以提请法庭通知调查人员出庭说明情况。

第二，对指定管辖作出规定。由于监察管辖是按照管理权限，而刑事诉讼管辖是按照犯罪地或者犯罪嫌疑人居住地，因此实践中监察机关调查的案件，异地起诉、审判的情况较为常见。为了使这些案件能够顺利起诉，《人民检察院刑事诉讼规则》明确规定，监察机关移送起诉的案件，需要依照刑事诉讼法的规定指定审判管辖的，人民检察院应当在监察机关移送起诉二十日前协商同级人民法院办理指定管辖有关事宜。

第三，细化留置措施与刑事强制措施的衔接。依据《刑事诉讼法》第170条第2款，《人民检察院刑事诉讼规则》区分两种情况作了规定：一是对已采取留置措施的案件，应当在受理案件后，及时对犯罪嫌疑人作出拘留决定，交公安机关执行。执行拘留后，留置措施自动解除。二是对未采取留置措施的案件，根据案件情况，可以决定是否采取逮捕、取保候审或者监视居住措施。

第四，细化派员介入调查、退回补充调查、自行补充侦查的规定。《人民检察院刑事诉讼规则》明确规定，经监察机关商请，人民检察院可以派员介入监察机关办理的职务犯罪案件。目的是加强人民检察院与监察机关的协作配合，对证据收集、事实认定、法律适用、案件管辖等提出意见和建议，完善案件证据体系，确保准确适用法律，提高职务犯罪案件办理质效。此外，《人民检察院刑事诉讼规则》还明确补充调查提纲制作要求、自行补充侦查的适用情形等。

[配套规定]

1.《中华人民共和国监察法》（2018年3月20日公布并施行）（节录）

第三十一条　涉嫌职务犯罪的被调查人主动认罪认罚，有下列情形之一的，监察机关经领导人员集体研究，并报上一级监察机关批准，可以在移送人民检察院时提出从宽处罚的建议：

（一）自动投案，真诚悔罪悔过的；

（二）积极配合调查工作，如实供述监察机关还未掌握的违法犯罪行为的；

（三）积极退赃，减少损失的；

（四）具有重大立功表现或者案件涉及国家重大利益等情形的。

第三十二条　职务违法犯罪的涉案人员揭发有关被调查人职务违法犯罪

行为，查证属实的，或者提供重要线索，有助于调查其他案件的，监察机关经领导人员集体研究，并报上一级监察机关批准，可以在移送人民检察院时提出从宽处罚的建议。

第四十五条 监察机关根据监督、调查结果，依法作出如下处置：

（一）对有职务违法行为但情节较轻的公职人员，按照管理权限，直接或者委托有关机关、人员，进行谈话提醒、批评教育、责令检查，或者予以诫勉；

（二）对违法的公职人员依照法定程序作出警告、记过、记大过、降级、撤职、开除等政务处分决定；

（三）对不履行或者不正确履行职责负有责任的领导人员，按照管理权限对其直接作出问责决定，或者向有权作出问责决定的机关提出问责建议；

（四）对涉嫌职务犯罪的，监察机关经调查认为犯罪事实清楚，证据确实、充分的，制作起诉意见书，连同案卷材料、证据一并移送人民检察院依法审查、提起公诉；

（五）对监察对象所在单位廉政建设和履行职责存在的问题等提出监察建议。

监察机关经调查，对没有证据证明被调查人存在违法犯罪行为的，应当撤销案件，并通知被调查人所在单位。

第四十六条 监察机关经调查，对违法取得的财物，依法予以没收、追缴或者责令退赔；对涉嫌犯罪取得的财物，应当随案移送人民检察院。

第四十七条 对监察机关移送的案件，人民检察院依照《中华人民共和国刑事诉讼法》对被调查人采取强制措施。

人民检察院经审查，认为犯罪事实已经查清，证据确实、充分，依法应当追究刑事责任的，应当作出起诉决定。

人民检察院经审查，认为需要补充核实的，应当退回监察机关补充调查，必要时可以自行补充侦查。对于补充调查的案件，应当在一个月内补充调查完毕。补充调查以二次为限。

人民检察院对于有《中华人民共和国刑事诉讼法》规定的不起诉的情形的，经上一级人民检察院批准，依法作出不起诉的决定。监察机关认为不起诉的决定有错误的，可以向上一级人民检察院提请复议。

2. **《人民检察院刑事诉讼规则》**（高检发释字［2019］4号）（2019年12月30日公布并施行）（节录）

第一百四十二条 对于监察机关移送起诉的已采取留置措施的案件，人民检察院应当在受理案件后，及时对犯罪嫌疑人作出拘留决定，交公安机关执行。执行拘留后，留置措施自动解除。

第一百四十三条 人民检察院应当在执行拘留后十日以内，作出是否逮捕、取保候审或者监视居住的决定。特殊情况下，决定的时间可以延长一日至四日。

人民检察院决定采取强制措施的期间不计入审查起诉期限。

第一百四十四条 除无法通知的以外，人民检察院应当在公安机关执行拘留、逮捕后二十四小时以内，通知犯罪嫌疑人的家属。

第一百四十五条 人民检察院应当自收到移送起诉的案卷材料之日起三日以内告知犯罪嫌疑人有权委托辩护人。对已经采取留置措施的，应当在执行拘留时告知。

第一百四十六条 对于监察机关移送起诉的未采取留置措施的案件，人民检察院受理后，在审查起诉过程中根据案件情况，可以依照本规则相关规定决定是否采取逮捕、取保候审或者监视居住措施。

第一百四十七条 对于监察机关移送起诉案件的犯罪嫌疑人采取强制措施，本节未规定的，适用本规则相关规定。

第三百四十三条 人民检察院对于监察机关移送起诉的案件，认为需要补充调查的，应当退回监察机关补充调查。必要时，可以自行补充侦查。

需要退回补充调查的案件，人民检察院应当出具补充调查决定书、补充调查提纲，写明补充调查的事项、理由、调查方向、需补充收集的证据及其证明作用等，连同案卷材料一并送交监察机关。

人民检察院决定退回补充调查的案件，犯罪嫌疑人已被采取强制措施的，应当将退回补充调查情况书面通知强制措施执行机关。监察机关需要讯问的，人民检察院应当予以配合。

第三百四十四条 对于监察机关移送起诉的案件，具有下列情形之一的，人民检察院可以自行补充侦查：

（一）证人证言、犯罪嫌疑人供述和辩解、被害人陈述的内容主要情节一致，个别情节不一致的；

（二）物证、书证等证据材料需要补充鉴定的；

（三）其他由人民检察院查证更为便利、更有效率、更有利于查清案件事实的情形。

自行补充侦查完毕后，应当将相关证据材料入卷，同时抄送监察机关。

人民检察院自行补充侦查的，可以商请监察机关提供协助。

第一百七十一条　人民检察院审查案件的时候，必须查明：

（一）犯罪事实、情节是否清楚，证据是否确实、充分，犯罪性质和罪名的认定是否正确；

（二）有无遗漏罪行和其他应当追究刑事责任的人；

（三）是否属于不应追究刑事责任的；

（四）有无附带民事诉讼；

（五）侦查活动是否合法。

[条文主旨]

本条是关于审查起诉的内容的规定。

[条文释解]

本条是1979年《刑事诉讼法》的规定，1996年、2012年、2018年均未修改。根据本条规定，人民检察院在审查案件的时候，必须查明以下五个方面的内容：

一是犯罪事实、情节是否清楚，证据是否确实、充分，犯罪性质和罪名的认定是否正确。

犯罪事实、情节是否清楚是指：1. 犯罪嫌疑人身份状况是否清楚，包括姓名、性别、国籍、出生年月日、职业和单位等；单位犯罪的，单位的相关情况是否清楚；2. 犯罪基本事实是否清楚，包括犯罪时间、地点、犯罪行为、犯罪事实、危害后果是否明确；3. 犯罪情节是否清楚是指影响定罪量刑的情节是否查明，包括有无法定的从重、从轻、减轻或者免除处罚的情节及酌定从重、从轻情节；共同犯罪案件的犯罪嫌疑人在犯罪活动中的责任认定是否恰当等。

证据是否确实、充分是指用以证明案件事实、情节的证据是否能反映案件的真实情况，取得的证据是否足以证明侦查终结认定的犯罪事实和情节。本法第55条第2款对“证据确实、充分”的条件作出规定，该规定也可以用来解释何为“证据确实、充分”，即：1. 定罪量刑的事实都有证据证明。2. 据以定案的证据均经法定程序查证属实。要审查证据是否依法收集，有无应当排除非法证据的情形。3. 综合全案证据，对所认定事实已排除合理怀疑。

犯罪性质和罪名的认定是否正确，直接反映适用法律的准确性，正确适用法律，准确认定犯罪性质，才能正确定罪量刑。犯罪的性质与罪名互相联系，密不可分，如果只认定了犯罪性质，而不认定具体的罪名，性质也难以定准。因为在同一性质的犯罪中，法律又规定了若干罪名。可见，审查犯罪性质与审查具体的罪名应当同时进行。

综上，查明犯罪事实、情节是正确定罪量刑的前提，查明证据是否确实、充分是正确定罪量刑的依据和基础。在查明犯罪事实和取得确实、充分证据的基础上，应当对犯罪的性质和罪名的认定是否恰当进行鉴别。

二是有无遗漏罪行和其他应当追究刑事责任的人。

人民检察院追诉犯罪应当客观、全面，因此，在审查起诉时要注意审查有无遗漏犯罪嫌疑人的罪行和其他应当追究刑事责任的人。要查清案件的全部犯罪事实，就必须查清犯罪嫌疑人的全部罪行，对共同犯罪案件要查获所有实施犯罪的人。例如，在审查盗窃、诈骗、走私案件时，要注意追查销赃犯和包庇、窝藏犯；在审查未成年人犯罪案件时，要注意审查有无教唆犯；审查个人犯罪案件时要注意发现团伙犯罪活动；审查团伙犯罪时更应注意审查有无漏诉其他犯罪成员。最高人民法院、最高人民检察院、公安部于1984年6月15日发布《关于当前办理集团犯罪案件中具体应用法律的若干问题的解答》，其中指出，办理共同犯罪案件特别是集团犯罪案件，除对其中已逃跑的成员可以另案处理外，一定要把全案事实查清，然后对应当追究刑事责任的同案人，全案起诉，全案判处。切不要全案事实还没有查清，就急于杀掉首要分子或主犯，或者把案件拆散，分开处理。这样做，不仅可能造成定罪不准，量刑失当，而且会造成死无对证，很容易漏掉同案成员的罪行，甚至漏掉罪犯，难以做到依法“从重从快、一网打尽”。在共同犯罪案件中，还应审查共同犯罪嫌疑人在共同犯罪活动中责任的认定是否恰当。

三是是否属于不应追究刑事责任的情形。

保障无罪的人不受刑事追究是人民检察院的职责之一，因此，人民检察院在审查案件时，必须查明犯罪嫌疑人有无不应追究刑事责任的情形。“不应追究刑事责任的情形”包括：1. 查明没有犯罪事实或者犯罪事实并非犯罪嫌疑人所为；2. 未达到刑事责任年龄；3. 无刑事责任能力；4. 情节显著轻微、危害不大，不认为是犯罪的；5. 犯罪已过追诉时效期限的；6. 经特赦令免除刑罚的；7. 依照刑法告诉才处理的犯罪，没有告诉或者撤回告诉的；8. 犯罪嫌疑人、被告人死亡的；9. 其他法律规定免予追究刑事责任的。

四是有无附带民事诉讼。

本法第 101 条规定："被害人由于被告人的犯罪行为而遭受物质损失的，在刑事诉讼过程中，有权提起附带民事诉讼。被害人死亡或者丧失行为能力的，被害人的法定代理人、近亲属有权提起附带民事诉讼。如果是国家财产、集体财产遭受损失的，人民检察院在提起公诉的时候，可以提起附带民事诉讼。"刑事附带民事诉讼制度，对于全面追究被告人的刑事责任和民事责任，保护国家利益、集体利益和公民的合法权益具有十分重要的意义。人民检察院在审查起诉时，首先要审查犯罪嫌疑人的犯罪行为是否给被害人造成了经济损失；被害人是否提起了附带民事诉讼。已提起附带民事诉讼的，要保护被害人的这项权利，没有提起的，应主动告知被害人有权提起。还要查明国家财产、集体财产是否因犯罪而遭受损失，如果造成了损失，人民检察院可以在提起公诉时一并提起附带民事诉讼。

五是侦查活动是否合法。

人民检察院审查起诉的过程，也是对侦查工作进行法律监督的过程。因此，人民检察院对案件进行审查时，要注意审查侦查人员的侦查活动是否符合法定程序，法律手续是否完备，特别要查明在讯问犯罪嫌疑人和询问证人的过程中是否有刑讯逼供和以威胁、引诱、欺骗以及其他非法方法收集证据的情况。一旦发现侦查活动中有违反法律的行为时，应当及时提出纠正意见。构成犯罪的，应依法追究刑事责任。

[司法实务]

在司法实践中，人民检察院在审查起诉过程中，还应当注意审查以下内容：

1. 犯罪嫌疑人是否认罪认罚。对自愿性、合法性进行审查。2. 案件是否属于本院管辖。按照刑事诉讼法关于管辖的规定，对于不属于自己管辖的案件，不能提起公诉，而应该将案件移送有管辖权的检察机关审查起诉。3. 证据是否随案移送。包括采取技术侦查措施的决定书及证据材料是否随案移送；证明相关财产系违法所得的证据材料是否随案移送；不宜移送的证据的清单、复制件、照片或者其他证明文件是否随案移送。人民检察院审查案件，决定是否起诉，需要确实、充分的证据，因此，侦查机关或侦查部门移送案件时，应当将案件的所有证据一并移送，对不宜移送的证据，要附有不宜移送的证据的清单、照片或者其他证明文件。4. 涉案款物是否查封、扣押、冻结并妥善保管，清单是否齐备；对被害人合法财产的返还和对违禁品或者不宜长期保存的物品的处理是否妥当，移送的证明文件是否完备，等等。5. 对于破坏生态环境和资源保护，食品药品安全领域侵害众多消费者合法权益，侵害英雄烈士的姓名、肖像、名誉、荣誉等损害社会公共利益的行为，是否需要由人民检察院提起附带民事公益诉讼。6. 采取的强制措施是否适当，对于已经逮捕的犯罪嫌疑人，有无继续羁押的必要。

[配套规定]

1.《人民检察院刑事诉讼规则》（高检发释字［2019］4号）（2019年12月30日公布并施行）（节录）

第三百三十条　人民检察院审查移送起诉的案件，应当查明：

（一）犯罪嫌疑人身份状况是否清楚，包括姓名、性别、国籍、出生年月日、职业和单位等；单位犯罪的，单位的相关情况是否清楚；

（二）犯罪事实、情节是否清楚；实施犯罪的时间、地点、手段、危害后果是否明确；

（三）认定犯罪性质和罪名的意见是否正确；有无法定的从重、从轻、减轻或者免除处罚情节及酌定从重、从轻情节；共同犯罪案件的犯罪嫌疑人在犯罪活动中的责任认定是否恰当；

（四）犯罪嫌疑人是否认罪认罚；

（五）证明犯罪事实的证据材料是否随案移送；证明相关财产系违法所得的证据材料是否随案移送；不宜移送的证据的清单、复制件、照片或者其他证明文件是否随案移送；

（六）证据是否确实、充分，是否依法收集，有无应当排除非法证据的情形；

（七）采取侦查措施包括技术侦查措施的法律手续和诉讼文书是否完备；

（八）有无遗漏罪行和其他应当追究刑事责任的人；

（九）是否属于不应当追究刑事责任的；

（十）有无附带民事诉讼；对于国家财产、集体财产遭受损失的，是否需要由人民检察院提起附带民事诉讼；对于破坏生态环境和资源保护，食品药品安全领域侵害众多消费者合法权益，侵害英雄烈士的姓名、肖像、名誉、荣誉等损害社会公共利益的行为，是否需要由人民检察院提起附带民事公益诉讼；

（十一）采取的强制措施是否适当，对于已经逮捕的犯罪嫌疑人，有无继续羁押的必要；

（十二）侦查活动是否合法；

（十三）涉案财物是否查封、扣押、冻结并妥善保管，清单是否齐备；对被害人合法财产的返还和对违禁品或者不宜长期保存的物品的处理是否妥当，移送的证明文件是否完备。

2.《人民检察院办理未成年人刑事案件的规定》（高检发研字［2013］7号）（2013年12月27日公布并施行）（节录）

第二十二条 人民检察院审查起诉未成年人刑事案件，自收到移送审查起诉的案件材料之日起三日以内，应当告知被害人及其法定代理人或者其近亲属、附带民事诉讼的当事人及其法定代理人有权委托诉讼代理人。

对未成年被害人或者其法定代理人提出聘请律师意向，但因经济困难或者其他原因没有委托诉讼代理人的，应当帮助其申请法律援助。

未成年犯罪嫌疑人被羁押的，人民检察院应当审查是否有必要继续羁押。对不需要继续羁押的，应当予以释放或者变更强制措施。

审查起诉未成年犯罪嫌疑人，应当听取其父母或者其他法定代理人、辩护人、被害人及其法定代理人的意见。

第二十三条 人民检察院审查起诉未成年人刑事案件，应当讯问未成年犯罪嫌疑人。讯问未成年犯罪嫌疑人适用本规定第十七条、第十八条的规定。

第二十四条 移送审查起诉的案件具备以下条件之一，且其法定代理人、近亲属等与本案无牵连的，经公安机关同意，检察人员可以安排在押的未成年犯罪嫌疑人与其法定代理人、近亲属等进行会见、通话：

（一）案件事实已基本查清，主要证据确实、充分，安排会见、通话不会影响诉讼活动正常进行；

（二）未成年犯罪嫌疑人有认罪、悔罪表现，或者虽尚未认罪、悔罪，但通过会见、通话有可能促使其转化，或者通过会见、通话有利于社会、家庭稳定；

（三）未成年犯罪嫌疑人的法定代理人、近亲属对其犯罪原因、社会危害性以及后果有一定的认识，并能配合司法机关进行教育。

第二十五条 在押的未成年犯罪嫌疑人同其法定代理人、近亲属等进行会见、通话时，检察人员应当告知其会见、通话不得有串供或者其他妨碍诉讼的内容。会见、通话时检察人员可以在场。会见、通话结束后，检察人员应当将有关内容及时整理并记录在案。

第六十七条 人民检察院审查批准逮捕、审查起诉未成年犯罪嫌疑人，应当同时依法监督侦查活动是否合法，发现有下列违法行为的，应当提出纠正意见；构成犯罪的，依法追究刑事责任：

（一）违法对未成年犯罪嫌疑人采取强制措施或者采取强制措施不当的；

（二）未依法实行对未成年犯罪嫌疑人与成年犯罪嫌疑人分别关押、管理的；

（三）对未成年犯罪嫌疑人采取刑事拘留、逮捕措施后，在法定时限内未进行讯问，或者未通知其家属的；

（四）讯问未成年犯罪嫌疑人或者询问未成年被害人、证人时，未依法通知其法定代理人或者合适成年人到场的；

（五）讯问或者询问女性未成年人时，没有女性检察人员参加；

（六）未依法告知未成年犯罪嫌疑人有权委托辩护人的；

（七）未依法通知法律援助机构指派律师为未成年犯罪嫌疑人提供辩护的；

（八）对未成年犯罪嫌疑人威胁、体罚、侮辱人格、游行示众，或者刑讯逼供、指供、诱供的；

（九）利用未成年人认知能力低而故意制造冤、假、错案的；

（十）对未成年被害人、证人以暴力、威胁、诱骗等非法手段收集证据或者侵害未成年被害人、证人的人格尊严及隐私权等合法权益的；

（十一）违反羁押和办案期限规定的；

（十二）已作出不批准逮捕、不起诉决定，公安机关不立即释放犯罪嫌疑人的；

（十三）在侦查中有其他侵害未成年人合法权益行为的。

第一百七十二条　人民检察院对于监察机关、公安机关移送起诉的案件，应当在一个月以内作出决定，重大、复杂的案件，可以延长十五日；犯罪嫌疑人认罪认罚，符合速裁程序适用条件的，应当在十日以内作出决定，对可能判处的有期徒刑超过一年的，可以延长至十五日。

人民检察院审查起诉的案件，改变管辖的，从改变后的人民检察院收到案件之日起计算审查起诉期限。

[条文主旨]

本条是关于人民检察院审查起诉期限的规定。

[条文释解]

本条是1979年《刑事诉讼法》的规定，该法第97条规定："人民检察院对于公安机关移送起诉或者免予起诉的案件，应当在一个月以内作出决定，重大、复杂的案件，可以延长半个月。"1996年《刑事诉讼法》对该条作了两处修改：一是删去了关于免予起诉案件审查期限的规定，作此修改是因为1996年《刑事诉讼法》取消了免予起诉制度。二是增加一款作为第2款"人民检察院审查起诉的案件，改变管辖的，从改变后的人民检察院收到案件之日起计算审查起诉期限"。1984年第六届全国人大常委会第六次会议通过的《全国人民代表大会常务委员会关于刑事案件办案期限的补充规定》对人民法院和人民检察院改变管辖案件的办案期限作了专门规定，其中第6条规定："人民检察院和人民法院改变管辖的公诉案件，从改变后的办案机关收到案件之日起计算办案期限。"因此，1996年修改《刑事诉讼法》吸纳了该条规定的内容。

2012年《刑事诉讼法》对本条未作修改。

2018年《刑事诉讼法》对本条第1款作了三处修改：一是增加关于监察机关移送案件审查起诉期限的规定。人民检察院对于监察机关移送起诉的案件，依照本法和监察法的有关规定进行审查，监察机关移送审查起诉的案件应与公安机关移送案件一样，需要符合诉讼期间的一般规律，适用统一的期限标准根据。二是对速裁案件审查起诉的期限作出专门规定。2014年6月最高人民法院、最高人民检察院开始在北京、天津、上海等地开展刑事案件速裁程序试点工作，9月在部分地区逐步开展，11月《关于在部分地区开展刑事案件认罪认罚从宽制度试点工作的办法》出台，该办法第12条规定："对适用速裁程序的案件，人民检察院一般应当在受理后十日内作出是否提起公诉的决定；对可能判处的有期徒刑超过一年的，可以延长至十五日。"经过多年的试点经验的积累和总结，试点办法中有关审查起诉期限的规定经实践证明符合人民检察院办案的实际需要，也提高了诉讼效率，因此被直接吸收至刑事诉讼法中。三是将本条中"半个月"修改为"十五日"，因每个月具体天数不同，半个月的折算存在差异，因而作此修改。

根据本条第1款规定，人民检察院审查起诉期限有以下三种情形：

一是一般案件的审查起诉期限，人民检察院对于监察机关、公安机关移送起诉的案件，应当在一个月以内作出决定。一般而言，人民检察院收到监察机关、公安机关移送起诉的案件，应当按照本法第171条的规定进行审查，按照本条规定在一个月以内审查完毕。

二是重大复杂案件的审查起诉期限，对于重大、复杂的案件，可以延长十五日，是指案情重大或者案情复杂的案件，在一个月以内不能审查完毕的，可以延长十五日的审查期限。

三是速裁程序案件的审查起诉期限，创设速裁程序的初衷在于诉讼全程提速，减少案件审前羁押时间，防止由羁押时间决定量刑结果，避免"关多久判多久"的现象。犯罪嫌疑人认罪认罚，符合速裁程序适用条件的，应当在十日以内作出决定，对可能判处的有期徒刑超过一年的，可以延长至十五日。这里的"可能判处的有期徒刑超过一年"应理解为法定刑，而不应理解为宣告刑。

本条第2款是关于对人民检察院审查起诉的案件改变管辖的，如何计算审查期限的规定。所谓"改变管辖"主要是指人民检察院在审查起诉的过程中，发现案件不属于其管辖范围，或者依法对案件调整管辖的情况。如果改变管辖，接受案件的人民检察院将对移送的案件进行重新审查，按照第1款的规定，从收到案件之日起的一个月内审查完毕，作出决定，重大、复杂的案件，可以在一个月的基础上再延长十五日。

[司法实务]

1. 如何把握"重大、复杂刑事案件"

实践中对于如何把握"重大、复杂刑事案件"的标准不够规范。有统计证明，部分地区在审查起诉中延长审查期限或退回补充侦查的案件中，轻刑案件的占比多达50%，多数属于“两抢一盗”、故意伤害、交通肇事、危险驾驶、聚众斗殴等常见犯罪。该类案件通常案情简单，证据确实、充分，适用法律的争议不大，且犯罪嫌疑人多选择认罪认罚，不符合重大、复杂刑事案件。在司法实践中，案件的介入因素比较复杂，对于如何界定“重大、复杂”既需要统筹实体法、程序法规范予以分析，同时也要密切结合具体案情进行梳理，具体涉案因素则包括社会危害性、媒体关注度、社会舆论、涉案当事人是否缠访闹访等。

2. 妥善处理退回补充侦查与速裁程序适用的关系

适用速裁程序条件之一是“案件事实清楚，证据确实、充分”，如果审查起诉阶段，检察机关认为案件事实不清、证据不足，而退回侦查机关补充侦查，说明案件本身具有一定的复杂性，繁简分流时基本可归为“繁”的一类，而不符合适用速裁程序的条件。对于经过补充侦查后案件达到事实清楚，证据确实、充分的条件，即便在补充侦查后的二次分流中适用速裁程序处理，也已经使全程提速大打折扣，基本失去了速裁程序本身的意义。

[配套规定]

《人民检察院刑事诉讼规则》（高检发释字［2019］4号）（2019年12月30日公布并施行）（节录）

第三百五十条 对于在审查起诉期间改变管辖的案件，改变后的人民检察院对于符合刑事诉讼法第一百七十五条第二款规定的案件，可以经原受理案件的人民检察院协助，直接退回原侦查案件的公安机关补充侦查，也可以自行侦查。改变管辖前后退回补充侦查的次数总共不得超过二次。

第三百五十一条 人民检察院对于移送起诉的案件，应当在一个月以内作出决定；重大、复杂的案件，一个月以内不能作出决定的，可以延长十五日。

人民检察院审查起诉的案件，改变管辖的，从改变后的人民检察院收到案件之日起计算审查起诉期限。

第一百七十三条 人民检察院审查案件，应当讯问犯罪嫌疑人，听取

辩护人或者值班律师、被害人及其诉讼代理人的意见，并记录在案。辩护人或者值班律师、被害人及其诉讼代理人提出书面意见的，应当附卷。

犯罪嫌疑人认罪认罚的，人民检察院应当告知其享有的诉讼权利和认罪认罚的法律规定，听取犯罪嫌疑人、辩护人或者值班律师、被害人及其诉讼代理人对下列事项的意见，并记录在案：

（一）涉嫌的犯罪事实、罪名及适用的法律规定；

（二）从轻、减轻或者免除处罚等从宽处罚的建议；

（三）认罪认罚后案件审理适用的程序；

（四）其他需要听取意见的事项。

人民检察院依照前两款规定听取值班律师意见的，应当提前为值班律师了解案件有关情况提供必要的便利。

[条文主旨]

本条是关于审查起诉的程序的规定。

[条文释解]

本条是1979年《刑事诉讼法》的规定，该法第98条规定："人民检察院审查案件，应当讯问被告人。"1996年《刑事诉讼法》作了两处修改：一是将讯问"被告人"修改为"犯罪嫌疑人"，二是将被害人明确规定为诉讼当事人，并规定了被害人可以委托诉讼代理人参加刑事诉讼，人民检察院在审查案件时，应听取辩护人、被害人及其诉讼代理人的意见，作此规定有利于保证被害人充分参与案件，加强了被害人在诉讼过程中的诉讼地位和诉讼权利。

2012年《刑事诉讼法》修改时细化了听取意见的方式，规定犯罪嫌疑人、辩护人或者被害人及其诉讼代理人的意见应记录在案，辩护人、被害人及其诉讼代理人提出书面意见的，应当附卷。

2016年颁布的《关于在部分地区开展刑事案件认罪认罚从宽制度试点工作的办法》第5条规定："办理认罪认罚案件，应当保障犯罪嫌疑人、被告人获得有效法律帮助，确保其了解认罪认罚的性质和法律后果，自愿认罪认罚。法律援助机构可以根据人民法院、看守所实际工作需要，通过设立法律援助工作站派驻值班律师、及时安排值班律师等形式提供法律帮助。人民法院、看守所应当为值班律师开展工作提供便利工作场所和必要办公设施，简化会见程序，保障值班律师依法履行职责。犯罪嫌疑人、被告人自愿认罪认罚，没有辩护人的，人民法院、人民检察院、公安机关应当通知值班律师为其提供法律咨询、程序选择、申请变更强制措施等法律帮助。人民法院、人民检察院、公安机关应当告知犯罪嫌疑人、被告人申请法律援助的权利。符合应当通知辩护条件的，依法通知法律援助机构指派律师为其提供辩护。”2018 年《刑事诉讼法》修改时，在总结实践经验的基础上，将试点办法规定的成熟做法纳入刑事诉讼法，将值班律师定位为提供法律帮助。为保障值班律师提供法律帮助的实质性和有效性，进一步加强对当事人的权利保障，对本条作了四处修改：一是增加规定人民检察院审查案件，应当听取值班律师的意见，值班律师提出书面意见的，应当附卷。二是增加规定犯罪嫌疑人认罪认罚的，人民检察院应当告知其享有诉讼权利和认罪认罚的法律规定。三是对认罪认罚案件人民检察院听取犯罪嫌疑人、辩护人或者值班律师、被害人及其诉讼代理人意见的情形作了具体明确的规定，同时还规定应当记录在案。四是增加规定人民检察院听取值班律师意见的，应当提前为值班律师了解案件有关情况提供必要的便利。

本条第 1 款是关于一般案件审查起诉讯问和听取意见的规定。根据本款规定，人民检察院审查案件时应按照以下要求进行：

一是应当讯问犯罪嫌疑人，参照本法第二章第二节讯问犯罪嫌疑人的有关规定。讯问犯罪嫌疑人是审查起诉的必经程序和法定要求，通过了解犯罪嫌疑人的供述和辩解，分析口供和其他证据之间是否有矛盾，是否能印证，以便进一步查清犯罪事实，还能发现是否遗漏罪行，同时也能够了解和掌握犯罪嫌疑人的思想动态与认罪态度，以及侦查活动中有无违法情形等。

二是听取辩护人或者值班律师、被害人及其诉讼代理人的意见。听取意见的内容可以是实体性的意见，如辩护律师或者值班律师对犯罪嫌疑人是否有罪、罪行轻重、是否有从轻或者减轻处罚情节的意见；被害人及诉讼代理人对案件定罪和量刑、受侵害情况、附带民事诉讼的提起、赔偿要求等。听取意见的内容可以是程序性的意见，如侦查活动是否合法、采取的强制措施是否合法，是否需要补充侦查调取新证据等意见。

三是听取意见的内容记录在案，提出书面意见的，应当随案附卷。人民检察院对于讯问犯罪嫌疑人、听取辩护人或者值班律师、被害人及其诉讼代理人的意见的有关情况，都必须详细记录在案，对于辩护人或者值班律师、被害人及其诉讼代理人对案件情况提出书面意见的，应当随案附卷。

本条第2款是关于认罪认罚案件审查起诉时告知义务及听取意见的规定。根据本款规定，人民检察院在审查认罪认罚案件时应按照以下要求进行：

一是告知犯罪嫌疑人享有的诉讼权利和认罪认罚的法律规定。在审查起诉阶段，检察官以犯罪嫌疑人认罪认罚与否，对案件进行分流，此阶段是适用认罪认罚从宽制度的关键环节，认罪认罚具有实质意义。这里的“告知”不能简单口头告知，或者“一纸告知”让犯罪嫌疑人签字了事，应当是全面告知认罪认罚从宽制度的内容，详细解释认罪认罚产生的实体上和程序上的后果，确保犯罪嫌疑人在知晓、明白认罪认罚性质和后果的基础上，作出理智的选择。这里的“诉讼权利”是指刑事诉讼法和其他法律规定的，犯罪嫌疑人在刑事诉讼中享有的权利，如申请回避、获得辩护、申请法律援助、申请变更强制措施、约见值班律师、对其受到侵犯诉讼权利和人身伤害等行为提出申诉或者控告等。这里的“认罪认罚的法律规定”是指刑法有关犯罪的刑罚，从轻、减轻、免除刑罚，自首和立功等规定和刑事诉讼法关于认罪认罚签署具结书，适用简易程序和速裁程序等规定。

二是听取犯罪嫌疑人、辩护人或者值班律师、被害人及其诉讼代理人的意见。人民检察院在审查案件时，听取值班律师意见及告知犯罪嫌疑人享有诉讼权利和认罪认罚的法律规定的内容，是有中国特色的“量刑协商”程序的规定，是带有一定“协商”性质的制度，与美国的辩诉交易有本质的区别。这里的“协商”不是对罪名、罪数、量刑进行讨价还价，而是控辩双方可以就量刑进行“协商”。为避免社会对认罪认罚从宽制度产生误解，通过规定人民检察院听取当事人意见的方式，创设具有中国特色的量刑协商程序。值得注意的是，从适用认罪认罚从宽的条件来看，被害人同意并非必要，但是在认罪认罚从宽制度中，始终把保障被害人合法权益作为认罪认罚从宽制度改革中的重要考量因素，检察机关应当听取被害人及其诉讼代理人的意见，提出量刑建议时充分考量附带民事赔偿和被害人谅解情况。

三是明确必须听取意见的有关事项。1. 涉嫌的犯罪事实、罪名及适用的法律规定，即主要了解案件当事人对检察机关审查认定的犯罪事实及触犯的罪名是否有异议，就这一内容进行协商的基础在于要达到“犯罪事实清楚、证据确实充分”的标准。2. 从轻、减轻或者免除处罚等从宽处罚的建议，即了解当事人对检察机关提出的从宽的量刑建议是否有异议，其中从轻是指在法定刑幅度内适用相对较轻的刑种或较短的刑期；减轻是在法定最低刑以下判处刑罚；免除则是对犯罪的人确定其有罪，但在刑法明确规定的情况下，免除其刑罚处罚。3. 认罪认罚后案件审理适用的程序，根据本法规定认罪认罚案件简易程序或者速裁程序的适用必须征得犯罪嫌疑人的同意，因此，必须听取当事人对庭审适用速裁程序、简易程序或普通程序的意见。4. 其他需要听取意见的事项，如有关犯罪嫌疑人退赃退赔的事项等。这是一个兜底条款，在司法解释尚未出台前，可以由检察官在办理具体案件中自行决定。听取意见应不限于一次，检察机关可就上述事项多次听取犯罪嫌疑人、辩护人或者值班律师、被害人及其诉讼代理人的意见。

本条第 3 款规定人民检察院应当为值班律师了解案情提供便利。值班律师在参与诉讼时，其可能并不了解特定案件的情况，故而无法提出意见，为切实有效地发挥值班律师在保障犯罪嫌疑人合法权益等方面的作用，人民检察院有必要提前为值班律师了解案件情况提供必要的便利，包括及时安排会见且会见不被监听、保障阅卷的权利等。

[司法实务]

1. 人民检察院在审查认罪认罚案件时，是否要向犯罪嫌疑人开示证据

本条未明确规定认罪认罚案件，人民检察院是否要向犯罪嫌疑人开示证据。实践中，各地试点检察院做法不一，有的检察院会在权利告知后向犯罪嫌疑人开示证据目录、证人名单，有的检察院会口头告知犯罪嫌疑人目前已查明的犯罪事实和证据材料，也有检察院不向犯罪嫌疑人开示证据，直接讯问其对于自己所犯罪行是否有异议。《最高人民法院、最高人民检察院、公安部、国家安全部、司法部关于适用认罪认罚从宽制度的指导意见》规定人民检察院可以针对案件具体情况，探索证据开示制度，保障犯罪嫌疑人的知情权和认罪认罚的真实性及自愿性。

2. 关于值班律师的职责

值班律师应当维护犯罪嫌疑人、被告人的合法权益，确保犯罪嫌疑人、被告人在充分了解认罪认罚性质和法律后果的情况下，自愿认罪认罚。值班律师应当为认罪认罚的犯罪嫌疑人、被告人提供下列法律帮助：（1）提供法律咨询，包括告知涉嫌或指控的罪名、相关法律规定，认罪认罚的性质和法律

后果等；（2）提出程序适用的建议；（3）帮助申请变更强制措施；（4）对人民检察院认定罪名、量刑建议提出意见；（5）就案件处理向人民法院、人民检察院、公安机关提出意见；（6）引导、帮助犯罪嫌疑人、被告人及其近亲属申请法律援助；（7）法律法规规定的其他事项。

值班律师可以会见犯罪嫌疑人、被告人，看守所应当为值班律师会见提供便利。危害国家安全犯罪、恐怖活动犯罪案件，侦查期间值班律师会见在押犯罪嫌疑人的，应当经侦查机关许可。自人民检察院对案件审查起诉之日起，值班律师可以查阅案卷材料、了解案情。人民法院、人民检察院应当为值班律师查阅案卷材料提供便利。值班律师提供法律咨询、查阅案卷材料、会见犯罪嫌疑人或者被告人、提出书面意见等法律帮助活动的相关情况应当记录在案，并随案移送。

对于被羁押的犯罪嫌疑人、被告人，在不同诉讼阶段，可以由派驻看守所的同一值班律师提供法律帮助。对于未被羁押的犯罪嫌疑人、被告人，前一诉讼阶段的值班律师可以在后续诉讼阶段继续为犯罪嫌疑人、被告人提供法律帮助。

3. 对被害人权益的考量

在有被害人的认罪认罚案件中，除人民检察院应当听取被害人及其诉讼代理人意见外，被害人没有其他有效参与的方式，被害人利益得不到很好的保护。有人主张认罪认罚从宽制度应以征得被害人同意为条件，但是认罪认罚协商的主要内容是犯罪嫌疑人是否认罪、检察官相应提出量刑建议，涉及国家公诉权的行使和刑罚权的实现，被害人无法直接参与。尊重和保障刑事案件被害人的合法权益，对于减少社会对抗、修复被损害的社会关系、化解矛盾意义重大。

2019 年 10 月，《最高人民法院、最高人民检察院、公安部、国家安全部、司法部关于适用认罪认罚从宽制度的指导意见》从三个方面加强了对被害方权益的保护：

第一，听取意见。办理认罪认罚案件，应当听取被害人及其诉讼代理人的意见，并将犯罪嫌疑人、被告人是否与被害方达成和解协议、调解协议或者赔偿被害方损失，取得被害方谅解，作为从宽处罚的重要考虑因素。人民检察院、公安机关听取意见情况应当记录在案并随案移送。

第二，促进和解谅解。对符合当事人和解程序适用条件的公诉案件，犯罪嫌疑人、被告人认罪认罚的，人民法院、人民检察院、公安机关应当积极促进当事人自愿达成和解。对其他认罪认罚案件，人民法院、人民检察院、公安机关可以促进犯罪嫌疑人、被告人通过向被害方赔偿损失、赔礼道歉等方式获得谅解，被害方出具的谅解意见应当随案移送。人民法院、人民检察院、公安机关在促进当事人和解谅解过程中，应当向被害方释明认罪认罚从宽、公诉案件当事人和解适用程序等具体法律规定，充分听取被害方意见，符合司法救助条件的，应当积极协调办理。

第三，被害方异议的处理。被害人及其诉讼代理人不同意对认罪认罚的犯罪嫌疑人、被告人从宽处理的，不影响认罪认罚从宽制度的适用。犯罪嫌疑人、被告人认罪认罚，但没有退赃退赔、赔偿损失，未能与被害方达成调解或者和解协议的，从宽时应当予以酌减。犯罪嫌疑人、被告人自愿认罪并且愿意积极赔偿损失，但由于被害方赔偿请求明显不合理，未能达成调解或者和解协议的，一般不影响对犯罪嫌疑人、被告人从宽处理。2019 年 12 月 30 日起施行的《人民检察院刑事诉讼规则》对上述指导意见的内容予以吸收。

［配套规定］

1.《人民检察院刑事诉讼规则》（高检发释字［2019］4 号）（2019 年 12 月 30 日公布并施行）（节录）

第十一条　犯罪嫌疑人、被告人自愿如实供述自己的罪行，承认指控的犯罪事实，愿意接受处罚的，可以依法从宽处理。

认罪认罚从宽制度适用于所有刑事案件。人民检察院办理刑事案件的各个诉讼环节，都应当做好认罪认罚的相关工作。

第六十八条　对采用刑讯逼供方法使犯罪嫌疑人作出供述，之后犯罪嫌疑人受该刑讯逼供行为影响而作出的与该供述相同的重复性供述，应当一并排除，但下列情形除外：

（一）侦查期间，根据控告、举报或者自己发现等，公安机关确认或者不能排除以非法方法收集证据而更换侦查人员，其他侦查人员再次讯问时告知诉讼权利和认罪认罚的法律规定，犯罪嫌疑人自愿供述的；

（二）审查逮捕、审查起诉期间，检察人员讯问时告知诉讼权利和认罪认罚的法律规定，犯罪嫌疑人自愿供述的。

第二百五十八条　人民检察院讯问犯罪嫌疑人时，应当首先查明犯罪嫌疑人的基本情况，依法告知犯罪嫌疑人诉讼权利和义务，以及认罪认罚的法律规定，听取其供述和辩解。犯罪嫌疑人翻供的，应当讯问其原因。犯罪嫌疑人申请排除非法证据的，应当告知其提供相关线索或者材料。犯罪嫌疑人检举揭发他人犯罪的，应当予以记录，并依照有关规定移送有关机关、部门处理。

讯问犯罪嫌疑人应当制作讯问笔录，并交犯罪嫌疑人核对或者向其宣读。经核对无误后逐页签名或者盖章，并捺指印后附卷。犯罪嫌疑人请求自行书写供述的，应当准许，但不得以自行书写的供述代替讯问笔录。

犯罪嫌疑人被羁押的，讯问应当在看守所讯问室进行。

第二百五十九条 办理审查逮捕、审查起诉案件，可以询问证人、被害人、鉴定人等诉讼参与人，并制作笔录附卷。询问时，应当告知其诉讼权利和义务。

询问证人、被害人的地点按照刑事诉讼法第一百二十四条的规定执行。

第二百六十条 讯问犯罪嫌疑人，询问被害人、证人、鉴定人，听取辩护人、被害人及其诉讼代理人的意见，应当由检察人员负责进行。检察人员或者检察人员和书记员不得少于二人。

讯问犯罪嫌疑人，询问证人、鉴定人、被害人，应当个别进行。

第二百六十一条 办理审查逮捕案件，犯罪嫌疑人已经委托辩护律师的，可以听取辩护律师的意见。辩护律师提出要求的，应当听取辩护律师的意见。对辩护律师的意见应当制作笔录，辩护律师提出的书面意见应当附卷。

办理审查起诉案件，应当听取辩护人或者值班律师、被害人及其诉讼代理人的意见，并制作笔录。辩护人或者值班律师、被害人及其诉讼代理人提出书面意见的，应当附卷。

对于辩护律师在审查逮捕、审查起诉阶段多次提出意见的，均应如实记录。

辩护律师提出犯罪嫌疑人不构成犯罪、无社会危险性、不适宜羁押或者侦查活动有违法犯罪情形等书面意见的，检察人员应当审查，并在相关工作文书中说明是否采纳的情况和理由。

第二百六十二条 直接听取辩护人、被害人及其诉讼代理人的意见有困难的，可以通过电话、视频等方式听取意见并记录在案，或者通知辩护人、被害人及其诉讼代理人提出书面意见。无法通知或者在指定期限内未提出意见的，应当记录在案。

第二百六十三条　对于公安机关提请批准逮捕、移送起诉的案件，检察人员审查时发现存在本规则第七十五条第一款规定情形的，可以调取公安机关讯问犯罪嫌疑人的录音、录像并审查相关的录音、录像。对于重大、疑难、复杂的案件，必要时可以审查全部录音、录像。

对于监察机关移送起诉的案件，认为需要调取有关录音、录像的，可以商监察机关调取。

对于人民检察院直接受理侦查的案件，审查时发现负责侦查的部门未按照本规则第七十五条第三款的规定移送录音、录像或者移送不全的，应当要求其补充移送。对取证合法性或者讯问笔录真实性等产生疑问的，应当有针对性地审查相关的录音、录像。对于重大、疑难、复杂的案件，可以审查全部录音、录像。

第二百六十四条　经审查讯问犯罪嫌疑人录音、录像，发现公安机关、本院负责侦查的部门讯问不规范，讯问过程存在违法行为，录音、录像内容与讯问笔录不一致等情形的，应当逐一列明并向公安机关、本院负责侦查的部门书面提出，要求其予以纠正、补正或者书面作出合理解释。发现讯问笔录与讯问犯罪嫌疑人录音、录像内容有重大实质性差异的，或者公安机关、本院负责侦查的部门不能补正或者作出合理解释的，该讯问笔录不能作为批准或者决定逮捕、提起公诉的依据。

2.《最高人民检察院关于审查起诉期间犯罪嫌疑人脱逃或者患有严重疾病的应当如何处理的批复》（2013 年 12 月 27 日）

一、人民检察院办理犯罪嫌疑人被羁押的审查起诉案件，应当严格依照法律规定的期限办结。未能依法办结的，应当根据刑事诉讼法第九十六条的规定予以释放或者变更强制措施。

二、人民检察院对于侦查机关移送审查起诉的案件，如果犯罪嫌疑人脱逃的，应当根据《人民检察院刑事诉讼规则（试行）》第一百五十四条第三款的规定，要求侦查机关采取措施保证犯罪嫌疑人到案后再移送审查起诉。

三、人民检察院在审查起诉过程中发现犯罪嫌疑人脱逃的，应当及时通知侦查机关，要求侦查机关开展追捕活动。

人民检察院应当及时全面审阅案卷材料。经审查，对于案件事实不清、证据不足的，可以根据刑事诉讼法第一百七十一条第二款、《人民检察院刑事诉讼规则（试行）》第三百八十条的规定退回侦查机关补充侦查。

侦查机关补充侦查完毕移送审查起诉的，人民检察院应当按照本批复第二条的规定进行审查。

共同犯罪中的部分犯罪嫌疑人脱逃的，对其他犯罪嫌疑人的审查起诉应当照常进行。

四、犯罪嫌疑人患有精神病或者其他严重疾病丧失诉讼行为能力不能接受讯问的，人民检察院可以依法变更强制措施。对实施暴力行为的精神病人，人民检察院可以商请公安机关采取临时的保护性约束措施。

经审查，应当按照下列情形分别处理：

（一）经鉴定系依法不负刑事责任的精神病人的，人民检察院应当作出不起诉决定。符合刑事诉讼法第二百八十四条规定的条件的，可以向人民法院提出强制医疗的申请；

（二）有证据证明患有精神病的犯罪嫌疑人尚未完全丧失辨认或者控制自己行为的能力，或者患有间歇性精神病的犯罪嫌疑人实施犯罪行为时精神正常，符合起诉条件的，可以依法提起公诉；

（三）案件事实不清、证据不足的，可以根据刑事诉讼法第一百七十一条第二款、《人民检察院刑事诉讼规则（试行）》第三百八十条的规定退回侦查机关补充侦查。

五、人民检察院在审查起诉期间，犯罪嫌疑人脱逃或者死亡，符合刑事诉讼法第二百八十条第一款规定的条件的，人民检察院可以向人民法院提出没收违法所得的申请。

3.《人民检察院办理未成年人刑事案件的规定》（2013 年 12 月 27 日公布并施行）

第十条 人民检察院办理未成年人刑事案件，可以应犯罪嫌疑人家属、被害人及其家属的要求，告知其审查逮捕、审查起诉的进展情况，并对有关情况予以说明和解释。

4.《最高人民法院、最高人民检察院、公安部、国家安全部、司法部关于适用认罪认罚从宽制度的指导意见》（2019 年 10 月 11 日公布并施行）

二、适用范围和适用条件

5. 适用阶段和适用案件范围。认罪认罚从宽制度贯穿刑事诉讼全过程，适用于侦查、起诉、审判各个阶段。

认罪认罚从宽制度没有适用罪名和可能判处刑罚的限定，所有刑事案件都可以适用，不能因罪轻、罪重或者罪名特殊等原因而剥夺犯罪嫌疑人、被告人自愿认罪认罚获得从宽处理的机会。但“可以”适用不是一律适用，犯罪嫌疑人、被告人认罪认罚后是否从宽，由司法机关根据案件具体情况决定。

6. “认罪”的把握。认罪认罚从宽制度中的“认罪”，是指犯罪嫌疑人、被告人自愿如实供述自己的罪行，对指控的犯罪事实没有异议。承认指控的主要犯罪事实，仅对个别事实情节提出异议，或者虽然对行为性质提出辩解但表示接受司法机关认定意见的，不影响“认罪”的认定。犯罪嫌疑人、被告人犯数罪，仅如实供述其中一罪或部分罪名事实的，全案不作“认罪”的认定，不适用认罪认罚从宽制度，但对如实供述的部分，人民检察院可以提出从宽处罚的建议，人民法院可以从宽处罚。

7. “认罚”的把握。认罪认罚从宽制度中的“认罚”，是指犯罪嫌疑人、被告人真诚悔罪，愿意接受处罚。“认罚”，在侦查阶段表现为表示愿意接受处罚；在审查起诉阶段表现为接受人民检察院拟作出的起诉或不起诉决定，认可人民检察院的量刑建议，签署认罪认罚具结书；在审判阶段表现为当庭确认自愿签署具结书，愿意接受刑罚处罚。

“认罚”考察的重点是犯罪嫌疑人、被告人的悔罪态度和悔罪表现，应当结合退赃退赔、赔偿损失、赔礼道歉等因素来考量。犯罪嫌疑人、被告人虽然表示“认罚”，却暗中串供、干扰证人作证、毁灭、伪造证据或者隐匿、转移财产，有赔偿能力而不赔偿损失，则不能适用认罪认罚从宽制度。犯罪嫌疑人、被告人享有程序选择权，不同意适用速裁程序、简易程序的，不影响“认罚”的认定。

四、犯罪嫌疑人、被告人辩护权保障

10. 获得法律帮助权。人民法院、人民检察院、公安机关办理认罪认罚案件，应当保障犯罪嫌疑人、被告人获得有效法律帮助，确保其了解认罪认罚的性质和法律后果，自愿认罪认罚。

犯罪嫌疑人、被告人自愿认罪认罚，没有辩护人的，人民法院、人民检察院、公安机关（看守所）应当通知值班律师为其提供法律咨询、程序选择建议、申请变更强制措施等法律帮助。符合通知辩护条件的，应当依法通知法律援助机构指派律师为其提供辩护。

人民法院、人民检察院、公安机关（看守所）应当告知犯罪嫌疑人、被告人有权约见值班律师，获得法律帮助，并为其约见值班律师提供便利。犯罪嫌疑人、被告人及其近亲属提出法律帮助请求的，人民法院、人民检察院、公安机关（看守所）应当通知值班律师为其提供法律帮助。

11. 派驻值班律师。法律援助机构可以在人民法院、人民检察院、看守所派驻值班律师。人民法院、人民检察院、看守所应当为派驻值班律师提供必要办公场所和设施。

法律援助机构应当根据人民法院、人民检察院、看守所的法律帮助需求和当地法律服务资源，合理安排值班律师。值班律师可以定期值班或轮流值班，律师资源短缺的地区可以通过探索现场值班和电话、网络值班相结合，在人民法院、人民检察院毗邻设置联合工作站，省内和市内统筹调配律师资源，以及建立政府购买值班律师服务机制等方式，保障法律援助值班律师工作有序开展。

15. 辩护人职责。认罪认罚案件犯罪嫌疑人、被告人委托辩护人或者法律援助机构指派律师为其辩护的，辩护律师在侦查、审查起诉和审判阶段，应当与犯罪嫌疑人、被告人就是否认罪认罚进行沟通，提供法律咨询和帮助，并就定罪量刑、诉讼程序适用等向办案机关提出意见。

第一百七十四条　犯罪嫌疑人自愿认罪，同意量刑建议和程序适用的，应当在辩护人或者值班律师在场的情况下签署认罪认罚具结书。

犯罪嫌疑人认罪认罚，有下列情形之一的，不需要签署认罪认罚具结书：

（一）犯罪嫌疑人是盲、聋、哑人，或者是尚未完全丧失辨认或者控制自己行为能力的精神病人的；

（二）未成年犯罪嫌疑人的法定代理人、辩护人对未成年人认罪认罚有异议的；

（三）其他不需要签署认罪认罚具结书的情形。

[条文主旨]

本条是关于签署认罪认罚具结书的规定。

[条文释解]

本条是2018年《刑事诉讼法》新增规定。2016年发布的《关于在部分地区开展刑事案件认罪认罚从宽制度试点工作的办法》（以下简称《试点办法》）第10条规定，犯罪嫌疑人自愿认罪，同意量刑建议和程序适用的，应当在辩护人或者值班律师在场的情况下签署认罪认罚具结书。第2条规定了不适用认罪认罚从宽制度的情形：（一）犯罪嫌疑人、被告人是尚未完全丧失辨认或者控制自己行为能力的精神病人的；（二）未成年犯罪嫌疑人、被告人的法定代理人、辩护人对未成年人认罪认罚有异议的；（三）犯罪嫌疑人、被告人行为不构成犯罪的；（四）其他不宜适用的情形。2018年《刑事诉讼法》修改固定了试点成果，保留了《试点办法》的原有规定列举的三种情形不变，但将"不适用认罪认罚从宽制度"这种表达方式修改为"不需要签署认罪认罚具结书"。《试点办法》规定了不得适用认罪认罚从宽制度的情形，当时的考量是对诉讼能力受限的犯罪嫌疑人给予更为完善的程序保障，以符合程序公正的要求。《试点办法》发布后，有观点认为，将列举的几种情形排除在认罪认罚从宽制度适用之外，有违法律面前人人平等的原则，对几种情形中的犯罪嫌疑人不公正。然而事实并非如此。从法理上讲，为特殊群体提供更多的保障，是补偿正义的要求，符合正义分配的原理，并不意味着不对犯罪嫌疑人从宽处理。2018年修改后的《刑事诉讼法》，对《试点办法》的规定进行了调整，即规定几类情形不需要签署认罪认罚具结书，而不是不适用认罪认罚从宽制度，对于消除误解有一定积极意义。

本条第1款是关于签署认罪认罚具结书的规定。"具结"一词自古以来便在我国司法领域中使用，旧时指对官署提出表示负责保证的文件。现行《刑法》《刑事诉讼法》《民事诉讼法》等诸多法律中均有关于"具结悔过"的规定，如本法第71条第3款规定："被取保候审的犯罪嫌疑人、被告人违反前两款规定，已交纳保证金的，没收部分或者全部保证金，并且区别情形，责令犯罪嫌疑人、被告人具结悔过，重新交纳保证金、提出保证人，或者监视居住、予以逮捕。"此次认罪认罚从宽制度中引入"具结书"，目的在于通过具结书的签署确保犯罪嫌疑人认罪认罚的自愿性、真实性及合法性。根据本款规定，签署具结书必须具备四个条件：

一是犯罪嫌疑人自愿认罪。认罪认罚制度的前提是犯罪嫌疑人对检察机关在起诉书中载明的犯罪事实、证据和罪名均没有异议，其自愿认罪，自愿接受审判和处罚，强调犯罪嫌疑人主观意愿的真实性，其意思表示不是在受到胁迫或者欺骗的情况下作出。认罪认罚从宽制度中的“认罪”，是指犯罪嫌疑人、被告人自愿如实供述自己的罪行，对指控的犯罪事实没有异议。承认指控的主要犯罪事实，仅对个别事实情节提出异议，或者虽然对行为性质提出辩解但表示接受司法机关认定意见的，不影响“认罪”的认定。犯罪嫌疑人、被告人犯数罪，仅如实供述其中一罪或部分罪名事实的，全案不作“认罪”的认定，不适用认罪认罚从宽制度，但对如实供述的部分，人民检察院可以提出从宽处罚的建议，人民法院可以从宽处罚。认罪认罚从宽制度中的“认罚”，是指犯罪嫌疑人、被告人真诚悔罪，愿意接受处罚。“认罚”在侦查阶段表现为表示愿意接受处罚；在审查起诉阶段表现为接受人民检察院拟作出的起诉或不起诉决定，认可人民检察院的量刑建议，签署认罪认罚具结书；在审判阶段表现为当庭确认自愿签署具结书，愿意接受刑罚处罚。“认罚”考察的重点是犯罪嫌疑人、被告人的悔罪态度和悔罪表现，应当结合退赃退赔、赔偿损失、赔礼道歉等因素来考量。犯罪嫌疑人、被告人虽然表示“认罚”，却暗中串供、干扰证人作证、毁灭、伪造证据或者隐匿、转移财产，有赔偿能力而不赔偿损失，则不能适用认罪认罚从宽制度。犯罪嫌疑人、被告人享有程序选择权，不同意适用速裁程序、简易程序的，不影响“认罚”的认定。

二是犯罪嫌疑人同意量刑建议。本法第176条第2款规定，犯罪嫌疑人认罪认罚的，人民检察院应当就主刑、附加刑、是否适用缓刑等提出量刑建议，并随案移送认罪认罚具结书等材料。因此，这里的“量刑建议”是检察机关基于犯罪嫌疑人的犯罪事实、情节、社会危害程度以及认罪认罚等情况，就犯罪嫌疑人应当判处的刑罚向法院提出的建议。犯罪嫌疑人同意检察机关的量刑建议，应当是犯罪嫌疑人在充分认识该量刑建议可能产生的法律后果的情况下，自愿作出的认同。在司法实践中，检察机关提出的量刑建议应当是与犯罪嫌疑人进行充分协商后，双方均认可的结果。

三是犯罪嫌疑人同意程序适用。这里的“程序适用”一般是指速裁程序、简易程序或普通程序简化审理，当然若存在不宜适用速裁程序和简易程序情形的，仍然适用普通程序。

四是签署认罪认罚具结书应当有辩护人或者值班律师在场。前三个条件都属于实质要件，第四个条件属于形式要件，该要件对于保障犯罪嫌疑人自愿认罪认罚具有重要作用。签署认罪认罚具结书的主要目的就是确保犯罪嫌疑人认罪认罚是自愿的，由于检察机关和犯罪嫌疑人处于不对等的地位，在没有辩护律师或值班律师在场的情况下，办案机关可能会通过不完全、不充分的告知或其他手段，利用信息不对称、地位不对等的情势迫使犯罪嫌疑人违心认罪认罚。为防止办案人员给犯罪嫌疑人施加压力，致使犯罪嫌疑人不能作出真实意愿下的选择，在签署认罪认罚具结书时应当有辩护人或者值班律师在场，辩护人和值班律师不仅能对签署认罪认罚具结书的自愿性、真实性和合法性进行监督，还可以向犯罪嫌疑人提供法律帮助，使其充分了解相关制度内容、法律程序、其享有的诉讼权利以及选择认罪认罚的利弊得失。因此，这里的“在场”对于辩护人、值班律师而言，既是其享有的诉讼权利，也是其应当履行的诉讼义务，不应简单理解为见证具结书的签署，而应理解为积极参与协商，以为犯罪嫌疑人提供有效的法律帮助。而保障辩护人、值班律师在场权的实现，则是检察机关应当履行的义务。

本条第 2 款以列举的方式规定了不需要签署认罪认罚具结书的情形。

一是犯罪嫌疑人是盲、聋、哑人，或者是尚未完全丧失辨认或者控制自己行为能力的精神病人的。这几类人因为身体或者心理上存在缺陷，对事物的认识与理解可能会出现偏差，其可能不能完整了解认罪认罚具结书的内容和意义，因此为了充分保障这类人的诉讼权利，不需要其签署认罪认罚具结书。此类人不需要签署认罪认罚具结书，旨在对这些认罪认罚的特殊主体给予特别的程序保障，并不表示不适用认罪认罚从宽处理原则，只要是犯罪嫌疑人自愿认罪认罚，即便没有签署具结书，仍然可以依法从宽处理。

二是未成年犯罪嫌疑人的法定代理人、辩护人对未成年人认罪认罚有异议的。由于未成年人年龄尚小，心智发育还不成熟，还不具备完全辨认和控制自己行为的能力，刑事诉讼法有许多专门的程序设计来保障未成年人的合法权益，如讯问犯罪嫌疑人时应当通知其法定代理人到场等规定。未成年犯罪嫌疑人签署认罪认罚具结书时其法定代理人和辩护人也应当在场，如果其法定代理人、辩护律师对认罪认罚有异议的，则不需要签署认罪认罚具结书，由法院对未成年人的认罪认罚情况进行审查判断。虽然没有签署具结书，但未成年犯罪嫌疑人认罪认罚的，仍然可以对其从宽处理。但如果未成年犯罪嫌疑人本人认罪认罚，其法定代理人、辩护人对其认罪认罚无异议，则可以签署具结书，适用认罪认罚从宽的审理程序。

三是其他不需要签署认罪认罚具结书的情形。本条款是兜底条款，主要是考虑司法实践中各类案件情况复杂，无法一一列举。其他不需要签署认罪认罚具结书的情形可由检察机关根据案件情况作出决定，此类情形同前两项相同，虽然没有签署认罪认罚具结书，但因犯罪嫌疑人认罪认罚，仍然可以依法从宽处理。

[司法实务]

1. 未成年人适用认罪认罚从宽审理程序的特殊性

根据本法第 223 条的规定，被告人是未成年人的案件不适用速裁程序。也就是说，未成年犯罪嫌疑人认罪认罚，在其法定代理人、辩护人对其认罪认罚无异议的情况下，只能适用简易程序和普通程序。对于未成年被告人不适用速裁程序的理由，是速裁程序不进行法庭调查，不利于开展关护帮教和法庭教育，难以充分体现教育感化挽救方针①。但这种特殊需要并不排斥对案件的快速审理，实际上，根据《联合国少年司法最低限度标准规则》第 20 条“每一案件从一开始就应迅速处理，不应有任何不必要的拖延”之规定，未成年人犯罪案件诉讼程序应当坚持迅速简约原则，以减少不当的诉讼拖延给未成年人造成伤害。基于这一点，对于未成年人犯罪案件，虽然不适用速裁程序，但仍应当坚持适用认罪认罚从宽制度快速审理为原则，通过简易程序或普通程序，从快从宽处理，实现对其教育、感化、挽救的目标。

2. 认罪认罚自愿性审查

认罪认罚的自愿性，是指犯罪嫌疑人的有罪供述和其对检察机关有罪指控、量刑建议及程序适用的认可，以其认知的完备、意志的自由为前提。对侦查阶段认罪认罚的案件，人民检察院应当重点审查以下内容：（1）犯罪嫌疑人是否自愿认罪认罚，有无因受到暴力、威胁、引诱而违背意愿认罪认罚；（2）犯罪嫌疑人认罪认罚时的认知能力和精神状态是否正常；（3）犯罪嫌疑人是否理解认罪认罚的性质和可能导致的法律后果；（4）侦查机关是否告知犯罪嫌疑人享有的诉讼权利，如实供述自己罪行可以从宽处理和认罪认罚的法律规定，并听取意见；（5）起诉意见书中是否写明犯罪嫌疑人的认

---

① 2018 年 10 月 22 日《全国人民代表大会宪法和法律委员会关于〈中华人民共和国刑事诉讼法（修正草案）〉审议结果的报告》。

罪认罚情况；（6）犯罪嫌疑人是否真诚悔罪，是否向被害人赔礼道歉。经审查，犯罪嫌疑人违背意愿认罪认罚的，人民检察院可以重新开展认罪认罚工作。存在刑讯逼供等非法取证行为的，依照法律规定处理。

关于自愿性的审查方法，考虑到自愿性作为犯罪嫌疑人进行诉讼行为的主观状态，很难用单一的标准判定，在审查起诉过程中，应注意综合运用多种方法进行审查：

第一，审查在案其他证据。如果犯罪嫌疑人是自愿作有罪供述的，那么其供述的内容一般是真实的，与其他在案的证据能够印证。反之，如果犯罪嫌疑人的有罪供述与在案证据矛盾，或者得不到在案证据的印证，尤其是不能与客观性证据印证，那么有罪供述就可能不是其自愿作出的。因此，办案人员在审查卷宗时，要仔细核对有罪供述与其他证据，尤其是犯罪细节，印证度越高，有罪供述越真实，其自愿性越强。

第二，查看讯问犯罪嫌疑人的同步录音、录像。同步录音、录像全面反映犯罪嫌疑人接受讯问时的真实状态，既能看出讯问时是否存在刑讯逼供、诱供的情形，又是判断讯问笔录内容与犯罪嫌疑人供述是否一致的重要依据。

第三，向犯罪嫌疑人核实。讯问犯罪嫌疑人时，了解其在侦查阶段的有罪供述是否出于自愿，是否在讯问时或者讯问前受到过办案人员的暴力、威胁、引诱或者欺骗。要向犯罪嫌疑人详细说明认罪认罚从宽法律制度，使其真正明白认罪认罚的法律后果。

第四，征询辩护人或者值班律师的意见。实践中，有些犯罪嫌疑人不相信司法办案人员，但愿意对自己的辩护人或者值班律师说出真心话，因此在审查过程中应当重视与辩护人或者值班律师进行沟通。

3. 关于认罪认罚后“从宽”的把握

办理认罪认罚案件，应当依照刑法、刑事诉讼法的基本原则，根据犯罪的事实、性质、情节和对社会的危害程度，结合法定、酌定的量刑情节，综合考虑认罪认罚的具体情况，依法决定是否从宽、如何从宽。对于减轻、免除处罚，应当于法有据；不具备减轻处罚情节的，应当在法定幅度以内提出从轻处罚的量刑建议和量刑；对其中犯罪情节轻微不需要判处刑罚的，可以依法作出不起诉决定或者判决免予刑事处罚。

办理认罪认罚案件，应当区别认罪认罚的不同诉讼阶段、对查明案件事实的价值和意义、是否确有悔罪表现，以及罪行严重程度等，综合考量确定从宽的限度和幅度。在刑罚评价上，主动认罪优于被动认罪，早认罪优于晚认罪，彻底认罪优于不彻底认罪，稳定认罪优于不稳定认罪。认罪认罚的从宽幅度一般应当大于仅有坦白或者虽认罪但不认罚的从宽幅度。对犯罪嫌疑人、被告人具有自首、坦白情节，同时认罪认罚的，应当在法定刑幅度内给予相对更大的从宽幅度。认罪认罚与自首、坦白不作重复评价。对罪行较轻、人身危险性较小的，特别是初犯、偶犯，从宽幅度可以大一些；罪行较重、人身危险性较大的，以及累犯、再犯，从宽幅度应当从严把握。

4. 对认罪认罚案件起诉前犯罪嫌疑人反悔的处理

犯罪嫌疑人认罪认罚，签署认罪认罚具结书，在人民检察院提起公诉前反悔的，具结书失效，人民检察院应当在全面审查事实证据的基础上，依法提起公诉。

[配套规定]

1.《中华人民共和国刑法》（2017年11月4日公布并施行）（节录）

第十八条 精神病人在不能辨认或者不能控制自己行为的时候造成危害结果，经法定程序鉴定确认的，不负刑事责任，但是应当责令他的家属或者监护人严加看管和医疗；在必要的时候，由政府强制医疗。

间歇性的精神病人在精神正常的时候犯罪，应当负刑事责任。

尚未完全丧失辨认或者控制自己行为能力的精神病人犯罪的，应当负刑事责任，但是可以从轻或者减轻处罚。

醉酒的人犯罪，应当负刑事责任。

2.《最高人民法院、最高人民检察院、公安部、国家安全部、司法部关于开展法律援助值班律师工作的意见》（2017年8月8日公布并施行）（节录）

二、法律援助值班律师应当依法履行下列工作职责：

（一）解答法律咨询。

（二）引导和帮助犯罪嫌疑人、刑事被告人及其近亲属申请法律援助，转交申请材料。

（三）在认罪认罚从宽制度改革试点中，为自愿认罪认罚的犯罪嫌疑人、刑事被告人提供法律咨询、程序选择、申请变更强制措施等法律帮助，对检察机关定罪量刑建议提出意见，犯罪嫌疑人签署认罪认罚具结书应当有值班律师在场。

（四）对刑讯逼供、非法取证情形代理申诉、控告。

（五）承办法律援助机构交办的其他任务。

法律援助值班律师不提供出庭辩护服务。符合法律援助条件的犯罪嫌疑人、刑事被告人，可以依申请或通知由法律援助机构为其指派律师提供辩护。

3.《人民检察院刑事诉讼规则》（高检发释字［2019］4号）（2019年12月30日公布并施行）（节录）

第二百六十七条 人民检察院办理犯罪嫌疑人认罪认罚案件，应当保障犯罪嫌疑人获得有效法律帮助，确保其了解认罪认罚的性质和法律后果，自愿认罪认罚。

人民检察院受理案件后，应当向犯罪嫌疑人了解其委托辩护人的情况。犯罪嫌疑人自愿认罪认罚、没有辩护人的，在审查逮捕阶段，人民检察院应当要求公安机关通知值班律师为其提供法律帮助；在审查起诉阶段，人民检察院应当通知值班律师为其提供法律帮助。符合通知辩护条件的，应当依法通知法律援助机构指派律师为其提供辩护。

第二百六十八条 人民检察院应当商法律援助机构设立法律援助工作站派驻值班律师或者及时安排值班律师，为犯罪嫌疑人提供法律咨询、程序选择建议、申请变更强制措施、对案件处理提出意见等法律帮助。

人民检察院应当告知犯罪嫌疑人有权约见值班律师，并为其约见值班律师提供便利。

第二百六十九条 犯罪嫌疑人认罪认罚的，人民检察院应当告知其享有的诉讼权利和认罪认罚的法律规定，听取犯罪嫌疑人、辩护人或者值班律师、被害人及其诉讼代理人对下列事项的意见，并记录在案：

（一）涉嫌的犯罪事实、罪名及适用的法律规定；

（二）从轻、减轻或者免除处罚等从宽处罚的建议；

（三）认罪认罚后案件审理适用的程序；

（四）其他需要听取意见的事项。

依照前款规定听取值班律师意见的，应当提前为值班律师了解案件有关情况提供必要的便利。自人民检察院对案件审查起诉之日起，值班律师可以查阅案卷材料，了解案情。人民检察院应当为值班律师查阅案卷材料提供便利。

人民检察院不采纳辩护人或者值班律师所提意见的，应当向其说明理由。

第二百七十条 批准或者决定逮捕，应当将犯罪嫌疑人涉嫌犯罪的性质、情节，认罪认罚等情况，作为是否可能发生社会危险性的考虑因素。

已经逮捕的犯罪嫌疑人认罪认罚的，人民检察院应当及时对羁押必要性进行审查。经审查，认为没有继续羁押必要的，应当予以释放或者变更强制措施。

第二百七十一条 审查起诉阶段，对于在侦查阶段认罪认罚的案件，人民检察院应当重点审查以下内容：

（一）犯罪嫌疑人是否自愿认罪认罚，有无因受到暴力、威胁、引诱而违背意愿认罪认罚；

（二）犯罪嫌疑人认罪认罚时的认知能力和精神状态是否正常；

（三）犯罪嫌疑人是否理解认罪认罚的性质和可能导致的法律后果；

（四）公安机关是否告知犯罪嫌疑人享有的诉讼权利，如实供述自己罪行可以从宽处理和认罪认罚的法律规定，并听取意见；

（五）起诉意见书中是否写明犯罪嫌疑人认罪认罚情况；

（六）犯罪嫌疑人是否真诚悔罪，是否向被害人赔礼道歉。

经审查，犯罪嫌疑人违背意愿认罪认罚的，人民检察院可以重新开展认罪认罚工作。存在刑讯逼供等非法取证行为的，依照法律规定处理。

第二百七十二条 犯罪嫌疑人自愿认罪认罚，同意量刑建议和程序适用的，应当在辩护人或者值班律师在场的情况下签署认罪认罚具结书。具结书应当包括犯罪嫌疑人如实供述罪行、同意量刑建议和程序适用等内容，由犯罪嫌疑人及其辩护人、值班律师签名。

犯罪嫌疑人具有下列情形之一的，不需要签署认罪认罚具结书：

（一）犯罪嫌疑人是盲、聋、哑人，或者是尚未完全丧失辨认或者控制自己行为能力的精神病人的；

（二）未成年犯罪嫌疑人的法定代理人、辩护人对未成年人认罪认罚有异议的；

（三）其他不需要签署认罪认罚具结书的情形。

有前款情形，犯罪嫌疑人未签署认罪认罚具结书的，不影响认罪认罚从宽制度的适用。

第二百七十三条 犯罪嫌疑人认罪认罚，人民检察院经审查，认为符合速裁程序适用条件的，应当在十日以内作出是否提起公诉的决定，对可能判处的有期徒刑超过一年的，可以延长至十五日；认为不符合速裁程序适用条件的，应当在本规则第三百五十一条规定的期限以内作出是否提起公诉的决定。

对于公安机关建议适用速裁程序办理的案件，人民检察院负责案件管理的部门应当在受理案件的当日将案件移送负责捕诉的部门。

第二百七十四条　认罪认罚案件，人民检察院向人民法院提起公诉的，应当提出量刑建议，在起诉书中写明被告人认罪认罚情况，并移送认罪认罚具结书等材料。量刑建议可以另行制作文书，也可以在起诉书中写明。

第二百七十五条　犯罪嫌疑人认罪认罚的，人民检察院应当就主刑、附加刑、是否适用缓刑等提出量刑建议。量刑建议一般应当为确定刑。对新类型、不常见犯罪案件，量刑情节复杂的重罪案件等，也可以提出幅度刑量刑建议。

第二百七十六条　办理认罪认罚案件，人民检察院应当将犯罪嫌疑人是否与被害方达成和解或者调解协议，或者赔偿被害方损失，取得被害方谅解，或者自愿承担公益损害修复、赔偿责任，作为提出量刑建议的重要考虑因素。

犯罪嫌疑人自愿认罪并且愿意积极赔偿损失，但由于被害方赔偿请求明显不合理，未能达成和解或者调解协议的，一般不影响对犯罪嫌疑人从宽处理。

对于符合当事人和解程序适用条件的公诉案件，犯罪嫌疑人认罪认罚的，人民检察院应当积极促使当事人自愿达成和解。和解协议书和被害方出具的谅解意见应当随案移送。被害方符合司法救助条件的，人民检察院应当积极协调办理。

第二百七十七条　犯罪嫌疑人认罪认罚，人民检察院拟提出适用缓刑或者判处管制的量刑建议，可以委托犯罪嫌疑人居住地的社区矫正机构进行调查评估，也可以自行调查评估。

第二百七十八条　犯罪嫌疑人认罪认罚，人民检察院依照刑事诉讼法第一百七十七条第二款作出不起诉决定后，犯罪嫌疑人反悔的，人民检察院应当进行审查，并区分下列情形依法作出处理：

（一）发现犯罪嫌疑人没有犯罪事实，或者符合刑事诉讼法第十六条规定的情形之一的，应当撤销原不起诉决定，依照刑事诉讼法第一百七十七条第一款的规定重新作出不起诉决定；

（二）犯罪嫌疑人犯罪情节轻微，依照刑法不需要判处刑罚或者免除刑罚的，可以维持原不起诉决定；

（三）排除认罪认罚因素后，符合起诉条件的，应当根据案件具体情况撤销原不起诉决定，依法提起公诉。

第二百七十九条 犯罪嫌疑人自愿如实供述涉嫌犯罪的事实，有重大立功或者案件涉及国家重大利益的，经最高人民检察院核准，公安机关可以撤销案件，人民检察院可以作出不起诉决定，也可以对涉嫌数罪中的一项或者多项不起诉。

前款规定的不起诉，应当由检察长决定。决定不起诉的，人民检察院应当及时对查封、扣押、冻结的财物及其孳息作出处理。

第一百七十五条 人民检察院审查案件，可以要求公安机关提供法庭审判所必需的证据材料；认为可能存在本法第五十六条规定的以非法方法收集证据情形的，可以要求其对证据收集的合法性作出说明。

人民检察院审查案件，对于需要补充侦查的，可以退回公安机关补充侦查，也可以自行侦查。

对于补充侦查的案件，应当在一个月以内补充侦查完毕。补充侦查以二次为限。补充侦查完毕移送人民检察院后，人民检察院重新计算审查起诉期限。

对于二次补充侦查的案件，人民检察院仍然认为证据不足，不符合起诉条件的，应当作出不起诉的决定。

[条文主旨]

本条是关于补充侦查的规定。

[条文释解]

本条是1979年《刑事诉讼法》的规定，该法第99条第1款规定：“人民检察院审查案件，对于需要补充侦查的，可以自行侦查，也可以退回公安机关补充侦查。”1996年《刑事诉讼法》修改时，考虑到实践中对补充侦查存在认识不同，补充侦查次数不确定等问题，对 1979 年《刑事诉讼法》作了四处修改：一是增加规定人民检察院审查案件，可以要求公安机关提供法庭审判所必需的证据材料。二是将原来规定的“对于需要补充侦查的，可以自行侦查，也可以退回公安机关补充侦查”修改为“对于需要补充侦查的，可以退回公安机关补充侦查，也可以自行侦查。”三是对于补充侦查的案件，增加规定补充侦查次数以二次为限，补充侦查完毕移送人民检察院后，人民检察院重新计算审查起诉期限。四是增加规定对于补充侦查的案件，人民检察院仍然认为证据不足，不符合起诉条件的，可以作出不起诉的决定。

2012 年《刑事诉讼法》对本条作了两处修改：一是在第 1 款“人民检察院审查案件，可以要求公安机关提供法庭审判所必需的证据材料”之外，增加规定“认为可能存在本法第五十四条规定的以非法方法收集证据情形的，可以要求其对证据收集的合法性作出说明。”作此修改是因为该条规定“在侦查、审查起诉、审判时发现有应当排除的证据的，应当依法予以排除，不得作为起诉意见、起诉决定和判决的依据”因此，人民检察院在审查起诉时有审查证据合法性的义务。二是将原规定“对于补充侦查的案件，人民检察院仍然认为证据不足，不符合起诉条件的，可以作出不起诉的决定”修改为“对于二次补充侦查的案件，人民检察院仍然认为证据不足，不符合起诉条件的，应当作出不起诉的决定”。作此修改之后，经过二次补充侦查仍然证据不足，不符合起诉条件的案件的法律后果更加确定，即人民检察院应当作出不起诉决定。2018 年未作实质修改。

本条分为四款。第 1 款是关于人民检察院可以要求公安机关提供法庭审判所必需的证据材料以及对证据收集的合法性作出说明的规定。根据本款规定，应注意以下两点：

一是人民检察院审查案件，可以要求公安机关提供法庭审判所必需的证据材料，是指人民检察院对公安机关移送起诉的案件经过全面的审查核实后，认为证明案件事实的某些证据还不够确实、充分，还有一些遗漏应当进行补充，那么就可以要求公安机关提供某些个别的证据材料，此种情况不属于补充侦查。《人民检察院刑事诉讼规则》第 340 条规定：“人民检察院对监察机关或者公安机关移送的案件进行审查后，在人民法院作出生效判决之前，认为需要补充提供证据材料的，可以书面要求监察机关或者公安机关提供。”因此，在法院作出生效判决前，人民检察院可以要求公安机关提供证据材料，要求的方式可以是书面的，实践中若需提供的材料比较简单，也可以以口头方式提出要求。

二是认为可能存在本法第56条规定的以非法方法收集证据情形的，可以要求其对证据收集的合法性作出说明。本法第56条规定："采用刑讯逼供等非法方法收集的犯罪嫌疑人、被告人供述和采用暴力、威胁等非法方法收集的证人证言、被害人陈述，应当予以排除。收集物证、书证不符合法定程序，可能严重影响司法公正的，应当予以补正或者作出合理解释；不能补正或者作出合理解释的，对该证据应当予以排除。在侦查、审查起诉、审判时发现有应当排除的证据的，应当依法予以排除，不得作为起诉意见、起诉决定和判决的依据。"人民检察院在审查案件时如发现上述情形，可以要求公安机关对证据收集的合法性作出说明，公安机关应当按照要求作出说明或者提供相关证明材料。

第2款是关于人民检察院对需要补充侦查的案件如何处理的规定。根据本款规定，人民检察院对于需要补充侦查的案件，一种方式是退回公安机关补充侦查，另一种方式是自行侦查。1996年《刑事诉讼法》修改时将"自行侦查"和"退回公安机关补充侦查"调换位置，主要考虑对于公安机关移送起诉的案件，人民检察院的主要任务是审查起诉，侦查的工作还应当由公安机关负责。"退回公安机关补充侦查"是指人民检察院认为犯罪事实不清、证据不足或者遗漏罪行、遗漏同案犯罪嫌疑人等情形需要补充侦查的，应当向侦查部门提出补充侦查的书面意见，连同案卷材料一并退回侦查部门补充侦查。"自行侦查"是指人民检察院对于部分证据有能力侦查、自行侦查更方便或者更有利于获取真实的证据、更节约司法资源的情形，人民检察院可以自行侦查。本款规定是退回公安机关补充侦查的情况，对于由监察机关调查的涉嫌职务犯罪案件，本法第170条作了相应规定，即人民检察院对于监察机关移送起诉的案件，依照本法和监察法的有关规定进行审查。人民检察院经审查，认为需要补充核实的，应当退回监察机关补充调查，必要时可以自行补充侦查。

第3款是关于补充侦查的时限、次数以及重新计算审查起诉期限的规定。根据本款规定，公安机关对于退回补充侦查的案件，应当自收到补充侦查的法律文书的第二日起按照补充侦查提纲在一个月内补充侦查完毕。补充侦查完毕移送审查起诉的，人民检察院重新计算审查起诉期限。《监察法》第47条也规定，对于补充调查的案件，应当在一个月内补充调查完毕。本款规定补充侦查最多不超过两次，作此规定的目的是防止检察机关滥用补充侦查权来延长办案期限。

第 4 款是关于二次补充侦查后仍然证据不足如何处理的规定。根据本款规定，对于二次补充侦查的案件，人民检察院仍然认为证据不足，不符合起诉条件的，应当作出不起诉的决定。《人民检察院刑事诉讼规则》第 367 条规定，“人民检察院对于经过一次退回补充调查或者补充侦查的案件，认为证据不足，不符合起诉条件，且没有再次退回补充调查或者补充侦查必要的，经检察长批准，可以作出不起诉决定。”这一规定说明经过一次补充侦查，人民检察院认为仍然证据不足，不符合起诉条件，且没有再次退回补充调查或者补充侦查必要的，检察长可直接作出不起诉决定，不是必须经过二次补充侦查才能作出不起诉决定。

[司法实务]

严格审查退回补充侦查的必要性，完善退回补充侦查引导和说理机制

从司法实践来看，一个案件经历二次退回补充侦查，经历的诉讼环节增多、办案时间增长，当事人对司法活动的负面感受也随之增强，办案的社会效果变差。有的案件经过二次退回补充侦查，效果仍不理想；有的退回补充侦查提纲制作得较为粗糙，侦查机关难以操作。新修订的《人民检察院刑事诉讼规则》对审查起诉阶段退回公安机关补充侦查的案件，人民检察院应当制作补充侦查提纲，写明需要补充侦查的事项、理由、侦查方向、需补充收集的证据及其证明作用等，送交公安机关。退回补充侦查提纲制作精细化、实质化，目的是便于侦查机关“照方抓药”，及时补充收集指控犯罪所必需的证据，使案件重新移送人民检察院后能够顺利诉出去，避免不必要的再次退回补充侦查或者因证据不足而放纵犯罪分子。如果检察机关和侦查机关都把工作做到极致，案件仍然事实不清、证据不足的，应当贯彻疑罪从无原则，依法作出不起诉决定。

[配套规定]

1.《人民检察院刑事诉讼规则》（高检发释字［2019］4 号）（2019 年 12 月 30 日公布并施行）（节录）

第三百四十条　人民检察院对监察机关或者公安机关移送的案件进行审

查后，在人民法院作出生效判决之前，认为需要补充提供证据材料的，可以书面要求监察机关或者公安机关提供。

第三百四十一条 人民检察院在审查起诉中发现有应当排除的非法证据，应当依法排除，同时可以要求监察机关或者公安机关另行指派调查人员或者侦查人员重新取证。必要时，人民检察院也可以自行调查取证。

第三百四十二条 人民检察院认为犯罪事实不清、证据不足或者存在遗漏罪行、遗漏同案犯罪嫌疑人等情形需要补充侦查的，应当制作补充侦查提纲，连同案卷材料一并退回公安机关补充侦查。人民检察院也可以自行侦查，必要时可以要求公安机关提供协助。

第三百四十三条 人民检察院对于监察机关移送起诉的案件，认为需要补充调查的，应当退回监察机关补充调查。必要时，可以自行补充侦查。

需要退回补充调查的案件，人民检察院应当出具补充调查决定书、补充调查提纲，写明补充调查的事项、理由、调查方向、需补充收集的证据及其证明作用等，连同案卷材料一并送交监察机关。

人民检察院决定退回补充调查的案件，犯罪嫌疑人已被采取强制措施的，应当将退回补充调查情况书面通知强制措施执行机关。监察机关需要讯问的，人民检察院应当予以配合。

第三百四十四条 对于监察机关移送起诉的案件，具有下列情形之一的，人民检察院可以自行补充侦查：

（一）证人证言、犯罪嫌疑人供述和辩解、被害人陈述的内容主要情节一致，个别情节不一致的；

（二）物证、书证等证据材料需要补充鉴定的；

（三）其他由人民检察院查证更为便利、更有效率、更有利于查清案件事实的情形。

自行补充侦查完毕后，应当将相关证据材料入卷，同时抄送监察机关。人民检察院自行补充侦查的，可以商请监察机关提供协助。

第三百四十五条 人民检察院负责捕诉的部门对本院负责侦查的部门移送起诉的案件进行审查后，认为犯罪事实不清、证据不足或者存在遗漏罪行、遗漏同案犯罪嫌疑人等情形需要补充侦查的，应当制作补充侦查提纲，连同案卷材料一并退回负责侦查的部门补充侦查。必要时，也可以自行侦查，可以要求负责侦查的部门予以协助。

第三百四十六条 退回监察机关补充调查、退回公安机关补充侦查的案件，均应当在一个月以内补充调查、补充侦查完毕。

补充调查、补充侦查以二次为限。

补充调查、补充侦查完毕移送起诉后，人民检察院重新计算审查起诉期限。

人民检察院负责捕诉的部门退回本院负责侦查的部门补充侦查的期限、次数按照本条第一款至第三款的规定执行。

第三百四十七条 补充侦查期限届满，公安机关未将案件重新移送起诉的，人民检察院应当要求公安机关说明理由。

人民检察院发现公安机关违反法律规定撤销案件的，应当提出纠正意见。

第三百四十八条 人民检察院在审查起诉中决定自行侦查的，应当在审查起诉期限内侦查完毕。

第三百四十九条 人民检察院对已经退回监察机关二次补充调查或者退回公安机关二次补充侦查的案件，在审查起诉中又发现新的犯罪事实，应当将线索移送监察机关或者公安机关。对已经查清的犯罪事实，应当依法提起公诉。

第三百五十条 对于在审查起诉期间改变管辖的案件，改变后的人民检察院对于符合刑事诉讼法第一百七十五条第二款规定的案件，可以经原受理案件的人民检察院协助，直接退回原侦查案件的公安机关补充侦查，也可以自行侦查。改变管辖前后退回补充侦查的次数总共不得超过二次。

第三百六十八条 具有下列情形之一，不能确定犯罪嫌疑人构成犯罪和需要追究刑事责任的，属于证据不足，不符合起诉条件：

（一）犯罪构成要件事实缺乏必要的证据予以证明的；

（二）据以定罪的证据存在疑问，无法查证属实的；

（三）据以定罪的证据之间、证据与案件事实之间的矛盾不能合理排除的；

（四）根据证据得出的结论具有其他可能性，不能排除合理怀疑的；

（五）根据证据认定案件事实不符合逻辑和经验法则，得出的结论明显不符合常理的。

2.《公安机关办理刑事案件程序规定》（公安部令第127号）（2012年12月13日发布，自2013年1月1日起施行）（节录）

第二百八十四条 侦查终结，移送人民检察院审查起诉的案件，人民检察院退回公安机关补充侦查的，公安机关接到人民检察院退回补充侦查的法律文书后，应当按照补充侦查提纲在一个月以内补充侦查完毕。

补充侦查以二次为限。

第二百八十五条 对人民检察院退回补充侦查的案件，根据不同情况，报县级以上公安机关负责人批准，分别作如下处理：

（一）原认定犯罪事实清楚，证据不够充分的，应当在补充证据后，制作补充侦查报告书，移送人民检察院审查；对无法补充的证据，应当作出说明；

（二）在补充侦查过程中，发现新的同案犯或者新的罪行，需要追究刑事责任的，应当重新制作起诉意见书，移送人民检察院审查；

（三）发现原认定的犯罪事实有重大变化，不应当追究刑事责任的，应当重新提出处理意见，并将处理结果通知退查的人民检察院；

（四）原认定犯罪事实清楚，证据确实、充分，人民检察院退回补充侦查不当的，应当说明理由，移送人民检察院审查。

第二百八十六条 对于人民检察院在审查起诉过程中以及在人民法院作出生效判决前，要求公安机关提供法庭审判所必需的证据材料的，应当及时收集和提供。

3.《最高人民检察院法律政策研究室关于对同案犯罪嫌疑人在逃对解除强制措施的在案犯罪嫌疑人如何适用〈人民检察院刑事诉讼规则〉有关问题的答复》（2002年5月29日）

在共同犯罪案件中，由于同案犯罪嫌疑人在逃，在案犯罪嫌疑人的犯罪事实无法查清，对在案犯罪嫌疑人除取保候审后，对在案的犯罪嫌疑人可以撤销案件，也可以依据刑事诉讼法第一百四十条第四款的规定作出不起诉决定。撤销案件或者作出不起诉决定以后，又发现有犯罪事实需要追究刑事责任的，可以重新立案侦查。

第一百七十六条 人民检察院认为犯罪嫌疑人的犯罪事实已经查清，证据确实、充分，依法应当追究刑事责任的，应当作出起诉决定，按照审判管辖的规定，向人民法院提起公诉，并将案卷材料、证据移送人民法院。

犯罪嫌疑人认罪认罚的，人民检察院应当就主刑、附加刑、是否适用缓刑等提出量刑建议，并随案移送认罪认罚具结书等材料。

[条文主旨]

本条是关于提起公诉的条件、程序和提出量刑建议的规定。

[条文释解]

本条是1979年《刑事诉讼法》的规定，该法第100条规定："人民检察院认为被告人的犯罪事实已经查清，证据确实、充分，依法应当追究刑事责任的，应当作出起诉决定，按照审判管辖的规定，向人民法院提起公诉。"1996年《刑事诉讼法》将该条中的"被告人"修改为"犯罪嫌疑人"。2012年《刑事诉讼法》增加"并将案卷材料、证据移送人民法院"的规定。2016年最高人民法院、最高人民检察院、公安部、国家安全部、司法部《关于在部分地区开展刑事案件认罪认罚从宽制度试点工作的办法》第11条规定："人民检察院向人民法院提起公诉的，应当在起诉书中写明被告人认罪认罚情况，提出量刑建议，并同时移送被告人的认罪认罚具结书等材料。量刑建议一般应当包括主刑、附加刑，并明确刑罚执行方式。可以提出相对明确的量刑幅度，也可以根据案件具体情况，提出确定刑期的量刑建议。建议判处财产刑的，一般应当提出确定的数额。"在认罪认罚制度中规定量刑建议是十分必要的，量刑建议在刑事诉讼中起着承前启后的作用，2018年刑事诉讼法修改，将该办法的有关规定纳入本条，增加第2款关于认罪认罚案件，人民检察院应当提出量刑建议，并随案移送认罪认罚具结书等材料的规定，这是我国刑事诉讼法第一次明确规定量刑建议制度。

本条共分为两款。第1款是关于提起公诉的条件和程序的规定。根据本款规定，人民检察院向人民法院提起公诉必须具备以下条件：一是犯罪事实已经查清。"犯罪事实"是指犯罪的主要事实，对犯罪主要事实已经查清。在实践中存在对案件的一些个别细节或情节无法查清的，只要不影响定罪量刑，可不予强求必须查清。二是证据确实、充分。本法第55条明确规定了"证据确实、充分"应当符合的条件，这一规定同样适用对本条的解释。三是依法应当追究刑事责任。是指根据《刑法》的规定，犯罪嫌疑人具备刑事责任能力，应当对其判处刑罚，不存在本法第16条规定的不予追究刑事责任的情形。

同时满足上述三个条件，人民检察院应当按照以下要求办理：1. 作出起诉决定。人民检察院作出起诉决定应当制作起诉书。2. 按照审判管辖的规定，向人民法院提起公诉。所谓“审判管辖”是指本法第 20 条至第 28 条的规定，人民检察院依照相关审判管辖的规定制作起诉书，按照程序向有管辖权的人民法院提起公诉。3. 将案卷材料、证据移送人民法院。这里所说的“案卷材料”是指全案的证据材料，既包括证明犯罪事实及严重程度的证据，也包括证明犯罪嫌疑人无罪或有从轻、减轻处罚情节的证据。

第 2 款是关于认罪认罚案件人民检察院提出量刑建议的规定，具体包含以下几个方面的内容：

一是犯罪嫌疑人认罪认罚的案件，人民检察院作出起诉决定，向人民法院提起公诉的，应当提出量刑建议。《最高人民法院关于适用〈中华人民共和国刑事诉讼法〉的解释》第 230 条规定：“人民检察院可以提出量刑建议并说明理由，量刑建议一般应当具有一定的幅度。当事人及其辩护人、诉讼代理人可以对量刑提出意见并说明理由。”故而，在 2018 年《刑事诉讼法》修改以前，人民检察院对公诉案件是“可以”提出量刑建议，而不是“应当”。2018 年新增本款规定后，对于犯罪嫌疑人认罪认罚的案件，人民检察院“应当”提出量刑建议，限缩了“可以”的适用范围，将认罪认罚案件排除在外。

二是人民检察院应当就“主刑、附加刑、是否适用缓刑等”提出量刑建议。根据刑法的相关规定，刑罚分为主刑和附加刑。主刑的种类包括：管制、拘役、有期徒刑、无期徒刑、死刑。附加刑的种类包括：罚金、剥夺政治权利、没收财产，附加刑也可以独立适用。缓刑是有条件地不执行刑罚，即对一些特定的犯罪分子，在其具备了法定条件后，可以在一定期限内暂缓其刑罚的执行。缓刑是我国刑罚执行方式的一种类型，而不是刑罚。2016 年《关于在部分地区开展刑事案件认罪认罚从宽制度试点工作的办法》规定“量刑建议一般应当包括主刑、附加刑，并明确刑罚执行方式”，2018 年《刑事诉讼法》更加明确了量刑建议的内容，由“刑罚执行方式”修改为“是否适用缓刑”。

三是提出量刑建议的，人民检察院还要随案移送认罪认罚具结书等材料。因为本条第 1 款已经规定全案的证据材料都应当在提起公诉时一并移送人民法院，因此这里所说的“材料”主要是针对认罪认罚案件的，除关键的认罪认罚具结书外，办案机关还会适用其他文书，如权利义务告知书以及其他与认罪认罚、赔偿或者和解相关的文书材料，人民检察院移送上述相关材料，以便人民法院更全面、准确地判断认罪认罚的自愿性和合法性。

[司法实务]

1. 量刑建议书的主要内容

量刑建议书的主要内容应当包括被告人所犯罪行的法定刑、量刑情节、人民检察院建议人民法院对被告人处以刑罚的种类、刑罚幅度、可以适用的刑罚执行方式以及提出量刑建议的依据和理由等。

2. 认罪认罚案件量刑建议的效力问题

认罪认罚案件的量刑建议，与非认罪认罚案件的量刑建议既有相同之处，又有所不同。相同之处在于，量刑建议的性质相同，都是求刑权。不同之处在于，认罪认罚案件中的量刑建议，是控辩双方协商后达成的“合意”，以犯罪嫌疑人认罪认罚为前提，以检察机关的量刑减让为承诺。因此，认罪认罚案件中的量刑建议具有一定的司法公信力，其效力与非认罪认罚案件不完全相同，即经过犯罪嫌疑人签署具结书同意的量刑建议，除法定情形外，人民法院一般应当采纳。而非认罪认罚案件中的量刑建议不具有此等法律效力。

3. 认罪认罚案件检察机关提出量刑建议的内容应当全面

全面、具体的量刑建议既是对犯罪嫌疑人知悉权的重要保障，也是对检察机关的一种约束。具体而言，犯罪嫌疑人通过检察机关提出的量刑建议了解认罪认罚的后果，权衡后作出认罪与否的选择。如果量刑建议不全面、不具体，犯罪嫌疑人可能对量刑建议朝着有利于自己的方向去理解而出现偏差，也容易引发检法机关产生分歧，最终导致法院作出的判决与犯罪嫌疑人根据自身理解所能接受的后果不一致，从而违背认罪认罚自愿、真实的要求。

4. 正确处理检察机关量刑建议与人民法院刑罚裁量的关系

量刑建议是确定刑还是幅度刑，是速裁程序与认罪认罚从宽制度试点过程中面对的一个重要问题。试点中两种模式都存在，有观点认为：量刑建议越具体，犯罪嫌疑人对结果的预期越明确，达成认罪认罚具结的可能性就越大，对判决的接受度也就越高。精准确定刑的建议一方面可以更好地激活认罪认罚从宽制度的“激励机制”，有利于犯罪嫌疑人自愿作出认罪认罚的选择；另一方面也意味着控辩双方围绕量刑问题，展开实质性的平等沟通与协商，最终形成了控辩合意，这对量刑建议的合理性、可接受性、认可度都有积极的保障价值，可以防止事后因量刑问题引发上诉、抗诉以及程序回转等问题，从而有利于认罪认罚从宽制度的推进和稳定适用[①]。也有观点提出质疑，一方面是检察机关精准确定刑的建议侵袭了审判权，基本排除了法院量刑的自由裁量空间，审判权中的量刑权变成了确认权，求刑权变成了裁决权。另一方面是从客观上来讲，检察官提出精准量刑建议的经验不足，能力还有待提升。

检察机关的量刑建议权是公诉权的组成部分，其性质属于求刑权，包含量刑建议的公诉权，是完整意义上的请求权。至于检察机关定罪量刑的诉求、建议是否被采纳，仍需人民法院依法审理后作出裁判决定。为认罪认罚从宽制度的推进和稳定适用，2019 年 10 月 11 日《最高人民法院、最高人民检察院、公安部、国家安全部、司法部关于适用认罪认罚从宽制度的指导意见》明确了上述争议，该意见指出："办理认罪认罚案件，人民检察院一般应当提出确定刑量刑建议。对新类型、不常见犯罪案件，量刑情节复杂的重罪案件等，也可以提出幅度刑量刑建议。提出量刑建议，应当说明理由和依据。犯罪嫌疑人认罪认罚没有其他法定量刑情节的，人民检察院可以根据犯罪的事实、性质等，在基准刑基础上适当减让提出确定刑量刑建议。有其他法定量刑情节的，人民检察院应当综合认罪认罚和其他法定量刑情节，参照相关量刑规范提出确定刑量刑建议。"该意见的出台既增加了检察官的工作量，也对检察官提出了更高的要求，现阶段检察官在提出确定刑量刑建议前与法官进行充分沟通十分必要，同时法、检两家应共同研究出台量刑规则或量刑指导意见，为规范、准确提出量刑建议提供依据。

5. 关于前置社区矫正调查评估的问题

适用认罪认罚从宽制度的案件，人民检察院在向犯罪嫌疑人提出量刑建议时，不但要对主刑、附加刑提出建议，还要对是否适用缓刑提出建议。实践中，对被告人宣告缓刑一般都要有司法行政部门出具的符合适用缓刑条件的社区调查报告，而此报告的出具往往需要占用数日甚至十日以上的时间。在适用速裁程序的认罪认罚案件中，由于法律规定的审查期限短，案件运行周期快，难免出现社区调查报告晚于起诉时间的问题。为解决这一问题，

① 中国新闻网：《最高检回应：认罪认罚案件为何要强调量刑建议精准化》，2019 年 12 月 25 日访问。

《最高人民法院、最高人民检察院、公安部、国家安全部、司法部关于适用认罪认罚从宽制度的指导意见》作出相关规定，在侦查阶段，“犯罪嫌疑人认罪认罚，可能判处管制、宣告缓刑的，公安机关可以委托犯罪嫌疑人居住地的社区矫正机构进行调查评估。公安机关在侦查阶段委托社区矫正机构进行调查评估，社区矫正机构在公安机关移送审查起诉后完成调查评估的，应当及时将评估意见提交受理案件的人民检察院或者人民法院，并抄送公安机关”。也就是说，由公安机关在侦查过程中直接先行委托司法行政部门进行社区调查，待调查报告出具后，再将案件移送审查起诉。该指导意见同时还规定在审查起诉阶段，“犯罪嫌疑人认罪认罚，人民检察院拟提出缓刑或者管制量刑建议的，可以及时委托犯罪嫌疑人居住地的社区矫正机构进行调查评估，也可以自行调查评估。人民检察院提起公诉时，已收到调查材料的，应当将材料一并移送，未收到调查材料的，应当将委托文书随案移送；在提起公诉后收到调查材料的，应当及时移送人民法院”。

[配套规定]

1.《最高人民法院、最高人民检察院、公安部、国家安全部、司法部关于在部分地区开展刑事案件认罪认罚从宽制度试点工作的办法》（法[2016] 386号）（2016年11月11日公布并施行）（节录）

第十一条　人民检察院向人民法院提起公诉的，应当在起诉书中写明被告人认罪认罚情况，提出量刑建议，并同时移送被告人的认罪认罚具结书等材料。

量刑建议一般应当包括主刑、附加刑，并明确刑罚执行方式。可以提出相对明确的量刑幅度，也可以根据案件具体情况，提出确定刑期的量刑建议。建议判处财产刑的，一般应当提出确定的数额。

2.《最高人民法院、最高人民检察院、公安部、国家安全部、司法部关于适用认罪认罚从宽制度的指导意见》（2019年10月11日公布并施行）（节录）

16. 听取意见。办理认罪认罚案件，应当听取被害人及其诉讼代理人的意见，并将犯罪嫌疑人、被告人是否与被害方达成和解协议、调解协议或者赔偿被害方损失，取得被害方谅解，作为从宽处罚的重要考虑因素。人民检察院、公安机关听取意见情况应当记录在案并随案移送。

17. 促进和解谅解。对符合当事人和解程序适用条件的公诉案件，犯罪嫌疑人、被告人认罪认罚的，人民法院、人民检察院、公安机关应当积极促进当事人自愿达成和解。对其他认罪认罚案件，人民法院、人民检察院、公安机关可以促进犯罪嫌疑人、被告人通过向被害方赔偿损失、赔礼道歉等方式获得谅解，被害方出具的谅解意见应当随案移送。

人民法院、人民检察院、公安机关在促进当事人和解谅解过程中，应当向被害方释明认罪认罚从宽、公诉案件当事人和解适用程序等具体法律规定，充分听取被害方意见，符合司法救助条件的，应当积极协调办理。

18. 被害方异议的处理。被害人及其诉讼代理人不同意对认罪认罚的犯罪嫌疑人、被告人从宽处理的，不影响认罪认罚从宽制度的适用。犯罪嫌疑人、被告人认罪认罚，但没有退赃退赔、赔偿损失，未能与被害方达成调解或者和解协议的，从宽时应当予以酌减。犯罪嫌疑人、被告人自愿认罪并且愿意积极赔偿损失，但由于被害方赔偿请求明显不合理，未能达成调解或者和解协议的，一般不影响对犯罪嫌疑人、被告人从宽处理。

35. 侦查阶段的社会调查。犯罪嫌疑人认罪认罚，可能判处管制、宣告缓刑的，公安机关可以委托犯罪嫌疑人居住地的社区矫正机构进行调查评估。

公安机关在侦查阶段委托社区矫正机构进行调查评估，社区矫正机构在公安机关移送审查起诉后完成调查评估的，应当及时将评估意见提交受理案件的人民检察院或者人民法院，并抄送公安机关。

36. 审查起诉阶段的社会调查。犯罪嫌疑人认罪认罚，人民检察院拟提出缓刑或者管制量刑建议的，可以及时委托犯罪嫌疑人居住地的社区矫正机构进行调查评估，也可以自行调查评估。人民检察院提起公诉时，已收到调查材料的，应当将材料一并移送，未收到调查材料的，应当将委托文书随案移送；在提起公诉后收到调查材料的，应当及时移送人民法院。

37. 审判阶段的社会调查。被告人认罪认罚，人民法院拟判处管制或者宣告缓刑的，可以及时委托被告人居住地的社区矫正机构进行调查评估，也可以自行调查评估。

社区矫正机构出具的调查评估意见，是人民法院判处管制、宣告缓刑的重要参考。对没有委托社区矫正机构进行调查评估或者判决前未收到社区矫正机构调查评估报告的认罪认罚案件，人民法院经审理认为被告人符合管制、缓刑适用条件的，可以判处管制、宣告缓刑。

3.《人民检察院刑事诉讼规则》（高检发释字［2019］4号）（2019年12月30日公布并施行）（节录）

第二百七十四条 认罪认罚案件，人民检察院向人民法院提起公诉的，应当提出量刑建议，在起诉书中写明被告人认罪认罚情况，并移送认罪认罚具结书等材料。量刑建议可以另行制作文书，也可以在起诉书中写明。

第二百七十五条 犯罪嫌疑人认罪认罚的，人民检察院应当就主刑、附加刑、是否适用缓刑等提出量刑建议。量刑建议一般应当为确定刑。对新类型、不常见犯罪案件，量刑情节复杂的重罪案件等，也可以提出幅度刑量刑建议。

第二百七十六条 办理认罪认罚案件，人民检察院应当将犯罪嫌疑人是否与被害方达成和解或者调解协议，或者赔偿被害方损失，取得被害方谅解，或者自愿承担公益损害修复、赔偿责任，作为提出量刑建议的重要考虑因素。

犯罪嫌疑人自愿认罪并且愿意积极赔偿损失，但由于被害方赔偿请求明显不合理，未能达成和解或者调解协议的，一般不影响对犯罪嫌疑人从宽处理。

对于符合当事人和解程序适用条件的公诉案件，犯罪嫌疑人认罪认罚的，人民检察院应当积极促使当事人自愿达成和解。和解协议书和被害方出具的谅解意见应当随案移送。被害方符合司法救助条件的，人民检察院应当积极协调办理。

第二百七十七条 犯罪嫌疑人认罪认罚，人民检察院拟提出适用缓刑或者判处管制的量刑建议，可以委托犯罪嫌疑人居住地的社区矫正机构进行调查评估，也可以自行调查评估。

第三百六十四条 人民检察院提起公诉的案件，可以向人民法院提出量刑建议。除有减轻处罚或者免除处罚情节外，量刑建议应当在法定量刑幅度内提出。建议判处有期徒刑、管制、拘役的，可以具有一定的幅度，也可以提出具体确定的建议。

提出量刑建议的，可以制作量刑建议书，与起诉书一并移送人民法院。量刑建议书的主要内容应当包括被告人所犯罪行的法定刑、量刑情节、建议人民法院对被告人判处刑罚的种类、刑罚幅度、可以适用的刑罚执行方式以及提出量刑建议的依据和理由等。

认罪认罚案件的量刑建议，按照本章第二节的规定办理。

4.《最高人民法院、最高人民检察院、公安部、国家安全部、司法部、全国人大常委会法制工作委员会关于实施刑事诉讼法若干问题的规定》（2012年12月26日公布，2013年1月1日起施行）（节录）

23. 上级公安机关指定下级公安机关立案侦查的案件，需要逮捕犯罪嫌疑人的，由侦查该案件的公安机关提请同级人民检察院审查批准；需要提起公诉的，由侦查该案件的公安机关移送同级人民检察院审查起诉。

人民检察院对于审查起诉的案件，按照刑事诉讼法的管辖规定，认为应当由上级人民检察院或者同级其他人民检察院起诉的，应当将案件移送有管辖权的人民检察院。人民检察院认为需要依照刑事诉讼法的规定指定审判管辖的，应当协商同级人民法院办理指定管辖有关事宜。

24. 人民检察院向人民法院提起公诉时，应当将案卷材料和全部证据移送人民法院，包括犯罪嫌疑人、被告人翻供的材料，证人改变证言的材料，以及对犯罪嫌疑人、被告人有利的其他证据材料。

5.《最高人民法院、最高人民检察院、公安部、司法部关于对判处管制、宣告缓刑的犯罪分子适用禁止令有关问题的规定（试行）》（法发［2011］9号）（2011年4月28日公布，自2011年5月1日起施行）（节录）

第七条 人民检察院在提起公诉时，对可能判处管制、宣告缓刑的被告人可以提出宣告禁止令的建议。当事人、辩护人、诉讼代理人可以就应否对被告人宣告禁止令提出意见，并说明理由。

公安机关在移送审查起诉时，可以根据犯罪嫌疑人涉嫌犯罪的情况，就应否宣告禁止令及宣告何种禁止令，向人民检察院提出意见。

6.《人民检察院办理未成年人刑事案件的规定》（高检发研字［2013］7号）（2013年12月27日公布并施行）（节录）

第五十一条 人民检察院审查未成年人与成年人共同犯罪案件，一般应当将未成年人与成年人分案起诉。但是具有下列情形之一的，可以不分案起诉：

（一）未成年人系犯罪集团的组织者或者其他共同犯罪中的主犯的；

（二）案件重大、疑难、复杂，分案起诉可能妨碍案件审理的；

（三）涉及刑事附带民事诉讼，分案起诉妨碍附带民事诉讼部分审理的；

（四）具有其他不宜分案起诉情形的。

对分案起诉至同一人民法院的未成年人与成年人共同犯罪案件，由未成年人刑事检察机构一并办理更为适宜的，经检察长决定，可以由未成年人刑事检察机构一并办理。

分案起诉的未成年人与成年人共同犯罪案件，由不同机构分别办理的，应当相互了解案件情况，提出量刑建议时，注意全案的量刑平衡。

7.《未成年人刑事检察工作指引（试行）》（高检发未检字［2017］1号）（2017年3月2日公布并施行）（节录）

第二百零六条　人民检察院对于犯罪事实清楚，证据确实、充分，未成年犯罪嫌疑人可能被判处一年有期徒刑以上刑罚的，综合考虑犯罪的性质、情节、主观恶性及其成长经历、犯罪原因、监护教育等情况，认为起诉有利于对其矫治的；或者虽然未成年犯罪嫌疑人可能被判处一年有期徒刑以下刑罚，但不符合附条件不起诉条件或者未成年犯罪嫌疑人及其法定代理人不同意检察机关作出附条件不起诉决定的，人民检察院应当提起公诉。

第二百零七条　对提起公诉的未成年人刑事案件，可以综合衡量犯罪事实、情节和未成年被告人的具体情况，依法提出量刑建议。对符合法定条件的，可以提出适用非监禁刑或者缓刑的建议，并视情况建议判处禁止令。

第二百零八条　人民检察院审查未成年人与成年人共同犯罪案件，一般应当将未成年人与成年人分案起诉，并由同一个公诉人出庭。但是具有下列情形之一的，可以不分案起诉：

（一）未成年人系犯罪集团的组织者或者其他共同犯罪中的主犯的；

（二）案件重大、疑难、复杂，分案起诉可能妨碍案件审理的；

（三）涉及刑事附带民事诉讼，分案起诉妨碍附带民事诉讼部分审理的；

（四）具有其他不宜分案起诉的情形。

第二百零九条　共同犯罪的未成年人与成年人分别由不同级别的人民检察院审查起诉的，未成年人犯罪部分的承办人应当及时了解案件整体情况；提出量刑建议时，应当注意全案的量刑平衡。

第二百一十条　对于分案起诉的未成年人与成年人共同犯罪案件，一般应当同时移送人民法院。对于需要补充侦查的，如果补充侦查事项不涉及未成年犯罪嫌疑人所参与的犯罪事实，不影响对未成年犯罪嫌疑人提起公诉的，应当对未成年犯罪嫌疑人先予提起公诉。

第二百一十一条　对于分案起诉的未成年人与成年人共同犯罪案件，在审查起诉过程中可以根据全案情况制作一份审查报告，起诉书以及量刑建议书等应当分别制作。

第二百一十二条　人民检察院对未成年人与成年人共同犯罪案件分别提

起公诉后，在诉讼过程中出现不宜分案起诉情形的，可以建议人民法院并案审理。

第二百一十三条 人民检察院对于符合下列条件的未成年人刑事案件，应当建议人民法院适用简易程序审理：

（一）案件事实清楚，证据确实、充分的；

（二）犯罪嫌疑人承认自己所犯罪行，对被指控的犯罪事实没有异议的；

（三）犯罪嫌疑人及其法定代理人或者合适成年人、辩护人对适用简易程序没有异议的。

第二百一十四条 对于具有下列情形之一，依法可能判处拘役、三年以下有期徒刑，有悔罪表现，宣告缓刑对所居住社区没有重大不良影响，具备有效监护条件或者社会帮教措施，适用缓刑确实不致再危害社会的未成年被告人，人民检察院应当建议人民法院适用缓刑：

（一）犯罪情节较轻，未造成严重后果的；

（二）主观恶性不大的初犯或者胁从犯、从犯；

（三）被害人同意和解或者被害人有明显过错的；

（四）其他可以适用缓刑的情形。

人民检察院提出对未成年被告人适用缓刑建议的，应当将未成年被告人能够获得有效监护、帮教的书面材料于判决前移送人民法院。

第二百一十五条 人民检察院根据未成年被告人的犯罪原因、犯罪性质、犯罪手段、犯罪后的认罪悔罪表现、个人一贯表现等情况，充分考虑与未成年被告人所犯罪行的关联程度，可以有针对性地建议人民法院判处未成年被告人在管制执行期间、缓刑考验期限内适用禁止令：

（一）禁止从事以下一项或者几项活动：

1. 因无监护人监管或监护人监管不力，经常夜不归宿的，禁止在未经社区矫正机构批准的情况下在外留宿过夜；

2. 因沉迷暴力、色情等网络游戏诱发犯罪的，禁止接触网络游戏；

3. 附带民事赔偿义务未履行完毕，违法所得未追缴、退赔到位，或者罚金尚未足额缴纳的，禁止进行高消费活动。高消费的标准可根据当地居民人均收入和支出水平确定；

4. 其他确有必要禁止从事的活动。

（二）禁止进入以下一类或者几类区域、场所：

1. 因出入未成年人不宜进入的场所导致犯罪的，禁止进入夜总会、歌舞厅、酒吧、迪厅、营业性网吧、游戏机房、溜冰场等场所；

2. 经常以大欺小、以强凌弱进行寻衅滋事，在学校周边实施违法犯罪行为的，禁止进入中小学校区、幼儿园园区及周边地区。确因本人就学、居住等原因的除外；

3. 其他确有必要禁止进入的区域、场所。

（三）禁止接触以下一类或者几类人员：

1. 因受同案犯不良影响导致犯罪的，禁止除正常工作、学习外接触同案犯；

2. 为保护特定人员，禁止在未经对方同意的情况下接触被害人、证人、控告人、举报人及其近亲属；

3. 禁止接触其他可能遭受其侵害、滋扰的人或者可能诱发其再次危害社会的人。

建议适用禁止令，应当把握好禁止令的针对性、可行性和预防性，并向未成年被告人及其法定代理人阐明适用禁止令的理由，督促法定代理人协助司法机关加强监管，促进未成年被告人接受矫治和回归社会。

[参考案例]

1. 陈某抢劫、盗窃，付某盗窃案①

基本案情：

被告人陈某，男，贵州省人，1989 年出生，无业。

被告人付某，男，贵州省人，1981 年出生，农民。

2012 年 2 月 18 日 15 时，被告人陈某携带螺丝刀等作案工具来到广东省佛山市禅城区澜石石头后二村田边街的一间出租屋，撬门进入房间盗走现金人民币 100 元，后在客厅遇到被害人，陈某拿起铁锤威胁不让其喊叫，并逃离现场。

2012 年 2 月 23 日，被告人付某携带作案工具来到广东省佛山市高明区荷城街道井溢村某房间，撬门进入房间盗走现金人民币 300 元。

2012 年 2 月 25 日，被告人付某、陈某密谋后携带作案工具到佛山市高明区荷城街道井溢村某出租屋，撬锁进入房间盗走一台华硕笔记本电脑（价

---

① 最高检指导性案例第 17 号，2014 年 9 月 15 日。

值人民币 2905 元）。后二人以 1300 元的价格销赃。

2012 年 2 月 28 日，被告人付某携带作案工具来到佛山市高明区荷城街道井溢村某房间，撬锁进入房间后盗走现金人民币 1500 元。

2012 年 3 月 3 日，被告人付某、陈某密谋后携带六角匙等作案工具到佛山市高明区荷城街道官当村，撬锁进入某房间后盗走现金人民币 700 元。

2012 年 3 月 28 日，被告人陈某、叶某、韦某（后二人另案处理，均已判刑）密谋后携带作案工具来到佛山市禅城区跃进路某房间，叶某负责望风，陈某、韦某二人撬锁进入房间后盗走联想一体化电脑一台（价值人民币 3928 元）、尼康 P300 数码相机一台（价值人民币 1813 元）及现金人民币 600 元。后在逃离现场的过程中被人发现，陈某等人将一体化电脑丢弃。

2012 年 4 月 3 日，被告人付某携带作案工具来到佛山市高明区荷城街道岗头冯村，撬锁进入某房间后盗走现金人民币 7000 元。

2012 年 4 月 13 日，被告人陈某、叶某、韦某密谋后携带作案工具来到佛山市禅城区石湾凤凰路隔田坊某房间，叶某负责望风，陈某、韦某二人撬锁进入房间后盗走现金人民币 6000 元、港币 900 元以及一台诺基亚 N86 手机（价值人民币 608 元）。

诉讼过程：

2012 年 4 月 6 日，付某因涉嫌盗窃罪被广东省佛山市公安局高明分局刑事拘留，同年 5 月 9 日被逮捕。2012 年 5 月 29 日，陈某因涉嫌盗窃罪被佛山市公安局高明分局刑事拘留，同年 7 月 2 日被逮捕。2012 年 7 月 6 日，佛山市公安局高明分局以犯罪嫌疑人付某、陈某涉嫌盗窃罪向佛山市高明区人民检察院移送审查起诉。2012 年 7 月 23 日，高明区人民检察院以被告人付某、陈某犯盗窃罪向佛山市高明区人民法院提起公诉。

一审期间，高明区人民检察院经进一步审查，发现被告人陈某有三起遗漏犯罪事实。2012 年 9 月 24 日，高明区人民检察院依法补充起诉被告人陈某入室盗窃转化为抢劫的犯罪事实一起和陈某伙同叶某、韦某共同盗窃的犯罪事实二起。2012 年 11 月 14 日，佛山市高明区人民法院一审认为，检察机关指控被告人陈某犯抢劫罪、盗窃罪，被告人付某犯盗窃罪的犯罪事实清楚，证据确实充分，罪名成立。

裁判要旨：

在人民法院宣告判决前，人民检察院发现被告人有遗漏的罪行可以一并起诉和审理的，可以补充起诉。

2. 张某、沈某等七人抢劫案[①]

基本案情：

被告人沈某，男，1995年1月出生。2010年3月因抢劫罪被判拘役六个月，缓刑六个月，并处罚金500元。

被告人胡某，男，1995年4月出生。

被告人许某，男，1993年1月出生。2008年6月因抢劫罪被判有期徒刑六个月，并处罚金500元；2010年1月因犯盗窃罪被判有期徒刑七个月，并处罚金1400元。

另四名被告人张某、吕某、蒋某、杨某，均为成年人。

被告人张某为牟利，介绍沈某、胡某、吕某、蒋某认识，教唆他们以暴力方式劫掠助力车，并提供砍刀等犯罪工具，事后负责联系销赃分赃。2010年3月，被告人沈某、胡某、吕某、蒋某经被告人张某召集，并伙同被告人许某、杨某等人，经预谋，相互结伙，持砍刀、断线钳、撬棍等作案工具，在上海市内公共场所抢劫助力车。其中，被告人张某、沈某、胡某参与抢劫四次；被告人吕某、蒋某参与抢劫三次；被告人许某参与抢劫二次；被告人杨某参与抢劫一次。具体如下：

2010年3月4日11时许，沈某、胡某、吕某、蒋某随身携带砍刀，至上海市长寿路699号国美电器商场门口，由吕某、沈某撬窃停放在该处的一辆黑色本凌牌助力车，当被害人甲制止时，沈某、胡某、蒋某拿出砍刀威胁，沈某砍击被害人致其轻伤。后吕某、沈某等人因撬锁不成，砸坏该车外壳后逃离现场。经鉴定，该助力车价值人民币1930元。

2010年3月4日12时许，沈某、胡某、吕某、蒋某随身携带砍刀，结伙至上海市老沪太路万荣路路口的临时菜场门口，由胡某、吕某撬窃停放在该处的一辆白色南方雅马哈牌助力车，当被害人乙制止时，沈某、蒋某等人拿出砍刀威胁，沈某砍击被害人致其轻微伤，后吕某等人撬开锁将车开走。经鉴定，该助力车价值人民币2058元。

2010年3月11日14时许，沈某、胡某、吕某、蒋某、许某随身携带砍刀，结伙至上海市胶州路669号东方典当行门口，由沈某撬窃停放在该处的一辆黑色宝雕牌助力车，当被害人丙制止时，胡某、蒋某、沈某拿出砍刀将被害人逼退到东方典当行店内，许某则在一旁接应，吕某上前帮助撬开车锁

---

① 最高检指导性案例第19号，2014年9月15日。

后由胡某将车开走。经鉴定，该助力车价值人民币2660元。

2010年3月18日14时许，沈某、胡某、许某、杨某及王某（男，十三岁）随身携带砍刀，结伙至上海市上大路沪太路路口地铁七号线出口处的停车点，由胡某持砍刀威胁该停车点的看车人员，杨某在旁接应，沈某、许某等人则当场劫得助力车三辆。其中被害人丁的一辆黑色珠峰牌助力车，经鉴定，该助力车价值人民币2090元。

诉讼过程：

2010年3月、4月，张某、吕某、蒋某、杨某以及三名未成年人沈某、胡某、许某因涉嫌抢劫罪先后被刑事拘留、逮捕。2010年6月21日，上海市公安局静安分局侦查终结，以犯罪嫌疑人张某、沈某、胡某、吕某、蒋某、许某、杨某七人涉嫌抢劫罪向静安区人民检察院移送审查起诉。静安区人民检察院经审查认为：本案虽系未成年人与成年人共同犯罪案件，但鉴于本案多名未成年人系共同犯罪中的主犯，不宜分案起诉。2010年9月25日，静安区人民检察院以上述七名被告人犯抢劫罪依法向静安区人民法院提起公诉。

2010年12月15日，静安区人民法院一审认为：七名被告人行为均构成抢劫罪，其中许某系累犯。依法判决：对未成年被告人量刑如下：沈某判处有期徒刑五年六个月，并处罚金人民币5000元，撤销缓刑，决定执行有期徒刑五年六个月，罚金人民币5000元；胡某判处有期徒刑七年，并处罚金人民币7000元；许某判处有期徒刑五年，并处罚金人民币5000元。对成年被告人量刑如下：张某判处有期徒刑十四年，剥夺政治权利二年，并处罚金人民币15000元；吕某判处有期徒刑十二年六个月，剥夺政治权利一年，并处罚金人民币12000元；蒋某判处有期徒刑十二年，剥夺政治权利一年，并处罚金人民币12000元；杨某判处有期徒刑二年，并处罚金人民币2000元。

2010年12月30日，上海市静安区人民检察院认为一审判决适用法律错误，对未成年被告人的量刑不当，遂依法向上海市第二中级人民法院提出抗诉。张某以未参与抢劫、量刑过重为由，提出上诉。2011年6月16日，上海市第二中级人民法院二审判决采纳抗诉意见，驳回上诉，撤销原判决对原审被告人沈某、胡某、许某抢劫罪量刑部分，依法予以改判。

裁判要旨：

办理未成年人与成年人共同犯罪案件，一般应当将未成年人与成年人分案起诉，但对于未成年人系犯罪集团的组织者或者其他共同犯罪中的主犯，或者具有其他不宜分案起诉情形的，可以不分案起诉。

第一百七十七条　犯罪嫌疑人没有犯罪事实，或者有本法第十六条规定的情形之一的，人民检察院应当作出不起诉决定。

对于犯罪情节轻微，依照刑法规定不需要判处刑罚或者免除刑罚的，人民检察院可以作出不起诉决定。

人民检察院决定不起诉的案件，应当同时对侦查中查封、扣押、冻结的财物解除查封、扣押、冻结。对被不起诉人需要给予行政处罚、处分或者需要没收其违法所得的，人民检察院应当提出检察意见，移送有关主管机关处理。有关主管机关应当将处理结果及时通知人民检察院。

[条文主旨]

本条是关于人民检察院作出不起诉决定情形及处理的规定。

[条文释解]

本条是1979年《刑事诉讼法》的规定，该法第101条规定："依照刑法规定不需要判处刑罚或者免除刑罚的，人民检察院可以免予起诉。"1996年《刑事诉讼法》取消了免予起诉制度，明确了人民检察院有权作出不起诉决定，并确定了应当不起诉和可以不起诉的情形；同时还增加规定人民检察院作出不起诉决定后，对扣押、冻结财物以及被不起诉人的处理。2012年《刑事诉讼法》对本条作了两处修改：一是进一步明确了犯罪嫌疑人没有犯罪事实的，人民检察院应当作出不起诉决定。二是将第3款中"扣押、冻结"修改为"查封、扣押、冻结"，主要针对在司法实践中有些财物、证据等物品无法移动，只能就地查封的情况。2018年《刑事诉讼法》的修改主要是为了与《监察法》衔接，根据《监察法》的有关规定，监察机关有权对违法的公职人员依法作出政务处分决定，如《监察法》第45条第2项对违法的公职人员依照法定程序作出警告、记过、记大过、降级、撤职、开除等政务处分决定，因此2018年《刑事诉讼法》将第3款中的"行政处分"修改为"处分"，已包括行政处分、政务处分等各种处分情况。

本条第1款规定人民检察院应当作出不起诉决定的情形。应当作出不起诉决定包括两种情形：一是犯罪嫌疑人没有犯罪事实，是指没有发生犯罪行为或者有犯罪行为发生，但不是该犯罪嫌疑人所为。二是本法第16条规定

“不追究刑事责任情形”，包括：1. 情节显著轻微、危害不大，不认为是犯罪的；2. 犯罪已过追诉时效期限的；3. 经特赦令免除刑罚的；4. 依照刑法告诉才处理的犯罪，没有告诉或者撤回告诉的；5. 犯罪嫌疑人、被告人死亡的；6. 其他法律规定免予追究刑事责任的。犯罪嫌疑人有上述规定情形之一，即不追究刑事责任，人民检察院应当作出不起诉的决定。

本条第 2 款规定人民检察院可以作出不起诉决定情形。可以作出不起诉决定包括两种情形：

一是犯罪情节轻微，依照刑法规定不需要判处刑罚，是指《刑法》第 37 条规定，对于犯罪情节轻微不需要判处刑罚的，可以免予刑事处罚。这里的“犯罪情节轻微”是指已经构成犯罪，但犯罪性质、犯罪情节及危害后果都很轻微。值得注意的是，这里的“犯罪情节轻微”是检察机关对犯罪行为的认定，并不能因此就认定犯罪嫌疑人有罪，因为本法第 12 条规定，未经人民法院依法判决，对任何人都不得确定有罪。这里的“不需要判处刑罚”是指犯罪行为人认罪、悔罪，没有刑罚的必要。只有当犯罪行为人既满足“犯罪情节轻微”，又符合“不需要判处刑罚”时，才能免予刑事处罚。

二是免除刑罚的，是指刑法规定免除刑罚的情形。刑法规定了一些应当免除处罚或者可以免除处罚的情形，例如，《刑法》第 20 条规定，正当防卫明显超过必要限度造成重大损害的，应当负刑事责任，但是应当减轻或者免除处罚。又如，《刑法》第 67 条规定，犯罪以后自动投案，如实供述自己的罪行的，是自首。对于自首的犯罪分子，可以从轻或者减轻处罚。其中，犯罪较轻的，可以免除处罚。人民检察院在审查案件时发现犯罪嫌疑人符合“犯罪情节轻微，不需要判处刑罚”的情形，或者符合依法应当免除处罚或可以免除处罚的情形时，即可以作出不起诉决定，而一旦作出不起诉决定，也就意味着在法律上该犯罪嫌疑人是无罪的。

本条第 3 款规定了人民检察院作出不起诉决定产生的相关法律后果。一是对被不起诉人被查封、扣押、冻结的财物应当解除相应的强制措施。本法第 141 条规定在侦查过程中为证明犯罪事实对犯罪嫌疑人的财物、文件应当查封、扣押，本法第 144 条规定根据侦查需要对犯罪嫌疑人的财产可以查询、冻结，之所以规定这些强制措施，是为了保证刑事诉讼能顺利进行，一旦人民检察院作出不起诉决定，就意味着犯罪嫌疑人在法律上是无罪的，那么就应当解除对其实施的强制措施。二是对被不起诉人的后续处理。人民检察院作出不起诉决定若是因为犯罪嫌疑人没有犯罪事实，那么对被不起诉人就不存在后续处理的问题。人民检察院作出不起诉决定若是因为犯罪嫌疑人具有本法第 16 条规定情形之一，或者对于犯罪情节轻微，依照刑法规定不需要判刑或免除刑罚的，其行为就有可能违反其他法律法规，或属于违纪行为，如果存在上述情况，人民检察院应向有关主管机关提出检察意见，交由有关主管机关来处理，有关主管机关应当将处理结果及时通知人民检察院。

[司法实务]

关于认罪认罚的反悔和撤回

因犯罪嫌疑人认罪认罚，人民检察院依照本条第 2 款作出不起诉决定后，犯罪嫌疑人否认指控的犯罪事实或者不积极履行赔礼道歉、退赃退赔、赔偿损失等义务的，人民检察院应当进行审查，区分下列情形依法作出处理：

1. 发现犯罪嫌疑人没有犯罪事实，或者符合《刑事诉讼法》第 16 条规定的情形之一的，应当撤销原不起诉决定，依法重新作出不起诉决定；

2. 认为犯罪嫌疑人仍属于犯罪情节轻微，依照刑法规定不需要判处刑罚或者免除刑罚的，可以维持原不起诉决定；

3. 排除认罪认罚因素后，符合起诉条件的，应当根据案件具体情况撤销原不起诉决定，依法提起公诉。

[配套规定]

1. 《人民检察院刑事诉讼规则》（高检发释字［2019］4 号）（2019 年 12 月 30 日公布并施行）（节录）

第三百六十五条 人民检察院对于监察机关或者公安机关移送起诉的案件，发现犯罪嫌疑人没有犯罪事实，或者符合刑事诉讼法第十六条规定的情形之一的，经检察长批准，应当作出不起诉决定。

对于犯罪事实并非犯罪嫌疑人所为，需要重新调查或者侦查的，应当在作出不起诉决定后书面说明理由，将案卷材料退回监察机关或者公安机关并建议重新调查或者侦查。

第三百六十六条 负责捕诉的部门对于本院负责侦查的部门移送起诉的案件，发现具有本规则第三百六十五条第一款规定情形的，应当退回本院负责侦查的部门，建议撤销案件。

第三百六十七条　人民检察院对于二次退回补充调查或者补充侦查的案件，仍然认为证据不足，不符合起诉条件的，经检察长批准，依法作出不起诉决定。

人民检察院对于经过一次退回补充调查或者补充侦查的案件，认为证据不足，不符合起诉条件，且没有再次退回补充调查或者补充侦查必要的，经检察长批准，可以作出不起诉决定。

第三百六十八条　具有下列情形之一，不能确定犯罪嫌疑人构成犯罪和需要追究刑事责任的，属于证据不足，不符合起诉条件：

（一）犯罪构成要件事实缺乏必要的证据予以证明的；

（二）据以定罪的证据存在疑问，无法查证属实的；

（三）据以定罪的证据之间、证据与案件事实之间的矛盾不能合理排除的；

（四）根据证据得出的结论具有其他可能性，不能排除合理怀疑的；

（五）根据证据认定案件事实不符合逻辑和经验法则，得出的结论明显不符合常理的。

第三百六十九条　人民检察院根据刑事诉讼法第一百七十五条第四款规定决定不起诉的，在发现新的证据，符合起诉条件时，可以提起公诉。

第三百七十条　人民检察院对于犯罪情节轻微，依照刑法规定不需要判处刑罚或者免除刑罚的，经检察长批准，可以作出不起诉决定。

第三百七十一条　人民检察院直接受理侦查的案件，以及监察机关移送起诉的案件，拟作不起诉决定的，应当报请上一级人民检察院批准。

第三百七十二条　人民检察院决定不起诉的，应当制作不起诉决定书。

不起诉决定书的主要内容包括：

（一）被不起诉人的基本情况，包括姓名、性别、出生年月日、出生地和户籍地、公民身份号码、民族、文化程度、职业、工作单位及职务、住址，是否受过刑事处分，采取强制措施的情况以及羁押处所等；如果是单位犯罪，应当写明犯罪单位的名称和组织机构代码、所在地址、联系方式，法定代表人和诉讼代表人的姓名、职务、联系方式；

（二）案由和案件来源；

（三）案件事实，包括否定或者指控被不起诉人构成犯罪的事实以及作为不起诉决定根据的事实；

（四）不起诉的法律根据和理由，写明作出不起诉决定适用的法律条款；

（五）查封、扣押、冻结的涉案财物的处理情况；

（六）有关告知事项。

第三百七十三条 人民检察院决定不起诉的案件，可以根据案件的不同情况，对被不起诉人予以训诫或者责令具结悔过、赔礼道歉、赔偿损失。

对被不起诉人需要给予行政处罚、政务处分或者其他处分的，经检察长批准，人民检察院应当提出检察意见，连同不起诉决定书一并移送有关主管机关处理，并要求有关主管机关及时通报处理情况。

第三百七十四条 人民检察院决定不起诉的案件，应当同时书面通知作出查封、扣押、冻结决定的机关或者执行查封、扣押、冻结决定的机关解除查封、扣押、冻结。

第三百七十五条 人民检察院决定不起诉的案件，需要没收违法所得的，经检察长批准，应当提出检察意见，移送有关主管机关处理，并要求有关主管机关及时通报处理情况。具体程序可以参照本规则第二百四十八条的规定办理。

第三百七十六条 不起诉的决定，由人民检察院公开宣布。公开宣布不起诉决定的活动应当记录在案。

不起诉决定书自公开宣布之日起生效。

被不起诉人在押的，应当立即释放；被采取其他强制措施的，应当通知执行机关解除。

第三百七十七条 不起诉决定书应当送达被害人或者其近亲属及其诉讼代理人、被不起诉人及其辩护人以及被不起诉人所在单位。送达时，应当告知被害人或者其近亲属及其诉讼代理人，如果对不起诉决定不服，可以自收到不起诉决定书后七日以内向上一级人民检察院申诉；也可以不经申诉，直接向人民法院起诉。依照刑事诉讼法第一百七十七条第二款作出不起诉决定的，应当告知被不起诉人，如果对不起诉决定不服，可以自收到不起诉决定书后七日以内向人民检察院申诉。

2.《未成年人刑事检察工作指引（试行）》（高检发未检字［2017］1号）（2017年3月2日公布并施行）（节录）

第一百七十四条 人民检察院经审查后，对于符合以下情形之一的未成年犯罪嫌疑人，经检察长或者检察委员会决定，应当对其作出不起诉决定：

（一）未达法定刑事责任年龄的；

（二）不存在犯罪事实或者犯罪事实非其所为的；

（三）情节显著轻微、危害不大，不认为是犯罪的；

（四）犯罪已过追诉时效期限的；

（五）经特赦令免除刑罚的；

（六）依照刑法规定告诉才处理的犯罪，没有告诉或者撤回告诉的；

（七）犯罪嫌疑人死亡的；

（八）其他法律规定免予追究刑事责任的情形。

发现犯罪事实并非未成年犯罪嫌疑人所为，需要重新侦查的，应当在作出不起诉决定后书面说明理由，将案卷材料退回公安机关并建议公安机关重新侦查。

第一百七十五条 人民检察院对于二次退回补充侦查的案件，仍然认为证据不足，不符合起诉条件的，经检察长或者检察委员会决定，应当作出不起诉决定。

人民检察院对于经过一次退回补充侦查的案件，认为证据不足，不符合起诉条件，且没有退回补充侦查必要的，可以作出不起诉决定。

第一百七十六条 对于犯罪情节轻微，具有下列情形之一，依照刑法规定不需要判处刑罚或者免除刑罚的未成年犯罪嫌疑人，一般应当依法作出不起诉决定：

（一）被胁迫参与犯罪的；

（二）犯罪预备、中止、未遂的；

（三）在共同犯罪中起次要或者辅助作用的；

（四）系又聋又哑的人或者盲人的；

（五）因防卫过当或者紧急避险过当构成犯罪的；

（六）有自首或者立功表现的；

（七）其他依照刑法规定不需要判处刑罚或者免除刑罚的情形。

对于未成年人轻伤害、初次犯罪、过失犯罪、犯罪未遂以及被诱骗或者被教唆实施犯罪等，情节轻微，确有悔罪表现，当事人双方自愿就民事赔偿达成协议并切实履行，或者经被害人同意并提供有效担保，符合刑法第三十七条规定的，人民检察院可以依照刑事诉讼法第一百七十三条第二款的规定作出不起诉决定，并根据案件的不同情况，予以训诫或者责令具结悔过、赔礼道歉、赔偿损失，或者由主管部门予以行政处罚。

3.《最高人民检察院关于下级人民检察院对上级人民检察院不批准不起诉等决定能否提请复议的批复》（2015年12月25日）

一、上级人民检察院的决定，下级人民检察院应当执行。下级人民检察院认为上级人民检察院的决定有错误或者对上级人民检察院的决定有不同意见的，可以在执行的同时向上级人民检察院报告。

二、下级人民检察院对上级人民检察院的决定有不同意见，法律、司法解释设置复议程序或者重新审查程序的，可以向上级人民检察院提请复议或者报请重新审查；法律、司法解释未设置复议程序或者重新审查程序的，不能向上级人民检察院提请复议或者报请重新审查。

三、根据《人民检察院检察委员会组织条例》第十五条的规定，对上级人民检察院检察委员会作出的不批准不起诉等决定，下级人民检察院可以提请复议；上级人民检察院非经检察委员会讨论作出的决定，且不属于法律、司法解释规定的可以提请复议情形的，下级人民检察院不得对上级人民检察院的决定提请复议。

第一百七十八条　不起诉的决定，应当公开宣布，并且将不起诉决定书送达被不起诉人和他的所在单位。如果被不起诉人在押，应当立即释放。

[条文主旨]

本条是关于不起诉决定的执行的规定。

[条文释解]

本条是1979年《刑事诉讼法》的规定，1996年《刑事诉讼法》将“免予起诉的决定”修改为“不起诉的决定”，2012年、2018年均未作修改。

根据本条的规定，人民检察院一旦作出不起诉决定，应当做好以下工作：一是公开宣布。“公开宣布”是指在一定的场合，向当事人、利害关系人和社会公众宣读不起诉决定，这是一个必经的程序，不能只决定不宣布，且要在一定范围内公开宣布。公开宣布不起诉决定的活动应当记录在案。二是将不起诉决定书送达被不起诉人和他的所在单位。人民检察院作出不起诉决定的，应当制作不起诉决定书，分别送达给被不起诉人和他的所在单位，以保障被不起诉人的利益。三是被不起诉人在押的，应当立即释放。不起诉决定一经宣布，立即生效，被不起诉人在法律上是无罪的，应当立即释放，不能以对被不起诉人进行行政处罚、行政处分等理由继续羁押。

[司法实务]

不起诉决定书的主要内容包括：1. 被不起诉人的基本情况，包括姓名、性别、出生年月日、出生地和户籍地、公民身份号码、民族、文化程度、职业、工作单位及职务、住址，是否受过刑事处分，采取强制措施的情况以及羁押处所等；如果是单位犯罪，应当写明犯罪单位的名称和组织机构代码、所在地址、联系方式，法定代表人和诉讼代表人的姓名、职务、联系方式；2. 案由和案件来源；3. 案件事实，包括否定或者指控被不起诉人构成犯罪的事实以及作为不起诉决定根据的事实；4. 不起诉的法律根据和理由，写明作出不起诉决定适用的法律条款；5. 查封、扣押、冻结的涉案财物的处理情况；6. 有关告知事项。

[配套规定]

1.《人民检察院刑事诉讼规则》（高检发释字［2019］4号）（2019年12月30日公布并施行）（节录）

第三百七十六条 不起诉的决定，由人民检察院公开宣布。公开宣布不起诉决定的活动应当记录在案。

不起诉决定书自公开宣布之日起生效。

被不起诉人在押的，应当立即释放；被采取其他强制措施的，应当通知执行机关解除。

2.《人民检察院办理未成年人刑事案件的规定》（高检发研字［2013］7号）（2013年12月27日公布并施行）（节录）

第二十八条 不起诉决定书应当向被不起诉的未成年人及其法定代理人宣布，并阐明不起诉的理由和法律依据。

不起诉决定书应当送达公安机关，被不起诉的未成年人及其法定代理人、辩护人，被害人或者其近亲属及其诉讼代理人。

送达时，应当告知被害人或者其近亲属及其诉讼代理人，如果对不起诉决定不服，可以自收到不起诉决定书后七日以内向上一级人民检察院申诉，也可以不经申诉，直接向人民法院起诉；告知被不起诉的未成年人及其法定代理人，如果对不起诉决定不服，可以自收到不起诉决定书后七日以内向人民检察院申诉。

第一百七十九条　对于公安机关移送起诉的案件，人民检察院决定不起诉的，应当将不起诉决定书送达公安机关。公安机关认为不起诉的决定有错误的时候，可以要求复议，如果意见不被接受，可以向上一级人民检察院提请复核。

[条文主旨]

本条是关于公安机关对人民检察院不起诉决定可以提出异议的程序性规定。

[条文释解]

本条是1979年《刑事诉讼法》的规定，1996年《刑事诉讼法》将原条文中的三处“免予起诉”均修改为“不起诉”，2012年、2018年均未修改。

对人民检察院不起诉制度作出复议程序的规定，体现了公安机关、检察机关在刑事诉讼活动中分工负责、互相制约的原则。根据本条规定，有三层含义：

一是公安机关移送起诉的案件，人民检察院决定不起诉的，应当将不起诉决定书送达公安机关。公安机关移送起诉的案件，是指公安机关经过侦查取证，认为犯罪事实清楚，证据确实、充分，应当追究犯罪嫌疑人刑事责任而移送人民检察院审查决定是否起诉的案件。人民检察院经过审查决定不起诉的，应当将不起诉的决定书送达公安机关。人民检察院自己侦办案件的不起诉决定书不用送达公安机关。不起诉决定书中应当写明不起诉的理由和根据。

二是公安机关认为不起诉的决定有错误的时候，可以要求复议。这一规定是公安机关对检察机关的一项制约措施，即公安机关认为自己移送的案件，符合事实清楚，证据确实、充分的条件，不符合本法关于不起诉条件的规定，公安机关就可以向作出不起诉决定的人民检察院提出复议。

三是如果作出不起诉决定的人民检察院不接受公安机关提出的复议意见，公安机关可以向作出不起诉决定的人民检察院的上一级人民检察院提请复核。上一级人民检察院应当及时复核并作出决定，制作《复核决定书》，送交提请复核的公安机关和下级人民检察院。

[司法实务]

1. 关于监察机关认为人民检察院不起诉决定有错误如何处理的问题

对于监察机关移送起诉的案件，人民检察院作出不起诉决定的，应当将不起诉决定书送达监察机关。关于监察机关的复议程序，2018 年《刑事诉讼法》未对本条作出修改，但《监察法》第 47 条对监察机关认为人民检察院不起诉的决定有错误如何处理作了规定，人民检察院对于有《中华人民共和国刑事诉讼法》规定的不起诉情形的，经上一级人民检察院批准，依法作出不起诉的决定。监察机关认为不起诉的决定有错误的，可以向上一级人民检察院提请复议。可见，监察机关和公安机关的复议程序完全不同。根据监察法，人民检察院对监察机关移送审查的案件，认为不符合起诉条件的，不能直接作出不起诉决定，须经上一级人民检察院批准，依法作出不起诉的决定。故而，监察机关认为不起诉决定有错误的，可直接向上一级人民检察院提请复议。上一级人民检察院应当在收到提请复议意见书后三十日以内，经检察长批准，作出复议决定，通知监察机关。

2. 复议、复核期间是否停止对不起诉决定的执行

公安机关申请复议或复核时，不能以复议、复核为由继续羁押被不起诉人，不停止对不起诉决定的执行。人民检察院应当在收到要求复议意见书后的三十日以内作出复议决定，通知公安机关。上一级人民检察院应当在收到提请复核意见书后的三十日以内作出决定，制作复核决定书送交提请复核的公安机关和下级人民检察院。经复核改变下级人民检察院不起诉决定的，应当撤销或者变更下级人民检察院作出的不起诉决定，交由下级人民检察院执行。

[配套规定]

《人民检察院刑事诉讼规则》（高检发释字［2019］4 号）（2019 年 12 月 30 日公布并施行）（节录）

第三百七十八条 对于监察机关或者公安机关移送起诉的案件，人民检察院决定不起诉的，应当将不起诉决定书送达监察机关或者公安机关。

第三百七十九条 监察机关认为不起诉的决定有错误，向上一级人民检察院提请复议的，上一级人民检察院应当在收到提请复议意见书后三十日以内，经检察长批准，作出复议决定，通知监察机关。

公安机关认为不起诉决定有错误要求复议的，人民检察院负责捕诉的部门应当另行指派检察官或者检察官办案组进行审查，并在收到要求复议意见书后三十日以内，经检察长批准，作出复议决定，通知公安机关。

第三百八十条 公安机关对不起诉决定提请复核的，上一级人民检察院应当在收到提请复核意见书后三十日以内，经检察长批准，作出复核决定，通知提请复核的公安机关和下级人民检察院。经复核认为下级人民检察院不起诉决定错误的，应当指令下级人民检察院纠正，或者撤销、变更下级人民检察院作出的不起诉决定。

第一百八十条 对于有被害人的案件，决定不起诉的，人民检察院应当将不起诉决定书送达被害人。被害人如果不服，可以自收到决定书后七日以内向上一级人民检察院申诉，请求提起公诉。人民检察院应当将复查决定告知被害人。对人民检察院维持不起诉决定的，被害人可以向人民法院起诉。被害人也可以不经申诉，直接向人民法院起诉。人民法院受理案件后，人民检察院应当将有关案件材料移送人民法院。

[条文主旨]

本条是关于被害人对不起诉决定不服如何救济的规定。

[条文释解]

本条是1979年《刑事诉讼法》的规定，该法第102条第3款规定，对于有被害人的案件，决定免予起诉的，人民检察院应当将免予起诉决定书送达被害人。被害人如果不服，可以在收到后七日内向人民检察院申诉。人民检察院应当将复查结果告知被害人。1996年《刑事诉讼法》对本条作了四处修改：一是将该款单独规定为一条。二是将“免予起诉”修改为“不起诉”。三是将“向人民检察院申诉”明确规定为“向上一级人民检察院申诉”。四是增加规定，对人民检察院维持不起诉决定的，被害人可以向人民法院起诉。被害人也可以不经申诉，直接向人民法院起诉。人民法院受理案件后，人民检察院应当将有关案件材料移送人民法院。2012 年、2018 年均未修改。

根据本条规定，应注意以下几点：

一是对于有被害人的案件，决定不起诉的，人民检察院应当将不起诉决定书送达被害人。被害人既包括自然人，也包括法人，人民检察院应当将不起诉决定告知被害人，让其知晓案件处理结果，以利于被害人维护其合法权益。

二是被害人如果不服，可以自收到决定书后七日以内向上一级人民检察院申诉，请求提起公诉。被害人认为应当追究犯罪嫌疑人的刑事责任，人民检察院不起诉决定是错误的，其可以在收到不起诉决定书后七日内向上一级人民检察院申诉，由上一级人民检察院负责捕诉的部门进行复查。如果被害人向作出不起诉决定的人民检察院提出申诉的，作出决定的人民检察院应当将申诉材料连同案卷一并报送上一级人民检察院。

三是人民检察院应当将复查决定告知被害人。对于被害人提起申诉的，上一级人民检察院应当及时复查，并将复查结果告知被害人。

四是对人民检察院维持不起诉决定的，被害人可以向人民法院起诉。经上一级人民检察院复查，仍然维持不起诉决定的，被害人仍然认为应当追究犯罪嫌疑人刑事责任的，可以向人民法院提起自诉。

五是被害人也可以不经申诉，直接向人民法院起诉。人民检察院作出不起诉决定，将不起诉决定书送达被害人后，被害人认为应当追究犯罪嫌疑人刑事责任的，可以不经过向上一级人民检察院申诉，而直接向人民法院提起自诉。

六是人民法院受理案件后，人民检察院应当将有关案件材料移送人民法院。本法规定，自诉案件中被告人有罪的举证责任由自诉人承担，由于在侦查、审查起诉阶段办案人员已调查取证，人民法院受理被害人提起自诉的案件后，人民检察院应当将案件有关材料移送人民法院，便于审判顺利进行。

[司法实务]

适用本条时应区分公诉案件和自诉案件的界限

本法第210条规定："自诉案件包括下列案件：（一）告诉才处理的案件；（二）被害人有证据证明的轻微刑事案件；（三）被害人有证据证明对被告人侵犯自己人身、财产权利的行为应当依法追究刑事责任，而公安机关或者人民检察院不予追究被告人刑事责任的案件。"对于公诉案件应首先由公安机关立案侦查，人民检察院起诉，只有在公安机关或人民检察院不侦查、不起诉时，被害人才有权向人民法院直接起诉。即不是所有的公诉案件都可以直接向人民法院起诉。

[配套规定]

《人民检察院刑事诉讼规则》（高检发释字［2019］4号）（2019年12月30日公布并施行）（节录）

第三百八十一条　被害人不服不起诉决定，在收到不起诉决定书后七日以内提出申诉的，由作出不起诉决定的人民检察院的上一级人民检察院负责捕诉的部门进行复查。

被害人向作出不起诉决定的人民检察院提出申诉的，作出决定的人民检察院应当将申诉材料连同案卷一并报送上一级人民检察院。

第三百八十二条　被害人不服不起诉决定，在收到不起诉决定书七日以后提出申诉的，由作出不起诉决定的人民检察院负责控告申诉检察的部门进行审查。经审查，认为不起诉决定正确的，出具审查结论直接答复申诉人，并做好释法说理工作；认为不起诉决定可能存在错误的，移送负责捕诉的部门进行复查。

第三百八十三条　人民检察院应当将复查决定书送达被害人、被不起诉人和作出不起诉决定的人民检察院。

上级人民检察院经复查作出起诉决定的，应当撤销下级人民检察院的不起诉决定，交由下级人民检察院提起公诉，并将复查决定抄送移送起诉的监察机关或者公安机关。

第三百八十四条　人民检察院收到人民法院受理被害人对被不起诉人起诉的通知后，应当终止复查，将作出不起诉决定所依据的有关案卷材料移送人民法院。

第三百八十五条　对于人民检察院依照刑事诉讼法第一百七十七条第二款规定作出的不起诉决定，被不起诉人不服，在收到不起诉决定书后七日以内提出申诉的，应当由作出决定的人民检察院负责捕诉的部门进行复查；被不起诉人在收到不起诉决定书七日以后提出申诉的，由负责控告申诉检察的部门进行审查。经审查，认为不起诉决定正确的，出具审查结论直接答复申诉人，并做好释法说理工作；认为不起诉决定可能存在错误的，移送负责捕诉的部门复查。

人民检察院应当将复查决定书送达被不起诉人、被害人。复查后，撤销不起诉决定，变更不起诉的事实或者法律依据的，应当同时将复查决定书抄送移送起诉的监察机关或者公安机关。

第三百八十六条 人民检察院复查不服不起诉决定的申诉，应当在立案后三个月以内报经检察长批准作出复查决定。案情复杂的，不得超过六个月。

第三百八十七条 被害人、被不起诉人对不起诉决定不服提出申诉的，应当递交申诉书，写明申诉理由。没有书写能力的，也可以口头提出申诉。人民检察院应当根据其口头提出的申诉制作笔录

第一百八十一条　对于人民检察院依照本法第一百七十七条第二款规定作出的不起诉决定，被不起诉人如果不服，可以自收到决定书后七日以内向人民检察院申诉。人民检察院应当作出复查决定，通知被不起诉的人，同时抄送公安机关。

[条文主旨]

本条是关于被不起诉人对不起诉决定不服的，可以提出申诉的程序性规定。

[条文释解]

本条是1979年《刑事诉讼法》的规定，该法第103条规定：“对于免予起诉的决定，被告人如果不服，可以在七日内向人民检察院申诉。人民检察院应当作出复查决定，通知被告人，同时抄送公安机关。”1996年《刑事诉讼法》将该条中的“被告人”修改为“被不起诉人”，将“免予起诉的决

定”修改为“人民检察院依照本法第一百四十二条第二款规定作出的不起诉决定”。2012 年、2018 年均未修改。

根据本条规定，应注意以下几点：

一是被不起诉人只能对人民检察院依照本法第 177 条第 2 款规定作出的不起诉决定提出申诉。本法第 177 条第 2 款规定“对于犯罪情节轻微，依照刑法规定不需要判处刑罚或者免除刑罚的，人民检察院可以作出不起诉决定”，因此人民检察院根据该条款作出的不起诉决定，是在认为犯罪嫌疑人有罪的基础上作出的。如果被不起诉人认为自己根本没有犯罪，也就不存在犯罪情节轻微的问题，对其作出不起诉决定的根据应当是本法第 177 条第 1 款的规定。虽然两种决定对被不起诉人来说都没有实施人身或财产上的刑罚，但存在有罪与无罪的本质区别，为了证明自己的清白，被不起诉人有权提出申诉。被不起诉人提出申诉，应当递交申诉书，写明申诉理由，没有书写能力的，也可以口头提出申诉，人民检察院应当根据其口头提出的申诉制作笔录。

二是自收到不起诉决定书后七日内向人民检察院申诉。被不起诉人提出申诉有时间限制，在收到不起诉决定后的七日内如果没有提出申诉即视为接受决定。七日内提出申诉的，由作出决定的人民检察院刑事申诉检察部门立案复查。

三是人民检察院应当作出复查决定，通知被不起诉人，同时抄送公安机关。人民检察院刑事申诉检察部门复查后应当提出复查意见，作出复查决定书。复查决定包括三种情况：一是审查认为犯罪嫌疑人符合本法第 177 条第 2 款规定的情形，之前作出不起诉决定没有错误，依法予以维持；二是审查认为犯罪嫌疑人符合本法第 177 条第 1 款规定的情形，之前作出不起诉决定的依据错误，依法撤销之前的不起诉决定，依照本法第 177 条第 1 款的规定，重新作出不起诉决定；三是审查认为犯罪嫌疑人的行为构成犯罪，且不符合本法第 177 条第 2 款规定的情形，应当撤销之前的不起诉决定，向人民法院提起公诉。

复查决定书中应当写明复查认定的事实，说明作出决定的理由。人民检察院复查不服不起诉决定的申诉，应当在立案三个月以内作出复查决定，案情复杂的，不得超过六个月。

[司法实务]

被不起诉人在收到不起诉决定七日后是否可以提出申诉

被不起诉人在收到不起诉决定书七日后提出申诉的，由刑事申诉检察部门审查后决定是否立案复查。

[配套规定]

《人民检察院刑事诉讼规则》（高检发释字［2019］4号）（2019年12月30日公布并施行）（节录）

第三百八十五条 对于人民检察院依照刑事诉讼法第一百七十七条第二款规定作出的不起诉决定，被不起诉人不服，在收到不起诉决定书后七日以内提出申诉的，应当由作出决定的人民检察院负责捕诉的部门进行复查；被不起诉人在收到不起诉决定书七日以后提出申诉的，由负责控告申诉检察的部门进行审查。经审查，认为不起诉决定正确的，出具审查结论直接答复申诉人，并做好释法说理工作；认为不起诉决定可能存在错误的，移送负责捕诉的部门复查。

人民检察院应当将复查决定书送达被不起诉人、被害人。复查后，撤销不起诉决定，变更不起诉的事实或者法律依据的，应当同时将复查决定书抄送移送起诉的监察机关或者公安机关。

第三百八十七条 被害人、被不起诉人对不起诉决定不服提出申诉的，应当递交申诉书，写明申诉理由。没有书写能力的，也可以口头提出申诉。人民检察院应当根据其口头提出的申诉制作笔录。

第三百八十八条 人民检察院发现不起诉决定确有错误，符合起诉条件的，应当撤销不起诉决定，提起公诉。

第一百八十二条　犯罪嫌疑人自愿如实供述涉嫌犯罪的事实，有重大立功或者案件涉及国家重大利益的，经最高人民检察院核准，公安机关可以撤销案件，人民检察院可以作出不起诉决定，也可以对涉嫌数罪中的一项或者多项不起诉。

根据前款规定不起诉或者撤销案件的，人民检察院、公安机关应当及时对查封、扣押、冻结的财物及其孳息作出处理。

[条文主旨]

本条是关于特殊案件认罪认罚的审前处理程序的规定。

[条文释解]

本条是2018年修改《刑事诉讼法》新增加的规定。2016年《关于在部分地区开展刑事案件认罪认罚从宽制度试点工作的办法》第9条规定，犯罪嫌疑人自愿如实供述涉嫌犯罪的事实，有重大立功或者案件涉及国家重大利益，需要撤销案件的，办理案件的公安机关应当层报公安部，由公安部提请最高人民检察院批准。第13条规定，犯罪嫌疑人自愿如实供述涉嫌犯罪的事实，有重大立功或者案件涉及国家重大利益的，经最高人民检察院批准，人民检察院可以作出不起诉决定，也可以对涉嫌数罪中的一项或者多项提起公诉。具有法律规定不起诉情形的，依照法律规定办理。第14条规定，最高人民检察院批准不起诉的，或经公安部提请批准撤销案件的，人民检察院、公安机关对查封、扣押、冻结的财物及其孳息，应当调查权属情况，查明是否属于违法所得或者依法应当追缴的其他涉案财物。案外人对查封、扣押、冻结的财物及其孳息提出权属异议的，应当进行审查。确认查封、扣押、冻结的财物及其孳息属于违法所得、违禁品或者供作案所用的本人财物，除依法返还被害人的外，应当在撤销案件或者作出不起诉决定后三十日内予以收缴，一律上缴国库。对查封、扣押、冻结的财物及其孳息不能确认属于违法所得或者依法应当追缴的其他涉案财物的，不得收缴。”2018年《刑事诉讼法》修改，将上述规定经过适当调整后吸纳进《刑事诉讼法》。

本条共分为两款。第1款是关于犯罪嫌疑人符合特殊条件，公安机关可以撤销案件，人民检察院可以选择性起诉的规定。理解本款规定，应注意以下几点：

一是犯罪嫌疑人自愿如实供述涉嫌犯罪的事实。这里的“犯罪嫌疑人”是指公安机关认为涉嫌犯罪而被立案侦查的人；或者已经侦查完毕，被移送检察机关审查起诉的人。这里的“自愿如实供述”是指犯罪嫌疑人主动坦白实施犯罪行为的动机、经过、结果等事实，不得隐瞒真相、避重就轻或者编造、虚构。这里的“涉嫌犯罪的事实”是指司法机关尚未掌握的，该犯罪嫌疑人涉嫌犯罪的全部事实。

二是有重大立功或者案件涉及国家重大利益。“重大立功”是指犯罪嫌疑人检举、揭发他人重大犯罪行为；提供侦破其他重大案件的重要线索；阻止他人重大犯罪活动；协助司法机关抓捕其他重大犯罪嫌疑人（包括同案犯）；所谓“重大犯罪”“重大案件”“重大犯罪嫌疑人”一般是指犯罪嫌疑人、被告人可能被判处无期徒刑以上刑罚或者案件在省、自治区、直辖市或者全国范围内有较大影响等。“案件涉及国家重大利益”是指案件的审理以及对犯罪嫌疑人的宣判和惩处，将会直接或者间接地对国家政治、外交、国防、科技、经济等领域产生重大影响。

三是须经最高人民检察院核准。人民检察院是国家的法律监督机关，最高人民检察院是国家最高法律监督机关，对本应追究犯罪嫌疑人刑事责任的案件，公安机关撤销案件或者检察机关作出不起诉决定，其实是对法律一般规定的突破，超越刑事诉讼法所规定的不追究刑事责任的情形和公安、检察机关的职权，因此这类案件只能控制在极少数。倘若地方司法机关有权直接决定撤销案件或者作出不起诉决定，除了难以避免出现适用标准不统一的问题，还很有可能出现滥用的现象，那么就会破坏法律的严肃性。条文明确规定只有最高人民检察院有权核准公安机关撤销案件和检察机关作出不起诉决定，既体现了法律对待这类案件慎重的态度，也可以防止地方司法机关出现滥用权力的现象，该程序性要求充分体现了对特殊的认罪案件的撤销采取中央事权严格控制的态度。刑法也有类似的规定，《刑法》第 87 条第 4 项规定，法定最高刑为无期徒刑、死刑的，经过二十年不再追诉。如果二十年以后认为必须追诉的，须报请最高人民检察院核准。

四是满足上述三个条件，公安机关可以撤销案件，人民检察院可以作出不起诉决定，也可以对涉嫌数罪中的一项或者多项不起诉。如果案件处于公安机关立案侦查阶段，犯罪嫌疑人符合本款规定，报请最高人民检察院核准后，由公安机关作出撤销案件的决定。如果案件已由侦查机关移送人民检察院起诉，犯罪嫌疑人符合本款规定，报请最高人民检察院核准后，由人民检察院对犯罪嫌疑人作出不起诉决定。不起诉决定可以是对犯罪嫌疑人涉嫌的全部犯罪不起诉，也可以对其中一项或者多项不起诉，其余部分继续提起公诉。对于公安机关撤销案件或者人民检察院作出不起诉决定的案件，犯罪嫌疑人在押的，应当立即释放。

第 2 款是关于人民检察院、公安机关应及时处置不起诉或者撤销案件中所涉财产的规定，应注意以下几点：

一是法律赋予人民检察院、公安机关对涉案财产处置的权力，仅适用于根据前款规定，在特殊条件下，公安机关作出撤销决定或者人民检察院作出不起诉决定的案件。本法第 245 条规定，公安机关、人民检察院和人民法院对查封、扣押、冻结的犯罪嫌疑人、被告人的财物及其孳息，应当妥善保管，以供核查，并制作清单，随案移送。任何单位和个人不得挪用或者自行处理。人民法院作出的判决，应当对查封、扣押、冻结的财物及其孳息作出处理。人民法院作出的判决生效以后，有关机关应当根据判决对查封、扣押、冻结的财物及其孳息进行处理。因此，涉案财产未经生效判决是不得随意进行处理的。刑事诉讼法在本款专门赋予公安机关、人民检察院对该类案件所涉财物及其孳息的处置权，是一项特别的处理权，源于此类案件的行为人虽未被追诉刑事责任，但其实质上是有罪的，故而法律作了一项特殊规定。

二是如何处置涉案财物及孳息。首先，要区分涉案财物及孳息的权属。公安机关、人民检察院应当调查权属情况，查明是否属于违法所得或者依法应当追缴的其他涉案财物。案外人对查封、扣押、冻结的财物及其孳息提出权属异议的，应当进行审查。其次，进行处置。如果财物属于案外人的，应依法予以解除被查封、扣押、冻结的财物及孳息，及时退还；如果确认查封、扣押、冻结的财物及其孳息属于违法所得、违禁品的，应当予以收缴；对查封、扣押、冻结的财物及其孳息不能确认属于违法所得或者依法应当追缴的其他涉案财物的，不得收缴。

需要注意的是，本款并未明确规定公安机关、人民检察院处置涉案财物的时间，只规定了“及时处置”，具体时限由公安机关和人民检察院出台相关规定予以细化。

[司法实务]

特殊情形的撤销案件或者不起诉与特赦的关系

特赦是指国家对某些犯罪或者特定犯罪人、免除其全部或者部分刑罚的制度。特殊情形下的撤销案件或者不起诉与特赦具有相同之处：一是行为人的犯罪构成要件都是完整的；二是两者因为特殊原因免受刑罚处罚；三是特殊原因都发生在应受惩罚的行为完成后，且受外在的政治、政策、价值取向等因素影响。但二者存在根本上的差异：一是特赦是国家对特定的犯罪分子免去其刑罚的部分或全部的执行，只能免其刑，不能免其罪；而撤销案件或不起诉决定既免刑也免罪。二是审批机关不同，特赦是全国人大或全国人大常委会决定并由国家主席发布；而撤销案件或者不起诉决定经最高人民检察院核准。

[配套规定]

1. **《人民检察院刑事诉讼规则》**（高检发释字［2019］4号）（2019年12月30日公布并施行）（节录）

第二百七十九条 犯罪嫌疑人自愿如实供述涉嫌犯罪的事实，有重大立功或者案件涉及国家重大利益的，经最高人民检察院核准，公安机关可以撤销案件，人民检察院可以作出不起诉决定，也可以对涉嫌数罪中的一项或者多项不起诉。

前款规定的不起诉，应当由检察长决定。决定不起诉的，人民检察院应当及时对查封、扣押、冻结的财物及其孳息作出处理。

2. **《最高人民法院、最高人民检察院、公安部、国家安全部、司法部关于在部分地区开展刑事案件认罪认罚从宽制度试点工作的办法》**（法［2016］386号）（2016年11月11日公布并施行）（节录）

第九条 犯罪嫌疑人自愿如实供述涉嫌犯罪的事实，有重大立功或者案件涉及国家重大利益，需要撤销案件的，办理案件的公安机关应当层报公安部，由公安部提请最高人民检察院批准。

第十三条 犯罪嫌疑人自愿如实供述涉嫌犯罪的事实，有重大立功或者案件涉及国家重大利益的，经最高人民检察院批准，人民检察院可以作出不起诉决定，也可以对涉嫌数罪中的一项或者多项提起公诉。

具有法律规定不起诉情形的，依照法律规定办理。

第十四条 最高人民检察院批准不起诉的，或者经公安部提请批准撤销案件的，人民检察院、公安机关对查封、扣押、冻结的财物及其孳息，应当调查权属情况，查明是否属于违法所得或者依法应当追缴的其他涉案财物。案外人对查封、扣押、冻结的财物及其孳息提出权属异议的，应当进行审查。

确认查封、扣押、冻结的财物及其孳息属于违法所得、违禁品或者供作案所用的本人财物，除依法返还被害人的以外，应当在撤销案件或者作出不起诉决定后三十日内予以收缴，一律上缴国库。对查封、扣押、冻结的财物及其孳息不能确认属于违法所得或者依法应当追缴的其他涉案财物的，不得收缴。

3.《关于进一步规范刑事诉讼涉案财物处置工作的意见》（中办发［2015］7号）（2015年1月24日公布并施行）（节录）

为贯彻落实《中共中央关于全面深化改革若干重大问题的决定》有关要求，进一步规范刑事诉讼涉案财物处置工作，根据刑法、刑事诉讼法有关规定，提出如下意见。

一、进一步规范刑事诉讼涉案财物处置工作，应当坚持公正与效率相统一、改革创新与于法有据相统一、保障当事人合法权益与适应司法办案需要相统一的原则，健全处置涉案财物的程序、制度和机制。

二、规范涉案财物查封、扣押、冻结程序。查封、扣押、冻结涉案财物，应当严格依照法定条件和程序进行。严禁在立案之前查封、扣押、冻结财物。不得查封、扣押、冻结与案件无关的财物。凡查封、扣押、冻结的财物，都应当及时进行审查；经查明确实与案件无关的，应当在三日内予以解除、退还，并通知有关当事人。

查封、扣押、冻结涉案财物，应当为犯罪嫌疑人、被告人及其所扶养的亲属保留必需的生活费用和物品，减少对涉案单位正常办公、生产、经营等活动的影响。

公安机关、国家安全机关决定撤销案件或者终止侦查、人民检察院决定撤销案件或者不起诉、人民法院作出无罪判决的，涉案财物除依法另行处理外，应当解除查封、扣押、冻结措施，需要返还当事人的应当及时返还。

在查封、扣押、冻结涉案财物时，应当收集固定依法应当追缴的证据材料并随案移送。

三、建立办案部门与保管部门、办案人员与保管人员相互制约制度。涉案财物应当由公安机关、国家安全机关、人民检察院、人民法院指定本机关的一个部门或者专职人员统一保管，严禁由办案部门、办案人员自行保管。办案部门、保管部门截留、坐支、私分或者擅自处理涉案财物的，对其直接负责的主管人员和其他直接责任人员，按滥用职权等依法依纪追究责任；办案人员、保管人员调换、侵吞、窃取、挪用涉案财物的，按贪污等依法依纪追究责任。

四、规范涉案财物保管制度。对查封、扣押、冻结的财物，均应当制作详细清单。对扣押款项应当逐案设立明细账，在扣押后立即存入扣押机关唯一合规账户。对赃物特别是贵重物品实行分类保管，做到一案一账、一物一卡、账实相符。对作为证据使用的实物一般应当随案移送，如实登记，妥善保管，健全交接手续，防止损毁、丢失等。

五、探索建立跨部门的地方涉案财物集中管理信息平台。公安机关、人民检察院和人民法院查封、扣押、冻结、处理涉案财物，应当依照相关规定将财物清单及时录入信息平台，实现信息共享，确保涉案财物管理规范、移送顺畅、处置及时。

六、完善涉案财物审前返还程序。对权属明确的被害人合法财产，凡返还不损害其他被害人或者利害关系人的利益、不影响诉讼正常进行的，公安机关、国家安全机关、人民检察院、人民法院都应当及时返还。权属有争议的，应当在人民法院判决时一并处理。

七、完善涉案财物先行处置程序。对易损毁、灭失、变质等不宜长期保存的物品，易贬值的汽车、船艇等物品，或者市场价格波动大的债券、股票、基金份额等财产，有效期即将届满的汇票、本票、支票等，经权利人同意或者申请，并经县级以上公安机关、国家安全机关、人民检察院或者人民法院主要负责人批准，可以依法出售、变现或者先行变卖、拍卖。所得款项统一存入各单位唯一合规账户。

涉案财物先行处置应当做到公开、公平。

八、提高查询、冻结、划扣工作效率。办案单位依法需要查询、冻结或者划扣涉案款项的，金融机构等相关单位应当予以协助，并探索建立统一的专门查询机制，建立涉案账户紧急止付制度，完善集中查询、冻结和定期续冻制度。

九、完善违法所得追缴、执行工作机制。对审判时尚未追缴到案或者尚未足额退赔的违法所得，人民法院应当判决继续追缴或者责令退赔，并由人民法院负责执行，人民检察院、公安机关、国家安全机关、司法行政机关等应当予以配合。

十、建立中央政法机关交办案件涉案财物上缴中央国库制度。凡由最高人民检察院、公安部立案或者由其指定地方异地查办的重特大案件，涉案财物应当纳入中央政法机关的涉案财物账户；判决生效后，涉案财物除依法返还被害人外，一律通过中央财政汇缴专户缴入中央国库。

建立中央政法机关交办案件办案经费安排制度。凡中央政法机关指定地方异地查办的重特大案件，办案经费由中央财政保障，必要时提前预拨办案经费。涉案财物上缴中央国库后，由中央政法委员会会同中央政法机关对承办案件单位办案经费提出安排意见，财政部通过转移支付及时核拨地方财政，并由地方财政部门将经费按实际支出拨付承办案件单位。

十一、健全境外追逃追赃工作体制机制。公安部确定专门机构统一负责到境外开展追逃追赃工作。

我国缔结或者参加的国际条约指定履行司法协助职责的最高人民法院、最高人民检察院、公安部、司法部等，应当及时向有关国家（地区）提出司法协助请求，并将有关情况通报公安部专门负责境外追逃追赃的机构。

在案件侦查、审查起诉环节，办案机关应当积极核查境外涉案财物去向；对犯罪嫌疑人、被告人逃匿的，应当继续开展侦查取证工作。需要到境外追逃追赃的，办案机关应当将案件基本情况及调查取证清单，按程序送公安部专门负责境外追逃追赃的机构，并配合公安部专门机构开展境外调查取证工作。

十二、明确利害关系人诉讼权利。善意第三人等案外人与涉案财物处理存在利害关系的，公安机关、国家安全机关、人民检察院应当告知其相关诉讼权利，人民法院应当通知其参加诉讼并听取其意见。被告人、自诉人、附带民事诉讼的原告和被告人对涉案财物处理决定不服的，可以就财物处理部分提出上诉，被害人或者其他利害关系人可以请求人民检察院抗诉。

十三、完善权利救济机制。人民法院、人民检察院、公安机关、国家安全机关应当建立有效的权利救济机制，对当事人、利害关系人提出异议、复议、申诉、投诉或者举报的，应当依法及时受理并反馈处理结果。

十四、进一步加强协调配合。人民法院、人民检察院、公安机关、国家安全机关在办理案件过程中，应当共同研究解决涉案财物处置工作中遇到的突出问题，确保执法司法工作顺利进行，切实保障当事人合法权益。

十五、进一步加强监督制约。人民法院、人民检察院、公安机关、国家安全机关应当对涉案财物处置工作进行相互监督。人民检察院应当加强法律监督。上级政法机关发现下级政法机关涉案财物处置工作确有错误的，应当依照法定程序要求限期纠正。

十六、健全责任追究机制。违法违规查封、扣押、冻结和处置涉案财物的，应当依法依纪给予处分；构成犯罪的，应当依法追究刑事责任；导致国家赔偿的，应当依法向有关责任人员追偿。

十七、最高人民法院、最高人民检察院、公安部、国家安全部、财政部、中国人民银行等应当结合工作实际，制定实施办法，细化政策标准，规范工作流程，明确相关责任，完善协作配合机制，确保有关规定落到实处。

第三编 审 判

第一章 审判组织

第一百八十三条 基层人民法院、中级人民法院审判第一审案件，应当由审判员三人或者由审判员和人民陪审员共三人或者七人组成合议庭进行，但是基层人民法院适用简易程序、速裁程序的案件可以由审判员一人独任审判。

高级人民法院审判第一审案件，应当由审判员三人至七人或者由审判员和人民陪审员共三人或者七人组成合议庭进行。

最高人民法院审判第一审案件，应当由审判员三人至七人组成合议庭进行。

人民法院审判上诉和抗诉案件，由审判员三人或者五人组成合议庭进行。

合议庭的成员人数应当是单数。

[条文主旨]

本条是关于刑事审判组织的规定。

[条文释解]

审判组织是人民法院审判案件的组织形式，审判组织代表人民法院行使审判权，在审判案件活动中具有重要作用。刑事案件的基本组织包括合议庭和独任庭。合议庭是由二名以上审判人员集体审判案件的组织形式，是最为常见的刑事审判组织形式，可以全部由审判员组成，也可以由审判员和人民陪审员混合组成，合议庭的成员人数应当是单数，但具体组成人员、人数因法院级别、管辖案件性质等不同而有异。独任庭是基层人民法院的一种审判组织形式，只能由一名审判员担任，其依法独任审判时，行使与审判长相同的职权。审判委员会也是一种审判组织形式，具体在本法第185条中讲述。

根据《人民陪审员法》和速裁程序，2018年《刑事诉讼法》对各级法院的合议庭组成形式均作出修改。

一是基层人民法院、中级人民法院审判的第一审案件。

2012年《刑事诉讼法》规定基层人民法院、中级人民法院审判第一审案件，应当由审判员三人或者由审判员和人民陪审员共三人组成合议庭进行。《人民陪审员法》第14条规定：人民陪审员和法官组成合议庭审判案件，由法官担任审判长，可以组成三人合议庭，也可以由法官三人与人民陪审员四人组成七人合议庭。因此，2018年《刑事诉讼法》也相应作出，基层人民法院、中级人民法院审判第一审案件，由审判员组成合议庭的仍是三人；由审判员和人民陪审员组成合议庭的可以是三人或者七人。在此提请注意，不是三人至七人，故不能是五人。

基层人民法院采用独任庭审判的案件中增加速裁程序案件。为实现诉讼分流、提高诉讼效率，进一步推进以审判为中心的诉讼制度改革，2018年《刑事诉讼法》将速裁程序与简易程序、普通程序并列，在第三编第二章中增加第四节速裁程序，旨在解决当前司法资源与司法需求的剧烈冲突问题。故本条中关于基层人民法院由审判员一人独任审判的案件不仅适用于简易程序案件，也适用于速裁程序案件。

二是高级人民法院审判的第一审案件。

2012年《刑事诉讼法》规定高级人民法院审判第一审案件，应当由审判员三人至七人或者由审判员和人民陪审员共三人至七人组成合议庭进行。由于《人民陪审员法》第14条规定人民陪审员参加组成合议庭的人数只能是三人或者七人，因此2018年《刑事诉讼法》规定高级人民法院审判第一审案件，由审判员组成合议庭的人数仍是三人至七人；由审判员和人民陪审员组成合议庭的人数改成三人或者七人，同样不能组成五人合议庭。

三是最高人民法院审判第一审案件的审判组织形式。

2012年《刑事诉讼法》规定最高人民法院审判第一审案件，应当由审判员三人至七人或者由审判员和人民陪审员共三人至七人组成合议庭进行。

2018 年《刑事诉讼法》修改后，最高人民法院审判第一审案件不再适用人民陪审员制度，只能由审判员三人至七人组成合议庭进行。在此提请注意，可以组成五人合议庭。

四是人民法院审判上诉和抗诉案件。

2012 年《刑事诉讼法》规定人民法院审判上诉和抗诉案件，由审判员三人至五人组成合议庭进行。2018 年《刑事诉讼法》将“至”修改为“或”，由于合议庭成员人数应当为单数，故而上诉、抗诉案件合议庭组成人数不变，但在文义表达上更加清晰、准确。上诉、抗诉案件只能由审判员组成合议庭，不适用人民陪审员制度。

五是合议庭成员人数。

合议庭成员人数应当是单数，以便在评议表决时形成多数意见，确保裁判结果的形成。

六是删除人民陪审员享有同等权利的规定。

2012 年《刑事诉讼法》规定“人民陪审员在人民法院执行职务，同审判员有同等的权利”，因《人民陪审员法》对人民陪审员的权利义务已作出明确规定，故《刑事诉讼法》删除相关规定。

七是删除审判长的选任规则。

2012 年《刑事诉讼法》规定“合议庭由院长或庭长指定审判员一人担任审判长。院长或者庭长参加审判案件的时候，自己担任审判长”。

[审判实务]

1. 人民陪审员参与审判的第一审案件范围

《人民陪审员法》对人民陪审员参加审判的案件作出明确规定：

人民法院审判第一审刑事案件，有下列情形之一的，由人民陪审员和法官组成合议庭进行：（1）涉及群体利益、公共利益的；（2）人民群众广泛关注或者其他社会影响较大的；（3）案情复杂或者有其他情形，需要由人民陪审员参加审判的。人民法院审判前述规定的案件，法律规定由法官独任审理或者由法官组成合议庭审理的，从其规定。

人民法院审判下列第一审案件，由人民陪审员和法官组成七人合议庭进行：（1）可能判处十年以上有期徒刑、无期徒刑、死刑，社会影响重大的刑事案件；（2）根据民事诉讼法、行政诉讼法提起的公益诉讼案件；（3）涉及征地拆迁、生态环境保护、食品药品安全，社会影响重大的案件；（4）其他社会影响重大的案件。

第一审刑事案件被告人申请由人民陪审员参加合议庭审判的，人民法院可以决定由人民陪审员和法官组成合议庭审判。

对于确定由人民陪审员参加审判的案件，应当根据案件特点和具体情况，确定人民陪审员的人选。如案件涉及专门知识、特定行业，可以由具备专门知识或熟识特定行业的人民陪审员参加合议庭；如社会关注较高，与民生问题密切相关等具有典型意义的案件，可以由具有人大代表或者政协委员资格的人民陪审员参加合议庭进行审理。同时，应对案件的复杂程度及可能的审理周期进行必要的预判，考虑人民陪审员的任职期限、本职工作安排等因素，避免在案件审理过程中因审判人员个人生理、心理原因或者工作、生活安排等原因导致合议庭成员更换，影响审判顺利进行。

2. 人民陪审员参与合议庭的评议原则

人民陪审员在人民法院执行职务，同审判员有同等的权利，人民陪审员参加合议庭评议时，有权对事实认定、法律适用独立发表意见，并独立行使表决权。人民陪审员评议案件时应当围绕事实认定、法律适用充分发表意见并说明理由。合议庭要保障和发挥人民陪审员的作用，避免使人产生人民陪审员陪而不审的误解。人民陪审员应当审核裁判文书文稿并签名。

人民陪审员参加三人合议庭审判案件，对事实认定、法律适用，独立发表意见，行使表决权。人民陪审员参加七人合议庭审判案件，对事实认定，独立发表意见，并与法官共同表决；对法律适用，可以发表意见，但不参加表决。合议庭评议案件，实行少数服从多数的原则。人民陪审员同合议庭其他组成人员意见分歧的，应当将其意见写入笔录。合议庭组成人员意见有重大分歧的，人民陪审员或者法官可以要求合议庭将案件提请院长决定是否提交审判委员会讨论决定。

［配套规定］

1.《最高人民法院关于适用〈中华人民共和国刑事诉讼法〉的解释》（法释［2012］21号）（2012年12月20日公布，自2013年1月1日起施行）（节录）

第一百七十五条 审判长由审判员担任。助理审判员由本院院长提出，经审判委员会通过，可以临时代行审判员职务，并可以担任审判长。

2.《最高人民法院关于进一步加强合议庭职责的若干规定》（法释[2010] 1号）（2010年1月11日公布，自2010年2月1日起施行）（节录）

第一条 合议庭是人民法院的基本审判组织。合议庭全体成员平等参与案件的审理、评议和裁判，依法履行审判职责。

第二条 合议庭由审判员、助理审判员或者人民陪审员随机组成。合议庭成员相对固定的，应当定期交流。人民陪审员参加合议庭的，应当从人民陪审员名单中随机抽取确定。

第三条 承办法官履行下列职责：

（一）主持或者指导审判辅助人员进行庭前调解、证据交换等庭前准备工作；

（二）拟定庭审提纲，制作阅卷笔录；

（三）协助审判长组织法庭审理活动；

（四）在规定期限内及时制作审理报告；

（五）案件需要提交审判委员会讨论的，受审判长指派向审判委员会汇报案件；

（六）制作裁判文书提交合议庭审核；

（七）办理有关审判的其他事项。

第四条 依法不开庭审理的案件，合议庭全体成员均应当阅卷，必要时提交书面阅卷意见。

第五条 开庭审理时，合议庭全体成员应当共同参加，不得缺席、中途退庭或者从事与该庭审无关的活动。合议庭成员未参加庭审、中途退庭或者从事与该庭审无关的活动，当事人提出异议的，应当纠正。合议庭仍不纠正的，当事人可以要求休庭，并将有关情况记入庭审笔录。

第六条 合议庭全体成员均应当参加案件评议。评议案件时，合议庭成员应当针对案件的证据采信、事实认定、法律适用、裁判结果以及诉讼程序等问题充分发表意见。必要时，合议庭成员还可提交书面评议意见。

合议庭成员评议时发表意见不受追究。

第七条 除提交审判委员会讨论的案件外，合议庭对评议意见一致或者形成多数意见的案件，依法作出判决或者裁定。下列案件可以由审判长提请院长或者庭长决定组织相关审判人员共同讨论，合议庭成员应当参加：

（一）重大、疑难、复杂或者新类型的案件；

（二）合议庭在事实认定或法律适用上有重大分歧的案件；

（三）合议庭意见与本院或上级法院以往同类型案件的裁判有可能不一致的案件；

（四）当事人反映强烈的群体性纠纷案件；

（五）经审判长提请且院长或者庭长认为确有必要讨论的其他案件。

上述案件的讨论意见供合议庭参考，不影响合议庭依法作出裁判。

第八条 各级人民法院的院长、副院长、庭长、副庭长应当参加合议庭审理案件，并逐步增加审理案件的数量。

第九条 各级人民法院应当建立合议制落实情况的考评机制，并将考评结果纳入岗位绩效考评体系。考评可采取抽查卷宗、案件评查、检查庭审情况、回访当事人等方式。考评包括以下内容：

（一）合议庭全体成员参加庭审的情况；

（二）院长、庭长参加合议庭庭审的情况；

（三）审判委员会委员参加合议庭庭审的情况；

（四）承办法官制作阅卷笔录、审理报告以及裁判文书的情况；

（五）合议庭其他成员提交阅卷意见、发表评议意见的情况；

（六）其他应当考核的事项。

第十条 合议庭组成人员存在违法审判行为的，应当按照《人民法院审判人员违法审判责任追究办法（试行）》等规定追究相应责任。合议庭审理案件有下列情形之一的，合议庭成员不承担责任：

（一）因对法律理解和认识上的偏差而导致案件被改判或者发回重审的；

（二）因对案件事实和证据认识上的偏差而导致案件被改判或者发回重审的；

（三）因新的证据而导致案件被改判或者发回重审的；

（四）因法律修订或者政策调整而导致案件被改判或者发回重审的；

（五）因裁判所依据的其他法律文书被撤销或变更而导致案件被改判或者发回重审的；

（六）其他依法履行审判职责不应当承担责任的情形。

第十一条 执行工作中依法需要组成合议庭的，参照本规定执行。

第十二条 本院以前发布的司法解释与本规定不一致的，以本规定为准。

3.《中华人民共和国人民陪审员法》（2018年4月27日公布并施行）（节录）

第十四条 人民陪审员和法官组成合议庭审判案件，由法官担任审判长，可以组成三人合议庭，也可以由法官三人与人民陪审员四人组成七人合议庭。

第十五条 人民法院审判第一审刑事、民事、行政案件，有下列情形之一的，由人民陪审员和法官组成合议庭进行：

（一）涉及群体利益、公共利益的；

（二）人民群众广泛关注或者其他社会影响较大的；

（三）案情复杂或者有其他情形，需要由人民陪审员参加审判的。

人民法院审判前款规定的案件，法律规定由法官独任审理或者由法官组成合议庭审理的，从其规定。

第十六条 人民法院审判下列第一审案件，由人民陪审员和法官组成七人合议庭进行：

（一）可能判处十年以上有期徒刑、无期徒刑、死刑，社会影响重大的刑事案件；

（二）根据民事诉讼法、行政诉讼法提起的公益诉讼案件；

（三）涉及征地拆迁、生态环境保护、食品药品安全，社会影响重大的案件；

（四）其他社会影响重大的案件。

第十七条 第一审刑事案件被告人、民事案件原告或者被告、行政案件原告申请由人民陪审员参加合议庭审判的，人民法院可以决定由人民陪审员和法官组成合议庭审判。

第二十条 审判长应当履行与案件审判相关的指引、提示义务，但不得妨碍人民陪审员对案件的独立判断。

合议庭评议案件，审判长应当对本案中涉及的事实认定、证据规则、法律规定等事项及应当注意的问题，向人民陪审员进行必要的解释和说明。

第二十一条 人民陪审员参加三人合议庭审判案件，对事实认定、法律适用，独立发表意见，行使表决权。

第二十二条 人民陪审员参加七人合议庭审判案件，对事实认定，独立发表意见，并与法官共同表决；对法律适用，可以发表意见，但不参加表决。

第二十三条 合议庭评议案件，实行少数服从多数的原则。人民陪审员同合议庭其他组成人员意见分歧的，应当将其意见写入笔录。

合议庭组成人员意见有重大分歧的，人民陪审员或者法官可以要求合议庭将案件提请院长决定是否提交审判委员会讨论决定。

4.《中华人民共和国人民法院法庭规则》（法释［2016］7号）（2016年4月13日公布，自2016年5月1日起施行）（节录）

第二条 法庭是人民法院代表国家依法审判各类案件的专门场所。

法庭正面上方应当悬挂国徽。

第三条 法庭分设审判活动区和旁听区，两区以栏杆等进行隔离。

审理未成年人案件的法庭应当根据未成年人身心发展特点设置区域和席位。

有新闻媒体旁听或报道庭审活动时，旁听区可以设置专门的媒体记者席。

第四条 刑事法庭可以配置同步视频作证室，供依法应当保护或其他确有保护必要的证人、鉴定人、被害人在庭审作证时使用。

第五条 法庭应当设置残疾人无障碍设施；根据需要配备合议庭合议室，检察人员、律师及其他诉讼参与人休息室，被告人羁押室等附属场所。

第六条 进入法庭的人员应当出示有效身份证件，并接受人身及携带物品的安全检查。

持有效工作证件和出庭通知履行职务的检察人员、律师可以通过专门通道进入法庭。需要安全检查的，人民法院对检察人员和律师平等对待。

第七条 除经人民法院许可，需要在法庭上出示的证据外，下列物品不得携带进入法庭：

（一）枪支、弹药、管制刀具以及其他具有杀伤力的器具；

（二）易燃易爆物、疑似爆炸物；

（三）放射性、毒害性、腐蚀性、强气味性物质以及传染病病原体；

（四）液体及胶状、粉末状物品；

（五）标语、条幅、传单；

（六）其他可能危害法庭安全或妨害法庭秩序的物品。

第八条 人民法院应当通过官方网站、电子显示屏、公告栏等向公众公开各法庭的编号、具体位置以及旁听席位数量等信息。

第九条 公开的庭审活动，公民可以旁听。

旁听席位不能满足需要时，人民法院可以根据申请的先后顺序或者通过抽签、摇号等方式发放旁听证，但应当优先安排当事人的近亲属或其他与案件有利害关系的人旁听。

下列人员不得旁听：

（一）证人、鉴定人以及准备出庭提出意见的有专门知识的人；

（二）未获得人民法院批准的未成年人；

（三）拒绝接受安全检查的人；

（四）醉酒的人、精神病人或其他精神状态异常的人；

（五）其他有可能危害法庭安全或妨害法庭秩序的人。

依法有可能封存犯罪记录的公开庭审活动，任何单位或个人不得组织人员旁听。

依法不公开的庭审活动，除法律另有规定外，任何人不得旁听。

第十条 人民法院应当对庭审活动进行全程录像或录音。

第十一条 依法公开进行的庭审活动，具有下列情形之一的，人民法院可以通过电视、互联网或其他公共媒体进行图文、音频、视频直播或录播：

（一）公众关注度较高；

（二）社会影响较大；

（三）法治宣传教育意义较强。

第十二条 出庭履行职务的人员，按照职业着装规定着装。但是，具有下列情形之一的，着正装：

（一）没有职业着装规定；

（二）侦查人员出庭作证；

（三）所在单位系案件当事人。

非履行职务的出庭人员及旁听人员，应当文明着装。

第十三条 刑事在押被告人或上诉人出庭受审时，着正装或便装，不着监管机构的识别服。

人民法院在庭审活动中不得对被告人或上诉人使用戒具，但认为其人身危险性大，可能危害法庭安全的除外。

第十四条 庭审活动开始前，书记员应当宣布本规则第十七条规定的法庭纪律。

第十五条 审判人员进入法庭以及审判长或独任审判员宣告判决、裁定、决定时，全体人员应当起立。

第十六条 人民法院开庭审判案件应当严格按照法律规定的诉讼程序进行。

审判人员在庭审活动中应当平等对待诉讼各方。

第十七条 全体人员在庭审活动中应当服从审判长或独任审判员的指挥，尊重司法礼仪，遵守法庭纪律，不得实施下列行为：

（一）鼓掌、喧哗；

（二）吸烟、进食；

（三）拨打或接听电话；

（四）对庭审活动进行录音、录像、拍照或使用移动通信工具等传播庭审活动；

（五）其他危害法庭安全或妨害法庭秩序的行为。

检察人员、诉讼参与人发言或提问，应当经审判长或独任审判员许可。

旁听人员不得进入审判活动区，不得随意站立、走动，不得发言和提问。

媒体记者经许可实施第一款第四项规定的行为，应当在指定的时间及区域进行，不得影响或干扰庭审活动。

第十八条 审判长或独任审判员主持庭审活动时，依照规定使用法槌。

第十九条 审判长或独任审判员对违反法庭纪律的人员应当予以警告；对不听警告的，予以训诫；对训诫无效的，责令其退出法庭；对拒不退出法庭的，指令司法警察将其强行带出法庭。

行为人违反本规则第十七条第一款第四项规定的，人民法院可以暂扣其使用的设备及存储介质，删除相关内容。

第二十条 行为人实施下列行为之一，危及法庭安全或扰乱法庭秩序的，根据相关法律规定，予以罚款、拘留；构成犯罪的，依法追究其刑事责任：

（一）非法携带枪支、弹药、管制刀具或者爆炸性、易燃性、放射性、毒害性、腐蚀性物品以及传染病病原体进入法庭；

（二）哄闹、冲击法庭；

（三）侮辱、诽谤、威胁、殴打司法工作人员或诉讼参与人；

（四）毁坏法庭设施，抢夺、损毁诉讼文书、证据；

（五）其他危害法庭安全或扰乱法庭秩序的行为。

第二十一条 司法警察依照审判长或独任审判员的指令维持法庭秩序。

出现危及法庭内人员人身安全或者严重扰乱法庭秩序等紧急情况时，司法警察可以直接采取必要的处置措施。

人民法院依法对违反法庭纪律的人采取的扣押物品、强行带出法庭以及罚款、拘留等强制措施，由司法警察执行。

第二十二条 人民检察院认为审判人员违反本规则的，可以在庭审活动结束后向人民法院提出处理建议。

诉讼参与人、旁听人员认为审判人员、书记员、司法警察违反本规则的，可以在庭审活动结束后向人民法院反映。

第二十三条 检察人员违反本规则的，人民法院可以向人民检察院通报情况并提出处理建议。

第二十四条 律师违反本规则的，人民法院可以向司法行政机关及律师协会通报情况并提出处理建议。

第二十五条 人民法院进行案件听证、国家赔偿案件质证、网络视频远程审理以及在法院以外的场所巡回审判等，参照适用本规则。

第二十六条 外国人、无国籍人旁听庭审活动，外国媒体记者报道庭审活动，应当遵守本规则。

第一百八十四条 合议庭进行评议的时候，如果意见分歧，应当按多数人的意见作出决定，但是少数人的意见应当写入笔录。评议笔录由合议庭的组成人员签名。

[条文主旨]

本条是关于合议庭评议原则的规定。

[条文释解]

本条是1979年《刑事诉讼法》的规定，1996年《刑事诉讼法》将原文中“应当少数服从多数”修改为“应当按多数人的意见作出决定”，2012年、2018年均未作修改。

根据本条规定，应注意以下几点：

一是合议庭评议应当坚持民主原则。合议庭成员在评议案件时，应当独立表达意见并说明理由，意见分歧的，应当按多数意见作出决定，只有这样才能保证案件经过评议得出符合多数人意见的结果。

二是少数意见应当记入笔录。少数意见是指合议庭组成人员中不超过半数的人对案件的评议结果存在异议或持有不同意见，应将其提出的异议或不同意见记入评议笔录。将少数人意见记入笔录，既是体现对少数人意见的尊重，也是为了全面、客观地反映评议情况，有助于二审、再审时全面了解和分析案情。

三是评议笔录由合议庭的组成人员在审阅确认无误后签名。评议笔录制作完成后应交由合议庭成员审阅，由合议庭成员确认无误。

[审判实务]

1. 开庭审理和评议案件，应当由同一合议庭进行

强调由同一合议庭自始至终负责案件的审理和裁判，主要是为了确保裁判的公正性。只有同一合议庭全程持续地参与庭审，然后基于庭审阶段的法庭调查和法庭辩论结果对案件进行评议，进而作出最终的裁判，才能确保最终的裁判结果是来源于庭审，立足于控辩双方的主张和相应的证据。同时，从程序正义的角度来看，强调同一合议庭持续审理的规则，也有助于实现庭审的实质化。如果合议庭成员在开庭审理和评议案件过程中随意更换，势必导致新成员不了解此前庭审的情况，这不仅严重影响庭审的质量和效果，而且将会严重损害控辩双方的诉讼权益。现代诉讼所强调的集中、持续审理原则，就是为了保障由同一审判组织（合议庭）开庭审理和评议案件。我们倡导庭审中心主义理念的一项核心要求就是同一审判组织（合议庭）持续进行开庭审理和评议案件工作。

实践中，如果合议庭成员因突发事件、重大疾病等客观原因确实无法继续参与开庭审理和评议案件的，应当依法重新组成合议庭，对案件重新进行审理。需要注意的是，根据《刑诉法解释》第 159 条的规定，对于附带民事诉讼案件，可以在刑事案件审判后，由同一审判组织继续审理附带民事诉讼；同一审判组织的成员确实不能继续参与审判的，可以更换。对于附带民事诉讼案件，之所以允许更换审判组织成员，主要是考虑到刑事附带民事诉讼的刑事部分与附带民事诉讼部分具有相对独立性，对于附带民事诉讼，由

新成员加入审判组织并不会影响裁判的公正性。

2. 合议庭评议工作的内容和要求

合议庭评议是裁判的核心环节，2010年最高人民法院出台的《关于进一步加强合议庭职责的若干规定》，对合议庭成员实质性地参与案件审理与评断提出了具体要求。《刑诉法解释》第240条进一步明确规定了合议庭评议工作的内容和要求：合议庭评议案件，应当根据已经查明的事实、证据和有关法律规定，在充分考虑控辩双方意见的基础上，确定被告人是否有罪、构成何罪，有无从重、从轻、减轻或者免除处罚情节，应否处以刑罚、判处何种刑罚，附带民事诉讼如何解决，查封、扣押、冻结的财物及其孳息如何处理等，并依法作出判决、裁定。

为了确保合议庭评议工作依法、有序进行，需要明确合议庭评议的规则和方法。概括起来，合议庭评议应当遵守以下五个方面的要求：

（1）合议庭评议工作应当保密。合议庭评议应当在审判长的主持下秘密进行，参与人员限于合议庭成员与书记员，且应当对评议意见保守秘密，即便在案件公开宣判后，亦不得泄露合议庭评议意见。合议庭评议笔录应当装入卷宗副卷，且对外不予借阅，不得查阅、摘抄、复制。

（2）合议庭评议工作应当及时进行。合议庭评议应当在庭审结束后尽快进行，即在庭审程序结束后，合议庭成员应当及时对案件进行评议。合议庭评议一般进行一次，特殊情况下可以进行多次评议。合议庭评议后，应当及时作出判决、裁定。

（3）合议庭评议应当坚持民主原则。由于合议庭成员在学识、经验、资历、职级、年龄等方面存在一定的差异，且案件责任主要归于承办人，可能会发生部分合议庭成员盲从或迎合他人意见的情形。为了杜绝“合而不议”现象，可以考虑限定发言顺序。在有人民陪审员参审的案件中，可以由人民陪审员先发言；其他审判人员应以职级最低或资历最浅者为先，职级和资历相同的，以年龄小者为先；审判长对认定案件事实、证据是否确实、充分，适用法律以及裁判结果的评议均应最后发言。在合议庭成员首轮发言结束后，可以根据意见的冲突与融合情况，针对评议产生的争议焦点进行自由发言补充或辩论。

（4）合议庭评议意见应当客观准确。合议庭成员应当针对案件的相关问题充分发表意见，不能简单附和其他合议庭成员的意见，并且需要对自己的意见说明相应的理由。合议庭成员即使对案件存有不同的意见，也不要发表两种意见，结合个案情况可以提出倾向性意见。书记员应当客观、如实地记载整个评议过程，对于合议庭成员的少数意见也应当如实记入笔录。合议庭评议结束后，合议庭成员及书记员应当仔细阅看、核对合议庭评议笔录，记录有误的可要求补正，记录无误后需签字确认。

（5）合议庭评议应当独立进行。这是依法独立行使审判权的内在要求。第一，合议庭成员依法独立行使表决权。各合议庭成员对案件具有平等的发表意见的权利，在他人发表意见后，如发现自己的观点确有瑕疵，可以修正或改变。每一位成员对案件发表的最终评议意见具有同等的决定权。第二，合议庭应当独立得出评议结论。合议庭评议不受其他组织、机构或个人的干涉。在合议庭对案件的评议形成多数意见后，即为评议的最终结论，且合议庭成员评议时发表的意见不受追究。

实践中，对重大、疑难、复杂案件以及法律适用存有争议的案件，有部分法院探索实行审判长联席会议制度进行研讨或提交庭务会议讨论。审判长联席会议与庭务会议的结论或意见对于合议庭的审判具有一定的参考意义，但是并不具有强制适用的效力。

院长、庭长可以对合议庭的评议意见进行审核，但是不得改变合议庭的评议结论。庭长在审核过程中，对评议结论有异议的，可以建议合议庭复议。

需要说明的是，合议庭评议的独立性不是绝对的，而是相对的。对于提交审判委员会讨论的案件，审判委员会的决定，合议庭应当执行；如有不同意见，可以建议院长提交审判委员会复议。

3. 独任庭工作的内容和要求

一名审判员依法独任审判时，其既负责主持审理，又负责作出裁判，因此，独任庭的工作内容和要求与合议庭相同，且该审判员应当行使与审判长相同的职权。实践中，确定通过独任庭审理案件的，可以指定审判员或者代行审判员职务的助理审判员一名独任审判。

[配套规定]

1.《最高人民法院关于适用〈中华人民共和国刑事诉讼法〉的解释》（法释［2012］21号）（2012年12月20日公布，自2013年1月1日起施行）（节录）

第一百七十五条　审判长由审判员担任。助理审判员由本院院长提出，经审判委员会通过，可以临时代行审判员职务，并可以担任审判长。

第一百七十六条 开庭审理和评议案件，应当由同一合议庭进行。合议庭成员在评议案件时，应当独立表达意见并说明理由。意见分歧的，应当按多数意见作出决定，但少数意见应当记入笔录。评议笔录由合议庭的组成人员在审阅确认无误后签名。评议情况应当保密。

第一百七十七条 审判员依法独任审判时，行使与审判长相同的职权。

第一百七十八条 合议庭审理、评议后，应当及时作出判决、裁定。

拟判处死刑的案件、人民检察院抗诉的案件，合议庭应当提请院长决定提交审判委员会讨论决定。

对合议庭成员意见有重大分歧的案件、新类型案件、社会影响重大的案件以及其他疑难、复杂、重大的案件，合议庭认为难以作出决定的，可以提请院长决定提交审判委员会讨论决定。

人民陪审员可以要求合议庭将案件提请院长决定是否提交审判委员会讨论决定。

对提请院长决定提交审判委员会讨论决定的案件，院长认为不必要的，可以建议合议庭复议一次。

独任审判的案件，审判员认为有必要的，也可以提请院长决定提交审判委员会讨论决定。

第一百七十九条 审判委员会的决定，合议庭、独任审判员应当执行；有不同意见的，可以建议院长提交审判委员会复议。

2. **《中华人民共和国人民陪审员法》**（2018年4月27日公布并施行）（节录）

第二十条 审判长应当履行与案件审判相关的指引、提示义务，但不得妨碍人民陪审员对案件的独立判断。

合议庭评议案件，审判长应当对本案中涉及的事实认定、证据规则、法律规定等事项及应当注意的问题，向人民陪审员进行必要的解释和说明。

第二十一条 人民陪审员参加三人合议庭审判案件，对事实认定、法律适用，独立发表意见，行使表决权。

第二十二条 人民陪审员参加七人合议庭审判案件，对事实认定，独立发表意见，并与法官共同表决；对法律适用，可以发表意见，但不参加表决。

第二十三条 合议庭评议案件，实行少数服从多数的原则。人民陪审员同合议庭其他组成人员意见分歧的，应当将其意见写入笔录。

合议庭组成人员意见有重大分歧的，人民陪审员或者法官可以要求合议庭将案件提请院长决定是否提交审判委员会讨论决定。

第一百八十五条　合议庭开庭审理并且评议后，应当作出判决。对于疑难、复杂、重大的案件，合议庭认为难以作出决定的，由合议庭提请院长决定提交审判委员会讨论决定。审判委员会的决定，合议庭应当执行。

[条文主旨]

本条是关于案件提交审判委员会的规定。

[条文释解]

本条是1979年《刑事诉讼法》的规定，该法第107条规定：“凡是重大的或者疑难的案件，院长认为需要提交审判委员会讨论的，由院长提交审判委员会讨论决定。审判委员会的决定，合议庭应当执行。”这样规定使得很多案件都由审判委员会讨论决定，而不是合议庭评议，致使合议庭在审判工作中不能充分发挥作用，以致审者不判、判者不审，开庭流于形式。1996年《刑事诉讼法》将原来规定的“凡是重大的或者疑难的案件，院长认为需要提交审判委员会讨论的，由院长提交审判委员会讨论决定”修改为“合议庭开庭审理并且评议后，应当作出判决。对于疑难、复杂、重大的案件，合议庭认为难以作出决定的，由合议庭提请院长决定提交审判委员会讨论决定”。作此修改后，所有案件都应当经合议庭开庭审理并且评议，只有合议庭认为疑难、复杂、重大，难以作出判决的，才提请院长提交审判委员会讨论，且由原来规定的“由院长提交”修改为“由合议庭提请院长决定提交”，这样更好地发挥合议庭在审判活动中的作用。2012年、2018年均未修改。

根据本条规定，应注意以下三点：

一是合议庭开庭审理并且评议后，应当作出判决，是指合议庭受理的案件经开庭、评议后，对一般案件都应当作出被告人是否有罪、罪行轻重、适用刑罚的判决。

二是对于疑难、复杂、重大的案件，合议庭认为难以作出决定的，由合议庭提请院长决定提交审判委员会讨论决定。“疑难、复杂、重大”的案件主要是指以下三种情况：案情特殊，难以划清罪与非罪、此罪与彼罪以及难以适用刑罚的案件；案情情况复杂，犯罪种类、次数多，证据繁杂的案件；犯罪性质严重，影响很大的案件。“由合议庭提请院长决定提交审判委员会讨论”，说明案件提交审判委员会讨论虽是由合议庭提请提交，但最后是否提交由院长决定。《刑诉法解释》规定院长认为不必要的，可以建议合议庭复议一次。可见，院长在决定是否将案件提交给审判委员会讨论的过程中也起到一定的审查把关作用，避免将原本可以由合议庭决定的案件也提交给审判委员会讨论决定。实践中，对于院长认为不必要提交给审判委员会讨论决定的案件，合议庭复议后，如果能够作出裁判，就无须再提交审判委员会；如果合议庭复议后，仍然认为难以作出决定的，可以再次提请院长决定提交审判委员会讨论决定。需要注意的是：对于特殊案件提交审判委员会讨论也必须是在合议庭开庭审理且评议之后，认为难以作出决定的才提交审判委员会研究决定。

三是审判委员会的决定，合议庭应当执行。这是指审判委员会对疑难、复杂、重大的案件经过讨论，对案件作出的处理决定，合议庭应当执行。《刑诉法解释》规定，合议庭有不同意见的，可以建议院长提交审判委员会复议。

[审判实务]

1. 合议庭具有独立作出判决的权力

在我国，审判委员会作为审判组织，是具有中国特色的一项审判制度。在当前时期，从确保案件质量和审判效果等方面考虑，在疑难重大复杂案件的裁判过程中发挥了重要作用。为了合理界定合议庭与审判委员会的职责范围，有必要明确合议庭、独任庭与审判委员会的权责关系，不能混淆各自的职责边界。合议庭作为基本的组织形式，是最重要的审判组织，应当依法履行法定的裁判职责。合议庭开庭审理并且评议后，应当作出判决、裁定。这是法律赋予合议庭的权力，也是合议庭应当肩负的法律职责。

2. 提交审判委员会讨论决定的案件范围

《刑诉法解释》第 178 条对“疑难、复杂、重大案件”作出明确规定，对拟判处死刑的案件、人民检察院抗诉的案件，合议庭应当提请院长决定提交审判委员会讨论决定；对合议庭成员意见有重大分歧的案件、新类型案件、社会影响重大的案件以及其他疑难、复杂、重大的案件，合议庭认为难以作出决定的，可以提请院长决定提交审判委员会讨论决定。对该规定提请注意两点：一是当前我国社会处于转型时期，“新类型案件”较易出现，对此类案件在法律适用和政策把握方面需要特别慎重，有必要纳入提交审判委员会讨论决定的案件范围。但对于什么是“新类型案件”，是新增设罪名的案件还是不经常适用罪名的案件，在实践中并没有形成统一认识。而且，有的“新类型案件”并非重大、疑难或复杂，没有必要提交审判委员会，故而将“新类型案件”纳入可以提请审判委员会讨论案件的范围，有利于人民法院更好地审理此类案件，妥善化解社会矛盾。二是区分应当提交审判委员会讨论与可以提交审判委员会讨论的案件，从实践需要来看，分别列明有利于实务操作。

3. 审判委员会讨论案件的程序启动

本法明确规定合议庭有权将疑难、复杂、重大案件提请院长决定提交审判委员会讨论决定。《人民陪审员法》第23条规定合议庭组成人员意见有重大分歧的，人民陪审员或者法官可以要求合议庭将案件提请院长决定是否提交审判委员会讨论决定，因此人民陪审员可以要求合议庭启动审判委员会讨论案件的程序，体现了对人民陪审员的尊重。独任审判的案件，审判员认为必要的，也可以提请院长决定提交审判委员会讨论决定。

4. 合议庭、独任庭与审判委员会的关系

针对审判委员会讨论作出的决议的法律效力问题，刑事诉讼法规定审判委员会的决定，合议庭应当执行，此处表述不全面，未涵盖独任庭的情形。故《刑诉法解释》相关规定表述为“审判委员会的决定，合议庭、独任庭应当执行”，解释还进一步规定，审判委员会的决定，合议庭、独任审判员应当执行；有不同意见的，可以建议院长提交审判委员会复议。之所以赋予合议庭、独任审判员建议院长提交审判委员会复议的权力，主要是考虑到合议庭、独任庭是基本的审判组织，如果其对审判委员会的决定有不同意见，既表明案件疑难、重大、复杂，也表明审判委员会的决定有进一步研究讨论的空间，从审慎裁判的角度出发，合议庭、独任庭可以建议院长提交审判委员会复议。

5. 审判委员会讨论案件规则

审判委员会委员超过半数时方可开会。审判委员会会议由院长或院长委托的副院长主持。人民检察院检察长可以列席同级人民法院审判委员会会议。检察长不能列席时，可以委托副检察长列席同级人民法院审判委员会会议。审判委员会讨论案件，合议庭应当提交案件审理报告。案件审理报告应当符合规范要求，客观、全面反映案件事实、证据以及双方当事人或控辩双方的意见，说明合议庭争议的焦点、分歧意见和拟作出裁判的内容。案件审理报告应当提前发送审判委员会委员。审判委员会讨论案件按照听取汇报、询问、发表意见、表决的顺序进行。案件由承办人汇报，合议庭其他成员补充。审判委员会在听取汇报、进行询问和发表意见后，其他列席人员经主持人同意可以发表意见。审判委员会讨论案件实行民主集中制。审判委员会委员发表意见的顺序，一般应当按照职级高的委员后发言的原则进行，主持人最后发表意见。审判委员会应当充分、全面地对案件进行讨论。审判委员会委员应当客观、公正、独立、平等地发表意见，审判委员会委员发表意见不受追究，并应当记录在卷。审判委员会委员发表意见后，主持人应当归纳委员的意见，按多数意见拟出决议，付诸表决。审判委员会的决议应当按照全体委员二分之一以上多数意见作出。少数人的意见可以保留并记录在卷。

实践中，审判委员会讨论后的决定主要分为两种，一种是对案件处理结果作出决定，另一种是对案件的补查补正工作作出决定。对于前者，合议庭、独任审判员有不同意见的，可以建议院长提交审判委员会复议。对于后者，合议庭、独任审判员应当执行。

[配套规定]

1.《最高人民法院关于适用〈中华人民共和国刑事诉讼法〉的解释》（法释［2012］21号）（2012年12月20日公布，自2013年1月1日起施行）（节录）

第一百七十八条 合议庭审理、评议后，应当及时作出判决、裁定。

拟判处死刑的案件、人民检察院抗诉的案件，合议庭应当提请院长决定提交审判委员会讨论决定。

对合议庭成员意见有重大分歧的案件、新类型案件、社会影响重大的案件以及其他疑难、复杂、重大的案件，合议庭认为难以作出决定的，可以提请院长决定提交审判委员会讨论决定。

人民陪审员可以要求合议庭将案件提请院长决定是否提交审判委员会讨

论决定。

对提请院长决定提交审判委员会讨论决定的案件，院长认为不必要的，可以建议合议庭复议一次。

独任审判的案件，审判员认为有必要的，也可以提请院长决定提交审判委员会讨论决定。

第一百七十九条 审判委员会的决定，合议庭、独任审判员应当执行；有不同意见的，可以建议院长提交审判委员会复议。

2.《中华人民共和国人民陪审员法》（2018年4月27日公布并施行）（节录）

第二十三条 合议庭评议案件，实行少数服从多数的原则。人民陪审员同合议庭其他组成人员意见分歧的，应当将其意见写入笔录。

合议庭组成人员意见有重大分歧的，人民陪审员或者法官可以要求合议庭将案件提请院长决定是否提交审判委员会讨论决定。

3.《最高人民法院、最高人民检察院关于人民检察院检察长列席人民法院审判委员会会议的实施意见》（法发［2010］4号）（2010年1月12日公布，自2010年4月1日起施行）（节录）

一、人民检察院检察长可以列席同级人民法院审判委员会会议。

检察长不能列席时，可以委托副检察长列席同级人民法院审判委员会会议。

二、人民检察院检察长列席人民法院审判委员会会议的任务是，对于审判委员会讨论的案件和其他有关议题发表意见，依法履行法律监督职责。

三、人民法院审判委员会讨论下列案件或者议题，同级人民检察院检察长可以列席：

（一）可能判处被告人无罪的公诉案件；

（二）可能判处被告人死刑的案件；

（三）人民检察院提出抗诉的案件；

（四）与检察工作有关的其他议题。

四、人民法院院长决定将本意见第三条所列案件或者议题提交审判委员会讨论的，人民法院应当通过适当方式告知同级人民检察院。人民检察院检察长决定列席审判委员会会议的，人民法院应当将会议议程、会议时间通知人民检察院。

对于人民法院审判委员会讨论的议题，人民检察院认为有必要的，可以向人民法院提出列席审判委员会会议；人民法院认为有必要的，可以邀请人民检察院检察长列席审判委员会会议。

五、人民检察院检察长列席审判委员会会议的，人民法院应当将会议材料在送审判委员会委员的同时送人民检察院检察长。

六、人民检察院检察长列席审判委员会会议，应当在会前进行充分准备，必要时可就有关问题召开检察委员会会议进行讨论。

七、检察长或者受检察长委托的副检察长列席审判委员会讨论案件的会议，可以在人民法院承办人汇报完毕后、审判委员会委员表决前发表意见。

审判委员会会议讨论与检察工作有关的其他议题，检察长或者受检察长委托的副检察长的发言程序适用前款规定。

检察长或者受检察长委托的副检察长在审判委员会会议上发表的意见，应当记录在卷。

八、人民检察院检察长列席审判委员会会议讨论的案件，人民法院应当将裁判文书及时送达或者抄送人民检察院。

人民检察院检察长列席的审判委员会会议讨论的其他议题，人民法院应当将讨论通过的决定文本及时送给人民检察院。

九、出席、列席审判委员会会议的所有人员，对审判委员会讨论内容应当保密。

十、人民检察院检察长列席审判委员会会议的具体事宜由审判委员会办事机构和检察委员会办事机构负责办理。

4.《最高人民法院关于改革和完善人民法院审判委员会制度的实施意见》（法发［2010］3号）（2010年1月11日公布并施行）（节录）

七、人民法院审判工作中的重大问题和疑难、复杂、重大案件以及合议庭难以作出裁决的案件，应当由审判委员会讨论或者审理后作出决定。案件或者议题是否提交审判委员会讨论，由院长或者主管副院长决定。

八、最高人民法院审理的下列案件应当提交审判委员会讨论决定：

（一）本院已经发生法律效力的判决、裁定确有错误需要再审的案件；

（二）最高人民检察院依照审判监督程序提出抗诉的刑事案件。

九、高级人民法院和中级人民法院审理的下列案件应当提交审判委员会讨论决定：

（一）本院已经发生法律效力的判决、裁定确有错误需要再审的案件；

（二）同级人民检察院依照审判监督程序提出抗诉的刑事案件；

（三）拟判处死刑立即执行的案件；

（四）拟在法定刑以下判处刑罚或者免于刑事处罚的案件；

（五）拟宣告被告人无罪的案件；

（六）拟就法律适用问题向上级人民法院请示的案件；

（七）认为案情重大、复杂，需要报请移送上级人民法院审理的案件。

十、基层人民法院审理的下列案件应当提交审判委员会讨论决定：

（一）本院已经发生法律效力的判决、裁定确有错误需要再审的案件；

（二）拟在法定刑以下判处刑罚或者免于刑事处罚的案件；

（三）拟宣告被告人无罪的案件；

（四）拟就法律适用问题向上级人民法院请示的案件；

（五）认为应当判处无期徒刑、死刑，需要报请移送中级人民法院审理的刑事案件；

（六）认为案情重大、复杂，需要报请移送上级人民法院审理的案件。

十一、人民法院审理下列案件时，合议庭可以提请院长决定提交审判委员会讨论：

（一）合议庭意见有重大分歧、难以作出决定的案件；

（二）法律规定不明确，存在法律适用疑难问题的案件；

（三）案件处理结果可能产生重大社会影响的案件；

（四）对审判工作具有指导意义的新类型案件；

（五）其他需要提交审判委员会讨论的疑难、复杂、重大案件。

合议庭没有建议提请审判委员会讨论的案件，院长、主管副院长或者庭长认为有必要的，得提请审判委员会讨论。

十二、需要提交审判委员会讨论的案件，由合议庭层报庭长、主管副院长提请院长决定。院长、主管副院长或者庭长认为不需要提交审判委员会的，可以要求合议庭复议。

审判委员会讨论案件，合议庭应当提交案件审理报告。案件审理报告应当符合规范要求，客观、全面反映案件事实、证据以及双方当事人或控辩双方的意见，说明合议庭争议的焦点、分歧意见和拟作出裁判的内容。案件审理报告应当提前发送审判委员会委员。

十三、审判委员会讨论案件时，合议庭全体成员及审判业务部门负责人应当列席会议。对本院审结的已发生法律效力的案件提起再审的，原审合议庭成员及审判业务部门负责人也应当列席会议。院长或者受院长委托主持会议的副院长可以决定其他有必要列席的人员。

审判委员会讨论案件，同级人民检察院检察长或者受检察长委托的副检察长可以列席。

十四、审判委员会会议由院长主持。院长因故不能主持会议时，可以委托副院长主持。

十五、审判委员会讨论案件按照听取汇报、询问、发表意见、表决的顺序进行。案件由承办人汇报，合议庭其他成员补充。审判委员会委员在听取汇报、进行询问和发表意见后，其他列席人员经主持人同意可以发表意见。

十六、审判委员会讨论案件实行民主集中制。审判委员会委员发表意见的顺序，一般应当按照职级高的委员后发言的原则进行，主持人最后发表意见。

审判委员会应当充分、全面地对案件进行讨论。审判委员会委员应当客观、公正、独立、平等地发表意见，审判委员会委员发表意见不受追究，并应当记录在卷。

审判委员会委员发表意见后，主持人应当归纳委员的意见，按多数意见拟出决议，付诸表决。审判委员会的决议应当按照全体委员二分之一以上多数意见作出。

[参考案例]

被告人高某某贩卖、运输毒品①

基本案情：

被告人高某某，男，汉族，1971年9月18日出生。1998年3月20日因犯贩卖毒品罪被判处死刑，缓期二年执行，经减刑后于2012年7月19日释放。2013年8月16日因本案被逮捕。

广东省某市人民检察院以被告人高某某犯贩卖、运输毒品罪，向某市中级人民法院提起公诉。

某市中级人民法院经审理查明：被告人高某某结伙同案被告人赵某某（已判刑），于2013年7月8日、12日，到广东省陆丰市购买甲基苯丙胺（冰毒）后，存放于高某某租住的广东省中山市东凤镇乐新街某房间，用于

① 最高人民法院（2014）刑四复38816487号刑事裁定书。

贩卖。具体事实如下：（1）2013年7月8日凌晨，被告人高某某雇用同案被告人赵某某开车前往陆丰市向“老板”（身份不详，在逃）以人民币10万元的价格购买毒品甲基苯丙胺约3公斤。交易完成后，高某某与赵某某回到中山市东凤镇乐新街的出租屋，将毒品藏匿于出租屋的衣柜内用于贩卖牟利。（2）2013年7月12日凌晨，被告人高某某纠合同案被告人赵某某，乘坐赵某某驾驶的小轿车，前往陆丰市，以人民币75万元的价格向“老板”购买毒品约25公斤，准备用于贩卖。同日上午11时许，高某某、赵某某携带购得的毒品回到高某某租住处时，被公安人员抓获，当场缴获毒品25包（经检验，检出甲基苯丙胺成分，净重25028.96克）。随后，公安人员在上述出租屋衣柜内缴获毒品11包（经检验，检出甲基苯丙胺成分，净重3575.14克）及毒资人民币8437元、手机、电子秤、电子天平、银行卡等物。

某市中级人民法院判决：被告人高某某犯贩卖、运输毒品罪，判处死刑，剥夺政治权利终身，并处没收个人全部财产。宣判后，被告人高某某提出上诉。

广东省高级人民法院经审理认为，原判认定事实清楚，证据确实、充分，定罪准确，量刑适当，审判程序合法。据此裁定：驳回上诉，维持原判。

最高人民法院经复核认为，某市中级人民法院审理被告人高某某贩卖、运输毒品一案，违反法定诉讼程序，可能影响公正审判，裁定发回某市中级人民法院重新审判。

主要问题：

某市中级人民法院组成了由副院长担任审判长，两名审判委员会委员为成员的合议庭。庭审后，合议庭经评议达成一致意见，遂当庭作出宣判，判处被告人高某某死刑，剥夺政治权利终身，并处没收个人全部财产。此举是否违反法定程序？审判死刑案件是否均应当经过审判委员会讨论决定？

案例评析：

一审法院未经审判委员会讨论决定而由合议庭评议后当庭宣判的做法违反法定诉讼程序，可能影响公正审判。理由如下：

（1）审理死刑案件应当坚持程序公正原则

程序公正是司法公正的重要方面。程序公正与实体公正密切关联、相辅相成、缺一不可。程序公正既具有保障实体公正的功能价值，同时也具有其独立的价值。即使实体裁判于法有据、并无不当，程序不公、不当，也难以得到当事人和社会公众的信赖、认同和尊重，难以保障案件审理的法律与社会效果。一些案件之所以引发议论、质疑、炒作，往往并不是因为案件在实体处理上存在什么问题，而是因为法定程序没有得到切实遵循。因此，必须根本扭转长期以来没有得到切实改变的“重实体轻程序”的错误观念和做法，进一步强化程序公正意识，真正落实实体与程序并重的要求，更加重视程序公正的独立价值。刑事诉讼法是专门规范刑事诉讼程序的法律，刑事诉讼法的各项内容，可以说都是围绕更好实现程序公正、体现其独立价值这一基本点而展开。

审理死刑案件，应当更加重视程序公正。坚持程序公正，就审理法院来说，最主要的是坚持刑事诉讼法规定的各项原则和具体规定。除一般刑事案件所共同应遵循的如公开原则、直接言辞原则外，审理死刑案件还有特殊的规定，如必须有辩护人，当事人没有委托律师辩护人，司法机关应当通知法律援助机构指派律师为其提供辩护；一、二审法院审理死刑案件应当由合议庭提请院长决定提交审判委员会讨论决定；死刑必须由最高人民法院核准等。这些有关死刑案件的特别规定，其目的一是确保不出冤错案件，使每一个死刑案件都经得起历史检验；二是更加充分地贯彻落实“尊重和保障人权”这一宪法原则；三是使被告人的合法权益，包括实体权益和诉讼权益，得到更加充分、彻底的保护。

同时，审理死刑案件，必须坚持“保留死刑，严格控制和慎重适用死刑”的政策。贯彻落实这一政策，落脚点不仅体现在严把案件事实关、证据关、法律适用关上，同时也体现在严把诉讼程序关上。如果诉讼程序关没把好，导致程序不公正，极可能会使严把案件事实关、证据关、法律适用关打折扣。而审判委员会讨论死刑案件，作为审判死刑案件的必经程序，有助于更加严格地把握事实关、证据关、法律适用关，更加坚决地贯彻“保留死刑，严格控制和慎重适用死刑”的政策，而且，从某种意义上来说，对一个罪犯是否适用死刑，其社会效果的预判，审判委员会比合议庭更加能够发挥“站得高、看得远”的作用。

（2）司法解释是审判机关适用法律时必须适用的依据

《刑事诉讼法》第 185 条规定，“对于疑难、复杂、重大的案件，合议庭认为难以作出决定的，由合议庭提请院长决定提交审判委员会讨论决定”。根据这一规定，确实得不出死刑案件必须由审判委员会讨论决定的结论。但是，《刑诉法解释》第178条第2款：“拟判处死刑的案件、人民检察院抗诉的案件，合议庭应当提请院长决定提交审判委员会讨论决定。”这里涉及最高人民法院作出的司法解释的效力问题。

从法理上说，司法解释属于有效解释，具有普遍司法效力。《全国人民代表大会常务委员会关于加强法律解释工作的决议》第2条规定，凡属于法院审判工作中具体应用法律、法令的问题，由最高人民法院进行解释。《最高人民法院关于司法解释工作的规定》（法发［2007］12号）第5条规定：“最高人民法院发布的司法解释，具有法律效力。”第27条第1款规定：“司法解释施行后，人民法院作为裁判依据的，应当在司法文书中援引。”因此，凡是最高人民法院司法解释有规定的，各级人民法院在审理案件时都必须严格遵守，不得将司法解释仅仅作为“参考”性质的规定，而应当将司法解释作为具有严格约束力的法律渊源。

就死刑案件而言，由于《刑事诉讼法》第185条仅规定疑难、复杂、重大案件，合议庭认为难以作出决定的，由合议庭提请院长决定提交审判委员会讨论决定。但是，该条并未规定死刑案件是否属于疑难、复杂、重大案件，是否属于合议庭认为难以作出决定的案件，而且也没有明确规定实践中是否存在合议庭认为并不是难以作出决定的死刑案件的情形。但是，死刑案件无小事。所有死刑案件，均关乎被告人的生与死问题。最高人民法院基于坚决贯彻落实“保留死刑，严格控制和慎重适用死刑”政策的立足点和出发点，在《刑诉法解释》第178条第2款作出了“拟判处死刑的案件、人民检察院抗诉的案件，合议庭应当提请院长决定提交审判委员会讨论决定”的规定，这实际上就明确：凡是死刑案件，都是疑难、复杂、重大案件，都属于合议庭难以作出决定的案件。此类案件，合议庭应当提请院长决定提交审判委员会讨论决定，而不是可以提请院长决定提交审判委员会讨论决定。

就本案而言，一审法院合议庭一致意见认为，高某某犯贩卖、运输毒品罪，依法应当判处死刑立即执行。此时，合议庭应当遵照《刑诉法解释》第178条第2款的规定，提请院长决定提交审判委员会讨论决定，而不应当在合议庭意见一致的情况下直接当庭宣判。

（3）上级法院对下级法院未经审判委员会讨论的死刑判决、裁定，属于“可能影响公正审判”的情形，应当裁定撤销原判，发回重审

《刑事诉讼法》第238条规定了第二审人民法院发现第一审人民法院的审理有五种违反法律规定的诉讼程序的情形之一的，应当裁定撤销原判，发

回原审人民法院重新审判。其中第五种情形是“其他违反法律规定的诉讼程序，可能影响公正审判的”。第250条规定：“最高人民法院复核死刑案件，应当作出核准或者不核准死刑的裁定。对于不核准死刑的，最高人民法院可以发回重新审判或者予以改判。”《刑诉法解释》第350条第6项规定：“原审违反法定诉讼程序，可能影响公正审判的，应当裁定不予核准，并撤销原判，发回重新审判。”

如前所述，本案一审法院未经审判委员会讨论，由合议庭当庭作出宣判，属于“违反法定诉讼程序”的情形。但这一违反法定诉讼程序的情形，是否属于“可能影响公正审判的”，在实践中有争议。我们认为，根据上述司法解释，本案情形属于“可能影响公正审判”的情形。确实，在具体适用中，如何理解和把握“可能影响公正审判”是一个难点。理论界对此鲜有论及，司法解释也无法作出非常具体的规定。综观《刑事诉讼法》第238条规定的五项因程序违反而应当发回的情形，可以分为两类。一类是违反就必须发回重审的情形，如“违反本法有关公开审判的规定的”“违反回避制度的”“审判组织的组成不合法的”。另一类是根据对公正审判的影响程度来衡量该程序违法行为是否发回重审的情形，如“剥夺或者限制了当事人的法定诉讼权利，可能影响公正审判的”“其他违反法律规定的诉讼程序，可能影响公正审判的”。对于“剥夺或者限制了当事人的法定诉讼权利”的情形，什么情况下属于“可能影响公正审判的”？毫无疑问，剥夺被告人的辩护权、限制被告人的辩护权情节严重、没有在法定期限内向被告人送达起诉书副本等，肯定属于“可能影响公正审判”的情况。至于限制被告人的辩护权情节轻微、一些法律手续不完善等情形，如果没有影响公正审判的，则属于程序“瑕疵”，不必因此而发回重审。而“其他违反法律规定的诉讼程序”情形，显然是个“兜底条款”，适用于立法未能涵盖的可能出现的所有情形，自然无法一一列举。

那么，死刑案件未经审判委员会讨论而由合议庭直接宣判，是否属于“违反法律规定的诉讼程序，可能影响公正审判”呢？我们可以从《刑事诉讼法》第238条所列举的前四项规定所蕴含的法律用意进行判断。前四项规定的情形中，第1项、第2项、第4项都是由于违反了刑事诉讼法明文规定的诉讼原则和制度的情形，因此，没有他项选择，只能发回重审。第4项的含义如前所述。据此，如果一个情形，违反了刑事诉讼法明确规定的原则和制度，那么，不论其是否实际影响了公正审判，都应当发回重审。但如果不属于违反刑事诉讼法明确规定的原则和制度，就要考察其是否可能影响公正审判了。

就本案而言，一审法院未经审判委员会讨论而由合议庭直接当庭宣判，虽然违反的不是刑事诉讼原则和制度规定，但是违反了《刑诉法解释》关于“拟判处死刑的案件，合议庭应当提请院长决定提交审判委员会讨论决定”的刚性规定。这一违法情形，没有程度之区分，只有违反和未违反之区分。也就是说，审判委员会讨论决定的案件，就不违反《刑诉法解释》的刚性规定，未经审判委员会讨论决定的，就违反了《刑诉法解释》的刚性规定。而《刑诉法解释》之所以作出这样的刚性规定，正是因为基于坚持“保留死刑，严格控制和慎重适用死刑”政策的目的，基于严把案件事实关、证据关、法律适用关和诉讼程序关的目的，基于确保死刑判决取得更好的社会效果的目的。这些目的，正是公正审判的应有含义。因此，未经审判委员会讨论的死刑案件之裁判，必然“可能影响公正审判。”

综上，最高人民法院经复核，作出不予核准并撤销原判，发回重新审判的裁定是正确的。同时，根据《刑诉法解释》第353条第1款规定关于“最高人民法院裁定不予核准死刑的，根据案件情况，可以发回第二审人民法院或者第一审人民法院重新审判”的规定，本案出现程序违法问题的是一审法院，最高人民法院将本案直接发回某市中级人民法院重新审判也是适当的。

刑事诉讼法及配套规定

新释新解与适用指南

New Interpretation of Criminal Procedure Law
and Related Regulations with Applicable Guidelines

第三卷

主　编◎张述元
副主编◎周　峰

中国法制出版社
CHINA LEGAL PUBLISHING HOUSE

总 目 录

（第一卷）

第一编　总　则

（第二卷）

第二编　立案、侦查和提起公诉

第三编　审　判

（第三卷）

第四编　执　行

第五编　特别程序

第六编　附　则

目 录

（第一卷）

第一编 总 则

第一章 任务和基本原则

第二章 管 辖

第三章　回　避

第四章　辩护与代理

第五章　证　据

（第二卷）

第七章　附带民事诉讼

第八章　期间、送达

第九章　其他规定

第二编 立案、侦查和提起公诉

第一章 立 案

第二章　侦　查

第一节　一般规定

第二节　讯问犯罪嫌疑人

第三节 询问证人

第四节　勘验、检查

第五节 搜 查

第六节　查封、扣押物证、书证

第七节　鉴　定

第八节　技术侦查措施

第九节　通　缉

第十节　侦查终结

第三章　提起公诉

第三编　审　判

第一章　审判组织

第二节 自诉案件

第三节　简易程序

第四节　速裁程序

第三章　第二审程序

第四章　死刑复核程序

第五章 审判监督程序

第四编　执　行

第五编　特别程序

第一章　未成年人刑事案件诉讼程序

第三章 缺席审判程序

第五章 依法不负刑事责任的精神病人的强制医疗程序

第六编　附　则

第二章 第一审程序

第一节 公诉案件

第一百八十六条 人民法院对提起公诉的案件进行审查后，对于起诉书中有明确的指控犯罪事实的，应当决定开庭审判。

[条文主旨]

本条是关于人民法院决定开庭审判提起公诉案件的条件的规定。

[条文释解]

本条是1979年《刑事诉讼法》的规定，1996年、2012年作过修改，2018年未作修改。1979年《刑事诉讼法》第108条规定，“人民法院对提起公诉的案件进行审查后，对于犯罪事实清楚、证据充分的，应当决定开庭审判”，这一规定对庭前审查与法庭审判的分工不够清晰，从而把调查犯罪事实，核实证据作为庭前审查的主要内容，审判人员确信犯罪事实清楚、证据确实充分，才决定开庭审判。这样就造成了审判人员“先入为主”“先定后审”的现象，开庭审判也成为走过场。1996年修改《刑事诉讼法》时将开庭前的审查明确规定为着重对案件进行形式上的审查，即“对于起诉书中有明确的指控犯罪事实并且附有证据目录、证人名单和主要证据复印件或者照片的，应当决定开庭审判”。这一改革，使庭前审查与法庭审判中的调查任务明确区分，形成合理的审判程序，从程序上保障了诉讼当事人参与审判活动，行使诉讼权利，保障了公诉人、辩护人双方在庭审中能够充分发挥作用，使人民法院能够通过审判更为客观、公正地对案件作出判决。2012年《刑事诉讼法》对本条作了修改，删去了起诉书中须附有证据目录、证人名单和主要证据复印件或者照片的规定。2012年《刑事诉讼法》的修改，坚持了庭前审查是形式审查的理念，同时与2012年《刑事诉讼法》第172条中人民检察院向人民法院提起公诉时，应当“将案卷材料、证据移送人民法院”等的规定相适应，删去了起诉书须附有证据目录、证人名单和主要证据复印件或者照片的要求。2012年对本条的修改和2012年《刑事诉讼法》第172条的规定共同构成了对1996年《刑事诉讼法》的案卷移送制度的重大修改。原来的规定要求人民法院对提起公诉的案件进行审查后，对于起诉书中有明确的指控犯罪事实，并且附有证据目录、证人名单和主要证据复印件或者照片的，应当决定开庭审判，在司法实践中执行的效果不够理想。一是由于只移送证据目录、证人名单、主要证据复印件或者照片，导致法官在庭前对案件情况并不熟悉，不了解案件争议的主要问题，主持法庭审判存在困难，法官还需要在庭审之后全面阅卷，在一定程度上架空了庭审过程，也拖延了法庭审理。二是审查法官和庭审法官通常为同一人，难以有效解决“先入为主”的问题。

本条的修改，注重总结1996年《刑事诉讼法》修改后的司法实践情况，对上述问题有针对性地加以解决，而不是简单地退回到1979年《刑事诉讼法》的规定，是对庭审方式的进一步改革与完善。同时，本条的修改也更为符合人民法院和人民检察院的职责分工，即检察机关是公诉机关，其提起公诉的案件只要符合形式上的起诉标准，人民法院就应当开庭审判，庭审中由公诉机关承担举证责任并承担举证不利或不能的法律后果，人民法院通过庭审作出裁判，没有必要在开庭前对案件的证据情况进行审查。

[审判实务]

1. 人民法院应当在收到起诉书和案卷、证据后，指定审判人员审查以下内容：(1) 是否属于本院管辖；(2) 起诉书是否写明被告人的身份，是否受过或者正在接受刑事处罚，被采取强制措施的种类、羁押地点，犯罪的时间、地点、手段、后果以及其他可能影响定罪量刑的情节；(3) 是否移送证明指控犯罪事实的证据材料，包括采取技术侦查措施的批准决定和所收集的证据材料；(4) 是否查封、扣押、冻结被告人的违法所得或者其他涉案财物，并附证明相关财物依法应当追缴的证据材料；(5) 是否列明被害人的姓名、住址、联系方式；是否附有证人、鉴定人名单；是否申请法庭通知证人、鉴定人、有专门知识的人出庭，并列明有关人员的姓名、性别、年龄、职业、住址、联系方式；是否附有需要保护的证人、鉴定人、被害人名单；

（6）当事人已委托辩护人、诉讼代理人，或者已接受法律援助的，是否列明辩护人、诉讼代理人的姓名、住址、联系方式；（7）是否提起附带民事诉讼；提起附带民事诉讼的，是否列明附带民事诉讼当事人的姓名、住址、联系方式，是否附有相关证据材料；（8）侦查、审查起诉程序的各种法律手续和诉讼文书是否齐全；（9）有无刑事诉讼法规定的不追究刑事责任的情形。

2. 人民法院对提起公诉的案件审查后，应当按照下列情形分别处理：（1）属于告诉才处理的案件，应当退回人民检察院，并告知被害人有权提起自诉；（2）不属于本院管辖或者被告人不在案的，应当退回人民检察院；（3）不符合《刑诉法解释》第180条第2项至第8项规定之一，需要补充材料的，应当通知人民检察院在三日内补送；（4）依照《刑事诉讼法》第195条第3项规定宣告被告人无罪后，人民检察院根据新的事实、证据重新起诉的，应当依法受理；（5）依照《刑诉法解释》第242条规定裁定准许撤诉的案件，没有新的事实、证据，重新起诉的，应当退回人民检察院；（6）符合《刑事诉讼法》第15条第2项至第6项规定情形的，应当裁定终止审理或者退回人民检察院；（7）被告人真实身份不明，但符合刑事诉讼法规定的“对于犯罪事实清楚，证据确实、充分，确实无法查明其身份的，也可以按其报的姓名起诉、审判”情形的，应当依法受理。

3. 审查的方法。对公诉案件的庭前审查，应当以书面审查为主，即通过审阅移送的案卷材料，了解起诉书所指控的犯罪事实情况，把移送的证据同案件事实、情节加以对照。需要注意的是，人民法院在庭前审查程序中一般不应提审被告人和询问证人、被害人和鉴定人，同时也不宜使用勘验、检查、扣押、鉴定、查询、冻结等方式调查核实证据。

[配套规定]

《最高人民法院关于适用〈中华人民共和国刑事诉讼法〉的解释》（法释［2012］21号）（2012年12月20日公布，自2013年1月1日起施行）（节录）

第一百八十条 对提起公诉的案件，人民法院应当在收到起诉书（一式八份，每增加一名被告人，增加起诉书五份）和案卷、证据后，指定审判人员审查以下内容：

（一）是否属于本院管辖；

（二）起诉书是否写明被告人的身份，是否受过或者正在接受刑事处罚，被采取强制措施的种类、羁押地点，犯罪的时间、地点、手段、后果以及其他可能影响定罪量刑的情节；

（三）是否移送证明指控犯罪事实的证据材料，包括采取技术侦查措施的批准决定和所收集的证据材料；

（四）是否查封、扣押、冻结被告人的违法所得或者其他涉案财物，并附证明相关财物依法应当追缴的证据材料；

（五）是否列明被害人的姓名、住址、联系方式；是否附有证人、鉴定人名单；是否申请法庭通知证人、鉴定人、有专门知识的人出庭，并列明有关人员的姓名、性别、年龄、职业、住址、联系方式；是否附有需要保护的证人、鉴定人、被害人名单；

（六）当事人已委托辩护人、诉讼代理人，或者已接受法律援助的，是否列明辩护人、诉讼代理人的姓名、住址、联系方式；

（七）是否提起附带民事诉讼；提起附带民事诉讼的，是否列明附带民事诉讼当事人的姓名、住址、联系方式，是否附有相关证据材料；

（八）侦查、审查起诉程序的各种法律手续和诉讼文书是否齐全；

（九）有无刑事诉讼法第十五条第二项至第六项规定的不追究刑事责任的情形。

第一百八十一条 人民法院对提起公诉的案件审查后，应当按照下列情形分别处理：

（一）属于告诉才处理的案件，应当退回人民检察院，并告知被害人有权提起自诉；

（二）不属于本院管辖或者被告人不在案的，应当退回人民检察院；

（三）不符合前条第二项至第八项规定之一，需要补充材料的，应当通知人民检察院在三日内补送；

（四）依照刑事诉讼法第一百九十五条第三项规定宣告被告人无罪后，人民检察院根据新的事实、证据重新起诉的，应当依法受理；

（五）依照本解释第二百四十二条规定裁定准许撤诉的案件，没有新的事实、证据，重新起诉的，应当退回人民检察院；

（六）符合刑事诉讼法第十五条第二项至第六项规定情形的，应当裁定终止审理或者退回人民检察院；

（七）被告人真实身份不明，但符合刑事诉讼法第一百五十八条第二款规定的，应当依法受理。

对公诉案件是否受理，应当在七日内审查完毕。

第一百八十七条　人民法院决定开庭审判后，应当确定合议庭的组成人员，将人民检察院的起诉书副本至迟在开庭十日以前送达被告人及其辩护人。

在开庭以前，审判人员可以召集公诉人、当事人和辩护人、诉讼代理人，对回避、出庭证人名单、非法证据排除等与审判相关的问题，了解情况，听取意见。

人民法院确定开庭日期后，应当将开庭的时间、地点通知人民检察院，传唤当事人，通知辩护人、诉讼代理人、证人、鉴定人和翻译人员，传票和通知书至迟在开庭三日以前送达。公开审判的案件，应当在开庭三日以前先期公布案由、被告人姓名、开庭时间和地点。

上述活动情形应当写入笔录，由审判人员和书记员签名。

[条文主旨]

本条是关于开庭前准备的规定。

[条文释解]

本条是1979年《刑事诉讼法》的规定，1996年作过修改。2012年修改刑事诉讼法时对本条主要作了两处修改：一是在第1款的规定中增加了决定开庭审判后，应当将人民检察院的起诉书副本送达辩护人的内容。二是在第2款中完善了开庭前的准备程序，增加规定审判人员在开庭以前召集控辩双方，对回避、出庭证人名单、非法证据排除等问题了解情况和听取意见的程序。

开庭前法院内部要做好准备工作，同时公诉方、辩护方以及有关证人等也要进行必要的准备，这些准备工作直接关系到审判案件能否顺利进行。为了使开庭前的准备工作更加规范，本条根据审判工作的需要，规定了开庭前主要应进行的准备工作，这也是诉讼程序的一个组成部分。2012年修改《刑事诉讼法》时对本条的规定进行了完善。其中，增加规定将起诉书副本送达辩护人，有利于辩护权的充分行使，也有利于辩护人更好地进行辩护准备。增加庭前准备程序是一处比较重大的修改，是根据审判工作的实际需要作出的规定。在庭前对这些可能影响公正审判的问题听取意见，有助于法官确定庭审的主要争议点，妥善安排庭审过程。

本条共分为四款。第 1 款是关于人民法院决定开庭审判后，应当确定合议庭的组成人员，以及将人民检察院的起诉书副本送达被告人及其辩护人的规定。根据本款规定，人民法院决定开庭审判后首先应当做好如下工作：（1）确定合议庭的组成人员。根据本法第 183 条的规定，基层人民法院、中级人民法院审判第一审案件，应当由审判员三人或者由审判员和人民陪审员共三人或者七人组成合议庭进行，但是基层人民法院适用简易程序、速裁程序的案件可以由审判员一人独任审判；高级人民法院审判第一审案件，应当由审判员三人至七人或者由审判员和人民陪审员共三人或者七人组成合议庭进行。最高人民法院审判第一审案件，应当由审判员三人至七人组成合议庭进行。人民法院审判上诉和抗诉案件，由审判员三人或者五人组成合议庭进行。合议庭的成员人数应当是单数。确定合议庭的组成人员是决定公诉案件开庭审判后的首要工作，主要包括由哪些人组成合议庭和由谁担任审判长。需要注意的是，合议庭的书记员不是合议庭的组成人员。（2）将人民检察院的起诉书副本至迟在开庭十日以前送达被告人及其辩护人。1996 年《刑事诉讼法》第 151 条虽然规定决定开庭审判的应通知辩护人，但并未规定要将人民检察院的起诉书副本送达辩护人，不利于充分保护被告人的合法权益。2012 年《刑事诉讼法》修改时在本款增加了应将人民检察院的起诉书副本送达辩护人的规定，人民法院决定开庭审判后，应当将人民检察院的起诉书副本至迟在开庭十日以前送达被告人及其辩护人。这里的送达是指以法定方式将起诉书副本送达被告人及其辩护人，而不是将起诉书副本在开庭十日以前交邮即可。本款删去了 1996 年《刑事诉讼法》中有关告知被告人可以委托辩护人以及指定辩护的规定。这样修改并不是不需要告知被告人可以委托辩护人以及指定辩护，只是将这部分内容统一规定在第一编第四章“辩护与代理”中，这里未作重复规定。

第 2 款是关于开庭前听取有关程序问题的意见的规定。根据本款规定，审判人员可以召集公诉人、当事人和辩护人、诉讼代理人，对回避、出庭证人名单、非法证据排除等与审判相关的问题，了解情况，听取意见。与 1996 年刑事诉讼法的规定相比，这一程序设计允许法官于开庭前，在控辩双方同时参与下，对案件的程序性争议问题集中听取意见。这样规定有利于确定庭审重点，便于法官把握庭审重点，有助于提高庭审效率，保证庭审质量。本款规定的审判人员可以是合议庭组成人员。听取意见的内容包括回避、出庭证人名单、非法证据排除等与审判相关的问题。这里规定的非法证据排除，只是听取意见，具体如何排除要根据刑事诉讼法的规定进行。

第 3 款是关于确定开庭日期后的送达活动以及对公开审判的案件应当在开庭三日以前先期公布案由、被告人姓名、开庭时间和地点的规定，包括两个方面的内容：一是送达的对象及期限要求。根据送达对象的不同，具体包括如下几种情形：（1）将开庭的时间、地点通知人民检察院，根据本款规定，通知书至迟在开庭三日以前送达。对于公诉案件，人民法院开庭审理时，人民检察院应当派员出庭支持公诉，并对人民法院的审判活动进行监督。因此，将开庭时间、地点在开庭三日以前通知人民检察院，便于人民检察院做好出庭支持公诉的准备工作。（2）传唤当事人，通知辩护人、诉讼代理人、证人、鉴定人和翻译人员。根据本款规定，传票和通知书至迟在开庭三日以前送达。上述人员是否准时出庭，直接关系到法庭审判能否正常进行。二是对公开审判的案件，应当在开庭三日以前先期公布案由、被告人姓名、开庭时间和地点。根据公开审判原则的要求，对于公开审判的案件，先期公布有关事项，有利于与案件相关的人和其他公民及时了解案件审理情况，旁听案件的审理。本款规定的内容在 1996 年《刑事诉讼法》修改时增加了送达的时间限制，即“在开庭三日以前”送达，有利于确保与案件相关的人及时了解案情。公布案由、被告人姓名、开庭时间和地点应当以公告的形式，加盖人民法院公章，公告至少应当保留到开庭审判的时候。

第 4 款是关于将上述开庭前准备工作的情况写入笔录的规定。对于以上开庭前的各项准备工作，应当由书记员分别制成笔录，由审判人员和书记员分别签名，附卷保存。

[审判实务]

本条关于庭前会议的规定是 2012 年修改《刑事诉讼法》时增加的内容，2017 年最高人民法院颁布了《人民法院办理刑事案件庭前会议规程（试行）》（自 2018 年 1 月 1 日起实施）（以下简称《庭前会议规程》），在司法实践中要把握好如下几点：

1. 关于庭前会议的启动。《庭前会议规程》除规定四类案件人民法院可视情况决定召开庭前会议外，还规定控辩双方可以申请人民法院召开庭前会议。当然，控辩双方申请召开庭前会议的，不会导致庭前会议的必然召开，人民法院对控辩双方的申请要予以审查，认为有必要的则召开庭前会议，没有必要的则无须召开，但决定不召开庭前会议的，应当告知申请人。

2. 关于庭前会议的召开方式。庭前会议一般不公开进行。同时，考虑到部分案件庭前会议可能仅解决回避、管辖、不公开审理等较为简单的程序性问题，当事人、辩护人等可能一时不在当地，根据案件情况，庭前会议可以采用视频会议等方式进行。在不影响庭前会议质量的情况下，人民法院采用灵活方式召开庭前会议，既方便诉讼，又能提高诉讼效率。

3. 关于庭前会议的主持人员。庭前会议一般由承办法官主持。同时，考虑到合议庭还有其他成员，且合议庭共同对案件负责，在承办法官有特殊情况不能主持的情况下，规定其他合议庭成员也可以主持。《庭前会议规程》还规定，根据案件情况，承办法官可以指导法官助理主持庭前会议。该条规定与《最高人民法院关于完善人民法院司法责任制的若干意见》第 16 条和第 17 条的相关规定是一致的。

4. 关于庭前会议的参与人员。《庭前会议规程》规定，合议庭其他成员可以参加庭前会议；同时，基于保护被告人权益，形成控辩双方平等对抗，以及人民检察院作为"法律监督者"的要求，公诉人、辩护人应当参加庭前会议。

关于被告人参加庭前会议的问题，司法实践中要注意把握以下两点：首先，有多名被告人参加庭前会议的，应当采取必要措施防止串供，特别是庭前会议中，涉及被告人口供的场合（包括对审前口供的异议及非法口供的排除），可参照庭审程序，分别组织被告人逐一参加庭前会议；其次，被告人不参加庭前会议的，辩护人应当就庭前会议处理事项听取被告人意见，注意保障被告人诉讼权利。

5. 关于庭前会议召开的时间、地点等。作为庭前准备程序，司法实践中庭前会议在正式开庭审理之前召开，是其应有之义。此外，人民法院休庭后，可以在再次开庭前召开庭前会议。

[配套规定]

1.《最高人民法院关于适用〈中华人民共和国刑事诉讼法〉的解释》（法释［2012］21号）（2012年12月20日公布，自2013年1月1日起施行）（节录）

第一百八十二条　开庭审理前，人民法院应当进行下列工作：

（一）确定审判长及合议庭组成人员；

（二）开庭十日前将起诉书副本送达被告人、辩护人；

（三）通知当事人、法定代理人、辩护人、诉讼代理人在开庭五日前提供证人、鉴定人名单，以及拟当庭出示的证据；申请证人、鉴定人、有专门知识的人出庭的，应当列明有关人员的姓名、性别、年龄、职业、住址、联系方式；

（四）开庭三日前将开庭的时间、地点通知人民检察院；

（五）开庭三日前将传唤当事人的传票和通知辩护人、诉讼代理人、法定代理人、证人、鉴定人等出庭的通知书送达；通知有关人员出庭，也可以采取电话、短信、传真、电子邮件等能够确认对方收悉的方式；

（六）公开审理的案件，在开庭三日前公布案由、被告人姓名、开庭时间和地点。

上述工作情况应当记录在案。

第一百八十三条　案件具有下列情形之一的，审判人员可以召开庭前会议：

（一）当事人及其辩护人、诉讼代理人申请排除非法证据的；

（二）证据材料较多、案情重大复杂的；

（三）社会影响重大的；

（四）需要召开庭前会议的其他情形。

召开庭前会议，根据案件情况，可以通知被告人参加。

第一百八十四条　召开庭前会议，审判人员可以就下列问题向控辩双方了解情况，听取意见：

（一）是否对案件管辖有异议；

（二）是否申请有关人员回避；

（三）是否申请调取在侦查、审查起诉期间公安机关、人民检察院收集但未随案移送的证明被告人无罪或者罪轻的证据材料；

（四）是否提供新的证据；

（五）是否对出庭证人、鉴定人、有专门知识的人的名单有异议；

（六）是否申请排除非法证据；

（七）是否申请不公开审理；

（八）与审判相关的其他问题。

审判人员可以询问控辩双方对证据材料有无异议，对有异议的证据，应当在庭审时重点调查；无异议的，庭审时举证、质证可以简化。

被害人或者其法定代理人、近亲属提起附带民事诉讼的，可以调解。

庭前会议情况应当制作笔录。

第一百八十五条 开庭审理前，合议庭可以拟出法庭审理提纲，提纲一般包括下列内容：

（一）合议庭成员在庭审中的分工；

（二）起诉书指控的犯罪事实的重点和认定案件性质的要点；

（三）讯问被告人时需了解的案情要点；

（四）出庭的证人、鉴定人、有专门知识的人、侦查人员的名单；

（五）控辩双方申请当庭出示的证据的目录；

（六）庭审中可能出现的问题及应对措施。

2.《人民法院办理刑事案件庭前会议规程（试行）》（法发［2017］31号）（2017年11月27日公布，自2018年1月1日起试行）（节录）

为贯彻落实最高人民法院、最高人民检察院、公安部、国家安全部、司法部《关于推进以审判为中心的刑事诉讼制度改革的意见》，完善庭前会议程序，确保法庭集中持续审理，提高庭审质量和效率，根据法律规定，结合司法实际，制定本规程。

第一条 人民法院适用普通程序审理刑事案件，对于证据材料较多、案情疑难复杂、社会影响重大或者控辩双方对事实证据存在较大争议等情形的，可以决定在开庭审理前召开庭前会议。

控辩双方可以申请人民法院召开庭前会议。申请召开庭前会议的，应当说明需要处理的事项。人民法院经审查认为有必要的，应当决定召开庭前会议；决定不召开庭前会议的，应当告知申请人。

被告人及其辩护人在开庭审理前申请排除非法证据，并依照法律规定提供相关线索或者材料的，人民法院应当召开庭前会议。

第二条 庭前会议中，人民法院可以就与审判相关的问题了解情况，听取意见，依法处理回避、出庭证人名单、非法证据排除等可能导致庭审中断的事项，组织控辩双方展示证据，归纳争议焦点，开展附带民事调解。

第三条 庭前会议由承办法官主持，其他合议庭成员也可以主持或者参加庭前会议。根据案件情况，承办法官可以指导法官助理主持庭前会议。

公诉人、辩护人应当参加庭前会议。根据案件情况，被告人可以参加庭前会议；被告人申请参加庭前会议或者申请排除非法证据等情形的，人民法院应当通知被告人到场；有多名被告人的案件，主持人可以根据案件情况确定参加庭前会议的被告人。

被告人申请排除非法证据，但没有辩护人的，人民法院应当通知法律援助机构指派律师为被告人提供帮助。

庭前会议中进行附带民事调解的，人民法院应当通知附带民事诉讼当事人到场。

第四条 被告人不参加庭前会议的，辩护人应当在召开庭前会议前就庭前会议处理事项听取被告人意见。

第五条 庭前会议一般不公开进行。

根据案件情况，庭前会议可以采用视频会议等方式进行。

第六条 根据案件情况，庭前会议可以在开庭审理前多次召开；休庭后，可以在再次开庭前召开庭前会议。

第七条 庭前会议应当在法庭或者其他办案场所召开。被羁押的被告人参加的，可以在看守所办案场所召开。

被告人参加庭前会议，应当有法警在场。

第八条 人民法院应当根据案件情况，综合控辩双方意见，确定庭前会议需要处理的事项，并在召开庭前会议三日前，将会议的时间、地点、人员和事项等通知参会人员。通知情况应当记录在案。

被告人及其辩护人在开庭审理前申请排除非法证据的，人民法院应当在召开庭前会议三日前，将申请书及相关线索或者材料的复制件送交人民检察院。

第九条 庭前会议开始后，主持人应当核实参会人员情况，宣布庭前会议需要处理的事项。

有多名被告人参加庭前会议，涉及事实证据问题的，应当组织各被告人分别参加，防止串供。

第十条 庭前会议中，主持人可以就下列事项向控辩双方了解情况，听取意见：

（一）是否对案件管辖有异议；

（二）是否申请有关人员回避；

（三）是否申请不公开审理；

（四）是否申请排除非法证据；

（五）是否申请提供新的证据材料；

（六）是否申请重新鉴定或者勘验；

（七）是否申请调取在侦查、审查起诉期间公安机关、人民检察院收集但未随案移送的证明被告人无罪或者罪轻的证据材料；

（八）是否申请向证人或有关单位、个人收集、调取证据材料；

（九）是否申请证人、鉴定人、侦查人员、有专门知识的人出庭，是否对出庭人员名单有异议；

（十）与审判相关的其他问题。

对于前款规定中可能导致庭审中断的事项，人民法院应当依法作出处理，在开庭审理前告知处理决定，并说明理由。控辩双方没有新的理由，在庭审中再次提出有关申请或者异议的，法庭应当依法予以驳回。

第十一条 被告人及其辩护人对案件管辖提出异议，应当说明理由。人民法院经审查认为异议成立的，应当依法将案件退回人民检察院或者移送有管辖权的人民法院；认为本院不宜行使管辖权的，可以请求上一级人民法院处理。人民法院经审查认为异议不成立的，应当依法驳回异议。

第十二条 被告人及其辩护人申请审判人员、书记员、翻译人员、鉴定人回避，应当说明理由。人民法院经审查认为申请成立的，应当依法决定有关人员回避；认为申请不成立的，应当依法驳回申请。

被告人及其辩护人申请回避被驳回的，可以在接到决定时申请复议一次。对于不属于刑事诉讼法第二十八条、第二十九条规定情形的，回避申请被驳回后，不得申请复议。

被告人及其辩护人申请检察人员回避的，人民法院应当通知人民检察院。

第十三条 被告人及其辩护人申请不公开审理，人民法院经审查认为案件涉及国家秘密或者个人隐私的，应当准许；认为案件涉及商业秘密的，可以准许。

第十四条 被告人及其辩护人在开庭审理前申请排除非法证据，并依照法律规定提供相关线索或者材料的，人民检察院应当在庭前会议中通过出示有关证据材料等方式，有针对性地对证据收集的合法性作出说明。人民法院可以对有关证据材料进行核实；经控辩双方申请，可以有针对性地播放讯问录音录像。

人民检察院可以撤回有关证据，撤回的证据，没有新的理由，不得在庭审中出示。被告人及其辩护人可以撤回排除非法证据的申请，撤回申请后，没有新的线索或者材料，不得再次对有关证据提出排除申请。

控辩双方在庭前会议中对证据收集的合法性未达成一致意见，人民法院应当开展庭审调查，但公诉人提供的相关证据材料确实、充分，能够排除非法取证情形，且没有新的线索或者材料表明可能存在非法取证的，庭审调查举证、质证可以简化。

第十五条 控辩双方申请重新鉴定或者勘验，应当说明理由。人民法院经审查认为理由成立，有关证据材料可能影响定罪量刑且不能补正的，应当准许。

第十六条 被告人及其辩护人书面申请调取公安机关、人民检察院在侦查、审查起诉期间收集但未随案移送的证明被告人无罪或者罪轻的证据材料，并提供相关线索或者材料的，人民法院应当调取，并通知人民检察院在收到调取决定书后三日内移交。

被告人及其辩护人申请向证人或有关单位、个人收集、调取证据材料，应当说明理由。人民法院经审查认为有关证据材料可能影响定罪量刑的，应当准许；认为有关证据材料与案件无关或者明显重复、没有必要的，可以不予准许。

第十七条 控辩双方申请证人、鉴定人、侦查人员、有专门知识的人出庭，应当说明理由。人民法院经审查认为理由成立的，应当通知有关人员出庭。

控辩双方对出庭证人、鉴定人、侦查人员、有专门知识的人的名单有异议，人民法院经审查认为异议成立的，应当依法作出处理；认为异议不成立的，应当依法驳回。

人民法院通知证人、鉴定人、侦查人员、有专门知识的人等出庭后，应当告知控辩双方协助有关人员到庭。

第十八条 召开庭前会议前，人民检察院应当将全部证据材料移送人民法院。被告人及其辩护人应当将收集的有关被告人不在犯罪现场、未达到刑事责任年龄、属于依法不负刑事责任的精神病人等证明被告人无罪或者依法不负刑事责任的全部证据材料提交人民法院。

人民法院收到控辩双方移送或者提交的证据材料后，应当通知对方查阅、摘抄、复制。

第十九条 庭前会议中，对于控辩双方决定在庭审中出示的证据，人民法院可以组织展示有关证据，听取控辩双方对在案证据的意见，梳理存在争议的证据。

对于控辩双方在庭前会议中没有争议的证据材料，庭审时举证、质证可以简化。

人民法院组织展示证据的，一般应当通知被告人到场，听取被告人意见；被告人不到场的，辩护人应当在召开庭前会议前听取被告人意见。

第二十条 人民法院可以在庭前会议中归纳控辩双方的争议焦点。对控辩双方没有争议或者达成一致意见的事项，可以在庭审中简化审理。

人民法院可以组织控辩双方协商确定庭审的举证顺序、方式等事项，明确法庭调查的方式和重点。协商不成的事项，由人民法院确定。

第二十一条 对于被告人在庭前会议前不认罪，在庭前会议中又认罪的案件，人民法院核实被告人认罪的自愿性和真实性后，可以依法适用速裁程序或者简易程序审理。

第二十二条 人民法院在庭前会议中听取控辩双方对案件事实证据的意见后，对于明显事实不清、证据不足的案件，可以建议人民检察院补充材料或者撤回起诉。建议撤回起诉的案件，人民检察院不同意的，人民法院开庭审理后，没有新的事实和理由，一般不准许撤回起诉。

第二十三条 庭前会议情况应当制作笔录，由参会人员核对后签名。

庭前会议结束后应当制作庭前会议报告，说明庭前会议的基本情况、与审判相关的问题的处理结果、控辩双方的争议焦点以及就相关事项达成的一致意见等。

第二十四条 对于召开庭前会议的案件，在宣读起诉书后，法庭应当宣布庭前会议报告的主要内容；有多起犯罪事实的案件，可以在有关犯罪事实的法庭调查开始前，分别宣布庭前会议报告的相关内容；对庭前会议处理管辖异议、申请回避、申请不公开审理等事项的，法庭可以在告知当事人诉讼权利后宣布庭前会议报告的相关内容。

第二十五条 宣布庭前会议报告后，对于庭前会议中达成一致意见的事项，法庭向控辩双方核实后当庭予以确认；对于未达成一致意见的事项，法庭可以归纳控辩双方争议焦点，听取控辩双方意见，依法作出处理。

控辩双方在庭前会议中就有关事项达成一致意见，在庭审中反悔的，除有正当理由外，法庭一般不再进行处理。

第二十六条 第二审人民法院召开庭前会议的，参照上述规定。

3.《人民检察院刑事诉讼规则》（高检发释字［2019］4号）（2019年12月30日公布并施行）（节录）

第三百九十二条 人民法院决定开庭审判的，公诉人应当做好以下准备工作：

（一）进一步熟悉案情，掌握证据情况；

（二）深入研究与本案有关的法律政策问题；

（三）充实审判中可能涉及的专业知识；

（四）拟定讯问被告人、询问证人、鉴定人、有专门知识的人和宣读、出示、播放证据的计划并制定质证方案；

（五）对可能出现证据合法性争议的，拟定证明证据合法性的提纲并准备相关材料；

（六）拟定公诉意见，准备辩论提纲；

（七）需要对出庭证人等的保护向人民法院提出建议或者配合工作的，做好相关准备。

第三百九十三条 人民检察院在开庭审理前收到人民法院或者被告人及其辩护人、被害人、证人等送交的反映证据系非法取得的书面材料的，应当进行审查。对于审查逮捕、审查起诉期间已经提出并经查证不存在非法取证行为的，应当通知人民法院、有关当事人和辩护人，并按照查证的情况做好庭审准备。对于新的材料或者线索，可以要求监察机关、公安机关对证据收集的合法性进行说明或者提供相关证明材料。

第三百九十四条 人民法院通知人民检察院派员参加庭前会议的，由出席法庭的公诉人参加。检察官助理可以协助。根据需要可以配备书记员担任记录。

人民检察院认为有必要召开庭前会议的，可以建议人民法院召开庭前会议。

第三百九十五条 在庭前会议中，公诉人可以对案件管辖、回避、出庭证人、鉴定人、有专门知识的人的名单、辩护人提供的无罪证据、非法证据排除、不公开审理、延期审理、适用简易程序或者速裁程序、庭审方案等与审判相关的问题提出和交换意见，了解辩护人收集的证据等情况。

对辩护人收集的证据有异议的，应当提出，并简要说明理由。

公诉人通过参加庭前会议，了解案件事实、证据和法律适用的争议和不同意见，解决有关程序问题，为参加法庭审理做好准备。

第三百九十六条 当事人、辩护人、诉讼代理人在庭前会议中提出证据系非法取得，人民法院认为可能存在以非法方法收集证据情形的，人民检察院应当对证据收集的合法性进行说明。需要调查核实的，在开庭审理前进行。

第一百八十八条　人民法院审判第一审案件应当公开进行。但是有关国家秘密或者个人隐私的案件，不公开审理；涉及商业秘密的案件，当事人申请不公开审理的，可以不公开审理。

不公开审理的案件，应当当庭宣布不公开审理的理由。

[条文主旨]

本条是关于第一审案件应当公开审理及其例外情况的规定。

[条文释解]

本条是1979年《刑事诉讼法》的规定，1996年、2012年作过修改。宪法规定，人民法院审理案件，除法律规定的特别情况外，一律公开进行。公开审理是我国刑事诉讼法的一项重要基本原则，对于体现司法公开、公平正义以及保障当事人享有公平审判的权利和对审判活动进行社会监督，促进我国法治建设的发展，都有非常重要的意义。但是，公开审判的原则也不是绝对的，在某些特殊的情况下，如为了保护国家安全方面的利益、个人的隐私权和商业秘密等，不公开审判更有利于维护社会整体利益、保护公民个人的权利和商业秘密。因此，在法律规定的特定情况下，可以不公开进行审判，但是应当在开庭审判时说明理由。1979年《刑事诉讼法》第111条规定：

“人民法院审判第一审案件应当公开进行。但是有关国家机密或者个人阴私的案件，不公开审理。十四岁以上不满十六岁未成年人犯罪的案件，一律不公开审理。十六岁以上不满十八岁未成年人犯罪的案件，一般也不公开审理。对于不公开审理的案件，应当当庭宣布不公开审理的理由。”1996 年修改《刑事诉讼法》时按照保守国家秘密法的规定，相应地将“机密”改为“秘密”；为了更好地保护当事人，特别是被害人的人身权利和其他合法权益，将“阴私”改为“隐私”。2012 年《刑事诉讼法》对本条作了两处修改：一是删去原第 2 款关于未成年人犯罪案件不公开审理的有关规定，将未成年人不公开审理的相关规定移至 2012 年《刑事诉讼法》第五编第一章第 274 条（2018 年修改《刑事诉讼法》后的第 285 条），并作相应调整。二是增加规定涉及商业秘密案件，依当事人申请可以不公开审理。

本条共分为两款。第 1 款是关于人民法院审理第一审刑事案件应当公开进行以及不公开审理的例外情况的规定。有三层意思，一是关于人民法院审理第一审刑事案件应当公开进行的原则规定。公开审判是我国刑事诉讼法的一项基本原则。本款中“公开审理”是指人民法院审理第一审案件对社会公开，包含：允许群众旁听人民法院对刑事案件的审理；允许记者报道。记者可以在案件审理后将案件的审理情况通过报刊、电台、电视台以及其他媒体进行报道。至于对个别案件进行现场直播，必须依照规定经法庭许可且须在不得影响当事人权益和庭审程序的情况下进行。二是关于有关国家秘密或个人隐私的案件不公开审理的规定。“有关国家秘密”的案件是指该案件涉及国家秘密。关于什么是国家秘密，应根据保守国家秘密法的规定认定。“个人隐私案件”是指案件涉及个人不愿公开的隐私，这些隐私的公开将会给当事人的生活造成不好的后果，带来心理痛苦和压力，如两性关系、生育能力、收养子女，等等。三是涉及商业秘密的案件，可以依当事人的申请不公开审理。根据《刑法》第 219 条规定，“商业秘密”是指不为公众所知悉，能为权利人带来经济利益，具有实用性并经权利人采取保密措施的技术信息和经营信息。“不公开审理”，是指案件的审理过程不公开，对于依法不公开审理的案件，任何公民包括与审理该案无关的法院工作人员和被告人的近亲属都不得旁听，也不允许记者报道，但宣判一律公开进行。

第 2 款是关于人民法院对于不公开审理的案件应当当庭宣布不公开审理理由的规定。根据本款规定，人民法院对于有关国家秘密的案件、个人隐私案件、涉及商业秘密依当事人申请不公开审理的案件，在开庭后即应由审判长宣布不公开审理的理由。这样规定一方面可以向当事人和公诉人、辩护人告知为何未适用公开审判原则，便于对不公开审理决定是否合法进行监督；另一方面也能安定当事人的情绪，使之正常参加诉讼。

[审判实务]

1. 在司法实践中应把握好不公开审理的案件主要范围。根据刑事诉讼法规定，主要有以下几类：一是涉及国家秘密的案件，国家秘密是关系国家的安全和利益，依照法定程序确定，在一定时间内只限一定范围人员知悉的事项。涉及国家秘密的案件不公开审理，是为了维护国家的安全和利益。二是涉及个人隐私的案件。这类案件不公开审理，是为了保护个人的隐私权，不使其人格尊严、名誉和个人生活安宁因为案件的公开审理受到不利影响。三是未成年人犯罪的案件。未成年人身心还不成熟，为有利于未成年被告人成长，体现教育、感化、挽救的方针，对这类案件不公开审理。四是涉及商业秘密的案件。为防止商业秘密泄露给当事人造成损失，这类案件经当事人申请，也可以不公开审理。

2. 关于旁听人员。公开审理的案件，对旁听人员仍有严格的限制，根据《刑诉法解释》规定，精神病人、醉酒的人、未经人民法院批准的未成年人以及其他不宜旁听的人不得旁听案件审理。

[配套规定]

《最高人民法院关于适用〈中华人民共和国刑事诉讼法〉的解释》（法释［2012］21号）（2012年12月20日公布，自2013年1月1日起施行）（节录）

第一百八十六条 审判案件应当公开进行。

案件涉及国家秘密或者个人隐私的，不公开审理；涉及商业秘密，当事人提出申请的，法庭可以决定不公开审理。

不公开审理的案件，任何人不得旁听，但法律另有规定的除外。

第一百八十七条 精神病人、醉酒的人、未经人民法院批准的未成年人以及其他不宜旁听的人不得旁听案件审理。

第一百八十八条 被害人、诉讼代理人经传唤或者通知未到庭，不影响开庭审理的，人民法院可以开庭审理。

辩护人经通知未到庭，被告人同意的，人民法院可以开庭审理，但被告人属于应当提供法律援助情形的除外。

第一百八十九条 开庭审理前，书记员应当依次进行下列工作：

（一）受审判长委托，查明公诉人、当事人、证人及其他诉讼参与人是否到庭；

（二）宣读法庭规则；

（三）请公诉人及相关诉讼参与人入庭；

（四）请审判长、审判员（人民陪审员）入庭；

（五）审判人员就座后，向审判长报告开庭前的准备工作已经就绪。

第一百八十九条　人民法院审判公诉案件，人民检察院应当派员出席法庭支持公诉。

[条文主旨]

本条是关于人民检察院应当派员出庭支持公诉的规定。

[条文释解]

本条是1979年刑事诉讼法的规定，1996年、2012年作过修改。2012年修改刑事诉讼法时对本条作了修改。《刑事诉讼法》第3条规定，“提起公诉，由人民检察院负责”，第8条规定“人民检察院依法对刑事诉讼实行法律监督”，人民检察院派员出庭支持公诉，是检察机关履行追诉犯罪以及法律监督职责的要求，也是发挥其诉讼职能的主要形式。

1996年修改刑事诉讼法，规定对于适用简易程序审理的案件，人民检察院可以不派员出庭，主要是考虑适用简易程序的案件范围不大，有利于节省诉讼资源。但是这一做法在实践中出现了一些问题：一是人民检察院无法监督法院的庭审程序，不能发挥检察监督职能；二是公诉人不能掌握法庭审理过程中出现的各种情况，比如有新的证据、被害人给予谅解，等等。有关方面提出，检察机关负有诉讼监督职能，出庭支持公诉是检察机关的基本职责，从体现检察职能的角度，建议规定对于所有公诉案件，人民检察院都应当派员出庭支持公诉。同时考虑到，根据2012年刑事诉讼法修改后的第208条（2018年修改刑事诉讼法后的第214条）的规定，适用简易程序审理的案件范围进一步扩大，基层人民法院管辖的案件，只要符合条件都可以适用简易程序审理，这些案件中有些可能是比较重大，对被告人判处较长刑期的，没有公诉人出庭支持公诉是不妥当的。综合上述原因，2012年修改刑事诉讼法时对本条的规定作出了修改，删去“但是依照本法第一百七十五条的规定适用简易程序的，人民检察院可以不派员出席法庭”的规定。

[审判实务]

根据本条的规定，对公诉案件，无论是否适用简易程序、速裁程序审理，人民检察院都应当派员出席法庭支持公诉，其中“支持公诉”是指人民法院开庭审判时，人民检察院派员出席法庭支持和维护人民检察院代表国家提起的公诉。检察人员出席法庭支持公诉前要认真阅卷，熟悉案情和与本案有关的法律规定，制作公诉词。公诉人在法庭审理过程中，要通过宣读起诉书、讯问被告人、询问证人、出示物证和法庭辩论，控诉犯罪，证实犯罪，分析犯罪的根源，揭露犯罪的社会危险性，提高人民群众遵纪守法的自觉性和同违法犯罪行为作斗争的积极性。根据本法第201条的规定，当人民法院经审理认为量刑建议明显不当，或者被告人、辩护人对量刑建议提出异议的，人民检察院可以调整量刑建议。承担调整量刑建议工作的也应是人民检察院的公诉人。人民检察院的公诉人在庭审过程中，必须以事实为根据，以法律为准绳。对被告人的指控应该事实清楚，证据确凿，引用法律恰当、准确。

[配套规定]

1.《人民检察院刑事诉讼规则》（高检发释字［2019］4号）（2019年12月30日公布并施行）（节录）

第三百九十条　提起公诉的案件，人民检察院应当派员以国家公诉人的身份出席第一审法庭，支持公诉。

公诉人应当由检察官担任。检察官助理可以协助检察官出庭。根据需要可以配备书记员担任记录。

第三百九十一条 对于提起公诉后人民法院改变管辖的案件，提起公诉的人民检察院参照本规则第三百二十八条的规定将案件移送与审判管辖相对应的人民检察院。

接受移送的人民检察院重新对案件进行审查的，根据刑事诉讼法第一百七十二条第二款的规定自收到案件之日起计算审查起诉期限。

第一百九十条 开庭的时候，审判长查明当事人是否到庭，宣布合议庭的组成人员、书记员、公诉人、辩护人、诉讼代理人、鉴定人和翻译人员的名单；告知当事人有权对合议庭组成人员、书记员、公诉人、鉴定人和翻译人员申请回避；告知被告人享有辩护权利。

被告人认罪认罚的，审判长应当告知被告人享有的诉讼权利和认罪认罚的法律规定，审查认罪认罚的自愿性和认罪认罚具结书内容的真实性、合法性。

[条文主旨]

本条是关于开庭时审判长应当宣布事项、告知当事人权利、审查事项的规定。

[条文释解]

本条是1979年《刑事诉讼法》的规定，1996年作过修改，2012年未作修改。2018年修改《刑事诉讼法》时对本条增加了一款作为第2款，规定审判长在审理认罪认罚案件时，应当告知被告人权利和审查相关事项。修改后的《刑事诉讼法》第190条第1款是1979年《刑事诉讼法》的规定。1979年《刑事诉讼法》第113条规定："开庭时，审判长查明当事人是否到庭，宣布案由；宣布合议庭的组成人员、书记员、公诉人、辩护人、鉴定人和翻译人员的名单；告知当事人有权对合议庭组成人员、书记员、公诉人、鉴定人和翻译人员申请回避；告知被告人享有辩护权利。"1996年修改《刑事诉讼法》时，增加了审判长在开庭时应宣读"诉讼代理人"名单的规定。

1979年《刑事诉讼法》没有规定诉讼代理人制度。1996年修改《刑事诉讼法》时，将“辩护”一章修改为“辩护与代理”，增加定公诉案件的被害人及其法定代理人或者近亲属，附带民事诉讼的当事人及法定代理人，自诉案件的自诉人及其法定代理人有权委托诉讼代理人。相应的，审判长在宣读合议庭的组成人员、书记员、公诉人、辩护人、鉴定人和翻译人员的名单时，也应同时宣读诉讼代理人的名单。

此外，1979年《刑事诉讼法》未将刑事被害人列为当事人，也未要求开庭时查明被害人是否到庭，这样实际执行中被害人大都不到庭，从而影响其诉讼权利的行使。1996年修改《刑事诉讼法》，规定被害人属于刑事诉讼中的“当事人”，因此，审判长在开庭时“查明当事人是否到庭”，在1996年修改《刑事诉讼法》后就包括了查明被害人是否到庭，以此保障被害人诉讼权利的行使，保障其合法权益。2012年修改《刑事诉讼法》时，没有修改该条内容。2018年修改《刑事诉讼法》时对该条增加一款，主要是明确对于认罪认罚案件，审判长应当向被告人告知相应的权利和法律规定，审查认罪认罚的自愿性和认罪认罚具结书内容的真实性与合法性。2016年最高人民法院、最高人民检察院、公安部、国家安全部、司法部发布的《关于在部分地区开展刑事案件认罪认罚从宽制度试点工作的办法》第15条规定，人民法院审理认罪认罚案件，应当告知被告人享有的诉讼权利和认罪认罚可能导致的法律后果，审查认罪认罚的自愿性和认罪认罚具结书内容的真实性、合法性。2018年修改《刑事诉讼法》，吸收了该办法的规定，增加了审判长在开庭时应当对认罪认罚的被告人负有告知相应内容的义务，以及审查认罪认罚的自愿性以及认罪认罚具结书内容的真实性与合法性的义务。刑事诉讼法该条的修改，增强了认罪认罚案件中被告人的权利保障，在开庭时被告人就有机会向法庭确认认罪认罚是否真实。同时，根据对刑事诉讼法其他条文的修改，认罪认罚的真实性将影响后续法庭审理的程序，合议庭的组成以及法庭是否采纳人民检察院作出的定罪和量刑建议等。因此，增加对认罪认罚真实性审核的程序，也有利于人民法院顺利审理案件。

本条共分为两款。第1款是关于开庭时审判长应当宣布事项和告知当事人权利的规定。开庭是庭审活动的开始。明确开庭的程序，是审判活动顺利展开的重要保证。根据本款规定，开庭的时候，审判长应当做以下工作：

1. 审判长宣布开庭后，首先应查明当事人是否到庭，查明被告人的姓名、年龄、民族、籍贯、出生地、文化程度、职业、住址。还应问明被告人是否曾经受过法律处分，是否被采取强制措施以及从何时开始被采取强制措施，收到人民检察院起诉书副本的时间，核对被传唤到庭的被告人是否是本案被指控的人，如果案件中有附带民事诉讼的，还应当查明附带民事诉讼的当事人或其法定代理人是否到庭，并应当问明附带民事诉讼的被告人收到民事诉状的时间。有被害人的，应当查明被害人是否到庭。被害人因身体受到伤害、精神上受到损害或者有其他原因的，也可以不出庭。

2. 审判长公布案件的来源、起诉的案由，附带民事诉讼当事人姓名，使被告人知道自己被指控为何罪。对依法不公开审理的案件，当庭公布不公开审理的理由。

3. 宣布参与本案审判的合议庭的组成人员、书记员、公诉人、辩护人、诉讼代理人、鉴定人、翻译人员名单。

4. 宣布上述人员名单后，审判长应告知当事人有对合议庭组成人员、书记员、公诉人、鉴定人和翻译人员申请回避的权利。审判长应分别询问当事人及其法定代理人是否申请回避，申请何人回避以及申请回避的理由。根据本法第 32 条的规定，审判长应当告知辩护人、诉讼代理人也享有对合议庭组成人员、书记员、公诉人、鉴定人和翻译人员申请回避的权利。如果当事人及其法定代理人、辩护人、诉讼代理人认为上述人员与本案有利害关系或者其他关系，会影响本案的公正审理而申请回避的，应依照本法第 29 条、第 30 条、第 31 条的规定办理。

5. 为了保护被告人的辩护权利，审判长应当告知被告人在法庭审理时有为自己辩护的权利和通过辩护人为其辩护的权利。

第 2 款是关于认罪认罚案件，审判长在开庭的时候应当告知被告人权利和审查相关事项的规定。本款中规定的审判长告知被告人享有的权利和审查有关事项，应当结合本条第 1 款的规定，在法庭审理开始的时候进行。

根据本款规定，审判长应当告知被告人以下内容：一是被告人享有的诉讼权利。对于认罪认罚的被告人，审判长应当告知被告人以下权利：（1）享有辩护权。被告人既可以自己进行辩护，也可以委托辩护人为其辩护。特别是在认罪认罚的案件中，对于被告人开庭后仍然未委托辩护人的，应告知被告人根据本法第 34 条第 1 款的规定，被告人有权随时委托辩护人，以保障其充分获得辩护权。（2）享有拒绝辩护人继续为其辩护和另行委托辩护人辩护的权利。根据本法第 45 条规定，在审判过程中，被告人可以拒绝辩护人继续为其辩护，也可以另行委托辩护人辩护。（3）被告人可以参与法庭审理。被告人参与法庭审理包括就起诉书指控的犯罪进行陈述和辩解，对鉴定意见提出异议，申请通知新的证人到庭，调取新的物证，申请重新鉴定或者勘验等，以及提出证明自己无罪、罪轻的意见等。（4）自诉案件的被告人可以提起反诉。根据本法第213条规定，被告人认罪认罚的自诉案件，也可以对自诉人提起反诉，并就反诉的犯罪事实和证据材料等进行互相辩论。（5）被告人有最后陈述的权利。根据本法第198条规定，被告人有最后陈述的权利。法庭听取被告人的最后陈述意见是必经程序，是被告人的一项重要诉讼权利。审判长应告知认罪认罚案件的被告人可以就起诉书指控的犯罪作最后的陈述和辩解，提出关于定罪、量刑的意见和要求，分析自己的犯罪原因，请求法庭给予自己悔过自新的机会，等等。

二是认罪认罚的法律规定。审判长应当告知被告人认罪认罚制度的相关法律规定，包括实体和程序规定。（1）实体上可以从宽。如《刑法》第67条关于自首的规定，第68条关于立功的规定等。同时，本法第15条规定，被告人自愿如实供述自己的罪行，承认指控的犯罪事实，愿意接受处罚的，可以从宽处罚。这些在实体上从宽的规定，审判长应当告知认罪认罚的被告人。（2）在程序上可以从简。认罪认罚案件依法可以适用普通程序、简易程序和速裁程序。审判长应告知被告人适用简易程序或速裁程序的相关法律规定。对于简易程序，本法第214条规定基层人民法院管辖的案件如果案件事实清楚、证据确实充分，被告人承认自己所犯罪行，并对指控的犯罪事实没有异议，同时对适用简易程序没有异议的，基层人民法院可以适用简易程序审判。审判长应告知被告人有些情形下不能适用简易程序；适用简易程序时合议庭的组成；被告人应当享有的权利，如可以同公诉人、自诉人及其诉讼代理人相互辩论，最后陈述意见等；以及适用简易程序审理案件，将不受送达期限、讯问被告人、询问证人、鉴定人、出示证据、法庭辩论程序规定的限制等。根据本法第222条的规定，基层人民法院管辖的可能判处三年有期徒刑以下刑罚的案件，案件事实清楚，证据确实、充分，被告人认罪认罚并同意适用速裁程序的，可以适用速裁程序，由审判员一人独任审判。审判长应告知被告人有些情形下不能适用速裁程序；适用速裁程序的法庭审理一般将不进行法庭调查、法庭辩论，但在判决宣告前被告人有权利作最后陈述；适用速裁程序审理案件的，会当庭宣判。如果被告人是违背意愿认罪认罚、否认指控的犯罪事实等情形的，则依法不适用速裁程序，转为普通程序审理等。对于简易程序和速裁程序，被告人均有选择权。

此外，本法第 201 条规定，人民法院审理认罪认罚案件，除法律规定的情形外，人民法院一般应当采纳人民检察院指控的罪名和量刑建议。同时，审判长应告知被告人及其辩护人可以依法就量刑建议提出异议。人民检察院调整量刑建议后，被告人及其辩护人如果觉得调整后的量刑建议仍然明显不当的，仍有权利向法庭再次提出异议。法庭认为量刑建议确实明显不当的，依法作出判决。

审判长告知被告人关于认罪认罚的法律规定，有利于被告人在充分知情的前提下作出选择，有利于充分维护被告人权利，维护司法公正。最后，审判长还应告知被告人，在认罪认罚案件宣判后，被告人仍有权利进行上诉。

根据本款规定，审判长还应同时审查以下内容：一是被告人认罪认罚的自愿性。适用认罪认罚从宽制度的前提是被告人自愿。考虑到人民法院审理被告人认罪认罚案件，可能在实体和程序上予以从宽和从简，人民法院在开庭时就应当审查被告人是否自愿认罪认罚，以确定审理案件适用的程序。如果被告人选择认罪认罚是对认罪认罚制度有重大误解，或者在侦查起诉阶段是迫于压力、违背意愿认罪认罚的，被告人可以在审判长审查时向法庭提出，特别是被告人否认指控的犯罪事实，认为不构成犯罪或者不应当追究刑事责任，对量刑有异议等意见。审查被告人认罪认罚的自愿性，有利于避免因被告人被迫认罪认罚产生冤假错案。审判长应通过切实审查认罪认罚的自愿性，避免无罪的受到刑事追究，有罪的受到超出刑法规定的刑事处罚。

二是认罪认罚具结书内容的真实性、合法性。根据本法第 174 条的规定，犯罪嫌疑人自愿认罪认罚，同意量刑建议和程序适用的，应当在辩护人或者值班律师在场的情况下签署认罪认罚具结书。认罪认罚具结书作为被告人认罪认罚的重要材料，在人民检察院起诉时随案移送。认罪认罚具结书中一般会载明犯罪嫌疑人的身份信息；犯罪嫌疑人对相关权利是否知悉；犯罪嫌疑人对认罪认罚的内容包括人民检察院指控的犯罪事实、提出的量刑建议、适用程序等是否确认；犯罪嫌疑人自愿签署认罪认罚具结书的声明等内容。同时犯罪嫌疑人、被告人的辩护人或值班律师也应根据犯罪嫌疑人、被告人自愿签署认罪认罚具结书的情况签署意见。此外，审查认罪认罚具结书内容的合法性还包括被告人签署认罪认罚具结书的程序是否合法，如被告人签署具结书，是否充分吸取了辩护人或者值班律师的意见；人民检察院是否为辩护人或者值班律师了解案情提供便利等。审判长在审查认罪认罚具结书内容的真实性、合法性的时候，应分别就具结书的内容、签署具结书的不同主体的情况予以审核。比如，具结书是否是被告人本人签署，被告人是否真实了解认罪认罚的法律后果，辩护人或值班律师是否真实确认被告自愿认罪认罚等。

三是审判长不能将审核认罪认罚具结书内容的真实性、合法性等同于审核被告人认罪认罚的自愿性。有时候，被告人虽然自愿认罪认罚，但认罪认罚具结书的内容不一定是真实、合法的。被告人可能是在被欺骗、蒙蔽的情况下签署认罪认罚具结书，造成权利受损而不自知的状况。因此，审判长需要将被告人认罪认罚的自愿性与认罪认罚具结书内容的真实性、合法性相结合进行审查。

[审判实务]

1. 开庭是正式进行法庭审判前的准备阶段。开庭审理前，书记员应当依次进行下列工作：（1）查明公诉人、当事人、证人及其他诉讼参与人是否已经到庭；（2）宣读法庭规则；（3）请公诉人、辩护人入庭；（4）请审判长、审判员（人民陪审员）入庭；（5）审判人员就座后，当庭向审判长报告开庭前的准备工作已经就绪。此外，需要注意的是：（1）依法公开审理的案件，我国公民可以持有效证件旁听；因审判场所、安全保卫等客观因素需要限制旁听人数的，人民法院应当说明理由，旁听人员持人民法院发出的旁听证进入法庭。但是，未成年人（经法院批准的除外）、精神病人和醉酒的人以及其他不宜旁听的人，不得旁听。依法不公开审理的案件，任何公民包括与审理该案无关的法院工作人员和被告人的近亲属都不得旁听。（2）被害人、诉讼代理人、证人、鉴定人经人民法院传唤或者通知未到庭，不影响开庭审判的，人民法院可以开庭审理。（3）法庭正面应当悬挂国徽。出庭的审判人员、书记员、公诉人、司法警察应当按照规定着装；出庭的辩护人、诉讼代理人、证人、鉴定人、勘验人、翻译人员和其他诉讼参与人应当衣着整洁。

2. 开庭的具体程序和内容包括：（1）审判人员进入法庭时，法庭内全体人员应当起立。（2）审判长宣布开庭，传被告人到庭后，应当查明被告人的下列情况：姓名、出生年月日、出生地、民族、文化程度、职业、住址，或者单位的名称、住所地、诉讼代表人的姓名、职务；是否曾受到过法律处分及处分的种类、时间；是否被采取强制措施及强制措施的种类、时间；收到人民检察院起诉书副本的日期；附带民事诉讼的，附带民事诉讼被告人收到民事诉状的日期。(3) 审判长宣布案件的来源、起诉的案由、附带民事诉讼原告人和被告人的姓名（名称）及是否公开审理。对于不公开审理的案件，应当当庭宣布不公开审理的理由。(4) 审判长宣布合议庭组成人员、书记员、公诉人、辩护人、鉴定人和翻译人员的名单。(5) 审判长应当告知当事人、法定代理人在法庭审理过程中依法享有下列诉讼权利：可以申请合议庭组成人员、书记员、公诉人、鉴定人和翻译人员回避；可以提出证据，申请通知新的证人到庭、调取新的证据、重新鉴定或者勘验、检查，申请通知有专门知识的人出庭；被告人可以自行辩护；被告人可以在法庭辩论终结后作最后的陈述。(6) 审判长分别询问当事人、法定代理人是否申请回避，申请何人回避和申请回避的理由。如果当事人、法定代理人申请审判人员、出庭支持公诉的检察人员回避，合议庭认为符合法定情形的，应当依照本解释有关回避的规定处理；认为不符合法定情形的，应当当庭驳回，继续法庭审理。如果申请回避人当庭申请复议，合议庭应当宣布休庭，待作出复议决定后，决定是否继续法庭审理。同意或者驳回回避申请的决定及复议决定，由审判长宣布，并说明理由。必要时，也可以由院长到庭宣布。

3. 实践中适用本条第 2 款时还需要注意两个问题：(1) 根据该款规定，审判长在开庭的时候应当审查认罪认罚案件中被告人认罪认罚的自愿性和认罪认罚具结书内容的真实性、合法性。但是如果在法庭调查、辩论等庭审过程中发现存在被告人违背意愿认罪认罚等导致认罪认罚存有疑问的情况，审判长需要重新审查认罪认罚的相关事项。因此，对被告人认罪认罚的自愿性，认罪认罚具结书内容的真实性和合法性的审查应贯穿于法庭审理的全过程，以充分保障司法公正。(2) 对于认罪认罚案件中被告人是未成年人的，审判长在告知相应权利、法律规定以及审查认罪认罚自愿性的时候，需要充分考虑到未成年的被告人在智力认知和表达能力上的不足。人民法院在依法适用“未成年人刑事案件诉讼程序”的特别程序的同时，应注意《刑事诉讼法》第 223 条第 2 项规定，被告人是未成年人的不适用速裁程序。

[配套规定]

《最高人民法院关于适用〈中华人民共和国刑事诉讼法〉的解释》（法释［2012］21 号）（2012 年 12 月 20 日公布，自 2013 年 1 月 1 日起施行）（节录）

第一百九十条 审判长宣布开庭，传被告人到庭后，应当查明被告人的下列情况：

（一）姓名、出生日期、民族、出生地、文化程度、职业、住址，或者被告单位的名称、住所地、诉讼代表人的姓名、职务；

（二）是否受过法律处分及处分的种类、时间；

（三）是否被采取强制措施及强制措施的种类、时间；

（四）收到起诉书副本的日期；有附带民事诉讼的，附带民事诉讼被告人收到附带民事起诉状的日期。

被告人较多的，可以在开庭前查明上述情况，但开庭时审判长应当作出说明。

第一百九十一条 审判长宣布案件的来源、起诉的案由、附带民事诉讼当事人的姓名及是否公开审理；不公开审理的，应当宣布理由。

第一百九十二条 审判长宣布合议庭组成人员、书记员、公诉人名单及辩护人、鉴定人、翻译人员等诉讼参与人的名单。

第一百九十三条 审判长应当告知当事人及其法定代理人、辩护人、诉讼代理人在法庭审理过程中依法享有下列诉讼权利：

（一）可以申请合议庭组成人员、书记员、公诉人、鉴定人和翻译人员回避；

（二）可以提出证据，申请通知新的证人到庭、调取新的证据，申请重新鉴定或者勘验、检查；

（三）被告人可以自行辩护；

（四）被告人可以在法庭辩论终结后作最后陈述。

第一百九十四条 审判长应当询问当事人及其法定代理人、辩护人、诉讼代理人是否申请回避、申请何人回避和申请回避的理由。

当事人及其法定代理人、辩护人、诉讼代理人申请回避的，依照刑事诉讼法及本解释的有关规定处理。

同意或者驳回回避申请的决定及复议决定，由审判长宣布，并说明理由。必要时，也可以由院长到庭宣布。

第一百九十一条　公诉人在法庭上宣读起诉书后，被告人、被害人可以就起诉书指控的犯罪进行陈述，公诉人可以讯问被告人。

被害人、附带民事诉讼的原告人和辩护人、诉讼代理人，经审判长许

可，可以向被告人发问。

审判人员可以讯问被告人。

[条文主旨]

本条是关于被告人、被害人就起诉书指控的犯罪事实进行陈述及讯问被告人程序的规定。

[条文释解]

本条是1979年《刑事诉讼法》的规定，1996年作过修改，2012年、2018年未修改。1979年《刑事诉讼法》第114条规定："公诉人在审判庭上宣读起诉书后，审判人员开始审问被告人。公诉人经审判长许可，可以讯问被告人。被害人、附带民事诉讼的原告人和辩护人，在审判人员审问被告人后，经审判长许可，可以向被告人发问。"上述规定在实践中存在以下两个问题：（1）审判人员审问被告人作为开庭后的重要程序，不利于审判人员居中听取双方意见，从而造成代替公诉人揭露、证实犯罪的职责，存在对案件包揽过多的问题。（2）不能充分发挥控辩双方的作用。1996年修改刑事诉讼法，对庭审方式进行改革，修改为现在的条文。根据修改后的规定，审判人员处于主持庭审的地位，主要是公诉人、辩护人双方讯问、发问，在必要时，审判人员也可以讯问，这样既发挥了控辩双方的作用，也使控、辩、审三方的职责更明确，有利于查明案情，得出正确结论。这种规定对审判人员并非是消极的，审判人员要掌握和指挥庭审的进行，也要就问题的要害之处对被告人讯问，从立法本意上是对审判人员提出了更高的要求，要求审判人员必须具有较好的素质，才能完成审判任务。2012年和2018年修改《刑事诉讼法》时对本条规定未作修改。

本条共分为三款。第1款是关于公诉人宣读起诉书后，被告人、被害人进行陈述及公诉人可以讯问被告人的规定。根据本款的规定，公诉人在审判庭上宣读起诉书后，被告人和被害人可以分别就起诉书指控的犯罪进行陈述。被告人如果承认公诉人的指控，则应当对自己的犯罪行为进行陈述；被告人如果不承认公诉人的指控，则应允许被告人提出自己无罪、罪轻的意见。同时，被害人也可以针对起诉书中指控的犯罪陈述自己受害的过程以及有关的诉讼请求。公诉人代表国家在法庭上起诉和证实被告人的罪行，为了更好地揭露被告人的犯罪情节，论证其罪行应予追究，公诉人可以讯问被告人，讯问的主要内容应限定于其指控的犯罪。讯问的目的主要是让审判人员当庭听取被告人的供述或者辩解，查清案件事实。

第2款是关于被害人、附带民事诉讼的原告人和辩护人、诉讼代理人向被告人发问的程序的规定。被害人是犯罪行为的直接受害者，其可以并有权揭露、控诉犯罪；附带民事诉讼的原告人有权要求赔偿由于被告人的犯罪行为而遭受到的物质损失；辩护人要为被告人作无罪、罪轻或者减轻处罚的辩护；诉讼代理人向被告人发问是受被害人及其法定代理人或者近亲属、附带民事诉讼的当事人及其法定代理人的委托代行其诉讼权利。因此，本款规定，这些人可以向被告人发问。但是，为了保证庭审有序顺利进行，这些发问应当经审判长许可。

第3款是关于审判人员可以讯问被告人的规定。由于审判人员掌握和指挥庭审的进行，所以对审理过程中有疑问的地方，以及被告人在陈述时有表述不清的地方，审判人员可以直接讯问被告人。

[审判实务]

在司法实践中应当注意两点：一是法庭讯问被告人，向被告人发问必须在审判长的主持之下进行。审判长对于控辩双方讯问、发问被告人的内容与本案无关或者讯问、发问的方式不当的，应当制止。对于控辩双方认为对方讯问或者发问的内容与本案无关或者讯问、发问的方式不当并提出异议的，审判长应当判明情况予以支持或者驳回。二是对于共同犯罪案件，讯问被告人一般应当分别进行，合议庭认为必要时，可以传唤两位以上被告人同时到庭对质。

[配套规定]

1.《最高人民法院关于适用〈中华人民共和国刑事诉讼法〉的解释》（法释［2012］21号）（2012年12月20日公布，自2013年1月1日起施行）（节录）

第一百九十五条 审判长宣布法庭调查开始后，应当先由公诉人宣读起诉书；有附带民事诉讼的，再由附带民事诉讼原告人或者其法定代理人、诉讼代理人宣读附带民事起诉状。

第一百九十六条 起诉书指控的被告人的犯罪事实为两起以上的，法庭调查一般应当分别进行。

第一百九十七条 在审判长主持下，被告人、被害人可以就起诉书指控的犯罪事实分别陈述。

第一百九十八条 在审判长主持下，公诉人可以就起诉书指控的犯罪事实讯问被告人。

经审判长准许，被害人及其法定代理人、诉讼代理人可以就公诉人讯问的犯罪事实补充发问；附带民事诉讼原告人及其法定代理人、诉讼代理人可以就附带民事部分的事实向被告人发问；被告人的法定代理人、辩护人，附带民事诉讼被告人及其法定代理人、诉讼代理人可以在控诉一方就某一问题讯问完毕后向被告人发问。

第一百九十九条 讯问同案审理的被告人，应当分别进行。必要时，可以传唤同案被告人等到庭对质。

第二百条 经审判长准许，控辩双方可以向被害人、附带民事诉讼原告人发问。

第二百零一条 审判人员可以讯问被告人。必要时，可以向被害人、附带民事诉讼当事人发问。

2.**《人民检察院刑事诉讼规则》**（高检发释字［2019］4号）（2019年12月30日公布并施行）（节录）

第三百九十八条 公诉人在法庭上应当依法进行下列活动：

（一）宣读起诉书，代表国家指控犯罪，提请人民法院对被告人依法审判；

（二）讯问被告人；

（三）询问证人、被害人、鉴定人；

（四）申请法庭出示物证，宣读书证、未到庭证人的证言笔录、鉴定人的鉴定意见、勘验、检查、辨认、侦查实验等笔录和其他作为证据的文书，播放作为证据的视听资料、电子数据等；

（五）对证据采信、法律适用和案件情况发表意见，提出量刑建议及理由，针对被告人、辩护人的辩护意见进行答辩，全面阐述公诉意见；

（六）维护诉讼参与人的合法权利；

（七）对法庭审理案件有无违反法律规定诉讼程序的情况记明笔录；

（八）依法从事其他诉讼活动。

第四百零二条 讯问被告人、询问证人不得采取可能影响陈述或者证言客观真实的诱导性发问以及其他不当发问方式。

辩护人向被告人或者证人进行诱导性发问以及其他不当发问可能影响陈述或者证言的客观真实的，公诉人可以要求审判长制止或者要求对该项陈述或者证言不予采纳。

讯问共同犯罪案件的被告人、询问证人应当个别进行。

被告人、证人、被害人对同一事实的陈述存在矛盾的，公诉人可以建议法庭传唤有关被告人、通知有关证人同时到庭对质，必要时可以建议法庭询问被害人。

3.《人民法院办理刑事案件第一审普通程序法庭调查规程（试行）》（法发［2017］31号）（2017年11月27日公布，自2018年1月1日起试行）（节录）

第一条 法庭应当坚持证据裁判原则。认定案件事实，必须以证据为根据。法庭调查应当以证据调查为中心，法庭认定并依法排除的非法证据，不得宣读、质证。证据未经当庭出示、宣读、辨认、质证等法庭调查程序查证属实，不得作为定案的根据。

第二条 法庭应当坚持程序公正原则。人民检察院依法承担被告人有罪的举证责任，被告人不承担证明自己无罪的责任。法庭应当居中裁判，严格执行法定的审判程序，确保控辩双方在法庭调查环节平等对抗，通过法庭审判的程序公正实现案件裁判的实体公正。

第三条 法庭应当坚持集中审理原则。规范庭前准备程序，避免庭审出现不必要的迟延和中断。承办法官应当在开庭前阅卷，确定法庭审理方案，并向合议庭通报开庭准备情况。召开庭前会议的案件，法庭可以依法处理可能导致庭审中断的事项，组织控辩双方展示证据，归纳控辩双方争议焦点。

第四条 法庭应当坚持诉权保障原则。依法保障当事人和其他诉讼参与人的知情权、陈述权、辩护辩论权、申请权、申诉权，依法保障辩护人发问、质证、辩论辩护等权利，完善便利辩护人参与诉讼的工作机制。

第五条 法庭宣布开庭后，应当告知当事人在法庭审理过程中依法享有的诉讼权利。

对于召开庭前会议的案件，在庭前会议中处理诉讼权利事项的，可以在开庭后告知诉讼权利的环节，一并宣布庭前会议对有关事项的处理结果。

第六条　公诉人宣读起诉书后，对于召开庭前会议的案件，法庭应当宣布庭前会议报告的主要内容。有多起犯罪事实的案件，法庭可以在有关犯罪事实的法庭调查开始前，分别宣布庭前会议报告的相关内容。

对于庭前会议中达成一致意见的事项，法庭可以向控辩双方核实后当庭予以确认；对于未达成一致意见的事项，法庭可以在庭审涉及该事项的环节归纳争议焦点，听取控辩双方意见，依法作出处理。

第七条　公诉人宣读起诉书后，审判长应当询问被告人对起诉书指控的犯罪事实是否有异议，听取被告人的供述和辩解。对于被告人当庭认罪的案件，应当核实被告人认罪的自愿性和真实性，听取其供述和辩解。

在审判长主持下，公诉人可以就起诉书指控的犯罪事实讯问被告人，为防止庭审过分迟延，就证据问题向被告人的讯问可在举证、质证环节进行。经审判长准许，被害人及其法定代理人、诉讼代理人可以就公诉人讯问的犯罪事实补充发问；附带民事诉讼原告人及其法定代理人、诉讼代理人可以就附带民事部分的事实向被告人发问；被告人的法定代理人、辩护人，附带民事诉讼被告人及其法定代理人、诉讼代理人可以在控诉一方就某一问题讯问完毕后向被告人发问。有多名被告人的案件，辩护人对被告人的发问，应当在审判长主持下，先由被告人本人的辩护人进行，再由其他被告人的辩护人进行。

第八条　有多名被告人的案件，对被告人的讯问应当分别进行。

被告人供述之间存在实质性差异的，法庭可以传唤有关被告人到庭对质。审判长可以分别讯问被告人，就供述的实质性差异进行调查核实。经审判长准许，控辩双方可以向被告人讯问、发问。审判长认为有必要的，可以准许被告人之间相互发问。

根据案件审理需要，审判长可以安排被告人与证人、被害人依照前款规定的方式进行对质。

第九条　申请参加庭审的被害人众多，且案件不属于附带民事诉讼范围的，被害人可以推选若干代表人参加或者旁听庭审，人民法院也可以指定若干代表人。

对被告人讯问、发问完毕后，其他证据出示前，在审判长主持下，参加庭审的被害人可以就起诉书指控的犯罪事实作出陈述。经审判长准许，控辩双方可以在被害人陈述后向被害人发问。

第十条 为解决被告人供述和辩解中的疑问，审判人员可以讯问被告人，也可以向被害人、附带民事诉讼当事人发问。

第十一条 有多起犯罪事实的案件，对被告人不认罪的事实，法庭调查一般应当分别进行。

被告人不认罪或者认罪后又反悔的案件，法庭应当对与定罪和量刑有关的事实、证据进行全面调查。

被告人当庭认罪的案件，法庭核实被告人认罪的自愿性和真实性，确认被告人知悉认罪的法律后果后，可以重点围绕量刑事实和其他有争议的问题进行调查。

第一百九十二条　公诉人、当事人或者辩护人、诉讼代理人对证人证言有异议，且该证人证言对案件定罪量刑有重大影响，人民法院认为证人有必要出庭作证的，证人应当出庭作证。

人民警察就其执行职务时目击的犯罪情况作为证人出庭作证，适用前款规定。

公诉人、当事人或者辩护人、诉讼代理人对鉴定意见有异议，人民法院认为鉴定人有必要出庭的，鉴定人应当出庭作证。经人民法院通知，鉴定人拒不出庭作证的，鉴定意见不得作为定案的根据。

[条文主旨]

本条是关于证人、鉴定人出庭的规定。

[条文释解]

本条是2012年修改《刑事诉讼法》时新增加的条文。完善证人、鉴定人出庭制度是正在进行的深化司法体制和工作机制改革的任务要求。证人、鉴定人出庭，有利于控辩双方就证言、鉴定意见中的有关问题进行当庭质证，有利于审判人员根据质证的情况对证言和鉴定意见的真伪以及在案件中的证明力作出判断，从而对案件作出正确判决。但在目前司法实践中，证人、鉴定人应出庭作证而不出庭作证的问题比较突出，影响相关证据的证明力，也影响审判的公正性，需要通过法律规范予以解决。2012 年修改《刑事诉讼法》，根据实际需要，确定了证人、鉴定人必须出庭的情形，本条的规定是庭审制度的重大改革，也是审判程序中必须遵守的规范。

本条共分为三款。第 1 款是关于证人出庭作证的范围的规定。证人证言是本法第 50 条规定的证据种类之一。刑事诉讼法的一项重要任务就是要查明犯罪事实，证人作为知道案件情况的人，其证言对于查明事实真相具有重要意义。但证人证言具有主观性，其证明力往往受到时间、来源、案发时的环境等各种因素的影响，因此需要对其进行甄别、质证。本法第 61 条规定，证人证言必须在法庭上经过公诉人、被害人和被告人、辩护人双方质证并且查实以后，才能作为定案的根据。出庭作证是在审判阶段对证人证言进行甄别的重要方式。

根据本款规定，证人证言在同时符合三个条件的情况下，证人应当以出庭的方式作证：一是公诉人、当事人或者辩护人、诉讼代理人对证人证言有异议，包括公诉人、当事人等认为证人证言不符合实际情况，与其掌握的其他证据之间存在矛盾之处等。二是该证人证言对案件定罪量刑有重大影响，即对定罪量刑有重大影响的才有必要出庭作证，这是考虑到我国的实际情况作出的规定。我国司法实践中证人出庭率很低，其原因是多方面的，既有传统的原因，也有对自身利益的考虑，如害怕打击报复，认为出庭作证会导致自身权益受损；出庭作证耽误时间，影响自己收入；案件与自己无关，多一事不如少一事，等等。因此，当务之急是要采取措施，如加强证人保护、对出庭作证予以补偿等推动、鼓励证人出庭。从国外司法实践看，也并非证人都要出庭。而且，规定证人都要出庭也不现实，因此这里规定要“对定罪量刑有重大影响”。证人证言“对定罪量刑有重大影响”包括直接目击案件的发生，是案件主要甚至唯一的证人，对于印证其他可能定案的证据具有重要意义等。既包括单独影响定罪、量刑，也包括既影响定罪，也影响量刑。三是人民法院认为证人有必要出庭作证的。这里规定的是出庭作证的必要性。证人是否应当出庭应由人民法院综合全案情况予以考虑，包括提出异议的情况以及对定罪量刑的影响等。对本款规定的未出庭作证证人的证言能否排除，这里未作规定，需要由法官根据案件的具体情况，结合其他证据确定。根据最高人民法院、最高人民检察院、公安部、国家安全部、司法部发布的

《关于办理死刑案件审查判断证据若干问题的规定》，办理死刑案件时，对未出庭作证证人的书面证言，应当听取出庭检察人员被告人及其辩护人的意见，并结合其他证据综合判断。未出庭作证证人的书面证言出现矛盾，不能排除矛盾且无证据印证的，不能作为定案的根据。

第 2 款是关于警察作为目击证人出庭作证的规定。警察在履行职责过程中直接发现犯罪行为和犯罪人的情况是经常发生的，在这种情况下，警察就成了目击证人，特别是在没有其他人在场的情况下，警察往往是唯一的目击证人。为证明和追究犯罪，有必要、也有义务由该警察作证。根据本款规定，人民警察就其执行职务时目击的犯罪情况作为证人出庭作证，适用前款规定，即公诉人、当事人或者辩护人、诉讼代理人对该证人证言有异议；该证人证言对案件定罪量刑有重大影响，人民法院认为证人有必要出庭作证时，警察证人也应当出庭作证。本款规定的“执行职务”目击犯罪的情况既包括作为侦查人员执行职务时目击犯罪情况，也包括执行其他职务如巡逻时目击犯罪的情况，在这种情况下警察是作为目击者提供证言的，与其他证人没有区别，对于符合出庭条件的，应当出庭作证。在这种情况下，人民警察作为目击证人出庭指证犯罪，既有利于将真正的罪犯绳之以法，也是人民警察的职责所在。这一规定是 2012 年《刑事诉讼法》从及时、准确惩治犯罪，保证公正审判角度对审判程序的重要完善。

第 3 款是关于鉴定人出庭的规定。主要包括两个方面的内容：鉴定人出庭的条件和对不出庭的鉴定意见如何处理。《全国人民代表大会常务委员会关于司法鉴定管理问题的决定》规定，在诉讼中当事人对鉴定意见有异议的，经人民法院依法通知，鉴定人应当出庭作证。鉴定意见是对诉讼活动中涉及的专门性问题进行鉴别和判断形成的意见，对于案件的定性具有直接影响，因此有必要对其质证。鉴定人出庭作证是对鉴定意见进行质证，保证鉴定意见真实性、证明力的重要形式。根据本款规定，在同时符合两个条件的情况下，鉴定人应当出庭：一是公诉人、当事人或者辩护人诉讼代理人对鉴定意见有异议。二是人民法院认为鉴定人有必要出庭的。这里规定的条件和证人出庭作证有所不同，未列明“对案件定罪量刑有重大影响”，主要是因为鉴定意见通常都对定罪量刑有重大影响，同时，鉴定意见具有专门 、科学性的特征，往往在证明力上优于其他证据。关于鉴定人不出庭的后果，根据本款规定，经人民法院通知，鉴定人拒不出庭作证，鉴定意见不得作为定案的依据。

[审判实务]

1. 本法并没有规定所有证人必须出庭作证，而是符合本条第 1 款规定的应当出庭的条件才必须出庭作证。按照《刑诉法解释》第 206 条的规定，具有以下情形并经人民法院准备的可以不出庭作证：（1）在庭审期间身患严重疾病或者行动极为不便的；（2）居所远离开庭地点且交通极为不便的；（3）身处国外短期无法回国的；（4）有其他客观原因，确实无法出庭的。具有前款规定情形的，可以通过视频等方式作证。需要注意的是，对无正当理由拒绝出庭的证人，应根据本法第 193 条的规定依法处理。

2. 本条第 2 款规定的警察出庭作证仅限于目击犯罪的情况，不包括因为勘验、检查等而知晓案件的情形。

3. 鉴定人拒不出庭作证，其后果本条第 3 款给出了明确规定，就是说，经人民法院通知，鉴定人不出庭的，其鉴定意见将失去证据作用。这样规定，是考虑到鉴定意见与其他证据不同，鉴定意见是专业人员根据科学方法和自己的专业知识作出的判断，不具有唯一性，鉴定人不出庭的，可以另外进行鉴定，提出鉴定意见。因此，本条明确规定，经人民法院通知，鉴定人拒不出庭作证的，鉴定意见不得作为定案的依据。

[配套规定]

1.《最高人民法院关于适用〈中华人民共和国刑事诉讼法〉的解释》（法释［2012］21 号）（2012 年 12 月 20 日公布，自 2013 年 1 月 1 日起施行）（节录）

第二百零五条 公诉人、当事人或者辩护人、诉讼代理人对证人证言有异议，且该证人证言对定罪量刑有重大影响，或者对鉴定意见有异议，申请法庭通知证人、鉴定人出庭作证，人民法院认为有必要的，应当通知证人、鉴定人出庭；无法通知或者证人、鉴定人拒绝出庭的，应当及时告知申请人。

第二百零六条 证人具有下列情形之一，无法出庭作证的，人民法院可以准许其不出庭：

（一）在庭审期间身患严重疾病或者行动极为不便的；

（二）居所远离开庭地点且交通极为不便的；

（三）身处国外短期无法回国的；

（四）有其他客观原因，确实无法出庭的。

具有前款规定情形的，可以通过视频等方式作证。

第二百零七条 证人出庭作证所支出的交通、住宿、就餐等费用，人民法院应当给予补助。

第二百零九条 审判危害国家安全犯罪、恐怖活动犯罪、黑社会性质的组织犯罪、毒品犯罪等案件，证人、鉴定人、被害人因出庭作证，本人或者其近亲属的人身安全面临危险的，人民法院应当采取不公开其真实姓名、住址和工作单位等个人信息，或者不暴露其外貌、真实声音等保护措施。

审判期间，证人、鉴定人、被害人提出保护请求的，人民法院应当立即审查；认为确有保护必要的，应当及时决定采取相应保护措施。

2.《人民检察院刑事诉讼规则》（高检发释字［2019］4号）（2019年12月30日公布并施行）（节录）

第四百零四条 公诉人对证人证言有异议，且该证人证言对案件定罪量刑有重大影响的，可以申请人民法院通知证人出庭作证。

人民警察就其执行职务时目击的犯罪情况作为证人出庭作证，适用前款规定。

公诉人对鉴定意见有异议的，可以申请人民法院通知鉴定人出庭作证。经人民法院通知，鉴定人拒不出庭作证的，公诉人可以建议法庭不予采纳该鉴定意见作为定案的根据，也可以申请法庭重新通知鉴定人出庭作证或者申请重新鉴定。

必要时，公诉人可以申请法庭通知有专门知识的人出庭，就鉴定人作出的鉴定意见提出意见。

当事人或者辩护人、诉讼代理人对证人证言、鉴定意见有异议的，公诉人认为必要时，可以申请人民法院通知证人、鉴定人出庭作证。

第一百九十三条　经人民法院通知，证人没有正当理由不出庭作证的，人民法院可以强制其到庭，但是被告人的配偶、父母、子女除外。

证人没有正当理由拒绝出庭或者出庭后拒绝作证的，予以训诫，情节严重的，经院长批准，处以十日以下的拘留。被处罚人对拘留决定不服的，可

以向上一级人民法院申请复议。复议期间不停止执行。

[条文主旨]

本条是关于强制证人到庭及对拒不出庭作证的证人如何处理的规定。

[条文释解]

本条是2012年修改《刑事诉讼法》时增加的规定，2018年修改《刑事诉讼法》时未作修改。本法第192条规定了证人出庭的条件，即公诉人、当事人或者辩护人、诉讼代理人对证人证言有异议，且该证人证言对案件定罪量刑有重大影响，人民法院认为证人有必要出庭作证的，证人应当出庭作证。

本条共分为两款。第1款是关于强制到庭及其例外情形的规定。根据本款规定，经人民法院通知，证人没有正当理由不出庭作证的，人民法院可以强制其到庭，但是被告人的配偶、父母、子女除外。“强制其到庭”是指人民法院派法警采用强制手段，将证人带至法庭。根据本款规定，在两种情况下不能采取强制到庭的措施：一是证人有正当理由，如生病不能出庭，由于不可抗力无法到庭，等等。这里的正当理由应由法官判断是否成立，法官认为不成立的，也可强制其到庭。二是证人是被告人的配偶、父母、子女。这些是由于其身份，不宜对其强制到庭，主要是考虑到强制配偶、父母、子女在法庭上对被告人进行指证，不利于家庭关系的维系和社会和谐的构建。

第2款是对拒不出庭和拒绝作证的证人的处罚的规定。根据本款规定，证人没有正当理由拒绝出庭或者出庭后拒绝作证的，予以训诫，情节严重的，经院长批准，处以十日以下的拘留。被处罚人对拘留决定不服的，可以向上一级人民法院申请复议。复议期间不停止执行。

[审判实务]

1. 需要特别指出的是，本条第1款规定的是被告人配偶、父母、子女免予强制出庭，不是拒证权。拒证权一般是指在特定情形下，负有作证义务的证人被司法机关要求提供证言时，因其特殊身份或者法律的规定而享有的拒绝作证的权利，通常贯穿侦查、起诉、审判等诉讼阶段。根据本法第62条的规定，凡是知道案件情况的人，都有作证的义务。本款规定并没有免除其作证的义务，只是规定在庭审阶段可以免予强制到庭。本款规定的配偶是指与被告人有夫妻关系的人，不包括有事实上的同居关系的人，父母、子女包括依法确立收养关系的养父母、养子女。

2. 在执行本条第2款规定时要注意三点：（1）这里的规定应结合本法第192条的规定执行，即首先须符合第192条规定的应当出庭的条件，即公诉人、当事人或者辩护人、诉讼代理人对证人证言有异议，且该证人证言对案件定罪量刑有重大影响，人民法院认为证人有必要出庭作证，通知其出庭，该证人拒绝出庭或者出庭后拒绝作证的。（2）对证人的处罚有两种方式，一般情况下予以训诫即可，只有达到情节严重的程度，才予以拘留。这两种情况都意味着对拒绝出庭或者出庭后拒绝作证的不是一律予以处罚。司法机关应当多做证人的工作，对依法应当予以保护和补偿的，提供必要的保护和补偿，从而打消其作证的疑虑，鼓励其作证。处罚证人不是目的，只是为了确保其出庭作证而采取的最后的手段。（3）对根据第1款规定免予强制到庭的人，包括被告人的配偶、父母、子女，不能因为其未出庭而予以训诫或者拘留处罚。

[配套规定]

1.《最高人民法院关于适用〈中华人民共和国刑事诉讼法〉的解释》（法释［2012］21号）（2012年12月20日公布，自2013年1月1日起施行）（节录）

第二百零八条 强制证人出庭的，应当由院长签发强制证人出庭令。

2.《人民检察院刑事诉讼规则》（高检发释字［2019］4号）（2019年12月30日公布并施行）（节录）

第四百零五条 证人应当由人民法院通知并负责安排出庭作证。

对于经人民法院通知而未到庭的证人或者出庭后拒绝作证的证人的证言笔录，公诉人应当当庭宣读。

对于经人民法院通知而未到庭的证人的证言笔录存在疑问，确实需要证人出庭作证，且可以强制其到庭的，公诉人应当建议人民法院强制证人到庭作证和接受质证。

第一百九十四条　证人作证，审判人员应当告知他要如实地提供证言和有意作伪证或者隐匿罪证要负的法律责任。公诉人、当事人和辩护人、诉讼代理人经审判长许可，可以对证人、鉴定人发问。审判长认为发问的内容与案件无关的时候，应当制止。

审判人员可以询问证人、鉴定人。

[条文主旨]

本条是关于证人出庭作证和询问证人、鉴定人的程序的规定。

[条文释解]

本条是1979年《刑事诉讼法》的规定，1996年作过修改。1979年《刑事诉讼法》第115条规定："审判人员、公诉人询问证人，应当告知他要如实地提供证言和有意作伪证或者隐匿罪证要负的法律责任。当事人和辩护人可以申请审判长对证人、鉴定人发问，或者请求审判长许可直接发问。审判长认为发问的内容与案件无关的时候，应当制止。"这样规定主要存在以下问题：1. 法庭在审判中主要由审判人员询问证人、鉴定人，审判人员往往根据在查阅案卷材料中已经掌握的案件情况进行发问，容易出现主观性、片面性，不利于全面、客观地查清案件事实；审判人员在庭审中包揽过多，也不利于充分发挥公诉人和辩护人的作用。2. 1979年的刑事诉讼法条文没有规定诉讼代理人对证人、鉴定人进行询问。1996年本着加强庭审功能，发挥控辩双方作用的精神，修改规定为询问证人、鉴定人，侧重由公诉人、当事人和辩护人、诉讼代理人经审判长许可，进行直接发问；同时规定，审判人员也可以询问证人、鉴定人。另外，增加规定诉讼代理人可以询问证人、鉴定人。2012年和2018年修改《刑事诉讼法》时对本条规定未作修改。

本条共分为两款。本条第1款是关于证人作证以及公诉人、当事人和辩护人、诉讼代理人询问证人、鉴定人的具体程序的规定。根据本款规定，证人来法庭作证，在对证人进行询问前，审判人员应当告知他要如实地提供证言和有意作伪证或者隐匿罪证要负的法律责任。证人是知道全部或者部分案件事实真相的人，如何使证人真实作证十分关键，因此明确作了这一规定。"有意作伪证或者隐匿罪证要负的法律责任"，主要是指对于有意作伪证或者隐匿罪证的人，构成犯罪的，依照《刑法》第305条伪证罪的规定，追究其刑事责任；对于出庭后拒绝作证的，可依照本法第193条的规定予以训诫、处罚。公诉人、当事人和辩护人、诉讼代理人在证人提供证言、鉴定人提供鉴定意见后，认为需要询问证人、鉴定人的，经审判长许可，可以对证人、鉴定人进行发问。询问证人、鉴定人，不能采用威胁、利诱、暗示、提示等方法；多个证人作证的，应当个别进行，其他证人不能在场。对于证人陈述不清或者矛盾之处，应当要求证人作进一步陈述和说明；对于证人之间的证言相互矛盾的，公诉人、当事人和辩护人、诉讼代理人可以进一步核实，互相质证。审判长认为发问的内容与案件无关的时候，应当制止。"内容与案件无关"，是指发问的内容与案件涉及的犯罪事实无关，与案件定罪量刑无关。

第2款是关于审判人员可以询问证人、鉴定人的规定。根据本款规定，对证人、鉴定人进行询问，主要是由公诉人、当事人和辩护人、诉讼代理人进行，但审判人员在必要的时候，也有权询问证人、鉴定人。这对于保证法庭准确调查核实案件真相和证据，也是必不可少的，避免包办代替，只在必要时询问。

[审判实务]

司法实践中应当注意：一是在法庭审理中，审判人员询问证人、鉴定人，应当正确处理，不要在一开始就询问，更不要包办代替，只在必要的时候进行询问，主要应当让公诉人、当事人、辩护人和诉讼代理人询问。二是依照本法第197条的规定，公诉人、当事人、辩护人和诉讼代理人可以申请法庭通知有专门知识的人出庭，就鉴定人作出的鉴定意见提出意见，有专门知识的人出庭作证，适用鉴定人的有关规定。根据上述规定，本条关于公诉人、当事人、辩护人、诉讼代理人以及审判人员可以询问鉴定人的规定，也适用于有专门知识的人。

[配套规定]

1.《最高人民法院关于适用〈中华人民共和国刑事诉讼法〉的解释》（法释［2012］21号）（2012年12月20日公布，自2013年1月1日起施行）（节录）

第二百一十二条　向证人、鉴定人发问，应当先由提请通知的一方进行；发问完毕后，经审判长准许，对方也可以发问。

第二百一十三条 向证人发问应当遵循以下规则：

（一）发问的内容应当与本案事实有关；

（二）不得以诱导方式发问；

（三）不得威胁证人；

（四）不得损害证人的人格尊严。

前款规定适用于对被告人、被害人、附带民事诉讼当事人、鉴定人、有专门知识的人的讯问、发问。

第二百一十四条 控辩双方的讯问、发问方式不当或者内容与本案无关的，对方可以提出异议，申请审判长制止，审判长应当判明情况予以支持或者驳回；对方未提出异议的，审判长也可以根据情况予以制止。

第二百一十五条 审判人员认为必要时，可以询问证人、鉴定人、有专门知识的人。

第二百一十六条 向证人、鉴定人、有专门知识的人发问应当分别进行。证人、鉴定人、有专门知识的人经控辩双方发问或者审判人员询问后，审判长应当告知其退庭。

证人、鉴定人、有专门知识的人不得旁听对本案的审理。

2.《人民检察院刑事诉讼规则》（高检发释字［2019］4号）（2019年12月30日公布并施行）（节录）

第四百零六条 证人在法庭上提供证言，公诉人应当按照审判长确定的顺序向证人发问。可以要求证人就其所了解的与案件有关的事实进行陈述，也可以直接发问。

证人不能连贯陈述的，公诉人可以直接发问。

向证人发问，应当针对证言中有遗漏、矛盾、模糊不清和有争议的内容，并着重围绕与定罪量刑紧密相关的事实进行。

发问采取一问一答形式，提问应当简洁、清楚。

证人进行虚假陈述的，应当通过发问澄清事实，必要时可以宣读在侦查、审查起诉阶段制作的该证人的证言笔录或者出示、宣读其他证据。

当事人和辩护人、诉讼代理人向证人发问后，公诉人可以根据证人回答的情况，经审判长许可，再次向证人发问。

询问鉴定人、有专门知识的人参照上述规定进行。

第四百零七条 必要时，公诉人可以建议法庭采取不暴露证人、鉴定人、被害人外貌、真实声音等出庭作证保护措施，或者建议法庭根据刑事诉讼法第一百五十四条的规定在庭外对证据进行核实。

3.《人民法院办理刑事案件第一审普通程序法庭调查规程（试行）》（法发［2017］31号）（2017年11月27日公布，自2018年1月1日起试行）（节录）

第十二条 控辩双方可以申请法庭通知证人、鉴定人、侦查人员和有专门知识的人等出庭。

被害人及其法定代理人、诉讼代理人，附带民事诉讼原告人及其诉讼代理人也可以提出上述申请。

第十三条 控辩双方对证人证言、被害人陈述有异议，申请证人、被害人出庭，人民法院经审查认为证人证言、被害人陈述对案件定罪量刑有重大影响的，应当通知证人、被害人出庭。

控辩双方对鉴定意见有异议，申请鉴定人或者有专门知识的人出庭，人民法院经审查认为有必要的，应当通知鉴定人或者有专门知识的人出庭。

控辩双方对侦破经过、证据来源、证据真实性或者证据收集合法性等有异议，申请侦查人员或者有关人员出庭，人民法院经审查认为有必要的，应当通知侦查人员或者有关人员出庭。

为查明案件事实、调查核实证据，人民法院可以依职权通知上述人员到庭。

人民法院通知证人、被害人、鉴定人、侦查人员、有专门知识的人等出庭的，控辩双方协助有关人员到庭。

第十四条 应当出庭作证的证人，在庭审期间因身患严重疾病等客观原因确实无法出庭的，可以通过视频等方式作证。

证人视频作证的，发问、质证参照证人出庭作证的程序进行。

前款规定适用于被害人、鉴定人、侦查人员。

第十五条 人民法院通知出庭的证人，无正当理由拒不出庭的，可以强制其出庭，但是被告人的配偶、父母、子女除外。

强制证人出庭的，应当由院长签发强制证人出庭令，并由法警执行。必要时，可以商请公安机关协助执行。

第十六条 证人、鉴定人、被害人因出庭作证，本人或者其近亲属的人身安全面临危险的，人民法院应当采取不公开其真实姓名、住址和工作单位等个人信息，或者不暴露其外貌、真实声音等保护措施。

决定对出庭作证的证人、鉴定人、被害人采取不公开个人信息的保护措施的，审判人员应当在开庭前核实其身份，对证人、鉴定人如实作证的保证书不得公开，在判决书、裁定书等法律文书中可以使用化名等代替其个人信息。

审判期间，证人、鉴定人、被害人提出保护请求的，人民法院应当立即审查，确有必要的，应当及时决定采取相应的保护措施。必要时，可以商请公安机关采取专门性保护措施。

第十七条 证人、鉴定人和有专门知识的人出庭作证所支出的交通、住宿、就餐等合理费用，除由控辩双方支付的以外，列入出庭作证补助专项经费，在出庭作证后由人民法院依照规定程序发放。

第十八条 证人、鉴定人出庭，法庭应当当庭核实其身份、与当事人以及本案的关系，审查证人、鉴定人的作证能力、专业资质，并告知其有关作证的权利义务和法律责任。

证人、鉴定人作证前，应当保证向法庭如实提供证言、说明鉴定意见，并在保证书上签名。

第十九条 证人出庭后，先向法庭陈述证言，然后先由举证方发问；发问完毕后，对方也可以发问。根据案件审理需要，也可以先由申请方发问。

控辩双方向证人发问完毕后，可以发表本方对证人证言的质证意见。控辩双方如有新的问题，经审判长准许，可以再行向证人发问。

审判人员认为必要时，可以询问证人。法庭依职权通知证人出庭的情形，审判人员应当主导对证人的询问。经审判长准许，被告人可以向证人发问。

第二十条 向证人发问应当遵循以下规则：

（一）发问内容应当与案件事实有关；

（二）不得采用诱导方式发问；

（三）不得威胁或者误导证人；

（四）不得损害证人人格尊严；

（五）不得泄露证人个人隐私。

第二十一条 控辩一方发问方式不当或者内容与案件事实无关，违反有关发问规则的，对方可以提出异议。对方当庭提出异议的，发问方应当说明发问理由，审判长判明情况予以支持或者驳回；对方未当庭提出异议的，审判长也可以根据情况予以制止。

第二十二条 审判长认为证人当庭陈述的内容与案件事实无关或者明显

重复的，可以进行必要的提示。

第二十三条 有多名证人出庭作证的案件，向证人发问应当分别进行。

多名证人出庭作证的，应当在法庭指定的地点等候，不得谈论案情，必要时可以采取隔离等候措施。证人出庭作证后，审判长应当通知法警引导其退庭。证人不得旁听对案件的审理。

被害人没有列为当事人参加法庭审理，仅出庭陈述案件事实的，参照适用前款规定。

第二十四条 证人证言之间存在实质性差异的，法庭可以传唤有关证人到庭对质。

审判长可以分别询问证人，就证言的实质性差异进行调查核实。经审判长准许，控辩双方可以向证人发问。审判长认为有必要的，可以准许证人之间相互发问。

第二十五条 证人出庭作证的，其庭前证言一般不再出示、宣读，但下列情形除外：

（一）证人出庭作证时遗忘或者遗漏庭前证言的关键内容，需要向证人作出必要提示的；

（二）证人的当庭证言与庭前证言存在矛盾，需要证人作出合理解释的。

为核实证据来源、证据真实性等问题，或者帮助证人回忆，经审判长准许，控辩双方可以在询问证人时向其出示物证、书证等证据。

第二十六条 控辩双方可以申请法庭通知有专门知识的人出庭，协助本方就鉴定意见进行质证。有专门知识的人可以与鉴定人同时出庭，在鉴定人作证后向鉴定人发问，并对案件中的专门性问题提出意见。

申请有专门知识的人出庭，应当提供人员名单，并不得超过二人。有多种类鉴定意见的，可以相应增加人数。

第二十七条 对被害人、鉴定人、侦查人员、有专门知识的人的发问，参照适用证人的有关规定。

同一鉴定意见由多名鉴定人作出，有关鉴定人以及对该鉴定意见进行质证的有专门知识的人，可以同时出庭，不受分别发问规则的限制。

第一百九十五条　公诉人、辩护人应当向法庭出示物证，让当事人辨认，对未到庭的证人的证言笔录、鉴定人的鉴定意见、勘验笔录和其他作为

证据的文书，应当当庭宣读。审判人员应当听取公诉人、当事人和辩护人、诉讼代理人的意见。

[条文主旨]

本条是关于法庭质证程序的规定。

[条文释解]

本条是1979年《刑事诉讼法》的规定，1996年、2012年作过修改。1979年《刑事诉讼法》第116条规定："审判人员应当向被告人出示物证，让他辨认；对未到庭的证人的证言笔录、鉴定人的鉴定结论、勘验笔录和其他作为证据的文书，应当当庭宣读，并且听取当事人和辩护人的意见。"在法庭审理中，出示物证、宣读未到庭的证人的证言笔录、鉴定人的鉴定结论、勘验笔录和其他作为证据的文书，都由审判人员进行。导致两个问题：1. 审判人员包揽、代替了公诉人的举证责任。公诉人对被告人提起公诉，要求法院追究其刑事责任，应当向法庭举出犯罪事实和足够证据，而不应当由法庭向被告人出示证据。2. 容易使审判人员先入为主，导致出示的证据不客观、不全面，使庭审流于形式。1996年《刑事诉讼法》修改为公诉人、辩护人向法庭出示物证、宣读未到庭证人的证言笔录等作为证据的文书，审判人员应当听取公诉人、辩护人等的意见。这一修改，有利于充分调动公诉人、辩护人在庭审中的积极性，让他们从不同角度提出证据，使审判人员站在比较客观的角度，公正审理案件。2012年《刑事诉讼法》将"鉴定结论"修改为"鉴定意见"，修改的理由是，鉴定的结果不是最终结论，仍然要经过司法机关结合全案情况和其他证据进行审查判断，查证属实之后，才能作为定案的依据。

[审判实务]

在司法实践中适用本条规定应当注意，该条规定还包含了如下内容：一是公诉人、辩护人向法庭出示物证，让当事人辨认。公诉人向法庭出示证明被告人罪行以及其他客观反映案情的物证。在出示物证前，公诉人、辩护人应当先向当事人问明该物证的特征，然后向法庭出示，让当事人辨认核实，并问清辨认意见。当事人在法庭上辨认物证时要如实回答。不便或者不能拿到法庭上出示的物证，应当出示原物的照片或者投影。二是对未到庭的证人的证言笔录、鉴定人的鉴定意见、勘验笔录和其他作为证据的文书，当庭宣读。证人身患疾病住院治疗或者行走不便、远居外地或者外出，以及有其他正当理由不能到庭作证的，公诉人、辩护人应将其证言笔录当庭宣读，对未到庭的鉴定人的鉴定意见、勘验笔录和其他作为证据的文书，也应当当庭宣读。三是审判人员应当听取公诉人、当事人和辩护人、诉讼代理人的意见。对于在法庭上出示的物证和宣读的其他证据，审判人员应当听取公诉人、当事人和辩护人、诉讼代理人的意见，认真进行核对。只有经过当事人辨认，各方面的证人证言相互印证，核对属实后，才能作为定案的根据。

[配套规定]

1.《最高人民法院关于适用〈中华人民共和国刑事诉讼法〉的解释》（法释［2012］21号）（2012年12月20日公布，自2013年1月1日起施行）（节录）

第二百一十八条　举证方当庭出示证据后，由对方进行辨认并发表意见。控辩双方可以互相质问、辩论。

第二百一十九条　当庭出示的证据，尚未移送人民法院的，应当在质证后移交法庭。

第二百二十条　法庭对证据有疑问的，可以告知公诉人、当事人及其法定代理人、辩护人、诉讼代理人补充证据或者作出说明；必要时，可以宣布休庭，对证据进行调查核实。

对公诉人、当事人及其法定代理人、辩护人、诉讼代理人补充的和法庭庭外调查核实取得的证据，应当经过当庭质证才能作为定案的根据。但是，经庭外征求意见，控辩双方没有异议的除外。

有关情况，应当记录在案。

第二百二十一条　公诉人申请出示开庭前未移送人民法院的证据，辩护方提出异议的，审判长应当要求公诉人说明理由；理由成立并确有出示必要的，应当准许。

辩护方提出需要对新的证据作辩护准备的，法庭可以宣布休庭，并确定准备辩护的时间。

辩护方申请出示开庭前未提交的证据，参照适用前两款的规定。

2.《人民检察院刑事诉讼规则》（高检发释字［2019］4号）（2019年12月30日公布并施行）（节录）

第三百九十九条 在法庭审理中，公诉人应当客观、全面、公正地向法庭出示与定罪、量刑有关的证明被告人有罪、罪重或者罪轻的证据。

按照审判长要求，或者经审判长同意，公诉人可以按照以下方式举证、质证：

（一）对于可能影响定罪量刑的关键证据和控辩双方存在争议的证据，一般应当单独举证、质证；

（二）对于不影响定罪量刑且控辩双方无异议的证据，可以仅就证据的名称及其证明的事项、内容作出说明；

（三）对于证明方向一致、证明内容相近或者证据种类相同，存在内在逻辑关系的证据，可以归纳、分组示证、质证。

公诉人出示证据时，可以借助多媒体设备等方式出示、播放或者演示证据内容。

定罪证据与量刑证据需要分开的，应当分别出示。

第四百条 公诉人讯问被告人，询问证人、被害人、鉴定人，出示物证，宣读书证、未出庭证人的证言笔录等应当围绕下列事实进行：

（一）被告人的身份；

（二）指控的犯罪事实是否存在，是否为被告人所实施；

（三）实施犯罪行为的时间、地点、方法、手段、结果，被告人犯罪后的表现等；

（四）犯罪集团或者其他共同犯罪案件中参与犯罪人员的各自地位和应负的责任；

（五）被告人有无刑事责任能力，有无故意或者过失，行为的动机、目的；

（六）有无依法不应当追究刑事责任的情况，有无法定的从重或者从轻、减轻以及免除处罚的情节；

（七）犯罪对象、作案工具的主要特征，与犯罪有关的财物的来源、数量以及去向；

（八）被告人全部或者部分否认起诉书指控的犯罪事实的，否认的根据和理由能否成立；

（九）与定罪、量刑有关的其他事实。

第四百零一条 在法庭审理中，下列事实不必提出证据进行证明：

（一）为一般人共同知晓的常识性事实；

（二）人民法院生效裁判所确认并且未依审判监督程序重新审理的事实；

（三）法律、法规的内容以及适用等属于审判人员履行职务所应当知晓的事实；

（四）在法庭审理中不存在异议的程序事实；

（五）法律规定的推定事实；

（六）自然规律或者定律。

第四百零三条 被告人在庭审中的陈述与在侦查、审查起诉中的供述一致或者不一致的内容不影响定罪量刑的，可以不宣读被告人供述笔录。

被告人在庭审中的陈述与在侦查、审查起诉中的供述不一致，足以影响定罪量刑的，可以宣读被告人供述笔录，并针对笔录中被告人的供述内容对被告人进行讯问，或者提出其他证据进行证明。

第四百零八条 对于鉴定意见、勘验、检查、辨认、侦查实验等笔录和其他作为证据的文书以及经人民法院通知而未到庭的被害人的陈述笔录，公诉人应当当庭宣读。

第四百零九条 公诉人向法庭出示物证，一般应当出示原物，原物不易搬运、不易保存或者已返还被害人的，可以出示反映原物外形和特征的照片、录像、复制品，并向法庭说明情况及与原物的同一性。

公诉人向法庭出示书证，一般应当出示原件。获取书证原件确有困难的，可以出示书证副本或者复制件，并向法庭说明情况及与原件的同一性。

公诉人向法庭出示物证、书证，应当对该物证、书证所要证明的内容、获取情况作出说明，并向当事人、证人等问明物证的主要特征，让其辨认。对该物证、书证进行鉴定的，应当宣读鉴定意见。

第四百一十条 在法庭审理过程中，被告人及其辩护人提出被告人庭前供述系非法取得，审判人员认为需要进行法庭调查的，公诉人可以通过出示讯问笔录、提讯登记、体检记录、采取强制措施或者侦查措施的法律文书、侦查终结前对讯问合法性进行核查的材料等证据材料，有针对性地播放讯问录音、录像，提请法庭通知调查人员、侦查人员或者其他人员出庭说明情况等方式，对证据收集的合法性加以证明。

审判人员认为可能存在刑事诉讼法第五十六条规定的以非法方法收集其他证据的情形，需要进行法庭调查的，公诉人可以参照前款规定对证据收集的合法性进行证明。

公诉人不能当庭证明证据收集的合法性，需要调查核实的，可以建议法庭休庭或者延期审理。

在法庭审理期间，人民检察院可以要求监察机关或者公安机关对证据收集的合法性进行说明或者提供相关证明材料。必要时，可以自行调查核实。

第四百一十一条 公诉人对证据收集的合法性进行证明后，法庭仍有疑问的，可以建议法庭休庭，由人民法院对相关证据进行调查核实。人民法院调查核实证据，通知人民检察院派员到场的，人民检察院可以派员到场。

第四百一十二条 在法庭审理过程中，对证据合法性以外的其他程序事实存在争议的，公诉人应当出示、宣读有关诉讼文书、侦查或者审查起诉活动笔录。

第四百一十三条 对于搜查、查封、扣押、冻结、勘验、检查、辨认、侦查实验等活动中形成的笔录存在争议，需要调查人员、侦查人员以及上述活动的见证人出庭陈述有关情况的，公诉人可以建议合议庭通知其出庭。

3. 《人民法院办理刑事案件第一审普通程序法庭调查规程（试行）》（法发［2017］31号）（2017年11月27日公布，自2018年1月1日起试行）（节录）

第二十八条 开庭讯问、发问结束后，公诉人先行举证。公诉人举证完毕后，被告人及其辩护人举证。

公诉人出示证据后，经审判长准许，被告人及其辩护人可以有针对性地出示证据予以反驳。

控辩一方举证后，对方可以发表质证意见。必要时，控辩双方可以对争议证据进行多轮质证。

被告人及其辩护人认为公诉人出示的有关证据对本方诉讼主张有利的，可以在发表质证意见时予以认可，或者在发表辩护意见时直接援引有关证据。

第二十九条 控辩双方随案移送或者庭前提交，但没有当庭出示的证据，审判长可以进行必要的提示；对于其中可能影响定罪量刑的关键证据，审判长应当提示控辩双方出示。

对于案件中可能影响定罪量刑的事实、证据存在疑问，控辩双方没有提及的，审判长应当引导控辩双方发表质证意见，并依法调查核实。

第三十条 法庭应当重视对证据收集合法性的审查，对证据收集的合法性有疑问的，应当调查核实证明取证合法性的证据材料。

对于被告人及其辩护人申请排除非法证据，依法提供相关线索或者材料，法庭对证据收集的合法性有疑问，决定进行调查的，一般应当先行当庭调查。

第三十一条 对于可能影响定罪量刑的关键证据和控辩双方存在争议的证据，一般应当单独举证、质证，充分听取质证意见。

对于控辩双方无异议的非关键性证据，举证方可以仅就证据的名称及其证明的事项作出说明，对方可以发表质证意见。

召开庭前会议的案件，举证、质证可以按照庭前会议确定的方式进行。根据案件审理需要，法庭可以对控辩双方的举证、质证方式进行必要的提示。

第三十二条 物证、书证、视听资料、电子数据等证据，应当出示原物、原件。取得原物、原件确有困难的，可以出示照片、录像、副本、复制件等足以反映原物、原件外形和特征以及真实内容的材料，并说明理由。

对于鉴定意见和勘验、检查、辨认、侦查实验等笔录，应当出示原件。

第三十三条 控辩双方出示证据，应当重点围绕与案件事实相关的内容或者控辩双方存在争议的内容进行。

出示证据时，可以借助多媒体设备等方式出示、播放或者演示证据内容。

第三十四条 控辩双方对证人证言、被害人陈述、鉴定意见无异议，有关人员不需要出庭的，或者有关人员因客观原因无法出庭且无法通过视频等方式作证的，可以出示、宣读庭前收集的书面证据材料或者作证过程录音录像。

被告人当庭供述与庭前供述的实质性内容一致的，可以不再出示庭前供述；当庭供述与庭前供述存在实质性差异的，可以出示、宣读庭前供述中存在实质性差异的内容。

第三十五条 采用技术侦查措施收集的证据，应当当庭出示。当庭出示、辨认、质证可能危及有关人员的人身安全，或者可能产生其他严重后果的，应当采取不暴露有关人员身份、不公开技术侦查措施和方法等保护措施。

法庭决定在庭外对技术侦查证据进行核实的，可以召集公诉人和辩护律师到场。在场人员应当履行保密义务。

第三十六条 法庭对证据有疑问的，可以告知控辩双方补充证据或者作出说明；必要时，可以在其他证据调查完毕后宣布休庭，对证据进行调查核实。法庭调查核实证据，可以通知控辩双方到场，并将核实过程记录在案。

对于控辩双方补充的和法庭庭外调查核实取得的证据，应当经过庭审质证才能作为定案的根据。但是，对于不影响定罪量刑的非关键性证据和有利于被告人的量刑证据，经庭外征求意见，控辩双方没有异议的除外。

第三十七条 控辩双方申请出示庭前未移送或提交人民法院的证据，对方提出异议的，申请方应当说明理由，法庭经审查认为理由成立并确有出示必要的，应当准许。

对方提出需要对新的证据作辩护准备的，法庭可以宣布休庭，并确定准备的时间。

第三十八条 法庭审理过程中，控辩双方申请通知新的证人到庭，调取新的证据，申请重新鉴定或者勘验的，应当提供证人的基本信息、证据的存放地点，说明拟证明的案件事实、要求重新鉴定或者勘验的理由。法庭认为有必要的，应当同意，并宣布延期审理；不同意的，应当说明理由并继续审理。

第三十九条 公开审理案件时，控辩双方提出涉及国家秘密、商业秘密或者个人隐私的证据的，法庭应当制止。有关证据确与本案有关的，可以根据具体情况，决定将案件转为不公开审理，或者对相关证据的法庭调查不公开进行。

第四十条 审判期间，公诉人发现案件需要补充侦查，建议延期审理的，法庭可以同意，但建议延期审理不得超过两次。

人民检察院将补充收集的证据移送人民法院的，人民法院应当通知辩护人、诉讼代理人查阅、摘抄、复制。辩护方提出需要对补充收集的证据作辩护准备的，法庭可以宣布休庭，并确定准备的时间。

补充侦查期限届满后，经人民法院通知，人民检察院未建议案件恢复审理，且未说明原因的，人民法院可以决定按人民检察院撤诉处理。

第四十一条 人民法院向人民检察院调取需要调查核实的证据材料，或者根据被告人及其辩护人的申请，向人民检察院调取在侦查、审查起诉期间收集的有关被告人无罪或者罪轻的证据材料，应当通知人民检察院在收到调取证据材料决定书后三日内移交。

第四十二条 法庭除应当审查被告人是否具有法定量刑情节外，还应当根据案件情况审查以下影响量刑的情节：

（一）案件起因；

（二）被害人有无过错及过错程度，是否对矛盾激化负有责任及责任大小；

（三）被告人的近亲属是否协助抓获被告人；

（四）被告人平时表现，有无悔罪态度；

（五）退赃、退赔及赔偿情况；

（六）被告人是否取得被害人或者其近亲属谅解；

（七）影响量刑的其他情节。

第四十三条 审判期间，被告人及其辩护人提出有自首、坦白、立功等法定量刑情节，或者人民法院发现被告人可能有上述法定量刑情节，而人民检察院移送的案卷中没有相关证据材料的，应当通知人民检察院移送。

审判期间，被告人及其辩护人提出新的立功情节，并提供相关线索或者材料的，人民法院可以建议人民检察院补充侦查。

第四十四条 被告人当庭不认罪或者辩护人作无罪辩护的，法庭对定罪事实进行调查后，可以对与量刑有关的事实、证据进行调查。被告人及其辩护人可以当庭发表质证意见，出示证明被告人罪轻或者无罪的证据。被告人及其辩护人参加量刑事实、证据的调查，不影响无罪辩解或者辩护。

第四十五条 经过控辩双方质证的证据，法庭应当结合控辩双方质证意见，从证据与待证事实的关联程度、证据之间的印证联系、证据自身的真实性程度等方面，综合判断证据能否作为定案的根据。

证据与待证事实没有关联，或者证据自身存在无法解释的疑问，或者证据与待证事实以及其他证据存在无法排除的矛盾的，不得作为定案的根据。

第四十六条 通过勘验、检查、搜查等方式收集的物证、书证等证据，未通过辨认、鉴定等方式确定其与案件事实的关联的，不得作为定案的根据。

法庭对鉴定意见有疑问的，可以重新鉴定。

第四十七条 收集证据的程序、方式不符合法律规定，严重影响证据真实性的，人民法院应当建议人民检察院予以补正或者作出合理解释；不能补正或者作出合理解释的，有关证据不得作为定案的根据。

第四十八条　证人没有出庭作证，其庭前证言真实性无法确认的，不得作为定案的根据。

证人当庭作出的证言与其庭前证言矛盾，证人能够作出合理解释，并与相关证据印证的，应当采信其庭审证言；不能作出合理解释，而其庭前证言与相关证据印证的，可以采信其庭前证言。

第四十九条　经人民法院通知，鉴定人拒不出庭作证的，鉴定意见不得作为定案的根据。

有专门知识的人当庭对鉴定意见提出质疑，鉴定人能够作出合理解释，并与相关证据印证的，应当采信鉴定意见；不能作出合理解释，无法确认鉴定意见可靠性的，有关鉴定意见不能作为定案的根据。

第五十条　被告人的当庭供述与庭前供述、自书材料存在矛盾，被告人能够作出合理解释，并与相关证据印证的，应当采信其当庭供述；不能作出合理解释，而其庭前供述、自书材料与相关证据印证的，可以采信其庭前供述、自书材料。

法庭应当结合讯问录音录像对讯问笔录进行全面审查。讯问笔录记载的内容与讯问录音录像存在实质性差异的，以讯问录音录像为准。

第五十一条　对于控辩双方提出的事实证据争议，法庭应当当庭进行审查，经审查后作出处理的，应当当庭说明理由，并在裁判文书中写明；需要庭后评议作出处理的，应当在裁判文书中说明理由。

第五十二条　法庭认定被告人有罪，必须达到犯罪事实清楚，证据确实、充分，对于定罪事实应当综合全案证据排除合理怀疑。定罪证据不足的案件，不能认定被告人有罪，应当作出证据不足、指控的犯罪不能成立的无罪判决。定罪证据确实、充分，量刑证据存疑的，应当作出有利于被告人的认定。

4.《人民检察院公诉人出庭举证质证工作指引》（2018年7月3日公布并施行）（节录）

第一章　总　则

第一条　为适应以审判为中心的刑事诉讼制度改革新要求，全面贯彻证据裁判规则，进一步加强和改进公诉人出庭举证质证工作，构建认罪和不认罪案件相区别的出庭公诉模式，增强指控犯罪效果，根据《中华人民共和国刑事诉讼法》和相关规定，结合检察工作实际，制定本工作指引。

第二条　举证是指在出庭支持公诉过程中，公诉人向法庭出示、宣读、播放有关证据材料并予以说明，对出庭作证人员进行询问，以证明公诉主张成立的诉讼活动。

质证是指在审判人员的主持下，由控辩双方对所出示证据材料及出庭作证人员的言词证据的证据能力和证明力相互进行质疑和辩驳，以确认是否作为定案依据的诉讼活动。

第三条 公诉人出庭举证质证，应当以辩证唯物主义认识论为指导，以事实为根据，以法律为准绳，注意运用逻辑法则和经验法则，有力揭示和有效证实犯罪，提高举证质证的质量、效率和效果，尊重和保障犯罪嫌疑人、被告人和其他诉讼参与人诉讼权利，努力让人民群众在每一个司法案件中感受到公平正义。

第四条 公诉人举证质证，应当遵循下列原则：

（一）实事求是，客观公正；

（二）突出重点，有的放矢；

（三）尊重辩方，理性文明；

（四）遵循法定程序，服从法庭指挥。

第五条 公诉人可以根据被告人是否认罪，采取不同的举证质证模式。

被告人认罪的案件，经控辩双方协商一致并经法庭同意，举证质证可以简化。

被告人不认罪或者辩护人作无罪辩护的案件，一般应当全面详细举证质证。但对辩护方无异议的证据，经控辩双方协商一致并经法庭同意，举证质证也可以简化。

第六条 公诉人举证质证，应当注重与现代科技手段相融合，积极运用多媒体示证、电子卷宗、出庭一体化平台等，增强庭审指控犯罪效果。

第二章 举证质证的准备

第七条 公诉人审查案件时，应当充分考虑出庭准备和庭审举证质证工作的需要，有针对性地制作审查报告。

第八条 公诉人基于出庭准备和庭审举证质证工作的需要，可以在开庭前从人民法院取回有关案卷材料和证据，或者查阅电子卷宗。

第九条 公诉案件开庭前，公诉人应当进一步熟悉案情，掌握证据情况，深入研究与本案有关的法律政策问题，熟悉审判可能涉及的专业知识，围绕起诉书指控的犯罪事实和情节，制作举证质证提纲，做好举证质证准备。

制作举证质证提纲应当注意以下方面：

（一）证据的取得是否符合法律规定；

（二）证据是否符合法定形式；

（三）证据是否为原件、原物，照片、录像、复制件、副本等与原件、原物是否相符；

（四）发现证据时的客观环境；

（五）证据形成的原因；

（六）证人或者提供证据的人与本案有无利害关系；

（七）证据与待证事实之间的关联关系；

（八）证据之间的相互关系；

（九）证据是否共同指向同一待证事实，有无无法排除的矛盾和无法解释的疑问，全案证据是否形成完整的证明体系，根据全案证据认定的事实是否足以排除合理怀疑，结论是否具有唯一性；

（十）证据是否具有证据能力及其证明力的其他问题。

第十条 公诉人应当通过参加庭前会议，及时掌握辩护方提供的证据，全面了解被告人及其辩护人对证据的主要异议，并在审判人员主持下，就案件的争议焦点、证据的出示方式等进行沟通，确定举证顺序、方式。根据举证需要，公诉人可以申请证人、鉴定人、侦查人员、有专门知识的人出庭，对辩护方出庭人员名单提出异议。

审判人员在庭前会议中组织展示证据的，公诉人应当出示拟在庭审中出示的证据，梳理存在争议的证据，听取被告人及其辩护人的意见。

被告人及其辩护人在开庭审理前申请排除非法证据，并依照法律规定提供相关线索或者材料的，公诉人经查证认为不存在非法取证行为的，应当在庭前会议中通过出示有关证据材料等方式，有针对性地对证据收集的合法性作出说明。

公诉人可以在庭前会议中撤回有关证据。撤回的证据，没有新的理由，不得在庭审中出示。

公诉人应当根据庭前会议上就举证方式达成的一致意见，修改完善举证提纲。

第十一条 公诉人在开庭前收到人民法院转交或者被告人及其辩护人、被害人、证人等递交的反映证据系非法取得的书面材料的，应当进行审查。对于审查逮捕、审查起诉期间已经提出并经查证不存在非法取证行为的，应当通知人民法院，或者告知有关当事人和辩护人，并按照查证的情况做好庭审准备。对于新的材料或者线索，可以要求侦查机关对证据收集的合法性进行说明或者提供相关证明材料，必要时可以自行调查核实。

第十二条 公诉人在庭前会议后依法收集的证据，在开庭前应当及时移送人民法院，并了解被告人或者其辩护人是否提交新的证据。如果有新的证据，公诉人应当对该证据进行审查。

第十三条 公诉人在开庭前，应当通过讯问被告人、听取辩护人意见、参加庭前会议、与法庭沟通等方式，了解掌握辩护方所收集的证明被告人无罪、罪轻或者反映存在非法取证行为的相关材料情况，进一步熟悉拟在庭审中出示的相关证据，围绕证据的真实性、关联性、合法性，全面预测被告人、辩护人可能提出的质证观点，有针对性地制作和完善质证提纲。

第三章 举 证

第一节 举证的基本要求

第十四条 公诉人举证，一般应当遵循下列要求：

（一）公诉人举证，一般应当全面出示证据；出示、宣读、播放每一份（组）证据时，一般应当出示证据的全部内容。根据普通程序、简易程序以及庭前会议确定的举证方式和案件的具体情况，也可以简化出示，但不得随意删减、断章取义。没有召开庭前会议的，公诉人可以当庭与辩护方协商，并经法庭许可确定举证方式。

（二）公诉人举证前，应当先就举证方式作出说明；庭前会议对简化出示证据达成一致意见的，一并作出说明。

（三）出示、宣读、播放每一份（组）证据前，公诉人一般应当先就证据证明方向，证据的种类、名称、收集主体和时间以及所要证明的内容向法庭作概括说明。

（四）对于控辩双方无异议的非关键性证据，举证时可以仅就证据的名称及所证明的事项作出说明；对于可能影响定罪量刑的关键证据和控辩双方存在争议的证据，以及法庭认为有必要调查核实的证据，应当详细出示。

（五）举证完毕后，应当对出示的证据进行归纳总结，明确证明目的。

（六）使用多媒体示证的，应当与公诉人举证同步进行。

第十五条 公诉人举证，应当主要围绕下列事实，重点围绕控辩双方争议的内容进行：

（一）被告人的身份；

（二）指控的犯罪事实是否存在，是否为被告人所实施；

（三）实施犯罪行为的时间、地点、方法、手段、结果，被告人犯罪后的表现等；

（四）犯罪集团或者其他共同犯罪案件中参与犯罪人员的各自地位和应负的责任；

（五）被告人有无刑事责任能力，有无故意或者过失，行为的动机、目的；

（六）有无依法不应当追究刑事责任的情形，有无法定从重或者从轻、减轻以及免除处罚的情节；

（七）犯罪对象、作案工具的主要特征，与犯罪有关的财物的来源、数量以及去向；

（八）被告人全部或者部分否认起诉书指控的犯罪事实的，否认的根据和理由能否成立；

（九）与定罪、量刑有关的其他事实。

第十六条 对于公诉人简化出示的证据，辩护人要求公诉人详细出示的，可以区分不同情况作出处理。具有下列情形之一的，公诉人应当详细出示：

（一）审判人员要求详细出示的；

（二）辩护方要求详细出示并经法庭同意的；

（三）简化出示证据可能影响举证效果的。

具有下列情形之一的，公诉人可以向法庭说明理由，经法庭同意后，可以不再详细出示：

（一）公诉人已经详细出示过相关证据，辩护方重复要求的；

（二）公诉人简化出示的证据能够证明案件事实并反驳辩护方异议的；

（三）辩护方所要求详细出示的内容与起诉书认定事实无关的；

（四）被告人承认指控的犯罪事实和情节的。

第十七条 辩护方当庭申请公诉人宣读出示案卷中对被告人有利但未被公诉人采信的证据的，可以建议法庭决定由辩护方宣读出示，并说明不采信的理由。法庭采纳辩护方申请要求公诉人宣读出示的，公诉人应当出示。

第十八条 公诉人、被告人及其辩护人对收集被告人供述是否合法未达成一致意见，人民法院在庭审中对证据合法性进行调查的，公诉人可以根据讯问笔录、羁押记录、提讯登记、出入看守所的健康检查记录、医院病历、看守管教人员的谈话记录、采取强制措施或者侦查措施的法律文书、侦查机关对讯问过程合法性的证明材料、侦查机关或者检察机关对证据收集合法性调查核实的结论、驻看守所检察人员在侦查终结前对讯问合法性的核查结论等，对庭前讯问被告人的合法性进行证明，可以要求法庭播放讯问同步录音、录像，必要时可以申请法庭通知侦查人员或者其他人员出庭说明情况。

控辩双方对收集证人证言、被害人陈述、收集物证、书证等的合法性以及其他程序事实发生争议的，公诉人可以参照前款规定出示、宣读有关法律文书、侦查或者审查起诉活动笔录等予以证明。必要时，可以建议法庭通知负责侦查的人员以及搜查、查封、扣押、冻结、勘验、检查、辨认、侦查实验等活动的见证人出庭陈述有关情况。

第二节　举证的一般方法

第十九条　举证一般应当一罪名一举证、一事实一举证，做到条理清楚、层次分明。

第二十条　举证顺序应当以有利于证明公诉主张为目的，公诉人可以根据案件的不同种类、特点和庭审实际情况，合理安排和调整举证顺序。一般先出示定罪证据，后出示量刑证据；先出示主要证据，后出示次要证据。

公诉人可以按照与辩护方协商并经法庭许可确定的举证顺序进行举证。

第二十一条　根据案件的具体情况和证据状况，结合被告人的认罪态度，举证可以采用分组举证或者逐一举证的方式。

案情复杂、同案被告人多、证据数量较多的案件，一般采用分组举证为主、逐一举证为辅的方式。

对证据进行分组时，应当遵循证据之间的内在逻辑关系，可以将证明方向一致或者证明内容相近的证据归为一组；也可以按照证据种类进行分组，并注意各组证据在证明内容上的层次和递进关系。

第二十二条　对于可能影响定罪量刑的关键证据和控辩双方存在争议的证据，应当单独举证。

被告人认罪的案件，对控辩双方无异议的定罪证据，可以简化出示，主要围绕量刑和其他有争议的问题出示证据。

第二十三条　对于被告人不认罪案件，应当立足于证明公诉主张，通过合理举证构建证据体系，反驳被告人的辩解，从正反两个方面予以证明。重点一般放在能够有力证明指控犯罪事实系被告人所为的证据和能够证明被告人无罪辩解不成立的证据上，可以将指控证据和反驳证据同时出示。

对于被告人翻供的，应当综合运用证据，阐明被告人翻供的时机、原因、规律，指出翻供的不合理、不客观、有矛盾之处。

第二十四条 “零口供”案件的举证，可以采用关键证据优先法。公诉人根据案件证据情况，优先出示定案的关键证据，重点出示物证、书证、现场勘查笔录等客观性证据，直接将被告人与案件建立客观联系，在此基础上构建全案证据体系。

辩点较多案件的举证，可以采用先易后难法。公诉人根据案件证据情况和庭前会议了解的被告人及辩护人的质证观点，先出示被告人及辩护人没有异议的证据或者分歧较小的证据，后出示控辩双方分歧较大的证据，使举证顺利推进，为集中精力对分歧证据进行质证作准备。

依靠间接证据定案的不认罪案件的举证，可以采用层层递进法。公诉人应当充分运用逻辑推理，合理安排举证顺序，出示的后一份（组）证据与前一份（组）证据要紧密关联，环环相扣，层层递进，通过逻辑分析揭示各个证据之间的内在联系，综合证明案件已经排除合理怀疑。

第二十五条 对于一名被告人有一起犯罪事实或者案情比较简单的案件，可以根据案件证据情况按照法律规定的证据种类举证。

第二十六条 对于一名被告人有数起犯罪事实的案件，可以以每一起犯罪事实为单元，将证明犯罪事实成立的证据分组举证或者逐一举证。其中，涉及每起犯罪事实中量刑情节的证据，应当在对该起犯罪事实举证中出示；涉及全案综合量刑情节的证据，应当在全案的最后出示。

第二十七条 对于数名被告人有一起犯罪事实的案件，根据各被告人在共同犯罪中的地位、作用及情节，一般先出示证明主犯犯罪事实的证据，再出示证明从犯犯罪事实的证据。

第二十八条 对于数名被告人有数起犯罪事实的案件，可以采用不同的分组方法和举证顺序，或者按照作案时间的先后顺序，或者以主犯参与的犯罪事实为主线，或者以参与人数的多少为标准，并注意区分犯罪集团的犯罪行为、一般共同犯罪行为和个别成员的犯罪行为，分别进行举证。

第二十九条 对于单位犯罪案件，应当先出示证明单位构成犯罪的证据，再出示对其负责的单位主管人员或者其他直接责任人员构成犯罪的证据。对于指控被告单位犯罪与指控单位主管人员或者其他直接责任人员犯罪的同一份证据可以重复出示，但重复出示时仅予以说明即可。

第三节　各类证据的举证要求

第三十条　出示的物证一般应当是原物。原物不易搬运、不易保存或者已返还被害人的，可以出示反映原物外形和特征的照片、录像、复制品，并向法庭说明情况及与原物的同一性。

出示的书证一般应当是原件，获取书证原件确有困难的，可以出示书证副本或者复制件，并向法庭说明情况及与原件的同一性。

出示物证、书证时，应当对物证、书证所要证明的内容、收集情况作概括说明，可以提请法庭让当事人、证人等诉讼参与人辨认。物证、书证经过技术鉴定的，可以宣读鉴定意见。

第三十一条　询问出庭作证的证人，应当遵循以下规则：

（一）发问应当单独进行；

（二）发问应当简洁、清楚；

（三）发问应当采取一问一答形式，不宜同时发问多个内容不同的问题；

（四）发问的内容应当着重围绕与定罪、量刑紧密相关的事实进行；

（五）不得以诱导方式发问；

（六）不得威胁或者误导证人；

（七）不得损害证人的人格尊严；

（八）不得泄露证人个人隐私；

（九）询问未成年人，应当结合未成年人的身心特点进行。

第三十二条　证人出庭的，公诉人可以要求证人就其了解的与案件有关的事实进行陈述，也可以直接发问。对于证人采取猜测性、评论性、推断性语言作证的，公诉人应当提醒其客观表述所知悉的案件事实。

公诉人认为证人作出的回答对案件事实和情节的认定有决定性或者重大影响，可以提请法庭注意。

证人出庭作证的证言与庭前提供的证言相互矛盾的，公诉人应当问明理由，并对该证人进行询问，澄清事实。认为理由不成立的，可以宣读证人在改变证言前的笔录内容，并结合相关证据予以反驳。

对未到庭证人的证言笔录，应当当庭宣读。宣读前，应当说明证人和本案的关系。对证人证言笔录存在疑问、确实需要证人出庭陈述或者有新的证人的，公诉人可以要求延期审理，由人民法院通知证人到庭提供证言和接受质证。

根据案件情况，公诉人可以申请实行证人远程视频作证。

控辩双方对证人证言无异议，证人不需要出庭的，或者证人因客观原因无法出庭且无法通过视频等方式作证的，公诉人可以出示、宣读庭前收集的书面证据材料或者作证过程录音、录像。

第三十三条 公诉人申请出庭的证人当庭改变证言、被害人改变其庭前的陈述，公诉人可以询问其言词发生变化的理由，认为理由不成立的，可以择机有针对性地宣读其在侦查、审查起诉阶段的证言、陈述，或者出示、宣读其他证据，对证人、被害人进行询问，予以反驳。

第三十四条 对被害人、鉴定人、侦查人员、有专门知识的人的询问，参照适用询问证人的规定。

第三十五条 宣读被告人供述，应当根据庭审中被告人供述的情况进行。被告人有多份供述且内容基本一致的，一般选择证明力最充分的一份或者几份出示。被告人当庭供述与庭前供述的实质性内容一致的，可以不再宣读庭前供述，但应当向法庭说明；被告人当庭供述与庭前供述存在实质性差异的，公诉人应当问明理由，认为理由不成立的，应当就存在实质性差异的内容宣读庭前供述，并结合相关证据予以反驳。

第三十六条 被告人作无罪辩解或者当庭供述与庭前供述内容不一致，足以影响定罪量刑的，公诉人可以有针对性地宣读被告人庭前供述笔录，并针对笔录中被告人的供述内容对被告人进行讯问，或者出示其他证据进行证明，予以反驳，并提请法庭对其当庭供述不予采信。对翻供内容需要调查核实的，可以建议法庭休庭或者延期审理。

第三十七条 鉴定意见以及勘验、检查、辨认和侦查实验等笔录应当当庭宣读，并对鉴定人、勘验人、检查人、辨认人、侦查实验人员的身份、资质、与当事人及本案的关系作出说明，必要时提供证据予以证明。鉴定人、有专门知识的人出庭，公诉人可以根据需要对其发问。发问时适用对证人询问的相关要求。

第三十八条 播放视听资料，应当首先对视听资料的来源、制作过程、制作环境、制作人员以及所要证明的内容进行概括说明。播放一般应当连续进行，也可以根据案情分段进行，但应当保持资料原貌，不得对视听资料进行剪辑。

播放视听资料，应当向法庭提供视听资料的原始载体。提供原始载体确有困难的，可以提供复制件，但应当向法庭说明原因。

出示音频资料，也可以宣读庭前制作的附有声音资料语言内容的文字记录。

第三十九条 出示以数字化形式存储、处理、传输的电子数据证据，应当对该证据的原始存储介质、收集提取过程等予以简要说明，围绕电子数据的真实性、完整性、合法性，以及被告人的网络身份与现实身份的同一性出示证据。

第四章 质 证

第一节 质证的基本要求

第四十条 公诉人质证应当根据辩护方所出示证据的内容以及对公诉方证据提出的质疑，围绕案件事实、证据和适用法律进行。

质证应当一证一质一辩。质证阶段的辩论，一般应当围绕证据本身的真实性、关联性、合法性，针对证据能力有无以及证明力大小进行。对于证据与证据之间的关联性、证据的综合证明作用问题，一般在法庭辩论阶段予以答辩。

第四十一条 对影响定罪量刑的关键证据和控辩双方存在争议的证据，一般应当单独质证。

对控辩双方没有争议的证据，可以在庭审中简化质证。

对于被告人认罪案件，主要围绕量刑和其他有争议的问题质证，对控辩双方无异议的定罪证据，可以不再质证。

第四十二条 公诉人可以根据需要将举证质证、讯问询问结合起来，在质证阶段对辩护方观点予以适当辩驳，但应当区分质证与辩论之间的界限，重点针对证据本身的真实性、关联性、合法性进行辩驳。

第四十三条 在每一份（组）证据或者全部证据质证完毕后，公诉人可以根据具体案件情况，提请法庭对证据进行确认。

第二节 对辩护方质证的答辩

第四十四条 辩护方对公诉方当庭出示、宣读、播放的证据的真实性、关联性、合法性提出的质证意见，公诉人应当进行全面、及时和有针对性地答辩。

辩护方提出的与证据的证据能力或者证明力无关、与公诉主张无关的质证意见，公诉人可以说明理由不予答辩，并提请法庭不予采纳。

公诉人答辩一般应当在辩护方提出质证意见后立即进行。在不影响庭审效果的情况下，也可以根据需要在法庭辩论阶段结合其他证据综合发表意见，但应当向法庭说明。

第四十五条 对辩护方符合事实和法律的质证，公诉人应当实事求是、客观公正地发表意见。

辩护方因对证据内容理解有误而质证的，公诉人可以对证据情况进行简要说明。

第四十六条 公诉人对辩护方质证的答辩，应当重点针对可能动摇或者削弱证据能力、证明力的质证观点进行答辩，对于不影响证据能力、证明力的质证观点可以不予答辩或者简要答辩。

第四十七条 辩护方质疑言词证据之间存在矛盾的，公诉人可以综合全案证据，立足证据证明体系，从认知能力、与当事人的关系、客观环境等角度，进行重点答辩，合理解释证据之间的矛盾。

第四十八条 辩护人询问证人或者被害人有下列情形之一的，公诉人应当及时提请审判长制止，必要时应当提请法庭对该项陈述或者证言不予采信：

（一）以诱导方式发问的；

（二）威胁或者误导证人的；

（三）使被害人、证人以推测性、评论性、推断性意见作为陈述或者证言的；

（四）发问内容与本案事实无关的；

（五）对被害人、证人带有侮辱性发问的；

（六）其他违反法律规定的情形。

对辩护人询问侦查人员、鉴定人和有专门知识的人的质证，参照前款规定。

第四十九条 辩护方质疑证人当庭证言与庭前证言存在矛盾的，公诉人可以有针对性地对证人进行发问，也可以提请法庭决定就有异议的内容由被告人与证人进行对质诘问，在发问或对质诘问过程中，对前后矛盾或者疏漏之处作出合理解释。

第五十条 辩护方质疑被告人庭前供述系非法取得的，公诉人可以综合采取以下方式证明取证的合法性：

（一）宣读被告人在审查（决定）逮捕、审查起诉阶段的讯问笔录，证实其未曾供述过在侦查阶段受到刑讯逼供，或者证实其在侦查机关更换侦查人员且再次讯问时告知诉讼权利和认罪的法律后果后仍自愿供述，或者证实其在检察人员讯问并告知诉讼权利和认罪的法律后果后仍自愿供述；

（二）出示被告人的羁押记录，证实其接受讯问的时间、地点、次数等符合法律规定；

（三）出示被告人出入看守所的健康检查记录、医院病历，证实其体表和健康情况；

（四）出示看守管教人员的谈话记录；

（五）出示与被告人同监舍人员的证言材料；

（六）当庭播放或者庭外核实讯问被告人的录音、录像；

（七）宣读重大案件侦查终结前讯问合法性核查笔录，当庭播放或者庭外核实对讯问合法性进行核查时的录音、录像；

（八）申请侦查人员出庭说明办案情况。

公诉人当庭不能证明证据收集的合法性，需要调查核实的，可以建议法庭休庭或者延期审理。

第五十一条 辩护人质疑收集被告人供述存在程序瑕疵申请排除证据的，公诉人可以宣读侦查机关的补正说明。没有补正说明的，也可以从讯问的时间地点符合法律规定，已进行权利告知，不存在威胁、引诱、欺骗等情形，被告人多份供述内容一致，全案证据能够互相印证，被告人供述自愿性未受影响，程序瑕疵没有严重影响司法公正等方面作出合理解释。必要时，可以提请法庭播放同步录音录像，从被告人供述时情绪正常、表达流畅、能够趋利避害等方面证明庭前供述自愿性，对瑕疵证据作出合理解释。

第五十二条 辩护方质疑物证、书证的，公诉人可以宣读侦查机关收集物证、书证的补正说明，从此类证据客观、稳定、不易失真以及取证主体、程序、手段合法等方面有针对性地予以答辩。

第五十三条 辩护方质疑鉴定意见的，公诉人可以从鉴定机构和鉴定人的法定资质、检材来源、鉴定程序、鉴定意见形式要件符合法律规定等方面，有针对性地予以答辩。

第五十四条 辩护方质疑不同鉴定意见存在矛盾的，公诉人可以阐释不同鉴定意见对同一问题得出不同结论的原因，阐明检察机关综合全案情况，结合案件其他证据，采信其中一份鉴定意见的理由。必要时，可以申请鉴定人、有专门知识的人出庭。控辩双方仍存在重大分歧，且辩护方质疑有合理依据，对案件有实质性影响的，可以建议法庭休庭或者延期审理。

第五十五条 辩护方质疑勘验、检查、搜查笔录的，公诉人可以从勘验、检查、搜查系依法进行，笔录的制作符合法律规定，勘验、检查、搜查人员和见证人有签名或者盖章等方面，有针对性地予以答辩。

第五十六条 辩护方质疑辨认笔录的，公诉人可以从辨认的过程、方法，以及辨认笔录的制作符合有关规定等方面，有针对性地予以答辩。

第五十七条 辩护方质疑侦查实验笔录的，公诉人可以从侦查实验的审批、过程、方法、法律依据、技术规范或者标准、侦查实验的环境条件与原案接近程度、结论的科学性等方面，有针对性地予以答辩。

第五十八条 辩护方质疑视听资料的，公诉人可以从此类证据具有不可增添性、真实性强，内容连续完整，所反映的行为人的言语动作连贯自然，提取、复制、制作过程合法，内容与案件事实关联程度等方面，有针对性地予以答辩。

第五十九条 辩护方质疑电子数据的，公诉人可以从此类证据提取、复制、制作过程、内容与案件事实关联程度等方面，有针对性地予以答辩。

第六十条 辩护方质疑采取技术侦查措施获取的证据材料合法性的，公诉人可以通过说明采取技术侦查措施的法律规定、出示批准采取技术侦查措施的法律文书等方式，有针对性地予以答辩。

第六十一条 辩护方在庭前提出排除非法证据申请，经审查被驳回后，在庭审中再次提出排除申请的，或者辩护方撤回申请后再次对有关证据提出排除申请的，公诉人应当审查辩护方是否提出新的线索或者材料。没有新的线索或者材料表明可能存在非法取证的，公诉人可以建议法庭予以驳回。

第六十二条 辩护人仅采用部分证据或者证据的部分内容，对证据证明的事项发表不同意见的，公诉人可以立足证据认定的全面性、同一性原则，综合全案证据予以答辩。必要时，可以扼要概述已经法庭质证过的其他证据，用以反驳辩护方的质疑。

第六十三条 对单个证据质证的同时，公诉人可以简单点明该证据与其他证据的印证情况，以及在整个证据链条中的作用，通过边质证边论证的方式，使案件事实逐渐清晰，减轻辩论环节综合分析论证的任务。

第三节 对辩护方证据的质证

第六十四条 公诉人应当认真审查辩护方向法庭提交的证据。对于开庭五日前未提交给法庭的，可以当庭指出，并根据情况，决定是否要求查阅该证据或者建议休庭；属于下列情况的，可以提请法庭不予采信：

（一）不符合证据的真实性、关联性、合法性要求的证据；

（二）辩护人提供的证据明显有悖常理的；

（三）其他需要提请法庭不予采信的情况。

对辩护方提出的无罪证据，公诉人应当本着实事求是、客观公正的原则进行质证。对于与案件事实不符的证据，公诉人应当针对辩护方证据的真实性、关联性、合法性提出质疑，否定证据的证明力。

对被告人的定罪、量刑有重大影响的证据，当庭难以判断的，公诉人可以建议法庭休庭或者延期审理。

第六十五条 对辩护方提请出庭的证人，公诉人可以从以下方面进行质证：

（一）证人与案件当事人、案件处理结果有无利害关系；

（二）证人的年龄、认知、记忆和表达能力、生理和精神状态是否影响作证；

（三）证言的内容及其来源；

（四）证言的内容是否为证人直接感知，证人感知案件事实时的环境、条件和精神状态；

（五）证人作证是否受到外界的干扰或者影响；

（六）证人与案件事实的关系；

（七）证言前后是否矛盾；

（八）证言之间以及与其他证据之间能否相互印证，有无矛盾。

第六十六条 辩护方证人未出庭的，公诉人认为其证言对案件的定罪量刑有重大影响的，可以提请法庭通知其出庭。

对辩护方证人不出庭的，公诉人可以从取证主体合法性、取证是否征得证人同意、是否告知证人权利义务、询问未成年人时其法定代理人或者有关人员是否到场、是否单独询问证人等方面质证。质证中可以将证言与已经出示的证据材料进行对比分析，发现并反驳前后矛盾且不能作出合理解释的证人证言。证人证言前后矛盾或者与案件事实无关的，应当提请法庭注意。

第六十七条 对辩护方出示的鉴定意见和提请出庭的鉴定人，公诉人可以从以下方面进行质证：

（一）鉴定机构和鉴定人是否具有法定资质；

（二）鉴定人是否存在应当回避的情形；

（三）检材的来源、取得、保管、送检是否符合法律和有关规定，与相关提取笔录、扣押物品清单等记载的内容是否相符，检材是否充足、可靠；

（四）鉴定意见的形式要件是否完备，是否注明提起鉴定的事由、鉴定委托人、鉴定机构、鉴定要求、鉴定过程、鉴定方法、鉴定日期等相关内容，是否由鉴定机构加盖司法鉴定专用章并由鉴定人签名、盖章；

（五）鉴定程序是否符合法律和有关规定；

（六）鉴定的过程和方法是否符合相关专业的规范要求；

（七）鉴定意见是否明确；

（八）鉴定意见与案件待证事实有无关联；

（九）鉴定意见与勘验、检查笔录及相关照片等其他证据是否矛盾；

（十）鉴定意见是否依法及时告知相关人员，当事人对鉴定意见有无异议。

必要时，公诉人可以申请法庭通知有专门知识的人出庭，对辩护方出示的鉴定意见进行必要的解释说明。

第六十八条 对辩护方出示的物证、书证，公诉人可以从以下方面进行质证：

（一）物证、书证是否为原物、原件；

（二）物证的照片、录像、复制品，是否与原物核对无误；

（三）书证的副本、复制件，是否与原件核对无误；

（四）物证、书证的收集程序、方式是否符合法律和有关规定；

（五）物证、书证在收集、保管、鉴定过程中是否受损或者改变；

（六）物证、书证与案件事实有无关联。

第六十九条 对辩护方出示的视听资料，公诉人可以从以下方面进行质证：

（一）收集过程是否合法，来源及制作目的是否清楚；

（二）是否为原件，是复制件的，是否有复制说明；

（三）制作过程中是否存在威胁、引诱当事人等违反法律、相关规定的情形；

（四）内容和制作过程是否真实，有无剪辑、增加、删改等情形；

（五）内容与案件事实有无关联。

第七十条 对辩护方出示的电子数据，公诉人可以从以下方面进行质证：

（一）是否随原始存储介质移送，在原始存储介质无法封存、不便移动等情形时，是否有提取、复制过程的说明；

（二）收集程序、方式是否符合法律及有关技术规范；

（三）电子数据内容是否真实，有无删除、修改、增加等情形；

（四）电子数据制作过程中是否受到暴力胁迫或者引诱因素的影响；

（五）电子数据与案件事实有无关联。

第七十一条　对于因专门性问题不能对有关证据发表质证意见的，可以建议休庭，向有专门知识的人咨询意见。必要时，可以建议延期审理，进行鉴定或者重新鉴定。

第四节　法庭对质

第七十二条　控辩双方针对同一事实出示的证据出现矛盾的，公诉人可以提请法庭通知相关人员到庭对质。

第七十三条　被告人、证人对同一事实的陈述存在矛盾需要对质的，公诉人可以建议法庭传唤有关被告人、证人同时到庭对质。

各被告人之间对同一事实的供述存在矛盾需要对质的，公诉人可以在被告人全部陈述完毕后，建议法庭当庭进行对质。

第七十四条　辩护方质疑物证、书证、鉴定意见、勘验、检查、搜查、辨认、侦查实验等笔录、视听资料、电子数据的，必要时，公诉人可以提请法庭通知鉴定人、有专门知识的人、侦查人员、见证人等出庭。

辩护方质疑采取技术侦查措施获取的证据材料合法性的，必要时，公诉人可以建议法庭采取不暴露有关人员身份、不公开技术侦查措施和方法等保护措施，在庭外对证据进行核实，并要求在场人员履行保密义务。

对辩护方出示的鉴定意见等技术性证据和提请出庭的鉴定人，必要时，公诉人可以提请法庭通知有专门知识的人出庭，与辩护方提请出庭的鉴定人对质。

第七十五条　在对质过程中，公诉人应当重点就证据之间的矛盾点进行发问，并适时运用其他证据指出不真实、不客观、有矛盾的证据材料。

第一百九十六条　法庭审理过程中，合议庭对证据有疑问的，可以宣布休庭，对证据进行调查核实。

人民法院调查核实证据，可以进行勘验、检查、查封、扣押、鉴定和查询、冻结。

[条文主旨]

本条是关于休庭与庭外调查核实证据的规定。

[条文释解]

本条是1996年修改《刑事诉讼法》时增加的规定，2012年作了修改。1996年修改《刑事诉讼法》时，对完善庭审方式，强化公诉人、辩护人在庭审中的作用，作了重大改革，如规定主要由公诉人、辩护人询问证人、鉴定人；规定公诉人、辩护人向法庭出示证据，等等。这些修改是为了更好地发挥法庭审理的作用，有利于公正裁判。但是，考虑到我国的实际情况，主要是惩罚犯罪的实际需要，我国的庭审方式应当在重视和发挥公诉人、辩护人作用的同时，充分发挥法庭查明事实的职能作用。因此，本条规定了法庭对证据有疑问时，可以休庭，进行调查核实证据；同时明确规定了人民法院调查核实证据，可以进行勘验、检查、扣押、鉴定和查询、冻结等。2012年修改《刑事诉讼法》时，根据实践需要，增加了人民法院调查核实证据时可以使用"查封"措施的规定。这一修改主要是考虑到在司法实践中，对于不动产等不方便移动的证据，无法采用扣押、冻结等措施，需要有针对性地增加人民法院调查、核实证据的措施。

本条共分为两款。第1款是关于合议庭在审理过程中对有疑问的证据可以休庭进行调查核实的规定。根据本款规定，合议庭可以休庭进行调查核实证据是在对"证据有疑问的"情况下，"合议庭对证据有疑问的"，主要是指合议庭在法庭审理过程中，认为公诉人、辩护人提出的主要证据是清楚、充分的，但某个证据或者证据的某一方面存在不足或者相互矛盾，如对同一法律事实，公诉人、辩护人各有不同的物证、书证、证人证言或者鉴定意见等证据。在这种情况下，不排除疑问，就会影响定罪或者判刑，但是，控辩双方各执一词，法庭无法及时判定真伪，在这种情况下，有时就需要先宣布休庭，对证据进行调查核实。

第2款是关于人民法院在调查核实证据时可以使用哪些具体措施的规定。人民法院调查核实证据，有时需要对有关证据重新进行调查，有时需要及时地将有关财物固定，防止书证、物证灭失。根据本款规定，这些措施是勘验、检查、查封、扣押、鉴定和查询、冻结。“勘验、检查”，主要是指对于与犯罪有关的场所、物品、人身、尸体进行勘验或者检查；“查封、扣押”，主要是指扣押可用于证明被告人有罪、无罪或者罪轻的各种物品和文件、邮件、电报等，必要时也可以查封或者扣押被告人的财产，但与案件无关的上述物品等不得查封、扣押；“鉴定”，是指为查明证据的真伪，指派、聘请有专门知识的人就案件中的某个专门性问题进行鉴别、确定；“查询、冻结”，主要是指依照规定查询、冻结被告人的存款、汇款。人民法院在采取上述措施时，应当遵守本法关于侦查中相关措施的规定。

[审判实务]

在理解和执行本条的规定时主要应当注意两点：一是合议庭对证据有疑问，在庭外采用勘验、检查、查封、扣押、鉴定和查询、冻结等方式对证据进行调查核实后，在继续进行开庭审理时必须经过庭审辨认、质证才能作为判决的依据，而不能以调查核实代替控辩双方的举证、质证。二是合议庭调查核实证据是在开庭审理后，公诉人、辩护人进行举证、质证的过程中，对证据有疑问时才进行，而不是开庭前进行事先调查核实证据。

[配套规定]

1.《最高人民法院关于适用〈中华人民共和国刑事诉讼法〉的解释》（法释［2012］21号）（2012年12月20日公布，自2013年1月1日起施行）（节录）

第二百二十条 法庭对证据有疑问的，可以告知公诉人、当事人及其法定代理人、辩护人、诉讼代理人补充证据或者作出说明；必要时，可以宣布休庭，对证据进行调查核实。

对公诉人、当事人及其法定代理人、辩护人、诉讼代理人补充的和法庭庭外调查核实取得的证据，应当经过当庭质证才能作为定案的根据。但是，经庭外征求意见，控辩双方没有异议的除外。

有关情况，应当记录在案。

第二百二十一条 公诉人申请出示开庭前未移送人民法院的证据，辩护方提出异议的，审判长应当要求公诉人说明理由；理由成立并确有出示必要的，应当准许。

辩护方提出需要对新的证据作辩护准备的，法庭可以宣布休庭，并确定准备辩护的时间。

辩护方申请出示开庭前未提交的证据，参照适用前两款的规定。

2.《人民检察院刑事诉讼规则》（高检发释字［2019］4号）（2019年12月30日公布并施行）（节录）

第四百一十四条 在法庭审理过程中，合议庭对证据有疑问或者人民法院根据辩护人、被告人的申请，向人民检察院调取在侦查、审查起诉中收集的有关被告人无罪或者罪轻的证据材料的，人民检察院应当自收到人民法院要求调取证据材料决定书后三日以内移交。没有上述材料的，应当向人民法院说明情况。

第四百一十五条 在法庭审理过程中，合议庭对证据有疑问并在休庭后进行勘验、检查、查封、扣押、鉴定和查询、冻结的，人民检察院应当依法进行监督，发现上述活动有违法情况的，应当提出纠正意见。

第四百一十六条 人民法院根据申请收集、调取的证据或者在合议庭休庭后自行调查取得的证据，应当经过庭审出示、质证才能决定是否作为判决的依据。未经庭审出示、质证直接采纳为判决依据的，人民检察院应当提出纠正意见。

第一百九十七条 法庭审理过程中，当事人和辩护人、诉讼代理人有权申请通知新的证人到庭，调取新的物证，申请重新鉴定或者勘验。

公诉人、当事人和辩护人、诉讼代理人可以申请法庭通知有专门知识的人出庭，就鉴定人作出的鉴定意见提出意见。

法庭对于上述申请，应当作出是否同意的决定。

第二款规定的有专门知识的人出庭，适用鉴定人的有关规定。

[条文主旨]

本条是关于通知新的证人、有专门知识的人出庭，调取新的物证，申请重新鉴定或者勘验的规定。

[条文释解]

本条是1979年《刑事诉讼法》的规定，1996年、2012年作过修改。1996年《刑事诉讼法》第159条规定，法庭审理过程中，当事人和辩护人、诉讼代理人有权申请通知新的证人到庭，调取新的物证，申请重新鉴定或者勘验。法庭对于上述申请，应当作出是否同意的决定。在法庭审理案件过程中，当事人和辩护人、诉讼代理人申请通知新的证人到庭，调取新的物证，申请重新鉴定或者勘验的，是当事人维护自身合法权利的正当要求，对于查明案件的事实真相也很重要，1996年《刑事诉讼法》修改时对上述内容作出了明确规定。对于上述申请，法庭应当综合全案的事实调查情况、证据核实情况，作出是否同意的决定，以避免重复和不必要的调查。2012年《刑事诉讼法》修改时，在本条中增加了有专门知识的人出庭就鉴定意见提出意见的内容，是为了加强对鉴定意见的质证、保证公正审判而增加的规定，属于2012年《刑事诉讼法》修改的一个创新之处，可在实践的基础上继续完善。

本条共分为四款。第1款是关于当事人和辩护人、诉讼代理人有权申请新的证人到庭、调取新的物证、申请重新鉴定或者勘验的规定。根据本款规定，在法庭审理过程中，如果当事人和辩护人、诉讼代理人发现了新的证据或者对原有证据产生疑问，认为有必要重新取证或者进行补充的，有权以口头或者书面形式随时向法庭提出申请，请求新的证人到庭，调取新的物证，进行重新鉴定或者勘验。

第2款是关于公诉人、当事人和辩护人、诉讼代理人可以申请法庭通知有专门知识的人出庭，就鉴定人作出的鉴定意见提出意见的规定。根据本法第146的规定，为了查明案情，需要解决案件中某些专门性问题的时候，应当指派、聘请有专门知识的人进行鉴定。鉴定意见是对诉讼活动中涉及的专门性问题进行鉴别和判断形成的意见，对于案件的定性具有直接影响。但由于鉴定工作的专业性较强，仅凭其他诉讼参与人自身的知识也难以发现鉴定中存在的问题，很难对鉴定意见进行质证，当事人对鉴定意见有异议的往往只能通过重复鉴定来解决；同时，由于鉴定意见中所涉及问题专业性较强，仅听一面之词，法官往往难以作出正确判断，法院的判决如果总是被鉴定意见左右最终也会损害司法的权威。因此，2012年刑事诉讼法修改时增加规定，可以通知有专门知识的人出庭，由其根据其专业知识，发现鉴定中存在的问题，如鉴定方法是否科学，检材的选取是否合适等，从而为法官甄别鉴定意见、作出科学的判断、提高内心的确信提供参考，是兼听则明的科学调查方式在刑事审判中的具体体现，也是对国际刑事诉讼有益经验的借鉴，有利于依法保护被告人的合法权益，保证案件的公正审理。“有专门知识的人出庭”这一制度设计本身也会在客观上进一步加强鉴定人的责任意识，从而对其鉴定意见产生正面的促进作用，增强鉴定意见的科学性，同时，这也会在一定程度上减少重复鉴定的发生，也能够节约诉讼资源，提高审判工作的效率，促进案件尽快判决。

第 3 款是关于法庭对当事人和辩护人、诉讼代理人的上述申请应当作出是否同意决定的规定。根据本款规定，如果法庭认为公诉人、当事人和辩护人、诉讼代理人提出的申请有道理，对查清案件事实有意义，而且在客观上又能做到的，应当作出决定，通知新的证人到庭，通知具有专门知识的人出庭，调取新的物证，重新鉴定或者勘验。能够当庭解决的，应当当庭解决；当庭解决不了的，应当宣布休庭，决定案件延期审理。如果法庭认为当事人和辩护人、诉讼代理人提出的申请没有理由，对查清本案没有关系的，应当作出不同意当事人和辩护人、诉讼代理人申请的决定，并当庭宣布。

第 4 款是关于有专门知识的人出庭适用鉴定人有关规定的规定。

[审判实务]

1. 本条第 2 款规定在理解和执行中有三个问题需要注意：(1) 提出意见本身不是重新鉴定，只是具有专门知识的人从专业角度对鉴定意见提出质疑意见，作为法官甄别证据的参考。(2) 具有专门知识的人提出的意见如被采纳，则可能带来相关的鉴定意见不能采信的后果，该鉴定意见不能作为定案的根据。但是否需要重新鉴定还要根据案件情况和需要由法官决定。(3) 有专门知识的人，不需要具有鉴定人的资格。根据《全国人民代表大会常务委员会关于司法鉴定管理问题的决定》的规定，国家对从事法医类、物证类的鉴定人和鉴定机构实行登记管理制度。申请从事司法鉴定业务的个人、法人或者其他组织，由省级人民政府司法行政部门审核，对符合条件的予以登记，编入鉴定人和鉴定机构名册并公告。上述法医类鉴定的鉴定人只能从名册中选出。本款规定的有专门知识的人，不需要从鉴定人名册中选出，只要对相关鉴定事项具有相当的专业知识即可。

2. 第4款规定主要是规定有专门知识有人出庭出庭的诉讼地位等程序性问题，如回避、询问等，不包括适用《全国人民代表大会常务委员会关于司法鉴定管理问题的决定》有关其资质、处罚等实体性处理的规定。

[配套规定]

1.《最高人民法院关于适用〈中华人民共和国刑事诉讼法〉的解释》（法释［2012］21号）（2012年12月20日公布，自2013年1月1日起施行）（节录）

第二百二十二条 法庭审理过程中，当事人及其辩护人、诉讼代理人申请通知新的证人到庭，调取新的证据，申请重新鉴定或者勘验的，应当提供证人的姓名、证据的存放地点，说明拟证明的案件事实，要求重新鉴定或者勘验的理由。法庭认为有必要的，应当同意，并宣布延期审理；不同意的，应当说明理由并继续审理。

延期审理的案件，符合刑事诉讼法第二百零二条第一款规定的，可以报请上级人民法院批准延长审理期限。

人民法院同意重新鉴定申请的，应当及时委托鉴定，并将鉴定意见告知人民检察院、当事人及其辩护人、诉讼代理人。

第二百二十三条 审判期间，公诉人发现案件需要补充侦查，建议延期审理的，合议庭应当同意，但建议延期审理不得超过两次。

人民检察院将补充收集的证据移送人民法院的，人民法院应当通知辩护人、诉讼代理人查阅、摘抄、复制。

补充侦查期限届满后，经法庭通知，人民检察院未将案件移送人民法院，且未说明原因的，人民法院可以决定按人民检察院撤诉处理。

第二百二十四条 人民法院向人民检察院调取需要调查核实的证据材料，或者根据被告人、辩护人的申请，向人民检察院调取在侦查、审查起诉期间收集的有关被告人无罪或者罪轻的证据材料，应当通知人民检察院在收到调取证据材料决定书后三日内移交。

2.《人民检察院刑事诉讼规则》（高检发释字［2019］4号）（2019年12月30日公布并施行）（节录）

第四百零四条 公诉人对证人证言有异议，且该证人证言对案件定罪量刑有重大影响的，可以申请人民法院通知证人出庭作证。

人民警察就其执行职务时目击的犯罪情况作为证人出庭作证，适用前款规定。

公诉人对鉴定意见有异议的，可以申请人民法院通知鉴定人出庭作证。经人民法院通知，鉴定人拒不出庭作证的，公诉人可以建议法庭不予采纳该鉴定意见作为定案的根据，也可以申请法庭重新通知鉴定人出庭作证或者申请重新鉴定。

必要时，公诉人可以申请法庭通知有专门知识的人出庭，就鉴定人作出的鉴定意见提出意见。

当事人或者辩护人、诉讼代理人对证人证言、鉴定意见有异议的，公诉人认为必要时，可以申请人民法院通知证人、鉴定人出庭作证。

第一百九十八条　法庭审理过程中，对与定罪、量刑有关的事实、证据都应当进行调查、辩论。

经审判长许可，公诉人、当事人和辩护人、诉讼代理人可以对证据和案件情况发表意见并且可以互相辩论。

审判长在宣布辩论终结后，被告人有最后陈述的权利。

[条文主旨]

本条是关于法庭辩论的规定。

[条文释解]

本条是1979年《刑事诉讼法》的规定，1996年、2012年作过修改。1979年《刑事诉讼法》规定，法庭调查后，应当由公诉人发言，被害人发言，然后由被告人陈述和辩护，辩护人进行辩护，并且可以互相辩论。审判长在宣布辩论终结后，被告人有最后陈述的权利。根据上述规定，在法庭审理中，法庭调查和法庭辩论是两个截然不同的诉讼阶段，在经过法庭调查，案情已经基本查清，证据已经核实的情况下，审判长才可宣布法庭调查结束，开始法庭辩论。实际上，法庭审理的过程，是合议庭听取、核实证据，查明案情，从而进行正确判决的诉讼过程，在这个诉讼过程中，调查和辩论是交织在一起的，对案件的全部犯罪事实、情节、每个证据的证明力以及如何适用法律，等等，都既需要调查又需要辩论。从一定意义上说，辩论是调查的一种方式，只有通过充分的法庭辩论，才能使法庭调查深入下去。如果过于强调区分法庭审理的阶段，容易使法庭辩论形式化、简单化，不利于法庭审理的深入进行。

2012 年《刑事诉讼法》修改时对本条作了进一步修改。这是为了落实司法改革任务、根据司法实践的实际情况增加的规定。“规范裁量权，将量刑纳入法庭审理程序”是正在进行的深化司法体制和工作机制改革的内容之一。在深入调研论证，广泛征求意见的基础上，最高人民法院制定了《人民法院量刑指导意见（试行）》《人民法院量刑程序指导意见（试行）》，最高人民法院、最高人民检察院、公安部、国家安全部、司法部联合制定了《关于规范量刑程序若干问题的意见（试行）》，从 2010 年 10 月 1 日起在全国全面推行量刑规范化改革。从实践效果看，量刑规范化重视了庭审中对与量刑有关证据的调查和辩护，规范了法官对于量刑的自由裁量权。总体来看，效果是好的，在总结实践经验基础上，有必要在法律上作出规定，以进一步落实这一政策。

本条共分为三款。第 1 款是关于法庭审理中对与定罪、量刑有关的事实、证据都应当进行调查、辩论的规定。近年来，量刑问题日益引起人们的关注。最高人民法院根据深化司法体制和工作机制改革的要求，通过制定量刑指导意见明确了未成年犯、未遂犯、自首、立功等 14 种常见的量刑情节对基准刑的调节幅度，选择了常见的交通肇事、故意伤害、抢劫、盗窃、强奸等 15 种犯罪进行规范；通过制定量刑程序指导意见来规范量刑活动的具体程序。这些对于促进量刑的公正与均衡，增强量刑的公开性和透明度，促进司法公正等具有积极意义。本款规定的意图是要表达，在法庭审理中，不仅要对与定罪相关的事实、证据进行调查、辩论，对与量刑相关的事实、证据也要调查、辩论，旨在为量刑规范化提供法律依据。在研究过程中，有的建议将定罪和量刑程序分开，分别进行调查、辩论。考虑到定罪量刑本身是庭审的重要内容，实践中案件的情况比较复杂，很多犯罪情节既是定罪情节，也是量刑情节，难以分开，刻意分开会影响诉讼效率，增加当事人、辩护人的诉讼负担，既不科学，也不符合我国审判制度。因此，本款规定仅强调了“对与定罪、量刑有关的事实、证据都应当进行调查、辩论”，并非为量刑设置专门程序。

第 2 款是关于法庭辩论的规定。根据本款规定，法庭辩论是在法庭审理中，公诉人、当事人和辩护人、诉讼代理人围绕犯罪事实能否认定，被告人是否实施了犯罪行为，是否应负刑事责任，应负怎样的刑事责任等，对证据和案件情况发表各自意见和进行互相辩论。辩论的具体程序是，公诉人、当事人和辩护人、诉讼代理人在要求发言时，应当提出申请，经审判长许可后发言。在庭审中，发表意见和互相辩论的发言机会应当是均等的。公诉人、当事人和辩护人、诉讼代理人应当遵循实事求是的原则，坚持以事实为根据，以法律为准绳，对证据和案件情况发表意见和展开辩论。审判长在宣布法庭辩论结束前，要询问以上各方是否还有新的意见，在各方表示没有新的意见后，审判长应当宣布辩论结束。如果在辩论中发现证据有疑问的，合议庭可以再对证据进一步进行调查核实。

第 3 款是关于被告人最后陈述的规定。被告人最后陈述是法庭审判的一个独立阶段，是刑事诉讼法赋予被告人的一项十分重要的诉讼权利。根据本条规定，被告人有最后陈述的权利。在审理中，在法庭辩论结束后，审判长应当告知并保证被告人有这项权利。被告人可以根据事实和法律，申请法庭调查核对证据；提出自己无罪、有罪以及罪轻、罪重及对定罪量刑的意见、要求，分析自己的犯罪原因，请求法庭给予自己改过自新的机会，等等。

[审判实务]

在执行本条规定时，法庭要注意保证公诉人、当事人和辩护人、诉讼代理人平等地发表意见和进行辩论。另外，对于被告人的最后陈述，一般不应作具体的时间限制，如果被告人的最后陈述没有违反法庭秩序或者有关规定的，法庭不应制止。

[配套规定]

1.《最高人民法院关于适用〈中华人民共和国刑事诉讼法〉的解释》（法释［2012］21 号）（2012 年 12 月 20 日公布，自 2013 年 1 月 1 日起施行）（节录）

第二百二十八条 合议庭认为案件事实已经调查清楚的，应当由审判长宣布法庭调查结束，开始就定罪、量刑的事实、证据和适用法律等问题进行法庭辩论。

第二百二十九条 法庭辩论应当在审判长的主持下，按照下列顺序进行：

（一）公诉人发言；

（二）被害人及其诉讼代理人发言；

（三）被告人自行辩护；

（四）辩护人辩护；

（五）控辩双方进行辩论。

第二百三十条 人民检察院可以提出量刑建议并说明理由，量刑建议一般应当具有一定的幅度。当事人及其辩护人、诉讼代理人可以对量刑提出意见并说明理由。

第二百三十一条 对被告人认罪的案件，法庭辩论时，可以引导控辩双方主要围绕量刑和其他有争议的问题进行。

对被告人不认罪或者辩护人作无罪辩护的案件，法庭辩论时，可以引导控辩双方先辩论定罪问题，后辩论量刑问题。

第二百三十二条 附带民事部分的辩论应当在刑事部分的辩论结束后进行，先由附带民事诉讼原告人及其诉讼代理人发言，后由附带民事诉讼被告人及其诉讼代理人答辩。

第二百三十三条 法庭辩论过程中，审判长应当充分听取控辩双方的意见，对控辩双方与案件无关、重复或者指责对方的发言应当提醒、制止。

第二百三十四条 法庭辩论过程中，合议庭发现与定罪、量刑有关的新的事实，有必要调查的，审判长可以宣布暂停辩论，恢复法庭调查，在对新的事实调查后，继续法庭辩论。

第二百三十五条 审判长宣布法庭辩论终结后，合议庭应当保证被告人充分行使最后陈述的权利。被告人在最后陈述中多次重复自己的意见的，审判长可以制止。陈述内容蔑视法庭、公诉人，损害他人及社会公共利益，或者与本案无关的，应当制止。

在公开审理的案件中，被告人最后陈述的内容涉及国家秘密、个人隐私或者商业秘密的，应当制止。

第二百三十六条 被告人在最后陈述中提出新的事实、证据，合议庭认为可能影响正确裁判的，应当恢复法庭调查；被告人提出新的辩解理由，合议庭认为可能影响正确裁判的，应当恢复法庭辩论。

2.《人民检察院刑事诉讼规则》（高检发释字［2019］4号）（2019年12月30日公布并施行）（节录）

第四百一十七条 在法庭审理过程中，经审判长许可，公诉人可以逐一对正在调查的证据和案件情况发表意见，并同被告人、辩护人进行辩论。证据调查结束时，公诉人应当发表总结性意见。

在法庭辩论中，公诉人与被害人、诉讼代理人意见不一致的，公诉人应当认真听取被害人、诉讼代理人的意见，阐明自己的意见和理由。

第四百一十八条 人民检察院向人民法院提出量刑建议的，公诉人应当在发表公诉意见时提出。

对认罪认罚案件，人民法院经审理认为人民检察院的量刑建议明显不当向人民检察院提出的，或者被告人、辩护人对量刑建议提出异议的，人民检察院可以调整量刑建议。

第一百九十九条 在法庭审判过程中，如果诉讼参与人或者旁听人员违反法庭秩序，审判长应当警告制止。对不听制止的，可以强行带出法庭；情节严重的，处以一千元以下的罚款或者十五日以下的拘留。罚款、拘留必须经院长批准。被处罚人对罚款、拘留的决定不服的，可以向上一级人民法院申请复议。复议期间不停止执行。

对聚众哄闹、冲击法庭或者侮辱、诽谤、威胁、殴打司法工作人员或者诉讼参与人，严重扰乱法庭秩序，构成犯罪的，依法追究刑事责任。

［条文主旨］

本条是关于违反法庭秩序、严重扰乱法庭秩序应当如何处理的规定。

［条文释解］

本条是1979年《刑事诉讼法》的规定，1996年作过修改。1979年《刑事诉讼法》第119条规定："在法庭审判过程中，如果诉讼参与人违反法庭秩序，审判长应当警告制止；情节严重的，可以责令退出法庭或者依法追究刑事责任。"在司法实践中，这一规定过于原则、笼统，各地感到难以真正落实。主要表现在：一是违反法庭秩序的主体范围窄，原条文规定的是诉讼参与人，对旁听人员违反法庭秩序的怎么处理，以及对庭外人员聚众哄闹、冲击法庭等严重扰乱法庭秩序的行为如何处理，都没有规定。二是原条文没有规定强行带出法庭、罚款、拘留等手段，起不到有效的约束作用。三是严重扰乱法庭秩序的行为应当包括哪些，也没有明确的规定。本条针对以上这些问题，作出相应的修改：一是增加对不听制止的，可以强行带出法庭的规定；二是增加“情节严重的，处以一千元以下的罚款或者十五日以下的拘留”“罚款、拘留必须经院长批准”的规定；三是增加规定，被处罚人对罚款、拘留的决定不服的，可以向上一级人民法院申请复议，复议期间不停止执行；四是将“情节严重的，依法追究刑事责任”改为“对聚众哄闹、冲击法庭或者侮辱、诽谤、威胁、殴打司法工作人员或者诉讼参与人，严重扰乱法庭秩序，构成犯罪的，依法追究刑事责任”。

本条共为两款。第 1 款是关于对诉讼参与人或者旁听人员违反法庭秩序应当如何处理以及具体处理程序的规定。法庭审判是刑事诉讼活动的重要组成部分，是人民法院代表国家行使审判权的严肃活动。所有的诉讼参与人和旁听人员都必须严格遵守法庭秩序，以保障审判工作的顺利进行。本法第 108 条已有明确规定，“诉讼参与人”是指当事人、法定代理人、诉讼代理人、辩护人、证人、鉴定人和翻译人员。“旁听人员”是指依法进行公开审判的案件，在法庭里旁听的群众以及在场采访的记者等人员。“法庭秩序”是指为保证法庭审理的正常进行，诉讼参与人、旁听人员应当遵守的有关纪律和规定。一般说来，诉讼参与人在法庭上应当严格遵守以下规定：经审判长同意才能发言；在法庭上不得大声喧哗、吵闹；听从审判长指挥，等等。这些纪律、规定，在法庭审判开始时，应当庭宣布。根据本款的规定，对诉讼参与人或者旁听人员违反法庭秩序，审判长应当警告制止；对不听制止的，可以强行带出法庭；情节严重的，处以罚款或者拘留。这里的“不听制止”，是指经审判长警告制止后，不听警告，仍然继续违反法庭秩序的；“情节严重”，是指违反法庭秩序者的态度比较恶劣、造成的后果、影响比较坏等，损害法庭尊严，使审判活动不能正常进行。进行罚款、拘留时，合议庭应当制作决定书，经本院院长批准。被处罚的人对罚款、拘留的决定不服的，可以向上一级人民法院申请复议，复议期间不停止执行。

第 2 款是关于对严重扰乱法庭秩序构成犯罪的如何处罚的规定。根据本款规定，扰乱法庭秩序的行为是聚众哄闹、冲击法庭或者侮辱、诽谤、威胁、殴打司法工作人员或者诉讼参与人。“聚众哄闹”法庭，是指纠集众人在法庭上以乱嚷、乱叫等方式起哄捣乱的行为；“冲击法庭”是指在未得到许可的情况下，强行进入法庭，导致法庭秩序混乱的行为；“司法工作人员”，在这里主要包括审判人员、公诉人以及司法警察等人员；“严重扰乱法庭秩序”，主要是指扰乱法庭秩序，经制止而不听从或者扰乱法庭秩序，情节恶劣，严重影响审判正常进行等情形；“依法追究刑事责任”是指依照刑事诉讼法规定的程序，移送侦查、起诉和审判，进行定罪处刑。依法追究刑事责任的条件是，以上行为严重扰乱法庭秩序，构成犯罪。是否构成犯罪，要根据刑法有关规定来认定。

[审判实务]

1. 审判实践中，适用本条的难点在于关于律师、诉讼代理人违反法庭纪律的处理。《刑诉法解释》第 251 条规定：“担任辩护人、诉讼代理人的律师严重扰乱法庭秩序，被强行带出法庭或者被处以罚款、拘留的，人民法院应当通报司法行政机关，并可以建议依法给予相应处罚。”适用该条时，应当注意：一是律师、诉讼代理人被带出法庭或处以罚款、拘留的条件限制为严重扰乱法庭秩序的行为，对违反法庭纪律情形较轻的不能适用。二是结合律师法规定，律师严重扰乱法庭秩序被处理的，人民法院应当通报司法行政机关，并可以建议依法给予相应处罚。

2. 辩护人严重扰乱法庭秩序，被强行带出法庭或处以罚款、拘留，被告人自行辩护的，应当准许，庭审继续进行。被告人要求另行委托辩护人，或者被告人属于应当提供法律援助情形的，应当宣布休庭，由被告人重新委托律师或者由人民法院另行通知法律援助机构指派律师。还应当注意，原辩护人不得继续行使辩护。主要考虑：（1）更好地维护被告人权益。在刑事诉讼中，辩护人没有独立的权利，其享有的权利都是为了更好地维护被告人的合法权利。而辩护人严重违反法庭纪律，给审判人员留下不好的印象，由其继续辩护，不利于维护被告人的合法权利。（2）更好地维护法庭秩序。辩护人严重违反法庭纪律，继续担任辩护人 ，无益于秩序的维护。

[配套规定]

《最高人民法院关于适用〈中华人民共和国刑事诉讼法〉的解释》（法释［2012］21号）（2012年12月20日公布，自2013年1月1日起施行）（节录）

第二百四十九条 法庭审理过程中，诉讼参与人、旁听人员应当遵守以下纪律：

（一）服从法庭指挥，遵守法庭礼仪；

（二）不得鼓掌、喧哗、哄闹、随意走动；

（三）不得对庭审活动进行录音、录像、摄影，或者通过发送邮件、博客、微博客等方式传播庭审情况，但经人民法院许可的新闻记者除外；

（四）旁听人员不得发言、提问；

（五）不得实施其他扰乱法庭秩序的行为。

第二百五十条 法庭审理过程中，诉讼参与人或者旁听人员扰乱法庭秩序的，审判长应当按照下列情形分别处理：

（一）情节较轻的，应当警告制止并进行训诫；

（二）不听制止的，可以指令法警强行带出法庭；

（三）情节严重的，报经院长批准后，可以对行为人处一千元以下的罚款或者十五日以下的拘留；

（四）未经许可录音、录像、摄影或者通过邮件、博客、微博客等方式传播庭审情况的，可以暂扣存储介质或者相关设备。

诉讼参与人、旁听人员对罚款、拘留的决定不服的，可以直接向上一级人民法院申请复议，也可以通过决定罚款、拘留的人民法院向上一级人民法院申请复议。通过决定罚款、拘留的人民法院申请复议的，该人民法院应当自收到复议申请之日起三日内，将复议申请、罚款或者拘留决定书和有关事实、证据材料一并报上一级人民法院复议。复议期间，不停止决定的执行。

第二百五十一条 担任辩护人、诉讼代理人的律师严重扰乱法庭秩序，被强行带出法庭或者被处以罚款、拘留的，人民法院应当通报司法行政机关，并可以建议依法给予相应处罚。

第二百五十二条 聚众哄闹、冲击法庭或者侮辱、诽谤、威胁、殴打司法工作人员或者诉讼参与人，严重扰乱法庭秩序，构成犯罪的，应当依法追究刑事责任。

第二百五十三条 辩护人严重扰乱法庭秩序，被强行带出法庭或者被处以罚款、拘留，被告人自行辩护的，庭审继续进行；被告人要求另行委托辩护人，或者被告人属于应当提供法律援助情形的，应当宣布休庭。

第二百五十四条 被告人当庭拒绝辩护人辩护，要求另行委托辩护人或者指派律师的，合议庭应当准许。被告人拒绝辩护人辩护后，没有辩护人的，应当宣布休庭；仍有辩护人的，庭审可以继续进行。

有多名被告人的案件，部分被告人拒绝辩护人辩护后，没有辩护人的，根据案件情况，可以对该被告人另案处理，对其他被告人的庭审继续进行。

重新开庭后，被告人再次当庭拒绝辩护人辩护的，可以准许，但被告人不得再次另行委托辩护人或者要求另行指派律师，由其自行辩护。

被告人属于应当提供法律援助的情形，重新开庭后再次当庭拒绝辩护人辩护的，不予准许。

第二百五十五条 法庭审理过程中，辩护人拒绝为被告人辩护的，应当准许；是否继续庭审，参照适用前条的规定。

第二百五十六条 依照前两条规定另行委托辩护人或者指派律师的，自案件宣布休庭之日起至第十五日止，由辩护人准备辩护，但被告人及其辩护人自愿缩短时间的除外。

第二百五十七条 有多名被告人的案件，部分被告人具有刑事诉讼法第二百条第一款规定情形的，人民法院可以对全案中止审理；根据案件情况，也可以对该部分被告人中止审理，对其他被告人继续审理。

对中止审理的部分被告人，可以根据案件情况另案处理。

第二百五十八条 人民检察院认为人民法院审理案件违反法定程序，在庭审后提出书面纠正意见，人民法院认为正确的，应当采纳。

第二百条 在被告人最后陈述后，审判长宣布休庭，合议庭进行评议，根据已经查明的事实、证据和有关的法律规定，分别作出以下判决：

（一）案件事实清楚，证据确实、充分，依据法律认定被告人有罪的，应当作出有罪判决；

（二）依据法律认定被告人无罪的，应当作出无罪判决；

（三）证据不足，不能认定被告人有罪的，应当作出证据不足、指控的犯罪不能成立的无罪判决。

[条文主旨]

本条是关于如何作出判决的规定。

[条文释解]

本条是1979年刑事诉讼法的规定，1996年作过修改。1996年修改刑事诉讼法时，对1979年《刑事诉讼法》第120条作了修改。1979年该条规定，在被告人最后陈述后，审判长宣布休庭，合议庭进行评议，根据已经查明的事实、证据和有关的法律规定，作出被告人有罪或者无罪、犯的什么罪、适用什么刑罚或者免除刑罚的判决。1979年刑事诉讼法根据审判工作实践经验，对合议庭进行评议后，应当作出什么样的判决，在什么情况下作出有罪判决，在什么情况下作出无罪判决，作出了明确规定。在审判工作中，对于事实清楚，证据确实、充分的案件一般比较容易判决，但是对于证据不足，不能认定被告人有罪的案件如何处理，是我国司法实践多年来一个有争议的问题。有些案件，尤其是重大案件，对被告人定罪缺乏充足的证据，又不予以释放，案件被搁置，有的拖了很长时间，最终还是判不了，不利于保护公民的合法权益。1996年修改刑事诉讼法时，从切实保护公民的权利，保障无罪的人不受刑事追究的角度考虑，明确规定，对于经过开庭审理，包括补充侦查后，证据不足以证实被告人有罪的，应当宣告无罪，不应长期把案件搁置，该予以释放的应当予以释放。这是我国刑事诉讼制度的一个重大进步。

根据本条规定，被告人最后陈述后，审判长应当宣布休庭，合议庭进行评议，经过评议后作出判决。这里的“评议”，是指合议庭的组成人员对与案件有关的问题，在认定事实和适用法律上，进行集体研究，交换意见，最后对案件的处理形成决议的过程。在评议中，审判人员应坚持以事实为根据，以法律为准绳的原则，根据已经查明的事实、证据和有关的法律规定，对被告人作出判决。评议由审判长主持，其他合议庭组成人员与审判长享有同等的权利。如果意见不一致，应当按多数人的意见作出决定，但是少数人的意见应当由书记员记入笔录。参加评议的合议庭组成人员应当在评议笔录上签名。“判决”，是指人民法院对被告人是否有罪，犯的什么罪，适用什么刑罚或者免除处罚的决定。本条规定，判决有以下三种情况：1. 案件事实清楚，证据确实、充分，依据法律认定被告人有罪的，应当作出有罪判决。这种判决具体包括犯什么罪、处何种刑以及具体刑期等内容。2. 依据法律认定被告人无罪的，应当作出无罪判决。3. 证据不足，不能认定被告人有罪的，应当作出证据不足、指控的犯罪不能成立的无罪判决。这种判决在性质上是无罪判决，与前项无罪判决在法律后果上完全相同。法院判决后，如果侦查机关后来又取得了犯罪的证据，可以另行起诉。

[审判实务]

1. 证据确实、充分的标准。2012 年刑事诉讼法修改时对证据确实、充分的条件作了明确规定。本法第 55 条规定，证据确实、充分应当符合以下条件：（1）定罪量刑的事实都有证据证明；（2）据以定案的证据均经法定程序查证属实；（3）综合全案证据，对所认定事实已排除合理怀疑。

2. 关于指控罪名与审理认定罪名不一致问题的处理。在司法实践中，公诉机关指控的罪名与法院审理认定的罪名存在不一致的情况，法院应当如何处理。根据《刑诉法解释》规定，起诉指控的事实清楚，证据确实、充分，指控的罪名与审理认定的罪名不一致的，应当按照审理认定的罪名作出有罪判决。人民法院应当在判决前听取控辩双方的意见，保障被告人、辩护人充分行使辩护权。必要时，可以重新开庭，组织控辩双方围绕被告人的行为构成何罪进行辩论。

[配套规定]

1.《最高人民法院关于适用〈中华人民共和国刑事诉讼法〉的解释》（法释［2012］21 号）（2012 年 12 月 20 日公布，自 2013 年 1 月 1 日起施行）（节录）

第二百三十七条 被告人最后陈述后，审判长应当宣布休庭，由合议庭进行评议。

第二百三十八条 开庭审理的全部活动，应当由书记员制作笔录；笔录经审判长审阅后，分别由审判长和书记员签名。

第二百三十九条 法庭笔录应当在庭审后交由当事人、法定代理人、辩护人、诉讼代理人阅读或者向其宣读。

法庭笔录中的出庭证人、鉴定人、有专门知识的人的证言、意见部分，应当在庭审后分别交由有关人员阅读或者向其宣读。

前两款所列人员认为记录有遗漏或者差错的，可以请求补充或者改正；确认无误后，应当签名；拒绝签名的，应当记录在案；要求改变庭审中陈述的，不予准许。

第二百四十条 合议庭评议案件，应当根据已经查明的事实、证据和有关法律规定，在充分考虑控辩双方意见的基础上，确定被告人是否有罪、构成何罪，有无从重、从轻、减轻或者免除处罚情节，应否处以刑罚、判处何种刑罚，附带民事诉讼如何解决，查封、扣押、冻结的财物及其孳息如何处理等，并依法作出判决、裁定。

第二百四十一条 对第一审公诉案件，人民法院审理后，应当按照下列情形分别作出判决、裁定：

（一）起诉指控的事实清楚，证据确实、充分，依据法律认定指控被告人的罪名成立的，应当作出有罪判决；

（二）起诉指控的事实清楚，证据确实、充分，指控的罪名与审理认定的罪名不一致的，应当按照审理认定的罪名作出有罪判决；

（三）案件事实清楚，证据确实、充分，依据法律认定被告人无罪的，应当判决宣告被告人无罪；

（四）证据不足，不能认定被告人有罪的，应当以证据不足、指控的犯罪不能成立，判决宣告被告人无罪；

（五）案件部分事实清楚，证据确实、充分的，应当作出有罪或者无罪的判决；对事实不清、证据不足部分，不予认定；

（六）被告人因不满十六周岁，不予刑事处罚的，应当判决宣告被告人不负刑事责任；

（七）被告人是精神病人，在不能辨认或者不能控制自己行为时造成危害结果，不予刑事处罚的，应当判决宣告被告人不负刑事责任；

（八）犯罪已过追诉时效期限且不是必须追诉，或者经特赦令免除刑罚的，应当裁定终止审理；

（九）被告人死亡的，应当裁定终止审理；根据已查明的案件事实和认定的证据，能够确认无罪的，应当判决宣告被告人无罪。

具有前款第二项规定情形的，人民法院应当在判决前听取控辩双方的意见，保障被告人、辩护人充分行使辩护权。必要时，可以重新开庭，组织控辩双方围绕被告人的行为构成何罪进行辩论。

第二百四十二条 宣告判决前，人民检察院要求撤回起诉的，人民法院应当审查撤回起诉的理由，作出是否准许的裁定。

第二百四十三条 审判期间，人民法院发现新的事实，可能影响定罪的，可以建议人民检察院补充或者变更起诉；人民检察院不同意或者在七日内未回复意见的，人民法院应当就起诉指控的犯罪事实，依照本解释第二百四十一条的规定作出判决、裁定。

第二百四十四条 对依照本解释第一百八十一条第一款第四项规定受理的案件，人民法院应当在判决中写明被告人曾被人民检察院提起公诉，因证据不足，指控的犯罪不能成立，被人民法院依法判决宣告无罪的情况；前案依照刑事诉讼法第一百九十五条第三项规定作出的判决不予撤销。

第二百四十五条 合议庭成员应当在评议笔录上签名，在判决书、裁定书等法律文书上署名。

第二百四十六条 裁判文书应当写明裁判依据，阐释裁判理由，反映控辩双方的意见并说明采纳或者不予采纳的理由。

第二百四十七条 当庭宣告判决的，应当在五日内送达判决书。定期宣告判决的，应当在宣判前，先期公告宣判的时间和地点，传唤当事人并通知公诉人、法定代理人、辩护人和诉讼代理人；判决宣告后，应当立即送达判决书。

决书应当送达人民检察院、当事人、法定代理人、辩护人、诉讼代理人，并可以送达被告人的近亲属。判决生效后，还应当送达被告人的所在单位或者原户籍地的公安派出所，或者被告单位的注册登记机关。

第二百四十八条 宣告判决，一律公开进行。公诉人、辩护人、诉讼代理人、被害人、自诉人或者附带民事诉讼原告人未到庭的，不影响宣判的进行。

宣告判决结果时，法庭内全体人员应当起立。

2.《最高人民法院、最高人民检察院、公安部、国家安全部、司法部关于规范量刑程序若干问题的意见（试行）》（法发［2010］35号）（2010年9月13日公布，自2010年10月1日起试行）（节录）

第一条 人民法院审理刑事案件，应当保障量刑活动的相对独立性。

第二条 侦查机关、人民检察院应当依照法定程序，收集能够证实犯罪嫌疑人、被告人犯罪情节轻重以及其他与量刑有关的各种证据。

人民检察院提起公诉的案件，对于量刑证据材料的移送，依照有关规定进行。

第三条 对于公诉案件，人民检察院可以提出量刑建议。量刑建议一般应当具有一定的幅度。

人民检察院提出量刑建议，一般应当制作量刑建议书，与起诉书一并移送人民法院；根据案件的具体情况，人民检察院也可以在公诉意见书中提出量刑建议。对于人民检察院不派员出席法庭的简易程序案件，应当制作量刑建议书，与起诉书一并移送人民法院。

量刑建议书中一般应当载明人民检察院建议对被告人处以刑罚的种类、刑罚幅度、刑罚执行方式及其理由和依据。

第四条 在诉讼过程中，当事人和辩护人、诉讼代理人可以提出量刑意见，并说明理由。

第五条 人民检察院以量刑建议书方式提出量刑建议的，人民法院在送达起诉书副本时，将量刑建议书一并送达被告人。

第六条 对于公诉案件，特别是被告人不认罪或者对量刑建议有争议的案件，被告人因经济困难或者其他原因没有委托辩护人的，人民法院可以通过法律援助机构指派律师为其提供辩护。

第七条 适用简易程序审理的案件，在确定被告人对起诉书指控的犯罪事实和罪名没有异议，自愿认罪且知悉认罪的法律后果后，法庭审理可以直接围绕量刑问题进行。

第八条 对于适用普通程序审理的被告人认罪案件，在确认被告人了解起诉书指控的犯罪事实和罪名，自愿认罪且知悉认罪的法律后果后，法庭审理主要围绕量刑和其他有争议的问题进行。

第九条 对于被告人不认罪或者辩护人做无罪辩护的案件，在法庭调查阶段，应当查明有关的量刑事实。在法庭辩论阶段，审判人员引导控辩双方先辩论定罪问题。在定罪辩论结束后，审判人员告知控辩双方可以围绕量刑问题进行辩论，发表量刑建议或意见，并说明理由和依据。

第十条 在法庭调查过程中，人民法院应当查明对被告人适用特定法定刑幅度以及其他从重、从轻、减轻或免除处罚的法定或者酌定量刑情节。

第十一条 人民法院、人民检察院、侦查机关或者辩护人委托有关方面制作涉及未成年人的社会调查报告的，调查报告应当在法庭上宣读，并接受质证。

第十二条　在法庭审理过程中，审判人员对量刑证据有疑问的，可以宣布休庭，对证据进行调查核实，必要时也可以要求人民检察院补充调查核实。人民检察院应当补充调查核实有关证据，必要时可以要求侦查机关提供协助。

第十三条　当事人和辩护人、诉讼代理人申请人民法院调取在侦查、审查起诉中收集的量刑证据材料，人民法院认为确有必要的，应当依法调取。人民法院认为不需要调取有关量刑证据材料的，应当说明理由。

第十四条　量刑辩论活动按照以下顺序进行：

（一）公诉人、自诉人及其诉讼代理人发表量刑建议或意见；

（二）被害人（或者附带民事诉讼原告人）及其诉讼代理人发表量刑意见；

（三）被告人及其辩护人进行答辩并发表量刑意见。

第十五条　在法庭辩论过程中，出现新的量刑事实，需要进一步调查的，应当恢复法庭调查，待事实查清后继续法庭辩论。

第十六条　人民法院的刑事裁判文书中应当说明量刑理由。量刑理由主要包括：

（一）已经查明的量刑事实及其对量刑的作用；

（二）是否采纳公诉人、当事人和辩护人、诉讼代理人发表的量刑建议、意见的理由；

（三）人民法院量刑的理由和法律依据。

第十七条　对于开庭审理的二审、再审案件的量刑活动，依照有关法律规定进行。法律没有规定的，参照本意见进行。

对于不开庭审理的二审、再审案件，审判人员在阅卷、讯问被告人、听取其他当事人、辩护人、诉讼代理人的意见时，应当注意审查量刑事实和证据。

第二百零一条　对于认罪认罚案件，人民法院依法作出判决时，一般应当采纳人民检察院指控的罪名和量刑建议，但有下列情形的除外：

（一）被告人的行为不构成犯罪或者不应当追究其刑事责任的；

（二）被告人违背意愿认罪认罚的；

（三）被告人否认指控的犯罪事实的；

（四）起诉指控的罪名与审理认定的罪名不一致的；

（五）其他可能影响公正审判的情形。

人民法院经审理认为量刑建议明显不当，或者被告人、辩护人对量刑建议提出异议的，人民检察院可以调整量刑建议。人民检察院不调整量刑建议或者调整量刑建议后仍然明显不当的，人民法院应当依法作出判决。

[条文主旨]

本条是关于认罪认罚案件人民法院如何采纳人民检察院指控罪名和量刑建议的规定。

[条文释解]

本条是 2018 年修改《刑事诉讼法》时新增加的规定。2016 年，最高人民法院、最高人民检察院、公安部、国家安全部、司法部发布的《关于在部分地区开展刑事案件认罪认罚从宽制度试点工作的办法》第 20 条规定，对于认罪认罚案件，人民法院依法作出判决时，一般应当采纳人民检察院指控的罪名和量刑建议，但具有下列情形的除外：被告人不构成犯罪或者不应当追究刑事责任的；被告人违背意愿认罪认罚的；被告人否认指控的犯罪事实的；起诉指控的罪名与审理认定的罪名不一致的；其他可能影响公正审判的情形。该办法第 21 条规定，人民法院经审理认为，人民检察院的量刑建议明显不当，或者被告人、辩护人对量刑建议提出异议的，人民法院可以对建议人民检察院调整量刑建议，人民检察院不同意调整量刑建议或者调整量刑建议后被告人、辩护人仍有异议的，人民法院应当依法作出判决。此次修改刑事诉讼法，将认罪认罚从宽制度经试点后成熟的部分，吸收进刑事诉讼法。

本条共分为两款。第 1 款是关于人民法院审理认罪认罚案件时，采纳人民检察院指控的罪名和量刑建议的原则和例外。人民法院审理认罪认罚案件，依法作出判决时，原则上应采纳人民检察院指控的罪名和量刑建议。这一规定，是对认罪认罚案件在程序上从简、实体上从宽的重要体现。这里包含了三层意思：一是在认罪认罚案件中，司法机关鼓励和引导犯罪嫌疑人认罪认罚是有程序性保障的。考虑到司法实践中，获取确实、充分证据的难度不断加大，特别是在办理犯罪手段比较隐蔽的案件时，难度更大。为了适应证据高标准的要求，防范通过刑讯逼供等非法方式获取证据，需要运用更多方式鼓励犯罪嫌疑人自愿如实供述罪行，因此，刑事诉讼法确认了认罪认罚从宽、速裁程序等。根据新修改的刑事诉讼法的规定，在侦查和审查起诉阶段，侦查人员和检察人员应当告知犯罪嫌疑人如实供述自己罪行可以从宽处理的法律规定和认罪认罚的法律后果。审查起诉阶段，犯罪嫌疑人认罪认罚，同意量刑建议和程序适用的，还应签署认罪认罚具结书。认罪认罚案件在审判阶段，明确人民法院一般将采纳人民检察院指控的罪名和量刑建议，属于认罪认罚的法律后果的一部分，即总体上人民法院对案件的实体性判断是从宽把握的。通过此种方式，有利于鼓励犯罪嫌疑人认罪认罚。二是在认罪认罚案件的适用程序上，提升了人民检察院提出量刑建议的效率。新修改的《刑事诉讼法》第 176 条增加一款，人民检察院对于认罪认罚案件，在向人民法院提起公诉时，应当在起诉书中就主刑、附加刑、是否适用缓刑等提出量刑建议。由于在认罪认罚案件的起诉书中一并提出量刑建议，人民检察院在起诉阶段可以不再制作量刑建议书，从而简化了司法程序，提高了司法效率。三是在认罪认罚案件中，提升了人民检察院量刑建议的法律效果。人民检察院向法庭提出量刑建议，有利于提高人民法院裁判的公开性和公信力，使得量刑的确定公开透明。一般情况下，人民检察院提出的量刑建议可以是相对明确的量刑幅度，也可以是根据案件的具体情况提出确定、具体刑期。建议判处财产刑的，一般应提出确定的数额。在认罪认罚案件中，明确法院一般应当采纳人民检察院指控的罪名和量刑建议，使得量刑建议更具分量。犯罪嫌疑人在考虑认罪认罚时，能够对认罪认罚产生的法律效果有直观的预期，也能较好地实现犯罪嫌疑人认罪服判。本款同时还规定了不采纳人民检察院指控的罪名和量刑建议的例外情形。

第 2 款是关于人民法院如何处理人民检察院不当的量刑建议的规定。本款规定，人民法院经审理认为量刑建议明显不当，或者被告人、辩护人对量刑建议提出异议的，人民检察院可以调整量刑建议。人民检察院不调整量刑建议或者调整量刑建议后仍然明显不当的，人民法院应当依法作出判决。这里有两层意思：一是人民检察院可以调整量刑建议。人民检察院调整量刑建议的前提，是人民法院经审理认为量刑明显不当，或者被告人、辩护人对量刑建议提出异议。这里“明显不当”是指刑罚的主刑选择错误，刑罚的档次、量刑幅度畸重或者畸轻，适用附加刑错误，适用缓刑错误等。认罪认罚案件在审理过程中，被告人、辩护人同样有权对量刑再提出异议，比如能否适用缓刑等，人民检察院可以就此调整量刑建议。二是人民法院对量刑具有最终裁判权，体现了以审判为中心的原则。2016 年最高人民法院、最高人民检察院、公安部、国家安全部、司法部发布的《关于在部分地区开展刑事案件认罪认罚从宽制度试点工作的办法》第 21 条规定："人民法院经审理认为，人民检察院的量刑建议明显不当，或者被告人、辩护人对量刑建议提出异议的，人民法院可以对建议人民检察院调整量刑建议，人民检察院不同意调整量刑建议或者调整量刑建议后被告人、辩护人仍有异议的，人民法院应当依法作出判决。"在刑事诉讼法修改过程中，总结试点工作情况，有意见提出，人民法院认为量刑建议不当或者当事人对量刑建议提出异议的，不一定是人民法院建议人民检察院调整量刑建议，人民检察院根据庭审情况也可以主动调整量刑建议。还有意见提出，对于人民检察院调整后的量刑建议，如果仍然明显不当的，且被告人、辩护人未就调整后的量刑建议提出异议的，人民法院也不应采纳调整后的量刑建议，应当依法作出判决。对调整后的量刑建议所提出的异议，人民法院认为不属于明显不当的，则应当采纳。考虑到上述意见，对试点办法的规定作适当调整后，将其纳入本款。这里赋予了人民法院对该类案件定罪量刑的最终裁判权，既可以采纳人民检察院调整后的量刑建议，也可以根据案件审理的情况直接作出判决。

[审判实务]

1. 关于人民法院不采纳人民检察院指控的罪名和量刑建议的例外情形，具体有以下几种：

第一，被告人的行为不构成犯罪或者不应当追究其刑事责任。刑事诉讼法应保障无罪的人不受刑事追究。如果被告人的行为不构成犯罪或者不应当追究刑事责任，比如情节显著轻微危害不大，根据刑法不认为是犯罪的；或者依照刑法告诉才处理的犯罪，没有告诉的，等等。在这种情况下，就算被告人自认为或者误认为构成犯罪，并且认罪认罚，人民法院也不应当采纳人民检察院指控的罪名和量刑建议。在这种情况下，已不宜适用简易程序和速裁程序，人民法院应当按照普通程序重新审理，并根据已经查明的事实、证据和有关的法律规定，依法认定被告人无罪，作出无罪判决；对证据不足，不能认定被告人有罪的，作出证据不足、指控的犯罪不能成立的无罪判决。

第二，被告人违背意愿认罪认罚。被告人自愿如实供述自己的罪行，对指控的犯罪事实没有异议，同意人民检察院量刑建议并签署具结书的案件，才可以作为认罪认罚案件处理。如果被告人不是自愿认罪认罚，则可能存在司法不公正。为了确保让无罪的人不受刑事追究，有罪的人受到公正惩罚，人民法院在庭审过程中，如果发现被告人虽然表现出认罪认罚，如签署具结书等，但是违背意愿作出的，包括对被指控的犯罪事实、对被指控的罪名以及量刑建议存在异议等情况，应不采纳人民检察院指控的罪名和量刑建议，根据庭审掌握的相关证据，依法作出判决。这里需要注意的是，根据本法第三编第二章第四节“速裁程序”的规定，基层人民法院对于符合刑事诉讼法规定的案件，被告人认罪认罚并同意适用速裁程序的，可以适用速裁程序。适用速裁程序的案件一般不进行法庭调查、法庭辩论，但在判决宣告前应当听取辩护人的意见和被告人的最后陈述意见。如果在审理过程中，发现被告人对犯罪行为的定罪和量刑建议没有异议，但是适用速裁程序违背其真实意愿的，人民法院应当按照刑事诉讼法第三编第二章第一节或者第三节的规定重新审理。

第三，被告人否认指控的犯罪事实。在法庭审理过程中，如果被告人否认指控的犯罪事实，将不再具有适用认罪认罚从宽制度的法律基础，也不能再依照认罪认罚制度作出依法从宽的处理。为保障司法公正，人民法院对于人民检察院在审查起诉阶段基于被告人认罪认罚作出的定罪与量刑建议将不再采纳。同时，人民法院对于这类原先适用简易程序和速裁程序审理的案件，应当依法转为普通程序审理。

第四，起诉指控的罪名与审理认定的罪名不一致。人民法院经过审理，案件事实清楚，证据确实、充分，但是指控的罪名与审理认定的罪名不一致，应当按照审理认定的罪名作出判决。由于人民法院认定的罪名发生了变化，自然所作判决不受人民检察院指控罪名的约束，同时，人民检察院基于原指控的罪名提出的量刑建议也不再具有参考价值。

第五，其他可能影响公正审判的情形。该条还设置了人民法院在审理过程中发现可能存在的影响公正审判的其他情形作为兜底条款。比如，人民法院依法作出判决前，刑法被修改，被告人的行为依照修改后的刑法处罚更轻的，人民法院就不应采纳人民检察院指控的罪名和量刑建议。

2. 需要注意的是，被告人、辩护人对量刑提出异议是充分行使被告人、辩护人的辩护权，这里的异议包括对确定量刑的法律依据、量刑幅度、附加刑、是否适用缓刑等存在异议。此外，在人民法院审理共同犯罪的案件中，如果多个被告人实施了类似的行为，均认罪认罚，但有的被告人及其辩护人对量刑提出异议，而其余的没有提出异议。人民检察院认为提出的异议具有合理性的，不能仅对个别提出异议的被告人调整量刑建议，而应综合评判全案多个被告人的量刑建议，统一调整，以使类似行为的量刑建议平衡和公正。若人民检察院不调整量刑建议，人民法院经审理后认为，部分认罪认罚的被告人及其辩护人所提出的异议具有合理性的，在依法作出判决时，也应注意与其他未提出异议的具有相同行为的同案犯的量刑保持平衡，使类似的行为获得同等程度的惩处。

[配套规定]

1.《全国人民代表大会常务委员会关于授权最高人民法院、最高人民检察院在部分地区开展刑事案件认罪认罚从宽制度试点工作的决定》（2016年9月3日第十二届全国人民代表大会常务委员会第二十二次会议通过）

为进一步落实宽严相济刑事政策，完善刑事诉讼程序，合理配置司法资源，提高办理刑事案件的质量与效率，确保无罪的人不受刑事追究，有罪的人受到公正惩罚，维护当事人的合法权益，促进司法公正，第十二届全国人民代表大会常务委员会第二十二次会议决定：授权最高人民法院、最高人民检察院在北京、天津、上海、重庆、沈阳、大连、南京、杭州、福州、厦门、济南、青岛、郑州、武汉、长沙、广州、深圳、西安开展刑事案件认罪认罚从宽制度试点工作。对犯罪嫌疑人、刑事被告人自愿如实供述自己的罪行，对指控的犯罪事实没有异议，同意人民检察院量刑建议并签署具结书的案件，可以依法从宽处理。试点工作应当遵循刑法、刑事诉讼法的基本原则，保障犯罪嫌疑人、刑事被告人的辩护权和其他诉讼权利，保障被害人的合法权益，维护社会公共利益，完善诉讼权利告知程序，强化监督制约，严密防范并依法惩治滥用职权、徇私枉法行为，确保司法公正。

最高人民法院、最高人民检察院会同有关部门根据本决定，遵循刑法、刑事诉讼法的基本原则，制定试点办法，对适用条件、从宽幅度、办理程序、证据标准、律师参与等作出具体规定，报全国人民代表大会常务委员会备案。试点期限为二年，自试点办法印发之日起算。

2014年6月27日第十二届全国人民代表大会常务委员会第九次会议授权最高人民法院、最高人民检察院在上述地区开展的刑事案件速裁程序试点工作，按照新的试点办法继续试行。

最高人民法院、最高人民检察院应当加强对试点工作的组织领导和监督检查，保证试点工作积极、稳妥、有序进行。试点进行中，最高人民法院、最高人民检察院应当就试点情况向全国人民代表大会常务委员会作出中期报告。试点期满后，对实践证明可行的，应当修改完善有关法律；对实践证明不宜调整的，恢复施行有关法律规定。

本决定自2016年9月4日起施行。

2.《最高人民法院、最高人民检察院、公安部、国家安全部、司法部关于在部分地区开展刑事案件认罪认罚从宽制度试点工作的办法》（法［2016］386号）（2016年11月11日公布并施行）（节录）

第一条 犯罪嫌疑人、被告人自愿如实供述自己的罪行，对指控的犯罪事实没有异议，同意量刑建议，签署具结书的，可以依法从宽处理。

第二条 具有下列情形之一的，不适用认罪认罚从宽制度：

（一）犯罪嫌疑人、被告人是尚未完全丧失辨认或者控制自己行为能力的精神病人的；

（二）未成年犯罪嫌疑人、被告人的法定代理人、辩护人对未成年人认罪认罚有异议的；

（三）犯罪嫌疑人、被告人行为不构成犯罪的；

（四）其他不宜适用的情形。

第三条 办理认罪认罚案件，应当遵循刑法、刑事诉讼法的基本原则，以事实为根据，以法律为准绳，保障犯罪嫌疑人、被告人依法享有的辩护权和其他诉讼权利，保障被害人的合法权益，维护社会公共利益，强化监督制约，确保无罪的人不受刑事追究，有罪的人受到公正惩罚，确保司法公正。

第四条 办理认罪认罚案件，应当坚持下列原则：

贯彻宽严相济刑事政策，充分考虑犯罪的社会危害性和犯罪嫌疑人、被告人的人身危险性，结合认罪认罚的具体情况，确定是否从宽以及从宽幅度，做到该宽则宽，当严则严，宽严相济，确保办案法律效果和社会效果。

坚持罪责刑相适应，根据犯罪的事实、性质、情节、后果，依照法律规定提出量刑建议，准确裁量刑罚，确保刑罚的轻重与犯罪分子所犯罪行和应当承担的刑事责任相适应。

坚持证据裁判，依照法律规定收集、固定、审查和认定证据。

第五条 办理认罪认罚案件，应当保障犯罪嫌疑人、被告人获得有效法律帮助，确保其了解认罪认罚的性质和法律后果，自愿认罪认罚。

法律援助机构可以根据人民法院、看守所实际工作需要，通过设立法律援助工作站派驻值班律师、及时安排值班律师等形式提供法律帮助。人民法院、看守所应当为值班律师开展工作提供便利工作场所和必要办公设施，简化会见程序，保障值班律师依法履行职责。

犯罪嫌疑人、被告人自愿认罪认罚，没有辩护人的，人民法院、人民检察院、公安机关应当通知值班律师为其提供法律咨询、程序选择、申请变更强制措施等法律帮助。

人民法院、人民检察院、公安机关应当告知犯罪嫌疑人、被告人申请法律援助的权利。符合应当通知辩护条件的，依法通知法律援助机构指派律师为其提供辩护。

第六条 人民法院、人民检察院、公安机关应当将犯罪嫌疑人、被告人认罪认罚作为其是否具有社会危害性的重要考虑因素，对于没有社会危险性的犯罪嫌疑人、被告人，应当取保候审、监视居住。

第七条 办理认罪认罚案件，应当听取被害人及其代理人意见，并将犯罪嫌疑人、被告人是否与被害人达成和解协议或者赔偿被害人损失，取得被害人谅解，作为量刑的重要考虑因素。

第八条 在侦查过程中，侦查机关应当告知犯罪嫌疑人享有的诉讼权利和认罪认罚可能导致的法律后果，听取犯罪嫌疑人及其辩护人或者值班律师的意见，犯罪嫌疑人自愿认罪认罚的，记录在案并附卷。

犯罪嫌疑人向看守所工作人员或辩护人、值班律师表示愿意认罪认罚的，有关人员应当及时书面告知办案单位。

对拟移送审查起诉的案件，侦查机关应当在起诉意见中写明犯罪嫌疑人自愿认罪认罚情况。

第九条 犯罪嫌疑人自愿如实供述涉嫌犯罪的事实，有重大立功或者案件涉及国家重大利益，需要撤销案件的，办理案件的公安机关应当层报公安部，由公安部提请最高人民检察院批准。

第十条 在审查起诉过程中，人民检察院应当告知犯罪嫌疑人享有的诉讼权利和认罪认罚可能导致的法律后果，就下列事项听取犯罪嫌疑人及其辩护人或者值班律师的意见，记录在案并附卷：

（一）指控的罪名及适用的法律条款；

（二）从轻、减轻或者免除处罚等从宽处罚的建议；

（三）认罪认罚后案件审查适用的程序；

（四）其他需要听取意见的情形。

犯罪嫌疑人自愿认罪，同意量刑建议和程序适用的，应当在辩护人或者值班律师在场的情况下签署具结书。

第十一条 人民检察院向人民法院提起公诉的，应当在起诉书中写明被告人认罪认罚情况，提出量刑建议，并同时移送被告人的认罪认罚具结书等材料。

量刑建议一般应当包括主刑、附加刑，并明确刑罚执行方式。可以提出相对明确的量刑幅度，也可以根据案件具体情况，提出确定刑期的量刑建议。建议判处财产刑的，一般应当提出确定的数额。

第十二条 对适用速裁程序的案件，人民检察院一般应当在受理后十日内作出是否提起公诉的决定；对可能判处的有期徒刑超过一年的，可以延长至十五日。

第十三条 犯罪嫌疑人自愿如实供述涉嫌犯罪的事实，有重大立功或者案件涉及国家重大利益的，经最高人民检察院批准，人民检察院可以作出不起诉决定，也可以对涉嫌数罪中的一项或者多项提起公诉。

具有法律规定不起诉情形的，依照法律规定办理。

第十四条 最高人民检察院批准不起诉的，或者经公安部提请批准撤销案件的，人民检察院、公安机关对查封、扣押、冻结的财物及其孳息，应当调查权属情况，查明是否属于违法所得或者依法应当追缴的其他涉案财物。案外人对查封、扣押、冻结的财物及其孳息提出权属异议的，应当进行审查。

确认查封、扣押、冻结的财物及其孳息属于违法所得、违禁品或者供作案所用的本人财物，除依法返还被害人的以外，应当在撤销案件或者作出不起诉决定后三十日内予以收缴，一律上缴国库。对查封、扣押、冻结的财物及其孳息不能确认属于违法所得或者依法应当追缴的其他涉案财物的，不得收缴。

第十五条 人民法院审理认罪认罚案件，应当告知被告人享有的诉讼权利和认罪认罚可能导致的法律后果，审查认罪认罚的自愿性和认罪认罚具结书内容的真实性、合法性。

第十六条 对于基层人民法院管辖的可能判处三年有期徒刑以下刑罚的案件，事实清楚、证据充分，当事人对适用法律没有争议，被告人认罪认罚并同意适用速裁程序的，可以适用速裁程序，由审判员独任审判，送达期限不受刑事诉讼法规定的限制，不进行法庭调查、法庭辩论，当庭宣判，但在判决宣告前应当听取被告人的最后陈述。

适用速裁程序审理案件，人民法院一般应当在十日内审结；对可能判处的有期徒刑超过一年的，可以延长至十五日。

第十七条 具有下列情形之一的，不适用速裁程序审理：

（一）被告人是盲、聋、哑人的；

（二）案件疑难、复杂，或者有重大社会影响的；

（三）共同犯罪案件中部分被告人对指控事实、罪名、量刑建议有异议的；

（四）被告人与被害人或者其代理人没有就附带民事赔偿等事项达成调解或者和解协议的；

（五）其他不宜适用速裁程序的情形。

第十八条 对于基层人民法院管辖的可能判处三年有期徒刑以上刑罚的案件，被告人认罪认罚的，可以依法适用简易程序审判，在判决宣告前应当听取被告人的最后陈述，一般应当当庭宣判。

第十九条 人民法院适用速裁程序或者简易程序审查的认罪认罚案件，有下列情形之一的，应当转为普通程序审理：

（一）被告人违背意愿认罪认罚的；

（二）被告人否认指控的犯罪事实的；

（三）其他不宜适用速裁程序或者简易程序审理的情形。

第二十条 对于认罪认罚案件，人民法院依法作出判决时，一般应当采纳人民检察院指控的罪名和量刑建议，但具有下列情形的除外：

（一）被告人不构成犯罪或者不应当追究刑事责任的；

（二）被告人违背意愿认罪认罚的；

（三）被告人否认指控的犯罪事实的；

（四）起诉指控的罪名与审理认定的罪名不一致的；

（五）其他可能影响公正审判的情形。

第二十一条 人民法院经审理认为，人民检察院的量刑建议明显不当，或者被告人、辩护人对量刑建议提出异议的，人民法院可以对建议人民检察院调整量刑建议，人民检察院不同意调整量刑建议或者调整量刑建议后被告人、辩护人仍有异议的，人民法院应当依法作出判决。

第二十二条　对不具有法定减轻处罚情节的认罪认罚案件，应当在法定刑的限度以内从轻判处刑罚，犯罪情节轻微不需要判处刑罚的，可以依法免予刑事处罚，确实需要在法定刑以下判处刑罚的，应当层报最高人民法院核准。

第二十三条　第二审人民法院对被告人不服适用速裁程序作出的第一审判决提起上诉的案件，可以不开庭审理。经审理认为原判认定事实和适用法律正确、量刑适当的，应当裁定驳回上诉，维持原判；原判认定事实没有错误，但适用法律有错误，或者量刑不当的，应当改判；原判事实不清或者证据不足的，应当裁定撤销原判，发回原审人民法院适用普通程序重新审判。

第二十四条　人民法院、人民检察院、公安机关工作人员在办理认罪认罚案件中，有刑讯逼供、暴力取证或者权钱交易、放纵罪犯等滥用职权、徇私枉法情形，构成犯罪的，依法追究刑事责任；尚不构成犯罪的，依法给予行政处分或者纪律处分。

第二十五条　国家安全机关依法办理认罪认罚案件，适用本办法中有关公安机关的规定。

第二十六条　办理犯罪嫌疑人、被告人认罪认罚案件，本办法有规定的，按照本办法执行；本办法没有规定的，适用刑法、刑事诉讼法等有关规定。

第二十七条　原刑事案件速裁程序试点相关规定可以参照执行，本办法另有规定的除外。

第二十八条　本办法在北京、天津、上海、重庆、沈阳、大连、南京、杭州、福州、厦门、济南、青岛、郑州、武汉、长沙、广州、深圳、西安试行。

第二十九条　本办法自发布之日起试行二年。

3.《人民检察院刑事诉讼规则》（高检发释字［2019］4号）（2019年12月30日公布并施行）（节录）

第四百一十八条　人民检察院向人民法院提出量刑建议的，公诉人应当在发表公诉意见时提出。

对认罪认罚案件，人民法院经审理认为人民检察院的量刑建议明显不当向人民检察院提出的，或者被告人、辩护人对量刑建议提出异议的，人民检察院可以调整量刑建议。

第四百一十九条　适用普通程序审理的认罪认罚案件，公诉人可以建议适当简化法庭调查、辩论程序。

[参考案例]

程某、唐某、周某开设赌场案①——认罪认罚从宽的案件被告人的上诉权不能受限制

基本案情：从2017年7月20日起，程某在深圳市宝安区沙井街道提供场所，召集人员赌博，从中抽水渔利，并雇用唐某、周某帮助发牌、抽水、开门。2017年8月8日，公安机关在上述地点将正在赌博的程某、唐某、周某及另外10余名参赌涉赌人员抓获，现场缴获疑似赌资3万余元和赌博工具。

宝安区法院一审认定，被告人程某、唐某、周某构成开设赌场罪，程某具有主犯、认罪认罚等情节；唐某、周某均具有从犯、认罪认罚等情节。以开设赌场罪，判处被告人程某有期徒刑八个月，并处罚金人民币1000元；判处被告人唐某、周某有期徒刑六个月，并处罚金人民币1000元；缴获的作案工具由公安机关依法予以处理。

程某上诉提出，其是初犯，归案后自愿认罪认罚，原判量刑过重，请求二审法院对其从轻处罚。

宝安区检察院认为对程某量刑畸轻，提出抗诉：程某以认罪认罚形式换取较轻刑罚，再利用上诉不加刑原则提出上诉，反映其认罚动机不纯；程某上诉违背认罚承诺，认罪认罚的从宽量刑幅度不应再适用，故程某应获得更重的处罚，这有利于维护适用认罪认罚从宽制度的司法效果。

深圳市中级人民法院二审认为，抗诉理由不能成立，程某请求再予从轻处罚的理由也不成立。原判量刑适当，审判程序合法。二审裁定驳回上诉、抗诉，维持原判。

问题：认罪认罚从宽的案件被告人的上诉权是否受限？

---

① 《人民法院报》2018年7月19日，第7版。

本案在审理过程中的争议是：本案在侦查阶段、审查起诉阶段均对程某适用认罪认罚从宽制度，并提出了较大从宽幅度的量刑建议，一审法院适用量刑建议幅度的最低刑对程某判处了有期徒刑八个月。被告人已经以认罪认罚为由获得从轻处罚，能否以原判量刑过重为由再上诉，

第一种观点认为，被告人不能再提出上诉。被告人程某与司法机关明确签署了认罪认罚的协议，侦查机关与公诉机关才会对程某提出较大从宽幅度的量刑建议，一审法院才会适用量刑建议幅度的最低刑对程某判刑。因此，签署了认罪认罚协议，就应当对从轻的判决进行“认罚”，对从轻判罚的结果是不应再上诉的。程某在判决以后又提出上诉，已违背之前认罚的承诺，其上诉权是受限的。

第二种观点认为，检察机关应当提起抗诉，二审法院应加重被告人刑罚。程某先前自愿认罪认罚，判决后以量刑过重为由提出上诉，是以认罪认罚形式换取较轻刑罚，再利用上诉不加刑原则提出上诉，反映出其认罚动机不纯，有违《关于在部分地区开展刑事案件认罪认罚从宽制度试点工作的办法》（以下简称《试点办法》）提高诉讼效率、节约司法资源的原则要求。因此，对程某前认后翻、认罪不认罚的行为给予较重处罚，才能维护适用认罪认罚从宽制度的司法效果。

第三种观点认为，适用认罪认罚从宽程序的案件中，被告人的上诉权不能受限制。程某虽然签订了认罪认罚具结书，据此获得量刑减让，一审宣判后又以量刑过重为由提出上诉，确实违背了之前认罪认罚的承诺，其行为有违诚实信用原则，但根据现行法律规定，被告人不服一审判决仍然可以提出上诉。综合全案证据，原判根据程某的犯罪事实、情节及归案后的认罪悔罪表现，量刑并无不当，抗诉机关的抗诉理由不能成立，程某请求再予从轻处罚的上诉理由亦不能成立。

本书观点：关于适用认罪认罚从宽程序的案件，自改革试点以来，实践中就一直存在争议：通过认罪认罚获取从宽处罚后，还能否上诉，上诉是否意味着被告人并非认罚？本案在侦查阶段、审查起诉阶段对程某适用认罪认罚从宽制度办理，并提出了较大幅度的从宽量刑建议，一审法院适用量刑建议幅度的最低刑对程某判处了有期徒刑八个月。被告人已获得法院从轻处罚，是否有权以量刑过重为由上诉？笔者同意第三种观点，适用认罪认罚从宽程序的案件中，被告人的上诉权并不能受限制。二审首先应保障被告人的上诉权，然后进行全面审查，才能认定量刑是否合理。

1. 认罪认罚从宽的内涵

何谓认罪认罚的从宽，法律上也没有具体规定，根据我国认罪认罚从宽试点改革的文件与精神，笔者总结为：若行为人自愿如实供述自己的罪行，自愿认可接受司法机关的惩罚，则司法机关对其予以从宽处罚。这种从宽，是较为宽松而非严峻的刑法评价以及刑罚处理，在定罪时可能在出入罪中偏向于出罪，在量刑时则一定偏向于从轻、减轻或免除处罚，在行刑时则选择减刑、假释等措施。行为人之所以愿意认罪认罚，一方面是出于自身的反省，系无人胁迫的自愿之举，另一方面则是司法机关愿意对其从宽处罚。在这里，从宽处罚似乎处于一个因果难分的悖论状况，即从宽处罚可能是部分人愿意认罪认罚的因，也可能是其认罪认罚的果。

不管它是因还是果，古今中外的司法人员已经长期如此实践着。我国确立了对认罪认罚案件的普通程序简化审理，在理论上和实践中，都对认罪认罚予以正面评价，并支持从宽处理；在定罪、量刑、行刑的各个阶段，都有对认罪认罚从宽的具体规定，并逐渐形成了有关认罪认罚从宽的制度雏形。我们不能纠结于追究被告人认罪认罚的真实动机，且刑事诉讼探询的是客观事实，而非主观思路，故司法机关不宜苛责被告人的内心，不能有诛心之论，无论是自首还是认罪，甚至是立功，应主要依据被告人的客观行为来认定。故公诉机关关于本案被告人程某动机不纯的论述，并非刑事诉讼应考察的问题。

2. 认罪认罚从宽并非辩诉交易

适用认罪认罚从宽程序的案件，并非限定被告人在某个阶段认罪认罚，更非约束被告人认罪认罚后就不能变更。被告人可以在不同的阶段选择认罪认罚，也可以在认罪认罚后继续提出自己新的量刑意见。

不同诉讼阶段都可以适用认罪认罚的从宽。在侦查阶段、审查起诉阶段推行认罪认罚制度，当然可以很好地实现效率与正义，以从宽的利好引导行为人减少逃避乃至对抗，使得行为人积极配合，主动交代自己的犯罪事实，促使侦查、公诉机关顺利收集有关证据。但绝不可将认罪认罚的功能与适用作主动限缩，除了侦查与审查起诉阶段，在一审乃至二审，甚至刑罚执行阶段都可以适用认罪认罚。在刑罚执行阶段仍可推行认罪认罚从宽制度的理由为，减刑的条件是犯罪分子已经悔改、已经认罪服法、积极改造自己，假释的条件是犯罪分子认真遵守监规、接受教育改造、确有悔改表现、提前释放不致再危害社会。可见，被告人在送交执行后，仍有通过认罪认罚获得从宽的机会，我国法律已通过减刑、假释等措施对此给予了制度化保障。

被告人在签署认罪认罚具结书并获取较轻刑罚后，仍可以对自己的量刑提出意见，这是其应有的权利，而不能受到限制，这与西方国家的“辩诉交易”并不相同。我国的法律与权益保障是符合本国国情的中国特色社会主义的法律体系，与西方国家的法律并不相同。在我国推行认罪认罚从宽制度试点改革以来，自上而下都在进行相关的宣讲，并打破部分民众的一个误区，那就是我国的认罪认罚从宽制度并非西方的“辩诉交易”。在某些西方国家推行的“辩诉交易”中，被告人与控方达成一项认罪与轻刑化建议的交易后，是明确不得再上诉的，但我国的认罪认罚从宽试点制度中，并没有规定被告人不得上诉。

3. 上诉权是被告人的基本诉权

刑事诉讼法是保证刑法正确实施，保障国家安全和社会公共安全的法律。我国《刑事诉讼法》第 2 条明确规定刑事诉讼法的任务包括“维护社会主义法制，尊重和保障人权”，第 3 条第 2 款规定：“人民法院、人民检察院和公安机关进行刑事诉讼，必须严格遵守本法和其他法律的有关规定”，第 10 条规定：“人民法院审判案件，实行两审终审制”。立法者根据司法实践中被告人上诉时可能遇到的阻碍，又特意在《刑事诉讼法》第 227 条第 3 款明文规定：“对被告人的上诉权，不得以任何借口加以剥夺”。因此，两审终审制是法院必须遵守的基本原则，保障被告人的上诉权是法院与检察院必须遵照实施的法律规章，不得以任何理由违背。

从《试点办法》的规定来看，适用认罪认罚从宽制度的案件在审级上并未突破两审终审制，那么在现行的法律制度下，在适用认罪认罚从宽制度审理的一审案件宣判后，被告人仍可提出上诉。公诉机关认为一旦适用认罪认罚审理的案件便意味着被告人认可公诉机关的量刑建议，一旦被告人上诉就启动抗诉程序以此增加被告人刑期，这在某种意义上剥夺了被告人上诉权。被告人利用了刑法的上诉不加刑原则提出上诉，是被告人的合法权利。

就本案而言，被告人程某虽然签订了认罪认罚具结书，据此获得量刑减让，一审宣判后又以量刑过重为由提出上诉，确实违背了之前认罪认罚的承诺，其行为有违诚实信用原则，但根据现行法律规定，被告人不服一审判决仍然可以提出上诉。被告人的上诉权是受法律保障的，不能因为签署过认罪认罚就予以剥夺或限制，也不能因为违背认罪认罚的承诺就予以抗诉加刑。

第二百零二条　宣告判决，一律公开进行。

当庭宣告判决的，应当在五日以内将判决书送达当事人和提起公诉的人民检察院；定期宣告判决的，应当在宣告后立即将判决书送达当事人和提起公诉的人民检察院。判决书应当同时送达辩护人、诉讼代理人。

[条文主旨]

本条是关于判决宣告方式和判决书送达的规定。

[条文释解]

本条是1979年《刑事诉讼法》的规定，1996年未作修改，2012年作出了修改，增加规定“判决书应当同时送达辩护人、诉讼代理人”。宣告判决是公布法庭审判的最终结果，有非常重要的意义。公开宣告判决，对于公开审判案件来说，是公开审判的一个组成部分，对于不公开审理的案件来说，也体现了公正审判的精神。为了避免诉讼拖延，1979年《刑事诉讼法》明确规定：“宣告判决，一律公开进行。当庭宣告判决的，应当在五日以内将判决书送达当事人和提起公诉的人民检察院；定期宣告判决的，应当在宣告后立即将判决书送达当事人和提起公诉的人民检察院。”2012年修改《刑事诉讼法》时，一些律师和有关方面提出，由于法律未规定判决书应当送达辩护人、诉讼代理人，实践中经常会发生辩护人、诉讼代理人在判决宣告后很长时间不知道已经判决和判决结果的情况，不利于辩护人、诉讼代理人帮助其委托人提出上诉、申诉或者依法行使其他诉讼权利。针对实践中存在的这一问题，2012年修改刑事诉讼法时增加判决书应当同时送达辩护人、诉讼代理人的规定，以有利于更好地保障当事人的合法权利。

本条共分为两款。第1款是关于宣告判决一律公开进行的规定。“宣告判决”，是指人民法院对案件的判决予以宣布。根据本款规定，人民法院宣告判决，无论是公开审理的案件，还是不公开审理的案件，一律公开进行。不公开审理的案件，审理过程不对外公开，宣告判决也应公开进行，但对于不宜公开的内容，应当不写入判决书。

第2款是关于判决书送达的规定。宣告判决分为两种：一种是当庭宣告。当庭宣告一般适用于案件相对简单，处刑罚较轻的案件。对这类案件，合议庭经过评议，可以当庭作出判决。对于当庭宣告判决的，人民法院应当在五日以内将判决书送达当事人和提起公诉的人民检察院，并应同时送达辩护人、诉讼代理人。另一种是定期宣告。定期宣告一般适用于比较重大、复杂的案件。这类案件，合议庭、审判委员会往往要经过反复研究，可以另定日期宣告判决。对于定期宣告判决的，人民法院应当在宣告判决后立即将判决书送达当事人和提起公诉的人民检察院，也应同时送达辩护人、诉讼代理人。根据本法第 108 条的规定，“当事人”，是指被害人、自诉人、犯罪嫌疑人、被告人、附带民事诉讼的原告人和被告人；“诉讼代理人”，是指公诉案件的被害人及其法定代理人或者近亲属、自诉案件的自诉人及其法定代理人委托代为参加诉讼的人和附带民事诉讼的当事人及其法定代理人委托代为参加诉讼的人。

[审判实务]

裁判文书的制作过程，其实就是一个说理的过程。裁判文书应当叙述事实清楚，说理充分，引用法律条文准确无误，说服力强，使裁判符合司法公正的要求，能够得到公众的信服。在具体制作时，首先，要注意认定案件事实的准确性，案件事实是裁判的基准，要避免事实和理由的脱节，一切裁判的作出都要以案件事实为根本。其次，要增强文书法理方面的论证，不能简单地表述适用法律的某个条款，要结合法律规定和犯罪构成原理进行阐释，以此来论证被告人的行为是否有罪，触犯何种罪名，应如何量刑。对控辩双方意见采纳与否的情况及理由。这体现了法律的公开性，避免以往司法的强制特点，注重以理服人，这样可以使法官的自由裁量权受合法性与合理性原则的约束，从而有效规制和监督法官的自由裁量权，提升量刑结论的公信力。最后，注重在判决书中公开量刑理由。在以往的裁判文书中，量刑问题一直是法官行使自由裁量权“暗箱操作”的结点，量刑理由的公开可以通过公众监督避免糊涂案、人情案的情形，增强文书的说理性和公正性。量刑理由主要包括：已经查明的量刑事实及其对量刑的作用；是否采纳公诉人、当事人和辩护人、诉讼代理人发表的量刑建议、意见的理由；人民法院量刑的理由和法律依据。

[配套规定]

《最高人民法院关于适用〈中华人民共和国刑事诉讼法〉的解释》（法释［2012］21号）（2012年12月20日公布，自2013年1月1日起施行）（节录）

第二百四十七条 当庭宣告判决的，应当在五日内送达判决书。定期宣告判决的，应当在宣判前，先期公告宣判的时间和地点，传唤当事人并通知公诉人、法定代理人、辩护人和诉讼代理人；判决宣告后，应当立即送达判决书。

决书应当送达人民检察院、当事人、法定代理人、辩护人、诉讼代理人，并可以送达被告人的近亲属。判决生效后，还应当送达被告人的所在单位或者原户籍地的公安派出所，或者被告单位的注册登记机关。

第二百四十八条 宣告判决，一律公开进行。公诉人、辩护人、诉讼代理人、被害人、自诉人或者附带民事诉讼原告人未到庭的，不影响宣判的进行。

宣告判决结果时，法庭内全体人员应当起立。

第二百零三条 判决书应当由审判人员和书记员署名，并且写明上诉的期限和上诉的法院。

[条文主旨]

本条是关于判决书应当由哪些人署名以及写明如何上诉的规定。

[条文释解]

本条是1979年刑事诉讼法的规定，1996年未作修改，2012年对本条作了修改。人民法院制作判决书是人民法院行使国家审判权的体现，是具有法律效力的法律文件，是司法公正的最终载体。它关系到国家法律、法规的正确实施，关系到当事人诉讼权利和合法权的保护，也关系到人民法院实事求是、依法办案、秉公执法、刚正不阿的公正形象。判决书是法庭经过审理案件，在认定案件事实和证据并依照法律的规定对案件作出实体处理的重要司法文书，是审判工作的重要组成部分，是法官的一项重要任务。在判决书中写明上诉的期限和上诉的法院，便于当事人行使上诉权。1979 年《刑事诉讼法》第 122 条规定："判决书应当由合议庭的组成人员和书记员署名，并且写明上诉的期限和上诉的法院。"2012 年修改刑事诉讼法时，考虑到人民法院审理案件既有组成合议庭进行审判的，也有审判员一人独任进行审判的，对于适用简易程序由审判员一人独任审判的案件，判决书只能由审判该案件的审判员签署。因此，对本条规定作了相应修改，将"合议庭的组成人员"改为"审判人员"。

根据本条规定，判决书应当由审判人员和书记员署名，并且写明上诉的期限和上诉的法院。"判决书"，是人民法院对于被告人是否有罪，犯什么罪，适用什么刑罚或者免除刑罚所作出的书面决定。它是刑事诉讼中最重要的法律文书，也是执行机关执行人民法院判决的依据。"审判人员"，是指审判该案件的全体审判人员。在判决书上，全体审判人员和书记员都要签署姓名，对于由审判员一人独任审理的案件，由审理该案件的审判员和书记员签署姓名；对于组成合议庭进行审理的案件，应当由该合议庭审判长、审判员和人民陪审员及书记员签署姓名。没有上述人员签署姓名的判决书不具有法律效力。"写明上诉的期限和上诉的法院"，是指在判决书中必须明确写出被告人如对判决不服，可在多长时间内向哪个法院提出上诉。

[审判实务]

根据本法第 230 条的规定，不服判决的上诉期限为十日。上诉法院，是指作出一审刑事判决的人民法院的上一级人民法院，基层法院一审的，上诉法院就是该市、地区中级人民法院；中级人民法院一审的，上诉法院就是该省、自治区、直辖市高级人民法院。

[配套规定]

《最高人民法院关于适用〈中华人民共和国刑事诉讼法〉的解释》（法释[2012] 21 号）（2012 年 12 月 20 日公布，自 2013 年 1 月 1 日起施行）（节录）

第二百四十五条 合议庭成员应当在评议笔录上签名，在判决书、裁定书等法律文书上署名。

第二百零四条　在法庭审判过程中，遇有下列情形之一，影响审判进行的，可以延期审理：

（一）需要通知新的证人到庭，调取新的物证，重新鉴定或者勘验的；

（二）检察人员发现提起公诉的案件需要补充侦查，提出建议的；

（三）由于申请回避而不能进行审判的。

[条文主旨]

本条是关于人民法院可以延期审理案件的情形的规定。

[条文释解]

本条是1979年《刑事诉讼法》的规定，1996年、2012年作过修改。1979年《刑事诉讼法》第123条规定："在法庭审判过程中，遇有下列情形之一影响审判进行的，可以延期审理：（一）需要通知新的证人到庭，调取新的物证，重新鉴定或者勘验的；（二）检察人员发现提起公诉的案件需要补充侦查，提出建议的；（三）合议庭认为案件证据不充分，或者发现新的事实，需要退回人民检察院补充侦查或者自行调查的；（四）由于当事人申请回避而不能进行审判的。"1996年修改《刑事诉讼法》时删去了1979年《刑事诉讼法》该条第3项"合议庭认为案件证据不充分，或者发现新的事实，需要退回人民检察院补充侦查或者自行调查的"的规定。删去这一规定的主要理由是，庭审方式改革后，开庭前审判人员不再核实证据，庭审中只由公诉人出示证据，就公诉人指控的犯罪进行法庭调查和辩论，如果证明犯罪的证据确实、充分，应当依法作出有罪判决，对证据有疑问的，可以休庭，对证据进行调查核实，如果证据不足以认定被告人有罪的，则应作出指控的犯罪不能成立的无罪判决，除人民检察院主动提出退回补充侦查的建议外，法庭不再将案件退回补充侦查。2012年修改《刑事诉讼法》时删去1996年《刑事诉讼法》该条第4项"由于当事人申请回避而不能进行审判"中的"当事人"。2012年修改《刑事诉讼法》时考虑到增加了辩护人、诉讼代理人也有权申请回避，对于辩护人、诉讼代理人申请回避导致案件不能进行审判的，人民法院也可以决定延期审理，因此相应地删去了“当事人”申请回避的限制条件。

[审判实务]

本条规定的“延期审理”，是指在法庭审判过程中，出现本条规定的三种情形，使审判活动不能继续进行，合议庭因此停止审判活动等影响审判正常进行的情形消失后，再开庭审理。根据本条规定，人民法院延期审理的情形有以下三种：

一是公诉人、当事人和辩护人、诉讼代理人申请新的证人到庭，调取新的物证，重新鉴定或者勘验的。如果合议庭同意上述申请，而当庭又无法解决的，可以决定延期审理。

二是在审判过程中，检察人员发现提起公诉的案件中有些犯罪事实还不清楚，证据还不确实、充分，提出需要补充侦查的建议，被合议庭接受的，可以决定延期审理。

三是由于申请回避而不能进行审判的。包括两种情况：一种是合议庭对当事人、辩护人、诉讼代理人的申请不能当庭作出决定；另一种是申请回避的人员应当回避，需要更换人员的。

[配套规定]

1.《最高人民法院关于适用〈中华人民共和国刑事诉讼法〉的解释》（法释［2012］21号）（2012年12月20日公布，自2013年1月1日起施行）（节录）

第二百二十二条 法庭审理过程中，当事人及其辩护人、诉讼代理人申请通知新的证人到庭，调取新的证据，申请重新鉴定或者勘验的，应当提供证人的姓名、证据的存放地点，说明拟证明的案件事实，要求重新鉴定或者勘验的理由。法庭认为有必要的，应当同意，并宣布延期审理；不同意的，应当说明理由并继续审理。

延期审理的案件，符合刑事诉讼法第二百零二条第一款规定的，可以报请上级人民法院批准延长审理期限。

人民法院同意重新鉴定申请的，应当及时委托鉴定，并将鉴定意见告知人民检察院、当事人及其辩护人、诉讼代理人。

第二百二十三条 审判期间，公诉人发现案件需要补充侦查，建议延期审理的，合议庭应当同意，但建议延期审理不得超过两次。

人民检察院将补充收集的证据移送人民法院的，人民法院应当通知辩护人、诉讼代理人查阅、摘抄、复制。

补充侦查期限届满后，经法庭通知，人民检察院未将案件移送人民法院，且未说明原因的，人民法院可以决定按人民检察院撤诉处理。

2.**《人民检察院刑事诉讼规则》**（高检发释字［2019］4号）（2019年12月30日公布并施行）（节录）

第四百二十条 在法庭审判过程中，遇有下列情形之一的，公诉人可以建议法庭延期审理：

（一）发现事实不清、证据不足，或者遗漏罪行、遗漏同案犯罪嫌疑人，需要补充侦查或者补充提供证据的；

（二）被告人揭发他人犯罪行为或者提供重要线索，需要补充侦查进行查证的；

（三）发现遗漏罪行或者遗漏同案犯罪嫌疑人，虽不需要补充侦查和补充提供证据，但需要补充、追加起诉的；

（四）申请人民法院通知证人、鉴定人出庭作证或者有专门知识的人出庭提出意见的；

（五）需要调取新的证据，重新鉴定或者勘验的；

（六）公诉人出示、宣读开庭前移送人民法院的证据以外的证据，或者补充、追加、变更起诉，需要给予被告人、辩护人必要时间进行辩护准备的；

（七）被告人、辩护人向法庭出示公诉人不掌握的与定罪量刑有关的证据，需要调查核实的；

（八）公诉人对证据收集的合法性进行证明，需要调查核实的。

在人民法院开庭审理前发现具有前款情形之一的，人民检察院可以建议人民法院延期审理。

第四百二十一条 法庭宣布延期审理后，人民检察院应当在补充侦查期限内提请人民法院恢复法庭审理或者撤回起诉。

公诉人在法庭审理过程中建议延期审理的次数不得超过两次，每次不得超过一个月。

第四百二十二条 在审判过程中，对于需要补充提供法庭审判所必需的证据或者补充侦查的，人民检察院应当自行收集证据和进行侦查，必要时可以要求监察机关或者公安机关提供协助；也可以书面要求监察机关或者公安机关补充提供证据。

人民检察院补充侦查，适用本规则第六章、第九章、第十章的规定。

补充侦查不得超过一个月。

第四百二十三条 人民法院宣告判决前，人民检察院发现被告人的真实身份或者犯罪事实与起诉书中叙述的身份或者指控犯罪事实不符的，或者事实、证据没有变化，但罪名、适用法律与起诉书不一致的，可以变更起诉。发现遗漏同案犯罪嫌疑人或者罪行的，应当要求公安机关补充移送起诉或者补充侦查；对于犯罪事实清楚，证据确实、充分的，可以直接追加、补充起诉。

第四百二十四条 人民法院宣告判决前，人民检察院发现具有下列情形之一的，经检察长批准，可以撤回起诉：

（一）不存在犯罪事实的；

（二）犯罪事实并非被告人所为的；

（三）情节显著轻微、危害不大，不认为是犯罪的；

（四）证据不足或证据发生变化，不符合起诉条件的；

（五）被告人因未达到刑事责任年龄，不负刑事责任的；

（六）法律、司法解释发生变化导致不应当追究被告人刑事责任的；

（七）其他不应当追究被告人刑事责任的。

对于撤回起诉的案件，人民检察院应当在撤回起诉后三十日以内作出不起诉决定。需要重新调查或者侦查的，应当在作出不起诉决定后将案卷材料退回监察机关或者公安机关，建议监察机关或者公安机关重新调查或者侦查，并书面说明理由。

对于撤回起诉的案件，没有新的事实或者新的证据，人民检察院不得再行起诉。

新的事实是指原起诉书中未指控的犯罪事实。该犯罪事实触犯的罪名既可以是原指控罪名的同一罪名，也可以是其他罪名。

新的证据是指撤回起诉后收集、调取的足以证明原指控犯罪事实的证据。

第四百二十五条 在法庭审理过程中，人民法院建议人民检察院补充侦查、补充起诉、追加起诉或者变更起诉的，人民检察院应当审查有关理由，并作出是否补充侦查、补充起诉、追加起诉或者变更起诉的决定。人民检察院不同意的，可以要求人民法院就起诉指控的犯罪事实依法作出裁判。

第四百二十六条 变更、追加、补充或者撤回起诉应当以书面方式在判决宣告前向人民法院提出。

第四百二十七条 出庭的书记员应当制作出庭笔录，详细记载庭审的时间、地点、参加人员、公诉人出庭执行任务情况和法庭调查、法庭辩论的主要内容以及法庭判决结果，由公诉人和书记员签名。

第四百二十八条 人民检察院应当当庭向人民法院移交取回的案卷材料和证据。在审判长宣布休庭后，公诉人应当与审判人员办理交接手续。无法当庭移交的，应当在休庭后三日以内移交。

第四百二十九条 人民检察院对查封、扣押、冻结的被告人财物及其孳息，应当根据不同情况作以下处理：

（一）对作为证据使用的实物，应当依法随案移送；对不宜移送的，应当将其清单、照片或者其他证明文件随案移送。

（二）冻结在金融机构、邮政部门的违法所得及其他涉案财产，应当向人民法院随案移送该金融机构、邮政部门出具的证明文件。待人民法院作出生效判决、裁定后，由人民法院通知该金融机构上缴国库。

（三）查封、扣押的涉案财物，对依法不移送的，应当随案移送清单、照片或者其他证明文件。待人民法院作出生效判决、裁定后，由人民检察院根据人民法院的通知上缴国库，并向人民法院送交执行回单。

（四）对于被扣押、冻结的债券、股票、基金份额等财产，在扣押、冻结期间权利人申请出售的，参照本规则第二百一十四条的规定办理。

第二百零五条 依照本法第二百零四条第二项的规定延期审理的案件，人民检察院应当在一个月以内补充侦查完毕。

[条文主旨]

本条是关于人民检察院对在法庭审理中申请补充侦查的案件进行补充侦查的期限的规定。

[条文释解]

本条是1996年修改《刑事诉讼法》时增加的规定，2012年未作修改，2018年修改《刑事诉讼法》时对本条的具体内容未作修改，只对本条中引用的条文的序号按照修改后的条文序号作了相应调整。关于人民检察院补充侦查案件的期限，1979年《刑事诉讼法》没有明确规定。1984年7月7日第六届全国人民代表大会常务委员会第六次会议通过的《关于刑事案件办案期限的补充规定》第7条规定，人民法院退回人民检察院补充侦查的案件，人民检察院应当在一个月或内补充侦查完毕。根据实际办案的需要，1996年《刑事诉讼法》对这一内容作了合理吸收，并同时宣布于1997年1月1日废止《关于刑事案件办案期限的补充规定》。2012年本条内容未作修改。根据本条规定，依照本法第204条第2项的规定延期审理的案件，人民检察院应当在一个月以内补充侦查完毕。适用这一规定必须具备以下几个条件：一是必须是法庭审判过程中；二是必须是检察人员发现提起公诉的案件需要补充侦查，自己向法庭提出建议的情况；三是人民检察院对自己申请补充侦查的案件，应当在一个月以内补充侦查完毕。

[配套规定]

《最高人民法院关于适用〈中华人民共和国刑事诉讼法〉的解释》（法释［2012］21号）（2012年12月20日公布，自2013年1月1日起施行）（节录）

第二百二十三条 审判期间，公诉人发现案件需要补充侦查，建议延期审理的，合议庭应当同意，但建议延期审理不得超过两次。

人民检察院将补充收集的证据移送人民法院的，人民法院应当通知辩护人、诉讼代理人查阅、摘抄、复制。

补充侦查期限届满后，经法庭通知，人民检察院未将案件移送人民法院，且未说明原因的，人民法院可以决定按人民检察院撤诉处理。

第二百零六条 在审判过程中，有下列情形之一，致使案件在较长时间内无法继续审理的，可以中止审理：

（一）被告人患有严重疾病，无法出庭的；

（二）被告人脱逃的；

（三）自诉人患有严重疾病，无法出庭，未委托诉讼代理人出庭的；

（四）由于不能抗拒的原因。

中止审理的原因消失后，应当恢复审理。中止审理的期间不计入审理期限。

[条文主旨]

本条是关于中止审理的规定。

[条文释解]

本条是2012年修改《刑事诉讼法》时增加的规定，2018年未作修改。原《刑事诉讼法》对中止审理未作规定，但实践中存在案件应当中止审理的情形，本款规定为中止审理提供了法律依据。一般来说，中止审理是人民法院在受理案件后，作出判决前，出现了一些使审判在一定时期内无法继续进行的情况，决定暂时停止案件审理，待有关情形消失以后，再行恢复审判的活动。1998年《最高人民法院关于执行〈中华人民共和国刑事诉讼法〉若干问题的解释》对中止审理作了规定，在审判过程中，自诉人或者被告人患精神病或者其他严重疾病，以及案件起诉到人民法院后被告人脱逃，致使案件在较长时间内无法继续审理的，应当中止审理。2012年修改《刑事诉讼法》时综合考虑了自诉案件、公诉案件的情况对中止审理制度作了规定。

本条共分为两款。第1款是关于中止审理的具体情形的规定。根据本款规定，适用中止审理主要包括如下四种情形：1. 被告人患有严重疾病，无法出庭的。这里的被告人既包括公诉案件的被告人，也包括自诉案件的被告人。应当注意的是，这里的“患有严重疾病”应当是严格的、狭义的，主要应当是因患严重疾病无法辨认、控制自己的行为，无法表达自己的真实意思，一旦出庭可能影响其生命安全等，而不是一患重病，即可中止审理。2. 被告人脱逃的。这里的脱逃不限于刑法规定的脱逃罪，自诉案件的被告人以及一部分公诉案件未被关押的被告人都有可能因为脱逃导致诉讼无法正常进行。3. 自诉人患有严重疾病，无法出庭，未委托诉讼代理人出庭的。本项规定实际上部分修改了第 211 条第 2 款的内容。第 211 条第 2 款规定，自诉人经两次依法传唤，无正当理由拒不到庭的，按撤诉处理。根据本法第 33 条、第 46 条、第 47 条的规定，自诉人可以委托诉讼代理人参加诉讼。因此，自诉人不到庭的，也可以由其诉讼代理人代为参加诉讼。对本项的规定来说，自诉人患有严重疾病，无法出庭的，可以由其诉讼代理人出庭。如果未委托诉讼代理人的，可依法决定中止审理。4. 由于不能抗拒的原因。主要是非因自身原因的情况，如自然灾害、突发事件等。

第 2 款是关于中止审理的原因消失后应如何处理的规定。根据本款规定，中止审理的原因消失后，应当恢复审理。中止审理的期间不计入审理期限。

[审判实务]

1. 中止审理与终止审理不同。终止审理是指在案件审理过程中，由于出现某些特定的情形而使案件失去继续审理的必要性，从而结束对案件的审理不再重新开始的一项诉讼制度。根据《刑事诉讼法》的规定，当具有犯罪已过追诉时效期限、经特赦令赦免、被告人死亡等情形时，人民法院应当终止审理。终止审理的效力是终结对案件的法庭审判活动，审判程序不再重新开始，由此而产生的刑事诉讼法律关系和诉讼直接归于消灭；而中止审理则是暂时中断对案件的法庭审判活动，刑事诉讼法律关系和诉讼尚在维系之中，当中止审理的原因消失后，再重新恢复审理。

2. 中止审理与延期审理不同。延期审理是指在法庭审判过程中，由于遇到了影响审判继续进行的情况，法庭依法决定将案件的审理推迟，等到影响审理进行的原因消失后，再继续开庭审理的一项诉讼制度。中止审理与延期审理都是因法定事由，由法院决定暂停审理的诉讼制度，两者的区别在于：第一，中止审理和延期审理的理由不同。中止审理的原因主要是因为与案件有直接利害关系的当事人不能到庭，尤其是被告人不能到庭受审，因而使案件不能继续审理。而延期审理则是因故不能按照原定时间开庭审理，或者是在开庭后因故不能继续审理，而决定顺延审判期日的一种制度。第二，中止审理是中止诉讼程序，因而中止审理的期间不计入审判期限；延期审理则只是中断审判的具体时间，而不是诉讼活动的停止，因而延期的期间一般要计入审判期限。第三，中止审理是暂时停止一切与该案有关的诉讼活动；而延期审理只是顺延审判期日，不妨碍进行与法庭审理有关的其他诉讼活动，如下一次开庭审理的准备活动等。

3. 人民法院可以对全案中止审理；根据案件情况，也可以对该部分被告人中止审理，对其他被告人继续审理。

[配套规定]

《最高人民法院关于适用〈中华人民共和国刑事诉讼法〉的解释》（法释［2012］21号）（2012年12月20日公布，自2013年1月1日起施行）（节录）

第二百五十七条 有多名被告人的案件，部分被告人具有刑事诉讼法第二百条第一款规定情形的，人民法院可以对全案中止审理；根据案件情况，也可以对该部分被告人中止审理，对其他被告人继续审理。

对中止审理的部分被告人，可以根据案件情况另案处理。

第二百零七条　法庭审判的全部活动，应当由书记员写成笔录，经审判长审阅后，由审判长和书记员签名。

法庭笔录中的证人证言部分，应当当庭宣读或者交给证人阅读。证人在承认没有错误后，应当签名或者盖章。

法庭笔录应当交给当事人阅读或者向他宣读。当事人认为记载有遗漏或者差错的，可以请求补充或者改正。当事人承认没有错误后，应当签名或者盖章。

[条文主旨]

本条是关于制作法庭笔录的程序要求的规定。

[条文释解]

本条是1979年《刑事诉讼法》的规定。法庭笔录是做好庭审工作的基础性工作，对于法庭进一步审理案件，调查案件事实，合议庭评议案件，法庭最终作出判决以及在二审、再审时作为审理案件的依据都是非常重要的。在许多国家，法庭笔录本身也是一种证据形式。因此规范法庭审理案件时做好法庭笔录工作十分重要。

本条共分为三款。第 1 款是关于法庭审判的全部活动必须制成笔录并经有关人员审阅、签名的规定。法庭笔录是记载全部审判活动的文字材料，是重要的诉讼文书，既是合议庭分析研究案情的重要依据，又是审查审判活动是否合法的主要依据。制作法庭笔录，必须将审判中的全部活动以及全部过程按照时间顺序如实记载，不能遗漏，不能增减，不能自行涂改，做到客观、真实、准确、全面。书记员在记录时，要注意做到字迹清楚。根据本款规定，书记员写成法庭笔录，经审判长审阅后，审判长和书记员应在笔录上签字。

第 2 款是关于法庭笔录中的证人证言部分当庭宣读或者交给证人阅读并签名的规定。根据本款规定，法庭笔录中的证人证言部分，合议庭应当当庭宣读或者交给证人阅读，宣读通常由书记员进行。宣读或者交给证人阅读的证人证言部分，应当限于该证人本人的证人证言部分。证人在听完宣读或者阅读完笔录后，认为记录与自己陈述一致，没有出入的，应当签名或者盖章。如果证人不会写字，也没有图章，可以按手印。证人提出证言笔录记录有误的，书记员应当及时修改、补充，直到证人承认没有错误后，再签名或者盖章。

第 3 款是关于将法庭笔录交给当事人阅读或者向他宣读并签名的规定。根据本款规定，法庭笔录应当交给当事人阅读或者向他宣读。当事人认为笔录记载有遗漏或者差错的，可以请求补充或者改正，法庭认为当事人请求有理由的，应当进行补充或者改正。当事人承认笔录记载没有错误后，应当签名或者盖章，也可以按手印代替签名、盖章。

[审判实务]

在实际审判工作中，证人、当事人阅读笔录或者向他们宣读笔录的情况，书记员应当注明。如果证人、当事人拒绝签名或者盖章的，法庭应当作说明或者说服工作，但不能强制、威胁其签名或者盖章，书记员应当如实注明有关情况。

[配套规定]

1.《最高人民法院关于适用〈中华人民共和国刑事诉讼法〉的解释》（法释［2012］21号）（2012年12月20日公布，自2013年1月1日起施行）（节录）

第二百三十八条 开庭审理的全部活动，应当由书记员制作笔录；笔录经审判长审阅后，分别由审判长和书记员签名。

第二百三十九条 法庭笔录应当在庭审后交由当事人、法定代理人、辩护人、诉讼代理人阅读或者向其宣读。

法庭笔录中的出庭证人、鉴定人、有专门知识的人的证言、意见部分，应当在庭审后分别交由有关人员阅读或者向其宣读。

前两款所列人员认为记录有遗漏或者差错的，可以请求补充或者改正；确认无误后，应当签名；拒绝签名的，应当记录在案；要求改变庭审中陈述的，不予准许。

2.《最高人民法院关于庭审活动录音录像的若干规定》（法发［2010］33号）（2010年8月16日公布并施行）（节录）

一、人民法院开庭审理第一审普通程序和第二审程序刑事、民事和行政案件，应当对庭审活动全程同步录音或者录像；简易程序及其他程序案件，应当根据需要对庭审活动录音或者录像。

对于巡回审判等不在审判法庭进行的庭审活动，不具备录音录像条件的，可以不录音录像。

二、人民法院应当在审判法庭安装录音设备；有条件的应当安装录像设备。人民法庭可以根据实际需要在部分审判法庭安装录音或者录像设备。

三、庭审录音录像应当由书记员或者其他工作人员自案件开庭时开始录制，并告知诉讼参与人，至闭庭时结束。除休庭和不宜录音录像的调解活动外，录音录像不得间断。

书记员应当将庭审录音录像的起始、结束时间及有无间断等情况记入法庭笔录。

四、当事人和其他诉讼参与人对法庭笔录有异议并申请补正的，书记员应当播放录音录像进行核对、补正。如果不予补正，应当将申请记录在案。

五、人民法院应当使用专门设备存储庭审录音录像，并将其作为案件材料以光盘等方式存入案件卷宗；具备当事人、辩护人、代理人等在人民法院查阅条件的，应当将其存入案件卷宗的正卷。未经人民法院许可，任何人不得复制、拍录、传播庭审录音录像。

庭审录音录像的保存期限与案件卷宗的保存期限相同。

六、人民法院应当采取叠加同步录制时间或者其他措施保证庭审录音录像的真实性、完整性。对于毁损庭审录音录像或者篡改其内容的，追究行为人相应的行政或者法律责任。

因设备、技术等原因导致庭审录音录像内容不完整或者不存在的，负责录制的人员应当做出书面说明，经审判长或者庭长审核签字后附卷；内容不完整的庭审录音录像仍应存储并入卷。

七、在庭审中，诉讼参与人或者旁听人员违反法庭纪律或者有关法律规定，破坏法庭秩序、妨碍诉讼活动顺利进行的，庭审录音录像可以作为追究其法律责任的证据。

八、当事人和其他诉讼参与人认为庭审活动不规范或者存在违法现象的，人民法院应当结合庭审录音录像进行调查核实。

九、人民法院院长、庭长或者纪检监察部门，可以根据工作需要调阅庭审录音录像。调阅不公开审理案件的庭审录音录像，应当遵守有关保密规定。

十、高级人民法院可以结合当地实际，在庭审录音录像的技术、管理、应用等方面制定本规定的实施细则。

十一、人民法院进行其他审判、执行、听证、接访等活动，需要录音录像的，参照本规定执行。

第二百零八条　人民法院审理公诉案件，应当在受理后二个月以内宣判，至迟不得超过三个月。对于可能判处死刑的案件或者附带民事诉讼的案件，以及有本法第一百五十八条规定情形之一的，经上一级人民法院批准，可以延长三个月；因特殊情况还需要延长的，报请最高人民法院批准。

人民法院改变管辖的案件，从改变后的人民法院收到案件之日起计算审理期限。

人民检察院补充侦查的案件，补充侦查完毕移送人民法院后，人民法院重新计算审理期限。

[条文主旨]

本条是关于公诉案件第一审审理期限的规定。

[条文释解]

本条是1979年《刑事诉讼法》的规定，经过多次修改。1996年修改《刑事诉讼法》时对1979年《刑事诉讼法》第125条作了修改。1979年《刑事诉讼法》第125条规定，人民法院审理公诉案件，应当在受理后一个月以内宣判，至迟不得超过一个半月。但是在实际工作中，一些重大、复杂的案件，确实无法在这个期限内审结。同时，对人民法院改变管辖的案件，以及退回人民检察院补充侦查的案件，如何计算办案期限，上述规定也不明确，执行中出现了一些争议。为了解决刑事诉讼中的这些问题，1984年7月7日第六届全国人民代表大会常务委员会第六次会议通过的《关于刑事案件办案期限的补充规定》，曾对办案期限作了补充修改。关于案件的一审期限，该规定第1条、第2条规定，重大的犯罪集团案件和流窜作案的重大复杂案件、交通十分不便的边远地区的重大复杂案件，经省、自治区、直辖市高级人民法院批准或者决定，可以延长一个月。第6条、第7条还对人民法院改变管辖的案件和退回人民检察院补充侦查的案件如何计算办案期限，作出了明确规定。第6条规定，人民法院改变管辖的公诉案件，从改变后的办案机关收到案件之日起计算办案期限。第7条规定，人民法院退回人民检察院补充侦查的案件，补充侦查完毕移送人民法院后，人民法院重新计算审理期限。实践证明，这些规定是符合当时我国审判工作实际需要的，1996年修改《刑事诉讼法》时，吸收了《关于刑事案件办案期限的补充规定》中有关一审案件审理期限的有关规定。2012年修改《刑事诉讼法》时，进一步延长了案件审理的期限，规定一般公诉案件的一审审限最长可以延长至三个月；增加规定对于可能判处死刑的案件或者附带民事诉讼的案件，经上一级人民法院批准，审理期限可以延长三个月；将2012年《刑事诉讼法》第156条规定情形之一的案件，经上一级人民法院批准可以延长的时间由再延长一个月修改为延长三个月；增加规定因特殊情况还需要延长的，报请最高人民法院批准。这样修改主要是考虑到审判是决定被告人是否构成犯罪和判处刑罚的关键环节，不宜因审理期限而影响案件审判质量，对一些重大、疑难、复杂案件的审理期限，有条件地适当延长是可以的，本条根据实际需要作了有针对性的修改。

本条共分为三款。第1款是关于人民法院审理第一审公诉案件的审理期限的规定。本条规定的期限，是指被告人被羁押的刑事案件的办案期限，从人民法院收到同级人民检察院移送来案件的第二日开始计算。本款规定包括三个方面的内容：1. 根据本款规定，人民法院审理公诉案件，应当在受理后二个月以内宣判，至迟不得超过三个月。2. 三种情况下，经上一级人民法院批准可以延长三个月。一是可能判处死刑的案件。死刑案件涉及对公民生命权的剥夺，仓促决定会造成难以挽回的错误；且死刑案件往往较为复杂，证据要求高；尤其是对于有被害人的死刑案件，考虑到办案的效果，司法机关常常还要做双方当事人及其家属的工作，工作难度大，耗时长，因此，2012年《刑事诉讼法》修改时对死刑案件增加规定，经上一级人民法院批准可以延长三个月。这样规定有利于防止冤假错案、保证审判公正，也体现了对死刑判决应慎重决定的态度。二是附带民事诉讼案件。此类案件实际是刑事案件加上民事案件，涉及赔偿范围的确定、财产保全措施，尤其是对此类案件的调解往往占用大量时间。从实践看，对附带民事诉讼的调解需要做大量工作，为保证办案效果，调解已经成了必须要做的工作。2010年《最高人民法院关于贯彻宽严相济刑事政策的若干意见》要求，要充分发挥被告人、被害人所在单位、社区基层组织、辩护人、诉讼代理人和近亲属在附带民事诉讼调解工作中的积极作用，协调各方共同做好促进调解工作，尽可能通过调解达成民事赔偿协议并以此取得被害人及其家属对被告人的谅解，化解矛盾，促进社会和谐。此后，《最高人民法院关于进一步贯彻“调解优先、调判结合”工作原则的若干意见》规定，对刑事附带民事诉讼案件，要在调解的方法、赔偿方式、调解案件适用时间、期间和审限等方面进行积极探索，把握一切有利于附带民事诉讼调解结案的积极因素，争取达成民事赔偿调解协议。2012年修改《刑事诉讼法》时，综合考虑各种情况，规定对附带民事诉讼案件，经上一级人民法院批准，可以延长三个月。三是有本法第158条规定情形之一的案件。包括交通十分不便的边远地区的重大复杂案件；重大的犯罪集团案件；流窜作案的重大复杂案件；犯罪涉及面广，取证困难的重大复杂案件。对这四种情况前文已有具体阐述，不再赘述。3. 因特殊情况还需要延长的，报请最高人民法院批准。“特殊情况”是指案情特别重大、复杂或者有其他重要原因影响案件及时审理完毕的情况。对于这类案件，本款规定，应报请最高人民法院批准。对具体延长的期限没有作出规定，主要是考虑这种案件的数量极少，实践中的情况比较复杂，交最高人民法院依具体情况予以处理更为妥当。

第 2 款是关于人民法院改变管辖的案件如何计算审理期限的规定。根据本款规定，人民法院改变管辖的案件，从改变后的人民法院收到案件之日起计算审理期限。

第 3 款是关于人民法院对人民检察院补充侦查完毕移送的案件如何计算审理期限的规定。根据本款规定，人民检察院补充侦查的案件，补充侦查完毕移送人民法院后，人民法院重新计算审理期限。

[审判实务]

在审判实践中，要注意两个问题：一是人民法院要不断改进工作，提高办案质量和办案效率，不要一遇有以上情形之一的案件，都延长审理期限，而应当实事求是地尽可能缩短办案期限；二是绝不能在不符合改变管辖或补充侦查条件的情况下，利用改变管辖或者退回补充侦查的规定，变相延长审理期限。

[配套规定]

《最高人民法院关于适用〈中华人民共和国刑事诉讼法〉的解释》（法释［2012］21 号）（2012 年 12 月 20 日公布，自 2013 年 1 月 1 日起施行）（节录）

第一百七十二条　指定管辖案件的审理期限，自被指定管辖的人民法院收到指定管辖决定书和有关案卷、证据材料之日起计算。

第一百七十三条　申请上级人民法院批准延长审理期限，应当在期限届满十五日前层报。有权决定的人民法院不同意延长的，应当在审理期限届满五日前作出决定。

因特殊情况申请最高人民法院批准延长审理期限，最高人民法院经审查，予以批准的，可以延长审理期限一至三个月。期限届满案件仍然不能审结的，可以再次提出申请。

第一百七十四条　审判期间，对被告人作精神病鉴定的时间不计入审理期限。

第二百零九条 人民检察院发现人民法院审理案件违反法律规定的诉讼程序，有权向人民法院提出纠正意见。

[条文主旨]

本条是关于人民检察院对人民法院审理案件活动进行监督的规定。

[条文释解]

本条是1979年《刑事诉讼法》的规定，1996年作过修改。1979年《刑事诉讼法》第112条规定："出庭的检察人员发现审判活动有违法情况，有权向法庭提出纠正意见。"1982年《宪法》第129条规定："中华人民共和国人民检察院是国家的法律监督机关。"为体现宪法精神，1996年《刑事诉讼法》修改，把加强人民检察院的法律监督职能，保证国家法律有效地实施，作为一个重要问题进行研究，第8条明确规定："人民检察院依法对刑事诉讼实行法律监督。"但是，人民检察院在刑事诉讼活动中如何切实履行法律监督职能，是需要认真研究的问题。人民检察院对人民法院审理刑事案件的法律监督职能，应当是人民检察院作为国家法律监督机关的职权，这个职权的行使，在检察机关内部要经过一定的程序。1979年《刑事诉讼法》规定检察人员在法庭中发现审判活动有违法情况有权向法庭提出纠正意见，就没有经过这个程序，实际上只是一种个人的监督，不是机关的监督，而且这种当庭监督也混淆了检察机关出庭支持公诉和法律监督职能的关系。这样规定不符合法律规定的检察权的本来含义，也不利于维护法庭的尊严和法庭审判的正常进行。考虑到以上情况，同时为了加强人民检察院对人民法院刑事审判活动的监督，1996年修改《刑事诉讼法》时对本条作了修改。

根据本条规定，人民检察院对人民法院审理案件违反法律规定的诉讼程序、有权向人民法院提出纠正意见。"违反法律规定的诉讼程序"，是指人民法院在审理刑事案件过程中，违反本法规定的有关程序。"提出纠正意见"，是指人民检察院进行法律监督，明确指出人民法院在审理哪个案件中，如何违反了法律规定的诉讼程序，应当怎样改正等。人民检察院对人民法院审理案件违反法律规定的诉讼程序的，不论是否实际影响到案件审理结果，都应当提出纠止意见。对于人民检察院提出的纠正意见，人民法院应当认真研究，对于错误要及时进行改正，并应当向人民检察院通报改正情况。

[审判实务]

人民检察院对人民法院审判进行法律监督，是指人民检察院作为一个法律监督机关的整体职能，有权对人民法院的审判活动进行监督。公诉人在履行提起公诉的职能时，发现法庭有违反法律规定的诉讼程序的情况，应当把情况向检察院有关领导汇报后，以人民检察院的名义，向人民法院提出纠正意见。

[配套规定]

1.《最高人民法院关于适用〈中华人民共和国刑事诉讼法〉的解释》（法释［2012］21号）（2012年12月20日公布，自2013年1月1日起施行）（节录）

第二百五十八条 人民检察院认为人民法院审理案件违反法定程序，在庭审后提出书面纠正意见，人民法院认为正确的，应当采纳。

2.《人民检察院刑事诉讼规则》（高检发释字［2019］4号）（2019年12月30日公布并施行）（节录）

第三百九十八条 公诉人在法庭上应当依法进行下列活动：

……

（七）对法庭审理案件有无违反法律规定诉讼程序的情况记明笔录；

……

第五百七十条 人民检察院应当对审判活动中是否存在以下违法行为进行监督：

（一）人民法院对刑事案件的受理违反管辖规定的；

（二）人民法院审理案件违反法定审理和送达期限的；

（三）法庭组成人员不符合法律规定，或者依照规定应当回避而不回避的；

（四）法庭审理案件违反法定程序的；

（五）侵犯当事人、其他诉讼参与人的诉讼权利和其他合法权利的；

（六）法庭审理时对有关程序问题所作的决定违反法律规定的；

（七）违反法律规定裁定发回重审的；

（八）故意毁弃、篡改、隐匿、伪造、偷换证据或者其他诉讼材料，或者依据未经法定程序调查、质证的证据定案的；

（九）依法应当调查收集相关证据而不收集的；

（十）徇私枉法，故意违背事实和法律作枉法裁判的；

（十一）收受、索取当事人及其近亲属或者其委托的律师等人财物或者其他利益的；

（十二）违反法律规定采取强制措施或者采取强制措施法定期限届满，不予释放、解除或者变更的；

（十三）应当退还取保候审保证金不退还的；

（十四）对与案件无关的财物采取查封、扣押、冻结措施，或者应当解除查封、扣押、冻结而不解除的；

（十五）贪污、挪用、私分、调换、违反规定使用查封、扣押、冻结的财物及其孳息的；

（十六）其他违反法律规定的行为。

第五百七十一条 人民检察院检察长或者检察长委托的副检察长，可以列席同级人民法院审判委员会会议，依法履行法律监督职责。

第五百七十二条 人民检察院在审判活动监督中，发现人民法院或者审判人员审理案件违反法律规定的诉讼程序，应当向人民法院提出纠正意见。

人民检察院对违反程序的庭审活动提出纠正意见，应当由人民检察院在庭审后提出。出席法庭的检察人员发现法庭审判违反法律规定的诉讼程序，应当在休庭后及时向检察长报告。

第二节 自诉案件

第二百一十条 自诉案件包括下列案件：

（一）告诉才处理的案件；

（二）被害人有证据证明的轻微刑事案件；

（三）被害人有证据证明对被告人侵犯自己人身、财产权利的行为应当

依法追究刑事责任，而公安机关或者人民检察院不予追究被告人刑事责任的案件。

[条文主旨]

本条是关于自诉案件范围的规定。

[条文释解]

本条是1979年《刑事诉讼法》的规定，1996年作过修改。关于自诉案件的范围，1979年《刑事诉讼法》第13条第1款规定："告诉才处理和其他不需要进行侦查的轻微刑事案件，由人民法院直接受理，并可以进行调解。"根据这一规定，自诉案件包括两类：一类是刑法里明确规定的告诉才处理的案件；另一类是不需要进行侦查的轻微的刑事案件。这个范围规定主要存在以下两个问题：一是"其他不需要进行侦查的轻微刑事案件"的范围不明确，实践中难以把握。对是否需要进行侦查由谁来认定，实践中有不同的认识，造成案件管辖的"扯皮"现象。鉴于上述理由，1996年《刑事诉讼法》明确规定"被害人有证据证明的轻微刑事案件"。二是1979年《刑事诉讼法》主要偏重于维护国家追诉权，对被害人权利的保护较少，实践中公民权利受到犯罪分子侵害，有的公安机关或者检察院的办案人员严重不负责任，推诿敷衍，该管的不管，被害人告状无门。为了解决个别案件老百姓告状无门的问题，1996年《刑事诉讼法》规定，被害人有证据证明对被告人侵犯自己人身、财产权利的行为应当依法追究刑事责任，而公安机关或者人民检察院不予追究的，人民法院可以直接受理。

本条规定的"自诉案件"，是指被害人及其法定代理人以书面或者口头形式直接向人民法院提起刑事诉讼，由人民法院直接受理的刑事案件。根据本条规定，自诉案件包括以下三种：一是告诉才处理的案件。根据刑法的规定，告诉才处理的案件包括侮辱、诽谤案件、暴力干涉婚姻自由案件、虐待案件、侵占案件。二是被害人有证据证明的轻微刑事案件。"有证据证明"，主要是指被害人能够明确提供被告人的身份，有确实、充分的证据证明该被告人对自己实施了犯罪行为。被害人的证据不足以证明被告人犯罪的案件，应当向侦查机关报案，由侦查机关进行立案侦查。这里所说的"轻微刑事案件”，司法实践中主要掌握以下几类：故意伤害案（轻伤）；重婚案；遗弃案；妨害通信自由案；非法侵入他人住宅案；生产、销售伪劣商品案件（严重危害社会秩序和国家利益的除外）；侵犯知识产权案件（严重危害社会秩序和国家利益的除外）以及属于刑法分则第四章、第五章规定的，对被告人可以判处三年有期徒刑以下刑罚的其他轻微刑事案件。三是被害人有证据证明对被告人侵犯自己人身、财产权利的行为应当依法追究刑事责任，而公安机关或者人民检察院不予追究被告人刑事责任的案件。这类自诉案件必须同时具备以下三个条件：被告人实施了犯罪行为，应当依法追究刑事责任；被害人有证据证明；公安机关或者人民检察院对被告人的犯罪行为不予追究。“公安机关或者人民检察院不予追究被告人的刑事责任”，是指经向公安机关、人民检察院报案、控告、检举，公安机关、人民检察院未立案侦查，或者撤销案件，或者不起诉的情况。

[审判实务]

要充分认识本条第3项对自诉案件规定的意义，解决好老百姓告状无门的问题。同时，还应查清自诉案件是否属于公安机关或者人民检察院应当管而没有管的案件。如果该案自诉人未曾向公安机关或者人民检察院报案、控告的，应当将案件移送公安机关、人民检察院处理。

[配套规定]

《最高人民法院关于适用〈中华人民共和国刑事诉讼法〉的解释》（法释［2012］21号）（2012年12月20日公布，自2013年1月1日起施行）（节录）

第二百五十九条 人民法院受理自诉案件必须符合下列条件：

（一）符合刑事诉讼法第二百零四条、本解释第一条的规定；

（二）属于本院管辖；

（三）被害人告诉；

（四）有明确的被告人、具体的诉讼请求和证明被告人犯罪事实的证据。

第二百六十条 本解释第一条规定的案件，如果被害人死亡、丧失行为能力或者因受强制、威吓等无法告诉，或者是限制行为能力人以及因年老、患病、盲、聋、哑等不能亲自告诉，其法定代理人、近亲属告诉或者代为告诉的，人民法院应当依法受理。

被害人的法定代理人、近亲属告诉或者代为告诉，应当提供与被害人关系的证明和被害人不能亲自告诉的原因的证明。

第二百六十一条 提起自诉应当提交刑事自诉状；同时提起附带民事诉讼的，应当提交刑事附带民事自诉状。

第二百六十二条 自诉状应当包括以下内容：

（一）自诉人（代为告诉人）、被告人的姓名、性别、年龄、民族、出生地、文化程度、职业、工作单位、住址、联系方式；

（二）被告人实施犯罪的时间、地点、手段、情节和危害后果等；

（三）具体的诉讼请求；

（四）致送的人民法院和具状时间；

（五）证据的名称、来源等；

（六）证人的姓名、住址、联系方式等。

对两名以上被告人提出告诉的，应当按照被告人的人数提供自诉状副本。

第二百六十三条 对自诉案件，人民法院应当在十五日内审查完毕。经审查，符合受理条件的，应当决定立案，并书面通知自诉人或者代为告诉人。

具有下列情形之一的，应当说服自诉人撤回起诉；自诉人不撤回起诉的，裁定不予受理：

（一）不属于本解释第一条规定的案件的；

（二）缺乏罪证的；

（三）犯罪已过追诉时效期限的；

（四）被告人死亡的；

（五）被告人下落不明的；

（六）除因证据不足而撤诉的以外，自诉人撤诉后，就同一事实又告诉的；

（七）经人民法院调解结案后，自诉人反悔，就同一事实再行告诉的。

[参考案例]

付某侵占案①——对告诉才处理的案件如何处理

基本案情：

2006年9月20日13时30分左右，被害人杜某将自己办公室的钥匙交给被告人付某，让被告人到其办公室去拿公文包。被告人拿到公文包后，将包内的现金人民币10200元拿走，后逃至外地。江西省某县人民检察院指控被告人的行为构成盗窃罪，被告人及其辩护人则辩称被告人的行为系侵占，不构成盗窃罪。

江西省某县人民法院经审理认为：被告人付某以非法占有为目的，侵占代为保管的他人财物10200元，数额较大，拒不退还，其行为已构成侵占罪。鉴于被告人归案后认罪态度较好，且已退清赃款，广昌县人民法院依据《刑法》第274条、第64条的规定，判决被告人付某犯侵占罪，判处有期徒刑十个月，并处罚金人民币1000元。

一审判决宣告后，被告人在法定上诉期内没有上诉、检察机关也没有提出抗诉。

问题：本案争议的焦点在于，当人民法院经审理后发现检察机关提起公诉的案件构成告诉才处理的犯罪时，能否直接对被告人定罪量刑或者宣告无罪？与之相关的问题则是，当检察机关对告诉才处理的案件直接提起公诉时，人民法院应如何处理？

本书观点：

一、合法有效的起诉是人民法院行使审判权的前提

从表面上看，审理该案的法官将检察机关指控的盗窃罪变更为侵占罪的行为是“依法”而为的，即该判决是依据《最高人民法院关于执行〈中华人民共和国刑事诉讼法〉若干问题的解释》（以下简称《解释》）第176条第2项“指控的罪名与人民法院审理认定的罪名不一致的，应当作出有罪判决”的规定作出的，因此判决的合法性不容置疑。但是在认真探究该条规定并结合刑事诉讼的基本原理进行分析后可以发现，要适用《解释》第176条第2项判案，必须满足这样一个前提条件，即根据刑事诉讼中的控辩审职能

---

① 《人民司法（案例）》2009年第2期。

分离原则以及程序的正当性原则，人民法院的审判应当建立在有效起诉的基础上。而判断起诉行为是否有效的一个重要依据就是起诉方对其所提起指控的案件应当享有追诉权，否则，人民法院就不应当启动审判程序。之所以要求起诉方对所诉案件享有追诉权，既是维护诉讼秩序，避免诉讼主体滥用、误用起诉权，防止不当追诉的需要，也是保障人民法院有效行使审判权的需要。基于此，人民法院在受理案件后以及在审理过程中，应当注意审查判断起诉方对案件是否享有追诉权。只有在确定起诉方对案件享有追诉权且起诉行为合法有效后，人民法院才能依法行使审判权，对案件进行审理并作出裁判。

在本案中，人民法院经审理后发现，被告人的行为依法构成侵占罪而非检察机关所指控的盗窃罪。而依据我国刑事诉讼法的规定，侵占罪属于告诉才处理的自诉案件。这就意味着，只有被害人才能成为该罪的起诉主体，人民法院对此类案件的审理必须建立在被害人提起诉讼的基础上。当然，根据我国《刑法》第98条的规定，在被害人因受强制、威吓无法告诉时，人民检察院也可以告诉。但是在本案中，由于被害人没有提起自诉，而检察机关又没能证明该案存在被害人因受强制、威吓无法告诉的情形，因此人民法院不能继续对案件进行审理。

二、对于告诉才处理的自诉案件，检察机关无权直接提起公诉

在我国刑事诉讼中，根据起诉主体的不同，将刑事案件分为公诉案件和自诉案件两大类。其中，公诉案件的起诉主体只能是人民检察院，其他任何机关和个人（包括被害人）都无权提起公诉。自诉案件则分为三类：告诉才处理的案件；人民检察院没有提起公诉，被害人有证据证明的轻微刑事案件；被害人有证据证明对被告人侵犯自己人身、财产权利的行为应当依法追究刑事责任，而公安机关或者人民检察院已经作出不予追究的书面决定的案件。

从理论上讲，在上述三类人民法院可以直接受理的案件中，对于后两类案件检察机关是享有公诉权的，只不过人民检察院没有提起公诉（检察机关未行使公诉权）或者人民检察院已经作出不予追究的书面决定（检察机关放弃行使公诉权）。只有第一类案件，即告诉才处理的案件，国家将这类案件的起诉权完全地授予被害人个人行使，因此，检察机关无权直接对被告人提起公诉。

我国立法之所以将包括侵占罪在内的四类案件规定为告诉才处理的案

件，主要是因为：其一，这类案件的性质不太严重，案情也比较简单，不需要动用专门的侦查手段即可查明案件事实，因此被害人能够有效地维护自己的权益；其二，这类案件主要涉及的是公民的个人利益，且这类案件中的被告人与被害人之间常常具有某种特殊关系，如暴力干涉婚姻自由案、虐待案往往发生在家庭成员之间，侵占罪则往往发生在亲戚朋友或熟人之间等。由于我国有重亲情、重人情的文化传统，国家将是否追究上述被告人刑事责任的诉权授予被害人，并允许被害人与被告人在诉讼过程中和解，这样既有利于维护被害人的合法权益，也有利于对犯罪分子的教育、感化和挽救，还有利于实现法院判决的法律效果与社会效果的统一，进而促进和维护社会和谐。

基于上述原因，在告诉才处理的案件中，国家专门机关应当切实尊重被害人的意愿和诉讼处分权，并严格奉行不干预原则。这种不干预具体表现为：如果在立案阶段，侦查机关发现案件属于告诉才处理的案件，应当不予立案；如果是在侦查阶段发现案件属于告诉才处理的案件，应当撤销案件；如果是检察机关在审查起诉阶段发现案件属于告诉才处理的案件，则应当作出不起诉决定。除非出现《刑法》第 98 条中规定的“被害人因受强制、威吓无法告诉”的情形，检察机关才可以依法提起告诉。应当注意的是，在上述情形下，有关机关应当告知被害人有权直接向人民法院起诉。

三、对提起公诉的告诉才处理类案件，人民法院不宜直接宣告无罪或者定罪量刑

（一）对于此类案件，人民法院不宜直接对被告人定罪

考虑到自诉案件的特点以及告诉才处理类案件的性质，如果人民法院在庭前审查阶段发现检察机关是以告诉才处理的罪名提起指控的（如以侵占罪提起公诉），则应当依法作出不予受理的裁定。如果检察机关是以公诉罪提出指控（如本案中的盗窃罪），人民法院在审理过程中甚至是在审理终结后才发现案件构成告诉才处理的犯罪（如本案中的侵占罪），此时，人民法院能否继续审理或者直接对案件作出实体判决呢？本书认为答案是否定的。主要理由有以下几点：

首先，基于现代刑事诉讼的不告不理原则，在起诉与裁判的关系上，必须先有起诉，才能启动审判程序。当起诉是否有效这一问题尚未解决时，人民法院不能启动审判程序，更不能直接对被告人进行实体判决。基于此，一旦人民法院发现由于起诉主体不合格而出现起诉无效的情况，就不应启动审

判程序。已经启动的，应当立即停止对案件的审理，从程序上终结案件。

其次，告诉才处理的性质决定了，如果人民法院对由公诉机关提起的告诉才处理类案件继续进行审理并直接对被告人进行实体宣判，那么这种审判活动不仅直接剥夺了被害人的起诉权以及与之相关的撤诉权、被告人的和解权和上诉权等，也没有切实维护我国立法所确立的被告人不受不当追究的权利，因而属于在审判程序上存在重大过错。据此，二审法院有权依法撤销原判，再审法院也有权依法进行改判。

最后，人民法院对此类案件进行审理并直接对被告人定罪量刑的做法，从表面上看使有罪者受到了惩罚，实体正义因此得到了伸张，但是由于法院的审判活动是建立在不法追诉的基础上，审理的过程和结果无异于放任这种不法追诉后果的发生，因而此类审判活动既违背了法治国家的基本精神和要求，也无益于实现现代法治国家所赋予人民法院的司法正义的最后一道防线的神圣使命。

（二）对于此类案件，人民法院不宜直接宣告被告人无罪

在审判实践中，有观点认为，对于检察机关提起公诉的告诉才处理类案件，应当根据《刑事诉讼法》第 16 条第 4 项的规定，以被害人没有告诉为由直接判决宣告被告人无罪。本书认为此种处理方法欠妥，主要理由在于：判决是指人民法院对案件进行审理后，对起诉所指控的被告人行为性质的一种认定。根据我国刑事诉讼法及有关司法解释的规定，宣告无罪仅适用于人民法院经过审理后，发现控诉方所指控的犯罪事实不清、证据不足或者被告人的行为不构成刑法规定的犯罪的情形。而在本案中，由于缺少有效的告诉，法院不能继续对案件进行审理，因而根本谈不上对被告人的罪责进行认定问题，也无从对案件进行实体判决。此外，如果允许人民法院直接判决被告人无罪，那么一旦被害人日后提起自诉，此时法院只能重新审理并依法判决被告人有罪。在这种情形下，就会出现基于相同的案件事实作出截然相反判决的情形，而这显然有损于法院的权威性。

那么，当人民法院在审理过程中发现被告人的行为构成告诉才处理的犯罪时，应当如何处理呢？较为合理的处理方式是依据《刑事诉讼法》第 16 条第 4 项的规定，即“有下列情形之一的，不追究刑事责任，已经追究的，应当撤销案件，或者不起诉，或者终止审理，或者宣告无罪：……（四）依照刑法告诉才处理的犯罪，没有告诉或者撤回告诉的……”裁定终止审理，将案件退回同级人民检察院，并建议检察机关告知被害人向人民法院直接提

起告诉。其理由在于，终止审理属于程序上的处置措施，是指由于某种特殊原因的出现或者存在，使得人民法院不能或者没有必要（如被告人死亡、案件已经超过诉讼时效等）继续对案件进行审理，因而不再继续审理，从程序上终结案件。在本案中，由于侵占案件不属于检察机关直接提起公诉的范畴，又不存在因被害人受强制、威吓无法告诉而允许检察机关提起公诉的情形，而被害人又没有提起自诉，因而人民法院不能继续对案件进行审理，应当终止诉讼。此外，在审判实践中，对于此类案件，人民法院还可以采用另外一种处理方法，即建议检察机关主动撤诉，并说明建议撤诉的理由，即该案属于告诉才处理的案件，检察机关无权直接提起公诉。

第二百一十一条　人民法院对于自诉案件进行审查后，按照下列情形分别处理：

（一）犯罪事实清楚，有足够证据的案件，应当开庭审判；

（二）缺乏罪证的自诉案件，如果自诉人提不出补充证据，应当说服自诉人撤回自诉，或者裁定驳回。

自诉人经两次依法传唤，无正当理由拒不到庭的，或者未经法庭许可中途退庭的，按撤诉处理。

法庭审理过程中，审判人员对证据有疑问，需要调查核实的，适用本法第一百九十六条的规定。

[条文主旨]

本条是关于人民法院对自诉案件如何处理以及调查核实证据的规定。

[条文释解]

本条是 1979 年《刑事诉讼法》的规定，1996 年作过修改，2012 年、2018 年对本条的具体内容未作修改，只对本条中引用的条文的序号按照修改后的条文序号作了相应调整。1996 年《刑事诉讼法》第 170 条对自诉案件的范围的规定作了修改补充，根据司法实践的情况，主要解决老百姓告状无门的问题。1996 年《刑事诉讼法》第 171 条根据第 170 条的规定和司法实践的具体情况，对1979年《刑事诉讼法》第126条作了修改。与1979年《刑事诉讼法》该条文比较，1996年《刑事诉讼法》主要作了如下修改：1. 删去原条文第2项“必须由人民检察院提起公诉的案件，应当移送人民检察院”的规定。主要是考虑到1996年《刑事诉讼法》第170条修改了自诉案件的范围，规定被害人有证据证明被告人侵犯自己人身、财产权利的行为应当依法追究刑事责任，而公安机关或者人民检察院不予追究的案件，可以自诉，由人民法院直接受理。2. 删去1979年《刑事诉讼法》该条文第3项中“经人民法院调查又未能收集到必要证据”的规定。1996年《刑事诉讼法》明确规定了控诉方的举证责任，人民法院不再主动调查取证，根据以上考虑，本条作了相应修改。3. 删去1979年《刑事诉讼法》该条文第4项规定。原条文第4项规定的“被告人的行为不构成犯罪的案件”，这类案件可以归入缺乏罪证的案件。4. 增加一款规定“自诉人经两次依法传唤，无正当理由拒不到庭的，或者未经法庭许可中途退庭的，按撤诉处理”。主要是自诉人既然提出了诉讼，就有义务积极配合、支持法庭审理，如果自诉人不到庭或退庭，庭审缺乏控诉方，法庭审理就无从谈起。5. 增加规定了法庭审理中对有疑问的证据进行调查核实的程序。

本条共分为三款。第1款是关于人民法院如何审查处理自诉案件的规定。根据本款规定，人民法院对自诉案件进行审查后，有以下两种处理办法：一是犯罪事实清楚，有足够证据的案件，应当开庭审判。这里所说的“事实清楚”，是指有明确的犯罪人、犯罪的时间、地点以及整个犯罪事件的经过。“足够证据”，是指能够证明案件事实的证据。如证人、证言、物证、书证等证据，且这些证据足以证明犯罪事实的存在。二是缺乏罪证的自诉案件，如果自诉人提不出补充证据，应当说服自诉人撤回自诉，或者裁定驳回。“缺乏罪证”，是指没有证明犯罪的证据和犯罪的证据不足或不充分等情况。除此之外，对于犯罪已过追诉时效期限的；被告人死亡的；被告人下落不明的；自诉人撤诉后，就同一事实又告诉的；经人民法院调解结案后，自诉人反悔，就同一事实再行告诉等情况，也应当说服自诉人撤回自诉，或者裁定驳回。自诉人是二人以上，其中部分人撤诉的，不影响案件的继续审理。

第2款是关于对自诉人拒不到庭或者中途擅自退庭如何处理的规定。根据本款规定，自诉人经两次依法传唤，无正当理由拒不到庭的，或者未经法庭许可中途退庭的，按撤诉处理。“无正当理由拒不到庭”，是指不是出于客观原因，而是有意不出席法庭，致使案件无法正常审理。“未经法庭许可中途退庭”，是指没有向法庭提出申请并经法庭同意，在庭审过程中退出法庭审理的行为。根据本款规定，符合上述情况的，应当按撤诉处理。

第 3 款是关于法庭审理自诉案件对证据有疑问的如何处理的规定。根据本款规定，法庭审理过程中，审判人员对证据有疑问，需要调查核实的，适用本法第 196 条的规定，可以宣布休庭，对证据进行调查核实。人民法院在调查核实证据时，可以进行勘验、检查、查封、扣押、鉴定和查询、冻结。这里的“有疑问”是指审判人员对自诉人提供的证据材料是否客观真实有合理的怀疑。

[审判实务]

1. 需要注意的是，2012 年修改《刑事诉讼法》，在原来规定人民法院调查核实证据时可以采取的调查手段中增加规定了“查封”，从而使人民法院的调查手段更为完备。

2. 自诉案件的审查。人民法院对提起的自诉应当进行全面审查，既包括对自诉材料是否符合形式要求的审查，也包括对犯罪事实是否清楚、证据是否足够的审查。但是，对于自诉的审查并非实体审查，更不是判断被告人是否构成犯罪，故不得以“被告人的行为不构成犯罪”为由，说服自诉人撤回起诉或者裁定不予受理，对于此类自诉案件，仍然应当开庭审判并作出判决。

3. 根据《刑诉法解释》第 263 条的规定，对于自诉案件，人民法院经审查，符合自诉案件受理条件的，应当决定立案，并书面通知自诉人或者代为告诉人。具有下列情形之一的，应当说服自诉人撤回起诉；自诉人不撤回起诉的，裁定不予受理：（1）不属于《刑诉法解释》第 1 条规定的案件的；（2）缺乏罪证的；（3）犯罪已过追诉时效期限的；（4）被告人死亡的；（5）被告人下落不明的；（6）除因证据不足而撤诉的以外，自诉人撤诉后，就同一事实又告诉的；（7）经人民法院调解结案后，自诉人反悔，就同一事实再行告诉的。根据这一规定，对于不符合自诉案件立案条件而自诉人又不愿意撤回起诉的，人民法院应当裁定不予受理，而不能在审查立案阶段径直驳回起诉。

4. 自诉案件受理的几个特殊问题。在司法实践中，对于自诉案件受理还需要注意以下几个问题：（1）根据《刑诉法解释》第 264 条的规定，对已经立案，经审查缺乏罪证的自诉案件，自诉人提不出补充证据的，人民法院应当说服其撤回起诉或者裁定驳回起诉；自诉人撤回起诉或者被驳回起诉后，又提出了新的足以证明被告人有罪的证据，再次提起自诉的，人民法院应当受理。（2）根据《刑诉法解释》第266条的规定，自诉人明知有其他共同侵害人，但只对部分侵害人提起自诉的，人民法院应当受理，并告知其放弃告诉的法律后果；自诉人放弃告诉，判决宣告后又对其他共同侵害人就同一事实提起自诉的，人民法院不予受理。共同被害人中只有部分人告诉的，人民法院应当通知其他被害人参加诉讼，并告知其不参加诉讼的法律后果。被通知人接到通知后表示不参加诉讼或者不出庭的，视为放弃告诉。第一审宣判后，被通知人就同一事实又提起自诉的，人民法院不予受理。但是，当事人另行提起民事诉讼的，不受《刑诉法解释》限制。

[配套规定]

《最高人民法院关于适用〈中华人民共和国刑事诉讼法〉的解释》（法释[2012]21号）（2012年12月20日公布，自2013年1月1日起施行）（节录）

第二百六十四条 对已经立案，经审查缺乏罪证的自诉案件，自诉人提不出补充证据的，人民法院应当说服其撤回起诉或者裁定驳回起诉；自诉人撤回起诉或者被驳回起诉后，又提出了新的足以证明被告人有罪的证据，再次提起自诉的，人民法院应当受理。

第二百六十五条 自诉人对不予受理或者驳回起诉的裁定不服的，可以提起上诉。

第二审人民法院查明第一审人民法院作出的不予受理裁定有错误的，应当在撤销原裁定的同时，指令第一审人民法院立案受理；查明第一审人民法院驳回起诉裁定有错误的，应当在撤销原裁定的同时，指令第一审人民法院进行审理。

第二百六十六条 自诉人明知有其他共同侵害人，但只对部分侵害人提起自诉的，人民法院应当受理，并告知其放弃告诉的法律后果；自诉人放弃告诉，判决宣告后又对其他共同侵害人就同一事实提起自诉的，人民法院不予受理。

共同被害人中只有部分人告诉的，人民法院应当通知其他被害人参加诉讼，并告知其不参加诉讼的法律后果。被通知人接到通知后表示不参加诉讼或者不出庭的，视为放弃告诉。第一审宣判后，被通知人就同一事实又提起自诉的，人民法院不予受理。但是，当事人另行提起民事诉讼的，不受本解释限制。

第二百六十七条 被告人实施两个以上犯罪行为，分别属于公诉案件和自诉案件，人民法院可以一并审理。对自诉部分的审理，适用本章的规定。

第二百六十八条 自诉案件当事人因客观原因不能取得的证据，申请人民法院调取的，应当说明理由，并提供相关线索或者材料。人民法院认为有必要的，应当及时调取。

第二百六十九条 对犯罪事实清楚，有足够证据的自诉案件，应当开庭审理。

第二百七十条 自诉案件，符合简易程序适用条件的，可以适用简易程序审理。

不适用简易程序审理的自诉案件，参照适用公诉案件第一审普通程序的有关规定。

第二百一十二条 人民法院对自诉案件，可以进行调解；自诉人在宣告判决前，可以同被告人自行和解或者撤回自诉。本法第二百一十条第三项规定的案件不适用调解。

人民法院审理自诉案件的期限，被告人被羁押的，适用本法第二百零八条第一款、第二款的规定；未被羁押的，应当在受理后六个月以内宣判。

[条文主旨]

本条是关于自诉案件的调解、和解与撤诉以及审理期限的规定。

[条文释解]

本条是1979年《刑事诉讼法》的规定，1996年、2012年作过修改。2018年对本条的具体内容未作修改，只对本条中引用的条文的序号按照修改后的条文序号作了相应调整。1979年《刑事诉讼法》第127条规定："人民法院对自诉案件，可以进行调解；自诉人在宣告判决前，可以同被告人自行和解或者撤回自诉。”1996 年《刑事诉讼法》对此条作了补充修改，在第 172 条中增加了“第一百七十条第三项规定的案件不适用调解”的规定，即指被害人有证据证明对被告人侵犯自己人身、财产权利的行为应当依法追究刑事责任，而公安机关或者人民检察院不予追究被告人刑事责任的案件，不适用调解。增加这一规定，主要是为了解决实践中一些公安机关或者检察机关的办案人员不恪守职责，对一些应当进行侦查、起诉的案件而没有侦查、起诉的情况。由于法律对这类自诉案件的严重程度没有作限制规定，有的犯罪可能是严重侵犯当事人人身权利和财产权利的犯罪，且是在公安、检察机关不予追究的情况下当事人向人民法院起诉的，在审判这类自诉案件时，人民法院不应当再进行调解，否则，不利于对这类案件作出正确、公正处理。因此，本条明确规定这类自诉案件不适用调解，也就是说这类案件必须经过审判作出判决。1979 年、1996 年《刑事诉讼法》都没有对自诉案件的审理期限作出规定，实践中有的地方对自诉案件的审理久拖不决，影响了法律的严肃性，也不利于对当事人权利的保障。为了更好地完善诉讼程序，使司法机关能够依法办案，确保当事人的诉讼权利和其他利益，2012 年修改《刑事诉讼法》时增加了关于人民法院审理自诉案件的期限的规定。

本条共分为两款。第 1 款是关于自诉案件的调解、和解与撤诉的规定。本款规定包含以下三层意思：第一，人民法院对自诉案件，可以进行调解。这里规定的“调解”，主要是指人民法院处理轻微刑事案件，通过说服教育等工作使当事人双方达成和解的一种方式。调解应当出于被告人和自诉人双方的真实意愿，法院不得强迫其调解。在审判员主持下当事人协商最终达成的调解协议对双方当事人都具有约束力。人民法院应当制作调解书，调解书送达当事人即发生法律效力。如果在调解书送达当事人以前，当事人中有一方反悔的，人民法院可以再行调解，调解不成的，人民法院可以开庭审理，作出判决。第二，自诉人在宣告判决前，可以同被告人自行和解或者撤回自诉。“自行和解”，是在法庭宣判以前，自诉人和被告人在法庭外自愿达成谅解协议。当事人双方和解，自诉人应该以书面或者口头形式向人民法院撤回自诉。“撤回自诉”，是指自诉人向法院控诉以后，由于某种原因，自动放弃法律赋予他的自诉权利，向人民法院申请撤销自己对被告人的控诉。自行撤诉的案件，除有正当理由外，不得就同一案件再行起诉。第三，不适用调解的例外情况，即本法第 210 条第 3 项规定的案件不适用调解，这类案件是指“被害人有证据证明对被告人侵犯自己人身、财产权利的行为应当依法追究刑事责任，而公安机关或者人民检察院不予追究被告人刑事责任的案件”。此类案件可能属于严重侵害公民人身、财产权利的犯罪案件，因此，规定不适用调解，但自诉人在宣判前可以同被告人自行和解或者撤回自诉。

第 2 款是关于审理自诉案件的期限的规定。本款规定了以下两种情况：一是被告人被羁押的审理期限。根据本款规定，对于自诉案件的被告人正在有关场所羁押的，人民法院审理时，应当按照审理公诉案件的期限进行。二是被告人未被羁押的，人民法院应当在受理后六个月以内宣判，这一期限，与民事诉讼法审理普通民事案件的期限是相同的。

[审判实务]

人民法院在审理案件过程中，应当注意把握“自行和解”是双方当事人的自愿行为，“撤回自诉”是自诉人的自愿行为。任何以强迫或威胁的方法，使当事人和解或撤回自诉，都是违背法律规定的自诉案件的自愿原则的。

[配套规定]

《最高人民法院关于适用〈中华人民共和国刑事诉讼法〉的解释》（法释［2012］21 号）（2012 年 12 月 20 日公布，自 2013 年 1 月 1 日起施行）（节录）

第二百七十二条 判决宣告前，自诉案件的当事人可以自行和解，自诉人可以撤回自诉。

人民法院经审查，认为和解、撤回自诉确属自愿的，应当裁定准许；认为系被强迫、威吓等，并非出于自愿的，不予准许。

第二百七十三条 裁定准许撤诉或者当事人自行和解的自诉案件，被告人被采取强制措施的，人民法院应当立即解除。

第二百七十四条 自诉人经两次传唤，无正当理由拒不到庭，或者未经法庭准许中途退庭的，人民法院应当裁定按撤诉处理。

部分自诉人撤诉或者被裁定按撤诉处理的，不影响案件的继续审理。

第二百七十五条 被告人在自诉案件审判期间下落不明的，人民法院应当裁定中止审理。被告人到案后，应当恢复审理，必要时应当对被告人依法采取强制措施。

第二百七十六条 对自诉案件，应当参照刑事诉讼法第一百九十五条和本解释第二百四十一条的有关规定作出判决；对依法宣告无罪的案件，其附带民事部分应当依法进行调解或者一并作出判决。

第二百一十三条　自诉案件的被告人在诉讼过程中，可以对自诉人提起反诉。反诉适用自诉的规定。

[条文主旨]

本条是关于自诉案件的被告人有权提起反诉的规定。

[条文释解]

本条是1979年《刑事诉讼法》的规定。该条规定自诉案件的被告人可以对自诉人提起反诉，主要是考虑到大多数自诉案件发生在公民日常生活的争执当中，如邻里纠纷等，往往存在互相都有侵害对方利益的情况。允许反诉，体现了诉讼当事人在诉讼过程中的权利义务平等原则和在法律面前人人平等的原则。公民可以通过自行起诉的方式来争取自己的合法权益，他人也可以通过对自诉人提起反诉进行抗辩，以争取自己的合法权益。

本条规定主要有以下两层意思：一是自诉案件的被告人可以提起反诉。“反诉”，是指在诉讼过程中，被告人就自诉人控告的案件，向人民法院对自诉人提起刑事诉讼。反诉应当具备以下几个条件：1. 反诉的对象必须是同一案件的自诉人；2. 被告人反诉所指控自诉人的犯罪行为必须与自诉案件的案情有直接关系；3. 反诉案件必须是人民法院依法可以直接受理的自诉案件。反诉案件应当同原来已经提起的自诉案件进行合并审理。对于自诉人撤诉的案件，不影响反诉案件的审理。二是反诉的程序适用自诉的规定。“反诉适用自诉的规定”，主要是指人民法院处理反诉案件适用本法第210条关于自诉案件的范围、第211条关于对自诉案件的处理、第212条关于自诉案件的调解、和解与撤诉以及自诉案件的审理期限的规定，即反诉案件审理活动适用自诉案件诉讼程序的有关规定。

［审判实务］

告诉才处理和被害人有证据证明的轻微刑事案件的被告人在诉讼过程中享有反诉的权利，可以对自诉人提起反诉。反诉是指在自诉案件审理过程中，自诉案件的被告作为被害人向受理自诉案件的人民法院控告自诉人犯有与本案有关联的犯罪行为，要求人民法院追究其刑事责任的诉讼。由于反诉事实和自诉事实具有关联性，将两者合并审理，有助于案件事实的查明，也有助于诉讼效率的提高。在司法实践中应注意以下几下问题：1. 反诉的对象必须是本案的自诉人。2. 反诉的内容必须是与本案有关的行为。3. 反诉的案件必须是告诉才处理的案件和人民检察院没有提起公诉、被害人有证据证明的轻微刑事案件。也就是说，对于被害人有证据证明对被告人侵犯自己人身、财产权利的行为应当追究刑事责任，而公安机关或者人民检察院不予追究的案件，不可以提起反诉。这是由其本身公诉案件的性质决定的。如果被告人认为自诉人存在侵犯自己合法权益的行为且构成犯罪，则可以请求公安机关立案或者单独提起自诉。4. 反诉以自诉的存在为前提，但反诉本质上是一个独立的诉讼。如果原自诉人撤诉的，不影响反诉案件的继续审理。5. 反诉案件的审理适用自诉案件的规定，并应当与自诉案件一并审理。在一并审理的过程中，双方当事人既是自诉人，又是被告人，具有双重身份，在诉讼中具有同等的诉讼权利。

［配套规定］

《最高人民法院关于适用〈中华人民共和国刑事诉讼法〉的解释》（法释［2012］21号）（2012年12月20日公布，自2013年1月1日起施行）（节录）

第二百七十七条　告诉才处理和被害人有证据证明的轻微刑事案件的被告人或者其法定代理人在诉讼过程中，可以对自诉人提起反诉。反诉必须符合下列条件：

（一）反诉的对象必须是本案自诉人；

（二）反诉的内容必须是与本案有关的行为；

（三）反诉的案件必须符合本解释第一条第一项、第二项的规定。

反诉案件适用自诉案件的规定，应当与自诉案件一并审理。自诉人撤诉的，不影响反诉案件的继续审理。

第三节　简易程序

第二百一十四条　基层人民法院管辖的案件，符合下列条件的，可以适用简易程序审判：

（一）案件事实清楚、证据充分的；

（二）被告人承认自己所犯罪行，对指控的犯罪事实没有异议的；

（三）被告人对适用简易程序没有异议的。

人民检察院在提起公诉的时候，可以建议人民法院适用简易程序。

[条文主旨]

本条是关于适用简易程序的条件的规定。

[条文释解]

本条是1996年修改《刑事诉讼法》时增加的规定，2012年作过修改。1996年修改《刑事诉讼法》时，针对改革开放以后及市场经济条件下刑事案件迅猛增加的情况，为了提高诉讼效率，有效、充分地利用有限的诉讼资源，减轻诉讼当事人的诉讼负担，使办理疑难复杂案件的程序和办理简易案件的程序有所区别，在刑事诉讼法中专门规定了简易程序一节。并在1996年《刑事诉讼法》第174条规定了简易程序的适用范围："人民法院对于下列案件，可以适用简易程序，由审判员一人独任审判：（一）对依法可能判处三年以下有期徒刑、拘役、管制、单处罚金的公诉案件，事实清楚，证据充分，人民检察院建议或者同意适用简易程序的；（二）告诉才处理的案件；（三）被害人起诉的有证据证明的轻微刑事案件。"为了更好地配置司法资源，提高诉讼效率，2012年修改《刑事诉讼法》时，总结1996年《刑事诉讼法》实施十几年的经验和司法实践的需要，在保证司法公正的前提下，区别案件的不同情况，对案件进一步繁简分流，适当扩大了简易程序的适用范围，将简易程序审判的案件范围修改为基层人民法院管辖的认罪案件，同时对适用简易程序的条件作了修改。这样规定，既考虑案件本身的简易程度，又考虑案件对社会的危害程度；既考虑被告人的认罪态度，又听取被告人对自己案件适用简易程序的意见；既保障被告人的权利，又有利于提高诉讼效率。

2012年对本条的修改主要包括以下几项内容：1. 将适用简易程序的案件范围修改为“基层人民法院管辖的案件”。其主要理由是：（1）近十几年来，我国的法治建设取得了长足的进步，司法工作人员的法治观念和审判业务水平也在不断提高，基层人民法院的审判人员基本上具备了审理各类案件和处理复杂问题的能力。（2）随着经济社会的不断发展，刑事犯罪的情况也出现了新的变化，不但案件的种类增多，案件的数量也有增无减，从司法实践的情况看，大部分刑事案件是被告人认罪的案件，其中，对认定的犯罪事实、情节又无争议。如果都按照普通程序进行审判，既使有限的司法资源更为紧张，也无必要。为了更好地保证诉讼效率和案件质量，在法定的期限内审结案件，及时、有效地打击犯罪，采取了案件繁简分流的原则，这样，司法资源可以合理配置，审判人员可以集中精力审理被告人不认罪和疑难复杂的案件。2. 将“由审判员一人独任审判”修改为“可以组成合议庭进行审判，也可以由审判员一人独任审判”，修改后的具体内容规定在本法第216条。3. 关于案件的适用范围，删去了“对依法可能判处三年以下有期徒刑、拘役、管制、单处罚金的公诉案件”的限制，而扩大为所有基层人民法院管辖的案件，保留“事实清楚、证据充分”的条件。4. 增加被告人必须承认自己所犯罪行、对起诉书指控的犯罪事实没有异议的条件，这类被告人认罪的案件一般事实清楚、证据简单充分，易于审理。5. 增加被告人对适用简易程序审理没有异议的条件。这一规定体现了对被告人诉讼权利的重视和保障。6. 删去人民检察院“同意适用简易程序”的规定，保留人民检察院的建议权。7. 删去“告诉才处理的案件”。8. 删去“被害人起诉的有证据证明的轻微刑事案件”。上述第7项、第8项的修改，主要是考虑到本条对适用简易程序审理的案件范围作了重大修改，已不仅限于“告诉才处理”和“被害人起诉的有证据证明的轻微刑事案件”的范围。

本条共有两款。第1款是关于适用简易程序案件范围的规定。适用简易程序的案件，只能是由基层人民法院管辖的同时符合以下三个条件的案件：一是案件事实清楚、证据充分的，即人民法院根据起诉书指控的事实，认为案件事实简单明确，定罪量刑的证据客观全面，足以认定被告人有罪。二是被告人承认自己所犯罪行，对起诉书指控的犯罪事实没有异议的。这里“承认自己所犯罪行”，是指被告人对起诉书对其指控的罪名和犯罪行为供认不讳。“对指控的犯罪事实没有异议”，即指被告人对起诉书所指控的犯罪行为和犯罪证据都没有异议。如果被告人对罪名或犯罪事实或证据提出异议的，都不属于没有异议。这里的“指控”既包括公诉案件的起诉书，也包括自诉案件的起诉书中的指控。三是被告人对适用简易程序审理没有异议的。这里所说的适用简易程序，是指本法第三编第二章第三节关于简易程序的有关规定，如本法第216条关于适用简易程序的案件范围的规定，对可能判处三年以下有期徒刑刑罚的案件，适用简易程序审理的，可以组成合议庭进行审判，也可以由审判员一人独任审判。对可能判处三年以上有期徒刑刑罚的，应当组成合议庭进行审判。也就是说，被告人可以根据上述法律规定和自己所犯罪行的情况进行考虑和权衡，尤其是由审判员一人独任审判的规定，对自己是否公平、有利，作出最后的选择等。上述三个条件必须同时具备，只要被告人对第2项或第3项提出不同意见，就不应适用简易程序审理，应当按照普通程序进行审理。

本条第2款是关于人民检察院建议权的规定。人民检察院在提起公诉前，经审查，认为被告人符合本条第1款规定的三个条件，在提起公诉时，可以建议人民法院对提起公诉的案件适用简易程序进行审理。对于最终是否适用简易程序审理，由人民法院根据案件的情况和被告人的意见作出决定。法律赋予人民检察院这一建议权，进一步发挥检察机关追诉犯罪的职能，使诉讼程序更为合理，人民法院在作出是否适用简易程序的决定时应当认真考虑检察院的建议。

[审判实务]

在实际审判工作中，适用简易程序审理案件时，要严格掌握法律规定的同时必备的三个条件。尤其应当注意听取被告人的意见。只要被告人提出异议，即使案件事实清楚、证据充分，也不应适用简易程序进行审判。为保证案件的公正审判，适用简易程序必须依法慎重。

[配套规定]

1.《最高人民法院关于适用〈中华人民共和国刑事诉讼法〉的解释》(法释[2012]21号)(2012年12月20日公布,自2013年1月1日起施行)(节录)

第二百八十九条 基层人民法院受理公诉案件后,经审查认为案件事实清楚、证据充分的,在将起诉书副本送达被告人时,应当询问被告人对指控的犯罪事实的意见,告知其适用简易程序的法律规定。被告人对指控的犯罪事实没有异议并同意适用简易程序的,可以决定适用简易程序,并在开庭前通知人民检察院和辩护人。

对人民检察院建议适用简易程序审理的案件,依照前款的规定处理;不符合简易程序适用条件的,应当通知人民检察院。

2.《人民检察院刑事诉讼规则》(高检发释字[2019]4号)(2019年12月30日公布并施行)(节录)

第四百三十条 人民检察院对于基层人民法院管辖的案件,符合下列条件的,可以建议人民法院适用简易程序审理:

(一)案件事实清楚、证据充分的;

(二)被告人承认自己所犯罪行,对指控的犯罪事实没有异议的;

(三)被告人对适用简易程序没有异议的。

第二百一十五条 有下列情形之一的,不适用简易程序:

(一)被告人是盲、聋、哑人,或者是尚未完全丧失辨认或者控制自己行为能力的精神病人的;

(二)有重大社会影响的;

(三)共同犯罪案件中部分被告人不认罪或者对适用简易程序有异议的;

(四)其他不宜适用简易程序审理的。

[条文主旨]

本条是关于不适用简易程序审理的情形的规定。

[条文释解]

本条是2012年修改《刑事诉讼法》时增加的规定。1996年《刑事诉讼法》规定了简易程序一节，并在第174条中规定了适用简易程序的案件范围，没有规定哪些案件不能适用简易程序。1996年《刑事诉讼法》第174条规定的适用范围，有的只是从案件可能判处的量刑轻重程度考虑，而没有从案件本身的社会危害性和社会影响以及被告人自身的认知能力等方面考虑。如对依法可能判处三年以下有期徒刑的公诉案件，事实清楚、证据充分和告诉才处理的案件；有的规定界限不好掌握，如被害人起诉的有证据证明的轻微刑事案件，这样就造成了实践中不该适用而适用简易程序审理的情况，影响了对案件的公正处理。2012年修改《刑事诉讼法》，将实践中出现的问题进行了认真梳理，充分考虑到保障盲、聋、哑等特殊群体被告人的诉讼权利以及对有重大社会影响案件的公正处理等因素，将不宜适用简易程序审理的情况明确化。从而有利于司法机关在办案过程中有效防止不当使用简易程序审理案件情况的发生，更好地保护公民的诉讼权利。

本条规定了不适用简易程序审理的四种情形：第一种情形是被告人是盲、聋、哑人或者是尚未完全丧失辨认或者控制自己行为能力的精神病人。这几类人有的是在生理上有缺陷，有的是精神上有障碍，但其并未完全丧失辨认或者控制自己行为的能力，属于有部分责任能力但对事物的完整性、客观性的认识又不是很全面的人，有时可能还不能充分表达自己的意愿，应当充分保障他们的诉讼权利。如本法第35条第2款规定，犯罪嫌疑人、被告人是盲、聋、哑人或者是尚未完全丧失辨认或者控制自己行为能力的精神病人，没有委托辩护人的，人民法院、人民检察院和公安机关应当通知法律援助机构指派律师为其提供辩护，也是出于相同的考虑。所以，为了更扎实地认定犯罪和证据，对这类案件不应适用简易程序进行审理。

第二种情形是有重大社会影响的案件。这里的“重大社会影响”一般是指社会关注度高、反映强烈的案件。这一规定体现了立法的慎重，对案件的处理既考虑社会效果又考虑法律效果。

第三种情形是共同犯罪案件中部分被告人不认罪或者对适用简易程序有异议的。这里规定的“不认罪”，是指被告人不承认有犯罪事实或者不认为其行为构成犯罪的。“有异议”是指被告人不同意适用简易程序审理的。此项规定主要是考虑到多个被告人共同犯罪的案件往往案情复杂，证据相互关联，被告人之间口供也须相互印证、调查核实，为慎重公正处理只要其中一个被告人对案件提出异议或不认罪，就不符合适用简易程序的条件。

第四种情形是其他不宜适用简易程序审理的。这项规定是一个兜底条款，主要考虑司法实践中各类案件情况复杂，有些确实不宜适用简易程序，如涉及重大国家利益的敏感案件等，又难以在法律中一一列举，在此作原则性规定，可以由人民法院在司法实践中根据具体情况掌握，也可以根据实际需要作出司法解释。

[审判实务]

司法实践中应当注意，本条规定的四种情形，只要符合其中之一的，就不得适用简易程序审理。即使是被告人认罪的案件，也不能适用简易程序审理。

[配套规定]

1.《最高人民法院关于适用〈中华人民共和国刑事诉讼法〉的解释》（法释［2012］21号）（2012年12月20日公布，自2013年1月1日起施行）（节录）

第二百九十条 具有下列情形之一的，不适用简易程序：

（一）被告人是盲、聋、哑人；

（二）被告人是尚未完全丧失辨认或者控制自己行为能力的精神病人；

（三）有重大社会影响的；

（四）共同犯罪案件中部分被告人不认罪或者对适用简易程序有异议的；

（五）辩护人作无罪辩护的；

（六）被告人认罪但经审查认为可能不构成犯罪的；

（七）不宜适用简易程序审理的其他情形。

2.《人民检察院刑事诉讼规则》（高检发释字［2019］4号）（2019年12月30日公布并施行）（节录）

第四百三十条 人民检察院对于基层人民法院管辖的案件，符合下列条件的，可以建议人民法院适用简易程序审理：

（一）案件事实清楚、证据充分的；

（二）被告人承认自己所犯罪行，对指控的犯罪事实没有异议的；

（三）被告人对适用简易程序没有异议的。

第四百三十一条 具有下列情形之一的，人民检察院不得建议人民法院适用简易程序：

（一）被告人是盲、聋、哑人，或者是尚未完全丧失辨认或者控制自己行为能力的精神病人的；

（二）有重大社会影响的；

（三）共同犯罪案件中部分被告人不认罪或者对适用简易程序有异议的；

（四）比较复杂的共同犯罪案件；

（五）辩护人作无罪辩护或者对主要犯罪事实有异议的；

（六）其他不宜适用简易程序的。

人民法院决定适用简易程序审理的案件，人民检察院认为具有刑事诉讼法第二百一十五条规定情形之一的，应当向人民法院提出纠正意见；具有其他不宜适用简易程序情形的，人民检察院可以建议人民法院不适用简易程序。

第四百三十二条 基层人民检察院审查案件，认为案件事实清楚、证据充分的，应当在讯问犯罪嫌疑人时，了解其是否承认自己所犯罪行，对指控的犯罪事实有无异议，告知其适用简易程序的法律规定，确认其是否同意适用简易程序。

第二百一十六条　适用简易程序审理案件，对可能判处三年有期徒刑以下刑罚的，可以组成合议庭进行审判，也可以由审判员一人独任审判；对可能判处的有期徒刑超过三年的，应当组成合议庭进行审判。

适用简易程序审理公诉案件，人民检察院应当派员出席法庭。

［条文主旨］

本条是关于适用简易程序审判的审判组织和人民检察院派员出庭支持公诉的规定。

[条文释解]

本条是1996年修改《刑事诉讼法》时增加的规定，2012年作过修改。对本条的修改，主要是以下两方面：一是为明确适用简易程序是否组成合议庭审理的问题，2012年《刑事诉讼法》对1996年《刑事诉讼法》第174条的规定作了如下修改：1. 为保证案件质量，本条对可能判处较轻刑罚适用简易程序审判的，规定可以组成合议庭进行审判，也可以由审判员一人独任审判。即将原来的"适用简易程序，由审判员一人独任审判"修改为"对可能判处三年有期徒刑以下刑罚的，可以组成合议庭进行审判，也可以由审判员一人独任审判"，这需要由人民法院根据案件的具体情况，在确保案件质量的前提下决定采用何种庭审方式。2. 对于可能判处较重刑罚的案件适用简易程序审判的，规定应当组成合议庭进行审判。即增加规定"对可能判处的有期徒刑超过三年的，应当组成合议庭进行审判"的内容。2012年修改《刑事诉讼法》时，将适用简易程序审理的案件范围由"可能判处三年有期徒刑以下刑罚的"扩大到基层人民法院管辖的符合简易程序规定条件的案件。上述修改，使适用简易程序审理的案件，不仅包括可能判处较轻刑罚的案件，同时也包括了可能判处较重刑罚、较长时间剥夺被告人人身自由的案件，对这类案件，为确保公正审判，体现慎重原则，因而规定要组成合议庭。二是1996年《刑事诉讼法》第175条规定，适用简易程序审理公诉案件，人民检察院可以不派员出席法庭。为保障被告人的诉讼权利和发挥人民检察院的支持公诉和法律监督职能作用，2012年《刑事诉讼法》将"人民检察院可以不派员出席法庭"修改为"人民检察院应当派员出席法庭"。

本条共分为两款。第1款是关于适用简易程序审理的审判组织的规定。本款规定了两种情况：1. 对于可能判处三年有期徒刑以下刑罚适用简易程序审判的案件，人民法院可以根据案件的不同情况，组成合议庭进行审判，也可以由审判员一人独任审判。2. 对于可能判处的有期徒刑超过三年的案件，法律规定应当依法组成合议庭进行审判。一般来说，有期徒刑超过三年的案件，属于比较严重的犯罪案件，规定应当组成合议庭进行审理是必要的，由多名审判人员或陪审员合议，充分讨论，有利于进一步查明案件事实，有利于案件的公正审判。

第2款是关于适用简易程序审理公诉案件，人民检察院应当派员出席法庭的规定。也就是说，适用简易程序审理公诉案件时，人民检察院必须派员出席法庭。法律作此规定，主要考虑的是：1. 提起公诉并支持公诉是检察机关的法定职责，同时支持公诉有利于法庭查明案件事实，正确定罪量刑。2. 此次将适用简易程序的范围扩大至最高可能判处二十五年有期徒刑的案件，为体现对被告人人身权利和诉讼权利的重视，体现严肃公正审判原则，检察机关派员出庭是必要的。3. 检察机关派员出庭可以对庭审活动依法进行监督，更好地体现法律监督职能，同时为是否提出抗诉了解情况早做准备。

[审判实务]

“三年有期徒刑以下刑罚”是指刑法规定的三年以下有期徒刑、拘役、管制、单处罚金、单处剥夺政治权利等刑罚。其中有期徒刑包括三年及其以下有期徒刑。可能判处三年有期徒刑以下刑罚的案件，一般来说，属于较轻的刑事案件，所以，本条规定可以组成合议庭审判，也可以由人民审判员一人独任审判。对于需要组成合议庭进行审判的，合议庭的组成人员可以根据本法第 183 条第 1 款的规定，由审判员三人或者由审判员和人民陪审员共三人或者七人组成合议庭进行。一般情况下，对于被告人少、案情简单清楚、证据基本充分，被告人认罪、适用法律定罪量刑也较为明确，可能判处三年有期徒刑以下刑罚的案件，人民法院可以适用独任审判的形式，这有利于及时结案、节约司法资源。对于案情相对复杂、证据之间存在疑问，人民法院认为需要组成合议庭进行审判的可能判处三年有期徒刑以下刑罚的案件，可以组成合议庭进行审判。

根据《刑法》第 45 条的规定，有期徒刑的期限，为六个月以上十五年以下。根据《刑法》第 69 条第 1 款关于数罪并罚后刑期的规定，有期徒刑总和刑期不满三十五年的，最高不能超过二十年，总和刑期在三十五年以上的，最高不能超过二十五年。这里的“有期徒刑超过三年”，是指最低刑为三年以上有期徒刑，不包括三年有期徒刑，最高刑为二十五年有期徒刑。

[配套规定]

《人民检察院刑事诉讼规则》（高检发释字［2019］4 号）（2019 年 12 月 30 日公布并施行）（节录）

第四百三十三条　适用简易程序审理的公诉案件，人民检察院应当派员出席法庭。

第二百一十七条　适用简易程序审理案件，审判人员应当询问被告人对指控的犯罪事实的意见，告知被告人适用简易程序审理的法律规定，确认被告人是否同意适用简易程序审理。

[条文主旨]

本条是关于适用简易程序审理案件的审查程序的规定。

[条文释解]

本条是2012年修改《刑事诉讼法》时增加的规定。本条规定是法庭对适用简易程序的条件进一步审查核实的审理程序。本法第214条规定了适用简易程序的三个条件，人民法院决定是否适用简易程序进行审理前，接到起诉书后，可以根据案件的具体情况，对是否可以适用简易程序作如下审查：一是审查案卷是否事实清楚、证据充分；二是审查被告人是否承认自己所犯罪行、对起诉书指控的犯罪事实有无异议；三是审查被告人对适用简易程序有无异议。如果同时符合上述三个条件，人民法院即可决定适用简易程序审理。对决定适用简易程序审理的案件，开庭、宣读起诉书之后，审判人员应当就本法第214条规定的条件再次询问被告人对起诉书指控的犯罪事实的意见，将本节关于适用简易程序审理的有关法律规定告知被告人，进一步确定被告人是否同意适用简易程序审理。这样规定是为了确保适用简易程序的准确性，体现了对适用简易程序审理案件的谨慎态度，也体现了对被告人诉讼权利的尊重。

[审判实务]

本条规定包括以下三个方面的内容：一是听取被告人对指控的犯罪事实的意见。人民法院适用简易程序审理案件，开庭后，检察人员或者自诉人应当向被告人宣读起诉书，宣读完毕后，询问被告人对指控的犯罪事实的意见，是否认罪，有无异议。二是告知被告人有关法律规定。由于案件适用简易程序审理，所以，审判人员应根据案件的具体情况，将本节关于适用简易程序审理的有关规定告知被告人，如适用简易程序审理案件，依照规定，根据案件的不同情况，可以审判员一人独任审判，也可以组成合议庭进行审判；告知被告人在法庭上有陈述权、辩护权以及与公诉人互相辩论的权利；告知被告人适用简易程序审理案件，与适用普通程序审理案件有不同之处，如适用简易程序审理案件，证人、鉴定人可不出庭或不受送达期限、出示证据等普通程序审理规定的限制。三是确认被告人是否同意适用简易程序审理案件。在审判人员告知了被告人本法关于简易程序的规定和其依法应当享有的诉讼权利的基础上，被告人应当明确表示同意或者不同意适用简易程序审理。经过上述审查核实程序，人民法院再决定是否继续适用简易程序进行审理。无论是人民检察院建议人民法院适用简易程序的案件，还是人民法院经审查认为应当适用简易程序审理的案件，只要在人民法院开庭审查核实阶段被告人不同意适用简易程序或不符合本法第 214 条规定的条件之一的，人民法院应当决定改为适用普通程序进行审理。

[配套规定]

《最高人民法院关于适用〈中华人民共和国刑事诉讼法〉的解释》（法释［2012］21 号）（2012 年 12 月 20 日公布，自 2013 年 1 月 1 日起施行）（节录）

第二百九十一条　适用简易程序审理的案件，符合刑事诉讼法第三十四条第一款规定的，人民法院应当告知被告人及其近亲属可以申请法律援助。

第二百九十二条　适用简易程序审理案件，人民法院应当在开庭三日前，将开庭的时间、地点通知人民检察院、自诉人、被告人、辩护人，也可以通知其他诉讼参与人。

通知可以采用简便方式，但应当记录在案。

第二百九十三条　适用简易程序审理案件，被告人有辩护人的，应当通知其出庭。

第二百九十四条　适用简易程序审理案件，审判长或者独任审判员应当当庭询问被告人对指控的犯罪事实的意见，告知被告人适用简易程序审理的法律规定，确认被告人是否同意适用简易程序。

第二百一十八条　适用简易程序审理案件，经审判人员许可，被告人及其辩护人可以同公诉人、自诉人及其诉讼代理人互相辩论。

[条文主旨]

本条是关于适用简易程序审理案件的庭审程序规定。

[条文释解]

本条是1996年修改《刑事诉讼法》时增加的规定，2012年作了修改。1996年修改《刑事诉讼法》专门规定了简易程序一节，其中对公诉案件和自诉案件审理的庭审程序分别作了规定。考虑到当时规定公诉案件适用简易程序审理，公诉人可以不出庭，自诉案件中自诉人必须出庭，因此在第175条和第176条规定了适用简易程序的公诉案件、自诉案件的审理程序。2012年修改《刑事诉讼法》，规定适用简易程序的公诉案件，人民检察院应当派员出席法庭。因此，本条删去了“自诉”二字限制，增加了可以同“公诉人”辩论，本条规定的庭审程序适用于公诉案件和自诉案件。在适用简易程序审理案件时，被告人及其辩护人可以同公诉人、自诉人及其诉讼代理人互相辩论。这样规定，有利于对被告人诉讼权利的保障，也有利于查明案件的情况，正确定罪量刑。

[审判实务]

1. 根据本条规定，适用简易程序审理公诉和自诉案件，应当按以下程序进行：(1) 宣读起诉书。在审判人员宣布开庭及有关事项后，向被告人宣读起诉书。如果是公诉案件，应当由公诉人宣读起诉书；自诉案件应当由自诉人或者其诉讼代理人宣读起诉书。(2) 互相辩论。宣读起诉书后，被告人如果不认罪，经审判人员许可，可以与公诉人、自诉人及其诉讼代理人进行辩论。被告人委托了辩护律师或者其他辩护人的，辩护人也可以参加辩论。辩论必须向审判人员提出发言请求，经许可后进行。辩论没有严格的先后顺序，可以针对起诉书指控的全部或部分事实、理由、证据等辩论。

2. 根据本法第213条的规定，自诉案件的被告人可以对自诉人提起反诉，并就反诉的犯罪事实和证据材料等进行互相辩论。

3. 根据本法第212条第1款的规定，人民法院对自诉案件可以进行调解；自诉人在宣告判决前，可以同被告人自行和解或者撤回自诉。但本法第210条第3项规定的案件不能适用调解。

[配套规定]

1.《最高人民法院关于适用〈中华人民共和国刑事诉讼法〉的解释》（法释［2012］21号）（2012年12月20日公布，自2013年1月1日起施行）（节录）

第二百九十五条 适用简易程序审理案件，可以对庭审作如下简化：

（一）公诉人可以摘要宣读起诉书；

（二）公诉人、辩护人、审判人员对被告人的讯问、发问可以简化或者省略；

（三）对控辩双方无异议的证据，可以仅就证据的名称及所证明的事项作出说明；对控辩双方有异议，或者法庭认为有必要调查核实的证据，应当出示，并进行质证；

（四）控辩双方对与定罪量刑有关的事实、证据没有异议的，法庭审理可以直接围绕罪名确定和量刑问题进行。

适用简易程序审理案件，判决宣告前应当听取被告人的最后陈述。

2.《人民检察院刑事诉讼规则》（高检发释字［2019］4号）（2019年12月30日公布并施行）（节录）

第四百三十四条 公诉人出席简易程序法庭时，应当主要围绕量刑以及其他有争议的问题进行法庭调查和法庭辩论。在确认被告人庭前收到起诉书并对起诉书指控的犯罪事实没有异议后，可以简化宣读起诉书，根据案件情况决定是否讯问被告人，询问证人、鉴定人和出示证据。

根据案件情况，公诉人可以建议法庭简化法庭调查和法庭辩论程序。

第二百一十九条 适用简易程序审理案件，不受本章第一节关于送达期限、讯问被告人、询问证人、鉴定人、出示证据、法庭辩论程序规定的限制。但在判决宣告前应当听取被告人的最后陈述意见。

[条文主旨]

本条是关于适用简易程序审理案件可以简化程序的规定。

[条文释解]

本条是1996年修改《刑事诉讼法》时增加的规定，2012年作了修改。简易程序是为了简化办案程序，提高办案效率。因此，这个程序必须体现出“简”字，否则就失去了意义。由于适用简易程序审理的案件相对来说是案情简单、事实清楚、证据较充分且被告人认罪的案件，因而审理中对讯问被告人、询问证人、鉴定人、出示证据、法庭辩论程序不一定都要按普通程序进行，在保证查清案件事实的基础上，依照法律规定，该简化的简化。

适用简易程序审理案件，要切实保障被告人的诉讼权利，尤其是被告人充分陈述自己意见的权利。被告人陈述自己意见的权利，要体现在诉讼的全过程中：一是法庭调查时的陈述和辩护权，二是最后陈述权。最后陈述，既是被告人进行辩护的权利，又是被告人全面认识自己行为性质和后果的一个机会，法庭也可以借以掌握被告人是否真诚悔罪等心理态度。鉴于被告人最后陈述的重要意义，本条明确规定了适用简易程序审理案件，在判决宣告前应当明确被告人的最后陈述意见。2012年修改《刑事诉讼法》时，增加了不受本章第一节关于“送达期限”限制的规定。由于本章第一节是关于一审程序中审理公诉案件的规定，涉及对人民检察院起诉书副本的送达、当事人传票以及人民检察院通知的送达，为进一步简化办案程序，提高诉讼效率，增加规定适用简易程序审理案件，不受“送达期限”的限制，也是简易程序的一部分。

[审判实务]

本条规定有两层意思：1. 适用简易程序审理案件，不受本章第一节关于送达期限、讯问被告人、询问证人、鉴定人、出示证据、法庭辩论程序规定的限制。这些限制性规定，主要是指第187条第2款、第3款规定的人民法院决定开庭审判后，应当将人民检察院的起诉书副本至迟在开庭十日前送达被告人及其辩护人；人民法院确定开庭日期后，应当将开庭的时间、地点通知人民检察院，传唤当事人，通知辩护人、诉讼代理人、证人、鉴定人和翻译人员，传票和通知书至迟在开庭三日以前送达。第 202 条第 2 款规定的当庭宣告判决的，应当在五日以内将判决书送达当事人和提起公诉的人民检察院；定期宣告判决的，应当在宣告后立即将判决书送达当事人和提起公诉的人民检察院。第 191 条第 1 款、第 3 款规定的公诉人在法庭上宣读起诉书后，被告人、被害人进行陈述后，公诉人可以讯问被告人；审判人员可以讯问被告人。第 194 条第 2 款规定的审判人员可以询问证人、鉴定人。第 195 条规定的公诉人、辩护人应当向法庭出示物证，让当事人辨认。第 198 条第 2 款规定的经审判长许可，公诉人、当事人和辩护人、诉讼代理人对证据和案件情况可以互相辩论等规定。“不受限制”，是指人民法院可以根据审理案件的实际需要，进行某一程序，也可以不进行某一程序。2. 被告人有最后陈述权。根据本条规定，适用简易程序审理案件，在判决宣告前应当听取被告人的最后陈述意见。法庭听取被告人的最后陈述意见是必经程序，是被告人的一项重要诉讼权利。这一规定虽然程序简易，但对被告人诉讼权利的保障不能减弱。最后陈述应在法庭调查辩论结束后、判决宣告前进行，时间一般不受限制，陈述内容只要不是与本案毫无关系也不应制止。

[配套规定]

《最高人民法院关于适用〈中华人民共和国刑事诉讼法〉的解释》（法释［2012］21 号）（2012 年 12 月 20 日公布，自 2013 年 1 月 1 日起施行）（节录）

第二百九十五条 适用简易程序审理案件，可以对庭审作如下简化：

（一）公诉人可以摘要宣读起诉书；

（二）公诉人、辩护人、审判人员对被告人的讯问、发问可以简化或者省略；

（三）对控辩双方无异议的证据，可以仅就证据的名称及所证明的事项作出说明；对控辩双方有异议，或者法庭认为有必要调查核实的证据，应当出示，并进行质证；

（四）控辩双方对与定罪量刑有关的事实、证据没有异议的，法庭审理可以直接围绕罪名确定和量刑问题进行。

适用简易程序审理案件，判决宣告前应当听取被告人的最后陈述。

第二百二十条　适用简易程序审理案件，人民法院应当在受理后二十日以内审结；对可能判处的有期徒刑超过三年的，可以延长至一个半月。

[条文主旨]

本条是关于简易程序审理期限的规定。

[条文释解]

本条是1996年修改《刑事诉讼法》时增加的规定，2012年作了修改。为及时审理简易程序的案件、真正体现简易的特点，1996年《刑事诉讼法》第178条规定，适用简易程序审理案件，人民法院应当在受理后二十日以内结案。这一规定相对于第168条人民法院审理公诉案件，应当在受理后一个月内宣判，至迟不得超过一个半月的规定，在时间上确实体现了简易程序简易审理的原则。1996年《刑事诉讼法》对简易程序的适用范围仅限于对依法可能判处三年以下有期徒刑、拘役、管制、单处罚金的公诉案件和告诉才处理的案件，以及被害人起诉的有证据证明的轻微刑事案件三大类。

2012年修改《刑事诉讼法》，适当扩大了适用简易程序审理的案件范围，扩大到超过三年有期徒刑刑罚的案件，即除无期徒刑和死刑外的所有有期徒刑的案件，包括十五年有期徒刑，数罪并罚二十年、二十五年有期徒刑的所有案件。可能判处超过三年有期徒刑的案件，涉及对被告人人身自由较长时间的剥夺，应当格外慎重。即使符合适用简易程序的条件，为保证办案质量，也不宜匆忙审结。本条对这类案件规定了短于普通程序期限，长于轻罪适用简易程序审限的审理时间，既考虑了保证案件质量，避免错案发生，又保证提高审判效率、节省办案时间。根据实际情况，本条增加了“对于可能判处的有期徒刑超过三年的，可以延长至一个半月”。这一规定，相对于本法第208条人民法院审理公诉案件，应当在受理后二个月以内宣判，至迟不得超过三个月的规定，时间缩短了很多，是简易案件简单审的充分体现。

[审判实务]

本条规定包括以下两层意思：1. 人民法院在适用简易程序审理案件时，

应当在受理后二十日以内审结。根据本条的规定，这里所说的“案件”，是指本法第316条第1款规定的“对可能判处三年有期徒刑以下刑罚的”案件，即三年以下有期徒刑、拘役、管制、单处罚金、单处剥夺政治权利等案件。这里规定的“在受理后二十日以内”，是指从人民法院立案之日起二十日以内。“审结”，是指人民法院通过对案件的开庭审理，依法作出处理并结案。如可作出有罪或无罪的判决、对自诉案件可以依法调解、自诉人也可以依法与被告人和解或者撤回自诉。2. 在法定条件下审理期限可以延长至一个半月。本条规定的“对可能判处的有期徒刑超过三年的案件”，根据刑法的规定，是指最低刑为三年，最高刑分别为十五年、二十年或二十五年有期徒刑的案件。“延长至一个半月”，是指适用简易程序审理上述案件，自人民法院受理案件之日起，其审理期限不能超过一个半月。在审判适用简易程序的案件时，必须严格执行本条关于审限的规定。否则程序简化了，案件还是不能及时审结，简易程序就失去了实际意义。

[配套规定]

《最高人民法院关于适用〈中华人民共和国刑事诉讼法〉的解释》（法释［2012］21号）（2012年12月20日公布，自2013年1月1日起施行）（节录）

第二百九十七条　适用简易程序审理案件，一般应当当庭宣判。

第二百二十一条　人民法院在审理过程中，发现不宜适用简易程序的，应当按照本章第一节或者第二节的规定重新审理。

[条文主旨]

本条是关于简易程序转化为普通程序的规定。

[条文释解]

本条是1996年修改《刑事诉讼法》时增加的规定。本条规定是为了解决人民法院适用简易程序审理案件过程中发现不宜适用简易程序时如何处理的问题。本法第214条规定了适用简易程序审理的案件范围，人民法院受理案件后，根据这个范围确定是否适用简易程序。对于决定适用简易程序的，在适用简易程序审理案件的过程中，可能又会发现案件不同时符合本法第214条规定的三个条件，或者发现被告人属于本法第215条规定的四种不适用简易程序的情形之一的，人民法院不应再适用简易程序。为了体现审判的严肃性，保证案件得到公正审理，维护当事人的权利，本条明确规定对不宜适用简易程序的，应当按照本章第一节或者第二节规定的普通程序进行重新审理。

根据本条规定，人民法院在审理案件过程中，发现不宜适用简易程序的，应当按照本章第一节或者第二节的规定重新审理。这里规定的“不宜适用简易程序的”，是指人民法院在适用简易程序审理案件时，发现案件不属于同时符合本法第214条规定的三个条件，或者发现案件属于本法第215条规定的不适用简易程序的情形之一，即“（一）被告人是盲、聋、哑人，或者是尚未完全丧失辨认或者控制自己行为能力的精神病人的；（二）有重大社会影响的；（三）共同犯罪案件中部分被告人不认罪或者对适用简易程序有异议的；（四）其他不宜适用简易程序审理的”，人民法院不应再适用简易程序审理。应当按照本章第一节或者第二节的规定重新审理。是否适用简易程序，应当由法院依法作出决定。“应当按照本章第一节或者第二节的规定”，是指应当按照本法第三编第二章第一节关于第一审公诉案件的审理程序或者第二节关于自诉案件的审理程序的有关规定。“重新审理”，是指停止适用简易程序，而适用第一审公诉案件普通程序或者第一审自诉案件普通程序，重新开庭审理。

[审判实务]

司法实践中，对是否适用简易程序应当按照本法第214条、第215条规定的范围来确定，做到繁简有度，依法而行。

[配套规定]

1.《最高人民法院关于适用〈中华人民共和国刑事诉讼法〉的解释》（法释［2012］21号）（2012年12月20日公布，自2013年1月1日起施行）（节录）

第二百九十六条　适用简易程序独任审判过程中，发现对被告人可能判处的有期徒刑超过三年的，应当转由合议庭审理。

第二百九十八条 适用简易程序审理案件，在法庭审理过程中，有下列情形之一的，应当转为普通程序审理：

（一）被告人的行为可能不构成犯罪的；

（二）被告人可能不负刑事责任的；

（三）被告人当庭对起诉指控的犯罪事实予以否认的；

（四）案件事实不清、证据不足的；

（五）不应当或者不宜适用简易程序的其他情形。

转为普通程序审理的案件，审理期限应当从决定转为普通程序之日起计算。

2.《人民检察院刑事诉讼规则》（高检发释字［2019］4号）（2019年12月30日公布并施行）（节录）

第四百三十五条 适用简易程序审理的公诉案件，公诉人发现不宜适用简易程序审理的，应当建议法庭按照第一审普通程序重新审理。

第四百三十六条 转为普通程序审理的案件，公诉人需要为出席法庭进行准备的，可以建议人民法院延期审理。

［参考案例］

陈某1、陈某2等抢劫案[1]——适用简易程序应注意的问题

基本案情：

被告人陈某1为偿还赌债，于2008年8月7日纠集被告人陈某2、高某，预谋抢劫高档轿车的驾乘人员钱财并向其家属勒索赎金。三人购买了匕首、胶带、口罩等作案工具后，于8月9日至8月16日，携带作案工具驾乘轿车，多次在市区伺机抢劫。同月18日，被告人吉某在高某的纠集下，参与抢劫作案。同月19日凌晨，四被告人在寻找抢劫对象作案时，被公安民警抓获。

常州市钟楼区检察院向该区人民法院提起公诉，要求依法判处。

常州市钟楼区法院于开庭当日发布开庭公告，公告了该案的开庭时间、地点和案由等，随后公开开庭审理了该案。法院经审理认为，被告人陈某1、

① 《人民法院报》2010年1月21日，第6版。

陈某 2、高某、吉某之行为已构成抢劫罪，是犯罪预备；综合本案情节，决定对被告人陈某 1、陈某 2、高某比照既遂犯从轻处罚，对被告人吉某比照既遂犯减轻处罚。遂当庭作出一审判决，以抢劫罪（预备）判处被告人陈某 1有期徒刑三年，罚金人民币 3000 元；判处被告人陈某 2 有期徒刑三年，罚金人民币 3000 元；判处被告人高某有期徒刑三年，罚金人民币 3000 元；判处被告人吉某有期徒刑二年，罚金人民币 2000 元。

被告人陈某 2、高某、吉某不服，提起上诉。

常州市中级人民法院经审理认为，原审法院在审理原审被告人陈某 1、陈某 2、高某、吉某抢劫（预备）一案中，违反了刑事诉讼法规定的相关诉讼程序。裁定：撤销原审法院刑事判决；发回原审法院重新审判。

问题：适用简易程序审理的案件是否必须于开庭三日以前先期公布案由、被告人姓名、开庭时间和地点？

本书观点：

简易程序是根据需要简化了的一审诉讼程序，必须兼顾、平衡诉讼公正和诉讼效率的关系；审判程序的繁简，应当服从司法公正的需要，在保障司法公正的前提下，才可以追求司法活动的高效率。司法解释未对简易程序开庭公告时间作出规定，并非对随意公告的默许，更不是对这一必要程序的任意取消。凡是公开开庭审判的案件，即使是简易程序，也应当遵守刑事诉讼法关于在开庭三日以前公布案由、被告人姓名、开庭时间和地点的规定，绝不能为了提高诉讼效率而影响公开审判制度的落实。

第四节　速裁程序

第二百二十二条　基层人民法院管辖的可能判处三年有期徒刑以下刑罚的案件，案件事实清楚，证据确实、充分，被告人认罪认罚并同意适用速裁程序的，可以适用速裁程序，由审判员一人独任审判。

人民检察院在提起公诉的时候，可以建议人民法院适用速裁程序。

[条文主旨]

本条是关于速裁程序适用条件、审判组织及人民检察院量刑建议权的规定。

[条文释解]

本条是2018年修改《刑事诉讼法》时增加的内容。

本条包括两款。第1款规定适用速裁程序必须同时具备以下条件:

第一，基层人民法院管辖的可能判处三年以下有期徒刑刑罚的案件。因基层人民法院只审理第一审普通刑事案件，处在其他审判阶段的案件不适用速裁程序。可能判处的三年有期徒刑以下刑罚包括宣告刑为三年以下有期徒刑、管制、拘役或单处罚金、剥夺政治权利或定罪免刑等。2014年6月，全国人大常委会授权最高人民法院、最高人民检察院在部分地区开展刑事案件速裁程序试点工作。2014年8月，最高人民法院、最高人民检察院、公安部、司法部制定《关于在部分地区开展刑事案件速裁程序试点工作的办法》，开启了为期两年的速裁程序第一轮试点。该办法对适用速裁程序的罪名采取了有限列举的方式进行限定，且限于可能判处有期徒刑一年以下刑罚的案件。在试点过程中，各地普遍反映案件范围偏小，建议取消罪名限制，提出适用范围应扩大。2016年9月，全国人大常委会又授权最高人民法院、最高人民检察院在原试点地区开展认罪认罚从宽制度试点。2016年11月，最高人民法院、最高人民检察院、公安部、国家安全部、司法部制定《关于在部分地区开展刑事案件认罪认罚从宽制度试点工作的办法》，开展为期两年的第二轮试点。第二轮试点采纳前述建议，将速裁程序适用范围扩大至三年有期徒刑以下刑罚案件，并取消罪名限制。经过第二轮试点的实践检验，各地反映良好，2018年修改《刑事诉讼法》时立法条件成熟，将试点成果确认为法定适用条件。

第二，案件事实清楚，证据确实、充分。根据《刑事诉讼法》第55条第2款规定，“证据确实、充分”应为定罪、量刑的事实都有证据证明；据以定案的证据均经法定程序查证属实；综合全案证据，对所认定事实已排除合理怀疑。办理任何刑事案件都必须以事实为根据、以法律为准绳，严格贯彻证据裁判原则，达到事实清楚，证据确实、充分的证明标准，适用速裁程序审理案件也不能例外。速裁程序虽简，但证明标准不减。人民法院在决定适用速裁程序时必须对定案的证据进行实质性审查，严格把关，只有起诉书指控的事实明确，定罪量刑的证据客观全面才可适用速裁程序，充分保障被告人的权利，防止无辜者被错误定罪，不能为提高诉讼效率而降低对案件质量的要求。

第三，被告人认罪认罚并同意适用速裁程序。2018 年修改《刑事诉讼法》时新增第 15 条将认罪认罚从宽确立为刑事诉讼的重要原则，该条与刑法、刑事诉讼法中一系列相关规定一同构建了我国刑事诉讼中认罪认罚从宽制度。其中，速裁程序是针对犯罪嫌疑人、被告人认罪认罚的轻罪案件设定的诉讼程序，是对认罪认罚案件中轻罪案件的分流处理。犯罪嫌疑人、被告人认罪认罚并选择适用速裁程序，是以一部分诉讼权利换取量刑上从宽、程序上从快，故在适用速裁程序时要注意尊重犯罪嫌疑人、被告人的程序选择权，充分保障他们的诉讼权利。综上，速裁程序适用于基层人民法院审理的对事实证据及程序均无异议的被告人认罪认罚的第一审轻罪案件。本款还规定适用速裁程序审理案件的审判组织，由审判员一人独任审判。

第 2 款规定了人民检察院的程序建议权。人民检察院在提起公诉时认为案件符合速裁程序的条件，或者公安机关、犯罪嫌疑人及其辩护人提出后经审查认为符合速裁程序条件的，均可以建议人民法院适用速裁程序审理。人民法院经审查并征求被告人意见后，可以决定是否适用速裁程序，最终决定权在人民法院。人民法院要严格按照本条第 1 款规定的速裁程序适用条件进行审查。

2019 年制定的《关于适用认罪认罚从宽制度的指导意见》，以及同年修订的《人民检察院刑事诉讼规则》对上述条件均作了重申规定。

[审判实务]

2018 年《刑事诉讼法》修改，在总则第一章增加规定认罪认罚从宽处理原则并作出一系列程序性规定，与刑法中相关实体性规定一同构建了我国刑事诉讼认罪认罚从宽制度，是对宽严相济、坦白从宽政策的深入落实。速裁程序是针对认罪认罚的轻罪案件设计的诉讼程序，是在简易程序基础上进一步简化的诉讼程序，是为落实认罪认罚从宽制度所作的程序创新。作为法定第三种诉讼程序，速裁程序推进了案件的繁简分流，与普通程序、简易程序一并构建有序衔接层次化的诉讼制度体系。

[配套规定]

1.《最高人民法院、最高人民检察院、公安部、国家安全部、司法部关于适用认罪认罚从宽制度的指导意见》（2019年10月11日公布并施行）（节录）

42. 速裁程序的适用条件。基层人民法院管辖的可能判处三年有期徒刑以下刑罚的案件，案件事实清楚，证据确实、充分，被告人认罪认罚并同意适用速裁程序的，可以适用速裁程序，由审判员一人独任审判。人民检察院提起公诉时，可以建议人民法院适用速裁程序。

……

2.《人民检察院刑事诉讼规则》（高检发释字［2019］4号）（2019年12月30日公布并施行）（节录）

第四百三十七条 人民检察院对基层人民法院管辖的案件，符合下列条件的，在提起公诉时，可以建议人民法院适用速裁程序审理：

（一）可能判处三年有期徒刑以下刑罚；

（二）案件事实清楚，证据确实、充分；

（三）被告人认罪认罚、同意适用速裁程序。

第四百三十九条 公安机关、犯罪嫌疑人及其辩护人建议适用速裁程序，人民检察院经审查认为符合条件的，可以建议人民法院适用速裁程序审理。

公安机关、辩护人未建议适用速裁程序，人民检察院经审查认为符合速裁程序适用条件，且犯罪嫌疑人同意适用的，可以建议人民法院适用速裁程序审理。

[参考案例]

程某寻衅滋事案①

基本案情：

公诉机关：上海市闸北区人民检察院。

---

① 上海市闸北区人民法院（2016）沪0108刑初131号刑事判决书。

被告人：程某。

指定辩护人：施某，上海市海之纯律师事务所律师。

公诉机关以沪闸检诉刑诉（2016）118号起诉书指控被告人程某犯寻衅滋事罪，提起公诉。上海市闸北区人民法院依法适用刑事速裁程序，实行独任审判，对案件进行公开开庭审理。

公诉机关指控，2015年12月18日23时30分许，被告人程某酒后无故踢踹被害人刘某停放在上海市沪太支路的一辆牌照为闽A8××××的轿车，并将前来阻止的刘某手中的iPhone6（16G）手机打落在地，导致手机屏幕损坏。后被告人程某又进入车辆驾驶室用手拉坏车内后视镜，用脚踢碎前挡风玻璃。经鉴定，车辆更换作业项目共计人民币2540元；iPhone6（16G）手机屏幕价值人民币591元。程某被当场抓获并如实供述了上述事实。案发后，被告人程某家属代为赔偿了被害人刘某经济损失人民币3500元并取得了被害人的谅解。公诉机关认为被告人程某具有如实供述的从轻处罚情节，建议判处二个月至三个月的拘役。被告人程某对起诉指控的事实、罪名及量刑建议没有异议且在具结书上签字。程某在开庭审理过程中对起诉指控的事实、罪名及量刑建议亦无异议。

2016年2月22日，上海市闸北区人民法院对被告人程某寻衅滋事一案作出判决。法院认为，程某的行为已构成寻衅滋事罪，依法应予惩处。公诉机关指控的罪名成立，量刑建议适当，应予采纳。依照《刑法》第293条第1款第3项和第67条第3款之规定，判决被告人程某犯寻衅滋事罪，判处拘役二个月。

案例评析：

该案系在刑事速裁程序的试点过程中适用速裁程序审理的案件。对可判处拘役的寻衅滋事案件，适用速裁程序采用法官独任方式进行审理。审理过程中，被告人对指控的事实、罪名及量刑建议均无异议，签署具结书，且积极赔偿被害人经济损失，得到被害人谅解的，人民法院对被告人依法从轻处罚。

第二百二十三条　有下列情形之一的，不适用速裁程序：

（一）被告人是盲、聋、哑人，或者是尚未完全丧失辨认或者控制自己行为能力的精神病人的；

（二）被告人是未成年人的；

（三）案件有重大社会影响的；

（四）共同犯罪案件中部分被告人对指控的犯罪事实、罪名、量刑建议或者适用速裁程序有异议的；

（五）被告人与被害人或者其法定代理人没有就附带民事诉讼赔偿等事项达成调解或和解协议的；

（六）其他不宜适用速裁程序审理的。

[条文主旨]

本条是关于不适用速裁程序情形的规定。

[条文释解]

本条是2018年修改《刑事诉讼法》时增加的内容。

本条规定了不适用速裁程序的情形，从反面界定了速裁程序的适用范围，共六项：

第一，被告人是盲、聋、哑人，或者是尚未完全丧失辨认或者控制自己行为能力的精神病人的。身体上有缺陷和精神上有障碍的人不能充分自主表达自己的真实意思，因此对速裁程序及认罪认罚从宽的有关法律规定很可能不能完全理解。为保障他们的诉讼权利，确保案件质量，此类人作为被告人不适用速裁程序审理。基于同样的考虑，刑事诉讼法规定上述人员为被告人的案件不能适用简易程序审理，对于程序更加简化的速裁程序当然也不能适用。

第二，被告人是未成年人的。未成年人身心还不成熟，处于变化阶段，判断是非和自我控制能力相对较弱，行为容易受到外界因素影响。为保护未成年人的成长，对违法犯罪的未成年人实行教育、感化、挽救的方针，坚持教育为主、惩罚为辅的原则。刑事诉讼法专章规定了未成年人刑事案件诉讼程序，设置了社会调查、合适成年人到场、附条件不起诉、犯罪记录封存等特别的诉讼制度。速裁程序是以简化庭审程序换取诉讼效率，一般不进行法庭调查、法庭辩论，采取集中审理、集中宣判的形式，不利于通过庭审实现对未成年被告人进行教育、感化、挽救。且被告人是否系未成年人，应以审判时的年龄认定。

第三，案件有重大社会影响的。随着网络时代到来、自媒体发展，越来越多的案件通过网络传播引起社会广泛关注，产生重大社会影响。人民法院通过庭审充分展现审理案件的全过程，为公众提供具有典型意义的法治公开课，教育广大群众知法、懂法、守法。这类案件如果适用速裁程序审理，难以取得好的社会效果。

第四，共同犯罪案件中部分被告人对指控的犯罪事实、罪名、量刑建议或者适用速裁程序有异议的。共同犯罪案件需要审查的事实证据较多，需要准确认定共同犯罪人的地位作用，相对较为复杂，为保证案件质量、公平公正处理，只要其中有一名被告人提出异议，全案不能适用速裁程序。

第五，被告人与被害人或者其法定代理人没有就附带民事诉讼赔偿等事项达成调解或和解协议的。对被害人进行赔偿是被告人认罪认罚的重要表现，速裁程序作为简化高效的诉讼程序，不能以牺牲被害人的合法权利为代价。在一些造成被害人损害的轻微刑事案件中，被告人真诚悔罪，弥补被害人的损失，对于化解社会矛盾，修复被犯罪破坏的社会关系具有尤为重要的意义。没有达成调解或和解协议的不适用速裁程序，但并不表示不适用认罪认罚从宽制度，此类案件需适用简易程序或普通程序审理。此外，因被害人未提起附带民事诉讼或者无法查找到被害人，不影响速裁程序的适用。

第六，其他不宜适用速裁程序审理的。该规定是兜底条款，需要人民法院在司法实践中根据具体情况作出判断。

[审判实务]

明确界定六种不适用速裁程序的情形，有利于司法机关在办案过程中准确掌握，防止不当适用速裁程序的情况发生，更好地保障诉讼参与人的合法权利，维护司法公正。

[配套规定]

1.《最高人民法院、最高人民检察院、公安部、国家安全部、司法部关于适用认罪认罚从宽制度的指导意见》（2019 年 10 月 11 日公布并施行）（节录）

42. ……

有下列情形之一的，不适用速裁程序办理：

（一）被告人是盲、聋、哑人，或者是尚未完全丧失辨认或者控制自己行为能力的精神病人的；

（二）被告人是未成年人的；

（三）案件有重大社会影响的；

（四）共同犯罪案件中部分被告人对指控的犯罪事实、罪名、量刑建议或者适用速裁程序有异议的；

（五）被告人与被害人或者其法定代理人没有就附带民事诉讼赔偿等事项达成调解或者和解协议的；

（六）其他不宜适用速裁程序办理的案件。

2.《人民检察院刑事诉讼规则》（高检发释字［2019］4号）（2019年12月30日公布并施行）（节录）

第四百三十八条 具有下列情形之一的，人民检察院不得建议人民法院适用速裁程序：

（一）被告人是盲、聋、哑人，或者是尚未完全丧失辨认或者控制自己行为能力的精神病人的；

（二）被告人是未成年人的；

（三）案件有重大社会影响的；

（四）共同犯罪案件中部分被告人对指控的犯罪事实、罪名、量刑建议或者适用速裁程序有异议的；

（五）被告人与被害人或者其法定代理人没有就附带民事诉讼赔偿等事项达成调解或者和解协议的；

（六）其他不宜适用速裁程序审理的。

［参考案例］

徐某等非法捕捞水产品案[①]

基本案情：

公诉机关：南京市高淳区人民检察院。

被告人徐某，2015年5月6日因涉嫌犯非法捕捞水产品罪被取保候审。

① 南京市高淳区人民法院（2015）高刑速初字第89号刑事判决书。

被告人孔某，2015 年 5 月 6 日因涉嫌犯非法捕捞水产品罪被取保候审。

被告人唐某，2015 年 5 月 6 日因涉嫌犯非法捕捞水产品罪被取保候审。

南京市高淳区人民检察院以宁高检诉刑诉（2015）422 号起诉书指控被告人徐某、孔某、唐某犯非法捕捞水产品罪，并建议适用刑事速裁程序，于 2015 年 12 月 3 日向南京市高淳区人民法院提起公诉。经南京市中级人民法院指定管辖，南京市高淳区人民法院于当日立案，经查，该案不宜适用速裁程序，于 2015 年 12 月 4 日转为简易程序，同年 12 月 16 日实行独任审判，公开开庭审理了本案。

南京市高淳区人民法院审理认定，2015 年 5 月 4 日 22 时许，被告人徐某、孔某、唐某商议至高淳区固城湖电鱼。随后三被告人携带电瓶、变电器等工具至固城大桥西侧固城湖水域，使用上述工具进行电捕鱼，共捕得鲫鱼、白条、鲶鱼等多种水产品。当晚，三被告人被公安机关当场抓获并扣押捕鱼工具。另查明，2015 年 2 月 27 日，江苏省海洋与渔业局苏海法（2015）2 号文件认定：高淳区固城湖自 2015 年 3 月 1 日至 2015 年 8 月 31 日实行全湖禁渔。被告人徐某、孔某、唐某归案后均如实供述犯罪事实。审理期间，三被告人为修复固城湖渔业资源环境分别向高淳区渔政渔港监督管理站缴纳生态修复资金 300 元。被告人徐某、孔某、唐某对上述事实及证据均不持异议，未作辩解，并表示自愿认罪。

2015 年 12 月 16 日，南京市高淳区人民法院对该案作出判决。法院认为，被告人徐某、孔某、唐某违反保护水产资源法规，在禁渔区、禁渔期内，使用禁用的工具、方法捕捞水产品，情节严重，其行为均已触犯刑法，构成非法捕捞水产品罪。被告人徐某、孔某、唐某共同故意实施犯罪，系共同犯罪。三被告人归案后如实供述犯罪事实，属坦白，依法可从轻处罚，同时考虑三被告人自愿缴纳渔业资源修复费，可酌情从轻处罚。南京市高淳区人民检察院指控被告人徐某、孔某、唐某犯非法捕捞水产品罪，事实清楚，证据确实、充分，法院予以支持。据此，为保护生态环境，打击犯罪，依照《刑法》第 340 条、第 25 条第 1 款、第 67 条第 3 款之规定，判决被告人徐某犯非法捕捞水产品罪，判处罚金人民币 3000 元（限于本判决生效之日起十日内缴纳）。被告人孔某犯非法捕捞水产品罪，判处罚金人民币 3000 元（限于本判决生效之日起十日内缴纳）。被告人唐某犯非法捕捞水产品罪，判处罚金人民币 3000 元（限于本判决生效之日起十日内缴纳）。

案例评析：

该案系在刑事速裁程序试点过程中适用速裁程序审理的案件。非法捕捞水产品案依法可单处罚金，符合刑事速裁程序的受案范围。对这类案件最终是否启动速裁程序进行审理，由人民法院根据具体情况决定，人民法院认为不宜采取速裁程序的，可适用其他程序审理。

第二百二十四条　适用速裁程序审理案件，不受本章第一节规定的送达期限的限制，一般不进行法庭调查、法庭辩论，但在判决宣告前应当听取辩护人的意见和被告人的最后陈述意见。

适用速裁程序，应当当庭宣判。

[条文主旨]

本条是关于速裁程序简化审判程序和当庭宣判的规定。

[条文释解]

本条是2018年修改《刑事诉讼法》时增加的内容。

速裁程序的简化表现在以下几个方面。第一，送达程序的简化。适用速裁程序审理案件，不受刑事诉讼法关于送达期限的限制。此类限制主要包括：人民检察院的起诉书副本至迟在开庭十日以前送达被告人及其辩护人；人民法院在确定开庭日期后，应当将开庭的时间、地点通知人民检察院，传唤当事人，通知辩护人、诉讼代理人、证人、鉴定人和翻译人员，传票和通知书至迟在开庭三日以前送达；当庭宣告判决的，应当在五日以内将判决书送达当事人和提起公诉的人民检察院等。司法解释进一步规定，可以在向被告人送达起诉书时一并送达权利义务告知书、开庭传票，并核实被告人自然信息等情况。根据需要，可以集中送达。第二，开庭程序的简化。适用速裁程序审理案件可以省略法庭调查、法庭辩论。人民检察院应当派员出席法庭。公诉人、可以简要宣读起诉书指控的犯罪事实、证据、适用法律及量刑建议，一般不再讯问被告人。但开庭时必须进行被告人的最后陈述意见并听取辩护人的意见，充分保障被告人的诉讼权利。程序虽简，但权利保障不减。另外，不进行法庭调查、法庭辩论为一般规定，当案件事实、证据有必要进行具体核实时也要进行法庭调查、法庭辩论，不是一概不进行法庭调查、法庭辩论。适用速裁程序审理案件可以集中开庭，要逐案审理。审判人员应当当庭询问被告人对指控事实、证据、量刑建议以及适用速裁程序的意见，核实具结书签署的自愿性、真实性、合法性，并核实附带民事诉讼赔偿等情况。第三，宣判程序的简化。适用速裁程序应当当庭宣判。集中审理的，可以集中当庭宣判。宣判时，根据案件需要，可以由审判员进行法庭教育，裁判文书可以简化。

[审判实务]

人民法院适用速裁程序审理案件不进行法庭调查、法庭辩论是一般性的规定，并不是一律不进行，而是根据案件审理需要可以不进行，必要时也可以进行。特别是对定罪、量刑有影响的关键问题有疑问时需要进行法庭调查、法庭辩论，解决疑点，不能以程序的简化牺牲公正。

速裁程序与简易程序均是对普通程序的简化，速裁程序从简易程序进一步简化分流出来，二者的主要区别有：第一，适用条件不同。速裁程序适用于基层人民法院管辖的可能判处三年有期徒刑以下刑罚的案件，案件事实清楚，证据确实、充分，被告人认罪认罚并同意适用速裁程序的。简易程序适用于基层人民法院管辖的案件事实清楚，证据确实、充分，被告人认罪并对指控的事实无异议，对适用简易程序无异议的案件。第二，审判组织不同。适用速裁程序审理案件一律由审判员一人独任审判。适用简易程序审理案件，可以组成合议庭进行审判，也可以由审判员一人独任审判；对可能判处的有期徒刑超过三年的，应当组成合议庭进行审判。第三，审判程序不同。适用速裁程序审理案件一般不进行法庭调查、法庭辩论。适用简易程序审理案件应当进行法庭调查、法庭辩论，只是可以根据案件情况适当简化。第四，审理期限不同。适用速裁程序审理案件一般应当在十日内审结。对可能判处有期徒刑超过一年的，可以延长至十五日。适用简易程序审理案件审理期限为二十日，对可能判处有期徒刑超过三年的，可以延长至一个半月。

[配套规定]

1.《最高人民法院、最高人民检察院、公安部、国家安全部、司法部关于适用认罪认罚从宽制度的指导意见》（2019年10月11日公布并施行）（节录）

44. 速裁案件的审理程序。适用速裁程序审理案件，不受刑事诉讼法规定的送达期限的限制，一般不进行法庭调查、法庭辩论，但在判决宣告前应当听取辩护人的意见和被告人的最后陈述意见。

人民法院适用速裁程序审理案件，可以在向被告人送达起诉书时一并送达权利义务告知书、开庭传票，并核实被告人自然信息等情况。根据需要，可以集中送达。

人民法院适用速裁程序审理案件，可以集中开庭，逐案审理。人民检察院可以指派公诉人集中出庭支持公诉。公诉人简要宣读起诉书后，审判人员应当当庭询问被告人对指控事实、证据、量刑建议以及适用速裁程序的意见，核实具结书签署的自愿性、真实性、合法性，并核实附带民事诉讼赔偿等情况。

适用速裁程序审理案件，应当当庭宣判。集中审理的，可以集中当庭宣判。宣判时，根据案件需要，可以由审判员进行法庭教育，裁判文书可以简化。

2.《人民检察院刑事诉讼规则》（高检发释字［2019］4号）（2019年12月30日公布并施行）（节录）

第四百四十条　人民检察院建议人民法院适用速裁程序的案件，起诉书内容可以适当简化，重点写明指控的事实和适用的法律。

第四百四十一条　人民法院适用速裁程序审理的案件，人民检察院应当派员出席法庭。

第四百四十二条　公诉人出席速裁程序法庭时，可以简要宣读起诉书指控的犯罪事实、证据、适用法律及量刑建议，一般不再讯问被告人。

第二百二十五条　适用速裁程序审理案件，人民法院应当在受理十日以内审结；对可能判处的有期徒刑超过一年的，可以延长至十五日。

[条文主旨]

本条是关于速裁程序审理期限的规定。

[条文释解]

本条是2018年修改《刑事诉讼法》时增加的内容。

速裁程序较简易程序进一步缩短审理时间，一般应当在十日内审结。对可能判处有期徒刑超过一年的，刑诉法规定可以延长至十五日，司法解释进一步明确应当在十五日内审结。

[配套规定]

《最高人民法院、最高人民检察院、公安部、国家安全部、司法部关于适用认罪认罚从宽制度的指导意见》（2019年10月11日公布并施行）（节录）

43. 速裁程序的审理期限。适用速裁程序审理案件，人民法院应当在受理后十日内审结；对可能判处的有期徒刑超过一年的，应当在十五日内审结。

第二百二十六条　人民法院在审理过程中，发现有被告人的行为不构成犯罪或者不应当追究其刑事责任、被告人违背意愿认罪认罚、被告人否认指控的犯罪事实或者其他不宜适用速裁程序审理的情形的，应当按照本章第一节或者第三节的规定重新审理。

[条文主旨]

本条是关于速裁程序转普通程序或简易程序的规定。

[条文释解]

本条是2018年修改刑事诉讼法时增加的内容。

本条规定了速裁程序转程序的情形。速裁程序转换为普通程序或者简易程序，是人民法院在审理案件的过程中，不论进行到哪一个阶段，只要发现存在不宜适用速裁程序的情形都要转换为普通程序或者简易程序。人民检察院发现有不宜适用速裁程序情形的，亦有权建议转化程序重新审理。对于人民法院已经适用速裁程序审结的案件，不存在转换程序审理的问题，如发现确属不宜适用速裁程序情形的，应当通过审判监督程序予以纠正。转换为普通程序或者简易程序审理的案件，要依照刑事诉讼法关于普通程序或者简易程序的规定重新审理。

[审判实务]

速裁程序只适用于公诉案件，不适用于自诉案件，因此只能转换为公诉案件的普通程序或者简易程序。

[配套规定]

《人民检察院刑事诉讼规则》（高检发释字［2019］4号）（2019年12月30日公布并施行）（节录）

第四百四十三条 适用速裁程序审理的案件，人民检察院发现有不宜适用速裁程序审理情形的，应当建议人民法院转为普通程序或者简易程序重新审理。

第四百四十四条 转为普通程序审理的案件，公诉人需要为出席法庭进行准备的，可以建议人民法院延期审理。

第三章 第二审程序

第二百二十七条 被告人、自诉人和他们的法定代理人，不服地方各级人民法院第一审的判决、裁定，有权用书状或者口头向上一级人民法院上诉。被告人的辩护人和近亲属，经被告人同意，可以提出上诉。

附带民事诉讼的当事人和他们的法定代理人，可以对地方各级人民法院第一审的判决、裁定中的附带民事诉讼部分，提出上诉。

对被告人的上诉权，不得以任何借口加以剥夺。

[条文主旨]

本条是关于提起上诉的规定。

[条文释解]

本条是1979年《刑事诉讼法》的规定，1996年作过修改，2012年、2018年均未作修改。

本条包括三款。第1款规定了被告人、自诉人和他们法定代理人，被告人的辩护人和近亲属的上诉权。首先，被告人、自诉人和他们的法定代理人有独立上诉权。被告人、自诉人是未成年人或精神病人，没有独立的诉讼能力，不能正常进行诉讼活动，此时他们的法定代理人有独立上诉权。第二，辩护人和被告人的近亲属有附条件的上诉权，经被告人同意，可以提出上诉。第三，对地方各级人民法院的第一审判决、裁定不服可提出上诉，无须特定理由。但中级人民法院以上各级人民法院作出的第二审判决、裁定及最高人民法院作出的第一审判决、裁定不得上诉。第四，上诉可以是书面形式也可以是口头形式。口头上诉的，人民法院应当制作笔录，记录在案。

第2款规定了附带民事诉讼当事人及其法定代理人的上诉权。第一，附带民事诉讼当事人和他们的法定代理人具有独立上诉权。第二，上诉范围只限于对地方各级人民法院第一审的判决、裁定中附带民事诉讼部分，对判决、裁定的刑事部分无权提出上诉，且对附带民事部分上诉不影响刑事判决、裁定在上诉期满后发生法律效力。

第 3 款规定对被告人上诉权不得以任何理由加以剥夺。在法定时间内提出上诉即具法律效力，不论罪名、罪行轻重、认罪态度好坏等都不影响其上诉权，人民法院应当依法保障该权利。被告人上诉必然引起第二审程序。

[审判实务]

我国刑事诉讼实行两审终审制，对地方各级人民法院所作第一审判决或者裁定，上诉人可以依法提起上诉，检察机关也可以依法提起抗诉，合法的上诉和抗诉是引起第二审程序的前提。上诉制度对于确保人民法院及时、正确惩罚犯罪，保护无辜，维护被告人以及其他当事人的合法权益具有重要意义。上诉权是刑事诉讼法赋予被告人的一项重要诉讼权利，人民法院不能以任何理由或借口不接受被告人提起的上诉或者为被告人提起上诉设置障碍。被告人提起上诉可以用书面方式，也可以用口头方式，采取口头方式上诉的，人民法院应当受理。对于被告人、自诉人及其法定代理人书写诉状确有困难的，第一审人民法院应当根据其所陈述的请求和理由制作笔录，由上诉人阅读或者向其宣读后再由其签字或者盖章予以确认。

司法解释规定，人民法院受理的上诉案件，一般应当有上诉状正本及副本。上诉状的内容应当包括第一审判决书、裁定书的文号和上诉人收到的时间，第一审人民法院的名称，上诉的请求和理由，提出上诉的时间。被告人的辩护人、近亲属经被告人同意提出上诉的，还应当写明其与被告人的关系，并应当以被告人作为上诉人。明确上诉状中应当载明的内容，对于第二审程序的顺利、有效进行具有重要意义。

[配套规定]

《最高人民法院关于适用〈中华人民共和国刑事诉讼法〉的解释》（法释［2012］21 号）（2012 年 12 月 20 日公布，自 2013 年 1 月 1 日起施行）（节录）

第二百九十九条　地方各级人民法院在宣告第一审判决、裁定时，应当告知被告人、自诉人及其法定代理人不服判决、裁定的，有权在法定期限内以书面或者口头形式，通过本院或者直接向上一级人民法院提出上诉；被告人的辩护人、近亲属经被告人同意，也可以提出上诉；附带民事诉讼当事人及其法定代理人，可以对判决、裁定中的附带民事部分提出上诉。

被告人、自诉人、附带民事诉讼当事人及其法定代理人是否提出上诉，以其在上诉期满前最后一次的意思表示为准。

第三百条 人民法院受理的上诉案件，一般应当有上诉状正本及副本。

上诉状内容应当包括：第一审判决书、裁定书的文号和上诉人收到的时间，第一审人民法院的名称，上诉的请求和理由，提出上诉的时间。被告人的辩护人、近亲属经被告人同意提出上诉的，还应当写明其与被告人的关系，并应当以被告人作为上诉人。

第五百四十五条 向人民法院提出自诉、上诉、申诉、申请等的，应当以书面形式提出。书写有困难的，除另有规定的以外，可以口头提出，由人民法院工作人员制作笔录或者记录在案，并向口述人宣读或者交其阅读。

第二百二十八条 地方各级人民检察院认为本级人民法院第一审的判决、裁定确有错误的时候，应当向上一级人民法院提起抗诉。

[条文主旨]

本条是关于提起抗诉的规定。

[条文释解]

本条是1979年《刑事诉讼法》的规定，此后历次修改时均未对本条作修改。

本条规定了人民检察院的抗诉权。宪法规定人民检察院是国家的法律监督机关，对人民法院的审判活动实行监督。地方各级人民检察院认为同级人民法院的判决、裁定确有错误，应当提起抗诉。抗诉包括二审抗诉和再审抗诉，本条规定属于第一种情形，即对一审未生效裁判的抗诉。人民检察院认为一审判决不论是减轻了被告人的罪责，还是加重了被告人的罪责，其都有权力也有责任向上一级人民法院提出抗诉。人民检察院在收到同级人民法院第一审判决书或者裁定书后应当及时审查，发现下列情形应当提出抗诉：一是原审认定的事实确有错误或者据以定罪量刑的证据不确实、不充分的；二是有确实、充分的证据证明有罪判无罪，或者无罪判有罪的；三是重罪轻判，轻罪重判，适用刑罚明显不当的；四是认定罪名不正确，一罪判数罪、数罪判一罪，影响量刑或者造成严重社会影响的；五是免除刑事处罚或者适用缓刑、禁止令、限制减刑等错误的；六是人民法院在审理过程中严重违反法律规定的诉讼程序的。对于需要提出抗诉的案件，应当报请检察长决定。提起抗诉的案件应当制作抗诉书，通过原审人民法院向上一级人民法院提出，并将抗诉书副本连同案卷材料报送上一级人民检察院。

[司法实务]

司法实践中应当注意提起抗诉时不能只抗轻判不抗重判。

[配套规定]

《人民检察院刑事诉讼规则》（高检发释字［2019］4号）（2019年12月30日公布并施行）（节录）

第五百八十三条 人民检察院依法对人民法院的判决、裁定是否正确实行法律监督，对人民法院确有错误的判决、裁定，应当依法提出抗诉。

第五百八十四条 人民检察院认为同级人民法院第一审判决、裁定具有下列情形之一的，应当提出抗诉：

（一）认定的事实确有错误或者据以定罪量刑的证据不确实、不充分的；

（二）有确实、充分证据证明有罪判无罪，或者无罪判有罪的；

（三）重罪轻判，轻罪重判，适用刑罚明显不当的；

（四）认定罪名不正确，一罪判数罪、数罪判一罪，影响量刑或者造成严重社会影响的；

（五）免除刑事处罚或者适用缓刑、禁止令、限制减刑等错误的；

（六）人民法院在审理过程中严重违反法律规定的诉讼程序的。

第五百八十五条 人民检察院在收到人民法院第一审判决书或者裁定书后，应当及时审查。对于需要提出抗诉的案件，应当报请检察长决定。

第五百八十六条 人民检察院对同级人民法院第一审判决的抗诉，应当在接到判决书后第二日起十日以内提出；对第一审裁定的抗诉，应当在接到裁定书后第二日起五日以内提出。

第五百八十七条 人民检察院对同级人民法院第一审判决、裁定的抗诉，应当制作抗诉书，通过原审人民法院向上一级人民法院提出，并将抗诉书副本连同案卷材料报送上一级人民检察院。

第五百八十九条 上一级人民检察院对下级人民检察院按照第二审程序提出抗诉的案件，认为抗诉正确的，应当支持抗诉。

上一级人民检察院认为抗诉不当的，应当听取下级人民检察院的意见。听取意见后，仍然认为抗诉不当的，应当向同级人民法院撤回抗诉，并且通知下级人民检察院。

上一级人民检察院在上诉、抗诉期限内，发现下级人民检察院应当提出抗诉而没有提出抗诉的案件，可以指令下级人民检察院依法提出抗诉。

上一级人民检察院支持或者部分支持抗诉意见的，可以变更、补充抗诉理由，及时制作支持抗诉意见书，并通知提出抗诉的人民检察院。

第五百九十条 第二审人民法院发回原审人民法院按照第一审程序重新审判的案件，如果人民检察院认为重新审判的判决、裁定确有错误的，可以按照第二审程序提出抗诉。

[参考案例]

1. 杨某等人强奸、抢劫案[①]

基本案情：

被告人杨某，男，1979 年 2 月 25 日出生，无业。1995 年 12 月因犯抢劫罪被判处有期徒刑三年，1997 年 12 月刑满释放。因涉嫌犯强奸罪、抢劫罪于 1999 年 12 月 28 日被逮捕。

被告人叶某，男，1976 年 12 月 22 日出生，无业。因涉嫌犯强奸罪、抢劫罪于 1999 年 12 月 28 日被逮捕。

被告人李某，男，1979 年 9 月 12 日出生，无业。因涉嫌犯强奸罪、抢劫罪于 1999 年 12 月 29 日被逮捕。

某市人民检察院以被告人杨某、叶某、李某犯强奸罪、抢劫罪，向某市中级人民法院提起公诉。

---

① 《刑事审判参考》第 154 号案例。

某市中级人民法院经公开审理查明：

1999年11月28日晚10时许，被告人杨某、叶某、李某酒后行至其所在市某区人民法院附近时，看到女青年郭某单身一人在前行走，杨某即提议抢劫郭某的财物，并共同尾随郭某至该市龙园宾馆附近，上前将郭某围住。杨某持匕首抵住郭某进行威胁并刺伤郭某的左手中指，并抢走郭某的挎包交给李某。李某翻包未搜到钱财，叶某即对郭某进行威胁并提议将郭某带走。随后，叶某拦得一辆出租车，共同将郭某挟持上车，至某区新建村下车，又共同将郭某带至一菜地温室旁。李某对郭某强奸一次，叶某对郭某强奸两次，杨某强奸未成。李某和叶某离去后，杨某将郭某挟持到新淮村廖某家，先后对郭某实施了三次奸淫，并抢走郭某的人民币100元。次日上午，杨某带郭某到诊所包扎左手的伤口后离去，郭某随即到公安机关报案。同年11月30日，杨某、叶某、李某分别被公安机关抓获归案。

某市中级人民法院认为，被告人杨某、叶某、李某抢劫、强奸女青年郭某的行为，已构成抢劫、强奸罪。杨某归案后能够如实供述犯罪，认罪态度较好，且积极交纳罚金，具有悔罪表现，其辩护人对此所做的辩护意见予以采纳。叶某首先提起强奸犯意，并两次逼迫被害人口淫后进行强奸，其关于在侦查阶段曾供认犯罪系受刑讯逼供所迫的辩解缺少事实依据，其辩护人关于叶某在抢劫中系从犯的辩护意见不能成立，不予采纳。李某在共同抢劫犯罪中行为积极，其辩护人关于其系从犯的辩护意见不能成立。据此，某市中级人民法院于2000年7月19日判决：

一、被告人杨某犯强奸罪，判处死刑，缓期二年执行，剥夺政治权利终身；犯抢劫罪，判处有期徒刑八年，并处罚金人民币3000元，决定执行死刑，缓期二年执行，剥夺政治权利终身，并处罚金人民币3000元；

二、被告人叶某犯强奸罪，判处无期徒刑，剥夺政治权利终身；犯抢劫罪，判处有期徒刑四年，并处罚金人民币2000元，决定执行无期徒刑，剥夺政治权利终身，并处罚金人民币2000元；

三、被告人李某犯强奸罪，判处有期徒刑九年，剥夺政治权利三年；犯抢劫罪，判处有期徒刑二年，并处罚金人民币1000元，决定执行有期徒刑十年，剥夺政治权利三年，并处罚金人民币1000元。

宣判后，某市中级人民法院于2000年7月24日分别向被告人杨某、叶某、李某和某市人民检察院送达了判决书。杨某、叶某、李某均服判不上诉。同年8月1日，某市人民检察院电话通知某市中级人民法院对杨某提出抗诉。同年8月7日，某市人民检察院以杨某强奸犯罪的罪行特别严重，且系累犯，依法应从严惩处为由，签发抗诉书。次日，某市中级人民法院收到落款日期为2000年8月2日的抗诉书。

某省高级人民法院经审理认为：原判认定被告人杨某、叶某、李某抢劫、强奸的事实清楚，证据确实、充分。杨某、叶某、李某的行为均已构成强奸罪、抢劫罪，应依法惩处。杨某提议抢劫，并持刀刺伤被害人手指，当晚还单独将被害人挟持到他处奸淫三次，并抢走被害人人民币100元，事后还威胁被害人不许报案，犯罪情节严重，且系累犯，应依法从重惩处。原判对杨某所犯强奸罪的量刑不当。某市人民检察院的抗诉有理，应予支持。依照《刑事诉讼法》第189条第1项、第2项之规定，于2000年12月27日判决：

一、维持某市中级人民法院（2000）××刑初字第54号刑事判决中对被告人叶某、李某的定罪量刑和对被告人杨某犯抢劫罪的定罪量刑部分；

二、撤销某市中级人民法院（2000）××刑初字第54号刑事判决中对被告人杨某犯强奸罪的定罪量刑部分；

原审被告人杨某犯强奸罪，判处死刑，剥夺政治权利终身；犯抢劫罪，判处有期徒刑八年，并处罚金人民币3000元，决定执行死刑，剥夺政治权利终身，并处罚金人民币3000元。

某省高级人民法院依法将本案报请最高人民法院核准。

最高人民法院经复核认为，一审法院判决书送达后，某市人民检察院提出抗诉书时已超过了法定抗诉期限，二审法院受理本案并作出判决违反了法律规定的诉讼程序。依照《刑事诉讼法》第183条、第185条第1款、第199条和《最高人民法院关于执行〈中华人民共和国刑事诉讼法〉若干问题的解释》第274条第2款、第285条第4项的规定，于2001年10月18日裁定：

一、撤销某省高级人民法院（2000）××刑终字第467号刑事判决；

二、本案发回某省高级人民法院重新审判。

案例评析：

（1）检察机关在法定抗诉期限内提出的口头抗诉无效

根据我国刑事诉讼法的规定，刑事二审案件的提起有两种途径：一是刑事案件的被告人、自诉人和他们的法定代理人不服第一审判决、裁定时，有权提出上诉；二是地方各级人民检察院认为本级人民法院第一审判决、裁定确有错误时，应当向上一级人民法院提出抗诉。但刑事诉讼法对以何种形式行使上诉权和抗诉权做了不同规定。《刑事诉讼法》第227条第1款规定："被告人、自诉人和他们的法定代理人，不服地方各级人民法院第一审的判决、裁定，有权用书状或者口头向上一级人民法院上诉。"《刑事诉讼法》第232条规定："地方各级人民检察院对同级人民法院第一审判决、裁定的抗诉，应当通过原审人民法院提出抗诉书，并且将抗诉书抄送上一级人民检察院……"由此可以看出，法律规定检察机关刑事抗诉权与被告人、自诉人和他们的法定代理人行使上诉权在形式上是有明显区别的。

根据法律规定，被告人、自诉人和他们的法定代理人不仅可以书面提出上诉，而且可以口头提出上诉。这表明被告人、自诉人和他们的法定代理人不服原裁判的，有权向上一级人民法院提出上诉，其上诉既可以是书面形式，也可以是口头形式，即可以任意选择其中一种形式提出上诉。这是行使上诉权的法定方式。

根据法律规定，检察机关抗诉应当提出抗诉书。所谓抗诉书，应该是指以文字语言的形式组合而成的一种法律文书。这表明，检察机关提出抗诉的，只能以书面形式，这是行使抗诉权的法定方式。法律之所以如此规定，是因为考虑到有的被告人、自诉人和他们的法定代理人不具有文字表达能力，为了更好地保护他们的合法权益，法律允许他们以口头形式提出上诉，行使上诉权。而检察机关则不存在文字表达障碍。而且检察机关作为国家公诉机关和法律监督机关，理应对其提出有别于一般当事人的更高要求，以利于体现、维护其法律地位和法律尊严，以及其执法的严肃性。本案的公诉机关某市人民检察院于2000年7月24日收到一审判决书后，于同年8月1日电话通知某市中级人民法院要对被告人杨某强奸、抢劫案的判决提出抗诉。但直至8月8日才向某市中级人民法院提交抗诉书，故该检察院的抗诉是无效的。

（2）人民法院对人民检察院超过法定抗诉期限提出的无效抗诉应当不予受理

1996年《刑事诉讼法》第183条规定："不服判决的上诉和抗诉的期限为十日，不服裁定的上诉和抗诉的期限为五日，从接到判决书、裁定书的第二日起算。"既然法律明确规定了上诉和抗诉的期限，人民法院、人民检察院和案件的当事人就必须严格执行。某市人民检察院于2000年7月24日收到本案的一审判决书后，应在抗诉期限内决定是否提出抗诉。如决定提出抗诉，应当在抗诉期限内即2000年8月3日前将抗诉书提交某市中级人民法院。某市人民检察院的抗诉书虽然载明的时间为2000年8月2日，但该抗诉书实际上是2000年8月7日签发的，8月8日才送达某市中级人民法院。无论造成该抗诉书载明的时间与签发的时间不符是何原因，但其抗诉书已超过法定期限是不可更改的客观事实，应当且只能认定为无效。某省高级人民法院根据无效的抗诉受理本案并作出支持检察机关抗诉的判决，违反了刑事诉讼法规定的诉讼程序。最高人民法院以违反诉讼程序为由，依法撤销二审判决并发回重审是正确的。

需要说明的是，最高人民法院撤销某省高级人民法院二审判决，并不涉及检察机关的抗诉理由能否成立，而只是因为该判决违反了法定的诉讼程序。严格执行刑事诉讼法程序是实现实体公正的必要保障，也是司法公正的重要内容。无论是作为国家审判机关的人民法院，还是作为国家公诉机关及法律监督机关的人民检察院，都应严肃认真地行使法律赋予的权力，依法履行职责，纠正忽视甚至违背法定程序的错误认识和做法。

2. 陈某抢劫、盗窃，付某盗窃案①

基本案情：

被告人陈某，男，贵州省人，1989年出生，无业。

被告人付某，男，贵州省人，1981年出生，农民。

2012年2月18日15时，被告人陈某携带螺丝刀等作案工具来到广东省佛山市禅城区澜石石头后二村田边街的一间出租屋，撬门进入房间盗走现金人民币100元，后在客厅遇到被害人，陈某拿起铁锤威胁不让其喊叫，并逃离现场。

2012年2月23日，被告人付某携带作案工具来到广东省佛山市高明区荷城街道井溢村某房间，撬门进入房间内盗走现金人民币300元。

2012年2月25日，被告人付某、陈某密谋后携带作案工具到佛山市高明区荷城街道井溢村某出租屋，撬锁进入房间盗走一台华硕笔记本电脑（价值人民币2905元）。后二人以1300元的价格销赃。

2012年2月28日，被告人付某携带作案工具来到佛山市高明区荷城街道井溢村，撬锁进入某房间后盗走现金人民币1500元。

2012年3月3日，被告人付某、陈某密谋后携带六角钥匙等作案工具到佛山市高明区荷城街道官当村，撬锁进入某房间后盗走现金人民币700元。

---

① 最高人民检察院第五批指导性案例，检例第17号。

2012年3月28日，被告人陈某、叶某、韦某（后二人另案处理，均已判刑）密谋后携带作案工具来到佛山市禅城区跃进路某房间，叶某负责望风，陈某、韦某二人撬锁进入房间后盗走联想一体化电脑一台（价值人民币3928元）、尼康P300数码相机一台（价值人民币1813元）及现金人民币600元。后在逃离现场的过程中被人发现，陈某等人将一体化电脑丢弃。

2012年4月3日，被告人付某携带作案工具来到佛山市高明区荷城街道岗头冯村，撬锁进入某房间后盗走现金人民币7000元。

2012年4月13日，被告人陈某、叶某、韦某密谋后携带作案工具来到佛山市禅城区石湾凤凰路隔田坊某房间，叶某负责望风，陈某、韦某二人撬锁进入房间后盗走现金人民币6000元、港币900元以及一台诺基亚N86手机（价值人民币608元）。

诉讼过程：

2012年4月6日，付某因涉嫌盗窃罪被广东省佛山市公安局高明分局刑事拘留，同年5月9日被逮捕。2012年5月29日，陈某因涉嫌盗窃罪被佛山市公安局高明分局刑事拘留，同年7月2日被逮捕。2012年7月6日，佛山市公安局高明分局以犯罪嫌疑人付某、陈某涉嫌盗窃罪向佛山市高明区人民检察院移送审查起诉。2012年7月23日，高明区人民检察院以被告人付某、陈某犯盗窃罪向佛山市高明区人民法院提起公诉。

一审期间，高明区人民检察院经进一步审查，发现被告人陈某有三起遗漏犯罪事实。2012年9月24日，高明区人民检察院依法补充起诉被告人陈某入室盗窃转化为抢劫的犯罪事实一起和陈某伙同叶某、韦某共同盗窃的犯罪事实两起。

2012年11月14日，佛山市高明区人民法院一审认为，检察机关指控被告人陈某犯抢劫罪、盗窃罪，被告人付某犯盗窃罪的犯罪事实清楚，证据确实、充分，罪名成立。被告人陈某在入户盗窃后被发现，为抗拒抓捕而当场使用凶器相威胁，其行为符合转化型抢劫的构成要件，应以抢劫罪定罪处罚，但不应认定为“入户抢劫”。理由是陈某入户并不以实施抢劫为犯罪目的，而是在户内临时起意以暴力相威胁，且未造成被害人任何损伤，依法判决：被告人陈某犯抢劫罪，处有期徒刑三年九个月，并处罚金人民币4000元；犯盗窃罪，处有期徒刑一年九个月，并处罚金人民币2000元；决定执行有期徒刑五年，并处罚金人民币6000元。被告人付某犯盗窃罪，处有期徒刑二年，并处罚金人民币2000元。

2012年11月19日，佛山市高明区人民检察院认为一审判决适用法律错误，造成量刑不当，依法向佛山市中级人民法院提出抗诉。2013年3月21日，佛山市中级人民法院二审判决采纳了抗诉意见，撤销原判对原审被告人陈某抢劫罪量刑部分及决定合并执行部分，依法予以改判。

抗诉理由：

一审宣判后，佛山市高明区人民检察院审查认为一审判决未认定被告人陈某的行为属于“入户抢劫”，属于适用法律错误，且造成量刑不当，应予纠正，遂依法向佛山市中级人民法院提出抗诉；佛山市人民检察院支持抗诉。抗诉和支持抗诉理由是：

原判决对“入户抢劫”的理解存在偏差。原判决以“暴力行为虽然发生在户内，但是其不以实施抢劫为目的，而是在户内临时起意并以暴力相威胁，且未造成被害人任何损害”为由，未认定被告人陈某所犯抢劫罪具有“入户”情节。根据2005年6月《最高人民法院关于审理抢劫、抢夺刑事案件适用法律若干问题的意见》关于认定“入户抢劫”的规定，“入户”必须以实施抢劫等犯罪为目的。但是，这里“目的”的非法性不是以抢劫罪为限，还应当包括盗窃等其他犯罪。

原判决适用法律错误。2000年11月《最高人民法院关于审理抢劫案件具体应用法律若干问题的解释》第1条第2款规定，“对于入户盗窃，因被发现而当场使用暴力或者以暴力相威胁的行为，应当认定为入户抢劫”。依据刑法和该司法解释的有关规定，本案中，被告人陈某入室盗窃被发现后当场使用暴力相威胁的行为，应当认定为“入户抢劫”。

原判决适用法律错误，导致量刑不当。“户”对一般公民而言属于最安全的地方。“入户抢劫”不仅严重侵犯公民的财产所有权，更危及公民的人身安全。因为被害人处于封闭的场所，通常无法求救，与发生在户外的一般抢劫相比，被害人的身心会受到更为严重的惊吓或者伤害。根据《刑法》第263条第1项的规定，“入户抢劫”应当判处十年以上有期徒刑、无期徒刑或者死刑，并处罚金或者没收财产。原判决对陈某抢劫罪判处三年九个月有期徒刑，属于适用法律错误，导致量刑不当。

终审判决：

广东省佛山市中级人民法院二审认为，一审判决认定原审被告人陈某犯抢劫罪，原审被告人陈某、付某犯盗窃罪的事实清楚，证据确实、充分。陈某入户盗窃后，被被害人当场发现，意图抗拒抓捕，当场使用暴力威胁被害人不许其喊叫，然后逃离案发现场，依法应当认定为“入户抢劫”。原判决未认定陈某所犯的抢劫罪具有“入户”情节，系适用法律错误，应当予以纠正。检察机关抗诉意见成立，予以采纳。据此，依法判决：撤销一审判决对陈某抢劫罪量刑部分及决定合并执行部分；判决陈某犯抢劫罪，处有期徒刑十年，并处罚金人民币1万元，犯盗窃罪，处有期徒刑一年九个月，并处罚金2000元，决定执行有期徒刑十一年，并处罚金12000元。

裁判要旨：

（1）对于入户盗窃，因被发现而当场使用暴力或者以暴力相威胁的行为，应当认定为“入户抢劫”。（2）在人民法院宣告判决前，人民检察院发现被告人有遗漏的罪行可以一并起诉和审理的，可以补充起诉。（3）人民检察院认为同级人民法院第一审判决重罪轻判，适用刑罚明显不当的，应当提出抗诉。

3. 郭某参加黑社会性质组织、故意杀人、故意伤害案[①]

基本案情：

被告人郭某，男，四川省人，1972年出生，无业。1997年9月因犯盗窃罪被判有期徒刑五年六个月，2001年12月刑满释放。

2003年5月7日，李某荣（另案处理，已判刑）等人在四川省三台县“经典歌城”唱歌结账时与该歌城老板何某发生纠纷，被告人郭某受李某荣一方纠集，伙同李某荣、王某1、王某2（另案处理，均已判刑）打砸“经典歌城”，郭某持刀砍人，致何某重伤、顾客吴某轻伤。

2008年1月1日，闵某金（另案处理，已判刑）与王某3在四川省三台县里程乡岩崖坪发生交通事故，双方因闵某金摩托车受损赔偿问题发生争执。王某3电话通知被害人兰某、李某秀等人，闵某金电话召集郭某及闵某勇、陈某（另案处理，均已判刑）等人。闵某勇与其朋友代某、兰某伟先到现场，因代某、兰某伟与争执双方均认识，即进行劝解，事情已基本平息。后郭某、陈某等人亦分别骑摩托车赶至现场。闵某金向郭某指认兰某后，郭某持菜刀欲砍兰某，被路过并劝架的被害人监某（殁年26岁）阻拦，郭某遂持菜刀猛砍蓝某头部，致蓝某严重颅脑损伤死亡。兰某、李某秀等见状，持木棒击打郭某，郭某持菜刀乱砍，致兰某重伤，致李某秀轻伤。后郭某搭乘闵某勇所驾摩托车逃跑。

---

① 最高人民检察院第五批指导性案例，检例第18号。

2008年5月，郭某负案潜逃期间，应同案被告人李某（犯组织、领导黑社会性质组织罪、故意伤害罪等，被判处有期徒刑十四年）的邀约，到四川省绵阳市安县参加了同案被告人王某华（犯组织、领导黑社会性质组织罪、故意伤害罪等罪名，被判处有期徒刑二十年）组织、领导的黑社会性质组织，充当打手。因王某华对胡某不满，让李某安排人教训胡某及其手下。2009年5月17日，李某见胡某两名手下范某、张某在安县花荄镇姜记烧烤店吃烧烤，便打电话叫来郭某。经指认，郭某蒙面持菜刀砍击范某、张某，致该二人轻伤。

诉讼过程：

2009年7月28日，郭某因涉嫌故意伤害罪被四川省绵阳市安县公安局刑事拘留，同年8月18日被逮捕，经查犯罪嫌疑人郭某还涉嫌王某华等人黑社会性质组织系列犯罪案件。四川省绵阳市安县公安局侦查终结后，移送四川省绵阳市安县人民检察院审查起诉。该院受理后，于2010年1月3日报送四川省绵阳市人民检察院审查起诉。2010年7月19日，四川省绵阳市人民检察院对王某华等人参与的黑社会性质组织系列犯罪案件向绵阳市中级人民法院提起公诉，其中指控该案被告人郭某犯参加黑社会性质组织罪、故意伤害罪和故意杀人罪。

2010年12月17日，绵阳市中级人民法院一审认为，被告人郭某1997年因犯盗窃罪被判处有期徒刑，2001年12月26日刑满释放后，又于2003年故意伤害他人，2008年故意杀人、参加黑社会性质组织，均应判处有期徒刑以上刑罚，系累犯，应当从重处罚。依法判决：被告人郭某犯参加黑社会性质组织罪，处有期徒刑两年；犯故意杀人罪，处死刑，缓期二年执行，剥夺政治权利终身；犯故意伤害罪，处有期徒刑五年；数罪并罚，决定执行死刑，缓期二年执行，剥夺政治权利终身。

2010年12月30日，四川省绵阳市人民检察院认为一审判决对被告人郭某量刑畸轻，依法向四川省高级人民法院提出抗诉。2012年4月16日，四川省高级人民法院二审判决采纳抗诉意见，改判郭某死刑立即执行。2012年10月26日，最高人民法院裁定核准四川省高级人民法院对被告人郭某的死刑判决。2012年11月22日，被告人郭某被执行死刑。

抗诉理由：

一审宣判后，四川省绵阳市人民检察院经审查认为原审判决对被告人郭某量刑畸轻，依法向四川省高级人民法院提出抗诉；四川省人民检察院支持抗诉。抗诉和支持抗诉理由是：一审判处被告人郭某死刑，缓期二年执行，量刑畸轻。郭某1997年因犯盗窃罪被判有期徒刑五年六个月，2001年12月刑满释放后，不思悔改，继续犯罪。于2003年5月7日，伙同他人打砸三台县“经典歌城”，并持刀行凶致一人重伤，一人轻伤，其行为构成故意伤害罪。负案潜逃期间，于2008年1月1日在三台县里程乡岩崖坪持刀行凶，致一人死亡，一人重伤，一人轻伤，其行为构成故意杀人罪和故意伤害罪。此后，又积极参加黑社会性质组织，充当他人打手，并于2009年5月17日受该组织安排，蒙面持刀行凶，致两人轻伤，其行为构成参加黑社会性质组织罪和故意伤害罪。根据本案事实和证据，被告人郭某的罪行极其严重、犯罪手段残忍、犯罪后果严重，主观恶性极大，根据罪责刑相适应原则，应当依法判处其死刑立即执行。

终审判决：

四川省高级人民法院二审认为，本案事实清楚，证据确实、充分，原审被告人郭某犯参加黑社会性质组织罪、故意杀人罪、故意伤害罪，系累犯，主观恶性极深，依法应当从重处罚。检察机关认为“原判对郭某量刑畸轻”的抗诉理由成立。据此，依法撤销一审判决关于原审被告人郭某量刑部分，改判郭某犯参加黑社会性质组织罪，处有期徒刑两年；犯故意杀人罪，处死刑；犯故意伤害罪，处有期徒刑五年；数罪并罚，决定执行死刑，并剥夺政治权利终身。经报最高人民法院核准，已被执行死刑。

裁判要旨：

死刑依法只适用于罪行极其严重的犯罪分子。对故意杀人、故意伤害、绑架、爆炸等涉黑、涉恐、涉暴刑事案件中罪行极其严重，严重危害国家安全和公共安全、严重危害公民生命权，或者严重危害社会秩序的被告人，依法应当判处死刑，人民法院未判处死刑的，人民检察院应当依法提出抗诉。

4. 张某、沈某等七人抢劫案[①]

基本案情：

被告人沈某，男，1995年1月出生。2010年3月因抢劫罪被判拘役六个月，缓刑六个月，并处罚金500元。

被告人胡某，男，1995年4月出生。

被告人许某，男，1993年1月出生。2008年6月因抢劫罪被判有期徒

① 最高人民检察院第五批指导性案例，检例第19号。

刑六个月，并处罚金500元；2010年1月因犯盗窃罪被判有期徒刑七个月，并处罚金1400元。

另四名被告人张某、吕某、蒋某、杨某，均为成年人。

被告人张某为牟利，介绍沈某、胡某、吕某、蒋某认识，教唆他们以暴力方式劫取助力车，并提供砍刀等犯罪工具，事后负责联系销赃分赃。2010年3月，被告人沈某、胡某、吕某、蒋某经被告人张某召集，并伙同被告人许某、杨某等人，经预谋，相互结伙，持砍刀、断线钳、撬棍等作案工具，在上海市内公共场所抢劫助力车。其中，被告人张某、沈某、胡某参与抢劫四次；被告人吕某、蒋某参与抢劫三次；被告人许某参与抢劫二次；被告人杨某参与抢劫一次。具体如下：

2010年3月4日11时许，沈某、胡某、吕某、蒋某随身携带砍刀，至上海市长寿路699号国美电器商场门口，由吕某、沈某撬窃停放在该处的一辆黑色本凌牌助力车，当被害人甲制止时，沈某、胡某、蒋某拿出砍刀威胁，沈某砍击被害人致其轻伤。后吕某、沈某等人因撬锁不成，砸坏该车外壳后逃离现场。经鉴定，该助力车价值人民币1930元。

2010年3月4日12时许，沈某、胡某、吕某、蒋某随身携带砍刀，结伙至上海市老沪太路万荣路路口的临时菜场门口，由胡某、吕某撬窃停放在该处的一辆白色南方雅马哈牌助力车，当被害人乙制止时，沈某、蒋某等人拿出砍刀威胁，沈某砍击被害人致其轻微伤，后吕某等人撬开锁将车开走。经鉴定，该助力车价值人民币2058元。

2010年3月11日14时许，沈某、胡某、吕某、蒋某、许某随身携带砍刀，结伙至上海市胶州路669号东方典当行门口，由沈某撬窃停放在该处的一辆黑色宝雕牌助力车，当被害人丙制止时，胡某、蒋某、沈某拿出砍刀将被害人逼退到东方典当行店内，许某则在一旁接应，吕某上前帮助撬开车锁后由胡某将车开走。经鉴定，该助力车价值人民币2660元。

2010年3月18日14时许，沈某、胡某、许某、杨某及王某（男，十三岁）随身携带砍刀，结伙至上海市上大路沪太路路口地铁七号线出口处的停车点，由胡某持砍刀威胁该停车点的看车人员，杨某在旁接应，沈某、许某等人则当场劫得助力车三辆。其中被害人丁的一辆黑色珠峰牌助力车，经鉴定，该助力车价值人民币2090元。

诉讼过程：

2010年3月、4月，张某、吕某、蒋某、杨某以及三名未成年人沈某、胡某、许某因涉嫌抢劫罪先后被刑事拘留、逮捕。2010年6月21日，上海市公安局静安分局侦查终结，以犯罪嫌疑人张某、沈某、胡某、吕某、蒋某、许某、杨某七人涉嫌抢劫罪向静安区人民检察院移送审查起诉。静安区人民检察院经审查认为，本案虽系未成年人与成年人共同犯罪案件，但鉴于本案多名未成年人系共同犯罪中的主犯，不宜分案起诉。2010年9月25日，静安区人民检察院以上述七名被告人犯抢劫罪依法向静安区人民法院提起公诉。

2010年12月15日，静安区人民法院一审认为，七名被告人行为均构成抢劫罪，其中许某系累犯。对未成年被告人量刑如下：沈某判处有期徒刑五年六个月，并处罚金人民币5000元，撤销缓刑，决定执行有期徒刑五年六个月，罚金人民币5000元；胡某判处有期徒刑七年，并处罚金人民币7000元；许某判处有期徒刑五年，并处罚金人民币5000元。对成年被告人量刑如下：张某判处有期徒刑十四年，剥夺政治权利二年，并处罚金人民币15000元；吕某判处有期徒刑十二年六个月，剥夺政治权利一年，并处罚金人民币12000元；蒋某判处有期徒刑十二年，剥夺政治权利一年，并处罚金人民币12000元；杨某判处有期徒刑二年，并处罚金人民币2000元。

2010年12月30日，上海市静安区人民检察院认为一审判决适用法律错误，对未成年被告人的量刑不当，遂依法向上海市第二中级人民法院提出抗诉。张某以未参与抢劫，量刑过重为由，提出上诉。2011年6月16日，上海市第二中级人民法院二审判决采纳抗诉意见，驳回上诉，撤销原判决对原审被告人沈某、胡某、许某抢劫罪量刑部分，依法予以改判。

抗诉理由：

一审宣判后，上海市静安区人民检察院审查认为，一审判决对犯罪情节相对较轻的胡某判处七年有期徒刑量刑失衡，对未成年被告人沈某、胡某、许某判处罚金刑未依法从宽处罚，属适用法律错误，量刑不当，遂依法向上海市第二中级人民法院提出抗诉；上海市人民检察院第二分院支持抗诉。抗诉和支持抗诉的理由是：

一审判决量刑失衡，对被告人胡某量刑偏重。本案中，被告人胡某、沈某均参与了四次抢劫犯罪，虽然均系主犯，但是被告人胡某行为的社会危害性及人身危险性均小于被告人沈某。从犯罪情节看，沈某实施抢劫过程中直接用砍刀造成一名被害人轻伤，一名被害人轻微伤；被告人胡某只有持刀威胁及撬车锁的行为。从犯罪时年龄看，沈某已满十五周岁，胡某尚未满十五周岁。从人身危险性看，沈某因抢劫罪于2010年3月4日被判处拘役六个月，缓刑六个月，缓刑期间又犯新罪；胡某系初犯。一审判决分别以抢劫罪判胡某有期徒刑七年、沈某有期徒刑五年六个月，属于量刑不当。

一审判决适用法律错误，对未成年被告人罚金刑的适用既没有体现依法从宽，也没有体现与成年被告人罚金刑适用的区别。根据《最高人民法院关于适用财产刑若干问题的规定》《最高人民法院关于审理未成年人刑事案件具体应用法律若干问题的解释》的规定，对未成年人犯罪判处罚金应当从轻或者减轻。一审判决对未成年被告人判处罚金未依法从宽，均是按照同案成年被告人罚金的标准判处5000元以上的罚金，属于适用法律错误。

此外，2010年12月21日一审判决认定未成年被告人许某系累犯正确，但审判后刑法有所修改。根据2011年2月全国人大常委会通过的《中华人民共和国刑法修正案（八）》和2011年5月《最高人民法院关于〈中华人民共和国刑法修正案（八）时间效力问题的解释〉》的有关规定，被告人许某实施犯罪时不满十八周岁，依法不构成累犯。

终审判决：

上海市第二中级人民法院二审认为，原审判决认定抢劫罪事实清楚，定性准确，证据确实、充分。鉴于胡某在抢劫犯罪中的地位作用略低于沈某及对未成年犯并处罚金应当从轻或减轻处罚等实际情况，原判对胡某主刑及对沈某、胡某、许某罚金刑的量刑不当，应予纠正。检察机关的抗诉意见正确，应予支持。另依法认定许某不构成累犯。据此，依法判决：撤销一审判决对原审三名未成年被告人沈某、胡某、许某的量刑部分；改判沈某犯抢劫罪，处有期徒刑五年六个月，并处罚金人民币2000元，撤销缓刑，决定执行有期徒刑五年六个月，罚金人民币2000元；胡某犯抢劫罪，处有期徒刑五年，罚金人民币2000元；许某犯抢劫罪，处有期徒刑四年，罚金人民币1500元。

裁判要旨：

（1）办理未成年人与成年人共同犯罪案件，一般应当将未成年人与成年人分案起诉，但对于未成年人系犯罪集团的组织者或者其他共同犯罪中的主犯，或者具有其他不宜分案起诉情形的，可以不分案起诉。

（2）办理未成年人与成年人共同犯罪案件，应当根据未成年人在共同犯罪中的地位、作用，综合考量未成年人实施犯罪行为的动机和目的、犯罪时的年龄、是否属于初犯、偶犯、犯罪后的悔罪表现、个人成长经历和一贯表现等因素，依法从轻或者减轻处罚。

（3）未成年人犯罪不构成累犯。

第二百二十九条　被害人及其法定代理人不服地方各级人民法院第一审的判决的，自收到判决书后五日以内，有权请求人民检察院提出抗诉。人民检察院自收到被害人及其法定代理人的请求后五日以内，应当作出是否抗诉的决定并且答复请求人。

[条文主旨]

本条是关于公诉案件被害人抗诉请求权的规定。

[条文释解]

本条是1996年修改《刑事诉讼法》时增加的规定，2012年、2018年均未作修改。

本条规定了公诉案件被害人的抗诉请求权。公诉案件中的被害人及其法定代理人虽然具有当事人的诉讼地位，但法律并未赋予其独立的上诉权，而是赋予其请求检察机关抗诉的权利。提出抗诉请求的主体是被害人及其法定代理人。提出抗诉请求的对象是与一审人民法院同级的人民检察院。提出抗诉请求的原因是不服地方各级人民法院第一审判决。提出抗诉请求的期限是自收到判决书后五日以内。规定五日以内的期限是考虑到人民检察院对一审判决提起抗诉的期限是十日，规定被害人自收到判决书五日内请求人民检察院提起抗诉，既没有错过抗诉期限，又给了人民检察院对被害人的请求进行研究考虑的时间。被害人及其法定代理人只能请求检察机关针对一审人民法院的判决提出抗诉，不能请求针对裁定提出上诉。人民检察院应当作出是否抗诉的决定。人民检察院收到被害人及其法定代理人要求抗诉的请求后，应当对请求抗诉的理由进行审查，主要是对犯罪事实的认定和适用法律是否正确，定罪量刑是否适当进行审查，自收到被害人及其法定代理人的请求第二日起五日以内作出是否抗诉的决定并且答复请求人。在刑事案件中，被害人是人身、财产权利直接遭受侵害的人，刑事诉讼法中有很多保护被害人权益的规定，本条就是其中之一。

[配套规定]

《人民检察院刑事诉讼规则》（高检发释字［2019］4 号）（2019 年 12 月 30 日公布并施行）（节录）

第五百八十八条　被害人及其法定代理人不服地方各级人民法院第一审的判决，在收到判决书后五日以内请求人民检察院提出抗诉的，人民检察院应当立即进行审查，在收到被害人及其法定代理人的请求后五日以内作出是否抗诉的决定，并且答复请求人。经审查认为应当抗诉的，适用本规则第五百八十四条至第五百八十七条的规定办理。

被害人及其法定代理人在收到判决书五日以后请求人民检察院提出抗诉的，由人民检察院决定是否受理。

第二百三十条　不服判决的上诉、抗诉的期限为十日，不服裁定的上诉、抗诉的期限为五日，从接到判决书、裁定书的第二日起算。

[条文主旨]

本条是关于上诉、抗诉期限的规定。

[条文释解]

本条是 1979 年《刑事诉讼法》的规定，1996 年、2012 年、2018 年均未作修改。

本条规定的上诉和抗诉期限，是指在规定的期限内上诉人提出上诉和人民检察院提出抗诉才具有法律效力。如果超出期限提出上诉和抗诉，除符合法律规定的可以申请顺延期间的情况，并没有人民法院认定的合理理由，提出的上诉和抗诉就不具有法律效力，第一审判决、裁定即告生效。根据一审裁判是判决还是裁定，上诉和抗诉期限分为两类：一类是不服判决的上诉和抗诉期限为十日。即指被告人、自诉人和他们的法定代理人、被告人的辩护人和近亲属、附带民事诉讼的当事人和他们的法定代理人，不服地方各级人民法院的第一审判决的上诉期限为十日；地方各级人民检察院对认为本级人民法院确有错误的第一审判决的抗诉期限为十日。另一类是不服裁定的上诉和抗诉期限为五日。即上诉人不服地方各级人民法院第一审的裁定，提出上诉的期限为五日；地方各级人民检察院对本级人民法院确有错误的第一审裁定，提出抗诉的期限为五日。另外，计算上诉和抗诉的期限应从接到判决书或裁定书的第二日起算。当事人由于不能抗拒的原因或者有其他正当理由而耽误期限的，在障碍消除后五日以内，可以申请继续进行应当在期满以前完成的诉讼活动。这种申请是否准许，由人民法院裁定。如果没有正当理由的，人民法院即予裁定驳回申请。当事人仍坚持上诉的，按本法规定的审判监督程序处理。

[审判实务]

刑事诉讼法为上诉、抗诉设置有效期限是为避免案件久拖不决。如果上诉权或抗诉权的行使没有期限，被告人和受犯罪损害的社会关系始终处于待决状态，既不利于及时惩罚犯罪，也不利于维护被告人的合法权益。如果上诉、抗诉没有在法定期限内提出，即使上诉人日后再提起上诉或者检察机关再提起抗诉，也不能启动第二审程序，第一审判决或者裁定即发生法律效力。如果当事人或者检察机关仍认为原审人民法院的裁判确有错误，只能进行申诉或者依法提起抗诉，通过审判监督程序解决。

附带民事诉讼案件相对于刑事案件具有附属性质，刑事诉讼法规定附带民事诉讼应当同刑事案件一并审判，只有为了防止刑事案件审判的过分迟延，才可以在刑事案件审判后由同一审判组织继续审理附带民事诉讼。在司法实践中，如果附带民事诉讼部分与刑事案件一并审理并作出判决，那么在上诉、抗诉期限问题上，当然要统一适用刑事案件的法定期限，即无论是对刑事部分还是对附带民事部分的判决不服而提起上诉或者抗诉，都应当在接到判决书后的第二日起十日内提出。如果附带民事部分是在刑事部分审理之后进行的，人民法院需要单独制作附带民事判决书。刑事诉讼法解释中统一规定附带民事诉讼部分的上诉、抗诉期限，即无论是合并审理还是分开审理，附带民事诉讼部分的上诉、抗诉期限与刑事案件的上诉、抗诉期限相同，即均为十日，从当事人或者检察机关接到判决书后的第二日起算。

[配套规定]

《最高人民法院关于适用〈中华人民共和国刑事诉讼法〉的解释》（法释[2012] 21号）（2012年12月20日公布，自2013年1月1日起施行）（节录）

第三百零一条 上诉、抗诉必须在法定期限内提出。不服判决的上诉、抗诉期限为十日；不服裁定的上诉、抗诉的期限为五日。上诉、抗诉的期限，从接到判决书、裁定书的第二日起计算。

对附带民事判决、裁定的上诉、抗诉期限，应当按照刑事部分的上诉、抗诉期限确定。附带民事部分另行审判的，上诉期限也应当按照刑事诉讼法规定的期限确定。

第二百三十一条　被告人、自诉人、附带民事诉讼的原告人和被告人通过原审人民法院提出上诉的，原审人民法院应当在三日以内将上诉状连同案卷、证据移送上一级人民法院，同时将上诉状副本送交同级人民检察院和对方当事人。

被告人、自诉人、附带民事诉讼的原告人和被告人直接向第二审人民法院提出上诉的，第二审人民法院应当在三日以内将上诉状交原审人民法院送交同级人民检察院和对方当事人。

[条文主旨]

本条是关于上诉方式的规定。

[条文释解]

本条是1979年《刑事诉讼法》的规定，1996年作过修改，2012年、2018年未作修改。

本条规定上诉人提出上诉的途径有两种，分别是通过原审人民法院提出和直接向第二审人民法院提出。一是上诉人通过原审人民法院提出上诉的，原审人民法院应当审查上诉是否符合法律规定，对符合法律规定的，应当在三日以内将上诉状连同案卷、证据移送上一级人民法院，同时将上诉状副本送交同级人民检察院和对方当事人。二是上诉人直接向第二审人民法院提出上诉的，第二审人民法院应当在收到上诉状后三日以内将上诉状交原审人民法院。原审人民法院应当审查上诉是否符合法律规定。符合法律规定的，应当在接到上诉状后三日以内将上诉状连同案卷、证据移送上一级人民法院，同时将上诉状副本送交同级人民检察院和对方当事人。

[审判实务]

在司法实践中，有的上诉人向第一审人民法院提起上诉，有的上诉人则向第二审人民法院提起上诉。如果上诉人向第一审人民法院提起上诉，第一审人民法院可以在上诉期满后将上诉状及副本以及案件的卷宗、证据等一并移送上一级人民法院，由上一级人民法院依法启动第二审程序审理。如果上诉人直接向第二审人民法院提起上诉，则由于第一审人民法院并不了解上诉的情况，无法及时向上一级人民法院移送相关卷宗和证据材料，一旦上一级人民法院没有及时告知第一审人民法院上诉人依法提起上诉，有可能出现第一审人民法院认为判决或者裁定已过上诉期限，导致判决或者裁定发生法律效力的情形。同时，无论上诉人通过第一审人民法院还是直接向第二审人民法院提起上诉，都有必要对上诉的合法性进行必要的审查，以避免第二审程序被不当启动，从而造成司法资源的浪费。为了解决这一问题，刑事诉讼法明确规定，被告人、自诉人、附带民事诉讼的原告人和被告人通过原审人民法院提出上诉的，原审人民法院应当在三日以内将上诉状连同案卷、证据移送上一级人民法院，同时将上诉状副本送交同级人民检察院和对方当事人。被告人、自诉人、附带民事诉讼的原告人和被告人直接向第二审人民法院提出上诉的，第二审人民法院应当在三日以内将上诉状交原审人民法院送交同级人民检察院和对方当事人。原审人民法院应当在三日以内送交上诉状、案卷、证据是指在上诉期满的三日以内，而不是指在接到上诉后的三日内。因为有的上诉人在上诉期限内提起上诉，而在上诉期满前又决定放弃，如果原审人民法院接到上诉后立即将上诉状和副本及案卷、证据等移送上一级人民法院，上诉人撤回上诉时，第二审人民法院又要将有关材料移送回原审法院。第二审人民法院应当在三日以内移送，则是指第二审人民法院接到上诉状后的第二日起三日以内，而非上诉期满后三日以内。这是因为第二审人民法院在接到上诉状后，应当及时送交第一审人民法院，由第一审人民法院对上诉进行初步审查，并在上诉期满之后，将上诉状及时送交同级检察机关和对方当事人。

上诉人撤回上诉，人民法院应根据不同情形作出处理：如果上诉人是在上诉期满之前撤回上诉，由于第一审人民法院的裁判仍在上诉期内，第二审人民法院尚未启动第二审程序，因此允许上诉人撤诉，不会对案件产生实质性的不利影响，也不会影响程序的稳定性。如果上诉人是通过原审人民法院提起上诉，由于上诉期限未满，第一审人民法院尚未将上诉状连同案卷、证据移送上一级人民法院，也未将上诉状副本送交同级人民检察院和对方当事人，允许其撤诉不会对案件产生不利影响。如果上诉人直接向上一级人民法院提起上诉后，在上诉期满之前要求撤诉，由于此时第二审人民法院尚未启动第二审程序，允许其撤诉也不会对案件产生不利影响。基于此，司法解释中明确规定上诉人在上诉期限内要求撤回上诉的，人民法院应当准许。此处的“人民法院”，可以是第一审人民法院，也可以是第二审人民法院。在上诉期满之后，第二审人民法院开始启动第二审程序，对第一审案件进行全面审查，检察机关或者对方当事人也开始准备参加或者已经参加了第二审程序。在这种情形下，就不能仅考虑上诉人的意愿，直接作出准许其撤回上诉的裁定。为了维护司法权威，发挥二审程序的功能作用，第二审人民法院应当依法对案件进行审查，如果经过审查后，认为原判认定事实和适用法律正确，量刑适当，那么再继续进行审理已经没有意义，因而第二审人民法院应当裁定准许撤回上诉；如果经过审查后，认为原判存在事实不清、证据不足或者将无罪判为有罪、轻罪判为重罪等情形，需要依法改判或者发回原审人民法院重审的，为了维护司法公正，充分发挥二审程序的纠错功能，不能准许上诉人撤回上诉，而应当继续按照上诉案件进行审理。

被判处死刑立即执行的被告人提起上诉后，如果在上诉期满之前要求撤回上诉，则人民法院应当准许，待上诉期满后第一审人民法院应当及时将案件报送上一级人民法院按照死刑复核程序进行复核；如果在上诉期满之后、第二审法院开庭审理之前，要求撤回上诉，则第二审人民法院应当依法对案件进行审查，如果经过审查后，认为原判认定事实和适用法律正确，量刑适当，应当裁定准许撤回上诉；如果审查后认为原判存在事实不清、证据不足或者将无罪判为有罪、轻罪判为重罪等情形，则不能准许被告人撤回上诉，而应当继续按照上诉案件进行审理；如果被告人在第二审开庭后、宣告裁判前申请撤回上诉，由于第二审人民法院已经开庭审理案件，检察机关或对方当事人以及其他诉讼参与人已经到庭参加诉讼，甚至法庭审理已经结束，在这种情形下，如果允许被告人撤诉，不仅之前的诉讼活动失去价值和意义，而且由于该案属于死刑立即执行案件，对于此类案件，第二审人民法院也要依法进行复核，从节约诉讼资源、提高诉讼效率、保障死刑案件质量等角度考虑，不应当准许其撤诉，而要继续按照上诉案件审理。如果审理的结果是维持原裁判，则该裁定同时也是维持死刑的复核裁定。

[配套规定]

《最高人民法院关于适用〈中华人民共和国刑事诉讼法〉的解释》（法释[2012]21号）（2012年12月20日公布，自2013年1月1日起施行）（节录）

第三百零二条 上诉人通过第一审人民法院提出上诉的，第一审人民法院应当审查。上诉符合法律规定的，应当在上诉期满后三日内将上诉状连同案卷、证据移送上一级人民法院，并将上诉状副本送交同级人民检察院和对方当事人。

第三百零三条 上诉人直接向第二审人民法院提出上诉的，第二审人民法院应当在收到上诉状后三日内将上诉状交第一审人民法院。第一审人民法院应当审查上诉是否符合法律规定。符合法律规定的，应当在接到上诉状后三日内将上诉状连同案卷、证据移送上一级人民法院，并将上诉状副本送交同级人民检察院和对方当事人。

第三百零四条 上诉人在上诉期限内要求撤回上诉的，人民法院应当准许。

第三百零五条 上诉人在上诉期满后要求撤回上诉的，第二审人民法院应当审查。经审查，认为原判认定事实和适用法律正确，量刑适当的，应当裁定准许撤回上诉；认为原判事实不清、证据不足或者将无罪判为有罪、轻罪重判等的，应当不予准许，继续按照上诉案件审理。

被判处死刑立即执行的被告人提出上诉，在第二审开庭后宣告裁判前申请撤回上诉的，应当不予准许，继续按照上诉案件审理。

第三百零八条 在上诉、抗诉期满前撤回上诉、抗诉的，第一审判决、裁定在上诉、抗诉期满之日起生效。在上诉、抗诉期满后要求撤回上诉、抗诉，第二审人民法院裁定准许的，第一审判决、裁定应当自第二审裁定书送达上诉人或者抗诉机关之日起生效。

第三百一十四条 刑事附带民事诉讼案件，只有附带民事诉讼当事人及其法定代理人上诉的，第一审刑事部分的判决在上诉期满后即发生法律效力。

应当送监执行的第一审刑事被告人是第二审附带民事诉讼被告人的，在第二审附带民事诉讼案件审结前，可以暂缓送监执行。

[参考案例]

尹某1故意杀人、强制猥亵妇女案①

基本案情：

被告人尹某1，男，1967年11月20日出生。2002年12月25日因犯强奸罪被判处有期徒刑八年，2009年5月2日刑满释放；2011年11月2日因涉嫌犯故意杀人罪被逮捕。辽宁省锦州市人民检察院以被告人尹某1犯故意杀人罪、强制猥亵妇女罪，向锦州市中级人民法院提起公诉。

锦州市中级人民法院经审理查明：被告人尹某1与被害人王某（女，殁年62岁）系同村村民。2011年9月6日下午，尹某1到王某家帮忙摘倭瓜，摘完后尹某1拉拽王某，并强行扒下王某的裤子摸其阴部。次日王某报案，尹某1闻讯潜逃。同年10月19日下午，尹某1从外地返回村里，在自家饮酒后来到王某家中，要求王某到公安机关撤回控告，被王某拒绝，二人遂发生口角。尹某1将王某打倒，并脱下王某的裤子对其进行猥亵，后又在王某家中随手抄起一把菜刀连砍王某头面部、颈部、腹部等处数刀，致王某因严重颅脑损伤及颈动静脉断裂而失血性休克死亡。此后，尹某1返回自己家中，见其母亲未在家，遂携带自家菜刀到邻居尹某2（被害人，男，时年58岁）家中寻找。受到尹某2的阻止、驱赶后，尹某1便持菜刀连砍尹某2头颈部数刀，致尹某2轻伤。厮打过程中，尹某2夺下菜刀将尹某1头部砍伤。

锦州市中级人民法院认为，被告人尹某1故意非法剥夺他人生命，其行为构成故意杀人罪；尹某1以暴力方法强制猥亵妇女，其行为还构成强制猥亵妇女罪，依法应当并罚。公诉机关指控尹某1犯罪的事实和罪名成立。经

① 《刑事审判参考》第922号指导案例。

查，尹某1虽然作案前饮酒，但其在实施犯罪过程中犯意明晰，行为连贯且行为与犯意之间相吻合；其归案后虽然自愿认罪，但其犯罪动机极其卑劣；手段极其残忍，情节极其恶劣，又系累犯，不足以对其从轻处罚，故辩护人所提其系在情绪激动并在酒后短时间内意志失控的情况下实施犯罪，且归案后自愿认罪，请求从轻处罚的辩护意见不予采纳。据此，依照《刑法》第232条、第237条第1款、第65条第1款、第69条、第57条第1款之规定，锦州市中级人民法院以被告人尹某1犯故意杀人罪，判处死刑，剥夺政治权利终身；以犯强制猥亵妇女罪，判处有期徒刑三年；决定执行死刑，剥夺政治权利终身。

一审宣判后，被告人尹某1口头提出上诉。后又在上诉期满后申请撤回上诉。

辽宁省高级人民法院认为，上诉人尹某1在上诉期满后、本院开庭审理前要求撤回上诉，符合法律规定，应予准许：原判认定事实清楚，适用法律正确，量刑适当。据此，依照《刑事诉讼法》第235条、第236条第1款和《最高人民法院关于适用〈中华人民共和国刑事诉讼法〉的解释》第344条第1款第1项和第305条第1款之规定，辽宁省高级人民法院裁定准许尹某1撤回上诉，同意原判，并依法报请最高人民法院核准。

最高人民法院复核后认为，被告人尹某1的行为构成故意杀人罪、强制猥亵妇女罪，依法应当并罚。尹某1强制猥亵被害人王某后将其杀害，后又持刀砍击被害人尹某2，致1人死亡、1人轻伤，犯罪情节恶劣，社会危害大，罪行极其严重。尹某1曾因犯强奸罪被判刑，在刑罚执行完毕后五年内又犯罪，系累犯，主观恶性极深，人身危险性极大，依法应当从重处罚。据此，依照《刑事诉讼法》第235条、第239条和《最高人民法院关于适用〈中华人民共和国刑事诉讼法〉的解释》第350条第1项之规定，裁定核准辽宁省高级人民法院同意原审对被告人尹某1以故意杀人罪判处死刑，剥夺政治权利终身；以强制猥亵妇女罪判处有期徒刑三年；决定执行死刑，剥夺政治权利终身的刑事裁定。

案例评析：

通常情况下，判处死刑的被告人为了保住自己的生命，在一审宣判后都会提出上诉，但实践中也有少数被告人在一审判处死刑后并不提出上诉。而在提出上诉的被告人中，一部分人又会在提出上诉后申请撤回上诉，有的是在上诉期满前申请撤回上诉，有的则是在上诉期满后申请撤回上诉。至于申请撤回上诉的原因，从被告人心理角度看，主要是这些被告人认为自己罪有应得，难逃一死，上诉没有实际意义。有的被告人甚至希望尽快被执行死刑，尽早获得解脱。由于被告人上诉后申请撤诉涉及对刑事诉讼法和司法解释有关规定的准确适用，故有必要结合司法实践中的具体情形，对该问题作一分析。

判处死刑的被告人上诉后在上诉期满前申请撤回上诉的。对于这种情形，司法解释规定得十分明确，处理上没有困难。最高人民法院 1998 年制定的《关于执行〈中华人民共和国刑事诉讼法〉若干问题的解释》（以下简称《1998 年解释》）第 238 条规定："被告人、自诉人、附带民事诉讼的原告人和被告人及其法定代理人在上诉期限内要求撤回上诉的，应当准许。"最高人民法院 2012 年制定的《关于适用〈中华人民共和国刑事诉讼法〉的解释》第 304 条基本保留了原规定："上诉人在上诉期限内要求撤回上诉的，人民法院应当准许。"据此，判处死刑的被告人上诉后在上诉期内又申请撤诉的，高级人民法院对案件的审理应当适用复核程序。

判处死刑的被告人在上诉期满后二审开庭审理前申请撤回上诉的，对此情形如何处理，以往实践中争议较大，处理上也不统一。为解决此类问题，最高人民法院、最高人民检察院 2010 年联合作出了《关于对死刑判决提出上诉的被告人在上诉期满后宣判前提出撤回上诉人民法院是否准许的批复》（以下简称《2010 年批复》）。《2010 年批复》明确规定，此类问题，应当依照 2006 年《关于死刑第二审案件开庭审理程序若干问题的规定（试行）》第 4 条的规定处理。而根据该条的规定，二审法院对于上诉人提出的撤诉申请应当进行审查，合议庭经过阅卷、讯问被告人、听取其他当事人、辩护人、诉讼代理人的意见后，认为原判事实清楚，适用法律正确，量刑适当的，可不再开庭审理，裁定准许被告人撤回上诉；认为原判事实不清、证据不足或者无罪判为有罪，轻罪重判的，应当不准许撤回上诉，按照第二审程序开庭审理。这种规定与《1998 年解释》第 239 条的精神是一致的。《刑诉法解释》第 305 条第 1 款保留了该规定。由此可见，对于判处死刑的被告人在上诉期满后二审开庭前申请撤诉的，《刑诉法解释》没有作出特殊规定，可以参照普通刑事案件的一般做法，根据不同情形作出准许撤回上诉和不准许撤回上诉两种处理。

审判实践中，在具体处理此类问题时，有三点值得注意：

一是如果二审法院经阅卷审查后发现需要对一些证据进行调查核实的，

是否裁定准许上诉人撤回上诉？结论是否定的。由于死刑案件证据要求高，而侦查取证工作水平整体上还不理想，审判阶段需要补查补正的情况仍然很多，故二审法院经阅卷审查后发现需要对一些证据进行调查核实的，特别是有些新证据需要开庭质证后予以采信的，不应当裁定准许上诉人撤诉，而应当通过二审开庭质证来解决证据问题。并且，由于现行刑事诉讼法对二审发回重审的次数作了限制，故二审法院也应当尽最大努力把证据问题解决在二审环节，避免发回重审。只在确有必要发回一审法院解决证据问题的情况下，才可以发回重审。

二是如果准许被告人撤回上诉，高级人民法院能否直接将二审准许撤诉裁定报送最高人民法院核准死刑？结论是否定的。按照目前的文书样式，准许撤回上诉裁定并不在主文部分对实体处理作出表态，最高人民法院在复核文书中对这种撤诉裁定无法表述，最高人民法院也没有核准一个准许撤诉裁定的先例。在最高人民法院收回核准权之初，曾出现个别高级人民法院直接将准许撤诉裁定报最高人民法院核准的情况，造成了工作上的麻烦，后通过法定程序予以纠正。也就是说，对于准许撤诉的，高级人民法院还应在裁判文书中明确表示同意原判，才能将该裁定报送最高人民法院核准。本案就是这样处理的。被告人尹某 1 一审被判处死刑，其口头提出上诉，后又在上诉期满后开庭审理前口头撤诉，辽宁省高级人民法院经阅卷审查，讯问被告人并听取指定辩护人的意见后，认为原判认定事实清楚，适用法律正确，量刑适当，遂裁定准许尹某 1 撤回上诉，同时在裁定书中明确表示同意原判，并将该裁定报最高人民法院核准。这种做法是正确的。如果仅裁定准许撤诉，而未表示同意原判，则最高人民法院不能直接核准该撤诉裁定。

三是对于高级人民法院裁定准许撤回上诉的，其审判程序属于二审还是复核？结论是后者。有观点认为，在这种情况下高级人民法院以二审案件立案，裁判文书的案号也是刑“终”字而不是刑“复”字，故仍属于二审程序。我们认为，被告人上诉确实启动了二审程序，故在高级人民法院裁定准许撤诉前案件属于二审程序，但在被告人提出撤诉申请后，高级人民法院通过审查，认为原判认定事实和适用法律正确，量刑适当的，则不再开庭审理，直接裁定准许撤诉。由于刑事诉讼法和《刑诉法解释》明确规定，二审案件必须开庭审理，而准许撤诉的案件可以不再开庭审理，且裁定书中表述的也是“同意”而非“维持”原判，故该情形下适用的是复核程序而不是二审程序。至于高级人民法院裁判文书的案号用“终”字号，只是审判管理上的问题，不影响案件的复核程序性质。由此，最高人民法院在复核裁判文书的“本院认为”部分，评价高级人民法院的审理情况时，应当表述为“×××高级人民法院复核裁定认定的事实清楚……”，而不能称之为“二审裁定”。

判处死刑的被告人上诉后在二审开庭后申请撤回上诉的，对于此类情形，以往争议也较大。实践中曾出现被告人在二审庭审中申请撤回上诉，高级人民法院继续开庭，在庭审结束后又裁定准许被告人撤回上诉，并按照复核程序将同意原判的裁定报送最高人民法院核准的情形。为统一法律适用，《2010 年批复》规定，被告人在第二审开庭以后宣告裁判前申请撤回上诉的，二审法院应当不准许撤回上诉，继续按照上诉程序审理。《刑诉法解释》第 305 条第 2 款保留了这一规定，据此判处死刑的被告人提出上诉，在二审开庭过程中或者庭审结束后宣告裁判前申请撤回上诉的，高级人民法院应当不予准许，继续按照上诉案件审理。这样处理，较好地平衡了司法效率与司法公正之间的关系。因为既然二审已经开庭，再准许撤诉，对于提高二审效率实际意义不大。

此外，值得一提的是，如果死刑案件属于共同犯罪，其中没有判处死刑的被告人提出上诉，而判处死刑的被告人没有提出上诉的，应当全案适用二审程序。以往对此曾有争议，有观点认为，对没有上诉的死刑被告人可以采用复核程序。为了解决对此类问题的认识分歧，最高人民法院 2010 年作出的《关于对被判处死刑的被告人未提出上诉、共同犯罪的部分被告人或者附带民事诉讼原告人提出上诉的案件应适用何种程序审理的批复》明确规定，中级人民法院一审判处死刑的案件，被判处死刑的被告人未提出上诉，共同犯罪的其他被告人提出上诉的，高级人民法院应当适用第二审程序对全案进行审查，并对涉及死刑之罪的事实和适用法律依法开庭审理，一并处理。《刑诉法解释》第 317 条第 2 款保留了该规定：“被判处死刑立即执行的被告人没有上诉，同案的其他被告人上诉的案件，第二审人民法院应当开庭审理。”也就是说，对于共同犯罪案件中判处死刑的被告人没有上诉，而没有判处死刑的被告人提出上诉的案件，高级人民法院不仅应适用二审程序进行审理，而且要开庭审理。如果不开庭审理，就属于程序违法，最高人民法院复核时遇到此类案件，应当依法裁定不予核准，发回重审。

第二百三十二条　地方各级人民检察院对同级人民法院第一审判决、裁定的抗诉，应当通过原审人民法院提出抗诉书，并且将抗诉书抄送上一级人民检察院。原审人民法院应当将抗诉书连同案卷、证据移送上一级人民法院，并且将抗诉书副本送交当事人。

上级人民检察院如果认为抗诉不当，可以向同级人民法院撤回抗诉，并且通知下级人民检察院。

[条文主旨]

本条是关于抗诉方式的规定。

[条文释解]

本条是1979年《刑事诉讼法》的规定，1996年、2012年、2018年均未作修改。

关于本条规定，可以作如下理解：与上诉不同，抗诉只有一种途径，即通过第一审人民法院提出，并要以书面形式，即向第一审人民法院提交抗诉书。第一审人民法院在抗诉期满后三日内将抗诉书连同案卷、证据移送上一级人民法院，并将抗诉书副本送交当事人。关于对人民检察院撤回抗诉情形的处理：人民检察院在抗诉期限内撤回抗诉的，一审人民法院不再向上一级人民法院移送案件，一审判决、裁定在抗诉期满之日起生效。抗诉期满后二审人民法院宣告裁判前撤回抗诉的，二审人民法院可以裁定准许，并通知一审人民法院和当事人。裁定准许撤回抗诉的，一审判决、裁定应当自二审人民法院裁定书送达抗诉的检察机关之日起生效。上级人民检察院如果认为抗诉不当，可以向同级人民法院撤回抗诉，并且通知下级人民检察院。根据司法解释规定，开庭审理的抗诉案件，人民检察院接到开庭通知后不派员出庭且未说明原因，人民法院可以裁定按人民检察院撤回抗诉处理，并通知一审人民法院和当事人。

[审判实务]

在司法实践中，地方各级人民检察院在提起抗诉时应当通过第一审人民法院提交抗诉书，按法定形式进行。第一审人民法院在接到抗诉书后，应当在抗诉期满之后再将抗诉书连同案卷、证据移送上一级人民法院，而不能在抗诉期满之前移送。第一审人民法院还应当将抗诉书副本送交当事人及其法定代理人，也应当在抗诉期满后三日内进行。之所以要求一审人民法院在抗诉期满之后再将抗诉书及相关材料移送上级人民法院，主要考虑到在抗诉期内检察机关可能会作出撤诉决定。如果一审法院接到抗诉书后立即将案件移送上级人民法院，一旦检察机关在法定抗诉期内决定撤诉，则上级人民法院还要将一审卷宗、证据等送还下级法院，从而造成不必要的负担。此外，要求一审人民法院在抗诉期满三日内将抗诉书连同案卷、证据移送上一级人民法院，并将抗诉书副本送交当事人，主要是为了促使一审人民法院及时移送抗诉书及相关材料，并及时启动第二审程序。

检察机关在提起抗诉后可能会提出撤回抗诉的要求。人民法院需要根据具体情况作出处理：一是检察机关在抗诉期满之前撤回抗诉的，由于此时案件尚未移送上级人民法院，该撤诉不会产生不良影响，因此，应当准许其撤诉。二是检察机关在抗诉期满后提出撤诉的，第二审人民法院要区分不同情形分别对待。如果原审检察机关的上一级人民检察院在抗诉期满后，第二审人民法院决定开庭审理案件之前，提出撤诉，则第二审人民法院可以允许其撤诉；如果第二审人民法院已经开庭审理或者在判决宣告前，同级人民检察院要求撤诉的，人民法院要根据案件的情况决定是否准许：如果经过审理，发现原审事实不清、证据不足或者适用法律存在错误，需要发回重审或者依法改判的，应当不准许撤诉，并按照抗诉程序继续审理；如果经过审理认为案件事实清楚、证据充分，原审定罪量刑适当的，应当准许其撤诉，终止对案件的审理，并通知第一审人民法院和当事人。三是检察机关提起抗诉的案件，第二审人民法院决定开庭审理时，检察机关接到开庭通知后，既没有派员出庭参加诉讼且不说明理由，也不撤回抗诉的，此时，由于案件没有合适的起诉主体，根据不告不理原则，第二审人民法院应当按照撤回抗诉处理，终止对案件的审理。

[配套规定]

1.《最高人民法院关于适用〈中华人民共和国刑事诉讼法〉的解释》（法释［2012］21号）（2012年12月20日公布，自2013年1月1日起施行）（节录）

第三百零六条 地方各级人民检察院对同级人民法院第一审判决、裁定的抗诉，应当通过第一审人民法院提交抗诉书。第一审人民法院应当在抗诉期满后三日内将抗诉书连同案卷、证据移送上一级人民法院，并将抗诉书副本送交当事人。

第三百零七条 人民检察院在抗诉期限内撤回抗诉的，第一审人民法院不再向上一级人民法院移送案件；在抗诉期满后第二审人民法院宣告裁判前撤回抗诉的，第二审人民法院可以裁定准许，并通知第一审人民法院和当事人。

第三百零八条 在上诉、抗诉期满前撤回上诉、抗诉的，第一审判决、裁定在上诉、抗诉期满之日起生效。在上诉、抗诉期满后要求撤回上诉、抗诉，第二审人民法院裁定准许的，第一审判决、裁定应当自第二审裁定书送达上诉人或者抗诉机关之日起生效。

第三百零九条 第二审人民法院对第一审人民法院移送的上诉、抗诉案卷、证据，应当审查是否包括下列内容：

（一）移送上诉、抗诉案件函；

（二）上诉状或者抗诉书；

（三）第一审判决书、裁定书八份（每增加一名被告人增加一份）及其电子文本；

（四）全部案卷、证据，包括案件审理报告和其他应当移送的材料。

前款所列材料齐全的，第二审人民法院应当收案；材料不全的，应当通知第一审人民法院及时补送。

2.《人民检察院刑事诉讼规则》（高检发释字［2019］4号）（2019年12月30日公布并施行）（节录）

第五百八十九条 上一级人民检察院对下级人民检察院按照第二审程序提出抗诉的案件，认为抗诉正确的，应当支持抗诉。

上一级人民检察院认为抗诉不当的，应当听取下级人民检察院的意见。听取意见后，仍然认为抗诉不当的，应当向同级人民法院撤回抗诉，并且通知下级人民检察院。

上一级人民检察院在上诉、抗诉期限内，发现下级人民检察院应当提出抗诉而没有提出抗诉的案件，可以指令下级人民检察院依法提出抗诉。

上一级人民检察院支持或者部分支持抗诉意见的，可以变更、补充抗诉理由，及时制作支持抗诉意见书，并通知提出抗诉的人民检察院。

第五百九十条 第二审人民法院发回原审人民法院按照第一审程序重新

审判的案件，如果人民检察院认为重新审判的判决、裁定确有错误的，可以按照第二审程序提出抗诉。

[参考案例]

1. 李某故意杀人案[①]

基本案情：

被告人李某，男，1981 年 11 月 21 日出生，农民。因涉嫌犯故意杀人罪，于 2000 年 2 月 16 日被逮捕。

某市人民检察院以被告人李某犯故意杀人罪、抢劫罪，向某市中级人民法院提起公诉。

某市中级人民法院经公开审理查明：

1999 年 10 月，被告人李某在某市某夜总会工作时认识了被害人陈某，二人经常在酒店、宾馆同居一室。2000 年 1 月 1 日晚，陈某约李某到某市华厦大酒店卡拉 OK 厅玩。次日凌晨 5 时许，李某乘陈某驾驶的佳美牌小轿车离开华厦大酒店。途中，陈某要求李某下车，二人发生争执，李某即产生杀陈某的念头，遂在车前排右座位上用双手紧扼陈某的颈部，致某陈当场死亡。李某在被害人身上搜走人民币 2300 元及摩托罗拉 3688 型移动电话 1 部（价值人民币 4892 元）后，驾车逃离现场。李某驾车途中撞倒骑自行车的刘某，又撞上范某驾驶的出租小汽车后，在大沙头三马路弃车逃走。

某市中级人民法院认为：被告人李某因小事与被害人发生争执，即用手紧扼被害人颈部，致被害人死亡，其行为已构成故意杀人罪。公诉机关指控李某在杀人后取走财物的行为还构成抢劫罪不当，不予支持。被告人李某致 1 人死亡，后果严重，论罪应处死刑，鉴于其犯罪时刚满十八周岁，故对其可不必立即执行。依照《刑法》第 232 条、第 57 条第 1 款的规定，于 2000 年 9 月 15 日判决：被告人李某犯故意杀人罪，判处死刑，缓期二年执行，剥夺政治权利终身。

一审宣判后，被告人李某不服，以没有杀人故意，不构成故意杀人罪，应定故意伤害罪为由向某省高级人民法院提出上诉；某市人民检察院以"一审判决漏定抢劫罪，导致对被告人量刑不当"为由提出抗诉。

---

① 《刑事审判参考》第 222 号指导案例。

某省人民检察院支持抗诉并在二审开庭时派员出庭。其出庭支持抗诉的检察人员在开庭时又当庭提出“被告人李某犯故意杀人罪不具备法定和酌定从轻情节，应判处死刑；李某杀人后取财的行为构成盗窃罪”的意见。

某省高级人民法院认为：上诉人李某因小事与被害人发生争执，用扼颈的手段杀死被害人，其行为已构成故意杀人罪，且罪行特别严重；李某杀人后窃取被害人的财物且数额较大，其行为构成盗窃罪，亦应依法惩处。原审判决认定李某犯故意杀人罪的事实清楚，证据确实，定罪准确，程序合法；但李某犯故意杀人罪的罪行极其严重，又不具备法定的从轻情节，原审判处其死刑，缓期二年执行不当，应予纠正；原审未认定李某杀人后窃取财物的行为构成盗窃罪不当，应予纠正。李某上诉及其辩护人辩护所提理由、某市人民检察院的抗诉理由，经查，均不能成立，故不予采纳。某省人民检察院出庭支持抗诉的检察人员的出庭意见有理，应予采纳。依照《刑事诉讼法》第189条第1项、第2项及《刑法》第232条、第264条、第57条第1款、第69条的规定，于2002年1月22日判决：驳回上诉人李某的上诉，撤销某市中级人民法院的一审判决；上诉人李某犯故意杀人罪，判处死刑，剥夺政治权利终身；犯盗窃罪，判处有期徒刑二年，并处罚金人民币3000元。决定执行死刑，剥夺政治权利终身，并处罚金人民币3000元。

某省高级人民法院依法将此案报请最高人民法院核准。

最高人民法院经复核认为，某省人民检察院出庭支持抗诉的检察人员在某省高级人民法院第二审开庭时提出新的抗诉意见，超出了某市人民检察院抗诉书的范围，某省高级人民法院采纳此意见，对被告人李某以故意杀人罪判处死刑，剥夺政治权利终身，限制了李某行使辩护权，可能影响公正审判。依照《刑事诉讼法》第199条和《最高人民法院关于执行〈中华人民共和国刑事诉讼法〉若干问题的解释》第285条第4项的规定，于2002年11月28日裁定：撤销某省高级人民法院的二审判决；发回原审法院重新审判。

案例评析：

最高人民法院裁定的依据和理由是：

第一，抗诉书是承载人民检察院抗诉意见与理由的正式的法律文书，被告人在二审审判前先悉抗诉书是其依法行使辩护权的重要保障。根据我国刑事诉讼法的规定，人民检察院认为人民法院判决、裁定确有错误的时候，可以依法提出抗诉。但是人民检察院抗诉必须提交抗诉书。显然，我国刑事诉讼法对检察机关的抗诉规定了较为严格的条件，抗诉不仅要有根有据，而且要求必须出具抗诉书。否则，即使检察机关在某种场合以非书面形式表达出抗诉的意思，但只要未在法定期限内提出抗诉书，就视为未抗诉。相对而言，法律对当事人上诉却采取了相对宽容的态度，即只要当事人在一审判决宣告之后的法定期限内表示了不服判决而上诉的意愿，无论这种意思是口头还是书面的，无论是否有站得住脚的理由，都视为有效上诉。根据我国刑事诉讼法，人民检察院的抗诉书可直接启动二审程序，抗诉书成为人民检察院抗诉的标志性文书。

抗诉书不仅是人民检察院提出抗诉的标志，也是承载抗诉意见与理由的正式法律文书。法律严格限定抗诉须以抗诉书为标志的目的，主要是规范抗诉活动，防止检察机关滥用抗诉权。抗诉活动的实质是人民检察院代表国家对人民法院的判决、裁定提出异议，这一活动不仅关涉当事人的切身利益，而且直接影响到人民法院裁判活动的效力。所以，对抗活动必须采取严肃谨慎的态度。法律规定人民检察院出具抗诉书就是要求人民检察院的抗诉建立在合理的理由与根据之上，从而在一定程度上约束规范了抗诉活动。另外，严格抗诉条件也在于防止检察机关滥用抗诉权，将抗诉的提起限制在合理范围之内，以此保障当事人的合法权益，维护人民法院裁判的威信。从理论上讲，刑事诉讼中的被告人作为个人与代表国家的检察机关在力量上相差悬殊，从更好地维护当事人的合法权益，平衡控、辩力量的角度考虑，法律严格抗诉条件是非常必要的。

人民检察院的抗诉书不仅要提交人民法院，而且，其副本要由人民法院送交被告人。将抗诉书副本送交被告人，实际是被告人有权获得辩护原则的应有之义和被告人依法行使辩护权的重要保障。抗诉针对的是人民法院的判决、裁定，但本质上却脱离不了控诉的属性（即使是有利于被告人的抗诉），因而，抗诉活动的结果与被告人的利益密切相关。有控诉，就要允许辩护，而且要从制度上切实保障辩护落到实处。人民法院将抗诉书副本及时送交被告人的目的，就在于维护被告人的辩护权，让被告人在法定期限内，在充分了解抗诉内容的基础上，有的放矢，更好地行使辩护权，从而最终保障二审审判公正。尽管我国刑事诉讼法规定二审应当坚持全案审理的原则，二审审理不受上诉和抗诉范围的限制，但从实质来看，抗诉意见与上诉及其辩护理由仍然是二审审理的重点。被告人只有在二审审理前先悉抗诉内容之后，才能有针对性地为自己进行辩护准备，从而充分有效地行使辩护权。否则，被告人在二审阶段的辩护权就会流于形式或形同虚设，甚至被变相剥夺。

第二，检察机关出庭检察人员应当依据抗诉书发表抗诉意见。从理论上讲，我国刑事诉讼中公诉案件的控诉职能是由检察机关代表国家来行使的。那么，起诉、抗诉均须以检察机关的名义来进行。虽然检察人员代表检察机关出席法庭，但检察人员必须反映检察机关的意见。就抗诉而言，其职能主体是人民检察院，而非检察人员个人。前已述及，人民检察院的抗诉书是人民检察院表达抗诉意见、阐明抗诉理由的法律文书。在实践中，检察机关的抗诉决定、内容和理由通常由检察委员会决定并明确载于抗诉书中。所以，抗诉书作为检察委员会集体意志的产物，应当成为出庭支持抗诉的检察人员发表抗诉意见的依据。检察人员应当严格依据抗诉书阐述抗诉意见与理由，而不能擅自改变或超越抗诉书的范围。

现在的问题是，我国刑事诉讼制度中对一审未生效案件的抗诉实际是由两级人民检察院共同完成的，即地方各级人民检察院认为同级人民法院第一审判决、裁定确有错误的，应当提出抗诉并出具抗诉书，而由上一级人民检察院进行审查，并派员出席二审法庭支持抗诉。根据我国宪法及刑事诉讼法的有关规定，上级人民检察院领导下级人民检察院，在二审抗诉活动中，上级人民检察院应当对下级人民检察院的抗诉意见和理由进行审查。当上一级人民检察院完全同意下级人民检察院的抗诉意见及理由或者认为抗诉不当时，上一级人民检察院可依法派员出庭支持抗诉或者向同级人民法院撤回抗诉。问题在于，如果上一级人民检察院不完全同意下级人民检察院的抗诉意见或者理由，二者意见不尽统一时，上一级人民检察院究竟是在原抗诉书的基础上责成检察员在法庭上说明新的意见还是在庭前指令下级检察院修正更改抗诉书。

我们认为，在这种情况下，上级检察院应当及时与下级检察院交换并统一意见，立即对原抗诉书进行修改或补充，将自己的意见体现在抗诉书中，并在二审开庭前将修改或补充的抗诉书及时提交人民法院，再由人民法院送交被告人，而不能令出庭检察人员在法庭上超越抗诉书范围当庭发表与有效抗诉书不同的抗诉意见。人民法院在庭前何时将修改或补充的抗诉书送交被告人，我国刑事诉讼法与相关的司法解释均无此规定，但从保障被告人辩护权能充分实现的角度来讲，我们认为，应当比照一审程序中“将人民检察院的起诉书副本至迟在开庭十日以前送达当事人”的精神，在二审开庭十日前送交当事人。

强调出席二审法庭支持抗诉的检察人员发表的抗诉意见不能超出抗诉书的范围，其目的主要是维护被告人的辩护权。如果检察人员超出抗诉书范围当庭发表新的抗诉意见，搞“突然袭击”，被告人是无法就事实、证据、适用法律等问题进行充分辩护的。这无疑会限制、侵犯被告人的辩护权，从而可能影响公正审判。

第三，人民法院对于出庭支持抗诉的检察人员超出抗诉书范围提出的抗诉意见不应采纳。司法实践中，如果检察人员在二审法庭上发表的抗诉意见超出抗诉书的范围，人民法院应当如何处理？法律对此没有明确规定。对此二审法院可以依据刑事诉讼法有关规定的精神，以切实保障被告人充分有效行使辩护权和有利司法公正为原则，区别情况作出处理。其中，对于出庭检察人员超出抗诉书范围当庭发表的新的不利于被告人的抗诉主张，法庭应不予采纳。所谓超出抗诉书范围，主要指当庭提出的与抗诉书所载抗诉主张不一致的即新的抗诉主张，如更换罪名或追加、减少罪名或新的量刑主张。例如，在本案中，某市检察院以一审判决漏定抢劫罪因而量刑不当为由提出抗诉，而某省人民检察院出席二审法庭的检察院却当庭提出被告人所犯故意杀人罪不具备法定和酌定从轻情节应判处死刑及被告人杀人后又窃取被告人财物的行为亦构成盗窃罪的主张。显然，某省人民检察院出席二审法庭的检察院关于被告人的行为亦构成盗窃罪及其故意杀人罪应处死刑的主张与某市检察院关于一审判决因漏定抢劫罪而导致量刑不当的主张是不一致的。前者主张明显超出了抗诉书范围，不应为人民法院所采纳。

值得注意的是，有时出庭检察人员当庭发表的新的抗诉主张与抗诉书的抗诉主张相比较，可能更有利于被告人，即使这样，二审法院一般也不宜作为抗诉意见直接采纳。因为，检察机关提出的抗诉意见究竟是否有利于被告人，只是对上下级检察机关的不同抗诉主张某行比较而言的。对被告人来讲，未必是正确的，被告人也未必接受。比如，抗诉书提出被告人的犯罪行为构成抢劫罪的抗诉意见，出席二审法庭的检察人员却主张被告人的行为构成盗窃罪。表面看来，出庭检察人员发表的抗诉意见有利于被告人。但是，被告人及辩护人还可能认为被告人无罪。因此，无论属于哪种情形，被告人均需要进行充分的辩护准备。而对于检察人员在法庭上提出的新的抗诉意见，被告人是无法进行准备的。如果人民法院采纳此种意见，就会限制甚至剥夺被告人对超越抗诉书范围的新的辩护意见的辩护权，不仅最终影响公正审判，而且与我们充分尊重、切实保障被告人辩护权的立法精神相悖。但是，在不影响被告人辩护权的前提下，人民法院对于检察人员当庭发表的正确意见也可以“采纳”，但这种“采纳”不是对抗诉意见的采纳，而仅是对一种正确意见的吸收。如果出席二审法庭的检察人员仅是对抗诉书所载抗诉理由进行补充或对不妥当之处进行修改，未提出新的抗诉主张，则不属于超越抗诉书范围。

因此，某省人民检察院出庭支持抗诉的人员在某省高级人民法院二审开庭审理本案时，超出某市人民检察院抗诉书的范围当庭提出新的抗诉意见，以及某省高级人民法院采纳上述意见的做法均是错误的。

2. 孙某1等抢劫、盗窃、掩饰、隐瞒犯罪所得案

基本案情：

被告人孙某1，男，1990年7月1日出生，汉族，无业。因本案于2010年1月16日被逮捕。

被告人吴某卓，男，1982年3月25日出生，汉族，务工。2009年3月27日因犯诈骗罪被判处有期徒刑一年，同年8月22日刑满释放；2010年2月27日因本案被逮捕。

被告人王某，男，1989年9月9日出生，汉族，无业。因本案于2010年2月5日被逮捕。

被告人郑某平，男，1990年3月20日出生，汉族，务工。因本案于2010年6月4日被逮捕。

被告人李某、郑某、龙某、孙某2、陈某某、吴某红、郭某、胡某、游某某（基本信息略），均因本案被逮捕。

浙江省瑞安市人民检察院以被告人孙某1犯抢劫罪、盗窃罪，被告人李某、吴某卓、王某、郑某平等犯抢劫罪（其他指控内容略），向瑞安市人民法院提起公诉。

瑞安市人民法院公开审理查明：

（1）关于抢劫事实

2009年6月至12月，被告人孙某1、王某、郑某平、吴某卓等九人结伙或交叉结伙在浙江省温州市龙湾、瑞安、苍南三个区，采用持刀拦乘三轮车、出租车以及在公园偏僻处拦截游客等方式共抢劫三轮车、出租车司机和公园游客12起，劫得三轮车、诺基亚牌手机、现金等财物合计价值人民币（以下币种均为人民币）9000余元。孙某1抢劫8起，其中2起未遂、1起

系抢劫预备，劫取财物价值5000余元，致一人轻伤；王某、郑某平抢劫4起，其中2起系抢劫预备，劫取财物价值2000余元，致一人轻伤；吴某卓抢劫3起，其中2起未遂，劫取财物价值300余元。

（2）关于盗窃事实

2009年6月至12月，被告人孙某1、吴某红等四人结伙或交叉结伙在温州市瑞安区、龙湾区盗窃14起，窃得电动车、摩托车、电脑等财物，其中孙某1盗窃3起，窃取财物价值7000余元。被告人游某某在明知系赃物的情况下，以900元的价格购买了一辆被盗摩托车。

瑞安市人民法院认为，被告人孙某1、吴某卓、王某、郑某平等人以非法占有为目的，结伙使用暴力、胁迫手段劫取他人财物的行为均构成抢劫罪，其中孙某1、吴某卓、王某、郑某平系多次抢劫。孙某1、吴某红、郭某、胡某以非法占有为目的，结伙秘密窃取他人财物的行为，构成盗窃罪。被告人游某某明知是犯罪所得的赃物还予以购买的行为构成掩饰、隐瞒犯罪所得罪。孙某1犯数罪，应当依法予以并罚；吴某卓系累犯，应当依法从重处罚；吴某卓参与的3次抢劫中有2次系未遂，依法可对其减轻处罚。根据各被告人犯罪的事实、性质、情节和对社会的危害程度，依照《刑法》第263条，第264条，第312条，第25条第1款，第69条第1款、第2款，第23条第1款、第2款，第65条第1款，第17条第1款、第2款、第3款，第56条第1款，第36条第1款和《民法通则》第119条以及《最高人民法院关于审理人身损害赔偿案件适用法律若干问题的解释》第17条第1款、第19条、第20条、第21条、第22条、第24条之规定，判决如下：

1. 被告人孙某1犯抢劫罪，判处有期徒刑十二年，剥夺政治权利二年，并处罚金22000元；犯盗窃罪，判处有期徒刑一年，并处罚金2000元；决定执行有期徒刑十二年六个月，剥夺政治权利二年，并处罚金24000元。

2. 被告人吴某卓犯抢劫罪，判处有期徒刑六年，并处罚金1万元。

3. 被告人王某犯抢劫罪，判处期徒刑六年，并处罚金1万元。

4. 被告人郑某平犯抢劫罪，判处有期徒刑六年，并处罚金1万元。

5. 其余八名被告人分别因犯抢劫罪、盗窃罪、掩饰、隐瞒犯罪所得罪分别被判处有期徒刑三年到十年不等，并处罚金3000元到18000元不等。

一审宣判后，瑞安市人民检察院认为，被告人吴某卓在刑满释放后三个多月内又犯罪，系累犯，主观恶性大，且在本案中3次结伙、持械抢劫出租车司机或在公共场所抢劫，情节恶劣、社会危害性大。虽然吴某卓3次抢劫中有 2 次未遂，但不应因全案按既遂处理而对其减轻处罚。即使对其可以减轻处罚，原判对其减轻的幅度亦过大。瑞安市人民检察院并以此为由提出抗诉。温州市人民检察院支持瑞安市人民检察院提出的关于吴某卓的量刑畸轻的抗诉意见。另提出，被告人王某、郑某平参与 4 次抢劫，并致一人轻伤，虽有 2 次抢劫因系犯罪预备不计入抢劫次数，也应作为犯罪情节酌情予以考虑，一审仅判处二人有期徒刑六年，量刑畸轻。

温州市中级人民法院经审理认为，关于瑞安市人民检察院、温州市人民检察院提出的被告人吴某卓的量刑畸轻的抗诉、支持抗诉的意见，经查，吴某卓 3 次抢劫中 2 次系未遂，犯罪情节一般，司法实践中，对连续犯罪过程中部分未遂的案件，如果全案按照既遂处理导致罪刑不相适应的，可以对全案按照未遂处理并予以减轻处罚，原判对吴某卓实施的犯罪形态作未遂认定符合这一普遍做法，对吴某卓的量刑相对于同案犯亦属适当，故对该意见不予支持。关于温州市人民检察院在支持抗诉时提出的被告人王某、郑某平的量刑畸轻的意见，根据刑事诉讼法和相关司法解释的规定，对人民法院第一审裁判按照第二审程序提出抗诉的，应当由同级人民检察院在法定抗诉期限内向上一级人民法院提出，且在共同犯罪案件中，人民检察院只对部分被告人的判决提出抗诉的，第二审人民法院对其他第一审被告人不得加重处罚。温州市人民检察院在抗诉期限届满、支持抗诉时，增加抗诉对象不符合上述规定，不予支持。故裁定驳回抗诉，维持原判。

案例评析：

抗诉期限届满后，上一级人民检察院在支持抗诉时增加抗诉对象的，如何处理，二审审理过程中形成两种意见：一种意见认为，原公诉机关在法定期限内已启动抗诉程序，且上下级检察机关系垂直领导关系，具有“一体化”组织特征，上一级人民检察院全案审查后增加抗诉对象不违反刑事诉讼法的规定，不应当驳回抗诉。另一种意见认为，根据刑事诉讼法的规定，对于人民法院第一审裁判按照第二审程序提出抗诉的，应当在法定期限内由同级人民检察院向上一级人民法院提出，上一级人民检察院通过全案审查后可以支持或者撤回抗诉，但无权追加或者变更抗诉内容，对于增加的抗诉对象，应当驳回。

我们赞同后一种意见。具体理由如下：

(1) 上下级检察机关在抗诉程序中的权力、职能不同，不能因两者系垂直领导关系而将两者混同。

《刑事诉讼法》第228条规定："地方各级人民检察院认为本级人民法院第一审的判决、裁定确有错误的时候，应当向上一级人民法院提出抗诉。"关于具体提出抗诉的方式，《刑事诉讼法》第232条作了如下规定："地方各级人民检察院对同级人民法院第一审判决、裁定的抗诉，应当通过原审人民法院提出抗诉书，并且将抗诉书抄送上一级人民检察院。原审人民法院应当将抗诉书连同案卷、证据移送上一级人民法院，并将抗诉书副本送交当事人。上级人民检察院如果认为抗诉不当，可以向同级人民法院撤回抗诉，并且通知下级人民检察院。"《人民检察院刑事诉讼规则》第589条规定："上一级人民检察院对下级人民检察院按照第二审程序提出抗诉的案件，认为抗诉正确的，应当支持抗诉。上一级人民检察院认为抗诉不当的，应当听取下级人民检察院的意见。听取意见后，仍然认为抗诉不当的，应当向同级人民法院撤回抗诉，并且通知下级人民检察院。上一级人民检察院在上诉、抗诉期限内，发现下级人民检察院应当提出抗诉而没有提出抗诉的案件，可以指令下级人民检察院依法提出抗诉。上一级人民检察院支持或者部分支持抗诉意见的，可以变更、补充抗诉理由，及时制作支持抗诉意见书，并通知提出抗诉的人民检察院。"

由上述规定可知，对第一审判决的抗诉是由上下两级检察院共同完成的，这种立法设计既可以避免抗诉权滥用，也可以通过上一级检察院的监督指导保证抗诉质量。就程序而言，地方各级人民检察院有权对本级人民法院第一审的判决、裁定启动抗诉，但最终是否提起抗诉由上一级人民检察院审查后决定，两级人民检察院分别具有抗诉启动权和抗诉决定权，权力边界清晰。就实体而言，上一级人民检察院经全案审查后仅作出正确与否的认定，并据以支持或者撤回抗诉。上一级人民检察院在抗诉期限内，发现下级人民检察院应当提出抗诉而没有提出抗诉的案件，可以指令下级人民检察院依法提出抗诉。换言之，在抗诉及相关程序中，是否启动抗诉和抗诉的具体内容由原审人民法院的同级人民检察院决定，上一级人民检察院是以支持、撤回或者指令抗诉的方式对下级检察院抗诉工作进行监督、指导，并不直接纠正不正确的抗诉，或者对下级人民检察院应当提出抗诉而没有提出抗诉的案件直接提起抗诉。实践中，为保证抗诉质量，防止因两级检察院意见不一致影响检察机关的权威，有的上一级检察院要求下一级检察院在对第一审裁判提起抗诉前先行汇报，对是否抗诉、具体抗诉对象、理由等进行指导，客观上抗诉权的行使基本上是以上一级检察院为主导。然而，目前此种做法仅是检察机关的内部沟通方式，是一种内部工作机制，不能对法律规定的抗诉程序中两级检察院的权能配置产生实质影响。基于以上分析，上一级人民检察院在支持抗诉时增加抗诉对象不符合刑事诉讼法的相关规定。

（2）抗诉期限届满后，上一级人民检察院在支持抗诉时增加抗诉对象，对被告人的权利造成实质损害。

起诉与抗诉同属公诉的一部分，是检察机关在不同的诉讼阶段履行公诉职能的具体表现形式。根据刑事诉讼法的规定，在第一审程序中，公诉机关可以根据不同情况追加、变更起诉，这是许多国家普遍采用的做法。这种做法不但可以实现诉讼经济，而且因处于第一审阶段，有多种途径、方式对被害人进行救济，一般不会对其权利造成实质损害。但是，在二审程序中，如果允许检察院（包括上下两级检察院）在抗诉期限届满后追加抗诉内容，则会对被告人的权利造成实质损害：

第一，共同犯罪案件中被告人“上诉不加刑”的权利得不到保障。《最高人民法院关于适用〈中华人民共和国刑事诉讼法〉的解释》第386条规定：“除人民检察院抗诉的以外，再审一般不得加重原审被告人的刑罚。再审决定书或者抗诉书只针对部分原审被告人的，不得加重其他同案原审被告人的刑罚。”据此，抗诉期限届满后，如果检察院只对共同犯罪案件中部分被告人的判决提出抗诉，二审程序中的其他被告人，检察院不能提出、二审法院也不能加重其刑罚，这是一种具有司法人道主义精神的制度设计。如果允许检察院在抗诉期限届满后、二审程序终结前可将该部分被告人追加为抗诉对象，会使部分被告人再次面对国家追诉，使二审程序中被告人最终是否享有“上诉不加刑”的权利完全由检察院决定。这种结果明显违背立法原意。

第二，追加抗诉会使部分被告人的辩护权遭受控诉突袭。被告人知悉抗诉书内容是其依法行使辩护权的前提，正因如此，刑事诉讼法规定，地方各级人民检察院提出抗诉的，原审人民法院在向上一级人民法院移送案件材料的同时，要将抗诉书副本送交当事人。如果上一级人民检察院支持抗诉时追加抗诉对象，被追加被告人享有的辩护准备时间相对其他被告人较短，甚至可能快开庭时才知道自己的诉讼地位发生了巨大变化，不利于其辩护权的保障。从这个角度来讲，追加抗诉属于一种“控诉突袭”。如果允许追加抗诉，被告人则很难充分行使辩护权。

第三，控辩之间的平衡无法实现。现行的刑事诉讼程序是按照控辩平衡原则进行设计的。考虑到国家公权力量强大，刑事诉讼法还规定了一系列配套制度对辩方进行特殊的保护。比如，就上诉和抗诉而言，对被告人提起上诉的规定相对宽松，只要被告人在一审宣判后十日内提出上诉意思表示，无论口头还是书面，都视为有效上诉；对于检察院提起抗诉，则不仅要求应当在抗诉期限内提起，而且一旦提起，抗诉对象、抗诉内容便相对特定化，不得随意追加、变更。如果允许检察机关追加抗诉，无疑意味着赋予了检察机关特权，陷被告人于讼累之苦，最终导致控辩之间严重失衡。

（3）抗诉期限届满后，上一级人民检察院在支持抗诉时增加抗诉对象，违反了抗诉期限的法律规定。任何诉讼行为和诉讼活动都必须在法定期限内进行，这是诉讼活动必须坚持的基本原则，各类诉讼主体均应一体遵行。

综上，温州市中级人民法院对温州市人民检察院在抗诉期限届满、支持抗诉时，增加抗诉对象的做法不予支持是正确的。

第二百三十三条　第二审人民法院应当就第一审判决认定的事实和适用法律进行全面审查，不受上诉或者抗诉范围的限制。

共同犯罪的案件只有部分被告人上诉的，应当对全案进行审查，一并处理。

[条文主旨]

本条是关于二审全面审查原则的规定。

[条文释解]

本条是1979年《刑事诉讼法》的规定，1996年、2012年、2018年均未作修改。

本条规定全面审查原则。全面审查原则系人民法院审理第二审案件的重要原则。此处的审查系实质性审查，并非第二审人民法院受理上诉、抗诉案件时立案审查，立案审查系形式审查。第二审人民法院审查的内容不受上诉和抗诉范围的限制，根据司法解释的规定，主要包括以下几个方面：第一，第一审判决认定的事实是否清楚，证据是否确实、充分，证据之间有无矛盾，有无遗漏罪行和犯罪分子；第二，适用法律是否正确，定罪量刑是否适当；第三，侦查、起诉和第一审程序中有无严重违反法定程序的情形；第四，上诉、抗诉是否具备法定的主体资格，提出的理由是否有新的事实和证据；第五，被告人有无翻供的情况及原因；第六，辩护人的意见应否采纳；第七，一审合议庭或审判委员会讨论的意见；第八，其他与第一审判决是否正确有关的情况。本条所说的“上诉”“抗诉”案件，包括人民检察院提起公诉的案件、自诉案件和刑事附带民事诉讼的案件。

第二审人民法院对共同犯罪的案件只有部分被告人上诉的，应当对全案进行审查，一并处理。如果提出上诉的被告人在二审程序中死亡，二审人民法院仍应对全案进行审查。死亡的被告人不构成犯罪的，应当宣告无罪；构成犯罪的，应对其宣告终止审理。对其他同案被告人，应当根据事实和法律作出二审判决或者裁定。审理附带民事诉讼的上诉、抗诉案件，也应当对全案进行审查。

[审判实务]

全面审查原则要求在二审审查时不受上诉和抗诉范围的限制，发现的问题均应当做到有错必纠。但同时也要处理好全面审查与重点审查的关系，在全面审查的基础上，要重点就上诉和抗诉的理由进行审理，重点解决关系定罪量刑的重要问题。

[配套规定]

《最高人民法院关于适用〈中华人民共和国刑事诉讼法〉的解释》（法释［2012］21号）（2012年12月20日公布，自2013年1月1日起施行）（节录）

第三百零九条 第二审人民法院对第一审人民法院移送的上诉、抗诉案卷、证据，应当审查是否包括下列内容：

（一）移送上诉、抗诉案件函；

（二）上诉状或者抗诉书；

（三）第一审判决书、裁定书八份（每增加一名被告人增加一份）及其电子文本；

（四）全部案卷、证据，包括案件审理报告和其他应当移送的材料。

前款所列材料齐全的，第二审人民法院应当收案；材料不全的，应当通知第一审人民法院及时补送。

第三百一十条　第二审人民法院审理上诉、抗诉案件，应当就第一审判决、裁定认定的事实和适用法律进行全面审查，不受上诉、抗诉范围的限制。

第三百一十一条　共同犯罪案件，只有部分被告人提出上诉，或者自诉人只对部分被告人的判决提出上诉，或者人民检察院只对部分被告人的判决提出抗诉的，第二审人民法院应当对全案进行审查，一并处理。

第三百一十二条　共同犯罪案件，上诉的被告人死亡，其他被告人未上诉的，第二审人民法院仍应对全案进行审查。经审查，死亡的被告人不构成犯罪的，应当宣告无罪；构成犯罪的，应当终止审理。对其他同案被告人仍应作出判决、裁定。

第三百一十三条　刑事附带民事诉讼案件，只有附带民事诉讼当事人及其法定代理人上诉的，第二审人民法院应当对全案进行审查。经审查，第一审判决的刑事部分并无不当的，第二审人民法院只需就附带民事部分作出处理；第一审判决的附带民事部分事实清楚，适用法律正确的，应当以刑事附带民事裁定驳回上诉，维持原判。

第三百一十五条　对上诉、抗诉案件，应当着重审查下列内容：

（一）第一审判决认定的事实是否清楚，证据是否确实、充分；

（二）第一审判决适用法律是否正确，量刑是否适当；

（三）在侦查、审查起诉、第一审程序中，有无违反法定诉讼程序的情形；

（四）上诉、抗诉是否提出新的事实、证据；

（五）被告人的供述和辩解情况；

（六）辩护人的辩护意见及采纳情况；

（七）附带民事部分的判决、裁定是否合法、适当；

（八）第一审人民法院合议庭、审判委员会讨论的意见。

第三百一十六条　第二审期间，被告人除自行辩护外，还可以继续委托第一审辩护人或者另行委托辩护人辩护。

共同犯罪案件，只有部分被告人提出上诉，或者自诉人只对部分被告人的判决提出上诉，或者人民检察院只对部分被告人的判决提出抗诉的，其他同案被告人也可以委托辩护人辩护。

第二百三十四条　第二审人民法院对于下列案件，应当组成合议庭，开庭审理：

（一）被告人、自诉人及其法定代理人对第一审认定的事实、证据提出异议，可能影响定罪量刑的上诉案件；

（二）被告人被判处死刑的上诉案件；

（三）人民检察院抗诉的案件；

（四）其他应当开庭审理的案件。

第二审人民法院决定不开庭审理的，应当讯问被告人，听取其他当事人、辩护人、诉讼代理人的意见。

第二审人民法院开庭审理上诉、抗诉案件，可以到案件发生地或者原审人民法院所在地进行。

[条文主旨]

本条是关于二审审理方式的规定。

[条文释解]

本条是 1996 年修改《刑事诉讼法》时增加的规定，2012 年作了修改，2018 年未作修改。

本条共分三款。第 1 款规定二审案件的审理方式和范围。以审判为中心的刑事诉讼改革，要求更好地发挥庭审的作用，审理刑事案件一般都以开庭审理的方式进行。但考虑到二审有别于一审，根据实际情况的不同，并非一律要求开庭。第二审人民法院在以下四种情形下应当组成合议庭，开庭审理：第一，被告人、自诉人及其法定代理人对第一审认定的事实或者证据有异议并提出上诉，人民法院认为可能影响定罪量刑的案件。根据该项规定，被告人、自诉人及其法定代理人提出对事实和证据的不同意见并非必然开庭审理，只有人民法院经审查后认为影响定罪量刑的，才开庭审理，决定权在人民法院。第二，被告人被判处死刑的上诉案件。死刑案件人命关天，事关重大。只要被告人提出上诉，就应开庭审理。第三，人民检察院抗诉的案件。人民检察院系法律监督机关，只要是抗诉案件，就应开庭审理。第四，其他应当开庭审理的案件。该项系兜底条款。

第 2 款是关于不开庭的案件人民法院应如何审理的规定。审判人员对不开庭审理的案件应当阅卷，了解基本情况，讯问被告人、听取其他当事人、辩护人、诉讼代理人对案件的意见。

第 3 款是关于第二审审判地点的规定。第二审人民法院开庭审理案件，可以在第二审人民法院所在地进行，也可以到案件发生地或者原审人民法院所在地进行，这样规定有利于方便诉讼，还能起到法治宣传、教育群众的效果。

[审判实务]

二审人民法院可以不开庭审理的主要是需要发回重审的案件，包括两类，一类是因事实不清、证据不足而发回的，另一类是一审程序存在问题而发回的。

[配套规定]

《最高人民法院关于适用〈中华人民共和国刑事诉讼法〉的解释》（法释［2012］21 号）（2012 年 12 月 20 日公布，自 2013 年 1 月 1 日起施行）（节录）

第三百一十七条 下列案件，根据刑事诉讼法第二百二十三条第一款的规定，应当开庭审理：

（一）被告人、自诉人及其法定代理人对第一审认定的事实、证据提出异议，可能影响定罪量刑的上诉案件；

（二）被告人被判处死刑立即执行的上诉案件；

（三）人民检察院抗诉的案件；

（四）应当开庭审理的其他案件。

被判处死刑立即执行的被告人没有上诉，同案的其他被告人上诉的案件，第二审人民法院应当开庭审理。

被告人被判处死刑缓期执行的上诉案件，虽不属于第一款第一项规定的情形，有条件的，也应当开庭审理。

第三百一十八条 对上诉、抗诉案件，第二审人民法院经审查，认为原判事实不清、证据不足，或者具有刑事诉讼法第二百二十七条规定的违反法定诉讼程序情形，需要发回重新审判的，可以不开庭审理。

第三百一十九条 第二审期间，人民检察院或者被告人及其辩护人提交新证据的，人民法院应当及时通知对方查阅、摘抄或者复制。

第三百二十二条 开庭审理上诉、抗诉案件，除参照适用第一审程序的有关规定外，应当按照下列规定进行：

（一）法庭调查阶段，审判人员宣读第一审判决书、裁定书后，上诉案件由上诉人或者辩护人先宣读上诉状或者陈述上诉理由，抗诉案件由检察员先宣读抗诉书；既有上诉又有抗诉的案件，先由检察员宣读抗诉书，再由上诉人或者辩护人宣读上诉状或者陈述上诉理由；

（二）法庭辩论阶段，上诉案件，先由上诉人、辩护人发言，后由检察员、诉讼代理人发言；抗诉案件，先由检察员、诉讼代理人发言，后由被告人、辩护人发言；既有上诉又有抗诉的案件，先由检察员、诉讼代理人发言，后由上诉人、辩护人发言。

第三百二十三条 开庭审理上诉、抗诉案件，可以重点围绕对第一审判决、裁定有争议的问题或者有疑问的部分进行。根据案件情况，可以按照下列方式审理：

（一）宣读第一审判决书，可以只宣读案由、主要事实、证据名称和判决主文等；

（二）法庭调查应当重点围绕对第一审判决提出异议的事实、证据以及提交的新的证据等进行；对没有异议的事实、证据和情节，可以直接确认；

（三）对同案审理案件中未上诉的被告人，未被申请出庭或者人民法院认为没有必要到庭的，可以不再传唤到庭；

（四）被告人犯有数罪的案件，对其中事实清楚且无异议的犯罪，可以不在庭审时审理。

同案审理的案件，未提出上诉、人民检察院也未对其判决提出抗诉的被告人要求出庭的，应当准许。出庭的被告人可以参加法庭调查和辩论。

第三百二十四条 第二审案件依法不开庭审理的，应当讯问被告人，听取其他当事人、辩护人、诉讼代理人的意见。合议庭全体成员应当阅卷，必要时应当提交书面阅卷意见。

第二百三十五条　人民检察院提出抗诉的案件或者第二审人民法院开庭审理的公诉案件，同级人民检察院都应当派员出席法庭。第二审人民法院

应当在决定开庭审理后及时通知人民检察院查阅案卷。人民检察院应当在一个月以内查阅完毕。人民检察院查阅案卷的时间不计入审理期限。

[条文主旨]

本条是关于二审检察人员出庭的规定。

[条文释解]

本条是1979年《刑事诉讼法》的规定，1996年、2012年均作过修改，2018年未作修改。

1. 出庭支持公诉是人民检察院的法定职责。人民检察院应当派员出庭的案件包括人民检察院提出抗诉的案件和第二审人民法院通过审阅卷宗材料决定开庭审理的公诉案件两种。派员出庭支持公诉的检察院应为同级检察院。

2. 二审人民法院决定开庭审理后须及时通知人民检察院查阅案卷。及时查阅案卷才能为检察员出庭支持公诉做好准备。

3. 人民检察院查阅案卷的时间是一个月，以人民法院通知人民检察院查阅案卷之日起计算。

4. 人民检察院查阅案卷的时间不计入人民法院二审的审理期限。刑事诉讼法关于二审审理期限的限制，不包括人民检察院的阅卷时间。

[配套规定]

1.《最高人民法院关于适用〈中华人民共和国刑事诉讼法〉的解释》（法释［2012］21号）（2012年12月20日公布，自2013年1月1日起施行）（节录）

第三百二十条 开庭审理第二审公诉案件，应当在决定开庭审理后及时通知人民检察院查阅案卷。自通知后的第二日起，人民检察院查阅案卷的时间不计入审理期限。

第三百二十一条 开庭审理上诉、抗诉的公诉案件，应当通知同级人民检察院派员出庭。

抗诉案件，人民检察院接到开庭通知后不派员出庭，且未说明原因的，人民法院可以裁定按人民检察院撤回抗诉处理，并通知第一审人民法院和当事人。

12.《人民检察院刑事诉讼规则》（高检发释字［2019］4号）（2019年12月30日公布并施行）（节录）

第四百四十五条 对提出抗诉的案件或者公诉案件中人民法院决定开庭审理的上诉案件，同级人民检察院应当指派检察官出席第二审法庭。检察官助理可以协助检察官出庭。根据需要可以配备书记员担任记录。

第四百四十六条 检察官出席第二审法庭的任务是：

（一）支持抗诉或者听取上诉意见，对原审人民法院作出的错误判决或者裁定提出纠正意见；

（二）维护原审人民法院正确的判决或者裁定，建议法庭维持原判；

（三）维护诉讼参与人的合法权利；

（四）对法庭审理案件有无违反法律规定诉讼程序的情况记明笔录；

（五）依法从事其他诉讼活动。

第四百四十七条 对抗诉和上诉案件，第二审人民法院的同级人民检察院可以调取下级人民检察院与案件有关的材料。

人民检察院在接到第二审人民法院决定开庭、查阅案卷通知后，可以查阅或者调阅案卷材料。查阅或者调阅案卷材料应当在接到人民法院的通知之日起一个月以内完成。在一个月以内无法完成的，可以商请人民法院延期审理。

第四百四十八条 检察人员应当客观全面地审查原审案卷材料，不受上诉或者抗诉范围的限制。应当审查原审判决认定案件事实、适用法律是否正确，证据是否确实、充分，量刑是否适当，审判活动是否合法，并应当审查下级人民检察院的抗诉书或者上诉人的上诉状，了解抗诉或者上诉的理由是否正确、充分，重点审查有争议的案件事实、证据和法律适用问题，有针对性地做好庭审准备工作。

第四百四十九条 检察人员在审查第一审案卷材料时，应当复核主要证据，可以讯问原审被告人。必要时，可以补充收集证据、重新鉴定或者补充鉴定。需要原侦查案件的公安机关补充收集证据的，可以要求其补充收集。

被告人、辩护人提出被告人自首、立功等可能影响定罪量刑的材料和线索的，可以移交公安机关调查核实，也可以自行调查核实。发现遗漏罪行或者同案犯罪嫌疑人的，应当建议公安机关侦查。

对于下列原审被告人，应当进行讯问：

（一）提出上诉的；

（二）人民检察院提出抗诉的；

（三）被判处无期徒刑以上刑罚的。

第四百五十条　人民检察院办理死刑上诉、抗诉案件，应当进行下列工作：

（一）讯问原审被告人，听取原审被告人的上诉理由或者辩解；

（二）听取辩护人的意见；

（三）复核主要证据，必要时询问证人；

（四）必要时补充收集证据；

（五）对鉴定意见有疑问的，可以重新鉴定或者补充鉴定；

（六）根据案件情况，可以听取被害人的意见。

第四百五十一条　出席第二审法庭前，检察人员应当制作讯问原审被告人、询问被害人、证人、鉴定人和出示、宣读、播放证据计划，拟写答辩提纲，并制作出庭意见。

第四百五十二条　在法庭审理中，检察官应当针对原审判决或者裁定认定事实或适用法律、量刑等方面的问题，围绕抗诉或者上诉理由以及辩护人的辩护意见，讯问原审被告人，询问被害人、证人、鉴定人，出示和宣读证据，并提出意见和进行辩论。

第四百五十三条　需要出示、宣读、播放第一审期间已移交人民法院的证据的，出庭的检察官可以申请法庭出示、宣读、播放。

在第二审法庭宣布休庭后需要移交证据材料的，参照本规则第四百二十八条的规定办理。

第二百三十六条　第二审人民法院对不服第一审判决的上诉、抗诉案件，经过审理后，应当按照下列情形分别处理：

（一）原判决认定事实和适用法律正确、量刑适当的，应当裁定驳回上诉或者抗诉，维持原判；

（二）原判决认定事实没有错误，但适用法律有错误，或者量刑不当的，应当改判；

（三）原判决事实不清楚或者证据不足的，可以在查清事实后改判；也

可以裁定撤销原判，发回原审人民法院重新审判。

原审人民法院对于依照前款第三项规定发回重新审判的案件作出判决后，被告人提出上诉或者人民检察院提出抗诉的，第二审人民法院应当依法作出判决或者裁定，不得再发回原审人民法院重新审判。

[条文主旨]

本条是关于二审后处理的规定。

[条文释解]

本条是1979年《刑事诉讼法》的规定，1996年未作修改，2012年作了修改，2018年未作修改。

本条共分两款。第1款规定了第二审人民法院对上诉、抗诉案件的处理。分为三项：第一，原判决认定事实和适用法律正确、量刑适当的，应当裁定驳回上诉或者抗诉，维持原判。“原判决认定事实和适用法律正确”，是指原判决对是否有犯罪事实、被告人的行为是否构成犯罪等的认定没有错误，适用的法律符合刑法总则和分则以及有关单行刑法的有关规定。“量刑适当”，是指根据犯罪事实和法律规定，对犯罪分子决定的刑罚得当，不畸轻畸重。第二，原判决认定事实没有错误，但适用法律有错误或者量刑不当的，应当改判。“适用法律有错误”，是指根据被告人的情况和犯罪事实，一审判决中适用的有关法律规定不正确、不恰当，主要是对案件的定性错误。“量刑不当”，是指根据犯罪情节、被告人的情况和法律规定，对被告人判刑过重或者过轻。“改判”，是指二审人民法院直接作出判决，改变一审判决的内容。第三，原判决事实不清楚或者证据不足的，可以在查清事实后改判；也可以裁定撤销原判，发回原审人民法院重新审判。“原判决认定事实不清楚或者证据不足”，主要是指犯罪时间、地点、手段、危害后果等事实没有全部查清，证据不够充分或者遗漏了犯罪事实，原审收集的证据未经调查核实等。在上述情况下，第二审人民法院既可以依职权通过审理或者调查核实证据等方式，自己查清事实，直接依法改判；也可以裁定撤销原判，发回原审人民法院重新审判。发回重审的案件，原审人民法院应当另行组成合议庭审理，按第一审程序进行审理，对其判决、裁定仍可提出上诉或者抗诉。

第 2 款规定了二审人民法院不得再发回重审的情形，即二审案件发回重审仅限于一次的规定。原审人民法院对于二审人民法院因原判决事实不清楚或者证据不足裁定撤销原判，发回其重新审判的案件，应当按照本法规定的一审程序进行审判后，作出判决或裁定。被告人对此判决或者裁定仍不服的，可以再提出上诉，人民检察院也可以提出抗诉。第二审人民法院对被告人的再次上诉或人民检察院的抗诉必须受理，并依法作出判决。依据本款规定，此判决或者裁定是终审的判决或者裁定，二审人民法院不得再发回原审人民法院重新审判。

[配套规定]

1.《最高人民法院关于适用〈中华人民共和国刑事诉讼法〉的解释》（法释［2012］21 号）（2012 年 12 月 20 日公布，自 2013 年 1 月 1 日起施行）（节录）

第三百二十八条　原判事实不清、证据不足，第二审人民法院发回重新审判的案件，原审人民法院重新作出判决后，被告人上诉或者人民检察院抗诉的，第二审人民法院应当依法作出判决、裁定，不得再发回重新审判。

第三百二十九条　第二审人民法院发现原审人民法院在重新审判过程中，有刑事诉讼法第二百二十七条规定的情形之一，或者违反第二百二十八条规定的，应当裁定撤销原判，发回重新审判。

第三百三十条　第二审人民法院审理对刑事部分提出上诉、抗诉，附带民事部分已经发生法律效力的案件，发现第一审判决、裁定中的附带民事部分确有错误的，应当依照审判监督程序对附带民事部分予以纠正。

第三百三十一条　第二审人民法院审理对附带民事部分提出上诉，刑事部分已经发生法律效力的案件，发现第一审判决、裁定中的刑事部分确有错误的，应当依照审判监督程序对刑事部分进行再审，并将附带民事部分与刑事部分一并审理。

第三百三十二条　第二审期间，第一审附带民事诉讼原告人增加独立的诉讼请求或者第一审附带民事诉讼被告人提出反诉的，第二审人民法院可以根据自愿、合法的原则进行调解；调解不成的，告知当事人另行起诉。

第三百三十三条　对第二审自诉案件，必要时可以调解，当事人也可以自行和解。调解结案的，应当制作调解书，第一审判决、裁定视为自动撤销；当事人自行和解的，应当裁定准许撤回自诉，并撤销第一审判决、裁定。

第三百三十四条 第二审期间，自诉案件的当事人提出反诉的，应当告知其另行起诉。

第三百三十五条 第二审人民法院可以委托第一审人民法院代为宣判，并向当事人送达第二审判决书、裁定书。第一审人民法院应当在代为宣判后五日内将宣判笔录送交第二审人民法院，并在送达完毕后及时将送达回证送交第二审人民法院。

委托宣判的，第二审人民法院应当直接向同级人民检察院送达第二审判决书、裁定书。

2.《最高人民法院关于规范上下级人民法院审判业务关系的若干意见》（法发［2010］61号）（2010年12月28日公布并施行）（节录）

第六条 第一审人民法院已经查清事实的案件，第二审人民法院原则上不得以事实不清、证据不足为由发回重审。

第二审人民法院作出发回重审裁定时，应当在裁定书中详细阐明发回重审的理由及法律依据。

第七条 第二审人民法院因原审判决事实不清、证据不足将案件发回重审的，原则上只能发回重审一次。

3.《最高人民法院关于适用刑事诉讼法第二百二十五条第二款有关问题的批复》（法释［2016］13号）（节录）

一、对于最高人民法院依据《中华人民共和国刑事诉讼法》第二百三十九条和《最高人民法院关于适用〈中华人民共和国刑事诉讼法〉的解释》第三百五十三条裁定不予核准死刑，发回第二审人民法院重新审判的案件，无论此前第二审人民法院是否曾以原判决事实不清楚或者证据不足为由发回重新审判，原则上不得再发回第一审人民法院重新审判；有特殊情况确需发回第一审人民法院重新审判的，需报请最高人民法院批准。

二、对于最高人民法院裁定不予核准死刑，发回第二审人民法院重新审判的案件，第二审人民法院根据案件特殊情况，又发回第一审人民法院重新审判的，第一审人民法院作出判决后，被告人提出上诉或者人民检察院提出抗诉的，第二审人民法院应当依法作出判决或者裁定，不得再发回重新审判。

[参考案例]

1. 邱某江强奸案[①]

基本案情:

被告人邱某江，男，1988年7月28日出生。2010年3月5日因涉嫌犯强奸罪被逮捕。

广东省潮州市湘桥区人民检察院指控：2010年2月23日凌晨，邱某江在潮州市金丰大酒店七楼A09包厢与人唱歌、喝酒。其间，邱某江把包厢服务员万某叫至包厢厕所内，将被害人万某强奸，并致万某轻微伤。检察院以邱某江犯强奸罪，向法院提起公诉。

邱某江辩解，其没有与被害人万某发生性关系。邱某江的辩护人提出，邱某江前后供述不一致，万某的陈述有反复，其他证据也不充分，认定邱某江构成强奸罪的证据不足。

潮州市湘桥区人民法院经审理认为，被害人万某报案时虽然陈述被告人邱某江对其实施强奸，但此后又改变陈述，称其系与邱某江自愿发生性关系，并以书面形式请求不处罚邱某江。由于本案的关键证据万某的陈述发生改变，在案证据无法证实万某改变陈述系受胁迫或者收买所为，故综合全案认定邱某江强奸万某的证据不足，邱某江不构成强奸罪。据此，依照《刑事诉讼法》第162条第3项的规定，宣告被告人邱某江无罪。

一审宣判后，潮州市湘桥区人民检察院以本案现有证据足以认定邱某江的行为构成强奸罪为由，向潮州市中级人民法院提出抗诉。

潮州市中级人民法院审理本案期间，公安机关以万某涉嫌犯包庇罪为由，立案侦查并抓获万某。出庭支持抗诉的检察机关向潮州市中级人民法院提交了新证据——万某被抓获后所作的讯问笔录。万某在该讯问笔录中供称，案发当晚，被告人邱某江在包厢的厕所内违背其意愿强行与其发生性关系。案发后，邱某江的亲属邱某杰给其9000元现金，让其更改报案时的陈述并抄写书面请求，称其系自愿与邱某江发生性关系，请求法院不要处罚邱某江。

潮州市中级人民法院经审理后认为，被害人万某在侦查机关的陈述前后

---

① 《刑事审判参考》第833号指导案例。

不一致，原审期间无证据证实万某改变陈述是因受胁迫或者收买而为，原审法院认定原公诉机关指控被告人邱某江强奸万某的证据不足，依法判决邱某江无罪并无不当。二审期间，检察机关提供了新证据，该证据对认定邱某江的行为是否构成犯罪具有重大影响，并由此导致原审判决认定事实不清、证据不足。据此，依照《刑事诉讼法》第189条第3项之规定，潮州市中级人民法院裁定撤销湘桥区人民法院刑事判决，发回湘桥区人民法院重新审判。

潮州市湘桥区人民法院经重新审理，并采纳检察机关提供的新证据，以强奸罪判处被告人邱某江有期徒刑五年。

一审宣判后，被告人邱某江提出上诉。潮州市中级人民法院经审理后，驳回邱某江的上诉，维持原判。

此外，湘桥区人民检察院分别以被告人万某犯包庇罪、被告人邱某杰犯妨害作证罪，向湘桥区人民法院依法提起公诉。湘桥区人民法院经依法查明相关事实后，分别以包庇罪判处万某有期徒刑八个月，以妨害作证罪判处邱某杰有期徒刑二年。

宣判后，上述两个案件在法定期限内均无抗诉、上诉，判决已发生法律效力。

案例评析：

本案在二审审理过程中，就能否直接改判被告人邱某江有罪存在两种不同意见：第一种意见认为，二审法院可以根据检察院抗诉时提交的新证据，查明事实后直接改判，不必发回重审，以免浪费司法资源；第二种意见认为，原审判决根据原在案证据依法判决邱某江无罪虽无不当，但由于二审审理期间检察机关提供了对认定邱某江的行为是否构成犯罪具有重大影响的新证据，并由此导致原审判决认定事实不清、证据不足，如果二审直接改判被告人有罪，则剥夺了被告人的辩护权、上诉权，不利于保护被告人的合法权益。因此，应当将本案发回重审。

我们同意第二种意见，具体理由如下：

（1）本案一审宣告无罪符合法律规定。

根据刑法、刑事诉讼法的有关规定，司法实践中审判机关宣告被告人无罪大致有以下两种情形：

一是事实成立，但情节显著轻微、危害不大，不认为是犯罪的。《刑法》第13条规定："……但是情节显著轻微危害不大的，不认为是犯罪。"对于此类情形，1996年《刑事诉讼法》第162条第2项规定，"依照法律认定被告人无罪的，应当作出无罪判决”。2012 年修正的《刑事诉讼法》第 15 条第 1 项规定，“情节显著轻微、危害不大，不认为是犯罪的”不追究刑事责任；已经追究的，应当撤销案件，或者不起诉，或者终止审理，或者宣告无罪。第 195 条第 2 项规定：“依据法律认定被告人无罪的，应当作出无罪判决”。《最高人民法院关于适用〈中华人民共和国刑事诉讼法〉的解释》（以下简称《刑诉法解释》）第 241 条第 3 项对此类情形作了更加具体明确的规定：“案件事实清楚，证据确实、充分，依据法律认定被告人无罪的，应当判决宣告被告人无罪。”根据上述规定，对于情节显著轻微，危害不大，不认为是犯罪的案件，无论适用 1996 年刑事诉讼法还是 2012 年修正的刑事诉讼法，法院均应当直接宣告被告人无罪。

二是检察机关指控的证据不足，不能认定被告人有罪的。1996 年《刑事诉讼法》第 162 条第 3 项（2012 年修正的《刑事诉讼法》第 195 条第 3 项）规定：“证据不足，不能认定被告人有罪的，应当作础证据不足、指控的犯罪不能成立的无罪判决”。《刑诉法解释》第 241 条第 4 项规定：“证据不足，不能认定被告人有罪的，应当以证据不足、指控的犯罪不能成立，判决宣告被告人无罪”。

本案审理时，2012 年修正的刑事诉讼法尚未生效，故仍适用 1996 年刑事诉讼法的规定。法院第一次审理时，因关键证据被害人万某的陈述改变，万某自称系自愿与被告人邱某江发生性关系，检察机关当时未能提供证据证实万某改变陈述系因受胁迫或者被收买所为，即本案不能排除万某系自愿与邱某江发生性关系的可能。据此，法院认为检察机关指控邱某江强奸万某的证据不足，依法宣告邱某江无罪的判决符合当时的法律规定。

（2）本案二审期间检察机关提交关于万某因被收买而改变陈述的证据是否属于新证据？

刑事案件二审期间，因控辩双方提出新证据而导致案件被发回重审或者改判的情形时有发生。如果不加区分，将所有一审期间未曾提交的证据都视为新证据的话，必然会大大增加控辩双方的负担，浪费司法资源，影响审判效率。因此，有必要对二审期间提出的新证据进行界定和规范，实现公正与效率的平衡。

修正前后的刑事诉讼法尚未对新证据的概念作出规定。刑事诉讼法的司法解释也仅仅对二审新证据作了原则性规定。《最高人民法院关于执行〈中华人民共和国刑事诉讼法〉若干问题的解释》（已废止）第 251 条规定：

“对上诉、抗诉案件应当审查下列主要内容……（四）上诉、抗诉是否提出了新的事实和证据……”该条规定亦在《刑诉法解释》中得以保留。

同时，《刑诉法解释》第323条还规定：“开庭审理上诉、抗诉案件，可以重点围绕对第一审判决、裁定有争议的问题或者有疑问的部分进行。根据案件情况，可以按照下列方式审理：……（二）法庭调查应当重点围绕对第一审判决提出异议的事实、证据以及提交的新的证据等进行……”比较而言，民事诉讼法对提交新证据的时限具有严格的规定，而在刑事案件中，相关司法解释并未对提交新证据的时限进行严格限制。这是因为，刑事诉讼与被告人的生命权、自由权以及被害人受到侵害的各项权利紧密相关，如果对举证时限等作出明确规定，不利于被告人一方行使辩护权和公诉机关行使追诉权，难以实现实体公正。

刑事诉讼法及其司法解释虽然未对二审程序中新证据的概念进行明确，但在对当事人申诉及其法定代理人、近亲属申诉的再审程序进行规定时，对该程序中的新证据进行了界定。2012年《刑事诉讼法》第242条规定：“当事人及其法定代理人、近亲属的申诉符合下列情形之一的，人民法院应当重新审判：（一）有新的证据证明原判决、裁定认定的事实确有错误，可能影响定罪量刑的……”由此规定可知，再审程序的新证据必须具备两项特征：一是能证明原判决、裁定认定的事实确有错误；二是可能影响定罪量刑。对再审程序新证据进行限制的必要性在于，再审意味着重新启动一个诉讼程序，如果对当事人及其法定代理人、近亲属提交证据的范围不加限定，最直接的结果就是导致国家司法资源的严重浪费。同理推之，我们认为，二审程序中新证据的特征应当与再审程序中新证据的特征一致，即不但能证明原判决、裁定认定的事实确有错误，而且可能影响定罪量刑。

本案中，万某在改变陈述后下落不明，一审期间无法核实万某的陈述。二审期间，公安机关将万某抓获归案，并取得万某关于其接受邱某杰的现金后改变报案时的陈述。由于该证据在一审期间未出现，但足以改变一审裁判，且影响对被告人邱某江的定罪量刑，因此，该证据应当视为二审期间出现的新证据。

（3）二审出现新证据情况下直接改判和发回重审的情形。

2012年《刑事诉讼法》第225条第1款第3项（1996年《刑事诉讼法》第189条第3项）规定：“原判决事实不清楚或者证据不足的，可以在查清事实后改判；也可以裁定撤销原判，发回原审人民法院重新审判。”该规定虽然规定了原判决事实不清、证据不足，有查清事实后改判或者发回重审两种处理方法，但对什么情形应当查清事实后改判、什么情形应当直接发回重审未作具体规定。实践中，如果任意为之，则可能出现同案不同判的情况。我们认为，在二审期间出现新证据的情况下，应当区分以下情形分别作出处理。

新证据有利于被告人，且被告人及辩护人没有异议并经查证属实的，原则上应当直接改判。如一审对被告人以贪污罪定罪处罚，二审期间，检察机关或者被告人一方提供新证据，经审理后认为被告人的行为依法应当构成挪用公款罪。此时由于前者是重罪，后者是轻罪，属于重罪改轻罪，二审可以直接改判。这样可以保证司法效率，避免浪费司法资源。

检察机关在二审期间提供新证据，涉及无罪改有罪、轻罪改重罪，应当发回重审，以保障被告人的辩护权、上诉权等合法权益。刑法、刑事诉讼法均明确规定，应当依法保障被告人行使辩护权、上诉权。一审作出无罪判决，检察机关提出抗诉并在二审期间收集到证明被告人犯罪的新证据，如果二审法院可以直接采纳检察机关提交的上述新证据，并据此认定被告人有罪，作出有罪判决，则实际意味着被告人丧失了就新证据所作出的有罪判决进行上诉救济的机会，也变相剥夺了被告人的辩护权和上诉权，不利于保护被告人的合法权益。

本案中，检察机关在二审期间提供的新证据对认定被告人邱某江的行为是否构成犯罪有重大影响，且邱某江对此提出异议，因此，为充分保障被告人的辩护权和上诉权，应当将本案发回重审，而不宜直接改判。

第二百三十七条　第二审人民法院审理被告人或者他的法定代理人、辩护人、近亲属上诉的案件，不得加重被告人的刑罚。第二审人民法院发回原审人民法院重新审判的案件，除有新的犯罪事实，人民检察院补充起诉的以外，原审人民法院也不得加重被告人的刑罚。

人民检察院提出抗诉或者自诉人提出上诉的，不受前款规定的限制。

[条文主旨]

本条是关于上诉不加刑及其限制的规定。

［条文释解］

本条是1979年《刑事诉讼法》的规定，1996年未修改，2012年作了修改，2018年未作修改。

本条规定了上诉不加刑原则，该原则系刑事诉讼中的重要原则。首先，在二审案件中，只有被告人一方上诉，没有人民检察院提出抗诉或者自诉人及其法定代理人提出上诉的，二审法院在审理时不得加重被告人的刑罚。第二，二审人民法院发回原审人民法院重审的案件，原审人民法院也不得加重被告人的刑罚。但有新的犯罪事实，人民检察院补充起诉的情况除外。这里所说的“新的犯罪事实”是指原审人民法院在重新审判的过程中或者人民检察院发现了被告人除一审被起诉的犯罪外的新的犯罪事实，人民检察院需要对新的犯罪补充起诉的情况。人民法院对被告人进行判决，不受上诉不加刑的限制。人民法院所作的判决，被告人可以提出上诉，人民检察院也可以抗诉。

不加重被告人的刑罚是指对被告人只能适用比原判决轻的刑罚，即不得判处比原判决重的刑种，不得加长原判同一刑种的刑期或者增加原判罚金刑的金额，对被告人判处拘役或者有期徒刑宣告缓刑的，不得撤销原判决宣告的缓刑或者延长缓刑考验期。

［审判实务］

在司法实践中应当注意，对于共同犯罪案件，只有部分被告人上诉的，既不得加重提出上诉的被告人的刑罚，也不得加重其他未上诉的同案被告人的刑罚；对于数罪并罚的案件，既不得加重决定执行的刑罚，也不能在保持决定执行的刑罚不变的情况下，加重数罪中部分罪的刑罚；对应当适用附加刑而没有适用的案件，不得直接判决适用附加刑；原判对被告人宣告缓刑的，不得撤销缓刑或者延长缓刑考验期；原判没有宣告禁止令的，不得增加宣告；原判宣告禁止令的，不得增加内容、延长期限；原判对被告人判处死刑缓期执行没有限制减刑的，不得限制减刑，等等。上述情形不仅为上诉不加刑原则的应有之义，在司法解释中也有明确的规定。

[配套规定]

1.《最高人民法院关于适用〈中华人民共和国刑事诉讼法〉的解释》（法释［2012］21号）（2012年12月20日公布，自2013年1月1日起施行）（节录）

第三百二十五条 审理被告人或者其法定代理人、辩护人、近亲属提出上诉的案件，不得加重被告人的刑罚，并应当执行下列规定：

（一）同案审理的案件，只有部分被告人上诉的，既不得加重上诉人的刑罚，也不得加重其他同案被告人的刑罚；

（二）原判事实清楚，证据确实、充分，只是认定的罪名不当的，可以改变罪名，但不得加重刑罚；

（三）原判对被告人实行数罪并罚的，不得加重决定执行的刑罚，也不得加重数罪中某罪的刑罚；

（四）原判对被告人宣告缓刑的，不得撤销缓刑或者延长缓刑考验期；

（五）原判没有宣告禁止令的，不得增加宣告；原判宣告禁止令的，不得增加内容、延长期限；

（六）原判对被告人判处死刑缓期执行没有限制减刑的，不得限制减刑；

（七）原判事实清楚，证据确实、充分，但判处的刑罚畸轻、应当适用附加刑而没有适用的，不得直接加重刑罚、适用附加刑，也不得以事实不清、证据不足为由发回第一审人民法院重新审判。必须依法改判的，应当在第二审判决、裁定生效后，依照审判监督程序重新审判。

人民检察院抗诉或者自诉人上诉的案件，不受前款规定的限制。

第三百二十六条 人民检察院只对部分被告人的判决提出抗诉，或者自诉人只对部分被告人的判决提出上诉的，第二审人民法院不得对其他同案被告人加重刑罚。

第三百二十七条 被告人或者其法定代理人、辩护人、近亲属提出上诉的案件，第二审人民法院发回重新审判后，除有新的犯罪事实，人民检察院补充起诉的以外，原审人民法院不得加重被告人的刑罚。

2.《最高人民法院关于刑事第二审判决改变第一审判决认定的罪名后能否加重附加刑的批复》（法释［2008］8号）

各省、自治区、直辖市高级人民法院，解放军军事法院，新疆维吾尔自治区高级人民法院生产建设兵团分院：

近来，有的高级人民法院请示，在审理被告人提起上诉的第二审刑事案件时，第二审人民法院判决改变第一审判决认定罪名的，能否增加适用附加刑或者将罚金刑改为没收财产刑等问题不明确。经研究，批复如下：

根据刑事诉讼法第一百九十条的规定，第二审人民法院审判被告人或者他的法定代理人、辩护人、近亲属上诉的案件，不得加重被告人的刑罚。因此，第一审人民法院没有判处附加刑的，第二审人民法院判决改变罪名后，不得判处附加刑；第一审人民法院原判附加刑较轻的，第二审人民法院不得改判较重的附加刑，也不得以事实不清或者证据不足发回第一审人民法院重新审理；必须依法改判的，应当在第二审判决、裁定生效后，按照审判监督程序重新审判。

此复。

第二百三十八条　第二审人民法院发现第一审人民法院的审理有下列违反法律规定的诉讼程序的情形之一的，应当裁定撤销原判，发回原审人民法院重新审判：

（一）违反本法有关公开审判的规定的；

（二）违反回避制度的；

（三）剥夺或者限制了当事人的法定诉讼权利，可能影响公正审判的；

（四）审判组织的组成不合法的；

（五）其他违反法律规定的诉讼程序，可能影响公正审判的。

[条文主旨]

本条是关于一审违反法定程序案件的处理的规定。

[条文释解]

本条是 1979 年《刑事诉讼法》的规定，1996 年作过修改，2012 年、2018 年均未作修改。

本条规定了第二审人民法院在审理上诉或者抗诉案件过程中发现第一审

人民法院有违反法定诉讼程序的情形，应当作出裁定，撤销原判决，发回原审人民法院按照第一审程序重新审判。该条规定充分体现了刑事诉讼所追求的程序正义的价值。

根据本条规定，因违反诉讼程序发回重审的情形包括五种：第一，违反有关公开审判的规定的。主要是指依法应当公开审判而未公开审判或者不应当公开审判而公开审判的情况。第二，违反回避制度的。主要是指违反有关回避制度的规定，让不应该参与案件审理的人员参与了案件审理。第三，剥夺或者限制当事人的法定诉讼权利，可能影响公正审判的。这种对诉讼权利的剥夺和限制只有达到了可能影响公正审判的程度才应当被发回重审。第四，审判组织的组成不合法的。主要是指在组成人数上不符合法律规定和审判组织的成员不具备法律规定的资格。第五，其他违反法律规定的诉讼程序，可能影响公正审判的，该项系兜底条款。

第二百三十九条　原审人民法院对于发回重新审判的案件，应当另行组成合议庭，依照第一审程序进行审判。对于重新审判后的判决，依照本法第二百二十七条、第二百二十八条、第二百二十九条的规定可以上诉、抗诉。

[条文主旨]

本条是关于重审的规定。

[条文释解]

本条是1979年《刑事诉讼法》的规定，1996年作过修改，2012年未作修改，2018年未作修改。

根据本条规定，发回重新审判的案件包括两种案件：一是第二审人民法院对上诉、抗诉案件，经过审理后，认为原判决事实不清楚或者证据不足的，裁定撤销原判，发回原审人民法院重新审判的案件；二是第二审人民法院发现第一审人民法院的审理有违反法律规定的诉讼程序的情形的，裁定撤销原判，发回原审人民法院重新审判的案件。对于上述两类案件，无论原来第一审是适用简易程序还是普通程序，都应当另行组成合议庭按照第一审程序进行审判。对于因为原判决事实不清楚或者证据不足发回重审的公诉案件，原审人民法院不能将案件退回人民检察院补充侦查，但根据本法第196条的规定，对于个别证据不清楚，有疑问的，合议庭可以对证据进行调查核实；检察人员认为案件需要补充侦查，根据本法第204条的规定提出建议的，原审人民法院可以决定延期审理。经过合议庭调查核实或者人民检察院补充侦查后仍然事实不清楚或者证据不足，不能认定被告人有罪的，根据本法第200条的规定，应当作出证据不足、指控的犯罪不能成立的无罪判决。对于因为原判决事实不清楚或者证据不足发回重审的自诉案件，应当依照本法第三编第二章第二节“自诉案件”的程序进行审判，根据本法第211条的规定，合议庭对证据有疑问的，可以对证据进行调查核实，自诉人也可以提出补充证据。对于第二审人民法院发现第一审人民法院的审理有违反法律规定的诉讼程序的情形撤销原审，发回重审的案件，新的合议庭在重新开始的一审程序中，应当切实纠正原审违反法律规定的诉讼程序的情形。依据本条规定重新审判后的判决，仍然是一审判决，被告人、自诉人和他们的法定代理人、附带民事诉讼的当事人和他们的法定代理人可以依照本法第227条的规定提出上诉；同级人民检察院可以依照本法第228条的规定提出抗诉；被害人及其法定代理人有权依照本法第229条的规定请求人民检察院提出抗诉。

[配套规定]

《最高人民法院研究室关于上诉发回重审案件重审判决后确需改判的应当通过何种程序进行的答复》（2014年2月24日）（节录）

你院沪高法［2013］279号《关于上诉发回重审案件重审判决后确需改判的应当通过何种程序进行的请示》收悉。经研究，答复如下：

根据刑事诉讼法第二百二十六条第一款规定，对被告人上诉、人民检察院未提出抗诉的案件，第二审人民法院发回原审人民法院重新审判的，只要人民检察院没有补充起诉新的犯罪事实，原审人民法院不得加重被告人的刑罚。原审人民法院对上诉发回重新审判的案件依法作出维持原判的判决后，人民检察院抗诉的，第二审人民法院也不得改判加重被告人的刑罚。

第二百四十条 第二审人民法院对不服第一审裁定的上诉或者抗诉，经过审查后，应当参照本法第二百三十六条、第二百三十八条和第二百三十九条的规定，分别情形用裁定驳回上诉、抗诉，或者撤销、变更原裁定。

[条文主旨]

本条是关于对裁定的二审的规定。

[条文释解]

本条是1979年《刑事诉讼法》的规定，1996年、2012年、2018年均未作修改。

本条是关于第二审人民法院审查不服一审裁定的上诉或者抗诉案件后，根据不同情形分别处理的规定。具体为：第一，参照本法第236条的规定，原裁定认定事实和适用法律正确的，应当裁定驳回上诉或者抗诉，维持原裁定；原裁定认定事实没有错误，但适用法律有错误的，应当以裁定形式变更原裁定；原裁定事实不清楚或者证据不足的，可以在查清事实后以裁定形式变更原裁定，也可以裁定撤销原裁定，发回原审人民法院重新审判。第二，参照本法第238条的规定，第二审人民法院发现第一审人民法院的审理有违反本法有关公开审判的规定、违反回避制度、剥夺或者限制了当事人的法定诉讼权利且可能影响公正审判、审判组织的组成不合法、其他违反法律规定的诉讼程序且可能影响公正审判的情形的，应当裁定撤销原裁定，发回原审人民法院重新审判。第三，参照本法第239条的规定，原审人民法院对于发回重新审判的案件，应当另行组成合议庭，依照第一审程序进行审判，重新作出裁定。对于重新审判后的裁定，被告人、自诉人和他们的法定代理人、附带民事诉讼的当事人和他们的法定代理人可以依照本法第227条的规定提出上诉；同级人民检察院可以依照本法第228条的规定提出抗诉；被害人及其法定代理人有权依照本法第229条的规定请求人民检察院提出抗诉。

第二百四十一条 第二审人民法院发回原审人民法院重新审判的案件，原审人民法院从收到发回的案件之日起，重新计算审理期限。

［条文主旨］

本条是关于重审审限的规定。

［条文释解］

本条是 1996 年修改《刑事诉讼法》时增加的规定，2012 年、2018 年均未作修改。

原审人民法院对于第二审人民法院撤销原判决、裁定，发回重新审判的案件，应当另行组成合议庭，依照第一审程序进行审判。其审理期限，从收到发回重新审判的案件之日起计算办案期限。

第二百四十二条　第二审人民法院审判上诉或者抗诉案件的程序，除本章已有规定的以外，参照第一审程序的规定进行。

［条文主旨］

本条是关于二审程序的规定。

［条文释解］

本条是 1979 年《刑事诉讼法》的规定，1996 年、2012 年、2018 年未作修改。

根据本章规定和其他有关规定，第二审程序不同于第一审程序的主要有以下几点：第一，合议庭只能由审判员组成，人民陪审员不能作为合议庭的组成人员；第二，可以开庭审理，也可以不开庭审理，可以到案件发生地或者原审人民法院所在地进行审理；第三，不能适用简易程序、速裁程序审理；第四，人民检察院派员出庭的案件，通知人民检察院阅卷；第五，通过二审程序对一审判决或者裁定进行全面审查，查明一审判决或者裁定认定事实和适用法律是否正确；第六，对被告方提出上诉的案件，不能加重被告人的刑罚；第七，所作的判决、裁定是终审判决、裁定，不能再上诉或者抗诉，等等。除上述规定外，第二审人民法院开庭审理上诉或者抗诉案件，应参照刑事诉讼法规定的第一审程序进行。

第二百四十三条　第二审人民法院受理上诉、抗诉案件，应当在二个月以内审结。对于可能判处死刑的案件或者附带民事诉讼的案件，以及有本法第一百五十八条规定情形之一的，经省、自治区、直辖市高级人民法院批准或者决定，可以延长二个月；因特殊情况还需要延长的，报请最高人民法院批准。

最高人民法院受理上诉、抗诉案件的审理期限，由最高人民法院决定。

[条文主旨]

本条是关于二审审限的规定。

[条文释解]

本条是 1979 年《刑事诉讼法》的规定，1996 年、2012 年、2018 年均未作修改。

本条共分两款。第 1 款规定了第二审人民法院审理上诉、抗诉案件期限。一是一般规定，二审案件应当在二个月内审结。二是对于可能判处死刑或者附带民事诉讼的案件，以及有本法第 158 条规定情形之一的，经省、自治区、直辖市高级人民法院批准或者决定，可以延长二个月。“可能判处死刑的案件”是指被告人由于其犯罪行为依刑法规定有可能被判处死刑的案件，“附带民事诉讼的案件”是指依本法第一编第七章的规定，被害人、被害人的法定代理人、近亲属（被害人死亡或者丧失行为能力情况下）或者是人民检察院提起附带民事诉讼的案件，本法第 158 条规定情形是指下列四种情形：1. 交通十分不便的边远地区的重大复杂案件；2. 重大的犯罪集团案件；3. 流窜作案的重大复杂案件；4. 犯罪涉及面广，取证困难的重大复杂案件，即犯罪地点涉及很多地区或者犯罪人、证人涉及多地，取证困难的重大复杂案件。三是如果案件因为特殊情况经延长二个月仍不能审结，可以报请最高人民法院批准，继续延长审理期限。“因特殊情况”是指案情特别重大、复杂或者涉及国家安全、重大利益需格外慎重等情况，对于这类案件，法律并未对最高人民法院批准延长的期限作出规定，主要是考虑这种案件的数量极少，实践中的情况比较复杂，由最高人民法院依案件具体情况处理更为有利。

第2款规定了最高人民法院受理上诉、抗诉案件的审理期限，由最高人民法院决定。最高人民法院受理的上诉、抗诉案件，都是重大复杂的案件，一般都是由高级人民法院一审的在本辖区内有重大影响的刑事案件，为慎重、公正审理，通常需要较长的审理期限，因此，法律未作强制性规定，而由最高人民法院决定。

[审判实务]

为保证被告人合法的诉讼权利，对于被告人被羁押的上诉、抗诉案件，如果在本条规定的期限内仍不能办结的，应当变更对被告人强制措施，对被告人采取取保候审或者监视居住。取保候审或者监视居住的期限不计入本条规定的办案期限，但是不能中断对案件的审理。对于被告人没有被羁押的上诉、抗诉案件，不受本条规定的办案期限的限制。

第二百四十四条　第二审的判决、裁定和最高人民法院的判决、裁定，都是终审的判决、裁定。

[条文主旨]

本条是关于二审效力的规定。

[条文释解]

本条是1979年《刑事诉讼法》的规定，1996年、2012年均作过修改。2018年未作修改。

一经宣布即发生法律效力的判决、裁定是终审判决、裁定，应当立即依法交付执行。人民法院对案件的审理宣告终结，不能再提出上诉、抗诉。如果判决、裁定确有错误，只能通过审判监督程序进行纠正。人民法院终审的判决、裁定有两种：一是第二审人民法院的判决、裁定；二是最高人民法院的判决、裁定。

[审判实务]

二审判处死刑立即执行和死刑缓期执行的案件，其判决或者裁定虽然也不能再提出上诉、抗诉，但在宣告后并不立即发生法律效力，而是必须报最高人民法院或者高级人民法院核准后才能发生法律效力，依法交付执行。

第二百四十五条　公安机关、人民检察院和人民法院对查封、扣押、冻结的犯罪嫌疑人、被告人的财物及其孳息，应当妥善保管，以供核查，并制作清单，随案移送。任何单位和个人不得挪用或者自行处理。对被害人的合法财产，应当及时返还。对违禁品或者不宜长期保存的物品，应当依照国家有关规定处理。

对作为证据使用的实物应当随案移送，对不宜移送的，应当将其清单、照片或者其他证明文件随案移送。

人民法院作出的判决，应当对查封、扣押、冻结的财物及其孳息作出处理。

人民法院作出的判决生效以后，有关机关应当根据判决对查封、扣押、冻结的财物及其孳息进行处理。对查封、扣押、冻结的赃款赃物及其孳息，除依法返还被害人的以外，一律上缴国库。

司法工作人员贪污、挪用或者私自处理查封、扣押、冻结的财物及其孳息的，依法追究刑事责任；不构成犯罪的，给予处分。

[条文主旨]

本条是关于对查封、扣押、冻结物品的处理的规定。

[条文释解]

本条是1979年《刑事诉讼法》的规定，1996年、2012年、2018年均未作修改。

第一，关于对查封、扣押、冻结的财物及其孳息如何保管、返还和处理的规定。公安机关、人民检察院和人民法院对查封、扣押、冻结的犯罪嫌疑人、被告人的可用来证明犯罪嫌疑人、被告人有罪或者无罪的各种财物和文件以及根据侦查犯罪的需要冻结的犯罪嫌疑人、被告人的存款、汇款债券、股票、基金份额等财产及其产生的收益，应当妥善保管，不能随便存放，要采取有效措施保证财物不会丢失或者损毁，以供核查，并制作清单，随案移送。任何单位和个人不得挪用或者自行处理。如果有证据证明是被害人的合法财产，且不是必须在法庭上作为证据出示的，应当及时返还给被害人，以保证被害人的生产、生活需要。对违禁品或者不宜长期保存的物品，应当依照国家有关规定处理。对于国家禁止持有、经营、流通的违禁品，如枪支弹药、易燃易爆物品、毒品、淫秽物品等，应当依照国家有关规定处理；对于易腐烂变质及其他不宜长期保存的物品，应当依照国家有关规定予以变卖处理。

第二，关于查封、扣押、冻结的财物作为证据使用的如何处理的规定。对于与案件定罪量刑有直接关系，应当作为证据在法庭上使用的实物，主要是物证、书证等原则上应当随案移送，考虑到有些实物由于其性质、体积、重量等原因不宜移送的，如不动产、生产设备、珍贵文物、珍贵动物、珍稀植物、秘密文件等，应当由查封、扣押、冻结的机关查点清楚，对原物进行拍照，开列清单，并将其清单、照片或者其他证明文件随案移送。

第三，关于人民法院对查封、扣押、冻结的财物及其孳息应当在判决中作出处理的规定。在办理刑事案件过程中，对与案件有关的犯罪嫌疑人、被告人的财物进行查封、扣押、冻结的情况很复杂，有的财物是被害人的，有的是犯罪工具，有的是赃款赃物，有的是善意第三人，有的财物所有者明确，有的所有者不清楚、存在争议。人民法院在对被告人作出定罪量刑判决的同时，应当在查明案情的基础上，对该案中查封、扣押、冻结的财物一并作出处理决定。

第四，关于有关机关根据判决对查封、扣押、冻结的财物及其孳息进行处理的规定。人民法院作出的判决生效以后，办案机关等对于查封、扣押、冻结的财物中的赃款赃物及其孳息，属于被害人合法财产的，应当及时返还被害人，其他的赃款赃物及其孳息，应当一律予以没收，上缴国库。

第五，关于司法工作人违法处理涉案财物及孳息的法律责任的规定。属于贪污、挪用或者私自处理查封、扣押、冻结的财物及其孳息的，依法追究刑事责任；不构成犯罪的，给予处分。

[审判实务]

人民法院在案件审理过程中需要妥善保管的财物主要为：人民法院依职权查封、扣押、冻结的被告人财物及其孳息，应当妥善保管。对于人民检察院随案移送的被告人财物及其孳息，人民法院应当根据清单核查后妥善保管。如果人民检察院实际移送的财物与清单不一致的，应当要求人民检察院说明情况。

[配套规定]

1.《最高人民法院、最高人民检察院、公安部、国家安全部、司法部、全国人大常委会法制工作委员会关于实施刑事诉讼法若干问题的规定》（2012年12月26日公布，自2013年1月1日起施行）（节录）

36. 对于依照刑法规定应当追缴的违法所得及其他涉案财产，除依法返还被害人的财物以及依法销毁的违禁品外，必须一律上缴国库。查封、扣押的涉案财产，依法不移送的，待人民法院作出生效判决、裁定后，由人民法院通知查封、扣押机关上缴国库，查封、扣押机关应当向人民法院送交执行回单；冻结在金融机构的违法所得及其他涉案财产，待人民法院作出生效判决、裁定后，由人民法院通知有关金融机构上缴国库，有关金融机构应当向人民法院送交执行回单。

对于被扣押、冻结的债券、股票、基金份额等财产，在扣押、冻结期间权利人申请出售，经扣押、冻结机关审查，不损害国家利益、被害人利益，不影响诉讼正常进行的，以及扣押、冻结的汇票、本票、支票的有效期即将届满的，可以在判决生效前依法出售或者变现，所得价款由扣押、冻结机关保管，并及时告知当事人或者其近亲属。

39. 对于人民法院依法作出的没收违法所得的裁定，犯罪嫌疑人、被告人的近亲属和其他利害关系人或者人民检察院可以在五日内提出上诉、抗诉。

2.《最高人民法院关于适用〈中华人民共和国刑事诉讼法〉的解释》（法释［2012］21号）（2012年12月20日公布，自2013年1月1日起施行）（节录）

第三百五十九条 人民法院对查封、扣押、冻结的被告人财物及其孳息，应当妥善保管，并制作清单，附卷备查；对人民检察院随案移送的被告人财物及其孳息，应当根据清单核查后妥善保管。任何单位和个人不得挪用或者自行处理。

查封不动产、车辆、船舶、航空器等财物，应当扣押其权利证书，经拍照或者录像后原地封存，或者交持有人、被告人的近亲属保管，登记并写明财物的名称、型号、权属、地址等详细情况，并通知有关财物的登记、管理部门办理查封登记手续。

扣押物品，应当登记并写明物品名称、型号、规格、数量、重量、质量、成色、纯度、颜色、新旧程度、缺损特征和来源等。扣押货币、有价证券，应当登记并写明货币、有价证券的名称、数额、面额等，货币应当存入银行专门账户，并登记银行存款凭证的名称、内容。扣押文物、金银、珠宝、名贵字画等贵重物品以及违禁品，应当拍照，需要鉴定的，应当及时鉴定。对扣押的物品应当根据有关规定及时估价。

冻结存款、汇款、债券、股票、基金份额等财产，应当登记并写明编号、种类、面值、张数、金额等。

第三百六十条 对被害人的合法财产，权属明确的，应当依法及时返还，但须经拍照、鉴定、估价，并在案卷中注明返还的理由，将原物照片、清单和被害人的领取手续附卷备查；权属不明的，应当在人民法院判决、裁定生效后，按比例返还被害人，但已获退赔的部分应予扣除。

第三百六十一条 审判期间，权利人申请出卖被扣押、冻结的债券、股票、基金份额等财产，人民法院经审查，认为不损害国家利益、被害人利益，不影响诉讼正常进行的，以及扣押、冻结的汇票、本票、支票有效期即将届满的，可以在判决、裁定生效前依法出卖，所得价款由人民法院保管，并及时告知当事人或者其近亲属。

第三百六十二条 对作为证据使用的实物，包括作为物证的货币、有价证券等，应当随案移送。第一审判决、裁定宣告后，被告人上诉或者人民检察院抗诉的，第一审人民法院应当将上述证据移送第二审人民法院。

第三百六十三条　对不宜移送的实物，应当根据情况，分别审查以下内容：

（一）大宗的、不便搬运的物品，查封、扣押机关是否随案移送查封、扣押清单，并附原物照片和封存手续，注明存放地点等；

（二）易腐烂、霉变和不易保管的物品，查封、扣押机关变卖处理后，是否随案移送原物照片、清单、变价处理的凭证（复印件）等；

（三）枪支弹药、剧毒物品、易燃易爆物品以及其他违禁品、危险物品，查封、扣押机关根据有关规定处理后，是否随案移送原物照片和清单等。

上述不宜移送的实物，应当依法鉴定、估价的，还应当审查是否附有鉴定、估价意见。

对查封、扣押的货币、有价证券等未移送的，应当审查是否附有原物照片、清单或者其他证明文件。

第三百六十四条　法庭审理过程中，对查封、扣押、冻结的财物及其孳息，应当调查其权属情况，是否属于违法所得或者依法应当追缴的其他涉案财物。

案外人对查封、扣押、冻结的财物及其孳息提出权属异议的，人民法院应当审查并依法处理。

经审查，不能确认查封、扣押、冻结的财物及其孳息属于违法所得或者依法应当追缴的其他涉案财物的，不得没收。

第三百六十五条　对查封、扣押、冻结的财物及其孳息，应当在判决书中写明名称、金额、数量、存放地点及其处理方式等。涉案财物较多，不宜在判决主文中详细列明的，可以附清单。

涉案财物未随案移送的，应当在判决书中写明，并写明由查封、扣押、冻结机关负责处理。

第三百六十六条　查封、扣押、冻结的财物及其孳息，经审查，确属违法所得或者依法应当追缴的其他涉案财物的，应当判决返还被害人，或者没收上缴国库，但法律另有规定的除外。

判决返还被害人的涉案财物，应当通知被害人认领；无人认领的，应当公告通知；公告满三个月无人认领的，应当上缴国库；上缴国库后有人认领，经查证属实的，应当申请退库予以返还；原物已经拍卖、变卖的，应当返还价款。

对侵犯国有财产的案件，被害单位已经终止且没有权利义务继受人，或者损失已经被核销的，查封、扣押、冻结的财物及其孳息应当上缴国库。

第三百六十七条 随案移送的或者人民法院查封、扣押的财物及其孳息，由第一审人民法院在判决生效后负责处理。

涉案财物未随案移送的，人民法院应当在判决生效后十日内，将判决书、裁定书送达查封、扣押机关，并告知其在一个月内将执行回单送回。

第三百六十八条 对冻结的存款、汇款、债券、股票、基金份额等财产判决没收的，第一审人民法院应当在判决生效后，将判决书、裁定书送达相关金融机构和财政部门，通知相关金融机构依法上缴国库并在接到执行通知书后十五日内，将上缴国库的凭证、执行回单送回。

第三百六十九条 查封、扣押、冻结的财物与本案无关但已列入清单的，应当由查封、扣押、冻结机关依法处理。

查封、扣押、冻结的财物属于被告人合法所有的，应当在赔偿被害人损失、执行财产刑后及时返还被告人；财物未随案移送的，应当通知查封、扣押、冻结机关将赔偿被害人损失、执行财产刑的部分移送人民法院。

第三百七十条 查封、扣押、冻结财物及其处理，本解释没有规定的，参照适用法律、其他司法解释的有关规定。

3.《最高人民法院关于严格执行有关走私案件涉案财物处理规定的通知》（法［2006］114号）

各省、自治区、直辖市高级人民法院，解放军军事法院，新疆维吾尔自治区高级人民法院生产建设兵团分院：

日前，据海关总署反映，有的地方法院在审理走私刑事案件中有不判或部分判决涉案赃款赃物的现象。对人民法院没有判决追缴、没收的涉案财物，海关多以行政处罚的方式予以没收或收缴，从而导致行政诉讼等不良后果。为严肃规范执法，现就有关规定重申如下：

关于刑事案件赃款赃物的处理问题，相关法律、司法解释已经规定的很明确。《海关法》第九十二条规定，“海关依法扣留的货物、物品、运输工具，在人民法院判决或者海关处罚决定作出之前，不得处理”；“人民法院判决没收或者海关决定没收的走私货物、物品、违法所得、走私运输工具、特制设备，由海关依法统一处理，所得价款和海关决定处以的罚款，全部上缴中央国库。”《最高人民法院、最高人民检察院、海关总署关于办理走私刑事案件适用法律若干问题的意见》第二十三条规定，“人民法院在判决走私罪案件时，应当对随案清单、证明文件中载明的款、物审查确认并依法判决予以追缴、没收；海关根据人民法院的判决和海关法的有关规定予以处理，上缴中央国库。”

据此，地方各级人民法院在审理走私犯罪案件时，对涉案的款、物等，应当严格遵循并切实执行上述法律、司法解释的规定，依法作出追缴、没收的判决。对于在审理走私犯罪案件中遇到的新情况、新问题，要加强与海关等相关部门的联系和协调，对于遇到的适用法律的新问题，应当及时报告最高人民法院。

4.《最高人民法院、最高人民检察院、公安部关于办理电信网络诈骗等刑事案件适用法律若干问题的意见》（法发［2016］32号）（节录）

七、涉案财物的处理

（一）公安机关侦办电信网络诈骗案件，应当随案移送涉案赃款赃物，并附清单。人民检察院提起公诉时，应一并移交受理案件的人民法院，同时就涉案赃款赃物的处理提出意见。

（二）涉案银行账户或者涉案第三方支付账户内的款项，对权属明确的被害人的合法财产，应当及时返还。确因客观原因无法查实全部被害人，但有证据证明该账户系用于电信网络诈骗犯罪，且被告人无法说明款项合法来源的，根据刑法第六十四条的规定，应认定为违法所得，予以追缴。

（三）被告人已将诈骗财物用于清偿债务或者转让给他人，具有下列情形之一的，应当依法追缴：

1. 对方明知是诈骗财物而收取的；
2. 对方无偿取得诈骗财物的；
3. 对方以明显低于市场的价格取得诈骗财物的；
4. 对方取得诈骗财物系源于非法债务或者违法犯罪活动的。

他人善意取得诈骗财物的，不予追缴。

5.《人民检察院刑事诉讼规则》（高检发释字［2019］4号）（2019年12月30日公布并施行）（节录）

第四百二十九条 人民检察院对查封、扣押、冻结的被告人财物及其孳息，应当根据不同情况作以下处理：

（一）对作为证据使用的实物，应当依法随案移送；对不宜移送的，应当将其清单、照片或者其他证明文件随案移送。

（二）冻结在金融机构、邮政部门的违法所得及其他涉案财产，应当向人民法院随案移送该金融机构、邮政部门出具的证明文件。待人民法院作出生效判决、裁定后，由人民法院通知该金融机构上缴国库。

（三）查封、扣押的涉案财物，对依法不移送的，应当随案移送清单、照片或者其他证明文件。待人民法院作出生效判决、裁定后，由人民检察院根据人民法院的通知上缴国库，并向人民法院送交执行回单。

（四）对于被扣押、冻结的债券、股票、基金份额等财产，在扣押、冻结期间权利人申请出售的，参照本规则第二百一十四条的规定办理。

6.《公安机关办理刑事案件程序规定》（公安部令第127号）（2012年12月13日发布，自2013年1月1日起施行）（节录）

第二百二十九条 对被害人的合法财产及其孳息权属明确无争议，并且涉嫌犯罪事实已经查证属实的，应当在登记、拍照或者录像、估价后及时返还，并在案卷中注明返还的理由，将原物照片、清单和被害人的领取手续存卷备查。

查找不到被害人，或者通知被害人后，无人领取的，应当将有关财产及其孳息随案移送。

第二百三十条 对查封、扣押的财物及其孳息、文件，公安机关应当妥善保管，以供核查。任何单位和个人不得使用、调换、损毁或者自行处理。

对容易腐烂变质及其他不易保管的财物，可以根据具体情况，经县级以上公安机关负责人批准，在拍照或者录像后委托有关部门变卖、拍卖，变卖、拍卖的价款暂予保存，待诉讼终结后一并处理。

对违禁品，应当依照国家有关规定处理；对于需要作为证据使用的，应当在诉讼终结后处理。

第四章 死刑复核程序

第二百四十六条 死刑由最高人民法院核准。

[条文主旨]

本条是关于死刑核准权的规定。

[条文释解]

本条是1979年《刑事诉讼法》的规定，1996年、2012年、2018年均未作修改。

死刑是剥夺罪犯生命的刑罚，是最为严厉的刑罚。为了保证死刑只适用于罪行极其严重的犯罪分子，刑事诉讼法规定，死刑由最高人民法院核准。这里的死刑，指死刑立即执行。在特定历史时期，为了适应与严重犯罪作斗争的需要，死刑核准权在一定程度上进行了下放。1983年9月2日第六届全国人民代表大会常务委员会第二次会议在修改人民法院组织法时，对有关死刑核准权问题作了补充修改，该次修改后的《人民法院组织法》第13条规定："死刑案件除由最高人民法院判决的以外，应当报请最高人民法院核准。杀人、强奸、抢劫、爆炸以及其他严重危害公共安全和社会治安判处死刑的案件的核准权，最高人民法院在必要的时候，得授权省、自治区、直辖市的高级人民法院行使。"1983年9月7日，最高人民法院发布《关于授权高级人民法院核准部分死刑案件的通知》规定："……对杀人、强奸、抢劫、爆炸以及其他严重危害公共安全和社会治安判处死刑的案件的核准权，本院依法授权由各省、自治区、直辖市高级人民法院和解放军军事法院行使。"1991年至1997年，最高人民法院先后又将部分毒品犯罪死刑案件的核准权授权给云南省、广东省、广西壮族自治区、四川省、甘肃省、贵州省高级人民法院行使。死刑核准权的下放，是在特殊时期对特定案件采取的暂时措施，适应了打击严重危害公共安全和社会治安犯罪的需要。但在执行中也存在一些问题，如各省、自治区、直辖市高级人民法院核准死刑案件掌握的标准不尽一致，有的地方将二审与死刑核准程序合二为一，使死刑核准程序的作用无法有效发挥。为了进一步严格死刑程序，2006 年 10 月 31 日第十届全国人民代表大会常务委员会第二十四次会议通过了关于修改人民法院组织法的决定，将《人民法院组织法》原第 13 条修改为第 12 条："死刑除依法由最高人民法院判决的以外，应当报请最高人民法院核准。"删去了最高人民法院在必要的时候，得授权省、自治区、直辖市的高级人民法院行使死刑核准权的规定。自 2007 年 1 月 1 日起，死刑除依法由最高人民法院判决的以外，各高级人民法院和解放军军事法院依法判处和裁定的，均应当报请最高人民法院核准。自此，死刑核准权统一收回到最高人民法院。

第二百四十七条　中级人民法院判处死刑的第一审案件，被告人不上诉的，应当由高级人民法院复核后，报请最高人民法院核准。高级人民法院不同意判处死刑的，可以提审或者发回重新审判。

高级人民法院判处死刑的第一审案件被告人不上诉的，和判处死刑的第二审案件，都应当报请最高人民法院核准。

[条文主旨]

本条是关于死刑复核程序的规定。

[条文释解]

本条是 1979 年《刑事诉讼法》的规定，1996 年、2012 年、2018 年均未作修改。

本条规定了报请最高人民法院核准死刑的三种具体情形：第一，中级人民法院判处死刑的第一审案件，被告人不上诉，检察机关不抗诉的，由高级人民法院复核后，报请最高人民法院核准。第二，中级人民法院一审判处被告人死刑的案件，被告人提出上诉或者检察机关提出抗诉的，高级人民法院适用二审程序审理。高级人民法院审理后裁定维持原判的，应当报请最高人民法院核准死刑。第三，高级人民法院判处死刑的第一审案件，被告人未上诉、检察机关未抗诉的，由高级人民法院报送最高人民法院核准。如果被告人提出上诉或者检察机关提出抗诉的，由最高人民法院按照二审程序进行审理。

中级人民法院判处死刑立即执行，被告人不上诉、检察机关不抗诉的案件，高级人民法院不同意判处死刑的，可以提审直接改判或者将案件发回原审中级人民法院重新审判。提审是指由高级人民法院直接对案件进行审理，作出判决。发回重审是指发回原审中级人民法院重新审理，中级人民法院重新审理后仍然判处死刑的，应当再报请高级人民法院复核。

[审判实务]

有的案件判处死刑后被告人不上诉，检察机关也不抗诉，如果附带民事诉讼原告人提出上诉的，高级人民法院对对刑事部分适用何种程序审理。最高人民法院在2010年作出的《关于对被判处死刑的被告人未提出上诉、共同犯罪的部分被告人或者附带民事诉讼原告人提出上诉的案件应适用何种程序审理的批复》中明确提出，中级人民法院一审判处死刑的案件，被判处死刑的被告人未提出上诉，仅附带民事诉讼原告人提出上诉的，高级人民法院应当适用第二审程序对附带民事诉讼依法审理，并由同一审判组织对未提出上诉的被告人的死刑判决进行复核。

[配套规定]

1.《最高人民法院关于适用〈中华人民共和国刑事诉讼法〉的解释》（法释［2012］21号）（2012年12月20日公布，自2013年1月1日起施行）（节录）

第三百四十四条 报请最高人民法院核准死刑案件，应当按照下列情形分别处理：

（一）中级人民法院判处死刑的第一审案件，被告人未上诉、人民检察院未抗诉的，在上诉、抗诉期满后十日内报请高级人民法院复核。高级人民法院同意判处死刑的，应当在作出裁定后十日内报请最高人民法院核准；不同意的，应当依照第二审程序提审或者发回重新审判；

（二）中级人民法院判处死刑的第一审案件，被告人上诉或者人民检察院抗诉，高级人民法院裁定维持的，应当在作出裁定后十日内报请最高人民法院核准；

（三）高级人民法院判处死刑的第一审案件，被告人未上诉、人民检察院未抗诉的，应当在上诉、抗诉期满后十日内报请最高人民法院核准。

高级人民法院复核死刑案件，应当讯问被告人。

第三百四十六条 报请复核的死刑、死刑缓期执行案件，应当一案一报。报送的材料包括报请复核的报告，第一、二审裁判文书，死刑案件综合报告各五份以及全部案卷、证据。死刑案件综合报告，第一、二审裁判文书和审理报告应当附送电子文本。

同案审理的案件应当报送全案案卷、证据。

曾经发回重新审判的案件，原第一、二审案卷应当一并报送。

第三百四十七条 报请复核的报告，应当写明案由、简要案情、审理过程和判决结果。

死刑案件综合报告应当包括以下内容：

（一）被告人、被害人的基本情况。被告人有前科或者曾受过行政处罚的，应当写明；

（二）案件的由来和审理经过。案件曾经发回重新审判的，应当写明发回重新审判的原因、时间、案号等；

（三）案件侦破情况。通过技术侦查措施抓获被告人、侦破案件，以及与自首、立功认定有关的情况，应当写明；

（四）第一审审理情况。包括控辩双方意见，第一审认定的犯罪事实，合议庭和审判委员会意见；

（五）第二审审理或者高级人民法院复核情况。包括上诉理由、检察机关意见，第二审审理或者高级人民法院复核认定的事实，证据采信情况及理由，控辩双方意见及采纳情况；

（六）需要说明的问题。包括共同犯罪案件中另案处理的同案犯的定罪量刑情况，案件有无重大社会影响，以及当事人的反应等情况；

（七）处理意见。写明合议庭和审判委员会的意见。

第三百四十八条 复核死刑、死刑缓期执行案件，应当全面审查以下内容：

（一）被告人的年龄，被告人有无刑事责任能力、是否系怀孕的妇女；

（二）原判认定的事实是否清楚，证据是否确实、充分；

（三）犯罪情节、后果及危害程度；

（四）原判适用法律是否正确，是否必须判处死刑，是否必须立即执行；

（五）有无法定、酌定从重、从轻或者减轻处罚情节；

（六）诉讼程序是否合法；

（七）应当审查的其他情况。

2.《最高人民法院关于对被判处死刑的被告人未提出上诉、共同犯罪的部分被告人或者附带民事诉讼原告人提出上诉的案件应适用何种程序审理的批复》（法释［2010］6号）

各省、自治区、直辖市高级人民法院，解放军军事法院，新疆维吾尔自治区高级人民法院生产建设兵团分院：

近来，有的高级人民法院请示，对于中级人民法院一审判处死刑的案件，被判处死刑的被告人未提出上诉，但共同犯罪的部分被告人或者附带民事诉讼原告人提出上诉的，应当适用何种程序审理。经研究，批复如下：

根据《中华人民共和国刑事诉讼法》第一百八十六条的规定，中级人民法院一审判处死刑的案件，被判处死刑的被告人未提出上诉，共同犯罪的其他被告人提出上诉的，高级人民法院应当适用第二审程序对全案进行审查，并对涉及死刑之罪的事实和适用法律依法开庭审理，一并处理。

根据《中华人民共和国刑事诉讼法》第二百条第一款的规定，中级人民法院一审判处死刑的案件，被判处死刑的被告人未提出上诉，仅附带民事诉讼原告人提出上诉的，高级人民法院应当适用第二审程序对附带民事诉讼依法审理，并由同一审判组织对未提出上诉的被告人的死刑判决进行复核，作出是否同意判处死刑的裁判。

此复。

3.《最高人民法院关于报送复核被告人在死缓考验期内故意犯罪应当执行死刑案件时应当一并报送原审判处和核准被告人死缓案卷的通知》（法［2004］115号）

各省、自治区、直辖市高级人民法院，解放军军事法院：

为贯彻我院2003年11月26日，法［2003］177号《关于报送按照审判监督程序改判死刑和被告人在死缓考验期内故意犯罪应当执行死刑的复核案件的通知》，正确适用法律、确保死刑案件质量，对报送复核被告人在死缓考验期内故意犯罪，应当执行死刑案件的有关事项通知如下：

一、各高级人民法院在审核下级人民法院报送复核被告人在死缓考验期限内故意犯罪，应当执行死刑案件时，应当对原审判处和核准该被告人死刑缓期二年执行是否正确一并进行审查，并在报送我院的复核报告中写明结论。

二、各高级人民法院报请核准被告人在死缓考验期限内故意犯罪，应当执行死刑的案件，应当一案一报。报送的材料应当包括：报请核准执行死刑的报告，在死缓考验期限内故意犯罪应当执行死刑的综合报告和判决书各十五份；全部诉讼案卷和证据；原审判处和核准被告人死刑缓期二年执行，剥夺政治权利终身的全部诉讼案卷和证据。

第二百四十八条　中级人民法院判处死刑缓期二年执行的案件，由高级人民法院核准。

[条文主旨]

本条是关于死缓核准权的规定。

[条文释解]

本条是1979年《刑事诉讼法》的规定，1996年、2012年、2018年均未作修改。

死刑缓期二年执行并非独立的刑罚执行种类，而是我国特有的刑罚执行制度。死刑缓期二年执行案件的核准权由高级人民法院统一行使，即中级人民法院判处死刑缓期二年执行的第一审案件，被告人未上诉、检察机关未抗诉的，应当报请高级人民法院核准。对于中级人民法院判处死刑缓期二年执行的第一审案件，被告人上诉或者检察机关抗诉的，高级人民法院应当按照第二审程序审理，维持原判的，即同时进行复核程序。

高级人民法院复核死缓案件，应根据以下情况分别处理：第一，原判认定事实和适用法律正确、量刑适当、诉讼程序合法的，应当裁定核准；第二，原判认定的某一具体事实或者引用的法律条款等存在瑕疵，但判处被告人死刑缓期执行并无不当的，可以在纠正后作出核准的判决、裁定；第三，原判认定事实正确，但适用法律有错误，或者量刑过重的，应当改判；第四，原判事实不清、证据不足的，可以裁定不予核准，并撤销原判，发回重新审判，或者依法改判；第五，复核期间出现新的影响定罪量刑的事实、证据的，可以裁定不予核准，并撤销原判，发回重新审判，或者依照《刑诉法解释》第220条规定审理后依法改判；第六，原审违反法定诉讼程序，可能影响公正审判的，应当裁定不予核准，并撤销原判，发回重新审判。

［配套规定］

《最高人民法院关于适用〈中华人民共和国刑事诉讼法〉的解释》（法释［2012］21号）（2012年12月20日公布，自2013年1月1日起施行）（节录）

第三百四十五条 中级人民法院判处死刑缓期执行的第一审案件，被告人未上诉、人民检察院未抗诉的，应当报请高级人民法院核准。

高级人民法院复核死刑缓期执行案件，应当讯问被告人。

第三百四十九条 高级人民法院复核死刑缓期执行案件，应当按照下列情形分别处理：

（一）原判认定事实和适用法律正确、量刑适当、诉讼程序合法的，应当裁定核准；

（二）原判认定的某一具体事实或者引用的法律条款等存在瑕疵，但判处被告人死刑缓期执行并无不当的，可以在纠正后作出核准的判决、裁定；

（三）原判认定事实正确，但适用法律有错误，或者量刑过重的，应当改判；

（四）原判事实不清、证据不足的，可以裁定不予核准，并撤销原判，发回重新审判，或者依法改判；

（五）复核期间出现新的影响定罪量刑的事实、证据的，可以裁定不予核准，并撤销原判，发回重新审判，或者依照本解释第二百二十条规定审理后依法改判；

（六）原审违反法定诉讼程序，可能影响公正审判的，应当裁定不予核准，并撤销原判，发回重新审判。

高级人民法院复核死刑缓期执行案件，不得加重被告人的刑罚。

第二百四十九条　最高人民法院复核死刑案件，高级人民法院复核死刑缓期执行的案件，应当由审判员三人组成合议庭进行。

[条文主旨]

本条是关于死刑复核的合议庭组成的规定。

[条文释解]

本条是1979年《刑事诉讼法》的规定，1996年、2012年、2018年均未作修改。

本条是关于最高人民法院复核死刑和高级人民法院复核死刑缓期二年执行案件的审判组织规定。死刑案件事关重大，专业性、政策性强，为确保案件质量，法律规定由审判员三人组成合议庭。合议庭围绕案件事实、证据、适用法律、定罪量刑进行评议，如果意见分歧，应当按多数人的意见作出决定，少数人的意见也应写入合议笔录。对于疑难、复杂、重大的案件，合议庭认为难以作出决定的，提请院长决定提交审判委员会讨论决定。审判委员会的决定，合议庭应当执行。

第二百五十条　最高人民法院复核死刑案件，应当作出核准或者不核准死刑的裁定。对于不核准死刑的，最高人民法院可以发回重新审判或者予以改判。

[条文主旨]

本条是关于死刑复核结果的规定。

[条文释解]

本条是2012年修改《刑事诉讼法》时增加的规定，2018年未作修改。

最高人民法院复核死刑案件应按照下列情形分别处理：第一，原判认定事实和适用法律正确、量刑适当、诉讼程序合法的，应当裁定核准；第二，原判认定的某一具体事实或者引用的法律条款等存在瑕疵，但判处被告人死刑并无不当的，可以在纠正后作出核准的判决、裁定；第三，原判事实不清、证据不足的，应当裁定不予核准，并撤销原判，发回重新审判；第四，复核期间出现新的影响定罪量刑的事实、证据的，应当裁定不予核准，并撤销原判，发回重新审判；第五，原判认定事实正确，但依法不应当判处死刑的，应当裁定不予核准，并撤销原判，发回重新审判；第六，原审违反法定诉讼程序，可能影响公正审判的，应当裁定不予核准，并撤销原判，发回重新审判。

对有两名以上被告人被判处死刑的案件，最高人民法院复核后认为其中部分被告人的死刑判决、裁定事实不清、证据不足的，应当对全案裁定不予核准，并撤销原判，发回重新审判；认为其中部分被告人的死刑判决、裁定认定事实正确，但依法不应当判处死刑的，可以改判，并对其他应当判处死刑的被告人作出核准死刑的判决。最高人民法院裁定不予核准死刑的，根据案件情况，可以发回第二审人民法院或者第一审人民法院重新审判。

[配套规定]

《最高人民法院关于适用〈中华人民共和国刑事诉讼法〉的解释》（法释［2012］21号）（2012年12月20日公布，自2013年1月1日起施行）（节录）

第三百五十条 最高人民法院复核死刑案件，应当按照下列情形分别处理：

（一）原判认定事实和适用法律正确、量刑适当、诉讼程序合法的，应当裁定核准；

（二）原判认定的某一具体事实或者引用的法律条款等存在瑕疵，但判处被告人死刑并无不当的，可以在纠正后作出核准的判决、裁定；

（三）原判事实不清、证据不足的，应当裁定不予核准，并撤销原判，发回重新审判；

（四）复核期间出现新的影响定罪量刑的事实、证据的，应当裁定不予核准，并撤销原判，发回重新审判；

（五）原判认定事实正确，但依法不应当判处死刑的，应当裁定不予核准，并撤销原判，发回重新审判；

（六）原审违反法定诉讼程序，可能影响公正审判的，应当裁定不予核准，并撤销原判，发回重新审判。

第三百五十一条 对一人有两罪以上被判处死刑的数罪并罚案件，最高人民法院复核后，认为其中部分犯罪的死刑判决、裁定事实不清、证据不足的，应当对全案裁定不予核准，并撤销原判，发回重新审判；认为其中部分犯罪的死刑判决、裁定认定事实正确，但依法不应当判处死刑的，可以改判，并对其他应当判处死刑的犯罪作出核准死刑的判决。

第三百五十二条 对有两名以上被告人被判处死刑的案件，最高人民法院复核后，认为其中部分被告人的死刑判决、裁定事实不清、证据不足的，应当对全案裁定不予核准，并撤销原判，发回重新审判；认为其中部分被告人的死刑判决、裁定认定事实正确，但依法不应当判处死刑的，可以改判，并对其他应当判处死刑的被告人作出核准死刑的判决。

第三百五十三条 最高人民法院裁定不予核准死刑的，根据案件情况，可以发回第二审人民法院或者第一审人民法院重新审判。

第一审人民法院重新审判的，应当开庭审理。第二审人民法院重新审判的，可以直接改判；必须通过开庭查清事实、核实证据或者纠正原审程序违法的，应当开庭审理。

第三百五十四条 高级人民法院依照复核程序审理后报请最高人民法院核准死刑，最高人民法院裁定不予核准，发回高级人民法院重新审判的，高级人民法院可以依照第二审程序提审或者发回重新审判。

第三百五十五条 最高人民法院裁定不予核准死刑，发回重新审判的案件，原审人民法院应当另行组成合议庭审理，但本解释第三百五十条第四项、第五项规定的案件除外。

[参考案例]

1. 王某某故意杀人案[①]

基本案情：

被告人王某某与被害人赵某（女，殁年 26 岁）在山东省潍坊市科技职业学院同学期间建立恋爱关系。2005 年，王某某毕业后参加工作，赵某考入

① 最高人民法院指导案例 4 号。

山东省曲阜师范大学继续专升本学习。2007 年赵某毕业参加工作后，王某某与赵某商议结婚事宜，因赵某家人不同意，赵某多次提出分手，但在王某某的坚持下二人继续保持联系。2008 年 10 月 9 日中午，王某某在赵某的集体宿舍再次谈及婚恋问题，因赵某明确表示二人不可能在一起，王某某感到绝望，愤而产生杀死赵某然后自杀的念头，即持赵某宿舍内的一把单刃尖刀，朝赵某的颈部、胸腹部、背部连续捅刺，致其失血性休克死亡。次日 8 时 30 分许，王某某服农药自杀未遂，被公安机关抓获归案。王某某平时表现较好，归案后如实供述自己罪行，并与其亲属积极赔偿，但未与被害人亲属达成赔偿协议。

裁判结果：

山东省潍坊市中级人民法院于 2009 年 10 月 14 日以（2009）潍刑一初字第 35 号刑事判决，认定被告人王某某犯故意杀人罪，判处死刑，剥夺政治权利终身。宣判后，王某某提出上诉。

山东省高级人民法院于 2010 年 6 月 18 日以（2010）鲁刑四终字第 2 号刑事裁定，驳回上诉，维持原判，并依法报请最高人民法院核准。

最高人民法院根据复核确认的事实，以（2010）刑三复 22651920 号刑事裁定，不核准被告人王某某死刑，发回山东省高级人民法院重新审判。

山东省高级人民法院经依法重新审理，于 2011 年 5 月 3 日作出（2010）鲁刑四终字第 2—1 号刑事判决，以故意杀人罪改判被告人王某某死刑，缓期二年执行，剥夺政治权利终身，同时决定对其限制减刑。

裁判理由：

山东省高级人民法院经重新审理认为：被告人王某某的行为已构成故意杀人罪，罪行极其严重，论罪应当判处死刑。鉴于本案系因婚恋纠纷引发，王某某求婚不成，恼怒并起意杀人，归案后坦白悔罪，积极赔偿被害方经济损失，且平时表现较好，故对其判处死刑，可不立即执行。同时考虑到王某某故意杀人手段特别残忍，被害人亲属不予谅解，要求依法从严惩处，为有效化解社会矛盾，依照《刑法》第 50 条第 2 款等规定，判处被告人王某某死刑，缓期二年执行，同时决定对其限制减刑。

2. 李某故意杀人案[①]

基本案情：

2006 年 4 月 14 日，被告人李某因犯盗窃罪被判处有期徒刑二年，2008

① 最高人民法院指导案例 12 号。

年 1 月 2 日刑满释放。2008 年 4 月，经他人介绍，李某与被害人徐某（女，殁年 26 岁）建立恋爱关系。同年 8 月，二人因经常吵架而分手。8 月 24 日，当地公安机关到李某的工作单位给李某建立重点人档案时，其单位得知李某曾因犯罪被判刑一事，并以此为由停止了李某的工作。李某认为其被停止工作与徐某有关。同年 9 月 12 日 21 时许，被告人李某拨打徐某的手机，因徐某外出，其表妹王某（被害人，时年 16 岁）接听了李某打来的电话，并告知李某徐某已外出。后李某又多次拨打徐某的手机，均未接通。当日 23 时许，李某到哈尔滨市呼兰区徐某开设的“小天使形象设计室”附近，再次拨打徐某的手机，与徐某在电话中发生吵骂。后李某破门进入徐某在“小天使形象设计室”内的卧室，持室内的铁锤多次击打徐某的头部，击打徐某表妹王某头部、双手数下。稍后，李某又持铁锤先后再次击打徐某、王某的头部，致徐某当场死亡、王某轻伤。为防止在场的“小天使形象设计室”学徒工佟某报警，李某将徐某、王某及佟某的手机带离现场抛弃，后潜逃。

同月 23 日 22 时许，李某到其姑母李某某家中，委托其姑母转告其母亲梁某送钱。梁某得知此情后，及时报告公安机关，并于次日晚协助公安机关将来姑母家取钱的李某抓获。在本案审理期间，李某的母亲梁某代为赔偿被害人亲属人民币 4 万元。

裁判结果：

黑龙江省哈尔滨市中级人民法院于 2009 年 4 月 30 日以（2009）哈刑二初字第 51 号刑事判决，认定被告人李某犯故意杀人罪，判处死刑，剥夺政治权利终身。宣判后，李某提出上诉。黑龙江省高级人民法院于 2009 年 10 月 29 日以（2009）黑刑三终字第 70 号刑事裁定，驳回上诉，维持原判，并依法报请最高人民法院核准。最高人民法院根据复核确认的事实和被告人母亲协助抓捕被告人的情况，以（2010）刑五复 66820039 号刑事裁定，不核准被告人李某死刑，发回黑龙江省高级人民法院重新审判。黑龙江省高级人民法院经依法重新审理，于 2011 年 5 月 3 日作出（2011）黑刑三终字第 63 号刑事判决，以故意杀人罪改判被告人李某死刑，缓期二年执行，剥夺政治权利终身，同时决定对其限制减刑。

裁判理由：

黑龙江省高级人民法院经重新审理认为：被告人李某的行为已构成故意杀人罪，罪行极其严重，论罪应当判处死刑。本案系因民间矛盾引发的犯罪；案发后李某的母亲梁某在得知李某杀人后的行踪时，主动、及时到公安机关反映情况，并积极配合公安机关将李某抓获归案；李某在公安机关对其进行抓捕时，顺从归案，没有反抗行为，并在归案后始终如实供述自己的犯罪事实，认罪态度好；在本案审理期间，李某的母亲代为赔偿被害方经济损失；李某虽系累犯，但此前所犯盗窃罪的情节较轻。综合考虑上述情节，可以对李某酌情从宽处罚，对其可不判处死刑立即执行。同时，鉴于其故意杀人手段残忍，又系累犯，且被害人亲属不予谅解，故依法判处被告人李某死刑，缓期二年执行，同时决定对其限制减刑。

第二百五十一条　最高人民法院复核死刑案件，应当讯问被告人，辩护律师提出要求的，应当听取辩护律师的意见。

在复核死刑案件过程中，最高人民检察院可以向最高人民法院提出意见。最高人民法院应当将死刑复核结果通报最高人民检察院。

[条文主旨]

本条是关于死刑复核的调查、死刑复核中的检察监督的规定。

[条文释解]

本条是2012年修改《刑事诉讼法》时增加的规定，2018年未作修改。

根据本条第1款规定，为保证死刑案件质量，最高人民法院在死刑复核程序中应当讯问被告人，没有例外。办案人员根据案件具体情况，采用当面讯问或者远程视频讯问等方式进行。通过讯问获得第一手资料，解决案件疑点或者增强内心确信。被告人在死刑复核阶段委托辩护律师，辩护律师提出要求的，最高人民法院应当听取辩护律师的意见。辩护律师提出要求的方式可以是当面会见，或者来电、来函。法院在作出最终裁判时应充分考虑辩护律师的意见。

本条第2款为最高人民检察院对死刑复核进行法律监督的规定。监督的方式，根据相关规定，采取最高人民法院将死刑复核结果通报最高人民检察院，最高人民检察院提出意见的形式进行。

[配套规定]

1.《最高人民法院关于适用〈中华人民共和国刑事诉讼法〉的解释》(法释［2012］21号)(2012年12月20日公布，自2013年1月1日起施行)(节录)

第三百五十六条 死刑复核期间，辩护律师要求当面反映意见的，最高人民法院有关合议庭应当在办公场所听取其意见，并制作笔录；辩护律师提出书面意见的，应当附卷。

第三百五十七条 死刑复核期间，最高人民检察院提出意见的，最高人民法院应当审查，并将采纳情况及理由反馈最高人民检察院。

第三百五十八条 最高人民法院应当根据有关规定向最高人民检察院通报死刑案件复核结果。

2.《人民检察院刑事诉讼规则》(高检发释字［2019］4号)(2019年12月30日公布并施行)(节录)

第六百零二条 最高人民检察院依法对最高人民法院的死刑复核活动实行法律监督。

省级人民检察院依法对高级人民法院复核未上诉且未抗诉死刑立即执行案件和死刑缓期二年执行案件的活动实行法律监督。

第六百零三条 最高人民检察院、省级人民检察院通过办理下列案件对死刑复核活动实行法律监督：

(一)人民法院向人民检察院通报的死刑复核案件；

(二)下级人民检察院提请监督或者报告重大情况的死刑复核案件；

(三)当事人及其近亲属或者受委托的律师向人民检察院申请监督的死刑复核案件；

(四)认为应当监督的其他死刑复核案件。

第六百零四条 省级人民检察院对于进入最高人民法院死刑复核程序的案件，发现具有下列情形之一的，应当及时向最高人民检察院提请监督：

(一)案件事实不清、证据不足，依法应当发回重新审判或者改判的；

(二)被告人具有从宽处罚情节，依法不应当判处死刑的；

(三)适用法律错误的；

(四)违反法律规定的诉讼程序，可能影响公正审判的；

（五）其他应当提请监督的情形。

第六百零五条 省级人民检察院发现死刑复核案件被告人有自首、立功、怀孕或者被告人家属与被害人家属达成赔偿谅解协议等新的重大情况，影响死刑适用的，应当及时向最高人民检察院报告。

第六百零六条 当事人及其近亲属或者受委托的律师向最高人民检察院提出不服死刑裁判的申诉，由负责死刑复核监督的部门审查。

第六百零七条 对于适用死刑存在较大分歧或者在全国有重大影响的死刑第二审案件，省级人民检察院应当及时报最高人民检察院备案。

第六百零八条 高级人民法院死刑复核期间，设区的市级人民检察院向省级人民检察院报告重大情况、备案等程序，参照本规则第六百零五条、第六百零七条规定办理。

第六百零九条 对死刑复核监督案件的审查可以采取下列方式：

（一）审查人民法院移送的材料、下级人民检察院报送的相关案卷材料、当事人及其近亲属或者受委托的律师提交的材料；

（二）向下级人民检察院调取案件审查报告、公诉意见书、出庭意见书等，了解案件相关情况；

（三）向人民法院调阅或者查阅案卷材料；

（四）核实或者委托核实主要证据；

（五）讯问被告人、听取受委托的律师的意见；

（六）就有关技术性问题向专门机构或者有专门知识的人咨询，或者委托进行证据审查；

（七）需要采取的其他方式。

第六百一十条 审查死刑复核监督案件，具有下列情形之一的，应当听取下级人民检察院的意见：

（一）对案件主要事实、证据有疑问的；

（二）对适用死刑存在较大争议的；

（三）可能引起司法办案重大风险的；

（四）其他应当听取意见的情形。

第六百一十一条 最高人民检察院经审查发现死刑复核案件具有下列情形之一的，应当经检察长决定，依法向最高人民法院提出检察意见：

（一）认为适用死刑不当，或者案件事实不清、证据不足，依法不应当核准死刑的；

（二）认为不予核准死刑的理由不成立，依法应当核准死刑的；

（三）发现新的事实和证据，可能影响被告人定罪量刑的；

（四）严重违反法律规定的诉讼程序，可能影响公正审判的；

（五）司法工作人员在办理案件时，有贪污受贿，徇私舞弊，枉法裁判等行为的；

（六）其他需要提出检察意见的情形。

同意最高人民法院核准或者不核准意见的，应当经检察长批准，书面回复最高人民法院。

对于省级人民检察院提请监督、报告重大情况的案件，最高人民检察院认为具有影响死刑适用情形的，应当及时将有关材料转送最高人民法院。

3.《最高人民法院关于办理死刑复核案件听取辩护律师意见的办法》（法［2014］346号）（2014年12月29日公布，自2015年2月1日起施行）（节录）

第一条 死刑复核案件的辩护律师可以向最高人民法院立案庭查询立案信息。辩护律师查询时，应当提供本人姓名、律师事务所名称、被告人姓名、案由，以及报请复核的高级人民法院的名称及案号。

最高人民法院立案庭能够立即答复的，应当立即答复，不能立即答复的，应当在二个工作日内答复，答复内容为案件是否立案及承办案件的审判庭。

第二条 律师接受被告人、被告人近亲属的委托或者法律援助机构的指派，担任死刑复核案件辩护律师的，应当在接受委托或者指派之日起三个工作日内向最高人民法院相关审判庭提交有关手续。

辩护律师应当在接受委托或者指派之日起一个半月内提交辩护意见。

第三条 辩护律师提交委托手续、法律援助手续及辩护意见、证据等书面材料的，可以经高级人民法院同意后代收并随案移送，也可以寄送至最高人民法院承办案件的审判庭或者在当面反映意见时提交；对尚未立案的案件，辩护律师可以寄送至最高人民法院立案庭，由立案庭在立案后随案移送。

第四条 辩护律师可以到最高人民法院办公场所查阅、摘抄、复制案卷材料。但依法不公开的材料不得查阅、摘抄、复制。

第五条 辩护律师要求当面反映意见的，案件承办法官应当及时安排。

一般由案件承办法官与书记员当面听取辩护律师意见，也可以由合议庭其他成员或者全体成员与书记员当面听取。

第六条　当面听取辩护律师意见，应当在最高人民法院或者地方人民法院办公场所进行。辩护律师可以携律师助理参加。当面听取意见的人员应当核实辩护律师和律师助理的身份。

第七条　当面听取辩护律师意见时，应当制作笔录，由辩护律师签名后附卷。辩护律师提交相关材料的，应当接收并开列收取清单一式二份，一份交给辩护律师，另一份附卷。

第八条　当面听取辩护律师意见时，具备条件的人民法院应当指派工作人员全程录音、录像。其他在场人员不得自行录音、录像、拍照。

第九条　复核终结后，受委托进行宣判的人民法院应当在宣判后五个工作日内将最高人民法院裁判文书送达辩护律师。

第五章　审判监督程序

第二百五十二条　当事人及其法定代理人、近亲属，对已经发生法律效力的判决、裁定，可以向人民法院或者人民检察院提出申诉，但是不能停止判决、裁定的执行。

[条文主旨]

本条是关于提出申诉规定。

[条文释解]

本条是1979年《刑事诉讼法》的规定，1996年作过修改，2012年、2018年未作修改。

对于本条，应从以下几个方面理解：一是有权提出申诉的主体是当事人及其法定代理人、近亲属。当事人包括被害人、自诉人、犯罪嫌疑人、被告人、附带民事诉讼的原告人和被告人。法定代理人是指当事人的父母、养父母、监护人和负有保护责任的机关、团体的代表。近亲属是指夫妻、父母、子女、同胞兄弟姊妹。法律之所以规定上述主体，是因为当事人与案件的结果有直接利害关系，而当事人的法定代理人、近亲属也必然会受到裁判结果的影响，且当当事人不便于申诉时，为了切实保障该项权利，法律赋予其法定代理人、近亲属申诉权。申诉对象是已经发生法律效力的判决和裁定。包括已过法定期限没有上诉、抗诉的判决和裁定；终审的判决和裁定；最高人民法院核准的死刑的判决和高级人民法院核准的死刑缓期二年执行的判决。接受申诉的机关是人民法院或者人民检察院。

当事人及其法定代理人、近亲属提出申诉，不能停止判决、裁定的执行。这是为了维护人民法院生效判决、裁定的严肃性。只有在人民法院按照审判监督程序审判案件作出中止执行原判决、裁定的决定时，才能停止原判决、裁定的执行。

[配套规定]

1.《最高人民法院关于适用〈中华人民共和国刑事诉讼法〉的解释》（法释［2012］21号）（2012年12月20日公布，自2013年1月1日起施行）（节录）

第三百七十一条 当事人及其法定代理人、近亲属对已经发生法律效力的判决、裁定提出申诉的，人民法院应当审查处理。

案外人认为已经发生法律效力的判决、裁定侵害其合法权益，提出申诉的，人民法院应当审查处理。

申诉可以委托律师代为进行。

第三百七十二条 向人民法院申诉，应当提交以下材料：

（一）申诉状。应当写明当事人的基本情况、联系方式以及申诉的事实与理由；

（二）原一、二审判决书、裁定书等法律文书。经过人民法院复查或者再审的，应当附有驳回通知书、再审决定书、再审判决书、裁定书；

（三）其他相关材料。以有新的证据证明原判决、裁定认定的事实确有错误为由申诉的，应当同时附有相关证据材料；申请人民法院调查取证的，应当附有相关线索或者材料。

申诉不符合前款规定的，人民法院应当告知申诉人补充材料；申诉人对必要材料拒绝补充且无正当理由的，不予审查。

第三百七十三条 申诉由终审人民法院审查处理。但是，第二审人民法院裁定准许撤回上诉的案件，申诉人对第一审判决提出申诉的，可以由第一审人民法院审查处理。

上一级人民法院对未经终审人民法院审查处理的申诉，可以告知申诉人向终审人民法院提出申诉，或者直接交终审人民法院审查处理，并告知申诉人；案件疑难、复杂、重大的，也可以直接审查处理。

对未经终审人民法院及其上一级人民法院审查处理，直接向上级人民法院申诉的，上级人民法院可以告知申诉人向下级人民法院提出。

第三百七十四条 对死刑案件的申诉，可以由原核准的人民法院直接审查处理，也可以交由原审人民法院审查。原审人民法院应当写出审查报告，提出处理意见，层报原核准的人民法院审查处理。

第五百四十五条 向人民法院提出自诉、上诉、申诉、申请等的，应当以书面形式提出。书写有困难的，除另有规定的以外，可以口头提出，由人民法院工作人员制作笔录或者记录在案，并向口述人宣读或者交其阅读。

2.《人民检察院刑事诉讼规则》（高检发释字［2019］4号）（2019年12月30日公布并施行）（节录）

第五百八十八条 被害人及其法定代理人不服地方各级人民法院第一审的判决，在收到判决书后五日以内请求人民检察院提出抗诉的，人民检察院应当立即进行审查，在收到被害人及其法定代理人的请求后五日以内作出是否抗诉的决定，并且答复请求人。经审查认为应当抗诉的，适用本规则第五百八十四条至第五百八十七条的规定办理。

被害人及其法定代理人在收到判决书五日以后请求人民检察院提出抗诉的，由人民检察院决定是否受理。

第五百九十三条 当事人及其法定代理人、近亲属认为人民法院已经发生法律效力的判决、裁定确有错误，向人民检察院申诉的，由作出生效判决、裁定的人民法院的同级人民检察院依法办理。

当事人及其法定代理人、近亲属直接向上级人民检察院申诉的，上级人民检察院可以交由作出生效判决、裁定的人民法院的同级人民检察院受理；案情重大、疑难、复杂的，上级人民检察院可以直接受理。

当事人及其法定代理人、近亲属对人民法院已经发生法律效力的判决、裁定提出申诉，经人民检察院复查决定不予抗诉后继续提出申诉的，上一级人民检察院应当受理。

第五百九十四条 对不服人民法院已经发生法律效力的判决、裁定的申诉，经两级人民检察院办理且省级人民检察院已经复查的，如果没有新的证据，人民检察院不再复查，但原审被告人可能被宣告无罪或者判决、裁定有其他重大错误可能的除外。

第五百九十五条 人民检察院对已经发生法律效力的判决、裁定的申诉复查后，认为需要提请或者提出抗诉的，报请检察长决定。

地方各级人民检察院对不服同级人民法院已经发生法律效力的判决、裁定的申诉复查后，认为需要提出抗诉的，应当提请上一级人民检察院抗诉。

上级人民检察院对下一级人民检察院提请抗诉的申诉案件进行审查后，认为需要提出抗诉的，应当向同级人民法院提出抗诉。

人民法院开庭审理时，同级人民检察院应当派员出席法庭。

第五百九十六条 人民检察院对不服人民法院已经发生法律效力的判决、裁定的申诉案件复查终结后，应当制作刑事申诉复查通知书，在十日以内通知申诉人。

经复查向上一级人民检察院提请抗诉的，应当在上一级人民检察院作出是否抗诉的决定后制作刑事申诉复查通知书。

3.《人民检察院刑事申诉案件公开审查程序规定》（2012 年 1 月 11 日公布并施行）（节录）

第一章 总 则

第一条 为了进一步深化检务公开，增强办理刑事申诉案件透明度，接受社会监督，保证办案质量，促进社会矛盾化解，维护申诉人的合法权益，提高执法公信力，根据《中华人民共和国刑事诉讼法》、《人民检察院复查刑事申诉案件规定》等有关法律和规定，结合刑事申诉检察工作实际，制定本规定。

第二条 本规定所称公开审查是人民检察院在办理不服检察机关处理决定的刑事申诉案件过程中，根据办案工作需要，采取公开听证以及其他公开形式，依法公正处理案件的活动。

第三条 人民检察院公开审查刑事申诉案件应当遵循下列原则：

（一）依法、公开、公正；

（二）维护当事人合法权益；

（三）维护国家法制权威；

（四）方便申诉人及其他参加人。

第四条 人民检察院公开审查刑事申诉案件包括公开听证、公开示证、公开论证和公开答复等形式。

同一案件可以采用一种公开形式，也可以多种公开形式并用。

第五条 对于案件事实、适用法律存在较大争议，或者有较大社会影响等刑事申诉案件，人民检察院可以适用公开审查程序，但下列情形除外：

（一）案件涉及国家秘密、商业秘密或者个人隐私的；

（二）申诉人不愿意进行公开审查的；

（三）未成年人犯罪的；

（四）具有其他不适合进行公开审查情形的。

第六条 刑事申诉案件公开审查程序应当公开进行，但应当为举报人保密。

第二章　公开审查的参加人员及责任

第七条　公开审查活动由承办案件的人民检察院组织并指定主持人。

第八条　人民检察院进行公开审查活动应当根据案件具体情况，邀请与案件没有利害关系的人大代表、政协委员、人民监督员、特约检察员、专家咨询委员、人民调解员或者申诉人所在单位、居住地的居民委员会、村民委员会人员以及专家、学者等其他社会人士参加。

接受人民检察院邀请参加公开审查活动的人员称为受邀人员，参加听证会的受邀人员称为听证员。

第九条　参加公开审查活动的人员包括：案件承办人、书记员、受邀人员、申诉人及其委托代理人、原案其他当事人及其委托代理人。

经人民检察院许可的其他人员，也可以参加公开审查活动。

第十条　原案承办人或者原复查案件承办人负责阐明原处理决定或者原复查决定认定的事实、证据和法律依据。

复查案件承办人负责阐明复查认定的事实和证据，并对相关问题进行解释和说明。

书记员负责记录公开审查的全部活动。

根据案件需要可以录音录像。

第十一条　申诉人、原案其他当事人及其委托代理人认为受邀人员与案件有利害关系，可能影响公正处理的，有权申请回避。申请回避的应当说明理由。

受邀人员的回避由分管检察长决定。

第十二条　申诉人、原案其他当事人及其委托代理人可以对原处理决定提出质疑或者维持的意见，可以陈述事实、理由和依据；经主持人许可，可以向案件承办人提问。

第十三条　受邀人员可以向参加公开审查活动的相关人员提问，对案件事实、证据、适用法律及处理发表意见。受邀人员参加公开审查活动应当客观公正。

第三章　公开审查的准备

第十四条　人民检察院征得申诉人同意，可以主动提起公开审查，也可以根据申诉人及其委托代理人的申请，决定进行公开审查。

第十五条　人民检察院拟进行公开审查的，复查案件承办人应当填写《提请公开审查审批表》，经部门负责人审核，报分管检察长批准。

第十六条 公开审查活动应当在人民检察院进行。为了方便申诉人及其他参加人，也可以在人民检察院指定的场所进行。

第十七条 进行公开审查活动前，应当做好下列准备工作：

（一）确定参加公开审查活动的受邀人员，将公开审查举行的时间、地点以及案件基本情况，在活动举行七日之前告知受邀人员，并为其熟悉案情提供便利。

（二）将公开审查举行的时间、地点和受邀人员在活动举行七日之前通知申诉人及其他参加人。

对未委托代理人的申诉人，告知其可以委托代理人。

（三）通知原案承办人或者原复查案件承办人，并为其重新熟悉案情提供便利。

（四）制定公开审查方案。

第四章 公开审查的程序

第十八条 人民检察院对于下列刑事申诉案件可以召开听证会，对涉案事实和证据进行公开陈述、示证和辩论，充分听取听证员的意见，依法公正处理案件：

（一）案情重大复杂疑难的；

（二）采用其他公开审查形式难以解决的；

（三）其他有必要召开听证会的。

第十九条 听证会应当在刑事申诉案件立案后、复查决定作出前举行。

第二十条 听证会应当邀请听证员，参加听证会的听证员为三人以上的单数。

第二十一条 听证会应当按照下列程序举行：

（一）主持人宣布听证会开始；宣布听证员和其他参加人员名单、申诉人及其委托代理人享有的权利和承担的义务、听证会纪律。

（二）主持人介绍案件基本情况以及听证会的议题。

（三）申诉人、原案其他当事人及其委托代理人陈述事实、理由和依据。

（四）原案承办人、原复查案件承办人阐述原处理决定、原复查决定认定的事实和法律依据，并出示相关证据。复查案件承办人出示补充调查获取的相关证据。

（五）申诉人、原案其他当事人及其委托代理人与案件承办人经主持人许可，可以相互发问或者作补充发言。对有争议的问题，可以进行辩论。

（六）听证员可以向案件承办人、申诉人、原案其他当事人提问，就案件的事实和证据发表意见。

（七）主持人宣布休会，听证员对案件进行评议。

听证员根据听证的事实、证据，发表对案件的处理意见并进行表决，形成听证评议意见。听证评议意见应当是听证员多数人的意见。

（八）由听证员代表宣布听证评议意见。

（九）申诉人、原案其他当事人及其委托代理人最后陈述意见。

（十）主持人宣布听证会结束。

第二十二条 听证记录经参加听证会的人员审阅后分别签名或者盖章。听证记录应当附卷。

第二十三条 复查案件承办人应当根据已经查明的案件事实和证据，结合听证评议意见，依法提出对案件的处理意见。经部门集体讨论，负责人审核后，报分管检察长决定。案件的处理意见与听证评议意见不一致时，应当提交检察委员会讨论。

第二十四条 人民检察院采取除公开听证以外的公开示证、公开论证和公开答复等形式公开审查刑事申诉案件的，可以参照公开听证的程序进行。

采取其他形式公开审查刑事申诉案件的，可以根据案件具体情况，简化程序，注重实效。

第二十五条 申诉人对案件事实和证据存在重大误解的刑事申诉案件，人民检察院可以进行公开示证，通过展示相关证据，消除申诉人的疑虑。

第二十六条 适用法律有争议的疑难刑事申诉案件，人民检察院可以进行公开论证，解决相关争议，以正确适用法律。

第二十七条 刑事申诉案件作出决定后，人民检察院可以进行公开答复，做好解释、说明和教育工作，预防和化解社会矛盾。

第五章 其他规定

第二十八条 公开审查刑事申诉案件应当在规定的办案期限内进行。

第二十九条 在公开审查刑事申诉案件过程中，出现致使公开审查无法进行的情形的，可以中止公开审查。

中止公开审查的原因消失后，人民检察院可以根据案件情况决定是否恢复公开审查活动。

第三十条 根据《人民检察院办理不起诉案件公开审查规则》举行过

公开审查的，同一案件复查申诉时可以不再举行公开听证。

第三十一条 根据《人民检察院信访工作规定》举行过信访听证的，同一案件复查申诉时可以不再举行公开听证。

第三十二条 本规定下列用语的含意是：

（一）申诉人，是指当事人及其法定代理人、近亲属中提出申诉的人。

（二）原案其他当事人，是指原案中除申诉人以外的其他当事人。

（三）案件承办人包括原案承办人、原复查案件承办人和复查案件承办人。原案承办人，是指作出诉讼终结决定的案件承办人；原复查案件承办人，是指作出原复查决定的案件承办人；复查案件承办人，是指正在复查的案件承办人。

4.《人民检察院办理未成年人刑事案件的规定》（高检发研字［2013］7号）（2013年12月27日公布并施行）（节录）

第七十五条 人民检察院依法受理未成年人及其法定代理人提出的刑事申诉案件和国家赔偿案件。

人民检察院对未成年人刑事申诉案件和国家赔偿案件，应当指定专人及时办理。

第七十六条 人民检察院复查未成年人刑事申诉案件，应当直接听取未成年人及其法定代理人的陈述或者辩解，认真审核、查证与案件有关的证据和线索，查清案件事实，依法作出处理。

案件复查终结作出处理决定后，应当向未成年人及其法定代理人当面送达法律文书，做好释法说理和教育工作。

第七十七条 对已复查纠正的未成年人刑事申诉案件，应当配合有关部门做好善后工作。

第七十八条 人民检察院办理未成年人国家赔偿案件，应当充分听取未成年人及其法定代理人的意见，对于依法应当赔偿的案件，应当及时作出和执行赔偿决定。

5.《最高人民检察院关于调整服刑人员刑事申诉案件管辖的通知》（高检发刑申字［2003］1号）

各省、自治区、直辖市人民检察院，军事检察院，新疆生产建设兵团人民检察院：

为了进一步规范检察机关办理服刑人员及其法定代理人、近亲属刑事申诉案件工作，现就服刑人员刑事申诉案件管辖的有关问题通知如下：

一、原由检察机关监所检察部门负责办理的服刑人员及其法定代理人、近亲属的刑事申诉案件，划归刑事申诉检察部门办理（未单设刑事申诉检察部门的，由控告申诉检察部门负责办理）。

二、派驻监管单位的检察人员接到服刑人员及其法定代理人、近亲属向人民检察院提出的刑事申诉案件后，移送本院控告申诉检察部门统一受理，由该部门转原审人民法院所在地的人民检察院刑事申诉检察部门办理。

三、各级人民检察院应根据刑事申诉检察部门刑事申诉案件管辖范围扩大，业务量增加的实际情况，合理调配编制，以适应工作需要。

四、派出检察院仍负责办理其管辖内监狱服刑人员及其法定代理人、近亲属的刑事申诉案件。

五、对本《通知》下发前监所检察部门正在办理的服刑人员刑事申诉案件，可由监所检察部门继续办结。

6.《人民检察院复查刑事申诉案件规定》（2014年4月29日最高人民检察院第十二届检察委员会第二十次会议通过）（节录）

第一章　总　则

第一条　为加强人民检察院法律监督职能，完善内部制约机制，规范刑事申诉案件复查程序，根据《中华人民共和国刑事诉讼法》、《中华人民共和国人民检察院组织法》和有关法律规定，结合人民检察院复查刑事申诉案件工作实践，制定本规定。

第二条　人民检察院复查刑事申诉案件的任务，是通过复查刑事申诉案件，纠正错误的决定、判决和裁定，维护正确的决定、判决和裁定，保护申诉人的合法权益，促进司法公正，保障国家法律的统一正确实施。

第三条　人民检察院复查刑事申诉案件，应当遵循下列原则：

（一）原案办理权与申诉复查权相分离；

（二）依照法定程序复查；

（三）全案复查，公开公正；

（四）实事求是，依法纠错。

第四条　人民检察院复查刑事申诉案件，根据办案工作需要，可以采取公开听证、公开示证、公开论证和公开答复等形式，进行公开审查。

第五条　本规定所称刑事申诉，是指对人民检察院诉讼终结的刑事处理决定或者人民法院已经发生法律效力的刑事判决、裁定不服，向人民检察院提出的申诉。

第二章 管 辖

第六条 人民检察院刑事申诉检察部门管辖下列刑事申诉：

（一）不服人民检察院因犯罪嫌疑人没有犯罪事实，或者符合《中华人民共和国刑事诉讼法》第十五条规定情形而作出的不批准逮捕决定的申诉；

（二）不服人民检察院不起诉决定的申诉；

（三）不服人民检察院撤销案件决定的申诉；

（四）不服人民检察院其他诉讼终结的刑事处理决定的申诉；

（五）不服人民法院已经发生法律效力的刑事判决、裁定的申诉，本规定另有规定的除外。

第七条 对不服人民检察院下列处理决定的申诉，不属于刑事申诉检察部门管辖，应当分别由人民检察院相关职能部门根据《人民检察院刑事诉讼规则（试行）》等规定办理：

（一）不服人民检察院因事实不清、证据不足，需要补充侦查而作出的不批准逮捕决定的；

（二）不服人民检察院因虽有证据证明有犯罪事实，但是不可能判处犯罪嫌疑人徒刑以上刑罚，或者可能判处徒刑以上刑罚，但是不逮捕不致发生社会危险性而作出的不批准逮捕决定的；

（三）不服人民检察院因应当逮捕的犯罪嫌疑人患有严重疾病、生活不能自理，或者是怀孕、正在哺乳自己婴儿的妇女，或者系生活不能自理的人的唯一扶养人而作出的不批准逮捕决定的；

（四）不服人民检察院作出的不立案决定的；

（五）不服人民检察院作出的附条件不起诉决定的；

（六）不服人民检察院作出的查封、扣押、冻结涉案款物决定的；

（七）不服人民检察院对上述决定作出的复议、复核、复查决定的。

第八条 不服人民法院死刑终审判决、裁定尚未执行的申诉，由人民检察院监所检察部门办理。

第九条 基层人民检察院管辖下列刑事申诉：

（一）不服本院诉讼终结的刑事处理决定的申诉，本规定另有规定的除外；

（二）不服同级人民法院已经发生法律效力的刑事判决、裁定的申诉。

第十条 分、州、市以上人民检察院管辖下列刑事申诉：

（一）不服本院诉讼终结的刑事处理决定的申诉，本规定另有规定的除外；

（二）不服同级人民法院已经发生法律效力的刑事判决、裁定的申诉；

（三）被害人不服下一级人民检察院不起诉决定，在收到不起诉决定书后七日以内提出的申诉；

（四）不服原处理决定、判决、裁定且经过下一级人民检察院审查或者复查的申诉。

第十一条 上级人民检察院在必要时，可以将本院管辖的刑事申诉案件交下级人民检察院办理，也可以直接办理由下级人民检察院管辖的刑事申诉案件。

第三章 受 理

第十二条 人民检察院对符合下列条件的刑事申诉，应当受理，本规定另有规定的除外：

（一）属于本规定第五条规定的刑事申诉；

（二）符合本规定第二章管辖规定；

（三）申诉人是原案的当事人及其法定代理人、近亲属；

（四）申诉材料齐备。

申诉人委托律师代理申诉，且符合上述条件的，应当受理。

第十三条 申诉人向人民检察院提出申诉时，应当递交申诉书、身份证明、相关法律文书及证据材料或者证据线索。

身份证明是指自然人的居民身份证、军官证、士兵证、护照等能够证明本人身份的有效证件；法人或者其他组织的营业执照副本、组织机构代码证和法定代表人或者主要负责人的身份证明等有效证件。对身份证明，人民检察院经核对无误留存复印件。

相关法律文书是指人民检察院作出的决定书、刑事申诉复查决定书、刑事申诉复查通知书、刑事申诉审查结果通知书或者人民法院作出的判决书、裁定书等法律文书。

第十四条 申诉人递交的申诉书应当记明下列事项：

（一）申诉人的姓名、性别、出生日期、民族、职业、工作单位、住所、有效联系方式，法人或者其他组织的名称、住所和法定代表人或者主要负责人的姓名、职务、有效联系方式；

（二）申诉请求和所依据的事实与理由；

（三）申诉人签名、盖章或者捺指印及申诉时间。

申诉人不具备书写能力而口头提出申诉的，应当制作笔录，并由申诉人签名或者捺指印。

第十五条　自诉案件当事人及其法定代理人、近亲属对人民法院已经发生法律效力的刑事判决、裁定不服提出的申诉，刑事附带民事诉讼当事人及其法定代理人、近亲属对人民法院已经发生法律效力的刑事附带民事判决、裁定不服提出的申诉，人民检察院应当受理，但是申诉人对人民法院因原案当事人及其法定代理人自愿放弃诉讼权利或者没有履行相应诉讼义务而作出的判决、裁定不服的申诉除外。

第十六条　刑事申诉由人民检察院控告检察部门统一负责接收。控告检察部门对接收的刑事申诉应当在七日以内分别情况予以处理：

（一）属于本院管辖，并符合受理条件的，移送本院相关部门办理；

（二）属于人民检察院管辖但是不属于本院管辖的，应当告知申诉人向有管辖权的人民检察院提出，或者将申诉材料移送有管辖权的人民检察院处理。移送申诉材料的，应当告知申诉人；

（三）不属于人民检察院管辖的，应当告知申诉人向有关机关反映。

第四章　立　案

第十七条　对符合受理条件的刑事申诉，应当指定承办人员审查，并分别情况予以处理：

（一）经审查，认为符合立案复查条件的，应当制作刑事申诉提请立案复查报告，提出立案复查意见；

（二）经审查，认为不符合立案复查条件的，可以提出审查结案意见。对调卷审查的，应当制作刑事申诉审查报告。

第十八条　对符合下列条件之一的刑事申诉，应当经部门负责人或者检察长批准后立案复查：

（一）原处理决定、判决、裁定有错误可能的；

（二）被害人、被不起诉人对不起诉决定不服，在收到不起诉决定书后七日以内提出申诉的；

（三）上级人民检察院或者本院检察长交办的。

第十九条　原处理决定、判决、裁定是否有错误可能，应当从以下方面进行审查：

（一）原处理决定、判决、裁定认定事实是否有错误；

（二）申诉人是否提出了可能改变原处理结论的新的事实或者证据；

（三）据以定案的证据是否确实、充分；

（四）据以定案的证据是否存在矛盾或者可能是非法证据；

（五）适用法律是否正确；

（六）处理是否适当；

（七）是否存在严重违反诉讼程序的情形；

（八）办案人员在办理该案件过程中是否存在贪污受贿、徇私舞弊、枉法裁判行为；

（九）原处理决定、判决、裁定是否存在其他错误。

第二十条 对不服人民检察院诉讼终结的刑事处理决定的申诉，经两级人民检察院立案复查且采取公开审查形式复查终结，申诉人没有提出新的充足理由的，不再立案复查。

对不服人民法院已经发生法律效力的刑事判决、裁定的申诉，经两级人民检察院办理且省级人民检察院已经复查的，如果没有新的事实、证据和理由，不再立案复查，但是原审被告人可能被宣告无罪或者判决、裁定有其他重大错误可能的除外。

第二十一条 对不符合立案复查条件的刑事申诉，经部门负责人或者检察长批准，可以审查结案。

第二十二条 审查结案的案件，应当将审查结果告知申诉人。对调卷审查的，可以制作刑事申诉审查结果通知书，并在十日以内送达申诉人。

第二十三条 对控告检察部门移送的案件，应当将审查结果书面回复控告检察部门。

第二十四条 审查刑事申诉，应当在受理后二个月以内作出审查结案或者立案复查的决定。

调卷审查的，自卷宗调取齐备之日起计算审查期限。

重大、疑难、复杂案件，经部门负责人或者检察长批准，可以适当延长审查期限。

第五章　复　查

第一节　一般规定

第二十五条 复查刑事申诉案件应当由二名以上检察人员进行，原案承办人员和原复查申诉案件承办人员不再参与办理。

第二十六条 复查刑事申诉案件应当全面审查申诉材料和全部案卷，并制作阅卷笔录。

第二十七条 经审查，具有下列情形之一，认为需要调查核实的，应当拟定调查提纲进行补充调查：

（一）原案事实不清、证据不足的；

（二）申诉人提供了新的事实、证据或者证据线索的；

（三）有其他问题需要调查核实的。

第二十八条 对与案件有关的勘验、检查、辨认、侦查实验等笔录和鉴定意见，认为需要复核的，可以进行复核，也可以对专门问题进行鉴定或者补充鉴定。

第二十九条 复查刑事申诉案件可以询问原案当事人、证人和其他有关人员。

对原判决、裁定确有错误，认为需要提请抗诉、提出抗诉的刑事申诉案件，应当询问或者讯问原审被告人。

第三十条 复查刑事申诉案件应当听取申诉人意见，核实相关问题。

第三十一条 复查刑事申诉案件可以听取原案承办部门、原复查部门或者原承办人员意见，全面了解原案办理情况。

第三十二条 办理刑事申诉案件过程中进行的询问、讯问等调查活动，应当制作调查笔录。调查笔录应当经被调查人确认无误后签名或者捺指印。调查人员也应当在调查笔录上签名。

第三十三条 复查终结的刑事申诉案件，应当是案件事实、证据、适用法律和诉讼程序以及其他可能影响案件处理的情形已经审查清楚，能够得出明确的复查结论。

第三十四条 复查终结刑事申诉案件，承办人员应当制作刑事申诉复查终结报告，提出处理意见，经部门集体讨论后报请检察长决定；重大、疑难、复杂案件，报请检察长或者检察委员会决定。

经检察委员会决定的案件，应当将检察委员会决定事项通知书及讨论记录附卷。

第三十五条 下级人民检察院对上级人民检察院交办的刑事申诉案件应当依法办理，并向上级人民检察院报告结果。

下级人民检察院对上级人民检察院交办的属于本级人民检察院管辖的刑事申诉案件应当立案复查，不得再向下交办。

第三十六条 复查刑事申诉案件，应当在立案后三个月以内办结。案件重大、疑难、复杂的，最长不得超过六个月。

对交办的刑事申诉案件，有管辖权的下级人民检察院应当在收到交办文书后十日以内立案复查，复查期限适用前款规定。逾期不能办结的，应当向交办的上级人民检察院书面说明情况。

第二节　不服人民检察院诉讼终结刑事处理决定申诉案件的复查

第三十七条　被害人不服不起诉决定，在收到不起诉决定书后七日以内申诉的，由作出不起诉决定的人民检察院的上一级人民检察院刑事申诉检察部门立案复查。

被害人向作出不起诉决定的人民检察院提出申诉的，作出决定的人民检察院应当将申诉材料连同案卷一并报送上一级人民检察院。

第三十八条　被害人不服不起诉决定，在收到不起诉决定书七日以后提出申诉的，由作出不起诉决定的人民检察院刑事申诉检察部门审查后决定是否立案复查。

第三十九条　被不起诉人不服不起诉决定，在收到不起诉决定书后七日以内提出申诉的，由作出不起诉决定的人民检察院刑事申诉检察部门立案复查；在收到不起诉决定书七日以后提出申诉的，由作出不起诉决定的人民检察院刑事申诉检察部门审查后决定是否立案复查。

第四十条　对不服人民检察院不起诉决定的申诉复查后，应当分别作出如下处理：

（一）不起诉决定正确的，予以维持；

（二）不起诉决定认定的事实或者适用法律错误，需要变更的，应当变更不起诉决定；

（三）不起诉决定认定的事实或者适用法律错误，应当对被不起诉人提起公诉的，应当撤销不起诉决定，将案件移送有管辖权的人民检察院或者本院有关部门向人民法院提起公诉。

第四十一条　对不服人民检察院不批准逮捕决定的申诉复查后，应当分别作出如下处理：

（一）不批准逮捕决定正确的，予以维持；

（二）不批准逮捕决定正确，但是需要依法追究刑事责任的，应当维持不批准逮捕决定，将案件移送有管辖权的人民检察院或者本院有关部门依法办理；

（三）不批准逮捕决定错误，需要依法批准逮捕的，应当撤销不批准逮捕决定，将案件移送有管辖权的人民检察院或者本院有关部门依法办理。

第四十二条 对不服人民检察院撤销案件决定的申诉复查后，应当分别作出如下处理：

（一）撤销案件决定正确的，予以维持；

（二）撤销案件决定正确，但是所认定的部分事实或者适用法律错误的，应当纠正原撤销案件决定书中错误的部分，维持原撤销案件决定；

（三）撤销案件决定错误，需要依法追究刑事责任的，应当撤销原撤销案件决定，将案件移送有管辖权的人民检察院或者本院有关部门重新立案侦查。

第四十三条 对不服人民检察院诉讼终结的刑事处理决定的申诉复查后，认为应当维持原决定的，报请检察长决定；认为应当改变原决定的，报请检察长或者检察委员会决定。

第四十四条 对不服人民检察院诉讼终结的刑事处理决定的申诉复查后，应当制作刑事申诉复查决定书，并在十日以内送达申诉人、原案当事人，同时抄送有关部门。

上级人民检察院作出的复查决定，可以委托下级人民检察院送达。

刑事申诉复查决定书应当公开宣布，并制作宣布笔录。

第四十五条 下级人民检察院对上级人民检察院的复查决定应当执行，并将执行情况书面报告上级人民检察院。

上级人民检察院必要时可以制作纠正案件错误通知书，指令下级人民检察院执行。

下级人民检察院对上级人民检察院的复查决定有异议的，应当在执行的同时向上级人民检察院报告。

第三节 不服人民法院已经发生法律效力刑事判决、裁定申诉案件的复查

第四十六条 最高人民检察院对不服各级人民法院已经发生法律效力的刑事判决、裁定的申诉，上级人民检察院对不服下级人民法院已经发生法律效力的刑事判决、裁定的申诉，经复查决定提出抗诉的，应当按照审判监督程序向同级人民法院提出抗诉，或者指令作出生效判决、裁定的人民法院的上一级人民检察院向同级人民法院提出抗诉。

第四十七条 经复查认为人民法院已经发生法律效力的刑事判决、裁定确有错误，具有下列情形之一的，应当按照审判监督程序向人民法院提出抗诉：

（一）有新的证据证明原判决、裁定认定的事实确有错误，可能影响定罪量刑的；

（二）据以定罪量刑的证据不确实、不充分的；

（三）据以定罪量刑的证据依法应当予以排除的；

（四）据以定罪量刑的主要证据之间存在矛盾的；

（五）原判决、裁定的主要事实依据被依法变更或者撤销的；

（六）认定罪名错误且明显影响量刑的；

（七）违反法律关于追诉时效期限的规定的；

（八）量刑明显不当的；

（九）违反法律规定的诉讼程序，可能影响公正审判的；

（十）审判人员在审理案件的时候有贪污受贿、徇私舞弊、枉法裁判行为的。

第四十八条 对不服人民法院已经发生法律效力的刑事判决、裁定的申诉，经复查认为需要向同级人民法院提出抗诉的，由刑事申诉检察部门提出意见，报请检察长或者检察委员会决定。

第四十九条 人民检察院决定抗诉后，刑事申诉检察部门应当制作刑事抗诉书，向同级人民法院提出抗诉。

以有新的证据证明原判决、裁定认定事实确有错误提出抗诉的，提出抗诉时应当随附相关证据材料。

第五十条 地方各级人民检察院刑事申诉检察部门对不服同级人民法院已经发生法律效力的刑事判决、裁定的申诉复查后，认为需要抗诉的，应当提出意见，经检察长或者检察委员会决定后，提请上一级人民检察院抗诉。提请上一级人民检察院抗诉的案件，应当制作提请抗诉报告书，连同案卷报送上一级人民检察院。

上一级人民检察院刑事申诉检察部门在接到提请抗诉报告书后，应当指定检察人员进行审查，并制作审查提请抗诉案件报告，经部门集体讨论，报请检察长审批。

上级人民检察院对下一级人民检察院提请抗诉的刑事申诉案件作出决定后，应当制作审查提请抗诉通知书，通知提请抗诉的人民检察院。

第五十一条 上级人民检察院审查下一级人民检察院提请抗诉的刑事申诉案件，应当自收案之日起三个月以内作出决定。

对可能属于冤错等事实证据有重大变化的刑事申诉案件，可以不受上述期限限制。

对不服人民法院已经发生法律效力的死刑缓期二年执行判决、裁定的申诉案件，需要加重原审被告人刑罚的，应当在死刑缓期执行期限届满前作出决定。

第五十二条 地方各级人民检察院经复查提请上一级人民检察院抗诉的案件，上级人民检察院审查案件的期限不计入提请抗诉的人民检察院的复查期限。

第五十三条 经复查认为人民法院已经发生法律效力的刑事判决、裁定确有错误，符合本规定第四十七条规定的情形，需要人民法院通过再审方式纠正的，刑事申诉检察部门可以提出意见，经本院检察委员会决定后，向同级人民法院提出再审检察建议。

对不适宜由同级人民法院再审纠正，或者再审检察建议未被人民法院采纳的，可以按照审判监督程序向人民法院提出抗诉。

第五十四条 人民检察院刑事申诉检察部门办理按照审判监督程序抗诉的案件，认为需要对原审被告人采取逮捕措施的，应当提出意见，移送侦查监督部门审查决定；认为需要对原审被告人采取取保候审、监视居住措施的，应当提出意见，报请检察长决定。

第五十五条 对不服人民法院已经发生法律效力的刑事判决、裁定的申诉复查后，不论是否决定提出抗诉或者提出再审检察建议，立案复查的人民检察院均应制作刑事申诉复查通知书，并在十日以内送达申诉人。

经复查向上一级人民检察院提请抗诉的，应当在上一级人民检察院作出是否抗诉的决定后制作刑事申诉复查通知书。

第五十六条 对按照审判监督程序提出抗诉的刑事申诉案件，或者人民法院依据人民检察院再审检察建议决定再审的刑事申诉案件，人民法院开庭审理时，由同级人民检察院刑事申诉检察部门派员出席法庭，并对人民法院再审活动实施法律监督。

第五十七条 对按照审判监督程序提出抗诉的刑事申诉案件，人民法院经重新审理作出的判决、裁定，由派员出席再审法庭的人民检察院刑事申诉检察部门审查并提出意见。

刑事申诉检察部门经审查认为人民法院作出的判决、裁定仍然确有错误，需要提出抗诉的，报请检察长或者检察委员会决定。如果案件是依照第一审程序审判的，同级人民检察院应当向上一级人民法院提出抗诉；如果案件是依照第二审程序审判的，上一级人民检察院应当按照审判监督程序向同级人民法院提出抗诉。

第六章　其他规定

第五十八条　地方各级人民检察院刑事申诉检察部门应当在刑事申诉案件复查结案后十日以内，将刑事申诉复查终结报告、刑事申诉复查决定书或者刑事申诉复查通知书、讨论案件记录等材料的复印件或者电子文档报上一级人民检察院刑事申诉检察部门备案。

对提请抗诉、提出抗诉或者提出再审检察建议的刑事申诉案件，地方各级人民检察院刑事申诉检察部门应当在复查结案后十日以内，将刑事申诉复查终结报告、刑事申诉复查通知书、讨论案件记录、提请抗诉报告书、审查提请抗诉案件报告、审查提请抗诉通知书、刑事抗诉书或者再审检察建议书等材料的复印件或者电子文档层报最高人民检察院刑事申诉检察厅备案。

第五十九条　上级人民检察院刑事申诉检察部门应当指定人员审查下级人民检察院报送的备案材料，认为存在错误时可以调卷审查或者听取下级人民检察院刑事申诉检察部门汇报案件的相关情况，并分别情况予以处理：

（一）案件存在错误但是不影响处理结论的，上级人民检察院应当指令下级人民检察院纠正；

（二）案件存在错误并且可能影响处理结论的，上级人民检察院可以自行办理，也可以指令下级人民检察院重新办理。对指令重新办理的案件，下级人民检察院应当重新立案复查。

第六十条　人民检察院对具有下列情形之一的刑事申诉案件，经部门负责人或者检察长批准，可以中止办理：

（一）人民法院对原判决、裁定调卷审查的；

（二）无法与申诉人及其代理人取得联系的；

（三）申诉的自然人死亡，需要等待其他申诉权利人表明是否继续申诉的；

（四）申诉的法人或者其他组织终止，尚未确定权利义务承受人的；

（五）由于其他原因，致使案件在较长时间内无法继续办理的。

决定中止办理的案件，应当制作刑事申诉中止审查通知书，通知申诉人；确实无法通知的，应当记录在案。

中止办理的事由消除后，经部门负责人或者检察长批准，应当恢复办理。中止办理的期间不计入办理期限。

第六十一条 人民检察院对具有下列情形之一的刑事申诉案件，经检察长批准，应当终止办理：

（一）人民检察院因同一案件事实对撤销案件的犯罪嫌疑人重新立案侦查的，对不批准逮捕的犯罪嫌疑人重新作出批准逮捕决定的，或者对不起诉案件的被不起诉人重新起诉的；

（二）人民检察院接到人民法院受理被害人对被不起诉人起诉的通知的；

（三）人民法院对原判决、裁定决定再审的；

（四）申诉人自愿撤回申诉，且不损害国家利益、社会公共利益或者他人合法权益的；

（五）申诉的自然人死亡，没有其他申诉权利人或者申诉权利人明确表示放弃申诉的，但是有证据证明原案被告人是无罪的除外；

（六）申诉的法人或者其他组织终止，没有权利义务承受人或者权利义务承受人明确表示放弃申诉的，但是有证据证明原案被告人是无罪的除外；

（七）案件中止办理后超过六个月仍不能恢复办理的；

（八）其他应当终止办理的情形。

决定终止办理的案件，应当制作刑事申诉终止审查通知书，通知申诉人；确实无法通知的，应当记录在案。

终止办理的事由消除后，申诉人再次提出申诉，符合刑事申诉受理条件的，应当予以受理。

第六十二条 办理刑事申诉案件中发现原案办理过程中存在执法瑕疵等问题的，可以向原办案部门提出检察建议或者整改意见。

第六十三条 办理刑事申诉案件中发现原案办理过程中有贪污贿赂、渎职等违法违纪行为的，应当移送有关部门处理。

第六十四条 办理刑事申诉案件中发现原案遗漏罪行、遗漏同案犯罪嫌疑人的，应当移送有关部门处理。

第六十五条 刑事申诉案件办理终结后，刑事申诉检察部门应当结合刑事申诉检察职能协助有关部门做好善后息诉工作。

第六十六条 办理刑事申诉案件中严重不负责任，未能发现原案办理过程中存在的重大执法过错或者拒不依法纠正原案错误，造成严重后果的，应当依照规定追究相关人员责任。

第六十七条 人民检察院办理刑事申诉案件，应当执行检察机关案件管理的有关规定。

第六十八条 制作刑事申诉案件法律文书，应当符合规定的格式。

刑事申诉案件法律文书的格式另行制定。

7.《最高人民检察院关于办理不服人民法院生效刑事裁判申诉案件若干问题的规定》（2012年1月18日最高人民检察院第十一届检察委员会第七十次会议通过）

为进一步规范不服人民法院生效刑事裁判申诉案件的办理工作，加强内部监督制约，强化对人民法院生效刑事裁判的监督，根据《中华人民共和国刑事诉讼法》的有关规定，现就人民检察院办理不服人民法院生效刑事裁判申诉案件的有关问题作如下规定。

第一条 当事人及其法定代理人、近亲属认为人民法院已经发生法律效力的刑事判决、裁定确有错误，向人民检察院申诉的，由作出生效判决、裁定的人民法院的同级人民检察院刑事申诉检察部门受理，并依法办理。

当事人及其法定代理人、近亲属直接向上级人民检察院申诉的，上级人民检察院可以交由作出生效判决、裁定的人民法院的同级人民检察院受理；案情重大、疑难、复杂的，上级人民检察院可以直接受理。

第二条 当事人及其法定代理人、近亲属对人民法院已经发生法律效力的判决、裁定的申诉，经人民检察院复查决定不予抗诉后继续提出申诉的，上一级人民检察院应当受理。

第三条 对不服人民法院已经发生法律效力的刑事判决、裁定的申诉，经两级人民检察院办理且省级人民检察院已经复查的，如果没有新的事实和理由，人民检察院不再立案复查。但原审被告人可能被宣告无罪的除外。

第四条 人民检察院刑事申诉检察部门对已经发生法律效力的刑事判决、裁定的申诉复查后，认为需要提出抗诉的，报请检察长提交检察委员会讨论决定。

第五条 地方各级人民检察院对同级人民法院已经发生法律效力的刑事判决、裁定的申诉复查后，认为需要提出抗诉的，经检察委员会讨论决定，应当提请上一级人民检察院抗诉。

上级人民检察院刑事申诉检察部门对下一级人民检察院提请抗诉的申诉案件审查后，认为需要提出抗诉的，报请检察长提交检察委员会讨论决定。

第六条 最高人民检察院对不服各级人民法院已经发生法律效力的刑事判决、裁定的申诉，上级人民检察院对不服下级人民法院已经发生法律效力的刑事判决、裁定的申诉，经复查决定抗诉的，应当制作《刑事抗诉书》，按照审判监督程序向同级人民法院提出抗诉。人民法院开庭审理时，由同级人民检察院刑事申诉检察部门派员出庭支持抗诉。

第七条 对不服人民法院已经发生法律效力的刑事判决、裁定的申诉复查终结后，应当制作《刑事申诉复查通知书》，并在十日内送达申诉人。

第八条 本规定自发布之日起施行。本规定发布前有关不服人民法院生效刑事判决、裁定申诉案件办理的规定与本规定不一致的，以本规定为准。

8.《人民检察院刑事申诉案件异地审查规定（试行）》（2017年10月10日最高人民检察院第十二届检察委员会第七十次会议通过）

第一条 为了进一步规范人民检察院办理刑事申诉案件异地审查工作，强化监督制约机制，保障当事人的合法权益，维护司法公正，根据相关法律规定，结合检察工作实际，制定本规定。

第二条 最高人民检察院发现省级人民检察院管辖的刑事申诉案件原处理决定、判决、裁定有错误可能，且具有下列情形之一的，经检察长或者检察委员会决定，可以指令由其他省级人民检察院进行审查：

（一）应当受理不予受理或者受理后经督促仍拖延办理的；

（二）办案中遇到较大阻力，可能影响案件公正处理的；

（三）因存在回避等法定事由，当事人认为管辖地省级人民检察院不能依法公正办理的；

（四）申诉人长期申诉上访，可能影响案件公正处理的；

（五）其他不宜由管辖地省级人民检察院办理的情形。

第三条 省级人民检察院认为所办理的刑事申诉案件需要异地审查的，可以提请最高人民检察院指令异地审查。

第四条 申诉人可以向省级人民检察院或者最高人民检察院申请异地审查。

第五条 省级人民检察院拟提请或者最高人民检察院拟决定刑事申诉案件异地审查，申诉人未提出申请的，应当征得申诉人同意。

第六条 省级人民检察院决定提请最高人民检察院指令刑事申诉案件异地审查的，应当向最高人民检察院书面报告，阐明理由并附相关材料。

最高人民检察院经审查决定刑事申诉案件异地审查的，应当在十五日以内将案件指令其他省级人民检察院办理，同时通知管辖地省级人民检察院；决定不予异地审查的，应当在十日以内通知管辖地省级人民检察院继续办理。

第七条 最高人民检察院决定刑事申诉案件异地审查的，异地审查的省级人民检察院应当在收到异地审查指令后七日以内通知申诉人。

申诉人向省级人民检察院申请异地审查，省级人民检察院经审查决定不予提请，或者提请后最高人民检察院决定不予异地审查的，应当在作出不予提请决定或者收到不予异地审查的通知后五日以内通知申诉人。

申诉人向最高人民检察院申请异地审查，最高人民检察院经审查决定不予异地审查的，应当在作出决定后十五日以内通知申诉人。

第八条 异地审查的省级人民检察院应当依照《人民检察院复查刑事申诉案件规定》立案复查。审查期限自收到异地审查指令之日起重新计算。

第九条 对不服人民检察院诉讼终结刑事处理决定的申诉案件，异地审查的省级人民检察院复查终结后应当提出复查处理意见，经检察委员会审议决定后，报请最高人民检察院审查。

第十条 最高人民检察院对异地审查的省级人民检察院依据本规定第九条提出的复查意见，分别以下情况作出处理：

（一）同意维持人民检察院原处理决定的，指令管辖地省级人民检察院作出维持的处理决定；

（二）同意撤销或者变更人民检察院原处理决定的，指令管辖地省级人民检察院作出撤销或者变更的决定，也可以直接作出撤销或者变更的处理决定；

（三）不同意复查处理意见的，应当立案复查并书面通知申诉人、管辖地省级人民检察院和异地审查的省级人民检察院；

（四）认为复查意见认定事实不清或者意见不明确、理由不充分的，可以发回异地审查的省级人民检察院重新审查，也可以直接立案复查。

第十一条 对不服人民法院生效刑事判决、裁定的申诉案件，异地审查的省级人民检察院复查终结后，分别以下情况作出处理：

（一）认为需要提出抗诉的，应当经检察委员会审议决定后提请最高人民检察院抗诉，在最高人民检察院作出是否抗诉的决定后制作刑事申诉复查通知书，并在十日以内送达申诉人，同时抄送管辖地省级人民检察院；

（二）认为不需要提出抗诉的，应当经检察委员会审议决定后制作刑事申诉复查通知书，在十日以内送达申诉人，同时抄送管辖地省级人民检察院，并报最高人民检察院。

第十二条 异地审查的省级人民检察院需要调阅案卷材料、补充调查或者送达法律文书的，管辖地省级人民检察院应当予以协助。

第十三条 异地审查的省级人民检察院刑事申诉检察部门应当在结案后十日以内，将刑事申诉复查终结报告、讨论案件记录等材料的复印件或者电子文档以及相关法律文书，报最高人民检察院刑事申诉检察厅备案。

第十四条 被害人不服地市级人民检察院作出的不起诉决定，在收到不起诉决定书后七日以内提出的申诉，依据刑事诉讼法及相关规定办理，不适用本规定。

第十五条 本规定由最高人民检察院负责解释。

第十六条 本规定自发布之日起试行。

[参考案例]

1. 于某申诉案[①]

基本案情：

于某，男，1962 年 3 月生，山东省人。

1996 年 12 月 2 日，于某的妻子韩某在家中被杀害。安徽省蚌埠市中区公安分局侦查认为于某有重大犯罪嫌疑，于 1996 年 12 月 12 日将其刑事拘留。1996 年 12 月 21 日，蚌埠市中市区人民检察院以于某涉嫌故意杀人罪，将其批准逮捕。在侦查阶段的审讯中，于某供认了杀害妻子的主要犯罪事实。蚌埠市中区公安分局侦查终结后，移送蚌埠市中市区人民检察院审查起诉。蚌埠市中市区人民检察院审查后，依法移送蚌埠市人民检察院审查起诉。1997 年 12 月 24 日，蚌埠市人民检察院以涉嫌故意杀人罪对于某提起公诉。蚌埠市中级人民法院一审判决认定以下事实：1996 年 12 月 1 日，于某一家三口在逛商场时，韩某将 2800 元现金交给于某让其存入银行，但却不愿告诉这笔钱的来源，引起于某的不满。12 月 2 日 7 时 20 分，于某送其子去上学，回家后再次追问韩某 2800 元现金是哪来的。因韩某坚持不愿说明来源，二人发生争吵厮打。厮打过程中，于某见韩某声音越来越大，即恼羞成怒将其推倒在床上，然后从厨房拿了一根塑料绳，将韩某的双手拧到背后捆上。接着又用棉被盖住韩某头面部并隔着棉被用双手紧捂其口鼻，将其捂昏迷后匆忙离开现场到单位上班。约 9 时 50 分，于某从单位返回家中，发

---

① 最高人民检察院第七批指导性案例，检例第 25 号。

现韩某已经死亡，便先解开捆绑韩某的塑料绳，用菜刀对韩某的颈部割了数刀，然后将其内衣向上推至胸部、将其外面穿的毛线衣拉平，并将尸体翻成俯卧状。接着又将屋内家具的柜门、抽屉拉开，将物品翻乱，造成家中被抢劫、韩某被奸杀的假象。临走时，于某又将液化气打开并点燃一根蜡烛放在床头柜上的烟灰缸里，企图使液化气排放到一定程度，烛火引燃液化气，达到烧毁现场的目的。后因被及时发现而未引燃。经法医鉴定：死者韩某口、鼻腔受暴力作用，致机械性窒息死亡。

诉讼过程：

1998年4月7日，蚌埠市中级人民法院以故意杀人罪判处于某死刑，缓期二年执行。于某不服，向安徽省高级人民法院提出上诉。

1998年9月14日，安徽省高级人民法院以原审判决认定于某故意杀人的部分事实不清，证据不足为由，裁定撤销原判，发回重审。被害人韩某的父母提起附带民事诉讼。

1999年9月16日，蚌埠市中级人民法院以故意杀人罪判处于某死刑，缓期二年执行。于某不服，再次向安徽省高级人民法院提出上诉。

2000年5月15日，安徽省高级人民法院以原审判决事实不清，证据不足为由，裁定撤销原判，发回重审。

2000年10月25日，蚌埠市中级人民法院以故意杀人罪判处于某无期徒刑。于某不服，向安徽省高级人民法院提出上诉。2002年7月1日，安徽省高级人民法院裁定驳回上诉，维持原判。

2002年12月8日，于某向安徽省高级人民法院提出申诉。2004年8月9日，安徽省高级人民法院驳回于某的申诉。后于某向安徽省人民检察院提出申诉。

安徽省人民检察院经复查，提请最高人民检察院按照审判监督程序提出抗诉。最高人民检察院经审查，于2013年5月24日向最高人民法院提出再审检察建议。

建议再审理由：

最高人民检察院审查认为，原审判决、裁定认定于某故意杀人的事实不清，证据不足，案件存在的矛盾和疑点无法得到合理排除，案件事实结论不具有唯一性。

（1）原审判决认定事实的证据不确实、不充分。一是根据安徽省人民检察院复查调取的公安机关侦查内卷中的手写“现场手印检验报告”及其他相关证据，能够证实现场存在的 2 枚指纹不是于某及其家人所留，但侦查机关并未将该情况写入检验报告。原审判决依据该“现场手印检验报告”得出“没有发现外人进入现场的痕迹”的结论与客观事实不符。二是关于于某送孩子上学以及到单位上班的时间，缺少明确证据支持，且证人证言之间存在矛盾。原审判决认定于某 9 时 50 分回家伪造现场，10 时 20 分回到单位，而于某辩解其在 10 时左右回到单位，后接到传呼并用办公室电话回此传呼，并在侦查阶段将传呼机提交侦查机关。安徽省人民检察院复查及最高人民检察院审查时，相关人员证实侦查机关曾对有关人员及传呼机信息问题进行了调查，并调取了通话记录，但案卷中并没有相关调查材料及通话记录，于某关于在 10 时左右回到单位的辩解不能合理排除。因此依据现有证据，原审判决认定于某具有 20 分钟作案时间和 30 分钟伪造现场时间的证据不足。

（2）原审判决定罪的主要证据之间存在矛盾。原审判决认定于某有罪的证据主要是现场勘查笔录、尸检报告以及于某曾作过的有罪供述。而于某在侦查阶段虽曾作过有罪供述，但其有罪供述不稳定，时供时翻，供述前后矛盾。且其有罪供述与现场勘查笔录、尸检报告等证据亦存在诸多不一致的地方，如于某曾作有罪供述中有关菜刀放置的位置、拽断电话线、用于点燃蜡烛的火柴梗丢弃在现场以及与被害人发生性行为等情节与现场勘查笔录、尸检报告等证据均存在矛盾。

（3）原审判决认定于某故意杀人的结论不具有唯一性。根据从公安机关侦查内卷中调取的手写“手印检验报告”以及 DNA 鉴定意见，现场提取到外来指纹，被害人阴道提取的精子也不是于某的精子，因此存在其他人作案的可能。同时，根据侦查机关蜡烛燃烧试验反映的情况，该案存在杀害被害人并伪造现场均在 8 时之前完成的可能。原审判决认定于某故意杀害韩某的证据未形成完整的证据链，认定的事实不能排除合理怀疑。

案件结果：

2013 年 6 月 6 日，最高人民法院将最高人民检察院再审检察建议转安徽省高级人民法院。2013 年 6 月 27 日，安徽省高级人民法院对该案决定再审。2013 年 8 月 5 日，安徽省高级人民法院不公开开庭审理了该案。安徽省高级人民法院经审理认为：原判决、裁定根据于某的有罪供述、现场勘查笔录、尸体检验报告、刑事科学技术鉴定、证人证言等证据，认定原审被告人于某杀害了韩某。但于某供述中部分情节与现场勘查笔录、尸体检验报告、刑事科学技术鉴定等证据存在矛盾，且韩某阴道擦拭纱布及三角内裤上的精子经

DNA鉴定不是于某的，安徽省人民检察院提供的侦查人员从现场提取的没有比对结果的他人指纹等证据没有得到合理排除，因此原审判决、裁定认定于某犯故意杀人罪的事实不清、证据不足，指控的犯罪不能成立。2013年8月8日，安徽省高级人民法院作出再审判决：撤销原审判决裁定，原审被告人于某无罪。

裁判要旨：

坚守防止冤假错案底线，是保障社会公平正义的重要方面。检察机关既要依法监督纠正确有错误的生效刑事裁判，又要注意在审查逮捕、审查起诉等环节有效发挥监督制约作用，努力从源头上防止冤假错案发生。在监督纠正冤错案件方面，要严格把握纠错标准，对于被告人供述反复，有罪供述前后矛盾，且有罪供述的关键情节与其他在案证据存在无法排除的重大矛盾，不能排除有其他人作案可能的，应当依法进行监督。

指导意义：

（1）对案件事实结论应当坚持“唯一性”证明标准。《刑事诉讼法》第200条第1项规定：“案件事实清楚，证据确实、充分，依据法律认定被告人有罪的，应当作出有罪判决。”《刑事诉讼法》第55条第2款对于认定“证据确实、充分”的条件进行了规定：“（一）定罪量刑的事实都有证据证明；（二）据以定案的证据均经法定程序查证属实；（三）综合全案证据，对所认定事实已排除合理怀疑。”排除合理怀疑，要求对于认定的案件事实，从证据角度已经没有符合常理的、有根据的怀疑，特别在是否存在犯罪事实和被告人是否实施了犯罪等关键问题上，确信证据指向的案件结论具有唯一性。只有坚持对案件事实结论的唯一性标准，才能够保证裁判认定的案件事实与客观事实相符，最大限度避免冤假错案的发生。

（2）坚持全面收集证据，严格把握纠错标准。在复查刑事申诉案件过程中，除全面审查原有证据外，还应当注意补充收集、调取能够证实被告人有罪或者无罪、犯罪情节轻重的新证据，通过正向肯定与反向否定，检验原审裁判是否做到案件事实清楚，证据确实、充分。要坚持疑罪从无原则，严格把握纠错标准，对于被告人有罪供述出现反复且前后矛盾，关键情节与其他在案证据存在无法排除的重大矛盾，不能排除有其他人作案可能的，应当认为认定主要案件事实的结论不具有唯一性。人民法院据此判决被告人有罪的，人民检察院应当按照审判监督程序向人民法院提出抗诉，或者向同级人民法院提出再审检察建议。

2. 陈某申诉案①

基本案情：

陈某，男，1963年2月生，四川省人。

1992年12月25日19时30分许，海南省海口市振东区上坡下村109号发生火灾。19时58分，海口市消防中队接警后赶到现场救火，并在灭火过程中发现室内有一具尸体，立即向公安机关报案。20时30分，海口市公安局接报警后派员赴现场进行现场勘查及调查工作。经走访调查后确定，死者是居住在109号的钟某，曾经在此处租住的陈某有重大作案嫌疑。同年12月28日凌晨，公安机关将犯罪嫌疑人陈某抓获。1993年9月25日，海口市人民检察院以陈某涉嫌故意杀人罪，将其批准逮捕。1993年11月29日，海口市人民检察院以涉嫌故意杀人罪对陈某提起公诉。海口市中级人民法院一审判决认定以下事实：1992年1月，被告人陈某搬到海口市上坡下村109号钟某所在公司的住房租住。其间，陈某因未交房租等问题与钟某发生矛盾，钟某声称要向公安机关告发陈某私刻公章帮他人办工商执照之事，并于同年12月17日要陈某搬出上坡下村109号。陈某怀恨在心，遂起杀害钟某的歹念。同年12月25日19时许，陈某发现上坡下村停电并得知钟某要返回四川老家，便从宁屯大厦窜至上坡下村109号，见钟某正在客厅喝酒，便与其聊天，随后从厨房拿起一把菜刀，趁钟某不备，向其头部、颈部、躯干部等处连砍数刀，致钟某当即死亡。后陈某将厨房的煤气罐搬到钟某卧室门口，用打火机点着火焚尸灭迹。大火烧毁了钟某卧室里的床及办公桌等家具，消防队员及时赶到才将大火扑灭。经法医鉴定：被害人钟某身上有多处锐器伤、颈动脉被割断造成失血性休克死亡。

诉讼过程：

1994年11月9日，海口市中级人民法院以故意杀人罪判处陈某死刑，缓期二年执行，剥夺政治权利终身；以放火罪，判处有期徒刑九年，决定执行死刑，缓期二年执行，剥夺政治权利终身。

1994年11月13日，海口市人民检察院以原审判决量刑过轻，应当判处死刑立即执行为由提出抗诉。1999年4月15日，海南省高级人民法院驳回抗诉，维持原判。判决生效后，陈某的父母提出申诉。

2001年11月8日，海南省高级人民法院经复查驳回申诉。陈某的父母

---

① 最高人民检察院第七批指导性案例，检例第25号。

仍不服，向海南省人民检察院提出申诉。2013 年 4 月 9 日，海南省人民检察院经审查，认为申诉人的申诉理由不成立，不符合立案复查条件。陈某不服，向最高人民检察院提出申诉。

2015 年 2 月 10 日，最高人民检察院按照审判监督程序向最高人民法院提出抗诉。

抗诉理由：

最高人民检察院复查认为，原审判决据以定案的证据不确实、不充分，认定原审被告人陈某故意杀人、放火的事实不清，证据不足。

（1）原审裁判认定陈某具有作案时间与在案证据证明的案件事实不符。原审裁判认定原审被告人陈某于 1992 年 12 月 25 日 19 时许，在海口市振东区上坡下村 109 号持刀将钟某杀死。根据证人杨某春、刘某生、章某胜的证言，能够证实在当日 19 时左右陈某仍在宁屯大厦，而根据证人何某庆、刘某清的证言，19 时多一点听到 109 号传出上气不接下气的“啊啊”声，大约过了 30 分钟看见 109 号起火。据此，有证据证明陈某案发时仍然在宁屯大厦，不可能在同一时间出现在案发现场，原审裁判认定陈某在 19 时许进入 109 号并实施杀人、放火行为与证人提供的情况不符。

（2）原审裁判认定事实的证据不足，部分重要证据未经依法查证属实。原审裁判认定原审被告人陈某实施杀人、放火行为的主要证据，除陈某有罪供述为直接证据外，其他如公安机关火灾原因认定书、现场勘查笔录、现场照片、物证照片、法医检验报告书、物证检验报告书、刑事科学技术鉴定书等仅能证明被害人钟某被人杀害，现场遭到人为纵火；在案证人证言只是证明了发案时的相关情况、案发前后陈某的活动情况以及陈某与被害人的关系等情况，但均不能证实犯罪行为系陈某所为。而在现场提取的带血白衬衫、黑色男西装等物品在侦查阶段丢失，没有在原审法院庭审中出示并接受检验，因此不能作为定案的根据。

（3）陈某有罪供述的真实性存在疑问。陈某在侦查阶段虽曾作过有罪供述，但其有罪供述不稳定，时供时翻，且与现场勘查笔录、法医检验报告等证据存在矛盾。如陈某供述杀人后厨房水龙头没有关，而现场勘查时，厨房水龙头呈关闭状，而是卫生间的水龙头没有关；陈某供述杀人后菜刀扔到被害人的卧室中，而现场勘查时，该菜刀放在厨房的砧板上，且在菜刀上未发现血迹、指纹等痕迹；陈某供述将“工作证”放在被害人身上，是为了制造自己被烧死假象的说法，与案发后其依然正常工作、并未逃避侦查的实际情况相矛盾。

案件结果：

2015年4月24日，最高人民法院作出再审决定，指令浙江省高级人民法院再审。2015年12月29日，浙江省高级人民法院公开开庭审理了本案。法院经审理认为：原审裁判据以定案的主要证据即陈某的有罪供述及辨认笔录的客观性、真实性存疑，依法不能作为定案依据；本案除原被告人陈某有罪供述外无其他证据指向陈某作案。因此，原审裁判认定原审被告人陈某故意杀人并放火焚尸灭迹的事实不清、证据不足，指控的犯罪不能成立。2016年1月25日，浙江省高级人民法院作出再审判决：撤销原审判决裁定，原审被告人陈某无罪。

裁判要旨：

证据是刑事诉讼的基石，认定案件事实，必须以证据为根据。证据未经当庭出示、辨认、质证等法庭调查程序查证属实，不能作为定案的根据。对于在案发现场提取的物证等实物证据，未经鉴定，且在诉讼过程中丢失或者毁灭，无法在庭审中出示、质证，有罪供述的主要情节又得不到其他证据印证，而原审裁判认定被告人有罪的，应当依法进行监督。

指导意义：

（1）切实强化证据裁判和证据审查意识。证据裁判原则是现代刑事诉讼的一项基本原则，是正确惩治犯罪，防止冤假错案的重要保障。证据裁判原则不仅要求认定案件事实必须以证据为依据，而且所依据的证据必须客观真实、合法有效。我国《刑事诉讼法》第50条第3款规定："证据必须经过查证属实，才能作为定案的根据。"这是证据使用的根本原则，违背这一原则就有可能导致冤假错案，放纵罪犯或者侵犯公民的合法权利。检察机关审查逮捕、审查起诉和复查刑事申诉案件，都必须注意对证据的客观性、合法性进行审查，及时防止和纠正冤假错案。对于刑事申诉案件，经审查，如果原审裁判据以定案的有关证据，在原审过程中未经法定程序证明其真实性、合法性，而人民法院据此认定被告人有罪的，人民检察院应当依法进行监督。

（2）坚持综合审查判断证据规则。《刑事诉讼法》第200条第1项规定："案件事实清楚，证据确实、充分，依据法律认定被告人有罪的，应当作出有罪判决。"证据确实、充分，不仅是对单一证据的要求，而且是对审查判断全案证据的要求。只有使各项证据相互印证，合理解释消除证据之间存在的矛盾，才能确保查明案件事实真相，避免出现冤假错案。特别是在将犯罪嫌疑人、被告人有罪供述作为定罪主要证据的案件中，尤其要重视以客观性证据检验补强口供等言词证据。只有口供而没有其他客观性证据，或者口供与其他客观性证据相互矛盾、不能相互印证，对所认定的事实不能排除合理怀疑的，应当坚持疑罪从无原则，不能认定被告人有罪。

第二百五十三条　当事人及其法定代理人、近亲属的申诉符合下列情形之一的，人民法院应当重新审判：

（一）有新的证据证明原判决、裁定认定的事实确有错误，可能影响定罪量刑的；

（二）据以定罪量刑的证据不确实、不充分、依法应当予以排除，或者证明案件事实的主要证据之间存在矛盾的；

（三）原判决、裁定适用法律确有错误的；

（四）违反法律规定的诉讼程序，可能影响公正审判的；

（五）审判人员在审理该案件的时候，有贪污受贿，徇私舞弊，枉法裁判行为的。

[条文主旨]

本条是关于因申诉而重新审判的情形规定。

[条文释解]

本条是1979年《刑事诉讼法》的规定，1996年作过修改。2012年修改刑事诉讼法时作了三处修改：在第1项中增加“可能影响定罪量刑”的限制条件；在第2项中增加据以定罪量刑的证据“依法应当予以排除”的情形；增加“（四）违反法律规定的诉讼程序，可能影响公正审判的”。2018年未作修改。

当事人及其法定代理人、近亲属的申诉符合下列五种法定情形之一的，人民法院应当重新审判：第一，有新的证据证明原判决、裁定认定的事实确有错误，可能影响定罪量刑的。新的证据是指符合刑事诉讼法规定的证据要求，此前的诉讼程序中没有发现的证据。且新的证据足以使原来的判决、裁定认定错误的事实发生改变，该变化会影响对被告人的定罪和量刑。第二，据以定罪量刑的证据不确实、不充分、依法应当予以排除，或者证明案件事实的主要证据之间存在矛盾的。人民法院认定案件事实，定罪量刑贯彻证据裁判原则。“不确实”是指原来据以定罪量刑的证据是虚假的或者部分虚假的。“不充分”是指根据现有证据不足以证明案件事实的存在或者不能排除其他的合理怀疑。“依法应当予以排除”是指依照《刑事诉讼法》第56条的规定，采用刑讯逼供等非法方法收集的犯罪嫌疑人、被告人供述和采用暴力、威胁等非法方法收集的证人证言、被害人陈述，或者是收集物证、书证不符合法定程序，可能严重影响司法公正，而不能补正或者作出合理解释的，对上述证据不能在刑事诉讼中作为起诉意见、起诉决定和判决的依据。“证据有矛盾”是指据以证明案件事实的主要证据之间相互排斥，存在矛盾。第三，原判决、裁定适用法律确有错误的。人民法院的判决、裁定应当正确认定案件事实，正确适用法律。“适用法律确有错误”，是指据以定罪量刑所适用的法律确有错误，包括确定罪名错误、确定量刑档次错误和具体量刑畸轻畸重等情况。第四，违反法律规定的诉讼程序，可能影响公正审判的。第五，审判人员在审理该案件的时候，有贪污受贿，徇私舞弊，枉法裁判行为的。

[配套规定]

《最高人民法院关于适用〈中华人民共和国刑事诉讼法〉的解释》（法释［2012］21号）（2012年12月20日公布，自2013年1月1日起施行）（节录）

第三百七十五条 对立案审查的申诉案件，应当在三个月内作出决定，至迟不得超过六个月。

经审查，具有下列情形之一的，应当根据刑事诉讼法第二百四十二条的规定，决定重新审判：

（一）有新的证据证明原判决、裁定认定的事实确有错误，可能影响定罪量刑的；

（二）据以定罪量刑的证据不确实、不充分、依法应当排除的；

（三）证明案件事实的主要证据之间存在矛盾的；

（四）主要事实依据被依法变更或者撤销的；

（五）认定罪名错误的；

（六）量刑明显不当的；

（七）违反法律关于溯及力规定的；

（八）违反法律规定的诉讼程序，可能影响公正裁判的；

（九）审判人员在审理该案件时有贪污受贿、徇私舞弊、枉法裁判行为的。

申诉不具有上述情形的，应当说服申诉人撤回申诉；对仍然坚持申诉的，应当书面通知驳回。

第三百七十六条 具有下列情形之一，可能改变原判决、裁定据以定罪量刑的事实的证据，应当认定为刑事诉讼法第二百四十二条第一项规定的“新的证据”：

（一）原判决、裁定生效后新发现的证据；

（二）原判决、裁定生效前已经发现，但未予收集的证据；

（三）原判决、裁定生效前已经收集，但未经质证的证据；

（四）原判决、裁定所依据的鉴定意见，勘验、检查等笔录或者其他证据被改变或者否定的。

第三百七十七条 申诉人对驳回申诉不服的，可以向上一级人民法院申诉。上一级人民法院经审查认为申诉不符合刑事诉讼法第二百四十二条和本解释第三百七十五条第二款规定的，应当说服申诉人撤回申诉；对仍然坚持申诉的，应当驳回或者通知不予重新审判。

第二百五十四条　各级人民法院院长对本院已经发生法律效力的判决和裁定，如果发现在认定事实上或者在适用法律上确有错误，必须提交审判委员会处理。

最高人民法院对各级人民法院已经发生法律效力的判决和裁定，上级人民法院对下级人民法院已经发生法律效力的判决和裁定，如果发现确有错误，有权提审或者指令下级人民法院再审。

最高人民检察院对各级人民法院已经发生法律效力的判决和裁定，上级人民检察院对下级人民法院已经发生法律效力的判决和裁定，如果发现确有错误，有权按照审判监督程序向同级人民法院提出抗诉。

人民检察院抗诉的案件，接受抗诉的人民法院应当组成合议庭重新审理，对于原判决事实不清楚或者证据不足的，可以指令下级人民法院再审。

［条文主旨］

本条是关于提起审判监督程序主体及理由的规定。

［条文释解］

本条是 1979 年《刑事诉讼法》的规定，1996 年作过修改，2012 年、2018 年未作修改。

本条共分为四款。第 1 款是关于各级人民法院对本院判决、裁定进行审判监督的规定。各级人民法院院长对本院已经发生法律效力的判决和裁定发现在认定事实上或者在适用法律上确有错误，有权提交审判委员会讨论。审判委员会对是否提起再审具有决定权。本院的生效判决包括一审生效、二审终审和核准的裁判。确有错误是指对于是否有犯罪行为，犯罪情节轻重，是否属于应追究刑事责任的以及适用刑法条款定罪量刑上确实存在错误。

第 2 款是关于最高人民法院对各级人民法院、上级人民法院对下级人民法院的判决和裁定进行审判监督的规定。最高人民法院对各级人民法院已经发生法律效力的判决和裁定，上级人民法院对下级人民法院已经发生法律效力的判决和裁定，如果发现确有错误，有权提审，由本院对案件进行审理或者指令下级人民法院对案件重新审理。

第 3 款是关于人民检察院对人民法院判决、裁定进行审判监督的规定。最高人民检察院对各级人民法院已经发生法律效力的判决和裁定，上级人民检察院对下级人民法院已经发生法律效力的判决和裁定，如果发现确有错误，有权按照审判监督程序向同级人民法院提出抗诉，也可以指令作出判决、裁定的人民法院的上级人民检察院向同级人民法院提出抗诉。有权按照审判监督程序提出抗诉的人民检察院只能是最高人民检察院和作出判决、裁定的人民法院的上级人民检察院，地方各级人民检察院发现同级人民法院已经发生法律效力的判决、裁定确有错误的，应提请上级人民检察院按照法律监督程序提出抗诉。

第 4 款是关于人民法院对于人民检察院按照审判监督程序提出的抗诉如何进行审理的规定。接受抗诉的同级人民法院应当组成合议庭对案件进行审理。合议庭经过审理后可以作出判决或者裁定，对于其中认为原判决事实不清楚或者证据不足的，可以指令下级人民法院重新审理。

[配套规定]

1.《最高人民法院关于适用〈中华人民共和国刑事诉讼法〉的解释》（法释［2012］21号）（2012年12月20日公布，自2013年1月1日起施行）（节录）

第三百七十八条 各级人民法院院长发现本院已经发生法律效力的判决、裁定确有错误的，应当提交审判委员会讨论决定是否再审。

第三百七十九条 上级人民法院发现下级人民法院已经发生法律效力的判决、裁定确有错误的，可以指令下级人民法院再审；原判决、裁定认定事实正确但适用法律错误，或者案件疑难、复杂、重大，或者有不宜由原审人民法院审理情形的，也可以提审。

上级人民法院指令下级人民法院再审的，一般应当指令原审人民法院以外的下级人民法院审理；由原审人民法院审理更有利于查明案件事实、纠正裁判错误的，可以指令原审人民法院审理。

第三百八十条 对人民检察院依照审判监督程序提出抗诉的案件，人民法院应当在收到抗诉书后一个月内立案。但是，有下列情形之一的，应当区别情况予以处理：

（一）对不属于本院管辖的，应当将案件退回人民检察院；

（二）按照抗诉书提供的住址无法向被抗诉的原审被告人送达抗诉书的，应当通知人民检察院在三日内重新提供原审被告人的住址；逾期未提供的，将案件退回人民检察院；

（三）以有新的证据为由提出抗诉，但未附相关证据材料或者有关证据不是指向原起诉事实的，应当通知人民检察院在三日内补送相关材料；逾期未补送的，将案件退回人民检察院。

决定退回的抗诉案件，人民检察院经补充相关材料后再次抗诉，经审查符合受理条件的，人民法院应当受理。

第三百八十一条 对人民检察院依照审判监督程序提出抗诉的案件，接受抗诉的人民法院应当组成合议庭审理。对原判事实不清、证据不足，包括有新的证据证明原判可能有错误，需要指令下级人民法院再审的，应当在立案之日起一个月内作出决定，并将指令再审决定书送达抗诉的人民检察院。

第三百八十二条 对决定依照审判监督程序重新审判的案件，除人民检察院抗诉的以外，人民法院应当制作再审决定书。再审期间不停止原判决、裁定的执行，但被告人可能经再审改判无罪，或者可能经再审减轻原判刑罚而致刑期届满的，可以决定中止原判决、裁定的执行，必要时，可以对被告人采取取保候审、监视居住措施。

2.《最高人民法院关于审理人民检察院按照审判监督程序提出的刑事抗诉案件若干问题的规定》（法释［2011］23号）（节录）

第一条 人民法院收到人民检察院的抗诉书后，应在一个月内立案。经审查，具有下列情形之一的，应当决定退回人民检察院：

（一）不属于本院管辖的；

（二）按照抗诉书提供的住址无法向被提出抗诉的原审被告人送达抗诉书的；

（三）以有新证据为由提出抗诉，抗诉书未附有新的证据目录、证人名单和主要证据复印件或者照片的；

（四）以有新证据为由提出抗诉，但该证据并不是指向原起诉事实的。

人民法院决定退回的刑事抗诉案件，人民检察院经补充相关材料后再次提出抗诉，经审查符合受理条件的，人民法院应当予以受理。

第二条 人民检察院按照审判监督程序提出的刑事抗诉案件，接受抗诉的人民法院应当组成合议庭进行审理。涉及新证据需要指令下级人民法院再审的，接受抗诉的人民法院应当在接受抗诉之日起一个月以内作出决定，并将指令再审决定书送达提出抗诉的人民检察院。

第三条 本规定所指的新证据，是指具有下列情形之一，指向原起诉事实并可能改变原判决、裁定据以定罪量刑的事实的证据：

（一）原判决、裁定生效后新发现的证据；

（二）原判决、裁定生效前已经发现，但由于客观原因未予收集的证据；

（三）原判决、裁定生效前已经收集，但庭审中未予质证、认证的证据；

（四）原生效判决、裁定所依据的鉴定结论，勘验、检查笔录或其他证据被改变或者否定的。

3.《最高人民法院关于人民法院接受人民代表大会及其常务委员会监督的若干意见》（1998年12月24日）（节录）

（七）认真复查人大及其常委会依照法定监督程序提出的案件。人大及其常委会对人民法院已审结的重大案件或者在当地有重大影响的案件，通过法定监督程序要求人民法院审查的，人民法院应当认真进行审查；对确属错判的案件，应当按照法定审判监督程序予以纠正；对裁判并无不当的，应当书面报告结果和理由。

4.《人民检察院刑事诉讼规则》（高检发释字［2019］4号）（2019年12月30日公布并施行）（节录）

第五百九十一条 人民检察院认为人民法院已经发生法律效力的判决、裁定确有错误，具有下列情形之一的，应当按照审判监督程序向人民法院提出抗诉：

（一）有新的证据证明原判决、裁定认定的事实确有错误，可能影响定罪量刑的；

（二）据以定罪量刑的证据不确实、不充分的；

（三）据以定罪量刑的证据依法应当予以排除的；

（四）据以定罪量刑的主要证据之间存在矛盾的；

（五）原判决、裁定的主要事实依据被依法变更或者撤销的；

（六）认定罪名错误且明显影响量刑的；

（七）违反法律关于追诉时效期限的规定的；

（八）量刑明显不当的；

（九）违反法律规定的诉讼程序，可能影响公正审判的；

（十）审判人员在审理案件的时候有贪污受贿，徇私舞弊，枉法裁判行为的。

对于同级人民法院已经发生法律效力的判决、裁定，人民检察院认为可能有错误的，应当另行指派检察官或者检察官办案组进行审查。经审查，认为有前款规定情形之一的，应当提请上一级人民检察院提出抗诉。

对已经发生法律效力的判决、裁定的审查，参照本规则第五百八十五条的规定办理。

第五百九十二条 对于高级人民法院判处死刑缓期二年执行的案件，省级人民检察院认为确有错误提请抗诉的，一般应当在收到生效判决、裁定后三个月以内提出，至迟不得超过六个月。

第五百九十七条 最高人民检察院发现各级人民法院已经发生法律效力的判决或者裁定，上级人民检察院发现下级人民法院已经发生法律效力的判决或者裁定确有错误时，可以直接向同级人民法院提出抗诉，或者指令作出生效判决、裁定人民法院的上一级人民检察院向同级人民法院提出抗诉。

第五百九十八条 人民检察院按照审判监督程序向人民法院提出抗诉的，应当将抗诉书副本报送上一级人民检察院。

第五百九十九条 对按照审判监督程序提出抗诉的案件，人民检察院认为人民法院再审作出的判决、裁定仍然确有错误的，如果案件是依照第一审程序审判的，同级人民检察院应当按照第二审程序向上一级人民法院提出抗诉；如果案件是依照第二审程序审判的，上一级人民检察院应当按照审判监督程序向同级人民法院提出抗诉。

第六百条 人民检察院办理按照第二审程序、审判监督程序抗诉的案件，认为需要对被告人采取强制措施的，参照本规则相关规定。决定采取强制措施应当经检察长批准。

第六百零一条 人民检察院对自诉案件的判决、裁定的监督，适用本节的规定。

5.《人民检察院刑事抗诉工作指引》（2017年7月4日 最高人民检察院第十二届检察委员会第六十六次会议通过）（节录）

第三十条 提请上级人民检察院按照审判监督程序抗诉的案件，原则上应当自人民法院作出裁判之日起二个月以内作出决定；需要复核主要证据的，可以延长一个月。属于冤错可能等事实证据有重大变化的案件，可以不受上述期限限制。

对于高级人民法院判处死刑缓期二年执行的案件，省级人民检察院认为确有错误提请抗诉的，一般应当在收到生效判决、裁定后三个月以内提出，至迟不得超过六个月。

对于人民法院第一审宣判后人民检察院在法定期限内未提出抗诉，或者判决、裁定发生法律效力后六个月内未提出抗诉的案件，没有发现新的事实或者证据的，一般不得为加重被告人刑罚而依照审判监督程序提出抗诉，但被害人提出申诉或上级人民检察院指令抗诉的除外。

第三十三条 上级人民检察院审查审判监督程序抗诉案件，原则上应当自收案之日起一个半月以内作出决定；需要复核主要证据或者侦查卷宗在十五册以上的，可以延长一个月；需要征求其他单位意见或者召开专家论证会的，可以再延长半个月。

上级人民检察院审查下一级人民检察院提请抗诉的刑事申诉案件，应当自收案之日起三个月以内作出决定。

属于冤错可能等事实证据有重大变化的案件，可以不受上述期限限制。

有条件的地方，应当再自行缩短办案期限；对原判死缓而抗诉要求改判死刑立即执行的案件，原则上不得延长期限。

第二百五十五条　上级人民法院指令下级人民法院再审的，应当指令原审人民法院以外的下级人民法院审理；由原审人民法院审理更为适宜的，也可以指令原审人民法院审理。

[条文主旨]

本条是关于指令再审法院规定。

[条文释解]

本条是2012年修改《刑事诉讼法》时增加的规定，2018年未作修改。

指令再审是指上级人民法院指示、命令下级人民法院重新审判案件的方式。根据本条规定，指令再审是以指定原审人民法院以外的下级人民法院审理为原则，以指令原审人民法院审理为例外，只有出现特殊情况，如由别的法院审理可能在证据核查、当事人参加庭审等方面存在不便或困难时，相比之下由原审人民法院审理更为适宜的，才能指定原审人民法院审理。这样规定，坚持了原则性和灵活性的统一。

[审判实务]

在司法实践中，应注意掌握一般规定与特殊情况。上级人民法院在指令再审法院时一般应指定原审人民法院以外的下级人民法院审理，只有在特殊情况下，综合案件情况和社会效果判断由原审人民法院审理确实更为适宜的，才能指令由原审人民法院审理。

第二百五十六条　人民法院按照审判监督程序重新审判的案件，由原审人民法院审理的，应当另行组成合议庭进行。如果原来是第一审案件，应当依照第一审程序进行审判，所作的判决、裁定，可以上诉、抗诉；如果原来是第二审案件，或者是上级人民法院提审的案件，应当依照第二审程序进行审判，所作的判决、裁定，是终审的判决、裁定。

人民法院开庭审理的再审案件，同级人民检察院应当派员出席法庭。

[条文主旨]

本条是关于重新审判的程序规定。

[条文释解]

本条是 1979 年《刑事诉讼法》的规定，1996 年未作修改。2012 年作了两处修改：1. 对应当另行组成合议庭的，限定了由原审人民法院审理的条件；2. 增加一款作为第 2 款。2018 年未作修改。

本条对人民法院按照审判监督程序重新审理案件的程序作了规定。可以从以下几个方面把握：一是审判组织必须是合议庭。如果是由原审人民法院审理的，应当另组合议庭，避免法官先入为主影响纠错。二是审理程序。根据本条规定，如果原来是第一审案件，应当依照第一审程序进行审判，所作的判决、裁定，可以上诉、抗诉；如果原来是第二审案件，或者是上级人民法院提审的案件，应当依照第二审程序进行审判，所作的判决、裁定，是终审的判决、裁定。三是只要是人民法院开庭审理的再审案件，同级人民检察院均应当派员出席法庭。

[审判实务]

虽然刑事诉讼法没有明确再审案件是否要求开庭审理，但司法解释中规定，对于原审被告人、原审自诉人已经死亡或者丧失行为能力的案件，可以不开庭。故可以理解为再审案件原则上要开庭审理。

[配套规定]

1.《最高人民法院关于适用〈中华人民共和国刑事诉讼法〉的解释》(法释[2012]21号)(2012年12月20日公布，自2013年1月1日起施行)(节录)

第三百八十三条 依照审判监督程序重新审判的案件，人民法院应当重点针对申诉、抗诉和决定再审的理由进行审理。必要时，应当对原判决、裁定认定的事实、证据和适用法律进行全面审查。

第三百八十四条 原审人民法院审理依照审判监督程序重新审判的案件，应当另行组成合议庭。

原来是第一审案件，应当依照第一审程序进行审判，所作的判决、裁定可以上诉、抗诉；原来是第二审案件，或者是上级人民法院提审的案件，应当依照第二审程序进行审判，所作的判决、裁定是终审的判决、裁定。

对原审被告人、原审自诉人已经死亡或者丧失行为能力的再审案件，可以不开庭审理。

第三百八十五条 开庭审理的再审案件，再审决定书或者抗诉书只针对部分原审被告人，其他同案原审被告人不出庭不影响审理的，可以不出庭参加诉讼。

第三百八十六条 除人民检察院抗诉的以外，再审一般不得加重原审被告人的刑罚。再审决定书或者抗诉书只针对部分原审被告人的，不得加重其他同案原审被告人的刑罚。

第三百八十七条 人民法院审理人民检察院抗诉的再审案件，人民检察院在开庭审理前撤回抗诉的，应当裁定准许；人民检察院接到出庭通知后不派员出庭，且未说明原因的，可以裁定按撤回抗诉处理，并通知诉讼参与人。

人民法院审理申诉人申诉的再审案件，申诉人在再审期间撤回申诉的，应当裁定准许；申诉人经依法通知无正当理由拒不到庭，或者未经法庭许可中途退庭的，应当裁定按撤回申诉处理，但申诉人不是原审当事人的除外。

第三百八十八条 开庭审理的再审案件，系人民法院决定再审的，由合议庭组成人员宣读再审决定书；系人民检察院抗诉的，由检察人员宣读抗诉书；系申诉人申诉的，由申诉人或者其辩护人、诉讼代理人陈述申诉理由。

第三百八十九条　再审案件经过重新审理后，应当按照下列情形分别处理：

（一）原判决、裁定认定事实和适用法律正确、量刑适当的，应当裁定驳回申诉或者抗诉，维持原判决、裁定；

（二）原判决、裁定定罪准确、量刑适当，但在认定事实、适用法律等方面有瑕疵的，应当裁定纠正并维持原判决、裁定；

（三）原判决、裁定认定事实没有错误，但适用法律错误，或者量刑不当的，应当撤销原判决、裁定，依法改判；

（四）依照第二审程序审理的案件，原判决、裁定事实不清或者证据不足的，可以在查清事实后改判，也可以裁定撤销原判，发回原审人民法院重新审判。

原判决、裁定事实不清或者证据不足，经审理事实已经查清的，应当根据查清的事实依法裁判；事实仍无法查清，证据不足，不能认定被告人有罪的，应当撤销原判决、裁定，判决宣告被告人无罪。

第三百九十条　原判决、裁定认定被告人姓名等身份信息有误，但认定事实和适用法律正确、量刑适当的，作出生效判决、裁定的人民法院可以通过裁定对有关信息予以更正。

第三百九十一条　对再审改判宣告无罪并依法享有申请国家赔偿权利的当事人，人民法院宣判时，应当告知其在判决发生法律效力后可以依法申请国家赔偿。

2.《最高人民法院关于审理人民检察院按照审判监督程序提出的刑事抗诉案件若干问题的规定》（法释［2011］23号）（节录）

第四条　对于原判决、裁定事实不清或者证据不足的案件，接受抗诉的人民法院进行重新审理后，应当按照下列情形分别处理：

（一）经审理能够查清事实的，应当在查清事实后依法裁判；

（二）经审理仍无法查清事实，证据不足，不能认定原审被告人有罪的，应当判决宣告原审被告人无罪；

（三）经审理发现有新证据且超过刑事诉讼法规定的指令再审期限的，可以裁定撤销原判，发回原审人民法院重新审判。

第五条　对于指令再审的案件，如果原来是第一审案件，接受抗诉的人民法院应当指令第一审人民法院依照第一审程序进行审判，所作的判决、裁定，可以上诉、抗诉；如果原来是第二审案件，接受抗诉的人民法院应当指令第二审人民法院依照第二审程序进行审判，所作的判决、裁定，是终审的判决、裁定。

第六条 在开庭审理前，人民检察院撤回抗诉的，人民法院应当裁定准许。

第七条 在送达抗诉书后被提出抗诉的原审被告人未到案的，人民法院应当裁定中止审理；原审被告人到案后，恢复审理。

第八条 被提出抗诉的原审被告人已经死亡或者在审理过程中死亡的，人民法院应当裁定终止审理，但对能够查清事实，确认原审被告人无罪的案件，应当予以改判。

第九条 人民法院作出裁判后，当庭宣告判决的，应当在五日内将裁判文书送达当事人、法定代理人、诉讼代理人、提出抗诉的人民检察院、辩护人和原审被告人的近亲属；定期宣告判决的，应当在判决宣告后立即将裁判文书送达当事人、法定代理人、诉讼代理人、提出抗诉的人民检察院、辩护人和原审被告人的近亲属。

3.《最高人民法院关于刑事再审案件开庭审理程序的具体规定（试行）》（法释［2001］31号）

为了深化刑事庭审方式的改革，进一步提高审理刑事再审案件的效率，确保审判质量，规范案件开庭审理的程序，根据《中华人民共和国刑事诉讼法》、最高人民法院《关于执行〈中华人民共和国刑事诉讼法〉若干问题的解释》的规定，制定本规定。

第一条 本规定适用依照第一审程序或第二审程序开庭审理的刑事再审案件。

第二条 人民法院在收到人民检察院按照审判监督程序提出抗诉的刑事抗诉书后，应当根据不同情况，分别处理：

（一）不属于本院管辖的，决定退回人民检察院；

（二）按照抗诉书提供的原审被告人（原审上诉人）住址无法找到原审被告人（原审上诉人）的，人民法院应当要求提出抗诉的人民检察院协助查找；经协助查找仍无法找到的，决定退回人民检察院；

（三）抗诉书没有写明原审被告人（原审上诉人）准确住址的，应当要求人民检察院在七日内补充，经补充后仍不明确或逾期不补的，裁定维持原判；

（四）以有新的证据证明原判决、裁定认定的事实确有错误为由提出抗诉，但抗诉书未附有新的证据目录、证人名单和主要证据复印件或者照片的，人民检察院应当在七日内补充；经补充后仍不完备或逾期不补的，裁定维持原判。

第三条 以有新的证据证明原判决、裁定认定的事实确有错误为由提出申诉的，应当同时附有新的证据目录、证人名单和主要证据复印件或者照片。需要申请人民法院调取证据的，应当附有证据线索。未附有的，应当在七日内补充；经补充后仍不完备或逾期不补的，应当决定不予受理。

第四条 参与过本案第一审、第二审、复核程序审判的合议庭组成人员，不得参与本案的再审程序的审判。

第五条 人民法院审理下列再审案件，应当依法开庭审理：

（一）依照第一审程序审理的；

（二）依照第二审程序需要对事实或者证据进行审理的；

（三）人民检察院按照审判监督程序提出抗诉的；

（四）可能对原审被告人（原审上诉人）加重刑罚的；

（五）有其他应当开庭审理情形的。

第六条 下列再审案件可以不开庭审理：

（一）原判决、裁定认定事实清楚，证据确实、充分，但适用法律错误，量刑畸重的；

（二）1979 年《中华人民共和国刑事诉讼法》施行以前裁判的；

（三）原审被告人（原审上诉人）、原审自诉人已经死亡、或者丧失刑事责任能力的；

（四）原审被告人（原审上诉人）在交通十分不便的边远地区监狱服刑，提押到庭确有困难的；但人民检察院提出抗诉的，人民法院应征得人民检察院的同意；

（五）人民法院按照审判监督程序决定再审，按本规定第九条第（五）项规定，经两次通知，人民检察院不派员出庭的。

第七条 人民法院审理共同犯罪再审案件，如果人民法院再审决定书或者人民检察院抗诉书只对部分同案原审被告人（同案原审上诉人）提起再审，其他未涉及的同案原审被告人（同案原审上诉人）不出庭不影响案件审理的，可以不出庭参与诉讼；

部分同案原审被告人（同案原审上诉人）具有本规定第六条第（三）、（四）项规定情形不能出庭的，不影响案件的开庭审理。

第八条 除人民检察院抗诉的以外，再审一般不得加重原审被告人（原审上诉人）的刑罚。

根据本规定第六条第（二）、（三）、（四）、（五）、（六）项、第七条的规定，不具备开庭条件可以不开庭审理的，或者可以不出庭参加诉讼的，不得加重未出庭原审被告人（原审上诉人）、同案原审被告人（同案原审上诉人）的刑罚。

第九条 人民法院在开庭审理前，应当进行下列工作：

（一）确定合议庭的组成人员；

（二）将再审决定书，申诉书副本至迟在开庭三十日前，重大、疑难案件至迟在开庭六十日前送达同级人民检察院，并通知其查阅案卷和准备出庭；

（三）将再审决定书或抗诉书副本至迟在开庭三十日以前送达原审被告人（原审上诉人），告知其可以委托辩护人，或者依法为其指定承担法律援助义务的律师担任辩护人；

（四）至迟在开庭十五日前，重大、疑难案件至迟在开庭六十日前，通知辩护人查阅案卷和准备出庭；

（五）将开庭的时间、地点在开庭七日以前通知人民检察院；

（六）传唤当事人，通知辩护人、诉讼代理人、证人、鉴定人和翻译人员，传票和通知书至迟在开庭七日以前送达；

（七）公开审判的案件，在开庭七日以前先期公布案由、原审被告人（原审上诉人）姓名、开庭时间和地点。

第十条 人民法院审理人民检察院提出抗诉的再审案件，对人民检察院接到出庭通知后未出庭的，应当裁定按人民检察院撤回抗诉处理，并通知诉讼参与人。

第十一条 人民法院决定再审或者受理抗诉书后，原审被告人（原审上诉人）正在服刑的，人民法院依据再审决定书或者抗诉书及提押票等文书办理提押；

原审被告人（原审上诉人）在押，再审可能改判宣告无罪的，人民法院裁定中止执行原裁决后，可以取保候审；

原审被告人（原审上诉人）不在押，确有必要采取强制措施并符合法律规定采取强制措施条件的，人民法院裁定中止执行原裁决后，依法采取强制措施。

第十二条 原审被告人（原审上诉人）收到再审决定书或者抗诉书后下落不明或者收到抗诉书后未到庭的，人民法院应当中止审理；原审被告人（原审上诉人）到案后，恢复审理；如果超过二年仍查无下落的，应当裁定终止审理。

第十三条 人民法院应当在开庭三十日前通知人民检察院、当事人或者辩护人查阅、复制双方提交的新证据目录及新证据复印件、照片。

人民法院应当在开庭十五日前通知控辩双方查阅、复制人民法院调取的新证据目录及新证据复印件、照片等证据。

第十四条 控辩双方收到再审决定书或抗诉书后，人民法院通知开庭之日前，可以提交新的证据。开庭后，除对原审被告人（原审上诉人）有利的外，人民法院不再接纳新证据。

第十五条 开庭审理前，合议庭应当核实原审被告人（原审上诉人）何时因何案被人民法院依法裁判，在服刑中有无重新犯罪，有无减刑、假释，何时刑满释放等情形。

第十六条 开庭审理前，原审被告人（原审上诉人）到达开庭地点后，合议庭应当查明原审被告人（原审上诉人）基本情况，告知原审被告人（原审上诉人）享有辩护权和最后陈述权，制作笔录后，分别由该合议庭成员和书记员签名。

第十七条 开庭审理时，审判长宣布合议庭组成人员及书记员，公诉人、辩护人、鉴定人和翻译人员的名单，并告知当事人、法定代理人享有申请回避的权利。

第十八条 人民法院决定再审的，由合议庭组成人员宣读再审决定书。

根据人民检察院提出抗诉进行再审的，由公诉人宣读抗诉书。

当事人及其法定代理人、近亲属提出申诉的，由原审被告人（原审上诉人）及其辩护人陈述申诉理由。

第十九条 在审判长主持下，控辩双方应就案件的事实、证据和适用法律等问题分别进行陈述。合议庭对控辩双方无争议和有争议的事实、证据及适用法律问题进行归纳，予以确认。

第二十条 在审判长主持下，就控辩双方有争议的问题，进行法庭调查和辩论。

第二十一条 在审判长主持下，控辩双方对提出的新证据或者有异议的原审据以定罪量刑的证据进行质证。

第二十二条 进入辩论阶段，原审被告人（原审上诉人）及其法定代理人、近亲属提出申诉的，先由原审被告人（原审上诉人）及其辩护人发表辩护意见，然后由公诉人发言，被害人及其代理人发言。

被害人及其法定代理人、近亲属提出申诉的，先由被害人及其代理人发言，公诉人发言，然后由原审被告人（原审上诉人）及其辩护人发表辩护意见。

人民检察院提出抗诉的，先由公诉人发言，被害人及其代理人发言，然后由原审被告人（原审上诉人）及其辩护人发表辩护意见。

既有申诉又有抗诉的，先由公诉人发言，后由申诉方当事人及其代理人或者辩护人发言或者发表辩护意见，然后由对方当事人及其代理人或辩护人发言或者发表辩护意见。

公诉人、当事人和辩护人、诉讼代理人经审判长许可，可以互相辩论。

第二十三条 合议庭根据控辩双方举证、质证和辩论情况，可以当庭宣布认证结果。

第二十四条 再审改判宣告无罪并依法享有申请国家赔偿权利的当事人，宣判时合议庭应当告知其该判决发生法律效力后即有申请国家赔偿的权利。

第二十五条 人民法院审理再审案件，应当在作出再审决定之日起三个月内审结。需要延长期限的，经本院院长批准，可以延长三个月。

自接到阅卷通知后的第二日起，人民检察院查阅案卷超过七日后的期限，不计入再审审理期限。

第二十六条 依照第一、二审程序审理的刑事自诉再审案件开庭审理程序，参照本规定执行。

第二十七条 本规定发布前最高人民法院有关再审案件开庭审理程序的规定，与本规定相抵触的，以本规定为准。

第二十八条 本规定自2002年1月1日起执行。

4.《人民检察院刑事诉讼规则》（高检发释字［2019］4号）（2019年12月30日公布并施行）（节录）

第四百五十四条 人民法院开庭审理再审案件，同级人民检察院应当派员出席法庭。

第四百五十五条 人民检察院对于人民法院按照审判监督程序重新审判的案件，应当对原判决、裁定认定的事实、证据、适用法律进行全面审查，重点审查有争议的案件事实、证据和法律适用问题 。

第四百五十六条 人民检察院派员出席再审法庭，如果再审案件按照第一审程序审理，参照本章第一节有关规定执行；如果再审案件按照第二审程序审理，参照本章第四节有关规定执行。

5.《最高人民法院、最高人民检察院关于办理刑事赔偿案件适用法律若干问题的解释》（法释［2015］24号）（节录）

第二条 解除、撤销拘留或者逮捕措施后虽尚未撤销案件、作出不起诉决定或者判决宣告无罪，但是符合下列情形之一的，属于国家赔偿法第十七条第一项、第二项规定的终止追究刑事责任：

（一）办案机关决定对犯罪嫌疑人终止侦查的；

（二）解除、撤销取保候审、监视居住、拘留、逮捕措施后，办案机关超过一年未移送起诉、作出不起诉决定或者撤销案件的；

（三）取保候审、监视居住法定期限届满后，办案机关超过一年未移送起诉、作出不起诉决定或者撤销案件的；

（四）人民检察院撤回起诉超过三十日未作出不起诉决定的；

（五）人民法院决定按撤诉处理后超过三十日，人民检察院未作出不起诉决定的；

（六）人民法院准许刑事自诉案件自诉人撤诉的，或者人民法院决定对刑事自诉案件按撤诉处理的。

赔偿义务机关有证据证明尚未终止追究刑事责任，且经人民法院赔偿委员会审查属实的，应当决定驳回赔偿请求人的赔偿申请。

第三条 对财产采取查封、扣押、冻结、追缴等措施后，有下列情形之一，且办案机关未依法解除查封、扣押、冻结等措施或者返还财产的，属于国家赔偿法第十八条规定的侵犯财产权：

（一）赔偿请求人有证据证明财产与尚未终结的刑事案件无关，经审查属实的；

（二）终止侦查、撤销案件、不起诉、判决宣告无罪终止追究刑事责任的；

（三）采取取保候审、监视居住、拘留或者逮捕措施，在解除、撤销强制措施或者强制措施法定期限届满后超过一年未移送起诉、作出不起诉决定或者撤销案件的；

（四）未采取取保候审、监视居住、拘留或者逮捕措施，立案后超过两年未移送起诉、作出不起诉决定或者撤销案件的；

（五）人民检察院撤回起诉超过三十日未作出不起诉决定的；

（六）人民法院决定按撤诉处理后超过三十日，人民检察院未作出不起诉决定的；

（七）对生效裁决没有处理的财产或者对该财产违法进行其他处理的。

有前款第三项至六项规定情形之一，赔偿义务机关有证据证明尚未终止追究刑事责任，且经人民法院赔偿委员会审查属实的，应当决定驳回赔偿请求人的赔偿申请。

第四条 赔偿义务机关作出赔偿决定，应当依法告知赔偿请求人有权在三十日内向赔偿义务机关的上一级机关申请复议。赔偿义务机关未依法告知，赔偿请求人收到赔偿决定之日起两年内提出复议申请的，复议机关应当受理。

人民法院赔偿委员会处理赔偿申请，适用前款规定。

第五条 对公民采取刑事拘留措施后终止追究刑事责任，具有下列情形之一的，属于国家赔偿法第十七条第一项规定的违法刑事拘留：

（一）违反刑事诉讼法规定的条件采取拘留措施的；

（二）违反刑事诉讼法规定的程序采取拘留措施的；

（三）依照刑事诉讼法规定的条件和程序对公民采取拘留措施，但是拘留时间超过刑事诉讼法规定的时限。

违法刑事拘留的人身自由赔偿金自拘留之日起计算。

第六条 数罪并罚的案件经再审改判部分罪名不成立，监禁期限超出再审判决确定的刑期，公民对超期监禁申请国家赔偿的，应当决定予以赔偿。

第七条 根据国家赔偿法第十九条第二项、第三项的规定，依照刑法第十七条、第十八条规定不负刑事责任的人和依照刑事诉讼法第十五条、第一百七十三条第二款规定不追究刑事责任的人被羁押，国家不承担赔偿责任。但是，对起诉后经人民法院错判拘役、有期徒刑、无期徒刑并已执行的，人民法院应当对该判决确定后继续监禁期间侵犯公民人身自由权的情形予以赔偿。

第八条 赔偿义务机关主张依据国家赔偿法第十九条第一项、第五项规定的情形免除赔偿责任的，应当就该免责事由的成立承担举证责任。

第九条 受害的公民死亡，其继承人和其他有扶养关系的亲属有权申请国家赔偿。

依法享有继承权的同一顺序继承人有数人时，其中一人或者部分人作为赔偿请求人申请国家赔偿的，申请效力及于全体。

赔偿请求人为数人时，其中一人或者部分赔偿请求人非经全体同意，申请撤回或者放弃赔偿请求，效力不及于未明确表示撤回申请或者放弃赔偿请求的其他赔偿请求人。

第十条 看守所及其工作人员在行使职权时侵犯公民合法权益造成损害的，看守所的主管机关为赔偿义务机关。

第十一条 对公民采取拘留措施后又采取逮捕措施，国家承担赔偿责任的，作出逮捕决定的机关为赔偿义务机关。

第十二条 一审判决有罪，二审发回重审后具有下列情形之一的，属于国家赔偿法第二十一条第四款规定的重审无罪赔偿，作出一审有罪判决的人民法院为赔偿义务机关：

（一）原审人民法院改判无罪并已发生法律效力的；

（二）重审期间人民检察院作出不起诉决定的；

（三）人民检察院在重审期间撤回起诉超过三十日或者人民法院决定按撤诉处理超过三十日未作出不起诉决定的。

依照审判监督程序再审后作无罪处理的，作出原生效判决的人民法院为赔偿义务机关。

第十三条 医疗费赔偿根据医疗机构出具的医药费、治疗费、住院费等收款凭证，结合病历和诊断证明等相关证据确定。赔偿义务机关对治疗的必要性和合理性提出异议的，应当承担举证责任。

第十四条 护理费赔偿参照当地护工从事同等级别护理的劳务报酬标准计算，原则上按照一名护理人员的标准计算护理费；但医疗机构或者司法鉴定人有明确意见的，可以参照确定护理人数并赔偿相应的护理费。

护理期限应当计算至公民恢复生活自理能力时止。公民因残疾不能恢复生活自理能力的，可以根据其年龄、健康状况等因素确定合理的护理期限，一般不超过二十年。

第十五条 残疾生活辅助器具费赔偿按照普通适用器具的合理费用标准计算。伤情有特殊需要的，可以参照辅助器具配制机构的意见确定。

辅助器具的更换周期和赔偿期限参照配制机构的意见确定。

第十六条 误工减少收入的赔偿根据受害公民的误工时间和国家上年度职工日平均工资确定，最高为国家上年度职工年平均工资的五倍。

误工时间根据公民接受治疗的医疗机构出具的证明确定。公民因伤致残持续误工的，误工时间可以计算至作为赔偿依据的伤残等级鉴定确定前一日。

第十七条 造成公民身体伤残的赔偿，应当根据司法鉴定人的伤残等级鉴定确定公民丧失劳动能力的程度，并参照以下标准确定残疾赔偿金：

（一）按照国家规定的伤残等级确定公民为一级至四级伤残的，视为全部丧失劳动能力，残疾赔偿金幅度为国家上年度职工年平均工资的十倍至二十倍；

（二）按照国家规定的伤残等级确定公民为五级至十级伤残的，视为部分丧失劳动能力。五至六级的，残疾赔偿金幅度为国家上年度职工年平均工资的五倍至十倍；七至十级的，残疾赔偿金幅度为国家上年度职工年平均工资的五倍以下。

有扶养义务的公民部分丧失劳动能力的，残疾赔偿金可以根据伤残等级并参考被扶养人生活来源丧失的情况进行确定，最高不超过国家上年度职工年平均工资的二十倍。

第十八条 受害的公民全部丧失劳动能力的，对其扶养的无劳动能力人的生活费发放标准，参照作出赔偿决定时被扶养人住所地所属省级人民政府确定的最低生活保障标准执行。

能够确定扶养年限的，生活费可协商确定并一次性支付。不能确定扶养年限的，可按照二十年上限确定扶养年限并一次性支付生活费，被扶养人超过六十周岁的，年龄每增加一岁，扶养年限减少一年；被扶养人年龄超过确定扶养年限的，被扶养人可逐年领取生活费至死亡时止。

第十九条 侵犯公民、法人和其他组织的财产权造成损害的，应当依照国家赔偿法第三十六条的规定承担赔偿责任。

财产不能恢复原状或者灭失的，财产损失按照损失发生时的市场价格或者其他合理方式计算。

第二十条 返还执行的罚款或者罚金、追缴或者没收的金钱，解除冻结的汇款的，应当支付银行同期存款利息，利率参照赔偿义务机关作出赔偿决定时中国人民银行公布的人民币整存整取定期存款一年期基准利率确定，不计算复利。

复议机关或者人民法院赔偿委员会改变原赔偿决定，利率参照新作出决定时中国人民银行公布的人民币整存整取定期存款一年期基准利率确定。

计息期间自侵权行为发生时起算，至作出生效赔偿决定时止；但在生效赔偿决定作出前侵权行为停止的，计算至侵权行为停止时止。

被罚没、追缴的资金属于赔偿请求人在金融机构合法存款的，在存款合同存续期间，按照合同约定的利率计算利息。

第二十一条 国家赔偿法第三十三条、第三十四条规定的上年度，是指赔偿义务机关作出赔偿决定时的上一年度；复议机关或者人民法院赔偿委员会改变原赔偿决定，按照新作出决定时的上一年度国家职工平均工资标准计算人身自由赔偿金。

作出赔偿决定、复议决定时国家上一年度职工平均工资尚未公布的，以已经公布的最近年度职工平均工资为准。

第二十二条 下列赔偿决定、复议决定是发生法律效力的决定：

（一）超过国家赔偿法第二十四条规定的期限没有申请复议或者向上一级人民法院赔偿委员会申请国家赔偿的赔偿义务机关的决定；

（二）超过国家赔偿法第二十五条规定的期限没有向人民法院赔偿委员会申请国家赔偿的复议决定；

（三）人民法院赔偿委员会作出的赔偿决定。

发生法律效力的赔偿义务机关的决定和复议决定，与发生法律效力的赔偿委员会的赔偿决定具有同等法律效力，依法必须执行。

第二百五十七条　人民法院决定再审的案件，需要对被告人采取强制措施的，由人民法院依法决定；人民检察院提出抗诉的再审案件，需要对被告人采取强制措施的，由人民检察院依法决定。

人民法院按照审判监督程序审判的案件，可以决定中止原判决、裁定的执行。

［条文主旨］

本条是关于再审案件中强制措施的决定、再审中可中止原判决、裁定的执行的规定。

[条文释解]

本条是2012年修改《刑事诉讼法》时增加的规定，2018年未作修改。

本条第1款是再审期间对被告人采取强制措施的规定。分为两种情况，一是人民法院决定再审的案件，需要对被告人采取强制措施的，由人民法院决定。二是人民检察院提出抗诉的再审案件，需要对被告人采取强制措施的，由人民检察院依法决定。

本条第2款规定了再审期间，人民法院根据案件的具体情况，有权决定中止原判决、裁定的执行。

[审判实务]

再审期间不停止原判决、裁定的执行，有利于保障生效裁判的稳定性和权威性，但是当出现有力证据证明原判决、裁定确有错误，原审被告人明显是无罪、被错误羁押的，为了维护当事人的合法权利，避免损失的扩大，应及时防止原错误判决的不良影响和伤害，人民法院有权决定中止原判决、裁定的执行。

[配套规定]

1.《最高人民法院关于适用〈中华人民共和国刑事诉讼法〉的解释》（法释［2012］21号）（2012年12月20日公布，自2013年1月1日起施行）（节录）

第三百八十二条 对决定依照审判监督程序重新审判的案件，除人民检察院抗诉的以外，人民法院应当制作再审决定书。再审期间不停止原判决、裁定的执行，但被告人可能经再审改判无罪，或者可能经再审减轻原判刑罚而致刑期届满的，可以决定中止原判决、裁定的执行，必要时，可以对被告人采取取保候审、监视居住措施。

2.《人民检察院刑事诉讼规则》（高检发释字［2019］4号）（2019年12月30日公布并施行）（节录）

第六百条 人民检察院办理按照第二审程序、审判监督程序抗诉的案件，认为需要对被告人采取强制措施的，参照本规则相关规定。决定采取强制措施应当经检察长批准。

第二百五十八条　人民法院按照审判监督程序重新审判的案件，应当在作出提审、再审决定之日起三个月以内审结，需要延长期限的，不得超过六个月。

接受抗诉的人民法院按照审判监督程序审判抗诉的案件，审理期限适用前款规定；对需要指令下级人民法院再审的，应当自接受抗诉之日起一个月以内作出决定，下级人民法院审理案件的期限适用前款规定。

[条文主旨]

本条是关于重新审判期限的规定。

[条文释解]

本条是1996年修改《刑事诉讼法》时增加的规定，2012年、2018年未作修改。

本条是再审案件的审理期限规定。一般应当在作出再审决定之日起三个月以内审结，三个月以内不能审结需要延长期限的，不得超过六个月，即最长审理期限为六个月。另外，对需要指令下级人民法院再审的，作出决定的人民法院应当自接受抗诉之日起一个月以内决定。

第四编 执 行

第二百五十九条 判决和裁定在发生法律效力后执行。下列判决和裁定是发生法律效力的判决和裁定：

（一）已过法定期限没有上诉、抗诉的判决和裁定；

（二）终审的判决和裁定；

（三）最高人民法院核准的死刑的判决和高级人民法院核准的死刑缓期二年执行的判决。

［条文主旨］

本条是关于执行依据的规定。

［条文释解］

执行的依据是发生法律效力的判决、裁定。只有依据生效的判决和裁定执行才是合法的，且一旦判决和裁定生效就要依法及时执行，任何机关和个人不得以任何借口拖延。根据本条规定，发生法律效力的判决、裁定分为以下三种：一是已过法定期限没有上诉、抗诉的一审判决和裁定；二是终审的判决和裁定，包括中级人民法院、高级人民法院、最高人民法院第二审判决和裁定及最高人民法院的第一审判决和裁定；三是最高人民法院核准的死刑的判决和高级人民法院核准的死刑缓期二年执行的判决。

［配套规定］

1.《最高人民法院关于刑事案件终审判决和裁定何时发生法律效力问题的批复》（法释［2004］7号）（节录）

根据《中华人民共和国刑事诉讼法》第一百六十三条、第一百九十五条和第二百零八条规定的精神，终审的判决和裁定自宣告之日起发生法律效力。

2.《公安机关办理刑事案件程序规定》（公安部令第127号）（2012年12月13日发布，自2013年1月1日起施行）（节录）

第二百八十七条 对被依法判处刑罚的罪犯，如果罪犯已被采取强制措施的，公安机关应当依据人民法院生效的判决书、裁定书以及执行通知书，将罪犯交付执行。

对人民法院作出无罪或者免除刑事处罚的判决，如果被告人在押，公安机关在收到相应的法律文书后应当立即办理释放手续；对人民法院建议给予行政处理的，应当依照有关规定处理或者移送有关部门。

3.《人民检察院刑事诉讼规则》（高检发释字［2019］4号）（2019年12月30日公布并施行）（节录）

第六百二十五条 人民检察院发现人民法院、公安机关、看守所等机关的交付执行活动具有下列情形之一的，应当依法提出纠正意见：

（一）交付执行的第一审人民法院没有在法定期间内将判决书、裁定书、人民检察院的起诉书副本、自诉状复印件、执行通知书、结案登记表等法律文书送达公安机关、监狱、社区矫正机构等执行机关的；

（二）对被判处死刑缓期二年执行、无期徒刑或者有期徒刑余刑在三个月以上的罪犯，公安机关、看守所自接到人民法院执行通知书等法律文书后三十日以内，没有将成年罪犯送交监狱执行刑罚，或者没有将未成年罪犯送交未成年犯管教所执行刑罚的；

（三）对需要收监执行刑罚而判决、裁定生效前未被羁押的罪犯，第一审人民法院没有及时将罪犯收监送交公安机关，并将判决书、裁定书、执行通知书等法律文书送达公安机关的；

（四）公安机关对需要收监执行刑罚但下落不明的罪犯，在收到人民法院的判决书、裁定书、执行通知书等法律文书后，没有及时抓捕、通缉的；

（五）对被判处管制、宣告缓刑或者人民法院决定暂予监外执行的罪犯，在判决、裁定生效后或者收到人民法院暂予监外执行决定后，未依法交付罪犯居住地社区矫正机构执行，或者对被单处剥夺政治权利的罪犯，在判决、裁定生效后，未依法交付罪犯居住地公安机关执行的，或者人民法院依法交付执行，社区矫正机构或者公安机关应当接收而拒绝接收的；

（六）其他违法情形。

第二百六十条　第一审人民法院判决被告人无罪、免除刑事处罚的，如果被告人在押，在宣判后应当立即释放。

［条文主旨］

本条是关于无罪、免除刑事处罚执行的规定。

［条文释解］

本条是1979年《刑事诉讼法》的规定，1996年、2012年、2018年均未作修改。

根据本条规定，对于第一审人民法院判决被告人无罪、免除刑事处罚的，如果被告人在押，在宣判后应当立即释放，不论该判决、裁定是否已经发生法律效力。一审判决在宣判后并不立即发生法律效力，但为充分保障被判无罪、免除刑事处罚被告人的合法权益，无罪或者免除刑事处罚的判决一经宣判就要释放在押被告人，无论是否上诉，同级人民检察院是否抗诉，都应当立即释放。

［配套规定］

1.《最高人民法院关于适用〈中华人民共和国刑事诉讼法〉的解释》（法释［2012］21号）（2012年12月20日公布，自2013年1月1日起施行）（节录）

第三百九十条　原判决、裁定认定被告人姓名等身份信息有误，但认定事实和适用法律正确、量刑适当的，作出生效判决、裁定的人民法院可以通过裁定对有关信息予以更正。

第三百九十四条　外国人的国籍，根据其入境时的有效证件确认；国籍不明的，根据公安机关或者有关国家驻华使、领馆出具的证明确认。

国籍无法查明的，以无国籍人对待，适用本章有关规定，在裁判文书中写明“国籍不明”。

第三百九十五条 在刑事诉讼中，外国籍当事人享有我国法律规定的诉讼权利并承担相应义务。

2.《公安机关办理刑事案件程序规定》（公安部令第127号）（2012年12月13日发布，自2013年1月1日起施行）（节录）

第二百八十七条 对被依法判处刑罚的罪犯，如果罪犯已被采取强制措施的，公安机关应当依据人民法院生效的判决书、裁定书以及执行通知书，将罪犯交付执行。

对人民法院作出无罪或者免除刑事处罚的判决，如果被告人在押，公安机关在收到相应的法律文书后应当立即办理释放手续；对人民法院建议给予行政处理的，应当依照有关规定处理或者移送有关部门。

3.《人民检察院刑事诉讼规则》（高检发释字［2019］4号）（2019年12月30日公布并施行）（节录）

第六百二十六条 人民法院判决被告人无罪、免予刑事处罚、判处管制、宣告缓刑、单处罚金或者剥夺政治权利，被告人被羁押的，人民检察院应当监督被告人是否被立即释放。发现被告人没有被立即释放的，应当立即向人民法院或者看守所提出纠正意见。

第二百六十一条 **最高人民法院判处和核准的死刑立即执行的判决，应当由最高人民法院院长签发执行死刑的命令。**

被判处死刑缓期二年执行的罪犯，在死刑缓期执行期间，如果没有故意犯罪，死刑缓期执行期满，应当予以减刑的，由执行机关提出书面意见，报请高级人民法院裁定；如果故意犯罪，情节恶劣，查证属实，应当执行死刑的，由高级人民法院报请最高人民法院核准；对于故意犯罪未执行死刑的，死刑缓期执行的期间重新计算，并报最高人民法院备案。

［条文主旨］

本条是关于死刑令签发及死缓执行的规定。

[条文释解]

本条是1979年《刑事诉讼法》的规定，1996年作过修改，2012年未作修改，2018年作了两处修改：一是对死刑缓期执行的罪犯执行死刑的条件作增加“情节恶劣”限制性规定。二是增加规定“对于故意犯罪未执行死刑的，死刑缓期执行的期间重新计算，并报最高人民法院备案”。

死刑除最高人民法院判决的以外，均应报最高人民法院核准。执行死刑的命令应当由最高人民法院院长签发。

对于被判处死刑缓期二年执行的罪犯缓刑期满后有两种处理方式：一是罪犯只要在死刑缓期执行期间没有故意犯罪，即使有抗拒改造的行为甚至过失犯罪，应当予以减刑。二是因故意犯罪被执行死刑。在考验期内故意犯罪并不是一律执行死刑，还要考察是否构成情节恶劣。关于报请减刑、执行死刑的程序，被判处死刑缓期二年执行的罪犯，在死刑缓期执行期间，如果没有故意犯罪，符合减刑条件的，考验期满，由所在监狱提出减刑建议，报经省、自治区、直辖市监狱管理机关审核后，报请当地高级人民法院裁定；如果故意犯罪，情节恶劣，应当依照法定程序，经监狱侦查终结后移送人民检察院处理，并经人民法院查证属实，由当地高级人民法院报请最高人民法院核准执行死刑。最高人民法院核准后，由院长签发执行死刑命令，交付执行。

[配套规定]

1.《最高人民法院关于适用〈中华人民共和国刑事诉讼法〉的解释》（法释［2012］21号）（2012年12月20日公布，自2013年1月1日起施行）（节录）

第四百一十五条 被判处死刑缓期执行的罪犯，在死刑缓期执行期间故意犯罪的，应当由罪犯服刑地的中级人民法院依法审判，所作的判决可以上诉、抗诉。

认定构成故意犯罪的判决、裁定发生法律效力后，应当层报最高人民法院核准执行死刑。

第四百一十六条 死刑缓期执行的期间，从判决或者裁定核准死刑缓期执行的法律文书宣告或者送达之日起计算。

死刑缓期执行期满，依法应当减刑的，人民法院应当及时减刑。死刑缓期执行期满减为无期徒刑、有期徒刑的，刑期自死刑缓期执行期满之日起计算。

第四百四十八条 被判处死刑缓期执行的罪犯，在死刑缓期执行期间，没有故意犯罪的，死刑缓期执行期满后，应当裁定减刑；死刑缓期执行期满后，尚未裁定减刑前又犯罪的，应当依法减刑后对其所犯新罪另行审判。

第四百四十九条 对减刑、假释案件，应当按照下列情形分别处理：

（一）对被判处死刑缓期执行的罪犯的减刑，由罪犯服刑地的高级人民法院根据同级监狱管理机关审核同意的减刑建议书裁定；

（二）对被判处无期徒刑的罪犯的减刑、假释，由罪犯服刑地的高级人民法院，在收到同级监狱管理机关审核同意的减刑、假释建议书后一个月内作出裁定，案情复杂或者情况特殊的，可以延长一个月；

（三）对被判处有期徒刑和被减为有期徒刑的罪犯的减刑、假释，由罪犯服刑地的中级人民法院，在收到执行机关提出的减刑、假释建议书后一个月内作出裁定，案情复杂或者情况特殊的，可以延长一个月；

（四）对被判处拘役、管制的罪犯的减刑，由罪犯服刑地中级人民法院，在收到同级执行机关审核同意的减刑、假释建议书后一个月内作出裁定。

对暂予监外执行罪犯的减刑，应当根据情况，分别适用前款的有关规定。

2.《公安机关办理刑事案件程序规定》（公安部令第127号）（2012年12月13日发布，自2013年1月1日起施行）（节录）

第二百八十八条 对被判处死刑的罪犯，公安机关应当依据人民法院执行死刑的命令，将罪犯交由人民法院执行。

第二百六十二条 下级人民法院接到最高人民法院执行死刑的命令后，应当在七日以内交付执行。但是发现有下列情形之一的，应当停止执行，并且立即报告最高人民法院，由最高人民法院作出裁定：

（一）在执行前发现判决可能有错误的；

（二）在执行前罪犯揭发重大犯罪事实或者有其他重大立功表现，可能需要改判的；

（三）罪犯正在怀孕。

前款第一项、第二项停止执行的原因消失后，必须报请最高人民法院院长再签发执行死刑的命令才能执行；由于前款第三项原因停止执行的，应当报请最高人民法院依法改判。

[条文主旨]

本条是关于死刑执行及停止的规定。

[条文释解]

本条是1979年《刑事诉讼法》的规定，1996年作过修改，2012年、2018年未作修改。

执行死刑的人民法院在接到执行死刑命令后，应当在七日以内交付执行。在执行前，人民法院应当提审被告人，查明其身份，核实犯罪事实及证据；在临场执行时，指挥执行的审判人员对罪犯应当验明正身，讯问有无遗言、信札。在死刑执行前，如果发现有本款规定的停止执行的情形之一的，应当停止执行，并立即向判处或者核准死刑的最高人民法院报告，由最高人民法院作出裁定。对停止执行的情形共规定了三项：1. 在执行前发现判决可能有错误的。2. 在执行前罪犯揭发重大犯罪事实或者有其他重大立功表现，可能需要改判的。3. 罪犯正在怀孕的。对于停止执行死刑的案件，停止执行的原因消失后必须报请原判决或者核准死刑的最高人民法院院长再签发执行死刑的命令才能恢复执行死刑。对罪犯正在怀孕的案件报请依法改判的规定，对于执行前发现罪犯正在怀孕的，最高人民法院应当予以改判。

[配套规定]

《最高人民法院关于适用〈中华人民共和国刑事诉讼法〉的解释》（法释［2012］21号）（2012年12月20日公布，自2013年1月1日起施行）（节录）

第四百一十七条 最高人民法院的执行死刑命令，由高级人民法院交付第一审人民法院执行。第一审人民法院接到执行死刑命令后，应当在七日内执行。

在死刑缓期执行期间故意犯罪，最高人民法院核准执行死刑的，由罪犯服刑地的中级人民法院执行。

第四百一十八条 第一审人民法院在接到执行死刑命令后、执行前，发现有下列情形之一的，应当暂停执行，并立即将请求停止执行死刑的报告和相关材料层报最高人民法院：

（一）罪犯可能有其他犯罪的；

（二）共同犯罪的其他犯罪嫌疑人到案，可能影响罪犯量刑的；

（三）共同犯罪的其他罪犯被暂停或者停止执行死刑，可能影响罪犯量刑的；

（四）罪犯揭发重大犯罪事实或者有其他重大立功表现，可能需要改判的；

（五）罪犯怀孕的；

（六）判决、裁定可能有影响定罪量刑的其他错误的。

最高人民法院经审查，认为可能影响罪犯定罪量刑的，应当裁定停止执行死刑；认为不影响的，应当决定继续执行死刑。

第四百一十九条 最高人民法院在执行死刑命令签发后、执行前，发现有前条第一款规定情形的，应当立即裁定停止执行死刑，并将有关材料移交下级人民法院。

第四百二十条 下级人民法院接到最高人民法院停止执行死刑的裁定后，应当会同有关部门调查核实停止执行死刑的事由，并及时将调查结果和意见层报最高人民法院审核。

第四百二十一条 对下级人民法院报送的停止执行死刑的调查结果和意见，由最高人民法院原作出核准死刑判决、裁定的合议庭负责审查，必要时，另行组成合议庭进行审查。

第四百二十二条 最高人民法院对停止执行死刑的案件，应当按照下列情形分别处理：

（一）确认罪犯怀孕的，应当改判；

（二）确认罪犯有其他犯罪，依法应当追诉的，应当裁定不予核准死刑，撤销原判，发回重新审判；

（三）确认原判决、裁定有错误或者罪犯有重大立功表现，需要改判的，应当裁定不予核准死刑，撤销原判，发回重新审判；

（四）确认原判决、裁定没有错误，罪犯没有重大立功表现，或者重大立功表现不影响原判决、裁定执行的，应当裁定继续执行死刑，并由院长重新签发执行死刑的命令。

第二百六十三条　人民法院在交付执行死刑前，应当通知同级人民检察院派员临场监督。

死刑采用枪决或者注射等方法执行。

死刑可以在刑场或者指定的羁押场所内执行。

指挥执行的审判人员，对罪犯应当验明正身，讯问有无遗言、信札，然后交付执行人员执行死刑。在执行前，如果发现可能有错误，应当暂停执行，报请最高人民法院裁定。

执行死刑应当公布，不应示众。

执行死刑后，在场书记员应当写成笔录。交付执行的人民法院应当将执行死刑情况报告最高人民法院。

执行死刑后，交付执行的人民法院应当通知罪犯家属。

[条文主旨]

本条是关于死刑执行程序的规定。

[条文释解]

本条是1979年《刑事诉讼法》的规定，1996年作过修改，2012年、2018年未作修改。

本条共分为七款。第1款规定人民法院在交付执行死刑前，应当通知同级人民检察院派员临场监督。执行死刑临场监督，由检察长、检察员一至数人负责，并配备书记员负责记录。临场监督的主要任务是：1. 查明被执行人的身份；2. 查看执行死刑的场地和现场秩序是否会造成他人伤亡；3. 了解是否有本法第262条规定的停止执行死刑的情形，如果发现有应当停止执行死刑的情形，应建议人民法院停止执行；4. 监督执行过程是否合法，发现违法情况，应提出纠正意见；5. 查看被执行死刑的罪犯是否确已死亡，发现罪犯尚未死亡的，应提出补充执行。临场监督应制作临场监督执行笔录。

第 2 款是规定死刑采用枪决或者注射等方法执行。执行死刑的方式应该是文明、人道的方式。

第 3 款规定死刑可以在刑场或者指定的羁押场所内执行。注意刑场不得设在繁华地区、交通要道和旅游区附近，具体场所由交付执行死刑的人民法院根据实际情况确定。

第 4 款是关于临场执行死刑的程序的规定。指挥执行的审判人员在执行前应当先对罪犯验明正身，讯问有无遗言、遗物、信札等，然后交付执行人员执行死刑。在执行前，如果发现有本法第 262 条规定的停止执行的情形之一的，应当暂停执行，报请最高人民法院裁定。

第 5 款规定执行死刑应当通过布告进行公布，布告一般应贴在专门的布告栏或在机关、团体、企事业单位的内部张贴。执行死刑不准示众。

第 6 款规定执行死刑时人民法院应当派书记员在场，在场书记员应当将执行死刑的经过、情况写成笔录。死刑执行完毕后，交付执行的人民法院应当将执行死刑的情况报告最高人民法院。

第 7 款是规定对罪犯执行死刑后，交付执行的人民法院应当通知罪犯家属，罪犯家属可以在限期内领取罪犯尸体或骨灰，对于罪犯家属不领的，由交付执行的人民法院通知有关单位处理。

[配套规定]

1.《最高人民法院、最高人民检察院、公安部、司法部关于进一步严格依法办案确保办理死刑案件质量的意见》（法发［2007］11 号）（节录）

（五）执行

45. 人民法院向罪犯送达核准死刑的裁判文书时，应当告知罪犯有权申请会见其近亲属。罪犯提出会见申请并提供具体地址和联系方式的，人民法院应当准许；原审人民法院应当通知罪犯的近亲属。罪犯近亲属提出会见申请的，人民法院应当准许，并及时安排会见。

46. 第一审人民法院将罪犯交付执行死刑前，应当将核准死刑的裁判文书送同级人民检察院，并在交付执行三日以前通知同级人民检察院派员临场监督。

47. 第一审人民法院在执行死刑前，发现有刑事诉讼法第二百一十一条规定的情形的，应当停止执行，并且立即报告最高人民法院，由最高人民法院作出裁定。临场监督执行死刑的检察人员在执行死刑前，发现有刑事诉讼法第二百一十一条规定的情形的，应当建议人民法院停止执行。

48. 执行死刑应当公布。禁止游街示众或者其他有辱被执行人人格的行为。禁止侮辱尸体。

2.《最高人民法院关于适用〈中华人民共和国刑事诉讼法〉的解释》（法释［2012］21号）（2012年12月20日公布，自2013年1月1日起施行）（节录）

第四百二十三条 第一审人民法院在执行死刑前，应当告知罪犯有权会见其近亲属。罪犯申请会见并提供具体联系方式的，人民法院应当通知其近亲属。罪犯近亲属申请会见的，人民法院应当准许，并及时安排会见。

第四百二十四条 第一审人民法院在执行死刑三日前，应当通知同级人民检察院派员临场监督。

第四百二十五条 死刑采用枪决或者注射等方法执行。

采用注射方法执行死刑的，应当在指定的刑场或者羁押场所内执行。

采用枪决、注射以外的其他方法执行死刑的，应当事先层报最高人民法院批准。

第四百二十六条 执行死刑前，指挥执行的审判人员对罪犯应当验明正身，讯问有无遗言、信札，并制作笔录，再交执行人员执行死刑。

执行死刑应当公布，禁止游街示众或者其他有辱罪犯人格的行为。

第四百二十七条 执行死刑后，应当由法医验明罪犯确实死亡，在场书记员制作笔录。负责执行的人民法院应当在执行死刑后十五日内将执行情况，包括罪犯被执行死刑前后的照片，上报最高人民法院。

第四百二十八条 执行死刑后，负责执行的人民法院应当办理以下事项：

（一）对罪犯的遗书、遗言笔录，应当及时审查；涉及财产继承、债务清偿、家事嘱托等内容的，将遗书、遗言笔录交给家属，同时复制附卷备查；涉及案件线索等问题的，抄送有关机关；

（二）通知罪犯家属在限期内领取罪犯骨灰；没有火化条件或者因民族、宗教等原因不宜火化的，通知领取尸体；过期不领取的，由人民法院通知有关单位处理，并要求有关单位出具处理情况的说明；对罪犯骨灰或者尸体的处理情况，应当记录在案；

（三）对外国籍罪犯执行死刑后，通知外国驻华使、领馆的程序和时限，根据有关规定办理。

第二百六十四条 罪犯被交付执行刑罚的时候，应当由交付执行的人民法院在判决生效后十日以内将有关的法律文书送达公安机关、监狱或者其他执行机关。

对被判处死刑缓期二年执行、无期徒刑、有期徒刑的罪犯，由公安机关依法将该罪犯送交监狱执行刑罚。对被判处有期徒刑的罪犯，在被交付执行刑罚前，剩余刑期在三个月以下的，由看守所代为执行。对被判处拘役的罪犯，由公安机关执行。

对未成年犯应当在未成年犯管教所执行刑罚。

执行机关应当将罪犯及时收押，并且通知罪犯家属。

判处有期徒刑、拘役的罪犯，执行期满，应当由执行机关发给释放证明书。

[条文主旨]

本条是关于死缓、无期徒刑、有期徒刑和拘役判决的执行的规定。

[条文释解]

本条是1979年刑事诉讼法的规定，1996年、2012年作过修改，2018年未作修改。

本条共分五款。第1款规定判决、裁定生效后，人民法院应当将罪犯交付执行刑罚，交付执行的人民法院将有关的法律文书送达公安机关、监狱或者其他执行机关。

第2款规定了公安机关将罪犯送交监狱和其他刑罚执行机关的分工。根据规定，对于被判处死刑缓期二年执行、无期徒刑、有期徒刑的罪犯，人民法院应当在判决生效以后，将执行通知书、判决书送达羁押该罪犯的公安机关，由公安机关自收到执行通知书、判决书之日起一个月内依法将该罪犯送交监狱执行刑罚。被判处死刑缓期二年执行、无期徒刑、有期徒刑的罪犯，由监狱执行；被判处有期徒刑，在被交付执行刑罚前，剩余刑期在三个月以下的罪犯，由看守所代为执行；被判处拘役的罪犯，由公安机关执行。

第3款规定未成年犯应当在未成年犯管教所执行刑罚。未成年犯年满十八周岁，剩余刑期不超过二年的，仍可以留在未成年犯管教所执行剩余刑期。

第4款规定执行机关应当将罪犯及时收押，并且通知罪犯家属的规定。

第5款规定被判处有期徒刑、拘役的罪犯，服刑期满，执行机关应当按期释放并发给释放证明书。罪犯释放后，凭释放证明书到公安机关办理户籍登记。刑满释放人员如果没有附加剥夺政治权利的，依法享有与其他公民平等的权利，对刑满释放人员不得歧视。

[配套规定]

1.《最高人民法院关于适用〈中华人民共和国刑事诉讼法〉的解释》（法释［2012］21号）（2012年12月20日公布，自2013年1月1日起施行）（节录）

第三百一十四条 刑事附带民事诉讼案件，只有附带民事诉讼当事人及其法定代理人上诉的，第一审刑事部分的判决在上诉期满后即发生法律效力。

应当送监执行的第一审刑事被告人是第二审附带民事诉讼被告人的，在第二审附带民事诉讼案件审结前，可以暂缓送监执行。

第四百二十九条 被判处死刑缓期执行、无期徒刑、有期徒刑、拘役的罪犯，交付执行时在押的，第一审人民法院应当在判决、裁定生效后十日内，将判决书、裁定书、起诉书副本、自诉状复印件、执行通知书、结案登记表送达看守所，由公安机关将罪犯交付执行。

罪犯需要收押执行刑罚，而判决、裁定生效前未被羁押的，人民法院应当根据生效的判决书、裁定书将罪犯送交看守所羁押，并依照前款的规定办理执行手续。

第四百三十条 同案审理的案件中，部分被告人被判处死刑，对未被判处死刑的同案被告人需要羁押执行刑罚的，应当在其判决、裁定生效后十日内交付执行。但是，该同案被告人参与实施有关死刑之罪的，应当在最高人民法院复核讯问被判处死刑的被告人后交付执行。

第四百三十一条 执行通知书回执经看守所盖章后，应当附卷备查。

第四百八十九条 将未成年罪犯送监执行刑罚或者送交社区矫正时，人民法院应当将有关未成年罪犯的调查报告及其在案件审理中的表现材料，连同有关法律文书，一并送达执行机关。

第四百九十条 犯罪时不满十八周岁，被判处五年有期徒刑以下刑罚以及免除刑事处罚的未成年人的犯罪记录，应当封存。

2012 年 12 月 31 日以前审结的案件符合前款规定的，相关犯罪记录也应当封存。

司法机关或者有关单位向人民法院申请查询封存的犯罪记录的，应当提供查询的理由和依据。对查询申请，人民法院应当及时作出是否同意的决定。

第四百九十一条 人民法院可以与未成年罪犯管教所等服刑场所建立联系，了解未成年罪犯的改造情况，协助做好帮教、改造工作，并可以对正在服刑的未成年罪犯进行回访考察。

第四百九十二条 人民法院认为必要时，可以督促被收监服刑的未成年罪犯的父母或者其他监护人及时探视。

2.《最高人民法院关于死刑缓期执行限制减刑案件审理程序若干问题的规定》（法释［2011］8 号）

为正确适用《中华人民共和国刑法修正案（八）》关于死刑缓期执行限制减刑的规定，根据刑事诉讼法的有关规定，结合审判实践，现就相关案件审理程序的若干问题规定如下：

第一条 根据刑法第五十条第二款的规定，对被判处死刑缓期执行的累犯以及因故意杀人、强奸、抢劫、绑架、放火、爆炸、投放危险物质或者有组织的暴力性犯罪被判处死刑缓期执行的犯罪分子，人民法院根据犯罪情节、人身危险性等情况，可以在作出裁判的同时决定对其限制减刑。

第二条 被告人对第一审人民法院作出的限制减刑判决不服的，可以提出上诉。被告人的辩护人和近亲属，经被告人同意，也可以提出上诉。

第三条 高级人民法院审理或者复核判处死刑缓期执行并限制减刑的案件，认为原判对被告人判处死刑缓期执行适当，但判决限制减刑不当的，应当改判，撤销限制减刑。

第四条 高级人民法院审理判处死刑缓期执行没有限制减刑的上诉案件，认为原判事实清楚、证据充分，但应当限制减刑的，不得直接改判，也不得发回重新审判。确有必要限制减刑的，应当在第二审判决、裁定生效后，按照审判监督程序重新审判。

高级人民法院复核判处死刑缓期执行没有限制减刑的案件，认为应当限制减刑的，不得以提高审级等方式对被告人限制减刑。

第五条 高级人民法院审理判处死刑的第二审案件，对被告人改判死刑缓期执行的，如果符合刑法第五十条第二款的规定，可以同时决定对其限制减刑。

高级人民法院复核判处死刑后没有上诉、抗诉的案件，认为应当改判死刑缓期执行并限制减刑的，可以提审或者发回重新审判。

第六条 最高人民法院复核死刑案件，认为对被告人可以判处死刑缓期执行并限制减刑的，应当裁定不予核准，并撤销原判，发回重新审判。

一案中两名以上被告人被判处死刑，最高人民法院复核后，对其中部分被告人改判死刑缓期执行的，如果符合刑法第五十条第二款的规定，可以同时决定对其限制减刑。

第七条 人民法院对被判处死刑缓期执行的被告人所作的限制减刑决定，应当在判决书主文部分单独作为一项予以宣告。

第八条 死刑缓期执行限制减刑案件审理程序的其他事项，依照刑事诉讼法和有关司法解释的规定执行。

3.《公安机关办理刑事案件程序规定》（公安部令第127号）（2012年12月13日发布，自2013年1月1日起施行）（节录）

第一百五十一条 看守所收押犯罪嫌疑人、被告人和罪犯，应当对其人身和携带的物品进行安全检查。发现违禁物品、犯罪证据和可疑物品，应当制作笔录，由被羁押人签名、捺指印后，送办案机关处理。

对女性的人身检查，应当由女工作人员进行。

第二百八十九条 公安机关接到人民法院生效的判处死刑缓期二年执行、无期徒刑、有期徒刑的判决书、裁定书以及执行通知书后，应当在一个月以内将罪犯送交监狱执行。

对未成年犯应当送交未成年犯管教所执行刑罚。

第二百九十条 对被判处有期徒刑的罪犯，在被交付执行刑罚前，剩余刑期在三个月以下的，由看守所根据人民法院的判决代为执行。

对被判处拘役的罪犯，由看守所执行。

第二百九十二条 对被判处有期徒刑由看守所代为执行和被判处拘役的罪犯，执行期间如果没有再犯新罪，执行期满，看守所应当发给刑满释放证明书。

第二百六十五条 对被判处有期徒刑或者拘役的罪犯，有下列情形之一的，可以暂予监外执行：

（一）有严重疾病需要保外就医的；

（二）怀孕或者正在哺乳自己婴儿的妇女；

（三）生活不能自理，适用暂予监外执行不致危害社会的。

对被判处无期徒刑的罪犯，有前款第二项规定情形的，可以暂予监外执行。

对适用保外就医可能有社会危险性的罪犯，或者自伤自残的罪犯，不得保外就医。

对罪犯确有严重疾病，必须保外就医的，由省级人民政府指定的医院诊断并开具证明文件。

在交付执行前，暂予监外执行由交付执行的人民法院决定；在交付执行后，暂予监外执行由监狱或者看守所提出书面意见，报省级以上监狱管理机关或者设区的市一级以上公安机关批准。

［条文主旨］

本条是关于暂予监外执行的规定。

［条文释解］

本条是1979年刑事诉讼法的规定，1996年、2012年作过修改，2018年未作修改。

本条包括五款。第1款规定对于被判处有期徒刑或者拘役的罪犯，如果该罪犯患有严重疾病符合保外就医条件的，或者该罪犯是正在怀孕或者正在哺乳自己婴儿的妇女，或者生活不能自理，适用暂予监外执行不致危害社会的，可以暂予监外执行。据此，被判处无期徒刑的罪犯，不得暂予监外执行。当无期徒刑减刑为有期徒刑后，如果符合条件，是可以暂予监外执行的。

第 2 款是关于被判处无期徒刑的罪犯暂予监外执行的例外规定。如果罪犯正在怀孕或者正在哺乳自己的婴儿，可以暂予监外执行，待该情形消失后，应当及时予以收监。

第 3 款规定对于适用保外就医可能有社会危险性的罪犯，或者自伤自残的罪犯，不得保外就医。

第 4 款是关于保外就医证明条件的规定。被判处有期徒刑或者拘役的罪犯是否确有严重疾病，需要保外就医，应由指定的医疗机构予以诊断，并出具证明书。

第 5 款是关于暂予监外执行批准主体及批准程序的规定。在交付执行前，人民法院发现罪犯符合暂予监外执行的情形，可以对其暂予监外执行，由人民法院直接作出决定；在交付执行后，负责执行的监狱或者看守所发现罪犯符合暂予监外执行的情形，可以由监狱或看守所提出暂予监外执行的书面意见，报省级以上监狱管理机关或者设区的市一级以上公安机关批准后执行，监狱或看守所只能提出建议，不能直接作出决定。

[配套规定]

1.《全国人民代表大会常务委员会关于〈中华人民共和国刑事诉讼法〉第二百五十四条第五款、第二百五十七条第二款的解释》（2014 年 4 月 24 日第十二届全国人民代表大会常务委员会第八次会议通过）

全国人民代表大会常务委员会根据司法实践中遇到的情况，讨论了刑事诉讼法第二百五十四条第五款、第二百五十七条第二款的含义及人民法院决定暂予监外执行的案件，由哪个机关负责组织病情诊断、妊娠检查和生活不能自理的鉴别和由哪个机关对予以收监执行的罪犯送交执行刑罚的问题，解释如下：

罪犯在被交付执行前，因有严重疾病、怀孕或者正在哺乳自己婴儿的妇女、生活不能自理的原因，依法提出暂予监外执行的申请的，有关病情诊断、妊娠检查和生活不能自理的鉴别，由人民法院负责组织进行。

根据刑事诉讼法第二百五十七条第二款的规定，对人民法院决定暂予监外执行的罪犯，有刑事诉讼法第二百五十七条第一款规定的情形，依法应当予以收监的，在人民法院作出决定后，由公安机关依照刑事诉讼法第二百五十三条第二款的规定送交执行刑罚。

2.《暂予监外执行规定》（2014年10月24日公布，自2014年12月1日起施行）（节录）

第一条 为了规范暂予监外执行工作，严格依法适用暂予监外执行，根据刑事诉讼法、监狱法等有关规定，结合刑罚执行工作实际，制定本规定。

第二条 对罪犯适用暂予监外执行，分别由下列机关决定或者批准：

（一）在交付执行前，由人民法院决定；

（二）在监狱服刑的，由监狱审查同意后提请省级以上监狱管理机关批准；

（三）在看守所服刑的，由看守所审查同意后提请设区的市一级以上公安机关批准。

对有关职务犯罪罪犯适用暂予监外执行，还应当依照有关规定逐案报请备案审查。

第三条 对暂予监外执行的罪犯，依法实行社区矫正，由其居住地的社区矫正机构负责执行。

第四条 罪犯在暂予监外执行期间的生活、医疗和护理等费用自理。

罪犯在监狱、看守所服刑期间因参加劳动致伤、致残被暂予监外执行的，其出监、出所后的医疗补助、生活困难补助等费用，由其服刑所在的监狱、看守所按照国家有关规定办理。

第五条 对被判处有期徒刑、拘役或者已经减为有期徒刑的罪犯，有下列情形之一，可以暂予监外执行：

（一）患有属于本规定所附《保外就医严重疾病范围》的严重疾病，需要保外就医的；

（二）怀孕或者正在哺乳自己婴儿的妇女；

（三）生活不能自理的。

对被判处无期徒刑的罪犯，有前款第二项规定情形的，可以暂予监外执行。

第六条 对需要保外就医或者属于生活不能自理，但适用暂予监外执行可能有社会危险性，或者自伤自残，或者不配合治疗的罪犯，不得暂予监外执行。

对职务犯罪、破坏金融管理秩序和金融诈骗犯罪、组织（领导、参加、包庇、纵容）黑社会性质组织犯罪的罪犯适用保外就医应当从严审批，对患有高血压、糖尿病、心脏病等严重疾病，但经诊断短期内没有生命危险的，不得暂予监外执行。

对在暂予监外执行期间因违法违规被收监执行或者因重新犯罪被判刑的罪犯，需要再次适用暂予监外执行的，应当从严审批。

第七条 对需要保外就医或者属于生活不能自理的累犯以及故意杀人、强奸、抢劫、绑架、放火、爆炸、投放危险物质或者有组织的暴力性犯罪的罪犯，原被判处死刑缓期二年执行或者无期徒刑的，应当在减为有期徒刑后执行有期徒刑七年以上方可适用暂予监外执行；原被判处十年以上有期徒刑的，应当执行原判刑期三分之一以上方可适用暂予监外执行。

对未成年罪犯、六十五周岁以上的罪犯、残疾人罪犯，适用前款规定可以适度从宽。

对患有本规定所附《保外就医严重疾病范围》的严重疾病，短期内有生命危险的罪犯，可以不受本条第一款规定关于执行刑期的限制。

第八条 对在监狱、看守所服刑的罪犯需要暂予监外执行的，监狱、看守所应当组织对罪犯进行病情诊断、妊娠检查或者生活不能自理的鉴别。罪犯本人或者其亲属、监护人也可以向监狱、看守所提出书面申请。

监狱、看守所对拟提请暂予监外执行的罪犯，应当核实其居住地。需要调查其对所居住社区影响的，可以委托居住地县级司法行政机关进行调查。

监狱、看守所应当向人民检察院通报有关情况。人民检察院可以派员监督有关诊断、检查和鉴别活动。

第九条 对罪犯的病情诊断或者妊娠检查，应当委托省级人民政府指定的医院进行。医院出具的病情诊断或者检查证明文件，应当由两名具有副高以上专业技术职称的医师共同作出，经主管业务院长审核签名，加盖公章，并附化验单、影像学资料和病历等有关医疗文书复印件。

对罪犯生活不能自理情况的鉴别，由监狱、看守所组织有医疗专业人员参加的鉴别小组进行。鉴别意见由组织鉴别的监狱、看守所出具，参与鉴别的人员应当签名，监狱、看守所的负责人应当签名并加盖公章。

对罪犯进行病情诊断、妊娠检查或者生活不能自理的鉴别，与罪犯有亲属关系或者其他利害关系的医师、人员应当回避。

第十条 罪犯需要保外就医的，应当由罪犯本人或者其亲属、监护人提出保证人，保证人由监狱、看守所审查确定。

罪犯没有亲属、监护人的，可以由其居住地的村（居）民委员会、原所在单位或者社区矫正机构推荐保证人。

保证人应当向监狱、看守所提交保证书。

第十一条 保证人应当同时具备下列条件：

（一）具有完全民事行为能力，愿意承担保证人义务；

（二）人身自由未受到限制；

（三）有固定的住处和收入；

（四）能够与被保证人共同居住或者居住在同一市、县。

第十二条 罪犯在暂予监外执行期间，保证人应当履行下列义务：

（一）协助社区矫正机构监督被保证人遵守法律和有关规定；

（二）发现被保证人擅自离开居住的市、县或者变更居住地，或者有违法犯罪行为，或者需要保外就医情形消失，或者被保证人死亡的，立即向社区矫正机构报告；

（三）为被保证人的治疗、护理、复查以及正常生活提供帮助；

（四）督促和协助被保证人按照规定履行定期复查病情和向社区矫正机构报告的义务。

第十三条 监狱、看守所应当就是否对罪犯提请暂予监外执行进行审议。经审议决定对罪犯提请暂予监外执行的，应当在监狱、看守所内进行公示。对病情严重必须立即保外就医的，可以不公示，但应当在保外就医后三个工作日以内在监狱、看守所内公告。

公示无异议或者经审查异议不成立的，监狱、看守所应当填写暂予监外执行审批表，连同有关诊断、检查、鉴别材料、保证人的保证书，提请省级以上监狱管理机关或者设区的市一级以上公安机关批准。已委托进行核实、调查的，还应当附县级司法行政机关出具的调查评估意见书。

监狱、看守所审议暂予监外执行前，应当将相关材料抄送人民检察院。决定提请暂予监外执行的，监狱、看守所应当将提请暂予监外执行书面意见的副本和相关材料抄送人民检察院。人民检察院可以向决定或者批准暂予监外执行的机关提出书面意见。

第十四条 批准机关应当自收到监狱、看守所提请暂予监外执行材料之日起十五个工作日以内作出决定。批准暂予监外执行的，应当在五个工作日以内将暂予监外执行决定书送达监狱、看守所，同时抄送同级人民检察院、原判人民法院和罪犯居住地社区矫正机构。暂予监外执行决定书应当上网公开。不予批准暂予监外执行的，应当在五个工作日以内将不予批准暂予监外执行决定书送达监狱、看守所。

第十五条 监狱、看守所应当向罪犯发放暂予监外执行决定书，及时为罪犯办理出监、出所相关手续。

在罪犯离开监狱、看守所之前，监狱、看守所应当核实其居住地，书面通知其居住地社区矫正机构，并对其进行出监、出所教育，书面告知其在暂予监外执行期间应当遵守的法律和有关监督管理规定。罪犯应当在告知书上签名。

第十六条 监狱、看守所应当派员持暂予监外执行决定书及有关文书材料，将罪犯押送至居住地，与社区矫正机构办理交接手续。监狱、看守所应当及时将罪犯交接情况通报人民检察院。

第十七条 对符合暂予监外执行条件的，被告人及其辩护人有权向人民法院提出暂予监外执行的申请，看守所可以将有关情况通报人民法院。对被告人、罪犯的病情诊断、妊娠检查或者生活不能自理的鉴别，由人民法院依照本规定程序组织进行。

第十八条 人民法院应当在执行刑罚的有关法律文书依法送达前，作出是否暂予监外执行的决定。

人民法院决定暂予监外执行的，应当制作暂予监外执行决定书，写明罪犯基本情况、判决确定的罪名和刑罚、决定暂予监外执行的原因、依据等，在判决生效后七日以内将暂予监外执行决定书送达看守所或者执行取保候审、监视居住的公安机关和罪犯居住地社区矫正机构，并抄送同级人民检察院。

人民法院决定不予暂予监外执行的，应当在执行刑罚的有关法律文书依法送达前，通知看守所或者执行取保候审、监视居住的公安机关，并告知同级人民检察院。监狱、看守所应当依法接收罪犯，执行刑罚。

人民法院在作出暂予监外执行决定前，应当征求人民检察院的意见。

第十九条 人民法院决定暂予监外执行，罪犯被羁押的，应当通知罪犯居住地社区矫正机构，社区矫正机构应当派员持暂予监外执行决定书及时与看守所办理交接手续，接收罪犯档案；罪犯被取保候审、监视居住的，由社区矫正机构与执行取保候审、监视居住的公安机关办理交接手续。

第二十条 罪犯原服刑地与居住地不在同一省、自治区、直辖市，需要回居住地暂予监外执行的，原服刑地的省级以上监狱管理机关或者设区的市一级以上公安机关监所管理部门应当书面通知罪犯居住地的监狱管理机关、公安机关监所管理部门，由其指定一所监狱、看守所接收罪犯档案，负责办理罪犯收监、刑满释放等手续，并及时书面通知罪犯居住地社区矫正机构。

第二十一条 社区矫正机构应当及时掌握暂予监外执行罪犯的身体状况以及疾病治疗等情况，每三个月审查保外就医罪犯的病情复查情况，并根据需要向批准、决定机关或者有关监狱、看守所反馈情况。

第二十二条 罪犯在暂予监外执行期间因犯新罪或者发现判决宣告以前还有其他罪没有判决的，侦查机关应当在对罪犯采取强制措施后二十四小时以内，将有关情况通知罪犯居住地社区矫正机构；人民法院应当在判决、裁定生效后，及时将判决、裁定的结果通知罪犯居住地社区矫正机构和罪犯原服刑或者接收其档案的监狱、看守所。

罪犯按前款规定被判处监禁刑罚后，应当由原服刑的监狱、看守所收监执行；原服刑的监狱、看守所与接收其档案的监狱、看守所不一致的，应当由接收其档案的监狱、看守所收监执行。

第二十三条 社区矫正机构发现暂予监外执行罪犯依法应予收监执行的，应当提出收监执行的建议，经县级司法行政机关审核同意后，报决定或者批准机关。决定或者批准机关应当进行审查，作出收监执行决定的，将有关的法律文书送达罪犯居住地县级司法行政机关和原服刑或者接收其档案的监狱、看守所，并抄送同级人民检察院、公安机关和原判人民法院。

人民检察院发现暂予监外执行罪犯依法应予收监执行而未收监执行的，由决定或者批准机关同级的人民检察院向决定或者批准机关提出收监执行的检察建议。

第二十四条 人民法院对暂予监外执行罪犯决定收监执行的，决定暂予监外执行时剩余刑期在三个月以下的，由居住地公安机关送交看守所收监执行；决定暂予监外执行时剩余刑期在三个月以上的，由居住地公安机关送交监狱收监执行。

监狱管理机关对暂予监外执行罪犯决定收监执行的，原服刑或者接收其档案的监狱应当立即赴羁押地将罪犯收监执行。

公安机关对暂予监外执行罪犯决定收监执行的，由罪犯居住地看守所将罪犯收监执行。

监狱、看守所将罪犯收监执行后，应当将收监执行的情况报告决定或者批准机关，并告知罪犯居住地县级人民检察院和原判人民法院。

第二十五条 被决定收监执行的罪犯在逃的，由罪犯居住地县级公安机关负责追捕。公安机关将罪犯抓捕后，依法送交监狱、看守所执行刑罚。

第二十六条 被收监执行的罪犯有法律规定的不计入执行刑期情形的，社区矫正机构应当在收监执行建议书中说明情况，并附有关证明材料。批准机关进行审核后，应当及时通知监狱、看守所向所在地的中级人民法院提出不计入执行刑期的建议书。人民法院应当自收到建议书之日起一个月以内依法对罪犯的刑期重新计算作出裁定。

人民法院决定暂予监外执行的，在决定收监执行的同时应当确定不计入刑期的期间。

人民法院应当将有关的法律文书送达监狱、看守所，同时抄送同级人民检察院。

第二十七条 罪犯暂予监外执行后，刑期即将届满的，社区矫正机构应当在罪犯刑期届满前一个月以内，书面通知罪犯原服刑或者接收其档案的监狱、看守所按期办理刑满释放手续。

人民法院决定暂予监外执行罪犯刑期届满的，社区矫正机构应当及时解除社区矫正，向其发放解除社区矫正证明书，并将有关情况通报原判人民法院。

第二十八条 罪犯在暂予监外执行期间死亡的，社区矫正机构应当自发现之日起五日以内，书面通知决定或者批准机关，并将有关死亡证明材料送达罪犯原服刑或者接收其档案的监狱、看守所，同时抄送罪犯居住地同级人民检察院。

第二十九条 人民检察院发现暂予监外执行的决定或者批准机关、监狱、看守所、社区矫正机构有违法情形的，应当依法提出纠正意见。

第三十条 人民检察院认为暂予监外执行不当的，应当自接到决定书之日起一个月以内将书面意见送交决定或者批准暂予监外执行的机关，决定或者批准暂予监外执行的机关接到人民检察院的书面意见后，应当立即对该决定进行重新核查。

第三十一条 人民检察院可以向有关机关、单位调阅有关材料、档案，可以调查、核实有关情况，有关机关、单位和人员应当予以配合。

人民检察院认为必要时，可以自行组织或者要求人民法院、监狱、看守所对罪犯重新组织进行诊断、检查或者鉴别。

第三十二条 在暂予监外执行执法工作中，司法工作人员或者从事诊断、检查、鉴别等工作的相关人员有玩忽职守、徇私舞弊、滥用职权等违法违纪行为的，依法给予相应的处分；构成犯罪的，依法追究刑事责任。

第三十三条 本规定所称生活不能自理，是指罪犯因患病、身体残疾或者年老体弱，日常生活行为需要他人协助才能完成的情形。

生活不能自理的鉴别参照《劳动能力鉴定—职工工伤与职业病致残等级分级》（GB/T 16180—2006）执行。进食、翻身、大小便、穿衣洗漱、自主行动等五项日常生活行为中有三项需要他人协助才能完成，且经过六个月以上治疗、护理和观察，自理能力不能恢复的，可以认定为生活不能自理。六十五周岁以上的罪犯，上述五项日常生活行为有一项需要他人协助才能完成即可视为生活不能自理。

3.《公安机关办理刑事案件程序规定》（公安部令第127号）（2012年12月13日发布，自2013年1月1日起施行）（节录）

第二百九十六条 对依法留所执行刑罚的罪犯，有下列情形之一的，可以暂予监外执行：

（一）有严重疾病需要保外就医的；

（二）怀孕或者正在哺乳自己婴儿的妇女；

（三）生活不能自理，适用暂予监外执行不致危害社会的。

对罪犯暂予监外执行的，看守所应当提出书面意见，报设区的市一级以上公安机关批准，同时将书面意见抄送同级人民检察院。

对适用保外就医可能有社会危险性的罪犯，或者自伤自残的罪犯，不得保外就医。

对罪犯确有严重疾病，必须保外就医的，由省级人民政府指定的医院诊断并开具证明文件。

4.《人民检察院刑事诉讼规则》（高检发释字［2019］4号）（2019年12月30日公布并施行）（节录）

第六百二十九条 人民检察院发现人民法院、监狱、看守所、公安机关暂予监外执行的活动具有下列情形之一的，应当依法提出纠正意见：（一）将不符合法定条件的罪犯提请、决定暂予监外执行的；

（二）提请、决定暂予监外执行的程序违反法律规定或者没有完备的合法手续，或者对于需要保外就医的罪犯没有省级人民政府指定医院的诊断证明和开具的证明文件的；

（三）监狱、看守所提出暂予监外执行书面意见，没有同时将书面意见副本抄送人民检察院的；

（四）罪犯被决定或者批准暂予监外执行后，未依法交付罪犯居住地社区矫正机构实行社区矫正的；

（五）对符合暂予监外执行条件的罪犯没有依法提请暂予监外执行的；

（六）人民法院在作出暂予监外执行决定前，没有依法征求人民检察院意见的；

（七）发现罪犯不符合暂予监外执行条件，在暂予监外执行期间严重违反暂予监外执行监督管理规定，或者暂予监外执行的条件消失且刑期未满，应当收监执行而未及时收监执行的；

（八）人民法院决定将暂予监外执行的罪犯收监执行，并将有关法律文书送达公安机关、监狱、看守所后，监狱、看守所未及时收监执行的；

（九）对不符合暂予监外执行条件的罪犯通过贿赂、欺骗等非法手段被暂予监外执行以及在暂予监外执行期间脱逃的罪犯，监狱、看守所未建议人民法院将其监外执行期间、脱逃期间不计入执行刑期或者对罪犯执行刑期计算的建议违法、不当的；

（十）暂予监外执行的罪犯刑期届满，未及时办理释放手续的；

（十一）其他违法情形。

第六百三十条 人民检察院收到监狱、看守所抄送的暂予监外执行书面意见副本后，应当逐案进行审查，发现罪犯不符合暂予监外执行法定条件或者提请暂予监外执行违反法定程序的，应当在十日以内报经检察长批准，向决定或者批准机关提出书面检察意见，同时抄送执行机关。

第六百三十一条 人民检察院接到决定或者批准机关抄送的暂予监外执行决定书后，应当及时审查下列内容：

（一）是否属于被判处有期徒刑或者拘役的罪犯；

（二）是否属于有严重疾病需要保外就医的罪犯；

（三）是否属于怀孕或者正在哺乳自己婴儿的妇女；

（四）是否属于生活不能自理，适用暂予监外执行不致危害社会的罪犯；

（五）是否属于适用保外就医可能有社会危险性的罪犯，或者自伤自残的罪犯；

（六）决定或者批准机关是否符合刑事诉讼法第二百六十五条第五款的规定；

（七）办理暂予监外执行是否符合法定程序。

第六百三十二条 人民检察院经审查认为暂予监外执行不当的，应当自接到通知之日起一个月以内，向决定或者批准暂予监外执行的机关提出纠正意见。下级人民检察院认为暂予监外执行不当的，应当立即层报决定或者批准暂予监外执行的机关的同级人民检察院，由其决定是否向决定或者批准暂予监外执行的机关提出纠正意见。

第六百三十三条 人民检察院向决定或者批准暂予监外执行的机关提出不同意暂予监外执行的书面意见后，应当监督其对决定或者批准暂予监外执行的结果进行重新核查，并监督重新核查的结果是否符合法律规定。对核查不符合法律规定的，应当依法提出纠正意见，并向上一级人民检察院报告。

第六百三十四条 对于暂予监外执行的罪犯，人民检察院发现罪犯不符合暂予监外执行条件、严重违反有关暂予监外执行的监督管理规定或者暂予监外执行的情形消失而罪犯刑期未满的，应当通知执行机关收监执行，或者建议决定或者批准暂予监外执行的机关作出收监执行决定。

[参考案例]

吴某某等贩卖毒品案[①]

基本案情：

被告人刘某，男，1965 年 6 月 16 日出生，无业。2002 年 12 月 3 日因犯贩卖毒品罪被判处有期徒刑十年，2008 年 12 月 30 日刑满释放，2011 年 1 月 18 日因涉嫌犯贩卖毒品罪被逮捕。

被告人吴某某，男，1963 年 7 月 14 日出生，农民。2005 年 3 月 1 日因犯贩卖毒品罪被判处有期徒刑八年，2010 年 8 月 9 日刑满释放，2010 年 12 月 14 日因涉嫌犯贩卖毒品罪被刑事拘留，同月 24 日被取保候审。

被告人邹某某，男，1984 年 12 月 26 日出生，无业。2004 年 11 月 8 日因犯贩卖毒品罪被判处有期徒刑十个月，2005 年 5 月 13 日刑满释放，2011 年 1 月 18 日因涉嫌犯贩卖毒品罪被逮捕。

重庆市人民检察院第五分院以被告人刘某、吴某某、邹某某犯贩卖毒品罪，向重庆市第五中级人民法院提起公诉。

重庆市第五中级人民法院经审理查明：2010 年 9 月，被告人刘某、吴某

---

① 选自刑事审判参考第 799 号案例。

某在重庆市南岸区南坪共谋贩卖毒品海洛因，并商定由刘某负责提供毒品，吴某某负责联系毒品买家。后吴某某在重庆市綦江县找到被告人邹某某，让邹某某联系毒品买家。同年11月，邹某某将其通过张某联系的毒品买家王某某的情况告知吴某某，吴某某遂携带刘某送来的海洛因样品在綦江县与同邹某某一道来的王某某验货谈价。之后，刘某又通过吴某某多次与王某某联系，最终商定以每克人民币（以下币种同）550元的价格交易毒品海洛因。同年12月13日下午，经吴某某、邹某某联系，王某某于当日18时许入住綦江县新百利酒店810号房等候交易毒品。20时许，吴某某到重庆市接上携带海洛因的刘某赶到綦江县入住顺心旅馆后，将刘某带来的海洛因样品带到新百利酒店810号房让王某某验货，并与邹某某共同查验了王某某的购毒款。之后，在吴某某、邹某某的带领下，刘某来到810号房，将五块海洛因交给王某某，收取毒资14.8万元。后刘某准备离开时，被公安人员当场抓获，吴某某、邹某某也在酒店附近被抓获，现场查获含量为64%的海洛因246.17克。

重庆市第五中级人民法院经审理认为：被告人刘某、吴某某、邹某某共同贩卖毒品海洛因246.17克，其行为均构成贩卖毒品罪。刘某、吴某某系累犯和毒品再犯，邹某某系毒品再犯，依法均应从重处罚。刘某、吴某某共谋贩卖毒品后即进行分工，由刘某提供毒品，吴某某联系毒品买家，二人均起主要作用，系主犯；邹某某居间介绍买卖毒品，起次要作用，系从犯，依法应当从轻处罚。据此，依照《刑法》第347条第2款第1项、第356条、第25条第1款、第26条第1款、第27条、第48条第1款、第65条第1款、第64条之规定，重庆市第五中级人民法院判决如下：

1. 被告人刘某犯贩卖毒品罪，判处死刑，缓期二年执行，剥夺政治权利终身，并处没收个人全部财产；

2. 被告人吴某某犯贩卖毒品罪，判处无期徒刑，剥夺政治权利终身，并处没收个人全部财产；

3. 被告人邹某某犯贩卖毒品罪，判处有期徒刑十五年，剥夺政治权利五年，并处没收个人财产人民币2万元；

4. 对查获的违禁品海洛因264.17克及作案工具手机三部予以没收。

一审宣判后，邹某某提出上诉，称其有重大立功表现，请求对其减轻处罚。

重庆市高级人民法院经审理认为：被告人刘某、吴某某、邹某某共同贩卖毒品海洛因246.17克的行为均构成贩卖毒品罪。在共同犯罪中，刘某提供毒品，吴某某积极联系毒品买家，均起主要作用，系主犯；邹某某居间介绍买卖毒品，起次要作用，系从犯，依法应当从轻处罚。刘某、吴某某系累犯和毒品再犯，邹某某系毒品再犯，依法均应当从重处罚。原判决认定的事实清楚，定性正确，对刘某、吴某某的量刑适当，审判程序合法。鉴于邹某某二审期间有重大立功表现，依法可以减轻处罚。据此，重庆市高级人民法院依法维持原判对刘某、吴某某的定罪量刑部分，并核准原判对刘某以贩卖毒品罪判处死刑，缓期二年执行，剥夺政治权利终身，并处没收个人全部财产的判决；以贩卖毒品罪改判邹某某有期徒刑十二年，剥夺政治权利二年，并处罚金1万元。

值得注意的是，本案被告人吴某某因本案于2010年12月13日被抓获，同月21日经诊断患有贲门癌，同月24日被取保候审。2011年3月12日，医院对吴某某进行全胃切除手术并进行化疗。经省级人民政府指定的医院鉴定，吴某某的病情符合保外就医的条件。然而，吴某某被判处无期徒刑，依照修正前刑事诉讼法的规定，不得对其暂予监外执行。在看守所和监狱拒不执行法院收监决定的情况下，重庆市第五中级人民法院经多方协调，最终确保其依法作出的收监决定得到有效执行。

案例评析：

对于被判处监禁刑但因为疾病、哺乳婴儿等原因不适合在监狱等执行场所内执行刑罚的罪犯，暂时采用不予关押但对其严格监督管理的方式执行原判刑罚，符合人道主义原则。但在司法实践中，囿于各种原因，“收监难”的问题长期得不到有效解决，损害了人民法院判决的权威，不利于社会的稳定。基于此，修改后的刑事诉讼法对暂予监外执行进行了部分修改，主要是扩大了暂予监外执行的对象范围，规范了保外就医的证明条件，强化了检察机关的监督职责，明确了通过非法手段被暂予监外执行的后果，对规范暂予监外执行、解决“收监难”的问题将产生积极的意义。本案生效后，法院对罪犯吴某某是否暂予监外执行产生过分歧，在决定对罪犯吴某某收监执行后，法院在交付执行过程中亦遭遇了“收监难”的问题。

1. 对不符合刑事诉讼法及相关司法解释关于暂予监外执行条件的罪犯，法院不得决定暂予监外执行。

根据1996年《刑事诉讼法》第214条的规定，暂予监外执行必须同时符合以下三个条件：

（1）暂予监外执行的对象只能是被判处有期徒刑或拘役的罪犯，对于判处无期徒刑以上刑罚的罪犯，不得暂予监外执行。在本案处理过程中，一种意见认为，对判处无期徒刑的罪犯亦可暂予监外执行。理由是：我国《监狱法》第25条规定，对于被判处无期徒刑在监内服刑的罪犯，符合刑事诉讼法规定的监外执行条件的，可以暂予监外执行，我们认为，刑事诉讼法是全国人大于1996年通过的，而监狱法是全国人大常委会于1994年通过的，根据上位法优于下位法、后法优于前法的原理，刑事诉讼法的效力当然高于监狱法的效力，即对判处无期徒刑以上刑罚的罪犯，不得适用暂予监外执行。

需要注意的是，2012年修改的《刑事诉讼法》第254条扩大了暂予监外执行的范围，即对于被判处无期徒刑的罪犯，如怀孕或者正在哺乳自己婴儿的妇女，可以暂予监外执行。据此，对于被判处无期徒刑的罪犯，如果不是怀孕或者正在哺乳自己婴儿的妇女，仍不得暂予监外执行。

（2）暂予监外执行的罪犯必须具有下列情形之一：患有严重疾病需要保外就医；怀孕或正在哺乳自己婴儿的妇女；生活不能自理。对于因患有严重疾病需保外就医的，必须由省级人民政府指定的医院开具证明文件。根据《罪犯保外就医疾病伤残范围》，患有下列疾病情况之一，且符合其他规定条件者，可准予保外就医：经精神病专科医院司法鉴定确诊的经常发作的各种精神病；各种器质性心脏病，心脏功能在三级以上；高血压病Ⅲ期；空洞型肺结核、反复咯血，经两个疗程治疗不愈者，支气管扩张、反复咯血、且合并肺感染者；患有肺胸膜疾病，同时存在严重呼吸功能障碍者；各种肝硬化所致的失代偿期；各种慢性肾脏疾病引起的肾功能不全，经治疗不能恢复者；脑血管疾病、颅内器质疾病所致的肢体瘫痪、明显语言障碍或视力障碍等，经治疗不愈者；各种脊髓疾病及周围神经所致的肢体瘫痪、大小便失禁、生活不能自理者；癫痫频繁大发作，伴有精神障碍者；糖尿病合并心、脑、肾病变或严重继发感染者；结缔组织病造成脏器功能障碍，治疗无效者；内分泌腺疾病，难以治愈者，达到丧失劳动能力者；白血病、再生障碍性贫血者；寄生虫病侵犯肺、脑、肝等重要器官，造成继发性损害，生活不能自理者；各种恶性肿瘤经过治疗不见好转者；其他各类肿瘤，严重影响肌体功能而不能进行彻底治疗，或者全身状态不佳、肿瘤过大、肿瘤和主要脏器有严重粘连等原因而不能手术治疗或有严重后遗症；艾滋病毒反应阳性者；等等。从上述规定的疾病范围来看，都属严重疾病，且病情严重。

司法实践中，一些看守所担心将患有疾病的罪犯收监后，罪犯如死在看守所将承担责任，一方面，不按规定的程序进行审批，提供一些不具有资质的医院出具的证明文件，有的干脆由看守所的医生出具证明文件；另一方面，有的看守所随意扩大疾病范围，对病情并不严重的高血压、肺结核、性病、糖尿病等罪犯亦不予收监。法院应严格按照法律规定的条件和程序进行把关，对不符合《罪犯保外就医疾病伤残范围》的罪犯，不能暂予监外执行。

此外，为防止保外就医被滥用，进一步规范保外就医的证明条件，2012年修改后的《刑事诉讼法》对因患有严重疾病需保外就医的，除保留必须由省级人民政府指定的医院开具证明文件外，还增加规定了必须由省级人民政府指定的医院在诊断的基础上才能开具证明文件：

（3）对患有严重疾病需要保外就医或生活不能自理的罪犯适用暂予监外执行，必须不致再危害社会。我们认为，是否会再危害社会，可以从以下几个方面把握：一是是否有报复社会或继续犯罪的倾向；二是是否属累犯或性质严重的前科；三是是否属在监外执行期间重新犯罪。司法实践中，经常出现一些患有严重疾病的罪犯在暂予监外执行期间又重新犯罪的情况，特别是毒品犯罪中，一些被告人自恃患有严重疾病，不符合收监条件，在监外执行期间又从事毒品犯罪。我们认为，对在监外执行期间又犯罪的、有报复社会或继续犯罪倾向的、累犯或性质严重前科的罪犯，法院一般不得对其适用暂予监外执行：

综上，本案被告人吴某某虽经省级人民政府指定的医院证明具有严重疾病，但因其罪行严重，被判处无期徒刑，不符合暂予监外执行的条件，法院依法对其不适用暂予监外执行是正确的。

2. 看守所或者监狱拒绝执行法院依法作出收监决定的，法院应当采取积极措施确保收监决定得到有效执行。

司法实践中，法院对不符合暂予监外执行条件的罪犯作出收监决定后，看守所或者监狱可能会以各种理由拒绝收监。2012 年修改《刑事诉讼法》时，虽对暂予监外执行作了部分修改，但仍然难以从根本上解决该问题。比如，修改后的刑事诉讼法没有规定看守所等违法拒绝收监的法律责任，就很难避免有关机关在部门利益驱动下，违法拒绝收监。有的地方法院在看守所或者监狱拒绝收监后，因种种因素而作出妥协处理，最终对不符合暂予监外执行条件的罪犯准许暂予监外执行。这种做法不但有损法律尊严和司法权威，而且容易使一些犯罪分子对犯罪后不被收监执行心存侥幸，从而使刑罚的一般预防和特殊预防功能大打折扣。

本案在执行过程中，重庆市中级人民法院对吴某某依法作出收监决定后，会同公安机关一起将吴某某先后送往看守所、监狱，要求看守所、监狱依法对吴某某收监，但是看守所、监狱以吴某某患有重病为由拒绝将吴某某收监。后经多方协调，看守所、监狱才对吴某某进行收监。实践中，造成“收监难”的原因是多方面的，但最根本的是缺乏明确的法律适用依据。因此，要解决“收监难”问题，最有效的途径是尽快推动立法或者出台司法解释。在进行相关立法或者出台司法解释时，我们建议对以下几个问题作出明确：

一是看守所或者监狱对法院依法作出的收监决定的执行，是一种法律义务。

二是看守所或者监狱对罪犯收监后，如对法院的收监决定有异议的，可以向作出收监决定的法院提出书面异议，法院收到书面异议的，应当对收监决定重新核查。经核查，如果收监决定是依法作出的，应当坚持收监决定；如果收监决定确有错误的，应当撤销收监决定并作出暂予监外执行的决定。看守所或者监狱对核查结果仍有异议的，可以向作出收监决定法院的上一级法院提出复议申请，复议申请期间暂不执行收监决定。上一级法院收到复议申请后，对收监决定进行审查，下级法院作出的收监决定是正确的，应当驳回看守所或者监狱的异议申请，维持收监决定，看守所或者监狱必须执行收监决定，不得再拒绝收监；下级法院作出的收监决定确有错误的，应当撤销下级法院的收监决定并作出暂予监外执行决定。三是应当强化责任意识，对违法拒绝收监行为应当规定相应的法律责任。四是大力改善监管场所的医疗条件和水平，保障身患重病但因不符合暂予监外执行而被收监执行罪犯的权利。

在相关法律及司法解释未对“收监难”问题作出明确规定之前，我们认为，法院可以尝试采取以下措施解决“收监难”问题：一是加强与看守所或者监狱及其主管机关的沟通与协商，增强看守所或者监狱及其主管机关对收监严肃性、重要性的认识。二是协调检察机关依法进行监督，由检察机关以法律监督机关的身份对看守所或者监狱违法拒绝收监的行为进行监督。三是依靠地方党委，并组织相关部门就“收监难”问题制定相关措施，加大投入，改善监管场所的医疗条件和水平，保障患病罪犯的权利。

第二百六十六条　**监狱、看守所提出暂予监外执行的书面意见的，应当将书面意见的副本抄送人民检察院。人民检察院可以向决定或者批准机关提出书面意见。**

[条文主旨]

本条是关于监外执行程序的规定。

[条文释解]

本条是2012年修改《刑事诉讼法》时增加的规定，2018年未作修改。

人民检察院对监狱、看守所提出的暂予监外执行的意见应当及时开展监督，对罪犯的实际情况进行核实，认为罪犯不符合暂予监外执行的情形，可以向决定或批准机关提出书面意见。决定或批准机关收到人民检察院的书面建议后，应当认真核查，作为决定或批准暂予监外执行的重要参考。

[配套规定]

《公安机关办理刑事案件程序规定》（公安部令第127号）（2012年12月13日发布，自2013年1月1日起施行）（节录）

第二百九十七条　公安机关决定对罪犯暂予监外执行的，应当将暂予监外执行决定书交被暂予监外执行的罪犯和负责监外执行的社区矫正机构，同时抄送同级人民检察院。

第二百六十七条　**决定或者批准暂予监外执行的机关应当将暂予监外执行决定抄送人民检察院。人民检察院认为暂予监外执行不当的，应当自接到通知之日起一个月以内将书面意见送交决定或者批准暂予监外执行的机关，决定或者批准暂予监外执行的机关接到人民检察院的书面意见后，应当立即对该决定进行重新核查。**

[条文主旨]

本条是关于监外执行监督的规定。

[条文释解]

本条是1996年修改《刑事诉讼法》时增加的规定，2012年作了修改，2018年未作修改。

根据本条规定，决定或者批准暂予监外执行的机关应当将批准的决定抄送人民检察院。人民检察院经审查后，认为被暂予监外执行的罪犯不符合本法第265条规定的条件，决定或者批准暂予监外执行不当的，应当自接到通知之日起一个月以内将书面意见送交决定或者批准暂予监外执行的机关。决定或者批准暂予监外执行的机关接到人民检察院的书面意见后，应当立即对该决定进行重新核查，对于确属批准暂予监外执行不当的，应当及时予以纠正。

[配套规定]

1.《最高人民法院关于适用〈中华人民共和国刑事诉讼法〉的解释》（法释［2012］21号）（2012年12月20日公布，自2013年1月1日起施行）（节录）

第四百三十二条 被判处无期徒刑、有期徒刑或者拘役的罪犯，符合刑事诉讼法第二百五十四条第一款、第二款的规定，人民法院决定暂予监外执行的，应当制作暂予监外执行决定书，写明罪犯基本情况、判决确定的罪名和刑罚、决定暂予监外执行的原因、依据等，通知罪犯居住地的县级司法行政机关派员办理交接手续，并将暂予监外执行决定书抄送罪犯居住地的县级人民检察院和公安机关。

人民检察院认为人民法院的暂予监外执行决定不当，在法定期限内提出书面意见的，人民法院应当立即对该决定重新核查，并在一个月内作出决定。

2.《全国人民代表大会常务委员会关于〈中华人民共和国刑事诉讼法〉第二百五十四条第五款、第二百五十七条第二款的解释》（2014年4月24日第十二届全国人民代表大会常务委员会第八次会议通过）

全国人民代表大会常务委员会根据司法实践中遇到的情况，讨论了刑事诉讼法第二百五十四条第五款、第二百五十七条第二款的含义及人民法院决定暂予监外执行的案件，由哪个机关负责组织病情诊断、妊娠检查和生活不能自理的鉴别和由哪个机关对予以收监执行的罪犯送交执行刑罚的问题，解释如下：

罪犯在被交付执行前，因有严重疾病、怀孕或者正在哺乳自己婴儿的妇女、生活不能自理的原因，依法提出暂予监外执行的申请的，有关病情诊断、妊娠检查和生活不能自理的鉴别，由人民法院负责组织进行。

根据刑事诉讼法第二百五十七条第二款的规定，对人民法院决定暂予监外执行的罪犯，有刑事诉讼法第二百五十七条第一款规定的情形，依法应当予以收监的，在人民法院作出决定后，由公安机关依照刑事诉讼法第二百五十三条第二款的规定送交执行刑罚。

3.《公安机关办理刑事案件程序规定》（公安部令第127号）（2012年12月13日发布，自2013年1月1日起施行）（节录）

第二百九十八条 批准暂予监外执行的公安机关接到人民检察院认为暂予监外执行不当的意见后，应当立即对暂予监外执行的决定进行重新核查。

第二百六十八条 对暂予监外执行的罪犯，有下列情形之一的，应当及时收监：

（一）发现不符合暂予监外执行条件的；

（二）严重违反有关暂予监外执行监督管理规定的；

（三）暂予监外执行的情形消失后，罪犯刑期未满的。

对于人民法院决定暂予监外执行的罪犯应当予以收监的，由人民法院作出决定，将有关的法律文书送达公安机关、监狱或者其他执行机关。

不符合暂予监外执行条件的罪犯通过贿赂等非法手段被暂予监外执行的，在监外执行的期间不计入执行刑期。罪犯在暂予监外执行期间脱逃的，脱逃的期间不计入执行刑期。

罪犯在暂予监外执行期间死亡的，执行机关应当及时通知监狱或者看守所。

[条文主旨]

本条是关于监外执行终止的规定。

[条文释解]

本条是 1996 年修改《刑事诉讼法》时增加的规定，2012 年作了修改，2018 年未作修改。

本条包括四款。第 1 款规定暂予监外执行终止的情形有：人民检察院或者执行暂予监外执行的社区矫正机构在执行中发现该罪犯不符合暂予监外执行条件的，应当向决定或者批准机关提出纠正意见，决定或者批准机关应当进行核查，对于确实不符合暂予监外执行条件的，应当及时将该罪犯收监执行。社区矫正机构在执行中发现被暂予监外执行的罪犯严重违反有关暂予监外执行规定的，如再犯新罪、有打击报复等行为以及有其他严重违法行为的，应当通知执行机关及时收监。社区矫正机构在执行中发现罪犯被暂予监外执行的情形消失，如身体恢复健康、规定的婴儿哺乳期已满等，而且刑期未满的，应当及时收监。

第 2 款规定在交付执行前，暂予监外执行由交付执行的人民法院决定。对于由人民法院决定暂予监外执行的罪犯出现应当终止暂予监外执行情形的，应当由人民法院进行核查，情况属实，应当收监执行的，由人民法院作出决定，并将判决书、交付执行书等法律文书送达公安机关、监狱或者其他执行机关，履行正常的交付执行程序。

第 3 款规定暂予监外执行是有条件地在监外执行刑罚，暂予监外执行一日相当于服刑一日，但是在下列两种情况下，暂予监外执行的期间不计入执行刑期：一是不符合暂予监外执行条件的罪犯通过贿赂等非法手段被暂予监外执行的。二是罪犯在暂予监外执行期间脱逃的，脱逃期间不计入执行刑期。

第 4 款是规定罪犯在暂予监外执行期间死亡的，执行暂予监外执行的社区矫正机构应当及时通知原执行该罪犯刑罚的监狱或者看守所等执行机关。

[配套规定]

1. **《全国人民代表大会常务委员会关于〈中华人民共和国刑事诉讼法〉第二百五十四条第五款、第二百五十七条第二款的解释》**（2014年4月24日第十二届全国人民代表大会常务委员会第八次会议通过）

全国人民代表大会常务委员会根据司法实践中遇到的情况，讨论了刑事诉讼法第二百五十四条第五款、第二百五十七条第二款的含义及人民法院决定暂予监外执行的案件，由哪个机关负责组织病情诊断、妊娠检查和生活不能自理的鉴别和由哪个机关对予以收监执行的罪犯送交执行刑罚的问题，解释如下：

罪犯在被交付执行前，因有严重疾病、怀孕或者正在哺乳自己婴儿的妇女、生活不能自理的原因，依法提出暂予监外执行的申请的，有关病情诊断、妊娠检查和生活不能自理的鉴别，由人民法院负责组织进行。

根据刑事诉讼法第二百五十七条第二款的规定，对人民法院决定暂予监外执行的罪犯，有刑事诉讼法第二百五十七条第一款规定的情形，依法应当予以收监的，在人民法院作出决定后，由公安机关依照刑事诉讼法第二百五十三条第二款的规定送交执行刑罚。

2. **《最高人民法院、最高人民检察院、公安部、国家安全部、司法部、全国人大常委会法制工作委员会关于实施刑事诉讼法若干问题的规定》**（2012年12月26日公布，2013年1月1日起施行）（节录）

34. 刑事诉讼法第二百五十七条第三款规定："不符合暂予监外执行条件的罪犯通过贿赂等非法手段被暂予监外执行的，在监外执行的期间不计入执行刑期。罪犯在暂予监外执行期间脱逃的，脱逃的期间不计入执行刑期。"对于人民法院决定暂予监外执行的罪犯具有上述情形的，人民法院在决定予以收监的同时，应当确定不计入刑期的期间。对于监狱管理机关或者公安机关决定暂予监外执行的罪犯具有上述情形的，罪犯被收监后，所在监狱或者看守所应当及时向所在地的中级人民法院提出不计入执行刑期的建议书，由人民法院审核裁定。

35. 被决定收监执行的社区矫正人员在逃的，社区矫正机构应当立即通知公安机关，由公安机关负责追捕。

3.《最高人民法院关于适用〈中华人民共和国刑事诉讼法〉的解释》（法释［2012］21号）（2012年12月20日公布，自2013年1月1日起施行）（节录）

第四百三十三条　暂予监外执行的罪犯具有下列情形之一的，原作出暂予监外执行决定的人民法院，应当在收到执行机关的收监执行建议书后十五日内，作出收监执行的决定：

（一）不符合暂予监外执行条件的；

（二）未经批准离开所居住的市、县，经警告拒不改正，或者拒不报告行踪，脱离监管的；

（三）因违反监督管理规定受到治安管理处罚，仍不改正的；

（四）受到执行机关两次警告，仍不改正的；

（五）保外就医期间不按规定提交病情复查情况，经警告拒不改正的；

（六）暂予监外执行的情形消失后，刑期未满的；

（七）保证人丧失保证条件或者因不履行义务被取消保证人资格，不能在规定期限内提出新的保证人的；

（八）违反法律、行政法规和监督管理规定，情节严重的其他情形。

人民法院收监执行决定书，一经作出，立即生效。

第四百三十四条　人民法院应当将收监执行决定书送交罪犯居住地的县级司法行政机关，由其根据有关规定将罪犯交付执行。收监执行决定书应当同时抄送罪犯居住地的同级人民检察院和公安机关。

第四百三十五条　被收监执行的罪犯有不计入执行刑期情形的，人民法院应当在作出收监决定时，确定不计入执行刑期的具体时间。

4.《公安机关办理刑事案件程序规定》（公安部令第127号）（2012年12月13日发布，2013年1月1日起施行）（节录）

第二百九十九条　对暂予监外执行的罪犯，有下列情形之一的，批准暂予监外执行的公安机关应当作出收监执行决定：

（　）发现不符合暂予监外执行条件的；

（二）严重违反有关暂予监外执行监督管理规定的；

（三）暂予监外执行的情形消失后，罪犯刑期未满的。

对暂予监外执行的罪犯决定收监执行的，由暂予监外执行地看守所将罪犯收监执行。

不符合暂予监外执行条件的罪犯通过贿赂等非法手段被暂予监外执行

的，或者罪犯在暂予监外执行期间脱逃的，罪犯被收监执行后，所在看守所应当提出不计入执行刑期的建议，经设区的市一级以上公安机关审查同意后，报请所在地中级以上人民法院审核裁定。

第二百六十九条　对被判处管制、宣告缓刑、假释或者暂予监外执行的罪犯，依法实行社区矫正，由社区矫正机构负责执行。

[条文主旨]

本条是关于非监禁罪犯社区矫正的规定。

[条文释解]

本条是1979年《刑事诉讼法》的规定，1996年未作修改，2012年作了修改，2018年未作修改。

本条是关于非监禁罪犯社区矫正的规定。非监禁罪犯包括判处管制、宣告缓刑、假释或者暂予监外执行的罪犯。执行机关为社区矫正机构。

[配套规定]

1.《最高人民法院、最高人民检察院、公安部、司法部关于进一步加强社区矫正工作衔接配合管理的意见》（2016年8月30日公布并施行）

为进一步加强社区矫正工作衔接配合，确保社区矫正依法适用、规范运行，根据刑法、刑事诉讼法以及最高人民法院、最高人民检察院、公安部、司法部《社区矫正实施办法》等有关规定，结合工作实际，制定本意见。

一、加强社区矫正适用前的衔接配合管理

1. 人民法院、人民检察院、公安机关、监狱对拟适用或者提请适用社区矫正的被告人、犯罪嫌疑人或者罪犯，需要调查其对所居住社区影响的，可以委托其居住地县级司法行政机关调查评估。对罪犯提请假释的，应当委托其居住地县级司法行政机关调查评估。对拟适用社区矫正的被告人或者罪犯，裁定或者决定机关应当核实其居住地。

委托调查评估时，委托机关应当发出调查评估委托函，并附下列材料：

（1）人民法院委托时，应当附带起诉书或者自诉状；

（2）人民检察院委托时，应当附带起诉意见书；

（3）看守所、监狱委托时，应当附带判决书、裁定书、执行通知书、减刑裁定书复印件以及罪犯在服刑期间表现情况材料。

2. 调查评估委托函应当包括犯罪嫌疑人、被告人、罪犯及其家属等有关人员的姓名、住址、联系方式、案由以及委托机关的联系人、联系方式等内容。

调查评估委托函不得通过案件当事人、法定代理人、诉讼代理人或者其他利害关系人转交居住地县级司法行政机关。

3. 居住地县级司法行政机关应当自收到调查评估委托函及所附材料之日起10个工作日内完成调查评估，提交评估意见。对于适用刑事案件速裁程序的，居住地县级司法行政机关应当在5个工作日内完成调查评估，提交评估意见。评估意见同时抄送居住地县级人民检察院。

需要延长调查评估时限的，居住地县级司法行政机关应当与委托机关协商，并在协商确定的期限内完成调查评估。

调查评估意见应当客观公正反映被告人、犯罪嫌疑人、罪犯适用社区矫正对其所居住社区的影响。委托机关应当认真审查调查评估意见，作为依法适用或者提请适用社区矫正的参考。

4. 人民法院在作出暂予监外执行决定前征求人民检察院意见时，应当附罪犯的病情诊断、妊娠检查或者生活不能自理的鉴别意见等有关材料。

二、加强对社区服刑人员交付接收的衔接配合管理

5. 对于被判处管制、宣告缓刑、假释的罪犯，人民法院、看守所、监狱应当书面告知其到居住地县级司法行政机关报到的时间期限以及逾期报到的后果，并在规定期限内将有关法律文书送达居住地县级司法行政机关，同时抄送居住地县级人民检察院和公安机关。

社区服刑人员前来报到时，居住地县级司法行政机关未收到法律文书或者法律文书不齐全，可以先记录在案，并通知人民法院、监狱或者看守所在5日内送达或者补齐法律文书。

6. 人民法院决定暂予监外执行或者公安机关、监狱管理机关批准暂予监外执行的，交付时应当将罪犯的病情诊断、妊娠检查或者生活不能自理的鉴别意见等有关材料复印件一并送达居住地县级司法行政机关。

7. 人民法院、公安机关、司法行政机关在社区服刑人员交付接收工作中衔接脱节，或者社区服刑人员逃避监管、未按规定时间期限报到，造成没有及时执行社区矫正的，属于漏管。

8. 居住地社区矫正机构发现社区服刑人员漏管，应当及时组织查找，并由居住地县级司法行政机关通知有关人民法院、公安机关、监狱、居住地县级人民检察院。

社区服刑人员逃避监管、不按规定时间期限报到导致漏管的，居住地县级司法行政机关应当给予警告；符合收监执行条件的，依法提出撤销缓刑、撤销假释或者对暂予监外执行收监执行的建议。

9. 人民检察院应当加强对社区矫正交付接收中有关机关履职情况的监督，发现有下列情形之一的，依法提出纠正意见：

（1）人民法院、公安机关、监狱未依法送达交付执行法律文书，或者未向社区服刑人员履行法定告知义务；

（2）居住地县级司法行政机关依法应当接收社区服刑人员而未接收；

（3）社区服刑人员未在规定时间期限报到，居住地社区矫正机构未及时组织查找；

（4）人民法院决定暂予监外执行，未通知居住地社区矫正机构与有关公安机关，致使未办理交接手续；

（5）公安机关、监狱管理机关批准罪犯暂予监外执行，罪犯服刑的看守所、监狱未按规定与居住地社区矫正机构办理交接手续；

（6）其他未履行法定交付接收职责的情形。

三、加强对社区服刑人员监督管理的衔接配合

10. 社区服刑人员在社区矫正期间脱离居住地社区矫正机构的监督管理下落不明，或者虽能查找到其下落但拒绝接受监督管理的，属于脱管。

11. 居住地社区矫正机构发现社区服刑人员脱管，应当及时采取联系本人、其家属亲友，走访有关单位和人员等方式组织追查，做好记录，并由县级司法行政机关视情形依法给予警告、提请治安管理处罚、提请撤销缓刑、撤销假释或者对暂予监外执行的提请收监执行。

12. 人民检察院应当加强对社区矫正监督管理活动的监督，发现有下列情形之一的，依法提出纠正意见：

（1）社区服刑人员报到后，居住地县级司法行政机关未向社区服刑人员履行法定告知义务，致使其未按照有关规定接受监督管理；

（2）居住地社区矫正机构违反规定批准社区服刑人员离开所居住的市、县，或者违反人民法院禁止令的内容批准社区服刑人员进入特定区域或者场所；

（3）居住地县级司法行政机关对违反社区矫正规定的社区服刑人员，未依法给予警告、提请治安管理处罚；

（4）其他未履行法定监督管理职责的情形。

13. 司法行政机关应当会同人民法院、人民检察院、公安机关健全完善联席会议制度、情况通报制度，每月通报核对社区服刑人员人数变动、漏管脱管等数据信息，及时协调解决工作中出现的问题。

14. 司法行政机关应当建立完善社区服刑人员的信息交换平台，推动与人民法院、人民检察院、公安机关互联互通，利用网络及时准确传输交换有关法律文书，根据需要查询社区服刑人员脱管漏管、被治安管理处罚、犯罪等情况，共享社区矫正工作动态信息，实现网上办案、网上监管、网上监督。对社区服刑人员采用电子定位方式实施监督，应当采用相应技术，防止发生人机分离，提高监督管理的有效性和安全性。

15. 社区服刑人员被依法决定行政拘留、司法拘留、收容教育、强制隔离戒毒等或者因涉嫌犯新罪、发现判决宣告前还有其他罪没有判决被采取强制措施的，决定机关应当自作出决定之日起 3 日内将有关情况通知居住地县级司法行政机关和居住地县级人民检察院。

四、加强对社区服刑人员收监执行的衔接配合管理

16. 社区服刑人员符合收监执行条件的，居住地社区矫正机构应当及时按照规定，向原裁判人民法院或者公安机关、监狱管理机关送达撤销缓刑、撤销假释建议书或者对暂予监外执行的收监执行建议书并附相关证明材料。人民法院、公安机关、监狱管理机关应当在规定期限内依法作出裁定或者决定，并将法律文书送达居住地县级司法行政机关，同时抄送居住地县级人民检察院、公安机关。

17. 社区服刑人员因违反监督管理规定被依法撤销缓刑、撤销假释或者暂予监外执行被决定收监执行的，应当本着就近、便利、安全的原则，送交其居住地所属的省（区、市）的看守所、监狱执行刑罚。

18. 社区服刑人员被裁定撤销缓刑的，居住地社区矫正机构应当向看守所、监狱移交撤销缓刑裁定书和执行通知书、撤销缓刑建议书以及原判决书、裁定书和执行通知书、起诉书副本、结案登记表以及社区矫正期间表现

情况等文书材料。

社区服刑人员被裁定撤销假释的，居住地社区矫正机构应当向看守所、监狱移交撤销假释裁定书和执行通知书，撤销假释建议书、社区矫正期间表现情况材料，原判决书、裁定书和执行通知书、起诉书副本、结案登记表复印件等文书材料。罪犯收监后，居住地社区矫正机构通知罪犯原服刑看守所、监狱将罪犯假释前的档案材料移交撤销假释后的服刑看守所、监狱。

暂予监外执行社区服刑人员被人民法院决定收监执行的，居住地社区矫正机构应当向看守所、监狱移交收监执行决定书和执行通知书以及原判决书、裁定书和执行通知书、起诉书副本、结案登记表、社区矫正期间表现等文书材料。

暂予监外执行社区服刑人员被公安机关、监狱管理机关决定收监执行的，居住地社区矫正机构应当向看守所、监狱移交社区服刑人员在接受矫正期间的表现情况等文书材料。

19. 撤销缓刑、撤销假释裁定书或者对暂予监外执行罪犯收监执行决定书应当在居住地社区矫正机构教育场所公示。属于未成年或者犯罪的时候不满十八周岁被判处五年有期徒刑以下刑罚的社区服刑人员除外。

20. 被裁定、决定收监执行的社区服刑人员在逃的，居住地社区矫正机构应当在收到人民法院、公安机关、监狱管理机关的裁定、决定后，立即通知居住地县级公安机关，由其负责实施追捕。

撤销缓刑、撤销假释裁定书和对暂予监外执行罪犯收监执行决定书，可以作为公安机关网上追逃依据。公安机关根据案情决定是否实施网上追逃。

21. 社区服刑人员被行政拘留、司法拘留、收容教育、强制隔离戒毒等行政处罚或者强制措施期间，人民法院、公安机关、监狱管理机关依法作出对其撤销缓刑、撤销假释的裁定或者收监执行决定的，居住地社区矫正机构应当将人民法院、公安机关、监狱管理机关的裁定书、决定书送交作出上述决定的机关，由有关部门依法收监执行刑罚。

22. 人民检察院应当加强对社区矫正收监执行活动的监督，发现有下列情形之一的，依法提出纠正意见：

（1）居住地县级司法行政机关未依法向人民法院、公安机关、监狱管理机关提出撤销缓刑、撤销假释建议或者对暂予监外执行的收监执行建议；

（2）人民法院、公安机关、监狱管理机关未依法作出裁定、决定，或者未依法送达；

（3）居住地县级司法行政机关、公安机关未依法将罪犯送交看守所、监狱，或者未依法移交被收监执行罪犯的文书材料；

（4）看守所、监狱未依法收监执行；

（5）公安机关未依法协助送交收监执行罪犯，或者未依法对在逃的收监执行罪犯实施追捕；

（6）其他违反收监执行规定的情形。

23. 对社区服刑人员实行社区矫正，本意见未明确的程序和事项，按照有关法律法规以及最高人民法院、最高人民检察院、公安部、司法部《社区矫正实施办法》，最高人民法院、最高人民检察院、公安部、司法部、国家卫生计生委《暂予监外执行规定》等执行。

24. 本意见自发布之日起施行。

2.《中华人民共和国社区矫正法》（2019年12月28日公布，自2020年7月1日起施行）

第一章　总　则

第一条　为了推进和规范社区矫正工作，保障刑事判决、刑事裁定和暂予监外执行决定的正确执行，提高教育矫正质量，促进社区矫正对象顺利融入社会，预防和减少犯罪，根据宪法，制定本法。

第二条　对被判处管制、宣告缓刑、假释和暂予监外执行的罪犯，依法实行社区矫正。

对社区矫正对象的监督管理、教育帮扶等活动，适用本法。

第三条　社区矫正工作坚持监督管理与教育帮扶相结合，专门机关与社会力量相结合，采取分类管理、个别化矫正，有针对性地消除社区矫正对象可能重新犯罪的因素，帮助其成为守法公民。

第四条　社区矫正对象应当依法接受社区矫正，服从监督管理。

社区矫正工作应当依法进行，尊重和保障人权。社区矫正对象依法享有的人身权利、财产权利和其他权利不受侵犯，在就业、就学和享受社会保障等方面不受歧视。

第五条　国家支持社区矫正机构提高信息化水平，运用现代信息技术开展监督管理和教育帮扶。社区矫正工作相关部门之间依法进行信息共享。

第六条　各级人民政府应当将社区矫正经费列入本级政府预算。

居民委员会、村民委员会和其他社会组织依法协助社区矫正机构开展工作所需的经费应当按照规定列入社区矫正机构本级政府预算。

第七条 对在社区矫正工作中做出突出贡献的组织、个人，按照国家有关规定给予表彰、奖励。

第二章 机构、人员和职责

第八条 国务院司法行政部门主管全国的社区矫正工作。县级以上地方人民政府司法行政部门主管本行政区域内的社区矫正工作。

人民法院、人民检察院、公安机关和其他有关部门依照各自职责，依法做好社区矫正工作。人民检察院依法对社区矫正工作实行法律监督。

地方人民政府根据需要设立社区矫正委员会，负责统筹协调和指导本行政区域内的社区矫正工作。

第九条 县级以上地方人民政府根据需要设置社区矫正机构，负责社区矫正工作的具体实施。社区矫正机构的设置和撤销，由县级以上地方人民政府司法行政部门提出意见，按照规定的权限和程序审批。

司法所根据社区矫正机构的委托，承担社区矫正相关工作。

第十条 社区矫正机构应当配备具有法律等专业知识的专门国家工作人员（以下称社区矫正机构工作人员），履行监督管理、教育帮扶等执法职责。

第十一条 社区矫正机构根据需要，组织具有法律、教育、心理、社会工作等专业知识或者实践经验的社会工作者开展社区矫正相关工作。

第十二条 居民委员会、村民委员会依法协助社区矫正机构做好社区矫正工作。

社区矫正对象的监护人、家庭成员，所在单位或者就读学校应当协助社区矫正机构做好社区矫正工作。

第十三条 国家鼓励、支持企业事业单位、社会组织、志愿者等社会力量依法参与社区矫正工作。

第十四条 社区矫正机构工作人员应当严格遵守宪法和法律，忠于职守，严守纪律，清正廉洁。

第十五条 社区矫正机构工作人员和其他参与社区矫正工作的人员依法开展社区矫正工作，受法律保护。

第十六条 国家推进高素质的社区矫正工作队伍建设。社区矫正机构应当加强对社区矫正工作人员的管理、监督、培训和职业保障，不断提高社区矫正工作的规范化、专业化水平。

第三章 决定和接收

第十七条 社区矫正决定机关判处管制、宣告缓刑、裁定假释、决定或者批准暂予监外执行时应当确定社区矫正执行地。

社区矫正执行地为社区矫正对象的居住地。社区矫正对象在多个地方居住的，可以确定经常居住地为执行地。

社区矫正对象的居住地、经常居住地无法确定或者不适宜执行社区矫正的，社区矫正决定机关应当根据有利于社区矫正对象接受矫正、更好地融入社会的原则，确定执行地。

本法所称社区矫正决定机关，是指依法判处管制、宣告缓刑、裁定假释、决定暂予监外执行的人民法院和依法批准暂予监外执行的监狱管理机关、公安机关。

第十八条 社区矫正决定机关根据需要，可以委托社区矫正机构或者有关社会组织对被告人或者罪犯的社会危险性和对所居住社区的影响，进行调查评估，提出意见，供决定社区矫正时参考。居民委员会、村民委员会等组织应当提供必要的协助。

第十九条 社区矫正决定机关判处管制、宣告缓刑、裁定假释、决定或者批准暂予监外执行，应当按照刑法、刑事诉讼法等法律规定的条件和程序进行。

社区矫正决定机关应当对社区矫正对象进行教育，告知其在社区矫正期间应当遵守的规定以及违反规定的法律后果，责令其按时报到。

第二十条 社区矫正决定机关应当自判决、裁定或者决定生效之日起五日内通知执行地社区矫正机构，并在十日内送达有关法律文书，同时抄送人民检察院和执行地公安机关。社区矫正决定地与执行地不在同一地方的，由执行地社区矫正机构将法律文书转送所在地的人民检察院、公安机关。

第二十一条 人民法院判处管制、宣告缓刑、裁定假释的社区矫正对象，应当自判决、裁定生效之日起十日内到执行地社区矫正机构报到。

人民法院决定暂予监外执行的社区矫正对象，由看守所或者执行取保候审、监视居住的公安机关自收到决定之日起十日内将社区矫正对象移送社区矫正机构。

监狱管理机关、公安机关批准暂予监外执行的社区矫正对象，由监狱或者看守所自收到批准决定之日起十日内将社区矫正对象移送社区矫正机构。

第二十二条 社区矫正机构应当依法接收社区矫正对象，核对法律文书、核实身份、办理接收登记、建立档案，并宣告社区矫正对象的犯罪事实、执行社区矫正的期限以及应当遵守的规定。

第四章 监督管理

第二十三条 社区矫正对象在社区矫正期间应当遵守法律、行政法规，履行判决、裁定、暂予监外执行决定等法律文书确定的义务，遵守国务院司法行政部门关于报告、会客、外出、迁居、保外就医等监督管理规定，服从社区矫正机构的管理。

第二十四条 社区矫正机构应当根据裁判内容和社区矫正对象的性别、年龄、心理特点、健康状况、犯罪原因、犯罪类型、犯罪情节、悔罪表现等情况，制定有针对性的矫正方案，实现分类管理、个别化矫正。矫正方案应当根据社区矫正对象的表现等情况相应调整。

第二十五条 社区矫正机构应当根据社区矫正对象的情况，为其确定矫正小组，负责落实相应的矫正方案。

根据需要，矫正小组可以由司法所、居民委员会、村民委员会的人员，社区矫正对象的监护人、家庭成员，所在单位或者就读学校的人员以及社会工作者、志愿者等组成。社区矫正对象为女性的，矫正小组中应有女性成员。

第二十六条 社区矫正机构应当了解掌握社区矫正对象的活动情况和行为表现。社区矫正机构可以通过通信联络、信息化核查、实地查访等方式核实有关情况，有关单位和个人应当予以配合。

社区矫正机构开展实地查访等工作时，应当保护社区矫正对象的身份信息和个人隐私。

第二十七条 社区矫正对象离开所居住的市、县或者迁居，应当报经社区矫正机构批准。社区矫正机构对于有正当理由的，应当批准；对于因正常工作和生活需要经常性跨市、县活动的，可以根据情况，简化批准程序和方式。

因社区矫正对象迁居等原因需要变更执行地的，社区矫正机构应当按照有关规定作出变更决定。社区矫正机构作出变更决定后，应当通知社区矫正决定机关和变更后的社区矫正机构，并将有关法律文书抄送变更后的社区矫正机构。变更后的社区矫正机构应当将法律文书转送所在地的人民检察院、公安机关。

第二十八条 社区矫正机构根据社区矫正对象的表现，依照有关规定对其实施考核奖惩。社区矫正对象认罪悔罪、遵守法律法规、服从监督管理、接受教育表现突出的，应当给予表扬。社区矫正对象违反法律法规或者监督管理规定的，应当视情节依法给予训诫、警告、提请公安机关予以治安管理处罚，或者依法提请撤销缓刑、撤销假释、对暂予监外执行的收监执行。

对社区矫正对象的考核结果，可以作为认定其是否确有悔改表现或者是否严重违反监督管理规定的依据。

第二十九条 社区矫正对象有下列情形之一的，经县级司法行政部门负责人批准，可以使用电子定位装置，加强监督管理：

（一）违反人民法院禁止令的；

（二）无正当理由，未经批准离开所居住的市、县的；

（三）拒不按照规定报告自己的活动情况，被给予警告的；

（四）违反监督管理规定，被给予治安管理处罚的；

（五）拟提请撤销缓刑、假释或者暂予监外执行收监执行的。

前款规定的使用电子定位装置的期限不得超过三个月。对于不需要继续使用的，应当及时解除；对于期限届满后，经评估仍有必要继续使用的，经过批准，期限可以延长，每次不得超过三个月。

社区矫正机构对通过电子定位装置获得的信息应当严格保密，有关信息只能用于社区矫正工作，不得用于其他用途。

第三十条 社区矫正对象失去联系的，社区矫正机构应当立即组织查找，公安机关等有关单位和人员应当予以配合协助。查找到社区矫正对象后，应当区别情形依法作出处理。

第三十一条 社区矫正机构发现社区矫正对象正在实施违反监督管理规定的行为或者违反人民法院禁止令等违法行为的，应当立即制止；制止无效的，应当立即通知公安机关到场处置。

第三十二条 社区矫正对象有被依法决定拘留、强制隔离戒毒、采取刑事强制措施等限制人身自由情形的，有关机关应当及时通知社区矫正机构。

第三十三条 社区矫正对象符合刑法规定的减刑条件的，社区矫正机构应当向社区矫正执行地的中级以上人民法院提出减刑建议，并将减刑建议书抄送同级人民检察院。

人民法院应当在收到社区矫正机构的减刑建议书后三十日内作出裁定，并将裁定书送达社区矫正机构，同时抄送人民检察院、公安机关。

第三十四条 开展社区矫正工作，应当保障社区矫正对象的合法权益。社区矫正的措施和方法应当避免对社区矫正对象的正常工作和生活造成不必要的影响；非依法律规定，不得限制或者变相限制社区矫正对象的人身自由。

社区矫正对象认为其合法权益受到侵害的，有权向人民检察院或者有关机关申诉、控告和检举。受理机关应当及时办理，并将办理结果告知申诉人、控告人和检举人。

第五章　教育帮扶

第三十五条　县级以上地方人民政府及其有关部门应当通过多种形式为教育帮扶社区矫正对象提供必要的场所和条件，组织动员社会力量参与教育帮扶工作。

有关人民团体应当依法协助社区矫正机构做好教育帮扶工作。

第三十六条　社区矫正机构根据需要，对社区矫正对象进行法治、道德等教育，增强其法治观念，提高其道德素质和悔罪意识。

对社区矫正对象的教育应当根据其个体特征、日常表现等实际情况，充分考虑其工作和生活情况，因人施教。

第三十七条　社区矫正机构可以协调有关部门和单位，依法对就业困难的社区矫正对象开展职业技能培训、就业指导，帮助社区矫正对象中的在校学生完成学业。

第三十八条　居民委员会、村民委员会可以引导志愿者和社区群众，利用社区资源，采取多种形式，对有特殊困难的社区矫正对象进行必要的教育帮扶。

第三十九条　社区矫正对象的监护人、家庭成员，所在单位或者就读学校应当协助社区矫正机构做好对社区矫正对象的教育。

第四十条　社区矫正机构可以通过公开择优购买社区矫正社会工作服务或者其他社会服务，为社区矫正对象在教育、心理辅导、职业技能培训、社会关系改善等方面提供必要的帮扶。

社区矫正机构也可以通过项目委托社会组织等方式开展上述帮扶活动。国家鼓励有经验和资源的社会组织跨地区开展帮扶交流和示范活动。

第四十一条　国家鼓励企业事业单位、社会组织为社区矫正对象提供就业岗位和职业技能培训。招用符合条件的社区矫正对象的企业，按照规定享受国家优惠政策。

第四十二条　社区矫正机构可以根据社区矫正对象的个人特长，组织其参加公益活动，修复社会关系，培养社会责任感。

第四十三条　社区矫正对象可以按照国家有关规定申请社会救助、参加社会保险、获得法律援助，社区矫正机构应当给予必要的协助。

第六章　解除和终止

第四十四条　社区矫正对象矫正期满或者被赦免的，社区矫正机构应当向社区矫正对象发放解除社区矫正证明书，并通知社区矫正决定机关、所在地的人民检察院、公安机关。

第四十五条　社区矫正对象被裁定撤销缓刑、假释，被决定收监执行，或者社区矫正对象死亡的，社区矫正终止。

第四十六条　社区矫正对象具有刑法规定的撤销缓刑、假释情形的，应当由人民法院撤销缓刑、假释。

对于在考验期限内犯新罪或者发现判决宣告以前还有其他罪没有判决的，应当由审理该案件的人民法院撤销缓刑、假释，并书面通知原审人民法院和执行地社区矫正机构。

对于有第二款规定以外的其他需要撤销缓刑、假释情形的，社区矫正机构应当向原审人民法院或者执行地人民法院提出撤销缓刑、假释建议，并将建议书抄送人民检察院。社区矫正机构提出撤销缓刑、假释建议时，应当说明理由，并提供有关证据材料。

第四十七条　被提请撤销缓刑、假释的社区矫正对象可能逃跑或者可能发生社会危险的，社区矫正机构可以在提出撤销缓刑、假释建议的同时，提请人民法院决定对其予以逮捕。

人民法院应当在四十八小时内作出是否逮捕的决定。决定逮捕的，由公安机关执行。逮捕后的羁押期限不得超过三十日。

第四十八条　人民法院应当在收到社区矫正机构撤销缓刑、假释建议书后三十日内作出裁定，将裁定书送达社区矫正机构和公安机关，并抄送人民检察院。

人民法院拟撤销缓刑、假释的，应当听取社区矫正对象的申辩及其委托的律师的意见。

人民法院裁定撤销缓刑、假释的，公安机关应当及时将社区矫正对象送交监狱或者看守所执行。执行以前被逮捕的，羁押一日折抵刑期一日。

人民法院裁定不予撤销缓刑、假释的，对被逮捕的社区矫正对象，公安机关应当立即予以释放。

第四十九条　暂予监外执行的社区矫正对象具有刑事诉讼法规定的应当予以收监情形的，社区矫正机构应当向执行地或者原社区矫正决定机关提出收监执行建议，并将建议书抄送人民检察院。

社区矫正决定机关应当在收到建议书后三十日内作出决定，将决定书送达社区矫正机构和公安机关，并抄送人民检察院。

人民法院、公安机关对暂予监外执行的社区矫正对象决定收监执行的，由公安机关立即将社区矫正对象送交监狱或者看守所收监执行。

监狱管理机关对暂予监外执行的社区矫正对象决定收监执行的，监狱应当立即将社区矫正对象收监执行。

第五十条 被裁定撤销缓刑、假释和被决定收监执行的社区矫正对象逃跑的，由公安机关追捕，社区矫正机构、有关单位和个人予以协助。

第五十一条 社区矫正对象在社区矫正期间死亡的，其监护人、家庭成员应当及时向社区矫正机构报告。社区矫正机构应当及时通知社区矫正决定机关、所在地的人民检察院、公安机关。

第七章 未成年人社区矫正特别规定

第五十二条 社区矫正机构应当根据未成年社区矫正对象的年龄、心理特点、发育需要、成长经历、犯罪原因、家庭监护教育条件等情况，采取针对性的矫正措施。

社区矫正机构为未成年社区矫正对象确定矫正小组，应当吸收熟悉未成年人身心特点的人员参加。

对未成年人的社区矫正，应当与成年人分别进行。

第五十三条 未成年社区矫正对象的监护人应当履行监护责任，承担抚养、管教等义务。

监护人怠于履行监护职责的，社区矫正机构应当督促、教育其履行监护责任。监护人拒不履行监护职责的，通知有关部门依法作出处理。

第五十四条 社区矫正机构工作人员和其他依法参与社区矫正工作的人员对履行职责过程中获得的未成年人身份信息应当予以保密。

除司法机关办案需要或者有关单位根据国家规定查询外，未成年社区矫正对象的档案信息不得提供给任何单位或者个人。依法进行查询的单位，应当对获得的信息予以保密。

第五十五条 对未完成义务教育的未成年社区矫正对象，社区矫正机构应当通知并配合教育部门为其完成义务教育提供条件。未成年社区矫正对象的监护人应当依法保证其按时入学接受并完成义务教育。

年满十六周岁的社区矫正对象有就业意愿的，社区矫正机构可以协调有关部门和单位为其提供职业技能培训，给予就业指导和帮助。

第五十六条 共产主义青年团、妇女联合会、未成年人保护组织应当依法协助社区矫正机构做好未成年人社区矫正工作。

国家鼓励其他未成年人相关社会组织参与未成年人社区矫正工作，依法给予政策支持。

第五十七条 未成年社区矫正对象在复学、升学、就业等方面依法享有与其他未成年人同等的权利，任何单位和个人不得歧视。有歧视行为的，应当由教育、人力资源和社会保障等部门依法作出处理。

第五十八条 未成年社区矫正对象在社区矫正期间年满十八周岁的，继续按照未成年人社区矫正有关规定执行。

第八章　法律责任

第五十九条 社区矫正对象在社区矫正期间有违反监督管理规定行为的，由公安机关依照《中华人民共和国治安管理处罚法》的规定给予处罚；具有撤销缓刑、假释或者暂予监外执行收监情形的，应当依法作出处理。

第六十条 社区矫正对象殴打、威胁、侮辱、骚扰、报复社区矫正机构工作人员和其他依法参与社区矫正工作的人员及其近亲属，构成犯罪的，依法追究刑事责任；尚不构成犯罪的，由公安机关依法给予治安管理处罚。

第六十一条 社区矫正机构工作人员和其他国家工作人员有下列行为之一的，应当给予处分；构成犯罪的，依法追究刑事责任：

（一）利用职务或者工作便利索取、收受贿赂的；

（二）不履行法定职责的；

（三）体罚、虐待社区矫正对象，或者违反法律规定限制或者变相限制社区矫正对象的人身自由的；

（四）泄露社区矫正工作秘密或者其他依法应当保密的信息的；

（五）对依法申诉、控告或者检举的社区矫正对象进行打击报复的；

（六）有其他违纪违法行为的。

第六十二条 人民检察院发现社区矫正工作违反法律规定的，应当依法提出纠正意见、检察建议。有关单位应当将采纳纠正意见、检察建议的情况书面回复人民检察院，没有采纳的应当说明理由。

第九章　附　则

第六十三条 本法自2020年7月1日起施行。

3.《最高人民法院、最高人民检察院、公安部、司法部关于对判处管

制、宣告缓刑的犯罪分子适用禁止令有关问题的规定（试行）》（法发［2011］9号）

第九条　禁止令由司法行政机关指导管理的社区矫正机构负责执行。

第十一条　判处管制的犯罪分子违反禁止令，或者被宣告缓刑的犯罪分子违反禁止令尚不属情节严重的，由负责执行禁止令的社区矫正机构所在地的公安机关依照《中华人民共和国治安管理处罚法》第六十条的规定处罚。

第十二条　被宣告缓刑的犯罪分子违反禁止令，情节严重的，应当撤销缓刑，执行原判刑罚。原作出缓刑裁判的人民法院应当自收到当地社区矫正机构提出的撤销缓刑建议书之日起一个月内依法作出裁定。人民法院撤销缓刑的裁定一经作出，立即生效。

违反禁止令，具有下列情形之一的，应当认定为“情节严重”：

（一）三次以上违反禁止令的；

（二）因违反禁止令被治安管理处罚后，再次违反禁止令的；

（三）违反禁止令，发生较为严重危害后果的；

（四）其他情节严重的情形。

4.《最高人民法院关于适用〈中华人民共和国刑事诉讼法〉的解释》（法释［2012］21号）（2012年12月20日公布，自2013年1月1日起施行）（节录）

第四百三十六条　对被判处管制、宣告缓刑的罪犯，人民法院应当核实其居住地。宣判时，应当书面告知罪犯到居住地县级司法行政机关报到的期限和不按期报到的后果。判决、裁定生效后十日内，应当将判决书、裁定书、执行通知书等法律文书送达罪犯居住地的县级司法行政机关，同时抄送罪犯居住地的县级人民检察院。

第四百八十九条　将未成年罪犯送监执行刑罚或者送交社区矫正时，人民法院应当将有关未成年罪犯的调查报告及其在案件审理中的表现材料，连同有关法律文书，一并送达执行机关。

第四百九十三条　对被判处管制、宣告缓刑、裁定假释、决定暂予监外执行的未成年罪犯，人民法院可以协助社区矫正机构制定帮教措施。

第四百九十四条　人民法院可以适时走访被判处管制、宣告缓刑、免除刑事处罚、裁定假释、决定暂予监外执行等的未成年罪犯及其家庭，了解未成年罪犯的管理和教育情况，引导未成年罪犯的家庭承担管教责任，为未成年罪犯改过自新创造良好环境。

第四百九十五条 被判处管制、宣告缓刑、免除刑事处罚、裁定假释、决定暂予监外执行等的未成年罪犯，具备就学、就业条件的，人民法院可以就其安置问题向有关部门提出司法建议，并附送必要的材料。

5.《公安机关办理刑事案件程序规定》（公安部令第127号）（2012年12月13日发布，自2013年1月1日起施行）（节录）

第二百九十一条 对被判处管制、宣告缓刑、假释或者暂予监外执行的罪犯，已被羁押的，由看守所将其交付社区矫正机构执行。

对被判处剥夺政治权利的罪犯，由罪犯居住地的派出所负责执行。

6.《人民检察院刑事诉讼规则》（高检发释字［2019］4号）（2019年12月30日公布并施行）（节录）

第六百四十二条 人民检察院发现社区矫正决定机关、看守所、监狱、社区矫正机构在交付、接收社区矫正对象活动中违反有关规定的，应当依法提出纠正意见。

第六百四十三条 人民检察院发现社区矫正执法活动具有下列情形之一的，应当依法提出纠正意见：

（一）社区矫正对象报到后，社区矫正机构未履行法定告知义务，致使其未按照有关规定接受监督管理的；

（二）违反法律规定批准社区矫正对象离开所居住的市、县，或者违反人民法院禁止令的内容批准社区矫正对象进入特定区域或者场所的；

（三）没有依法监督管理而导致社区矫正对象脱管的；

（四）社区矫正对象违反监督管理规定或者人民法院的禁止令，未依法予以警告、未提请公安机关给予治安管理处罚的；

（五）对社区矫正对象有殴打、体罚、虐待、侮辱人格、强迫其参加超时间或者超体力社区服务等侵犯其合法权利行为的；

（六）未依法办理解除、终止社区矫正的；

（七）其他违法情形。

第六百四十四条 人民检察院发现对社区矫正对象的刑罚变更执行活动具有下列情形之一的，应当依法提出纠正意见：

（一）社区矫正机构未依法向人民法院、公安机关、监狱管理机关提出撤销缓刑、撤销假释建议或者对暂予监外执行的收监执行建议，或者未依法向人民法院提出减刑建议的；

（二）人民法院、公安机关、监狱管理机关未依法作出裁定、决定，或者未依法送达的；

（三）公安机关未依法将罪犯送交看守所、监狱，或者看守所、监狱未依法收监执行的；

（四）公安机关未依法对在逃的罪犯实施追捕的；

（五）其他违法情形。

第二百七十条　对被判处剥夺政治权利的罪犯，由公安机关执行。执行期满，应当由执行机关书面通知本人及其所在单位、居住地基层组织。

［条文主旨］

本条是关于剥夺政治权利的执行的规定。

［条文释解］

本条是1979年《刑事诉讼法》的规定，1996年未作修改，2012年作了修改，2018年未作修改。

被判处剥夺政治权利的罪犯，由人民法院将判决书、执行通知书送交公安机关，由公安机关执行。执行剥夺政治权利时，执行机关应向罪犯所在单位或居住地的有关群众宣布罪犯的犯罪事实、剥夺政治权利的内容及刑期。执行期满，执行机关应当书面通知本人及其所在单位、居住地基层组织。

［配套规定］

1.《最高人民法院关于适用〈中华人民共和国刑事诉讼法〉的解释》（法释［2012］21号）（2012年12月20日公布，2013年1月1日起施行）（节录）

第四百三十七条　对单处剥夺政治权利的罪犯，人民法院应当在判决、裁定生效后十日内，将判决书、裁定书、执行通知书等法律文书送达罪犯居住地的县级公安机关，并抄送罪犯居住地的县级人民检察院。

2.《公安机关办理刑事案件程序规定》（公安部令第127号）（2012年12月13日发布，2013年1月1日起施行）（节录）

第二百九十一条 对被判处管制、宣告缓刑、假释或者暂予监外执行的罪犯，已被羁押的，由看守所将其交付社区矫正机构执行。

对被判处剥夺政治权利的罪犯，由罪犯居住地的派出所负责执行。

第三百条 负责执行剥夺政治权利的派出所应当按照人民法院的判决，向罪犯及其所在单位、居住地基层组织宣布其犯罪事实、被剥夺政治权利的期限，以及罪犯在执行期间应当遵守的规定。

第三百零一条 被剥夺政治权利的罪犯在执行期间应当遵守下列规定：

（一）遵守国家法律、行政法规和公安部制定的有关规定，服从监督管理；

（二）不得享有选举权和被选举权；

（三）不得组织或者参加集会、游行、示威、结社活动；

（四）不得出版、制作、发行书籍、音像制品；

（五）不得接受采访，发表演说；

（六）不得在境内外发表有损国家荣誉、利益或者其他具有社会危害性的言论；

（七）不得担任国家机关职务；

（八）不得担任国有公司、企业、事业单位和人民团体的领导职务。

第三百零二条 被剥夺政治权利的罪犯违反本规定第三百零一条的规定，尚未构成新的犯罪的，公安机关依法可以给予治安管理处罚。

第三百零三条 被剥夺政治权利的罪犯，执行期满，公安机关应当书面通知本人及其所在单位、居住地基层组织。

第二百七十一条　被判处罚金的罪犯，期满不缴纳的，人民法院应当强制缴纳；如果由于遭遇不能抗拒的灾祸等原因缴纳确实有困难的，经人民法院裁定，可以延期缴纳、酌情减少或者免除。

[条文主旨]

本条是关于罚金执行的规定。

[条文释解]

本条是1979年《刑事诉讼法》的规定，1996年、2012年未作修改，2018年作了三处修改：一是增加了罚金可以延期缴纳。二是将可以减少、免除罚金的情形由“遭遇不能抗拒的灾祸”修改为“遭遇不能抗拒的灾祸等原因”，扩大了适用范围。三是明确延期缴纳、酌情减少或者免除罚金由人民法院作出裁定。

关于强制缴纳罚金，人民法院可以采取查封、拍卖其财产，冻结、扣划存款，扣留工资或者其他收入等办法。但由于遭遇不能抗拒的灾祸等原因缴纳罚金确实有困难的，可以延期缴纳、酌情减少或者免除。罚金延期缴纳、减少或者免除，须经人民法院裁定。司法解释规定，当事人提出罚金延期缴纳、减少或者免除的申请的，应当提交相关证明材料。人民法院应当在收到申请后一个月内作出裁定。符合法定条件的，应当准许；不符合条件的，驳回申请。人民法院也可以依职权对符合本条规定条件的作出罚金延期缴纳、减少或者免除的裁定。

[配套规定]

1.《最高人民法院关于刑事裁判涉财产部分执行的若干规定》（法释［2014］13号）

为进一步规范刑事裁判涉财产部分的执行，维护当事人合法权益，根据《中华人民共和国刑法》《中华人民共和国刑事诉讼法》等法律规定，结合人民法院执行工作实际，制定本规定。

第一条 本规定所称刑事裁判涉财产部分的执行，是指发生法律效力的刑事裁判主文确定的下列事项的执行：

（一）罚金、没收财产；

（二）责令退赔；

（三）处置随案移送的赃款赃物；

（四）没收随案移送的供犯罪所用本人财物；

（五）其他应当由人民法院执行的相关事项。

刑事附带民事裁判的执行，适用民事执行的有关规定。

第二条 刑事裁判涉财产部分，由第一审人民法院执行。第一审人民法院可以委托财产所在地的同级人民法院执行。

第三条 人民法院办理刑事裁判涉财产部分执行案件的期限为六个月。有特殊情况需要延长的，经本院院长批准，可以延长。

第四条 人民法院刑事审判中可能判处被告人财产刑、责令退赔的，刑事审判部门应当依法对被告人的财产状况进行调查；发现可能隐匿、转移财产的，应当及时查封、扣押、冻结其相应财产。

第五条 刑事审判或者执行中，对于侦查机关已经采取的查封、扣押、冻结，人民法院应当在期限届满前及时续行查封、扣押、冻结。人民法院续行查封、扣押、冻结的顺位与侦查机关查封、扣押、冻结的顺位相同。

对侦查机关查封、扣押、冻结的财产，人民法院执行中可以直接裁定处置，无需侦查机关出具解除手续，但裁定中应当指明侦查机关查封、扣押、冻结的事实。

第六条 刑事裁判涉财产部分的裁判内容，应当明确、具体。涉案财物或者被害人人数较多，不宜在判决主文中详细列明的，可以概括叙明并另附清单。

判处没收部分财产的，应当明确没收的具体财物或者金额。

判处追缴或者责令退赔的，应当明确追缴或者退赔的金额或财物的名称、数量等相关情况。

第七条 由人民法院执行机构负责执行的刑事裁判涉财产部分，刑事审判部门应当及时移送立案部门审查立案。

移送立案应当提交生效裁判文书及其附件和其他相关材料，并填写《移送执行表》。《移送执行表》应当载明以下内容：

（一）被执行人、被害人的基本信息；

（二）已查明的财产状况或者财产线索；

（三）随案移送的财产和已经处置财产的情况；

（四）查封、扣押、冻结财产的情况；

（五）移送执行的时间；

（六）其他需要说明的情况。

人民法院立案部门经审查，认为属于移送范围且移送材料齐全的，应当在七日内立案，并移送执行机构。

第八条 人民法院可以向刑罚执行机关、社区矫正机构等有关单位调查被执行人的财产状况，并可以根据不同情形要求有关单位协助采取查封、扣押、冻结、划拨等执行措施。

第九条 判处没收财产的，应当执行刑事裁判生效时被执行人合法所有的财产。

执行没收财产或罚金刑，应当参照被扶养人住所地政府公布的上年度当地居民最低生活费标准，保留被执行人及其所扶养家属的生活必需费用。

第十条 对赃款赃物及其收益，人民法院应当一并追缴。

被执行人将赃款赃物投资或者置业，对因此形成的财产及其收益，人民法院应予追缴。

被执行人将赃款赃物与其他合法财产共同投资或者置业，对因此形成的财产中与赃款赃物对应的份额及其收益，人民法院应予追缴。

对于被害人的损失，应当按照刑事裁判认定的实际损失予以发还或者赔偿。

第十一条 被执行人将刑事裁判认定为赃款赃物的涉案财物用于清偿债务、转让或者设置其他权利负担，具有下列情形之一的，人民法院应予追缴：

（一）第三人明知是涉案财物而接受的；

（二）第三人无偿或者以明显低于市场的价格取得涉案财物的；

（三）第三人通过非法债务清偿或者违法犯罪活动取得涉案财物的；

（四）第三人通过其他恶意方式取得涉案财物的。

第三人善意取得涉案财物的，执行程序中不予追缴。作为原所有人的被害人对该涉案财物主张权利的，人民法院应当告知其通过诉讼程序处理。

第十二条 被执行财产需要变价的，人民法院执行机构应当依法采取拍卖、变卖等变价措施。

涉案财物最后一次拍卖未能成交，需要上缴国库的，人民法院应当通知有关财政机关以该次拍卖保留价予以接收；有关财政机关要求继续变价的，可以进行无保留价拍卖。需要退赔被害人的，以该次拍卖保留价以物退赔；被害人不同意以物退赔的，可以进行无保留价拍卖。

第十三条 被执行人在执行中同时承担刑事责任、民事责任，其财产不足以支付的，按照下列顺序执行：

（一）人身损害赔偿中的医疗费用；

（二）退赔被害人的损失；

（三）其他民事债务；

（四）罚金；

（五）没收财产。

债权人对执行标的依法享有优先受偿权，其主张优先受偿的，人民法院应当在前款第（一）项规定的医疗费用受偿后，予以支持。

第十四条 执行过程中，当事人、利害关系人认为执行行为违反法律规定，或者案外人对执行标的主张足以阻止执行的实体权利，向执行法院提出书面异议的，执行法院应当依照民事诉讼法第二百二十五条的规定处理。

人民法院审查案外人异议、复议，应当公开听证。

第十五条 执行过程中，案外人或被害人认为刑事裁判中对涉案财物是否属于赃款赃物认定错误或者应予认定而未认定，向执行法院提出书面异议，可以通过裁定补正的，执行机构应当将异议材料移送刑事审判部门处理；无法通过裁定补正的，应当告知异议人通过审判监督程序处理。

第十六条 人民法院办理刑事裁判涉财产部分执行案件，刑法、刑事诉讼法及有关司法解释没有相应规定的，参照适用民事执行的有关规定。

第十七条 最高人民法院此前发布的司法解释与本规定不一致的，以本规定为准。

2.《最高人民法院办公厅关于刑事裁判涉财产部分执行可否收取诉讼费意见的复函》（法办函［2017］19号）

发展改革委办公厅：

你厅《关于商请明确人民法院可否收取刑事案件涉财产执行诉讼费有关问题的函》收悉。经研究，我院认为，刑事裁判涉财产部分执行不同于民事执行，人民法院办理刑事涉财产部分执行案件，不应收取诉讼费。

3.《最高人民法院关于适用〈中华人民共和国刑事诉讼法〉的解释》（法释［2012］21号）（2012年12月20日公布，自2013年1月1日起施行）（节录）

第四百三十八条 财产刑和附带民事裁判由第一审人民法院负责裁判执行的机构执行。

第四百三十九条 罚金在判决规定的期限内一次或者分期缴纳。期满无故不缴纳或者未足额缴纳的，人民法院应当强制缴纳。经强制缴纳仍不能全部缴纳的，在任何时候，包括主刑执行完毕后，发现被执行人有可供执行的财产的，应当追缴。

行政机关对被告人就同一事实已经处以罚款的，人民法院判处罚金时应当折抵，扣除行政处罚已执行的部分。

判处没收财产的，判决生效后，应当立即执行。

第四百四十条 执行财产刑和附带民事裁判过程中，案外人对被执行财产提出权属异议的，人民法院应当参照民事诉讼有关执行异议的规定进行审查并作出处理。

第四百四十一条 被判处财产刑，同时又承担附带民事赔偿责任的被执行人，应当先履行民事赔偿责任。

判处财产刑之前被执行人所负正当债务，需要以被执行的财产偿还的，经债权人请求，应当偿还。

第四百四十二条 被执行人或者被执行财产在外地的，可以委托当地人民法院执行。

受托法院在执行财产刑后，应当及时将执行的财产上缴国库。

第四百四十三条 执行财产刑过程中，具有下列情形之一的，人民法院应当裁定中止执行：

（一）执行标的物系人民法院或者仲裁机构正在审理案件的争议标的物，需等待该案件审理完毕确定权属的；

（二）案外人对执行标的物提出异议的；

（三）应当中止执行的其他情形。

中止执行的原因消除后，应当恢复执行。

第四百四十四条 执行财产刑过程中，具有下列情形之一的，人民法院应当裁定终结执行：

（一）据以执行的判决、裁定被撤销的；

（二）被执行人死亡或者被执行死刑，且无财产可供执行的；

（三）被判处罚金的单位终止，且无财产可供执行的；

（四）依照刑法第五十三条规定免除罚金的；

（五）应当终结执行的其他情形。

裁定终结执行后，发现被执行人的财产有被隐匿、转移等情形的，应当追缴。

第四百四十五条 财产刑全部或者部分被撤销的，已经执行的财产应当全部或者部分返还被执行人；无法返还的，应当依法赔偿。

第四百四十六条 因遭遇不能抗拒的灾祸缴纳罚金确有困难，被执行人申请减少或者免除罚金的，应当提交相关证明材料。人民法院应当在收到申请后一个月内作出裁定。符合法定减免条件的，应当准许；不符合条件的，驳回申请。

第四百四十七条 财产刑和附带民事裁判的执行，本解释没有规定的，参照适用民事执行的有关规定。

第二百七十二条 没收财产的判决，无论附加适用或者独立适用，都由人民法院执行；在必要的时候，可以会同公安机关执行。

[条文主旨]

本条是关于没收财产执行的规定。

[条文释解]

本条是1979年《刑事诉讼法》的规定，1996年、2012年、2018年均未作修改。

无论是附加适用还是独立适用，都由人民法院负责执行。必要时，也就是可能遇到干涉、阻挠、妨碍判决的执行需要采取强制措施的时候，人民法院可以会同公安机关执行。

[司法实务]

在司法实践中，需要注意没收财产的范围只限于犯罪分子本人所有的财产的一部分或全部，不得没收其亲属所有的财产。对于共有财产，只能没收犯罪分子本人应占的份额。对查封财产以前犯罪分子所负的正当债务，需要以没收的财产偿还的，债权人可以向执行没收财产的人民法院提出申请，由人民法院裁定。在执行没收财产的判决时，对于赃款、赃物或者违禁品，应一并没收，按照相关规定处理。

第二百七十三条　罪犯在服刑期间又犯罪的，或者发现了判决的时候所没有发现的罪行，由执行机关移送人民检察院处理。

被判处管制、拘役、有期徒刑或者无期徒刑的罪犯，在执行期间确有悔改或者立功表现，应当依法予以减刑、假释的时候，由执行机关提出建议书，报请人民法院审核裁定，并将建议书副本抄送人民检察院。人民检察院可以向人民法院提出书面意见。

[条文主旨]

本条是关于对新罪、漏罪的追诉及减刑、假释的处理的规定。

[条文释解]

本条是 1979 年《刑事诉讼法》的规定，1996 年、2012 年作过修改，2018 年未作修改。

本条包括两款。第 1 款规定罪犯在服刑期间又犯罪，或者发现了判决时所没有发现的罪行，由执行机关移送人民检察院处理。如果罪犯是在监狱内服刑的，应当由监狱进行侦查，侦查终结后由监狱写出起诉意见书，连同案卷材料、证据一并移送人民检察院处理；如果罪犯不是在监狱内服刑的，由公安机关进行侦查，侦查终结后，由公安机关写出起诉意见书，连同案卷材料、证据一并移送人民检察院处理。如果是发现了判决时所没有发现的罪行，根据刑事诉讼法的管辖规定，由公安机关等侦查机关进行侦查，侦查终结后写出起诉意见书，连同案卷材料、证据一并移送人民检察院处理。

第 2 款规定罪犯在执行期间确有悔改或者立功表现，符合法律规定的减刑、假释条件，依法应当予以减刑、假释的，由执行机关根据考核结果，向人民法院提出减刑、假释建议。在向人民法院提出减刑、假释建议的同时，执行机关应当将建议书副本抄送人民检察院。人民检察院提出应当或不应当减刑、假释的依据或意见的，应当以书面的形式向人民法院提出。人民法院应当自收到减刑、假释建议书之日起一个月内予以审核裁定；案情复杂或者情况特殊的，可以延长一个月。人民法院减刑、假释裁定的副本应当抄送人民检察院。

[配套规定]

1.《最高人民法院关于适用〈中华人民共和国刑事诉讼法〉的解释》（法释［2012］21号）（2012年12月20日公布，自2013年1月1日起施行）（节录）

第四百四十九条 对减刑、假释案件，应当按照下列情形分别处理：

（一）对被判处死刑缓期执行的罪犯的减刑，由罪犯服刑地的高级人民法院根据同级监狱管理机关审核同意的减刑建议书裁定；

（二）对被判处无期徒刑的罪犯的减刑、假释，由罪犯服刑地的高级人民法院，在收到同级监狱管理机关审核同意的减刑、假释建议书后一个月内作出裁定，案情复杂或者情况特殊的，可以延长一个月；

（三）对被判处有期徒刑和被减为有期徒刑的罪犯的减刑、假释，由罪犯服刑地的中级人民法院，在收到执行机关提出的减刑、假释建议书后一个月内作出裁定，案情复杂或者情况特殊的，可以延长一个月；

（四）对被判处拘役、管制的罪犯的减刑，由罪犯服刑地中级人民法院，在收到同级执行机关审核同意的减刑、假释建议书后一个月内作出裁定。

对暂予监外执行罪犯的减刑，应当根据情况，分别适用前款的有关规定。

第四百五十条 受理减刑、假释案件，应当审查执行机关移送的材料是否包括下列内容：

（一）减刑、假释建议书；

（二）终审法院的裁判文书、执行通知书、历次减刑裁定书的复制件；

（三）证明罪犯确有悔改、立功或者重大立功表现具体事实的书面材料；

（四）罪犯评审鉴定表、奖惩审批表等；

（五）罪犯假释后对所居住社区影响的调查评估报告；

（六）根据案件情况需要移送的其他材料。

经审查，材料不全的，应当通知提请减刑、假释的执行机关补送。

第四百五十一条 审理减刑、假释案件，应当审查财产刑和附带民事裁判的执行情况，以及罪犯退赃、退赔情况。罪犯积极履行判决确定的义务的，可以认定有悔改表现，在减刑、假释时从宽掌握；确有履行能力而不履行的，在减刑、假释时从严掌握。

第四百五十二条 审理减刑、假释案件，应当对以下内容予以公示：

（一）罪犯的姓名、年龄等个人基本情况；

（二）原判认定的罪名和刑期；

（三）罪犯历次减刑情况；

（四）执行机关的减刑、假释建议和依据。

公示应当写明公示期限和提出意见的方式。公示地点为罪犯服刑场所的公共区域；有条件的地方，可以面向社会公示。

第四百五十三条 审理减刑、假释案件，应当组成合议庭，可以采用书面审理的方式，但下列案件应当开庭审理：

（一）因罪犯有重大立功表现提请减刑的；

（二）提请减刑的起始时间、间隔时间或者减刑幅度不符合一般规定的；

（三）社会影响重大或者社会关注度高的；

（四）公示期间收到投诉意见的；

（五）人民检察院有异议的；

（六）有必要开庭审理的其他案件。

第四百五十四条 人民法院作出减刑、假释裁定后，应当在七日内送达提请减刑、假释的执行机关、同级人民检察院以及罪犯本人。人民检察院认为减刑、假释裁定不当，在法定期限内提出书面纠正意见的，人民法院应当在收到意见后另行组成合议庭审理，并在一个月内作出裁定。

第四百五十五条 减刑、假释裁定作出前，执行机关书面提请撤回减刑、假释建议的，是否准许，由人民法院决定。

第四百五十六条 人民法院发现本院已经生效的减刑、假释裁定确有错误的，应当另行组成合议庭审理；发现下级人民法院已经生效的减刑、假释裁定确有错误的，可以指令下级人民法院另行组成合议庭审理。

第五百四十四条 人民法院讯问被告人，宣告判决，审理减刑、假释案件，根据案件情况，可以采取视频方式进行。

2.《最高人民法院关于减刑、假释案件审理程序的规定》（法释［2014］5号）

为进一步规范减刑、假释案件的审理程序，确保减刑、假释案件审理的合法、公正，根据《中华人民共和国刑法》《中华人民共和国刑事诉讼法》有关规定，结合减刑、假释案件审理工作实际，制定本规定。

第一条 对减刑、假释案件，应当按照下列情形分别处理：

（一）对被判处死刑缓期执行的罪犯的减刑，由罪犯服刑地的高级人民法院在收到同级监狱管理机关审核同意的减刑建议书后一个月内作出裁定；

（二）对被判处无期徒刑的罪犯的减刑、假释，由罪犯服刑地的高级人民法院在收到同级监狱管理机关审核同意的减刑、假释建议书后一个月内作出裁定，案情复杂或者情况特殊的，可以延长一个月；

（三）对被判处有期徒刑和被减为有期徒刑的罪犯的减刑、假释，由罪犯服刑地的中级人民法院在收到执行机关提出的减刑、假释建议书后一个月内作出裁定，案情复杂或者情况特殊的，可以延长一个月；

（四）对被判处拘役、管制的罪犯的减刑，由罪犯服刑地中级人民法院在收到同级执行机关审核同意的减刑、假释建议书后一个月内作出裁定。

对暂予监外执行罪犯的减刑，应当根据情况，分别适用前款的有关规定。

第二条 人民法院受理减刑、假释案件，应当审查执行机关移送的下列材料：

（一）减刑或者假释建议书；

（二）终审法院裁判文书、执行通知书、历次减刑裁定书的复印件；

（三）罪犯确有悔改或者立功、重大立功表现的具体事实的书面证明材料；

（四）罪犯评审鉴定表、奖惩审批表等；

（五）其他根据案件审理需要应予移送的材料。

报请假释的，应当附有社区矫正机构或者基层组织关于罪犯假释后对所居住社区影响的调查评估报告。

人民检察院对报请减刑、假释案件提出检察意见的，执行机关应当一并移送受理减刑、假释案件的人民法院。

经审查，材料齐备的，应当立案；材料不齐的，应当通知执行机关在三日内补送，逾期未补送的，不予立案。

第二条 人民法院审理减刑、假释案件，应当在立案后五日内将执行机关报请减刑、假释的建议书等材料依法向社会公示。

公示内容应当包括罪犯的个人情况、原判认定的罪名和刑期、罪犯历次减刑情况、执行机关的建议及依据。

公示应当写明公示期限和提出意见的方式。公示期限为五日。

第四条 人民法院审理减刑、假释案件，应当依法由审判员或者由审判员和人民陪审员组成合议庭进行。

第五条 人民法院审理减刑、假释案件，除应当审查罪犯在执行期间的一贯表现外，还应当综合考虑犯罪的具体情节、原判刑罚情况、财产刑执行情况、附带民事裁判履行情况、罪犯退赃退赔等情况。

人民法院审理假释案件，除应当审查第一款所列情形外，还应当综合考虑罪犯的年龄、身体状况、性格特征、假释后生活来源以及监管条件等影响再犯罪的因素。

执行机关以罪犯有立功表现或重大立功表现为由提出减刑的，应当审查立功或重大立功表现是否属实。涉及发明创造、技术革新或者其他贡献的，应当审查该成果是否系罪犯在执行期间独立完成，并经有关主管机关确认。

第六条 人民法院审理减刑、假释案件，可以采取开庭审理或者书面审理的方式。但下列减刑、假释案件，应当开庭审理：

（一）因罪犯有重大立功表现报请减刑的；

（二）报请减刑的起始时间、间隔时间或者减刑幅度不符合司法解释一般规定的；

（三）公示期间收到不同意见的；

（四）人民检察院有异议的；

（五）被报请减刑、假释罪犯系职务犯罪罪犯，组织（领导、参加、包庇、纵容）黑社会性质组织犯罪罪犯，破坏金融管理秩序和金融诈骗犯罪罪犯及其他在社会上有重大影响或社会关注度高的；

（六）人民法院认为其他应当开庭审理的。

第七条 人民法院开庭审理减刑、假释案件，应当通知人民检察院、执行机关及被报请减刑、假释罪犯参加庭审。

人民法院根据需要，可以通知证明罪犯确有悔改表现或者立功、重大立功表现的证人，公示期间提出不同意见的人，以及鉴定人、翻译人员等其他人员参加庭审。

第八条 开庭审理应当在罪犯刑罚执行场所或者人民法院确定的场所进行。有条件的人民法院可以采取视频开庭的方式进行。

在社区执行刑罚的罪犯因重大立功被报请减刑的，可以在罪犯服刑地或者居住地开庭审理。

第九条 人民法院对于决定开庭审理的减刑、假释案件，应当在开庭三日前将开庭的时间、地点通知人民检察院、执行机关、被报请减刑、假释罪犯和有必要参加庭审的其他人员，并于开庭三日前进行公告。

第十条 减刑、假释案件的开庭审理由审判长主持，应当按照以下程序进行：

（一）审判长宣布开庭，核实被报请减刑、假释罪犯的基本情况；

（二）审判长宣布合议庭组成人员、检察人员、执行机关代表及其他庭审参加人；

（三）执行机关代表宣读减刑、假释建议书，并说明主要理由；

（四）检察人员发表检察意见；

（五）法庭对被报请减刑、假释罪犯确有悔改表现或立功表现、重大立功表现的事实以及其他影响减刑、假释的情况进行调查核实；

（六）被报请减刑、假释罪犯作最后陈述；

（七）审判长对庭审情况进行总结并宣布休庭评议。

第十一条 庭审过程中，合议庭人员对报请理由有疑问的，可以向被报请减刑、假释罪犯、证人、执行机关代表、检察人员提问。

庭审过程中，检察人员对报请理由有疑问的，在经审判长许可后，可以出示证据，申请证人到庭，向被报请减刑、假释罪犯及证人提问并发表意见。被报请减刑、假释罪犯对报请理由有疑问的，在经审判长许可后，可以出示证据，申请证人到庭，向证人提问并发表意见。

第十二条 庭审过程中，合议庭对证据有疑问需要进行调查核实，或者检察人员、执行机关代表提出申请的，可以宣布休庭。

第十三条 人民法院开庭审理减刑、假释案件，能够当庭宣判的应当当庭宣判；不能当庭宣判的，可以择期宣判。

第十四条 人民法院书面审理减刑、假释案件，可以就被报请减刑、假释罪犯是否符合减刑、假释条件进行调查核实或听取有关方面意见。

第十五条 人民法院书面审理减刑案件，可以提讯被报请减刑罪犯；书面审理假释案件，应当提讯被报请假释罪犯。

第十六条 人民法院审理减刑、假释案件，应当按照下列情形分别处理：

（一）被报请减刑、假释罪犯符合法律规定的减刑、假释条件的，作出予以减刑、假释的裁定；

（二）被报请减刑的罪犯符合法律规定的减刑条件，但执行机关报请的减刑幅度不适当的，对减刑幅度作出相应调整后作出予以减刑的裁定；

（三）被报请减刑、假释罪犯不符合法律规定的减刑、假释条件的，作出不予减刑、假释的裁定。

在人民法院作出减刑、假释裁定前，执行机关书面申请撤回减刑、假释建议的，是否准许，由人民法院决定。

第十七条 减刑、假释裁定书应当写明罪犯原判和历次减刑情况，确有悔改表现或者立功、重大立功表现的事实和理由，以及减刑、假释的法律依据。

裁定减刑的，应当注明刑期的起止时间；裁定假释的，应当注明假释考验期的起止时间。

裁定调整减刑幅度或者不予减刑、假释的，应当在裁定书中说明理由。

第十八条 人民法院作出减刑、假释裁定后，应当在七日内送达报请减刑、假释的执行机关、同级人民检察院以及罪犯本人。作出假释裁定的，还应当送达社区矫正机构或者基层组织。

第十九条 减刑、假释裁定书应当通过互联网依法向社会公布。

第二十条 人民检察院认为人民法院减刑、假释裁定不当，在法定期限内提出书面纠正意见的，人民法院应当在收到纠正意见后另行组成合议庭审理，并在一个月内作出裁定。

第二十一条 人民法院发现本院已经生效的减刑、假释裁定确有错误的，应当依法重新组成合议庭进行审理并作出裁定；上级人民法院发现下级人民法院已经生效的减刑、假释裁定确有错误的，应当指令下级人民法院另行组成合议庭审理，也可以自行依法组成合议庭进行审理并作出裁定。

第二十二条 最高人民法院以前发布的司法解释和规范性文件，与本规定不一致的，以本规定为准。

3.《公安机关办理刑事案件程序规定》（公安部令第127号）（2012年12月13日发布，自2013年1月1日起施行）（节录）

第二百九十四条 对依法留看守所执行刑罚的罪犯，符合减刑条件的，由看守所制作减刑建议书，经设区的市一级以上公安机关审查同意后，报请所在地中级以上人民法院审核裁定。

第二百九十五条 对依法留看守所执行刑罚的罪犯，符合假释条件的，由看守所制作假释建议书，经设区的市一级以上公安机关审查同意后，报请所在地中级以上人民法院审核裁定。

第三百零四条 对留看守所执行刑罚的罪犯，在暂予监外执行期间又犯新罪的，由犯罪地公安机关立案侦查，并通知批准机关。批准机关作出收监执行决定后，应当根据侦查、审判需要，由犯罪地看守所或者暂予监外执行地看守所收监执行。

第三百零五条 被剥夺政治权利、管制、宣告缓刑和假释的罪犯在执行期间又犯新罪的，由犯罪地公安机关立案侦查。

对留看守所执行刑罚的罪犯，因犯新罪被撤销假释的，应当根据侦查、审判需要，由犯罪地看守所或者原执行看守所收监执行。

4.《监狱提请减刑假释工作程序规定》（2003年4月2日司法部令第77号发布，2014年10月10日司法部部务会议修订通过）

第一章 总 则

第一条 为规范监狱提请减刑、假释工作程序，根据《中华人民共和国刑法》、《中华人民共和国刑事诉讼法》、《中华人民共和国监狱法》等有关规定，结合刑罚执行工作实际，制定本规定。

第二条 监狱提请减刑、假释，应当根据法律规定的条件和程序进行，遵循公开、公平、公正的原则，严格实行办案责任制。

第三条 被判处有期徒刑和被减刑为有期徒刑的罪犯的减刑、假释，由监狱提出建议，提请罪犯服刑地的中级人民法院裁定。

第四条 被判处死刑缓期二年执行的罪犯的减刑，被判处无期徒刑的罪犯的减刑、假释，由监狱提出建议，经省、自治区、直辖市监狱管理局审核同意后，提请罪犯服刑地的高级人民法院裁定。

第五条 省、自治区、直辖市监狱管理局和监狱分别成立减刑假释评审委员会，由分管领导及刑罚执行、狱政管理、教育改造、狱内侦查、生活卫生、劳动改造、政工、监察等有关部门负责人组成，分管领导任主任。监狱管理局、监狱减刑假释评审委员会成员不得少于9人。

第六条 监狱提请减刑、假释，应当由分监区或者未设分监区的监区人民警察集体研究，监区长办公会议审核，监狱刑罚执行部门审查，监狱减刑假释评审委员会评审，监狱长办公会议决定。

省、自治区、直辖市监狱管理局刑罚执行部门审查监狱依法定程序提请的减刑、假释建议并出具意见，报请分管副局长召集减刑假释评审委员会审核后，报局长审定，必要时可以召开局长办公会议决定。

第二章 监狱提请减刑、假释的程序

第七条 提请减刑、假释，应当根据法律规定的条件，结合罪犯服刑表现，由分监区人民警察集体研究，提出提请减刑、假释建议，报经监区长办公会议审核同意后，由监区报送监狱刑罚执行部门审查。

直属分监区或者未设分监区的监区，由直属分监区或者监区人民警察集体研究，提出提请减刑、假释建议，报送监狱刑罚执行部门审查。

分监区、直属分监区或者未设分监区的监区人民警察集体研究以及监区长办公会议审核情况，应当有书面记录，并由与会人员签名。

第八条 监区或者直属分监区提请减刑、假释，应当报送下列材料：

（一）《罪犯减刑（假释）审核表》；

（二）监区长办公会议或者直属分监区、监区人民警察集体研究会议的记录；

（三）终审法院裁判文书、执行通知书、历次减刑裁定书的复印件；

（四）罪犯计分考核明细表、罪犯评审鉴定表、奖惩审批表和其他有关证明材料；

（五）罪犯确有悔改表现或者立功、重大立功表现的具体事实的书面证明材料。

第九条 监狱刑罚执行部门收到监区或者直属分监区对罪犯提请减刑、假释的材料后，应当就下列事项进行审查：

（一）需提交的材料是否齐全、完备、规范；

（二）罪犯确有悔改或者立功、重大立功表现的具体事实的书面证明材料是否来源合法；

（三）罪犯是否符合法定减刑、假释的条件；

（四）提请减刑、假释的建议是否适当。

经审查，对材料不齐全或者不符合提请条件的，应当通知监区或者直属分监区补充有关材料或者退回；对相关材料有疑义的，应当提讯罪犯进行核查；对材料齐全、符合提请条件的，应当出具审查意见，连同监区或者直属分监区报送的材料一并提交监狱减刑假释评审委员会评审。提请罪犯假释的，还应当委托县级司法行政机关对罪犯假释后对所居住社区影响进行调查评估，并将调查评估报告一并提交。

第十条 监狱减刑假释评审委员会应当召开会议，对刑罚执行部门审查提交的提请减刑、假释建议进行评审，提出评审意见。会议应当有书面记录，并由与会人员签名。

监狱可以邀请人民检察院派员列席减刑假释评审委员会会议。

第十一条 监狱减刑假释评审委员会经评审后，应当将提请减刑、假释的罪犯名单以及减刑、假释意见在监狱内公示。公示内容应当包括罪犯的个人情况、原判罪名及刑期、历次减刑情况、提请减刑假释的建议及依据等。公示期限为5个工作日。公示期内，如有监狱人民警察或者罪犯对公示内容提出异议，监狱减刑假释评审委员会应当进行复核，并告知复核结果。

第十二条 监狱应当在减刑假释评审委员会完成评审和公示程序后，将提请减刑、假释建议送人民检察院征求意见。征求意见后，监狱减刑假释评审委员会应当将提请减刑、假释建议和评审意见连同人民检察院意见，一并报请监狱长办公会议审议决定。监狱对人民检察院意见未予采纳的，应当予以回复，并说明理由。

第十三条 监狱长办公会议决定提请减刑、假释的，由监狱长在《罪犯减刑（假释）审核表》上签署意见，加盖监狱公章，并由监狱刑罚执行部门根据法律规定制作《提请减刑建议书》或者《提请假释建议书》，连同有关材料一并提请人民法院裁定。人民检察院对提请减刑、假释提出的检察意见，应当一并移送受理减刑、假释案件的人民法院。

对本规定第四条所列罪犯决定提请减刑、假释的，监狱应当将《罪犯减刑（假释）审核表》连同有关材料报送省、自治区、直辖市监狱管理局审核。

第十四条 监狱在向人民法院提请减刑、假释的同时，应当将提请减刑、假释的建议书副本抄送人民检察院。

第十五条 监狱提请人民法院裁定减刑、假释，应当提交下列材料：

（一）《提请减刑建议书》或者《提请假释建议书》；

（二）终审法院裁判文书、执行通知书、历次减刑裁定书的复印件；

（三）罪犯计分考核明细表、评审鉴定表、奖惩审批表；

（四）罪犯确有悔改或者立功、重大立功表现的具体事实的书面证明材料；

（五）提请假释的，应当附有县级司法行政机关关于罪犯假释后对所居住社区影响的调查评估报告；

（六）根据案件情况需要提交的其他材料。

对本规定第四条所列罪犯提请减刑、假释的，应当同时提交省、自治区、直辖市监狱管理局签署意见的《罪犯减刑（假释）审核表》。

第三章 监狱管理局审核提请减刑、假释建议的程序

第十六条 省、自治区、直辖市监狱管理局刑罚执行部门收到监狱报送

的提请减刑、假释建议的材料后，应当进行审查。审查中发现监狱报送的材料不齐全或者有疑义的，应当通知监狱补充有关材料或者作出说明。审查无误后，应当出具审查意见，报请分管副局长召集评审委员会进行审核。

第十七条 监狱管理局分管副局长主持完成审核后，应当将审核意见报请局长审定；分管副局长认为案件重大或者有其他特殊情况的，可以建议召开局长办公会议审议决定。

监狱管理局审核同意对罪犯提请减刑、假释的，由局长在《罪犯减刑（假释）审核表》上签署意见，加盖监狱管理局公章。

第四章 附 则

第十八条 人民法院开庭审理减刑、假释案件的，监狱应当派员参加庭审，宣读提请减刑、假释建议书并说明理由，配合法庭核实相关情况。

第十九条 分监区、直属分监区或者未设分监区的监区人民警察集体研究会议、监区长办公会议、监狱评审委员会会议、监狱长办公会议、监狱管理局评审委员会会议、监狱管理局局长办公会议的记录和本规定第十五条所列的材料，应当存入档案并永久保存。

第二十条 违反法律规定和本规定提请减刑、假释，涉嫌违纪的，依照有关处分规定追究相关人员责任；涉嫌犯罪的，移送司法机关依法追究刑事责任。

第二十一条 监狱办理职务犯罪罪犯减刑、假释案件，应当按照有关规定报请备案审查。

第二十二条 本规定自2014年12月1日起施行。

5.《人民检察院刑事诉讼规则》（高检发释字［2019］4号）（2019年12月30日公布并施行）（节录）

第六百三十五条 人民检察院收到执行机关抄送的减刑、假释建议书副本后，应当逐案进行审查。发现减刑、假释建议不当或者提请减刑、假释违反法定程序的，应当在十日以内报经检察长批准，向审理减刑、假释案件的人民法院提出书面检察意见，同时也可以向执行机关提出书面纠正意见。案情复杂或者情况特殊的，可以延长十日。

第六百三十六条 人民检察院发现监狱等执行机关提请人民法院裁定减刑、假释的活动具有下列情形之一的，应当依法提出纠正意见：

（一）将不符合减刑、假释法定条件的罪犯，提请人民法院裁定减刑、假释的；

（二）对依法应当减刑、假释的罪犯，不提请人民法院裁定减刑、假释的；

（三）提请对罪犯减刑、假释违反法定程序，或者没有完备的合法手续的；

（四）提请对罪犯减刑的减刑幅度、起始时间、间隔时间或者减刑后又假释的间隔时间不符合有关规定的；

（五）被提请减刑、假释的罪犯被减刑后实际执行的刑期或者假释考验期不符合有关法律规定的；

（六）其他违法情形。

第二百七十四条　人民检察院认为人民法院减刑、假释的裁定不当，应当在收到裁定书副本后二十日以内，向人民法院提出书面纠正意见。人民法院应当在收到纠正意见后一个月以内重新组成合议庭进行审理，作出最终裁定。

[条文主旨]

本条是关于对减刑、假释监督的规定。

[条文释解]

本条是1996年修改《刑事诉讼法》时增加的规定，2012年、2018年未作修改。

人民检察院应当对人民法院减刑、假释的裁定进行监督，认为人民法院减刑、假释的裁定不当的，应当在收到减刑、假释裁定书副本后二十日以内，向人民法院提出书面的纠正意见。这里的所谓减刑、假释的裁定不当，是指减刑、假释的对象不符合减刑、假释的法定条件，减刑、假释的报请和裁定不符合法定的程序，或者减刑的幅度不当等。人民检察院的纠正意见必然促使作出裁定的人民法院重新审理。人民法院收到纠正意见后应当重新组成合议庭，原来参加减刑、假释审核裁定的审判人员不能成为合议庭的成员。人民法院重新组成合议庭进行审理，应当对案件进行认真、全面的审查，并在收到人民检察院的纠正意见后一个月以内，作出最终裁定。

[配套规定]

1.《最高人民法院关于适用〈中华人民共和国刑事诉讼法〉的解释》（法释［2012］21号）（2012年12月20日公布，自2013年1月1日起施行）（节录）

第四百五十四条 人民法院作出减刑、假释裁定后，应当在七日内送达提请减刑、假释的执行机关、同级人民检察院以及罪犯本人。人民检察院认为减刑、假释裁定不当，在法定期限内提出书面纠正意见的，人民法院应当在收到意见后另行组成合议庭审理，并在一个月内作出裁定。

2.《人民检察院办理减刑、假释案件规定》（2014年7月21日，最高人民检察院第十二届检察委员会第25次会议通过）

第一条 为了进一步加强和规范减刑、假释法律监督工作，确保刑罚变更执行合法、公正，根据《中华人民共和国刑法》、《中华人民共和国刑事诉讼法》和《中华人民共和国监狱法》等有关规定，结合检察工作实际，制定本规定。

第二条 人民检察院依法对减刑、假释案件的提请、审理、裁定等活动是否合法实行法律监督。

第三条 人民检察院办理减刑、假释案件，应当按照下列情形分别处理：

（一）对减刑、假释案件提请活动的监督，由对执行机关承担检察职责的人民检察院负责；

（二）对减刑、假释案件审理、裁定活动的监督，由人民法院的同级人民检察院负责；同级人民检察院对执行机关不承担检察职责的，可以根据需要指定对执行机关承担检察职责的人民检察院派员出席法庭；下级人民检察院发现减刑、假释裁定不当的，应当及时向作出减刑、假释裁定的人民法院的同级人民检察院报告。

第四条 人民检察院办理减刑、假释案件，依照规定实行统一案件管理和办案责任制。

第五条 人民检察院收到执行机关移送的下列减刑、假释案件材料后，应当及时进行审查：

（一）执行机关拟提请减刑、假释意见；

（二）终审法院裁判文书、执行通知书、历次减刑裁定书；

（三）罪犯确有悔改表现、立功表现或者重大立功表现的证明材料；

（四）罪犯评审鉴定表、奖惩审批表；

（五）其他应当审查的案件材料。

对拟提请假释案件，还应当审查社区矫正机构或者基层组织关于罪犯假释后对所居住社区影响的调查评估报告。

第六条 具有下列情形之一的，人民检察院应当进行调查核实：

（一）拟提请减刑、假释罪犯系职务犯罪罪犯，破坏金融管理秩序和金融诈骗犯罪罪犯，黑社会性质组织犯罪罪犯，严重暴力恐怖犯罪罪犯，或者其他在社会上有重大影响、社会关注度高的罪犯；

（二）因罪犯有立功表现或者重大立功表现拟提请减刑的；

（三）拟提请减刑、假释罪犯的减刑幅度大、假释考验期长、起始时间早、间隔时间短或者实际执行刑期短的；

（四）拟提请减刑、假释罪犯的考核计分高、专项奖励多或者鉴定材料、奖惩记录有疑点的；

（五）收到控告、举报的；

（六）其他应当进行调查核实的。

第七条 人民检察院可以采取调阅复制有关材料、重新组织诊断鉴别、进行文证鉴定、召开座谈会、个别询问等方式，对下列情况进行调查核实：

（一）拟提请减刑、假释罪犯在服刑期间的表现情况；

（二）拟提请减刑、假释罪犯的财产刑执行、附带民事裁判履行、退赃退赔等情况；

（三）拟提请减刑罪犯的立功表现、重大立功表现是否属实，发明创造、技术革新是否系罪犯在服刑期间独立完成并经有关主管机关确认；

（四）拟提请假释罪犯的身体状况、性格特征、假释后生活来源和监管条件等影响再犯罪的因素；

（五）其他应当进行调查核实的情况。

第八条 人民检察院可以派员列席执行机关提请减刑、假释评审会议，了解案件有关情况，根据需要发表意见。

第九条 人民检察院发现罪犯符合减刑、假释条件，但是执行机关未提请减刑、假释的，可以建议执行机关提请减刑、假释。

第十条 人民检察院收到执行机关抄送的减刑、假释建议书副本后，应当逐案进行审查，可以向人民法院提出书面意见。发现减刑、假释建议不当或者提请减刑、假释违反法定程序的，应当在收到建议书副本后十日以内，依法向审理减刑、假释案件的人民法院提出书面意见，同时将检察意见书副本抄送执行机关。案情复杂或者情况特殊的，可以延长十日。

第十一条 人民法院开庭审理减刑、假释案件的，人民检察院应当指派检察人员出席法庭，发表检察意见，并对法庭审理活动是否合法进行监督。

第十二条 出席法庭的检察人员不得少于二人，其中至少一人具有检察官职务。

第十三条 检察人员应当在庭审前做好下列准备工作：

（一）全面熟悉案情，掌握证据情况，拟定法庭调查提纲和出庭意见；

（二）对执行机关提请减刑、假释有异议的案件，应当收集相关证据，可以建议人民法院通知相关证人出庭作证。

第十四条 庭审开始后，在执行机关代表宣读减刑、假释建议书并说明理由之后，检察人员应当发表检察意见。

第十五条 庭审过程中，检察人员对执行机关提请减刑、假释有疑问的，经审判长许可，可以出示证据，申请证人出庭作证，要求执行机关代表出示证据或者作出说明，向被提请减刑、假释的罪犯及证人提问并发表意见。

第十六条 法庭调查结束时，在被提请减刑、假释罪犯作最后陈述之前，经审判长许可，检察人员可以发表总结性意见。

第十七条 庭审过程中，检察人员认为需要进一步调查核实案件事实、证据，需要补充鉴定或者重新鉴定，或者需要通知新的证人到庭的，应当建议休庭。

第十八条 检察人员发现法庭审理活动违反法律规定的，应当在庭审后及时向本院检察长报告，依法向人民法院提出纠正意见。

第十九条 人民检察院收到人民法院减刑、假释裁定书副本后，应当及时审查下列内容：

（一）人民法院对罪犯裁定予以减刑、假释，以及起始时间、间隔时间、实际执行刑期、减刑幅度或者假释考验期是否符合有关规定；

（二）人民法院对罪犯裁定不予减刑、假释是否符合有关规定；

（三）人民法院审理、裁定减刑、假释的程序是否合法；

（四）按照有关规定应当开庭审理的减刑、假释案件，人民法院是否开庭审理；

（五）人民法院减刑、假释裁定书是否依法送达执行并向社会公布。

第二十条 人民检察院经审查认为人民法院减刑、假释裁定不当的，应当在收到裁定书副本后二十日以内，依法向作出减刑、假释裁定的人民法院提出书面纠正意见。

第二十一条 人民检察院对人民法院减刑、假释裁定提出纠正意见的，应当监督人民法院在收到纠正意见后一个月以内重新组成合议庭进行审理并作出最终裁定。

第二十二条 人民检察院发现人民法院已经生效的减刑、假释裁定确有错误的，应当向人民法院提出书面纠正意见，提请人民法院按照审判监督程序依法另行组成合议庭重新审理并作出裁定。

第二十三条 人民检察院收到控告、举报或者发现司法工作人员在办理减刑、假释案件中涉嫌违法的，应当依法进行调查，并根据情况，向有关单位提出纠正违法意见，建议更换办案人，或者建议予以纪律处分；构成犯罪的，依法追究刑事责任。

第二十四条 人民检察院办理职务犯罪罪犯减刑、假释案件，按照有关规定实行备案审查。

第二十五条 本规定自发布之日起施行。最高人民检察院以前发布的有关规定与本规定不一致的，以本规定为准。

3.《人民检察院刑事诉讼规则》（高检发释字［2019］4号）（2019年12月30日公布并施行）（节录）

第六百三十七条 人民法院开庭审理减刑、假释案件，人民检察院应当指派检察人员出席法庭，发表意见。

第六百三十八条 人民检察院收到人民法院减刑、假释的裁定书副本后，应当及时审查下列内容：

（一）被减刑、假释的罪犯是否符合法定条件，对罪犯减刑的减刑幅度、起始时间、间隔时间或者减刑后又假释的间隔时间、罪犯被减刑后实际执行的刑期或者假释考验期是否符合有关规定；

（二）执行机关提请减刑、假释的程序是否合法；

（三）人民法院审理、裁定减刑、假释的程序是否合法；

（四）人民法院对罪犯裁定不予减刑、假释是否符合有关规定；

（五）人民法院减刑、假释裁定书是否依法送达执行并向社会公布。

第六百三十九条 人民检察院经审查认为人民法院减刑、假释的裁定不当，应当在收到裁定书副本后二十日以内，向作出减刑、假释裁定的人民法院提出纠正意见。

第六百四十条 对人民法院减刑、假释裁定的纠正意见，由作出减刑、假释裁定的人民法院的同级人民检察院书面提出。

下级人民检察院发现人民法院减刑、假释裁定不当的，应当向作出减刑、假释裁定的人民法院的同级人民检察院报告。

第六百四十一条 人民检察院对人民法院减刑、假释的裁定提出纠正意见后，应当监督人民法院是否在收到纠正意见后一个月以内重新组成合议庭进行审理，并监督重新作出的裁定是否符合法律规定。对最终裁定不符合法律规定的，应当向同级人民法院提出纠正意见。

第二百七十五条 监狱和其他执行机关在刑罚执行中，如果认为判决有错误或者罪犯提出申诉，应当转请人民检察院或者原判人民法院处理。

[条文主旨]

本条是关于刑罚执行中错案、申诉的处理的规定。

[条文释解]

本条是1979年《刑事诉讼法》的规定，1996年作过修改，2012年、2018年未作修改。

监狱和其他执行机关在刑罚执行过程中，认为判决在认定事实上或者适用法律上有错误的，应当转请人民检察院或者原判人民法院处理。罪犯提出申诉的，监狱和其他执行机关应当及时转递人民检察院或者原判人民法院处理。人民检察院或者人民法院对监狱和其他执行机关转递的罪犯申诉案件，应当及时进行审查，对于符合本法第253条规定的情形之一的，人民检察院应当按照审判监督程序向人民法院提出抗诉，人民法院应当按照审判监督程序对案件重新审判。对于罪犯的申诉，执行机关应当及时转递，不得以任何形式阻拦或者扣压，更不能因为罪犯依法提出申诉而认为罪犯表现不好，予以处罚。

[配套规定]

《公安机关办理刑事案件程序规定》（公安部令第127号）（2012年12月13日发布，自2013年1月1日起施行）（节录）

第二百九十三条 公安机关在执行刑罚中，如果认为判决有错误或者罪犯提出申诉，应当转请人民检察院或者原判人民法院处理。

第二百七十六条 人民检察院对执行机关执行刑罚的活动是否合法实行监督。如果发现有违法的情况，应当通知执行机关纠正。

[条文主旨]

本条是关于执行监督的规定。

[条文释解]

本条是1979年《刑事诉讼法》的规定，1996年作过修改，2012年、2018年未作修改。

人民检察院对执行机关执行刑罚的活动是否合法实行监督，主要包括以下几个方面：交付执行是否合法；变更执行是否合法；执行机关具体的执行活动是否合法，等等。人民检察院发现执行机关执行刑罚的活动有违法情况的，应当及时通知有关执行机关纠正，并可以建议有关部门给予有关人员行政处分；对构成犯罪的，应当及时立案侦查，依法追究有关人员的刑事责任。有关执行机关应当接受人民检察院的监督，接到人民检察院纠正违法的通知后，应当及时纠正违法行为。

[配套规定]

1.《最高人民法院、最高人民检察院、公安部、司法部关于对判处管制、宣告缓刑的犯罪分子适用禁止令有关问题的规定(试行)》(法发[2011]9号)(节录)

第十条 人民检察院对社区矫正机构执行禁止令的活动实行监督。发现有违反法律规定的情况,应当通知社区矫正机构纠正。

2.《最高人民检察院、国家安全部关于国家安全机关设置的看守所依法接受人民检察院法律监督有关事项的通知》(高检会[1997]2号)

各省、自治区、直辖市人民检察院,国家安全厅(局):

近年来,国家安全机关根据工作需要,在各省、自治区、直辖市陆续建成一批看守所,依法收押了一批危害国家安全的犯罪嫌疑人、被告人。为保障刑事诉讼活动的顺利进行,维护国家法律统一正确实施,根据《中华人民共和国刑事诉讼法》、《中华人民共和国看守所条例》的规定,人民检察院应当对国家安全机关设置的看守所实行法律监督,现将有关事项通知如下:

一、人民检察院对国家安全机关设置的看守所的执法活动实行法律监督,由主管该看守所的国家安全机关的同级人民检察院负责。

二、人民检察院对国家安全机关设置的看守所的执法活动进行检察的方式,可根据其羁押人数,监管任务轻重决定派驻检察或定期巡回检察。

三、国家安全机关设置的看守所应当依法接受人民检察院的法律监督,定期向对该看守所有法律监督职责的人民检察院通报监管情况;对人民检察院提出纠正违法的意见,应当认真进行研究,并对违法情况及时采取有效措施予以纠正;对发生的有关犯罪案件,要主动配合检察机关依法查处。

3.《人民检察院刑事诉讼规则》(高检发释字[2019]4号)(2019年12月30日公布并施行)(节录)

第六百二十一条 人民检察院依法对刑事判决、裁定和决定的执行工作以及监狱、看守所等的监管执法活动实行法律监督。

第六百二十二条 人民检察院根据工作需要,可以对监狱、看守所等场所采取巡回检察、派驻检察等方式进行监督。

第六百二十三条 人民检察院对监狱、看守所等场所进行监督,除可以采取本规则第五百五十一条规定的调查核实措施外,还可以采取实地查看禁闭室、会见室、监区、监舍等有关场所，列席监狱、看守所有关会议，与有关监管民警进行谈话，召开座谈会，开展问卷调查等方式。

第六百二十四条 人民检察院对刑罚执行和监管执法活动实行监督，可以根据下列情形分别处理：

（一）发现执法瑕疵、安全隐患，或者违法情节轻微的，口头提出纠正意见，并记录在案；

（二）发现严重违法，发生重大事故，或者口头提出纠正意见后七日以内未予纠正的，书面提出纠正意见；

（三）发现存在可能导致执法不公问题，或者存在重大监管漏洞、重大安全隐患、重大事故风险等问题的，提出检察建议。

对于在巡回检察中发现的前款规定的问题、线索的整改落实情况，通过巡回检察进行督导。

4.《最高人民检察院关于对职务犯罪罪犯减刑、假释、暂予监外执行案件实行备案审查的规定》（高检发监字［2014］5号）

第一条 为了强化对职务犯罪罪犯减刑、假释、暂予监外执行的法律监督，加强上级人民检察院对下级人民检察院办理刑罚变更执行案件工作的领导，根据《中华人民共和国刑法》、《中华人民共和国刑事诉讼法》和《中华人民共和国监狱法》等有关规定，结合检察工作实际，制定本规定。

第二条 人民检察院对职务犯罪罪犯减刑、假释、暂予监外执行案件实行备案审查，按照下列情形分别处理：

（一）对原厅局级以上职务犯罪罪犯减刑、假释、暂予监外执行的案件，人民检察院应当在收到减刑、假释裁定书或者暂予监外执行决定书后十日以内，逐案层报最高人民检察院备案审查；

（二）对原县处级职务犯罪罪犯减刑、假释、暂予监外执行的案件，人民检察院应当在收到减刑、假释裁定书或者暂予监外执行决定书后十日以内，逐案层报省级人民检察院备案审查。

第三条 人民检察院报请备案审查减刑、假释案件，应当填写备案审查登记表，并附下列材料的复印件：

（一）刑罚执行机关提请减刑、假释建议书；

（二）人民法院减刑、假释裁定书；

（三）人民检察院向刑罚执行机关、人民法院提出的书面意见；

罪犯有重大立功表现裁定减刑、假释的案件，还应当附重大立功表现相关证明材料的复印件。

第四条　人民检察院报请备案审查暂予监外执行案件，应当填写备案审查登记表，并附下列材料的复印件：

（一）刑罚执行机关提请暂予监外执行意见书或者审批表；

（二）决定或者批准机关暂予监外执行决定书；

（三）人民检察院向刑罚执行机关、暂予监外执行决定或者批准机关提出的书面意见；

（四）罪犯的病情诊断、鉴定意见以及相关证明材料。

第五条　上级人民检察院认为有必要的，可以要求下级人民检察院补报相关材料。下级人民检察院应当在收到通知后三日以内，按照要求报送。

第六条　最高人民检察院和省级人民检察院收到备案审查材料后，应当指定专人进行登记和审查，并在收到材料后十日以内，分别作出以下处理：

（一）对于职务犯罪罪犯减刑、假释、暂予监外执行不当的，应当通知下级人民检察院依法向有关单位提出纠正意见。其中，省级人民检察院认为高级人民法院作出的减刑、假释裁定或者省级监狱管理局、省级公安厅（局）作出的暂予监外执行决定不当的，应当依法提出纠正意见；

（二）对于职务犯罪罪犯减刑、假释、暂予监外执行存在疑点或者可能存在违法违规问题的，应当通知下级人民检察院依法进行调查核实。

第七条　下级人民检察院收到上级人民检察院对备案审查材料处理意见的通知后，应当立即执行，并在收到通知后三十日以内，报告执行情况。

第八条　省级人民检察院应当将本年度原县处级以上职务犯罪罪犯减刑、假释、暂予监外执行的名单，以及本年度职务犯罪罪犯减刑、假释、暂予监外执行的数量和比例对比情况，与人民法院、公安机关、监狱管理机关等有关单位核对后，于次年一月底前，报送最高人民检察院。

第九条　对于职务犯罪罪犯减刑、假释、暂予监外执行的比例明显高于其他罪犯的相应比例的，人民检察院应当对职务犯罪罪犯减刑、假释、暂予监外执行案件进行逐案复查，查找和分析存在的问题，依法向有关单位提出意见或者建议。

第十条　最高人民检察院和省级人民检察院应当每年对职务犯罪罪犯减刑、假释、暂予监外执行情况进行分析和总结，指导和督促下级人民检察院落实有关要求。

第十一条　本规定中的职务犯罪，是指贪污贿赂犯罪，国家工作人员的渎职犯罪，国家机关工作人员利用职权实施的非法拘禁、非法搜查、刑讯逼供、暴力取证、虐待被监管人、报复陷害、破坏选举的侵犯公民人身权利、公民民主权利的犯罪。

第十二条 本规定自发布之日起施行。

5.《人民检察院办理未成年人刑事案件的规定》（高检发研字［2013］7号）（2013年12月27日公布并施行）（节录）

第七十条 人民检察院依法对未成年犯管教所实行驻所检察。在刑罚执行监督中，发现关押成年罪犯的监狱收押未成年罪犯的，未成年犯管教所违法收押成年罪犯的，或者对年满十八周岁时余刑在二年以上的罪犯留在未成年犯管教所执行剩余刑期的，应当依法提出纠正意见。

第七十一条 人民检察院在看守所检察中，发现没有对未成年犯罪嫌疑人、被告人与成年犯罪嫌疑人、被告人分别关押、管理或者对未成年犯留所执行刑罚的，应当依法提出纠正意见。

第七十二条 人民检察院应当加强对未成年犯管教所、看守所监管未成年罪犯活动的监督，依法保障未成年罪犯的合法权益，维护监管改造秩序和教学、劳动、生活秩序。

人民检察院配合未成年犯管教所、看守所加强对未成年罪犯的政治、法律、文化教育，促进依法、科学、文明监管。

第七十四条 人民检察院依法对未成年犯的减刑、假释、暂予监外执行等活动实行监督。对符合减刑、假释、暂予监外执行法定条件的，应当建议执行机关向人民法院、监狱管理机关或者公安机关提请；发现提请或者裁定、决定不当的，应当依法提出纠正意见；对徇私舞弊减刑、假释、暂予监外执行等构成犯罪的，依法追究刑事责任。

第五编　特别程序

第一章　未成年人刑事案件诉讼程序

第二百七十七条　对犯罪的未成年人实行教育、感化、挽救的方针，坚持教育为主、惩罚为辅的原则。

人民法院、人民检察院和公安机关办理未成年人刑事案件，应当保障未成年人行使其诉讼权利，保障未成年人得到法律帮助，并由熟悉未成年人身心特点的审判人员、检察人员、侦查人员承办。

[条文主旨]

本条是关于审理未成年人刑事案件基本原则和总体要求的规定。

[条文释解]

本条是2012年修改《刑事诉讼法》时增加的内容，2018年未作修改。

本条分两款。第1款是关于办理未成年人刑事案件的方针和原则的规定。方针是指“教育、感化、挽救”的方针，意思是办理未成年人刑事案件，不能只注重追究犯罪未成年人的刑事责任，而是要将相关工作的目的和出发点建立在教育、感化、挽救未成年人之上，通过教育、感化、挽救，增强犯罪的未成年人的法治观念，使其认识犯罪，从而改过自新，重新回归社会。原则是指“教育为主、惩罚为辅”的原则，即在依法追究犯罪未成年人的刑事责任时，要正确处理惩罚与教育的关系，对未成年人要以教育为主，而不是惩罚为主，惩罚只是辅助教育的必要手段，不是目的。

第 2 款是关于司法机关办理未成年人刑事案件应当保障未成年人诉讼权利以及办理未成年人刑事案件的司法人员的基本要求。

1. 关于保障未成年人行使诉讼权利。《刑事诉讼法》第 14 条第 1 款规定："人民法院、人民检察院和公安机关应当保障犯罪嫌疑人、被告人和其他诉讼参与人依法享有的辩护权和其他诉讼权利。"对于未成年犯罪嫌疑人、被告人，不仅享有与成年犯罪嫌疑人、被告人相同的诉讼权利，还应享有一些特殊的权利。例如，讯问和审判时，应当通知未成年犯罪嫌疑人、被告人的法定代理人到场；未成年犯罪嫌疑人、被告人没有委托辩护人的，司法机关应当通知法律援助机构指派律师为其提供辩护；审判时被告人不满十八周岁的案件不公开审理，等等。

2. 关于保障未成年人得到法律帮助。既包括机制上的法律帮助，也包括实质内容上的法律帮助。机制上的法律帮助是指被告人没有委托辩护人的，司法机关应当通知法律援助机构指派律师为其提供辩护。实质内容上的法律帮助是指司法机关在办理未成年人案件时，要让未成年人了解法律的有关规定，包括涉及其犯罪行为定罪量刑的有关规定，也包括其享有的诉讼权利和其他合法权利的法律规定。

3. 关于司法人员的基本要求。办理未成年人刑事案件，应当由熟悉未成年人身心特点的审判人员、检察人员、侦查人员承办，这既是对司法人员的基本要求，也是办理未成年人刑事案件时对办案人员的特别要求。比如，就人民法院而言，在办理未成年人刑事案件的法官和人民陪审员人选上，应当做到以下三点：一是审理未成年人刑事案件应当由熟悉未成年人身心特点、善于做未成年人思想教育工作的审判人员进行，并应当保持有关审判人员工作的相对稳定性。二是未成年人刑事案件的人民陪审员一般由熟悉未成年人身心特点，热心教育、感化、挽救失足未成年人工作，并经过必要培训的共青团、妇联、工会、学校、未成年人保护组织等单位的工作人员或者有关单位的退休人员担任。三是中级人民法院和基层人民法院可以设立独立建制的未成年人案件审判庭。尚不具备条件的，应当在刑事审判庭内设立未成年人刑事案件合议庭，或者由专人负责审理未成年人刑事案件。高级人民法院应当在刑事审判庭内设立未成年人刑事案件合议庭。具备条件的，可以设立独立建制的未成年人案件审判庭。也就是说，不能随意指定法官承办未成年人刑事案件。

[审判实务]

1. 适用本条时应当注意，本条规定不仅体现在刑事审判和刑罚执行环节，而应贯穿于刑事诉讼的全部过程。例如，在侦查阶段，公安机关对被羁押的未成年人应当与成年人分押分管，避免交叉感染；对未成年人刑事案件的侦查、预审工作，由专门办案人员或者侧重办理未成年人刑事案件的人员进行。对未成年犯罪嫌疑人，在讯问中应当进行耐心细致的教育，要注意了解未成年人作案的动机和成因等。在检察机关提起公诉阶段，应同有关部门加强联系，充分了解案件情况，对符合条件的未成年犯罪嫌疑人作出附条件不起诉的决定。人民检察院还要加强对侦查活动、审判活动和未成年人羁押场所的监督，保证准确执行法律，保障未成年人的合法权益和特殊权益。

2. 坚持教育为主、惩罚为辅的原则，要求办理未成年人刑事案件过程中，不仅仅限于查清犯罪事实，准确适用法律，更重要的是要根据犯罪原因和个人情况，有针对性地对其进行法治教育，以矫正其犯罪心理和不良习惯，促使未成年犯罪人悔过自新，重新融入社会。同时要明确，坚持教育为主、惩罚为辅的原则，并不意味着对未成年人犯罪行为的纵容和不处罚，要防止对未成年人盲目减轻处罚，甚至不处罚的错误做法。对那些社会危害严重、主观恶性大的未成年犯罪人，也要在法律规定的原则和范围内予以必要的惩罚，以发挥刑罚的教育功能。

[配套规定]

1.《最高人民法院关于适用〈中华人民共和国刑事诉讼法〉的解释》（法释［2012］21号）（2012年12月20日公布，自2013年1月1日起施行）（节录）

第四百五十九条 人民法院审理未成年人刑事案件，应当贯彻教育、感化、挽救的方针，坚持教育为主、惩罚为辅的原则，加强对未成年人的特殊保护。

第四百六十条 人民法院应当加强同政府有关部门以及共青团、妇联、工会、未成年人保护组织等团体的联系，推动未成年人刑事案件人民陪审、情况调查、安置帮教等工作的开展，充分保障未成年人的合法权益，积极参与社会管理综合治理。

第四百六十一条 审理未成年人刑事案件，应当由熟悉未成年人身心特点、善于做未成年人思想教育工作的审判人员进行，并应当保持有关审判人员工作的相对稳定性。

未成年人刑事案件的人民陪审员，一般由熟悉未成年人身心特点，热心教育、感化、挽救失足未成年人工作，并经过必要培训的共青团、妇联、工会、学校、未成年人保护组织等单位的工作人员或者有关单位的退休人员担任。

第四百六十二条 中级人民法院和基层人民法院可以设立独立建制的未成年人案件审判庭。尚不具备条件的，应当在刑事审判庭内设立未成年人刑事案件合议庭，或者由专人负责审理未成年人刑事案件。

高级人民法院应当在刑事审判庭内设立未成年人刑事案件合议庭。具备条件的，可以设立独立建制的未成年人案件审判庭。

未成年人案件审判庭和未成年人刑事案件合议庭统称少年法庭。

第四百六十三条 下列案件由少年法庭审理：

（一）被告人实施被指控的犯罪时不满十八周岁、人民法院立案时不满二十周岁的案件；

（二）被告人实施被指控的犯罪时不满十八周岁、人民法院立案时不满二十周岁，并被指控为首要分子或者主犯的共同犯罪案件。

其他共同犯罪案件有未成年被告人的，或者其他涉及未成年人的刑事案件是否由少年法庭审理，由院长根据少年法庭工作的实际情况决定。

第四百六十四条 对分案起诉至同一人民法院的未成年人与成年人共同犯罪案件，可以由同一个审判组织审理；不宜由同一个审判组织审理的，可以分别由少年法庭、刑事审判庭审理。

未成年人与成年人共同犯罪案件，由不同人民法院或者不同审判组织分别审理的，有关人民法院或者审判组织应当互相了解共同犯罪被告人的审判情况，注意全案的量刑平衡。

第四百六十五条 对未成年人刑事案件，必要时，上级人民法院可以根据刑事诉讼法第二十六条的规定，指定下级人民法院将案件移送其他人民法院审判。

2.《人民检察院刑事诉讼规则》（高检发释字［2019］4号）（2019年12月30日公布并施行）（节录）

第四百五十七条 人民检察院办理未成年人刑事案件，应当贯彻“教育、感化、挽救”方针和“教育为主、惩罚为辅”的原则，坚持优先保护、特殊保护、双向保护，以帮助教育和预防重新犯罪为目的。

人民检察院可以借助社会力量开展帮助教育未成年人的工作。

第四百五十八条　人民检察院应当指定熟悉未成年人身心特点的检察人员办理未成年人刑事案件。

第四百五十九条　人民检察院办理未成年人与成年人共同犯罪案件，一般应当对未成年人与成年人分案办理、分别起诉。不宜分案处理的，应当对未成年人采取隐私保护、快速办理等特殊保护措施。

3.《公安机关办理刑事案件程序规定》（公安部令第127号）（2012年12月13日发布，自2013年1月1日起施行）（节录）

第三百零六条　公安机关办理未成年人刑事案件，实行教育、感化、挽救的方针，坚持教育为主、惩罚为辅的原则。

第三百零七条　公安机关办理未成年人刑事案件，应当保障未成年人行使其诉讼权利并得到法律帮助，依法保护未成年人的名誉和隐私，尊重其人格尊严。

第三百零八条　公安机关应当设置专门机构或者配备专职人员办理未成年人刑事案件。

未成年人刑事案件应当由熟悉未成年人身心特点，善于做未成年人思想教育工作，具有一定办案经验的人员办理。

第二百七十八条　未成年犯罪嫌疑人、被告人没有委托辩护人的，人民法院、人民检察院、公安机关应当通知法律援助机构指派律师为其提供辩护。

[条文主旨]

本条是关于为没有委托辩护人的未成年犯罪嫌疑人、被告人提供法律援助的规定。

[条文释解]

1979年《刑事诉讼法》就有关于未成年被告人没有委托辩护人，人民法院应当为其指定辩护人的规定。1996年《刑事诉讼法》亦有此规定。2012年修改

《刑事诉讼法》时，在上述规定的基础上作了进一步的补充完善，并移入未成年人刑事诉讼程序专章中加以规定：不仅人民法院在审判阶段有责任为未成年被告人提供法律援助，而且，公安机关在侦查阶段，人民检察院在审查起诉阶段，也都有义务为没有委托辩护人的未成年犯罪嫌疑人、被告人提供法律援助。

法律援助制度是指国家司法机关对于因经济、身体上有困难或者有其他原因致使仅靠自身难以实现法律救济的社会弱者，通过减免收费、给予法律救济的一种保障制度。未成年人本身处于社会弱者的地位，其涉入刑事诉讼，还没有聘请辩护人或者诉讼代理人，说明其确实存在困难，此时审判机关代表国家给予其法律援助不仅体现了对未成年人诉讼权利的保护，也彰显了司法公正和社会正义。

相对于原规定，现行《刑事诉讼法》规定有以下几点变化：1. 将为未成年人提供律师法律援助的时间提前到侦查和审查起诉阶段，只要办理案件的公安机关、人民检察院发现该未成年犯罪嫌疑人没有委托辩护人的，就应当及时通知有关部门为其提供法律援助，以保障其诉讼权利的充分行使。2. 明确规定了公检法机关保障未成年人法律援助义务，一旦发现未成年人没有委托辩护人，则应当通知法律援助机构。3. 进一步明确了为未成年犯罪嫌疑人、被告人提供法律援助的工作机制，即由公检法机关通知，由法律援助机构指派律师提供辩护。根据相关法律规定，直辖市、设区的市或者县级人民政府司法行政部门根据需要设立本行政区域的法律援助机构。法律援助机构负责受理、审查法律援助申请，指派或者安排人员为符合条件的公民提供法律援助。法律援助机构接到司法机关通知后，应当及时指派律师为未成年犯罪嫌疑人、被告人提供法律援助服务，并对律师的法律援助活动进行业务指导和监督，以确保法律援助案件的办理质量。接受指派的辩护律师应当根据事实和法律，提出未成年犯罪嫌疑人、被告人无罪、罪轻或者减轻、免除刑事责任的材料和意见，维护未成年犯罪嫌疑人、被告人的诉讼权利和其他合法权益。

[审判实务]

1. 保障未成年人获得法律援助，是公检法三机关的义务，一旦发现未成年人没有委托辩护人的，应当通知法律援助机构。但是，如果未成年被告人已经委托辩护人，则不存在法律援助的问题。通常情况下，被告人需要法律援助时，应当提出申请，法律援助机构认为符合法律援助条件的，才决定指派律师进行援助，并将指派进行法律援助的律师名单回复人民法院，无须进行资格审查。

2. 本条规定不是指定辩护。2012 年修改《刑事诉讼法》时将法院应当“指定承担法律援助义务的律师”修改为公检法机关“通知法律援助机构指派律师”为未成年人提供辩护。也就是说，公检法机关都不是承担法律援助义务律师的管理机构。以前的“指定辩护制度”，虽然是为了保证未成年被告人获得辩护权，但也造成了其与法律援助机构职能的混淆。根据现行《刑事诉讼法》规定，公安机关、人民检察院、人民法院发现未成年人没有委托辩护人的，应当将未成年犯罪嫌疑人、被告人对辩护律师提供法律援助的需求通知法律援助机构，是否提供援助由法律援助机构决定，由其按照具体情况指派律师为未成年人提供辩护。

3. 关于刑事案件中未成年被害人及其法定代理人申请法律援助的问题。对此，《刑事诉讼法》未明确规定。公安机关、检察机关亦无相应的规定。但是，根据《刑诉法解释》第 473 条规定，未成年被害人及其法定代理人因经济困难或者其他原因没有委托诉讼代理人的，人民法院应当帮助其申请法律援助。实践中，在理解和适用此规定时，应当明确：未成年被害人及其法定代理人因经济原因或者其他原因没有委托诉讼代理人的，申请法律援助的主体仍然是未成年人及其法定代理人，法院既不能代替其申请，也不能通知法律援助机构指派。这是与未成年被告人法律援助所不同之处。未成年被害人及其法定代理人是控诉方，与国家公诉机关一同行使控诉权，二者形成控诉上的互补关系。相比之下，未成年被告人处于相对弱势，基于此，在制度设计上对于辩护方应有所倾斜，加大对其保护力度，以使控辩双方基本平衡。但是对于经济上确有困难或者其他原因没有委托诉讼代理人的未成年被害人及其法定代理人，也应给予适当帮助，如可以告知未成年人及其法定代理人在法院审判阶段享有委托诉讼代理人的权利；可以告知其申请法律援助的具体流程、申请材料和注意事项等。

[配套规定]

1.《最高人民法院关于适用〈中华人民共和国刑事诉讼法〉的解释》（法释［2012］21 号）（2012 年 12 月 20 日公布，自 2013 年 1 月 1 日起施行）（节录）

第四百七十二条 审判时不满十八周岁的未成年被告人没有委托辩护人

的，人民法院应当通知法律援助机构指派律师为其提供辩护。

第四百七十三条 未成年被害人及其法定代理人因经济困难或者其他原因没有委托诉讼代理人的，人民法院应当帮助其申请法律援助。

2.《人民检察院刑事诉讼规则》（高检发释字［2019］4号）（2019年12月30日公布并施行）（节录）

第四百六十条 人民检察院受理案件后，应当向未成年犯罪嫌疑人及其法定代理人了解其委托辩护人的情况，并告知其有权委托辩护人。

未成年犯罪嫌疑人没有委托辩护人的，人民检察院应当书面通知法律援助机构指派律师为其提供辩护。

对于公安机关未通知法律援助机构指派律师为未成年犯罪嫌疑人提供辩护的，人民检察院应当提出纠正意见。

3.《公安机关办理刑事案件程序规定》（公安部令第127号）（2012年12月13日发布，自2013年1月1日起施行）（节录）

第三百零九条 未成年犯罪嫌疑人没有委托辩护人的，公安机关应当通知法律援助机构指派律师为其提供辩护。

第二百七十九条 公安机关、人民检察院、人民法院办理未成年人刑事案件，根据情况可以对未成年犯罪嫌疑人、被告人的成长经历、犯罪原因、监护教育等情况进行调查。

［条文主旨］

本条是关于司法机关办理未成年人案件可以进行社会调查的规定。

［条文释解］

本条是2012年修改《刑事诉讼法》时增加的规定，2018年未作修改。

在办理未成年人案件时进行社会调查，了解其生活背景，分析其犯罪原因，从而有针对性地采取相应措施，对其施以教育，矫正其不良习性，可以起到更加良好的社会效果。

根据本条规定，司法机关，包括公安机关、人民检察院和人民法院在办理未成年人案件时，根据案件的具体情况，都可以对该未成年人的成长经历、犯罪原因、日常所受到的监护、教育情况进行调查。司法机关工作人员既可以在案件的侦查、起诉和审理过程中自行了解未成年犯罪嫌疑人、被告人的个人情况，也可以委托有关组织和机构了解未成年犯罪嫌疑人、被告人的相关情况。调查的内容包括未成年犯罪嫌疑人、被告人的性格特点、家庭情况、社会交往、成长经历、是否具备有效监护条件或者社会帮教条件，以及涉嫌犯罪前后表现等情况，从而对未成年人的犯罪情况全面了解。根据所获取信息来判定该未成年人犯罪的主观恶性程度、是否有再犯罪的可能等，为确定是否采取强制措施，是否适用附条件不起诉，以及施以何种刑罚提供参考。应当注意的是，调查获得的信息形成材料，只能对司法机关办理未成年人刑事案件提供一定的参考，但不是定罪量刑的依据。

[审判实务]

1. 明确设立社会调查制度的目的。该制度（未成年人案件社会调查制度）是指由司法工作者或一些具有专门知识，熟悉未成年人身心特点，具有丰富未成年人工作经验的调查者，对与未成年人犯罪行为相关的情况进行全面调查，然后对该未成年人进行客观、全面、综合、公正的评价，并对造成犯罪的原因、未成年人的人身危险性和社会危险性进行科学的、深层次的分析判断，并作出专业的书面意见报告。该制度设立的目的是找出未成年人犯罪的原因，从而作出有针对性的措施，并对其进行教育，矫正不良习惯。《刑诉法解释》第484条规定了对社会调查报告和书面材料在法庭审理阶段的审查及其用途。设立该条的目的在于对未成年被告人的社会调查报告在法庭上审查，听取控辩双方的意见后确认是否真实客观，以便将该调查报告和材料作为法庭教育和量刑的参考。

2. 明确社会调查报告、材料的内容。

（1）未成年人的基本情况，包括未成年犯罪嫌疑人、被告人性格等方面的特征。对未成年犯罪嫌疑人、被告人的姓名、年龄、性别、住址、受教育程度、健康状况、生活经历，以及案发前的身份和社会经济地位，如是在校学习还是务工、务农，是否有辍学、流浪等基本情况方面的内容。另外，基本情况中也应包括未成年犯罪嫌疑人、被告人的性格特征、兴趣爱好、智力能力等情况。尤其要注意是否有吸毒、酗酒、赌博、早恋、网瘾、夜不归宿等不良表现，是否接触不良的阅读物、网站，等等。

（2）未成年犯罪嫌疑人、被告人的生活环境及其相关联的社会关系，包括家庭情况、在校学业情况、社会交往、成长经历等。①家庭情况。家庭是未成年人出生后首先接触也是接触最多的环境，因而对未成年人的影响最为重大。家庭情况的调查内容包括家庭成员的构成，家庭成员的关系，监护人的职业、收入、健康情况，父母的个性与和睦情况，父母对孩子的管教情况及教育方式等。尤其要注意未成年犯罪嫌疑人、被告人的家庭是否完整，父亲或母亲是否被判刑入狱以及父母离异等情况；父母是否存在对孩子虐待、体罚或管教不当等情况，父母是否具有赌博、酗酒等不良行为等。②学业情况及学校环境。内容包括学习成绩，对学习、对老师的态度、师生关系，是否有退学、逃学等情况；学校管理秩序如何，学校是否重视品行教育、法治教育及心理健康教育，是否存在歧视差生、体罚学生等现象，学校周边环境等。③社会交往。未成年犯罪嫌疑人、被告人除了在其成长环境中接触较多的家庭、学校之外，是否还参加了社会上其他的活动、从事过其他职业、与其他社会人员有过交往。有的未成年犯罪嫌疑人、被告人性格活泼，参与过社会上的活动，与社会上的人员交往较多，甚至可能早已辍学参加工作，因此对于其在社会活动上的调查也是不可缺少的方面。

（3）犯罪原因、犯罪前后的表现。犯罪原因直接导致了未成年犯罪嫌疑人、被告人的犯罪行为。该未成年人之所以实施犯罪行为，是因为自身的好奇心驱使，还是他人的怂恿、唆使，还是由于对日常生活中某些问题积怨已久，决心报复等。犯罪后的表现包括是否有悔罪表现，认识到自身行为的危害性，或者是否得到被害人或近亲属的谅解。未成年犯罪嫌疑人、被告人在实施犯罪后，尤其是在被侦查机关抓获后表现各异，有的因为不懂法或一时冲动而实施了违法犯罪，被逮捕后非常后悔，主动承认错误并愿意积极悔改；有的对自己的犯罪行为毫不在乎，没有任何悔改之意；有的犯罪后还心存侥幸，不但不认罪，而且百般抵赖。因此，实施犯罪后的表现反映了未成年犯罪嫌疑人、被告人不同的主观恶性和人身危险性，也体现了教育、改造程度的难易。它们对于法官量刑具有重要的参考价值，是不可缺少的调查项目。当然社会调查内容并不限于上述列举事项，凡是能够全面、深入、彻底反映未成年被告人各方面状况的，都应该纳入社会调查资料之中。

3. 实践中应当着力建立以司法机关自行调查为主体、委托调查为辅助的未成年人社会调查主体体系。基于我国社会调查主体素质良莠不齐，对调查主体特别是社会团体调查主体监管缺失的现状，我们认为我国未成年人刑事诉讼中应建立以司法机关自行调查为主体，委托调查为辅助的未成年人社会调查主体体系。一是未成年人社会调查应以司法机关自行调查为主体。当然，在司法机关内部，尽量在案件承办人之外单独设立专职社会调查员。这不仅避免了由案件承办人直接进行调查带来的先入为主之嫌，而且细化分工有利于提高社会调查的效率、质量。二是由于对人身危险性及犯罪原因的分析涉及犯罪行为人的心理活动，因此在专业性较强的领域，应当积极采用委托调查的方式，吸收心理学、教育学、网瘾治疗专家和精神病学家参与社会调查，进行科学的专业诊断。三是建议在条件成熟时，在调查人员的选拔任用上采用职业资格认证的方式，以确保调查主体的专业性，调查报告的合法性和真实性。

4. 正确处理量刑参考和定罪量刑依据的关系。目前，由于我国法律并没有明确未成年人社会调查报告的法律属性，造成理论界、实务界对如何界定其法律属性存在较大分歧。只有明确未成年人社会调查报告的法律属性，才能真正体现其功能作用，避免将其淡化为可有可无的办案参考。我们认为，虽然不能将未成年人社会调查报告定位为定罪量刑依据，但定位为量刑参考是比较妥当的。其一，未成年人社会调查报告与案件具有关联性。未成年人社会调查报告围绕未成年人的品格、犯罪人格形成原因等关乎人身危险性的情况进行调查、了解与剖析，故未成年人社会调查报告与案件事实具有关联性。其二，未成年人社会调查报告具有客观性。报告是认真负责的调查人员制作出来的，具有科学性、严谨性的未成年人社会调查报告是依照法定程序、遵循科学调查方法以及可以相互佐证的证明素材、数据所形成的文书。严格的制作程序和科学的制作方法保障了未成年人社会调查报告的客观性。其三，未成年人社会调查报告具有合法性。最高人民法院、最高人民检察院、公安部、国家安全部、司法部在《关于规范量刑程序若干问题的意见（试行）》第 11 条中规定，社会调查报告应当在法庭上宣读并接受质证。这说明“两高三部”已把社会调查报告作为量刑时的一个重要参考。社会调查报告所反映的内容属于案件事实中的量刑事实，其记载的事实与定罪无关但是直接影响量刑的认定。总之，虽然未成年人社会调查报告不作为定罪证据，但是其对公安机关是否移送案件、检察院是否作出起诉或不起诉决定、法院是否从轻处罚、是否适用缓刑起到了不可或缺的参考作用。因此，应该将未成年人社会调查报告界定为量刑的重要参考，以有利于保护未成年犯罪人的合法权益。

[配套规定]

1.《最高人民法院关于适用〈中华人民共和国刑事诉讼法〉的解释》（法释［2012］21号）（2012年12月20日公布，自2013年1月1日起施行）（节录）

第四百七十六条　对人民检察院移送的关于未成年被告人性格特点、家庭情况、社会交往、成长经历、犯罪原因、犯罪前后的表现、监护教育等情况的调查报告，以及辩护人提交的反映未成年被告人上述情况的书面材料，法庭应当接受。

必要时，人民法院可以委托未成年被告人居住地的县级司法行政机关、共青团组织以及其他社会团体组织对未成年被告人的上述情况进行调查，或者自行调查。

第四百八十四条　对未成年被告人情况的调查报告，以及辩护人提交的有关未成年被告人情况的书面材料，法庭应当审查并听取控辩双方意见。上述报告和材料可以作为法庭教育和量刑的参考。

2.《人民检察院刑事诉讼规则》（高检发释字［2019］4号）（2019年12月30日公布并施行）（节录）

第四百六十一条　人民检察院根据情况可以对未成年犯罪嫌疑人的成长经历、犯罪原因、监护教育等情况进行调查，并制作社会调查报告，作为办案和教育的参考。

人民检察院开展社会调查，可以委托有关组织和机构进行。开展社会调查应当尊重和保护未成年人隐私，不得向不知情人员泄露未成年犯罪嫌疑人的涉案信息。

人民检察院应当对公安机关移送的社会调查报告进行审查。必要时，可以进行补充调查。

人民检察院制作的社会调查报告应当随案移送人民法院。

3.《公安机关办理刑事案件程序规定》（公安部令第127号）（2012年12月13日发布，自2013年1月1日起施行）（节录）

第三百一十一条　公安机关办理未成年人刑事案件，根据情况可以对未成年犯罪嫌疑人的成长经历、犯罪原因、监护教育等情况进行调查并制作调查报告。

作出调查报告的，在提请批准逮捕、移送审查起诉时，应当结合案情综合考虑，并将调查报告与案卷材料一并移送人民检察院。

第二百八十条　对未成年犯罪嫌疑人、被告人应当严格限制适用逮捕措施。人民检察院审查批准逮捕和人民法院决定逮捕，应当讯问未成年犯罪嫌疑人、被告人，听取辩护律师的意见。

对被拘留、逮捕和执行刑罚的未成年人与成年人应当分别关押、分别管理、分别教育。

[条文主旨]

本条是关于对未成年犯罪嫌疑人、被告人严格限制适用逮捕措施，避免与成年人混押、混管、混教的规定。

[条文释解]

本条是2012年《刑事诉讼法》修改时增加的规定。2018年未作修改。

严格限制逮捕强制措施的适用，在决定逮捕前听取当事人与其辩护律师的意见，是维护未成年犯罪嫌疑人、被告人的人身权利的有力保障。对被羁押的未成年犯罪嫌疑人、被告人和被执行刑罚的未成年罪犯与成年人隔离，实行分别关押、分别管理和分别教育，有利于未成年人的身心健康，是对未成年犯罪嫌疑人、被告人、罪犯关押、管理和教育必须遵守的规范。

本条共分为两款。第1款是关于对未成年犯罪嫌疑人、被告人严格限制适用逮捕措施的规定。体现在实质条件和程序要件两个方面：

1. 实质条件。人民检察院或者人民法院在批准或者决定对未成年犯罪嫌疑人、被告人适用逮捕措施时，应严格把握适用逮捕措施的条件。对成年人而言，适用逮捕的条件是：第一，对有证据证明有犯罪事实，可能判处徒刑以上刑罚的犯罪嫌疑人、被告人，采取取保候审尚不足以防止发生法律列明的社会危险性，包括可能实施新的犯罪；有危害国家安全、公共安全或者社会秩序的现实危险；可能毁灭、伪造证据，干扰证人作证或者串供；可能对被害人、举报人、控告人实施打击报复；企图自杀或者逃跑的社会危险性的，应当予以逮捕。第二，对有证据证明有犯罪事实，可能判处十年有期徒刑以上刑罚的，或者有证据证明有犯罪事实，可能判处徒刑以上刑罚，曾经故意犯罪或者身份不明的，应当予以逮捕。第三，被取保候审、监视居住的犯罪嫌疑人、被告人违反取保候审、监视居住规定，情节严重的，可以予以逮捕。但是，批准或者决定逮捕未成年犯罪嫌疑人、被告人，应当根据未成年犯罪嫌疑人、被告人的实际情况，依法适用逮捕措施，防止错误逮捕。在确定是否有逮捕必要时，可捕可不捕的不捕。对于罪行较轻，具备有效监护条件或者社会帮教措施，没有社会危险性，不会妨害诉讼正常进行的未成年犯罪嫌疑人、被告人，不应适用逮捕措施。对未成年人犯罪嫌疑人、被告人应当严格限制适用逮捕措施。具体来讲，在逮捕的适用上应当注意如下事项：一是应当根据未成年犯罪嫌疑人、被告人的犯罪事实、主观恶性、有无监护与社会帮教条件等，综合衡量其社会危险性，严格限制适用逮捕措施。二是对于罪行较轻，具备有效监护条件或者社会帮教措施，没有社会危险性或者社会危险性较小，不逮捕不致妨害诉讼正常进行的未成年犯罪嫌疑人、被告人，应当不批准、不决定逮捕。对于罪行比较严重，但主观恶性不大，有悔罪表现，具备有效监护条件或者社会帮教措施，具有下列情形之一，不逮捕不致妨害诉讼正常进行的未成年犯罪嫌疑人、被告人，可以不批准、不决定逮捕：初次犯罪、过失犯罪的；犯罪预备、中止、未遂的；有自首或者立功表现的；犯罪后如实交代罪行，真诚悔罪，积极退赃，尽力减少和赔偿损失，取得被害人谅解的；不属于共同犯罪的主犯或者集团犯罪中的首要分子的；属于已满十四周岁不满十六周岁的未成年人或者系在校学生的；其他可以不批准、不决定逮捕的情形。三是对犯罪嫌疑人实际年龄难以判断，影响对该犯罪嫌疑人、被告人是否应当负刑事责任认定的，应当不批准、不决定逮捕。

2. 程序要件。在人民检察院审查批准逮捕或者人民法院决定逮捕未成年犯罪嫌疑人、被告人时，程序上有更严格的要求。人民检察院、人民法院在批准或者决定逮捕前，应当讯问未成年犯罪嫌疑人、被告人，并听取辩护律师的意见。这一程序的设置，有利于核实其是否具有犯罪行为，是否符合逮捕条件，防止错误逮捕。辩护律师可以就该未成年犯罪嫌疑人、被告人是否应当适用逮捕措施提出意见。

第 2 款是关于对被拘留、逮捕和执行刑罚的未成年人与成年人分别关押、分别管理、分别教育的规定。被拘留、逮捕的未成年犯罪嫌疑人、被告人由看守所羁押。根据相关法律规定，看守所对成年人和未成年人，应当分别羁押。这样规定可以让未成年人在羁押过程中免受成年人的不良影响，防止发生对未成年人的不法侵害，更有利于对未成年人教育、矫治工作的开展。根据《监狱法》的相关规定，未成年犯由未成年犯管教所执行刑罚。未成年犯管教所按照未成年犯的刑期、犯罪类型，实行分别关押和管理，并根据未成年犯的改造表现，在活动范围、通讯、会见、收受物品、离所探亲、考核奖惩等方面给予不同的处遇。对未成年犯的教育采取集体教育与个别教育相结合，课堂教育与辅助教育相结合，所内教育与社会教育相结合的方法。对未成年犯进行思想教育，内容包括法律常识、形势政策、道德修养、人生观、爱国主义、劳动常识等。根据未成年犯的文化程度，分别进行扫盲教育、小学教育、初中教育等不同层次的文化教育。根据刑期、文化程度和刑满释放后的就业需要，重点进行职业技术教育和技能培训。管教人员还会根据未成年犯的案情、刑期、心理特点和改造表现进行有针对性的个别教育。未成年犯管教所建立心理矫治机构，对未成年犯进行生理、心理健康教育，进行心理测试、心理咨询和心理矫治。这种专门的管理和教育有利于对未成年犯的教育改造，也是通过实践取得的经验。

[司法实务]

1. 明确未成年人刑事案件需审查逮捕的必要性，以防错捕。就成年人犯罪案件而言，逮捕的必要性要件是指采取取保候审或监视居住方法仍然不能防止社会危险性发生的，才有逮捕的必要。而评估成年的嫌疑人、被告人是否符合逮捕的必要性要件，就是对嫌疑人、被告人的社会危险性进行评估。社会危险性的大小，既可从已经存在的犯罪行为中得出一定的结论，如罪行轻重、主观恶性大小、被害方反应等，还可依据被追诉者的一贯表现、社会经历、生活环境、犯罪后的反应等个体因素展开分析。但未成年人犯罪案件有其特殊性，对未成年犯罪嫌疑人的逮捕、拘留或监禁应符合法律规定并仅应作为最后手段，期限应为最短的适当时间。对未成年犯逮捕的必要要件的考量，除了对其客观行为审查判断之外，还须权衡逮捕所带来的诉讼安全利益与未成年犯人格受损之弊害，将个体因素作为社会危害性综合判断的重要依据，在保护未成年犯与保护社会之间作出恰当的选择，以尽量减少逮捕措施的适用。具体来说，就是要区分不同未成年人犯罪案件的不同情况，区别对待：（1）对于罪行较轻，具备有效监护条件或者社会帮教措施，没有社会危险性或者社会危险性较小，不会妨害诉讼正常进行的未成年犯罪嫌疑人，一般不予批准逮捕。（2）对于罪行比较严重，但主观恶性不大，有悔罪表现，具备有效监护条件或者社会帮教措施，不具有社会危险性，不会妨害诉讼正常进行，并具有下列情形之一的未成年犯罪嫌疑人，也可以依法不予批准逮捕：初次犯罪、过失犯罪的；犯罪预备、中止、未遂的；有自首或者立功表现的；犯罪后能够如实交待罪行，认识自己行为的危害性、违法性，积极退赃，尽力减少和赔偿损失，得到被害人谅解的；不是共同犯罪的主犯或者集团犯罪中的首要分子的；属于已满十四周岁不满十六周岁的未成年人或者系在校学生的；其他没有逮捕必要的情形。

2. 明确讯问未成年犯罪嫌疑人、被告人，听取辩护律师的意见是人民检察院审查批准逮捕和人民法院决定逮捕未成年犯罪嫌疑人、被告人的必经程序，否则就是违法。对成年犯罪嫌疑人、被告人，检察人员在审查批捕环节可以讯问犯罪嫌疑人，对于几种特殊情形则应当讯问犯罪嫌疑人。也就是说，讯问嫌疑人不是所有公诉案件在审查批捕环节的必经程序。但是，出于对未成年犯特殊保护以及公正处理案件的目的，《刑事诉讼法》第 280 条作出了更为严格的规定，“人民检察院审查批准逮捕和人民法院决定逮捕，应当讯问未成年犯罪嫌疑人、被告人，听取辩护律师的意见”。在此环节，办案人员除了告知未成年犯依法享有的诉讼权利及如实供述等法律规定之外，还应当着重查明以下事实：嫌疑人是否已满十四周岁、十六周岁、十八周岁的临界年龄；是否有被胁迫情节；是否存在成年人教唆犯罪、传授犯罪方法或者利用未成年人实施犯罪的情况；是否有自首、立功、检举揭发等表现，等等。然后，将讯问获得的信息与侦查案卷记载的证据、事实相对照，并听取辩护律师的意见，对全案的证据、事实综合分析，审查案件是否符合逮捕的证据要件和刑罚要件，防止将无罪的人予以逮捕。

3. 辩护律师应关注司法机关是否对未成年犯罪嫌疑人、被告人严格适用逮捕措施。辩护律师在人民检察院、人民法院决定适用逮捕措施时提出意见是职责所在，应当尽责尽力。体现在以下几个方面：一是辩护律师要注意人民检察院审查批准和人民法院决定适用逮捕措施是否严格，主要体现为司法机关对未成年犯罪嫌疑人、被告人适用逮捕的理由与程序。二是辩护律师应当当面就适用逮捕措施发表意见，以帮助司法机关审查其适用逮捕措施是否适当，防止对未成年犯罪嫌疑人、被告人造成不应有的伤害。一般而言，当面发表意见后，还应当留下书面意见。三是辩护律师要注意审查执行逮捕时，司法机关是否实行了分别关押、分别管理和分别教育。司法实践中，经常会出现将成年犯罪嫌疑人、被告人与未成年犯罪嫌疑人、被告人混押的现象。这种做法非常容易造成交叉感染，是对未成年人的第二次伤害。因此，为了维护未成年犯罪嫌疑人、被告人的合法权益，在执行逮捕时，司法执行机构要实行分别关押、分别管理和分别教育。辩护律师在此要予以注意。

4. 全面执行“三分别”规定。对被拘留、逮捕和执行刑罚的未成年人与成年人分别关押、分别管理、分别教育，这是《刑事诉讼法》第 280 条第 2 款的规定。执行中，要杜绝一分了事的做法。一是不仅关押要分别，管理要分别，教育也要分别。二是不仅监狱在执行刑罚时要对未成年罪犯进行教育，看守所对未成年犯罪嫌疑人、被告人也要进行教育。三是教育内容要全面。既要进行思想教育，如法律常识、形势政策、道德修养、人生观、爱国主义、劳动常识等教育，也要进行文化教育，还要进行职业技术教育和技能培训。同时根据未成年犯的案情、刑期、心理特点和改造表现，要进行有针对性的个别教育。

[配套规定]

1.《人民检察院刑事诉讼规则》（高检发释字［2019］4 号）（2019 年 12 月 30 日公布并施行）（节录）

第四百六十二条 人民检察院对未成年犯罪嫌疑人审查逮捕，应当根据未成年犯罪嫌疑人涉嫌犯罪的性质、情节、主观恶性、有无监护与社会帮教条件、认罪认罚等情况，综合衡量其社会危险性，严格限制适用逮捕措施。

第四百六十三条 对于罪行较轻，具备有效监护条件或者社会帮教措施，没有社会危险性或者社会危险性较小的未成年犯罪嫌疑人，应当不批准逮捕。

对于罪行比较严重，但主观恶性不大，有悔罪表现，具备有效监护条件或者社会帮教措施，具有下列情形之一，不逮捕不致发生社会危险性的未成年犯罪嫌疑人，可以不批准逮捕：

（一）初次犯罪、过失犯罪的；

（二）犯罪预备、中止、未遂的；

（三）防卫过当、避险过当的；

（四）有自首或者立功表现的；

（五）犯罪后认罪认罚，或者积极退赃，尽力减少和赔偿损失，被害人谅解的；

（六）不属于共同犯罪的主犯或者集团犯罪中的首要分子的；

（七）属于已满十四周岁不满十六周岁的未成年人或者系在校学生的；

（八）其他可以不批准逮捕的情形。

对于没有固定住所、无法提供保证人的未成年犯罪嫌疑人适用取保候审的，可以指定合适的成年人作为保证人。

第四百六十四条 审查逮捕未成年犯罪嫌疑人，应当重点查清其是否已满十四、十六、十八周岁。

对犯罪嫌疑人实际年龄难以判断，影响对该犯罪嫌疑人是否应当负刑事责任认定的，应当不批准逮捕。需要补充侦查的，同时通知公安机关。

2.《公安机关办理刑事案件程序规定》（公安部令第127号）（2012年12月13日发布，2013年1月1日起施行）（节录）

第三百一十六条 对未成年犯罪嫌疑人应当严格限制和尽量减少使用逮捕措施。

未成年犯罪嫌疑人被拘留、逮捕后服从管理、依法变更强制措施不致发生社会危险性，能够保证诉讼正常进行的，公安机关应当依法及时变更强制措施；人民检察院批准逮捕的案件，公安机关应当将变更强制措施情况及时通知人民检察院。

第三百一十七条 对被羁押的未成年人应当与成年人分别关押、分别管理、分别教育，并根据其生理和心理特点在生活和学习方面给予照顾。

第三百一十八条 人民检察院在对未成年人作出附条件不起诉的决定前，听取公安机关意见时，公安机关应当提出书面意见，经县级以上公安机关负责人批准，移送同级人民检察院。

第二百八十一条 对于未成年人刑事案件，在讯问和审判的时候，应当通知未成年犯罪嫌疑人、被告人的法定代理人到场。无法通知、法定代理人不能到场或者法定代理人是共犯的，也可以通知未成年犯罪嫌疑人、被告人的其他成年亲属，所在学校、单位、居住地基层组织或者未成年人保护组

织的代表到场，并将有关情况记录在案。到场的法定代理人可以代为行使未成年犯罪嫌疑人、被告人的诉讼权利。

到场的法定代理人或者其他人员认为办案人员在讯问、审判中侵犯未成年人合法权益的，可以提出意见。讯问笔录、法庭笔录应当交给到场的法定代理人或者其他人员阅读或者向他宣读。

讯问女性未成年犯罪嫌疑人，应当有女工作人员在场。

审判未成年人刑事案件，未成年被告人最后陈述后，其法定代理人可以进行补充陈述。

询问未成年被害人、证人，适用第一款、第二款、第三款的规定。

[条文主旨]

本条是关于讯问、审判未成年人的特别规定。

[条文释解]

1979年《刑事诉讼法》对本条内容有所规定。2012年《刑事诉讼法》修改时作了比较大的补充完善。2018年未作修改。

未成年人由于其认知能力和表达能力的局限，在刑事诉讼中难以充分行使诉讼权利。刑事诉讼法针对未成年人的这种特点，为保障未成年犯罪嫌疑人、被告人的诉讼权利，确立了合适成年人在场制度，并参与到对未成年犯罪嫌疑人、被告人的讯问和审判活动中，代为行使未成年人的诉讼权利，这样做不仅可以弥补未成年人诉讼能力的不足，消除未成年人心理上的恐惧和抗拒，帮助未成年人与讯问人沟通，还可以对讯问过程是否合法、合适进行监督，更可以防止在诉讼活动中，由于违法行为对未成年人合法权益造成侵害。

第1款有三个方面的内容。1. 关于司法机关讯问、审判未成年犯罪嫌疑人、被告人时，应当通知其法定代理人到场的规定。1996年《刑事诉讼法》第14条第2款规定，对于不满十八周岁的未成年犯罪的案件，在讯问和审判时，“可以”通知犯罪嫌疑人、被告人的法定代理人到场。2012年修改《刑事诉讼法》时将上述规定修改为“应当”通知其法定代理人到场，进一步加强了未成年人诉讼权利的保护。2018年修改《刑事诉讼法》时继续保留了该规定。2. 更为重要的是，本款规定无法通知、法定代理人不能到场或者法定代理人是共犯的，也可以通知未成年犯罪嫌疑人、被告人的其他成年亲属，所在学校、单位、居住地基层组织或者未成年人保护组织的代表到场，并将有关情况记录在案。这一规定为法定代理人不能到场的未成年人提供了保护措施，进一步体现了对未成年人在讯问和审判中权利的保护。通知法定代理人以外的其他人员到场的，司法机关工作人员应当将法定代理人不能到场的原因、相关人员到场的具体情况等信息在讯问笔录、庭审笔录等文件中予以记载、说明。3. 到场的法定代理人可以代为行使未成年犯罪嫌疑人、被告人的诉讼权利。具体包括：使用本民族语言文字进行诉讼；申请侦查人员、检察人员、审判人员、书记员、鉴定人、翻译人员回避；自行或在辩护人协助下进行辩护；讯问时拒绝回答侦查人员提出的与本案无关的问题；对审判人员、检察人员和侦查人员侵犯公民诉讼权利和有人身侮辱的行为，有权提出控告；参加法庭调查、法庭辩论，对证据、案件情况和定罪、量刑发表意见。

第 2 款是关于到场的法定代理人或者其他人员权利的规定。根据该规定，到场的法定代理人或者其他人员依法享有如下权利：1. 对办案人员侵犯未成年人合法权益的行为提出意见的权利。司法机关及其工作人员对提出的意见，应当充分重视，如确实侵犯了未成年犯罪嫌疑人、被告人合法权益的，应当及时纠正。2. 阅读讯问笔录、法庭审理笔录的权利。讯问笔录和法庭审理笔录是刑事诉讼中的重要文书，前者是犯罪嫌疑人、被告人供述等言辞证据的重要载体，后者记载了全部审判活动，是合议庭、独任法官及审判委员会分析研究案情的重要依据。根据《刑事诉讼法》的相关规定，讯问笔录和法庭笔录必须交当事人核对无误，并签名盖章，确保其合法性和真实性。在办理未成年人案件时，由到场的法定代理人或者其他人员阅读或者向他宣读讯问笔录、法庭笔录，可以协助未成年犯罪嫌疑人、被告人对讯问笔录、法庭笔录的内容、制作过程是否真实进行核对，以保证讯问、审判的有效性。

另外，根据《刑诉法解释》466 条第 2 款规定，到场的其他人员，除依法行使《刑事诉讼法》第 270 条第 2 款规定的权利外，经法庭同意，可以参与对未成年被告人的法庭教育等工作。

第 3 款是关于讯问女性未成年犯罪嫌疑人，应当有女工作人员在场的规定。女性工作人员在场，可以充分照顾到女性未成年犯罪嫌疑人的生理特点，缓解其紧张、畏惧情绪，有利于保护女性未成年人的特殊权利，有利于讯问工作的顺利进行，而且从制度上可以防止男性工作人员在讯问时发生性侵女性未成年犯罪嫌疑人的事件。

第4款是关于审理未成年人案件在被告人最后陈述阶段，其法定代理人可以进行补充陈述的规定。最后陈述权是刑事被告人在庭审中所享有的一项重要的诉讼权利。被告人的最后陈述有助于法官全面地了解被告人对指控犯罪的态度、悔罪表现，更全面地了解犯罪情况和案件事实，同时还体现了对被告人的尊重，让被告人有充分的机会为自己进行辩护或者表达自己对犯罪的悔悟，也有助于对旁听人员的法治教育。未成年被告人在行使此项权利时，因其在智力表达能力上的不足，可能难以充分表达意见，因此，规定在其最后陈述后，到场的法定代理人可以进行补充陈述。这一规定，体现了对未成年被告人诉讼权利的充分保护，也有利于人民法院准确定罪量刑，对案件作出正确判决。

第5款是关于询问未成年被害人、证人适用本条相关规定的规定。也就是说，如果被害人、证人是未成年人，询问时也应当通知其法定代理人到场，法定代理人无法到场时应通知合适的成年人到场；法定代理人可以代为行使未成年被害人、证人的诉讼权利，对询问过程中侵害未成年人权益的行为，法定代理人或者到场的其他人有权提出意见，并有权阅读询问笔录；询问女性未成年被害人、证人时，应当有女性工作人员在场；等等。

[审判实务]

1. 明确通知法定代理人到场是公安机关、检察机关、审判机关在办理未成年人犯罪案件时必须履行的法定职责。《刑事诉讼法》第281条第1款规定的是“应当通知”，而不是可以通知。实践中需要注意以下几个问题：(1) 通知法定代理人到场应该给予法定代理人一定的准备时间。特别是开庭审判通知法定代理人到场的，应当在人民法院庭前准备阶段作出通知。目的是公检法机关在法定代理人不能到场时，有充足的时间通知能到场的其他人员。(2) 法定代理人不能到场的，不能采用强制传唤的方式令其到场。法定代理人不能到场的原因主要有以下几种：一是无法通知的情形。未成年人确实无法提供，司法人员也无法查知法定代理人准确的联系方式。二是无法到场的情形。虽经通知，法定代理人因故（身体确有严重不适或工作岗位特殊，无法离岗等）不能到场的。三是不愿到场的情形。法定代理人无正当理由拒不到场的。四是法定代理人是共犯或者与案件有牵连，到场可能会发生串供等妨碍案件的侦查、审查及审理的情形。只有发生以上几种情形之一的，才可以通知其他人员到场。（3）严格控制其他可以到场的人员范围。必须立足于能够行使保护未成年人合法权益，在法定范围内选定人员。法定范围包括以下几个方面：一是未成年犯罪嫌疑人、被告人的成年亲属。这是第一选择范围。实践中应当注意，并不是所有成年亲属都可以纳入选择范围，而是注意从能否切实保护未成年人合法权益和与未成年人关系是否相对密切两个方面予以把握。二是未成年犯罪嫌疑人、被告人所在学校、单位、居住地基层组织的代表，如班主任、单位领导、基层组织领导等。这是第二选择范围。三是未成年人保护组织的代表，如妇联等。刑事诉讼法虽然只规定了以上范围，未明确规定选择顺序，但我们理解，法律的这一规定是依照与未成年犯罪嫌疑人、被告人关系密切程序排定的，与犯罪嫌疑人、被告人关系越密切的，保护犯罪嫌疑人、被告人合法权益的动力越强。

2. 人民法院适用简易程序审理未成年人刑事案件，也应适用法定代理人到场制度。简易程序虽然会对诉讼程序进行一定程度的简化，但在通知法定代理人或者其他人员到场的问题上却不应简化。因为这会影响未成年被告人诉讼权利的有效保障。法定代理人或其他人员到场后，应享有与普通程序案件大致相同的诉讼权利，不能因为适用简易程序就进行不适当的克减，从而违背未成年人案件程序的初衷。同时，根据《刑诉法解释》第 474 条规定，对未成年人刑事案件，人民法院决定适用简易程序审理的，应当征求未成年被告人及其法定代理人、辩护人的意见。上述人员提出异议的，不适用简易程序。

3. 被告人实施犯罪时不满十八周岁，但开庭时已满十八周岁的，如何适用本条规定？根据《刑诉法解释》第 475 条规定，被告人实施被指控的犯罪时不满十八周岁，开庭时已满十八周岁、不满二十周岁的，人民法院开庭时，一般应当通知其近亲属到庭。经法庭同意，近亲属可以发表意见。近亲属无法通知、不能到场或者是共犯的，应当记录在案。

4. 到场的法定代理人或者其他人员具有双重权利。不仅应当保护未成年犯罪嫌疑人、被告人的合法权益，还应当保护自身在诉讼过程中的合法权益。如果自己的合法权益都保护不了，怎么保护未成年犯罪嫌疑人、被告人的合法权益？同理，公检法工作人员侵犯到场的法定代理人或者其他人员的合法权益，实际上变相地侵犯了未成年犯罪嫌疑人、被告人的合法权益。因此，切实保障到场的法定代理人或者其他人员的合法权益是公检法工作人员的职责。

5.《刑事诉讼法》第281条第3款关于“讯问女性未成年犯罪嫌疑人，应当有女工作人员在场”的规定，适用于讯问女性未成年被告人。人民法院在审理未成年人刑事案件时，由于审理案件需要，往往在开庭前甚至开庭后，会做一些必要的讯问工作，如庭外核实证据、庭前调查等。在这种情况下讯问女性被告人，应当有女工作人员在场。如果讯问法官是男性，可以由女性书记员记录。如果讯问法官和书记员均为男性，可以邀请合议庭成员中的女性陪审员在场，也可以邀请本院其他女性工作人员在场。但不能到社会上其他单位邀请女性人员在场。

6. 委托的辩护律师是否可以作为合适成年人在场？我们认为，合适成年人在场与辩护律师在场是两项功能不同的制度，不应以其中的一项制度代替另一项制度。合适成年人不能等同于辩护律师，律师属于法律专业人员，他在与未成年人的沟通以及了解未成年的心理方面不及未成年的监护人等合适成年人。许多律师并非专门针对未成年人案件的律师，因此，他可能习惯于沿用成年人案件中的一套思维，而这对未成年人是不合适的。

[配套规定]

1.《最高人民法院关于适用〈中华人民共和国刑事诉讼法〉的解释》（法释［2012］21号）（2012年12月20日公布，自2013年1月1日起施行）（节录）

第四百六十六条 人民法院审理未成年人刑事案件，在讯问和开庭时，应当通知未成年被告人的法定代理人到场。法定代理人无法通知、不能到场或者是共犯的，也可以通知未成年被告人的其他成年亲属，所在学校、单位、居住地的基层组织或者未成年人保护组织的代表到场，并将有关情况记录在案。

到场的其他人员，除依法行使刑事诉讼法第二百七十条第二款规定的权利外，经法庭同意，可以参与对未成年被告人的法庭教育等工作。

适用简易程序审理未成年人刑事案件，适用前两款的规定。

询问未成年被害人、证人，适用第一款、第二款的规定。

2.《人民检察院刑事诉讼规则》（高检发释字［2019］4号）（2019年12月30日公布并施行）（节录）

第四百六十五条 在审查逮捕、审查起诉中，人民检察院应当讯问未成年犯罪嫌疑人，听取辩护人的意见，并制作笔录附卷。辩护人提出书面意见的，应当附卷。对于辩护人提出犯罪嫌疑人无罪、罪轻或者减轻、免除刑事责任、不适宜羁押或者侦查活动有违法情形等意见的，检察人员应当进行审查，并在相关工作文书中叙明辩护人提出的意见，说明是否采纳的情况和理由。

讯问未成年犯罪嫌疑人，应当通知其法定代理人到场，告知法定代理人依法享有的诉讼权利和应当履行的义务。到场的法定代理人可以代为行使未成年犯罪嫌疑人的诉讼权利，代为行使权利时不得损害未成年犯罪嫌疑人的合法权益。

无法通知、法定代理人不能到场或者法定代理人是共犯的，也可以通知未成年犯罪嫌疑人的其他成年亲属，所在学校、单位或者居住地的村民委员会、居民委员会、未成年人保护组织的代表到场，并将有关情况记录在案。未成年犯罪嫌疑人明确拒绝法定代理人以外的合适成年人到场，且有正当理由的，人民检察院可以准许，但应当在征求其意见后通知其他合适成年人到场。

到场的法定代理人或者其他人员认为检察人员在讯问中侵犯未成年犯罪嫌疑人合法权益提出意见的，人民检察院应当记录在案。对合理意见，应当接受并纠正。讯问笔录应当交由到场的法定代理人或者其他人员阅读或者向其宣读，并由其在笔录上签名或者盖章，并捺指印。

讯问女性未成年犯罪嫌疑人，应当有女性检察人员参加。

询问未成年被害人、证人，适用本条第二款至第五款的规定。询问应当以一次为原则，避免反复询问。

第四百六十六条 讯问未成年犯罪嫌疑人应当保护其人格尊严。

讯问未成年犯罪嫌疑人一般不得使用戒具。对于确有人身危险性必须使用戒具的，在现实危险消除后应当立即停止使用。

第四百六十七条 未成年犯罪嫌疑人认罪认罚的，人民检察院应当告知本人及其法定代理人享有的诉讼权利和认罪认罚的法律规定，并依照刑事诉讼法第一百七十三条的规定，听取、记录未成年犯罪嫌疑人及其法定代理人、辩护人、被害人及其诉讼代理人的意见。

第四百六十八条　未成年犯罪嫌疑人认罪认罚的，应当在法定代理人、辩护人在场的情况下签署认罪认罚具结书。法定代理人、辩护人对认罪认罚有异议的，不需要签署具结书。

因未成年犯罪嫌疑人的法定代理人、辩护人对其认罪认罚有异议而不签署具结书的，人民检察院应当对未成年人认罪认罚情况，法定代理人、辩护人的异议情况如实记录。提起公诉的，应当将该材料与其他案卷材料一并移送人民法院。

未成年犯罪嫌疑人的法定代理人、辩护人对认罪认罚有异议而不签署具结书的，不影响从宽处理。

法定代理人无法到场的，合适成年人可以代为行使到场权、知情权、异议权等。法定代理人未到场的原因以及听取合适成年人意见等情况应当记录在案。

3.《公安机关办理刑事案件程序规定》（公安部令第127号）（2012年12月13日发布，自2013年1月1日起施行）（节录）

第三百一十二条　讯问未成年犯罪嫌疑人，应当通知未成年犯罪嫌疑人的法定代理人到场。无法通知、法定代理人不能到场或者法定代理人是共犯的，也可以通知未成年犯罪嫌疑人的其他成年亲属，所在学校、单位、居住地基层组织或者未成年人保护组织的代表到场，并将有关情况记录在案。到场的法定代理人可以代为行使未成年犯罪嫌疑人的诉讼权利。

到场的法定代理人或者其他人员提出办案人员在讯问中侵犯未成年人合法权益的，公安机关应当认真核查，依法处理。

第三百一十三条　讯问未成年犯罪嫌疑人应当采取适合未成年人的方式，耐心细致地听取其供述或者辩解，认真审核、查证与案件有关的证据和线索，并针对其思想顾虑、恐惧心理、抵触情绪进行疏导和教育。

讯问女性未成年犯罪嫌疑人，应当有女工作人员在场。

第三百一十四条　讯问笔录应当交未成年犯罪嫌疑人、到场的法定代理人或者其他人员阅读或者向其宣读；对笔录内容有异议的，应当核实清楚，准予更正或者补充。

第三百一十五条　询问未成年被害人、证人，适用本规定第三百一十二条、第三百一十三条、第三百一十四条的规定。

第二百八十二条　对于未成年人涉嫌刑法分则第四章、第五章、第六章规定的犯罪，可能判处一年有期徒刑以下刑罚，符合起诉条件，但有悔罪表现的，人民检察院可以作出附条件不起诉的决定。人民检察院在作出附条件不起诉的决定以前，应当听取公安机关、被害人的意见。

对附条件不起诉的决定，公安机关要求复议、提请复核或者被害人申诉的，适用本法第一百七十九条、第一百八十条的规定。

未成年犯罪嫌疑人及其法定代理人对人民检察院决定附条件不起诉有异议的，人民检察院应当作出起诉的决定。

[条文主旨]

本条是关于检察机关办理未成年人刑事案件可以作出附条件不起诉决定的规定。

[条文释解]

本条是2012年《刑事诉讼法》修改时增加的规定。2018年未作修改。

附条件不起诉又称暂缓起诉，是指检察机关在审查起诉过程中，对于符合提起公诉条件的案件，暂不作出处理决定，而是规定一定的考验期并附加条件，待考验期满后，再根据具体情况作出起诉或者不起诉决定的一种制度。本条就是对这一制度作的规定。

第1款是关于附条件不起诉适用条件的规定。根据本款规定，对涉嫌犯罪的未成年人适用附条件不起诉应当同时符合下列条件：第一，主体条件。附条件不起诉只适用于未成年人犯罪，不适用于成年人犯罪。第二，罪名条件。未成年人所犯罪名为刑法分则第四章侵犯公民人身权利、民主权利罪，第五章侵犯财产罪，第六章妨害社会管理秩序罪中规定的罪名。在此范围之外的其他罪名，不得适用附条件不起诉。第三，可能被判处刑罚的刑期条件。根据法律规定，该未成年人的罪行可能会被判处一年有期徒刑以下刑罚。应当指出的是，这里所说的“一年有期徒刑以下刑罚”是指对该未成年被告人可能运用的刑罚，而不是指其所犯罪的法定刑。第四，案件事实条件。犯罪事实已经查清，证据确实、充分，符合起诉条件的。如果其犯罪情节轻微，依照刑法规定不需要判处刑罚或者免除刑罚的，人民检察院则可以直接作出不起诉决定。需要指出的是，对于事实不清、证据不确实充分的，应当通过补充侦查查明犯罪事实，而不得适用附条件不起诉。第五，主观条件。未成年人具有悔罪表现。表现为认罪态度好，向被害人赔礼道歉，积极赔偿，取得被害人谅解等。人民检察院只有在上述条件都具备时，才能对涉案未成年人作出附条件不起诉的决定。

第 2 款是关于公安机关、被害人对检察机关附条件不起诉决定有异议如何救济的规定。根据本款规定，公安机关认为检察机关附条件不起诉的决定不符合法定条件的，可以依据《刑事诉讼法》第 179 条的规定，要求作出决定的检察机关对该决定进行复议，如果请求复议的意见不被接受，可以向一上级人民检察院提请复核。案件被害人对附条件不起诉决定不服的，可以自收到决定书后七日以内向上一级人民检察院申诉，请求提起公诉。人民检察院应当将复核决定告知被害人。

第 3 款是关于未成年犯罪嫌疑人及其法定代理人对附条件不起诉的决定有异议如何处理的规定。如果未成年犯罪嫌疑人或者其法定代理人认为，该未成年人的行为不构成犯罪，或者犯罪情节轻微，依照刑法规定不需要判处刑罚或者免除刑罚，对检察机关附条件不起诉的决定提出异议，检察机关应当作出起诉的决定，依法提起公诉，由人民法院对其是否构成犯罪以及如何定罪量刑作出判决。

[司法实务]

1. 充分认识附条件不起诉的重要意义。对构成犯罪，符合一定条件，根据犯罪嫌疑人年龄、性格、情况、犯罪性质和情节、犯罪原因以及犯罪后的改过表现等，对较轻罪行的犯罪嫌疑人设定一定的条件，作出附条件不起诉决定，这一制度有利于案件分流，节省诉讼资源，有利于对未成年人的教育和改造。如果未成年人在规定的期限内履行了义务，就不必经过审判程序的煎熬，尽早地从诉讼程序中解脱出来。在考验期内的改造既能使未成年人受到教训，又避免了将未成年人过分犯罪化，再次给予未成年人机会，使其尽快、顺利地回归社会。

2. 明确附条件不起诉的五个条件均为必要条件，而非充分条件。人民检察院只有在上述条件都具备时，才能对涉案未成年人作出附条件不起诉的决定。也就是说，五个条件是同时必备条件，缺一不可。缺少一个就不能作出附条件不起诉的决定。

3. 被害人对附条件不起诉决定不服的，能否直接向人民法院提起自诉？2012年修改《刑事诉讼法》时增加附条件不起诉制度以后，实践中人民检察院办理未成年刑事案件，对符合条件的未成年犯罪嫌疑人决定附条件不起诉，被害人不服的，能否自行向人民法院起诉，实践中处理不统一。为此，2014年4月24日第十二届全国人民代表大会常务委员会第八次会议通过的《全国人民代表大会常务委员会关于〈中华人民共和国刑事诉讼法〉第二百七十一条第二款的解释》予以明确：人民检察院办理未成年人刑事案件，在作出附条件不起诉的决定以及考验期满作出不起诉的决定以前，应当听取被害人的意见。被害人对人民检察院对未成年犯罪嫌疑人作出的附条件不起诉的决定和不起诉的决定，可以向上一级人民检察院申诉，不适用《刑事诉讼法》第176条（编者注：条文序号已在2018年《刑事诉讼法》修改时调整为第180条）关于被害人可以向人民法院起诉的规定。全国人大常委会作出上述解释，主要考虑附条件不起诉是针对犯罪较轻的未成年人，给予其改过机会而在刑事诉讼中设置的特别程序，体现了对未成年人的教育、感化、挽救方针。在附条件不起诉的程序中，也只规定被害人申诉的，适用《刑事诉讼法》第180条的规定，因此，不宜在人民检察院综合考虑了各方面因素依法作出不起诉决定后，再由被害人提起自诉再行追究。同时，人民检察院对于附条件不起诉的案件，应当依法听取被害人意见，充分保障被害人的申诉权。

4. 未成年犯罪嫌疑人及其法定代理人对附条件不起诉的决定有异议的，人民检察院是否可以作出不起诉的决定？我们认为，人民检察院不能作出不起诉的决定。理由有二：其一，不起诉与附条件不起诉适用条件是不一样的。根据《刑事诉讼法》第177条规定，人民检察院作出不起诉的决定，必须符合犯罪嫌疑人没有犯罪事实，或者有《刑事诉讼法》第16条规定的情形之一，或者犯罪情节轻微，依照刑法规定不需要判处刑罚或者免除刑罚三种情形之一。而附条件不起诉的对象是未成年人的行为构成刑法分则第四章、第五章、第六章规定的犯罪，可能判处一年有期徒刑以下刑罚，符合起诉条件，只不过是因为有悔罪表现而作出附条件不起诉。其二，《刑事诉讼法》第282条第3款对未成年犯罪嫌疑人及其法定代理人对附条件不起诉的决定有异议的情况下，明确规定只有一种处理方式，那就是“应当作出起诉的决定”，而不能因为未成年犯罪嫌疑人及其法定代理人对附条件不起诉决定有异议，为了息事宁人而直接作出不起诉的决定。

5. 采取措施，确保附条件不起诉权力不被滥用。附条件不起诉制度是刑事诉讼法新增加的一条适用于未成年人的检察制度，检察机关对此有相对的自由裁量权。为此，实践中应当切实采取措施，确保权力不被滥用，确保不起诉决定合理、合法和有效。一是严格把握条件。二是严格依照法定程序。必须经检察长或检察委员会研究决定才能作出。同时，为加强上级人民检察院对附条件不起诉的监督，《人民检察院办理未成年人刑事案件的规定》还增加规定了附条件不起诉的备案审查程序，即“人民检察院在作出附条件不起诉决定后，应当在十日内将附条件不起诉决定书报上级人民检察院主管部门备案。上级人民检察院认为下级人民检察院作出的附条件不起诉决定不适当的，应当及时撤销下级人民检察院作出的附条件不起诉决定，下级人民检察院应当执行”。三是强化外部监督制约。对检察机关的附条件不起诉决定，除公安机关可以要求复议、提请复核，被害人可以申诉外，有关社会、单位、学校、企业等社会力量也可以在参与该项工作中提出监督意见。具备条件的，还可探索附条件不起诉的不公开听证制度，充分听取各方面的意见。

[配套规定]

1.《全国人民代表大会常委会关于〈中华人民共和国刑事诉讼法〉第二百七十一条第二款的解释》（2014年4月24日第十二届全国人民代表大会常务委员会第八次会议通过）（编者注：该条序号已在2018年修改刑事诉讼法时调整为第二百八十二条）

人民检察院办理未成年人刑事案件，在作出附条件不起诉的决定以及考验期满作出不起诉的决定以前，应当听取被害人的意见。被害人对人民检察院对未成年犯罪嫌疑人作出的附条件不起诉的决定和不起诉的决定，可以向上一级人民检察院申诉，不适用刑事诉讼法第一百七十六条（编者注：该条序号已在2018年修改刑事诉讼法时调整为第一百八十条）关于被害人可以向人民法院起诉的规定。

2.《人民检察院刑事诉讼规则》（高检发释字［2019］4号）（2019年12月30日公布并施行）（节录）

第四百六十九条 对于符合刑事诉讼法第二百八十二条第一款规定条件的未成年人刑事案件，人民检察院可以作出附条件不起诉的决定。

人民检察院在作出附条件不起诉的决定以前，应当听取公安机关、被害人、未成年犯罪嫌疑人及其法定代理人、辩护人的意见，并制作笔录附卷。

第四百七十条 未成年犯罪嫌疑人及其法定代理人对拟作出附条件不起诉决定提出异议的，人民检察院应当提起公诉。但是，未成年犯罪嫌疑人及其法定代理人提出无罪辩解，人民检察院经审查认为无罪辩解理由成立的，应当按照本规则第三百六十五条的规定作出不起诉决定。

未成年犯罪嫌疑人及其法定代理人对案件作附条件不起诉处理没有异议，仅对所附条件及考验期有异议的，人民检察院可以依法采纳其合理的意见，对考察的内容、方式、时间等进行调整；其意见不利于对未成年犯罪嫌疑人帮教，人民检察院不采纳的，应当进行释法说理。

人民检察院作出起诉决定前，未成年犯罪嫌疑人及其法定代理人撤回异议的，人民检察院可以依法作出附条件不起诉决定。

第四百七十一条 人民检察院作出附条件不起诉的决定后，应当制作附条件不起诉决定书，并在三日以内送达公安机关、被害人或者其近亲属及其诉讼代理人、未成年犯罪嫌疑人及其法定代理人、辩护人。

人民检察院应当当面向未成年犯罪嫌疑人及其法定代理人宣布附条件不起诉决定，告知考验期限、在考验期内应当遵守的规定以及违反规定应负的法律责任，并制作笔录附卷。

第四百七十二条 对附条件不起诉的决定，公安机关要求复议、提请复核或者被害人提出申诉的，具体程序参照本规则第三百七十九条至第三百八十三条的规定。被害人不服附条件不起诉决定的，应当告知其不适用刑事诉讼法第一百八十条关于被害人可以向人民法院起诉的规定，并做好释法说理工作。

前款规定的复议、复核、申诉由相应人民检察院负责未成年人检察的部门进行审查。

3.《公安机关办理刑事案件程序规定》（公安部令第127号）（2012年12月13日发布，自2013年1月1日起施行）（节录）

第三百一十九条 认为人民检察院作出的附条件不起诉决定有错误的，应当在收到不起诉决定书后七日以内制作要求复议意见书，经县级以上公安机关负责人批准，移送同级人民检察院复议。

要求复议的意见不被接受的，可以在收到人民检察院的复议决定书后七日以内制作提请复核意见书，经县级以上公安机关负责人批准后，连同人民检察院的复议决定书，一并提请上一级人民检察院复核。

4.《人民检察院办理未成年人刑事案件的规定》（高检发研字［2013］7号）（2013年12月27日公布并施行）（节录）

第二十九条 对于犯罪时已满十四周岁不满十八周岁的未成年人，同时符合下列条件的，人民检察院可以作出附条件不起诉决定：

（一）涉嫌刑法分则第四章、第五章、第六章规定的犯罪；

（二）根据具体犯罪事实、情节，可能被判处一年有期徒刑以下刑罚；

（三）犯罪事实清楚，证据确实、充分，符合起诉条件；

（四）具有悔罪表现。

第三十条 人民检察院在作出附条件不起诉的决定以前，应当听取公安机关、被害人、未成年犯罪嫌疑人的法定代理人、辩护人的意见，并制作笔录附卷。被害人是未成年人的，还应当听取被害人的法定代理人、诉讼代理人的意见。

第三十一条 公安机关或者被害人对附条件不起诉有异议或争议较大的案件，人民检察院可以召集侦查人员、被害人及其法定代理人、诉讼代理人、未成年犯罪嫌疑人及其法定代理人、辩护人举行不公开听证会，充分听取各方的意见和理由。

对于决定附条件不起诉可能激化矛盾或者引发不稳定因素的，人民检察院应当慎重适用。

第三十二条 适用附条件不起诉的审查意见，应当由办案人员在审查起诉期限届满十五日前提出，并根据案件的具体情况拟定考验期限和考察方案，连同案件审查报告、社会调查报告等，经部门负责人审核，报检察长或者检察委员会决定。

第三十三条 人民检察院作出附条件不起诉的决定后，应当制作附条件不起诉决定书，并在三日以内送达公安机关、被害人或者其近亲属及其诉讼代理人、未成年犯罪嫌疑人及其法定代理人、辩护人。

送达时，应当告知被害人或者其近亲属及其诉讼代理人，如果对附条件不起诉决定不服，可以自收到附条件不起诉决定书后七日以内向上一级人民检察院申诉。

人民检察院应当当面向未成年犯罪嫌疑人及其法定代理人宣布附条件不起诉决定，告知考验期限、在考验期内应当遵守的规定和违反规定应负的法律责任，以及可以对附条件不起诉决定提出异议，并制作笔录附卷。

第三十四条 未成年犯罪嫌疑人在押的，作出附条件不起诉决定后，人民检察院应当作出释放或者变更强制措施的决定。

第三十五条 公安机关认为附条件不起诉决定有错误，要求复议的，人民检察院未成年人刑事检察机构应当另行指定检察人员进行审查并提出审查意见，经部门负责人审核，报请检察长或者检察委员会决定。

人民检察院应当在收到要求复议意见书后的三十日以内作出复议决定，通知公安机关。

第三十六条 上一级人民检察院收到公安机关对附条件不起诉决定提请复核的意见书后，应当交由未成年人刑事检察机构办理。未成年人刑事检察机构应当指定检察人员进行审查并提出审查意见，经部门负责人审核，报请检察长或者检察委员会决定。

上一级人民检察院应当在收到提请复核意见书后的三十日以内作出决定，制作复核决定书送交提请复核的公安机关和下级人民检察院。经复核改变下级人民检察院附条件不起诉决定的，应当撤销下级人民检察院作出的附条件不起诉决定，交由下级人民检察院执行。

第三十七条 被害人不服附条件不起诉决定，在收到附条件不起诉决定书后七日以内申诉的，由作出附条件不起诉决定的人民检察院的上一级人民检察院未成年人刑事检察机构立案复查。

被害人向作出附条件不起诉决定的人民检察院提出申诉的，作出决定的人民检察院应当将申诉材料连同案卷一并报送上一级人民检察院受理。

被害人不服附条件不起诉决定，在收到附条件不起诉决定书七日后提出申诉的，由作出附条件不起诉决定的人民检察院未成年人刑事检察机构另行指定检察人员审查后决定是否立案复查。

未成年人刑事检察机构复查后应当提出复查意见，报请检察长决定。

复查决定书应当送达被害人、被附条件不起诉的未成年犯罪嫌疑人及其法定代理人和作出附条件不起诉决定的人民检察院。

上级人民检察院经复查作出起诉决定的，应当撤销下级人民检察院的附条件不起诉决定，由下级人民检察院提起公诉，并将复查决定抄送移送审查起诉的公安机关。

第三十八条 未成年犯罪嫌疑人及其法定代理人对人民检察院决定附条件不起诉有异议的，人民检察院应当作出起诉的决定。

第三十九条 人民检察院在作出附条件不起诉决定后，应当在十日内将附条件不起诉决定书报上级人民检察院主管部门备案。

上级人民检察院认为下级人民检察院作出的附条件不起诉决定不适当的，应当及时撤销下级人民检察院作出的附条件不起诉决定，下级人民检察院应当执行。

第二百八十三条　在附条件不起诉的考验期内，由人民检察院对被附条件不起诉的未成年犯罪嫌疑人进行监督考察。未成年犯罪嫌疑人的监护人，应当对未成年犯罪嫌疑人加强管教，配合人民检察院做好监督考察工作。

附条件不起诉的考验期为六个月以上一年以下，从人民检察院作出附条件不起诉的决定之日起计算。

被附条件不起诉的未成年犯罪嫌疑人，应当遵守下列规定：

（一）遵守法律法规，服从监督；

（二）按照考察机关的规定报告自己的活动情况；

（三）离开所居住的市、县或者迁居，应当报经考察机关批准；

（四）按照考察机关的要求接受矫治和教育。

[条文主旨]

本条是关于对被附条件不起诉的未成年犯罪嫌疑人进行监督考察的规定。

[条文释解]

本条是2012年《刑事诉讼法》修改时增加的规定，2018未作修改。

本条对附条件不起诉的监督考察机关、考验期限以及监督考察内容作了规定，目的是保证附条件不起诉制度在实践中的可行性。

本条共分三款。第1款是关于附条件不起诉监督主体的规定。根据本款规定，对被决定附条件不起诉的未成年犯罪嫌疑人由人民检察院对其进行监督考察，其监护人予以协助。检察机关在决定对该未成年犯罪嫌疑人适用附条件不起诉前，已经充分了解案情和未成年人的个人情况，由检察机关在考验期间对其进行监督考察，有利于监督考察工作的顺利进行，也有利于工作上的衔接，在考验期满后及时作出不起诉的决定，或者继续提起公诉。监护人本身就有抚养、教育未成年人的义务，在考验期间内，监护人应当加强对未成年犯罪嫌疑人的管教，协助、配合检察机关做好对未成年犯罪嫌疑人的监督考察工作。

第2款是关于附条件不起诉考验期的规定。根据本款规定，附条件不起诉的考验期限为六个月以上一年以下，从人民检察院作出附条件不起诉的决定之日起计算。实践中，检察机关应综合考虑未成年犯罪嫌疑人罪行的轻重、主观恶性的大小等因素，确定具体的考验期限。

第3款是关于被附条件不起诉的未成年犯罪嫌疑人应当遵守的规定。具体包括：1. 遵守法律法规，服从监督。遵纪守法、服从监督是对被附条件不起诉未成年犯罪嫌疑人最基本的行为要求，如果发现其在考验期限内重新违法、犯罪的，则应当承担被公诉等相应的法律后果。2. 按照考察机关的规定报告自己的活动情况。考验期内，检察机关应掌握被附条件不起诉的未成年犯罪嫌疑人的活动情况，以及时掌握其思想、行为动向，防止重新犯罪；被监督的未成年人应按照考察机关的要求报告自己的活动情况，为评估考验效果提供参考依据。3. 离开所居住的市、县或者迁居，应当报经考察机关批准。被监督的未成年人离开原居住地或者迁居可能会脱离检察机关的监督考察，而且，附条件不起诉处于刑事诉讼尚未完结的状态，被附条件不起诉的未成年犯罪嫌疑人可能会被提起公诉，检察机关必须掌握其行踪。因此，被附条件不起诉的未成年犯罪嫌疑人如需离开或者迁居的，必须报考察机关批准。4. 按照考察机关的要求接受矫治和教育。考察机关在决定附条件不起诉后，会针对被附条件不起诉的未成年犯罪嫌疑人的特点和情况，决定采取一定的矫治和教育措施，以利于其认识错误、悔过自新。被附条件不起诉的未成年犯罪嫌疑人必须按照考察机关的要求，参加考察机关安排的矫治、教育活动。

[司法实务]

1. 正确确定考验期。考验期过短，起不到考验的作用，难以体现效果。考验期过长，则不利于让未成年犯罪嫌疑人尽早地解脱从而及时回归社会。因此，考验期的长短应当与未成年犯罪嫌疑人所犯罪行的轻重、主观恶性的大小和人身危险性的大小、一贯表现及帮教条件等相适应。同时，在考验期间，根据未成年犯罪嫌疑人在考验期内的表现，可以在法定期限范围内适当缩短或者延长。但是，缩短或者延长后，总的考验期必须仍然在六个月以上一年以下，不能突破刑事诉讼法规定的这一时间范围。

2. 正确理解和适用被附条件不起诉的未成年犯罪嫌疑人应当遵守的规定。应当严格依照刑事诉讼法的规定执行，不能过严，亦不能过宽。特别是对《刑事诉讼法》第 283 条第 3 款第 1 项关于“遵守法律法规，服从监督”的规定，既不能理解为只要被附条件不起诉的未成年犯罪嫌疑人实施了一般违反法律法规的行为就违法了本款规定，如在道路驾驶中的一般交通违法行为，尤其是依照道路交通法律、法规只罚款不记分的交通违法行为，不能轻易地适用本款规定；亦不能理解为必须违反刑法构成犯罪的行为。根据《刑事诉讼法》第 284 条的规定，下列三类行为属于应当撤销附条件不起诉决定，提起公诉的违反法律法规，不服从监督的行为：一是实施新的犯罪的；二是违反治安管理规定，情节严重的；三是违反考察机关有关附条件不起诉的监督管理规定，情节严重的。另外，如果被附条件不起诉的未成年犯罪嫌疑人在被决定附条件不起诉以前还有其他犯罪应追诉的，也应该撤销附条件不起诉决定，提起公诉。

[配套规定]

1.《人民检察院刑事诉讼规则》（高检发释字［2019］4 号）（2019 年 12 月 30 日公布并施行）（节录）

第四百七十三条　人民检察院作出附条件不起诉决定的，应当确定考验期。考验期为六个月以上一年以下，从人民检察院作出附条件不起诉的决定之日起计算。

第四百七十四条　在附条件不起诉的考验期内，由人民检察院对被附条件不起诉的未成年犯罪嫌疑人进行监督考察。人民检察院应当要求未成年犯罪嫌疑人的监护人对未成年犯罪嫌疑人加强管教，配合人民检察院做好监督考察工作。

人民检察院可以会同未成年犯罪嫌疑人的监护人、所在学校、单位、居住地的村民委员会、居民委员会、未成年人保护组织等的有关人员，定期对未成年犯罪嫌疑人进行考察、教育，实施跟踪帮教。

第四百七十五条　人民检察院对于被附条件不起诉的未成年犯罪嫌疑

人，应当监督考察其是否遵守下列规定：

（一）遵守法律法规，服从监督；

（二）按照规定报告自己的活动情况；

（三）离开所居住的市、县或者迁居，应当报经批准；

（四）按照要求接受矫治和教育。

第四百七十六条 人民检察院可以要求被附条件不起诉的未成年犯罪嫌疑人接受下列矫治和教育：

（一）完成戒瘾治疗、心理辅导或者其他适当的处遇措施；

（二）向社区或者公益团体提供公益劳动；

（三）不得进入特定场所，与特定的人员会见或者通信，从事特定的活动；

（四）向被害人赔偿损失、赔礼道歉等；

（五）接受相关教育；

（六）遵守其他保护被害人安全以及预防再犯的禁止性规定。

第四百七十七条 考验期届满，检察人员应当制作附条件不起诉考察意见书，提出起诉或者不起诉的意见，报请检察长决定。

考验期满作出不起诉的决定以前，应当听取被害人意见。

第四百七十八条 考验期满作出不起诉决定，被害人提出申诉的，依照本规则第四百七十二条规定办理。

2.《人民检察院办理未成年人刑事案件的规定》（高检发研字［2013］7号）（2013年12月27日公布并施行）（节录）

第四十条 人民检察院决定附条件不起诉的，应当确定考验期。考验期为六个月以上一年以下，从人民检察院作出附条件不起诉的决定之日起计算。考验期不计入案件审查起诉期限。

考验期的长短应当与未成年犯罪嫌疑人所犯罪行的轻重、主观恶性的大小和人身危险性的大小、一贯表现及帮教条件等相适应，根据未成年犯罪嫌疑人在考验期的表现，可以在法定期限范围内适当缩短或者延长。

第四十一条 被附条件不起诉的未成年犯罪嫌疑人，应当遵守下列规定：

（一）遵守法律法规，服从监督；

（二）按照考察机关的规定报告自己的活动情况；

（三）离开所居住的市、县或者迁居，应当报经考察机关批准；

（四）按照考察机关的要求接受矫治和教育。

第四十二条　人民检察院可以要求被附条件不起诉的未成年犯罪嫌疑人接受下列矫治和教育：

（一）完成戒瘾治疗、心理辅导或者其他适当的处遇措施；

（二）向社区或者公益团体提供公益劳动；

（三）不得进入特定场所，与特定的人员会见或者通信，从事特定的活动；

（四）向被害人赔偿损失、赔礼道歉等；

（五）接受相关教育；

（六）遵守其他保护被害人安全以及预防再犯的禁止性规定。

第四十三条　在附条件不起诉的考验期内，人民检察院应当对被附条件不起诉的未成年犯罪嫌疑人进行监督考察。未成年犯罪嫌疑人的监护人应当对未成年犯罪嫌疑人加强管教，配合人民检察院做好监督考察工作。

人民检察院可以会同未成年犯罪嫌疑人的监护人、所在学校、单位、居住地的村民委员会、居民委员会、未成年人保护组织等的有关人员定期对未成年犯罪嫌疑人进行考察、教育，实施跟踪帮教。

第四十四条　未成年犯罪嫌疑人经批准离开所居住的市、县或者迁居，作出附条件不起诉决定的人民检察院可以要求迁入地的人民检察院协助进行考察，并将考察结果函告作出附条件不起诉决定的人民检察院。

第四十五条　考验期届满，办案人员应当制作附条件不起诉考察意见书，提出起诉或者不起诉的意见，经部门负责人审核，报请检察长决定。

人民检察院应当在审查起诉期限内作出起诉或者不起诉的决定。

作出附条件不起诉决定的案件，审查起诉期限自人民检察院作出附条件不起诉决定之日起中止计算，自考验期限届满之日起或者人民检察院作出撤销附条件不起诉决定之日起恢复计算。

第二百八十四条　被附条件不起诉的未成年犯罪嫌疑人，在考验期内有下列情形之一的，人民检察院应当撤销附条件不起诉的决定，提起公诉：

（一）实施新的犯罪或者发现决定附条件不起诉以前还有其他犯罪需要追诉的；

（二）违反治安管理规定或者考察机关有关附条件不起诉的监督管理规

定，情节严重的。

被附条件不起诉的未成年犯罪嫌疑人，在考验期内没有上述情形，考验期满的，人民检察院应当作出不起诉的决定。

[条文主旨]

本条是关于对适用附条件不起诉的未成年犯罪嫌疑人作出起诉或者不起诉决定的条件的规定。

[条文释解]

本条是2012年《刑事诉讼法》修改时增加的规定。2018年未作修改。

本条第1款是关于对被附条件不起诉的未成年犯罪嫌疑人撤销附条件不起诉决定，提起公诉的规定。根据本款规定，对有以下两种情形的，检察机关应当撤销附条件不起诉的决定，提起公诉：第一，被附条件不起诉的未成年犯罪嫌疑人在考验期内实施新的犯罪，或者发现在决定附条件不起诉以前还有其他需要追诉的犯罪行为。在这种情况下，无论新实施的犯罪或者被发现的漏罪是否属于严重罪行，检察机关都应当依法撤销对该未成年犯罪嫌疑人的附条件不起诉决定，提起公诉，由人民法院依据刑法的规定对其判处相应的刑罚。第二，有违反治安管理规定或者考察机关有关附条件不起诉的监督管理规定，情节严重的行为。违反治安管理规定的行为属于违法行为，附条件不起诉的，只有在其违法行为情节较为严重时，才应决定撤销，提起公诉。“情节严重”主要包括违反治安管理规定，情节严重，或者多次违反治安管理规定，屡教不改等情形。违反考察机关有关附条件不起诉的监督管理规定，是指违反《刑事诉讼法》第283条关于被附条件不起诉的未成年犯罪嫌疑人应当遵守法律法规，服从监督；按照考察机关的规定报告自己的活动情况；离开所居住的市、县或者迁居，应当报经考察机关批准；按照考察机关的要求接受矫治和教育的规定。违反上述监管规定的应先以教育为主，只有在该未成年人的行为达到“情节严重”程度，才能撤销附条件不起诉的决定，提起公诉。这里的“情节严重”主要是指违反监督管理规定，情节严重，或者多次违反监督管理规定的情形。

第2款是关于检察机关在考验期满后，对符合条件的未成年犯罪嫌疑人作出不起诉决定的规定。根据本款规定，对被附条件不起诉的未成年犯罪嫌疑人，在考验期内，如果没有实施新的犯罪、未发现决定附条件不起诉之前有漏罪，且没有实施违反治安管理规定、违反考察机关监管规定，情节严重的行为，考验期满后，检察机关应当依法作出不起诉的决定。

[司法实务]

1. 严格掌握对被附条件不起诉的未成年犯罪嫌疑人提起公诉的条件。提起公诉意味着未成年犯罪嫌疑人可能被判处刑罚，这与检察机关作出附条件不起诉决定时的初衷是相悖的。从某种意义上也可以说检察机关当初作出附条件不起诉的决定是失败的。因此，既要在考验期限内切实对被附条件不起诉的未成年犯罪嫌疑人加强监督，也要严格掌握撤销附条件不起诉决定的条件。对一般违法违纪行为，尚未达到《刑事诉讼法》第 284 条第 1 款规定的情形的，不能轻易撤销附条件不起诉决定。

根据《人民检察院办理未成年人刑事案件的规定》第 46 条规定，被附条件不起诉的未成年犯罪嫌疑人，在考验期内有下列情形之一的，人民检察院应当撤销附条件不起诉的决定，提起公诉：实施新的犯罪的；发现决定附条件不起诉以前还有其他犯罪需要追诉的；违反治安管理规定，造成严重后果，或者多次违反治安管理规定的；违反考察机关有关附条件不起诉的监督管理规定，造成严重后果，或者多次违反考察机关有关附条件不起诉的监督管理规定的。这当中，第 1 项、第 2 项规定在理解适用上比较明确。第 3 项规定表明，并非所有违反治安管理规定的情形，都必须撤销附条件不起诉决定，而必须是“违反治安管理规定，造成严重后果，或者多次违反治安管理规定”。这里的造成严重后果，一般可理解为被处以行政拘留以上处罚的。这里的“多次”应当指三次以上。第 4 项规定表明，并非所有违反考察机关有关附条件不起诉的监督管理规定情形，都必须撤销附条件不起诉决定，而必须是“造成严重后果，或者多次违反考察机关有关附条件不起诉的监督管理规定”。

2. 考验期满后，应当根据被附条件不起诉未成年犯罪嫌疑人在考验期内的表现，及时作出不起诉决定或者提起公诉的决定，不能挂案了事。附条件不起诉，严格来说，案件还未办结。在考验期满后，如果被附条件不起诉未成年犯罪嫌疑人在考验期内没有《刑事诉讼法》第 284 条第 1 款规定的情形的，人民检察院应当作出不起诉的决定。如果被附条件不起诉未成年犯罪嫌疑人在考验期内具有《刑事诉讼法》第284条第1款规定的情形之一的，人民检察院应当撤销附条件不起诉的决定，提起公诉。当然，在司法实践中，撤销附条件不起诉的决定，在提起公诉之前，应当听取未成年人及其法定代理人、辩护律师的意见，确保所作决定符合案件事实和法律规定。

[配套规定]

1.《人民检察院刑事诉讼规则》（高检发释字［2019］4号）（2019年12月30日公布并施行）（节录）

第四百七十九条　被附条件不起诉的未成年犯罪嫌疑人，在考验期内具有下列情形之一的，人民检察院应当撤销附条件不起诉的决定，提起公诉：

（一）实施新的犯罪的；

（二）发现决定附条件不起诉以前还有其他犯罪需要追诉的；

（三）违反治安管理规定，造成严重后果，或者多次违反治安管理规定的；

（四）违反有关附条件不起诉的监督管理规定，造成严重后果，或者多次违反有关附条件不起诉的监督管理规定的。

第四百八十条　被附条件不起诉的未成年犯罪嫌疑人，在考验期内没有本规则第四百七十九条规定的情形，考验期满的，人民检察院应当作出不起诉的决定。

2.《人民检察院办理未成年人刑事案件的规定》（高检发研字［2013］7号）（2013年12月27日公布并施行）（节录）

第四十一条　被附条件不起诉的未成年犯罪嫌疑人，应当遵守下列规定：

（一）遵守法律法规，服从监督；

（二）按照考察机关的规定报告自己的活动情况；

（三）离开所居住的市、县或者迁居，应当报经考察机关批准；

（四）按照考察机关的要求接受矫治和教育。

第四十二条　人民检察院可以要求被附条件不起诉的未成年犯罪嫌疑人接受下列矫治和教育：

（一）完成戒瘾治疗、心理辅导或者其他适当的处遇措施；

（二）向社区或者公益团体提供公益劳动；

（三）不得进入特定场所，与特定的人员会见或者通信，从事特定的活动；

（四）向被害人赔偿损失、赔礼道歉等；

（五）接受相关教育；

（六）遵守其他保护被害人安全以及预防再犯的禁止性规定。

第四十三条　在附条件不起诉的考验期内，人民检察院应当对被附条件不起诉的未成年犯罪嫌疑人进行监督考察。未成年犯罪嫌疑人的监护人应当对未成年犯罪嫌疑人加强管教，配合人民检察院做好监督考察工作。

人民检察院可以会同未成年犯罪嫌疑人的监护人、所在学校、单位、居住地的村民委员会、居民委员会、未成年人保护组织等的有关人员定期对未成年犯罪嫌疑人进行考察、教育，实施跟踪帮教。

第四十四条　未成年犯罪嫌疑人经批准离开所居住的市、县或者迁居，作出附条件不起诉决定的人民检察院可以要求迁入地的人民检察院协助进行考察，并将考察结果函告作出附条件不起诉决定的人民检察院。

第四十五条　考验期届满，办案人员应当制作附条件不起诉考察意见书，提出起诉或者不起诉的意见，经部门负责人审核，报请检察长决定。

人民检察院应当在审查起诉期限内作出起诉或者不起诉的决定。

作出附条件不起诉决定的案件，审查起诉期限自人民检察院作出附条件不起诉决定之日起中止计算，自考验期限届满之日起或者人民检察院作出撤销附条件不起诉决定之日起恢复计算。

第四十六条　被附条件不起诉的未成年犯罪嫌疑人，在考验期内有下列情形之一的，人民检察院应当撤销附条件不起诉的决定，提起公诉：

（一）实施新的犯罪的；

（二）发现决定附条件不起诉以前还有其他犯罪需要追诉的；

（三）违反治安管理规定，造成严重后果，或者多次违反治安管理规定的；

（四）违反考察机关有关附条件不起诉的监督管理规定，造成严重后果，或者多次违反考察机关有关附条件不起诉的监督管理规定的。

第四十七条　对于未成年犯罪嫌疑人在考验期内实施新的犯罪或者在决定附条件不起诉以前还有其他犯罪需要追诉的，人民检察院应当移送侦查机关立案侦查。

第四十八条 被附条件不起诉的未成年犯罪嫌疑人，在考验期内没有本规定第四十六条规定的情形，考验期满的，人民检察院应当作出不起诉的决定。

第四十九条 对于附条件不起诉的案件，不起诉决定宣布后六个月内，办案人员可以对被不起诉的未成年人进行回访，巩固帮教效果，并做好相关记录。

第五十条 对人民检察院依照刑事诉讼法第一百七十三条第二款规定作出的不起诉决定和经附条件不起诉考验期满不起诉的，在向被不起诉的未成年人及其法定代理人宣布不起诉决定书时，应当充分阐明不起诉的理由和法律依据，并结合社会调查，围绕犯罪行为对被害人、对本人及家庭、对社会等造成的危害，导致犯罪行为发生的原因及应当吸取的教训等，对被不起诉的未成年人开展必要的教育。如果侦查人员、合适成年人、辩护人、社工等参加有利于教育被不起诉未成年人的，经被不起诉的未成年人及其法定代理人同意，可以邀请他们参加，但要严格控制参与人范围。

对于犯罪事实清楚，但因未达刑事责任年龄不起诉、年龄证据存疑而不起诉的未成年犯罪嫌疑人，参照上述规定举行不起诉宣布教育仪式。

第二百八十五条　审判的时候被告人不满十八周岁的案件，不公开审理。但是，经未成年被告人及其法定代理人同意，未成年被告人所在学校和未成年人保护组织可以派代表到场。

[条文主旨]

本条是关于未成年人刑事案件不公开审理原则的规定。

[条文释解]

1996 年《刑事诉讼法》即有未成年人刑事案件不公开审理的规定，但与现行刑事诉讼法的规定不同。1996 年《刑事诉讼法》第 152 条第 2 款规定："十四岁以上不满十六岁未成年人犯罪的案件，一律不公开审理。十六岁以上不满十八岁未成年人犯罪的案件，一般也不公开审理。"2012 年修改

《刑事诉讼法》时，对该规定作了重要修改完善。主要是：1. 明确凡是不满十八周岁的未成年人刑事案件，一律不公开审理。2. 明确界定十八周岁的时间节点，解决了实践中容易引起的争议，即以审判当时来衡量被告人是否已满十八周岁，而不是犯罪时是否已满十八周岁。3. 对刑事案件不公开审理的原则作了例外的规定，即经本人及其法定代理人同意，特定人员可以到场旁听未成年人刑事案件的审理。

对未成年人刑事案件不公开审理，是对未成年人保护的重要措施。未成年人还在成长时期，避免其以犯罪嫌疑人、被告人身份出现在公众视野，有利于其今后回归社会，避免因犯罪受到歧视，从而影响其将来的工作和生活。同时，未成年人的心智尚未成熟，不公开审理，也可以避免其受到刺激，对身心健康造成不利影响。根据《刑事诉讼法》第188条的规定，人民法院审判第一审案件应当公开进行。但是有关国家秘密或者个人隐私的案件，不公开审理；涉及商业秘密的案件，当事人申请不公开审理的，可以不公开审理。据此，我们认为，人民法院审理刑事案件，公开是原则，不公开是例外。但是，根据本条规定，对于未成年人刑事案件，不公开审理是原则，而且，没有公开审理的例外，只有特定人员可以到场的例外规定。2018年《刑事诉讼法》对本条内容未作修改。

本条规定有两层含义。其一，被告人审判时不满十八周岁的案件，不公开审理。其二，是关于对不公开审理原则的例外规定，即经未成年被告人及其法定代理人同意，未成年被告人所在学校和未成年人保护组织可以派代表到场。

[审判实务]

1. 明确公开审理的内涵。不公开审理的未成年人刑事案件，既不允许除了诉讼参与人以外的其他人员旁听审理，也不允许媒体对案件的审理情况进行报道。

2. 正确理解《刑事诉讼法》关于“未成年被告人所在学校和未成年人保护组织可以派代表到场”的含义。一些学者认为，这是不公开审理的例外，是实际上的公开审理。我们不同意这种意见。我们认为，刑事诉讼法关于特定人员到场的规定是有特定条件、特定目的的。一是能够到场的人员只限于未成年被告人所在学校和未成年人保护组织的代表，而不是其他单位的人员；二是上列人员到场，必须经未成年人及其法定代理人同意，如果被告人及其法定代理人由于保护隐私等原因不同意其他人员到场的，人民法院应当尊重其意见；三是上列人员到场的目的并非纯粹参与旁听，而是为了便于了解案件情况，根据《刑诉法解释》第 467 条的规定，到场代表经法庭同意，可以参与对未成年被告人的法庭教育工作；四是上列人员到场，并不意味着公开审理，其他社会人员仍然不能参加旁听，媒体也仍然不能对案件的审理情况进行报道。

3. 严格遵守司法解释关于未成年人刑事案件不得向外界披露有关材料的规定。《刑诉法解释》第 469 条第 1 款规定，审理未成年人刑事案件，不得向外界披露该未成年人的姓名、住所、照片以及可能推断出该未成年人身份的其他资料。第 2 款规定，查阅、摘抄、复制的未成年人刑事案件的案卷材料，不得公开和传播。第 3 款规定，被害人是未成年人的刑事案件，适用前两款的规定。上述规定，不仅法院审判人员要遵守，公诉机关工作人员、辩护律师也必须遵守。媒体不论从何渠道得到这方面的材料，都不得公开和传播。

4. 正确理解“审判的时候被告人不满十八周岁的案件”的含义。我们认为，“审判的时候”不能狭义理解为开庭审理的阶段。法院受理检察机关提起公诉或自诉人提起自诉以后，刑事诉讼便进入审判阶段。在司法实践中，法院审判阶段一般开始于法院立案阶段，如果在立案时未成年被告人不满十八周岁的，就应理解为审判的时候被告人不满十八周岁。

[配套规定]

《最高人民法院关于适用〈中华人民共和国刑事诉讼法〉的解释》（法释［2012］21 号）（2012 年 12 月 20 日公布，自 2013 年 1 月 1 日起施行）（节录）

第四百六十七条　开庭审理时被告人不满十八周岁的案件，一律不公开审理。经未成年被告人及其法定代理人同意，未成年被告人所在学校和未成年人保护组织可以派代表到场。到场代表的人数和范围，由法庭决定。到场代表经法庭同意，可以参与对未成年被告人的法庭教育工作。

对依法公开审理，但可能需要封存犯罪记录的案件，不得组织人员旁听。

第四百六十九条　审理未成年人刑事案件，不得向外界披露该未成年人的姓名、住所、照片以及可能推断出该未成年人身份的其他资料。

查阅、摘抄、复制的未成年人刑事案件的案卷材料，不得公开和传播。

被害人是未成年人的刑事案件，适用前两款的规定。

第四百七十五条　被告人实施被指控的犯罪时不满十八周岁，开庭时已满十八周岁、不满二十周岁的，人民法院开庭时，一般应当通知其近亲属到庭。经法庭同意，近亲属可以发表意见。近亲属无法通知、不能到场或者是共犯的，应当记录在案。

第二百八十六条　犯罪的时候不满十八周岁，被判处五年有期徒刑以下刑罚的，应当对相关犯罪记录予以封存。

犯罪记录被封存的，不得向任何单位和个人提供，但司法机关为办案需要或者有关单位根据国家规定进行查询的除外。依法进行查询的单位，应当对被封存的犯罪记录的情况予以保密。

[条文主旨]

本条是关于未成年人犯罪记录封存的规定。

[条文释解]

本条是2012年修改《刑事诉讼法》增加的规定，2018年未作修改。

第1款是关于对犯罪时不满十八周岁，并且被判处五年有期徒刑以下刑罚的未成年人犯罪记录予以封存的规定。根据本款规定，封存犯罪记录应当符合以下条件：第一，年龄条件，以行为时为准，该未成年人犯罪时未满十八周岁；第二，刑罚条件，根据法院生效判决，该未成年人被判处了五年有期徒刑以下刑罚。如果依据刑法规定，该未成年人被判处的刑罚超过五年有期徒刑，说明其行为的社会危害性较大，其个人的人身危险性也较大，将其犯罪记录予以封存，不利于刑法社会防卫功能的发挥。被封存的犯罪记录包括在侦查、审查起诉和审理过程中形成的与未成年人犯罪相关的各种材料。司法机关封存符合条件的未成年人犯罪记录，不仅要对未成年犯罪嫌疑人、被告人的材料采取保密措施，妥善保存，非因法定事由不得向外界提供；在有关方面要求为未成年人出具有无犯罪记录证明时，司法机关不应当提供有犯罪记录的证明。此外，我国《刑法》第100条规定，依法受过刑事处罚的人，在入伍、就业的时候，应当如实向有关单位报告自己曾受过刑事处罚，不得隐瞒。犯罪的时候不满十八周岁被判处五年有期徒刑以下刑罚的人，免除上述报告义务。

第2款是关于不得向任何单位、个人提供犯罪记录及例外的规定。对被封存的犯罪记录，除法律规定的例外情形外，司法机关不得向任何单位和个人提供，不允许其他人员查阅、摘抄或者复制未成年人犯罪材料。本款规定了可以对未成年人犯罪记录进行查询的两种例外情形：其一，司法机关为办理案件需要可以查询。当司法机关办理具体案件需要从未成年犯罪嫌疑人、被告人的犯罪记录中获取线索及有关定罪量刑的信息时，可查询其犯罪记录；其二，有关单位根据国家规定可进行查询。在这种情况下，相关单位必须根据法律规定，符合法定事由方能查询。本款同时规定了查询单位的保密义务。依法进行查询的单位，应当对被封存的犯罪记录的情况予以保密，其经查询获取的信息只能用于特定事项、特定范围。

[审判实务]

1. 明确犯罪记录封存制度的性质和目的。犯罪记录封存制度不是犯罪前科消灭制度。“封存”还是“消灭”，不仅是称呼问题，两者还有着完全不同的法律效果。“封存”有使前科暂时处于保密状态之间的意思，而“消灭”则是把行为人的犯罪记录彻底消除。由于犯罪是客观事实，不可能消灭，因而刑事诉讼法采用了“封存”的概念，既科学合理，又符合《联合国保护被剥夺自由少年规则》的规定①。由于未成年人的心智还未成熟，其犯罪后面临的融入社会的困难较成年人而言更大，故我国在相关立法中曾明确规定任何单位和个人不得歧视未成年人被告人。例如，《预防未成年人犯罪法》第48条规定：“依法免予刑事处罚、判处非监禁刑、判处刑罚宣告缓刑、假释或者刑罚执行完毕的未成年人，在复学、升学、就业等方面与其他未成年人享有同等权利，任何单位和个人不得歧视。”《刑法修正案（八）》第19条规定，在《刑法》第100条中增加一款，犯罪的时候不满十八周岁，被判处五年有期徒刑以下刑罚的人，在入伍、就业的时候，免除如实向有关

① 《联合国保护被剥夺自由少年规则》第19条规定：“释放时，少年的记录应封存，并在适当时候加以销毁。”

单位报告的义务，从而取消了以往规定的前科报告义务。本条在上述规定的基础上又进一步予以明确。之所以如此规定，是因为犯罪记录的存在会给被判处刑罚的未成年人在升学、就业、生活等方面带来消极影响，甚至为他们重新犯罪埋下隐患。根据“教育、感化、挽救”的方针，以及“教育为主，惩罚为辅”的原则，我国的未成年人刑事司法应注重对未成年人的教育、感化和挽救，目的是使他们能较好地回归社会。未成年人犯罪记录封存制度不仅有效巩固了刑事诉讼过程中已经实现的对未成年人的教育功能，同时还体现了刑事司法制度对未成年人的人文关怀，也是贯彻落实宽严相济刑事政策的应有之义。当然，刑事诉讼法在设立未成年人犯罪记录封存制度的同时，也为合理的需要留下余地，规定司法机关为办案需要或者有关单位根据法律规定可以进行查询。

2. 明确犯罪记录封存条件的法定性。刑事诉讼法对未成年人犯罪记录封存制度规定了两个条件，一是犯罪的时候不满十八周岁；二是被判处五年有期徒刑以下刑罚的。除此之外，没有其他条件。因为该制度设置的初衷是消除未成年犯罪人重新进入社会可能受到的歧视和不公，使未成年人尽早融入社会，这对所有符合条件的未成年人都应一致适用，不能再人为地设置时间条件或者考察条件。

3. 明确犯罪记录封存后的法律效果。明确未成年人犯罪记录封存制度的法律效果，有助于这一制度主要功能的真正实现。一是犯罪事实不得在对社会公开的户籍、学生、人事等各种档案中载明，不得在法律规定以外的场合公开披露。二是在复学、就业、升学以及从事法律没有明确限定的职业时，与其他人享有同等权利，任何单位和个人不得歧视。未成年犯罪人即使再犯罪，司法机关也不得引用其前科犯罪记录，其前科亦不能作为对其适用累犯或再犯而对其从重或加重处罚的原因。司法机关为办案需要或者有关单位根据国家规定依法进行查询时，应当对被封存的记录情况予以保密。三是未成年人犯罪记录封存内容的执行主体范围应扩充。我们认为，侦查、起诉、审判、执行阶段形成的所有信息都是犯罪记录的构成内容。相应地，在对符合条件的未成年犯罪嫌疑人、被告人适用犯罪记录封存时，公安机关、检察机关、审判机关、司法行政机关以及辩护律师，都有责任对相关犯罪记录予以封存。另外，在未成年人刑事案件中有可能会涉及其他有关部门，如庭前社会调查的调查机构、参与庭审的未成年人保护组织等，这些机构也会或多或少掌握一些未成年人的犯罪信息。按照立法本意，他们也有责任和义务对未成年人犯罪信息予以保密。因此，虽然刑事诉讼法未明确列明犯罪记录封存的执行主体，但凡是在案件的侦查、起诉、审判和执行阶段，依法接触到犯罪信息的单位和个人，都有履行犯罪记录封存的保密职责和保密义务。

4. 遵守司法解释的禁止性规定。《刑诉法解释》第 487 条第 2 款规定，对依法应当封存犯罪记录的案件，宣判时，不得组织人员旁听；有旁听人员的，应当告知其不得传播案件信息。这是一条禁止性规定，审判人员必须遵守。

5. 关于刑事诉讼法规定的未成年人犯罪记录封存的溯及力问题。犯罪记录封存制度设立于 2012 年《刑事诉讼法》修改时，修改的《刑事诉讼法》于 2013 年 1 月 1 日开始实施。那么，对于该时间点之前的关于未成年人判决的案件，是否具有溯及力？从有利于未成年人保护的角度考虑，《刑诉法解释》第 490 条第 2 款规定："2012 年 12 月 31 日以前审结的案件符合前款规定的，相关犯罪记录也应当封存。"因此，犯罪记录封存制度的效力适用于《刑事诉讼法》2013 年 1 月 1 日实施之前的判决中。

6. 正确理解被判处五年有期徒刑以下刑罚的含义。根据《刑事诉讼法》第 286 条规定，犯罪的时候不满十八周岁，被判处五年有期徒刑以下刑罚的，应当对相关犯罪记录予以封存。那么，这里的被判处有期徒刑五年以下刑罚如何理解？我们认为，需要明确以下几点：一是五年有期徒刑以下刑罚，包括五年有期徒刑本数。依据是《刑法》第 99 条规定："本法所称以上、以下、以内，包括本数。"涉及刑罚的数字，应当适用刑法的规定。二是五年有期徒刑以下刑罚包括被判处有期徒刑缓刑的，也包括被判处管制、拘役和单处罚金的。三是被判处五年有期徒刑以下刑罚，指的是法院宣判时的宣告刑。如果未成年被告人被判处五年有期徒刑以上刑罚，经服刑后减刑至五年有期徒刑以下刑罚的，则不属于被判处五年有期徒刑以下刑罚。四是被免除刑事处罚的未成年被告人，符合其他条件的，仍应适用犯罪记录封存制度。免除刑事处罚的案件，尽管不对该未成年人施以刑罚，但是未成年人的犯罪行为及其罪名依然存在，仍然构成刑法上的犯罪，只是因为犯罪情节轻微免予刑事处罚。因此，《刑诉法解释》第 490 条第 1 款规定："犯罪时不满十八周岁，被判处五年有期徒刑以下刑罚以及免除刑事处罚的未成年的犯罪记录，应当封存。"

7. 刑事诉讼法及司法解释没有规定，而其他规定中有犯罪人员犯罪记录相关规定的，可考虑按照有利于未成年人成长的原则继续适用。例如，中央综治委预防青少年违法犯罪工作领导小组、最高人民法院、最高人民检察院、公安部、司法部、共青团中央六部门联合制定的《关于进一步建立和完善办理未成年人刑事案件配套工作体系的若干意见》强调，非有法定事由，不得公开未成年人的行政处罚记录和被刑事立案、采取刑事强制措施、不起诉或因轻微犯罪被判处刑罚的记录。我们应在未成年人案件审判实践中尽可能落实好该文件，以期为将来的制度改革完善提供实践经验支持。

[配套规定]

1.《最高人民法院关于适用〈中华人民共和国刑事诉讼法〉的解释》（法释［2012］21号）（2012年12月20日公布，自2013年1月1日起施行）（节录）

第四百九十条 犯罪时不满十八周岁，被判处五年有期徒刑以下刑罚以及免除刑事处罚的未成年人的犯罪记录，应当封存。

2012年12月31日以前审结的案件符合前款规定的，相关犯罪记录也应当封存。

司法机关或者有关单位向人民法院申请查询封存的犯罪记录的，应当提供查询的理由和依据。对查询申请，人民法院应当及时作出是否同意的决定。

2.《人民检察院刑事诉讼规则》（高检发释字［2019］4号）（2019年12月30日公布并施行）（节录）

第四百八十一条 人民检察院办理未成年人刑事案件过程中，应当对涉案未成年人的资料予以保密，不得公开或者传播涉案未成年人的姓名、住所、照片、图像及可能推断出该未成年人的其他资料。

第四百八十二条 犯罪的时候不满十八周岁，被判处五年有期徒刑以下刑罚的，人民检察院应当在收到人民法院生效判决、裁定后，对犯罪记录予以封存。

生效判决、裁定由第二审人民法院作出的，同级人民检察院依照前款规定封存犯罪记录时，应当通知下级人民检察院对相关犯罪记录予以封存。

第四百八十三条 人民检察院应当将拟封存的未成年人犯罪记录、案卷等相关材料装订成册，加密保存，不予公开，并建立专门的未成年人犯罪档案库，执行严格的保管制度。

第四百八十四条 除司法机关为办案需要或者有关单位根据国家规定进行查询的以外，人民检察院不得向任何单位和个人提供封存的犯罪记录，并不得提供未成年人有犯罪记录的证明。

司法机关或者有关单位需要查询犯罪记录的，应当向封存犯罪记录的人民检察院提出书面申请。人民检察院应当在七日以内作出是否许可的决定。

第四百八十五条 未成年人犯罪记录封存后，没有法定事由、未经法定程序不得解封。

对被封存犯罪记录的未成年人，符合下列条件之一的，应当对其犯罪记录解除封存：

（一）实施新的犯罪，且新罪与封存记录之罪数罪并罚后被决定执行五年有期徒刑以上刑罚的；

（二）发现漏罪，且漏罪与封存记录之罪数罪并罚后被决定执行五年有期徒刑以上刑罚的。

第四百八十六条 人民检察院对未成年犯罪嫌疑人作出不起诉决定后，应当对相关记录予以封存。除司法机关为办案需要进行查询外，不得向任何单位和个人提供。封存的具体程序参照本规则第四百八十三条至第四百八十五条的规定。

第四百八十七条 被封存犯罪记录的未成年人或者其法定代理人申请出具无犯罪记录证明的，人民检察院应当出具。需要协调公安机关、人民法院为其出具无犯罪记录证明的，人民检察院应当予以协助。

3.《公安机关办理刑事案件程序规定》（公安部令第127号）（2012年12月13日发布，自2013年1月1日起施行）（节录）

第三百二十条 未成年人犯罪的时候不满十八周岁，被判处五年有期徒刑以下刑罚的，公安机关应当依据人民法院已经生效的判决书，将该未成年人的犯罪记录予以封存。

犯罪记录被封存的，除司法机关为办案需要或者有关单位根据国家规定进行查询外，公安机关不得向其他任何单位和个人提供。

被封存犯罪记录的未成年人，如果发现漏罪，合并被判处五年有期徒刑以上刑罚的，应当对其犯罪记录解除封存。

[参考案例]

陆某寻衅滋事案[1]

基本案情：

申请人：陆某

受理机关：上海市浦东新区人民法院

封存机关：上海市浦东新区人民法院、上海市奉贤区人民检察院、上海市公安局奉贤分局、上海市奉贤区司法局

2011 年 10 月 14 日，上海市浦东新区人民法院经上海市第一中级人民法院指定管辖要求，受理由上海市奉贤区人民检察院提起公诉的被告人陆某犯寻衅滋事罪一案。检察机关指控，2010 年 10 月 15 日 23 时许，被告人陆某受人纠集，与他人各持钢管共同殴打多人，分别造成两名被害人轻伤、轻微伤，触犯寻衅滋事罪。鉴于陆某犯罪时未满十八周岁，且系初犯，能自愿认罪，具有自首情节，建议判处一年以下有期徒刑或拘役，可宣告缓刑。庭审中，被告人陆某及指定辩护人对犯罪事实及定性均无异议。

2011 年 10 月 20 日，上海市浦东新区人民法院对被告人陆某犯寻衅滋事罪一案作出判决。法院认为，被告人陆某与他人结伙并持械随意殴打他人，情节恶劣，其行为已构成寻衅滋事罪。公诉机关指控的罪名成立，应予支持。鉴于被告人陆某犯罪时已满十六周岁未满十八周岁，且有自首情节，依法从轻处罚。庭审中，被告人陆某能自愿认罪，且积极赔偿被害人的经济损失，酌情从轻处罚。依照《刑法》第 293 条第 1 款第 1 项，第 17 条第 1 款、第 3 款、第 67 条第 1 款、第 25 条、第 72 条、第 73 条之规定，判决如下：被告人陆某犯寻衅滋事罪，判处拘役五个月，缓刑五个月。一审判决后，检察机关未提起抗诉，被告人陆某未提出上诉。

2011 年 10 月 25 日，陆某向浦东法院提出对其犯罪记录进行封存的书面申请。陆某自述其自小在单亲家庭长大，母亲于 2007 年患癌症，其后一直接受治疗，家庭陷入困境。陆某从技校毕业后被某公司录用，收入稳定，现有工作是家中唯一经济来源，一旦用人单位知悉其犯罪前科，将面临失业的危险，恳请法院准予封存犯罪记录，给予其本人和家庭一个重生的希望。

---

① 上海市浦东新区人民法院（2011）浦少刑初字第 203 号刑事判决书。

实践：

根据上海市浦东新区人民法院联合上海市奉贤区人民检察院、上海市公安局奉贤分局、上海市奉贤区司法局于2011年10月9日共同签署的《未成年人刑事记录封存实施办法（试行）》规定，浦东法院受理了陆某的封存申请，对其是否符合封存条件进行审查核实。

浦东法院少年庭具体负责陆某的封存申请及其随附材料的审查核实工作。少年庭立即与奉贤区奉城镇司法所取得联系，初步核实陆某工作、生活、家庭情况及缓刑考察期间表现。2011年10月27日，少年庭法官专程赶赴陆某户籍所在地，进一步走访核实情况，并就开展刑事记录封存具体事宜与奉贤区公、检、法、司等单位领导进行沟通协调，成立了由少年庭法官、派出所民警、矫正社工作人员组成的专门帮教小组，落实对陆某的后续跟踪帮教。

经审，陆某自小父母离异，长期随母亲生活，母亲身患重大疾病，家庭情况较为特殊。陆某原为技校学生，现已被上海某公司录用，工作表现良好，收入稳定，因交友不慎走上犯罪道路，在案件审理过程中认罪悔罪态度较好，在缓刑考验期间能遵纪守法、真诚悔改。

浦东法院认真审查后，认为陆某符合未成年人犯罪记录封存条件，决定对其犯罪记录予以封存，并于2011年11月2日向其宣布了封存决定，同日向上海市公安局奉贤分局奉城镇派出所、奉贤区奉城镇司法所、奉贤区人民检察院未检科分别发出《未成年人刑事记录封存通知书》，通知相关单位共同做好犯罪记录档案的专门建档、管理及保密工作。司法所要特别注意开展社区矫正工作的方式方法，切实履行保密义务，防止犯罪信息的不当泄露。法院、检察院认真做好涉案犯罪记录材料的封存保密工作，严格限制查询范围，确保封存的实际效果。如陆某重新就业，公安机关将出具"无违法犯罪记录"证明，确保其顺利就业。

2012年3月6日，浦东法院少年庭法官再次来到陆某家中进行跟踪回访，并走访了当地派出所、司法所，与陆某本人、其母以及社工访谈交流，深入了解陆某在社区矫正、工作及家庭生活的情况。陆某及其母亲对法院封存刑事记录的做法深表感激，陆某表示由于封存及时，他的工作没有受到丝毫影响，不仅珍惜自己得来不易的工作，更学会了照顾重病的母亲，成了家里的顶梁柱。

案例评析：

本案系公、检、法、司"一条龙"实施的未成年人犯罪记录封存案例，为《刑事诉讼法》确立并施行的该项制度提供了宝贵实践样本，为犯罪的未成年人回归社会创造了平等发展的机会，充分体现了积极关爱、特殊保护的少年司法理念，具有较强的创新性和实践参考价值。

第二百八十七条　办理未成年人刑事案件，除本章已有规定的以外，按照本法的其他规定进行。

[条文主旨]

本条是关于办理未成年人刑事案件如何适用法律的规定。

[条文释解]

本条是2012年《刑事诉讼法》修改时增加的规定，2018年未作修改。

本条规定，司法机关办理未成年人刑事案件，除了本章已有规定的以外，适用刑事诉讼法的其他相关规定。根据这一条规定，办理未成年人案件，对本章有规定的，适用本章的规定办理，对本章没有规定的事项，应遵照刑事诉讼法关于案件办理的一般规定执行。这主要是考虑到除了该章针对未成年人对刑事诉讼程序作出特别规定以外，刑事诉讼活动中还有其他一些该章中没有专门规定的，需要适用《刑事诉讼法》的其他规定。

[配套规定]

1.《人民检察院刑事诉讼规则》（高检发释字［2019］4号）（2019年12月30日公布并施行）（节录）

第四百八十八条　负责未成年人检察的部门应当依法对看守所、未成年犯管教所监管未成年人的活动实行监督，配合做好对未成年人的教育。发现没有对未成年犯罪嫌疑人、被告人与成年犯罪嫌疑人、被告人分别关押、管理或者违反规定对未成年犯留所执行刑罚的，应当依法提出纠正意见。

负责未成年人检察的部门发现社区矫正机构违反未成年人社区矫正相关规定的，应当依法提出纠正意见。

第四百八十九条 本节所称未成年人刑事案件，是指犯罪嫌疑人实施涉嫌犯罪行为时已满十四周岁、未满十八周岁的刑事案件。

本节第四百六十条、第四百六十五条、第四百六十六条、第四百六十七条、第四百六十八条所称的未成年犯罪嫌疑人，是指在诉讼过程中未满十八周岁的人。犯罪嫌疑人实施涉嫌犯罪行为时未满十八周岁，在诉讼过程中已满十八周岁的，人民检察院可以根据案件的具体情况适用上述规定。

第四百九十条 人民检察院办理侵害未成年人犯罪案件，应当采取适合未成年被害人身心特点的方法，充分保护未成年被害人的合法权益。

第四百九十一条 办理未成年人刑事案件，除本节已有规定的以外，按照刑事诉讼法和其他有关规定进行。

2.《公安机关办理刑事案件程序规定》（公安部令第127号）（2012年12月13日发布，自2013年1月1日起施行）（节录）

第三百二十一条 办理未成年人刑事案件，除本节已有规定的以外，按照本规定的其他规定进行。

第二章 当事人和解的公诉案件诉讼程序

第二百八十八条 **下列公诉案件，犯罪嫌疑人、被告人真诚悔罪，通过向被害人赔偿损失、赔礼道歉等方式获得被害人谅解，被害人自愿和解的，双方当事人可以和解：**

（一）因民间纠纷引起，涉嫌刑法分则第四章、第五章规定的犯罪案件，可能判处三年有期徒刑以下刑罚的；

（二）除渎职犯罪以外的可能判处七年有期徒刑以下刑罚的过失犯罪案件。

犯罪嫌疑人、被告人在五年以内曾经故意犯罪的，不适用本章规定的程序。

［条文主旨］

本条是关于公诉案件当事人和解的适用条件、案件范围以及除外情况的规定。

［条文释解］

1979 年《刑事诉讼法》和 1996 年《刑事诉讼法》对自诉案件的和解程序作出了规定，对公诉案件没有规定当事人和解程序。本条是 2012 年修改《刑事诉讼法》时增加的规定，2018 年未作修改。

当事人和解的公诉案件诉讼程序，是在总结近年来司法实践经验的基础上设立的。刑事和解程序对刑事和解的适用范围、适用条件、适用程序和法律效果等作出明确规定。一方面，有利于最大限度地化解社会矛盾，更好地贯彻宽严相济刑事政策、充分维护被害方合法权利，促进社会和谐稳定；另一方面，也有利于防止出现以罚代刑、花钱买刑等损害司法公正的问题。应当深刻认识增设刑事和解程序的重要意义，以更大力度依法做好相关案件审判和促进社会矛盾化解工作。

本条共分为两款。第1款是关于当事人和解的适用条件和案件范围的规定。关于当事人和解的适用条件：一是犯罪嫌疑人、被告人必须真诚悔罪。这里的“真诚悔罪”是指犯罪嫌疑人、被告人出于自己的意愿，发自内心地意识到自己的行为给被害人带来的伤害，对自己的犯罪行为真诚悔过，诚恳地希望得到被害人的谅解。二是获得被害人的谅解。犯罪嫌疑人、被告人通过赔偿损失、赔礼道歉等方式弥补被害人因犯罪行为遭受的物质损失和精神伤害，从而获得被害人的谅解。这里规定的“谅解”是指被告人通过各种方式真诚悔罪，使被害人体察并同情其处境，原谅其错误。三是被害人自愿和解。将被害人自愿和解作为公诉案件当事人和解的条件之一，是为防止被害人在受到暴力、胁迫等情况下违背自己的意志同意和解，影响和解的公正性。这里的“自愿和解”是指被害人不受外力的干扰，在谅解犯罪嫌疑人、被告人的基础上，出于自己的意愿，与犯罪嫌疑人、被告人和解。

关于当事人和解的案件范围有两种：一种是因民间纠纷引起的，涉嫌刑法分则第四章、第五章规定的犯罪案件，可能判处三年有期徒刑以下刑罚的。“因民间纠纷引起”是指犯罪的起因，是公民之间因财产、人身等问题引发的纠纷，既包括因婚姻家庭、邻里纠纷等民间矛盾激化引发的案件，也包括因口角、泄愤等偶发性矛盾引发的案件。因民间纠纷引起的，涉嫌刑法分则第四章规定的侵犯公民人身权利、民主权利罪和第五章规定的侵犯财产罪，无论是故意犯罪还是过失犯罪，可能判处三年有期徒刑以下刑罚的，双方当事人可以和解。这样规定是考虑到这类犯罪比较轻微，且其侵犯的客体是公民的人身权利、民主权利、财产权利，并不涉及国家利益、公共利益，允许公民有一定的处分权以有利于修复社会关系。另一种是除渎职犯罪外的可能判处七年有期徒刑以下刑罚的过失犯罪案件，当事人可以和解。这里的“过失犯罪案件”是指刑法分则中规定的除第九章渎职罪外可能判处七年有期徒刑以下刑罚的过失犯罪案件。这样规定是考虑到过失犯罪的行为人主观恶性比较小，可以给予其悔过自新、从宽处理的机会。而渎职罪中的过失表现为国家机关工作人员滥用职权、玩忽职守、严重不负责任等行为，是构成犯罪的要件之一，且对国家机关工作人员履行职责应有更高要求，因而规定渎职犯罪案件不在和解案件范围之内。

第2款是关于当事人和解的例外规定。根据本款的规定，犯罪嫌疑人、被告人在五年以内曾经故意犯罪的，不适用本章规定的当事人和解的公诉案件诉讼程序。这里的“五年以内”指的是犯前罪的时间距离犯后罪的时间不超过五年。前罪是故意犯罪的，无论后罪是故意犯罪还是过失犯罪，都不能适用本章关于当事人和解的规定。前罪是过失犯罪的，满足本条规定的其他条件的，当事人之间仍然可以和解。五年内曾经故意犯罪的，表明犯罪嫌疑人、被告人人身危险性较大，无论后罪是故意犯罪还是过失犯罪，都不能适用刑事和解程序。

[审判实务]

1. 理解和执行本条时应当注意自诉案件的和解与公诉案件的和解之间的区别：第一，和解主体在诉讼中的地位不同。自诉案件的和解是在起诉方与被诉方之间进行的，是诉讼双方主体之间的协商；公诉案件的和解是在被诉方与作为诉讼参与人的被害人之间进行的，不是追诉主体与犯罪嫌疑人、被告人之间的协商。第二，和解协议的内容不同。自诉案件的和解协议不仅包括赔偿损失、赔礼道歉等内容，还可以涉及诉讼的进程，起诉方可以处置诉讼权利；公诉案件的和解协议针对赔偿损失、赔礼道歉等内容，不能涉及公权力的处置，无权决定诉讼的进程。第三，和解协议的法律效果不同。在自诉案件中，起诉方与被诉方达成和解后，起诉方可以据此决定撤回起诉，从而终止诉讼；在公诉案件中，和解协议只能作为在诉讼各个阶段从宽处理的依据，人民检察院也可以作出不起诉的决定，但前提是符合刑事诉讼法有关不起诉的规定，不能单独据此决定诉讼的进程。

2. 正确区分刑事和解与附带民事调解之间的关系。刑事和解与附带民事调解在性质、适用范围、适用条件和法律效果等方面存在区别，但二者也有紧密联系。主要体现在，因犯罪行为致使被害人遭受物质损失的案件，被告人对被害人依法作出赔偿，就附带民事诉讼达成和解、调解协议，往往是刑事和解的基础。

审判实践中，把握二者关系主要需注意以下三点：

（1）关于和解后又提起附带民事诉讼的处理。对此要区分情况作出处理：一是双方当事人在侦查、审查起诉阶段达成和解协议，被告人已经根据和解协议赔偿被害人的全部物质损失，被害人又提起附带民事诉讼的，人民法院应当不予受理。主要理由是：此种情形下，被告人的赔偿义务已经实际履行完毕，被害人据以提起附带民事诉讼的基础已不存在，故对其诉讼请求可以依法不应受理。同时，这也是为了使侦查、审查起诉阶段公安机关、人民检察院依法开展的相关工作能够收到应有成效，避免公检法机关在不同诉讼阶段重复劳动。基于同样原因，《刑诉法解释》第148条规定："侦查、审查起诉期间，有权提起附带民事诉讼的人提出赔偿要求，经公安机关、人民检察院调解，当事人双方已经达成协议并全部履行，被害人或者其法定代理人、近亲属又提起附带民事诉讼的，人民法院不予受理，但有证据证明调解违反自愿、合法原则的除外。"二是如果双方当事人虽在侦查、审查起诉阶段已达成和解协议，但被告人并未对被害人作出实际赔偿，或者协议约定被告人赔偿的数额尚不能弥补被害人遭受的全部物质损失，在进入审判环节后，被害人又提起附带民事诉讼的，人民法院应当受理。这主要是因为：和解协议毕竟只是双方当事人的合意，法律并未明确和解协议签署后不得反悔，不能再提起附带民事诉讼。

（2）关于提起附带民事诉讼后达成和解的处理。对于双方当事人在侦查、审查起诉阶段未达成和解协议或者被害人的物质损失未得到足额赔偿，被害人在审判阶段提起附带民事诉讼后，又与被告人达成和解的，应当如何处理？我们认为，此种情形下，人民法院可以建议被害人撤回附带民事诉讼；被害人自愿撤诉的，可以在和解协议书中一并解决附带民事赔偿问题；被害人不愿撤诉的，则应当另行制作刑事附带民事调解书，将和解协议书中有关赔偿损失的内容一并写入。需要说明的是，作出上述处理，需要以和解协议得到即时履行为前提。

（3）应当继续重视，以更大力度做好附带民事调解和矛盾化解工作。刑事诉讼法对刑事和解程序的规定体现了既积极又慎重的精神，对刑事和解程序的适用范围、适用条件有较为严格的限制。但是，对刑事和解程序适用范围之外的犯罪案件，仍应当重视做好附带民事调解工作。经调解，被告人积极赔偿被害人物质损失，特别是获得被害方谅解的，应当继续按有关司法解释的规定、作为酌定量刑情节予以考虑，以充分发挥附带民事调解在化解社会矛盾、维护被害方合法权益、贯彻宽严相济刑事政策等方面的重要作用；属于可以和解的犯罪，双方当事人未能达成和解协议，但被告人积极赔偿被害人物质失的，也应作为酌定量刑情节予以考虑。

3. 必须充分认识刑事和解以被告人真诚悔罪为前提。如被告人不能真诚悔罪，即使其本人或者近亲属愿意对被害人作出赔偿并获得被害人谅解，也不能适用刑事和解程序，对被告人从宽处罚，否则无异于"花钱买刑"。在办理相关刑事案件过程中，审判人员必须认真审查被告人是否真诚悔罪。

4. 需要特别注意，当事人和解的公诉案件诉讼程序中的和解事项不应涉及刑事责任的处理，当事人和解的是民事权利方面的事项。犯罪嫌疑人、被告人刑事责任的追究和裁量由公安机关、人民检察院、人民法院依法决定。具体地说，当事人和解，不得对案件的事实认定、证据采信、法律适用和定罪量刑等依法属于公安机关、人民检察院、人民法院职权范围的事宜进行协商。如果和解协议中有涉及刑事责任处理内容的，对司法机关没有约束力。

5. 适用和解程序必须以事实清楚、证据确实充分为前提。刑事诉讼法没有明确规定公诉案件适用和解程序的证据条件。我们认为，所有刑事案件，无论被告人认罪与否、刑罚轻重，都应当适用统一证明标准。要准确把握认罪认罚案件与疑罪案件、证据瑕疵案件的界限，防止把本应“疑罪从无”的案件变成“疑罪从轻”，不能因为被告人认罪就降低证明标准，对疑罪降格认定处理。

6. 立案、执行阶段是否适用刑事和解程序？刑事和解程序适用的阶段包括侦查、公诉、审判三个阶段，而刑事诉讼中的立案、执行阶段是否能够适用刑事和解程序，法律未作规定。我们认为，对于轻罪案件，特别是犯罪结果较轻的案件，即使是在立案阶段，也可以适用和解程序。至于执行阶段，也可以有条件地适用和解程序，原理同上，但把握的界限应当比侦查、公诉、审判阶段更严。

7. 关于当事人和解主体的几种特殊情形的处理。

（1）关于代为和解的问题。在部分案件中，被害方对被告人本人的对抗情绪比较强烈，由被告人法定代理人、近亲属出面进行协商，可能更有利于达成和解协议。因此，有必要推进被告方代为和解的做法。同时，为保证和解效果，防止被告方代为和解情形的泛滥，有必要适度限制被告方代为和解的情形以及明确和解协议内容履行的要求。应当明确以下几点：一是范围。法定代理人、近亲属代为和解的公诉案件范围与当事人双方本人参与和解的公诉案件范围是一致的。二是代为和解的两类情形。和解的主体是犯罪嫌疑人、被告人与被害人。当事人和解，原则上应当在当事人双方直接参与的情况下进行，即和解的双方一般是犯罪嫌疑人、被告人和被害人。然而，因各种主客观条件限制，一些当事人可能无法亲自到场或者无法实际参与和解程序，这就涉及当事人和解的代理问题。第一类情形是被害人死亡的；第二类情形是被害人丧失行为能力或者系限制行为能力人的。此两种情形下，可以由被害人的法定代理人或者近亲属代为和解。三是近亲属有多人的，和解协议应当经处于同一继承顺序的所有近亲属同意。在被害人死亡、近亲属有多人的案件中，针对近亲属之间相互推诿而不愿代表被害方参与和解、近亲属受利益驱动参与和解争执不下、参与和解的近亲属徇私情私利不惜牺牲被害方合法权益等情形，为有效维护被害方权益，本条规定近亲属有多人的，和解协议应当经处于同一继承顺序的所有近亲属同意。同一继承顺序中，有一人不同意和解的，即应当认定未达成和解协议。不是同一继承顺序的，没有否决权。被害人系无行为能力或者限制行为能力人，法定代理人死亡或者因其他原因无意思表达能力的，近亲属可以代为和解。近亲属有多人的，和解协议应当经处于同一继承顺序的所有近亲属同意。值得注意的是，如果被告人系限制行为能力人，无法表达赔礼道歉意思，其法定代理人代为赔礼道歉的，也应当视为被告人本人履行了和解协议。

（2）律师参与刑事和解的问题。律师参与刑事和解的重要性也非常明显。一方面，当事人因缺乏法律专业知识，往往不会主动选择和解之路。同时，加害方和被害方之间因情绪对立也难于自行沟通。此时作为辩护律师、诉讼代理人可以主动提起和引导双方进行协商和解，在刑事和解过程中起主导作用。在司法机关主持和解或者有第三方调解人的情况下，辩护律师、诉讼代理人还可以穿梭于当事人双方之间，有效推进和解协议的达成。另一方面，对辩护律师而言，在刑事和解中发挥主动性也是职责所在。与自首、立功、从犯、未成年人犯罪等法定从轻情节不同，和解是可以通过努力制造的，律师可以通过自身努力营造理性平和的氛围，引导当事人达成和解。和解过程中，如果没有律师的参与，刑事和解的启动率、成功率将会大大降低。因此，辩护律师、诉讼代理人在当事人和解程序中可以发挥三个方面的作用：一是申请、配合公安司法机关启动刑事和解程序；二是代表当事人与对方进行和解协商，签署和解协议；或者反之，代表当事人拒绝认罪、不同意和解；三是监督司法机关在刑事和解中正当行使职权，防止不启动和解、强迫和解、和解后不作轻缓处理等情形的发生。

（3）被害人是单位的刑事案件能否适用和解程序？我们认为，被害人虽然不是自然人，但仍然具有自身利益，有独立的意志（单位决定）、有人格权（法人名称权、社会信誉、商誉）。单位作为被害人加入到刑事诉讼中，主要目标也是取得经济补偿、恢复社会形象、保证日后正常生产经营。因此，只要被告方悔罪、赔偿损失，被害单位与被告方均可以主动提出适用和解程序。被害单位可以派员与被告方协商，被告方也可以取得被害方的谅解，从而获取从宽处罚的法定事由。

[配套规定]

1.《最高人民法院关于适用〈中华人民共和国刑事诉讼法〉的解释》（法释［2012］21号）（2012年12月20日公布，自2013年1月1日起施行）（节录）

第四百九十六条　对符合刑事诉讼法第二百七十七条规定的公诉案件，事实清楚、证据充分的，人民法院应当告知当事人可以自行和解；当事人提出申请的，人民法院可以主持双方当事人协商以达成和解。

根据案件情况，人民法院可以邀请人民调解员、辩护人、诉讼代理人、当事人亲友等参与促成双方当事人和解。

第四百九十七条　符合刑事诉讼法第二百七十七条规定的公诉案件，被害人死亡的，其近亲属可以与被告人和解。近亲属有多人的，达成和解协议，应当经处于同一继承顺序的所有近亲属同意。

被害人系无行为能力或者限制行为能力人的，其法定代理人、近亲属可以代为和解。

第四百九十八条　被告人的近亲属经被告人同意，可以代为和解。

被告人系限制行为能力人的，其法定代理人可以代为和解。

被告人的法定代理人、近亲属依照前两款规定代为和解的，和解协议约定的赔礼道歉等事项，应当由被告人本人履行。

2.《人民检察院刑事诉讼规则》（高检发释字［2019］4号）（2019年12月30日公布并施行）（节录）

第四百九十二条　下列公诉案件，双方当事人可以和解：

（一）因民间纠纷引起，涉嫌刑法分则第四章、第五章规定的犯罪案件，可能判处三年有期徒刑以下刑罚的；

（二）除渎职犯罪以外的可能判处七年有期徒刑以下刑罚的过失犯罪案件。

当事人和解的公诉案件应当同时符合下列条件：

（一）犯罪嫌疑人真诚悔罪，向被害人赔偿损失、赔礼道歉等；

（二）被害人明确表示对犯罪嫌疑人予以谅解；

（三）双方当事人自愿和解，符合有关法律规定；

（四）属于侵害特定被害人的故意犯罪或者有直接被害人的过失犯罪；

（五）案件事实清楚，证据确实、充分。

犯罪嫌疑人在五年以内曾经故意犯罪的，不适用本节规定的程序。

犯罪嫌疑人在犯刑事诉讼法第二百八十八条第一款规定的犯罪前五年内曾经故意犯罪，无论该故意犯罪是否已经追究，均应当认定为前款规定的五年以内曾经故意犯罪。

第四百九十三条 被害人死亡的，其法定代理人、近亲属可以与犯罪嫌疑人和解。

被害人系无行为能力或者限制行为能力人的，其法定代理人可以代为和解。

第四百九十四条 犯罪嫌疑人系限制行为能力人的，其法定代理人可以代为和解。

犯罪嫌疑人在押的，经犯罪嫌疑人同意，其法定代理人、近亲属可以代为和解。

第四百九十五条 双方当事人可以就赔偿损失、赔礼道歉等民事责任事项进行和解，并且可以就被害人及其法定代理人或者近亲属是否要求或者同意公安机关、人民检察院、人民法院对犯罪嫌疑人依法从宽处理进行协商，但不得对案件的事实认定、证据采信、法律适用和定罪量刑等依法属于公安机关、人民检察院、人民法院职权范围的事宜进行协商。

第四百九十六条 双方当事人可以自行达成和解，也可以经人民调解委员会、村民委员会、居民委员会、当事人所在单位或者同事、亲友等组织或者个人调解后达成和解。

人民检察院对于本规则第四百九十二条规定的公诉案件，可以建议当事人进行和解，并告知相应的权利义务，必要时可以提供法律咨询。

3.《公安机关办理刑事案件程序规定》（公安部令第127号）（2012年12月13日发布，自2013年1月1日起施行）（节录）

第三百二十二条 下列公诉案件，犯罪嫌疑人真诚悔罪，通过向被害人赔偿损失、赔礼道歉等方式获得被害人谅解，被害人自愿和解的，经县级以上公安机关负责人批准，可以依法作为当事人和解的公诉案件办理：

（一）因民间纠纷引起，涉嫌刑法分则第四章、第五章规定的犯罪案件，可能判处三年有期徒刑以下刑罚的；

（二）除渎职犯罪以外的可能判处七年有期徒刑以下刑罚的过失犯罪

案件。

犯罪嫌疑人在五年以内曾经故意犯罪的，不得作为当事人和解的公诉案件办理。

第三百二十三条　有下列情形之一的，不属于因民间纠纷引起的犯罪案件：

（一）雇凶伤害他人的；

（二）涉及黑社会性质组织犯罪的；

（三）涉及寻衅滋事的；

（四）涉及聚众斗殴的；

（五）多次故意伤害他人身体的；

（六）其他不宜和解的。

第二百八十九条　双方当事人和解的，公安机关、人民检察院、人民法院应当听取当事人和其他有关人员的意见，对和解的自愿性、合法性进行审查，并主持制作和解协议书。

[条文主旨]

本条是关于有关机关对当事人和解的审查并主持制作和解协议的规定。

[条文释解]

本条是2012年修改《刑事诉讼法》时增加的规定，2018年未作修改。

本条对和解协议形成的程序进行了规定，共分为四步。

第一步，双方当事人达成和解。公安机关、人民检察院、人民法院可以向犯罪嫌疑人、被告人或者被害人告知双方的和解意向、和解的相关规定以及双方当事人各自的权利、义务，由双方当事人自行协商，公检法机关也可以在各自的诉讼阶段作为中立的第三方积极促成当事人之间的沟通、会面、交谈，组织和双方当事人协商以达成和解。在和解的过程中，主持者应保持客观、中立，不得偏袒或欺瞒任何一方；犯罪嫌疑人、被告人应承认自己的罪行并真诚悔罪，认识到自己的行为给被害人带来的伤害，通过赔偿损失、赔礼道歉等方式获得被害人的谅解。双方最终就上述问题形成一致的意见，被害人自愿和解的，即达成和解。

第二步，公安机关、人民检察院、人民法院听取当事人和其他有关人员的意见。这里的“其他有关人员”是指当事人以外的其他人员，如被害人的法定代理人、被告人的辩护律师等。

第三步，公安机关、人民检察院、人民法院对和解协议的自愿性、合法性进行审查。公检法机关发现任何一方采取暴力、胁迫、欺骗等方式使另一方在违背真实意思的基础上和解的，应当认定和解无效，这里的“合法性审查”是指审查和解协议的内容是否违反法律的强制性规定，是否损害国家利益、社会利益和他人的合法权益。

第四步，主持制作和解协议。和解协议达成并经审查符合自愿性和合法性后，公安机关、人民检察院、人民法院应当主持制作和解协议书，由双方签字，作为履行和解协议和依法从宽处理的依据。

[审判实务]

1. 人民法院是否可以主持协商以达成当事人和解？我们认为是可以的。《刑事诉讼法》第289条规定，双方当事人和解的，人民法院应当听取当事人和其他有关人员的意见，对和解的自愿性、合法性进行审查，并主持制作和解协议书。从逻辑角度分析，既然人民法院有权主持制作和解协议书，顺理推之，人民法院自然也可以主持协商以达成和解。同时，在和解程序中由人民法院主持协商符合立法精神和现实国情。(1) 符合立法精神。《刑事诉讼法》规定公检法机关应当主持制作和解协议书，而主持制作和解协议书的过程，实质上也包含主持双方进行有效沟通，促成双方达成和解协议，并对协议具体内容进行审查把关的过程。我们认为，人民法院依职权或者依申请主持当事人双方协商以达成和解符合立法精神。全国人大常委会法制工作委员会刑法室编著的《〈关于修改刑事诉讼法的决定〉释解与适用》一书认为：“公安机关、人民检察院、人民法院可以向犯罪嫌疑人、被告人或者被害人告知对方的和解意向、和解的相关规定以及双方当事人各自的权利、义务，由双方当事人自行协商，公安机关、人民检察院、人民法院也可以在各自的诉讼阶段作为中立的第三方积极促成当事人之间的沟通、会面、交谈，组织和主持双方当事人协商以达成和解。”[①]（2）符合现实国情。在当前国情下，刑事案件的加害方和被害方往往缺乏有效沟通的渠道，甚至在有的案件中双方还处于紧张对立状态，缺乏互信，如果审判人员没有释法明理，没有从中斡旋、调和，不积极主动增进双方的理解和信任的话，双方当事人很难自行和解。因此，在现阶段，由人民法院主持协商以达成和解仍然是必要的。

2. 当事人不得自行制作和解协议。在刑事诉讼的侦查、起诉、审判等各个阶段，有关机关代表国家履行追诉犯罪职责，应起主导作用。双方当事人无论是自行和解还是在有关机关主持下和解，都不能自行制作和解协议，而是需要由公安机关、人民检察院、人民法院在听取当事人和有关人员意见的基础上，对和解进行审查。主要是审查当事人是否自愿和解、有无被胁迫的情况以及和解的内容和形式是否合法合理，如有无过分索赔或赔偿不够、违反法律的内容等，并由有关机关主持制作和解协议，督促当事人双方严格按协议执行。

3. 人民法院要注重对公安机关、检察机关主持下达成的和解协议的审查。双方当事人在侦查、审查起诉阶段达成和解的，在公安机关、人民检察院主持下制作的和解协议书，人民法院应当依法进行审查；对于在一审法院主持下制作的和解协议书，二审法院应当依法进行审查。实践中，曾经出现单方伪造“谅解协议”，一路骗过一审、二审法院，直至最高人民法院复核死刑，向被害方核实才发现协议系伪造的情形。因此，必须高度重视和解协议的依法审查。经审查，和解协议真实、自愿、合法的，予以确认，无须重新制作和解协议书。反之，和解协议不具有真实性、自愿性或者合法性的，应当不予确认；如果双方当事人仍然自愿和解的，人民法院可以主持制作新的和解协议书。

4. 如何审查和解协议的自愿性、合法性？我们认为，应当重点审查以下内容：双方当事人是否自愿和解；犯罪嫌疑人、被告人是否真诚悔罪，是否向被害人赔礼道歉，经济赔偿数额与其所造成的损害和赔偿能力是否相适应；被害人及其法定代理人或者近亲属是否明确表示对犯罪嫌疑人、被告人予以谅解；是否符合法律规定；是否损害国家利益、集体利益和社会公共利益或者他人的合法权益；是否符合社会公德。审查时，应当听取双方当事人和其他有关人员对和解的意见，告知刑事案件可能从宽处理的法律后果和双

---

① 全国人大常委会法制工作委员会刑法室编著：《〈关于修改刑事诉讼法的决定〉释解与适用》，人民法院出版社2012年版，第284~285页。

方的权利义务，并制作笔录附卷。需要注意的是，对和解协议的自愿性的审查，不应简单地看双方当事人是否在和解协议上签字或者口头承诺，而应当认真听取当事人和其他有关人员的意见，尤其是着力考察犯罪嫌疑人、被告人认罪悔罪的态度、被害人对被告人谅解的程度。如果犯罪嫌疑人、被告人没有真正意识到自己犯罪行为的社会危害性及给被害人带来的巨大物质和精神损害，而只是出于从轻处罚的考虑才提出和解，那么刑事和解就可能成为犯罪分子投机的通道。有的犯罪嫌疑人、被告人虽然口头承认错误，但未必真正悔罪，司法机关不仅要听其言，而且要观其行，要全面分析犯罪嫌疑人、被告人在犯罪前后尤其是案件进入刑事诉讼程序后的表现，尽可能准确判断被告人的真实心理状态。

5. 如何主持制作和解协议书？公安机关、检察机关、审判机关在对和解的自愿性、合法性进行审查后，应当主持制作和解协议书。和解协议书应当首先写明案由、双方当事人的基本情况，写明协议是在审判人员主持下制作，其次要写明以下内容：（1）被告人承认自己所犯罪行，对指控的犯罪事实没有异议，自愿真诚悔罪。（2）被告人通过向被害人赔礼道歉、赔偿损失等方式获得被害人谅解。对于涉及赔偿问题的，应当写明赔偿的数额、方式、期限等。（3）被害人自愿和解，并同意对被告人从宽处罚。和解协议书应当由双方当事人签名或者捺指印。和解协议书应当一式三份，双方当事人各执一份，另一份交人民法院附卷备查。

6. 人民法院制作的和解协议能否作为强制执行依据？我们认为，尽管法律规定和解协议必须在公检法机关的主持下制作，但和解毕竟是双方当事人的行为，不能作为强制执行的依据，否则便混淆了和解与调解这两种性质不同的法律行为的界限。和解协议系经公检法机关主持制作，可以通过在协议中写明主持制作协议书的公安、司法人员姓名的方式加以解决；为确保和解协议约定的赔偿损失等内容能得到切实履行，可规定和解协议必须即时履行。

[配套规定]

1.《最高人民法院关于适用〈中华人民共和国刑事诉讼法〉的解释》（法释［2012］21号）（2012年12月20日公布，自2013年1月1日起施行）（节录）

第四百九十九条 对公安机关、人民检察院主持制作的和解协议书，当事人提出异议的，人民法院应当审查。经审查，和解自愿、合法的，予以确认，无需重新制作和解协议书；和解不具有自愿性、合法性的，应当认定无效。和解协议被认定无效后，双方当事人重新达成和解的，人民法院应当主持制作新的和解协议书。

第五百条 审判期间，双方当事人和解的，人民法院应当听取当事人及其法定代理人等有关人员的意见。双方当事人在庭外达成和解的，人民法院应当通知人民检察院，并听取其意见。经审查，和解自愿、合法的，应当主持制作和解协议书。

第五百零一条 和解协议书应当包括以下内容：

（一）被告人承认自己所犯罪行，对犯罪事实没有异议，并真诚悔罪；

（二）被告人通过向被害人赔礼道歉、赔偿损失等方式获得被害人谅解；涉及赔偿损失的，应当写明赔偿的数额、方式等；提起附带民事诉讼的，由附带民事诉讼原告人撤回附带民事诉讼；

（三）被害人自愿和解，请求或者同意对被告人依法从宽处罚。

和解协议书应当由双方当事人和审判人员签名，但不加盖人民法院印章。

和解协议书一式三份，双方当事人各持一份，另一份交人民法院附卷备查。

对和解协议中的赔偿损失内容，双方当事人要求保密的，人民法院应当准许，并采取相应的保密措施。

第五百零二条 和解协议约定的赔偿损失内容，被告人应当在协议签署后即时履行。

和解协议已经全部履行，当事人反悔的，人民法院不予支持，但有证据证明和解违反自愿、合法原则的除外。

第五百零三条 双方当事人在侦查、审查起诉期间已经达成和解协议并全部履行，被害人或者其法定代理人、近亲属又提起附带民事诉讼的，人民法院不予受理，但有证据证明和解违反自愿、合法原则的除外。

第五百零四条 被害人或者其法定代理人、近亲属提起附带民事诉讼后，双方愿意和解，但被告人不能即时履行全部赔偿义务的，人民法院应当制作附带民事调解书。

2. **《人民检察院刑事诉讼规则》**（高检发释字［2019］4号）（2019年12月30日公布并施行）（节录）

第四百九十七条 人民检察院应当对和解的自愿性、合法性进行审查，重点审查以下内容：

（一）双方当事人是否自愿和解；

（二）犯罪嫌疑人是否真诚悔罪，是否向被害人赔礼道歉，赔偿数额与其所造成的损害和赔偿能力是否相适应；

（三）被害人及其法定代理人或者近亲属是否明确表示对犯罪嫌疑人予以谅解；

（四）是否符合法律规定；

（五）是否损害国家、集体和社会公共利益或者他人的合法权益；

（六）是否符合社会公德。

审查时，应当听取双方当事人和其他有关人员对和解的意见，告知刑事案件可能从宽处理的法律后果和双方的权利义务，并制作笔录附卷。

第四百九十八条 经审查认为双方自愿和解，内容合法，且符合本规则第四百九十二条规定的范围和条件的，人民检察院应当主持制作和解协议书。

和解协议书的主要内容包括：

（一）双方当事人的基本情况；

（二）案件的主要事实；

（三）犯罪嫌疑人真诚悔罪，承认自己所犯罪行，对指控的犯罪没有异议，向被害人赔偿损失、赔礼道歉等。赔偿损失的，应当写明赔偿的数额、履行的方式、期限等；

（四）被害人及其法定代理人或者近亲属对犯罪嫌疑人予以谅解，并要求或者同意公安机关、人民检察院、人民法院对犯罪嫌疑人依法从宽处理。

和解协议书应当由双方当事人签字，可以写明和解协议书系在人民检察院主持下制作。检察人员不在当事人和解协议书上签字，也不加盖人民检察院印章。

和解协议书一式三份，双方当事人各持一份，另一份交人民检察院附卷备查。

第四百九十九条 和解协议书约定的赔偿损失内容，应当在双方签署协议后立即履行，至迟在人民检察院作出从宽处理决定前履行。确实难以一次性履行的，在提供有效担保并且被害人同意的情况下，也可以分期履行。

第五百零四条 犯罪嫌疑人或者其亲友等以暴力、威胁、欺骗或者其他非法方法强迫、引诱被害人和解，或者在协议履行完毕之后威胁、报复被害人的，应当认定和解协议无效。已经作出不批准逮捕或者不起诉决定的，人民检察院根据案件情况可以撤销原决定，对犯罪嫌疑人批准逮捕或者提起公诉。

3.《公安机关办理刑事案件程序规定》（公安部令第127号）（2012年12月13日发布，自2013年1月1日起施行）（节录）

第三百二十四条 双方当事人和解的，公安机关应当审查案件事实是否清楚，被害人是否自愿和解，是否符合规定的条件。

公安机关审查时，应当听取双方当事人的意见，并记录在案；必要时，可以听取双方当事人亲属、当地居民委员会或者村民委员会人员以及其他了解案件情况的相关人员的意见。

第三百二十五条 达成和解的，公安机关应当主持制作和解协议书，并由双方当事人及其他参加人员签名。

当事人中有未成年人的，未成年当事人的法定代理人或者其他成年亲属应当在场。

第三百二十六条 和解协议书应当包括以下内容：

（一）案件的基本事实和主要证据；

（二）犯罪嫌疑人承认自己所犯罪行，对指控的犯罪事实没有异议，真诚悔罪；

（三）犯罪嫌疑人通过向被害人赔礼道歉、赔偿损失等方式获得被害人谅解；涉及赔偿损失的，应当写明赔偿的数额、方式等；提起附带民事诉讼的，由附带民事诉讼原告人撤回附带民事诉讼；

（四）被害人自愿和解，请求或者同意对犯罪嫌疑人依法从宽处罚。

和解协议应当及时履行。

第二百九十条 对于达成和解协议的案件，公安机关可以向人民检察院提出从宽处理的建议。人民检察院可以向人民法院提出从宽处罚的建议；对于犯罪情节轻微，不需要判处刑罚的，可以作出不起诉的决定。人民法院可以依法对被告人从宽处罚。

[条文主旨]

本条是关于当事人和解的法律后果的规定。

[条文释解]

本条是2012年修改《刑事诉讼法》时增加的内容，2018年未作修改。

本条对公安机关、人民检察院、人民法院在侦查阶段、审查起诉阶段和审判阶段，当事人达成和解协议的如何处理作出了具体规定。

侦查阶段：双方当事人在侦查阶段达成和解协议的，公安机关应当对和解协议的自愿性和合法性进行审查，将和解协议的内容及履行情况记录在案，并根据情况写出从宽处理的建议，同时仍应当查清案件事实，对于犯罪事实清楚，证据确实、充分的，应当写出起诉意见书，连同案卷材料、证据、和解协议书、从宽处理的建议一并移送人民检察院审查起诉。人民检察院收到公安机关移送审查起诉的相关材料后，认为犯罪嫌疑人的犯罪事实已经查清，证据确实、充分，依法应当追究刑事责任的，应当提起公诉，并根据案件情况写出从宽处罚的建议，连同案卷材料、证据、和解协议书一并移送人民法院；对于犯罪情节轻微，不需要判处刑罚的，可以作出不起诉的决定。人民法院收到人民检察院提起公诉的相关材料后，对于案件事实清楚，证据确实、充分，依据法律认定被告人有罪的，应当作出有罪判决，但是可以根据案件情况在量刑上对被告人从轻或者减轻处罚；对于犯罪情节轻微不需要判处刑罚的，可以依法免予刑事处罚。

审查起诉阶段：双方当事人在审查起诉阶段达成和解协议的，人民检察院应当对和解协议的自愿性和合法性进行审查，将和解协议的内容及履行情况记录在案，认为犯罪嫌疑人的犯罪事实已经查清，证据确实、充分，依法应当追究刑事责任的，应当提起公诉，并根据案件情况写出从宽处罚的建议，连同案卷材料、证据、和解协议书一并移送人民法院；对于犯罪情节轻微，不需要判处刑罚的，可以依法作出不起诉的决定。

审判阶段：双方当事人在审判阶段达成和解协议的，人民法院应当对和解协议的自愿性和合法性进行审查，将和解协议的内容及履行情况记录在案，对于案件事实清楚，证据确实、充分，依据法律认定被告人有罪的，应当作出有罪判决，但是可以根据案件情况在量刑上对被告人从轻或者减轻处罚；对于犯罪情节轻微不需要判处刑罚的，可以免予刑事处罚。

在理解和执行本条时应当注意：公安机关可以根据双方达成和解协议的情况和案件情况向人民检察院提出从宽处理的建议，但是不得在侦查阶段因双方当事人达成和解协议而作出撤销案件的决定。

[司法实务]

1. 正确理解和掌握当事人刑事和解的法律效果。在理解和适用本条时，应当注意三个问题：（1）关于“从宽处罚”的理解。“从宽处罚”应当包括从轻、减轻和免除处罚。如果被告人的行为符合《刑法》第 13 条后半段规定的“情节显著轻微危害不大的”情形，还可以依法不认为是犯罪。有观点认为，这里的“从宽处罚”不能包括减轻处罚。理由是，刑法并没有将和解规定为减轻处罚的一种情节，因此，和解减轻处罚缺乏法律依据。我们不同意这种观点。《刑事诉讼法》第 290 条有关和解可以从宽处罚的规定，就是和解减轻处罚的法律依据；“从宽”的内涵大于“从轻”，立法之所以使用“从宽”，正是为了明确对被告人可以减轻处罚。（2）关于共同犯罪和一人犯数罪案件的和解从宽处罚。共同犯罪案件，被害人与部分被告人达成和解协议的，可以依法对该部分被告人从宽处罚，但是，必须考虑被告人在共同犯罪中的地位和作用，注意全案的量刑平衡。一人犯数罪案件，其中部分罪行符合和解条件，被告人与被害人达成和解协议的，可以对达成和解协议的部分犯罪依法从宽处罚。（3）对于达成和解协议的案件应当在裁判文书中有所体现。根据法律规定，刑事和解是特别的诉讼程序；对达成和解协议的案件，人民法院可以依法对被告人从宽处罚。基于此，在裁判文书中自然应当对双方当事人已达成和解作出相应的叙述。具体而言，裁判文书的裁判理由部分，可以采用如下方式进行表述：“被告人××自愿真诚悔罪，通过向被害人赔偿损失、赔礼道歉（或其他方式）获得被害人谅解，被害人自愿和解，双方当事人在本院主持下达成了和解协议，故依法对被告人××从轻处罚（或减轻处罚，或免予刑事处罚）。”在裁判依据部分，应当援引刑事诉讼法有关和解程序的相关规定。

2. 当事人达成和解协议，被告人符合非监禁刑适用条件的，人民法院应当适用非监禁刑。《刑诉法解释》第 505 条第 1 款规定：对达成和解协议的案件，人民法院应当对被告人从轻处罚；符合非监禁刑适用条件的，应当适用非监禁刑；判处法定最低刑仍然过重的，可以减轻处罚；综合全案认为犯罪情节轻微不需要判处刑罚的，可以免除刑事处罚。执行中，要注意，司法解释对符合非监禁刑适用条件的，是“应当”适用非监禁刑，而不是“可以”适用非监禁刑。有观点认为，对符合非监禁刑适用条件的，一律应当适用非监禁刑可能实践效果并不好，同时对于共同犯罪案件，可能导致量刑不平衡。我们不同意这一观点，因为刑事和解主要适用于犯罪情节较轻、主观恶性较小的轻刑案件。如果被告人具有认罪、悔罪、赔偿损失、取得被害人谅解等诸多从轻处罚情节，且符合缓刑、管制等非监禁刑适用条件的，应当适用非监禁刑。这样，有利于双方当事人充分预见和解的法律后果，有利于鼓励被告人及其家属积极赔偿，也有利于解除审判人员的后顾之忧，使其更加放心地做好和解工作。当然，如果综合全案考虑，对被告人依法不能适用非监禁刑的，只需说明被告人不符合非监禁刑适用条件即可。

[配套规定]

1.《最高人民法院关于适用〈中华人民共和国刑事诉讼法〉的解释》（法释［2012］21号）（2012年12月20日公布，自2013年1月1日起施行）（节录）

第五百零五条　对达成和解协议的案件，人民法院应当对被告人从轻处罚；符合非监禁刑适用条件的，应当适用非监禁刑；判处法定最低刑仍然过重的，可以减轻处罚；综合全案认为犯罪情节轻微不需要判处刑罚的，可以免除刑事处罚。

共同犯罪案件，部分被告人与被害人达成和解协议的，可以依法对该部分被告人从宽处罚，但应当注意全案的量刑平衡。

第五百零六条　达成和解协议的，裁判文书应当作出叙述，并援引刑事诉讼法的相关条文。

2.《人民检察院刑事诉讼规则》（高检发释字［2019］4号）（2019年12月30日公布并施行）（节录）

第五百条　双方当事人在侦查阶段达成和解协议，公安机关向人民检察院提出从宽处理建议的，人民检察院在审查逮捕和审查起诉时应当充分考虑公安机关的建议。

第五百零一条　人民检察院对于公安机关提请批准逮捕的案件，双方当事人达成和解协议的，可以作为有无社会危险性或者社会危险性大小的因素予以考虑。经审查认为不需要逮捕的，可以作出不批准逮捕的决定；在审查起诉阶段可以依法变更强制措施。

第五百零二条　人民检察院对于公安机关移送起诉的案件，双方当事人达成和解协议的，可以作为是否需要判处刑罚或者免除刑罚的因素予以考虑。符合法律规定的不起诉条件的，可以决定不起诉。

对于依法应当提起公诉的，人民检察院可以向人民法院提出从宽处罚的量刑建议。

第五百零三条　人民检察院拟对当事人达成和解的公诉案件作出不起诉决定的，应当听取双方当事人对和解的意见，并且查明犯罪嫌疑人是否已经切实履行和解协议、不能即时履行的是否已经提供有效担保，将其作为是否决定不起诉的因素予以考虑。

当事人在不起诉决定作出之前反悔的，可以另行达成和解。不能另行达成和解的，人民检察院应当依法作出起诉或者不起诉决定。

当事人在不起诉决定作出之后反悔的，人民检察院不撤销原决定，但有证据证明和解违反自愿、合法原则的除外。

3.《公安机关办理刑事案件程序规定》（公安部令第127号）（2012年12月13日发布，自2013年1月1日起施行）（节录）

第三百二十七条　对达成和解协议的案件，经县级以上公安机关负责人批准，公安机关将案件移送人民检察院审查起诉时，可以提出从宽处理的建议。

[参考案例]

罗某故意伤害案[①]

基本案情：

被告人：罗某，男，1968年3月13日出生，汉族，初中文化，农民。因涉嫌犯故意伤害罪，于2014年12月23日被刑事拘留，2015年1月24日被逮捕。

原审附带民事诉讼原告人：谢某（系本案被害人）。

法院审理情况：

南宁铁路运输法院经审查查明：2011年10月24日12时许，被告人罗

① 南宁铁路运输中级法院（2015）宁铁中刑终字第4号刑事附带民事判决书，南宁铁路运输法院（2015）南铁刑初字第14号刑事附带民事判决书。

某为向谢某追讨债务，尾随下班回家的谢某到陆川铁路家属区，谢某对罗某的还债要求不予理会并想尽快离开，致使罗某激愤而掏出随身携带的一把折叠式小刀捅伤谢某，造成谢某的肝、胰裂伤，并引发腹膜炎。经鉴定，谢某的损伤程度为重伤二级。2014 年 12 月 23 日下午，罗某被公安机关抓获归案。被告人罗某的行为造成谢某住院治疗 9 天，共支付医疗费 14936 元。

南宁市铁路运输法院认为，被告人罗某因追债未果而持刀故意伤害他人，致人重伤二级，其行为侵犯了公民的身体权，已构成故意伤害罪。公诉机关指控被告人罗某所犯罪名成立。被告人归案后，能如实交代，自愿认罪，依法可从轻处罚；该案因被告人追债未果而引发，被害人存有一定过错，可酌情对被告人从轻处罚，但辩护人提出被害人先用包打人存有重大过错应对被告人减轻处罚的意见不符合本案事实，不予采纳。被告人罗某的伤害行为致原告人谢某住院 9 天，原告人诉请的医疗费 14300 元、住院伙食补助费 900 元，符合规定，依法应由被告人赔偿；其诉请赔偿误工 189 天、2 人护理 69 天的损失费，营养费 30000 余元，时间过长，数额过高，且未提供任何证据，根据其所受损伤情况酌情计算误工费 69 天 4619 元，护理费 9 天 602 元，营养费 1800 元；原告人诉请的精神损害赔偿，不属于附带民事赔偿范围，其他未提供证据也未有充分理由的住宿费、交通费，依法不予支持。遂根据被告人犯罪的事实、性质、情节及社会危害程度，依照《刑法》第 234 条、第 67 条第 3 款，《刑事诉讼法》第 99 条、《民法通则》第 119 条、《最高人民法院关于审理人身损害赔偿案件适用法律若干问题的解释》第 17 条第 1 款、第 20 条、第 21 条之规定，判决如下：

1. 被告人罗某犯故意伤害罪，判处有期徒刑三年；

2. 被告人罗某于本判决生效后十日内赔偿附带民事诉讼原告人谢某医疗费、住院伙食补助费、误工费、护理费、营养费共计人民币 22221 元；

3. 驳回附带民事诉讼原告人谢某的其他诉讼请求。

宣判后，被告人罗某提出上诉称：1. 谢某在本案中存在严重过错，应承担主要责任；2. 其归案后坦白交代罪行，并已认识到自身行为的危害性，具有悔罪表现。罗某在二审庭审中提出，其已通过家属积极赔偿被害人经济损失并取得谅解，请求对其适用缓刑。

辩护人提出：1. 被害人谢某先用包动手打罗某，主观上存在严重过错，建议对被告人从轻处罚；2. 在二审期间，罗某与谢某达成了赔偿和解协议，已实际赔付谢某经济损失共计 53500 元，谢某对罗某的行为表示谅解。综上，建议二审法院对被告人罗某适用缓刑。二审庭审中，辩护人向法庭提交了和解协议书、收条、谅解书、村委会证明等证据材料证实其主张。

出庭检察员认为，原判认定上诉人罗某犯故意伤害罪的事实清楚，证据确实、充分，足以认定；原判定性准确，审判程序合法，适用法律正确，量刑适当，建议驳回上诉，维持原判。

南宁铁路运输中级法院经二审审理认为，二审审理查明的事实和证据与一审相同。原判认定采纳的证据已经原审法院庭审举证质证，查证属实，能够客观反映案件事实，本院予以确认。在二审期间，上诉人罗某及亲属与原审附带民事诉讼原告人谢某自愿达成赔偿谅解协议，罗某在原判决赔偿22221元的基础上，增加赔偿至53500元，并于2015年7月8日支付完毕。谢某对罗某的行为表示谅解，建议本院对罗某从轻处罚并适用缓刑。该部分事实有双方自愿达成的和解协议书、谅解书、收条等证据予以证实，并已经庭审举证质证、查证属实，本院予以确认。

南宁铁路运输中级法院认为，上诉人（原审被告人）罗某因追债未果，激愤之下持刀故意损害他人身体，致一人重伤二级，其行为侵犯了公民的身体权，已构成故意伤害罪。公诉机关指控罗某犯故意伤害罪罪名成立。罗某归案后，能如实交代犯罪事实，自愿认罪，依法可对其从轻处罚。该案因债务纠纷引发，被害人有一定过错，可对上诉人酌情从轻处罚，但被告人及辩护人提出被害人先用包打人存有重大过错的意见，与查明的事实不符，本院不予采纳。

综上，原审判决认定事实清楚，证据确实、充分，定罪准确，适用法律正确，审判程序合法。在二审期间，双方针对附带民事部分自愿达成赔偿和解协议，罗某在原判决赔偿数额基础上向谢某多赔付的31279元，属罗某自愿赔偿的款项，对方亦愿意接受，是双方的真实意思表示，未违反有关法律规定，应予准许。鉴于二审期间出现新的量刑事实及证据，本院综合考量罗某的犯罪情节、悔罪表现，再犯危险等因素，认为可以对其适用缓刑，上诉人及辩护人提出的相关意见，本院予以采纳。依照《刑事诉讼法》第225条第1款第2项、《民事诉讼法》第170条第1款第1项、《刑法》第234条第2款、第67条第3款、第72条第1款、第73条第2款及第3款之规定①，判决如下：

1. 维持南宁铁路运输法院（2015）南铁刑初字第14号刑事附带民事判

① 本案引用法律条文均系审理时的法律条文，为尊重原貌，未根据后来修改的条文序号作变动。

决的第 2 项、第 3 项，即被告人罗某于本判决生效后十日内赔偿附带民事诉讼原告人谢某医疗费、住院伙食补助费、误工费、护理费、营养费共计人民币 22221 元；驳回附带民事诉讼原告人谢某的其他诉讼请求。

2、撤销南宁铁路运输法院（2015）南铁刑初字第 14 号刑事附带民事判决第 1 项，即被告人罗某犯故意伤害罪，判处有期徒刑三年。

3、被告人罗某犯故意伤害罪，判处有期徒刑三年，缓刑四年（缓刑考验期限自判决生效之日起计算）。

本案焦点问题：

1. 本案是否符合当事人和解公诉案件程序适用范围？

2. 二审期间能否适用当事人和解公诉案件程序？

3. 如何审查和解协议的自愿性、合法性？

4. 本案和解协议达成后能否对被告人适用缓刑？

本书观点：

1. 本案符合当事人和解的公诉案件程序适用范围。（1）被告人罗某因追债未果而持刀故意伤害他人，致人重伤二级，其行为构成故意伤害罪，因此，本案属于刑法分则第四章规定的犯罪案件。（2）被告人真诚悔罪，罗某与谢某达成了赔偿和解协议，已实际赔付谢某经济损失共计 53500 元，谢某对罗某的行为表示谅解。（3）被害人谢某自愿和解。（4）本案因债务纠纷引起，且一审被判处刑罚为三年有期徒刑。综上，本案符合《刑事诉讼法》第 288 条规定的当事人和解的公诉案件诉讼程序的适用条件和适用范围。

2. 二审期间可以适用当事人和解的公诉案件程序。理由是：当事人和解的公诉案件，既不特指一审程序，亦不特指二审程序，而是一审和二审均可以适用的程序。前提是案件适用条件和范围符合《刑事诉讼法》第 288 条的规定。

3. 本案的和解协议符合刑事诉讼法规定的自愿性、合法性要求。自愿、合法原则是和解程序的灵魂和核心。因此，人民法院必须对和解的自愿性、合法性进行审查。重点审查以下内容：双方当事人是否自愿和解；犯罪嫌疑人、被告人是否真诚悔罪，是否向被害人赔礼道歉，经济赔偿数额与其所造成的损害和赔偿能力是否相适应；被害人及其法定代理人或者近亲属是否明确表示对犯罪嫌疑人、被告人予以谅解；是否符合法律规定；是否损害国家利益、集体利益和社会公共利益或者他人的合法权益；是否符合社会公德。在审查时，应当听取双方当事人和其他有关人员对和解的意见，告知刑事案件可能从宽处罚的法律后果和双方的权利义务，并制作笔录附卷。对和解协议的自愿性审查，不应简单地看双方当事人是否在和解协议上签字或者口头承诺，而应当认真听取当事人和其他有关人员的意见，尤其是着力考察被告人认真悔罪的态度，及被害人对被告人谅解的程度。如果被告人没有真正意识到自己犯罪行为的社会危害性及给被害人带来的巨大物质和精神损害，而只是出于从宽处罚的考虑才提出和解，那么刑事和解就可能成为犯罪分子投机的通道。有的被告人虽然口头承认错误，但未必真正悔罪，司法机关不仅要听其言，而且要观其行，要全面分析被告人在犯罪前后尤其是案件进入刑事诉讼程序后的表现，尽可能准确判断被告人的真实心理状态。在本案中，二审期间，双方针对附带民事部分自愿达成赔偿和解协议，罗某在原判决赔偿数额基础上向谢某多赔付的31279元，属罗某自愿赔偿的款项，对方亦愿意接受，是双方的真实意思表示，未违反有关法律规定，应予准许。二审法院在经过上述审查工作后，确认和解协议合法、有效，符合刑事诉讼法的规定。

4. 本案和解协议达成后可以对被告人适用缓刑。当事人达成和解协议，法院经审查后确认其合法、有效后，如何处理？《刑事诉讼法》第290条规定，人民法院可以依法对被告人从宽处罚。如何从宽处罚？从宽处罚是否包括可以对被告人适用缓刑？对此，《刑诉法解释》第505条第1款规定，对达成和解协议的案件，人民法院应当对被告人从轻处罚；符合非监禁刑适用条件的，应当适用非监禁刑；判处法定最低刑仍然过重的，可以减轻处罚；综合全案认为犯罪情节轻微不需要判处刑罚的，可以免除刑事处罚。据此规定，人民法院对当事人和解的公诉案件，只要被告人符合缓刑的法定条件，是可以对其适用缓刑的。就本案而言，被告人的行为构成故意伤害罪。但罗某归案后，能如实交代犯罪事实，自愿认罪；该案因债务纠纷引发，被害人有一定过错；二审期间，双方达成了合法有效的和解协议。鉴于以上情形，二审法院综合考量罗某的犯罪情节、悔罪表现、再犯危险等因素，对其适用缓刑是符合法律规定的。

第三章　缺席审判程序

第二百九十一条　对于贪污贿赂犯罪案件，以及需要及时进行审判，经最高人民检察院核准的严重危害国家安全犯罪、恐怖活动犯罪案件，犯罪嫌疑人、被告人在境外，监察机关、公安机关移送起诉，人民检察院认为犯罪事实已经查清，证据确实、充分，依法应当追究刑事责任的，可以向人民法院提起公诉。人民法院进行审查后，对于起诉书中有明确的指控犯罪事实，符合缺席审判程序适用条件的，应当决定开庭审判。

前款案件，由犯罪地、被告人离境前居住地或者最高人民法院指定的中级人民法院组成合议庭进行审理。

[条文主旨]

本条是关于犯罪嫌疑人、被告人在境外的缺席审判案件范围和管辖的规定。

[条文释解]

本条是2018年修改《刑事诉讼法》时增加的规定。因此，《刑诉法解释》《公安机关办理刑事案件程序规定》均无这方面的有关规定。2019年12月30日，《人民检察院刑事诉讼规则》出台，对本节有关条款作了相应的解释。最高人民法院目前尚无相关司法解释。

本条共两款。第1款是关于缺席审判案件范围、条件和程序等的规定。

1. 关于缺席审判的案件范围。根据本条规定，对丁贪污贿赂犯罪案件，以及需要及时进行审判，经最高人民检察院核准的严重危害国家安全犯罪、恐怖活动犯罪案件，可以适用刑事缺席审判。

其中，贪污贿赂案件是指由监察机关调查的刑法分则第八章规定的国家工作人员犯罪，以及其他章节中明确规定依照刑法分则第八章贪污贿赂罪规定定罪处罚的犯罪。这类案件适用刑事缺席审判，不需要经过最高人民检察院的核准。严重危害国家安全犯罪案件是指涉及国家利益，主要是指刑法分则第一章规定的危害国家安全罪。严重危害国家安全犯罪案件和恐怖活动犯罪案件适用刑事缺席审判程序，需要符合两个条件：（1）需要及时进行审判；（2）经最高人民检察院核准，经核准后才能依法提起公诉。

2. 关于缺席审判的适用情形条件。根据本条规定，符合缺席审判刑事案件，适用于犯罪嫌疑人、被告人在境外的情形。也就是说，之所以适用缺席审判，是因为犯罪嫌疑人、被告人在境外。“在境外”是指犯罪后潜逃境外，或者因其他原因滞留不归等情况。实践中，犯罪嫌疑人、被告人因逃匿不能到案，但没有在境外的，不能适用缺席审判程序。对在境内藏匿不能到案的犯罪嫌疑人、被告人，有关部门应当继续追查下落。当然，这种情况下如果案件久拖不决，有涉案财物需要先行处置的，可以根据《刑事诉讼法》的“违法所得没收程序”规定，对符合条件的适用该程序，对涉案财物作出判决。另外，“在境外”，必须有证据证明，确认犯罪嫌疑人、被告人在境外。根据《人民检察院刑事诉讼规则》第505条第4款规定，人民检察院提起公诉的，应当向人民法院提交被告人已经出境的证据。因此，“在境外”的举证义务在检察机关。

3. 缺席审判办理的程序。（1）移送起诉。这一程序的主体是监察机关、公安机关。其中，依法贿赂犯罪案件由监察机关移送起诉，危害国家安全犯罪、恐怖活动犯罪案件由公安机关移送。根据《刑事诉讼法》第4条的规定，国家安全机关依照法律规定，办理危害国家安全的刑事案件，行使与公安机关相同的职权。国家安全犯罪案件按照规定由国家安全机关侦查的，由国家安全机关移送起诉。（2）提起公诉。这一程序的主体是人民检察院。人民检察院提起公诉的条件，一是认为犯罪事实已经查清，证据确实、充分。根据《刑事诉讼法》第55条规定，认定证据确实、充分，应当符合以下条件：定罪量刑的事实都有证据证明；据以定案的证据均经法定程序查证属实；综合全案证据，对所认定事实已排除合理怀疑。二是依法应当追究刑事责任。对于情节轻微不需要追究刑事责任或者情节显著轻微危害不大不认为是犯罪的案件，可以不起诉。三是应当向人民法院提起公诉。（3）缺席审判。这一程序的主体是人民法院。人民法院在缺席审判前，首先要对人民检察院的起诉进行审查。审查后，对于起诉书中有明确的指控犯罪事实，符合缺席审判程序适用条件的，应当决定开庭审判。经审查不符合缺席审判程序适用条件的如何处理？刑事诉讼法未明确规定。我们认为，可以参照《刑诉法解释》第181条的规定处理，要求人民检察院补送材料。经补送材料后，认为仍然不符合缺席审判程序适用条件的，应当决定不开庭审理，并将案件退回人民检察院。

第2款是关于缺席审判案件管辖的规定。本款规定包含了级别管辖、地域管辖及审判组织的内容。

1. 级别管辖。缺席审判的案件由中级人民法院管辖。根据《刑事诉讼法》的规定，除法律另有规定外，第一审普通刑事案件由基层人民法院管辖，中级人民法院管辖危害国家安全、恐怖活动犯罪案件和可能判处无期徒刑、死刑的第一审刑事案件。本款规定缺席审判由中级人民法院管辖，既是因为缺席审判案件类型中的危害国家安全、恐怖活动犯罪案件依法应当由中级人民法院管辖，也是因为缺席审判是一项新的制度，在证据、程序、审判方面具有更高要求，涉及被告人诉讼权利的审慎把握，由中级人民法院审判更有利于案件的公正审判、妥当处理。

2. 地域管辖。由犯罪地、被告人离境前居住地或者最高人民法院指定的中级人民法院管辖。犯罪地包括犯罪行为发生地和结果发生地；离境前居住地是指离境前被告人的户籍所在地或者经常居住地。这里的居住地必须是离境前居住地，因为缺席审判的被告人在境外，如果不明确规定"离境前居住地"，容易引起误解和争议。另外，本款还规定缺席审判案件可由最高人民法院指定的中级人民法院管辖。最高人民法院指定的中级人民法院可以是犯罪地中级人民法院，也可以是被告人离境前居住地的中级人民法院，还可以是根据案件具体情况和审判需要确定的其他中级人民法院。最高人民法院指定的中级人民法院，不受犯罪地、被告人离境前居住地的限制，但受级别管辖的限制，即不能指定基层人民法院审理缺席审判的案件。

3. 审判组织。缺席审判应当组成合议庭开庭审理，不能采取书面的方式，也不适用独任审理。根据《刑事诉讼法》第183条的规定，中级人民法院审判第一审刑事案件，应当由审判员三人或者审判员和人民陪审员共三人或者七人组成合议庭进行。

［审判实务］

1. 不能扩大缺席审判案件的范围。刑事诉讼法对犯罪嫌疑人、被告人在境外而适用缺席审判的案件范围，仅规定了三类案件，在列举案件范围时用了穷尽列举的方法，而未采用“等”的列举方法，没有对案件范围作留有余地的规定。立法机关之所以对此类案件的范围作了明确限制，主要是考虑到这是一项新制度，尚缺乏实践经验，且有的缺席审判案件，文书送达和判决执行可能需要外国协助，在制度设计上需要考虑到国际影响和外国通行做法，对贪污贿赂之外的其他案件，还是应当严格限制范围并规定严格的核准程序，稳妥实施，适用案件范围不宜过大。为此，《刑事诉讼法》于2018年修改时，对缺席审判案件的范围，除贪污贿赂犯罪案件外，只有需要及时进行审判，且经最高人民检察院核准的严重危害国家安全犯罪案件、恐怖活动犯罪案件。司法实践中，必须严格将缺席审判的案件控制在上述三类案件。

2. 应当慎重适用缺席审判。刑事审判强调被告人在法庭，如果不在可以采取强制措施，强行押到法庭接受审判。《公民权利及政治权利国际公约》规定被告人应出席法庭审判为自己辩护。这是一项权利。而缺席审判导致的结果，便是这项权利不能有效行使。因此，刑事诉讼法对如何保障被告人的这一权利作了许多规定：人民法院缺席审判刑事案件，被告人有权委托辩护人，被告人的近亲属可以代为委托辩护人。被告人及其近亲属没有委托辩护人的，人民法院应当通知法律援助机构指派律师为其提供辩护。刑事诉讼法还规定，在审理过程中，被告人自动归案或者被抓获的，人民法院应当重新审理。罪犯在判决、裁定发生法律效力后到案的，人民法院应当将罪犯交付执行刑罚。交付执行刑罚前，人民法院应当告知罪犯有权利对判决、裁定提出异议。罪犯对判决、裁定提出异议的，人民法院应当重新审理。根据刑事诉讼法对缺席审判案件范围的限制、程序的特别规定和被告人权利的特别规定，可以看出，法律虽然规定了刑事审判的缺席审判，但内在精神是要求司法机关慎重适用的，应综合考虑各方面情况。因此，开展好国际追逃追赃等工作，应当综合运用政治、外交、法律等多种手段，根据案件和对象国的不同情况，有针对性地运用引渡、遣返、劝返等不同方法和刑事追诉、刑事缺席审判、违法所得没收等不同程序，以确保取得最好的效果。同时，还应当注意加强与有关国家就开展国际刑事司法合作条约、引渡条约的谈判，与缺席审判制度综合运用，以保证判决执行，促使罪犯回国，以取得最佳的社会效果、政治效果和法律效果。另外，在使用过程中要充分注意权利保障并遵守其他各方面的严格要求。

3. 明确并充分保障缺席审判刑事案件被告人的诉讼权利。在刑事审判中，被告人在法庭是常态，缺席审判是例外。为充分保障被告人的诉讼权利，《刑事诉讼法》从六个方面作出了规定，司法人员应当明确并切实采取措施予以保障：（1）对委托辩护和提供法律援助作出规定。即被告人有权委托辩护人，被告人的近亲属可以代为委托辩护人。被告人及其近亲属没有委托辩护人的，人民法院应当通知法律援助机构指派律师为其提供辩护。（2）赋予被告人及其近亲属上诉权。即被告人或者其近亲属不服判决的，有权向上一级人民法院提出上诉，辩护人经被告人或者其近亲属同意，可以提出上诉。（3）规定了重新审理的情形。即在审理过程中，被告人自动投案或者被抓获的，人民法院应当重新审理。（4）规定了罪犯异议权。即罪犯在判决、裁定发生法律效力后到案的，人民法院应当将罪犯交付执行刑罚。交付执行刑罚前，人民法院应当告知罪犯有权对判决、裁定提出异议。罪犯对判决、裁定提出异议的，人民法院应当重新审理。（5）规定了检察机关的抗诉权。对于缺席审判的判决、裁定，人民检察院认为确有错误的，应当向上一级人民法院提出抗诉。（6）规定了纠错机制。即依照生效判决、裁定对罪犯的财产进行的处理确有错误的，应当予以返还、赔偿。上述这些制度，不违反刑事诉讼的公正审判和程序参与原则，也符合国际上通行的司法准则的要求，有利于充分保障被告人的权利。

4. 处理好适用缺席审判程序和适用违法所得没收程序的关系。对于同时符合违法所得没收程序和缺席审判条件的案件，并非都要优先适用缺席审判。对于有的犯罪嫌疑人、被告人逃匿到境外的案件，有关机关应当继续进行追查。对于查找到其违法所得或者其他涉案财产的，适用违法所得没收程序对涉案财产作出处理，也可以达到惩治犯罪、追逃追赃的目的。

5. 明确人民检察院对此类案件的核准程序。

（1）报核程序。根据《人民检察院刑事诉讼规则》第 506 条的规定，人民检察院对公安机关移送起诉的需要报请最高人民检察院核准的案件，即需要及时进行审判的严重危害国家安全犯罪案件和需要及时进行审判的恐怖活动犯罪案件，经检察委员会讨论提出提起公诉意见的，应当层报最高人民检察院核准。报送材料包括起诉意见书、案件审查报告、报请核准的报告及案件证据材料。

（2）核准程序。根据《人民检察院刑事诉讼规则》第 507 条的规定，最高人民检察院收到下级人民检察院报请核准提起公诉的案卷材料后，应当及时指派检察官对案卷材料进行审查，提出核准或者不予核准的意见，报检察长决定。

（3）提起公诉。根据《人民检察院刑事诉讼规则》第 508 条的规定，报请核准的人民检察院收到最高人民检察院核准决定书后，应当提起公诉，起诉书中应当载明经最高人民检察院核准的内容。如果最高人民检察院没有核准的，则不得提起缺席审判程序的公诉。

［配套规定］

《人民检察院刑事诉讼规则》（高检发释字［2019］4 号）（2019 年 12 月 30 日公布并施行）（节录）

第五百零五条 对于监察机关移送起诉的贪污贿赂犯罪案件，犯罪嫌疑人、被告人在境外，人民检察院认为犯罪事实已经查清，证据确实、充分，依法应当追究刑事责任的，可以向人民法院提起公诉。

对于公安机关移送起诉的需要及时进行审判的严重危害国家安全犯罪、恐怖活动犯罪案件，犯罪嫌疑人、被告人在境外，人民检察院认为犯罪事实已经查清，证据确实、充分，依法应当追究刑事责任的，经最高人民检察院核准，可以向人民法院提起公诉。

前两款规定的案件，由有管辖权的中级人民法院的同级人民检察院提起公诉。

人民检察院提起公诉的，应当向人民法院提交被告人已出境的证据。

第五百零六条 人民检察院对公安机关移送起诉的需要报请最高人民检察院核准的案件，经检察委员会讨论提出提起公诉意见的，应当层报最高人民检察院核准。报送材料包括起诉意见书、案件审查报告、报请核准的报告及案件证据材料。

第五百零七条 最高人民检察院收到下级人民检察院报请核准提起公诉的案卷材料后，应当及时指派检察官对案卷材料进行审查，提出核准或者不予核准的意见，报检察长决定。

第五百零八条 报请核准的人民检察院收到最高人民检察院核准决定书后，应当提起公诉，起诉书中应当载明经最高人民检察院核准的内容。

第二百九十二条 人民法院应当通过有关国际条约规定的或者外交途径提出的司法协助方式，或者被告人所在地法律允许的其他方式，将传票和

人民检察院的起诉书副本送达被告人。传票和起诉书副本送达后，被告人未按要求到案的，人民法院应当开庭审理，依法作出判决，并对违法所得及其他涉案财产作出处理。

[条文主旨]

本条是关于缺席审判送达的规定。

[条文释解]

本条是2018年《刑事诉讼法》修改时增加的规定。

送达是一项诉讼活动，是诉讼程序的组成部分，它直接关系到整个刑事诉讼程序能否顺利进行。根据本条规定，向在境外的被告人送达人民法院开庭传票和人民检察院起诉书副本是人民法院缺席审判的必经程序。本条规定包括两个方面的内容。一是送达方式，二是送达后的法律后果。

1. 送达方式。需要进行缺席审判的刑事案件，人民法院送达传票和起诉书副本的，有三种送达方式。

第一种：有关国际条约规定的司法协助方式。国际条约主要是指我国与外国签订的有关刑事司法协助方面的双边条约，目前我国已批准了50多件有关刑事司法协助的双边条约。国际条约还包括多边条约、国际公约，我国已批准和加入《联合国反腐败公约》《联合国打击跨国有组织犯罪公约》等多项含有刑事司法协助内容的国际公约。请求协助送达可以依照国际公约中有关刑事司法协助的规定进行。从我国与外国签订的国际刑事司法协助条约规定的情况看，一般都对送达文书作了专门规定。在向外国请求送达时，应当依照条约的具体规定进行。需要注意的是，根据我国《国际刑事司法协助法》第20条、第21条的规定，人民法院缺席审判请求外国送达法律文书的，应当制作刑事司法协助请求书并附相关材料，经所属主管机关，即最高人民法院审核同意后，由对外联系机关及时向外国提出请求。向外国请求送达文书的，请求书应当载明受送达人的姓名或者名称、送达的地址以及需要告知受送达人的相关权利和义务。

第二种：外交途径提出的司法协助方式。这种情况针对的是双方国家尚未签订国际刑事司法协助条约，需要进行国际刑事司法合作的情况。根据我国《国际刑事司法协助法》第5条规定，我国和外国之间没有刑事司法协助条约的，通过外交途径联系开展刑事司法合作。通过外交途径联系送达传票和起诉书的，应当按照双方协商确定的具体方式、要求进行。

第三种：被告人所在地法律允许的其他方式。送达文书属于一国的司法主权事务，一般来说需要请求被告人所在地国家的协助送达。但是，由于各国法律制度和刑事司法协助实践的情况不同，不排除有的国家法律规定在一定条件下允许其他方式送达，或者随着国际刑事司法协助的发展，将来作出这方面的安排。因此，规定被告人所在地法律允许的其他方式是考虑到了各种其他情况所作的留有空间的规定。比如，领事送达，目前国际上对于通过领事送达民商事司法文书具有规定和实践。对于刑事司法文书，是否能够通过领事送达，这方面的实践较少，但国际公约、一些国家的法律也没有明确禁止。因此，如果被告人所在国法律允许领事送达刑事司法文书，则可以采取领事送达的方式。

2. 送达后的法律后果。本条后段规定："传票和起诉书副本送达后，被告人未按要求到案的，人民法院应当开庭审理，依法作出判决，并对违法所得及其他涉案财产作出处理。"理解时应注意以下两点：（1）刑事诉讼法规定的时间条件是送达后，而不是被告人签收后。因为在送达传票和起诉书副本过程中，可能会出现被告人拒不见面、拒收等情况。如果以被告人签收为缺席审判的前置条件，容易使缺席审判制度虚置。对于逃避、拒收传票和起诉书副本的，按照我国或者被请求国法律规定，属于视为送达的情况的，被告人未归案的，人民法院可以缺席审判。从制度层面看，送达后被告人应当按照要求归案，归案的具体时间、方式等要求，可以在传票中予以明确，或者通过有关方式告知。（2）只有送达后被告人未按要求到案的，人民法院才应当开庭审理，依法作出判决，并对违法所得及其他涉案财产作出处理。如果未送达的，则不能开庭审理。如果被告人经送达后在要求期限内归案的，依照《刑事诉讼法》第295条第1款的规定，应当重新审理。

[审判实务]

1. 充分认识缺席审判制度中送达的重要意义。（1）缺席审判是在被告人不在场的情况下进行审判，涉及被告人辩护权等诉讼权利的行使，通过送达传票、起诉书副本，告知被告人将对其涉嫌犯罪进行审判，给予被告人行使辩护权的机会，是对被告人权利的保障。这一程序设置符合惩罚犯罪与保障人权平衡的需要。（2）通过送达有关文书，通知其开庭审判，也有利于开展劝返工作，促使其回国接受公正审判。（3）规定送达程序是为了便于开展国际刑事司法合作，为缺席审判罪犯的引渡、判决执行等工作提供便利，增强缺席审判的实际效果。因为从国际刑事司法协助的实践来看，如果未经送达或者通知，在被告人不知情的情况下对其审判，各国一般会拒绝引渡及提供刑事司法协助。

2. 明确送达是缺席审判的前置条件。送达制度的设定，一方面要确保程序公正，将有关司法文书实际送达被告人，另一方面也要防止因犯罪嫌疑人、被告人恶意拒绝等而无法送达，造成缺席审判的障碍。未经送达的，不得进行缺席审判。只有在“传票和起诉书副本送达”后，人民法院方能进行缺席审判。

3. 缺席审判的程序原则上应当参照第一审普通程序进行。根据《刑事诉讼法》第291条的规定，人民法院应当组成合议庭进行开庭审理，依法作出判决。由于审判时被告人缺席，具体审判程序还需要在实践中总结经验，将来进一步明确，因此，在目前情况下，原则上应当参照第一审普通程序进行。这里说的是参照，因为有些地方无法依照。比如，被告人不能依照一般普通程序规定当庭进行自我辩护，也不能作最后陈述。

4. 缺席审判的事实、证据要求不能降低。缺席审判是否作出有罪判决，需要根据刑事诉讼法的规定，对事实、证据作出认定，这与被告人到庭的审判要求标准是一样的。对于案件事实清楚，证据确实、充分，依据法律认定被告人有罪的，应当作出有罪判决。除判处刑罚外，还应当对被告人犯罪所得以及犯罪工具、被害人合法财产等涉案财产作出处置。对于刑罚执行、涉案财物处理需要进行国际刑事司法协助的，可以按照国际刑事司法协助法、引渡法的规定，提出有关请求，促使缺席审判得到执行。

第二百九十三条　人民法院缺席审判案件，被告人有权委托辩护人，被告人的近亲属可以代为委托辩护人。被告人及其近亲属没有委托辩护人的，人民法院应当通知法律援助机构指派律师为其提供辩护。

[条文主旨]

本条是关于缺席审判中被告人委托辩护和指定辩护的规定。

[条文释解]

本条是2018年《刑事诉讼法》修改时增加的规定。

本条从两个方面对被告人在人民法院缺席审判阶段行使辩护权作了规定。

1. 被告人及其近亲属的委托辩护权。人民法院缺席审判案件，被告人有权委托辩护人，被告人的近亲属可以代为委托辩护人。在人民法院审判阶段，委托辩护人是所有被告人都享有的权利。但是，考虑到缺席审判案件的被告人身在境外，在挑选辩护人、办理有关委托手续等方面可能会存在困难或者不便，本条专门规定，被告人的近亲属可以代为委托辩护人。人民法院应当告知犯罪嫌疑人、被告人或者犯罪嫌疑人、被告人的近亲属有权委托辩护人。根据《刑事诉讼法》第108条第6项的规定，近亲属是指夫、妻、父、母、子、女、同胞兄弟姊妹。

2. 为被告人提供法律援助。被告人及其近亲属没有委托辩护人的，人民法院应当通知法律援助机构指派律师为其提供辩护。本条规定，在被告人及其近亲属没有委托辩护人时，人民法院“应当”通知法律援助机构指派律师为其提供辩护，而不是“可以”通知。被告人及其近亲属没有委托辩护人的原因，不应当成为人民法院不通知法律援助机构的理由。也就是说，无论是被告人不愿意接受审判而没有委托辩护人，还是近亲属不配合对被告人缺席审理，甚至其他原因没有委托辩护人的，人民法院都应当通知法律援助机构指派律师。这主要是因为缺席审判时被告人不在场。实践中，指定辩护人因为与被告人之间没有会见，更应该尽责尽力，竭力维护被告人的诉讼权利和其他合法权益，根据事实和法律，提出被告人无罪、罪轻或者减轻、从轻、免除责任的材料和意见。人民法院应当为辩护律师履行辩护职责依法提供便利。

[审判实务]

1. 要充分认识缺席审判案件对被告人辩护权特别规定的重要性，在实务中采取措施切实保障被告人的辩护权。辩护权是犯罪嫌疑人、被告人最重要的诉讼权利。依法保障犯罪嫌疑人、被告人的辩护权，对保证案件得到公正准确的处理，维护犯罪嫌疑人、被告人的诉讼权利和其他合法权益具有十分重要的意义。特别是缺席审判案件，被告人不在庭，不能自我辩护，委托辩护人或者指定辩护人辩护对被告人诉讼权利保障、案件公正审理具有重要意义。本条规定为缺席审判中被告人的诉讼权利提供了重要保障。因此，即使被告人有经济条件委托辩护人，按照普通程序审理，其也不符合法律援助情形，只要被告人及其近亲属没有委托辩护人的，人民法院就应当通知法律援助机构指派律师为其辩护。不能以犯罪性质恶劣，潜逃国外，意图逃避法律制度，且经济上也不困难为由，不为其提供法律援助。

2. 本条关于辩护权的特别规定只对人民法院审判阶段有刚性约束力。本条规定明确，人民法院缺席审判案件，如果被告人及其近亲属没有委托辩护人的，人民法院应当通知法律援助机构指派律师为其辩护。此条对监察机关、公安机关、人民检察院是否有约束力？我们认为，对犯罪嫌疑人缺席审判的案件，在人民检察院审查起诉阶段，犯罪嫌疑人及其近亲属也可委托辩护人，但对于这个阶段没有委托辩护人的，人民检察院没有义务通知法律援助机构为其指派辩护律师。监察机关、公安机关在调查和侦查阶段，也没有义务通知法律援助机构为其指派辩护律师。但是，没有义务不意味着不可以指派。根据案件情况，如果监察机关、公安机关、人民检察院认为有必要为犯罪嫌疑人指派辩护律师的，也可以通知法律援助机构为其指派辩护律师。无论是否为犯罪嫌疑人指派辩护律师，在办理案件时，监察机关、公安机关、人民检察院都应当告知犯罪嫌疑人有权委托辩护人。

第二百九十四条　人民法院应当将判决书送达被告人及其近亲属、辩护人。被告人或者其近亲属不服判决的，有权向上一级人民法院上诉。辩护人经被告人或者其近亲属同意，可以提出上诉。

人民检察院认为人民法院的判决确有错误的，应当向上级人民法院提出

抗诉。

[条文主旨]

本条是关于缺席审判的判决书送达，对判决不服的上诉及人民检察院抗诉的规定。

[条文释解]

本条是2018年《刑事诉讼法》修改时增加的内容。

本条规定了三个方面的内容。

1. 判决书的送达。这是为了让被告人及其近亲属、辩护人及时知道案件已经判决和具体的判决结果，并据此决定是否行使上诉权。判决书送达的意义在于：一是实现审判结果的必然要求；二是被告人及其近亲属、辩护人实现知情权以及后续相关权利如上诉权的必然要求；三是有利于被告人及其近亲属、辩护人提出上诉或者依法行使其他权利；四是判决生效的程序法上的条件，未经送达的判决，不得生效。对判决书的送达要求比较严格。一是送达方式，可以依据《刑事诉讼法》第292条的规定，通过有关国际条约规定的或者外交途径提出的司法协助方式，或者被告人所在地法律允许的其他方式进行送达。二是送达对象，包括被告人及其近亲属、辩护人。这比《刑事诉讼法》第202条规定的送达范围更广泛。主要是判决书除了普通刑事案件的送达范围以外，还需要送达被告人的近亲属。主是因为这里的被告人在境外，可能需要由近亲属帮助其行使权利。

2. 对判决不服的上诉。包括被告人、被告人的近亲属的上诉，以及被告人的辩护人经被告人或者其近亲属同意的上诉。一是上诉的主体。被告人具有独立的上诉权，被告人的近亲属也有独立的上诉权。而辩护人行使上诉权，则必须经被告人或者近亲属的同意，没有独立的上诉权。二是上诉的对象为第一审判决和裁定。三是上诉的方式。被告人、被告人的近亲属既可以书面形式提出上诉，也可以口头形式提出上诉。至于辩护人，我们认为，鉴于辩护人的专门性及其附属性（无独立的上诉权），其上诉必须以书面形式作出。四是上诉的期限。参照《刑事诉讼法》第230条规定，不服判决的上诉期限为十日，不服裁定的上诉期限为五日，从接到判决书、裁定书的第二日起计算。

3. 人民检察院的抗诉。这一规定有利于人民检察院发挥诉讼主体作用，保证办案质量和司法公正。人民检察院的抗诉有两种，一种是对第一审未生效裁判的抗诉，另一种是对生效裁判的抗诉。本条所说的抗诉属于第一种情形。抗诉的前提是人民检察院经审查后认为人民法院的第一审裁判确有错误。抗诉应当向上一级人民法院提出。第二审人民法院在审理过程中，第二审人民法院的同级人民检察院如果认为抗诉正确的，应当支持抗诉；如果认为抗诉不当的，可以撤回抗诉。

[审判实务]

1. 正确认识上诉的意义和作用，采取切实有效的措施保障被告人及其近亲属上诉权的行使。两审终审制是人民法院审判案件的一项重要制度。根据这一制度，在一般情况下，一个案件经过两级人民法院审判即告审判终结，判决和裁定才发生法律效力。因此，第一审人民法院就案件所作出的判决和裁定，在法律规定期限内，被告人不服提出上诉，或者人民检察院认为判决和裁定确有错误提出抗诉的，上一级人民法院对上诉、抗诉案件应当进行审判，第二审人民法院作出的判决和裁定就是终审的判决和裁定，是发生法律效力的判决和裁定。第一审案件的判决和裁定，如果在上诉期限内没有上诉和抗诉的，也是发生法律效力的判决和裁定。而赋予被告人及其近亲属、辩护人上诉权，则是保证两审终审制实现的重要途径。上诉权也是被告人及其近亲属、辩护人保护被告人诉讼权利及其他合法权益的重要手段和法定途径。因此，人民法院对缺席审判的案件，要采取切实措施保障他们的上诉权，不得以任何理由和借口予以限制和剥夺。

2. 切实保障刑事诉讼法赋予被告人近亲属的独立上诉权。在普通刑事案件中，被告人及其法定代理人不服第一审判决、裁定的，可以在法定期限内提出上诉。而被告人的近亲属及其辩护人，只有取得被告人同意才可以提出上诉，即被告人的近亲属没有独立的上诉权。对于缺席审判这种特别程序，本条专门赋予了被告人的近亲属可不经被告人同意的独立的上诉权。这是因为被告人在境外，赋予其近亲属独立的上诉权，有利于保障被告人的诉讼权利的实现。人民法院必须充分保障被告人的近亲属独立的上诉权。一是一审判决、裁定要送达被告人的近亲属；二是要明确告知被告人的近亲属有独立的上诉权；三是被告人的近亲属不服第一审判决、裁定提出上诉的，既可以书面形式提出上诉，也可以口头形式提出上诉；四是对被告人的近亲属行使独立上诉权的，不管上诉理由是什么，第二审人民法院都应当予以受理，并进行全面审理。可以说，被告人在行使上诉权方面享有什么样的权利，其近亲属也就当然地享有什么样的权利。当然，被告人的近亲属行使上诉权也必须在法律规定的期限内进行。

3. 应坚持二审法院的全面审理原则。本条对第二审人民法院如何审理缺席审判二审案件并没有规定。我们认为可以参照刑事诉讼法关于第二审人民法院审理上诉、抗诉案件的有关规定执行。《刑事诉讼法》第 233 条规定，第二审人民法院应当就第一审判决认定的事实和适用法律进行全面审查，不受上诉或者抗诉范围的限制。共同犯罪的案件只有部分被告人上诉的，应当对全案进行审查，一并处理。因此，对于缺席审判的案件，第二审人民法院关于审理范围也不应限于上诉或者抗诉的范围。实践中，还应注意对第一审人民法院就违法所得及其他财产作出处理的决定也一并进行审查并作出相应处理。

另外，第二审人民法院对缺席审判的案件，是否应当以开庭审理的方式进行？刑事诉讼法没有明确规定。我们认为，首先，必须组成合议庭审理。这是所有刑事第二审案件的审判组织形式。其次，是否开庭审理，应当参照适用《刑事诉讼法》第 234 条的规定进行。根据该条规定，下列第二审刑事案件应当进行开庭审理：（1）被告人、自诉人及其法定代理人对第一审认定的事实、证据提出异议，可能影响定罪量刑的上诉案件；（2）被告人被判处死刑的上诉案件；（3）人民检察院抗诉的案件；（4）其他应当开庭审理的案件。在实务中，我们认为，缺席审判的案件总体数量不大，只要条件许可的，无论是否符合《刑事诉讼法》第 234 条关于开庭审理范围的规则，能够开庭审理的，应当尽量开庭审理，以确保案件质量，切实保障被告人的诉讼权利和其他合法权益。

[配套规定]

《人民检察院刑事诉讼规则》（高检发释字［2019］4 号）（2019 年 12 月 30 日公布并施行）（节录）

第五百八十三条　人民检察院依法对人民法院的判决、裁定是否正确实行法律监督，对人民法院确有错误的判决、裁定，应当依法提出抗诉。

第五百八十四条　人民检察院认为同级人民法院第一审判决、裁定具有下列情形之一的，应当提出抗诉：

（一）认定的事实确有错误或者据以定罪量刑的证据不确实、不充分的；

（二）有确实、充分证据证明有罪判无罪，或者无罪判有罪的；

（三）重罪轻判，轻罪重判，适用刑罚明显不当的；

（四）认定罪名不正确，一罪判数罪、数罪判一罪，影响量刑或者造成严重社会影响的；

（五）免除刑事处罚或者适用缓刑、禁止令、限制减刑等错误的；

（六）人民法院在审理过程中严重违反法律规定的诉讼程序的。

第五百八十五条　人民检察院在收到人民法院第一审判决书或者裁定书后，应当及时审查。对于需要提出抗诉的案件，应当报请检察长决定。

第五百八十六条　人民检察院对同级人民法院第一审判决的抗诉，应当在接到判决书后第二日起十日以内提出；对第一审裁定的抗诉，应当在接到裁定书后第二日起五日以内提出。

第五百八十七条　人民检察院对同级人民法院第一审判决、裁定的抗诉，应当制作抗诉书，通过原审人民法院向上一级人民法院提出，并将抗诉书副本连同案卷材料报送上一级人民检察院。

第五百八十八条　被害人及其法定代理人不服地方各级人民法院第一审的判决，在收到判决书后五日以内请求人民检察院提出抗诉的，人民检察院应当立即进行审查，在收到被害人及其法定代理人的请求后五日以内作出是否抗诉的决定，并且答复请求人。经审查认为应当抗诉的，适用本规则第五百八十四条至第五百八十七条的规定办理。

被害人及其法定代理人在收到判决书五日以后请求人民检察院提出抗诉的，由人民检察院决定是否受理。

第五百八十九条　上一级人民检察院对下级人民检察院按照第二审程序提出抗诉的案件，认为抗诉正确的，应当支持抗诉。

上一级人民检察院认为抗诉不当的，应当听取下级人民检察院的意见。听取意见后，仍然认为抗诉不当的，应当向同级人民法院撤回抗诉，并且通知下级人民检察院。

上一级人民检察院在上诉、抗诉期限内，发现下级人民检察院应当提出抗诉而没有提出抗诉的案件，可以指令下级人民检察院依法提出抗诉。

上一级人民检察院支持或者部分支持抗诉意见的，可以变更、补充抗诉理由，及时制作支持抗诉意见书，并通知提出抗诉的人民检察院。

第五百九十条　第二审人民法院发回原审人民法院按照第一审程序重新审判的案件，如果人民检察院认为重新审判的判决、裁定确有错误的，可以按照第二审程序提出抗诉。

第二百九十五条　在审理过程中，被告人自动投案或者被抓获的，人民法院应当重新审理。

罪犯在判决、裁定发生法律效力后到案的，人民法院应当将罪犯交付执行刑罚。交付执行刑罚前，人民法院应当告知罪犯有权对判决、裁定提出异议。罪犯对判决、裁定提出异议的，人民法院应当重新审理。

依照生效判决、裁定对罪犯的财产进行的处理确有错误的，应当予以返还、赔偿。

[条文主旨]

本条是关于缺席被告人到案的处理和财产处理错误的救济的规定。

[条文释解]

本条是2018年《刑事诉讼法》修改时增加的内容。

本条共分为三款。第1款是关于在审理过程中，被告人自动投案或者被抓获的，人民法院应当重新审理的规定。这里的“审理过程中”是指从法院收到案件、开庭审理到判决、裁定发生法律效力之前的全部过程，包括第一审程序和第二审程序。被告人在第一审时未到庭的，对于第一审判决可以根据本法第294条的规定提出上诉，进入第二审程序。在第二审时自动投案或者被抓获的，人民法院也应当重新审理。如果被告人在第一审时未到庭的，第一审判决作出后，其未提出上诉，但人民检察院提起抗诉，进入第二审程序时被告人自动投案或者被抓获的，人民法院同样应当重新审理。这里的“自动投案”是指人民法院在审理过程中，被告人出于本人的意愿而主动向司法机关承认自己的犯罪事实，并自愿置于司法机关控制之下的行为。这里的“被抓获”是指在人民法院审理过程中，被告人被司法机关抓捕归案。实务中，虽然人民法院已经决定缺席审理，但监察机关、公安机关等相关部门应当继续依法追逃追赃，尽可能采取劝返、遣返、引渡等方式让被告人回国接受审判。上述机关经过各方面的努力，使得被告人自动投案或者被动归案的，都应当按照本条规定重新审理。

第 2 款是关于罪犯在判决、裁定发生法律效力后，交付执行刑罚前到案的，人民法院首先应当告知罪犯有权对判决、裁定提出异议，只要罪犯提出异议，人民法院就应当重新审理的规定。如果罪犯没有提出异议，就不重新审理。这里的“判决、裁定发生法律效力”是指第一审判决、裁定作出后，在法定期限内没有上诉和抗诉，判决和裁定发生法律效力；或者上诉、抗诉后，二审的判决、裁定生效的情况。这里的“交付执行刑罚前”强调的是被告人提出异议的时间节点。如果被告人在交付执行刑罚后才提出异议的，则不能重新审理，而只能按照审判监督程序处理。这里的“重新审理”和第 1 款规定的“重新审理”一样，都是指人民法院按照第一审普通程序重新审理案件。

第 3 款是关于依照生效判决、裁定对罪犯的财产进行的处理确有错误的，应当予以返还、赔偿的规定。这里的“依照生效判决、裁定对罪犯的财产进行的处理”是指对违法所得及其他涉案财物的处理，以及财产刑的执行等。主要包括对查封、扣押、冻结的财物及其孳息作出的处理，对违法所得的追缴和退赔被害人，对附带民事诉讼判决、裁定的财产部分的执行，对罚金和没收财产刑的执行等。这里的“确有错误”主要是指人民法院根据本章的规定，对被告人的缺席审判的判决、裁定生效后，依照生效判决、裁定对其财产进行了处理，但人民法院经重新审理，发现对其所作处理确实发生了错误的情况。“返还”是指将错误处理的财产及时退还给被告人。“赔偿”是指将错误处理的财产对被告人和有关利害关系人造成经济损失的，应当予以赔偿，财产若已经损毁或灭失的，也应当予以赔偿。

[审判实务]

1. 充分认识刑事诉讼法规定缺席审判案件重新审理制度的重要意义。相对于对席审判，缺席审判的被告人没有亲自出庭，没有就针对自己的定罪量刑问题直接发表言辞意见，也没有行使最后陈述的权利，因而不符合法庭审理的“直接言辞”原则。因此，无论是立法上还是实务中，对缺席审判都是持格外慎重态度的。因此，缺席审判的被告人重新出现，包括自动投案和被抓获的，会引起什么样的法律后果？法律必须对此有规定。刑事诉讼法从充分保障被告人的诉讼权利和其他合法权益出发，规定了重新审理的制度，意义非常明显，也非常有必要。

（1）规定缺席的被告人到案后的重新审理制度符合国际通行做法。国外有缺席审判制度的国家大多根据不同的情形规定了一定限度的重新审理制度。例如，俄罗斯《刑事诉讼法》第 247 条规定，对于被告人身处俄罗斯联邦领域外或者逃避出庭的重度犯罪或者极其重度犯罪案件，法院进行缺席审判的，被判刑人归案后，经被判刑人或者其辩护人申请，法院可以撤销原判，重新审理。又如，法国《刑事诉讼法》对于缺席审判，同样规定了提出异议和重新审判的程序。

（2）缺席的被告人到案后重新审理制度是引渡法的要求，同时有利于丰富境外追逃追赃的手段，最大限度地寻求和实现境外追逃追赃的国际合作。从国际刑事司法协助的实际情况看，缺席审判被很多国家作为拒绝司法协助和引渡等国际合作的一项重要理由，除非对缺席审判的被告人给予到案后重新审判的机会。从引渡法来看，我国《引渡法》第 8 条规定，请求国根据缺席审判提出引渡请求，应当拒绝引渡，同时规定请求国在引渡后对被请求引渡人给予在其出庭的情况下进行重新审判机会的除外。我国与外国缔结双边引渡条约时，也都谨慎处理缺席审判问题，如中国和法国的《引渡条约》第 3 条第 6 项将“引渡请求涉及对被请求引渡人执行缺席判决，而请求方没有保证在引渡后重新进行审理”规定为“应当拒绝引渡的理由”。

（3）缺席的被告人到案后的重新审理制度对于保障被告人的诉讼权利和权益救济是非常必要的。根据《刑事诉讼法》第 291 条、第 292 条的规定，缺席审判的被告人在境外，被告人可能从未到过案，从未接受过监察机关或者有关司法机关如公安机关的讯问，从未当面提出过辩解。因此，区分不同阶段，对于在审理的过程中到案的被告人，赋予其重新审理的权利，有助于被告人出席法庭，对证据进行质证，提出证据或者就自己的定罪量刑问题发表意见。对于判决、裁定发生效力后交付执行刑罚前被告人到案的，赋予罪犯提出异议的权利，不提出异议的，就不重新审理，但只要罪犯提出异议的，就应当重新审理，而不需要审查理由是否充分。

2. 正确理解和掌握本条“重新审理”的含义。本条所规定的重新审理

法，将这一做法以法律的形式予以固定。2018 年《刑事诉讼法》未作修改。《刑事诉讼法》第 206 条第 1 款规定，在审判过程中，有下列情形之一，致使案件在较长时间内无法继续审理的，可以中止审理：（1）被告人患有严重疾病，无法出庭的；（2）被告人脱逃的；（3）自诉人患有严重疾病，无法出庭，未委托诉讼代理人出庭的；（4）由于不能抗拒的原因。该条第 2 款规定，中止审理的原因消失后，应当恢复审理。如果中止审理超过六个月，被告人仍然无法出庭的，才存在缺席审理的可能。

2. 须经被告人及其法定代理人、近亲属申请或者同意恢复审理的。这里的“法定代理人”是指依照法律规定对无行为能力的被告人负有监护义务的人，如被告人的配偶、父母或者其他监护人。根据民法总则的规定，无民事行为能力人、限制民事行为能力人的监护人是其法定代理人。这里的“近亲属”是指被告人的夫、妻、父、母、子、女、同胞兄弟姊妹。如果被告人及其法定代理人、近亲属没有申请恢复案件审理，或者人民法院在征求被告人及其法定代理人、近亲属的意见时，他们不同意恢复案件审理的，人民法院不得主动恢复法庭审理。这里的恢复审理，实际上就是缺席审理，因为被告人因患有严重疾病无法出庭，而被告人及其法定代理人、近亲属申请或者同意恢复审理的，也就等同于放弃被告人法庭审理的在场权。

符合以上两个条件，人民法院才可以在被告人不出庭的情况下缺席审理。需要特别注意的是，这里规定的缺席审理，是“可以”，而不是“应当”。也就是说，本条规定赋予了人民法院一定的程序选择权。人民法院可以根据案件的具体情况，决定是否缺席审理。如果被告人不出庭对查明案件的事实有影响，关系到定罪量刑的，一般就不考虑适用缺席审理。另外，被害人等其他当事人对缺席审理的意见以及缺席审理可能带来的效果如何等，都是人民法院决定是否缺席审理的考虑因素。

在本条的理解适用中，还需要注意以下几个问题：

1. 由于刑事诉讼的性质，人民法院在审理案件的过程中，要特别注意保障被告人放弃权利的自愿性，避免违背被告人的意愿进行缺席审理的情形发生。

2. 被告人的辩护权应依法予以保障。被告人根据《刑事诉讼法》第 34 条的规定，可以随时委托辩护人，辩护人可以出庭为其辩护。被告人没有委托辩护人，如果符合法律援助情形和条件的，法律援助机构应当指派律师为其提供辩护。

3. 在人民法院缺席审理过程中，如果被告人因身体状况好转而申请出庭的，人民法院应当允许其出庭。但是，人民法院不必重新审理，在被告人出庭前法院依法已经进行的审理活动仍然是有效的。这与被告人外逃而缺席审理时被告人归案，人民法院必须重新审理是有区别的。

4. 人民法院对于缺席审理的案件，在作出判决时，也是依照《刑事诉讼法》第200条的规定，根据已经查明的事实、证据和有关的法律规定，分别作出判决：（1）案件事实清楚，证据确实、充分，依据法律认定被告人有罪的，应当作出有罪判决；（2）依据法律认定被告人无罪的，应当作出无罪判决；（3）证据不足，不能认定被告人有罪的，应当作出证据不足、指控的犯罪不能成立的无罪判决。不能因案件缺席审理而降低证明标准。

5. 被告人的权利救济应依法予以保障。例如，上诉权以及裁判生效后的申请再审权。另外，人民检察院对缺席审理所作判决，认为确有错误的，可以依法提起抗诉。

6. 缺席审理的程序，法律没有明确规定的，应当适用刑事诉讼法的一般规定。也就是说，被告人因病不能出庭案件的缺席审判是特殊的法庭审理程序，对于法律有特别规定的，应当适用特别规定，对于法律未作特别规定的，则适当适用刑事诉讼法的一般规定。

[审判实务]

1. 先中止审理后缺席审理的案件范围特定，并非所有中止审理的案件都能缺席审理。根据《刑事诉讼法》第206条第1款规定，可以中止审理的情形有四种：（1）被告人患有严重疾病，无法出庭的；（2）被告人脱逃的；（3）自诉人患有严重疾病，无法出庭，未委托诉讼代理人出庭的；（4）由于不能抗拒的原因。但是，中止审理的原意是指人民法院受理案件后，作出判决前，出现上述四种情形之一的，决定暂时停止案件审理，等有关情形消失以后，再行恢复审判活动。并非具有上述四种情形而中止审理，超过六个月，被告人仍然无法出庭的，都可以缺席审理。缺席审理只限于被告人患有严重疾病无法出庭，中止审理六个月，被告人仍然无法出庭的情形。其他三种情形下的中止审理，都不能缺席审理。这里的“患有严重疾病，无法出庭”，主要指因患严重疾病无法辨认、控制自己的行为，无法表达自己的真实意思，也包括出庭可能影响其生命健康，而不是一患重病，就中止审理。

这里的被告人既包括公诉案件的被告人，也包括自诉案件的被告人。

2. 充分认识特定案件先中止审理后缺席审理的必要性。刑事诉讼法规定中止审理制度后，解决了法院在审判过程中，一些案件因客观原因在较长时间内无法继续审理，程序上应如何处理的问题。但在司法实践中，也出现了一些新的问题和需求，有的司法机关反映，在被告人因患有严重疾病，无法出庭而中止审理的案件中，案件中止审理一段时间后，有的被告人或者其近亲属因为一些特定原因，向法院提出恢复法庭审理的要求，如希望案件有个了结；又如有的被告人成为精神病人或者失去知觉的“植物人”，短时间内无痊愈可能，但其法定代理人、近亲属或者相关人员希望案件有个结果；再如有的案件涉及财产的处理，被告人及其法定代理人、近亲属或者相关利害关系人希望案件能有个定论，以便尽早依法对财产作出处理。而中止审理毕竟是种悬而不决、暂时性的制度安排，长时间的中止审理不利于固定证据、查明案情，可能会导致之后的审判遇到困难，也不利于法律关系的稳定。因此，对患有严重疾病无法出庭而中止审理的案件，如果中止审理超过了一定时限，被告人及其法定代理人、近亲属愿意恢复审理的，法院予以缺席审理，可以在很大程度上解决上述问题。

3. 正确区分特定案件先中止审理后缺席审理与被告人外逃案件缺席审理的区别。本条规定的缺席审判（非典型缺席审判）与《刑事诉讼法》第 291 条至第 295 条规定的缺席审判（典型缺席审判）有很大的区别。体现在：（1）典型缺席审判中，被告人是不在案的，针对的是被告人犯有特定罪行而在境外逃避审判的情形，而非典型缺席审判中，被告人是在案的，只是因为身体原因而导致客观上没有办法出庭。（2）非典型缺席审判对被告人的权利是有充分保障的，因为被告人在案，对案情、证据情况及不出庭导致的法律后果有充分认识，也可以由辩护人出庭辩护，其权利保障与出庭审理没有本质区别。（3）非典型缺席审判制度是有利于被告人的，因为缺席审判经被告人及其法定代理人、近亲属申请或者同意，非经申请或同意，缺席审判的程序不会启动。也就是说，非典型缺席审判制度赋予了被告人及其法定代理人、近亲属程序上的选择权，可以选择继续保持中止审理的状态，也可以选择缺席审理。（4）典型缺席审判制度是为了加强追逃追赃工作，而非典型缺席审判的目的在于尽快了结案件，结束法律关系不稳定的状态。（5）非典型缺席审判不具有强制性，是可选择的，而典型缺席审判则是强制的，不必经被告人及其法定代理人、近亲属的申请或者同意。

4. 正确处理特定案件先中止审理后缺席审理制度与刑事诉讼有关原则和制度的矛盾冲突关系。本条规定的缺席审判，虽然能充分保障被告人的诉讼权利，但毕竟被告人不能亲自出庭与证人对质，不能亲自就自己的定罪量刑问题在法庭上发表意见，也不能亲自在法庭上作最后陈述，因此，这一制度与刑事诉讼通常所要求的公正审判、程序参与等原则仍然存在一定程度的冲突。但刑事诉讼法的制度安排能够较好地解决这些冲突。人民法院在缺席审判工作中要切实采取措施，严格依照刑事诉讼法的规定，确保被告人的诉讼权利。(1) 允许在一定条件下的缺席审判，必须辅之以相应的救济、保障措施。(2) 缺席审判是被告人及其法定代理人、近亲属申请或者同意的，但法庭没有限制其参与审判并发表意见的途径和机会。同时被告人还可以通过辩护人或者其他途径发表意见，人民法院实际上有条件保障被告人对程序的实质参与。(3) 虽然被告人自愿放弃了审判中在场的权利，但其获得公正审判的权利并不因其未到场而丧失。因为被告人对案情和证据是有充分认识的，启动缺席审判程序也要经其申请或者同意，其可以提供意见，还可以委托辩护人出庭辩护。

5. 应当慎重适用，严格限制适用“特定案件先中止审理后缺席审理”。虽然缺席审判有利于及时固定证据，避免因时过境迁导致证人记忆减退、实物证据变质灭失等情形发生，可以防止案件久拖不决，尽快修复被犯罪破坏的社会关系，实现公正与效率的平衡，但因为被告人不能出席法庭，刑事审判程序中规定的讯问被告人的环节和被告人提出证据、质证、辩论和最后陈述等诉讼权利仍然在一定程度上受到影响，是一种具有缺陷的程序制度，只能作为被告人审判时应当在场的例外、补充情形而存在。对其适用要慎重，严格限制条件，并且对被告人的权利给予充分的保障和救济。

第二百九十七条　被告人死亡的，人民法院应当裁定终止审理，但有证据证明被告人无罪，人民法院经缺席审理确认无罪的，应当依法作出判决。

人民法院按照审判监督程序重新审判的案件，被告人死亡的，人民法院可以缺席审理，依法作出判决。

[条文主旨]

本条是关于被告人死亡案件可以缺席审判的规定。

[条文释解]

本条是2018年《刑事诉讼法》修改时增加的条文。

本条共分为两款。第1款是关于被告人死亡的，人民法院应当裁定终止审理，但有证据证明被告人无罪，人民法院经缺席审理确认无罪的，应当依法作出判决的规定。被告人在人民法院审判阶段死亡的情况在司法实践中时有发生。如何处理？首先，无论是根据刑事诉讼理论还是刑事诉讼法过去的规定，再继续进行刑事诉讼程序，追究被告人的刑事责任，已经没有必要了。最主要的原因是被告人已经死亡了，就没有科刑的对象了，再追究其刑事责任就没有实际意义，同时根据刑法规定，只有对实施犯罪的人才能追究刑事责任，不能株连他人。当然，本款规定仅适用于被告人在审判阶段死亡，如果被告人在侦查阶段或者监察机关调查阶段或者人民检察院审查起诉阶段死亡，则应当依照《刑事诉讼法》第16条的规定，撤销案件或者不起诉。本款的第二个内容是，被告人在审判阶段死亡，但有证据证明被告人无罪，人民法院经缺席审理确认无罪的，应当依法作出判决。实践中，如果案件经缺席审理后不能认定已经死亡的被告人无罪的，则应当根据本款规定和本法第16条规定，裁定终止审理。

本条第2款是关于被告人死亡的，再审案件可以缺席审判的规定。本款规定主要是为被告人已经死亡，按照审判监督程序重新审判的案件提供缺席审判的法律依据。再审案件是指根据《刑事诉讼法》第三编第五章“审判监督程序”的规定，人民法院对符合条件的已经发生法律效力的判决、裁定，按照审判监督程序进行重新审判的案件。人民法院再审的案件，如果被告人死亡，那么人民法院只能进行缺席审判。本条规定对于人民法院按照审判监督程序重新审判的案件，被告人死亡的，人民法院可以缺席审理，依法作出判决，为办理此类案件提供了程序上的法律依据。需要注意的是，与本条第1款的规定不同，再审的案件，是发现已经生效的裁判确有错误等法定原因而提起的，因此，再审后，需要根据案件审理的实际情况作出相应判决，而不是一律判决无罪。

［审判实务］

1. 正确理解与适用本条与《刑事诉讼法》第 16 条的关系。本条规定是 2018 年《刑事诉讼法》修改时增加的。在此之前，实际上刑事诉讼法对被告人在审判阶段死亡的，人民法院如何处理是有规定的。1979 年《刑事诉讼法》就有过相关规定，1996 年作过修改。2012 年和 2018 年修改时保留了 1996 年《刑事诉讼法》的规定。体现在现行《刑事诉讼法》第 16 条：有下列情形之一的，不追究刑事责任，已经追究的，应当撤销案件，或者不起诉，或者终止审理，或者宣告无罪：（1）情节显著轻微、危害不大，不认为是犯罪的；（2）犯罪已过追诉时效期限的；（3）经特赦令免除刑罚的；（4）依照刑法告诉才处理的犯罪，没有告诉或者撤回告诉的；（5）犯罪嫌疑人、被告人死亡的；（6）其他法律规定免予追究刑事责任的。

相应地，《刑诉法解释》及 2012 年最高人民法院、最高人民检察院、公安部、国家安全部、司法部、全国人大常委会法制工作委员会《关于实施刑事诉讼法若干问题的规定》也都作了明确规定，即人民法院在审理案件过程中，被告人死亡的，应当裁定终止审理。同时，考虑到有的案件已经审理，且根据已经查明的案件事实和认定的证据，能够确认被告人无罪，对这类符合作出无罪判决条件的案件，依法宣告无罪，更有利于保护公民及相关人员的权利，也有利于一些相关事项的处理，司法解释又进一步明确，这种情况下，应当判决宣告被告人无罪。

但是，司法实践中，出现这么一种情况，即根据已在庭审中质证的证据，尚无法确认被告人无罪，但案件还存在未在庭审中质证的证据，这些证据可能足以证明被告人无罪，能否继续开庭审理？本条规定解决了这一问题，即被告人死亡案件可以缺席审判，前提是有证据证明被告人无罪。实际上，本款的规定与本法第 16 条在精神上是一致的，在不能追究已经死亡的人的刑事责任的前提下，对于无罪者要还以清白。当然，两者之间也存在区别。本法第 16 条是从处理结果的角度对被告人死亡案件的处理作出规定，而本条则是从程序角度作出规定，即可以对被告人死亡案件进行缺席审理，为被告人死亡后有证据证明被告人无罪的案件提供了可以继续开庭审理的法律依据，同时在处理结果上对本法第 16 条的规定作了补充。由此，对于人

多次将购毒款存入黎某指定的银行卡中。

2. 2015年5月30日凌晨，被告人黎某与欧阳某某从福建省龙岩县购买甲基苯丙胺回到江西省崇仁县后，二人将3000克甲基苯丙胺装在纸盒中。黎某安排欧阳某某将3000克甲基苯丙胺卖给被告人张某。后欧阳某某让被告人陈某将装有毒品的纸盒送至青阳县。陈某驾驶红色丰田轿车到青阳县高速路口附近，将装有2920克甲基苯丙胺的纸盒交给张某安排的接货人许某，被告人许某支付2600元运费给陈某。

2015年6月9日，黎某电话联系被告人周某，让其将剩余的甲基苯丙胺转移。当天，周某将藏匿于崇仁县巴山镇林业大厦四楼出租房内的毒品转移到欧阳某某位于崇仁县巴山镇某住处。同年6月11日，黎某、欧阳某某、周某在崇仁县被抓获。公安人员从黎某处查获甲基苯丙胺0.76克、甲基苯丙胺片剂（麻古）2.47克，从欧阳某某驾驶的汽车内查获甲基苯丙胺85.86克、甲基苯丙胺片剂24.69克，从欧阳某某、周某位于崇仁县巴山镇林业大厦四楼的出租房内查获甲基苯丙胺450.16克、甲基苯丙胺片剂56.46克，从欧阳某某位于崇仁县巴山镇某住处查获甲基苯丙胺3039.08克。

法院裁判情况：

2015年6月11日，同案被告人欧阳某某因涉嫌犯贩卖毒品罪被抓获，临时羁押在崇仁县看守所；同月18日，欧阳某某被押解回青阳县，因患严重肺结核看守所不收押，青阳县公安局对其取保候审。

安徽省池州市中级人民法院一审开庭时，欧阳某某到庭参加庭审，对其在侦查机关的供述不持异议。

池州市中级人民法院合议庭和审判委员会经讨论认为，欧阳某某结伙违反国家毒品管制规定，贩卖、运输甲基苯丙胺，其行为已构成贩卖、运输毒品罪。毒品犯罪数量大，论罪应当判处死刑，鉴于欧阳某某在共同犯罪中虽系主犯，但并非罪责最为突出的主犯，对其判处死刑可不立即执行。池州市中级人民法院准备开庭宣告对欧阳某某的判决时，无法联系上欧阳某某，遂以欧阳某某脱逃为由对其裁定中止审理。欧阳某某于2017年9月23日归案后，一审中院恢复审理，以（2016）皖17刑初6—1号刑事判决书，认定欧阳某某犯贩卖、运输毒品罪，判处死刑，缓期二年执行剥夺政治权利终身，并处没收个人全部财产。

宣判后，法定期限内，欧阳某某未提出上诉，检察机关亦未提起抗诉。池州市中级人民法院依法将本案报请安徽省高级人民法院复核。

安徽省高级人民法院复核期间，欧阳某某因病死亡。安徽省高级人民法院遂作出（2017）皖刑核19571238号裁定：对欧阳某某贩卖、运输毒品案裁定终止审理。

本案焦点问题：

1. 池州市中级人民法院以欧阳某某脱逃为由对其裁定中止审理是否符合法律规定？

2. 安徽省高级人民法院以欧阳某某死亡为由，终止本案审理，是否符合法律规定？

本书观点：

1. 池州市中级人民法院以欧阳某某脱逃为由对其裁定中止审理符合法律规定。

刑事案件的中止审理，在1979年《刑事诉讼法》和1996年《刑事诉讼法》中均无规定，2012年《刑事诉讼法》修改时增加了此内容。在司法实践中，实际上在2012年《刑事诉讼法》修改前就有了。1998年《最高人民法院关于执行〈中华人民共和国刑事诉讼法〉若干问题的解释》就对中止审理作了规定，对于在审判过程中，自诉人或者被告人患精神病或者其他严重疾病，以及案件起诉到人民法院后被告人脱逃，致使案件在较长时间内无法审理的，可以中止审理。2012年《刑事诉讼法》修改时吸纳了司法实践的做法，将这一做法以法律的形式予以固定。2018年《刑事诉讼法》未作修改。《刑事诉讼法》第206条第1款规定，在审判过程中，有下列情形之一，致使案件在较长时间内无法继续审理的，可以中止审理：（1）被告人患有严重疾病，无法出庭的；（2）被告人脱逃的；（3）自诉人患有严重疾病，无法出庭，未委托诉讼代理人出庭的；（4）由于不能抗拒的原因。该条第2款规定，中止审理的原因消失后，应当恢复审理。中止审理的期间不计入审理期限。

本案中，被告人欧阳某某参加了一审开庭审理，但法院将作出一审宣判时联系不上，法院遂以欧阳某某脱逃为由对其裁定中止审理，是符合刑事诉讼法规定的。后欧阳某某归案，一审法院恢复法庭审理，对欧阳某某贩卖、运输毒品罪作出判决，也是符合法律规定的。美中不足的是，欧阳某某脱逃的行为，构成了《刑法》第316条规定的脱逃罪，应当依法予以处罚，并与其所犯的贩卖、运输毒品罪并罚。

2. 安徽省高级人民法院以欧阳某某死亡为由，终止本案审理，符合法律规定。

根据《刑事诉讼法》第297条第1款规定，被告人死亡的，人民法院应当裁定终止审理，但有证据证明被告人无罪，人民法院经缺席审理确认无罪的，应当依法作出判决。本案中，欧阳某某经一审审理，其行为构成贩卖、运输毒品罪。相关同案犯也都被判决有罪。也没有任何在案证据证明欧阳某某无罪。因此，欧阳某某是在二审期间死亡的，第二审人民法院依法裁定终止审理，而没有适用缺席审判程序，更没有作出其无罪判决，是正确的。

第四章　犯罪嫌疑人、被告人逃匿、死亡案件违法所得的没收程序

第二百九十八条　对于贪污贿赂犯罪、恐怖活动犯罪等重大犯罪案件，犯罪嫌疑人、被告人逃匿，在通缉一年后不能到案，或者犯罪嫌疑人、被告人死亡，依照刑法规定应当追缴其违法所得及其他涉案财产的，人民检察院可以向人民法院提出没收违法所得的申请。

公安机关认为有前款规定情形的，应当写出没收违法所得意见书，移送人民检察院。

没收违法所得的申请应当提供与犯罪事实、违法所得相关的证据材料，并列明财产的种类、数量、所在地及查封、扣押、冻结的情况。

人民法院在必要的时候，可以查封、扣押、冻结申请没收的财产。

[条文主旨]

本条是关于犯罪嫌疑人、被告人逃匿、死亡案件违法所得的没收程序的适用范围、申请以及查封、扣押、冻结措施的规定。

[条文释解]

科学技术的发展和全球一体化趋势的加强，在给人们经济活动和生活带来极大便利的同时，也为犯罪分子逃匿和隐匿财产创造了条件，尤其是腐败犯罪、恐怖活动犯罪等重大犯罪的跨国性、国际性因素不断增多，流动性增强，加大了对犯罪的打击难度。腐败犯罪、恐怖活动犯罪等重大犯罪对社会稳定与经济发展构成了严重的威胁，已成为全球需要加强合作，联手应对的严峻挑战。为此，1999 年 10 月 15 日联合国安理会通过了第 1267 号决议；2001 年 9 月 29 日联合国安理会通过了第 1373 号决议；2003 年 10 月 31 日联合国大会通过了《联合国反腐败公约》，同年 12 月 10 日中国政府签署了该公约，2005 年 10 月 27 日十届全国人大常委会第十八次会议批准了该公约。

上述决议与公约，要求各成员国积极采取措施，追缴犯罪资产，并规定了跨国合作机制。在我国的司法实践中，一些贪污贿赂犯罪、恐怖活动犯罪案件的犯罪嫌疑人、被告人逃匿或者死亡，由于我国法律当时没有规定缺席审判制度①，当犯罪嫌疑人逃匿或者死亡而无法到案时，诉讼程序难以进行，有些犯罪分子的违法所得及用于犯罪的财产难以处理，既不利于打击这类犯罪，也不利于国家利益、被害人利益的及时保护。为解决这一问题，严厉打击贪污贿赂犯罪、恐怖活动犯罪等重大犯罪，对犯罪所得及时采取追缴措施，并与有关反恐怖问题的决议及我国已加入的《联合国反腐败公约》的要求相衔接，2012 年修改刑事诉讼法增加了犯罪嫌疑人、被告人逃匿、死亡案件违法所得的没收程序，明确了没收程序的适用范围、申请、公告、审理和救济程序。2018 年刑事诉讼法修改时对本章条文均未作修改。

本条共分为四款。第 1 款是关于犯罪嫌疑人、被告人逃匿、死亡案件违法所得没收程序的适用范围的规定。根据本款规定，违法所得没收程序的适用应当具备以下三个条件：

1. 案件条件。该程序适用于贪污贿赂犯罪、恐怖活动犯罪等重大犯罪案件。一是贪污贿赂犯罪案件。这里的“贪污贿赂犯罪”是指由刑法分则第八章规定的国家工作人员贪贿犯罪。二是恐怖活动犯罪案件。“恐怖活动”，根据反恐怖主义法的规定，包括：（1）组织、策划、准备实施、实施造成或者意图造成人员伤亡、重大财产损失、公共设施损坏、社会秩序混乱等严重社会危害的活动的；（2）宣扬恐怖主义，煽动实施恐怖活动，或者非法持有宣扬恐怖主义的物品，强制他人在公共场所穿戴宣扬恐怖主义的服饰、标志的；（3）组织、领导、参加恐怖活动组织的；（4）为恐怖活动组织、恐怖活动人员、实施恐怖活动或者恐怖活动培训提供信息、资金、物资、劳务、技术、场所等支持、协助、便利的；（5）其他恐怖活动。“恐怖活动犯罪”，是指实施上述恐怖活动的犯罪行为，包括《刑法》第 120 条规定的组织、领导、参加恐怖组织罪，第 120 条之一规定的资助恐怖活动罪，第 120 条之二规定的准备实施恐怖活动罪等恐怖活动犯罪，还包括恐怖活动组织及其人员为恐怖目的实施的刑法其他条款规定的如爆炸、放火、杀人、绑架等犯罪。三是其他案件。根据《最高人民法院、最高人民检察院关于适用犯罪嫌疑人、被告人逃匿、死亡案件违法所得没收程序若干问题的规定》第 1 条，该程序还适用于危害国家安全、走私、洗钱、金融诈骗、黑社会性质的组织、

① 2018 年修改刑事诉讼法时根据实践需要，在第五编增加了“缺席审判程序”的专章。

毒品犯罪案件。

2. 人员条件。必须是犯罪嫌疑人、被告人逃匿，在通缉一年后不能到案的，或者犯罪嫌疑人、被告人死亡的。一般情况下，犯罪嫌疑人、被告人如果逃匿，诉讼程序就无法进行下去；如果犯罪嫌疑人、被告人死亡，依照《刑事诉讼法》第16条的规定，就应当撤销案件，或者不起诉，或者终止审理。但是违法所得的没收程序属于特别程序，在犯罪嫌疑人、被告人不能到案的情况下，可以对其违法所得及其他涉案财产进行审理并作出裁定。因此，该程序只能适用于犯罪嫌疑人、被告人逃匿，在通缉一年后不能到案的，或者犯罪嫌疑人、被告人死亡的案件。如果犯罪嫌疑人、被告人能够到案接受处理的，应当依照刑事诉讼法有关侦查、起诉和审判的程序，在追究其刑事责任的同时依法对涉案财产作出处理。这里的“逃匿”，根据《人民检察院刑事诉讼规则》第513条第1款规定，犯罪嫌疑人、被告人为逃避侦查和刑事追究潜逃、隐匿，或者在刑事诉讼过程中脱逃的，应当认定为“逃匿”。同时，该条第2款规定，犯罪嫌疑人、被告人因意外事故下落不明满二年，或者因意外事故下落不明，经有关机关证明其不可能生存的，按照前款规定处理。这里的“通缉”是指公安机关或人民检察院通令缉拿应当逮捕而在逃的犯罪嫌疑人归案的一种侦查行为。根据《人民检察院刑事诉讼规则》第514条规定，公安机关发布通缉令或者公安部通过国际刑警组织发布红色国际通报，应当认定为“通缉”。实践中，一般由县级以上的公安机关发布通缉令。实践中应当注意两点：一是适用这一程序的案件，应是贪污贿赂犯罪和恐怖活动犯罪中重大的案件，而不是情节较轻的案件；二是对于犯罪嫌疑人、被告人逃匿的，司法机关应当尽力通缉、抓捕，以使之尽快到案并依照法定程序追诉，只有对确实在通缉一年后仍无法抓捕到案的，才可以适用这一特别程序。

3. 财产条件。必须是依照刑法规定应当追缴其违法所得及其他涉案财产。根据《刑法》第64条规定，犯罪分子违法所得的一切财物，应当予以追缴或者责令退赔。适用本章规定的没收程序，应当符合刑法规定的属于犯罪嫌疑人、被告人违法所得及其他涉案财产。其中“追缴”是指将违法所得的财产强制追回。“违法所得”是指因实施犯罪活动而取得的全部财物，包括金钱或者物品，如贪污贿赂得到的金钱或者物品等。“其他涉案财产”，一般是指除违法所得以外的与犯罪有关的款物、作案工具和非法持有的违禁品等。根据《人民检察院刑事诉讼规则》第515条规定，犯罪嫌疑人、被告人通过实施犯罪直接或者间接产生、获得的任何财产，应当认定为“违法所得”。违法所得已经部分或者全部转变、转化为其他财产的，转变、转化后的财产应当视为前款规定的“违法所得”。来自违法所得转变、转化后的财产收益，或者来自已经与违法所得相混合财产中违法所得相应部分的收益，也应当视为第1款规定的违法所得。根据《人民检察院刑事诉讼规则》第516条规定，犯罪嫌疑人、被告人非法持有的违禁品、供犯罪所用的本人财物，应当认定为“其他涉案财产”。

根据本款规定，同时符合上述三个条件，需要对犯罪嫌疑人、被告人的违法所得及其他涉案财产予以没收的，应当由人民检察院向人民法院提出没收违法所得的申请。如果在审判阶段犯罪嫌疑人、被告人逃匿的，人民法院应当根据刑事诉讼法的规定中止审理；如果犯罪嫌疑人、被告人死亡的，人民法院应当根据刑事诉讼法的规定终止审理。如果符合没收违法所得条件的，应当再由人民检察院提出没收违法所得的申请，人民法院不能在被告人不能到案的情况下直接作出没收违法所得的裁定。

第2款是关于侦查阶段需要启动没收程序的，由公安机关写出没收意见书并移送人民检察院的规定。根据本款规定，公安机关认为有前款规定情形的，应当写出没收违法所得意见书，移送人民检察院。公安机关在侦查恐怖活动犯罪等重大犯罪案件过程中，如果存在犯罪嫌疑人逃匿，在通缉一年后不能到案，或者犯罪嫌疑人死亡，依照刑法规定应当追缴其违法所得及其他涉案财产的情形，应当写出没收法违所得意见书，移送人民检察院，由人民检察院申请人民法院对违法所得的财产予以没收。“没收违法所得意见书”，是指公安机关对认为存在前款规定情形的，应当写出书面意见并移送人民检察院处理的法律文书，其中应当写明犯罪嫌疑人的犯罪事实、违法所得的有关情况、处理的意见和理由以及所依据的法律条款等。

第3款是关于没收违法所得申请内容的规定。根据本款规定，没收违法所得的申请应当提供与犯罪事实、违法所得相关的证据材料，并列明财产的种类、数量、所在地及查封、扣押、冻结的情况。也就是说，人民检察院在向人民法院提出违法所得没收程序申请时，必须提供犯罪嫌疑人、被告人有关犯罪事实的证据材料，以及能够证明属于犯罪嫌疑人、被告人违法所得及其他涉案财产的相关证据材料。同时案卷中还应当载明违法所得及其他涉案财产的种类、数量、存放地点以及查封、扣押、冻结有关财产的情况。这样规定的主要考虑：一是有利于人民法院在犯罪嫌疑人、被告人不到案的情况下对是否没收犯罪嫌疑人、被告人财产作出正确的判断。二是便于人民法院采取保全措施和执行裁定。

第 4 款是关于必要时可以采取查封、扣押、冻结措施的规定。根据本款规定，人民法院在必要的时候，可以查封、扣押、冻结申请没收的财产。在侦查阶段，侦查机关根据侦查犯罪的需要，有权查封、扣押与犯罪有关的财物，有权冻结犯罪嫌疑人的存款、汇款、债券、股票、基金份额等财产。如果侦查机关没有对犯罪嫌疑人的财产采取查封、扣押、冻结措施，人民法院在审理没收违法所得申请时，也有权根据案件情况和审判的需要对犯罪嫌疑人、被告人的财产采取查封、扣押和冻结措施。

[审判实务]

1. 正确理解《刑事诉讼法》第 298 条规定的违法所得没收程序适用的案件条件。

（1）明确违法所得没收程序适用罪名的范围。《最高人民法院、最高人民检察院关于适用犯罪嫌疑人、被告人逃匿、死亡案件违法所得没收程序若干问题的规定》（以下简称《没收规定》）第 1 条对刑事诉讼法关于违法所得没收程序适用案件范围作了明确解释，将刑事诉讼法规定的贪污贿赂、恐怖活动犯罪等案件确定为五类犯罪案件：第一类以占有型、挪用型贪污类犯罪为主，具体包括贪污、挪用公款、巨额财产来源不明、隐瞒境外存款、私分国有资产、私分罚没财物等犯罪。第二类是贿赂类犯罪，具体包括受贿、单位受贿、利用影响力受贿、行贿、对有影响力的人行贿、对单位行贿、介绍贿赂、单位行贿等犯罪。第三类是恐怖活动犯罪，具体包括组织、领导、参加恐怖组织，帮助恐怖活动，准备实施恐怖活动，宣扬恐怖主义、极端主义、煽动实施恐怖活动，利用极端主义破坏法律实施，强制穿戴宣扬恐怖主义、极端主义服饰、标志，非法持有宣扬恐怖主义、极端主义物品犯罪案件。第四类是洗钱罪及其上游犯罪，具体包括危害国家安全、走私、洗钱、金融诈骗、黑社会性质的组织、毒品犯罪案件。第五类是两类新型特殊诈骗犯罪，即电信诈骗、网络诈骗案件。

（2）明确“重大犯罪案件”的认定标准。《没收规定》从案件影响程度和逃匿情形两个角度明确了违法所得没收程序适用的“重大犯罪案件”中“重大”的认定标准。即在省、自治区、直辖市或者全国范围内具有较大影响，犯罪嫌疑人、被告人逃匿境外的，应当认定为违法所得没收程序适用的“重大犯罪案件”。这样规定的主要考虑是：此类案件与普通刑事案件有所不同，何为“重大”不能简单以刑罚轻重或涉案数额为标准。故《没收规定》针对此类案件特点，参考已有司法解释的内容，将“在本省、自治区、直辖市或者全国范围内有较大影响的”明确为“重大”的认定标准。同时，考虑到犯罪嫌疑人、被告人逃匿境外，特别是“红通人员”，在本省、自治区、直辖市甚至在全国范围内具有重大影响，这也是刑事诉讼法增设违法所得没收程序最主要的动因，故将“逃匿境外”作为“重大”的一项认定标准。另外，根据《刑诉法解释》第508条第1项的规定，犯罪嫌疑人、被告人可能被判处无期徒刑以上刑罚的案件，也应当认定为此处的“重大犯罪案件”。将可能被判处无期徒刑以上刑罚的案件界定为“重大犯罪案件”，符合认定重大犯罪案件的宏观视角，也与中级人民法院管辖“可能判处无期徒刑、死刑的案件”的规定相呼应；同时，将在省级区域内或者全国有较大影响的案件认定为“重大犯罪案件”，可以将一部分法定刑不是特别重（法定最高刑仅为有期徒刑）的罪名涵括进来，也与刑事诉讼法关于高级人民法院管辖范围的规定相呼应。此外，考虑到实践情况的复杂性，《刑诉法解释》就“重大犯罪案件”的认定设置了兜底项，以应对前两项难以包括的情形。

（3）明确“逃匿”的认定标准。《没收规定》从客观和主观两个方面对“逃匿”进行了界定。客观方面为“犯罪嫌疑人、被告人潜逃、隐匿”，主观方面则为“逃避侦查和刑事追究”。犯罪嫌疑人、被告人离开居住地、工作地，逃避侦查和刑事追究的，属于最典型的“逃匿”情形；犯罪嫌疑人、被告人未离开居住地、工作地，在原地隐匿起来逃避侦查和刑事追究的，亦属于“逃匿”情形；犯罪嫌疑人、被告人为逃避侦查和刑事追究逃匿境外，因各种原因不愿回国受审的，亦应视为“逃匿”情形。考虑到在刑事诉讼过程中，“脱逃”的性质与“逃匿”类似，故《没收规定》将犯罪嫌疑人、被告人“在刑事诉讼过程中脱逃”情形认定为“逃匿”。《没收规定》还明确规定，犯罪嫌疑人、被告人因意外事故下落不明满二年，或者因意外事故下落不明，经有关机关证明该公民不可能生存的，对其违法所得及其他涉案财产依照“逃匿”情形处理。如果行为人通过实施犯罪获得大量财产，发生上述两种情形后，对其不法财产放任不管显然不当。根据民事诉讼法之相关规定，“经利害关系人申请，人民法院可以宣告死亡”。但犯罪嫌疑人、被告人的近亲属是其利害关系人，由利害关系人向人民法院先提出宣告犯罪嫌疑人、被告人死亡申请不大现实。另外，对公民的宣告死亡既涉及非法财产的处置，又涉及合法财产的处置，还涉及人身关系的确权，即使利害关系人提出宣告死亡的申请，也不宜将人民法院宣告犯罪嫌疑人、被告人死亡作为没收违法所得申请的前置条件。经综合考虑，《没收规定》将上述两种情形作为“逃匿”的特殊情形予以规定。

（4）明确“通缉”的认定标准。《没收规定》明确，公安机关发布通缉令或者公安部通过国际刑警组织发布红色国际通报，应当认定为“通缉”。这就意味着“网上追逃”“内部通报”等措施不属于“通缉”范围。鉴于向国际刑警组织请求发布蓝色通报无需逮捕凭证，发布蓝色通报后相关国家亦不会采取临时羁押措施，故《没收规定》最终未将国际刑警组织发布的蓝色通报纳入“通缉”的认定范围。

（5）明确“违法所得”的认定标准。司法实践中对违法所得的认定，特别是转变、转化后的财产以及添附个人生产经营后形成的收益能否认定为违法所得，普遍存在疑问。为解决相关争议，《没收规定》参考《联合国反腐败公约》相关条款，明确了“违法所得”认定的三种情形：一是通过实施犯罪直接或者间接产生、获得的任何财产，应当认定为“违法所得”；二是违法所得已经部分或者全部转变、转化为其他财产的，转变、转化后的财产应当视为“违法所得”；三是来自违法所得转变、转化后的财产收益，或者来自与违法所得相混合财产中违法所得相应部分的收益，应当视为“违法所得”。

2.“贪污贿赂犯罪、恐怖活动犯罪等重大案件”是否仅限于贪污贿赂犯罪、恐怖活动犯罪案件？这里的关键是如何理解“等”字。从字面来看，这里的“等”应当是“等外等”，而不是“等内等”，即除了贪污贿赂犯罪和恐怖活动犯罪之外，应当还有其他可以适用违法所得没收程序的犯罪类型。例如，有意见认为，这里的“等重大犯罪案件”，还应当包括重大的毒品犯罪、黑社会性质组织犯罪、抢劫集团犯罪，以及间谍罪、资敌罪等危害国家安全和危害国防利益方面的严重犯罪。《刑诉法解释》曾在征求意见稿中列举其他可以适用违法所得没收程序的犯罪类型，如黑社会性质组织犯罪、毒品犯罪、走私犯罪、破坏金融管理秩序犯罪、金融诈骗犯罪等。主要理由是，刑法中的“等”都是指列举未尽，应当还有其他与贪污贿赂犯罪、恐怖活动犯罪在性质、类型或者危害程度上相同或者相似的犯罪可以适用违法所得没收程序。后经研究认为，违法所得没收程序是新设置的特殊程序，尚无实践经验，现阶段应仅适用于贪污贿赂犯罪、恐怖活动犯罪，不宜扩大适用到其他重大犯罪案件，可在总结经验后再研究是否需要扩大适用范围。

3. 犯罪嫌疑人、被告人死亡的，适用违法所得没收程序的案件范围是否限于“贪污贿赂犯罪、恐怖活动犯罪等重大案件”？从《刑事诉讼法》第298条的文字表述来看，犯罪嫌疑人、被告人逃匿，在通缉一年后不能到案，与犯罪嫌疑人、被告人死亡，此二者之间是并列关系，都受“贪污贿赂犯罪、恐怖活动犯罪等重大犯罪案件”这一案件范围的限制。因此，在《刑诉法解释》出台之前的相关解读性著作中，普遍认为违法所得没收程序仅限于“贪污贿赂犯罪、恐怖活动犯罪等重大犯罪案件”，不适用于普通刑事案件，以防止判决前财产没收程序被滥用；也不宜扩大适用到其他的重大犯罪案件中，在总结经验以后再研究是否需要扩大适用范围。《刑诉法解释》在起草过程中也一度采取这种理解方式。后经研究认为，对于犯罪嫌疑人、被告人死亡的情形，可以不受“贪污贿赂犯罪、恐怖活动犯罪等重大犯罪案件”这一案件范围的限制。《刑诉法解释》第507条最终采取了这种扩大解释方法。据此，对于犯罪嫌疑人、被告人逃匿，在通缉一年后不能到案的，受“贪污贿赂犯罪、恐怖活动犯罪等重大犯罪案件”范围的限制，对不属于此类案件范围的，即使满足了前述逃匿、通缉时间条件，也不能适用违法所得没收程序。而对于犯罪嫌疑人、被告人死亡的，只要依照刑法规定应当追缴其违法所得及其他涉案财产的，就可以适用违法所得没收程序，而不受“贪污贿赂犯罪、恐怖活动犯罪等重大犯罪案件”这一案件范围的限制。《人民检察院刑事诉讼规则》和《关于实施刑事诉讼法若干问题的规定》也都采取这种解释方法。

4. 正确理解和认定“违法所得及其他涉案财产”。《刑诉法解释》第509条专门对此作了解释，“实施犯罪行为所取得的财物及其孳息，以及被告人非法持有的违禁品、供犯罪所用的本人财物，应当认定为刑事诉讼法第二百八十条第一款[①]规定的‘违法所得及其他涉案财产’”。据此，没收对象包括三类财产：一是实施犯罪行为所取得的财物及其孳息，二是被告人非法持有的违禁品，三是供犯罪所用的本人财物。《人民检察院刑事诉讼规则》对“违法所得及其他涉案财产”范围的界定与《刑诉法解释》是一致的。这种解释的依据来源于《刑法》第64条第1款的规定，即“犯罪分子违法所得的一切财物，应当予以追缴或者责令退赔；对被害人的合法财产，应当及时返还；违禁品和供犯罪所用的本人财物，应当予以没收”。虽然刑法和《刑诉法解释》的这些规定看起来很明确，但刑事案件中违法所得的没收方面存

① 2018年修改的刑事诉讼法将该内容规定在第298条中。

在很多较为复杂的问题，至今没有得到有效解决。

在审判工作中理解《刑诉法解释》第 509 条的规定，至少要注意三个问题：

（1）对间接孳息的没收要慎重。对于被告人通过犯罪直接获得的财产以及这些财产直接产生的孳息，如抢劫、贩毒、受贿获得的赃款，再将赃款存入银行获得利息，或者用于炒股获得收益，显然都应当没收。但对于犯罪所得财产产生的间接孳息，是否应当没收，以及如何把握没收的范围，则存在很大争议。例如，用受贿或者盗窃所得经营公司企业，获得了远远超过受贿或盗窃所得的巨额利润，是否没收整个公司资产；利用行贿手段获得本不能获得的工程项目，赚取了巨额利润的，是否没收全部利润；等等。虽然《联合国反腐败公约》等相关国际公约规定犯罪所得没收的范围较宽，但我国目前尚未解决这一问题，最高人民法院、最高人民检察院、公安部 2009 年制定的《办理黑社会性质组织犯罪案件座谈会纪要》和最高人民法院、最高人民检察院 2012 年制定的《关于办理行贿刑事案件具体应用法律若干问题的解释》等相关文件均没有就此作出明确规定。在适用违法所得没收程序时，对于犯罪所得间接孳息的没收，还需要慎重处理。

（2）严格把握供犯罪所用的本人财物的范围。“供犯罪所用的本人财物”应当是直接、专门用于犯罪的财物，通常表现为对犯罪完成有决定性或者促进性作用的犯罪工具。对于偶然用于犯罪的财物和犯罪完成之后为保有犯罪效果的财物不宜认定为供犯罪所用的财物。司法实践中对此问题多有理解过宽现象，值得引起注意。

（3）对犯罪所得在一定范围内可以适用善意取得原则。他人对被告人的犯罪所得是否适用善意取得原则，是长期以来未得到有效解决的一个重要问题。最高人民法院 1996 年制定的《关于审理诈骗案件具体应用法律的若干问题的解释》曾就诈骗案件规定，对他人善意取得被告人诈骗所得的财物，不再追缴。最高人民法院、最高人民检察院 2011 年制定的《关于办理诈骗刑事案件具体应用法律若干问题的解释》延续了这种处理原则，同时明确了应当追缴的四种情形：对方明知是诈骗财物而收取的；对方无偿取得诈骗财物的；对方以明显低于市场的价格取得诈骗财物的；对方取得诈骗财物系源于非法债务或者违法犯罪活动的。据此，对于有充分证据证明行为人是善意取得被告人犯罪所得财物的，则不应予以追缴，即不得在违法所得没收程序中予以没收。当然，违法所得适用善意取得，应当符合民法关于善意取得的各项条件：取得人不知道所获财物系犯罪所得；取得之物须为法律所允许流通，且须在公开市场并经正当交易方式取得；必须支付合理的对价；物品已经交付给受让人，需要登记的，已经办理相关登记手续，等等。

5. 正确把握启动违法所得没收程序的时间条件。对于犯罪嫌疑人、被告人死亡的情形，启动违法所得没收程序的时间很好把握，只要取得犯罪嫌疑人、被告人的死亡证明即可启动该程序。对于犯罪嫌疑人、被告人逃匿的案件，法律规定必须是“通缉一年后不能到案”的，检察机关才可以向法院提出没收违法所得的申请。这一时间条件主要涉及两个问题：一是如何认定“通缉”。有意见认为，司法实践中对潜逃的犯罪嫌疑人、被告人经常采取网上追逃、协查通报等措施，对采取这两种措施一年后不能到案的也可启动违法所得没收程序。我们认为，通缉属于刑事诉讼法明确规定的一种侦查措施，公安机关对于发布通缉令也有较为严格的程序要求，故不应对“通缉”随意作扩大解释。二是“一年”的起止时间如何计算。应当是从发布通缉令的第二日起，至检察机关向法院提出没收违法所得的申请之日止。“申请之日”通常是指申请书的落款之日，也可以是法院收到检察机关移送的没收违法所得的申请材料之日。

6. 适用本条规定和程序必须以犯罪嫌疑人、被告人的行为构成特定犯罪为前提。这就要求公安机关、检察机关尽一切可能收集证据，以证明犯罪嫌疑人的犯罪事实。如果发现犯罪嫌疑人、被告人涉嫌贪污贿赂等重大犯罪案件而携款潜逃境外的，不能因为罪犯已经逃往国外而无视犯罪事实，放弃追究刑事责任，而应当立即立案，展开对案件的侦查，对涉案犯罪嫌疑人的引渡、遣返劝返、发出逮捕令等活动。对于在侦查过程中犯罪嫌疑人逃跑的，侦查机关在通缉犯罪嫌疑人的同时应该完成一切可能的侦查行为，一律在侦查结束后通过检察机关审查起诉移送人民法院处理。对于构成犯罪但不涉及财产问题的，可以中止审查。在起诉阶段被告人不在案的，检察机关只要审查认为有非法资产在境内需要没收，有巨额非法资产在境外需要追回的，应当向人民法院提出申请，要求法院处理相关财产。

7. 正确理解“人民法院在必要的时候，可以查封、扣押、冻结申请没收的财产”的规定。查封、扣押、冻结财产，是强制处分措施，公安机关、检察机关有采取查封、扣押、冻结财产的强制处分权。刑事诉讼法赋予了法院在审理时可以查封、扣押、冻结申请没收的财产。其主要原因在于：一是在违法所得的没收程序中，检察机关与法院承担的任务是一致的，即保护国家的财产；二是由于犯罪嫌疑人、被告人外逃或者死亡，导致违法所得的财产处于一种不明确的状态。侦查机关、检察机关一直在对案件进行侦查，很有可能发现新的违法所得，如果不及时采取措施，则会导致财产的流失。我们认为，没收程序中的查封、扣押、冻结是一种以保全为目的的对财物的强制处分措施，最终目的主要还是保证法院没收判决的顺利执行。

8. 正确把握没收违法所得程序案件的启动。根据《刑事诉讼法》第298条的规定，没收违法所得程序案件必须由人民检察院提出申请，人民法院不得直接依职权启动。在审判阶段，如果被告人逃匿的，人民法院应当中止审理；被告人死亡的，应当终止审理。如果符合没收违法所得条件的，应当由人民检察院提出申请，人民法院不能直接作出没收违法所得的裁定。

[配套规定]

1.《最高人民法院关于适用〈中华人民共和国刑事诉讼法〉的解释》（法释［2012］21号）（2012年12月20日公布，2013年1月1日起施行）（节录）

第五百零七条　依照刑法规定应当追缴违法所得及其他涉案财产，且符合下列情形之一的，人民检察院可以向人民法院提出没收违法所得的申请：

（一）犯罪嫌疑人、被告人实施了贪污贿赂犯罪、恐怖活动犯罪等重大犯罪后逃匿，在通缉一年后不能到案的；

（二）犯罪嫌疑人、被告人死亡的。

第五百零八条　具有下列情形之一的，应当认定为刑事诉讼法第二百八十条第一款规定的“重大犯罪案件”：

（一）犯罪嫌疑人、被告人可能被判处无期徒刑以上刑罚的；

（二）案件在本省、自治区、直辖市或者全国范围内有较大影响的；

（三）其他重大犯罪案件。

第五百零九条　实施犯罪行为所取得的财物及其孳息，以及被告人非法持有的违禁品、供犯罪所用的本人财物，应当认定为刑事诉讼法第二百八十条第一款规定的“违法所得及其他涉案财产”。

2.《人民检察院刑事诉讼规则》（高检发释字［2019］4号）（2019年12月30日公布并施行）（节录）

第五百一十二条　对于贪污贿赂犯罪、恐怖活动犯罪等重大犯罪案件，犯罪嫌疑人、被告人逃匿，在通缉一年后不能到案，依照刑法规定应当追缴其违法所得及其他涉案财产的，人民检察院可以向人民法院提出没收违法所得的申请。

对于犯罪嫌疑人、被告人死亡，依照刑法规定应当追缴其违法所得及其他涉案财产的，人民检察院也可以向人民法院提出没收违法所得的申请。

第五百一十三条 犯罪嫌疑人、被告人为逃避侦查和刑事追究潜逃、隐匿，或者在刑事诉讼过程中脱逃的，应当认定为“逃匿”。

犯罪嫌疑人、被告人因意外事故下落不明满二年，或者因意外事故下落不明，经有关机关证明其不可能生存的，按照前款规定处理。

第五百一十四条 公安机关发布通缉令或者公安部通过国际刑警组织发布红色国际通报，应当认定为“通缉”。

第五百一十五条 犯罪嫌疑人、被告人通过实施犯罪直接或者间接产生、获得的任何财产，应当认定为“违法所得”。

违法所得已经部分或者全部转变、转化为其他财产的，转变、转化后的财产应当视为前款规定的“违法所得”。

来自违法所得转变、转化后的财产收益，或者来自已经与违法所得相混合财产中违法所得相应部分的收益，也应当视为第一款规定的违法所得。

第五百一十六条 犯罪嫌疑人、被告人非法持有的违禁品、供犯罪所用的本人财物，应当认定为“其他涉案财产”。

第五百一十七条 刑事诉讼法第二百九十九条第三款规定的“利害关系人”包括犯罪嫌疑人、被告人的近亲属和其他对申请没收的财产主张权利的自然人和单位。

刑事诉讼法第二百九十九条第二款、第三百条第二款规定的“其他利害关系人”是指前款规定的“其他对申请没收的财产主张权利的自然人和单位”。

第五百一十八条 人民检察院审查监察机关或者公安机关移送的没收违法所得意见书，向人民法院提出没收违法所得的申请以及对违法所得没收程序中调查活动、审判活动的监督，由负责捕诉的部门办理。

第五百一十九条 没收违法所得的申请，应当由有管辖权的中级人民法院的同级人民检察院提出。

第五百二十条 人民检察院向人民法院提出没收违法所得的申请，应当制作没收违法所得申请书。没收违法所得申请书应当载明以下内容：

（一）犯罪嫌疑人、被告人的基本情况，包括姓名、性别、出生年月日、出生地、户籍地、公民身份号码、民族、文化程度、职业、工作单位及职务、住址等；

（二）案由及案件来源；

（三）犯罪嫌疑人、被告人的犯罪事实及相关证据材料；

（四）犯罪嫌疑人、被告人逃匿、被通缉或者死亡的情况；

（五）申请没收的财产种类、数量、价值、所在地以及查封、扣押、冻结财产清单和相关法律手续；

（六）申请没收的财产属于违法所得及其他涉案财产的相关事实及证据材料；

（七）提出没收违法所得申请的理由和法律依据；

（八）有无近亲属和其他利害关系人以及利害关系人的姓名、身份、住址、联系方式；

（九）其他应当写明的内容。

上述材料需要翻译件的，人民检察院应当随没收违法所得申请书一并移送人民法院。

第五百二十一条　监察机关或者公安机关向人民检察院移送没收违法所得意见书，应当由有管辖权的人民检察院的同级监察机关或者公安机关移送。

第五百二十二条　人民检察院审查监察机关或者公安机关移送的没收违法所得意见书，应当审查下列内容：

（一）是否属于本院管辖；

（二）是否符合刑事诉讼法第二百九十八条第一款规定的条件；

（三）犯罪嫌疑人基本情况，包括姓名、性别、国籍、出生年月日、职业和单位等；

（四）犯罪嫌疑人涉嫌犯罪的事实和相关证据材料；

（五）犯罪嫌疑人逃匿、下落不明、被通缉或者死亡的情况，通缉令或者死亡证明是否随案移送；

（六）违法所得及其他涉案财产的种类、数量、所在地以及查封、扣押、冻结的情况，查封、扣押、冻结的财产清单和相关法律手续是否随案移送；

（七）违法所得及其他涉案财产的相关事实和证据材料；

（八）有无近亲属和其他利害关系人以及利害关系人的姓名、身份、住址、联系方式。

对于与犯罪事实、违法所得及其他涉案财产相关的证据材料，不宜移送的，应当审查证据的清单、复制件、照片或者其他证明文件是否随案移送。

第五百二十三条 人民检察院应当在接到监察机关或者公安机关移送的没收违法所得意见书后三十日以内作出是否提出没收违法所得申请的决定。三十日以内不能作出决定的，可以延长十五日。

对于监察机关或者公安机关移送的没收违法所得案件，经审查认为不符合刑事诉讼法第二百九十八条第一款规定条件的，应当作出不提出没收违法所得申请的决定，并向监察机关或者公安机关书面说明理由；认为需要补充证据的，应当书面要求监察机关或者公安机关补充证据，必要时也可以自行调查。

监察机关或者公安机关补充证据的时间不计入人民检察院办案期限。

第五百二十四条 人民检察院发现公安机关应当启动违法所得没收程序而不启动的，可以要求公安机关在七日以内书面说明不启动的理由。

经审查，认为公安机关不启动理由不能成立的，应当通知公安机关启动程序。

第五百二十五条 人民检察院发现公安机关在违法所得没收程序的调查活动中有违法情形的，应当向公安机关提出纠正意见。

第五百二十六条 在审查监察机关或者公安机关移送的没收违法所得意见书的过程中，在逃的犯罪嫌疑人、被告人自动投案或者被抓获的，人民检察院应当终止审查，并将案卷退回监察机关或者公安机关处理。

第五百二十七条 人民检察院直接受理侦查的案件，犯罪嫌疑人死亡而撤销案件，符合刑事诉讼法第二百九十八条第一款规定条件的，负责侦查的部门应当启动违法所得没收程序进行调查。

负责侦查的部门进行调查应当查明犯罪嫌疑人涉嫌的犯罪事实，犯罪嫌疑人死亡的情况，以及犯罪嫌疑人的违法所得及其他涉案财产的情况，并可以对违法所得及其他涉案财产依法进行查封、扣押、查询、冻结。

负责侦查的部门认为符合刑事诉讼法第二百九十八条第一款规定条件的，应当写出没收违法所得意见书，连同案卷材料一并移送有管辖权的人民检察院负责侦查的部门，并由有管辖权的人民检察院负责侦查的部门移送本院负责捕诉的部门。

负责捕诉的部门对没收违法所得意见书进行审查，作出是否提出没收违法所得申请的决定，具体程序按照本规则第五百二十二条、第五百二十三条的规定办理。

第五百二十八条　在人民检察院审查起诉过程中，犯罪嫌疑人死亡，或者贪污贿赂犯罪、恐怖活动犯罪等重大犯罪案件的犯罪嫌疑人逃匿，在通缉一年后不能到案，依照刑法规定应当追缴其违法所得及其他涉案财产的，人民检察院可以直接提出没收违法所得的申请。

在人民法院审理案件过程中，被告人死亡而裁定终止审理，或者被告人脱逃而裁定中止审理，人民检察院可以依法另行向人民法院提出没收违法所得的申请。

第五百三十三条　对于刑事诉讼法第二百九十八条第一款规定以外需要没收违法所得的，按照有关规定执行。

3.《公安机关办理刑事案件程序规定》（公安部令第127号）（2012年12月13日发布，2013年1月1日起施行）（节录）

第三百二十八条　有下列情形之一，依照刑法规定应当追缴其违法所得及其他涉案财产的，经县级以上公安机关负责人批准，公安机关应当写出没收违法所得意见书，连同相关证据材料一并移送同级人民检察院：

（一）恐怖活动犯罪等重大犯罪案件，犯罪嫌疑人逃匿，在通缉一年后不能到案的；

（二）犯罪嫌疑人死亡的。

犯罪嫌疑人死亡，现有证据证明其存在违法所得及其他涉案财产应当予以没收的，公安机关可以进行调查。公安机关进行调查，可以依法进行查封、扣押、查询、冻结。

第三百二十九条　没收违法所得意见书应当包括以下内容：

（一）犯罪嫌疑人的基本情况；

（二）犯罪事实和相关的证据材料；

（三）犯罪嫌疑人逃匿、被通缉或者死亡的情况；

（四）犯罪嫌疑人的违法所得及其他涉案财产的种类、数量、所在地；

（五）查封、扣押、冻结的情况等。

第三百三十条　公安机关将没收违法所得意见书移送人民检察院后，在逃的犯罪嫌疑人自动投案或者被抓获的，公安机关应当及时通知同级人民检察院。

4.《最高人民法院、最高人民检察院关于适用犯罪嫌疑人、被告人逃匿、死亡案件违法所得没收程序若干问题的规定》（法释［2017］1号）（2017年1月4日公布，2017年1月5日起施行）

为依法适用犯罪嫌疑人、被告人逃匿、死亡案件违法所得没收程序，根据《中华人民共和国刑事诉讼法》《中华人民共和国刑法》《中华人民共和国民事诉讼法》等法律规定，现就办理相关案件具体适用法律若干问题规定如下：

第一条 下列犯罪案件，应当认定为刑事诉讼法第二百八十条第一款规定的“犯罪案件”：

（一）贪污、挪用公款、巨额财产来源不明、隐瞒境外存款、私分国有资产、私分罚没财物犯罪案件；

（二）受贿、单位受贿、利用影响力受贿、行贿、对有影响力的人行贿、对单位行贿、介绍贿赂、单位行贿犯罪案件；

（三）组织、领导、参加恐怖组织，帮助恐怖活动，准备实施恐怖活动，宣扬恐怖主义、极端主义、煽动实施恐怖活动，利用极端主义破坏法律实施，强制穿戴宣扬恐怖主义、极端主义服饰、标志，非法持有宣扬恐怖主义、极端主义物品犯罪案件；

（四）危害国家安全、走私、洗钱、金融诈骗、黑社会性质的组织、毒品犯罪案件。

电信诈骗、网络诈骗犯罪案件，依照前款规定的犯罪案件处理。

第二条 在省、自治区、直辖市或者全国范围内具有较大影响，或者犯罪嫌疑人、被告人逃匿境外的，应当认定为刑事诉讼法第二百八十条第一款规定的“重大”。

第三条 犯罪嫌疑人、被告人为逃避侦查和刑事追究潜逃、隐匿，或者在刑事诉讼过程中脱逃的，应当认定为刑事诉讼法第二百八十条第一款规定的“逃匿”。

犯罪嫌疑人、被告人因意外事故下落不明满二年，或者因意外事故下落不明，经有关机关证明其不可能生存的，依照前款规定处理。

第四条 犯罪嫌疑人、被告人死亡，依照刑法规定应当追缴其违法所得及其他涉案财产的，人民检察院可以向人民法院提出没收违法所得的申请。

第五条 公安机关发布通缉令或者公安部通过国际刑警组织发布红色国际通报，应当认定为刑事诉讼法第二百八十条第一款规定的“通缉”。

第六条　通过实施犯罪直接或者间接产生、获得的任何财产，应当认定为刑事诉讼法第二百八十条第一款规定的“违法所得”。

违法所得已经部分或者全部转变、转化为其他财产的，转变、转化后的财产应当视为前款规定的“违法所得”。

来自违法所得转变、转化后的财产收益，或者来自已经与违法所得相混合财产中违法所得相应部分的收益，应当视为第一款规定的“违法所得”。

第七条　刑事诉讼法第二百八十一条第三款规定的“利害关系人”包括犯罪嫌疑人、被告人的近亲属和其他对申请没收的财产主张权利的自然人和单位。

刑事诉讼法第二百八十一条第二款、第二百八十二条第二款规定的“其他利害关系人”是指前款规定的“其他对申请没收的财产主张权利的自然人和单位”。

第八条　人民检察院向人民法院提出没收违法所得的申请，应当制作没收违法所得申请书。

没收违法所得申请书应当载明以下内容：

（一）犯罪嫌疑人、被告人的基本情况；

（二）案由及案件来源；

（三）犯罪嫌疑人、被告人涉嫌犯罪的事实及相关证据材料；

（四）犯罪嫌疑人、被告人逃匿、被通缉、脱逃、下落不明、死亡的情况；

（五）申请没收的财产的种类、数量、价值、所在地以及已查封、扣押、冻结财产清单和相关法律手续；

（六）申请没收的财产属于违法所得及其他涉案财产的相关事实及证据材料；

（七）提出没收违法所得申请的理由和法律依据；

（八）有无利害关系人以及利害关系人的姓名、身份、住址、联系方式；

（九）其他应当载明的内容。

上述材料需要翻译件的，人民检察院应当将翻译件随没收违法所得申请书一并移送人民法院。

第九条　对于没收违法所得的申请，人民法院应当在三十日内审查完毕，并根据以下情形分别处理：

（一）属于没收违法所得申请受案范围和本院管辖，且材料齐全、有证据证明有犯罪事实的，应当受理；

（二）不属于没收违法所得申请受案范围或者本院管辖的，应当退回人民检察院；

（三）对于没收违法所得申请不符合“有证据证明有犯罪事实”标准要求的，应当通知人民检察院撤回申请，人民检察院应当撤回；

（四）材料不全的，应当通知人民检察院在七日内补送，七日内不能补送的，应当退回人民检察院。

第十条 同时具备以下情形的，应当认定为本规定第九条规定的“有证据证明有犯罪事实”：

（一）有证据证明发生了犯罪事实；

（二）有证据证明该犯罪事实是犯罪嫌疑人、被告人实施的；

（三）证明犯罪嫌疑人、被告人实施犯罪行为的证据真实、合法。

第十一条 人民法院受理没收违法所得的申请后，应当在十五日内发布公告，公告期为六个月。公告期间不适用中止、中断、延长的规定。

公告应当载明以下内容：

（一）案由、案件来源以及属于本院管辖；

（二）犯罪嫌疑人、被告人的基本情况；

（三）犯罪嫌疑人、被告人涉嫌犯罪的事实；

（四）犯罪嫌疑人、被告人逃匿、被通缉、脱逃、下落不明、死亡的情况；

（五）申请没收的财产的种类、数量、价值、所在地以及已查封、扣押、冻结财产的清单和相关法律手续；

（六）申请没收的财产属于违法所得及其他涉案财产的相关事实；

（七）申请没收的理由和法律依据；

（八）利害关系人申请参加诉讼的期限、方式以及未按照该期限、方式申请参加诉讼可能承担的不利法律后果；

（九）其他应当公告的情况。

第十二条 公告应当在全国公开发行的报纸、信息网络等媒体和最高人民法院的官方网站刊登、发布，并在人民法院公告栏张贴。必要时，公告可以在犯罪地、犯罪嫌疑人、被告人居住地或者被申请没收财产所在地张贴。公告最后被刊登、发布、张贴日期为公告日期。人民法院张贴公告的，应当采取拍照、录像等方式记录张贴过程。

人民法院已经掌握境内利害关系人联系方式的，应当直接送达含有公告内容的通知；直接送达有困难的，可以委托代为送达、邮寄送达。经受送达人同意的，可以采用传真、电子邮件等能够确认其收悉的方式告知其公告内容，并记录在案；人民法院已经掌握境外犯罪嫌疑人、被告人、利害关系人联系方式，经受送达人同意的，可以采用传真、电子邮件等能够确认其收悉的方式告知其公告内容，并记录在案；受送达人未作出同意意思表示，或者人民法院未掌握境外犯罪嫌疑人、被告人、利害关系人联系方式，其所在地国（区）主管机关明确提出应当向受送达人送达含有公告内容的通知的，受理没收违法所得申请案件的人民法院可以决定是否送达。决定送达的，应当将公告内容层报最高人民法院，由最高人民法院依照刑事司法协助条约、多边公约，或者按照对等互惠原则，请求受送达人所在地国（区）的主管机关协助送达。

第十三条 利害关系人申请参加诉讼的，应当在公告期间内提出，并提供与犯罪嫌疑人、被告人关系的证明材料或者证明其可以对违法所得及其他涉案财产主张权利的证据材料。

利害关系人可以委托诉讼代理人参加诉讼。利害关系人在境外委托的，应当委托具有中华人民共和国律师资格并依法取得执业证书的律师，依照《最高人民法院关于适用〈中华人民共和国刑事诉讼法〉的解释》第四百零三条的规定对授权委托进行公证、认证。

利害关系人在公告期满后申请参加诉讼，能够合理说明理由的，人民法院应当准许。

第十四条 人民法院在公告期满后由合议庭对没收违法所得申请案件进行审理。

利害关系人申请参加及委托诉讼代理人参加诉讼的，人民法院应当开庭审理。利害关系人及其诉讼代理人无正当理由拒不到庭，且无其他利害关系人和其他诉讼代理人参加诉讼的，人民法院可以不开庭审理。

人民法院对没收违法所得申请案件开庭审理的，人民检察院应当派员出席。

人民法院确定开庭日期后，应当将开庭的时间、地点通知人民检察院、利害关系人及其诉讼代理人、证人、鉴定人员、翻译人员。通知书应当依照本规定第十二条第二款规定的方式至迟在开庭审理三日前送达；受送达人在境外的，至迟在开庭审理三十日前送达。

第十五条 出庭的检察人员应当宣读没收违法所得申请书，并在法庭调查阶段就申请没收的财产属于违法所得及其他涉案财产等相关事实出示、宣读证据。

对于确有必要出示但可能妨碍正在或者即将进行的刑事侦查的证据，针对该证据的法庭调查不公开进行。

利害关系人及其诉讼代理人对申请没收的财产属于违法所得及其他涉案财产等相关事实及证据有异议的，可以提出意见；对申请没收的财产主张权利的，应当出示相关证据。

第十六条 人民法院经审理认为，申请没收的财产属于违法所得及其他涉案财产的，除依法应当返还被害人的以外，应当予以没收；申请没收的财产不属于违法所得或者其他涉案财产的，应当裁定驳回申请，解除查封、扣押、冻结措施。

第十七条 申请没收的财产具有高度可能属于违法所得及其他涉案财产的，应当认定为本规定第十六条规定的“申请没收的财产属于违法所得及其他涉案财产”。

巨额财产来源不明犯罪案件中，没有利害关系人对违法所得及其他涉案财产主张权利，或者利害关系人对违法所得及其他涉案财产虽然主张权利但提供的相关证据没有达到相应证明标准的，应当视为本规定第十六条规定的“申请没收的财产属于违法所得及其他涉案财产”。

第十八条 利害关系人非因故意或者重大过失在第一审期间未参加诉讼，在第二审期间申请参加诉讼的，人民法院应当准许，并发回原审人民法院重新审判。

第十九条 犯罪嫌疑人、被告人逃匿境外，委托诉讼代理人申请参加诉讼，且违法所得或者其他涉案财产所在地国（区）主管机关明确提出意见予以支持的，人民法院可以准许。

人民法院准许参加诉讼的，犯罪嫌疑人、被告人的诉讼代理人依照本规定关于利害关系人的诉讼代理人的规定行使诉讼权利。

第二十条 人民检察院、利害关系人对第一审裁定认定的事实、证据没有争议的，第二审人民法院可以不开庭审理。

第二审人民法院决定开庭审理的，应当将开庭的时间、地点书面通知同级人民检察院和利害关系人。

第二审人民法院应当就上诉、抗诉请求的有关事实和适用法律进行审查。

第二十一条 第二审人民法院对不服第一审裁定的上诉、抗诉案件，经审理，应当按照下列情形分别处理：

（一）第一审裁定认定事实清楚和适用法律正确的，应当驳回上诉或者抗诉，维持原裁定；

（二）第一审裁定认定事实清楚，但适用法律有错误的，应当改变原裁定；

（三）第一审裁定认定事实不清的，可以在查清事实后改变原裁定，也可以撤销原裁定，发回原审人民法院重新审判；

（四）第一审裁定违反法定诉讼程序，可能影响公正审判的，应当撤销原裁定，发回原审人民法院重新审判。

第一审人民法院对于依照前款第三项规定发回重新审判的案件作出裁定后，第二审人民法院对不服第一审人民法院裁定的上诉、抗诉，应当依法作出裁定，不得再发回原审人民法院重新审判。

第二十二条 违法所得或者其他涉案财产在境外的，负责立案侦查的公安机关、人民检察院等侦查机关应当制作查封、扣押、冻结的法律文书以及协助执行查封、扣押、冻结的请求函，层报公安、检察院等各系统最高上级机关后，由公安、检察院等各系统最高上级机关依照刑事司法协助条约、多边公约，或者按照对等互惠原则，向违法所得或者其他涉案财产所在地国（区）的主管机关请求协助执行。

被请求国（区）的主管机关提出，查封、扣押、冻结法律文书的制发主体必须是法院的，负责立案侦查的公安机关、人民检察院等侦查机关可以向同级人民法院提出查封、扣押、冻结的申请，人民法院经审查同意后制作查封、扣押、冻结令以及协助执行查封、扣押、冻结令的请求函，层报最高人民法院后，由最高人民法院依照刑事司法协助条约、多边公约，或者按照对等互惠原则，向违法所得或者其他涉案财产所在地国（区）的主管机关请求协助执行。

请求函应当载明以下内容：

（一）案由以及查封、扣押、冻结法律文书的发布主体是否具有管辖权；

（二）犯罪嫌疑人、被告人涉嫌犯罪的事实及相关证据，但可能妨碍正在或者即将进行的刑事侦查的证据除外；

（三）已发布公告的，发布公告情况、通知利害关系人参加诉讼以及保障诉讼参与人依法行使诉讼权利等情况；

（四）请求查封、扣押、冻结的财产的种类、数量、价值、所在地等情况以及相关法律手续；

（五）请求查封、扣押、冻结的财产属于违法所得及其他涉案财产的相关事实及证据材料；

（六）请求查封、扣押、冻结财产的理由和法律依据；

（七）被请求国（区）要求载明的其他内容。

第二十三条 违法所得或者其他涉案财产在境外，受理没收违法所得申请案件的人民法院经审理裁定没收的，应当制作没收令以及协助执行没收令的请求函，层报最高人民法院后，由最高人民法院依照刑事司法协助条约、多边公约，或者按照对等互惠原则，向违法所得或者其他涉案财产所在地国（区）的主管机关请求协助执行。

请求函应当载明以下内容：

（一）案由以及没收令发布主体具有管辖权；

（二）属于生效裁定；

（三）犯罪嫌疑人、被告人涉嫌犯罪的事实及相关证据，但可能妨碍正在或者即将进行的刑事侦查的证据除外；

（四）犯罪嫌疑人、被告人逃匿、被通缉、脱逃、死亡的基本情况；

（五）发布公告情况、通知利害关系人参加诉讼以及保障诉讼参与人依法行使诉讼权利等情况；

（六）请求没收违法所得及其他涉案财产的种类、数量、价值、所在地等情况以及查封、扣押、冻结相关法律手续；

（七）请求没收的财产属于违法所得及其他涉案财产的相关事实及证据材料；

（八）请求没收财产的理由和法律依据；

（九）被请求国（区）要求载明的其他内容。

第二十四条 单位实施本规定第一条规定的犯罪后被撤销、注销，单位直接负责的主管人员和其他直接责任人员逃匿、死亡，导致案件无法适用刑事诉讼普通程序进行审理的，依照本规定第四条的规定处理。

第二十五条 本规定自2017年1月5日起施行。之前发布的司法解释与本规定不一致的，以本规定为准。

第二百九十九条　没收违法所得的申请，由犯罪地或者犯罪嫌疑人、被告人居住地的中级人民法院组成合议庭进行审理。

人民法院受理没收违法所得的申请后，应当发出公告。公告期间为六个月。犯罪嫌疑人、被告人的近亲属和其他利害关系人有权申请参加诉讼，也可以委托诉讼代理人参加诉讼。

人民法院在公告期满后对没收违法所得的申请进行审理。利害关系人参加诉讼的，人民法院应当开庭审理。

[条文主旨]

本条是关于犯罪嫌疑人、被告人逃匿、死亡案件没收违法所得的审理程序的规定。

[条文释解]

本条共分为三款，对没收违法所得的审理程序规定了三个方面的内容：一是管辖，二是公告，三是开庭审理。

第 1 款是关于没收违法所得案件管辖的规定。本款规定了两层意思：一是没收违法所得的申请，由犯罪地或者犯罪嫌疑人、被告人居住地中级人民法院管辖。这里所说的“犯罪地”，既包括犯罪预备地、犯罪行为实施地，也包括犯罪结果发生地和销赃地。“居住地”是指犯罪嫌疑人、被告人户籍所在地或者常住地。这里的“中级人民法院”，包括在省、自治区内按地区设立的中级人民法院，在直辖市内设立的中级人民法院，省、自治区下辖市的中级人民法院和自治州的中级人民法院。根据刑事诉讼法规定，中级人民法院管辖下列第一审刑事案件：危害国家安全、恐怖活动案件；可能判处无期徒刑、死刑的案件。可见，中级人民法院管辖的案件一般是性质比较严重，案情重大，涉及国家安全或者处罚较重的刑事案件。将没收违法所得的案件交由中级人民法院管辖，体现了对这一特别程序的慎重态度。二是对于没收违法所得的申请，人民法院应当组成合议庭进行审理而不能由审判员一人独任审判。

第 2 款是关于公告、利害关系人及委托诉讼代理人参加诉讼的规定。

本款规定了两个方面的内容：一是人民法院受理没收违法所得的申请

后，应当发出公告，公告期间为六个月。也就是说，人民法院在受理人民检察院提出的没收违法所得的申请后，应当通过公告的方式公布需要没收犯罪嫌疑人、被告人违法所得及其涉案财产的情况。“公告”，是指人民法院以张贴布告或者在报纸、刊物、网络上发布消息等方式公开向社会发布有关情况。二是犯罪嫌疑人、被告人的近亲属和其他利害关系人有权申请参加诉讼，也可以委托诉讼代理人参加诉讼。在六个月的公告期间内，犯罪嫌疑人、被告人的近亲属和其他利害关系人都有权申请参加没收违法所得的审理程序，也可以委托诉讼代理人参加审理。“近亲属”是指犯罪嫌疑人、被告人的夫、妻、父、母、子、女、同胞兄弟姊妹。“利害关系人”是指犯罪嫌疑人、被告人的近亲属以外的与所审理案件涉及财产有利害关系的人。“诉讼代理人”是指犯罪嫌疑人、被告人的近亲属和其他利害关系人委托的律师或者其他代为参加诉讼的人，这里规定的诉讼代理人是《刑事诉讼法》第108 条规定之外的诉讼代理人。

第 3 款是关于开庭审理的规定。本款规定了两层意思：一是人民法院在公告期满后对没收违法所得的申请进行审理。人民法院在六个月的公告期满以后，应当根据人民检察院提出的没收违法所得申请进行审理。如果没有利害关系人参加诉讼，人民法院可以进行书面审理，但也必须组成合议庭。二是利害关系人参加诉讼的、人民法院应当开庭审理。也就是说，如果有犯罪嫌疑人、被告人的近亲属和其他利害关系人以及他们委托的诉讼代理人参加诉讼的，人民法院应当组成合议庭开庭进行审理。本章对如何开庭审理未作具体规定，可以参照公诉案件第一审程序中有关开庭审理的规定执行。例如，人民法院决定开庭审判后，应当确定合议庭的组成人员，将人民检察院的申请书副本送达利害关系人，确定开庭日期后，应当通知人民检察院、利害关系人，对于公开审判的案件，应当先期公布案由、开庭的时间和地点；开庭时告知利害关系人有关回避等诉讼权利、人民检察院、利害关系人或诉讼代理人应当向法庭出示证据，可以要求证人出庭，可以对证据和案件情况发表意见并且可以互相辩论等。

[审判实务]

1. 人民法院如何对检察机关提起申请时提交的材料进行审查？公安机关在侦查阶段遇到犯罪嫌疑人、被告人死亡或者潜逃情况，又确实需要没收违法所得的，按照刑事诉讼法的要求，公安机关应当写出没收财产的意见书，先向检察机关提出申请，由检察机关进行审核，再由检察机关向人民法院提出申请。申请应当提供与犯罪事实、违法所得相关的证据材料，并列明财产的种类、数量、所在地及查封、扣押、冻结的情况。据此，人民法院应重点审查检察机关提交的以下材料：第一类是证明犯罪事实的证据材料。由于犯罪嫌疑人、被告人死亡或者逃匿，导致人民法院无法对犯罪嫌疑人、被告人依法定罪，但违法所得没收程序适用的前提是有证据证明犯罪嫌疑人、被告人确实实施了犯罪，并应当追究其刑事责任。故人民法院需根据与犯罪事实有关的证据材料来判断犯罪嫌疑人、被告人是否犯罪，以确定是否可以适用该程序。与犯罪事实有关的证据材料主要包括证明犯罪嫌疑人、被告人犯罪的证据材料，是否存在共同犯罪、犯罪嫌疑人死亡原因或潜逃情况等证据材料。第二类是与违法所得有关的证据材料。我们认为除刑事诉讼法列举的以外，还应当包括被害人的具体情况、是否有仍未追回的违法所得与其他涉案财产，若违法所得在境外的应单独列明等。

2. 正确理解没收违法所得程序案件的管辖问题。根据《刑事诉讼法》第 299 条第 1 款规定，没收违法所得的申请，由犯罪地或者犯罪嫌疑人、被告人居住地的中级人民法院审理。这种地域管辖原则与普通刑事案件是一致的。对这里“犯罪地”和“居住地”的理解，也应与普通刑事案件保持一致。对于“犯罪地”，《关于实施刑事诉讼法若干问题的规定》第 2 条和《刑诉法解释》第 2 条第 2 款都有规定，包括犯罪行为发生地和犯罪结果发生地。这里要注意某些特殊案件地域管辖的规定。例如，《刑诉法解释》第 2 条第 2 款规定，针对或者利用计算机网络实施的犯罪，犯罪地包括犯罪行为发生地的网站服务器所在地，网络接入地，网站建立者、管理者所在地，被侵害的计算机信息系统及其管理者所在地，被告人、被害人使用的计算机信息系统所在地，以及被害人财产遭受损失地。再如，对于毒品犯罪，2007 年最高人民法院会同最高人民检察院、公安部制定的《办理毒品犯罪案件适用法律若干问题的意见》提出，“犯罪地”包括犯罪预谋地，毒资筹集地，交易进行地，毒品生产地，毒资、毒赃和毒品的藏匿地、转移地，走私或者贩运毒品的目的地以及犯罪嫌疑人被抓获地等。对于“居住地”，根据《刑诉法解释》第 3 条第 1 款规定，被告人的户籍地为其居住地，经常居住地与户籍地不一致的，经常居住地为其居住地。经常居住地为被告人被追诉前已连续居住一年以上的地方，但住院就医的除外。法院在收到检察机关没收违法所得的申请后，经审查，根据法律和司法解释的规定，确实不属于本院管辖的，应当退回人民检察院。

3. 立案环节的处理方式不包括裁定不予受理。《刑诉法解释》在征求意见稿中曾规定，对于不符合适用违法所得没收程序的案件，法院可以裁定不予受理。但立法机关和一些专家提出，法院裁定不予受理的法律依据不足，故最后删去了这种处理方式。《关于实施刑事诉讼法若干问题的规定》第25条第2款规定：对于人民检察院提起公诉的案件，人民法院都应当受理；人民法院对提起公诉的案件进行审查后，对于起诉书中有明确的指控犯罪事实并且附有案卷材料、证据的，应当决定开庭审判，不得以上述材料不充足为由而不开庭审判；如果人民检察院移送的材料中缺少上述材料的，人民法院可以通知人民检察院补充材料，人民检察院应当自收到通知之日起三日内补送。这种对公诉案件的立案处理原则也适用于违法所得没收程序。因此，《刑诉法解释》第511条第2项规定，没收违法所得的申请材料不全的，应当通知人民检察院在三日内补送，而不能不予受理。

4. 正确理解本条中近亲属和其他利害关系人的范围。（1）关于“近亲属”的范围。违法所得没收程序中犯罪嫌疑人、被告人的“近亲属”的范围，适用《刑事诉讼法》第108条第6项的规定，是指夫、妻、父、母、子、女、同胞兄弟姊妹，不应扩大其范围。（2）关于“其他利害关系人”的范围。“利害关系人”包括犯罪嫌疑人、被告人的近亲属和其他对申请没收的财产主张权利的自然人和单位。鉴于《刑诉法解释》将“利害关系人”限制为对申请没收的财产主张所有权的人，范围过窄，故《没收规定》将此概念解释为对申请没收的财产主张权利的自然人和单位，除对财物主张所有权外，还包括主张部分物权的情形，如主张留置权、担保物权的自然人和单位。

5. 超过公告期六个月后，犯罪嫌疑人、被告人的近亲属和其他利害关系人能否申请参加诉讼？根据《刑事诉讼法》第299条第2款规定，犯罪嫌疑人、被告人的近亲属和其他利害关系人在人民法院发出公告的六个月期限内，有权申请参加诉讼，也可以委托诉讼代理人参加诉讼。也就是说，犯罪嫌疑人、被告人的近亲属和其他利害关系人在这一法定期限内申请参加诉讼是无条件的，人民法院应当准许。但是，在公告期满后申请的，人民法院是否可以准许？根据《刑诉法解释》第513条第3款的规定，犯罪嫌疑人、被告人的近亲属和其他利害关系人在公告期满后申请参加诉讼，能够合理说明原因，并提供证明申请没收的财产系其所有的证据材料的，人民法院应当准许。因此，利害关系人在公告期满后参加诉讼要具备两个条件：一是能够合理说明原因，二是能够提供证明申请没收的财产系其所有的证据材料。对于“能够合理说明原因”这一条件，《刑诉法解释》在征求意见稿中曾表述为“人民法院经审查，认为其主张确有可能成立”。但有意见认为这种做法系先入为主，违反程序，法院的审查重点应当是是否有客观、合理的原因导致其未能在公告期间申请参加诉讼。据此，改成了现在的表述。需要注意的是，在“能够合理说明原因”的判断上不能设定过高的标准，只要按照一般观念认为利害关系人的解释能够成立，就可以认为符合这一条件。

6. 此类案件是否一律开庭审理？根据《刑事诉讼法》第299条第3款的规定，如果有犯罪嫌疑人、被告人的近亲属和其他利害关系人以及他们委托的诉讼代理人参加诉讼的，人民法院应当组成合议庭开庭进行审理。如果没有上述人员参加诉讼的，是否可以不开庭审理？考虑到当前人民法院案多人少的问题较为突出，且这一问题可能长期存在，故《刑诉法解释》规定，在利害关系人没有申请参加诉讼的情况下，原则上均可以不开庭审理，以节约司法资源，提高司法效率。当然，对不开庭审理的，合议庭成员应当认真阅卷、审查全部证据材料，必要时可以进行调查，听取证人意见，查清事实后依法作出裁定。当然，对于没有利害关系人参加的案件，合议庭如果认为有必要，也可以开庭审理。应当注意的是，“利害关系人参加诉讼”，不仅包括其本人参加诉讼，也包括其委托诉讼代理人参加诉讼。换言之，利害关系人委托诉讼代理人参加诉讼的，人民法院仍应开庭审理。

7. 正确理解公告的有关问题。刑事诉讼法规定公告期间为六个月。我们认为，这一期间不适用中止、中断、延长的规定。公告必须自人民法院受理没收违法所得申请案件之日起十五日之内发布。关于公告，需要明确以下几点：（1）公告是没收违法所得申请案件审理的必经程序。《没收规定》明确规定，公告应当在全国公开发行的报纸、信息网络等媒体和最高人民法院的官方网站刊登、发布，并在受理案件的人民法院公告栏张贴。必要时，公告可以在犯罪地、犯罪嫌疑人、被告人居住地或者被申请没收财产所在地张贴。（2）关于境外犯罪嫌疑人、被告人、利害关系人公告的送达，对于已掌握境外犯罪嫌疑人、被告人、利害关系人的联系方式，参考《民事诉讼法》第87条的规定，经受送达人同意的，可以采取传真、电子邮件等方式直接告知其公告内容，并记录在案。出于对被请求国司法主权的尊重，且便于境外协助执行请求能够顺利执行，《没收规定》明确规定，如果所在地国家主管机关明确提出应当向受送达人送达含有公告内容的通知的，受理案件的法院可以综合案情决定是否送达。决定送达的，应当将公告内容层报最高人民法院，由最高人民法院依照刑事司法协助条约、多边公约，或者按照对等互惠原则，请求受送达人所在地国家的主管机关协助送达。上述送达是对公告送达的补充，旨在进一步确认受送达人知悉公告内容，确保其诉讼权利。补充送达日期不影响公告日期的认定。

8. 关于第一审审判组织、审理方式、法庭调查以及裁定结果。需要明确以下几点：（1）为督促利害关系人在公告期间内及时行使权利，《没收规定》第13条明确要求，利害关系人参加诉讼的，应当在公告期间内提出，并提供与犯罪嫌疑人、被告人关系的证明材料或者证明其可以对违法所得及其他涉案财产主张权利的证据材料。利害关系人申请参加或者委托诉讼代理人参加诉讼的，人民法院应当开庭审理。利害关系人及其诉讼代理人无正当理由拒不到庭，且无其他利害关系人和其他诉讼代理人参加诉讼的，人民法院可以不开庭审理。（2）关于审判组织。为确保案件审理效果，加强对利害关系人合法财产权利的保护，避免因独任审判对裁定结果考虑不周，人民法院应当由合议庭审理没收违法所得申请案件。（3）关于法庭调查。由于人民法院对犯罪事实及证据的审查提前至立案审查环节，故出庭的检察人员在法庭调查阶段仅就申请没收的财产属于违法所得及其他涉案财产等相关事实出示、宣读证据。考虑到涉案犯罪嫌疑人、被告人有可能被缉拿归案而适用普通刑事诉讼程序，法庭调查应当力求不妨碍可能进行的刑事侦查，对于确有必要出示但可能妨碍正在或者即将进行的刑事侦查的证据，针对该证据的法庭调查不公开进行。在开庭过程中仅围绕申请没收的财产是否属于违法所得及其他涉案财产等相关事实及证据进行举证、质证并提出意见。根据谁主张谁举证原则，如果利害关系人及其诉讼代理人对申请没收的财产主张权利的，应当出示相关证据。（4）关于裁定结果。没收违法所得申请案件的审理结果可以分为两种情形：一是申请没收的财产属于违法所得或者其他涉案财产。此种情形又存在有被害人和无被害人两种处理结果。有被害人的，考虑优先返还被害人的财产，故《没收规定》第16条明确规定，除依法应当返还被害人的以外，应当予以没收。二是申请没收的财产不属于违法所得或者其他涉案财产。如果利害关系人有证据证明其对申请没收的财产具有合法权利，人民法院应当裁定驳回申请，解除查封、扣押、冻结措施。

9. 不开庭审理不同于书面审理。不开庭审理与书面审理两种审理方式既有共性也有不同。根据法律和相关司法解释规定，人民法院对于普通刑事案件的一审都必须开庭审理，而对于违法所得没收、减刑假释等特殊案件的一审，可以不开庭审理，甚至实行书面审理。“不开庭审理”容易和“书面审理”相混淆。二者的共性：都是不经过开庭审理的审理程序，主要依靠一审中形成的书面材料，通过阅读案卷来作出判决。不同之处是：书面审理一般通过阅卷若认为事实清楚即可适用书面审理的审理方式；不开庭审理则是必须通过阅卷、调查和询问证人等方式进行审理。只有对于完全采取审查案卷方式进行审理的，才可以说是书面审理。因此，对于违法所得没收程序案件的不开庭审理，不能认为仅是书面审理。

[配套规定]

1.《最高人民法院关于适用〈中华人民共和国刑事诉讼法〉的解释》（法释［2012］21号）（2012年12月20日公布，2013年1月1日起施行）（节录）

第五百一十条　对人民检察院提出的没收违法所得申请，人民法院应当审查以下内容：

（一）是否属于本院管辖；

（二）是否写明犯罪嫌疑人、被告人涉嫌有关犯罪的情况，并附相关证据材料；

（三）是否附有通缉令或者死亡证明；

（四）是否列明违法所得及其他涉案财产的种类、数量、所在地，并附相关证据材料；

（五）是否附有查封、扣押、冻结违法所得及其他涉案财产的清单和相关法律手续；

（六）是否写明犯罪嫌疑人、被告人的近亲属和其他利害关系人的姓名、住址、联系方式及其要求等情况；

（七）是否写明申请没收的理由和法律依据。

第五百一十一条　对没收违法所得的申请，人民法院应当在七日内审查完毕，并按照下列情形分别处理：

（一）不属于本院管辖的，应当退回人民检察院；

（二）材料不全的，应当通知人民检察院在三日内补送；

（三）属于违法所得没收程序受案范围和本院管辖，且材料齐全的，应当受理。

人民检察院尚未查封、扣押、冻结申请没收的财产或者查封、扣押、冻结期限即将届满，涉案财产有被隐匿、转移或者毁损、灭失危险的，人民法院可以查封、扣押、冻结申请没收的财产。

第五百一十二条 人民法院决定受理没收违法所得的申请后，应当在十五日内发出公告，公告期为六个月。公告应当写明以下内容：

（一）案由；

（二）犯罪嫌疑人、被告人通缉在逃或者死亡等基本情况；

（三）申请没收财产的种类、数量、所在地；

（四）犯罪嫌疑人、被告人的近亲属和其他利害关系人申请参加诉讼的期限、方式；

（五）应当公告的其他情况。

公告应当在全国公开发行的报纸或者人民法院的官方网站刊登，并在人民法院公告栏张贴、发布；必要时，可以在犯罪地、犯罪嫌疑人、被告人居住地、申请没收的不动产所在地张贴、发布。

人民法院已经掌握犯罪嫌疑人、被告人的近亲属和其他利害关系人的联系方式的，应当采取电话、传真、邮件等方式直接告知其公告内容，并记录在案。

第五百一十三条 对申请没收的财产主张所有权的人，应当认定为刑事诉讼法第二百八十一条第二款规定的“其他利害关系人”。

犯罪嫌疑人、被告人的近亲属和其他利害关系人申请参加诉讼的，应当在公告期间提出。犯罪嫌疑人、被告人的近亲属应当提供其与犯罪嫌疑人、被告人关系的证明材料，其他利害关系人应当提供申请没收的财产系其所有的证据材料。

犯罪嫌疑人、被告人的近亲属和其他利害关系人在公告期满后申请参加诉讼，能够合理说明原因，并提供证明申请没收的财产系其所有的证据材料的，人民法院应当准许。

第五百一十四条 公告期满后，人民法院应当组成合议庭对申请没收违法所得的案件进行审理。

利害关系人申请参加诉讼的，人民法院应当开庭审理。没有利害关系人申请参加诉讼的，可以不开庭审理。

第五百一十五条　开庭审理申请没收违法所得的案件，按照下列程序进行：

（一）审判长宣布法庭调查开始后，先由检察员宣读申请书，后由利害关系人、诉讼代理人发表意见；

（二）法庭应当依次就犯罪嫌疑人、被告人是否实施了贪污贿赂犯罪、恐怖活动犯罪等重大犯罪并已经通缉一年不能到案，或者是否已经死亡，以及申请没收的财产是否依法应当追缴进行调查；调查时，先由检察员出示有关证据，后由利害关系人发表意见、出示有关证据，并进行质证；

（三）法庭辩论阶段，先由检察员发言，后由利害关系人及其诉讼代理人发言，并进行辩论。

利害关系人接到通知后无正当理由拒不到庭，或者未经法庭许可中途退庭的，可以转为不开庭审理，但还有其他利害关系人参加诉讼的除外。

2. **《人民检察院刑事诉讼规则》**（高检发释字［2019］4号）（2019年12月30日公布并施行）（节录）

第五百二十九条　人民法院对没收违法所得的申请进行审理，人民检察院应当承担举证责任。

人民法院对没收违法所得的申请开庭审理的，人民检察院应当派员出席法庭。

第五百三十条　出席法庭的检察官应当宣读没收违法所得申请书，并在法庭调查阶段就申请没收的财产属于违法所得及其他涉案财产等相关事实出示、宣读证据

第三百条　人民法院经审理，对经查证属于违法所得及其他涉案财产，除依法返还被害人的以外，应当裁定予以没收；对不属于应当追缴的财产的，应当裁定驳回申请，解除查封、扣押、冻结措施。

对于人民法院依照前款规定作出的裁定，犯罪嫌疑人、被告人的近亲属和其他利害关系人或者人民检察院可以提出上诉、抗诉。

［条文主旨］

本条是关于对违法所得的处理及对人民法院裁定上诉、抗诉的规定

[条文释解]

本条共两款。规定了两个方面的内容：一是对财产的处理。人民法院审理没收违法所得的申请后应当以何种法律文书形式作出处理，是作出判决还是裁定？二是上诉、抗诉权。为了保证公正审理，使确有错误的没收违法所得的裁定在发生法律效力前得到及时纠正，使对裁定不服的利害关系人有获得法律救济的机会，保障办案质量和司法公正，加强人民检察院的法律监督职责，规定了犯罪人、被告人的近亲属和其他利害关系人或者人民检察院对人民法院的裁定不服可以提出上诉、抗诉。

第1款是关于人民法院审理没收违法所得申请后应当如何作出处理的规定。根据本款规定，人民法院经审理应当作出以下裁定：一是经查证属于违法所得及其他涉案财产，除依法返还被害人的以外，应当裁定予以没收。人民法院经审理，查明犯罪嫌疑人、被告人有犯罪事实，且犯罪嫌疑人、被告人的财产属于违法所得及其他涉案财产，依照刑法规定应当予以追缴的，应当作出予以没收的裁定。但是，其中属于被害人的合法财产的，应当予以返还。“裁定”，是指人民法院在案件审理或者判决执行过程中，就某些重大程序问题和部分实体问题所作的决定，按其性质可以分为程序性裁定和实体性裁定。本款规定没收违法所得的裁定或者驳回申请的裁定，都属于实体性裁定。二是对不属于应当追缴的财产，应当裁定驳回申请，解除查封、扣押、冻结措施。人民法院经审理，如果不能认定犯罪嫌疑人、被告人的犯罪事实，或者虽然能够认定犯罪嫌疑人、被告人的犯罪事实，但无法认定犯罪嫌疑人、被告人的财产属于应当追缴的违法所得及其他涉案财产的，或者涉案财产实际上属于案外第三人，因而不属于应当追缴的，应当裁定驳回人民检察院提出的没收违法所得的申请。在裁定驳回申请的同时，如果犯罪嫌疑人、被告人的财产被查封、扣押、冻结的，应当解除对犯罪嫌疑人、被告人财产的查封、扣押、冻结措施。

第2款是关于犯罪嫌疑人、被告人的近亲属和其他利害关系人或者人民检察院对裁定不服的上诉、抗诉的规定。根据本款规定，对于人民法院作出的裁定，犯罪嫌疑人、被告人的近亲属和其他利害关系人或者人民检察院可以提出上诉、抗诉。也就是说，人民法院作出裁定后，犯罪嫌疑人、被告人的近亲属和其他利害关系人如果不服该裁定，可以提出上诉；人民检察院如果不服该裁定的，可以提出抗诉。“上诉”，是指当事人对人民法院所作的尚未发生法律效力的一审判决、裁定或决定不服的，在法定期限内，提请上一级人民法院重新审判的诉讼活动。“抗诉”，是指人民检察院对人民法院作出的判决、裁定，认为确有错误的，依法向人民法院提出重新审理要求的诉讼活动，抗诉是法律授予人民检察院代表国家行使的一项法律监督权。本章对如何提出上诉、抗诉，接受上诉、抗诉的法院如何进行处理，以及如何审理上诉、抗诉案件都未作具体规定，可以参照刑事诉讼法对一审裁定不服的上诉、抗诉以及第二审人民法院审理上诉、抗诉案件的有关规定执行。

[审判实务]

1. 违法所得的没收程序案件应适用何种证明标准？是适用民事诉讼中的优势证据标准，还是适用刑事诉讼中的严格证明标准？我们认为，违法所得没收程序，虽然是特别程序，但仍是刑事诉讼程序中的一种程序。因此，仍应适用刑事诉讼中的严格证明标准，毕竟涉及犯罪嫌疑人、被告人的财产权利，且犯罪嫌疑人、被告人又不在场。严格适用刑事证明标准，可以保证案件公正审理，保障犯罪嫌疑人、被告人以及利害关系人的合法权益。但是利害关系人提出的申请所依据的证据，只要达到了优势的程序，就应认为是达到了证明的标准。但是，对于没收违法所得申请案件，由于犯罪嫌疑人、被告人逃匿、死亡，对犯罪事实及相关证据的认定难度比普通刑事案件要大，加之此类案件仅是对相关财产进行没收，犯罪嫌疑人、被告人如到案，则终止审理。这些特征决定了此类案件中的证明标准与普通刑事案件相比，还是不完全一样的。对于没收违法所得申请案件，“通缉”是必要条件，符合“通缉”条件也就必定符合“逮捕”条件。《没收规定》第10条明确规定，同时具备以下情形的，应当认定为“有证据证明有犯罪事实”：有证据证明发生了犯罪事实；有证据证明该犯罪事实是犯罪嫌疑人、被告人实施的；证明犯罪嫌疑人、被告人实施犯罪行为的证据真实、合法。

2. 如何理解和适用违法所得没收程序中的案件审理期限问题？我们认为，刑事诉讼法对此未作明文规定，但也不能因此久拖不决。应当参照公诉案件普通程序第一审、第二审程序中的审限规定执行。但是，公告期限不应计入审理期限。

3. 关于第二审审理方式、审查重点、裁定结果。需要注意以下几个方面：（1）对没收违法所得或者驳回申请的裁定，利害关系人、人民检察院可以在五日内提出上诉、抗诉。利害关系人、人民检察院对第一审裁定认定的事实、证据没有争议的，第二审人民法院可以不开庭审理，但应当就上诉、抗诉请求的有关事实和适用法律进行审查。第二审人民法院决定开庭审理的，应当将开庭的时间、地点书面通知同级人民检察院和利害关系人。（2）明确第二审人民法院对上诉、抗诉案件处理的四种情形：一是第一审裁定认定事实清楚和适用法律正确的，应当驳回上诉或者抗诉，维持原裁定；二是第一审裁定认定事实清楚，但适用法律有错误的，应当改变原裁定；三是第一审裁定认定事实不清的，既可以在查清事实后改变原裁定，也可以撤销原裁定，发回原审人民法院重新审判；四是第一审裁定违反法定诉讼程序，可能影响公正审判的，应当撤销原裁定，发回原审人民法院重新审判。《没收规定》同时明确，第一审人民法院对于依照前述第三种情形发回重新审判的案件作出裁定后，第二审人民法院对不服第一审人民法院裁定的上诉、抗诉，应当依法作出裁定，不得再发回原审人民法院重新审判。

［配套规定］

1.《最高人民法院关于适用〈中华人民共和国刑事诉讼法〉的解释》（法释［2012］21号）（2012年12月20日公布，2013年1月1日起施行）（节录）

第五百一十六条 对申请没收违法所得的案件，人民法院审理后，应当按照下列情形分别处理：

（一）案件事实清楚，证据确实、充分，申请没收的财产确属违法所得及其他涉案财产的，除依法返还被害人的以外，应当裁定没收；

（二）不符合本解释第五百零七条规定的条件的，应当裁定驳回申请。

第五百一十七条 对没收违法所得或者驳回申请的裁定，犯罪嫌疑人、被告人的近亲属和其他利害关系人或者人民检察院可以在五日内提出上诉、抗诉。

第五百一十八条 对不服第一审没收违法所得或者驳回申请裁定的上诉、抗诉案件，第二审人民法院经审理，应当按照下列情形分别作出裁定：

（一）原裁定正确的，应当驳回上诉或者抗诉，维持原裁定；

（二）原裁定确有错误的，可以在查清事实后改变原裁定；也可以撤销原裁定，发回重新审判；

（三）原审违反法定诉讼程序，可能影响公正审判的，应当撤销原裁定，发回重新审判。

2.《人民检察院刑事诉讼规则》（高检发释字［2019］4号）（2019年12月30日公布并施行）（节录）

第五百三十一条　人民检察院发现人民法院或者审判人员审理没收违法所得案件违反法律规定的诉讼程序，应当向人民法院提出纠正意见。

人民检察院认为同级人民法院按照违法所得没收程序所作的第一审裁定确有错误的，应当在五日以内向上一级人民法院提出抗诉。

最高人民检察院、省级人民检察院认为下级人民法院按照违法所得没收程序所作的已经发生法律效力的裁定确有错误的，应当按照审判监督程序向同级人民法院提出抗诉。

第三百零一条　在审理过程中，在逃的犯罪嫌疑人、被告人自动投案或者被抓获的，人民法院应当终止审理。

没收犯罪嫌疑人、被告人财产确有错误的，应当予以返还、赔偿。

［条文主旨］

本条是关于终止违法所得的没收程序以及有关返还、赔偿的规定。

［条文释解］

违法所得没收程序是在犯罪嫌疑人、被告人没有到案参加法庭审理的情况下进行的，在审理过程中，在逃的犯罪嫌疑人、被告人自动投案或者被抓获的，人民法院应当终止没收程序的审理，由相关机关按照刑事诉讼法的规定，对犯罪嫌疑人、被告人进行相应的追诉程序。这样有利于查明案件事实，综合全案情况作出正确判决，也有利于保障犯罪嫌疑人、被告人辩护权等诉讼权利和其他合法权益。对于犯罪嫌疑人、被告人在人民法院作出没收裁定生效后归案的，对没收违法所得的裁定应当分情况处理：对犯罪嫌疑人、被告人按照刑事追诉程序依法作出处理。如果经过侦查、审查起诉到最终判决，确认原裁定正确的，予以维持，不再对涉案财产作出处理；如果经过追诉程序，最终确认原裁定确有错误的，依照审判监督程序予以撤销，对定罪量刑及涉案财产一并作出处理。本条明确规定没收犯罪嫌疑人、被告人财产确有错误的，应当予以返还、赔偿，以维护有关利害关系人的合法权益。

本条共分为两款。第 1 款是关于终止没收违法所得审理程序的规定。根据本款规定，在审理过程中，在逃的犯罪嫌疑人、被告人自动投案或者被抓获的，人民法院应当终止审理。“终止审理”，是指人民法院在审判案件过程中，遇有法律规定的情形致使审判不应当或者不需要继续进行时终结案件的诉讼活动。《刑事诉讼法》第 16 条规定了有关终止审理的法定情形。本款是除了《刑事诉讼法》第 16 条规定之外法律规定的又一种终止审理的情形，即人民法院在审理没收违法所得申请的过程中，在逃的犯罪嫌疑人、被告人自动投案或者被抓获的，人民法院应当终止没收违法所得的审理程序。这里所说的“自动投案”，是指在人民法院审理没收违法所得申请的过程中，犯罪嫌疑人、被告人出于本人的意愿而主动向司法机关承认自己的犯罪事实，并自愿置于司法机关控制之下的行为。“被抓获”，是指在人民法院审理没收违法所得申请过程中，犯罪嫌疑人、被告人被司法机关抓捕归案。

第 2 款是没收财产确有错误的，应当如何处理的规定。根据本款规定，没收犯罪嫌疑人、被告人财产确有错误的，应当予以返还、赔偿。本款所说的“确有错误”主要是指人民法院依据本章的规定，对犯罪嫌疑人、被告人的违法所得及其他涉案财产所作出的予以没收的裁定确实存在错误的。“返还”，是指对不该没收的财产及时退回有关利害关系人。“赔偿”，是指错误没收给有关利害关系人造成经济损失的，应当予以赔偿。根据本款规定，对于没收犯罪嫌疑人、被告人财产确有错误的，应当予以返还，对于因此造成的损失，以及财产损毁或者灭失的，应当予以赔偿。

[审判实务]

1. 明确刑事诉讼法关于“在审理过程中，在逃的犯罪嫌疑人、被告人自动投案或者被抓获的，人民法院应当终止审理”的意义及终止审理后如何处理。首先，应当明确，终止审理后，应当适用普通程序进行审理，而不再适用违法所得没收程序这一特别程序。其次，明确终止审理的原因主要是基于两个理由。一是违法所得的没收程序就是解决在犯罪嫌疑人、被告人潜逃不能接受审判，而又必须对违法所得和涉案财产进行处理时适用的特别诉讼程序，如果犯罪嫌疑人、被告人自动投案或者被抓获，则意味着正常的审判可以进行，违法所得可以在适用普通程序中予以处理，违法所得的没收程序就失去了意义。二是对被告人进行没收违法所得并不意味着我国彻底放弃了将被告人遣返回国的要求。在没收程序进行过程中，相关部门仍然应当继续作出将被告人遣返回国的努力。在通过引渡等手段强制被告人回国归案后，成功劝说被告人自动归案的，人民法院应当裁定终止审理。

2. 正确理解"没收犯罪嫌疑人、被告人财产确有错误"的规定。根据《刑事诉讼法》第 301 条第 2 款规定，没收犯罪嫌疑人、被告人财产确有错误的，应当予以返还、赔偿。这里的"确有错误"，是指经裁定没收的财产，并不属于依法应当追缴的违法所得或者其他涉案财产，而是第三人或者被告人合法所有的财产。遇到这种情况，只能通过审判监督程序对原裁定进行纠正。

3. 没收裁定生效后犯罪嫌疑人、被告人归案的，如何处理？是否一律适用审判监督程序审理？我们认为，并非所有裁定错误均需通过审判监督程序改正。例如，根据有关司法解释的规定，缓刑期间发现漏罪的，可以直接由审判新罪的人民法院对原判决、裁定，包括上级法院判决、裁定宣告的缓刑予以撤销。在上述情形下，直接在新的判决中撤销原确有错误的裁定，有利于节约司法资源，也不影响程序公正，更为合理。同样，没收违法所得程序案件的裁定生效后，犯罪嫌疑人、被告人到案的，也可适用上述原理。据此，《刑诉法解释》第 522 条规定，没收违法所得裁定生效后，犯罪嫌疑人、被告人到案并对没收裁定提出异议，人民检察院向作出原裁定的人民法院提起公诉的，可以由同一审判组织审理。据此，我们认为，如果犯罪嫌疑人、被告人到案但未对没收裁定提出异议的，则不再进行重新审理。如果提出异议的，则由人民法院在审理人民检察院提起公诉的普通程序中进行审理。人民法院经审理，应当按照下列情形分别处理：（1）原裁定正确的，予以维持，不再对涉案财产作出判决；（2）原裁定确有错误的，应当撤销原裁定，并在判决中对有关涉案财产一并作出处理。

人民法院生效的没收裁定确有错误的，除第 1 款规定的情形外，应当依照审判监督程序予以纠正。已经没收的财产，应当及时返还；财产已经上缴国库的，由原没收机关向财政机关申请退库，予以返还；原物已经出卖、拍卖的，应当退还价款；造成犯罪嫌疑人、被告人以及利害关系人财产损失的，应当依法赔偿。

[配套规定]

1.《最高人民法院关于适用〈中华人民共和国刑事诉讼法〉的解释》（法释［2012］21号）（2012年12月20日公布，2013年1月1日起施行）（节录）

第五百一十九条　在审理申请没收违法所得的案件过程中，在逃的犯罪嫌疑人、被告人到案的，人民法院应当裁定终止审理。人民检察院向原受理申请的人民法院提起公诉的，可以由同一审判组织审理。

第五百二十条　在审理案件过程中，被告人死亡或者脱逃，符合刑事诉讼法第二百八十条第一款规定的，人民检察院可以向人民法院提出没收违法所得的申请。

人民检察院向原受理案件的人民法院提出申请的，可以由同一审判组织依照本章规定的程序审理。

第五百二十一条　审理申请没收违法所得案件的期限，参照公诉案件第一审普通程序和第二审程序的审理期限执行。

公告期间和请求刑事司法协助的时间不计入审理期限。

第五百二十二条　没收违法所得裁定生效后，犯罪嫌疑人、被告人到案并对没收裁定提出异议，人民检察院向原作出裁定的人民法院提起公诉的，可以由同一审判组织审理。

人民法院经审理，应当按照下列情形分别处理：

（一）原裁定正确的，予以维持，不再对涉案财产作出判决；

（二）原裁定确有错误的，应当撤销原裁定，并在判决中对有关涉案财产一并作出处理。

人民法院生效的没收裁定确有错误的，除第一款规定的情形外，应当依照审判监督程序予以纠正。已经没收的财产，应当及时返还；财产已经上缴国库的，由原没收机关从财政机关申请退库，予以返还；原物已经出卖、拍卖的，应当退还价款；造成犯罪嫌疑人、被告人以及利害关系人财产损失的，应当依法赔偿。

第五百二十三条　人民法院审理申请没收违法所得的案件，本章没有规定的，参照适用本解释的有关规定。

2.《人民检察院刑事诉讼规则》（高检发释字［2019］4号）（2019年12月30日公布并施行）（节录）

第五百三十二条　在审理案件过程中，在逃的犯罪嫌疑人、被告人自动投案或者被抓获，人民法院按照刑事诉讼法第三百零一条第一款的规定终止审理的，人民检察院应当将案卷退回监察机关或者公安机关处理。

第五章　依法不负刑事责任的精神病人的强制医疗程序

第三百零二条　实施暴力行为，危害公共安全或者严重危害公民人身安全，经法定程序鉴定依法不负刑事责任的精神病人，有继续危害社会可能的，可以予以强制医疗。

[条文主旨]

本条是关于强制医疗适用对象的规定。

[条文释解]

依法不负刑事责任的精神病人的强制医疗程序，是2012年《刑事诉讼法》修改时新增加的内容，2018年未作修改。

刑事诉讼法增加强制医疗程序的规定，主要原因有三点。

1. 实现了与刑法规定的衔接。1997年《刑法》第18条第1款规定："精神病人在不能辨认或者不能控制自己行为的时候造成危害结果，经法定程序鉴定确认的，不负刑事责任，但是应当责令他的家属或者监护人严加看管和医疗，在必要的时候，由政府强制医疗。"但是，刑法的这一规定过于简单、笼统。为了让刑法规定的政府强制医疗制度落到实处，《刑事诉讼法》在2012年修订时增加了新的规定，设立了强制医疗特别程序，从而实现了与刑法规定的衔接。

2. 保护人民群众生命财产安全免受精神病人侵害和使精神病人得到妥善处置的需要。在社会转型期，诱发精神疾病的因素增多，导致当前我国精神疾病患者人数不断攀升。近年来，精神疾病患者行凶杀人的报道不断见诸报端，已经严重威胁人民群众的生命财产安全。精神疾病不仅是卫生问题，已成为一个较为严重的社会问题。因此，刑事诉讼法规定了强制医疗程序，将实施暴力行为，危害公共安全或者严重危害公民人身安全并有继续危害社会可能的精神病人，予以强制医疗。

3. 保障公民权利不受非法侵害的需要。强制医疗程序涉及对公民人身的限制，对公民予以强制医疗必须遵循严格的法律程序。刑事诉讼法设置了强制医疗的程序，将强制医疗纳入严格的司法审查程序中，并规定了有效的救济程序，就是为了有效地保障公民的合法权益。

《刑事诉讼法》第 302 条的规定，确定了适用强制医疗程序所须具备的三个条件。在司法实践中，要正确理解和适用刑事诉讼法规定强制医疗所必须具备的三个条件，充分发挥“强制医疗程序”“确保有人身危险的严重精神障碍患者不致再次实施危害社会的行为，确保精神障碍患者能够得到及时有效的治疗，确保无须住院治疗的公民不被强制收治”的功能作用。

1. 行为条件——精神病人实施暴力行为，危害公共安全或者严重危害公民人身安全

根据刑事诉讼法规定，只有实施了暴力行为，危害公共安全或者严重危害公民人身安全的精神病人才可以适用强制医疗。这样的规定，一方面体现了与刑法规定相适应。《刑法》第 18 条第 1 款规定只有精神病人的行为造成危害结果，才能在必要时予以强制医疗。另一方面体现了慎重原则。强制医疗是限制公民人身权利和自由的较为严厉的预防性措施，适用时需要特别慎重。

行为条件分两个方面。一方面，从行为性质上，必须系暴力行为，对实施了非暴力行为的危害社会行为的人，依法不能强制医疗。另一方面，从行为后果上，必须危及公共安全或严重危害公民人身安全，已经达到犯罪程度。对于行为条件的把握，需要关注以下问题：

第一，行为性质。主要集中在刑法分则第二章“危害公共安全罪”。危害公共安全罪是故意或者过失实施危害不特定多数人的生命、健康或者重大公私财产安全的行为。该章规定的犯罪主要包括放火罪、决水罪、投毒罪、以危险方法危害公共安全罪等。要正确理解暴力行为。暴力行为不能简单地理解为使用凶器的行为。放火、爆炸、投毒等亦属于暴力行为，如果精神病人实施了性质相当的犯罪，也应该适用强制特别程序。而实施暴力行为严重危害公民人身安全的犯罪，主要集中在刑法第四章“侵犯公民人身权利、民主权利罪”。涉及的罪名包括故意杀人罪、故意伤害罪等。

第二，行为后果。只有在精神病人实施了暴力行为，危害公共安全或者严重危害公民人身安全，已经达到犯罪的程度，才有必要适用该程序。“达

到犯罪的程度”是对行为后果的硬性要求，危害公共安全行为达到犯罪程度，应该符合刑法分则第二章“危害公共安全罪”的要求，危害公民人身安全罪的，则应符合刑法分则第四章“侵犯公民人身权利、民主权利罪”的要求。对于涉及人身伤害罪名的，一般应造成轻伤以上后果。

2. 主体条件——行为人必须是经法定程序鉴定依法不负刑事责任的精神病人

具有完全刑事责任能力的人或者犯罪时精神正常的间歇性精神病人实施了危害行为的，应当依法追究其刑事责任。只有经法定程序鉴定，实施危害行为不能辨认或者控制自己行为的精神病人，不具有刑事责任能力的，才可以适用强制医疗。

对于主体条件的把握，需要关注以下问题：

第一，对于实施犯罪时系完全刑事责任能力或限制行为能力的，在案发后或者刑事诉讼过程中患精神病，丧失辨认能力和控制能力，不适合判处或者执行刑罚的精神病人，不适用本程序审理。也就是说，精神病的发作，必须在实施犯罪行为期间。在犯罪行为实施前或者犯罪行为实施后精神病发作，但犯罪行为实施时没有精神病、辨认和控制能力正常的人，不适用本程序审理。

对于实施犯罪后患上精神病不适宜接受庭审的，可以中止审理程序进行治疗；如果被告人能够恢复正常，仍然要承担刑事责任。如果被告人的精神病状况不严重，可以参加庭审，那么法庭应当进行审理和判决，对被告人可以依法关押或者采取监外执行等刑罚手段。

第二，行为人是否属于依法不负刑事责任的精神病人，需要经法定程序鉴定。精神病鉴定在我国司法实践中出现问题较多，主要集中在精神病鉴定的启动程序和审查判断两个方面。首先，精神病鉴定的启动程序，现阶段精神病鉴定的启动权仍然由公安司法机关行使，犯罪嫌疑人、被告人及其辩护人如果不服相应的鉴定意见，可以提出重新鉴定的申请。其次，精神病鉴定意见只能就案件中需要运用专门知识的问题作出判断，不能就法律适用问题作出评价，但应当从医学与心理学、法学相结合的角度对被鉴定人的责任能力提出评定意见。实践中，我国的精神病鉴定意见一般也包括关于被鉴定人责任能力的评定。精神病鉴定意见虽是专家给出的“结论”，但这个“结论”属于鉴定意见类，其性质仍然属于“意见”，而不是“科学法官”。法官不能盲目认定，应当对精神病鉴定意见进行严格审查，并结合案内其他证据进行认定。特别是有多个不同结论的鉴定意见时，采纳哪个鉴定意见，权力仍然在法官。法官应当从鉴定程序、鉴定主体、鉴定依据、鉴定意见的论证过程、被鉴定人的各方面表现情况进行判断，最后作出采纳哪一个鉴定意见的决定。

精神病人是否负刑事责任的鉴定应当严格依法进行。根据全国人大常委会《关于司法鉴定管理问题的决定》及司法部《司法鉴定程序通则》的规定，对精神病鉴定等法医类鉴定应当委托列入省级人民政府司法行政部门编制的名册中的鉴定机构及二名或二名以上无利害关系的鉴定人共同进行鉴定并作出鉴定意见。上述法律和规范性文件，在执行中并不存在疑义。根据《精神疾病司法鉴定暂行规定》，精神疾病鉴定意见中通常会有被告人是否具有完全刑事责任能力的结论。精神疾病鉴定意见虽是专家给出的“结论”，但就其法律性质来说，该“结论”仍然只是一种意见，法官不能盲目相信，应对鉴定意见是否科学客观进行审查后作出是否采纳鉴定意见的决定。审查的重点主要有鉴定人是否合格，鉴定的材料是否全面、充分、可靠。特别是，司法实践中会出现补充鉴定或者重新鉴定的问题，对此应当明确的是，法院是争议的最终裁决者，拥有对鉴定意见的证明价值进行审查判断的最终权力。法官应当重视审查鉴定意见本身的科学性和真实性，并结合全案证据综合评估鉴定意见的证明价值。这是刑事诉讼法赋予法官的法定职权。

3. 社会危害条件——有继续危害社会可能

“有继续危害社会可能”是强制医疗适用的必备条件和先决条件。强制医疗的目的并不是对实施暴力行为的被强制医疗人的惩戒和制裁，而是对被强制医疗的人采取的保护性措施，并给予其必要的治疗，使其尽快解除痛苦，恢复健康，同时避免继续危害社会。因此，如果精神病人虽然实施了暴力行为，但不再具有继续危害社会可能的，如已经严重残疾等，丧失了继续危害社会的能力，就不必对其实施强制医疗。如果精神病人实施暴力行为后，由其监护或者单位将其送医治疗，精神病人的病情得到有效控制，从而不具有继续危害社会可能的，也没有必要进行强制医疗。

实践中，评估精神病人是否有继续危害社会的可能，需要根据案件实际情况进行综合分析判断。具体可以依次审查以下事项来予以认定：第一，行为人经法定程序鉴定为依法不负刑事责任的精神病人，在有接受治疗必要的情况下，行为人是否能够主动地接受治疗；第二，在行为人仅能被动地接受治疗的情形下，行为人家属是否有对行为人进行监管、治疗的意思；第三，在行为人家属希望对行为人进行监管、治疗的情况下，行为人家属实际上是否具备监管、送治的条件与能力。

有些案件中，行为人确系在精神病影响下实施了危害社会的行为，但随后在诉讼过程中经过治疗，其精神病已经得到了较好的治疗或者控制，并且能够自行主动地进行后续治疗，此种情况下，就没有必要进行强制医疗。不过一般情况下，在精神疾病影响下实施严重危害社会行为的行为人，都需要在监管下接受专业的治疗。

[审判实务]

1. 强制医疗条件中“严重危害公民人身安全”是否必须有致人死亡或重伤的结果？我们认为，刑事诉讼法以行为人实施了“危害公共安全或者严重危害公民人身安全”的“暴力行为”作为适用强制医疗的必备条件之一，作为对刑法规定的进一步细化。但刑事诉讼法的规定，仍然原则性较强。那么，如何理解刑事诉讼法规定的“危害公共安全或者严重危害公民人身安全”？我们可从刑事诉讼法这一规定的由来进行分析。2012 年的《刑事诉讼法》修正案草案曾将“精神病人实施暴力行为危害公共安全或者致人死亡、重伤”规定为强制医疗的适用条件，后来将“致人死亡、重伤”修改为“严重危害公民人身安全”，这一变化表明，适用强制医疗，并不要求有致人死亡、重伤的后果。多次实施暴力行为，造成多人轻伤；实施放火行为，虽未造成人员伤亡，但造成公私财产重大损失的；使用刀具、斧头等杀伤力巨大的工具实施严重暴力行为，被害人只是侥幸避免伤亡的等，也符合强制医疗的条件。当然，如行为人只是偶尔实施轻微暴力行为，无论从工具、手段等来看，只是造成他人轻微伤，不可能致人重伤、死亡的，则依法不构成犯罪，无疑不属于严重危害公民人身安全，不应适用强制医疗。因此，在是否达到犯罪程度的问题上，既不能简单地以是否达到重伤、死亡后果来判断，也不能简单地认为凡是只有轻微伤后果的都属于没有达到犯罪程度。要从一个正常具备刑事责任能力的人实施相应的行为是否应承担刑事责任的层面来分析、判断。

2. 要正确处理好强制医疗与家属自愿对行为人治疗的关系。在行为人仅能被动地接受治疗的情形下，如果其家属没有对行为人进行鉴定、治疗的意愿，就只能由政府对被申请人进行强制治疗。因精神病的治疗成本高，治愈难度大，对实施暴力行为、人身危险性大的精神病人，监管的责任更重，家属往往更愿意由政府对病人进行强制治疗。但在少数情形下，家属确有对行为人进行监管、治疗的意愿，此种情况下就必须进一步考量该意愿付诸实践的可行性。实践中，精神病人的监管、治疗通常需要借助具有一定强制性质的半封闭甚至全封闭的专业医疗机构。如果行为人家属愿意承担被申请人的监管、治疗职责，并且具备相应的能力和条件，就需要向法院提供一份较为详尽的治疗、监管方案。该方案的可行性可从以下三个方面予以考量：（1）家属是否愿意送行为人去专业精神病医疗机构治疗；（2）家属提供的医疗机构是否专业，是否愿意接收行为人，是否能对具有暴力倾向的重度精神病人予以治疗和监管；（3）家属能否尽到监管、治疗职责，是否具有对行为人进行长期治疗的实际条件。

3. 对行为人是否有继续危害社会可能的认定，是否必须以专业机构出具的鉴定或评估报告为依据？本书认为，所谓“有继续危害社会可能”，其实质是司法判断权，只能由司法机关行使。同时，这一判断，是综合分析判断的结果，是对人的未来行为进行的预测和推断，需要考虑多种因素而不仅仅是医学检验结论。因此，对是否“有继续危害社会可能”无须进行鉴定，实际上司法鉴定机构也不可能就此作出鉴定意见。实践中，需要根据案件情况、行为人的一贯表现，被申请人的实际病情、治疗医生有关病情的描述和诊断并结合相关鉴定意见进行判断，必要时可通过有专门知识的人出庭作证等方式进一步查明。

[配套规定]

1.《最高人民法院关于适用〈中华人民共和国刑事诉讼法〉的解释》（法释［2012］21号）（2012年12月20日公布，2013年1月1日起施行）（节录）

第五百二十四条　实施暴力行为，危害公共安全或者严重危害公民人身安全，社会危害性已经达到犯罪程度，但经法定程序鉴定依法不负刑事责任的精神病人，有继续危害社会可能的，可以予以强制医疗。

2.《人民检察院刑事诉讼规则》（高检发释字［2019］4号）（2019年12月30日公布并施行）（节录）

第五百三十四条　对于实施暴力行为，危害公共安全或者严重危害公民人身安全，已经达到犯罪程度，经法定程序鉴定依法不负刑事责任的精神病人，有继续危害社会可能的，人民检察院应当向人民法院提出强制医疗的申请。

提出强制医疗的申请以及对强制医疗决定的监督，由负责捕诉的部门办理。

3.《公安机关办理刑事案件程序规定》（公安部令第127号）（2012年12月13日发布，2013年1月1日起施行）（节录）

第三百三十一条 公安机关发现实施暴力行为，危害公共安全或者严重危害公民人身安全的犯罪嫌疑人，可能属于依法不负刑事责任的精神病人的，应当对其进行精神病鉴定。

第三百三十二条 对经法定程序鉴定依法不负刑事责任的精神病人，有继续危害社会可能，符合强制医疗条件的，公安机关应当在七日内写出强制医疗意见书，经县级以上公安机关负责人批准，连同相关证据材料和鉴定意见一并移送同级人民检察院。

[参考案例]

1. 徐某强制医疗案[①]

裁判要点：

审理强制医疗案件，对被申请人或者被告人是否“有继续危害社会可能”，应当综合被申请人或者被告人所患精神病的种类、症状，案件审理时其病情是否已经好转，以及其家属或者监护人有无严加看管和自行送医治疗的意愿和能力等情况予以判定。必要时，可以委托相关机构或者专家进行评估。

基本案情：

被申请人徐某在2007年下半年开始出现精神异常，表现为凭空闻声，认为别人在议论他，有人要杀他，紧张害怕，夜晚不睡，随时携带刀自卫，外出躲避。因未接受治疗，病情加重。2012年11月18日4时许，被申请人在其经常居住地听到有人开车来杀他，遂携带刀和榔头欲外出撞车自杀。徐某居住地的门卫张某得知其出去要撞车自杀，未给其开门。被申请人见被害人手持一部手机，便认为被害人要叫人来对其加害。被申请人当即用携带的刀刺杀被害人身体，用榔头击打其头部，致其当场死亡。经法医学鉴定，被

① 最高人民法院指导案例63号。

害人系头部受到钝器打击，造成严重颅脑损伤死亡。

2012 年 12 月 10 日，被申请人被公安机关送往成都市第四人民医院住院治疗。2012 年 12 月 17 日，成都精卫司法鉴定所接受成都市公安局武侯区分局的委托，对被申请人进行精神疾病及刑事责任能力鉴定，同月 26 日该所出具成精司鉴所（2012）病鉴字第 105 号鉴定意见书，载明：1. 被鉴定人徐某目前患有精神分裂症，幻觉妄想型；2. 被鉴定人徐某 2012 年 11 月 18 日 4 时作案时无刑事责任能力。2013 年 1 月，成都市第四人民医院对被申请人的病情作出证明，证实徐某需要继续治疗。

裁判结果：

四川省武侯区人民法院于 2013 年 1 月 24 日作出（2013）武侯刑强初字第 1 号强制医疗决定书：对被申请人徐某实施强制医疗。

裁判理由：

法院生效裁判认为：本案被申请人徐某实施了故意杀人的暴力行为后，经鉴定属于依法不负刑事责任的精神疾病人，其妄想他人欲对其加害而必须携带刀等防卫工具外出的行为，在其病症未能减轻并需继续治疗的情况下，认定其有继续危害社会的可能。成都市武侯区人民检察院提出对被申请人强制医疗的申请成立，予以支持。诉讼代理人提出了被申请人是否有继续危害社会的可能应由医疗机构作出评估，本案没有医疗机构的评估报告，对被申请人的强制医疗的证据不充分的辩护意见。法院认为，在强制医疗中如何认定被申请人是否有继续危害社会的可能，需要根据以往被申请人的行为及本案的证据进行综合判断，而医疗机构对其评估也只是对其病情痊愈的评估，法律没有赋予医疗机构对患者是否有继续危害社会可能性方面的评估权利。本案被申请人的病症是被害幻觉妄想症，经常假想要被他人杀害，外出害怕被害必带刀等防卫工具。如果不加约束治疗，被申请人不可能不外出，其外出必携带刀的行为，具有危害社会的可能，故诉讼代理人的意见不予采纳。

2. 荣某被强制医疗案——如何理解和掌握强制医疗的实质性条件[①]

基本案情：

申请机关：平房区检察院

被申请人：荣某，男，1982 年 5 月 12 日出生，无业，原系东北轻合金

① 《刑事审判参考》总第 93 集。

有限责任公司办公室科员。2011 年 8 月 10 日因涉嫌犯故意杀人罪被刑事拘留，2011 年 8 月 31 日被释放，交由监护人严加看管；2012 年 12 月 4 日因涉嫌犯故意杀人罪被刑事拘留。

法定代理人：薛某芳，女，57 岁，汉族，退休干部，系被申请人荣某的母亲。

检察院经审理认为，被申请人荣某实施暴力行为，严重危害公民人身安全，经法定程序鉴定为依法不负刑事责任的精神病人，继续危害社会的可能性极大，依照《刑事诉讼法》第 285 条第 2 款①的规定，提请对荣某强制医疗。

被申请人的法定代理人薛某芳认为，荣某不符合法定强制医疗的条件，不同意对荣某强制医疗。

法院经审理查明：2011 年 6 月，东轻公司与被申请人荣某签订的劳动合同到期，东轻公司根据相关规定没有与其续签劳动合同，荣某遂对公司办公室副主任张某、工会主席牛某产生怨恨。2011 年 7 月 1 日 13 时，东轻公司在召开大会时，荣某携带尖刀冲向大会主席台责问牛某，现场工作人员将荣某制止，后经东轻公司有关人员批评教育，交由其家属带回看管。当晚，荣某来到新疆派出所，将派出所窗户玻璃砸碎，并要求民警对其拘留。经派出所民警批评教育后，再次将荣某交由其家属带回看管。2011 年 8 月 4 日 13 时 5 分，荣某持斧子窜至东轻公司办公楼张某所在的办公室内，用携带的斧子砍向张某头部。张某奋力抵抗，导致右前臂被砍伤，经鉴定为轻微伤。后荣某被在场的工作人员制止并扭送公安机关。2011 年 8 月 10 日，平房分局以荣某涉嫌犯故意杀人罪将其刑事拘留，并委托哈尔滨市第一专科医院司法鉴定所对荣某进行精神病鉴定。经鉴定：荣某案发时受疾病影响，辨认及自控能力削弱；躁狂状态；为限定刑事责任能力。荣某母亲薛某芳对鉴定不服，申请重新鉴定。平房公安分局遂于同月 15 日委托黑龙江省公安司法精神病鉴定中心对荣某重新鉴定。经鉴定：荣某受疾病影响，作案时实质性辨认能力丧失；荣某患有精神分裂症，无刑事责任能力。2011 年 8 月 31 日，荣某被释放，交由监护人严加看管。2012 年 2 月 3 日 16 时 50 分，荣某携带两把斧子再次窜入东轻公司，在东轻公司九号路由西向东出厂的路上尾随张某，用携带的斧子向张某头部砍击数下，将张某的头部、面部砍伤，后经鉴定为轻微伤。2011 年 12 月 6 日，平房公安分局委托黑龙江省公安司法精神

① 此处刑事诉讼法系 2012 年修订的刑事诉讼法。现为《刑事诉讼法》第 303 条。

病鉴定中心对荣某进行精神病司法鉴定，鉴定意见为荣某心境障碍，无刑事责任能力。

法院经审理认为，被申请人荣某因公司未与其续签劳动合同而对被害人不满，两次携带凶器实施故意杀人行为，因被害人反抗及其他人员及时制止而未遂，其行为构成故意杀人。经司法鉴定，荣某系无刑事责任能力人，依法不负刑事责任。但其行为严重危害公民人身安全，并且存在继续危害他人人身安全及危害社会的可能性。依照《刑事诉讼法》第 284 条[①]之规定，2013 年 2 月 21 日法院决定对被申请人荣某强制医疗。

申请复议人薛某芳以被申请人荣某实施的两次暴力行为结果都是轻微伤，没有达到犯罪程度，不符合强制医疗条件，且目前不具有人身危险性为由，不同意对荣某强制医疗，并提出复议申请。其诉讼代理人提出，荣某实施的暴力行为后果不严重，没有证据证实荣某有继续危害社会的可能，荣某的母亲有监护能力，请求撤销原强制医疗决定。

检察院提出如下出庭意见：被申请人荣某实施了危害他人人身安全的暴力行为，经鉴定荣某实施暴力行为时患有精神疾病，不负刑事责任。荣某始终在患病状态下，两次对他人实施人身攻击，有社会危害性，建议法院维持强制医疗决定。

哈尔滨市中级人民法院复议认定的事实和证据与一审认定的事实和证据一致。法院经审理认为，被申请人荣某两次持斧实施暴力行为，严重危害公民人身安全，经法定程序鉴定属于依法不负刑事责任的精神病人，有继续危害社会的可能。原决定法院根据检察机关的申请决定对荣某强制医疗，符合法律规定。据此，2013 年 8 月 27 日，法院依照《刑诉法解释》第 537 条第 1 项之规定，驳回申请，维持原决定。

主要问题：

如何理解和把握强制医疗的实质性条件？

争议问题：

在本案审理过程中，对被申请人荣某是否符合强制医疗条件，形成两种意见。

第一种意见认为，荣某符合强制医疗条件。具体理由是：荣某经法定程序鉴定系依法不负刑事责任的精神病人，其在两年内多次实施暴力行为，在病情康复前有继续危害社会的可能。荣某的行为虽未造成严重的危害后果，

---

① 此处刑事诉讼法系 2012 年修订的刑事诉讼法。现为《刑事诉讼法》第 302 条。

但从其持刀、持斧子实施暴力的行为来看，其行为符合犯罪未遂的构成要件，该暴力行为达到了犯罪程度。

第二种意见认为，被申请人荣某不符合强制医疗条件。具体理由是：荣某经法定程序鉴定系依法不负刑事责任的精神病人，其在两年内多次实施暴力行为，在病情康复前有继续危害社会的可能。但是，根据《刑诉法解释》的规定，对被申请人强制医疗还需被申请人实施的暴力行为的社会危害性已经达到犯罪程度。根据刑法的规定，精神病人实施行为的社会危害性是否达到犯罪程度，应当依据其所造成的危害结果进行认定。本案中，荣某对张某实施的两次暴力行为，均致张某轻微伤，其实施的冲闹会场及砸派出所玻璃的行为，亦未造成严重后果，即荣某实施的暴力行为造成的危害结果未达到刑法规定的犯罪程度。

本书观点：

本书同意第一种意见，被申请人荣某符合强制医疗的条件，应当对荣某强制医疗。理由如下：

（1）荣某的行为系精神病人实施的暴力行为，危害公共安全或者严重侵害公民人身安全，且达到了犯罪的程度

本案中，在认定荣某的行为是否达到犯罪程度时，应当按照正常人的标准，结合主、客观要件进行分析评价。从被害人张某的陈述以及荣某实施的行为（持刀、斧等足以致命的凶器，砍击头部、面部等足以致命的部位）分析，荣某两次持足以致人死亡的斧子砍击被害人的头部、面部，虽然伤害结果只是轻微伤，但其所用工具、砍击部位足以证明其行为性质属于故意杀人，已严重危害他人人身安全，其行为已经达到犯罪的程度。张某所受伤害仅为轻微伤，既不是因为荣某下手不狠，也不是因为荣某没有致张某重伤、死亡的故意，而是与张某奋力抵抗、拼命呼救有关，有一种侥幸的成分。因此，荣某的行为，无论是从主观故意还是从客观行为、后果、因果关系分析，均达到了犯罪程度。

（2）荣某经法定程序鉴定为依法不负刑事责任的精神病人

荣某在公安机关共做了三次精神病司法鉴定。第一次系 2011 年 8 月 10 日平房公安分局委托市第一专科医院司法鉴定所对荣某进行的精神病鉴定。该次鉴定认定：荣某案发时受疾病影响，辨认及自控能力削弱；躁狂状态；为限定刑事责任能力。因荣某母亲薛某芳对鉴定不服，申请重新鉴定，同年 8 月 15 日平房公安分局委托省公安司法精神病鉴定中心重新鉴定。该次鉴定

认定：荣某受疾病影响作案时实质性辨认能力丧失，荣某精神分裂——目前为疾病期；无刑事责任能力。第三次鉴定系在荣某第二次伤害张某后，2012年12月25日平房公安分局委托省公安司法精神病鉴定中心对荣某进行鉴定。该次鉴定认定：荣某符合心境障碍诊断标准，并伴有精神病性症状，案发时受精神病症状的影响，辨认控制能力丧失；无刑事责任能力。

上述三份鉴定意见，第一份与后两份结论不同。由于鉴定意见之间没有上下级之分，效力没有高低之分。采用哪份鉴定意见，应当由法官在科学判断后依法认定。因此，法院采纳第二次、第三次的鉴定意见而不采纳第一次鉴定意见，是刑事诉讼法赋予的法定职权。法院根据案件实际情况，对荣某在数次暴力行为中的表现、暴力后的精神状态、暴力的原因等方面进行综合分析后，认定荣某系无刑事责任能力人的结论更符合客观事实，更具有科学性。

（3）荣某有继续危害社会的可能

具体理由如下：第一，从荣某所患的精神病情分析本身来看，荣某属于精神病人，需要及时治疗。根据鉴定意见，荣某符合心境障碍诊断标准，并伴有精神病性症状，案发时受精神病症状的影响，辨认控制能力丧失；荣某心境障碍，无刑事责任能力。而心境障碍，是以显著而持久的情感或者心境改变为主要特征的疾病。临床主要表现为愤怒，情感的高涨与低落，甚至是冲动报复，以过度的自我保护机制应对社会，无法正确认知自己的行为，可伴有精神病症状。如幻觉、妄想。多数患者有反复发作的倾向。第二，从荣某实施暴力的起因、过程、行为特征，其起因是未签订劳动合同，今后这一起因仍然存在，因此这个问题不可能得到解决。另外，从行为过程、行为特征来看，其行为针对的对象不是物，而是人，尤其是两次针对特定的人。第三，从被申请人有无接受医疗的条件分析，其家庭监护条件较差，荣某母亲薛某芳57岁，荣某生父荣某玉59岁，二人均已退休，且薛某芳有焦虑症、抑郁症。因此，荣某家庭没有看管、治疗的条件和能力。

综上，荣某符合《刑事诉讼法》第284条[①]所规定的三个条件，应当决定对其予以强制医疗。

---

① 此处刑事诉讼法系2012年修订的刑事诉讼法。现为《刑事诉讼法》第302条。

3. 朱某被强制医疗案——如何理解和适用强制医疗的条件[①]

基本案情：

申请机关：黄浦区检察院

被申请人：朱某，男，未婚，原系某大学学生

法定代理人：朱某良，系被申请人之父

检察院向法院提出申请，被申请人朱某实施持刀抢劫、强奸行为，严重危害公民人身安全，经法定程序鉴定为依法不负刑事责任的精神病人，有继续危害社会的可能，应当对其强制医疗。

被申请人朱某的法定代理人朱某良提出，被申请人不需要强制医疗，可由家属自行治疗。朱某的诉讼代理人认为，继续危害社会可能的认定必须以权威机构的鉴定或者评估报告为依据，朱某不具有继续危害社会的可能，无须对其强制医疗。

法院经审理查明：2012 年 12 月 7 日 16 时 30 分许，被申请人朱某尾随被害人吴某至上海某大学教学楼 D 楼 1 楼西侧女厕所内，趁吴某准备洗手时，从背后上前持刀顶住吴某的颈部，挟持吴某进入厕所东侧靠窗的隔间，强迫吴某交出随身携带的索爱牌 U5i 型移动电话机，价值 310 元。此后，朱某又对吴某进行强行猥亵并试图强奸，但未得逞。后朱某携被害人的移动电话机逃逸。公安机关经侦查，于 2012 年 12 月 8 日将朱某抓获。经鉴定，朱某在案发时系无刑事责任能力的精神病人。

法院经审理后认为，被申请人朱某实施严重危害公民人身安全的暴力行为，但经法定程序鉴定，其依法不负刑事责任。综合被申请人的法定代理人、相关证人的证言，司法精神病鉴定意见以及朱某的病史材料可以认定，如不对朱某强制医疗，其确有继续危害社会的可能。申请机关申请对朱某强制医疗的主张成立，予以支持。据此，依照《刑法》第 18 条第 1 款、《刑事诉讼法》第 284 条[②]之规定，决定对被申请人朱某强制医疗。决定后，相关人员未申请复议，本案已发生法律效力。

主要问题：

如何理解和适用强制医疗的条件？

---

① 《刑事审判参考》总第 93 集。

② 此处刑事诉讼法系 2012 年修订的刑事诉讼法。现为《刑事诉讼法》第 302 条。

本书观点：

根据《刑事诉讼法》第284条的规定，对行为人进行强制医疗必须符合以下条件：一是行为人实施了暴力行为，危害公共安全或者严重危害公民人身安全；二是经法定程序鉴定依法不负刑事责任；三是有继续危害社会的可能。本案中，申请机关与被申请人双方的争议焦点主要有三点：一是被申请人实施行为的具体性质是否影响强制医疗的决定；二是如何认定被申请人有继续危害社会的可能，对此是否必须以鉴定意见为依据；三是决定是否对被申请人进行强制医疗还需要考虑哪些因素。

（1）被申请人的暴力行为客观上与犯罪程度相当，行为的具体性质并非适用强制医疗程序的主要参考指标

检察机关的申请认为，被申请人朱某实施持刀抢劫、强奸行为，严重危害公民人身安全。对此，朱某的诉讼代理人提出，被申请人当时劫取被害人吴某的手机是防止吴某报警，而且离开作案现场后即将手机丢弃，故朱某无非法占有被害人财物的故意，其行为不构成抢劫。

刑事诉讼法规定，强制医疗的前提必须是行为人“实施暴力行为，危害公共安全或者严重危害公民人身安全”。按照上述规定，强制医疗的行为有两个要件：一是行为性质上，必须是暴力行为，对实施了非暴力危害社会的行为人，依法不能强制医疗；二是行为后果上，必须是危及公共安全或者严重危害公民人身安全。

所谓危及公共安全，是指必须对不特定多数人的生命健康或者公私财产已经造成实际危害或者有造成实际危害的危险，实践中主要是比照刑法分则第二章危害公共安全罪中所表述的行为进行判断。所谓严重危害公民人身安全，是指行为对公民个人人身安全造成严重危害，实践中主要是比照刑法分则第四章所表述的行为进行判断。值得注意的是，被申请人实施的危害公共安全或者严重危害公民个人安全的暴力行为，社会危害性应当与犯罪程度相当。对情节轻微，与犯罪程度不相当的行为，不应适用强制医疗程序。

本案中，被申请人朱某持刀威胁被害人吴某，劫取吴某的财物，后又对吴某进行强制猥亵并试图强奸，其行为具有暴力性质，并且已经对吴某的人身安全造成严重危害，在客观上与犯罪程度相当，符合强制医疗程序的行为要件。至于朱某的行为具体究竟是认定为抢劫还是其他性质的行为，不是适用强制医疗程序的主要参考指标：

（2）被申请人“有继续危害社会的可能”需要综合案件实际情况分析

判断

强制医疗案件中的被申请人是否“有继续危害社会的可能”，实践中需要综合案件多种情况进行分析判断。审理过程中，被申请人朱某的诉讼代理人提出，“有继续危害社会可能”的认定必须以专业机构出具的鉴定或者评估报告为依据。我们认为，所谓“有继续危害社会的可能”，是综合分析判断的结果，是对被申请人的未来行为进行的预测和推断，需要综合考虑多种因素而不仅仅是医学检验结论。因此，对“有继续危害社会的可能”的认定不属于必须鉴定的情形，实际上司法鉴定机构也不可能就此作出鉴定意见。实践中，对“有继续危害社会的可能”的认定，一般是根据案件情况、被申请人一贯表现、被申请人实际病情、治疗医生有关病情的描述和诊断；并结合相关鉴定意见进行判断，必要时可以通过有专门知识的人出庭作证等方式进一步查明。

（3）被申请人是否有必要进行强制医疗要综合分析被申请人本人、家属以及监管、治疗的能力和条件

具体可以通过依次审查以下事项予以认定：

第一，被申请人在有接受治疗必要的情况下，要审查被申请人是否能够自行主动进行治疗。根据法律规定，强制医疗案件必须对被申请人的精神状况进行司法鉴定，这种专业鉴定在认定被申请人案发时无刑事责任能力的同时也必然对被申请人的病情做出相应诊断。一般情况下，在精神疾病影响下实施严重危害社会行为的被申请人，都需要接受专业的治疗。个别案件中，行为人确系在精神疾病影响下实施了危害社会的行为，但随后在诉讼过程中经过短期治疗，其精神疾病已经得到较好的治疗或者控制，并且能够自行主动进行后续治疗，此种情况下，就没有必要进行强制医疗。同时，精神疾病的一重要特征就是病人缺乏自知力，不认同自己患有精神病，加之绝大多数精神药物都有一定的副作用，服用后身体会有明显不适，故精神病人在自知力没有较大程度恢复的情况下一般无法自行积极参与治疗，需要在监管下进行治疗。本案中，关于被申请人朱某精神状况的司法精神病鉴定意见显示，朱某患有精神分裂症，案发时及当前均处于发病期，无自知力。而朱某在安康医院的主治医生证实，朱某初入院时精神状况紊乱，有幻听、妄想，精神分裂症状明显，无自知力，危害性较大。从其症状看，有暴力倾向。据此，朱某已经不具备自行主动进行治疗的能力，即必须在监管下接受治疗。

第二，在被申请人仅能被动接受治疗的情形下，要审查被申请人家属是

否有对被申请人进行监管、治疗的意愿。如果被申请人家属不具备这样的意愿，则只能由政府对被申请人进行强制医疗。因精神疾病的治疗成本高，治愈难度大，对实施暴力行为、人身危险性大的精神病人，监管的责任更重，家属往往更愿意由政府对病人进行强制医疗。但在少数案件中，家属确有自行对被申请人进行监管、治疗的意愿，不愿意送交政府强制医疗。本案即属于此种情形。基于本案朱某家属有对朱某进行监管、治疗的意愿，不愿意将被申请人送交强制医疗的前提，必须进一步审查朱某家属对朱某进行监管、治疗的现实可能性。

第三，在被申请人家属愿意对被申请人进行监管、治疗的情况下，要审查被申请人家属是否具备监管、治疗的条件与能力。实践中，精神病人的监管、治疗通常需要借助具有一定强制性质的半封闭或者全封闭的专业医疗机构。如果被申请人家属愿意承担被申请人的监管、治疗职责，并且具备治疗的能力和条件，就有必要向法院提供一份较为详尽的治疗、监管方案。该方案的可行性可从以下几个方面予以考量：家属是否讳疾忌医，是否存在碍于面子而不愿送病人去专业精神医疗机构治疗的心理；家属提供的医疗机构是否专业，能否对具有暴力倾向的重度精神病人进行治疗和监管，是否愿意接收被申请人；家属能否尽到监管、治疗职责，是否具备对被申请人进行长期治疗的实际条件。

本案中，从朱某病史分析，朱某家属碍于面子不愿意将朱某送交政府强制医疗，但又不具备对朱某进行监管、治疗的能力和条件，且未尽到监管职责。朱某父亲证实，朱某从高二开始有异常行为，主要是课上到一半突然站起离开等，家人带朱某去上海心理咨询中心咨询过，基本上是半个月一次，并长期服药。2012 年年初，朱某病情加重，走到教室就害怕，不去上课，也不参加考试。2012 年 3 月时，家人为朱某办理休学一年，并继续至上海心理咨询中心进行心理咨询和药物治疗。当时，朱某家属未向学校讲明病情，仅表示朱某学习压力大，负担重。2012 年 11 月下旬，朱某家属让朱某复学，并叮嘱朱某在学校要继续服药，但并不清楚朱某是否服药。朱某在上海市心理咨询中心的心理咨询记录卡记录：“初询日期：2012 年 3 月 23 日；求询内容：大三在读，高中时就有厌学情绪，考试紧张，近几月夜眠差，整日、整晚上网。一周前突然对家人说‘我想杀人’……目前精神状态：神清，有猜疑，疑人背后议论，有冲动、偏执倾向，情感适切，夜眠差，早醒，常常愤世嫉俗，针砭时弊。”朱某于 2012 年 3 月 23 日 的明尼苏达多项人格调查表测评报告记载："效度量表分析：被测验者存在病理性心理问题。编码模式分析：被测验者平时易激动、不安定、好争论，难以与人交往和适应社会。一般情况下能控制自己的敌意行为，但偶尔会出现冲动。总是把自己的愤怒推之于客观因素。这样的被测验者常常有相当含糊的情绪和躯体方面的主诉，感到抑郁和焦虑，常怀疑别人的动机。"朱某的谈话笔录证实，作案时携带的匕首长33厘米，刀刃长22厘米，系2011年在网上购买，平时一直放在身上，作防身用。上述材料反映，朱某的父母从内心深处不愿意承认朱某患有精神疾病，也不愿意送朱某到专业的精神医疗机构治疗。朱某在高中时即开始产生异常，家人未给予足够重视，仅认为朱某是心理问题，从而只是看了心理咨询门诊。2012年，朱某病情进一步恶化，且已被诊断为病理性心理问题，朱某家属仍不愿意接受必须对朱某进行专业治疗的现实，而仅仅是继续带朱某看心理门诊和服用药物，在朱某不具备复学条件的情况下就匆忙让其复学。从案发前的情况来看，朱某的父母也未能尽到监管责任。明尼苏达多项人格调查表测评报告已记载朱某具有易激动和偶尔会冲动的因素，朱某的家属仍然让其复学，这在一定程度上是对朱某可能继续造成社会危害的放任。在朱某复学后，家人仅嘱咐其服药，未尽到监督服药的责任。朱某长期携带长33厘米的匕首，更是其家属在监管上的失职。

综上，我们认为，被申请人朱某不具备自行主动接受治疗的条件，需要接受专业的监管、治疗，尽管其家属具有监管、治疗的意愿，不愿意将朱某送交强制医疗，但并不具备实际的条件和能力，此种情况下，由于朱某有继续危害社会的可能，有必要对被申请人朱某进行强制医疗。

4. 高某球被强制医疗案——强制医疗决定程序、机制的改进与完善[①]

基本案情：

被申请人高某球，男，1984年9月16日出生，汉族，小学文化，农民。2013年1月11日因涉嫌犯故意杀人罪被刑事拘留，1月23日被新化县公安局送往新化县精神病医院管控治疗。

检察院通过新检公医申（2013）11号强制医疗申请书向法院申请对高某球进行强制医疗。

法院经公开审理查明：被申请人高某球从2008年开始出现精神异常，

① 《刑事审判参考》总第93集。

主要表现为自言自语、乱说、易躁、经常追人和打人等，曾在冷水江精神病医院等地治疗，诊断为精神分裂症，病情有反复。2013 年 1 月，高某球又出现明显精神异常，表现为说糊涂话、自言自语、说有人害他、有暴力行为，经常追人、打人，打了其祖父高某生好几次，晚上不睡觉跑去踢邻居家的门，并跑到别人家床上睡觉，导致村里人心惶惶。1 月 9 日，高某球的家属将高某球捆绑。10 日，高某球持剪刀追打其母曾某云，导致曾某云不敢回家。11 日凌晨 1 时许，高某球趁高某生熟睡之时，带着准备好的砖刀、剪刀等作案工具来到高某生的卧室，将门从里面拴好，用砖刀猛击高某生的头部，并用剪刀将高某生的左耳剪掉。村民听到高某生喊“救命”及高某球殴打高某生发出的声音，先后赶来现场，见高某球手持砖刀，剪刀在滴血，准备冲进去将其制服。高某球见状从后门逃跑。高某生随后死亡。高某球当日逃至湖南省冷水江市，被冷水江市公安人员抓获。湖南省新化县公安局刑事科学技术室出具的鉴定意见证实，高某生系钝器打击头部，造成急性颅脑损伤而死亡。高某球经湖南省芙蓉司法鉴定中心鉴定，鉴定意见为：“根据提供的材料和检查，被鉴定人高某球目前诊断为精神分裂症，作案时无刑事责任能力。鉴于对社会存在危害，建议长期监护治疗。”

法院经审理认为，被申请人高某球杀害其祖父高某生，经法定程序鉴定为依法不负刑事责任的精神病人，且有继续危害社会的可能，现新化县人民检察院申请对被申请人高某球强制医疗，符合法律规定，本院予以支持。据此，依照《刑法》第 18 条第 1 款和《刑事诉讼法》《刑诉法解释》的有关规定，作出对被申请人高某球强制医疗的决定。

决定作出后，被申请人及其法定代理人均未提出复议，检察机关没有抗诉，该决定已经发生法律效力。

主要问题：

如何改进、完善强制医疗决定程序、机制？

本书观点：

本案系自 2012 年刑事诉讼法修改后及相关司法解释施行以来，基层法院审理的一起较为典型的地方强制医疗案件。本案有关程序符合刑事诉讼法及司法解释的相关规定。公安机关对被申请人采取了临时的保护性约束措施，被申请人的诉讼代理人到场参加了庭审，全案在一个月内审结。法院在审理本案时，严格按照刑事诉讼法及司法解释的规定，在开庭前会见了被申请人，对被申请人的精神状况有比较直观的了解。在征求被申请人的法定代理人及诉讼代理人意见后决定被申请人不到庭参加诉讼。法院依法采取由一名审判员与两名陪审员共同组成合议庭的方式公开开庭审理本案。以本案为视角，我们认为，强制医疗案件在审理程序、工作机制等方面有以下值得进一步改进和完善的空间。

（1）应当根据具体案情决定是否要求具有专业知识的人员组成合议庭

刑事诉讼法及司法解释要求审理申请强制医疗案件必须依法组成合议庭，但对合议庭成员的组成没有明确规定。据了解，本案中，新化县人民法院随机选取了两名人民陪审员，这两名人民陪审员均没有精神病学方面的专业背景。我们认为，法院审理此类案件，应当结合具体案情决定是否需要由具有相关专业背景的人员组成合议庭。本案被害人系被申请人的祖父，也就是说，本案被害人与被申请人系直系亲属，损害后果也由被申请人的其他家庭成员承担，被申请人与被害人的近亲属之间不存在利益冲突。换言之，由于被害人一方当事人与被申请人的法定代理人身份重合，且被申请人的法定代理人与检察机关均认为应当对被申请人进行强制医疗，合议庭不必承担来自被害人一方当事人对其本身公正性的质疑。在其他证据确实、充分的条件下，合议庭能够较为顺利地作出决定。但是，如果被害人与被申请人之间并非直系亲属，且被害人一方当事人要求对被申请人判处刑罚，或者被申请人一方与检察机关目标并不一致，那么合议庭组成人员如果具备一定的专业知识将有助于化解案件当事人对法庭审判公正性的疑虑，也更有利于法庭查明案件事实。因此，我们认为，具备条件的法院，可以安排一名至两名具有相关专业知识的人员作为合议庭成员参与案件审理，如果是随机选取，也可以在具有相关专业知识的范围内进行。

（2）法院会见被申请人的过程应当进一步规范

《刑诉法解释》第 529 条第 2 款规定："审理人民检察院申请强制医疗的案件，应当会见被申请人。"《刑诉法解释》虽然明确规定应当会见被申请人，但并未明确会见的方式。我们认为，合议庭在审理案件过程中会见被申请人，更有利于直观地了解被申请人的精神状况，对最终形成更加准确的内心确信具有重要意义。因此，有必要在司法实践中规范会见的程序、方式与方法。如向被申请人的亲属、邻居或者与被申请人有接触的医护人员询问被申请人的基本情况，通过录像等方式记录被申请人的言行举止，与被申请人进行面对面交流等。上述活动，均应当制作规范的会见笔录、视听资料，并予以存档。有必要作为证据当庭出示的，应当将上述材料提交法庭进行质证。

本案在审理过程中，审判长、书记员会见了被申请人高某球，通过询问被申请人基本情况、案件基本情况，发现被申请人高某球确实具有神志不清、胡言乱语等特征。法庭将上述情况记录下来，形成会见笔录，交被申请人本人及在场的主治医生签字，并存入法院案卷。由于案情简单，双方没有争议且其他证据确实、充分，上述材料虽然没有在法庭出示、质证，但不影响对事实的整体认定，应当认定整个程序规范、合法、有效。

（3）强制医疗执行的起始时间、监督主体等事项应当予以明确

刑事诉讼法及《刑诉法解释》未明确规定由哪个机关负责监督强制医疗决定书的执行。本案中，法院只在强制医疗决定书中简单表述："对被申请人高某球强制医疗。"决定书中没有明确强制医疗的地点、开始时间及其他需要明确的事项。我们认为，法院应当在强制医疗决定书中写明对被申请人进行强制医疗的起始时间，强制医疗机构名称、地点以及公安机关所应承担的相关义务。只有这样才能从法律上加强对法院自身和相关执行机关的约束，以有利于强制医疗决定书的真正执行。

此外，法院在强制医疗决定书中"本院认为"部分认定被申请人"有继续危害社会可能"，但并没有给出较为详细的说明或者解释，这在一定程度上降低了公众对这一判断的信任程度。我们认为，有必要将"继续危害社会可能"作为需要证明的内容，在庭审中展开调查，并在决定书中作出较为详细的说明。同时，关于决定书的案号，为便于以后查询和搜索的便利，我们建议针对强制医疗案件使用单独的案号。

总之，本案属于强制医疗程序的一次较为规范的审判实践。关于如何更好地审理强制医疗案件，仍需要不断地总结分析，以便进一步改进工作，提高审判质效。

5. 倪某根被申请强制医疗案——没有充分证据证明行为人实施犯罪行为的，不能对其进行强制医疗[①]

基本案情：

申请机关：靖江市人民检察院

被申请人：倪某根，男，1954 年 1 月 7 日生，因本案于 2013 年 1 月 2 日被公安机关送往江苏省靖江市第二人民医院采取保护性约束措施。

---

① 江苏省靖江市人民法院（2013）泰靖刑医字第 1 号驳回强制医疗申请决定。

法定代理人：倪某，系被申请人倪某根之子

靖江市人民检察院申请称：2013 年 1 月 1 日 17 时至 20 时许，倪某根在其住处用斧头砍击其妻子杨某某头部等部位，致杨某某死亡。经法医鉴定，杨某某系被他人用锐器砍击头部致颅脑损伤而死亡。经江苏省扬州五台山医院司法鉴定所鉴定，倪某根患阿尔茨海默病（老年前期型），无刑事责任能力。申请机关认为，被申请人倪某根实施故意杀人行为，严重危害公民人身安全，经法定程序鉴定属于依法不负刑事责任的精神病人，有继续危害社会的可能性，依照《刑事诉讼法》第 285 条第 2 款的规定，应当对其强制医疗。

被申请人倪某根对指控的事实没有供述。其子倪某作为法定代理人经法院通知到庭，辩称，其父确患阿尔茨海默病，但其平时表现较好，性格温顺，暴力倾向较小，不同意对其父强制医疗。其诉讼代理人辩称，从检察机关提供的证据来看，没有人直接看到倪某根实施了杀人行为；侦查机关现场提取的作案工具斧子一把，未经倪某根辨认，该斧子上没有鉴定出倪某根的指纹，只能说明有人用这把斧子杀死了被害人，但不能证实是谁用这把斧子杀死了被害人；被害人邻居也没有听到当晚倪某根夫妇房内有异常声音。因此，检察机关的申请书认定倪某根实施杀害其妻的事实不清，证据不足。

靖江市人民法院经审理查明：被申请人倪某根患阿尔茨海默病三年余，其与被害人杨某某系夫妻，平时关系一般。2013 年 1 月 2 日 8 时许，杨某某被发现死于家中。经现场勘验及法医鉴定，杨某某头部和右上肢有锐器砍击形成的创口，深达颅骨，系被他人用锐器砍击头部致颅脑损伤死亡。

靖江市人民法院一审审理认为：对于精神病人被指控实施杀人等暴力行为而被申请强制医疗的案件，被申请人是否实施了杀害被害人的暴力行为是决定对其强制医疗的基础和前提条件。由于精神病人因疾病等原因，理解与判断能力下降，不能正确表达自己的行为，不能作出有效供述，在确定精神病人是否实施杀人行为时，应坚持证据裁判原则及排除合理怀疑的证据标准。本案所涉犯罪行为系发生于被申请人倪某根与被害人杨某某夫妇居住的房间内，案发于夜间，没有目击证人，没有直接证据，被申请人倪某根从未作过实施杀人行为的供述，尽管被害人杨某某于 2013 年 1 月 1 日在家中被害，侦查机关在被申请人倪某根的双鞋内侧、双侧裤管及护袖上发现有喷溅状血迹，经鉴定与杨某某心血基因型相同；且证人倪某珍、倪某、缪某民等人的证言证实，被申请人倪某根当日有反常行为，并曾告诉其子女妈死了。

但综观全案证据，法院认为，本案系发生于被申请人倪某根所在的集中居住区，其邻居马某某等证人证实当晚未听到异常声音；侦查人员亦未发现被申请人身上有搏斗伤；被申请人倪某根未作过实施杀人行为的供述；现场提取的作案工具斧子1把，未经被申请人倪某根进行辨认，且该斧子上没有鉴定出被申请人倪某根的指纹；证人证实被申请人有反常行为，但并未有人直接看到被申请人实施杀人行为，故不能达到排除合理怀疑的证明要求。综上，对申请机关认定被申请人倪某根实施杀害杨某某的事实以及对被申请人倪某根强制医疗的申请，法院不予支持。

综上，倪某根虽然属于依法不负刑事责任的精神病人，但现有证据不足以证明倪某根实施了杀妻的暴力行为，因此，被申请人不符合强制医疗的条件，不应对其强制医疗，应由其监护人严加看管和医疗。

法院裁判：

据此，靖江市人民法院依照《刑诉法解释》第531条第2项的规定，于2013年11月18日作出驳回强制医疗申请决定：（1）驳回江苏省靖江市人民检察院对被申请人倪某根的强制医疗申请。（2）责令法定代理人倪某对被申请人倪某根严加看管和医疗。

一审宣判后，检察机关在法定期限内没有申请人民法院复议，裁定已发生法律效力。

本书观点：

根据刑事诉讼法的规定，强制医疗的条件是：实施暴力行为，危害公共安全或者严重危害公民人身安全，经法定程序鉴定依法不负刑事责任的精神病人，有继续危害社会可能的，可以予以强制医疗。据此，对依法不负刑事责任的精神病人予以强制医疗的前提是该精神病人实施了危害公共安全或者严重危害公民人身安全的暴力行为，并有继续危害社会的可能。若现有证据不足以证明行为人实施了上述暴力行为，检察机关申请对该行为人进行强制医疗的，人民法院不予支持。

第三百零三条　根据本章规定对精神病人强制医疗的，由人民法院决定。

公安机关发现精神病人符合强制医疗条件的，应当写出强制医疗意见书，移送人民检察院。对于公安机关移送的或者在审查起诉过程中发现的精

神病人符合强制医疗条件的，人民检察院应当向人民法院提出强制医疗的申请。人民法院在审理案件过程中发现被告人符合强制医疗条件的，可以作出强制医疗的决定。

对实施暴力行为的精神病人，在人民法院决定强制医疗前，公安机关可以采取临时的保护性约束措施。

[条文主旨]

本条是公安、检察、审判机关关于强制医疗职责分工的规定。

[条文释解]

本条是2012年修改《刑事诉讼法》时增加的规定，2018年未作修改。

公安机关、检察机关、审判机关分工负责，互相配合，互相制约，是刑事诉讼法的一项基本原则。强制医疗案件的处理，也必须依照这一原则进行。为此，《刑事诉讼法》第303条对公安机关、检察机关、审判机关在强制医疗案件中的职责作了明确规定。这一规定正是公安机关、检察机关、审判机关分工负责，互相配合，互相制约原则的具体体现。

根据《刑事诉讼法》第303条第1款规定，对精神病人强制医疗的，由人民法院决定。人民法院在决定对精神病人强制医疗时，首先应当判断行为人是否符合本法第302条规定的条件，即行为人是否实施了危害公共安全或者严重危害公民人身安全的暴力行为，是否属于依法不负刑事责任的精神病人，是否有继续危害社会可能的，如果行为人具备上述三个条件，人民法院应当作出强制医疗的决定。这里的"决定"，是指人民法院在办理案件过程中对某些程序性问题或者依法由人民法院依职权对某些问题进行处理的一种形式。人民法院的决定在作出后，一般都是立即生效，不能上诉或抗诉，但法律对有些决定也作了特别规定，如驳回申请回避的决定、对证人不出庭的拘留处罚决定、违反法庭秩序的罚款、拘留处罚决定和强制医疗决定等，有关人员可以申请复议。

强制医疗虽不具有刑罚上的惩罚性质，但毕竟是一种严格限制公民人身自由的国家强制处分。以前，强制医疗的决定及执行机关均集中在公安机关，强制医疗的"行政化"色彩浓厚。2012年修订刑事诉讼法时将强制医疗的决定权赋予人民法院，使强制医疗的适用走向司法化，由人民法院对公民自由作出独立、公正的裁定符合现代法治的要求。

《刑事诉讼法》第303条第2款规定了三个方面的内容：一是公安机关发现精神病人符合强制医疗条件的，应当写出强制医疗意见书，移送人民检察院。公安机关在侦查阶段如果发现犯罪嫌疑人可能是精神病人，应当按照有关法律规定进行鉴定，如果经鉴定确认犯罪嫌疑人是精神病人，且在不能辨认或者不能控制自己行为的时候造成危害结果的，应当撤销刑事案件，写出强制医疗意见书，然后移送人民检察院。“强制医疗意见书”，是指公安机关发现精神病人符合强制医疗条件而移送人民检察院处理的法律文书，应当写明需要强制医疗的精神病人的基本情况、案件认定的犯罪事实、鉴定情况、处理的意见和理由以及所依据的法律条款等。二是对于公安机关移送的或者在审查起诉过程中发现的精神病人符合强制医疗条件的，人民检察院应当向人民法院提出强制医疗的申请。这里包括两种情形：第一种是公安机关在移送案件时提出强制医疗意见书的，人民检察院经过审查，对于符合强制医疗条件的，应当向人民法院提出强制医疗的申请。第二种是人民检察院在审查起诉过程中发现公安机关移送的刑事案件的犯罪嫌疑人可能是精神病人，经过审查，发现符合强制医疗条件的，也应当向人民法院提出强制医疗的申请。三是人民法院在审理案件过程中发现被告人符合强制医疗条件的，可以作出强制医疗的决定。人民法院在审理刑事案件时，如果发现被告人可能是精神病人，需要鉴定的，可以对被告人进行精神病鉴定。如果经过法定程序鉴定，确认被告人是精神病人，且属于依法不应当负刑事责任的，应当根据有关规定判决被告人不负刑事责任。对该判决，被告人、自诉人和他们的法定代理人可以上诉，人民检察院也可以抗诉。在审理过程中，人民法院如果认为不负刑事责任的精神病人符合强制医疗条件的，可以依照本章的规定直接作出强制医疗的决定，而不需要将该案再退回人民检察院，由人民检察院提出强制医疗的申请。

《刑事诉讼法》第303条第3款规定，对实施暴力行为的精神病人，在人民法院决定强制医疗前，公安机关可以采取临时的保护性约束措施。另外，《人民警察法》也有类似规定，其第14条规定：“公安机关的人民警察对严重危害公共安全或者他人人身安全的精神病人，可以采取保护性约束措施。需要送往指定的单位、场所加以监护的，应当报请县级以上人民政府公安机关批准，并及时通知其监护人。”这样规定，一方面考虑到对精神病人的鉴定需要很长时间，且人民法院决定强制医疗也需要一定的时间，实施暴力行为的精神病人本身是非常危险的，如果不采取措施予以控制，放任其在社会上，可能会给社会和他人造成更大的危害，也可能危及其自身安全；另一方面考虑到对精神病人采取的措施应当以治疗和改善其精神状况为目的，不适合采用刑事诉讼法规定的拘留、逮捕等强制措施，避免给精神病人带来更大的精神伤害和痛苦。

因此，《刑事诉讼法》第 303 条第 3 款规定了一种特殊的临时的保护性约束措施。采用这种措施应当具备以下几个条件：一是行为人必须是实施暴力行为的精神病人。行为人必须实施了暴力行为，且应当是精神病人，当然既可以是经鉴定确认的，也可以是正在进行鉴定之中的。

二是必须在人民法院作出强制医疗决定前采取这种保护性约束措施。如果人民法院已经作出强制医疗决定，就不能再采取这种保护性约束措施，而应当将其送交强制医疗机构执行；如果人民法院作出不予强制医疗的决定，也不能采取这种保护性约束措施，而应当按照刑事诉讼法的规定采取强制措施或立即释放。这是措施是“临时的”，也即非正式的、较短时间的，而非永久的，当适用保护性约束措施的情形消失后，应当解除保护性约束措施。

三是由公安机关执行。这里规定的“保护性约束措施”，并不是一种处罚措施，而是为了保障精神病人和社会公众安全而采取的一种带有保护性的约束措施。它是指在精神科医疗过程中，医护人员针对患者病情的特殊情况，对其紧急实施的一种强制性的最大限度限制其行为活动的医疗保护措施。它是精神科治疗护理这类特殊患者的方法之一，目的是最大限度地减少其他意外因素对患者的伤害。针对精神病人的保护性约束主要有两种形式，即体力控制和机械性控制。机械性控制的用具，国内目前以约束带为主。另外，依据《公安部关于〈人民警察法〉第十四条规定的“保护性约束措施”是否包括使用警械的批复》的规定，《人民警察法》第 14 条规定的“公安机关的人民警察对严重危害公共安全或者他人人身安全的精神病人，可以采取保护性约束措施”包括“使用警绳、手铐等约束性警械”。采取这一措施时，既要对行为人实施控制，又要对其进行保护，在必要的时候还应当进行一定的治疗。

[审判实务]

1. 人民检察院和人民法院都可以启动精神病人的强制医疗程序

依据强制医疗程序启动的主体不同，精神病人强制医疗程序的启动方式也分为两种：一是依申请启动，即对于公安机关移送的或者在审查起诉过程中发现的精神病人符合强制医疗条件的，人民检察院应当申请人民法院启动精神病人强制医疗程序；二是自行决定强制医疗，适用于人民法院在审理案件过程中发现被告人符合强制医疗条件的情形。具体来说：（1）人民检察院向人民法院提起强制医疗的申请。公安机关发现精神病人符合强制医疗条件的，应当写出强制医疗意见书，移送人民检察院。对于公安机关移送的或者在审查起诉过程中发现的精神病人符合强制医疗条件的，人民检察院应当向人民法院提出强制医疗的申请。（2）人民法院直接作出强制医疗的决定。人民法院在审理案件过程中发现被告人符合强制医疗条件的，可以直接作出强制医疗的决定。

2. 关于强制医疗案件的管辖

刑事诉讼法并未规定强制医疗案件的管辖问题，但该问题对于诉讼活动的顺利进行十分重要。立足司法实际，对于人民检察院申请依法不负刑事责任的精神病人强制医疗的案件，《刑诉法解释》第 525 条规定："人民检察院申请对依法不负刑事责任的精神病人强制医疗的案件，由被申请人实施暴力行为所在地的基层人民法院管辖；由被申请人居住地的人民法院审判更为适宜的，可以由被申请人居住地的基层人民法院管辖。"因此，就地域管辖而言，强制医疗案件与普通刑事案件相同，即实行"以被申请人实施暴力行为所在地为主，被申请人居住地为辅"的管辖原则。就级别管辖而言，由于强制医疗案件的事实较为清楚，法律适用不复杂，故可以由基层人民法院管辖。不过，级别管辖原则仅适用于人民检察院申请强制医疗的情形，各级人民法院在适用普通程序审理案件的过程中发现被告人符合强制医疗条件的，可以依照法定程序作出强制医疗的决定，不受上述管辖规定的限制。

实践中，如果强制医疗案件的管辖权发生争议或不明确时，可以依照《刑事诉讼法》的有关规定，由上级人民法院指定下级人民法院审理管辖不明的案件，或指定下级人民法院将案件移送其他人民法院审理。

3. 公安机关、检察机关、审判机关如何审查受理案件

（1）公安机关发现实施暴力行为，危害公共安全或者严重危害公民人身安全的犯罪嫌疑人，可能属于依法不负刑事责任的精神病人的，应当对其进行精神病鉴定。经法定程序鉴定依法不负刑事责任的精神病人，有继续危害

社会的可能，符合强制医疗条件的，公安机关应当在七日内写出强制医疗意见书，经县级以上公安机关负责人批准，连同相关证据材料和鉴定意见一并移送同级人民检察院。

（2）人民检察院审查公安机关移送的强制医疗意见书，应当查明：是否属于本院管辖；涉案精神病人身份状况是否清楚，包括姓名、性别、国籍、出生年月日、职业和单位等；涉案精神病人实施危害公共安全或者严重危害公民人身安全的暴力行为的事实；公安机关对涉案精神病人进行鉴定的程序是否合法，涉案精神病人是否依法不负刑事责任；涉案精神病人是否有继续危害社会的可能；证据材料是否随案移送，不宜移送的证据的清单、复制件、照片或者其他证明文件是否随案移送；证据是否确实、充分；采取的临时保护性约束措施是否适当。并且，应当在接到公安机关移送的强制医疗意见书后三十日内作出是否提出强制医疗申请的决定。经审查认为不符合《刑事诉讼法》第284条规定条件的，应当作出不提出强制医疗申请的决定，并向公安机关书面说明理由；认为需要补充证据的，应当书面要求公安机关补充证据，必要时也可以自行调查。

另外，人民检察院在审查起诉中，犯罪嫌疑人经鉴定系依法不负刑事责任的精神病人的，人民检察院应当作出不起诉决定。认为符合强制医疗条件的，应当向人民法院提出强制医疗的申请。

（3）对人民检察院提出的强制医疗申请，人民法院应当审查以下内容：是否属于本院管辖；是否写明被申请人的身份，实施暴力行为的时间、地点、手段、所造成的损害等情况，并附相关证据材料；是否附有法医精神病鉴定意见和其他证明被申请人属于依法不负刑事责任的精神病人的证据材料；是否列明被申请人的法定代理人的姓名、住址、联系方式；需要审查的其他事项。上述审查工作，人民法院应当在七日内审查完毕，并按照下列情形分别处理：不属于本院管辖的，应当退回人民检察院；材料不全的，应当通知人民检察院在三日内补送；属于强制医疗程序受案范围和本院管辖，且材料齐全的，应当受理。人民法院决定受理的，应当组成合议庭进行审理。

4. 提起强制医疗程序的期间如何理解掌握

强制医疗程序是刑事诉讼中的特殊程序，可能在刑事诉讼的各个阶段被提起。由于精神疾病诊断难、治疗难以及易伪装等特点，也使得很难确定在刑事诉讼的哪个阶段能查明犯罪嫌疑人、被告人确有应适用强制医疗的医学条件。在追诉犯罪的刑事诉讼中，一旦出现应适用强制医疗的法定情形，应当立即终止刑事追诉程序，同时启动强制医疗程序。所以从理论上来说，在刑事诉讼的各个阶段都可以提起强制医疗程序。

刑事诉讼法明确规定，公安机关在侦查阶段可以通过检察机关提出申请，检察机关在审查起诉阶段可以申请强制医疗，法院也可以在审理案件过程中直接作出强制医疗的决定。与强制医疗具有利害关系的各方当事人虽无权单独提起申请，如果是在检察机关审查起诉前发现的可以通过检察机关提出，但如果是在法庭审理过程中发现有需要提起强制医疗程序的，就不能通过检察机关提出。本书认为，出于维护犯罪嫌疑人、被告人合法权益的目的，犯罪嫌疑人、被告人的法定代理人或监护人此时应向法院提出申请，由法院决定是否在审理过程中决定作出强制的决定。

[配套规定]

1. **《最高人民法院关于适用〈中华人民共和国刑事诉讼法〉的解释》**（法释［2012］21号）（2012年12月20日公布，2013年1月1日起施行）（节录）

第五百二十六条 对人民检察院提出的强制医疗申请，人民法院应当审查以下内容：

（一）是否属于本院管辖；

（二）是否写明被申请人的身份，实施暴力行为的时间、地点、手段、所造成的损害等情况，并附相关证据材料；

（三）是否附有法医精神病鉴定意见和其他证明被申请人属于依法不负刑事责任的精神病人的证据材料；

（四）是否列明被申请人的法定代理人的姓名、住址、联系方式；

（五）需要审查的其他事项。

第五百二十七条 对人民检察院提出的强制医疗申请，人民法院应当在七日内审查完毕，并按照下列情形分别处理：

（一）不属于本院管辖的，应当退回人民检察院；

（二）材料不全的，应当通知人民检察院在三日内补送；

（三）属于强制医疗程序受案范围和本院管辖，且材料齐全的，应当受理。

2. **《人民检察院刑事诉讼规则》**（高检发释字［2019］4号）（2019年12月30日公布并施行）（节录）

第五百三十五条 强制医疗的申请由被申请人实施暴力行为所在地的基

层人民检察院提出；由被申请人居住地的人民检察院提出更为适宜的，可以由被申请人居住地的基层人民检察院提出。

第五百三十六条 人民检察院向人民法院提出强制医疗的申请，应当制作强制医疗申请书。强制医疗申请书的主要内容包括：

（一）涉案精神病人的基本情况，包括姓名、性别、出生年月日、出生地、户籍地、公民身份号码、民族、文化程度、职业、工作单位及职务、住址，采取临时保护性约束措施的情况及处所等；

（二）涉案精神病人的法定代理人的基本情况，包括姓名、住址、联系方式等；

（三）案由及案件来源；

（四）涉案精神病人实施危害公共安全或者严重危害公民人身安全的暴力行为的事实，包括实施暴力行为的时间、地点、手段、后果等及相关证据情况；

（五）涉案精神病人不负刑事责任的依据，包括有关鉴定意见和其他证据材料；

（六）涉案精神病人继续危害社会的可能；

（七）提出强制医疗申请的理由和法律依据。

第五百三十七条 人民检察院审查公安机关移送的强制医疗意见书，应当查明：

（一）是否属于本院管辖；

（二）涉案精神病人身份状况是否清楚，包括姓名、性别、国籍、出生年月日、职业和单位等；

（三）涉案精神病人实施危害公共安全或者严重危害公民人身安全的暴力行为的事实；

（四）公安机关对涉案精神病人进行鉴定的程序是否合法，涉案精神病人是否依法不负刑事责任；

（五）涉案精神病人是否有继续危害社会的可能；

（六）证据材料是否随案移送，不宜移送的证据的清单、复制件、照片或者其他证明文件是否随案移送；

（七）证据是否确实、充分；

（八）采取的临时保护性约束措施是否适当。

第五百三十八条 人民检察院办理公安机关移送的强制医疗案件，可以采取以下方式开展调查，调查情况应当记录并附卷：

（一）会见涉案精神病人，听取涉案精神病人的法定代理人、诉讼代理人意见；

（二）询问办案人员、鉴定人；

（三）向被害人及其法定代理人、近亲属了解情况；

（四）向涉案精神病人的主治医生、近亲属、邻居、其他知情人员或者基层组织等了解情况；

（五）就有关专门性技术问题委托具有法定资质的鉴定机构、鉴定人进行鉴定。

第五百三十九条　人民检察院应当在接到公安机关移送的强制医疗意见书后三十日以内作出是否提出强制医疗申请的决定。

对于公安机关移送的强制医疗案件，经审查认为不符合刑事诉讼法第三百零二条规定条件的，应当作出不提出强制医疗申请的决定，并向公安机关书面说明理由。认为需要补充证据的，应当书面要求公安机关补充证据，必要时也可以自行调查。

公安机关补充证据的时间不计入人民检察院办案期限。

第五百四十条　人民检察院发现公安机关应当启动强制医疗程序而不启动的，可以要求公安机关在七日以内书面说明不启动的理由。

经审查，认为公安机关不启动理由不能成立的，应当通知公安机关启动强制医疗程序。

公安机关收到启动强制医疗程序通知书后，未按要求启动强制医疗程序的，人民检察院应当提出纠正意见。

第五百四十一条　人民检察院对公安机关移送的强制医疗案件，发现公安机关对涉案精神病人进行鉴定违反法律规定，具有下列情形之一的，应当依法提出纠正意见：

（一）鉴定机构不具备法定资质的；

（二）鉴定人不具备法定资质或者违反回避规定的；

（三）鉴定程序违反法律或者有关规定，鉴定的过程和方法违反相关专业规范要求的；

（四）鉴定文书不符合法定形式要件的；

（五）鉴定意见没有依法及时告知相关人员的；

（六）鉴定人故意作虚假鉴定的；

（七）其他违反法律规定的情形。

人民检察院对精神病鉴定程序进行监督，可以要求公安机关补充鉴定或者重新鉴定。必要时，可以询问鉴定人并制作笔录，或者委托具有法定资质的鉴定机构进行补充鉴定或者重新鉴定。

第五百四十二条 人民检察院发现公安机关对涉案精神病人不应当采取临时保护性约束措施而采取的，应当提出纠正意见。

认为公安机关应当采取临时保护性约束措施而未采取的，应当建议公安机关采取临时保护性约束措施。

第五百四十三条 在审查起诉中，犯罪嫌疑人经鉴定系依法不负刑事责任的精神病人的，人民检察院应当作出不起诉决定。认为符合刑事诉讼法第三百零二条规定条件的，应当向人民法院提出强制医疗的申请。

3.《公安机关办理刑事案件程序规定》（公安部令第127号）（2012年12月13日发布，2013年1月1日起施行）（节录）

第三百三十二条 对经法定程序鉴定依法不负刑事责任的精神病人，有继续危害社会可能，符合强制医疗条件的，公安机关应当在七日以内写出强制医疗意见书，经县级以上公安机关负责人批准，连同相关证据材料和鉴定意见一并移送同级人民检察院。

第三百三十三条 对实施暴力行为的精神病人，在人民法院决定强制医疗前，经县级以上公安机关负责人批准，公安机关可以采取临时的保护性约束措施。必要时，可以将其送精神病医院接受治疗。

第三百三十四条 采取临时的保护性约束措施时，应当对精神病人严加看管，并注意约束的方式、方法和力度，以避免和防止危害他人和精神病人的自身安全为限度。

对于精神病人已没有继续危害社会可能，解除约束后不致发生社会危险性的，公安机关应当及时解除保护性约束措施。

第三百零四条 人民法院受理强制医疗的申请后，应当组成合议庭进行审理。

人民法院审理强制医疗案件，应当通知被申请人或者被告人的法定代理人到场。被申请人或者被告人没有委托诉讼代理人的，人民法院应当通知法律援助机构指派律师为其提供法律帮助。

[条文主旨]

本条是关于人民法院对强制医疗案件审理方式的规定。

[条文释解]

本条是2012年修改《刑事诉讼法》时增加的规定，2018年未作修改。

本条主要规定了三个方面的内容。

1. 人民法院对强制医疗案件的处理程序，必须以审理的方式进行，而不能以其他方式，如开会、征求意见等方式都不是强制医疗案件的处理方式。

2. 人民法院审理强制医疗案件，必须组成合议庭进行审理。独任审判员在简易程序案件审理过程中发现被告人符合强制医疗条件的，能否直接作出强制医疗的决定？法律对此没有明确规定。本书认为，为充分保障当事人的合法权益，确保强制医疗程序慎重适用，应当转为合议庭审理。

关于合议庭的组成人员，除由审判员组成合议庭外，也可由审判员和人民陪审员组成合议庭。由于强制医疗案件往往涉及精神病医学的专业知识，《刑诉法解释》征求意见稿曾规定："审理强制医疗案件，应当听取有精神病医学专门知识的人的意见；条件具备的，应当由有精神病医学专门知识的人担任人民陪审员。"主要考虑：强制医疗案件专业性极强，而法官通常不具备精神病学专门知识。如果让有精神病学专门知识的人民陪审员参与案件审理，有利于确保公正审理、提高案件质量。但有部门提出，有精神病医学专门知识的人发表意见，应当在案件审理过程中进行，若由其担任人民陪审员，在评议中发表意见而不经过质证程序，似不合适。同时，全国人大常委会《关于完善人民陪审员制度的决定》规定，参加合议庭审理的人民陪审员应当在人民陪审员名单中随机抽取确定。若规定应当由有精神病医学专门知识的人担任人民陪审员，可能违反规定确定人民陪审员。经研究，采纳了该意见，删除了有关内容，由法院在实践中根据案件情况灵活掌握。

3. 人民法院审理强制医疗案件，应当从申辩权方面充分保障被申请人的权利。由于被申请人属于精神病人，由其进行申辩，往往难以保护自己的合法权益。因此，刑事诉讼法规定，人民法院应当通知被申请人或者被告人的法定代理人到场。被申请人或者被告人没有委托诉讼代理人的，人民法院应当通知法律援助机构指派律师为其提供法律帮助。

[审判实务]

1. 人民法院审理医疗案件，以什么方式进行审理

本书认为，根据《刑诉法解释》的规定，审理强制医疗案件，应以开庭审理为原则，以不开庭审理为例外。也就是说，原则上应当开庭审理强制医疗案件，只有被申请人、被告人的法定代理人请求不开庭审理，并经人民法院审查同意的，可以不开庭审理。主要考虑是：其一，对精神病人强制医疗势必在一定程度上限制或剥夺被申请人的人身自由，因此应当赋予其不低于普通程序中被告人的诉讼权利，应当保障其接受开庭审理的权利。其二，开庭时，虽然被申请人不能出庭，但根据刑事诉讼法规定，应当通知其法定代理人到场，且如果被申请人没有委托诉讼代理人，人民法院应当通知法律援助机构指派律师为其提供法律帮助，担任其诉讼代理人。加之申请人必须到场，因此，具有诉辩式庭审的特征，适宜开庭审理。

“法定代理人”，是指被代理人的父母、养父母、监护人和负有保护责任的机关、团体的代表。“诉讼代理人”，是指公诉案件的被害人及其法定代理人或者近亲属、自诉案件的自诉人及其法定代理人委托代为参加诉讼的人和附带民事诉讼的当事人及其法定代理人委托代为参加诉讼的人。由于刑事诉讼法第五编第四章规定的被申请人或者被告人属于依法不负刑事责任的精神病人，他们是无民事行为能力人，自己无法委托诉讼代理人，其法定代理人应当有权代为委托。“法律援助”，是指由政府设立的法律援助机构组织法律援助人员，为经济困难或特殊案件的人无偿提供法律服务的一项法律保障制度。

2. 开庭审理强制医疗案件，可以不公开进行

《精神卫生法》第 4 条第 3 款规定：“有关单位和个人应当对精神障碍患者的姓名、肖像、住址、工作单位、病历资料以及其他可能推断出其身份的信息予以保密；但是，依法履行职责需要公开的除外。”因此，被申请人的法定代理人、近亲属以涉及个人隐私为由申请不开庭审理或者不公开开庭审理的，人民法院原则上应当允许。

3. 审理强制医疗案件应当会见被申请人

为体现程序的公正和慎重，既防止“被精神病”，切实保障人权，又防

止假冒精神病人逃避刑事处罚的情况发生，《刑诉法解释》第 529 条第 2 款明确规定："审理人民检察院申请强制医疗的案件，应当会见被申请人。"即无论是否开庭审理，都应当会见被申请人，通过与其直接接触、交谈，了解其精神状况。

4. 强制医疗案件的开庭程序

《刑诉法解释》第 530 条对强制医疗案件的开庭程序作了具体规定，实践中应当注意以下问题：

（1）出庭人员。人民法院开庭审理申请强制医疗的案件，应当在开庭三日以前通知人民检察院、被申请人的法定代表人及其诉讼代理人出庭；鉴于强制医疗案件中最核心的证据就是精神病医学鉴定，为了保证案件质量，鉴定人原则上应当出庭作证，并回答被申请人的法定代理人、诉讼代理人的发问。另外，被申请人要求出庭，人民法院经审查其身体和精神状态，认为可以出庭的，应当准许。出庭的被申请人，在法庭调查、辩论阶段，可以发表意见。

（2）程序简化。参照简易程序的规定，检察员宣读申请书后，被申请人的法定代理人、诉讼代理人无异议的，法庭调查可以简化。

（3）特殊情况。被申请人的法定代理人经通知后拒不到场，或者未经法庭许可中途退庭的，对此应当如何处理，刑事诉讼法没有规定。经研究认为，对于决定开庭审理的强制医疗案件，被申请人的法定代理人经通知后拒不到庭的，不宜强制其到庭，因其不属于被告人，也不属于应当出庭作证的证人。被申请人的法定代理人拒不到庭，或者未经法庭许可中途退庭的，如果事实清楚，证据确实、充分，人民法院可以不开庭审理。

5. 在审理刑事案件过程中作出强制医疗决定的程序

（1）不能径行作出强制医疗的决定。《刑诉法解释》第 532 条规定："第一审人民法院在审理案件过程中发现被告人可能符合强制医疗条件的，应当依照法定程序对被告人进行法医精神病鉴定。经鉴定，被告人属于依法不负刑事责任的精神病人的，应当适用强制医疗程序，对案件进行审理。"有意见认为，此时人民法院可以不再按照强制医疗的相关程序进行审理，直接作出强制医疗的决定。因为，在普通程序刑事案件审理过程中，已经对证据进行了充分的举证、质证，相关事实已经调查清楚，无须再参照强制医疗程序再审理一遍。我们认为，人民法院在审理刑事案件过程中发现被告人可能属于不负刑事责任的精神病人的，不需要将该案退回人民检察院，由人民检察院提出强制医疗的申请，而是在审理刑事案件过程中一并解决，以提高审判效率。但为了更好地维护被告人的诉讼权利和其他合法权益，在确认被告人属于依法不负刑事责任的精神病人后，不宜径行作出强制医疗的决定，而是应当通知被告人的法定代理人到场，参与被告人是否符合强制医疗条件的审理，具体程序参照强制医疗审理程序进行。主要考虑是：其一，强制医疗有其特定的适用条件，原来的庭审不可能对相关事实、证据作出全面审查；其二，刑事诉讼法有关通知法定代理人到场、通知法律援助机构指派律师提供法律帮助的规定，不只适用于人民检察院申请强制医疗的案件，也应当适用于人民法院自行决定强制医疗的案件；其三，此类案件原是由人民检察院按照被告人具有完全或者部分刑事责任能力提出有罪指控的，如不按强制医疗程序进行审理，直接作出强制医疗决定，有违程序正义。

（2）应当在判决的同时作出强调医疗决定。《刑诉法解释》第 533 条第 1 项明确规定，“被告人符合强制医疗条件的，应当判决宣告被告人不负刑事责任，同时作出对被告人强制医疗的决定”，但应当在宣告被告人不负刑事责任的判决中一并决定对被告人强制医疗，还是应当另外制作对被告人强制医疗的决定书，《刑诉法解释》未作规定。我们认为，这两种做法各有优点，前者有利于节约司法资源，提高审判效率，但需要在判决书中分别写明对判决部分不服的上诉、抗诉期限是十日，对强制医疗决定部分不服申请复议的期限是五日；后者虽然需要多制作一份决定书，但有利于分别由被告人、自诉人和人民检察院对判决在十日内提出上诉、抗诉，由被决定强制医疗的人、被害人针对决定在五日内申请复议。实践中可以尝试，待实践一段时间后，再进行研究、比较，而后在诉讼文书样式中予以明确。

（3）在审理第二审刑事案件过程中作出强制医疗决定的限制。《刑诉法解释》第 534 条规定：“人民法院在审理第二审刑事案件过程中，发现被告人可能符合强制医疗条件的，既可以依照强制医疗程序对案件作出处理，也可以裁定发回原审人民法院重新审判。”但是，如果是高级人民法院在二审中发现被告人属于不负刑事责任的精神病人，可能符合强制医疗条件的，可以裁定发回原审人民法院重新审判，也可以只判决被告人不负刑事责任，但原则上不得同时作出强制医疗决定，否则，不服强制医疗决定向上一级人民法院申请复议的，案件就到了最高人民法院，将无谓增加最高人民法院的办案压力，也不利于案件得到及时处理。对于二审只判决被告人不负刑事责任，未同时作出强制医疗决定的，可以由人民检察院另行向基层人民法院提出强制医疗的申请。

[配套规定]

1.《最高人民法院关于适用〈中华人民共和国刑事诉讼法〉的解释》（法释［2012］21号）（2012年12月20日公布，2013年1月1日起施行）（节录）

第五百二十八条　审理强制医疗案件，应当通知被申请人或者被告人的法定代理人到场。被申请人或者被告人没有委托诉讼代理人的，应当通知法律援助机构指派律师担任其诉讼代理人，为其提供法律帮助。

第五百二十九条　审理强制医疗案件，应当组成合议庭，开庭审理。但是，被申请人、被告人的法定代理人请求不开庭审理，并经人民法院审查同意的除外。

审理人民检察院申请强制医疗的案件，应当会见被申请人。

第五百三十条　开庭审理申请强制医疗的案件，按照下列程序进行：

（一）审判长宣布法庭调查开始后，先由检察员宣读申请书，后由被申请人的法定代理人、诉讼代理人发表意见；

（二）法庭依次就被申请人是否实施了危害公共安全或者严重危害公民人身安全的暴力行为、是否属于依法不负刑事责任的精神病人、是否有继续危害社会的可能进行调查；调查时，先由检察员出示有关证据，后由被申请人的法定代理人、诉讼代理人发表意见、出示有关证据，并进行质证；

（三）法庭辩论阶段，先由检察员发言，后由被申请人的法定代理人、诉讼代理人发言，并进行辩论。

被申请人要求出庭，人民法院经审查其身体和精神状态，认为可以出庭的，应当准许。出庭的被申请人，在法庭调查、辩论阶段，可以发表意见。

检察员宣读申请书后，被申请人的法定代理人、诉讼代理人无异议的，法庭调查可以简化。

第五百三十一条　对申请强制医疗的案件，人民法院审理后，应当按照下列情形分别处理：

（一）符合刑事诉讼法第二百八十四条规定的强制医疗条件的，应当作出对被申请人强制医疗的决定；

（二）被申请人属于依法不负刑事责任的精神病人，但不符合强制医疗条件的，应当作出驳回强制医疗申请的决定；被申请人已经造成危害结果的，应当同时责令其家属或者监护人严加看管和医疗；

（三）被申请人具有完全或者部分刑事责任能力，依法应当追究刑事责任的，应当作出驳回强制医疗申请的决定，并退回人民检察院依法处理。

第五百三十二条 第一审人民法院在审理案件过程中发现被告人可能符合强制医疗条件的，应当依照法定程序对被告人进行法医精神病鉴定。经鉴定，被告人属于依法不负刑事责任的精神病人的，应当适用强制医疗程序，对案件进行审理。

开庭审理前款规定的案件，应当先由合议庭组成人员宣读对被告人的法医精神病鉴定意见，说明被告人可能符合强制医疗的条件，后依次由公诉人和被告人的法定代理人、诉讼代理人发表意见。经审判长许可，公诉人和被告人的法定代理人、诉讼代理人可以进行辩论。

第五百三十三条 对前条规定的案件，人民法院审理后，应当按照下列情形分别处理：

（一）被告人符合强制医疗条件的，应当判决宣告被告人不负刑事责任，同时作出对被告人强制医疗的决定；

（二）被告人属于依法不负刑事责任的精神病人，但不符合强制医疗条件的，应当判决宣告被告人无罪或者不负刑事责任；被告人已经造成危害结果的，应当同时责令其家属或者监护人严加看管和医疗；

（三）被告人具有完全或者部分刑事责任能力，依法应当追究刑事责任的，应当依照普通程序继续审理。

第五百三十四条 人民法院在审理第二审刑事案件过程中，发现被告人可能符合强制医疗条件的，可以依照强制医疗程序对案件作出处理，也可以裁定发回原审人民法院重新审判。

第五百三十五条 人民法院决定强制医疗的，应当在作出决定后五日内，向公安机关送达强制医疗决定书和强制医疗执行通知书，由公安机关将被决定强制医疗的人送交强制医疗。

2.《人民检察院刑事诉讼规则》（高检发释字［2019］4号）（2019年12月30日公布并施行）（节录）

第五百四十四条 人民法院对强制医疗案件开庭审理的，人民检察院应当派员出席法庭。

[参考案例]

1. 李某生、唐某珍诉陈某祥生命权纠纷案——刑事强制医疗程序不能附带民事诉讼[①]

基本案情：

2013年5月8日凌晨，被告陈某祥因幻想妻子李某与他人有奸情并意图谋害自己，用手扼李某颈部，致李某机械性窒息死亡。案发后，经江苏省盐城市第四人民医院司法鉴定所和南京脑科医院司法鉴定所鉴定，确认陈某祥患精神分裂症，无刑事责任能力。根据江苏省阜宁县人民检察院申请，阜宁县人民法院于2013年9月3日作出强制医疗决定，对陈某祥强制医疗。

2013年10月11日，被害人李某的父母李某生、唐某珍提起民事诉讼，要求陈某祥赔偿死亡赔偿金、丧葬费、精神损害抚慰金、被扶养人生活费等各项损失合计984432.5元。

法院裁判：

阜宁县人民法院经审理认为，本案被告陈某祥在不能辨认或不能控制自己行为的情况下致李某死亡，经司法鉴定确认其患精神分裂症，无刑事责任能力，公安机关遂撤销了对其涉嫌故意杀人案的侦查。据此，阜宁县人民检察院依照刑事诉讼法特别程序，对陈某祥向法院提起强制治疗申请，法院依法作出强制治疗决定，但因该生效决定并非刑事判决，故原告李某生、唐某珍提起的民事诉讼不属于刑事附带民事诉讼，应按民事案件处理，适用侵权责任法确定赔偿范围和具体数额。因本案被告为无民事行为能力的精神病人，遂判决陈某祥赔付死亡赔偿金等各项损失30万元。

一审宣判后，双方当事人均未提起上诉，判决书已生效。

本书观点：

依照刑事诉讼法之规定，因犯罪行为遭受物质损失，被害人或其法定代理人、近亲属提起民事诉讼的，既可在刑事诉讼中直接为之，也可待刑事判决、裁定生效后单独进行。但无论哪种方式，赔偿范围和数额均不同于单纯的民事诉讼，因而虽说原告选择了单独起诉，却仍绕不开一个争议焦点，即本案属于民事诉讼，还是刑事附带民事诉讼？换言之，刑事强制医疗程序能

---

① 江苏省阜宁县人民法院（2013）阜刑医字第0001号强制医疗决定书。

否附带民事诉讼？法律、司法解释未置明文。

《刑诉法解释》第160条第2款规定：“人民法院准许人民检察院撤回起诉的公诉案件，对已经提起的附带民事诉讼，可以进行调解；不宜调解或者经调解不能达成协议的，应当裁定驳回起诉，并告知附带民事诉讼原告人可以另行提起民事诉讼。”可见，“依附性”是附带民事诉讼的本质特点，其以司法机关对犯罪嫌疑人或被告人作有罪追诉为前提，而强制医疗虽作为刑事诉讼法规定的特别程序，但同以追究刑事责任为内容的一般程序相比，尚不足以为附带民事诉讼提供依附基础，无法实现刑事与民事须“一同审理、一并判决”的原则性要求，具体而言：

1. 从诉讼构造来看，民事部分无从依附。根据《刑事诉讼法》第16条、第177条、第303条第2款之规定，人民检察院在审查起诉过程中发现犯罪嫌疑人为依法不负刑事责任的精神病人的，应当作出不起诉决定；经审查认为符合强制医疗条件的，应当径直启动强制医疗程序，收集精神病人实施暴力犯罪行为及其精神状态方面的有关证据，并及时向人民法院提出强制医疗申请，由人民法院决定是否对被申请人实施强制医疗。可见，随着强制医疗程序的启动，刑事追诉程序即告终结，不仅不再公诉，且因缺乏归责基础，行为人的法定称谓亦发生变化，由“犯罪嫌疑人”变为“被申请人”，因而民事部分无从依附。

2. 从立法目的来看，民事部分亦无依附必要。刑事诉讼中，之所以设立附带民事诉讼，除考虑经济诉讼外，还在于：（1）有利于正确定罪量刑，准确判断被告人是否构成犯罪，以及判处何种刑罚；（2）有利于贯彻落实宽严相济的刑事政策，客观判断被告人是否已经悔罪及人身危险性大小；（3）有利于维护司法审判的统一性和权威性，防止民刑交叉判决相抵触。可见，民事赔偿一定程度上直接影响刑事部分的定罪量刑，而强制医疗的本质是对精神病人进行医治的同时，对公民人身自由予以限制和剥夺，价值取向是“安全与自由并重、社会防卫与精神病人回归社会并重”，目的在于通过司法审查，对精神病人决定是否采取强制医疗措施，以防止其后续犯罪，而不是为了解决刑事责任问题。因此，随着强制医疗决定的生效，精神病人不负刑事责任即成定论，民事部分自无依附必要。

综上，刑事强制医疗决定并非刑事判决，被害人或其法定代理人、近亲属提起赔偿诉讼，应按民事案件处理，不受刑事附带民事诉讼赔偿范围、数额的限制。

第三百零五条　人民法院经审理，对于被申请人或者被告人符合强制医疗条件的，应当在一个月以内作出强制医疗的决定。

被决定强制医疗的人、被害人及其法定代理人、近亲属对强制医疗决定不服的，可以向上一级人民法院申请复议。

［条文主旨］

本条是关于人民法院审理强制医疗案件期限及当事人救济途径的规定。

［条文释解］

本条是2012年修改《刑事诉讼法》时增加的规定，2018年未作修改。

本条共分两款。第1款是关于强制医疗决定期限的规定。根据本款规定，人民法院经审理，对于被申请人或者被告人符合强制医疗条件的，应当在一个月内作出强制医疗的决定。这里包括两种情形：第一种是人民法院受理人民检察院提出的强制医疗申请。人民检察院在提出强制医疗申请时，应当提供被申请人实施暴力行为的证据，以及依法不负刑事责任的鉴定意见等证据材料，人民法院应当根据人民检察院提供的证据材料进行审查，在受理人民检察院申请一个月内作出是否予以强制医疗的决定。对于被申请人符合强制医疗条件的，应当作出强制医疗的决定；对于不符合强制医疗条件的，应当作出不予强制医疗的决定。第二种是人民法院在审理刑事案件过程中发现被告人符合强制医疗条件的，也应当在一个月内作出强制医疗的决定。如果人民法院在审理过程中需要对被告人进行精神病鉴定的，可以依法对被告人进行精神病鉴定，对精神病鉴定的期间不计入办案期限。

第2款是关于对决定不服申请复议的规定。根据本款规定，被决定强制医疗的人、被害人及其法定代理人、近亲属对强制医疗决定不服的，可以向上一级人民法院申请复议。根据本款规定，有权申请复议的人员包括：一是被决定强制医疗的人及其法定代理人、近亲属。这里所说的“被决定强制医疗的人”，是指根据本章的规定，人民法院决定对依法不负刑事责任的精神病人予以强制医疗的人。“法定代理人”，是指被强制医疗的人的父母、养父母、监护人和负有保护责任的机关、团体的代表。“近亲属”，是指被强制医疗的人的夫、妻、父、母、子、女、同胞兄弟姊妹。二是被害人及其法定代理人、近亲属。这里所说的“被害人”，是指人身权利、财产权利或其他合法权益受到被强制医疗的人实施的暴力行为直接侵害的人。“法定代理人”，是指被害人的父母、养父母、监护人和负有保护责任的机关、团体的代表。“近亲属”，是指被害人的夫、妻、父、母、子、女、同胞兄弟姊妹。

被决定强制医疗的人、被害人及其法定代理人、近亲属如果认为被决定强制医疗的人未患精神病或者虽患精神病但不符合强制医疗条件，对强制医疗决定不服的，可以向作出强制医疗决定的人民法院的上一级人民法院申请复议。这里所说的“复议”，是指对司法机关作出的具体决定不服向上级机关提起的重新审查的程序。上一级人民法院对于申请复议的，应当及时进行审查并作出处理决定。

[审判实务]

1. 关于申请复议主体及期限

对人民法院作出的强制医疗决定，只有被决定强制医疗的人、被害人及其法定代理人、近亲属不服的，才可以向上一级人民法院申请复议；而提出申请的人民检察院不能申请复议。《刑诉法解释》进一步明确申请复议的期限是自收到决定之日起五日内，与提起上诉的期限相协调。

另外，需要说明的是，复议期间不停止执行强制医疗的决定。

2. 关于复议申请的审理方式

《刑诉法解释》亦明确对强制医疗决定进行复议也应当由合议庭进行审理，并应当在一个月内作出复议决定。另外，复议申请一般较为简单，原则上采取书面形式审理即可。

3. 关于复议决定

根据《刑诉法解释》第537条的规定，对不服强制医疗决定的复议申请，上一级人民法院应当组成合议庭审理，并在一个月内，按照下列情形分别作出复议决定：（1）被决定强制医疗的人符合强制医疗条件的，应当驳回复议申请，维持原决定；（2）被决定强制医疗的人不符合强制医疗条件的，应当撤销原决定；（3）原审违反法定诉讼程序，可能影响公正审判的，应当撤销原决定，发回原审人民法院重新审判。

[配套规定]

1.《最高人民法院关于适用〈中华人民共和国刑事诉讼法〉的解释》（法释［2012］21号）（2012年12月20日公布，2013年1月1日起施行）（节录）

第五百三十六条 被决定强制医疗的人、被害人及其法定代理人、近亲属对强制医疗决定不服的，可以自收到决定书之日起五日内向上一级人民法院申请复议。复议期间不停止执行强制医疗的决定。

第五百三十七条 对不服强制医疗决定的复议申请，上一级人民法院应当组成合议庭审理，并在一个月内，按照下列情形分别作出复议决定：

（一）被决定强制医疗的人符合强制医疗条件的，应当驳回复议申请，维持原决定；

（二）被决定强制医疗的人不符合强制医疗条件的，应当撤销原决定；

（三）原审违反法定诉讼程序，可能影响公正审判的，应当撤销原决定，发回原审人民法院重新审判。

第五百三十八条 对本解释第五百三十三条第一项规定的判决、决定，人民检察院提出抗诉，同时被决定强制医疗的人、被害人及其法定代理人、近亲属申请复议的，上一级人民法院应当依照第二审程序一并处理。

第五百三十九条 审理强制医疗案件，本章没有规定的，参照适用公诉案件第一审普通程序和第二审程序的有关规定。

2.《人民检察院刑事诉讼规则》（高检发释字［2019］4号）（2019年12月30日公布并施行）（节录）

第五百四十六条 出席法庭的检察官发现人民法院或者审判人员审理强制医疗案件违反法律规定的诉讼程序，应当记录在案，并在休庭后及时向检察长报告，由人民检察院在庭审后向人民法院提出纠正意见。

第五百四十七条 人民检察院认为人民法院作出的强制医疗决定或者驳回强制医疗申请的决定，具有下列情形之一的，应当在收到决定书副本后二十日以内向人民法院提出纠正意见：

（一）据以作出决定的事实不清或者确有错误的；

（二）据以作出决定的证据不确实、不充分的；

（三）据以作出决定的证据依法应当予以排除的；

（四）据以作出决定的主要证据之间存在矛盾的；

（五）有确实、充分的证据证明应当决定强制医疗而予以驳回的，或者不应当决定强制医疗而决定强制医疗的；

（六）审理过程中严重违反法定诉讼程序，可能影响公正审理和决定的。

第三百零六条　强制医疗机构应当定期对被强制医疗的人进行诊断评估。对于已不具有人身危险性，不需要继续强制医疗的，应当及时提出解除意见，报决定强制医疗的人民法院批准。

被强制医疗的人及其近亲属有权申请解除强制医疗。

[条文主旨]

本条是关于强制医疗评估及解除的规定。

[条文释解]

本条是2012年修改《刑事诉讼法》时增加的规定，2018年未作修改。

本条共分两款。第1款是关于强制医疗机构应当定期诊断评估及解除强制医疗的规定。本款规定了两个方面的内容：一是强制医疗机构应当定期对被强制医疗的人进行诊断评估。强制医疗机构在对被强制医疗的人进行必要治疗的同时，还应当根据被强制医疗的人的病情，定期组织专业医师对其进行检查评估，确认其精神状况。二是对于已不具有人身危险性，不需要继续强制医疗的，应当及时提出解除意见，报请决定强制医疗的人民法院批准。强制医疗机构在对被强制医疗的人进行诊断评估时，如果发现被强制医疗的人不具有人身危险性，不需要继续强制医疗的，应当提出解除强制医疗的意见，报请决定强制医疗的人民法院批准，解除对其的强制医疗。这里所说的“不具有人身危险性”，是指被强制医疗的人已经具有辨认或者控制自己行为的能力，不会再危害公共安全或者他人的人身安全。人民法院收到强制医疗机构提出解除强制医疗的意见后，应当及时予以处理，作出批准或不予批准的决定。

本条第2款是关于申请解除强制医疗的规定。根据本款规定，被强制医疗的人及其近亲属有权申请解除强制医疗。也就是说，被强制医疗的人认为自己不应当被强制医疗，或者经过强制医疗已经痊愈，符合解除强制医疗的条件，有权向强制医疗机构提出申请，要求强制医疗机构作出诊断评估，提出解除意见，报请决定强制医疗的人民法院批准；也有权直接向作出强制医疗决定的人民法院提出解除强制医疗的申请。被强制医疗的人的近亲属如果认为被强制医疗的人不应当被强制医疗或者已经治愈，也有权申请解除强制医疗。

[审判实务]

1. 强制医疗的解除程序

人民法院作出强制医疗的决定时，并未同时决定强制医疗的期限。刑事诉讼法规定了对被强制医疗的精神病人予以定期诊断评估的制度，一旦被强制医疗的精神病人经治疗后已不具有人身危险性，不再需要强制医疗时，不仅医疗机构应当及时提出解除强制医疗的意见，被强制医疗的人及其近亲属也有权申请解除强制医疗。

被强制医疗的精神病人及其近亲属认为被强制医疗者的精神疾病痊愈，不再具有危害社会的危险的，首先应当申请强制医疗机构提出解除意见，强制医疗机构拒绝的，可以直接向作出强制医疗决定的人民法院提出解除强制医疗申请。

考虑到强制医疗限制精神病人的人身自由，为保障其合法权益，一旦决定解除强制医疗，就应当立即解除。因此，《刑诉法解释》强调，决定解除强制医疗的，人民法院应当通知强制医疗机构在收到决定书的当日解除强制医疗。当然，为了给强制医疗机构一定的准备时间，人民法院可以在决定作出后送达前，先行通知强制医疗机构做好解除强制医疗的准备。

2. 关于强制医疗解除的反复申请问题

实践中，被强制医疗的人及其近亲属为了尽快解除强制医疗，可能会反复向人民法院提出解除强制医疗的申请。为了避免反复，没有充分理由的，根据《刑诉法解释》第 540 条第 2 款规定，六个月内不得再次提出申请，否则人民法院不予受理。但有一种例外情况：如果在被强制医疗的人及其近亲属提出的申请被人民法院驳回后六个月内，强制医疗机构经诊断评估后认为可以解除强制医疗的，可以随时向人民法院提出解除强制医疗的申请。因此，对于被强制医疗的人及其近亲属提出的没有充分理由的申请，人民法院应当告知其事先请求强制医疗机构作出诊断评估，在强制医疗机构经过诊断评估提出解除意见的基础上，再单独或者由强制医疗机构提出解除强制医疗的申请。

3. 强制医疗机构的职责

强制医疗机构肩负双重职责。一是对被强制医疗的人进行治疗，二是定期对被强制医疗的人进行诊断评估。强制医疗机构经过诊断评估后，对于已经不具有人身危险性，不需要继续强制医疗的，应当出具相应的诊断评估报告，并及时提出解除意见，报请决定强制医疗的人民法院批准。

4. 解除强制医疗的审理程序

强制医疗机构提出解除强制医疗意见，或者被强制医疗的人及其近亲属申请解除强制医疗的，人民法院应当组成合议庭进行审查，并于一个月内，按照具体情况分别作出解除强制医疗的决定或者继续强制医疗的决定。是解除强制医疗还是继续强制医疗，唯一的依据就是被强制医疗的人是否仍然具有人身危险性，是否需要继续强制医疗。对于被强制医疗的人已不具有人身危险性，不需要继续强制医疗的，应当作出解除强制医疗的决定，并可责令被强制医疗的人的家属严加看管和医疗；对于被强制医疗的人仍具有人身危险性，需要继续强制医疗的，应当作出继续强制医疗的决定。

5. 解决强制医疗决定或者继续强制医疗决定的执行程序

人民法院依法对解决强制医疗申请进行审理并作出决定后，就涉及后续的执行问题，人民法院应当在作出决定后五日内，将决定书送达强制医疗机构、申请解除强制医疗的人、被决定强制医疗的人和人民检察院。之所以将决定送交人民检察院，主要是为了便于接受检察机关的监督。

对于人民法院作出的继续强制医疗的决定，除将决定书送达相关人员和机构外，无须变更对被强制医疗的人的处遇措施，继续对其强制医疗即可。相比之下，对于人民法院决定解除强制医疗的，应当通知强制医疗机构在收到决定书的当日解除强制医疗。实践中，为了给强制医疗机构必要的准备时间，对于决定解除强制医疗的，人民法院应当在作出决定后及时通知强制医疗机构做好解除强制医疗的准备。

[配套规定]

《最高人民法院关于适用〈中华人民共和国刑事诉讼法〉的解释》（法释［2012］21号）（2012年12月20日公布，2013年1月1日起施行）（节录）

第五百四十条　被强制医疗的人及其近亲属申请解除强制医疗的，应当向决定强制医疗的人民法院提出。

被强制医疗的人及其近亲属提出的解除强制医疗申请被人民法院驳回，六个月后再次提出申请的，人民法院应当受理。

第五百四十一条 强制医疗机构提出解除强制医疗意见，或者被强制医疗的人及其近亲属申请解除强制医疗的，人民法院应当审查是否附有对被强制医疗的人的诊断评估报告。

强制医疗机构提出解除强制医疗意见，未附诊断评估报告的，人民法院应当要求其提供。

被强制医疗的人及其近亲属向人民法院申请解除强制医疗，强制医疗机构未提供诊断评估报告的，申请人可以申请人民法院调取。必要时，人民法院可以委托鉴定机构对被强制医疗的人进行鉴定。

第五百四十二条 强制医疗机构提出解除强制医疗意见，或者被强制医疗的人及其近亲属申请解除强制医疗的，人民法院应当组成合议庭进行审查，并在一个月内，按照下列情形分别处理：

（一）被强制医疗的人已不具有人身危险性，不需要继续强制医疗的，应当作出解除强制医疗的决定，并可责令被强制医疗的人的家属严加看管和医疗；

（二）被强制医疗的人仍具有人身危险性，需要继续强制医疗的，应当作出继续强制医疗的决定。

人民法院应当在作出决定后五日内，将决定书送达强制医疗机构、申请解除强制医疗的人、被决定强制医疗的人和人民检察院。决定解除强制医疗的，应当通知强制医疗机构在收到决定书的当日解除强制医疗。

第三百零七条　人民检察院对强制医疗的决定和执行实行监督。

[条文主旨]

本条是关于人民检察院对强制医疗工作进行法律监督的规定。

[条文释解]

本条是2012年修改《刑事诉讼法》时增加的规定，2018年未作修改。

强制医疗的决定程序，既包括公安机关的侦查活动，也包括人民法院的审理活动。人民检察院对公安机关在侦查阶段的监督，是其法律监督职能的重要体现，是通过审查公安机关提出的强制医疗意见及日常侦查工作来实现监督的，包括侦查机关在收集精神病人实施暴力行为的证据材料、对精神病人进行鉴定的程序、对实施暴力行为的精神病人采取临时的保护性约束措施等是否合法等。人民检察院对人民法院在审理阶段的监督，主要通过审查人民法院审理强制医疗是否符合法律规定的程序，对强制医疗的决定是否正确、合法等来实现的。

虽然人民检察院对人民法院的强制医疗决定不服，不能向上一级人民法院申请复议，但《刑事诉讼法》第 307 条规定："人民检察院对强制医疗的决定和执行实行监督。"据此，《刑诉法解释》第 543 条规定："人民检察院认为强制医疗决定或者解除医疗决定不当，在收到决定书后二十日内提出书面纠正意见的，人民法院应当另行组成合议庭审理，并在一个月内作出决定。"

[审判实务]

1. 人民检察院对强制医疗程序进行法律监督的方式

人民检察院对强制医疗程序的法律监督，分为对强制医疗决定的监督和对强制医疗执行的监督两个方面。其中，对强制医疗决定的监督，由公诉部门办理；对强制医疗执行的监督由监所检察部门负责。

就对强制医疗决定的监督而言，人民检察院发现人民法院或者审判人员审理强制医疗案件违反法律规定的诉讼程序，应当向人民法院提出纠正意见。人民检察院认为人民法院作出的强制医疗决定或者驳回强制医疗申请的决定不当，应当在收到决定书副本后二十日内向人民法院提出书面纠正意见。需要说明的是，在强制医疗的决定程序中，既包括公安机关的侦查活动，也包括人民法院的审理活动。因此，人民检察院对强制医疗的监督，当然包括对公安机关的强制医疗意见及日常侦查工作实施监督，包括侦查机关在收集精神病人实施暴力行为的证据材料，对精神病人进行鉴定的程序，对实施暴力行为的精神病人采取临时的保护性约束措施等是否合法等进行监督。

就对强制医疗执行的监督而言，人民检察院在强制医疗执行监督中发现被强制医疗的人不符合强制医疗条件或者需要依法追究刑事责任，人民法院作出的强制医疗决定可能存在错误的，应当在五日内报请检察长批准，将有关材料转交作出强制医疗决定的人民法院的同级人民检察院。收到材料的人民检察院公诉部门应当在二十日内进行审查，并将审查情况和处理意见反馈给负责强制医疗执行监督的人民检察院。同时，人民检察院对于人民法院批准解除强制医疗的决定实行法律监督，发现人民法院解除强制医疗决定不当的，应当依法向人民法院提出纠正意见。此外，人民检察院对强制医疗的交付执行活动实行监督。发现交付执行机关未及时执行等违法情形的，应当提出纠正意见。

2. 人民法院对人民检察院对强制医疗决定或者解除强制医疗决定提出的纠正意见的处理

对于人民检察院针对强制医疗决定或者解除强制医疗决定提出的纠正意见，人民法院必须认真对待，应当另行组成合议庭审理，并在一个月内作出决定。为确保公正，人民法院不能由原作出决定的合议庭审理人民检察院提出的纠正。

3. 人民检察院对强制医疗机构的监督

人民检察院对强制医疗执行活动的法律监督，也涉及对强制医疗机构的监督。《人民检察院刑事诉讼规则》第651条规定：“人民检察院发现人民法院、公安机关、强制医疗机构在对依法不负刑事责任的精神病人的强制医疗的交付执行、医疗、解除等活动中违反有关规定的，应当依法提出纠正意见。”如果人民检察院在强制医疗机构的强制医疗活动进行监督的过程中，发现被强制的人已经符合解除强制医疗的条件，但强制医疗机构怠于提出解除意见时，可以责令该强制医疗机构改正。如果该强制医疗机构拒不改正的，人民检察院可以直接向人民法院提出解除医疗的申请。

[配套规定]

1.《最高人民法院关于适用〈中华人民共和国刑事诉讼法〉的解释》（法释［2012］21号）（2012年12月20日公布，2013年1月1日起施行）（节录）

第五百四十三条 人民检察院认为强制医疗决定或者解除强制医疗决定不当，在收到决定书后二十日内提出书面纠正意见的，人民法院应当另行组成合议庭审理，并在一个月内作出决定。

2.《人民检察院刑事诉讼规则》（高检发释字［2019］4号）（2019年12月30日公布并施行）（节录）

第五百四十五条 人民检察院发现人民法院强制医疗案件审理活动具有下列情形之一的，应当提出纠正意见：

（一）未通知被申请人或者被告人的法定代理人到场的；

（二）被申请人或者被告人没有委托诉讼代理人，未通知法律援助机构指派律师为其提供法律帮助的；

（三）未组成合议庭或者合议庭组成人员不合法的；

（四）未经被申请人、被告人的法定代理人请求直接作出不开庭审理决定的；

（五）未会见被申请人的；

（六）被申请人、被告人要求出庭且具备出庭条件，未准许其出庭的；

（七）违反法定审理期限的；

（八）收到人民检察院对强制医疗决定不当的书面纠正意见后，未另行组成合议庭审理或者未在一个月以内作出复议决定的；

（九）人民法院作出的强制医疗决定或者驳回强制医疗申请决定不当的；

（十）其他违反法律规定的情形。

第五百四十六条 出席法庭的检察官发现人民法院或者审判人员审理强制医疗案件违反法律规定的诉讼程序，应当记录在案，并在休庭后及时向检察长报告，由人民检察院在庭审后向人民法院提出纠正意见。

第五百四十七条 人民检察院认为人民法院作出的强制医疗决定或者驳回强制医疗申请的决定，具有下列情形之一的，应当在收到决定书副本后二十日以内向人民法院提出纠正意见：

（一）据以作出决定的事实不清或者确有错误的；

（二）据以作出决定的证据不确实、不充分的；

（三）据以作出决定的证据依法应当予以排除的；

（四）据以作出决定的主要证据之间存在矛盾的；

（五）有确实、充分的证据证明应当决定强制医疗而予以驳回的，或者不应当决定强制医疗而决定强制医疗的；

（六）审理过程中严重违反法定诉讼程序，可能影响公正审理和决定的。

第五百四十八条 人民法院在审理案件过程中发现被告人符合强制医疗

条件，适用强制医疗程序对案件进行审理的，人民检察院应当在庭审中发表意见。

人民法院作出宣告被告人无罪或者不负刑事责任的判决和强制医疗决定的，人民检察院应当进行审查。对判决确有错误的，应当依法提出抗诉；对强制医疗决定不当或者未作出强制医疗的决定不当的，应当提出纠正意见。

第五百四十九条 人民法院收到被决定强制医疗的人、被害人及其法定代理人、近亲属复议申请后，未组成合议庭审理，或者未在一个月以内作出复议决定，或者有其他违法行为的，人民检察院应当提出纠正意见。

第五百五十条 人民检察院对于人民法院批准解除强制医疗的决定实行监督，发现人民法院解除强制医疗的决定不当的，应当提出纠正意见

3.《人民检察院强制医疗执行检察办法（试行）》（高检发执检字［2016］9号）

第一章 总 则

第一条 为了加强和规范强制医疗执行检察工作，根据《中华人民共和国刑法》、《中华人民共和国刑事诉讼法》等法律规定，结合检察工作实际，制定本办法。

第二条 人民检察院强制医疗执行检察的任务，是保证国家法律法规在强制医疗执行活动中正确实施，维护被强制医疗人的合法权利，保障强制医疗执行活动依法进行。

第三条 人民检察院强制医疗执行检察的职责是：

（一）对人民法院、公安机关的交付执行活动是否合法实行监督；

（二）对强制医疗机构的收治、医疗、监管等活动是否合法实行监督；

（三）对强制医疗执行活动中发生的职务犯罪案件进行侦查，开展职务犯罪预防工作；

（四）受理被强制医疗人及其法定代理人、近亲属的控告、举报和申诉；

（五）其他依法应当履行的监督职责。

第四条 对人民法院、公安机关交付执行活动的监督，由同级人民检察院负责。

对强制医疗执行活动的监督，由人民检察院刑事执行检察部门负责。

第五条 人民检察院案件管理部门收到人民法院的强制医疗决定书副本后，应当在一个工作日内移送本院刑事执行检察部门。刑事执行检察部门应当及时填写《强制医疗交付执行告知表》，连同强制医疗决定书复印件一并

送达承担强制医疗机构检察任务的人民检察院刑事执行检察部门。

第六条 对强制医疗所的强制医疗执行活动，人民检察院可以实行派驻检察或者巡回检察。对受政府指定临时履行强制医疗职能的精神卫生医疗机构的强制医疗执行活动，人民检察院应当实行巡回检察。

检察强制医疗执行活动时，检察人员不得少于二人，其中至少一人应当为检察官。

第二章 交付执行检察

第七条 人民法院作出强制医疗决定后，人民检察院应当对下列强制医疗交付执行活动实行监督：

（一）人民法院的交付执行活动是否符合有关法律规定；

（二）公安机关是否依法将被决定强制医疗的人送交强制医疗机构执行；

（三）强制医疗机构是否依法收治被决定强制医疗的人；

（四）其他应当检察的内容。

第八条 交付执行检察的方法：

（一）赴现场进行实地检察；

（二）审查强制医疗决定书、强制医疗执行通知书、证明被强制医疗人无刑事责任能力的鉴定意见书等相关法律文书；

（三）与有关人员谈话；

（四）其他方法。

第九条 人民法院、公安机关、强制医疗机构在交付执行活动中有下列情形之一的，人民检察院应当依法及时提出纠正意见：

（一）人民法院在作出强制医疗决定后五日以内未向公安机关送达强制医疗决定书和强制医疗执行通知书的；

（二）公安机关没有依法将被决定强制医疗的人送交强制医疗机构执行的；

（三）交付执行的相关法律文书及其他手续不完备的；

（四）强制医疗机构对被决定强制医疗的人拒绝收治的；

（五）强制医疗机构收治未被人民法院决定强制医疗的人的；

（六）其他违法情形。

第三章 医疗、监管活动检察

第十条 医疗、监管活动检察的内容：

（一）强制医疗机构的医疗、监管活动是否符合有关规定；

（二）强制医疗机构是否依法开展诊断评估等相关工作；

（三）被强制医疗人的合法权利是否得到保障；

（四）其他应当检察的内容。

第十一条　医疗、监管活动检察的方法：

（一）查阅被强制医疗人名册、有关法律文书、被强制医疗人的病历、诊断评估意见、会见、通信登记等材料；

（二）赴被强制医疗人的医疗、生活现场进行实地检察；

（三）与强制医疗机构工作人员谈话，了解情况，听取意见；

（四）与被强制医疗人或者其法定代理人、近亲属谈话，了解有关情况；

（五）其他方法。

第十二条　人民检察院发现强制医疗机构有下列情形之一的，应当依法及时提出纠正意见：

（一）强制医疗工作人员的配备以及医疗、监管安全设施、设备不符合有关规定的；

（二）没有依照法律法规对被强制医疗人实施必要的医疗的；

（三）没有依照规定保障被强制医疗人生活标准的；

（四）没有依照规定安排被强制医疗人与其法定代理人、近亲属会见、通信的；

（五）殴打、体罚、虐待或者变相体罚、虐待被强制医疗人，违反规定对被强制医疗人使用约束措施，或者有其他侵犯被强制医疗人合法权利行为的；

（六）没有依照规定定期对被强制医疗人进行诊断评估的；

（七）对被强制医疗人及其法定代理人、近亲属提出的解除强制医疗的申请，没有及时审查处理，或者没有及时转送作出强制医疗决定的人民法院的；

（八）其他违法情形。

第四章　解除强制医疗活动检察

第十三条　解除强制医疗活动检察的内容：

（一）对于已不具有人身危险性，不需要继续强制医疗的被强制医疗人，强制医疗机构是否依法及时提出解除意见，报送作出强制医疗决定的人民法院；

（二）强制医疗机构对被强制医疗人解除强制医疗的活动是否符合有关

法律规定；

（三）被解除强制医疗的人离开强制医疗机构有无相关凭证；

（四）其他应当检察的内容。

第十四条 解除强制医疗活动检察的方法：

（一）查阅强制医疗机构解除强制医疗的法律文书和登记；

（二）与被解除强制医疗的人进行个别谈话，了解情况；

（三）其他方法。

第十五条 人民检察院发现强制医疗机构有下列情形之一的，应当依法及时提出纠正意见：

（一）对于不需要继续强制医疗的被强制医疗人，没有及时向作出强制医疗决定的人民法院提出解除意见，或者对需要继续强制医疗的被强制医疗人，不应当提出解除意见而向人民法院提出解除意见的；

（二）收到人民法院作出的解除强制医疗决定书后，不立即解除强制医疗的；

（三）被解除强制医疗的人没有相关凭证或者凭证不全的；

（四）被解除强制医疗的人与相关凭证不符的；

（五）其他违法情形。

第五章 事故、死亡检察

第十六条 强制医疗事故检察的内容：

（一）被强制医疗人脱逃的；

（二）被强制医疗人发生群体性病疫的；

（三）被强制医疗人非正常死亡的；

（四）被强制医疗人伤残的；

（五）其他事故。

第十七条 强制医疗事故检察的方法：

（一）检察人员接到事故报告后，应当立即赶赴现场了解情况，并及时报告检察长和上一级人民检察院；

（二）深入现场，调查取证；

（三）与强制医疗机构共同分析事故原因，研究对策，完善医疗、监管措施。

第十八条 被强制医疗人在强制医疗期间死亡的，依照最高人民检察院关于监管场所被监管人死亡检察程序的规定进行检察。

第六章　受理控告、举报和申诉

第十九条　人民检察院应当依法受理被强制医疗人及其法定代理人、近亲属的控告、举报和申诉，并及时审查处理。人民检察院刑事执行检察部门应当自受理之日起十五个工作日以内将处理情况书面反馈控告人、举报人、申诉人。

人民检察院刑事执行检察部门对不服强制医疗决定的申诉，应当移送作出强制医疗决定的人民法院的同级人民检察院公诉部门办理，并跟踪督促办理情况和办理结果，及时将办理情况书面反馈控告人、举报人、申诉人。

第二十条　人民检察院应当在强制医疗机构设立检察官信箱，接收控告、举报、申诉等有关信件。检察人员应当定期开启检察官信箱。

检察人员应当及时与要求约见的被强制医疗人或者其法定代理人、近亲属等谈话，听取情况反映，受理控告、举报、申诉。

第二十一条　人民检察院收到被强制医疗人或者其法定代理人、近亲属提出的解除强制医疗的申请后，应当在三个工作日以内转交强制医疗机构审查，并监督强制医疗机构是否及时审查申请、诊断评估、提出解除意见等活动是否合法。

第二十二条　人民检察院在强制医疗执行监督中发现被强制医疗人不符合强制医疗条件，人民法院作出的强制医疗决定可能错误的，应当在五个工作日以内报经检察长批准，将有关材料转交作出强制医疗决定的人民法院的同级人民检察院。收到材料的人民检察院公诉部门应当在二十个工作日以内进行审查，并将审查情况和处理意见书面反馈负责强制医疗执行监督的人民检察院。

第七章　纠正违法和检察建议

第二十三条　人民检察院在强制医疗执行检察中，发现违法情形的，应当按照下列程序处理：

（一）检察人员发现轻微违法情况且被监督单位可以现场纠正的，可以当场提出口头纠正意见，并及时向刑事执行检察部门负责人或者检察长报告，填写《检察纠正违法情况登记表》；

（二）发现严重违法情况，或者在提出口头纠正意见后被监督单位在七日以内未予纠正且不说明理由的，应当报经检察长批准，及时发出纠正违法通知书，并将纠正违法通知书副本抄送被监督单位的上一级机关；

（三）人民检察院发出纠正违法通知书后十五日以内，被监督单位仍未纠正或者回复意见的，应当及时向上一级人民检察院报告，上一级人民检察院应当监督纠正。

对严重违法情况，刑事执行检察部门应当填写《严重违法情况登记表》，向上一级人民检察院刑事执行检察部门报告。

第二十四条 被监督单位对人民检察院的纠正违法意见书面提出异议的，人民检察院应当及时复议，并将复议决定通知被监督单位。

被监督单位对于复议结论仍然有异议的，可以向上一级人民检察院申请复核。上一级人民检察院应当及时作出复核决定，并通知被监督单位和下一级人民检察院。

人民检察院刑事执行检察部门具体承办复议、复核工作。

第二十五条 人民检察院发现强制医疗执行活动中存在执法不规范、安全隐患等问题的，应当报经检察长批准，向有关单位提出检察建议。

第二十六条 人民检察院发现公安机关、人民法院、强制医疗机构的工作人员在强制医疗活动中有违纪违法行为的，应当报请检察长决定后及时移送有关部门处理；构成犯罪的，应当依法追究刑事责任。

第八章　附　则

第二十七条 被强制医疗人是指被人民法院依照刑事诉讼法的规定决定强制医疗并送强制医疗机构执行的精神病人。

第二十八条 对2012年12月31日以前公安机关依据《中华人民共和国刑法》第十八条的规定决定强制医疗且2013年1月1日以后仍在强制医疗机构被执行强制医疗的精神病人，人民检察院应当对其被执行强制医疗的活动实行监督。

第二十九条 公安机关在强制医疗机构内对涉案精神病人采取临时保护性约束措施的，人民检察院参照本办法对临时保护性约束措施的执行活动实行监督，发现违法情形的，应当提出纠正意见。

第三十条 检察人员在强制医疗执行检察工作中有违纪违法行为的，应当按照有关规定追究违纪违法责任；构成犯罪的，应当依法追究刑事责任。

第三十一条 本办法自发布之日起试行。

第六编 附 则

第三百零八条 军队保卫部门对军队内部发生的刑事案件行使侦查权。

中国海警局履行海上维权执法职责，对海上发生的刑事案件行使侦查权。

对罪犯在监狱内犯罪的案件由监狱进行侦查。

军队保卫部门、中国海警局、监狱办理刑事案件，适用本法的有关规定。

[条文主旨]

本条是对军队保卫部门、中国海警局、监狱行使侦查权的特别规定。

[条文释解]

本条在1979年《刑事诉讼法》中未作规定，1996年修改《刑事诉讼法》时对军队保卫部门和监狱的侦查权作了规定，2012年未作修改，2018年修改《刑事诉讼法》时增加了中国海警局对海上发生的刑事案件行使侦查权的规定。

2013年3月14日，全国人大通过了《国务院机构改革和职能转变方案》，"为推进海上统一执法，提高执法效能，将现国家海洋局及其中国海监、公安部边防海警、农业部中国渔政、海关总署海上缉私警察的队伍和职责整合，重新组建国家海洋局，由国土资源部管理"。重组后的国家海洋局的主要职责是，拟定海洋发展规划，实施海上维权执法，监督管理海域使用、海洋环境保护等。国家海洋局以中国海警局名义开展海上维权执法，接受公安部业务指导。根据这一决定，中国海洋局行使原公安边防海警、海关总署海上缉私警察的刑事执法权。此后，中国海警局依法履行职权，侦查办理海上发生的案件，如走私、毒品、偷越国（边）境、非法捕捞、破坏海洋资源等刑事案件，对于维护海上治安和安全，维护国家海洋权益，发挥了重要作用。

2018年，为了有效维护我国海洋权益，根据党的十九大和十九届三中全会精神，按照《深化党和国家机构改革方案》和党中央、中央军委关于武警部队改革的决策部署，海警队伍转隶武警部队，调整组建中国人民武装警察部队海警总队，对外称中国海警局，统一履行海上维权执法职责，行使公安机关、有关行政机关的相应执法职权。海警转隶后，由于其领导指挥体制、运行机制、协作关系等都将发生重大变化，2013年十二届全国人大一次会议审议通过的《国务院机构改革和职能转变方案》关于中国海警局行使海上维权执法职责的相关规定，以及《刑事诉讼法》《治安管理处罚法》《渔业法》《海关法》《海域使用管理法》《海洋环境保护法》《海岛保护法》《野生动物保护法》等法律中关于海警队伍执行海上维权执法任务、行使公安机关和有关行政机关相应执法职权等的有关规定，需要作出调整修改，以适应重新调整组建的中国海警局履行维权执法职能，打击海上违法犯罪的需要。

为了保证机构改革方案顺利完成，平稳有序调整法律规定的行政机关职责、开展工作，确保行政机关依法履行职责、开展工作，推进国家机构设置和职能配置优化协同高效，全国人大常委会于2018年4月27日通过了《全国人民代表大会常务委员会关于国务院机构改革涉及法律规定的行政机关职责调整问题的决定》，明确规定，现行法律规定的行政机关职责和工作，《国务院机构改革方案》确定由组建后的行政机关或者划入职责的行政机关承担的，在有关法律规定尚未修改之前，调整适用有关法律规定，由组建后的行政机关或者划入职责的行政机关承担；相关职责尚未调整到位之前，由原承担该职责和工作的行政机关继续承担。

同时，为了保证海警队伍改革于法有据、稳妥推进，转隶后海上维权执法任务接续完成，考虑到改革任务较为紧迫，而法律修改的周期较长，2018年6月22日第十三届全国人民代表大会常务委员会第三次会议通过了《全国人民代表大会常务委员会关于中国海警局行使海上维权执法职权的决定》（以下简称《决定》）。《决定》作了三个方面的规定：一是明确中国海警局海上维权执法职责任务。中国海警局履行海上维权执法职责，包括执行打击海上违法犯罪活动、维护海上治安和安全保卫、海洋资源开发利用、海洋生态环境保护、海洋渔业管理、海上缉私等方面的执法任务，以及协调指导地方海上执法工作。二是明确中国海警局履行海上维权执法相应的法定职权。中国海警局执行打击海上违法犯罪活动、维护海上治安和安全保卫等任务，行使法律规定的公安机关相应的执法职权；执行海洋资源开发利用、海洋生态环境保护、海洋渔业管理、海上缉私等方面的执法任务，行使法律规定的有关行政机关相应的执法职权。主要包括行使《渔业法》《海关法》《海域使用管理法》《海洋环境保护法》《海岛保护法》《野生动物保护法》等法律规定的有关行政机关相应的执法职权。《决定》还明确规定中国海警局与公安机关、有关行政机关建立执法协作机制。三是明确了制定和修改有关法律的要求。为了确保立法与改革紧密衔接，明确条件成熟时及时制定和修改完善中国海警局履行海上维权执法职责的现行有关法律法规，提供更加完备的法律保障。条件成熟时，有关方面应当及时提出制定、修改有关法律的议案，依照法定程序提请审议。《决定》自 2018 年 7 月 1 日起施行。为做好与《决定》的衔接，保障打击海上犯罪工作依法顺利开展，2018 年修改《刑事诉讼法》时在附则中增加规定中国海警局履行海上维权执法职责、对海上发生的刑事案件行使侦查权；中国海警局办理刑事案件，适用刑事诉讼法的有关规定。

本条共分为四款。

第 1 款是关于军队保卫部门对军队内部发生的刑事案件行使侦查权的规定。1979 年《刑事诉讼法》未对军队保卫部门的侦查权作出规定。1993 年全国人大常委会通过的《关于中国人民解放军保卫部门对军队内部发生的刑事案件行使公安机关的侦查、拘留、预审和执行逮捕的职权的决定》规定："中国人民解放军保卫部门承担军队内部发生的刑事案件的侦查工作，同公安机关对刑事案件的侦查工作性质是相同的，因此，军队保卫部门对军队内部发生的刑事案件，可以行使宪法和法律规定的公安机关的侦查、拘留、预审和执行逮捕的职权。"1996 年修改《刑事诉讼法》时吸收了相关内容。根据本款的规定，军队保卫部门负责军队内部发生的刑事案件的侦查工作，其性质同公安机关对刑事案件的侦查是相同的，因此，享有同公安机关相同的侦查权，包括拘留、执行逮捕、预审等职权以及讯问犯罪嫌疑人、询问证人、勘验、检查、搜查、扣押物证、书证、鉴定等侦查手段。这里所说的军队内部发生的刑事案件，主要是指军队现役军人、文职干部、在编职工犯罪的案件。军队现役军人、文职干部、在编职工在地方上作案的，也属于军队内部的刑事案件，由军队保卫部门侦查。对于军队和地方互涉的案件，最高人民法院、最高人民检察院、公安部、原总政治部于1982年11月25日作出了《关于军队和地方互涉案件几个问题的规定》，1987年12月21日又作出了《关于军队和地方互涉案件侦查工作的补充规定》。最高人民法院、最高人民检察院、公安部、国家安全部、司法部、解放军总政治部2009年5月1日印发《办理军队和地方互涉刑事案件规定》。这些规定对军地互涉案件军队和地方的分工处理作了明确规定。2012年《刑事诉讼法》修改后，最高人民法院、最高人民检察院、公安部等作出的司法解释和规范性文件均明确要求军队和地方互涉刑事案件，按照有关规定确定管辖。

第2款是关于中国海警局履行海上维权执法职责，对海上发生的刑事案行使侦查权的规定。在刑事诉讼法中增加中国海警局行使侦查权的条款，使全国人大常委会的决定与刑事诉讼法相衔接，确保国家法律体系的统一，也符合当前国际上关于海上刑事侦查权的通行做法。根据本款规定，中国海警局是履行海上维权执法职责，行使海上刑事案件侦查权的机关。对于在海上发生的刑事案件，包括走私、毒品、偷越国（边）境、非法捕捞、破坏海洋资源等刑事案件，可以依法行使侦查权。海警局的侦查权性质上同公安机关对刑事案件的侦查是相同的，享有同公安机关相同的侦查权，包括拘留、执行逮捕、预审等职权以及讯问犯罪嫌疑人、询问证人、勘验、检查、搜查、扣押物证、书证、鉴定等侦查手段。刑事诉讼法是公安机关等办理案件时的重要依据，海警局对海上发生的刑事案件行使侦查权的过程中，要严格遵守刑事诉讼法规定的各种制度和程序。侦查终结后，海警局认为应当追究犯罪嫌疑人刑事责任的，应当写出起诉意见书，连同案卷材料、证据一并移送人民检察院审查起诉。

第3款是关于监狱对罪犯在监狱内犯罪的案件行使侦查权的规定。1994年全国人大常委会通过的《监狱法》第60条规定，对罪犯在监狱内犯罪的案件，由监狱进行侦查。1996年修改《刑事诉讼法》时吸收了相关内容。根据本款的规定，监狱对监狱内发生的刑事案件进行侦查，也享有公安机关侦查案件的职权，包括预审、讯问犯罪嫌疑人、询问证人、勘验、检查、搜查、扣押物证、书证、鉴定等。侦查终结后，监狱认为应当追究犯罪嫌疑人刑事责任的，应当写出起诉意见书，连同案卷材料、证据一并移送人民检察院审查起诉。

第4款是关于军队保卫部门、中国海警局、监狱办理刑事案件适用本法有关规定的规定。本款规定共包含两层意思：一是军队保卫部门、中国海警

局、监狱办理刑事案件，享有本法规定的侦查刑事案件的职权，可以行使本法规定的侦查案件的权力。二是军队保卫部门、中国海警局、监狱办理刑事案件，应当遵守本法关于侦查的有关规定，受本法有关规定的约束，如讯问犯罪嫌疑人时侦查人员不得少于二人；不得侵犯犯罪嫌疑人的诉讼权利；侦查实验，禁止一切足以造成危险、侮辱人格或者有伤风化的行为等。当然，人民检察院对案件进行审查起诉、人民法院对案件进行审判过程中，在适用程序、证据审查和采纳、事实认定等方面，对军队保卫部门、中国海警局、监狱要与对公安机关一样，严格适用刑事诉讼法的有关规定。